Rengeling/Middeke/Gellermann
Handbuch des Rechtsschutzes in der
Europäischen Union

Handbuch des Rechtsschutzes in der Europäischen Union

Herausgegeben von

Prof. Dr. Hans-Werner Rengeling
European Legal Studies Institute, Universität Osnabrück

Dr. Andreas Middeke
Vorsitzender Richter am Verwaltungsgericht Münster,
Lehrbeauftragter an der KathHO NRW Abt. Münster

Prof. Dr. Martin Gellermann
außerplanmäßiger Professor an der Universität Osnabrück, Rechtsanwalt

Bearbeitet von

Dr. Katarina Andová, Verwaltungsrätin, Kanzlei des Gerichts der Europäischen Union, Luxemburg; *Prof. Dr. Martin Burgi*, Universität München; *Prof. Dr. Gerhard Dannecker*, Universität Heidelberg; *Ioanna Dervisopoulos*, Rechtsreferentin, Gerichtshof der Europäischen Union, Luxemburg; *Prof. Dr. Klaus Ferdinand Gärditz*, Universität Bonn; *apl. Prof. Dr. Martin Gellermann*, Universität Osnabrück; *Anke Geppert*, Rechtsreferentin, Gerichtshof der Europäischen Union, Luxemburg; *Till Gerhardt*, Universität Hamburg; *Marie-Thérèse Hölscher*, Universität Hamburg; *Dr. Michael Jakobs*, Rechtsanwalt, FAVerwR und FAFamR, Siegburg; *Prof. Dr. Markus Kotzur*, Universität Hamburg; *Dr. Thomas Laut*, Entsandter nationaler Sachverständiger im wissenschaftlichen Dienst des Gerichtshofs der Europäischen Union, Luxemburg; *Gregor Maderbacher*, Rechtsreferent, Gerichtshof der Europäischen Union, Luxemburg; *Prof. Dr. Peter Mankowski*, Universität Hamburg; *Dr. Andreas Middeke*, Vorsitzender Richter am Verwaltungsgericht Münster; *Prof. Dr. Christoph Moench*, Rechtsanwalt, Berlin; *Nadja Müller*, Universität Heidelberg; *Dr. Jan Neumann*, Richter am Verwaltungsgericht Münster; *Prof. Dr. Hans-Werner Rengeling*, Universität Osnabrück; *Dr. Marc Ruttloff*, Rechtsanwalt, Berlin; *Prof. Dr. Kyrill-Alexander Schwarz*, Universität Würzburg; *Dr. Evelyne Tichadou*, Rechtsreferentin, Gerichtshof der Europäischen Union, Luxemburg; *Prof. Dr. Bernhard W. Wegener*, Universität Erlangen

3. Auflage 2014

www.beck.de

ISBN 978 3 406 61111 7

© 2014 Verlag C.H. Beck oHG
Wilhelmstraße 9, 80801 München

Druck: fgb · freiburger graphische betriebe GmbH & Co. KG
Bebelstr. 11, 79108 Freiburg

Satz: Fotosatz H. Buck
Zweikirchener Straße 7, 84036 Kumhausen

Gedruckt auf säurefreiem, alterungsbeständigem Papier
(hergestellt aus chlorfrei gebleichtem Zellstoff)

Vorwort

Ein „Handbuch" zu aktualisieren, ist ein größeres Unterfangen. Gerade die rasante Entwicklung im Europäischen Unionsrecht – insbesondere Vertragsrecht und Rechtsprechung – führt dazu, dass man diesen Entwicklungen beständig hinterher läuft. Gleichwohl haben die Herausgeber des Handbuchs seit längerem überlegt, ob sie eine Neuauflage der im Jahre 2003 erschienenen zweiten Auflage des „Handbuch des Rechtsschutzes in der Europäischen Union" anstreben sollen. Hierzu sind sie nicht zuletzt durch die Benutzer des Werkes, sondern auch durch das Lektorat des Beck-Verlages ermuntert worden, insbesondere deshalb, weil das Handbuch mit seiner umfassungsreichen Erfassung der Thematik einzigartig in Deutschland sei und auch deshalb das Werk (obwohl aus dem Jahre 2003) in elektronischer Form sowohl im Modul „Europarecht PLUS" als auch im Modul „Verfassungsrecht PLUS" verfügbar ist. Schon deshalb, vor allem aber auch aus grundsätzlichen Erwägungen der immer umfangreicher und bedeutsamer werdenden Entwicklungen des Europäischen Rechts und damit seiner gerichtlichen Durchsetzbarkeit haben sich die Herausgeber zu einer „Dritten Auflage" entschlossen.

Dazu ist gleich zu Beginn hervorzuheben, dass im „Handbuch des Rechtsschutzes in der Europäischen Union" – soweit ersichtlich nur dort – die Durchsetzung des Rechts der Europäischen Union nicht nur vor den europäischen Gerichten, sondern auch vor den nationalen, namentlich deutschen Gerichten umfassend behandelt wird.

Zunächst und vor allem bedurfte es der Aktualisierung anhand der Rechtsprechung der Europäischen Gerichte angesichts der raschen und erheblichen Änderungen im Europarecht – nach zehn Jahren.

Weitere allgemeine und grundlegende Erwägungen sprechen für eine Neuauflage: Grundlegende Änderungen im Unionsrecht, insbesondere durch den Vertrag von Lissabon zur Reform der EU, sind vorgenommen worden. Überlegungen zum Rechtsschutz im Rahmen des zuvor vorgelegten Verfassungsentwurfs des Europäischen Konvents zum Rechtsschutz verlangen Beachtung. Änderungen der Gerichtsbarkeit in der Europäischen Union, nicht zuletzt die zunehmende Bedeutung des Gerichts erster Instanz sowie mittlerweile eingerichteter europäischer Fachgerichte, bedürfen der Berücksichtigung. Die Charta der Grundrechte der Europäischen Union ist durch den Vertrag von Lissabon für verbindlich erklärt worden und hat damit maßgeblichen Einfluss. Einzuarbeiten sind die Entwicklungen in der wissenschaftlichen Diskussion vor allem zu grundlegende Fragen, die auch den Rechtsschutz betreffen, insbesondere zu den Verbundstrukturen (Verfassungsverbund – Verwaltungsverbund – Rechtsprechungsverbund) sowie die Überlegungen zum sog. Mehrebenensystem und zum Kooperationsrecht in Europa. Ferner sei auch auf einige in der Diskussion befindliche Einzelfragen verwiesen, wie beispielsweise der Individualrechtsschutz gegen Verordnungen und Richtlinien; der Rechtsschutz gegen Agenturen; gerichtliche Kontrolldichte.

Schließlich ist hervorzuheben, dass in der nunmehr vorliegenden dritten Auflage auch jüngst geänderte „Regelwerke" für die europäischen Gerichte eingearbeitet sind:

Vorwort

die Satzung des Gerichtshofs der Europäischen Union und die Verfahrensordnung des Gerichtshofs.

Die Herausgeber sind den an der Erstellung des Handbuches beteiligten Autoren aus der Wissenschaft und Praxis zu größtem Dank verpflichtet, die sich für die Neuauflage eingesetzt und mit ihren Beiträgen unterstützt haben.

Besonderer Dank gebührt der Fritz Thyssen Stiftung für die finanzielle Unterstützung auch der neuen Auflage des Handbuchs.

Danken möchten wir sehr herzlich dem Verlag C. H. Beck, namentlich Herrn Dr. Thomas Schäfer und Frau Barbara Stadler, für die verlegerische Betreuung und gute Zusammenarbeit.

Schließlich gebührt Dank den Hilfskräften an der Universität Osnabrück für die sorgfältigen Korrekturen: Fabian Henkel, Lena Kreggenfeld, Maria Reinert und Mirjam Sander.

Osnabrück/Münster, im August 2013
Hans-Werner Rengeling
Andreas Middeke
Martin Gellermann

Inhaltsübersicht

Inhaltsverzeichnis IX
Allgemeines Literaturverzeichnis. XXVII
Abkürzungsverzeichnis. XXXV

1. Teil. Rechtsschutz durch den Europäischen Gerichtshof.............. 1

1. Abschnitt. Grundlagen europäischer Rechtskontrolle 1
§ 1 Einleitung (*Rengeling/Kotzur*).. 1
§ 2 Der EuGH als Rechtsprechungsorgan (*Rengeling/Kotzur*)..................... 15
§ 3 Die Organisationsstruktur der Europäischen Gerichtsbarkeit (*Rengeling/Kotzur*) 23
§ 4 Funktionen und funktionelle Zuständigkeit der europäischen Gerichte
   (*Rengeling/Kotzur*)... 48

2. Abschnitt. Direktklagen 67
§ 5 Überblick über die Klage- und Verfahrensarten (*Burgi*)..................... 67
§ 6 Vertragsverletzungsverfahren (*Burgi*) 70
§ 7 Nichtigkeitsklagen (*Dervisopoulos*)....................................... 111
§ 8 Untätigkeitsklagen (*Dervisopoulos*)....................................... 172
§ 9 Amtshaftungsklagen (*Gellermann*)... 195

3. Abschnitt. Zwischen- und Inzidentverfahren............................ 222
§ 10 Das Vorabentscheidungsverfahren (*Middeke*)............................... 222
§ 11 Inzidente Normenkontrolle (*Middeke*)..................................... 289
§ 12 Prozesshindernde Einreden und Zwischenstreit (*Middeke*).................. 300

4. Abschnitt. Sonstige Klage- und Verfahrensarten 311
§ 13 Klagen betreffend die Europäische Investitionsbank (EIB) und die Europäische
    Zentralbank (EZB) (*Schwarz*).. 311
§ 14 Klagen aufgrund vertraglicher Schiedsklauseln (*Schwarz*).................. 332
§ 15 Klagen aufgrund von Schiedsverträgen (*Schwarz*) 343
§ 16 Gutachten und Vorschläge (*Schwarz*)...................................... 351
§ 17 Sonderverfahren nach dem EAGV (*Schwarz*)................................. 358
§ 18 Verfahren und Entscheidungen aufgrund der Gerichtshofsatzungen (*Schwarz*) 359

5. Abschnitt. Vorläufiger Rechtsschutz 360
§ 19 Entscheidungen über die vorläufige Vollzugsaussetzung (*Wegener*) 360
§ 20 Einstweilige Anordnungen (*Wegener*) 384

6. Abschnitt. Das Gerichtsverfahren vor dem EuGH, dem Gericht der EU
und dem Gericht für den öffentlichen Dienst............................... 391
§ 21 Allgemeines und Verfahrensgrundsätze (*Neumann*) 391
§ 22 Die Verfahrensbeteiligten (*Laut*) 408
§ 23 Das schriftliche Verfahren (*Maderbacher*)................................ 437
§ 24 Beweisrecht (*Andová*) 459
§ 25 Das mündliche Verfahren (*Tichadou*) 476
§ 26 Abweichungen vom normalen Verfahrensablauf (*Tichadou*) 484

Inhaltsübersicht

§ 27 Die gerichtlichen Entscheidungen (*Laut*) 501
§ 28 Rechtsmittel, Rechtsbehelfe und Überprüfungsverfahren (*Geppert*) 523
§ 29 Kostenrecht (*Geppert*) 550
§ 30 Fristversäumnis und Wiedereinsetzung in den vorigen Stand (*Neumann*) 567

7. Abschnitt. Durchsetzung unionsrechtlicher Titel 572
§ 31 Voraussetzungen der Zwangsvollstreckung (*Jakobs*) 572
§ 32 Durchführung der Zwangsvollstreckung (*Jakobs*) 580
§ 33 Rechtsbehelfe in der Zwangsvollstreckung (*Jakobs*) 585

2. Teil. Rechtsschutz durch deutsche Gerichte 601

1. Abschnitt. Verhältnis des nationalen Rechtsschutzes zum europäischen Rechtsschutz 601
§ 34 Europäisches Unionsrecht als Gegenstand des nationalen Rechtsschutzes (*Gärditz*) .. 601
§ 35 Verhältnis des Unionsrechts zum Recht der Mitgliedstaaten (*Gärditz*) 633

2. Abschnitt. Rechtsschutz durch verschiedene Zweige der nationalen Gerichtsbarkeit 677
§ 36 Rechtsschutz durch das Bundesverfassungsgericht (*Moench/Ruttloff*) 677
§ 37 Verwaltungsgerichtlicher Rechtsschutz (*Gellermann*) 740
§ 38 Rechtsschutz im Bereich der Zivilgerichtsbarkeit (*Mankowski/Hölscher/Gerhardt*) ... 786
§ 39 Strafgerichtsbarkeit (*Dannecker/Müller*) 864

Sachverzeichnis 957

Inhaltsverzeichnis

Inhaltsübersicht	VII
Allgemeines Literaturverzeichnis	XXVII
Abkürzungsverzeichnis	XXXV

1. Teil. Rechtsschutz durch den Europäischen Gerichtshof 1

1. Abschnitt. Grundlagen europäischer Rechtskontrolle 1

§ 1 Einleitung (*Rengeling/Kotzur*) 1
    A. Rechtsgrundlagen der Europäischen Union 2
    B. Rechtsschutz in der Europäischen Union 9
        I. Allgemeine Bedeutung 9
        II. Gerichtliche Kontrolle 11

§ 2 Der EuGH als Rechtsprechungsorgan (*Rengeling/Kotzur*) 15
    A. Rechtsgrundlagen 16
    B. Verhältnis des Gerichtshofs zu den anderen Unionsorganen 19

§ 3 Die Organisationsstruktur der Europäischen Gerichtsbarkeit (*Rengeling/Kotzur*) 23
    A. Äußere Organisationsstruktur des Gerichtshofes 24
        I. Allgemeines 24
        II. Reformen 26
            1. Der Vertrag von Nizza 26
            2. Der Vertrag von Lissabon 29
    B. Zusammensetzung 30
        I. Zusammensetzung des Gerichtshofs (EuGH) 30
            1. Richter 30
            2. Generalanwälte 32
        II. Zusammensetzung des Gerichts (EuG) 35
        III. Zusammensetzung der Fachgerichte 36
    C. Innere Organisation der Europäischen Gerichte 38
        I. Gerichtsverwaltung 38
            1. Die Präsidenten der einzelnen Gerichte 38
            2. Die Kanzler 39
        II. Spruchkörper 40
            1. Plenum 40
            2. Große Kammer 40
            3. Kammern 41
            4. Beschwerdekammern 42
            5. Einzelrichter 42
        III. Zuständigkeiten 44
        IV. Instanzenzug 44
        V. Kompetenzkonflikte 46

§ 4 Funktionen und funktionelle Zuständigkeit der europäischen Gerichte (*Rengeling/Kotzur*) 48
    A. Allgemeines 50
    B. Aufgabe der Europäischen Gerichte 51
        I. Auslegung des Rechts 53
        II. Anwendung des Rechts 58

Inhaltsverzeichnis

		1. Unionsrecht	58
		2. Völkerrecht	58
		3. Nationales Recht der Mitgliedstaaten	59
	C.	Sachliche Zuständigkeit der Gerichte	59
	D.	Gerichtsbarkeiten im europäischen Rechtsschutzsystem	61
		I. Verfassungsgerichtsbarkeit	61
		II. Verwaltungsgerichtsbarkeit	62
		III. Zivilgerichtsbarkeit	63
		IV. Strafgerichtsbarkeit	64
		V. Sonstige Funktionen	66

2. Abschnitt. Direktklagen ... 67

§ 5 Überblick über die Klage- und Verfahrensarten (*Burgi*) ... 67
§ 6 Vertragsverletzungsverfahren (*Burgi*) ... 70
    A. Allgemeines ... 72
        I. Rechtsgrundlagen ... 72
        II. Wesen und Bedeutung des Vertragsverletzungsverfahrens ... 72
    B. Zulässigkeit ... 75
        I. Europäische Gerichtsbarkeit ... 75
        II. Sachliche Zuständigkeit ... 76
        III. Klageberechtigung und Klagebefugnis ... 76
        IV. Ordnungsgemäße Durchführung des Vorverfahrens ... 77
            1. Aufsichtsklage der Kommission gemäß Art. 258 AEUV ... 77
            2. Vertragsverletzungsverfahren zwischen einzelnen Mitgliedstaaten gemäß Art. 259 AEUV ... 85
            3. Entbehrlichkeit des Vorverfahrens ... 88
        V. Form ... 89
            1. Ordnungsgemäße Klageerhebung ... 89
            2. Identität des Streitgegenstandes ... 90
        VI. Klagefrist/Verwirkung des Klagerechts ... 90
        VII. Klagegegner ... 91
        VIII. Allgemeines Rechtsschutzbedürfnis ... 91
    C. Begründetheit ... 93
        I. Rechtsverstoß des Mitgliedstaates ... 93
            1. Staatliche Funktionen ... 93
            2. Öffentliche Unternehmen und Private ... 96
        II. Vertragspflichtverletzung ... 97
        III. Verteidigungsmöglichkeiten des beklagten Mitgliedstaates ... 99
    D. Die abschließende Entscheidung ... 101
        I. Feststellungsurteil ... 101
        II. Durchsetzung des vertragskonformen Zustands ... 103
            1. Finanzielle Sanktionen ... 103
            2. Erneutes Vertragsverletzungsverfahren ohne finanzielle Sanktionen .. 107
            3. Politische Mittel ... 107
            4. Staatshaftung ... 108
    E. Praktische Hinweise ... 108
        I. Beschwerde bei der Kommission ... 108
        II. Vertragsverletzungsverfahren ... 109
§ 7 Nichtigkeitsklagen (*Dervisopoulos*) ... 111
    A. Allgemeines ... 115
        I. Rechtsgrundlagen ... 115
        II. Wesen und Bedeutung der Nichtigkeitsklage ... 115
        III. Verhältnis zu anderen unionsrechtlichen Rechtsbehelfen ... 116

Inhaltsverzeichnis

	B. Zulässigkeit	118
	I. Sachliche Zuständigkeit	118
	II. Verfahrensbeteiligte	119
	1. Klageberechtigte	119
	2. Klagegegner	123
	III. Klagegegenstand	126
	1. Klagen der privilegierten und teilprivilegierten Kläger	126
	2. Klagen natürlicher und juristischer Personen	129
	IV. Klagebefugnis	132
	1. Klagebefugnis der privilegierten und teilprivilegierten Kläger	133
	2. Klagebefugnis der natürlichen und juristischen Personen	134
	V. Geltendmachung eines Klagegrundes	150
	VI. Klagefrist	151
	VII. Rechtsschutzbedürfnis	155
	VIII. Sonstige Voraussetzungen	156
	C. Begründetheit	156
	I. Unzuständigkeit	157
	II. Verletzung wesentlicher Formvorschriften	158
	III. Vertragsverletzung	160
	IV. Ermessensmissbrauch und Kontrolldichte	163
	D. Die abschließende Entscheidung	165
	E. Praktische Hinweise	168
	I. Allgemeine Hinweise	168
	II. Muster einer Klageschrift	169
§ 8	Untätigkeitsklagen (*Dervisopoulos*)	172
	A. Allgemeines	173
	I. Rechtsgrundlagen	173
	II. Wesen und Bedeutung der Untätigkeitsklagen	173
	III. Verhältnis zu anderen unionsrechtlichen Rechtsbehelfen	174
	B. Zulässigkeit	175
	I. Sachliche Zuständigkeit	175
	II. Verfahrensbeteiligte	176
	1. Klageberechtigte	176
	2. Klagegegner	178
	III. Klagegegenstand	179
	1. Klagen der Mitgliedstaaten und der Unionsorgane	179
	2. Individualklagen	181
	IV. Klagebefugnis	183
	1. Klagen der Mitgliedstaaten und der Unionsorgane	183
	2. Individualklage	184
	V. Ordnungsgemäße Durchführung des Vorverfahrens	185
	1. Aufforderung an das betreffende Organ	185
	2. Frist	186
	3. Fehlende Stellungnahme	187
	VI. Klagefrist	188
	VII. Allgemeines Rechtsschutzbedürfnis	189
	VIII. Anforderungen an die Klageschrift	190
	C. Begründetheit	190
	I. Unionsrechtliche Handlungspflicht	191
	II. Vertragspflichtverletzung durch Untätigkeit	191
	III. Rechtswidrigkeit der Untätigkeit	192
	IV. Verteidigungsmöglichkeiten	193
	D. Die abschließende Entscheidung	193
	E. Praktische Hinweise	193

Inhaltsverzeichnis

§ 9	Amtshaftungsklagen (*Gellermann*).				195
	A.	Allgemeines			196
		I.	Grundlagen		196
		II.	Wesen und Bedeutung der Amtshaftungsklagen		198
	B.	Zulässigkeit			199
		I.	Sachliche Zuständigkeit		199
		II.	Parteifähigkeit		200
			1.	Aktive Parteifähigkeit	200
			2.	Passive Parteifähigkeit	201
		III.	Klagebefugnis		202
		IV.	Vorverfahren		202
		V.	Ordnungsgemäße Klageerhebung		202
		VI.	Klagefrist		204
		VII.	Rechtsschutzbedürfnis		205
			1.	Verhältnis zu anderen unionsrechtlichen Rechtsschutzmöglichkeiten	205
			2.	Verhältnis zu nationalen Rechtsbehelfen	207
	C.	Begründetheit			209
		I.	Haftungsbegründende Voraussetzungen		210
			1.	Organe und Bedienstete	210
			2.	Ausübung einer Amtstätigkeit	211
			3.	Rechtswidrigkeit	212
			4.	Verschulden	216
			5.	Schaden	216
			6.	Kausalität	217
		II.	Rechtsfolge: Schadensersatz		218
			1.	Art der Ersatzleistung	218
			2.	Umfang des Ersatzanspruchs	219
			3.	Verzinsung	220
		III.	Verjährung		220
	D.	Die abschließende Entscheidung (*Middeke*)			222
3. Abschnitt. Zwischen- und Inzidentverfahren					**222**
§ 10	Das Vorabentscheidungsverfahren				222
	A.	Stellung und Bedeutung im europäischen Rechtssystem			224
		I.	Allgemeines		224
		II.	Rechtsgrundlagen		225
		III.	Funktionen des VAV		226
			1.	Einheitliche Rechtsanwendung in den Mitgliedstaaten	226
			2.	Fortentwicklung des Unionsrechts	227
			3.	Individualrechtsschutz	228
			4.	Kontrollfunktion des indirekten Gemeinschaftsvollzuges	228
		IV.	Wesen des VAV		229
		V.	Bedeutung des Vorabentscheidungsverfahrens		233
	B.	Das Vorabentscheidungsverfahren nach Art. 267 AEUV			234
		I.	Zulässigkeit einer Vorlage		234
			1.	Zuständigkeit	234
			2.	Vorlageberechtigtes Gericht eines Mitgliedstaates	236
			3.	Vorlagegegenstand	240
			4.	Vorabentscheidungsersuchen	244
			5.	Entscheidungserheblichkeit des Vorabentscheidungsersuchens	249
			6.	Vorlageberechtigung und -verpflichtung	253
			7.	Verstoß gegen die Vorlagepflicht	262
		II.	Begründetheit einer Vorlage		267
		III.	Vorlageersuchen und Vorlageverfahren		268

Inhaltsverzeichnis

	1.	Form und Inhalt der Entscheidung	268
	2.	Die Übermittlung der Vorlageentscheidung	272
	3.	Rechtsmittel gegen den Vorlagebeschluss	273
	4.	Das Verfahren vor dem Gerichtshof	274
IV.	Eilvorlageverfahren		278
V.	Die Wirkungen eines Vorabentscheidungsurteils		280
	1.	Wirkung auf das innerstaatliche Ausgangsverfahren	280
	2.	Die Wirkungen auf andere Verfahren	281
	3.	Die zeitlichen Wirkungen der Vorabentscheidung	283
	4.	Die Kosten des Vorabentscheidungsverfahrens	285
VI.	Reformbestrebungen bis Lissabon		287

§ 11 Inzidente Normenkontrolle (*Middeke*) ... 289

- A. Allgemeines ... 290
  - I. Rechtsgrundlagen ... 290
  - II. Wesen und Bedeutung der inzidenten Normenkontrolle ... 290
  - III. Verhältnis zu den gemeinschaftsrechtlichen Rechtsbehelfen ... 291
- B. Formale Voraussetzungen ... 292
  - I. Anhängigkeit eines Rechtsstreits ... 292
    1. Beschränkung auf gemeinschaftsrechtliche Verfahren ... 292
    2. Entscheidungskompetenz des Gerichtshofs ... 293
    3. Verfahrensarten ... 293
  - II. Rügeberechtigte ... 294
    1. Natürliche und juristische Personen ... 294
    2. Gemeinschaftsorgane und Mitgliedstaaten ... 295
  - III. Rügegegenstand ... 296
  - IV. Rügeerhebung ... 297
  - V. Entscheidungserheblichkeit ... 298
  - VI. Frist ... 298
  - VII. Rechtsschutzbedürfnis ... 298
- C. Materielle Voraussetzungen ... 299
  - I. Prüfungsmaßstab ... 299
  - II. Prüfungumfang ... 299
- D. Wirkungen einer erfolgreichen Inzidentrüge ... 299

§ 12 Prozesshindernde Einreden und Zwischenstreit (*Middeke*) ... 300

- A. Allgemeines ... 300
  - I. Rechtsgrundlagen ... 300
  - II. Wesen und Bedeutung dieser Zwischenverfahren ... 301
  - III. Abgrenzung zur indirekten Einrede der Rechtswidrigkeit ... 301
- B. Zwischenstreitigkeiten ... 302
  - I. Zwischenstreitigkeiten im weiteren Sinn ... 302
  - II. Zwischenstreitigkeiten im engeren Sinn ... 304
    1. Materiell-rechtliche Vorfragen ... 304
    2. Sonstige verfahrensrechtliche Vorfragen ... 305
- C. Verfahren ... 305
  - I. Einleitung des Zwischenverfahrens ... 305
    1. Parteiantrag ... 305
    2. Prüfung von Amts wegen ... 306
  - II. Verfahrensart ... 306
  - III. Frist ... 307
  - IV. Durchführung einer mündlichen Verhandlung ... 307
  - V. Anhörung des Generalanwalts ... 308
- D. Zwischenentscheidung ... 309

XIII

Inhaltsverzeichnis

4. Abschnitt. Sonstige Klage- und Verfahrensarten 311
§ 13 Klagen betreffend die Europäische Investitionsbank (EIB) und die Europäische
Zentralbank (EZB) (*Schwarz*) 311
    A. Allgemeines 312
        I. Rechtsgrundlagen.. 312
            1. Die Europäische Investitionsbank 313
            2. Die Europäische Zentralbank 315
        II. Wesen und Bedeutung dieser Klagen............................ 316
    B. Klagen betreffend die Erfüllung von Verpflichtungen................. 318
        I. Zulässigkeit der Klagen.. 318
            1. Sachliche Zuständigkeit 318
            2. Verfahrensbeteiligte 319
            3. Klagegegenstand 320
            4. Klageart 320
            5. Sonstige Sachurteilsvoraussetzungen 320
        II. Begründetheit 321
        III. Abschließende Entscheidung................................... 321
    C. Klagen, die Organbeschlüsse der EIB betreffend 322
        I. Zulässigkeit der Klagen.. 322
            1. Sachliche Zuständigkeit 322
            2. Verfahrensbeteiligte 323
            3. Klagegegenstand 324
            4. Klageart 325
            5. Sonstige Sachurteilsvoraussetzungen 325
        II. Begründetheit 325
        III. Abschließende Entscheidung................................... 326
    D. Sonstige, die EIB betreffende Streitigkeiten 326
    E. Die Europäische Zentralbank und das System
       der gerichtlichen Kontrolle 327
        I. Klage-, Rüge- und Antragsrechte der EZB....................... 328
            1. Nichtigkeitsklage nach Art. 263 AEUV 328
            2. Untätigkeitsklage nach Art. 265 AEUV 328
            3. Inzidente Normenkontrolle nach Art. 277 AEUV 329
            4. Klagen nach Art. 14.2 Satzung-ESZB 329
            5. Klagen nach Art. 36.2 Satzung-ESZB 329
            6. Antragsrecht nach Art. 11.4 Satzung-ESZB 329
        II. Die EZB als Beklagte 329
            1. Nichtigkeitsklage nach Art. 263 AEUV 329
            2. Untätigkeitsklage nach Art. 265 AEUV 330
            3. Schadensersatzansprüche nach Art. 268 AEUV i.V.m. Art. 340 Abs. 2
               AEUV 330
            4. Vorabentscheidungsverfahren nach Art. 267 AEUV 331
            5. Klagen nach Art. 36.2 Satzung-ESZB 331
§ 14 Klagen aufgrund vertraglicher Schiedsklauseln (*Schwarz*)............... 332
    A. Allgemeines 332
        I. Rechtsgrundlagen.. 332
        II. Wesen und Bedeutung dieser Klagen............................ 333
        III. Verhältnis zu den anderen Rechtsbehelfen....................... 334
    B. Zulässigkeit.. 334
        I. Sachliche Zuständigkeit 334
            1. Materiellrechtlicher Vertrag 335
            2. Vereinbarung einer Schiedsklausel 336
            3. Wirksamkeit der Schiedsklausel 337
        II. Klageart.. 338

Inhaltsverzeichnis

III.	Besondere Sachurteilsvoraussetzungen	338
C.	Begründetheit	339
D.	Abschließende Entscheidung	341

§ 15 Klagen aufgrund von Schiedsverträgen (*Schwarz*) 343
    A. Allgemeines 343
        I. Rechtsgrundlagen 343
        II. Wesen und Bedeutung dieser Klagen 344
    B. Zulässigkeit 345
        I. Sachliche Zuständigkeit 345
            1. Vorliegen eines Schiedsvertrages 345
            2. Wirksamkeit des Schiedsvertrages 346
        II. Verfahrensbeteiligte 347
        III. Klagegegenstand 347
        IV. Klageart 348
        V. Sonstige Sachurteilsvoraussetzungen 349
    C. Begründetheit 349
    D. Abschließende Entscheidung 350

§ 16 Gutachten und Vorschläge (*Schwarz*) 351
    A. Das Gutachterverfahren nach Art. 218 Abs. 11 AEUV 351
        I. Sinn und Zweck 352
        II. Antragsberechtigte 353
        III. Antragsgegenstand 353
        IV. Zeitpunkt der Antragstellung 354
        V. Prüfungsumfang 355
        VI. Wirkungen des Gutachtens 356
        VII. Verhältnis zu anderen Rechtsbehelfen 357
    B. Vorschläge 357

§ 17 Sonderverfahren nach dem EAGV (*Schwarz*) 358
    A. Klagen gegen Entscheidungen des Schiedsausschusses gemäß Art. 18 Abs. 2 EAGV 358
    B. Klagen der Kommission gemäß Art. 145 Abs. 2 EAGV 358

§ 18 Verfahren und Entscheidungen aufgrund der Gerichtshofssatzungen (*Schwarz*) 359

5. Abschnitt. Vorläufiger Rechtsschutz 360

§ 19 Entscheidungen über die vorläufige Vollzugsaussetzung (*Wegener*) 360
    A. Allgemeines 363
        I. Rechtsgrundlagen 363
        II. Wesen und Bedeutung der Aussetzungsanordnungen 364
        III. Abgrenzung zu sonstigen einstweiligen Rechtsbehelfen 365
    B. Zulässigkeit 366
        I. Zuständigkeit und Zulässigkeit der Hauptsache 366
        II. Anhängigkeit des Hauptsacheverfahrens 367
        III. Antragsgegenstand 368
        IV. Antragsbefugnis 369
        V. Rechtsschutzbedürfnis sowie Frist und Form ... 370
    C. Begründetheit 372
        I. Notwendigkeit der begehrten Aussetzung – Hauptsacheprognose 373
        II. Dringlichkeit der begehrten Aussetzungsanordnung 374
            1. Schaden 374
            2. Schadensintensität 375
            3. Keine Möglichkeit der Schadenswiedergutmachung 377
            4. Interessenabwägung 378
            5. Vorläufigkeit der Anordnung 379

Inhaltsverzeichnis

D.	Abschließende Entscheidung	380
I.	Art der Entscheidung und Zuständigkeit	380
II.	Inhalt der Entscheidung	381
III.	Vollstreckbarkeit des Beschlusses	382
IV.	Abänderung der Vollzugsaussetzungsentscheidung	382
1.	Rechtsmittel	382
2.	Aufhebung oder Abänderung der Aussetzungsanordnung	382

§ 20 Einstweilige Anordnungen (*Wegener*) 384
    A. Allgemeines 384
        I. Rechtsgrundlagen 384
        II. Wesen und Bedeutung der einstweiligen Anordnungen 384
    B. Zulässigkeit 385
        I. Zuständigkeit und Zulässigkeit der Hauptsache 385
        II. Anhängigkeit des Hauptsacheverfahrens 386
        III. Besonderheiten zum Antragsgegenstand 386
        IV. Antragsbefugnis 386
        V. Rechtschutzbedürfnis sowie Frist und Form 387
    C. Begründetheit 387
        I. Notwendigkeit der Entscheidung 388
        II. Dringlichkeit der Entscheidung 388
            1. Schaden 388
            2. Schadensintensität und Interessenabwägung 388
            3. Vorläufigkeit der Anordnung 389
    D. Abschließende Entscheidung 389
        I. Art der Anordnung 389
        II. Inhalt der Anordnung 390
        III. Wirkung der Anordnung – Vollstreckbarkeit, Rechtsmittel und Aufhebung 390

6. Abschnitt. Das Gerichtsverfahren vor dem EuGH, dem Gericht der EU und dem Gericht für den öffentlichen Dienst 391

§ 21 Allgemeines und Verfahrensgrundsätze (*Neumann*) 391
    A. Überblick 392
    B. Verfahrensgrundsätze 393
        I. Vorbemerkung 393
        II. Der Verfügungsgrundsatz 394
        III. Verhandlungs- und Untersuchungsgrundsatz 395
        IV. Die Konzentrationsmaxime 396
        V. Grundsatz der Mündlichkeit und Unmittelbarkeit 398
        VI. Grundsatz der Öffentlichkeit 399
        VII. Grundsatz des „fairen Verfahrens" 400
        VIII. Rechtliches Gehör 401
        IX. Recht auf Akteneinsicht und Transparenzgrundsatz 402
    C. Die Sprachenregelung 404

§ 22 Die Verfahrensbeteiligten (*Laut*) 408
    A. Allgemeines 409
    B. Direktklagen 409
        I. Parteifähigkeit 409
        II. Prozessfähigkeit 411
        III. Privilegierte und andere Parteien 412
        IV. Vertretung der Parteien 413
        V. Streitgenossenschaft 414
        VI. Streithilfe 418

Inhaltsverzeichnis

	1.	Allgemeines	418
	2.	Zulassungsvoraussetzungen	419
	3.	Das Zulassungsverfahren	423
	4.	Rechtsstellung des Streithelfers und Fortgang des Verfahrens	425
	5.	Rechtsmittel	429
	6.	Streithilfe in Rechtsstreitigkeiten betreffend die Rechte des geistigen Eigentums	430
	7.	Schriftsatzmuster	431
C.	Vorabentscheidungsverfahren	434
D.	Gutachtenverfahren	436

§ 23 Das schriftliche Verfahren (*Maderbacher*) ... 437
    A. Vorbemerkung ... 437
    B. Allgemeine Anforderungen an die Schriftsätze ... 439
    C. Behandlung neu eingehender Rechtssachen ... 441
        I. Eintragung in das Register, Aktenzeichen ... 441
        II. Veröffentlichung im Amtsblatt ... 442
        III. Geschäftsverteilung ... 442
    D. Das schriftliche Verfahren in Klageverfahren ... 443
        I. Klageerhebung ... 443
            1. Form und Inhalt der Klageschrift ... 443
            2. Klagenhäufung ... 447
            3. Widerklage ... 449
            4. Rechtshängigkeit ... 449
            5. Klageänderung ... 449
            6. Zustellung der Klage ... 451
        II. Die weiteren Schriftsätze der Parteien im Klageverfahren ... 452
        III. Muster einer Klageschrift ... 453
    E. Abschluss des schriftlichen Verfahrens und Vorbericht ... 455
    F. Sonstiges ... 455
        I. Die Verbindung von Verfahren ... 455
        II. Aussetzung ... 457

§ 24 Beweisrecht (*Andová*) ... 459
    A. Sachverhaltsaufklärung im Verfahren vor den Gerichten der Europäischen Union ... 459
    B. Darlegungs- und Beweislast ... 462
    C. Prozessleitende Maßnahmen ... 467
    D. Formelle Beweisaufnahme ... 469
        I. Beweismittelkatalog ... 469
        II. Beweisverfahren ... 472
    E. Beweismaß und Beweiswürdigung ... 474

§ 25 Das mündliche Verfahren (*Tichadou*) ... 476
    A. Erforderlichkeit und Zweck der mündlichen Verhandlung ... 476
    B. Ablauf der mündlichen Verhandlung ... 479
        I. Sitzungsbericht des Berichterstatters ... 479
        II. Anhörung der Verfahrensbeteiligten ... 480
        III. Schlussanträge des Generalanwaltes ... 481
    C. Wiedereröffnung der mündlichen Verhandlung ... 482

§ 26 Abweichungen vom normalen Verfahrensablauf (*Tichadou*) ... 484
    A. Das summarische Verfahren ... 485
    B. Die beschleunigten Verfahren ... 487
        I. Direktklageverfahren ... 487
        II. Vorabentscheidungsverfahren ... 490
            1. Beschleunigtes Vorabentscheidungsverfahren ... 490

Inhaltsverzeichnis

		2. Eilvorlageverfahren	491
	C.	Die „vereinfachten" Verfahren	494
		I. Direktklageverfahren	494
		II. Vorabentscheidungsverfahren	495
	D.	Das Versäumnisverfahren	497
		I. Allgemeines	497
		II. Säumnis	497
		III. Verfahren und Versäumnisurteil	498
		IV. Rechtsbehelfe	499

§ 27 Die gerichtlichen Entscheidungen (*Laut*) 501
    A. Überblick 502
    B. Beratung und Entscheidung 504
    C. Form und Inhalt der Entscheidungen 506
        I. Urteile 506
        II. Beschlüsse 507
    D. Verkündung und Veröffentlichung 508
    E. Entscheidungswirkungen 509
        I. Rechtskraft und innerprozessuale Bindungswirkung 509
        II. Gestaltungswirkung 510
        III. Vollstreckbarkeit 511
        IV. Die Pflicht, die sich aus dem Urteil ergebenden Maßnahmen zu ergreifen . 512
    F. Urteilsauslegung 512
        I. Gegenstand 512
        II. Antragsbefugnis 514
        III. Verfahren und Entscheidung 515
        IV. Verhältnis zu anderen Rechtsbehelfen 517
    G. Urteilsberichtigung und Urteilsergänzung 518
        I. Urteilsberichtigung 518
        II. Urteilsergänzung 519
    H. Verfahrensbeendigung ohne Sachentscheidung 520
        I. Direktklagen 520
            1. Einigung der Parteien 520
            2. Klagerücknahme 521
            3. Erledigung der Hauptsache 521
        II. Vorabentscheidungsverfahren 522

§ 28 Rechtsmittel, Rechtsbehelfe und Überprüfungsverfahren (*Geppert*) 523
    A. Vorbemerkung 524
    B. Das Rechtsmittel gegen Entscheidungen des EuG 526
        I. Allgemeines 526
        II. Die anfechtbaren Entscheidungen 526
        III. Die Berechtigung zum Einlegen des Rechtsmittels 528
            1. Die Parteien des erstinstanzlichen Verfahrens ... 528
            2. Die autonome Rechtsmittelbefugnis der Mitgliedstaaten und der Unionsorgane 530
        IV. Anträge der Parteien 530
        V. Anschlussrechtsmittel 531
        VI. Rechtsrügen 531
            1. Verbot der Veränderung des Streitgegenstandes und notwendige Präzisierung von Rechtsrügen ... 531
            2. Die Abgrenzung von Rechts- und Tatsachenfragen .. 532
            3. Zulässige Rügen 535
        VII. Ablauf des Rechtsmittelverfahrens 536
            1. Rechtsmittelfrist 537
            2. Rechtsmittelschrift und Rechtsmittelbeantwortung .. 537

Inhaltsverzeichnis

	VII. Die Entscheidung des EuGH	541
	VIII. Das Verfahren vor dem EuG nach Aufhebung und Zurückverweisung	543
C.	Rechtsmittel gegen Entscheidungen des EuGöD	544
D.	Das Überprüfungsverfahren	545
E.	Die außerordentlichen Rechtsbehelfe	547
	I. Allgemeines	547
	II. Der Drittwiderspruch	547
	III. Die Wiederaufnahme des Verfahrens	548

§ 29 Kostenrecht (*Geppert*) … 550
- A. Allgemeines … 551
- B. Prozesskosten … 551
  - I. Gerichtskosten … 551
  - II. Außergerichtliche Kosten der Parteien … 553
- C. Kostenentscheidung … 553
  - I. Zeitpunkt … 553
  - II. Inhalt … 555
    1. Regelfall … 555
    2. Kostenentscheidung bei Parteienmehrheit … 556
    3. Sonderfälle … 557
    4. Die Kostenentscheidung im Vorabentscheidungsverfahren … 558
- D. Kostenfestsetzung … 559
- E. Prozesskostenhilfe … 562
  - I. Allgemeines … 562
  - II. Voraussetzungen … 562
    1. Bedürftigkeit … 562
    2. Erfolgsaussichten in der Hauptsache … 563
  - III. Verfahren und Inhalt der Entscheidung … 563
  - IV. Erstattungsanspruch der Gerichtskasse … 566

§ 30 Fristversäumnis und Wiedereinsetzung in den vorigen Stand (*Neumann*) … 567
- A. Fristen … 567
  - I. Allgemeines … 567
  - II. Fristbeginn … 568
  - III. Fristende … 569
  - IV. Fristwahrung, Fristversäumnis … 570
- B. Wiedereinsetzung in den vorigen Stand … 570
- C. Nationale Verfahrensfristen … 571

7. Abschnitt. Durchsetzung unionsrechtlicher Titel … 572

§ 31 Voraussetzungen der Zwangsvollstreckung (*Jakobs*) … 572
- A. Allgemeines … 573
- B. Vollstreckungstitel … 573
  - I. Entscheidungen des Gerichtshofs … 574
    1. Urteile … 574
    2. Sonstige Entscheidungen … 574
  - II. Vollstreckungstitel anderer Unionsorgane … 574
- C. Vollstreckungsfähigkeit … 575
- D. Vollstreckungsparteien … 576
  - I. Vollstreckungsschuldner … 576
    1. Natürliche und juristische Personen … 576
    2. Mitgliedstaaten … 576
    3. Unionsorgane … 578
  - II. Vollstreckungsgläubiger … 579

§ 32 Durchführung der Zwangsvollstreckung (*Jakobs*) … 580

Inhaltsverzeichnis

  A. Allgemeines 580
  B. Vollstreckungsklausel... 581
    I. Ausfertigung durch innerstaatliche Behörde 581
    II. Prüfungsumfang.. 581
  C. Zustellung des Titels.. 583
  D. Anrufung des Vollstreckungsorgans 583
  E. Zwangsvollstreckung gegen einen Mitgliedstaat 584
§ 33 Rechtsbehelfe in der Zwangsvollstreckung (*Jakobs*) 585
  A. Allgemeines 585
  B. Unionsrechtliche Rechtsbehelfe.................................. 586
    I. Die Anfechtung von Zwangsmaßnahmen 586
      1. Allgemeines 586
      2. Die Anfechtung nach dem AEUV 586
      3. Die Anfechtung gemäß Art. 144 EAGV 592
    II. Die Aussetzung der Zwangsvollstreckung.................... 593
      1. Grundlagen 593
      2. Abgrenzung zur allgemeinen Zuständigkeit des Gerichtshofs 593
      3. Vollzugsaussetzung im Rahmen verwaltungsgerichtlicher Tätigkeit . 594
      4. Aussetzung im Rahmen vollstreckungsgerichtlicher Tätigkeit....... 594
      5. Möglichkeit der endgültigen Einstellung einer Zwangsvollstreckung . 597
      6. Rechtsfolgen der Aussetzung 597
  C. Innerstaatliche Rechtsbehelfe 598

2. Teil. Rechtsschutz durch deutsche Gerichte 601

1. Abschnitt. Verhältnis des nationalen Rechtsschutzes zum europäischen Rechtsschutz 601

§ 34 Europäisches Unionsrecht als Gegenstand des nationalen Rechtsschutzes (*Gärditz*) .. 601
  A. Einführung 602
  B. Die Rechtsquellen des Unionsrechts 603
    I. Allgemeines.. 603
    II. Primärrecht.. 603
    III. Sekundärrecht... 606
    IV. Tertiärrecht.. 607
    V. Von der Union abgeschlossene völkerrechtliche Verträge mit Drittstaaten . 609
    VI. Fehlerfolgen bei Verstößen gegen höherrangiges Recht 610
  C. Das Unionsrecht und seine Wirkung im innerstaatlichen Raum 613
    I. Primäres Unionsrecht 614
    II. Sekundäres Unionsrecht 616
      1. Verordnungen 616
      2. Richtlinien 617
      3. Beschlüsse 624
      4. Empfehlungen und Stellungnahmen 626
      5. Völkerrechtliche Verträge der Europäischen Union.......... 627
      6. Akte sui generis 627
  D. Die Auslegung des sekundären Unionsrechts 628
  E. Die unionsrechtskonforme Auslegung des nationalen Rechts.. 630
§ 35 Verhältnis des Unionsrechts zum Recht der Mitgliedstaaten (*Gärditz*)........... 633
  A. Der Vorrang des Unionsrechts................................... 635
    I. Unmittelbare Kollisionen 637
      1. Art und Reichweite des Vorrangs 637

Inhaltsverzeichnis

		2.	Folgeproblem der Inländerdiskriminierung	638
		3.	Verwerfungskompetenzen nationaler Behörden und Gerichte	640
		4.	Verfassungsrechtliche Grenzen	644
	II.	Mittelbare Kollisionen		647
B.	Auswirkungen des Unionsrechts auf das nationale Verwaltungsorganisations-, Verwaltungsverfahrens- und Verwaltungsprozessrecht			648
	I.	Vollzug des Unionsrechts		649
	II.	Einflüsse des Unionsrechts auf den mitgliedstaatlichen Vollzug		652
		1.	Allgemeine Vorgaben	652
		2.	Verwaltungsorganisation und Verwaltungsverfahren	656
		3.	Verwaltungsprozess	666

2. Abschnitt. Rechtsschutz durch verschiedene Zweige der nationalen Gerichtsbarkeit ... 677

§ 36 Rechtsschutz durch das Bundesverfassungsgericht (*Moench/Ruttloff*) ... 677

- A. Einleitung ... 680
- B. Verfassungsgerichtlicher Rechtsschutz und Unionsrecht ... 681
  - I. Unionsrechtsakte als unmittelbarer Prüfungsgegenstand ... 681
    1. Konkrete Normenkontrolle ... 681
    2. Abstrakte Normenkontrolle ... 685
    3. Individualverfassungsbeschwerde ... 685
    4. Organstreit und Bund-Länder-Streit ... 688
  - II. Mittelbare Kontrolle von Unionsrechtsakten und vergleichbaren völkerrechtlichen Bindungen im Zusammenhang mit der Europäischen Union ... 689
    1. Nationale Gesetzgebung als Anknüpfungspunkt der verfassungsgerichtlichen Kontrolle ... 689
    2. Mittelbare Kontrolle von Rechtsakten im Zusammenhang mit der Europäischen Union ... 691
    3. Besondere Sachentscheidungsvoraussetzungen ... 694
    4. Verfahrensarten ... 699
    5. Prüfungsmaßstab ... 703
- C. Verfassungsgerichtlicher Rechtsschutz gegen nationale Ausführungs- und Vollzugsakte ... 712
  - I. Normative Ausführungsakte ... 712
    1. Verfahrensarten ... 713
    2. Besondere Sachentscheidungsvoraussetzungen und Prüfungsmaßstab ... 715
  - II. Administrative Vollzugsakte ... 720
- D. Durchsetzung des Unionsrechts in verfassungsgerichtlichen Rechtsschutzverfahren ... 721
  - I. Verletzung der Vorlagepflicht staatlicher Gerichte ... 721
    1. Vorlagepflichten staatlicher Gerichte und das Recht auf den gesetzlichen Richter ... 722
    2. Prüfungsmaßstab ... 723
  - II. Verfassungsgerichtliche Überprüfung der Unionskonformität staatlicher Hoheitsakte ... 727
- E. Verfassungsgerichtliche Kontrolle der deutschen Mitwirkung am Entscheidungsprozess der Europäischen Union ... 729
  - I. Verfahrensarten ... 729
    1. Individualverfassungsbeschwerde ... 729
    2. Bund-Länder Streit ... 731
    3. Organstreitverfahren ... 731
  - II. Prüfungsmaßstab ... 732
    1. Schranken der Integrationsermächtigung ... 732

Inhaltsverzeichnis

		2.	Schranken der organschaftlichen Rechte	733
F.	Annex: Einstweiliger Rechtsschutz			739

§ 37 Verwaltungsgerichtlicher Rechtsschutz (*Gellermann*) 740
    A. Einleitung 742
    B. Erstinstanzliche Hauptsacheverfahren 743
        I. Rechtsweg zu den Verwaltungsgerichten 743
        II. Rechtsschutzformen 745
            1. Anfechtungs- und Verpflichtungsklagen 745
            2. Leistungsklagen 746
            3. Feststellungsklagen 747
            4. Normenkontrollen 748
        III. Sachentscheidungsvoraussetzungen 750
            1. Klage- bzw. Antragsbefugnis 750
            2. Widerspruchsverfahren 762
            3. Fristen 763
            4. Rechtsschutz in Bezug auf behördliche Verfahrenshandlungen 765
        IV. Besonderheiten der Begründetheitsprüfung 766
            1. Beurteilungszeitpunkt 767
            2. Vereinbarkeit streitentscheidender Normen mit dem Unionsrecht 768
            3. Gerichtliche Kontrolldichte 770
            4. Beweisrecht 770
            5. Sonstige Aspekte 771
    C. Das Rechtsmittelverfahren 772
        I. Berufung und Revision 772
        II. Beschwerde 775
        III. Wiederaufnahme des Verfahrens 776
    D. Vorläufiger Rechtsschutz 777
        I. Die Rechtsprechung des Gerichtshofs 777
        II. Vorläufiger Rechtsschutz gegen belastende Verwaltungsakte 779
            1. Der Suspensiveffekt 779
            2. Die gerichtliche Aussetzungsentscheidung 781
        III. Die einstweilige Anordnung 784

§ 38 Rechtsschutz im Bereich der Zivilgerichtsbarkeit (*Mankowski/Hölscher/Gerhardt*) 786
    A. Einleitung 789
    B. Zuständigkeitsfragen im Verhältnis der europäischen zur nationalen Zivilgerichtsbarkeit 791
        I. Zivilgerichtliche Zuständigkeiten des Gerichtshofs 791
            1. Außervertragliche Haftung der Union 791
            2. Streitsachen zwischen der Union und ihren Bediensteten 793
            3. Kartellsachen 793
            4. Schiedssachen 794
        II. Kompetenzkonflikte 795
    C. Unionalisierung des Internationalen Zivilverfahrensrechts für den europäischen Raum 797
        I. Überblick über die wichtigsten Entwicklungsschritte im Europäischen Zivilverfahrensrecht 797
        II. Erleichterung des Zugangs zum Recht 800
            1. E-Justiz-Aktionsplan und Europäisches E-Justiz-Portal 800
            2. Prozesskostenhilferichtlinie 801
            3. Mediationsrichtlinie 802
        III. Die Brüssel-I-VO als Kernstück des Europäischen Zivilverfahrensrechts . . 803
        IV. Europäische Erkenntnisverfahren 804
        V. Die schrittweise Abschaffung des Exequaturverfahrens 806
    D. Europäisches Recht und deutsches Zivilprozessrecht 807

Inhaltsverzeichnis

- I. Ausgewählte Fragen der internationalen Zuständigkeit 808
  1. Die Regelung der internationalen Zuständigkeit durch die §§ 12 ff. ZPO. 808
  2. Der Gerichtsstand des Vermögens (forum fortunae) 810
  3. Staatsangehörigkeitszuständigkeit im Internationalen Erbprozessrecht 812
  4. Staatsangehörigkeitszuständigkeit im Internationalen Familienprozessrecht 814
  5. Die Missbräuchlichkeit von Gerichtsstandsklauseln und Schiedsklauseln nach der KlauselRL 816
- II. Prozessfähigkeit und persönliches Erscheinen 818
  1. Alternative Anknüpfung der Prozessfähigkeit 818
  2. Anordnung persönlichen Erscheinens der Parteien 820
  3. Zugang von Ausländern zur deutschen Justiz 820
- III. Sprache und Recht im Verfahren 820
  1. Deutsch als Gerichtssprache 820
  2. § 293 ZPO und die Ermittlung des Rechts von EU-Mitgliedstaaten... 826
  3. Revisibilität ausländischen Rechts 828
- IV. Zustellungs- und beweisrechtliche Fragen 831
  1. Europäische Zustellungsverordnung (EuZustellVO) und Europäische Beweisverordnung (EuBeweisVO) 831
  2. Verhältnis der EuZustellVO zu nationalen Zustellungsvorschriften, insbesondere der fiktiven Inlandszustellung 832
  3. Beweiskraft ausländischer öffentlicher Urkunden nach § 438 ZPO ... 833
- V. Die Absicherung des Zivilverfahrens mit mitgliedstaatlichem Bezug 835
  1. Ausländersicherheit nach § 110 ZPO 835
  2. Der Arrestgrund der Auslandsvollstreckung nach § 917 II ZPO 835
- VI. Revision und Wiederaufnahme bei fehlerhafter Anwendung des Unionsrechts 838
  1. Fehlerhafte Nichtzulassung der Revision 838
  2. Aufhebung des nationalen Urteils bzw. Wiederaufnahme des Verfahrens 838
- VII. Prozessbürgschaft einer Bank aus dem EU-Ausland 840
- VIII. Exkurs: Handelsregistergebühren für gesellschaftsrechtliche Eintragungen 843
  1. Fantask-Rechtsprechung des EuGH 843
  2. Sachliche Reichweite bei Handelsregistergebühren 844
  3. Nationalrechtliche Ausdehnung auf andere Registergebühren? 846
- E. Materielles Zivilrecht und Unionsrecht 847
  - I. Unionsrechtskonforme Auslegung 847
  - II. Richtlinienwirkungen und Private 848
    1. Keine horizontale Direktwirkung 848
    2. Ausnahme bei nur gemeinsam möglicher Rechtswahrnehmung 848
    3. Ausnahme bei öffentlichrechtlichen Vorfragen (indirekte horizontale Wirkung) 849
    4. Ausnahme bei Durchsetzung öffentlicher Interessen durch Private ... 849
    5. Ausnahme bei Verweigerung vertraglicher Erfüllung unter Berufen auf richtlinienwidriges nationales Recht? 850
  - III. Staatshaftung und Unionsrecht 850
    1. Staatshaftung wegen Verletzung von jeder Art Unionsrecht 850
    2. Beabsichtigte Verleihung subjektiver Rechte durch das Unionsrecht .. 853
    3. Qualifizierter Verstoß gegen Unionsrecht 854
    4. Haftungssubjekt 857
    5. Schadensumfang 858
    6. Mitverschuldenseinwand 859
    7. Haftungsprivilegien des nationalen Rechts....................... 859

Inhaltsverzeichnis

		8. Verjährung	862
		9. Prozessuale Durchsetzung in Deutschland	862
§ 39	Strafgerichtsbarkeit		
	A.	Einführung	870
	B.	Kompetenzen der EU auf dem Gebiet des Straf- und Bußgeldrechts und des Rechts sonstiger Verwaltungssanktionen mit punitivem Charakter	872
		I. Kriminalstrafrechtliche Kompetenzen	872
		1. Prinzip der begrenzten Einzelermächtigung	872
		2. Rechtsetzung im Rahmen der intergouvernementalen Zusammenarbeit	876
		3. Kompetenzen zur Bekämpfung von Betrug zum Nachteil der EU Art. 325 AEUV	876
		II. Kompetenz zur Einführung unionsrechtlicher Geldbußen	877
		III. Kompetenz zur Einführung sonstiger Verwaltungssanktionen punitiven Charakters	878
	C.	Von den mitgliedstaatlichen Gerichten zu berücksichtigende Beeinflussung des nationalen Strafrechts durch das Unions- und Gemeinschaftsrecht	878
		I. Ausdehnung des nationalen Strafrechtsschutzes	878
		1. Ausdehnung des Anwendungsbereichs des nationalen Strafrechts mittels Assimilierung	879
		2. Ausweitung der nationalen Straf- und Bußgeldvorschriften auf Verstöße gegen das Gemeinschaftsrecht durch Blankettgesetze	880
		II. Verpflichtung der Mitgliedstaaten zur Sanktionierung der Verletzung von Unions-/Gemeinschaftsrecht	881
		III. Begrenzungen des nationalen Strafrechts	883
		1. Anwendungsvorrang des Unionsrechts	883
		2. Unionsrechtskonforme Auslegung des gesamten nationalen Rechts	885
		IV. Rechtsschutz zur Sicherstellung der unionsrechtlichen Vorgaben im Rahmen des Vorabentscheidungsverfahrens	887
		1. Vorlageberechtigung und -verpflichtung der Gerichte eines Mitgliedstaats	888
		2. Durchführung des Vorabentscheidungsverfahrens im strafrechtlichen Haupt-, Zwischen- und Ermittlungsverfahren	890
		3. Überprüfung des Vorabentscheidungsverfahrens nach dem Rechtsmittelsystem der Strafprozessordnung	896
		4. Rechtskraft unionsrechtswidriger Strafurteile und Wiederaufnahme des Verfahrens	901
		5. Praktische Bedeutung des Vorabentscheidungsverfahrens auf dem Gebiet des Strafrechts	905
		6. Rechtsschutz gegen die Nichtvorlage	905
	D.	Geldbußen wegen Verstößen gegen das Kartellrecht	906
		I. Geldbußen wegen verbotener Wettbewerbsbeschränkungen	906
		1. Rechtsgrundlagen und Entstehungsgeschichte der wettbewerbsrechtlichen Bußgeldvorschriften	906
		2. Geldbußen bei Verstößen gegen die wettbewerbsrechtlichen Verbotsnormen der Art. 101, 102 AEUV	907
		3. Rechtsmittel bei Bußgeldentscheidungen	914
		4. Zuständigkeit des EuG und des EuGH	919
		II. Geldbußen wegen Verstößen gegen die Fusionskontroll-Verordnung	923
		1. Rechtsgrundlagen der Fusionskontrolle	923
		2. Anwendungsbereich der Fusionskontroll-Verordnung	924
		3. Fusionskontrollverfahren	925
		4. Bußgeldvorschriften der Fusionskontroll-Verordnung	926
		5. Rechtsmittel bei Bußgeldentscheidungen	928

Inhaltsverzeichnis

	III.	Besonderheiten beim Rechtsschutz gegen Maßnahmen nach dem EGKS-Vertrag	928
	IV.	Geldbußen des EWR-Vertrages	929
		1. Geltung der Wettbewerbsregeln	929
		2. Zuständigkeit im Verwaltungsverfahren	929
		3. Gerichtliche Kontrolle	929
E.	Justizielle und polizeiliche Zusammenarbeit in Strafsachen		929
	I.	Entwicklung der PJZS	929
	II.	Justizielle Zusammenarbeit in Strafsachen (Art. 82–86 AEUV)	931
		1. Europäischer Haftbefehl	933
		2. Eurojust	937
		3. Europäische Staatsanwaltschaft	941
	III.	Polizeiliche Zusammenarbeit	941
		1. Rechtsschutz vor nationalen Gerichten	943
		2. Rechtsschutz vor dem EuGH bei Rechtsakten nach Inkrafttreten des Vertrages von Lissabon	943
		3. Rechtsschutz vor dem EuGH bei Rechtsakten vor Inkrafttreten des Vertrages von Lissabon	944
		4. Europol	950

Sachverzeichnis 957

Allgemeines Literaturverzeichnis

1. Europarecht/Völkerrecht

Ahlt, Michael / Dittert, Daniel	Europarecht, Examenskurs für Rechtsreferendare, 4. Aufl., 2011 (zit.: *Ahlt/Dittert*, Europarecht, S. ...)
Arndt, Hans-Wolfgang / Fischer, Kristian / Fetzer, Thomas	Europarecht, 10. Aufl. 2010 (zit.: *Arndt/Fischer/Fetzer*, Europarecht, S. ...)
Bieber, Roland / Epiney, Astrid / Haag, Marcel	Die Europäische Union, Europarecht und Politik, 10. Aufl. 2012 (zit.: *Bearbeiter*, in: Bieber/Epiney/Haag, Europäische Union, S. ...)
Bleckmann, Albert	Europarecht, 6. Aufl. 1997 (zit.: *Bleckmann*, Europarecht, Rn. ...)
von Bogdandy, Armin / Bast, Jürgen (Hrsg.)	Europäisches Verfassungsrecht, 2. Aufl. 2009 (zit.: *Bearbeiter*, in: v. Bogdandy/Bast, Europäisches Verfassungsrecht, S ...)
von Bogdandy, Armin / Cruz Villalón, Pedro / Huber, Peter M. (Hrsg.)	Handbuch Ius Publicum Europaeum, Bd. I: Grundlagen und Grundzüge staatlichen Verfassungsrechts, 2007; Bd. II: Offene Staatlichkeit – Wissenschaft vom Verfassungsrecht, 2008 (zit.: *Bearbeiter*, in: von Bogdandy/Cruz Villalón/Huber, § ... Rn. ...)
Borchardt, Klaus-Dieter	Die rechtlichen Grundlagen der Europäischen Union, 5. Aufl. 2012 (zit.: *Borchardt*, Rechtliche Grundlagen, Rn. ...)
Calliess, Christian / Ruffert, Matthias (Hrsg.)	Verfassung der Europäischen Union, Kommentar der Grundlagenbestimmungen (Teil I), 2006 (zit.: *Bearbeiter*, in: Calliess/Ruffert, Verfassungsvertrag, Art. ... Rn. ...)
Calliess, Christian / Ruffert, Matthias (Hrsg.)	Kommentar zu EUV und AEUV, 4. Aufl. 2011 (zit.: *Bearbeiter*, in: Calliess/Ruffert, EUV/AEUV, Art. ... Rn. ...)
Danwitz, Thomas von	Europäisches Verwaltungsrecht, 2008 (zit.: Danwitz, EU-VerwR, S. ...)
Dauses, Manfred A. (Hrsg.)	Handbuch des EU-Wirtschaftsrechts, Loseblattsammlung, Stand: OktoberFebruar 2012 (zit.: *Bearbeiter*, in: Dauses, EU-WirtR, Abschn. ... Rn. ...)
Dörr, Oliver / Lenz, Christofer	Europäischer Verwaltungsrechtsschutz, 2006 (zit.: *Dörr/Lenz*, VerwRechtsschutz, Rn. ...)
Ehlermann, Claus-Dieter / Bieber, Roland / Haag, Marcel (Hrsg.)	Handbuch des Europäischen Rechts, Loseblattsammlung, Stand: Mai 2013 (zit.: *Bearbeiter*, in: HER)

Allgemeines Literaturverzeichnis

Ehlers, Dirk (Hrsg.)	Europäische Grundrechte und Grundfreiheiten, 3. Aufl. 2009 (zit.: *Bearbeiter*, in: Ehlers, § … Rn. …)
Fischer, Klemens H.	Der Vertrag von Lissabon, 2. Aufl. 2010 (zit.: *Fischer*, Lissabon, S. …)
Fischer, Peter / Köck, Heribert / Karollus, Margit Maria	Europarecht, Recht der EU/EG, des Europarates und der wichtigsten anderen europäischen Organisationen, 4. Aufl. 2002 (zit.: *Fischer/Köck/Karollus*, Europarecht, S. …)
Frenz, Walter	Handbuch Europarecht, Bd. 1: Europäische Grundfreiheiten, 2. Aufl. 2012; Bd. 2: Europäisches Kartellrecht, 2006; Bd. 3: Beihilfe- und Vergaberecht, 2007; Bd. 4: Grundrechte, 2009 (zit.: *Frenz*, Handbuch Europarecht, Bd. … Rn. …)
Frowein, Jochen A. / Peukert, Wolfgang	Europäische Menschenrechtskonvention, 3. Aufl. 2009 (zit.: *Frowein/Peukert*, EMRK, S. …)
Geiger, Rudolf / Khan, Daniel-Erasmus / Kotzur, Markus	Kommentar zum Vertrag über die Europäische Union und zum Vertrag über die Arbeitsweise der Europäischen Union, 5. Aufl. 2010 (zit.: *Bearbeiter*, in: Geiger/Khan/Kotzur, EUV/AEUV, Art. … Rn. …)
Grabitz, Eberhard / Hilf, Meinhard / Nettesheim, Martin	Kommentar zum Recht der Europäischen Union, Loseblattsammlung, Stand: Mai 2013, Lissabon-Fassung (zit.: *Bearbeiter*, in: GHN, Art. … Rn. …)
v.d. Groeben, Hans / Schwarze, Jürgen (Hrsg.)	Kommentar zum EU-/EG-Vertrag, 6. Aufl. 2004 (zit.: *Bearbeiter*, in: Groeben/Schwarze, EUV/EGV, Art. … Rn. …)
Häberle, Peter	Europäische Verfassungslehre, 7. Aufl. 2011 (zit.: *Häberle*, EurVerf, S. …)
Hailbronner, Kay / Jochum, Georg	Europarecht, Bd. I: Grundlagen und Organe, 2005; Bd. II: Binnenmarkt und Grundfreiheiten, 2006 (zit.: *Hailbronner/Jochum*, Europarecht I bzw. II, Rn. …)
Jochum, Georg	Europarecht, 2. Aufl. 2012 (zit.: *Jochum*, in: Europarecht, Rn. …)
Hailbronner, Kay / Klein, Eckart / Magiera, Sigfried / Müller-Graff, Peter-Christian	Handkommentar zum Vertrag über die Europäische Union, Loseblattsammlung, Stand: 2000 (zit.: *Bearbeiter*, in: HKMM, HK-EU, Art. … Rn. …)
Hailbronner, Kay / Wilms, Heinrich (Hrsg.)	Kommentar zum Recht der Europäischen Union, Stand: Januar 2010 (zit.: *Bearbeiter*, in: Hailbronner/Wilms, EU-Recht, Art. … Rn. …)
Hakenberg, Waltraud	Europarecht, 5. Aufl. 2012 (zit.: *Hakenberg*, Europarecht, Rn. …)
Haltern, Ulrich	Europarecht, Dogmatik im Kontext, 2. Aufl. 2007
Haratsch, Andreas / Koenig, Christian / Pechstein, Matthias	Europarecht, 8. Aufl. 2012 (zit. *Haratsch/Koenig/Pechstein*, Europarecht, Rn. …)

Allgemeines Literaturverzeichnis

Herdegen, Matthias	Europarecht, 15. Aufl. 2013 (zit.: *Herdegen*, Europarecht, § … Rn. …)
Heselhaus, Sebastian M. / Nowak, Carsten	Handbuch der Europäischen Grundrechte, 2006 (zit.: *Bearbeiter*, in: Heselhaus/Nowak, EU-Grundrechte, § … Rn. …..)
Hobe, Stephan	Europarecht, 7. Aufl. 2012 (zit.: *Hobe*, Europarecht, Teil … Rn. …)
Hummer, Waldemar / Vedder, Christoph	Europarecht in Fällen, 5. Aufl., 2011 (zit.: *Hummer/Vedder*, Europarecht)
Ipsen, Hans Peter	Europäisches Gemeinschaftsrecht, 1972 (zit.: *Ipsen*, EG-Recht, § … Rn. …)
Ipsen, Knut	Völkerrecht, 6. Aufl. 2013 (zit.: *Ipsen*, Völkerrecht, § … Rn. …)
Kilian, Wolfgang	Europäisches Wirtschaftsrecht, 4. Aufl. 2010 (zit.: *Kilian*, EU-WirtR, Rn. …)
Lecheler, Helmut	Einführung in das Europarecht, 2. Aufl. 2003 (zit.: *Lecheler*, Europarecht, S. …)
Lenz, Carl-Otto / Borchardt, Klaus-Dieter (Hrsg.)	Kommentar zu den EU-Verträgen, 6. Aufl. 2012 (zit.: *Bearbeiter*, in: Lenz/Borchardt, EU-Verträge)
Mayer, Heinz (Hrsg.)	Kommentar zu EUV und AEUV, Loseblattsammlung, 2010 ff. (zit.: *Bearbeiter*, in: Mayer, EUV/AEUV, Art. … Rn. …)
Oppermann, Thomas / Classen, Claus Dieter / Nettesheim, Martin	Europarecht, 5. Aufl. 2011 (zit.: *Oppermann/Classen/Nettesheim*, Europarecht, § … Rn. …)
Pechstein, Matthias	EU-Prozessrecht, 4. Aufl. 2011 (zit. *Pechstein*, EU-Prozessrecht, Rn. …)
Rengeling, Hans-Werner / Szcekalla, Peter	Grundrechte in der Europäischen Union, 2004 (zit.: *Rengeling/Szcekalla*, Grundrechte, Rn. …)
Rengeling, Hans-Werner / Middeke, Andreas / Gellermann, Martin	Handbuch des Rechtsschutzes in der Europäischen Union, 2. Auflage 2003 (zit.: *Bearbeiter*, in: Rengeling/Middeke/Gellermann, EU-Rechtsschutz, § … Rn. …)
Schulze, Reiner / Zuleeg, Manfred / Stefan, Kadebach (Hrsg.)	Europarecht, Handbuch für die deutsche Rechtspraxis, 2. Aufl. 2010 (zit. *Bearbeiter*, in: Schulze/Zuleeg/Kadelbach, § … Rn. …)
Schwarze, Jürgen (Hrsg.)	EU-Kommentar, 3. Aufl. 2012 (zit.: *Bearbeiter*, in: Schwarze, EU-Kommentar, Art. … Rn. …)
Schweitzer, Michael / Hummer, Waldemar / Obwexer, Walter	Europarecht, Das Recht der Europäischen Union, 2007 (zit.: *Schweitzer/Hummer/Obwexer*, Europarecht, Rn. …)
Seidl-Hohenveldern, Ignaz / Loibl, Gerhard	Das Recht der Internationalen Organisationen einschließlich der Supranationalen Gemeinschaften, 7. Aufl. 2000 (zit.: *Seidl-Hohenveldern/Loibl*, Internationale Organisationen, Rn. …)
Streinz, Rudolf	Europarecht, 9. Aufl. 2012 (zit.: *Streinz*, Europarecht, Rn. …)

Allgemeines Literaturverzeichnis

Streinz, Rudolf (Hrsg.) — Kommentar zum EUV/AEUV, 2. Aufl. 2012 (zit.: *Streinz*, EUV/AEUV, Art. … Rn. …)

Streinz, Rudolf / Ohler, Christoph / Herrmann, Christoph — Der Vertrag von Lissabon zur Reform der EU, 3. Aufl. 2010 (zit.: *Streinz/Ohler/Herrmann*, Lissabon, S. …)

Thiele, Alexander — Europäisches Prozessrecht, 2007 (zit.: *Thiele*, EU-Prozessrecht, § … Rn. …)

Vedder, Christoph / Heintschel von Heinegg, Wolff (Hrsg.) — Handkommentar zum Europäischen Unionsrecht. EUV, AEUV, Grundrechte-Charta, 2011 (zit.: *Bearbeiter*, in: Vedder/Heintschel von Heinegg, HK-EU, Art. … Rn. …)

Verdross, Alfred / Simma, Bruno — Universelles Völkerrecht, 3. Aufl. 2010 (zit.: *Verdross/Simma*, Völkerrecht, S. …)

2. Deutsches Recht

a) Verfassungsrecht

Bogdandy, Armin v. / Bast, Jürgen — Principles of the European Constitutional Law, 2. Auflage 2010 (zit.: *v. Bogdandy/Bast*, European Consttutional Law)

Dolzer, Rudolf / Kahl, Wolfgang / Waldhoff, Christian / Graßhof, Karin (Hrsg.) — Bonner Kommentar zum Grundgesetz, Loseblattsammlung, Stand: Mai 2013 (zit.: *Bearbeiter*, in: BK, Art. … Rn. …)

Dreier, Horst (Hrsg.) — Grundgesetz, Kommentar, Band I - III, 2. Aufl. 2004 ff. (*Bearbeiter*, in: Dreier, GG, Art. … Rn. …)

Hesse, Konrad — Grundzüge des Verfassungsrechts der Bundesrepublik Deutschland, 20. Aufl. 1999 (zit.: Hesse, Grundzüge, Rn. …)

Isensee, Josef / Kirchhof, Paul (Hrsg.) — Handbuch des Staatsrechts, 3. Aufl. 2003 ff. (zit.: *Bearbeiter*, in: HStR, § … Rn. …)

Jarass, Hans D. / Pieroth, Bodo — Kommentar zum Grundgesetz für die Bundesrepublik Deutschland, 121. Aufl. 20121 (zit.: *Jarass/Pieroth*, GG, Art. … Rn. …)

Leibholz, Gerhard / Rinck, Hans-Justus — Grundgesetz für die Bundesrepublik Deutschland, Kommentar, Loseblattsammlung, Stand: Mai 2013 (zit.: Leibholz/Rinck, GG, Art. … Rn. …)

v. Mangoldt, Hermann / Klein, Friedrich / Starck, Christian — Kommentar zum Grundgesetz, 6. Aufl. 2010 (zit.: *Bearbeiter*, in: v. Mangoldt/Klein/Starck, GG, Art. … Rn. …)

Maunz, Theodor / Dürig, Günter — Kommentar zum Grundgesetz, Loseblattsammlung, Stand: November 2012 (zit.: *Bearbeiter*, in: Maunz/Dürig, GG, Art. … Rn. …)

Sachs, Michael (Hrsg.) — Grundgesetz, Kommentar, 6. Aufl. 2011 (zit.: *Bearbeiter*, in: Sachs, GG, Art. … Rn. …)

Schmidt-Bleibtreu, Bruno / Hofmann, Hans / Hopfauf, Axel (Hrsg.) — Kommentar zum Grundgesetz, 12. Aufl. 2011 (zit.: Bearbeiter, in: Schmidt-Bleibtreu/Hofmann/Hopfauf, GG, Art. … Rn. …)

Stern, Klaus — Das Staatsrecht der Bundesrepublik Deutschland, 1980 ff. (zit.: Stern, Staatsrecht, Bd. …, S. …)

Allgemeines Literaturverzeichnis

b) Allgemeines Verwaltungsrecht und Verwaltungsprozessrecht

Erichsen, Hans-Uwe / Ehlers, Dirk (Hrsg.)	Allgemeines Verwaltungsrecht, 14. Aufl. 2010 (zit.: *Bearbeiter*, in: Erichsen/Ehlers, Allg. Verw., § … Rn. …)
Eyermann, Erich	Verwaltungsgerichtsordnung, Kommentar, 13. Aufl. 2010 (zit.: Eyermann, VwGO, § … Rn. …)
Finkelnburg, Klaus / Dombert, Matthias / Külpmann, Christoph	Vorläufiger Rechtsschutz im Verwaltungsstreitverfahren, 6. Aufl. 2011 (zit.: Finkelnburg/Dombert/Külpmann, Vorläufiger Rechtsschutz, Rn. …)
Gräber, Fritz	Finanzgerichtsordnung, 7. Aufl. 2010 (zit.: *Bearbeiter*, in: Gräber, FGO, § … Rn. …)
Hufen, Friedhelm	Verwaltungsprozessrecht, 8. Aufl. 2011 (zit.: Hufen, Verwaltungsprozessrecht, § … Rn. …)
Knack, Hans Joachim / Henneke, Hans-Günter	Verwaltungsverfahrensgesetz, Kommentar, 9. Aufl. 2010 (zit.: *Bearbeiter*, in: Knack/Henneke, VwVfG, § … Rn. …)
Kopp, Ferdinand O. / Schenke, Wolf-Rüdiger	Verwaltungsgerichtsordnung, Kommentar, 19. Aufl. 2013 (zit.: Kopp/Schenke, VwGO, § … Rn. …)
Kopp, Ferdinand O. / Ramsauer, Ulrich	Verwaltungsverfahrensgesetz, Kommentar, 13. Aufl. 2012 (zit.: Kopp/Ramsauer, VwVfG, § … Rn. …)
Kuhla, Wolfgang / Hüttenbrink, Jost / Endler Jan	Der Verwaltungsprozess, 3. Aufl. 2002 (zit.: Kuhla/Hüttenbrink, Verwaltungsprozess)
Maurer, Hartmut	Allgemeines Verwaltungsrecht, 18. Aufl. 2011 (zit.: Maurer, Allg. VerwR., § … Rn. …)
Meyer-Ladewig, Jens / Keller, Wolfgang / Leitherer, Stephan	Sozialgerichtsgesetz, 10. Aufl. 2012 (zit.: *Bearbeiter*, in: Meyer-Ladewig/Keller/Leitherer, SGG, § … Rn. …
Posser, Herbert / Wolff, Heinrich Amadeus (Hrsg.)	Beck'scher Online Kommentar VwGO, Stand: 01.10.2012 (zit.: *Bearbeiter*, in: Posser/Wolff, BeckOK VwGO, § … Rn. …)
Redeker, Konrad / v. Oertzen, Hans-Joachim	Verwaltungsgerichtsordnung, Kommentar, 15. Aufl. 2010 (zit.: Redeker/v. Oertzen, VwGO, § … Rn. …)
Schmidt-Aßmann, Eberhard / Schoch, Friedrich (Hrsg.)	Besonderes Verwaltungsrecht, 14. Aufl. 2008 (zit.: *Bearbeiter*, in: Schmidt-Aßmann/Schoch, Bes. VerwR., … Kap., Rn. …)
Stelkens, Paul / Bonk, Heinz Joachim / Sachs, Michael (Hrsg.)	Verwaltungsverfahrensgesetz, Kommentar, 7. Aufl. 2008 (zit.: Stelkens/Bonk/Sachs, VwVfG, § … Rn. …)
Schoch, Friedrich/Schneider, Jens-Peter/Bier, Wolfgang (Hrsg.)	Kommentar zur Verwaltungsgerichtsordnung, 2. Bände, Stand: 23. Lfg. 2012 (zit.: *Bearbeiter*, in: Schoch/Schneider/Bier, VwGO, § … Rn. …)

Allgemeines Literaturverzeichnis

Sodan, Helge/Ziekow, Jan (Hrsg.)	Verwaltungsgerichtsordnung, Großkommentar, 3. Aufl. 2010 (zit.: Bearbeiter, in: Sodan/Ziekow, VwGO, § … Rn. …)
Wysk, Peter (Hrsg.)	Verwaltungsgerichtsordnung, Beck'scher Kompakt-Kommentar, 2011 (zit.: Bearbeiter, in: Wysk, VwGO, § … Rn. …)

3. Ausländische Literatur

Barnard, Catherine	The Substantive Law of the EU, The Four Freedoms, 3. Aufl., New York 2010
Berman, G.A. / Goebel, R.J. / Davey, W.J./ Fox, E.M.	Cases and Materials on European Union Law, 2. Aufl., Supplementum 2004, Eagan, Minn. 2004
Boulouis, Jean	Droit institutionnel des L'Union europénne, 6. Aufl. Paris 1997
Cerexhe, Etienne	Le Droit européen, Bruxelles 1989
Clergerie, Jean-Louis / Gruber, Annie / Rambaud, Patrick	L'Union Européenne, 7. Aufl., Paris 2008
Constantinesco, Vlad / Jacqué, Jean-Paul / Kovar, Robert / Simon, Denys (Hrsg.)	Traité instituant la CEE, Commentaire, Paris 1992
Carcia de Enterria, Eduardo / Gonzales-Campos, Julio / Muñoz Machado, Santiage (Hrsg.)	Tratado de Derecho Comunitario Europeo, Madrid 1986
Craig, Paul / de Búrca, Gràinne	EU-Law, 4. Aufl. Oxford 2008
European Environment Agency	Europe's Environment, The Dobris Assessment, Luxemburg 1995
European Environment Agency	Europe's Environment, Statistical Compendium for the Dobris Assessment, Luxemburg 1995
Gulman, Claus / Hagel-Sørensen, Karsten	Eu-ret, Kopenhagen 1995
Hailsham of St. Marylebone / Vaughan, David (Hrsg.)	Law of the European Communities, 2nd edition, London 1986
Hartley, Trevor C.	The Foundations of European Community Law, 7. Aufl., Oxford 2010 (zit.: Hartley, EC Law)
Horspool, Margot / Humphreys, Matthew	European Union Law, 7. Aufl., New York 2012
Isaac, Guy / Blanquet, Marc	Droit général de l'Union européenne, 10. Aufl. Paris 2012
Joliet, René	Le droit institutionnel des Communautés européennes, 2. Aufl. Liègé 1986
Kapteyn, P.J.G. / McDonnel, A.M. / Mortelmans, K.J.M. / Timmermans, C.W.A. (Hrsg.)	The Law of the European Union and the European Communities, 4. Aufl., Alphen an den Rijn 2008
Krämer, Ludwig	E.C. Environmental Law, 6. Aufl. London 2006
ders.	Casebook on European Environmental Law, 2. Aufl., London 2002

Allgemeines Literaturverzeichnis

Lasok, K.P.E. / Lasok, D.	Law and Institutions of the European Union, 7. Aufl., London 2001
Lauria, Felicetta	Manuale di diritto delle Comunitá Europee, 2. Aufl. Torino 1990
Mathijsen, P.S.F.R.	A Guide to European Union Law, 10. Aufl. London 2010
Parry, A. / Hardy, F.	E.E.C. Law, 3. Aufl. London 1986
Pocar, Fausto	Diritto dell'unione e delle comunità europee, 10. Aufl., Milano 2006
Priollaud, François-Xavier / Siritzky, David	Le traité de Lisbonne. Commentaire, article par article, des nouveaux traits européens (TUE et TFUE), Paris 2008
Quadri, R. / Monaco, R. / Trabucchi, A.	Trattato istitutivo della Comunitá Economica Europea, Comentairo, Milano 1965
de Quadros, Fausto	Droit de l'Union européenne, Bruxelles 2008
de Ruyt, Jean	L'acte unique européen, Commentaire, 2. Aufl. Bruxelles 1989
Simmonds, K. R. (Hrsg.)	Encyclopedia of European Community Law, Loseblattsammlung, Stand: Juni 2012, London 1973 ff.
Smit, H. / Herzog, P. / Campell, C. / Zagel G.	The Law of the European Union, 4 Bände, New York 2005
Toth, A.G.	The Oxford Encyclopedia of European Community Law, Bd. I: Institutional Law, 1990; Bd. II: The Law of the Internal Market, 2005; Bd. III: Competition Law and Policy, 2008, Oxford 1990 ff.
Waelbroeck, Michel / Louis, Jean-Victor / Vignes, Daniel / Dewost, Jean-Louis / Vandersanden, Georges (Hrsg.)	Le droit de la Communauté Economique Européenne, Bruxelles, 1969 ff.
Weatherill, Stephen / Beaumont, Paul	EU Law, 3. Aufl. 1999
Wolfrum, Rüdiger (Hrsg.)	Enforcing Environmental Standards:Economic Mechanisms as Viable Means?, 2. Aufl. Berlin 2012
Wyatt, Derrick / Dashwood, Alan	European Union Law, 6. Aufl. 2011 (zit.: *Wyatt/Dashwood*, EC Law)

Abkürzungsverzeichnis

a.A.	anderer Ansicht
a.a.O.	am angegebenen Orte
a.E.	am Ende
a.F.	alte Fassung
ABl.	Amtsblatt der Europäischen Gemeinschaft
Abs.	Absatz
AEUV	Vertrag über die Arbeitsweise der EU (in Kraft seit 1.12.2009)
Anm.	Anmerkung
AöR	Archiv des öffentlichen Rechts
Art.	Artikel
Aufl.	Auflage
AWD	Außenwirtschaftsdienst des Betriebs-Beraters bzw. der Zeitschrift Recht der internationalen Wirtschaft
Az.	Aktenzeichen
BAG	Bundesarbeitsgericht
BayVBl.	Bayerische Verwaltungsblätter
BB	Betriebs-Berater
BBankG	Bundesbankgesetz
BBesG	Bundesbesoldungsgesetz
BBPS	Beutler/Bieber/Pipkorn/Streil, Die europäische Union, 5. Aufl. 2001
Bd.	Band
BeaSt	Beamtenstatut
Bek	Bekanntmachung
Beschl.	Beschluss
BFH	Bundesfinanzhof
BGBl.	Bundesgesetzblatt
BGH	Bundesgerichtshof
BMWi	Bundesminister für Wirtschaft
BR	Bundesrat
BR-Drs.	Bundesratsdrucksache
BRRG	Beamtenrechtsrahmengesetz
BSB	Beschäftigungsbedingungen für die sonstigen Bediensteten
bspw.	beispielsweise
BSt.	Beamtenstatut
BT	Bundestag
BT-Drs.	Bundestagsdrucksache
Bull.EG	Bulletin der Europäischen Gemeinschaft
Bull.EU	Bulletin der Europäischen Union
BVerfG	Bundesverfassungsgericht
bzw.	beziehungsweise
ca.	cirka
CLMR	Common Market Law Report
CMLRev.	Common Market Law Review
DB	Der Betrieb
ders.	derselbe
d.h.	das heißt
DienstA	Dienstanweisung (für den Kanzler)
dies.	dieselbe/n
Diss.jur.	juristische Dissertation
DÖV	Die Öffentliche Verwaltung
DRiZ	Deutsche Richterzeitung
DStR	Deutsches Steuerrecht
dt.	deutsch/e
DV	Die Verwaltung
DVBl.	Deutsches Verwaltungsblatt
DVP	Deutsche Verwaltungspraxis
E	Amtliche Entscheidungssammlung
EA	Europa-Archiv
EAG	Europäische Atomgemeinschaft
EAGV	Vertrag über die EAG
EEC	European Economic Community
EG	Europäische Gemeinschaft/en
EGKS	Europäische Gemeinschaft für Kohle und Stahl
EGKSV	Vertrag über die EGKS

Abkürzungsverzeichnis

EGV-Nizza	Vertrag über die EG (Nizza-Fassung)	FIDE	Fédération Internationale pour le Droit Européen
EIB	Europäische Investitionsbank	Fn.	Fußnote
		franz.	französisch
ELR	European Law Review	FS	Festschrift
Empf.	Empfehlung	FusV	Fusionsvertrag
endg.	endgültig		
engl.	englisch	GA	Generalanwalt
ESZB	Europäisches System der Zentralbanken	GATT	General Agreement on Tariffs and Trade
etc.	et cetera	GG	Grundgesetz
EU	Europäische Union	ggf.	gegebenenfalls
EuG	Gericht (erster Instanz) der Europäischen Union	GMBl.	Gemeinsames Ministerialblatt
EuGH	Gerichtshof der Europäischen Union	GR-Charta	Charta der Grundrechte der Europäischen Union
EGMR	Europäischer Gerichtshof für Menschenrechte	GRUR Int.	Gewerblicher Rechtsschutz und Urheberrecht, Internationaler Teil
ER	Europäischer Rat	GS	Gedächtnisschrift, Großer Senat
EuGöD	Gericht für den öffentlichen Dienst der Europäischen Union	GTE	Groeben/Thiesing/Ehlermann, Kommentar zum EGV, 5. Aufl. 1997
EuGRZ	Europäische Grundrechte-Zeitschrift	G.v.	Gutachten vom
EuGV	Europäisches Gerichtsstands- und Vollstreckungsübereinkommen	HER	Handbuch des Europäischen Rechts
EuR	Europarecht	h.M.	herrschende Meinung
EuRH	Europäischer Rechnungshof	Hrsg.	Herausgeber
		Hs.	Halbsatz
EUV	Vertrag über die EU (Lissabon-Fassung, in Kraft seit 1.12.2009)	i.d.F.	in der Fassung
		i.d.R.	in der Regel
EUV-Nizza	Vertrag über die Europäische Union (Nizza-Fassung)	i.E.	im Einzelnen
		i.e.S.	im engeren Sinne
EuZW	Europäische Zeitschrift für Wirtschaftsrecht	IGH	Internationaler Gerichtshof
EWG	Europäische Wirtschaftsgemeinschaft	Inf.	Information
		InfAuslR	Informationsbrief Ausländerrecht
EWGV	Vertrag über die EWG		
EWI	Europäisches Währungsinstitut	IPR	Internationales Privatrecht
EWR	Europäischer Wirtschaftsraum	IPRax	Praxis des Internationalen Privat- und Verfahrensrechts
EWS	Europäisches Währungssystem	i.S.d.	im Sinne des/der
EZB	Europäische Zentralbank	i.S.v.	im Sinne von
		ital.	italienisch
f., ff.	folgende	i.V.m.	in Verbindung mit
FAZ	Frankfurter Allgemeine Zeitung	i.w.S.	im weiteren Sinne
FG	Festgabe	JA	Juristische Arbeitsblätter
		Jb.	Jahrbuch

Abkürzungsverzeichnis

JR	Juristische Rundschau		S.	Seite
jur.	juristisch		SA	Schlussantrag oder Saisie-arrêt (Zwangsvollstreckung) oder Société anonyme (Aktiengesellschaft)
JuS	Juristische Schulung			
JZ	Juristenzeitung			
KOM	Europäische Kommission (so zitiert in ihren Dokumenten)			
			Satzung-EuGH	Protokoll über die Satzung des Gerichtshofs der Europäischen Union
Kom.	Europäische Kommission			
			scil.	scilicet
Lfg.	Lieferung		SGb	die Sozialgerichtsbarkeit
lit.	littera (Buchstabe)		SGB	Sozialgesetzbuch
			Slg.	Amtliche Sammlung des EuGH
m.a.W.	mit anderen Worten			
MDR	Monatsschrift für Deutsches Recht		sog.	sogenannte/r/s
			Stellungn.	Stellungnahme
Mitt.	Mitteilung		st.Rspr.	ständige Rechtsprechung
Mrd.	Milliarden		StVj	Steuerliche Vierteljahresschrift
m.w.N.	mit weiteren Nachweisen			
niederl.	niederländisch		TO	Tierce opposition (Drittwiderspruch)
NJW	Neue Juristische Wochenschrift			
			Tz.	Trennziffer/n, Textzahl/en
(n.) n. v.	(noch) nicht veröffentlicht			
Nr.	Nummer		u.a.	unter anderem
NuR	Natur und Recht		UAbs.	Unterabsatz
NVwZ	Neue Zeitschrift für Verwaltungsrecht		UPR	Umwelt- und Planungsrecht
			usw.	und so weiter
OECD	Organization for Economic Co-operation and Development		u.U.	unter Umständen
			UVP	Umweltverträglichkeitsprüfung
o.g.	oben genannte/r/s			
OLG	Oberlandesgericht		v.	vom
			verb.	verbunden
P	Pourvoi (Rechtsmittel)		VerfO	Verfahrensordnung
p.a.	per annum		VerfO-EuG	Verfahrensordnung des Gerichts der Europäischen Union
R	Référé (vorläufiger Rechtsschutz)			
			VerfO-EuGH	Verfahrensordnung des Gerichtshofs der Europäischen Union
RabelsZ	Rabels Zeitschrift für ausländisches und internationales Privatrecht			
			VerfO-EuGöD	Verfahrensordnung des Gerichts für den öffentlichen Dienst der Europäischen Union
RDP	Revue de Droit Public			
REV	Révision (Wiederaufnahme)			
			VerwArch	Verwaltungsarchiv
resp.	respektive		VGH	Verwaltungsgerichtshof
RIW	Recht der Internationalen Wirtschaft		vgl.	vergleiche
			VO	Verordnung
RL	Richtlinie		VR	Verwaltungsrundschau
Rn.	Randnummer/n		VVDStRL	Veröffentlichungen der Vereinigung der Deutschen Staatsrechtslehrer
Rs.	Rechtssache			
Rspr.	Rechtsprechung			

Abkürzungsverzeichnis

VwGO	Verwaltungsgerichtsordnung
VwVfG	Verwaltungsverfahrensgesetz
WiVerw	Wirtschaft und Verwaltung
WPK-Mitt.	Wirtschaftsprüferkammer-Mitteilungen
WSA	Wirtschafts- und Sozialausschuss
WuR	Wirtschaft und Recht
WuW	Wirtschaft und Wettbewerb
ZaöRV	Zeitschrift für ausländisches öffentliches Recht und Völkerrecht
z.B.	zum Beispiel
ZBR	Zeitschrift für Beamtenrecht
ZfG	Zeitschrift für Gesetzgebung
ZfSR	Zeitschrift für Schweizerisches Recht
ZfZ	Zeitschrift für Zölle und Verbrauchssteuern
ZGR	Zeitschrift für Unternehmens- und Gesellschaftsrecht
ZHR	Zeitschrift für das gesamte Handels- und Wirtschaftsrecht
Ziff.	Ziffer
zit.	zitiert
ZPO	Zivilprozessordnung
ZRP	Zeitschrift für Rechtspolitik
ZStW	Zeitschrift für die gesamte Strafrechtswissenschaft
z.T.	zum Teil
ZVerfO	Zusätzliche Verfahrensordnung
ZZP	Zeitschrift für Zivilprozess

1. Teil. Rechtsschutz durch den Europäischen Gerichtshof

1. Abschnitt. Grundlagen europäischer Rechtskontrolle

§ 1 Einleitung

Übersicht

		Rn.
A.	Rechtsgrundlagen der Europäischen Union	1–11
B.	Rechtsschutz in der Europäischen Union	12–18
	I. Allgemeine Bedeutung	12–14
	II. Gerichtliche Kontrolle	15–18

Schrifttum: *Bleckmann/Pieper,* Maastricht, die grundgesetzliche Ordnung und die „Superrevisionsinstanz", RIW 1993, 989 ff.; *Borchmann,* Der Vertrag von Nizza, EuZW 2001, 170 ff.; *Calliess,* Die neue Europäische Union nach dem Vertrag von Lissabon, 2010; *Classen,* Rechtsschutz, in: Zuleeg/Schulze/Kadelbach (Hrsg.), Europarecht. Handbuch für die deutsche Rechtspraxis, 2. Aufl. 2010; *von Danwitz,* Die Garantie effektiven Rechtsschutzes im Recht der Europäischen Gemeinschaft, NJW 1993, 1108 ff.; *Ehlermann,* Die Europäische Gemeinschaft, das Recht und die Juristen, NJW 1992, 1857 ff.; *Epiney/Apt/Mosters,* Der Vertrag von Nizza, DVBl. 2001, 941 ff.; *Everling,* Die Mitgliedstaaten der Europäischen Gemeinschaft vor ihrem Gerichtshof, EuR 1983, 101 ff.; *ders.,* Die Errichtung des Gerichts erster Instanz, in: Schwarze (Hrsg.), Fortentwicklung des Rechtsschutzes, S. 39 ff.; *ders.,* Ansprache, EuR 1988, 344; *ders.,* Die Stellung der Judikative im Verfassungssystem der Europäischen Gemeinschaft, ZfSR 1993, 338 ff.; *ders.,* Stand und Zukunftsperspektiven der Europäischen Gerichtsbarkeit, in: FS Deringer, Europarecht, Kartellrecht, Wirtschaftsrecht, S. 48 ff.; *ders.,* Zur Fortbildung der Gerichtsbarkeit der Europäischen Gemeinschaften durch den Vertrag von Nizza, in: Cremer/Giegerich/Richter/Zimmermann, Tradition und Weltoffenheit des Rechts, FS für Steinberger, Heidelberg 2002, 1103 ff.; *ders.,* Quis custodiet custodes ipsos?, EuZW 2002, 364 ff.; *ders.,* 50 Jahre Gerichtshof der Europäischen Gemeinschaften, DVBl. 2002, 1293 ff.; *ders.,* Grundlagen der Reform der Gerichtsbarkeit der Europäischen Union und ihres Verfahrens durch den Vertrag von Nizza, in: EuR Beiheft 1/2003, 7 ff.; *ders.,* Rechtsschutz in der Europäischen Union nach dem Vertrag von Lissabon, in: EuR Beiheft 1/2009, 71 ff.; *Goll/Keuntner,* Brauchen wir ein Europäisches Kompetenzgericht?, EuZW 2002, 101; *Graf Vitzthum,* Gemeinschaftsgericht und Verfassungsgericht – rechtsvergleichende Aspekte, JZ 1998, 161 ff.; *Häberle,* Europäische Verfassungslehre, 7. Aufl. 2011; *Hatje,* Die institutionelle Reform der Europäischen Union – der Vertrag von Nizza auf dem Prüfstand –, EuR 2001, 143 ff.; *Hilf/Pache,* Der Vertrag von Amsterdam, NJW 1998, 705 ff.; *Hirsch,* Dezentralisierung des Gerichtssystems der Europäischen Union?, ZRP 2000, 57 ff.; *Hölscheidt/Baldus,* EU und EG als terminologisches Problem, DVBl. 1996, 1409; *Jung,* Ein erstinstanzliches Gericht für die Europäischen Gemeinschaften, EuGRZ 1986, 229 ff.; *ders.,* Das Gericht erster Instanz, EuR 1992, 253; *Kirchhof,* Rechtsschutz durch Bundesverfassungsgericht und Europäischen Gerichtshof, in: Merten (Hrsg.), S. 118 ff.; 229 ff.; *Klinke,* Der Gerichtshof der Europäischen Gemeinschaften, 1989; *Lecheler,* Die Fortentwicklung des Rechts der Europäischen Union durch den Amsterdam-Vertrag, JuS 1998, 392 ff.; *Lenz,* Der Vertrag von Maastricht nach dem Urteil des BVerfG, NJW 1993, 3038 f.; *ders.,* Die Gerichtsbarkeit in der Europäischen Gemeinschaft nach dem Vertrag von Nizza, EuGRZ 2001, 433 ff.; *Limbach*, Die Kooperation der Gerichte in der zukünftigen europäischen Grundrechtsarchitektur, EuGRZ 2000, 417 ff.; *Mangold*, Gemeinschaftsrecht und deutsches Recht. Die Europäisierung der deutschen Rechtsordnung in historisch-empirischer Sicht, 2011; *Martenczuk*, Die dritte Gewalt in der Europäischen Union, in: Demel u. a., Funktionen und Kontrolle der Gewalten, Stuttgart, München 2001, S. 242 ff.; *Meier*, Zur Mitverantwortung deutscher Richter für die Vollendung des Binnenmarktes, EuZW 1990, 81 ff.; *Meessen*, Maastricht nach Karlsruhe, NJW 1994, 549 ff.; *Middeke/Szczekalla*, Änderungen im europäischen Rechtsschutzsystem, JZ 1993, 291 f.; *Müller-Graff/Scheuing* (Hrsg.), Gemeinschaftsgerichtsbarkeit und Rechtsstaatlichkeit, in: EuR Beiheft 3/2008; *Nemitz*, 10 Jahre Gericht Erster Instanz der Europäischen Gemeinschaften, DÖV 2000, 437 ff. *Nicolaysen*, Das Lissabon-Urteil des Bundesverfassungsgerichts im Kontext der Europarechtsprechung des Bundesverfassungsgerichts, in: EuR Beiheft 1/2010; *ders./Nowak*, Teilrückzug des BVerfG aus der Kontrolle der Rechtmäßigkeit gemeinschaftlicher Rechtsakte: Neuere Entwicklungen und Perspektiven, NJW 2001, 1233 ff.; *Niemeyer*, Erweiterte Zuständigkeiten für das Gericht erster Instanz der Europäischen Gemeinschaften, EuZW 1993, 529 ff.; *Oppermann*, Die Europäische Union von Lissabon, DVBl 2008, 473 ff.; *Pache/Schorkopf*, Der Vertrag von Nizza, NJW 2001, 1377 ff.; *Pernice*, Karlsruhe locuta – Maastricht in Kraft, EuZW 1993, 649; *Rabe*, Das Gericht erster Instanz der Europäischen Gemeinschaften, NJW 1989, 3041 ff.; *Reich*, Brauchen wir eine Diskussion um ein Europäisches Kompetenzgericht?, EuZW 2002, 257; *Rengeling*, Brauchen wir die Verfassungsbeschwerde auf Gemeinschaftsebene?, in: Due/Lutter/Schwarze (Hrsg.), FS für U. Everling, Baden-Baden 1995, 1187 ff.; *Riedel*, Der Vertrag von Amsterdam und die institutionelle Reform der Europäischen Union, BayVBl. 1998, 545 ff.; *Rodriguez Iglesias*, Der Gerichtshof der Europäischen Gemeinschaften als Verfassungsgericht, 1992; *Rösler*, Zur Zukunft des Gerichtssystems der EU, ZRP 2000, 52 ff.; *Roth*, Der EuGH und die Mitgliedstaaten – ein zunehmend schwieriges Verhältnis, in: Isak (Hrsg.), Krise – Kompetenz – Kooperation, 2010, S. 127 ff.; *Sander*, Europäischer Gerichtshof und nationale Verfassungsgerichtsbarkeit, DÖV 2000, 588 ff.; *Sarcevic*, Der EuGH als Gesetzlicher Richter (Art. 101 Abs. 1 GG), DÖV 2000, 941 ff.; *Schwarze/v. Simson*, Nutzen und Kosten des Rechtsschutzes in der Europäischen Gemeinschaft, in: Schwarze (Hrsg.), Fortentwicklung des Rechtsschutzes, 1987, S. 23 ff.; *ders.*, Der Anspruch auf effektiven Rechtsschutz im europäischen Gemeinschaftsrecht, in: FS Starck, 2007, 645 ff.; *ders.*, 20 Jahre Gericht erster Instanz – der Zugang zur Justiz, EuR 2010, 717 ff.; *Streinz*, Der Vertrag von Amsterdam, EuZW 1998, 137 ff.; *Terhechte*, Der Vertrag von Lissabon: Grundlegende Verfassungsurkunde der europäischen Rechtsgemeinschaft oder technischer Änderungsvertrag?, EuR 2008, 143 ff.; *Thiele*, Das Rechtsschutzsystem nach dem Vertrag von Lissabon – (K)ein Schritt nach vorn?, EuR 2010, 30 ff.; *Tomuschat*, Die Europäische Union unter der Aufsicht des BVerfG, EuGRZ 1993, 489 ff.; *Triantafyllou*, Zur Europäisierung des vorläufigen Rechtsschutzes, NVwZ 1992, 129 ff.; *Tsatsos*, Die Europäische Unionsgrundordnung im Schatten der Effektivitätsdiskussion, EuGRZ 2000, 517 ff.; ders. (Hrsg.), Die Unionsgrundordnung. Handbuch zur Europäischen Verfassung, 2010; *Wägenbaur*, Stolpersteine des Vorabentscheidungsverfahrens, EuZW 2000, 37 ff.; Weidenfeld (Hrsg.), Lissabon in der Analyse, 2008; *Wienke*, Der Europäische Gerichtshof und sein Einfluss auf das Recht, DB 1990, 1463 ff.; *Zuleeg*, Die Rolle der rechtsprechenden Gewalt in der europäischen Integration, JZ 1994, 1 ff.; *ders.*, Die föderativen Grundsätze der Europäischen Union, NJW 2000, 2846.

A. Rechtsgrundlagen der Europäischen Union

1   Was die gegenwärtige europäische Finanz- und Staatsschuldenkrise[1] in den Hintergrund treten lassen mag, verdient schon einleitend nachdrückliche Betonung: Zu Beginn des 21. Jahrhunderts war die die Vereinigung der europäischen Staaten und

---

[1] *Calliess* und *Schorkopf*, VVDStRL 71 (2012), 113 ff. bzw. 183 ff. jeweils mit zahlreichen weiteren Nachweisen.

damit die Einigung Europas aktueller denn je. Jenseits der Marktintegration hat die Rolle der auf gemeinsame Werte gegründeten (Art. 2 EUV) und von gemeinsamen (politischen) Zielen geleiteten (Art. 3 EUV) **Europäischen Union** immer mehr Gestalt angenommen.[2] Dies wird bislang, allen Krisenbefunden zum Trotz,[3] noch immer gerade durch die seit dem 1. Januar 2002 vorhandene eigene Währung verdeutlicht. Grundlage hierfür war der am 1. November 1993 in Kraft getretene Vertrag über die Europäische Union (Maastricht).[4] Seitdem hat sich die Europäische Union kontinuierlich fortentwickelt und **schrittweise konstitutionalisiert**. Mit Inkrafttreten des „Amsterdamer Vertrages – (AV)" am 1. Mai 1999[5] wurden grundlegende Neuerungen in den Unionsvertrag und die Verträge der drei europäischen Gemeinschaften aufgenommen.[6] Ein weiterer Höhepunkt war der Regierungsgipfel in Nizza Anfang Dezember 2000, auf dem weitreichende Änderungen nicht nur im institutionellen Bereich beschlossen wurden und der zum 1. Februar 2003 in Kraft getreten ist. Neben der dort unterzeichneten Charta der Grundrechte, die ein europäischer Konvent unter der Leitung von Roman Herzog ausgearbeitet hatte, wurde eine weitere umfassende Vertragsrevision beschlossen, die heute als „Vertrag von Nizza" bezeichnet wird.[7] Nach dem gescheiterten Verfassungsvertrag (2004)[8] setzte sich nach einer „Denkpause" der Reformprozess fort, und zwar mit dem Reformvertrag von Lissabon vom 13. Dezember 2007,[9] der am 1. Dezember 2009 in Kraft getreten ist. Mit ihm hat auch die EU-Grundrechtecharta, vormals soft law, Rechtsverbindlichkeit erlangt.[10]

Durch den **Unions-Vertrag (EUV-Maastricht)** gründeten die beteiligten Mitgliedstaaten untereinander eine „Europäische Union".[11] Damit war eine neue *politische* Stufe in der Entwicklung der europäischen Integration erreicht, die durch Gründung der drei Europäischen Gemeinschaften – Montanunion, EURATOM und Europäische Wirtschaftsgemeinschaft – primär marktbezogen eingeleitet worden war. Die europäische Integration beruhte nunmehr auf dem sog. **„Drei-Säulen-Konzept"**.[12] Die Grundlage der Union bildeten die genannten drei **Europäischen Gemeinschaften**, wobei die Europäische Wirtschaftsgemeinschaft mit dem Maastrichter Unionsvertrag

---

[2] *Häberle*, Europäische Verfassungslehre, 209 ff.
[3] Jüngst aufbereitet bei *Kirchhof*, Deutschland im Schuldensog: Der Weg vom Bürgen zurück zum Bürger, 2012.
[4] Vertrag über die Europäische Union vom 7.2.1992, ABl. 1992 C 191/1 = BGBl. 1992 II 1253 – in Kraft getreten am 1.11.1993; dazu *Oppermann*, Die Europäische Union seit Maastricht, in: *ders./Classen/Nettesheim*, Europarecht, § 3 Rn. 1 ff.
[5] ABl. 1997 C 340/97 = BGBl. 1998 II 386, BGBl. 1999 II 296.
[6] Vgl. dazu *Hilf/Pache*, NJW 1998, 705 ff.; *Lecheler*, JuS 1998, 392 ff.; *Oppermann/Classen/Nettesheim*, Europarecht, § 2 Rn. 35; *Riedel*, BayVBl. 1998, 545 ff.; *Streinz*, EuZW 1998, 137.
[7] Vertrag von Nizza, ABl. 2001 C 80/1; vgl. dazu *Borchmann*, EuZW 2001, 170; *Hatje*, EuR 2001, 143 ff.; *Pache/Schorkopf*, NJW 2001, 1377 ff.; *Epiney/Apt/Mosters*, DVBl. 2001, 941 ff.
[8] Entwurf eines Vertrages über eine Verfassung für Europa vom 29.10.2004, ABl. 2004 C 310/1.
[9] Vertrag von Lissabon zur Änderung des Vertrages über die Europäische Union und des Vertrages zur Gründung der Europäischen Gemeinschaft, ABl. 2007 C 306/1; dazu etwa: *Streinz/Ohler/Herrmann*, Lissabon, S. 26 ff.
[10] *Kotzur*, in: Geiger/Khan/Kotzur, EUV/AEUV, Anhang 1, Rn. 1 ff.
[11] Art. A Abs. 1 EUV.
[12] Art. A Abs. 3 EUV.

in „Europäische Gemeinschaft" umbenannt wurde.[13] Auch nach Inkrafttreten des Unionsvertrags in der Gestalt des „Amsterdamer Vertrages" und des „Nizza-Vertrages" handelte es sich bei allen drei Gemeinschaften um eigenständige Rechtssubjekte[14] mit unterschiedlichen Zielsetzungen und eigenständigen, freilich interdependenten Aufgabenbereichen. Da die Gültigkeit des EGKSV aber zum 24.7.2002 ausgelaufen ist (vgl. Art. 97 EGKSV), beschlossen die Mitgliedstaaten in Nizza, das gesamte Vermögen und die Verbindlichkeiten des EGKSV (Stand: 23.7.2002) auf die EG zu übertragen (zum Lissabon-Vertrag sogleich unter Rn. 4).

Danach galt es, nicht nur diese zwei Gemeinschaften rechtlich auseinanderzuhalten, sondern auch ihr Verhältnis zum Dach der Europäischen Union und dessen neue rechtliche Qualität differenziert zu betrachten. Als wichtiger Beschreibungsmodus konnte sich nach Maastricht rasch der Verbundbegriff, sei es in der stärker intergubernativen Lesart des Staatenverbundes,[15] sei es in der stärker konstitutionellen Lesart des Verfassungsverbundes durchsetzen.[16] Art. 3 EUV in der Fassung des Amsterdamer Vertrages bestätigte das Verbundmodell. Ihm zufolge verfügte die Union über einen einheitlichen institutionellen Rahmen, der die Kohärenz und Kontinuität der Maßnahmen zur Erreichung ihrer Ziele unter gleichzeitiger Wahrung und Weiterentwicklung des gemeinschaftlichen Besitzstandes sicherstellte. Art. 5 EUV-Amsterdam nannte die Gemeinschaftsorgane und stellte klar, dass diese ihre Befugnisse nach Maßgabe und im Sinne der Verträge zur Gründung der Europäischen Gemeinschaften (also EG und EAG) ausüben. Dementsprechend verfügte die Union – abgesehen von dem Europäischen Rat – nicht über eigene Organe. Vielmehr bediente sich die EU der Organe der Europäischen Gemeinschaften. Daraus wurde – juristisch gesehen – kein Konglomerat. In der Öffentlichkeit setzte sich indes ohne Rücksicht auf solche strukturelle Komplexität mehr und mehr das Kürzel „EU" für die Gesamtheit der Gemeinschaftskonstruktion durch.[17] Die Normierung in Art. 3, 5 EUV-Amsterdam für einen institutionellen Rahmen der EU mag dazu geführt haben, bei den Gemeinschaftsorganen ohne genaue Differenzierung von EU-Organen zu sprechen. Dies spiegelte aber nicht die Rechtswirklichkeit wider. Eine Fusion der Europäischen Gemeinschaften mit der EU hat weder nach Inkrafttreten des Amsterdamer Vertrages noch nach den Veränderungen infolge des Vertrages von Nizza stattgefunden.[18] Art. 3 und 5 EUV-Amsterdam sahen nur vor,

---

[13] Vor diesem Hintergrund soll im Folgenden hinsichtlich des Vertragstextes der EG (Stand Nizza) von EGV-Nizza die Rede sein.

[14] Vgl. Art. 6 EGKSV, Art. 210 EGV, Art. 184 EAGV.

[15] BVerfGE 89, 155 (156, 181); 123, 267 (348): „Der Begriff des Verbundes erfasst eine enge, auf Dauer angelegte Verbindung souverän bleibender Staaten, die auf vertraglicher Grundlage öffentliche Gewalt ausübt, deren Grundordnung jedoch allein der Verfügung der Mitgliedstaaten unterliegt und in der die Völker – das heißt die staatsangehörigen Bürger – der Mitgliedstaaten die Subjekte demokratischer Legitimation bleiben." Prägend wirkt *Kirchhof*, Der europäische Staatenverbund, in: v. Bogdandy/Bast (Hrsg.), Europäisches Verfassungsrecht, S. 1009 ff., 1019 ff.

[16] Wegweisend *Pernice*, EuR 1996, 27 (33): „Der Begriff des Verfassungsverbundes kennzeichnet (…) die materielle Einheit von Gemeinschafts- und innerstaatlichem (Verfassungs-)Recht"; *ders.*, JöR 48 (2000), 205 ff.; *ders.*, VVDStRL 60 (2001), 148 ff.; *ders.*, Theorie und Praxis des Europäischen Verfassungsverbundes, in: Calliess (Hrsg.), Verfassungswandel im europäischen Staaten- und Verfassungsverbund, 2007, S. 61 ff.

[17] Vgl. dazu *Hölscheidt/Baldus*, DVBl. 1996, 1409.

[18] *Oppermann*, Europarecht, 2. Aufl. 1999, Rn. 154 mit Hinweisen auf abweichende Auffassungen zur damaligen Rechtslage.

dass die Gemeinschaftsverträge innerhalb ihrer Befugnisse auch die Interessen/Zielvorstellungen der EU im Auge behalten und kohärent und konsequent mit berücksichtigen sollten. Im Übrigen ließ der EUV-Amsterdam die Gemeinschaftsverträge unberührt (Art. 47 EUV). Eigene Rechtsgrundlagen zum Tätigwerden der Gemeinschaftsorgane enthielt dieser EUV nicht.

Ergänzt wurde die erste Säule durch zwei im Unionsvertrag vorgesehene Formen der Zusammenarbeit: die **Gemeinsame Außen- und Sicherheitspolitik** (Art. 11 ff. EUV-Amsterdam) und die Zusammenarbeit in den Bereichen **Justiz und Inneres** (Art. 29 ff. EUV-Amsterdam). Nach Art. 46 EUV-Amsterdam, der die Zuständigkeit des Gerichtshofs im Wege eines Enumerationsprinzips abschließend aufführte, blieben die Bereiche der Zusammenarbeit im intergouvernementalen Bereich der Gemeinsamen Außen- und Sicherheitspolitik sowie der überwiegende Teil der Zusammenarbeit in den Bereichen Justiz und Inneres ausgenommen,[19] auch wenn sich durch den Amsterdamer Vertrag im Bereich der dritten Säule Änderungen ergeben haben. Diese Änderungen betreffen die polizeiliche und justizielle Zusammenarbeit, die verstärkte Zusammenarbeit und die Überwachung und Einhaltung der Grundrechtsbindung (Art. 46 b bis c EUV).

Der nunmehr maßgebliche **Lissabon-Vertrag**, in Kraft getreten am 1. Dezember 2009, ordnet – sich anlehnenden an den im Jahre 2005 nach Referenden in Frankreich und den Niederlanden gescheiterten Verfassungsvertrag – das europäische Integrationswerk neu.[20] Die EU nach Lissabon erschließt sich in der Zusammenschau der konsolidierten Texte des neuen EU-Vertrags (EUV) sowie des „Vertrags über die Arbeitsweise der Union" (AEUV = im Wesentlichen bisheriger EG-Vertrag). Die beiden Verträge sind die **Grundlage der einheitlichen und einzigen Rechtspersönlichkeit der neuen Europäischen Union**, Art. 47 EUV.[21] Hiermit ist juristisch vollzogen worden, was bereits in der Rechtsöffentlichkeit wahrgenommen wurde. Der Vertrag von Lissabon beruht dabei, wie angedeutet, auf einer weitgehenden Übernahme der Substanz des Verfassungsvertrages von 2004.[22] Zwar wurde das „Verfassungskonzept" – jedenfalls terminologisch – aufgegeben, die Verfassungsidee aber lebt fort. So stellt der heutige EUV im Zusammenklang mit „verfassungsqualitativen" (D. Th. Tsatsos) Bestimmungen aus dem AEUV die verfassungsmäßige Grundordnung der Union dar.[23] Zu Zielen und Zuständigkeiten ist wie bisher geregelt, dass die Union ihre Ziele nur insoweit verfolgen darf, als ihr Zuständigkeiten zugewiesen sind, Art. 3 Abs. 6 EUV und Art. 7 AEUV.[24] Der neue „institutionelle Rahmen" ist weitgehend dem Verfassungsvertrag entnommen.

Weder im Kontext des gescheiterten Verfassungsvertrages noch bei den Beratungen zum anschließenden Vertragswerk von Lissabon bildete die Reform des unionalen Rechtsschutzsystems einen entscheidenden Schwerpunkt politischen Bemühens oder

---

[19] Vgl. hierzu *Middeke/Szczekalla*, JZ 1993, 291 f.
[20] *Mayer*, JuS 2010, 189 ff.; *Terhechte*, EuR 2008, 143 ff.
[21] *Oppermann/Classen/Nettesheim*, Europarecht, § 2 Rn. 45.
[22] Dazu und zu Unterschieden: *Oppermann/Classen/Nettesheim*, Europarecht, § 2 Rn. 45; *Oppermann*, DVBl 2008, 473 ff.; *Streinz/Ohler/Herrmann*, Lissabon, S. 27, 30.
[23] *Oppermann/Classen/Nettesheim*, Europarecht, § 2 Rn. 45; *Haratsch/Schiffauer/Tsatsos*, Einleitung: Der Verfassungszustand der Europäischen Union, in: Tsatsos (Hrsg.), Die Unionsgrund. 2010, S. 1 ff., 9.
[24] Näheres bei *Oppermann*, DVBl 2008, 477 f.

wissenschaftlicher Kontroversen.[25] Substantielle Neuerungen der Gerichtsverfassung hatte schon der Vertrag von Nizza eingeführt,[26] vor allem die „Erweiterungsfähigkeit" des unter übergroßer Arbeitsbelastung leidenden EuGH sichergestellt[27] (die Änderungen betrafen etwas die Organisation des Gerichtshofs und des Gerichts erster Instanz sowie der damaligen gerichtlichen Kammern – heute Fachgerichte –, die Zuständigkeit für Vorabentscheidungen und Direktklagen sowie Verfahrensfragen[28]). Hier galt es Kontinuität zu wahren. Und doch wird substantiell Neues greifbar: Die Grundlagenbestimmungen zum Gerichtshof der Europäischen Union finden sich nunmehr dort, wo die prägenden Konturen der Unionsgrundordnung gezeichnet,[29] anders formuliert, wo die konstitutionellen Fundamente der Union gelegt werden: im EUV, konkret in seinem neugefassten Art. 19.[30] Gewiss ist die Aufnahme aller Unionsorgane in Titel III des Unionsvertrages auch der formalen Auflösung der bisherigen Säulenstruktur geschuldet, sie weist in ihrer konstitutionellen Dynamik aber weit über dieses Moment hinaus. Neben der kontinuierlichen Konstitutionalisierung verändert ein ebenso kontinuierliches Anwachsen von Zuständigkeiten und Tätigkeiten der Union das Aufgaben- und Verantwortungsprofil jenes Organs, das zur Wahrung ihres Rechts (Art. 19 Abs. 1 S. 2 EUV) berufen bleibt.[31] Das wiegt umso schwerer, als der EuGH eine Doppelrolle als höchstes unionales Fach- und Verfassungsgericht zu erfüllen hat und die eine nicht von der anderen Funktion überlagert werden sollte.[32] War der Luxemburger Gerichtshof bisher schon – von den Mitgliedstaaten teils konstruktiv-kritisch begleitet, teils misstrauisch beäugt – „Motor der Integration" und damit auch „Motor der Konstitutionalisierung", so wächst die verfassungsgerichtliche Verantwortung. Diesen Verantwortungszuwachs untermauert die Garantie effektiven Rechtsschutzes in Art. 47 Abs. 1 GR-Charta. Der Vertrag von Lissabon wandelt das „soft law" der feierlichen Erklärung vom 7. Dezember 2000 in das „hard law" eines dritten Gründungsvertrages und leistet damit die entscheidende konstitutionelle Verdichtung, von Art. 6 Abs. 1 Hs. 2 EUV unmissverständlich formuliert: „die Charta der Grundrechte und die Verträge sind rechtlich gleichrangig." Diese Rechtsschutzgarantie ist nicht auf Rechte und Freiheiten im Sinne der Charta beschränkt, sondern muss für alle auf EU-Ebene gewährten Rechte zur Verfügung stehen.[33]

---

[25] *Thiele*, EUR 2010, 30; *Calliess*, Die neue Europäischen Union nach dem Vertrag von Lissabon, S. 148; *Schwarze*, EUR, Beiheft 1 (2009), 9 (14); zum Reformdruck auf das unionale Rechtsschutzsystem, der mit einer Kompetenzerweiterung der Union indes verbunden ist *v. Danwitz*, EuR 2008, 769 (785).
[26] Dazu *Everling*, EuR Beiheft 1/2009, 71 ff.; *Streinz/Ohler/Herrmann*, Lissabon, 2. Aufl. 2008, S. 60.
[27] So *Bast*, in: v. Bogdandy/Bast, Europäisches Verfassungsrecht, S. 489 ff., 554.
[28] Im Einzelnen *Everling*, EuR Beiheft 1/2003, 7 (17).
[29] *Tsatsos*, EuGRZ 1995, 287 ff.; *ders.*, EuGRZ 2000, 517 ff.
[30] Von einer „Zentralnorm der Rechtsgemeinschaftlichkeit" spricht *Terhechte*, EuR 2008, 143 (159).
[31] *Pernice*, EuR 2011, 151.
[32] Grundlegend *Häberle*, Europäische Verfassungslehre, 7. Aufl. 2011, S. 460 ff.; *Manthey/Unseld*, ZeuS 2011, 323 ff., 325; *Meyer*, in: v. Bogdandy/Bast, Europäisches Verfassungsrecht, S. 559 ff., 593 ff.; *Arnull*, The European Union and ist Court of Justice, 2. Aufl. 2006, S. 661 f.
[33] *Eser*, in: Meyer (Hrsg.), Charta der Grundrechte der Europäischen Union, 3. Aufl. 2011, Art. 47 Rn. 9 mit w. N. in Fn. 34, Rn. 16.

Augenfällige Neuerungen betreffen die Nomenklatur. Der Lissabon-Vertrag[34] übernimmt im Wesentlichen die Terminologie des Verfassungsvertrages, insbesondere die Bezeichnungen „Gerichtshof der Europäischen Union" als Oberbegriff für den Gerichtshof (bisher Gerichtshof der Europäischen Gemeinschaften), „Gericht" (bisher Gericht erster Instanz) und die „Fachgerichte" (bisher Gerichtliche Kammern), Art. 19 EUV; Art. 251–281 AEUV). Überdies ist der Rechtsschutz erweitert worden,[35] und zwar u. a. der Rechtsschutz Privater gegen Rechtsakte mit allgemeiner Wirkung, Art. 263 Abs. 4 AEUV,[36] und der Rechtsschutz gegen Agenturen. Ferner ist die Gerichtsbarkeit auf den Bereich der bisherigen Union erstreckt. Einschränkungen der Gerichtsbarkeit im Bereich der Gemeinsamen Außen- und Sicherheitspolitik – GASP – sind weitgehend aufgehoben worden. Art. 46 EUV-Nizza ist ersatzlos entfallen. Auch im Bereich des Raumes der Freiheit, der Sicherheit und des Rechts entfallen (wie schon im Verfassungsvertrag) bisherige Beschränkungen. Insbesondere werden Art. 35 EUV-Nizza und Art. 68 EGV-Nizza aufgehoben.

Zusammenfassend sei an dieser Stelle festgehalten: Nach dem Vertrag von Lissabon fällt unter den Begriff „Europäischer Gerichtshof" die gesamte unionsunmittelbare Gerichtsbarkeit, vgl. Art. 19 Abs. 1 EUV.[37] Diese ist dreiteilig aufgebaut. Allerdings entsteht dadurch kein dreistufiger Instanzenzug. Er ist meist nur zweistufig. Zum Instanzenzug gehören der Gerichtshof, das Gericht (bisher Gericht erster Instanz) sowie die Fachgerichte, die als gerichtliche Kammern bereits im Vertrag von Nizza vorgesehen waren. Die Aufgaben des Gerichtshofes sind auf den Bereich der Freiheit, der Sicherheit und des Rechts ausgedehnt worden – eine Folge der Verschmelzung der bisherigen Säulen. Andererseits unterliegt die Gemeinsame Außen- und Sicherheitspolitik, eingeschlossen die Europäische Sicherheits- und Verteidigungspolitik, der inhaltlichen Kontrolle durch den Gerichtshof weitgehend nicht, Art. 24 Abs. 1 UAbs. 2 S. 6 EUV und Art. 275 AEUV.

Im Verhältnis der einzelnen Gerichte zueinander erfolgt keine weitere Verschiebung der Zuständigkeiten. Im Kern bleibt es also bei der Gerichtsverfassung von Nizza. Wie bereits durch den Art. 225 EGV-Nizza vorgesehen war, ist das Gericht grundsätzlich für alle Nichtigkeits- und Untätigkeitsklagen zuständig, abgesehen von dem Fall, dass ein Fachgericht oder der Gerichtshof gemäß seiner Satzung zuständig ist, Art. 256 Abs. 1 AEUV. Darüber hinaus wird das Gericht (wie auch schon nach dem EGV möglich) für die Entscheidung bei Vorabentscheidungsersuchen in bestimmten Sachgebieten zuständig, die in der Satzung festgelegt werden, Art. 256 Abs. 3 AEUV. Neu ist das Klagerecht des Ausschusses der Regionen gem. Art. 263 Abs. 3 AEUV.[38] Ebenfalls neu ist die Bestimmung des Art. 255 AEUV, der regelt, dass ein hochrangig besetzter Ausschuss Stellungnahmen über die Eignung der Bewerber für das Amt eines Richters oder Generalanwalts abgeben muss. Dieser „Eignungsprüfungsausschuss" vertraut weniger auf die große öffentliche Anhörung nach Vorbild des US-amerikanischen Supreme Court als auf die Prüfung durch ein kleines Gremium, das für hohe ethische Standards,

---

[34] Vgl. zu den Änderungen betr. den Europäischen Gerichtshof auch *Streinz/Ohler/Herrmann*, Lissabon S. 71 f.
[35] Dazu im Einzelnen *Everling*, EuR Beiheft 1/2009, 73 ff. m.w.N.
[36] *Kottmann*, ZaöRV (70) 2010, 547 ff.
[37] Dazu und zum Folgenden: *Streinz/Ohler/Herrmann*, Lissabon, S. 71 f.
[38] *Kotzur*, in: Geiger/Khan/Kotzur, EUV/AEUV, Art. 263 AEUV, Rn. 17.

9 Weitreichend könnten die Folgen sein, die sich aus der Bestimmung des Art. 19 Abs. 1 UAbs. 2 EUV (verstärkt durch den Rechtsgedanken aus Art. 47 GR-Charta) ergeben. Danach schaffen die Mitgliedstaaten die erforderlichen Rechtsbehelfe, um einen wirksamen Rechtsschutz in den vom Unionsrecht erfassten Bereichen zu gewährleisten. Die „grundrechtliche Gewährleistung" gibt an sich die Rechtsprechung des EuGH wieder, könnte sich aber zu einer umfassenden Garantie wirksamen Rechtsschutzes entwickeln, vergleichbar mit Art. 19 Abs. 4 GG, Art. 6 EMRK und auch vorgezeichnet in Art. 47 GR-Charta.[40]

10 Vor der Ratifizierung des Vertrages von Maastricht ist vielfach kritisch die Frage gestellt worden, ob bereits durch Abschluss des Vertrages ein europäischer Bundesstaat geschaffen werde, und zwar entweder durch den Vertragsabschluss oder infolge der damit zwangsläufig eingeleiteten Entwicklung. Diese Frage war auch für die Entscheidung des **Bundesverfassungsgerichts** bedeutsam,[41] da das Grundgesetz keine tragfähige Basis für ein Aufgehen der Bundesrepublik Deutschland in einen europäischen Bundesstaat gibt. Wie das Bundesverfassungsgericht jedoch ausgeführt hat, ist damit der Weg zu einer europäischen Bundesstaatlichkeit nicht versperrt. Dieser führt allerdings über die vom Grundgesetz vorgesehenen Verfahren repräsentativ-demokratischer Entscheidung, für die mit fortschreitender Integration künftig auch die Legitimation durch das frei gewählte Europäische Parlament notwendig sein wird. Gefordert ist hier die originäre Selbstbestimmung der europäischen Völker.[42] Auch wenn mittlerweile zwischen dem deutschen BVerfG und dem EuGH seit dem sog. Maastricht-Urteil des BVerfG ein **Kooperationsverhältnis** mit dem weitgehenden Rückzug des deutschen Verfassungsgerichts aus gemeinschaftsrechtlich determinierten Fallgestaltungen besteht,[43] zeigt sich durch Rechtsetzungsakte und jüngere Geschehnisse (BSE, MKS,[44] Beihilfen, Mechanismen zur Bekämpfung der Finanzkrise etc.), wie das Unionsrecht die nationalen Rechtsordnungen der einzelnen Mitgliedstaaten in vielfältiger Weise beeinflussen kann und welches Konfliktpotenzial dort besteht (vgl. dazu i.E. unten §§ 34 ff.). Nicht zuletzt in dem Bemühen, den Grundrechtsschutz auch auf europäischer Ebene zu verbessern und bestehende Rechtsschutz- und Legitimationslücken im europäischen Rechtsschutzsystem zu überbrücken,[45] ist bereits eine „Verfassungsbeschwerde" zum EuGH vorgeschlagen worden,[46] die allerdings im politischen Raum auf wenig Reso-

---

[39] *Hakenberg/Schilhan*, ZfRV 2008, 104 ff.; *Kotzur*, in: Geiger/Khan/Kotzur, EUV/AEUV, Art. 255 AEUV, Rn. 1 f.
[40] Vgl. *Wegener*, in: Calliess/Ruffert, EUV/AEUV, Verfassungsvertrag, Art. I-29 Rn. 4 ff.; *Huber*, in: Streinz, Art. 19 EUV, Rn. 14 f.; *Streinz/Ohler/Herrmann*, Lissabon, S. 72.
[41] Vgl. dazu *Tomuschat*, EuGRZ 1993, 489 ff.; *Bleckmann/Pieper*, RIW 1993, 989 ff.; *Lenz*, NJW 1993, 3038 f.; *Pernice*, EuZW 1993, 649; *Meessen*, NJW 1994, 549 ff.
[42] BVerfG, Urt. v. 12.10.1993, 2 BvR 2134/92 und 2159/92, BVerfGE 89, 155 ff.
[43] Zum Verhältnis BVerfG und EuGH vgl. *Graf Vitzthum*, JZ 1998, 161 ff.; *Nicolaysen/Nowak*, NJW 2001, 1233 ff.; *Sander*, DÖV 2000, 588; *Limbach*, EuGRZ 2000, 418; *Sarcevic*, DÖV 2000, 941; kritisch zum Prüfungs-Vorbehalt europäischer Rechtsakte innerhalb der national eingeräumten Hoheitsrechte *Zuleeg*, NJW 2000, 2846 (2848); ders., ELR 1997, 19.
[44] Dazu EuGH, Rs. C-189/01, *Jippes*, Slg. 2001, I-5693 = NVwZ 2001, 1145 (1145, 1146); *Schwarze*, in: FS 50 Jahre BVerfG, S. 223 ff.
[45] Dazu insgesamt: *Rengeling/Szczekalla*, Grundrechtsschutz in der EU.
[46] *Rengeling/Szczekalla*, in: FS Everling, S. 1187 ff.

nanz gestoßen ist und mit der Vertragsrevision von Lissabon auch nicht aufgegriffen worden ist. In jüngerer Zeit wurde die Rolle des EuGH bei der Sicherung der Kompetenzgrenzen zwischen der Union den Mitgliedstaaten intensiv diskutiert; besonders kontrovers beurteilt wurde die Rs. „Mangold",[47] wobei das Bundesverfassungsgericht selbstbewusst die Möglichkeit einer ultra-vires-Kontrolle gegenüber ausbrechenden Rechtsakten anmahnt – ohne bislang allerdings einen solchen festgestellt zu haben.[48]

Auch im Zusammenhang mit dem Lissabon-Vertrag wurde die „vor Maastricht" diskutierte Frage nach den Grenzen der Übertragung von Hoheitsrechten und der damit möglicher Weise verbundenen Erosion souveräner Staatlichkeit gestellt. Das Bundesverfassungsgericht hat allerdings die verfassungsrechtlichen Bedenken gegen das deutsche Zustimmungsgesetz nicht geteilt.[49]

B. Rechtsschutz in der Europäischen Union

I. Allgemeine Bedeutung

Zu den wesensgemäßen Merkmalen einer Rechtsgemeinschaft,[50] wie sie die EU darstellt und in ihrem Wertbekenntnis zur „Rechtsstaatlichkeit (Art. 2 EUV) unzweideutig vermittelt,[51] gehört ein funktionierendes **Rechtsschutzsystem**. Es hat die sich aus der Rechtsordnung ergebenden Rechte und Pflichten wirksam zu kontrollieren und ggf. auch durchzusetzen. Im Rahmen der hier vorgesehenen Darstellung ist der Begriff des „Rechtsschutzes" im Sinne eines umfassenden gerichtlichen Schutzes bei der Anwendung bzw. der Verletzung des Unionsrechts zu verstehen,[52] wie ihn Art. 47 GR-Charta vor Augen hat und mit Grundrechtsqualität sicherstellt.[53] Insgesamt geht es aber nicht nur um den subjektiven Rechtsschutz des einzelnen Unionsbürgers, sondern ebenso um Rechtsschutzmöglichkeiten der Unionsorgane, der Mitgliedstaaten und ihrer nationalstaatlichen Organe.

---

[47] EuGH Rs. C-144/04 *Mangold* Slg. 2005, I-9981.
[48] BVerfGE 126, 286; *Gerken/Rieble/Roth/Stein/Streinz*, „Mangold" als ausbrechender Rechtsakt, 2009; aus der früheren Diskussion *Goll/Kenntner*, EuZW 2002, 101, einerseits; *Reich*, EuZW 2002, 257, und *Everling*, EuZW 2002, 357 ff., andererseits.
[49] BVerfGE 123, 267 ff. Die Begleitliteratur war schon nach kurzer Zeit kaum mehr zu überblicken, in Auswahl etwa: *Calliess*, ZG 2010, 1 ff.; *Cremer*, Jura 2010, 296 ff.; *Häberle*, JöR 58 (2010), 317 ff.; *Lindner*, BayVBl. 2010, 193 ff.; *Mayer*, NJW 2010, 714 ff. *Müller-Graff*, Das Lissabon-Urteil – Implikationen für die Europapolitik, ParlBeilage Nr. 18, 2010, 22 ff.; *Schröder*, DÖV 2010, 303 ff.; *Weber*, JZ 2010, 157 ff.; *Wiemers*, VR 2010, 73 ff.; *Classen*, JZ 2009, 881 ff.; *Gärditz/Hillgruber*, JZ 2009, 872 ff.; *Grimm*, Der Staat 48 (2009), 475 ff.; *Jestaedt*, Der Staat 48 (2009), 497 ff.; *Terhechte*, EuZW 2009, 724 ff.; *Thym*, Der Staat 48 (2009), 559 ff.; *Wahl*, Der Staat 48 (2009), 587 ff.
[50] *Hallstein*, Die Europäische Gemeinschaft, 5. Aufl. 1979, S. 53, spricht pointiert von einem „Geschöpf des Rechts".
[51] Allg. *Mandry*, Europa als Wertegemeinschaft, 2009.
[52] Vgl. zum Nutzen und Kosten des Rechtsschutzes in der EG, *v. Simson*, in: Schwarze, Fortentwicklung des Rechtsschutzes, S. 23 ff.; ferner *Zuleeg*, JZ 1994, 6.
[53] *Eser*, in: Meyer (Hrsg.), Charta der Grundrechte der Europäischen Union, 3. Aufl. 2011, Art. 47 Rn. 10 ff.

13 Für einen funktionierenden Rechtsschutz ist nicht nur der Aufbau einer qualitativ und quantitativ allen Anforderungen gerecht werdenden **Gerichtsbarkeit** unabdingbare Voraussetzung,[54] sondern auch das Vorhandensein bestimmter Rechtsschutzmöglichkeiten, die den Zugang zu dieser unabhängigen Kontrollinstanz eröffnen. Nach dem Rechtsschutzsystem der Union ist die Aufgabe der **Streitschlichtung** und des Interessenausgleichs primär dem Gerichtshof der Europäischen Union (Art. 19 Abs. 1 S. 1 EUV) zugewiesen, dessen Entscheidungskompetenz sich allerdings allein auf die dort enumerativ festgelegten Klage- und Verfahrensarten beschränkt. Infolge dieser Determination können im europäischen Rechtsschutzsystem bei bestimmten Fallkonstellationen Lücken entstehen, die auch nicht vollständig durch den Rückgriff auf die nationalen Rechtsbehelfsmöglichkeiten geschlossen werden können.[55] So fehlt auf Unionsebene beispielsweise eine allgemeine Leistungs- und Unterlassungsklage (vgl. aber §§ 6–9). Gleichwohl wird mit dem vorhandenen Kontrollsystem aber ein Rechtsschutz gewährleistet, der im Rahmen internationaler Organisationen seinesgleichen sucht[56] und grundsätzlich **rechtsstaatlichen Anforderungen** (Art. 2 EUV) entspricht.[57]

14 Wie der Gerichtshof festgestellt hat, handelt es sich bei der **Gewährung effektiven Rechtsschutzes** um einen allgemeinen Rechtsgrundsatz, der den gemeinsamen Verfassungstraditionen der Mitgliedstaaten zugrunde liegt.[58] Er ist nicht nur im Rahmen des Unionsrechts zu berücksichtigen, sondern auch auf der Ebene der Mitgliedstaaten, um eine effektive richterliche Kontrolle der einschlägigen Gemeinschaftsbestimmungen zu gewährleisten.[59] Gemäß Art. 47 GR-Charta hat, wie schon erwähnt, jede Person, deren durch das Recht der Union garantierte Rechte oder Freiheiten verletzt worden sind, das Recht, nach Maßgabe der in diesem Artikel vorgesehenen Bedingungen, bei einem Gericht einen wirksamen Rechtsbehelf einzulegen.[60] Neben ihrer Rechtsschutzfunktion stellen die einzelnen Rechtsbehelfsmöglichkeiten für den EuGH auch Mittel und Wege zur Stabilisierung und **Fortentwicklung** der Europäischen Union als Rechtsgemeinschaft dar.[61] Die Metapher vom „Motor der Integration" ist hinlänglich bekannt. Sofern das Unionsrecht Rechtsschutzmöglichkeiten in besonderen Verwaltungsverfahren vorsieht,[62] soll hierauf in dem entsprechenden Zusammenhang eingegangen werden.

---

[54] EuGH, Gutachten v. 14.12.1991, Slg. 1991, 6079, 6108.

[55] Vgl. dazu *Sack*, EuR 1985, 319 ff.; *v. Winterfeld*, NJW 1988, 1409 ff.; *v. Danwitz*, NJW 1993, 1111 ff.

[56] *Ehlermann*, NJW 1992, 1857.

[57] Zur Gemeinschaftsgerichtsbarkeit und Rechtsstaatlichkeit im Einzelnen: *Müller-Graff/Scheuing* (Hrsg.), EuR Beiheft 3/2008.

[58] EuGH, Rs. 222/84, *Johnston*, Slg. 1986, 1651 Rn. 15–20; Rs. 222/86, *Unectef*, Slg. 1987, 4097, Rn. 14–17; vgl. auch *Classen*, in: Schulze/Zuleeg/Kadelbach, § 4 Rn. 1; *Rengeling*, Grundrechtsschutz in der EG, S. 158 ff., 188 ff.; *Schwarze*, in: FS Starck, S. 645 ff.; *v. Danwitz*, EU-VerwR, S. 273.

[59] EuGH, Fn. zuvor; *Oppermann/Classen/Nettesheim*, Europarecht, § 14 Rn. 81.

[60] Vgl. in diesem Zusammenhang zum effektiven Rechtsschutz: *Streinz*, in: Streinz, EUV/EGV, Art. 47 GR-Charta Rn. 6; vgl. auch *Rengeling/Szczekalla*, Grundrechte in der Europäischen Union, § 44.

[61] Vgl. *Görgmaier*, DÖV 1981, 360; *Wienke*, DB 1990, 1463 ff.; *Everling*, ZfSR 1993, 338 ff.

[62] Z. B. die Kartellverordnung Nr. 17/62 (ABl. 1962 L 13/240 ff.); die Überwachungsrichtlinie bei der Vergabe öffentlicher Bau- und Lieferaufträge ABl. 1989 L 395/33; ferner: Vorschlag einer Zollkodex-Verordnung ABl. 1990 C 128/1.

II. Gerichtliche Kontrolle

Aufgrund der Art. 3 und 4 des **Abkommens über gemeinsame Organe** vom 25. März 1957[63] wurde bereits frühzeitig ein einheitlicher **Gerichtshof** für die damals noch bestehenden drei Europäischen Gemeinschaften geschaffen. Der EuGH war schon damals **oberstes Rechtsprechungsorgan** der Gemeinschaften und „Wahrer des Gemeinschaftsrechts".[64] Insoweit ist der EuGH die vielleicht „europäischste" Institution der EU, da er sich bei seiner Tätigkeit allein am Unionsrecht orientiert und auf eine europäische Sicht der Dinge beschränken kann und beschränkt (autonome Auslegung des Unionsrechts).[65] Seine Rechtsprechungsfunktion übt der EuGH nun schon seit mehr als 50 Jahre aus.[66] Neben dem EuGH gibt es seit 1989 auch noch das vormals so genannte **Gericht erster Instanz (heute „Gericht")**, welches aufgrund des durch die EEA[67] eingefügten Art. 168 a EGV-Nizza, Art. 140 a EAGV, Art. 32 d EGKSV durch Ratsbeschluss vom 24.10.1988[68] neu geschaffen wurde. Mit der Novellierung der Gründungsverträge durch den EUV ist das EuG dem Gerichtshof auch primärrechtlich in Art. 224 EGV-Nizza, Art. 140 a EAGV, Art. 32 d EGKSV beigeordnet worden. Das Gericht (erster Instanz) zielte auf die Entlastung des EuGH. Es wird in bestimmten Sachgebieten als Tatsacheninstanz, die der Kontrolle eines Rechtsmittelgerichts unterliegt, tätig.[69] Nachdem sich die Rechtsprechungstätigkeit des Gerichts erster Instanz bewährt hatte, wurde sein Zuständigkeitsbereich durch Beschluss des Ministerrates vom 8. Juni 1993 auf das Beihilfenrecht erweitert.[70] Seine erfolgreiche Tätigkeit übt das Gericht nunmehr bereits über 20 Jahre aus.[71] Mit den vorangegangenen Novellierungen ist die Institution des Gerichts erster Instanz beständig gefestigt und ausgebaut worden. Dass mit dem Wegfall der „Europäischen Gemeinschaft" auch der Name „Gerichtshof der Europäischen Gemeinschaften" obsolet geworden ist, gehört zu den terminologischen Selbstverständlichkeiten des Reformprozesses.[72] Dass mit den Termini „Gerichtshof" – in der englischen Sprachfassung „Court of Justice" – und „Gericht" – in der englischen Sprachfassung „General Court" – ohne namensprägenden Bezug auf die EU neue begriffliche Unsicherheiten geschaffen werden bzw. zwischen dem „Gerichtshof der Europäischen Union", dem „Court of Justice of the European Union" und dem „Gerichtshof", dem „Court of Justice", unglückliche Verwechslungsgefahren entstehen, bleibt aber ein semantisches Defizit.[73]

---

[63] BGBl. II 1156.
[64] *Hölscheidt,* JA 1990, 256.
[65] *Hitzler,* Europahandbuch, S. 11; *Everling,* EuR 1983, 101 ff. passim.
[66] Vgl. *Everling,* DVBl. 2002, 1293 ff.
[67] ABl. 1987 L 169/29.
[68] ABl. 1988 L 319/1 i.d.F. v. 21.8.1989, ABl. 1989 C 215/1; zuletzt geändert ABl. 1994 L 66/26.
[69] *Jung,* EuR 1992, 253; zur Forderung nach einem Gericht erster Instanz vgl. *Jung,* EuGRZ 1986, 229 ff.; *Everling,* in: Schwarze (Hrsg.), Fortentwicklung des Rechtsschutzes, S. 39 ff.; *ders.,* EuR 1988, 344; *Rabe,* NJW 1989, 3041 ff.
[70] Beschluss 93/350/EGKS, EWG, Euratom, ABl. 1993 L 144/21.
[71] Dazu *Schwarze,* EuR 2010, 717 ff.
[72] *Barents,* Common Market Law Review 47 (2010), 709 ff.
[73] Kritisch zur neuen Terminologie *U. Everling,* EuR 2009, Beiheft 1, 71 (81); *Barents,* Common Market Law Review 47 (2010), 709 (710).

16   Tatsächlich konnte der EuGH nach Einführung des Gerichts erster Instanz einen beträchtlichen Teil der bei ihm anhängigen Verfahren an dieses Gericht abgeben, wodurch sich eine nicht unerhebliche Arbeitsentlastung des EuGH ergab.[74] Die zunächst eingetretene Entlastung ist aber nach der EU-Aufnahme weiterer Mitgliedstaaten und durch neue Rechtsprechungszuständigkeiten des Gerichtshofes sowie eine stark angestiegene Zahl der Vorabentscheidungsverfahren, die heute mehr als die Hälfte der Neuzugänge beim Gerichtshof ausmachen, schon wieder verbraucht. Die Erfahrungen mit dem zunächst zweigliedrigen (heute dreigliedrigen) Instanzenzug zeigen zudem, dass sich die Rechtsmittelquote zum EuGH im Rahmen hält. Die nach wie vor anhaltende Flut von Rechtsschutzverfahren zum Gerichtshof, die sich jetzt auf mehrere Instanzen verteilt, ergibt sich neben der Erweiterung und einer nicht unerheblichen Steigerung von Vorabentscheidungsersuchen auch aus der Zahl der Wettbewerbsklagen und der nach wie vor hohen Zahl von Beamtenklagen.[75] Kritische Stimmen haben bereits Anfang der 90er Jahre nach einem konsequenteren Ausbau des Gerichts erster Instanz verlangt.[76] Vor diesem Hintergrund hat der Rat bereits 1993 auf Vorschlag des Gerichtshofs und zur Verbesserung der Wirksamkeit des europäischen Rechtsschutzsystems beschlossen, die Zuständigkeit des Gerichts auf alle Direktklagen natürlicher und juristischer Personen auszudehnen.[77] Damit wurde der Individualrechtsschutz vollständig vom EuGH auf das Gericht verlagert. Für die Bediensteten der EU ist zudem ein eigenes Fachgericht – das Gericht für den Öffentlichen Dienst der Europäischen Union – eingerichtet worden. Der EuGH erhält damit mehr und mehr die Funktion eines **Verfassungs- und Rechtsmittelgerichts**.[78] Allerdings hat dies nicht zu einem Belastungsrückgang geführt, sodass insbesondere mit Blick auf die Osterweiterung der EU eine grundlegende Reform der europäischen Gerichtsstruktur immer wieder gefordert wurde.[79] Selbst der EuGH hat mit zunehmender Belastung einen „Hilferuf" ertönen lassen, um auf seine prekäre Krisensituation aufmerksam zu machen und um die Diskussion um die Neugestaltung des europäischen Rechtssystems anzustoßen.[80] Mit der Vertragsänderung durch den **Nizza-Vertrag** sind einige dieser Vorschläge aufgegriffen und einschlägige Änderungen im europäischen Rechtssystem zur Entlastung des Rechtsprechungsorgans übernommen worden. Die Stichworte noch einmal zu einer entwicklungsgeschichtlichen Vergegenwärtigung: Die Zuständigkeit des EuG sollte ausgeweitet werden; es sollten sog. gerichtliche **Kammern** eingeführt werden; für besondere Sachgebiete sollte das EuG auch für Vorabentscheidungen zuständig sein.[81] Die Änderungen, zu denen es nun aufgrund des **Reformvertrages von Lissabon** gekommen ist, sind bereits beschrieben worden.[82]

---

[74] Zur Arbeitsbelastung bei den Gerichten gibt der EuGH einen Jahresbericht heraus, vgl. z. B. Jahresbericht 2001, Luxembourg 2002.
[75] Jahresbericht 2001, Luxembourg 2002, S. 323.
[76] Vgl. *Middeke/Szczekalla,* JZ 1993, 286; *Everling,* in: FS Deringer, S. 48 ff.
[77] ABl. 1993 L 144/21; ABl. 1994 L 66/29; vgl. auch *Niemeyer,* EuZW 1993, 529 ff.
[78] Siehe i.E. unter § 4 Rn. 18.
[79] *Lipp,* JZ 1997, 3229; *Martenczuk,* Die dritte Gewalt, S. 242 ff.
[80] EuGH EuZW 1999, 750 ff. = EuGH EuGRZ 2000, 101 ff.; vgl. dazu *Wägenbaur,* EuZW 2000, 37 ff.; *Hirsch,* ZRP 2000, 57 ff.; *Rösler,* ZRP 2000, 52 ff.; *Lenz,* EuGRZ 2001, 433 ff.; *Everling,* in: FS Steinberger, S. 1103 ff.; *Streinz,* in: Streinz, EUV/EGV, Art. 47 GR-Charta Rn. 6 m.w.N.
[81] ABl. 2001 C 80/01.
[82] S. die Ausführungen oben unter Rn. 4.

In der Europäischen Union besteht ein **duales Rechtsschutzsystem**,[83] noch weiter 17
ausgreifend ein **Rechtsschutzverbund**.[84] Er ist im Mehrebenenkonstitutionalismus
angelegt,[85] bindet EuGH, EGMR sowie mitgliedstaatliche Gerichte *komplementär* ein
und nimmt sie in *gemeinsame Verantwortung* für die Wahrung des ihrer jeweiligen Jurisdiktionsgewalt unterfallenden europäischen Rechts. Die unionale Gerichtsverfassung
nach Lissabon widerspiegelt so mehr denn je den horizontal wie vertikal *dezentralen* Charakter des europäischen Rechtsschutzsystems in seiner Gesamtheit.[86] Seiner treffenden
Beschreibung dient *das Verbundmodell:* der Verfassungsverbund findet sein Gegenbild
im „Rechtsprechungsverbund" (spezifischer auch im „Verfassungsgerichtsverbund").[87]
Es geht vor diesem Hintergrund denn auch weniger um Letztentscheidungskompetenzen, es geht vielmehr um gemeinsam wahrgenommene und verantwortete Entscheidungskompetenzen zunächst der unionalen und mitgliedstaatlichen Gerichte. Art. 19
Abs. 1 UAbs. 2 EUV spricht insoweit eine eindeutige Sprache: „Die Mitgliedstaaten
schaffen die erforderlichen Rechtsbehelfe, damit ein wirksamer Rechtsschutz in den
vom Unionsrecht erfassten Bereichen gewährleistet ist." Die Vorschrift qualifiziert als
Verbundnorm par excellence.[88] Sie fordert die Verantwortung der mitgliedstaatlichen
Gerichte für den Rechtsschutz, gerade auch den Individualrechtsschutz in der Union
ein. Sie impliziert damit die unionsrechtliche Kompetenz der je nationalen Richter[89]
und macht, nicht nur idealiter, sondern realiter die mitgliedstaatlichen Gerichte zu europäischen Gerichten.[90] Hatte schon das BVerfG in seiner Solange II-Entscheidung auf
die „funktionelle Verschränkung der Gerichtsbarkeit der Europäischen Gemeinschaften
mit der Gerichtsbarkeit der Mitgliedstaaten"[91] verwiesen, so trifft der Reformvertrag
von Lissabon die explizite Entscheidung für dezentralen, kooperativ mitverantworteten und komplementär konzipierten gerichtlichen Rechtsschutz in der Union.[92] Art. 6
Abs. 2 EUV zeichnet darüber hinaus den Beitritt der EU zur EMRK vor und bindet

---

[83] *v. Danwitz*, EU-VerwR, S. 274 ff.; zur Aufgabenteilung zwischen nationalen und Unionsgerichten: *Classen*, in: Schulze/Zuleeg/Kadelbach, § 4 Rn. 3 und 4; *Streinz/Ohler/Herrmann*, Lissabon S. 114 ff.
[84] Dazu im Einzelnen *Classen*, in: Schulze/Zuleeg/Kadelbach, § 4 Rn. 1 ff.
[85] *Pernice*, CMLR 1999, 703; *ders.*, 15 Columbia Journal of European Law 2009, S. 349.
[86] *Barents*, Common Market Law Review 47 (2010), 709 (714).
[87] *Zuleeg*, JZ 1994, 1 ff.; *Pernice*, EuR 1996, 27 ff.; *ders.*, Schriftenreihe der Juristischen Gesellschaft zu Berlin, Heft 180 (2006), S. 53 ff.; *Classen*, JZ 2006, 157 ff.; *Merli*, VVDStRL 66 (2007), 392 (418) spricht von einem „höchstgerichtlichen Lernverbund, der im Zuge der europäischen Integration des letzten halben Jahrhunderts entstanden ist"; *Oeter*, VVDStRL 66 (2007), 361 (383); *v. Danwitz*, ZRP 2010, 143 ff.; *Voßkuhle*, NVwZ 2010, 1 ff.
[88] Zum Gedanken solcher „Verbund-" oder Verbindungsnormen wiederum *v. Bogdandy/Schill*, ZaöRV 70 (2010), 701 (705).
[89] Schon bei *Dauses*, Das Vorabentscheidungsverfahren nach Art. 177 EG-Vertrag, 2. Aufl. 1995, S. 44, findet sich die Wendung vom nationalen Richter als „ordentlichem Richter des Gemeinschaftsrechts"; darauf verweist z. B. *Everling*, EuZW 2010, 572 (573).
[90] *Pernice*, EuR 2011, 151 (154), unter Verweis auf *Vesterdorf*, 28 European Law Review (2003), 303 (317), und *Haratsch*, EuR Beiheft 2 (2008), 81 (83); verbunden mit dem Postulat nach „europäischen Juristen" als Interpreten des unionalen wie des mitgliedstaatlichen Rechts *Häberle*, Europäische Verfassungslehre, 7. Aufl. 2011, S. 149.
[91] BVerfGE 73, 339 (366).
[92] *Calliess*, Die neue Europäischen Union nach dem Vertrag von Lissabon, 2010, S. 152 m. w. N.; *Hatje/Kind*, NJW 2008, 1761 ff., 1767.

in Grundrechtsfragen den EGMR als weiteres europäisches Verfassungsgericht ein.[93] Der so skizzierte europäische Rechtsschutzverbund lässt sich aus der je eigenständige Perspektive von Union, Mitgliedstaaten und Europarat (EMRK) mit durchaus unterschiedlicher Akzentuierung – und durchaus unterschiedlichen Sensibilitäten für die wechselseitigen Öffnungen – deuten. Noch einmal sei betont, dass gerade die **innerstaatlichen Gerichte** eine erhebliche Verantwortung für die wirksame und kohärente Anwendung des Unionsrechts tragen.[94] Sie gewähren dem Einzelnen soweit Rechtsschutz, als keine ausdrückliche gemeinschaftsrechtliche Zuständigkeit für die europäische Gerichtsbarkeit begründet ist (Art. 274 AEUV). Für die Betroffenen hat das den Vorteil, dass sie es mit einem ihnen vertrauten Rechtsschutzsystem zu tun haben.[95] Dies bedeutet aber nicht, dass die nationalen Gerichte auch über Unionsrecht entscheiden dürfen. Nach dem Prinzip der begrenzten Einzelermächtigung (Art. 4 Abs. 1, Art. 5 EUV) ist dies alleinige Aufgabe des EuGH. Über die Klammerfunktion der Vorabentscheidung gemäß Art. 267 AEUV wird die Einheitlichkeit der Rechtsprechung gewahrt. Mit einem früheren Reflexionspapier des EuGH wurde auch der Vorschlag unterbreitet, mitgliedstaatliche Gerichte zu schaffen oder zu benennen, die mit der Behandlung von Vorabentscheidungsersuchen der Gerichte aus ihrem territorialen Zuständigkeitsbereich betraut werden können.[96] Dieser Vorschlag ist aber weder durch den Vertrag von Lissabon noch im Schrifttum weiter verfolgt worden.

18 Zusammenfassend sei festgehalten: Nach Lissabon ist der **Verfassungsverbund** noch stärker zum dezentral ausdifferenzierten **Rechtsschutzverbund** erwachsen. Das steigert die **Integrationsverantwortung** aller beteiligten Akteure – nicht zuletzt der mitgliedstaatlichen Gerichte, wenn es um die europarechtskonforme Auslegung geht. Zugleich findet sich der Gerichtshof der Union noch stärker als bisher in einer verfassungsgerichtlichen Rolle – mit allen Konsequenzen gerade auch angesichts der dadurch geweckten **Erwartungen**. Von *ihrem* Gerichtshof erwarten die Unionsbürgerinnen und Unionsbürger effektiven Rechtsschutz (nicht zuletzt Grundrechtsschutz)[97] unter strikter Beachtung des Prinzips der begrenzten Einzelermächtigung.[98] Dass umfassend-effektive Kontrolle bei gleichzeitiger Rücknahme des eigenen Kontrollanspruchs nicht immer reibungslos ineinandergreifen, liegt auf der Hand. Bürgerverständliche Urteile bleiben umso mehr ein Desiderat, wenn und wo Integrationskrisen drohen. Bei aller mitunter gebotenen Zurückhaltung (judicial restraint) sollte der Gerichtshof doch gestalterischen Mut im täglichen Prozess der politischen Einheitsbildung wagen und zugleich den selbstkritisch-lernbereiten Dialog mit den mitgliedstaatlichen Verfassungsgerichten suchen.

---

[93] *Häberle*, Europäische Verfassungslehre, 7. Aufl. 2011, S. 478 ff.
[94] EuGH, Rs. C-312/93, *Peterbroeck u. a.*, Slg. 1995, I-4599 Rn. 12; *Meier*, EuZW 1990, 83; vgl. auch *Kirchhof*, in: Merten (Hrsg.), S. 118 ff.; *Ehlers*, DVBl. 1991, 611 (613); *Triantafyllou*, NVwZ 1992, 129; *Zuleeg*, JZ 1994, 1 ff.
[95] *Klinke*, S. 18.
[96] Vgl. dazu *Hirsch*, ZRP 2000, 57 (59); i.E. § 10 Rn. 101.
[97] *Schroeder*, EuZW 2011, 462 ff.
[98] *Hillgruber*, Grenzen der Rechtsfortbildung durch den EuGH – Hat Europarecht Methode?, in: v. Danwitz (Hrsg.), Aus dem Wege zu einer Europäischen Staatlichkeit, 1993, S. 31 ff.; *Schroeder*, Grenzen der Rechtsprechungsbefugnis des EuGH, in: FS Roth, 2011, S. 735 ff.

§ 2 Der EuGH als Rechtsprechungsorgan

Übersicht

		Rn.
A.	Rechtsgrundlagen	1–7
B.	Verhältnis des Gerichtshofs zu den anderen Unionsorganen	8–11

Schrifttum: *Barents*, The Court of Justice after the Treaty of Lisbon, CMLR 2010, 709 ff.; *v. Danwitz*, Funktionsbedingungen der Rechtsprechung des Europäischen Gerichtshofs, EuR 2008, S. 769 ff.; *ders.*, Kooperation der Gerichtsbarkeiten in Europa, ZRP 2010, 143 ff.; *Everling*, Rechtsschutz in der Europäischen Union nach dem Vertrag von Lissabon, EuR, Beiheft 1/2009, 71 ff.; *Galetta*, Procedural Autonomy of EU Member States: Paradise Lost, 2010; *Gündisch*, Rechtsschutz in der Europäischen Gemeinschaft, 1994; *Hakenberg/Schilhan*, Die Architektur der EU-Gerichtsbarkeit – Aktualität und Perspektiven im Lichte von Lissabon, ZfRV 2008, 104 ff.; *Hauser*, Der Europäische Gerichtshof und der U.S. Supreme Court. Eine vergleichende Analyse ausgewählter Aspekte, 2008; *Karper*, Reformen des Europäischen Gerichts- und Rechtsschutzsystems, 2. Aufl. 2011; *Kirschner/Klüpfel*, Das Gericht erster Instanz der Europäischen Gemeinschaften, 2. Aufl., 1998; *Klinke*, Der Gerichtshof der Europäischen Gemeinschaften, Baden-Baden 1989; *Last*, Garantie wirksamen Rechtsschutzes gegen Maßnahmen der Europäischen Union, 2008; *Lenaerts/Arts/Bray*, Procedural Law in the European Union, 1999; *Lenz*, The court of justice of the European Communities, ELR 1989, 127 ff.; *Lock*, Das Verhältnis zwischen dem EuGH und internationalen Gerichten, 2010; *Martenczuk*, Die dritte Gewalt in der Europäischen Union, in: Demel u. a., Funktionen und Kontrolle der Gewalten, 2001, 242 ff.; *Oppermann*, Die dritte Gewalt in der Europäischen Union, DVBl. 1994, 901 ff.; *Pechstein*, EU-Prozessrecht, 4. Aufl. 2011; *Pernice*, Die dritte Gewalt im europäischen Verfassungsverbund, EuR 1996, 27 ff.; *ders.*, Das Verhältnis europäischer zu nationalen Gerichten im europäischen Verfassungsverbund, 2006; *ders.*, Die Zukunft der Unionsgerichtsbarkeit. Zu den Bedingungen einer nachhaltigen Sicherung effektiven Rechtsschutzes im Europäischen Verfassungsverbund, EuR 2011, 151 ff.; *Rengeling*, Deutsches und europäisches Verwaltungsrecht, VVDStRL 53 (1994), 202 ff.; *Ress*, Über die Notwendigkeit der parlamentarischen Legitimierung der Rechtsetzung der Europäischen Gemeinschaften, in: Fiedler/Ress, GS Geck, 625 ff.; *Rodriguez Iglesias*, Der Gerichtshof der Europäischen Gemeinschaften als Verfassungsgericht, EuR 1992, 229 ff.; *Röttinger/Weyringer*, Handbuch der europäischen Integration, 1956; *Sack*, Zur künftigen europäischen Gerichtsbarkeit nach Nizza, EuZW 2001, 77 ff.; *Schroeder*, Grenzen der Rechtsprechungsbefugnis des EuGH, in: FS Roth, 2011, 735 ff.; *Schwarze*, Der Reformvertrag von Lissabon – Wesentliche Elemente des Reformvertrages, EUR, Beiheft 1 (2009), 9 ff., *ders.*, Verfahren und Rechtsschutz im Europäischen Wirtschaftsrecht, DVBl. 2010, 1325 ff.; *Seeler*, Die rechtsstaatliche Fundierung der EG-Entscheidungsstrukturen, EuR 1990, 99 ff.; *Stein*, Europäische Union: Gefahr oder Chance für den Föderalismus in Deutschland, Österreich und der Schweiz?, VVDStRL 53 (1994), 26 ff.; *Steiner*, Richter als Ersatzgesetzgeber, NJW 2001, 2919 ff.; *Streinz*, Die Rolle des EuGH im Prozess der Europäischen Integration, AöR 2010, 1 ff.; *Voßkuhle*, Der Europäische Verfassungsgerichtsverbund, NVwZ 2010, 1 ff.; *Wiethoff*, Das konzeptionelle Verhältnis von EuGH und EGMR, 2008; *Zuleeg*, Die Europäische Gemeinschaft als Rechtsgemeinschaft, NJW 1994, 545 ff.; *ders.*, Die föderativen Grundsätze der Europäischen Union, NJW 2000, 2846 ff.

A. Rechtsgrundlagen

1   Eine einheitliche **Prozessordnung**, wie man sie für die einzelnen Gerichte im deutschen Recht findet (z. B. ZPO, VwGO, StPO) existiert im Unionsrecht so nicht. Die (konstitutionelle) Grundlagennorm für den Gerichtshof der Europäischen Union in seiner Gesamtheit bildet Art. 19 EUV.[1] Die einzelnen Rechtsgrundlagen für einen vor dem Gerichtshof durchzuführenden Rechtsstreit sind in verschiedenen Regelwerken enthalten, was deren Zusammenschau und Lesbarkeit nicht immer einfach macht.[2] Dabei ist an erster Stelle zunächst das Primärrecht der Europäischen Union zu nennen, also nach heute geltendem Recht der Vertrag über die Gründung der Europäischen Union vom 7. Februar 1992, geändert durch Art. 1 des Vertrages von Lissabon vom 13. Dezember 2007,[3] der Vertrag über die Arbeitsweise der Europäischen Union (AEUV) gemäß Art. 2 des Vertrages von Lissabon.[4] Der Sechste Teil des AEUV enthält in Titel I Vorschriften über die Organe. Kapitel I trifft Regelungen zu den Organen und hier in Abschnitt 5 zum Gerichtshof der Europäischen Union (Art. 251–281). Dort sind Einzelheiten zum Aufbau und zur Zusammensetzung des Gerichtshofs sowie seiner Zuständigkeit im Rahmen bestimmter Klagearten geregelt.[5]

2   Darüber hinaus sind detaillierte Vorschriften über die **Gerichtsverfassung und das Verfahrensrecht** enthalten in der 2012 neu gefassten Satzung des Gerichtshofs der Europäischen Union, (Satzung-EuGH)[6] der ebenfalls 2012 neu erlassenen Verfahrensordnung des Gerichtshofs, (VerfO-EuGH)[7] und in der Verfahrensordnung des Gerichts (VerfO-EuG),[8] zuletzt geändert im Jahre 2011.[9]

3   Für die Praxis bedeutsam sind u. a. die Praktischen Anweisungen für die Parteien und die Hinweise für die Prozessvertreter der Verfahrensbeteiligten für das schriftliche und das mündliche Verfahren vor dem Gerichtshof der Europäischen Gemeinschaften (heute der Europäischen Union).[10] Die praktischen Anweisungen des EuGH für Klagen und Rechtsmittel finden sich im ABl. L 361 vom 8.12.2004, S. 15 und im ABl. L 29

---

[1] *Geiger*, in: ders./Khan/Kotzur, EUV/AEUV, Art. 19 EUV Rn. 1; *Schwarze*, in: ders., EU-Kommentar, Art. 19 EUV Rn. 1; *Classen*, in: Schulze/Zuleeg/Kadelbach, § 3, 211 ff.

[2] Der Gerichtshof ist auch im Internet präsent. Unter www.curia.eu.int können aktuelle Urteile, Regelwerke, Presseinformationen und vom Gerichtshof gemachte Reformvorschläge jederzeit aktuell abgerufen werden.

[3] ABl. 2007 C 306/1 = konsolidierte Fassung in ABl. 2008 C 115/1.

[4] ABl. 2007 C 306/1 = konsolidierte Fassung in ABl. 2008 C 115/1.

[5] Dazu im Einzelnen etwa die Kommentierungen von *Schwarze*, in: ders, EUV/AEUV, Art. 251 bis 281 AEUV.

[6] Protokoll (Nr. 3) über die Satzung des Gerichtshofs der Europäischen Union, ABl. 2008 C 115/210; neu gefasst durch VO 741/2012 vom 11. August 2012 ABl. L 228/1.

[7] Konsolidierte Fassung der Verfahrensordnung des Gerichthofs (2010/C 177/01), ABl. 2010 C 177/1; mit Genehmigung des Rates hat sich der Gerichtshof am 24. Sept. 2012 eine neue Verfahrensordnung gegeben, die zum 1.11.2012 in Kraft tritt, ABl. 2012 L 265/1 (vom 29.9.2012).

[8] Konsolidierte Fassung der Verfahrensordnung des Gerichts (2010/C 177/02), ABl. C 177/37.

[9] Zur Änderung der Verfahrensordnung des Gerichts vom 24. Mai 2011 (ABl. L 162 vom 22.6.2011, S. 18); über den aktuellen Stand informiert auch die Homepage des Gerichts unter http://curia.europa.eu

[10] Die genannten und weitere Texte sind in der aktuellen Fassung abrufbar auf der Internetseite des EuGH unter der Rubrik „Verfahren"

vom 31.1.2009. Der Gerichtshof hat weiterhin Hinweise zur Vorlage von Vorabentscheidungsersuchen durch die nationalen Gerichte veröffentlicht.[11] Hinweise für die Parteien und Prozessvertreter (vom Februar 2009) finden sich auf der Homepage des Gerichtshofs. Auch das Gericht hat praktische Anweisungen für die Parteien erlassen, siehe ABl. L 68/23 vom 7.3.2012.

Die **Satzung des Gerichtshofs** der Europäischen Union (Protokoll Nr. 3) beruht auf Art. 281 AEUV.[12] Nach Art. 281 Abs. 2 AEUV können das Europäische Parlament und der Rat gemäß dem ordentlichen Gesetzgebungsverfahren die Satzung mit Ausnahme ihres Titels I und ihres Art. 64 ändern. Dabei beschließen das Europäische Parlament und der Rat entweder auf Antrag des Gerichtshofs nach Anhörung der Kommission oder auf Vorschlag der Kommission nach Anhörung des Gerichtshofs, Art. 281 Abs. 2 S. 2 AEUV.[13]

Aufgrund der in Art. 281 AEUV vorgesehenen Ermächtigung hat der Gerichtshof eine alle Verträge und alle Klagen umfassende einheitliche **Verfahrensordnung** (VerfO)[14] erlassen, in der er weitere Regelungen zur Ausgestaltung von Gerichtsverfahren vor dem EuGH getroffen hat.[15] Eine konsolidierte Fassung der bisherigen Verfahrensordnung des Gerichtshofs ist 2010 veröffentlicht worden,[16] die neue Fassung, die zum 1.11.2012 in Kraft tritt, findet sich im ABl. 2012 L 265/1 (vom 29.9.2012). Das Gericht (EuG) hat sich ebenfalls eine eigene Verfahrensordnung gegeben, in der das Gericht Inhalt und Ablauf der vor ihm anhängigen Verfahren geregelt hat.[17] Die bislang geltende Verfahrensordnung des Gerichts lag ebenfalls in einer konsolidierten Fassung vor,[18] die konsolidierte Neufassung ist auf der Homepage des Gerichts zugänglich. Verfahrensrechtliche Besonderheiten sind ferner in einer „**Zusätzlichen Verfahrensordnung**" (ZVerfO)[19] geregelt worden. Hinsichtlich der rechtlichen Rangordnung sind die Verfahrensordnungen den primärrechtlichen Vorschriften über den Gerichtshof und den ihn betreffenden Satzungen untergeordnet.[20] Bereits die Vertragsänderung in Nizza hat auch hier eine Vereinfachung geschaffen. Für künftige Änderungen der Verfahrensordnungen, welche die Gerichte selbst erlassen, das ehemalige „EuG" allerdings im Einvernehmen mit dem EuGH, bedarf es danach nicht mehr einstimmiger Beschlussfassungen des Rates, sondern nur noch einer qualifizierten Mehrheit (Art. 223 Abs. 5, 224 Abs. 5 EGV-Nizza), nunmehr gelten die Art. 253 Abs. 5 AEUV (ex-Art. 223 EGV-Nizza) und Art. 254 AEUV (ex-Art. 224 EGV-Nizza).[21]

Zu den **Entwicklungen** ist Folgendes zu bemerken. Mit der Errichtung des Gerichts ist das Protokoll zum damals gültigen EUV, EG, EAG über die Satzung des EuGH

---

[11] ABl. 2011 C 160/01.
[12] Dazu *Ehricke*, in: Streinz, EUV/AEUV, Art. 281 AEUV Rn. 4.
[13] *Ehricke*, in: Streinz, EUV/AEUV, Art. 281 AEUV Rn. 5 ff.
[14] Vom 19.6.1991 (ABl. 1991 L 176/7); jetzt ebenfalls neu erlassen mit Inkrafttreten zum 1.11.2012 (ABl. 2012 L 265/1).
[15] Dazu i.E. unter §§ 21 ff.
[16] Verfahrensordnung des Gerichtshofs vom 19.6.1991, jetzt: ABl. 2010 C 177/1.
[17] Vom 2.5.1991, ABl. 1991 L 136/1, zuletzt geändert am 24. Mai 2011 (ABl. L 162 vom 22.6.2011, S. 18).
[18] ABl. 2010 C 177/37 ff.
[19] Vom 4.12.1974 (ABl. L 350/29), zuletzt geändert durch Art. 1 ÄndBeschl. v. 21.2.2006 (ABl. 2006 L 72/1).
[20] *Di Bucci/Di Bucci*, in: Röttinger/Weyringer, S. 149.
[21] Dazu *Schwarze*, in: ders., EU-Kommentar, Art. 253 Rn. 11.

dahingehend geändert worden, dass ein „Vierter Teil"[22] eingefügt worden ist, der entsprechende Verfahrensvorschriften für das seinerzeitige Gericht erster Instanz vorsieht. Darüber hinaus besteht für das EuG aufgrund Art. 11 Abs. 2 des Errichtungsbeschlusses 88/591[23] eine eigene **Verfahrensordnung**, die zwar in wesentlichen Teilen mit der des EuGH identisch ist, in einzelnen Punkten aber auch abweicht. Dies ergibt sich aufgrund der unterschiedlichen Aufgabenbereiche der beiden europäischen Gerichte, die sich auf die Arbeitsmethode und den Stil der beiden auswirken. Während im Zentrum der judikativen Funktion des EuGH die Klärung höchstrichterlicher Rechtsfragen, insbesondere die Auslegung und Fortentwicklung des Unionsrechts steht, kommt dem EuG die Entscheidung des konkreten Einzelfalls als richterliche Aufgabe zu.[24] Die **zusätzliche Verfahrensordnung** des Gerichtshofes hat das EuG in seine VerfO-EuG eingearbeitet, um unnötigen Aufwand zu vermeiden.[25] Die Auswirkungen für das EuG sind auch nach dem Vertrag von Nizza in einem Titel IV des Protokolls über die Satzung des Gerichtshofes beibehalten worden.[26] Die neue Verfahrensordnung des EuGH (2012) will einer besseren Lesbarkeit Rechnung tragen und klarere systematische Strukturen schaffen. So gilt dem praktisch wichtigen Vorabentscheidungsverfahren jetzt ein eigenständiger Titel (Art. 93 ff.). Auch die Effektivierung und Straffung des Verfahrens waren ein Reformanliegen (vgl. etwa Art. 58 zur Länge der Schriftsätze oder Art. 76 zum Absehen von einer mündlichen Verhandlung). Erfahrungen nationaler Verfassungsgerichte mögen hier durchaus inspirierend gewirkt haben.

7   Weitere prozessuale Vorschriften sind in der erlassenen **„Dienstanweisung für den Kanzler"** (DienstA) niedergelegt. Diese liegt in einer konsolidierten Fassung vor.[27] Auf ihr beruhen die Ratschläge des Kanzlers für die Anwälte in Bezug auf das schriftliche Verfahren.[28] Zwar hat der Gerichtshof ebenso wie die anderen Organe noch eine eigene Geschäftsordnung, diese hat jedoch, da sie als innerdienstlicher Rechtsakt keine Rechtswirkungen gegenüber Dritten zeitigt,[29] nur in Einzelfällen Bedeutung (vgl. unten § 23). Eine **Geschäftsordnung**, wie sie die deutschen Gerichte zur **Bestimmung des gesetzlichen Richters** im Sinne des Art. 101 Abs. 1 S. 2 GG haben, fehlt und wird nach eigener Einschätzung der beim EuGH tätigen Richter auch nicht benötigt. Zum Beginn für das jeweils im September beginnende Geschäftsjahr werden durch Beschluss der Generalversammlung die Damen und Herren Richter bestimmten Kammern zugewiesen.[30] Die Präsidenten der beiden Gerichte verteilen die Rechtssachen auf bestimmte Kammern bzw. Berichterstatter.[31] Zur Entlastung des Präsidenten des EuGH wurde das Amt des Vizepräsidenten geschaffen (vgl. Art. 9 a und 39 der neugefassten Satzung). Maßgeblich für die Verteilung der einzelnen Rechtssachen ist im Regelfall die Reihen-

---

[22] Art. 44–54 Satzung (EG), Art. 45–55 Satzung-EAG.
[23] Vom 24.10.1988 (ABl. L 319/1), zuletzt geändert durch ABl. 1994 L 66/29.
[24] *Jung,* EuR 1992, 246 (251).
[25] *Kirschner,* Gericht erster Instanz, Rn. 9.
[26] ABl. 2001 C 80/53 ff.
[27] Diese Fassung führt die Dienstanweisung für den Kanzler, die das Gericht am 5.7.2007 (ABl. 2007 L 232/1) vorgelegt hat, mit den am 17.5.2010 (ABl. 2010 L 170/ 53) angenommenen Änderungen zusammen.
[28] ABl. 1994 C 120/16.
[29] *Klinke,* Gerichtshof, Rn. 28.
[30] *Kirschner,* Gericht erster Instanz, Rn. 18.
[31] *Gündisch,* Rechtsschutz, S. 135; *Kirschner,* Gericht erster Instanz, Rn. 18, 19.

folge, in der die eingegangenen Verfahren von der Kanzlei in das Register eingetragen worden sind, wobei Rücksicht darauf genommen wird, dass keiner der Mitglieder des Gerichtshofes immer wieder dieselbe Materie erhält, um so Spezialisierungen zu vermeiden sowie, dass eine Berichterstattung nicht dem „Landes"-Richter obliegt. Nach welchen Kriterien im Einzelnen die **Geschäftsverteilung** durch die Präsidenten und den Ersten Generalanwalt erfolgt, war zunächst nicht offengelegt (vgl. auch § 3 Rn. 80). Abgesehen davon, dass es eine dem Art. 101 Abs. 1 S. 2 GG vergleichbare Vorschrift auf Unionsebene nicht gibt, taucht die Frage nach der Zuständigkeit als Problem des gesetzlichen Richters nur in Rechtssachen mit bundesdeutscher Beteiligung auf. Der Grundsatz des gesetzlichen Richters wird in keiner anderen Rechtsordnung so streng ausgelegt wie in der deutschen.

B. Verhältnis des Gerichtshofs zu den anderen Unionsorganen

Neben dem Gerichtshof wurden in den Art. 7 EGV, Art. 3 EAGV a. F. als weitere Organe die Versammlung,[32] der Rat und die Kommission genannt.[33] Während Gerichtshof und Europäisches Parlament bereits mit Abschluss der Römischen Verträge[34] als gemeinsame Organe für alle Gemeinschaften errichtet wurden, erlangten der Rat und die Kommission ihre Zuständigkeit für alle Gemeinschaften erst durch den 1965 geschlossenen **Fusionsvertrag**.[35] Im geltenden Recht sind diese Organe nunmehr vollständig und einheitlich der Europäischen Union zugeordnet. Der heutige Art. 13 EUV legt einen „einheitlichen institutionellen Rahmen" zugrunde, in den alle Organe und sonstigen Einrichtungen der Union eingebunden sind.[36] Es ist gerade dieser Rahmen, der den Werten der Union (Art. 2 EUV) Geltung verschaffen, der Durchsetzung ihre Ziele (Art. 3 EUV) dienen und die Interessen der Unionsbürgerinnen und Unionsbürger einbinden soll;[37] das rechtsstaatsspezifische System der „checks and balances" fungiert gewissermaßen als Rahmenbedingung

Das Verhältnis der Organe zueinander ist deshalb durch das **Prinzip der unionsspezifischen Funktionenordnung** gekennzeichnet.[38] Hierbei handelt es sich um ein aus der Besonderheit der Unionsrechtsordnung resultierendes Abhängigkeitssystem der Organe zueinander, welches durch miteinander verbundene Befugnisse und Kontrollen gekennzeichnet ist. Soweit im Folgenden in Anlehnung an die vom freiheitlichen Verfassungsstaat her bekannte „**Gewaltenteilung**" Ausführungen zum Verhältnis der Organe untereinander gemacht werden, ist zu berücksichtigen, dass es sich bei der Europäischen Union nach weit übereinstimmender Ansicht nicht um einen (Bundes-)Staat

---

[32] Gemäß Art. 3, 6 EEA ab 1987 amtlich als Europäisches Parlament bezeichnet.
[33] Auf die Hilfsorgane Wirtschafts- und Sozialausschuss (Art. 193 ff. EGV) und Rechnungshof (Art. 206, 206 a EGV) sei in diesem Zusammenhang nur hingewiesen.
[34] EGV und EAGV 1957 in Rom unterzeichnet.
[35] BGBl. 1965 II 1454.
[36] *Geiger*, in: ders./Khan/Kotzur, EUV/AEUV, Art. 13 AEUV Rn. 1; spezifisch zur Stellung der Unionsgerichtsbarkeit im europäischen Institutionengefüge: *Classen*, in: Schulze/Zuleeg/Kadelbach, § 4 Rn. 12 f.
[37] *Geiger*, in: ders./Khan/Kotzur, EUV/AEUV, Art. 13 AEUV Rn. 1.
[38] Vgl. dazu schon *Rengeling*, VVDStRL Heft 53, Text bei Fn. 149; *Borchardt*, Rechtliche Grundlagen, Rn. 159 f.

handelt,[39] sondern um eine Rechtsordnung eigener Art,[40] wenn auch mit föderalen Elementen.[41] Diese Rechtsordnung eigener Art kennt heute indes längst „verfassungsqualitative Momente" (so eine bekannte, von *D. Th. Tsatsos* geprägte Formulierung), wenngleich nicht strukturanalog zum Verfassungsstaat, ihr eigenes Verfassungsgefüge aus.[42] Die Zuordnung zu den einzelnen Gewalten ist aber dennoch unter dem Vorbehalt der Komplexität aufeinander abgestimmter und geteilter Herrschaftsgewalt zwischen der Europäischen Union und ihren Mitgliedstaaten einerseits und zwischen den Unionsorganen andererseits zu sehen.

10 Auf EU-Ebene wird keine klare institutionelle Trennung von Legislative und Exekutive vorgenommen. Beide Gewalten sind weit stärker miteinander verschränkt als auf nationaler Ebene. Das Parlament ist nach Lissabon im ordentlichen Gesetzgebungsverfahren (Art. 294 AEUV) zwar weithin zum echten Mitgesetzgeber erstarkt, das Initiativrecht verbleibt aber bei der Kommission und der exekutivisch strukturierte Rat hat weitreichende Legislativfunktion.[43] Von Anfang an war im Rahmen des institutionellen Systems lediglich dem Gerichtshof die rechtsprechende Funktion zugewiesen. Ihm obliegt es nicht nur, die Balance zwischen der Union und den Mitgliedstaaten (vertikal), sondern auch die zwischen den Institutionen der Union (horizontal) zu wahren. De facto existiert zwischen den Unionsorganen ein **System gegenseitiger Abhängigkeit und Kontrolle**, das dem bekannten Prinzip der Gewaltenteilung nahe kommt.[44] Eine strukturanaloge Übernahme des Gewaltenteilungsprinzips auf die Ebene des Unionsrechts scheidet allerdings aus, da die Gewaltenteilung auf EU-Ebene in der reinen Lehre nicht vorkommt. Der Gerichtshof spricht insoweit von einem **institutionellen Gleichgewicht**, nach dem ein Unionsorgan seine Befugnisse nur unter Beachtung der Befugnisse der anderen Organe ausüben darf.[45] Über die Wahrung und Aufrechterhaltung dieser organschaftlichen Rechte und Pflichten wacht der EuGH, der auch über die Rechtmäßigkeit der Anwendung und Auslegung der Unionsvorschriften entscheidet.[46] Das institutionelle Gleichgewicht in der Europäischen Union ist im Laufe der letzten Vertragsnovellierungen komplexer geworden. Die Rolle der Mitgliedstaaten und der Organe im fortschreitenden Integrationsprozess hat an Gewicht und Umfang zugenommen. Diesem Wandel hat der Gerichtshof mit seiner dynamischen

---

[39] *Everling*, DVBl. 1993, 936; *Blanke*, DÖV 1993, 412 (419); *Oppermann/Classen*, NJW 1993, 5; *Stein* VVDStRL 53 (1994), 26 (30).
[40] EuGH, Rs. 26/62, *van Gend & Loos*, Slg. 1963, 1, 25; BVerfGE 22, 293, 296.
[41] *Martenczuk*, Die dritte Gewalt, S. 226; *Zuleeg*, NJW 2000, 2846 ff.
[42] *Kotzur*, Wechselwirkungen zwischen Europäischer Verfassungs- und Völkerrechtslehre, in: Liber Amicorum Häberle, 2004, 289 ff., 291 ff.; *Häberle*, EurVerf, 7. Aufl. 2011, S. 31 ff.
[43] Dazu *Schusterschitz*, Rechtsakte und Rechtsetzungsverfahren, in: Hummer/Obwexer (Hrsg.), Der Vertrag von Lissabon, 2009, 209 ff.
[44] *Schweitzer/Hummer/Obwexer*, Europarecht, S. 231; *Rodriguez Iglesias*, S. 11 ff. = EuR 1992, 229 ff.; *Zuleeg*, NJW 1994, 548; *Oppermann*, DVBl. 1994, 901 ff.; *Pernice*, EuR 1996, 27 ff.; vgl. dazu auch *Martenczuk*, Die dritte Gewalt, S. 223 ff.
[45] EuGH, Rs. 25/70, *Einfuhr- und Vorratsstelle Getreide/Köster u. a.*, Slg. 1970, 1161 Rn. 9; Rs. C-70/88, *EP/Rat*, Slg. 1990, I-2041 Rn. 22; dazu auch *Hatje*, in: Schwarze (Hrsg.), EU-Kommentar, § 7 EGV Rn. 11; *Oppermann/Classen/Nettesheim*, Europarecht § 7 Rn. 13; *Rengeling*, VVDStRL 53 (1994), S. 233.
[46] EuGH, Rs. C-70/88, *EP/Rat*, Slg. 1990, I-2041 Rn. 22; vgl. auch *Görgmaier*, DÖV 1981, 360.

Rechtsprechung sensibel Rechnung getragen.[47] Insoweit zeichnet sich hier auch eine Wechselwirkung zwischen dem Gerichtshof und den rechtsetzenden Organen ab, zu der es auch schon früher gekommen ist. So kann die europäische Gerichtsbarkeit durch ihre Rechtsprechung Einfluss auf den Erlass von Unionsrecht nehmen, indem sie bestimmte Vorschriften für nichtig erklärt oder unter Auslegung des Unionsrechts Rechtsfortbildung betreibt, die von dem Unionsgesetzgeber später kodifiziert wird.[48] Umgekehrt können die Mitgliedstaaten und die Unionsorgane rechtliche Vorgaben erlassen, um so bestimmte Auswirkungen gerichtlicher Entscheidungen zu kompensieren oder in eine bestimmte Richtung zu beeinflussen.[49] Nichts anderes will auch die geläufige Verbundmetapher zum Ausdruck bringen.[50] Auch die Aufgabenstellungen können sich durch veränderte (externe wie interne) Zuweisungen verändern. Mit dem Vertrag von Nizza hat der Europäische Rat vor dem Hintergrund, dass der Gerichtshof an den Grenzen seiner Belastbarkeit angelangt ist, diesem auch **legislative Befugnisse** an die Hand gegeben, um flexibel auf die Belastungen innerhalb der europäischen Gerichtsbarkeit reagieren zu können. So erlässt der EuGH mit mehrheitlicher Genehmigung des Rates seine Verfahrensordnung selbst. Diese bedarf allerdings der Genehmigung des Rates. (jetzt Art. 253 Abs. 6 AEUV) und wirkt bei der Zuständigkeitsverteilung innerhalb der europäischen Gerichte mit (siehe Art. 257, 262, 245 AEUV). Soweit die legislativen Befugnisse den politischen Organen vorbehalten bleiben sollten,[51] ist anzumerken, dass es auf europäischer Ebene keine reine Ausprägung der Gewaltenteilung im üblichen staatsrechtlichen Sinne gibt. Gerade der Reformationsprozess von Nizza hat gezeigt, wie schwerfällig sich politische Gremien zu notwendigen Beschlussfassungen durchringen können. Im Interesse einer effektiven und zeitnahen Rechtsprechung und angesichts der vorhandenen Sachkenntnis sowohl äußerer als auch innerer Arbeitsabläufe kann der EuGH über die ihm zur Verfügung stehenden Mittel schneller reagieren als es sonst bei Vertragsänderungen durch Regierungskonferenzen möglich wäre (auch deshalb trägt der Gerichtshof den Beinamen „Motor der Integration"[52] wenn nicht „Motor der Konstitutionalisierung"[53]). Zudem werden für die insoweit angedachten legislativen Befugnisse des Gerichtshofes auch die „demokratisch legitimierten" Gemeinschaftsorgane Rat und Europäisches Parlament mit eingebunden. Die Gerichtsbarkeit des EuGH ist obligatorisch, d. h. weder die Organe noch die Mitgliedstaaten noch sonstige Personen können sich der Gerichtsbarkeit des EuGH entziehen.[54] Hierdurch unterscheidet sich der Gerichtshof von anderen internationalen Gerichten wie dem IGH oder dem EGMR.

Nach Lissabon finden sich, wie gezeigt, die Regelungen zu den Organen in Art. 13 EUV. Abs. 1 der Regelung spricht von dem „institutionellen Rahmen", über den die Union verfügt. Der Gerichtshof der Europäischen Union gehört zu den Hauptorga-

---

[47] *Martenzcuk*, Die dritte Gewalt, S. 234; *Borchardt*, Rechtliche Grundlagen, Rn. 408 ff.
[48] *Häberle*, EurVerf, 7. Aufl. 2011, S. 636 (et passim) spricht etwa von „Nachführung" oder „Rechtsprechungsrezeption".
[49] Vgl. Mitteilung des Rates, ABl. 1992 C 198/4; ferner Protokoll Nr. 2 des Vertrages über die Europäische Union; siehe hierzu auch *Middeke/Szczekalla,* JZ 1993, 290 f.
[50] *Voßkuhle*, NVwZ 2001, 1 ff.
[51] *Sack*, EuZW 2001, 77 (79).
[52] *Hullen*, Der Europäische Gerichtshof als Motor der Integration, 2001.
[53] Allgemein *Gerkrath*, L' émergence d'un droit constitutionnel pour l' Europe, 1997.
[54] *Lenz*, ELR 1989, 129; *Klinke*, Gerichtshof, Rn. 34.

nen.⁵⁵ Nach wie vor gilt der Grundsatz der **begrenzten Organkompetenz**; es besteht weiterhin eine den rechtsstaatlichen Erfordernissen entsprechende institutionelle Begrenzung der Machtausübung. Das Prinzip des institutionellen Gleichgewichts wird nunmehr als in Art. 13 Abs. 2 EUV primärrechtlich verankert gesehen. Dort ist in Satz 1 gesagt, dass jedes Organ nach Maßgabe der ihm in den Verträgen zugewiesenen Befugnisse nach den Verfahren, Bedingungen und Zielen handele, die in den Verträgen festgelegt sind. Satz 2 lautet „Die Organe arbeiten loyal zusammen". Es besteht also auch nach Lissabon der **Grundsatz des institutionellen Gleichgewichts**⁵⁶ – und das mit gewachsenem **konstitutionellen Gewicht**.

⁵⁵ *Geiger*, in: Geiger/Kahn/Kotzur, EUV/AEUV, Art. 13 EUV Rn. 9.
⁵⁶ Dazu im Einzelnen *Geiger*, in: Geiger/Khan/Kotzur, EUV/AEUV, Art. 13 EUV Rn. 13 ff.; *Classen*, in: Schulze/Zuleeg/Kadelbach, § 4 Rn. 12; *Scheuing*, in: Schulze/Zuleeg/Kadelbach, § 6 Rn. 18

§ 3 Die Organisationsstruktur der Europäischen Gerichtsbarkeit

Übersicht

	Rn.
A. Äußere Organisationsstruktur des Gerichtshofes	1–9
I. Allgemeines	1–3
II. Reformen	4–9
1. Der Vertrag von Nizza	4–7
2. Der Vertrag von Lissabon	8/9
B. Zusammensetzung	10–19
I. Zusammensetzung des Gerichtshofs (EuGH)	10–14
1. Richter	10/11
2. Generalanwälte	12–14
II. Zusammensetzung des Gerichts (EuG)	15–17
III. Zusammensetzung der Fachgerichte	18/19
C. Innere Organisation der Europäischen Gerichte	20–38
I. Gerichtsverwaltung	20/21
1. Die Präsidenten der einzelnen Gerichte	20
2. Die Kanzler	21
II. Spruchkörper	22–30
1. Plenum	23
2. Große Kammer	24
3. Kammern	25–27
4. Beschwerdekammern	28
5. Einzelrichter	29/30
III. Zuständigkeiten	31–33
IV. Instanzenzug	34–37
V. Kompetenzkonflikte	38

Schrifttum: *Alber,* Die Generalanwälte beim Gerichtshof der Europäischen Gemeinschaften, DRiZ 2006, 168 ff.; *Bast,* Handlungsformen und Rechtsschutz, in: v. Bogdandy/Bast (Hrsg.), Europäisches Verfassungsrecht, 2. Aufl. 2009, 489 ff.; *Barents,* The Court of Justice after the Treaty of Lisbon, CMLR 2010, 709 ff.; *Borgsmidt,* Der Generalanwalt beim Europäischen Gerichtshof und einige vergleichbare Institutionen, EuR 1987, 162 ff.; *Calliess,* Die neue Europäische Union nach dem Vertrag von Lissabon, 2010; *Dauses/Henkel,* Verfahrenskonkurrenzen bei gleichzeitiger Anhängigkeit verwandter Rechtssachen vor dem EuGH und dem EuG, EuZW 1999, 325 ff.; *Detjen,* Richter mit Makel, DRiZ 2000, 208; *Epiney/Abt/Mosters,* Der Vertrag von Nizza, DVBl. 2001, 941 (949); *Everling,* Der Beitrag des deutschen Rechts zur Rechtsprechung des Gerichtshofs der Europäischen Gemeinschaften, in: Nicolaysen/Quaritsch (Hrsg.), Lüneburger Symposium für Hans Peter Ipsen zur Feier des 80. Geburtstages, 1988, S. 63 ff.; *ders.,* die Zukunft der Europäischen Gerichtsbarkeit in einer erweiterten Union, EuR 1997, 398 ff.; *ders.,* Zur Fortbildung der Gerichtsbarkeit der Europäischen Gemeinschaften durch den Vertrag von Nizza, in: Cremer/Giegerich/Richter/Zimmermann (Hrsg.), Tradition und Weltoffenheit des Rechts, FS für Steinberger, 2002, S. 1103 ff.; *ders,* Rechtsschutz in der Europäischen Union nach dem Vertrag von Lissabon, EuR, Beiheft 1/2009, 71 ff.; *Hatje,* Die institutionelle Reform der Europäischen Union – der Vertrag von Nizza auf dem Prüfstand, EuR 2001, 147 ff.; *Hakenberg,* Das Gericht für den öffentlichen Dienst der EU – Eine neue Ära in der Gemeinschaftsgerichtsbarkeit, EuZW 2006, 391 f.; *Herr/Grunwald,* Schwerer Rückschlag für die Europäische Patentgerichtsbarkeit (Gastkommentar), EuZW 2011, 321; *Jaeger*, Das Gericht der Europäischen Union als Garant eines wirksamen Rechtsschutzes, in: Schwarze (Hrsg.), Verfahren und Rechtsschutz im europäischen Wirtschaftsrecht, 2010, S. 57 ff.; *Jung*, Das Gericht erster Instanz der Europäischen Gemeinschaften, EuR 1992, 246 ff.; *Kirschner*, Das Gericht erster Instanz der Europäischen Gemeinschaften, 1995; *ders.*, Entwicklungen im Gerichtshof der Europäischen Gemeinschaften, in: Ipsen/Rengeling/Mössner/Weber (Hrsg.), Verfassungsrecht im Wandel, 1995, S. 373 ff.; *Klinke*, Der Gerichtshof der Europäischen Gemeinschaften, 1989; *Kokott*, Anwältin des Rechts – Zur Rolle der Generalanwälte beim Europäischen Gerichtshof; *Lenaerts*, Das Gericht erster Instanz der Europäischen Gemeinschaften, EuR 1990, 228 ff.; *Lenz*, Rechtsschutz im Binnenmarkt, EuZW 1993, 10 ff.; *ders.*, Die Rolle des Europäischen Gerichtshofes und des Generalanwaltes bei der Verwirklichung des EG-Binnenmarktes, in: Battis (Hrsg.) Europäischer Binnenmarkt und nationaler öffentlicher Dienst, 1989, S. 1 ff.; *ders.*, Die Gerichtsbarkeit in der Europäischen Gemeinschaft nach dem Vertrag von Nizza, EuGRZ 2001, 433 ff.; *Lipp*, Entwicklung und Zukunft der europäischen Gerichtsbarkeit, JZ 1997, 326 ff.; *Middeke/Szczekalla*, Änderungen im europäischen Rechtsschutzsystem, JZ 1993, 285; *Möschel*, Aussetzung bei Konkurrenz gleichzeitiger Verfahren vor dem Europäischen Gericht erster Instanz und dem EuGH (Art. 47 III der Satzung-EuGH), NVwZ 1999, 1045 ff.; *Müller*, Die Errichtung des Europäischen Patentgerichts – Herausforderung für die Autonomie des EU-Rechtssystems?, EuZW 2010, S. 851 ff.; *Müller-Huschke*, Verbesserungen des Individualrechtsschutzes durch das neue Europäische Gericht Erster Instanz (EuGEI), EuGRZ 1989, 213 ff.; *Nemitz*, 10 Jahre Gericht Erster Instanz der Europäischen Gemeinschaften, DÖV 2000, 437 ff.; *Nentwich*, Institutionelle und verfahrensrechtliche Neuerungen im Vertrag über die Europäische Union, EuZW 1992, 240; *Pache/Schorkopf*, Der Vertrag von Nizza, NJW 2001, 1377 ff.; *Rabe*, Das Gericht erster Instanz der Europäischen Gemeinschaften, NJW 1989, 3041 ff.; *ders.*, Neuerungen im Europäischen Gerichtsverfahrensrecht, EuZW 1991, 596 f.; *Reischl*, Die Funktion der Generalanwälte in der Europäischen Rechtsprechung, in: Schwarze (Hrsg.), Der Europäische Gerichtshof als Verfassungsgericht und Rechtschutzinstanz, 1983, S. 121 ff.; *ders.*, 20 Jahre Gericht erster Instanz in Luxemburg – Der Zugang zur Justiz, EuR 2009, 717 ff.,; *Sack*, Zur künftigen europäischen Gerichtsbarkeit nach Nizza, EuZW 2001, 77 ff.; *Schröder*, Neuerungen im Rechtsschutz der Europäischen Union durch den Vertrag von Lissabon, DÖV 2009, 61 ff.; *Siebert*, Die Auswahl der Richter am Gerichtshof der Europäischen Gemeinschaften, 1997; *Skouris*, Höchste Gerichte an ihren Grenzen, in: FS Starck, 2007, 998 ff.; *Szczekalla*, Anmerkung zu EuGH Rs. C-7/94 (Lubar Gaal), EuZW 1995, 671 f.; *Theato*, Der Europäische Rat von Nizza, EuZW 2001, 129; *Thiele*, Das Rechtsschutzsystem nach dem Vertrag von Lissabon – (K)ein Schritt nach vorn?, EuR 2010, 30 ff.; *Tridimas*, The role of the advocate general in the development of Community law: Some reflections, CMLR 34 (1997), 1349 ff.; *Ver Loren van Themaat*, Der Gerichtshof der Europäischen Gemeinschaften, BayVBl. 1986, 486; *Wegener*, Die Neuordnung der EU-Gerichtsbarkeit durch den Vertrag von Nizza, DVBl. 2001, 1258 ff.

A. Äußere Organisationsstruktur des Gerichtshofes

I. Allgemeines

1 Ursprünglich war der **EuGH** das einzige Rechtsprechungsorgan innerhalb der damaligen Gemeinschaften. Die im Zuge der Europäischen Integration wachsende Zahl von Gemeinschafts-, heute Unionsrechtsakten führte auch zu einer ständig steigenden Zahl von Verfahren vor dem EuGH. Dabei wurden die Verfahren immer komplizierter und länger, was zu einer zunehmend als dramatisch empfundenen Belastung und Über-

1. Abschnitt. Grundlagen europäischer Rechtskontrolle 2 §3

lastung des EuGH führte.[1] Die vor dem Gerichtshof anhängig gemachten Verfahren wuchsen dabei nicht nur zahlenmäßig, sondern auch hinsichtlich ihrer Komplexität und Bedeutung für die wirtschaftliche wie politische Integration der Union.[2] Dies hatte bei umfangreichen Rechtssachen nicht nur Auswirkungen auf die Verfahrensdauer vor dem Gerichtshof,[3] sondern im Rahmen von Vorabentscheidungen auch Rückwirkungen auf die Verfahrensdauer vor nationalen Gerichten. Um diesen Ansturm zu bewältigen und gleichzeitig eine angemessene Dauer der Prozesse zu wahren, fügte der Rat 1988 mit der EEA zur Entlastung des EuGH einen Art. 168 a EGV-Maastricht (später Art. 225 EGV-Amsterdam) in den Vertragstext ein und schuf damit das **Gericht erster Instanz** der Europäischen Gemeinschaften (EuG). Nach dem heute geltenden Art. 256 AEUV heißt es „Gericht". Es sei noch einmal darauf hingewiesen, dass der Vertrag von Lissabon insgesamt eine geänderte Nomenklatur für die Unionsgerichtsbarkeit eingeführt hat. Als „Gerichtshof der Europäischen Union" bezeichnet der neu eingefügte Art. 19 Abs. 1 EUV heute das EU-Gerichtssystem in seiner Gesamtheit: den Gerichtshof, kurz EuGH, das Gericht, vormals das Gericht Erster Instanz, und die Fachgerichte, vormals die „gerichtlichen Kammern".[4] Die Einsetzung letzterer erfolgt jetzt durch Verordnung im ordentlichen Gesetzgebungsverfahren, Art. 257 Abs. 1 AEUV.[5] Dass mit dem Wegfall der „Europäischen Gemeinschaft" auch der Name „Gerichtshof der Europäischen Gemeinschaften" obsolet geworden ist, ist eine Selbstverständlichkeit.[6] Dass mit den Termini „Gerichtshof" – in der englischen Sprachfassung „Court of Justice" – und „Gericht" – in der englischen Sprachfassung „General Court" – ohne namensprägenden Bezug auf die EU begriffliche Unsicherheiten geschaffen werden bzw. zwischen dem „Gerichtshof der Europäischen Union", dem „Court of Justice of the European Union" und dem „Gerichtshof", dem „Court of Justice", Verwechslungsgefahren entstehen, bleibt ein Defizit.[7]

Das dem EuGH beigeordnete Gericht (erster Instanz) sollte für die zahlenmäßig 2 starken Verfahren der Wettbewerbsstreitigkeiten von natürlichen und juristischen Personen sowie für die Vielzahl von dienstrechtlichen Streitigkeiten natürlicher Personen zuständig sein, um den Gerichtshof von diesen, nicht immer grundsätzliche Bedeutung erlangenden Rechtsstreitigkeiten, zu entlasten.[8] Nachdem die Mitglieder des Gerichts wirksam ernannt waren, hat sich das EuG mit Beschluss vom 11.10.1989[9]

---

[1] *Rabe*, NJW 1989, 3041 ff.; *Everling*, DRiZ 1993, 5 (7); *Lipp*, JZ 1997, 326 ff.; *Pernice*, Die Zukunft der Unionsgerichtsbarkeit. Zu den Bedingungen einer Nachhaltigen Sicherung effektiven Rechtsschutzes im Europäischen Verfassungsverbund, EuR 2011, S. 151 ff.

[2] *Huber*, in: Streinz, EUV/AEUV, 2. Aufl. 2012, Art. 19 EUV Rn. 8 f.

[3] *Ottaviano*, Der Anspruch auf rechtzeitigen Rechtsschutz im Gemeinschaftsprozessrecht, 2009.

[4] *Geiger*, in: Geiger/Khan/Kotzur, EUV/AEUV, 5. Aufl. 2010, Art. 19 EUV, Rn. 1.

[5] *A. Thiele*, Das Rechtsschutzsystem nach dem Vertrag von Lissabon – (K)ein Schritt nach vorn?, EUR 2010, 30 (31).

[6] *R. Barents*, The Court of Justice after the Treaty of Lisbon, Common Market Law Review 47 (2010), 709 ff.

[7] Kritisch zur neuen Terminologie *U. Everling*, Rechtsschutz in der Europäischen Union nach dem Vertrag von Lissabon, EuR 2009, Beiheft 1, 71 (81); *R. Barents*, The Court of Justice after the Treaty of Lisbon, Common Market Law Review 47 (2010), 709 (710).

[8] Nachweise bei *Kotzur*, in: Geiger/Khan/Kotzur, EUV/AEUV, 5. Aufl. 2010, Art. 256 AEUV, Rn. 1 ff.

[9] ABl. 1989 L 317/48, geändert durch Beschluss vom 26.4.99, ABl. L 114/52.

ordnungsgemäß konstituiert und seine Arbeit zum 31.10.1989 aufgenommen. Nachdem die Institutionalisierung eines weiteren Rechtsprechungszuges auch in der Rechtspraxis angenommen wurde und sich als Entlastung für den EuGH herausstellte, wurde die Zuständigkeit des EuG vom Ministerrat 1993 um die Subventionsstreitigkeiten erweitert.[10] Wichtig bleibt festzuhalten: Bei dem EuG handelt es sich nicht um ein weiteres Organ der Union, sondern um eine **weitere Organisationsform** innerhalb einer einheitlichen, heute grundsätzlich dreistufigen Unionsgerichtsbarkeit.[11] Von seinem Selbstverständnis her versteht sich das EuG als Teil des Organs „Europäischer Gerichtshof".[12] Sowohl von seiner administrativen Struktur als auch haushaltsrechtlich ist das EuG in das **Organ** „Gerichtshof" eingegliedert (siehe Art. 19 Abs. 1 EUV).[13] Beide Gerichte haben ihren Sitz in Luxemburg. Sofern das EuG gelegentlich als „eigenständiger Spruchkörper" bezeichnet wird,[14] ist dies zumindest missverständlich. Unter „Spruchkörper" versteht man allgemein die Abteilungen (Kammern, Senate) innerhalb eines bestimmten Gerichts, denen aufgrund des Geschäftsverteilungsplans die Entscheidung in der konkreten Rechtssache zugewiesen ist.[15] Mittlerweile ist das EuG längst aus dem Schatten seines großen Bruders herausgetreten und als eigenständige Tatsacheninstanz der ihm zugewiesenen Streitigkeiten anerkannt, auch wenn es in bestimmten Bereichen noch Abstimmungsprobleme zwischen den Instanzen gibt.[16] Die Tätigkeit des „Gerichts erster Instanz", heute des „Gerichts", ist nach heute mehr als 20 Jahren Rechtsprechungstätigkeit zutreffend als eine „Erfolgsgeschichte" beschrieben worden.[17]

3   Vor diesem Hintergrund war zunächst der Begriff „Gerichtshof" für das einheitliche Gemeinschaftsorgan, welches unter seinem Dach sowohl den EuGH als auch das EuG zusammenfasst, verwandt worden. Sofern sich hinsichtlich der beiden Gerichte Unterschiede ergaben, wurde dies durch die Verwendung der Bezeichnungen „EuGH" und „EuG" kenntlich gemacht. Mit dem Vertrag von Lissabon wird nunmehr einheitlich vom „Gerichtshof der Europäischen Union" gesprochen (Art. 13 EUV), der nach Art. 19 Abs. 1 EUV den Gerichtshof, das Gericht und die Fachgerichte umfasst.[18]

II. Reformen

4   **1. Der Vertrag von Nizza.** Im Hinblick auf die starke Belastung des Gerichtshofes durch anhängige und neu eingehende Rechtssachen, sowie mit Blick auf die damals beabsichtigte, heute realisierte Erweiterung der Europäischen Union nach Osten, haben der Gerichtshof und die Kommission schon Ende 1999 Vorschläge zur **Reformierung**

---

[10] Beschluss des Rates 93/350/EGKS/EWG/Euratom vom 8.6.1993, ABl. 1993 L 144/21.
[11] *Everling*, in: FS Deringer, S. 51; *ders.*, in: FS Steinberger, S. 1105; *Schwarze*, in: ders., EU-Kommentar, 3. Aufl. 2012, Art. 19 EUV, Rn. 11
[12] *Kotzur*, in: Geiger/Khan/Kotzur, EUV/AEUV, 5. Aufl. 2010, Art. 256 AEUV Rn. 1.
[13] *Huber*, in: Streinz, EUV/AEUV, 2. Aufl. 2012, Art. 19 EUV Rn. 4 ff., 18 ff.
[14] So *Rabe*, NJW 1989, 3041 (3042); *Müller-Huschke*, EuGRZ 1989, 213 (215); *Schweitzer/Hummer*, Europarecht, S. 64; *Wohlfahrt*, in: GH, Art. 168 a, Rn. 5, vgl. *Pache/Schorkopf*, NJW 2001, 1377 (1380).
[15] *Klinke*, Gerichtshof, Rn. 81 ff.; *Middeke/Szczekalla*, JZ 1993, 285 ff.
[16] Vgl. dazu *Nemitz*, DÖV 2000, 437 (438 ff.).
[17] *Schwarze*, EuR 2009, 717 ff.
[18] Einzelheiten bei *Schwarze*, in: ders., EU-Kommentar, 3. Aufl. 2012, Art. 19 EUV Rn. 11.

des europäischen Gerichtssystems unterbreitet.[19] Allen Vorschlägen gemeinsam war und ist das Bestreben, die Belastungsgrenzen des Gerichtshofes abzubauen, die Dauer der anhängigen Verfahren zu reduzieren, gleichzeitig aber die Qualität der Gemeinschaftsrechtsprechung, heute Unionsrechtsprechung zu sichern. Mit dem **Vertrag von Nizza** sind diese Reformvorschläge nur zum Teil aufgegriffen worden.[20] Das Gerichtssystem der EU/EG ist durch den Nizza-Vertrag – stärker als durch den späteren Entwurf eines Verfassungsvertrages und den Lissabonner Reformvertrag – verschiedenen, durchaus substantiellen Veränderungen unterworfen worden, um den geänderten Eingangszahlen in den verschiedenen Rechtsmaterien einerseits, aber auch einem weiteren Anstieg künftiger Rechtsstreitigkeiten in neu hinzukommenden Rechtsmaterien (Asylrecht und Recht am geistigen Eigentum) andererseits, sowie weiteren Verfahren durch Beitritte neuer Mitgliedstaaten Rechnung zu tragen.[21]

a) **Erweiterter Zuständigkeitsbereich.** Für das EuG brachte der **Vertrag von Nizza** zunächst die formal-rechtliche Aufwertung eines eigenständigen Rechtsprechungsorgans neben dem EuGH. Art. 225 EGV-Nizza sprach nicht mehr von einem dem Gerichtshof beigeordneten **Gericht**, sondern wies dem EuG explizit eigene Zuständigkeitsbereiche neben dem EuGH zu. War das EuG bisher nur für bestimmte Direktklagen bestimmter Sachbereiche zuständig, erweiterte der Vertrag von Nizza den **Zuständigkeitsbereich** des EuG auf alle Direktklagen mit Ausnahme der Vertragsverletzungsverfahren (Art. 225 Abs. 1 EGV a. F.). Allerdings schränkte Art. 51 Satzung-EuGH a. F. (EuGH) den umfassenden Zuständigkeitsbereich dahingehend ein, als für Direktklagen der Mitgliedstaaten, der damaligen Gemeinschaftsorgane und der Europäischen Zentralbank der EuGH zuständig blieb. Insoweit war das EuG als Eingangsgericht nur für alle Direktklagen zuständig, die von natürlichen und juristischen Personen erhoben wurden, ohne auf bestimmte Rechtsgebiete beschränkt zu sein.[22] Darin war eine Aufwertung zu sehen, die jedoch nur das nachvollzog (oder in Anlehnung an eine von *K. Eichenberger* geläufige Terminologie aus dem Schweizer Bundesverfassungsrecht „nachführte"), was die Rechtspraxis in den letzten Jahren ohnehin wahrgenommen hatte, nämlich die Spruchpraxis einer gegenüber dem EuGH eigenständigen Rechtsprechungsinstanz. Soweit teilweise von einer „statusrechtlichen Gleichstellung" gesprochen wurde,[23] ist diese Bewertung hinsichtlich der Aufgabenverteilung und der Überordnung des EuGH als Revisionsinstanz des EuG missverständlich. Unzweifelhaft ist durch die Vertragsänderung aber der Status des Gerichts

---

[19] Vgl. Reflexionspapier des Gerichtshofes, EuZW 1999, 750 = EuGRZ 2000, 101; Vorschläge des Gerichtshofes für Rechtsstreitigkeiten über geistiges Eigentum, EuZW 1999, 756; Bericht der Reflexionsgruppe der Kommission, Sonderbeilage Heft 9/2000; ergänzender Beitrag der Kommission KOM (2000) 109 endg. vom 1.3.2000; *Everling*, EuR 1997, 398 ff.
[20] Kritisch insoweit *Sack*, EuZW 2001, 77 ff. („viel gewerkelt, wenig gebaut"); *Theato*, EuZW 2001, 129 (Berg hat eine Maus geboren); *Hatje*, EuR 2001, 147 (165 ff.) (manche Wünsche offengelassen); *Lenz*, EuGRZ 2001, 433 (439) – Gelegenheit verpasst; positiver *Everling*, in: FS Steinberger, S. 1119 ff.; insgesamt: Everling/Müller-Graff/Schwarze (Hrsg.), Die Zukunft der Europäischen Gerichtsbarkeit nach Nizza, EuR Beiheft 1/2003.
[21] Kritisch zu der damit de facto verbundenen „Unitarisierung des europäischen Rechtsschutzsystems" *Huber*, in: Streinz, EUV/AEUV, 2. Aufl. 2012, Art. 19 EUV Rn. 10.
[22] Zur Entwicklungsgeschichte m. w. N. auch *Wegener*, in: Calliess/Ruffert (Hrsg.), EUV/AEUV, Art. 256 AEUV, Rn. 1.
[23] *Pache/Schorkopf*, NJW 2001, 1377 (1380).

als erstinstanzliches Rechtsprechungsorgan gefestigt worden. Auch primärrechtlich ist eine Gleichbehandlung mit dem EuGH erfolgt, indem Regelungen, die vorher in der Verfahrensordnung (EuG) oder in der Satzung (EG) enthalten waren, nunmehr in den Vertrag überführt wurden. Allerdings haben die Staats- und Regierungschefs davon abgesehen, dem EuG einen eigenen Organstatus im Sinne des damaligen Art. 7 EGV zu verleihen,[24] sodass das EuG nach wie vor eine Rechtsprechungsinstitution innerhalb des seinerzeitigen Gemeinschaftsorgans „Gerichtshof" geblieben ist. Der heutige Art. 19 EUV ändert daran, wie bereits gezeigt, nichts. Es wurde künftigen Vertragsänderungen vorbehalten, die institutionellen Änderungen auch im Sprachgebrauch anzupassen. So war das „Gericht erster Instanz" nach Einführung der gerichtlichen Kammern (vgl. sogleich Rn. 7) nicht mehr bloßes Eingangsgericht, sondern auch Rechtsmittelgericht im zweiten Rechtszug.[25] Dem trägt die heutige Bezeichnung „Gericht" (Art. 256 AEUV) Rechnung. Die schon oben beklagte semantische Uneindeutigkeit ist vielleicht der Preis für die von der Sache her gebotene inhaltliche Korrektur.

6   Die Regelung des Art. 225 EGV-Nizza stellte die Zuständigkeit des damaligen Gerichts erster Instanz auf eine neue Grundlage und teilte ihm teilweise neue Kompetenzen zu. Das EuG war nunmehr generell für Nichtigkeits-, Untätigkeits-, Schadensersatz-, Dienstrechtliche Klagen und Klagen betreffend die EIB und EZB zuständig. Ausgenommen von dieser generellen Zuständigkeit waren diejenigen Klagen, die einer gerichtlichen Kammer i. S. d. Art. 225 a EGV-Nizza (heute einem Fachgericht, Art. 257 AEUV) übertragen wurden und Klagen, die gemäß der Satzung dem Gerichtshof vorbehalten blieben. Gemäß Art. 51 der Satzung in ihrer alten Fassung war der Gerichtshof für die im Art. 225 Abs. 1 EGV-Nizza genannten Rechtsstreitigkeiten zuständig, wenn ein Mitgliedstaat, ein Gemeinschaftsorgan (heute Unionsorgan) oder die EZB klagte. Damit lag die Zuständigkeit für alle Klagen von natürlichen und juristischen Personen beim EuG. Überdies wurde das Gericht erster Instanz als Vorabentscheidungsinstanz in jenen Fällen zuständig, die die Satzung vorsah. War indes die Einheit oder Kohärenz des Gemeinschaftsrechts (heute Unionsrechts) in Gefahr, räumte die Satzung dem EuGH die Prüfungskompetenz ein.

7   **b) Einführung „gerichtlicher Kammern".** Mit dem Vertrag von Nizza wurde zur weiteren Entlastung des Gerichtshofes die Grundlage für eine weitere Rechtsprechungsinstitution gelegt. Art. 225 a EGV-Nizza eröffnete die Möglichkeit für die Schaffung eines weiteren Rechtsprechungskörpers im europäischen Gerichtssystem. Seiner sachlichen wie funktionalen Ausdifferenzierung korrespondierte die instantielle Weiterentwicklung zur Dreistufigkeit.[26] Der Überlastung des EuGH wurde, neben einer Stärkung des Gerichts erster Instanz, auch durch die per Ratsbeschluss einzurichtenden „gerichtlichen Kammern" für bestimmte Sachgebiete Rechnung getragen. Nach dem in Nizza eingefügten Art. 225 a EGV-Nizza konnte der Rat durch einstimmigen Beschluss auf Vorschlag der Kommission und nach Anhörung des Europäischen Parlaments und des Gerichtshofs, oder auf Antrag des Gerichtshofs und nach Anhörung des Parlaments und der Kommission, gerichtliche Kammern bilden, die für Entscheidungen im ersten Rechtszug über bestimmte Kategorien von Klagen zuständig sind, die

---

[24] *Hatje*, EuR 2001, 147 (165); *Wegener*, DVBl. 2001, 1258 (1260).
[25] *Wegener*, in: Calliess/Ruffert, EUV/AEUV, Art. 256 AEUV, Rn. 22 ff.
[26] *Huber*, in: Streinz, EUV/AEUV, 2. Aufl. 2012, Art. 19 EUV Rn. 7; siehe auch *Karpenstein*, in: GHN, Art. 256 AEUV Rn. 1 ff.

in besonderen Sachgebieten erhoben werden. Die Regeln für die Zusammensetzung sollten aber, ebenso wie die Festlegung des Zuständigkeitsbereiches, erst mit dem Errichtungsbeschluss festgelegt werden. Als Sachgebiete, die in die Zuständigkeit solcher noch zu bildenden Rechtsprüfungseinrichtungen gelangen, wurden im Vorfeld für die erstinstanzliche Zuständigkeit die Spezialbereiche der Marken- oder Beamtensachen sowie der gewerblichen Muster genannt.[27] Die besonders intensive Diskussion um ein Europäisches Patentgericht hat im Jahre 2012 zu einem (vorläufigen) Durchbruch geführt. Es soll mit Sitzen in Paris, London und München eingerichtet werden.[28]

Schon in einem frühen Memorandum hatte der EuGH, im Vorgriff auf zu erwartende Rechtsstreitigkeiten über die Gemeinschaftsmarken-Verordnung, eine personelle und sachliche Aufstockung insbesondere des EuG gefordert.[29] Die ursprünglichen Pläne der Kommission hat der EuGH indes mit einem Gutachten aus dem Jahre 2011 (Gutachten 1/09) als unionsrechtswidrig verworfen;[30] dem mussten die nun vorliegenden neuen Vorschläge Rechnung tragen. Nach Art. 220 Abs. 2 EGV-Nizza sollten die gerichtlichen Kammern dem EuG beigeordnet werden. Ob es sich bei diesen noch zu bildenden Kammern um Spruchkörper des EuG handelt,[31] war angesichts der separaten Stellung, die die gerichtlichen Kammern von ihrer Vertragskonzeption im Rechtsprechungsgefüge einnehmen sollten, fraglich. Zwar wurden die gerichtlichen Kammern dem EuG beigeordnet, gleichwohl entscheiden die Kammermitglieder nicht als EuG, sondern als gerichtliche Kammer. Sie erhielten eine eigene Verfahrensordnung; im Übrigen fanden die Bestimmungen des EuG und die Satzung (EG) auf sie entsprechende Anwendung. Die gerichtlichen Kammern stellten damit eine eigene Rechtsprüfungsinstanz für bestimmte vorgesehene Zuständigkeitsbereiche im Rahmen des EuG dar, der Begriff „Kammer" war deshalb unsauber gewählt. Mit der Zuständigkeit für bestimmte Sach- und Rechtsgebiete wurde das Tor zu einer „Fachgerichtsbarkeit" und damit einem dreistufigen Aufbau der EU-Gerichtsbarkeit insgesamt geöffnet.[32] Nach bisherigen Überlegungen waren diese Kammern nicht einmal zwingend am Ort der EU-Gerichtsbarkeit in Luxemburg angesiedelt. Aus einer Protokoll-Erklärung Luxemburgs zum Nizza-Vertrag[33] ergibt sich, dass der Sitz der **Beschwerdekammern** des Harmonisierungsamtes für den Binnenmarkt (Marken, Muster und Modelle) in Alicante bleiben kann, wenn diese einmal „gerichtliche Kammer" im Sinne des Artikels 220 EGV a. F. werden sollte. Damit wurden erste Ansätze für eine Dezentralisierung der EU-Gerichtsbarkeit vorgegeben.[34]

2. Der Vertrag von Lissabon. Der Vertrag von Lissabon hat vor allem terminologische Änderungen mit sich gebracht. Nach Art. 19 Abs. 1 EUV n. F. umfasst der Gerichtshof der Europäischen Union neben dem „Gerichtshof" das „Gericht" und die

---

[27] Vgl. *Pache/Schorkopf*, NJW 2001, 1377 (1380).
[28] Dazu das jüngste Arbeitspapier des Rates vom 27.9.2012, 14268/12 (PI 113 COUR 66); aus der Lit. etwa *Thiem*, Patentgericht und Europäisches Patent mit einheitlicher Wirkung: Ist Einigung nur aufgeschoben?, GRUR-Prax 2012, S. 182 ff.
[29] Vorschläge des Gerichtshofes und des Gerichts für die neuen Rechtsstreitigkeiten über geistiges Eigentum, EuZW 1999, 756.
[30] Dazu die redaktionelle Anmerkung in EuZW 2011, S. 243.
[31] *Pache/Schorkopf*, NJW 2001, 1377 (1380).
[32] *Wegener*, DVBl. 2001, 1258 (1260 f.).
[33] ABl. 2001 C 80/87.
[34] *Wegener*, DVBl. 2001, 1258 (1261).

„Fachgerichte". Zum „Gerichtshof der Europäischen Union" gehört somit die gesamte unionsunmittelbare Gerichtsbarkeit.[35] Diese ist dreiteilig aufgebaut, womit allerdings kein dreistufiger, sondern zumeist nur ein zweistufiger Instanzenzug entsteht. Dazu zählen der **Gerichtshof der EU (EuGH)**, das **Gericht** (bisher das „Gericht erster Instanz") und die **Fachgerichte**, die nach dem Vertrag von Nizza als gerichtliche Kammern vorgesehen waren.[36]

Durch den Vertrag von Lissabon werden einerseits die **Aufgaben des Europäischen Gerichtshofs** auf den Bereich der Freiheit, der Sicherheit und des Rechts erweitert – eine Folge der Verschmelzung der bisherigen drei Säulen.[37] Andererseits bleibt die Gemeinsame Außen- und Sicherheits- und Verteidigungspolitik einer inhaltlichen Kontrolle durch den Europäischen Gerichtshof weitgehend entzogen, Art. 24 Abs. 1 UAbs. 2 Satz 6 EUV und Art. 275 Abs. 1 AEUV. Ausnahmen sind für die in Art. 275 Abs. 2 AEUV aufgeführten Fälle vorgesehen, die dem bisherigen Rechtszustand entsprechen.[38]

9 Gemäß Art. 256 Abs. 1 AEUV ist das **Gericht** für Entscheidungen im ersten Rechtszug über die in den Art. 263, 265, 268, 270 und 272 AEUV genannten Klagen zuständig, mit Ausnahme der Klagen, die einem nach Art. 257 AEUV gebildeten Fachgericht übertragen werden und der Klagen, die gemäß der Satzung dem Gerichtshof vorbehalten sind.[39] Außerdem kann in der Satzung vorgesehen sein, dass das Gericht für andere Kategorien von Klagen zuständig ist.

B. Zusammensetzung

I. Zusammensetzung des Gerichtshofs (EuGH)

10 **1. Richter.** Nach dem **Vertrag von Lissabon** umfasst der Gerichtshof eine Zahl von Richtern, die der Zahl der Mitgliedstaaten entspricht, Art. 19 Abs. 2 EUV. Im Jahre 2012: 27 Richter (mit dem Beitritt Kroatiens im Jahre 2013 ist ein 28. Richter hinzugekommen). Indem die Möglichkeit, die Anzahl der Richter durch einstimmigen Beschluss des Rates zu erhöhen, mit der Novellierung weggefallen ist, führt die Aufnahme eines neuen Mitgliedstaates künftig dazu, dass dieser automatisch einen Richter zum EuGH entsenden kann, ohne dass es dafür eines eigenen Beschlusses des Rates bedarf.[40]

---

[35] Kritisch gegenüber einer solchen Zusammenfassung: *Wegener*, in: Calliess/Ruffert, EUV/AEUV, Verfassungsvertrag, Art. I-29 Rn. 2.
[36] *Streinz/Ohler/Herrmann*, Lissabon, S. 71; zum Rechtsschutzsystem nach dem Vertag von Lissabon: *Thiele*, EuR 2010, 30 ff.
[37] *Streinz/Ohler/Herrmann*, Lissabon, S. 71.
[38] Vgl. *Schröder*, DÖV 2009, 61 (64); *Streinz/Ohler/Herrmann*, Lissabon, S. 71.
[39] *Huber*, in: Streinz, EUV/AEUV, 2. Aufl. 2012, Art. 256 AEUV Rn. 5 ff.; *Karpenstein*, in: GHN, Art. 256 AEUV, Rn. 3 ff.; *Kotzur*, in: Geiger/Khan/Kotzur, EUV/AEUV, Art. 256 AEUV, Rn. 1 ff.; *Schwarze*, in: ders., EU-Kommentar, 3. Aufl. 2012, Art. 256 EUV, Rn. 2 ff.; *Wegener*, in: Calliess/Ruffert, EUV/AEUV, 4. Aufl. 2012, Art. 256 AEUV Rn. 3 ff.
[40] Zur Zusammensetzung mit w. N. *Huber*, in: Streinz, EUV/AEUV, 2. Aufl. 2012, Art. 19 EUV Rn. 19 ff.

Durch den Reformvertrag von Lissabon ist Art. 223 EGV-Nizza, abgesehen von seinem Abs. 1, inhaltlich in Art. 253 AEUV übernommen worden.[41] Die Änderung in Abs. 1 bezieht sich auf das Auswahlverfahren der Richter und Generalanwälte. Bevor die Regierungen der Mitgliedstaaten in gegenseitigem Einvernehmen die Ernennungsentscheidung treffen, sind sie von einem neu eingerichteten Prüfungsausschuss (Art. 255 AEUV) anzuhören.[42] Dadurch sollen (wie etwa beim amerikanischen Supreme Court) Transparenzdefizite beseitigt werden.[43]

Art. 253 Abs. 1 AEUV nennt (wie zuvor Art. 223 EGV a. F.) einheitliche Voraussetzungen für die Qualifikation bei Richtern und Generalanwälten. Die in Betracht kommenden Personen müssen „jede Gewähr für Unabhängigkeit bieten". Während ihrer Zugehörigkeit zum Gerichtshof dürfen sie weder ein politisches Amt noch ein Amt in der Verwaltung ausüben. Entgeltliche oder unentgeltliche Berufstätigkeit ist ihnen versagt, wenn nicht der Rat ausnahmsweise eine Befreiung erteilt.

Da die Ernennung der Richter und Generalanwälte von den Regierungen der Mitgliedstaaten in gegenseitigem Einvernehmen erfolgt, handelt es sich dabei also nicht um einen Ratsbeschluss, sondern um einen gemeinsamen Beschluss der Regierungen (uneigentlicher Ratsbeschluss).[44]

Die Amtsdauer beträgt sechs Jahre. Obwohl eine Verlängerung der Amtsdauer auf 12 Jahre ohne die Möglichkeit der Wiederwahl auch vorgeschlagen wurde,[45] konnten sich die Mitgliedstaaten bislang nicht auf eine entsprechende Änderung – auch nicht auf ihrer Regierungskonferenz in Lissabon – verständigen. Eine solche Verlängerung der Amtszeit wäre aber im Hinblick auf die größere personelle und kompetenzielle Kontinuität sinnvoll und wünschenswert.[46] Mitgliedstaatliche Verfassungsgerichte wie etwa das Bundesverfassungsgericht, dessen Richter auf 12 Jahre ernannt werden, geben ein entsprechendes Vorbild.

Eine Wiederernennung ist zulässig und in der Praxis die Regel. Die Amtszeit endet vorzeitig im Fall des Rücktritts (Art. 5, 8 der Satzung in ihrer alten wie neuen Fassung) oder im Fall einer Amtsenthebung. Diese erfolgt ggf. durch einstimmigen Beschluss der übrigen Richter und Generalanwälte, Art. 6, 8 der Satzung (alte wie neue Fassung). Art. 4 VerfO-EuGH (n. F.) enthält Regelungen zum Amtseid der Richter und Generalanwälte.

Um die Kontinuität der Rechtsprechung des Gerichtshofs sicherzustellen, werden die Stellen der Richter und Generalanwälte alternierend besetzt. Die teilweise Neuernennung geschieht alle drei Jahre. Einzelheiten dazu sind in der Satzung geregelt.

Plenumsentscheidungen werden aufgrund der steigenden Größe des Gerichtshofes nicht mehr die Regel, sondern die Ausnahme sein. Ob der EuGH hierdurch

---

[41] *Schwarze*, in: ders., EU-Kommentar, 3. Aufl. 2012, Art. 253 AEUV Rn. 1.
[42] *Kotzur*, in: Geiger/Kahn/Kotzur, EUV/AEUV, Art. 253 AEUV Rn. 1; *Bieber*, in: Schulze/Zuleeg/Kadelbach, § 1 Rn. 82; allgemein *Gundel*, Gemeinschaftsrichter und Generalanwälte als Akteure des Rechtsschutzes im Lichte des gemeinschaftsrechtlichen Rechtsstaatsprinzips, EuR-Beiheft 3/2008, S. 23 ff.
[43] *Kotzur*, in: Geiger/Kahn/Kotzur, EUV/AEUV, Art. 252 AEUV Rn. 6.
[44] *Schwarze*, in: ders., EU-Kommentar, 3. Aufl. 2012, Art. 253 AEUV Rn. 5; *Kotzur*, in: Geiger/Kahn/Kotzur, EUV/AEUV, Art. 253 AEUV Rn. 5.
[45] Vgl. etwa Reflexionsgruppe, Sonderbeilage zur NJW 19/2000 = EuZW 9/2000.
[46] Siehe auch *Sack*, EuZW 2001, 77 (79); *Hatje*, EuR 2001, 147 (170); *Wegener*, DVBl. 2001, 1258 (1263).

eines Tages „personell völlig überdimensioniert" ist,[47] muss abgewartet werden. Aufgrund seiner Funktion und Aufgabenstellung (vgl. dazu sogleich § 4) sollen sich die nationalen Identitäten durch die aus den einzelnen Mitgliedstaaten kommenden Richter auch auf Unionsebene und damit in der Europäischen Gerichtsbarkeit wiederfinden[48] – ein Gedanke, der letztlich auch in Art. 4 Abs. 2 EUV mit angelegt ist.[49] Die von den Mitgliedstaaten an den Gerichtshof entsandten Richter vertreten aber nicht die nationalen Interessen ihres Landes, sondern die ebengenannten nationalen Identitäten, so wie sie durch Geschichte, Kultur und die verschiedenen Rechtsordnungen geprägt sind,[50] dabei sollen sie das „gemeineuropäische" Moment stets im Auge haben.[51]

Die Richter des Europäischen Gerichtshofes sind gem. Art. 3 Satzung-EuGH (alte wie neue Fassung) keiner Gerichtsbarkeit unterworfen, d. h. sie genießen **Immunität**. Sie dürfen weder ein politisches Amt noch eine entgeltliche oder unentgeltliche Berufstätigkeit ausüben, es sei denn, der Rat hat ausnahmsweise eine Befreiung von dieser **Inkompatibilität**sregelung erteilt (Art. 4 Satzung-EuGH a. F. und n. F.). Verstößt ein Richter gegen diese Voraussetzungen, oder erfüllt er diese nicht mehr, oder kommt ein Richter seinen sich aus dem Amt ergebenden Verpflichtungen nicht mehr nach, kann ihn der Gerichtshof nach einstimmigen Urteil der Richter und der Generalanwälte seines Amtes für verlustig erklären (Amtsenthebung, Art. 6 Satzung-EuGH a. F. und n. F.). Endet das Amt vor Ablauf der Amtszeit (z. B. durch Amtsenthebung, Tod), wird es für die verbleibende Amtszeit neu besetzt (Art. 7 Satzung-EuGH a. F. und n. F.).

11 Unterstützt werden die einzelnen Richter der europäischen Gerichtsbarkeit von drei persönlichen **Referenten**, welche die EuGH-Richter sich selbst auswählen können und die nicht zwingend aus dem jeweiligen Mitgliedstaat kommen müssen. Die Referenten um den EuGH-Richter bilden zusammen ein sog. **Kabinett**. Bei ihnen handelt es sich quasi um die „Berichterstatter" des Richters, ohne dass sie allerdings selbst einen Richterstatus besitzen. Insofern könnte man sie mit den Wissenschaftlichen Mitarbeitern beim BVerfG vergleichen. Sie bekommen von dem Richter die diesem vom Präsidenten zugewiesenen Verfahren überantwortet, die sie begleiten und entsprechend dem Stand von Literatur und Rechtsprechung vorbereiten. Die Letztverantwortung für das Verfahren, den Entscheidungsvorschlag und letztlich das Urteil trägt jedoch allein der Richter. Hierdurch wird deutlich, dass zwischen dem Richter und seinen Referenten ein enges Vertrauensverhältnis bestehen muss. Die Rechtsreferenten im Kabinett eines Richters sind Angestellte des Gerichtshofes.

12 **2. Generalanwälte.** Die Richter am EuGH werden zudem durch acht **Generalanwälte** unterstützt Art. 19 Abs. 2 EUV, Art. 252 Abs. 1 AEUV (Art. 222 EGV-Nizza).[52] Nach Art. 252 Abs. 1 Satz 2 AEUV kann der Rat die Anzahl auf Antrag des Gerichts-

---

[47] *Sack*, EuZW 2001, 77 (79).
[48] Siehe oben Rn. 5.
[49] Dazu *v. Bogdandy/Schill*, in: GHN, Art. 4 EUV, Rn. 8 ff.
[50] *Everling*, in: Nicolaysen/Quaritsch, S. 65; *ders.*, DRiZ 1993, 5 (6).
[51] *Häberle*, Gemeineuropäisches Verfassungsrecht, EuGRZ 1991, 261 ff.
[52] Ausführlich zu den Aufgaben der Generalanwälte *Schwarze*, in: ders., EU-Kommentar, 3. Aufl. 2012, Art. 252 AEUV Rn. 4 ff.; *Gundel*, Gemeinschaftsrichter und Generalanwälte als Akteure des Rechtsschutzes im Lichte des gemeinschaftsrechtlichen Rechtsstaatsprinzips, EuR-Beiheft 3/2008, 23 ff.

1. Abschnitt. Grundlagen europäischer Rechtskontrolle 13 §3

hofs einstimmig erhöhen.[53] Der Schlussakte zum Vertrag von Lissabon ist als Erklärung Nr. 38 (zu Art. 252 AEUV, siehe ABl. 2007 C 306/262) ein Vorhaben des Rates beigefügt, die Zahl der Generalanwälte von 8 auf 11 zu erhöhen. Danach würde künftig auch Polen wie bisher schon Deutschland, Frankreich, Italien, Spanien und das Vereinigte Königreich einen Generalanwalt stellen.[54] Innerhalb der Generalanwälte gibt es einen sog. „**Ersten Generalanwalt**" (siehe Art. 14 der Verfahrensordnung in ihrer neuen Fassung und Art. 62 Satzung a. F. und n. F.). Hierbei dürfte es sich jedoch um die Funktion eines „primus inter pares" handeln, dem die Aufgabe zufällt, auf die Einheit und Kohärenz der Rechtsprechung zu achten und ggf. auf die Überprüfung der Entscheidungen des Gerichts und der Fachgerichte durch den Gerichtshof hinzuwirken. Die Institution des Generalanwaltes ist nicht vergleichbar mit dem im deutschen Rechtssystem bekannten Vertreter des öffentlichen Interesses im Verwaltungsgerichtsverfahren oder dem Staatsanwalt im Strafverfahren.[55] Hierbei handelt es sich um eine Einrichtung, die aus dem französischen Rechtsraum stammt und die im deutschsprachigen Rechtsraum unbekannt ist. Der Generalanwalt gehört wie der Richter zum Gerichtshof und hat die Funktion eines juristischen Gutachters,[56] d. h. eines unabhängigen Berichterstatters, der nur dem Unionsrecht verpflichtet ist.[57] Seiner **Gutachterfunktion** entsprechend ist der Generalanwalt auch als „Vorhut des Gerichtshofes" bezeichnet worden.[58] Die Generalanwälte vertreten weder einen der am Verfahren Beteiligten noch gehören sie zur „Richterbank". Sie üben ihr unterstützendes Amt in völliger Unabhängigkeit und voller Unparteilichkeit aus. Gleichwohl haben sie eine richterähnliche Stellung und gehören als Mitglieder zum Organ des Gerichtshofes.[59] Zur Vorbereitung und Unterstützung seines Gutachtens stehen dem Generalanwalt, ebenso wie dem Richter, Anhörungs- und Fragerechte zu.[60] Die Ernennungsmodalitäten entsprechen denen der Richter, Art. 253 Abs. 1 AEUV (Art. 223 EGV-Nizza). Vier der Generalanwälte stammen aufgrund politischer Absprachen, wie bereits gesagt, aus Deutschland, Spanien, Frankreich, Italien und dem Vereinigten Königreich, während die vier anderen Generalanwälte turnusmäßig von den anderen Mitgliedstaaten gestellt werden.[61] Die Generalanwälte werden, ebenso wie die Richter, von einem Stab dreier juristischer Mitarbeiter unterstützt, die sie sich frei auswählen können.

Der Generalanwalt nimmt durch seinen von ihm erstatteten **Schlussantrag** eine 13
wichtige Funktion innerhalb der dem Gerichtshof zugewiesenen Rechtsprechungsaufgabe wahr und wirkt dadurch am Entstehen der künftigen Entscheidung des Gerichtshofes mit. Der vom Generalanwalt erarbeitete Schlussantrag soll die Grundlinien

---

[53] Dazu *Alber*, DRiZ 2006, 168 ff.
[54] Einzelheiten bei *Schwarze*, in: ders., EU-Kommentar, 3. Aufl. 2012, Art. 252 Rn. 1.
[55] EuGH, Rs. C-17/98, *Emesa Sugar*, Slg. 2000, I-667 Rn. 10 (= DVBl. 2000, 548 (549) – Rn. 10)
[56] *Klinke*, Gerichtshof, Rn. 61; vgl. auch *Reischl*, in: Schwarze, Der Europäische Gerichtshof als Verfassungsgericht und Rechtsschutzinstanz, S. 121 ff.; vgl. dazu insbesondere auch *Gündisch/Wienhues*, Rechtsschutz in der EU, S. 81 ff.; weiterhin *Huber*, in: Streinz, EUV/AEUV, Art. 252 AEUV Rn. 4 ff.
[57] *Lenz*, EuZW 1993, 10 (12).
[58] *Lenz*, in: Battis, S. 5; vgl. auch *Tridimas* CMLR 34 (1997), 1349.
[59] EuGH, Rs. C-17/98, *Emesa Sugar*, Slg. 2000, I-667 Rn. 10 f. = DVBl. 2000, 548 (549).
[60] *Borgsmidt*, EuR 1987, 162 ff.; *Wienke*, DB 1990, 1463 f.
[61] Gemeinsame Erklärung Nr. 2 zur Schlussakte vom 24.6.1994, ABl. 1994 C 241/381; vgl. auch *Schwarze*, in: ders., EU-Kommentar, Art. 223 EGV Rn. 1.

sicherstellen und die Einheitlichkeit der Rechtsprechung gewährleisten. Das mündliche Verfahren umfasst die Schlussanträge des Generalanwalts, Art. 20 Abs. 4 der Satzung (a. F. und n. F.). Die Schlussanträge werden am Ende der mündlichen Verhandlung gestellt und begründet, Art. 82 VerfO-EuGH n. F. Ein Recht auf Stellungnahme haben die Parteien nicht.[62] Es handelt sich bei den Schlussanträgen um die individuell begründete und öffentlich dargelegte Auffassung eines Mitglieds des Rechtsprechungsorgans Gerichtshof.[63] Früher musste der Generalanwalt noch den gesamten Text seines Schlussantrages im Anschluss an die mündliche Verhandlung, oder in einem gesonderten Termin, vortragen. Aus Gründen der Prozessökonomie verliest der Generalanwalt heute nur noch die *eigentlichen* Schlussanträge, also nicht die vorausgehende Begründung.[64] Der vollständige Inhalt des Schlussantrages wird dann den Richtern zugeleitet. Als wesentliche Neuerung durch den Vertrag von Nizza wurde vorgesehen, dass der Generalanwalt nur noch in den Rechtssachen einen Schlussantrag stellt, in denen gemäß der Satzung des Gerichtshofs seine Mitwirkung erforderlich ist (Art. 222 EGV-Nizza). Art. 252 Abs. 2 AEUV hat diese Regelung übernommen. Nach Art. 20 Abs. 5 der Satzung a. F. und n. F. kann der Gerichtshof beschließen, dass dann ohne die Schlussanträge des Generalanwalts entschieden wird, wenn der Gerichtshof der Auffassung ist, dass eine Rechtssache keine neue Rechtsfrage aufwirft. Kritisch bemängelt wurde, dass dem Generalanwalt insoweit nur ein Anhörungsrecht zugestanden wird und er deshalb von bestimmten Verfahren nach einer (Mehrheits-)Entscheidung des EuGH auch gegen seinen Willen ausgeschlossen werden kann; ein Zustimmungserfordernis wäre deshalb sachgerechter.[65] An die rechtliche Beurteilung der Streitgegenstände durch die Generalanwälte ist der Gerichtshof nicht gebunden. Da sich der Gerichtshof aber in der weitaus überwiegenden Zahl der Fälle dem Schlussantrag anschließt, ist dieser nach seiner Verkündung für die Beteiligten der Rechtssache ein Gradmesser, wie das Verfahren wohl ausgehen kann. Darüber hinaus sind die Schlussanträge für das Verständnis der Urteile, wie auch für die Problematik des Streitgegenstandes, von nicht zu unterschätzender Bedeutung, da sie im Gegensatz zu den Urteilen die konkrete Rechtsproblematik umfassender untersuchen und die Entscheidungsvorschläge häufig eine ausführlichere Begründung enthalten.[66] Ein Vergleich zwischen dem Schlussantrag des Generalanwalts mit den Urteilsgründen des EuGH lässt oftmals interessante Rückschlüsse auf die Entscheidungsfindung bzw. auf die Gewichtung der im Schlussantrag dargelegten Problembereiche zu.

14   Die Schlussanträge stehen außerhalb der Verhandlung zwischen den Parteien und eröffnen die Phase der Beratung des EuGH. Ein Anspruch der Prozessbeteiligten oder Anhörungsberechtigten auf Einreichung einer **Stellungnahme** zu dem Schlussantrag eines Generalanwaltes ist weder in der Satzung-EuGH (EG) noch in der VerfO-EuGH vorgesehen, noch ergibt sich ein solcher Anspruch aus allgemeinen Rechtsgrundsätzen des Unionsrechts.[67] Ein solcher Anspruch würde zudem auf erhebliche gerichtsinterne

---

[62] Dazu *Wägenbaur*, EuGH-VerfO, Art. 59 VerfO-EuGH Rn. 3.
[63] EuGH, Rs. C-17/98, *Emesa Sugar*, Slg. 2000, I-667 Rn. 10 f. = DVBl. 2000, 548 (549).
[64] *Wägenbauer*, EuGH-VerfO, Art. 59 VerfO-EuGH Rn. 2; vgl. auch *Klinke*, EG-Magazin 1991, 8.
[65] *Hatje*, EuR 2001, 147 (171).
[66] *H.P. Ipsen*, Europäisches Gemeinschaftsrecht, 15/7; vgl. auch *Ver Loren van Themaat*, BayVBl. 1986, 486.
[67] EuGH, Rs. C-17/98, *Emesa Sugar*, Slg. 2000, I-667 Rn. 10 (= DVBl. 2000, 548 (549) – Rn. 10).

Schwierigkeiten stoßen und die ohnehin nicht kurze Verfahrensdauer noch verlängern. Ein Verstoß gegen den Grundsatz des rechtlichen Gehörs ist darin nicht zu sehen, da der Gerichtshof gemäß Art. 83 VerfO n. F. die mündliche Verhandlung von Amts wegen nach Anhörung des Generalanwaltes wiedereröffnen kann, wenn er sich für unzureichend unterrichtet hält oder ein zwischen den Parteien nicht erörtertes Vorbringen für entscheidungserheblich erachtet.[68]

II. Zusammensetzung des Gerichts (EuG)

Nach dem **Vertrag von Lissabon** besteht das Gericht aus mindestens einem Richter je Mitgliedstaat, Art. 19 Abs. 2 UAbs. 2 EUV.[69] Die genaue Zahl wird in der Satzung festgelegt, Art. 254 Abs. 1 Satz 1 AEUV. Art. 48 der Satzung (a. F. und n. F.) sieht derzeit 27 Mitglieder vor. Mit dem Beitritt Kroatiens hat sich die Zahl der Richter im Jahre 2013 auf 28 erhöht.   15

Die Anforderungen an die Qualität der Richter sind in Art. 254 Abs. 2 AEUV geregelt. Es sind Personen auszuwählen, die Gewähr für ihre Unabhängigkeit bieten und über die Befähigung zur Ausübung hoher richterlicher Tätigkeiten verfügen.[70] Formal sind die Voraussetzungen niedriger als für den Gerichtshof. Im Gegensatz zu ihren EuGH-Kollegen müssen die Richter des Gerichts neben der Gewähr für ihre Unabhängigkeit gem. Art. 254 Abs. 2 AEUV „nur" über die Befähigung zur Ausübung richterlicher Tätigkeiten verfügen. Der Vertrag verweist damit auf das Recht des Heimatstaates des Richters.[71] Da es hinsichtlich des innerstaatlichen Vorschlagrechts an einschlägigen Bestimmungen fehlt,[72] bedarf es in Deutschland für die innerstaatliche Bestellung nur der Voraussetzung, dass der gewählte Kandidat über die Befähigung zum Richteramt gem. § 5 DRiG verfügt.   16

Die Ernennung erfolgt in einem Verfahren, das mit dem für den Gerichtshof vorgesehenen Verfahren übereinstimmt. Nach Art. 254 Abs. 2 AEUV werden sie von den Regierungen der Mitgliedstaaten in gegenseitigem Einvernehmen nach Anhörung des in Art. 255 AEUV vorgesehenen Ausschusses ernannt. Alle drei Jahre erfolgt eine teilweise **Neubesetzung** des Gerichts, wobei auch hier die Wiederwahl ausscheidender Mitglieder zulässig ist.[73]

Die Mitglieder des Gerichts wählen für die Dauer von drei Jahren aus ihrer Mitte den Präsidenten, Art. 254 Abs. 3 AEUV.

Ein weiterer bedeutender Unterschied zum Gerichtshof besteht bezüglich der Einrichtung von Generalanwälten. Die **Entwicklungen** sind hier wie folgt verlaufen: Der Ratsbeschluss 88/591 hat davon abgesehen, eigene ständige Generalanwälte beim Gericht erster Instanz einzurichten. Nach Art. 2 Abs. 3 des Beschlusses können einzelne Richter, also Mitglieder des Gerichts, dazu bestellt werden, die Tätigkeit eines **Generalanwaltes** auszuüben. Der Vorschlag, dem EuG die Unterstützung durch   17

---

[68] EuGH, Rs. C-262/96, *Sürül*, Slg. 1999, I-2685.
[69] *Huber*, in: Streinz, EUV/AEUV, 2. Aufl. 2012, Art. 19 EUV Rn. 19.
[70] *Wegener*, in: Calliess/Ruffert, EUV/AEUV, 4. Aufl. 2012, Art. 254 AEUV Rn. 4 f.
[71] *Kirschner*, Gericht erster Instanz, Rn. 11.
[72] Siehe hierzu *Pieper/Schollmeier*, S. 10 ff.; kritisch zum Richterwahlrecht *Detjen*, DRiZ 2000, 208.
[73] Art. 225 Abs. 3 S. 2 und 3 EGV.

ständige Generalanwälte zukommen zu lassen, wurde von der **Regierungskonferenz in Nizza** nicht aufgenommen. In welchen Fällen und nach welchen Kriterien ein Richter als Generalanwalt bestellt werden kann, wird dem Beschluss zufolge in der Verfahrensordnung des Gerichts festgelegt. Dieser Ermächtigung ist das Gericht in den Art. 17 bis 19 seiner Verfahrensordnung in der bisherigen Fassung (zuletzt geändert am 24. Mai 2011, siehe ABl. L 162 vom 22.6.2011, S. 18)[74] nachgekommen. Während danach bei einem in Vollsitzungen tagenden Gericht die Teilnahme eines vom Präsidenten bestellten Generalanwalts, da die Entscheidung mit ungerader Richterzahl gefällt werden muss,[75] obligatorisch ist, kann ein als Kammer tagendes Gericht von einem durch den Präsidenten zu bestellenden Generalanwalt dann unterstützt werden, wenn die Rechtssache rechtlich schwierig oder in tatsächlicher Hinsicht kompliziert ist (Art. 18 VerfO-EuG). Bei der Bestellung eines Richters zum Generalanwalt handelt es sich um ein zweischneidiges Schwert: Einerseits muss er sich eingehend mit den Tatsachen- und Rechtsfragen des betreffenden Rechtsstreits befassen, um einen umfassenden Entscheidungsvorschlag zu unterbreiten, andererseits leiden hierunter seine sonstigen Berichterstattertätigkeiten.[76] Von den anfänglich unternommenen Versuchen macht das EuG heute aufgrund der organisatorischen Schwierigkeiten keinen Gebrauch mehr.[77]

Diese Rechtslage ist auch nach der Vertragsänderung von Lissabon beibehalten worden. Das Gericht kann einzelne seiner Mitglieder zu Generalanwälten bestellen, Art. 49 der Satzung a. F. und n. F. In der Verfahrensordnung ist dazu vorgesehen, dass für Sachen, die vor dem Plenum verhandelt werden, stets ein Generalanwalt vom Präsidenten des Gerichts bestellt wird. Für Verfahren, über die eine Kammer entscheidet, kann das Plenum auf Antrag des Präsidenten einen Generalanwalt bestellen, wenn die rechtliche Schwierigkeit oder der tatsächlich komplizierte Streitstoff dies gebietet, Art. 17–19 VerfO-EuG.

III. Zusammensetzung der Fachgerichte

18 Nach dem Lissabon-Vertrag können das Europäische Parlament und der Rat gemäß Art. 257 Abs. 1 Satz 1 AEUV im ordentlichen Gesetzgebungsverfahren dem Gericht beigeordnete Fachgerichte bilden, die für Entscheidungen im ersten Rechtszug über bestimmte Kategorien von Klagen zuständig sind, die auf besonderen Sachgebieten erhoben werden.[78] Beschlossen wird gemäß Satz 2 der Bestimmung durch Verordnungen. In der Verordnung über die Bildung eines Fachgerichts werden die Regeln für die Zusammensetzung dieses Gerichts und der ihm übertragene Zuständigkeitsbereich festgelegt, Art. 257 Abs. 2 AEUV.

19 Der Vertrag von **Nizza** sah noch die Bildung „gerichtlicher Kammern" vor. Der Grund war die effektive Bewältigung einer Vielzahl gleich gearteter, politisch nicht so gewichtiger Rechtsstreitigen, vor allem „Beamtenstreitigkeiten" gemäß Art. 236 EGV-Nizza, heute Art. 270 AEUV. Der alte Terminus „gerichtlich Kammern" war,

---

[74] Ursprünglich: ABl. 1991 L 136/1 i.d.F. ABl. 1991 L 193/44.
[75] Art. 15 Satzung (EWG) i. V. m. Art. 44 Satzung (EWG).
[76] *Jung*, EuR 1992, 246 (250).
[77] *Everling*, in: FS Steinberger, S. 1105 Fn. 9.
[78] *Huber*, in: Streinz, EUV/AEUV, 2. Aufl. 2012, Art. 257 AEUV Rn. 8.

wie bereits gezeigt, jedenfalls insoweit irreführend, als er verschleierte, dass es sich bei den vermeintlichen „Kammern" um eigenständige Spruchkörper handelt.[79]

Nach Lissabon ist deshalb nicht mehr von gerichtlichen Kammern die Rede, sondern treffender von Fachgerichten (was implizit auch auf das „Zugleich" von fach- und verfassungsgerichtlicher Funktion des EuGH hinweist). Das Rechtsetzungsverfahren hat sich geändert. Für die Errichtung der **Fachgerichte** gilt das ordentliche Gesetzgebungsverfahren, Art. 294 AEUV; dabei ist das Initiativrecht dem Gerichtshof beibehalten.[80] Als ein „Fachgericht" kann das seit 2005 bestehende **„Gericht für den öffentlichen Dienst"** (GöD) genannt werden. Hierzu war auf der Seite des Gerichtshofes zu lesen: „Das Gericht für den öffentlichen Dienst ist innerhalb des Rechtsprechungsorgans der Union das Fachgericht für Streitsachen, die den öffentlichen Dienst der Europäischen Union betreffen; diese Zuständigkeit wurde früher vom Gerichtshof und danach von dem im Jahr 1989 errichteten Gericht erster Instanz ausgeübt. Es ist im ersten Rechtszug zuständig für die Entscheidung von Streitsachen zwischen der Europäischen Union und ihren Bediensteten gemäß Art. 270 AEUV. Bei einer Gesamtzahl von annähernd 35 000 Beschäftigten der Unionsorgane fallen etwa 120 Rechtssachen im Jahr an. Diese Streitsachen betreffen nicht nur Fragen des Arbeitsverhältnisses im engeren Sinne (Bezüge, dienstliche Laufbahn, Einstellung, Disziplinarmaßnahmen usw.), sondern auch die soziale Sicherheit (Krankheit, Alter, Invalidität, Arbeitsunfall, Familienzulagen usw.). Darüber hinaus ist es zuständig für die Streitsachen zwischen den Einrichtungen, Ämtern und Agenturen und deren Bediensteten, für die der Gerichtshof der Europäischen Union zuständig ist (z.B. Streitsachen zwischen Europol, dem Harmonisierungsamt für den Binnenmarkt [HABM] oder der Europäischen Investitionsbank und deren Beschäftigten). Über Streitigkeiten zwischen nationalen Verwaltungen und ihren Bediensteten kann es hingegen nicht entscheiden. Die Entscheidungen des Gerichts für den öffentlichen Dienst können innerhalb von zwei Monaten mit einem Rechtsmittel, das auf Rechtsfragen beschränkt ist, beim Gericht angefochten werden."[81] Auf die Diskussion über die Errichtung eines Unionspatentgerichts wurde bereits verwiesen.

Als Mitglieder der **Fachgerichte** sind Personen auszuwählen, die „über die Befähigung zur Ausübung richterlicher Tätigkeiten" verfügen. Sie werden einstimmig vom Rat ernannt, Art. 257 Abs. 4 AEUV. Die Anzahl und Amtsdauer dieser Richter ist in einem gesonderten Ratsbeschluss festzulegen.[82] Wenn nichts Näheres dazu bestimmt ist, sind die nach dem Vertrag und der Satzung für den Gerichtshof gültigen Vorschriften anzuwenden, Art. 257 Abs. 6 AEUV. Der Gerichtshof führt zu dem EuGöD als Fachgericht aus: „Das Gericht für den öffentlichen Dienst der Europäischen Union besteht aus sieben Richtern, die für eine sechsjährige Amtszeit, die verlängert werden kann, vom Rat nach einem Aufruf zu Bewerbungen und nach Stellungnahme eines Ausschusses ernannt werden; dieser Ausschuss besteht aus sieben Persönlichkeiten, die unter ehemaligen Mitgliedern des Gerichtshofs und des Gerichts, sowie unter Juristen von anerkannter Befähigung, ausgewählt werden. Bei der Ernennung der Richter achtet der Rat auf eine ausgewogene Zusammensetzung des Gerichts für den öffentlichen

---

[79] *Huber*, in: Streinz, EUV/AEUV, 2. Aufl. 2012, Art. 257 AEUV Rn. 2.
[80] *Kotzur*, in: Geiger/Kahn/Kotzur, EUV/AEUV, Art. 257 AEUV Rn. 1.
[81] http://curia.europa.eu/jcms/jcms/T5_5230/
[82] *Bieber*, in: Schulze/Zuleeg/Kadelbach, § 1 Rn. 84, unter Hinweis auf den Beschl. des Rates vom 2.11.2004 zur Errichtung eines Gerichts für den öffentlichen Dienst der Europäischen Union, ABl. 2004 L 333/7. Danach wird ein Gericht von 7 Richtern geschaffen.

Dienst aus Staatsangehörigen der Mitgliedstaaten auf möglichst breiter geografischer Grundlage und hinsichtlich der vertretenen einzelstaatlichen Rechtsordnungen. Das Gericht für den öffentlichen Dienst tagt in Kammern mit drei Richtern. Sofern jedoch die Schwierigkeit oder die Bedeutung der Rechtsfragen es rechtfertigt, kann eine Rechtssache an das Plenum verwiesen werden. Außerdem kann es in den in seiner Verfahrensordnung festgelegten Fällen als Kammer, die mit fünf Richtern tagt, oder als Einzelrichter entscheiden."[83]

Die Fachgerichte bilden eine besondere Ebene **in der Hierarchie des jetzt dreistufigen Gerichtsaufbaus**. Es handelt sich um Spezialgerichte, die im ersten Rechtszug über bestimmte Kategorien von Klagen für besondere Sachgebiete entscheiden. Bisher wurde nur das Gericht für den öffentlichen Dienst geschaffen. In der Diskussion sind, wie schon mehrfach angedeutet, ein Fachgericht für Europäisches Marken- und Patentrecht, sowie ein Fachgericht für Zustellungs- und Vollstreckungsrecht.[84] Die jüngsten Vorschläge in Sachen Patentgericht werden derzeit (Nov. 2012) im EU-Ministerrat erörtert.[85] Im Sommer 2013 deuten sich, wie gesagt, Erfolge an.

Gemäß Art. 257 Abs. 3 AEUV kann gegen Entscheidungen der Fachgerichte vor dem Gericht ein auf Rechtsfragen beschränktes Rechtsmittel eingelegt werden oder, wenn die Verordnung das vorsieht, auch ein Sachfragen betreffendes Rechtsmittel. Die Fachgerichte erlassen ihre Verfahrensordnung im Einvernehmen mit dem Gerichtshof; sie bedarf der Genehmigung des Rates, Art. 257 Abs. 5 AEUV.[86]

C. Innere Organisation der Europäischen Gerichte

I. Gerichtsverwaltung

20   **1. Die Präsidenten der einzelnen Gerichte.** Der Präsident des Gerichtshofs wird von den Richtern aus ihrer Mitte in geheimer Wahl für drei Jahre gewählt; seine Wiederwahl ist zulässig, Art. 253 Abs. 3 AEUV.[87] Eine entsprechende Regelung für das Gericht findet sich in Art. 254 Abs. 3 AEUV. Die Richter des Gerichts für den öffentlichen Dienst wählen aus ihrer Mitte ihren Präsidenten für eine dreijährige Amtszeit, die verlängert werden kann. Einzelheiten sind in Art. 8 Abs. 1 bis 5 VerfO-EuGH n. F. und Art. 7 §§ 1–3 VerfO-EuG geregelt. Der Präsident leitet die rechtsprechende Tätigkeit und die Verwaltung des Gerichtshofs. Er führt den Vorsitz in den Sitzungen (vgl. etwa Art. 9 Abs. 2 VerfO-EuGH n. F.) und bei den Beratungen des Plenums und der Großen Kammer.[88] Er ist – auch gegenüber den unabhängigen Richtern – Dienstvorgesetzter aller Bediensteten des Gerichtshofs. Im Kreis der übrigen Richter wirkt er als primus inter pares.[89]

---

[83] http://curia.europa.eu/jcms/jcms/T5_5230/#composition.
[84] Vgl. *Hakenberg*, EuZW 2006, 391 ff.
[85] Council of the European Union, Brussels, 14. November 2012, 16222/12, PI 146, COUR 74.
[86] *Wegener*, in: Calliess/Ruffert, EUV/AEUV, 4. Aufl. 2011, Art. 257 AEUV Rn. 11.
[87] *Huber*, in: Streinz, EUV/AEUV, 2. Aufl. 2012, Art. 253 AEUV Rn. 9.
[88] *Kotzur*, in: Geiger/Kahn/Kotzur, EUV/AEUV, Art. 253 AEUV Rn. 10.
[89] *Huber*, in Streinz, EUV/AEUV Art. 223 AEUV Rn. 4 (2003).

2. Die Kanzler. Gemäß Art. 253 Abs. 5 AEUV ernennt der Gerichtshof seinen Kanzler und bestimmt dessen Stellung.[90] Eine entsprechende Regelung für das Gericht ist in Art. 254 Abs. 4 AEUV enthalten. Die Richter des EuGöD ernennen einen Kanzler für eine Amtszeit von sechs Jahren. Das EuGöD verfügt über eine eigene Kanzlei, stützt sich aber für seinen sonstigen Verwaltungs- und Übersetzungsbedarf auf die Dienststellen des Gerichtshofs. Der Kanzler des jeweiligen Gerichts hat eine besonders hervorgehobene, den Richtern und Generalanwälten angenäherte, Rechtsstellung.[91] Er wird von den Richtern und Generalanwälten nach dem für den Präsidenten des Gerichtshofs vorgesehenen Verfahren für sechs Jahre gewählt bzw. ernannt, Art. 18 Abs. 4 VerfO-EuGH n. F. Er leistet den für die Richter und Generalanwälte vorgesehenen Amtseid, Art. 10 Satzung-EuGH a. F. und n. F., Art. 18 Abs. 5 VerfO-EuGH n. F. Er kann seines Amtes nur enthoben werden, wenn er nicht mehr die erforderlichen Voraussetzungen erfüllt oder seinen Amtpflichten nicht mehr nachkommt. Darüber entscheidet der Gerichtshof, Art. 18 Abs. 6 VerfO-EuGH n. F.

Die Kanzleien sind für den innerorganisatorischen Ablauf der beiden gerichtlichen Institutionen EuGH und Gericht verantwortlich. Durch die Existenz zweier unabhängiger Kanzleien dokumentiert sich auch die organisatorische Selbständigkeit von Gerichtshof und Gericht nach außen.[92] Die Kanzleien der Gerichte entsprechen nicht etwa dem Schreibdienst der deutschen Gerichte, sondern sind mit den Eingangs- und Verwaltungsgeschäftsstellen vergleichbar. Der Kanzler des EuGH bzw. des Gerichts ist quasi der „**Hauptgeschäftsstellenbeamte**", also der Leiter der Verwaltung des Gerichts. Der Kanzler leitet gemäß der Dienstanweisung des Gerichtshofs (vgl. Art. 20 Abs. 4 VerfO-EuGH n. F.) die Gerichtskanzlei. Er trägt die Verantwortung für die organisatorischen Voraussetzungen, Art. 20 VerfO-EuGH n. F. Auch die allgemeine Verwaltung des Gerichtshofs, die Finanzverwaltung eingeschlossen, wird im Auftrag des Präsidenten vom Kanzler wahrgenommen, Art. 20 Abs. 4 VerfO-EuGH n. F.

Der Kanzler nimmt an der rechtsprechenden Tätigkeit nicht Teil. Er übt bestimmte Funktionen der Justizverwaltung aus. Deshalb ist er verpflichtet, unparteiisch zu handeln.[93] Die Funktionen des Kanzlers umfassen neben jurisdiktionellen Aufgaben, die mit denen des Urkundsbeamten der Geschäftsstelle eines deutschen Gerichts vergleichbar sind, auch die Aufgaben eines Generalsekretärs oder Personal- und Verwaltungschefs.[94] Als Personal- und Verwaltungschef sind die Kanzler Leiter der allgemeinen Verwaltung des Gerichtshofs bzw. des EuG. Sie sind ihren Präsidenten gegenüber für die ordnungsgemäße Durchführung der Verwaltungsaufgaben verantwortlich. Gemäß Art. 12 Satzung-EuGH a. F. und n. F. werden dem Gerichtshof Beamte und sonstige Bedienstete beigegeben, um ihm die Erfüllung seiner Aufgaben zu ermöglichen. Diese unterstehen dem Kanzler und der Aufsicht des Präsidenten, Art. 12 Satz 2 Satzung-EuGH a. F. und n. F.

---

[90] *Karpenstein*, in: GHN, Art. 253 AEUV Rn. 26 ff.
[91] *Schwarze*, in: ders., EU-Kommentar, Art. 223 Rn. 7 ff.
[92] *Lenaerts*, EuR 1990, 228 (234).
[93] *Wägenbaur*, EuGH VerfO, Erl. zu Art. 10 Satzung-EuGH.
[94] Vgl. dazu *Klinke*, Gerichtshof, Rn. 67 ff.

II. Spruchkörper

22 **EuGH und das Gericht** sind zwei organisatorische Einheiten der Europäischen Gerichtsbarkeit, bei denen wiederum einzelne „**Spruchkörper**" bestehen. Es ist zu unterscheiden zwischen dem Gerichtshof als Institution und dem **Gerichtshof als Spruchkörper**. Dem Gerichtshof als Institution gehören Richter gemäß Art. 19 Abs. 2 EUV und die Generalanwälte gemäß Art. 252 AEUV an. Der Gerichtshof als Spruchkörper besteht nur aus Richtern. Zum Gericht ist auf Art. 19 EUV i. V. m. 254 AEUV zu verweisen.[95] Spruchkörper des Gerichtshofs sind in Art. 251 AEUV genannt.[96] Nach dieser Regelung tagt der Gerichtshof in Kammern oder als Große Kammer entsprechend den hierfür in der Satzung des Gerichtshofs vorgesehenen Regeln. Wenn die Satzung es bestimmt, kann der Gerichtshof auch als Plenum tagen.

23 **1. Plenum.** Die ursprünglich bestehende Regelzuständigkeit des Plenums ist durch den Vertrag von Nizza aufgegeben worden. Grundsätzlich entscheiden also die Kammern.[97] Gemäß Art. 251 Abs. 2 AEUV kann der Gerichtshof als Plenum tagen, wenn die Satzung es vorsieht. Gemäß Art. 16 Abs. 4 der Satzung-EuGH a. F. und n. F. tagt der Gerichtshof als Plenum gemäß Art. 228 Abs. 2 AEUV (Disziplinarmaßnahmen oder Amtsenthebungsverfahren gegen den Bürgerbeauftragten), Art. 245 Abs. 2, 247 AEUV (Amtsenthebungsverfahren gegen ein Kommissionsmitglied) und Art. 286 Abs. 6 AEUV (Amtsenthebungsverfahren gegen ein Mitglied des Rechnungshofs). Außerdem kann der Gerichtshof gemäß Art. 16 Abs. 5 der Satzung-EuGH a. F. und n. F., wenn er zu der Auffassung gelangt, dass eine Rechtssache, mit der er befasst ist, von außergewöhnlicher Bedeutung ist, nach Anhörung des Generalanwalts entscheiden, diese Rechtssache an das Plenum zu verweisen.

Bereits früh wurde darauf aufmerksam gemacht, dass die Arbeitsweise im großen Plenum mit damals 15 Richtern für den rechtlichen Diskurs einer Streitsache ungeeignet sei. Es wurde vorgeschlagen, das Plenum durch drei Kammern mit je fünf Richtern zu besetzen. Innerhalb eines solchen Spruchkörpers könnten die rechtlichen Erörterungen mit dem Generalanwalt am besten erfolgen, da das Plenum dann klein genug sei, um auf die einzelnen Rechtsfragen einzugehen, aber immer noch groß genug, um eine ausgewogene unvoreingenommene Rechtsprechung zu gewährleisten. Dieser Vorschlag hat sich jedoch nicht durchgesetzt.

Das Plenum ist beschlussfähig, wenn mindestens 15 Richter anwesend sind, Art. 17 Abs. 4 der Satzung a. F. wie n. F. In dem Fall, dass sich infolge der Abwesenheit oder Verhinderung eine gerade Zahl von Richtern ergibt, nimmt gemäß Art. 33 der VerfO-EuGH n. F. der in der Rangordnung im Sinne von Art. 7 VerfO-EuGH n. F. niedrigste Richter grundsätzlich an den Beratungen nicht teil.

24 **2. Große Kammer.** Der Gerichtshof tagt als Große Kammer, wenn ein am Verfahren beteiligter Mitgliedstaat oder ein am Verfahren beteiligtes Unionsorgan dies beantragt, Art. 16 Abs. 3 der Satzung-EuGH in ihrer a. F. wie n. F. Die Große Kammer besteht aus dreizehn Richtern, Art. 16 Abs. 3 Satzung-EuGH a. F./n. F. Den Vorsitz führt der Präsident des Gerichtshofs. Außerdem gehören der Großen Kammer die

---

[95] *Kotzur*, in: Geiger/Kahn/Kotzur, EUV/AEUV, Art. 251 AEUV Rn. 3.
[96] *Karpenstein*, in: GHN, Art. 251 AEUV Rn. 7 ff.
[97] Dazu *Skouris*, in: FS Starck, 998 ff.

Präsidenten der Kammern mit fünf Richtern und weitere Richter an, die nach Maßgabe der Verfahrensordnung ernannt werden, Art. 16 Abs. 2 Satzung-EuGH a. F./n. F.

Aufgrund der in Art. 17 Abs. 2 Satzung-EuGH a. F./n. F. normierten Regelung sind die in der großen Kammer des Gerichtshofs getroffenen Entscheidungen aber auch dann gültig, wenn nur neun Richter anwesend sind.

Wie bedeutsam die Kammern sind, belegt die Zahl der durch sie entschiedenen Rechtssachen. Um aber die Arbeitsfähigkeit zu gewährleisten, sind die Sitzungen des großen Plenums beim EuGH durch Verhandlungen einer Großen Kammer, zunächst mit elf Richtern, abgelöst worden (Art. 221 EGV-Nizza i. V. m. Art. 16 Abs. 2 Satzung-EuGH a. F./N. F., von denen mindestens neun Richter an der Entscheidungsfindung mitwirken müssen (Art. 17 Abs. 3 Satzung -EuGH a. F./n. F.).

3. Kammern. Art. 16 der Satzung des Gerichtshofs in der Fassung des Vertrages 25 von Nizza sieht vor, dass der Gerichtshof Kammern mit drei oder fünf Richtern hat. Daran hat sich auch mit der Neufassung nichts geändert. Die Bildung der Kammern ist heute in Art. 11 VerfO-EuGH n. F. geregelt. Die vor Nizza mögliche Kammer mit sieben Richtern ist seither aufgegeben.[98] Im Regelfall entscheidet der EuGH in (kleinen) Kammern mit fünf Richtern.[99] Die Mandatsdauer der Präsidenten von „5er-Kammern" beträgt 3 Jahre, Art. 12 Abs. 1 VerfO-EuGH n. F. Im Gegensatz zum EuGH tagt das Gericht grundsätzlich in **Kammern** zu drei oder fünf Richtern, Art. 50 Abs. 1 Satzung-EuGH a. F. wie n. F. Gemäß Art, 50 Abs. 2 a. F./n. F.der Satzung-EuGH kann das Gericht in bestimmten, in der Verfahrensordnung festgelegten Fällen als **Plenum** oder als **Einzelrichter** tagen, s. auch Art. 11 § 1 Abs. 3 der VerfO-EuG. Beim EuGH gibt es keinen Einzelrichter.[100]

Wenn die rechtliche Schwierigkeit oder die Bedeutung einer Rechtssache oder 26 besondere Umstände es rechtfertigen, kann eine Rechtssache gemäß Art. 14 § 1 VerfO-EuG an das Plenum des Gerichts, an die Große Kammer oder eine Kammer mit einer anderen Richterzahl verwiesen werden.

Die **Generalversammlung** (alle Mitglieder des Gerichtshofes, d. h. Richter und 27 Generalanwälte) bestimmen den **gesetzlichen Richter** („judge legal") aufgrund des „rapport preleable" des Berichterstatters. Die Generalversammlung schlägt daraufhin vor, ob der Rechtsstreit von dem großen Plenum, der großen Kammer oder von einer Kammer entschieden werden soll. Zur Besetzung der Spruchkörper hatte der EuGH seinerzeit entschieden, dass Art. 165 Abs. 2 Satz 2 EGV a. F. es nicht verbiete, „dass die drei oder fünf Richter, die eine bestimmte Rechtssache zu entscheiden haben, aus Gründen der gerichtlichen Organisation des Gerichtshofes zu einem Spruchkörper gehören, der mit einer höheren Zahl von Richtern besetzt ist."[101] Der EuGH weist in seiner apodiktischen Art ferner darauf hin, dass die konkrete Besetzung in der zu entscheidenden Rechtssache nicht gerügt worden sei und im übrigen auch nicht festgestellt werden könne, inwiefern die Besetzung der Kammer die Rechte der Beteiligten beeinträchtigen könnte.

---

[98] Art. 221 Abs. 2 Satz 2 EGV i. V. m. Art. 9 § 1 VerfO-EuGH; vgl. dazu auch *Jung,* EuR 1980, 372 (374 ff.).
[99] *Schwarze,* in: ders., EU-Kommentar, Art. 221 Rn. 1.
[100] *Wägenbaur,* EuGH VerfO, Art. 16 Satzung-EuGH Rn. 1.
[101] EuGH, Rs. C-7/94, *Gaal,* Slg. 1995, I-1031 Rn. 13.

28   **4. Beschwerdekammern.** Von „Beschwerdekammern" ist in Art. 136 § 2 Abs. 1 VerfO-EuG die Rede. Danach gelten die Aufwendungen der Parteien, die für das Verfahren vor der Beschwerdekammer notwendig waren, als erstattungsfähige Kosten.[102] Diese erstinstanzlichen gerichtlichen Kammern setzen sich jedoch nicht – wie man auf den ersten Blick meinen könnte – aus Mitgliedern des EuG zusammen. Nach dem Vertragstext ist es vielmehr so, dass als **Mitglieder** solcher Kammern Personen auszuwählen sind, die jede Gewähr für Unabhängigkeit bieten und über die Befähigung zur Ausübung richterlicher Tätigkeiten verfügen. Sie werden vom Rat einstimmig benannt. Je nach Mitgliedstaat können theoretisch auch Nichtjuristen (z. B. Kaufleute, sofern sie richterliche Funktionen ausüben können) zu gerichtlichen Kammermitgliedern berufen werden. Welcher Status diesen Kammermitgliedern im Vergleich zu den Richtern des EuGH und des EuG zukommt, lässt sich der Novellierung und ihren Materialien nicht entnehmen. Die Kammer-Richter sind jedenfalls nicht Teil der Richterschaft des EuG, da sie zum einen diesem nur beigeordnet sind und sie zum anderen nicht die dafür notwendigen Qualifikationen aufweisen müssen (vgl. Art. 254 Abs. 2 und Art. 257 Abs. 4 AEUV).[103]

29   **5. Einzelrichter.** Zu den **Entwicklungen**: Seit der Änderung des Errichtungsbeschlusses 88/591 durch den Ratsbeschluss vom 26. April 1999 besteht bei dem EuG die Möglichkeit, dass in bestimmten, in der Verfahrensordnung festgelegten Fällen, das Gericht auch durch einen **Einzelrichter** tagen kann (Art. 2 Abs. 4 Satz 3 des Beschlusses).[104] Hintergrund für diese Einführung waren die begründeten Befürchtungen des Gerichtshofes einer Arbeitsüberlastung durch eine zu erwartende Flut von Rechtsstreitigkeiten über geistiges Eigentum und die damals so genannte „Gemeinschaftsmarkenverordnung", in deren Zuge der EuGH und das EuG dem Rat bestimmte Änderungsvorschläge unterbreitet hatten.[105] Um das Gericht in die Lage zu versetzen, den Anstieg der Rechtsstreitigkeiten in akzeptabler Zeit zu bewältigen, hatte sich der Rat jedoch entschlossen, vor der vom Gerichtshof vorgeschlagenen Erhöhung der Mitgliederzahl der EuG-Richter zunächst sämtliche internen Möglichkeiten auszuschöpfen, um die Effizienz des EuG in der gegenwärtigen Zusammensetzung zu verbessern. Maßgeblich hierfür nannte er Erfahrungen in den Rechtsordnungen der Mitgliedstaaten, die zeigten, dass es in einer Reihe von Fällen weder die Natur der aufgeworfenen rechtlichen oder tatsächlichen Fragen noch die Bedeutung der Rechtssachen noch andere besondere Umstände rechtfertigen, dass bestimmte Rechtssachen erster Instanz von einem Richterkollegium entschieden würden; durch die Übertragung der Zuständigkeit für die Entscheidung bestimmter Rechtssachen auf einen Einzelrichter könne die Zahl der von einem Gericht entschiedenen Rechtssachen beträchtlich gesteigert werden. Demgemäß hatte das damalige Gericht erster Instanz am 17. Mai 1999 mit einstimmiger Genehmigung des Rates seine Verfahrensordnung geändert, und die Fälle, in denen ein Einzelrichter zur Entscheidung über eine Rechtssache berufen sein kann,

---

[102] Vgl. dazu *Wägenbaur*, EuGH VerfO, Art. 91 VerfO EuG Rn. 30.
[103] *Sack*, EuZW 2001, 77 (80); *Karpenstein*, in: GHN, Art. 257 AEUV Rn. 18 ff.
[104] ABl. 1999 L 114/ 52; vgl. auch *Wägenbaur*, EuGH VerfO, Art. 11 VerfO-EuG Rn. 1.
[105] Vgl. EuZW 1999, 756 und Entwurf eines Beschlusses des Rates zur Änderung des Beschlusses 88/591 (R.G. vom 27.10.1998), nachzulesen unter www.curia.eu.int/; vgl. auch *Kirschner*, Entwicklungen, S. 373 ff.; *Lipp*, JZ 1997, 326 ff.

sowie die Modalitäten festgelegt, nach denen eine Rechtssache von einem Einzelrichter entschieden werden kann.

Nach derzeit weiterhin gültiger **Rechtslage** können gemäß Art. 11 § 1 Abs. 3 VerfO-EuG bestimmte Rechtssachen bei fehlender Schwierigkeit der aufgeworfenen Tatsachen- und Rechtsfragen, begrenzter Bedeutung der Rechtssache und Fehlen anderer besonderer Umstände, auf den Berichterstatter als Einzelrichter nach Maßgabe der Art. 14 und 51 VerfO-EuG übertragen bzw. dem Einzelrichter nach Maßgabe der Art. 124, 127 § 1 oder 129 § 2 VerfO-EuG zugewiesen werden.[106] Gemäß 14 § 2 Abs. 1 VerfO-EuG können die folgenden Rechtssachen, die einer Kammer mit drei Richtern zugewiesen sind, vom Berichterstatter als Einzelrichter unter näher bestimmten Voraussetzungen entschieden werden:

- Streitsachen zwischen der Union und ihren Bediensteten, Art. 270 AEUV;
- Direktklagen natürlicher oder juristischer Personen gegen Entscheidungen des Europäischen Parlaments, des Rates, der Kommission und der EZB, die an sie ergangen sind oder die sie unmittelbar und individuell betreffen, sowie Direktklagen auf dem Gebiet der außervertraglichen Haftung der Union, wenn diese nur Fragen aufwerfen, die bereits durch eine gesicherte Rechtsprechung geklärt sind oder zu einer Serie von Rechtssachen gehören, die den gleichen Gegenstand haben und von denen eine bereits rechtskräftig entschieden ist, Art. 263 Abs. 4 AEUV, Art. 265 Abs. 3 AEUV und Art. 268 AEUV;
- Rechtssachen, für deren Entscheidung das Gericht aufgrund einer Schiedsklausel in einem von der Union oder für ihre Rechnung geschlossenen Vertrag zuständig ist, Art. 272 AEUV.

Die Kriterien für die Zuweisung an den Einzelrichter sind durch Art. 14 § 2 VerfO-EuG vorgegeben und liegen somit nicht in der Hand des Gerichts.[107] Die Übertragung auf einen Einzelrichter ist gemäß Art. 14 § 2 Abs. 2 VerfO-EuG ausgeschlossen:
- bei Rechtssachen, die Fragen der Rechtmäßigkeit von Handlungen mit allgemeiner Geltung aufwerfen;
- bei Rechtssachen betreffend die Durchführung der Wettbewerbsregeln oder der Vorschriften über die Kontrolle von Unternehmenszusammenschlüssen, der Vorschriften über staatliche Beihilfen, der Vorschriften über handelspolitische Schutzmaßnahmen, der Vorschriften über die gemeinsamen Agrarmarktorganisationen mit Ausnahme von Rechtssachen, die zu einer Serie von Rechtssachen gehören, die den gleichen Gegenstand haben und von denen eine bereits rechtskräftig entschieden ist;
- bei den in Art. 130 § 1 VerfO-EuG bezeichneten Rechtssachen, also Klagen gegen das Harmonisierungsamt für den Binnenmarkt (Marken, Muster und Modelle) und gegen das Sortenamt der Union.

---

[106] ABl. 1999 L 135/92.
[107] *Wägenbaur*, EuGH VerfO, Art. 12 VerfO-EuG Rn. 2.

III. Zuständigkeiten

31 Art. 256 AEUV regelt die **Zuständigkeiten des Gerichts** umfassend.[108] Das Gericht ist in erster Instanz zuständig für Klagen gegen Organe der EU, wenn nicht in der Satzung-EuGH Einschränkungen oder Erweiterungen vorgesehen sind (Art. 281 AEUV) oder eine Übertragung auf ein Fachgericht besteht (Art. 257 AEUV).[109] Die entsprechenden Klagen sind in Art. 265 Abs. 1 UAbs. 1 aufgezählt: Nichtigkeitsklage gemäß Art. 263 AEUV, Untätigkeitsklage gemäß 265 AEUV, Amtshaftungsklage, gemäß Art. 268 AEUV, Beamtenklage gemäß Art. 270 AEUV und Schiedsklage gemäß Art. 272 AEUV.

Eine Einschränkung enthält Art. 51 der Satzung-EuGH a. F. wie n. F. Für Nichtigkeits- und Untätigkeitsklagen der Unionsorgane und der EZB ist der **EuGH** zuständig. Dasselbe gilt für Nichtigkeits- und Untätigkeitsklagen eines Mitgliedstaats gegen die Kommission nach Art. 331 Abs. 2 AEUV, ferner allgemein gegen das Europäische Parlament und/oder den Rat, im zuletzt genannten Fall allerdings mit Ausnahme von Klagen gegen Beihilfeentscheidungen des Rates gemäß Art. 108 Abs. 2 UAbs. 3 AEUV, gegen Rechtsakte des Rates aufgrund einer Ratsverordnung über handelspolitische Schutzmaßnahmen i. S. d. Art. 297 AEUV und gegen Handlungen des Rates aufgrund von Durchführungsbestimmungen nach Art. 291 Abs. 2 AEUV.[110]

32 Zur Entlastung des EuGH kann das **Gericht** auf besonderen Sachgebieten mit **Vorabentscheidungen** betraut werden, Art. 267 AEUV. Die betreffenden Sachgebiete sind in der Satzung-EuGH festzulegen, Art. 281 Abs. 2 und 3 AEUV. Auch mit dem Reformvertrag von Lissabon und durch die nachfolgende Satzungsnovellierung ist das nicht geschehen.[111]

33 Das **Gericht als Rechtsmittelinstanz** ist für Entscheidungen der Fachgerichte zuständig, Art. 257 AEUV. Es ist von der Verordnung zur Gründung der Fachgerichte abhängig, ob das Rechtsmittel auf Rechtsfragen beschränkt ist oder auch auf die Prüfung von Sachfragen erweitert werden kann, Art. 257 Abs. 3 AEUV.[112]

IV. Instanzenzug

34 Seit der Konstituierung des EuG 1989 besteht innerhalb der Europäischen Gerichtsbarkeit ein **Instanzenweg**. Entsprechend dem Prinzip der zugewiesenen Zuständigkeiten ist das EuG, jetzt das Gericht, im ersten Rechtszug zur Entscheidung über bestimmte Streitsachen berufen. Gemäß Art. 256 Abs. 1 AEUV ist das **Gericht** im ersten Rechtszug über die in den Art. 263 AEUV (Nichtigkeitsklage), 265 AEUV (Untätigkeitsklage), 268 AEUV (Schadensersatzklage), 270 AEUV (dienstrechtliche

---

[108] Vgl. *Schwarze,* in: ders., EU-Kommentar, Art. 225 EGV Rn. 23; *Wegener,* in: Calliess/Ruffert, EUV/AEUV, 4. Aufl. 2011, Art. 256 Rn. 3 ff.

[109] *Kotzur,* in: Geiger/Khan/Kotzur, EUV/AEUV, Art. 256 AEUV Rn. 1.

[110] *Kotzur,* in: Geiger/Khan/Kotzur, EUV/AEUV, Art. 256 AEUV Rn. 2.

[111] Dazu *Schwarze,* in: ders., EU-Kommentar, Art. 225 EGV Rn. 6.

[112] Im Einzelnen dazu *Bölhoff,* Das Rechtsmittelverfahren vor dem Gerichtshof der europäischen Gemeinschaften, 2001, S. 131; *Schwarze,* in: ders., EU-Kommentar, Art. 224 EGV Rn. 14; zur Unterscheidung von Rechts- und Tatfragen: EuGH, Rs. C-328/05, *SGL Carbon/Kommission,* Slg. 2007, I-3921.

Streitigkeiten) und 272 AEUV (gewisse Streitigkeiten betr. EIB und EZB) genannten Klagen zuständig, abgesehen von denjenigen Klagen, die einem nach Art. 257 AEUV gebildeten Fachgericht übertragen werden und den Klagen, die gemäß der Satzung-EuGH dem EuGH vorbehalten sind. Allerdings kann in der Satzung vorgesehen werden, dass das Gericht für andere Kategorien von Klagen zuständig ist.

Gegen die Entscheidungen des Gerichts auf Grund des Art. 256 Abs. 1 AEUV kann nach Maßgabe der Bedingungen und innerhalb der Grenzen, die in der Satzung vorgesehen sind, ein auf Rechtsfragen beschränktes **Rechtsmittel beim Gerichtshof** eingelegt werden, Art. 256 Abs. 1 UAbs. 2 AEUV.[113] Art. 58 Abs. 1 Satz 2 der Satzung-EuGH benennt die drei möglichen Rechtsmittelgründe: Das Rechtsmittel „kann nur auf die Unzuständigkeit des Gerichts, auf einen Verfahrensfehler, durch den die Interessen des Rechtsmittelführers beeinträchtigt werden, sowie auf eine Verletzung des Unionsrechts durch das Gericht gestützt werden.

Als **rechtsmittelfähig** sind die Entscheidungen des Gerichts anzusehen (auch Teil- und Endentscheidungen), ferner Entscheidungen, die einen Zwischenstreit über die Unzuständigkeit oder die Unzulässigkeit als Gegenstand haben; im Einzelnen dazu Art. 55 und 56 Satzung-EuGH a. F./n. F. Die **Rechtsmittelfrist** beträgt zwei Monate ab Zustellung der Entscheidung, Art. 56 Abs. 1 Satzung-EuGH a. F./n. F.[114]

Das Rechtsmittel kann von einer Partei oder grundsätzlich von einem Streithelfer eingelegt werden. Andere Streithelfer als Mitgliedstaaten oder Unionsorgane können das Rechtsmittel nur dann einlegen, wenn die Entscheidung des Gerichts sie unmittelbar berührt, Art. 56 Abs. 2 Satzung-EuGH a. F./n. F. Abgesehen von „Beamtenstreitigkeiten" kann das Rechtsmittel auch von den Mitgliedstaaten und den Unionsorganen eingelegt werden, die dem Rechtsstreit vor dem Gericht nicht beigetreten sind, Art. 56 Abs. 3 Satzung-EuGH a. F./n. F.

Nach Art. 256 Abs. 2 AEUV ist das Gericht für Entscheidungen über **Rechtsmittel gegen Entscheidungen der Fachgerichte** zuständig.[115] Entscheidungen des Gerichts aufgrund von Art. 256 Abs. 2 können nach Maßgabe der Bedingungen und innerhalb der Grenzen, die in der Satzung vorgesehen sind, in Ausnahmefällen vom Gerichtshof, überprüft werden, wenn die ernste Gefahr besteht, dass die Einheit oder Kohärenz des Unionsrechts berührt wird.[116]

Das Gericht ist nach Maßgabe der Satzung auch für Vorabentscheidungen nach Art. 267 AEUV zuständig, Art. 256 Abs. 3 AEUV. Wenn das Gericht in diesem Zusammenhang der Auffassung ist, dass eine Rechtssache eine Grundsatzentscheidung erfordert, die die Einheit oder die Kohärenz des Unionsrechts berühren könnte, kann es die Rechtssache zur Entscheidung an den Gerichtshof verweisen.

Weiterhin ist in Art. 256 Abs. 3 AEUV geregelt,[117] dass die Entscheidungen des Gerichts über Anträge auf Vorabentscheidung nach Maßgabe der Satzung in Ausnahmefällen vom Gerichtshof überprüft werden, wenn die ernste Gefahr besteht, dass die Einheit oder Kohärenz des Unionsrechts berührt wird, UAbs. 3.

---

[113] Vgl. auch *Kotzur*, in: Geiger/Khan/Kotzur, EUV/AEUV, Art. 256 AEUV Rn. 8 ff.
[114] *Kotzur*, in: Geiger/Khan/Kotzur, EUV/AEUV, Art. 257 AEUV Rn. 9.
[115] *Wegener*, in: Calliess/Ruffert, EUV/AEUV, 4. Aufl. 2011, Art. 256 AEUV Rn. 22 ff.
[116] Vgl. zum instanziellen Verhältnis zwischen EuG und EuGH auch *Koenig/Pechstein/Sander*, Prozessrecht, Rn. 103.
[117] *Wegener*, in: Calliess/Ruffert, EUV/AEUV, 4. Aufl. 2011, Art. 256 AEUV Rn. 29.

V. Kompetenzkonflikte

38   Der **EuGH** hat aber nicht nur die Funktion des Rechtsmittelgerichts, sondern ist neben dem EuG auch als **Eingangsgericht** im Rahmen der ihm zugewiesenen Streitsachen zuständig. Um insoweit **Kompetenzkonflikte** zwischen beiden Gerichten zu vermeiden, wurden in der Gerichtshofsatzung entsprechende Verweisungs- und Kompetenznormen aufgenommen, Art. 54 Satzung-EuGH a. F./n. F.[118] Stellen der EuGH oder das EuG fest, dass sie für die anhängig gemachte Rechtssache formell nicht zuständig sind, verweisen sie den Rechtsstreit unverzüglich an das zuständige Gericht. Wenn das Gericht feststellt, dass es für eine Klage nicht zuständig ist, die in die Zuständigkeit des Gerichtshofs fällt, verweist es gemäß Art. 54 Abs. 2 der Satzung-EuGH a. F./n. F. den Rechtsstreit an den Gerichtshof; stellt der Gerichtshof fest, dass eine Klage in die Zuständigkeit des Gerichts fällt, so verweist er den Rechtsstreit an das Gericht, das sich dann nicht für unzuständig erklären kann. Sofern es zwischen beiden Gerichten im Einzelfall zu materiellen Kompetenzkonflikten kommt, sieht Art. 54 Abs. 3 Satzung-EuGH a. F./n. F. die Aussetzung des Verfahrens vor.[119] Möglich ist dies immer dann, wenn bei beiden Gerichten Streitigkeiten anhängig sind, die den gleichen Gegenstand haben, die gleiche Auslegungsfrage aufwerfen oder die Gültigkeit desselben Rechtsaktes betreffen. Schwierigkeiten im Zuständigkeitsbereich der beiden Gerichte können sich beispielsweise bei parallelen Klagen in Beihilfesachen ergeben. Während ein Unternehmen (natürliche oder juristische Person) eine im Ergebnis ihn betreffende (negative) Beihilfenentscheidung der Kommission vor dem Gericht angreifen muss, muss der Mitgliedstaat als Adressat der Beihilfenentscheidung der Kommission vor dem EuGH klagen. Fraglich ist in diesen Fällen, welches der beiden Gerichte sein Verfahren wegen Vorrangigkeit des anderen aussetzt. Unter Hinweis auf einen effektiven Rechtsschutz hat das EuG in einem Beschluss festgestellt: „Da natürliche und juristische Personen nach Art. 37 Abs. 2 (a. F.) der Satzung Rechtsstreitigkeiten zwischen Mitgliedstaaten und Organen der Gemeinschaft nicht beitreten können, besteht für diese Personen die einzige Möglichkeit, in sie betreffenden Streitigkeiten ihren Standpunkt in tatsächlicher wie in rechtlicher Hinsicht zur Geltung zu bringen, darin, dass sie selbst, soweit sie dies zulässigerweise tun können, bei dem für die Entscheidung zuständigen Gericht Klage erheben. Wenn der Gerichtshof das bei ihm anhängige Verfahren nicht aussetzt, liegt es im Interesse einer geordneten Rechtspflege, dass das für die Entscheidung über die Klage eines Mitgliedstaates zuständige Gericht in der Lage ist, die verschiedenen rechtlichen und tatsächlichen Klagegründe und Argumente zu berücksichtigen, die die natürlichen und juristischen Personen zur Begründung ihrer Klagen auf Nichtigerklärung desselben Rechtsaktes vorgebracht haben."[120] Vor diesem Hintergrund hat das EuG das bei ihm anhängige Verfahren nicht ausgesetzt, sondern sich nach Art. 54 Abs. 3 der Satzung-EuGH a. F./n. F. und Art. 80 VerfO-EuG für unzuständig erklärt. Der EuGH hat den Hinweis auf die Problematik verstanden und setzt seitdem die bei

---

[118] Vgl. auch EuGH, Rs. C-72/90, *Asia Motor France*, Slg. 1990, I-2181 Rn. 16 ff.
[119] Vgl. auch *Dauses/Henkel*, EuZW 1999, 325 ff. – Verfahrenskonkurrenzen bei gleichzeitiger Anhängigkeit verwandter Rechtssachen vor dem EuGH und dem EuG; *Möschel*, NVwZ 1999, 1045 ff. – Aussetzung bei Konkurrenz gleichzeitiger Verfahren vor dem EuG und dem EuGH.
[120] EuGH, Rs. T-488/93, *Hanseatische Industrie*, Slg. 1995, II-469 Rn. 12 f.

ihm anhängigen Verfahren in parallelen Rechtsstreitigkeiten von Privaten und Mitgliedstaaten nach Art. 54 Satzung-EuGH a. F./n. F. aus.[121]

Da diese Rechtspraxis inzwischen bekannt und akzeptiert wird, sind einige Mitgliedstaaten bereits dazu übergegangen, keine eigenständige Klage vor dem EuGH mehr zu erheben, sondern nur noch dem erstinstanzlichen Verfahren vor dem EuG bzw. Gericht als Streithelfer beizutreten (vgl. dazu i.E. unten § 26). Zum Verfahren der Aussetzung ist in die Verfahrensordnung des EuGH in ihrer alten Fassung ein neuer Art. 82 a eingefügt worden (in der konsolidierten Neufassung Art. 55), dem in der Verfahrensordnung des EuG/Gerichts die Art. 77 bis 80 entsprechen.[122]

---

[121] Vgl. dazu *Nemitz*, DÖV 2000, 437 (438 ff.) m. w. N. zur Rspr. des EuGH.
[122] Siehe dazu *Rabe*, EuZW 1991, 596 ff.

§ 4 Funktionen und funktionelle Zuständigkeit der europäischen Gerichte

Übersicht

		Rn.
A.	Allgemeines	1
B.	Aufgabe der Europäischen Gerichte	2–12
	I. Auslegung des Rechts	4–8
	II. Anwendung des Rechts	9–12
	1. Unionsrecht	9
	2. Völkerrecht	10
	3. Nationales Recht der Mitgliedstaaten	11/12
C.	Sachliche Zuständigkeit der Gerichte	13–17
D.	Gerichtsbarkeiten im europäischen Rechtsschutzsystem	18–28
	I. Verfassungsgerichtsbarkeit	19/20
	II. Verwaltungsgerichtsbarkeit	21/22
	III. Zivilgerichtsbarkeit	23/24
	IV. Strafgerichtsbarkeit	25–27
	V. Sonstige Funktionen	28

Schrifttum: *Adam*, Die Kontrolldichte-Konzeption des EuGH und deutscher Gerichte, 1993; *Baltes*, Die demokratische Legitimation und die Unabhängigkeit des EuGH, 2011; *Barents*, The Court of Justice after the Treaty of Lisbon, CMLR 2010, 709 ff.; *Bernhardt*, Verfassungsprinzipien-Verfassungsgerichtsfunktionen-Verfassungsprozeßrecht im EWG-Vertrag, 1987; *Borchardt*, Der Grundsatz des Vertrauensschutzes im Europäischen Gemeinschaftsrecht, 1987; de Búrca/ Weiler (Hrsg.), The European Court of Justice, 2001; *Colneric*, Der Gerichtshof der Europäischen Gemeinschaften als Kompetenzgericht, EuZW 2002, S. 709 ff.; *v. Danwitz*, Funktionsbedingungen der Rechtsprechung des Europäischen Gerichtshofs, EuR 2008, S. 769 ff.; *ders.*, Kooperation der Gerichtsbarkeiten in Europa, ZRP 2010, 143 ff.; *Dänzer-Vanotti*, Unzulässige Rechtsfortbildung des Europäischen Gerichtshofs, RIW 1992, 733 ff.; *Di Fabio*, Eine europäische Charta, JZ 2000, 737 ff.; *Eichenhofer*, Die Rolle des Europäischen Gerichtshofes bei der Entwicklung des Europäischen Sozialrechts, SGb 1992, 573 ff.; *Eickmeier*, Eine europäische Charta der Grundrechte, DVBl. 1999, 1026 ff.; *Epiney*, Zur Stellung des Völkerrechts in der EU, EuZW 1999, 5 ff.; *Everling*, Zur Funktion des Gerichtshofs der Europäischen Gemeinschaften als Verwaltungsgericht, in: Bender/Breuer/Ossenbühl/Sendler (Hrsg.), Rechtsstaat zwischen Sozialgestaltung und Rechtsschutz, FS für Redeker, S. 293 ff.; *ders.*, Die Stellung der Judikative im Verfassungssystem der Europäischen Gemeinschaft, ZfSR 1993, 346 ff.; *ders.*, Justiz im Europa von morgen, DRiZ 1993, 5; *ders.*, Die Zukunft der europäischen Gerichtsbarkeit in einer erweiterten Europäischen Union, EuR 1997, 398 ff.; *ders.*, Richterliche Rechtsfortbildung in der Europäischen Gemeinschaft, JZ 2000, 217 ff.; *ders.*, Zur Gerichtsbarkeit der Europäischen Union, in: FS für Hans-Werner Rengeling, 2008, S. 527 ff.; *ders.*, Rechtsschutz in der Europäischen Union nach dem Vertrag von Lissabon, EuR, Beiheft 1/2009, 71 ff.; *Gellermann*, Beeinflussung bundesdeutschen Rechts, 1994; *Gilsdorf/Bardenhewer*, Das EuGH-Urteil im Fall „Crispoltoni" und die Rückwirkungsproblematik, EuZW 1992, 267 ff.; *Häberle*, Europäische Verfassungslehre, 7. Aufl. 2011; *Hallstein*, Die echten Probleme der Integration, Kieler Vorträge, N. S. 37 (1965), S. 9; *Hilf*, Die Richtlinie der EG – ohne Richtung, ohne Linie?, EuR 1993, 1 ff.; *Hilf/Wilms*, Rechtsprechungsbericht, EuGRZ 1988, 58 f.; *Hilf/Schorkopf*, WTO und EG: Rechtskonflikte vor dem EuGH?, EuR 2000, 74; *Heukels*, Intertemporales Gemeinschaftsrecht, 1990; *Hoffmeister*, Die Bindung der Europäischen Gemeinschaft an das Völkergewohnheitsrecht der Verträge, EWS 1998, 365; *Kar-*

per, Reformen des Europäischen Gerichts- und Rechtsschutzsystems, 2. Aufl. 2011; *Kirschner*, Das Gericht erster Instanz der Europäischen Gemeinschaften, 1995; *Klein*, Der Verfassungsstaat als Glied einer Europäischen Gemeinschaft, VVDStRL 50 (1991), S. 56 ff.; *Klinke*, Entwicklungen in der EU-Gerichtsbarkeit, EuR Beiheft 1/2012, S. 61 ff.; *Kotzur*, Neuerungen auf dem Gebiet des Rechtsschutzes durch den Vertrag von Lissabon, EuR Beiheft 1/2012, S. 7 ff.; *Last*, Garantie wirksamen Rechtsschutzes gegen Maßnahmen der Europäischen Union, 2008; *Lenaerts*, Das Gericht erster Instanz der Europäischen Gemeinschaften, EuR 1990, 228 ff.; *Lenz/Mölls*, Arbeitsrecht vor dem Gerichtshof der Europäischen Gemeinschaften, DB 1990, Beilage 15/90; *Lindner*, EG-Grundrechtscharta und gemeinschaftsrechtlicher Kompetenzvorbehalt, DÖV 2000, 543 ff.; *Lutter*, Die Auslegung angeglichenen Rechts, JZ 1992, 593 (599 ff.); *Martenczuk*, Die dritte Gewalt in der Europäischen Union, in: Demel u. a. (Hrsg.), Funktionen und Kontrolle der Gewalten, 2001, S. 242 ff.; *Mayer*, Europa als Rechtsgemeinschaft, in: Schuppert u. a. (Hrsg.): Europawissenschaft, 2005, S. 429; *Middeke*, Nationaler Umweltschutz im Binnenmarkt, 1994; *Middeke/Szczekalla*, Änderungen im europäischen Rechtsschutzsystem, JZ 1993, 290 f.; *Müller-Graff*, Europäisches Gemeinschaftsrecht und Privatrecht, NJW 1993, 13 ff.; *Müller-Graff/Kainer*, Die justizielle Zusammenarbeit in Zivilsachen in der Europäischen Union, DRiZ 2000, 350 ff.; *Müller-Huschke*, Verbesserungen des Individualrechtsschutzes durch das neue Europäische Gericht erster Instanz, EuGRZ 1989, 213 ff.; *Nemitz*, 10 Jahre Gericht Erster Instanz der Europäischen Gemeinschaften, DÖV 2000, 437; *Niedobitek*, Kollisionen zwischen EG-Recht und nationalem Recht, VerwArch 2001, 58 ff.; *Oppermann*, Die Europäische Union von Lissabon, DVBl 2008, 473 ff.; *Oppermann/Hiermaier*, Das Rechtsschutzsystem des EWG-Vertrages, JuS 1980, 783; *Ossenbühl*, Der gemeinschaftsrechtliche Staatshaftungsanspruch, DVBl. 1992, 993 ff.; *Pache*, Zur Sanktionskompetenz der Europäischen Wirtschaftsgemeinschaft, EuR 1993, 173 ff.; *ders.*, Die Kontrolldichte in der Rechtsprechung des Gerichtshofs der Europäischen Gemeinschaften, DVBl. 1998, 380 ff.; *Pernice*, Die dritte Gewalt im europäischen Verfassungsverbund, EuR 1996, 27 ff.; *ders.*, Das Verhältnis europäischer zu nationalen Gerichten im europäischen Verfassungsverbund, 2006; *ders.*, Die Zukunft der Unionsgerichtsbarkeit. Zu den Bedingungen einer nachhaltigen Sicherung effektiven Rechtsschutzes im Europäischen Verfassungsverbund, EuR 2011, 151 ff.; *Prieß*, Die Verpflichtung der Europäischen Gemeinschaft zur Rechts- und Amtshilfe, EuR 1991, 342 ff.; *Rabe*, Das Gericht erster Instanz der Europäischen Gemeinschaften, NJW 1989, 3042; *Rengeling*, Das Beihilfenrecht der Europäischen Gemeinschaften, in: Börner/Neundörfer (Hrsg.), Recht und Praxis der Beihilfen im Gemeinsamen Markt, 1984, S. 23 ff.; *ders.*, Grundrechtsschutz in der Europäischen Gemeinschaft, 1993; *ders.*, Deutsches und europäisches Verwaltungsrecht, VVDStRL 53 (1994), S. 202 ff.; *ders.*, Europäische Normgebung und ihre Umsetzung in nationales Recht, DVBl. 1995, 945 ff.; *Rengeling/Heinz*, Die dänische Pfandflaschenregelung, JuS 1990, 616 ff.; *Rodriguez Iglesias*, Der EuGH als Verfassungsgericht, EuR 1992, 225 ff.; *ders.*, Gedanken zum Entstehen einer europäischen Rechtsordnung, NJW 1999, 1 ff.; *Roth*, Der EuGH und die Souveränität der Mitgliedstaaten: Eine kritische Analyse richterlicher Rechtsschöpfung auf ausgewählten Rechtsgebieten, 2008; *Schiemann*, The Functioning of the Court of Justice in an Enlarged Union, in: Essays in Honour of Sir Francis Jacobs, 2008, S. 3 ff.; *Schilling*, Bestand und allgemeine Lehren der bürgerschützenden allgemeinen Rechtsgrundsätze des Gemeinschaftsrechts, EuGRZ 2000, 3 ff.; *Schlemmer-Schulte/Ukrow*, Haftung des Staates gegenüber dem Marktbürger für gemeinschaftsrechtswidriges Verhalten, EuR 1992, 82 ff.; *Schlette*, Der Anspruch auf Rechtsschutz innerhalb angemessener Frist – Ein neues Prozessgrundrecht auf EG-Ebene, EuGRZ 1999, 369 ff.; *Schneider*, Die Rechtsfigur des Verfassungswandels im Europäischen Gemeinschaftsrecht, DVBl. 1990, 282 ff.; *Schneider/Burgard*, Die zunehmende Bedeutung der Rechtsprechung des EuGH auf dem Gebiet des Privatrechts, EuZW 1993, 617 ff.; *Scholz*, Das Verhältnis von europäischem Gemeinschaftsrecht und nationalem Verwaltungsverfahrensrecht, DÖV 1998, 261 ff.; *C. Schröder*, Europäische Richtlinien und deutsches Strafrecht, 2002; *M. Schröder*, Neuerungen im Rechtsschutz der Europäischen Union durch den Vertrag von Lissabon, DÖV 2009, 61 ff.; *Schwarze*, Grundzüge und neuere Entwicklungen des Rechtsschutzes im Recht der Europäischen Gemeinschaft, NJW 1992, 1065 f.; *ders.*, Der Beitrag des Europarates zur Entwicklung von Rechtsschutz und Verfahrensgarantien im Verwaltungsrecht, EuGRZ 1993, 377 ff.; *ders.*, in: ders. (Hrsg.), Der Europäische Gerichtshof als Verfassungsgericht und Rechtsschutzinstanz, S. 11;

ders., The Role of the European Court of Justice, S. 11; *ders.*, Die Wahrung des Rechts als Aufgabe und Verantwortlichkeit des Europäischen Gerichtshofs, in: Bohnert/Gramm/Kindhäuser/Lege/Rinken/Robbers (Hrsg.), FS für Alexander Hollerbach, Verfassung-Philosophie-Kirche, Berlin 2001; *Schwarze/Bieber*, Eine Verfassung für Europa, S. 24; *Sevenster*, Criminal Law and EC Law, CMLRev. 1992, 29 ff.; *Skouris*, Der Europäische Gerichtshof als Verfassungsgericht, in: Kloepfer/Merten/Papier/Skouris, Die Bedeutung der Europäischen Gemeinschaften, Seminar zum 75. Geb. August Bettermanns, S. 67 ff.; *Spannowsky*, Schutz der Finanzinteressen der EG zur Steigerung des Mitteleinsatzes, JZ 1992, 1160 ff.; *Stein*, Richterrecht wie anderswo auch?, in: FS der Jur. Fakultät zur 600 Jahr Feier der Ruprecht-Wals-Universität, 1986, S. 619 ff.; *Steindorff*, Sanktionen des staatlichen Privatrechts für Verstöße gegen EG-Recht, Jura 1992, 561 ff.; *Stone Sweet*, The Judicial Construction of Europe, 2004; *Streinz*, Anmerkung zu EuGH Rs. C-149/96 (Portugal/ Rat), JuS 2000, 909; *ders.*, Die Rolle des EuGH im Prozess der Europäischen Integration, AöR 135 (2010), S. 1 ff.; *Szczekalla*, Allgemeine Rechtsgrundsätze, in: Rengeling (Hrsg.), Handbuch zum europäischen und deutschen Umweltrecht, 1998; *ders.*, Anmerkung zu EuGH Rs. C-122/99P (D.; Schweden/Rat), DVBl. 2001, 1203 ff.; *Teske*, Die Sanktion von Vertragsverstößen im Gemeinschaftsrecht, EuR 1992, 265 ff.; *Thiele*, Das Rechtsschutzsystem nach dem Vertrag von Lissabon, EuR 2010, S. 30 ff.; *Thomas*, Die Anwendung europäischen materiellen Rechts im Strafverfahren, NJW 1991, 2233 ff.; *Tiedemann*, Der Strafschutz der Finanzinteressen der Europäischen Gemeinschaft, NJW 1990, 2226 ff.; *ders.*, Europäisches Gemeinschaftsrecht und Strafrecht, NJW 1993, 25 ff.; *Tilmann*, EG-Kodifikation des wirtschaftlichen Zivilrechts, ZRP 1992, 23 ff.; *Ullerich*, Rechtsstaat und Rechtsgemeinschaft im Europarecht, 2011; *Ulmer*, Vom deutschen zum europäischen Privatrecht, JZ 1992, 1 ff.; *Ver Loren van Themaat*, Der Gerichtshof der Europäischen Gemeinschaften, BayVBl. 1986, 481; *Voßkuhle*, Der Europäische Verfassungsgerichtsverbund, NVwZ 2010, S. 1 ff.; *Walter*, Rechtsfortbildung durch den EuGH, 2009; *Wegener*, Die Neuordnung der EU-Gerichtsbarkeit durch den Vertrag von Nizza, DVBl. 2001, 1258 ff.; *Wieland*, Der EuGH im Spannungsverhältnis zwischen Rechtanwendung und Rechtsfortbildung, NJW 2009, 1841 ff.; *Wiethoff*, Das konzeptionelle Verhältnis von EuGH und EGMR, 2008; *Zuleeg*, Der Beitrag des Strafrechts zur europäischen Integration, JZ 1992, 761 ff.; *ders.*, Die Europäische Gemeinschaft als Rechtsgemeinschaft, NJW 1994, 545 ff.; *ders.*, Zum Verhältnis nationaler und europäischer Grundrechte, EuGRZ 2000, 511 ff.

A. Allgemeines

1   Im Rahmen des Rechtsschutzes fällt dem Europäischen Gerichtshof die konstitutionelle Rolle eines „Wahrers des Unionsrechts" zu. Er ist – wie vom Demokratieprinzip gefordert – ein demokratisch legitimiertes, er ist – wie im Rechtsstaatsprinzip angelegt – ein unabhängiges Organ der EU.[1] Sein Aufgabenprofil kann nur als multidimensional beschrieben werden: Der EuGH soll höchstes unionales Fachgericht,[2] europäisches Verfassungsgericht[3] und die Unionsbürgerinnen und -bürger im wahrsten Sinne des Wortes „ansprechendes" europäisches „Bürgergericht" sein.[4] Seit dem Reformvertrag von Lissabon bestimmt Art. 19 Abs. 1 EUV, die Zentralnorm der unionalen Gerichts-

---

[1] *Baltes*, Legitimation und Unabhängigkeit des EuGH.

[2] *Weiß*, Historische Entwicklung von Rechtsschutz gegen die öffentliche Gewalt in Deutschland und der Europäischen Union, in: ders. (Hrsg.), Rechtsschutz als Element der Rechtsstaatlichkeit, 2011, S. 9 ff., 42 f.

[3] *Rodriguez Iglesias*, Der Gerichtshof der Europäischen Gemeinschaften als Verfassungsgericht, 1992.

[4] So schon *Häberle*, Europäische Rechtskultur, 1994, S. 157; *Kotzur*, Neuerungen des Rechtsschutzes, EuR Beiheft 1/2012, S. 7 ff., 9.

verfassung: „Der Gerichtshof der Europäischen Union umfasst den Gerichtshof, das Gericht und die Fachgerichte. Er sichert die Wahrung des Rechts bei der Auslegung und Anwendung der Verträge". Auf diese Aufgabe wie auch auf die verschiedenen Funktionen des Gerichtshofs soll im Folgenden näher eingegangen werden.[5]

B. Aufgabe der Europäischen Gerichte

Nach der knappen Formel des Art. 19 Abs. 1 Satz 2 EUV ist der Gerichtshof für die Auslegung und Anwendung des gesamten, d. h. sowohl des primären wie auch des sekundären Unionsrechts zuständig.[6] Durch Art. 19 EUV in der Fassung des Reformvertrages von Lissabon wird Art. 220 EGV-Nizza aufgehoben und in systematischem Zusammenhang mit den organisationsrechtlichen Grundlagenbestimmungen der „Unionsverfassung" von Art. 19 Abs. 1 EUV abgelöst.[7] Während den anderen Organen somit die politische Initiative der Rechtssetzung überlassen ist, obliegt dem Gerichtshof der **Rechtsschutzauftrag**. In subjektiv-rechtlicher Perspektive wird dieser Rechtsschutzauftrag durch Art. 47 der Grundrechtecharta unterfüttert.[8] Er umfasst aber nicht nur Überprüfung des Unionsrechts im engeren Sinn, d. h. in seiner gleichmäßigen Anwendung, sondern auch die Überwachung der Einhaltung der kompetenziellen Grenzen der Union, ihrer Organe und der Mitgliedstaaten.[9] Gleichwohl begründet Art. 19 Abs. 1 EUV keine allumfassende Zuständigkeit für die Wahrung des Rechts und den Rechtsschutz. Das *Prinzip der begrenzten Einzelermächtigung* gilt auch für den Rechtsschutz: Der Europäische Gerichtshof wird gemäß Art. 5 Abs. 2 EUV nur nach Maßgabe der in den Verträgen enumerativ aufgeführten Einzelzuständigkeiten tätig.[10] Eine umfassende Generalklausel, wie sie etwa § 40 Abs. 1 VwGO für verwaltungsgerichtliche Streitigkeiten in Deutschland vorsieht, ist den Unionsverträgen schon aus kompetenziell-rechtlichen Gründen fremd.[11] Allerdings besteht in der Union ein System möglichst umfassenden Rechtsschutzes.[12] Die Zuständigkeit für den Gerichtshof

---

[5] Dazu auch *Schwarze*, in: FS Hollerbach, S. 177 ff.
[6] Vgl. dazu *Schwarze*, in: FS Hollerbach, S. 172 ff.; zu den Aufgaben im Einzelnen *Wegener*, in: Calliess/Ruffert, EUV/AEUV, 4. Aufl. 2011, Art. 19 EUV Rn. 3 ff.; *Huber*, in: Streinz, EUV/AEUV, 2. Aufl. 2012, Art. 19 EUV Rn. 11 ff.; *Mayer*, in: GHN, EUV/AEUV, Stand 2010, Art. 19 EUV Rn. 2 ff.
[7] Überzeugend spricht *Mayer*, in: GHN, EUV/AEUV, Stand 2010, Art. 19 EUV Rn. 18 ff. von einer „Garantie der Verfasstheit der Union"; siehe auch *Jacobs*, Is the Court of Justice of the European Communities a Constitutional Court?, in: Essays for O'Higgins, 1992, S. 25 ff.
[8] *Huber*, in: Streinz, EUV/AEUV, 2. Aufl. 2012, Art. 19 EUV Rn. 14; *Last*, Garantie, S. 52 ff. und 123 ff.
[9] *Härtel*, Handbuch Europäische Rechtssetzung, 2006, S. 75 mit weiteren Nachweisen zum EuGH als Kompetenzgericht.
[10] *Streinz*, in: ders, EUV/AEUV, 2. Aufl. 2012, Art. 5 EUV Rn. 4 ff.; *Langguth*, in: Lenz/Borchardt, Art. 5 EUV Rn. 10 ff.
[11] Vgl. aber *Prieß*, EuR 1991, 342 (354).
[12] *Mayer*, in: GHN, EUV/AEUV, Stand 2010, Art. 19 EUV Rn. 1 bringt diesen Auftrag treffend auf den Punkt: „Über seinen mit dem Vertrag von Nizza und mit dem Vertrag von Lissabon (…) immer stärker konkretisierten *organisationsrechtlichen Gehalt* hinaus ist er zum anderen der Schlüssel der *materiellrechtlichen Bindung* des Unionshandelns an Rechtsstaatlichkeit und Grundrechte, kurz, an die Rechtlichkeit im Sinne der abendländischen Verfassungstraditionen. Art. 19 EUV ist die Basis der Qualifizierung der Union als Rechtsgemeinschaft."

ergibt sich zum einen aus den Verträgen selbst, zum anderen aus der Abgrenzung zu den Zuständigkeiten der mitgliedstaatlichen Gerichtsbarkeiten.[13]

Erhebliche Bedeutung könnte der Regelung des Art. 19 Abs. 1 UAbs. 2 EUV zukommen. Danach schaffen die Mitgliedstaaten die erforderlichen Rechtsbehelfe, damit ein wirksamer Rechtsschutz in den vom Unionsrecht erfassten Bereichen gewährleistet ist.[14] Die damit u. a. angesprochene grundrechtliche Gewährleistung entspricht der Rechtsprechung des EuGH.[15] Mit Recht wird aber ferner darauf hingewiesen, dass die Bestimmung sich darüber hinaus zu einer umfassenden Garantie wirksamen Rechtsschutzes durch mitgliedstaatliche Gerichte in Unionsangelegenheiten entwickeln kann, wie es sich auch bei Art. 19 Abs. 4 GG, Art. 6 EMRK und Art. 47 Grundrechtecharta verhält.[16] Die nationalen Gerichte qualifizieren so als **„funktionale Unionsgerichte".**[17]

Hinter der Unterscheidung von „Recht" und „Vertrag" – heute in Art. 19 Abs. 1 Satz 1 EUV – steht die Erkenntnis, dass der Gerichtshof Auslegung und Anwendung der Verträge im Geist der allgemeinen Vorstellungen vorzunehmen hat, welche die Völker der Mitgliedstaaten und die demokratische und zivilisierte Völkergesamtheit mit dem Begriff und dem Wert des Rechts verbinden.[18] Die von den Mitgliedstaaten auf die Union übertragene Hoheitsgewalt umfasst auch die Jurisdiktionsgewalt des Gerichtshofes. Entscheidungen des EuGH sind demnach für die Mitgliedstaaten verbindlich, selbst wenn es sich um ein Fehlurteil handeln sollte.[19] Das Bundesverfassungsgericht hat freilich die Möglichkeit angedeutet, ein kompetenzwidriges EuGH-Urteil könne zum nicht mehr bindenden „ausbrechenden Akt" werden,[20] und jüngst hat das Verfassungsgericht der Tschechischen Republik ein EuGH-Urteil erstmals als „Ultra-vires-Akt" qualifiziert.[21] Generell bleibt im Falle fragwürdiger EuGH-

---

[13] Wofür wiederum die Verbundidee nutzbar gemacht werden kann, dazu *Voßkuhle*, NVwZ 2010, S. 1 ff.
[14] *Mayer*, in: GHN, EUV/AEUV, Stand 2010, Art. 19 EUV Rn. 77.
[15] *Wegener*, in: Calliess/Ruffert, EUV/AEUV, Verfassungsvertrag, Art. I-29 Rn. 4 ff.
[16] *Streinz/Ohler/Herrmann*, Lissabon, S. 72.
[17] *Huber*, in: Streinz, EUV/AEUV, 2. Aufl. 2012, Art. 19 EUV Rn. 36 ff.
[18] Zur Unabhängigkeit der Rechtsprechung als Wesensmerkmal der europäischen Rechtskultur P. *Häberle*, Europäische Rechtskultur, 1994 (TB 1997), S. 24 f.; grundlegend zur damaligen Europäischen Gemeinschaft als Rechtsgemeinschaft W. *Hallstein*, Die Europäische Gemeinschaft, 5. Aufl. 1979, S. 53 et passim; *Mayer*, in: GHN, Stand 2010, Art. 19 EUV Rn. 23: „Der Begriff „Recht" in Art. 19 EUV ist im umfassenden Sinne zu verstehen. Er kann nicht ausschließlich auf das Unionsrecht bezogen werden. Vielmehr ist er *Inbegriff der Gerechtigkeitsidee* der abendländischen Verfassungskultur, die in den Unionsverträgen wie in den staatlichen Verfassungen einen jeweils spezifischen Ausdruck gefunden hat" (Hervorhebung im Original).
[19] *Klein*, VVDStRL 50 (1991), 66.
[20] BVerfGE 89, 155 (188): „Würden etwa europäische Einrichtungen oder Organe den Unions-Vertrag in einer Weise handhaben oder fortbilden, die von dem Vertrag, wie er dem deutschen Zustimmungsgesetz zugrunde liegt, nicht mehr gedeckt wäre, so wären die daraus hervorgehenden Rechtsakte im deutschen Hoheitsbereich nicht verbindlich. Die deutschen Staatsorgane wären aus verfassungsrechtlichen Gründen gehindert, diese Rechtsakte in Deutschland anzuwenden. Dementsprechend prüft das Bundesverfassungsgericht, ob Rechtsakte der europäischen Einrichtungen und Organe sich in den Grenzen der ihnen eingeräumten Hoheitsrechte halten oder aus ihnen ausbrechen".
[21] Dazu *Faix*, Genesis eines mehrpoligen Justizkonflikts: Das Verfassungsgericht der Tschechischen Republik wertet ein EuGH-Urteil als Ultra-vires-Akt, EuGRZ 2012, S. 597 ff.

Entscheidungen – von wissenschaftlicher Kritik abgesehen – nur die Möglichkeit, im Wege der Vertragsänderung den Willen des Normgebers zu verdeutlichen[22] oder den EuGH durch neue Klagen bzw. Vorlagen zu einer Änderung seiner Rechtsprechung zu veranlassen.[23]

Während der Gerichtshof nach dem **Vertrag von Maastricht** für das Unionsrecht 3 der zweiten Säule (GASP) und der dritten Säule (Justiz und Inneres) zunächst keine Jurisdiktionsgewalt von den Mitgliedstaaten eingeräumt bekommen hatte, hatte schon der **Vertrag von Amsterdam** in diesen Bereichen einiges rückgängig gemacht. Danach entschied im Bereich der Bestimmungen über die polizeiliche und justizielle Zusammenarbeit in Strafsachen der EuGH nach Art. 35 EUV-Nizza unter bestimmten Voraussetzungen über die Gültigkeit und die Auslegung der Rahmenbeschlüsse und Beschlüsse im Wege der Vorabentscheidung. Eine weitere Zuständigkeit des EuGH sah Art. 46 EUV-Nizza für bestimmte Bereiche der justiziellen Zusammenarbeit vor.

Nach dem **Vertrag von Lissabon** werden die Aufgaben des EuGH auf den Bereich der Freiheit, der Sicherheit und des Rechts erweitert – eine Folge der Verschmelzung der bisherigen Säulen.[24] Demgegenüber ist die Gemeinsame Außen- und Sicherheitspolitik der inhaltlichen Kontrolle durch den Gerichtshof auch künftig gemäß Art. 24 Abs. 1 UAbs. 2 Satz 6 EUV und Art. 275 Abs. 1 AEUV weitgehend entzogen;[25] Ausnahmen gelten – entsprechend der Situation vor Lissabon – für die in Art. 275 Abs. 2 AEUV genannten Fälle.[26]

I. Auslegung des Rechts

„Recht" im Sinne von Art. 19 Abs. 1 S. 2 EUV umfasst alle verbindlichen ge- 4 schriebenen und ungeschriebenen Normen des Unionsrechts. Dies sind neben dem Primär- und Sekundärrecht auch die allgemeinen Rechtsgrundsätze und das Gewohnheitsrecht.[27] „**Auslegung**" versteht sich dabei als Interpretation einer unionsrechtlichen Norm i. S. d. abstrakten Ermittlung des Norminhaltes.[28] Bei der Entstehung des Unionsrechts hatten die Gründerstaaten primär wirtschaftspolitische Zielvorstellungen vor Augen. Im Zuge der wachsenden europäischen Integration erwiesen sich die Vertragsgrundlagen aber zunehmend als lückenhaft wie auch für diesen Prozess nicht hinreichend durchdacht. Es ist vornehmlich dem EuGH zu verdanken, dass sich die EU immer weiter zu einer **Rechtsgemeinschaft** entwickelt hat, indem er das materielle Unionsrecht ausgeformt und die Verfahren zu einer gerichtsförmi-

---

[22] Vgl. hierzu *Rodriguez Iglesias*, S. 46 ff. = EuR 1992, 225 (244 f.), unter Hinweis auf Klarstellungen in Protokollen zum Unionsvertrag; ferner *Middeke/Szczekalla*, JZ 1993, 290 f.
[23] *Klein*, VVDStRL 50 (1991), 67.
[24] *Streinz/Ohler/Herrmann*, Lissabon, S. 71; *Huber*, in: Streinz, EUV/AEUV, 2. Aufl. 2012, Art. 19 EUV Rn. 28 ff.; *Barents*, CMLRev. 47 (2010), S. 709 ff., insbes. 717 ff.
[25] *Cremer*, in: Calliess/Ruffert, EUV/AEUV, 4. Aufl. 2011, Art. 275 AEUV Rn. 1 ff.; *Vranes*, Gemischte Abkommen und die Zuständigkeit des EuGH; EuR 2009, S. 44 ff.
[26] Vgl. auch *Schröder*, DÖV 2009, 61 (64).
[27] Dazu *Mayer* (oben Fn. 18); vgl. i.E. *Schwarze*, in: FS Hollerbach, S. 172 f.; *Rengeling*, DVBl. 1995, 945 ff.
[28] Zu den Methoden der Rechtsfindung durch den EuGH *Huber*, in: Streinz, EUV/AEUV, 2. Aufl. 2012, Art. 19 EUV Rn. 12 f.

gen Durchsetzung präzisiert hat.[29] Die Rechtsprechung hat sich in dieser Hinsicht als besonders integrationsfördernd erwiesen, weshalb der EuGH immer wieder als „Integrationsmotor" der Europäischen Gemeinschaften bzw. der heutigen Europäischen Union bezeichnet worden ist[30] – heute lässt sich sogar von einem „Motor den Konstitutionalisierung" sprechen.[31] Zu erinnern sei hier bloß an die Entwicklung eigener Unionsgrundrechte,[32] ferner an die Rücknahme rechtswidriger begünstigender Verwaltungsakte[33] sowie die Anerkennung eines unmittelbaren (Anwendungs-) Vorrangs des Unionsrechts gegenüber dem nationalen Recht und seiner unmittelbaren Wirkung bei nicht fristgerechter oder nicht ordnungsgemäßer Umsetzung von Richtlinien.[34]

5   Für die dynamische Weiterentwicklung des Unionsrechts bedient sich der EuGH der bekannten auch im innerstaatlichen Recht zur Anwendung gelangenden herkömmlichen **Auslegungsmethoden**.[35] Da eine sprachvergleichende *Wortlautauslegung* bei 23 verschiedenen Amtssprachen (siehe Art. 55 EUV) an ihre Grenzen stößt[36] und auch die *historische Auslegung* aufgrund der kompromisshaften Einigungen im Rat eine eindeutige Genese nicht erkennen lässt,[37] kommt insbesondere der *systematisch-teleologischen Methode*[38] und der speziellen Methode der *rechtsvergleichenden Sinnermittlung*[39] sowie dem Grundsatz der praktischen Wirksamkeit *(effet utile)*[40] die maßgebliche Bedeutung zu. In der Rechtsprechung finden sich Beispiele aller Auslegungsmethoden, wobei sich in

---

[29] *Everling*, in: FS Redeker, S. 301; *Zuleeg*, NJW 1994, 545 ff.; *Streinz*, Europarecht, 9. Aufl. 2012, Rn. 611 ff.

[30] Der Ausdruck geht zurück auf *Hallstein*, N. S. 37 (1965), S. 9; übernommen von *Oppermann/Hiermaier*, JuS 1980, 783; *Schweitzer/Hummer*, Europarecht, S. 104; *Stein*, in: FS Jur. Fakultät Heidelberg, S. 619 ff.; kritisch im Verhältnis zu den Kompetenzen der Mitgliedstaaten *Klein*, VVDStRL 50 (1991), S. 72 m.w.N.

[31] *Giegerich*, Europäische Verfassung und deutsche Verfassung im transnationalen Konstitutionalisierungsprozess: Wechselseitige Rezeption, konstitutionelle Evolution und föderale Verflechtung, 2003, S. 1052.

[32] EuGH, Rs. 29/69, *Stauder*, Slg. 1969, 419 Rn. 7; EuGH, Rs. 11/70, *Internationale Handelsgesellschaft*, Slg. 1970, 1125 Rn. 4; EuGH, Rs. 4/73, *Nold*, Slg. 1974, 491 Rn. 13; EuGH, Rs. 36/75, *Rutili*, Slg. 1975, 1219 Rn. 32; EuGH, Rs. 44/79, *Hauer*, Slg. 1979, 3727 Rn. 15 ; EuGH, Rs. 136/79, *National Panasonic*, Slg. 1980, 2033 Rn. 20; EuGH, verb. Rs. 43 u. 63/82, *VBVB und VBBB*, Slg. 1984, 19 Rn. 33 f.; EuGH, Rs. 63/83, *Regina*, Slg. 1984, 2689 Rn. 22; siehe i.E. *Rengeling/Szczekalla*, Grundrechte, § 1 Rn. 2 ff.

[33] EuGH, Rs. 15/60; *Simon*, Slg. 1961, 239, 259; EuGH, Rs. 56/75, *Elz*, Slg. 1976, 1097 Rn. 14/17.

[34] Siehe nur EuGH, Rs. 148/78, *Ratti*, Slg. 1979, 1629 Rn. 23; EuGH, Rs. 70/83, *Kloppenburg*, Slg. 1984, 1075 Rn. 14; EuGH, Rs. 152/84, *Marshall*, Slg. 1986, 723 Rn. 46; EuGH, Rs. C-188/89, *Foster*, Slg. 1990, I-3313 Rn. 16; EuGH, verb. Rs. C-253/96 u. a., *Kampelmann*, Slg. 1997, I-6907 Rn. 37; vgl. dazu *Gellermann*, Beeinflussung bundesdeutschen Rechts, S. 125 ff.; *Niedobitek*, VerwArch 2001, 66 ff.

[35] *Mayer*, in: GHN, Stand 2010, Art. 19 EUV Rn. 53 ff. mit zahlreichen w. N.

[36] *Ebd.*, Rn. 53.

[37] Vgl. dazu *Lutter*, Die Auslegung angeglichenen Rechts, JZ 1992, 593 (599 ff.).

[38] *Baur*, JA 1992, 67.

[39] *Häberle*, Grundrechtsgeltung und Grundrechtsinterpretation im Verfassungsstaat: Zugleich zur Rechtsvergleichung als „fünfter" Auslegungsmethode, JZ 1989, 913 ff., 916 ff.; *Schwarze*, in: FS Hollerbach, S. 175, 178; vgl. zum ganzen auch *Pieper/Schollmeier*, S. 40 ff.; *Rodriguez Iglesias*, NJW 1999, 6 ff.

[40] EuGH, Rs. 9/70, *Grad/FA Traunstein*, Slg. 1970, 825 Rn. 5 (*Leberpfennig*).

der Regel mehrere Auslegungsgesichtspunkte ergänzen.[41] Kommt für die Auslegung einer unionsrechtlichen Bestimmung mehr als eine Methode in Betracht, ist die mit dem Unionsrecht vereinbare einer unvereinbaren vorzuziehen.[42] Zur Annahme ungeschriebener Zuständigkeiten bedient sich der EuGH der „implied-powers-Doktrin".[43] Zur Lückenfüllung und Auslegungshilfe greift der EuGH ferner auf allgemeine Rechtsgrundsätze zurück, die allen Mitgliedstaaten gemeinsam sind und deren gemeinsamen Verfassungstraditionen entsprechen.[44]

Besondere Bedeutung haben in der Rechtsprechung des EuGH dabei Rechtsgrundsätze erlangt, die sich weniger auf einzelne Rechtsgebiete beziehen, sondern vielmehr die Struktur der Rechtsordnung betreffen.[45] Der EuGH hat dabei im Laufe seiner Rechtsprechung verschiedene **rechtsstaatliche Grundsätze** auch für die heutige Unionsebene übernommen.[46] Hierzu zählen etwa der Grundsatz des Vertrauensschutzes[47] in der Ausprägung des Rückwirkungsverbots[48] sowie der Grundsatz der Verhältnismäßigkeit[49] und das Prinzip „nulla poena sine lege".[50] Ferner gehören hierzu der Grundsatz der Gesetzmäßigkeit der Verwaltung,[51] das Bestimmtheitsgebot[52] und der

---

[41] EuGH, Rs. C-72/95, *Kraijeveld*, Slg. 1996, I-5403 Rn. 28; EuGH, Rs. 158/80, *Rewe*, Slg. 1981, 1805; EuGH, Rs. C-202/88, *Frankreich/Kommission*, Slg. 1991, I-1223, 1269 Rn. 40 f. (*Endgeräte*); EuGH, Rs. 190/87, *Borken/ Moormann*, 1988, 4689 Rn. 5 f.

[42] EuGH, verb. Rs. C-286/94 u. a., *Molenheide*, Slg. 1997, I-7281 ff.; EuGH, verb. Rs. C-286/94 u. a., *Molenheide*, Slg. 1997, I-7281 Rn. 64.

[43] EuGH, Rs. 22/70, *Kommission/Rat*, Slg. 1971, 263 Rn. 23/29 (*AETR*).

[44] *Hilf/Wilms*, EuGRZ 1988, 58 f., EuGRZ 1988, 401 ff., EuGRZ 1989, 195 ff.; zahlreiche weitere Nachweise aus der Rechtsprechung bei *Mayer*, in: GHN, Stand 2010, Art. 19 EUV Rn. 62 Fn. 163.

[45] Vgl. *Rodriguez Iglesias*, NJW 1999, 1 (2 ff.); zu einer „Wissenschaft unionaler Grundprinzipien" v. *Bogdandy*, in: ders./Bast (Hrsg.), Europäisches Verfassungsrecht, 2. Aufl. 2009, S. 13 ff., 15 ff.

[46] Vgl. *Szczekalla*, in: Rengeling (Hrsg.), HdbUR, § 11; *Rengeling/Szczekalla*, Grundrechtsschutz in der EU, z. B. § 1 Rn. 30.

[47] EuGH, Rs. C-5/89, *Kommission/Deutschland*, 1990, I-3437, Rn. 13; EuGH, Rs. Verb. Rs. C-104/89, 37/90, *Mulder*, Slg. 1992, I-3061 Rn. 15; EuGH, Rs. C-177/90, *Kühn*, Slg. 1992, I-35 Rn. 13 = EuZW 1992, 155 f.; *Borchardt*, S. 4 ff.

[48] Z. B. EuGH, Rs. 98/78, *Racke*, Slg. 1979, 69, Rn. 20; EuGH, Rs. 99/78 *Decker*, Slg. 1979, 101 Rn. 8; EuGH, verb. Rs. 212-217/80 *Amministrazione delle finanze dello Stato*, 1981, 2735 Rn. 12; EuGH, Rs. C-331/88, *Fedesa* u. a., Slg. 1990, I-4023 Rn. 42; EuGH, Rs. C-368/89 *Crispoltoni*, Slg. 1991, I-3695 Rn. 17; EuGH, verb. Rs. C-104/89, 37/90, *Mulder* u. a., Slg. 1992, I-3061 Rn. 15 = NVwZ 1992, 1077 (1078); vgl. hierzu *Heukels*, S. 50 ff.; *Gilsdorf/Bardenhewer*, EuZW 1992, 267 ff.

[49] Z. B. EuGH, Rs. 18/63, *Schmitz*, Slg. 1964, 175, 204; EuGH, Rs. 114/76, *Bela-Mühle*, Slg. 1977, 1211 Rn. 5; EuGH,. verb. Rs. 41/121, u. 796/79, *Testa*, Slg. 1980, 1979 Rn. 21; EuGH, Rs. C-26/90, *Wünsche*, 1991, I-4961 Rn. 13; vgl. auch *Rengeling/Heinz*, JuS 1990, 616 ff.; *Middeke*, Umweltschutz, S. 183 ff.

[50] EuGH, Rs. 63/83, *Regina*, Slg. 1984, 2689 Rn. 22; EuGH, Rs. 117/83, *Koenecke*, Slg. 1984, 3291 Rn. 11; EuGH, Rs. C-172/89 *Vandemoortele*, 1990, I-4677 Rn. 9.

[51] EuGH, verb. Rs. 133-136/85, *Rau*, Slg. 1987, 2342 Rn. 29.

[52] EuGH, Rs. 169/80, *Gondrand Frères*, Slg. 1981, 1942 Rn. 18; EuGH, Rs. C-361/88, *Kommission/Deutschland*, Slg. 1991, I-2567 Rn. 21 (*Schwefeldioxid*); EuGH, verb. Rs. C-271/90 u. a., *Spanien u. a./Kommission*, 1992, I-5833 Rn. 20; *Ahlström*, EuGH, Rs. C-143/93, *van Es*, 1996, I-431 Rn. 27.

allgemeine Grundsatz der Rechtssicherheit[53] sowie der Anspruch auf Rechtsschutz innerhalb angemessener Frist.[54]

Zu den allgemeinen Rechtsgrundsätzen zählen auch die vom EuGH anerkannten Unionsgrundrechte.[55] Im Laufe der Zeit hat die Grundrechtsbindung auch Eingang in das Primärrecht gefunden, auch wenn dort nur auf die Menschenrechte der EMRK verwiesen wurde (Art. 6 Abs. 2 EUV-Nizza). Von der Rechtsprechung des EuGH ausgehend hat ein Konvent eine Grundrechtecharta für die EU ausgearbeitet, die auf dem Regierungsgipfel in Nizza im Dezember 2000 feierlich unterzeichnet wurde.[56] Nach Lissabon gilt gemäß Art. 6 Abs. 1 EUV die Grundrechtecharta vom 7. Dezember 2000 in der am 12. Dezember 2007 in Straßburg angepassten Fassung und ist damit geltendes Unionsrecht. Sie hat als gleichermaßen „dritter Gründungsvertrag" Primärrechtsqualität.

Die allgemeinen Rechtsgrundsätze des Unionsrechts sind Maßstäbe zur Prüfung der Gültigkeit der Rechtsvorschriften sowie der unionalen Rechtsakte.[57] Insoweit stellen die den Mitgliedstaaten gemeinsamen Rechtsgrundsätze keine eigene Rechtsquelle dar, vielmehr kann man sie allenfalls als **Rechtserkenntnisquelle** bei der vergleichenden Auslegung des Unionsrechts bezeichnen.[58] Der EuGH wird in diesem Fall also nicht als „Normerzeuger" tätig, sondern handelt vielmehr im Rahmen der Rechtsfortbildung.[59] Im Bereich des europäischen Rechtsschutzsystems hat der Gerichtshof der Europäischen Union aus der den Unionsorganen im Verhältnis zu den nationalen Behörden grundsätzlich obliegenden Verpflichtung zur loyalen Zusammenarbeit (Art. 4 Abs. 3 EUV)[60] einen Rechtshilfeanspruch anerkannt[61] sowie den unionsrechtlichen vorläufi-

---

[53] Vgl. dazu EuGH, Rs. 43/75, *Defrenne*, Slg. 1976, 455 Rn. 74; EuGH, Rs. 80/86, *Kolpinghuis Nijmegen* 1987, 3969 Rn. 13; EuGH, Rs. C-314/91, *Weber*, Slg. 1993, I-1093 Rn. 22 ; EuGH, Rs. C-325/91, *Frankreich/Kommission*, Slg. 1993, I-3283 Rn. 26.

[54] EuGH, Rs. C-185/95, *Baustahlgewerbe*, Slg. 1998, I-8417 = EuZW 1999, 115 = JuS 1999, 597; vgl. dazu *Schlette*, EuGRZ 1999, 369 ff.

[55] Vgl. dazu EuGH, verb. Rs. 46/87 u. 227/88, *Hoechst*, Slg. 1989, 2859 Rn. 13; EuGH, Rs. 85/87 *Dow Benelux BV*, Slg. 1989, 3137 Rn. 24; EuGH, Rs. verb. Rs. 97-99/87, *Dow Chemical Ibiria SA*, Slg. 1989, 3165 Rn. 10; EuGH, verb. Rs. C-143/88 u. C-92/89, *Süderdithmarschen*, Slg. 1991, I-383 Rn. 73; EuGH, Rs. C-260/89, *ERT*, Slg. 1991, I-2925 Rn. 41; EuGH, Rs. C-49/88, *Al-Jubail Fertilizer*, Slg. 1991, I-3187 Rn. 15; ausführlich dazu *v. Bogdandy*, Grundrechtsgemeinschaft als Integrationsziel?, JZ 2001, S. 147 ff.; *Rengeling*, Grundrechtsschutz, S. 16 ff.; *Schilling*, EuGRZ 2000, 3 ff.; *Zuleeg*, EuGRZ 2000, 511 ff.; *Kotzur*, in: Geiger/Khan/Kotzur, 5. Aufl. 2010, Anhang 1, Rn. 1 ff.

[56] Grundrechte-Charta, in: EuGRZ 2000, 554 ff. = Sonderbeilage zu NJW, EuZW, NVwZ und JuS; vgl. dazu *Eickmeier*, DVBl. 1999, 1026 ff.; *Lindner*, DÖV 2000, 543 ff.; *Di Fabio* JZ 2000, 737 ff.; *Zuleeg*, EuGRZ 2000, 511 ff.; wiederum *Kotzur*, in: Geiger/Khan/Kotzur, 5. Aufl. 2010, Anhang 1, Rn. 1 ff.

[57] Siehe EuGH, Rs. C-67/91, *DGDC*, Slg. 1992, I-4785 Rn. 30 = EuZW 1992, 671 (673); zur Herleitung allgemeiner Rechtsgrundsätze aus der EMRK siehe *Schwarze*, EuGRZ 1993, 377 (382 ff.); ferner *Zuleeg*, NJW 1994, 547; *Jacoby*, Allgemeine Rechtsgrundsätze: Begriffsentwicklung und Funktion in der Europäischen Rechtsgeschichte, 1997; *v. Arnauld*, Rechtsangleichung durch allgemeine Rechtsgrundsätze? – Europäisches Gemeinschaftsrecht und Völkerrecht im Vergleich, in: Riesenhuber/Takayama (Hrsg.), Rechtsangleichung: Grundlagen, Methoden und Inhalte, 2006, S. 236 ff.

[58] *Huber*, in: Streinz, EUV/AEUV, 2. Aufl. 2012, Art. 19 EUV Rn. 16 f.

[59] Vgl. dazu ausführlich *Rengeling*, in: Börner/Neundörfer (Hrsg.), S. 203 ff.

[60] *Streinz*, in: ders. EUV/AEUV, 2. Aufl. 2012, Art. 4 EUV Rn. 30 ff.

[61] EuGH, Rs. C-2/88, *Zwartfeld*, Slg. 1990, I-3365 Rn. 23; dazu *Prieß*, EuR 1991, 342 ff.

gen Rechtsschutz im Zusammenhang mit dem Vorabentscheidungsverfahren fortentwickelt.[62] Augenfälliges Beispiel für die Stärkung des Individualrechtsschutzes war bspw. die Begründung eines sekundären unionsrechtlichen „Staatshaftungsanspruchs", der von einem Unionsbürger (insbes. Marktbürger) gegen einen sich unionsrechtswidrig verhaltenden Mitgliedstaat unter bestimmten Voraussetzungen geltend gemacht werden kann.[63] Aber auch die Rechtsprechung zum Gleichbehandlungsgrundsatz zeigt die einschneidenden Auswirkungen der EuGH-Rechtsprechung auf das nationale Rechtssystem.[64]

Nicht zuletzt vor dem Hintergrund solcher und anderer Entscheidungen wurde in der Literatur die Frage nach den Grenzen zulässiger Auslegung und **Rechtsfortbildung**[65] auf der einen Seite und unzulässiger Rechtserzeugung durch den Gerichtshof auf der anderen Seite gestellt.[66] Eine **judizielle Rechtserzeugung** wird danach ausnahmsweise in dringenden Fällen für zulässig gehalten, wenn eine Normierung durch den Unionsgesetzgeber nicht in angemessener Zeit zu erwarten ist, keine rechtlichen Alternativen bestehen, es sich nicht um einen grundlegenden Bereich des Unionsrechts handelt und das Unionsrecht im zu regelnden Bereich eine planwidrige Lücke aufweist.[67] Unter Zugrundelegung der Befugnisnorm aus Art. 19 Abs. 1 EUV wird die Legitimität der Rechtsfortbildung ferner davon abhängig gemacht, dass der Gerichtshof zu Zwecken der Nachprüfbarkeit in den Entscheidungsgründen nachvollziehbar mitteilt, aus welchen Rechtsquellen er die von ihm vorgenommene Rechtsfortbildung bzw. Rechtserzeugung deduziert.[68]

Die Fortbildung der Rechtsordnung gehört zwar zur Aufgabe des Gerichtshofes, doch steht diese unter dem Vorbehalt der Wahrung der Verantwortungsbereiche der anderen Unionsorgane. Im Laufe der letzten Jahre hat der Gerichtshof seine Rolle als rechtsfortbildende Institution reziprok zur Fortentwicklung der Union durch den Europäischen Rat und die Kommission mehr und mehr zurückgenommen und sich auf eine reine **Anwendung Unionsrechts** beschränkt. Je mehr die Unionsorgane, allen voran der Europäische Rat und die Kommission, die Integration der Europäischen Union vorantreiben, das Unionsrecht fortentwickeln und die Mitgliedstaaten zu einem kooperativen Zusammenschluss einen, desto mehr beschränkt sich der Gerichtshof

---

[62] EuGH, Rs. verb. Rs. C-143/88 u. C-92/89 *Süderdithmarschen*, Slg. 1991, I-383 Rn. 19 ff.
[63] EuGH, Rs. verb. Rs. C-6/90 u. C-9/90, *Francovich u. a.*, Slg. 1991, I-5357; vgl. dazu *Schlemmer-Schulte/Ukrow*, EuR 1992, 82 ff.; *Ossenbühl*, DVBl. 1992, 993 ff.; i.E. unter § 9. Weiterhin EuGH, Rs. verb. Rs. C-6/90 u. C-9/90, *Francovich u. a.*, Slg. 1991, I-5357 Rn. 38 ff.; vgl. dazu *Schlemmer-Schulte/Ukrow*, EuR 1992, 82 ff.; *Ossenbühl*, DVBl. 1992, 994 f.; umfänglich *Böhm*, Haftung, in: Schulze/Zuleeg/Kadelbach (Hrsg.), Europarecht. Handbuch für die deutsche Rechtspraxis, 2. Aufl. 2010, § 12; i.E. unter § 9.
[64] EuGH, Rs. C-450/93, *Kalanke*, Slg. 1995, I-3051 = NJW 1995, 3109; *Monen*, Das Verbot der Diskriminierung, 2008, Kap. 2.
[65] Zum Spannungsverhältnis zwischen Rechtsanwendung und Rechtsfortbildung: *Wieland*, NJW 2009, 1842 ff.
[66] Vgl. dazu *Stein*, in: FS Jur. Fakultät Heidelberg, S. 627 ff.; *Dänzer-Vanotti*, BB 1991, 1016 f.; *ders.*, RIW 1992, 733 ff.; *Rengeling*, VVDStRL 53 (1994), Text bei Fn. 105 a. E.; m. w. N.; *Scholz*, DÖV 1998, 261 ff.; *Schoch*, in: Schoch/Schmidt/Assmann/Pietzner, VwGO, § 80 Rn. 270; demgegenüber *Everling*, in: FS Redeker, S. 301 f.; *ders.*, JZ 2000, 217 ff.
[67] *Dänzer-Vanotti*, RIW 1992, 736 f.
[68] So schon *Ipsen*, Richterrecht und Verfassung, S. 190; ihm folgend *Dänzer-Vanotti*, RIW 1992, 733 (737).

auf seine Funktion der bloßen Rechtsaufsicht und Wahrung der Einheit des Unionsrechts. Die Rolle des Integrationsmotors, die der EuGH in den 80er und 90er Jahren wahrgenommen hat, hat er in den letzten Jahren mehr und mehr an den Gesetzgeber weitergereicht.[69] Vom Motor der Integration entwickelt sich der Gerichtshof seit einiger Zeit zum **Hüter und Bewahrer der Rechtsgemeinschaft**.[70] Seine Rolle als „Motor der Konstitutionalisierung" wurde bereits angesprochen.

II. Anwendung des Rechts

9 1. **Unionsrecht.** „Anwendung" ist die Übertragung des Unionsrechts auf den konkreten Fall, d. h. die Beurteilung und Subsumtion, ob ein konkreter Sachverhalt von dem Norminhalt der europäischen Norm umfasst wird. Der EuGH hat grundsätzlich nur das Unionsrecht anzuwenden, d. h. die Vorschriften der Verträge (sog. Primärrecht) und das von ihnen abgeleitete Unionsrecht (sog. Sekundärrecht – Art. 288 AEUV) sowie die allgemeinen Rechtsgrundsätze und das unionsrechtliche Gewohnheitsrecht.[71] Hierzu zählen auch die von der Union abgeschlossenen Abkommen mit den EFTA-Staaten[72] sowie die Assoziierungsabkommen mit Drittstaaten.[73] Im Rahmen der Anwendung des Unionsrechts überprüft der Gerichtshof bei den Direktklagen auch die Sachverhaltsfeststellungen, die der Anwendung zugrunde liegen. Soweit der Gerichtshof im Rahmen der Klageverfahren Eingangsgericht ist, ist er auch Tatsachengericht und an die Sachverhaltsfeststellungen anderer Organe nicht gebunden.[74] Grundsätzlich ist der Gerichtshof im Rahmen der Tatsachenfeststellungen zu einer umfassenden Sachverhaltsaufklärung befugt, doch setzen sowohl die Verfahrensarten als auch die aus der Dispositonsmaxime folgenden Klagegründe der Überprüfungsbefugnis gewisse Grenzen.[75]

10 2. **Völkerrecht.** Bei der **Anwendung des** allgemeinen **Völkerrechts** muss differenziert werden. Das Völkerrecht wird verdrängt für den Bereich der Binnenorganisation des „Integrationsverbands" und für die Ordnung der Beziehungen zwischen der Europäischen Union mit ihren Mitgliedstaaten; ein Rückgriff auf das Völkerrecht kommt nur in Betracht, wenn das EU-Recht es vorsieht.[76] Im innerunionalen Bereich spielt das Völkerrecht eine unterschiedliche Rolle; es kommt darauf an, ob es um die Geltung des Völkergewohnheitsrechts, der allgemeinen Rechtsgrundsätze oder der völkerrechtlichen Verträge geht.[77]

---

[69] *Martenzcuk*, Die dritte Gewalt, S. 24; *Szczekalla*, DVBl. 2001, 1203 ff.
[70] *Everling*, EuR 1997, 398.
[71] *Mayer*, in: GHN, Stand 2010, Art. 19 EUV Rn. 23 ff.
[72] EuGH, Gutachten 1/91, *EWR 1*, Slg. 1991, I-6079, 6099 ff. EuGH, Gutachten 1/92, *EWR II*, Slg. 1992, I-2821 ff.
[73] EuGH, Rs. C-237/91, *Kazim Kus*, Slg. 1992, I-6781 Rn. 9 = EuZW 1993, 96 ff.
[74] *Pache*, DVBl. 1998, 380 (382).
[75] *Kirschner*, Gericht erster Instanz, S. 109 ff.; *Adam*, Kontrolldichte, S. 224; *Pache*, DVBl. 1998, 380 (382).
[76] Vgl. dazu und zu weiteren Einzelheiten: *Oppermann/Classen/Nettesheim*, Europarecht, § 10 Rn. 152.
[77] Dazu im Einzelnen: *Oppermann/Classen/Nettesheim*, Europarecht, § 10 Rn. 154 ff.

3. Nationales Recht der Mitgliedstaaten. Die **Anwendung des nationalen Rechts** 11
ist nicht Aufgabe des EuGH. Gleichwohl kann er gelegentlich aus Anlass einer Klage
wegen Verstoßes eines Mitgliedstaats gegen das Unionsrecht darüber zu befinden haben, ob eine nationale Vorschrift mit dem Unionsrecht vereinbar ist.[78] Sofern Begriffe
und Institute des nationalen Rechts zu den tatbestandlichen Voraussetzungen einer
Norm des Unionsrechts gehören,[79] muss der EuGH die Ausformung des Begriffs, die
dieser durch innerstaatliche Rechtsprechung und Lehre erhalten hat, als Rechtstatsache
hinnehmen.[80]

Aus der Funktion des Gerichtshofs zur Sicherung der **Anwendung des Unions-** 12
rechts ergibt sich auch seine Aufgabe zur Rechtmäßigkeitskontrolle der unionsrechtlichen Maßnahmen. Hierbei beschränkt sich der EuGH allein auf die Überprüfung der
Rechtsgrundlagen, ohne im weiteren Zweckmäßigkeit und Billigkeit einer solchen
Maßnahme zu kontrollieren.[81] Sofern der EuGH ausnahmsweise auch diese Gesichtspunkte zu berücksichtigen hat – z.B. bei Klagen wegen Verhinderung von Zwangsmaßnahmen, Art. 261 AEUV (siehe dazu i.E. unter § 33) –, unterliegt er rechtlichen
Bindungen.

C. Sachliche Zuständigkeit der Gerichte

Aufgrund der Errichtung eines weiteren erstinstanzlichen Gerichts bedurfte es 13
seinerzeit einer **Neuverteilung der Zuständigkeiten zwischen EuGH und EuG**. Ursprünglich wurde die Zuständigkeitsverteilung gemäß Art. 168 a Abs. 1 S. 2 EGV-Nizza, Art. 140 a Abs. 1 S. 2 EAGV negativ dadurch begrenzt, dass das EuG „weder
für von Mitgliedstaaten oder Gemeinschaftsorganen unterbreitete Rechtssachen noch
für Vorabentscheidungen" zuständig war. Rechtssachen dieser Art betrafen vielfach
grundlegende Fragen des seinerzeitigen Gemeinschaftsrechts, bei denen eine abschließende Klärung durch den EuGH angezeigt war.[82] Dem EuG waren nur Entscheidungen
über bestimmte Gruppen von Klagen natürlicher und juristischer Personen übertragen
worden, die sich zum einen durch umfangreiche Tatsachenkomplexe und eine intensive Sachverhaltsaufklärung auszeichneten,[83] deren Hauptprobleme aber zum anderen
durch eine bestehende umfangreiche EuGH-Rechtsprechung als geklärt angesehen
werden konnten.[84] Zu diesen Verfahren zählten namentlich Beamtenklagen, Verfahren
in Wettbewerbssachen (Art. 81 ff. EGV a. F.) sowie Schadensersatzklagen. 1991 wurde
die Zuständigkeit des EuG auf sämtliche Streitigkeiten von natürlichen und juristischen
Personen ohne Beschränkung auf bestimmte Sachgebiete ausgedehnt.[85]

---

[78] Vgl. z.B. EuGH, Rs. 103/88, *Costanzo*, Slg. 1989, 1839 Rn. 31 ff.
[79] Z.B. „Rechtsvorschriften eines Mitgliedstaates" in Art. 54 AEUV; „Recht der Mitgliedstaaten" in Art. 65 AEUV.
[80] *Bieber/Epiney/Haag*, Die Europäische Union, 10. Auflage 2013, S. 242 f.
[81] *Huber*, in: Streinz, EUV/AEUV, 2. Aufl. 2012, Art. 19 EUV Rn. 38.
[82] *Lenaerts*, EuR 1990, 228 (236).
[83] *Rabe*, NJW 1989, 3042; *Deringer*, RIW 1989, 122.
[84] *Müller-Huschke*, EuGRZ 1989, 213 (214).
[85] Vgl. EuZW 1992, 589. Ratsbeschluss 94/149/EGKS/EG zur Änderung des Ratsbeschlusses
88/591, ABl. 1994 L 66/29.

14 Weitergehende Zuweisungen von Rechtssachen an das EuG wurden mit dem **Maastrichter Unionsvertrag** ermöglicht, ohne dabei auf die Übertragung des bloßen Individualrechtsschutzes beschränkt zu sein.[86] Lediglich Vorabentscheidungsverfahren sollten danach auch künftig von einer Delegation an das erstinstanzliche Gericht ausgenommen sein.[87] Auf lange Sicht sollte der EuGH seiner Funktion als **unionales Verfassungsgericht** entsprechend nur noch „Verfassungssachen" bearbeiten, und zwar vor allem solche, in denen es um eine einheitliche Auslegung des Unionsrechts (Vorabentscheidungsverfahren) bzw. um die Klärung der Zuständigkeitsverteilung zwischen der Union und den Mitgliedstaaten (Subsidiaritätsprinzip, Art. 5 Abs. 3 EUV) und zwischen den Unionsorganen geht.[88] Dem EuG verbleiben dann die Klagen, die einen eher verwaltungsrechtlichen Charakter haben, wie beispielsweise Beihilfeaufsichtsklagen oder wettbewerbs- und kartellrechtliche Streitigkeiten.

15 Bei der Vertragsrevision durch den **Vertrag von Amsterdam** blieb das Gericht ausgespart. Lediglich die Nummerierung wurde angepasst (Art. 225 EGV-Nizza). Angesichts der angespannten Situation des Gerichtshofs mit Klageverfahren war eine erneute Änderung jedoch nur eine Frage der Zeit.

16 Eine grundlegende Novellierung ist vor dem Hintergrund der Vorschläge zur Reformierung des europäischen Gerichtssystems mit dem **Vertrag von Nizza** durchgeführt worden. Die Regelung des Art. 225 EGV a. F. stellte die Zuständigkeit des Gerichts erster Instanz künftig auf eine neue Grundlage und teilt ihm teilweise neue Kompetenzen zu (vgl. auch § 3 Rn. 26). Das EuG war nunmehr im ersten Rechtszug ohne Beschränkung für die Nichtigkeits-, die Untätigkeits-, die Schadenersatzklagen (Art. 230, 232, 235 EGV-Nizza) sowie die dienstrechtlichen Streitigkeiten (Art. 236 EGV-Nizza) und solche aufgrund einer Schiedsklausel (Art. 238 EGV-Nizza) zuständig.[89] Ausgenommen von dieser generellen Zuständigkeit waren diejenigen Klagen, die einer gerichtlichen Kammer übertragen wurden und Klagen, die gemäß der Satzung dem Gerichtshof vorbehalten waren. Abweichend von dieser Grundsatzregelung war der Gerichtshof gemäß Art. 51 der ebenfalls in Nizza neu gefassten Satzung für die im Art. 225 Abs. 1 EGV-Nizza genannten Rechtsstreitigkeiten zuständig, wenn ein Mitgliedstaat, ein Unionsorgan oder die EZB klagt. Dies hat im Ergebnis zur Konsequenz, dass das EuG für alle Klagen von natürlichen und juristischen Personen zuständig ist. Überdies wird das Gericht (erster Instanz) als Vorabentscheidungsinstanz in jenen Fällen zuständig, die die Satzung (EG) vorsieht. Von einer solchen Bestimmung wurde aber in Nizza noch abgesehen. Das Gericht erster Instanz wurde gemäß Art. 225 Abs. 2 EGV-Nizza zum Rechtsmittelgericht für Entscheidungen der gerichtlichen Kammern eingesetzt.

17 Auf die Rechtslage nach dem **Vertrag von Lissabon** wurde bereits eingegangen (s. dazu oben § 3 Rn. 29 ff.).

---

[86] Vgl. hierzu *Middeke/Szczekalla*, JZ 1993, 285 f.; *Jung*, Zukunft des EuG, S. 15 ff.; *Everling*, DRiZ 1993, 13 ff.
[87] Zu den Gründen *Schwarze*, NJW 1992, 1075.
[88] EP-Dok. A3-228/92 = EuZW 1992, 589; siehe auch *Everling*, DRiZ 1993, 5 (12 ff.).
[89] Vgl. dazu *Wegener* DVBl. 2001, 1258 (1259).

D. Gerichtsbarkeiten im europäischen Rechtsschutzsystem

Aus dem Vorangegangenen ergibt sich bereits, dass dem EuGH – verglichen mit den nationalstaatlichen Rechtsschutzsystemen – zur Wahrung des Rechts verschiedene **Gerichtsbarkeiten** übertragen worden sind, die er je nach Rechtsbeziehung, Streitgegenstand und Verfahrensart unterschiedlich wahrnimmt. Da sich diese Funktionen häufig nicht trennscharf unterscheiden lassen, soll auf diese Art der Einteilung des Rechtsschutzsystems im Folgenden lediglich hingewiesen werden.[90]

I. Verfassungsgerichtsbarkeit

Die Gründungsverträge bildeten als Grundlage des Unionsrechts gleichsam die „Verfassungsurkunden".[91] Der Begriff der **„Verfassung"**[92] kann durchaus verwendet werden, wenngleich der Ausdruck „Verfassung" im Reformvertrag von Lissabon bewusst nicht auftaucht und alle staatsähnlichen Elemente des Verfassungsvertrages durch den Lissabon-Vertrag nicht übernommen worden sind.[93] Auch wo das anspruchsvolle Prädikat der Verfassung fehlt, entfalten die „verfassungsqualitativen Momente" (Institutionenordnung, rechtsstaatliche Bindung, demokratische Rückbindung, Grundrechtsschutz etc.) des Primärrechts ihre Wirkkraft.[94]

Zutreffend erscheint die Bezeichnung der „verschleierten EU-Verfassung" von Lissabon.[95] Sofern der Gerichtshof über die Auslegung der Verträge aus Anlass von Streitigkeiten über den Umfang der sich aus dem Primärrecht für die Organe und die Mitgliedstaaten ergebenden Rechte und Pflichten entscheiden muss, könnte man diese Verfahren der **„Verfassungsgerichtsbarkeit"**[96] zuordnen.[97] Hierunter fallen nicht nur die Beziehungen zwischen den einzelnen Unionsorganen, sondern auch die Beziehungen der Mitgliedstaaten untereinander sowie solche zwischen den EU-Institutionen und den Mitgliedstaaten.[98] Die verfassungsgerichtliche Funktion des Gerichtshofs lässt sich aber nicht nur formell, sondern auch materiell verstehen. Dementsprechend kann die gerichtliche Überprüfung der Verfassungsmäßigkeit des Sekundärrechts, die

---

[90] *Oppermann/Classen/Nettesheim*, Europarecht, § 7 Rn. 82 ff.; *Everling*, in: FS Redeker, S. 294; ders., FS Rengeling, S. 527 ff.
[91] EuGH, Rs. 294/83, *Les Verts*, Slg. 1986, 1339 ff.; EuGH, Gutachten 1/91, EWR I, 1991, I-6079 ff.; siehe dazu auch *Schwarze*, in: ders. (Hrsg.), Der Europäische Gerichtshof als Verfassungsgericht und Rechtsschutzinstanz, S. 11; vgl. auch *Schwarze/Bieber*, S. 24; *Bieber/Schwarze* S. 19 ff.; *Schwarze*, The Role of the European Court of Justice, S. 11; *Skouris*, in: Kloepfer/Merten/Papier/Skouris, S. 71; *Schneider*, DVBl. 1990, (282 (283)).
[92] Vgl. dazu etwa *Oppermann/Classen/Nettesheim*, Europarecht § 2 Rn. 40 ff.
[93] *Streinz/Ohler/Herrmann*, Lissabon, S. 16.
[94] *Tsatsos*, Wie viel Verfassungsqualität weist die Europäische Unionsgrundordnung auf?, in: ders., Zur Verfassungsentwicklung Europas. Beiträge aus den Jahren von 1997 bis 2008, § 3, S. 48 ff.
[95] *Oppermann*, DVBl. 2008, 473 (476).
[96] So auch *Schwarze*, in: ders., EU-Kommentar, Art. 251 AEUV Rn. 1 f.
[97] *Bernhardt*, S. 60; *Rodriguez Iglesias*, EuGH als Verfassungsgericht, S. 5 ff. = EuR 1992, 225; *Schwarze*, NJW 1992, 1065 f.; *Everling*, DRiZ 1993, 5 ff.
[98] GA *Lenz*, Slg. 1987, 1493 (1506).

Wahrung des institutionellen Gleichgewichts, die Kompetenzabgrenzung zwischen der Union und ihren Mitgliedstaaten sowie nicht zuletzt die institutionelle und judizielle Rechtsfortbildung diesem Aufgabenbereich zugerechnet werden.[99]

20 Obwohl das Gericht nach seiner Zielsetzung und Zuständigkeit primär Tatsachengericht für Klagen natürlicher und juristischer Personen sein und es sich auf „ausgetretenen Pfaden" der Rechtsprechung des Gerichtshofes bewegen soll, kann seine Rechtsprechung in bestimmten Bereichen auch die Auslegung von Primärvorschriften zum Gegenstand haben und deshalb die Rechte und Pflichten zwischen den Mitgliedstaaten und den Organen beeinflussen. Dies betrifft namentlich die judizielle Tätigkeit des Gerichts in Beihilfestreitigkeiten. Das Gericht interpretiert die Vorschriften der Art. 107 und 108 AEUV, und wirkt mit seiner Rechtsprechung so – wenn auch nicht unmittelbar, so doch mittelbar – auf das Verhältnis zwischen der Kommission und den Mitgliedstaaten ein.[100] Soweit das Gericht Fragen mit seiner Rechtsprechung beantwortet, die noch nicht Gegenstand von Entscheidungen des Gerichtshofes waren, gestaltet es Primärrecht. Damit regelt es im Bereich von Beihilfestreitigkeiten Rechte und Pflichten über die am Rechtsstreit Beteiligten hinaus und greift in die unionale materielle Wirtschaftsverfassung bzw. in entsprechendes Verfahrensrecht ein. Mit der Einrichtung einer Fachgerichtsbarkeit – hier des Gerichts für den Öffentlichen Dienst in der Europäischen Union – wird das Gericht aber entlastet, weil derartige Streitigkeiten zum Fachrecht gehören.

II. Verwaltungsgerichtsbarkeit

21 Soweit der Rechtsschutz von einzelnen natürlichen oder juristischen Personen gegen Maßnahmen der Unionsorgane in Anspruch genommen werden kann, handelt es sich um eine Art **Verwaltungsgerichtsbarkeit**, wenn man die Verwaltungsgerichtsbarkeit als eine Einrichtung versteht, durch die dem Einzelnen Rechtsschutz gegen Maßnahmen der „Exekutive" gewährt wird.[101] Einer allgemeinen Einteilung entsprechend werden hierunter alle Rechtsstreitigkeiten gefasst, die den Vollzug des Unionsrechts im Einzelfall – entweder durch die Unionsorgane selbst oder aber durch die Behörden der einzelnen Mitgliedstaaten – betreffen.[102] Hierher gehören auch Klagen, die sich gegen die Unterlassung von Maßnahmen der Exekutive wenden und Klagen, mittels derer Schadensersatz wegen rechtswidriger Vornahmen oder Unterlassungen solcher Maßnahmen begehrt wird. Die Verträge kennen daher im Bereich des verwaltungsgerichtlichen Rechtsschutzes nicht nur die Rechtsfigur der Nichtigkeits- und der Untätigkeitsklage, sondern auch die der Amtshaftungsklage (Art. 340 AEUV).[103] Dieser Rechtsschutz gilt auch für die Bediensteten der Union, für die der Gerichtshof der Europäischen Union

---

[99] *Rodriguez Iglesias*, EuGH als Verfassungsgericht, S. 7 ff. = EuR 1992, 225 (227 f.); *Schwarze*, in: ders., EU-Kommentar, 3. Aufl. 2012, Art. 19 EUV Rn. 21 ff.

[100] *Nemitz*, DÖV 2000, 437 (442); siehe auch *Schwarze*, in: ders., EU-Kommentar, 3. Aufl. 2012, Art. 19 EUV Rn. 11.

[101] Zum Rechtsschutzsystem des Europäischen Verwaltungsrechts insbesondere *Danwitz*, EU-VerwR, S. 273 ff.; zu den verwaltungsgerichtlichen Verfahren: *Schwarze*, in: ders., EU-Kommentar, Art. 251 EGV Rn. 7.

[102] *Everling*, in: FS Redeker, S. 297.

[103] Zu Einzelheiten *Berg*, in: Schwarze, EU-Kommentar, 3. Aufl. 2012, Art. 340 AEUV Rn. 1 ff.

die Funktion eines Dienst- und Disziplinargerichts zu erfüllen hat (quasi Arbeitsgerichtsbarkeit). Durch diese Ausgestaltung unterscheidet sich der Rechtsschutz vor dem EuGH grundsätzlich von demjenigen der internationalen Gerichte. Auch wenn diese Rechtsstreitigkeiten nach Inkrafttreten des Vertrages von Nizza erstinstanzlich vor dem EuG/Gericht verhandelt und entschieden werden, kommt dem EuGH jedenfalls als Revisionsgericht noch eine entsprechende verwaltungsgerichtliche Funktion zu.

Unter diese Funktion des Gerichtshofs ist auch seine Aufgabe bei der Interpretation 22 des Unionsrechts und der Kontrolle der Unionsorgane sowie der Mitgliedstaaten im Rahmen des Europäischen Steuerrechts (direkte und indirekte Steuern)[104] und des Europäischen Sozialrechts (gleiches Entgelt und gleiche Sozialleistungen – Familienbeihilfen, Invaliditäts-, Alters- und Hinterbliebenensicherung)[105] zu fassen. Die vom deutschen Recht her bekannte **Finanz- und Sozialgerichtsbarkeit** geht deshalb in der „verwaltungsgerichtlichen" **Funktion** des EuGH und des EuG auf.[106]

III. Zivilgerichtsbarkeit

Neben diesen beiden Arten kann der Gerichtshof auch als „**Zivilgericht**" tätig wer- 23 den. Dabei ist weniger an die Zuständigkeit zu denken, die der Gerichtshof bei Streitigkeiten nichtbeamteter Bediensteter ausübt,[107] als vielmehr an die Streitigkeiten, die ihm aufgrund der von den Gemeinschaftsorganen bzw. Unionsorganen in privatrechtlichen Verträgen vereinbarten Schiedsklauseln übertragen worden sind.[108] Jedoch hat diese Funktion in der Rechtsprechung des Gerichtshofs insgesamt keine größere Rolle gespielt.[109] Daneben übernimmt der Gerichtshof auch die Auslegung der Bestimmungen verschiedener zivilrechtlicher Verordnungen und Richtlinien, mit denen zivilrechtliche Materien unionsweit harmonisiert wurden (vgl. z. B. Produkthaftungsrichtlinie,[110] Haustürgeschäfterichtlinie,[111] Verbraucherkreditrichtlinie,[112] Pauschalreiserichtlinie,[113] Klauselrichtlinie,[114] Timesharing-Richtlinie,[115] Überweisungsrichtlinie,[116] Fernabsatzrichtlinie,[117] Unterlassungsklagenrichtlinie,[118] Kaufrechtsrichtlinie[119]). Mit

---

[104] *Dautzenberg*, BB 1992, 2400 ff.
[105] *Eichenhofer*, SGb 1992, 573 ff.
[106] Siehe aber *Everling*, in: FS Redeker, S. 294, der dem Gerichtshof auch insoweit eigene Gerichtsfunktionen zugestehen will und diesbezüglich von einem „Universalgericht" spricht.
[107] Vgl. *Lenz/Mölls*, DB 1990, Beilage 15/90.
[108] Bereits innerhalb der ursprünglichen Gemeinschaften: Art. 42 EGKSV (nicht mehr in Kraft), Art. 181 EGV a. F., Art. 143 EAGV a. F.; siehe heute Art. 272 AEUV, dazu *Schwarze*, in: ders., EU-Kommentar, 3. Aufl. 2012, Art. 272 AEUV Rn. 1 ff.
[109] Vgl. aber *Tilmann*, ZRP 1992, 23 (28); *Ulmer*, JZ 1992, 1 ff.; *Müller-Graff*, NJW 1993, 13 ff. m. w. N.; für Fallbeispiele siehe *Schwarze*, in: ders., EU-Kommentar, 3. Aufl. 2012, Art. 272 AEUV Rn. 4.
[110] ABl. 1985 L 210/29.
[111] ABl. 1985 L 372/31.
[112] ABl. 1987 L 42/48.
[113] ABl. 1990 L 158/59.
[114] ABl. 1993 L 95/23.
[115] ABl. 1994 L 280/83.
[116] ABl. 1997 L 43/ 25.
[117] ABl. 1997 L 144/19.
[118] ABl. 1998 L 166/51.
[119] ABl. 1999 L 171/12.

der Schaffung einer europäischer Gesellschaftsformen auf Unionsebene, der Europäischen wirtschaftlichen Interessenvereinigung (EWIV),[120] der Societas Europaea (SE)[121] und der Societas Corporativa Europaea (SCE),[122] hat sich der EuGH ggf. auch mit gesellschaftsrechtlich relevanten Auslegungsfragen zu befassen. Seit der Aufnahme einiger Teile der damaligen dritten Säule des EU-Vertrages in das Vertragsrecht der „alten" EG, namentlich die Verbesserung und Vereinfachung des Systems für die grenzüberschreitende Zustellung gerichtlicher und außergerichtlicher Schriftstücke (heute Art. 81 AEUV), fällt somit auch dieser Bereich in die grundsätzliche Zuständigkeit des Gerichtshofes.[123]

24   Seit der zunehmenden Einflussnahme des Unions(privat)rechts auf die klassischen Bereiche der nationalen Privatrechtsordnungen, wie beispielsweise das Vertragsrecht,[124] das Haftungsrecht, das Recht der beweglichen und unbeweglichen Sachen sowie das gesamte Handels- und Gesellschaftsrecht und den gewerblichen Rechtsschutz,[125] hat sich der Gerichtshof künftig mehr und mehr auch mit den damit zusammenhängenden „zivilrechtlichen" Fragen zu beschäftigen.[126] Dies zeigt sich auch an den stetig zunehmenden Rechtsstreitigkeiten zum unionsrechtlichen Markenrecht als Teil der Rechte des geistigen Eigentums.[127]

IV. Strafgerichtsbarkeit

25   Eine Aufgabe als Strafgericht ist für den EuGH in den Verträgen nicht vorgesehen worden.[128] Wohl aber regeln Art. 82 ff. AEUV die justizielle Zusammenarbeit in Strafsachen, wohl aber enthält Art. 325 AEUV zur Betrugsbekämpfung strafrechtsrelevante Regelungsgehalte[129] Auch im Bereich des Sekundärrechts gibt es inzwischen viele Normen mit strafrechtlichem Gehalt. In den Regelungen über die polizeilich-justizielle Zusammenarbeit in Strafsachen finden sich, wie eben angedeutet, Ermächtigungen zur unionsrechtlichen Verhütung und Verfolgung von Straftaten, die die Union zur Grundlage von Sekundärrechtsakten heranzieht.[130] Es gibt weiterhin Maßnahmen

---

[120] ABl. 1985 L 199/1 = BGBl. 1988 I 514.
[121] Dazu mit zahlreichen weiteren Nachweisen *Jung*, in: Schwarze, EU-Kommentar, 3. Aufl. 2012, Art. 54 AEUV, Rn. 61 ff.
[122] *Ebd*, Rn. 66 ff.; zu bislang noch nicht realisierten supranationalen Gesellschaftsformen *ebd.*, Rn. 69 ff.
[123] Vgl. dazu *Müller-Graff/Kainer*, DRiZ 2000, 350 ff.; *Jung*, in: Schwarze, EU-Kommentar, 3. Aufl. 2012, Art. 81 AEUV Rn. 15 ff.
[124] Kritisch zur Einschränkung der Vertragsfreiheit *Canaris*, in: FS für Lerche, S. 887 ff.; siehe aber auch EuG, Rs. T-24/90, *Automec* Slg. 1992, II-2223 ff. = EuZW 1993, 103, das die Vertragsfreiheit als elementaren Grundsatz im Unionsrecht hervorhebt.
[125] Vgl. hierzu i.E. *Müller-Graff*, NJW 1993, 13 (14 ff.).
[126] *Schneider/Burgard*, EuZW 1993, 617; *Wagner*, Zur Kompetenz der Europäischen Gemeinschaft in der justiziellen Zusammenarbeit in Zivilsachen, IPRax 2007, S. 290 ff.
[127] Nachweise bei *Bings*, in: Streinz, EUV/AEUV, 2. Aufl. 2012, Art. 118 AEUV Rn. 1 ff.
[128] GA *Jakobs*, SA v. 3.6.1992 – Rs. C-240/90 – dt. Vorabdrucke (Tz. 12); *Classen*, in: Oppermann/Classen/Nettesheim, Europarecht, § 13 Rn. 65.
[129] Allgemein *Ambos*, Internationales Strafrecht, 3. Aufl. 2011; *Zöller*, Neue unionsrechtliche Strafgesetzgebungskompetenzen nach dem Vertrag von Lissabon, in: FS Schenke, 2011, S. 579 ff.
[130] Vgl. *Müller-Graff/Kainer*, Zusammenarbeit in Strafsachen; in: Weidenfeld/Wessels (Hrsg.), Europa von A bis Z, Berlin 2006, S. 388 ff.

mit strafrechtlichem Bezug, und zwar betreffend die Geldwäsche und Terrorismusbekämpfung sowie die Bekämpfung von Betrug und Fälschung im Zusammenhang mit Zahlungsmitteln.[131] Vor allem aber kommt der **innerstaatlichen Strafgerichtsbarkeit** eine besondere Bedeutung zu.[132] Nach Art. 4 Abs. 3 EUV und Art. 19 Abs. 1 UAbs. 2 EUV sind die Mitgliedstaaten verpflichtet, alle geeigneten Maßnahmen zu treffen, um die Geltung und Wirksamkeit des Unionsrechts zu gewährleisten. Demzufolge haben die Mitgliedstaaten auch darauf zu achten, dass Verstöße gegen das Unionsrecht nach ähnlichen sachlichen und verfahrensrechtlichen Regeln geahndet werden wie gleichartige Verstöße gegen nationales Recht.[133] Sofern innerstaatlich keine ausreichenden Maßnahmen zum Schutz der europäischen finanziellen Interessen vorhanden sind, sind die einzelnen Mitgliedstaaten gehalten, effektive Strafbestimmungen zu erlassen.[134] Ferner müssen die mitgliedstaatlichen Behörden bei der Ermittlung unionsrechtswidriger Verstöße dieselbe Sorgfalt walten lassen wie bei der Ahndung von innerstaatlichen Rechtsverstößen.[135]

Noch unterliegt das materielle und formelle Strafrecht – trotz einiger unionsrechtlicher Ansätze (vgl. einige Verordnungen und Richtlinien[136]) – der Souveränität der einzelnen Mitgliedstaaten.[137] Die Forderung nach einem einheitlichen **europäischen Strafrecht** zum Schutz der finanziellen Interessen der Union und als weiterer Beitrag hin zur europäischen Integration wurde seit langem laut[138] und in Art. 325 AEUV – jedenfalls ein Stück weit – realisiert.[139] Gestritten wurde, ob die Union überhaupt die Kompetenz besitzt, straf- und bußgeldbewehrte Tatbestände außerhalb des Wettbewerbsrechts zu erlassen.[140] Für den Bereich der gemeinsamen Agrarorganisation hatte der EuGH die seinerzeitige Gemeinschaftskompetenz zur Einführung von Sanktionen, die durch die nationalen Behörden gegenüber den betreffenden Wirtschaftsteilnehmern verhängt werden, grundsätzlich bejaht.[141] Im konkreten Fall ging es um die Zahlung eines Zuschlags sowie den Ausschluss eines Wirtschaftsteilnehmers von der Subventionierung für einen bestimmten Zeitraum. Gleichzeitig hatte der EuGH aber ausdrücklich festgestellt, dass er mit seiner Entscheidung keine Bewertung über die

---

[131] Dazu *Jung*, in; Schulze/Zuleeg/Kadelbaum, § 20 Rn. 185 ff.
[132] *Bieber/Epiney/Haag*, Die Europäische Union, 10. Auflage 2013, S. 2410; *Tiedemann*, NJW 1990, 2226 ff.; *Spannowsky*, JZ 1992, 1160 ff.; vgl. auch *Thomas*, NJW 1991, 2233 ff.
[133] EuGH, Rs. 68/88, *Griechische Republik*, Slg. 1989, 2965 Rn. 24; EuGH, Rs. C-326/88, *Hansen*, Slg. 1990, I-2911 Rn. 17; zu den Sanktionen des staatlichen Privatrechts für Verstöße gegen das EG-Recht siehe *Steindorff*, Jura 1992, 561 ff.; *Kokott/Dervisopoulos/Henze*, EuGRZ 2008, 10 (14 f.); *Nehl*, Das EU-Rechtsschutzsystem, in: Fastenrath/Nowak, Der Lissabonner Reformvertrag, S. 149 (158 f.); *Wegener*, EuR 2008, Beiheft 3, S. 45 (49 ff.).
[134] *Bleckmann*, in: FS Stree/Wessels, S. 110.
[135] EuGH, Rs. 68/88, *Griechische Republik*, Slg. 1989, 2965 Rn. 25.
[136] Vgl. dazu näher *Thomas*, NJW 1991, 2233 ff.; *Sevenster*, CMLRev. 1992, 29 ff. *Zuleeg*, JZ 1992, 761 ff., *Tiedemann*, NJW 1993, 25 ff.; vgl. *Schröder*, Europäische Richtlinien und deutsches Strafrecht.
[137] Vgl. etwa *C. Schröder*, Europäische Richtlinien und deutsches Strafrecht, S. 103 ff.; *Hecker*, Europäisches Strafrecht, 4. Auflage 2012, S. 492 f.
[138] *Zuleeg*, JZ 1992, 761 (762 ff.); *Teske*, EuR 1992, 265 (271 f.).
[139] Zur Entstehungsgeschichte *Schoo*, in: Schwarze, EU-Kommentar, 3. Aufl. 2012, Art. 325 AEUV Rn. 4 ff.
[140] Vgl. einerseits *Tiedemann*, NJW 1990, 2226 (2232); andererseits *Sieber*, ZStW 1991, 957 ff.
[141] EuGH, Rs. C-240/90, *Deutschland/Kommission*, Slg. 1992, I-5383 Rn. 22 f.; siehe hierzu *Pache*, EuR 1993, 173 ff.

Zuständigkeit der damaligen Gemeinschaft auf dem Gebiet des Strafrechts insgesamt vorgenommen hat.[142] Gleichzeitig hatte er die gemeinschaftsrechtliche (heute unionsrechtliche) Sanktionskompetenz bewusst offen gehalten und den Unionsorganen einen weiten Ermessensspielraum bei der Auswahl der geeigneten Sanktionen zugebilligt.[143] Aus solchen Ansätzen wird indes der Schluss gezogen, dass die Mitgliedstaaten auch sonstige unionsrechtswidrige Verletzungen (Schädigung europäischer Sachen, Bestechung europäischer Beamter) durch ihre innerstaatlichen Strafbestimmungen verfolgen müssen.[144]

27 Mit dem Vertrag zur Europäischen Union (Maastricht) ist der Art. 209 a in den damaligen EGV eingefügt worden (= Art. 280 EGV-Amsterdam, jetzt Art 325 AEUV), der die bisher geltende Rechtslage,[145] insbesondere die Pflicht der Mitgliedstaaten zur Bekämpfung von Betrügereien zum Nachteil der Union, primärrechtlich festschreibt.[146] Je mehr sich also europäisches Strafrecht herausbildet, desto mehr wird auch dem EuGH die Funktion einer Strafgerichtsbarkeit zuwachsen, in deren Rahmen er über die dort geltenden Grundsätze zu wachen hat.[147] Dies betrifft namentlich Fragen der Wirtschaftskriminalität und der verfahrensrechtlichen Problematik grenzüberschreitender Kriminalitätsbekämpfung.[148]

V. Sonstige Funktionen

28 Neben diesen Zuständigkeiten obliegen dem Gerichtshof auch noch **andere Funktionen**, die jedoch keiner der bisher genannten Kategorien zugerechnet werden können. Hierzu zählen die schiedsgerichtlichen Verfahren sowie die vom Gerichtshof erstellten Gutachten, die von ihm unterbreiteten Vorschläge und Stellungnahmen. Auf sie soll an den entsprechenden Stellen im Rahmen der folgenden Darstellung eingegangen werden (vgl. dazu unten §§ 14–16).

---

[142] EuGH, Rs. C-240/90, *Deutschland/Kommission*, Slg. 1992, I-5383 Rn. 24.
[143] *Pache*, EuR 1993, 173 (179).
[144] *Bleckmann*, in: FS Stree/Wessels, S. 11; *Hecker*, Europäisches Strafrecht, 4. Auflage 2012, S. 37 f.
[145] Dazu *Zuleeg*, JZ 1992, 761 ff.
[146] Zum geltenden Recht: *Khan*, in: Geiger/Khan/Kotzur, EUV/AEUV, Art. 325 AEUV Rn. 1 ff.
[147] *Everling*, in: FS Redeker, S. 294; vgl. hierzu *Tiedemannn*, NJW 1993, 25 (27 ff.); *Bleckmann*, in: FS Stree/Wessels, S. 113; *Hecker*, Europäisches Strafrecht, 4. Auflage 2012, S. 130 ff.
[148] *Hilf*, EuR 1993, 1 (2).

2. Abschnitt. Direktklagen

§ 5 Überblick über die Klage- und Verfahrensarten

Schrifttum: *Böhm*, Rechtsschutz im Europarecht, JA 2009, 679; *Epiney/Abt/Freiermuth/Mosters,* Der Vertrag von Nizza, DVBl 2001, 941; *Ehlers*, Vertragsverletzungsklage des Europäischen Gemeinschaftsrechts, Jura 2007, 684; *ders.*, Anforderungen an den Rechtsschutz nach dem Europäischen Unions- und Gemeinschaftsrecht, in: ders./Schoch (Hrsg.): Rechtsschutz im Öffentlichen Recht, 2009, S. 133; *ders.*, Vertragsverletzungsklage, in: ders./Schoch (Hrsg.): Rechtsschutz im Öffentlichen Recht, 2009, S. 153; *Everling*, Rechtsschutz in der Europäischen Union nach dem Vertrag von Lissabon, EuR 2009 (Beiheft 1), 71; *Hatje*, Die institutionelle Reform der Europäischen Union – der Vertrag von Nizza auf dem Prüfstand, EuR 2001, 143; *Murswiek*, Die heimliche Entwicklung des Unionsvertrages zur europäischen Oberverfassung. Zu den Konsequenzen der Auflösung der Säulenstruktur der Europäischen Union und der Erstreckung der Gerichtsbarkeit des EU-Gerichtshofs auf den EU-Vertrag, NVwZ 2009, 481; *Nettesheim*, Grundkonzeptionen des EuGH im Raum der Freiheit, der Sicherheit und des Rechts, EuR 2009, 24; *Pechstein*, Die Justitiabilität des Unionsrechts, EuR 1999, 1; *Rabe,* Zur Reform des Gerichtssystems der Europäischen Gemeinschaften, EuR 2000, 811; *Rengeling*, Europäisches Gemeinschaftsrecht und nationales Recht, dargestellt am Beispiel des Rechtsschutzes bei Subventionen, Jura 1979, 236; *Ruffert*, Schlüsselfragen der Europäischen Verfassung der Zukunft der Grundrechte – Institutionen – Kompetenzen – Ratifizierung, EuR 2004, 165; *Sack*, Zur künftigen europäischen Gerichtsbarkeit nach Nizza, EuZW 2001, 77; *Steiner/Woods/Twigg-Flesner*, EU Law, 9. Aufl., 2006, S. 147; *Streinz/Leible,* Die Zukunft des Gerichtssystems der Europäischen Gemeinschaft – Reflexionen über Reflexionspapiere, EWS 2001, 1; *Thiele*, Der Rechtsschutz durch den Europäischen Gerichtshof, DVP 1990, 311; *ders.*, Das Rechtsschutzsystem nach dem Vertrag von Lissabon – (K)ein Schritt nach vorn?, EuR 2010, 30; *Wegener*, Die Neuordnung der EU-Gerichtsbarkeit durch den Vertrag von Nizza, DVBl 2001, 1258.

Direktklagen sind solche Klagen und Verfahren, die den direkten Rechtsweg zu den europäischen Gerichten eröffnen. Sie sind abzugrenzen von den indirekten Klagen, also den Zwischen- und Inzidentverfahren, die erst aufgrund eines anderen Rechtsstreits durch besondere Vorlage zum EuGH gelangen.[1] Ferner unterscheiden sich die Direktklagen[2] von sonstigen Verfahren und Aufgaben, die zwar auch primär dem Gerichtshof zugewiesen sind, mit denen aber nicht direkte Vertragsverletzungen oder Organakte überprüft werden sollen (z. B. Gutachten, Vorschläge, Stellungnahmen[3]). 1

Zu den Direktklagen in diesem Sinne zählen die Vertragsverletzungsverfahren, wobei man einerseits die **Aufsichtsklage** der Kommission gemäß Art. 258 AEUV, sowie die **Klage eines Mitgliedstaates gegen einen anderen Mitgliedstaat** gemäß Art. 259 AEUV unterscheidet. Ferner gehören hierher die sog. **Nichtigkeitsklagen**, die den Anfechtungsklagen im deutschen Verwaltungsrecht vergleichbar sind.[4] Sie

---

[1] *Steiner/Woods/Twigg-Flesner*, EU Law, S. 147.
[2] Die Direktklagen sind im Wesentlichen Gestaltungs-, Leistungs- und Feststellungsklagen, vgl. *Ehlers*, in: ders./Schoch, Rechtsschutz im Öffentlichen Recht, § 6 Rn. 26.
[3] Siehe hierzu § 16.
[4] *Ipsen*, EG-Recht, S. 754 f., 759; *Rengeling*, Jura 1979, 238; *Thiele*, DVP 1990, 312; *Everling*, DRiZ 1993, 8.

können einmal von den Organen und/oder den Mitgliedstaaten gemäß Art. 263 Abs. 2 und Abs. 3 AEUV, aber auch von natürlichen und juristischen Personen gemäß Art. 263 Abs. 4 AEUV erhoben werden.[5] Zu nennen sind auch die **Untätigkeitsklagen**, die von den Mitgliedstaaten und Organen bei unterlassenen Maßnahmen des Rates, des europäischen Parlaments, des europäischen Rates oder der Kommission nach Art. 265 Abs. 1 AEUV erhoben werden können. Nach Art. 265 Abs. 1 S. 1 AEUV findet dieses Verfahren entsprechende Anwendung bei Untätigsein der Einrichtungen oder sonstigen Stellen der Union. Das gleiche Recht steht gemäß Art. 265 Abs. 3 AEUV natürlichen und juristischen Personen zu. Im Weiteren zählen zu den Direktklagen auch die **Amtshaftungsklagen** gemäß Art. 268 AEUV und die **dienstrechtlichen Klagen** gemäß Art. 270 AEUV sowie **Vertragsklagen mit Schiedsklausel** zum EuGH nach Art. 272 AEUV, sowie die **Klagen aufgrund von Schiedsverträgen** nach Art. 273 AEUV und nicht zuletzt **Klagen bezüglich der Europäischen Investitionsbank**, Art. 271 AEUV. All diese Direktklagen sollen im Folgenden näher beleuchtet werden (siehe §§ 5–15).

2   In den EGV wurde mit dem Inkrafttreten des Vertrags von Nizza[6] ein neuer Art. 229 a EGV-Nizza (Art. 262 AEUV) eingefügt, der den Bereich des gewerblichen Rechtsschutzes betrifft. Durch den Vertrag von Lissabon ist das alleinige Vorschlagsrecht der Kommission entfallen. Die Zuständigkeitsverschiebung auf den EuGH steht von nun an unter mitgliedstaatlichem Zustimmungsvorbehalt. Die wichtigste Änderung gegenüber Art. 229 a EGV-Nizza besteht indes darin, dass der Bereich des gewerblichen Rechtsschutzes auf das geistige Eigentum erstreckt wird, so dass in der Praxis bedeutsame Fälle mit Bezügen zum Patent- oder Urheberrecht erfasst werden.[7] Weiterhin bleibt abzuwarten, ob und in welchem Umfang sich insoweit weitere Direktklagemöglichkeiten ergeben.

3   Vor Inkrafttreten des Lissabonner Reformvertrages beschränkte Art. 46 EUV-Nizza die Zuständigkeit des Gerichtshofs neben dem EGV auf bestimmte Bereiche des EUV-Nizza.[8] Im Zuge der Reform ist Art. 46 EUV-Nizza ersatzlos gestrichen worden. Nunmehr erstreckt sich die **Jurisdiktionskompetenz** des Gerichtshofs der Europäischen Union auf **alle Bestimmungen** der Verträge,[9] weil die Union gemäß Art. 1 Abs. 3 S. 3 EUV die Rechtsnachfolge der EG angetreten hat.[10]

4   Der Bereich der Polizeilichen und Justiziellen Zusammenarbeit in Strafsachen (PJZS) geht mit Entfallen der Säulenstruktur[11] ebenfalls vollständig im Unionsrecht auf und unterfällt seither den „**Bestimmungen des Raumes, der Freiheit, der Sicherheit und des Rechts**" nach Art. 81 ff. AEUV.[12] Nicht nur untersteht der Bereich der PJZS dem

---

[5] Einen Überblick über die Klagearten gibt *Böhm*, JA 2009, 679.
[6] Zu Reformüberlegungen und Reformen des Gerichtssystems im Zuge der Verhandlungen zum Vertrag von Nizza vgl. hier nur *Rabe*, EuR 2000, 811; *Streinz/Leible*, EWS 2001, 1; *Sack*, EuZW 2001, 77; *Hatje*, EuR 2001, 164; *Wegener*, DVBl. 2001, 1258.
[7] *Kotzur*, in: Geiger/Khan/Kotzur, EUV/AEUV, Art. 262 AEUV Rn. 1.
[8] Zum Vertrag von Nizza siehe nur *Ruffert*, EuR 2004, 165 (184); *Wegener*, DVBl. 2001, 1258; kritisch *Sack*, EuZW 2001, 77.
[9] *Everling*, EuR 2009, 71 (78); *Frenz*, Handbuch Europarecht, Bd. 5 Rn. 2176; *Murswiek*, NVwZ 2009, 481 (482); *Geiger*, in: ders./Khan/Kotzur, EUV/AEUV, Art. 19 EUV Rn. 13 f.; *Streinz/Ohler/Hermann*, Lissabon, S. 71.
[10] *Thiele*, EuR 2010, 30 (48 f.); *Frenz*, Handbuch Europarecht, Bd. 5 Rn. 2181.
[11] *Thiele*, EuR 2010, 30 (31).
[12] Zu diesem Bereich siehe nur *Nettesheim*, EuR 2009, 24 ff.

allgemeinen Rechtsschutzsystem und ermöglicht Direktklagen z.B. gegen Europol,[13] auch die Einschränkungen für das Vorabentscheidungsverfahren sind im Zuge des Lissabonner Vertrages beseitigt worden. Die Gerichtsbarkeit des EuGH ist nur nach Maßgabe von Art. 276 AEUV beschränkt geblieben. Danach sind die Überprüfung der Gültigkeit oder Verhältnismäßigkeit von Maßnahmen der Polizei oder anderer mitgliedstaatlicher Strafverfolgungsbehörden sowie die Wahrnehmung der Zuständigkeiten der Mitgliedstaaten für die Aufrechterhaltung der öffentlichen Sicherheit und Ordnung und den Schutz der inneren Sicherheit weiterhin der Kompetenz des Europäischen Gerichtshofs entzogen.

In Bezug auf die Bestimmungen der Gemeinsamen Außen- und Sicherheitspolitik (**GASP**) ist es demgegenüber weitestgehend bei den alten Beschränkungen geblieben, weil die Mitgliedstaaten weiterhin davon ausgehen, dass die hohe politische Bedeutung dieses Bereichs gerichtliche Kontrollmöglichkeiten grundsätzlich ausschließt.[14] Nach Art. 24 Abs. 1 UAbs. 2 S. 6 EUV-Nizza und Art. 275 Abs. 1 AEUV ist der Gerichtshof für Bestimmungen im Bereich der GASP und auf diesen gründende Rechtsakte grundsätzlich nicht zuständig. Die Jurisdiktion des Gerichtshofs erwächst nur im Hinblick auf die Abgrenzungsfrage bzgl. Art. 40 EUV sowie für Nichtigkeitsklagen (Art. 262 Abs. 4 AEUV) über restriktive Maßnahmen gegenüber natürlichen oder juristischen Personen, die im Rahmen der Terrorismusbekämpfung vom Rat erlassen wurden.[15]

Verallgemeinernd bleibt festzuhalten, dass der Vertrag von Lissabon im Gefüge der Direktklagen keine weitreichenden Neuerungen bewirkt hat.

---

[13] *Thiele*, EuR 2010, 30 (49); *Everling*, EuR 2009, 71 (79).
[14] *Thiele*, EuR 2010, 30 (49); *Haratsch/Koenig/Pechstein*, Europarecht, Rn. 472.
[15] *Haratsch/Koenig/Pechstein*, Europarecht, Rn. 472.

§ 6 Vertragsverletzungsverfahren

Übersicht

		Rn.
A.	Allgemeines	1–5
	I. Rechtsgrundlagen	1
	II. Wesen und Bedeutung des Vertragsverletzungsverfahrens	2–5
B.	Zulässigkeit	6–38
	I. Europäische Gerichtsbarkeit	6
	II. Sachliche Zuständigkeit	7/8
	III. Klageberechtigung und Klagebefugnis	9
	IV. Ordnungsgemäße Durchführung des Vorverfahrens	10–32
	1. Aufsichtsklage der Kommission gemäß Art. 258 AEUV	10–25
	2. Vertragsverletzungsverfahren zwischen einzelnen Mitgliedstaaten gemäß Art. 259 AEUV	26–31
	3. Entbehrlichkeit des Vorverfahrens	32
	V. Form	33/34
	1. Ordnungsgemäße Klageerhebung	33
	2. Identität des Streitgegenstandes	34
	VI. Klagefrist/Verwirkung des Klagerechts	35
	VII. Klagegegner	36
	VIII. Allgemeines Rechtsschutzbedürfnis	37/38
C.	Begründetheit	39–48
	I. Rechtsverstoß des Mitgliedstaates	40–44
	1. Staatliche Funktionen	40–42
	2. Öffentliche Unternehmen und Private	43/44
	II. Vertragspflichtverletzung	45–47
	III. Verteidigungsmöglichkeiten des beklagten Mitgliedstaates	48
D.	Die abschließende Entscheidung	49–57
	I. Feststellungsurteil	49/50
	II. Durchsetzung des vertragskonformen Zustands	51–57
	1. Finanzielle Sanktionen	52–54
	2. Erneutes Vertragsverletzungsverfahren ohne finanzielle Sanktionen	55
	3. Politische Mittel	56
	4. Staatshaftung	57
E.	Praktische Hinweise	58–62
	I. Beschwerde bei der Kommission	58–60
	II. Vertragsverletzungsverfahren	61/62

Schrifttum: *Arnull,* The European Union and its Court of Justice, 2. Aufl., 2006, S. 34; *Böhm,* Rechtsschutz im Europarecht, JA 2009, 679 ff.; *Breuer,* Urteile mitgliedstaatlicher Gerichte als möglicher Gegenstand eines Vertragsverletzungsverfahrens gemäß Art. 226 EG?, EuZW 2004, 199 ff.; *Burgi,* Die öffentlichen Unternehmen im Gefüge des primären Gemeinschaftsrechts, EuR 1997, 261 ff.; *Candela Castillo/Mongin,* Les infractions au droit communautaire commises par les Etats membres, RDMC 1996, 51 ff.; *Däubler,* Die Klage der EWG-Kommission gegen einen Mitgliedstaat, NJW 1968, 325 ff.; *Dashwood/White,* Enforcement Actions under Articles 169 und 170 EEC, ELR 1989, 388 ff.; *Ehlermann,* Die Verfolgung von Vertragsverletzungen der Mitgliedstaaten durch die Kommission, in: Grewe/Rupp/Schneider (Hrsg.):

2. Abschnitt. Direktklagen §6

Europäische Gerichtsbarkeit und nationale Verfassungsgerichtsbarkeit, FS zum 70. Geburtstag von Hans Kutscher, 1981, S. 135 ff.; *ders,* Die Europäische Gemeinschaft und das Recht, in: Börner/Jahrreiß/Stern (Hrsg.): Einigkeit und Recht und Freiheit, FS für Karl Carstens zum 70. Geburtstag, 1984, S. 81 ff.; *Ehlers,* Vertragsverletzungsklage des Europäischen Gemeinschaftsrechts, Jura 2007, 684 ff.; *ders.,* Anforderungen an den Rechtsschutz nach dem Europäischen Unions- und Gemeinschaftsrecht, in: ders./Schoch (Hrsg.): Rechtsschutz im Öffentlichen Recht, 2009, S. 133; *ders.,* Vertragsverletzungsklage, in: ders./Schoch (Hrsg.): Rechtsschutz im Öffentlichen Recht, 2009, S. 153; *El-Shabassy,* Die Durchsetzung finanzieller Sanktionen der Europäischen Gemeinschaften gegen ihre Mitgliedstaaten, 2007; *Everling,* Die Mitgliedstaaten der Europäischen Gemeinschaft vor ihrem Gerichtshof, EuR 1983, 101 ff.; *ders.,* Rechtsschutz in der Europäischen Union nach dem Vertrag von Lissabon, EuR 2009, 71 ff.; *Hailbronner,* Europa 1992: Das institutionelle System der Europäischen Gemeinschaften, JuS 1990, 439 ff.; *Haltern,* Verschiebungen im europäischen Rechtssystem, VerwArch 2005, 311 ff.; *Hakenberg,* Die Befolgung und Durchsetzung der Urteile der Gemeinschaftsgerichte, EuR 2008 (Beiheft 3), 163 ff.; *Hammen,* Das VW-Gesetz in dem Vertragsverletzungsverfahren nach Art. 228 Abs. 2 EGV, Der Konzern 2009, 391 ff.; *Hauschild,* Das neue Frühwarnsystem für den freien Warenverkehr in der EG, EuZW 1999, 236; *Härtel,* Durchsetzbarkeit von Zwangsgeld-Urteilen des EuGH gegen Mitgliedstaaten, EuR 2001, 617 ff.; *Heidig,* Die Verhängung von Zwangsgeldern nach Art. 228 Abs. 2 EGV, EuR 2000, 782 ff.; *Hein,* Die Inzidentkontrolle sekundären Gemeinschaftsrechts durch den Europäischen Gerichtshof, 2000; *Huck/Klieve,* Neue Auslegung des Art. 228 Abs. 2 EG und ein Zeichen gesteigerter Autorität des EuGH: Erstmalige Verhängung von Zwangsgeld und Pauschalbetrag gegen einen Mitgliedstaat, EuR 2006, 413 ff.; *Jacob,* Sanktionen gegen vertragsbrüchige Mitgliedstaaten der Europäischen Gemeinschaft (EWG), 1998; *Kenntner,* Ein Dreizack für die offene Flanke: Die neue EuGH-Rechtsprechung zur judikativen Gemeinschaftsrechtsverletzung, EuZW 2005, 235 ff.; *Kilbey,* Financial Penalties under Article 228 (2) EC: Excessive Complexity, CMLR 2007, 743 ff.; *Koenig/Pechstein/Sander,* EU-/EG Prozessrecht, 2. Aufl., 2002; *Kokott/Henze/Sabotta,* Die Pflicht zur Vorlage an den Europäischen Gerichtshof und die Folgen ihrer Verletzung, JZ 2006, 633 ff.; *Kommission der Europäischen Gemeinschaften (Hrsg.),* 30 Jahre Gemeinschaftsrecht, 1983; *Kort,* Verstoß eines EG-Mitgliedstaats gegen europäisches Recht: Probleme des Vertragsverletzungsverfahrens gem. Art. 169 EGV, DB 1996, 1323 ff.; *Kremer,* Gemeinschaftsrechtliche Grenzen der Rechtskraft, EuR 2007, 470 ff.; *Lenski/Mayer,* Vertragsverletzung wegen Nichtvorlage durch oberste Gerichte?, EuZW 2005, 225 ff.; *Meier,* Zur Einwirkung des Gemeinschaftsrechts auf nationales Verfahrensrecht im Falle höchstrichterlicher Vertragsverletzungen, EuZW 1991, 11 ff.; *Middeke/Szczekalla,* Änderungen im europäischen Rechtsschutzsystem, JZ 1993, 284 ff.; *Mulert,* Die deutschen Bundesländer vor dem Europäischen Gerichtshof, 1996; *Nettesheim,* Gemeinschaftsrechtliche Vorgaben für das deutsche Staatshaftungsrecht, DÖV 1992, 999 ff.; *Nicolaysen,* Vertragsverletzung durch mitgliedstaatliche Gerichte, EuR 1985, 368 ff.; *Ortlepp,* Das Vertragsverletzungsverfahren als Instrument zur Sicherung der Legalität im Europäischen Gemeinschaftsrecht, 1987; *Pache/Bielitz,* Verwaltungsprozessuale Wiederaufnahmepflicht kraft Völker- oder Gemeinschaftsrechts?, DVBl. 2006, 325 ff.; *Pauling,* Es wird teuer – Neuer Bußgeldkatalog der Kommission zur Anwendung von Art. 228 EG liegt vor, EuR 2006, 492 ff.; *Pechstein,* Entscheidungen des EuGH, 5. Aufl., 2009; *Rodriguez Gil,* Der Gerichtshof der Europäischen Gemeinschaften als Verfassungsgericht, EuR 1992, 225 ff.; *Sabotta,* Die Verregelung der Vertragsverletzungsbeschwerde, ZUR 2008, 72 ff.; *Sack,* Verstoßverfahren und höchstrichterliche Vertragsverletzungen – eine Klarstellung, EuZW 1991, 246 ff.; *Schäfer,* Anmerkung zu EuGH Rs. C-129/00, JA 2004, 525 ff.; *Scholl,* Haftung zwischen EG-Mitgliedstaaten bei Verletzung von Gemeinschaftsrecht, 2005; *Steiner,* Die Verhängung einer Geldbuße nach Art. 228 EGV, ZfRV 2008, 152 ff.; *Steiner/Woods/Twigg-Flesner,* EU Law, 9. Aufl., 2006, S. 225; *Stotz,* Rechtsschutz vor europäischen Gerichten, in: Rengeling (Hrsg.): Handbuch zum europäischen und deutschen Umweltrecht (EUDUR), Band I, 2. Aufl. 2003, S. 1658; *Thewes,* Bindung und Durchsetzung der gerichtlichen Entscheidungen in der EU, 2003; *Thiele,* Sanktionen gegen EU-Mitgliedstaaten zur Durchsetzung von Gemeinschaftsrecht, EuR 2008, 320 ff.; *ders.,* Das Rechtsschutzsystem nach dem Vertrag von Lissabon – (K)ein Schritt nach vorn?, EuR 2010, 30 ff.; *Waldhoff,* Rückwirkung von EuGH-Entscheidungen, 2006; *Wollenschläger,* Die Gemeinschaftsaufsicht über die Rechtsprechung der Mitgliedstaaten, 2006; *Wunderlich,* Das Verhältnis von Union und Mitgliedstaaten, EuR 2012 (Beiheft 1), 49 ff.

A. Allgemeines

I. Rechtsgrundlagen

1   Nach den Art. 258, 259 AEUV können die Kommission und jeder Mitgliedstaat den EuGH anrufen, wenn nach ihrer Meinung ein anderer Mitgliedstaat gegen eine Verpflichtung der Verträge verstoßen hat. Des Weiteren ist auf der Ebene des Primärrechts Art. 260 AEUV maßgeblich.

II. Wesen und Bedeutung des Vertragsverletzungsverfahrens

2   Im Rahmen ihrer Aufgabe, das ordnungsgemäße Funktionieren und die Entwicklung des Gemeinsamen Marktes zu gewährleisten, obliegt es der Kommission gemäß Art. 17 Abs. 1 EUV für die Anwendung der Verträge sowie der von den Organen getroffenen Bestimmungen Sorge zu tragen. Der Kommission obliegt somit die Rolle einer „Hüterin der Verträge".[1] Sie kontrolliert die Einhaltung des primären und sekundären Unionsrechts sowie die Befolgung der gerichtlichen Entscheidungen des EuGH und des EuG.[2] Insoweit fällt es auch der Kommission zu, Vertragsverletzungen der Mitgliedstaaten und ihrer Organe zu verhindern und ggf. im Wege eines amtlichen Verfahrens zu verfolgen (**Aufsichtsklage**).[3] Neben dieser **objektiv-rechtlichen Funktion** der Sicherstellung des Unionstsrechts können Art. 258, 259 AEUV auch eine individualrechtliche Wirkung in der Weise haben, als die Kommission die von einzelnen Unionsbürgern an sie herangetragenen **Beschwerden** zum Anlass nehmen kann, ein Vertragsverletzungsverfahren einzuleiten.[4] Obwohl ein solches Beschwerdeverfahren in den Gründungsverträgen nicht vorgesehen ist und demnach für die Kommission keine Rechtspflicht zum Tätigwerden besteht,[5] hat sie sich gleichwohl – quasi im Wege

---

[1] EuGH, Rs. C-494/01, *Kommission/Irland*, Slg. 2005, I-3331 Rn. 29; *Bleckmann*, Europarecht, Rn. 254; *Kotzur*, in: Geiger/Kahn/Kotzur, AEUV/EUV, Art. 258 AEUV Rn. 1; *Oppermann/Classen/Nettesheim*, Europarecht, § 7 Rn. 123, 134, § 14 Rn. 25; *Schäfer*, in: Dauses, EU-WirtR, Abschn. A II Rn. 485; *Schwarze*, in: ders., EU-Kommentar, Art. 258 AEUV Rn. 1; *Wollenschläger*, Die Gemeinschaftsaufsicht über die Rechtsprechung der Mitgliedstaaten, S. 79 ff.; *Sabotta*, ZUR 2008, 72; 26. Jahresbericht über die Kontrolle der Anwendung des Gemeinschaftsrechts, KOM (2009) 675 endg.

[2] EuGH, Rs. C-304/02, *Kommission/Frankreich*, Slg. 2005, I-6263 Rn. 80; Rs. C-514/07 P, *API*, nachgewiesen bei Juris, Rn. 119.

[3] Zum verwaltungstechnischen Ablauf vgl. *Frenz*, Handbuch Europarecht, Bd. 5 Rn. 18; *Oppermann/Classen/Nettesheim*, Europarecht, § 14 Rn. 24; *Pechstein*, EU-Prozessrecht, Rn. 246.

[4] Vgl. hierzu *Borchardt*, in: Dauses, EU-WirtR, Abschn. A I Rn. 23 f.; *Frenz*, Handbuch Europarecht, Bd. 5 Rn. 2519, 2521; *Karpenstein*, in: GHN, Art. 258 AEUV Rn. 15; *Pechstein*, EU-Prozessrecht, Rn. 247 f.; *Thiele*, EU-Prozessrecht, § 5 Rn. 2.

[5] EuGH, Rs. C-247/87, *Starfruit/Kommission*, Slg. 1989, I-291 Rn. 11; Rs. C-107/95, *Bundesverband der Bilanzbuchhalter*, Slg. 1997, I-947 Rn. 19; *Frenz*, Handbuch Europarecht, Bd. 5 Rn. 2577, 2581, 2583; *Hailbronner*, JuS 1990, 443; *Kotzur*, in: Geiger/Khan/Kotzur, EUV/AEUV, Art. 258 AEUV Rn. 9; *Wollenschläger*, Die Gemeinschaftsaufsicht über die Rechtsprechung der Mitgliedstaaten, S. 99; *Thiele*, EU-Prozessrecht, § 5 Rn. 2; a.A. *Däubler*, NJW 1968, 329.

der Selbstbindung – verpflichtet, allen bei ihr eingehenden Beschwerden nachzugehen.[6] In der Praxis sind die Beschwerden von einzelnen Bürgern die wichtigste Informationsquelle der Kommission über Vertragsverstöße der Mitgliedstaaten.[7] 2008 wurden rund 54 % der Vorgänge aufgrund von Beschwerden aufgegriffen.[8] Um dem Unionsbürger sein Beschwerderecht zu erleichtern, hat die Kommission ein Beschwerdeformular veröffentlicht und dem einzelnen bestimmte Verfahrensgarantien eingeräumt (vgl. noch unten Rn. 55 ff.).[9] Voraussetzung ist aber stets, dass die Beschwerde schriftlich eingereicht wird und hinreichend substantiiert ist. Aus dem Vorbringen des Bürgers muss sich mit hinreichender Deutlichkeit der Hinweis auf einen objektiven Verstoß gegen das Unionsrecht ergeben; die Geltendmachung einer Beeinträchtigung in subjektiven Rechten ist nicht erforderlich.[10] Das Beschwerdeverfahren ist für den Bürger kostenlos und vertraulich;[11] subjektive Rechte entstehen hierbei nicht (vgl. noch unten Rn. 25).[12]

Im Unterschied zur Aufsichtsklage muss bei **Klagen zwischen Mitgliedstaaten** 3 zunächst die Kommission als „Dritter" eingeschaltet werden. Dies hat vor allem zwei Gründe: Zum einen soll es der Kommission ermöglicht werden, von solchen mitgliedstaatlichen Verstößen offiziell Kenntnis zu erlangen, die sie selbst noch nicht entdeckt hat, damit sie auch in diesen Fällen ihren Kontrollaufgaben gerecht werden kann. Andererseits hat sie im Fall eines unbegründeten Vorwurfs die Möglichkeit, darauf hinzuwirken, dass der betreffende Mitgliedstaat seine Klageabsichten nicht weiter verfolgt. Hierdurch kann die Kommission nicht nur eine unnötige Inanspruchnahme des Gerichtshofs, sondern auch mögliche Spannungen zwischen den betreffenden Mitgliedstaaten vermeiden. Klagen nach Art. 259 AEUV sind in der Praxis selten,[13] da auch die Mitgliedstaaten

---

[6] Mitteilung der Europäischen Kommission über die Beziehungen zum Beschwerdeführer bei Verstößen gegen das Gemeinschaftsrecht v. 20.3.2002, KOM (2002) 141 endg., S. 2.

[7] 25. Jahresbericht über die Kontrolle der Anwendung des Gemeinschaftsrechts, KOM (2007) 502 endg., Ziff. 2.2; *Arnull*, The European Union, S. 34, 35; *Cremer*, in: Calliess/Ruffert, EUV/AEUV, Art. 258 AEUV Rn. 4; *Frenz*, Handbuch Europarecht, Bd. 5 Rn. 2519, 2521; *Oppermann/Classen/Nettesheim*, Europarecht, § 14 Rn. 25; *Ehlers*, Jura 2007, 684 (689) und *Sabotta*, ZUR 2008, 72 (73).

[8] Vgl. 25. Jahresbericht der Europäischen Kommission über die Kontrolle der Anwendung des Gemeinschaftsrechts, KOM (2007) 502 endg., Ziff. 2.2.

[9] Mitteilung der Europäischen Kommission über die Beziehungen zum Beschwerdeführer bei Verstößen gegen das Gemeinschaftsrecht, v. 20.3.2002, KOM (2002) 141 endg., S. 6, abrufbar unter http://europa.eu.int/comm/secretariat general/sgb/lexcomm/index_de.htm; ABl. 1989 Nr. C 26/6 abrufbar unter http://ec.europa.eu/community_law/your_rights/your_rights_forms_de.htm oder bei *Cremer*, in: Calliess/Ruffert, EUV/AEUV, im Anhang an die Kommentierung zu Art. 258 AEUV. Die Beschwerdemöglichkeiten in Wettbewerbs- und Beihilfeangelegenheiten werden gesondert im Zusammenhang der Nichtigkeitsklage dargestellt.

[10] *Karpenstein*, in: GH, Art. 226 EGV Rn. 15; *Borchardt*, in: Dauses, EU-WirtR, Abschn. P I Rn. 25.

[11] *Borchardt*, in: Dauses, EU-WirtR, Abschn. P I Rn. 24; *Cremer*, in: Calliess/Ruffert, EUV/AEUV, Art. 258 AEUV Rn. 4; *Ehlers*, in: ders./Schoch, Rechtsschutz im Öffentlichen Recht, § 7 Rn. 12; *Karpenstein*, in: GHN, Art. 258 AEUV Rn. 15; *Schwarze*, in: ders., EU-Kommentar, Art. 258 AEUV Rn. 12.

[12] *Borchardt*, in: Dauses, EU-WirtR, Abschn. P I Rn. 25; *Pechstein*, EU-Prozessrecht, Rn. 248.

[13] Demgegenüber sind Klagen nach Art. 258 AEUV zahlreich, siehe hierzu die Zahlen bei *Ehlers*, in: ders./Schoch, Rechtsschutz im Öffentlichen Recht, § 7 Rn. 3. Einen Gesamtüberblick über die Vertragsverletzungsverfahren im Hinblick auf die Richtlinienumsetzung gibt auch die Europäische Kommission, abrufbar unter http://ec.europa.eu/internal_market/infringements/index_de.htm.

aufeinander politische Rücksichten nehmen (müssen) und ein gerichtliches Vorgehen lieber der Kommission überlassen, um die Beziehungen zwischen ihnen nicht zu belasten.[14] Insoweit ziehen die Mitgliedstaaten es regelmäßig vor, den Aufsichtsklagen der Kommission ggf. als Intervenienten beizutreten.[15] Bislang ist mit Ausnahme von Bulgarien und Lettland schon gegen jeden der siebenundzwanzig Mitgliedstaaten, sei es durch die Kommission oder andere Mitgliedstaaten, ein Vertragsverletzungsverfahren eingeleitet worden. Im Jahre 2009 wurden insgesamt 140 Verfahren auf der Grundlage von Art. 258 AEUV beim Gerichtshof eingereicht.[16] Die Zahl der von der Kommission im Jahr 2010 eingeleiteten Vertragsverletzungsverfahren ist gegenüber dem Vorjahr um 28% zurückgegangen.[17] Davon betrafen die meisten Fälle die Nichtübereinstimmung mitgliedstaatlicher Normen mit dem Europarecht oder nicht erfolgte bzw. verzögerte Umsetzungsmaßnahmen (insbesondere in Bezug auf Richtlinien).[18] Während die Einleitung eines Vertragsverletzungsverfahrens keine Seltenheit ist, wird nur in relativ wenigen Fällen tatsächlich Klage vor dem EuGH erhoben. Auch 2010 konnten die meisten Vertragsverstöße ohne Befassung des Gerichtshofs abgeschlossen werden (88%).[19]

4   Sowohl bei der Aufsichtsklage der Kommission als auch bei dem von einem Mitgliedstaat eingeleiteten Vertragsverletzungsverfahren handelt es sich der Art nach um **Feststellungsklagen**.[20] Dies bedeutet, dass die als vertragswidrig empfundene nationale Maßnahme weder aufgehoben oder für rechtswidrig erklärt werden,[21] noch der

---

[14] Vgl. *Cremer*, in: Calliess/Ruffert, EUV/AEUV, Art. 259 AEUV Rn. 1; *Karpenstein/Karpenstein*, in: GHN, Art. 259 AEUV Rn. 6,7; *Haratsch/Koenig/Pechstein*, Europarecht, Rn. 489; *Oppermann/Classen/Nettesheim*, Europarecht, § 14 Rn. 24; *Pechstein*, EU-Prozessrecht, Rn. 310; *Thewes*, Bindung und Durchsetzung gerichtlicher Entscheidungen in der EU, S. 50; *Thiele*, EU-Prozessrecht, § 5 Rn. 3; *Scholl*, Haftung zwischen EG-Mitgliedstaaten bei Verletzung von Gemeinschaftsrecht, S. 49, 50; *Schwarze*, in: ders., EU-Kommentar, Art. 259 AEUV Rn. 3.

[15] Vgl. zur Streithilfe: Art. 40 Abs. 1 Satzung-EuGH.

[16] Vgl. hierzu die Rechtsprechungsstatistik des Europäischen Gerichtshofs, Jahresbericht 2009, S. 86, 89, abrufbar auf der Website Curia.

[17] 28. Jahresbericht über die Kontrolle der Anwendung des Gemeinschaftsrechts, KOM (2011) 588 endg.; aus Sicht der Kommission hat die neue EU-Arbeitsmethode „EU-Pilot" maßgeblich zum Rückgang beigetragen. Hierbei handelt es sich um eine Online-Plattform, auf der ein Austausch zwischen der Kommission und den Mitgliedstaaten über Probleme mit der Anwendung und Umsetzung von EU-Recht stattfindet und mithilfe der schnelle Lösungen gefunden werden können.

[18] Vgl. dazu den 28. Jahresbericht über die Kontrolle der Anwendung des Gemeinschaftsrechts, KOM (2011) 588 endg. sowie den 17. Jahresbericht über die Kontrolle der Anwendung des Gemeinschaftsrechts, KOM (2000) 92, Anhang II, ferner den Jahresbericht des Gerichtshofs 2001; *Arnull*, The European Union, S. 47; *Böhm*, JA 2009, 679 (680); *Cremer*, in: Calliess/Ruffert, EUV/AEUV, Art. 258 AEUV Rn. 3; *Karpenstein*, in: GHN, Art. 258 AEUV Rn. 8; *Schwarze*, in: ders., EU-Kommentar, Art. 258 AEUV Rn. 5; *Wollenschläger*, Die Gemeinschaftsaufsicht über die Rechtsprechung der Mitgliedstaaten, S. 86.

[19] Vgl. dazu den 28. Jahresbericht über die Kontrolle der Anwendung des Gemeinschaftsrechts, KOM (2011) 588 endg.; *Karpenstein*, in: GHN, Art. 258 AEUV Rn. 89.

[20] *Wunderlich*, EuR 2012, 49 (53).

[21] GA Reischl, SchlA Rs. C-141/78, *Seefischerei*, Slg. 1979, 2923, 2946; EuGH, Rs. C-191/95, *Kommission/Deutschland*, Slg. 1998, I-5449 Rn. 45; Rs. C-104/02, *Kommission/Deutschland*, Slg. 2005, I-2689 Rn. 49; Rs. C-105/02, *Kommission/Deutschland*, Slg. 2006, I-9695 Rn. 44; *Frenz*, Handbuch Europarecht, Bd. 5 Rn. 2518, 2628; *Haratsch/Koenig/Pechstein*, Europarecht, Rn. 503; *Karpenstein*, in: GHN, Art. 258 AEUV Rn. 11; *Kotzur*, in: Geiger/Khan/Kotzur, EUV/AEUV, Art. 260 AEUV Rn. 2, 3; *Schwarze*, in: ders., EU-Kommentar, Art. 258 AEUV Rn. 4, Art. 228 EGV Rn. 2; *Hammen*, Der Konzern 2009, 391.

betreffende Staat förmlich zur Beseitigung des rechtswidrigen Zustandes verpflichtet werden kann.[22]

Neben diesen Verfahren sieht das Unionsrecht noch weitere Spielarten der Vertragsverletzungsklage vor. Der Gerichtshof der Europäischen Union kann auch über Art. 108 Abs. 2, 114 Abs. 9 und Art. 248 Abs. 2 AEUV angerufen werden.[23] In Abweichung zum traditionellen Verfahren nach Art. 258 AEUV besitzt nach Art. 271 lit. a) AEUV der Verwaltungsrat der EIB für Streitsachen über die Verpflichtungen der Mitgliedstaaten aus der Satzung der Europäischen Investitionsbank die der Kommission in Art. 258 AEUV übertragenen Befugnisse. Ähnliches sieht Art. 271 lit. d AEUV vor, durch den dem Rat der Gouverneure der Europäischen Zentralbank für Streitsachen über die sich aus den Verträgen und der Satzung des ESZB und der EZB ergebenden Verpflichtungen der nationalen Zentralbanken die Befugnisse aus Art. 258 AEUV übertragen worden sind.[24]

B. Zulässigkeit

I. Europäische Gerichtsbarkeit

Die Unvereinbarkeit nationaler Handlungsweisen mit dem Unionsrecht kann auch auf andere Weise als durch Aufsichtsklage gerichtlich festgestellt werden. Auf Grund der Bindung der Mitgliedstaaten und ihrer „Gewalten" an das Unionssrecht[25] sind insbesondere auch die **nationalen Gerichte** berechtigt und verpflichtet, nationale Maßnahmen aufgrund unionsrechtswidrigem nationalen Recht aufzuheben bzw. solche Normen nicht anzuwenden.[26] Obwohl sich beide Verfahrensmöglichkeiten nicht ausschließen,[27] ist als Sachentscheidungsvoraussetzung für das Vertragsverletzungsverfahren in Abgrenzung zur nationalen Gerichtsbarkeit zunächst das Bestehen der europäischen Gerichtsbarkeit zu prüfen.[28]

---

[22] EuGH, Rs. C-105/02, *Kommission/Deutschland*, Slg. 2006, I-9659 Rn. 44; *Frenz*, Handbuch Europarecht, Bd. 5 Rn. 2628; *Haratsch/Koenig/Pechstein*, Europarecht, Rn. 50; *Karpenstein*, in: GHN, Art. 258 AEUV Rn. 12.

[23] Vgl. unten in Rn. 32.

[24] Vgl. eingehend in § 13.

[25] Vgl. oben § 1.

[26] Vgl. *Classen*, in: Schulze/Zuleeg/Kadelbach, Europarecht, § 4 Rn. 4 sowie eingehend in § 34.

[27] EuGH, Rs. 26/62, *van Gend & Loos*, Slg. 1963, 1, 26; Rs. 133/85 und 136/85, *Rau/BALM*, Slg. 1987, 2289; Rs. C-445/06, *Dänische Schlachthofgesellschaft/Deutschland*, Slg. 2009, I-2119 Rn. 67 über das Verhältnis zwischen nationaler Staatshaftungsklage und Vertragsverletzungsverfahren; *Frenz*, Handbuch Europarecht, Bd. 5 Rn. 2523; *Kotzur*, in: Geiger/Khan/Kotzur, EUV/AEUV, Art. 258 AEUV Rn. 10; *Pechstein*, EU-Prozessrecht, Rn. 253; *Pechstein*, Entscheidungen des EuGH, S. 294.

[28] Ebenso *Ehlers*, in: ders./Schoch, Rechtsschutz im Öffentlichen Recht, § 7 Rn. 5; *Pechstein*, EU-Prozessrecht, Rn. 253 ff.; *Pechstein*, Entscheidungen des EuGH, S. 293, 294.

II. Sachliche Zuständigkeit

7   Bis zur Errichtung des EuG war der EuGH für alle europäischen Rechtsbehelfe zuständig. Erst mit der Einführung eines weiteren Instanzgerichts, dem durch Art. 3 des Ratsbeschlusses 88/591 (auf der Grundlage des Art. 225 Abs. 2 EGV, heute Art. 256 Abs. 2 AEUV) eigene Zuständigkeiten übertragen wurden,[29] ergab sich die Notwendigkeit der Abgrenzung und damit der Prüfung dieser Sachurteilsvoraussetzung. Aufgrund der in Art. 3 des Beschlusses vorgenommenen enumerativen Zuständigkeitsauflistung wurde die Prüfung der Zuständigkeit des EuGH im Wege einer **Negativ-Abgrenzung** vorgenommen. Dies bedeutete, dass für alle Fälle, die nicht ausdrücklich dem EuG zugewiesen waren, die Zuständigkeit des EuGH gegeben war. Vertragsverletzungsverfahren fielen demnach ausschließlich in den Zuständigkeitsbereich des EuGH.

8   Mit Inkrafttreten des Vertrages von Nizza ist die Zuständigkeitsverteilung unmittelbar nach Art. 225 EGV (Art. 256 AEUV) überführt worden (ohne sachliche Änderung betreffend die Vertragsverletzungsverfahren), wobei die Satzung des Gerichtshofs gegebenenfalls Abweichungen vorsehen kann. Dass allein der EuGH berufen ist,[30] über die Vertragsverletzungsverfahren zu entscheiden, ergibt sich sachlich aus der Bedeutung dieser Rechtssachen für die beteiligten Parteien und den daraus resultierenden möglichen Folgewirkungen für die anderen Mitgliedstaaten. Hier kann nur eine letztinstanzliche Entscheidung des EuGH Klarheit bringen.[31]

III. Klageberechtigung und Klagebefugnis

9   Im Vertragsverletzungsverfahren sind die klageberechtigten Handlungseinheiten – die Kommission und die Mitgliedstaaten[32] – gemäß Art. 258, 259 AEUV nur dann klagebefugt,[33] wenn sie der „Auffassung" sind, dass der beklagte Mitgliedstaat gegen eine Verpflichtung aus dem jeweiligen Vertrag verstoßen hat.[34] Die klagende Partei muss demnach von der Vertragsverletzung in tatsächlicher und rechtlicher Hinsicht **überzeugt sein**.[35] Bloße Vermutungen oder Zweifel hinsichtlich der Vertragstreue des betreffenden Mitgliedstaates reichen nicht aus und führen demgemäß zur Unzulässigkeit der Klage.[36] Andererseits ist ein subjektives Interesse bzw. spezifisches Betrof-

---

[29] ABl. 1988 L 319/1 zuletzt geändert durch ABl. 1999 L 114/52.
[30] *Böhm*, JA 2009, 679; *Hakenberg*, EuR 2008, 163 (164).
[31] *Frenz*, Handbuch Europarecht, Bd. 5 Rn. 2524.
[32] Zur fehlenden Parteifähigkeit der Bundesländer und ihren Beteiligungsmöglichkeiten im Vertragsverletzungsverfahren: *Mulert*, Bundesländer, S. 164 ff.; *Thiele*, EU-Prozessrecht, § 5 Rn. 6.
[33] Es ist darauf hinzuweisen, dass im europarechtlichen Schrifttum eine uneinheitliche Terminologie für die Klageberechtigung verwandt wird.
[34] Siehe zu der Vertragspflichtverletzung ausführlich unter Rn. 45–47.
[35] EuGH, Rs. C-404/00, *Kommission/Spanien*, Slg. 2003, I-6695 Rn. 26; Rs. C-135/05, *Kommission/Italien*, Slg. 2007, I-3475 Rn. 26; Rs. C-532/03, *Kommission/Irland*, Slg. 2007, I-11353 = BeckRS 2007, 71084 Rn. 29, 36; *Ehlers*, in: ders./Schoch, Rechtsschutz im Öffentlichen Recht, § 7 Rn. 19; *Pechstein*, EU-Prozessrecht, Rn. 278; *Schwarze*, in: ders., EU-Kommentar, Art. 258 AEUV Rn. 19; *Thiele*, EU-Prozessrecht, § 5 Rn. 13.
[36] EuGH, Rs. C-404/00, *Kommission/Spanien*, Slg. 2003, I-6695 Rn. 26; Rs. C-135/05, *Kommission/Italien*, Slg. 2007, I-3475 Rn. 26; Rs. C-532/03, *Kommission/Irland*, Slg. 2007, I-11353 Rn. 36; Rs. C-458/08, *Kommission/Portugal*, Slg. 2010, I-11599 Rn. 54.

fensein der Kommission oder des klagenden Mitgliedstaats nicht erforderlich. Beim Vertragsverletzungsverfahren handelt es sich um ein objektiv-rechtliches Verfahren, das im Allgemeininteresse durchgeführt wird.[37]

IV. Ordnungsgemäße Durchführung des Vorverfahrens

1. Aufsichtsklage der Kommission gemäß Art. 258 AEUV.
Der Klageerhebung durch die Kommission ist zunächst ein **außergerichtliches Vorverfahren** vorgeschaltet. Diese von Amts wegen[38] zu prüfende obligatorische Zulässigkeitsvoraussetzung[39] dient einerseits dem Zweck, zunächst auf außergerichtlichem Wege zu einer Streitbeilegung zu gelangen und den betreffenden Mitgliedstaat zur Wiederherstellung des vertragskonformen Zustandes zu veranlassen; andererseits soll der Staat Gelegenheit haben, sich gegenüber der Kommission zu rechtfertigen.[40] Außerdem wird auf diese Weise zunächst die „Anprangerungswirkung" eines gerichtlichen Verfahrens und somit ein diplomatischer Gesichtsverlust des betroffenen Staates vermieden.[41] Schließlich kommt dem Vorverfahren auch bezüglich der Eingrenzung des Streitgegenstandes Bedeutung zu.[42] Während die Kommission bis Mitte der siebziger Jahre in den meisten Fällen von der Einleitung eines Vertragsverletzungsverfahrens abgesehen hatte,[43] hat sich die Zahl seitdem auf regelmäßig weit mehr als 1000 Verfahren pro Jahr gesteigert.[44] Insbesondere ist eine steigende Anzahl von Sanktionsurteilen, die auf eine mangelnde Urteilsakzeptanz hinweisen, zu beklagen.[45] Die Zahl von 208 Klagen der

---

[37] EuGH, Rs. C-422/92, *Kommission/Deutschland*, Slg. 1995, I-1097, 1130; Rs. C-431/92, *Großkrotzenburg*, Slg. 1995, I-2189, 2219; *Cremer*, in: Calliess/Ruffert, EUV/AEUV, Art. 258 AEUV Rn. 2, 30; *Ehlers*, in: ders./Schoch, Rechtsschutz im Öffentlichen Recht, § 7 Rn. 2; *Haratsch/Koenig/Pechstein*, Europarecht, Rn. 488; *Karpenstein*, in: GHN, Art. 258 AEUV Rn. 2; *Pechstein*, EU-Prozessrecht, Rn. 278; *Schwarze*, in: ders., EU-Kommentar, Art. 258 AEUV Rn. 2; *Thiele*, EU-Prozessrecht, § 5 Rn. 13; *Sabotta*, ZUR 2008, 72 (73).
[38] *Cremer*, in: Calliess/Ruffert, EUV/AEUV, Art. 258 AEUV Rn. 4; *Frenz*, Handbuch Europarecht, Bd. 5 Rn. 2546.
[39] EuGH, Rs. C-51/83, *Kommission/Italien*, Slg. 1984, 2793, 2804.
[40] EuGH, Rs. 293/85, *Kommission/Belgien*, Slg. 1988, 305, 351 f.; Rs. C-328/96, *Kommission-Österreich*, Slg. 1999, I-7479, 7515; Rs. C-98/04, *Kommission/Vereinigtes Königreich Großbritannien und Nordirland*, Slg. 2006, I-4003; Rs. C-199/04, *Kommission/Vereinigtes Königreich Großbritannien und Nordirland*, Slg. 2007, I-1221 Rn. 21= NVwZ 2007, 435; *Frenz*, Handbuch Europarecht, Bd. 5 Rn. 2549; *Karpenstein*, in: GHN, Art. 258 AEUV Rn. 28; *Streinz*, Europarecht, Rn. 580; *Thiele*, EU-Prozessrecht, § 5 Rn. 15.
[41] *Cremer*, in: Calliess/Ruffert, EUV/AEUV, Art. 258 AEUV Rn. 3; *Pechstein*, EU-Prozessrecht, Rn. 257; *Thiele*, EU-Prozessrecht, § 5 Rn. 15.
[42] EuGH, Rs. C-247/07, *Kommission/Litauen*, Slg. 2008, I-7117 Rn. 20, 21; Rs. C-458/08, *Kommission/Portugal*, Slg. 2010. I-11599 Rn. 42, 43; *Pechstein*, EU-Prozessrecht, Rn. 257, *Streinz*, Europarecht, Rn. 580; EuGH, Rs. C-191/95, *Kommission/Deutschland*, Slg. 1998, I-5449 Rn. 45, 46; *Thiele*, EU-Prozessrecht, § 5 Rn. 16; *El-Shabassy*, Die Durchsetzung finanzieller Sanktionen der Europäischen Gemeinschaften gegen ihre Mitgliedstaaten, S. 33, 34; *Wunderlich*, EuR 2012, 49 (51).
[43] *Karpenstein*, in: GHN, Art. 258 AEUV Rn. 8.
[44] Vgl. dazu den 28. Jahresbericht über die Kontrolle der Anwendung des Gemeinschaftsrechts, KOM (2011) 588 endg.; *Karpenstein*, in: GHN, Art. 258 AEUV Rn. 8;
[45] *Karpenstein/Karpenstein*, in: GHN, Art. 260 AEUV Rn. 24; *Schwarze*, in: ders., EU-Kommentar Art. 258 AEUV Rn. 13; *Huck/Klieve*, EuR 2006, 413 (414); *Steiner*, ZfRV 2008, 152.

Kommission gegen Mitgliedstaaten bei 3400 eingeleiteten Verstoßverfahren im Jahre 2008[46] beweist, dass der Zweck einer gütlichen Einigung und damit einer verminderten Inanspruchnahme des EuGH in den weit überwiegenden Fällen erreicht wird.

11 Nach dem Vertragstext ist das Vorverfahren zweistufig ausgestaltet. Gleichwohl hat es sich in der Praxis eingebürgert, den vertragsbrüchigen Mitgliedstaat zunächst formlos, d. h. durch **bilaterale Besprechungen** zwischen den verantwortlichen Behörden oder durch Anschreiben der Regierung des betroffenen Mitgliedstaates auf die Vertragsverletzung hinzuweisen und so eine einvernehmliche Lösung zu erzielen.[47] So kann die Kommission bspw. offizielle Beschwerden an das SOLVIT-Netzwerk weiterleiten. Dazu haben die Mitgliedstaaten (neben Liechtenstein, Island und Norwegen) sogenannte SOLVIT-Stellen eingerichtet, deren Aufgabe es ist, innerhalb von 10 Wochen eine adäquate Problemlösung zu erarbeiten.[48] Erst wenn dies nicht gelingt und eine Lösung auf informellem Wege nicht gefunden werden kann, leitet die Kommission das förmliche Vertragsverletzungsverfahren ein.

12 **a) Mahnschreiben.** Nach den vertraglichen Vorschriften muss die Kommission dem betroffenen Mitgliedstaat „Gelegenheit zur Äußerung" gewähren. Hierbei handelt es sich um die positiv-rechtliche Ausformung der wesentlichen Verfahrensgarantie auf **Gewährung rechtlichen Gehörs**.[49] Danach muss dem Mitgliedstaat allein die Möglichkeit der Äußerung eingeräumt werden; ob er sich tatsächlich zu den erhobenen Vorwürfen äußert, ist nicht entscheidend.[50] Die Einzelheiten des Anhörungsverfahrens sind in den Verträgen über die europäische Union und die Arbeitsweise der europäischen Union nicht ausdrücklich geregelt. Aus dem Sinn und Zweck ergibt sich aber, dass die Kommission für die ordnungsgemäße Einleitung dieses Verfahrens einige Förmlichkeiten zu beachten hat.[51] Eine spezielle Regelung enthält Art. 5 der VO 2679/98/EG,[52] der die Kommission im Rahmen des sog. Frühwarnsystems bei privat verursachten

---

[46] 26. Jahresbericht über die Kontrolle der Anwendung des Gemeinschaftsrechts, KOM (2009) 675 endg., Ziff. 2.2; Rechtsprechungsstatistik des Europäischen Gerichtshofs, Jahresbericht 2009, S. 89, abrufbar unter der Website Curia; Ausweislich dieses Jahresberichts werden 94 % aller Verfahren vor dem EuGH abgeschlossen.

[47] *Arnull*, The European Union, S. 38; *Borchardt*, in: Dauses, EU-WirtR, Abschn. P I Rn. 27; *Cremer*, in: Calliess/Ruffert, EUV/AEUV, Art. 258 AEUV Rn. 1; *Frenz*, Handbuch Europarecht, Bd. 5 Rn. 2548; *Karpenstein*, in: GHN, Art. 258 AEUV Rn. 10; *Kotzur*, in: Geiger/Khan/Kotzur, EUV/AEUV, Art. 258 AEUV Rn. 6; *Pechstein*, EU-Prozessrecht, Rn. 258; *Schwarze*, in: ders., EU-Kommentar, Art. 258 AEUV Rn. 3, 14.

[48] Nähere Informationen zum SOLVIT-Netzwerk können abgerufen werden auf der Seite http.//ec.europa.eu/solvit/site/index_de.htm.

[49] EuGH, Rs. 286/81, *Oesthoek*, Slg. 1982, 4547 ff.; Rs. 176/84, *Kommission/Griechenland*, Slg. 1987, 1193, 1218; Rs. 178/84, *Kommission/Deutschland*, Slg. 1987, 1227, 1268; Rs. C-289/94, *Kommission/Italien*, Slg. 1996, I-4405, 4423; Rs. C-186/06, *Kommission/Spanien*, Slg. 2007, I-12093 Rn. 15; Rs. C-34/04, *Kommission/Niederlande*, Slg. 2007, I-1387 Rn. 49; *Frenz*, Handbuch Europarecht, Bd. 5 Rn. 2549; *Karpenstein*, in: GHN, Art. 258 AEUV Rn. 28; *Kotzur*, in: Geiger/Khan/Kotzur, EUV/AEUV, Art. 258 AEUV Rn. 13; *Pechstein*, EU-Prozessrecht, Rn. 262; *Thiele*, EU-Prozessrecht, § 5 Rn. 18.

[50] EuGH, Rs. 31/69, *Kommission/Italien*, Slg. 1970, 25, 35; *Cremer*, in: Calliess/Ruffert, EUV/AEUV, Art. 258 AEUV Rn. 14; *Frenz*, Handbuch Europarecht, Bd. 5 Rn. 2564; *Pechstein*, EU-Prozessrecht, Rn. 259; *Thiele*, EU-Prozessrecht, § 5 Rn. 21.

[51] Siehe *Borchardt*, in: Dauses, EU-WirtR, Abschn. P I Rn. 28; *Pechstein*, EU-Prozessrecht, Rn. 257.

[52] ABl. 1998 L 337/8; vgl. hierzu *Hauschild*, EuZW 1999, 236.

massiven Behinderungen des **freien Warenverkehrs** (vgl. auch noch unten Rn. 44) dazu verpflichtet (vgl. demgegenüber Rn. 25), eine „Mitteilung" zu erstellen, die in formeller Hinsicht näher ausgestaltet ist und nach einer Entschließung des Rates und der im Rat vereinigten Vertreter der Regierungen der Mitgliedstaaten[53] binnen fünf Tagen (vgl. demgegenüber sogleich Rn. 14) zu beantworten ist.

aa) **Förmlichkeiten.** Die Kommission muss dem betreffenden Mitgliedstaat unter Hinweis auf die relevanten Tatsachen **schriftlich** mitteilen, dass ein Vertragsverletzungsverfahren eingeleitet wurde.[54] Dabei hat sie den Mitgliedstaat mit allen Rügen bekannt zu machen, die sie im Falle des Gerichtsverfahrens gegen ihn zu erheben gedenkt. Überdies muss sie zu erkennen geben, auf welche wesentlichen **rechtlichen und tatsächlichen Erwägungen** sie diese Rügen stützt.[55] Der Grund hierfür liegt nicht allein darin, dass dem Mitgliedstaat die Möglichkeit eingeräumt werden muss, sich mit den Gründen ausführlich auseinander zu setzen, um so die Vertragsverletzung ggf. abstellen zu können,[56] sondern auch in dem Umstand, dass nach herrschender Meinung mit dem ersten Mahnschreiben bereits der Streitgegenstand des späteren gerichtlichen Hauptverfahrens festgelegt wird.[57] Unterliegt die Kommission in ihrer rechtlichen Bewertung einem Irrtum, ist dies für das Vorverfahren ohne Bedeutung; die Auswirkungen betreffen lediglich die Begründetheit der späteren Klage. Will die Kommission demnach im Laufe des Verfahrens weitere Vorwürfe erheben, also über das ursprüngliche Mahnschreiben hinausgehen oder neue rechtliche Gesichtspunkte geltend machen, ist der betroffene Mitgliedstaat zu diesen Veränderungen erneut zu hören. Davon zu unterscheiden ist jedoch der Fall, dass der Streitgegenstand identisch bleibt und lediglich durch einige Ergänzungen präzisiert[58] oder aber durch eine in tatsächlicher und rechtlicher Hinsicht gleichgelagerte Regelung des Mitgliedstaates ersetzt wird.[59] Eines neuen Mahnschreibens bedarf es also nur, wenn der Kreis der rechtlichen Vorwürfe erweitert werden soll.[60] Das

---

[53] ABl. 1998 L 337/10.
[54] EuGH, Rs. C-315/92, *Verband sozialer Wettbewerb/Clinique Laboratoires and Estée Lauder*, Slg. 1994, I-317, 340.
[55] EuGH, Rs. 192/84, *Kommission/Griechenland*, Slg. 1985, 3967, 3979; Rs. 289/94, *Kommission/Italien*, Slg. 1996, I-4405, 4423; Rs. C-279/94, *Kommission/Italien*, Slg. 1997, I-4743, 4766.
[56] EuGH, Rs. C-159/94, *Kommission/Frankreich*, Slg. 1997, I-5518, 5824; *Karpenstein*, in: GHN, Art. 258 AEUV Rn. 28.
[57] EuGH, Rs. 193/80, *Kommission/Italien*, Slg. 1981, 3019, 3020; Rs. 325/82, *Kommission/Deutschland*, Slg. 1984, 777; Rs. C-279/94, *Kommission/Italien*, Slg. 1997, I-4743, 4766; Rs. C-159/94, *Kommission/Frankreich*, Slg. 1997, I-5815, 5824; Rs. C-145/01, *Kommission/Italien*, Slg. 2003, I-5581 Rn. 17; *Cremer*, in: Calliess/Ruffert, EUV/AEUV, Art. 258 AEUV Rn. 8; *Frenz*, Handbuch Europarecht, Bd. 5 Rn. 2556 f.; *Karpenstein*, in: GHN, Art. 258 AEUV Rn. 28; *Kotzur*, in: Geiger/Khan/Kotzur, EUV/AEUV, Art. 258 AEUV Rn. 11; *Thiele*, EU-Prozessrecht, § 5 Rn. 19; a.A. *Pechstein*, EU-Prozessrecht, Rn. 266.
[58] EuGH, Rs. C-315/92, *Verband sozialer Wettbewerb/Clinique Laboratoires and Estée Lauder*, Slg. 1994, I-317, 340; Rs. C-134/95, *Kommission/Italien*, Slg. 1995, I-1805, 1815; Rs. C-279/94, *Kommission/Italien*, Slg. 1997, I-4743, 4767.
[59] EuGH, Rs. 45/64, *Kommission/Italien*, Slg. 1965, 1125, 1137; *Cremer*, in: Calliess/Ruffert, EUV/AEUV, Art. 258 AEUV Rn. 16; *Frenz*, Handbuch Europarecht, Bd. 5 Rn. 2558; *Schwarze*, in: ders., EU-Kommentar, Art. 258 AEUV Rn. 17.
[60] *Classen*, in: Schulze/Zuleeg, Europarecht, § 4 Rn. 55; *Cremer*, in: Calliess/Ruffert, EUV/AEUV, Art. 258 AEUV Rn. 19 ff.; *Frenz*, Handbuch Europarecht, Bd. 5 Rn. 2559; *Karpenstein*, in: GHN, Art. 258 AEUV Rn. 40; *Pechstein*, EU-Prozessrecht, Rn. 265, 267; *Schwarze*, in: ders., EU-Kommentar, Art. 258 AEUV Rn. 17.

Mahnschreiben unterliegt geringeren Anforderungen als die begründete Stellungnahme (vgl. sogleich Rn. 18 ff.). Es reicht aus, wenn im Mahnschreiben die Beanstandungen in allgemeiner Form zusammengefasst sind; erst in der begründeten Stellungnahme sind die Vorwürfe näher darzulegen.[61] Die Klage ist daher abzuweisen, wenn die Kommission den Gegenstand des Verfahrens auf ein vertragswidriges Verhalten des Mitgliedstaates umstellt, ohne dass dieser sich zuvor im Vorverfahren dazu hat äußern können.[62]

14 **bb) Frist.** Obwohl eine Frist zur Abgabe der Äußerung des betroffenen Mitgliedstaates in den vertraglichen Bestimmungen nicht ausdrücklich als Voraussetzung genannt wird, ist aus Gründen eines geordneten Vorverfahrens im Mahnschreiben eine den Umständen nach **angemessene Frist** festzusetzen.[63] Diese beträgt idR. zwei Monate;[64] in Ausnahmefällen kann sie sogar bis auf wenige Stunden verkürzt werden.[65] Sehr kurze Fristen können gerechtfertigt sein, wenn einer Vertragsverletzung schnell begegnet werden muss, oder wenn der betroffene Staat den Standpunkt der Kommission schon vor Einleitung des vorprozessualen Verfahrens vollständig kannte.[66] Die Mitgliedstaaten müssen sich zum einen im Hinblick auf ihre Verteidigungsinteressen darauf einrichten können, wann sie mit einer begründeten Stellungnahme durch die Kommission zu rechnen haben. Zum anderen muss das Vorverfahren entsprechend der Aufgabe der Kommission zügig durchgeführt werden. Verzögerungstaktiken der Mitgliedstaaten brauchen nicht hingenommen zu werden. Allerdings sind Fristverlängerungen möglich und in der Praxis auch üblich.[67]

15 **cc) Adressat.** Das Mahnschreiben richtet sich an die Regierung des Mitgliedstaates, dem die Vertragsverletzung von der Kommission vorgeworfen wird.[68] Die Zustellung erfolgt an den Repräsentanten der bei der EU akkreditierten Ständigen Vertretung des betreffenden Mitgliedstaates.[69]

16 **dd) Einlassungsermessen.** Wie oben bereits erwähnt, steht es dem betreffenden Mitgliedstaat frei, sich bereits nach Erhalt des Mahnschreibens zu dem Vorwurf der Kommission zu äußern. Da die Darlegungs- und Beweislast bezüglich des erhobe-

---

[61] EuGH, Rs. C-289/94, *Kommission/Italien*, Slg. 1996, I-4405, Rn. 16; Rs. C-191/95, *Kommission/Deutschland*, Slg. 1998, I-5449, 5500 f.; Rs. C-358/01, *Kommission/Spanien*, Slg. 2003, I-13145 Rn. 29; *Cremer*, in: Calliess/Ruffert, EUV/AEUV, Art. 258 AEUV Rn. 8, 9; *Pechstein*, EU-Prozessrecht, Rn. 267 f.; *Schwarze*, in: ders., EU-Kommentar, Art. 258 AEUV Rn. 16; *Thiele*, EU-Prozessrecht, § 5 Rn. 18.

[62] EuGH, Rs. C-7/96, *Kommission/Italien*, Slg. 1970, I-111, 118.

[63] Vgl. EuGH, Rs. 293/85, *Kommission/Belgien*, Slg. 1988, 305, 351 f.; *Cremer*, in: Calliess/Ruffert, EUV/AEUV, Art. 258 AEUV Rn. 12.

[64] *Cremer*, in: Calliess/Ruffert, EUV/AEUV, Art. 258 AEUV Rn. 12; *Frenz*, Handbuch Europarecht, Bd. 5 Rn. 2561; *Karpenstein*, in: GHN, Art. 258 AEUV Rn. 31; *Pechstein*, EU-Prozessrecht, Rn. 269; *Schwarze*, in: ders., EU-Kommentar, Art. 258 AEUV Rn. 18; *Thiele*, EU-Prozessrecht, § 5 Rn. 20.

[65] *Karpenstein*, in: GHN, Art. 258 AEUV Rn. 31.

[66] EuGH, Rs. C-328/96, *Kommission/Österreich*, Slg. 1999, I-7479, 7519; *Karpenstein*, in: GHN, Art. 258 AEUV Rn. 31.

[67] *Karpenstein*, in: GHN, Art. 258 AEUV Rn. 31; *Thiele*, EU-Prozessrecht, § 5 Rn. 22.

[68] *Karpenstein*, in: GHN, Art. 258 AEUV Rn. 32; *Kotzur*, in: Geiger/Khan/Kotzur, EUV/AEUV, Art. 258 AEUV Rn. 12

[69] *Karpenstein*, in: GHN, Art. 258 AEUV Rn. 32.

nen Vertragsverletzungsvorwurfs auf Seiten der Kommission liegt,[70] kann sich der Mitgliedstaat auch erst zu einem späteren Zeitpunkt zu dem Vorstoß einlassen.[71] Den Mitgliedstaat trifft allerdings in jedem Verfahrensstadium eine dahingehende **Mitwirkungspflicht**, dass er bei der Aufklärung des Sachverhalts Unterstützung zu leisten hat.[72]

ee) **Nicht justitiabler Rechtsakt.** Bei der Einleitung des Vertragsverletzungsverfahrens durch die Kommission handelt es sich nicht um einen verbindlichen Rechtsakt, weswegen die Einleitung von dem betroffenen Mitgliedstaat nicht im Wege einer Nichtigkeitsklage angefochten werden kann.[73]

b) **Begründete Stellungnahme.** Hatte der betreffende Mitgliedstaat Gelegenheit zur Äußerung und ist die „angemessene Frist" verstrichen, ohne dass der betreffende Mitgliedstaat seinen europarechtlichen Verpflichtungen nachgekommen ist, sich zum erhobenen Vorwurf eingelassen hat oder dies in einer Weise getan hat, die von der Kommission nicht akzeptiert wird,[74] muss diese eine mit Gründen versehene Stellungnahme abgeben. Dabei handelt es sich um die **formalisierte Zusammenfassung** des bisherigen Sach- und Streitstandes. Für die Klageerhebung stellt die Stellungnahme eine obligatorische Zulässigkeitsvoraussetzung dar. Dabei ist allerdings zu berücksichtigen, dass die Einleitung eines Vertragsverletzungsverfahrens durch die Kommission nicht auch zwingend zu einer begründeten Stellungnahme führen muss.[75]

aa) **Anforderungen.** Die Anforderungen an die Begründung der Stellungnahme unterscheiden sich nicht grundsätzlich von denen, die an sonstige verbindliche Rechtsakte gestellt werden (vgl. Art. 296 UAbs. 2 AEUV). Die Stellungnahme muss insgesamt, d.h. in Tenor und Begründung, klar erkennen lassen, **gegen welche Vorschriften** des Unionsrechts der Mitgliedstaat verstoßen haben soll, **welches Verhalten** den angeblichen Vertragsverstoß begründet und **welche Erwägungen** dazu geführt haben, dieses Verhalten als Verstoß gegen die jeweilige Vorschrift zu qualifizieren. Eine ausreichende Begründung liegt also erst dann vor, wenn die Stellungnahme eine detaillierte und zusammenhängende Darstellung der Gründe enthält, die die Kommission zu der Überzeugung geführt haben, dass der betreffende Staat gegen

---

[70] EuGH, Rs. 31/69, *Kommission/Italien*, Slg. 1970, 25, 36; Rs. 97/81, *Trinkwasser*, Slg. 1982, 1819, 1832; Rs. 363/85, *Kommission/Italien*, Slg. 1987, 1733; Rs. C-160/94, *Kommission/Spanien*, Slg. 1997, I-5851, 5860; Rs. C-532/03, *Kommission/Irland*, Slg. 2003, I-1437 Rn. 36, 38 = BeckRS 2007, 71084; Rs. C-404/00, *Kommission/Spanien*, Slg. 2003, I-6695 Rn. 26; Rs. C-6/04 *Kommission/Vereinigtes Königreich*, Slg. 2005, I-9017 Rn. 75; Rs. C-135/05, *Kommission/Italien*, Slg. 2007, I-3475 Rn. 26.
[71] EuGH, Rs. C-414/97, *Kommission/Spanien*, Slg. 1999, I-5585, 5650; *Cremer*, in: Calliess/Ruffert, EUV/AEUV, Art. 258 AEUV Rn. 14; *Frenz*, Handbuch Europarecht, Bd. 5 Rn. 2565; *Karpenstein*, in: GHN, Art. 258 AEUV Rn. 32.
[72] Vgl. EuGH, Rs. 192/84, *Kommission/Griechenland*, Slg. 1985, 3967, 3979; Rs. C-82/03, *Kommission/Italien* Slg. 2004, I-6635 Rn. 13; *Cremer*, in: Calliess/Ruffert, EUV/AEUV, Art. 258 AEUV Rn. 14; *Karpenstein*, in: GHN, Art. 258 AEUV Rn. 32, 79.
[73] EuGH, Rs. 48/65, *Lütticke*, Slg. 1966, 28, 39; *El-Shabassy*, Die Durchsetzung finanzieller Sanktionen der Europäischen Gemeinschaften gegen ihre Mitgliedstaaten, S. 35.
[74] Vgl. EuGH, Rs. C-157/94, *Kommission/Niederlande*, Slg. 1997, I-5699, 5784; Rs. C-191/95, *Kommission/Deutschland*, Slg. 1998, I-5449, 5498.
[75] Vgl. insoweit *Borchardt*, in: Dauses, EU-WirtR, Abschn. P I Rn. 30; *Pechstein*, EU-Prozessrecht, Rn. 270.

eine Verpflichtung aus dem Vertrag verstoßen hat.[76] Nach der Rechtsprechung ist die Kommission jedoch in ihrer Stellungnahme nicht verpflichtet, auch die Mittel anzugeben, mit denen die Vertragsverletzung behoben werden kann.[77] Beim Erlass der begründeten Stellungnahme ist ebenso wie bei der späteren Klageerhebung das **Kollegialprinzip** beachtlich, wobei nicht erforderlich ist, dass das Kollegium („die Kommission") über den ausformulierten Wortlaut berät und abstimmt,[78] sofern die die Stellungnahme tragenden Elemente den Mitgliedern des Kollegiums zur Verfügung gestanden haben.

20   bb) **Identität des Gegenstandes.** Fehlt jegliche Begründung oder ist sie in wesentlichen Punkten unklar, widersprüchlich oder unvollständig, ist das Vorverfahren nicht ordnungsgemäß durchgeführt und die später erhobene Klage unzulässig.[79] Zu beachten ist ferner, dass die Stellungnahme keine Rügen enthalten darf, die nicht schon Gegenstand des ersten Mahnschreibens waren, d.h. die Kommission darf in ihrer Stellungnahme **weder neue tatsächliche noch neue rechtliche Gesichtspunkte** einbringen.[80] Die Klage ist folglich nur insoweit zulässig, als sie auf Gründe und Angriffsmittel gestützt wird, die in der mit Gründen versehenen Stellungnahme bereits angeführt worden sind, wobei Beschränkungen und Präzisierungen möglich sind (vgl. unten Rn. 34). Ferner darf die Stellungnahme von der Kommission nur dann abgegeben werden, wenn der Vertragsverstoß im Zeitpunkt der Beschlussfassung über die Stellungnahme noch fortbesteht. Die Beurteilung des „Andauerns" der Vertragsverletzung richtet sich wiederum nach dem Streitgegenstand, wie er bereits durch das erste Mahnschreiben festgelegt worden ist.[81]

21   cc) **Nicht justitiabler Rechtsakt.** Ebenso wenig wie die Einleitung des Vertragsverletzungsverfahrens stellt auch die begründete Stellungnahme einen konstitutiven Rechtsakt dar, der von dem betroffenen Mitgliedstaat im Wege der Nichtigkeitsklage

---

[76] EuGH, Rs. 7/61, *Kommission/Italien*, Slg. 1961, 693, 716; Rs. 325/82, *Kommission/Deutschland*, Slg. 1984, 777, 793; Rs. 274/83, *Kommission/Italien*, Slg. 1985, 1077, 1090; Rs. C-247/89, *Kommission/Portugal*, Slg. 1991, I-3659; Rs. C-96/95, *Kommission/Deutschland*, Slg. 1997, I-1653; Rs. C-279/94, *Kommission/Italien*, Slg. 1997, I-4743 Rn. 15, 19; Rs. C-78/98, *Preston*, Slg. 2000, I-3201, 3209; Rs. C-98/04, *Kommission/Vereinigtes Königreich*, Slg. 2006, I-4003 Rn. 17, 21; Rs. C-199/04, *Kommission/Vereinigtes Königreich und Nordirland*, Slg. 2007, I-1221 Rn. 21; *Cremer*, in: Calliess/Ruffert, EUV/AEUV, Art. 258 AEUV Rn. 17; *Thiele*, EU-Prozessrecht, § 5 Rn. 21.

[77] EuGH, Rs. C-247/89, *Kommission/Portugal*, Slg. 1991, I-3659; ebenso *Karpenstein*, in: GHN, Art. 258 AEUV Rn. 37; *Schwarze*, in: ders., EU-Kommentar, Art. 258 AEUV Rn. 19.

[78] EuGH, Rs. C-137/92 P, *Kommission/BASF*, Slg. 1994, I-2555 Rn. 62 zum Kollegialprinzip im Allgemeinen; Rs. C-191/95, *Kommission/Deutschland*, Slg. 1998, I-5449, Rn. 54; Rs. C-272/97, *Kommission/Deutschland*, Slg. 1999, I-2175, 2190; *Cremer*, in: Calliess/Ruffert, EUV/AEUV, Art. 258 AEUV Rn. 23; *Frenz*, Handbuch Europarecht, Bd. 5 Rn. 2569; *Karpenstein*, in: GHN, Art. 258 AEUV Rn. 27; *Pechstein*, EU-Prozessrecht, Rn. 272.

[79] Vgl. EuGH, Rs. 325/82, *Kommission/Deutschland*, Slg. 1984, 777; ebenso: *Karpenstein*, in: GHN, Art. 258 AEUV Rn. 46; teilweise a.A. (bei unklarer oder widersprüchlicher Begründung sei die Klage zulässig, aber unbegründet): *Cremer*, in: Calliess/Ruffert, EUV/AEUV, Art. 258 AEUV Rn. 17.

[80] EuGH, Rs. 45/64, *Kommission/Italien*, Slg. 1965, 1125; Rs. C-191/95, *Kommission/Deutschland*, Slg. 1998, I-5449 Rn. 55; Rs. C-98/04, *Kommission/Vereinigtes Königreich*, Slg. 2006, I-4003 Rn. 18; *Frenz*, Handbuch Europarecht, Bd. 5 Rn. 2571; *Karpenstein*, in: GHN, Art. 258 AEUV Rn. 40; *Kotzur*, in: Geiger/Khan/Kotzur, EUV/AEUV, Art. 258 AEUV Rn. 14; *Thiele*, EU-Prozessrecht, § 5 Rn. 21, 22.

[81] *Karpenstein*, in: GHN, Art. 258 AEUV Rn. 44.

gemäß Art. 263 AEUV angefochten werden könnte.⁸² Die Unverbindlichkeit dieser Rechtshandlung ergibt sich bereits aus Art. 288 Abs. 5 AEUV.

c) **Frist.** Entsprechend dem Text der einzelnen Verträge muss die Kommission in ihrer Stellungnahme den betreffenden Mitgliedstaaten eine Frist setzen, innerhalb derer die Beseitigung der Vertragsverletzung vorgenommen werden muss. Mit dieser Frist soll dem Mitgliedstaat letztmalig Gelegenheit zum Einlenken gegeben werden. Über die Bemessung dieser Frist treffen die Gründungsverträge keine Aussage. Auch der EuGH hat sich bislang nicht zu einer absoluten Höchst- oder Mindestdauer der Beseitigungsfrist geäußert.⁸³ In der Literatur wird vereinzelt die Einräumung einer Monatsfrist als ausreichend angesehen.⁸⁴ In der Praxis hat sich eine **Frist von zwei Monaten eingebürgert.**⁸⁵ Je nach den einzelnen Fallumständen kann die Frist kürzer oder länger anzusetzen sein. Ob die festgesetzte Frist angemessen ist, ist dabei unter Berücksichtigung sämtlicher für den Einzelfall maßgeblichen Umstände zu beurteilen.⁸⁶ In der Regel muss die Frist so kalkuliert sein, dass der betroffene Mitgliedstaat bei gutem Willen und bei Anspannung aller Kräfte tatsächlich in der Lage ist, seine Pflicht vor Fristablauf zu erfüllen. Ist die Frist zu kurz bestimmt, muss der betreffende Mitgliedstaat bei der Kommission um Fristverlängerung nachsuchen. 22

Lediglich unter ganz besonderen Umständen ist es nach der Rechtsprechung gerechtfertigt, sehr kurze Fristen festzusetzen, insbesondere dann, wenn einer Vertragsverletzung schnell begegnet werden muss oder wenn der Mitgliedstaat den Standpunkt der Kommission bereits vor der Einleitung des vorprozessualen Verfahrens kannte.⁸⁷ Jedoch nicht nur bei der Verkürzung der Beseitigungsfrist, auch bei der Verlängerung ist besonderen Gegebenheiten im betroffenen Mitgliedstaat, etwa einer bevorstehenden Parlamentsauflösung, Rechnung zu tragen. Die Bemessung der Fristen seitens der Kommission wird in der Literatur bisweilen als großzügig angesehen.⁸⁸ Der Gerichtshof ist von sich aus nicht berechtigt, eine von der Kommission zu kurz bemessene Frist durch eine angemessen lange Frist zu ersetzen,⁸⁹ vielmehr ist die Klage wegen des nicht ordnungsgemäß durchgeführten Vorverfahrens als unzulässig abzuwei- 23

---

[82] EuGH, Rs. 48/65, *Lütticke*, Slg. 1966, 28; Rs. 142/80 und 143/80, *Salengo*, Slg. 1981, 1413; Rs. C-191/95, *Kommission/Deutschland*, Slg. 1998, I-5449 Rn. 44; *Arnull*, The European Union, S. 35; *Frenz*, Handbuch Europarecht, Bd. 5 Rn. 2575; *Karpenstein*, in: GHN, Art. 258 AEUV Rn. 48; *Kotzur*, in: Geiger/Khan/Kotzur, EUV/AEUV, Art. 258 AEUV Rn. 15; *Schwarze*, in: ders., EU-Kommentar, Art. 258 AEUV Rn. 22; *Thiele*, EU-Prozessrecht, § 5 Rn. 26.

[83] Offenlassend EuGH, Rs. 324/82, *Kommission/Belgien*, Slg. 1984, 1861 ff.; Rs. C-473/93, *Kommission/Luxemburg*, Slg. 1996, I-3207, 3254.

[84] *Bleckmann*, Europarecht, Rn. 821; *Dashwood/White*, ELR 1989, 397.

[85] Vgl. *Cremer*, in: Calliess/Ruffert, EUV/AEUV, Art. 258 AEUV Rn. 24; *Frenz*, Handbuch Europarecht, Bd. 5 Rn. 2572; *Karpenstein*, in: GHN, Art. 258 AEUV Rn. 42; *Schwarze*, in: ders., EU-Kommentar, Art. 258 AEUV Rn. 21; *Thiele*, EU-Prozessrecht, § 5 Rn. 23.

[86] EuGH, Rs. 293/85, *Kommission/Belgien*, Slg. 1988, 305, 352; Rs. C-473/93, *Kommission/Luxemburg*, Slg. 1996, I-3207, 3254; C-473/93, *Kommission/Luxemburg*, Slg. 1996, I-3248 Rn. 20; *Karpenstein*, in: GHN, Art. 258 AEUV Rn. 45 f.; *Schwarze*, in: ders., EU-Kommentar, Art. 258 AEUV Rn. 21.

[87] EuGH, Rs. 293/85, *Kommission/Belgien*, Slg. 1988, 305, 352; Rs. C-328/96, *Kommission/Österreich*, Slg. 1999, I-7479, 7519.

[88] So *Karpenstein*, in: GHN, Art. 258 AEUV Rn. 46; *Thiele*, EU-Prozessrecht, § 5 Rn. 24.

[89] EuGH, Rs. 28/81, *Kommission/Italien*, Slg. 1981, 2577, 2582; *Schwarze*, in: ders., EU-Kommentar, Art. 258 AEUV Rn. 21.

sen.[90] Den Mitgliedstaaten ist das Ende der gewährten Frist in der begründeten Stellungnahme durch ein präzises Datum mitzuteilen. Kommt der betreffende Mitgliedstaat der in der Stellungnahme zum Ausdruck kommenden Aufforderung zur Beseitigung der Vertragsverletzung nicht innerhalb der gesetzten Frist nach, ist das Vorverfahren abgeschlossen[91] und die Kommission nunmehr zur Klageerhebung berechtigt.

24   Für eine Berechtigung der Kommission zur Klageerhebung kommt es allein auf die **Situation bei Ablauf der gesetzten Frist** an.[92] In Fällen, in denen zwischen Fristablauf und Klageerhebung oder kurz nach Klageerhebung durch den betreffenden Mitgliedstaat die Beseitigung der Vertragsverletzung erfolgt ist, bleibt nach neuerer Rechtsprechung des EuGH eine Klage in der Regel zulässig.[93]

25   d) **Pflicht zur Verfahrenseinleitung?**. Ob angesichts des Wortlautes des Art. 258 Abs. 2 AEUV („kann") eine Pflicht der Kommission zur Verfahrenseinleitung bzw. sogar zur Klageerhebung besteht, ist angesichts des eingeräumten Ermessensspielraums zweifelhaft und in der Literatur umstritten. Wurde anfangs in der Literatur zwischen den verschiedenen Verfahrensstadien differenziert und hinsichtlich des Vorverfahrens eine Verfolgungspflicht angenommen und der Kommission für die Anrufung des EuGH Ermessen eingeräumt,[94] wird mittlerweile mehrheitlich ein Einleitungsermessen angenommen.[95] Eine Rechtspflicht der Kommission zur Verfahrenseinleitung sollte schon angesichts einer Vielzahl von Bagatellfällen verneint werden (vgl. aber oben Rn. 11), allein um eine unnötige Überlastung des EuGH zu vermeiden.[96] Dieses Ergebnis wird auch durch die mittlerweile ständige Rechtsprechung des EuGH bestätigt, der der Kommission ausdrücklich ein **Ermessen zur Verfahrenseinleitung** zubilligt.[97] Das

---

[90] EuGH, Rs. 293/85, *Kommission/Belgien*, Slg. 1988, 305, 353; *Schwarze*, in: ders., EU-Kommentar, Art. 258 AEUV Rn. 21.

[91] EuGH, Rs. C-125/03, *Kommission/Deutschland*, ZfBR 2005, 199; *Frenz*, Handbuch Europarecht, Bd. 5 Rn. 2576; *Thiele*, EU-Prozessrecht, § 5 Rn. 25.

[92] Vgl. EuGH, Rs. C-313/93, *Kommission/Luxemburg*, Slg. 1994, I-1279; Rs. C-118/92, *Kommission/Luxemburg*, Slg. 1994, I-1891; Rs. C-221/04, *Kommission/Spanien*, Slg. 2005, I-4515 Rn. 23; Rs. C-23/05, *Kommission/Luxemburg*, Slg. 2005, I-9535 Rn. 9; Rs. C-189/09, *Kommission/Österreich*, CR 2010, 587 ff.; *Cremer*, in: Calliess/Ruffert, EUV/AEUV, Art. 258 AEUV Rn. 33; *Sabotta*, ZUR 2008, 72 (73).

[93] Vgl. näher unten Rn. 38; EuGH, Rs. C-243/89, *Kommission/Dänemark*, Slg. 1993, I-3353 Rn. 30; Rs. C-243/89, *Kommission/Deutschland*, ZfBR 2005, 199 (200); Rs. C-115/07, *Kommission/Tschechien*, Slg. 2007, I-26 Rn. 9.

[94] *Krück*, in: GTE, 4. Aufl. 1991 Art. 169 EWGV Rn. 65 ff.; *Schweitzer/Hummer/Obwexer*, Europarecht, Rn. 469; *Kort*, DB 1996, 1324 f.

[95] *Cremer*, in: Calliess/Ruffert, EUV/AEUV, Art. 258 AEUV Rn. 42; *Dörr/Lenz*, VerwRechtsschutz, S. 20; eine Pflicht auch zur Verfahrenseinleitung ablehnend, *Frenz*, Handbuch Europarecht, Bd. 5 Rn. 2522, 2577, 2581; *Haltern*, VerwArch 2005, 311 (313); *Karpenstein*, in: GHN, Art. 258 AEUV Rn. 33 ff., 49; *Kotzur*, in: Geiger/Khan/Kotzur, EUV/AEUV, Art. 258 AEUV Rn. 8; *Oppermann/Classen/Nettesheim*, Europarecht, § 14 Rn. 25; *Thiele*, EU-Prozessrecht, § 5 Rn. 25.

[96] *Borchardt*, in: Dauses, EU-WirtR, Abschn. P I Rn. 31; *El-Shabassy*, Die Durchsetzung finanzieller Sanktionen der Europäischen Gemeinschaften gegen ihre Mitgliedstaaten, S. 31 ff.; *Frenz*, Handbuch Europarecht, Bd. 5 Rn. 2580; *Pechstein*, EU-Prozessrecht, Rn. 249; *Oppermann/Classen/Nettesheim*, Europarecht, § 14 Rn. 31; *Thiele*, EU-Prozessrecht, § 5 Rn. 25.

[97] EuGH, Rs. 247/87, *Star Fruit Company*, Slg. 1989, 291, 301; Rs. 329/88, *Kommission/Griechenland*, Slg. 1989, 4159; Rs. C-87/89, *Sonito*, Slg. 1990, I-1981, 2008 f.; Rs. C-72/90, *Asia Motor France*, Slg. 1990, I-2181, 2185; Rs. C-107/95, *Bundesverband der Bilanzbuchhalter*, Slg. 1997, I-947, 962 f.; Rs. C-422/97, *Sateba*, Slg. 1998, I-4913, 4931 f.; Rs. C-62/98, *Kommission/Portugal*, Slg. 2000, I-5171 Rn. 37; vgl. auch *Candela Castillo/Mongin*, RDMC 1996, 52 ff.

der Kommission im Rahmen der Aufsichtsklage eingeräumte Ermessen muss sich zwar stets an sachgerechten Erwägungen ausrichten[98] und insbesondere den Grundsatz der Gleichheit der Mitgliedstaaten vor dem Europarecht wahren;[99] es ist jedoch einer Überprüfung durch den Gerichtshof nicht zugänglich. Die ablehnende Entscheidung der Kommission, kein Vertragsverletzungsverfahren einzuleiten, kann mangels Rechtsqualität auch nicht im Wege der Nichtigkeitsklage angefochten werden.[100] Durch die ablehnende Entscheidung der Kommission, ein Vertragsverletzungsverfahren gegenüber einem Mitgliedstaat einzuleiten, wird auch ein etwaiger privater Antragsteller nicht unmittelbar und individuell i.S.v. Art. 263 Abs. 4 AEUV betroffen.[101] Ebenso wenig kann die Nichtentscheidung der Kommission auf einen entsprechenden „Antrag" hin mit der Untätigkeitsklage gerügt werden.[102]

2. Vertragsverletzungsverfahren zwischen einzelnen Mitgliedstaaten gemäß Art. 259 AEUV. Bevor ein Mitgliedstaat gegenüber einem anderen Klage wegen angeblicher Vertragsverletzung erheben kann, muss sich nach Art. 259 Abs. 2 AEUV zunächst die Kommission mit der Angelegenheit befassen. Ähnlich wie beim Vorverfahren der Aufsichtsklage durch die Kommission handelt es sich auch bei dem Verfahren nach Art. 259 AEUV um eine obligatorische Zulässigkeitsvoraussetzung für die spätere Klage. Darüber hinaus bestehen hinsichtlich Funktion und Bedeutung der beiden Vorverfahren einige wesentliche Unterschiede.[103] Anders als im Vorverfahren der Aufsichtsklage kommt der Kommission nicht die Rolle eines „Inquisitors", sondern die des „Schiedsrichters" und „Puffers" zu.[104] Wie bereits erwähnt, vermeiden die Mitgliedstaaten das direkte Aufeinanderprallen. Durch die **Befassung der Kommission** mit der angeblichen Vertragsverletzung soll vorab die gutachterliche Äußerung eines „unbeteiligten" Dritten eingeholt werden, so dass das Vorverfahren nach Art. 259 AEUV eher eine „clearing-Funktion" hat als die der unmittelbaren Verfolgung und Abstellung einer möglichen Vertragsverletzung.

a) Anhörungsverfahren der Mitgliedstaaten vor der Kommission. Wie sich aus Art. 259 Abs. 4 AEUV ergibt, erfolgt die Einleitung des Vorverfahrens durch einen Antrag des Mitgliedstaates, der den Gerichtshof wegen der Vertragsverletzung eines anderen Mitgliedstaates anrufen will. In der Regel erfolgt die Antragstellung schriftlich. Sofern der Antrag ausnahmsweise einmal mündlich erhoben wird, sollte er durch die

---

[98] Vgl. EuGH, Rs. 324/82, *Kommission/Belgien*, Slg. 1984, 1861, 1878.
[99] *Stotz*, in: EUDUR I, § 45 Rn. 31a m.w.N. aus der Spruchpraxis des EuGH.
[100] EuGH, Rs. C-87/89, *Sonito*, Slg. 1990, I-1981, 2009; Rs. C-107/95, *Bundesverband der Bilanzbuchhalter*, Slg. 1997, I-947, 962f.; *Arnull*, The European Union, S. 35.
[101] EuGH, Rs. 247/87, *Star Fruit Company*, Slg. 1989, 291, 301; *Cremer*, in: Calliess/Ruffert, EUV/AEUV, Art. 258 AEUV Rn. 44.
[102] EuGH, Rs. 247/87, *Star Fruit Company*, Slg. 1989, 291, 301; Rs. C-371/89, *Emrich/Kommission*, Slg. 1990, I-1555, 1557f.; Rs. C-72/90, *Asia Motor France*, Slg. 1990, I-2181, 2184f.; Rs. C-107/95, *Bundesverband der Bilanzbuchhalter*, Slg. 1997, I-947, 960; *Frenz*, Handbuch Europarecht, Bd. 5 Rn. 2577, 2583; *Kotzur*, in: Geiger/Khan/Kotzur, EUV/AEUV, Art. 258 AEUV Rn. 9; *Wollenschläger*, Gemeinschaftsaufsicht über die Rechtsprechung der Mitgliedstaaten, S. 99.
[103] *Ehlers*, in: ders./Schoch, Rechtsschutz im Öffentlichen Recht, § 7 Rn. 18.
[104] *Frenz*, Handbuch Europarecht, Bd. 5 Rn. 2682, 2687; *Gaitanides*, in: Groeben/Schwarze, EUV/EGV, Art. 227 EGV Rn. 9; *Haratsch/Koenig/Pechstein*, Europarecht, Rn. 494; *Karpenstein/Karpenstein*, in: GHN, Art. 259 AEUV Rn. 6; *Pechstein*, EU-Prozessrecht, Rn. 311; *Schwarze*, in: ders., EU-Kommentar, Art. 259 AEUV Rn. 5; *Thiele*, EU-Prozessrecht, § 5 Rn. 28.

Kommission zu Protokoll genommen werden.[105] Obwohl dies weder im Vertragstext der Römischen Verträge ausdrücklich erwähnt, noch durch den Vertrag von Lissabon klargestellt wurde sollte der Antrag gewissen inhaltlichen Anforderungen genügen, da mit ihm nicht nur weitere verfahrensrechtliche Schritte ausgelöst werden (Anhörung der Parteien, Beginn der 3-Monats-Frist), sondern auch der **Streitgegenstand zwischen den Parteien festgelegt** wird.[106] Aus diesem Grunde sollte der Antrag die den Vertragsverstoß begründenden Tatsachen darlegen sowie die unionsrechtlichen Vorschriften nennen, die angeblich verletzt sein sollen.[107] Ferner sollte sich aus dem Antrag ergeben, dass eine Klageerhebung nach Art. 259 AEUV und nicht lediglich eine Anregung des Verfahrens nach Art. 258 AEUV beabsichtigt ist.[108] Bei einem unklaren Antrag hat die Kommission auf dessen Ergänzung hinzuwirken,[109] zumal erst mit Vorliegen eines vollständigen Antrags die 3-Monats-Frist zu laufen beginnt.[110] Liegen die beschriebenen Mindestanforderungen des Antrags vor, so gibt die Kommission den beteiligten Mitgliedstaaten Gelegenheit, sich in einem kontradiktorischen Verfahren schriftlich und mündlich gemäß Art. 259 Abs. 3 AEUV zu äußern. Hierdurch wird bereits klargestellt, dass das Anhörungsverfahren von der Kommission geleitet wird, wobei es sich in eine schriftliche und eine mündliche Phase gliedert. Da es sich um ein echtes kontradiktorisches Verfahren handelt, hat die Kommission auf unbedingte Chancengleichheit zu achten.[111] Dies bedeutet, dass jeder der beteiligten Staaten in jeder Phase zumindest einmal die Gelegenheit zur Äußerung haben muss, unabhängig davon, ob er diese Gelegenheit tatsächlich wahrnimmt.[112] Demgegenüber steht es im Ermessen der Kommission, wie lang sie die Einlassungsfristen der beteiligten Staaten bemisst. Durch die zeitliche Rahmenvorgabe der in Art. 259 Abs. 4 AEUV normierten **3-Monats-Frist** kommt es bei der schriftlichen Anhörung in der Regel nur zum Austausch von jeweils einem Schriftsatz.[113] Im Rahmen der mündlichen Verhandlung, die nicht unbedingt vor einem Kommissionsmitglied stattfinden muss, finden die ver-

---

[105] *Frenz*, Handbuch Europarecht, Bd. 5 Rn. 2686; *Karpenstein/Karpenstein*, in: GHN, Art. 259 AEUV Rn. 9; *Thiele*, EU-Prozessrecht, § 5 Rn. 29.

[106] *Frenz*, Handbuch Europarecht, Bd. 5 Rn. 2684; *Kotzur*, in: Geiger/Khan/Kotzur, EUV/AEUV, Art. 259 AEUV Rn. 5; *Pechstein*, EU-Prozessrecht, Rn. 313, 314; *Schwarze*, in: ders., EU-Kommentar, Art. 259 AEUV Rn. 5.

[107] *Karpenstein/Karpenstein*, in: GHN, Art. 259 AEUV Rn. 9; *Schwarze*, in: ders., EU-Kommentar, Art. 259 AEUV Rn. 3, 4; *Thiele*, EU-Prozessrecht, § 5 Rn. 29.

[108] *Frenz*, Handbuch Europarecht, Bd. 5 Rn. 2685; *Karpenstein/Karpenstein*, in: GHN, Art. 259 AEUV Rn. 9; *Pechstein*, EU-Prozessrecht, Rn. 312; *Schwarze*, in: ders., EU-Kommentar, Art. 259 AEUV Rn. 4; *Thiele*, EU-Prozessrecht, § 5 Rn. 29.

[109] *Karpenstein/Karpenstein*, in: GHN, Art. 259 AEUV Rn. 10; *Thiele*, EU-Prozessrecht, § 5 Rn. 29.

[110] *Karpenstein/Karpenstein*, in: GHN, Art. 259 AEUV Rn. 10; *Thiele*, EU-Prozessrecht, § 5 Rn. 50.

[111] *Frenz*, Handbuch Europarecht, Bd. 5 Rn. 2688; *Karpenstein/Karpenstein*, in: GHN, Art. 259 AEUV Rn. 11; *Schwarze*, in: ders., EU-Kommentar, Art. 259 AEUV Rn. 5; *Thiele*, EU-Prozessrecht, § 5 Rn. 30.

[112] *Frenz*, Handbuch Europarecht, Bd. 5 Rn. 2688; *Karpenstein/Karpenstein*, in: GHN, Art. 259 AEUV Rn. 11; *Schwarze*, in: ders., EU-Kommentar, Art. 259 AEUV Rn. 5.

[113] *Karpenstein/Karpenstein*, in: GHN, Art. 259 AEUV Rn. 11; *Pechstein*, EU-Prozessrecht, Rn. 313; *Schwarze*, in: ders., EU-Kommentar, Art. 259 AEUV Rn. 6; *Thiele*, EU-Prozessrecht, § 5 Rn. 30.

fahrensrechtlichen Grundsätze[114] keine Anwendung, da die Kommission hier nicht in richterlicher Funktion auftritt.[115]

Das Vorverfahren darf sich nur auf diejenigen Verhaltensweisen beziehen, mit denen der beschuldigte Mitgliedstaat die Kommission befasst hat. Will die Kommission zusätzlich weitere Verstöße aufgreifen, ist sie gehalten, ein eigenes Verfahren nach Art. 258 AEUV einzuleiten.[116]

b) Begründete Stellungnahme. Ist das Anhörungsverfahren durchgeführt, erlässt die Kommission eine mit Gründen versehene Stellungnahme. Im Gegensatz zur Stellungnahme im Rahmen der Aufsichtsklage der Kommission gemäß Art. 258 AEUV handelt es sich hierbei aber nicht um eine obligatorische Sachurteilsvoraussetzung, wie sich auch aus Art. 259 Abs. 4 AEUV ergibt. Inhaltlich hat die Kommission ihre Auffassung zu den erhobenen Vorwürfen darzulegen. Es handelt sich dabei um eine **gutachtliche Äußerung** der Kommission.[117] Ob sie die Rechtsauffassung des antragstellenden Mitgliedstaats teilt, ist für sein Klagerecht unerheblich. Auch wenn die Kommission eine negative Stellungnahme abgibt und einen Vertragsverstoß ganz oder teilweise verneint, kann der Mitgliedstaat in ursprünglichem Umfang Klage erheben. Dies folgt aus der Schiedsrichterfunktion der Kommission in diesem Verfahren und aus Art. 259 Abs. 4 AEUV, der ein Klagerecht selbst in den Fällen vorsieht, in denen die Kommission überhaupt keine Stellungnahme abgegeben hat.[118] Die Anforderungen an die Begründung der Stellungnahme unterscheiden sich nicht von denen, die an die Stellungnahme im Vorverfahren der Aufsichtsklage der Kommission (vgl. Rn. 19) gestellt werden. Zu berücksichtigen ist aber, dass die Kommission bei der Abfassung ihrer Stellungnahme hinsichtlich des Gegenstandes gebunden ist.[119] Die Stellungnahme muss sich daher auf alle Punkte beziehen, die der beschuldigende Staat vorgebracht hat. Umgekehrt darf sie keine Vorwürfe enthalten, die nicht im Antrag erhoben wurden und inzwischen fallengelassen worden sind. Dies bedeutet umgekehrt für den klagenden Mitgliedstaat, dass er auch nur solche Verletzungen rügen kann, mit denen sich die Kommission zuvor rechtswirksam befasst hat. Wie oben bereits dargelegt (Rn. 21), ist die von der Kommission erlassene Stellungnahme kein bindender und daher selbständig mit der Nichtigkeitsklage angreifbarer Akt. Eine abweichende Stellungnahme

---

[114] Vgl. dazu § 21.
[115] *Karpenstein/Karpenstein*, in: GHN, Art. 259 AEUV Rn. 12.
[116] *Cremer*, in: Calliess/Ruffert, EUV/AEUV, Art. 259 AEUV Rn. 4; *Frenz*, Handbuch Europarecht, Bd. 5 Rn. 2696; *Karpenstein/Karpenstein*, in: GHN, Art. 259 AEUV Rn. 13; *Schwarze*, in: ders., EU-Kommentar, Art. 259 AEUV Rn. 9.
[117] *Frenz*, Handbuch Europarecht, Bd. 5 Rn. 2690; *Karpenstein/Karpenstein*, in: GHN, Art. 259 AEUV Rn. 16; *Kotzur*, in: Geiger/Khan/Kotzur, EUV/AEUV, Art. 259 AEUV Rn. 7; *Pechstein*, EU-Prozessrecht, Rn. 314; *Schwarze*, in: ders., EU-Kommentar, Art. 259 AEUV Rn. 6; *Thiele*, EU-Prozessrecht, § 5 Rn. 31.
[118] *Cremer*, in: Calliess/Ruffert, EUV/AEUV, Art. 259 AEUV Rn. 3; *Frenz*, Handbuch Europarecht, Bd. 5 Rn. 2694; *Karpenstein/Karpenstein*, in: GHN, Art. 259 AEUV Rn. 14; *Kotzur*, in: Geiger/Khan/Kotzur, EUV/AEUV, Art. 259 AEUV Rn. 3, 9; *Schwarze*, in: ders., EU-Kommentar, Art. 259 AEUV Rn. 6; *Thiele*, EU-Prozessrecht, § 5 Rn. 31.
[119] *Cremer*, in: Calliess/Ruffert, EUV/AEUV, Art. 259 AEUV Rn. 3; *Frenz*, Handbuch Europarecht, Bd. 5 Rn. 2691; *Karpenstein/Karpenstein*, in: GHN, Art. 259 AEUV Rn. 16; *Schwarze*, in: ders., EU-Kommentar, Art. 259 AEUV Rn. 5.

der Kommission eröffnet dem Mitgliedstaat deshalb kein selbstständiges und weitergehendes Klagerecht.

30 Bezüglich des Vorliegens dieser Prozessvoraussetzung ist ferner zu berücksichtigen, dass die Durchführung des ordnungsgemäßen Vorverfahrens in entscheidendem Maße auch von der Kommission abhängt. Infolgedessen darf das Klagerecht eines Mitgliedstaates nicht durch Säumnisse oder Mängel geschmälert werden, die ausschließlich von der Kommission zu vertreten sind. Dieses Ergebnis folgt aus einem Analogieschluss zu Art. 259 Abs. 4 AEUV.[120] Sollte die Stellungnahme der Kommission nicht den og. Erfordernissen entsprechen, beeinträchtigt dies somit nicht die Zulässigkeit einer späteren Klage.

31 c) **Frist.** Unabhängig von der Abgabe einer Stellungnahme durch die Kommission räumt Art. 259 Abs. 4 AEUV dem betreffenden Mitgliedstaat in jedem Fall ein Klagerecht ein, wenn seit Antragstellung bei der Kommission drei Monate verstrichen sind. Aufgrund dieser abweichenden Regelung zum Vorverfahren der Aufsichtsklage wird gefolgert, dass es einer Fristsetzung wie bei Art. 258 Abs. 2 AEUV im Vorverfahren des Art. 259 AEUV nicht bedarf.[121] Gleichwohl kann sich die 3-Monats-Frist bei schwierigen Sachverhaltskonstellationen als zu kurz erweisen. Die in einem solchen Fall möglicherweise gebotene **Fristverlängerung** begründet nach einhelliger Meinung aber keine Verpflichtung für den betreffenden Mitgliedstaat, mit seiner Klage bis zum Fristablauf zu warten.[122] Allerdings könnte sich dann aus dem aus Art. 4 Abs. 3 EUV (Art. 10 EGV) herzuleitenden Grundsatz der loyalen Unionstreue[123] (früher: Gemeinschaftstreue[124]) ergeben, dass es dem betreffenden Mitgliedstaat verwehrt ist, von seinem Klagerecht Gebrauch zu machen und er zunächst die Stellungnahme der Kommission abwarten muss.

32 3. **Entbehrlichkeit des Vorverfahrens.** In bestimmten, vom AEUV vorgesehenen Fällen, können die Kommission und einzelne Mitgliedstaaten auf die Durchführung eines Vorverfahrens verzichten. So gestatten die Art. 108 Abs. 2 UAbs. 2, 114 Abs. 9, 348 Abs. 2 AEUV in Abweichung zu den Art. 258, 259 AEUV in Fällen der Beihilfenkontrolle, der Kontrolle nationaler Sonderregelungen[125] sowie bei Missbrauch bestimmter nationaler Befugnisse[126] die unmittelbare Anrufung des Gerichtshofs. Der Grund hierfür liegt in der Tatsache, dass die Kommission ihre Auffassung bereits in den entsprechenden Kontrollverfahren dargelegt hat, so dass das Erfordernis der

---

[120] *Cremer*, in: Calliess/Ruffert, EUV/EGV, Art. 227 EGV Rn. 3; *Frenz*, Handbuch Europarecht, Bd. 5 Rn. 2683, 2695; *Gaitanides*, in: Groeben/Schwarze, EUV/EGV, Art. 227 Rn. 14; *Karpenstein/Karpenstein*, in: GHN, Art. 259 AEUV Rn. 19; *Schwarze*, in: ders., EU-Kommentar, Art. 259 AEUV Rn. 6.

[121] *Karpenstein/Karpenstein*, in: GHN, Art. 259 AEUV Rn. 15; *Schwarze*, in: ders., EU-Kommentar, Art. 259 AEUV Rn. 6.

[122] *Cremer*, in: Calliess/Ruffert, EUV/AEUV, Art. 259 AEUV Rn. 2; *Frenz*, Handbuch Europarecht, Bd. 5 Rn. 2703; *Karpenstein/Karpenstein*, in: GHN, Art. 259 AEUV Rn. 17; *Pechstein*, EU-Prozessrecht, Rn. 312; *Schwarze*, in: ders., EU-Kommentar, Art. 259 AEUV Rn. 6.

[123] *Frenz*, Handbuch Europarecht, Bd. 5 Rn. 2326.

[124] Vgl. allgemein EuGH, Rs. 230/81, *Luxemburg/Parlament*, Slg. 1983, 255, 287; Rs. 44/84, *Derrick Guy Edmund Hurd/Kenneth Jones*, Slg. 1986, 29, 81; *Bleckmann*, Europarecht, Rn. 697 ff.

[125] Vgl. dazu EuGH, Rs. C-41/93, *Frankreich/Kommission*, Slg. 1994, I-1829.

[126] Vgl. dazu EuGH, Rs. C-120/94, *Kommission/Griechenland*, Slg. 1994, I-3037.

2. Abschnitt. Direktklagen   33 § 6

Durchführung eines weiteren Vorverfahrens einen unnötigen Formalismus darstellen würde. Während die Sonderregelung des Art. 108 Abs. 2 UAbs. 2 AEUV im Bereich der Beihilfenkontrolle fraglos dem herkömmlichen Vertragsverletzungsverfahren vorgeht,[127] ist das Verhältnis der anderen beiden Kontrollverfahren zum Vertragsverletzungsverfahren noch nicht abschließend geklärt. Da allein auf die Durchführung des Vorverfahrens, nicht aber auf die sonstigen Sachurteilsvoraussetzungen verzichtet wird, handelt es sich nicht um „spezielle Vertragsverletzungsklagen",[128] sondern lediglich um eine **Modifizierung der Zulässigkeitsvoraussetzungen**, wobei der Kommission und den Mitgliedstaaten ein Wahlrecht zwischen jenen Sonderregeln und dem „Normal"-Verfahren nach Art. 258 f. AEUV zusteht.[129]

V. Form

1. Ordnungsgemäße Klageerhebung. Wie sich aus Art. 21 Satzung-EuGH i.V.m.   33
Art. 120 Abs. 1 VerfO-EuGH ergibt, ist die an den Kanzler (Art. 20 Abs. 1 VerfO-EuGH) zu richtende Klage schriftlich beim EuGH einzureichen. Eine irrtümlich beim Gericht erster Instanz eingereichte Klage wird unverzüglich zum EuGH weitergeleitet (vgl. Art. 54 Abs. 1 Satzung-EuGH). Sie muss von einem **Bevollmächtigten** der klagenden Partei – dies ist in der Regel der Fall – oder von einem Anwalt unterzeichnet sein. Die Klageschrift selbst muss Namen und Wohnsitz des Klägers, die Bezeichnung des Beklagten, den Streitgegenstand und eine kurze Darstellung der Klagegründe sowie die Anträge des Klägers und ggf. die Bezeichnung der Beweismittel enthalten. Im Rahmen des Vertragsverletzungsverfahrens kann der Antrag lediglich auf Feststellung lauten, dass der beklagte Mitgliedstaat durch ein bestimmtes Verhalten gegen Bestimmungen des Europarechts verstoßen hat.[130] Sonstige Begehren können im Rahmen dieser Klage zulässigerweise nicht verfolgt werden. Hinsichtlich des **Streitgegenstandes** muss unmittelbar aus der Klageschrift eindeutig erkennbar sein, gegen welche unionsrechtlichen Vorschriften die gerügte Verhaltensweise angeblich verstoßen soll.[131] Aus diesem Grunde sind die rechtlichen und tatsächlichen Gründe, auf die die geltend gemachten Rügen gestützt werden, zusammenhängend und in verständlicher Form anzugeben.[132] Nicht ausreichend ist es, wenn die Verurteilung eines Mitgliedstaates lediglich „aus

---

[127] Vgl. EuGH, Rs. 290/83, *Kommission/Frankreich*, Slg. 1985, I-439, 449 f.; *Hein*, Die Inzidentkontrolle sekundären Gemeinschaftsrechts durch den Europäischen Gerichtshof, S. 88.

[128] So aber *Cremer*, in: Calliess/Ruffert, EUV/AEUV, Art. 258 AEUV Rn. 39; *El-Shabassy*, Die Durchsetzung finanzieller Sanktionen der Europäischen Gemeinschaften gegen ihre Mitgliedstaaten, S. 38; *Frenz*, Handbuch Europarecht, Bd. 5 Rn. 2669; wohl auch *Steiner/Woods/Twigg-Flesner*, EU Law, S. 241.

[129] Ebenso *Karpenstein*, in: GHN, Art. 258 AEUV Rn. 35.

[130] Vgl. näher unten Rn. 61 f.; EuGH, Rs. C-105/02, *Kommission/Deutschland*, Slg. 2006, I-9659; *Karpenstein*, in: GHN, Art. 258 AEUV Rn. 56; *Kotzur*, in: Geiger/Khan/Kotzur, EUV/AEUV, Art. 258 AEUV Rn. 16; *Pechstein*, EU-Prozessrecht, Rn. 279.

[131] EuGH, Rs. C-132/09, *Kommission/Belgien*, Slg. 2010, I-08695 Rn. 37; Rs. C-543/98, *Kommission/Portugal*, EuZW 2011, 17 ff. Rn. 21.

[132] EuGH, Rs. C-347/88, *Kommission/Griechenland*, Slg. 1990, I-4747, 4786; Rs. C-187/00, *Kommission/Italien*, Slg. 2003, I-303; Rs. C-296/01, *Kommission/Frankreich*, Slg. 2003, I-13909; Rs. C-199/03, *Kommission/Irland*, Slg. 2005, I-8027; Rs. C-195/04, *Kommission/Finnland*, Slg. 2007, I-3351 Rn. 22.

all den im Aufforderungsschreiben und der mit Gründen versehenen Stellungnahme aufgeführten Gründen" begehrt wird.[133]

34 **2. Identität des Streitgegenstandes.** Mit der Klage angreifbar sind nur solche Verhaltensweisen, die bereits Gegenstand des Vorverfahrens, insbesondere der Stellungnahme waren. Der Streitgegenstand wird also durch den Inhalt der begründeten Stellungnahme bzw. durch die Befassung der Kommission bestimmt.[134] Da es allerdings auch möglich ist, dass die Kommission die von ihr im Aufforderungsschreiben und in der mit Gründen versehenen Stellungnahme erhobenen Vorwürfe bei entsprechender Argumentation fallen lässt und im Wege des Klageverfahrens nicht weiter verfolgt,[135] ist es für eine genaue Abgrenzung des Klagegegenstandes unerlässlich, dass in der Klageschrift die Rügen angegeben werden, über die der Gerichtshof entscheiden soll. Dementsprechend entscheidet der EuGH **nur über Vorwürfe, die mit der Klageschrift vorgebracht werden.** Rügen, die zwar im Aufforderungsschreiben und in der begründeten Stellungnahme, nicht aber in der Klageschrift enthalten sind, können nicht Streitgegenstand eines Vertragsverletzungsverfahrens sein.[136] Eine darauf gestützte Klage wäre unzulässig. Eine Ergänzung oder Vertiefung der Begründung ist allerdings ebenso zulässig wie eine Klage gegen zwischenzeitlich geänderte Vorschriften des Mitgliedstaats mit unverändertem Regelungsgehalt.[137] Werden demgegenüber in der Zwischenzeit weitere Verstöße festgestellt, müssen die Kommission bzw. die Mitgliedstaaten ein neues selbstständiges Vertragsverletzungsverfahren einleiten.[138] Die weitergehende Verfahrensphase orientiert sich dementsprechend in rechtlicher und tatsächlicher Hinsicht immer an dem vorangegangenen Verfahrensabschnitt.[139]

VI. Klagefrist/Verwirkung des Klagerechts

35 Für die Erhebung der Klage vor dem Gerichtshof ist in den Verträgen **keine besondere Klagefrist** vorgesehen. Es ist Sache der Kommission bzw. des betroffenen

---

[133] EuGH, Rs. C-43/90, *Kommission/Deutschland*, Slg. 1992, I-1909, 1934.
[134] EuGH, Rs. 7/69, *Kommission/Italien*, Slg. 1970, 111 ff.; Rs. 142/80 und 143/80, *Salengo*, Slg. 1981, 1413, 1433; Rs. C-11/95, *Kommission/Belgien*, Slg. 1996, I-4115, 4177; Rs. C-96/95, *Kommission/Deutschland*, Slg. 1997, I-1653, 1676; Rs. C-328/96, *Kommission/Österreich*, Slg. 1999, I-7479, 7515; Rs. C-98/04, *Kommission/Vereinigtes Königreich*, Slg. 2006, I-4003 Rn. 18 st.Rspr.; *Cremer*, in: Calliess/Ruffert, EUV/AEUV, Art. 258 AEUV Rn. 16, 29; *Kotzur*, in: Geiger/Khan/Kotzur, EUV/AEUV, Art. 258 AEUV Rn. 18; *Thiele*, EU-Prozessrecht, § 5 Rn. 35.
[135] Vgl. hierzu EuGH, Rs. C-279/94, *Kommission/Italien*, Slg. 1997, I-4743, 4768; Rs. C-191/95, *Kommission/Deutschland*, Slg. 1998, I-5449, 5501 f.
[136] EuGH, Rs. C-347/88, *Kommission/Griechenland*, Slg. 1990, I-4747, 4786; Rs. C-11/95, *Kommission/Belgien*, Slg. 1996, I-4115, 4177; Rs. C-279/94, *Kommission/Italien*, Slg. 1997, I-4743, 4768; Rs. C-191/95, *Kommission/Deutschland*, Slg. 1998, I-5449, 5501; Rs. C-251/05, *Kommission/Griechenland*, Slg. 2007, I-67; a.A. aber wohl *Bleckmann*, Europarecht, Rn. 825, der dem EuGH eine weitergehende Prüfungskompetenz einräumt, die sich auf das Gesamtverhalten des Staates bezieht.
[137] Vgl. EuGH, Rs. C-11/95, *Kommission/Belgien*, Slg. 1996, I-4115, 4177; Rs. C-145/01, *Kommission/Italien*, Slg. 2003, I-5581 Rn. 17; GA *Villalon*, SchlA Rs. C-52/08, *Kommission/Portugal*, BeckRS 2010, 91091; *Karpenstein*, in: GHN, Art. 258 AEUV Rn. 57.
[138] *Krück*, in: GTE, 4. Aufl. 1991 Art. 169 EWGV Rn. 18.
[139] *Frenz*, Handbuch Europarecht, Bd. 5 Rn. 2605; *Karpenstein*, in: GHN, Art. 258 AEUV Rn. 80 f.

Mitgliedstaats den Zeitpunkt der Klageerhebung zu wählen.[140] Das Klagerecht seitens der Kommission oder des betreffenden Mitgliedstaates kann allenfalls als **verwirkt** anzusehen sein, wenn der beklagte Mitgliedstaat aus dem Verhalten der Kommission oder des klagenden Mitgliedstaates nach Treu und Glauben mit einem gerichtlichen Verfahren schlechthin nicht mehr zu rechnen braucht und aufgrund dessen seine Verteidigungsmöglichkeiten beeinträchtigt sind.[141] Ob ein solcher Vertrauenstatbestand vorliegt, lässt sich allgemein schwer beschreiben und muss deshalb von Fall zu Fall beurteilt werden.[142] Der EuGH ist mit der Möglichkeit einer Verwirkung bisher äußerst zurückhaltend umgegangen; in einem Verfahren hat er selbst bei einem sechsjährigen Abwarten der Kommission vor Klageerhebung die Klage für zulässig gehalten.[143]

VII. Klagegegner

Bei einem Vertragsverletzungsverfahren nach Art. 258, 259 AEUV ist Klagegegner immer der Mitgliedstaat, dem die Vertragsverletzung durch die Kommission oder einen anderen Mitgliedstaat vorgeworfen wird.[144] Verklagt wird also immer das Völkerrechtssubjekt in seiner Gesamtheit, welches im Verfahren durch die jeweilige Regierung als handlungsfähiges Organ vertreten wird.

VIII. Allgemeines Rechtsschutzbedürfnis

Allgemein wird ein schutzwürdiges Interesse an der Verurteilung eines Mitgliedstaates durch den Gerichtshof so lange gegeben sein, wie die gerügte Vertragsverletzung ganz oder teilweise fortbesteht,[145] selbst wenn aufgrund vollendeter Tatsachen eine Wiederherstellung des vertragsgemäßen Zustandes nicht mehr möglich ist.[146] Das Vorliegen dieser Zulässigkeitsvoraussetzung bedarf dann einer besonderen Prüfung, wenn das Klageziel durch die zwischenzeitliche **Beseitigung des gerügten Vertragsverstoßes** an sich erreicht ist. Wird die Herstellung des vertragskonformen Zustandes

---

[140] Vgl. EuGH, Rs. C-358/89, *Kommission/Niederlande*, Slg. 1991, I-2461, 2491; Rs. C-422/92, *Kommission/Deutschland*, Slg. 1995, I-1097, 1130 f.; *Cremer*, in: Calliess/Ruffert, EUV/AEUV, Art. 258 AEUV Rn. 32; *Karpenstein*, in: GHN, Art. 258 AEUV Rn. 50; *Kotzur*, in: Geiger/Khan/Kotzur, EUV/AEUV, Art. 258 AEUV Rn. 21; *Pechstein*, EU-Prozessrecht, Rn. 280; *Schwarze*, in: ders., EU-Kommentar, Art. 258 AEUV Rn. 23; *Thiele*, EU-Prozessrecht, § 5 Rn. 33.

[141] *Cremer*, in: Calliess/Ruffert, EUV/AEUV, Art. 258 AEUV Rn. 32; *Frenz*, Handbuch Europarecht, Bd. 5 Rn. 2606; *Haratsch/Koenig/Pechstein*, Europarecht, Rn. 497, 501; *Karpenstein*, in: GHN, Art. 258 AEUV Rn. 50; *Kotzur*, in: Geiger/Khan/Kotzur, EUV/AEUV, Art. 258 AEUV Rn. 21; *Pechstein*, EU-Prozessrecht, Rn. 280; *Schwarze*, in: ders., EU-Kommentar, Art. 258 AEUV Rn. 23; *Thiele*, EU-Prozessrecht, § 5 Rn. 33 ff.

[142] *Thiele*, EU-Prozessrecht, § 5 Rn. 33 ff.

[143] EuGH, Rs. C-358/89, *Kommission/Niederlande*, Slg. 1991, I-2461, 2491; Rs. C-317/92, *Kommission/Deutschland*, Slg. 1994, I-2039, 2057; Rs. C-422/92, *Kommission/Deutschland*, Slg. 1995, I-1097, 1130 f.

[144] *Steiner/Woods/Twigg-Flesner*, EU Law, S. 227.

[145] EuGH, Rs. 39/72, *Kommission/Italien*, Slg. 1973, 359, 369; Rs. 167/73, *Kommission/Frankreich*, Slg. 1974, 359, 369; Rs. 69/77, *Kommission/Italien*, Slg. 1978, 1749, 1756; *Haratsch/Koenig/Pechstein*, Europarecht, Rn. 497, 501.

[146] GA *Lenz*, SchlA Rs. C-247/89, *Kommission/Portugal*, Slg. 1991, I-3659, 3675 f.

noch innerhalb der in der begründeten Stellungnahme gesetzten Frist vorgenommen, so lässt sich bereits dem Wortlaut des Art. 258 AEUV entnehmen, dass einer Klage der Kommission das Rechtsschutzbedürfnis fehlt.[147] Entsprechendes muss auch im Vertragsverletzungsverfahren zwischen den Mitgliedstaaten nach Art. 259 AEUV gelten, wenn der gerügte Verstoß innerhalb der dort geltenden 3-Monats-Frist bereinigt wird.

38 Fraglich ist, welche Konsequenzen sich für das Rechtsschutzbedürfnis ergeben, wenn die gerügte Vertragsverletzung von den betreffenden Mitgliedstaaten erst nach Ablauf der Beseitigungsfrist, aber noch vor Klageerhebung bzw. nach Rechtshängigkeit, aber noch vor der letzten mündlichen Verhandlung abgestellt wird und mithin auf der außerprozessualen Ebene Erledigung eingetreten ist. In diesen Fällen bedurfte es nach der früheren Rechtsprechung des EuGH einer besonderen Prüfung des Rechtsschutzinteresses.[148] Dabei bejahte der Gerichtshof das Rechtsschutzbedürfnis dann, wenn nach Lage des Falles mit einer Wiederholung der Vertragsverletzung durch den Mitgliedstaat zu rechnen war oder wenn es um die Klärung essentieller Fragen des Unionsrechts ging.[149] Daneben erkannte der EuGH ein besonderes Rechtsschutzbedürfnis auch für den Fall an, dass dem Urteil eine Präjudizwirkung für spätere Schadensersatzklagen des Einzelnen gegenüber dem betroffenen Staat zukam.[150] In der Kommentarliteratur wird dieser Rechtsprechung nur noch selten gefolgt,[151] denn mittlerweile hat der Gerichtshof vom Erfordernis eines besonderen Rechtsschutzbedürfnisses Abstand genommen. Nach neuerer Rechtsprechung kommt es allein auf die **Situation bei Ablauf der in der begründeten Stellungnahme gesetzten Frist** an; eine anschließende Beseitigung des Vertragsverstoßes – auch vor Klageerhebung – wird nicht mehr berücksichtigt und ändert nichts an der Zulässigkeit einer Klage.[152] Die praktische Relevanz dieser Fragen ist jedoch gering, da die Kommission in Fällen nachträglicher Beseitigung der Vertragsverletzung regelmäßig auf eine Entscheidung

---

[147] *Cremer*, in: Calliess/Ruffert, EUV/AEUV, Art. 258 AEUV Rn. 30; *Pechstein*, EU-Prozessrecht, Rn. 283.

[148] EuGH, Rs. 7/61, *Kommission/Italien*, Slg. 1961, 693, 715 f.; Rs. 26/69, *Kommission/Frankreich*, Slg. 1970, 565, 577.

[149] EuGH, Rs. 26/69, *Kommission/Frankreich*, Slg. 1970, 565, 577.

[150] EuGH, Rs. 39/72, *Kommission/Italien*, Slg. 1973, 101, 112; Rs. 309/84, *Kommission/Italien*, Slg. 1986, 599; Rs. C-361/88, *Kommission/Deutschland*, Slg. 1991, I-2567, 2605; Rs. C-59/89, *Kommission/Deutschland*, Slg. 1991, I-2607; Rs. C-353/89, *Kommission/Niederlande*, Slg. 1991, I-4069, 4096; *Streinz*, Europarecht, Rn. 581.

[151] *Frenz*, Handbuch Europarecht, Bd. 5 Rn. 2613, für eine Beseitigung vor Ablauf der in der Stellungnahme gesetzten Frist (verneinend dagegen bei der Nichtanwendung einer noch nicht umgesetzten Richtlinie); *Kotzur*, in: Geiger/Khan/Kotzur, EUV/AEUV, Art. 258 AEUV Rn. 20.

[152] EuGH, Rs. C-200/88, *Kommission/Griechenland*, Slg. 1990, I-4299, 4311; Rs. C-29/90, *Kommission/Griechenland*, Slg. 1992, I-1971 Rn. 12; Rs. C-313/93, *Kommission/Luxemburg*, Slg. 1994, I-1279, 1286 f.; Rs. C-118/92, *Kommission/Luxemburg*, Slg. 1994, I-1891, 1898; Rs. C-289/94, *Kommission/Italien*, Slg. 1996, I-4405, 4424 f.; Rs. C-302/95, *Kommission/Italien*, Slg. 1996, I-6765, 6773; Rs. C-60/96, *Kommission/Frankreich*, Slg. 1997, I-3827, 3840; Rs. C-23/05, *Kommission/Luxemburg*, Slg. 2005, I-9535 Rn. 9; Rs. C-189/09, *Kommission/Österreich*, CR 2010, 587 Rn. 19; vgl. auch *Arnull*, The European Union, S. 41; *Cremer*, in: Calliess/Ruffert, EUV/AEUV, Art. 258 AEUV Rn. 31; *Karpenstein*, in: GHN, Art. 258 AEUV Rn. 52; *Schwarze*, in: ders., EU-Kommentar, Art. 258 AEUV Rn. 25; Thiele, EU-Prozessrecht, § 5 Rn. 40.

durch den EuGH verzichtet und die Klage zurücknimmt.¹⁵³ In einer solchen Situation kann auch der betroffene Mitgliedstaat keine Entscheidung des EuGH mehr herbeiführen, selbst wenn er seinerseits ein besonderes Rechtsschutzbedürfnis geltend macht.¹⁵⁴

C. Begründetheit

Die Klage auf Feststellung einer Vertragsverletzung ist begründet, wenn die von der klägerischen Partei behaupteten Tatsachen zutreffend einen **Vertragsverstoß** ergeben, der dem beklagten **Mitgliedstaat zugerechnet** werden kann. Maßgeblich hierfür ist die Rechtslage in dem Zeitpunkt, die bei Ablauf der in der Stellungnahme vorgesehenen Frist bestand.¹⁵⁵ Ob sich die Rechtslage auf der mitgliedstaatlichen Ebene¹⁵⁶ oder auch auf Europarechtsebene¹⁵⁷ später geändert hat, ist unerheblich. 39

I. Rechtsverstoß des Mitgliedstaates

1. Staatliche Funktionen. Aus der Perspektive des Unionsrechts werden die Mitgliedstaaten als „Handlungseinheiten" angesehen.¹⁵⁸ Demzufolge werden einem Mitgliedstaat alle europarechtswidrigen Handlungen oder Unterlassungen im innerstaatlichen Bereich zugerechnet, unabhängig davon, welches nachgeordnete Staatsorgan bzw. welche **Körperschaft** oder **Behörde** den Verstoß im Einzelnen verursacht hat, selbst wenn es sich um ein verfassungsmäßig unabhängiges Organ handelt.¹⁵⁹ Urheber der 40

---

¹⁵³ Vgl. *Karpenstein*, in: GHN, Art. 258 AEUVV Rn. 53; *Kilbey*, CMLR 2007, 743 (758) ist demgegenüber der Auffassung, dass die Kommission in Anbetracht der hinzugekommenen Sanktionsmöglichkeiten in Zukunft seltener Klagen zurücknehmen wird.
¹⁵⁴ Vgl. EuGH, Rs. C-120/94, *Kommission/Griechenland*, Slg. 1996, I-1513, 1535 ff.
¹⁵⁵ EuGH, Rs. C-347/88, *Kommission/Griechenland*, Slg. 1990, I-4747, 4788; Rs. C-313/93, *Kommission/Luxemburg*, Slg. 1994, I-1279, 1286 f.; Rs. C-118/92, *Kommission/Luxemburg*, Slg. 1994, I-1891, 1898; Rs. C-183/05, *Kommission/Irland*, Slg. 2007, I-137 Rn. 17; Rs. C-135/05, *Kommission/Italien*, Slg. 2007, I-3475 Rn. 36; Rs. C-196/07, *Kommission/Spanien*, Slg. 2008, I-41 Rn. 25; Rs. C-458/08, *Kommission/Portugal*, Slg. 2010, I-11599 Rn. 81; *Cremer*, in: Calliess/Ruffert, EUV/AEUV, Art. 258 AEUV Rn. 33; *Karpenstein*, in: GHN, Art. 258 AEUV Rn. 62.
¹⁵⁶ Vgl. EuGH, Rs. C-289/94, *Kommission/Italien*, Slg. 1996, I-4405, 4424 f.; Rs. C-302/95, *Kommission/Italien*, Slg. 1996, I-6765, 6773; Rs. C-60/96, *Kommission/Frankreich*, Slg. 1997, I-3827, 3840; Rs. C-21/96, *Kommission/Spanien*, Slg. 1997, I-5481, 5493; Rs. C-188/89, *Foster*, Slg. 1998, I-3313, 3363; Rs. C-355/98, *Kommission/Belgien*, Slg. 2000, I-1221 Rn. 22; Rs. C-47/01, *Kommission/Belgien*, Slg. 2002, I-8231 Rn. 15; Rs. C-519/03, *Kommission/Luxemburg*, Slg. 2005, I-3067 Rn. 18; *Karpenstein*, in: GHN, Art. 258 AEUV Rn. 62.
¹⁵⁷ Vgl. EuGH, Rs. C-182/94, *Kommission/Italien*, Slg. 1995, I-1465, 1472; Rs. C-61/94, *Kommission/Deutschland*, Slg. 1996, I-3989, 4018.
¹⁵⁸ EuGH, Rs. C-129/00, *Kommission/Italien*, Slg. 2003, I-14637 Rn. 50, 55; *Frenz*, Handbuch Europarecht, Bd. 5 Rn. 2527; *Pechstein*, EU-Prozessrecht, Rn. 288; *Thiele*, EU-Prozessrecht, § 5 Rn. 8; *Breuer*, EuZW 2004, 199 (200, 201); *Schäfer*, JA 2004, 525 (526).
¹⁵⁹ EuGH, Rs. 77/69, *Kommission/Belgien*, Slg. 1970, 237, 243; Rs. 8/70, *Kommission/Italien*, Slg. 1970, 961, 966; Rs. 52/75, *Kommission/Italien*, Slg. 1976, 277, 285; Rs. 45/80, *Kommission/Italien*, Slg. 1981, 353, 357; Rs. 227/85, *Kommission/Belgien*, Slg. 1988, 1, 11; Rs. C-45/87, *Kommission/Irland*, Slg. 1988, 4929, 4965; Rs. C-58/89, *Kommission/Deutschland*, Slg. 1991, I-4983, 5023 f.; Rs. C-33/90, *Kommission/Deutschland*, Slg. 1991, I-5987, 5988; Rs. C-129/00, *Kommission/Italien*,

Vertragsverletzung können im innerstaatlichen Bereich danach sowohl das nationale Parlament als auch die Regierung sowie nachgeordnete Exekutivbehörden (einschließlich nach nationalem Recht gleichstehende Einheiten, wie etwa die Beliehenen) sein.[160] Bei föderativ gegliederten Staaten wie der Bundesrepublik Deutschland ist der Bund auch für Verstöße der einzelnen **Bundesländer** und der **Kommunen** verantwortlich, etwa wenn die Länderparlamente sich weigern, eine staatengerichtete Richtlinie innerhalb der ausdrücklich festgesetzten Frist bzw. innerhalb eines angemessenen Zeitraums in ein Gesetz zu transformieren[161] oder unionsrechtlich vorgeschriebenen Notifizierungspflichten nachzukommen.[162] Dies erscheint zwar – soweit es um Maßnahmen geht, für die ausschließlich die Gebietskörperschaften verantwortlich sind – nicht unbedenklich. Ein Übergang der Passivlegitimation auf diese Einheiten ist dennoch abzulehnen, da dies die Durchsetzung des Unionsrechts erheblich erschweren würde.[163]

41   Besonders problematisch sind europarechtswidrige **Entscheidungen nationaler Gerichte**, die den Vorrang des Unionsrechts nicht beachten[164] und einschlägige, unmittelbar geltende Unionsvorschriften nicht anwenden. Die nationalen Gerichte sind andere „verfassungsmäßig unabhängige Organe",[165] so dass ihre Tätigkeit ebenfalls einen Pflichtverstoß des verantwortlichen Mitgliedstaates begründen kann. Ob in diesen Fällen jedoch die Durchführung eines Vertragsverletzungsverfahrens sinnvoll erscheint, wird von der weit überwiegenden Literaturmeinung eher skeptisch beurteilt.[166] Neben der Unabhängigkeit der nationalen Gerichte[167] wird insbesondere der Umstand hervorgehoben, dass auf das feststellende Urteil des EuGH weder die Regierung des verurteilten Mitgliedstaates noch das Gericht selbst eine rechtskräftige Entscheidung aufheben können.[168] Die feststellende Verurteilung durch den Gerichtshof hat damit

---

Slg. 2003, I-14637 Rn. 50, 56; *Cremer*, in: Calliess/Ruffert, EUV/AEUV, Art. 258 AEUV Rn. 27, 28; *Frenz*, Handbuch Europarecht, Bd. 5 Rn. 2529; *Oppermann/Classen/Nettesheim*, Europarecht, § 14 Rn. 32; *Schwarze*, in: ders., EU-Kommentar, Art. 258 AEUV Rn. 8; *Thiele*, EU-Prozessrecht, § 5 Rn. 8; *Breuer*, EuZW 2004, 199 (200, 201); *Schäfer,* JA 2004, 525 (526).

[160] *Frenz*, Handbuch Europarecht, Bd. 5 Rn. 2529; *Karpenstein*, in: GH, Art. 226 EGV Rn. 64; *Kotzur*, in: Geiger/Khan/Kotzur, EUV/AEUV, Art. 258 AEUV Rn. 5; *Schwarze*, in: ders., EU-Kommentar, Art. 258 AEUV Rn. 8.

[161] Vgl. EuGH, Rs. 9/74, *Donato Casagrande/München*, Slg. 1974, 773, 779 f.; vgl. auch Rs. 169/82, *Kommission/Italien*, Slg. 1984, 1603, 1616 ff.; Rs. 1/86, *Kommission/Belgien*, Slg. 1987, 2797, 2805; Rs. C-361/88, *Kommission/Deutschland*, Slg. 1991, I-2567, 2603.

[162] EuGH, Rs. C-237/90, *Kommission/Deutschland*, Slg. 1990, I-5973, 6017.

[163] Vgl. i.E. *Mulert*, Bundesländer, S. 172 f.

[164] Vgl. allgemein dazu § 35; EuGH, Rs. 11/70, *Internationale Handelsgesellschaft*, Slg. 1970, I-1125 Rn. 3 zum Anwendungsvorrang des Unionsrechts auch vor nationalem Verfassungsrecht; EuGH, Rs. C-129/00,*Kommission/Italien*, Slg. 2003, I-41637 Rn. 50, 61.

[165] EuGH, Rs. 77/69, *Kommission/Belgien*, Slg. 1970, 237, 243; Rs. 52/75, *Kommission/Italien*, Slg. 1976, 277, 285; ebenso *Cremer*, in: Calliess/Ruffert, EUV/AEUV, Art. 258 AEUV Rn. 28; *Frenz*, Handbuch Europarecht, Bd. 5 Rn. 2531; *Thiele*, EU-Prozessrecht, § 5 Rn. 11.

[166] Vgl. *Frenz*, Handbuch Europarecht, Bd. 5 Rn. 2531 ff.; *Karpenstein*, in: GH, Art. 226 EGV Rn. 69 ff.; *Schwarze*, in: ders., EU-Kommentar, Art. 258 AEUV Rn. 8.

[167] *Frenz*, Handbuch Europarecht, Bd. 5 Rn. 2532; *Karpenstein*, in: GH, Art. 226 EGV Rn. 70; *Kotzur*, in: Geiger/Khan/Kotzur, EUV/AEUV, Art. 258 AEUV Rn. 5; *Wollenschläger*, Die Gemeinschaftsaufsicht über die Rechtsprechung der Mitgliedstaaten, S. 95; *Thiele*, EU-Prozessrecht, § 5 Rn. 11; *Kremer*, EuR 2007, 470; *Lenski/Mayer*, EuZW 2005, 225.

[168] *Frenz*, Handbuch Europarecht, Bd. 5 Rn. 2533; *Wollenschläger*, Die Gemeinschaftsaufsicht über die Rechtsprechung der Mitgliedstaaten, S. 95; *Kremer*, EuR 2007, 470.

2. Abschnitt. Direktklagen 42 § 6

allenfalls Einfluss auf die künftige Rechtsprechung.[169] Im Übrigen darf nicht übersehen werden, dass für unterinstanzliche Gerichte, die von einer europarechtswidrigen höchstrichterlichen Rechtsprechung abweichen wollen, die Möglichkeit einer Vorlage gemäß Art. 267 Abs. 2 AEUV an den EuGH besteht. An die Vorabentscheidung wären dann auch die nachfolgenden Instanzen gebunden. Die Missachtung der Vorlagepflicht kommt demnach als Gegenstand eines Vertragsverletzungsverfahrens in Betracht.[170] Andererseits sind unterinstanzliche Gerichte keineswegs zu einer Vorlage verpflichtet (vgl. Art. 267 Abs. 2 AEUV), was gegen die Einleitung von Vertragsverletzungsverfahren in diesen Fällen spricht,[171] die Betroffenen können gegen die unionswidrige Rechtsprechung unterinstanzlicher Gerichte immerhin mittels nationaler Rechtsbehelfe vorgehen. Kommt demgegenüber ein letztinstanzliches Gericht seiner Vorlagepflicht gemäß Art. 267 Abs. 3 AEUV nicht nach, liegt darin nach der Rechtsprechung des BVerfG ein Verstoß gegen das Prinzip des gesetzlichen Richters gemäß Art. 101 Abs. 1 S. 2 GG,[172] der mit der Verfassungsbeschwerde angegriffen werden kann. Ihre Grenze findet die Verfassungsbeschwerde allerdings dort, wo die Vertragsverletzungen den Einzelnen begünstigen bzw. die Vertragsverletzung durch das BVerfG selbst erfolgt.[173]

Neben jenen rechtlichen Bedenken würde die Durchführung eines Vertragsverletzungsverfahrens wegen euoparechtswidriger Entscheidungen nationaler Gerichte zu erheblichen politischen Schwierigkeiten zwischen den Mitgliedstaaten und der Europäischen Union führen.[174] Dies insbesondere dann, wenn finanzielle Sanktionen nach Art. 260 AEUV verhängt würden.[175] Sich dieser Friktionen bewusst, hat die Kommission auf schriftliche Anfragen hin zu erkennen gegeben, dass sie nur dann auf das Infraktionsverfahren zurückgreifen will, wenn die Nichtvorlage an den EuGH auf einer „bewussten Haltung" des Gerichts beruht oder auf eine offensichtliche Unkenntnis des Gerichts zurückzuführen ist.[176] Soweit ersichtlich vermeidet die Kommission

42

---

[169] *Breuer*, EuZW 2004, 199 (200); *Kokott/Henze/Sabotta*, JZ 2006, 633 (640).

[170] EuGH, Rs. C-129/00, Kommission/Italien, Slg. 2003, I-14637, Rn. 61; *Cremer*, in: Calliess/Ruffert, EUV/AEUV, Art. 258 AEUV Rn. 28; *Frenz*, Handbuch Europarecht, Bd. 5 Rn. 2534; *Kotzur*, in: Geiger/Khan/Kotzur, EUV/AEUV, Art. 258 AEUV Rn. 5; *Schwarze*, in: ders., EU-Kommentar, Art. 258 AEUV Rn. 8; *Breuer*, EuZW 2004, 199 (2000); *Haltern*, VerwArch 2005, 311 (319); *Lenski/Mayer*, EuZW 2005, 225; *Pache/Bielitz*, DVBl. 2006, 325 (330, 331).

[171] *Frenz*, Handbuch Europarecht, Bd. 5 Rn. 2534; *Karpenstein*, in: GH, Art. 226 EGV Rn. 70.

[172] St. Rspr.: BVerfG, Beschl. v. 2.10.1073, 1 BvR 345/73, NJW 1973, 2099; BVerfG, Beschl. v. 8.4.1987, 2 BvR 687/85, BVerfGE 75, 223, 233 f.; BVerfG, Beschl. v. 9.1.2001, 1 BVR 1036/99, NJW 2001, 1267 f.; BVerfG, Beschl. v. 11.12.2008, 1 BvR 1563/08, BeckRS 2009, 220306; BFH, Beschl. v. 4.9.2009, IV K 1/09, BeckRS 2009, 25015756; vgl. näher § 36 sowie *Kenntner*, EuZW 2005, 235 (236).

[173] *Nicolaysen*, EuR 1985, 373 f.

[174] Vgl. dazu *Cremer*, in: Calliess/Ruffert, EUV/AEUV, Art. 258 AEUV Rn. 28; *Frenz*, Handbuch Europarecht, Bd. 5 Rn. 2536; *Karpenstein*, in: GHN, Art. 258 AEUV Rn. 69 f.; *Kotzur*, in: Geiger/Khan/Kotzur, EUV/AEUV, Art. 226 EGV Rn. 5.

[175] GA *Geelhoed*, SchlA Rs. C-129/00, Kommission/Italien, Slg. 2003, I-14637 Rn. 66.

[176] Siehe auch die Ausführungen von GA *Geelhoed*, SchlA Rs. C-129/00, Kommission/Italien, Slg. 2003, I-14637 Rn. 67, der für ein Vertragsverletzungsverfahren gegen nationale Rechtsprechungspraktiken auf den jeweiligen Einzelfall abstellen will; Antworten auf die schriftlichen Anfragen Nr. 100/67, ABl. 1967 C 270/2 sowie 28/68, sowie 608/78, ABl. 1979 C 28/8; *Arnull*, The European Union, S. 46; *Cremer*, in: Calliess/Ruffert, EUV/AEUV, Art. 258 AEUV Rn. 28; *Dörr/Lenz*, VerwRechtsschutz, S. 60; *Frenz*, Handbuch Europarecht, Bd. 5 Rn. 2529, 2531 ff.; *Karpenstein*, in: GH, Art. 226 EGV Rn. 69 f.; *Kotzur*, in: Geiger/Khan/Kotzur, EUV/AEUV,

die Einleitung von Vertragsverletzungsverfahren gegen mitgliedstaatliche Rechtsprechungsinstanzen und bevorzugt stattdessen den „Umweg" über ein Vertragsverletzungsverfahren gegen Einheiten der Legislativ[177]- oder Exekutivgewalt.[178]

43   **2. Öffentliche Unternehmen und Private.** Zurechnungsprobleme können sich auch im Hinblick auf die Tätigkeit von **öffentlichen Unternehmen**, d. h. juristischen Personen des Öffentlichen Rechts oder des Privatrechts, die eine wirtschaftliche Tätigkeit ausüben und auf die der jeweilige Mitgliedstaat einen beherrschenden Einfluss ausüben kann,[179] ergeben, die dem Unionsrecht zuwiderläuft. Im Bereich des öffentlichen Auftragswesens[180] hat der EuGH Verstöße ausschreibungspflichtiger öffentlicher Unternehmen gegen die (insoweit unmittelbar wirksamen) europäischen Vergaberichtlinien dem Mitgliedsstaat zugerechnet, obwohl die Umsetzung der unionsrechtlichen Vorgaben in nationales Recht als solche nicht zu beanstanden war und das Fehlverhalten ausschließlich im Vorgehen des öffentlichen Unternehmens als Auftraggeber lag.[181] Dessen Verhalten müsse dem Mitgliedstaat zugerechnet werden, um die Richtlinien über die Vergabe öffentlicher Aufträge nicht ihrer praktischen Wirksamkeit zu berauben; es sei ausreichend, wenn der Auftraggeber mittelbar der Kontrolle des Mitgliedsstaats unterstehe.[182] Dies überzeugt im Ergebnis, nicht in der Begründung. Zunächst ist davon auszugehen, dass der Mitgliedstaat im Umfang seiner Verpflichtungen als Träger eines öffentlichen Unternehmens ohne Weiteres in einem Vertragsverletzungsverfahren belangt werden kann. Begründungsbedürftig ist jedoch die Anwendung der Art. 258, 259 AEUV in Anbetracht der Infriktion unionsrechtlicher Pflichten durch das öffentliche Unternehmen selbst. Zwar ist dieses aufgrund des Art. 106 Abs. 1 EUV an die Grundfreiheitsbestimmungen gebunden und auch die unmittelbare Wirkung von Richtlinien kann ihm entgegengehalten werden.[183] Dass der Mitgliedstaat hierfür prozessual einzustehen hat, folgt aber nicht aus materiellrechtlichen Erwägungen (etwa aus der praktischen Wirksamkeit von Richtlinien), sondern aus der allgemein rechtsschutzbegründenden Überlegung, dass eine materiell-rechtlich fundierte Pflicht (des öffentlichen Unternehmens als eine dem Mitgliedstaat zuzurechnende Einheit) auch einem prozessualen Forum zugewiesen sein muss – eben dem das Zurechnungsendsubjekt in die Verantwortung nehmende Vertragsverletzungsverfahren.

Art. 258 AEUV Rn. 5; *Schwarze*, in: ders., EU-Kommentar, Art. 258 AEUV Rn. 8; *Haltern*, VerwArch 2005, 311 (320, 358 siehe Fn. 58). Zur gemeinschaftlichen Haftung wegen Gerichtsverletzungen: EuGH, Rs. C-173/03, *Traghetti del Mideiterraneo SpA/Italien*, Slg. 2006, I-5177 Rn. 32 = NJW 2006, 3337.

[177] EuGH, Rs. C-129/00, *Kommission/Italien*, Slg. 2003, I-14637 Rn. 41; *Cremer*, in: Calliess/Ruffert, EUV/AEUV, Art. 258 AEUV Rn. 28; *Kenntner*, EuZW 2005, 235 (237).

[178] *Cremer*, in: Calliess/Ruffert, EUV/AEUV, Art. 258 AEUV Rn. 28; *Karpenstein*, in: GHN, Art. 258 AEUV Rn. 73; *Kenntner*, EuZW 2005, 235 (237).

[179] Näher *Karpenstein*, in: GHN, Art. 258 AEUV Rn. 62 und m.w.N.; *Burgi*, EuR 1997, 261 (265 f.).

[180] Demgegenüber offenlassend: EuGH, Rs. C-247/89, *Kommission/Portugal*, Slg. 1991, I-3659, 3688; Rs. C-87/94, *Kommission/Belgien*, Slg. 1996, I-2043, 2094.

[181] EuGH, Rs. C-353/96, *Kommission/Irland*, Slg. 1998, I-8565, 8590.

[182] EuGH, Rs. C-353/96, *Kommission/Irland*, Slg. 1998, I-8565, 8590, 8592 ff.

[183] Vgl. EuGH, Rs. C-188/89, *Foster*, Slg. 1990, I-3313, 3348; *Frenz*, Handbuch Europarecht, Bd. 2 Rn. 1985 f.; *Burgi*, EuR 1997, 282 f.

Für das unionsrechtswidrige Verhalten **Privater** muss der einzelne Mitgliedstaat 44
hingegen nicht prozessual einstehen, weil es ihm nicht zurechenbar ist. Ausnahmen von diesem Grundsatz können sich allerdings dann ergeben, wenn der Staat das Verhalten Privater maßgeblich bestimmt oder beeinflusst hat.[184] Durchaus dem Mitgliedstaat zuzurechnen ist indessen das Unterlassen von Gegenmaßnahmen gegen Übergriffe von Privatpersonen, wie im Fall der französischen Bauernproteste gegen Importe landwirtschaftlicher Erzeugnisse aus anderen Mitgliedstaaten, da insofern eine unionale Handlungspflicht des Staates zum Einschreiten aufgrund von Art. 41 AEUV i.V.m. Art. 4 Abs. 3 EUV (früher: Art. 28 i.V.m. Art. 10 EGV) besteht.[185] Hat ein Mitgliedstaat das Verhalten Privater maßgeblich bestimmt oder beeinflusst oder hat er entgegen einer Handlungspflicht nicht auf Private eingewirkt (wie im Falle der den freien Warenverkehr beeinträchtigenden französischen Bauernproteste), dann geht es um seine eigenen Verpflichtungen; diesbezüglich ist die bereits oben (Rn. 12) erwähnte VO 2679/98 EG mit ihrem „Frühwarnsystem" bei Warenverkehrsstörungen zu beachten.[186]

II. Vertragspflichtverletzung

Der beklagte Mitgliedstaat muss „gegen eine Verpflichtung aus den Verträgen"[187] 45
verstoßen haben. Entgegen diesem an sich eindeutigen Wortlaut des Vertragstextes werden hiervon nicht nur **primärrechtliche Verpflichtungen** erfasst, sondern in extensiver Auslegung auch **sekundärrechtliche Vorschriften**, für die Mitgliedstaaten bindende Abkommen der Union mit Drittstaaten[188] bzw. mit internationalen Organisationen[189] sowie die allgemeinen Rechtsgrundsätze in ihrer durch den EuGH gewonnenen Ausgestaltung.[190] Dieses Ergebnis wird gestützt von der Aufgabenumschreibung der Kommission in Art. 17 EUV, deren wichtigstes Instrument zur Aufrechterhaltung und Durchsetzung der Rechtsordnung der Union gerade die Aufsichtsklage ist. Prüfungsmaßstab für eine Pflichtverletzung der Mitgliedstaaten ist danach das gesamte

---

[184] EuGH, Rs. 249/81, *Kommission/Irland*, Slg. 1982, 4005, 4023; *Cremer*, in: Calliess/Ruffert, EUV/AEUV, Art. 258 AEUV Rn. 27; *Frenz*, Handbuch Europarecht, Bd. 5 Rn. 2540; *Haratsch/Koenig/Pechstein*, Europarecht, Rn. 487; *Karpenstein*, in: GHN, Art. 258 AEUV Rn. 63; *Schwarze*, in: ders., EU-Kommentar, Art. 258 AEUV Rn. 9.
[185] EuGH, Rs. C-265/95, *Kommission/Frankreich*, Slg. 1997, I-7006. Zur Möglichkeit des Vertragsverletzungsverfahrens: *Haratsch/Koenig/Pechstein*, Europarecht, Rn. 487; *Pechstein*, EU-Prozessrecht, Rn. 244; *Schwarze*, in: ders., EU-Kommentar, Art. 258 AEUV Rn. 5, 9.
[186] Vgl. i.E. *Pechstein*, EU-Prozessrecht, Rn. 291; *Hauschild*, EuZW 1999, 236.
[187] Art. 258, 259 AEUV.
[188] Vgl. z.B. EuGH, Rs. C-61/94, *Kommission/Deutschland*, Slg. 1996, I-3989, 4012; abgelehnt für Rechtsstreitigkeiten bzgl. eines Sitzstaatabkommen nur eines Mitgliedstaats, EuGH, Rs. C-132/09, *Kommission/Belgien*, Slg. 2010, I-8695; *Cremer*, in: Calliess/Ruffert, EUV/AEUV, Art. 258 AEUV Rn. 33; *Ehlers*, Jura 2007, 484 (489); *El-Shabassy*, Die Durchsetzung finanzieller Sanktionen der Europäischen Gemeinschaften gegen ihre Mitgliedstaaten, S. 27, 28; *Haratsch/Koenig/Pechstein*, Europarecht, Rn. 496; *Frenz*, Handbuch Europarecht, Rn. 2544.
[189] Vgl. z.B. Art. 191 Abs. 4, Art. 207 Abs. 3 und Art. 211 AEUV (früher Art. 174 Abs. 4, 133 Abs. 3, Art. 181 EGV).
[190] *Karpenstein*, in: GHN, Art. 258 AEUV Rn. 61; *Schwarze*, in: ders., EU-Kommentar, Art. 258 AEUV Rn. 7; *Thiele*, EU-Prozessrecht, § 5 Rn. 9.

(geschriebene und ungeschriebene) Unionsrecht.[191] Von einer Vertragsverletzung kann demzufolge dann gesprochen werden, wenn der beklagte Mitgliedstaat die in Betracht kommenden Bestimmungen des Unionsrechts nicht oder nicht richtig anwendet, insbesondere einer **Handlungspflicht** nicht genügt oder einer **Unterlassungspflicht** zuwiderhandelt.[192] Ein erheblicher Teil der Vertragsverletzungsverfahren betrifft die unterlassene oder mangelhafte Umsetzung von Richtlinien zur Rechtsangleichung in nationales Recht,[193] wobei die verstoßanfälligsten Politikbereiche (Umwelt, Binnenmarkt und Steuern) allein 52 % aller Verstoßfälle ausmachten.[194]

46 Dabei ist es Sache der klagenden Parteien, insbesondere der Kommission, das Vorliegen der behaupteten Vertragsverletzung **nachzuweisen**.[195] Sie müssen dem Gerichtshof die erforderlichen Anhaltspunkte liefern, anhand derer dieser das Vorliegen der Vertragsverletzung prüfen kann; eine allein auf unzureichenden Informationen beruhende Vermutung reicht nicht aus.[196] Wenn die Kommission allerdings hinreichende Tatsachen vorgetragen hat, die einen Vertragsverstoß erkennen lassen, kommt es zu einer Umkehr der Beweislast.[197]

---

[191] HM. vgl. EuGH, Rs. 20/59, *Italien/Hohe Behörde*, Slg. 1960, 681, 691; Rs. 20/59, *Niederlande/Hohe Behörde*, Slg. 1960, 743, 780 ff.; *Cremer*, in: Calliess/Ruffert, EUV/AEUV, Art. 258 AEUV Rn. 33; *Dörr/Lenz*, VerwRechtsschutz, S. 21; *Frenz*, Handbuch Europarecht, Bd. 5 Rn. 2542; *Karpenstein*, in: GHN, Art. 258 AEUV Rn. 25; *Kotzur*, in: Geiger/Khan/Kotzur, EUV/AEUV, Art. 258 AEUV Rn. 4; *Schwarze*, in: ders., EU-Kommentar, Art. 258 AEUV Rn. 7; *Thiele*, EU-Prozessrecht, § 5 Rn. 9; *Ehlers*, Jura 2007, 684 (689).

[192] EuGH, Rs. 31/69, *Kommission/Italien*, Slg. 1970, 25, 33; Rs. 96/81, *Kommission/Niederlande*, Slg. 1982, 1791, 1803; Rs. C-265/95, *Kommission/Frankreich*, Slg. 1997, I-6959, 7006; *Borchardt*, in: Dauses, EU-WirtR, Abschn. P I Rn. 17; *Cremer*, in: Calliess/Ruffert, EUV/AEUV, Art. 258 AEUV Rn. 28; *Dörr/Lenz*, VerwRechtsschutz, S. 21; *Frenz*, Handbuch Europarecht, Bd. 5 Rn. 2530; *Karpenstein*, in: GHN, Art. 258 AEUV Rn. 67; *Schwarze*, in: ders., EU-Kommentar, Art. 258 AEUV Rn. 5; *Wollenschläger*, Gemeinschaftsaufsicht über die Rechtsprechung der Mitgliedstaaten, S. 86.

[193] Vgl. dazu den 28. Jahresbericht über die Kontrolle der Anwendung des Gemeinschaftsrechts, KOM (2011) 588 endg., S. 6 sowie den 26. Jahresbericht über die Kontrolle der Anwendung des Gemeinschaftsrechts, KOM (2009) 675 endg., Ziff. 3.8.; *Karpenstein*, in: GHN, Art. 258 AEUV.

[194] Vgl. dazu den 28. Jahresbericht über die Kontrolle der Anwendung des Gemeinschaftsrechts, KOM (2011) 588 endg., S. 4. Vor allem Italien, Belgien und Griechenland gelten als „Spitzenreiter" bei den laufenden Vertragsverletzungsverfahren.

[195] St. Rspr.: EuGH, Rs. C-119/92, *Kommission/Italien*, Slg. 1994, I-293, 419; Rs. C-160/94, *Kommission/Spanien*, Slg. 1997, I-5851, 5860; Rs. C-458/00, *Kommission/Luxemburg*, Slg. 2003, I-1553; Rs. C-404/04, *Kommission/Spanien*, Slg. 2003, I-6695 Rn. 26; Rs. C-434/01, *Kommission/Vereinigtes Königreich*, Slg. 2003, I-13239; Rs. C-6/04, *Kommission/Vereinigtes Königreich Großbritannien*, Slg. 2005, I-9017 Rn. 75; Rs. C-135/05, *Kommission/Italien*, Slg. 2007, I-3475 Rn. 26; Rs. C-532/03, *Kommission/Irland*, Slg. 2007, I-11353, BeckRS 2007, 71084 Rn. 36, 38; *Frenz*, Handbuch Europarecht, Bd. 5 Rn. 2618; *Karpenstein*, in: GHN, Art. 258 AEUV Rn. 76; *Schwarze*, in: ders., EU-Kommentar, Art. 258 AEUV Rn. 28; *Wollenschläger*, Die Gemeinschaftsaufsicht über die Rechtsprechung der Mitgliedstaaten, S. 86; *Sabotta*, ZUR 2008, 72.

[196] EuGH, Rs. 96/81, *Kommission/Niederlande*, Slg. 1982, 1791 und Rs. 97/81, *Kommission/Niederlande*, Slg. 1982, 1819; Rs. C-408/97, *Kommission/Niederlande*, Slg. 2000, I-6417 Rn. 15; Rs. C-490/09, *Kommission/Deutschland*, Slg. 2007, I-6095 Rn. 48; Rs. C-179/06, *Kommission/Italien*, Slg. 2007, I-8131 Rn. 37.

[197] EuGH, Rs. C-313/93, *Kommission/Luxemburg*, Slg. 1994, I-1279, 1286; Rs. C-118/92, *Kommission/Luxemburg*, Slg. 1994, I-1891, 1898; a.A. *Karpenstein*, in: GHN, Art. 258 AEUV Rn. 77 f.; *Schwarze*, in: ders., EU-Kommentar, Art. 258 AEUV Rn. 28.

Schwierig ist der Nachweis einer Vertragsverletzung immer dann, wenn sich die 47
Mitgliedstaaten auf eine Umsetzung durch das bereits geltende Recht berufen und zum
Beweis dafür umfangreiche und komplexe Vorschriften vorlegen.[198] Ein Verstoß gegen
das geltende Recht der Union liegt ebenfalls vor, wenn die betreffende Norm dem Mitgliedstaat zwar einen Ermessensspielraum zubilligt, dessen Grenzen bei der Umsetzung
aber eindeutig überschritten wurden.[199] Desgleichen ist nach Auffassung des Gerichtshofs
ein Vertragsverstoß dann gegeben, wenn europarechtswidrige nationale Vorschriften in
der Verwaltungspraxis zwar nicht mehr angewendet werden, aber formal bestehen bleiben.[200] Zunehmend wichtiger wird die Kontrolle des Vollzuges des Unionsrechts durch
die Mitgliedstaaten (vgl. im Einzelnen § 34). Auch im Falle des Verstoßes gegen nicht angefochtene, **primärrechtswidrige Richtlinien oder Entscheidungen** liegt grundsätzlich
eine Vertragsverletzung vor, da der betreffende Mitgliedstaat es unterlassen hat, fristgemäß Klage gegen den jeweiligen Rechtsakt zu erheben, weshalb dieser als verbindlich
gilt.[201] Lediglich bei **primärrechtswidrigen Verordnungen** kann sich der Mitgliedstaat
auch später noch auf deren Unanwendbarkeit aus den in Art. 263 Abs. 2 AEUV genannten Gründen berufen (Art. 277 AEUV). Hier kommt es maßgeblich darauf an, wie der
normative Gehalt unionsrechtlich zu interpretieren ist, eine Aufgabe, die mit nicht unerheblichen Schwierigkeiten verbunden ist. Vertragsverletzungen nimmt der Gerichtshof
auch in Fällen an, in denen die Unionswidrigkeit nicht auf ein bewusstes Handeln oder
Unterlassen eines Mitgliedstaates zurückzuführen ist, sondern die Effektivität des Unionsrechts aufgrund unterschiedlicher innerstaatlicher verfahrensrechtlicher Regelungen unterlaufen wird,[202] etwa durch die Anwendung des § 80 Abs. 1 VwGO (Suspensiveffekt).[203]

III. Verteidigungsmöglichkeiten des beklagten Mitgliedstaates

Da es sich bei dem Vertragsverletzungsverfahren um die objektive Feststellung eines 48
vertragswidrigen Zustandes handelt, kommt es auf ein Verschulden seitens der Mitgliedstaaten regelmäßig nicht an.[204] Daher kann sich ein Mitgliedstaat auch nicht mit dem
Nachweis mangelnden Verschuldens exkulpieren.[205] Möglich ist allenfalls der Einwand
der vollständigen **objektiven Unmöglichkeit** vertragsgemäßen Verhaltens, jedoch nur

---

[198] Vgl. auch EuGH, Rs. C-361/88, *Kommission/Deutschland*, Slg. 1991, I-2567, 2599; Rs. C-59/89, *Kommission/Deutschland*, Slg. 1991, I-2607, 2628, 2611 ff.
[199] *Daig*, in: GTE (3. Aufl.), Art. 169 Rn. 45.
[200] EuGH, Rs. 167/73, *Kommission/Frankreich*, Slg. 1974, 359, 372; Rs. 41/76, *Suzanne Donckerwolcke/Lille*, Slg. 1976, 1921; Rs. C-131/88, *Kommission/Deutschland*, Slg. 1991, I-825, 879.
[201] EuGH, Rs. 31/77, *Kommission/Vereinigtes Königreich Großbritannien und Nordirland*, Slg. 1977, 921, 923 f.; Rs. C-130/82, *Kommission/Italien*, Slg. 1984, 2849, 2859 f.; Rs. 226/87, *Kommission/Griechenland*, Slg. 1988, 3611, 3623 f.; Rs. C-285/97, *Kommission/Portugal*, Slg. 1998, I-4895; Rs. C-196/07, *Kommission/Spanien*, Slg. 2008, I-41 Rn. 34; Rs. C-189/09, *Kommission/Österreich*, CR 2010, 587 ff., Rn. 15, 16; *Hein*, Die Inzidentkontrolle sekundären Gemeinschaftsrechts durch den Europäischen Gerichtshof, S. 21 ff.; *Karpenstein*, in: GHN, Art. 258 AEUV Rn. 74, anders allerdings bei Verordnungen siehe Rn. 75.
[202] EuGH, Rs. C-217/88, *Kommission/Deutschland*, Slg. 1990, I-2879, 2908.
[203] Vgl. hierzu unten § 37.
[204] *Hein*, Die Inzidentkontrolle sekundären Gemeinschaftsrechts durch den Europäischen Gerichtshof, S. 84; *Kotzur*, in: Geiger/Khan/Kotzur, AEUV/EUV, Art. 258 AEUV, Rn. 4.
[205] EuGH, Rs. 8/70, *Kommission/Italien*, Slg. 1970, 961, 966; Rs. 52/75, *Kommission/Italien*, Slg. 1976, 277, 282.

soweit dies der Kommission rechtzeitig mitgeteilt worden ist.[206] Nicht anerkannt werden vorwiegend aus den nationalen Rechtsordnungen abgeleitete und von den Mitgliedstaaten geltend gemachte Verteidigungsmöglichkeiten.[207] So kann sich ein Mitgliedstaat nicht darauf berufen, dass einer Beseitigung der Vertragsverletzung objektive Hindernisse technischer, institutioneller oder politischer Natur entgegengestanden hätten.[208] In strikter Anwendung des Vorrangs des Unionsrechts (vgl. näher § 35) erkennt der EuGH ein unionsrechtswidriges Verhalten selbst dann nicht an, wenn dieses in entgegenstehendem nationalen (Verfassungs-) Recht begründet ist.[209] Dies gilt auch für den Verweis auf die Tatsache, dass für bestimmte Umsetzungsmaßnahmen in Deutschland die Länder zuständig sind.[210] Da der völkerrechtliche Grundsatz der Gegenseitigkeit im Recht der Union nicht gilt,[211] können sich die beklagten Mitgliedstaaten ferner nicht darauf berufen, dass andere Mitgliedstaaten ebenfalls ihren vertraglichen Verpflichtungen nicht nachgekommen seien.[212] In gleicher Weise hat der EuGH die Versuche der Mitgliedstaaten verworfen, sich damit zu verteidigen, dass der Verstoß bereits „weitgehend" beseitigt

---

[206] EuGH, Rs. C-161/96, *Südzucker*, Slg. 1988, 281, 300 f.; Rs. C-280/95, *Kommission/Italien*, Slg. 1998, I-259, 276; Rs. C-404/97, *Kommission/Portugal*, Slg. 2000, I-4897 Rn. 39; Rs. C-441/06, *Kommission/Frankreich*, Slg. 2007, I-8887 Rn. 27; *Cremer*, in: Calliess/Ruffert, EUV/AEUV Art. 258 AEUV Rn. 34; *Hein*, Die Inzidentkontrolle sekundären Gemeinschaftsrechts durch den Europäischen Gerichtshof, S. 86; *Frenz*, Handbuch Europarecht, Bd. 5 Rn. 2626; *Karpenstein*, in: GHN, Art. 258 AEUV Rn. 59, 82; *Schwarze*, in: ders., EU-Kommentar, Art. 258 AEUV Rn. 31.

[207] Vgl. EuGH, Rs. C-450/00, *Kommission/Luxemburg*, Slg. 2001, I-7069 Rn. 8; Rs. C-121/07, *Kommission/Frankreich*, Slg. 2008, I-9159 Rn. 72; Rs. C-295/09, *Kommission/Spanien*, ABl. C 256/10 Rn. 10; Rs. C-189/09, *Kommission/Österreich*, CR 2010, 587 ff., Rn. 18; *Karpenstein*, in: GHN, Art. 258 AEUV EGV Rn. 60; *Schwarze*, in: ders., EU-Kommentar, Art. 258 AEUV Rn. 29 f.; *Hammen*, Der Konzern 2009, 391 (398).

[208] Z.B. zur Kürze der Frist: EuGH, Rs. 52/75, *Kommission/Italien*, Slg. 1976, 277, 284 f.; Rs. C-240/89, *Kommission/Italien*, Slg. 1990, I-4853, 4861; Rs. C-71/97, *Kommission/Spanien*, Slg. 1990, I-4853, 4861; zur Frage institutioneller Reformen: EuGH, Rs. 68/81, *Kommission/Belgien*, Slg. 1982, 153, 157; Rs. C-147/94, *Kommission/Spanien*, Slg. 1995, I-1015, 1020 f.; zu politischen Schwierigkeiten: EuGH, Rs. 79/72, *Kommission/Italien*, Slg. 1973, 667, 671; Rs. 52/75, *Kommission/Italien*, Slg. 1976, 277, 284; Rs. 91/79, *Kommission/Italien*, Slg. 1980, 1099, 1105 f.

[209] EuGH, Rs. 42/80, *Kommission/Italien*, Slg. 1980, 3635, 3640; Rs. 160/82, *Kommission/Niederlande*, Slg. 1982, 4637, 4642; Rs. 301/81, *Kommission/Belgien*, Slg. 1983, 467, 477; Rs. 131/84, *Kommission/Italien*, Slg. 1984, 3531, 3536; Rs. 227/85, *Kommission/Belgien*, Slg. 1988, 1, 11; Rs. 324/87, *Kommission/Italien*, Slg. 1989, 1013; Rs. 383/85, *Kommission/Belgien*, Slg. 1989, 3069, 3080.

[210] EuGH, Rs. C-297/95, *Kommission/Deutschland*, Slg. 1996, I-6739, 6744; Rs. C-119/04, *Kommission/Italien*, Slg. 2006, I-6885 Rn. 25; *Dörr/Lenz*, VerwRechtsschutz, S. 21; *Karpenstein*, in: GHN, Art. 258 AEUV Rn. 64; *Kotzur*, in: Geiger/Khan/Kotzur, AEUV/EUV, Art. 258 AEUV Rn. 23; *Schwarze*, in: ders., EU-Kommentar, Art. 258 AEUV Rn. 29; *Thiele*, EuR 2010, 50 (30).

[211] Vgl. dazu EuGH, Rs. 232/78, *Kommission/Frankreich*, Slg. 1979, 2729; Rs. 78/76, *Steinike & Weinlig*, Slg. 1977, 595; Rs. C-38/89, *Guy Blanguernon*, Slg. 1990, I-83, 92 f.; *Kotzur*, in: Geiger/Khan/Kotzur, EUV/AEUV, Art. 258 AEUV Rn. 23; *Schwarze*, in: ders., EU-Kommentar, Art. 258 AEUV Rn. 30; *Steiner/Woods/Twigg-Flesner*, EU Law, S. 232.

[212] St. Rspr. des EuGH, Rs. 90/63 und 91/63, *Kommission/Luxemburg und Belgien*, Slg. 1964, 625, 631; Rs. 232/78, *Kommission/Frankreich*, Slg. 1979, 2729, 2739; Rs. 325/82, *Kommission/ Deutschland*, Slg. 1984, 777, 793; vgl. auch *Arnull*, The European Union, S. 45; *Cremer*, in: Calliess/Ruffert, EUV/AEUV, Art. 258 AEUV Rn. 34; *Frenz*, Handbuch Europarecht, Bd. 5 Rn. 2623; *Haratsch/Koenig/Pechstein*, Europarecht, Rn. 488; *Karpenstein*, in: GHN, Art. 258 AEUV Rn. 60; *Kotzur*, in: Geiger/Khan/Kotzur, AEUV/EGV, Art. 258 AEUV Rn. 23; *Schwarze*, in: ders., EU-Kommentar, Art. 258 Rn. 30; *Wollenschläger*, Die Gemeinschaftsaufsicht der Mitgliedstaaten, S. 87.

sei[213] bzw. keinen nachteiligen Einfluss auf das Funktionieren des Europäischen Marktes habe.[214] Ebenso wenig greift der Einwand durch, dass wegen des Vorrangs des Europarechts eine Änderung nationaler Vorschriften bzw. innerstaatliche Umsetzungsmaßnahmen ohnehin entbehrlich seien, denn bereits der Schein anderslautenden nationalen Rechts kann die Einhaltung des Unionsrechts gefährden.[215] Die Mitgliedstaaten können sich auch nicht auf europarechtskonforme Änderungen in ihrer Rechtsordnung berufen, wenn diese erst nach Ablauf der in der mit Gründen versehenen Stellungnahme gesetzten Frist erlassen wurden (vgl. oben Rn. 38). Die Spruchpraxis des EuGH zeigt, dass den beklagten Mitgliedstaaten neben der soeben bereits erwähnten Geltendmachung höherer Gewalt im Grunde nur zwei Möglichkeiten der Verteidigung bleiben: Zum einen das – praktisch seltene – Bestreiten des ihnen zur Last gelegten Sachverhaltes und zum anderen die – regelmäßig vorgetragene – Darlegung, dass ihr Verhalten aus Rechtsgründen keinen Vertragsverstoß darstelle.[216] Die insgesamt restriktive Rechtsprechung hat bewirkt, dass sich die Mitgliedstaaten im Hinblick auf den zu erwartenden Prozessausgang insgesamt nur noch halbherzig gegen die ihnen zur Last gelegten Vertragsverstöße verteidigen.[217]

D. Die abschließende Entscheidung

I. Feststellungsurteil

Ist das Vertragsverletzungsverfahren begründet, so erlässt der Gerichtshof nach Maßgabe des Art. 260 AEUV ein Feststellungsurteil. Im Falle der Verurteilung eines Mitgliedstaates stellt der EuGH in seiner Entscheidung fest, dass der Mitgliedstaat mit dem konkreten Verhalten gegen Verpflichtungen aus bestimmten Vorschriften des Unionsrechts verstoßen hat. Daraus folgt, dass der EuGH in seiner abschließenden Entscheidung **keine gestaltende Anordnung** in Form einer Aufhebung, Änderung oder im Falle der Unterlassung eine Verpflichtung vornehmen darf.[218] Dieses Ergebnis ergibt sich zum einen aus der Kompetenzordnung zwischen den Mitgliedstaaten und der Europäischen Union, zum anderen explizit aus Art. 260 AEUV.

---

[213] EuGH, Rs. 91/79, *Kommission/Italien*, Slg. 1980, 1099, 1105.
[214] EuGH, Rs. 95/77, *Kommission/Niederlande*, Slg. 1978, 863, 871; Rs. C-20/01 und 28/01, *Kommission/Deutschland*, Slg. 2003, I-3609 Rn. 37.
[215] EuGH, Rs. 168/85, *Kommission/Italien*, Slg. 1986, 2945, 2960 f.; Rs. C-433/93, *Kommission/Deutschland*, Slg. 1995, I-2303, 2318 ff.; Rs. C-253/93, *Kommission/Deutschland*, Slg. 1996, I-2423, 2430; *Arnull*, The European Union, S. 44; *Karpenstein*, in: GHN, Art. 258 AEUV Rn. 60; *Kotzur*, in: Geiger/Khan/Kotzur, EUV/AEUV, Art. 258 AEUV Rn. 22; *Schwarze*, in: ders., EU-Kommentar, Art. 258 Rn. 30.
[216] Vgl. *Cremer*, in: Calliess/Ruffert, EUV/AEUV, Art. 258 AEUV Rn. 34; *Karpenstein*, in: GHN, Art. 258 AEUV Rn. 59; *Kotzur*, in: Geiger/Khan/Kotzur, AEUV/EUV, Art. 258 AEUV Rn. 22; *Pechstein*, EU-Prozessrecht, Rn. 286, 296; *Schwarze*, in: ders., EU-Kommentar, Art. 258 AEUV Rn. 29; *Wollenschläger*, Gemeinschaftsaufsicht über die Rechtsprechung der Mitgliedstaaten, S. 87.
[217] *Schwarze*, in: ders., EU-Kommentar, Art. 258 AEUV Rn. 28.
[218] *Ortlepp*, Vertragsverletzungsverfahren, S. 107; *Dörr/Lenz*, VerwRechtsschutz, S. 22; *El-Shabassy*, Die Durchsetzung finanzieller Sanktionen der Europäischen Gemeinschaften gegen ihre Mitgliedstaaten, S. 36; *Frenz*, Handbuch Europarecht, Bd. 5 Rn. 2518; *Karpenstein/Karpenstein*, in: GHN, Art. 258 AEUV Rn. 4, 5; *Kotzur*, in: Geiger/Khan/Kotzur, AEUV/EUV, Art. 258 AEUV Rn. 4; *Schwarze*, in: ders., EU-Kommentar, Art. 260 AEUV Rn. 3; *Pechstein*, EU-Prozessrecht, Rn. 298; *Pache/Bielitz*, DVBl. 2006, 325 (331).

50 Obwohl dem Urteil nur eine feststellende Wirkung zukommt, haben die verurteilten Mitgliedstaaten nach den zuvor genannten Vorschriften die sich aus dem Urteil ergebenden Konsequenzen zu ziehen, d.h. den unionswidrigen Zustand im innerstaatlichen Bereich zu beseitigen und den status quo ante wiederherstellen.[219] Diese Handlungspflicht trifft nicht nur den Mitgliedstaat als solchen, sondern auch alle seine innerstaatlichen Organe.[220] Obgleich Art. 260 AEUV keine Frist für die Beseitigung des vertragswidrigen Zustands nennt, wird allgemein eine **Pflicht zu unverzüglichem Tätigwerden** angenommen.[221] Infolge der bloßen Feststellung der Infriktion kann es für die betreffenden Mitgliedstaaten im Einzelfall jedoch schwierig sein, zu ermitteln, welche Maßnahmen sie im Einzelnen vornehmen müssen, um den gerügten Verstoß zu beseitigen. In solchen Fällen ist der Gerichtshof bemüht, in den Urteilsgründen nähere Hinweise über den Rahmen zu geben, innerhalb dessen die beanstandete Maßnahme noch als vertragskonform angesehen werden wird.[222] Darüber hinaus kann der Gerichtshof auch im Rahmen des Urteilstenors **Interpretationshilfen** geben, indem er die festgestellte Pflichtverletzung weiter oder enger umschreibt.[223] Dementsprechend können schon die Kläger ihren Klageantrag formulieren. Grunsätzlich besteht die mitgliedstaatliche Pflicht, den Vertragsverstoß für die Zukunft (ex nunc) zu beseitigen.[224] Ob die Mitgliedstaaten außerdem gehalten sind, rückwirkend alle Folgen zu beseitigen, die sich aus dem vertragswidrigen Verhalten ergeben, ist in der Literatur heftig umstritten und auch in der Rechtsprechung immer noch nicht eindeutig geklärt.[225] Die Beseitigung von Verstoßfolgen kann jedenfalls durch eine entsprechende Formulierung

---

[219] Vgl. dazu i.E. *Karpenstein/Karpenstein*, in: GHN, Art. 258 AEUV Rn. 9f.; *Oppermann/Classen/Nettesheim*, Europarecht, § 14 Rn. 32; *Pechstein*, EU-Prozessrecht, Rn. 300; *Schwarze*, in: ders., EU-Kommentar, Art. 260 AEUV Rn. 5 ff.

[220] EuGH, Rs. 314/81, *Procureur de la République/Alex Waterkeyn und andere*, Slg. 1982, 4337, 4360f.; vgl. auch *Borchardt*, in: Dauses, EU-WirtR, Abschn. P I Rn. 47; *Cremer*, in: Calliess/Ruffert, EUV/AEUV, Art. 260 AEUV Rn. 3f.; *Karpenstein/Karpenstein*, in: GHN, Art. 258 AEUV Rn. 9; *Kotzur*, in: Geiger/Khan/Kotzur, AEUV/EUV, Art. 260 AEUV Rn. 8, 10; *Schwarze*, in: ders., EU-Kommentar, Art. 260 AEUV Rn. 6; *Ehlers*, Jura 2007, 684.

[221] EuGH, Rs. C-101/91, *Kommission/Italien*, Slg. 1993, I-191, 206; Rs. C-387/97, *Kommission/Griechenland*, Slg. 2000, I-5047 Rn. 82; *El-Shabassy*, Die Durchsetzung finanzieller Sanktionen der Europäischen Gemeinschaften gegen ihre Mitgliedstaaten, S. 37; *Karpenstein/Karpenstein*, in: GHN, Art. 258 AEUV Rn. 5; *Kotzur*, in: Geiger/Khan/Kotzur, AEUV/EUV, Art. 260 AEUV Rn. 8; *Schwarze*, in: ders., EU-Kommentar, Art. 260 AEUV Rn. 5; *Waldhoff*, Rückwirkung, S. 29.

[222] *El-Shabassy*, Die Durchsetzung finanzieller Sanktionen der Europäischen Gemeinschaften gegen ihre Mitgliedstaaten, S. 36; *Karpenstein/Karpenstein*, in: GHN, Art. 258 AEUV Rn. 6; *Pechstein*, EU-Prozessrecht, Rn. 298.

[223] EuGH, Rs. 70/72, *Kommission/Deutschland*, Slg. 1973, 813, 829; Rs. C-5/89, *Kommission/Deutschland*, Slg. 1990, I-3437, 3459; *Karpenstein/Karpenstein*, in: GHN, Art. 258 AEUV Rn. 6; *Schwarze*, in: ders., EU-Kommentar, Art. 260 AEUV Rn. 3; *Wollenschläger*, Die Gemeinschaftsaufsicht über die Rechtsprechung der Mitgliedstaaten, S. 85.

[224] *Frenz*, Handbuch Europarecht, Bd. 5 Rn. 2631; *Karpenstein/Karpenstein*, in: GHN, Art. 258 AEUV Rn. 11; *Schwarze*, in: ders., EU-Kommentar, Art. 260 AEUV Rn. 5; *Pache/Bielitz*, DVBl. 2006, 325 (331); *Ehlers*, Jura 2007, 684 (689).

[225] Dafür: EuGH, Rs. C-206/03, *Smithkline*, Slg. 2006, I-415 Rn. 51; GA *Colomer*, SchlA Rs. C-299/01, *Kommission/Luxemburg*, Slg. 2002, I-5899 Rn. 23; *Cremer*, in: Calliess/Ruffert, EUV/AEUV, Art. 260 AEUV Rn. 7; *Dörr/Lenz*, VerwRechtsschutz, S. 22; *Karpenstein/Karpenstein*, in: GHN, Art. 260 AEUV Rn. 14ff.; *Schwarze*, in: ders., EU-Kommentar, Art. 260 AEUV Rn. 7; kritisch dagegen *Frenz*, Handbuch Europarecht, Bd. 5 Rn. 2635; *Kotzur*, in: Geiger/Khan/Kotzur, AEUV/EUV, Art. 260 AEUV Rn. 12; *Pechstein*, EU-Prozessrecht, Rn. 299.

II. Durchsetzung des vertragskonformen Zustands

Der Natur des Feststellungsurteils entspricht es, dass eine Vollstreckung gegenüber 51 den Mitgliedstaaten nicht möglich ist.[227] Insoweit ergibt sich eine Diskrepanz zu den im Vertragsverletzungsverfahren ebenfalls möglichen einstweiligen Anordnungen gemäß Art. 278, 279 AEUV, mittels derer der Gerichtshof konkrete vorläufige Maßnahmen anordnen kann.[228] Um die Beseitigung der festgestellten Vertragsverletzung durchzusetzen, kommen verschiedene Möglichkeiten in Betracht, die in ihrer Intensität sehr unterschiedlich sind.

1. Finanzielle Sanktionen. Mit der Verabschiedung des in Maastricht unterzeich- 52 neten Vertrages über die Europäische Union ist Art. 171 EGV-Maastricht (Art. 228 EGV-Nizza jetzt Art. 260 AEUV) um einen Abs. 2 ergänzt und das Sanktionsverfahren eingeführt worden.[229] Der Vertrag von Lissabon bewirkte Änderungen zu Abs. 2 und ergänzt Art. 228 EGV-Nizza um einen Abs. 3. Die Schärfungen des Sanktionsregimes sollen die schnellere und effektivere Durchsetzbarkeit der Urteile des Europäischen Gerichtshofs bezwecken.[230] Nach **Art. 260 Abs. 2 AEUV** kann (zum Ermessen vgl. bereits Rn. 24) die Kommission den Gerichtshof erneut, freilich nur innerhalb des durch das erste Urteil gezogenen Rahmens, anrufen, wenn der betreffende Mitgliedstaat die sich aus dem Urteil ergebenden Maßnahmen nicht getroffen hat.[231] Im Vergleich mit Art. 228 Abs. 2 EGV-Nizza verlangt Art. 260 Abs. 2 AEUV der Kommission weder eine begründete Stellungnahme noch die Benennung einer Frist ab. Die Neuregelung erlaubt die Anrufung des EuGH bereits im unmittelbaren Anschluss an die Anhörung des betreffenden Mitglieds.[232] Mit der Anrufung des EuGH benennt die Kommission zugleich die Höhe eines von dem betreffenden Mitgliedstaat zu zahlenden „**Pauschalbetrags**" oder „**Zwangsgelds**", welches sie den Umständen nach für angemessen hält. Stellt der Gerichtshof die Nichtbefolgung seines ersten Urteils fest, so verhängt er die

---

[226] *Cremer*, in: Calliess/Ruffert, EUV/AEUV, Art. 260 AEUV Rn. 3; *Karpenstein*, in: GHN: Art. 260 AEUV Rn. 7, 15; *Schwarze*, in: ders., EU-Kommentar, Art. 260 AEUV Rn. 4.
[227] *Ehlers*, in: ders./Schoch, Rechtsschutz im Öffentlichen Recht, § 7 Rn. 34; *Frenz*, Handbuch Europarecht, Bd. 5 Rn. 2637; *Kotzur*, in: Geiger/Khan/Kotzur, AEUV/EUV, Art. 260 AEUV Rn. 13.
[228] Vgl. dazu EuGH, Rs. 31/77, *Kommission/Vereinigtes Königreich Großbritannien und Nordirland*, Slg. 1977, 921; Rs. 61/77, *Kommission/Irland*, Slg. 1977, 937, 942 f.; Rs. 61/77, *Kommission/Irland*, Slg. 1977, 1411, 1414; Rs. C-87/94, *Kommission/Belgien*, Slg. 1994, I-1395 Rn. 31; Rs. C-120/94, *Kommission/Griechenland*, Slg. 1994, I-3037; vgl. auch *Cremer*, in: Calliess/Ruffert, EUV/AEUV, Art. 258 AEUV Rn. 36 f.; *Frenz*, Handbuch Europarecht, Bd. 5 Rn. 2586 ff.; *Karpenstein*, in: GHN, Art. 260 AEUV Rn. 86 ff.; *Schwarze*, in: ders., EU-Kommentar, Art. 258 AEUV Rn. 34 sowie ausführlich §§ 19, 20.
[229] *Steiner/Woods/Twigg-Flesner*, EU Law, S. 226.
[230] CONV 636/03 Nr. 28; *Frenz*, Handbuch Europarecht, Bd. 5 Rn. 2640; *Thiele*, EuR 2010, 30 (34); *Wunderlich*, EuR 2012, 49 (56).
[231] *Hammen*, Der Konzern 2009, 391 (394).
[232] *Borries*, Überlegungen zur Effektivität des Vertragsverletzungsverfahrens, in: FS Rengeling, S. 485 (502); *Frenz*, Handbuch Europarecht, Bd. 5 Rn. 2641; *Scholl*, Haftung zwischen EG-Mitgliedstaaten bei Verletzung von Gemeinschaftsrecht, S. 73.

Sanktion der Zahlung des Pauschalbetrags oder des Zwangsgeldes, allerdings ohne hierbei an den Vorschlag der Kommission gebunden zu sein.[233] Auch die vorgeschlagenen Berechnungskriterien sind nicht bindend. Damit werden Art und Höhe der Sanktion den politischen Entscheidungsträgern entzogen und in richterliches Ermessen überführt.[234] Der neu hinzugefügte **Art. 260 Abs. 3 AEUV** ermächtigt den Gerichtshof im Falle eines von der Kommission gerügten mitgliedstaatlichen Verstoßes gegen die Verpflichtung zur Mitteilung über Umsetzungsmaßnahmen von Richtlinien,[235] bereits mit dem ersten Urteil Sanktionsmittel zu verhängen. Diesem Verstoß wird in der Literatur teilweise auch der Fall fehlender Richtlinienumsetzung, und sogar der Fall fehlerhafter Umsetzung gleichgesetzt.[236] Auf Richtlinien, die vor Inkrafttreten des Lissabonner Vertrages in Kraft getreten sind, findet das Sanktionsregime des Art. 260 Abs. 3 AEUV hingegen keine Anwendung. Denn bei diesen handelt es sich nicht um Richtlinien, die gemäß einem Gesetzgebungsverfahren erlassen wurden.[237]

Die Kommission ist verpflichtet,[238] die in Frage kommenden Sanktionsmittel vor einer Anrufung des EuGH zu benennen. Ausweislich Art. 260 Abs. 3 UAbs. 2 S. 1 AEUV ist der Gerichtshof bei der Verhängung der Sanktionsmittel nach Art. 260 Abs. 3 AEUV allerdings insofern an den Kommissionsvorschlag gebunden, als dass er die Höhe des benannten Betrages wegen des Grundsatzes ne ultra petita[239] nicht überschreiten darf.[240]

Während das **Zwangsgeld** die Summe der Tagessätze darstellt, die ein Mitgliedstaat zwischen dem zweiten (unter den Voraussetzungen des Art. 260 Abs. 3 sogar dem ersten) Urteil und der Behebung des Vertragsverstoßes zu zahlen hat (vgl. sogleich) und somit Beugecharakter aufweist,[241] blieb die Bedeutung des **Pauschalbetrags** lange Zeit ungeklärt. Nunmehr scheint höchstrichterlich festzustehen, dass der Pauschalbetrag eine einmalige finanzielle Sanktion mit Strafcharakter darstellt,[242] die insbesondere dann in Betracht kommen kann, wenn die Vertragsverletzung lange Zeit fortbestanden hat und die Folgen für die privaten und öffentlichen Interessen dies im Einzelfall einfordern.

---

[233] EuGH, Rs. C-387/97, *Kommission/Griechenland*, Slg. 2000, I-5047 Rn. 89; Rs. C-304/02, *Kommission/Frankreich*, Slg. 2005, I-6263; *Arnull*, The European Union, S. 48; *Classen*, in: Schulze/Zuleeg, Europarecht, § 4 Rn. 61; *Huck/Klieve*, EuR 2006, 413 (418); *Kilbey*, CMLR 2008, 743 (759).
[234] EuGH, Rs. C-304/02, *Kommission/Frankreich*, Slg. 2005, I-6363 Rn. 90.
[235] *Sabotta*, ZUR 2008, 72 (73).
[236] *Steiner*, ZfRV 2008, 152 (156); *Thiele*, EuR 2010, 30 (35).
[237] Ausführlich *Wunderlich*, EuR 2012, 49 (59 f.).
[238] Zur Beantragungspflicht der Kommission bzgl. finanzieller Sanktionen siehe nur *Thiele*, EuR 2008, 320 (343).
[239] Dieser Grundsatz gilt jedoch nicht in Bezug auf Art. 260 Abs. 2 AEUV, siehe die vorangehenden Bemerkungen sowie *Thiele*, EuR 2008, 320 (329 f.).
[240] EuGH, Rs. C-70/06, *Kommission/Portugal*, BeckRS 2008, 70012; *Thiele*, EuR 2010, 30 (35); zum Grundsatz siehe auch *Classen*, in: Schulze/Zuleeg, Europarecht, § 4 Rn. 110.
[241] SEK (2005) 1658; *Cremer*, in: Calliess/Ruffert, EUV/AEUV, Art. 260 AEUV Rn. 12; *El-Shabassy*, Die Durchsetzung finanzieller Sanktionen der Europäischen Gemeinschaften gegen ihre Mitgliedstaaten, S. 49 f.; *Ehlers*, Jura 2007, 684 (689); *Steiner*, ZfRV 2008, 152 (153).
[242] EuGH, Rs. C-304/02, *Kommission/Frankreich*, Slg. 2005, I-6363 Rn. 80, 81; *El-Shabassy*, Die Durchsetzung finanzieller Sanktionen der Europäischen Gemeinschaften gegen ihre Mitgliedstaaten, S. 51; *Frenz*, Handbuch Europarecht, Bd. 5 Rn. 2644; *Scholl*, Haftung zwischen EG-Mitgliedstaaten bei Verletzung von Gemeinschaftsrecht, S. 76; kritisch *Everling*, in: Staat im Wort, FS Isensee, S. 773 (788, 791); *Steiner*, ZfRV 2008, 152 (153); *Hammern*, Der Konzern 2009, 391 (399).

Hinsichtlich der Anwendung der finanziellen Sanktionen und der Berechnung des Zwangsgelds hat die Kommission im Laufe der 30-jährigen Geschichte des Vertragsverletzungsverfahrens drei Bekanntmachungen veröffentlicht.[243] Den Bekanntmachungen von 1996 und 1997 war zu entnehmen, dass die Kommission das Zwangsgeld für das geeignetere Mittel ansah, eine schnellstmögliche Beendigung des Verstoßes zu erreichen.[244] Die Mitteilung aus dem Jahre 2005 ersetzt die Mitteilungen aus den 90-er Jahren. Abweichend vom Wortlaut der Art. 260 Abs. 2 AEUV, schlägt die Kommission dem Gerichtshof vor, in Zukunft stets die **kumulative Verhängung von Zwangsgeld und Pauschalbetrag** durchzuführen.[245] Der EuGH selbst hatte in dem Rechtsstreit zwischen der Kommission und Frankreich erstmalig auf beide Sanktionsmittel zurückgegriffen und seine Vorgehensweise für alle Fälle gerechtfertigt, in denen die Vertragsverletzung von langer Dauer ist und die Tendenz hat, sich fortzusetzen.[246] Für das Verfahren nach Art. 260 Abs. 3 AEUV wird die kumulative Verhängung in Ermangelung eines fehlenden Ersturteils indes nicht in Frage kommen.[247]

Die **Höhe des Zwangsgelds** orientiert sich an der Schwere des Verstoßes (Schwerekoeffizient), seiner Dauer (Dauerkoeffizient) und der zur Verhinderung eines erneuten Verstoßes erforderlichen Abschreckungswirkung, wobei diesbezüglich nach der Zahlungsfähigkeit der Mitgliedstaaten und ihrer Stimmenzahl im Rat differenziert wird (Zahlungsfähigkeitskoeffizient).[248] Das beantragte tägliche Zwangsgeld kann diesen Kriterien zufolge minimal 216 EUR für Malta und maximal 914.400 EUR für Deutschland betragen.[249] Die Kommission schlägt in ihrer (nicht bindenden) Mitteilung aus dem Jahre 2005 vor, die **Höhe des Pauschalbetrags** unter Berücksichtigung von Gleichbehandlungsgrundsatz und Verhältnismäßigkeitsprinzip durch Multiplikation eines festen Mindestpauschalbetrags mit dem Ergebnis einer komplizierten[250] Berechnung, bei dem ein Tagessatz (Schwere- und Zahlungsfähigkeitskoeffizient) mit der Anzahl der Tage der Zuwiderhandlung multipliziert wird, zu errechnen.[251] So ergibt sich ein Mindestpauschalbetrag von minimal 180.000 EUR für Malta und maximal 12.700.000 EUR für Deutschland.[252]

Bisher ist es in nur vier Fällen zur Verhängung finanzieller Sanktion gekommen: Den Anfang machte das Verfahren gegen Griechenland wegen Nichtbeachtung eines Urteils aus dem Jahre 1992. Am 4.7.2000 wurde Griechenland zur Zahlung eines

---

[243] ABl. 1996 C 242/6 und ABl. 1997 C 63/2; SEK (2005) 1658.
[244] ABl. 1996 C 242/6, Ziff. 4.
[245] SEK (2005) 1658 Rn. 10.3.
[246] EuGH, Rs. C-304/02, *Kommission/Frankreich*, Slg. 2005, I-6363 Rn. 81, 82; zuvor schon angedacht in: EuGH, Rs. C-241/01, *National Farmers Union*, Slg. 2002, I-9079.
[247] *Frenz*, Handbuch Europarecht, Bd. 5 Rn. 646.
[248] Vgl. ABl. 1996 C 242/6, Ziff. 5, und ABl. 1997 C 63/2, Ziff. 3, 4; SEK (2005) 1658 Rn. 14 ff.; *Arnull*, The European Union, S. 49; *Cremer*, in: Calliess/Ruffert, EUV/AEUV, Art. 260 EGV Rn. 13 ff.; *El-Shabassy*, Die Durchsetzung finanzieller Sanktionen der Europäischen Gemeinschaften gegen ihre Mitgliedstaaten, S. 48; *Karpenstein/Karpenstein*, in: GHN, Art. 260 AEUV Rn. 53 ff.; *Pauling*, EuZW 2006, 492 (493).
[249] Vgl. ABl. 1997 C 63/2, Ziff. 2, 3 und 4; SEK (2005) 1658 Rn. 10 sowie *Steiner*, ZfRV 2008, 152 (157).
[250] Für eine Vereinfachung des Berechnungssystems streitend *Kilbey*, CMLR 2008, 743 (759).
[251] SEK (2005) 1658 Rn. 19.
[252] *Pauling*, EuZW 2006, 492 (494).

Zwangsgelds in Höhe von 20.000 EUR pro Tag Verzug verurteilt.[253] Dabei hat der Gerichtshof – obwohl er weder dem von der Kommission errechneten Betrag von 24.600 EUR zugestimmt noch eine eigene Berechnungsmethode vorgeschlagen hat – die Kriterien der Kommission für die Berechnung des Zwangsgelds grundsätzlich gebilligt.[254] Im November 2003 erging ein Zwangsgeldurteil (Zahlung von 624.150 EUR) gegen Spanien, in dem das Gericht den Kommissionsvorschlag herabsetzte. Als „bahnbrechend" wurde sodann das Urteil des EuGH in der Rechtssache **Kommission gegen Frankreich** empfunden, mit dem das Gericht Frankreich für die Nichtbeachtung eines 14 Jahre zurückliegenden Infraktionsurteils kumulativ zur Zahlung eines Zwangsgeldes und eines Pauschalbetrags verpflichtete (vgl. Rn. 53). Im jüngsten Urteil des EuGH (Kommission/Portugal) beantragte die Kommission entgegen ihrer Ankündigung, in Zukunft stets auf beide Sanktionsmittel zurückzugreifen, nur die Verhängung eines Zwangsgeldes. Der EuGH, die Mitteilung der Kommission aus dem Jahre 2005 billigend, stufte jedoch die Höhe des von der Kommission beantragten Zwangsgeldes herab.

War die Einführung finanzieller Sanktionsmöglichkeiten in der Literatur zu Anfang teilweise noch auf Skepsis gestoßen,[255] wird dem weiter verschärften Sanktionsregime nunmehr nahezu unisono ein erhebliches Maß an Effektivität qua Abschreckungswirkung attestiert.[256]

Zweifelhaft erschien zu Beginn, ob ein Mitgliedstaat, der die Erfüllung der ihm obliegenden Vertragspflichten ernsthaft verweigert, zur Zahlung einer entsprechenden „Geldstrafe" bereit sein würde. Diese Befürchtung scheint sich bislang angesichts sinkender Urteilsakzeptanz und vermehrt ergehenden Zweiturteilen auch bewahrheitet zu haben.[257] Es wird sich zeigen, ob die Verschärfung über Art. 260 Abs. 3 AEUV Wirkung zeigt.

Ob der mit dem erneuten Urteil des Gerichtshofs geschaffene Zahlungstitel nach Art. 280, 299 AEUV (Art. 244, 256 EGV) überhaupt durchgesetzt werden kann, ist ebenso umstritten.[258] Fraglich ist bereits, wie eine **Vollstreckung** praktisch durchzuführen wäre (vgl. §§ 31 ff.). Ferner ist zu beachten, dass sich durch die über Art. 280 AEUV eingeräumte Möglichkeit der Zwangsvollstreckung die grundsätzlich ableh-

---

[253] EuGH, Rs. C-387/97, *Kommission/Griechenland*, Slg. 2000, I-5047 = EuZW 2000, 531 (mit Anm. *Karpenstein*) = EuR 2000, 768 (mit Anm. *Heidig*, S. 782).

[254] EuGH, Rs. C-387/97, *Kommission/Griechenland*, Slg. 2000, I-5047 = EuR 2000, 768, 780 f. (Rn. 87–92).

[255] *Rodríguez Iglesias*, EuR 1992, 243; *Thiele*, EuR 2008, 320 (325 m.w.N.).

[256] Rechtsprechungsstatitstik des Europäischen Gerichtshofs, Jahresbericht 2009, S. 10, abrufbar unter Curia; *Arnull*, The European Union, S. 49; *Haltern*, Europarecht, Dogmatik im Kontext, Rn. 318, 319 zur Effektivität des Vertragsverletzungsverfahrens insgesamt; *Everling*, in: Staat im Wort, FS Isensee, S. 773 (788, 791); *Karpenstein/Karpenstein*, in: GHN, Art. 260 AEUV Rn. 1; *Scholl*, Haftung zwischen EG-Mitgliedstaaten bei Verletzung von Gemeinschaftsrecht, S. 73, 80; *Haltern*, VerwArch 2005, 311 (328); *Steiner*, ZfRV 2008, 152 (157); *Thiele*, EuR 2008, 320 (343) sowie EuR 2010, 30 (34); kritisch hingegen *Gundel*, in: Schulze/Zuleeg, Europarecht, § 3 Rn. 123.

[257] *Borries*, Überlegungen zur Effektivität des Vertragsverletzungsverfahrens, in: FS Rengeling, S. 485 (506).

[258] Ausführlich, im Ergebnis bejahend, *El-Shabassy*, Die Durchsetzung finanzieller Sanktionen der Europäischen Gemeinschaften gegen ihre Mitgliedstaaten, S. 68 ff.; *Karpenstein/Karpenstein*, in: GHN, Art. 260 AEUV Rn. 59; *Schwarze*, in: ders., EU-Kommentar, Art. 260 AEUV Rn. 12; *Huck/Klieve*, EuR 2006, 413 (417 f., 422); *Steiner*, ZfRV 2008, 152 (157).

nende Haltung des betreffenden Mitgliedstaats zusätzlich verhärten könnte. Für eine Staatenunion, die sich im Prozess fortschreitender Integration befindet und damit maßgeblich auf die freiwillige Befolgung ihrer getroffenen Vereinbarungen angewiesen ist, könnte dies zu negativen Folgen im Integrationsprozess führen.[259] Ungeklärt bleibt auch weiterhin, ob der Kommission zur Durchsetzung des Sanktionsinstruments „Zwangsgeld" das Sanktionsinstrument der **Aufrechnung** gegen Zahlungsforderungen des betroffenen Mitgliedstaates aus Fonds der Union zur Verfügung steht.[260] Der EuGH[261] und das EuG[262] halten die Aufrechnung gegen Forderungen privater Marktteilnehmer zwar trotz des Fehlens einer Aufrechnungsregelung im Unionsrecht grundsätzlich für statthaft, allerdings unter der Voraussetzung, dass dadurch nicht die Durchführung von im unionalen Interesse liegenden Maßnahmen finanziell gefährdet wird; das aber dürfte die regelmäßige Folge von Aufrechnungen gegen Forderungen der Mitgliedstaaten sein. All dies zeigt, dass nach wie vor der politische Wille des jeweils betroffenen Mitgliedstaates entscheidend ist, weshalb auch in Zukunft über politische Maßnahmen versucht werden sollte, den betreffenden Mitgliedstaat zu der Zahlung der verhängten Sanktionssumme zu bewegen (vgl. Rn. 56).[263]

2. Erneutes Vertragsverletzungsverfahren ohne finanzielle Sanktionen. Während die anderen Mitgliedstaaten – auch nach Einführung finanzieller Sanktionsmöglichkeiten – gegen den sich nach einer ersten Verurteilung immer noch vertragswidrig verhaltenden Mitgliedstaat ein erneutes (sanktionsloses) Vertragsverletzungsverfahren – jetzt wegen Verletzung des Art. 260 AEUV – anstrengen können (Art. 260 Abs. 2 UAbs. 3 AEUV), dürfte diese Möglichkeit für die Kommission seit dem Vertrag von Maastricht nicht mehr bestehen. Stattdessen ist wegen der insoweit eindeutigen Regelung in Art. Art. 260 Abs. 2 UAbs. 2 S. 2 AEUV anzunehmen, dass die Kommission eine Sanktion beantragen muss, wenn sie denn den Gerichtshof ein zweites Mal anruft.[264]

3. Politische Mittel. Daneben sind gewisse „politische" Repressalien der Unionsorgane denkbar, die den betreffenden Mitgliedstaat zu einem vertragskonformen Handeln veranlassen sollen.[265] Der Rückgriff auf völkerrechtliche Sanktionen erscheint demgegenüber zweifelhaft und ist in der Praxis nie ernsthaft erwogen worden.[266]

---

[259] *El-Shabassy*, Die Durchsetzung finanzieller Sanktionen der Europäischen Gemeinschaften gegen ihre Mitgliedstaaten, S. 41 ff.; *Scholl*, Haftung zwischen EG- Mitgliedstaaten bei Verletzung von Gemeinschaftsrecht, S. 78.
[260] Vgl. auch *Borchardt*, in: Dauses, EU-WirtR, Abschn. P I Rn. 54 (bejahend); *El-Shabassy*, Die Durchsetzung finanzieller Sanktionen der Europäischen Gemeinschaften gegen ihre Mitgliedstaaten, S. 87 ff.; *Karpenstein/Karpenstein*, in: GHN, Art. 260 AEUV Rn. 60; *Scholl*, Haftung zwischen EG-Mitgliedstaaten bei Verletzung von Gemeinschaftsrecht, S. 78, 79; *Dashwood/White*, ELR 1989, 412; *Steiner*, ZfRV 2008, 152 (158).
[261] EuGH, Rs. 250/78, *DEKA Getreideprodukte*, Slg. 1983, 421, 431; Rs. C-132/95, *Bent Jensen und Korn*, Slg. 1998, I-2975, 3018 ff.; Rs. C-87/01, *Kommission/CCRE*, Slg. 2003, I-7617 Rn. 62.
[262] EuGH, Rs. C-87/01, *Kommission/CCRE*, Slg. 2003, I-7617.
[263] *Karpenstein/Karpenstein*, in: GHN, Art. 260 AEUV Rn. 59; *Steiner*, ZfRV 2008, 152 (157).
[264] GA Fenelly, SchlA Rs. C-334/94, *Kommission/Frankreich*, Slg. 1996, I-1307, 1316 f.; *Borchardt*, in: Dauses, EU-WirtR, Abschn. P I Rn. 50; *El-Shabassy*, Die Durchsetzung finanzieller Sanktionen der Europäischen Gemeinschaften gegen ihre Mitgliedstaaten, S. 57 f.; *Karpenstein/Karpenstein*, in: GHN, Art. 260 AEUV Rn. 33; *Schwarze*, in: ders., Eu-Kommentar, Art. 260 AEUV Rn. 9.
[265] Vgl. hierzu die Vorschläge der Kommission, Bull. EG, Beilage 2/91, S. 163 ff.
[266] *Schwarze*, in: ders., EU-Kommentar, Art. 258 AEUV Rn. 14.

57 **4. Staatshaftung.** Ein höchst wirkungsvolles „Sanktionsmittel", über das aber nicht die Kommission verfügt und über dessen Erfolg zunächst vor den Gerichten der Mitgliedstaaten entschieden wird, ist die in § 38 näher behandelte Möglichkeit einer Staatshaftung von vertragswidrig handelnden Mitgliedstaaten ihren Staatsbürgern gegenüber.[267] Um die volle Wirksamkeit des Unionsrechts zu gewährleisten und insbesondere die Rechte der Einzelnen zu schützen, müssen die Unions*bürger* nach der Rechtsprechung des EuGH die Möglichkeit haben, für den Fall eine Entschädigung zu erlangen, dass ihre Rechte infolge eines Verstoßes gegen das Unionsrecht verletzt werden, der einem Mitgliedstaat zuzurechnen ist. Die **gerichtliche Feststellung** einer bestehenden Vertragsverletzung nach Art. 258, 259 AEUV ist allerdings **nicht Voraussetzung** für den europarechtlich begründeten Staatshaftungsanspruch;[268] dieser besteht vielmehr selbständig neben dem Vertragsverletzungsverfahren. Da die Geschädigten ja nicht zur Einleitung eines Vertragsverletzungsverfahrens befugt sind, kann ihnen insoweit auch nicht der Vorwurf der Unterlassung bestehender Primärrechtsschutzmöglichkeiten gemacht werden.

E. Praktische Hinweise

I. Beschwerde bei der Kommission

58 Wie oben (Rn. 2) ausgeführt, sind Bürger oder Unternehmen berechtigt, mit einer Beschwerde bei der Kommission Rechtsverstöße auf mitgliedstaatlicher Ebene zu rügen. Die Kommission hat ein **Standardformular** zur Einreichung einer Beschwerde wegen Nichtbeachtung des unionalen Rechts veröffentlicht.[269] Die Verwendung des Formulars ist allerdings nicht verbindlich; die Beschwerde kann auch formlos erhoben werden. Sie kann bei einer Vertretung der Kommission in den Mitgliedstaaten eingereicht werden.

59 Für Deutschland entweder in Berlin: Unter den Linden 78, 10117 Berlin, oder in Bonn: Bertha-von-Suttner-Platz 2–4, 53111 Bonn, oder in München: Erhardtstraße 27, 80469 München oder an folgende Anschrift:

---

[267] Seit EuGH, Rs. C-6/90, *Francovich*, Slg. 1991, I-5357, 5413 ff.; Rs. C-46/93, *Brasserie du pêcheur und Factotarme*, Slg. 1996, I-1029, 1142 ff.; Rs. C-178/94, *Dillenkofer*, Slg. 1996, I-4845; Rs. C-302/97, *Konle*, Slg. 1999, I-3099; Rs. C-424/97, *Salomone Haim*, Slg. 2000, I-5123; Rs. C-224/01, *Köbler*, Slg. 2003, I-10239; Rs. C-445/09, *Dänische Schlachthofgesellschaft/Deutschland*, Slg. 2009, I-2119; Rs. C-118/08, *Transportes Urbanos/Administracion del Estado*, NJW 2010, 2716 zur Rechtswegerschöpfung.
[268] EuGH, Rs. C-46/93, *Brasserie du pêcheur und Factotarme*, Slg. 1996, I-1029, 1159 f.; Rs. C-445/06, *Dänische Schlachthofgesellschaft/Deutschland*, Slg. 2009, I-2119 Rn. 67; *Berg*, in: Schwarze, EU-Kommentar, Art. 340 AEUV Rn. 96.
[269] ABl. 1989 C 26/6; modifiziert im April 1999 (ABl. 1999 C 199/5). Die elektronische Fassung kann im Internet unter http://ec.europa.eu/community_law/your_rights/your_rights_forms_de.htm abgerufen werden; vgl. ferner *Cremer*, in: Calliess/Ruffert, EUV/AEUV, im Anhang zur Kommentierung des Art. 258 AEUV sowie *Stotz*, in: EUDUR I, § 45 Rn. 18 ff.

Europäische Kommission
(z.H. der Generalsekretärin)
Rue de la Loi/Wetstraat 200
B-1049 Brüssel.

Neben Angaben zur Person und zum betreffenden Mitgliedstaat bzw. zur betref- **60**
fenden öffentlichen Einrichtung hat der Beschwerdeführer den Beschwerdegegenstand möglichst genau darzustellen sowie die angeblich verletzten Bestimmungen des Unionsrechts zu nennen.[270] Ferner sollen etwaige bereits unternommene Schritte bei europäischen Einrichtungen oder bei den nationalen Behörden beschrieben werden. Gegebenenfalls sind Belege und Beweismittel zum Nachweis des Verstoßes anzugeben. Die Beschwerde wird auf Wunsch vertraulich behandelt, allerdings weist die Kommission darauf hin, dass die Offenbarung der Identität des Beschwerdeführers in manchen Fällen für die Bearbeitung unerlässlich ist. Die Kommission bemüht sich um eine Entscheidung (Einleitung eines Vertragsverletzungsverfahrens oder Einstellung der Untersuchung) innerhalb von zwölf Monaten. Der Beschwerdeführer wird sowohl von einer beabsichtigten Einstellung als auch bei Einleitung eines Vertragsverletzungsverfahrens über dessen Fortgang informiert.

II. Vertragsverletzungsverfahren

Im Vertragsverletzungsverfahren ist der Klageantrag auf die *Feststellung* zu richten, **61**
dass der beklagte Staat durch ein *bestimmtes Verhalten* gegen *bestimmte Normen* des Unionsrechts verstoßen hat.[271] In der Klageerwiderung wird der betroffene Staat in der Regel die Abweisung der Klage beantragen. Verfahrenssprache ist gem. Art. 37 Abs. 1 lit. a) VerfO-EuGH die Amtssprache des betroffenen Mitgliedstaats; bestehen mehrere Amtssprachen, kann der Kläger eine von ihnen wählen. Die verfahrensbeteiligten Staaten und die Kommission werden gem. Art. 19 Abs. 1 Satzung-EuGH durch einen Bevollmächtigten vertreten, der sich der Hilfe eines Beistands oder Anwalts bedienen kann.

Der EuGH hat als **Arbeitshilfe** „Hinweise für die Prozessvertreter der Verfahrens- **62**
beteiligten für das schriftliche und das mündliche Verfahren vor dem Gerichtshof" veröffentlicht.[272] Für verfahrenseinleitende Schriftsätze schlägt der Gerichtshof folgendes Schema vor:

- Angabe der Verfahrensart durch Bezeichnung der Art der beantragten Entscheidung;
- Darstellung des relevanten Sachverhalts;
- Darstellung sämtlicher Hauptpunkte der Klage- oder Antragsbegründung;
- Vorbringen zu den einzelnen Klage- oder Antragsgründen (mit Verweisen auf die einschlägige Rechtsprechung des Gerichtshofs);
- Stellung der Anträge.

---

[270] Ein Schema einer Klageschrift findet sich bei *Frenz*, Handbuch Europarecht, Bd. 5 Rn. 2719 ff.
[271] Vgl. *Pechstein*, EU-Prozessrecht, Rn. 315.
[272] Im Internet abrufbar auf der Seite: http://curia.europa.eu/jcms/upload/docs/application/pdf/2008-09/txt9_2008-09-25_12-08-29_775.pdf.

Der Aufbau der weiteren Schriftsätze sollte genau auf das Vorbringen des Schriftsatzes abgestimmt sein, auf den erwidert werden soll. Ferner sind den Schriftsätzen gegebenenfalls die in Artikel 21 Abs. 2 der Satzung-EuGH bezeichneten Unterlagen beizufügen (Art. 122 Abs. 1 VerfO-EuGH). Beweise für bestrittene Tatsachen sind ebenfalls anzugeben. Im Übrigen sei auf die Darstellung in §§ 22 ff. verwiesen.[273]

---

[273] Vgl. hier noch *Koenig/Pechstein/Sander*, EG-Prozessrecht, Rn. 129 ff.

§ 7 Nichtigkeitsklagen*

Übersicht

		Rn.
A.	Allgemeines	1–8
	I. Rechtsgrundlagen	1/2
	II. Wesen und Bedeutung der Nichtigkeitsklage	3/4
	III. Verhältnis zu anderen unionsrechtlichen Rechtsbehelfen	5–8
B.	Zulässigkeit	9–103
	I. Sachliche Zuständigkeit	9–11
	II. Verfahrensbeteiligte	12–28
	1. Klageberechtigte	12–19
	2. Klagegegner	20–28
	III. Klagegegenstand	29–48
	1. Klagen der privilegierten und teilprivilegierten Kläger	30–36
	2. Klagen natürlicher und juristischer Personen	37–48
	IV. Klagebefugnis	49–88
	1. Klagebefugnis der privilegierten und teilprivilegierten Kläger	50/51
	2. Klagebefugnis der natürlichen und juristischen Personen	52–88
	V. Geltendmachung eines Klagegrundes	89
	VI. Klagefrist	90–98
	VII. Rechtsschutzbedürfnis	99–102
	VIII. Sonstige Voraussetzungen	103
C.	Begründetheit	104–120
	I. Unzuständigkeit	107/108
	II. Verletzung wesentlicher Formvorschriften	109–111
	III. Vertragsverletzung	112–116
	IV. Ermessensmissbrauch und Kontrolldichte	117–120
D.	Die abschließende Entscheidung	121–124
E.	Praktische Hinweise	125–127
	I. Allgemeine Hinweise	125/126
	II. Muster einer Klageschrift	127

Schrifttum: *Allkemper,* Der Rechtsschutz des einzelnen nach dem EG-Vertrag, 1995; *Annacker,* Die Inexistenz als Angriffs- und Verteidigungsmittel vor dem EuGH und dem EuG, EuZW 1995, 755; *Arnull,* Private Applicants and the Action for Annulment under Article 173 of the EC Treaty, CMLRev 1995, 7; *ders.,* Private Applicants and the Action for Annulment since *Codorniu,* CMLReV 2001, 7; *Bartosch,* Unmittelbare und individuelle Betroffenheit in der europäischen Fusionskontrolle – „Coca-Cola", EWS 2000, 350; *ders.,* Beihilfenrechtliches Verfahren und gerichtlicher Rechtsschutz, ZIP 2000, 601; *Baumbach/Lauterbach (Begr.)/Albers/Hartmann (Hrsg.),* Zivilprozessordnung, 69. Aufl. 2011; *Baumhof,* Die deutschen Bundesländer im europäischen Einigungsprozess, 1991; *Bebr,* Development of Judicial Control of the European Communities, 1981; *Bierwagen/Hailbronner,* Neuere Entwicklungen im Außenwirtschaftsrecht der Europäischen Gemeinschaften, NJW 1989, 1385; *Bleckmann,* Zur Klagebefugnis für die Individualklage vor dem Europäischen Gerichtshof, in: Erichsen/Hoppe/v. Mutius (Hrsg.), System des verwaltungs-

---

* Dieser Beitrag basiert auf den Ausführungen von Herrn Professor Burgi in der Vorauflage.

gerichtlichen Rechtsschutzes. FS für Menger zum 70. Geburtstag, 1985, S. 871; *v. Bogdandy/Bast (Hrsg.)*, Europäisches Verfassungsrecht, 2009; *v. Burchard*, Der Rechtsschutz natürlicher und juristischer Personen gegen EG-Richtlinien gemäß Art. 173 Abs. 2 EWGV, EuR 1991, 140; *Burgi*, Kernfragen des Europarechts in der Rechtsprechung von EuGH und EuG im Jahre 2000, JZ 2001, 1071; *Calliess*, Kohärenz und Konvergenz beim europäischen Individualrechtsschutz, NJW 2002, 3577; *Classen*, Die Europäisierung der Verwaltungsgerichtsbarkeit, 1996; *Constantinesco*, Das Recht der Europäischen Gemeinschaften I, 1977; *Cremer*, Nichtigkeitsklagen einzelner gegen Rechtsakte der Gemeinschaft: Klagegegenstand und Klagebefugnis nach Art. 173 EGV, EWS 1999, 48; *ders.*, Individualrechtsschutz gegen Richtlinien, EuZW 2001, 453; *Cujo*, L'autonomie du recours en indemnité par rapport au recours en annulation, RDMC 1999, 414; *Daig*, Nichtigkeits- und Untätigkeitsklagen im Recht der Europäischen Gemeinschaften, 1985; *v. Danwitz*, Die Garantie effektiven Rechtsschutzes im Recht der Europäischen Gemeinschaft, NJW 1993, 1108; *ders.*, Der EuGH und das Wirtschaftsvölkerrecht – ein Lehrstück zwischen Europarecht und Politik, JZ 2001, 721; *Dauses*, Ein Sieg für die Demokratie in Europa, EuZW 1990, 169; *Dervisopoulos*, Zum Verhältnis von WTO-Recht und Gemeinschaftsrecht: Optionen nach Van Parys, Außenwirtschaft 2005, 415; *Drewes*, Entstehen und Entwicklung des Rechtsschutzes vor den Gerichten der Europäischen Gemeinschaften am Beispiel der Nichtigkeitsklage, 2000; *Ehlers*, Die Einwirkungen des Rechts der Europäischen Gemeinschaften auf das Verwaltungsrecht, DVBl. 1991, 605; *Erichsen/Weiß*, System des europäischen Rechtsschutzes, Jura 1990, 528 und 586; *Everling*, Zur richterlichen Kontrolle der Tatsachenfeststellungen und der Beweiswürdigung durch die Kommission in Wettbewerbssachen, WuW 1989, 877; *ders.*, Brauchen wir „Solange III"?, EuR 1990, 195; *ders.*, Justiz im Europa von morgen, DRiZ 1993, 5; *ders.*, Zur Funktion des Gerichtshofs der Europäischen Gemeinschaften als Verwaltungsgericht, in: Bender/Breuer/Ossenbühl/Sendler (Hrsg.), Rechtsstaat zwischen Sozialgestaltung und Rechtsschutz. FS für Redeker zum 70. Geburtstag, 1993, S. 293; *ders.*, Rechtsschutz in der Europäischen Union nach dem Vertrag von Lissabon, EuR 2009, Beiheft 1, 71; *ders.*, Klagerecht Privater gegen Rechtsakte der EU mit allgemeiner Geltung, EuZW 2012, 376; *Faber*, Die Klagebefugnis des Europäischen Parlaments, DVBl. 1990, 1095; *Friedrich/Inghelram*, Die Klagemöglichkeiten des Europäischen Rechnungshofs vor dem Europäischen Gerichtshof, DÖV 1999, 669; *Fuß*, Die „Richtlinie" des Europäischen Gemeinschaftsrechts, DVBl. 1965, 378; *v. Fürstenwerth*, Ermessensentscheidungen im Außenwirtschaftsrecht, 1985; *Gaiser*, Gerichtliche Kontrolle im Europäischen System der Zentralbanken, EuR 2002, 517; *Gellermann*, Europäisierte Klagerechte anerkannter Umweltverbände, NVwZ 2006, 7; *ders.*, Europäisierter Rechtsschutz im Umweltrecht, in: Ipsen/Stüer (Hrsg.), Europa im Wandel, FS für Rengeling zum 70. Geburtstag, 2008, S. 233; *Gesser*, Die Nichtigkeitsklage nach Art. 173 EGV, 1995; *Giegerich*, Organstreit vor dem Gerichtshof der Europäischen Gemeinschaften, ZaöRV 50 (1990), 812; *Görlitz/Kubicki*, Rechtsakte „mit schwierigem Charakter". Zum bislang unterschätzten, deutlich erweiterten Rechtsschutz des Individualklägers im Rahmen des neuen Art. 263 IV AEUV, EuZW 2011, 248; *Gröpl*, Individualrechtsschutz gegen EG-Verordnungen, EuGRZ 1995, 583; *Gundel*, Rechtsschutzlücken im Gemeinschaftsrecht?, VerwArch 91 (2001), 81; *ders.*, Die neue Gestalt der Nichtigkeitsklage gegen normative EU-Rechtsakte, EWS 2012, 65; *Hahn/Häde*, Die Zentralbank vor Gericht, ZHR 165 (2001), 30; *Hailbronner/v. Heydebrand u. d. Lasa*, Der gerichtliche Rechtsschutz im Antidumping- und Antisubventionsrecht der Europäischen Wirtschaftsgemeinschaft, RIW 1986, 889; *Hakenberg/Stix-Hackl*, Handbuch zum Verfahren vor dem Europäischen Gerichtshof, 3. Aufl. 2005; *Hatje*, Die institutionelle Reform der Europäischen Union – der Vertrag von Nizza auf dem Prüfstand, EuR 2001, 143; *ders.*, Kontrolldichte bei Maßnahmen der europäischen Wirtschaftsverwaltung, in: Schwarze (Hrsg.), Verfahren und Rechtsschutz im Europäischen Wirtschaftsrecht, 2010, S. 124; *ders./Kindt*, Der Vertrag von Lissabon – Europa endlich in guter Verfassung?, NJW 2008, 1761; *Haus*, OLAF – Neues zur Betrugsbekämpfung in der EU, EuZW 2000, 745; *Herrmann*, Individualrechtsschutz gegen Rechtsakte der EU ‚mit Verordnungscharakter' nach dem Vertrag von Lissabon", NVwZ 2011, 1352; *Hilf*, Das Klagerecht des Europäischen Parlaments im Organstreit, EuR 1990, 273; *Hölscheidt*, Die Organe der Europäischen Gemeinschaften, JA 1990, 253; *Immenga/Mestmäcker, (Hrsg.)*, Wettbewerbsrecht, Band 1, EU, 5. Aufl. 2012; *Joss./Scheuerle*, Die Bundesstaatliche Ordnung im Integrationsprozess – unter besonderer Berücksichtigung der EuGH-Rechtsprechung und der Rechtsschutzmöglichkeiten der Länder, EuR 1989, 226; *Kees*, Die Rechtsnatur der Subsidiaritätsklage nach dem Europäischen Verfassungsvertrag, ZEuS 2004, 423; *Kirchhof*, Deutsches Verfassungsrecht und europäisches Gemeinschaftsrecht, EuR-Beiheft 1/1991, 11; *Klinke*, Der Gerichtshof der Europäischen Gemeinschaften. Aufbau und Arbeitsweise, 1989; *Klüpfel*, Zur Anfechtbarkeit von Richtlinien durch nicht-privilegierte Kläger, EuZW 1996, 393; *Koenig*, Institutionelle Überlegungen zum Aufgabenzuwachs beim Europäischen Gerichtshof in der Währungsunion, EuZW 1993, 661; *ders./Kühling/Ritter*, EG-Beihilferecht, 2002; *Kokott/Dervisopoulos/Henze*, Aktuelle Fragen des effektiven Rechtsschutzes durch die Gemeinschaftsgerichte, EuGRZ 2008, 10; *Kottmann*, Plaumanns Ende: Ein Vorschlag zu Art. 263 Abs. 4 AEUV, ZaöRV 2010, 547; *Körber*, Gerichtlicher Rechtsschutz in der europäischen Fusionskontrolle, RIW 1998, 910; *Kremer*, Die Landesparlamente im Spannungsfeld zwischen europäischer Integration und europäischem Regionalismus, 1988; *Kühling*, Die Zukunft des Europäischen Agentur(un)wesens – oder: Wer hat Angst vor Meroni?, EuZW 2008, 129; *Landsittel*, Die EG-Antidumpingregeln für „Schraubenzieherfabriken" nach der Entscheidung des GATT-Panel, EuZW 1990, 177; *ders./Sack*, Dumpingsachen vor dem EuGH, NJW 1987, 2105; *Last*, Garantie wirksamen Rechtsschutzes gegen Maßnahmen der Europäischen Union, 2008; *Leibrock*, Der Rechtsschutz in Beihilfeaufsichtsverfahren des EWG-Vertrages, EuR 1990, 20; *Lenaerts*, Le traité de Lisbonne et la protection juridictionnelle des particuliers en droit de l'Union, CDE 45 (2009), 711; *Locher/Mes (Hrsg.)*, Beck'sches Prozessformularbuch, 11. Aufl. 2010; *Lorenz*, Verwaltungsprozessrecht, 2000; *Lübbig/Martín-Ehlers*, Beihilfenrecht der EU, 2. Aufl. 2009; *Lux*, Die Rechtsprechung des Europäischen Gerichtshofes zum Antidumpingrecht, RIW 1991, 828; *Malferrari*, Neues zur Kompetenzverteilung zwischen Kommission und nationaler Gerichtsbarkeit auf dem Gebiet des Wettbewerbs und zum Verhältnis zwischen der Nichtigkeitsklage und dem Vorabentscheidungsverfahren, EuR 2001, 605; *ders./Lerche*, Zulässigkeit der Nichtigkeitsklage von Privatpersonen nach Art. 230 EG – Niedergang und Wiederaufleben des Plaumann-Tests, EWS 2003, 254; *Mayer*, Individualrechtsschutz im Europäischen Verfassungsrecht, DVBl. 2004, 606; *Middeke*, Außenwirtschaftsrecht der EG, DVBl. 1991, 149; *ders.*, Der Kompetenznormenkonflikt umweltrelevanter Gemeinschaftsakte im Binnenmarkt, DVBl. 1993, 769; *ders.*, Nationale Umweltmaßnahmen im Binnenmarkt, 1993; *ders./Szczekalla*, Änderungen im europäischen Rechtsschutzsystem, JZ 1993, 284; *Moitinho de Almeida*, Le recours en annulation des particuliers (article 173, deuxième alinéa, du traité CE): nouvelles réflexions sur l'expression „la concernent ... individuellement", in: Due/Lutter/Schwarze (Hrsg.), FS für Everling zum 70. Geburtstag, 1995, S. 849; *Montag/Leibenath*, Die Rechtsschutzmöglichkeiten Dritter in der europäischen Fusionskontrolle, ZHR 164 (2000), 176; *Mulert*, Die deutschen Bundesländer vor dem Europäischen Gerichtshof, 1996; *Müller-Ibold*, Die Begründungspflicht im europäischen Gemeinschaftsrecht und im deutschen Recht: eine rechtsvergleichende Untersuchung, 1990; *Nettesheim*, Effektive Rechtsschutzgewährleistung im arbeitsteiligen System europäischen Rechtsschutzes, JZ 2002, 928; *ders.*, Voraussetzungen individuellen Rechtsschutzes gegen Kommissionsentscheidungen – Anmerkung, JZ 2009, 1067; *Nicolaysen*, Europarecht I, 2. Aufl. 2002; *Niedermühlbichler*, Verfahren vor dem EuG und EuGH, 1998; *Nowak*, Der Rechtsschutz von Beschwerdeführern im EG-Wettbewerbs- und EG-Außenhandelsrecht, EuZW 2000, 453; *ders.*, Das Verhältnis zwischen zentralem und dezentralem Individualrechtsschutz im Europäischen Gemeinschaftsrecht, EuR 2000, 724; *ders.*, Die Entwicklung des EG-Beihilfenkontrollrechts in den Jahren 1998, 1999 und 2000, EuZW 2001, 293; *Pache*, Keine Vorlage ohne Anfechtung?, EuZW 1994, 615; *ders.*, Die Kontrolldichte in der Rechtsprechung des Gerichtshofs der Europäischen Gemeinschaften, DVBl. 1998, 380; *Pagenkopf*, Zum Einfluß des Gemeinschaftsrechts auf nationales Wirtschaftsverwaltungsrecht – Versuch einer praktischen Einführung, NVwZ 1993, 216; *Partsch*, Die neue Transparenzverordnung (EG) Nr. 1049/2001, NJW 2001, 3154; *Pechstein*, Die Justitiabilität des Unionsrechts, EuR 1999, 1; *Pernice*, Gemeinschaftsverfassung und Grundrechtsschutz – Grundlagen, Bestand und Perspektiven, NJW 1990, 2409; *Petermann*, Gerichtlicher Rechtsschutz in Verfahren der EG-Kommission gegen „unerlaubte Handelspraktiken", RIW 1990, 279; *Petzold*, Individualrechtsschutz an der Schnittstelle zwischen deutschem und Gemeinschaftsrecht, 2008; *Potacs*, Nationale Zentralbanken in der Wirtschafts- und Währungsunion, EuR 1993, 23; *Rabe*, Rechtsschutz im Außenwirtschaftsrecht der EG, EuR 1991, 236; *Rengeling,* Rechtsgrundsätze beim Verwaltungsvollzug des Europäischen Gemeinschaftsrechts, 1977; *ders.,* Grundrechtsschutz in den Europäischen Gemeinschaften: Beitritt der Gemeinschaften zur Europäischen Menschenrechtskonvention?, EuR 1979, 124; *ders.,* Der Grundrechtsschutz in der Europäischen Gemeinschaft und die Überprüfung der Gesetzgebung, DVBl. 1982, 140; *ders.,* Individualrechtsschutz gegen Rechtsnormen vor dem Europäischen Gerichtshof, in: Hansmann/Paetow/Rebentisch (Hrsg.), Umweltrecht und richterliche Praxis. FS für Kutscheidt zum 70. Geburtstag, 2003, S. 93; *Ress/Ukrow,* Neue Aspekte des Grundrechtsschutzes in der Europäischen Gemeinschaft, EuZW 1990, 499; *Reszel,* Präventionsschutz in EG-Antidumping- und Antisubventionsverfahren, RIW 1988, 122; *Riedel,* Rechtsschutz gegen Akte Europäischer Agenturen, EuZW 2009, 565; *Röttinger,* Bedeutung der Rechtsgrundlage einer EG-Richtlinie und Folgen einer Nichtigkeit, EuZW 1993, 117; *Saurer,* Individualrechtsschutz gegen das Handeln der Europäischen Agenturen, EuR 2010, 51; *Schenke,* Der Rechtsschutz gegen Europol auf dem Prüfstein des Art. 47 GR-Charta, in: Hilgendorf/Eckert (Hrsg.), Subsidiarität, Sicherheit, Solidarität. FS Knemeyer, 2012, S. 365; *Scherer/Zuleeg,* Verwaltungsgerichtsbarkeit, in: Schweitzer (Hrsg.), Europäisches Verwaltungsrecht, 1991, S. 197; *Schilken,* Zivilprozessrecht, 3. Aufl. 2000; *Schmid,* Immer wieder Bananen: Der Status des GATT/WTO-Systems im Gemeinschaftsrecht, NJW 1998, 190; *Schneider,* Es gibt noch Richter in Luxemburg, NJW 2002, 2927; *Schödermeier/Wagner,* Rechtsschutz gegen Verwaltungsschreiben der EG-Kommission, WuW 1994, 403; *Schoo,* Das Europäische Parlament und sein Verfassungsgericht, EuGRZ 1990, 525; *Schröder,* Neuerungen im Rechtsschutz der Europäischen Union durch den Vertrag von Lissabon, DÖV 2009, 61; *Schroth/Koch,* Subventionsbeschwerde, 2001; *Schwarze,* Rechtsschutz Privater gegenüber normativen Rechtsakten im Recht der EWG, in: v. Münch (Hrsg.), Staatsrecht – Völkerrecht – Europarecht. FS für Schlochauer zum 75. Geburtstag, 1981, S. 927; *ders.,* Rechtsschutz gegen Anti-Dumping-Maßnahmen der EG, EuR 1986, 217; *ders.,* Europäisches Verwaltungsrecht I, 1988; *ders.,* Kompetenzverteilung in der Europäischen Union und föderales Gleichgewicht, DVBl. 1995, 1265; *ders.,* Deutscher Landesbericht, in: ders. (Hrsg.), Das Verwaltungsrecht unter europäischem Einfluß, 1996, S. 123; *ders.,* Der Rechtsschutz Privater vor dem Europäischen Gerichtshof: Grundlagen, Entwicklungen und Perspektiven des Individualrechtsschutzes im Gemeinschaftsrecht, DVBl. 2002, 1297; *Sedemund/Heinemann,* Rechtsschutzdefizite in der EG, DB 1995, 1161; *Shirvani,* Die europäische Subsidiaritätsklage und ihre Umsetzung ins deutsche Recht, JZ 2010, 753; *Stotz,* Rechtsschutz vor europäischen Gerichten, in: Rengeling (Hrsg.), Handbuch zum europäischen und deutschen Umweltrecht (EUDUR), Band I, 2. Aufl. 2003, § 45 ; *Thalmann,* Zur Auslegung von Art. 263 Abs. 4 AEUV durch Rechtsprechung und Lehre, EuR 2012, 452; *W. Thiele,* Der Rechtsschutz durch den Europäischen Gerichtshof, DVP 1990, 311; *A. Thiele,* Das Rechtsschutzsystem nach dem Vertrag von Lissabon – (K)ein Schritt nach vorn?, EuR 2010, 30; *Triantafyllou,* Ist die Nichtigkeitsklage des Europäischen Parlaments eine Klage sui generis?, DÖV 1990, 1040; *Uerpmann,* Mittelbare Gemeinschaftsverwaltung durch gemeinschaftsgeschaffene juristische Personen des öffentlichen Rechts, AöR 125 (2000), 551; *Ule,* Empfiehlt es sich, die Bestimmungen des europäischen Gemeinschaftsrechts über den Rechtsschutz zu ändern und zu ergänzen? – Gutachten für den 46. Deutschen Juristentag, 1966; *A. Weber,* Die Kontrolle kompetenzwidriger Gemeinschaftsakte, in: Rengeling (Hrsg.), Europäisierung des Rechts, 1996, S. 21; *C. Weber,* Konkurrentenschutz im Rechtsschutzsystem des EG-Vertrages, DZWir 1997, 524; *Wegmann,* Die Nichtigkeitsklage Privater gegen Normativakte der Europäischen Gemeinschaften, 1976; *Wenig,* Neueste Entwicklungen im Antidumpingrecht der Europäischen Gemeinschaften, EuZW 1991, 439; *v. Winterfeld,* Möglichkeiten der Verbesserung des individuellen Rechtsschutzes im Europäischen Gemeinschaftsrecht, NJW 1988, 1409; *Wolf,* Die Verwendung eines Fernkopierers zur Dokumentenübermittlung, NJW 1989, 2592; *Zilles,* Die Anfechtungslegitimation von Dritten im europäischen Fusionskontrollrecht, 1997.

A. Allgemeines

I. Rechtsgrundlagen

Art. 263 AEUV eröffnet die Möglichkeit, die Rechtmäßigkeit von Handlungen der Organe, Einrichtungen und sonstigen Stellen der Union von den Unionsgerichten überprüfen zu lassen. Der Vertrag von Lissabon hat zu einigen Änderungen der Nichtigkeitsklage geführt.[1]

Der Kreis der Klagegegner wurde um den Europäischen Rat und die Einrichtungen und sonstigen Stellen der EU erweitert, wie der Kreis der Klageberechtigten um den Ausschuss der Regionen. Die bedeutendste Änderung betrifft die Nichtigkeitsklagen natürlicher und juristischer Personen. Nunmehr können diese auch Klagen gegen „Rechtsakte mit Verordnungscharakter, die sie unmittelbar betreffen und keine Durchführungsmaßnahmen nach sich ziehen", erheben ohne das Erfordernis einer individuellen Betroffenheit.

Der Euratom-Vertrag in der Fassung des Vertrags von Lissabon regelt die Nichtigkeitsklage nicht mehr selbst, sondern verweist in Art. 106 a Abs. 1 auf die Bestimmungen des Vertrags über die Arbeitsweise der Europäischen Union.[2]

Ein Sonderfall der Nichtigkeitsklage für Rechtsakte im Bereich der PJZS war bislang in Art. 35 Abs. 6 EUV-Nizza normiert. Dieser unterschied sich insbesondere bezüglich des Kreises der Klageberechtigten von der allgemeinen Nichtigkeitsklage. Mit dem Vertrag von Lissabon fällt auch dieser Bereich unter die allgemeine Regelung des Art. 263 AEUV.[3] Es gelten aber Übergangsbestimmungen.[4] Für den Bereich der GASP bleibt es dabei, dass gem. Art. 24 Abs. 1 UAbs. 2 Satz 6 EUV und Art. 275 Abs. 1 AEUV der Gerichtshof grundsätzlich unzuständig ist. Gem. Art. 275 Abs. 2 AEUV unterliegen dem Gerichtshof nur die Kontrolle der Einhaltung von Artikel 40 EUV und die unter den Voraussetzungen des Artikels 263 Absatz 4 AEUV erhobenen Klagen im Zusammenhang mit der Überwachung der Rechtmäßigkeit von Beschlüssen über restriktive Maßnahmen gegenüber natürlichen oder juristischen Personen insbesondere im Bereich der Terrorismusbekämpfung.

II. Wesen und Bedeutung der Nichtigkeitsklage

Die Nichtigkeitsklage ist als **Gestaltungsklage** im europäischen Rechtsschutzsystem von eminent praktischer Bedeutung, da sie es den Adressaten der unionsrechtlichen Organakte reziprok zur Aufsichtsklage der Kommission gestattet, die Einhaltung und rechtmäßige Anwendung des Unionsrechts zu sichern.[5] Mit der Nichtigkeitsklage wird

---

[1] Die Neufassung von Art. 263 AEUV gilt für Klagen, die nach dem Inkrafttreten des Vertrags von Lissabon erhoben wurden, siehe EuG, Rs. T-539/08, *Etimine und Etiproducts/Kommission*, noch nicht in der amtlichen Sammlung veröffentlicht, Rn. 73 ff.

[2] Für eine Nichtigkeitsklage aus diesem Bereich siehe EuGH, Rs. C-308/90, *Advanced Nuclear Fuels/Kommission*, Slg. 1993, I-309, zur Zulässigkeit der Anordnung gemeinschaftsrechtlicher Zwangsmaßnahmen gegenüber einem Unternehmen, das mit Kernbrennstoffen handelt.

[3] Siehe hierzu *Everling*, EuR 2009, Beiheft 1, 71.

[4] Art. 10 Protokoll (Nr. 36) über die Übergangsbestimmungen, ABl. 2007 C 306/159.

[5] *Thiele*, DVP 1990, 311 (312); *Oppermann/Classen/Nettesheim*, EuropaR, § 13 Rn. 41; *Stotz*, in: Dauses, EU-WirtR, P I Rn. 61.

gleichzeitig eine bestehende Rechtsschutzlücke geschlossen, da das Unionsrecht in den Fällen der Durchführung unionsrechtlicher Organakte anders als beispielsweise die deutsche Rechtsordnung keine Verpflichtungs- oder Leistungsklage kennt, sofern man einmal von den Fällen des Schadensersatzes absieht.[6] Die Nichtigkeitsklage ist damit Ausdruck der Garantie effektiven (individuellen) Rechtsschutzes wie es nunmehr auch in Art. 47 Abs. 1 GR-Charta verankert ist.[7] Sie gehört zu den wichtigsten Klagearten im Rechtsschutzsystem der Union; ihr Anteil an den Verfahren vor dem Gericht beträgt ca. 40 %.[8]

4   Die Möglichkeit dieses selbstständigen Rechtsbehelfs zu den europäischen Gerichten schließt die **Klage vor einem innerstaatlichen Gericht**, mit der der Rechtsakt einer nationalen Behörde zur Durchführung des Unionsrechts angefochten wird, nicht aus.[9] Für die Zulässigkeit einer Klage zum EuGH ist es unerheblich, ob Anträge oder Argumente des Klägers schon in einem nationalen Gerichtsverfahren zurückgewiesen worden sind.[10] Indessen ist vor einer Befassung der europäischen Gerichtsbarkeit stets zu prüfen, ob die angefochtene Handlung einem Unionsorgan zugerechnet werden kann.[11]

III. Verhältnis zu anderen unionsrechtlichen Rechtsbehelfen

5   Mit der Nichtigkeitsklage dürfen nur Ziele verfolgt werden, für die der Vertrag über die Arbeitsweise der Europäischen Union keine spezielleren Rechtsbehelfe vorsieht, unabhängig davon, ob sie der Kläger möglicherweise zusätzlich geltend machen kann. Als Klagebegehren der Nichtigkeitsklage kann somit immer nur die **Beseitigung einer bestimmten organschaftlichen Maßnahme** in Betracht kommen, d. h. mit ihr kann weder eine Feststellung noch Schadensersatz verlangt werden.[12] Der Grund hierfür liegt darin, dass die Urteilsfolgen in Art. 264 AEUV abschließend geregelt sind.[13] Zwar kann das jeweilige Organ durch die Nichtigerklärung veranlasst sein, den Kläger in den früheren Stand zu versetzen oder dafür zu sorgen, dass keine identische Handlung vorgenommen wird;[14] jedoch ist der EuGH nicht befugt, dem Organ gegenüber bestimmte Anordnungen wie z. B. eine Fristsetzung zu erlassen.[15] Nichtigkeitsklagen und Schadensersatzklagen gem. Art. 340 Abs. 2 AEUV, Art. 268 AEUV sind voneinander

---

[6] *Everling,* in: FS für Redeker, S. 293 (303).
[7] *Stotz,* in: Dauses, EU-WirtR, P I Rn. 61; zur historischen Dimension des Rechtsschutzgedankens auf gemeinschaftlicher Ebene vgl. *Drewes,* Entstehen und Entwicklung, S. 23 ff.
[8] Siehe die Statistik der am Gericht neu eingegangenen Rechtssachen in den Jahren 2008–2012 im Jahresbericht des Gerichtshofs für das Jahr 2012 (www.curia.europa.eu).
[9] EuGH, Rs. 96/71, *Haegeman/Kommission,* Slg. 1972, 1005 Rn. 15/16; Rs. 133/85, *Rau/BALM,* Slg. 1987, 2289 Rn. 11; EuG, Rs. T-3/93, *Air France/Kommission,* Slg. 1994, II-121 Rn. 69.
[10] EuGH, Rs. T-149/95, *Ducros/Commission,* Slg. 1997, II-2031 Rn. 30; *Ehricke,* in: Streinz, EUV/AEUV, Art. 263 AUEV Rn. 2.
[11] EuGH, Rs. C-399/97, *Glasoltherm/Kommission u. a.,* Slg. 1998, I-4521 Rn. 9; vgl. *Ehricke,* in: Streinz, EUV/AEUV, Art. 263 AEUV Rn. 2.
[12] EuGH, Rs. 197/80 u. a., *Ludwigshafener Walzmühle Erling u. a./Rat und Kommission,* Slg. 1981, 3211 Rn. 4; EuG, Rs. T-146/95, *Bernardi/Parlament,* Slg. 1996, II-769 Rn. 23.
[13] EuG, Rs. T-346/94, *France-aviation/Kommission,* Slg. 1995, II-2841 Rn. 42.
[14] EuG, Rs. T-480/93 et T-483/93, *Antillean Rice Mills e.a./Commission,* Slg. 1995, II-2305 Rn. 60.
[15] EuG, Rs. T-227/95, *AssiDomän Kraft Products e.a./Kommission,* Slg. 1997, II-1185 Rn. 97; Rs. T-374/94 u. a., *European Night Services u. a./Kommission,* Slg. 1998, II-3141 Rn. 53.

unabhängig.[16] Des Weiteren kann der Kläger auch nicht die ablehnende Entscheidung einer von ihm begehrten Ersatzpflicht im Wege der Nichtigkeitsklage anfechten, da hierdurch der Unterschied zur Schadensersatzklage verwischt würde.[17]

Im Verhältnis zu Art. 263 AEUV stellen die dienstrechtlichen Klagen nach Art. 270 AEUV das speziellere und umfassendere Klagerecht der Bediensteten gegen ihre jeweilige Anstellungsbehörde dar. Auch von der Untätigkeitsklage unterscheidet sich die Nichtigkeitsklage nach Klageziel und Urteilsfolgen. Im Übrigen wird der Rechtsschutz nach Art. 263 AEUV durch die Möglichkeit der Erhebung inzidenter Rechtsbehelfe gemäß Art. 267, 277 AEUV ergänzt.[18]

Auch nach der Erweiterung der Klagebefugnis Einzelner durch die Neufassung von Art. 263 Abs. 4 AEUV wird im Hinblick auf einige Arten von Rechtsakten eine Klagebefugnis und damit die Zulässigkeit einer Nichtigkeitsklage zu verneinen sein (siehe hierzu Rn. 80 ff.). Im Hinblick auf diese Rechtsakte stellt das Vorabentscheidungsersuchen eine wichtige Kompensationsmöglichkeit zur Sicherung eines effektiven Rechtsschutzes Privater dar.[19] Im Wege einer **Gültigkeitsvorlage** eines nationalen Gerichts an den EuGH kann so die Rechtmäßigkeit des Unionsrechtsakts überprüft werden. Allerdings zeitigt ein solches **Vorlageverfahren** nach der Deggendorf-Rechtsprechung des EuGH aus Gründen der Rechtssicherheit dann keinen Erfolg, wenn es der Kläger unterlassen hat, den fraglichen Unionsrechtsakt (rechtzeitig) mit der Nichtigkeitsklage anzugreifen.[20] Wenngleich kein Subsidiaritätsverhältnis[21] zwischen dem innerstaatlichen und dem unionsrechtlichen Rechtsschutz besteht, sind nationale Gerichte aus Gründen der Rechtssicherheit an Beschlüsse der Unionsorgane gebunden, die weder von ihrem Adressaten noch von einem hierzu berechtigten Dritten fristgerecht angefochten worden sind.[22] Für Verordnungen, die von einer natürlichen oder juristischen Person hätten angefochten werden können, gilt entsprechendes.[23] In diesen Fällen kann im Vorabentscheidungsverfahren nach Art. 234 EGV die Rechtmäßigkeit des Unionsrechtsakts nicht mehr überprüft werden.[24] Dieses Hindernis für ein Vorlageverfahren ist aber auf Fälle beschränkt, in denen eine Nichtigkeitsklage **zweifellos** zulässig gewesen wäre.[25] Sofern bei einer Verordnung beispielsweise im Vorfeld unklar ist, ob

---

[16] EuGH, verb. Rs. 197/80 u. a., *Ludwigshafener Walzmühle Erling u. a./Rat und Kommission*, Slg. 1981, 3211 Rn. 4; siehe auch *Cujo*, RDMC 1999, 414.
[17] EuGH, Rs. C-42/59 et C-49/59, *Snupat/Hohe Behörde*, Slg. 1961, 109, 154 f.; EuG, Rs. T-44/96, *Oleifici italiani/Kommission*, Slg. 1997, II-1331 Rn. 44.
[18] Vgl. dazu im Einzelnen § 10, 11, und *Malferrari*, EuR 2001, 605 (610 ff.), sowie *Schwarze*, DVBl. 2002, 1297 (1303 f.).
[19] Vgl. *Dörr*, in: GHN, Art. 263 AEUV Rn. 203.
[20] EuGH, Rs. C-188/92, *TWD Textilwerke Deggendorf*, Slg. 1994, I-833 Rn. 17; Rs. C-494/09, *Bolton Alimentari*, Slg. 2011, I-647 Rn. 22 f.
[21] Vgl. aber auch die Ausführungen des EuGH, Rs. C-50/00 P, *Unión de Pequeños Agricultores/Rat*, Slg. 2002, I-6677 Rn. 42 zur Pflicht der Mitgliedstaaten, auf nationaler Ebene einen effektiven gerichtlichen Rechtsschutz zu gewährleisten; ferner *Nettesheim*, JZ 2002, 928 (932 ff.).
[22] EuGH, Rs. C-188/92, *TWD Textilwerke Deggendorf*, Slg. 1994, I-833 Rn. 17; Rs. C-178/95, *Wiljo*, Slg. 1997, I-585 Rn. 19; *Nowak*, EuR 2000, 724 (730 f.).
[23] Vgl. EuGH, Rs. C-239/99, *Nachi Europe*, Slg. 2001, I-1197 Rn. 37; *Gröpl*, EuGRZ 1995, 583 (585 ff.).
[24] Vgl. *Pache*, EuZW 1994, 615; *Nowak*, EuZW 2001, 293 (303).
[25] EuGH, Rs. C-239/99, *Nachi Europe*, Slg. 2001, I-1197 Rn. 37; Rs. C-441/05, *Roquette Frères*, Slg. 2007, I-1993 Rn. 40.

eine natürliche Person unmittelbar und individuell betroffen und damit klagebefugt ist, muss eine Berufung auf die Nichtigkeit der Verordnung auch in einem Vorlageverfahren noch inzident möglich sein, da diese Kläger sonst rechtsschutzlos gestellt wären.[26] Eine Übertragung der Deggendorf-Rechtsprechung auf die Kategorie der „Rechtsakte mit Verordnungscharakter" ist nicht unproblematisch.[27] Aufgrund des abstrakt-generellen Charakters des Klagegenstandes und der Tatsache, dass dieser gerade dadurch gekennzeichnet ist, dass keine Durchführungsmaßnahmen erforderlich sind, würden potentielle Kläger erst dann ihre Betroffenheit feststellen, wenn gegen sie wegen Verstoßes gegen die Unionsnorm eine nationale Sanktionsmaßnahme verhängt wurde. Dann wäre aber in der Regel die Klagefrist des Art. 263 Abs. 4 AEUV abgelaufen; würde in einem solchen Fall unbesehen die Deggendorf-Rechtsprechung angewandt, könnte dies zu einer Versagung des Rechtsschutzes oder zu einer großen Zahl präventiver Klagen führen.

8   Eine Geltendmachung im Vorlageverfahren setzt freilich grundsätzlich einen nationalen Vollzugsakt voraus. Fehlt es an einem solchen Vollzugsakt, könnten für Rechtsakte, die nicht im Wege der Individualklage angefochten werden können, Rechtsschutzlücken bestehen.[28] Ein Rechtsschutz wäre dann gegebenenfalls nur gegen nationale Sanktionen möglich, die auf einen Verstoß gegen das Unionsrecht hin verhängt werden. Art. 19 Abs. 2 UAbs. 2 EUV sieht mittlerweile ausdrücklich vor, dass die Mitgliedstaaten die erforderlichen Rechtsbehelfe schaffen, damit ein wirksamer Rechtsschutz in den vom Unionsrecht erfassten Bereichen gewährleistet ist.[29] Fraglich ist, ob die Mitgliedstaaten hierdurch verpflichtet sind, Feststellungsklagen vorzusehen, mithilfe derer die Rechtswidrigkeit von Unionsrechtsakten (nach Vorlage an den EuGH) überprüft werden könnte, auch wenn kein nationaler Vollzugsakt vorliegt.[30] Auch dieser Aspekt wird insbesondere im Zusammenhang mit dem neuen Klagegegenstand des Art. 263 Abs. 4 AEUV relevant, da hier das Fehlen mitgliedstaatlicher Durchführungsmaßnahmen Tatbestandsmerkmal ist.

B. Zulässigkeit

I. Sachliche Zuständigkeit

9   Seit der Errichtung des EuG im Jahr 1988 ist die sachliche Zuständigkeit für Nichtigkeitsklagen zwischen EuGH und EuG geteilt.

---

[26] Vgl. *Gröpl*, EuGRZ 1995, 583 (586f.).
[27] *Kokott/Dervisopoulos/Henze*, EuGRZ 2008, 10; *Dörr*, in: GHN, Art. 263 AEUV Rn. 143; *Pechstein*, EU-Prozessrecht, Rn. 792.
[28] Vgl. *Sedemund/Heinemann*, DB 1995, 1161 (1163).
[29] Zu den Anforderungen an den nationalen Gesetzgeber nach der Rechtsprechung vor Lissabon siehe EuGH, Rs. C-263/02 P, *Kommission/Jégo-Quéré*, Slg. 2004, I-3425 Rn. 31; Rs. C-432/05, *Unibet*, Slg. 2007, I-2271; Rs. C-354/04 P, *Gestoras Pro Amnistía u. a./Rat*, Slg. 2007, I-1579 Rn. 56.
[30] Vgl. *Gundel*, VerwArch 91 (2001), 81 (85ff.), der bereits vor Einführung von Art. 19 EUV für ein großzügiges Vorgehen bei der Prüfung der nationalen Rechtswegeröffnung (z.B. in Gestalt einer Feststellungsklage) plädiert, in deren Folge dann ein Vorabentscheidungsverfahren durchgeführt werden könnte; *Nettesheim*, JZ 2002, 928 (933f.); *Calliess*, NJW 2002, 3577 (3581).

Der Gerichtshof prüft die sachliche Zuständigkeit von Amts wegen.[31] Seit dem **10** Vertrag von Nizza sind grundsätzlich alle Nichtigkeitsklagen dem EuG zugewiesen (jetzt Art. 256 Abs. 1 Uabs. 1 AEUV). Ausgenommen hiervon sind diejenigen Klagen, die einem Fachgericht zugewiesen oder aufgrund der Satzung dem EuGH übertragen sind. Als Fachgericht kommt bislang insofern nur das EuGöD in Betracht, das für die Entscheidung von Streitsachen zwischen der Europäischen Union und ihren Bediensteten gemäß Art. 270 AEUV zuständig ist. Art. 51 Satzung-EuGH weist im Grundsatz, mit bestimmten Rückausnahmen,[32] dem EuGH die Nichtigkeitsklagen von Mitgliedstaaten oder Unionsorganen zu. Das EuG ist damit erstinstanzlich insbesondere für alle Nichtigkeitsklagen natürlicher oder juristischer Personen zuständig. Der seit dem Vertrag von Lissabon als klageberechtigt aufgeführte Ausschuss der Regionen fällt bei engem Verständnis nicht unter die Verweisungsnorm des Art. 51 Satzung-EuGH, da er kein Unionsorgan gem. Art. 13 EUV ist. Es wird aber eine Gleichbehandlung des AdR mit den Unionsorganen gefordert, aus der eine Zuständigkeit des EuGH auch für von diesem erhobene Klagen folgen müsse.[33]

Für den Fall der Anrufung der sachlich unzuständigen Untergliederung des Gerichtshofs (EuG bzw. EuGH) regelt Art. 54 Satzung-EuGH die Übermittlung bzw. **11** Verweisung der Klage. Wird eine Klage, die zwar an das sachlich zuständige Gericht gerichtet ist, nur irrtümlich beim falschen Gericht eingereicht, wird diese an den jeweiligen Kanzler des zuständigen Gerichts übermittelt (Art. 54 Abs. 1 Satzung-EuGH). Eine an das sachlich unzuständige Gericht gerichtete Klage wird durch Beschluss an das zuständige Gericht verwiesen (Art. 54 Abs. 2 Satzung-EuGH). Die Erhebung der Klage beim unzuständigen Gericht wahrt die Klagefrist.

Gegen die Entscheidungen des Gerichts in erster Instanz ist ein auf Rechtsfragen beschränktes Rechtsmittel zum EuGH möglich (vgl. § 28). Entscheidungen des Gerichts in Rechtsmittelverfahren zu Entscheidungen des EuGöD können in einem besonderen Überprüfungsverfahren beim EuGH unterliegen (vgl. § 28).

II. Verfahrensbeteiligte

1. Klageberechtigte. Entsprechend der in den jeweiligen Absätzen des Art. 263 **12** AEUV zum Ausdruck kommenden Klageberechtigung kann die Nichtigkeitsklage entweder den Charakter eines Organstreitverfahrens,[34] einer abstrakten Normenkontrolle[35] oder einer Individualklage[36] haben.[37] Teilweise wird insoweit von „verfassungsrechtlichen" und „verwaltungsrechtlichen" Verfahren gesprochen.[38] Hinsichtlich der

---

[31] EuG, Rs. T-29/02, *GEF/Kommission*, Slg. 2005, II-835 Rn. 72; *Dörr*, in: GHN, Art. 263 AEUV Rn. 156.
[32] Siehe hierzu auch *Dörr*, in: GHN, Art. 263 AEUV Rn. 155.
[33] *Pechstein*, EU-Prozessrecht, Rn. 353.
[34] *Giegerich*, ZaöRV 50 (1990), 812 (814); *Hilf*, EuR 1990, 273 (273); *Pechstein*, EU-Prozessrecht, Rn. 339.
[35] *Stotz*, in: EUDUR I, § 45 Rn. 64; *Pechstein*, EU-Prozessrecht, Rn. 338.
[36] *Thiele*, DVP 1990, 311 (312); *Hölscheidt*, JA 1990, 253 (257); *Erichsen/Weiß*, Jura 1990, 528 (530); *Pechstein*, EU-Prozessrecht, Rn. 340.
[37] Zur Rolle der Nichtigkeitsklage zwischen subjektivem Rechtsschutz und objektiver Rechtskontrolle vgl. *Drewes*, Entstehen und Entwicklung, S. 115 ff.
[38] Vgl. *Gesser*, Nichtigkeitsklage, S. 8; *Schwarze*, DVBl. 2002, 1297 (1298).

Klageberechtigung ist zwischen privilegierten Klägern, die keine eigene Betroffenheit geltend machen müssen, und den teil-privilegierten und nichtprivilegierten Klägern zu unterscheiden, die für eine Klageberechtigung eine besondere Klagebefugnis vorweisen müssen.

13 a) **Privilegierte und teilprivilegierte Kläger. Privilegiert klageberechtigt** sind nach Art. 263 Abs. 2 AEUV die Mitgliedstaaten, das Europäische Parlament, der Rat und die Kommission. Der Europäische Rat ist seit dem Vertrag von Lissabon zulässiger Klagegegner, aber nicht klageberechtigt. Klagen von **Mitgliedstaaten** betreffen häufig Streitgegenstände, bei denen sie im Abstimmungsverfahren im Rat unterlegen waren.[39] **Unterstaatlichen Organisationseinheiten**, wie z. B. den deutschen Bundesländern oder den kommunalen Gebietskörperschaften, steht ein Klagerecht nach Art. 263 Abs. 2 AEUV nicht zu.[40] Als Körperschaften des öffentlichen Rechts können sie ihre Rechtsinteressen aber über die Klagemöglichkeit nach Art. 263 Abs. 4 AEUV wahrnehmen[41] bzw. u. U. von ihrem jeweiligen Mitgliedstaat einklagen lassen.[42] § 7 Abs. 1 des Gesetzes über die Zusammenarbeit von Bund und Ländern in Angelegenheiten der Europäischen Union[43] enthält eine Verpflichtung der Bundesregierung, auf Verlangen des Bundesrats in Bereichen der ausschließlich den Ländern zugewiesenen Gesetzgebungskompetenzen Klage vor dem EuGH zu erheben.[44] Angesichts der teilweise für unbefriedigend gehaltenen Klagemöglichkeit nach Art. 230 Abs. 4 EGV und vor dem Hintergrund der stärkeren Anerkennung der regionalen Gebietskörperschaften durch den Vertrag von Maastricht wurde teilweise gefordert, den Bundesländern und vergleichbaren Gebietskörperschaften anderer Staaten eine Teilprivilegierung analog Art. 230 Abs. 3 EGV einzuräumen.[45]

14 Die **Subsidiaritätsklage** sieht nunmehr eine „Übermittlung" von Klagen der nationalen Parlamente wegen Verletzung des Subsidiaritätsprinzips vor. Die Subsidiaritätsklage stellt einen Sonderfall der Nichtigkeitsklage durch einen Mitgliedstaat dar. Sie wurde mit dem Vertrag von Lissabon neu geschaffen und ist in Art. 12 Buchst. b) EUV angesprochen und im Subsidiaritätsprotokoll[46] geregelt. Art. 8 des Subsidiaritätspro-

---

[39] Vgl. *Hakenberg/Stix-Hackl*, Handbuch, S. 48.

[40] Siehe nur EuGH, Rs. C-95/97, *Wallonische Region/Kommission*, Slg. 1997, I-1787 Rn. 6; und Rs. C-417/04 P, *Regione Siciliana/Kommission*, Slg. 2006, I-3881 Rn. 21. Näher: *Mulert*, Bundesländer, S. 65 ff. Vgl. ferner die Kritik des Bundesrates (BR-Drs. 780/90, S. 6) sowie *Arnull*, CMLRev 2001, 7 (11 f.).

[41] Siehe u. a. EuGH, Rs. C-298/89, *Gibraltar/Rat*, Slg. 1993, I-3605 Rn. 14; Rs. C-452/98, *Nederlandse Antillen/Rat*, Slg. 2001, I-8973 Rn. 51; Rs. C-15/06 P, *Regione Siciliana/Kommission*, Slg. 2007, I-2591 Rn. 24; EuG, Rs. T-132/96 und T-143/96, *Freistaat Sachsen u. a./Kommission*, Slg. 1999, II-3663 Rn. 81; vgl. auch *Joss/Scheuerle*, EuR 1989, 226 (232); *Leibrock*, EuR 1990, 20 (22 ff.); zu der nach Art. 263 Abs. 4 AEUV geforderten unmittelbaren und individuellen Betroffenheit siehe *Stotz*, in: Dauses, EU-WirtR, P I Rn. 70.

[42] Siehe z. B. EuGH, Rs. 44/81, *Bundesrepublik Deutschland und Bundesanstalt für Arbeit/Kommission*, Slg. 1982, 1855 Rn. 1.

[43] V. 12.3.1993 (BGBl. I, 313).

[44] Vgl. dazu *Schwarze*, DVBl. 1995, 1265 (1267 f.); *Mulert*, Bundesländer, S. 208 ff.

[45] So etwa bei *Mulert*, Bundesländer, S. 87 ff., 97 ff., 118 f., 136 ff., und *Arnull*, CMLRev 2001, 7 (11 f.); abgelehnt in EuGH, Rs. C-444/08 P, *Região autónoma dos Açores/Rat*, Slg. 2009, I-200 Rn. 32.

[46] Protokoll (Nr. 2) über die Anwendung der Grundsätze der Subsidiarität und der Verhältnismäßigkeit, ABl. 2010 C 83/206.

tokolls bestimmt, dass der Gerichtshof nach Maßgabe des Art. 263 AEUV für Klagen wegen Verstoßes eines Gesetzgebungsakts gegen das Subsidiaritätsprinzip zuständig ist, die von einem Mitgliedstaat erhoben oder entsprechend der jeweiligen innerstaatlichen Rechtsordnung von einem Mitgliedstaat im Namen seines nationalen Parlaments oder einer Kammer dieses Parlaments übermittelt werden. Umstritten ist, ob die Klageberechtigung nur dem Mitgliedstaat oder auch dem nationalen Parlament selbst zusteht. Der Wortlaut von Art. 8 Subsidiaritätsprotokoll, der zwischen „Klageerhebung" und „Klageübermittlung" differenziert, spricht eher gegen eine unmittelbare Klägereigenschaft der nationalen Parlamente.[47] Die Kompetenz der nationalen Parlamente würde sich damit darauf beschränken, durch innerstaatliche Maßnahmen eine Klage des Mitgliedstaats zu erreichen. Die von einem nationalen Parlament initiierte Subsidiaritätsklage hängt nicht davon ab, dass zuvor eine Subsidiaritätsrüge gem. Art. 6 Abs. 1 Subsidiaritätsprotokoll erhoben wurde. In Deutschland ist die Subsidiaritätsklage in Art. 23 Abs. 1 a S. 1 GG und in § 12 Abs. 1 S. 2 Integrationsverantwortungsgesetz[48] geregelt.

Ursprünglich war das **Europäische Parlament** nicht als klageberechtigtes Unionsorgan aufgeführt. Der EuGH hat jedoch in der sog. Tschernobyl-Entscheidung eine Klageberechtigung des Parlaments angenommen, nachdem er feststellen musste, dass die in den Verträgen vorhandenen verschiedenen Rechtsbehelfe nicht genügen, „um die gerichtliche Überprüfung einer Handlung des Rates oder der Kommission, die die Befugnisse des Parlaments missachtet, unter allen Umständen mit Gewissheit zu gewährleisten".[49] Begründet wurde dies insbesondere mit der Wahrung des institutionellen Gleichgewichts, wonach jedes Organ seine Befugnisse nur unter Beachtung der Befugnisse der anderen Organe ausüben kann. Dieser Grundsatz gebiete auch die Sicherstellung einer richterlichen Kontrolle, um eventuelle Beeinträchtigungen der Befugnisse ahnden zu können. Dementsprechend hatte der Gerichtshof dem Europäischen Parlament das Recht auf die Erhebung der Nichtigkeitsklage zuerkannt, sofern diese Klage lediglich auf den Schutz seiner Befugnisse gerichtet ist und nur auf Klagegründe gestützt wird, mit denen die Verletzung dieser Befugnisse geltend gemacht wird.[50] Mit der Verabschiedung des Maastrichter Vertrags wurde dieser Rechtsprechung Rechnung getragen, indem dem Europäischen Parlament ausdrücklich eine Klageberechtigung zur Wahrung seiner Rechte zuerkannt wurde. Mit dem Vertrag von Nizza wurde das Europäische Parlament in den Rang eines „vollprivilegierten" Klägers erhoben. 15

Gem. Art. 263 Abs. 3 AEUV sind der Rechnungshof, die Europäische Zentralbank (EZB) und der Ausschuss der Regionen (AdR) **teilprivilegierte Kläger**. Sie dürfen eine Nichtigkeitsklage erheben, sofern diese auf die Wahrung ihrer Rechte abzielt. Die EZB wurde durch den Vertrag von Maastricht in den Kreis der Klageberechtigten aufgenommen,[51] der Rechnungshof durch den Vertrag von Amsterdam.[52] Der Vertrag 16

---

[47] So *Dörr*, in: GHN, Art. 263 AEUV Rn. 12; siehe hierzu auch *Shirvani*, JZ 2010, 753; *Kees*, ZEuS 2006, 423.
[48] V. 22.9.2009 (BGBl. 2009 I 3022).
[49] EuGH, Rs. C-70/88, *Parlament/Rat*, Slg. 1990, I-2041 Rn. 20; vgl. auch das Haupturteil Rs. C-70/88, Slg. 1991, I-4529.
[50] EuGH, Rs. C-70/88, *Parlament/Rat*, Slg. 1991, I-4529 Rn. 27; Rs. C-295/90, *Parlament/Rat*, Slg. 1992, I-4193 Rn. 9; vgl. dazu auch *Dauses*, EuZW 1990, 169; *Faber*, DVBl. 1990, 1095 ff.; *Schoo*, EuGRZ 1990, 525 ff.; *Triantafyllou*, DÖV 1990, 1040 ff.; *Giegerich*, ZaöRV 50 (1990), 812 (813 ff.); *Röttinger*, EuZW 1993, 117 f.
[51] Zu deren Klagemöglichkeiten vgl. *Gaiser*, EuR 2002, 517 (518 f.).
[52] Vgl. zu dessen Klagemöglichkeiten *Friedrich/Inghelram*, DÖV 1999, 669 (672 ff.).

von Lissabon hat nun auch den Ausschuss der Regionen der Aufzählung hinzugefügt. Die Aufteilung in privilegierte und teilprivilegierte Kläger wird teilweise kritisiert. Die Norm fasse drei in ihrem rechtlichen Status unterschiedliche Institutionen zusammen und behandle sie gleichzeitig anders als die anderen, ihnen im Übrigen gleichgestellten Einrichtungen der EU.[53]

17   Nunmehr kann sich noch die Frage stellen, inwieweit – in Anlehnung an die frühere Bejahung einer Klageberechtigung des Parlaments seitens des EuGH – auch eine Klageberechtigung des Wirtschafts- und Sozialausschusses (WSA) angenommen werden kann, da der Vertrag auch zugunsten dieser Institution eine Rechtsstellung begründet.[54] Indes ist dieser nicht mit der Rechtsstellung des Parlaments zum Zeitpunkt des Tschernobyl-Urteils vergleichbar und überdies ist er auch bei der letzten Vertragsänderung, trotz einer erneuten Erweiterung des Kreises der Klageberechtigten, gerade nicht berücksichtigt worden, was gegen eine Ausdehnung des Kreises der Klageberechtigten zu seinen Gunsten spricht.[55]

18   **b) Natürliche und juristische Personen.** Im Bereich des individuellen Rechtsschutzes eröffnet Art. 263 Abs. 4 AEUV jeder natürlichen oder juristischen Person die Möglichkeit, eine Nichtigkeitsklage zu erheben. Für die Klageberechtigung dieser Personen kommt es nicht darauf an, ob es sich um Staatsangehörige eines europäischen Mitgliedstaates handelt oder ob sie ihren Wohnsitz oder gewöhnlichen Aufenthalt bzw. ihren Gründungs- oder Geschäftssitz in einem Mitgliedstaat haben. Auch Angehörigen aus Drittstaaten kann unter den Voraussetzungen der Art. 263 Abs. 4 AEUV ein Klagerecht zustehen,[56] was insbesondere im Wettbewerbsrecht von Relevanz ist.[57]

19   Bei „**juristischen Personen**" handelt es sich um einen eigenständigen, unionsrechtlichen Rechtsbegriff, der nicht notwendigerweise mit den Begriffen übereinstimmen muss, die in den verschiedenen Rechtsordnungen der Mitgliedstaaten verwendet werden.[58] Juristische Personen sind alle selbständigen Einheiten des öffentlichen und privaten Rechtes, denen Rechtspersönlichkeit zukommt.[59] Ob einer Personenvereinigung Rechtspersönlichkeit zukommt, beurteilt sich regelmäßig anhand der Rechtsordnung, welcher die fragliche Personenvereinigung untersteht.[60] Je nach Personenvereinigung kann sich die Rechtsfähigkeit nach innerstaatlichem Recht, nach Unionsrecht oder

---

[53] *Dörr*, in: GHN, Art. 263 AEUV Rn. 18.
[54] Vgl. *Pechstein*, EU-Prozessrecht, Rn. 358; *Schwarze*, in: ders., EU-Kommentar, Art. 263 AEUV Rn. 14; ferner *Gesser*, Nichtigkeitsklage, S. 212 ff.
[55] *Pechstein*, EU-Prozessrecht, Rn. 358; *Cremer*, in: Calliess/Ruffert, EUV/AEUV, Art. 263 AEUV Rn. 5; *Ehricke*, in: Streinz, Art. 263 AEUV Rn. 9; zur passiven Parteifähigkeit siehe allerdings unten Rn. 27.
[56] Siehe z. B. EuG, Rs. T-181/08, *Tay Za/Rat*, Slg. 2010, II-1965, Rs. T-86/11, *Bamba/Rat*, Slg. 2011, II-2749.
[57] *Cremer*, in: Calliess/Ruffert, EUV/AEUV, Art. 263 AEUV Rn. 26; *Pechstein*, EU-Prozessrecht, Rn. 360.
[58] Vgl. EuGH, Rs. 135/81, *Groupement des Agences de voyages/Kommission*, Slg. 1982, 3799 Rn. 10; *Dörr*, in: GHN, Art. 263 AEUV Rn. 22; *Schwarze*, in: ders., EU-Kommentar, Art. 263 AEUV Rn. 15; *Cremer*, in: Calliess/Ruffert, EUV/AEUV, Art. 263 AEUV Rn. 27.
[59] *Dörr*, in: GHN, Art. 263 AEUV Rn. 22.
[60] Vgl. in diesem Sinne EuG, Rs. T-214/95, *Vlaams Gewest/Kommission*, Slg. 1998, II-717 Rn. 28, Rs. T-236/06, *Landtag Schleswig-Holstein/Kommission*, Slg. 2008, II-461 Rn. 22. *Dörr*, in: GHN, Art. 263 Rn. 22.

dem Völkerrecht richten.[61] Auch Drittstaaten können demnach Klage erheben.[62] Nach der deutschen Rechtsordnung sind nicht nur juristische Personen des Privatrechts, sondern auch diejenigen des öffentlichen Rechts klageberechtigt.[63] Dementsprechend können nicht nur Unternehmen oder Unternehmensverbände Klage erheben, sondern ebenso Berufsvereinigungen, Gewerkschaften[64] oder auch Gebietskörperschaften.[65] Einem deutschen Landtag hat das EuG die Klageberechtigung unter Verweis auf das nationale Recht abgesprochen.[66] Die Praxis des EuGH bezüglich der Anerkennung der Klageberechtigung kann als großzügig beurteilt werden. Es reicht aus, dass der Kläger spätestens zum Zeitpunkt des Ablaufs der Klagefrist die Rechtspersönlichkeit gemäß dem auf seine Gründung anwendbaren Recht erlangt hat oder dass er von den Gemeinschaftsorganen als unabhängige rechtliche Einheit behandelt worden ist.[67] Für den **Nachweis der Rechtspersönlichkeit** müssen die juristischen Personen mit der Klageschrift nicht mehr notwendigerweise ihre Satzung einreichen, vielmehr reicht nach Art. 44 § 5 lit. a) VerfO-EuG auch jeder andere Nachweis ihrer Rechtspersönlichkeit (z. B. Handelsregisterauszug) aus. Klageberechtigt sind auch die nationalen Zentralbanken, die als juristische Personen[68] gegen „Beschlüsse" und „Verordnungen" der EZB vorgehen können.[69]

2. Klagegegner. Die Nichtigkeitsklage ist grundsätzlich gegenüber demjenigen Organ zu erheben, welches den streitgegenständlichen Rechtsakt erlassen hat. In Art. 263 Abs. 1 AEUV sind als mögliche Klagegegner der Rat, die Kommission, das EP, die EZB und, seit dem Vertrag von Lissabon, auch der Europäische Rat genannt sowie die Einrichtungen und sonstigen Stellen der Union. Art 271 Buchst b) und c) AEUV verweist auf Art. 263 AEUV im Hinblick auf Beschlüsse des Rates der Gouverneure der Europäischen Investitionsbank (EIB) und auf Beschlüsse des Verwaltungsrats der EIB.

Das Europäische Parlament kann zum einen gemäß Art. 263 Abs. 1 AEUV zusammen mit dem Rat Beklagter sein, sofern es sich um einen im ordentlichen Gesetzge-

---

[61] *Erichsen/Weiß*, Jura 1990, 528 (530); *Pechstein*, EU-Prozessrecht, Rn. 361; *Niedermühlbichler*, Verfahren, Rn. 170; *Schwarze*, in: ders., EU-Kommentar, Art. 263 AEUV Rn. 15.
[62] *Pechstein*, EU-Prozessrecht, Rn. 361; *Dörr*, in: GHN, Art. 263 AEUV Rn. 22. Allgemein auf Drittstaaten abstellend auch EuG, Rs. T-257/04, *Polen/Kommission*, Slg. 2009, II-1545 Rn. 52, allerdings in einem Fall, der einen neuen Mitgliedstaat vor dem Beitritt betraf. In einem Fall, der einen sonstigen Drittstaat betraf, dahingestellt in EuG, Rs. T-319/05, *Schweiz/Kommission*, Slg. 2010, II-4265, Rn. 54 ff.
[63] *Daig*, Nichtigkeitsklage, Rn. 14; *Constantinesco*, Recht der EG, S. 852 f.; *Dörr*, in: GHN, Art. 263 AEUV Rn. 22.
[64] EuGH, Rs. 18/74, *Allgemeine Gewerkschaft*, Slg. 1974, 933 Rn. 13/16.
[65] Siehe u. a. EuGH, Rs. C-298/89, *Gibraltar/Rat*, Slg. 1993, I-3605 Rn. 14; Rs. C-452/98, *Nederlandse Antillen/Rat*, Slg. 2001, I-8973 Rn. 51; Rs. C-15/06 P, *Regione Siciliana/Kommission*, Slg. 2007, I-2591 Rn. 24; Rs. C-445/07 P und C-455/07 P, *Kommission/Ente per le Ville Vesuviane*, Slg. 2009, I-7993 Rn. 42.
[66] EuG, T-236/06, *Landtag Schleswig-Holstein/Kommission*, Slg. 2008, II-461, bestätigt durch EuGH, Rs. C-281/08 P, Slg. 2009, I-199.
[67] Vgl. EuG, T-161/94, *Sinochem Heilongjiang/Rat*, Slg. 1996, II-695 Rn. 31; Rs. T-170/94, *Shanghai Bicycle/Rat*, Slg. 1997, II-1383 Rn. 26.
[68] Vgl. § 2 BBankG. Im Zweifel ergibt sich die Rechtspersönlichkeit aus den europarechtlichen Vorschriften, die ihnen bestimmte Rechte und Pflichten zuordnen, vgl. *Gaiser*, EuR 2002, 517 (533).
[69] Vgl. dazu *Potacs*, EuR 1993, 23 (39); *Koenig*, EuZW 1993, 661 (665 f.); *Gaiser*, EuR 2002, 517 (533 ff.).

bungsverfahren gem. Art. 289 Abs. 1 AEUV erlassenen Gesetzgebungsakt handelt; in Fällen des besonderen Gesetzgebungsverfahrens nach Art. 289 Abs. 2 AEUV ist Klagegegner jeweils das Parlament oder der Rat für sich genommen.[70]

22 Angefochten werden können darüber hinaus Handlungen des Rates sowie der Kommission. Für die Beurteilung des Klagegegners im Rahmen der Nichtigkeitsklage kommt es maßgeblich darauf an, wem der angefochtene **Rechtsakt letztverantwortlich zuzurechnen** ist. Der **Rat** ist demnach auch dann der richtige Beklagte, wenn der von ihm verabschiedete Rechtsakt auf einen Vorschlag der Kommission zurückgeht. Wird die Klage gleichwohl gegen die Kommission gerichtet, so ist sie unzulässig.[71]

Die Einrichtung des Europäischen Stabilitätsmechanismus als internationales Übereinkommen einiger Mitgliedstaaten und die Übertragung von Funktionen auf die Kommission in diesem Zusammenhang hat der Gerichtshof als unproblematisch im Hinblick auf einen effektiven Rechtsschutz des Einzelnen angesehen, obwohl seiner Auffassung nach in dieser Konstellation das Handeln der Kommission nicht der üblichen Rechtskontrolle nach dem AEUV unterliegen soll.[72]

Auch ein Beschluss des Ausschusses der ständigen Vertreter kann nicht angefochten werden, da es sich nur um ein Hilfsorgan des Rates handelt, dem der Vertrag keine eigenen Kompetenzen verliehen hat.[73] Wenn diese Gremien jedoch unionsrechtliche Kompetenzen des (Minister-)Rates wahrnehmen, sind ihre Handlungen auch entsprechend anfechtbar.[74] Eine Maßnahme, „die durch ihren Gegenstand und durch den institutionellen Rahmen, in dem sie ausgearbeitet wurde, als ein Unionsbeschluss gekennzeichnet ist",[75] unterliegt demzufolge der gerichtlichen Kontrolle, so dass der Rat insoweit Klagegegner einer gegen diese Maßnahme erhobenen Nichtigkeitsklage sein kann.

23 Die **Kommission** ist zunächst immer dann richtiger Klagegegner, wenn sie selbst gehandelt hat oder einzelne gem. Art. 13 ihrer Geschäftsordnung[76] ermächtigte Kommissare tätig geworden sind.[77] Handlungen untergeordneter Dienststellen der Kommission werden zugerechnet.[78] Der EuGH hat sogar die Entscheidung einer privaten Einrichtung, die die Kommission auf vertraglicher Basis unterstützt, als Akt des Gemeinschaftsorgans Kommission (in diesem Sinne) angesehen.[79]

24 Nach Art. 263 Abs. 1 AEUV können auch **alleinige Handlungen** des Parlaments angefochten werden, die Rechtswirkungen gegenüber Dritten entfalten. Letzteres ist Ausfluss einer Rechtsprechung des EuGH, die dem Parlament bereits vor seiner

---

[70] Vgl. *Dörr*, in: GHN, Art. 263 AEUV Rn. 23.
[71] EuGH, Rs. 121/86, *Epichirisseon Metalleftikon u. a./Rat und Kommission*, Slg. 1987, 1183, 1186; *Schwarze*, in: ders., EU-Kommentar, Art. 263 AEUV Rn. 35.
[72] EuGH, Rs. C-370/12, *Pringle*, noch nicht in der amtlichen Sammlung veröffentlicht, Rn. 178 ff.
[73] Vgl. EuGH, Rs. C-25/94, *Rat/Kommission*, Slg. 1996, I-1469 Rn. 26; *Dörr*, in: GHN, Art. 263 AEUV Rn. 43.
[74] Vgl. EuGH, Rs. C-181/91, *Parlament/Rat*, Slg. 1993, I-3685 Rn. 13; *Schwarze,* in: ders., EU-Kommentar, Art. 263 AEUV Rn. 22.
[75] Vgl. auch EuGH, Rs. 38/69, *Kommission/Italien*, Slg. 1970, 47 Rn. 10/11.
[76] K(2000) 3614, ABl. 2000 L 308.
[77] *Booß*, in: GH, Art. 230 EGV Rn. 8.
[78] EuG, Rs. T-37/92, *BEUC et NCC/Kommission*, Slg. 1994, II-285 Rn. 38 ; Rs. T-84/97, *BEUC/Kommission*, Slg. 1998, II-795 Rn. 48.
[79] EuG, Rs. Rs. T-369/84, *DIR International Film u. a.*, Slg. 1998, II-357 Rn. 53.

Aufnahme in den Kreis der möglichen Klagegegner durch den Vertrag von Maastricht die Fähigkeit, Klagegegner zu sein, zuerkannt hatte:[80] Unter Hinweis auf das mit den Verträgen geschaffene umfassende Rechtsschutzsystem und unter Bezug auf seine Überprüfungskompetenz hinsichtlich der Rechtmäßigkeit von Organhandlungen war der EuGH zu dem Schluss gekommen, dass, würde man die Handlungen des Europäischen Parlaments aus dem Kreis der anfechtbaren Handlungen ausnehmen, dies zu einem Ergebnis führen würde, welches dem Geist der Verträge wie auch ihrem System zuwiderlaufe.[81] In diesem Fall könnten die Handlungen des Europäischen Parlaments nämlich in die Zuständigkeiten der Mitgliedstaaten oder der anderen Organe eingreifen, ohne dass die Möglichkeit bestünde, sie durch den Gerichtshof überprüfen zu lassen.[82]

Nach Art. 263 Abs. 1 AEUV können ferner Akte der **EZB** angefochten werden.[83] Zum Spannungsverhältnis zwischen der Unabhängigkeit der EZB und der rechtlichen Kontrolle ihrer Handlungen im Rahmen einer Nichtigkeitsklage hat der EuGH bereits entschieden, dass die Zuerkennung der Unabhängigkeit nicht dazu führt, dass die EZB von jeder Bestimmung des Unionsrechts ausgenommen wäre.[84]

25

Seit dem Vertrag von Lissabon ist auch der Europäische Rat in Art. 263 Abs. 1 AEUV aufgeführt, dessen Handlungen angegriffen werden können, sofern Sie Rechtswirkungen gegenüber Dritten entfalten.

26

Unter den Begriff der „Einrichtungen und sonstigen Stellen der Union" fallen als mögliche Klagegegner zunächst der **Rechnungshof** und der **Wirtschafts- und Sozialausschuss** sowie der **Europäische Auswärtige Dienst**.[85] Bezüglich des WSA hatte das EuG bereits unter dem EGV entschieden, dass eine Klage gegen den WSA zulässig sein muss. Es hat dabei Bezug genommen auf das Urteil des Gerichtshofs in der Rechtssache „Les Verts"[86] und auf den allgemeinen Grundsatz des Unionsrechts, dass jede Handlung einer Einrichtung der Union, die gegenüber Dritten Rechtswirkungen entfalten soll, einer gerichtlichen Kontrolle unterliegen muss.[87]

27

In erster Linie gehören zu den Einrichtungen und sonstigen Stellen der EU aber die zahlreichen **Agenturen der Union**[88] sowie **Europol** und **Eurojust**.[89] Die Einrichtungen und sonstigen Stellen der EU waren in Art. 230 EGV-Nizza nicht als mögliche Klagegegner aufgeführt. Unter dem EGV wurde daher versucht, die potentielle Rechtsschutzlücke dadurch zu kompensieren, dass die Einrichtungsakte der Agenturen

28

---

[80] EuGH, Rs. 294/83, *Les Verts/Parlament*, Slg. 1986, 1339; Rs. 34/86, *Rat/Parlament*, Slg. 1986, 2155, 2201; verb. Rs. C-312/88 et C-39/89, *Luxemburg/Parlament*, Slg. 1991, I-5643, 5696.
[81] EuGH, Rs. 294/83, *Les Verts/Parlament*, Slg. 1986, 1339 Rn. 25.
[82] EuGH, Rs. 294/83, *Les Verts/Parlament*, Slg. 1986, 1339 Rn. 25.
[83] Vgl. hierzu *Hahn/Häde*, ZHR 165 (2001), 30 (41 ff.); *Gaiser*, EuR 2002, 517 (526 f.); siehe auch die am EuG anhängigen Verfahren in den Rs. T-492/12, *von Storch u.a./EZB*, zu den Beschlüssen der Europäischen Zentralbank vom 6. September 2012 zu einer Reihe technischer Merkmale der Outright-Geschäfte des Eurosystems an den Sekundärmärkten für Staatsanleihen sowie T-496/11, *Vereinigtes Königreich/EZB*.
[84] EuGH, Rs. C-11/00, *Kommission/EZB*, Slg. 2003, I-7147 Rn. 135.
[85] *Dörr*, in: GHN, Art. 263 AEUV Rn. 24.
[86] EuGH, Rs. 294/83, *Les Verts/Parlament*, Slg. 1986, 1339.
[87] EuG, Rs. T-117/08, *Italien/CESE*, Slg. 2011, II-1463 Rn. 31.
[88] Siehe hierzu *Saurer*, EuR 2010, 51; *Kühling*, EuZW 2008, 129; *Riedel*, EuZW 2009, 565.
[89] Vgl. *Dörr*, in: GHN, Art. 263 AUEV Rn. 25.

selbst Regelungen zum Rechtsschutz mit Rechtsmittelmöglichkeiten zu den Unionsgerichten vorsahen.[90] Waren solche Regelungen im Einrichtungsakt nicht vorhanden, hatte das EuG Art. 230 Abs. 4 EGV-Nizza analog herangezogen.[91] Um insofern eine umfassende Rechtswegeröffnung zum Ausdruck zu bringen, erwähnt der AEUV nunmehr alle Einrichtungen und sonstigen Stellen der EU als mögliche Klagegegner in Bezug auf deren Handlungen, sofern sie Rechtswirkungen gegenüber Dritten erzeugen. Hierdurch wurde somit eine mögliche Rechtsschutzlücke in den Vorgängerverträgen geschlossen. Art. 263 Abs. 5 sieht allerdings vor, dass in den Rechtsakten zur Gründung der Einrichtungen besondere Bedingungen und Einzelheiten für die Erhebung von Klagen natürlicher und juristischer Personen vorgesehen werden können.

III. Klagegegenstand

29   Der Kläger muss in seiner Klageschrift darlegen, gegen welche Handlung eines Unionsorgans er im Einzelnen vorgehen will.[92] Der Gegenstand der Nichtigkeitsklage ist entsprechend der jeweiligen Klageberechtigung differenziert geregelt.

30   **1. Klagen der privilegierten und teilprivilegierten Kläger.** Gegenstand der Nichtigkeitsklage durch die privilegierten und teilprivilegierten Kläger können zunächst **Gesetzgebungsakte** sein. Darüber hinaus **Handlungen** von Rat, Kommission und EZB, „soweit es sich nicht um Empfehlungen oder Stellungnahmen handelt". Schließlich sind Handlungen des EP und des Europäischen Rates mit Rechtswirkungen gegenüber Dritten anfechtbar, sowie Handlungen der Einrichtungen und sonstigen Stellen der Union mit Rechtswirkungen gegenüber Dritten. Der Katalog der anfechtbaren Handlungen wurde somit durch den Vertrag von Lissabon im Hinblick auf eine umfassende Rechtmäßigkeitskontrolle erweitert.[93]

Durch das Ausklammern der unverbindlichen Rechtsakte, Empfehlung und Stellungnahme,[94] ergibt sich, dass die Nichtigkeitsklage jedenfalls gegenüber den rechtsverbindlichen Handlungen in Form von Verordnungen, Richtlinien und Beschlüssen (bislang „Entscheidungen") zulässig ist. Über den Kreis dieser Rechtsakte hinaus sind stattlicher Klagegegenstand der Nichtigkeitsklage aber **alle Handlungen der Organe** unabhängig von ihrer Rechtsnatur oder Form, sofern sie dazu bestimmt sind, verbindliche Rechtswirkungen zu erzeugen.[95]

31   Für die Feststellung, ob einer Maßnahme **Rechtswirkung** zukommt, ist weniger auf die formelle Bezeichnung abzustellen als vielmehr auf die nach außen gerichtete Verbindlichkeit der Maßnahme,[96] wobei bisweilen auch interne Organisationsregelungen

---

[90] *Pechstein*, EU-Prozessrecht Rn. 373.
[91] EuG, Rs. T-411/06, *Sogelma/Europäische Agentur für den Wiederaufbau*, Slg. 2008, II-2771 Rn. 37 ff.; Rs. T-70/05, *Evropaïki Dynamiki/EMSA*, Slg. 2010, II-313 Rn. 61 ff.
[92] EuGH, Rs. 247/87, *Star Fruit/Kommission*, Slg. 1989, 291 Rn. 9.
[93] *Ahlt/Dittert*, Europarecht, S. 160.
[94] Vgl. Art. 288 Abs. 5 AEUV.
[95] Vgl. schon zur Rechtslage vor der Änderung durch den Vertrag von Lissabon EuGH, Rs. 22/70, *Kommission/Rat*, Slg. 1971, 263 Rn. 38/42; Rs. C-135/84, *F.B./Kommission*, Slg. 1984, 3577 Rn. 6; siehe auch *Pechstein*, EU-Prozessrecht, Rn. 376 f.
[96] EuGH, Rs. C-213/88 und C-39/89, *Luxemburg/Parlament*, Slg. 1991, I-5643 Rn. 15; Rs. C-362/08, *Internationaler Hilfsfonds/Kommission*, Slg. 2010, I-669. *Cremer*, in: Calliess/Ruffert, EUV/AEUV, Art. 263 AEUV Rn. 13.

2. Abschnitt. Direktklagen 32–34 § 7

eines Organs verbindliche Rechtswirkungen nach außen oder gegenüber seinen Mitgliedern entfalten können.[97] Entscheidend ist, dass die Organhandlung die Rechtslage des Adressaten entweder rechtsgestaltend oder durch rechtsverbindliche Feststellung ändert.[98] Erfasst sind damit Willenskundgebungen von einer gewissen Selbstständigkeit, Förmlichkeit und Endgültigkeit.

In **mehrphasigen Verfahren** sind nur diejenigen Maßnahmen anfechtbar, die 32 den Standpunkt des betreffenden Organs endgültig festlegen, nicht hingegen lediglich vorbereitende oder bestätigende Maßnahmen.[99] Im Wege der Nichtigkeitsklage angreifbar sind auch „Leitlinien" oder „Gemeinschaftsrahmen"[100] sowie gewisse „Mitteilungen" der Kommission, sofern sie Rechtswirkungen erzeugen.[101] Daneben können als Klagegegenstand auch „einfache" Beschlüsse des Rates oder des Europäischen Parlaments[102] sowie der Abschluss völkerrechtlicher Abkommen durch die Organe der Union in Betracht kommen.[103] Die Nichtigkeitsklage gegen den Abschluss eines völkerrechtlichen Vertrags kann indes nur die innergemeinschaftliche Wirkung, nicht aber die völkerrechtliche Bindung gegenüber den Vertragspartnern beseitigen.[104]

Ebenfalls im Zusammenhang mit der verbindlichen Außenrechtswirkung stellt sich 33 die Frage, ob Nichtigkeitsklagen gegen Fachgutachten der Agenturen als Einrichtungen der EU zulässig sind. Bei Klagen gegen Einrichtungen und sonstige Stellen der EU verlangt Art. 263 Abs. 1 AEUV explizit, dass die Handlung Rechtswirkungen gegenüber Dritten entfalten muss. Eine solche Rechtswirkung soll jedenfalls dann gegeben sein, wenn ein Gutachten gesondert veröffentlicht wird.[105]

Nicht eindeutig entschieden hat der Gerichtshof die Frage, ob sonstige von den 34 Organen abgeschlossene **vertragliche Vereinbarungen**, sofern sie dem Unionsrecht unterfallen und nicht dem privat- oder arbeitsrechtlichen Bereich zuzuordnen sind, ebenfalls Gegenstand einer Nichtigkeitsklage sein können.[106] Keiner Anfechtbarkeit unterliegen bloße Meinungsäußerungen,[107] Rechtsauskünfte oder innerbehördliche Dienstanweisungen, da es sich hierbei um lediglich unverbindliche Verlautbarungen handelt. Ebenso wenig kann ein Verhaltenskodex, der nur einen Rahmen für spätere

---

[97] Vgl. EuGH, Rs. C-58/94, *Niederlande/Rat*, Slg. 1996, I-2169 Rn. 38; EuG, Rs. T-222/99 R, *Martinez und de Gaulle/Parlament*, Slg. 1999, II-3397 Rn. 67.
[98] Vgl. *Pechstein*, EU-Prozessrecht, Rn. 392 ff.
[99] Vgl. *Cremer*, in: Calliess/Ruffert, EUV/AEUV, Art. 263 AEUV Rn. 18 f.; *Dörr*, in: GHN, Art. 263 AEUV Rn. 39.
[100] *Cremer*, in: Calliess/Ruffert, EUV/AEUV, Art. 263 AEUV Rn. 17.
[101] Vgl. EuGH, Rs. C-325/19, *Frankreich/Kommission*, Slg. 1993, I-3283 Rn. 23; Rs. C-57/95, *Frankreich/Kommission*, Slg. 1997, I-1627 Rn. 7 ff.; *Schwarze*, in: ders., EU-Kommentar, Art. 263 AEUV Rn. 27.
[102] EuGH, Rs. 294/83, *Les Verts/Parlament*, Slg. 1986, 1339 Rn. 20 ff.; Rs. C-213/88, *Luxemburg/Parlament*, Slg. 1991, I-5643 Rn. 15 ff.
[103] Vgl. EuGH, Rs. C-281/01, *Kommission/Rat*, Slg. 2002, I-12049; Rs. C-94/03, *Kommission/Rat*, Slg. 2006, I-1; *Dörr*, in: GHN, Art. 263 AEUV Rn. 36.
[104] *Geiger/Khan/Kotzur*, EUV/AEUV, Art. 263 AEUV Rn. 27.
[105] *Saurer*, DVBl. 2009, 1021 (1026); *Schwarze*, in: ders., EU-Kommentar, Art. 263 AEUV Rn. 34; siehe hierzu auch *Pechstein*, EU-Prozessrecht, Rn. 397.
[106] EuGH, Rs. 43/84, *Maag/Kommisssion*, Slg. 1985, 2581 Rn. 26.
[107] EuGH, Rs. C-180/96, *Vereinigtes Königreich/Kommission*, Slg. 1998, I-2265 Rn. 25 ff.

Beschlüsse vorgibt,[108] oder eine bloße Verwaltungspraxis[109] Gegenstand einer Nichtigkeitsklage sein.[110]

35 Nicht angefochten werden können ferner „**rechtlich inexistente**" Handlungen, da eine Klage in diesen Fällen gegenstandslos und somit unzulässig ist.[111] Dennoch trägt der Kläger in diesen Fällen kein Kostenrisiko, da bei Klagen gegen vermeintlich existente Akte die Kosten dem beklagten Organ, das die Rechtsunsicherheit zu verantworten hat, auferlegt werden.[112] Solche „**Nichtakte**" liegen allerdings nur dann vor, wenn Handlungen mit einem **Fehler** behaftet sind, **dessen Schwere so offensichtlich ist,** dass er von der Unionsrechtsordnung nicht geduldet werden kann,[113] z. B. bei krasser Überschreitung der Unions- oder Organkompetenzen.[114] Die Annahme einer inexistenten Maßnahme hat der EuGH ganz außergewöhnlichen Fällen vorbehalten.[115] Eine klare Abgrenzung zwischen Nichtakten und fehlerhaften Handlungen ist schwierig, da der EuGH hierfür noch keine eindeutigen und allgemeingültigen Merkmale herausgearbeitet hat.[116] Die rechtliche Inexistenz einer Maßnahme kann – auch außerhalb der Klagefristen der Nichtigkeitsklage – mit einer Feststellungsklage geltend gemacht werden.[117] Grundsätzlich spricht aber die Vermutung für die Gültigkeit der Rechtsakte der Unionsorgane, solange sie nicht aufgehoben oder zurückgenommen werden.[118] In aller Regel ist also die Nichtigkeitsklage das richtige Mittel zur Anfechtung von Handlungen der Unionsorgane.

36 Die angefochtenen Handlungen müssen den Organen und sonstigen Einrichtungen der Union zurechenbar sein.[119] Sofern die **Unionsorgane mit den nationalen Behörden** der jeweiligen Mitgliedstaaten in bestimmten Bereichen zusammenarbeiten (z. B. im Beihilferecht oder Kartellrecht), muss hinsichtlich des Klagegegenstandes genau geprüft werden, ob der angefochtene Rechtsakt seitens des Unionsorgans oder durch die mitwirkende innerstaatliche Verwaltungsbehörde erlassen wurde. Besteht kein eigener Entscheidungsspielraum der staatlichen Behörde, ist die Maßnahme als eine

---

[108] EuGH, Rs. C-58/94, *Niederlande/Rat*, Slg. 1996, I-2169 Rn. 23 ff.

[109] EuGH, Rs. C-159/96, *Portugal/Kommission*, Slg. 1998, I-7379 Rn. 24.

[110] Vgl. zum ganzen auch *Cremer*, in: Calliess/Ruffert, EUV/AEUV, Art. 263 AEUV Rn. 15 ff., mit zahlreichen Beispielen.

[111] EuGH, Rs. C-199/92 P, *Hüls AG/Kommission*, Slg. 1999, I-4287 Rn. 85; *Schwarze*, in: ders., EU-Kommentar, Art. 263 AEUV Rn. 23; *Cremer*, in: Calliess/Ruffert, EUV/AEUV, Art. 263 AEUV Rn. 8 f.

[112] EuG, Rs. T-79/89 u. a., *BASF u. a./Kommission*, Slg. 1992, II-315 Rn. 103; Rs. T-64/89, Slg. 1990, II-367 Rn. 80; *Cremer*, in: Calliess/Ruffert, EUV/AEUV, Art. 263 AEUV Rn. 8.

[113] EuGH, Rs. C-137/92 P, *Kommission/BASF u. a.*, Slg. 1994, I-2555, Rn. 49; Rs. C-475/01, *Kommission/Griechenland*, Slg. 2004, I-8923 Rn. 19 f.

[114] *Pechstein*, EU-Prozessrecht, Rn. 380; *Schwarze*, in: ders., EU-Kommentar, Art. 263 AEUV Rn. 24; *Annacker*, EuZW 1995, 755 (756 ff.).

[115] EuGH, Rs. *C-137/92 P, Kommission/BASF u. a.*, Slg. 1994, I-2555, Rn. 50.

[116] *Pechstein*, EU-Prozessrecht, Rn. 381.

[117] Vgl. EuGH, Rs. 15/85, *Consorzio Cooperative d'Abruzzo*, Slg. 1987, 1005 Rn. 10; E 1987, 1005, 1036 (*Consorzio Cooperative d'Abruzzo*); *Schwarze*, in: ders., EU-Kommentar, Art. 263 AEUV Rn. 23; siehe auch *Dörr*, in: GHN, Art. 263 AEUV Rn. 38.

[118] EuGH, Rs. C-137/92 P, *BASF u. a.*, Slg. 1994, I-2555, 2646; *Annacker*, EuZW 1995, 755 (755 f.); *Schwarze*, in: ders., EU-Kommentar, Art 263 AEUV Rn. 23; *Dörr*, in: GHN, Art. 263 AEUV Rn. 38.

[119] *Cremer*, in: Calliess/Ruffert, EUV/AEUV, Art. 263 AEUV Rn. 10.

solche des Unionsorgans anzusehen.[120] Gegen Maßnahmen der Mitgliedstaaten ist nur der Rechtsweg zu den nationalen Gerichten eröffnet, die dann gemäß Art. 267 AEUV dem Gerichtshof entsprechende Fragen zur Vorabentscheidung vorlegen können.[121]

2. Klagen natürlicher und juristischer Personen. Nach Art. 230 EGV-Nizza waren Gegenstand der Individualklagen adressatengerichtete Entscheidungen sowie Entscheidungen, die, obwohl sie als Verordnung oder als eine an eine andere Person gerichtete Entscheidung ergangen waren, den Kläger unmittelbar und individuell betrafen. Aus dieser Regelung ergaben sich bezüglich des Klagegegenstandes mehrere Fragen und Problemkreise, die für die Zulässigkeit von Nichtigkeitsklagen entscheidungserhebliche Bedeutung hatten.

Der Vertrag von Lissabon hat den Klagegegenstand von Individualklagen erheblich verändert. Nach Art. 263 Abs. 4 AEUV können natürliche oder juristische Personen nunmehr Nichtigkeitsklage erheben gegen **Handlungen**, die entweder an sie gerichtet sind oder sie unmittelbar und individuell betreffen, sowie gegen **Rechtsakte mit Verordnungscharakter**, die sie unmittelbar betreffen und keine Durchführungsmaßnahmen nach sich ziehen.

Klagegegenstand nach der ersten Alternative ist somit eine an den Kläger gerichtete Handlung. Erfasst sind hiervon alle Rechtsakte, im Regelfall Beschlüsse gem. Art. 288 Abs. 4 AEUV, deren Adressat der jeweilige Kläger ist.[122] Dies können beispielsweise Beschlüsse sein gem. Art. 4 der Verordnung Nr. 1049/2001,[123] mit denen Anträge auf Zugang zu Dokumenten eines Unionsorgans abgelehnt werden, oder die Verhängung von Geldbußen in Kartellverfahren gem. Art. 23 f. der Verordnung Nr. 1/2003.[124]

Klagegegenstand der 2. Alternative von Art. 263 Abs. 4 AEUV sind Handlungen, die den Kläger unmittelbar und individuell betreffen. Der Begriff der Handlung ist weit zu verstehen und umfasst unzweifelhaft auch Rechtsnormen wie Verordnungen und Richtlinien.[125] Außerdem fallen hierunter die adressatenunabhängigen und die in Art. 230 Abs. 4 EGV explizit angesprochenen an Dritte gerichteten Entscheidungen (jetzt: Beschlüsse). Auch der Begriff der „Entscheidung" in Art. 230 Abs. 4 EGV wurde nicht rechtstechnisch verstanden, sondern konnte nach der Rechtsprechung alle Maßnahmen erfassen, die Rechtswirkungen erzeugten. Im Einzelnen wurde jedoch diskutiert, in welchem Umfang der Begriff der „Entscheidung" auch Scheinverordnungen, echte Verordnung, Richtlinien und Scheinrichtlinien umfasste (siehe hierzu Vorauflage, Rn. 46–50). Diese Fragen sind durch die Verwendung des Begriffs „Handlung" obsolet geworden. Seit dem Vertrag von Lissabon folgt nunmehr bereits aus dem

---

[120] Vgl. einerseits EuGH, Rs. 41/70 bis 44/70, *International Fruit Company e.a./Kommission*, Slg. 1971, 411 Rn. 23/29, andererseits EuGH, Rs. 132/77, *Société pour l'exportation des sucres/Kommission*, Slg. 1978, 1061 Rn. 23, 27; vgl. auch *Schwarze*, in: ders., EU-Kommentar, Art 263 AEUV Rn. 21.
[121] Vgl. hierzu beispielsweise EuGH, Rs. 133 bis 136/85, *Rau*, Slg. 1987, 2289 Rn. 11.
[122] *Ahlt/Dittert*, Europarecht, S. 162.
[123] VO (EG) Nr. 1049/2001 des Europäischen Parlaments und des Rates vom 30. Mai 2001 über den Zugang der Öffentlichkeit zu Dokumenten des Europäischen Parlaments, des Rates und der Kommission, ABl. 2001 L 145/43.
[124] VO (EG) Nr. 1/2003 des Rates vom 16. Dezember 2002 zur Durchführung der in den Artikeln 81 und 82 des Vertrags niedergelegten Wettbewerbsregeln, ABl. 2003 L 1/1.
[125] *Schwarze*, in: ders., EU-Kommentar, Art. 263 AEUV Rn. 41; *Cremer*, in: Calliess/Ruffert, EUV/AEUV, Art. 263 AEUV Rn. 29.

Wortlaut der Bestimmung, dass auch Individualklagen gegen jede Handlung eines Unionsorgans zulässig sind, die verbindliche Rechtswirkungen erzeugt. Gültigkeit kommt aber weiterhin der Frage zu, ob der betreffende Rechtsakt den Kläger auch unmittelbar und individuell betrifft (hierzu unten Rn. 54 ff.).

41 Schließlich nennt die dritte Alternative des Art. 263 Abs. 4 AEUV „Rechtsakte mit Verordnungscharakter" als Klagegegenstand. Die Auslegung dieser durch den Vertrag von Lissabon neu eingeführten Kategorie soll zusammenhängend im Rahmen der Klagebefugnis erörtert werden (unten Rn. 80 ff.).

42 Ähnlich wie bei den Organklagen kommt es für den Klagegegenstand der nichtprivilegierten Kläger daher in erster Linie darauf an, dass die angegriffene Handlung rechtsverbindliche Wirkungen erzeugt. Handlungen, denen keine Rechtswirkung beigemessen werden kann, stellen demzufolge keine Entscheidungen dar.[126]

43 Die Abgrenzung kann im Einzelfall höchst problematisch sein. In der Regel entfalten bloße Meinungsäußerungen und Mitteilungen[127] sowie rein vorbereitende oder innerdienstliche Organisationsakte[128] noch keine Rechtswirkungen, so dass sie nicht mit der Individualklage gemäß Art. 263 Abs. 4 AEUV angefochten werden können.[129] Bisweilen kann aber auch derartigen Mitteilungen, Organisationsakten oder gar Presseerklärungen[130] eine Außenwirkung zukommen, die zur Klageerhebung berechtigt. Der EuGH hat ferner bei einem Schreiben (auch in Form einer Fernkopie), mit dem die Kommission den Antrag auf Gewährung einer Einsichtnahme in nicht vertrauliche Unterlagen eines laufenden Antidumpingverfahrens untersagte, eine Entscheidung i. S. d. Art. 230 Abs. 4 EGV-Nizza angenommen, da sie die Interessen des Antragstellers beeinträchtigt.[131]

44 Bedeutsam kann die Unterscheidung zwischen **„außenwirksamen" und „innenwirksamen" Rechtsakten** auch im Verhältnis der EZB zu den einzelnen mitgliedstaatlichen Notenbanken werden. Die EZB kann gegenüber den einzelnen nationalen Zentralbanken sowohl anfechtbare außenwirksame „Entscheidungen" als auch lediglich intern wirkende „Weisungen" erlassen. In Anlehnung an das deutsche Beamtenrecht ist zur Abgrenzung und näheren Einordnung, insbesondere der dann maßgeblichen Rechtsschutzmöglichkeiten, vorgeschlagen worden, darauf abzustellen, ob die Entscheidung mehr das die Rechtssubjektivität der Zentralbanken betreffende Grundverhältnis oder das rein interne Betriebsverhältnis berührt.[132] Wo die Grenze verläuft, wird man aber am Einzelfall entscheiden müssen.[133]

45 Im Falle von Handlungen, die in einem **mehrphasigen Verfahren**, insbesondere zum Abschluss eines internen Verfahrens ergehen, liegt nach der Rechtsprechung eine anfechtbare Handlung grundsätzlich nur bei Maßnahmen vor, die den Stand-

---

[126] Zu sog. Nichtakten vgl. Rn. 35.
[127] EuGH, Rs. 133/79, *Sucrimex/Kommission*, Slg. 1980, 1299 Rn. 17; EuG, Rs. T-54/96, *Oleifici Italiani und Fratelli Rubino*, Slg. 1998, II-3377 Rn. 48 ff.
[128] EuGH, Rs. 17/78, *Fausta Deshormes/Kommission*, Slg. 1979, 189 Rn. 14 ff.; *Stotz*, in: Dauses, EU-WirtR, P I Rn. 190 ff.
[129] EuGH, Rs. 92/78, *Simmenthal/Kommission*, Slg. 1979 Rn. 27 ff.; Rs. C-366/88, *Frankreich/Kommission*, Slg. 1990, I-3571 Rn. 8 ff.; weitere Beispiele bei *Niedermühlbichler*, Verfahren, Rn. 179.
[130] Vgl. EuG, Rs. T-3/93, *Air France/Kommission*, Slg. 1994, II-121 Rn. 50.
[131] EuGH, Rs. C-170/89, *BEUC/Kommission*, Slg. 1991, I-5709 Rn. 11.
[132] *Potacs*, EuR 1993, 23 (39); *Koenig*, EuZW 1993, 661 (666); näher zu Individualklagen gegen die EZB: *Hahn/Häde*, ZHR 165 (2001), 30 (42 ff.).
[133] Vgl. *Schwarze*, in: ders., EU-Kommentar, Art. 263 AEUV Rn. 33.

punkt der Kommission oder des Rates zum Abschluss dieses Verfahrens endgültig festlegen, nicht aber bei Zwischenmaßnahmen, die die abschließende Entscheidung vorbereiten sollen.[134] Bei der Ablehnung eines Verpflichtungsangebotes gemäß Art. 8 der Antidumping-VO (EG) 1225/2009[135] durch die Kommission handelt es sich um eine solche vorbereitende Zwischenmaßnahme und damit um eine nicht anfechtbare Handlung.[136] Ebenso zu beurteilen ist die Einleitung des Verwaltungsverfahrens und die Mitteilung der Beschwerdepunkte im Kartellverfahren nach der Verordnung Nr. 1/2003 (Kartell-VO)[137] oder die Anforderung von Erklärungen oder Auskünften im Nachprüfungsverfahren gem. Art. 20 dieser Verordnung.[138] Obwohl Maßnahmen rein vorbereitender Art somit als solche nicht anfechtbar sind, können die ihnen anhaftenden Mängel gleichwohl im Rahmen der Klage gegen die endgültige Handlung, die sie vorbereiten, geltend gemacht werden.[139]

Bestätigende **Zweitbescheide**, die keine neue Beschwer enthalten, können als solche nicht Gegenstand einer Nichtigkeitsklage sein.[140] Wird jedoch ein neues Element in die Rechtsbeziehungen eingeführt, so ist eine hierauf gestützte Handlung als neue selbständige Maßnahme anfechtbar.[141] Sofern mehrere Akte denselben Sachverhalt betreffen, bedarf es einer genauen Prüfung, mit welcher Handlung sich das Organ unzweideutig und endgültig festgelegt hat.[142]

Delegieren die Unionsorgane Handlungsbefugnisse auf ihre **Dienststellen oder Mitglieder**, werden die von diesen vorgenommenen Handlungen dem entsprechenden Organ zugerechnet.[143] Anfechtbar sind die von ihnen erlassenen Akte dann, wenn sich

---

[134] EuGH, Rs. 60/81, *IBM/Kommission*, Slg. 1981, 2639 Rn. 10; EuG, Rs. T-32/89, *Marcopoulos/EuGH*, Slg. 1990, II-281 Rn. 21; EuGH, Rs. C-133/87, *Nashua Corp. u. a./Kommission*, Slg. 1990, I-719 Rn. 9; Rs. C-282/95 P, *Guérin automobiles/Kommission*, Slg. 1997, I-1503 Rn. 34; EuG, Rs. T-267/97, *Broome & Wellington/Kommission*, Slg. 1998, II-2191 Rn. 25; vgl. *Arnull*, CMLRev 2001, 7 (16 ff.); insbesondere zum Beihilfenverfahren *Koenig/Kühling/Ritter*, Beihilfenrecht, S. 202.
[135] V. 22.12.2009 (ABl. 2009 L 343/51).
[136] Vgl. EuGH, Rs. C-156/87, *Gestetner/Rat & Kommission*, Slg. 1990, I-781 Rn. 8; EuG, Rs. T-267/97, *Broome & Wellington/Kommission*, Slg. 1998, II-2191 Rn. 31 ff.; siehe hierzu *Stotz*, in: Dauses, EU-WirtR, P I Rn. 62.
[137] V. 16.12.2002 (ABl. 2003 L 1/1).
[138] EuGH, Rs. 60/81, *IBM/Kommission*, Slg. 1981, 2639 Rn. 19 ff.; EuG, Rs. T-74/92, *Ladbroke/Kommission*, Slg. 1995, II-115 Rn. 72; Rs. T-9/97, *Elf Atochem/Kommission*, Slg. 1997, II-909 Rn. 21 ff.; vgl. auch *Ritter*, in: Immenga/Mestmäcker, EG-Wettbewerbsrecht, XIV. A, Rn. 12; zu Zwischenentscheidungen im Bereich der Fusionskontrolle vgl. *Immenga*, in: Immenga/Mestmäcker, EG-Wettbewerbsrecht, VII. G, Rn. 13 ff.
[139] EuGH, Rs. 60/81, *IBM/Kommission*, Slg. 1981, 2639 Rn. 12; EuG, Rs. T-10/92, *Cimenteries CBR u. a./Kommission*, Slg. 1992, II-2667 Rn. 35; vgl. auch *Schwarze*, in: ders., EU-Kommentar, Art. 263 AEUV Rn. 27; speziell zu Zwischenentscheidungen im Bereich der Fusionskontrolle vgl. *Körber*, RIW 1998, 910 (911).
[140] EuGH, Rs. 23/80, *Grasselli/Kommission*, Slg. 1980, 3709 Rn. 18; Rs. C-417/05 P, *Kommission/Fernández Gómez*, Slg. 2006, I-8481 Rn. 46.
[141] EuGH, Rs. 41/59, *Hamborner Bergbau/Hohe Behörde*, Slg. 1960, 1027, 1050; Rs. 43-64, *Müller/Räte der EWG, EAG und EGKS*, Slg. 1965, 520, 536; EuG, Rs. T-68/96, *Polyvios/Kommission*, Slg. 1998, II-153 Rn. 39; Rs. T-186/98, *Inpesca/Kommission*, Slg. 2001, II-557 Rn. 47 ff.
[142] EuGH, Rs. 44/81, *Bundesrepublik/Kommission*, Slg. 1982, 1855 Rn. 12.
[143] EuGH, Rs. 32/58, *S.N.U.P.A.T/Hohe Behörde*, Slg. 1958/59, 289, 312; Rs. 71-74, *Frubo/Kommission*, Slg. 1975, 563 Rn. 20; vgl. auch EuGH, Rs. 52-69, *Geigy/Kommission*, Slg. 1972, 787 Rn. 5; Rs. 43/82, *VBVB und VBBB/Kommission*, Slg. 1984, 19 Rn. 12 ff.

die Delegatare im Rahmen ihrer Zuständigkeiten und Befugnisse bewegen[144] bzw. vorhandene Mängel im Übertragungsvorgang für den Adressaten nicht offensichtlich sind.[145]

48 Schwierigkeiten bei der näheren Einordnung des Klagegegenstandes können sich des Weiteren dann ergeben, wenn die Unionsorgane (insbesondere die Kommission) **mit den nationalen Behörden zusammenwirken** (z. B. in Kartellverfahren).[146] Hier stellt sich zunächst die Frage, ob es sich bei der streitgegenständlichen Handlung um eine solche des Unionsorgans oder um eine der nationalen Behörde handelt. Da der EuGH nur für Anfechtungsklagen gegen Unionshandlungen zuständig ist (anderenfalls entscheiden die nationalen Gerichte), hat die Klärung dieser Frage auch Auswirkungen auf die Zulässigkeit des Rechtsweges. Ausführungsmaßnahmen der nationalen Behörden gelten als solche des Unionsorgans, wenn sie lediglich Weisungen desselben vollziehen, bei denen ihnen kein eigener Entscheidungsspielraum verbleibt.[147]

IV. Klagebefugnis

49 Nach deutschem Verständnis handelt es sich hierbei – allgemein gesprochen – um die Geltendmachung einer besonderen Betroffenheit des Klägers durch den angegriffenen Unionsakt.[148] Im europarechtlichen Schrifttum herrscht diesbezüglich eine uneinheitliche Terminologie vor. Häufig wird insoweit von der „Aktivlegitimation" des Klägers gesprochen[149] – ein Begriff, der im deutschen Rechtskreis für die materiell-rechtlich zu beurteilende Sachlegitimation steht.[150] Auch der Begriff der Klageberechtigung wird vorgeschlagen; anders als beim Begriff der Klagebefugnis bestehe bei diesem nicht die Gefahr ihn mit dem deutschen Begriffsverständnis aufzufüllen, der anders als das Unionsrecht die Geltendmachung der Verletzung subjektiver Rechte erfordere.[151] In Anlehnung an die in der Rechtsprechung des Gerichtshofs zum Ausdruck kommende Terminologie, soll hier jedoch allein der Begriff der Klagebefugnis verwandt werden.[152] Die damit hervorgehobene besondere Betroffenheit ist eine **spezifische Sachurteilsvoraussetzung**, ohne deren Vorliegen die Klage bereits als unzulässig abgewiesen wird. Der Vertrag über die Arbeitsweise der Europäischen Union hat diese Zulässigkeitsvoraussetzung wiederum je nach Klageberechtigung differenziert ausgestaltet.

---

[144] EuGH, Rs. 182/80, *Gauff/Kommission*, Slg. 1982, 799 Rn. 17 f.
[145] So *Krück*, in: GTE, EWGV, 4. Aufl. 1991 Art. 173 EWGV Rn. 28; vgl. auch EuGH, Rs. 71-74, *Frubo/Kommission*, Slg. 1975, 563 Rn. 19/20.
[146] Vgl. Art. 13 VO (EWG) Nr. 17/62, ABl. 1962 13/204; Art. 12 VO (EWG) Nr. 4064/89, ABl. 1989 L 395/1.
[147] EuGH, Rs. 41-70, *International Fruit Company/Kommission*, Slg. 1971, 411 Rn. 23, 29; vgl. auch EuGH, Rs. 217/81, *Interagra/Kommission*, Slg. 1982, 2233 Rn. 8 f.
[148] *Erichsen/Weiß*, Jura 1990, 528 (531 m.w.N.).
[149] *Schoo*, EuGRZ 1990, 525 (529); *Krück*, in: GTE, EWGV, 4. Aufl. 1991 Art. 173 EWGV Überschrift vor Rn. 21; kritisch aber *Faber*, DVBl. 1990, 1095 (1096); *Middeke/Szczekalla*, JZ 1993, 284 (289 Fn. 51).
[150] *Hartmann*, in: Baumbach/Lauterbach/Albers/Hartmann, ZPO, Grdz. § 50, Rn. 22 f.; *Kopp/Schenke*, VwGO, Vor § 40 Rn. 28 f.; *Lorenz*, Verwaltungsprozeßrecht, § 10 Rn. 4.
[151] *Ahlt/Dittert*, Europarecht, S. 163; *Pechstein*, EU-Prozessrecht, Überschrift vor Rn. 438.
[152] Ebenso *Cremer*, in: Calliess/Ruffert, EUV/AEUV, Art. 263 AEUV, Überschriften vor Rn. 21 und Rn. 30; *Schwarze*, in: ders., EU-Kommentar, Art. 263 AEUV Rn. 36; *Dörr*, in: GHN, Art. 263 AEUV, Überschrift vor Rn. 51.

2. Abschnitt. Direktklagen   50, 51 § 7

1. Klagebefugnis der privilegierten und teilprivilegierten Kläger. Im Gegensatz 50
zu den Privatklägern brauchen die nach Art. 263 Abs. 2 AEUV privilegierten Klageberechtigten (Mitgliedstaaten, Rat, Kommission und EP) **kein spezifisches Interesse** für die Klageerhebung darzulegen.[153] Die insoweit privilegierten Mitgliedstaaten und Unionsorgane sind kraft ihrer Stellung im Unionssystem befugt, jeden verbindlichen Unionsakt vom Gerichtshof überprüfen zu lassen. In der vorgenommenen Differenzierung der Klagebefugnis spiegelt sich gleichzeitig die unterschiedliche Funktion der Nichtigkeitsklage im unionsrechtlichen Rechtsschutzsystem wieder. Als Organstreit (bzw. Normenkontrolle)[154] ist die Nichtigkeitsklage gemäß Art. 263 Abs. 2 AEUV ein objektives Verfahren,[155] in welchem die Kläger im Rahmen ihrer allgemeinen Verantwortung für die kohärente Anwendung des Unionsrechts handeln.[156] Für die Klagebefugnis der privilegierten Klageberechtigten besteht demnach eine Vermutung,[157] und zwar selbst dann, wenn die Kläger an der angefochtenen Handlung mitgewirkt haben sollten.[158] Insoweit sind die einzelnen Mitgliedstaaten auch befugt, eine Anfechtungsklage gegen eine Entscheidung der Kommission zu erheben, die diese gegenüber einer juristischen Person erlassen hat, die ihren Sitz in einem ganz anderen Mitgliedstaat hat.[159] Ausnahmsweise wurde aber auch eine Nichtigkeitsklage eines Mitgliedstaats wegen mangelnder Beschwer abgewiesen.[160]

Ausnahmen bestehen insoweit für die sog. **teilprivilegierten Kläger** nach Art. 263 51
Abs. 3 AEUV (Rechnungshof, EZB, AdR), welche die Verletzung in eigenen Rechten geltend machen müssen.[161] Zu den eigenen Rechten in diesem Sinne gehören insbesondere die vertraglich verbrieften Anhörungs-, Beteiligungs- und Informationsrechte.[162] Besondere Bedeutung erlangte in der Vergangenheit die **Klagebefugnis des Parlaments** bei der Wahl der richtigen Rechtsgrundlage zum Erlass von Unionsrechtsakten und den damit einzuhaltenden Rechtsetzungsverfahren, da sich danach die einzelnen Mitwirkungsrechte des Parlaments und seine unterschiedlichen Einwirkungsmöglichkeiten bestimmen.[163] Seit dem Inkrafttreten des Vertrags von Nizza ist das Parlament in den Kreis der privilegierten Kläger des Abs. 1 aufgenommen worden, so dass es jetzt nicht mehr auf eine Rechtsverletzung seinerseits ankommt, sondern auch

---

[153] EuGH, Rs. 45/86, *Kommission/Rat*, Slg. 1987, 1493 Rn. 3; Rs. 131/86, *Vereinigtes Königreich/Rat*, Slg. 1988, 905 Rn. 6.
[154] So *Stotz*, in: EUDUR I, § 45 Rn. 64; *Pechstein*, EU-Prozessrecht, Rn. 440.
[155] *Erichsen/Weiß*, Jura 1990, 528 (531).
[156] EuGH, Rs. 2/60, *Niederrheinische Bergwerks-AG/Hohe Behörde*, Slg. 1961, 283, 310; Rs. 22–70, *Kommission/Rat*, Slg. 1971, 263 Rn. 38/42; *Nicolaysen*, Europarecht I, S. 183; *Schwarze*, in: ders., EU-Kommentar, Art. 263 AEUV Rn. 36; *Erichsen/Weiß*, Jura 1990, 528 (531).
[157] So *Schwarze*, in: ders., EU-Kommentar, Art. 263 AEUV Rn. 36.
[158] EuGH, Rs. 166/78, *Italien/Rat*, Slg. 1979, 2575 Rn. 6; *Niedermühlbichler*, Verfahren, Rn. 165.
[159] EuGH, Rs. 41/83, *Italien/Kommission*, Slg. 1985, 873 Rn. 30.
[160] EuGH, Rs. C-242/00, *Deutschland/Kommission*, Slg. 2002, I-5603 Rn. 46; siehe hierzu auch *Cremer*, in: Calliess/Ruffert, EUV/AEUV, Art. 263 AEUV Rn. 21.
[161] Vgl. näher *Pechstein*, EU-Prozessrecht, Rn. 444 f.; *Schwarze*, in: ders., EU-Kommentar, Art. 263 AEUV Rn. 37; *Dörr*, in: GHN, Art. 263 AEUV Rn. 53 f.; *Ehricke*, in: Streinz, EUV/AEUV, Art. 263 AEUV Rn. 27.
[162] *Cremer*, in: Calliess/Ruffert, EUV/AEUV, Art. 263 AEUV Rn. 22.
[163] EuGH, Rs. C-70/88, *Parlament/Rat*, Slg. 1990, I-2041; Rs. C-187/93, *Parlament/Rat*, Slg. 1994, I-2857, 2880; Rs. C-360/93, *Parlament/Rat*, Slg. 1996, I-1195, 1216.

von ihm ausschließlich objektive Verletzungen des Unionsrechts gerügt werden können.[164]

52 **2. Klagebefugnis der natürlichen und juristischen Personen.** Demgegenüber kommt es für die Zulässigkeit von Individualklagen in entscheidendem Maße darauf an, ob die natürlichen oder juristischen Personen klagebefugt sind oder nicht. Hinsichtlich der Klagebefugnis sind seit dem Vertrag von Lissabon gem. Art. 263 Abs. 4 AEUV folgende drei Alternativen zu unterscheiden: 1) Nichtigkeitsklagen natürlicher und juristischer Personen gegen die an sie gerichteten Handlungen, 2) Nichtigkeitsklagen gegen diejenigen Handlungen, die sie unmittelbar und individuell betreffen, sowie 3) Nichtigkeitsklagen gegen Rechtsakte mit Verordnungscharakter, die sie unmittelbar betreffen und keine Durchführungsmaßnahmen nach sich ziehen. Hinsichtlich dieser neuen, dritten Alternative ist somit das Erfordernis der individuellen Betroffenheit aufgegeben worden.

53 a) **Adressatenstellung (1. Alternative von Art. 263 Abs. 4 AEUV).** Soweit die betreffende Handlung (vor Inkrafttreten des Vertrags von Lissabon: Entscheidung) an den Kläger gerichtet ist, ergibt sich dessen Klagebefugnis bereits aus seiner **Adressatenstellung**.[165] Mit der Verwendung des Begriffs „Handlung" statt „Entscheidung" in Art. 263 AEUV geht keine inhaltliche Änderung einher.[166] Wer Adressat eines Rechtsakts, in der Regel eines Beschlusses gem. Art. 288 Abs. 4 S. 2 AEUV, ist, braucht, soweit dieser ihn in seinen Interessen beeinträchtigen kann, keine besonderen Umstände zur Begründung der Klagebefugnis mehr darzulegen.[167] Maßgeblich ist dabei grundsätzlich der Tenor der Entscheidung; durch lediglich in den Gründen getroffene Feststellungen wird der Kläger in der Regel nicht unmittelbar und individuell betroffen sein.[168]

54 b) **Unmittelbare und individuelle Betroffenheit (2. Alternative von Art. 263 Abs. 4 AEUV).** Sofern eine natürliche oder juristische Person nicht Adressatin einer Handlung ist, kann sie nach der zweiten Alternative von Art. 263 Abs. 4 AEUV eine Handlung nur anfechten, wenn sie von dieser unmittelbar und individuell betroffen ist. Das Erfordernis einer unmittelbaren und individuellen Betroffenheit hat zum Ziel, Einzelnen einen effektiven Rechtsschutz zu gewährleisten, ohne zugleich den Anwendungsbereich der Nichtigkeitsklage zu einer Popularklage auszuweiten.[169]

55 Mit dem Vertrag von Lissabon wurde der Begriff „Entscheidung" durch den Begriff „Handlung" ersetzt. Hierdurch ist klagestellt, dass alle Arten von Rechtsakten

---

[164] Vgl. *Wegener*, DVBl. 2001, 1258 (1263).
[165] *H. P. Ipsen*, Europäisches Gemeinschaftsrecht, S. 761; *Erichsen/Weiß*, Jura 1990, 528 (531); *Nicolaysen*, Europarecht I, S. 362 ff.; *Ehricke*, in: Streinz, EUV/AEUV, Art. 263 AEUV Rn. 57; *Schwarze*, in: ders., EU-Kommentar, Art. 263 AEUV Rn. 40; speziell zu den Bundesländern vgl. *Mulert*, Bundesländer, S. 48 f.
[166] *Schwarze*, in: ders., EU-Kommentar, Art. 263 AEUV Rn. 40; *Frenz*, Handbuch Europarecht, Bd. 5 Rn. 2903.
[167] EuGH, Rs. 193/87, *Maurissen u. a./Rechnungshof*, Slg. 1989, 1045 Rn. 42; *v. Burchard*, EuR 1991, 140 (146); *Pechstein*, EU-Prozessrecht, Rn. 446; näher: *Stotz*, in: Dauses, EU-WirtR, P I Rn. 71 ff.
[168] Vgl. EuGH, Rs. 125/97, *Coca-Cola/Kommission*, Slg. 2000, II-1733 Rn. 77 ff.; kritisch hierzu *Bartosch*, EWS 2000, 350 (352 f.).
[169] GA *Kokott*, SchlA Rs. C-583/11 P, *Inuit Tapiriit Katanatami u. a./Rat und Parlament*, noch nicht in der amtlichen Sammlung veröffentlicht, Rn. 64.

als Klagegegenstand in Betracht kommen, sofern sie nur den Klägern unmittelbar und individuell betreffen. Gleichwohl ist ebenso wie unter der alten Rechtslage die Frage der Klagebefugnis von besonderer Bedeutung, wenn ein Beschluss gegenüber einer anderen Person, die auch ein Mitgliedstaat sein kann,[170] ergangen ist oder eine Richtlinie oder Verordnung angegriffen wird. In diesen Fällen bedarf es einer genauen Prüfung, ob der Kläger durch den Rechtsakt unmittelbar und individuell betroffen ist.

aa) **Betroffenheit.** Mit dem Begriff der „Betroffenheit" lehnt sich das Unionsrecht an die Klagebefugnis im französischen Verwaltungsprozessrecht an, das im Gegensatz zum deutschen Recht nicht auf eine mögliche (subjektive) Rechtsverletzung des Klägers abstellt, sondern die Beeinträchtigung eines relevanten Interesses ausreichen lässt.[171] Darüber, welcher Art dieses Interesse sein muss, gehen die Meinungen in der Literatur auseinander.[172] Der EuGH stellt jedoch keine allzu hohen Anforderungen an das Klägerinteresse.[173] Allgemein wird der Begriff der „Betroffenheit" dahingehend verstanden, dass er die **Zugehörigkeit des Klägers zu einem Kreis materiell beschwerter Personen** umschreibt.[174] Die Wirtschaftsteilnehmer müssen somit ein bereits entstandenes und noch bestehendes Interesse an der Aufhebung der angefochtenen Maßnahme darlegen.[175] Um den immer noch relativ weiten Anwendungsbereich einzuschränken, wird das Merkmal der Betroffenheit zudem durch die Kriterien „unmittelbar" und „individuell" näher konkretisiert. Obwohl beide Voraussetzungen nicht selten mit ein und denselben Erwägungen begründet oder abgelehnt werden, ist es im Rahmen ihrer Prüfung angezeigt, zwischen beiden Erfordernissen zu trennen, da ihnen im Rahmen der Klagebefugnis unterschiedliche Funktionen zukommen.[176]

Durch das **Unmittelbarkeitskriterium** soll das Klagerecht einzelner gegen Normativakte ausgeschlossen werden, denen hiergegen möglicherweise Rechtsbehelfsmöglichkeiten vor den nationalen Gerichten zustehen.[177] Hintergrund dieser einschränkenden Voraussetzung ist, dass Unionsrechtsakte häufig zweistufig, d. h. im Zusammenwirken mit den Mitgliedstaaten erlassen werden, so dass eine Beeinträchtigung möglicherweise erst durch den Ausführungsakt des Mitgliedstaates eintritt.[178] Demgegenüber dient das **Kriterium der individuellen Betroffenheit** dem Ausschluss

---

[170] EuGH, Rs. 25/62, *Plaumann*, Slg. 1963, 211, 237; Rs. 135/92, *Fiskano*, Slg. 1994, I-2885, 2906 f.
[171] *Bleckmann*, Europarecht, Rn. 889; *Erichsen/Weiß*, Jura 1990, 528 (532); *Pechstein*, EU-Prozessrecht, Rn. 449; *Schwarze*, in: ders., EU-Kommentar, Art. 263 AEUV Rn. 39; vgl. EuGH, Rs. 88-76, *Société pour l'exportation des sucres/Kommission*, Slg. 1977, 709 Rn. 8 ff.
[172] Vgl. *Pechstein*, EU-Prozessrecht, Rn. 450 ff.; *Erichsen/Weiß*, Jura 1990, 528 (532) (tatsächliches Interesse); *Daig*, Nichtigkeitsklage, Rn. 122 (schutzwürdiges Interesse).
[173] Vgl. *Pechstein*, EU-Prozessrecht, Rn. 449; *Cremer*, in: Calliess/Ruffert, EUV/AEUV, Art. 263 AEUV Rn. 35.
[174] EuGH, Rs. 88-76, *Société pour l'exportation des sucres/Kommission*, Slg. 1977, 709 Rn. 8 ff.; *v. Burchard*, EuR 1991, 140 (146); vgl. zum Ganzen auch *Arnull*, CMLRev 2001, 7 (23 ff.).
[175] EuG, Rs. T-138/89, *NBV u. NVB/Kommission*, Slg. 1992, II-2181 Rn. 33; *Pechstein*, EU-Prozessrecht, Rn. 390, 449.
[176] *Daig*, Nichtigkeitsklage, Rn. 125; *v. Burchard*, EuR 1991, 140 (147); *Scherer/Zuleeg*, in: Schweitzer, Europäisches Verwaltungsrecht, S. 197 (211).
[177] EuGH, Rs. 307/81, *Alusuisse Italia/Rat und Kommission*, Slg. 1982, 3463 Rn. 13 – st. Rspr.
[178] GA *Roemer*, SchlA Rs. 25/62, *Plaumann*, Slg. 1963, 213, 254 f.; *Scherer/Zuleeg*, in: Schweitzer, Europäisches Verwaltungsrecht, S. 197 (211); *v. Burchard*, EuR 1991, 140 (147); vgl. auch *Schwarze*, in: FS für Schlochauer, S. 927 (936); *Hakenberg/Stix-Hackl*, Handbuch, S. 43.

der Popularklage.[179] Hierdurch soll verhindert werden, dass der zwar potenziell, aber noch nicht selbst Betroffene ein Klagerecht gegen normative Rechtsakte der Gemeinschaft erhält.[180]

58 Eine feste Reihenfolge für die Prüfung der beiden Betroffenheitsmerkmale existiert nicht. Es erscheint jedoch empfehlenswert, bei der Prüfung der Klagebefugnis zunächst zu untersuchen, ob durch die angegriffene Maßnahme eine individuelle Betroffenheit vorliegt, denn wenn dies nicht der Fall sein sollte, erübrigt sich die weitere Frage nach der Unmittelbarkeit.[181]

bb) Die individuelle Betroffenheit

59 *(1) Individuelle Betroffenheit bei Rechtsnormen* Aufgrund der Ersetzung des Begriffs der „Entscheidung" in Art. 230 Abs. 4 EGV durch den Begriff der „Handlung" in Art. 263 Abs. 4 AEUV geht jetzt bereits aus dem Wortlaut des Vertrags hervor, dass auch Klagen gegen alle Arten von Rechtsnormen (auch Richtlinien) zulässig sind, sofern diese den Kläger individuell betreffen. Das Kriterium der individuellen Betroffenheit nach Art. 263 Abs. 4 AEUV dürfte nicht anders auszulegen sein als in der bisherigen Rechtsprechung des Gerichtshofs zu Art. 230 Abs. 4 EGV.[182] Die Prüfung dieser Voraussetzung wird sich auch weiterhin insbesondere in den Fällen als problematisch erweisen, in denen der Kläger gegen eine Verordnung oder Richtlinie vorgehen will.[183] Für die Abgrenzung der individuellen von der allgemeinen Geltung bedient sich der Gerichtshof der sog. **Plaumann-Formel**, die er in ständiger Rechtsprechung wiederholt. Danach ist der Kläger nur dann individuell betroffen, wenn die Handlung ihn „wegen bestimmter persönlicher Eigenschaften oder besonderer, ihn aus dem Kreis aller übrigen Personen heraushebender Umstände berührt und ihn daher in ähnlicher Weise individualisiert wie den Adressaten".[184] Nur wenn zum Zeitpunkt des Erlasses der Maßnahme ein bestimmter Personenkreis besonders herausgehoben ist und beeinträchtigt wird, sind dessen Mitglieder klagebefugt.[185] Der EuGH hatte in Anwendung der Plaumann-Formel **drei Fallgruppen** der individuellen Betroffenheit durch Entscheidungen in Gestalt von Verordnungen entwickelt, die sich auch auf die neugefasste 2. Alternative von Art. 263 Abs. 4 AEUV übertragen lassen dürften.[186]

---

[179] EuGH, Rs. 16/62 et 17/62, *Confédération nationale des producteurs de fruits et légumes u. a./Rat*, Slg. 1962, 963, 980; GA Roemer, SchlA Rs. 25/62, *Plaumann*, Slg. 1963, 213, 256 f.; *Niedermühlbichler*, Verfahren, Rn. 183; *Schwarze*, in: ders., EU-Kommentar, Art. 263 AEUV Rn. 39.

[180] *Scherer/Zuleeg*, in: Schweitzer, Europäisches Verwaltungsrecht, S. 197 (211); *v. Burchard*, EuR 1991, 140 (147); *Schwarze*, in: FS für Schlochauer, S. 927 (936).

[181] EuGH, Rs. 25/62, *Plaumann/Kommission*, Slg. 1963, 213, 238; anders (unmittelbare vor individueller Betroffenheit) *Pechstein*, EU-Prozessrecht, Rn. 448 ff.; *Dörr*, in: GHN, Art. 263 AEUV Rn. 61.

[182] GA *Kokott*, SchlA Rs. C-583/11 P, *Inuit Tapiriit Katanatami u. a./Rat und Parlament*, noch nicht in der amtlichen Sammlung veröffentlicht, Rn. 89; Vgl. auch *Schwarze*, in: ders., EU-Kommentar, Art 263 AEUV Rn. 46; *Thiele*, EuR 2010, 30 (42); a. A. *Mayer*, DVBl. 2004, 606 (610).

[183] Vgl. *Pechstein*, EU-Prozessrecht, Rn. 470.

[184] St. Rechtsprechung seit EuGH, Rs. 25/62, *Plaumann/Kommission*, Slg. 1963, 213, 238; siehe aus der letzten Zeit Rs. C-78/03 P, *Kommission/Aktionsgemeinschaft Recht und Eigentum*, Slg. 2005, I-10737 Rn. 33; Rs. C-71/09 P, C-73/09 P und C-76/09 P, *Comitato „Venezia vuole vivere" u. a./ Kommission*, noch nicht in der amtlichen Sammlung veröffentlicht, Rn. 52.

[185] Vgl. *Pechstein*, EU-Prozessrecht, Rn. 471 ff.

[186] Vgl. *Schwarze*, in: ders., EU-Kommentar, Art. 263 AEUV Rn. 46; *ders.*, DVBl. 2002, 1297 (1301 f.); *Nettesheim*, JZ 2002, 928 (930).

Erstens bejaht der EuGH die Individualisierbarkeit in solchen Fällen, in denen **60** Anzahl und Identität der betroffenen Personen bereits im Zeitpunkt des Erlasses des Rechtsakts feststeht.[187] Der Kläger muss sich bereits vor Erlass des Rechtsakts aus dem Kreis der potenziell Betroffenen herausheben.[188] Der Gerichtshof sprach insofern von einer **Sammelentscheidung,** bei der in einer Verordnung viele Einzelfallentscheidungen gebündelt sind.[189] Die Individualisierung des betroffenen Klägers muss allerdings anhand objektiver Kriterien feststellbar sein,[190] insbesondere muss ausgeschlossen sein, dass sich der Kreis der Betroffenen nach Erlass der Maßnahme noch erweitern kann.[191] Die bloße Bestimmbarkeit der Betroffenen reicht nicht aus.[192]

Die zweite Gruppe bilden diejenigen Fälle, bei denen den Betroffenen im zum Erlass **61** des Rechtsakts führenden Verfahren bestimmte **Beteiligungs-, Informations- und Mitwirkungsrechte** eingeräumt sind, wie dies insbesondere in Antidumping-[193] und Antisubventionsverfahren[194] der Fall ist.[195] In diesem Zusammenhang hat der EuGH eine individuelle Betroffenheit angenommen, wenn ein Unternehmen in dem Rechtsakt namentlich genannt ist oder nachweislich von den vorhergehenden Untersuchungsmaßnahmen berührt wurde.[196]

Die dritte Fallgruppe betrifft Rechtsakte, die in **besondere Rechte des Klägers** **62** **eingreifen**.[197] In diesen Konstellationen stehen nur dem Kläger oder einem Teil der von der Regelung Betroffenen Rechte zu, die ihn bzw. sie gegenüber allen übrigen

---

[187] EuGH, Rs. 106/63 und 107/63, *Töpfer/Kommission*, Slg. 1965, 548, 556; Rs. 239/82 und 275/82, *Allied Corporation u. a./Kommission*, Slg. 1984, 1005 Rn. 12 ff.; Rs. C-409/96 P, *Sveriges Betodlares und Henrikson/Kommission*, Slg. 1997, I-7531.
[188] *Krück*, in: GTE, EWGV, Art. 173 EWGV Rn. 55.
[189] Vgl. *Moitinho de Almeida*, in: FS für Everling, S. 849 (858); *Schwarze*, in: ders., EU-Kommentar, Art. 263 AEUV Rn. 47; *Stotz*, in: EUDUR I, § 45 Rn. 83.
[190] EuGH, Rs. C-270/95 P, *Kik/Rat und Kommission*, Slg. 1996, I-1987 Rn. 11 ff.; vgl. auch Rs. C-73/97 P, *Frankreich/Comafrica u. a.*, Slg. 1999, I-185 Rn. 32 ff.
[191] *Scherer/Zuleeg*, in: Schweitzer, Europäisches Verwaltungsrecht, S. 197 (212); *Nicolaysen*, Europarecht I, S. 186; *Schwarze*, in: FS für Schlochauer, S. 927 (937); *ders.*, in: EU-Kommentar, Art. 263 AEUV Rn. 47; *Krück*, in: GTE, EWGV, 4. Aufl. 1991, Art. 173 EWGV Rn. 57.
[192] EuGH, Rs. 242/81, *Roquette Frères/Rat*, Slg. 1982, 3213 Rn. 7 ff.; Rs. 307/81, *Alusuisse Italia/Rat und Kommission*, Slg. 1982, 3463 Rn. 8 ff.; Rs. 239/82 und 275/82, *Allied Corporation u. a./Kommission*, Slg. 1984, 1005 Rn. 12.
[193] Auf der Basis der VO (EG) Nr. 1225/2009 v. 30.11.2009, ABl. 2009 L 343/51.
[194] Das Antisubventionsrecht (Ausgleichszollrecht) betrifft Schutzmaßnahmen gegen subventionierte Einfuhren aus Drittstaaten, vgl. *Lukas*, in: GH, EU-Kommentar III, E 7 Rn. 1. Rechtsgrundlage für entsprechende Maßnahmen ist die VO (EG) Nr. 597/2009 v. 11.6.2009, ABl. 2009 L 188/93. In der Praxis ist das Antidumpingrecht weitaus bedeutender, vgl. *Berrisch/ Kamann*, in: GH EU-Kommentar III, E 10 Rn. 2.
[195] Vgl. EuGH, Rs. 191/82, *Fediol/Kommission*, Slg. 1983, 2913 Rn. 27 ff.; Rs. C-15/91, *Buckl & Söhne u. a./Kommission,* Slg. 1992, I-6061 Rn. 29; EuG, Rs. T-60/96, *Merck & Co. Inc./ Kommission*, Slg. 1997, II-849 Rn. 73; *Booß*, in: GH, Art. 230 EGV Rn. 58 ff.; *Schwarze*, in: ders., EU-Kommentar, Art. 230 EGV Rn. 38. Ausführlich zum Rechtsschutz im Antidumping- und Antisubventionsbereich vgl. *Berrisch/Kamann*, in: GH EU-Kommentar III, E 10 Rn. 12 ff., 109 ff.
[196] EuGH, Rs. 239/82 und 275/82, *Allied Corporation/Kommission*, Slg. 1984, 1005 Rn. 12; EuG, Rs. T-12/96, *Area Cova u. a./Rat und Kommission*, Slg. 1999, II-2301 Rn. 59 ff.
[197] *Booß*, in: GH, Art. 230 EGV Rn. 61; *Schwarze*, in: ders., EU-Kommentar, Art. 263 AEUV Rn. 49.

Adressaten besonders hervorheben und die durch den Erlass des Rechtsakts beeinträchtigt werden.[198]

63 Um die allgemein-generellen Unionsakte nicht zur Disposition einer unübersehbaren Anzahl potenzieller Privatkläger zu stellen, ist der Gerichtshof bei der Annahme der individuellen Betroffenheit insgesamt eher zurückhaltend.[199] Die **restriktive Handhabung** des Merkmals der individuellen Betroffenheit wurde in der Literatur wegen der als unbefriedigend empfundenen Rechtsschutzgewährung vielfach kritisiert.[200] Der EuGH hielt allerdings daran fest und wies darauf hin, dass eine Änderung des derzeit geltenden Systems eine Sache der Mitgliedstaaten im Wege der Vertragsänderung wäre.[201] Es stellt sich daher die Frage, ob mit dem durch den Vertrag von Lissabon eingeführten neuen Klagegegenstand der „Rechtsakte mit Verordnungscharakter" eine Verbesserung erzielt wurde (dazu unten Rn. 80 ff.).

64 Lediglich bei Verordnungen zur Einführung vorläufiger und endgültiger Antidumpingzölle neigt der Gerichtshof einer großzügigeren Handhabung zu, was auf die Besonderheiten dieser Fälle zurückzuführen ist.[202] Allgemein lässt sich hierzu feststellen, dass die mit eigenen Rechten in **Antidumping- und Antisubventionsverfahren** ausgestatteten Personen dann individuell betroffen sind, wenn sie durch Beschwerden oder Stellungnahmen an dem der Maßnahme vorangehenden Verwaltungsverfahren mitgewirkt haben (vgl. bereits soeben im Text) und die Maßnahme sie in ihrer wirtschaftlichen Tätigkeit erheblich beeinträchtigt.[203] Individuell betroffen können insoweit nicht nur Wirtschaftsunternehmen (Hersteller, Exporteure und Importeure[204]), sondern auch ganze **Wirtschaftszweige bzw. Dachorganisationen** sein, wenn ihre Beanstandungen dem Antrag auf Einlegung des Antidumpingverfahrens zugrunde lagen und der Zoll unter Berücksichtigung der Auswirkungen auf diese Unternehmen festgesetzt wurde.[205] Hinzuweisen ist jedoch auf Probleme bei der Beurteilung des Klagerechts solcher Organisationen, denen neben den geschädigten Herstellern

---

[198] EuGH, Rs. C-309/89, *Codorniu/Rat*, Slg. 1994, I-1853 Rn. 21 f.; vgl. auch EuGH, Rs. 10/95 P, *Asocarne/Rat*, Slg. 1995, I-4149 Rn. 43; EuG, Rs. T-12/96, *Area Cova u. a./Rat und Kommission*, Slg. 1999, II-2301 Rn. 59 ff.

[199] *Schwarze*, in: ders., EU-Kommentar, Art. 263 AEUV Rn. 46; *Hakenberg/Stix-Hackl*, Handbuch, S. 48 f.; *Gundel*, VerwArch 91 (2001), 81 (81 f.).

[200] *Bleckmann*, in: FS für Menger, S. 871 (882); *Moitinho de Almeida*, in: FS für Everling, S. 849 (865); *Sedemund/Heinemann*, DB 1995, 1161 (1161 f.); *Gundel*, VerwArch 91 (2000), 81 (82 m.w.N.); *Arnull*, CMLRev 2001, 7 (51 f.); siehe auch EuG, Urt., Rs. T-177/01, *Jégo-Quéré*, EuZW 2002, 412, Rn. 39 ff.

[201] EuGH, Rs. C-50/00 P, *Unión de Pequeños Agricultores/Rat*, Slg. 2002, I-6677 Rn. 45.

[202] Vgl. *Lux*, RIW 1991, 828 (837 ff.); *Stotz*, in: Dauses, EU-WirtR, P I Rn. 124 ff.; *Berrisch/Kamann*, in: GH, EU-Kommentar III, E 10 Rn. 16 ff.; zu den gleichwohl noch bestehenden Rechtsschutzdefiziten in diesem Bereich vgl. *Middeke*, DVBl. 1991, 149 (151); *Rabe*, EuR 1991, 236.

[203] *Booß*, in: GH, Art. 230 EGV Rn. 60; vgl. dazu i.E. *Schwarze*, EuR 1986, 217 ff.; *Landsittel/Sack*, NJW 1987, 2105 ff.; *Bierwagen/Hailbronner*, NJW 1989, 1385 ff.; *Landsittel*, EuZW 1990, 177; *Leibrock*, EuR 1990, 20 ff.; *Petermann*, RIW 1990, 279 ff.; *Wenig*, EuZW 1991, 439.

[204] Zu letzteren vgl. EuGH, Rs. C-133/87, *Nashua Corporation/Kommission*, Slg. 1990, I-719 Rn. 8 ff.; Rs. C-156/87, *Gestetner Holdings/Kommission*, Slg. 1990, I-781 Rn. 7 ff.; Rs. C-358/89, *Extramet/Rat*, Slg. 1991, I-2501 Rn. 17.

[205] EuGH, Rs. 191/82, *FEDIOL/Kommission*, Slg. 1983, 2913 Rn. 31; Rs. 264/82, *Timex/Kommission*, Slg. 1985, 849 Rn. 15 f.; Rs. 70/87, *FEDIOL/Kommission*, Slg. 1989, 1781 Rn. 22; vgl. a. *Moitinho de Almeida*, in: FS für Everling, S. 849.

weitere Unternehmen angehören.²⁰⁶ Eine über die allgemeine Betroffenheit hinausgehende individuelle Klagebefugnis kann hier nur dann angenommen werden, wenn das wirtschaftliche Interesse mehrerer Organisationsmitglieder, die ihrerseits hinreichend individuell betroffen sind, durch unfaire Einfuhrpraktiken beeinträchtigt ist, so dass eine gemeinsame Klage über den Verband gegenüber einer größeren Zahl gleichartiger Einzelklagen vorteilhaft erscheint.²⁰⁷

(2) Individuelle Betroffenheit bei an Dritte gerichteten Handlungen. Individualklagen nach Art. 230 Abs. 4 EGV waren auch möglich gegen Entscheidungen (nunmehr Beschlüsse), die sich an andere Adressaten richteten. Dabei wurde zwischen Entscheidungen an einen Mitgliedstaat und Entscheidungen an einen anderen Privaten (Konkurrenten) unterschieden. Art. 263 Abs. 4 AEUV spricht nicht mehr explizit von an Dritte gerichteten Beschlüssen; der neue, weite Handlungsbegriff umfasst allerdings unzweifelhaft auch diese Konstellation.²⁰⁸ Die bisherige Rechtsprechung hierzu ist daher weiter relevant.

Folglich kann in den Fällen, in denen sich ein Beschluss **an einen Mitgliedstaat** richtet und der Einzelne in der Regel erst durch die spätere mitgliedstaatliche Ausführungsmaßnahme betroffen wird, eine vorherige individuelle Betroffenheit gleichwohl dann bestehen, wenn der Einzelne zum Kreis der Betroffenen gehört, die bei Erlass der Entscheidung von Zahl und Person her bereits feststanden (z. B.: der Empfänger einer durch den Mitgliedstaat zurückzufordernden Beihilfe).²⁰⁹ Derartige Beschlüsse können eine Doppelnatur aufweisen, wenn sie für den Mitgliedstaat einen Einzelfall regeln, gleichzeitig aber für Dritte allgemeine Rechtssätze darstellen, die für objektiv bestimmte Situationen gelten und Rechtswirkungen gegenüber einer allgemein und abstrakt umschriebenen Personengruppe erzeugen.²¹⁰

Von besonderer Relevanz sind an Mitgliedstaaten gerichtete Beschlüsse im Bereich der **Beihilfenkontrolle**.²¹¹ Die Entscheidung über die Zulässigkeit einer Beihilfe ergeht nicht gegenüber den Unternehmen, sondern gegenüber dem die Beihilfe gewährenden Mitgliedstaat (vgl. Art. 25 der VO Nr. 659/1999 über besondere Vorschriften für die Anwendung von Art. 93 EGV-Nizza (jetzt: Art. 108 AEUV).²¹² Dieser Beschluss, nicht hingegen ein etwaiges Informationsschreiben an beschwerte Dritte, kann grundsätzlich mit der Nichtigkeitsklage angegriffen werden.²¹³ Bei Klagen gegen Beschlüsse in Beihilfesachen lassen sich zwei Fallgruppen unterscheiden: Entweder geht es um Kläger, die selbst von einer Beihilferegelung begünstigt werden, oder um Kläger, die sich gegen die Gewährung einer Beihilfe an Konkurrenzunternehmen wenden.

---

²⁰⁶ Vgl. dazu *Hailbronner/v. Heydebrand u.d. Lasa,* RIW 1986, 889 (889 ff.)
²⁰⁷ Vgl. EuG, Rs. T-447/93, *AITEC u. a./Kommission,* Slg. 1995, II-1971 Rn. 60.
²⁰⁸ Vgl. *Schwarze,* in: ders., EU-Kommentar, Art. 263 AEUV Rn. 55.
²⁰⁹ EuGH, Rs. 106/63, *Töpfer/Kommission,* Slg. 1965, 548, 556; Rs. 62/70, *Bock/Kommission,* Slg. 1971, 897 Rn. 7; EuG, Rs. 480/93, *Antillean Rice Mills u.a/Kommission,* Slg. 1995, II-2305 Rn. 66 ff.
²¹⁰ Vgl. EuG, Rs. 480/93, *Antillean Rice Mills u.a/Kommission,* Slg. 1995, II-2305 Rn. 66 ff.; Rs. T-38/99, *Sociedade Agricola dos Arimhos u. a./Kommission,* Slg. 2001, II-585 Rn. 37 f.; *Stotz,* in: Dauses, EU-WirtR, P I Rn. 112 ff.
²¹¹ Siehe hierzu ausführlich *Pechstein,* EU-Prozessrecht, Rn. 478 ff.; *Dörr,* in: GHN, Art. 263 AEUV Rn. 95 ff.
²¹² V. 22.3.1999, ABl. 1999 L 83/1.
²¹³ *Schroth/Koch,* Subventionsbeschwerde, S. 101 (mit einem Panorama der möglichen Entscheidungen ab S. 101 f.); *Koenig/Kühling/Ritter,* Beihilfenrecht, S. 197.

68 **Kläger, die selbst von einer Beihilfenregelung begünstigt sind**, sind durch negative Entscheidungen der Kommission gegenüber dem betreffenden Mitgliedstaat jedenfalls dann individuell betroffen, wenn es sich um die Gewährung von Einzelbeihilfen handelt.[214] Schwieriger ist die individuelle Betroffenheit festzustellen im Zusammenhang mit Maßnahmen allgemeiner Tragweite, z. B. bei Beihilfenprogrammen. Ein nur potentiell von der Beihilfenregelung Begünstigter ist insofern nicht individuell betroffen.[215] Die individuelle Betroffenheit ist allerdings zu bejahen, wenn der Kläger schon eine Zuwendung erhalten hat, die zurückgefordert wird, oder bereits einen Antrag auf eine Beihilfe gestellt hatte, der nach der Entscheidung der Kommission nunmehr abzulehnen ist.[216]

69 In **Konkurrenzsituationen** ist im Rahmen des in Art. 108 AEUV vorgesehenen Verfahrens zur Kontrolle staatlicher Beihilfen zwischen der Vorprüfungsphase und der formellen Hauptprüfung zu unterscheiden.[217] Die Vorprüfungsphase nach Art. 108 Abs. 3 AEUV dient nur dazu, der Kommission eine erste Meinungsbildung über die Vereinbarkeit der fraglichen Beihilfe mit dem Gemeinsamen Markt zu ermöglichen; nur in der Hauptprüfungsphase nach Art. 108 Abs. 2 AEUV, die es der Kommission ermöglichen soll, sich umfassende Kenntnis von allen Gesichtspunkten des Falles zu verschaffen, sieht der Vertrag die Verpflichtung der Kommission vor, den Beteiligten Gelegenheit zur Äußerung zu geben.[218] Beteiligte sind gemäß Art. 1 Buchst. h der Verordnung (EG) Nr. 659/1999[219] Personen und Unternehmen, deren Interessen aufgrund der Gewährung einer Beihilfe beeinträchtigt sein können, insbesondere Wettbewerber. Stellt die Kommission im Rahmen der **Vorprüfung** ohne Durchführung des Hauptverfahrens die Vereinbarkeit einer Beihilfe mit dem Gemeinsamen Markt fest, können die potentiell Beteiligten die Einhaltung ihrer Verfahrensrechte nur sicherstellen, wenn sie schon gegen diese Entscheidung eine Klage einreichen können. Insofern sind diese dann auch von der Entscheidung unmittelbar und individuell betroffen.[220] Das darüber hinaus aufgestellte Erfordernis, dass der Kläger eine spürbare Beeinträchtigung seiner Marktstellung darlegen musste,[221] wird nicht mehr explizit verlangt; es reicht aus, dass der Konkurrent hinreichend das tut, dass sich die Beihilfe auf seine Situation konkret auswirken kann.[222]

---

[214] EuGH, Rs. C-15/98 und C-105/99, *Italien und Sardegna Lines/Kommission*, Slg. 2000, I-8855 Rn. 34; Rs. C-232/05, *Kommission/Frankreich*, Slg. 2006, I-10071 Rn. 58.

[215] EuGH, Rs. 67/85 u. a., *Van der Kooy/Kommission*, Slg. 1988, 219 Rn. 15; Rs. C-519/07 P, *Kommission/Koninklijke FrieslandCampina*, Slg. 2009, I-8495 Rn. 53.

[216] EuGH, Rs. C-15/98 und C-105/99, *Italien und Sardegna Lines/Kommission*, Slg. 2000, I-8855 Rn. 34; Rs. C-519/07 P, *Kommission/Koninklijke FrieslandCampina*, Slg. 2009, I-8495 Rn. 55.

[217] EuGH, Rs. C-75/05 P und C-80/05 P, *Deutschland u. a./Kronofrance*, Slg. 2008, I-6619 Rn. 37 mit weiteren Nachweisen.

[218] Siehe u. a. EuGH, Rs. C-367/95 P, *Kommission/Sytraval und Brink's France*, Slg. 1998, I-1719 Rn. 38.

[219] V. 22.3.1999, ABl. 1999 L 83/1.

[220] EuGH, Rs. C-367/95 P, *Kommission/Sytraval et Brink's France*, Slg. 1998, I-1719 Rn. 41; Rs. C-78/03 P, *Kommission/Aktionsgemeinschaft Recht und Eigentum*, Slg. 2005, I-10737 Rn. 35.

[221] EuGH, Rs. C-78/03 P, *Kommission/Aktionsgemeinschaft Recht und Eigentum*, Slg. 2005, I-10737 Rn. 37; Rs. C-75/05 P et C-80/05 P, *Deutschland u. a./Kronofrance*, Slg. 2008, I-6619 Rn. 40.

[222] EuGH, Rs. C-83/09 P, *Kommission/Kronoply und Kronotex*, Slg. 2011, I-4441 Rn. 65; vgl. *Stotz*, EU-WirtR, P I Rn. 115.

Bei Klagen von Konkurrenten gegen den **Abschluss der formellen Hauptprüfung** 70 muss dieser eine spürbare Beeinträchtigung seiner Marktstellung darlegen. Die bisherige Rechtsprechung verlangte insofern darüber hinaus, dass der Kläger aktiv am Verfahren beteiligt war.[223] Dieses Erfordernis scheint jedoch nicht mehr relevant zu sein, so dass nur noch die spürbare Beeinträchtigung der Marktstellung entscheidend ist.[224]

Außerhalb des Beihilfenbereichs können Klagen auch gegen **an Private gerichtete** 71 **Beschlüsse** erhoben werden. Derartige Konkurrentenklagen kommen im Beamten-, im Außenwirtschafts- und im Wettbewerbsrecht in Betracht.[225] Werden Unternehmen beispielsweise vom Verbot wettbewerbsbeeinträchtigender Kartellvereinbarungen (Art. 101 AEUV, Art. 10 Kartellverordnung Nr. 1/2003[226]) freigestellt, kann diese Freistellung die Konkurrenzunternehmen, die dem Kartell nicht angehören, in ihrer Marktposition schwächen. Eine derartige Begünstigung des Rechtsaktsadressaten stellt auf der Kehrseite eine Belastung des Klägers dar und kann ihn individuell betreffen.[227] Freilich muss das klagende Unternehmen auf dem relevanten Markt in seiner Wettbewerbsstellung derart berührt sein, dass es sich von allen anderen auf diesem Markt tätigen Unternehmen unterscheidet.[228] Nicht ausreichend ist es, wenn das betreffende Unternehmen lediglich wegen der tatsächlichen Folgen der Entscheidung in seiner Marktstellung betroffen ist.[229]

Eine individuelle Betroffenheit von Konkurrenten kann sich auch hier **aus Verfah-** 72 **rensrechten** ihrerseits bzw. ihrer tatsächlichen Einbeziehung ins Verfahren ergeben. Unternehmen mit „berechtigtem Interesse" können nach der VO 1/2003 einen Antrag auf Feststellung einer Zuwiderhandlung gegen das EU-Kartellrecht stellen oder gem. Art. 101 Abs. 3 AEUV Klage gegen eine Freistellungsentscheidung erheben. Die Situation ist insofern derjenigen im Beihilfenrecht vergleichbar.[230] Werden solche Anträge oder Einwendungen (teilweise) zurückgewiesen, liegt eine individuelle Betroffenheit vor.[231] Ähnlich ist die Situation im Bereich der Fusionskontrolle, wo Konkurrenzunternehmen nach Art. 18 der VO (EG) Nr. 139/2004[232] Gelegenheit zur Stellungnahme haben.[233]

---

[223] EuGH, Rs. 169/84, *Cofaz u. a./Kommission*, Slg. 1986, 391 Rn. 24 ff.
[224] EuGH, Rs. C-260/05, *Sniace/Kommission*, Slg. 2007, I-10005 Rn. 57 ff.; vgl. *Pechstein*, EU-Prozessrecht, Rn. 487.
[225] Vgl. EuGH, Rs. 26/76, *Metro/Kommission*, Slg. 1977, 1875 Rn. 13; Rs. 191/82, *Fediol/Kommission*, Slg. 1983, 2913 Rn. 28; *Scherer/Zuleeg*, in: Schweitzer, Europäisches Verwaltungsrecht, S. 197 (214 ff.); *Nicolaysen*, Europarecht I, S. 187 ff.; *Arnull*, CMLRev 1995, 7 (30 ff.); *Weber*, DZWir 1997, 524 (524 f.); *Ritter*, in: Immenga/Mestmäcker, EG-Wettbewerbsrecht, XIV. A, Rn. 23.
[226] VO (EG) Nr. 1/2003 des Rates vom 16. Dezember 2002 zur Durchführung der in den Art. 81 und 82 des Vertrags niedergelegten Wettbewerbsregeln, ABl. 2003 L 1/1.
[227] Näher *Pechstein*, EU-Prozessrecht, Rn. 595 ff.; *Allkemper*, Rechtsschutz, S. 88 ff.
[228] Vgl. EuG, Rs, T-3/93, *Air France I*, Slg. 1994, II-121 Rn. 82; Rs. T-2/93, *Air France II*, Slg. 1994, II-323 Rn. 43 ff.; *Schwarze*, in: ders., EU-Kommentar, Art. 263 AEUV Rn. 60.
[229] Vgl. EuGH, Rs. 10/68, *Eridania/Kommission*, Slg. 1969, 459 Rn. 7, 8; Rs. 11/82, *Piraiki-Patraiki/Kommission*, Slg. 1985, 207 Rn. 11 ff.; Rs. 97/85, *Deutsche Lebensmittelwerke/Kommission*, Slg. 1987, 2265 Rn. 10 ff.
[230] Vgl. *Schroth/Koch*, Subventionsbeschwerde, S. 7.
[231] EuGH, Rs. 27/76, *Metro I*, Slg. 1977, 1875 Rn. 13; Rs. 75/84, *Metro II*, Slg. 1986, 3021 Rn. 20 ff.; *Schwarze*, in: ders., EU-Kommentar, Art. 263 AEUV Rn. 58.
[232] V. 20.1.2004, ABl. 2004 C 24/1.
[233] EuG, Rs. T-3/93, *Air France I*, Slg. 1994, II-121 Rn. 80; Rs. T-2/93, *Air France II*, Slg. 1994, II-323 Rn. 44; *Immenga*, in: Immenga/Mestmäcker, EG-Wettbewerbsrecht, VII. G, Rn. 30 ff.;

Ob der Kläger auch bei nicht wahrgenommenen Verfahrensrechten individuell betroffen sein kann, ist zweifelhaft.[234]

Sofern ein Recht auf Verfahrensbeteiligung nicht bereits im Sekundärrecht vorgesehen ist und auch keine tatsächliche Einbindung ins Verfahren erfolgte, ist nur ganz ausnahmsweise eine **hinreichende Individualisierung aufgrund besonderer Umstände** anzunehmen.[235] Die Rechtsprechung ist insofern zurückhaltend.[236] Nicht ausreichend ist, dass der Kläger in irgendeiner Weise – beispielsweise durch die Zusendung von Briefen – ins Verfahren einzugreifen versucht.[237] In der Literatur wird einer zu starken Verengung der individuellen Betroffenheit auf die vorherige Verfahrensbeteiligung widersprochen und darauf aufmerksam gemacht, dass jedenfalls bei der Gefahr schwerwiegender (Grund-)Rechtsverletzungen auch ohne bestehende Verfahrensrechte ein gerichtlicher Rechtsschutz geboten sei.[238]

73 *(3) Klagebefugnis von Vereinigungen.* Problematisch ist die individuelle Betroffenheit von Vereinigungen (vgl. bereits Rn. 65), wenn sie nicht selbst Adressaten der angefochtenen Handlung sind. Die Rechtsprechung hat eine Klagebefugnis in **folgenden Konstellationen** angenommen:[239] Im Beihilfenrecht kann eine Vereinigung klagebefugt sein, wenn sie aktiv am förmlichen Prüfungsverfahren teilgenommen hat,[240] die Ausübung der Verfahrensrechte, die den Beteiligten zugebilligt werden, genügt aber nicht.[241] Im Antidumping- und Wettbewerbsrecht kann sich die Klagebefugnis aus Verfahrensrechten ergeben.[242] Daneben liegt eine individuelle Betroffenheit vor, wenn ihre eigenen Interessen als Vereinigung berührt sind.[243] Schließlich ist sie klagebefugt, wenn sie die Interessen von Unternehmen wahrnimmt, die ihrerseits klagebefugt sind, wobei

---

Booß, in: GH, Art. 230 EGV Rn. 70; *Körber*, RIW 1998, 910 (913); ausführlich zum Rechtsschutz von Konkurrenten bei der Fusionskontrolle vgl. *Zilles*, Fusionskontrollrecht, S. 92 ff., 126 ff.; *Montag/Leibenath*, ZHR 164 (2000), 176 ff.

[234] Bejahend EuG, Rs. T-528/93 u. a., *Métropole télévision u. a./Kommission*, Slg. 1996, II-649 Rn. 62; ablehnend EuGH, Rs. C-70/97 P, *Kruidvat/Kommission*, Slg. 1998, I-7183 Rn. 39; vgl. auch *Schwarze*, in: ders., EU-Kommentar, Art. 263 AEUV Rn. 58.

[235] Vgl. EuGH, Rs. C-269/90, *TU München/HZA*, Slg. 1991, I-5469 Rn. 25; EuG, Rs. T-346/94, *France-aviation/Kommission*, Slg. 1995, II-2841 Rn. 38 f.; *Schwarze*, in: ders., EU-Kommentar, Art. 263 AEUV Rn. 58.

[236] Vgl. EuG, Rs. T-481/93, *Exporteurs in Levende Varkens u. a./Kommission*, Slg. 1995, II-2941 Rn. 54 f.; Rs. T-12/96, *Area Cova u. a./Rat*, Slg. 1999, II-2301 Rn. 59 f.; kritisch zur restriktiven Interpretation des Merkmals der individuellen Betroffenheit bei Individualklagen allgemein: *Moitinho de Almeida*, in: FS für Everling, S. 849 (865 ff.).

[237] Vgl. EuG, Rs. T-481/93 und T-484/93, *Exportateurs in Levende Varkens u. a./Kommission*, Slg. 1995, II-2941 Rn. 59; *Schwarze*, in: ders., EU-Kommentar, Art. 263 AEUV Rn. 58.

[238] Vgl. *Cremer*, EWS 1999, 48 (53 f.); *Nowak*, EuR 2000, 724 (729 f.).

[239] Vgl. *Pechstein*, EU-Prozessrecht, Rn. 491 ff.

[240] EuGH, Rs. 67/85, 68/85 und 70/85, *Van der Kooy u. a./Kommission*, Slg. 1988, 219 Rn. 19 ff.

[241] EuGH, Rs. C-78/03 P, *Kommission/Aktionsgemeinschaft Recht und Eigentum*, Slg. 2005, I-10737 Rn. 58.

[242] EuGH, Rs. 264/82, *Timex/Rat und Kommission*, Slg. 1985, 391 Rn. 23; speziell zur Fusionskontrolle vgl. *Zilles*, Fusionskontrollrecht, S. 172 ff. Bei der Fusionskontrolle umfasst dies auch die Arbeitnehmervertretungen: EuG, Rs. T-96/92, *CCE de la Société générale des grandes sources u. a./Kommission*, Slg. 1995, II-1213 Rn. 31.

[243] EuGH, Rs. C-313/90, *CIRFS u. a./Kommission*, Slg. 1993, I-1125, Rn. 29 f.; *Cremer*, in: Calliess/Ruffert, EUV/AEUV, Art. 263 AEUV Rn. 42.

dies nicht bei allen Mitgliedern der Vereinigung erforderlich ist.[244] Demgegenüber ist nicht ausreichend, dass die angegriffene Handlung nur die allgemeinen Interessen der Mitglieder einer Vereinigung berührt.[245]

Dass es jedenfalls keine allgemeine Verbandsklagebefugnis gibt, wirkt sich v. a. 74 zu Lasten der **Repräsentation nicht-kommerzieller Interessen** (z. B. im Bereich des Umwelt- oder Verbraucherschutzes) aus, wo der EuGH die Betroffenheit von Vereinigungen zurückhaltend beurteilt.[246] Mittlerweile ergibt sich aus der Århus-Verordnung Nr. 1367/2006 für einen begrenzten Anwendungsbereich die Möglichkeit einer Verbandsklage für im Umweltschutz tätige Nichtregierungsorganisationen.[247] Das Gericht hat darüber hinaus in zwei Fällen aus dem Übereinkommen von Århus eine weiterreichende Verbandsklage abgeleitet.[248] Arbeitnehmervertretungen sind im Verfahren der Fusionskontrolle mit Anhörungsrechten ausgestattet und dadurch hinreichend individualisiert, im Bereich der Beihilfenkontrolle ist hinsichtlich der Klagebefugnis von Gewerkschaften zu differenzieren.[249]

(4) Klagebefugnis von unterstaatlichen Organisationseinheiten. Unterstaatliche Organi- 75 sationseinheiten wie beispielsweise die deutschen Bundesländer sind als juristische Personen ebenfalls nach Art. 263 Abs. 4 AEUV klagebefugt, sofern sie individuell und unmittelbar betroffen sind. Von besonderer Relevanz sind Klagen im Bereich der **Beihilfenkontrolle**. Diesbezügliche Entscheidungen der Kommission sind gemäß Art. 25 der VO (EG) Nr. 659/1999[250] immer an den betreffenden Mitgliedstaat gerichtet. Regionale Gebietskörperschaften sind dann individuell betroffen, wenn sie in finanzieller Hinsicht an der Beihilfe beteiligt sind oder ihnen Befugnisse bei der Vergabe bzw. bei der Rückforderung zukommen.[251] Nicht ausreichend ist hingegen, dass die Beihilfeentscheidung lediglich allgemein die sozioökonomischen Bedingungen im Gebiet der

---

[244] EuG, Rs. T-447/93, *AITEC u. a./Kommission*, Slg. 1995, II-1971 Rn. 60 f.; Rs. T-380/94, *AIUFFASS und AKT/Kommission*, Slg. 1996, II-2169 Rn. 50; *Cremer*, in: Calliess/Ruffert, EUV/AEUV, Art. 263 AEUV Rn. 48; speziell zu Unternehmensverbänden von Begünstigten und Konkurrenten im Beihilfenbereich vgl. *Nowak*, EuZW 2001, 293 (304 f.); *Lübbig/Martín-Ehlers*, Beihilfenrecht, S. 649 ff.

[245] EuG, Rs. T-447/93, *AITEC u. a./Kommission*, Slg. 1995, II-1971 Rn. 54; Rs. T-381/94, *Sindicato Pensionati Italiani u. a./Kommission*, Slg. 1995, II-2741 Rn. 25; Rs. T-122/96, *Federolio/Kommission*, Slg. 1997, II-1559 Rn. 69; EuGH, Rs. C-321/95P, *Greenpeace Council/Kommission*, Slg. 1998, I-1651 Rn. 29.

[246] Diese Einschätzung belegen *Hakenberg/Stix-Hackl*, Handbuch, S. 51; *Stotz*, in: EUDUR I, § 45 Rn. 95 f., 99 f. Aus der Rechtsprechung vgl. EuGH, Rs. C-170/89, *BEUC/Kommission*, Slg. 1991, I-5705 Rn. 26.

[247] VO (EG) Nr. 1367/2006 des Europäischen Parlaments und des Rates vom 6. September 2006, ABl. L 264/13.

[248] EuG, Rs. T-338/08, *Stichting Natuur en Milieu et Pesticide Action Network Europe/Kommission*, noch nicht in der amtlichen Sammlung veröffentlicht; Rs. T-396/09, *Vereniging Milieudefensie et Stichting Stop Luchtverontreiniging Utrecht/Kommission*, noch nicht in der amtlichen Sammlung veröffentlicht; gegen diese Urteile sind Rechtsmittel am Gerichtshof anhängig, C-405/12 P und C-402/12 P.

[249] Vgl. EuGH, Rs. C-106/98P, *Comité d'entreprise de la Société française de production u. a./Kommission*, Slg. 2000, I-3659 Rn. 51; Rs. C-319/07 P, *3F/Kommission*, Slg. 2009, I-5963 Rn. 33; siehe auch *Nowak*, EuZW 2001, 293 (305 m.w.N.).

[250] V. 22.3.1999, ABl. 1999 L 83/1.

[251] EuG, Rs. T-132/96 und T-143/96, *Freistaat Sachsen u. a./Kommission*, Slg. 1999, II-3663 Rn. 81 ff.

unterstaatlichen Organisationseinheit berühren kann.²⁵² Ergibt sich die individuelle Betroffenheit bereits aus dem Eingriff in autonome Befugnisse bei der Gewährung der Beihilfe, ist die Gebietskörperschaft zugleich auch unmittelbar betroffen.²⁵³ Im Übrigen liegt in Beihilfefällen immer dann eine unmittelbare Betroffenheit der unterstaatlichen Organisationseinheit vor, wenn der Mitgliedstaat als Adressat der Entscheidung kein eigenes Ermessen ausgeübt hat.²⁵⁴

76 **cc) Das unmittelbare Betroffensein.** Neben der individuellen ist die unmittelbare Betroffenheit Voraussetzung für die Klagebefugnis. Das Kriterium der Unmittelbarkeit nach Art. 263 Abs. 4 AEUV ist nicht enger auszulegen als das wortlautgleiche Kriterium in der Vorgängerregelung des Art. 230 Abs. 4 EGV-Nizza.²⁵⁵ Ob dieses Kriterium gegeben ist, beurteilt sich daher nach der Rechtswirkung der angefochtenen Maßnahme.²⁵⁶ Nach ständiger Rechtsprechung des EuGH ist ein Einzelner dann unmittelbar betroffen, wenn die beanstandete Maßnahme sich **auf seine Rechtsstellung unmittelbar auswirkt** und ihren Adressaten, die mit ihrer Durchführung betraut sind, keinerlei Ermessensspielraum lässt, diese Durchführung vielmehr rein automatisch erfolgt und sich allein aus der Unionsregelung ergibt, ohne dass weitere Vorschriften angewendet werden.²⁵⁷ Dies gilt auch, wenn für die Adressaten nur eine rein theoretische Möglichkeit besteht, dem Unionsrecht nicht nachzukommen, weil ihr Wille, diesem Akt nicht nachzukommen, keinem Zweifel unterliegt.²⁵⁸ Ein Indiz für die Unmittelbarkeit kann dabei sein, dass die Aufhebung des angegriffenen Aktes durch das Urteil dem Kläger ohne weiteres den angestrebten Erfolg bringen würde.²⁵⁹ Der EuGH lässt es genügen, dass die Auswirkungen auf die Kläger nicht rechtlicher, sondern lediglich tatsächlicher Natur sind, beispielsweise weil sie in ihrer Eigenschaft als Marktteilnehmer im Wettbewerb mit anderen Marktteilnehmern unmittelbar betroffen sind.²⁶⁰ Bei Entscheidungen in Form von Verordnungen liegt in aller Regel eine unmittelbare Wirkung

---

²⁵² EuG, Rs. T-238/97, *Comunidad Autónoma de Cantabria/Rat*, Slg. 1998, II-2271 Rn. 49.
²⁵³ EuG, Rs. T-214/95, *Vlaams Gewest/Kommission*, Slg. 1998, II-717 Rn. 29 f.; *Bartosch*, ZIP 2000, 601 (606); *Nowak*, EuZW 2001, 293 (304).
²⁵⁴ EuGH, Rs. C-15/06 P, *Regione Siciliana/Commission*, Slg. 2007, I-2591 Rn. 31; Rs. C-445/07 P et C-455/07 P, *Kommission/Ente per le Ville Vesuviane und Ente per le Ville Vesuviane/Kommission*, Slg. 2009, I-7993 Rn. 34 ff.; vgl. zum Ganzen auch *Koenig/Kühling/Ritter*, Beihilfenrecht, S. 200 f.; *Lübbig/Martín-Ehlers*, Beihilfenrecht, Rn. 624 ff.
²⁵⁵ EuG, Rs. T-262/10, *Microban International und Microban (Europe)/Kommission*, noch nicht in der amtlichen Sammlung veröffentlicht, 32; GA Kokott, SchlA Rs. C-583/11 P, *Inuit Tapiriit Katanatami u. a./Rat und Parlament*, noch nicht in der amtlichen Sammlung veröffentlicht, Rn. 68.
²⁵⁶ EuGH, Rs. 307/81, *Alusuisse Italia/Rat et Kommission*, Slg. 1982, 3463 Rn. 13.
²⁵⁷ EuGH, Rs. C-404/96 P, *Glencore Grain/Kommission*, Slg. 1998, I-2435 Rn. 41; Rs. C-125/06 P, *Kommission/Infront WM*, Slg. 2008, I-1451 Rn. 47; Rs. C-343/07, *Bavaria und Bavaria Italia*, Slg. 2009, I-5491 Rn. 43; Rs. C-463/10 P und C-475/10 P, *Deutsche Post/Kommission*, noch nicht in der amtlichen Sammlung veröffentlicht, Rn. 66.
²⁵⁸ EuGH, Rs. C-445/07 P und C-455/07 P, *Kommission/Ente per le Ville Vesuviane* und *Ente per le Ville Vesuviane/Kommission*, Slg. 2009, I-7993 Rn. 46 mit weiteren Nachweisen.
²⁵⁹ EuGH, Rs. 69/69, *Alcan Aluminium Raeren u. a./Kommission*, Slg. 1970, 385 Rn. 13/16; vgl. auch EuGH, Rs. 169/84, *Cofaz/Kommission*, Slg. 1986, 391 Rn. 30.
²⁶⁰ Zur Klageberechtigung von Wettbewerbern gegen Entscheidungen der Kommission zur Genehmigung von staatlichen Beihilfen EuGH, Rs. C-525/04 P, *Spanien/Lenzing*, Slg. 2007, I-9947; zur Genehmigung von Unternehmenszusammenschlüssen EuGH, Rs. T-158/00, *ARD/Kommission*, Slg. 2003, II-3825 Rn. 60.

vor, es sei denn, den Mitgliedstaaten verbleibt bei der Ausführung der Verordnung ein Ermessensspielraum.[261] Nicht ohne weiteres zu bejahen ist die Unmittelbarkeit bei einem an einen anderen gerichteten Rechtsakt. Sie liegt vor in Fällen, in denen eine endgültige und erschöpfende Regelung bereits im Unionsrechtsakt selbst enthalten ist (z. B. bei der Festlegung von Produktionsquoten für bestimmte Unternehmen oder bei der Freistellung bestimmter Unternehmen vom Verbot wettbewerbsbeeinträchtigender Kartellvereinbarungen).[262]

Schwieriger ist die Feststellung der unmittelbaren Betroffenheit dann, wenn die betreffende Regelung in einem **zweistufigen Verfahren**, also sowohl auf Unionsebene als auch auf Ebene der Mitgliedstaaten erfolgt, bei der es für die Wirksamkeit des Rechtsaktes noch einer mitgliedstaatlichen Durchführungsmaßnahme bedarf. In diesen Fällen wird der Einzelne meist nur mittelbar betroffen sein, da eine Interessenbeeinträchtigung erst durch den mitgliedstaatlichen Vollzug ausgelöst wird,[263] der vor dem nationalen Gericht anzugreifen ist. Ob in einem zweistufigen Verfahren gleichwohl eine unmittelbare Betroffenheit bejaht werden kann, hängt nach der Rechtsprechung des Gerichtshofs davon ab, ob die einzelstaatliche Maßnahme zwingende Folge des Gemeinschaftsaktes ist oder ob sie im Ermessen der nationalen Behörde steht.[264]

Unmittelbar betroffen ist der Kläger von einer staatengerichteten Maßnahme, wenn es für den Vollzug der Regelung **keines weiteren nationalen Durchführungsaktes** bedarf oder aber dem Mitgliedstaat kein eigener Ermessensspielraum eingeräumt ist.[265] Dies kann beispielsweise in den Rückforderungsfällen gemeinschaftswidrig gewährter Beihilfen der Fall sein, die an ein Unternehmen vergeben wurden. Hinsichtlich der Rückforderung haben die nationalen Behörden dann von Europarechts wegen kein eigenes Ermessen, gleichgültig ob es im nationalen Recht vorgesehen ist (wie z. B. in § 48 Abs. 1 VwVfG).[266] Aber auch wenn dem Mitgliedstaat ein Ermessensspielraum zugestanden wird, kann eine unmittelbare Betroffenheit dann vorliegen, wenn sich der Mitgliedstaat in seiner Ermessensausübung bereits in einer Weise gebunden hat, so dass er bei Erlass der Entscheidung nur noch im Sinne bloßer Vollziehung tätig werden kann, oder wenn mit hinreichender Wahrscheinlichkeit vorherzusehen war, dass dieses Ermessen in bestimmter Weise ausgeübt werden würde.[267]

---

[261] *Schwarze,* in: ders., EU-Kommentar, Art. 263 AEUV Rn. 45.
[262] EuGH, Rs. 138/79, *Roquette Frères/Rat,* Slg. 1980, 3333 Rn. 16; Pechstein, EU-Prozessrecht, Rn. 394.
[263] Vgl. nur EuG, Rs. T-47/95, *Terres rouges u. a./Kommission,* Slg. 1997, II-481 Rn. 57.
[264] EuGH, Rs. 11/82, *Piraiki-Patraiki/Kommission,* Slg. 1985, 207 Rn. 7 ff.; Rs. C-386/96, *Dreyfus/Kommission,* Slg. 1998, I-2309 Rn. 43 ff.
[265] EuGH, Rs. 41 bis 44/70, *International Fruit Company/Kommission,* Slg. 1971, 411 Rn. 23/29; Rs. C-445/07 P und C-455/07 P, *Kommission/Ente per le Ville Vesuviane,* Slg. 2009, I-7993 Rn. 45.
[266] Vgl. hierzu EuGH, Rs. C-24/95, *Alcan Deutschland,* Slg. 1997, I-1591 Rn. 23, BVerwGE 92, 81, 87; Pechstein, EU-Prozessrecht, Rn. 397; *Niedermühlbichler,* Verfahren, Rn. 189; vgl. auch *Nowak,* EuZW 2001, 293 (302 f.), und näher in § 36. Anders ist die Rechtslage bei rechtswidrig von einem Mitgliedstaat ausgezahlten Beihilfen zu Lasten eines Gemeinschaftsfonds, EuG, Rs. T-244/00, *Coillte Teoranta/Kommission,* Slg. 2001, II-1275 Rn. 37 ff.
[267] EuGH, Rs. 62/70, *Bock/Kommission,* Slg. 1971, 897 Rn. 6–8; Rs. 11/82, *Piraiki-Patraiki e.a./Kommission,* Slg. 1985, 207 Rn. 8-10; EuGH, Rs. C-386/96 P, *Dreyfus/Kommission,* Slg. 1998, I-2309 Rn. 44; siehe auch *Niedermühlbichler,* Verfahren, Rn. 189; *v. Fürstenwerth,* Ermessensentscheidungen, S. 153 ff.

79 Im Zusammenhang mit der Frage nach der unmittelbaren Betroffenheit sind schließlich die Fälle problematisch, in denen die Interessenbeeinträchtigung einzelner erst durch die **Willensbetätigung privater Dritter** vermittelt wird. Diskutiert wird diese Problematik bei Konkurrentenklagen (insbesondere aus dem Bereich der Fusionskontrolle)[268] und bei gemeinschaftlichen oder mitgliedstaatlichen Fördermaßnahmen (z. B. Subventionen), die die Wettbewerbssituation für bestimmte Bereiche ändern können. Hier stellt sich die Frage, ob sich diese Situationsänderung bereits durch die Maßnahme als solche oder erst infolge weitergehender Maßnahmen der begünstigten Unternehmen ergibt. Nach der von Teilen der Literatur entwickelten Konzeption der „materiellen" Unmittelbarkeit,[269] welcher sich der Gerichtshof zwar nicht ausdrücklich, aber doch im Ergebnis angenähert hat,[270] kommt es bei Zugrundelegung einer wirtschaftlichen Betrachtungsweise für die Beurteilung des Unmittelbarkeitskriteriums allein auf die Unionsmaßnahme als solche an. Soweit Dritten durch Unionsakt eine begünstigende Rechtsposition eingeräumt wird und die Beeinträchtigung des „Klägers" die Kehrseite der Inanspruchnahme dieser Vergünstigung darstellt, wird letztere grundsätzlich nicht als eigenständiger Umstand anzusehen sein, der die für die Klagebefugnis erforderliche Unmittelbarkeitsbeziehung zwischen gemeinschaftlicher Maßnahme und individueller Beeinträchtigung ausschließt; denn der Unionsakt selbst determiniert bereits durch die Gewährung einer begünstigenden Position für einen privaten Dritten die Interessenbeeinträchtigung des „Klägers".[271]

c) Klagen natürlicher und juristischer Personen gegen Rechtsakt mit Verordnungscharakter (3. Alternative des Art. 263 Abs. 4 AEUV)

80 aa) Rechtsakt mit Verordnungscharakter. Die Rechtsschutzmöglichkeiten Einzelner gegen Unionsrechtsakte waren **in der Vergangenheit wiederholt als nicht ausreichend kritisiert worden**.[272] Versuche des EuG die Kriterien für das Vorliegen einer Klagebefugnis großzügiger zu handhaben, hatte der EuGH nicht akzeptiert und sich für die Beibehaltung der bisherigen Linie entschieden. So hatte das EuG über die Klage eines Fischereiunternehmens gegen eine Verordnung zu entscheiden, die die Mindestgröße von Schleppnetzmaschen auf 10 Zentimeter festgelegt hatte.[273] Nach den bis dahin maßgeblichen Kriterien zur Beurteilung der unmittelbaren und individuellen Betroffenheit wäre das klagende Fischereiunternehmen, das Netze mit einer Maschenweite von 8 cm benutzt, nicht als individuell betroffen anzusehen gewesen. Das EuG war sich zwar der primärrechtlichen Grenzen auf Grund des Wortlauts des

---

[268] *Immenga,* in: Immenga/Mestmäcker, EG-Wettbewerbsrecht, VII. G, Rn. 23 ff.
[269] Vgl. *H. P. Ipsen,* EuR 1966, 58 (62); *Wegmann,* Nichtigkeitsklage, S. 132 m.w.N.; *Allkemper,* Rechtsschutz, S. 77 ff.
[270] Vgl. EuGH, Rs. 11/82, *Piraiki-Patraiki/Kommission,* Slg. 1985, 207 Rn. 7 ff.; Rs. 169/84, *Cofaz/Kommission,* Slg. 1986, 391 Rn. 30.
[271] *v. Burchard,* EuR 1991, 140 (154); s.a. *Cremer,* in: Calliess/Ruffert, EUV/AEUV Art. 263 AEUV Rn. 38.
[272] *Bleckmann,* in: FS für Menger, S. 871 (879); *v. Danwitz,* NJW 1993, 1108 (1111 f., 1114); *Cremer,* in: Calliess/Ruffert, EGV/EUV, 3. Aufl. 2007, Art. 230 EGV Rn. 36; *Calliess,* NJW 2002, 3577 (3580 ff.); ebenso *Arnull,* CMLRev 2001, 7 (51 f.).
[273] EuG, Rs. T-177/01, *Jégo-Quéré,* EuZW 2002, 412 Rn. 38 ff., m. Anm. *Lübbig.* Vgl. auch *Schneider,* NJW 2002, 2927 (2927 f.); *Nettesheim,* JZ 2002, 928 ff.; *Calliess,* NJW 2002, 3577 (3580 ff.).

Art. 230 Abs. 4 EGV-Nizza bewusst, hielt es aber für angebracht, die bisherige enge Auslegung des Begriffs der individuell betroffenen Person zu überdenken, und zwar dahingehend, dass es ausreichen sollte, wenn die betreffende Bestimmung die Rechtsposition einer natürlichen oder juristischen Person „unzweifelhaft und gegenwärtig beeinträchtigt, indem sie ihre Rechte einschränkt oder ihr Pflichten auferlegt".[274] Die Zahl und die Lage anderer Personen, die gleichfalls beeinträchtigt sind, seien insoweit irrelevant. Die Legitimation für eine erweiternde Auslegung entnahm das EuG der europäischen Rechtsschutzgarantie, die sich bislang aus den gemeinsamen Verfassungsüberlieferungen der Mitgliedstaaten sowie aus Art. 6 und 13 EMRK ergeben habe und nunmehr durch Art. 47 GR-Charta zusätzlich verstärkt worden sei.[275] Den hiernach zu gewährleistenden effektiven Rechtsschutz könnten in Fällen der vorliegenden Art weder die Klage aus außervertraglicher Haftung noch die Klage beim nationalen Gericht mit Vorlage an den EuGH (mangels nationaler Durchführungsmaßnahme) bewirken.

Der EuGH war dieser Argumentation des EuG allerdings nicht gefolgt und ist von der Unzulässigkeit der Klage ausgegangen.[276] Auch Generalanwalt Jacobs hatte für eine Aufweichung der strengen Kriterien für die Klagebefugnis plädiert.[277] Der Gerichtshof begründete seine ablehnende Haltung damit, dass die vom EuG vorgenommene Auslegung nicht bis zum Wegfall der Voraussetzung einer individuellen Betroffenheit gehen könne. Im Ergebnis verwies der EuGH darauf, dass es Sache der Mitgliedstaaten sei, als die vielbeschworenen Herren der Verträge das bestehende System im Wege der Vertragsänderung zu reformieren.[278]

Mit dem Vertrag von Lissabon wurde dieser Reformauftrag aufgegriffen und eine neue Alternative der Klageberechtigung Einzelner in den Vertrag aufgenommen. Art. 263 Abs. 4 AEUV eröffnet nunmehr die Möglichkeit von Nichtigkeitsklagen natürlicher und juristischer Personen „gegen Rechtsakte mit Verordnungscharakter, die sie unmittelbar betreffen und keine Durchführungsmaßnahmen nach sich ziehen". Allerdings hat auch diese Formulierung, die im Vertrag an keiner Stelle definiert ist, zu Kontroversen in der Literatur geführt und wurde sehr unterschiedlich gedeutet.

Der EuGH war mittlerweile dazu aufgerufen, zur Auslegung des Begriffs „Rechtsakt mit Verordnungscharakter" Stellung zu nehmen.[279] Die Rechtssache betrifft eine Verordnung des EP und des Rates über den Handel mit Robbenerzeugnissen. Diese Verordnung statuiert für die Europäische Union ein Verbot des Inverkehrbringens von Robbenerzeugnissen. Hiergegen klagten eine Interessenvertretung der kanadischen Inuit und Hersteller bzw. Händler von Robbenerzeugnissen. Das Gericht hatte deren Klagen abgewiesen und dabei insbesondere darauf abgestellt, dass Gesetzgebungsakte i.S. von Art. 289 Abs. 3 AEUV, zu denen auch die angefochtene Verordnung zähle,

---

[274] EuGH, Rs. T-177/01, *Jégo-Quéré*, EuZW 2002, 412 Rn. 50 f.
[275] EuGH, Rs. T-177/01, *Jégo-Quéré*, EuZW 2002, 412 Rn. 47.
[276] EuGH, Rs. C-263/02 P, *Kommission/Jégo-Quéré*, Slg. 2004, I-3425 Rn. 29 ff. Siehe auch zur Nichtigkeitsklage gegen die Abschaffung von Beihilfen für olivenölerzeugende Kleinbauern per Verordnung EuGH, Rs. C-50/00 P, *Unión de pequeños Agricultores*, Slg. 2002, I-6677, EuZW 2002, 529, Rz. 44 f., m. Anm. *Feddersen* und *Götz*, DVBl. 2002, 1350. Vgl. auch *Schneider*, NJW 2002, 2927 (2928); *Nettesheim*, JZ 2002, 928 ff.; *Schwarze*, DVBl. 2002, 1297 (1300 f., 1308 ff.).
[277] GA *Jacobs*, SchlA Rs. C-50/00 P, *Unión de pequeños Agricultores*, Slg. 2002, I-6677; GA *Jacobs*, SchlA Rs. C-263/02 P, *Kommission/Jégo-Quéré*, Slg. 2004, I-3425.
[278] EuGH, Rs. C-263/02, *Kommission/Jégo-Quéré*, Slg. 2004, I-3425 Rn. 31.
[279] EuGH, Rs. C-583/11 P, *Inuit Tapiriit Kanatami u.a./Parlament und Rat*, n.n.v.

keine „Rechtsakte mit Verordnungscharakter" seien.[280] In der Literatur ist diese Frage umstritten.[281]

83 In seinem Urteil[282] folgt der Gerichtshof den Schlussanträgen der Generalanwältin und bestätigt die Entscheidung des Gerichts. Der Gerichtshof stützt sich dabei zunächst auf die grammatikalische und systematische Auslegung. Die ersten beiden Varianten von Art. 263 Abs. 4 AEUV ließen Klagen natürlicher Personen gegen „Handlungen der Union" zu. Der Begriff der „Handlungen" umfasse unzweifelhaft alle Handlungen mit allgemeiner Geltung, auch Gesetzgebungsakte. Nichtigkeitsklagen hiergegen seien zulässig, sofern der Kläger von ihnen unmittelbar und individuell betroffen sei. Schon der Begriff „Rechtsakt mit Verordnungscharakter" in der dritten Variante habe eine geringere Tragweite als die beiden ersten Varianten des Art. 263 Abs. 4. AEUV und könne sich nicht auf sämtliche Handlungen mit allgemeiner Geltung beziehen. Würde dieser genauso weit verstanden wie die beiden ersten Varianten, würde die im Wortlaut getroffene Unterscheidung zwischen „Handlungen" und „Rechtsakten mit Verordnungscharakter" ihres Sinnes entleert.

84 Darüber hinaus verweist der Gerichtshof auf die Entstehungsgeschichte von Art. 263 Abs. 4 AEUV. Dieser entspreche unverändert Art. III-365 Abs. 4 des Entwurfs eines Vertrags über eine Verfassung für Europa. Aus den Vorarbeiten zum Verfassungsvertrag gehe hervor, dass die Änderung von Art. 230 Abs. 4 EGV-Nizza zwar dazu dienen sollte, die Zulässigkeitsvoraussetzungen für Klagen natürlicher und juristischer Personen zu erweitern, doch sollten die in Art. 230 Abs. 4 EGV-Nizza vorgesehenen Zulässigkeitsvoraussetzungen für Klagen gegen Gesetzgebungsakte nicht geändert werden. Die Änderung durch den Vertrag von Lissabon könne daher auch nur eine Aufweichung der Voraussetzung von Nichtigkeitsklagen gegen Handlungen mit allgemeiner Geltung unter Ausschluss von Gesetzgebungsakten betreffen. Die Generalanwältin sah in einer erleichterten Klagemöglichkeit auch gegen Gesetzgebungsakte darüber hinaus ein Spannungsverhältnis mit der besonders hohen demokratischen Legitimation der parlamentarischen Gesetzgebung.

85 Der Gerichtshof sieht in dieser Auslegung keine Gefahr einer Rechtsschutzlücke und somit keinen Verstoß gegen das Grundrecht auf einen effektiven Rechtsbehelf nach Art. 47 der Grundrechte-Charta. Denn aus Art. 19 Abs. 1 EUV ergebe sich, dass die gerichtliche Kontrolle der Wahrung der Rechtsordnung der Union nicht nur dem Gerichtshof, sondern auch den Mitgliedstaaten obliege. Könnten natürliche oder juristische Personen gegen eine Handlung mit allgemeiner Geltung wegen der Zulässigkeitsvoraussetzung des Art. 263 Abs. 4 AEUV keine Nichtigkeitsklage erheben, stünde ihnen entweder eine Nichtigkeitsklage gegen die Durchführungsmaßnahmen der Unionsorgane vor den Unionsgerichten offen oder – bei Durchführung durch nationale

---

[280] EuG, Rs. T-18/10, *Inuit Tapiriit Kanatami u. a./Parlament und Rat*, noch nicht in der amtlichen Sammlung veröffentlicht.

[281] Gegen eine Einbeziehung von Rechtsakten mit Gesetzescharakter plädieren beispielsweise *Dörr*, in: GHN, Art. 263 AEUV Rn. 89; *Cremer*, in: Calliess/Ruffert, EUV/AEUV, Art. 263 AEUV Rn. 67; *Gundel*, EWS 2012, 65 (69); *Last*, Garantie wirksamen Rechtsschutzes; *Schröder*, DÖV 2009, 61 (63); *Thiele*, EuR 2010, 30 (43); dafür sprechen sich aus *Bast*, in: v. Bogandy/Bast, S. 556 ff.; *Everling*, EuZW 2012, 376; *Kottmann*, ZaöRV 2010, 547 (560 ff.); *Schwarze*, in: ders., EU-Kommentar, Art. 263 AEUV Rn. 51 f.

[282] EuGH, Rs. C-583/11 P, *Inuit Tapiriit Kanatami u. a./Parlament und Rat*, noch nicht in der amtlichen Sammlung veröffentlicht.

2. Abschnitt. Direktklagen

Behörden – der Rechtsschutz vor den nationalen Gerichten mit der Möglichkeit eines Vorlageverfahrens. Insofern sei es Sache der Mitliedstaaten ein System von effektiven Rechtsbehelfen vorzusehen. Problematisch werden solche Konstellationen, in denen zunächst keine Durchführungsmaßnahme vorliegt. Der Gerichtshof betont insofern, dass ein Verstoß gegen Art. 19 Abs. 1 EUV vorläge, wenn eine Rechtsschutzmöglichkeit für den Einzelnen erst bestünde, nachdem er gegen den in Frage gestellten Rechtsakt verstoßen hat.

Für die beiden Rechtssachen Unión de Pequeños Agricultores[283] und Jégo-Quéré,[284] die in der Vergangenheit Stein des Anstoßes für die Forderung nach einer erweiternden Auslegung von Art. 230 EGV waren, ergibt diese Auslegung nach den Schlussanträgen der Generalanwältin folgende Konsequenz. Gegenstand der Rechtssache Jégo-Quéré war eine Durchführungsverordnung der Kommission auf dem Gebiet der Fischerei. Ein solcher Rechtsakt wäre nach dem dargelegten Verständnis ein Rechtsakt mit Verordnungscharakter, der keine Durchführungsmaßnahme nach sich zieht und somit zulässiger Klagegegenstand. In der Rechtssache Pequeños Agricultores ging es um eine Verordnung im Bereich der Gemeinsamen Marktorganisation. Da eine solche heute im ordentlichen Gesetzgebungsverfahren zu erlassen wäre (Art. 43 Abs. 2 AEUV), würde sie einen Gesetzgebungsakt darstellen. Auch nach dem neugefassten Art. 263 AEUV wäre daher eine Klage gegen diese Verordnung als unzulässig abzuweisen. Der Rechtsschutz kann daher nur gegenüber Durchführungsmaßnahmen erfolgen, entweder vor nationalen Gerichten (bei nationalen Durchführungsmaßnahmen) oder im Rahmen einer Nichtigkeitsklage (bei einer Durchführungsmaßnahme der Kommission).

bb) Unmittelbare Betroffenheit. Das Kriterium der unmittelbaren Betroffenheit in der dritten Variante von Art. 263 Abs. 4 AEUV entspricht demjenigen in der zweiten Variante (siehe Rn. 76 ff.).[285] Nach ständiger Rechtsprechung ist insofern eine unmittelbare Betroffenheit anzunehmen, wenn sich die Maßnahme, auf die Rechtsstellung des Klägers unmittelbar auswirkt und ihren Adressaten, die mit ihrer Durchführung betraut sind, keinerlei Ermessensspielraum lässt, sondern vielmehr rein automatisch erfolgt.[286] Da aber ein Rechtsakt im Sinne der dritten Variante des Art. 263 Abs. 4 AEUV per definitionem keine Durchführungsmaßnahme nach sich zieht, ist der zweite Teil der Definition der unmittelbaren Betroffenheit in diesem Zusammenhang unerheblich. Es kommt somit allein darauf an, ob sich der angefochtene Rechtsakt unmittelbar auf die Rechtsstellung des Klägers auswirkt.

cc) Rechtsakt, der keine Durchführungsmaßnahme nach sich zieht. Auch mit der Definition dieses Tatbestandsmerkmals ist der EuGH mittlerweile befasst; ein Rechtsmittelverfahren bietet dem Gerichtshof Gelegenheit zu klären, unter welchen Umständen die dritte Variante von Art. 263 Abs. 4 AEUV bei Beihilfeentscheidungen der Kommission Anwendung findet.[287] Die fragliche Rechtssache betrifft eine Entscheidung der Kommission, mit der die Unvereinbarkeit einer nationalen Steuerregelung mit dem

---

[283] EuGH, Rs. C-50/00 P, *Unión de Pequeños Agricultores/Rat*, Slg. 2002, I-6677.
[284] EuGH, Rs. C-263/02 P, *Kommission/Jégo-Quéré*, Slg. 2004, I-3425.
[285] GA *Kokott*, SchlA Rs. C-583/11 P, *Inuit Tapiriit Katanatami u. a./Rat und Parlament*, noch nicht in der amtlichen Sammlung veröffentlicht, Rn. 69.
[286] Vgl. Rs. C-463/10 P und C-475/10 P, *Deutsche Post/Kommission*, noch nicht in der amtlichen Sammlung veröffentlicht, Rn. 66 und die dort angeführte Rechtsprechung.
[287] EuGH, anhängige Rs. C-274/12 P, *Telefónica S.A./Europäische Kommission*.

Gemeinsamen Markt festgestellt wurde und unter bestimmten Voraussetzungen die Rückforderung der Beihilfen durch den verantwortlichen Mitgliedstaat angeordnet wurde. Ein hiervon betroffenes Unternehmen hatte vor dem EuG Nichtigkeitsklage erhoben. Diese wurden vom Gericht mit Beschluss als unzulässig abgewiesen.[288] Das Unternehmen sei weder individuell im Sinne der zweiten Variante des Art. 263 Abs. 4 AEUV betroffen, noch stelle die angegriffene Maßnahme einen Rechtsakt mit Verordnungscharakter dar, der keine Durchführungsmaßnahme nach sich zieht.

Das Gericht stellte darauf ab, dass sich aus der angefochtenen Maßnahme ergebe, dass für die Rückforderung der Beihilfen Durchführungsmaßnahmen erforderlich seien. Das Verfahren ist noch am Gerichtshof anhängig.

88 Die Generalanwältin stellt in ihren Schlussanträgen[289] darauf ab, dass Klagegegenstand allein die Feststellung der teilweisen Unvereinbarkeit der Beihilferegelung mit dem Gemeinsamen Markt sei und nicht die angeordnete Rückforderung der Beihilfen. Somit sei allein entscheidend, ob die Feststellung der Unvereinbarkeit mit dem Gemeinsamen Markt Durchführungsmaßnahmen nach sich ziehe. Dennoch sei nicht ausgeschlossen, dass die Rückforderung der Beihilfe eine Durchführungsmaßnahme für die Feststellung ihrer Unvereinbarkeit mit dem Gemeinsamen Markt darstelle. Diese hänge vom Verständnis des Tatbestandsmerkmals „Durchführungsmaßnahme" ab. Da der Wortlaut der Norm nicht aufschlussreich sei, komme es entscheidend auf die Entstehungsgeschichte an. Aus dieser ergebe sich, dass mit dem Zusatz der Durchführungsmaßnahme die Erweiterung der Klagebefugnis auf die Fälle begrenzt werde, in denen ein Einzelner vor nationalen Gerichten die Gültigkeit eines Unionsrechtsakts erst in Frage stellen könne, nachdem er die Vorschriften verletzt und sich dann in einem gegen ihn gerichteten Straf- oder Zivilverfahren verteidigen müsse. Vor diesem Hintergrund sei der Begriff „Durchführungsmaßnahme" so zu verstehen, dass der Rechtsakt seine Wirkungen unmittelbar für den Einzelnen entwickelte, ohne dass **Durchführungsmaßnahmen erforderlich** seien. Nur wenn insofern für den Einzelnen durch den Rechtsakt mit Verordnungscharakter selbst abschließende Rechtswirkungen entstünden, sei auch unmittelbarer Rechtsschutz geboten. Diese Rechtswirkungen müssten so konkret sein, dass sie keiner Individualisierung mehr in Bezug auf einzelne Personen bedürften. In der Feststellung der Beihilfenwidrigkeit liege noch keine konkrete und abschließende Rechtswirkung für die Begünstigten der Beihilferegelung. Denn die angefochtene Maßnahme regle noch nicht, welche Auswirkungen die Unanwendbarkeit der Beihilferegelung auf den jeweiligen Steuerpflichtigen habe. Diese Auswirkungen ergäben sich erst aus einem Steuerbescheid, da für die Steuerpflichtigen aus der Unanwendbarkeit der Beihilferegelung selbst weder ein Verbot noch ein Gebot resultiere. Der Steuerbescheid sei die Durchführungsmaßnahme, welche die angefochtene Maßnahme nach sich ziehe.

V. Geltendmachung eines Klagegrundes

89 Gemäß Art. 21 Satzung-EuGH i. V. m. Art. 120 lit. c VerfO-EuGH, Art. 44 § 1 lit. c VerfO-EuG[290] muss die Klageschrift den Streitgegenstand und eine kurze Darstellung

---

[288] EuG, Rs. T-228/10, *Telefónica/Commission*, noch nicht in der amtlichen Sammlung veröffentlicht.
[289] GA *Kokott*, SchlA Rs. C-274/12 P, *Telefónica S.A./Kommission*.
[290] I.V.m Art. 53 Abs. 1 Satzung-EuGH.

der Klagegründe enthalten. Voraussetzung für die Zulässigkeit einer Nichtigkeitsklage ist deshalb, dass der Kläger zumindest einen der in den Art. 263 AEUV genannten vier Klagegründe (Unzuständigkeit, Formfehler, Vertragsverletzung oder Ermessensmissbrauch) (vgl. hierzu i.E. Rn. 94 ff.) geltend macht.[291] Um vom Gerichtshof geprüft werden zu können, müssen die Klagegründe in der Klageschrift so genau dargestellt werden, dass festgestellt werden kann, ob sie zu den in Art. 263 AEUV aufgeführten Klagegründen gehören.[292] Der Gerichtshof hat dabei ausreichen lassen, dass sich aus dem Klagevorbringen mit hinreichender Deutlichkeit entnehmen lässt, auf welchen der vier Klagegründe ein Kläger seine Klage stützt.[293] Der Kläger muss die wesentlichen tatsächlichen Umstände so schildern, dass ein Klagegrund für das Gericht erkennbar ist.[294] Da die **Grenzen zwischen den einzelnen Klagegründen fließend** sind, ist es für die Zulässigkeit der Nichtigkeitsklage unerheblich, wenn der Kläger in seiner Klageschrift unter falscher Bezeichnung nur auf einen der Klagegründe rekurriert.[295] Ebenso unschädlich ist es, wenn die zur Klageerhebung berechtigenden Vorschriften nicht angegeben werden[296] oder wenn ein Irrtum bei der Bezeichnung der Vorschrift unterläuft.[297] Notwendig ist allerdings, dass die wesentlichen Merkmale des behaupteten Mangels angegeben werden; eine insoweit lediglich abstrakte Bezeichnung des Klagegrundes reicht nicht aus.[298] Ob der geltend gemachte Klagegrund im konkreten Fall auch tatsächlich vorliegt, ist eine Frage der Begründetheit.[299]

VI. Klagefrist

Nach Art. 263 Abs. 6 AEUV ist die Nichtigkeitsklage **binnen zweier Monate** zu erheben. Mit Rücksicht auf die räumliche Entfernung zum Sitz des Gerichtshofs in Luxemburg verlängern sich die Fristen gemäß Art. 45 Abs. 1 Satzung-EuGH i. V. m. Art. 51 VerfO-EuGH, Art. 102 § 2 VerfO-EuG um eine **zusätzliche pauschale Entfernungsfrist** von zehn Tagen.[300]

Gem. Art. 263 Abs. 6 AEUV berechnet sich der **Fristbeginn** je nach Lage des Falles von der Bekanntgabe der betroffenen Handlung, ihrer Mitteilung an den Kläger oder in Ermangelung dessen von dem Zeitpunkt an, zu dem der Kläger von dieser Hand-

---

[291] Vgl. auch *Pechstein*, EU-Prozessrecht, Rn. 416 f. Zu der Frage, welche Mängel der Gerichtshof von Amts wegen zu beachten hat, vgl. Rn. 105.
[292] EuGH, Rs. 42/84, *Remia/Kommission*, Slg. 1985, 2545 Rn. 16.
[293] EuGH, Rs. 42/84, *Remia/Kommission*, Slg. 1985, 2545 Rn. 16; Rs. 338/82, *Albertini u. Montagnani/Kommission*, Slg. 1984, 2123 Rn. 5 f.
[294] EuG, Rs. T-53/96, *Syndicat des producteurs de viande bovine u. a.*, Slg. 1996, II-1579, 1588 f., st. Rspr.
[295] *Krück*, in: GTE, EWGV, Art. 173 EWGV Rn. 20; *Koenig/Pechstein/Sander*, EG-Prozessrecht, Rn. 417; *Niedermühlbichler*, Verfahren, Rn. 194.
[296] EuGH, Rs. 2 bis 10/63, *Società Industriale Acciaierie San Michele/Hohe Behörde*, Slg. 1963, 707, 737 f.
[297] EuGH, Rs. 12/68, *X./Kontrollausschuß*, Slg. 1969, 109 Rn. 7.
[298] *Niedermühlbichler*, Verfahren, Rn. 194.
[299] EuGH, Rs. 3/54, *ASSIDER/Hohe Behörde*, Slg. 1954/55, 133, 146; Rs. 5/54, *ISA/Hohe Behörde*, Slg. 1954/55, 191, 205; *Scherer/Zuleeg*, in: Schweitzer, Europäisches Verwaltungsrecht, S. 197 (216).
[300] Die früheren, je nach Mitgliedstaat unterschiedlichen Entfernungsfristen gelten nach Änderungen der Verfahrensordnungen nicht mehr.

lung Kenntnis erlangt.[301] Gem. Art. 49 Abs. 1 Buchst. a) VerfO-EuGH, Art. 101 § 1 VerfO-EuG wird der Tag, an dem das Ereignis eintritt, ab dem eine Frist zu berechnen ist, nicht mitgerechnet.

92 **Bekanntgabe der betreffenden Handlung** meint die Veröffentlichung im Amtsblatt der EU.[302] Art. 50 VerfO-EuGH, Art. 102 § 1 VerfO-EuG bestimmen, dass, wenn die Klagefrist mit der Veröffentlichung der Handlung beginnt, die Frist im Sinne von Art. 49 Abs. 1 Buchst. a VerfO-EuGH bzw. Art. 101 § 1 VerfO-EuG vom Ablauf des vierzehnten Tages nach der Veröffentlichung der Handlung im Amtsblatt an zu berechnen ist.[303]

Die Frist beginnt in den Fällen der Veröffentlichung auch dann mit diesem Zeitpunkt, wenn die Maßnahme erst später in Kraft treten soll. Obwohl in derartigen Konstellationen noch keine Beschwer für den Kläger vorliegt, muss eine Klage zulässig sein, da der Kläger bereits vor dem Inkrafttreten ein Interesse an der Aufhebung hat und andernfalls ein effektiver Rechtsschutz durch die Bestimmung eines späten Zeitpunkts für das Inkrafttreten vereitelt werden könnte.[304]

93 Die **Mitteilung an den Kläger** stellt auf die individuelle Bekanntmachung im Sinne von Art. 297 Abs. 2 UAbs. 3 AEUV ab.[305] Wenn eine direkte Mitteilung wegen Unkenntnis der Anschrift nicht möglich ist, kann der zu Grunde liegende Rechtsakt die Veröffentlichung einer Bekanntmachung im Amtsblatt vorsehen. In einem solchen Fall kann der Kläger sich nicht darauf berufen, dass er nicht auf direktem Weg in Kenntnis gesetzt wurde oder erst später tatsächlich Kenntnis erlangt hat.[306] Eine Rechtsbehelfsbelehrung ist für den Fristbeginn nicht erforderlich, da die Vorschriften des AEUV bezüglich der Rechtsakte keine Pflicht beinhalten, die Adressaten dieser Akte über die möglichen Rechtsbehelfe und einzuhaltende Fristen zu informieren.

94 Subsidiär beginnt die Klagefrist ab der **anderweitigen Kenntniserlangung**.[307] Ein Kläger hat ab dem Zeitpunkt von einer Handlung tatsächliche Kenntnis erlangt, zu dem er genaue Kenntnis vom Inhalt und der Begründung der fraglichen Handlung erlangt, nur dann ist er zu einer sinnvollen Ausübung seines Klagerechts in die Lage versetzt.[308] Unabhängig vom Zeitpunkt der tatsächlichen Kenntniserlangung wird eine Klage dann als verfristet angesehen, wenn derjenige, der von dem Vorliegen einer ihn betreffenden Handlung erfährt, es unterlässt, binnen angemessener Frist ihren vollständigen Wortlaut anzufordern (sog. Anforderungsfrist).[309] Der EuGH hat bei einer Anforderung nach zwei Monaten die angemessene Frist als weit überschritten angesehen.[310]

---

[301] Speziell zum Fristbeginn in Beihilfesachen vgl. *Koenig/Kühling/Ritter*, Beihilfenrecht, S. 198.
[302] *Cremer*, in: Calliess/Ruffert, EUV/AEUV, Art 263 AEUV Rn. 77. Zu einer Bekanntgabe durch Veröffentlichung auf der Internetseite einer Agentur siehe EuG, Rs. T-268/10, *PPG* und *SNF/ECHA*, Slg. 2011, II-6595 Rn. 32 ff. sowie das anhängige Rechtsmittel C-625/11 P.
[303] Siehe hierzu im Einzelnen EuGH, Rs. C-406/01, *Deutschland/Parlament und Rat*, Slg. 2002, I-4561 Rn. 12 f., sowie *Pechstein*, EU-Prozessrecht, Rn. 420 f.
[304] Vgl. *Pechstein*, EU-Prozessrecht, Rn. 422.
[305] *Cremer*, in: Calliess/Ruffert, EUV/AEUV, Art. 263 AEUV Rn. 78.
[306] EuGH, Rs. C-478/11 P u. a., *Gbagbo/Rat*, noch nicht in der amtlichen Sammlung veröffentlicht, Rn. 61 f.
[307] EuGH, Rs. C-122/95, *Deutschland/Rat*, Slg. 1998, I-973 Rn. 35.
[308] EuGH, Rs. 76/79, *Koenecke*, Slg. 1980, 665 Rn. 7; Rs. C-180/88, *Wirtschaftsvereinigung Eisen- und Stahlindustrie*, Slg. 1990, I-4413 Rn. 22.
[309] EuGH, Rs. C-48/96 P, *Windpark Groothusen*, Slg. 1998, I-2873 Rn. 20.
[310] EuGH, Rs. C-102/92, *Ferriere Acciaierie Sarde*, Slg. 1993, I-801 Rn. 9.

Ein Problem im Zusammenhang mit der Klagefrist wird beim neuen Klagegegenstand des „Rechtsakts mit Verordnungscharakter" gem. Art. 162 Abs. 4 AEUV gesehen.[311] Hierdurch hätten die Möglichkeiten von Nichtigkeitsklagen gegen Unionsrechtsakte mit allgemeiner Geltung erweitert werden sollen. Diese seien aber in der Regel veröffentlichungspflichtig, so dass grundsätzlich die Klagefrist mit der Veröffentlichung im Amtsblatt zu laufen beginne. Ein potentieller Kläger, der bei dieser Variante des Art. 163 Abs. 4 von dem Rechtsakt nicht individuell betroffen sein müsse, könne zum Zeitpunkt der Veröffentlichung im Amtsblatt möglicherweise seine Beschwer noch nicht erkennen. Wenn er diese erkennt, wäre bei strenger Handhabung die Nichtigkeitsklage allerdings verfristet. Für diese Konstellation müsste daher die Rechtsprechung eine Lösung entwickeln.[312]

95

Das Ende der Klagefrist bestimmt sich gem. Art. 49 Abs. 1 Buchst. b) VerfO-EuGH bzw. Art. 101 § 1 Buchst. b) VerfO-EuG. Fällt das Ende der Frist auf einen Samstag, Sonntag oder gesetzlichen Feiertag,[313] so endet die Frist gemäß Art. 49 Abs. 2 VerfO-EuGH, Art. 101 § 2 VerfO-EuG erst mit dem Ablauf des nächstfolgenden Werktages. Innerhalb der vorerwähnten Fristen (zwei Monate zuzüglich der Entfernungsverlängerung) muss die Klageschrift gem. Art. 57 Abs. 6 VerfO-EuGH bzw. Art. 43 § 3 VerfO-EuG bei der Kanzlei des EuGH oder des EuG eingehen. Der Tag der Aufgabe der Klageschrift bei der Post ist für die Fristwahrung unerheblich, da der Postweg durch die zusätzliche Entfernungsfrist bereits berücksichtigt ist.[314] Gem. Art. 57 Abs. 7 VerfO-EuGH bzw. Art. 43 § 6 VerfO-EuG reicht es für die Wahrung der Verfahrensfristen aus, wenn eine Kopie der unterzeichneten Urschrift eines Schriftsatzes (einschließlich des in Art. 57 Abs. 4 VerfO-EuGH bzw. Art. 43 § 4 VerfO-EuG genannten Urkundenverzeichnisses) mittels Telefax oder e-mail bei der Kanzlei des EuGH bzw. des EuG eingeht, sofern das Original und die erforderlichen Anlagen spätestens zehn Tage danach eingereicht werden. Bei Abweichungen der unterzeichneten Urschrift von der zuvor eingereichten Kopie ist allein das Datum des Eingangs der unterzeichneten Urschrift maßgebend.[315]

96

Seit 2011 ist darüber hinaus auch die Einreichung von Verfahrensschriftstücken auf elektronischem Weg mittels der EDV-Anwendung „e-Curia" vorgesehen.[316] Ein über e-Curia eingereichtes Verfahrensschriftstück gilt als dessen Urschrift im Sinne der Verfahrensordnung, wenn bei der Einreichung die Benutzerkennung und das Passwort des Vertreters verwendet worden sind. Dieser Identifizierungsvorgang gilt als Unterzeichnung des Schriftstücks. Das Schriftstück gilt als zu dem Zeitpunkt eingegangen, zu dem die Einreichung durch den Vertreter validiert wird. Der Kanzler legt die Voraussetzungen für die Nutzung von e-Curia fest.[317]

---

[311] Dörr, in: GHN, Art. 263 AEUV Rn. 127.
[312] Dörr, in: GHN, Art. 263 AEUV Rn. 127.
[313] Gem. Art. 24 Abs. 6 VerfO-EUGH wird ein Verzeichnis der gesetzlichen Feiertage jährlich im Amtsblatt der EU veröffentlicht.
[314] Booß, in: GH, Art. 230 EGV Rn. 92.
[315] Praktische Anweisungen für die Parteien vor dem Gericht (vgl. Rn. 125).
[316] Siehe die Beschlüsse des Gerichtshofs vom 13. September 2011, ABl. 2011 C 289/7, und des Gerichts vom 14. September 2011, ABl. 2011 C 289/9.
[317] Voraussetzungen für die Nutzung der Anwendung e-Curia, abrufbar unter: http://curia.europa.eu/jcms/upload/docs/application/pdf/2011-10/de08602.pdf.

97 Bei den Fristen der Nichtigkeitsklage handelt es sich um **Ausschlussfristen**.[318] Da sie der Rechtssicherheit dienen, stehen sie weder zur Disposition der Parteien noch des Gerichts.[319] Demzufolge können sich auch nationale Vorschriften über gesetzliche Fristverlängerungen bzw. -hemmungen nicht auf sie auswirken.[320] Ihre Einhaltung überprüft der Gerichtshof von Amts wegen.[321] Lediglich in vereinzelten Fällen, wenn der Kläger einem entschuldbaren Irrtum über den Fristbeginn erlegen war, hat der Gerichtshof von dieser obligatorischen Zulässigkeitsvoraussetzung Ausnahmen zugelassen.[322] Da es sich bei den Fristbestimmungen zur Nichtigkeitsklage um zwingendes Recht handelt, kann sich der Begriff des **entschuldbaren Irrtums** nur auf solche Ausnahmefälle beziehen, in denen das betroffene Gemeinschaftsorgan ein Verhalten an den Tag gelegt hat, das für sich genommen oder aber in ausschlaggebendem Maß geeignet war, bei einem gutgläubigen Rechtsbürger, der alle Sorgfalt aufwendet, die von einem Wirtschaftsteilnehmer mit normalem Kenntnisstand zu verlangen ist, eine Verwirrung hervorzurufen, die in den Grenzen dessen liegt, was hingenommen werden kann. In einem solchen Fall kann sich nämlich die Verwaltung nicht auf ihren eigenen Verstoß gegen die Grundsätze der Rechtssicherheit und des Vertrauensschutzes berufen, der für den Irrtum des Rechtsbürgers ursächlich war.[323]

98 Weitere Ausnahmen ergeben sich aus Art. 45 Abs. 2 Satzung-EuGH, wonach der Ablauf von Fristen dann keinen Rechtsnachteil zur Folge hat, wenn der Betroffene nachweist, dass die Fristversäumung auf **Zufall oder einem Fall höherer Gewalt** beruht. Der Betroffene ist insofern zum Nachweis verpflichtet, dass zum einen außergewöhnliche, unvorhersehbare und außerhalb seiner Sphäre liegende Umstände es ihm unmöglich gemacht haben, die Klagefrist einzuhalten, und dass er sich zum anderen nicht, ohne übermäßige Opfer zu bringen, durch geeignete Maßnahmen gegen die Folgen dieser Umstände wappnen konnte.[324] So ist beispielsweise ein Fall höherer Gewalt angenommen worden, wenn die Fristversäumnis auf Verzögerungen der Verwaltung eines Mitgliedstaates beruhte, obwohl sie vom Kläger zur Vornahme der Handlung angehalten worden war.[325] Nur bei Vorliegen dieser Voraussetzungen, die aus Gründen der Rechtssicherheit eng ausgelegt werden, hat der EuGH eine Wiedereinsetzung in den vorigen Stand anerkannt.[326]

---

[318] *Stotz,* in: Dauses, EU-WirtR, P I Rn. 146; *Cremer,* in: Calliess/Ruffert, Art. 263 AEUV Rn. 75.
[319] EuGH, Rs. 152/85, *Misset/Rat,* Slg. 1987, 223 Rn. 11; Rs. C-246/95, *Coen,* Slg. 1997, I-403 Rn. 21.
[320] EuGH, Rs. 209/83, *Ferriera Valsabbia SpA/Kommission,* Slg. 1984, 3089 Rn. 12; Rs. 227/83, *Moussis/Kommission,* Slg. 1984, 3133 Rn. 12; Rs. C-12/90, *Infortec/Kommission,* Slg. 1990, I-4265 Rn. 10.
[321] EuGH, Rs. 33/72, *Gunella/Kommission,* Slg. 1973, 475 Rn. 3 f.; Rs. C-246/95, *Coen,* Slg. 1997, I-403 Rn. 21.
[322] EuGH, Rs. 25/68, *Schertzer/Parlament,* Slg. 1977, 1729 Rn. 19/29; Rs. 117/78, *Orlandi/Kommission,* Slg. 1979, 1613 Rn. 9 ff.
[323] EuG, Rs. T-12/90, *Bayer AG/Kommission,* Slg. 1991, II-219 Rn. 29; Rs. T-148/98, *Evans u. a./Kommission,* Slg. 1999, II-2837 Rn. 29 ff.; Rs. T-3/00, *Pitsiorlas/Rat und EZB,* Slg. 2001, II-717 Rn. 22.
[324] Vgl. EuGH, Rs. C-314/06, *Société Pipeline Méditerranée et Rhône,* Slg. 2007, I-12273 Rn. 24 mit weiteren Nachweisen.
[325] EuGH, Rs. C-50/92, *Molkerei-Zentrale Süd/Bundesanstalt,* Slg. 1993, I-1035 Rn. 12.
[326] EuGH, Rs. 209/83, *Ferrica Valsabbia/Kommission,* Slg. 1984, 3089 Rn. 14; Rs. C-239/97, *Irland/Kommission,* Slg, 1998, I-2655 Rn. 7.

VII. Rechtsschutzbedürfnis

Grundsätzlich bedarf es für die Erhebung der Nichtigkeitsklage wie bei jeder anderen Klage eines Rechtsschutzbedürfnisses,[327] an welches vom Gerichtshof allerdings keine allzu strengen Anforderungen gestellt werden. Im Zeitpunkt der Klageerhebung muss lediglich ein rechtlich relevantes, schutzwürdiges Interesse an der Aufhebung der angefochtenen Maßnahme durch den Gerichtshof vorhanden sein.[328] Wie bereits bei den anderen Zulässigkeitsvoraussetzungen ist auch hier wiederum zwischen der Organ- und der Individualklage zu differenzieren. 99

Da die **Unionsorgane und die Mitgliedstaaten** die Nichtigkeitsklage in Wahrnehmung ihrer institutionellen Verantwortung für die Wahrung des Unionsrechts erheben, brauchen sie als privilegierte Klageberechtigte kein über das allgemeine Aufhebungsinteresse hinausgehendes besonderes Rechtsschutzinteresse darzulegen.[329] Dies gilt auch für Mitgliedstaaten, die einem Unionsrechtsakt im Rat zugestimmt haben.[330] 100

Allgemein wird sich die Prüfung des Rechtsschutzinteresses deshalb auf die **Individualklagen** von natürlichen oder juristischen Personen beschränken. In aller Regel konkretisiert sich das besondere Rechtsschutzinteresse von natürlichen und juristischen Personen bereits im Rahmen der Klagebefugnis.[331] Der Gerichtshof überprüft das Vorliegen dieser Voraussetzung allerdings nur auf Rüge oder bei bestehenden erheblichen Zweifeln.[332] Daneben prüft der EuGH auf entsprechendes Vorbringen des Klägers vielfach das Bestehen eines positiven Rechtsschutzinteresses, wenn bei Abweisung der Nichtigkeitsklage als unzulässig andere Verfahrensgarantien (z. B. die Möglichkeit einer Vorabentscheidung gem. Art. 267 AEUV) fehlen würden.[333] 101

Problematisch ist das Vorliegen des Rechtsschutzinteresses aber dann, wenn der einem Rechtsakt anhaftende Rechtsmangel zum Zeitpunkt der Klageerhebung von dem betreffenden Organ bereits behoben ist bzw. der Rechtsakt während des Verfahrens ex tunc zurückgenommen wird und der **Kläger damit klaglos gestellt ist**. In den meisten Fällen fehlt hier das Rechtsschutzbedürfnis, selbst wenn die zurückgenommene Entscheidung durch eine neue Entscheidung ähnlichen Inhalts ersetzt wird.[334] Erfolgt 102

---

[327] EuGH, Rs. 42/59, *SNUPAT/Hohe Behörde*, Slg. 1961, 111, 155; Rs. 14/63, *Forges de Clabecq/Hohe Behörde*, Slg. 1963, 769, 799.
[328] EuG, Rs. T-22/97, *Kesko/Kommission*, Slg. 1999, II-3775 Rn. 57; *Thiele*, DVP 1990, 311 (312); *Krück*, in: GTE, EWGV, Art. 173 EWGV Rn. 29; *Stotz*, in: Dauses, EU-WirtR, P I Rn. 141.
[329] EuGH, Rs. 2/60, *Niederrheinische BergwerksAG/Hohe Behörde*, Slg. 1961, 283, 310; Rs. 131/86, *Vereinigtes Königreich/Rat*, Slg. 1988, 905 Rn. 6; Rs. C-208/99, *Portugal/Kommission*, Slg. 2001, I-9183 Rn. 22 f.; *Dörr*, in: GHN, Art. 263 AEUV Rn. 110.
[330] EuGH, Rs. 166/78, *Halien/Rat*, Slg. 1979, 2775 Rn. 6; zur Problematik der Zustimmung, Ablehnung oder Enthaltung im Rahmen von Gemeinschaftsmaßnahmen auf der Grundlage des Art. 95 Abs. 1 EGV vgl. *Middeke*, Umweltmaßnahmen, S. 312 ff.
[331] Vgl. EuG, Rs. T-117/95, *Corman/Kommission*, Slg. 1997, II-95 Rn. 83; Rs. T-178/94, *ATM/Kommission*, Slg. 1997, II-2529 Rn. 53; *Pechstein*, EU-Prozessrecht, Rn. 538.
[332] *Stotz*, in: Dauses, EU-WirtR, P I Rn. 104.
[333] Vgl. EuGH, Rs. C-209/94 P, *Buralux u. a./Rat*, Slg. 1996, I-615 Rn. 36; Rs. C-321/95 P, *Greenpeace Council/Kommission*, Slg. 1998, I-1651, 1716 Rn. 32 f., wobei darauf hinzuweisen ist, dass in den genannten Verfahren trotz dieser Erwägungen die Zulässigkeit jeweils verneint wurde; skeptisch daher *Booß*, in: GH, Art. 230 EGV Rn. 79.
[334] Vgl. EuGH, Rs. C-123/92, *Lezzi Pietro/Kommission*, Slg. 1993, I-809 Rn. 9 ff.; EuG, Rs. T-145/95, *Proderec/Kommission*, Slg. 1997, II-823 Rn. 26 ff.; *Booß*, in: GH, Art. 230 EGV Rn. 78.

die Rücknahme während des Verfahrens, wird der Rechtsstreit für erledigt erklärt und die Kosten werden dem Beklagten auferlegt.³³⁵ Im Einzelfall wird man jedoch für die Zulässigkeit der Nichtigkeitsklage ein **spezifisches Rechtsschutzinteresse** anerkennen müssen.³³⁶ Namentlich handelt es sich hierbei um das Klärungsinteresse bei Bestehen einer Wiederholungsgefahr³³⁷ oder um das Entscheidungsinteresse für sich möglicherweise anschließende Haftungsansprüche.³³⁸

VIII. Sonstige Voraussetzungen

103 Weitere Zulässigkeitsvoraussetzungen, wie die, dass die Streitsache nicht rechtskräftig entschieden³³⁹ oder rechtshängig sein darf,³⁴⁰ kennt das Unionsrecht ebenso wie das nationale Prozessrecht.³⁴¹

C. Begründetheit

104 Die Nichtigkeitsklage ist begründet, wenn nach dem Verfahren feststeht, dass mindestens einer der in Art. 263 Abs. 2 AEUV genannten Klagegründe gegeben ist. In Anlehnung an das französische Verwaltungsprozessrecht³⁴² können nur vier bestimmte Anfechtungsgründe den Erfolg der Nichtigkeitsklage begründen: **Unzuständigkeit, Verletzung wesentlicher Formvorschriften, Verletzung der Verträge** oder einer **bei ihrer Durchführung anzuwendenden Rechtsnorm** und **Ermessensmissbrauch**. Obwohl es sich bei diesen Klagegründen um eine abschließende Aufzählung handelt, kann hieraus nicht der Schluss gezogen werden, die Unionsakte würden im Rahmen der Nichtigkeitsklage nur einer eingeschränkten Rechtskontrolle unterliegen. Angesichts der weiten Fassung der Klagegründe, die sich teilweise überschneiden, wie auch vor dem Hintergrund eines umfassenden Rechtsschutzsystems,³⁴³ übt der Gerichtshof eine **weite Rechtskontrolle** aus, die der in den Mitgliedstaaten üblichen durchaus entspricht.³⁴⁴

105 Bei der Überprüfung der Klagegründe ist der Gerichtshof nicht auf den geltend gemachten Rechtsfehler beschränkt, sofern es sich um von Amts wegen zu berück-

---

³³⁵ Vgl. z. B. EuG, Rs. T-145/95, *Proderec/Kommission*, Slg. 1997, II-823 Rn. 26 ff.; *Booß*, in: GH, Art. 230 EGV Rn. 78.
³³⁶ So auch *Pechstein*, EU-Prozessrecht, Rn. 539.
³³⁷ EuGH, Rs. 92/78, *Simmenthal/Kommission*, Slg. 1979, 777 Rn. 32; Rs. C-362/05 P, *Wunenburger/Kommission*, Slg. 2007, I-4333 Rn. 50.
³³⁸ EuGH, Rs. 76/79, *Könnecke/Kommission*, Slg. 1980, 665 Rn. 9; Rs. C-68/94, *Frankreich u. a./Kommission* Slg. 1998, I-1375 Rn. 74.
³³⁹ EuGH, Rs. 57/70, *Van Eick/Kommission*, Slg. 1971, 613 Rn. 6.
³⁴⁰ EuGH, Rs. 358/85 und 51/86, *Frankreich/Parlament*, Slg. 1988, 4821 Rn. 12.
³⁴¹ *Krück*, in: GTE, EWGV, 4. Aufl. 1991, Art. 173 EWGV Rn. 35.
³⁴² Vgl. *Bleckmann*, Europarecht, Rn. 851 ff.; *Oppermann/Classen/Nettesheim*, Europarecht, § 13 Rn. 45; *Pechstein*, EU-Prozessrecht, Rn. 542; *Drewes*, Entstehen und Entwicklung, S. 91 ff.
³⁴³ EuGH, Rs. 294/83, *Les Verts/Parlament*, Slg. 1986, 1339 Rn. 25.
³⁴⁴ *Daig*, Nichtigkeitsklage, Rn. 153; *Nicolaysen*, Europarecht I, S. 191; *Erichsen/Weiß*, Jura 1990, 528 (533); *Bleckmann*, Europarecht, Rn. 853.

sichtigende Verstöße handelt.³⁴⁵ Welche Klagegründe vom EuGH von Amts wegen zu prüfen sind, ist weitgehend geklärt. Während die Unzuständigkeit und die Verletzung von Formvorschriften auch ohne entsprechendes Klägervorbringen zu prüfen sind,³⁴⁶ wird der Grund der Verletzung der Verträge und der Ermessensmissbrauch nur auf Rüge des Klägers untersucht.³⁴⁷ Auf die Nichtigkeitsklage hin prüft der Gerichtshof lediglich die Rechtmäßigkeit des angefochtenen Rechtsakts. Ausgenommen von der richterlichen Kontrolle ist dabei, ob sich die Kommission, beispielsweise bei einer von ihr in einem Unternehmen durchgeführten Nachprüfung, im Rahmen des angefochtenen Rechtsakts gehalten hat.³⁴⁸

Maßgeblicher **Beurteilungszeitpunkt** für die Begründetheit der Klage ist die Sach- und Rechtslage im Zeitpunkt des Erlasses der streitgegenständlichen Handlung,³⁴⁹ so dass eine mögliche spätere Behebung des Mangels für die Beurteilung der Begründetheit unerheblich ist.³⁵⁰ Entsprechend dem französischen Vorbild können bei den Klagegründen formelle und materielle Mängel unterschieden werden.

I. Unzuständigkeit

Dieser Klagegrund ist Ausdruck des Prinzips der begrenzten Einzelermächtigung (Art. 5 Abs. 1 und Abs. 2 EUV, Art. 7 AEUV)³⁵¹ und sichert gleichzeitig die Wahrung des institutionellen Gleichgewichts.³⁵² Eine Rechtshandlung der Union ist deshalb immer dann fehlerhaft, wenn es dem handelnden Unionsorgan an einer diesbezüglichen Befugnis fehlt. Dabei kann sich die fehlende Befugnis sowohl auf die **vertikale Kompetenzverteilung** zwischen der Union und den Mitgliedstaaten (Verbandskompetenz)³⁵³ als auch auf die **horizontale Kompetenzverteilung** zwischen den Unionsorganen untereinander (Organkompetenz, Art 13 Abs. 2 EUV)³⁵⁴ beziehen.³⁵⁵ Die Prüfung der Verbandskompetenz schließt die Prüfung der Beachtung des Subsidiaritätsprinzips (Art. 5 Abs. 3 EUV) ein.³⁵⁶ Darüber hinaus kann der Klagegrund der Unzuständigkeit auch

---

³⁴⁵ EuGH, Rs. 110/81, *Roquette Frères/Rat*, Slg. 1982, 3159 Rn. 32 ff.
³⁴⁶ EuGH, Rs. 110/81, *Roquettes Frères/Rat*, Slg. 1982, 3159 Rn. 34; Rs. C-367/95 P, *Kommission/Sytraval und Brink's France*, Slg. 1998, I-1719 Rn. 67; Rs. C-413/06 P, *Bertelsmann und Sony Corporation of America/Impala*, Slg. 2008, I-4951 Rn. 174.
³⁴⁷ EuGH, Rs. C-367/95 P, *Kommission/ Sytraval und Brink's France*, Slg. 1998, I-1719 Rn. 67.
³⁴⁸ EuGH, Rs. 97/87, *Dow Chemical Iberica/Kommission*, Slg. 1989, 3165 Rn. 41.
³⁴⁹ EuGH, Rs. 15/76 und 16/76, *Frankreich/Kommission*, Slg. 1979, 321 Rn. 7/8; Rs. 298/83, *CICCE/Kommission*, Slg. 1985, 1105 Rn. 19; EuG, Rs. T-115/94, *Opel Austria/Rat*, Slg. 1997, II-39 Rn. 87.
³⁵⁰ EuG, Rs. T-36/91, *ICI/Kommission*, Slg. 1995, II-1847 Rn. 108; *Dörr*, in: GHN, Art. 263 AEUV Rn. 161; vgl. aber oben Rn. 99 ff.
³⁵¹ *Nicolaysen*, Europarecht I, S. 192; *Lienbacher*, in: Schwarze, EU-Kommentar, 2. Aufl. 2009, Art. 5 EGV Rn. 7; näher dazu vgl. *Bleckmann*, Europarecht, Rn. 380 ff.
³⁵² *Schweitzer/Hummer*, Recht der EU, Rn. 484; näher zum institutionellen Gleichgewicht ebd., Rn. 923 ff.
³⁵³ EuGH, Rs. 281/85 u.a, *Deutschland/Kommission*, Slg. 1987, 3203 Rn. 9 ff.; Rs. C-376/98, *Deutschland/Parlament und Rat*, Slg. 2000, I-8419 Rn. 83 ff. = JZ 2001, 32 m. Anm. *Götz*.
³⁵⁴ EuGH, Rs. 332/85, *Deutschland/Kommission*, Slg. 1987, 5143 Rn. 20 ff.
³⁵⁵ *Erichsen/Weiß*, Jura 1990, 528 (533); *Schwarze*, in: ders., EU-Kommentar, Art. 263 AEUV Rn. 74; *Cremer*, in: Calliess/Ruffert, EUV/AEUV, Art. 263 AEUV Rn. 83; *Stotz*, in: Dauses, EU-WirtR, P I Rn. 153 ff., unterscheidet insoweit zwischen absoluter und relativer Unzuständigkeit.
³⁵⁶ *Dörr*, in: GHN, Art. 263 AEUV Rn. 162 geht von sachlicher Unzuständigkeit aus; näher zur fehlenden Verbandskompetenz vgl. *Weber*, in: Rengeling, Europäisierung, S. 23 ff.

bei **räumlicher oder sachlicher Unzuständigkeit** eingreifen.[357] Fragen der **räumlichen Unzuständigkeit** können sich im Wettbewerbsrecht ergeben, wenn Unternehmen aus Drittstaaten an wettbewerbswidrigen Vereinbarungen beteiligt sind oder sich die wettbewerbswidrigen Handlungen nicht im Unionsgebiet auswirken.[358] Im Umweltbereich sind diesbezüglich grenzüberschreitende Emissionen problematisch.[359] Die Rüge der **sachlichen Unzuständigkeit** greift dann ein, wenn das Organ eine andere als die einzig zulässige Rechtsform für den Unionsakt wählt.[360] Das EuG hat auch die Verletzung des Kollegialprinzips innerhalb der Kommission als Fall der sachlichen Unzuständigkeit angesehen,[361] es erscheint aber treffender, hierin einen Formfehler zu sehen.[362]

108 Bevor jedoch zu früh auf den Klagegrund der Unzuständigkeit rekurriert wird, ist zu beachten, dass die Zuständigkeitsbestimmungen des Unionsrechts durch die allgemeinen staats- und völkerrechtlichen Regeln, wie die Zuständigkeit kraft Sachzusammenhangs, die Annexkompetenz oder die implied-powers-Doktrin, ergänzt werden. Da die Zuständigkeitsregeln zu den Grundnormen des Unionsrechts zählen, hat der EuGH die Frage der Zuständigkeit von Amts wegen zu prüfen.[363]

II. Verletzung wesentlicher Formvorschriften

109 Der Begriff der „Formvorschriften" wird in Anlehnung an das französische Verwaltungsprozessrecht[364] weiter als im deutschen Recht verstanden. Er umfasst neben den Vorschriften, die **die äußere Form eines Unionsaktes betreffen**, auch die Verfahrensregeln, die beim Zustandekommen von Rechtsakten zu beachten sind.[365] Formvorschriften können sich nicht nur aus den Verträgen, sondern auch aus dem Sekundärrecht, insbesondere aus den Geschäftsordnungen der Organe[366] sowie aus den allgemeinen Rechtsgrundsätzen ergeben.[367] Der EuGH prüft die Verletzung wesentlicher Formvorschriften von Amts wegen.[368]

---

[357] Vgl. dazu *Dörr*, in: GHN, Art. 263 AEUV Rn. 164 f.; *Schwarze*, in: ders., EU-Kommentar, Art. 263 AEUV Rn. 75; *Cremer*, in: Calliess/Ruffert, EUV/AEUV, Art. 263 AEUV Rn. 83; *Stotz*, in: Dauses, EU-WirtR, P I Rn. 162 ff.

[358] Vgl. EuGH, Rs. 48/69, *ICI/Kommission*, Slg. 1972, 619, Rn. 125 ff.; Rs. 6/72, *Euroemballage und continental Can/Kommission*, Slg. 1973, 215 Rn. 14 ff.; Rs. 89/85 u. a., *Ahlström u. a./Kommission*, Slg. 1988, 5193 Rn. 11 ff.

[359] *Stotz*, in: Dauses, EU-WirtR, P I Rn. 163; vgl. hierzu auch EuGH, Rs. C-366/10, *Air Transport Association of America u. a.*, noch nicht in der amtlichen Sammlung veröffentlicht.

[360] EuGH, Rs. 228/82 und 229/82, *Ford of Europe und Ford-Werke/Kommission*, Slg. 1984, 1129 Rn. 23.

[361] EuG, Rs. T-80/89 u. a., *BASF u. a./Kommission*, Slg. 1995, II-729 Rn. 95 ff.

[362] *Booß*, in: GH, Art. 230 EGV Rn. 101.

[363] EuGH, Rs. 110/81, *Roquette Frères/Rat*, Slg. 1982, 3159 Rn. 34; *Pechstein*, EU-Prozessrecht Rn. 546; *Schwarze*, in: ders., EU-Kommentar, Art. 263 AEUV Rn. 73; *Krück*, in: GTE, EWGV, 4. Aufl. 1991 Art. 173 EWGV Rn. 74.

[364] Vgl. *Drewes*, Entstehen und Entwicklung, S. 102.

[365] *Ule*, DJT-Gutachten 1966, S. 23; *Daig*, Nichtigkeitsklage, Rn. 159; *Bleckmann*, Europarecht, Rn. 857.

[366] EuGH, Rs. 68/86, *Vereinigtes Königreich/Rat*, Slg. 1988, 855 Rn. 46 ff.; *Krück*, in: GTE, EWGV, 4. Aufl. 1991, Art. 173 EWGV Rn. 82.

[367] Vgl. EuGH, Rs. 138/79, *Roquette Frères/Rat*, Slg. 1980, 3333 Rn. 32 ff.

[368] St. Rspr., vgl. EuGH, Rs. C-367/95 P, *Kommission/Sytraval und Brink's France*, Slg. 1998, I-1719 Rn. 67; *Schwarze*, in: ders., EU-Kommentar, Art. 263 AEUV Rn. 76.

Lässt man die Bestimmungen über die Bekanntmachung von Unionsakten einmal außer Betracht, lassen sich die einschlägigen Normen – ohne Anspruch auf Vollständigkeit – in **drei große Gruppen** unterteilen.[369] Dies sind zunächst einmal diejenigen Bestimmungen und Rechtsprinzipien, die die Anhörung und Mitwirkung anderer Organe und Gremien vorsehen, also Vorschriften, mittels derer der spätere Rechtsakt vorbereitet werden soll.[370] Auch die Gewährung rechtlichen Gehörs in einem Verfahren, das zu einer den Beteiligten beschwerenden Maßnahme führen kann, ist ein fundamentaler Grundsatz des Unionsrechts, der mittlerweile auch in Art. 41 Abs. 2 der GR-Charta verankert ist.[371] Ausdrückliche Verfahrensrechte Einzelner sind u. a. in den einschlägigen Vorschriften des Außenwirtschaftsrechts (Antidumping- und Antisubventionsmaßnahmen) sowie bei der Beihilfen- und Fusionskontrolle verankert.[372] Eine weitere Gruppe von Formvorschriften umfasst die Normen, die das eigentliche Beschlussverfahren betreffen, also z. B. Regelungen, die ein bestimmtes Quorum vorschreiben, die Wahl der Rechtsgrundlage oder die Beachtung des Kollegialprinzips auf der Ebene der Kommission.[373] Vorschriften, die sich über eine bestimmte äußere Gestaltung von verbindlichen Rechtsakten verhalten, können einer dritten Gruppe zugerechnet werden. Hierunter fällt insbesondere die Begründungspflicht gemäß Art. 296 Abs. 2 AEUV; die Begründung muss der Natur des betreffenden Rechtsakts angepasst sein und die Überlegungen des Organs, das den Rechtsakt erlassen hat, so klar und eindeutig zum Ausdruck bringen, dass die Betroffenen ihr die Gründe für die erlassene Maßnahme entnehmen können und das zuständige Gericht seine Kontrollaufgabe wahrnehmen kann.[374]

Für die Begründetheit der Nichtigkeitsklage ist die Verletzung einer „**wesentlichen** **Formvorschrift**" erforderlich, worin im Verhältnis zu den anderen Klagegründen eine Einschränkung liegt.[375] Dabei wird nicht etwa zwischen „wesentlichen" und „unwesentlichen" Formvorschriften unterschieden, sondern es kommt auf die „Wesentlichkeit" des Verstoßes an.[376] Ob eine „wesentliche" Formverletzung gegeben ist, beurteilt

---

[369] Vgl. i.E. *Krück*, in: GTE, EWGV, 4. Aufl. 1991, Art. 173 EWGV Rn. 78 ff.
[370] Vgl. EuGH, Rs. 138/79, *Roquette Frères/Rat*, Slg. 1980, 3333 Rn. 32 ff.; Rs. C-212/91, *Angelopharm*, Slg. 1994, I-171 Rn. 29 ff.; *Cremer*, in: Calliess/Ruffert, EUV/AEUV, Art. 263 AEUV Rn. 85; zu Beteiligungsrechten des Parlaments siehe *Stotz*, in: Dauses, EU-WirtR, P I Rn. 167..
[371] Vgl. EuGH, Rs. C-135/92, *Fiskano/Kommission*, Slg. 1994, I-2885 Rn. 38 ff.; Rs. C-32/95 P, *Kommission/Lisrestal u.a*, Slg. 1996, I-5373 Rn. 21 ff.; Rs. C-110/10 P, *Solvay/Kommisson*, noch nicht in der amtlichen Sammlung veröffentlicht, Rn. 47 ff.; *Dörr*, in: GHN, Art. 263 AEUV Rn. 167; *Cremer*, in: Calliess/Ruffert, EUV/AEUV, Art. 263 AEUV Rn. 85.
[372] *Cremer*, in: Calliess/Ruffert, EUV/AEUV, Art. 263 AEUV Rn. 86.
[373] EuGH, Rs. C-137/92 P, *Kommission/BASF u. a.*, Slg. 1994, I-2555 Rn. 62 ff.; vgl. ferner *Stotz*, in: Dauses, EU-WirtR, P I Rn. 172 ff.; *Dörr*, in: GHN, Art. 263 AEUV Rn. 168.
[374] Vgl. EuGH, Rs. C-413/06 P, *Bertelsmann und Sony Corporation of America/Impala*, Slg. 2008, I-4951 Rn. 166; zu den Anforderungen an die Begründungspflicht im Zusammenhang mit Maßnahmen der Terrorismusbekämpfung siehe EuGH, Rs. C-539/10 P und C-550/10 P, *Al-Aqsa/Rat und Niederlande/Al-Aqsa*, noch nicht in der amtlichen Sammlung veröffentlicht, Rn. 138 ff.; Rs. C-417/11 P, *Rat/Bamba*, noch nicht in der amtlichen Sammlung veröffentlicht, Rn. 49 ff. Vgl. näher *Daig*, Nichtigkeitsklage, Rn. 171 ff.; *Müller-Ibold*, Begründungspflicht, S. 33 ff.; *Dörr*, in: GHN, Art. 263 AEUV Rn. 169.
[375] *Nicolaysen*, Europarecht I, S. 378.
[376] *Schwarze*, in: ders., EU-Kommentar, Art. 263 AEUV Rn. 76; *Cremer*, in: Calliess/Ruffert, EUV/AEUV, Art. 263 AEUV Rn. 84; a. A. unter Verweis insbesondere auf andere Sprachfassungen des Vertrags *Dörr*, in: GHN, Art. 263 AEUV Rn. 171.

sich nach der Lage im Einzelfall, da die Verletzung ein und derselben Norm je nach den Umständen gravierender oder weniger gravierend sein kann. Allgemein wird die Wesentlichkeit einer Formvorschrift dann bejaht, wenn der Formfehler Einfluss auf die inhaltliche Ausgestaltung des Rechtsaktes gehabt haben könnte[377] oder wenn die Formvorschrift gerade zum Schutz des Betroffenen erlassen wurde.[378] Besondere Bedeutung kommt hierbei der Wahl einer **unzutreffenden Rechtsgrundlage** beim Erlass eines Rechtsaktes zu, da die Rechtsgrundlagen zum Teil erhebliche Unterschiede im Willensbildungsprozess wie im Beschlussverfahren aufweisen können, was nicht unerhebliche Auswirkungen auf den Inhalt des betreffenden Unionsaktes haben kann.[379] Im Rahmen des Zuständigkeitssystems der Union muss sich die Wahl der Rechtsgrundlage eines Unionsrechtsaktes auf objektive, gerichtlich nachprüfbare Umstände gründen, zu denen das Ziel und der Inhalt des Rechtsakts gehören.[380]

III. Vertragsverletzung

112   Bei dem Tatbestand der „Verletzung der Verträge oder einer bei seiner[381] Durchführung anzuwendenden Rechtsnorm" handelt es sich um den weitesten Klagegrund, der die bereits erörterten Klagegründe der Unzuständigkeit und der Formverletzung aber auch den des Ermessensmissbrauchs umschließt, weil sie zugleich eine Verletzung des Vertragsrechts beinhalten. Der Klagegrund der Vertragsverletzung fungiert damit gleichsam als **Auffangtatbestand**, auf den erst dann zurückgegriffen werden kann, wenn keiner der spezielleren anderen Klagegründe einschlägig ist.[382] Gleichwohl handelt es sich bei diesem Anfechtungsgrund um den in der Praxis bedeutsamsten, da er zu einer umfassenden rechtlichen Klärung des Sachverhaltes führt und es im Fall einer erfolgreichen Klage nicht gestattet, einen gleichlautenden Akt erneut zu erlassen, was bei den anderen Klagegründen durchaus möglich ist.[383] Der Gerichtshof prüft das Vorliegen eines Vertragsverstoßes allerdings nur, wenn der Kläger sich darauf beruft.[384]

113   Der Tatbestand der „Verletzung der Verträge oder einer bei seiner Durchführung anzuwendenden Rechtsnorm" ist allgemein dann zu bejahen, wenn der angegriffene Unionsakt gegen **geschriebenes oder ungeschriebenes, primäres oder sekundäres** Unionsrecht verstößt und dieser Verstoß nicht bereits einem der anderen Klagegründe

---

[377] EuGH, Rs. 30/78, *Distillers Company/Kommission*, Slg. 1980, 2229 Rn. 26 ff.; Rs. 117/81, *Geist/Kommission*, Slg. 1983, 2191 Rn. 7; Rs. C-106/09 P und C-107/09 P, *Kommission/Government of Gibraltar und Vereinigtes Königreich*, noch nicht in der amtlichen Sammlung veröffentlicht, Rn. 179; *Bleckmann*, Europarecht, Rn. 857; *Hölscheidt*, JA 1990, 253 (257).
[378] *Nicolaysen*, Europarecht I, S. 378; *Booß*, in: GH, Art. 230 EGV Rn. 103.
[379] Vgl. dazu EuGH, Rs. 203/86, *Spanien/Rat*, Slg. 1988, 4563 Rn. 36 ff.; Rs. C-370/07, *Kommission/Rat*, Slg. 2009, I-8917 Rn. 38 ff.
[380] EuGH, Rs. C-155/07, *Parlament/Rat*, Slg. 2008, I-8103 Rn. 34; Rs. C-130/10, *Parlament/Rat*, noch nicht in der amtlichen Sammlung veröffentlicht, Rn. 42 ff.; zum Kompetenznormenkonflikt vgl. auch *Röttinger*, EuZW 1993, 117 (118 f.); *Middeke*, DVBl. 1993, 769 ff.
[381] Sprachlich korrekt wäre eigentlich „einer bei *ihrer* Durchführung".
[382] *Constantinesco*, Recht der EG, S. 867; *Nicolaysen*, Europarecht I, S. 377; *Cremer*, in: Calliess/Ruffert, EUV/AEUV, Art. 263 AEUV Rn. 91; *Dörr*, in: GHN, Art. 263 AEUV Rn. 174; *Stotz*, in: Dauses, EU-WirtR, P I Rn. 189.
[383] *Daig*, Nichtigkeitsklage, Rn. 183.
[384] EuGH, Rs. C-367/95 P, *Kommission/Sytraval et Brink's France*, Slg. 1998, I-1719 Rn. 67.

zuzuordnen ist.[385] Prüfungsmaßstab ist insoweit immer das Unionsrecht, welches der angefochtenen Rechtshandlung im Rang vorgeht.[386] Neben den Verträgen und den sie ergänzenden Rechtsakten (Anhänge, Änderungsverträge etc.)[387] gehören hierzu auch die **allgemeinen Rechtsgrundsätze**[388] und Grundrechte nach der Rechtsprechung des Gerichtshofs[389] sowie die Charta der Grundrechte der Europäischen Union.[390] Nationale Grundrechte können vor dem EuGH nicht geltend gemacht werden; sie können aber als Hinweis für eine Prüfung entsprechender Unionsgrundrechte verstanden werden.[391]

Unter diesen Klagegrund lässt sich im Einzelfall auch die Verletzung von dem Betroffenen zustehenden Verteidigungsrechten (rechtliches Gehör,[392] Inkenntnissetzung der maßgeblichen Umstände, Begründungspflicht etc.) subsumieren, bei denen es sich ebenfalls um allgemeine Rechtsgrundsätze handelt, deren fundamentalen Charakter der Gerichtshof bereits mehrfach hervorgehoben hat.[393] Prüfungsmaßstab können des Weiteren auch **völkerrechtliche Abkommen** mit Drittstaaten oder internationalen Organisationen sein.[394] Von der Union geschlossene internationale Übereinkünfte und das Völkergewohnheitsrecht sind wesentlicher (auch „integraler" oder „integrierender") Bestandteil der Unionsrechtsordnung.[395] Aus Art. 216 Abs. 2 AEUV folgt zudem, dass diese Übereinkünfte die Unionsorgane und die Mitgliedstaaten binden. Allerdings kann der EuGH die Gültigkeit eines Unionsrechtsakts nur dann an einem völkerrechtlichen Vertrag messen, wenn dessen Art und Struktur dem nicht entgegenstehen.[396] Um als Kontrollmaßstab herangezogen werden zu können, ist außerdem erforderlich, dass die insoweit geltend gemachten Bestimmungen inhaltlich unbedingt und hinreichend genau erscheinen.[397] Das Erfordernis, dass eine Berufung Einzelner auf völkerrechtliche Bestimmungen nur möglich ist, wenn diese für den Einzelnen ein subjektives Recht

---

[385] *Schweitzer/Hummer*, Recht der EU, Rn. 486; *Krück*, in: GTE, EWGV, 4. Aufl. 1991 Art. 173 EWGV Rn. 88.
[386] *Stotz*, in: Dauses, EU-WirtR, P I Rn. 144; *Cremer*, in: Calliess/Ruffert, EUV/AEUV, Art. 263 AEUV Rn. 91; *Dörr*, in: GHN, Art. 263 AEUV Rn. 174.
[387] Vgl. *Daig*, Nichtigkeitsklage, Rn. 190.
[388] *Dörr*, in: GHN, Art. 263 AEUV Rn. 174; *Stotz*, in: EUDUR I, § 45 Rn. 116.
[389] Vgl. dazu *Stotz*, in: Dauses, EU-WirtR, P I Rn. 150 ff.; *Rengeling*, EuR 1979, 124 ff.; *ders.*, DVBl. 1982, 140 ff.; *Pernice*, NJW 1990, 2409 ff.; *Ress/Ukrow*, EuZW 1990, 499 ff.
[390] Für eine Prüfung am Maßstab der Grundrechte im Zusammenhang mit einer Gültigkeitsvorlage siehe beispielsweise EuGH, Rs. C-92/09 und C-93/09, *Volker und Markus Schecke und Eifert*, Slg. 2010, I-11063.
[391] Vgl. i.E. *Rengeling*, Grundrechtsschutz, S. 187 ff.
[392] EuGH, Rs. C-269/90, *Technische Universität München*, Slg. 1991, I-5469 Rn. 25.
[393] EuGH, Rs. C-269/90, *Technische Universität München*, Slg. 1991, I-5469 Rn. 25 ff.; Rs. C-32/95 P, *Kommission/Lisrestal u.a.*, Slg. 1996, I-5373 Rn. 21 ff.
[394] Vgl. EuGH, Rs. 21-24/72, *International Fruit u.a.*, Slg. 1972, 1219 Rn. 5 ff.; Rs. C-308/06, *Intertanko u.a.*, Slg. 2008, I-4057. *Nicolaysen*, Europarecht I, S. 192; *Dörr*, in: GHN, Art. 263 AEUV Rn. 174 ff.
[395] Vgl. EuGH, Rs. 181/73, *Haegeman*, Slg. 1974, 449 Rn. 5; Rs. C-366/10 Rn. 73 *Air Transport Association of America u.a.*, noch nicht in der amtlichen Sammlung veröffentlicht, Rn. 73.
[396] EuGH, Rs. C-120/06 P und C-121/06 P, *FIAMM u.a./Rat und Kommission*, Slg. 2008, I-6513 Rn. 110; Rs. C-366/10, *Air Transport Association of America u.a.*, noch nicht in der amtlichen Sammlung veröffentlicht, Rn. 53.
[397] EuGH, Rs. C-344/04, *IATA und ELFAA*, Slg. 2006, I-403 Rn. 39; Rs. C-308/06, *Intertanko u.a.*, Slg. 2008, I-4057 Rn. 45; Rs. C-366/10, *Air Transport Association of America u.a.*, noch nicht in der amtlichen Sammlung veröffentlicht, Rn. 54.

begründen, scheint der Gerichtshof allerdings aufgegeben zu haben.[398] Der Gerichtshof hat in Bezug auf die Regeln der WTO und die Beschlüsse der WTO-Organe entschieden, dass diese im Grundsatz aufgrund ihrer Art und Struktur nicht als Maßstab für die Prüfung der Gültigkeit von Unionsrechtsakten herangezogen werden können.[399] Im Wesentlichen begründet der Gerichtshof dies mit der großen „Flexibilität" des GATT (bzw. heute des WTO-Rechts), das auf Verhandlungslösungen ausgelegt ist und auf dem Gedanken der Gegenseitigkeit (Reziprozität) beruht. Dies gilt auch dann, wenn das Streitbeilegungsgremium der WTO die Unvereinbarkeit einer Unionsmaßnahme mit den WTO-Regeln festgestellt hat.[400] Eine Ausnahme von diesem Grundsatz gilt nur, wenn die Unionshandlung ausdrücklich auf spezielle Bestimmungen der WTO-Übereinkünfte verweist oder die Union eine bestimmte, im Rahmen der WTO übernommene, Verpflichtung erfüllen wollte.[401]

115 Nach dem Urteil des Gerichtshofs in der Rechtssache Kadi ist trotz der Bindung der Unionsorgane an das Völkerrecht eine gerichtliche Kontrolle der materiellen Rechtmäßigkeit einer Verordnung im Hinblick auf die Grundrechte grundsätzlich nicht deswegen ausgeschlossen, weil diese eine Resolution des Sicherheitsrats der Vereinten Nationen umsetzt. Denn die Verpflichtungen aufgrund einer internationalen Übereinkunft können nicht die Verfassungsgrundsätze der Verträge beeinträchtigen, zu denen auch der Grundsatz zählt, dass alle Handlungen der Gemeinschaft die Menschenrechte achten müssen.[402]

116 Bei den von Rat und Kommission erlassenen Unionsakten handelt es sich ebenfalls um Unionsrecht. Dieses kann deshalb nur dann rechtswidrig sein, wenn es gegen höherrangige Unionsnormen verstößt, was bei einem Verstoß gegen die vorerwähnten Unionsnormen grundsätzlich der Fall ist. Hinsichtlich des sekundären Unionsrechts gilt eine **Rangordnung** insofern, als Durchführungsvorschriften die ihnen zugrundeliegenden Ermächtigungsverordnungen nicht zu ändern vermögen, selbst wenn sie von dem verordnungsgebenden Organ stammen, und deshalb im Rang nachgehen.[403] Eine Verletzung des Unionsrechts kann sich insbesondere durch die unrichtige Auslegung oder Anwendung unionsrechtlicher Vorschriften sowie durch eine fehlerhafte Tatsachenfeststellung ergeben.[404] Sobald es um die Bewertung von Tatsachen durch das handelnde Unionsorgan geht, überprüft der EuGH hinsichtlich der Tatsachenfeststellung allerdings nur, ob diesbezüglich ein offensichtlicher Fehler vorliegt, da die

---

[398] Rs. C-366/10, *Air Transport Association of America u. a.*, noch nicht in der amtlichen Sammlung veröffentlicht, Rn. 52 ff.; zur früheren Rechtsprechung siehe EuGH, Rs. 104/81, *HZA Mainz/Kupferberg*, Slg. 1982, 3641 Rn. 22; Rs. 21/72, *International Fruit Company*, Slg. 1972, 1219 Rn. 19/20 ff.

[399] Siehe EuGH, Rs. C-93/02 P, *Biret International/Rat*, Slg. 2003, I-10497 Rn. 52 mit weiteren Nachweisen.

[400] *Van Parys*, Slg. 2005 I-1465 Rn. 42 ff.; siehe hierzu auch *Dervisopoulos*, Optionen nach van Parys, Außenwirtschaft 2005, 415 sowie EuGH, Rs. C-120/06 P und C-121/06 P, *FIAMM u. a./Rat und Kommission*, Slg. 2008, I-6513.

[401] EuGH, Rs. 70/87, *Fediol/Kommission*, Slg. 1989, 1781 Rn. 19 ff.; Rs. C-69/89, *Nakajima All Precision/Rat*, Slg. 1991, I-2069 Rn. 31.

[402] EuGH, Rs. C-402/05 P und C-415/05 P, *Kadi und Al Barakaat International Foundation/Rat und Kommission*, Slg. 2008, I-6351 Rn. 278 ff.

[403] EuGH, Rs. 38/70, *Deutsche Tradax*, Slg. 1971 Rn. 10; zur Rangordnung des Unionsrechts vgl. auch *Bleckmann*, Europarecht, Rn. 528 ff.; *Booß*, in: GH, Art. 230 EGV Rn. 122.

[404] Vgl. *Stotz*, in: EUDUR I, § 45 Rn. 115.

Organe insbesondere bei schwierigen wirtschaftlichen oder technischen Sachverhalten über einen weiten Beurteilungsmaßstab verfügen.[405]

IV. Ermessensmissbrauch und Kontrolldichte

Für den deutschen Rechtsanwender handelt es sich bei diesem Tatbestand um den vielleicht schwierigsten Klagegrund, verbindet sich für ihn mit diesem Begriff auf der Ebene des Unionsrechts doch ein anderes Verständnis als er es von der deutschen Verwaltungsrechtslehre her gewohnt ist.[406] Eine Differenzierung zwischen Beurteilungsspielraum auf der Tatbestandsseite und Ermessensspielraum auf der Rechtsfolgenseite gibt es in der Rechtsprechung des EuGH nicht, der uneinheitlich von Ermessensbefugnis,[407] Ermessensspielraum,[408] Beurteilungsspielraum[409] oder Beurteilungsermessen[410] spricht. Hieran lässt sich bereits erkennen, dass der Gerichtshof unter dem unionsrechtlichen Begriff des „Ermessens" **jeden** den Organen (insbesondere der Kommission) durch einschlägige Normen eröffneten **Entscheidungs- bzw. Beurteilungs- oder Gestaltungsspielraum** versteht.[411]

Steht fest, dass für den angefochtenen Rechtsakt ein Ermessen besteht, ist ein Missbrauch dieses Ermessens nach der Rechtsprechung des EuGH dann gegeben, wenn „aufgrund objektiver, schlüssiger und übereinstimmender Indizien anzunehmen ist, dass die Handlung zu anderen als den in ihr angegebenen Zwecken oder mit dem Ziel getroffen wurde, ein Verfahren zu umgehen, das der Vertrag vorsieht, um die konkrete Sachlage zu bewältigen".[412] Lehnt sich damit das Verständnis des **Ermessensmissbrauchs** offensichtlich an den französischen Begriff des „détournement de pouvoir",[413] m.a.W. einer Zweckverfehlung an, wäre es gleichwohl unzutreffend, beide Begriffe gleichzusetzen.[414] Hatte der EuGH früher den Ermessensmissbrauch auf Fälle beschränkt, in denen mit den Mitteln des Unionsrechts ein subjektiv rechtswidriges Ziel oder ein dementsprechender Zweck verfolgt wurde,[415] können im Einzelfall auch die vom deutschen Recht her bekannten Ermessensfehler: Ermessensüber- oder -unterschrei-

---

[405] Vgl. EuGH, Rs. T-149/94 und T-181/94, *Kernkraftwerke Lippe-Ems/Kommission*, Slg. 1997, II-161 Rn. 90; siehe hierzu *Stotz*, in: Dauses, EU-WirtR, P I Rn. 191 ff. Zum Prüfungsumfang bei Beihilfeentscheidungen vgl. *Schroth/Koch*, Subventionsbeschwerde, S. 120.
[406] Vgl. dazu *v. Fürstenwerth*, Ermessensentscheidungen, S. 16 ff.; *Everling*, in: FS für Redeker, S. 293 (306 ff.); *Drewes*, Entstehen und Entwicklung, S. 127 ff.; *Schwarze*, in: ders., EU-Kommentar, Art. 263 AEUV Rn. 81.
[407] EuGH, Rs. 94/63 und 96/63, *Bernusset/Kommission*, Slg. 1964, 587, 671; Rs. C-119/97 P, *Ufex u. a./Kommission*, Slg. 1999, I-1341 Rn. 91.
[408] EuGH, Rs. 13/83, *Parlament/Rat*, Slg. 1985, 1513 Rn. 22.
[409] EuGH, Rs. 144/82, *Detti/Gerichtshof*, Slg. 1983, 2421 Rn. 27; Rs. 249/85, *Albako Margarinefabrik*, Slg. 1987, 2345 Rn. 12.
[410] EuGH, Rs. 110/63, *Willame/Kommission*, Slg. 1965, 860, 878.
[411] *Schwarze*, Europäisches Verwaltungsrecht I, S. 281; *Everling*, WuW 1989, 877 (880 ff.); *Erichsen/Weiß*, Jura 1990, 528 (533); *Pagenkopf*, NVwZ 1993, 216 (220); *Pache*, DVBl. 1998, 380 (384); vgl. näher *Bleckmann*, Europarecht, Rn. 862 ff.
[412] EuGH, Rs. C-331/88, *Fedesa u. a.*, Slg. 1990, I-4023 Rn. 24; Rs. C-48/96 P, *Windpark Groothusen/Kommission*, Slg. 1998, I-2873 Rn. 52 Rs. C-342/03, *Spanien/Rat*, Slg. 2005, I-1975 Rn. 64.
[413] Vgl. *Drewes*, Entstehen und Entwicklung, S. 104 ff.
[414] *Nicolaysen*, Europarecht I, S. 378 f.; *Bleckmann*, Europarecht, Rn. 877 f.
[415] Vgl. *Bleckmann*, Europarecht, Rn. 878; *Booß*, in: GH, Art. 230 EGV Rn. 126.

tung und Ermessensfehlgebrauch, letzterer insbesondere im Fall der Selbstbindung des Unionsorgans, vorliegen.[416] In derartigen Fällen werden Ermessensentscheidungen zumindest auf offensichtliche Rechtswidrigkeit überprüft (Evidenzkontrolle).[417]

119 Gemäß Art. 261 AEUV besitzt der EuGH nur in Ausnahmefällen[418] die Befugnis zu einer unbeschränkten Ermessensnachprüfung. Im Umkehrschluss folgt daraus, dass der Gerichtshof ansonsten nur zu einer eingeschränkten Ermessensüberprüfung berechtigt ist.[419] Im Bereich des Ermessens ist die **Kontrolldichte**, d. h. das Ausmaß der gerichtlichen Kontrolle, geringer ausgestaltet als in Deutschland.[420] Dies wird auf die dort bestehende Tradition zurückgeführt, die sich von der französischen Tradition, an der sich das Europarecht in diesem Punkt orientiert,[421] unterscheidet. Zwar ist auch im Unionsrecht eine umfassende Überprüfung von Rechtsakten möglich, weil der Klagegrund der Vertragsverletzung auch die Sachverhaltsermittlung und allgemeine Rechtsprinzipien wie das Willkürverbot und das Verhältnismäßigkeitsprinzip einschließt.[422] Eine „Vertragsverletzung" wird jedoch nur geprüft, wenn sie mit entsprechend substantiiertem Vortrag geltend gemacht wird, was zu einem beschränkten Kontrollumfang des EuGH führt.[423]

120 In der Rechtsprechung des Gerichtshofs ist der Klagegrund des Ermessensmissbrauchs bislang nur selten angenommen worden, was nicht zuletzt darauf zurückzuführen ist, dass es sich in der Praxis als äußerst schwierig erweist, dem handelnden Organ eine fehlerhafte Zielvorstellung oder Zweckverfehlung nachzuweisen.[424] Der Gerichtshof will sich deshalb auf eine Prüfung der Frage beschränken, „ob die Verfahrensvorschriften eingehalten sind, ob die Begründung ausreichend ist, ob der Sachverhalt zutreffend festgestellt ist und ob keine offensichtlich unrichtige Würdigung des Sachverhaltes und kein Ermessensmissbrauch vorliegt".[425] Je schwieriger sich freilich die Ermittlung des Sachverhalts darstellt, desto geringer sind die Nachprüfungsmöglichkeiten des Gerichtshofs.[426] In Bereichen, in denen die Tätigkeit des Unionsgesetz-

---

[416] EuGH, Rs. C-5/03, *Griechenland/Kommission*, Slg. 2005, I-5925 Rn. 66; Rs. C-544/09 P, *Deutschland/Kommission*, noch nicht in der amtlichen Sammlung veröffentlicht, Rn. 65; sowie *Rengeling*, Rechtsgrundsätze, S. 300; *Bleckmann*, Europarecht, Rn. 877 f.; vgl. auch *Nicolaysen*, Europarecht I, S. 193; *Erichsen/Weiß*, Jura 1990, 528 (534); a. A. aber *Krück*, in: GTE, EWGV, 4. Aufl. 1991, Art. 173 EWGV Rn. 91, der in diesen Fällen auf den Klagegrund der Vertragsverletzung zurückgreifen möchte.

[417] *Schwarze*, in: ders., Verwaltungsrecht, S. 123 (199); *Pache*, DVBl. 1998, 380 (386); vgl. auch *Classen*, Europäisierung, S. 178 f.

[418] Praxisrelevant sind hier v. a. die kartellrechtlichen Sanktionen (vgl. Art. 31 der VO (EG) Nr. 1/2003, ABl. 2003 L 1/1; vgl. *Ritter*, in: Immenga/Mestmäcker, EG-Wettbewerbsrecht, XIV. A, Rn. 47.

[419] *Pache*, DVBl. 1998, 380 (382).

[420] Vgl. *Classen*, Europäisierung, S. 165 ff.; *Pache*, DVBl. 1998, 380 (384).

[421] Vgl. *Classen*, Europäisierung, S. 175 f.; *Schwarze*, Verwaltungsrecht, S. 123 (197 ff.).

[422] Vgl. *Classen*, Europäisierung, S. 165 ff.; *Pache*, DVBl. 1998, 380 (384).

[423] *Pache*, DVBl. 1998, 380 (384).

[424] *Krück*, in: GTE, EWGV, 4. Aufl. 1991, Art. 173 EWGV Rn. 91; *Classen*, Europäisierung, S. 164; *Booß*, in: GH, Art. 230 EGV Rn. 127; vgl. auch EuGH, Rs. 92/78, *Simmenthal/Commission*, Slg. 1979, 777 Rn. 98 ff.; Rs. C-156/93, *Parlament/Kommission*, Slg. 1995, I-2019 Rn. 32 ff.

[425] EuGH, Rs. 42/84, *Remia u. a./Kommission*, Slg. 1985, 2545, Rn. 34; Rs. C-7/95 P, *Deere/Kommission*, Slg. 1998, I-3111 Rn. 34 m.w.N.

[426] Vgl. EuGH, Rs. C-7/95 P, *Deere/Kommission*, Slg. 1998, I-3111; EuG, Rs. T-67/94, *Ladbroke Racing/Kommission*, Slg. 1998, II-1 Rn. 147.

gebers sowohl politische als auch wirtschaftliche oder soziale Entscheidungen verlangt und in denen er komplexe Prüfungen und Beurteilungen vornehmen muss, gesteht der Gerichtshof dem Gesetzgeber ein weites Ermessen zu, insbesondere in Bezug auf die Beurteilung der hoch komplexen wissenschaftlichen und technischen tatsächlichen Umstände bei der Festlegung von Art und Umfang der Maßnahmen, die er erlässt; die Kontrolle durch den Unionsrichter ist auf die Prüfung beschränkt, ob die Ausübung eines solchen Ermessens nicht offensichtlich fehlerhaft ist, einen Ermessensmissbrauch darstellt oder der Gesetzgeber die Grenzen seines Ermessens offensichtlich überschritten hat. Die Zubilligung eines den Unionsorganen eingeräumten **weiten Ermessens** kompensiert der Gerichtshof mit erhöhten Anforderungen an die Einhaltung von Form- und Verfahrensregeln und an die Sachverhaltsfeststellung.[427] Der Gerichtshof hat betont, dass in Fällen, in denen die Organe über einen weiten Ermessensspielraum verfügen, der Einhaltung der Garantien, die die Unionsrechtsordnung für Verwaltungsverfahren vorsieht, umso wesentlichere Bedeutung zukommt.[428] Über das korrekte Verfahren soll die objektive Abwägung aller Umstände gesichert werden, so dass die Aussichten für eine sachlich richtige Entscheidung der Verwaltung erhöht werden.[429] Die konkreten Ergebnisse der gerichtlichen Überprüfung vergleichbarer Fälle sind in der europäischen und deutschen Rechtsprechung nicht immer so unterschiedlich, wie man angesichts der unterschiedlichen Kontrolldichte vermuten würde. In grundrechtssensiblen Bereichen findet durchaus eine intensivere gerichtliche Kontrolle statt.[430]

D. Die abschließende Entscheidung

Gibt das jeweils entscheidende Unionsgericht einer Nichtigkeitsklage statt, so hebt es die angefochtene Handlung gemäß Art. 264 AEUV ganz oder – bei Abtrennbarkeit des nichtigen Teils – teilweise im Wege eines Gestaltungsurteils auf.[431] Wenn es sich indes um einen „Nichtakt" handelt, wird die Klage als unzulässig abgewiesen (vgl. ferner Rn. 34).[432] Ein stattgebendes Urteil hat grundsätzlich **allgemeine Geltung** („erga omnes"),[433] während die Klageabweisung nur zwischen den Parteien wirkt.[434] Handelt es sich jedoch bei der angefochtenen Maßnahme um ein Bündel von Einzelfallentscheidungen, erfolgt die Aufhebung nur zugunsten des Klägers; für die übrigen

121

---

[427] Siehe hierzu auch *Schwarze*, EU-Kommentar, Art. 263 AEUV Rn. 72.
[428] EuGH, Rs. C-269/90, *Technische Universität München*, Slg. 1991, I-5469 Rn. 14; Rs. C-337/09 P, *Rat/Zhejiang Xinan Chemical Industrial Group*, noch nicht in der amtlichen Sammlung veröffentlicht, Rn. 107.
[429] *Everling*, WuW 1989, 877 (882 f.); *Schwarze*, in: ders., Verwaltungsrecht, S. 123 (202); ders., DVBl. 2002, 1297 (1307); *Classen*, Europäisierung, S. 169 f.; *Pache*, DVBl. 1998, 380 (385).
[430] So *Classen*, Europäisierung, S. 180; *Schwarze*, Verwaltungsrecht, S. 123 (201 f.).
[431] Vgl. EuGH, Rs. C-68/94 und C-30/95, *Frankreich u. a./Kommission*, Slg. 1998, I-1375 Rn. 256.
[432] Vgl. EuG, Rs. T-79/89 u. a., *BASF u. a./Kommission*, Slg. 1992, II-315 Rn. 68.
[433] EuGH, Rs. 3/54, *Assider/Hohe Behörde*, Slg. 1954, 123, 147; *Cremer*, in: Calliess/Ruffert, EUV/AEUV, Art. 264 AEUV Rn. 2.
[434] *Geiger*, EUV/EGV, 4. Aufl., Art. 231 EGV Rn. 8.

Adressaten, die keine Nichtigkeitsklagen erhoben haben, hat die Maßnahme auch nach einem stattgebenden Urteil Bestand.[435]

Das Nichtigkeitsurteil beseitigt den betreffenden Rechtsakt mit **ex-tunc-Wirkung**,[436] d. h. die Rechtslage ist so zu beurteilen, als ob der Rechtsakt de jure niemals erlassen worden wäre. Entsprechend dieser Rechtswirkung verlieren auch die auf der Grundlage des für nichtig erklärten Aktes vorgenommenen Maßnahmen und Akte ihre rechtliche Bedeutung.[437] Gleichzeitig verweist der Gerichtshof die Sache an die **Kommission** zurück, damit diese die sich aus dem Nichtigkeitsurteil ergebenden **Maßnahmen ergreifen kann**. Die entsprechende Verpflichtung ergibt sich aus Art. 266 AEUV. Um welche Maßnahmen es sich dabei im Einzelnen handelt, legt der Gerichtshof nicht ausdrücklich im Tenor fest. Sie ergeben sich vielmehr aus den Urteilsgründen und dem Zusammenhang,[438] was im Einzelfall eine nähere Analyse des Urteils erfordert. Unter den Voraussetzungen des Art. 340 Abs. 2 AEUV kann es sich dabei auch um Maßnahmen zur Wiedergutmachung handeln.[439] Darüber hinausgehende Anträge, die auf die Anordnung bestimmter Maßnahmen gerichtet sind, sind unzulässig.[440] In der Spruchpraxis der europäischen Gerichte ist es allerdings im Einzelfall auch vorgekommen, dass diese dem Rat als Rechtssetzungsorgan entgegen entsprechenden Anhaltspunkten im Vertragstext eine Frist gesetzt haben, innerhalb derer die notwendigen Maßnahmen zu ergreifen seien.[441] Dabei handelt es sich jedoch keineswegs um eine häufig vorkommende Praxis, wenngleich die europäischen Gerichte in den Urteilsgründen durchaus feststellen können, dass die Pflicht besteht, „innerhalb einer angemessenen Frist" tätig zu werden.[442]

122 Für **Rechtsnormen** besteht eine Besonderheit insoweit, als die Urteilswirkung einer für nichtig erklärten Verordnung erst mit Rechtskraft des Urteils, d. h. nach Ablauf der Rechtsmittelfrist oder Beendigung des Rechtsmittelverfahrens eintritt.[443] Der Grund für diese Regelung liegt im zweigeteilten Rechtsschutzsystem. Erklärt das EuG eine Verordnung per Urteil für nichtig, das dann aber im Wege des Rechtsmittelverfahrens wieder aufgehoben wird, kann dies in der Zwischenzeit zu Rechtsunsicherheiten bei den Adressaten der Verordnung führen.[444] Für die betroffenen Parteien wird diese Rechtsfolge dadurch abgemildert, als ihnen unbeschadet von der Urteilswirkung die Möglichkeit offen steht, einstweilige Regelungen gemäß Art. 278, 279 AEUV zu beantragen (vgl. dazu §§ 19, 20).

---

[435] EuG, Rs. T-227/95, *AssiDomän Kraft Products u. a./Kommission*, Slg. 1997, II-1185 Rn. 55 ff.; EuGH, Rs. C-239/99, *Nachi Europe*, Slg. 2001, I-1197; differenzierend *Cremer*, in: Calliess/Ruffert, EUV/AEUV, Art. 264 AEUV Rn. 2.

[436] EuGH, Rs. 21/86, *Samara/Kommission*, Slg. 1987, 795 Rn. 7 ff. ; EuG, Rs. T-481/93 und T-484/93, *Exporteurs in Levende Varkens u. a./Kommission*, Slg. 1995, II-2941 Rn. 46.

[437] *Scherer/Zuleeg*, in: Schweitzer, Europäisches Verwaltungsrecht, S. 197 (219); a. A. *Cremer*, in: Calliess/Ruffert, EUV/AEUV, Art. 264 AEUV Rn. 2.

[438] Vgl. EuG, Rs. T-114/92, *BEMIM/Kommission*, Slg. 1995, II-147 Rn. 33 ff.; *Scherer/Zuleeg*, in: Schweitzer, Europäisches Verwaltungsrecht, S. 197 (220); *Nicolaysen*, Europarecht I, S. 382.

[439] Vgl. EuG, Rs. T-220/97, *H & R Ecroyd/Kommission*, Slg. 1999, II-1677 Rn. 55 ff.

[440] EuGH, Rs. C-199/94 P, *Inpesca/Kommission*, Slg. 1998, I-831 Rn. 26 ff.; EuG, Rs. T-114/92, *BEMIM/Kommission*, Slg. 1995, II-147 Rn. 33 ff.

[441] EuGH, Rs. 92/78, *Simmenthal/Kommission*, Slg. 1979, 777.

[442] Vgl. z. B. EuGH, Rs. C-21/94, *Parlament/Rat*, Slg. 1995, I-1827 Rn. 33.

[443] Art. 60 Abs. 2 Satzung-EuGH.

[444] *Jung*, in: GTE, EWGV, 4. Aufl. 1991, Art. 168 a EWGV Rn. 194.

Erklärt der Gerichtshof eine Handlung für nichtig, so kann er gem. Art. 264 AEUV, **123** falls er dies für notwendig hält, die Wirkungen bezeichnen, die **als fortgeltend zu betrachten** sind. Der Vertrag von Lissabon hat insofern den in Art. 231 Abs. 2 EGV-Nizza verwendeten Begriff „Verordnung" durch den Begriff „Handlung" ersetzt. Durch die Verwendung des neuen, umfassenden Begriffs sind somit die Diskussionen unter der alten Rechtslage, inwieweit die Bestimmungen des 231 Abs. 2 EGV auch auf Richtlinien und andere Rechtsakte zu übertragen waren, gegenstandslos geworden.[445] Mit dieser Möglichkeit kann der Gerichtshof in Einzelfällen den Rechtsgrundsätzen wie Vertrauensschutz, Rechtssicherheit und Achtung wohlerworbener Rechte Dritter Rechnung tragen.[446] Der Gerichtshof entscheidet von Amts wegen über die Anwendung von Art. 264 Abs. 2 AEUV, es können jedoch auch entsprechende Anträge gestellt werden.[447] Neuerdings macht der EuGH von diesen Bestimmungen häufiger Gebrauch.[448] Wenn der EuGH einzelne Wirkungen der Verordnung als fortgeltend bezeichnet, führt dies nicht zur Aufrechterhaltung der rechtswidrigen Norm in Teilbereichen, sondern lediglich zur Beibehaltung einzelner Wirkungen der im Ganzen nichtigen Verordnung.[449] Besondere Umstände eines Falles können es sogar rechtfertigen, alle Wirkungen eines für nichtig erklärten Rechtsakts aufrechtzuerhalten.[450]

Unsicher ist, welche Rechtswirkungen sich aus einer für nichtig erklärten Richt- **124** linie für den juristischen **Status der sie umsetzenden innerstaatlichen Rechtsakte** ergeben.[451] Angesichts der Tatsache, dass es sich bei den jeweiligen Umsetzungsakten weiterhin um nationales Recht handelt, ist davon auszugehen, dass sie von der Nichtigkeit des Unionsaktes zunächst unberührt bleiben.[452] Sie erweisen sich nur dann als unanwendbar, wenn auch ihre Rechtsfolgen mit dem die Nichtigerklärung der inkriminierten Richtlinie begründenden Primärrechtssatz unvereinbar sind.[453] Mögliche, infolge der rechtswidrigen Handlung eingetretene Schadensersatzansprüche bleiben von der Erhebung der Nichtigkeitsklage unberührt.[454]

---

[445] Der Gerichtshof hatte die Bestimmung auch auf andere Rechtsakte angewandt; zu Anwendung im Vorlageverfahren siehe EuGH, Rs. C-228/92, *Roquette Frères*, Slg. 1994, I-1445, 1472.
[446] *Cremer*, in: Calliess/Ruffert, EUV/AEUV, Art. 263 AEUV Rn. 5; vgl. auch EuGH, Rs. C-41/95, *Rat/Parlament*, Slg. 1995, I-4411 Rn. 44.
[447] *Schwarze*, in: ders., EU-Kommentar, Art. 264 AEUV Rn. 9.
[448] Vgl. u. a. EuGH, Rs. C-22/96, *Parlament/Rat*, Slg. 1998, I-3231 Rn. 42; Rs. C-402/05 P und C-415/05 P, *Kadi und Al Barakaat/Rat und Kommission*, Slg. 2008, I-6351 Rn. 373 f.
[449] *Nicolaysen*, Europarecht I, S. 381.
[450] Vgl. EuGH, Rs. C-21/94, *Parlament/Rat*, Slg. 1995, I-1827 Rn. 31 f.; Rs. C-360/93, *Parlament/Rat*, Slg. 1996, I-1195 Rn. 36; Rs. C-164/97, *Parlament/Rat*, Slg. 1999, I-1139 Rn. 24.
[451] Vgl. GA *Jacobs*, SchlA Rs. C-295/90, *Parlament/Rat*, Slg. 1992, I-4193 Rn. 47.
[452] *Röttinger*, EuZW 1993, 117 (120).
[453] Zu undifferenziert *Booß*, in: GH, Art. 231 EGV Rn. 6, vgl. auch *Niedermühlbichler*, Verfahren, Rn. 212.
[454] Art. 266 Abs. 2 AEUV; vgl. dazu § 9.

E. Praktische Hinweise

I. Allgemeine Hinweise

125 Je nach Kläger ist für die Nichtigkeitsklage entweder das Gericht (für Klagen natürlicher oder juristischer Personen) oder der Gerichtshof (für Klagen der Mitgliedstaaten, der Unionsorgane, des Rechnungshofs, der EZB oder des Ausschusses der Regionen) zuständig. Das Verfahren vor dem EuG und vor dem EuGH besteht aus einem schriftlichen und mündlichen Teil (vgl. Art. 20 Abs. 1 Satzung-EuGH, für das EuG i. V. m. Art. 53 Abs. 1 Satzung-EuGH). Der EuGH hat als Arbeitshilfe „Praktische Anweisungen für Klagen und Rechtsmittel", „Hinweise für die Prozessvertreter" und „Hinweise für den Vortrag in der mündlichen Verhandlung" veröffentlicht.[455] Das EuG hat „Praktische Anweisungen für die Parteien vor dem Gericht", eine „Merkliste Klageschrifteinreichung auf Papier", eine „Merkliste Klageschrifteinreichung mittels der Anwendung E-curia", ein „Muster der Zusammenfassung der in der Klageschrift/Rechtsmittelschrift geltend gemachten Klagegründe/Rechtsmittelgründe und wesentlicher Argumente", eine „Merkliste Mündliche Verhandlung", „Hinweise für den Vortrag in der mündlichen Verhandlung" sowie ein „Formular des Antrag auf Bewilligung von Prozesskostenhilfe" veröffentlicht.[456]

126 Gem. Art. 21 (ggf. i. V. m. 53 Abs. 1) Satzung-EuGH sind die Klageschriften beim Kanzler des EuG bzw. des EuGH einzureichen. Die Klageerhebung per Telefax oder e-mail ist ausreichend, wenn innerhalb von zehn Tagen die Urschrift des Schriftsatzes einschließlich der erforderlichen Anlagen nachgereicht wird (vgl. oben Rn. 96). Bei der Übermittlung per E-Mail wird nur eine gescannte Kopie der unterzeichneten Urschrift angenommen.[457] Mit der unterzeichneten Urschrift jedes Verfahrensschriftstücks ist eine ausreichende Zahl beglaubigter Abschriften einzureichen.[458] Zur Einreichung von Schriftstücken mittels der EDV-Anwendung „e-Curia" (siehe oben Rn. 96).

Die Anschrift lautet:

Gerichtshof der Europäischen Union
Kanzlei des Gerichtshofs bzw.
Gericht der Europäischen Union
Kanzlei des Gerichts
Rue du Fort Niedergrünewald
L-2925 Luxemburg

Die Klageschrift muss den Anforderungen der Art. 57, 58 VerfO-EuGH bzw. Art. 43, 44 VerfO-EuG genügen (vgl. § 22). Das Gericht schlägt für den Inhalt und Aufbau der Klageschrift folgende Gliederung vor:[459]

---

[455] Im Internet abrufbar auf der Seite: http://curia.europa.eu/jcms/jcms/Jo2_7031/.
[456] Im Internet abrufbar auf der Seite: http://curia.europa.eu/jcms/jcms/Jo2_7040/.
[457] Praktische Anweisungen für die Parteien vor dem Gericht (http://curia.europa.eu/jcms/jcms/Jo2_7040/).
[458] Siehe Art. 43 § 1 Verfahrensordnung (EuG).
[459] Siehe die „Merkliste Klageschrift" (http://curia.europa.eu/jcms/jcms/Jo2_7040/), sowie die detaillierten „Praktischen Anweisungen für die Parteien" (http://curia.europa.eu/jcms/jcms/Jo2_7040/), die u. a. Vorgaben bezüglich der Formatierung und Länge der Schriftsätze enthalten.

2. Abschnitt. Direktklagen   §7

- Bezeichnung des Schriftsatzes
- Bezeichnung des Klägers: Name(n) und Anschrift/Niederlassung
- Bezeichnung des/der Vertreter(s)
- Bezeichnung des Beklagten
- Angaben der gewählten Zustellungsart
- Gegenstand des Rechtsstreits: Art der Klage, Grundlage/kurze Zusammenfassung des Sachverhalts und des rechtlichen Rahmens
- Gegliederte rechtliche Argumentation (Zulässigkeit und Begründetheit) mit Überschrift für jeden der geltend gemachten Klagegründe
- Anträge
- Handschriftliche Unterschrift des Anwalts oder Bevollmächtigten am Ende der Klageschrift

Der Antrag orientiert sich am Tenor des angestrebten Urteils (z. B. „1. die Entscheidung der Kommission vom ... aufzuheben/für nichtig zu erklären, 2. die Beklagte zur Tragung der Kosten zu verurteilen").[460]

II. Muster einer Klageschrift

Im Folgenden soll als Orientierungshilfe eine Klage vor dem EuG gegen eine Entscheidung der Kommission über die Nichtgenehmigung einer Beihilfe wegen ihrer Unvereinbarkeit mit dem Gemeinsamen Markt („Negativentscheidung") skizziert werden:[461]

127

An das
Gericht der Europäischen Union
–Kanzlei des Gerichts –
Rue du Fort Niedergrünewald
L-2925 Luxembourg

..., den ...

Klage

der A-GmbH, A-Straße 1, D-23456 A-Stadt,   – Klägerin –
vertreten durch ihren Geschäftsführer B.,
Prozessbevollmächtigter: Rechtsanwalt C., C-Chaussee 2, D-34567 C-heim,
Zustellungsbevollmächtigte: Rechtsanwälte D. und Partner, 3 avenue D,
L-1234 Luxemburg[462]

---

[460] Betreffend die Anforderungen an Schriftsätze und das Verfahrensrecht im Übrigen wird verwiesen auf §§ 21 ff.
[461] Vgl. auch die Muster bei *Pechstein*, EU-Prozessrecht, Rn. 132 (Konkurrentenklage gegen Freistellungsentscheidung), sowie *Prieß*, in: Locher/Mes, Prozessformularbuch, IX.2 (Klage gegen Verordnung über Antidumpingzoll).
[462] Vgl. Art. 44 § 2 Abs. 1 VerfO-EuG bzw. Art. 121 Abs. 1 VerfO-EuGH. Gemäß Art. 44 § 2 Abs. 2 VerfO-EuG bzw. Art. 121 Abs. 2 VerfO-EuGH kann sich der Prozessbevollmächtigte auch mit einer Zustellung mittels Telefax oder sonstiger technischer Kommunikationsmittel bzw. mit der Verwendung von E-curia einverstanden erklären.

gegen

die Europäische Kommission,
Rue de la Loi/Wetstraat 200, B-1049 Brüssel – Beklagte –

wegen

Nichtigerklärung (Art. 263, 264 AEUV) der Entscheidung der Kommission vom ...,
Az. ..., betreffend die Nichtgenehmigung eines Zuschusses an die Klägerin.

Sachverhalt[463]

Die Klägerin ist ein Unternehmen, das im Bereich ... tätig ist. Sie beabsichtigt, ihre Produktion auf ein neuartiges, umweltschonendes Verfahren umzustellen. Im Einzelnen sind hierfür folgende Maßnahmen vorgesehen: ... Im Bundesland L, in dem sich der Betrieb der Klägerin befindet, existieren „Förderrichtlinien zur Unterstützung von Unternehmen bei Umstrukturierungsmaßnahmen zugunsten der Umwelt" (Anlage 4). Diese Richtlinien sehen unter anderem vor, dass bei ... Zuschüsse des Landes gewährt werden können. Gem. Ziff. ... der Richtlinien stehen diese Zuschüsse unter dem Vorbehalt der Genehmigung durch die Europäische Kommission. Für die Umstellung ihrer Produktion hat die Klägerin am ... einen Zuschuss beim Wirtschaftsministerium des Bundeslandes L beantragt (Anlage 5).
Mit Schreiben vom ... (Anlage 6) teilte das Wirtschaftsministerium des Landes L der Klägerin mit, dass es beabsichtige, einen Zuschuss in Höhe von ... Euro zu gewähren. Der beabsichtigte Zuschuss sei gemäß Art. 2 Abs. 1 der Verordnung (EG) Nr. 659/1999 des Rates über besondere Vorschriften für die Anwendung von Art. 93 des EG-Vertrages v. 22.3.1999 (ABl. 1999 L 83/1) von der Bundesrepublik Deutschland bei der Kommission angezeigt worden. (...)
Am ... erging gegenüber der Bundesrepublik Deutschland die Entscheidung der Kommission (Az. ...), dass der seitens der Klägerin beantragte Zuschuss nicht mit dem Gemeinsamen Markt vereinbar sei und daher nicht gewährt werden dürfe (Anlage 7). Eine Anhörung der Klägerin hat zu keinem Zeitpunkt des Verfahrens stattgefunden. Die Negativentscheidung der Kommission (Anlage 7) wurde gemäß Art. 26 Abs. 3 der Verordnung (EG) Nr. 659/1999 des Rates über besondere Vorschriften für die Anwendung von Art. 93 des EG-Vertrages im Amtsblatt der Europäischen Gemeinschaften vom ... veröffentlicht. Mit dieser Klage wehrt sich die Klägerin gegen die Versagung der Genehmigung des Zuschusses.

Zur Zulässigkeit

1. Die Entscheidung, dass der beantragte Zuschuss nicht gewährt werden darf (Anlage 7), war an die Bundesrepublik Deutschland gerichtet. Dennoch ist die Klägerin unmittelbar und individuell von der Entscheidung der Kommission betroffen und demnach i. S. v. Art. 263 Abs. 4 AEUV klagebefugt. Gegenstand der Entscheidung ist ein Zuschuss an die Klägerin als Einzelbeihilfe gemäß Art. 1 lit. e) der Verordnung (EG)

---

[463] Auf die vom EuG im Hinblick auf die in Art. 24 § 6 VerfO-EuG vorgesehene Mitteilung im Amtsblatt empfohlene, aber nicht zwingend erforderliche Zusammenfassung der Klagegründe und wesentlichen Argumente wird aus Platzgründen verzichtet, siehe hierzu „Muster der Zusammenfassung der in der Klageschrift geltend gemachten Klagegründe und wesentlichen Argumente" (http://curia.europa.eu/jcms/jcms/Jo2_7040/).

Nr. 659/1999 des Rates über besondere Vorschriften für die Anwendung von Art. 93 des EG-Vertrages. (…)
2. Ferner ist die Klägerin als (potenzielle) Beihilfeempfängerin „Beteiligte" im Sinne von Art. 1 lit. h) der Verordnung (EG) Nr. 659/1999 des Rates über besondere Vorschriften für die Anwendung von Art. 93 des EG-Vertrages. Auf Grund dessen stehen ihr im Verfahren der Beihilfenkontrolle besondere Rechte zu, (…). Diese Umstände heben die Klägerin aus dem Kreis aller übrigen Personen besonders heraus und individualisieren sie in ähnlicher Weise wie den Adressaten der Entscheidung.
3. Die Entscheidung der Kommission vom … (Anlage 7) betrifft die Klägerin darüber hinaus auch unmittelbar. Die Entscheidung wirkt direkt auf die Rechtsstellung der Klägerin ein, da es den nationalen Stellen nicht möglich ist, entgegen der Entscheidung der Kommission den beantragten Zuschuss zu gewähren (…).
4. Die Entscheidung der Kommission (Anlage 7) wurde am … im Amtsblatt der Europäischen Union veröffentlicht, somit ist die Zweimonatsfrist des Art. 263 Abs. 6 AEUV gewahrt.

Zur Begründetheit

Die angegriffene Entscheidung der Kommission ist unter Verletzung wesentlicher Formvorschriften (1.) sowie unter Verletzung des EUV (2.) ergangen.
1. Beim Erlass der Entscheidung vom …, Az. … (Anlage 7) hat die Kommission gegen Art. 6 Abs. 1 S. 2 der Verordnung (EG) Nr. 659/1999 des Rates über besondere Vorschriften für die Anwendung von Art. 108 AEUV verstoßen. Dieser Regelung zufolge ist die Kommission verpflichtet, die Beteiligten bei der Entscheidung über die Eröffnung eines förmlichen Prüfverfahrens zur Stellungnahme aufzufordern. Die Klägerin hat zu keiner Zeit eine Aufforderung seitens der Kommission erhalten. (…)
2. Die Entscheidung der Kommission vom …, Az. … (Anlage 7) verstößt außerdem gegen Art. 107 Abs. 3 lit. b) AEUV. Diese Vorschrift ermöglicht es, Beihilfen zur Förderung wichtiger Vorhaben von gemeinsamem europäischem Interesse als mit dem Gemeinsamen Markt vereinbar anzusehen. Zu derartigen wichtigen Vorhaben zählen anerkanntermaßen auch Maßnahmen des Umweltschutzes, so dass der Zuschuss an die Klägerin hätte genehmigt werden können. (…)
Namens und im Auftrag meiner Mandantin beantrage ich daher:
1. Die Entscheidung der Kommission vom …, Az. …, für nichtig zu erklären,
2. Der Beklagten die Kosten des Verfahrens aufzuerlegen.[464]

(Unterschrift des Rechtsanwalts)

Anlagen:
Vgl. hierzu § 22.

---

[464] Antrag gem. Art. 87 § 2 S. 1 VerfO-EuG bzw. Art. 138 Abs. 1 VerfO-EuGH; das Verfahren vor den Gemeinschaftsgerichten ist grundsätzlich kostenfrei (Art. 90 VerfO-EuG; Art. 143 VerfO-EuGH), erstattungsfähig sind in erster Linie Kosten für Zeugen und Sachverständige sowie die Auslagen der Gegenpartei (vgl. Art. 91 VerfO-EuG, Art. 144 VerfO-EuGH); vgl. ferner *Prieß*, in: Locher/Mes, Prozessformularbuch, IX.2.

§ 8 Untätigkeitsklagen*

Übersicht

			Rn.
A.	Allgemeines		1–5
	I.	Rechtsgrundlagen	1
	II.	Wesen und Bedeutung der Untätigkeitsklagen	2
	III.	Verhältnis zu anderen unionsrechtlichen Rechtsbehelfen	3–5
B.	Zulässigkeit		6–47
	I.	Sachliche Zuständigkeit	6/7
	II.	Verfahrensbeteiligte	8–17
		1. Klageberechtigte	9–14
		2. Klagegegner	15–17
	III.	Klagegegenstand	18–30
		1. Klagen der Mitgliedstaaten und der Unionsorgane	19–23
		2. Individualklagen	24–30
	IV.	Klagebefugnis	31–35
		1. Klagen der Mitgliedstaaten und der Unionsorgane	32/33
		2. Individualklage	34/35
	V.	Ordnungsgemäße Durchführung des Vorverfahrens	36–40
		1. Aufforderung an das betreffende Organ	37
		2. Frist	38
		3. Fehlende Stellungnahme	39/40
	VI.	Klagefrist	41
	VII.	Allgemeines Rechtsschutzbedürfnis	42–46
	VIII.	Anforderungen an die Klageschrift	47
C.	Begründetheit		48–52
	I.	Unionsrechtliche Handlungspflicht	49
	II.	Vertragspflichtverletzung durch Untätigkeit	50
	III.	Rechtswidrigkeit der Untätigkeit	51
	IV.	Verteidigungsmöglichkeiten	52
D.	Die abschließende Entscheidung		53
E.	Praktische Hinweise		54

Schrifttum: *Allkemper,* Der Rechtsschutz des einzelnen nach dem EG-Vertrag, 1995; *Bartosch,* Beihilfenrechtliches Verfahren und gerichtlicher Rechtsschutz, ZIP 2000, 601; *Daig,* Nichtigkeits- und Untätigkeitsklagen im Recht der Europäischen Gemeinschaften, 1985; *Ehlers,* Die Untätigkeitsklage des Europäischen Gemeinschaftsrechts (Art. 232 I EGV), Jura 2009, 366; *Erichsen/Weiß,* System des europäischen Rechtsschutzes, Jura 1990, 528 und 586; *Friedrich/Inghelram,* Die Klagemöglichkeiten des Europäischen Rechnungshofs vor dem Europäischen Gerichtshof, DÖV 1999, 669; *Gaiser,* Gerichtliche Kontrolle im Europäischen System der Zentralbanken, EuR 2002, 517; *Hahn/Häde,* Die Zentralbank vor Gericht, ZHR 165 (2001), 30; *Hakenberg/Stix-Hackl,* Handbuch zum Verfahren vor dem Europäischen Gerichtshof, 3. Aufl., 2005; *Koenig,* Institutionelle Überlegungen zum Aufgabenzuwachs beim Europäischen Gerichtshof in der Währungsunion, EuZW 1993, 661; *Koenig/Kühling/Ritter,* EG-Beihilfenrecht, Heidelberg 2002; *Locher/Mes,* Beck'sches Prozessformularbuch, 11. Aufl., 2010; *Middeke,* Der Kompetenznormenkonflikt umweltrelevanter Gemeinschaftsakte im Binnenmarkt, DVBl. 1993, 769; *Mulert,* Die deutschen

---

* Dieser Beitrag basiert auf den Ausführungen von Herrn Professor Burgi in der Vorauflage.

Bundesländer vor dem Europäischen Gerichtshof, 1996; *Nettesheim,* Horizontale Kompetenzkonflikte in der EG, EuR 1993, 243; *Nicolaysen,* Europarecht I, 2. Aufl., 2002; *Niedermühlbichler,* Verfahren vor dem EuG und EuGH, 1998; *Nowak,* Der Rechtsschutz von Beschwerdeführern im EG-Wettbewerbs- und EG-Außenhandelsrecht, EuZW 2000, 453; *Nowak,* Europarecht nach Lissabon, 2011; *Núñez Müller/Kamann,* Erweiterter Beteiligtenschutz im Beihilfenrecht der EG – die Untätigkeitsklage, EWS 1999, 332; *Röttinger,* Bedeutung der Rechtsgrundlage einer EG-Richtlinie und Folgen einer Nichtigkeit, EuZW 1993, 117; *Schedl,* Die Untätigkeitsklage von Drittparteien in der EG-Fusionskontrolle, EWS 2006, 257; *Scherer/Zuleeg,* Verwaltungsgerichtsbarkeit, in: Schweitzer (Hrsg.), Europäisches Verwaltungsrecht, 1991, S. 197; *Schödermeier/ Wagner,* Rechtsschutz gegen Verwaltungsschreiben der EG-Kommission, WuW 1994, 403; *Schroth/Koch,* Subventionsbeschwerde, 2001; *Stotz,* Rechtsschutz vor europäischen Gerichten, in: Rengeling (Hrsg.), Handbuch zum europäischen und deutschen Umweltrecht (EUDUR), Band I, 2. Aufl., 2003, S. 1658; *Thiele,* Europäisches Prozessrecht, 2007; *Ullrich,* Die Wahl der Rechtsgrundlage als Rechtsproblem des Gemeinschaftsrechts, ZEuS 2000, 243; *Weber,* Konkurrentenschutz im Rechtsschutzsystem des EG-Vertrages, DZWir 1997, 524; *Wägenbaur,* EuGH VerfO, 2008; *Wegener,* Die Neuordnung der EU-Gerichtsbarkeit durch den Vertrag von Nizza, DVBl. 2001, 1258.

A. Allgemeines

I. Rechtsgrundlagen

Der Vertrag über die Arbeitsweise der Europäischen Union sieht nicht nur Rechtsbehelfe gegen fehlerhaftes Handeln der Unionsorgane vor. Mit Art. 265 AEUV steht auch eine Rechtsschutzmöglichkeit zur Verfügung, mittels derer pflichtwidrige Unterlassungen von Unionsorganen sowie Unterlassungen von Einrichtungen und sonstigen Stellen der Union gerügt und überprüft werden können.

II. Wesen und Bedeutung der Untätigkeitsklagen

In Ergänzung zu der Nichtigkeitsklage betrifft die Untätigkeitsklage einen Unterfall der Vertragsverletzung durch die Unionsorgane Europäisches Parlament, Europäischer Rat, Rat, Kommission und Europäische Zentralbank sowie durch Einrichtungen und sonstige Stellen der Union.[1] Angesichts vielfältiger, von den Verträgen vorgesehener Handlungspflichten kann das Unionsrecht durch deren pflichtwidrige Unterlassung ebenso verletzt werden wie durch den Erlass eines unionswidrigen Rechtsaktes.[2] Die Bedeutung der Untätigkeitsklage ergibt sich vor dem Hintergrund des engen Zusammenhanges zu der Nichtigkeitsklage und dem Umstand, dass das Unionsrecht anders als nationale Rechtsordnungen keine Verpflichtungsklage zum Erlass entsprechender Unionsakte erhält.[3] Im Unterschied zu der als Gestaltungsklage konzipierten Nichtigkeitsklage handelt es sich bei der Untätigkeitsklage um eine **bloße Feststellungsklage**,

---

[1] Vgl. *Oppermann,* EuropaR, § 13 Rn. 54; *Bleckmann,* Europarecht, Rn. 896; *BBPS,* S. 272.
[2] Vgl. *Gaitanides,* in: Groeben/Schwarze, EUV/EGV, Art. 232 EGV Rn. 1; *Schwarze,* in: ders., EU-Kommentar, Art. 265 AEUV Rn. 2.
[3] Vgl. auch *Stotz,* in: Rengeling, EUDUR I, § 45 Rn. 132; *Schwarze,* in: ders., EU-Kommentar, Art. 265 AEUV Rn. 2.

die allein auf die Feststellung einer Vertragsverletzung infolge Unterlassens gerichtet ist.[4] Anders als die Nichtigkeitsklage ist die Untätigkeitsklage gemäß Art. 265 AEUV auch nicht vom Vorliegen bestimmter Klagegründe abhängig.

III. Verhältnis zu anderen unionsrechtlichen Rechtsbehelfen

3   Die Untätigkeitsklage weist gewisse Parallelen zum **Vertragsverletzungsverfahren** auf.[5] Zum einen handelt es sich in beiden Fällen um Feststellungsklagen, zum anderen können Vertragsverletzungsverfahren nicht nur bei unionswidrigen Handlungen, sondern ebenso bei pflichtwidrigen Unterlassungen der Mitgliedstaaten eingeleitet werden (vgl. oben § 6 Rn. 43 f.). Allerdings ist auch eine gewisse Kongruenz der Untätigkeitsklage zu den Regeln der **Nichtigkeitsklage** nicht zu übersehen. Gleichwohl handelt es sich bei der Untätigkeitsklage um einen selbständigen Rechtsbehelf im Rechtsschutzsystem der EU.[6] Dabei ist jedoch zu berücksichtigen, dass eine Feststellung wegen vertragswidriger Untätigkeit dann nicht in Betracht kommt, wenn das betreffende Organ, dem die Untätigkeit zur Last gelegt wird, tätig geworden ist. Ergeht also auf Antrag eines Berechtigten eine ablehnende oder eine andere als die geforderte Entscheidung, liegt ein Handeln vor, für welches die Nichtigkeitsklage der zulässige Rechtsbehelf wäre.[7] Dementsprechend steht die Untätigkeitsklage zu der Nichtigkeitsklage im Verhältnis der Subsidiarität, d. h. die Untätigkeitsklage ist nur dann die einschlägige Rechtsschutzform, wenn kein im Wege der Nichtigkeitsklage anfechtbarer Rechtsakt vorliegt.[8] Die Abgrenzung zwischen Nichtigkeits- und Untätigkeitsklage und damit die Frage, ob eine anfechtbare Handlung gegeben ist, erfolgt über die „Stellungnahme" im Rahmen des bei der Untätigkeitsklage durchzuführenden Vorverfahrens und kann im Einzelfall durchaus problematisch sein (vgl. dazu unten Rn. 39 f.).

4   Relevant werden kann die Abgrenzung der beiden Klagearten auch im Verhältnis der Unionsorgane untereinander, insbesondere bei der **Kontrolle der Einhaltung der Mitwirkungsrechte des Parlamentes** am Rechtsetzungsverfahren von Unionsakten, die grundsätzlich der Kommission als Hüterin der Verträge obliegt. Theoretisch könnte das Parlament bei Nichtbeachtung seiner Mitwirkungsrechte, insbesondere bei der Wahl einer unzutreffenden Rechtsgrundlage, seine vertragsgemäßen Mitwirkungsbefugnisse im Wege der Untätigkeitsklage gegenüber der Kommission, die ihre Kontrolle nicht richtig ausgeübt hat, verfolgen, zum anderen aber auch im Wege der Nichtigkeitsklage gegenüber dem dann erlassenen Rechtsakt. Im Verhältnis der

---

[4] Vgl. *Cremer*, in: Calliess/Ruffert, EUV/AEUV, Art. 265 AEUV Rn. 1; *Schwarze*, in: ders., EU-Kommentar, Art. 265 AEUV Rn. 2.

[5] Vgl. *Stotz*, in: Dauses, EU-WirtR, P I Rn. 213.

[6] *Niedermühlbichler*, Verfahren, Rn. 213; vgl. auch *Pechstein*, EU-Prozessrecht, Rn. 572 f. A. A. (Art. 230 und 232 EGV betreffen „ein und denselben Rechtsbehelf"): EuGH, Rs. C-68/95, *T.Port*, Slg. 1996, I-6065 Rn. 59; EuG, Rs. T-17/96, *TF1*, Slg. 1999, II-1757 Rn. 27; *Stotz*, in: Dauses, EU-WirtR, P I Rn. 185; *Schwarze*, in: ders., EU-Kommentar, Art. 265 AEUV Rn. 2.

[7] EuGH, Rs. 48/65, *Lütticke*, Slg. 1966, 28, 40; Rs. 10 & 18/68, *Eridania*, Slg. 1969, 459 Rn. 17; Rs. 42/71, *Nordgetreide*, Slg. 1972, 105 Rn. 4; Rs. C-15/91 & C-108/91, *Buckl & Söhne*, Slg. 1992, I-6061 Rn. 20.

[8] Vgl. *Nicolaysen*, Europarecht I, S. 383; *Gaitanides*, in: Groeben/Schwarze, EUV/EGV, Art. 232 EGV Rn. 2; *Niedermühlbichler*, Verfahren, Rn. 213; *Schwarze*, in: ders., EU-Kommentar, Art. 265 AEUV Rn. 3; *Thiele*, Europäisches Prozeßrecht, § 8 Rn. 3.

beiden Rechtsbehelfe zueinander ist hier aber die Nichtigkeitsklage der vorzugswürdige Rechtsbehelf, da sich die Kommission aufgrund ihrer Beteiligung am Rechtsetzungsverfahren schwer tun wird, einen unter Umständen mühsam ausgehandelten Kompromiss durch einen „Beschluss" zur „richtigen" Rechtsgrundlage, welche dem Parlament mehr Mitwirkungsrechte einräumt, wieder in Frage zu stellen, zumal die Abgrenzung zwischen verschiedenen in Betracht kommenden Kompetenznormen im Einzelfall häufig schwierig sein kann.[9] Darüber hinaus wäre es für das Parlament schwierig, wenn nicht gar unmöglich, darzulegen, dass die Kommissionsentscheidung, die dem allgemeinen Rechtsinteresse am Erlass eines bestimmten Rechtsetzungsaktes einen höheren Stellenwert als den Mitwirkungsrechten des Parlaments einräumt, vertragswidrig ist.[10] Selbst wenn dies zur Überzeugung des Gerichtshofs gelänge, wird es angesichts der Klagefrist von zwei Monaten für die Erhebung einer Nichtigkeitsklage durch die Kommission zu spät sein, so dass das Parlament unter allen Gesichtspunkten bei einer Verletzung seiner Mitwirkungsrechte selbst Nichtigkeitsklage gegen das Rechtsetzungsorgan erhebt.[11] Eine Untätigkeitsklage scheidet folglich in diesen Fällen unter prozessökonomischen Gesichtspunkten aus.

In der gerichtlichen Praxis kommen Untätigkeitsklagen **eher selten** vor, die, wenn sie denn einmal erhoben wurden, zudem nur selten erfolgreich waren.[12] Dies dürfte auch daran liegen, dass die Behauptung eines individuellen Bezugs (vgl. unten Rn. 14, 26, 28, 34 f.) schwer fällt und daher die Untätigkeitsklage kaum von Individuen oder Unternehmen erhoben wird.[13] In der Mehrzahl der einschlägigen Fallgestaltungen fehlte es bereits an der Zulässigkeit der Klagen.[14]

B. Zulässigkeit

I. Sachliche Zuständigkeit

Seit dem **Vertrag von Nizza** sind grundsätzlich alle Untätigkeitsklagen dem EuG zugewiesen (Art. 225 Abs. 1 EGV-Nizza), zugleich aber Ausnahmen aufgrund der Satzung des Gerichtshofs gestattet. Art. 51 Satzung-EuGH a. F. wies verschiedene Klagen der Mitgliedstaaten, der Gemeinschaftsorgane und der EZB dem Gerichtshof zu.[15]

Diese geteilte Zuständigkeit behält Art. 256 Abs. 1 AEUV bei. Grundsätzlich ist das EuG für Untätigkeitsklagen zuständig. Ausgenommen sind hiervon zum einen Untätigkeitsklagen aus Rechtsbereichen, für die gemäß Art. 257 AEUV eine gerichtliche Kammer gebildet wurde, die in diesen Fällen sachlich zuständig ist. Und zum anderen

---

[9] Vgl. hierzu nur *Middeke,* DVBl. 1993, 769 ff.; *Nettesheim,* EuR 1993, 243 ff.; *Ullrich,* ZEuS 2000, 243 ff.
[10] *GA Jacobs,* SchlA Rs. C-295/90, Slg. 1992, I-4193 Rn. 23 ff.
[11] *Röttinger,* EuZW 1993, 117 (118).
[12] Vgl. *Hakenberg/Stix-Hackl,* Handbuch, S. 55 f.; siehe ferner den Jahresbericht 2011 des Gerichtshofs (www.curia.europa.eu): im Zeitraum 2007–2011 entfielen auf die Untätigkeitsklage nur 1,11 % der am EuG eingegangenen Rechtssachen.
[13] *Hakenberg/Stix-Hackl,* Handbuch, S. 55 f.
[14] BBPS, S. 273.
[15] Vgl. auch *Wegener,* DVBl. 2001, 1258 (1260).

weist Art. 51 Satzung-EuGH verschiedene Klagen von Mitgliedstaaten und Unionsorgane dem Gerichtshof zu.[16] Da diese Untätigkeitsklagen in der Praxis nur selten sind, ist der EuGH seit der Einrichtung des EuG mit Untätigkeitsklagen vornehmlich als Rechtsmittelgericht befasst (Art. 256 Abs. 1 UAbs. 1 AEUV i. V. m. Art. 56 Abs. 1 Satzung-EuGH.

II. Verfahrensbeteiligte

8 Ähnlich wie bei der Nichtigkeitsklage ist die Verfahrensbeteiligung bei der Untätigkeitsklage differenziert ausgestaltet (§ 7 Rn. 16 ff.). Wiederum ist zwischen privilegierten Klägern (Mitgliedstaaten und Unionsorgane) und nichtprivilegierten Klägern (natürliche und juristische Personen) zu unterscheiden.[17]

9 **1. Klageberechtigte.** Entsprechend der in den einzelnen Absätzen geregelten Klageberechtigung kommt der Untätigkeitsklage der Charakter eines Organstreitverfahrens oder einer Individualklage zu.[18]

10 **a) Mitgliedstaaten und Unionsorgane.** Gemäß Art. 265 Abs. 1 AEUV können die **Mitgliedstaaten** und „die anderen Organe der Union" Klage gegen ein Unterlassen des Europäischen Parlaments, des Europäischen Rates, des Rates, der Kommission oder der Europäischen Zentralbank erheben. Danach sind zunächst einmal die einzelnen Mitgliedstaaten klageberechtigt, wobei wegen der Einzelheiten auf die Darstellung im Rahmen der Nichtigkeitsklage (§ 7 Rn. 17) verwiesen werden kann.

11 Im Hinblick auf die Klageberechtigung der **Unionsorgane** ist Art. 265 Abs. 1 AEUV etwas missverständlich gefasst. Anders als es der Wortlaut auf den ersten Blick vermuten lassen könnte, steht bei sachgerechter Interpretation selbstverständlich auch den aufgezählten Unionsorganen[19] ein Klagerecht gegen Unterlassungen eines anderen Organs zu.[20] Zu den Klageberechtigten zählt ferner der Rechnungshof als vollwertiges Unionsorgan (vgl. Art. 13 Abs. 1 UAbs. 2 EUV). Er könnte mit der Untätigkeitsklage beispielsweise gegen Verletzungen der Informationspflichten (Art. 287 Abs. 3 AEUV) seitens des Parlaments, des Rates oder der Kommission vorgehen.[21] Der Gerichtshof gehört trotz seiner Organstellung nicht zu den klageberechtigten Gemeinschaftsorganen, da er nicht gleichzeitig Rechtsschutz gewähren und begehren kann.[22] Eine andere Frage

---

[16] Vgl. zu den Einzelheiten Art 51 Satzung-EuGH in der durch die Verordnung (EU, Euratom) Nr. 741/2012 des Europäischen Parlaments und des Rates vom 11. August 2012 (ABl. L 228 vom 23. August 2012, S. 1) geänderten Fassung.

[17] Vgl. *Niedermühlbichler*, Verfahren, Rn. 215 ff.; *Kotzur*, in: Geiger/Khan/Kotzur, EUV/AEUV, Art. 265 AEUV Rn. 7; *Schwarze*, in: ders., EU-Kommentar, Art. 265 AEUV Rn. 5.

[18] Vgl. auch *Pechstein*, EU-Prozessrecht, Rn. 571; *Niedermühlbichler*, Verfahren, Rn. 213.

[19] Das Klagerecht des Parlaments war vor dem Inkrafttreten des Maastrichter Vertrags nicht unumstritten, ist aber bereits 1985 vom Gerichtshof ausdrücklich anerkannt worden (EuGHE, Rs. 13/83, *Parlament/Rat*, Slg. 1985, 1513, Rn. 17–19).

[20] Vgl. *Daig*, Nichtigkeitsklage, Rn. 232; *Stotz*, in: Rengeling, EUDUR I, § 45 Rn. 134; *Schwarze*, in: ders., EU-Kommentar, Art. 265 AEUV Rn. 6.

[21] Vgl. *Pechstein*, EU-Prozessrecht, Rn. 587; zurückhaltend bezüglich der Relevanz von Untätigkeitsklagen des Rechnungshofs: *Friedrich/Inghelram*, DÖV 1999, 669 (674 f.).

[22] *GA Lenz*, SchlA Rs. 13/83, Slg. 1985, 1513, 1515; *Oppermann*, EuropaR, § 13 Rn. 55; *Gaitanides*, in: Groeben/Schwarze, EUV/EGV, Art. 232 EGV Rn. 5; *Schwarze*, in: ders., EU-Kommentar, Art. 265 AEUV Rn. 6.

ist jedoch, ob angesichts der weit gefassten Formulierung neben den Hauptorganen auch den sog. Neben- oder Hilfsorganen[23] wie dem Wirtschafts- und Sozialausschuss (Art. 301-304 EUV) oder dem Ausschuss der Regionen (Art. 305–307 EUV) ein Recht zur Erhebung der Untätigkeitsklage zusteht. Bislang war der EuGH mit dieser Fragestellung noch nicht befasst. Für die Beurteilung des Klagerechts eines Hilfsorgans wird es zum einen entscheidend darauf ankommen, ob dem Hilfsorgan eine dem Hauptorgan vergleichbare Organqualität zukommt,[24] und zum anderen, ob zwischen den Verfahrensbeteiligten eine Rechtsbeziehung mit bestimmten Handlungspflichten besteht. Angesichts der lediglich beratenden Funktionen der Ausschüsse[25] dürfte die Frage ihrer Klageberechtigung zu verneinen sein.[26] Systematisch spricht gegen eine aktive Parteifähigkeit des Ausschusses der Regionen, dass im Vertrag von Lissabon eine solche für die Nichtigkeitsklage ausdrücklich eingeführt wurde (Art. 263 Abs. 3 AEUV), eine entsprechende Normierung für die Untätigkeitsklage hingegen unterblieb.[27]

12 Für die **Europäischen Zentralbank** (EZB) sah Art. 232 Abs. 4 EGV-Nizza nur ein auf ihren Zuständigkeitsbereich beschränktes Klagerecht vor.[28] Da die EZB seit dem Vertrag von Lissabon gemäß Art. 13 Abs. 1 UAbs. 2 EUV zu den Unionsorganen zählt, besitzt sie nunmehr als „anderes Unionsorgan" ohne weiteres ein eigenes, uneingeschränktes Klagerecht.

13 **b) Natürliche und juristische Personen.** Über Art. 265 Abs. 3 AEUV sind ferner natürliche oder juristische Personen berechtigt, nach Maßgabe der Abs. 1 und 2 Klage wegen Untätigkeit zu erheben. Der Vertrag verwendet hier also die gleiche Terminologie wie im Falle einer Nichtigkeitsklage von Individuen gegen Unionsorgane (Art. 263 Abs. 4 AEUV), so dass auf die Erläuterungen im dortigen Zusammenhang (vgl. § 7 Rn. 21 f.) Bezug genommen werden kann. Was die Klageberechtigung **unterstaatlicher Organisationseinheiten** (z. B. die deutschen Bundesländer) betrifft, dürften Untätigkeitsklagen in der Praxis zwar weniger relevant als Nichtigkeitsklagen sein, durch welche Übergriffe der Unionsorgane in den Zuständigkeitsbereich der Gebietskörperschaften abgewehrt werden sollen. Dennoch sind solche Organisationseinheiten grundsätzlich gemäß Art. 265 Abs. 3 AEUV klageberechtigt.[29]

14 Neben den einzelnen mitgliedstaatlichen Zentralbanken als juristische Personen[30] können grundsätzlich auch **nationale Geschäftsbanken oder Unternehmen** eine Untätigkeitsklage gegen die EZB erheben. In der zuletzt genannten Konstellation dürfte jedoch die Klagebefugnis auf Schwierigkeiten stoßen, da es insofern an einer pflichtwidrigen Unterlassung einer an jene Unternehmen gerichteten begünstigenden

---

[23] Vgl. hierzu *Bleckmann,* Europarecht, Rn. 352 ff.; BBPS, S. 113.
[24] Für den Wirtschafts- und Sozialausschuss ablehnend EuGH, Rs. 828/29, *Adams,* Slg. 1982, 269 Rn. 26.
[25] Vgl. *Bleckmann,* Europarecht, Rn. 352; BBPS, S. 154 ff.
[26] Ebenso *Schwarze,* in: ders., EU-Kommentar, Art. 265 AEUV Rn. 6; *Frenz,* Handbuch Europarecht, Bd. 5, Rn. 2959.
[27] So auch *Frenz,* Handbuch Europarecht, Bd. 5, Rn. 2959.
[28] Vgl. hierzu *Gaiser,* EuR 2002, 517 (520).
[29] Vgl. *Mulert,* Bundesländer, S. 153 ff., der im Ergebnis allerdings für eine analoge Anwendung des (nunmehr weggefallenen) Art. 232 Abs. 4 EGV plädiert.
[30] Besondere Klagemöglichkeiten sind für die Zentralbanken nicht vorgesehen; vgl. *Hahn/Häde,* ZHR 165 (2001), 42; *Gaiser,* EuR 2002, 534 f.

Entscheidung fehlen wird.[31] Geschäftsbanken könnten beispielsweise gegen die EZB klagen, wenn diese einen Antrag auf Entbindung von der Mindestreservepflicht nicht bescheidet.[32]

15 **2. Klagegegner.** Die Untätigkeitsklage richtet sich nach dem Wortlaut des Art. 265 Abs. 1 AEUV gegen ein Unterlassen des Europäischen Parlaments, des Europäischen Rates, des Rates, der Kommission oder der Europäischen Zentralbank. Die Unionsorgane sind auch dann als Klagegegner anzusehen, wenn sie bestimmte Befugnisse auf andere Stellen delegiert haben, deren Untätigkeit ihnen aber zugerechnet werden kann.[33] Die Frage nach dem richtigen Klagegegner stellt sich ferner bei sog. **mehrstufigen Rechtsakten**, bei denen das Unionsrecht die Vornahme einer Rechtshandlung durch ein Unionsorgan von der Mitwirkung eines anderen Organs abhängig macht. Sofern es sich um echte Mitwirkungsbefugnisse handelt, kann die Untätigkeitsklage immer nur gegen das Organ gerichtet werden, welches seiner Verpflichtung zur Vornahme der Rechtshandlung bislang noch nicht nachgekommen ist (sukzessive Untätigkeitsklage).[34] Eine Klage gegen alle Organe, die an dem begehrten Rechtsakt beteiligt sind, ist nicht möglich, da aufgrund der verschiedenartigen Klagegegenstände und unterschiedlichen Parteien weder eine objektive noch subjektive Klagehäufung in Betracht kommt. Will bspw. das Europäische Parlament eine bestimmte Rechtshandlung gerichtlich erzwingen, muss es zunächst auf Erlass eines Vorschlags der Kommission, dann darauf klagen, dass der Rat diesem Vorschlag nachkommt.[35]

16 Entgegen dem Wortlaut des Art. 265 Abs. 1 AEUV wird in der Literatur auch eine passive Parteifähigkeit des **Rechnungshofs** angenommen, was mit dessen Stellung als vollwertiges Unionsorgan, das mit eigenen Rechten und Pflichten ausgestattet ist, begründet wird.[36] In der Tat sind dem Europäischen Rechnungshof gemäß Art. 285, 287 AEUV verschiedene Pflichten (Rechnungsprüfung, Jahresbericht) übertragen worden[37] und er ist bereits seit dem Inkrafttreten des Maastrichter Vertrags ein vollwertiges Organ der Union (jetzt Art. 13 Abs. 1 UAbs. 2 EUV). Gegen eine passive Parteifähigkeit des Rechnungshofs spricht allerdings, dass er gleichwohl weder durch den Vertrag von Amsterdam, noch durch den Vertrag von Nizza und den Vertrag von Lissabon in den Kreis der explizit genannten Klagegegner in Art. 265 Abs. 1 AEUV aufgenommen worden ist.[38]

Die Frage nach der passiven Beteiligtenfähigkeit könnte man ferner im Hinblick auf die **Hilfsorgane** stellen. Die Art. 304 AEUV für den Wirtschafts- und Sozialausschuss bzw. Art. 307 AEUV für den Ausschuss der Regionen normieren indessen lediglich Anhörungsrechte in bestimmten vertraglich vorgesehenen Fällen. Geben die Ausschüsse innerhalb einer ihnen von den Unionsorganen gesetzten Frist keine Stellungnahme ab,

---

[31] Vgl. *Koenig,* EuZW 1993, 661 (664).
[32] Vgl. *Hahn/Häde,* ZHR 165 (2001), 30 (52); *Gaiser,* EuR 2002, 517 (529).
[33] Vgl. *Schwarze,* in: ders., EU-Kommentar, Art. 265 AEUV Rn. 9.
[34] Ebenso *Pechstein,* EU-Prozessrecht, Rn. 628; *Schwarze,* in: ders., EU-Kommentar, Art. 265 AEUV Rn. 9.
[35] So auch *Bleckmann,* Europarecht, Rn. 906.
[36] Vgl. *Frenz,* Rn. 2966 f.; i. d. S. auch *Schwarze,* in: ders., EU-Kommentar, Art. 265 AEUV Rn. 8; vgl. auch *Pechstein,* EU-Prozessrecht, Rn. 587; *Ehlers,* Jura 2009, 366 (367).
[37] Näher *Friedrich/Inghelram,* DÖV 1999, 669 (671 f.).
[38] Demzufolge wird er in der Literatur meist nicht bei den Klagegegnern erwähnt; vgl. *Cremer,* in: Calliess/Ruffert, EUV/AEUV, Art. 265 AEUV Rn. 3.

kann deren Fehlen für den weiteren Fortgang des Vorhabens unberücksichtigt bleiben. Eine Klage gegen den Wirtschafts- und Sozialausschuss oder gegen den Ausschuss der Regionen scheidet daher offensichtlich aus.

Mit dem Lissaboner Vertrag wurden die Einrichtungen und sonstigen Stellen der Union in den Kreis der möglichen Klagegegner aufgenommen (Art. 265 Abs. 1 S. 2 AEUV). 17

III. Klagegegenstand

Der Klagegegenstand der Untätigkeitsklage ist im Rahmen des AEUV unterschiedlich geregelt, je nachdem, ob es sich um eine Klage von Mitgliedstaaten bzw. Unionsorganen oder um eine Individualklage handelt. 18

1. Klagen der Mitgliedstaaten und der Unionsorgane. Bei der von einem Mitgliedstaat oder einem Unionsorgan gemäß Art. 265 Abs. 1 AEUV erhobenen Untätigkeitsklage betrifft der Klagegegenstand einen unter Verletzung der Verträge unterlassenen „Beschluss" eines Unionsorgans. 19

Mit der Wahl dieses Begriffes weicht der Prüfungsgegenstand von der Terminologie in anderen Rechtsbehelfsvorschriften ab,[39] so dass sich die Frage stellt, was unter einem „Beschluss" zu verstehen ist. Ein Blick in die anderen Sprachfassungen des Vertrages ergibt lediglich, dass sich zu der terminologischen Abweichung noch eine sprachliche Vielfalt gesellt.[40] Vor dem Hintergrund seiner anderssprachigen Entsprechungen wurde schon bislang der Begriff „Beschluss" allgemein weit ausgelegt.[41] Seit dem Inkrafttreten des Lissaboner Vertrages, der im Rechtsaktkatalog des Art. 288 Abs. 4 AEUV ausdrücklich die Handlungsform „Beschluss" kennt, stellt sich die Frage, ob nunmehr ein hierauf beschränktes Begriffsverständnis angezeigt ist. Dies ist jedoch insbesondere deshalb zu verneinen, weil die meisten anderen Sprachfassungen terminologisch zwischen dem in Art. 265 Abs. 1 AEUV und Art. 288 Abs. 4 AEUV verwendeten Begriff unterscheiden.[42] Unterschiedliche Auffassungen bestehen jedoch hinsichtlich der Rechtsverbindlichkeit der unter den Begriff „Beschluss" zu subsumierenden Rechtshandlungen. 20

Während ein Teil der Literatur nur verbindliche Rechtsakte des Rates und der Kommission wie Verordnungen, Richtlinien und Entscheidungen als begrifflich umfasst ansieht,[43] werden nach überwiegender Ansicht **auch unverbindliche Rechtshandlungen** miteinbezogen.[44] Für die h. M. spricht, dass in Art. 265 Abs. 3 AEUV die unverbindlichen Rechtsakte Empfehlung und Stellungnahme ausdrücklich als Klagegegenstand ausgeklammert wurden, so dass im Wege des Umkehrschlusses gefolgert werden 21

---

[39] Vgl. Art. 263 Abs. 1 AEUV, Art. 263 Abs. 4 AEUV, Art. 265 Abs. 3 AEUV.
[40] Engl.: fail to act; franz.: s'abstient de statuer; ital.: si astengano dal pronunciarsi; niederl.: besluit.
[41] *Daig*, Nichtigkeitsklage, Rn. 321; *Gaitanides*, in: Groeben/Schwarze, EUV/EGV, Art. 232 EGV Rn. 8; *Pechstein*, EU-Prozessrecht, Rn. 614; *Cremer*, in: Calliess/Ruffert, EUV/AEUV, Art. 265 AEUV Rn. 5.
[42] *Frenz*, Handbuch Europarecht, Bd. 5, Rn. 2975; *Pechstein*, EU-Prozessrecht, Rn. 614.
[43] *Nicolaysen*, Europarecht I, S. 384; etwas weiter: *Bleckmann*, Europarecht, Rn. 898.
[44] *Stotz*, in: Dauses, EU-WirtR, P I Rn. 190; *Gaitanides*, in: Groeben/Schwarze, EUV/EGV, Art. 232 EGV Rn. 11; BBPS, S. 273; *Pechstein*, EU-Prozessrecht, Rn. 615; *Schwarze*, in: ders., EU-Kommentar, Art. 265 AEUV Rn. 11.

kann, dass sie im Rahmen der Organklage gemäß Art. 265 Abs. 1 AEUV grundsätzlich umfasst sind. Diese Auffassung wird auch vom EuGH geteilt, der unter dem Begriff „Beschluss" alle Maßnahmen versteht, „deren Tragweite sich hinreichend bestimmen lässt, so dass sie konkretisiert und Gegenstand eines Vollzuges i.S. von Art. 176 (jetzt: Art. 266 Abs. 1 AEUV) sein können".[45] Diese Feststellung lässt sich weitergehend dahin interpretieren, dass auch solche Handlungen Gegenstand einer Untätigkeitsklage sein können, die nicht unbedingt von der Nomenklatur der Art. 288 AEUV erfasst werden.[46] Die Untätigkeitsklage kann auch Handlungen zum Gegenstand haben, deren Erlass nicht im Rahmen einer Nichtigkeitsklage gerügt werden könnte.[47]

22   Bei der Festlegung des Prüfungsgegenstandes ist ferner zu berücksichtigen, dass nur solche Beschlüsse Gegenstand einer Untätigkeitsklage sein können, deren Unterlassen zugleich die Verletzung der „Verträge" darstellt. Ebenso wie im Vertragsverletzungsverfahren und bei der Nichtigkeitsklage umfasst der Begriff der „Verträge" **das gesamte Unionsrecht**.[48] Voraussetzung für die Verletzung des Unionsrechts im Falle der Untätigkeit eines Unionsorgans ist, dass sich entweder aus dem Primär- oder Sekundärrecht eine entsprechende Rechtspflicht zur Vornahme der begehrten Handlung ergibt.[49] Für die Festlegung des Klagegegenstandes im Rahmen der Zulässigkeit ist es ausreichend, aber auch erforderlich, dass der Kläger die begehrte Maßnahme wie auch die infolge ihrer Nichtvornahme seiner Ansicht nach objektiv verletzte Handlungspflicht schlüssig darlegt und so genau umschreibt, dass dem Gerichtshof eine Überprüfung der Rechtmäßigkeit des Nichterlasses möglich ist.[50] Ob demgegenüber im konkreten Fall tatsächlich eine Verpflichtung des beklagten Organs besteht und diese verletzt ist, ist keine Frage der Zulässigkeit, sondern der Begründetheit.[51] Ein bestehender Ermessensspielraum für das betreffende Organ schließt die Zulässigkeit der in Aussicht genommenen Klage demnach nicht von vornherein aus.[52] Besteht allerdings **schon offensichtlich keine Verpflichtung** des betreffenden Organs zur Vornahme der begehrten Handlung und damit offensichtlich kein Anspruch des Klägers wie beispielsweise bezüglich der Einleitung eines Vertragsverletzungsverfahrens durch die Kommission (vgl. § 6 Rn. 24),[53] ist die Klage unabhängig vom Vor- bzw. Nichtvorliegen sonstiger Voraussetzungen unzulässig.[54]

23   Akte der EZB, die als zulässige Klagegegenstände in Betracht kommen, können neben den in Art. 132 Abs. 1 AEUV genannten Handlungen (Verordnungen, Beschlüsse, Empfehlungen oder Stellungnahmen) auch sonstige Akte sein.[55]

---

[45] EuGH, Rs. 13/83, *Parlament/Rat*, Slg. 1985, 1513 Rn. 37.
[46] *Daig*, Nichtigkeitsklage, Rn. 323; *Gaitanides*, in: Groeben/Schwarze, EUV/EGV, Art. 232 EGV Rn. 8; weitere Beispiele bei *Bleckmann*, Europarecht, Rn. 898.
[47] *Schwarze*, in: ders., EU-Kommentar, Art. 265 AEUV Rn. 11.
[48] Vgl. *Pechstein*, EU-Prozessrecht, Rn. 595; *Bleckmann*, EuropaR, Rn. 899.
[49] *Bleckmann*, Europarecht, Rn. 900; *Kotzur*, in: Geiger/Khan/Kotzur, EUV/AEUV, Art. 265 AEUV Rn. 5.
[50] EuGH, Rs. 13/83, *Parlament/Rat*, Slg. 1985, 1513 Rn. 36.
[51] *Nicolaysen*, Europarecht I, S. 384; *Schwarze*, in: ders., EU-Kommentar, Art. 265 AEUV Rn. 11.
[52] EuGH, Rs. 13/83, *Parlament/Rat*, Slg. 1985, 1513 Rn. 26.
[53] EuGH, Rs. 247/87, *Star Fruit*, Slg. 1989, 291 Rn. 11 ff.; EuG, Rs. T-126/95, *Dumez*, Slg. 1995, II-2863 Rn. 44; Rs. T-201/96, *Smanor u. a.*, Slg. 1997, II-1081, Rn. 22 f.
[54] *Schwarze*, in: ders., EU-Kommentar, Art. 265 AEUV Rn. 11; EuG, Rs. T-443/03, *Retecal*, Slg. 2005, II-1803 Rn. 44.
[55] Vgl. *Hahn/Häde*, ZHR 165 (2001), 30 (36 ff.); *Gaiser*, EuR 2002, 517 (529).

2. Individualklagen. Gemäß Art. 265 Abs. 3 AEUV können Private im Rahmen 24
einer Untätigkeitsklage nur darüber Beschwerde führen, dass ein Unionsorgan oder
eine Einrichtung oder sonstige Stelle der Union es unterlassen hat, „einen anderen Akt
als eine Empfehlung oder eine Stellungnahme an sie zu richten".

a) „Unionsakt" als Streitgegenstand. Obwohl der Wortlaut dies vermuten lassen 25
könnte, beschränkt sich der Terminus „Akt" ebenso wenig wie der in Art. 265 Abs. 1
AEUV genannte „Beschluss" auf die in Art. 288 Abs. 1 AEUV aufgeführten Rechtshandlungen, sondern umfasst auch darüber hinausgehende Maßnahmen.[56]

Dieses weite Begriffsverständnis wird allerdings durch zwei weitere in Art. 265 26
Abs. 3 AEUV ebenfalls enthaltene Einschränkungen relativiert. Zum einen ergibt
sich aufgrund der positiv-rechtlichen Ausklammerung der Empfehlung und Stellungnahme, dass **unverbindliche Rechtshandlungen** (Ratschläge, Auskünfte) nicht als
mögliche Gegenstände einer privaten Untätigkeitsklage in Betracht kommen sollen.[57]
Der Terminus „Akt" bezieht sich folglich nur auf rechtsverbindliche Maßnahmen.[58]
Zum anderen ergibt sich aus der Formulierung „an sie zu richten", dass der begehrte
Rechtsakt eine **individuelle Komponente** der Gestalt aufweisen muss, dass er sich an
eine bestimmte Person richtet. Die Untätigkeitsklage Privater ist somit nur zulässig,
wenn die betreffende natürliche oder juristische Person nachweist, dass sie sich genau
in der Rechtsstellung des potentiellen Adressaten eines Rechtsaktes befindet, den das
Unionsorgan bzw. die Einrichtung oder sonstige Stelle der Union ihr gegenüber zu
erlassen verpflichtet wäre.[59] Rechtsakte, die weder ihrer Form noch ihrer Rechtsnatur
nach an Einzelne gerichtet sind, wie z. B. Verordnungen oder Richtlinien, scheiden
daher ebenfalls als Gegenstand einer Untätigkeitsklage Privater aus.[60]

Auch die unterlassene Einleitung eines Vertragsverletzungsverfahrens durch die 27
Kommission kann nicht über die Untätigkeitsklage durchgesetzt werden.[61] Dies steht
in Einklang mit den im Rahmen des Vertragsverletzungsverfahrens gefundenen Er-

---

[56] *Schwarze*, in: ders., EU-Kommentar, Art. 265 AEUV Rn. 14.
[57] Vgl. EuGH, Rs. 15/70, *Chevalley*, Slg. 1970, 975 Rn. 11/14; Rs. 83/84, *N.M. gegen Kommission*, Slg. 1984, 3571, Rn. 10.
[58] Vgl. *Gaitanides*, in: Groeben/Schwarze, EUV/EGV, Art. 232 EGV Rn. 12; *Pechstein*, EU-Prozessrecht, Rn. 618; *Cremer*, in: Calliess/Ruffert, EUV/AEUV, Art. 265 AEUV Rn. 6; *Schwarze*, in: ders., EU-Kommentar, Art. 265 AEUV Rn. 14; ein Beispiel für einen möglichen Klagegegenstand einer gegen die EZB gerichteten Individualklage nennt *Gaiser*, EuR 2002, 517 (529).
[59] EuG, Rs. T-3/90, *Prodifarma*, Slg. 1991, II-1 Rn. 35.
[60] EuGH, Rs. 15/71, *Mackprang*, Slg. 1971, 797 Rn. 4; Rs. 1134/73, *Holtz & Willemsen*, Slg. 1974, 1 Rn. 5; Rs. 90/78, *Granaria*, Slg. 1979, 1081 Rn. 14; Rs. 60/79, *Fédération nationale des producteurs de vins de table*, Slg. 1979, 2429 2432; Rs. T-167/95, *Kuchlenz-Winter*, Slg. 1996, II-1607 Rn. 20 f.; *Bleckmann*, Europarecht, Rn. 909; *Scherer/Zuleeg*, in: Schweitzer, Europäisches Verwaltungsrecht, S. 222; *Pechstein*, EU-Prozessrecht, Rn. 619; *Niedermühlbichler*, Verfahren, Rn. 222; *Gaitanides*, in: Groeben/Schwarze, EUV/EGV, Art. 232 EGV Rn. 13; *Cremer*, in: Calliess/Ruffert, EUV/AEUV, Art. 265 AEUV Rn. 6; *Schwarze*, in: ders., EU-Kommentar, Art. 265 AEUV Rn. 16.
[61] EuGH, Rs. 247/87, *Star Fruit*, Slg. 1989, 291 Rn. 10 ff.; Rs. C-371/89, *Emrich I*, Slg. 1990, I-1555 Rn. 5 ff.; Rs. C-72/90, *Asia Motor*, Slg. 1990, I-2181 Rn. 10 ff.; Rs. C-247/90, *Emrich II*, Slg. 1990, I-3913 Rn. 6 ff.; EuG, Rs. T-479/93, *Bernardi*, Slg. 1994, II-1115 Rn. 31; Rs. T-126/95, *Dumez*, Slg. 1995, II-2863 Rn. 44; vgl. auch *Pechstein*, EU-Prozessrecht, Rn. 620; *Schwarze*, in: ders., EU-Kommentar, Art. 265 AEUV Rn. 16; näher *Allkemper*, Rechtsschutz, S. 118 ff.

gebnissen, wonach der Kommission im Hinblick auf die Einleitung eines Vertragsverletzungsverfahrens ein Ermessen zusteht (vgl. oben § 6 Rn. 24).

28   **b) Individualbezogene Rechtsakte der Unionssorgane.** Durch das Erfordernis der Individualbezogenheit ist der Kreis möglicher Streitgegenstände von Individualklagen keineswegs faktisch auf Entscheidungen des Rats und der Kommission beschränkt,[62] da sowohl die anderen Organe als auch die Einrichtungen und sonstigen Stellen Entscheidungen an Individuen richten können. Auch hinsichtlich des **Europäischen Parlaments** kann nicht grundsätzlich ausgeschlossen werden, dass es **Maßnahmen** gegenüber Individuen (z. B. Abgeordneten) erlässt. Relevant werden könnte die Untätigkeitsklage eines Einzelnen gegenüber dem Europäischen Parlament durch das in Art. 227 AEUV primärrechtlich verankerte Petitionsrecht und der Möglichkeit, sich gemäß Art. 228 AEUV beim Bürgerbeauftragten zu beschweren. Im einen wie im anderen Fall hat der Petent bzw. der Beschwerdeführer zumindest einen Anspruch auf sachliche Bescheidung, so dass eine fehlende Unterrichtung dem Europäischen Parlament als Untätigkeit zugerechnet und ggf. mit der Untätigkeitsklage eingefordert werden kann.

29   **c) Drittbezogenheit des Klagegegenstandes.** Fraglich ist in diesem Zusammenhang, inwieweit Private mit der Untätigkeitsklage Maßnahmen rügen können, die im Falle ihres Erlasses an einen Dritten zu richten wären. Grundsätzlich muss der begehrte Rechtsakt an den Kläger als Adressaten gerichtet sein. Dass der Kläger ein bloß mittelbares Interesse an einer Maßnahme gegenüber einem Dritten hat, reicht nicht aus.[63] Lange Zeit war hingegen ungeklärt, ob Private Untätigkeitsklage erheben können, wenn sie zwar nicht Adressaten eines Aktes wären, aber von ihm **unmittelbar und individuell betroffen** sein würden. Unter Hinweis auf den Wortlaut der Art. 265 Abs. 3 AEUV ließe sich sagen, dass Klagegegenstand nur ein individualbezogener Rechtsakt sein könne, der sich seiner Natur und Bestimmung nach an den Kläger richten müsse.[64] Nach überwiegender Auffassung wird eine Untätigkeitsklage wegen ihrer parallelen Struktur zur Nichtigkeitsklage und im Interesse eines umfassenden Individualrechtsschutzes indes auch dann für zulässig gehalten, wenn der Kläger nicht Adressat des begehrten Rechtsaktes ist, durch die Untätigkeit aber unmittelbar und individuell betroffen ist.[65] Auf dieser Linie liegt auch die jüngere Rechtsprechung.[66]

---

[62] So *Bleckmann*, Europarecht, Rn. 914.
[63] Vgl. EuGH, Rs. 246/81, *Lord Bethell*, Slg. 1982, 2277 Rn. 16; *Schwarze*, in: ders., EU-Kommentar, Art. 265 AEUV Rn. 17.
[64] Vgl. *GA Roemer*, SchlA Rs. 103/63, *Rhenania*, Slg. 1964, 929, 934 f.; *GA Capotorti*, SchlA Rs. 125/78, *GEMA*, Slg. 1979 3173, 3199 f.; *GA Slynn*, SchlA Rs. 246/81, *Lord Bethell*, Slg. 1982, 2293, 2295 ff.; *Bleckmann*, Europarecht, Rn. 909 ff.; *Nicolaysen*, Europarecht I, S. 384; BBPS, S. 272.
[65] *Daig*, Nichtigkeitsklage, Rn. 331; *Scherer/Zuleeg*, in: Schweitzer, Europäisches Verwaltungsrecht, S. 223; *Schödermeier/Wagner*, WuW 1994, 403 (413 f.); *Allkemper*, Rechtsschutz, S. 115 ff.; *Pechstein*, EU-Prozessrecht, Rn. 624; *Niedermühlbichler*, Verfahren, Rn. 221; *Gaitanides*, in: Groeben/Schwarze, EUV/EGV, Art. 232 EGV Rn. 14; *Cremer*, in: Calliess/Ruffert, EUV/AEUV, Art. 265 AEUV Rn. 8; *Kotzur*, in: Geiger/Khan/Kotzur, EUV/AEUV, Art. 265 AEUV Rn. 10; *Pechstein*, EU-Prozessrecht, Rn. 623 ff.; *Schwarze*, in: ders., EU-Kommentar, Art. 265 AEUV Rn. 17; vgl. auch *GA Dutheillet de Lamothe*, SchlA Rs. 15/71, *Mackprang*, Slg. 1971, 806 ff.
[66] Vgl. EuGH, Rs. C-68/95, *T.Port*, Slg. 1996, I-6065 Rn. 59; EuG, Rs. T-95/96, *Gestevisión Telecinco*, Slg. 1998, II-3407 Rn. 58; Rs. T-17/96, *TF1*, Slg. 1999, II-1757 Rn. 27; anders aller-

Hierfür mag zunächst sprechen, dass die sich aus dem Wortlaut der Art. 265 Abs. 3 **30** AEUV ergebende Adressatenstellung nicht unbedingt auf den Kläger zu beziehen ist. Die Formulierung „an sie zu richten" ist durchaus neutral. Wichtiger ist, dass die vorangegangenen Ausführungen ergeben haben, dass eine **parallele Struktur zwischen Nichtigkeits- und Untätigkeitsklage** nicht von der Hand zu weisen ist.[67] Dies wird auch von den europäischen Gerichten so gesehen, die hervorgehoben haben, dass der Begriff der Maßnahme in Art. 230 EGV-Nizza und in Art. 232 EGV-Nizza (jetzt Art. 263 und 265 AEUV) der gleiche sei und beide Vorschriften denselben Rechtsbehelf regelten.[68] Mit dem Postulat eines möglichst lückenlosen Rechtsschutzes im Unionssystem lässt es sich nicht in Einklang bringen, wenn Einzelnen in Drittbeteiligungsfällen Rechtsschutz im Rahmen einer Nichtigkeitsklage gewährt, im Rahmen einer Untätigkeitsklage jedoch versagt wird.[69] Würde man dem Begriff der Maßnahme bei der Nichtigkeitsklage und der Untätigkeitsklage unterschiedliche Bedeutung beimessen, hätte dies zur Folge, dass es vom Verhalten der mit dem Antrag befassten Unionsorgane abhängen würde, ob ein Rechtsbehelf gegeben wäre oder nicht.[70] Insbesondere im Wettbewerbsrecht wären Wertungswidersprüche unübersehbar. Wenn Individualnichtigkeitsklagen gegen drittgerichtete Entscheidungen in diesem Bereich (bei hinreichender Betroffenheit) zulässig sind, weil sich die Begünstigung des Adressaten auf der Kehrseite als Belastung des Klägers auswirkt, muss in Unterlassungssituationen dasselbe gelten, da der Kläger durch die Unterlassung einer Maßnahme gegen seinen Konkurrenten ebenso in seiner Marktposition beeinträchtigt sein kann.[71]

IV. Klagebefugnis

Ob es für die Zulässigkeit der Untätigkeitsklage einer Klagebefugnis bedarf, hängt **31** ebenso wie bei der Nichtigkeitsklage (vgl. § 7 Rn. 51 ff.) davon ab, wer den gerichtlichen Rechtsschutz gegen die unterlassene organschaftliche Maßnahme begehrt. Allgemein muss wieder unterschieden werden zwischen Organ- und Individualklagen.

1. Klagen der Mitgliedstaaten und der Unionsorgane. Bei der von einem Mit- **32** gliedstaat oder einem Unionsorgan erhobenen Untätigkeitsklage gemäß Art. 265 Abs. 1 AEUV handelt es sich ebenso wie bei der Nichtigkeitsklage und dem Vertragsverletzungsverfahren um ein **objektives Verfahren**, in welchem die Klageberechtigten im Interesse des Unionsrechts ipso jure zur Klageerhebung berufen sind.[72] Des Nachweises

---

dings: EuG, Rs. T-277/94, *AITEC*, Slg. 1996, II-351 Rn. 58; vgl. zur Entwicklung der Rechtsprechung auch *Stotz*, in: Rengeling, EUDUR I, § 45 Rn. 138 f.
[67] Vgl. *Allkemper*, Rechtsschutz, S. 117.
[68] EuGH, Rs. 15/70, *Chevalley*, Slg. 1970, 975 Rn. 5/7; Rs. C-68/95, *T.Port*, Slg. 1996, 6065 Rn. 59; EuG, Rs. T-17/96, *TF1*, Slg. 1999, II-1757 Rn. 27.
[69] Vgl.; *Cremer*, in: Calliess/Ruffert, EUV/AEUV, Art. 265 AEUV Rn. 8; *Streinz*, EUV/AEUV, Art. 232 Rn. 19.
[70] Vgl. GA *Dutheillet de Lamothe*, SchlA Rs. 15/71, *Mackprang*, Slg. 1971, 806, 808; EuGH, Rs. C-68/95, *T.Port*, Slg. 1996, 6065 Rn. 59; *Cremer*, in: Calliess/Ruffert, EUV/AEUV, Art. 265 AEUV Rn. 8; *Schwarze*, in: ders., EU-Kommentar, Art. 265 AEUV Rn. 17.
[71] Vgl. *Allkemper*, Rechtsschutz, S. 116; *Pechstein*, EU-Prozessrecht, Rn. 624; *Weber*, DZWir 1997, 524 (525 f.); *Núñez Müller/Kamann*, EWS 1999, 332 (334); vgl. auch EuG, Rs. T-17/96, *TF1*, Slg. 1999, II-1757 Rn. 31.
[72] GA *Lenz*, SchlA Rs. 13/83, Slg. 1985, 1513, 1521; *Erichsen/Weiß*, Jura 1990, 535; *Pechstein*, EU-Prozessrecht, Rn. 629; *Schwarze*, in: ders., EU-Kommentar, Art. 265 AEUV Rn. 18.

eines Anspruches auf den Erlass des begehrten Rechtsaktes bzw. der Geltendmachung einer besonderen Betroffenheit bedarf es folglich nicht.[73] Infolgedessen können die privilegierten Klageberechtigten auch solche Rechtsakte einklagen, die weder an sie gerichtet sind noch unmittelbar sie selbst betreffen. Sofern ein Mitgliedstaat allerdings die Kommission im Wege der Untätigkeitsklage zur Einleitung eines Vertragsverletzungsverfahrens gegenüber einem anderen Mitgliedstaat veranlassen will, fehlt es zwar nicht an seiner Klagebefugnis, wohl aber an einem entsprechenden Rechtsschutzbedürfnis, da der Mitgliedstaat über Art. 259 AEUV selbst das Vertragsverletzungsverfahren einleiten könnte.

33   Eine **Klage der EZB** war nach Art. 232 Abs. 4 EGB nur zulässig, wenn sich ein Unterlassen auf ihren Zuständigkeitsbereich bezog. Diese Beschränkung wurde durch den Vertrag von Lissabon beseitigt, die Klagebefugnis der EZB unterscheidet sich nicht mehr von der anderer Unionsorgane, Art. 265 Abs. 1 AEUV.

34   **2. Individualklage.** Anders als bei den Organklagen müssen die Klagebegehren der natürlichen oder juristischen Personen auf Maßnahmen gerichtet sein, die einen individuellen Bezug aufweisen. Ebenso wie bei der Nichtigkeitsklage ist auch für die Untätigkeitsklage Voraussetzung, dass der begehrte Akt den Kläger wie einen Adressaten **unmittelbar und individuell** betreffen muss.[74] Bei der Prüfung der unmittelbaren und individuellen Betroffenheit des Klägers – insoweit kann auf die Ausführungen zur Nichtigkeitsklage verwiesen werden (vgl. § 7 Rn. 54 ff.) – geht der Gerichtshof von dem Vorbringen des Klägers aus. Um die unmittelbare und individuelle Betroffenheit zu überprüfen, muss der Gerichtshof zunächst den hypothetischen, nur in der Vorstellung des Betroffenen existierenden Akt rechtlich qualifizieren. Da die hier aufgeworfenen Probleme bereits im Zusammenhang mit dem Klagegegenstand relevant werden, wird eine gesonderte Prüfung der Klagebefugnis teilweise für entbehrlich gehalten.[75]

35   Schwierigkeiten bei der Prüfung können sich namentlich in den sog. **Drittbeteiligungsfällen** ergeben, wenn der betreffende Akt nicht an den Kläger persönlich, sondern an einen Dritten gerichtet ist.[76] Solche Konstellationen ergeben sich zum Beispiel im **Beihilfenrecht**, da dort gemäß Art. 25 der Verordnung (EG) Nr. 659/1999 ausschließlich der Mitgliedstaat Adressat der Entscheidungen der Kommission ist (vgl. Rn. 29 f.).[77] Eine unmittelbare und individuelle Betroffenheit von Privaten ist beispielsweise anzunehmen, wenn Beihilfen an Unternehmen gewährt werden und der Konkurrent, der ein Beihilfenkontrollverfahren in Gang gesetzt hat, in diesem Verfahren mit eigenen Rechten ausgestattet ist. Denkbar wäre auch die Konstellation, dass ein Mitgliedstaat bei der Kommission beantragt hat, Zahlungen an einen geschlossenen Kreis von Unternehmen zu genehmigen, die Bescheidung dieses Antrages von der

---

[73] Vgl. *Nicolaysen,* Europarecht I, S. 384; *Bleckmann,* Europarecht, Rn. 904; *Pechstein,* EU-Prozessrecht, Rn. 609; *Gaitanides,* in: Groeben/Schwarze, EUV/EGV, Art. 232 EGV Rn. 25; *Cremer,* in: Calliess/Ruffert, EUV/AEUV, Art. 265 AEUV Rn. 12.

[74] EuGH, Rs. 134/73, *Holtz & Willemsen,* Slg. 1974, 1 Rn. 5; Rs. 246/81, *Lord Bethell,* Slg. 1982, 2277 Rn. 16; EuG, Rs. T-95/96, *Gestevisión Telecino,* Slg. 1998, II-3407 Rn. 62 f. ; Rs. T-17/96, *TF1,* Slg. 1999, II-1757 Rn. 27; *Bleckmann,* Europarecht, Rn. 912.

[75] *Cremer,* in: Calliess/Ruffert, EUV/AEUV, Art. 265 AEUV Rn. 12; *Schwarze,* in: ders., EU-Kommentar, Art. 265 AEUV Rn. 18.

[76] Vgl. *Pechstein,* EU-Prozessrecht, Rn. 632.

[77] Vgl. *Pechstein,* EU-Prozessrecht, Rn. 634 ff.

Kommission aber ungebührlich hinausgezögert wird. Im Bereich der **Fusionskontrolle** hat der EuGH die Untätigkeitsklage eines Wettbewerbers nicht von vornherein als unzulässig angesehen.[78] Im **Kartellrecht** kommt eine Untätigkeitsklage des Konkurrenten in Betracht, dessen Beschwerde von der Kommission nicht durch Beschluss beschieden wird.[79]

V. Ordnungsgemäße Durchführung des Vorverfahrens

Ebenso wie beim Vertragsverletzungsverfahren ist vor Erhebung einer Untätigkeitsklage zunächst ein außergerichtliches Vorverfahren durchzuführen. Gemäß den Art. 265 Abs. 2 AEUV ist eine Untätigkeitsklage „nur zulässig, wenn das in Frage stehende Organ, die in Frage stehende Einrichtung oder sonstige Stelle zuvor aufgefordert worden ist, tätig zu werden". Als Zulässigkeitsvoraussetzung im Rahmen der Untätigkeitsklage gemäß Art. 265 AEUV erfüllt die Durchführung des Vorverfahrens eine wichtige **Warn- und Filterfunktion**.[80] Die vorherige Aufforderung durch den Kläger soll dem betreffenden Organ bzw. der Einrichtung oder sonstigen Stelle das als vertragswidrig gerügte Unterlassen verdeutlichen und Gelegenheit geben, zur Vermeidung unnötiger Klagen und damit zur Vorbeugung einer Überlastung des Gerichtshofs den Streitfall außergerichtlich zu klären.[81] Mit dem Vorverfahren wird darüber hinaus zugleich die **Person des Klägers und der Streitgegenstand** für das möglicherweise nachfolgende Klageverfahren **festgelegt**.[82] Die Untätigkeitsklage darf nur von demjenigen erhoben werden, der zuvor eine Aufforderung an das betreffende Organ bzw. die Einrichtung oder sonstige Stelle gerichtet hat[83] und weder in tatsächlicher noch in rechtlicher Hinsicht über das hinausgehen, was im Rahmen des Aufforderungsschreibens begehrt wurde.[84] Die ordnungsgemäße Durchführung des Vorverfahrens ist von Amts wegen zu beachten. 36

1. Aufforderung an das betreffende Organ. Obwohl es sich bei der Aufforderung an das betreffende Unionsorgan um eine außerprozessuale Willenserklärung handelt, unterliegt sie gleichwohl gewissen **formalen und inhaltlichen Mindestanforderungen**. Da mit der Aufforderung zugleich Fristen für eine Stellungnahme des betreffenden Organs in Lauf gesetzt werden und der Zeitpunkt der Aufforderung bei 37

---

[78] EuGH, Rs. C-170/02 P, *Schlüsselverlag Moser*, Slg. 2003, I-9889 Rn. 27; vgl. auch *Schedl*, EWS 2006, 257 ff.
[79] Vgl. *Pechstein*, EU-Prozessrecht, Rn. 638 f.
[80] *Scherer/Zuleeg*, in: Schweitzer, Europäisches Verwaltungsrecht, S. 223; *Schwarze*, in: ders., EU-Kommentar, Art. 265 AEUV Rn. 19.
[81] *Gaitanides*, in: Groeben/Schwarze, EUV/EGV, Art. 232 EGV Rn. 15; *Pechstein*, EU-Prozessrecht, Rn. 594; *Schwarze*, in: ders., EU-Kommentar, Art. 265 AEUV Rn. 19.
[82] Vgl. *Pechstein*, EU-Prozessrecht, Rn. 594, 611.
[83] GA *Roemer*, SchlA Rs. 24/58, *Chambre syndicale*, Slg. 1960, 631, 641; EuG, Rs. T-64/96, *de Jorio*, Slg. 1997, II-127 Rn. 39; *Schwarze*, in: ders., EU-Kommentar, Art. 265 AEUV Rn. 19.
[84] Vgl. EuGH, Rs. 24/58, *Chambre Syndicale*, Slg. 1960, 591, 626; Rs. 41/59, *Hamborner Bergbau*, Slg. 1960, 1027, 1052; Rs. 75/69, *Hake*, Slg. 1970, 535 Rn. 4 ff.; EuG, Rs. T-17/96, *TF1*, Slg. 1999, II-1757 Rn. 41 ff.; *Pechstein*, EU-Prozessrecht, Rn. 594, 611; *Gaitanides*, in: Groeben/Schwarze, EUV/EGV, Art. 232 EGV Rn. 16; *Schwarze*, in: ders., EU-Kommentar, Art. 265 AEUV Rn. 19.

der späteren Klageerhebung durch entsprechende Unterlagen belegt werden muss,[85] ergibt sich aus Beweisgründen für die Aufforderung ein Schriftformerfordernis.[86] Wie bereits erwähnt, wird mit der Aufforderung darüber hinaus auch der Streitgegenstand für eine eventuelle spätere Klage festgelegt. Aus diesem Grund muss bereits in dem Aufforderungsschreiben der vom Kläger begehrte „Beschluss" oder „Akt" mit hinreichender Deutlichkeit bezeichnet sein.[87] Ferner sind die Gründe zu nennen, die nach Auffassung des Klägers eine entsprechende Handlungspflicht des Organs statuieren.[88] Aus dem Aufforderungsschreiben muss sich zudem die Absicht des Klägers ergeben, eine Untätigkeitsklage zum EuGH für den Fall zu erheben, dass eine Stellungnahme des Organs innerhalb der nächsten zwei Monate ausbleibt.[89] Hingegen stellt etwa die bloße Meinungsäußerung, ein Beihilfevorhaben eines anderen Mitgliedstaats sei mit dem Gemeinsamen Markt unvereinbar, keine ausdrückliche Aufforderung an die Kommission dar.[90]

2. Frist. Die in Art. 265 Abs. 2 AEUV genannte Zweimonatsfrist zur Abgabe einer Stellungnahme wird mit Zugang des Aufforderungsschreibens bei dem betreffenden Organ in Gang gesetzt.[91] Das Aufforderungsschreiben selbst ist an **keine ausdrückliche Frist** gebunden, so dass die Befassung eines Organs grundsätzlich auch dann noch möglich ist, wenn dem Kläger die Untätigkeit schon länger als zwei Monate bekannt war.[92] Ausnahmsweise kann das Klagerecht jedoch aus Gründen der Rechtssicherheit und der Kontinuität der Uniontätigkeit verwirkt werden, wenn der Kläger im Einzelfall mit seiner Aufforderung zu lange wartet.[93] Vereinzelt wird vertreten, dass sich die Frist für den Zugang der Stellungnahme um die sog. Entfernungsfrist (vgl. Art. 51 VerfO-EuGH, Art. 102 § 2 VerfO-EuG) verlängert.[94] Dies erscheint zweifelhaft, da sich die mit Rücksicht auf die Entfernung festgelegte zusätzliche Verfahrensfrist der Art. 51

---

[85] Art. 21 Abs. 2 Satzung-EuGH (bisher: Art. 19 Abs. 2 Satzung (EG)), Art. 122 Abs. 1 VerfO-EuGH, Art. 44 § 4 VerfO-EuG; für das Aufforderungsschreiben selbst gelten keine Fristen.
[86] So auch *Stotz*, in: Dauses, EU-WirtR, P I Rn. 239; *Cremer*, in: Calliess/Ruffert, EUV/AEUV, Art. 265 AEUV Rn. 10; *Gaitanides*, in: Groeben/Schwarze, EUV/EGV, Art. 232 EGV Rn. 17; *Kotzur*, in: Geiger/Khan/Kotzur, EUV/AEUV, Art. 265 AEUV Rn. 13; *Schwarze*, in: ders., EU-Kommentar, Art. 265 AEUV Rn. 20.
[87] EuGH, Rs. 84/92, *Marchais*, Slg. 1984, 1451 Rn. 23; EuG, Rs. T-311/97, *Pescados Congelados Jogamar*, Slg. 1999, II-1407 Rn. 35; Rs. T-17/96, *TF1*, Slg. 1999, II-1757 Rn. 41 ff.; EuGH, Rs. C-249/99 P, *Pescados Congelados Jogamar*, Slg. 1999, I-8333 Rn. 18 ; vgl. auch *Pechstein*, EU-Prozessrecht, Rn. 577; *Schwarze*, in: ders., EU-Kommentar, Art. 265 AEUV Rn. 21.
[88] *Bleckmann*, Europarecht, Rn. 902; *Erichsen/Weiß*, Jura 1990, 535; *Schwarze*, in: ders., EU-Kommentar, Art. 265 AEUV Rn. 21.
[89] Vgl. EuGH, Rs. 17/57, *Gezamenlijke Steenkolenmijnen*, Slg. 1959, 11, 27; Rs. 25/85, *Nuovo Campsider*, Slg. 1986, 1531 Rn. 8; Rs. 81/85, *Usinor*, Slg. 1986, 1777 Rn. 15 f.; Rs. C-249/99 P, *Pescados Congelados Jogamar*, Slg. 1999, I-8333 Rn. 18; vgl. auch *Daig*, Nichtigkeitsklage, Rn. 336; *Schwarze*, in: ders., EU-Kommentar, Art. 265 AEUV Rn. 21.
[90] *Stotz*, in: Dauses, EU-WirtR, P I Rn. 238.
[91] *Gaitanides*, in: Groeben/Schwarze, EUV/EGV, Art. 232 EGV Rn. 19; *Scherer/Zuleeg*, in: Schweitzer, Europäisches Verwaltungsrecht, S. 224; *Pechstein*, EU-Prozessrecht, Rn. 608; *Schwarze*, in: ders., EU-Kommentar, Art. 265 AEUV Rn. 22.
[92] *Bleckmann*, Europarecht, Rn. 902; *Gaitanides*, in: Groeben/Schwarze, EUV/EGV, Art. 232 EGV Rn. 19; *Pechstein*, EU-Prozessrecht, Rn. 597.
[93] EuGH, Rs. 59/70, *Niederlande/Kommission*, Slg. 1971, 639 Rn. 15 ff.; vgl. auch *Gaitanides*, in: Groeben/Schwarze, EUV/EGV, Art. 232 EGV Rn. 19; *Pechstein*, EU-Prozessrecht, Rn. 597.
[94] So *Pechstein*, EU-Prozessrecht, Rn. 651; *Niedermühlbichler*, Verfahren, Rn. 229.

VerfO-EuGH, Art. 102 § 2 VerfO-EuG nur auf das gerichtliche Verfahren bezieht,[95] nicht aber auf das außergerichtliche Vorverfahren, das von den Verfahrensordnungen nicht umfasst ist.

3. Fehlende Stellungnahme. Das Vorverfahren ist abgeschlossen, wenn das aufgeforderte Unionsorgan bzw. die aufgeforderte Einrichtung oder sonstige Stelle nicht binnen zwei Monaten „Stellung genommen" hat. Da der Begriff der „Stellungnahme" offensichtlich nicht i. S. d. Art. 288 Abs. 5 AEUV gemeint ist, stellt sich die Frage, ob jede Reaktion als Stellungnahme zu werten ist oder ob der Tatbestand der Stellungnahme bestimmten Anforderungen genügen muss. Ein Textvergleich der einzelnen Vertragsfassungen[96] zeigt, dass nur solche Äußerungen als Stellungnahmen i. S. d. Art. 265 Abs. 2 AEUV anzusehen sind, mit denen das betroffene Unionsorgan eine **verbindliche und endgültige Festlegung seines Standpunktes bzw. seiner Position in der Sache** trifft.[97] Ob die Reaktion dem Begehren des Auffordernden entspricht, ist nach ständiger Rechtsprechung unerheblich, da die Untätigkeitsklage nur das Unterlassen eines Tätigwerdens betrifft, nicht aber auf den Erlass eines bestimmten, vom Auffordernden erstrebten Akt gerichtet ist.[98] Die Bestimmung des Begriffs der Stellungnahme ist deshalb von maßgeblicher Bedeutung, weil sich insbesondere am Vorliegen dieser Voraussetzung entscheidet, ob zur Verfolgung des Klagebegehrens die Untätigkeitsklage oder die Nichtigkeitsklage als zulässiger Rechtsbehelf einschlägig ist (vgl. oben Rn. 3). Für die Erhebung der Untätigkeitsklage muss eine Stellungnahme des Organs gerade ausgeblieben sein. D. h. sobald eine Stellungnahme vorliegt, sei es, dass die begehrte Maßnahme von dem Organ erlassen[99] oder ausdrücklich abgelehnt[100] bzw. eine andere als die begehrte Maßnahme erlassen wird,[101] liegt ein „Handeln" i. S. d. Art. 263 AEUV vor, welches im Wege der Nichtigkeitsklage auf seine Rechtmäßigkeit überprüft werden kann.

Indessen stellt nicht jede Äußerung des Organs eine Stellungnahme im vorgenannten Sinne dar. Von einer Stellungnahme in Gestalt einer ausdrücklichen Ablehnung des begehrten Akts ist die **Weigerung des Organs** zu unterscheiden, überhaupt tätig

---

[95] Vgl. auch Art. 101 § 1, 102 § 1 VerfO-EuG, in denen ausdrücklich von „gerichtlichen Fristen" bzw. Fristen „für die Erhebung einer Klage" die Rede ist.
[96] Vgl. *Gaitanides*, in: Groeben/Schwarze, EUV/EGV, Art. 232 EGV Rn. 24.
[97] Vgl. EuGH, Rs. C-107/91, *ENU*, Slg. 1993, I-599 Rn. 36; EuG, Rs. T-95/96, *Gestevisión Telecinco*, Slg. 1998, II-3407 Rn. 88; *Daig*, Nichtigkeitsklage, Rn. 343; *Nicolaysen*, Europarecht I, S. 197; *Gaitanides*, in: Groeben/Schwarze, EUV/EGV, Art. 232 EGV Rn. 21 m.w.N.; *Pechstein*, EU-Prozessrecht, Rn. 600 f.; zu den sonstigen Möglichkeiten *Stotz*, in: Dauses, EU-WirtR, P I Rn. 241 ff.
[98] Vgl. EuGH, Rs. 8/71, *Komponistenverband*, Slg. 1971, 705 Rn. 2; Rs. C-15/91, *Buckl & Söhne*, Slg. 1992, 6061 Rn. 16 f.; Rs. C-25/91, *Pesqueras Echebastar*, Slg. 1993, I-1719 Rn. 12; EuG, Rs. T-38/96, *Guérin automobiles*, Slg. 1997, II-1223 Rn. 24; Rs. 344 & 345/00, *CEVA*, Slg. 2003, II-229 Rn. 83; siehe auch *Gaitanides*, in: Groeben/Schwarze, EUV/EGV, Art. 232 EGV Rn. 27; *Stotz*, in: Rengeling, EUDUR I, § 45 Rn. 145; *Cremer*, in: Calliess/Ruffert, EUV/AEUV, Art. 265 AEUV Rn. 11; *Schwarze*, in: ders., EU-Kommentar, Art. 265 AEUV Rn. 23.
[99] EuGH, Rs. 125/78, *GEMA*, Slg. 1979, 3173 Rn. 21 f.; Rs. 377/87, *Parlament/Rat*, Slg. 1988, 4017 Rn. 10.
[100] EuGH, Rs. 42/71, *Nordgetreide*, Slg. 1972, 105 Rn. 4 ff.; Rs. 125/78, *GEMA*, Slg. 1979, 3173 Rn. 19 f.; Rs. 166/86, *Irish Cement*, Slg. 1988, 6473 Rn. 17.
[101] EuGH, Rs. 8/71, *Komponistenverband*, Slg. 1971, 705 Rn. 2; Rs. 166/86, *Irish Cement*, Slg. 1988, 6473 Rn. 17; Rs. C-15/91, *Buckl & Söhne*, Slg. 1992, 6061 Rn. 16 f.

zu werden und das Aufforderungsschreiben zu prüfen. Durch eine solche Weigerung wird die Untätigkeit nicht beendet.[102] Auch ein lediglich hinhaltender Bescheid, der nicht eindeutig und endgültig die Haltung des Organs zu der gerügten Untätigkeit erkennen lässt, ist nicht als Stellungnahme anzusehen.[103] Entsprechendes gilt für den bloßen Hinweis, die Angelegenheit werde überprüft.[104] Derartige Äußerungen lassen sich nicht als Handeln i. S. v. Art. 263 AEUV mit der Nichtigkeitsklage angreifen, so dass der Kläger schutzlos gestellt wäre, wenn man sie als Stellungnahmen i. S. v. Art. 265 AEUV ansähe.[105] Die Qualifizierung als Stellungnahme ist ebenfalls dann abzulehnen, wenn ein nicht zu diesem Zweck delegierter Beamter in einem Schreiben Stellung bezieht.[106] Auch wenn hier das betreffende Organ in gewisser Weise auf die Aufforderung des Klägers reagiert hat, bleibt die Untätigkeitsklage in diesen Fällen nach wie vor der einschlägige Rechtsbehelf.

VI. Klagefrist

41   Nach erfolglosem Ablauf der Stellungnahmefrist steht es dem Kläger gemäß Art. 265 Abs. 2 AEUV frei, innerhalb einer weiteren Frist von zwei Monaten Untätigkeitsklage beim Gerichtshof zu erheben. Diese Klagefrist beginnt ab dem Zeitpunkt zu laufen, zu dem die Zweimonatsfrist zur Stellungnahme durch das aufgeforderte Organ bzw. die Einrichtung oder sonstige Stelle abgelaufen ist.[107] Für die **Bestimmung des Fristbeginns** ist aus Gründen der Rechtssicherheit allein darauf abzustellen, ob dem Klageberechtigten innerhalb der Stellungnahmefrist eine Stellungnahme zugegangen ist[108] und nicht auf die Tatsache, ob das Organ innerhalb der Frist tatsächlich eine Stellungnahme abgegeben hat, die den Kläger möglicherweise erst nach Ablauf der Frist erreicht. Im Einzelnen berechnet sich die Klagefrist anhand der Art. 49 VerfO-EuGH bzw. Art. 101 VerfO-EuG (vgl. dazu § 7 Rn. 81 ff.).[109] Mit Rücksicht auf die räumliche Entfernung zum Sitz des Gerichtshofs in Luxemburg verlängert sich die Klagefrist gemäß Art. 45 Abs. 1 Satzung-EuGH i. V. m. Art. 51 VerfO-EuGH, Art. 102 § 2 VerfO-EuG um eine zusätzliche pauschale Verfahrensfrist (sog. Entfernungsfrist) von zehn Tagen.

---

[102] Vgl. EuG, Rs. T-28/90, *Asia Motor France u. a.*, Slg. 1992, II-2285 Rn. 37; *Nicolaysen*, Europarecht I, S. 197; *Stotz*, in: Dauses, EU-WirtR, P I Rn. 246; *ders.*, in: EUDUR I, § 45 Rn. 146.
[103] EuGH, Rs. 13/83, *Parlament/Rat*, Slg. 1985, 1513 Rn. 25.
[104] *GA Gand*, SchlA Rs. 6/70, *Borromeo Arese*, Slg. 1970, 815, 822; EuG, Rs. T-95/96, *Gestevisión Telecinco*, Slg. 1998, II-3407 Rn. 87 ff.
[105] *Gaitanides*, in: Groeben/Schwarze, EUV/EGV, Art. 232 EGV Rn. 24; *Schödermeier/Wagner*, WuW 1994, 403 (410 f.); vgl. auch *Kotzur*, in: Geiger/Khan/Kotzur, EUV/AEUV, Art. 265 AEUV Rn. 14.
[106] EuGH, Rs. 42/59, *SNUPAT*, Slg. 1961, 111, 154; vgl. ferner zum Ganzen: *Schwarze*, in: ders., EU-Kommentar, Art. 265 AEUV Rn. 24.
[107] Vgl. *Pechstein*, EU-Prozessrecht, Rn. 651; *Cremer*, in: Calliess/Ruffert, EUV/AEUV, Art. 265 AEUV Rn. 14.
[108] *Pechstein*, EU-Prozessrecht, Rn. 651.
[109] *Wägenbaur*, Art. 80 VerfO-EuGH/Art. 101 VerfO EuG.

VII. Allgemeines Rechtsschutzbedürfnis

Im Rahmen der Untätigkeitsklage ist die Frage des Rechtsschutzbedürfnisses von entscheidender Bedeutung, wenn das aufgeforderte Unionsorgan **doch noch tätig geworden ist** und eine Stellungnahme abgegeben oder sogar die begehrte Maßnahme erlassen hat. Für die Beurteilung, ob ein Rechtsschutzbedürfnis und damit die Zulässigkeit einer Untätigkeitsklage gegeben ist, muss zum einen nach der Maßnahme – positive oder negative Stellungnahme – und zum anderen nach dem Zeitpunkt ihres Erlasses – vor oder nach Klageerhebung – differenziert werden. 42

Wird die begehrte Maßnahme **nach Ablauf der Stellungnahmefrist, aber noch vor Erhebung der Untätigkeitsklage** von dem zum Tätigwerden aufgeforderten Organ erlassen, fehlt es an dem zur Rechtsverfolgung notwendigen Rechtsschutzbedürfnis. Nach ihrem Sinn und Zweck kommt der Untätigkeitsklage ebenso wie dem Vertragsverletzungsverfahren lediglich eine Ordnungsfunktion zu.[110] Das vertragswidrig handelnde Unionsorgan soll zur Einhaltung seiner vertragsmäßigen Pflichten angehalten werden.[111] Mit dem Erlass der begehrten Maßnahme ist dieser Zweck erfüllt. Eine Klageerhebung wäre insoweit unnütz und deshalb mangels Rechtsschutzbedürfnisses unzulässig.[112] 43

Ähnlich ist die Sachlage in dem Fall, dass die begehrte Rechtshandlung **nach Klageerhebung, aber noch vor Verkündung des Urteils** vorgenommen wurde. Wie der Gerichtshof festgestellt hat, ist der Rechtsstreit durch die Vornahme der Handlung gegenstandslos geworden, da die bei einem feststellenden Urteil ausgelösten Rechtsfolgen des Art. 266 AEUV bereits eingetreten sind.[113] Diesem Umstand trägt der Gerichtshof in der Weise Rechnung, dass er den Rechtsstreit in der Hauptsache für erledigt erklärt und gemäß Art. 149 VerfO-EuGH, Art. 87 § 6 VerfO-EuG allein über die Kosten nach freiem Ermessen entscheidet. Ähnlich dem deutschen Recht legt der Gerichtshof die Kosten der Partei auf, die bei Berücksichtigung des bisherigen Sach- und Streitstandes im Rechtsstreit aller Voraussicht nach unterlegen wäre.[114] 44

Eine andere Frage ist, welche Auswirkungen sich auf das Rechtsschutzbedürfnis ergeben, wenn **statt einer positiven Stellungnahme eine negative** erfolgt. Wird die beantragte Maßnahme von dem betreffenden Organ bzw. von der betreffenden Einrichtung oder sonstigen Stelle nach Ablauf der Zweimonatsfrist, aber noch vor Erhebung der Untätigkeitsklage ausdrücklich abgelehnt bzw. wird eine andere als die beantragte Maßnahme getroffen, fehlt es ebenfalls am Rechtsschutzbedürfnis für die Untätigkeits- 45

---

[110] *Gaitanides,* in: Groeben/Schwarze, EUV/EGV, Art. 232 EGV Rn. 25.
[111] Vgl. EuGH, Rs. 377/87, *Parlament/Rat,* Slg. 1988, 4017 Rn. 8 ff.
[112] Vgl. auch *Kotzur,* in: Geiger/Khan/Kotzur, EUV/AEUV, Art. 265 AEUV Rn. 15; *Schwarze,* in: ders., EU-Kommentar, Art. 265 AEUV Rn. 26.
[113] EuGH, Rs. 377/87, *Parlament/Rat,* Slg. 1988, 4017 Rn. 10; Rs. 383/87, *Parlament/Rat,* Slg. 1988, 4051 Rn. 10; Rs. C-15/91, *Buckl & Söhne u. a.,* Slg. 1992, 6061 Rn. 15; EuG, Rs. T-105/96, *Pharos,* Slg. 1998, II-285 Rn. 42; *Pechstein,* EU-Prozessrecht, Rn. 655; *Gaitanides,* in: Groeben/Schwarze, EUV/EGV, Art. 232 EGV Rn. 26; *Cremer,* Calliess/Ruffert, EUV/AEUV in: Calliess/Ruffert, EUV/AEUV, Art. 265 AEUV Rn. 13; *Schwarze,* in: ders., EU-Kommentar, Art. 265 AEUV Rn. 27.
[114] Vgl. EuGH, Rs. 377/87, *Parlament/Rat,* Slg. 1988, 4017 Rn. 12; Rs. 383/87, *Parlament/Rat,* Slg. 1988, 4051 Rn. 12; EuG, Rs. T-105/96, *Pharos,* Slg. 1998, II-285 Rn. 82.

klage.¹¹⁵ Die Erhebung einer solchen Klage ist in diesen Fällen unzulässig,¹¹⁶ zumal der Kläger die Möglichkeit hat, gegen die ablehnende Stellungnahme im Wege der Nichtigkeitsklage vorzugehen.¹¹⁷ Obwohl angesichts der fortbestehenden Unterlassung des begehrten Akts die Erhebung der Untätigkeitsklage bei dieser Sachverhaltsgestaltung an sich logisch und konsequent wäre, sind die Mitgliedstaaten bei Schaffung der Gründungsverträge offensichtlich von der Vorstellung ausgegangen, dass es sich bei der Untätigkeitsklage nur um einen Notbehelf handele, der dann zurücktreten muss, wenn der Betroffene sein Ziel ebenso über eine Nichtigkeitsklage erreichen kann.¹¹⁸

46 Erlässt das Organ eine **negative Stellungnahme, nachdem der Kläger bereits die Untätigkeitsklage erhoben hat,** wird der Rechtsstreit für erledigt erklärt und nach freiem Ermessen über die Kosten entschieden (Art. 149 VerfO-EuGH, Art. 87 § 6 VerfO-EuG), wobei ebenfalls der voraussichtliche Verfahrensausgang zu berücksichtigen ist, gleichzeitig aber zu bedenken sein kann, dass dem Kläger – obwohl er die beantragte Maßnahme nicht erreicht hat – durch das Verhalten des Organs unnötige Kosten entstanden sind.¹¹⁹

VIII. Anforderungen an die Klageschrift

47 Der Klageantrag muss auf Feststellung einer Vertragsverletzung durch Untätigkeit lauten. Ferner müssen in der Klageschrift die wesentlichen Umstände mitgeteilt werden, die den Vertragsverstoß begründen sollen. Im Übrigen ergeben sich die Voraussetzungen aus den allgemeinen Vorschriften der Satzung sowie den Verfahrensordnungen (vgl. dazu i.E. zu § 22). Eine Klage, die weder einen förmlichen Antrag enthält noch die eindeutige Identifizierung der festzustellenden Untätigkeit ermöglicht, ist als offensichtlich unzulässig abzuweisen.¹²⁰

C. Begründetheit

48 Eine Untätigkeitsklage ist begründet, wenn das beklagte Unionsorgan tatsächlich einen „Beschluss" oder „Akt" unterlassen hat, zu dessen Vornahme es nach dem Unionsrecht verpflichtet gewesen wäre.

---

¹¹⁵ *Stotz,* in: Dauses, EU-WirtR, P I Rn. 248; *Pechstein,* EU-Prozessrecht, Rn. 655; *Schwarze,* in: ders., EU-Kommentar, Art. 265 AEUV Rn. 27.
¹¹⁶ Vgl. EuGH, Rs. C-25/91, *Pesqueras Echebastar,* Slg. 1993, 1719 Rn. 11 ff.; EuG, Rs. T-164/95, *Kuchlenz-Winter,* Slg. 1996, II-1593 Rn. 36, 40.
¹¹⁷ EuGH, Rs. C-15/91, *Buckl & Söhne u. a.,* Slg. 1992, 6061 Rn. 20.
¹¹⁸ Vgl. *Krück,* in: GTE, EWGV Art. 175 EGV Rn. 26.
¹¹⁹ Vgl. EuGH, Rs. C-15/91, *Buckl & Söhne u. a.,* Slg. 1992, 6061 Rn. 32 ff.; EuG, Rs. T-212/95, *Oficemen,* Slg. 1997, II-1161 Rn. 69 ff.; Rs. T-107/96, *Pantochin,* Slg. 1998, II-311 Rn. 56 f.; siehe ferner *Schwarze,* in: ders., EU-Kommentar, Art. 265 AEUV Rn. 27; zustimmend *Thiele,* Europäisches Prozessrecht, § 8 Rn. 69.
¹²⁰ Vgl. EuG, Rs. T-64/96, *de Jorio,* Slg. 1997, II-127 Rn. 29 ff.

I. Unionsrechtliche Handlungspflicht

Voraussetzung für die Begründetheit der Klage ist zunächst, dass im Unionsrecht 49 eine hinreichend konkretisierte Handlungspflicht für das betreffende Unionsorgan enthalten ist. Solche Verpflichtungen lassen sich nicht nur aus den **Gründungsverträgen** ableiten, wie der Wortlaut des Art. 265 AEUV vermuten lassen könnte. Handlungspflichten können sich ebenso aus dem **sekundären Unionsrecht** sowie aus **allgemeinen Rechtsgrundsätzen** ergeben (vgl. oben Rn. 22).[121] Lässt sich der Umfang der Rechtspflicht nicht genau bestimmen oder ist dem Organ hinsichtlich seiner Tätigkeit ein **Ermessensspielraum** eingeräumt, liegt keine Handlungspflicht vor.[122] Die Klage ist dann unbegründet. Bei einem bestehenden Ermessen ist allerdings im Einzelnen zu untersuchen, ob sich im konkreten Fall nicht eine Ermessensreduzierung dergestalt ergibt, dass jedes andere Verhalten als der Erlass der begehrten Maßnahme ermessensfehlerhaft wäre (vgl. hierzu i.E. § 7 Rn. 103 ff.).[123] Unter solchen besonderen Umständen würde sich der Ermessensspielraum dann zu einer Rechtspflicht auf Vornahme einer bestimmten Handlung verdichten.[124] Beispielsweise darf der weite Ermessensspielraum, der der Kommission im Wettbewerbsrecht zusteht, nicht den im Primärrecht verankerten Schutz der Wirtschaftsteilnehmer zunichtemachen.[125] Wenngleich ein Beschwerdeführer im Wettbewerbsrecht nicht den Erlass einer bestimmten Maßnahme gegenüber seinem Konkurrenten verlangen kann, so hat er doch gegenüber der Kommission einen Anspruch auf Bescheidung seiner Beschwerde.[126] Auch im Außenhandelsrecht sind Klagen wegen unterlassener Verfahrenseinleitung denkbar.[127]

II. Vertragspflichtverletzung durch Untätigkeit

Gegen die zuvor festgestellte Handlungspflicht müsste das beklagte Unionsorgan 50 verstoßen haben, indem es die beantragte Maßnahme objektiv unterlassen hat. Obwohl die Untätigkeitsklage eine Ergänzung zur Nichtigkeitsklage darstellt, bedeutet dies nicht, dass die in Art. 263 AEUV genannten Klagegründe auch im Rahmen der Untätigkeitsklage anwendbar sind, sondern der **Begriff der Vertragsverletzung ist bei der Untätigkeitsklage enger**.[128] Da bei einer reinen Untätigkeit weder „Unzuständigkeit" noch die „Verletzung wesentlicher Formvorschriften" in Betracht kommen können, beschränkt sich die Vertragsverletzung bei der Untätigkeitsklage auf die blo-

---

[121] *Pechstein*, EU-Prozessrecht, Rn. 659; *Gaitanides*, in: Groeben/Schwarze, EUV/EGV, Art. 232 EGV Rn. 30; *Cremer*, in: Calliess/Ruffert, EUV/AEUV, Art. 265 AEUV Rn. 15; *Schwarze*, in: ders., EU-Kommentar, Art. 265 AEUV Rn. 29.
[122] Vgl. EuG, Rs. T-32/93, *Ladbroke Racing*, Slg. 1994, II-1015 Rn. 35 ff.
[123] *Bleckmann*, Europarecht, Rn. 861 ff.; H. P. *Ipsen*, Europäisches Gemeinschaftsrecht, S. 521 f.; *Pechstein*, EU-Prozessrecht, Rn. 660; *Gaitanides*, in: Groeben/Schwarze, EUV/EGV, Art. 232 EGV Rn. 31; *Stotz*, in: Rengeling, EUDUR I, § 45 Rn. 151 f.; *Schwarze*, in: ders., EU-Kommentar, Art. 265 AEUV Rn. 30.
[124] Vgl. *Bleckmann*, Europarecht, Rn. 900.
[125] Vgl. EuG, Rs. T-17/96, *TF1*, Slg. 1999, II-1757 Rn. 51.
[126] Vgl. EuGH, Rs. C-282/95 P, *Guérin automobiles*, Slg. 1997, I-1503 Rn. 36 f.; *Nowak*, EuZW 2000, 453 (454 f.).
[127] *Nowak*, EuZW 2000, 453 (454, 456).
[128] offengelassen bei *Bleckmann*, Europarecht, Rn. 899.

ße Unterlassung einer gebotenen Handlungspflicht. Der Vertragsverstoß wird durch die objektive Unterlassung einer entsprechenden Rechtspflicht, die sich nicht nur aus dem (geschriebenen) primären oder sekundären Unionsrecht, sondern auch aufgrund (ungeschriebener) allgemeiner Rechtsgrundsätze ergeben kann,[129] gleichsam indiziert.

III. Rechtswidrigkeit der Untätigkeit

51 Die Unterlassung einer rechtlich gebotenen Maßnahme allein führt jedoch noch nicht zur Begründetheit der Klage. Der Vertragsverstoß muss auch objektiv rechtswidrig sein. Da das Unionsrecht nur in den seltensten Fällen bestimmte oder bestimmbare Fristen für das Entstehen einer Handlungspflicht statuiert, liegt ein Verstoß i.S.d. Art. 265 AEUV dann nicht vor, wenn das Unionsorgan seiner Rechtspflicht irgendwann – in naher oder ferner Zukunft – genügen muss. Für die Rechtswidrigkeit der Untätigkeit kommt es deshalb auf den **Zeitpunkt** an, bis zu dem das Organ spätestens hätte tätig werden müssen.[130] Allgemein wird man dem betreffenden Unionsorgan eine „angemessene Frist" zur Konkretisierung und Durchführung der ihm obliegenden Handlungspflicht zubilligen müssen.[131] Die „Angemessenheit" dieses Zeitraums wird dabei zum einen von den real existierenden Bedürfnissen und der Notwendigkeit an einer entsprechenden Maßnahme und zum anderen von den damit verbundenen Risiken und Schwierigkeiten bestimmt, die sich bei bzw. durch Erlass des Rechtsaktes ergeben.[132] Die Beurteilung der Rechtswidrigkeit der Unterlassung läuft somit im Ergebnis auf eine **Abwägung** hinaus. Die Unionsorgane können ein Tätigwerden jedenfalls nicht unbegrenzt hinausschieben, ohne gegen Grundsätze der ordnungsgemäßen Verwaltung (vgl. Art. 41 der EU-GR-Charta) zu verstoßen.[133] Keine rechtswidrige Vertragsverletzung liegt hingegen vor, wenn das Organ bei vernünftiger Betrachtungsweise (beispielsweise wegen noch nicht völlig geklärter Sachlage) nicht in der Lage war, den angestrebten Beschluss zu fassen.[134] Die Untätigkeit ist auch dann nicht rechtswidrig, wenn das Organ zunächst eine Entscheidung des EuGH mit grundlegender Bedeutung für das Verfahren abwartet.[135]

---

[129] *Stotz,* in: Dauses, EU-WirtR, P I Rn. 252; *Schwarze,* in: ders., EU-Kommentar, Art. 265 AEUV Rn. 29.
[130] *Pechstein,* EU-Prozessrecht, Rn. 661 ff.
[131] Vgl. *Pechstein,* EU-Prozessrecht, Rn. 663; *Cremer,* in: Calliess/Ruffert, EUV/AEUV, Art. 265 AEUV Rn. 15; *Schwarze,* in: ders., EU-Kommentar, Art. 265 AEUV Rn. 30; EuG, Rs. T-395/04, *Air One SpA,* Slg. 2006, II-1343 Rn. 66 f. *Frenz,* Handbuch Europarecht, Bd. 5, Rn. 2959.
[132] *GA Lenz,* SchlA Rs. 13/83, Slg. 1985, 1513, 1538; EuG, Rs. T-95/96, *Gestevisión Telecinco,* Slg. 1998, II-3407 Rn. 75; *Daig,* Nichtigkeitsklage, Rn. 366 f.; *Scherer/Zuleeg,* in: Schweitzer, Europäisches Verwaltungsrecht, S. 225 f.; *Pechstein,* EU-Prozessrecht, Rn. 663.
[133] Vgl. EuGH, Rs. C-282/95 P, *Guérin automobiles,* Slg. 1997, I-1503 Rn. 37; EuG, Rs. T-95/96, *Gestevisión Telecinco,* Slg. 1998, II-3407 Rn. 73 ff.; Rs. T-17/96, *TF1,* Slg. 1999, II-1757 Rn. 74 ff.; *Núñez Müller/Kamann,* EWS 1999, 332 (335 f.).
[134] Vgl. EuG, Rs. T-286/97, *Goldstein,* Slg. 1998, II-2629 Rn. 29; *Schwarze,* in: ders., EU-Kommentar, Art. 265 AEUV Rn. 30.
[135] EuG, Rs. T-167/04, *Asklepios Kliniken,* Slg. 2007, II-2379 Rn. 87.

IV. Verteidigungsmöglichkeiten

Verteidigen kann sich das beklagte Organ nur insoweit, als es die ihm zur Last 52
gelegte pflichtwidrige Untätigkeit aus tatsächlichen oder Rechtsgründen bestreitet.
Demgegenüber kann es sich nicht auf mögliche interne Schwierigkeiten berufen, die
dem Erlass der beantragten Handlung entgegenstehen.[136] Sofern auf die Mitwirkungspflicht eines anderen Organs an dem begehrten Rechtsakt hingewiesen wird, ist dies
keine Frage der Begründetheit, sondern eine der Zulässigkeit (vgl. Rn. 15). Fehlt es an
der vorrangigen Mitwirkung, scheitert die Klage bereits in der Zulässigkeit, wenn das
nachfolgend tätig werdende Organ verklagt wird.

D. Die abschließende Entscheidung

Ist die Klage zulässig und begründet, stellt der Gerichtshof fest, dass es das betref- 53
fende Organ unter Verletzung des Vertrages unterlassen hat, die begehrte Maßnahme
vorzunehmen. Es handelt sich um ein **reines Feststellungsurteil**. Ebenso wie im
Vertragsverletzungsverfahren kann der Gerichtshof die beantragte Handlung weder
selbst treffen noch das beklagte Organ förmlich zum Erlass der fraglichen Maßnahme
verurteilen (vgl. § 6 Rn. 48).[137] Vielmehr sind die unterlegenen Organe gemäß Art. 266
AEUV verpflichtet, die sich aus dem Urteil ergebenden Maßnahmen zu ergreifen. Die
Handlungspflicht zum Tätigwerden folgt damit aus Art. 266 AEUV i. V. m. der speziellen Handlungspflicht des Unionsrechts.[138] Da diese Vorschriften keine konkreten
Fristbestimmungen enthalten, geht der Gerichtshof davon aus, dass das verurteilte
Unionsorgan über einen angemessenen Zeitraum zur Durchführung der Maßnahmen
verfügt.[139] Art und Umfang der zu ergreifenden Maßnahmen ergeben sich in der Regel
aus den Urteilsgründen.[140]

E. Praktische Hinweise

Angesichts der Tatsache, dass bereits das Aufforderungsschreiben den Streitgegen- 54
stand eingrenzt, ist darauf zu achten, die begehrte Maßnahme darin hinreichend genau

---

[136] EuGH, Rs. 13/83, *Parlament/Rat,* Slg. 1985, 1513 Rn. 48; *Schwarze,* in: ders., EU-Kommentar, Art. 265 AEUV Rn. 30.
[137] Vgl. auch EuGH, Rs. C-25/91, *Pesqueras Echebastar,* Slg. 1993, I-1719 Rn. 14; *Gaitanides,* in: Groeben/Schwarze, EUV/EGV, Art. 232 EGV Rn. 33; *Kotzur,* in: Geiger/Khan/Kotzur, EUV/AEUV, Art. 265 AEUV Rn. 1; *Schwarze,* in: ders., EU-Kommentar, Art. 265 AEUV Rn. 31.
[138] *Oppermann,* EuropaR, § 13 Rn. 55.
[139] EuGH, Rs. 13/83, *Parlament/Rat,* Slg. 1985, 1513 Rn. 69; vgl. auch *Schwarze,* in: ders., EU-Kommentar, Art. 265 AEUV Rn. 31; a. A. *Cremer,* in: Calliess/Ruffert, EUV/AEUV, Art. 266 AEUV Rn. 1, der eine Pflicht zu unverzüglichem Tätigwerden annimmt; diesbezüglich unklar *Gaitanides,* in: Groeben/Schwarze, EUV/EGV, Art. 233 EGV Rn. 6.
[140] Vgl. *Gaitanides,* in: Groeben/Schwarze, EUV/EGV, Art. 233 EGV Rn. 11; *Cremer,* in: Calliess/Ruffert, EUV/AEUV, Art. 265 AEUV Rn. 3; *Schwarze,* in: ders., EU-Kommentar, Art. 266 AEUV Rn. 2, 6.

zu umschreiben. Der Auffordernde muss schon in diesem Verfahrensstadium eindeutig zum Ausdruck bringen, dass er den Erlass eines Beschlusses wünscht, und diesen möglichst präzise wie in einer etwaigen späteren Klageschrift bezeichnen. Der Gegenstand des Verfahrens ist in rechtlicher und tatsächlicher Hinsicht so klar zu umreißen, dass das aufgeforderte Organ erkennen kann, welche konkrete Tätigkeit von ihm verlangt wird und welche Rechtspflichtverletzungen ihm zur Last gelegt werden.[141] Ebenso sind bei der Abfassung der Klageschrift die wesentlichen tatsächlichen und rechtlichen Umstände darzulegen, die den Vertragsverstoß begründen sollen.[142] Der Klageschrift ist eine Unterlage beizufügen, aus der sich der Zeitpunkt der Aufforderung gemäß Art. 265 Abs. 2 AEUV ergibt (Art. 21 Abs. 2 Satzung-EuGH).

Der Klageantrag ist dahingehend zu formulieren,

1. festzustellen, dass es das beklagte Unionsorgan unter Verstoß gegen … unterlassen hat, … (z. B. die beantragte Entscheidung zu erlassen),

2. dem beklagten Organ die Kosten des Verfahrens aufzuerlegen.

Im Übrigen wird auf die Darstellung im Rahmen der Nichtigkeitsklage verwiesen (vgl. § 7 Rn. 112 ff.).[143]

---

[141] Vgl. *Gaitanides*, in: Groeben/Schwarze, EUV/EGV, Art. 232 EGV Rn. 13 ff.; *Pechstein*, EU-Prozessrecht, Rn. 594 ff. f.; *Niedermühlbichler*, Verfahren, Rn. 224 f.
[142] *Schwarze*, in: ders., EU-Kommentar, Art. 265 AEUV Rn. 28.
[143] Ein Muster für eine Untätigkeitsklage findet sich bei *Prieß*, in: Locher/Mes, Prozessformularbuch, IX.3.

§ 9 Amtshaftungsklagen

Übersicht

			Rn.
A.	Allgemeines		1–5
	I.	Grundlagen	1–3
	II.	Wesen und Bedeutung der Amtshaftungsklagen	4/5
B.	Zulässigkeit		6–25
	I.	Sachliche Zuständigkeit	7
	II.	Parteifähigkeit	8–11
		1. Aktive Parteifähigkeit	9
		2. Passive Parteifähigkeit	10/11
	III.	Klagebefugnis	12
	IV.	Vorverfahren	13
	V.	Ordnungsgemäße Klageerhebung	14/15
	VI.	Klagefrist	16/17
	VII.	Rechtsschutzbedürfnis	18–25
		1. Verhältnis zu anderen unionsrechtlichen Rechtsschutzmöglichkeiten	19–22
		2. Verhältnis zu nationalen Rechtsbehelfen	23–25
C.	Begründetheit		26–47
	I.	Haftungsbegründende Voraussetzungen	27–43
		1. Organe und Bedienstete	28/29
		2. Ausübung einer Amtstätigkeit	30–33
		3. Rechtswidrigkeit	34–39
		4. Verschulden	40
		5. Schaden	41/42
		6. Kausalität	43
	II.	Rechtsfolge: Schadensersatz	44–46
		1. Art der Ersatzleistung	44
		2. Umfang des Ersatzanspruchs	45
		3. Verzinsung	46
	III.	Verjährung	47
D.	Die abschließende Entscheidung		48

Schrifttum: *Allkemper,* Der Rechtsschutz des Einzelnen nach dem EG-Vertrag. Möglichkeiten seiner Verbesserung, 1995; *Arnull,* Liability for Legislative Acts under Article 215 (2) EC, in: Heukels/McDonnel, The Action for Dammage in a Community Law Perspective, 1997, 129 ff.; *Aubin,* Die Haftung der Europäischen Wirtschaftsgemeinschaft und ihrer Mitgliedstaaten bei gemeinschaftswidrigen nationalen Verwaltungsakten, 1982; *v. Bogdandy,* Europa 1992 – Die außervertragliche Haftung der Europäischen Gemeinschaften, JuS 1990, 872 ff.; *van Casteren,* A. M., Article 215 (2) and the Question of Interests, in: Heukels/McDonnel, The Action for Dammage in a Community Law Perspective, 1997, 199 ff.; *Detterbeck,* Haftung der Europäischen Gemeinschaft und gemeinschaftsrechtlicher Staatshaftungsanspruch, AöR 125 (2000), 202 ff.; *Ehlers,* Schadensersatzklage, in: Ehlers/Schoch, Rechtsschutz im Öffentlichen Recht, 2009, § 10; *ders.,* Die Schadensersatzklage des europäischen Gemeinschaftsrechts, JURA 2009, 187 ff.; *Ewert,* Die Funktion der allgemeinen Rechtsgrundsätze im Schadensersatzrecht der Europäischen Wirtschaftsgemeinschaft, 1991; *Giegerich,* Verantwortlichkeit und Haftung für Akte internationaler und supranationaler Organisationen, ZVglR Wiss 104 (2005), 163 ff.; *Gromitsaris,* Rechtsgrund

und Haftungsauslösung im Staatshaftungsrecht, 2006; *Haack,* Die außervertragliche Haftung der EG-Mitgliedstaaten für rechtmäßiges Verhalten, EuR 1999, 395 ff.; *Heukels/McDonell* (Hrsg.), The Action for Damages in a Community Law Perspective, 1997; *Kirschner,* Das Gericht erster Instanz der Europäischen Gemeinschaften, 1995; *König,* Haftung der europäischen Gemeinschaft gem. Art. 288 II EGV wegen rechtswidriger Kommissionsentscheidung in Beihilfesachen, EuZW 2005, 202 ff.; *Núnez Müller,* Die Verjährung außervertraglicher Schadensersatzansprüche gegen die EG, EuZW 1999, 611 ff.; *Ossenbühl,* Die außervertragliche Haftung der Europäischen Gemeinschaft, in: Rengeling, Handbuch zum europäischen und deutschen Umweltrecht, Band I: Allgemeines Umweltrecht (EUDUR I), 2. Aufl., 2003, § 42; *ders.,* Staatshaftungsrecht, 5. Aufl. 1998; *ders.,* Anmerkungen zur Hoheitshaftung im Europarecht, in: Ipsen/Stüer, Europa im Wandel, FS für Hans-Werner Rengeling, 2008, S. 369 ff.; *Schermers/Heukels/Mead,* Non-contractual liability of the Europeean Communities, 1988; *Schmahl,* Ungereimtheiten und Rechtsschutzlücken bei der außervertraglichen Haftung der Europäischen Gemeinschaft, ZEuS 1999, 415 ff.; *Stotz,* Rechtsschutz vor europäischen Gerichten, in: Rengeling, Handbuch zum europäischen und deutschen Umweltrecht, Band I: Allgemeines Umweltrecht (EUDUR I), 2. Aufl., 2003, § 45; *Streinz,* Primär- und Sekundärrechtsschutz im Öffentlichen Recht, VVDStRL 61 (2002), 300 ff.; *Verlage,* Vergeltungszölle – Der EuGH rudert zurück, EuZW 2009, 9 ff.; *Wils,* Concurrent Liability of the Community and a Member State, ELR 1992, 191 ff.; *Winkler/Trölitsch,* Wende in der EuGH-Rechtsprechung zur Haftung der EG für fehlerhafte Rechtsetzungsakte und prozessuale Bewältigung der Prozeßflut, EuZW 1992, 663 ff.

A. Allgemeines

I. Grundlagen

1   Die Übertragung mitgliedstaatlicher Hoheitsrechte auf die europäischen Gemeinschaften brachte es schon immer mit sich, dass sich die Bürger einer supranationalen Hoheitsgewalt konfrontiert sahen, die kraft der ihr eingeräumten Befugnisse im Stande ist, individuelle Rechtspositionen zu beeinträchtigen und Schäden hervorzurufen. Die Gründungsverträge haben diesem Umstand Rechnung getragen, indem sie Haftungsgrundlagen für Schäden enthielten, die durch die Gemeinschaften und ihre Bediensteten verursacht wurden (Art. 288 EGV-Nizza, Art. 188 EAGV, Art. 34, 40 EGKSV).[1] Für die **Europäische Union** bildet Art. 340 AEUV die zentrale Haftungsvorschrift, die – nicht anders als die Vorgängerregelung des Art. 288 EGV-Nizza – hinsichtlich der materiellen Voraussetzungen des Schadensersatzanspruchs auf die den Rechtsordnungen der Mitgliedstaaten gemeinsamen allgemeinen Rechtsgrundsätze verweist. Die gerichtliche Geltendmachung solcher Ansprüche hat in Art. 268 AEUV insoweit eine Regelung erfahren, als dort dem Gerichtshof der Europäischen Union (Art. 19 Abs. 1 EUV) die ausschließliche Zuständigkeit zur Entscheidung über den in Art. 340 Abs. 2, 3 AEUV vorgesehenen Schadensersatz zugewiesen wird.[2] Für die **Europäische Atomgemeinschaft** trifft Art. 151 EAGV eine entsprechende Regelung, die sich

---

[1] Nach Ablauf des EGKS-Vertrages zum 23.7.2002 ist dessen Vermögen ab diesem Stichtag am 24.7.2002 auf die Europäische Gemeinschaft übergegangen, vgl. ABl. 2001 C 80/67; zur vormaligen Haftung der Hohen Behörde auf Grundlage des Art. 34 EGKSV instruktiv *Meinhold,* RIW 1989, 455 ff.

[2] In diesem Sinne bereits EuGH, Rs. 426/85, *Kommission/Zoubek,* Slg. 1986, 4057 Rn. 11; Rs. C-80-82/99, *Flemmer,* Slg. 2001, I-7211 Rn. 42; Rs. C-377/09, *Hanssens-Ensch,* Slg. 2010, I-7751 Rn. 17; ferner *Kotzur,* in: Geiger/Khan/Kotzur, EUV/AEUV, Art. 268 AEUV Rn. 1.

gleichfalls in einer Zuständigkeitsbestimmung erschöpft und hinsichtlich der materiellen Voraussetzungen auf die Bestimmung des Art. 188 Abs. 2 EAGV verweist. Mit Ausnahme des Art. 340 Abs. 3 AEUV stimmen diese Regelungen ihrem Inhalt nach mit jenen des Vertrages über die Arbeitsweise der Europäischen Union überein.[3] Dies lässt es gerechtfertigt erscheinen, von einer gesonderten Behandlung der Haftung der Atomgemeinschaft im Folgenden abzusehen.

Die durch Art. 268 AEUV begründete ausschließliche Entscheidungszuständigkeit der Unionsgerichtsbarkeit betrifft die in Art. 340 Abs. 2, 3 AEUV geregelten Streitsachen und bezieht sich daher allein auf die **außervertragliche Haftung** der Union bzw. der EZB. Zur Entscheidung über Streitsachen, die eine **vertragliche Haftung** der Union betreffen (Art. 340 Abs. 1 AEUV), ist der Gerichtshof der Europäischen Union aus Gründen des Art. 272 AEUV allenfalls dann berufen, wenn seine Zuständigkeit in einer Schiedsklausel vereinbart wurde; fehlt es daran, entscheiden die mitgliedstaatlichen Gerichte kraft der in Art. 274 AEUV getroffenen Anordnung über Klagen aus vertraglicher Haftung.[4] Insoweit kommt der Unterscheidung zwischen der vertraglichen und der außervertraglichen Haftung maßgebliche Bedeutung bei der Bestimmung derjenigen Gerichtsbarkeit zu, in deren Zuständigkeit über Schadensersatzklagen gegen die Europäische Union zu befinden ist. Da der Begriff der vertraglichen Haftung in einem weiten Sinne zu verstehen ist, haben mitgliedstaatliche Gerichte über sämtliche auf vertraglicher Grundlage beruhenden Haftungsansprüche unabhängig davon zu befinden, ob der zugrunde liegende Vertrag seiner Art nach dem privaten oder dem öffentlichen Recht angehört.[5] Während im Schrifttum die Auffassung vertreten wird, Ansprüche aus einem Verschulden bei Vertragsschluss unterfielen der vertraglichen Haftung,[6] betrachtet das EuG Ersatzansprüche wegen vergeblicher Aufwendungen für ein in Aussicht genommenes Schuldverhältnis als einen Anwendungsfall der außervertraglichen Haftung.[7] Nichts anderes gilt aus Sicht des EuGH für Bereicherungsansprüche;[8] dem Vorschlag, eine differenzierte Zuordnung in Abhängigkeit davon vorzunehmen, ob eine Leistungskondiktion oder eine dem Bereich der außervertraglichen Haftung unterfallende Nichtleistungskondiktion in Rede steht,[9] ist damit eine Absage erteilt.

Da sich Art. 268 i. V. m. Art. 340 Abs. 2, 3 AEUV nur auf Haftungsansprüche gegen die Europäische Union bzw. die EZB bezieht, können auf diesem Wege keine Ansprüche geltend gemacht werden, die gegenüber den Mitgliedstaaten bestehen.[10]

---

[3] *Böhm*, in: Schulze/Zuleeg/Kadelbach, § 12 Rn. 63; *Ehlers*, in: ders./Schoch, § 10 Rn. 1.
[4] EuGH, Rs. C-214/08 P, *Guigard*, Slg. 2009, I-91 Rn. 41; Rs. C-377/09, *Hanssens-Ensch*, Slg. 2010, I-7751 Rn. 19; Rs. C-103/11 P, *Systran SA*, BeckRS 2013, 80804 Rn. 58 f.
[5] *Bogdandy/Jacob*, in: GHN, Art. 340 Rn. 19; *Böhm*, in: Schulze/Zuleeg/Kadelbach, § 12 Rn. 5; *Frenz*, Handbuch Europarecht, Bd. 5 Rn. 1982.
[6] *Kotzur*, in: Geiger/Khan/Kotzur, EUV/AEUV, Art. 340 AEUV Rn. 4; *Ruffert*, in: Calliess/Ruffert, EUV/AEUV, Art. 340 AEUV Rn. 4; *Detterbeck*, AöR 125 (2000), 202 (208).
[7] EuG, Rs. T-203/96, *Embassy Limousines*, Slg. 1998, II-4239 Rn. 76; Rs. T-271/04, *Citymo SA*, Slg. 2008, II-1375 Rn. 86 ff.
[8] EuGH, Rs. C-47/07 P, *Masdar*, Slg. 2008, I-9761 Rn. 48, 50; ebenso *v. Bogdandy/Jacob*, in: GHN, Art. 340 AEUV Rn. 21.
[9] *Berg*, in: Schwarze, EU-Kommentar, Art. 288 EGV Rn. 6; zustimmend *Gellermann*, in: Streinz, EUV/AEUV, Art. 340 AEUV Rn. 4 mit Fn. 14; *Kotzur*, in: Geiger/Khan/Kotzur, EUV/AEUV, Art. 340 AEUV Rn. 4.
[10] EuG, Rs. T-54/96, *Oleifici*, Slg. 1998, II-3377 Rn. 67; Rs. T-472/11, *Hofmann*, Slg. 2011, II-374 Rn. 8.

Schadensersatzklagen von Beamten und Bediensteten der Europäischen Union fallen nicht in den Anwendungsbereich des Art. 268 AEUV.[11] Die Zuständigkeit für diese Streitverfahren bestimmt sich anhand der Vorschrift des Art. 270 AEUV, die dem Gerichtshof der Europäischen Union eine ausschließliche Zuständigkeit für sämtliche dienstrechtlichen Streitigkeiten vermittelt.[12] Die gerichtliche Kontrolle obliegt in diesen Fällen dem Gericht für den öffentlichen Dienst. In verfahrensrechtlicher Beziehung gelangen dabei die besonderen Zulässigkeitsvoraussetzungen der Art. 90 f. BeaSt zur Anwendung, während – mangels spezieller Vorschriften des BeaSt – in materiellrechtlicher Hinsicht auf jene allgemeinen Haftungsgrundsätze zurückzugreifen ist, die im Rahmen des Art. 340 AEUV bedeutsam sind.[13]

II. Wesen und Bedeutung der Amtshaftungsklagen

4   Die Einklagbarkeit ersatzfähiger außervertraglicher Schäden vor dem Gerichtshof der Europäischen Union ist im Wege der Leistungsklage (Zahlung eines bestimmten Geldbetrages) oder durch Feststellungsklage (Haftung der Union dem Grunde nach) möglich. Diese Rechtsbehelfe sind Ausdruck eines auch auf europäischer Ebene gewährleisteten **effektiven Rechtsschutzes**.[14] Als solcher ist die Amtshaftungsklage die Konkretisierung des allgemeinen Rechtsstaatsprinzips,[15] welches zu den anerkannten Rechtsgrundsätzen des Unionsrechts zählt. Ihre besondere Bedeutung lag bisher vor allem darin begründet, dass mit der Amtshaftungsklage das Fehlen individueller Klagerechte gegen echte Normativakte (Art. 230 Abs. 4 EGV-Nizza) im Rahmen der Nichtigkeitsklage ausgeglichen und in diesem Rahmen eine zumindest indirekte gerichtliche Kontrolle der Rechtmäßigkeit solcher Akte herbeigeführt werden konnte.[16] Während der EuGH Schadensersatzklagen wegen normativen Unrechts zunächst noch wegen einer Umgehung der besonderen Voraussetzungen der Art. 230, 232 EGV-Nizza als subsidiär abwies,[17] änderte sich bald darauf die Sichtweise und führte zu der die Rechtsprechung bis heute prägenden Erkenntnis, dass die Amtshaftungsklage im System der Klagemöglichkeiten einen selbstständigen Rechtsbehelf mit eigener Funktion darstellt, der grundsätzlich neben die Nichtigkeits- und Untätigkeitsklage tritt.[18] Während Nichtigkeits- und Untätigkeitsklagen die Ahndung der Rechtswidrigkeit oder des Fehlens eines Rechtsaktes zum Gegenstand haben, ist die Haftungsklage auf den Ersatz eines Schadens gerichtet, der sich aus unzulässigen Verhaltensweisen eines

---

[11] *v. Bogdandy/Jacob*, in: GHN, Art. 268 AEUV Rn. 4.
[12] Hierzu *Schwarze*, in: ders., EUV/EGV, Art. 236 EGV Rn. 1; *Ehlers*, Jura 2009, 187.
[13] *v. Bogdandy/Jacob*, in: GHN, Art. 268 AEUV Rn. 4.
[14] *Aubin*, Haftung, S. 71; eingehend auch *Pechstein*, EU-Prozessrecht, Rn. 675.
[15] *v. Bogdandy*, JuS 1990, 872.
[16] Eingehend *Pechstein*, EU-Prozessrecht, Rn. 675; vgl. auch *Böhm*, in: Schulze/Zuleeg/Kadelbach, § 12 Rn. 50.
[17] Hierzu *Middeke*, in: Rengeling/Middeke/Gellermann, EU-Rechtsschutz, 2. Aufl. 2003, § 9 Rn. 4 m. w. N.
[18] EuGH, Rs. 4/69, *Lütticke*, Slg. 1971, 325 Rn. 6; Rs. 5/71, *Schöppenstedt*, Slg. 1971, 975 Rn. 3; verb. Rs. 197-200/80, 243/80, 245/80 und 247/80, *Ludwigshafener Walzmühle*, Slg. 1981, 3211 Rn. 4; Rs. 175/84, *Krohn*, Slg. 1986, 753 Rn. 32; EuG, Rs. T-429/05, *Artegodan*, Slg. 2010, II-491 Rn. 50.

Organs ergibt.[19] Ob es mit der skizzierten Bestimmung des Verhältnisses von Primär- und Sekundärrechtsschutz sein Bewenden hat,[20] bleibt allerdings abzuwarten. Mag der Lissaboner Vertrag die Regelungen zur Amtshaftungsklage auch weitgehend unverändert übernommen haben, ist doch zu berücksichtigen, dass Art. 263 Abs. 4 AEUV den Rechtsschutz Privater gegen Rechtsakte mit allgemeiner Geltung in begrenztem Umfang erweitert hat.[21] Das reduziert die Bedeutung der Amtshaftungsklage als Mittel zur Herbeiführung einer inzidenten gerichtlichen Kontrolle der Rechtmäßigkeit von Normativakten.

Große **Bedeutung** hatten die **Amtshaftungsklagen** im Bereich der Landwirtschaft, da früher ca. 4/5 aller beim Gerichtshof anhängigen Schadensersatzklagen den Bereich der Vergabe von Milchquoten betrafen.[22] Seither hat sich ihre Bedeutung deutlich relativiert. Nach den statistischen Erhebungen sind die Schadensersatzklagen eher rückläufig. Betrafen in der Zeitspanne von 2000 bis 2007 noch 5,17 % der neu beim EuG eingegangenen Rechtssachen diese Klageart, hat sich deren prozentualer Anteil weiter reduziert und beläuft sich in 2009 gerade noch auf 2,29 %.[23]

B. Zulässigkeit

Im Unterschied zu anderen Rechtsbehelfen hat die Zulässigkeit der Amtshaftungsklage keine detaillierte vertragliche Regelung erfahren. Während sich die gerichtliche Zuständigkeit anhand der Art. 268, 256 Abs. 1 AEUV bestimmt, müssen die sonstigen Voraussetzungen, von deren Vorliegen die Zulässigkeit der Amtshaftungsklage abhängt, aus der Haftungsgrundlage des Art. 340 Abs. 2, 3 AEUV abgeleitet werden. Im Übrigen sind die Bestimmungen der Satzung-EuGH sowie der Verfahrensordnung heranzuziehen.

I. Sachliche Zuständigkeit

Art. 268 AEUV weist der Gerichtsbarkeit der Europäischen Union die ausschließliche Entscheidungszuständigkeit für Amtshaftungsklagen zu,[24] trifft aber keine Aussage über die Verteilung der sachlichen Zuständigkeit. Nach Art. 256 Abs. 1 AEUV ist das EuG im ersten Rechtszug zur Entscheidung über die in Art. 268 AEUV bezeichneten Klagen berufen. Ausgenommen sind hiervon lediglich jene Klagen, die nach Maßgabe der Satzung dem EuGH vorbehalten sind. Mit Blick auf Art. 51 Satzung-EuGH wird

---

[19] EuG, verb. Rs. T-3/00 und T-337/04, *Pitsiorlas*, Slg. 2007, II-4779 Rn. 283; Rs. T-429/05, *Artegodan*, Slg. 2010, II-491 Rn. 50.
[20] In dieser Hinsicht *Kotzur*, in: Geiger/Khan/Kotzur, EUV/AEUV Art. 268 AEUV Rn. 1; *Böhm*, in: Schulze/Zuleeg/Kadelbach, § 12 Rn. 49.
[21] Hierzu *Schwarze*, in: ders., EU-Kommentar, Art. 230 EGV Rn. 66; *Everling*, EuR 2009, Beiheft 1, 71 (73 f.).
[22] *Niemeyer*, EuZW 1993, 530.
[23] EuG, Jahresbericht 2009, S. 175 (http://curia.europa.eu/jcms/upload/docs/application/pdf/2010-05/ra09_stat_tribunal_final_de.pdf).
[24] EuGH, Rs. C-282/90, *Vreugdenhil*, Slg. 1992, I-1937 Rn. 14; Rs. C-103/11 P, *Systran SA*, BeckRS 2013, 80804 Rn. 60 m.w.N.

im Schrifttum die Auffassung vertreten, der EuGH wäre erstinstanzlich zur Entscheidung über Schadensersatzklagen der Mitgliedstaaten berufen.[25] Das findet im Wortlaut der Regelung keine Stütze und lässt unberücksichtigt, dass Art. 51 Satzung-EuGH in Ansehung mitgliedstaatlicher Klagen eine von Art. 256 Abs. 1 AEUV abweichende Regelung einzig im Hinblick auf die von den Mitgliedstaaten erhobenen Nichtigkeits- und Untätigkeitsklagen trifft. Zutreffend wurde daher angemerkt, dass der EuGH nur noch als Rechtsmittelinstanz für Amtshaftungsklagen zuständig ist.[26]

II. Parteifähigkeit

8   Für Klagen nach Art. 268 AEUV auf den in Art. 340 Abs. 2, 3 AEUV vorgesehenen Schadensersatz ist nicht ausdrücklich geregelt, wer als Partei in Frage kommt. Ob jemand Verfahrensbeteiligter eines Amtshaftungsprozesses sein kann, berührt zugleich Fragen der **Aktiv- und Passivlegitimation**, die vom EuGH nicht im Rahmen der Begründetheit, sondern bereits auf der Ebene der Zulässigkeit geprüft und erörtert werden.[27] Insoweit bietet sich an, zwischen der aktiven und passiven Parteifähigkeit zu unterscheiden.[28]

9   **1. Aktive Parteifähigkeit.** Im Amtshaftungsprozess ist grundsätzlich jedes Rechtssubjekt aktiv parteifähig, dass nach seinem Vorbringen durch die Handlung eines Organs oder eines Bediensteten der Union einen Schaden erlitten hat.[29] Neben natürlichen Personen können dies auch juristische Personen der Mitgliedstaaten unter Einschluss öffentlich-rechtlicher Körperschaften sein (z.B. Bundesländer, Gemeinden).[30] Die Frage, ob eine Personenvereinigung oder eine juristische Person Rechtspersönlichkeit besitzt, beurteilt sich ausschließlich nach dem Recht des Staates, in welchem die Person ihren Hauptsitz hat.[31] Darüber hinaus hat der EuGH auch gewerkschaftlich organisierten **Berufsverbänden** die Parteifähigkeit zuerkannt, sofern sie ein „kollektives Recht auf Wiedergutmachung" einklagen.[32] Persönliche Vermögensinteressen ihrer Mitglieder oder Bediensteten können sie dagegen nicht einklagen.[33] Als Verfahrensbeteiligte kommen überdies gemeinschaftsexterne **Personen aus Drittstaaten** in Betracht.[34] Uneinheitlich pflegt dagegen die – bislang nicht praktisch gewordene – Frage beantwortet zu werden, ob auch die **Mitgliedstaaten** eine Amtshaftungsklage gegen die Union

---

[25] *Cremer*, in: Calliess/Ruffert, EUV/AEUV, Art. 268 AEUV Rn. 1; *Pechstein*, EU-Prozessrecht, Rn. 684.
[26] *Schwarze*, in: ders., EU-Kommentar, Art. 235 EGV Rn. 1; *Ehlers*, in: ders./Schoch, § 10 Rn. 9.
[27] EuGH, verb. Rs. C-104/89 und C-37/90, *Mulder*, Slg. 1992, I-3061 Rn. 9; *v. Bogdandy/Jacob*, in: GHN, Art. 340 AEUV Rn. 39.
[28] In dieser Hinsicht *Cremer*, in: Calliess/Ruffert, EUV/AEUV, Art. 268 AEUV Rn. 2; *Ehlers*, in: ders./Schoch, § 10 Rn. 10 f.; *Pechstein*, EU-Prozessrecht, Rn. 685, 689.
[29] *Pechstein*, EU-Prozessrecht, Rn. 685; *Ehlers*, JURA 2009, 187 (188).
[30] *Berg*, in: Schwarze, EU-Kommentar, Art. 288 EGV Rn. 13; *Gellermann*, in: Streinz, EUV/AEUV, Art. 340 AEUV Rn. 9.
[31] *Kischel*, in: Hailbronner/Wilms, EU-Recht, Art. 235 EGV Rn. 2.
[32] EuGH, Rs. 18/74, *Allgemeine Gewerkschaft*, Slg. 1974, 933 Rn. 13/16; Rs. 72/74, *Union Syndicale*, Slg. 1975, 401 Rn. 20 f.; *Pechstein*, EU-Prozessrecht, Rn. 686.
[33] EuG, Rs. T-149/96, *Coldiretti*, Slg. 1998, II-3841 Rn. 57.
[34] EuGH, Rs. C-182/91, *Forafrique*, Slg. 1993, I-2161 Rn. 20 ff.

anstrengen könnten. Während dies gelegentlich unter Hinweis auf eine andernfalls zu gewärtigende Störung im institutionellen Gefüge der Union bezweifelt wird,[35] soll nach anderer Auffassung zumindest der privatwirtschaftlich handelnde Mitgliedstaat einen ihm aus dem Handeln der Union erwachsenen Schaden klageweise geltend machen können.[36] Da die Art. 268, 340 Abs. 2 AEUV für derlei Differenzierungen keinen Anhaltspunkt bieten, kann einem Mitgliedstaat die Parteifähigkeit nicht abgesprochen werden,[37] indessen wird einer solchen Klage in Ansehung der Art. 263, 265 AEUV zumeist das erforderliche Rechtsschutzbedürfnis fehlen.[38]

2. Passive Parteifähigkeit. Da die Europäische Union nach Art. 340 Abs. 2 AEUV für einen durch ihre Organe oder Bediensteten verursachten Schaden aufzukommen hat, liegt die Annahme nahe, dass eine auf Schadensersatz gerichtete Klage gegen die Union zu richten ist, die im Amtshaftungsprozess durch das den Schaden verursachende Organ vertreten wird.[39] Während verschiedene Erkenntnisse der europäischen Gerichtsbarkeit in diese Richtung weisen,[40] hat sich der EuGH mitunter auch zu der gegenläufigen Aussage verstanden, vermöge derer „eine Klage, die zum Ziel hat, Ersatz für einen durch das Verhalten eines Organs oder einer Einrichtung der Gemeinschaft verursachten Schaden zu erlangen, gegen dieses Organ oder gegen diese Einrichtung zu richten (ist)."[41] In gleicher Weise hat das EuG unmittelbar gegen einzelne Organe gerichtete Amtshaftungsklagen zugelassen oder in entsprechender Weise umgedeutet.[42] Die zur Begründung bemühte Vorschrift des Art. 19 Abs. 1 Satzung-EuGH trägt das Ergebnis freilich nicht, zumal sich diese Bestimmung über die Vertretung der Organe in Verfahren vor dem Gerichtshof verhält, aus sich heraus aber keinerlei Aussage darüber trifft, wann eine Klage gegen ein Organ der Union zu richten ist.[43] Wird überdies bedacht, dass die Vollstreckung von Amtshaftungsurteilen gegen Organe Probleme in sich bergen kann, zumal diese im Unterschied zur Union nicht über eigene Haushalte verfügen,[44] erweist sich die am Wortlaut des Art. 340 Abs. 2 AEUV orientierende Bestimmung des Beklagten als vorzugswürdig. Da die Rechtsprechung in diesem Punkt uneinheitlich ist, können Klagen allerdings auch gegen das Organ gerichtet werden, dem das schadensstiftende Ereignis zugerechnet wird. Sollte dies von Seiten des zur Entscheidung berufenen Gerichts im Einzelfall abweichend beurteilt werden, zieht es

---

[35] *Middeke*, in: Rengeling/Middeke/Gellermann, EU-Rechtsschutz, 2. Aufl. 2003, § 9 Rn. 9; vgl. auch *Kischel*, in: Hailbronner/Wilms, EU-Recht, Art. 235 EGV Rn. 3.
[36] *Pechstein*, EU-Prozessrecht, Rn. 688.
[37] In dieser Hinsicht auch *Bogdandy/Jacob*, in: GHN, Art. 340 AEUV Rn. 40.
[38] *Ehlers*, in: ders./Schoch, § 10 Rn. 10; in dieser Hinsicht auch *Berg*, in: Schwarze, EU-Kommentar, Art. 288 EGV Rn. 13; *Cremer*, in: Calliess/Ruffert, EUV/AEUV, Art. 268 AEUV Rn. 2.
[39] *Cremer*, in: Calliess/Ruffert, EUV/AEUV, Art. 268 AEUV Rn. 2; *Kotzur*, in: Geiger/Khan/Kotzur, EUV/AEUV, Art. 268 AEUV Rn. 2; *Böhm*, in: Schulze/Zuleeg/Kadelbach, § 12 Rn. 53; *Ehlers*, in: ders./Schoch, § 10 Rn. 12.
[40] EuGH, verb. Rs. 63-69/72, *Werhahn*, Slg. 1973, 1229 Rn. 14 f.; Rs. 353/88, *Briantex u. a.*, Slg. 1989, 3623 Rn. 7; EuG, Rs. T-209/00, *Lamberts*, Slg. 2002, II-2203 Rn. 48; Rs. T-364/03, *Medici Grimm*, Slg. 2006, II-79 Rn. 47.
[41] EuGH, Rs. C-234/02 P, *Lamberts*, Slg. 2004, I-2803 Rn. 47.
[42] EuG, Rs. T-572/93, *Odigitra*, Slg. 1995, II-2025 Rn. 22; Rs. T-201/99, *Royal Olympic Cruises*, Slg. 2000, II-4005 Rn. 20.
[43] *Pechstein*, EU-Prozessrecht, Rn. 689; ebenso *Gellermann*, in: Streinz, EUV/AEUV, Art. 340 AEUV Rn. 10; *Ruffert*, in: Calliess/Ruffert, EUV/AEUV, Art. 340 AEUV Rn. 10.
[44] *Ehlers*, in: ders./Schoch, § 10 Rn. 12.

nicht die Abweisung der Klage, sondern lediglich eine von Amts wegen erfolgende Richtigstellung der Parteibezeichnung nach sich.[45]

11   Während Art. 288 Abs. 3 EGV-Nizza bestimmte, dass die Gemeinschaft für Schäden haftet, die durch die **Europäische Zentralbank** und ihre Bediensteten in Ausübung ihrer Tätigkeiten verursacht wurden, stellt Art. 340 Abs. 3 AEUV in Abweichung von der bisherigen Rechtslage klar, dass anstelle der Union die EZB selbst für solche Schäden aufzukommen hat. Da die Zentralbank als Haftungssubjekt in Frage kommt, kann sie Partei eines Amtshaftungsprozesses sein. Auf Ersatz ihr zurechenbarer Schädigungen gerichtete Klagen sind daher unmittelbar gegen die EZB zu richten.[46]

III. Klagebefugnis

12   Nach dem Tatbestand des Art. 268 AEUV wie auch nach den materiell-rechtlichen Haftungsgrundlagen des Art. 340 Abs. 2, 3 AEUV zählt eine gesonderte Klagebefugnis nicht zu den Zulässigkeitsvoraussetzungen der Amtshaftungsklage. Im Schrifttum wurde allerdings zutreffend darauf aufmerksam gemacht, dass der Kläger nur seine eigenen sowie solche Ersatzansprüche gerichtlich geltend machen kann, die ihm abgetreten wurden.[47] Eine Prozessstandschaft kommt dagegen nicht in Frage.

IV. Vorverfahren

13   Die **Durchführung eines Vorverfahrens** in dem Sinne, dass der Schaden vor Klageerhebung zunächst bei dem betreffenden Organ geltend gemacht werden muss, ist **nicht erforderlich**.[48] Stattdessen kann unmittelbar Klage beim zuständigen EuG erhoben werden. Gleichwohl empfiehlt sich der vorherige Versuch einer gütlichen Schadensregelung, zumal hierdurch nicht nur die Inanspruchnahme der Unionsgerichte vermieden wird, sondern die Anmeldung des Schadens gegenüber dem betroffenen Unionsorgan zugleich eine die Verjährung unterbrechende Wirkung entfaltet (Art. 65 Abs. 3 Satzung-EuGH).[49]

V. Ordnungsgemäße Klageerhebung

14   Die **Klageschrift** muss den Anforderungen des Art. 21 Satzung-EuGH, Art. 76 VerfO-EuGH bzw. des Art. 44 VerfO-EuG genügen. Diesen Regelungen entsprechend muss sie die Anträge des Klägers enthalten und den Streitgegenstand unter kurzer

---

[45] Vgl. nur EuGH, Rs. 353/88, *Briantex u. a.*, Slg. 1989, 3623 Rn. 7; EuG, Rs. T-364/03, *Medici Grimm*, Slg. 2006, II-79 Rn. 47.

[46] *Dörr*, in: Sodan/Ziekow, VwGO, EVR Rn. 100; a. A. *Böhm*, in: Schulze/Zuleeg/Kadelbach, § 12 Rn. 59.

[47] *Bogdandy/Jacob*, in: GHN, Art. 340 AEUV Rn. 41; *Ehlers*, in: ders./Schoch, § 10 Rn. 16; *Pechstein*, EU-Prozessrecht, Rn. 685.

[48] *Berg*, in: Schwarze, EU-Vertrag, Art. 288 EGV Rn. 28; *Dörr*, in: Sodan/Ziekow, VwGO, EVR Rn. 101.

[49] *Cremer*, in: Calliess/Ruffert, EUV/AEUV, Art. 268 AEUV Rn. 4; *Kotzur* in: Geiger/Khan/Kotzur, EUV/AEUV, Art. 268 AEUV Rn. 7.

Darstellung der Klagegründe bezeichnen. Dabei sind die **haftungsbegründenden Tatsachen** mit hinreichender Deutlichkeit und Schlüssigkeit vorzutragen.[50] Für die Zulässigkeit der Klage ist es erforderlich, dass die wesentlichen tatsächlichen und rechtlichen Umstände, auf denen die Klage beruht, zumindest in gedrängter Form, jedenfalls aber zusammenhängend und verständlich, aus dem Wortlaut der Klageschrift selbst hervorgehen. Diesen Erfordernissen genügt eine Klageschrift nur, wenn sie Angaben enthält, anhand derer sich das dem Organ vorgeworfene Verhalten bestimmen lässt, zugleich die Gründe angibt, deretwegen ein Kausalzusammenhang zwischen dem Verhalten und dem geltend gemachten Schaden besteht, und die Art und den Umfang des Schadens bezeichnet.[51] Auf diesem Wege soll dem Beklagten und dem Gericht die Möglichkeit gegeben werden, sich gegebenenfalls ohne weitere Informationen vorzubereiten und eine Entscheidung zu treffen. Klagen werden als unzulässig abgewiesen, wenn der Kläger nicht die Tatsachen angibt, anhand derer sich das dem Organ vorgeworfene Verhalten bestimmen lässt oder es verabsäumt, die Gründe zu benennen, aus denen sich nach seiner Auffassung der erforderliche Kausalzusammenhang zwischen dem pflichtwidrigen Verhalten und dem erlittenen Schaden sowie Art und Umfang des Schadens ergibt.[52]

Die substantiierte Darlegung der Haftungsvoraussetzungen hat damit besondere Bedeutung für die Zulässigkeit **unbezifferter Klageanträge**. Ein allgemein auf Schadensersatz lautender Antrag ist zu unbestimmt. Andererseits muss der Schaden nicht notwendigerweise bereits in der Klageschrift beziffert sein, sofern sich Art und Umfang im Wesentlichen aus dem Zusammenhang ermitteln lassen.[53] Einzelheiten hierzu können – ggf. nach einem Zwischenurteil – in einem späteren Verfahrensabschnitt nachgetragen werden.[54] Sofern die **Höhe des Schadens** zur Zeit der Klageerhebung noch nicht ermittelbar ist, kann der Kläger zunächst die Feststellung einer Haftung der Union dem Grunde nach beantragen, über die durch Erlass eines Zwischenurteils entschieden wird.[55] Sobald die Höhe des Schadenumfangs im Einzelnen bestimmbar ist, kann der Feststellungsantrag in einen Leistungsantrag umgeändert oder aber durch ein weiteres Urteil festgesetzt werden.[56]

---

[50] *Dörr*, in: Sodan/Ziekow, VwGO, EVR Rn. 102; *Ehlers*, in: ders./Schoch, § 10 Rn. 21; *Pechstein*, EU-Prozessrecht, Rn. 691.
[51] EuGH, Rs. C-267/09, *Kommission/Portugal*, Slg. 2011, I-3197 Rn. 25; EuG, Rs. T-10/01, *Chiquita Brands*, Slg. 2005, II-315 Rn. 64 f.; Rs. T-138/03, *E.R. u. a.*, Slg. 2006, II-4923 Rn. 34; Rs. T-16/04, *Arcelor SA*, Slg. 2010, II-211 Rn. 132.
[52] EuG, Rs. T-387/94, *Asia Motors France*, Slg. 1996, II-961 Rn. 107; Rs. T-38/96, *Guéren automobile*, Slg. 1997, II-1223 Rn. 42.
[53] EuGH, Rs. 90/79, *Granaria*, Slg. 1979, 1081 Rn. 6; *Berg*, in: Schwarze, EU-Kommentar, Art. 288 EGV Rn. 29; *Kotzur*, in: Geiger/Khan/Kotzur, EUV/AEUV, Art. 268 AEUV Rn. 6.
[54] EuGH, Rs. C-104/89 und C-37/90, *Mulder*, Slg. 1992, I-3061 Rn. 37; EuG, Rs. T-76/94, *Jansma*, Slg. 2001, II-243 Rn. 102; Rs. T-344, 345/00, *CEVA Santé animale SA*, Slg. 2003, II-229 Rn. 108.
[55] EuGH, Rs. C-104/89 und C-37/90, *Mulder*, Slg. 1992, I-3061 Rn. 37; EuG, Rs. T-344, 345/00, *CEVA Santé animale SA*, Slg. 2003, II-229 Rn. 108; *Cremer*, in: Calliess/Ruffert, EUV/AEUV, Art. 268 AEUV Rn. 5.
[56] *Ehlers*, in: ders./Schoch, § 10 Rn. 21; *Pechstein*, EU-Prozessrecht, Rn. 692.

VI. Klagefrist

16 Das Erfordernis der Wahrung einer Klagefrist ergibt sich weder aus Art. 268 AEUV noch lässt es sich aus der Haftungsnorm des Art. 340 AEUV ableiten. Allerdings verjähren die aus einer außervertraglichen Haftung abgeleiteten Ansprüche nach Art. 65 Abs. 3 Satzung-EuGH innerhalb von fünf Jahren nach Eintritt des ihnen zugrundeliegenden Ereignisses. Obwohl diese Bestimmung nicht die Zulässigkeit der Amtshaftungsklage, sondern nur die für deren Begründetheit maßgebliche materiellrechtliche Durchsetzbarkeit des in Rede stehenden Anspruchs betrifft, wird ihr in der Rechtsprechung der europäischen Gerichte eine prozessuale Bedeutung zuerkannt. Während der EuGH die Verjährungseinrede zunächst noch aus dem Bereich der Zulässigkeit der Klage ausklammerte,[57] bewertete er den Eintritt der Verjährung erstmals in der Rechtssache *Birra Wührer* als eine „prozesshindernde Einrede" im Sinne des Art. 151 VerfO-EuGH.[58] Mögen spätere Judikate auch gelegentlich den Eindruck einer Rückbesinnung erweckt haben,[59] darf doch zwischenzeitlich als gesichert gelten, dass eine Amtshaftungsklage auf entsprechende Einrede des Beklagten hin[60] als unzulässig abgewiesen wird,[61] wenn der ihr zugrundeliegende Haftungsanspruch aus Gründen des Art. 65 Abs. 3 Satzung-EuGH verjährt ist.[62]

17 Die insoweit prozessual beachtliche Verjährungsfrist des Art. 65 Abs. 3 Satzung-EuGH beginnt erst, wenn alle Voraussetzungen der Ersatzpflicht erfüllt sind und sich insbesondere der zu ersetzende Schaden konkretisiert hat.[63] Da es für die Bestimmung des Anfangszeitpunkts allein auf objektive Umstände ankommt, beginnt der Fristenlauf zu dem Zeitpunkt, zu dem der Vermögensschaden tatsächlich eingetreten ist;[64] ob der Geschädigte dies wahrgenommen hat und den schadensbegründenden Sachverhalt in allen Einzelheiten kennt, ist dagegen nicht von Belang.[65] Die Verjährungsfrist wird durch Geltendmachung gegenüber dem betroffenen Unionsorgan oder durch Einreichung der Klageschrift unterbrochen (Art. 65 Abs. 3 Satzung-EuGH). Als eine dies bewirkende Klageschrift kommt allerdings nur jene in Betracht, mit der ein sich auf Art. 340 AEUV gründender Haftungsanspruch geltend gemacht wird; eine Nichtigkeits- oder Untä-

---

[57] EuGH, Rs. 4/69, *Lütticke*, Slg. 1971, 325, Rn. 8.

[58] Vgl. EuGH, verb. Rs. 256, 257, 265, 267/80 sowie 5/81, *Birra Wührer*, Slg. 1982, 85 Rn. 3 ff.; Rs. 20/88, *Roquette frères*, Slg. 1989, 1553 Rn. 12 f.; wohl auch Rs. 53/84, *Adams*, Slg. 1985, 3595 Rn. 17.

[59] Nachweise bei *Cremer*, in: Calliess/Ruffert, EUV/AEUV, Art. 268 AEUV Rn. 3 Fn. 9.

[60] *v. Bogdandy/Jacob*, in: GHN, Art. 340 AEUV Rn. 47; *Kischel*, in: Hailbronner/Wilms, EU-Recht, Art. 235 EGV Rn. 12; *Schima*, in: Mayer, EUV/EGV, Art. 235 EGV Rn. 1; a. A. *Pechstein*, EU-Prozessrecht, Rn. 694 – von Amts wegen zu prüfende Klagefrist.

[61] Ausdrücklich EuGH, Rs. C-496/11 P, *Evropaiki Dynamiki*, Slg. 2012, I-0000 Rn. 51 und 54: „Die Verjährung stellt deshalb eine Einrede der Unzulässigkeit dar".

[62] EuGH, Rs. C-51/05 P, *Cantina sociale die Dolianova*, Slg. 2008, I-5341 Rn. 70; EuG, Rs. T-28/03, *Holcim*, Slg. 2005, II-1357 Rn. 74 f.; Rs. T-140/04, *Adviesbureau Ehcon*, Slg. 2005, II-3287 Rn. 48; ferner *Kotzur*, in: Geiger/Khan/Kotzur, EUV/AEUV, Art. 268 AEUV Rn. 7; *Ehlers*, in: ders./Schoch, § 10 Rn. 19.

[63] EuGH, Rs. C-282/05 P, *Holcim*, Slg. 2007, I-2941 Rn. 29; Rs. C-460/09 P, *Inalca SpA*, Slg. 2013, I-0000 Rn. 55, 60; EuG, Rs. T-187/94, *Rudolph*, Slg. 2002, II-370 Rn. 50 ff.

[64] EuGH, Rs. C-496/11 P, *Evropaiki Dynamiki*, Slg. 2012, I-0000 Rn. 34, 38.

[65] EuGH, Rs. C-51/05 P, *Cantina sociale di Dolianova*, Slg. 2008, I-5341 Rn. 59 ff.; Rs. C-496/11 P, *Evropaiki Dynamiki*, Slg. 2012, I-0000 Rn. 37.

tigkeitsklage (Art. 263, 265 AEUV) ist dagegen nicht genügend.⁶⁶ Ebenso wenig reicht eine bei einem nationalen Gericht eingereichte Klage oder ein dort gestellter Antrag auf Beweisaufnahme oder den Erlass von Sicherungsmaßnahmen aus.⁶⁷

VII. Rechtsschutzbedürfnis

Nicht anders als bei anderen Klagearten hängt auch die Zulässigkeit der Amtshaftungsklage vom Bestehen eines **Rechtsschutzbedürfnisses** ab. Daran fehlt es namentlich dann, wenn der Kläger das von ihm verfolgte Ziel auf sachgerechtere Weise unter Inanspruchnahme einer vorrangigen Rechtsschutzmöglichkeit hätte verwirklichen können.⁶⁸

1. Verhältnis zu anderen unionsrechtlichen Rechtsschutzmöglichkeiten. Innerhalb des europäischen Rechtsschutzsystems stellt die Amtshaftungsklage nach ständiger Rechtsprechung der Unionsgerichte einen **selbstständigen Rechtsbehelf** mit eigener Funktion dar.⁶⁹ Während Nichtigkeits- und Untätigkeitsklagen (Art. 263, 265 AEUV) darauf abzielen, die Rechtswidrigkeit eines Rechtsaktes oder seines Fehlens zu ahnden (primärer Rechtsschutz), ist die Amtshaftungsklage auf den Ersatz von Schäden gerichtet, die dem Einzelnen aus einer unzulässigen Verhaltensweise eines Organs der Europäischen Union erwachsen (sekundärer Rechtsschutz).⁷⁰ Die Anerkennung des Grundsatzes der Selbstständigkeit der Haftungsklage rechtfertigt sich aus der Erwägung, dass sich der Zweck dieser Klage von dem der Nichtigkeits- bzw. Untätigkeitsklage unterscheidet.⁷¹ Ihre Eigenständigkeit schließt die – in der Praxis durchaus geläufige – Verbindung mit der Nichtigkeitsklage nicht aus, bringt es aber doch mit sich, dass die Haftungsklage im Verhältnis zu den Klagearten des primären Rechtsschutzes nicht subsidiär ist. Ihrer Erhebung steht es daher grundsätzlich nicht entgegen, wenn sie sich gegen einen Hoheitsakt oder eine Unterlassung richtet, deren Rechtswidrigkeit im Rahmen einer Nichtigkeits- bzw. Untätigkeitsklage nicht festgestellt wurde.

Dieser Grundsatz gilt freilich nicht einschränkungslos. So wird in der Judikatur der europäischen Gerichtsbarkeit auf eine Unzulässigkeit der Haftungsklage erkannt, wenn der Nachweis erbracht wird, dass sie in Wirklichkeit auf die Aufhebung einer Einzelentscheidung und die Beseitigung ihrer Folgen gerichtet ist.⁷² Das ist etwa der

---

⁶⁶ EuGH, Rs. C-282/05 P, *Holcim*, Slg. 2007, I-2941 Rn. 36.
⁶⁷ EuGH, Rs. C-51/05 P, *Cantina sociale di Dolianova*, Slg. 2008, I-5341 Rn. 69 m.w.N.
⁶⁸ *Ehlers*, in: ders./Schoch, § 10 Rn. 22; *Pechstein*, EU-Prozessrecht, Rn. 695; *Erichsen/Weiß*, Jura 1990, 588.
⁶⁹ Vgl. nur EuGH, Rs. 197/80 bis 200/80, 243/80 und 247/80, *Ludwigshafener Walzmühle*, Slg. 1981, 3211 Rn. 4; Rs. 175/84, *Krohn*, Slg. 1986, 753 Rn. 32; Rs. C-234/02 P, *Lamberts*, Slg. 2004, I-2803 Rn. 59; EuG, Rs. T-3/00 und T-337/04, *Pitsiorlas*, Slg. 2007, II-4779 Rn. 283; Rs. T-429/05, *Artegodan*, Slg. 2010, II-491 Rn. 50; Rs. T-341/07, *Sison*, Slg. 2011, II-7915 Rn. 32.
⁷⁰ Vgl. nur EuGH, Rs. 175/84, *Krohn*, Slg. 1986, 753 Rn. 26, 32; Rs. C-87/89, *Sonito*, Slg. 1990, I-1981 Rn. 14; EuG, Rs. T-3/00 und T-337/04, *Pitsiorlas*, Slg. 2007, II-4779 Rn. 283; Rs. T-429/05, *Artegodan*, Slg. 2010, II-491 Rn. 50.
⁷¹ EuG, Rs. T-178/98, *Fresh Marine*, Slg. 2000, II-3331 Rn. 45; Rs. T-47/02, *Danzer*, Slg. 2006, II-1779 Rn. 27.
⁷² EuGH, Rs. 175/84, *Krohn*, Slg. 1986, 753 Rn. 30; EuG, Rs. T-514/93, *Cobrecaf*, Slg. 1995, II-621 Rn. 59; Rs. T-47/02, *Danzer*, Slg. 2006, II-1779 Rn. 28; vgl. auch *Schima*, in: Mayer, EUV/EGV, Art. 235 EGV Rn. 19.

Fall, wenn die Klage auf Zahlung einer Geldsumme gerichtet ist, die dem Betrag einer Abgabe entspricht, welche von Seiten des Klägers gezahlt wurde, um einem unanfechtbaren Rechtsakt nachzukommen.[73] Zu denken ist daneben an die Situation, in der im Wege der Amtshaftungsklage ein Betrag erstritten werden soll, der als Zuschuss ausgezahlt worden wäre, wenn der Kläger einen zu Unrecht ergangenen Ablehnungsbescheid der Kommission rechtzeitig mit der Nichtigkeitsklage angefochten hätte.[74] Derartige Haftungsklagen, die auf den Ausgleich finanzieller Folgen einer Einzelfallentscheidung abzielen, die der Kläger unter rechtzeitiger Inanspruchnahme der Klagemöglichkeiten aus Art. 263, 265 AEUV hätte abwenden können, sind daher schon um der Vermeidung einer **Umgehung** der besonderen Klagevoraussetzungen der Art. 263, 265 AEUV willen als unzulässig zu erachten.[75] Will der Betroffene die finanziellen Lasten einer von ihm für rechtswidrig befundenen Entscheidung oder Unterlassung nicht hinnehmen, ist er daher gehalten, von den sich ihm bietenden Möglichkeiten des primären Rechtsschutzes tatsächlich Gebrauch zu machen. Geschieht dies nicht innerhalb der dafür vorgesehenen Klagefristen, fehlt dem Betroffenen das Rechtsschutzbedürfnis, um einen ihm aus einer Entscheidung oder Unterlassung erwachsenen Schaden im Wege der Amtshaftungsklage geltend zu machen.

21 Mag daher auch stets dann auf eine Unzulässigkeit der Haftungsklage zu erkennen sein, wenn dem Geschädigten die Klagemöglichkeit der Art. 263, 265 AEUV zu Gebote stand, er die Klagefristen aber hat verstreichen lassen, erhebt sich doch die Frage, ob Entsprechendes auch dann zu gelten hat, wenn Unsicherheiten darüber bestehen, ob der Geschädigte überhaupt über die für Nichtigkeits- und Untätigkeitsklagen erforderliche Klagebefugnis verfügt.[76] In dieser Hinsicht erweist sich die im Schrifttum gezogene Parallele zur allgemeinen Schadensminderungspflicht als hilfreich.[77] Werden deren Gedanken im vorliegenden Zusammenhang fruchtbar gemacht, ist die Haftungsklage allenfalls dann unzulässig, wenn der Kläger von der Inanspruchnahme eines ihm zumutbaren Rechtsbehelfs absieht. Ist seine Klagebefugnis aber nicht gesichert, kann er schwerlich in einer ihm zumutbaren Weise auf den Weg der Nichtigkeits- oder Untätigkeitsklage verwiesen werden. Dies und die grundsätzliche Eigenständigkeit des Rechtsbehelfs lassen es gerechtfertigt erscheinen, in solcher Lage von einer Zulässigkeit der Haftungsklage auszugehen.

22 Nicht unerwähnt bleiben darf in diesem Zusammenhang, dass die Unzulässigkeit der Haftungsklage bislang nur in Konstellationen zum Tragen kam, in denen das schädigende Ereignis auf einem Einzelakt beruhte, der gegenüber dem Geschädigten unmittelbar und individuell wirkt.[78] Dagegen wurde die Haftungsklage bei Rechtsakten von allgemeiner und unpersönlicher Art keinen vergleichbaren Einschränkungen unterworfen.[79] Damit kann es sein Bewenden nicht mehr haben, nachdem der

---

[73] Rs. T-178/98, *Fresh Marine*, Slg. 2000, II-3331 Rn. 50.
[74] EuG, Rs. T-186/98, *Inpesca*, Slg. 2001, II-557 Rn. 77.
[75] Vgl. hierzu EuGH, Rs. 543/79, *Birke*, Slg. 1981, 2669 Rn. 28; *Berg*, in: Schwarze, EU-Kommentar, Art. 288 EGV Rn. 18; *v. Bogdandy/Jacob*, in: GHN, Art. 340 AEUV Rn. 51; *Gilsdorf/Niejahr*, in: Groeben/Schwarze, EUV/EGV, Art. 288 EGV Rn. 40.
[76] Hierzu *Ehlers*, in: ders./Schoch, § 10 Rn. 24.
[77] *V. Bogdandy/Jacob*, in: GHN, Art. 340 AEUV 52; *Streinz*, VVDStRL 61 (2002), 300 (333).
[78] Vgl. dazu EuG, Rs. T-479/93 und T-559/93, *Bernardi*, Slg. 1994, II-1115 Rn. 38 f.; Rs. T-485/93, *Dreyfus*, Slg. 1996, II-1101 Rn. 68.
[79] *V. Bogdandy/Jacob*, in: GHN, Art. 340 AEUV Rn. 51 m.w.N.

Rechtsschutz Privater gegen Rechtsakte mit Verordnungscharakter verbessert wurde. Mögen die sich mit Art. 263 Abs. 4 AEUV verbindenden Rechtsschutzmöglichkeiten auch maßvoll ausgefallen sein,[80] ist doch nicht auszuschließen, dass sich die hierdurch erweiterten Möglichkeiten des Primärrechtsschutzes künftig auch im Bereich der Amtshaftungsklage bemerkbar machen. Der Gedanke des Verfahrensmissbrauchs kommt nämlich auch dann zum Tragen, wenn Schäden geltend gemacht werden, die durch den Erlass einer rechtswidrigen und keines weiteren Vollzugsaktes bedürftigen Verordnung hervorgerufen werden.

2. Verhältnis zu nationalen Rechtsbehelfen. Ist die Beziehung zwischen den einzelnen unionsrechtlichen Rechtsbehelfen damit auch dem Grunde nach geklärt, sind nach wie vor Probleme zu gewärtigen, soweit es das Verhältnis zwischen der unionsrechtlichen Haftungsklage und den Rechtsbehelfen des nationalen Rechts anbelangt. Die Ausführung des Unionsrechts bleibt in weiten Teilen den Mitgliedstaaten vorbehalten (Art. 291 Abs. 1 AEUV). Da die Beurteilung der Rechtmäßigkeit des nationalen Verwaltungshandelns im Vollzug des Unionsrechts den mitgliedstaatlichen Gerichten obliegt und die Union ohnehin nicht für mitgliedstaatliches Fehlverhalten haftet, werden etwaige sich auf Art. 268 i. V. m. Art. 340 Abs. 2 AEUV gründende Amtshaftungsklagen als subsidiär und vor Ausschöpfung des innerstaatlichen Rechtswegs als unzulässig betrachtet.[81] Hatte es zunächst den Anschein, als tendierte der EuGH zu einer generellen Subsidiarität der Amtshaftungsklage,[82] findet sich in späteren Entscheidungen insoweit eine Einschränkung, als der Kläger nur dann auf den Rechtsweg vor nationalen Gerichten verwiesen ist, wenn ihm dieser einen wirksamen Rechtsschutz bietet und zum Ersatz des geltend gemachten Schadens führen kann.[83]

Beruht ein Schaden einzig darauf, dass **rechtswidriges Unionsrecht** von nationalen Behörden vollzogen wird, sind die Haftungsvoraussetzungen des Art. 340 Abs. 2 AEUV an sich erfüllt. Dennoch ist eine sich hierauf gründende Haftungsklage nachrangig, wenn der Geschädigte das von ihm verfolgte Klageziel bereits unter Inanspruchnahme nationalen Rechtsschutzes erreichen kann.[84] Hat er mit Blick auf den Bescheid einer nationalen Behörde, der sich auf einen rechtswidrigen Akt der Union gründet, eine Abgabe gezahlt, kann er die sich hiermit verbindende Einbuße abwenden, indem er vor einem nationalen Gericht auf Aufhebung des Bescheides und Rückerstattung des entrichteten Betrages klagt;[85] die Gültigkeit der unionsrechtlichen Grundlage betreffende Fragen können dabei im Wege der Vorabentscheidung (Art. 267 AEUV) geklärt werden. Stellt sich in diesem Rahmen die Ungültigkeit heraus, kann das nationale Gericht die Behörde antragsgemäß verurteilen und dem Betroffenen daher wirksamen Rechtsschutz bieten. Gegenüber einer auf Rückerstattung einer rechtsgrundlos gezahlten Abgabe gerichteten Klage vor nationalen Gerichten ist die Haftungsklage daher

---

[80] *Everling*, EuR 2009, Beiheft 1, 71 (75).
[81] Vgl. die Darstellung bei *Ehlers*, in: ders./Schoch, § 10 Rn. 27 ff.; *Pechstein*, EU-Prozessrecht, Rn. 700 ff.
[82] EuGH, verb. Rs. 5, 7 und 13-24/66, *Kampffmeyer*, Slg. 1967, 331, 355 f.
[83] EuGH, Rs. 157/84, *Krohn*, Slg. 1986, 753 Rn. 27; Rs. 20/88, *Roquette Fréres*, Slg. 1989, 1553 Rn. 15 f.; ferner EuG, Rs. T-18/99, *Cordis*, Slg. 2001, II-913 Rn. 26 ff.
[84] EuGH, Rs. 101/78, *Granaria*, Slg. 1979, 623 Rn. 14; Rs. 133/79, *Sucrimex*, Slg. 1980, 1299 Rn. 24; EuG, Rs. T-47/02, *Danzer*, Slg. 2006, II-1779 Rn. 32 m.w.N.
[85] EuGH, Rs. 133/79, *Sucrimex*, Slg. 1980, 1299 Rn. 24; Rs. C-282/90, *Vreugdenhil*, Slg. 1992, I-1937 Rn. 12; *Stotz*, in: Rengeling, EUDUR I, § 45 Rn. 168.

subsidiär. Nichts anderes hat in Subventionsstreitigkeiten jedenfalls dann zu gelten, wenn eine nationale Behörde die in einer unionsrechtlichen Grundverordnung vorgesehene Zahlung mit Rücksicht auf eine rechtswidrige Durchführungsverordnung der Union verweigert.[86] Stellt sich im Verfahren der Vorabentscheidung die Ungültigkeit der Durchführungsverordnung heraus, kann das nationale Gericht die Behörde auf Basis des in der Grundverordnung geregelten Zahlungsanspruchs antragsgemäß verurteilen. Die aus der Weigerung der Subventionsgewährung resultierende Einbuße kann daher durch die Inanspruchnahme nationalen Rechtsschutzes abgewendet werden. Während die Haftungsklage in dieser Konstellation aus Gründen ihrer Subsidiarität unzulässig ist, hat allerdings anderes zu gelten, wenn der geltend gemachte Schaden auf dem Nichterlass eines rechtlich an sich gebotenen Unionsrechtsaktes beruht (z. B. aus Gründen des Gleichheitssatzes gebotene Beihilferegelung).[87] Mitgliedstaatliche Gerichte haben keine Jurisdiktionsgewalt über Organe der Union und können die begehrte Leistung daher nicht zusprechen. Kann der Kläger sein auf Ersatz für rechtswidrig unterbliebene Rechtsetzung der Unionsorgane gerichtetes Begehren mit den Mitteln des nationalen Rechtsschutzes nicht erreichen, kann sich die Subsidiaritätsfrage naturgemäß von vornherein nicht stellen; insoweit kann sofort Amtshaftungsklage erhoben werden, ohne dass zuvor nationale Rechtsschutzmöglichkeiten ausgeschöpft werden müssten.[88] Das gilt im Übrigen auch dann, wenn das Klageziel nicht in der Rückzahlung zu Unrecht geleisteter Beträge oder der Zahlung unberechtigt vorenthaltener Leistungen, sondern im Ersatz hiermit im Zusammenhang stehender Folgeschäden besteht (z. B. Darlehenskosten).[89] Erschöpft sich der Beitrag staatlicher Stellen darin, rechtswidriges Unionsrecht vollzogen zu haben, sind nicht sie, sondern allein das Unionsorgan, das den Rechtsakt erlassen hat, für den Folgeschaden verantwortlich. Dementsprechend kann eine Amtshaftungsklage erhoben werden, ohne zuvor den Rechtsweg zu den nationalen Gerichten beschreiten zu müssen.[90]

25   Problematischer sind Konstellationen, in denen sich Organe der Union und mitgliedstaatlicher Stellen gleichermaßen rechtswidrig verhalten und im Zusammenwirken einen Schaden verursachen. Da in diesen Fällen immer auch eine nationale Behörde gehandelt hat, ist der Rechtsschutz nach der bisherigen Rechtsprechung selbst dann vor nationalen Gerichten zu suchen, wenn Organe der Gemeinschaft (jetzt Union) das Entscheidungsverhalten mitgliedstaatlicher Behörden in maßgeblicher Weise beeinflusst haben.[91] Eine Amtshaftungsklage kommt dagegen nur ausnahmsweise und namentlich dann in Frage, wenn ein Unionsorgan aufgrund gesetzlicher Ermächtigung verbindliche Weisungen an die mitgliedstaatliche Behörde richtete und insoweit selbst als Verantwortliche des Ausführungsaktes erscheint.[92] Während sich in der jünge-

---

[86] EuGH, verb. Rs. 106–120/87, *Asteris*, Slg. 1988, 5515 Rn. 18, 25; eingehend *v. Bogdandy/Jacob*, in: GHN, Art. 340 AEUV Rn. 59.
[87] Eingehend *Pechstein*, EU-Prozessrecht, Rn. 704.
[88] EuGH, Rs. 281/84, *Zuckerfabrik Bedburg*, Slg. 1987, 49 Rn. 10 ff.; *v. Bogdandy/Jacob*, in: GHN, Art. 340 AEUV Rn. 57.
[89] EuGH, Rs. 143/77, *Scholten-Honig*, Slg. 1979, 3583 Rn. 9.
[90] EuG, Rs. T-18/99, *Cordis*, Slg. 2001, II-913 Rn. 26; *v. Bogdandy/Jacob*, in: GHN, Art. 340 AEUV Rn. 56.
[91] EuGH, Rs. 12, 18 und 21/77, *Debayser*, Slg. 1978, 553 Rn. 10; Rs. 217/81, *Interagra*, Slg 1982, 2233 Rn. Rn. 8 ff.
[92] Vgl. EuGH, Rs. 175/84, *Krohn*, Slg. 1986, 753 Rn. 21 ff.; hierzu *Kotzur*, in: Geiger/Khan/Kotzur, EUV/AEUV, Art. 268 AEUV Rn. 3; *Detterbeck*, AöR 125 (2000), 202 (209).

ren Judikatur immerhin eine Tendenz abzeichnet, weniger auf die Abgrenzung der Verantwortlichkeiten, sondern eher auf die eigentliche Ursache des Rechtsverstoßes abzustellen,[93] entzündet sich die Kritik des Schrifttums vor allem daran, dass der Gerichtshof Amtshaftungsklagen als unzulässig abweist, wenn er sie „im Wesentlichen" gegen mitgliedstaatliche Maßnahmen gerichtet sieht.[94] Auch wenn kaum zu bestreiten ist, dass die Bestimmung der Verantwortlichkeit keine Frage der Zulässigkeit ist, sondern die Begründetheit einer Amtshaftungsklage betrifft, erscheint vor dem Hintergrund der Rechtsprechung europäischer Gerichte doch zumindest aus praktischer Sicht empfehlenswert, zunächst um Rechtsschutz bei den nationalen Gerichten nachzusuchen.[95] Wird dem Geschädigten dort ein hinreichender Rechtsschutz nicht zuteil, kann die Amtshaftungsklage nach Art. 268, 340 AEUV immer noch erhoben werden.[96] Ein hiervon abweichendes Vorgehen ist allerdings geboten, wenn der Haftungsanspruch gegen die Union zu verjähren droht; insoweit ist daran zu erinnern, dass der Eintritt der Verjährung wohl durch Einreichung der Klageschrift beim Gerichtshof, nicht aber durch die Anrufung eines nationalen Gerichts unterbrochen wird.[97]

C. Begründetheit

Nach Art. 340 Abs. 2 AEUV ist der gegen die Union gerichtete Amtshaftungsanspruch begründet, wenn deren Organe oder Bedienstete in Ausübung ihrer Amtstätigkeit einen Schaden verursacht haben; für Schäden, die durch die EZB oder ihre Bediensteten verursacht werden, gilt Entsprechendes, indessen richtet sich der Anspruch ausweislich des Art. 340 Abs. 3 AEUV unmittelbar gegen die Zentralbank. Angesichts der nur rudimentären Normierung der Haftungsvoraussetzungen handelt es sich bei Art. 340 Abs. 2, 3 AEUV um einen „Rumpftatbestand"[98] mit nur teilweise subsumtionsfähigen Merkmalen. Für weitere Haftungskriterien verweisen die Vorschriften im Übrigen auf die allgemeinen Rechtsgrundsätze, wie sie den Rechtsordnungen der Mitgliedstaaten gemeinsam sind. Für den Unionsrichter ist darin eine Ermächtigung angelegt, die ihm das Mandat zuweist, im Wege wertender Rechtsvergleichung der nationalen Haftungssysteme unionsspezifische Haftungskriterien zu entwickeln. Dieser Aufgabe hat sich die Judikatur angenommen, versteht die allgemeinen Rechtsgrundsätze der Mitgliedstaaten aber weniger als Interpretationsdirektiven, sondern vielmehr als Begrenzungen, die der richterlichen Rechtsfortbildung einen Rahmen setzen.[99] Das Haftungsrecht der Union ist daher im seinem Kern Richterrecht, dessen

---

[93] Hierzu *Berg*, in: Schwarze, EU-Kommentar, Art. 288 EGV Rn. 25; v. *Bogdandy/Jacob*, in: GHN, Art. 340 AEUV Rn. 65 unter Hinweis auf EuGH, Rs. C-146/91, *KYDEP*, Slg. 1994, I-4199 Rn. 27 ff.; EuG, Rs. T-185/94, *Geotronics*, Slg. 1995, II-2795 Rn. 39.
[94] *Cremer*, in: Calliess/Ruffert, EUV/AEUV, Art. 268 AEUV Rn. 7; *Ehlers*, in: ders./Schoch, § 10 Rn. 28.
[95] In dieser Hinsicht auch *Berg*, in: Schwarze, EU-Kommentar, Art. 288 EGV Rn. 26.
[96] EuGH, Rs. 157/84, *Krohn*, Slg. 1986, 753 Rn. 27; Rs. 20/88, *Roquette Frères*, Slg. 1989, 1553 Rn. 15 f.; *Kotzur*, in: Geiger/Khan/Kotzur, EUV/AEUV, Art. 268 AEUV Rn. 3.
[97] EuGH, Rs. C-51/05 P, *Cantina sociale di Dolianova*, Slg. 2008, I-5341 Rn. 69.
[98] *Schmahl*, ZEuS 1999, 416.
[99] *Gellermann*, in: Streinz, EUV/AEUV, Art. 340 AEUV Rn. 8 m.w.N.

Beschreibung sich vorwiegend an der einschlägigen Rechtsprechung des EuGH und des EuG zu orientieren hat.

I. Haftungsbegründende Voraussetzungen

27 Die außervertragliche Haftung der Union bzw. der EZB kommt danach zum Tragen, wenn die Amtstätigkeit ihrer Organe oder Bediensteten einen Tatbestand erfüllt, dessen Merkmale die Rechtswidrigkeit des dem Organ oder Bediensteten zur Last gelegten Verhaltens, das Vorliegen eines Schadens und das Bestehen eines Kausalzusammenhangs zwischen dem rechtswidrigen Verhalten und dem geltend gemachten Schaden sind.[100] Da diese Voraussetzungen kumulativ erfüllt sein müssen, wird die Amtshaftungsklage bereits dann als unbegründet abgewiesen, wenn auch nur eines dieser Merkmale nicht erfüllt ist.[101]

28 **1. Organe und Bedienstete.** Ersatzfähig sind nach Art. 340 Abs. 2 AEUV nur Schäden, die von Organen oder Bediensteten verursacht worden sind. In diesem Zusammenhang darf der Begriff des **Organs** allerdings nicht in dem Sinne des Art. 13 EUV verstanden werden. Stattdessen verwenden die Haftungsvorschriften einen weitergehenden Organbegriff, der auch solche Einrichtungen umfasst, die unter dem Vertrag geschaffen wurden und „im Namen und für Rechnung" der Union tätig werden.[102] Neben dem Europäischen Parlament, dem (Europäischen) Rat, der Kommission, dem Gerichtshof und dem Rechnungshof zählen hierher auch die Europäische Investitionsbank,[103] der Wirtschafts- und Sozialausschuss und der Ausschuss der Regionen[104] sowie der Europäische Bürgerbeauftragte,[105] während Handlungen von Fraktionen des Europäischen Parlaments eine Haftung nicht auszulösen vermögen.[106] Die EZB ist ausweislich des Art. 13 Abs. 1 EUV eines der Organe der Union, indessen hat ihre Haftung in Art. 340 Abs. 3 AEUV eine abweichende Regelung erfahren.

29 **Bedienstete** sind neben den Beamten alle Personen, die in einem Beschäftigungsverhältnis zur Union stehen.[107] Überdies kommt eine Haftung auch für das Handeln sonstiger Personen oder Hilfsorgane in Betracht, derer sich die Union zur Erfüllung ihrer Aufgaben bedient.[108] Hierunter fallen auch mitgliedstaatliche Behörden, die auf Weisung der Kommission belastende Entscheidungen treffen.[109]

---

[100] EuGH, Rs. 197/80 bis 200/80, 243/80 und 247/80, *Ludwighafener Walzmühle*, Slg. 1981, 3211 Rn. 18; Rs. C-295/03 P, *Allesandini*, Slg. 2005, I-5673 Rn. 61; verb. Rs. 120/06 P und C-121/06, *FIAMM*, Slg. 2008, I-6513 Rn. 106; EuG, Rs. T-125/06, *Manieri*, Slg. 2009, II-69 Rn. 97; Rs. T-252/07, T-271/07 und T-272/07, *Sungro SA*, Slg. 2010, II-55 Rn. 35.
[101] EuGH, Rs. C-122/01 P, *T. Port*, Slg. 2003, I-4261 Rn. 30; EuG, Rs. T-351/03, *Schneider Electric*, Slg. 2007, II-2237 Rn. 113; Rs. T-429/05, *Artegodan*, Slg. 2010, II-491 Rn. 39.
[102] Vgl. EuGH, Rs. C-370/89, *Etroy*, Slg. 1992, I-6211 Rn. 15; EuG, Rs. T-209/00, *Lamberts*, Slg. 2002, II-2210 Rn. 49.
[103] EuGH, Rs. C-370/89, *Etroy*, Slg. 1992, I-6211 Rn. 15.
[104] *Ruffert*, in: Calliess/Ruffert, EUV/AEUV, Art. 340 AEUV Rn. 8.
[105] EuGH, Rs. C-234/02 P, *Lamberts*, Slg. 2004, I-2803 Rn. 48 ff.
[106] EuGH, Rs. C-201/89, *Le Pen*, Slg. 1990, I-1183 Rn. 14 f.
[107] *Böhm*, in: Schulze/Zuleeg/Kadelbach, § 12 Rn. 13.
[108] Vgl. EuGH, Rs. 33/82, *Murri Fréres*, Slg. 1985, 2759 Rn. 34 f.; Ehlers, in: ders./Schoch, § 10 Rn. 31; *Pechstein*, EU-Prozessrecht, Rn. 709.
[109] *Kucsko-Stadlmayer*, in: Mayer, EUV/EGV, Art. 288 EGV Rn. 22; *Detterbeck*, AöR 125 (2000), 209.

2. Ausübung einer Amtstätigkeit. Zu den Haftungsmerkmalen des Art. 340 Abs. 2 30
AEUV zählt zunächst, dass der Schaden in Ausübung der Amtstätigkeit der genannten
Organe oder Bediensteten entstanden ist. Dabei ist der Kreis des haftungsrelevanten
Verhaltens denkbar weit gezogen. Neben aktivem Handeln unterfällt ihm auch das
Unterlassen, soweit eine Rechtspflicht zum Handeln besteht.[110] Eine außervertragliche Haftung kommt jedenfalls bei **hoheitlichen Handlungen** zum Tragen, indessen
erscheint es nicht ausgeschlossen, auch der in Rechtsformen des Privatrechts ausgeübten
„Amtstätigkeit" haftungsrechtliche Relevanz zuzuerkennen, soweit nicht ausschließlich der vertragliche Bereich (Art. 340 Abs. 1 AEUV) betroffen ist.[111] Schließlich ist
nicht einmal mehr gewiss, ob die **Außenwirkung** des schadensstiftenden Verhaltens
zu den unverzichtbaren Voraussetzungen zählt. Während interne oder vorbereitende
Akte nach bisheriger Rechtsprechung die außervertragliche Haftung nicht auszulösen
vermochten,[112] deutet sich in jüngeren Judikaten ein Richtungswechsel an. So prüfte
der Gerichtshof die außervertragliche Haftung in einem Fall, in dem die Kommission
einer nationalen Behörde ihr Verständnis eines Gemeinschaftsrechtsakts mitteilte,
obwohl diese Auslegung keinerlei bindende Wirkung entfaltete.[113]

a) **Arten des haftungsbegründenden Verhaltens.** Dem Begriff der Amtstätigkeit 31
lassen sich mit dem administrativen, normativen sowie judikativen Handeln drei Arten
haftungsbegründenden Verhaltens zuordnen.

Der Bereich des **administrativen Handelns** umfaßt alle Einzelakte der Organe oder 32
Bediensteten, zu denen neben dem Erlass oder Nichterlass von Rechtsakten auch Realakte und sonstiges faktisches Verhalten zählen.[114] Das Unterlassen einer rechtlich gebotenen Auskunftserteilung[115] oder die Nichteinhaltung der Verschwiegenheitspflicht[116]
kann daher ebenso haftungsbegründend sein, wie unzutreffende Empfehlungen und
Stellungnahmen, ungünstige Beurteilungen eines Beamten[117] oder die Verletzung der
Beihilfeaufsicht.[118] Dagegen kann die unterlassene Einleitung eines Vertragsverletzungsverfahrens (Art. 258 AEUV) keine Haftung der Union auslösen.[119] Vom administrativen ist das **normative Handeln** zu unterscheiden, dessen haftungsrechtliche

---

[110] Vgl. nur EuGH, verb. Rs. C-120/06 P und C-121/06 P, *FIAMM*, Slg. 2008, I-6513 Rn. 178; *Ehlers*, in: ders./Schoch, § 10 Rn. 31 m.w.N.
[111] *Detterbeck*, AöR 125 (2000), 210.
[112] EuGH, Rs. 133/79, *Sucrimex*, Slg. 1980, 1299 Rn. 17; daran festhaltend *Kucsko-Stadlmayer*, in: Mayer, EUV/EGV, Art. 288 EGV Rn. 26; *Ruffert*, in: Calliess/Ruffert, EUV/AEUV, Art. 340 AEUV Rn. 10.
[113] EuGH, Rs. C-146/91, *KYDEP*, Slg. 1994, I-4199 Rn. 27 ff.; EuG, Rs. T-185/94, *Geotronics*, Slg. 1995, II-2795 Rn. 40 ff.; hierzu *Berg*, in: Schwarze, EU-Kommentar, Art. 288 EGV Rn. 25.
[114] *Böhm*, in: Schulze/Zuleeg/Kadelbach, § 12 Rn. 18 f.; *Stotz*, in: Rengeling, EUDUR I, § 45 Rn. 170.
[115] EuGH, Rs. 23/69, *Fiehn*, Slg. 1970, 547 Rn. 19 ff.; zum Unterlassen als die Haftung begründendes Verhalten auch EuGH, Rs. C-146/91, *KYDEP*, Slg. 1994, I-4199 Rn. 58; EuG, Rs. T-12/98 u. 13/98, *Argon*, Slg. 2000, II-2473 Rn. 18; Rs. T-195/00, *Travelex*, Slg. 2003, II-1677 Rn. 143.
[116] EuGH, Rs. 145/83, *Adams*, Slg. 1985, 3539 Rn. 34.
[117] EuGH, Rs. 178/86, *Turner*, Slg. 1987, 5367 Rn. 20 ff.
[118] EuG, Rs. T-107/96, *Pantochim*, Slg. 1998, II-311 Rn. 49 ff.; zahlreiche weitere Beispiele bei *Böhm*, in: Schulze/Zuleeg/Kadelbach, § 12 Rn. 23.
[119] EuGH, Rs. 247/87, *Star Fruit*, Slg. 1989, 291 Rn. 11 f.; Rs. C-72/90, *Asia Motors*, Slg. 1990, I-2181 Rn. 13; *Jochum*, in: Hailbronner/Wilms, EU-Recht, Art. 288 EGV Rn. 18; *Ossenbühl*, in: Rengeling, EUDUR I, § 42 Rn. 31.

Relevanz seit der grundlegenden Rechtssache *Schöppenstedt* in der Rechtsprechung des EuGH anerkannt ist.[120] Angesprochen ist hiermit der Erlass von Verordnungen und Richtlinien, aber auch von sonstigen Rechtsakten, denen eine allgemeine Geltung zukommt.[121] Zu denken ist etwa an mitgliedstaatsgerichtete Beschlüsse, denen ein normativer Charakter zukommt.[122] Schließlich ist auch das **judikative Handeln** unter den Begriff der Amtstätigkeit zu subsumieren.[123] Allerdings führt dies zu der paradoxen Situation, dass der EuGH über seine eigene fehlerhafte Rechtsprechung befinden müsste. Die sich hieraus ergebenden Schwierigkeiten bestehen zwar nicht, soweit es Entscheidungen des EuG zu beurteilen gilt, indessen ist hier die Gefahr einer Unterminierung der Rechtskraft von EuG-Entscheidungen zu besorgen. Mögen diese Aspekte eine Haftung wegen fehlerhafter Rechtsprechungstätigkeit auch nicht gänzlich ausschließen, wird sie – in Anlehnung an nationale Haftungssysteme – dennoch nur in schwerwiegenden Fällen, wie jenen der Rechtsbeugung oder Richterbestechung, zum Tragen kommen können.[124]

33   **b) Handeln in Ausübung der Amtstätigkeit.** Schon aus dem Begriff der „Amtstätigkeit", vor allem aber aus dem Umstand, dass der Schaden „in Ausübung" dieser Tätigkeit verursacht worden sein muss, folgt die Notwendigkeit einer „Konnexität" zwischen der schädigenden Handlung und der Wahrnehmung einer amtlichen Funktion.[125] Die Haftung setzt daher voraus, dass das schadensbegründende Verhalten in einem **unmittelbaren inneren Zusammenhang** mit den Aufgaben der Union steht,[126] während eine Schädigung, die „bei Gelegenheit" erfolgt oder bloß in einem raumzeitlichen Zusammenhang mit der Amtstätigkeit steht, den Haftungstatbestand nicht erfüllt.[127] Für solche Schäden, die von den Bediensteten der Union außerhalb ihrer Amtstätigkeit verursacht werden, haften sie persönlich.[128]

34   **3. Rechtswidrigkeit.** Während der Wortlaut des Art. 340 Abs. 2 AEUV keine dahingehenden Anhaltspunkte enthält, hat die europäische Gerichtsbarkeit einen Schadensersatz auf dieser Grundlage von der Rechtswidrigkeit der Amtstätigkeit abhängig gemacht.[129] Das schließt die in der Rechtsprechung gelegentlich erwogene Haftung für

---

[120] Vgl. nur EuGH, Rs. 5/71, *Schöppenstedt*, Slg. 1971, 975 Rn. 11; ferner Rs. C-119/88, *AERPO*, Slg. 1990, I-2189 Rn. 18; Rs. C-352/98 P, *Bergaderm*, Slg. 2000, I-5291 Rn. 40; verb. Rs. C-120/06 P und C-121/06 P, *FIAMM*, Slg. 2008, I-6513 Rn. 171.
[121] *Arnull*, in: Heukels/McDonnel, S. 135; *Detterbeck*, AöR 125 (2000), 211.
[122] Vgl. EuGH, Rs. 25/62, *Plaumann*, Slg. 1963, 211, 240.
[123] v. *Bogdandy/Jacob*, in: GHN, Art. 340 AEUV Rn. 73; *Kotzur*, in: Geiger/Khan/Kotzur, EUV/AEUV, Art. 340 AEUV Rn. 5; *Ruffert*, in: Calliess/Ruffert, EUV/AEUV, Art. 340 AEUV Rn. 23.
[124] Ebenso *Böhm*, in: Schulze/Zuleeg/Kadelbach, § 12 Rn. 26; *Pache*, in: Vedder/Heintschel v. Heinegg, HK-EU, Art. III-431 Rn. 15; wohl weitergehend *Detterbeck*, AöR 125 (2000), 212.
[125] *Berg*, in: Schwarze, EU-Kommentar, Art. 340 AEUV Rn. 32; *Stotz*, in: Rengeling, EUDUR I, § 45 Rn. 171.
[126] Vgl. EuGH, Rs. 9/69, *Sayag*, Slg. 1969, 329 Rn. 5/11; *Jochum*, in: Hailbronner/Wilms, EU-Recht, Art. 288 EGV Rn. 17.
[127] *Kotzur*, in: Geiger/Khan/Kotzur, EUV/AEUV, Art. 340 AEUV Rn. 8; *Detterbeck*, AöR 125 (2000), 210; *Schermers*, in: ders./Heukels/Mead, S. 75.
[128] Vgl. *Berg*, in: Schwarze, EU-Kommentar, Art. 288 EGV Rn. 32 a.E.
[129] EuGH, Rs. 4/69, *Lütticke*, Slg. 1971, 325 Rn. 10; Rs. C-308/87, *Grifoni*, Slg. 1990, I-1203 Rn. 6; Rs. C-243/05 P, *Agraz*, Slg. 2006, I-10833 Rn. 26; verb. Rs. C-120/06 P und 121/06 P, *FIAMM*, Slg. 2008, I-6513 Rn. 167; EuG, Rs. T-271/04, *Citymo SA*, Slg. 2007, II-1375 Rn. 86.

rechtmäßiges Handeln noch nicht aus,[130] dem Grunde nach aber ist festzuhalten, dass Art. 340 Abs. 2, 3 AEUV zumindest primär eine Haftung für rechtswidrige Amtstätigkeit begründet.

a) **Allgemeines.** Die Rechtswidrigkeit der Amtstätigkeit ist eine notwendige, für sich betrachtet aber noch keine hinreichende Bedingung zur Aktivierung der Haftungsfolge. Vielmehr kommt eine Haftung nur in Frage, wenn die verletzte Bestimmung über den Charakter einer Schutznorm verfügt und die in Rede stehende Verletzungshandlung in besonderer Weise qualifiziert ist. 35

b) **Verletzung einer Schutznorm.** Von einer Schutznorm kann gesprochen werden, soweit sie zumindest auch den Schutz der Interessen des Geschädigten bezweckt. Dies setzt voraus, dass die Norm auch dazu dient, individuelle Interessen zu schützen und ferner, dass der Geschädigte zum Kreis der geschützten Individuen zählt.[131] An den Schutznormcharakter sind keine hohen Anforderungen gestellt. Es reicht aus, wenn die verletzte Norm, die in erster Linie Belange allgemeiner Art umfasst, quasi als Reflex auch individuelle Interessen mitschützt.[132] Eine derartige Norm kann in den Bestimmungen des primären wie des sekundären Unionsrechts, aber auch in allgemeinen Rechtsgrundsätzen gefunden werden. So hat der Gerichtshof neben dem Diskriminierungsverbot nach Art. 34 Abs. 2 EGV-Nizza (nunmehr Art. 40 Abs. 2 UAbs. 2 AEUV),[133] der Freiheit des Warenverkehrs[134] und den agrarpolitischen Zielen des Art. 33 Abs. 1 EGV-Nizza (nunmehr Art. 39 Abs. 1 AEUV)[135] auch unionsrechtliche Grundrechte[136] und andere allgemeine Rechtsgrundsätze wie Vertrauensschutz[137] und Verhältnismäßigkeit[138] als Schutznormen im vorgenannten Sinne anerkannt. Die Anerkennung einer allgemeinen Schutznorm entbindet allerdings nicht von der Prüfung, ob der Anspruchsteller im Einzelfall zu dem von der Norm umfassten geschützten Personenkreis zählt. Der Zuordnung von Form- und Verfahrensvorschriften (rechtliches Gehör, Begründungspflicht) als Schutznormen steht der EuGH ablehnend 36

---

[130] Vgl. EuGH, Rs. C-237/98 P, *Dorsch Consult*, Slg. 2000, I-4549 Rn. 53; EuG, Rs. T-184/95, *Dorsch Consult*, Slg. 1998, II-667 Rn. 59; *Haack*, EuR 1999, 401.
[131] EuGH, Rs. C-352/98 P, *Bergaderm*, Slg. 2000, I-5291 Rn. 41 f.; Rs. C-282/05 P, *Holcim*, Slg. 2007, I-2941 Rn. 47; *Kotzur*, in: Geiger/Khan/Kotzur, EUV/AEUV, Art. 340 AEUV Rn. 9; *Böhm*, in: Schulze/Zuleeg/Kadelbach, § 12 Rn. 28; *Ehlers*, in: ders./Schoch, § 10 Rn. 33.
[132] *Berg*, in: Schwarze, EU-Kommentar, Art. 340 AEUV Rn. 37; *Jochum*, in: Hailbronner/Wilms, EU-Recht, Art. 288 EGV Rn. 20; *Pechstein*, EU-Prozessrecht, Rn. 717.
[133] EuGH, Rs. 5/71, *Schöppenstedt*, Slg. 1971, 975 Rn. 12; Rs. C-122/95, *Deutschland/Rat*, Slg. 1998, I-973 Rn. 62.
[134] EuGH, verb. Rs. 5, 7, 13-24/66, *Kampffmeyer*, Slg. 1967, 331, 354 f.; Rs. C-445/06, *Danske Slagterier*, Slg. 2009, I-2119 Rn. 22.
[135] EuGH, verb. Rs. 63–69/72, *Werhahn*, Slg. 1973, 1229 Rn. 11 ff.; verb. Rs. 56–60/74, *Kampffmeyer*, Slg. 1976, 711 Rn. 13; Rs. C-146/91, *KYDEP*, Slg. 1994, I-4199 Rn. 60 ff.
[136] EuGH, Rs. 59/83, *Biovilac*, Slg. 1984, 4057 Rn. 21 f.; Rs. 281/84, *Zuckerfabrik Bedburg*, Slg. 1987, 49 Rn. 25 ff.
[137] EuGH, Rs. C-104/89 und C-37/90, *Mulder*, Slg. 1992, I-3061 Rn. 15; EuG, Rs. T-43/98, *Emesa Sugar*, Slg. 2001, II-3519 Rn. 64; Rs. T-271/04, *Citymo SA*, Slg. 2007, II-1375 Rn. 108; *Deringer/Sedemund*, NJW 1979, 2437 ff.
[138] EuGH, Rs. 281/84, *Zuckerfabrik Bedburg*, Slg. 1987, 49 Rn. 35 ff.; EuG, verb. Rs. T-480, 483/93, *Antillean Rice Mills*, Slg. 1995, II-2305 Rn. 189; *Kotzur*, in: Geiger/Khan/Kotzur, EUV/AEUV, Art. 340 AEUV Rn. 9.

gegenüber.[139] Vorschriften über die Verteilung der Zuständigkeit zwischen den Organen der Union bzw. der Kommission und mitgliedstaatlichen Behörden wird der Schutznormcharakter gleichfalls abgesprochen; gleichwohl kann die Verletzung zuständigkeitsbestimmender Vorschriften die Haftung auslösen, wenn zugleich gegen eine materiell-rechtliche Bestimmung verstoßen wird, die Einzelnen Rechte verleiht.[140]

37 **c) Hinreichend qualifizierte Verletzung.** Die Verletzung einer Schutznorm löst die Haftungsfolge nur aus, wenn sie im Einzelfall hinreichend qualifiziert ist. Dieses Kriterium wurde in Fällen einer Haftung für normatives Unrecht entwickelt,[141] ist hierauf aber nicht beschränkt,[142] sondern gelangt bei Handlungen von einzelfallbezogener Art gleichfalls zur Anwendung.[143] Seiner Funktion nach ist das Merkmal der hinreichend qualifizierten Verletzung dazu bestimmt, Behinderungen der Willensbildung der handelnden Organe zu vermeiden. Mit den Worten des EuG soll verhindert werden, dass unter dem Eindruck des Haftungsrisikos „die Fähigkeit des fraglichen Organs eingeschränkt wird, seine Befugnisse im Rahmen seiner normativen oder seiner wirtschaftlichen Entscheidungen einschließenden Tätigkeiten wie auch in der Sphäre seiner Verwaltungszuständigkeit in vollem Umfang im Allgemeininteresse auszuüben".[144] Dann aber ist für die Anwendung des Haftungskriteriums nicht die Art der jeweiligen Handlung, sondern einzig der Umstand von Belang, ob dem Organ bei seiner Tätigkeit ein Ermessens-, Gestaltungs- oder Entscheidungsspielraum zu Gebote steht.[145]

38 Verfügt das handelnde Organ im Einzelfall nicht über einen Entscheidungsfreiraum oder ist derselbe im Einzelfall in erheblichem Umfang verringert oder gar „auf Null reduziert", kann bereits der schlichte Verstoß gegen eine Schutznorm zur Begründung einer hinreichend qualifizierten Verletzung genügen.[146] Zwingend ist das freilich nicht,[147] weil das Haftungskriterium es zugleich erlaubt, der Komplexität des in Rede stehenden Sachverhalts und etwaigen Schwierigkeiten bei der Auslegung oder Anwendung der jeweiligen Rechtsvorschrift Rechnung zu tragen.[148] Exemplarischen Beleg

---

[139] EuGH, Rs. 106/81, *Kind,* Slg. 1982, 2885 Rn. 14; Rs. C-119/88, *AERPO,* Slg. 1990, I-2189 Rn. 20; EuG, verb. Rs. T-481, 484/93, *Exporteurs in levende varkens,* Slg. 1995, II-2941 Rn. 104; *Pache,* in: Vedder/Heinschel v. Heinegg, HK-EU, Art. III-431 Rn. 14.

[140] EuGH, Rs. C-221/10 P, *Artegodan,* BeckRS 2012, 80741 Rn. 81 f.; hierzu *Schmidt,* EuZW 2012, 548 f.

[141] EuGH, verb. Rs. 83/76, 94/76, 4/77, 15/77 und 40/77, *HNL,* Slg. 1978, 1209 Rn. 4 ff.; verb. Rs. C-104/89 und C-37/90, *Mulder,* Slg. 1992, I-3061 Rn. 12; hierzu *Berg,* in: Schwarze, EU-Kommentar, Art. 288 EGV Rn. 42 f.

[142] So aber *Pache,* in: Vedder/Heintschel v. Heinegg, HK-EU, Art. III-431 Rn. 13; *Ruffert,* in: Calliess/Ruffert, EUV/AEUV, Art. 340 AEUV Rn. 16.

[143] EuGH, Rs. C-312/00 P, *Camar und Tico,* Slg. 2002, I-11355 Rn. 55; Rs. C-282/05 P, *Holcim,* Slg. 2007, I-2941 Rn. 48; Rs. C-221/10 P, *Artegodan,* BeckRS 2012, 80741 Rn. 80; *Kotzur,* in: Geiger/Khan/Kotzur, EUV/AEUV, Art. 340 AEUV Rn. 9; *Ehlers,* in: ders./Schoch, § 10 Rn. 34 m.w.N.

[144] EuG, Rs. T-429/05, *Artegodan,* Slg. 2010, II-491 Rn. 55; Rs. T-341/07, *Sison,* Slg. 2011, II-7915 Rn. 34.

[145] v. *Bogdandy/Jacob,* in: GHN, Art. 340 AEUV Rn. 85.

[146] EuGH, Rs. C-424/97, *Haim,* Slg. 2000, I-5123 Rn. 38; Rs. C-440/07 P, *Schneider Electric,* Slg. 2009, I-6413 Rn. 160; EuG, Rs. T-429/05, *Artegodan,* Slg. 2010, II-491 Rn. 58; Rs. T-42/06, *Gollnisch,* Slg. 2010, II-1135 Rn. 93; hierzu *Chalmers/Davies/Monti,* EU-Law, p. 435.

[147] A. A. *Pechstein,* EU-Prozessrecht Rn. 719.

[148] EuGH, Rs. C-282/05 P, *Holcim,* Slg. 2007, I-2941 Rn. 51; Rs. C-440/07 P, *Schneider Electric,* Slg. 2009, I-6413 Rn. 116; EuG, Rs. T-429/05, *Artegodan,* Slg. 2010, II-491 Rn. 60 ff.

bietet dafür das Urteil vom 23.11.2011, mit dem das EuG trotz der Rechtswidrigkeit des Einfrierens der Gelder eines Terrorismusverdächtigen und des Umstandes, dass dem Rat bei der Listung von Personen kein Ermessen zukommt, eine Haftung der Union unter Hinweis auf die Komplexität der Sachverhaltswürdigung, die Schwierigkeiten bei der Auslegung der unklaren Rechtsgrundlage und nicht zuletzt wegen der hohen Bedeutung der Terrorismusbekämpfung ab.[149] Besteht dagegen ein Ermessens-, Gestaltungs- oder Beurteilungsspielraum, erkennt die Unionsgerichtsbarkeit auf eine hinreichend qualifizierte Schutznormverletzung, „wenn das handelnde Organ die Grenzen seiner Befugnis offenkundig und erheblich überschritten hat".[150] Das ist aus Sicht der Rechtsprechung nur ausnahmsweise und namentlich dann der Fall, wenn der Verstoß gegen eine Norm von besonderer Bedeutung vorliegt, der Schaden bei einer abgrenzbaren Gruppe von Personen eintritt und von einer die Grenzen des allgemeinen wirtschaftlichen Risikos übersteigenden Art ist.[151] Als Orientierungsmaßstäbe können – in Anlehnung an die Schlussanträge des GA *van Gerven* in der Rechtssache *Mulder*[152] – vier **Kriterien** identifiziert werden.[153] Zwei dieser Kriterien beziehen sich auf die Art und Schwere der Verletzungshandlung. Dies betrifft den Aspekt der besonderen Bedeutung der verletzten Schutznorm sowie jenen des unentschuldbaren Normverstoßes ohne annehmbare Begründung.[154] Dagegen steht bei den verbleibenden Kriterien die Art des Schadens im Vordergrund. Dies gilt für den Aspekt einer klar abgrenzbaren Gruppe von Geschädigten, auf deren Größe es allerdings nicht mehr anzukommen scheint, und den Eintritt eines Schadens, der „über die Grenze der wirtschaftlichen Risiken hinausgehen (muss), die eine Betätigung in dem betreffenden Wirtschaftszweig mit sich bringt".[155] Im Schrifttum hat diese Rechtsprechung vielfältige Kritik erfahren, die sich an der fehlenden dogmatischen Einordnung, der mangelnden begrifflichen Schärfe sowie an der Unberechenbarkeit der im Einzelfall zu erwartenden Urteile entzündet.[156] Ob diese Bedenken in jeder Hinsicht berechtigt sind, mag unerörtert bleiben. Die Unionsgerichte haben sich jedenfalls bislang nicht zu einer grundlegenden Neubestimmung ihrer Judikatur bewegen lassen.

d) Haftung für rechtmäßiges Verhalten. Ob neben der Haftung für rechtswidriges auch eine solche für rechtmäßiges Handeln der Unionsorgane in Betracht kommt, hat noch immer keine abschließende Klärung gefunden. Deutete sich in einzelnen Entscheidungen an, dass eine solche Haftung jedenfalls dann in Erwägung gezogen wird, 39

---

[149] EuG, Rs. T-341/07, *Sison*, Slg. 2011, II-7915 Rn. 61 ff.; kritisch *Marsch*, EuZW 2012, 499 (500 ff.).
[150] EuGH, Rs. C-352/98 P, *Bergaderm*, Slg. 2000, I-5291 Rn. 43; Rs. C-282/05 P, *Holcim*, Slg. 2007, I-2941 Rn. 47; Rs. C-440/07 P, *Schneider Electric*, Slg. 2009, I-6413 Rn. 160; EuG, Rs. T-16/04, *Arcelor*, Slg. 2010, II-211 Rn. 143.
[151] *Kotzur*, in: Geiger/Khan/Kotzur, EUV/AEUV, Art. 340 AEUV Rn. 13; *Böhm*, in: Schulze/Zuleeg/Kadelbach, § 12 Rn. 32 ff.
[152] GA *van Gerven*, SchlA verb. Rs. C-104/89 und C-37/90, *Mulder*, Slg. 1992, I-3061 Rn. 19.
[153] Vgl. hierzu *Jochum*, in: Hailbronner/Wilms, EU-Recht, Art. 288 EGV Rn. 22; *Kucsko-Stadlmayer*, in: Mayer, EUV/EGV, Art. 288 EGV Rn. 32.
[154] Vgl. hierzu auch *Böhm*, in: Schulze/Zuleeg/Kadelbach, § 12 Rn. 34; *Winkler/Trölitzsch*, EuZW 1992, 667 f.
[155] Eingehend zu den Kriterien *Berg*, in: Schwarze, EU-Kommentar, Art. 288 EGV Rn. 46 ff.
[156] Instruktive Darstellung bei *Ossenbühl*, in: Rengeling, EUDUR I, § 42 Rn. 56; vgl. auch *Ruffert*, in: Calliess/Ruffert, EUV/AEUV, Art. 340 AEUV Rn. 21.

wenn der Geschädigte einen außergewöhnlichen und besonderen Schaden erleidet,[157] befand der EuGH im Urteil vom 9.9.2008 für Recht, dass dem Gericht ein Rechtsfehler unterlaufen sei, als es das Bestehen einer Regelung der außervertraglichen Haftung der Gemeinschaft (nunmehr Union) für die rechtmäßige Ausübung ihrer Tätigkeit im Bereich der Rechtsetzung anerkannte.[158] Die von Seiten des Generalanwalts erteilten Hinweise auf die Sonderopferlehre des deutschen Rechts sowie vergleichbare Rechtsinstitute des französischen Rechts vermochten daran nichts zu ändern.[159] Soweit es die unionale Rechtsetzung anbelangt ist einer Haftung für rechtmäßiges Verhalten daher eine Absage erteilt.[160] Ob sich das Thema damit zugleich in seiner gesamten Breite erledigt hat, ist freilich weniger gewiss, ließ der Gerichtshof doch im Urteil vom 25.3.2010 wiederum offen, „ob die Haftung der Union für einen durch rechtmäßiges Handeln verursachten Schaden unter Umständen wie denen des vorliegenden Falles ausgelöst werden kann".[161] Zieht man allerdings in Betracht, dass die Unionsgerichte trotz solcher Aussagen bislang in keinem Fall einen Schadensersatz für rechtmäßiges Handeln zugesprochen haben, handelt es sich schon allein der überaus strengen Voraussetzungen wegen um eine Haftungsmöglichkeit, der nennenswerte Realisierungschancen kaum einzuräumen sind.[162]

40 **4. Verschulden.** Während der Gerichtshof in einer ersten Phase seiner Rechtsprechung dem Verschuldensmerkmal noch eine gewisse Bedeutung zuerkannte,[163] hat er auf das Verschuldenserfordernis in seinen weiteren Urteilen verzichtet.[164] Eines Verschuldens bedarf es daher nicht.[165] Dennoch spielen subjektive Elemente, die üblicherweise bei der Frage des Verschuldens erörtert werden, bei der Beurteilung des Rechtsverstoßes und namentlich bei der Beantwortung der Frage eine Rolle, ob eine hinreichend qualifizierte Verletzung einer Schutznorm vorliegt.[166]

41 **5. Schaden.** Als einen Schaden betrachten die Unionsgerichte „jede Einbuße, die der Betroffene durch ein bestimmtes Ereignis an seinem Vermögen oder an seinen sonstigen rechtlich geschützten Gütern erleidet".[167] Neben Schäden an Leben, Gesundheit

---

[157] In dieser Hinsicht EuGH, Rs. C-237/98 P, *Dorsch Consult*, Slg. 2000, I-4549 Rn. 53; EuG, Rs. T-184/95, *Dorsch Consult*, Slg. 1998, II-667 Rn. 59; vgl. auch EuG, Rs. T-195/00, *Travelex*, Slg. 2003, II-1677 Rn. 161 ff.; Haack, EuR 1999, 395 (401).

[158] EuGH, verb. Rs. C-120/06 P und C-121/06 P, *FIAMM*, Slg. 2008, I-6513 Rn. 161; hierzu *Verlage*, EuZW 2009, 9 (11).

[159] Vgl. nur GA *Maduro*, SchlA verb. Rs. C-120/06 P und C-121/06 P, *FIAMM*, Slg. 2008, I-6513 Rn. 62 f.; *Berg*, in: Schwarze, EU-Kommentar, Art. 288 EGV Rn. 51 m.w.N.

[160] *Frenz*, Handbuch Europarecht, Bd. 5 Rn. 2000.

[161] EuGH, Rs. C-414/08 P, *Sviluppo Italia*, Slg. 2010, I-2559 Rn. 141; vgl. auch EuG, Rs. T-481/08, *Alisei*, Slg. 2010, II-117 Rn. 88.

[162] *Jochum*, in: Hailbronner/Wilms, EU-Recht, Art. 288 EGV Rn. 35 a.E.

[163] EuGH, verb. Rs. 5, 7 und 13-24/66, *Kampffmeyer*, Slg. 1967, 331 Rn. 26, 74.

[164] *Ossenbühl*, in: Rengeling, EUDUR I, § 42 Rn. 59.

[165] *v. Bogdandy/Jacob*, in: GHN, Art. 340 AEUV Rn. 130; *Böhm*, in: Schulze/Zuleeg/Kadelbach, § 12 Rn. 43.

[166] EuG, Rs. T-364/03, *Medici Grimm*, Slg. 2006, II-79 Rn. 79, 87; Rs. T-429/05, *Artegodan*, Slg. 2010, II-491 Rn. 62; entsprechend zur außervertraglichen Haftung der Mitgliedstaaten wegen Verletzung europäischen Rechts auch EuGH, Rs. C-424/97, *Haim*, Slg. 2000, I-5123 Rn. 41 ff.

[167] EuGH, verb. Rs. C-104/89 und C-37/90, *Mulder*, Slg. 1992, I-3061 Rn. 23 f.; *Pechstein*, EU-Prozessrecht, Rn. 730.

und Eigentum umfasst der Begriff jeden Vermögensschaden. Hierzu gehört auch der entgangene Gewinn, sofern er nicht auf „spekulativen Faktoren" beruht.[168] Es geht daher nicht bloß um Einbußen im Sinne einer Minderung des vorhandenen Vermögens, sondern auch um das Ausbleiben einer Vermögenssteigerung, die ohne das schädigende Ereignis eingetreten wäre. An die Geltendmachung eines solchen Schadens werden allerdings erhöhte Anforderungen gestellt;[169] namentlich muss der Geschädigte hinreichend substantiiert darlegen, dass die Voraussetzungen für den entgangenen Gewinn bereits vor der Verletzungshandlung erfüllt waren.[170] Als ersatzfähiger Schaden werden überdies immaterielle Einbußen anerkannt.[171] Das gilt namentlich in Fällen, in denen Betroffene psychische Beeinträchtigungen infolge eines rechtswidrigen Handelns erleiden.[172] Dagegen stellen Anwaltskosten, die aus Anlass eines Verfahrens vor dem Europäischen Bürgerbeauftragten angefallen sind, keinen ersatzfähigen Schaden dar, weil es sich dabei um ein freiwilliges Vermögensopfer handelt.[173] Anwaltskosten, die in Verfahren der Unionsgerichtsbarkeit anfallen, werden von dem prozessualen Kostenerstattungsanspruch umfasst und können nicht im Wege einer außervertraglichen Haftung geltend gemacht werden.[174]

Der im Einzelfall geltend gemachte Schaden muss tatsächlich bereits eingetreten sein, zumindest aber unmittelbar bevorstehen, während seine genaue Höhe noch nicht feststehen muss.[175] Rein hypothetische Schäden begründen kein Recht auf Schadensersatz.[176] Eintritt und Umfang des Schadens nachzuweisen obliegt nach ständiger Rechtsprechung dem Anspruchsteller.[177] Dabei werden strenge Anforderungen gestellt. Bloße Mutmaßungen genügen zum Nachweis eines Schadens ebenso wenig[178] wie der Verweis auf globale Zahlen und Statistiken.[179] 42

6. Kausalität. Zwischen dem Schaden und dem rechtswidrigen Verhalten eines Organs muss ein unmittelbarer ursächlicher Zusammenhang bestehen.[180] Was un- 43

---

[168] EuGH, verb. Rs. 5, 7, 13–24/66, *Kampffmeyer*, Slg. 1967, 331, 358; verb. Rs. C-104/89 und C-37/90, *Mulder*, Slg. 2000, I-203 Rn. 59 ff.; EuG, verb. Rs. T-3/00 und 337/04, *Pitsiorlas*, Slg. 2007, II-4779 Rn. 319.
[169] EuGH, verb. Rs. 5, 7, 13–24/66, *Kampffmeyer*, Slg. 1967, 331, 358; *Ossenbühl*, in: Rengeling, EUDUR I, § 42 Rn. 62.
[170] *Detterbeck*, AöR 125 (2000), 202 (216).
[171] EuGH, Rs. 145/83, *Adams*, Slg. 1985, 3539 Rn. 53; Rs. C-259/96 P, *De Nil*, Slg. 1998, I-2915 Rn. 25 f.; EuG, Rs. T-203/96, *Embassy Limousines*, Slg. 1998, II-4239 Rn. 108; Rs. T-3/00 und T-337/04, *Pitsiorlas*, Slg. 2007, II-4779 Rn. 324; *Ruffert*, in: Calliess/Ruffert, EUV/AEUV, Art. 340 AEUV Rn. 30; Chalmers/Davies/Monti, EU-Law, p. 436.
[172] EuGH, Rs. 152/77, *Fräulein B*, Slg. 1979, 2819 Rn. 14; Rs. 169/83, 136/84, *Leussink*, Slg. 1986, 2801 Rn. 19; *Ossenbühl*, in: Rengeling, EUDUR I, § 42 Rn. 67.
[173] EuGH, Rs. C-331/05 P, *Internationaler Hilfsfonds*, Slg. 2007, I-5475 Rn. 27.
[174] EuG, Rs. T-252/07, T-271/07 und T-272/07, *Sungro SA*, Slg. 2010, II-55 Rn. 69.
[175] Vgl. EuGH, verb. Rs. 9, 25/64, *Feram*, Slg. 1965, 421, 435; *Berg*, in: Schwarze, EU-Kommentar, Art. 288 EGV Rn. 60.
[176] EuG, Rs. T-267/94, *Oleifici Italiani*, Slg. 1997, II-1239 Rn. 72 f.; Rs. T-452/05, *Belgian Sewing Thread*, Slg. 2010, II-1373 Rn. 165.
[177] Vgl. nur EuGH, Rs. C-362/95 P, *Blackspur*, Slg. 1997, I-4775 Rn. 31; Rs. C-243/05 P, *Agraz*, Slg. 2006, I-10833 Rn. 27.
[178] EuG, Rs. T-230/94, *Farrugia*, Slg. 1996, II-195 Rn. 42 ff.
[179] Vgl. EuGH, verb. Rs. C-104/89 und C-37/90, *Mulder*, Slg. 2000, I-203 Rn. 73 ff.
[180] EuGH, verb. Rs. 64/76, 113/76, 167/78, 239/78, 27/79, 28/79 und 45/79, *Dumortier Frères*, Slg. 1979, 3091 Rn. 21; Rs. C-363/88, C-64/88, *Finsider*, Slg. 1992, I-359 Rn. 25; Rs. C-331/05

ter diesem Unmittelbarkeitskriterium zu verstehen ist, hat der Gerichtshof in einem seiner Urteile zu den „Maisgritz-Fällen" insoweit angedeutet, als nicht jede noch so entfernte nachteilige Folge einer rechtswidrigen Handlung die Gemeinschaft (nunmehr Union) zum Schadensersatz verpflichtet.[181] Mag er sich damit auch keiner bestimmten Kausalitätstheorie anschließen, liegt der im Schrifttum gezogene Vergleich mit der **Adäquanztheorie** des deutschen und österreichischen Haftungsrechts nahe.[182] Für den Zurechnungszusammenhang muss der Kläger den Nachweis führen,[183] dass gerade das rechtswidrige Organhandeln den Schaden herbeigeführt hat. Dies gelingt nicht, solange der Rechtsverstoß einzig in einem Begründungsmangel besteht,[184] zumal solche Unzulänglichkeiten nicht den Schluss rechtfertigen, dass der geltend gemachte Schaden bei ordnungsgemäßer Begründung ausgeblieben wäre. Entsprechendes hat zu gelten, wenn der Kausalzusammenhang zwischen dem beanstandeten Verhalten und dem geltend gemachten Schaden infolge eines Verhaltens des Geschädigten,[185] eines privaten Dritten[186] oder eines Mitgliedstaates unterbrochen wird.[187] Nimmt der Geschädigte wirtschaftliche Risiken auf sich, gegen die er sich selbst hätte schützen können,[188] unterbricht dies den Kausalzusammenhang ebenso wie die Entscheidung eines Kunden, den Einkauf zu zentralisieren und die Geschäftsbeziehung zum Geschädigten zu beenden,[189] oder das Fehlverhalten eines Mitgliedstaates, das die eigentliche Ursache eines Schaden darstellt.[190]

II. Rechtsfolge: Schadensersatz

44 **1. Art der Ersatzleistung.** Der Ersatzanspruch kann jedenfalls auf Geldersatz gehen, während uneinheitlich beurteilt wird, ob auch eine Naturalrestitution in Betracht

---

P, *Internationaler Hilfsfonds,* Slg. 2007, I-5475 Rn. 23; EuG, Rs. T-333/01, *Meyer,* Slg. 2003, II-117 Rn. 32; Rs. T-3/00 und T-337/04, *Pitsiorlas,* Slg. 2007, II-4779 Rn. 292; Rs. T-452/05, *Belgian Sewing Thread,* Slg. 2010, II-1373 Rn. 166.
[181] EuGH, verb. Rs. 74, 113/76, 167, 239/78, 27, 28, 45/79, *Dumortier frères,* Slg. 1979, 3091 Rn. 21.
[182] *Kucsko-Stadlmayer,* in: Mayer, EGV/EUV, Art. 288 EGV Rn. 40; *Ruffert,* in: Calliess/Ruffert, EUV/AEUV, Art. 340 AEUV Rn. 27; *Böhm,* in: Schulze/Zuleeg/Kadelbach, § 12 Rn. 38; *Ossenbühl,* in: Rengeling, EUDUR I, § 42 Rn. 57; ferner *v. Bogdandy,* JuS 1990, 872 (875), der diese Formel jedoch nicht bei der Kausalität, sondern beim Rechtswidrigkeitszusammenhang einordnen will.
[183] EuGH, Rs. C-401/96 P, *Somaco,* Slg. 1998, I-2587 Rn. 71; EuG, Rs. T-168/94, *Blackspur,* Slg. 1995, II-2627 Rn. 40; Rs. T-220/96, *EVO,* Slg. 2002, II-2268 Rn. 41; Rs. T-271/04, *Citymo SA,* Slg. 2007, II-1375 Rn. 159.
[184] EuG, Rs. T-300/07, *Evropaiki Dynamiki,* Slg. 2010, II-4521 Rn. 144.
[185] EuGH, Rs. C-419/08 P, *Trubowest,* Slg. 2010, I-2259 Rn. 61; EuG, Rs. T-271/04, *Citymo SA,* Slg. 2007, II-1375 Rn. 179.
[186] EuG, Rs. T-452/05, *Belgian Sewing Thread,* Slg. 2010, II-1373 Rn. 177 f.; *Kucsko-Stadlmayer,* in: Mayer, EGV/EUV, Art. 288 EGV Rn. 39.
[187] EuGH, Rs. C-331/05 P, *Internationaler Hilfsfonds,* Slg. 2007, I-5475 Rn. 24; *Berg,* in: Schwarze, EU-Kommentar, Art. 288 EGV Rn. 64.
[188] EuGH, Rs. 169/73, *Compagnie Continentale,* Slg. 1975, 117 Rn. 22/23; Rs. 26/81, *Oleifici Mediterranei,* Slg. 1982, 3057 Rn. 23; *Ossenbühl,* in: Rengeling, EUDUR I, § 42 Rn. 58.
[189] EuG, Rs. T-452/05, *Belgian Sewing Thread,* Slg. 2010, II-1373 Rn. 177 f.
[190] Vgl. EuGH, Rs. 132/77, *Exportation des Sucres,* Slg. 1978, 1061 Rn. 23/27; verb. Rs. 197-200, 243, 245, 247/80, *Ludwigshafener Walzmühle,* Slg. 1981, 3211 Rn. 54 f.

kommt.¹⁹¹ Aus Sicht des EuG vermittelt Art. 340 Abs. 2 AEUV die Befugnis, der Union jede Art des Schadensausgleichs unter Einschluss einer Naturalrestitution aufzuerlegen.¹⁹² Mag diese Bestimmung – im Unterschied zu Art. 40 EGKSV – eine Naturalrestitution auch nicht ausdrücklich ausschließen, folgt dies doch aus Sinn und Zweck sowie der Systematik des Haftungsanspruchs. Kann eine Naturalrestitution nur durch hoheitliches Handeln der Unionsorgane bewirkt werden, würden die Unionsgerichte mit einer auf die Vornahme der Handlung gerichteten Verurteilung in die Kompetenzen anderer Unionsorgane eingreifen. Infolge der Eigenständigkeit der Schadensersatzklage ist diese im Gegensatz zur Anfechtungsklage nach Art. 263 AEUV aber gerade nicht auf die Beseitigung bestimmter Maßnahmen gerichtet.¹⁹³ Im Übrigen scheint der EuGH einer Naturalrestitution mit Skepsis zu begegnen, erkannte er doch in seinem Urteil in der Rechtssache *Adams* für Recht, dass die Abgabe einer Erklärung durch die Gemeinschaftsorgane (nunmehr Unionsorgane) im Rahmen einer Schadensersatzklage nicht begehrt werden kann.¹⁹⁴ Schließlich dürfte auch das wirtschaftliche Interesse der geschädigten Kläger jeweils auf einen finanziellen Ausgleich gerichtet sein.

2. Umfang des Ersatzanspruchs. Soweit es den **Umfang** des Ersatzanspruchs anbelangt, erfolgt dessen Berechnung anhand der Differenzhypothese.¹⁹⁵ Der zu ersetzende Schaden beurteilt sich daher anhand eines Vergleichs des tatsächlichen Zustandes mit jenem Zustand, der bestünde, wenn das schädigende Ereignis nicht eingetreten wäre. Grundsätzlich wird der eingetretene Schaden vollen Umfangs ersetzt. Hat das Schadensereignis für den Geschädigten neben den Nachteilen auch Vorteile gebracht, muss er sich diese im Wege der **Vorteilsausgleichung** anrechnen lassen.¹⁹⁶ Ein **mitwirkendes Verschulden** des Geschädigten findet im Rahmen der Bemessung des Ersatzanspruchs Berücksichtigung und kann – je nach dem Maß der Mitverantwortung – zur Minderung oder gar zum vollständigen Ausschluss des Anspruchs führen.¹⁹⁷ Den Geschädigten trifft eine Pflicht zur **Schadensminderung,** deren Nichtbeachtung die genannten Folgen nach sich ziehen kann. Er ist gehalten, durch Einlegung geeigneter Rechtsbehelfe unionsrechtlicher oder nationaler Provenienz den Schadenseintritt zu verhindern.¹⁹⁸ Auf die Höhe des Ersatzanspruchs wirkt sich dies aber nur aus, wenn

---

¹⁹¹ Ablehnend GA *Capotorti,* SchlA Rs. 68/77, *IFG,* Slg. 1978, 371, 375; *Gellermann,* in: Streinz, EUV/AEUV, Art. 340 AEUV, Rn. 30; *Kotzur,* in: Geiger/Khan/Kotzur, EUV/AEUV, Art. 340 AEUV Rn. 16; a. A. *Böhm,* in: Schulze/Zuleeg/Kadelbach, § 12 Rn. 45; *Pache,* in: Vedder/Heintschel v. Heinegg, HK-EU, Art. III-431 Rn. 20; *Berg,* in: Schwarze, EU-Kommentar, Art. 288 EGV Rn. 65 misst der von ihm für möglich gehaltenen Naturalrestitution keine praktische Bedeutung bei.
¹⁹² EuG, Rs. T-19/07, *Systran SA,* Slg. 2010, II-6083 Rn. 121.
¹⁹³ Vgl. EuGH, Rs. 5/71, *Schöppenstedt,* Slg. 1971, 975 Rn. 3; EuG, Rs. T-429/05, *Artegodan,* Slg. 2010, I-491 Rn. 50; vgl. auch *Grabitz,* in: Schweitzer, Europäisches Verwaltungsrecht, S. 181.
¹⁹⁴ EuGH, Rs. 53/84, *Adams,* Slg. 1985, 3595 Rn. 18; *van der Wal/van Overbeck,* in: Smit/Herzog, Law of the European Community, Art. 215 Anm. 10 [3].
¹⁹⁵ EuGH, verb. Rs. C-104/89 und C-37/90, *Mulder,* Slg. 2000, I-203 Rn. 59 ff.; EuG, Rs. T-260/97, *Camar,* Slg. 2005, I-2741 Rn. 97 ff.; *Kucsko-Stadlmayer,* in: Mayer, EUV/EGV, Art. 288 EGV Rn. 17.
¹⁹⁶ EuGH, verb. Rs. C-104/89 und C-37/90, *Mulder,* Slg. 1992, I-3094 Rn. 33.
¹⁹⁷ Vgl. EuGH, Rs. 145/83, *Adams,* Slg. 1985, 3539 Rn. 50; Rs. C-308/87, *Grifoni,* Slg. 1990, I-1203 Rn. 17; *Berg,* in: Schwarze, EU-Kommentar, Art. 288 EGV Rn. 66.
¹⁹⁸ Eingehend *Detterbeck,* AöR 125 (2000), 202 (220 ff.); *Ossenbühl,* in: Rengeling, EUDUR I, § 42 Rn. 70.

die Inanspruchnahme gerichtlichen Rechtsschutzes zumutbar ist. Soweit die Unionsgerichte im Übrigen eine Neigung verspüren, Möglichkeiten der **Schadensabwälzung** auf Dritte anspruchsmindernd zu berücksichtigen,[199] sieht sich dies zu Recht der Kritik ausgesetzt, zumal sich die Union für ihre Rechtsverstöße auf Kosten Unbeteiligter entlastet.[200]

46 **3. Verzinsung.** In Übereinstimmung mit den allgemeinen Rechtsgrundsätzen, die den Rechtsordnungen der Mitgliedstaaten gemeinsam sind, haben die Unionsgerichte einen Anspruch auf Verzinsung des Entschädigungsbetrages ab dem Zeitpunkt des Urteilserlasses anerkannt.[201] Während der EuGH den Zinsanspruch mit 8% p.a. bemisst, sofern die ersatzfähige Zinshöhe nicht durch einen niedrigeren Antrag begrenzt ist,[202] greift das EuG – vorbehaltlich eines dahinter zurückbleibenden Antrags – auf den um zwei Prozentpunkte erhöhten Jahreszinssatz der Europäischen Zentralbank für die wichtigsten Refinanzierungsoperationen zurück.[203] Der Zinsanspruch entsteht mit der Verkündung des Urteils, soweit dort eine Schadensersatzpflicht der Union festgestellt wurde.

III. Verjährung

47 Der sich auf eine außervertragliche Haftung gründende Ersatzanspruch verjährt nach Art. 46 Satzung-EuGH innerhalb einer Frist von fünf Jahren. Da die Unionsgerichte diesem Umstand prozessuale Bedeutung beimessen, darf auf die obigen Ausführungen verwiesen werden (Rn. 17 f.).

D. Die abschließende Entscheidung

48 Wird die Union zur Zahlung verurteilt, ergeht die stattgebende Entscheidung in Form eines Leistungsurteils, welches gemäß Art. 280 i.V.m. Art. 299 AEUV vollstreckbar ist.[204] Wird die Haftung der Union lediglich dem Grunde nach beantragt, ergeht die Entscheidung in Form eines nicht vollstreckbaren Feststellungsurteils.[205] Da der Schadensersatz regelmäßig in Geld festgesetzt wird, wird mit dem Urteil vom

---

[199] Vgl. nur EuGH, Rs. 238/78, *Ireks Arkady*, Slg. 1979, 2955 Rn. 14; *Ruffert*, in: Calliess/Ruffert, EUV/AEUV, Art. 340 AEUV Rn. 32 m.w.N.
[200] Vgl. *Berg*, in: Schwarze, EU-Kommentar, Art. 288 EGV Rn. 66; *Herdegen*, Haftung, S. 142.
[201] EuGH, Rs. C-152/88, *Sofrimport*, Slg. 1990, I-2477 Rn. 31; verb. Rs. C-104/89 und C-37/90, *Mulder*, Slg. 1992, I-3061 Rn. 35; ausführlich *van Casteren*, in: Heukels/McDonnel, Action for Damages, S. 199 ff.
[202] EuGH, Rs. C-152/88, *Sofrimport*, Slg. 1990, I-2477 Rn. 30; *Ruffert*, in: Calliess/Ruffert, EUV/EGV, Art. 288 EGV Rn. 31 m.w.N.
[203] EuG, Rs. T-134/00, *Fuchs*, Slg. 2002, II-3909 Rn. 78; Rs. T-271/04, *Citymo SA*, Slg. 2007, II-1375 Rn. 185.
[204] *Ehlers*, in: ders./Schoch, § 10 Rn. 40; *Stotz*, in: Rengeling, EUDUR I, § 45 Rn. 183.
[205] *Kotzur*, in: Geiger/Khan/Kotzur, EUV/AEUV, Art. 268 AEUV Rn. 9; *Pechstein*, EU-Prozessrecht, Rn. 737.

Gerichtshof zugleich auch ein Zinsanspruch zuerkannt.²⁰⁶ In der Praxis der Unionsgerichte bleibt die Bestimmung des zu zahlenden Betrages in der Regel den Parteien überantwortet. Kann über die Höhe des Schadens noch nicht befunden werden, wird in einem ersten Verfahrensschritt ein Zwischenurteil über die Haftung der Union erlassen;²⁰⁷ erst wenn sich die Parteien über die Höhe der Ersatzleistung innerhalb einer ihnen gesetzten Frist nicht verständigen können, trifft das Gericht selbst die Entscheidung über den konkreten Schadensersatzbetrag in einem Endurteil.²⁰⁸

---

²⁰⁶ EuGH Rs. C-152/88, *Sofrimport*, Slg. 1990, I-2477 Slg. 1990, I-2477.
²⁰⁷ Vgl. nur EuGH, Rs. C-104/89 und C-37/90, *Mulder*, Slg. 1992, I-3061 Rn. 37; EuG, Rs. T-76/94, *Jansma*, Slg. 2001, II-243 Rn. 102.
²⁰⁸ *Jochum*, in: Hailbronner/Wilms, EU-Recht, Art. 288 EGV Rn. 28; *Pechstein*, EU-Prozessrecht, Rn. 738; *Wyatt/Dashwood's*, EU-Law, 13-067.

3. Abschnitt. Zwischen- und Inzidentverfahren

§ 10 Das Vorabentscheidungsverfahren

Übersicht

		Rn.
A.	Stellung und Bedeutung im europäischen Rechtssystem	1–16
	I. Allgemeines	1/2
	II. Rechtsgrundlagen	3/4
	III. Funktionen des VAV	5–10
	1. Einheitliche Rechtsanwendung in den Mitgliedstaaten	6
	2. Fortentwicklung des Unionsrechts	7
	3. Individualrechtsschutz	8
	4. Kontrollfunktion des indirekten Gemeinschaftsvollzuges	9/10
	IV. Wesen des VAV	11–14
	V. Bedeutung des Vorabentscheidungsverfahrens	15/16
B.	Das Vorabentscheidungsverfahren nach Art. 267 AEUV	17–115
	I. Zulässigkeit einer Vorlage	17–77
	1. Zuständigkeit	18–20
	2. Vorlageberechtigtes Gericht eines Mitgliedstaates	21–29
	3. Vorlagegegenstand	30–39
	4. Vorabentscheidungsersuchen	40–46
	5. Entscheidungserheblichkeit des Vorabentscheidungsersuchens	47–55
	6. Vorlageberechtigung und -verpflichtung	56–70
	7. Verstoß gegen die Vorlagepflicht	71–77
	II. Begründetheit einer Vorlage	78
	III. Vorlageersuchen und Vorlageverfahren	79–98
	1. Form und Inhalt der Entscheidung	80–87
	2. Die Übermittlung der Vorlageentscheidung	88/89
	3. Rechtsmittel gegen den Vorlagebeschluss	90–92
	4. Das Verfahren vor dem Gerichtshof	93–98
	IV. Eilvorlageverfahren	99/100
	V. Die Wirkungen eines Vorabentscheidungsurteils	101–111
	1. Wirkung auf das innerstaatliche Ausgangsverfahren	102
	2. Die Wirkungen auf andere Verfahren	103–105
	3. Die zeitlichen Wirkungen der Vorabentscheidung	106/107
	4. Die Kosten des Vorabentscheidungsverfahrens	108–111
	VI. Reformbestrebungen bis Lissabon	112–115

Schrifttum: *Allkemper*, Wege zur Verbesserung des Individualrechtsschutzes im Vorabentscheidungsverfahren nach Art. 177 EG-Vertrag, EWS 1994, 253 ff.; *Baumeister*, Effektiver Individualrechtsschutz im Gemeinschaftsrecht, EuR 2005, 1 ff.; *Beckmann*, Probleme des Vorabentscheidungsverfahrens nach Art. 177 EWG-Vertrag, 1988; *Bergmann*, Vorabentscheidungsverfahren nach dem EU-Reformvertrag von Lissabon, ZAR 2011, 41 ff.; *Britz*, Verfassungsrechtliche Effektuierung des Vorabentscheidungsverfahrens, NJW 2012, 1313 ff.; *Clausnitzer*, Die Vorlagepflicht an den EuGH – Zum (mangelnden) Rechtsschutz gegen Verstöße letztinstanzlicher

3. Abschnitt. Zwischen- und Inzidenterverfahren § 10

Gerichte, NJW 1989, 641 ff.; *Dauses*, Das Vorabentscheidungsverfahren nach Art. 177 EGV, 2. Aufl. 1995; *Dörr*, Das beschleunigte Vorabentscheidungsverfahren im Raum der Freiheit, der Sicherheit und des Rechts, EuGRZ 2008, 349 ff.; *Everling*, Das Vorabentscheidungsverfahren vor dem Europäischen Gerichtshof, 1986; *Fastenrath*, Pflicht letztinstanzlicher nationaler Gerichte zur Einleitung eines Vorabentscheidungsverfahrens, JA 1986, 284; *ders.*, BVerfG verweigert willkürlich die Kooperation mit dem EuGH, NJW 2009, 272 ff.; *Foerster*, Vorabentscheidungsersuchen nach Art. 267 AEUV und Anhängigkeit derselben Rechtsfrage am EuGH, EuZW 2011, 901 ff.; *Füßer*, Durchsetzung der Vorlagepflicht zum EuGH gemäß Art. 234 III EG, DVBl. 2001, 1574 ff.; *ders./Höher*, Das „parallele Vorabentscheidungsverfahren": Zulässigkeit und Grenzen der Beweiserhebung während eines Verfahrens gemäß Art. 234 EGV, EuR 2001, 784 ff.; *Glaesner*, Die Vorlagepflicht unterinstanzlicher Gerichte im Vorabentscheidungsverfahren, EuR 1990, 143 ff.; *Germelmann*, Wie weit reicht die Wirkung von Ungültigerklärungen im Vorabentscheidungsverfahren?, EuR 2009, 254 ff.; *Glaesner*, Die Vorlagepflicht unterinstanzlicher Gerichte im Vorabentscheidungsverfahren, EuR 1990, 143 ff.; *Hakenberg*, Der Dialog zwischen nationalen und europäischen Richtern: Das Vorabentscheidungsverfahren zum EuGH, DRiZ 2000, 345 ff.; *dies.*, Vorabentscheidungsverfahren und europäisches Privatrecht, RabelsZ (Bd. 66) 2002, 367 ff.; *Herrmann*, die Reichweite der gemeinschaftsrechtlichen Vorlagepflicht in der neueren Rechtsprechung des EuGH, EuZW 2006, 231 ff.; *Hess*, Rechtsfragen des Vorabentscheidungsverfahrens, RabelsZ Bd. 66 (2002), S. 470 ff.; *Hirsch*, Der EuGH im Spannungsverhältnis zwischen Unionsrecht und nationalem Recht, NJW 2000, 1817 ff.; *Hüßtege*, Vorabentscheidungsverfahren nach Art. 234 des Vertrages zur Gründung der EG, in: Beck'sches Richterhandbuch, 1999, Kapitel I; *Hummrich*, Die Vorlage an den EuGH im Zivilprozess, DRiZ 2007, 43 ff.; *Kenntner*, Europarecht im deutschen Verwaltungsprozess – Das Europäische Rechtsschutzsystem, VBlBW 2000, 297 ff.; *Koch*, Zur Vorlagepflicht nationaler Gerichte an den EuGH in Verfahren des vorläufigen Rechtsschutzes, NJW 1995, 2331 f.; *Kokott/Henze/Sobotta*, Die Pflicht zur Vorlage an den Europäischen Gerichtshof und die Folgen ihrer Verletzung, JZ 2006, 633 ff.; *Kokott/Henze*, Der Anwalt vor dem Europäischen Gerichtshof, AnwBl. 2007, 309 ff.; *Kokott/Dervisopoulos/Henze*, Aktuelle Fragen des effektiven Rechtsschutzes durch die Gemeinschaftsgerichte, EuGRZ 2008, 10 ff.; *Kühn*, Grundzüge des neuen Eilverfahrens vor dem Gerichtshof der Europäischen Gemeinschaften im Rahmen des Vorabentscheidungsersuchen, EuZW 2008, 263 ff.; *Lehr*, Einstweiliger Rechtsschutz und Europäische Union, 1997; *Lieber*, Über die Vorlagepflicht des Art. 177 EWG-Vertrag und deren Missachtung, 1986; *Löhr*, Wege zum EuGH unter Art. 68 Abs. 1 EG, Asylmagazin 2007 (Heft 1-2), 6 ff.; *Lumma*, Verfahrensbeschleunigung und Kohärenz beim EuGH, EuGRZ 2008, 381 ff.; *Malferrari*, Zurückweisung von Vorabentscheidungsersuchen durch den EuGH, 2003; *Mohsseni*, Kostentragung und Erstattung für Kosten im Vorabentscheidungsverfahren vor dem EuGH, JurBüro 2012, 340 ff.; *Oexle*, Einwirkungen des EG-Vorabentscheidungsverfahrens auf das nationale Verfahrensrecht, NVwZ 2002, 1328 ff.; *Rennert*, Effektivität des Rechtsschutzes und Vorabentscheidungsverfahren – Die Perspektive der nationalen Gerichtsbarkeit, EuGRZ 2008, 385 ff.; *Rodriguez Iglesias*, Der EuGH und die Gerichte der Mitgliedstaaten – Komponenten der richterlichen Gewalt in der Europäischen Union, NJW 2000, 1889 ff.; *Schima*, Das Vorabentscheidungsverfahren vor dem EuGH, 1997; *Schmitt*, Richtervorlagen in Eilverfahren?, 1997; *Schröder*, Die Vorlagepflicht zum EuGH aus europarechtlicher und nationaler Perspektive, EuR 2011, 808 ff.; *Sellmann/Augsberg*, Entwicklungstendenzen des Vorlageverfahrens nach Art. 234 EGV, DÖV 2006, 533 ff.; *Sensburg*, Die Vorlagepflicht an den EuGH: Eine einheitliche Rechtsprechung des BVerfG, NVwZ 2001, 1259 ff.; *Skouris*, Stellung und Bedeutung des Vorabentscheidungsverfahrens im europäischen Rechtsschutzsystem, EuGRZ 2008, 343 ff.; *Steindorff*, Vorlagepflicht nach Art. 177 III EWGV und Europäisches Gesellschaftsrecht, ZHR 156 (1992), 4 ff.; *Stotz*, Rechtsschutz vor europäischen Gerichten, in: Rengeling (Hrsg.), Handbuch zum europäischen und deutschen Umweltschutz (HedUR) 1998, § 45; *Thiele*, Das Rechtsschutzsystem nach dem Vertrag von Lissabon – (K)ein Schritt nach vorn?, EuR 2010, 30 ff.; *Tillmanns*, Durchsetzung der Pflicht zur Vorlage an den EuGH im Wege des Art. 101 Abs. 1 Satz 2 GG, BayVBl. 2002, 723 ff.; *Ullrich*, Internationale Gerichte bzw. Beschwerdeschüsse und das Vorlageverfahren an den EuGH nach Art. 267 AEUV, EuR 2010, 573 ff.; *Voß*, Erfahrungen und Probleme bei der Anwendung des Vorabentscheidungsverfahrens nach Art. 177 EWGV, EuR

1986, 95 ff.; *Wägenbaur*, Stolpersteine des Vorabentscheidungsverfahrens, EuZW 2000, 37 ff.; *Wiedmann*, Zeitlos wie ungeklärt: Die Beschränkung der zeitlichen Wirkung von Urteilen des EuGH im Vorabentscheidungsverfahren nach Art. 234 EG, EuZW 2007. 692 ff.

A. Stellung und Bedeutung im europäischen Rechtssystem

I. Allgemeines

1   Das Unionsrecht beeinflusst durch seinen Anwendungsvorrang nicht nur die nationale Rechtsetzung, sondern auch die Vollziehung darauf basierender Rechtsnormen. Wesentliche Teile des Unionsrechts sind in den Mitgliedstaaten unmittelbar anwendbar. Dies gilt u. a. für die Grundfreiheiten des Primärrechts und das allgemeine Diskriminierungsverbot, dem der EuGH unmittelbare Wirkung zuerkannt hat,[1] aber auch für weite Bereiche des sekundären Unionsrechts. Verordnungen (Art. 288 Abs. 2 AEUV) und Entscheidungen (Art. 288 Abs. 4 AEUV), unter bestimmten Voraussetzungen aber auch Richtlinien (Art. 288 Abs. 3 AEUV) können in den Mitgliedstaaten unmittelbare Wirkung zeitigen (vgl. hierzu eingehend § 34 Rn. 24, 28). Der Euratom-Vertrag blieb zwar nach dem 2009 in Kraft getretenen Vertrag von Lissabon selbständig bestehen, doch änderte der Lissabon-Vertrag den EAGV durch ein angehängtes Protokoll dahingehend, dass nunmehr in weiten Teilen des EAGV Bestimmungen des AEUV zur Anwendung gelangen.[2] Aufgrund der weitreichenden energiepolitischen Kompetenzen der EU selbst hat der EAGV stark an Bedeutung verloren und soll im Folgenden außer Betracht bleiben.

2   Für die **staatlichen Gerichte** hat dies zur Konsequenz, dass sie nicht nur nationale Rechtsvorschriften, sondern auch unionsrechtliche Regelungen anzuwenden haben mit der Folge, dass sie sich mit Fragen der Auslegung des Unionsrechts, aber auch mit seiner Gültigkeit und mit Problemen der Kollision von Unionsrecht und nationalem Recht konfrontiert sehen. Soweit die einzelstaatlichen Gerichte erkennen, dass innerstaatliche Rechtsvorschriften gegen unmittelbar anwendbares Unionsrecht verstoßen, haben sie die nationalen Regelungen unangewendet zu lassen.[3] Hierbei kommt es nicht darauf an, ob das jeweilige Gericht zuvor von Art. 267 AEUV Gebrauch gemacht hat, den Gerichtshof im Wege eines Vorabentscheidungsersuchens um Hilfe zu bitten.[4] Diese Möglichkeit ist für solche Fälle gedacht, in denen der/die nationale(n) Richter Zweifel über die Interpretation oder Gültigkeit einer unionsrechtlichen Vorgabe hegt(en). Für eine reservierte Haltung der Gerichte in den Mitgliedstaaten besteht dabei aber kein Anlass. Um den nationalen Gerichten Hilfestellung bei der Beantwortung dieser mitunter schwierigen Fragen zu bieten, aber auch, um die einheitliche Auslegung und Anwendung des Unionsrechts in der ganzen Union sicherzustellen (vgl. dazu § 4), sehen die Verträge die Möglichkeit des Vorabentscheidungsersuchens an den EuGH

---

[1] EuGH, Rs. 26/62, *van Gend & Loos*, Slg. 1963, 1; Rs. 57/65, *Lütticke*, Slg. 1966, 257; vgl. ferner die Nachweise bei *Dörr/Lenz*, Europäischer Verwaltungsrechtsschutz, 2006, Rn. 371.
[2] ABl. 2007 C 306/199; ABl. 2009 C 290/1; ABl. 2010 C 84/1.
[3] EuGH, Rs. C-555/07, *Kücükdeveci*, Rn. 51 = NJW 2010, 427 = EuZW 2010, 177.
[4] EuGH, Rs. 106/77, *Simmenthal II*, Slg., 1978, 629; Rs. C-555/07, *Kücükdeveci*, Slg. 2010 I-365 Rn. 51 = NJW 2010, 427 = EuZW 2010, 177.

vor.⁵ Durch die weitgehende dezentrale Anwendung des Unionsrechts besteht das Bedürfnis nach einer unabhängigen Rechtsprechungsinstanz, der die alleinige Auslegungskompetenz zufällt.

II. Rechtsgrundlagen

Nach Art. 267 AEUV entscheidet der Gerichtshof im Wege der Vorabentscheidung auf Vorlage von Gerichten der Mitgliedstaaten über Fragen der Auslegung und Gültigkeit des Unionsrechts. Das Vorabentscheidungsverfahren hat im Laufe der Jahrzehnte, die die Europäischen Institutionen nunmehr bestehen, eine immer umfänglichere und wichtigere Bedeutung gewonnen. Mit dem Vertrag von Lissabon beschränkt sich das Vorabentscheidungsverfahren (**VAV**) auf diese Rechtsgrundlage, die über Art. 1 Abs. 1 AEUV und Art. 106a EAGV auch auf den EUV und den EAGV Anwendung findet. Ferner gelangt das VAV auch bei zwischenstaatlichen Abkommen der Mitgliedstaaten zur Anwendung. Für den Bereich des Zivilrechts ist dies die Auslegung der sog. Brüssel I-Verordnung über die gerichtliche Zuständigkeit und die Anerkennung und Vollstreckung von Entscheidungen in Zivil- und Handelssachen (EuGVVO Nr. 44/2001). Das ehemalige EuGVÜ bleibt nur noch für und im Verhältnis zu Dänemark sowie einige überseeische Gebiete anwendbar (Art. 1 Abs. 3, 68 Abs. 1 EuGVVO). Für das Luganer Gerichtsstand- und Vollstreckungsübereinkommen – **LGVÜ** – gibt es keine Vorabentscheidungsklausel durch den EuGH. Dort wird lediglich auf die Auslegungskompetenz des EuGH im EuGVÜ verwiesen. Geplant ist ein VAV zum Römischen Schuldrechtsübereinkommen (BGBl. 1995 II S. 914), doch ist ein entsprechendes Protokoll zur Auslegung des Abkommens bislang noch nicht in Kraft.⁶

Die Einzelheiten des VAV sind über die vertraglichen Regelungen hinaus in weiteren Kodifikationen des Unionsrechts geregelt (vgl. dazu oben § 2). Die Art. 267 AEUV ergänzenden wichtigsten Vorschriften sind in Art. 23 der **Satzung-EuGH**⁷ sowie in Art. 93 ff. der **VerfO-EuGH**⁸ enthalten. Daneben können im Einzelfall auch die Zusätzliche VerfO-EuGH sowie die Dienstanweisung für den Kanzler des EuGH von Bedeutung sein.⁹ Bei der Kanzlei sind darüber hinaus sog. Hinweise für Prozessvertreter zu erhalten, die diesen in sonstigen Verfahren von der Kanzlei des Gerichtshofes zu Beginn eines Rechtsstreits übersandt werden und in denen nützliche Hinweise zum Verfahrensablauf und zum Auftreten vor dem Gerichtshof enthalten sind. Zudem gibt es die „Empfehlungen an die nationalen Gerichte bezüglich der Vorlage von Vorabentscheidungsersuchen", welche die mit der 2012 erneuerten VerfO-EuGH eingeführten Neuerungen widerspiegeln und ebenso wie die v.g. Rechtstexte auf der Homepage des EuGH – www.curia.europa.eu – heruntergeladen werden können.¹⁰

---

⁵ Vgl. dazu die Hinweise des EuGH unter: http://eur-lex.europa.eu/LexUriServ/LexUriServ.do?uri=OJ:C:2009:297:0001:0006:DE:PDF = ABl. 2009 C 297/1.
⁶ *Hüßtege*, in: Dt. Richterhandbuch, I Rn. 8.
⁷ ABl. 2012 L 228/1.
⁸ ABl. 2012 L 265/1.
⁹ Die wichtigsten Texte sind abgedruckt im Sartorius II.
¹⁰ Vgl aber auch ABl. 2012 C 338/1.

III. Funktionen des VAV

5 Hinsichtlich seiner Funktionen im unionsrechtlichen Rechtsschutzsystem unterscheidet sich das VAV von den Direktklagen sowohl bezüglich seiner Sachurteilsvoraussetzungen als auch vom Verfahrensablauf. Dies hängt mit seiner Funktion im Rechtsschutzsystem zusammen. Die Jurisdiktionsgewalt des Gerichtshofes wird beim VAV nicht auf direktem Rechtsweg, sondern über die gerichtlichen Rechtszüge vor den nationalen Gerichten erreicht. Das VAV stellt damit die Nahtstelle zwischen verschiedenen Rechtsordnungen dar, wodurch Aufgaben und Funktionen dieses Zwischenverfahrens bestimmt werden. Mit dem VAV wird nicht ein subjektiver Rechtsschutz für die Unionsbürger, sondern nur ein inzidenter Rechtsschutz gewährt, der über die Ausgangsverfahren vor den nationalen Gerichten aber wieder auf die subjektiven Rechte einzelner zurückwirken kann.[11]

6 **1. Einheitliche Rechtsanwendung in den Mitgliedstaaten.** Das VAV dient primär der Sicherstellung der einheitlichen Auslegung und gleichmäßigen Anwendung des gesamten Unionsrechts (Primär- und Sekundärrecht) in allen Mitgliedstaaten, die dem EuGH gemäß Art. 19 EUV obliegt (Kohärenzgebot). Anders als einige Gerichte in den Mitgliedstaaten geht der Gerichtshof in der Regel vom sog. systematisch-teleologischen Ansatz an seine Auslegung heran, so dass es bei der Auslegung durch die mitgliedstaatlichen Gerichte zu unterschiedlichen Auslegungsergebnissen kommen könnte, wenn diese nur vor dem Hintergrund ihres Rechtssystems und ihrer Rechtsdogmatik die unionsrechtliche Norm oder das auf ihr beruhende nationale Regelwerk betrachten. Die Aufgabe des Gerichtshofes mit Hilfe des VAV ist es zu verhindern, dass jeder Betroffene – und jedes nationale Gericht – das Unionsrecht auf seine Weise auslegt und anwendet, und so zu gewährleisten, dass die gemeinsamen Normen ihren unionsrechtlichen Charakter bewahren, sowie dafür Sorge zu tragen, dass diese Normen für alle und unter allen Umständen den gleichen Inhalt haben. Dieser **Sinn des VAV** ergibt sich nicht nur aus Art. 19 EUV, sondern er erschließt sich aus dem Verhältnis des Unionsrechts zum Recht der Mitgliedstaaten, insbesondere aus seinen Wirkungen gegenüber den nationalen Rechtsordnungen. So weit das Unionsrecht in den Mitgliedstaaten unmittelbar anwendbar und dementsprechend von den nationalen Gerichten anzuwenden ist (unmittelbare Wirkung, Anwendungsvorrang), sind die unionsrechtlichen Regelungen in allen Mitgliedstaaten der EU einheitlich anzuwenden. Um eine solche einheitliche und gleichmäßige Anwendung und Auslegung des Unionsrechts sicherzustellen, aber auch, um die nationalen Richter bei ihrer schwierigen Aufgabe des Nebeneinanders zweier Rechtsordnungen zu unterstützen, bietet das Unionsrecht den einzelstaatlichen Gerichten das VAV zum „Dialog" an.[12] Das VAV ist „von entscheidender Bedeutung dafür, dass das vom Vertrag geschaffene Recht wirklich gemeinsames Recht bleibt", und es gewährleistet, dass „dieses Recht in allen Mitgliedstaaten der Gemeinschaft immer die gleiche Wirkung hat".[13] Durch die Tätigkeit des Gerichtshofes wird so die Verzahnung zwischen dem Unionsrecht und dem nationalen Recht entscheidend gefördert.[14]

---

[11] Vgl. dazu auch *Baumeister*, S. 19 f.
[12] EuGH, Rs. C-137/08, *VB Pénzügyi Lízing Zrt*, Slg. 2010 I-10847 Rn. 29 m. w. N.; vgl. dazu auch *Skouris*, EuGRZ 2008, 343 (344).
[13] EuGH, Rs. 166/73, *Rheinmühlen*, Slg. 1974, 33 ff.
[14] Vgl. dazu *Dauses*, Vorabentscheidungsverfahren, S. 43 ff.; *Oppermann/Classen/Nettesheim*, Europarecht, § 13 Rn. 69; *Kenntner*, VBlBW 2000, 297 (303).

3. Abschnitt. Zwischen- und Inzidenterverfahren　　　　　　　　　　　　　7 **§ 10**

Das europäische Unionsrecht kann seine Wirkung nur entfalten, wenn es von den nationalen Richtern einheitlich angewandt wird und die Gerichte der einzelnen Mitgliedstaaten die Urteile des Gerichtshofes in der Rechtspraxis auch durchsetzen.[15] Hierzu können sich die einzelstaatlichen Gerichte, aber auch die Mitgliedstaaten innerhalb anhängiger VAV mit eigenen Stellungnahmen, an eine europäische Institution wenden, um in einem rechtsstaatlichen „**Dialog**" die Ausgestaltung und Anwendung des Unionsrechts zu beeinflussen.[16] Indes ist es kein reiner „Gedankenaustausch" zwischen zwei Gerichten bzw. ein auf „Rede und Gegenrede" basierender Meinungsaustausch bis zu einem gemeinsamen Standpunkt. Der in der Literatur verwandte Schlagwortbegriff steht insoweit für ein Kommunikationsmodell zwischen dem Europäischen Gerichtshof und den mitgliedstaatlichen Gerichten, in dem der EuGH ratsuchenden Richtern einseitig die maßgebliche europäische Sichtweise des Unionsrechtes mitteilt.[17]

2. Fortentwicklung des Unionsrechts. Im Laufe der Jahre hat sich noch eine weitere wesentliche Funktion des VAV herauskristallisiert. Neben der zuvor erwähnten Primärfunktion der einheitlichen Rechtsanwendung dient das VAV dem Gerichtshof auch zur Fortentwicklung des Unionsrechts. Die Gründungsverträge wurden seinerzeit nur rudimentär abgeschlossen und ließen viele Fragen offen, die sich zudem erst in der konkreten Umsetzung auf den Einzelfall auftaten. Das VAV dient dem Gerichtshof als geeignetes Instrumentarium zur Lückenschließung bzw. dazu, das Unionsrecht aktuellen Fragestellungen anzupassen und das Unionsrecht fortzuentwickeln. Gerade in der täglichen Rechtsanwendung des Unionsrechts durch die nationalen Vollzugsorgane ergeben sich Probleme, die bei dem Setzen des Rechts von den EU-Organen nicht bedacht oder berücksichtigt wurden. Die so zum Gerichtshof als Kontrollorgan gelangenden Rechtsfragen im Rahmen eines Vorabentscheidungsersuchens geben diesem die Gelegenheit, im Rahmen seiner Auslegungskompetenz Versäumnisse oder Unklarheiten zu beseitigen. Der Gerichtshof geht damit über eine rein objektive Kontrollfunktion hinaus. Viele bedeutsame Rechtsgrundsätze des Unionsrechts, die heute allgemein anerkannt sind und Eingang in die Verträge gefunden haben, basieren auf Auslegungsfragen nationaler Gerichte im Wege des Vorabentscheidungsersuchens. Zu nennen sind hier nur der Grundsatz der unmittelbaren Wirkung des Unionsrechts,[18] insbesondere von Richtlinien, die nicht oder nicht ordnungsgemäß in nationales Recht umgesetzt wurden, der Grundsatz der Haftung eines Mitgliedstaates wegen fehlender oder nicht fristgerechter Umsetzung von Richtlinien[19] aber auch die Entwicklung eines effektiven Grundrechtsschutzes auf europäischer Ebene.[20] Zuletzt hat der Gerichtshof

---

[15] *Rodriguez Iglesias*, NJW 2000, 1889 ff.; dies führt mitunter zu Friktionen mit der Rechtsprechung des EuGH, vgl. *Middeke*, in: FS f. Rengeling, Europa im Wandel, 2008, S. 321 ff.
[16] *Dörr*, EuGRZ 2008, 349 (350).
[17] Indes für einen echten Dialog GA *Colomer*, Schlussantrag, Rs. C-262/06, Telekom, Slg. 2007, I-10057 Rn. 28.
[18] EuGH, Rs. 26/62, *Van Gend & Loos*, Slg. 1963, 1, 24 ff.
[19] EuGH, Verb. Rs. C-6/90 und C-9/90, *Francovich*, Slg. 1991, I-5357 Rn. 35 ff.; Verb. Rs. C-46/93 und C-48/93, *Brasserie du Pêcheur*, Slg. 1996, I-1029 Rn. 31 ff. = NJW 1996, 1267; Verb. Rs. C-178/94, C-179/94, C-188/94, C-189/94 und C-190/94 *Dillenkofer*, Slg. 1996, I-4845 Rn. 20 ff. = NJW 1996, 3141.
[20] Vgl. nur *Rengeling/Szczekalla*, Grundrechte in der Europ. Union, 2004, § 1 S. 2 ff.

als Ausprägung des allgemeinen Gleichheitssatzes ein Altersdiskriminierungsverbot zum Unionsgrundrecht erhoben.[21]

8 **3. Individualrechtsschutz.** Nicht nur gegenüber dem Unionsrecht und dem Recht der Mitgliedstaaten erfüllt das Verfahren wichtige Funktionen. Mittlerweile übt das VAV auch für die Bürger in den einzelnen Mitgliedstaaten gewichtige Individualrechtsschutzfunktionen aus, denen hierdurch die Möglichkeit eröffnet wird, sich vor den nationalen Gerichten, die sich mit Vorabentscheidungsersuchen an den Gerichtshof wenden können, auf die ihnen durch die Unionsrechtsordnung verliehenen Rechte zu berufen.[22] Diese Möglichkeit des indirekten Rechtsschutzes ist für die Gemeinschaftsbürger umso bedeutsamer, als die natürlichen und juristischen Personen kein unmittelbares Klagerecht gegen Rechtsakte der EG haben, sofern es sich nicht um Beschlüsse i. S. d. Art. 288 Abs. 4 AEUV handelt. Sie sind darauf beschränkt, die sie nicht unmittelbar betreffenden Rechtsakte (Verordnungen, Richtlinien) auf dem innerstaatlichen Rechtsweg inzidenter anzufechten, indem sie gegen die auf dem Unionsrechtsakt beruhenden sie betreffende Entscheidungen der nationalen Vollzugsbehörden vorgehen. Auf diesem Wege kann sich der Gemeinschaftsbürger eines vertragswidrigen Verhaltens seines Mitgliedstaates erwehren, indem er die Vereinbarkeit des nationalen Rechts mit dem Unionsrecht vor den nationalen Gerichten zur Überprüfung stellt.[23] Allerdings hat der Bürger keinen Anspruch auf Vorlage beim Gerichtshof, vielmehr kann er ein Vorabentscheidungsersuchen des nationalen Gerichts lediglich anregen,[24] erzwingen kann er es nur eingeschränkt (vgl. dazu unten Rn. 71 f.). Die Anregung wird über den Prozessvertreter im Ausgangsverfahren erfolgen, der den Rechtsstreit dann im Verfahren vor dem EuGH fortsetzen muss. Im VAV kann somit ein Anwalt, der bislang mit dem Unionsrecht nicht oder jedenfalls nicht schwerpunktmäßig befasst war, in die Lage kommen, vor dem Gerichtshof aufzutreten.[25]

9 **4. Kontrollfunktion des indirekten Gemeinschaftsvollzuges.** Das Unionsrecht wird regelmäßig durch die nationalen Behörden in den jeweiligen Mitgliedstaaten vollzogen. Dabei unterscheidet man zwischen dem sog. indirekten und dem sog. direkten Vollzug. Während das Unionsrecht im *direkten Vollzug* von den EG-Organen selbst durchgeführt und durchgesetzt wird, bedient es sich beim *indirekten Vollzug* der Vollzugshilfe durch die Behörden der Mitgliedstaaten. Hierbei ist wiederum zwischen unmittelbaren und mittelbaren indirektem Vollzug zu unterscheiden. Beim ersteren wird unmittelbar anwendbares Unionsrecht (Verordnungen) von den nationalen Behörden vollzogen und durchgesetzt, im zweiten Fall wird ein auf Unionsrecht basierendes nationales Gesetz angewendet und durchgesetzt, bspw. wenn eine Richtlinie in nationales Recht umgesetzt wird.[26] Vollziehen die innerstaatlichen Behörden das Unionsrecht, so steht den einzelnen Gemeinschaftsbürgern gegen diese Rechtsakte Rechtsschutz vor den jeweiligen nationalen Gerichten nach der jeweiligen nationalen Prozessordnung

---

[21] EuGH, Rs. C-144/04, *Mangold*, Slg. 2005, I-9981 Rn. 36.
[22] *Glaesner*, EuR 1990, 146; *v. Danwitz*, NJW 1993, 1112 f.; *Gündisch*, S. 90.
[23] Vgl. dazu *Skouris*, EuGRZ 2008, 343 f.
[24] *Allkemper*, EWS 1994, 254; *Hüßtege*, in: Dt. Richterhandbuch, I Rn. 4; *Schröder*, EuR 2011, 808 (809).
[25] Vgl. dazu *Kokott/Henze*, AnwBl. 2007, 309.
[26] Vgl. zum direkten und indirekten Vollzug *Rengeling/Middeke/Gellermann*, Rechtsschutz EU, 1. Aufl., Rn. 957; *Kuntze*, VBlBW 2001, 5 ff.

3. Abschnitt. Zwischen- und Inzidenterverfahren

zu. Im Rahmen der gerichtlichen Kontrolle haben die Gerichte der Mitgliedstaaten dann die Aufgabe, den Vollzug des Unionsrechts mit der Konformität des primären und sekundären Unionsrechts zu überwachen.[27] In diesem Zusammenhang übernehmen die mitgliedstaatlichen Gerichte, obwohl nicht formell in das Organsystem der EU eingebunden, die Funktion von Gemeinschaftsgerichten.[28] Dementsprechend sind auch die Richter in den einzelnen Mitgliedstaaten funktional gesehen „Gemeinschaftsrichter" (juge communautaire de première instance).[29] Der EuGH hat schon frühzeitig festgestellt, „dass jeder im Rahmen seiner Zuständigkeit angerufene staatliche Richter verpflichtet ist, das Gemeinschaftsrecht uneingeschränkt anzuwenden und die Rechte, die es den einzelnen verleiht, zu schützen, ...".[30] Auf dieser Grundlage erfolgt der bereits erwähnte „Dialog" zwischen kooperierenden Gerichten.

„Ist nach Auffassung des nationalen Richters eine entscheidungserhebliche nationale Rechtsnorm unvereinbar mit dem Unionsrecht, hat er wegen des Vorrangs des Unionsrechts die nationale Vorschrift unangewendet zu lassen und seiner Entscheidung die unmittelbar geltende Gemeinschaftsnorm zu Grunde zu legen. Anders als bei angenommener Verfassungswidrigkeit, die ihn nach Art. 100 GG zur Vorlage an das BVerfG verpflichtet, hat er insoweit kraft Unionsrechts selbst die **Verwerfungskompetenz**. Bevor das Gericht eine Verdrängung der nationalen Norm durch Unionsrecht annimmt, hat es allerdings zu prüfen, ob sie nicht einer gemeinschaftskonformen Auslegung zugänglich ist."[31] Dies gilt jedoch nur für die mit dem Unionsrecht unvereinbare nationale Norm, nicht für den der staatlichen Rechtsnorm zugrundeliegenden Unionsrechtsakt. Dessen Verwerfungskompetenz, d. h. die Feststellung der Ungültigkeit einer Unionsnorm liegt allein beim EuGH.[32] Die mitgliedstaatlichen Gerichte können die Gültigkeit eines Unionsrechtsaktes prüfen und die für die Ungültigkeit vorgetragenen Gründe zurückweisen, für den Fall einer Begründetheit dürfen sie die Handlungen von Gemeinschaftsorganen aber nicht für ungültig erklären.[33] Über die Rechtsanwendung der innerstaatlichen Gerichte wacht die Kommission (Art. 17 Abs. 1 S. 3 EUV), der Gerichtshof nimmt in diesem Zusammenhang nur Aufsichtsfunktionen wahr.[34]

IV. Wesen des VAV

Seinem Wesen nach handelt es sich bei dem VAV um ein **Zwischenverfahren**, welches einen Teilausschnitt des vor dem nationalen Gericht anhängigen Gesamtver-

---

[27] Zur Rolle der nationalen Richter siehe *Rodriguez Iglesias,* NJW 2000, 1889 (1890).
[28] *Pechstein,* EU-Prozessrecht, Rn. 741; *Wegener:* in: Calliess/Ruffert, EUV/AEUV, Art. 267 AEUV Rn. 1; *Zuleeg* NJW 2000, 2846 (2847).
[29] *Dauses,* Vorabentscheidungsverfahren, S. 43; *Hirsch,* NJW 2000, 1817 (1819), *Pache/Knauff,* Wider die Beschränkung der Vorlagebefugnis unterinstanzlicher Gerichte, NVwZ 2004, 16 (17); *Lumma,* EuGRZ 2008, 381.
[30] EuGH, C-106/77, *Simmenthal,* Slg. 1978, 629, 644.
[31] *Hirsch,* NJW 2000, 1817 (1819); vgl. auch EuGH, Rs. 314/85, *Foto Frost,* Slg. 1987, 4199 Rn. 20.
[32] EuGH, Rs. C-119/05, *Lucchini,* Slg. 2007, I-6199 Rn. 53 m.w.N.
[33] EuGH, Rs. 314/85, *Foto Frost,* Slg. 1987, 4199 Rn. 20.
[34] EuGH, Rs. C-38/98, *Renault,* Slg. 2000, I-2973 Rn. 28 zur Einhaltung unionsrechtlicher Grenzen; vgl. auch *Seidel,* EuZW 1999, 373.

fahrens bildet.³⁵ Das Verfahren beginnt und endet vor dem nationalen Gericht eines Mitgliedstaates. Das nationale Gericht (Einzelrichter, Kammer oder Senat) ersucht den Gerichtshof zur Beantwortung einer für die Entscheidung in dem konkreten Rechtsstreit relevanten Frage zum Unionsrecht. Allein diese konkrete Frage stellt den **Gegenstand des Vorabentscheidungsersuchens** dar, über die zeitlich und materiell getrennt vom Endurteil des nationalen Gerichts durch den EuGH entschieden wird. Über den geltend gemachten Streitgegenstand, d. h. über den (Klage-)Antrag und dem ihm zugrundeliegenden materiellen Begehren entscheidet nach der Zwischenentscheidung des Gerichtshofs allein das nationale Gericht. Das Unionsrecht und auch der EuGH gehen insoweit von einer strikten Aufgabentrennung zwischen nationaler und europäischer Gerichtsbarkeit aus.³⁶ Obwohl die Vorabentscheidungsersuchen beim EuGH prioritär bearbeitet werden, weil es sich um Zwischenverfahren in anderweitig anhängigen nationalen Rechtsstreitigkeiten handelt, liegt ihre **durchschnittliche Verfahrensdauer** noch bei 16,4 Monaten.³⁷ Die Zunahme von VAV und damit ein Anstieg der Verfahrensdauer ist nicht wie erwartet³⁸ eingetroffen. So stiegen die VAV zwar von 265 Verfahren im Jahre 2007 auf 423 Verfahren im Jahre 2011, gleichzeitig konnte die Verfahrensdauer von 19,3 Monaten (2007) auf 16,4 Monate (2011) verringert werden. Gleichwohl befindet sich der nationale Richter/das nationale Gericht in einem Dilemma, zerrieben zwischen Skylla und Charybdis: Einerseits das nationale, eventuell schon Jahre dauernde Gerichtsverfahren auszusetzen und um einen weiteren Zeitraum zu verlängern (Gebot effektiven Rechtsschutzes), andererseits nach dem Unionsrecht u. U. verpflichtet zu sein, eine für das Rechtsverständnis und die Entscheidung des Rechtsstreits essentielle Frage vorlegen zu müssen bzw. dem Interesse an einer einheitlichen Rechtsanwendung in der EU zu genügen.³⁹ Zwischen dem vorlegenden nationalen Gericht und dem EuGH besteht keine hierarchische Über- und Unterordnung. Der Gerichtshof und die vorlegenden nationalen Gerichte üben ihre rechtsprechende Tätigkeit aufgrund unterschiedlicher Zuständigkeiten nebeneinander aus. **Herr des Gesamtverfahrens** bleibt das nationale Gericht bzw. bleiben die Parteien des Ausgangsrechtsstreits, die über Beginn und Ende des Zwischenverfahrens entscheiden. Nehmen die Parteien des Ausgangsrechtsstreits vor dem nationalen Gericht bspw. ihre Klage oder den Antrag zurück oder erklären sie das Ausgangsverfahren in der Hauptsache für erledigt, ist das Vorabentscheidungsersuchen zum Gerichtshof ebenso erledigt wie das Ausgangsverfahren selbst.⁴⁰

12   Der EuGH ist nicht befugt, über die Rechtmäßigkeit nationaler Maßnahmen zu urteilen und diesbezüglich nationale Gerichtsentscheidungen zu korrigieren oder gar aufzuheben;⁴¹ er ist nur dazu berufen, die nationalen Richter hilfreich in der Auslegung

---

³⁵ *Schaub*, NJW 1994, 84; *Hüßtege*, in: Dt. Richterhandbuch, I Rn. 3.
³⁶ EuGH, Rs. 6/64, *Costa/ENEL*, Slg. 1964, 1259, 1269; Rs. 244/80, *Foglia Novello II*, Slg. 1981, 3045, 3062 Rn. 18.
³⁷ Vgl. Jahresbericht Gerichtshof 2011 = http://curia.europa.eu/jcms/upload/docs/application/pdf/2012-06/ra2011_statistiques_cour_de.pdf.
³⁸ *Skouris*, EuGRZ 2008, 343 (347).
³⁹ Vgl. dazu *Rennert*, EuGRZ 2008, 385, *Lumma*, EuGRZ 2008, 381 (383); grundsätzlicher positiver *Baumeister*, EuR 2005, 1 (21).
⁴⁰ EuGH, Rs. C-241/09, *Fluxys SA*, Slg. 2010 I-12773 Rn. 34; Rs. C-336/08, *Reinke*, Slg. 2010 I-130 Rn. 16.
⁴¹ EuGH, Rs. 38/77, *Enka BV*, Slg. 1977, 2203 ff.

und/oder Anwendung einer unionsrechtlichen Frage zu unterstützen. Schwierigkeiten können sich allerdings bei Konflikten zwischen Unionsrecht und nationalem Verfassungsrecht ergeben. Das BVerfG hat sich zwar grundsätzlich für eine Respektierung der Rechtsprechung durch den EuGH ausgesprochen und nimmt insoweit ein „Kooperationsverhältnis" an.[42] Auch nach der viel kritisierten „Mangold-Entscheidung" hat sich die „Hüterin der deutschen Verfassung" in ihrer Beurteilung des Lissabon-Vertrages zum grundsätzlichen Anwendungsvorrang des Unionsrechtes bekannt. Damit hat das BVerfG zwar einen modus vivendi zur Rechtsprechungsfunktionalität des EuGH gefunden, seine innerstaatliche Letztentscheidungsbefugnis aber nicht vollständig aufgegeben. So hat das BVerfG in der Überprüfung des Lissabon-Vertrages folgenden Leitsatz (4) gebildet:

„Das BVerfG prüft, ob Rechtsakte der europäischen Organe und Einrichtungen sich unter Wahrung des gemeinschafts- und unionsrechtlichen Subsidiaritätsprinzips in den Grenzen der ihnen im Wege der begrenzten Einzelermächtigung eingeräumten Hoheitsrechte halten. Darüber hinaus prüft das BVerfG, ob der unantastbare Kerngehalt der Verfassungsidentität des Grundgesetzes nach Art. 23 GG i. V. mit Art. 79 Abs. 3 GG gewahrt ist. Die Ausübung dieser verfassungsrechtlich radizierten Prüfungskompetenz folgt dem Grundsatz der Europarechtsfreundlichkeit des Grundgesetzes, und sie widerspricht deshalb auch nicht dem Grundsatz der loyalen Zusammenarbeit; anders können die von Art. 4 EUV-Lissabon anerkannten grundlegenden politischen und verfassungsmäßigen Strukturen souveräner Mitgliedstaaten bei fortschreitender Integration nicht gewahrt werden. Insoweit gehen die verfassungs- und die unionsrechtliche Gewährleistung der nationalen Verfassungsidentität im europäischen Rechtsraum Hand in Hand."[43]

Diese „Ultra-vires-Kontrolle" wird bei zunehmender Kluft zwischen geltendem Europarecht und verselbständiger Europa-Politik immer wieder eingefordert.[44] Die Vorlagepflicht für letztinstanzliche nationale Gerichte, aber auch für das BVerfG, weist dem EuGH die Rolle der maßgeblichen Interpretation des Unionsrechts zu.[45] Das VAV verläuft im „Geiste der Zusammenarbeit",[46] so dass sich „der nationale Richter in Fragen des Unionsrechts vertrauensvoll an den Gerichtshof wenden kann, ohne befürchten zu müssen, in belehrendem Ton von oben herab die eigene Unwissenheit bestätigt zu bekommen".[47] Diesem Geist entspricht die bislang fehlende Formalisierung des VAV. Die Vorabentscheidungsersuchen an den EuGH sind im Grundsatz nicht an bestimmte Formalia gebunden (zu bestimmten Zulässigkeitsvoraussetzungen s. Rn. 47 ff.). Ein weiteres Charakteristikum ist die nicht-kontradiktorische Natur des VAV, die sich aus seiner Stellung als **objektives Feststellungsverfahren** ergibt. Dementsprechend kennt das VAV keine Parteien im rechtstechnischen Sinn, sondern gemäß Art. 23 Abs. 2 und 3

---

[42] BVerfGE 89, 155, 210 – sog. Maastricht-Urteil; vgl. dazu auch *Sarcevic*, Der EuGH als gesetzlicher Richter (Art. 101 Abs. 1 GG), DÖV 2000, 941 ff.
[43] BVerfG, EuZW 2009, 552 (Lissabon-Urteil) = NJW 2009, 2267.
[44] Vgl. *Faßbender*, EuZW 2010, 799 (803), vgl. auch *Herzog/Gerken*, FAZ v. 8.9.2008, S. 8.
[45] Zur „konfliktträchtigen Zone" der Unanwendbarkeitserklärung vgl. *Hirsch*, NJW 2000, 1817 (1818).
[46] EuGH, Rs. 244/80, *Foglia*, Slg. 1981, 3045 Rn. 20, Rs. C-83/91, *Meilicke/ORGA*, Slg. 1992, I-4871 Rn. 25 = EuZW 1992, 546 f.; *Wägenbaur*, EuZW 2000, 37.
[47] *Voß*, Erfahrungen und Probleme bei der Anwendung des Vorabentscheidungsverfahrens nach Art. 177 EWGV, EuR 1986, 111.

Satzung-EuGH nur „**Äußerungsberechtigte**". Die Parteien des Ausgangsrechtsstreits haben im VAV das Recht auf Gehör ebenso wie die Mitgliedstaaten, die Kommission und die Stellen der Union, von denen die Handlung, deren Gültigkeit oder Auslegung streitig ist, ausgegangen ist. Ebenso die Vertragsstaaten des EWR, sofern einer der Anwendungsbereiche des Abkommens betroffen ist. Allen Äußerungsberechtigten ist es allerdings nicht möglich, Einfluss auf das Vorlageersuchen als solches zu nehmen, die Vorlagefrage inhaltlich zu ändern, für gegenstandslos zu erklären oder zusätzliche Fragen beantworten zu lassen.[48] Die EU-Organe besitzen für das VAV keinerlei Initiativrecht oder Interventionsrecht. Die Parteien des Ausgangsrechtsstreits sind allein die Herren des Ausgangsverfahrens. Um den EuGH nicht ins Leere judizieren zu lassen, gebietet es das Fairnessgebot, den Gerichtshof über den Kanzler im Falle einer Beendigung des Ausgangsrechtsstreits unverzüglich in Kenntnis zu setzen. Erfährt der EuGH von einer Klagerücknahme im Ausgangsrechtsstreit – z.B. auch durch eine der beteiligten Parteien – wird das Vorabentscheidungsersuchen unzulässig, weil es ins Leere geht.[49] Auf die Vorlage selbst haben die Parteien des Ausgangsrechtsstreits keinen Einfluss. Die Vorlagefrage bestimmt allein das vorlegende Gericht. Allerdings können die Parteien oder ihre Prozessvertreter – soweit die Problematik der Vereinbarkeit mit dem Unionsrecht bekannt ist – entsprechende Vorschläge unterbreiten, an die das nationale Gericht aber nicht gebunden ist (vgl. dazu näher unter Rn. 94, 95). Im Übrigen ist das VAV der Parteienherrschaft entzogen.[50] Nicht am Ausgangsverfahren Beteiligte haben auch kein Recht als „Streithelfer" in das Vorabentscheidungsverfahren einzutreten. Da mit Art. 267 AEUV kein klassisches (kontradiktorisches) Verfahren zur Entscheidung eines Rechtsstreits, sondern nur Zwischenverfahren eingeführt worden ist, folgt daraus, dass ein Beitritt in einem VAV nicht möglich ist.[51]

13 Auch wenn dem nationalen Gericht die Letztentscheidungsbefugnis bezüglich des Ausgangsstreitverfahrens obliegt, ist die volle Rechtmäßigkeitskontrolle hinsichtlich aller entscheidungserheblichen Rechtsakte der Gemeinschaften, und nicht nur der unmittelbar geltenden,[52] allein dem Gerichtshof vorbehalten. Art. 267 AEUV allein begründet die Zuständigkeitsnorm für dieses EU-Organ zur autoritativen Entscheidung von Auslegungsfragen des Unionsrechts und seiner Rechtsfortbildung.

14 Auf innerstaatlicher Ebene sind die einzelnen Mitgliedstaaten der EU nach Art. 4 Abs. 3 UAbs. 2 und 3 EUV gehalten, alle Maßnahmen zu ergreifen, um die Union und ihre Organe bei der Erfüllung ihrer Verpflichtungen zu unterstützen und alle Maßnahmen zu unterlassen, die die Verwirklichung der Ziele der Union gefährden könnten. Hierzu gehört es auch, einen effektiven Rechtsschutz auf innerstaatlicher Ebene zur Verfügung zu stellen. Dementsprechend hat der EuGH festgestellt:

„Art. 267 AEUV steht Rechtsvorschriften eines Mitgliedstaats entgegen, mit denen ein Zwischenverfahren zur Kontrolle der Verfassungsmäßigkeit nationaler Gesetze eingeführt wird, soweit die Vorrangigkeit dieses Verfahrens zur Folge hat, dass sowohl vor der Übermittlung einer Frage der Verfassungsmäßigkeit an das mit der Kontrolle der Verfassungsmäßigkeit von Gesetzen betraute nationale Gericht als auch gegebe-

---

[48] EuGH, Rs. 5/72, *Grassi*, Slg. 1972, 443, 448.
[49] EuGH, Rs. C-241/09, *Fluxys SA*, Slg. 2010 I-12773 Rn. 34.
[50] EuGH, Rs. C-137/08, *VB Pénzügyi Lízing Zrt.*, Slg. 2010 I-10847 Rn. 28 m.w.N.
[51] EuGH, Rs. C-73/07, *Satakunnan Markkinapörssi und Satamedia*, Slg. 2007, I-7075, Rn. 10; Rs. C-92/09, *Schecke*, Slg. 2010 I-11063 Rn. 5 f.
[52] EuGH, Rs. 111/75, *Mazzalai*, Slg. 1976, 657 ff.

nenfalls nach Erlass der Entscheidung dieses Gerichts zu der betreffenden Frage alle anderen nationalen Gerichte an der Wahrnehmung ihrer Befugnis oder der Erfüllung ihrer Verpflichtung gehindert sind, dem Gerichtshof Fragen zur Vorabentscheidung vorzulegen. Art. 267 AEUV steht solchen nationalen Rechtsvorschriften jedoch nicht entgegen, soweit es den übrigen nationalen Gerichten freisteht,

- in jedem Moment des Verfahrens, den sie für geeignet halten, und selbst nach Abschluss eines Zwischenverfahrens zur Kontrolle der Verfassungsmäßigkeit dem Gerichtshof jede Frage zur Vorabentscheidung vorzulegen, die sie für erforderlich halten,
- jede Maßnahme zu erlassen, die erforderlich ist, um den vorläufigen gerichtlichen Schutz der durch die Rechtsordnung der Union eingeräumten Rechte sicherzustellen, und
- nach Abschluss eines solchen Zwischenverfahrens die fragliche nationale gesetzliche Bestimmung unangewandt zu lassen, wenn sie sie als unionsrechtswidrig ansehen.

Es ist Aufgabe des vorlegenden Gerichts, zu prüfen, ob die in den Ausgangsverfahren fraglichen nationalen Rechtsvorschriften im Einklang mit diesen Anforderungen des Unionsrechts ausgelegt werden können."[53]

V. Bedeutung des Vorabentscheidungsverfahrens

Im Gefüge des Unionsrechts kommt dem VAV eine, wenn nicht gar die zentrale Bedeutung zu. Es stellt das entscheidende europäische Integrationsinstrument auf unionsrechtlicher Ebene dar.[54] Insbesondere der Art. 267 AEUV hat mittlerweile ein Gewicht im unionsrechtlichen Rechtsschutzsystem erlangt, die sich die Gründer der Europäischen Gemeinschaften seinerzeit so nicht vorgestellt hatten. Die Zahl der anhängigen VAV ist seit Aufnahme der Tätigkeit des Gerichtshofes stetig gestiegen. Weit mehr als die Hälfte aller beim Gerichtshof anhängigen Verfahren sind inzwischen solche Vorabentscheidungsersuchen nationaler Gerichte. Im Jahr 2011 gingen beim Gerichtshof insgesamt 688 neue Verfahren ein, darunter 423 **Vorabentscheidungsverfahren nationaler Gerichte**.[55] Von den im Jahre 2011 anhängigen 849 Rechtssachen waren allein 519 VAV. Die meisten der im Jahre 2011 neu anhängig gemachten 423 VAV stammten von Gerichten aus der Bundesrepublik Deutschland.[56] In der Gesamtstatistik führt Deutschland die Vorabentscheidungsersuchen beim Gerichtshof ebenfalls mit 1.885 VAV an. Vorlagefreudigstes Bundesgericht ist dabei der BFH mit 279 Vorlagen, im Vergleich zum BGH mit 148 Ersuchen.[57] Die bei weiten meisten Verfahren stammen jedoch von unterinstanzlichen deutschen Gerichten (1.255).[58] Mit den Vorabentscheidungsersuchen können die nationalen Gerichte auch Einfluss auf die Rechtspolitik innerhalb der Union, aber auch innerhalb ihres Mitgliedstaates nehmen.[59]

---

[53] EuGH, Rs. C-188/10, *Melki*, Slg. 2010 I-5667 Rn. 57.
[54] So bereits *Kutscher*, Über den Gerichtshof der Europäischen Gemeinschaft, EuR 1981, 392 (397).
[55] Zur Vorlagepraxis der Mitgliedstaaten vgl. auch *Rösler*, EuR 2012, 392 ff.
[56] Jahresbericht 2011 des EuGH, unter: http://curia.europa.eu/jcms/jcms/Jo2_7000/.
[57] Unzutreffend insoweit *Heß*, RabelsZ 2002, 477.
[58] Jahresbericht 2011 des EuGH, unter: http://curia.europa.eu/jcms/jcms/Jo2_7000/.
[59] Beispiele hierfür finden sich bei *Bergmann*, ZAR 2011, 41.

16 Mit Recht wird das VAV deshalb als „das in der Praxis des EuGH bedeutsamste Verfahren" bezeichnet, „welches den Schlussstein des gesamten Rechtsschutzgebäudes der Gemeinschaften" bildet.[60] Zwischen den nationalen Gerichten und dem EuGH besteht eine Aufgabenteilung. Die primäre **Aufgabe des Gerichtshofes** besteht darin, dem nationalen vorlegenden Richter sachdienliche Antworten zu geben und dadurch zugleich eine einheitliche Auslegung des Unionsrechts zu gewährleisten.[61] Demgegenüber besteht die **Aufgabe des nationalen Gerichts** darin, die unionsrechtlich relevanten Fragen des zu entscheidenden Falles zu finden, zu separieren und sie dann dem Gerichtshof unter Mitteilung der tatsächlichen und rechtlichen Angaben zu unterbreiten, damit dieser auf die Vorlage in möglichst hilfreicher Weise antworten kann (vgl. aber auch unten Rn. 47 ff.). Hierfür bedarf es aber der Einhaltung bestimmter Voraussetzungen.

B. Das Vorabentscheidungsverfahren nach Art. 267 AEUV

I. Zulässigkeit einer Vorlage

17 Die Zulässigkeitsvoraussetzungen für ein Vorabentscheidungsersuchen ergeben sich zum einen aus der vertraglichen Bestimmung des Art. 267 AEUV, zum anderen aus der Rechtsprechung des Gerichtshofes. Um den nationalen Gerichten die Furcht vor Vorlageersuchen zu nehmen, hat der Gerichtshof „Empfehlungen an die nationalen Gerichte bezüglich der Vorlage von Vorabentscheidungsersuchen" gegeben.[62] Mit diesen Informationen, die über die Internetseite des Gerichtshofes[63] abgerufen werden können, werden zwar keine verbindlichen Vorgaben gemacht, aber eine hilfreiche Orientierung für die nationalen Gerichte, die sich mit einer Vorlagefrage an den Gerichtshof wenden wollen, gegeben. Dort wird auch auf das sog. **Eilvorlageverfahren** eingegangen, welches aber nur in Bereichen statthaft ist, die von Titel V des Dritten Teils des AEUV über den Raum der Freiheit, der Sicherheit und des Rechts (Art. 67 bis 89 AEUV) erfasst wird (vgl. auch Rn. 104).

1. Zuständigkeit

18 **a) EuGH.** Art. 19 Abs. 3 lit. b) EUV, Art. 267 Abs. 1 AEUV weisen dem Gerichtshof der Europäischen Union die Entscheidungsbefugnis nach Maßgabe der Verträge zu, auf Antrag der einzelstaatlichen Gerichte im Wege der Vorabentscheidung über die Auslegung des Unionsrechts oder über die Gültigkeit der Handlungen der Organe zu befinden. Der Gerichtshof der Europäischen Union umfasst nach Art. 19 Abs. 1 EUV aber den Gerichtshof, das Gericht und die Fachgerichte. Trotz dieser weiten Formel sind nicht alle Instanzen des Organs Gerichtshof der Europäischen Union für Vorabentscheidungen zuständig. Die Zuständigkeit des Gerichtshofes wird für neu hinzukommende Mitgliedstaaten erst ab dem Zeitpunkt ihres Beitritts begründet. Für Sachverhalte die Gegenstand einzelstaatlicher Ausgangsverfahren sind und die sich vor dem Beitritts-

---

[60] *Lieber*, S. 14.
[61] Vgl. z. B. EuGH, Rs. C-337/95, *Dior*, Slg. 1997, I-6013, 6043 Rn. 25 = EuZW 1998, 23.
[62] ABl. 2012 C 338/1 ff. = http://eur-lex.europa.eu/LexUriServ/LexUriServ.do?uri=OJ:C:2012:338:0001:0006:DE:PDF
[63] Vgl. unter: http://curia.europa.eu/

zeitpunkt ereignet haben, die nunmehr aber im Lichte des Unionsrechts zu beurteilen wären, ist der Gerichtshof für die Auslegung des Unionsrechts nicht zuständig.[64]

Ursprünglich besaß nur der EuGH die **ausschließliche Zuständigkeit**; eine Konkurrenzsituation mit dem später installierten Gericht (erster Instanz) kam erst mit dem enormen Anfall von Vorabentscheidungsersuchen und der Erweiterung der EU um weitere Mitgliedstaaten. Mit dem Vertrag von Nizza wurde vorgesehen, dass auch das Gericht für besondere in der Satzung festgelegte Sachgebiete über Vorabentscheidungsersuchen entscheiden kann. Diese Struktur ist auch nach der Überarbeitung der Verträge durch den Vertrag von Lissabon beibehalten worden. Grundsätzlich konzentriert sich die Auslegungs- und Entscheidungsbefugnis über die Anwendung und Gültigkeit des Unionsrechts beim Gerichtshof. Er ist das grundsätzlich zur Vorabentscheidung berufene Organ. Lediglich wenn das Vorlageersuchen zu einem Zeitpunkt ergeht, in dem der Ausgangsrechtsstreit bereits abgeschlossen ist, ist der EuGH nicht zur Beantwortung der Frage zuständig.[65]

b) Gericht erter Instanz. Gemäß Art. 256 Abs. 3 AEUV ist das Gericht in besonderen in der Satzung festgelegten Sachgebieten für Vorabentscheidungen nach Art. 267 AEUV zuständig. Hierfür reicht die Festlegung in der Satzung aus. Obwohl diese Änderung bereits mit dem Vertrag von Nizza beschlossen wurde, fehlt aber auch nach dem Vertrag von Lissabon bislang eine Bestimmung in der Satzung, die dem Gericht bestimmte Sachgebiete zur Vorabentscheidung zuweist. Ebenso wie die Zuständigkeitsübertragung bei den Direktklagen wird dem Gericht – wenn überhaupt – die Zuständigkeit nur für bestimmte Rechtsgebiete zugewiesen werden, allerdings wohl nur für solche Sachgebiete, für die die Zuständigkeit des Gerichts bereits vorher begründet war (vgl. Art. 256 Abs. 1 AEUV). In diesen Fällen kann sich das Gericht seine Kompetenz und Rechtsprechung aus den zugewiesenen Fachgebieten zu Nutze machen. „Eine solche Änderung ist freilich noch nicht erfolgt und steht derzeit auch nicht auf der Tagesordnung."[66] Der Gerichtshof wehrt sich gegen eine (teilweise) Übertragung von Vorabentscheidungsersuchen auf das Gericht, was durchaus auf Zustimmung stößt. Bezweifelt wird insoweit, dass eine solche Möglichkeit zur Verfahrensbeschleunigung und Effektivität von VAV beiträgt, weil im Hintergrund dann immer der Ruf nach einer höheren Instanz ertönen werde.[67]

Auch wenn damit die grundsätzliche Zuständigkeit des Gerichts erster Instanz für VAV in bestimmten Sachgebieten vorgesehen wird, bedeutet dies nicht, dass die Gewährleistung der Einheitlichkeit des Unionsrechts in diesen Fachgebieten allein dem Gericht vorbehalten ist.[68] Vielmehr kann das Gericht erster Instanz ein Verfahren an den EuGH zur Entscheidung verweisen, wenn es der Auffassung ist, dass „eine Rechtssache eine Grundsatzentscheidung erfordert, die die Einheit oder die Kohärenz des Unionsrechts berühren könnte" (Art. 256 Abs. 3 UAbs. 2 AEUV). In diesem Fall bleibt die letztinstanzliche Entscheidungsbefugnis allein dem EuGH vorbehalten, der die Rechtssache

---

[64] EuGH, Rs. C-302/04, *Ynos*, Slg. 2006, I-371 Rn. 36 f.
[65] EuGH, Rs. 338/85, *Pardini*, Slg. 1988, 2041 Rn. 11.
[66] So der Präsident des EuGH *Skouris*, EuGRZ 2008, 343 (347).
[67] *Rennert*, EuGRZ 2008, 385 (386 f.).
[68] Befürwortend *Martenczuk*, in: Demel u. a., Funktionen und Kontrolle der Gewalten, 2001, S. 245; *Everling*, in: FS für Steinberger, S. 1103 (1116); kritisch *Lipp*, Entwicklung und Zukunft der europäischen Gerichtsbarkeit, JZ 1997, 326 (331).

nicht wegen Unrichtigkeit an die erste Instanz zurückverweisen kann.[69] Unabhängig von dieser **Weiterverweisung** in grundsätzlichen Angelegenheiten bestünde deshalb in Ausnahmefällen die Möglichkeit, gegen Vorabentscheidungs-Urteile des Gerichts erster Instanz die weitere Entscheidung des EuGH einzuholen, wenn ansonsten die ernste Gefahr bestünde, dass die Einheit oder die Kohärenz des Unionsrechts berührt werde (Art. 256 Abs. 3 UAbs. 3 AEUV). Wer diese weitere Entscheidung des EuGH beantragen kann, wird nicht explicit genannt. Aus Art. 267 AEUV und dem Zusammenhang mit den Funktionen des VAV ergibt sich jedoch, dass dies nur durch das Gericht des Mitgliedstaates erfolgen kann, welches die Frage bereits zuvor dem Gerichtshof zur Entscheidung vorgelegt hat.[70] Um den EuGH jedoch nicht unnötig mehr zu belasten, ist der Entscheidungskompetenz des EuGH ein **Annahmeverfahren** vorgeschaltet. Nach Art. 62 der Satzung[71] kann der EuGH in den Fällen des Art. 256 Abs. 2 und 3 AEUV nur mit der Sache befasst werden, wenn der Erste Generalanwalt der Auffassung ist, dass die ernste Gefahr einer Beeinträchtigung der Einheit oder der Kohärenz des Unionsrechts besteht und er dem EuGH die Überprüfung der Entscheidung des Gerichts vorschlägt. Der Vorschlag ist zudem fristgebunden, er muss innerhalb eines Monats nach Verkündung der Entscheidung des Gerichts erfolgen. Der EuGH ist an diesen Vorschlag nicht gebunden, so dass er ihn nach entsprechender Prüfung auch ablehnen kann (Art. 62 Abs. 2 Satzung-EuGH). Ein Heranziehungsrecht der Rechtssache zur eigenen Entscheidung besteht für den EuGH nicht.[72] Der Gerichtshof ist deshalb auf einen Antrag des ersten Generalanwaltes angewiesen. Damit wird zwar dem Effektivitätsprinzip und dem Entlastungsgedanken entsprochen, doch dürfte die Rechtseinheit des Unionsrechts nicht unbedingt gewährleistet sein. Auch beim Gericht wird es Fälle geben, die über die Einzelfallregelung hinaus grundsätzliche Bedeutung für das Unionsrecht und die Rechtspraxis haben werden. Da diese dann die Kohärenz und Einheit des Unionsrechts betreffen, kann nur eine letztinstanzliche Entscheidung die notwendige Rechtssicherheit bringen. Entsprechende im Schrifttum geäußerte Kritik[73] ist vom Europäischen Rat im Rahmen der Vertragsänderung von Lissabon nicht aufgenommen worden. Sofern der Erste Generalanwalt also keine Überprüfung der erstinstanzlichen Vorabentscheidung des Gerichts vorschlägt, kann der EuGH nur in anderen Verfahren auf entsprechende andere Rechtsauffassungen zum Gericht erster Instanz hinweisen, was weder dem Rechtsfrieden zwischen den Parteien, noch zwischen den EU-Organen förderlich ist.

21   **2. Vorlageberechtigtes Gericht eines Mitgliedstaates.** Gemäß Art. 267 Abs. 2 AEUV kann ein Vorabentscheidungsersuchen von „einem **Gericht des Mitgliedstaates**" bzw. nach Art. 267 Abs. 3 AEUV von „einem einzelstaatlichen Gericht" gestellt werden. Aus dem Wortlaut der Vorschrift ergibt sich, dass es die nationalen Gerichte sind, die darüber befinden, ob die Einholung einer Vorabentscheidung des Gerichtshofes erforderlich ist. Dies schließt von vornherein eine Vorlageberechtigung durch die Parteien des Ausgangsverfahrens,[74] die Organe der Gemeinschaften sowie Ver-

---

[69] *Epiney/Abt/Mosters*, Der Vertrag von Nizza, DVBl. 2001, 941 (950).
[70] Vgl. nachfolgend Rn. 21.
[71] Protokoll (Nr. 3), ABl. 2008 C 115/210 (224).
[72] *Epiney/Abt/Mosters*, Der Vertrag von Nizza, DVBl. 2001, 941 (950).
[73] Vgl. *Middeke*, in: Rengeling/Middeke/Gellermann, 2. Aufl., § 10 Rn. 19.
[74] EuGH, Rs. 5/72, *Fratelli Grani*, Slg. 1972, 443, 448 ; EuG, Rs. T-377/00, *Phillip Morris*, Slg. 2003, II-1; diese können ebenso wenig im VAV einen Antrag gem. Art. 242, 243 EGV auf einstweiligen Rechtsschutz stellen, vgl. EuGH, Rs. C-186/01R, *Dory*, Slg. 2001, I-7823.

waltungsbehörden der Mitgliedstaaten aus.[75] Daraus folgt ferner, dass im Rahmen von reinen Verwaltungsverfahren – also auch den Widerspruchsverfahren – selbst wenn sich dort entscheidungserhebliche unionsrechtliche Fragestellungen ergeben sollten, ein Vorabentscheidungsersuchen der entscheidenden Behörden an den EuGH ebenso wenig zulässig ist, wie das von natürlichen oder juristischen Personen. Diese können auch nicht über den Umweg einer Haftungsklage ein VAV einfordern.[76] Den Verfahrensbeteiligten bleibt nur der Gang in das nationale gerichtliche Verfahren. Gerichte Dritter, also von nicht EU-Staaten oder internationale Gerichtshöfe[77] werden ebenso wenig von dem Vorlagerecht erfasst. Am Ausgangsrechtsstreit unbeteiligte dritte Personen, natürliche oder juristische Personen (z. B. auch anerkannte Naturschutzverbände), fehlt in gleicher Weise eine Vorlagebefugnis; sie haben ebenfalls keine Möglichkeit einem VAV beizutreten.

Der Begriff des vorlageberechtigten „Gerichts" ist dabei in einem spezifisch unionsrechtlichen Kontext zu sehen.[78] Der EuGH hat **Kriterien** aufgestellt, denen eine mitgliedstaatliche Institution genügen muss, um vorlageberechtigt im Sinne des Art. 267 AEUV zu sein. Vorlageberechtigtes „Gericht" ist danach 22

- jede **unabhängige**, zur Streitentscheidung berufene **Instanz**,
- die **durch** oder **aufgrund eines Gesetzes** eingerichtet ist,
- eine **obligatorische** und willkürliche Wahl durch die Parteien nicht zugängliche **Zuständigkeit** begründet
- und unter **Anwendung von Rechtsnormen** und nicht allein nach Billigkeitsgesichtspunkten
- **bindend entscheidet**.[79]

Diese Merkmale hat der EuGH dahingehend konkretisiert, dass ein (einzelstaatliches) „Gericht" eine hinreichend enge **Beziehung zur öffentlichen Gewalt** des jeweiligen Mitgliedstaates aufweisen und unter Zustimmung der dortigen öffentlichen Gewalt seine Aufgabe wahrnehmen muss.[80] Entscheidend ist somit ein unabhängiges Organ, welches in einem rechtsstaatlich geordneten Verfahren Streitigkeiten mit Rechtskraftwirkung zu entscheiden hat. Der Gerichtshof versteht als „mitgliedstaatliches Gericht" somit jedes „Organ, das in völliger Unabhängigkeit im Rahmen eines Verfahrens zu entscheiden hat, das auf eine Entscheidung mit Rechtsprechungscharakter abzielt".[81] 23

---

[75] Vgl. EuGH, Rs. C-111/94, *Job Centre Coop.*, Slg. 1995, I-3361 Rn. 11 = EuZW 1996, 47 = RIW 1996, 421.
[76] EuGH, vb. Rs. 31/62, 33/62, *Wöhrmann und Lütticke*, Slg. 1962, 1029; EuG, T-528/08, Rn. 21, *Delice*.
[77] *Everling*, Vorabentscheidung, S. 32.
[78] *Hailbronner u. a.*, in: Hdkom. EWGV, Art. 177 Rn. 21.
[79] EuGH, Rs. 61/65, *Vaassen-Göbbels*, Slg. 1966, 584, 602; Rs. C-94/10, *Danfoss*, Slg. 1989, 3199, 3224; Rs. C-24/92, *Corbiau*, Slg. 1993, I-1277, 1303; Rs. C-393/92, *Gemeinde Almelo*, Slg. 1994, I-1477, Rn. 21.
[80] EuGH, Rs. 102/81, *Dt. Hochseefischerei*, Slg. 1982, 1095, 1110 Rn. 10 ff.; Rs. C-393/92, *Gemeinde Almelo*, Slg. 1994, I-1477, 1515 Rn. 21.
[81] Vgl. EuGH, Rs. C-9/97 und C-118/97, *Jokela*, Slg. 1998, I-6267, 6297 Rn. 18 ff.; Rs. C-134/97, *Victoria Film*, Slg. 1998, I-7023 Rn. 14; Rs. C-220/02, *Österreichischer Gewerkschaftsbund*, Slg. 2000, I-10497 Rn. 25; zu Beispielen aus dem europäischen Rechtsraum vgl. *Wägenbaur*, EuZW 2000, 37 (38).

Der zur Entscheidung berufenen innerstaatlichen Stelle muss dabei im Verhältnis zu den am Ausgangsverfahren Beteiligten die Stellung eines „Dritten" zukommen. Dieser Begriff umfasst zwei Aspekte. Der erste, externe, Aspekt setzt voraus, dass die Stelle vor Interventionen oder Druck von außen geschützt ist, die die Unabhängigkeit des Urteils ihrer Mitglieder im Hinblick auf die ihnen unterbreiteten Streitigkeiten gefährden könnten. Der zweite, interne, Aspekt steht mit dem Begriff der Unparteilichkeit im Zusammenhang und bezieht sich darauf, dass hinsichtlich der Parteien des Rechtsstreits und ihren jeweiligen Interessen an dessen Gegenstand ein gleicher Abstand gewahrt wird.[82] Die vom EuGH aufgestellten Kriterien werden von dem Gerichtshof aber mit unterschiedlichem Gewicht angewandt.[83] Der EuGH knüpft neben dem institutionellen Gerichtsbegriff auch an funktionale Elemente an, in dem er für die Bestimmung des Gerichtsbegriffes auch vom Ziel und der Funktion des VAV ausgeht.

24 Unproblematisch und anerkannt sind die nationalen Gerichte der „Dritten Gewalt". Alle staatlichen Gerichte mit Jurisdiktionsgewalt fallen demnach unter diesen Gerichtsbegriff, auch die der Verfassungsgerichtsbarkeit.[84] Daneben sind auch gerichtsähnliche Spruchkörper,[85] wie z. B. Berufskammern,[86] oder Schiedsgerichte[87] in der Arbeits- und Sozialgerichtsbarkeit und Vergabeüberwachungsausschüsse des Bundes[88] als vorlageberechtigte Gerichte anerkannt. Voraussetzung hierfür ist jedoch, dass es sich um Verfahren handelt, die mit echten Rechtsentscheidungen enden und nicht als bloße politische Entscheidungen zu bewerten sind. Demgegenüber werden private Schiedsgerichte, also Schiedsgerichte aufgrund privatrechtlicher Vereinbarungen, nicht als vorlageberechtigte „Gerichte" im Sinne des Art. 267 AEUV angesehen.[89] Begründet wird dies zum einen mit der fehlenden Staatlichkeit dieser Institutionen, zum andern aber auch wegen der fehlenden Rechtskraft, da die Schiedssprüche häufig nach Billigkeitsgesichtspunkten erfolgen. In diesen Verfahren ist die deutsche öffentliche Gewalt weder am Rechtsweg noch am Verfahrensablauf selbst beteiligt; noch handeln die Schiedsgerichte als „Beliehene" des Mitgliedstaates, noch ist ihnen eine Mitverantwortung an der öffentlichen Rechtspflege übertragen.[90] Ebenso wenig ist die Staatsanwaltschaft als vorlageberechtigtes Gremium anzusehen, da sie nicht in völliger Unabhängigkeit ein Strafverfahren entscheiden kann.[91] In die gleiche Richtung geht auch die Rechtsprechung des Gerichtshofes, wonach administrative Kontrollbehörden, die unter der

---

[82] Vgl. dazu EuGH, Rs. C-506/04, *Wilson,* Slg. 2006, I-8613 Rn. 50 ff.; Rs. C-517/09, *RTL Belgium SA,* Slg. 2010 I-14093 Rn. 38 ff.
[83] *Stotz,* in: Rengeling, HedUR, § 45 Rn. 189.
[84] Zur Vorlageentscheidung des HessStGH siehe *Cremer,* Vorabentscheidung gemäß Art. 177 und mitgliedstaatliche Verfassungsgerichtsbarkeit, BayVBl. 1999, 266 ff.; HessSTGH EuGRZ 1997, 213.
[85] EuGH, Rs. 61/65, *Vaassen-Göbbels,* Slg. 1966, 583, 601 f.
[86] EuGH, Rs. 138/80, *Borker,* Slg. 1980, 1975, 1977; Rs. 246/80, *Broeckmeulen,* Slg. 1980, 2311, 2323.
[87] EuGH, Rs. 102/81, *Dt. Hochseefischerei,* Slg. 1982, 1095 ff.; Rs. 109/88, *Dansk Arbejdsgverforening,* Slg. 1989, 3220, 3224 f.; Rs. C-393/92, *Gemeinde Almelo,* Slg. 1994, I-1477 ff.
[88] EuGH, Rs. C-54/96, *Dorsch Consult,* Slg. 1997, I-4961 Rn. 38.
[89] EuGH, Rs. 102/81, *Dt. Hochseefischerei* Slg. 1982, 1095, 1109 ff. Rn. 10 ff.; Rs. 109/88, *Dansk Arbejdsgiverforening,* Slg. 1989, 3199, 3220 Rn. 7 ff.; Rs. C-125/04, *Denuit* u. a., Slg. 2005, I-923 Rn. 13, 17.
[90] *Pechstein,* EU-Prozessrecht, Rn. 810.
[91] EuGH, Rs. C-74/95 und C-129/95, *Strafverfahren gegen X,* Slg. 1996, I-6609, 6635 Rn. 19.

Rechtsaufsicht der zuständigen Ministerien stehen, selbst wenn sie in gewisser Weise unabhängig agieren können, nicht als „Gerichte" im Sinne des Art. 267 AEUV anzusehen sind.[92] Dies betrifft in Deutschland namentlich das Bundeskartellamt, die Bundesnetzagentur und das Bundesamt für Strahlenschutz. Im europäischen Markenrecht gilt entsprechendes für das Bundespatentamt oder das Bundespatentgericht.[93] Hier kommt nur dem BGH als letztentscheidendem Bundesgericht eine Vorlagepflicht zu.

Die Einordnung sog. Verbandsgerichte wie bspw. die Sportgerichte des Deutschen Fußballbundes oder des Deutschen Leichtatlethikverbandes als „mitgliedstaatliche Gerichte" ist im Schrifttum diskutiert worden.[94] Als Differenzierungskriterium wird vorgeschlagen, darauf abzustellen, ob ähnlich wie bei einer öffentlich-rechtlichen Zwangsmitgliedschaft eine unfreiwillige Unterwerfung unter eine solche Gerichtsbarkeit vorliegt oder ob der Einzelne die Möglichkeit habe, sich der Jurisdiktion der Verbandsgerichtsbarkeit durch seinen freiwilligen Austritt aus dem Verein zu entziehen. Fälle mit Bezügen zum Sport sind dem EuGH allerdings bislang allein von staatlichen Gerichten zur Vorabentscheidung vorgelegt worden, da hier jedesmal Fragen der Arbeitnehmerfreizügigkeit im Vordergrund standen.[95]

In der Literatur ebenfalls diskutiert wird die Einordnung der Vergabekammern des Bundes und der Länder als vorlageberechtigte „Gerichte", da sie in vergaberechtlichen Streitigkeiten nach § 104 GWB über die Nachprüfung der Vergabe öffentlicher Aufträge entscheiden.[96] Wiewohl es sich hierbei um Verwaltungsbehörden handelt (§ 114 Abs. 3 GWB), weisen sie zumindest auch eine gerichtsähnliche Entscheidungsfunktion auf. Es handelt sich „um persönlich und sachlich unabhängige Kontrollinstanzen, die nicht die Zweck-, sondern (nur) die Rechtmäßigkeit der Vergabeentscheidung überprüfen".[97] Ihre Entscheidungen erwachsen in Rechtskraft und können einzig mit der sofortigen Beschwerde beim zuständigen Vergabesenat des OLG angefochten werden (§ 116 Abs. 3 GWB).

Liegt nach den o.g. Voraussetzungen ein „mitgliedstaatliches Gericht" vor, kommt es nicht auf die Art des Verfahrens (Klage-, Eil- oder Schiedsverfahren) oder die Natur des Rechtsstreits (Straf-, Zivil-, Arbeits-, Finanz-, Sozial- oder Verwaltungsprozess) oder gar das Ziel des vor dem nationalen Gericht anhängigen Verfahrens an.[98] Die Dringlichkeit oder der vorläufige Charakter des Ausgangsverfahrens beschränken das Vorlagerecht des nationalen Gerichts ebenfalls nicht.[99] Allerdings ist in dringlichen Verfahren die Vorabentscheidung im Wege des beschleunigten VAVs bzw. im Eilverfahren (Art. 23a Satzung-EuGH, Art. 105 VerfO-EuGH) zu suchen (vgl. dazu unter Rn. 102). Letzteres ist nach der Vertragsrevision von Lissabon auch für die bisherige dritte Säule von Bedeutung, die sich nunmehr in den Art. 82 ff. AEUV wiederfinden.

---

[92] EuGH, Rs. C-53/03, *Syfait*, Slg. 2005, I-4609 Rn. 29 ff.
[93] Vgl. *Streinz/Herrmann*, Vorabentscheidungsverfahren und Vorlagepflicht im europäischen Markenrecht, GRUR Int. 2004, 459 (464 ff.).
[94] Vgl. dazu *Pechstein*, EU-Prozessrecht, Rn. 814.
[95] EuGH, Rs. C-415/93, *Bosman*, Slg. 1995, I-4921; Rs. C-51/96 und C-191/97, *Deliège*, Slg. 2000, I-2549; Rs. C-176/96, *Lehtonen*, Slg. 2000, I-2681.
[96] Vgl. dazu *Sellmann/Augsberg*, DÖV 2006, 533 (535).
[97] *Sellmann/Augsberg*, DÖV 2006, 533 (535).
[98] EuGH, Rs. 82/71, *Sail*, Slg. 1972, 119, 136.
[99] EuGH, Rs. 29/69, *Stauder*, Slg. 1969, 419, 424 f.; Rs. 270/80, *Polydor*, Slg. 1982, 329, 344; vgl. auch Rn. 102.

§ 267 Abs. 4 AEUV bestimmt, dass der Gerichtshof innerhalb kürzester Zeit entscheiden muss, wenn sich eine Vorabentscheidungsfrage in einem schwebenden Verfahren stellt, welches eine inhaftierte Person betrifft. Hierdurch soll der Gerichtshof zukünftig in besonders dringenden Fällen binnen dreier Monate entscheiden.[100]

28 Aus Art. 267 AEUV ergibt sich im weiteren, dass die nationalen Gerichte den Gerichtshof nur anrufen können, wenn bei ihnen ein Rechtsstreit noch anhängig ist, den sie im Rahmen eines laufenden Verfahrens zu entscheiden haben und der auf eine Entscheidung mit Rechtsprechungscharakter abzielt.[101] Dies ist in Fällen, in denen ein Gericht eine bloße **Verwaltungstätigkeit** ausübt, die keinen Rechtsprechungscharakter hat und mit der im Übrigen in anderen Mitgliedstaaten Verwaltungsbehörden betraut sind, nicht gegeben. Dann handelt ein Gericht quasi als Verwaltungsbehörde, ohne gleichzeitig einen anhängigen Rechtsstreit zu entscheiden.[102] In einem Verfahren der freiwilligen Gerichtsbarkeit, z. B. bei einem Antrag auf Genehmigung der Satzung einer Gesellschaft oder auf Eintragung einer Gesellschaft in ein Register übt das Gericht keine Tätigkeit mit Rechtsprechungscharakter aus.[103] Erst wenn der Antragsteller, der nach nationalem Recht berechtigt ist, die Genehmigung zu beantragen, einen Rechtsbehelf gegen die Ablehnung der Eintragung einlegt, kann davon ausgegangen werden, dass das angerufene Gericht eine Rechtsstreitigkeit i. S. d. Art. 267 AEUV zu entscheiden hat und insofern eine Rechtsprechungstätigkeit ausübt.

29 Nach der Rechtsprechung des EuGH sind neben den Gerichten der einzelnen Mitgliedstaaten der EU auch von mehreren EU-Staaten gemeinsam geschaffene **internationale Gerichte** zur Vorlage berechtigt bzw. verpflichtet, wenn die Auslegung des Gemeinschaftsrechts zu ihren Aufgaben gehört.[104] So entschied der Gerichtshof bereits 1997, dass ein mehreren Mitgliedstaaten gemeinsames Gericht dem Gerichtshof ebenso wie die Gerichte der einzelnen Mitgliedstaaten Fragen zur Vorabentscheidung vorlegen kann und bestätigte dies für den Benelux-Gerichtshof.[105] Aus dieser Rechtsprechung wird nun die Schlussfolgerung gezogen, dass Gerichte wie z. B. Beschwerdekammern der Europäischen Schulen ebenfalls vorlageverpflichtet sind, wenn es um Fragen des Unionsrechts geht.[106]

30 **3. Vorlagegegenstand.** Was zum Gegenstand eines VAV gemacht werden kann, wird ausdrücklich in Art. 267 Abs. 1 AEUV genannt. Neben der Auslegung der Verträge, sind dies Handlungen der Organe, der von der EU geschaffenen Einrichtungen oder sonstigen Stellen der Union. Damit ist im Vertrag von Lissabon nachvollzogen worden, was bereits vorher schon vertreten wurde.

31 **a) Auslegung der Verträge.** Art. 267 Abs. 1 lit. a) AEUV weist dem Gerichtshof die Zuständigkeit für die Auslegung der Verträge zu. Damit obliegt dem EuGH die

---

[100] *Thiele*, EuR 2010, 30 (50).
[101] EuGH, Rs. 318/85, *Greis Unterweger*, Slg. 1986, 955; Rs. C-111/94, *Job Centre*, Slg. 1995, I-3361 Rn. 9 ; Rs. C-178/99, *Salzmann*, Slg. 2001, I-4421 Rn. 14; vgl. auch Rs. C-241/09, *Fluxys SA*, Rn. 34; Rs. C-336/08, *Reinke*, Slg. 2010, I-130 Rn. 16.
[102] EuGH, Rs. C-96/04, *Standesamt Niebüll*, Slg. 2006, I-3561 Rn. 11 ff. m.w.N.
[103] EuGH, Rs. C-86/00, *HSB-Wohnbau*, Slg. 2001, I-5353 Rn. 16 ; Rs. C-447/00, *Holto*, Slg. 2002, I-735 Rn. 22; Rs. C-182/00, *Lutz GmbH u. a.*, Slg. 2002, I-547 Rn. 14.
[104] Vgl. dazu *Ullrich*, EuR 2010, 573 ff.
[105] EuGH, Rs. C-337/95 *(Parfums Christian Dior/Evora)*, Slg. 1997, I-6034 (6043) Rn. 21.
[106] *Ullrich*, EuR 2010, 573 (575).

autoritative **Auslegungskompetenz** für das gesamte Unionsrecht. Dies ergibt sich zum einen aus Art. 19 EUV und Art. 267 AEUV sowie aus dem Protokoll Nr. 2 zur Änderung des Vertrages zur Gründung der Europäischen Atomgemeinschaft. Der Begriff der „Verträge" ist weit zu verstehen. Hierunter fallen nicht nur die Bestimmungen des Primärrechts, sondern auch die Anhänge, Zusatzprotokolle und Änderungen sowie die Beitrittsverträge und beigefügten Beitrittsabsichten.[107] Zum Vertragsrecht zählen ferner die vom EuGH aus den gemeinsamen Rechtstraditionen der Mitgliedstaaten entwickelten allgemeinen Rechtsgrundsätze.[108] Diese bilden ebenso wie das geschriebene Recht einen integrierenden Bestandteil der Unionsrechtsordnung und sind vom EuGH bei der Rechtsfindung heranzuziehen. Sie werden in der Regel relevant, wenn dem EuGH Fragen nach der Auslegung bzw. der Gültigkeit sekundärrechtlicher Regelungen unterbreitet werden, weil die allgemeinen Rechtsgrundsätze dort als Prüfungsmaßstab herangezogen werden. Ebenso zählt zum Vertragsrecht das Gewohnheitsrecht. Ferner wird auch das gesamte sekundäre Unionsrecht umfasst, unabhängig davon, ob beispielsweise die noch nicht umgesetzten Richtlinienbestimmungen unmittelbar anwendbar sind oder nicht.[109] Schließlich gehören auch die sog. gemischten oder die völkerrechtlichen Abkommen zum auslegungsfähigen Recht, wenn sie von einer der vormaligen Europäischen Gemeinschaften mit Drittstaaten geschlossen wurden, einschließlich der Beschlüsse des Assoziationsrates im Rahmen eines von den vormaligen Europäischen Gemeinschaften abgeschlossenen Assoziierungsabkommens.[110]

Der EuGH ist selbst dann für die Auslegung des Unionsrechts zuständig, wenn das 32 Unionsrecht den entscheidungserheblichen Sachverhalt nicht unmittelbar regelt, aber der nationale Gesetzgeber bei der Umsetzung der Bestimmungen einer Richtlinie in nationales Recht beschlossen hat, **rein innerstaatliche Sachverhalte** und Sachverhalte, die unter die Richtlinie fallen, gleichzubehandeln, und seine innerstaatlichen Rechtsvorschriften deshalb an das Unionsrecht **angepasst** hat.[111] Dementsprechend ist der EuGH zur Auslegung unionsrechtlicher Rechtsakte auch dann berufen, wenn der nationale Gesetzgeber nur eine Teil- oder Mindestharmonisierung an die unionsrechtlichen Akte bzw. eine „überschießende" Richtlinienumsetzung vornimmt.[112] Umgekehrt ist es nicht Sache des Gerichtshofes, im Rahmen eines Vorabentscheidungsersuchens über die Auslegung nationaler Vorschriften zu befinden und zu entscheiden, ob deren Auslegung durch das vorlegende Gericht richtig ist.[113]

b) Organhandlungen. Zu den zulässigen Gegenständen der Vorabentscheidung 33 zählen nach Art. 267 Abs. 1 lit. b) AEUV auch die Handlungen der Organe, die vom Gerichtshof auf ihre Gültigkeit hin überprüft werden können. Wer zu den **Organen der Europäischen Union** zählt, ergibt sich aus Art. 13 EUV. Sonstige **Einrichtungen**, die

---

[107] Vgl. zu den Rechtsmaterien im Zivilrecht *Hummrich*, DRiZ 2007, 43 f.
[108] EuGH, Rs. 44/79, *Hauer*, Slg. 1979, 3727, 3744 f.; Rs. C-63/93, *Duff*, Slg. 1996, I-569 Rn. 31 f.= EuZW 1996, 309.
[109] EuGH, Rs. 111/75, *Mazzalai*, Slg. 1976, 657; Rs. C-261/95, *Palmisani*, Slg. 1997, I-4025.
[110] EuGH, Rs. 12/86, *Demirel*, Slg. 1987, 3719 Rn. 9; vgl. auch *Stotz*, in: Rengeling, HedUR, § 45 Rn. 196.
[111] EuGH, Rs. 28/95, *Leur-Bloem*, Slg. 1997, I-4161, Rn. 27 = EuZW 1997, 658; vgl. auch Rs. C-285/98, *Kreil*, Slg. 2000, I-4217 Rn. 10.
[112] Vgl. dazu *Heß*, RabelsZ 2002, 484 ff.; *Hackenberg*, RabelsZ 2002, 378 f.
[113] EuGH, Rs. C-136/03, *Dörr*, Slg. 2005, I-4759 Rn. 46; Rs. C-300/09 u. C-301/09, *Toprak und Oguz*, Slg. 2010, I-12845 Rn. 62.

rechtsverbindliche Akte erlassen können (wie z. B. WSA, Ausschuss der Regionen, EIB, Europäische Umwelt Agentur; Gemeinsame Kernforschungsstelle),[114] sind zwar nicht als Organe im Sinne der Vorschrift anzusehen,[115] doch werden sie seit der Änderung durch den Vertrag von Lissabon nunmehr als „Einrichtungen und sonstige Stellen der Union" erfasst. Damit hat die Vertragsänderung Vorschläge des Schrifttums aufgenommen und umgesetzt. Ebenso umfasst sind nunmehr auch Handlungen des Europäischen Währungsinstitutes (EWI).

34 Der Begriff der „**Handlungen**" ist in einem weiten Sinn wie in Art. 263 Abs. 1 AEUV zu verstehen. Er umfasst das gesamte organgeschaffene Unionsrecht, mithin nicht nur die in Art. 288 AEUV genannten Akte, sondern darüber hinaus sämtliche Rechtsakte, die einem der Organe zugerechnet werden können und die geeignet sind, irgendwelche Rechtswirkungen hervorzurufen.[116] Vorlagefähig zur Überprüfung der Gültigkeit ist damit das **gesamte Unionsrecht**, da die Verträge und ihre Änderungen durch den Europäischen Rat als Organ vorgenommen werden. Insoweit umfasst die Prüfungskompetenz des EuGH bezüglich der Organhandlungen alle Rechtshandlungen am Maßstab des Unionsrechts und unterwirft sie einer umfassenden Rechtmäßigkeitskontrolle.[117] Nicht zu den vorlagefähigen Gegenständen gehören Fragen nach der Gültigkeit nationaler Rechtsvorschriften bzw. nach der Vereinbarkeit nationaler Regelungen mit dem Unionsrecht.[118] Eine **Normverwerfungskompetenz** für unionsrechtswidrige nationale Rechtsvorschriften kommt dem EuGH nicht zu. Die Vereinbarkeit nationaler Rechtsakte mit dem Unionsrecht kann nur über die Vorlage erreicht werden, welche die Auslegung einer Unionsvorschrift zum Gegenstand hat.

35 Die Vorlage der Gültigkeit des Rechtsaktes eines Unionsorgans umfasst nicht nur Verordnungen und Richtlinien. Im Gegensatz zur Nichtigkeits- und Untätigkeitsklage können auch unverbindliche **Empfehlungen und Stellungnahmen** Gegenstand eines zulässigen Vorabentscheidungsersuchens sein.[119] Empfehlungen und Stellungnahmen stellen Rechtsauffassungen dar, die von den nationalen Behörden in behördeninternen Richtlinien oder Verwaltungsvorschriften ihren Ausdruck finden und so einen auf die Richtigkeit vertrauenden Mitgliedstaat dazu veranlassen können, gegenüber seinen Bürgern auf dieser Grundlage verbindliche Anordnungen zu treffen. Leitet ein betroffener Bürger gegen eine solche Anordnung gerichtliche Schritte ein, so kann dem an sich unverbindlichen Unionsrechtsakt für das richtige Verständnis der mitgliedstaatlichen Anordnung gleichwohl eine entscheidende Bedeutung zukommen.[120] Bestätigt wird dieses Ergebnis durch einen Vergleich des Art. 267 AEUV mit dem Art. 263 AEUV. Während die Regelungen über die Nichtigkeitsklage Empfehlungen und Stellungnahmen aus ihrem Anwendungsbereich ausdrücklich ausnehmen, fehlt beim VAV ein derartiger einschränkender Vorbehalt.[121] Aus der weitgefassten For-

---

[114] Vgl. weitere Einrichtungen bei *Oppermann/Classen/Nettesheim*, Europarecht, § 6 Rn. 1 ff.
[115] Vgl. dazu *Kirschner*, Das Gericht erster Instanz der Europäischen Gemeinschaften, 1995, Rn. 26.
[116] *Bleckmann*, Rn. 635 f.; *Gaitanides*, in: Groeben/Schwarze, EUV/EGV, Art. 234 EGV Rn. 18; *Dauses*, in: ders., EU-WirtR, P II Rn. 52.
[117] Vgl. auch *Borchardt*, in: Lenz/Borchardt, EU-Verträge, Art. 267 AEUV Rn. 12.
[118] *Wegener*, in: Calliess/Ruffert, EUV/AEUV, Art. 267 AEUV Rn. 5.
[119] Vgl. Rs. 113/75, *Frecasseti*, Slg. 1976, 983, 993; Rs. 322/88, *Grimaldi*, Slg. 1989, 4407, 4419.
[120] *Beckmann*, S. 37; *Lieber*, S. 43.
[121] Vgl. die Ausführungen des GA *Warner*, Rs. 113/75, *Frecasseti*, Slg. 1976, 996 f.

mel „Handlungen der Organe" ist darüber hinaus zu folgern, dass auch Absprachen, Erklärungen und Entschließungen des Rates[122] sowie Rechtsakte des Europäischen Parlaments[123] vorlagefähig sind. Ferner kann auch das unionsrechtliche „soft law", also das in seinem Geltungsanspruch unterhalb der Normen stehende „Recht" (z.B. Weiss- oder Grünbücher, gemeinsame Erklärungen oder Entschließungen) hiervon umfasst sein.[124] Inwieweit dies auch für **tatsächliche Handlungen** (Realakte) gelten kann, wird davon abhängen, ob von ihnen verbindliche Rechtswirkungen ausgehen, die Auswirkungen der Gestalt entfalten, dass sie in einem Rechtsstreit vor einem Gericht eines Mitgliedstaates von entscheidungserheblicher Bedeutung sind. Im Regelfall wird man annehmen können, dass mit solchen tatsächlichen Handlungen zugleich auch verbindliche Rechtsakte i.S.d. vorgenannten Erläuterungen einhergehen. Die Vorlagefähigkeit einer Gemeinschaftshandlung setzt bei mittelbarem Vollzug jedenfalls einen nach nationalem Recht angreifbaren Rechtsakt voraus.

Es entspricht ferner der ständigen Rechtsprechung des EuGH[125] und der ihm insoweit folgenden h.M.,[126] dass zu den Handlungen der Organe auch die für die Union verbindlichen **völkerrechtliche Verträge** zählen, unabhängig davon, ob sie – wie im Falle des GATT – von den Gemeinschaften allein geschlossen wurden oder ob diese neben oder anstelle der Mitgliedstaaten in die Verpflichtungen eingetreten sind oder ob sie zugleich von den Mitgliedstaaten unterzeichnet worden sind.[127]

Demgegenüber zählen die **Urteile des Gerichtshofs der Europäischen Union** – auch wenn dieser zu den in Art. 13 EUV genannten Organen gehört – nicht zu den Organ-Handlungen, deren Gültigkeit Gegenstand eines VAVs sein kann.[128] Dies ergibt sich aus dem Rechtscharakter der gerichtlichen Entscheidungen selbst. Die Entscheidungen des Gerichtshofs sind abschließend, sie erwachsen formell und materiell in Rechtskraft. Damit sind sie auch für das vorlegende Gericht bindend und können nicht im Rahmen eines Vorabentscheidungsersuchens erneut zur Überprüfung des Gerichtshofes gestellt werden.[129] Soweit in Art. 42–44 Satzung-EuGH die außerordentlichen Rechtsbehelfe abschließend aufgezählt sind, mit denen die Rechtskraft der Urteile des Gerichtshofes in Frage gestellt werden kann, sind diese Rechtsbehelfe auf die im VAV ergangenen Urteile nicht anwendbar, da es in diesem Zwischenverfahren schon an den Prozessparteien fehlt.[130] Im Übrigen würde eine Überprüfung gerichtlicher Entschei-

---

[122] EuGH, Rs. 9/73, *Schlüter*, Slg. 1973, 1135, 1160; Rs. 59/75, *Manghera*, Slg. 1976, 91, 101 f.
[123] EuGH, Rs. 294/83, *Les Verts*, Slg. 1986, 1339, 1364 ff.
[124] Vgl. dazu *Schwarze*, EuR 2011, 3 ff. sowie *Kauff*, EuR 2011, 735 ff.
[125] Vgl. EuGH, Rs. 181/73, *Haegeman*, Slg. 1974, 449, 460; Rs. 104/81, *Kupferberg*, Slg. 1982, 3641, 3659.
[126] *Gaitanides*, in: Groeben/Schwarze, Art. 234 EGV Rn. 22; *Pescatore*, Das Vorabentscheidungsverfahren nach Art. 177 EWG-Vertrag und die Zusammenarbeit zwischen dem Gerichtshof und den nationalen Gerichten, BayVBl. 1987, 33, 34; *Karpenstein*, in: GHN, Art. 267 AEUV Rn. 20; *Dauses*, in: ders., EU-WirtR, P II Rn. 54.
[127] Vgl. auch EuGH, Rs. 266/81, *SIOT*, Slg. 1983, 731, 776 f.; *Everling*, Vorabentscheidung, S. 26 f.; zur Vorlagefähigkeit der im Rahmen von Gemeinschaftsabkommen erlassenen Organbeschlüsse, vgl. EuGH, Rs. C-192/89, *Sevince*, Slg. 1990, I-3461, 3501; *Beckmann*, S. 37 f.; *Dauses*, Vorabentscheidungsverfahren, S. 37 f.
[128] EuGH, Rs. 69/85, *Wünsche*, Slg. 1986, 947, 953 Rn. 16; *Everling*, Vorabentscheidung, S. 61 f.
[129] EuGH, Rs. 69/85, *Wünsche*, Slg. 1986, 947, 953 Rn. 16.
[130] EuGH, Rs. 13/67, *Becher*, Slg. 1968, 296, 297; Rs. 69/85 *Wünsche*, Slg. 1986, 947, 952 Rn. 14.

dungen in ein und derselben Angelegenheit durch dasselbe Rechtsprechungsorgan nicht zum Rechtsfrieden und zur Beendigung des Rechtsstreits beitragen. Eine andere Frage, die im Schrifttum aufgeworfen wird, ist, ob Fragen zur Auslegung von bereits ergangenen Urteilen vorgelegt werden dürften.[131] Da hierdurch die Rechtskraft der Urteile nicht beeinträchtigt würde, sprächen überwiegende Gründe für diese Vorlagemöglichkeit. Diese Frage erscheint jedoch rein akademischer Natur. Zwar ist ein Vorabentscheidungsurteil auch eine „Organhandlung", doch gleichzeitig nimmt die Entscheidung des EuGH zu einem Vorabentscheidungsersuchen oder im Rahmen einer Direktklage immer Bezug auf einen konkreten Streitgegenstand. Im Vordergrund wird damit nicht die Auslegung und das Verständnis einer bestimmten EuGH-Entscheidung stehen, sondern das Verständnis hinsichtlich der Interpretation einer konkreten EU-Norm oder einer konkreten (anderen) Organ-Handlung. Diese können aber immer Gegenstand von Vorabentscheidungsersuchen sein.

38 c) **Auslegung der Satzungen von Einrichtungen.** Soweit Art. 234 Abs. 1 lit. c EGV-Nizza vorsah, dass der Gerichtshof auch zur Entscheidung „über die Auslegung der **Satzungen der** durch den Rat geschaffenen **Einrichtungen**" berufen war, soweit die Satzungen dies vorsahen, ist diese Fallgruppe nach dem Vertrag von Lissabon nunmehr in den Handlungen der Einrichtungen inkludiert.

39 d) **Gültigkeit und Auslegung im „Raum der Freiheit und Sicherheit".** Entsprechendes gilt für die früher dem Gerichtshof nach Art. 35 Abs. 1 EUV-Nizza zugewiesene Zuständigkeit für Vorabentscheidungsersuchen über die Gültigkeit und die Auslegung der Rahmenbeschlüsse und Beschlüsse sowie über die Auslegung der Übereinkommen über die **polizeiliche und justitielle Zusammenarbeit** und die Auslegung der dazugehörigen Durchführungsmaßnahmen.[132] Mit dem Vertrag von Lissabon sind diese Bestimmungen in die Art. 67 ff. AEUV integriert worden, so dass sie dem Anwendungsbereich des Art. 267 AEUV unterfallen. Eine gesonderte Zuständigkeitsbegründung ist nicht mehr erforderlich. Allerdings sind nach Art. 276 AEUV bestimmte Bereiche aus der Zuständigkeit des Gerichtshofes herausgenommen worden. Danach hat der Europäische Gerichtshof keine Zuständigkeit für die Überprüfung der Gültigkeit oder Verhältnismäßigkeit von Maßnahmen der Polizei oder anderer Strafverfolgungsbehörden eines Mitgliedstaats oder der Wahrnehmung der Zuständigkeiten der Mitgliedstaaten für die Aufrechterhaltung der öffentlichen Ordnung und den Schutz der inneren Sicherheit.

40 **4. Vorabentscheidungsersuchen.** Die Bestimmung des Art. 267 AEUV verlangt darüber hinaus, dass dem Vorlageersuchen eine **vorlagefähige Frage** zugrunde liegt. Statthafter Vorlagegegenstand ist somit nur eine von dem nationalen Gericht abstrakt zu formulierende **Frage nach der Auslegung oder Gültigkeit** von Unionsrecht. Es gibt Fallkonstellationen, in denen beide Fragearten in einer konkreten Vorlage miteinander verbunden werden können. Dies ist schon deshalb sachdienlich und geboten, weil eine Gültigkeitsfrage oftmals von der vorherigen Auslegung des in Frage stehenden Organakts abhängt. Eine unionsrechtliche Bestimmung kann nämlich, wenn sie in einer bestimmten Weise ausgelegt wird, von Unwirksamkeitsgründen „gereinigt werden",

---

[131] So *Sellmann/Augsberg*, DÖV 2006, 533 (537).
[132] Vgl. dazu *Skouris*, EuGRZ 2008, 343 (345 f.).

die sie bei entsprechend anderer Auslegung aufweisen würde,¹³³ so dass sie weiterhin Gültigkeit beanspruchen kann.¹³⁴ Trotz dieses engen Zusammenhangs soll im Folgenden zwischen den beiden grundsätzlichen Fragearten differenziert werden.

a) Fragen der Auslegung des Unionsrechts. Die strikte Trennung zwischen Unionsrecht und nationalem Recht findet sich auch bei den zur Beantwortung gestellten Fragen wieder. Während der EuGH nur zur Interpretation des Unionsrechts berufen ist, obliegt dessen Anwendung im Ausgangsrechtsstreit allein dem nationalen Gericht.¹³⁵ Dies gilt in gleicher Weise bei der Feststellung, ob das Recht eines anderen Mitgliedstaates als desjenigen, dem das vorlegende Gericht angehört, mit dem Unionsrecht vereinbar ist.¹³⁶ Der hierin zum Ausdruck kommende Grundsatz der strengen Aufgabenverteilung hat zur Konsequenz, dass das **nationale Gericht** bei Zweifeln hinsichtlich der Auslegung oder Gültigkeit von Unionsrecht zunächst für die **Sachverhaltsaufklärung**, die damit im Zusammenhang stehenden Fragen und der Entscheidungserheblichkeit des Unionsrechts auf den zu entscheidenden Fall zuständig ist. Demgegenüber ist der EuGH bei der Beantwortung der ihm zur Entscheidung vorgelegten Frage nur berechtigt, die Bedeutung und Tragweite der vorgelegten EU-Normen abstrakt, mithin losgelöst von der konkreten Fallgestaltung zu klären und dem nationalen Gericht zu erläutern.¹³⁷ Allerdings bereitet die Abgrenzung zwischen zulässiger Auslegung und unstatthafter Anwendung des Unionsrechts häufig Schwierigkeiten. Die **Beantwortung** der vorgelegten Frage darf nicht in derart abstrakter Weise vorgenommen werden, dass sie dem nationalen Gericht bei der Entscheidung des Ausgangsverfahrens nicht von Nutzen ist. Aus Gründen der Wahrung des Kompetenzbereichs des nationalen Gerichts darf die Frage aber auch nicht so konkret beantwortet werden, dass sie die Anwendung des Unionsrechts im zugrundeliegenden Rechtsstreit vorwegnimmt. Demgemäß ist der EuGH im Rahmen der von ihm so bezeichneten „zweckdienlichen Interpretation"¹³⁸ um eine fallorientierte Auslegung bemüht, die den nationalen Gerichten eine einheitliche Anwendung des Unionsrechts ermöglicht, ihnen aber andererseits die Würdigung des Sachverhalts, die Entscheidung über die tatsächlichen Gegebenheiten sowie die Subsumtion überlässt.¹³⁹ Dabei hält sich der EuGH für durchaus befugt, dem nationalen Richter sehr detaillierte Hinweise für die korrekte Handhabung des Unionsrechts zu erteilen und ihm damit eine effektive Anwendungshilfe zu geben.¹⁴⁰ Andererseits hat er in einer kaum noch zu überblickenden Kasuistik dargelegt, was allein dem Begriff der

---

¹³³ Vgl. *Pescatore*, Das Vorabentscheidungsverfahren nach Art. 177 EWG-Vertrag und die Zusammenarbeit zwischen dem Gerichtshof und den nationalen Gerichten, BayVBl. 1987, 33 (35).
¹³⁴ EuGH, Rs. 292/82, *Merck*, Slg. 1983, 3781, 3794.
¹³⁵ Vgl. nur Rs. C-67/91, *DGDC*, Slg. 1992, I-4785 = EuZW 1992, 671, 672; *Bleckmann*, Rn. 641 f.; *Lieber*, S. 33.
¹³⁶ EuGH, Rs. 150/88, *Parfümeriefabrik 4711*, Slg. 1989, 3891, 3913.
¹³⁷ Vgl. *Lieber*, S. 32; *Hailbronner u. a.*, in: Hdkom. EWGV, Art. 177 Rn. 7.
¹³⁸ EuGH, Rs. 56/65, *Maschinenbau Ulm GmbH*, Slg. 1966, 282, 301; Rs. 244/78, *French Dairy Farmers*, Slg. 1979, 2663, 2681; Rs. 141/81, *Holdijk*, Slg. 1982, 1299, 1311.
¹³⁹ Zur Zulässigkeit dieser Auslegungstechnik *Beckmann*, S. 40; *Lieber*, S. 36 f.; *Dauses*, in: ders., EU-WirtR, P II Rn. 102 ff.
¹⁴⁰ Vgl. nur EuGH, Rs. 112/75, *Hirardin*, Slg. 1976, 553, 560; Rs. 5/77, *Tedeschi*, Slg. 1977, 1555, 1574; Rs. 45/75, *Rewe*, Slg. 1976, 181, 193; Rs. C-102/91, *Knoch*, Slg. 1992, I-4341 = EuZW 1992, 676, 677.

Anwendung unterfällt und demgemäß seiner Vorabentscheidungskompetenz entzogen ist. So ist der EuGH weder dazu berufen,
- über die Geltung des Unionsrechtes auf einen Einzelfall zu entscheiden,[141]
- noch ist es ihm gestattet, eine Würdigung derjenigen Gründe vorzunehmen, die den nationalen Richter zur Vorlage einer bestimmten Frage veranlasst haben.[142]
- Er hat sich ferner der Überprüfung nationaler Rechtsvorschriften auf ihre Gültigkeit zu enthalten[143] und ist zu ihrer Auslegung nicht befugt.[144]
- Schließlich vermag er auch keine tatsächlichen Fragen des zugrundeliegenden Rechtsstreits zu klären oder den Sachverhalt zu würdigen.[145]

42 **b) Fragen betreffend die Gültigkeit von Unionsrecht.** Neben Auslegungsersuchen bietet Art. 267 Abs. 1 lit. b AEUV den nationalen Gerichten die Möglichkeit, dem EuGH Vorlagefragen hinsichtlich der **Gültigkeit** einzelner Handlungen von Organen, Einrichtungen oder sonstigen Stellen zu unterbreiten.

43 **aa) Voraussetzungen.** Da der Begriff der Gültigkeit organgeschaffenen Unionsrechts (vgl. dazu oben unter Rn. 33 ff.) demjenigen der Rechtmäßigkeit in Art. 263 Abs. 1 AEUV entspricht[146] und sogar darüber hinausgeht, sieht Art. 267 Abs. 1 lit. b AEUV keine Reduzierung der Gründe vor, die zur Ungültigkeit unionsrechtlicher Anwendungsnormen führen können.[147] Dementsprechend kann ein Unionsrechtsakt im Rahmen eines VAVs für ungültig erklärt werden, wenn er irgendeiner höherrangigen Unionsnorm, einem allgemeinen Rechtsgrundsatz oder zwingenden Regeln des Völkerrechts zuwiderläuft.[148] Das nationale Gericht entscheidet mit seiner Vorlagefrage nicht über den Prüfungsumfang des Gerichtshofes. Soweit das Ausgangsgericht lediglich allgemein die Frage nach der Gültigkeit eines Unionsrechtsaktes stellt, erfolgt die Prüfung des Gerichtshofes im Lichte der von den Parteien des Ausgangsverfahrens für die Ungültigkeit vorgetragenen Argumente.[149] Das nationale Gericht kann allerdings die Vorlagefrage auch auf bestimmte Gültigkeitsgründe beschränken, die dann vom Gerichtshof seiner Prüfung zugrunde gelegt werden.[150]

Auch wenn die Frage nach der Gültigkeit eines Unionsrechtsaktes im Ergebnis auf die Rechtmäßigkeit desselben abstellt, so gehört es nicht zu den **Zulässigkeitsvoraussetzungen einer Gültigkeitsvorlage**, dass eine der Parteien des Ausgangsverfahrens in

---

[141] Vgl. nur EuGH, Rs. 28/70, *Witt*, Slg. 1970, 1021, 1026.
[142] EuGH, Rs. 6/64, *Costa/E.N.E.L.*, Slg. 1964, 1251, 1269.
[143] EuGH, Rs. 141/81, *Holdijk*, Slg. 1982, 1299, 1312.
[144] EuGH, Rs. 28/70, *Witt*, Slg. 1970, 1021, 1026.
[145] Ständige Rspr. EuGH, Rs. 51/74, *Van der Hulst*, Slg. 1975, 79, 92; Rs. C-316/07, *Stoß*, Slg. 2010, I-8099, 8123 Rn. 51 f.
[146] *Gaitanides*, in: Groeben/Schwarze, EUV/EGV, Art. 234 EGV Rn. 35; *Dauses*, in: ders., EU-WirtR, P II Rn. 78.
[147] EuGH, vb.Rs. 73,74/63, *Rotterdam*, Slg. 1964, 3, 26 ff.; Rs. 21/72, *International Fruit Company*, Slg. 1972, 1219, 1227.
[148] EuGH, Rs. 11/70, *Internationale Handelsgesellschaft*, Slg. 1970, 1125, 1135; Rs. 21/72, *International Fruit Company*, Slg. 1972, 1219, 1227 f.; Rs. 122/78, *Buitoni*, Slg. 1979, 677, 682, 684 f.
[149] EuGH, Rs. 41/72, *Getreide-Import*, Slg. 1973, 1, 5; Rs. 103/77, *Royal Scholten Honig*, Slg. 1978, 2037, 2073, Rs. C-323788, *Sermes*, Slg. 1990, I-3027, 3050.
[150] EuGH, Rs. C-26/96, *Rotexchemie*, Slg. 1997, I-2817, 2839 Rn. 9; Rs. C-408/95, *Eurotunnel*, Slg. 1997, I-6315, 6354 Rn. 27.

entsprechender Anwendung des Art. 263 Abs. 4 AEUV geltend machen kann, durch den zur Vorlage gebrachten Rechtsakt unmittelbar und individuell betroffen zu sein. Zum einen würde dies den Bedürfnissen der nationalen Gerichte – um deretwillen das VAV eingeführt wurde – nicht gerecht, da diese oftmals auf die Auslegung nicht unmittelbar anwendbaren Unionsrechts angewiesen sind.[151] Zum anderen lässt der Wortlaut des Art. 267 AEUV entsprechende einschränkende Auslegungen nicht zu.

bb) Gültigkeitsersuchen bei nicht anfechtbaren Unionsrechtsakten? In jüngerer Zeit wird die Frage, ob Vorabentscheidungsersuchen auch dann den Weg zum EuGH finden können, wenn es sich um Gültigkeitsfragen betreffend von in den Mitgliedstaaten unmittelbar anwendbaren Unionsrechtsakten (z. B. Verordnungen nach Art. 288 Abs. 2 AEUV) handelt, die die einzelnen, die vom Regelungsbereich der Verordnung betroffen werden, in Ermangelung von nationalen Vollzugsakten, weder vor nationalen Gerichten noch vor den europäischen Gerichten anfechten können, diskutiert.[152] Mangels eines nationalen Ausgangsrechtsstreits als Zugangseröffnung könnten sich derartige Fallgestaltungen, die insbesondere mit der Verordnung zum Schutz von geographischen Angaben und Ursprungsbezeichnungen für Agrarerzeugnisse und Lebensmittel[153] aufgetreten sind,[154] als problematisch erweisen. Die mit solchen Verordnungen vielfach verbundenen (Benutzungs-)Verbote greifen häufig erst nach einer Übergangsfrist. Um den vom Regelungsgehalt Betroffenen nicht zuzumuten, gegen das Verbot zu verstoßen, ist, nachdem ein unmittelbarer Zugang zum Gerichtshof ausscheidet, vorgeschlagen worden, nach entsprechendem Antrag bei der zuständigen Verwaltungsbehörde beim nationalen Gericht eine vorbeugende Feststellungsklage zu erheben.[155] Die Klage eröffnet dann ein zulässiges nationales Gerichtsverfahren und ermöglicht so die Gültigkeitsvorlage an den EuGH.[156] Voraussetzung ist allerdings, dass sich das nationale Gericht den Gültigkeitszweifeln anschließt. Soweit diese Vorgehensweise als Umweg angesehen wird, da die Zwischenstreitigkeit langwierig dauern kann, wird das beschleunigte Verfahren nach Art. 105 VerfO-EuGH übersehen (vgl. Rn. 96 und § 26). Hiervon könnte dann gerade im Hinblick auf den Ablauf der Übergangsfristen Gebrauch gemacht werden.

cc) Verhältnis zu bestandskräftigen Rechtsakten.[157] Die Zulässigkeit einer Gültigkeitsvorlage erscheint allerdings dann problematisch, wenn sich die Ungültigerklärung eines im Ausgangsrechtsstreit maßgeblichen Unionsrechtsaktes zugunsten einer Partei des Ausgangsverfahrens auswirkt, die die ihr zu Gebote stehende Möglichkeit der Anfechtung dieses Aktes gemäß Art. 263 AEUV nicht wahrgenommen

---

[151] EuGH, Rs. 111/75, *Mazzalai*, Slg. 1976, 657, 665 f.
[152] Siehe zu dieser Konstellation *Rengeling*, in: FS für Everling, S. 1195; *Gundel*, VerwArch 2001, 86 ff. m.w.N.
[153] ABl. 1992 L 108/1.
[154] EuGH, Rs. 26/86, *Deutz & Geldermann*, Slg. 1987, 941 = NJW 1987, 1140; Rs. C-309/89, *Codorniu*, Slg. 1994, I-1853 = EuZW 1994, 432.
[155] *Gundel*, Rechtsschutzlücken im Gemeinschaftsrecht?, VerwArch 2001, 99 f.
[156] EuGH, Rs. C-306/93, *SMW Winzersekt*, Slg. 1994, I-5555 = EuZW 1995, 109.
[157] Vgl. hierzu: *Gröpel*, Individualrechtsschutz gegen EG-Verordnungen, EuGRZ 1995, 583 ff.; *Pache*, Zum Verhältnis des Vorabentscheidungsverfahrens nach Art. 177 I lit. b EGV zur Nichtigkeitsklage nach Art. 173 IV EGV, EuZW 1994, 615 ff.; *Tomuschat*, Gerichtliche Vorabentscheidung nach den Verträgen der EG, 1964, S. 1 ff.

hat.¹⁵⁸ Hierzu hat der EuGH festgestellt, dass „die Gültigkeit eines Unionsrechtsaktes … trotz Ablaufs der in Art. 173 Abs. 3 EGV-Nizza (heute Art. 263 Abs. 6 AEUV) bezeichneten Frist in Frage gestellt werden (kann)", weil das Vorabersuchen „ausschließlich an den Bedürfnissen der innerstaatlichen Gerichte ausgerichtet ist", besonderen Zwecken dient und besonderen Regeln unterliegt.¹⁵⁹ Hierfür spricht wiederum, dass der Wortlaut des Art. 267 Abs. 1 lit. b AEUV eine derartige Begrenzung einer Gültigkeitsprüfung nicht erkennen lässt. Auch verfügt Art. 267 Abs. 1 lit. b AEUV über eine erhebliche Ähnlichkeit mit der Regelung des Art. 277 AEUV, die eine Inzidentkontrolle von Verordnungen trotz Ablaufs der in Art. 263 Abs. 6 AEUV bestimmten Frist zulässt.¹⁶⁰ In der Rs. Deggendorf hat der EuGH zu der Problematik von Gültigkeitsvorlagen betreffend bestandskräftiger Rechtsakte wie folgt ausgeführt: „Der Gerichtshof hat zwar … erkannt, dass … eine Direktklage nach § 173 Abs. 2 EGV-Nizza (Art. 263 Abs. 4 AEUV) … die Klage vor einem innerstaatlichen Gericht … nicht ausschließt. Wie sich aber aus dem Sitzungsbericht in diesen Rechtssachen ergibt, hatte dort jede der Klägerinnen der Ausgangsverfahren beim Gerichtshof eine Klage auf Aufhebung der streitigen Entscheidung erhoben. Der Gerichtshof hat sich daher in dem gesamten Urteil nicht zu den mit dem Ablauf der Klagefristen verbundenen Ausschlussfristen geäußert."¹⁶¹ Dies gilt nicht nur für Verordnungen,¹⁶² sondern auch für die Gültigkeit von Richtlinien.¹⁶³ Seit diesem Urteil scheint der Meinungsstreit dahingehend geklärt, dass ein Betroffener die Gültigkeit einer Organhandlung nur dann vor einem innerstaatlichen Gericht angreifen und im Wege des Vorabersuchens zur Entscheidung vor den EuGH bringen kann, wenn für den Betroffenen nicht die **Möglichkeit einer Nichtigkeitsklage** innerhalb der Frist bestand. War diese Möglichkeit gegeben und hat der Betroffene hiervon (schuldhaft) keinen Gebrauch gemacht, kann die **Bestandskraft des Rechtsaktes** dem jeweiligen Einzelnen gegenüber nicht mit einem VAV überwunden werden.¹⁶⁴ „Wenn man nämlich in derartigen Fällen zulassen würde, dass sich der Betroffene vor dem nationalen Gericht unter Berufung auf die Rechtswidrigkeit der Entscheidung deren Durchführung widersetzen kann, würde ihm die Möglichkeit geboten, die Bestandskraft, die die Entscheidung ihm gegenüber nach Ablauf der Klagefrist besitzt, zu umgehen."¹⁶⁵

---

¹⁵⁸ Aus diesem Grunde hielt GA *Mayras*, Slg. 1977, 2359, 2381 (*De Bloos*), eine Überprüfung der Gültigkeit für ausgeschlossen.
¹⁵⁹ EuGH Rs. 156/77, *Kommission/Belgien*, Slg. 1978, 1881, 1897; Rs. 133/85, *Rau/Balm,* Slg. 1987, 2289, 2338; *Hailbronner u. a.*, in: Hdkom. EWGV, Art. 177 Rn. 2.
¹⁶⁰ Ebenso *Dauses*, Vorabentscheidungsverfahren, S. 47; *Everling*, Vorabentscheidung, S. 30; *v. Danwitz*, Die Garantie effektiven Rechtsschutzes im Recht der Europäischen Gemeinschaft, NJW 1993, 1108 (1111).
¹⁶¹ EuGH, Rs. C-188/92, *Deggendorf,* Slg. 1994, I-833, 853 Rn. 15 = EuZW 1994, 250 (251) = DVBl 1994, 1122 ff.
¹⁶² EuGH, Rs. C-241/95, *Accrington Beef u. a.*, Slg. 11996, I-6699 Rn. 15; C-239/99, *Nachi Europe,* Slg. 2001, I-1197 Rn.
¹⁶³ EuGH, Rs. C-408/95, *Eurotunnel,* Slg. 1997, I-6315 Rn. 32.
¹⁶⁴ EuGH, Rs. 239/99, *Nachi Europe,* Slg. 2001, I-1197 Rn. 29 f. = EuZW 2001, 181 (183); *Pechstein*, EU-Prozessrecht, Rn. 782.
¹⁶⁵ EuGH, Rs. C-188/92, *Deggendorf,* Slg. 1994, I-833, 853 Rn. 15 = EuZW 1994, 250 (251) = DVBl 1994, 1122 ff.; Rs. C-178/95, *Wiljo,* Slg. 1997, I-585 Rn. 21 = EuZW 1997, 316 (317); Rs. C-119/05, *Lucchini,* Slg. 2007, I-6199 Rn. 54.

Davon zu unterscheiden ist der Fall, dass ein nationales Gericht zu einer Verein- **46**
barung oder einer Verhaltensweise zweier Konkurrenten Stellung nehmen soll, die
bereits Gegenstand einer Entscheidung der Kommission ist (z. B. wettbewerbsrechtli-
cher **Konkurrentenstreit**). Hat die Kommission gegen einen der Konkurrenten bereits
eine Entscheidung erlassen, ist ein nationales Gericht daran gebunden, auch wenn die
Kommissions-Entscheidung im Widerspruch zu einer erstinstanzlichen Entscheidung
eines nationalen Gerichts steht. Ein in derselben Sache befasstes nationales Gericht,
welches Zweifel an der Gültigkeit oder Auslegung der Handlung eines Gemeinschaftsorgans hat, muss in diesem Fall den EuGH im Wege eines Vorabentscheidungsersuchens
anrufen. Hat der Adressat der Kommissionsentscheidung dagegen Nichtigkeitsklage
vor dem Gerichtshof erhoben, muss das nationale Gericht prüfen, ob das Verfahren ausgesetzt werden soll, bis über die Nichtigkeitsklage entschieden ist oder ob die entscheidungserhebliche Frage dem EuGH zur Vorabentscheidung vorgelegt werden soll.[166]

5. Entscheidungserheblichkeit des Vorabentscheidungsersuchens. Das VAV muss **47**
für den Ausgangsrechtsstreit **entscheidungserheblich** sein.[167] Das kann der EuGH nicht
ohne Weiteres beurteilen. Vielmehr ist er insoweit auf die Mithilfe des Ausgangsgerichts angewiesen. Das nationale Gericht ist deshalb gehalten, entsprechende Vorarbeiten zu leisten und dem EuGH die entscheidungserheblichen Fakten zu unterbreiten,
insbesondere die maßgeblichen Tatsachen festzustellen und mitzuteilen.[168] Voraussetzung dafür ist, dass das nationale Gericht den zur Entscheidung stehenden Sachverhalt
hinreichend aufgeklärt und die innerstaatliche Lage geklärt hat.[169]

Eine Befugnis des Gerichtshofes, die Beantwortung eines **Vorlageersuchens** zu
verweigern, ist in Art. 267 AEUV zwar nicht vorgesehen,[170] wird aber vom EuGH
angesichts der Fülle von Vorabentscheidungsersuchen in bestimmten Fällen für zulässig erachtet. So hat der Gerichtshof die Beantwortung eines Vorlageersuchens oder
die Beantwortung einiger oder aller vorgelegten Fragen wiederholt wegen fehlender
Zulässigkeit abgelehnt.[171] Im Rahmen der durch Artikel 267 AEUV geschaffenen
Zusammenarbeit zwischen dem EuGH und den nationalen Gerichten ist es allein Sache
des mit dem Rechtsstreit befassten nationalen Gerichts, welches die Verantwortung für
seine Entscheidung trägt, im Hinblick auf die Umstände dieses Rechtsstreits sowohl
die Erforderlichkeit einer Vorabentscheidung für den Erlass seiner Entscheidung als
auch die Erheblichkeit der dem Gerichtshof vorgelegten Fragen zu beurteilen. Wenn
die vom vorlegenden Gericht gestellten Fragen die Auslegung einer Bestimmung
des Unionsrechts betreffen, ist der EuGH daher grundsätzlich gehalten, darüber zu
befinden. Anders wäre es nur, wenn der Gerichtshof ersucht würde, über ein Problem
hypothetischer Natur zu entscheiden. Dies ist noch nicht der Fall, wenn das nationale
Gericht in einem bei ihm anhängigen Rechtsstreits darüber zu entscheiden hat, ob
eine Gesellschaft erst in der Zukunft einer anderen Gesellschaft unter bestimmten

---

[166] EuGH, Rs. C-344/98, *Masterfoods,* Slg. 2000, I-11369 Rn. 55 = EuZW 2001, 113.
[167] Vgl. dazu auch *Schmitt,* S. 359 f.
[168] EuGH, Rs. C-326/96, *Levez,* Slg. 1998, I-7835, 7867 Rn. 26= EuZW 1999, 248; Rs. C-9/98, *Agostini,* Slg. 1998, I-4261, 4265 Rn. 4.
[169] EuGH, Rs. C-83/91, *Meilicke,* Slg. 1992, I-4871 Rn. 26.
[170] GA Lenz, SA, Rs. C-415/93, *Bosman,* Slg. 1995, I-4921 Rn. 68.
[171] EuGH, Rs. C-18/93, *Corsica Ferries,* Slg. 1994, I-1783 Rn. 14; Rs. C-9/98, *Agostini,* Slg. 1998, I-4261 Rn. 10.

Voraussetzungen einen Konzernbeitrag zu leisten berechtigt sein wird, dem Gerichtshof aber ausreichende Angaben zum Ausgangssachverhalt gemacht wurden, um die unionsrechtlichen Bestimmungen auszulegen und die Vorlagefrage zweckdienlich zu beantworten.[172]

Schaut man sich die Vorabentscheidungsersuchen an, deren Beantwortung der Gerichtshof verweigerte, lassen sich folgende Fallgruppen differenzieren, in denen der Gerichtshof zu einer Unzulässigkeit von Vorlageersuchen kam:[173]

48 Unzulässig sind danach die Vorlageersuchen, in denen das nationale Gericht dem EuGH **nicht alle notwendigen tatsächlichen oder rechtlichen Informationen** zur Verfügung gestellt hat, die der Gerichtshof zur Beantwortung der ihm vorgelegten Frage benötigt.[174] So erklärte sich der EuGH für die Beantwortung eines Vorabentscheidungsersuchens für unzuständig, weil das nationale Gericht nichts zu Umständen mitgeteilt habe, aus denen geschlossen werde könne, dass es im zugrundeliegenden Rechtsstreit um die Beachtung unionsrechtlicher Bestimmungen gehe; es sei vielmehr davon auszugehen, dass sich die vorgelegte Frage nicht auf eine Auslegung des Unionsrechts beziehe, weil sich Art. 6 EGV-Nizza (jetzt Art. 18 AEUV) auf den Anwendungsbereich des Vertrages beschränke.[175] Im Rahmen der vertrauensvollen Zusammenarbeit ist es die Aufgabe des mit dem Rechtsstreit befassten nationalen Gerichts, das allein über eine unmittelbare Kenntnis des Sachverhalts des Ausgangsverfahrens verfügt und in dessen Verantwortungsbereich die zu erlassende gerichtliche Entscheidung fällt, den Sachverhalt und die Rechtslage des Ausgangsverfahrens eindeutig darzulegen und ein Mindestmaß an Erläuterungen zu den Gründen für die Wahl der Gemeinschaftsbestimmungen, um deren Auslegung es ersucht, mitzuteilen.[176] Hier ist oftmals auch eine „vertrauensvolle Zusammenarbeit" zwischen dem einzelstaatlichen Ausgangsgericht und den Prozessbevollmächtigten der Parteien gefragt, die den Sachverhalt und die zur Entscheidung gestellten Vorlagefragen herausarbeiten müssen.[177] Fehlt es an dieser Herausarbeitung, stellt der EuGH nur die offensichtliche Unzulässigkeit des Vorabentscheidungsersuchens fest.

49 Als unzulässig abgewiesen werden ferner die Fälle, in denen die vorgelegten **Fragen offensichtlich keinen Zusammenhang mit dem Ausgangsrechtsstreit** aufweisen.[178] So hat der Gerichtshof seine Zuständigkeit bei einem Vorlageersuchen über die Auslegung einer Bestimmung in einem zwischenstaatlichen Übereinkommen deshalb verneint, weil es nicht allein ausreichend sei, dass die im Ausgangsrechtsstreit zugrunde

---

[172] EuGH, Rs. C-200/98, *X AB und Y AB*, Slg. 1999, I-8261 Rn. 22 = EuZW 2000, 112.
[173] Vgl. EuGH, Rs. C-379/98, *Preußen Elektra*, Slg. 2001, I-2099 Rn. 39; Rs. C-340/99, *TNT Traco*, Slg. 2001, I-4109; Rs. C-17/03, *VEMW u. a.*, Slg. 2005, I-4983 Rn. 34; Rs. C-144/04, *Mangold*, Slg. 2005, I-9981 Rn. 36 f.; siehe dazu eingehend *Malferrari*, S. 163 ff.; *Dörr*, Anmerkung zum EuGH, Urteil vom 5.2.2004, Rs. C-380/01 – *Gustav Schneider*, GPR 2005, 17 ff.
[174] EuGH, Rs. C-422/98, *Colonia Versicherung*, Slg. 1999, I-1279 Rn. 6; Rs. C-9/98, *Agostini*, Slg. 1998, I-4261 Rn. 6; Rs. C-291/96, *Grado*, Slg. 1997, I-5531 Rn. 14 = EuZW 1998, 220 (221); Rs. 52/76, *Benediti*, Slg. 1977, 163; Rs. C-320/90, C-321/90 und C-322/90, *Telemarsicabruzzo*, Slg. 1993, I-393 Rn. 9.
[175] EuGH, Rs. C-291/96, *Grado*, Slg. 1997, I-5531 Rn. 13.
[176] EuGH, Rs. C-314/01, *Siemens AG Österreich*, Slg. 2004, I-2549, Rn. 34; Rs.-438/03 u. a., *Cannito u. a.*, Slg. 2004, I-1605 Rn. 6 ff.; Rs. C-438/06, *Greser*, Slg. 2007, I-69 Rn. 8.
[177] Vgl. zur Rolle des Anwalts, *Kokott/Henze*, AnwBl. 2007, 309 ff.
[178] EuGH, Rs. C-212/04, *Adeneler u. a.*, Slg. 2006, I-6057 Rn. 42 f.; Rs. C-466/04, *Herrera*, Slg. 2006, I-5341, Rn. 48 f. m.w.N.

zu legende Bestimmung auf einer Richtlinie basierte.[179] Entsprechendes ist für den Fall anzunehmen, in dem das Vorabentscheidungsersuchen zu einem Zeitpunkt ergeht, in dem das **Hauptsacheverfahren** vor dem vorlegenden Gericht **bereits erledigt** ist.[180]

Schließlich sind die Fälle zu nennen, in denen der Gerichtshof in dem Vorlageersuchen des nationalen Gerichts einen Missbrauch des VAVs sah, insbesondere wenn das Verfahren zu anderen als den von Art. 267 AEUV vorgesehenen Zwecken benutzt wird[181] oder weil der vor dem nationalen Gericht geführte Rechtsstreit fiktiv ist und es den Parteien nicht auf dessen Ausgang, sondern auf die Verfolgung prozessfremder Zwecke ankommt.[182]

Neben den vorstehenden Fallgestaltungen hält sich der Gerichtshof auch dann nicht für befugt, über die von einem nationalen Gericht vorgelegte Vorabentscheidungsfrage zu befinden, wenn die erbetene Auslegung einen Rechtsakt betrifft, den die Organe der Union noch nicht erlassen haben[183] oder aber wenn das Vorabentscheidungsersuchen für die im Ausgangsrechtsstreit zu treffende Entscheidung offensichtlich nicht erheblich ist[184] bzw. keine konkreten Anhaltspunkte dafür bestehen, dass mit der angegriffenen Maßnahme Unionsrecht durchgeführt/ durchgesetzt werden soll[185] oder wenn das Verfahren vor dem vorlegenden nationalen Gericht bereits beendet ist.[186]

Allerdings ist darauf hinzuweisen, dass die Unzulässigkeit von Vorlageersuchen nur in exzeptionellen Fällen angenommen werden kann,[187] während die Vorlagemöglichkeit im Regelfall keine Probleme bereitet. Zusammengefasst hat der Gerichtshof dies so ausgedrückt: „Grundsätzlich ist der Gerichtshof gehalten, über ihm vorgelegte Vorabentscheidungsersuchen zu befinden, wenn diese die Auslegung des Unionsrechts betreffen. Etwas anderes kann nur dann gelten, wenn offensichtlich ist, dass die erbetene Auslegung in keinem Zusammenhang mit der Realität oder dem Gegenstand des Ausgangsrechtsstreits steht, wenn das Problem hypothetischer Natur ist oder wenn der Gerichtshof nicht über die tatsächlichen Angaben verfügt, die für eine zweckdienliche Beantwortung der im vorgelegten Fragen erforderlich sind".[188] In diesen Fällen macht der Gerichtshof von der ihm in Art. 99 VerfO-EuGH eröffneten Möglichkeit Gebrauch, offensichtlich unzulässige Vorlageersuchen nach Anhörung des Generalanwal-

---

[179] EuGH, Rs. C-162/98, *Hartmann*, Slg. 1998, I-7083 Rn. 11 = BayVBl. 1999, 492.
[180] EuGH, Rs. 338/85, *Pardini*, Slg. 1988, 2041, 2075; vgl. auch oben Rn. 11.
[181] Vgl. *Wohlfahrt*, in: GH, EU-Kommentar, Art. 234 Rn. 45 ff. mit Nachweisen aus der Rechtsprechung des EuGH.
[182] Hierzu EuGH, Rs. 244/80, *Foglia Novello II*, Slg. 1981, 3045, 3063 f. Rn. 18; Rs. C-231/89, *Gmurzynska-Bscher*, Slg. 1990, I-4003, 4018 Rn. 23; Rs. 83/91, *Meilicke*, Slg. 1992, I-4919 Rn. 25 = EuZW 1992, 546, 547; vgl. auch *Beckmann*, S. 61; *Pescatore*, Das Vorabentscheidungsverfahren nach Art. 177 EWG-Vertrag und die Zusammenarbeit zwischen dem Gerichtshof und den nationalen Gerichten, BayVBl. 1987, 68 (71 f.).
[183] EuGH, Rs. 93/78, *Mattheus*, Slg. 1978, 2203 Rn. 8.
[184] EuGH, Rs. C-343/90, *Lourenco Diaz*, Slg. 1992, I-4673 Rn. 20.
[185] EuGH, Rs. C-339/10, *Asparuhov Estov*, Slg. 2010, I-11465 Rn. 14.
[186] EuGH, Rs. 338/85, *Pardini*, Slg. 1988, 2041 Rn. 11.
[187] *Everling*, Vorabentscheidung, S. 43; vgl. zum Ganzen auch *Pfeiffer*, Keine Beschwerde gegen EuGH-Vorlagen?, NJW 1994, 1996 ff.
[188] EuGH, Rs. C-79/99, *Schnorbus*, Slg. 2000, I-10997 11027 Rn. 23 = NVwZ 2001, 551 = DVBl 2001, 116 = EuZW 2001, 58 = NJW 2001, 1045.

tes durch Beschluss zurückzuweisen.[189] Der Gerichtshof gibt den nationalen Gerichten zur Vorlage von Vorabentscheidungsersuchen auch „Empfehlungen", die im Amtsblatt abgedruckt und auf der Homepage des EuGH abrufbar sind.[190]

53 **a) Das Erforderlichkeits-Kriterium (Art. 267 Abs. 2 AEUV).** Das nationale Gericht kann den EuGH gemäß Art. 267 Abs. 2 AEUV nur anrufen, wenn es die Entscheidung des Gerichtshofs über eine sich im Ausgangsrechtsstreit stellende unionsrechtliche Frage für erforderlich hält. Maßgeblich ist demnach für das **Kriterium der Erforderlichkeit** die subjektive Einschätzung des vorlegenden Gerichts.[191] Ist das nationale Gericht der Auffassung, eine Frage im Ausgangsrechtsstreit vorlegen zu müssen, folgt hieraus unmittelbar, dass der Gerichtshof im Falle einer Vorlage nicht befugt ist, ihre Erforderlichkeit nachzuprüfen und ggf. eine Vorabentscheidung abzulehnen. Dementsprechend hat der Gerichtshof in ständiger Rechtsprechung bekräftigt, dass es „allein **Sache der nationalen Gerichte** ist, bei denen der Rechtsstreit anhängig ist und die die Verantwortung für die zu erlassende gerichtliche Entscheidung tragen, unter Berücksichtigung der Besonderheiten der jeweiligen Rechtssache sowohl die Erforderlichkeit einer Vorabentscheidung für den Erlass ihres Urteils als auch die Erheblichkeit der von ihnen dem Gerichtshof vorgelegten Fragen zu beurteilen."[192] Das nationale Gericht verfügt allein über eine unmittelbare und genaue Kenntnis des Sachverhalts und ist am besten in der Lage, die entscheidungserheblichen Fragen zu beurteilen. Hinsichtlich der Vorlageerforderlichkeit wird dem nationalen Gericht ein weiter Beurteilungsspielraum eingeräumt. Das vorlegende Gericht, in dessen Verantwortungsbereich die am Ende zu erlassende gerichtliche Entscheidung fällt, beurteilt im Hinblick auf die Besonderheiten des bei ihm anhängigen Rechtsstreits, ob ein Vorabentscheidungsersuchen zum Erlass seines Urteils erforderlich ist. Angesichts dessen ist es nicht Sache des Gerichtshofes, zu prüfen, ob die Vorlageentscheidung den nationalen Vorschriften der Prozessordnung, über die Gerichtsorganisation und das Verfahren entspricht.[193]

54 So weit das nationale Gericht die Vorlage einer für den Ausgangsrechtsstreit entscheidungserheblichen Frage für erforderlich hält, kann es **in jedem Verfahrensstadium** die **Vorlage** an den EuGH beschließen. Dies gilt nicht nur für die Rechtsstreitigkeiten der fünf deutschen Gerichtsbarkeiten im Hauptsacheverfahren und im einstweiligen Rechtsschutzverfahren (vgl. dazu aber sogleich unten Rn. 58, 67), sondern auch für Normenkontrollverfahren nach § 47 VwGO.[194]

---

[189] Vgl. z.B. EuGH, Rs.-C 69/02, *Reichling*, Slg. 2002, I-3393 Rn. 6; Rs. C-447/00, *Holto*, Slg. 2002, I-735 Rn. 16; Rs. C-86/00, *HSB*, Slg. 2001, I-5353 Rn. 10.

[190] ABl. 2012 C 338/1 sowie unter http://eur-lex.europa.eu/LexUriServ/LexUriServ.do?uri=OJ:C:2012:338:0001:0006:DE:PDF.

[191] *Bleckmann*, Rn. 625; *Everling*, Vorabentscheidung, S. 37; *ders.*, Justiz im Europa von morgen, DRiZ 1993, 5 (11); *Gaitanides*, in: Groeben/Schwarze, EUV/EGV, Art. 234 EGV Rn. 52; *Lieber*, S. 67 f.; *v. Danwitz*, Effektiver Rechtsschutz, NJW 1993, 1108 (1113). Exemplarisch kann auf das Urteil des BGH vom 6.7.1977 – VIII ZR 181/75 – GRUR 1977, 799, 800 verwiesen werden.

[192] EuGH, Rs. 244/80, *Foglia Novello II*, Slg. 1981, 3045, 3062; Rs. C-332/92, 333/92 und 335/92, *Eurico Italia*, Slg. 1994, I-711 Rn. 17.

[193] EuGH, Rs. C-79/99, *Schnorbus*, Slg. 2000, I-10997 Rn. 22 = NVwZ 2001, 551.

[194] BVerwG NVwZ 1999, 178 f.; vgl. auch *Sommer*, Zur Vorlagepflicht des OVG an den EuGH im verwaltungsgerichtlichen Normenkontrollverfahren, NVwZ 1996, 135 ff.; *Pache/Burmeister*, Gemeinschaftsrecht im verwaltungsgerichtlichen Normenkontrollverfahren, NVwZ 1996, 979 ff.

b) Das Erforderlichkeits-Kriterium (Art. 267 Abs. 3 AEUV). Wenngleich der 55
Art. 267 Abs. 3 AEUV, der die Vorlagepflicht bestimmter innerstaatlicher Gerichte
festlegt, das Merkmal der Erforderlichkeit nicht explizit anführt, so unterliegt es doch
keinen Zweifeln, dass auch vorlageverpflichtete Gerichte den EuGH nur dann um
eine Entscheidung unionsrechtlicher Fragen ersuchen können, wenn diese **Vorlagen
entscheidungserheblich** sind.[195] Denn Art. 267 Abs. 3 AEUV stellt lediglich einen
qualifizierten Fall der allgemeinen Vorabentscheidung i. S. d. Abs. 2 des Art. 267 AEUV
dar.[196] Es wäre kaum verständlich, wenn Art. 267 AEUV die in Abs. 3 bezeichneten
Gerichte zur Vorlage solcher Fragen verpflichten würde, die vielleicht interessant sein
mögen, für den Hauptprozess jedoch völlig irrelevant sind. Deshalb muss die Erforderlichkeit der Entscheidung durch den EuGH auch von dem vorlagepflichtigen Gericht
eines Mitgliedstaates dargelegt werden.

6. Vorlageberechtigung und -verpflichtung. Hinsichtlich dieser Voraussetzung 56
differenziert der Wortlaut des Art. 267 AEUV.

a) Das Vorlagerecht einzelstaatlicher Gerichte (Art. 267 Abs. 2 AEUV). Indem 57
Art. 267 Abs. 2 AEUV bestimmt, dass nationale Gerichte dem EuGH entscheidungserhebliche unionsrechtliche Fragen zur Beantwortung unterbreiten *können*, räumen
sie jedem mitgliedstaatlichen Gericht – unabhängig von seiner gerichtsverfassungsrechtlichen Stellung – die Berechtigung zu entsprechenden Vorlagen ein.[197] Nach der
Rechtsprechung des EuGH[198] darf dieses Vorlagerecht weder in direkter noch in indirekter Weise **durch nationales Prozess- oder Verfahrensrecht beeinträchtigt** werden, weil Art. 267 AEUV etwaige Beschränkungen weder vorsieht noch zulässt. Hier
zeigt sich, dass die für den nationalen Richter zwingenden Vorschriften über das VAV
durchaus geeignet sind, nationales Prozess- und Verfahrensrecht zu modifizieren.[199]
Aus Gründen des Vorrangs des Unionsrechts müssen nationale Rechtsvorschriften
unangewendet bleiben, wenn ihre Anwendung eine Beschränkung des Vorlagerechts
zur Folge hätte.[200] Entsprechendes gilt für privatrechtliche Vereinbarungen[201] oder unionsrechtliche Bestimmungen.[202] Den mitgliedstaatlichen Gerichten muss innerhalb des
Instanzenzuges die Möglichkeit eröffnet sein, gemäß Art. 267 AEUV den Gerichtshof
anzurufen, um die Vereinbarkeit nationaler Rechtsvorschriften mit dem Unionsrecht
von Amts wegen überprüfen zu lassen.

Die Möglichkeit, von diesem Vorlagerecht nach pflichtgemäßem Ermessen Gebrauch zu machen, steht allerdings nur den unteren mitgliedstaatlichen Gerichten zu,

---

[195] EuGH, Rs. 283/81, *C.I.L.F.I.T.*, Slg. 1982, 3415, 3429; *Everling*, Vorabentscheidung, S. 47;
Lieber, S. 66; *Karpenstein*, in: GHN, Art. 267 AEUV Rn. 54 ff.
[196] *Everling*, Vorabentscheidung, S. 47.
[197] Vgl. nur *Lieber*, S. 74 f.; *Pescatore*, Das Vorabentscheidungsverfahren nach Art. 177 EWG-Vertrag und die Zusammenarbeit zwischen dem Gerichtshof und den nationalen Gerichten,
BayVBl. 1987, 33 (38).
[198] EuGH, Rs. 166/73, *Rheinmühlen*, Slg. 1974, 33, 38; Rs. C-348/89, *Mecanarte,* Slg. 1991,
I-3277, 3313 Rn. 45 f.
[199] Vgl. hierzu *Oexle*, NVwZ 2002, 1328 ff.
[200] Vgl. EuGH, Rs. C-312/93, *Peterbrock,* Slg. 1995, I-4599 Rn. 13; zu den sich hieraus im
Hinblick auf § 121 Abs. 2 GVG ergebenden Restriktionen, vgl. BGH, Beschl. v. 27.11.1984-1 StR
376/84 – NJW 1985, 2904, 2905; BGH, Beschl. v. 31.1.1989-4 StR 304/889–NJW 1989, 1437.
[201] EuGH, Rs. 93/78, *Mattheus*, Slg. 1978, 2203, 2210 Rn. 5.
[202] EuGH, Rs. 127/73, *SABAM*, Slg. 1974, 51, 62 f. Rn. 15/17.

die trotz Entscheidungserheblichkeit einer unionsrechtlichen Frage von der Einholung einer Vorabentscheidung des EuGH absehen können.²⁰³ Wenngleich auch Art. 267 Abs. 2 AEUV ein derartiges Vorlageermessen nicht ausdrücklich normiert, so ergibt es sich doch zweifelsfrei aus einem Umkehrschluss zu Abs. 3 dieser Vorschrift, der nur eine Vorlagepflicht der letztinstanzlichen mitgliedstaatlichen Gerichte vorsieht.

58 aa) **Vorlagepflicht unterinstanzlicher Gerichte.** Diese Rechtsprechung darf aber nicht zu der Annahme verleiten, die nicht von Art. 267 Abs. 3 AEUV erfassten unterinstanzlichen Gerichte seien in keinem Fall zur Vorlage verpflichtet. Es kann durchaus Fälle geben, in denen das **Vorlageermessen** der unterinstanzlichen Gerichte „auf Null reduziert" ist, so dass in bestimmten Fallkonstellationen entgegen dem Wortlaut für unterinstanzliche Gerichte eine **Vorlagepflicht** besteht. Von der Rechtsprechung anerkannt sind hierbei folgende Konstellationen:

(1) Soweit die Entscheidung nicht mehr mit innerstaatlich vorgesehenen prozessualen Mitteln angegriffen werden kann, müssen auch Ausgangs- oder Obergerichte Fragen betreffend die Auslegung des Unionsrechts an den EuGH vorlegen (**konkrete Betrachtungsweise**).²⁰⁴

(2) Soweit sich in einem bei einem unteren mitgliedstaatlichen Gericht anhängigen Rechtsstreit **Zweifel hinsichtlich der Gültigkeit** des Unionsrechts ergeben, ist der nationale Richter nicht berechtigt, von sich aus die Ungültigkeit dieses Rechtsakts festzustellen, vielmehr hat er eine dahingehende Frage zwingend dem EuGH vorzulegen.²⁰⁵ Es kommt allein dem Gerichtshof die Befugnis zu, die Ungültigkeit unionsrechtlicher Regelungen festzustellen. Die Ausschließlichkeit dieser Befugnis leitet sich zunächst aus der Notwendigkeit zu einheitlicher und gleichmäßiger Anwendung des Unionsrechts in den Mitgliedstaaten, aber auch aus dem grundlegenden Erfordernis der Rechtssicherheit her, die in erheblichem Maße gefährdet wäre, wenn mitgliedstaatliche Gerichte in unterschiedlicher Weise über die Wirksamkeit des abgeleiteten Unionsrechts judizieren würden.

In dieselbe Richtung weist der zwischen Art. 267 AEUV und den Art. 263, 277, 256 Abs. 1 UAbs. 1 AEUV i. V. m. Art. 51, 58, 62 Satzung-EuGH bestehende Zusammenhang. Danach ist dem Gerichtshof die letztinstanzliche Befugnis zur Nichtigerklärung organgeschaffenen Unionsrechts vorbehalten. Die notwendige Kohärenz des unionsrechtlichen Rechtsschutzsystems gebietet es, dass die Berechtigung zur Ungültigkeitsfeststellung im Rahmen der Vorabentscheidung ebenfalls allein dem Gerichtshof vorbehalten bleibt.²⁰⁶

Dementsprechend ist der nationale Richter berechtigt, die Gültigkeit der Handlung eines Gemeinschaftsorgans zwar zu prüfen und *positiv* festzustellen, weil hierdurch die Existenz des Rechtsaktes in keiner Weise berührt wird.²⁰⁷ Hält er den unionsrechtlichen

---

²⁰³ Vgl. *Lieber*, S. 75 f.; *Stotz*, in: Rengeling/v. Borries (Hrsg.), S. 32; *Pechstein*, EU-Prozessrecht, Rn. 816.
²⁰⁴ In diesem Sinne nunmehr ausdrücklich auch EuGH, Rs. C-99/00, *Lyckeskog*, Slg. 2002, I-4839 Rn. 15.
²⁰⁵ EuGH, Rs. C-314/85, *Foto-Frost*, Slg. 1987, 4199, 4232 Rn. 15 ff.; Rs. C-344/04, *IATA*, Slg. 2006, I-403 Rn. 27 ff. m.w.N.; vgl. hierzu *Glaesner*, EuR 1990, 144 ff.; *Clausnitzer*, NJW 1989, 642; *Everling*, Justiz im Europa von morgen, DRiZ 1993, 11; *Dauses*, in: ders., EU-WirtR, P II Rn. 197.
²⁰⁶ Vgl. EuGH, Rs. C-314/85, *Foto-Frost,* Slg. 1987, 4199, 4231 Rn. 17.
²⁰⁷ EuGH, Rs. C-314/85, *Foto-Frost*, Slg. 1987, 4199, 4230 Rn. 14.

Rechtsakt hingegen für ungültig, so hat auch ein unterinstanzliches Gericht die Pflicht, eine Vorlageentscheidung des Gerichtshofes herbeizuführen. Hierzu bedarf es keines besonderen Grades an Zweifeln hinsichtlich der Gültigkeit des Rechtsakts. Anders als in dem vergleichbaren Fall des Art. 100 Abs. 1 GG ist zur Begründung der Vorlagepflicht nicht eine feste Überzeugung von der Rechtswidrigkeit des Unionsrechtsaktes erforderlich; das Bestehen bloßer Bedenken genügt.[208] Bei dem nationalen Gericht muss hinsichtlich der Gültigkeitszweifel ein solches Maß an Unsicherheit vorliegen, dass es sich ausserstande sieht, auf der Basis der unionsrechtlichen Norm zu entscheiden.[209] Das vorlegende Gericht bestimmt dabei den Umfang der Gültigkeitsprüfung.

(3) Eine weitere Fallvariante wird im Schrifttum vertreten. „Auch wenn für ihr eigenes Urteil eine klärungsbedürftige Frage des Gemeinschaftsrechts erheblich ist, so kann die Vorlage gleichwohl unterbleiben, solange noch andere Tat- und Rechtsfragen im Streit sind, die ja eine höhere Instanz auch anders beurteilen kann. Bildet die Frage zum Gemeinschaftsrecht hingegen den einzigen Streitpunkt, so muss schon das Instanzgericht vorlegen; es würde das **Gebot effektiven Rechtsschutzes** missachten, die unausweichliche Vorlage erst dem höheren oder gar dem obersten Gericht zu überlassen."[210] Die Vorlagepflicht ergibt sich hierbei nicht unbedingt aus unionsrechtlichen Vorgaben, sondern aus dem alle Rechtsordnungen umfassenden Rechtsstaatsgebot auf einen schnellen, fairen und effektiven Rechtsschutz wie er in Art. 6 EMRK, Art. 6 EUV oder Art. 19 Abs. 4 GG normiert ist.[211] Konsequenz dieser Auffassung ist, dass die Nichtvorlage entscheidungserheblicher Fragen unterer Instanzgerichte an den EuGH zu einer Verletzung des rechtsstaatlichen Gebots effektiven Rechtsschutzes führt mit der weiteren Folge, dass die Nichtvorlage im Wege der Verfassungsbeschwerde beim BVerfG oder gar beim EuGMR gerügt werden könnte. Eine weitere Folge könnte bei einem eingetretenen Schaden die Geltendmachung von Ersatzansprüchen sein. Diese weitreichenden Konsequenzen sind so von Art. 267 Abs. 2 AEUV nicht umfasst. Vielmehr wird hier über eine andere Rechtskonstruktion versucht, das in Art. 267 Abs. 2 AEUV normierte Vorlageermessen zu reduzieren. Es mag Fallkonstellationen geben, in denen trotz zügiger Bearbeitung und Entscheidung des Falles, ein unterinstanzliches Gericht sich gegen ein Vorabentscheidungsersuchen entscheidet, obwohl sich eine solche Vorlage an den EuGH aufdrängte, so dass die Beteiligten zu einem Weg durch die Instanzen gezwungen sind, um eine Vorlage zu erreichen. Um eine Verletzung des Gebots effektiven Rechtsschutzes zu begründen, müssen dann schon Umstände oder Tatsachen vorliegen, die dem nicht vorlegenden unterinstanzlichen Gericht einen Fehlgebrauch seines Vorlageermessens belegen.

(4) Eine weitere Vorlagepflicht ergibt sich, wenn ein mitgliedstaatliches Gericht die Vollziehung eines auf einem Unionsrechtsakt (VO, RiL) beruhenden mitgliedstaatlichen VA im **Verfahren des vorläufigen Rechtsschutzes** aussetzen will.[212] Während der EuGH in der Rechtssache Foto-Frost[213] noch in einem obiter dictum die Möglich-

---

[208] *Glaesner*, EuR 1990, 147.
[209] *Sellmann/Augsberg*, DÖV 2006, 533 (535).
[210] *Rennert*, EuGRZ 2008, 385 (386).
[211] EGMR, Urt. v. 21.12.2010 – 974/07, BeckRS 2011, 13242; BVerfG, Beschl. v. 14.12.2010 – 1 BvR 404/10, BeckRS 2011, 48160.
[212] EuGH, Rs. C-465/93, *Atlanta*, Slg. 1995, I-3761 Rn. 22 = NJW 1996, 1333 = EuZW 1995, 837 = DVBl. 1996, 247.
[213] EuGH, Rs. 314/85, *Foto-Frost*, Slg. 1987, 4199, 4232.

keit ansprach, von dem bezeichneten Regelfall der Vorlagepflicht unterinstanzlicher Gerichte dann abzuweichen, wenn sich die Frage nach der Gültigkeit einer Gemeinschaftsnorm in einem vorläufigen Rechtsschutzverfahren stellt, hat er diese denkbare Ausnahme dann aber ausdrücklich verworfen.[214] Er begründet dies mit der Erwägung, dass die Befugnis zur Feststellung der Ungültigkeit unionsrechtlicher Rechtsakte auch im vorläufigen Rechtsschutzverfahren allein dem Gerichtshof zukomme.[215] Der Grundsatz der Vorlagepflicht in Verfahren des einstweiligen Rechtsschutzes gilt gleichermaßen für den Erlass einstweiliger Anordnungen (§ 123 VwGO, § 114 FGO) oder Verfügungen/Arrest (§§ 916, 940 ZPO), wenn die einstweilige Maßnahme zur Nichtanwendung eines Unionsrechtsakts führt oder zur vorläufigen Regelung eines durch vermeintlich rechtswidrigen Unionsrechtsakts geschaffenen Rechtszustandes erforderlich ist.[216] Die Vorlagepflicht besteht daher im Einzelfall auch für das BVerfG. Lediglich ausnahmsweise[217] darf ein innerstaatliches Gericht im einstweiligen Rechtsschutz das auf einem Unionsrechtsakt beruhende Rechtsverhältnis, beispielsweise einen Verwaltungsakt, der auf einer Verordnung beruht, vorläufig gestalten, wenn es

(aa) erhebliche Zweifel an der Gültigkeit der Unionsrechtshandlung hat und
(bb) diese Handlung gleichzeitig dem EuGH zur Vorabentscheidung über die Gültigkeit dieser Bestimmung vorlegt,
(cc) die Entscheidung dringlich in dem Sinne ist, dass der vorläufige Rechtsschutz erforderlich ist, um zu vermeiden, dass dem Antragsteller ein schwerer und nicht wiedergutzumachender Schaden droht,
(dd) das Gemeinschaftsinteresse angemessen berücksichtigt und
(ee) die Unionsrechtsprechung zu dem in Zweifel gezogenen Rechtsakt gebührend beachtet wird.[218]

Ähnliche Voraussetzungen hat der EuGH für den Erlass einer einstweiligen Anordnung aufgestellt, die der Durchsetzung eines Rechts dienen soll, das im Widerspruch zu einer nach Ansicht des nationalen Gerichts ungültigen Gemeinschaftsverordnung steht.[219] Von der vorläufigen Gestaltung eines nationalen Vollzugsaktes zu trennen, ist die vorläufige Gestaltung eines bestehenden oder unterlassenen Unionsrechtsaktes. Das nationale Gericht hat nicht die Möglichkeit, den EuGH im Wege der Vorlage zu ersuchen, die Untätigkeit eines Gemeinschaftsorgans festzustellen.[220] Hierfür sieht das

---

[214] EuGH, Rs. C-143/88 und 92/89, *Süderdithmarschen*. Slg. 1991 I-415, 542 Rn. 23 ff.; *Hailbronner u. a.*, in: Hdkom. EWGV Rn. 31; *Dauses*, in: ders., EU-WirtR, P II Rn. 1199 ff.; *Kotzur*, in: Geiger/Khan/Kotzur, EUV/AEUV, Art. 267 AEUV Rn. 22; *Hauser*, Vorläufiger Rechtsschutz und Gemeinschaftsrecht, VBlBW 2000, 377 (383).
[215] Vgl. *Lehr*, S. 593.
[216] *Koch*, NJW 1995, 2331 (2332).
[217] *Rodriguez Iglesisas*, Der EuGH und die Gerichte der Mitgliedstaaten, NJW 2000, 1889 (1893).
[218] EuGH, Rs. C-143/88 und 92/89, *Süderdithmarschen*, Slg. 1991, I-415, 540 ff. Rn. 22 ff.; Rs. C-465/93, *Atlanta*, Slg. 1995, I-3761 Rn. 34 ff.; Rs. C-17/98, *Emesa*, Slg. 2000, I-675 Rn. 69 = EuGRZ 2000, 211, 216.
[219] EuGH, Rs. C-465/93, *Atlanta*, Slg. 1995, I-3761 Rn. 34 ff. = NJW 1996, 1333 = EuZW 1995, 837 = BayVBl 1996, 366; zum Einfluss dieser Rechtsprechung auf den nationalen vorläufigen Rechtsschutz vgl. *Jannasch*, Vorläufiger Rechtsschutz und Europarecht, VBlBW 1997, 361 ff.; *Schenke*, Der vorläufige Rechtsschutz zwischen Rechtsbewahrung und Flexibilitätsanforderungen, VBlBW 2000, 56 (64 f.).
[220] EuGH, Rs. C-68/95, *T. Port*, Slg. 1996, I-6065 Rn. 53 = NJW 1997, 1225 = JZ 1997, 458.

Rechtsschutzsystem der EU andere prozessuale Möglichkeiten vor.[221] Ist ein nationales unterinstanzliches Gericht danach ausnahmsweise zur Vorlage an den EuGH verpflichtet, gilt in diesem Fall: Keine Regel ohne Ausnahme von der Ausnahme.

bb) Ausnahmen von der Vorlagepflicht unterinstanzlicher Gerichte. Von der Vorlagepflicht kann abgesehen werden, wenn der Gerichtshof die **Ungültigkeit** des Rechtsaktes **bereits** in einem anderen Verfahren **festgestellt** hat.[222] Im Übrigen sind hier die Grundsätze heranzuziehen, die der Gerichtshof zur Beurteilung der Vorlagepflicht und deren Ausnahmen bei letztinstanzlichen Gerichten entwickelt hat.

b) Die Vorlagepflicht einzelstaatlicher Gerichte (Art. 267 Abs. 3 AEUV). Eine Vorlagepflicht ordnet Art. 267 Abs. 3 AEUV ausdrücklich für die einzelstaatlichen Gerichte an, „deren Entscheidungen selbst nicht mehr mit Rechtsmitteln angefochten werden können". Die Vorlagepflicht soll verhindern, dass sich in einem Mitgliedstaat eine nationale Rechtsprechung herausbildet, die mit den Normen des Unionsrechts nicht im Einklang steht.[223] So weit die Vorlage danach obligatorisch ist, haben die Streitparteien einen **Anspruch auf Vorlage** an den Gerichtshof. Unterbleibt danach pflichtwidrig ein Vorabentscheidungsersuchen, kann dieser Verstoß gerügt werden.

aa) Vorlagepflichtige Gerichte. Welche einzelstaatlichen Gerichte von diesen Regelungen betroffen werden, darf heute als geklärt angesehen werden.[224]

Nach der früher vertretenen *sog. abstrakten Theorie* waren nur diejenigen mitgliedstaatlichen Gerichte vorlagepflichtig, deren Entscheidungen generell nicht mit Rechtsmitteln angegriffen werden konnten.[225] In der Bundesrepublik wären danach nur die fünf **Bundesgerichte**, das Bundesverfassungsgericht sowie die Landesverfassungsgerichte vorlagepflichtig.

Demgegenüber bestimmt die heute herrschende *konkrete Theorie* die vorlagepflichtigen Gerichte unabhängig von deren gerichtsverfassungsrechtlicher Stellung danach, ob die von ihnen gefällten Entscheidungen selbst nicht mehr mit Rechtsmitteln des innerstaatlichen Rechts angegriffen werden können.[226] Der Gerichtshof hat sich ebenfalls der konkreten Theorie angeschlossen.[227]

---

[221] *Sandner*, Probleme des vorläufigen Rechtsschutzes vor nationalen Gerichten, DVBl. 1998, 262 (266).
[222] EuGH, Rs. 66/80; *International Chemical Corporation*, Slg. 1981, 1191, 1215 f.; zu den Wirkungen der im Vorabentscheidungsverfahren ergangenen Urteile sogleich unter Rn. 101 ff.
[223] EuGH, Rs. 107/76, *Hoffmann-La Roche*, Slg. 1977, 957, Rn. 5; Rs. 35/82, 36/82, *Morson und Jhanjan*, Slg. 1982, 3723, Rn. 8.
[224] Vgl. dazu *Schmitt*, S. 364 ff.
[225] Vgl. *Pescatore*, Das Vorabentscheidungsverfahren nach Art. 177 EWG-Vertrag und die Zusammenarbeit zwischen dem Gerichtshof und den nationalen Gerichten, BayVBl. 1987, 33 (38).
[226] *Beckmann*, S. 70; *Bieber/Epiney/Haag*, Europäische Union, S. 270; *Gaitanides*, in: Groeben/Schwarze, EUV/EGV, Art. 234 EGV Rn. 63; *Everling*, Vorabentscheidung, S. 45 f.; *H.P. Ipsen*, Europäisches Unionsrecht, S. 768; *Lieber*, S. 88 ff.; *Karpenstein*, in: GHN, Art. 267 AEUV Rn. 52; *Oppermann/Classen/Nettesheim*, Europarecht, § 13 Rn. 77; *Pechstein*, EU-Prozessrecht, Rn. 826 f.; übersichtliche Darstellung des Streitstandes bei *Dauses*, in: EU-WirtR, P II Rn. 176 ff.; *Schima*, Vorabentscheidungsverfahren, S. 48 f.
[227] Vgl. EuGH, Rs. 6/64, *Costa/E.N.E.L.*, Slg. 1964, 1251, 1268 f.; Rs. 283/81, *C.I.L.F.I.T.*, Slg. 1982, 3415; Rs. C-99/00, *Lyckeskog*, Slg. 2002, I-4839 Rn. 15.

Wenngleich auch die abstrakte Theorie Vorteile aufweist: Vermeidung einer Überlastung des EuGH, besondere Eignung der Entscheidungen oberster Gerichte aufgrund ihrer präjudiziellen Wirkungen, die Einheitlichkeit und den Bestand der Unionsrechtsordnung zu gefährden, wird sie der praktischen Wirksamkeit der Unionsrechts gleichwohl nicht gerecht. Die konkrete Theorie entspricht eher der ratio des VAVs, weil die hiermit bezweckte einheitliche und gleichmäßige Anwendung des Unionsrechts besser gewährleistet wird, wenn jedes mitgliedstaatliche Gericht, welches in instanzbeendender Weise unionsrechtliche Fragen beantwortet, zur Vorlage verpflichtet ist.[228] Auch die dem VAV beizumessende Rechtsschutzfunktion gebietet die konkrete Betrachtungsweise; der Rechtsschutz des Unionsbürgers ist nur dann umfassend gesichert, wenn unabhängig von der formalen Betrachtung eines Gerichtszweiges in jedem nationalen Rechtsstreit für das endgültig entscheidende Gericht eine Vorlagepflicht an den EuGH besteht.[229]

62 Die Vorlagepflicht eines einzelstaatlichen Gerichts kommt gemäß Art. 267 Abs. 3 AEUV aber nur in dann Betracht, wenn die konkret von ihm getroffene Entscheidung nicht mehr mit Rechtsmitteln des innerstaatlichen Rechts anfechtbar ist. Dem **Begriff des Rechtsmittels**, der in einem unionsrechtlichen Sinne zu verstehen ist,[230] unterfallen nur die sog. ordentlichen Rechtsbehelfe.[231] Hierzu rechnen nur solche, auf deren Einlegung die unterlegene Partei ein Recht hat, die zu ergreifen allein von ihrem Willen abhängt und die generell gegen ein Urteil gegeben sind, um dessen Überprüfung vor demselben oder einem Gericht höherer Instanz zu erreichen.[232] Demgegenüber unterfallen die „außerordentlichen Rechtsbehelfe" nicht der Regelung der Art. 267 Abs. 3 AEUV. Für die Bestimmung der vorlagepflichtigen Gerichte haben Rechtsbehelfe, die außerhalb des normalen Instanzenzugs eingelegt werden können (Aufsichtsbeschwerden, Petitionen), keine vorlagenbegründende Bedeutung. Zu denken ist hier ebenso an Begnadigungs- und Wiederaufnahmeverfahren. Aber auch die Verfassungsbeschwerde i. S. d. Art. 93 Abs. 1 Nr. 4 a GG stellt kein Rechtsmittel i. S. d. Art. 267 Abs. 3 AEUV dar. Die entgegengesetzte Annahme hätte die merkwürdige Konsequenz, dass nur das Bundesverfassungsgericht zur Vorlage an den EuGH verpflichtet wäre. Entsprechend der vorstehenden Betrachtungsweise sind demnach auch Berufungsgerichte und erstinstanzliche Gerichte in Fällen, in denen eine Berufung/ Berufungszulassung nicht möglich ist, letztinstanzliche Gerichte und unabhängig von den o.g. Ausnahmen vom Vorlagerecht zum Vorlageersuchen an den Gerichtshof verpflichtet. Insoweit kann auch ein deutsches Amtsgericht zur Vorlage an den EuGH verpflichtet sein, wenn aufgrund des geringen Streitwerts kein Rechtsmittel zum Landgericht gegeben ist. Im Regelfall betrifft die Vorlagepflicht nur die letztinstanzlichen Landes- und Bundesgerichte.[233]

---

[228] Vgl. *Beckmann*, S. 69 f.; *Lieber*, S. 90 f.; *Dauses*, Vorabentscheidung, S. 110; *Karpenstein*, in: GHN, Art. 267 AEUV Rn. 51 f.; *Gaitanides*, in: Groeben/Schwarze, EUV/EGV, Art. 234 EGV Rn. 63; *Borchardt*, in: Lenz/Borchardt, EU-Verträge, Art. 267 AEUV Rn. 39 f.; *Pechstein*, EU-Prozessrecht, Rn. 827; *Wegener*, in: Calliess/Ruffert, EUV/AEUV, Art. 267 AEUV Rn. 27.
[229] *Beckmann*, S. 70.
[230] Vgl. *Lieber*, S. 95 f.
[231] Vgl. *Gaitanides*, in: Groeben/Schwarze, EUV/EGV, Art. 234 EGV Rn. 64; *Lieber*, S. 96. Zu der Frage, ob die Nichtzulassungsbeschwerde gemäß §§ 133 VwGO, 115 FGO, 160 a SGG als Rechtsbehelf i. S. d. Art. 234 Abs. 3 EWGV anzusehen ist, siehe unten Rn. 63.
[232] So *Lieber*, S. 96.
[233] A. A. *GA Colomer*, Schlussantrag in Rs. C-206/04 P, *Mühlens*, Slg. 2006, I-2717 Rn. 58 ff., der eine Vorlagepflicht auch für unterinstanzliche Gerichte befürwortet, wenn ein Konflikt zwischen dem letztinstanzlichen Gericht und einem Gemeinschaftsgericht besteht.

Problematisch sind die Rechtsbehelfe der **Beschwerden gegen die Nichtzulassung** 63
der Revision bzw. gegen die Nichtzulassung der Berufung, da mit deren Ablehnung
das vorinstanzliche Urteil rechtskräftig wird. In der deutschen Rechtsprechung ist
geklärt, dass solche Beschwerden allgemein als Rechtsmittel im Sinne von Art. 267
Abs. 3 AEUV zu werten sind.[234] Es muss dann allerdings sichergestellt sein, dass
die Nichtzulassung nicht bereits an formalen Voraussetzungen scheitert, sondern die
Nichtzulassungsbeschwerde vom Beschwerdegericht bzw. Berufungsgericht zum Anlass genommen wird, die Fragen des Unionsrechts, die für den Rechtsstreit von Bedeutung sind, im Rahmen der Nichtzulassungsbeschwerde zu beantworten oder sie zur Klärung dem Gerichtshof vorzulegen.[235] Entsprechend hat sich auch der EuGH geäußert. Ein Gericht entscheidet dann nicht in letzter Instanz im Sinne des Art. 267 Abs. 3 AEUV, wenn ein Rechtsmittel der Zulassung durch das höhere Gericht bedarf. Der Umstand, dass die Überprüfung einer gerichtlichen Entscheidung nur nach vorheriger Zulassungserklärung durch das oberste Gericht in der Sache geprüft werden kann, führt nicht dazu, dass den Parteien das Rechtsmittel entzogen wird. Stellt sich die Frage nach der Auslegung oder der Gültigkeit einer unionsrechtlichen Vorschrift, so ist das oberste Gericht nach Artikel 267 Abs. 3 AEUV verpflichtet, dem Gerichtshof entweder im Stadium der Zulassungsprüfung oder in einem späteren Stadium eine Vorabentscheidungsfrage vorzulegen.[236] Vor diesem Hintergrund ist die Zulassung eines Rechtsmittels in Abhängigkeit des Vorliegens der Voraussetzung „grundsätzlicher Bedeutung" nicht als „Filterfunktion" zu verstehen, sondern in einem unionsrechtlichen Sinne.[237] Das über die Zulässigkeit des Rechtsmittels entscheidende Gericht muss, soweit entscheidungserhebliche unionsrechtliche Vorlagefragen zum Gegenstand gemacht werden, nach vorgenommener eigener Prüfung diese Fragen dem EuGH entweder im Zulassungsverfahren oder im anschließenden Rechtsmittelverfahren zur Vorabentscheidung vorlegen.

bb) Ausnahmen von der Vorlagepflicht. Die von Art. 267 Abs. 3 AEUV statuierte 64
Vorlagepflicht gilt nicht unbegrenzt. Sie greift vielmehr nur dann Platz, wenn sich einem von diesen Vorschriften erfassten Gericht eine „Frage" hinsichtlich der Auslegung oder Gültigkeit unionsrechtlicher Vorschriften stellt.[238] Dies setzt notwendigerweise ein Mindestmaß an Unsicherheit und Zweifeln über den Inhalt und die Wirksamkeit einer unionsrechtlichen Bestimmung voraus.[239]

(1) Die Lehre vom „acte clair". So gesehen liegt die Annahme nahe, dass die Vor- 65
lagepflicht entfällt, wenn die unionsrechtliche Frage nicht entscheidungserheblich
oder aber hinreichend geklärt ist oder im eigentlichen Sinne nicht fraglich er-

---

[234] Vgl. BVerwG RIW 1986, 914; NJW 1987, 601; BFH NJW 1987, 3096; BVerwG InfAuslR 1990, 293; BVerwG NVwZ 1993, 770.
[235] So auch *Borchardt*, in: Lenz/Borchardt, EU-Verträge, Art. 267 Rn. 41.
[236] EuGH, Rs. C-99/00, *Lyckeskog*, Slg. 2002, I-4839 Rn. 17 f.
[237] Vgl. *Streinz/Herrmann*, Vorabentscheidungsverfahren und Vorlagepflicht im europäischen Markenrecht, GRUR Int. 2004, 459 (466).
[238] Dies gilt selbstverständlich auch für Abs. 2 der Art. 267 AEUV. Allerdings ist die Problematik dort ohne größere praktische Relevanz, weil den Gerichten im Anwendungsbereich dieser Vorschrift im Regelfall ein Vorlageermessen zusteht.
[239] Vgl. *Gaitanides*, in: Groeben/Schwarze, EUV/EGV, Art. 234 EGV Rn. 67.

scheint.²⁴⁰ Trotz anhaltender Kritik²⁴¹ an dieser **Lehre vom „acte clair"**, die sich vornehmlich auf die hiermit verbundene Missbrauchsmöglichkeit gründet, hat der EuGH eine maßvolle Anwendung dieser Lehre auch im Unionsrecht befürwortet, ihr aber zugleich deutliche Grenzen gesetzt,²⁴² indem er einen möglichst objektivierten Klarheitsbegriff zugrunde legt.²⁴³ Nach Auffassung des Gerichtshofs kommen zwei Ausnahmefälle in Betracht, die das Unterlassen einer Vorlage rechtfertigen können.

66 *(1a)* Dies ist zunächst der Fall, wenn eine bereits gesicherte Rechtsprechung des Gerichtshofs vorliegt, durch welche die sich im Ausgangsverfahren stellende **Rechtsfrage bereits gelöst** ist.²⁴⁴ Dabei ist unmaßgeblich, in welcher Verfahrensart sich die Rechtsprechung herausgebildet hat und ob die strittigen Fragen vollkommene Identität aufweisen. Der andere Anwendungsfall liegt vor, wenn die aufgeworfene Frage bereits in einem gleichgelagerten Rechtsstreit vorgelegt oder bereits durch den EuGH beantwortet wurde.²⁴⁵ Im Gegensatz dazu hat der EuGH aber unlängst entschieden, dass Art. 267 Abs. 3 EG einem nationalen Gericht, dessen Entscheidungen selbst nicht mehr mit Rechtsmitteln des innerstaatlichen Rechts angefochten werden können, auch dann die Verpflichtung auferlegt, dem Gerichtshof eine Frage nach der Gültigkeit von Bestimmungen einer Verordnung vorzulegen, wenn der Gerichtshof entsprechende Bestimmungen einer anderen, vergleichbaren Verordnung bereits für ungültig erklärt hat.²⁴⁶ Zu diesem Rechtskreis zählt das BVerwG ferner solche Konstellationen, in denen sich die im Ausgangsrechtsstreit stellenden entscheidungserheblichen Fragen bereits Gegenstand eines beim EuGH anhängigen Vorabentscheidungs- oder Vertragsverletzungsverfahrens gewesen sind, so dass der Rechtsstreit zwar analog § 94 VwGO wegen Art. 267 Abs. 3 AEUV auszusetzen ist, ohne aber zugleich eine Vorabentscheidung des Gerichtshofes einzuholen.²⁴⁷ Aus Gründen der Prozessökonomie könne von einer Vorlage abgesehen werden, da die Anrufung des Gerichtshofes diesen zum einen nur zusätzlich belasten würde und zum anderen die Gefahr bestünde, dass die Beantwortung der Fragen die Entscheidung des Ausgangsrechtsstreits verzögere.²⁴⁸ Demgegenüber sieht der EuGH hierin offenbar keinen Grund, von einem Vorabentscheidungsersuchen abzusehen, wenn parallel ein Vertragsverletzungsverfahren durch die Kommission

---

²⁴⁰ So weit erkennbar hat erstmals der französische Conseil d'Etat, Urt. v. 19.6.1964, RDP 1964, 1039; Urt. v. 22.12.1978, EuR 1979, 292, die im französischen Recht begründete Lehre vom acte clair auf das Unionsrecht übertragen; vgl. aber auch BVerwGE 31, 263 (284); Informationsbrief Ausländerrecht 1987, 142 (144).
²⁴¹ Vgl. *Rennert*, EuGRZ 2008, 385 (388 f.); *Kokott/Henze/Sobotta*, JZ 2006, 633 ff.
²⁴² EuGH, Rs. 283/81, *C.I.L.F.I.T.*, Slg. 1982, 3415, 3429 f.; – vgl. auch *Everling*, Justiz im Europa von morgen, DRiZ 1993, 11.
²⁴³ Vgl. hierzu auch BVerfG, Beschl. v. 9.11.1987 – 2 BvR 808/82 – EuR 1988, 190, 193.
²⁴⁴ EuGH, Rs. 283/81, *C.I.L.F.I.T.*, Slg. 1982, 3415, 3429; vgl. hierzu BGH, Urt. v. 26.02.1970 – KZR 5/69 – BGHZ 53, 304, 309 f.; BGH, Urt. v. 3.6.1976 – XZR 57/73 – GRUR 1976, 579, 582; BGH, Urt. v. 18.9.1985 – VIII ZR 244/84 – NJW 1986, 659, 660; OLG Koblenz, Beschl. v. 17.10.1985 – 1 Ss 351/85 – NStZ 1986, 229, 230; BVerwG, Urt. v. 15.4.1988–7 C 117/86 – NJW 1988, 2195, 2196.
²⁴⁵ EuGH, Rs. 28-30/62, *Da Costa*, Slg. 1963, 60, 80.
²⁴⁶ EuGH, Rs. C-461/03, *Gaston Schul*, Slg. 2005, I-10513 Rn. 25.
²⁴⁷ BVerwG, NVwZ 2001, 319 (320).
²⁴⁸ BVerwG, NVwZ 2001, 319 (320); ebenso BGH, NJW 1999, 2442; BFH, Beschl. v. 27.4.1995 – V B 22/95, BFH/NV 1996, 48; BSG, NZS 2004, 279; vgl. dazu auch *Foerster*, EuZW 2011, 901 (904 f.).

anhängig gemacht wird. Denn die Kommission legt mit ihren nach Art. 258 AEUV abgegebenen Stellungnahmen oder mit anderen Äußerungen im Rahmen dieses Verfahrens nicht die Rechte und Verpflichtungen eines Mitgliedstaats abschließend fest oder gibt ihm Zusicherungen hinsichtlich der Vereinbarkeit eines bestimmten Verhaltens mit dem Vertrag, vielmehr können sich die Bestimmung der Rechte und Pflichten der Mitgliedstaaten und die Beurteilung ihres Verhaltens allein aus einem Urteil des Gerichtshofes ergeben.[249] Dementsprechend hat der Gerichtshof entschieden, dass ein Vertragsverletzungsverfahren gegen einen Mitgliedstaat wegen einer bestimmten Regelung nicht die Verpflichtung eines in letzter Instanz entscheidenden Gerichts dieses Mitgliedstaats berührt, dem Gerichtshof gemäß Artikel 267 Abs. 3 AEUV eine unionsrechtliche Frage im Zusammenhang mit der in Rede stehenden Regelung vorzulegen, wenn die Kommission nach Abgabe ihrer Stellungnahmen darauf verzichtet, das Vertragsverletzungsverfahren weiter zu betreiben.[250]

(1b) Darüber hinaus entfällt die Vorlagepflicht, „wenn die richtige **Anwendung** 67 **des Unionsrechts** derart **offenkundig** ist, dass keinerlei Raum für vernünftige Zweifel an der Entscheidung der gestellten Frage bleibt".[251] Von einer Offenkundigkeit in diesem Sinne kann der nationale Richter allerdings nur ausgehen, wenn er die Überzeugung gewonnen hat, dass auch die Gerichte anderer Mitgliedstaaten sowie der EuGH die unionsrechtliche Frage in derselben Weise beantworten würden.[252] Bei seiner Überzeugungsbildung hat er sich allerdings der Eigenheiten des Unionsrechts sowie der besonderen Schwierigkeiten seiner Auslegung und der Gefahr voneinander abweichender Gerichtsentscheidungen bewusst zu sein.[253] Nur wenn diese restriktiv zu handhabenden Ausnahmefälle vorliegen, ist das an sich vorlagepflichtige nationale Gericht berechtigt, von einem Vorabentscheidungsersuchen abzusehen und die unionsrechtliche Frage in eigener Verantwortung zu lösen. Dem nationalen Gericht obliegt die Offenkundigkeitsprüfung in eigener Rechtsverantwortung, d. h. es hat insofern einen eigenen Entscheidungsspielraum. Art. 267 AEUV sieht kein Rechtsmittel zur Überprüfung dieser Entscheidung vor.[254] In der Literatur wird die acte-clair-Doktrin als zu eng und wenig praxistauglich kritisiert.[255]

(2) Verfahren vorläufigen Rechtsschutzes. Im **einstweiligen Rechtsschutzverfah-** 68 **ren** kommt eine Vorlage nur in Betracht, wenn sie im Einzelfall mit dem summarischen Charakter des Verfahrens vereinbar ist.[256] Eine Vorlagepflicht von Obergerichten besteht im Verfahren des einstweiligen Rechtsschutzes grundsätzlich nicht, da die nur vorläufige Anordnung im Hauptverfahren erneut überprüft werden

---

[249] EuGH, Rs. 142/80, 143/80, *Essevi und Salengo*, Slg. 1981, 1413, Rn. 16.
[250] EuGH, Rs. C-393/98, Gomes Valente, Slg. 2001, I-1327 Rn. 19.
[251] EuGH, Rs. 283/81, *C.I.L.F.I.T.*, Slg. 1982, 3415, 3430 Rn. 14 ff.; vgl. hierzu BVerfG, Beschl. v. 27.8.1991–2 BvR 276/90 – NJW 1992, 678; BVerwG, Beschl. v. 20.2.1987–1 A 94/86 – NJW 1987, 3093 (3094); BGH, Urt. v. 15.1.1990 – II ZR 164/88 – NJW 1990, 982 (987); Beschl. v. 25.6. 1992 – I ZR 155/90 – EuZW 1992, 644 (646).
[252] EuGH, Rs. C-495/03, *Intermodal Transports*, Slg. 2005, I-8151 Rn. 33; eingehend auch *Lieber*, S. 113 ff.; *Steindorff*, ZHR 156 (1992), 4 ff.; ferner *Fastenrath*, NJW 2009, 272 (273) *Clausnitzer*, NJW 1989, 642.
[253] EuGH, Rs. 283/81, C.I.L.F.I.T., Slg. 1982, 3430 f. Rn. 14 ff.
[254] Vgl. aber unten Rn. 75 ff.
[255] *Rennert*, EuGRZ 2008, 385 (388); *Heß*, RabelsZ 2002, 493 m.w.N.
[256] EuGH, Rs. 43/71, *Politi*, Slg. 1971, 1039 ff.

kann,[257] es sei denn, dass eine der zuvor beschriebenen Ausnahmen vorliegt (Gültigkeitszweifel/Aussetzung in dringenden Fällen) (vgl. Rn. 59).

69 Eine weitere Einschränkung der Vorlagepflicht hat der EuGH schließlich für summarische und eilbedürftige Verfahren anerkannt, wenn in einem ordentlichen Hauptsacheverfahren eine erneute Prüfung der nur vorläufig entschiedenen Frage des Unionsrechts möglich ist.[258] Diese Rechtsprechung hat allerdings insoweit eine Modifikation erfahren, als eine Vorlagepflicht im einstweiligen Rechtsschutzverfahren aber dann besteht, wenn die Gültigkeit organgeschaffenen Unionsrechts in Rede steht.[259] Die Ausnahme von der Vorlagepflicht beschränkt sich daher in Eilverfahren auf Fallgestaltungen, in denen allein die Auslegung einer Unionsnorm mit Zweifeln behaftet ist.[260]

70 c) **Vorlageberechtigte Organe und Mitgliedstaaten.** Während in der Fassung des Vertrages von Nizza nach Art. 68 Abs. 3 EGV-Nizza nicht nur den nationalen Gerichten, sondern auch dem **Rat**, der **Kommission** oder einem **Mitgliedstaat** eine **Vorlageberechtigung** in VAV betreffend die Auslegung des Titels Visa, **Asyl und Einwanderung** oder der Gültigkeit von auf diesen Titel gestützten Rechtsakten der Organe der Gemeinschaft zur Entscheidung zuerkannt wurde, ist mit der Vertragsrevision von Lissabon diese Möglichkeit ersatzlos gestrichen worden. Hier ist der Kritik Rechnung getragen worden.[261] Nunmehr werden Vorabentscheidungsersuchen in den Fällen des Titels V, Kapitel 2 (Art. 77 ff. AEUV) allein nach Art. 267 AEUV behandelt mit der Folge, dass nur einzelstaatliche Gerichte vorlageberechtigt sind[262] und keine Unionsorgane oder Mitgliedstaaten.

7. Verstoß gegen die Vorlagepflicht

71 a) **Konsequenzen nach innerstaatlichem Recht.** Die **Nichtbeachtung der Vorlagepflicht** verletzt zunächst den Grundsatz des gesetzlichen Richters. Auch der Europäische Gerichtshof ist als gesetzlicher Richter im Sinne des Art. 101 Abs. 1 S. 2 GG anerkannt.[263] Soweit die Entscheidung des Ausgangsgerichts noch nicht rechtskräftig ist und es sich nicht um ein letztinstanzliches Gericht handelt, kann die betroffene Partei mittels der in den Prozessordnungen vorgesehenen Rechtsmittel gegen die Entscheidung vorgehen. Im Verwaltungsrecht können dies neben Beschwerden, Zulassungsanträgen auf Berufungen und Berufungen auch Revisionen bzw. Nicht-

---

[257] EuGH, Rs. 107/76, *Hoffmann-La Roche*, Slg. 1977, 957 ff.
[258] EuGH, Rs. 107/76, *Hoffmann-La Roche*, Slg. 1977, 957, 972; Rs. 35/82, *Morson und Jhanjan*, Slg. 1982, 3723, 3735; vgl. auch BVerfG, Beschl. v. 29.11.1991 – 2 BvR 1642/91 – NVwZ 1992, 360.
[259] EuGH, Rs. C-143/88 und C-92/89, *Süderdithmarschen*, Slg. 1991, I-415, 541 Rn. 18; Rs. C-465/93, *Atlanta*, Slg. 1995, I-3781 Rn. 22= BayVBl. 1996, 366.
[260] Vgl. *Kotzur*, in: Geiger/Khan/Kotzur, EUV/AEUV, Art. 267 AEUV Rn. 19; zu den Einwirkungen des Unionsrechts auf den vorläufigen Rechtsschutz siehe *Jannasch*, NVwZ 1999, 495 ff.
[261] Vgl. *Middeke*, in: Rengeling/Middeke/Gellermann, 2. Aufl, Rn. 66; *Pache/Knauff*, Wider die Beschränkung der Vorlagebefugnis unterinstanzlicher Gerichte im Vorabentscheidungsverfahren – zugleich ein Beitrag zu Art. 68 I EG, NVwZ 2004, 16 (18 ff.); *ter Steeg*, Zum Umgang nationaler Instanzgerichte mit dem Ausschluss der Vorlagebefugnis nach Art. 68 I EGV, ZAR 2006, 268 ff.; *Löhr*, Asylmagazin 2007 (Heft 1-2), S. 6 ff.; *Dörr*, EuGRZ 2008, 349 (351).
[262] Vgl. nur EuGH, Rs. C 101/09; 57/09, *Bundesrepublik Deutschland/B.*, NVwZ 2011, 285.
[263] BVerfG NJW 1994, 2017; NVwZ 2001, 1267, 1268 m.w.N.; vgl. dazu auch *Bäcker*, NJW 2011, 270 ff.; *Michael*, JZ 2012, 870; *Britz*, NJW 2012, 1313.

zulassungsbeschwerden sein.²⁶⁴ Das Bundesverwaltungsgericht sieht die Verletzung einer pflichtwidrig unterlassenen Vorlage an den EuGH als entscheidungserhebliche Frage von grundsätzlicher Bedeutung im Sinne von § 132 Abs. 2 Nr. 1 VwGO an.²⁶⁵ Betroffene Parteien können bei unterinstanzlichen Gerichten mit der Nichtzulassungsbeschwerde, die **Revision** zum Bundesgericht erzwingen (z. B. § 133 VwGO), welches dann als letztinstanzliches Gericht seinerseits vorlegen muss. Die ZPO enthält in § 544 ZPO eine entsprechende Vorschrift. Dies gilt für die Gerichte der anderen (Arbeits-, Sozial-, Finanz-) Gerichtsbarkeiten in gleicher Weise. Kommt ein Bundesgericht seiner Vorlagepflicht nicht nach, kann bei einem „willkürlichen" Verstoß gegen den gesetzlichen Richter (Art. 101 Abs. 1 S. 2 GG) **Verfassungsbeschwerde** zum BVerfG erhoben werden.²⁶⁶ Diese ist nicht nur dann begründet, wenn das letztinstanzliche Gericht seine Vorlageverpflichtung grundsätzlich verkennt, sondern auch dann, „wenn zu einer entscheidungserheblichen Frage des Unionsrechts einschlägige Rechtsprechung des EuGH noch nicht vorliegt oder wenn eine vorliegende Rechtsprechung die entscheidungserhebliche Frage möglicherweise nicht erschöpfend beantwortet hat."²⁶⁷ Art. 101 Abs. 1 S. 2 GG ist danach nicht bei jeder fehlerhaften Anwendung der Prozessordnung, sondern nur bei Willkür verletzt. Hinsichtlich des Willkürmaßstabes hat das BVerfG Fallgruppen entwickelt.²⁶⁸ Ein letztinstanzliches Gericht in der Bundesrepublik Deutschland verkennt danach regelmäßig die Bedingungen für seine Vorlagepflicht, wenn es sich entweder

- hinsichtlich des europäischen Rechts nicht ausreichend kundig macht, z. B. in Betracht kommendes unionsrechtliches Sekundärrecht allein nach nationalen Maßstäben ohne Auseinandersetzung mit der Rechtsprechung des EuGH prüft und eine Vorlage – willkürlich – überhaupt nicht in Erwägung zieht (grundsätzliche **Verkennung der Vorlagepflicht**) oder
- bewusst von der bisherigen Rechtsprechung des EuGH zu einer entscheidungserheblichen Frage des Unionsrechts abweicht, ohne diese dem EuGH vorzulegen (**bewusstes Abweichen** ohne Vorlagebereitschaft) oder
- wenn das nationale Gericht seinen Beurteilungsrahmen in unvertretbarer Weise überschreitet, weil es an einer entsprechenden Rechtsprechung des EuGH zu der entscheidungserheblichen Frage bislang fehlt oder diese noch nicht erschöpfend beantwortet ist (**unvertretbare Überschreitung des Beurteilungsrahmens**).²⁶⁹

---

²⁶⁴ Vgl. *Allkemper*, EWS 1994, 254.
²⁶⁵ BVerwG, NJW 1988, 664; RIW 1986, 914; einschränkend BVerwG, EuZW 1993, 263; BVerfG, NJW 1994, 2017; vgl. auch *Borchardt*, in: Lenz/Borchardt, EU-Verträge, Art. 267 AEUV Rn. 52.
²⁶⁶ BVerfGE 13, 339; 73, 339, 366; BVerfGE 75, 223, 245; BVerfGE 82, 159, 192 ff.; NVwZ 2001, 1267 = EuZW 2001, 255; vgl. hierzu auch *Allkemper*, EWS 1994, 255 ff.; *Tillmanns*, BayVBl. 2002, 723 ff.
²⁶⁷ BVerfG NVwZ 2001, 1268 = EuZW 2001, 255 = DVBl. 2001, 720 f.; vgl. dazu *Streinz/Herrmann*, Vorabentscheidungsverfahren und Vorlagepflicht im europäischen Markenrecht, GRUR Int 2004, 459 (461).
²⁶⁸ Vgl. dazu *Fastenrath*, NJW 2009, 272 (273)
²⁶⁹ BVerfGE, 82, 159 (194 ff.); *Stotz*, in: Rengeling, HedUR, § 45 Rn. 221; *Sensburg*, NVwZ 2001, 1259, 1260, *Kokott/Henze/Sobotta*, JZ 2006, 633 (636).

72 In die erste Fallgruppe gehört auch die Konstellation, dass ein Obergericht eine Vorlagepflicht verkennt, obwohl das Bundesgericht in einem vergleichbaren Fall dem EuGH ein Vorabentscheidungsersuchen unterbreitet hat und in dem Vorlagebeschluss auf die Vergleichbarkeit hingewiesen hat. Entscheidet das Obergericht hier in der Sache, ohne das anhängige Vorabentscheidungsersuchen des EuGH abzuwarten, verletzt es das Gebot effektiven Rechtsschutzes.[270] Ein weiterer Fall kann vorliegen, wenn begründete Zweifel bestehen, dass die Nichtvorlage des Ausgangsgerichts an den Gerichtshof unvertretbar erscheint. Neben diesen Beispielen hat das BVerfG weitere Konstellationen gefunden, in denen gegen eine Vorlagepflicht verstoßen wird.

- Wenn die Lösung von unionsrechtlichen Normenkollisionen nicht hinreichend durch unionsrechtliche Methoden abgesichert ist.
- Wenn im Rahmen des gerichtlichen Verfahrens unzureichend gewürdigt wird, dass die heranzuziehenden unionsrechtlichen Normen anhand eines unionsrechtlichen Grundrechts zu prüfen sind.[271]

73 Das Bestreben des BVerfG liegt darin begründet, über die Fachgerichte und das Vorlageverfahren innerhalb des unionsrechtlichen Rechtsschutzes zu einem Äquivalent des nationalen Grundrechtsschutzes zu gelangen.[272] Die vorlagepflichtigen Gerichte stehen damit unter der verfassungsrechtlichen Aufsicht des BVerfG. In jüngerer Zeit haben verschiedene Spruchkörper des BVerfG die Rechtsprechung zur Nichtbeachtung der unionsrechtlichen Vorlagepflicht ergänzt.

So handele es sich bei den vorgenannten Fallgruppen nicht um eine abschließende Aufzählung, vielmehr müsse das Unterlassen eines Vorabentscheidungsersuchens im Zusammenhang mit der Rechtsprechung des EuGH zu entscheidungserheblichen Frage des materiellen Unionsrechts gesehen werden. Ein nationales Gericht dürfe nur dann davon ausgehen, dass die richtige Anwendung des Gemeinschaftsrechts offenkundig ist, wenn es überzeugt sei, dass auch für die Gerichte der übrigen Mitgliedstaaten und für den Gerichtshof selbst die gleiche Gewissheit bestünde, so dass ein letztinstanzliches nationales Gericht bei Absehen von einem Vorabentscheidungsersuchen nach Auswertung des Gemeinschaftsrechts eine vertretbare Begründung dafür geben muss, dass die maßgebliche Rechtsfrage durch den EuGH bereits entschieden ist oder dass die richtige Antwort auf diese Rechtsfrage offenkundig ist.[273] Demgegenüber ist die Entwicklung einer eigenen, nicht auf die Rechtsprechung des EuGH zurückgeführten Lösung, die nicht einer eindeutigen Rechtslage entspricht und auch nicht einer eindeutigen Rechtslage entspricht, offensichtlich unhaltbar.

Demgegenüber urteilte der 2. Senat in dem sog. **Honeywell-Beschluss**, dass nicht jede Verletzung der Vorlagepflicht eine Verletzung des gesetzlichen Richters im Sinne des Art. 101 GG begründe. Der 2. Senat des BVerfG beanstandet die Auslegung und Anwendung von Zuständigkeitsnormen nur, wenn sie bei verständiger Würdigung der das Grundgesetz bestimmenden Gedanken nicht mehr verständlich erscheinen und offensichtlich unhaltbar sind und die Ablehnung eines Vorlageersuchens in diesem Sinne

---

[270] BVerfG, NZG 2010, 714 = WM 2010, 794.
[271] BVerfG, NVwZ 2001, 1268 = EuZW 2001, 255 = DVBl. 2001, 720 f.; kritisch zur Verweigerung des gesetzlichen Richters *Fastenrath*, NJW 2009, 272 (273).
[272] *Füßer*, DVBl. 2001, 1574 (1576).
[273] BVerfG, NJW 2010, 1268 = NZA 2010, 439.

willkürlich sei.²⁷⁴ Für einen Verstoß gegen den Grundsatz des gesetzlichen Richters komme es nicht in erster Linie auf die Vertretbarkeit der fachgerichtlichen Auslegung des für den Streitfall maßgeblichen materiellen Unionsrechtes an, sondern auf die Vertretbarkeit der Handhabung der Vorlagepflicht nach Art. 267 Abs. 3 AEUV.²⁷⁵ Eine Abweichung in der Rechtsprechung des BVerfG (2. Senat) sei darin nicht zu sehen.²⁷⁶ Hinsichtlich der Vorlagepflicht aus Art 267 Abs. 3 AEUV überprüft das BVerfG nur, ob die Auslegung und Anwendung dieser Zuständigkeitsregel des bei verständiger Würdigung der das GG bestimmenden Gedanken nicht mehr verständlich erscheint und offensichtlich unhaltbar ist, womit der Bogen zu den Ausgangsentscheidungen geschlossen werden sollte.

Ist die Entscheidung des nationalen Gerichts rechtskräftig, stellt sich aber gleichwohl im Anschluss daran heraus, dass das innerstaatliche Gericht die Entscheidung in Verkennung der Auslegung einer einschlägigen unionsrechtlichen Vorschrift erlassen hat, könnte sich für die betroffene Partei die Frage nach einem **Wiederaufgreifen des Verfahrens** wegen Unvereinbarkeit der Verwaltungsentscheidung mit dem Unionsrecht stellen. Dies kann nach der Rechtsprechung des EuGH aber nur bei Vorliegen bestimmter Voraussetzungen erfolgen:²⁷⁷ „Die Behörde ist erstens nach nationalem Recht befugt, diese Entscheidung zurückzunehmen. Die Entscheidung ist zweitens infolge eines Urteils eines in letzter Instanz entscheidenden nationalen Gerichts bestandskräftig geworden. Drittens zeigt eine nach dem Erlass des letztgenannten Urteils ergangene Entscheidung des Gerichtshofes, dass das Urteil auf einer unrichtigen Auslegung des Gemeinschaftsrechts beruht, die erfolgt ist, ohne dass der Gerichtshof um Vorabentscheidung ersucht wurde. Und viertens hat sich der Betroffene unmittelbar, nachdem er Kenntnis von der besagten Entscheidung des Gerichtshofes erlangt hat, an die Verwaltungsbehörde gewandt". Einem Nebensatz ist darüber hinaus als fünfte Voraussetzung zu entnehmen „dass die Belange Dritter nicht verletzt werden. Eine Übertragung auf zivilrechtliche Verfahren zwischen Privaten ist daher schwer vorstellbar".²⁷⁸

b) Konsequenzen des Unionsrechts. Die Nichtbeachtung einer an sich gegebenen Vorlageverpflichtung für einzelstaatliche Gerichte verletzt daneben auch den Grundsatz der mitgliedstaatlichen **Treuepflicht** nach Art. 4 Abs. 3 EUV und stellt demgemäß einen Verstoß gegen das Unionsrecht dar. Ein Rechtsinstrument zur Durchsetzung eines fehlerhaft unterlassenen Vorabentscheidungsersuchens, wie beispielsweise eine „Nichtvorlagebeschwerde" sieht das Unionsrecht jedoch nicht vor.²⁷⁹ Die gleichwohl bestehende Vertragsverletzung könnte die Kommission allenfalls im Wege der Einleitung eines **Vertragsverletzungsverfahrens** gem. Art. 258 AEUV ahnden.²⁸⁰ Allerdings wird die Kommission kaum von allen Rechtsstreitigkeiten Kenntnis erhalten und ihrerseits Vorlageverpflichtungen überprüfen. Sie ist deshalb auf die Mithilfe in den Mitgliedstaaten

---

²⁷⁴ BVerfG, NJW 2010, 3422 = NZA 2010, 995.
²⁷⁵ BVerfG NJW 2011, 288.
²⁷⁶ Vgl. BVerfG, 2011, 288 und NJW 2011, 1427; vgl. zu dieser Rechtsprechung auch *Schröder*, EuR 2011, 808 ff.
²⁷⁷ EuGH, Rs. C-453/00, *Kühne & Heitz*, Slg. 2004, I-837 Rn. 26 ff.
²⁷⁸ *Kokott/Henze/Sobotta*, JZ 2006, 633 (639).
²⁷⁹ Vgl. dazu *Schröder*, EuR 2011, 808 (812 ff.).
²⁸⁰ *Baumeister*, EuR 2005, 1 (20) sieht hierin das einzige Regulativ; a. A. für sog. überschießende Richtlinienumsetzung *Heß*, RabelsZ 2002, 487 Fn. 101.

angewiesen. Dies stellt für die beteiligten Parteien am Ausgangsrechtsstreit die Möglichkeit dar, sich an die Kommission mit einer Beschwerde zu wenden, um das Gemeinschaftsorgan so auf die Pflichtwidrigkeit aufmerksam zu machen. Auf diese Maßnahme beschränkt sich auch das Vorgehen der Beteiligten, da natürlichen und juristischen Personen selbst keine Klagemöglichkeit bei Vertragsverletzungen eingeräumt ist und ihnen nur ein eingeschränktes Klagerecht bei der Nichtigkeits- und Untätigkeitsklage nach Art. 263, 264 AEUV zusteht. Die praktische Konsequenz nach Durchführung eines Vertragsverletzungsverfahrens ist aber gering.[281] Nicht, dass die Durchsetzbarkeit des Feststellungsurteils gehindert wäre,[282] aber die Feststellung des Urteils bezieht sich nur auf die Vorlagepflichtverletzung des Mitgliedstaates, der für sein innerstaatliches Rechtsprechungsorgan in Regress genommen wird. Der Verstoß gegen die Vorlagepflicht als schadensersatzpflichtige Verletzung des Unionsrechts ist bislang noch nicht geahndet worden.[283] Eine Auslegungs- oder Gültigkeitsentscheidung in der Sache wird damit noch nicht getroffen. Im Hinblick auf den Grundsatz der Gewaltenteilung kann die deutsche Regierung als Teil der Exekutive zudem dem nationalen Rechtsprechungsorgan als Teil der Judikative keine entsprechende Anweisung zur Vorlage erteilen. Darüber hinaus dürfte die insoweit fehlerhafte Entscheidung in der Ausgangssache rechtskräftig sein, so dass die Bestandskraft nur schwer zu durchbrechen ist.[284] Zwar hat die Kommission gegenüber dem Europäischen Parlament mitgeteilt, Fälle offensichtlicher Unkenntnis der Rechtsprechung des Gerichtshofes sowie solche bewusster Verweigerung von Vorabentscheidungsersuchen zu verfolgen, doch übt die Kommission ihr darauf bezogenes Ermessen sehr zurückhaltend aus. Bislang hat die Kommission von der Erhebung eines Vertragsverletzungsverfahrens noch immer abgesehen.[285]

76 Hat einer der am innerstaatlichen Gerichtsverfahren Beteiligten durch die Verweigerung der Nichtvorlage an den EuGH allerdings einen Schaden erlitten, so stellt sich die Frage nach einer **Schadensersatzklage** (Art. 268 AEUV[286]). Bereits in der Rs. Francovich hatte der Gerichtshof entschieden, dass der Grundsatz der Haftung eines Mitgliedstaats für Schäden, die dem Einzelnen durch dem Staat zuzurechnende Verstöße gegen das Gemeinschaftsrecht entstehen, aus dem Wesen des EG-Vertrags folgt.[287] Der Gerichtshof hat weiter entschieden, dass dieser Grundsatz für jeden Verstoß eines Mitgliedstaats gegen das Gemeinschaftsrecht unabhängig davon gilt, welches mitgliedstaatliche Organ durch sein Handeln oder Unterlassen den Verstoß begangen hat,[288] mithin kann auch ein nationales Gericht, welches seine Vorlagepflicht verletzt, eine Schadensersatzpflicht des Mitgliedstaates dem Grunde nach begründen.[289] Allerdings sind hierfür drei Voraussetzungen notwendig. Die verletzte Rechtsnorm bezweckt,

---

[281] Vgl. auch *Kenntner*, VBlBW 2000, 297, 304.
[282] Vgl. dazu Art. 260 AEUV.
[283] *Hakenberg*, DRiZ 2000, 345, 347.
[284] Vgl. dazu *Borchard*, in: Lenz/Borchardt, EU-Verträge, Art. 267 Rn. 48.
[285] Vgl. *Herrmann*, EuZW 2006, 231; *Kokott/Henze/Sobotta*, JZ 2006, 633 (640).
[286] Vgl. dazu *Gellermann*, in: Rengeling/Middeke/Gellermann § 9.
[287] EuGH, Rs. C-6/90, C-9/90, *Francovich u. a.*, Slg. 1991, I-5357, Rn. 35.
[288] EuGH, Rs. C-302/97, *Konle*, Slg. 1999, I-3099, Rn. 62.
[289] EuGH, Rs. C-224/01, *Köbler*, Slg. 2003, I-10239 Rn. 117 f.; Rs. C-173/03, *Traghetti*, Slg. 2006, I-5177 Rn. 31; vgl. dazu auch *von Danwitz*, Anmerkung, JZ 2004, 301 ff.; *Kremer*, Staatshaftung für Verstöße gegen Gemeinschaftsrecht durch letztinstanzliche Gerichte, NJW 2004, 480 ff.; *Wegener/Held*, Die Haftung der Mitgliedstaaten für die Verletzung von EG-Recht durch nationale Gerichte, JURA 2004, 479 ff.

dem Einzelnen Rechte zu verleihen, der Verstoß ist hinreichend qualifiziert, und zwischen dem Verstoß gegen die dem Staat obliegende Verpflichtung und dem den geschädigten Personen entstandenen Schaden besteht ein unmittelbarer Kausalzusammenhang.[290] Hierbei kommt es allerdings nicht auf den Verstoß gegen Art. 267 Abs. 3 AEUV an, da es sich insoweit nur um einen Sekundärverstoß handeln würde; vielmehr muss es sich um die grundlegende fehlerhafte Anwendung und/oder Auslegung der Primärrechtsnorm des Ausgangsrechtsstreits handeln.[291] Desweiteren muss ein qualifizierter Primärrechtsverstoß gegeben sei, der bei einem nationalen Gericht dann vorliegt, wenn die Ausgangsentscheidung die einschlägige Rechtsprechung des Gerichtshofes offenkundig verkennt.[292] Dies hat der EuGH in den Rs. Köbler und Traghetti aber verneint. Zum Teil werden hier Parallelen zum „Richterprivileg" im deutschen Amtshaftungsrecht gezogen.[293] Wenngleich der Gerichtshof die grundsätzliche Möglichkeit der Haftung wegen Verletzung der Vorlagepflicht durch ein letztinstanzliches nationales Gericht bejaht, zieht er die Haftungsvoraussetzungen gleichzeitig so eng, dass sie allenfalls ausnahmsweise einmal erfüllt sein dürften.

c) **Völkerrechtliche Konsequenzen.** Weitere völkerrechtliche Konsequenzen durch einen Gang nach Straßburg zum Europäischen Gerichtshof für Menschenrechte erscheinen demgegenüber wenig erfolgversprechend.[294] Zwar hat der EGMR seine Rechtsprechung zu Art. 6 Abs. 1 EMRK beständig ausgebaut, so dass es nicht fernliegend ist, in dem Verstoß gegen die Vorlageverpflichtung nach Art. 267 Abs. 3 AEUV gleichzeitig einen Verstoß gegen den Grundsatz fairen Verfahrens zu sehen,[295] welcher auch für die EU und ihre Mitgliedstaaten gilt (vgl. Art. 6 Abs. 2 und 3 EUV), doch hält sich der EGMR hier deutlich zurück. Ebenso wie das BVerfG setzt auch der EGMR voraus, dass die Weigerung des vorlagepflichtigen nationalen Gerichts willkürlich sein muss. Hat das nationale Gericht eine Vorlage an den EuGH erwogen und mit nachvollziehbaren Gründen abgelehnt, wird keine willkürliche Weigerung durch den EGMR angenommen. Im Übrigen wäre die Durchsetzung einer vom EGMR getroffenen Feststellung kaum durchsetzbar, weil die Entscheidung des EGMR das nationale Gericht nicht zur Wiederaufnahme des innerstaatlichen Gerichtsverfahrens verpflichtet.[296]

II. Begründetheit einer Vorlage

Das Vorabentscheidungsersuchen ist „begründet", wenn die vorgelegte Frage Auslegungszweifel hinsichtlich einer Gemeinschaftsnorm oder aber Zweifel an ihrer Gültigkeit nach dem Vorbringen des vorlegenden Gerichts erweckt, zu der der Gerichtshof Stellung nimmt. Eine „Begründetheit", d.h. eine materielle Rechtmäßigkeitsprüfung wird im VAV allenfalls im Rahmen der Überprüfung der Gültigkeit einer Norm vor-

---

[290] EuGH, Rs. C-424/97, *Haim*, Slg. 2000, I-5123 Rn. 36; Rs. C-224/01, *Köbler*, Slg. 2003, I-10239 Rn. 51; Rs. C-173/03, *Traghetti*, Slg. 2006, I-5177 Rn. 32.
[291] *Kokott/Henze/Sobotta*, JZ 2006, 633 (637).
[292] EuGH, Rs. C-224/01, *Köbler*, Slg. 2003, I-10239 Rn. 56.
[293] Vgl. *Kremer*, Gemeinschaftsrechtliche Grenzen der Rechtskraft, EuR 2007, 470 (476).
[294] Vgl. *Schilling*, Die Kontrolle von Nichtvorlagen letztinstanzlicher Gerichte an den EuGH, EuGRZ 2012, 133 ff.
[295] Vgl. dazu die Nachweise bei *Kokott/Henze/Sobotta*, JZ 2006, 633 (637 Fn. 46).
[296] EGMR, EuGRZ 2004, 777 ff., *Lyons/Vereinigtes Königreich*.

genommen, soweit das ordnungsgemäße Zustandekommen derselben zum Gegenstand des VAV gemacht wird.

III. Vorlageersuchen und Vorlageverfahren

79 Beabsichtigt das nationale Gericht, dem EuGH eine unionsrechtliche Frage zur Vorabentscheidung zu unterbreiten, so fasst es diesen Entschluss in eine Entscheidung, die es dem Gerichtshof übermittelt.

80 **1. Form und Inhalt der Entscheidung.** In welcher Art und Weise und mit welchem Inhalt die Vorlageentscheidung zu ergehen hat, ist unionsrechtlich nicht geregelt und richtet sich allein nach nationalem Recht.[297]

81 **a) Die Form der Vorlageentscheidung.** Die Form der Vorlageentscheidung wird nach den nationalen Prozessordnungen entschieden.[298] Während in einigen Mitgliedstaaten Vorlageurteile erlassen werden (so beispielsweise in Frankreich und Italien),[299] pflegen bundesdeutsche Gerichte ihre Vorlagefragen in die Form eines **Beschluss**es zu kleiden.[300] Das Vorabentscheidungsersuchen muss von dem Prozessgericht ausgehen, welches allein zur Vorlage berechtigt ist. Demgemäß kann das Prozessgericht die Parteien, die eine Vorlage angeregt haben,[301] nicht darauf verweisen, sich selbst an den EuGH zu wenden.[302] Hält das Gericht die Vorlage(anregung) für berechtigt und demgemäß für erforderlich, wird das Verfahren in analoger Anwendung des § 94 VwGO[303] bzw. 148 ZPO[304] ausgesetzt.[305] Eine unmittelbare Anwendbarkeit der Aussetzungsvorschriften scheidet aus, da es sich bei dem Auslegungs- und Gültigkeitsersuchen nicht

---

[297] Vgl. *Everling*, Vorabentscheidung, S. 51; *Pescatore*, Das Vorabentscheidungsverfahren nach Art. 177 EWG-Vertrag und die Zusammenarbeit zwischen dem Gerichtshof und den nationalen Gerichten, BayVBl. 1987, 33 (37); zur rechtstatsächlichen Bestandsaufnahme der Vorlageentscheidungen deutscher Gerichte vgl. *Schwarze*, Befolgung, S. 14 ff.
[298] EuGH, Rs. 13/61, *Van Rijn*, Slg. 1962, 97, 110.
[299] Vgl. *Dauses*, Vorabentscheidungsverfahren, S. 124.
[300] *Lenz*, Rechtsschutz im Binnenmarkt, EuZW 1993, 10 (11).
[301] *Allkemper*, EWS 1994, 254 m.w.N.
[302] Vgl. nur EuGH, Rs. 6/71, *Rheinmühlen-Düsseldorf*, Slg. 1971, 719, 720; Rs. 5/72, *Fratelli Grassi*, Slg. 1972, 443, 448.
[303] VGH BW InfAuslR 1999, 59 ff.; NVwZ-RR 2002, 236; vgl. auch *Kopp/Schenke*, VwGO, § 94 Rn. 2, 4a; *Kenntner*, Europäischer Rechtsschutz, VBlBW 2000, 297, 305; a. A. *Rudisile*, in: Schoch/Schneider/Bier, VwGO, § 94 Rn. 58, der Art. 234 EGV als Sondervorschrift zu § 94 VwGO ansieht, so dass für eine analoge Anwendung kein Raum sei, es sei denn, ein Vorabentscheidungsverfahren zu der entscheidungserheblichen Frage sei bereits beim EuGH anhängig. Ob die Argumentation unter Hinweis auf BVerwG, NVwZ 1999, 1228 = EuR 1999, 656 = DVBl. 1999, 1257; DVBl. 2000, 1617 = NVwZ 2001, 320 in dem das BVerwG das Verfahren ohne weitere Nennung des § 94 VwGO ausgesetzt hat, greift, scheint fraglich, da andere Senate dies z. T. unterschiedlich sehen, vgl. nur BVerwG, NVwZ 2001, 319.
[304] LG Bonn, EuZW 1996, 159, 160; a. A. *Hüßtege*, in: Dt. Richterhandbuch, I Rn. 16.
[305] Vgl. dazu *Füßer/Höher,* EuR 2001, 784 (789), die zugleich für eine „parallele Verfahrensführung" vor dem nationalen Gericht plädieren (z. B. Beweiserhebung für die möglichen Entscheidungsalternativen des EuGH). Eine solche Verfahrensweise erscheint jedoch rechtlich und prozessökonomisch bedenklich. Einerseits muss der Sachverhalt vor einer Vorlage an den EuGH geklärt sein, andererseits werden Kosten produziert, von denen man im Hinblick auf den Ausgang der Vorabentscheidung nicht weiß, ob sie notwendig sind.

um ein „Rechtsverhältnis" in Sinne der genannten Vorschriften handelt.[306] § 94 S. 1 VwGO soll aufwendige Doppelprüfungen in verschiedenen Verfahren ersparen und dient so der Prozessökonomie und der Vermeidung widersprechender Entscheidungen. Die Aussetzung des Verfahrens kann bzw. ist auch dann vorzunehmen, wenn das nationale Gericht nicht selbst vorlegen, sondern die Entscheidung des Gerichtshofes in einem bereits anhängigen Parallelverfahren abwarten will.[307] Mit Rücksicht auf ein beim EuGH anhängiges Verfahren kann ein Rechtsstreit vor einem nationalen Gericht, das gleiche Fragen des Unionsrechts aufwirft, auch ohne gleichzeitige Vorlage (Art. 267 AEUV) entsprechend § 94 VwGO ausgesetzt werden.[308] Ob die beteiligten Parteien vorher angehört werden müssen, beurteilt sich wiederum nach den nationalen Verfahrensordnungen. Im Hinblick auf den verfassungsrechtlichen Grundsatz des rechtlichen Gehörs (Art. 103 GG) und eines effektiven, im Sinne von zügigem Rechtsschutz sind die Parteien im Ausgangsrechtsstreit vorher anzuhören.[309]

b) Die Vorlagefrage. Vielfach wird der Europäische Gerichtshof noch als „Superrevisionsinstanz" gesehen mit der Folge, dass die einzelstaatlichen Gerichte ihm Fragen vorlegen, mit denen sie quasi die Lösung ihres Rechtsstreits wünschen. Bei Abfassung der Vorlagefrage ist jedoch auf die Zuständigkeitsgrenzen, die dem EuGH gezogen sind, Bedacht zu nehmen. Geht es um eine unionsrechtliche Regelung, kann das nationale Gericht auch um die Auslegung des Begriffs in einem sekundärrechtlichen Rechtsakts wie z. B. dem einer Richtlinie und ihres Anhangs ersuchen. Da der Gerichtshof ausschließlich berechtigt ist, unionsrechtliche Rechtsfragen zu beantworten, ist die Vorlagefrage grundsätzlich abstrakt zu formulieren.[310] Andererseits ist aber zu berücksichtigen, dass die Vorabentscheidung des EuGH, wenn sie in zu abstrakter Art ausfällt, dem nationalen Richter kaum hilfreich sein dürfte, weshalb es unschädlich ist, die Frage in präziser und durchaus fallspezifischer Weise zu stellen.[311] Die Zuständigkeit des Gerichtshofs erstreckt sich auf die Auslegung sekundärrechtlicher Begriffe sowie auf die Kriterien erstreckt, die das nationale Gericht bei der Prüfung einer Vertragsklausel im Hinblick auf die Bestimmungen der Richtlinie anwenden darf oder muss, wobei es Sache des nationalen Gerichts ist, unter Berücksichtigung dieser Kriterien über die konkrete Bewertung anhand der Umstände des Einzelfalls zu entscheiden.[312] In der Praxis sind Vorlagebeschlüsse jedoch mitunter wenig klar und informativ abgefasst. Sie lassen nicht immer erkennen, auf welchen Unionsrechtsakt es konkret ankommt und wie dieser sich auf den nationalen Rechtsstreit auswirkt.[313] Insoweit wird angeregt, eine einfache und verständliche Frage zu formulieren, die auf den Sachverhalt und auf die auszulegenden bzw. auf ihre Gültigkeit hin zu überprüfenden Vorschriften ausgerichtet ist.[314] Beispielsweise:

---

[306] *Pechstein*, EU-Prozessrecht, Rn. 878; die praktische Relevanz der unterschiedlichen dogmatischen Ansätze für oder gegen eine Analogie dürfte gering sein.
[307] LG Bonn, EuZW 1996, 159, 160; VGH BW NVwZ-RR 2002, 236.
[308] BVerwGE 112, 166 = NVwZ 2001, 319 f.; BAG, B.v. 20.05.2010 – 6 AZR 481/09.
[309] Ebenso: *Hüßtege*, in: Dt. Richterhandbuch, I Rn. 13.
[310] Vgl. *Dauses*, Vorabentscheidungsverfahren, S. 80; *Pechstein*, EU-Prozessrecht, Rn. 844, vgl. auch zu einem konkreten Fall *Szczekalla*, „Laserdrome" goes „Luxemburg", JA 2002, 997 f.
[311] *Dauses*, in: ders., EU-WirtR, P II Rn. 215 ff.
[312] EuGH, Rs. C-137/08, *VB Pénzügyi Lízing Zrt.*, Slg. 2010, I-10847 Rn. 44.
[313] *Hakenberg*, RabelsZ 2002, 375.
[314] *Pescatore*, Das Vorabentscheidungsverfahren nach Art. 177 EWG-Vertrag und die Zusammenarbeit zwischen dem Gerichtshof und den nationalen Gerichten, BayVBl. 1987, 33 (37).

„Verbietet es Artikel 1 Absatz 2 der Richtlinie 91/439 einem Mitgliedstaat, einem Führerschein die Anerkennung dann zu versagen, wenn nach seinen Ermittlungen ein anderer Mitgliedstaat diesen ausgestellt hatte, obwohl der Führerscheininhaber dort nicht seinen ordentlichen Wohnsitz hatte, und kommt der genannten Vorschrift gegebenenfalls insoweit konkrete Wirkung zu?"[315]

Es reicht nicht zu fragen: *„Darf ein Mitgliedstaat in Übereinstimmung mit Art. 1 Abs. 2 und Art. 8 Abs. 2 und 4 der Richtlinie 91/439 seine Befugnis nach Art. 8 Abs. 2 der Richtlinie 91/439 – seine innerstaatlichen Vorschriften über Einschränkung, Aussetzung, Entzug oder Aufhebung der Fahrerlaubnis auf den Inhaber eines von einem anderen Mitgliedstaat ausgestellten Führerscheins anzuwenden – ausüben im Hinblick auf ein Fahreignungsgutachten, das von dem Inhaber einer von einem anderen Mitgliedstaat erteilten Fahrerlaubnis vorgelegt wurde, wenn das Gutachten zwar nach dem Zeitpunkt der Ausstellung des Führerscheins erstellt wurde und zudem auf einer nach der Ausstellung des Führerscheins durchgeführten Untersuchung des Betroffenen beruht, sich aber auf zeitlich vor der Ausstellung des Führerscheins liegende Umstände bezieht?"*[316]

oder

„Ist Art. .... VO (EG) ... vom rechtsgültig?"

83 Bei der Abfassung der Vorlagefrage sollte sich das einzelstaatliche Gericht genaue Gedanken über die Auslegung und/oder Gültigkeit der für den Ausgangsrechtsstreit maßgeblichen europäischen Norm machen. Während der Gerichtshof bis Ende der 1990er Jahre die ihm unterbreiteten Fragen noch so akzeptiert hatte, wie sie ihm vom einzelstaatlichen Gericht vorgelegt worden sind und sich für befugt gehalten, unpräzise gefasste oder seinen Kompetenzbereich überschreitende Fragen umzuformulieren und aus dem gesamten, ihm vorgelegten Material diejenigen Elemente des Unionsrechts herauszuarbeiten, die unter Berücksichtigung des Gegenstandes des Rechtsstreits einer Auslegung oder einer Beurteilung ihrer Gültigkeit bedurften,[317] hat sich diese Haltung mit der jüngeren Schwemme an Vorabentscheidungsersuchen geändert. Heute wird von den einzelstaatlichen Gerichten erwartet, dass sie sich mit der im Ausgangsrechtsstreit in Betracht kommenden unionsrechtlichen Materie auseinander setzen und die Vorlage im Hinblick auf den Kernstreit präzisieren. So hat sich der EuGH 1998 in einem Beschluss deshalb für unzuständig erklärt, weil „weder die Begründung noch der Tenor des Vorlagebeschlusses erkennen lassen, dass die gestellte Frage die Auslegung des EG-Vertrages oder die Gültigkeit oder die Auslegung von Handlungen der Organe der Gemeinschaft betrifft".[318]

84 **c) Begründung der Vorlageentscheidung.** An den Vorlagebeschluss werden vom Unionsrecht keine konkreten Anforderungen gestellt. Er richtet sich deshalb nach

---

[315] Vgl. EuGH, Rs. C-476/01, *Kapper*, Slg. 2004, I-05205 Rn. 22 ; vgl. dazu: *Middeke*, in: FS Rengeling, Europa im Wandel, S. 321 ff.
[316] Vgl. EuGH, Rs. C-334/09, *Scheffler*, Slg. 2010, I-12379.
[317] EuGH, Rs. 83/78, *Pigs Marketing Board*, Slg. 1978, 2347, 2362 ff.; Rs. C-168/95, *Arcaro*, Slg. 1996, I-4705 Rn. 21 = EuZW 1997, 318; die Kritik von *Heß*, RabelsZ 2002, 481 wird nicht geteilt, da der EuGH durch Umformulierung der Vorlagefrage versucht, den abstrakten Gemeinschaftsbezug herauszuarbeiten.
[318] EuGH, Rs. C-162/98, *Hartmann*, Slg. 1998, I-7083 Rn. 9 = BayVBl. 1999, 492 nach einer Vorlage des OLG Köln zu zwischenstaatlichen Übereinkommen bei Straßenbenutzungsgebühren.

den nationalen Gepflogenheiten. Mittlerweile besteht nach der Rechtsprechung des EuGH aber eine Pflicht zur Begründung der Vorlageentscheidung,[319] auch wenn diese bislang keine positive Normierung in der Satzung oder in der Verfahrensordnung des EuGH gefunden hat. Die erforderliche Begründung des Vorlageersuchens erscheint nicht nur aus der Sicht des Gerichtshofes sinnvoll. Die unionsrechtliche Relevanz der Vorlagefrage lässt sich aus den übersandten Akten oftmals nicht hinreichend klar erschließen.[320] Vor diesem Hintergrund hat der EuGH gerade vermehrt entschieden, dass das vorlegende Gericht in seinem Vorabentscheidungsersuchen „den tatsächlichen und rechtlichen Rahmen umreißt, in den sich die gestellten Fragen einfügen, oder dass es zumindest die tatsächlichen Annahmen erläutert, auf denen diese Fragen beruhen".[321] Das nationale Gericht muss den für das Ausgangsverfahren relevanten Sachverhalt – quasi in einem Tatbestand – für das Vorabentscheidungsersuchen zusammenfassen und das auf den Ausgangsrechtsfall anwendbare nationale Recht angeben.[322] Das vorlegende Gericht muss ferner ein Mindestmaß an Erläuterungen zu den Gründen für die Wahl der einschlägigen Unionsbestimmungen angeben, um deren Auslegung es ersucht, und den Zusammenhang angeben, den es zwischen diesen Bestimmungen und den auf den Rechtsstreit anzuwendenden nationalen Rechtsvorschriften herstellt.[323] Schließlich muss der nationale Richter auch angeben, warum er die Beantwortung seiner Fragen durch den Gerichtshof für erforderlich hält.[324] Derartige Angaben sind deshalb erforderlich, weil das nationale Gericht zwar in eigener Verantwortung prüft, bei fehlender Begründung aber nicht ersichtlich ist, ob diese Prüfung überhaupt stattgefunden hat.[325]

Der Gerichtshof ist angesichts der Vielzahl von Vorabentscheidungsersuchen von seiner jahrelangen großzügigen Praxis hinsichtlich der Einhaltung formaler Voraussetzungen abgerückt, die nationalen Vorlagegerichte um „Nachbesserung" zu bitten. In der fehlenden oder fehlerhaften Übermittlung der zugrunde liegenden rechtlichen und tatsächlichen Voraussetzungen für das Vorabentscheidungsersuchen liegt deshalb einer der größten Fehlerquellen für die „Nichtannahme" bzw. die Verwerfung des VAV als unzulässig durch den EuGH.[326]

Vor diesem Hintergrund sollte der Vorlagebeschluss aus Gründen der v.g. Zulässigkeitsrechtsprechung des EuGH und zur eigenen Überprüfung und Sicherheit, keine Nachfragen oder Klarstellungsanforderungen vom EuGH zu erhalten, wie folgt aufgebaut sein:[327]

---

[319] EuGH, Rs. C-320/90, C-321/90 und C-322/90, *Telemarsicabruzzo*, Slg. 1993, I-393 Rn. 6 f.
[320] *Dauses*, Vorabentscheidungsverfahren, S. 80.
[321] EuGH, Rs. C-320/90, *Telemarsicabruzzo*, Slg. 1993, I-393 Rn. 6; Rs. C-128/97 und 137/97, *Testa & Modesti*, Slg. 1998, I-2181, 2185 Rn. 5; Rs. C-58/95, C-75/95, C-112/95, C-119/95, C-123/95, C-135/95, C-140/95, C-141/95, C-154/95 und C-157/95, *Galotti*, Slg. 1996, I-4345, 4367 Rn. 7 = EuZW 1996, 659.
[322] EuGH, Rs. C-66/97, *Pechim*, Slg. 1997, I-3757, 3765 Rn. 17.
[323] EuGH, Rs. C-167/94, *Grau Gomis u. a.*, Slg. 1995, I-1023, 1028 Rn. 9.
[324] EuGH, Rs. C-128/97, *Testa &Modesti*, Slg. 1998, I-2181, 2188 Rn. 15, 17.
[325] *Stotz*, Hinweise, EuZW 1997, 129.
[326] *Wägenbaur*, EuZW 2000, 37 (41); vgl. auch EuGH, Rs. C-314/01, *Siemens AG*, Slg. 2004, I-2549 Rn. 34.
[327] *Kenntner*, VBlBW 2000, 297 (305); *Hakenberg*, DRiZ 2000, 345 (348); *Schima*, Vorabentscheidungsvefahren, S. 68.

- Nach der oder den eingangs – quasi als Tenor – konkret formulierten Frage oder Fragen, die dem Gerichtshof vorgelegt werden,
- sollte bspw. unter den Gründen zu I. ein kurzer Sachbericht des Ausgangsrechtsstreits, so wie er vom nationalen Gericht festgestellt wurde, kommen – eventuell auch die von den Parteien im Ausgangsverfahren vertretenen Rechtspositionen.
- Anschließend sollte – quasi als Begründung und rechtliche Würdigung (Gründe zu II.) – das unionsrechtliche Problem in seiner Verknüpfung zum nationalen Recht dargestellt werden. Wenn möglich, sollte das Ausgangsgericht auch seine eigene Rechtsauffassung zu dem von ihm unterbreiteten Problem darlegen und einen möglichen Lösungsweg aufzeigen.

87 Beispiele können unter juris gefunden werden. Im Hinblick auf die anstehenden Übersetzungen in die Amtssprachen sollte der Vorlagebeschluss in einfacher Sprache mit kurzen Sätzen abgefasst sein.

88 **2. Die Übermittlung der Vorlageentscheidung.** Wie die Vorlageentscheidung des nationalen Gerichts dem EuGH zu übermitteln ist, beurteilt sich anhand der Vorschrift des Art. 23 Abs. 1 Satzung-EuGH. Diese Regelung bestimmt, dass es dem Gericht des Mitgliedstaates, welches „ein Verfahren aussetzt und den Gerichtshof anruft", obliegt, „diese Entscheidung dem Gerichtshof zu übermitteln". Demgemäß erfolgt die Vorlage unmittelbar von der Geschäftsstelle des vorlegenden Gerichts an die Kanzlei des EuGH,[328] wobei es empfehlenswert ist, die Vorlageentscheidung in mehreren Ausfertigungen und als Einschreiben zu übersenden.[329] Wenngleich dies nicht vorgeschrieben ist, so beschleunigt es doch die Zustellung des Dokuments an die gemäß Art. 23 Abs. 1 S. 2 Satzung-EuGH der am Verfahren Beteiligten. Auch die zeitgleiche Übersendung der Prozessakten (wenigstens in Kopie) ist anzuraten, da sie anderenfalls von der Kanzlei des Gerichtshofs angefordert werden,[330] was gleichfalls zu unnötigen Verzögerungen führt.[331]

89 Mit der Übersendung des Vorlageersuchens an den Gerichtshof wird seitens der Bundesregierung um die zeitgleiche formlose Zusendung eines Abdruckes des Vorlagebeschlusses an das Bundesministerium der Justiz, Referat E 3, bzw. bei Vorabentscheidungsersuchen der Arbeits- und Sozialgerichtsbarkeit an das Bundesministerium für Arbeit, Referat VII A 4, gebeten. Hierdurch soll der Bundesregierung eine möglichst frühzeitige Unterrichtung und Stellungnahme ermöglicht werden. Dieser Bitte sind die einzelnen Länderjustizverwaltungen für ihre Geschäftsbereiche durch entsprechende Weitergabe nachgekommen.[332] So weit diese Praxis der **Information der mitgliedstaatlichen Justizverwaltung** als bedenklich kritisiert wird,[333] erscheint dies allenfalls vor dem Hintergrund der Bevorzugung der Bundesregierung vor den Regierungen

---

[328] *Dauses*, Vorabentscheidungsverfahren, S. 129; *Everling*, Vorabentscheidung, S. 56; *Pescatore*, Das Vorabentscheidungsverfahren nach Art. 177 EWG-Vertrag und die Zusammenarbeit zwischen dem Gerichtshof und den nationalen Gerichten, BayVBl. 1987, 33 (38); *Lenz*, Rechtsschutz im Binnenmarkt, EuZW 1993, 10 (11).

[329] Vgl. *Dauses*, Vorabentscheidungsverfahren, S. 129.

[330] *Dauses*, Vorabentscheidungsverfahren, S. 129.

[331] Die Anschrift lautet: Gerichtshof der Europäischen Gemeinschaften, Palais de Justice, Postfach 1406, L-2925 Luxemburg.

[332] RV d. JM (NRW) vom 8. Juni 2006 (1430 – I. 34)

[333] *Hakenberg*, DRiZ 2000, 345 (348) Fn. 16.

anderer Mitgliedstaaten begründet. Darin eine unzumutbare Diskriminierung gegenüber anderen Äußerungsbeteiligten zu sehen, erscheint jedoch fern liegend. Es liegt im unmittelbaren Interesse eines Mitgliedstaates von Vorabentscheidungsersuchen seiner nationalen Gerichte informiert zu werden, nicht, um eine zeitlich günstigere Ausgangsposition gegenüber anderen Äußerungsberechtigten zu erhalten, sondern um sich von den innerstaatlichen Problemen ein Bild zu machen und ggf. darauf mit den erforderlichen (legislativen oder exekutiven) Maßnahmen zu reagieren. Dementsprechend hat auch der EuGH entschieden, dass weder Art. 267 AEUV noch Art. 23 Abs. 1 Satzung-EuGH einer Bestimmung des nationalen Rechts entgegensteht, die vorsieht, dass das nationale Gericht gleichzeitig mit seinem Ersuchen um Vorabentscheidung von Amts wegen den Justizminister seines Mitgliedstaats über dieses informiert.[334]

3. Rechtsmittel gegen den Vorlagebeschluss. Nach ständiger Rechtsprechung des EuGH schließt Art. 267 AEUV es nicht aus, dass gegen den Vorlagebeschluss die im nationalen Recht hierfür vorgesehenen Rechtsmittel eingelegt werden.[335] Diese Ansicht begründet sich im Wesentlichen aus dem anderenfalls gegebenen schwer wiegenden Eingriff in das Gefüge der nationalen Rechtsordnung.[336] Eine gegen den Vorlagebeschluss gerichtete Beschwerde ist danach nicht ausgeschlossen.[337] Im bundesdeutschen Recht ist eine Beschwerde gegen Vorlagebeschlüsse nach Art. 267 AEUV nicht eröffnet, handelt es sich bei einem Vorabentscheidungsersuchen doch um eine gerichtliche Entscheidung, die Ähnlichkeiten mit den gerichtlich nicht anfechtbaren prozessleitenden Verfügungen aufweist (§ 146 Abs. 2 VwGO).[338] Davon zu unterscheiden ist jedoch die grundsätzliche Möglichkeit, die (analog) § 94 VwGO getroffene Entscheidung der Aussetzung des Ausgangsverfahrens mit der Beschwerde gemäß § 146 Abs. 1 VwGO bzw. entsprechend § 252 ZPO anzufechten. Die Beschwerde gegen die Verfahrensaussetzung dient alleine der Überprüfung der Verfahrensweise des erstinstanzlichen Gerichts und soll verhindern, dass das Gericht ohne zureichenden Grund die sachliche Entscheidung des Rechtsstreits aufschiebt. Ein Aussetzungsbeschluss nach § 94 VwGO ist in der Beschwerdeinstanz demnach dann aufzuheben, wenn das Ausgangsgericht aufgrund einer offensichtlich grob fehlerhaften materiell-rechtlichen Beurteilung des Streitstoffs zur Annahme der Vorgreiflichkeit gelangt ist. Gleiches hat für den Fall zu gelten, dass das Ausgangsgericht seine Überzeugung erkennbar fehlerhaft nicht aus dem Gesamtergebnis des Verfahrens gewonnen hat oder ein Aufklärungsmangel vorliegt.[339] Die Einlegung einer solchen Beschwerde bereitet – je nachdem, ob der Beschwerde Devolutiveffekt beizumessen ist – zumindest Schwierigkeiten, denen der Gerichtshof in der Weise zu entgehen sucht, dass er sich solange an das Vorabentscheidungsersuchen gebunden fühlt, als ihm keine Entscheidung des vorlegenden oder eines früheren Gerichts zugeht, der zweifelsfrei entnommen werden kann, dass das Ersuchen

---

[334] EuGH, Rs. C-137/08, *VB Pénzügyi Lízing Zrt.*, Slg. 2010, I-10847 Rn. 35.
[335] EuGH, Rs. C-146/73, *Rheinmühlen-Düsseldorf*, Slg. 1974, 139, 148; Rs. C-31/68, *SA Chanel*, Slg. 1970, 403, 404.
[336] Vgl. *Gaitanides*, in: Groeben/Schwarze, EUV/EGV, Art. 234 EUV Rn. 84; GA *Roemer*, Rs. C-31/68, *S.A. Chanel*, Slg. 1970, 403, 409.
[337] Vgl. *Pfeiffer*, Keine Beschwerde gegen EuGH-Vorlagen?, NJW 1994, 1996, 2001 f.
[338] BFHE 132, 217, 218; VGH BW EuGRZ 1986, 572, 573; NVwZ-RR 2002, 236; siehe auch *Hilf*, EuGRZ 1986, 574; *Hailbronner*, in: Hdkom.EWGV, Art. 177 Rn. 24; *Hakenberg*, DRiZ 2000, 345 (346); *Bergmann*, ZAR 2011, 41 (43).
[339] VGH BW InfAuslR 2000, 168.

zurückgenommen oder aufgehoben ist.³⁴⁰ Solange die Vorlageentscheidung nicht aufgrund eines nationalen Rechtsbehelfs aufgehoben ist, sieht sich der Gerichtshof an das Vorlageersuchen gebunden.³⁴¹ Aufgrund der grundsätzlichen Beschwerdemöglichkeit ist es ratsam, die Rechtsmittelfrist des § 147 Abs. 1 VwGO (zwei Wochen) abzuwarten, bevor man die vollständigen Prozessakten (Gerichtsakte und evt. Beiakten) dem EuGH zur Entscheidung übersendet. Wartet man diese Frist nicht ab, und wird innerhalb der Frist Beschwerde zum nächsthöheren Gericht eingelegt, kann es zu Schwierigkeiten bei der Aktenrücksendung und bei der Entscheidung über die Beschwerde kommen. Diesen Schwierigkeiten entgeht man, wenn man zunächst die Rechtsmittelfrist abwartet und im Fall einer Beschwerde, die Entscheidung der nächsten Instanz abwartet, bevor man die Prozessakten aus dem Geschäftsgang des Ausgangsgerichts herausgibt.

91 Da die Parteien des Ausgangsverfahrens über den beim einzelstaatlichen Gericht anhängigen Streitgegenstand verfügen, muss bei Rücknahme oder Erledigung des Streitgegenstandes des Ausgangsverfahrens der EuGH hiervon unterrichtet werden, da die Vorlagefrage dann gegenstandslos wird.³⁴² Der Gerichtshof ordnet in so einem Fall die Streichung der Rechtssache aus dem Register an (vgl. unten § 27 Rn. 54). Wird der Vorlagebeschluss des nationalen Gerichts berichtigt, ergänzt oder neugefasst, beantwortet der Gerichtshof die neue Frage in der Fassung des nachgesandten Änderungsbeschlusses.³⁴³

92 Im Zusammenhang mit der Bindungswirkung an die Entscheidung des Gerichtshofes wurde bei § 126 Abs. 5 FGO, wonach ein Finanzgericht seiner Entscheidung die rechtliche Beurteilung des BFH nach dessen Zurückverweisung zugrunde legen muss, diskutiert, ob ein Finanzgericht in dem zurückverwiesenen Rechtsstreit dann noch entgegen der Auffassung des BFH an den Gerichtshof bei aufgetretenem Zweifel im Hinblick auf die Unionskonformität wiederum beim Gerichtshof seine Zweifel vorlegen kann.³⁴⁴

93 **4. Das Verfahren vor dem Gerichtshof.** Das **Verfahren** vor dem Gerichtshof³⁴⁵ wird dadurch eingeleitet, dass das nationale Gericht die Vorlageentscheidung dem Gerichtshof übersendet, was – wie bereits bemerkt – von Geschäftsstelle zu Geschäftsstelle geschieht. Anschließend wird das Vorlageersuchen als neue Rechtssache in das Register eingetragen. Die Generalversammlung weist die Rechtssache einem Richter als Berichterstatter und einem Generalanwalt zu, die im Regelfall beide aus einem anderen Land als dem kommen, aus dem das Vorlageersuchen stammt (vgl. dazu oben

---

³⁴⁰ EuGH, Rs. 146/73, *Rheinmühlen-Düsseldorf* Slg. 1974, 139, 148 Rn. 3; Rs. C-106/77; *Simmenthal*, Slg. 1978, 629, 649 Rn. 10/11, vgl. auch *Gaitanides*, in: Groeben/Schwarze, EUV/EGV, Art. 234 EUV Rn. 85; *Dauses*, in: ders., EU-WirtR, P II Rn. 153 ff.; zur Kritik an dieser Rechtsprechung, vgl. *Beckmann*, S. 82 ff.
³⁴¹ EuGH, Rs. C-39/94, *SFEI*, Slg. 1996, I-3547, 3586 Rn. 24.
³⁴² EuGH, Rs. 31/68, *Chanel,* Slg. 1970, 403, 405.
³⁴³ EuGH, Rs. 406/85, *Gofette*, Slg. 1987, 2525 Rn. 1; Rs. C-44/89, *von Deetzen*, Slg. 1991, I-5119 Rn. 9.
³⁴⁴ FG Rheinland-Pfalz, EuZW 1994, 588 verneinend einerseits; EuGH, Rs. 166/73, *Rheinmühlen I*, Slg. 1974, 33; Rs. 143/73, *Rheinmühlen II*, Slg. 1974, 139, 147 f. andererseits, hierzu auch *Koenig/Sander*, EG-Prozeßrecht, Rn. 477 in der aktuellen Auflage sind diesbezügliche Ausführungen nicht mehr zu finden.; *Oexle*, NVwZ 2002, 1329.
³⁴⁵ Eingehend hierzu *Lenz*, Rechtsschutz im Binnenmarkt, EuZW 1993, 10 (11) sowie unten § 21.

§ 3 Rn. 16). Nach Eingang des Vorlagebeschlusses bei der Kanzlei des Gerichtshofs wird dieser in alle Amtssprachen der Gemeinschaft übersetzt, im Amtsblatt veröffentlicht und gemäß Art. 23 Abs. 1 S. 2 Satzung-EuGH den Parteien des Ausgangsverfahrens (vgl. dazu auch unten § 22 Rn. 51 ff.), den Mitgliedstaaten und der Kommission zugestellt sowie den Organen, Einrichtungen oder sonstigen Stellen der Union, von denen die Handlung, deren Gültigkeit oder Auslegung streitig ist, ausgegangen ist. Die danach am VAV Beteiligten sind berechtigt, binnen zwei Monaten nach Zustellung beim Gerichtshof eine schriftliche Erklärung abzugeben, sind aber nicht in der Lage, auf den Streitgegenstand des Verfahrens Einfluss zu nehmen. Sobald sämtliche Stellungnahmen eingegangen oder hierfür gesetzte Fristen erfolglos verstrichen sind, verfasst der vom Gerichtshof bestellte Berichterstatter zwei Berichte: einen Sitzungsbericht und einen Vorbericht. Der Sitzungsbericht enthält eine wertungsfreie kurz gefasste Darstellung des Sach- und Streitstandes.[346] Anhand des Sitzungsberichts können die Beteiligten kontrollieren, ob der Berichterstatter und damit der Gerichtshof ihre Argumentation vollständig und zutreffend wiedergegeben hat.[347] Dieser Bericht dient gleichzeitig als Grundlage für die mündliche Verhandlung. Der Berichterstatter legt der Generalversammlung gleichzeitig einen sog. Vorbericht (rapport préalable) vor, auf dessen Grundlage entschieden wird, ob die Sache im Plenum behandelt oder einer Kammer überwiesen wird und ob Beweiserhebungen oder andere vorbereitende Maßnahmen erforderlich sind (Art. 59 VerfO-EuGH). Zwar ist der Gerichtshof nicht berechtigt, eine Beweisaufnahme im eigentlichen Sinne durchzuführen, da die Sachverhaltsaufklärung in der alleinigen Kompetenz des nationalen Gerichts verbleibt. Er benötigt aber oftmals zusätzliche Informationen über den Sachverhalt, die einschlägigen nationalen Rechtsvorschriften oder auch technische Gesichtspunkte, die er dann von den Parteien des Ausgangsverfahrens, der Kommission und bisweilen von betroffenen Mitgliedstaaten oder aber durch Rückfrage beim nationalen Gericht zu erlangen versucht.[348] Die bisherige Rechtspraxis, in unklaren Vorabentscheidungsersuchen Klarstellungen beim nationalen Ausgangsgericht einzuholen, ist in Art. 101 VerfO-EuGH niedergelegt.

Da die Parteien des Ausgangsrechtsstreits nur die Möglichkeit haben, sich in dem vom innerstaatlichen Gericht mit der Vorlagefrage abgesteckten rechtlichen Rahmen zu äußern, Art. 267 AEUV im Übrigen auf die unmittelbare Zusammenarbeit zwischen dem Gerichtshof und den einzelstaatlichen Gerichten angelegt ist, ist das VAV jeder Initiative der Parteien entzogen.[349] Da es sich bei dem VAV um ein Zwischenverfahren handelt, können die Vorschriften für streitige Verfahren nicht auf Vorabentscheidungsersuchen ausgedehnt werden. Dementsprechend können private Parteien des Ausgangsrechtsstreits in einem laufenden, anhängigen VAV auch keine Anträge auf Erlass einstweiliger Anordnungen oder auf Aussetzung der angegriffenen Maßnahmen stellen bis zur Verkündung des Urteils des Gerichtshofes im VAV. Vielmehr hat der EuGH

---

[346] Lenz, Die Rolle und der Wirkungsmechanismus des Vorabentscheidungsverfahrens, DRiZ 1995, 213 (216).
[347] Lenz, Die Rolle und der Wirkungsmechanismus des Vorabentscheidungsverfahrens, DRiZ 1995, 213 (217).
[348] Vgl. Pescatore, Das Vorabentscheidungsverfahren nach Art. 177 EWG-Vertrag und die Zusammenarbeit zwischen dem Gerichtshof und den nationalen Gerichten, BayVBl. 1987, 33 (40); Dauses, in: ders., Handbuch, P II Rn. 39.
[349] Vgl. EuGH, Rs. 44/65, Singer, Slg. 1965, 1268, 1275; Rs.62/73, Bollmann, Slg. 1973, 269; Rs. C-261/95, Palmisani, Slg. 1997, I-4025 Rn. 31.

entschieden, dass die nationalen Gerichte gemäß dem in Art. 4 Abs. 3 EUV (vorher Art. 10 EGV-Nizza) aufgestellten Mitwirkungsgrundsatz den Rechtsschutz zu gewähren haben, der sich für die Einzelnen aus der unmittelbaren Wirkung unionsrechtlicher Vorschriften ergibt.[350] Der vorläufige Rechtsschutz, den das Unionsrecht den einzelnen Unionsbürgern gewährt (Art. 278, 279 AEUV),[351] kann sich nicht danach richten, ob sie die Vereinbarkeit von Bestimmungen des nationalen Rechts mit dem Unionsrecht oder die Gültigkeit von Rechtsakten des abgeleiteten Unionsrecht bestreiten.[352]

95 Die VerfO-EuGH[353] enthält weitere Regelungen. Art. 99 VerfO-EuGH räumt dem EuGH für Fälle, in denen die Vorlagefrage mit einer früheren übereinstimmt oder sich die Antwort klar aus der vorangegangenen Rechtsprechung des Gerichtshofes ergibt oder kein Raum für vernünftige Zweifel an der richtigen Antwort besteht, die Möglichkeit ein, durch Beschluss in einem abgekürzten Verfahren zu entscheiden.[354]

96 Im Anschluss an das schriftliche Verfahren, d. h. sobald die vorbereitenden Tätigkeiten abgeschlossen sind, erfolgt im Regelfall die mündliche Verhandlung, wenn einzelne Beteiligte darauf bestehen oder der EuGH diese selbst für notwendig erachtet (vgl. dazu i.E. auch unter § 25). Die Beteiligten, die gemäß Art. 23 Abs. 2 Satzung-EuGH berechtigt sind, schriftliche Erklärungen abzugeben, sind auch befugt, in der mündlichen Verhandlung aufzutreten. Da dies wiederum mit (Reise-) Kosten verbunden ist, besteht nach § 115 VerfO-EuGH die Möglichkeit, beim Gerichtshof um Prozesskostenhilfe nachzusuchen (dazu näher unter Rn. 110). In besonderen Fällen kann der Gerichtshof dann eine Beihilfe bewilligen, um es einer Partei zu erleichtern, sich vertreten zu lassen oder persönlich zu erscheinen. Hat der Antragstellung bereits Prozesskostenhilfe vor dem vorlegenden Gericht bezogen, so sind mit der Antragstellung der Bewilligungsbeschluss vorzulegen sowie anzugeben, was von den bewilligten Beträgen gedeckt ist (§ 115 Abs. 3 VerfO-EuGH). Soweit es die Vertretung und das persönliche Erscheinen der Parteien des Ausgangsverfahrens vor dem Gerichtshof betrifft, ist gemäß Art. 97 Abs. 3 VerfO-EuGH denjenigen Verfahrensvorschriften Rechnung zu tragen, die vor den vorlegenden nationalen Gerichten gelten.[355] Nach Art 76 Abs. 2 VerfO-EuGH kann der EuGH – vorbehaltlich eines Antrages der Beteiligten – auf den Bericht des Berichterstatters und nach Anhörung des Generalanwaltes und Unterrichtung der Beteiligten beschließen, dass ohne mündliche Verhandlung entschieden werden soll. Insoweit ist Art. 105 VerfO-EuGH von entscheidender Bedeutung. Danach kann der Präsident des EuGH auf Antrag des nationalen Ausgangsgerichts und auf Vorschlag des Berichterstatters nach Anhörung des Generalanwaltes das vorgelegte Vorabentscheidungsersuchen in einem **beschleunigten Verfahren** verhandeln, wenn sich aus den angeführten Umständen die außerordentliche Dringlichkeit der Entscheidung über die vorgelegte Frage ergibt (vgl. dazu i.E. unten § 26 Rn. 14 f.). Bei einem solchen beschleunigten Verfahren wird sofort ein Termin zur mündlichen Verhandlung anberaumt und die Äußerungsfrist für die Beteiligten und Äußerungsberechtigten auf mindestens 15 Tage verkürzt,

---

[350] Vgl. EuGH, Rs. C-213/89, *Factortame*, Slg. 1990, I-2433 Rn. 20; Rs. C-188/10, 189/10, *Melki, Abdeli*, Slg. 2010, I-5667.
[351] Vgl. dazu unter §§ 19 und 20.
[352] Vgl. EuGH-Präs, Rs. C-186/01R, *Dory*, Slg. 2001, I-7823 Rn. 12.
[353] Vgl. ABl. Nr. L 265/1 v. 29.9.2012; vgl. zu den Regelungen auch *Wägenbaur*, EuGH VerfO, 2008.
[354] Vgl. EuGH, Rs. C-518/99, *Gaillard*, Slg. 2001, I-2771 Rn. 11.
[355] Vgl. *Hailbronner*, in: HKMM, HK-EU, Art. 177 Rn. 5.

3. Abschnitt. Zwischen- und Inzidenterverfahren §10

wobei sich die Beteiligten auf die aufgeworfenen Rechtsfragen beschränken sollen. Eine Vorabentscheidung im beschleunigten Verfahren nach Art. 105 VerfO-EuGH (früher § 104a VerfO-EuGH a. F.) hat der EuGH in der Vergangenheit in dringenden Fällen, beispielsweise in einem niederländischen Verfahren betreffend eine Impfung zum Schutz vor der Maul- und Klauenseuche getroffen.[356]

Dem beschleunigten Verfahren und der raschen Durchführung des VAV dient der Einsatz moderner Kommunikationsmittel, wie dies Art. 57 Abs. 7 und 8 VerfO-EuGH vorsehen. Danach können Schriftsätze fristwahrend mittels Telefax oder E-Mail eingereicht werden, sofern die unterzeichnete Urschrift spätestens zehn Tage danach bei der Kanzlei eingeht. Ob diese Änderungen zur Entlastung des Gerichtshofes ausreichen, wird zwar bezweifelt,[357] doch dienen sie einem beschleunigten Fortgang der Ersuchen allemal. Vor der mündlichen Verhandlung wird ein Sitzungsbericht durch den Berichterstatter gefertigt, der den Sachverhalt und das wesentliche Vorbringen der am Verfahren Beteiligten zusammenfasst (Art. 59 VerfO-EuGH). Die mündliche Verhandlung endet mit dem Schlussantrag des Generalanwaltes (Art. 82 VerfO-EuGH). Nach dem Schlussantrag des Generalanwaltes entscheidet der Gerichtshof am Ende des Verfahrens über die ihm gestellten Vorabentscheidungsfragen durch Urteil (Art. 88 VerfO-EuGH). Dieses Urteil wird dem nationalen Gericht zugestellt; die Parteien des Ausgangsverfahrens erhalten Ausfertigungen (Art. 88 Abs. 2 VerfO-EuGH). Der Tenor wird im Amtsblatt veröffentlicht und das gesamte Urteil wird später in der Sammlung des Gerichtshofs veröffentlicht und ist elektronisch abrufbar. Mit seinem Urteil gibt der EuGH dem Vorlagegericht in seinen Entscheidungsgründen bzw. im Tenor detaillierte Auslegungskriterien an die Hand und erklärt, welche Maßstäbe für die Vereinbarkeit der mitgliedstaatlichen Norm mit der vorgelegten Vorschrift des Unionsrechts gelten.[358] Im Tenor selbst wird die Beantwortung der vorgelegten Frage vorgenommen. Allerdings hat der Gerichtshof seine Veröffentlichungspraxis für bestimmte Entscheidungen geändert und übersetzt sie nicht mehr in alle Amtssprachen und sieht von der Aufnahme in die amtliche Sammlung ab. Die Entscheidung liegt dann nur noch in der verbindlichen Verfahrenssprache (Art. 37 VerfO-EuGH) vor und ist nur noch in der elektronischen Sammlung des EuGH via Internet abrufbar. Die Änderung geht auf eine interne Veröffentlichungspraxis des Gerichtshofes zurück: „Seit dem 1. Mai 2004 werden folgende Entscheidungen nicht mehr in der Sammlung veröffentlicht, sofern der betreffende Spruchkörper nichts anderes bestimmt:- die Urteile, die in anderen Rechtssachen als Vorabentscheidungssachen von den Kammern mit drei Richtern erlassen werden,- die Urteile, die in anderen Rechtssachen als Vorabentscheidungssachen von den Kammern mit fünf Richtern ohne Schlussanträge des Generalanwalts erlassen werden, – die Beschlüsse. Diese Entscheidungen sind jedoch in den verfügbaren Sprachen, d. h. in der Verfahrenssprache und der Beratungssprache, auf der Website des Gerichtshofes (www.curia.europa.eu) zugänglich".[359]

---

[356] EuGH, Rs. C-189/01, *Jippes*, Slg. 2001, I-5689, 5693 Rn. 45= NVwZ 2001, 1145 = LRE 41 Nr. 1 m. Anm. Mahn.

[357] Vgl. *Lenz*, Die Gerichtsbarkeit in der Europäischen Gemeinschaft nach dem Vertrag von Nizza, EuGRZ 2001, 433 (438).

[358] Z. B. EuGH, Rs. C-46/93 und C-48/93, *Brasserie du Pêcheur*, Slg. 1996, I-1029 (1161 f.) = EuZW 1996, 205 ff.

[359] Abrufbar unter: http://curia.europa.eu/jcms/jcms/Jo2_14954/#principes

98 Zur effektiven Verkürzung der Verfahrensdauer trägt das „**beschleunigte Verfahren**" somit aber nur in Einzelfällen besonderer Dringlichkeit bei. Trotz zügiger Bearbeitung hält das Gericht im Wesentlichen die Verfahrensschritte des normalen VAV bei und erreicht die Beschleunigung allein durch eine vorrangige Bearbeitung und eine Verkürzung der Äußerungsfristen und –wege. Da die Beschleunigung zu Lasten der übrigen (normalen) Vorabentscheidungsersuchen geht,[360] macht der Gerichtshof von diesem Verfahren nur zurückhaltend Gebrauch. Zahlreiche von den vorlegenden Gerichten vorgetragene Gründe für die Durchführung des beschleunigten Verfahrens hat der Gerichtshof als nicht ausreichend angesehen, so dass er eine Durchführung ablehnte.[361]

IV. Eilvorlageverfahren

99 Ausgehend von dieser Sachlage ist mit dem Vertrag von Lissabon für den „Raum der Freiheit, der Sicherheit und des Rechts" (Titel V, Art. 67ff. AEUV), namentlich im Asyl und in der justiziellen und polizeilichen Zusammenarbeit, also in Fällen, in denen Menschen in Abschiebehaft oder in Untersuchungs- oder Strafhaft sitzen, ein Eilvorlageverfahren zur Wahrung eines effektiven Rechtsschutzes eingeführt worden. Denn gerade hier würde das VAV im Rahmen seiner bisherigen Durchführung und mit seinen bisherigen Laufzeiten zu einer Verzögerung des effektiven Rechtsschutzes führen. Die „Kohärenzbremsen" in Art 68 EGV-Nizza und Art. 35 EUV-Nizza sind weggefallen.[362] Gleichzeitig hat der Rat in Art 23a Satzung-EuGH und in Art. 107 VerfO-EuGH ein Verfahren in Abweichung prozeduraler Anforderungen eingeführt, um vorgelegte Vorabentscheidungsersuchen beschleunigt zu entscheiden. Gerade in familienrechtlichen, Asyl- und Strafverfahren ist das Gebot des effektiven Rechtsschutzes und damit eines zeitnahen Rechtsschutzes von zentraler Bedeutung.[363] Nach Einschätzung des Rates sollten Eilvorlageverfahren binnen 3 Monaten abgeschlossen sein. Erste Erfahrungen mit diesem neuen Instrument belegen,[364] dass eine solche Verfahrensdauer sogar noch unterschritten wird. Kern dieses „Eilvorabentscheidungsverfahrens" ist die Konzentration der mündlichen Verhandlung und die beschränkte Stellung des Generalanwalts. Die wesentlichen Änderungen führen die Art. 107 bis 114 VerfO-EuGH an:

- Einleitung und Zustellung der Anträge und Schriftsätze können mittels Fernkopierer oder sonstiger beim Gerichtshof vorhandener technischer Kommunikationsmittel (E-Mail) erfolgen.[365]

- Bereits im Antrag des nationalen Gerichts sind die Dringlichkeit und die Rechtfertigung für ein abweichendes Verfahren nebst Vorschlag einer möglichen Beantwortung der Vorlagefrage darzustellen.

---

[360] *Lenz*, Die Gerichsbarkeit in der Europäischen Gemeinschaft nach dem Vertrag von Nizza, EuGRZ 2001, 433 (438f.).
[361] Vgl. EuGH, Rs. C-342/04, *Eurofood*, n.v. Rn. 12; Rs. C-283/06, *KÖGÁZ*, n.v. Rn. 9; Rs. C-386/06, *Cedilac*, n.v. Rn. 7; Rs. C-456/07, *Mihal*, Slg. 2008, I-79 Rn. 9, alle abrufbar unter: www.curia.europa.eu.
[362] *Kokott/Dervisopoulos/Henze*, EuGRZ 2008, 10 (11); *Dörr*, EuGRZ 2008, 349 (352).
[363] *Kokott/Dervisopoulos/Henze*, EuGRZ 2008, 10 (11).
[364] EuGH, Rs. C-211/10 PPU, *Povse*, Slg. 2010, I-6673 Rn. 35f.
[365] Vgl. zu den einzelnen Phasen *Kühn*, EuZW 2008, 263 (264ff.).

- Fehlt ein solcher Antrag, drängt sich die Dringlichkeit nach erstem Anschein aber auf, kann der Präsident des Gerichtshofes um ein Eilvorlagenverfahren bei der zuständigen Kammer ersuchen.
- In diesen Fällen ist das Eilvorlageersuchen sofort an die beteiligten Parteien des Ausgangsrechtsstreits, den Mitgliedstaat des vorlegenden nationalen Gerichts und die in Art. 23 Satzung-EuGH genannten Organe zu übermitteln.
- Gleichzeitig erfolgt die Festsetzung einer Frist zur Abgabe schriftlicher Erklärungen, ggf. zu bestimmten Rechtsfragen.
- Sobald wie möglich hat der Gerichtshof den Beteiligten den voraussichtlichen Termins zur mündlichen Verhandlung mitzuteilen.
- In Fällen äußerster Dringlichkeit kann die zuständige Kammer des Gerichtshofes ohne schriftliches Verfahren, aber nach Anhörung des Generalanwaltes (Art. 112 VerfO-EuGH) entscheiden.
- Im Einzelfall kann die Kammer-Entscheidung durch drei statt mit fünf Richtern erfolgen.

Zum beschleunigten VAV bzw. zum Eilvorabentscheidungsverfahren führt der Gerichtshof in seinen Empfehlungen[366] aus:

*„Nach Art. 105 der Verfahrensordnung kann eine Vorlage zur Vorabentscheidung einem **beschleunigten Verfahren** unter Abweichung von den Bestimmungen der Verfahrensordnung unterworfen werden, wenn die Art der Rechtssache ihre rasche Erledigung erfordert. Da dieses Verfahren alle Verfahrensbeteiligten, insbesondere die Mitgliedstaaten, die ihre schriftlichen oder mündlichen Erklärungen in erheblich kürzeren als den üblichen Fristen abgeben müssen, erheblichen Zwängen unterwirft, sollte seine Anwendung nur unter besonderen Umständen beantragt werden, die es rechtfertigen, dass sich der Gerichtshof rasch zu den Vorlagefragen äußert. Dass von der Entscheidung, die das vorlegende Gericht erlassen muss, nachdem es den Gerichtshof zur Vorabentscheidung angerufen hat, eine große Zahl von Personen oder Rechtsverhältnissen potenziell betroffen ist, stellt für sich keinen außergewöhnlichen Umstand dar, der die Anwendung des beschleunigten Verfahrens rechtfertigen könnte. Dies gilt erst recht für das **Eilvorabentscheidungsverfahren** nach Art. 107 der Verfahrensordnung. Dieses Verfahren, das nur in den Bereichen statthaft ist, die von Titel V des Dritten Teils des AEUV über den Raum der Freiheit, der Sicherheit und des Rechts erfasst sind, erlegt den daran Beteiligten nämlich noch größere Zwänge auf, da insbesondere die Zahl der Beteiligten, die schriftliche Erklärungen einreichen dürfen, begrenzt wird und bei äußerster Dringlichkeit vom schriftlichen Verfahren vor dem Gerichtshof ganz abgesehen werden kann. Dieses Verfahren sollte daher nur beantragt werden, wenn es nach den Umständen absolut erforderlich ist, dass der Gerichtshof die Fragen des vorlegenden Gerichts in kürzester Zeit beantwortet. Insbesondere wegen der Vielfalt und des evolutiven Charakters der Unionsvorschriften über den Raum der Freiheit, der Sicherheit und des Rechts können diese Umstände hier nicht erschöpfend aufgezählt werden. Jedenfalls könnte ein nationales Gericht einen Antrag auf Eilvorabentscheidungsverfahren z. B. in folgenden Fällen in Betracht ziehen: in dem in Art. 267 Abs. 4 AEUV vorgesehenen Fall des Freiheitsentzugs oder der Freiheitsbeschränkung, wenn die aufgeworfene Frage für die Beurteilung der Rechtsstellung des Betroffenen entscheidend ist, oder in einem Rechtsstreit über*

---

[366] Vgl. ABl. 2012 C 338/5 sowie unter: http://eur-lex.europa.eu/LexUriServ/LexUriServ.do?uri=OJ:C:2012:338:0001:0006:DE:PDF

das elterliche Erziehungs- und Sorgerecht, wenn die Zuständigkeit des gemäß dem Unionsrecht angerufenen Gerichts von der Antwort auf die Vorlagefrage abhängt."

V. Die Wirkungen eines Vorabentscheidungsurteils

101 Mit der Zustellung des Vorabentscheidungsurteils nimmt das einzelstaatliche Ausgangsgericht sein Verfahren wieder auf und entscheidet den Ausgangsrechtsstreit nach seiner nationalen Prozessordnung unter Beachtung der Rechtsauffassung des EuGH – wenn dies denn notwendig ist. In einigen Mitgliedstaaten wird nach Ergehen der Vorabentscheidung durch den Gerichtshof die Klage zurückgenommen oder der Klageanspruch anerkannt bzw. das Verfahren in der Hauptsache für erledigt erklärt.[367] Der Gerichtshof erbittet für seine Datenbank eine Abschrift der Entscheidung im Ausgangsverfahren. Die Vorlagegerichte sind angehalten, dem EuGH ihre „Schlussurteile" zu übersenden bzw. den Gerichtshof über den weiteren Fortgang des Verfahrens zu unterrichten. Wendet man sich den Wirkungen des Vorabentscheidungsurteils für das Ausgangsverfahren zu, so hat man zu differenzieren zwischen den Wirkungen, die das Vorabentscheidungsurteil auf das ausgesetzte Verfahren zeitigt und denjenigen Wirkungen des Urteils, die über das ausgesetzte Verfahren hinausreichen.

102 **1. Wirkung auf das innerstaatliche Ausgangsverfahren.** Da der Gerichtshof gemäß Art. 267 AEUV über die Auslegung der Verträge und die Handlungen der Organe der Gemeinschaft „entscheidet" und damit über eine ihm unterbreitete Rechtsfrage befindet, handelt es sich bei seinem Urteil nicht um eine bloße Empfehlung, sondern um eine rechtskräftige und das vorlegende einzelstaatliche Gericht bindende Entscheidung.[368] Diese Bindungswirkung erstreckt sich nicht nur auf das vorlegende Gericht, sondern auch auf sämtliche Gerichte, die in derselben Sache zu entscheiden haben.[369] Allerdings hindert diese Bindungswirkung die Gerichte nicht, den EuGH erneut anzurufen, um eine weitere Klärung der für sie relevanten unionsrechtlichen Fragen herbeizuführen.[370] Eine erneute Vorlage kommt insbesondere dann in Betracht, wenn das nationale Gericht bei der Anwendung des Urteils Schwierigkeiten hat, wenn sich dem einzelstaatlichen Gericht oder dem Gericht eines anderen Mitgliedstaates aufgrund des EuGH-Urteils eine weitere Rechtsfrage stellt oder wenn ihm neue Gesichtspunkte auffallen, die den Gerichtshof veranlassen könnten, die Frage, über die er bereits entschieden hat, in anderer Weise zu beantworten.[371] Als Beispiel für diesen Komplex kann die Auslegung der Führerscheinrichtlinie 91/439/EWG gelten, die nicht zuletzt infolge wiederholter Vorlagen von Verwaltungsgerichten in den Mitgliedstaaten

---

[367] Vgl. *Hakenberg*, Der Dialog zwischen nationalen und europäischen Richtern, DRiZ 2000, 345 (349).
[368] EuGH, Rs. 52/76, *Benedetti*, Slg. 1977, 163, 183; ferner *Fastenrath*, JA 1986, 284; *Nachbaur*, VGH Mannheim versus Europäischer Gerichtshof?, JZ 1992, 354.
[369] Vgl. *Beckmann*, S. 96; *Lieber*, S. 119 f.; *Karpenstein*, in: GHN, Art. 267 AEUV Rn. 99; *Dauses*, in: ders., EU-WirtR, P II Rn. 220.
[370] EuGH, Rs. 14/86, *Pretore di Salò*, Slg. 1987, 2545, 2568 m.w.N.; *Karpenstein*, in: GHN, Art. 267 AEUV Rn. 100.
[371] Vgl. EuGH, Rs. 69/85, *Wünsche*, Slg. 1986, 947, 953; Rs. 14/86, *Pretore di Salò*, Slg. 1987, 2545, 2568 f.; hierzu *Dauses*, in: ders., EU-WirtR, P II Rn. 224.

zweimal geändert werden musste, um die in der Anwendung vermisste Klarheit herzustellen.[372]

2. Die Wirkungen auf andere Verfahren. Da Art. 267 AEUV – auch nach Lissabon 103
– keine Aussagen über die Wirkungen der Vorabentscheidungsurteile trifft, stellt sich
die Frage, ob die Entscheidungen auch in anderen, nicht mit dem Ausgangsverfahren
identischen Rechtsstreitigkeiten dort Bindungswirkungen entfalten können.[373] Hierbei
ist zwischen der Bindungswirkung im Hinblick auf die von der Entscheidung Betroffenen und der zeitlichen Wirkung zu differenzieren.

a) **Auslegungsurteile.** So weit es sich um Auslegungsurteile handelt, sind die mit- 104
gliedstaatlichen Gerichte nicht nur berechtigt, eine von dem EuGH in einem anderen
Verfahren gefundene Auslegung des Unionsrechts der von ihnen zu treffenden Entscheidung zugrunde zulegen,[374] vielmehr sind die von Art. 267 Abs. 3 AEUV erfassten
Gerichte sogar verpflichtet, das Unionsrecht in der vom EuGH gefundenen Auslegung
anzuwenden oder aber – sofern sie Zweifel an der Richtigkeit dieser Interpretation
hegen – erneut ein Vorlageersuchen an den EuGH zu richten.[375] Durch die Rechtsprechung des EuGH wird „die Auslegung einer Vorschrift des Unionsrechts ... erläutert
und erforderlichenfalls verdeutlicht, in welchem Sinn und mit welcher Tragweite diese
Vorschrift seit ihrem Inkrafttreten zu verstehen und anzuwenden ist oder anzuwenden
wäre. Daraus folgt, dass die Gerichte diese Vorschrift in dieser Auslegung auch auf
Rechtsverhältnisse, die vor Erlass des auf das Ersuchen um Auslegung ergangenen
Urteils entstanden sind, anwenden können und müssen, wenn alle sonstigen Voraussetzungen für die Anrufung der zuständigen Gerichte in einem die Anwendung dieser
Vorschrift betreffenden Streit vorliegen".[376]

Auslegungsurteile entfalten anders als Gültigkeitsurteile des EuGH im VAV zunächst nur eine Bindungswirkung inter partes,[377] doch gehen von der Vorabentscheidung des Gerichtshofes starke präjudizielle Wirkungen für die gesamte Gemeinschaft
aus, so dass man insoweit auch von einer faktischen **erga-omnes-Bindungswirkung**[378]
oder von einer tatsächlichen rechtsbildenden Kraft[379] sprechen kann. Diese Bindungswirkung des Vorabentscheidungsurteils lässt sich für nichtvorlagepflichtige andere
Gerichte unter Hinweis auf prozessökonomische Gesichtspunkte und die Leitfunktion
des Vorabentscheidungsurteils begründen.[380] Das Unionsrecht, welches Rechte und
Pflichten für die Mitgliedstaaten und die Unionsbürger begründet, hat letztlich den
Inhalt, den ihm der EuGH durch seine Auslegung beimisst. Ein nationales Gericht,

---

[372] Vgl. dazu *Middeke*, in: FS Rengeling, S. 321 ff.; ferner *Germelmann*, EuR 2009, 254 (255).
[373] Darstellung der Meinungsverschiedenheiten bei *Lieber*, S. 120 ff.
[374] *Fastenrath*, JA 1986, 284; *Nachbaur*, JZ 1992, 354.
[375] EuGH, Rs. 283/81, *C.I.L.F.I.T.*, Slg. 1982, 3415, 3429 ; *Karpenstein*, in: GHN, Art. 267
AEUV Rn. 101; *Dauses*, in: ders., EU-WirtR, P II Rn. 237 f.
[376] EuGH, Rs. C-10/97, *IN.CO.GE*, Slg. 1998, I-6307 ff. = NJW 1999, 201 ff. = EuZW 1998,
719 f. = JZ 1999, 196 ff. mit Anmerkung von *v. Danwitz*, JZ 1999, 198 f.
[377] *Hakenberg*, DRiZ 2000, 345 (347).
[378] vgl. dazu *Pechstein*, EU-Prozessrecht, Rn. 868; *Lumma*, EuGRZ 2008, 381.
[379] Vgl. *Sarcevic*, Vorabentscheidungsverfahren: Eine besondere Art des Rechtstransfers,
DÖV 2007, 593 (598).
[380] Vgl. *Everling*, Vorabentscheidungsverfahren, S. 66; ablehnend *Streil*, in: Schwarze (Hrsg.),
Der EuGH als Verfassungsgericht und Rechtsschutzinstanz, S. 69, 78 f.; ablehnend auch *Lieber*,
S. 124 f.

welches von der Rechtsprechung des EuGH abweichend judiziert, liefert der benachteiligten Partei einen Berufungs- oder Revisionsgrund. Kommt es zu einem Rechtsmittelverfahren, so wird das Rechtsmittelgericht entweder die Rechtsprechung des EuGH übernehmen und das Urteil der vorhergehenden Instanz aufheben oder aber den EuGH erneut anrufen mit dem Ergebnis, dass die hierauf ergehende Vorabentscheidung nunmehr wiederum alle mit dem Ausgangsrechtsstreit befassten Gerichte bindet. Auch für die nicht vorlagepflichtigen unterinstanzlichen Gerichte kommt den Auslegungsentscheidungen des EuGH aus Gründen der Prozessökonomie jedenfalls eine tatsächliche Bindungswirkung zu, da auch diese Gerichte zur Wahrung der Rechtseinheit gehalten sind, die Auslegung der Unionsrechtlichen Norm in der Fassung der Interpretation durch den EuGH zu beachten. Aus dem Gedanken heraus, dass den Entscheidungen des EuGH eine Leitfunktion für die Anwendung des Unionsrechts zukommt, ist seinen Entscheidungen eine Bindungswirkung im Sinne einer „tatsächlich rechtsbildenden Kraft" zuzumessen.[381] Oder, um es mit dem Gerichtshof zu formulieren: Aus der Auslegung einer Vorschrift des Unionsrechts, die der Gerichtshof in Ausübung seiner Befugnisse aus Artikel 267 AEUV vornimmt, die er den nationalen Gerichten erläutert und verdeutlicht, in welchem Sinne und mit welcher Tragweite diese Vorschrift seit ihrem Inkrafttreten zu verstehen und anzuwenden ist oder gewesen wäre, „folgt, dass die Gerichte die Vorschriften in dieser Auslegung auch auf Rechtsverhältnisse, die vor Erlass des auf das Ersuchen um Auslegung ergangenen Urteils entstanden sind, anwenden können und müssen, wenn alle sonstigen Voraussetzungen für die Anrufung der zuständigen Gerichte in einem die Anwendung dieser Vorschriften betreffenden Streit vorliegen".[382]

105 **b) Gültigkeitsurteile.** Da die einzelstaatlichen Gerichte generell nicht berechtigt sind, die Ungültigkeit von unionsrechtlicher Regelungen festzustellen,[383] sind sie an aus anderen Verfahren stammende Vorabentscheidungsurteile des EuGH, die die Gültigkeit des in Rede stehenden Unionsrechtsaktes feststellen, gebunden; die Gültigkeitsurteile beanspruchen deshalb auch außerhalb des Ausgangsverfahrens Verbindlichkeit (allgemeine **Bindungswirkung** erga omnes).[384] In einem jüngeren Beschluss hat der Gerichtshof zur Wirkung von Gültigkeitsurteilen nochmals ausdrücklich festgestellt: „Auf jeden Fall ergibt sich die Ungültigkeit einer Gemeinschaftsvorschrift unmittelbar aus dem diese Ungültigkeit feststellenden Urteil des Gerichtshofes, und es ist Sache der Behörden und Gerichte der Mitgliedstaaten, in ihrer nationalen Rechtsordnung daraus Konsequenzen zu ziehen."[385] Indem ein Vorabentscheidungsurteil über die Gültigkeit einer Unionsvorschrift für jedes Gericht „ein ausreichender Grund" ist, die Vorschrift bei der von ihm anschließend zu erlassenden Entscheidung als ungültig anzusehen, hat der Gerichtshof durch die analoge Anwendung des Art. 266 AEUV zu erkennen gegeben, dass er zwischen Nichtigkeitsurteilen und solchen, mit denen eine Vorschrift

---

[381] *Gaitanides*, in: Groeben/Schwarze, EUV/EGV, Art. 234 EGV Rn. 93; *Dauses*, Vorabentscheidung, S. 155; *Schwarze*, in: ders., EU-Kommentar, Art. 234 Rn. 66; vgl. auch VG Stuttgart, Beschl. v. 10.8.2001–10 K 2710/99 –.
[382] EuGH, Rs. C-453/02, 462/02, *Finanzamt Gladbeck*, Slg. 2005, I-1131 Rn. 41.
[383] EuGH, Rs. C-314/85, *Foto-Frost*, Slg. 1987, 4199, 4232.
[384] *Pechstein*, EU-Prozessrecht, Rn. 866; *Rengeling/Middeke/Gellermann*, Recht der EU, 1. Aufl., Rn. 402.
[385] EuGH, Rs. C-421/06, *Fratelli Martini*, n.v. nur unter: http://curia.europa.eu

im VAV für ungültig erklärt wird, keinen grundsätzlichen Unterschied mehr macht.[386] Dementsprechend sind die nationalen Gerichte gehalten, sich entweder der Rechtsprechung des EuGH anzuschließen oder aber ein erneutes Vorabentscheidungsersuchen an den EuGH zu richten. Allerdings steht einem erneuten Vorabentscheidungsersuchen bei bereits ergangenen Gültigkeitsurteilen der Vorbehalt der Rechtskraft dieses Urteils entgegen, was zur Unzulässigkeit des Vorabentscheidungsersuchens führen kann (vgl. obne Rn. 50 ff.). Wenngleich der Gerichtshof den Begriff der allgemeinen Bindung oder den der Rechtskraft nicht verwendet,[387] wird die Rechtskraftwirkung von Vorabentscheidungsurteilen vom EuGH[388] und der überwiegenden Literaturmeinung[389] anerkannt.[390] Diese Rechtskraftwirkung wird jedoch vom EuGH dann einschränkend interpretiert, wenn noch Unklarheiten über die Gründe, den Umfang und die Folgen des Urteils bestehen. eine erneute Vorlagefrage einzureichen. So hat der Gerichtshof trotz bereits ergangener Vorabentscheidungsurteile in Gültigkeitsfragen weitere Vorabentscheidungsersuchen nationaler Gerichte für zulässig angesehen, in denen es sich um Ergänzungsfragen handelte bzw. um solche, mit denen das nationale Gericht aufgrund neuerer Entwicklungen tatsächlicher oder rechtlicher Art die Vorabentscheidung in Frage stellte.[391] Die Grenze zur Unzulässigkeit wird – wie oben ausgeführt – dort liegen, wo das vorlegende Gericht ohne weitergehenden Anlass auf eine gefestigte Rechtsprechung des Gerichtshofes trifft oder ein missbräuchliches Vorabentscheidungsersuchen gegeben ist (vgl. obeen Rn. 50 ff.).

3. Die zeitlichen Wirkungen der Vorabentscheidung. Die Frage nach der zeitlichen Reichweite von Vorabentscheidungsurteilen wird als eines der vordringlichsten Probleme der Unionsgerichtsbarkeit bezeichnet.[392] Der Rechtsprechung des Gerichtshofs zufolge haben die im VAV erlassenen Auslegungsurteile eine **Wirkung ex tunc**.[393] Die mitgliedstaatlichen Gerichte haben demgemäß die unionsrechtlichen Vorschriften in der vom Gerichtshof gefundenen Auslegung auch auf solche Rechtsverhältnisse anzuwenden, die vor Erlass des Vorabentscheidungsurteils begründet wurden.[394] Dies folgt notwendig aus dem Wesen der Auslegung, die der Ermittlung des Inhalts, der Bedeutung und der Tragweite der Vorschrift dient. Hierdurch können sich – insbesondere in finanzieller Hinsicht – nicht unerhebliche Folgen für die Vergangenheit ergeben, die zu hohen Rückzahlungen, namentlich im Steuerrecht führen können. Es ist Aufgabe der innerstaatlichen Stellen, für ihre Rechtsordnung die Konsequenzen

---

[386] *Streil*, in: Schwarze (Hrsg.), Der EuGH als Verfassungsgericht und Rechtsschutzinstanz, S. 81; kritischer: *Germelmann*, EuR 2009, 254 (261 ff.).
[387] EuGH, Rs. 66/80, *International Chemical Corporation*, Slg. 1981, 1191, 1215.
[388] EuGH, Rs. 69/85, *Wünsche*, Slg. 1986, 947 Rn. 13.
[389] *Kadelbach*, Die Wirkungen von Vorabentscheidungen des Europäischen Gerichtshofs, in: Holoubek/Lang (Hrsg.), Das EuGH-Verfahren in Steuersachen, Wien 2000, S. 119 (122); *Germelmann*, EuR 2009, 254 (258) m.w.N.
[390] A. A. wohl die französischsprachige Literatur, vgl. *Germelmann*, EuR 2009, 254 (258).
[391] EuGH, Rs. 29/68, *Milch-, Fett-, Eierkontor*, Slg. 1969, 165 Rn. 2 f.; Rs. 66/80, *Int. Chemical Corporation*, Slg. 1981, 1191 Rn. 4; Rs. 69/85, *Wünsche*, Slg. 1986, 947 Rn. 13 f.; Rs. 14/86, *Pretore die Salo*, Slg. 1987, 2545 Rn. 12; Rs. C-466/00, *Kaba*, Slg. 2003, I-2219 Rn. 39.
[392] *Wiedmann*, EuZW 2007, 692.
[393] EuGH, Rs. C-292/04, *Meilicke*, Slg. 2007, I-1835 Rn. 34 = EuZW 2007, 243.
[394] St. Rspr., vgl. EuGH, Rs. 61/79 *Denkavit*, Slg. 1980, 1205, 1223; Rs. 309/85, *Barra*, Slg. 1988, 371, 375; Rs. C-453/02, C-462/02 *Finanzamt Gladbeck*, Slg. 2005, I-1131 Rn. 41.

aus einer Feststellung der Ungültigkeit eines unionsrechtlichen Rechtsaktes im Rahmen eines Ersuchens um Vorabentscheidung über die Gültigkeit zu ziehen, was zu der Folge von Schadensersatzzahlungen führen kann.[395] Allerdings hat sich der EuGH veranlasst gesehen, von diesem Grundsatz Ausnahmen zuzulassen. Gerade infolge des der Unionsrechtsordnung innewohnenden Prinzips der Rechtssicherheit und in Anbetracht der schwer wiegenden Beeinträchtigungen, die ein rückwirkendes Urteil für die in gutem Glauben begründeten Rechtsverhältnisse zu zeitigen vermag, kann es geboten sein, die Auswirkungen für die Betroffenen am Ausgangs-Rechtsverhältnis mit **Wirkung ex nunc** zu beschränken.[396] In diesem Fall stellt die Rechtspraxis auf das Datum der Veröffentlichung des Vorabentscheidungsurteils ab. Diese Begrenzung der zeitlichen Wirkung des Vorabentscheidungsurteils ist jedoch nach der Rechtsprechung des EuGH nur in dem Urteil selbst, in dem über die beantragte Auslegung entschieden wird, zulässig[397] und soll die absolute Ausnahme sein.[398] Die Begrenzung der zeitlichen Wirkung ab Erlass der Vorabentscheidung wird dabei vom Vorliegen bestimmter Voraussetzungen abhängig gemacht:[399]

- Gefahr der Störung des finanziellen Gleichgewichts in dem betroffenen Mitgliedstaat[400]
- Bestehen eines schutzwürdigen Vertrauens bezüglich der Tragweite der Unionsbestimmungen bei Begründung der Rechtsverhältnisse[401]
- Keine Präklusion durch Vorabentscheidung über dieselbe Rechtsfrage[402]

107   Eine dementsprechende Befugnis, die er aus einer analogen Anwendung des Art. 174 Abs. 2 EGV-Maastricht (= Art. 231 EGV-Nizza = heute Art. 264 AEUV) herleitet, nimmt der Gerichtshof auch bei Vorabentscheidungsurteilen in Anspruch, die die Ungültigkeit eines Rechtsakts feststellen.[403] In der Rs. Fratelli Martini verweist der Gerichtshof hinsichtlich der Rechtswirkung seines Vorabentscheidungsurteils auf Art. 233 EGV-Nizza = Art. 266 AEUV.[404] Hieraus ergeben sich weitergehende Konsequenzen. So sind die Mitgliedstaaten aufgerufen, u. U. ihre nationalen Umsetzungsakte zu überprüfen und die Gemeinschaftsorgane, die Rechtslage der EuGH-Entscheidung anzu-

---

[395] EuGH, Rs. C-351/04, *Ikea Wholesale Ltd.*, Slg. 2007, I-7723 Rn. 67.

[396] Vgl. dazu *Düsterhaus*, Es geht auch ohne Karlsruhe: Für eine rechtsschutzorientierte Bestimmung der zeitlichen Wirkungen von Urteilen im Verfahren nach Art. 234 EG, EuZW 2006, 393 ff.

[397] EuGH, Rs. 43/75, *Defrenne*, Slg. 1976, 455, 480 Rn. 74; Rs. 309/85, *Barra*, Slg. 1988, 371, 375 Rn. 13; Rs. 24/86, *Blaizot*, Slg. 1988, 379 Rn. 28, 406; Rs. C-262/88, *Barber*, Slg. 1990, I-1889, 1956; Rs. C-262/96, *Sürül*, Slg. 1999, I-2685 Rn. 108; Rs. C-209/03, *Bidar*, Slg. 2005, I-2119 Rn. 67.

[398] EuGH, Rs. 61/79, *Denkavit Italiana*, Slg. 1980, 1205 Rn. 15; Rs. C-209/03, *Bidar*, Slg. 2005, I-2119 Rn. 67.

[399] Vgl. dazu *Wiedmann*, EuZW 2007, 692 ff.

[400] EuGH, Rs. C-184/99, *Grzelczyk*, Slg. 2001, I-6193 Rn. 53; Rs. C-209/03, *Bidar*, Slg. 2005, I-2119 Rn. 69.

[401] EuGH, Rs. 309/85, *Barra*, Slg. 1988, 355 Rn. 14 ; Rs. C 209/03, *Bidar*, Slg. 2005, I-2119 Rn. 69.

[402] EuGH, Rs. C-262/96, *Sürül*, Slg. 1999, I-2685 Rn. 37.

[403] Vgl. EuGH, Rs. C-228/92, *Roquette Frères SA*, Slg. 1994, I-1445 Rn. 19= EuZW 1994, 570, 571 ; Rs. 112/83, *Produits de Mais*, Slg. 1985, 719, 747; Rs.41/86 , *Pinna*, Slg. 1986, 1, 26.

[404] EuGH, Rs. C-421/06, *Fratelli Martini*, Slg. 2007, I-152 = http://curia.europa.eu

passen.⁴⁰⁵ Hierzu gehört aus Gründen der Rechtsklarheit u. U. auch, die für ungültig erklärte Unionsnorm aufzuheben.⁴⁰⁶

4. Die Kosten des Vorabentscheidungsverfahrens. Entsprechend Art. 38 Satzung-EuGH müssen auch Vorabentscheidungen des Gerichtshofes, die auf die Anfrage eines nationalen Gerichts ergehen, eine Kostenentscheidung enthalten. Diese Kostenformel ist jedoch anders als bei den Direktklagen nicht im Tenor enthalten, sondern findet sich am Ende der Entscheidungsgründe. Dabei wird die **Kostenentscheidung** nicht tenoriert, sondern lediglich am Ende der Entscheidungsgründe erörtert.

Für die Kostenentscheidung im VAV selbst ist in Art. 102 VerfO-EuGH eine Sonderregelung getroffen worden. Es handelt sich bei dem Vorabentscheidungsersuchen um ein Zwischenverfahren im Rahmen eines nationalen Rechtsstreits, welches kostenrechtlich auch dort entschieden wird. Das Verfahren vor dem EuGH ist nach Art. 143 VerfO-EuGH grundsätzlich kostenfrei. Lediglich über die außergerichtlichen Kosten (Anwaltskosten und Auslagen) (Art. 144 VerfO-EuGH) hat das vorlegende einzelstaatliche Gericht eine Entscheidung zu treffen, bei der ihm der Gerichtshof hilft. Die durch die Vorlage beim Gerichtshof entstandenen Kosten werden somit einheitlich im Endurteil des vorlegenden Gerichts entschieden.⁴⁰⁷ Welche Kosten den einzelnen Parteien dabei entstanden sind, richtet sich nach den nationalen Kostenvorschriften des vorlegenden Gerichts.⁴⁰⁸ Da sich die Kosten somit nach den jeweiligen innerstaatlichen Kostenordnungen richten, führt dies zu der nicht vermeidbaren Konsequenz, dass Vorlageverfahren an den EuGH in den verschiedenen Mitgliedstaaten unterschiedlich teuer sind. Dies kann – wie in der Rs. C 472/95 – mitunter zu der Konsequenz führen, dass eine Partei ihre Anwaltskosten für das VAV trotz Prozesssieg im Ausgangsverfahren selber tragen muss, wenn das nationale Prozessrecht nur eine minimale Kostenerstattung vorsieht, die Parteien aber eine höhere Kostennote vereinbaren. Folge dieser unterschiedlichen nationalen Kostenregelungen ist es, dass die unionsrechtlichen Bezüge einer nationalen Streitigkeit ausgeblendet werden.⁴⁰⁹ Sofern sich neben den Parteien des Ausgangsrechtsstreits auch noch Gemeinschaftsorgane und/oder Mitgliedstaaten an dem VAV beteiligen, tragen diese ihre außergerichtlichen Kosten nach ständiger Rechtsprechung des EuGH selbst, da ihr Beitrag regelmäßig im eigenen oder europäischen Interesse erfolgt.⁴¹⁰

Über Art. 115 ff. VerfO-EuGH besteht die Möglichkeit für bedürftige Parteien, bei Gerichtshof **Prozesskostenhilfe** zu beantragen, um sich vor dem Gerichtshof vertreten zu lassen oder persönlich zu erscheinen. Im Bedarfsfall kann der Gerichtshof dann eine Beihilfe bewilligen.

Vorrangig haben sich die Beteiligten des Ausgangsrechtsstreits an die jeweiligen einzelstaatlichen Gerichte hinsichtlich ihrer Prozesskostenhilfe zu wenden,⁴¹¹ weil

---

⁴⁰⁵ EuGH, Rs. 266/82, *Krecké Turner*, Slg. 1984, 1 Rn. 5; Rs. 23/75, *Rey Soda*, Slg. 1975, 1279 Rn. 51.
⁴⁰⁶ EuGH, Rs. C-421/06, *Fratelli Martini*, Slg. 2007, I-152 = http://curia.europa.eu ; vgl. dazu *Germelmann*, EuR 2009, 254 (264 f.).
⁴⁰⁷ Vgl. dazu *Mohsseni*, JurBüro 2012, 340 ff.
⁴⁰⁸ EuGH, Rs. 62/72, *Bollmann*, Slg. 1973, 269, 275; Rs. C-472/99, *Clean Car*, Slg. 2001, I-9687 Rn. 26 = EuR 2001, 899 = EuZW 2002, 95.
⁴⁰⁹ *Heß*, RabelsZ 2002, 476.
⁴¹⁰ EuGH, Rs. 13/61, *Bosch*, Slg. 1962, 99, 115; Rs. 6/64, *Costa/ENEL*, Slg. 1964, 1251, 1276.
⁴¹¹ Vgl. *Wägenbaur*, VerfO-EuGH, 2008, Art. 104a Rn. 15.

es sich bei dem VAV nur um ein Zwischenverfahren handelt. Ist einer Partei im Ausgangsrechtsstreit bereits Prozesskostenhilfe gewährt worden, wird auch das VAV und die Vertretung in demselben davon mit umfasst, denn die Bewilligung von Prozesskostenhilfe umfasst die jeweilige Instanz, beginnend mit der Einreichung der Klage bzw. des Rechtsmittels bis hin zur Beendigung der die Instanz abschließenden Entscheidung. Nur wenn von dem einzelstaatlichen Gericht noch keine Prozesskostenhilfe gewährt wurde, kann sie erstmals beim Gerichtshof beantragt werden.[412] Die Geltendmachung von Prozesskostenhilfe durch juristische Personen ist nicht ausgeschlossen und kann u. a. die Befreiung von der Zahlung des Gerichtskostenvorschusses und/oder der Gebühren für den Beistand eines Rechtsanwalts umfassen.[413] In diesem Zusammenhang hat der Gerichtshof ferner festgestellt: „Der nationale Richter hat insoweit zu prüfen, ob die Voraussetzungen für die Gewährung von Prozesskostenhilfe eine Beschränkung des Rechts auf Zugang zu den Gerichten darstellen, die dieses Recht in seinem Wesensgehalt selbst beeinträchtigen, ob sie einem legitimen Zweck dienen und ob die angewandten Mittel in einem angemessenen Verhältnis zum verfolgten Ziel stehen. Im Rahmen dieser Würdigung kann der nationale Richter den Streitgegenstand, die begründeten Erfolgsaussichten des Klägers, die Bedeutung des Rechtsstreits für diesen, die Komplexität des geltenden Rechts und des anwendbaren Verfahrens sowie die Fähigkeit des Klägers berücksichtigen, sein Anliegen wirksam zu verteidigen. Bei der Beurteilung der Verhältnismäßigkeit kann der nationale Richter auch der Höhe der vorzuschießenden Gerichtskosten sowie dem Umstand Rechnung tragen, ob sie für den Zugang zum Recht gegebenenfalls ein unüberwindliches Hindernis darstellen oder nicht."[414]

111 Erst wenn auf nationaler Ebene über den Prozesskostenhilfeantrag negativ oder noch nicht entschieden wurde, kann der Gerichtshof selbst entscheiden. In seinen „Hinweisen für Prozessvertreter"[415] führt der EuGH an: „Verfügt eine Partei nicht über ausreichende Mittel, so kann das vorlegende Gericht, soweit dies nach nationalem Recht zulässig ist, der Partei Prozesskostenhilfe für die im Verfahren vor dem Gerichtshof entstehenden Kosten, insbesondere die Kosten der Vertretung, bewilligen. Der Gerichtshof kann ebenfalls eine Beihilfe bewilligen, wenn die fragliche Partei nicht bereits auf nationaler Ebene Prozesskostenhilfe erhält oder diese Hilfe die im Verfahren vor dem Gerichtshof entstehenden Kosten nicht oder nur teilweise abdeckt."[416] Sind im Verlauf des VAV aber keine Gesichtspunkte erkennbar, unter denen die Bewilligung einer Beihilfe durch den Gerichtshof gerechtfertigt ist, um *es einem Beteiligten zu erleichtern, sich vertreten zu lassen oder persönlich zu erscheinen,* wird der Antrag abgelehnt.[417] Zu diesen Gesichtspunkten zählt auch der Umstand, ob das VAV offensichtlich unzulässig oder offensichtlich unbegründet erscheint (vgl. Art. 94 § 3 VerfO-EuG).[418]

---

[412] *Kalthoener/Büttner/Wrobel-Sachs,* Prozess- und Verfahrenskostenhilfe, Beratungshilfe, 5. Aufl., 2010, Rn. 910 d.
[413] EuGH, Rs. C-279/09, DEB, n.v. = http://curia.europa.eu
[414] EuGH, Rs. C-279/09, DEB, n.v. = http://curia.europa.eu
[415] Abrufbar unter: http://curia.europa.eu/jcms/upload/docs/application/pdf/2008-09/txt9_2008-09-25_12-08-29_775.pdf
[416] ABl. 2009 Nr. C 297/1.
[417] EuGH, Rs. C-326/94, Maas, Slg. 1996, I-2643, Rn. 40 f.
[418] EuG, Rs. T-528/08, Delice, Rn. 24.

VI. Reformbestrebungen bis Lissabon

Im Bewusstsein der Probleme, das VAV effektiver und schneller zu gestalten, gibt der Gerichtshof seit Dezember 1996 in allen Amtssprachen „Empfehlungen an die nationalen Gerichte bezüglich der Vorlage von Vorabentscheidungsersuchen" heraus,[419] die auch unter der Internet-Adresse des Gerichtshofes „www.curia.eu.int" heruntergeladen werden können. Hierbei handelt es sich aber ausdrücklich nur um eine „Information", d. h. um „praktische Hinweise", die im Groben das zusammenfassen, was zuvor vorgestellt wurde. An der allgemein gehaltenen Form dieser „Empfehlungen" und an der wenig deutlichen Herausstellung möglicher Konsequenzen der thesenartigen Zusammenfassung ist deshalb auch Kritik geübt worden.[420] Gleichwohl vermögen die „Empfehlungen" den einzelstaatlichen Gerichten nützliche Tipps bei der Abfassung von Vorabentscheidungsersuchen zu geben.

112

Im Zuge der Weiterentwicklung der Europäischen Union und vor dem Hintergrund der stetig steigenden Belastungszahlen des Gerichtshofes, u. a. mit Vorabentscheidungsersuchen, sind wiederholt Bestrebungen durch den Gerichtshof aber auch durch die Wissenschaft unternommen worden, dem Ziel der schnelleren interdependenten Kommunikation zwischen den einzelstaatlichen Gerichten und dem EuGH Geltung zu verschaffen.[421]

113

Einen Teil der Reformvorschläge haben die Regierungskonferenzen von Nizza und Lissabon aufgegriffen. Es sind markante Impulse für eine Verbesserung des VAV aufgenommen worden, die allerdings bisher den gewünschten Entlastungseffekt noch nicht bewirkt haben.[422] Dieser wird sich erst dann einstellen, wenn die Vorabentscheidungsersuchen allein in zentralen Fragen beim EuGH konzentriert werden, für einfache und wiederkehrende Fragen betreffend konkreter Rechtsgebiete aber die Zuständigkeit des Gerichts begründet wird. In diesen Fällen dürfte sich die Arbeitsbelastung auf zwei Schultern verteilen. Allerdings sind die Ressourcen des Gerichts auch begrenzt. Mit der Übertragung bestimmter VAV auf das Gericht wäre der Entlastungseffekt daher nur kurzfristiger Natur.

114

Angesichts des Umstandes, dass immer noch mehr als die Hälfte aller Verfahren Vorabentscheidungs- und damit Zwischenverfahren in einem national anhängigen Rechtsstreit sind sowie der zeitlichen Dauer von knapp anderthalb Jahren könnte erwogen werden, einzelne Vorabentscheidungskammern beim Gerichtshof einzurichten. Dies hätte zunächst den Vorteil, die Richterkraft auf diese Verfahrensart zu konzentrieren. Ein erster Ansatz ist mit der Einrichtung einer Spezialkammer von 5 Richtern für die Eilvorlagen im Bereich des „Raums der Freiheit, der Sicherheit und des Rechts" bereits erfolgt. Eine weitere Überlegung könnte sein, den Generalanwalt nur noch im Wege der Anhörung zu beteiligen und hierüber das Verfahren zu straffen. Bis heute

115

---

[419] ABl. Nr. C 338/1 v. 6.11.2012 = http://eur-lex.europa.eu/LexUriServ/LexUriServ.do?uri=OJ:C:2012:338:0001:0006:DE:PDF.
[420] *Wägenbaur*, EuZW 2000, 37, 42.
[421] Vgl. dazu *Middeke*, in: Rengeling/Middeke/Gellermann, 2. Aufl., Rn. 96, ferner die Tagung: Effektivität des Rechtsschutzes vor den Europäischen Gerichten – Anspruch, Wirklichkeit, Reformbedarf – vom 25./26. Januar 2008 an der Westf. Wilhelms-Universität Münster, abgedruckt in EuGRZ 2008, Heft 12–15 (S. 343 ff.).
[422] Vgl. zur damaligen Kritik auch *Schwarze*, DVBl. 2002, 1310 ff.; *Hakenberg*, RabelsZ 2002, 380 ff.; *Skouris*, EuGRZ 2008, 343 (347 f.).

sind im wissenschaftlichen Schrifttum eine Vielzahl von Entlastungsmöglichkeiten vorgeschlagen und diskutiert worden; allein die Umsetzung derselben durch die Regierungsvertreter im Europäischen Rat bzw. Rat, aber auch innerhalb des Gerichtshofes erweist sich als schwierig und steinig.

Anlage:
Muster von Beschlüssen zu Vorabentscheidungsersuchen sind bei juris abrufbar.
Nach den „Empfehlungen" des EuGH an die nationalen Gerichte bietet sich folgender Aufbau an:
- I. Aussetzung und Vorlagefrage
- II. Gründe
- 1. Rechtlicher Rahmen = materiellrechtliche Unionsbestimmungen sowie das damit konkurrierende nationale Recht
- 2. Sachverhaltsdarstellung
- 3. Entscheidungserheblichkeit der Vorlagefrage
- 4. Streitstand und die eigene Interpretation des Unionsrechts

Anlage:
alle aus dem Gerichtsverfahren relevanten Aktenbestandteile sowie die die nationalen Rechtstexte in Kopie.

§ 11 Inzidente Normenkontrolle*

Übersicht

		Rn.
A.	Allgemeines	1–5
	I. Rechtsgrundlagen	1
	II. Wesen und Bedeutung der inzidenten Normenkontrolle	2/3
	III. Verhältnis zu den gemeinschaftsrechtlichen Rechtsbehelfen	4/5
B.	Formale Voraussetzungen	6–20
	I. Anhängigkeit eines Rechtsstreits	6–11
	1. Beschränkung auf gemeinschaftsrechtliche Verfahren	7
	2. Entscheidungskompetenz des Gerichtshofs	8
	3. Verfahrensarten	9–11
	II. Rügeberechtigte	12/13
	1. Natürliche und juristische Personen	12
	2. Gemeinschaftsorgane und Mitgliedstaaten	13
	III. Rügegegenstand	14–16
	IV. Rügeerhebung	17
	V. Entscheidungserheblichkeit	18
	VI. Frist	19
	VII. Rechtsschutzbedürfnis	20
C.	Materielle Voraussetzungen	21/22
	I. Prüfungsmaßstab	21
	II. Prüfungsumfang	22
D.	Wirkungen einer erfolgreichen Inzidentrüge	23

Schrifttum: *Constantinesco,* Das Recht der Europäischen Gemeinschaften, 1977; *Däubler,* Die Klage der EWG-Kommission gegen einen Mitgliedstaat, NJW 1968, 325 ff.; *Ehle,* Inzidenter Rechtsschutz gegen Handlungen der Europäischen Gemeinschaftsorgane, MDR 1964, 719 ff.; *Iglesias,* Der Gerichtshof der Europäischen Gemeinschaften als Verfassungsgericht, EuR 1992, 225 ff.; *Kirschner,* Das Gericht erster Instanz der Europäischen Gemeinschaften, 2. Aufl., 1998; *Schwarze,* Rechtsschutz Privater gegenüber normativen Rechtsakten im Recht der EWG, in: v. Münch (Hrsg.), Staatsrecht-Völkerrecht-Europarecht, FS Schlochauer, 1981, S. 927 ff.; *Ule,* Empfiehlt es sich, die Bestimmungen des europäischen Gemeinschaftsrechts über den Rechtsschutz zu ändern und zu ergänzen?, Gutachten für den 46. Deutschen Juristentag, 1966; *Usher,* The use of Art. 184 EEC by individuals, ELR 1979, 273.

---

* Herrn Christian Becker, Dipl.-Jur. und Doktorand am Lehrstuhl von Prof. Dr. Fabian Wittreck (Universität Münster) gebührt mein Dank für wertvolle Mithilfe.

A. Allgemeines

I. Rechtsgrundlagen

1 Im Vertrag über die Arbeitsweise der Europäischen Union (AEUV) und in der konsolidierten Fassung des Vertrags zur Gründung einer Atomgemeinschaft (EAGV) nach Lissabon[1] ist die bisher in Art. 241 EGV-Nizza enthaltene **Inzidentrüge**[2] übernommen worden. Nach Art. 277 AEUV (auf den Art. 106a Abs. 1 EAGV verweist) kann jede Partei in einem Rechtsstreit, bei dem die Rechtmäßigkeit eines von einem Organ, einer Einrichtung oder einer sonstigen Stelle der Union erlassenen Rechtsakt mit allgemeiner Geltung angefochten wird, vor dem Gerichtshof der Europäischen Union die Unanwendbarkeit dieses Rechtsaktes aus den in Art. 263 Abs. 2 AEUV genannten Gründen geltend machen. Die Überprüfung der Rechtmäßigkeit des der streitgegenständlichen Maßnahme zugrundeliegenden allgemeingültigen Rechtssatzes innerhalb eines anhängigen Rechtsstreits mit einem an sich anderen Streitgegenstand rechtfertigt es, hier von einer sog. **inzidenten Normenkontrolle** zu sprechen. Der EuGH hat schon frühzeitig zu der Vorgängerregelung festgestellt, dass es sich bei dieser Vertragsbestimmung um den positiv-rechtlichen Ausdruck eines im Unionsrecht allgemein anerkannten Grundsatzes handelt.[3] Dieser Grundsatz, nach dem die Rechtswidrigkeit einer Ermächtigungsgrundlage zugleich die Rechtswidrigkeit der auf ihr beruhenden Ausführungshandlung zur Folge hat, würde, wenn er nicht normiert wäre, auch sonst Gültigkeit beanspruchen. Mit dem Vertrag von Lissabon ist die Vorschrift nunmehr sogar erweitert worden. Ging es nach dem früheren Wortlaut nur um vom Europäischen Parlament und dem Rat bzw. von Rat, Kommission oder EZB erlassene Verordnungen, kann seit dem Lissabon-Vertrag die Rechtswidrigkeit jedes von einem Organ, einer Einrichtung oder sonstigen Stelle der Union erlassenen Rechtsaktes angefochten werden, sofern dieser Rechtsakt allgemeine Geltung hat.

II. Wesen und Bedeutung der inzidenten Normenkontrolle

2 Mit der inzidenten Normenkontrolle stellen die Gemeinschaftsverträge ein Rechtsinstrument zur Verfügung, das die Vertragsunterworfenen vor der Anwendung rechtswidriger Unionsakte schützen soll.[4] Insoweit ist die Möglichkeit der Inzidentrüge[5] als Einrede der Unanwendbarkeit in einem anderen Rechtsstreit zu sehen.

3 Mit der Rügemöglichkeit wird das bestehende **Rechtsschutzsystem** zudem ergänzt, indem es für die natürlichen und juristischen Personen einen gewissen[6] Ausgleich dafür bietet, dass ihnen im Regelfall ein direktes Klagerecht gegen Gesetzgebungsakte der

---

[1] ABl. 2007 C 306/199; ABl. 2009 C 290/1; ABl. 2010 C 84/1.
[2] Vgl. *Stoll/Rigod*, in: GHN, Art. 277 AEUV Rn. 1; *Pechstein*, Rn. 943.
[3] EuGH, Rs. 9/56, *Meroni I*, Slg. 1958, 9, 26; Rs. 10/56, *Meroni II*, Slg. 1958, 51, 67; Rs. 32, 33/58, *SNUPAT*, Slg. 1958/59, 287, 314; Rs. 92/78, *Simmenthal*, Slg. 1979, 777, Rn. 43.
[4] EuGH, Rs. 31, 33/62, *Wöhrmann*, Slg. 1962, 1033, 1042.
[5] *Pechstein*, Rn. 943; *Stoll/Rigod*, in: GHN, Art. 277 Rn. 3.
[6] Siehe hierzu *Ehle*, MDR 1964, 719.

EU nicht zusteht.⁷ Lediglich soweit eine Rechtshandlung im Einzelfall unmittelbare und individuelle Regelungen für die Betroffenen enthält, kann sie ausnahmsweise Gegenstand von Individualklagen sein (vgl. dazu oben §§ 7, 8). Für diesen Personenkreis ist die inzidente Normen(Rechtsakt)kontrolle somit von besonderer Bedeutung.⁸ In der Praxis wird die inzidente Normenkontrolle in all jenen Bereichen relevant, in denen Unionsorgane aufgrund allgemeiner Verfahrensregelungen Einzelmaßnahmen treffen. Dies betrifft namentlich das Kartell- und Wettbewerbs- sowie das Dienstrecht. Die inzidente Normenkontrolle eröffnet für die nicht privilegierten Kläger der Nichtigkeitsklage einen besonderen Klagegrund,⁹ jedoch kein eigenständiges Klagerecht.

Allerdings hat der EuGH mitunter, wenn hierzu Anlass bestand, auch **von Amts** wegen eine **Inzidentprüfung** vorgenommen, ohne dass es einer formellen Rüge durch einen der am Rechtsstreit Beteiligten bedurfte.¹⁰

III. Verhältnis zu den gemeinschaftsrechtlichen Rechtsbehelfen

Wie sich bereits aus Art. 277 AEUV entnehmen lässt, handelt es sich bei der inzidenten Normenkontrolle bzw. der Inzidentrüge **nicht** um eine **selbstständige Klageart**, die den Betroffenen einen eigenen Zugang zum Gerichtshof eröffnet.¹¹ Vielmehr setzt sie einen aufgrund anderer Vertragsbestimmungen beim Gerichtshof anhängig gemachten Rechtsstreit (Klage) voraus. Die Bezugnahme auf die bei der Nichtigkeitsklage einzuhaltenden Fristen verdeutlicht zudem, dass die Umgehung zwingend vorgeschriebener Prozessvoraussetzungen durch die inzidente Normenkontrolle gerade vermieden werden sollte. Die Einleitung einer gerichtlichen Überprüfung allein auf Grundlage der in Art. 277 AEUV geregelten Unanwendbarkeitseinrede ist demnach unzulässig.¹² Die Inzidentrüge findet nur bei solchen Klagen Anwendung, bei denen die Feststellung der Unanwendbarkeit bzw. die Nichtigerklärung nicht Klageziel, sondern Klagemittel ist. Die Einrede ist also eine „besondere Art der Klagebegründung".¹³

Gleichwohl ist zu berücksichtigen, dass die inzidente Normenkontrolle einen eigenständigen Abschnitt mit ihr eigenen Voraussetzungen und **Prüfungskriterien** innerhalb eines selbständigen Klageverfahrens vor dem EuGH bildet. Aus diesem Grunde müssen, ähnlich wie bei einem selbständigen Rechtsbehelf, sowohl formelle als auch materielle Anforderungen der Inzidentkontrolle gegeben sein. Dabei handelt es sich aber nicht um Prozessvoraussetzungen im engeren Sinn, sondern allein um Kriterien für die Prüfungsberechtigung und den Prüfungsumfang durch den Gerichtshof.

---

[7] EuGH, Rs. 92/78, *Simmenthal*, Slg. 1979, 777 Rn. 41; verb. Rs. 87, 130/77 u. a., *Salerno u. a.*, Slg. 1985, 2523 Rn. 36; *Constantinesco*, S. 903.
[8] EuGH, Rs. C-59/11 Rn. 34, *Association Kokopelli*.
[9] EuGH, Rs. C-188/88, *NMB*, Slg. 1992, I-1689 Rn. 24; *Kirschner*, Rn. 84.
[10] *Kotzur*, in: Geiger/Khan/Kotzur, EUV/AEUV, Art. 277 Rn. 6.
[11] EuGH, Rs. 31, 33/62, *Wöhrmann*, Slg. 1962, 1027, 1042; Rs. 156/77, *Kom/Belg*, Slg. 1978, 1881, 1896 Rn. 21, 24; Rs. 33/80, *Albini*, Slg. 1981, 2141, 2157 Rn. 17; Rs. 87, 130/77 u. a., *Salerno* u.a., Slg. 1985, 2523, Rn. 36.
[12] EuGH, Rs. 33/80, *Albini*, Slg. 1981, 2141 Rn. 17; Rs. vb. Rs. 89, 91/86, *Etoile Commerciale*, Slg. 1987, 3005, Rn. 22.
[13] GA *Roemer*, Rs 32/65, *Halien/Rat und Kommission*, Slg. 1966, 457, 494; GA *Reischl*, Rs. 92/78, *Simmenthal, Kommission*, Slg. 1979, 777, 820 Rn. 946; EuGH, Rs. 33/80, *Albini*, Slg. 1981, 2141, 2156 Rn. 17, siehe auch *Pechstein*, Rn. 946.

B. Formale Voraussetzungen

I. Anhängigkeit eines Rechtsstreits

6   Die inzidente Normenkontrolle begründet keinen eigenständigen Klageweg zum Gerichtshof,[14] wie sich bereits aus der Bezeichnung „inzident" ergibt. Vielmehr bedarf es eines beim Gerichtshof anhängigen Rechtsstreits, in dem die Inzidentrüge erhoben wird. Vor welchem Gericht dieser Rechtsstreit anhängig sein muss, wird in den Art. 277 AEUV nicht ausdrücklich bestimmt. Da nach dem Wortlaut auf einen „Rechtsstreit" vor „dem Gerichtshof der Europäischen Union" abgestellt wird, dürfte damit das Unionsorgan (vgl. Art. 13, 19 EUV) gemeint sein (vgl. auch sogleich unter Rn. 8), so dass in Verfahren vor dem EuGH, als auch vor dem Gericht erster Instanz und den Fachgerichten die Unanwendbarkeit allgemeingültiger Rechtsakte geltend gemacht werden kann. Eine Beschränkung auf bestimmte unionsrechtliche Rechtsschutzverfahren – abgesehen von der zuvor gemachten Einschränkung (vgl. Rn. 4) – ist nicht vorgesehen, so dass die Inzidentrüge in allen Klage- und einstweiligen Rechtsschutzverfahren vor der Europäischen Gerichtsbarkeit geltend gemacht werden kann.[15]

7   **1. Beschränkung auf gemeinschaftsrechtliche Verfahren.** Dem Wortlaut wie auch der systematischen Stellung des AEUV lässt sich entnehmen, dass es sich bei den Rechtsstreitigkeiten nur um Verfahren handeln kann, die vor dem „Gerichtshof der Europäischen Union" anhängig sind.[16] Die Parteien eines vor einem innerstaatlichen Gericht anhängigen Prozesses, in dem es auf die Geltung eines unionsrechtlichen Rechtsaktes ankommt, können sich nicht auf Art. 277 AEUV berufen, um so den EuGH unmittelbar mit der Streitfrage zu befassen.[17] Sofern sie die Unanwendbarkeit einer unionsrechtlichen Organhandlung rügen, muss das nationale Gericht sein Verfahren ggf. aussetzen und die Frage dem Gerichtshof im Wege des Vorabentscheidungsverfahrens (Art. 267 AEUV) unterbreiten.[18] Nach Art. 267 AEUV entscheidet der Gerichtshof über die Gültigkeit und die Auslegung der Handlungen der Organe, Einrichtungen und sonstigen Stellen der Union. Sofern vor einem mitgliedstaatlichen Gericht die Rechtmäßigkeit eines unionsrechtlichen Rechtsaktes mit allgemeiner Geltung im Streit steht und einer der am innerstaatlichen Verfahren Beteiligten sich hierauf beruft, kann dies jedoch als Hinweis/Anregung für den zur Entscheidung berufenen Spruchkörper verstanden werden, über eine Aussetzung des Verfahrens und eine Vorlage an den EuGH über die Gültigkeit oder Auslegung der Organhandlung nachzudenken (vgl. dazu § 10). Betrifft die Rüge die Gültigkeit des Rechtsaktes, so hat das mitgliedstaatliche Gericht dem Gerichtshof die Frage sogar vorzulegen. Lediglich wenn die einwendungsberechtigte

---

[14] EuGH, Rs. 89/86, *Etoile Commerciale*, Slg. 1987, 3005, 3027 Rn. 22; EuG, Rs. T-154/94, *CSF u. CSME*, Slg. 1996, II-1377 Rn. 16.
[15] *Stoll/Rigod*, in: GHN, Art. 277 AEUV Rn. 6.
[16] EuGH, Rs. 31, 33/62, *Wöhrmann*, Slg. 1962, 1027, 1042.
[17] EuGH, Rs. 31, 33/62, *Wöhrmann*, Slg. 1962, 1027, 1042; Rs. C-59/11, *Association Kokopelli*, NVwZ 2012, 1167, Rn. 34.
[18] EuGH, Rs. 216/82, *Universität Hamburg*, Slg. 1983, 2771, 2788 Rn. 10; siehe auch *Ehle*, MDR 1964, 720.

Partei die Nichtigkeit der Organhandlung selbst im Wege einer Nichtigkeitsklage vor dem EuGH hätte geltend machen können, entfällt diese Möglichkeit.[19]

2. Entscheidungskompetenz des Gerichtshofs. Nach Art. 277 AEUV entscheidet der „Gerichtshof der Europäischen Union" über die inzidente Normenkontrolle. Ursprünglich war damit allein dem EuGH die Befugnis vorbehalten, über die Rechtmäßigkeit von Verordnungen zu entscheiden.[20] Mit der Errichtung des Gerichts erster Instanz ist dieses Ausschließlichkeitsrecht entfallen. Die Übertragung bestimmter Rechtsstreitigkeiten auf das Gericht erster Instanz hatte zur Folge, dass die Rechtsstreitigkeiten, in deren Rahmen die Inzidentrügen vornehmlich erhoben werden, nunmehr zum überwiegenden Teil im Zuständigkeitsbereich des Gerichtes liegen. Diesem Umstand trägt Art. 256 AEUV i. V. m. Art. 51 Satzung-EuGH in der Weise Rechnung, dass er Art. 277 AEUV auf Verfahren vor dem Gericht für anwendbar erklärt. Die Entscheidungskompetenz des Gerichtshofs der Europäischen Gemeinschaften zur Prüfung einer inzidenten Normenkontrolle ist demnach in einem weiten organschaftlichen Sinne zu verstehen, von der sowohl der EuGH als auch das Gericht und die Fachgerichte umfasst sind.

3. Verfahrensarten. Art. 277 AEUV (i. V. m. Art. 106a Abs. 1 EAGV) spricht nur allgemein von „einem Rechtsstreit". Anders als bei Art. 36 Abs. 3 EGKSV a. F., der ausdrücklich auf die Nichtigkeitsklage Bezug nahm, können nach dem Lissaboner Vertrag auch andere Verfahren in Betracht kommen. In erster Linie kommen für inzidente Rügen der Unanwendbarkeit die von Privatpersonen und juristischen Personen gegen sie beschwerende Organhandlungen erhobene Nichtigkeitsklagen (Art. 263 AEUV) als anhängige Rechtsstreitigkeit in Betracht. Des weiteren kann die Inzidentrüge aber auch im Rahmen von anderen Gerichtsverfahren wie Schadensersatzklagen[21] (Art. 268 AEUV) und dienstrechtlichen Streitigkeiten[22] (Art. 270 AEUV) erhoben werden.[23] Aber unabhängig davon, kann die Inzidentrüge in allen Verfahren, die zulässigerweise vor dem Gerichtshof der EU anhängig gemacht werden, erhoben werden.[24] Eine Lücke in den Rechtsschutzmöglichkeiten Einzelner gegen Gesetzgebungsakte der Europäischen Union liegt deshalb nicht vor. Denn das Rechtsschutzsystem der Verträge hat ein vollständiges System von Rechtsbehelfen und Verfahren geschaffen, das Einzelnen gegen Gesetzgebungsakte auch abseits von direkten Klagemöglichkeiten effektiven Rechtsschutz im Wege einer Inzidentrüge der Rechtswidrigkeit bietet.[25]

Im Rahmen von Untätigkeitsklagen (Art. 265 AEUV) ist eine Inzidentrüge dann denkbar, wenn sich das in der Vorschrift genannte Organ, die Einrichtung oder Stelle der EU, welches zu einem Beschluss durch Klage beim Gerichtshof veranlasst werden

---

[19] EuGH, Rs. C-188/92, *Deggendorf*, Slg. 1994, I-833 Rn. 17 ff.
[20] *Stoll/Rigod*, in: GHN, Art. 277 Rn. 2.
[21] EuG, Rs. T-70/94, *Comafrica*, Slg. 1996, II-1741 Rn. 144.
[22] EuG, Rs. verb. T-32/89, T-39/89, *Marcropoulis*, Slg. 1990, II-281, 292 Rn. 21.
[23] *Constantinesco*, S. 904; *Stoll/Rigod*, in: GHN, Art. 277 AEUV Rn. 6.
[24] Ebenso *Pechstein*, Rn. 950 m. w. N.
[25] GA in *Kokott*, Rs. C-583/11P Rn. 115, *Inuit Tapiriit Kanatami*, unter Hinweis auf EuGH, Rs. C-50/00 P, *Unión de Pequeños Agricultores/Rat*, Slg. 2002, I-6677 Rn. 40; C-263/02 P, *Kommission/Jégo-Quéré*, Slg. 2004, I-3425 Rn. 30, C-167/02 P, *Rothley u. a./Parlament*, Slg. 2004, I-3149, Rn. 46; C-461/03, *Gaston Schul Douane-expediteur*, Slg. 2005, I-10513, Rn. 22.

soll, auf einem rechtswidrigen allgemeinen Rechtsakt beruft.[26] In diesem Fall könnte sich zwar nicht derjenige, der die Untätigkeitsklage erhoben hat auf Art. 277 AEUV berufen, die Einwendung der Unanwendbarkeit des zugrundeliegenden allgemeingültigen Rechtsaktes könnte aber von dem verklagten Organ bzw. den Streithelfern geltend gemacht werden.

11   Sogar innerhalb von Vertragsverletzungsverfahren ist die Geltendmachung der Unanwendbarkeit eines unionsrechtlichen allgemeingültigen Rechtsaktes möglich.[27] War diese Auffassung ursprünglich streitig,[28] hat sich der EuGH auf die Seite derer geschlagen, die die Erhebung der Inzidentrüge auch innerhalb von Vertragsverletzungsverfahren für möglich ansahen. Die einer Organhandlung anhaftenden Rechtsmängel ergeben sich vielfach erst bei ihrer praktischen Durchführung.[29] Da eine Anfechtbarkeit aufgrund der zwischenzeitlich in aller Regel abgelaufenen Klagefristen nicht mehr möglich ist, bietet allein das Vertragsverletzungsverfahren und die in dessen Rahmen erhobene Einrede der Rechtswidrigkeit die Möglichkeit zur Rechtskorrektur. Die Anwendung einer als gemeinschaftswidrig erkannten allgemeingültigen Rechtshandlung gegenüber einzelnen zu dem Zweck, durch sie eine Entscheidung des Gerichtshofs herbeiführen zu lassen (Art. 263, 267 AEUV), wäre mit rechtsstaatlichen Anforderungen nicht vereinbar.[30] Die Möglichkeit der Rechtsmängelbehebung durch entsprechende Rechtsänderung des betreffenden Unionsorgans setzt voraus, dass es die Auffassung der Rechtswidrigkeit teilt, was nicht immer der Fall sein muss. Der Einwand des vertragsverletzenden Verhaltens bis zur Erhebung und Durchführung eines Vertragsverletzungsverfahrens lässt sich auch damit entkräften, dass die Inzidentrüge nicht im Rahmen dieses Verfahrens wie das „Kaninchen aus dem Zauberhut" herausgeholt wird, sondern sich bereits im Vorfeld der Anhörungen und Stellungnahmen die Rechtsauffassungen von der Gemeinschaftswidrigkeit einer Verordnung abzeichnen wird. Die Gemeinschaftsorgane haben deshalb bereits in diesem frühen Stadium die Möglichkeit sich darauf einzurichten und entsprechend zu reagieren.

II. Rügeberechtigte

12   **1. Natürliche und juristische Personen.** Die Art. 277 AEUV räumt für „jede Partei" das Recht ein, die Einrede der Rechtswidrigkeit zu erheben. In prozessualer Hinsicht kann die Inzidentrüge damit sowohl von der klagenden Partei (z. B. bei Nichtigkeitsklagen) als auch von der beklagten Partei (z. B. im Vertragsverletzungsverfahren) erhoben werden. Allgemein wird sich immer diejenige Partei auf Art. 277 AEUV berufen, für die sich die Einrede günstig auswirken wird. Unter dem Aspekt der Betroffenheit werden zunächst die natürlichen und juristischen Personen erfasst, denen kein direktes Klagerecht gegen allgemeingültige Rechtsakte eingeräumt ist. Als Ausgleich dafür wird ihnen das indirekte Recht zur inzidenten Normenüberprüfung

---

[26] Vgl. dazu *Pechstein*, Rn. 952.
[27] EuGH, Rs. C-442/04, *Spanien/Rat*, Slg. 2008, I-3517 Rn. 22; Rs. C-91/05, *Kommission/Rat*, Slg. 2008, 3651 Rn. 34.
[28] Vgl. *Dauses*, in: ders., EU-WirtR, Abschn. P I Rn. 298; *Kirschner*, Rn. 86 einerseits; *Bernhardt*, S. 262 f.; *B/B/P/St*, 5. Aufl. 2001, S. 274 andererseits.
[29] GA *Roemer*, Rs. 32/65, *Hahen/Rat und Kommission*, Slg. 1966, 457, 494.
[30] EuGH, Rs. 101/78, *Granaria*, Slg. 1979, 623, 637 Rn. 5.

zugestanden.³¹ So hat der EuGH festgestellt, „dass in dem vollständigen System von Rechtsbehelfen und Verfahren, das der EG-Vertrag geschaffen hat, um die Kontrolle der Rechtmäßigkeit der Handlungen der Organe zu gewährleisten, natürliche oder juristische Personen, die wegen der Zulässigkeitsvoraussetzungen des Art. 230 Abs. 4 EGV-Nizza Gemeinschaftshandlungen allgemeiner Geltung nicht unmittelbar anfechten können, die Möglichkeit haben, je nach den Umständen des Falles die Ungültigkeit solcher Handlungen entweder inzident nach Art. 241 EGV-Nizza vor dem Gemeinschaftsrichter oder aber vor den nationalen Gerichten geltend zu machen und diese Gerichte, die nicht selbst die Ungültigkeit der genannten Handlungen feststellen können, zu veranlassen, dem Gerichtshof insoweit Fragen zur Vorabentscheidung vorzulegen".³²

2. Gemeinschaftsorgane und Mitgliedstaaten. Der frühere Meinungsstreit,³³ ob neben den Privaten auch den Mitgliedstaaten und Unionsorganen ein Rügerecht gemäß Art. 277 AEUV zusteht, dürfte mit Entscheidungen des EuGH nunmehr dahingehend aufgelöst sein, dass auch Mitgliedstaaten und EU-Organe die Einrede der Unanwendbarkeit eines allgemeingültigen Rechtsaktes erheben können,³⁴ was bereits der überwiegenden Auffassung im Schrifttum entsprach.³⁵ Begründet wird dies neben dem Wortlaut („jede Partei") mit dem der inzidenten Normenkontrolle zugrundeliegenden Regelungszweck, nämlich die Anwendbarkeit rechtswidriger Unionshandlungen im Einzelfall zu verhindern, auch wenn die „Bestandskraft" des Gemeinschaftsaktes als solche nicht mehr angetastet werden kann.³⁶ Hierfür spricht ferner, dass die Fehlerhaftigkeit von allgemeingültiger Rechtsakte wie Verordnungen nicht immer auf den ersten Blick erkennbar ist. Häufig zeigen sich Mängel erst bei der Anwendung des Rechtsaktes auf den Einzelfall.³⁷ Wie zuvor bereits erwähnt, können deshalb auch die Gemeinschaftsorgane, insbesondere jedoch die Mitgliedstaaten ein Interesse daran haben, die Rechtswirksamkeit rechtswidriger Organhandlungen im Wege der inzidenten Normenkontrolle zu verhindern. Zudem nimmt der EuGH – ebenfalls auf den Wortlaut der Norm gestützt – an, „dass ein Mitgliedstaat in einem Rechtsstreit die Rechtmäßigkeit einer Verordnung in Frage stellen kann, gegen die er keine Nichtigkeitsklage vor Ablauf der Frist des Art. 230 Abs. 5 EGV-Nizza erhoben hat."³⁸ Dementsprechend sind auch sie zum Kreis der Rügeberechtigten zu zählen.³⁹

---

[31] EuGH, Rs. 92/78, *Simmenthal*, Slg. 1979, 777, 800 Rn. 39; *Schwarze*, in: FS Schlochauer, S. 938.
[32] EuGH, Rs. C-343/09, *Afton Chemical Limited*, Slg. 2010, I-7023 Rn. 18.
[33] Vgl. *Pache*, Europäisches Unionsrecht, Art. 277 AEUV Rn. 6; *Schwarze*, in: ders. EU-Kommentar, Art. 277 AEUV Rn. 6 einerseits; *Stoll/Rigod*, in: GHN, Art. 277 Rn. 9 andererseits.
[34] EuGH, Rs. C-442/04, *Spanien/Rat*, Slg. 2008, I-3517 Rn. 22; Rs. C-91/05, *Kommission/Rat*, Slg. 2008, 3651 Rn. 34.
[35] *Ahlt*, S. 179; *Ehricke*, in: Streinz, EUV/AEUV, Art. 277 AEUV Rn. 9; *Cremer*, in: Calliess/Ruffert, EUV/AEUV, Art. 277 AEUV Rn. 7.
[36] Vgl. Fn. zuvor; GA *Roemer*, Rs. 32/65, Slg. 1966, 457, 494.
[37] GA *Roemer*, Rs. 32/65, Slg. 1966, 457, 494.
[38] EuGH, Rs. C-442/04, *Spanien/Rat*, Slg. 2008, I-3517 Rn. 22.
[39] *Borchardt*, in: Lenz/Borchardt, 3. Aufl. 2006 Art. 241 Rn. 8.

III. Rügegegenstand

14 Ihrem Wortlaut nach beschränkt Art. 277 AEUV (i. V. m. Art. 106a EAGV) den Gegenstand der inzidenten Normenkontrolle entgegen den vorherigen Art. 214 EGV-Nizza, 156 EAGV a. F. nicht mehr nur auf Verordnungen. Vielmehr kann nun die Unanwendbarkeit eines jeden Rechtsaktes, der allgemeine Geltung beansprucht, eines Organs, einer Einrichtung oder einer sonstigen Stelle der Union geltend gemacht werden. Dies entspricht der extensiven Auslegung des Gerichtshofs bereits vor dem Lissabon-Vertrag, nach welcher der Rügegegenstand dahingehend interpretiert wurde, dass auch solche Rechtshandlungen der Gemeinschaftsorgane der inzidenten Normenkontrolle unterfallen, „die, obwohl nicht in der Form der Verordnung ergangen, gleichartige Wirkungen wie eine Verordnung entfalten" und deshalb „von keinem anderen Rechtssubjekt als den Organen und den Mitgliedstaaten im Rahmen (einer Nichtigkeitsklage) angegriffen werden konnten".[40] Gegenstand der inzidenten Normenkontrolle konnten demnach schon bei Geltung der Römischen Verträge auch Grundverordnungen sein, die die Europäische Gemeinschaft in Erfüllung bestehender internationaler Verpflichtungen (z. B. dem GATT) erlassen hat.[41] Nach ständiger Rechtsprechung ist es aber nicht möglich, sich im Rahmen einer gegen eine Einzelfallentscheidung erhobenen Nichtigkeitsklage auf die Rechtswidrigkeit anderer Einzelfallentscheidungen zu berufen, die ebenfalls den Kläger zum Adressaten haben und bestandskräftig geworden sind.[42] Während früher auf die nur die Rechtsakte des Europäischen Parlaments und des Rates sowie der Kommission und der EZB zum Gegenstand gemacht werden konnten, wird nach dem heutigen Wortlaut eine Beschränkung nicht mehr vorgenommen. Jeder allgemeingültige Rechtsakt, egal von welchem Organ, welcher Einrichtung oder sonstigen Stelle der EU er erlassen wurde, kann Gegenstand einer inzidenten Kontrolle werden.

15 Mit der Neufassung der Vorschrift und der weiten Fassung der von „der Union erlassenen Rechtsakte mit allgemeiner Geltung" sind neben den Verordnungen auch allgemeinverbindliche Beschlüsse umfasst. Obwohl Richtlinien hinsichtlich ihres Ziels ebenfalls allgemeingültig sind, gehören sie trotz des weitgefassten Wortlautes nicht zum Gegenstand der inzidenten Normenkontrolle. Soweit dies im Schrifttum bejaht wird,[43] überzeugt jedoch die Gegenansicht.[44] Richtlinien wenden sich an die Mitgliedstaaten und bedürfen der Umsetzung durch nationale Vorschriften (Art. 288 Abs. 3 AEUV). Lassen die Mitgliedstaaten die Umsetzungsfrist verstreichen, ohne den unionsrechtlichen Rechtsakt in nationales Recht umgesetzt zu haben, verstoßen sie gegen den EUV/AEUV und müssen dann mit einem Vertragsverletzungsverfahren rechnen. In diesem könnte sich der verklagte Mitgliedstaat theoretisch auf die Unanwendbarkeit der Richtlinie wegen Rechtswidrigkeit berufen. Andererseits besteht für die Mitgliedstaaten aber die Möglichkeit, die Richtlinie, die sie für unwirksam halten, vor dem EuGH im Rahmen der Nichtigkeitsklage (Art. 263 Abs. 2 AEUV) überprüfen zu lassen. Hierfür haben sie nach Art. 263 Abs. 6 AEUV zwei Monate ab Bekanntgabe

---

[40] EuGH, Rs. 92/78, *Simmenthal,* Slg. 1979, 777, 800 Rn. 40.
[41] EuGH, Rs. C-69/89, *Nakajima,* Slg. 1991, I-2069, 2178 Rn. 31.
[42] EuGH, Rs. 348/82, *IRO,* Slg. 1984, 1409, 1415 Rn. 6.
[43] Vgl. *Däubler,* NJW 1968, 329; *Rodriges Iglesias,* EuR 1992, 227.
[44] Vgl *Stoll/Rigod,* GHN, Art. 277 Rn. 11; *Ahlt,* S. 179; *Pechstein,* Rn. 968; *Kotzur,* in: Geiger/Khan/Kotzur, EUV/AEUV, Art. 277 Rn. 5 m. w. N.

der Richtlinie Zeit. Da die Umsetzungsfrist aber zeitlich deutlich großzügiger bemessen ist, würde die inzidente Einwendung der Unanwendbarkeit zu einer Umgehung der Anfechtungsfrist und damit zu einer Umgehung der Bestandskraft führen. Für die EU-Bürger/innen wird die Richtlinie erst mit ihrer Umsetzung in das nationale Recht wirksam. Da die Ausführungsmaßnahmen auf Grundlage der Richtlinien von den Mitgliedstaaten erlassen werden, sind beschwerende Einzelakte vor den innerstaatlichen Gerichten anzufechten, die ihrerseits im Falle der geltend gemachten Rechtswidrigkeit von Unionsrichtlinien eine Entscheidung des EuGH im Wege des Vorabentscheidungsverfahrens herbeiführen müssen. Für Richtlinien besteht deshalb keine Notwendigkeit von der inzidenten Normenkontrolle Gebrauch zu machen. Entsprechendes gilt für individuelle Beschlüsse.[45]

Die inzident angegriffene Organhandlung muss nicht zwingend die Rechtsgrundlage für den streitgegenständlichen Rechtsakt bilden; es kann sich auch um eine Rahmenvorschrift handeln, die durch den angegriffenen Rechtsakt konkretisiert wurde.[46] Um jedoch zu vermeiden, dass Parteien irgendeine Klage erheben, um so im Wege der inzidenten Normenkontrolle die Überprüfung eines missliebigen Rechtsaktes der Union herbeizuführen, muss die als rechtswidrig gerügte Handlung „mittelbar oder unmittelbar auf den Sachverhalt anwendbar sein, der den Gegenstand der Klage bildet".[47] Der Klagegegenstand und die inzident gerügte Rechtshandlung müssen somit in einem „unmittelbaren rechtlichen Zusammenhang" stehen.[48]

IV. Rügeerhebung

Das Inzidentverfahren wird durch die Geltendmachung der Rechtswidrigkeit des der streitgegenständlichen Maßnahme zugrundeliegenden Rechtsaktes eingeleitet. Hierzu bedarf es keines besonderen Prozessantrages, sondern es genügt, wenn die Einrede der Rechtswidrigkeit im Zusammenhang mit den gegen den eigentlichen Streitgegenstand gerichteten Klagegründen erhoben wird.[49] Obwohl nach dem Wortlaut des Art. 277 AEUV von der „Geltendmachung" der Unanwendbarkeit des betreffenden Rechtsakts die Rede ist, handelt es sich hierbei nicht um eine Prozesshandlung. Sofern der Klagebegründung entsprechende Hinweise auf Rechtsmängel eines Unionsakts zu entnehmen sind, führt der Gerichtshof auch von Amts wegen eine Überprüfung durch.[50] Gestützt wird dies durch die Eigenart der inzidenten Normenkontrolle, die eben keine eigene Verfahrensart darstellt, sondern lediglich die Rechtsschutzmöglichkeit bietet, an sich unanfechtbare Rechtshandlungen in den Bewertungsmaßstab für die streitgegenständliche Einzelmaßnahme miteinzubeziehen.

---

[45] Vgl. EuGH, Rs. C-344/98, *Masterfoods*, Slg. 2000, I-11369 Rn. 55, 57.
[46] Vgl. z. B. EuGH, Rs. 262/80, *Andersen*, Slg. 1984, 195, 203; *B/B/P/St*, 5. Aufl. 2001 S. 274.
[47] EuGH, Rs. 32/65, *Italien/Rat/Kom*, Slg. 1966, 457, 487; Rs. 119/81, *Klöckner*, Slg. 1982, 2627, 2653 Rn. 24.
[48] Vgl. auch GA *Roemer*, Rs. 32/65, *Hoher Rat und Kommission*, Slg. 1966, 457, 494 f.
[49] GA *Reischel*, Rs. 92/78, *Simmenthal/Kommission*, Slg. 1979, 777, 820; *Dauses*, in: ders., EU-WirtR, Abschn. P I Rn. 370.
[50] EuGH, verb. Rs. 6, 11/69, *Kom/Frankreich*, Slg. 1969, 523, 540; EuG, verb. Rs. T-6/92, T-52/92, *Reinarz*, Slg. 1993, II-1047, 1073.

V. Entscheidungserheblichkeit

18 Die inzident zu prüfende Rechtshandlung muss maßgeblich für den Ausgang des anhängigen Rechtsstreits sein.[51] Daran hat sich auch durch die geänderte Neufassung in Art. 277 AEUV nichts geändert, die wohl nur redaktioneller Natur war.[52] Die Entscheidungserheblichkeit setzt demnach voraus, dass der streitgegenständliche Rechtsakt nicht bereits selbst an Rechtsmängeln leidet, die zu seiner Nichtigkeit führen. Ferner muss der inzident als rechtswidrig gerügte Unionsakt in einer Art und Weise für den streitgegenständlichen Rechtsakt maßgeblich sein, dass festgestellte Mängel auf die Rechtswidrigkeit des Klagegegenstandes durchschlagen.[53]

VI. Frist

19 Das Recht zur inzidenten Normenkontrolle wird unter den vorgenannten Voraussetzungen zeitlich unbeschränkt gewährt, wodurch eine dauernde Überprüfbarkeit von Gemeinschaftsakten gewährleistet ist.[54] Die Inzidentrüge kann deshalb in jedem Verfahrensstadium erhoben werden.

VII. Rechtsschutzbedürfnis

20 Das Rügerecht ist allerdings insoweit eingeschränkt, als die von einer möglichen Unanwendbarkeit des Gemeinschaftsrechtsaktes begünstigte Partei sich nicht auf die Ungültigkeit der Gemeinschaftshandlung berufen kann, wenn sie es versäumt hat, den Rechtsakt zuvor unmittelbar im Wege der Nichtigkeitsklage anzugreifen.[55] Diese Beschränkung gilt jedoch dann nicht, wenn der Nachweis, ob der Rechtsakt den Einzelnen (hier: die begünstigte Partei) unmittelbar oder individuell betrifft, nur schwer möglich ist und eine große Wahrscheinlichkeit dafür besteht, das eine von ihm erhobene Nichtigkeitsklage wegen Verneinung einer solchen Klagebefugnis als unzulässig abgelehnt würde.[56]

---

[51] EuGH, Rs. 21/64, *Macchiorlati Dalmas e Figli*, Slg. 1965, 242, 260; Rs. 32/65, *Italien/Rat* u. a., Slg. 1966, 358, 489; Rs. 119/81, *Klöckner Werke*, Slg. 1982, 2627 Rn. 23 ff.; vgl. auch GA *Slynn*, Rs. 181/85, *Frankreich/Kommission* Slg. 1987, 689, 703.

[52] Vgl. *Pache*, in: Vedder/Heintschel v. Heinegg, Art. III-379 Rn. 1.

[53] *Stoll/Rigod*, in: GHN, Art. 277 AEUV Rn. 14; *Cremer*, in: Calliess/Ruffert, EUV/AEUV, Art. 277 AEUV Rn. 3.

[54] *Ehle*, MDR 1964, 719.

[55] EuGH, Rs. C-188/92, *Deggendorf*, Slg. 1994, I-833.

[56] EuGH, Rs. C-182/92, *Deggendorf*, Slg. 1994, I-833; *Borchardt*, in: Lenz/Borchardt, 3. Aufl. 2006 Art. 241 EGV Rn. 3.

C. Materielle Voraussetzungen

I. Prüfungsmaßstab

Die im Wege der inzidenten Normenkontrolle erhobene Rüge kann auf einen der in den Art. 263 Abs. 2 AEUV aufgeführten vier Nichtigkeitsgründen gestützt werden (vgl. dazu i.E. oben § 7). **21**

II. Prüfungsumfang

Die gerügte Gemeinschaftshandlung wird aber nur insoweit auf ihre Rechtswidrigkeit überprüft, als sie für den konkreten Fall entscheidungserheblich ist.[57] **22**

D. Wirkungen einer erfolgreichen Inzidentrüge

Ist die Inzidentrüge erfolgreich, wird dadurch der Bestand der überprüften Rechtshandlung nicht in Frage gestellt, sondern führt zur Nichtanwendung im konkreten Rechtsstreit.[58] Die Fehlerhaftigkeit der Gemeinschaftsnorm führt insoweit nicht zu ihrer Nichtigkeit mit Wirkung für und gegen jedermann („erga omnes"), sondern bedingt ihre Unanwendbarkeit allein im Verhältnis der am Rechtsstreit beteiligten Parteien („inter partes").[59] Ihre Geltung im Übrigen wird von dem Urteil nicht berührt. Insbesondere wird der dem Rechtsstreit zugrundeliegende Unionsakt nicht für nichtig erklärt. Ob es dann die Aufgabe der Unionsorgane ist, den entsprechenden Akt aufzuheben,[60] erscheint mangels eines dahin gehenden Wortlauts eher zweifelhaft. Gleichwohl ist das Organ, die Einrichtung oder Stelle der EU, welches den Rechtsakt erlassen hat, gut beraten, von sich aus eine Änderung im Sinne der Judikatur herbeizuführen.[61] Ein Rechtsanspruch oder ein Rechtsbehelf hierfür besteht aber nicht. Im Verhältnis zur Nichtigkeitsklage hat die inzidente Normenkontrolle somit lediglich eine begrenzte Wirkung. Im Urteilstenor wird die Unanwendbarkeit deshalb auch nicht ausdrücklich erwähnt, sondern lediglich im Rahmen der Entscheidungsgründe festgestellt. Für den streitgegenständlichen Rechtsakt bedeutet die festgestellte Rechtswidrigkeit der Rechtsgrundlage jedoch die Nichtigkeit, so dass die Einzelmaßnahme vom EuGH „erga omnes" für nichtig erklärt und aufgehoben wird.[62] **23**

---

[57] EuGH, Rs. 119/81, *Klöckner-Werke*, Slg. 1982, 2627, 2653 Rn. 25.
[58] EuGH, verb. Rs. 31, 33/62, *Wöhrmann*, Slg. 1962, 1027, 1042; verb. Rs. 87, 130/77, 22/83, 9,10/84, *Salerno u.a.*, Slg. 1985, 2523, 2536.
[59] EuGH, verb. Rs. 31, 33/62, *Wöhrmann*, Slg. 1962, 1027, 1042; verb. Rs. 15-33,52, 53, 57-109, 116, 117, 123, 132, 135-137/73, *Schots u.a.*, Slg. 1974, 177, 191; verb. Rs. 87, 130/77, 22/83, 9,10/84, *Salerno u.a.*, Slg. 1985, 2523, 2536; ebenso *H. P. Ipsen*, EG-Recht, § 43/46; *Ahlt*, S. 179; *Pechstein*, Rn. 980.
[60] So *Hailbronner*, in: HKMM, Art. 184 Rn. 8.
[61] *Ule*, DJT-Gutachten 1966, S. 64; *Schwarze*, in: FS Schlochauer, S. 938 f.; *B/B/P/St*, 5. Aufl. 2001 S. 274; *Ahlt*, S. 179; *Dauses*, in: ders., EU-WirtR, Abschn. P I Rn. 373.
[62] *Constantinesco*, S. 905.

§ 12 Prozesshindernde Einreden und Zwischenstreit*

Übersicht

			Rn.
A.	Allgemeines		1–4
	I.	Rechtsgrundlagen	1
	II.	Wesen und Bedeutung dieser Zwischenverfahren	2
	III.	Abgrenzung zur indirekten Einrede der Rechtswidrigkeit	3/4
B.	Zwischenstreitigkeiten		5–11
	I.	Zwischenstreitigkeiten im weiteren Sinn	6–8
	II.	Zwischenstreitigkeiten im engeren Sinn	9–11
		1. Materiell-rechtliche Vorfragen	10
		2. Sonstige verfahrensrechtliche Vorfragen	11
C.	Verfahren		12–19
	I.	Einleitung des Zwischenverfahrens	13–15
		1. Parteiantrag	14
		2. Prüfung von Amts wegen	15
	II.	Verfahrensart	16
	III.	Frist	17
	IV.	Durchführung einer mündlichen Verhandlung	18
	V.	Anhörung des Generalanwalts	19
D.	Zwischenentscheidung		20–22

Schrifttum: *Klinke*, Der Gerichtshof der Europäischen Gemeinschaften, 1989; *Kirschner/Klüpfel*, Das Gericht erster Instanz der Europäischen Gemeinschaften, 2. Aufl. 1998; *Reiling*, Streitgegenstand und Einrede der „res judicata" im Direktklageverfahren vor den Gemeinschaftsgerichten, EuZW 2002, 136 ff.; *Wägenbaur*, EuGH VerfO, Kommentar, 2008.

A. Allgemeines

I. Rechtsgrundlagen

1   Eine besondere Regelung für die Fälle **prozesshindernder Einreden** und **Zwischenstreitigkeiten** sieht Art. 151 der VerfO-EuGH[1] für den Gerichtshof und die Art. 111 bis 114 der VerfO-EuG[2] für das Gericht erster Instanz vor. Da Art. 151 VerfO-EuGH mit Art. 114 VerfO-EuG inhaltlich weitgehend[3] übereinstimmt, können die Vorschriften im folgenden gemeinsam behandelt werden, zumal sich keine nennenswerten Unterschiede aufgrund des Instanzenweges ergeben. Lediglich Art. 112 VerfO-EuG trägt

---

* Herrn Christian Becker, Dipl.-Jur. und Doktorand am Lehrstuhl von Prof. Dr. Fabian Wittreck (Universität Münster) gebührt mein Dank für wertvolle Mithilfe.
[1] VerfO-EuGH i.d.F. vom 29.9.2012 (ABl. 2012 L 265/1).
[2] VerfO-EuG i.d.F. vom 2.5.1991 i.d.F. vom 24.5.2011 (ABl. 2011 L 162/18).
[3] Während Art. 151 Abs. 1 VerfO-EuGH allgemein von „prozesshindernde Einrede" spricht, nennt Art. 114 § 1 VerfO-EuG hierfür die „Unzulässigkeit, die Unzuständigkeit".

dem zwischen EuGH und EuG bestehenden Instanzenzug insoweit Rechnung, als er in Fällen offensichtlicher Unzuständigkeit des erstinstanzlichen Gerichts die Verweisung der Rechtssache durch einen mit Gründen versehenen Beschluss an den EuGH vorsieht. Die Verweisung richtet sich dabei nach Art. 54 Abs. 2 Satzung-EuGH.

II. Wesen und Bedeutung dieser Zwischenverfahren

Gerade bei komplexen und schwierigen Sachverhalten bietet das Zwischenverfahren die Möglichkeit, bestimmte (Vor-) Fragen abzuschichten und aus Gründen der Prozessökonomie aus dem Hauptsacheverfahren auszugliedern.[4] Im Einzelnen handelt es sich zumeist um Streitigkeiten über das Erfordernis bzw. das Vorliegen bestimmter Prozessvoraussetzungen. Darüber hinaus kann es mitunter auch um die eine oder andere materiell-rechtliche oder verfahrensrechtliche Frage gehen. Allgemein ist die Durchführung eines Zwischenverfahrens immer dann sinnvoll, wenn es sich um eine **Rechtsfrage** handelt, die für den in der Hauptsache durchzuführenden Prozess **von entscheidender Bedeutung** ist, aber im Verhältnis dazu ohne große Untersuchungen im Tatsächlichen erledigt werden kann. Plakativ umschrieben handelt es sich bei dem Zwischenverfahren um ausgegliederte oder abzuschichtende Gegenstände prozessualer, verfahrensrechtlicher oder materiell-rechtlicher Natur, mit deren Vorliegen bzw. Nicht-Vorliegen die Durchführung des Hauptverfahrens „steht und fällt".[5] Steht die entscheidungsrelevante Streitfrage in einem engen sachlichen Zusammenhang mit der Hauptsache, die ihrerseits eine umfassende Untersuchung der Begründetheit des Rechtsstreits erfordert, ist ein Zwischenverfahren nicht angezeigt.[6] Ein Blick in die amtliche Entscheidungssammlung zeigt, dass nicht selten von der Möglichkeit, bestimmte Fragen aus dem Hauptprozess herauszunehmen und vorab in einem Zwischenverfahren zu behandeln, Gebrauch gemacht wird.[7] Die Praxisrelevanz der prozesshindernden Einreden und Zwischenverfahren ist daher von nicht zu unterschätzender Bedeutung.

III. Abgrenzung zur indirekten Einrede der Rechtswidrigkeit

Im Rahmen der Inzidentrüge der Rechtswidrigkeit wird die Rechtmäßigkeit einer gemeinschaftsrechtlichen Handlung in Frage gestellt, die Grundlage für den Streitgegenstand in dem anhängigen Rechtsstreit ist. Kommt der Gerichtshof zu dem Ergebnis, dass der betreffende Gemeinschaftsakt fehlerhaft ist, hat dies Auswirkungen auf die Begründetheit des Ausgangsverfahrens. Mit der prozesshindernden Einrede wird demgegenüber das **Fehlen notwendiger Prozessvoraussetzungen** gerügt, die vorliegen müssen, um eine Entscheidung des Gerichts in der Sache überhaupt erst zu ermöglichen. Es handelt sich also um das **Fehlen von Sachentscheidungsvoraussetzungen**, die die Zulässigkeit des anhängigen Verfahrens betreffen.

---

[4] *Klinke,* Rn. 297.
[5] *Klinke,* Rn. 297, spricht insoweit vom „seidenen Faden".
[6] Vgl. *Wolf,* in: HER, Art. 91 VerfO Anm. 5 m.w.N. auf die Rechtsprechung des EuGH.
[7] Amtliche Erhebungen hierüber sind im Tätigkeitsbericht des Gerichtshofs für das Jahr 2012, abrufbar unter http://curia.europa.eu/jcms/jcms/Jo2_7000/ allerdings nicht vorhanden.

4 Angedeutet wurde bereits, dass Gegenstand von Zwischenverfahren andere verfahrensrechtliche und darüber hinaus auch materiell-rechtliche Fragen sein können. Die Beantwortung dieser Fragen kann ebenfalls Auswirkungen auf die Begründetheit in der Hauptsache haben. Anders als bei der inzidenten Normenkontrolle handelt es sich bei dem Zwischenverfahren also nicht um ein „Verfahren im Verfahren", sondern um einen vorgezogenen, eigenständigen Rechtsstreit, quasi ein abgeschichtetes **„Verfahren vor dem Verfahren"**.

B. Zwischenstreitigkeiten

5 Die Art. 151 Abs. 1 VerfO-EuGH und Art. 114 § 1 VerfO-EuG unterscheiden zwei Alternativen, mit denen vorab eine Entscheidung der europäischen Gerichtsbarkeit herbeigeführt werden kann. Gegenstand eines Zwischenverfahrens kann danach eine prozesshindernde Einrede (Art. 151 Abs. 1 VerfO-EuGH) bzw. die Unzulässigkeit oder Unzuständigkeit einer Klage (Art. 114 § 1 VerfO-EuG) oder allgemein ein Zwischenstreit sein. Dementsprechend lassen sich Zwischenstreitigkeiten im weiteren und im engeren Sinn unterscheiden.[8]

I. Zwischenstreitigkeiten im weiteren Sinn

6 Als Zwischenstreitigkeiten i. w. S. können die prozesshindernden Einreden und die **Einreden der Unzulässigkeit bzw. Unzuständigkeit** angesehen werden. Obwohl die Verfahrensordnungen des EuGH und des EuG insoweit eine voneinander abweichende Terminologie verwenden, umschreiben sie doch einen einheitlichen Prüfungsgegenstand. Sowohl anhand der Begrifflichkeiten „prozesshindernd" und „Unzulässigkeit" als auch aus dem systematischen Zusammenhang, in dem Art. 114 VerfO-EuG steht, ergibt sich, dass beide Vorschriften auf Voraussetzungen Bezug nehmen, die eine Sachentscheidung der europäischen Gerichte erst ermöglichen sollen.

7 Die gemeinschaftsrechtlichen Rechtsbehelfe (Klagen und sonstige Verfahren) unterliegen bestimmten verfahrensrechtlichen Anforderungen. Für diese hat sich der Terminus „Prozessvoraussetzungen" oder „Sachurteilsvoraussetzungen" eingebürgert. Obwohl etwas missverständlich – bezeichnet doch der Ausdruck weniger die Kriterien für das Zustandekommen eines Prozesses als vielmehr die Voraussetzungen, die vorliegen müssen, um eine Entscheidungskompetenz des Gerichts in der Sache überhaupt erst zu begründen – soll in Anlehnung an die von den Verfahrensordnungen verwandte Terminologie gleichwohl an diesem Begriff festgehalten werden. Die für die Durchführung eines Rechtsstreits erforderlichen Zulässigkeitsvoraussetzungen können dabei allgemeiner oder klagespezifischer Art sein (vgl. unten § 21).[9] Das Vorhandensein der unverzichtbaren Prozessvoraussetzungen haben die Gerichte bereits von Amts wegen zu überprüfen (Art. 150 VerfO-EuGH, Art. 113 VerfO-EuG).[10] Ihre Prüfung kann aber auch im Wege einer von dem Beklagten erhobenen **Einrede** erfolgen, mit der er das

---

[8] *Klinke,* Rn. 299, 319.
[9] Vgl. dazu die einzelnen Klage- und Verfahrensarten.
[10] EuGH, Rs. C-286/93, *Antala/Rat und Kommission,* = EuZW 1993, 486, 487.

3. Abschnitt. Zwischen- und Inzidenterverfahren 8 § 12

Fehlen einer notwendigen Prozessvoraussetzung geltend macht. Hierfür reicht es aus, wenn der Beklagte das Vorliegen einer zwingend erforderlichen Sachurteilsvoraussetzung bestreitet oder in Zweifel zieht.[11] Der Beklagte kann dabei auch allgemein die Zulässigkeit einer vor dem Gerichtshof oder dem Gericht erster Instanz[12] erhobenen Klage in Zweifel ziehen.

Die in der Praxis am häufigsten erhobenen prozesshindernden Einreden sind: 8

- Behauptung fehlender **Klagebefugnis**.[13] Diese Einrede wird häufig von beklagten Gemeinschaftsorganen im Rahmen von Nichtigkeitsklagen erhoben, die von einzelnen gegen die Gemeinschaftsorgane angestrengt werden. Im Regelfall handelt es sich um die Anfechtung von Verordnungen (vgl. dazu i.E. oben §§ 7, 8).
- Hinweis auf die fehlende Einhaltung der **Klagefrist**. Diese Einrede wird des öfteren bei dienstrechtlichen Streitigkeiten vorgebracht.[14]
- Rüge der **Unzuständigkeit** des EuGH bzw. des EuG.[15] Für den Fall, dass die Unzuständigkeit offensichtlich ist, brauchen die Gerichte gemäß Art. 52 Abs. 2 VerfO-EuGH, Art. 111 VerfO-EuG die Klage nicht einmal zuzustellen, vielmehr können sie sie nach Anhörung des Generalanwalts durch Beschluss unter Angabe der Gründe als unzulässig abweisen.[16] Die fehlerhafte Behandlung der Einrede der Unzulässigkeit kann mitunter zur Aufhebung der vorinstanzlichen Entscheidung führen.[17]
- Geltendmachung fehlender **Aktiv-**[18] **oder Passivlegitimation**.[19]
- Unzulässigkeit des verfolgten **Klagebegehrens**.[20]
- Fehlende Durchführung des **Vorverfahrens**.[21]

---

[11] *Klinke,* Rn. 300.
[12] Vgl. dazu Beispiele bei *Wägenbaur,* Art. 111 VerfO-EuG, Rn. 3 ff.
[13] EuGH Rs. 12/63, *Schlieker,* Slg. 1963, 187, 197 ; Verb. Rs. 106 und 107/653, *Töpfer,* Slg. 1965 548, 551 f.; Rs. 66/76, *CFDT,* Slg. 1977, 305 Rn. 4/7 ff.; Rs. C-26/86, *Deutz & Geldermann,* Slg. 1987, I-941 Rn. 4 ff.; Rs. 279/86, *S. A. Sermes,* Slg. 1987, 3109 Rn. 12 ff.; Rs. 302/87, *Europäische Parlament,* Slg. 1988, 5637 Rn. 8 ff.; Rs. 138/88, *Flourez,* Slg. 1988, I-6393 Rn. 7; Rs. C-229/88, *Cargill u. a.,* Slg. 1990, I-1303 Rn. 11.
[14] EuGH, Rs. 5/76, *Jänsch,* Slg. 1977, 1817 Rn. 1/3; Rs. 220 und 221/78, *Ala u. Alfer,* Slg. 1979, 1693 Rn. 6; Rs. 152/85, *Misset,* Slg. 1987, 223 Rn. 4 ff.; Rs. 289/87, *Giubilini,* Slg. 1988, 1735 Rn. 10 f.; Rs. 352/87, *Farzoo Inc. u. Kortmann,* Slg. 1988, 2281 Rn. 2; Rs. 264/88 und 264/88 R, *Fernandez,* Slg. 1988, 6341 Rn. 10 ff., dort allerdings Prüfung von Amts wegen; EuGH, Rs. C-180/88, Wirtschaftsvereinigung Eisen- und Stahlindustrie, Slg. 1990, I-4413 Rn. 18 ff.
[15] EuGH, Rs. 31/69, *Kommission/Italienische Republik,* Slg. 1970, 25, Rn. 7 ff.; Rs. 110/75, *Mills,* Slg. 1976, 955 Rn. 4 ff.; Rs. 54/75, *de Dapert u.a,* Slg. 1977, 471 Rn. 10 ff.; Rs. 118/83 R., *CMC,* Slg. 1983, 2583 Rn. 33; Rs. 69/85, *Wünsche,* Slg. 1986, 947 Rn. 10 ff.; Rs. 318/85, *Greis Unterweger,* Slg. 1986, 955 Rn. 5 f.; verb. Rs. 31 und 35/86, *Laisa u. a.,* Slg. 1988, 2285 Rn. 18.
[16] EuGH, Rs. C-371/89, *Emrich,* Slg. 1990, I-1555 Rn. 3; Rs. C-285/90, *Tsitouras,* Slg. 1991, I-787 Rn. 3; bestätigt in Rs. C 104/08, *Kurt,* Slg. 2008, I-97 Rn. 25.
[17] EuGH, Rs. C-197/09 RX, *Réexamen M/EMEA,* Slg. 2009, I-12033 Rn. 21.
[18] EuGH, Rs. C-70/88, *Europäisches Parlament/Europäischen Rat,* Slg. 1990, I-2041 Rn. 4 f.
[19] EuGH Rs. 121/86, *Epichirisseon* Slg. 1987, 1184, 1185 , der den Begriff der „Passivlegitimation" aber nicht übernimmt.
[20] EuGH, Rs.C- 68/90, *Blot u. Front Nationale,* Slg. 1990, I-2101 Rn. 10; Rs. C-72/90, *Asia Motor France,* Slg. 1990, I-2181 Rn. 9 ff.; Rs. T-113/89, *Nefarma,* Slg. 1990, II-797 Rn. 98.
[21] EuGH, verb. Rs. 58 und 75/72, *Perinciolo,* Slg. 1973, 511 Rn. 4/5; Rs. 141/80, *Macevicius,* Slg. 1980, 3509, 3512; Rs. T-57/89, *Alexandrakis,* Slg. 1990, II-143 Rn. 8; verb. Rs. T-47/89 und T-82/89, *Marcato,* Slg. 1990, II-231 Rn. 32.

- Mangelndes **Rechtsschutzinteresse**.[22]
- Entgegenstehende Rechtskraft („res judicata").[23, 24]
- Die prozesshindernde Einrede kann auch die Zulässigkeit eines Anschlussrechtsmittels betreffen.[25] Dazu ist der Rechtsprechung zu entnehmen, dass ein Rechtsmittel gegen ein Urteil des Gerichts zulässig ist, soweit mit diesem eine von einer Partei gegen die Klage erhobene Einrede der Unzulässigkeit zurückgewiesen worden ist, auch wenn das Gericht die Klage mit demselben Urteil als unbegründet abgewiesen hat.[26] Bei der Beurteilung der Zulässigkeit eines Anschlussrechtsmittels, das gegen ein Urteil eingelegt worden ist, mit dem die Klage als unbegründet abgewiesen worden ist, ist jedoch nicht danach zu unterscheiden, ob der vor dem Gericht geltend gemachte und von diesem zurückgewiesene Einwand darauf gerichtet ist, die Klage als unzulässig abzuweisen, oder darauf, sie als gegenstandslos abzuweisen. Hierbei handelt es sich nämlich um zwei prozesshindernde Einreden, die, wenn sie durchgreifen, einer Entscheidung des Gerichts in der Hauptsache entgegenstehen.[27]

II. Zwischenstreitigkeiten im engeren Sinn

9   Als zweite Alternative wird neben der prozesshindernden Einrede in den Art. 151 Abs. 1 VerfO-EuGH, Art. 114 § 1 VerfO-EuG der Zwischenstreit genannt, der somit im Verhältnis zur prozesshindernden Einrede einen anderen Inhalt haben muss. Aus diesem Grunde wird man bei diesen Streitfragen von einem Zwischenstreit i.E.S. sprechen können. Da sich die prozesshindernde Einrede und damit der Zwischenstreit i.w.S. allein auf eine Überprüfung der bei einer Klage zu beachtenden Sachurteilsvoraussetzungen beschränkt, unterfallen die darüber hinausgehenden Rechtsfragen, die sich ebenfalls ohne große Schwierigkeiten von dem Verfahren in der Hauptsache abtrennen und vorab klären lassen, dem Zwischenstreit i.E.S. Hierbei kann es sich um **Vorfragen materiell-rechtlicher Art** oder **verfahrensrechtlicher Natur** handeln.[28]

10   **1. Materiell-rechtliche Vorfragen.** Wird die Anwendung des Zwischenverfahrens für die isolierte Prüfung einzelner materiell-rechtlicher Ansprüche von einem Teil der Literatur auch abgelehnt,[29] zeigt die Praxis aber, dass es in Einzelfällen durchaus angebracht sein kann, auch **materiell-rechtliche Fragen** abzuschichten und vorab in einem Zwischenverfahren zu klären.[30] Von Bedeutung können materiell-rechtliche Vorgaben insbesondere bei Rechtsstreitigkeiten zur außervertraglichen Haftung sein, wenn es

---

[22] EuGH Rs. 12/63, *Schlieker* Slg. 1963, 187, 197.
[23] EuGH, Rs. 113/86, Slg. 1988, 607; Rs. T-28/89, *Maindiaux u. a.,* Slg. 1990, II-59; Rs. T-162/94, *NMB,* Slg. 1996, II-427; vgl. dazu *Reiling,* EuZW 2001, 140.
[24] Zu weiteren Fällen prozeßhindernder Einreden vgl. *Wolf,* in: HER, Art. 91 VerfO Anm. 1.
[25] EuGH, Rs. C-362/05 P, *Wunenburger,* Slg. 2007, I-4333 Rn. 36; Rs. C-197/09 RX II, *M./EMEA,* Slg 2009, I-12033 Rn. 29.
[26] EuGH, Rs. C-23/00 P, *Rat/Boehringer,* Slg. 2002, I-1873 Rn. 50; Rs. C-141/02 P, *Kommission/max.mobil,* Slg. 2005, I-1283 Rn. 50 und 51.
[27] EuGH, Rs. C-362/05 P, *Wunenburger,* Slg. 2007, I-4333 Rn. 39.
[28] Vgl. Beispiele bei *Wägenbaur,* Art. 91 VerfO-EuGH, Rn. 3.
[29] So *Wolf,* in: HER, Art. 91 VerfO Anm. 1.
[30] *Klinke,* Rn. 305; EuGH, verb. Rs. 89, 104, 114, 116, 117 und 125 bis 129/85, *Ahlstroem u. a.,* Slg. 1988, 5193 Rn. 6 f.

zunächst allein um die Frage geht, ob die Haftung der Gemeinschaft überhaupt dem Grunde nach besteht[31] oder ob der Anspruch möglicherweise schon verjährt ist.[32] Die Beispiele verdeutlichen, dass es sich um Rechtsfragen handeln muss, die ohne große Untersuchung in der Hauptsache geprüft werden und den gesamten Rechtsstreit zum Abschluss bringen können. Demgegenüber wird darauf hingewiesen, dass nach der französischen Fassung des Art. 114 § 1 VerfO-EuG ein Zwischenstreit über Fragen der Begründetheit und damit über materiell-rechtlichen Fragen nicht zulässig ist.[33]

2. Sonstige verfahrensrechtliche Vorfragen. Unter den Zwischenstreit i.E. S. fallen ebenso sonstige prozessuale Probleme, die nicht das Vorliegen von Sachurteilsvoraussetzungen betreffen. Meist handelt es sich um Fragestellungen, die die **Gestaltung oder die Durchführung des Verfahrens** betreffen. Kennzeichnend für diese Fallgruppe sind z. B. Anträge auf Vorlage bestimmter Urkunden,[34] auf Wahrung der Vertraulichkeit von Unterlagen,[35] Wiedereröffnung einer mündlichen Verhandlung[36] sowie Fragen zur Einhaltung von Sprachregelungen[37] oder über die Zurückstellung der Rechtssache.[38] Auch hierbei muss es sich folglich um Rechtsprobleme handeln, die sich ohne großen Aufwand in der Sache schnell klären lassen und die für den Ausgang des Rechtsstreits von entscheidungserheblicher Relevanz sind.

C. Verfahren

Das Zwischenverfahren unterliegt eigenen Anforderungen, die in den Verfahrensordnungen der Unionsgerichte geregelt sind.

I. Einleitung des Zwischenverfahrens

Jeder Zwischenstreit kann entweder auf **Antrag** einer Partei (Art. 151 Abs. 1 VerfO-EuGH, Art. 114 § 1 VerfO-EuG) oder **von Amts wegen** durch den Gerichtshof (Art. 150 VerfO-EuGH) oder des Gerichts erster Instanz (Art. 113 VerfO-EuG) eingeleitet werden.

1. Parteiantrag. Die prozesshindernde Einrede bzw. die Einleitung eines Zwischenverfahrens wird durch einen gesonderten Schriftsatz bei dem Gericht beantragt, bei dem der Rechtsstreit anhängig ist. Berechtigt einen **Antrag** auf Zwischenentscheidung einer für den Prozess wesentlichen Frage zu stellen, sind alle Verfahrensbeteiligten. Hierzu zählen einerseits die Parteien des Rechtsstreits, zum anderen wird man aber auch die Streithelfer zum Kreis der Berechtigten zählen müssen, da sie ebenfalls befugt sind, alle Angriffs- und Verteidigungsmittel vorzunehmen (Art. 132 VerfO-

---

[31] EuGH, Rs. 145/83, *Adams*, Slg. 1985, 3556 Rn. 3.
[32] EuGH, verb. Rs. 256, 257, 265, 267/80 und 5/81, *Birra Wührer u. a.*, Slg. 1982, 85 Rn. 7 ff.
[33] *Kirschner/Klüpfel*, Rn. 143.
[34] EuGH, verb. Rs. 121/86 R. und 122/86 R, *Epichirisseon*, Slg. 1987, 833, Rn. 9.
[35] EuGH, Rs. 236/81, *Celanese*, Slg. 1982, 1183 Rn. 8.
[36] EuGH, Rs. 6/71, *Rheinmühlen*, Slg. 1971, 719 Rn. 2.
[37] Vgl. EuGH, Rs. 14/64, *Barge*, Slg. 1965, XI-4, 9 f.
[38] EuGH, verb. Rs. 9 und 58/65, *Acciaierie San Michele*, Slg. 1967, 1, 39.

EuGH, Art. 116 § 4 VerfO-EuG).³⁹ Auf den Antrag selbst finden die für Schriftsätze geltenden allgemeinen Verfahrensvorschriften (Art. 57, 120 VerfO-EuGH; Art. 43, 44 VerfO-EuG) entsprechende Anwendung.⁴⁰ Insbesondere muss mit dem Antrag ein **bestimmtes Gesuch** an den Gerichtshof gestellt werden (z. B. die Klage als unzulässig oder unbegründet abzuweisen). Allgemein gehaltene Anregungen und Formulierungen reichen nicht aus.⁴¹ Da die Verfahrensbeteiligten im Allgemeinen nur einen Schriftsatz einreichen können, muss dieser neben dem Antrag auch eine erschöpfende Stellungnahme enthalten, d. h. der Antrag muss in tatsächlicher und/oder rechtlicher Hinsicht begründet und ggf. durch entsprechende Beweisunterlagen belegt sein.

15 2. **Prüfung von Amts wegen.** Nach Art. 150 VerfO-EuGH, Art. 113 VerfO-EuG brauchen die europäischen Gerichte nicht abwarten, bis die Parteien einen entsprechenden Antrag für eine Zwischenentscheidung gestellt haben. Vielmehr können sie auf Vorschlag des Berichterstatters und nach Anhörung der Parteien und des Generalanwaltes jederzeit **von Amts wegen** das Vorliegen unverzichtbarer Prozessvoraussetzungen prüfen.⁴² Diese Vorschriften spiegeln insoweit den verfahrensrechtlichen ordre public wider,⁴³ wonach die die Entscheidungskompetenz des Gerichtshofs begründenden Voraussetzungen ex officio vorliegen müssen. Ob der Gerichtshof bei Zweifeln über das Vorliegen einer Prozessvoraussetzung diese dann in einem Zwischenverfahren klären lässt, ist schon nach dem Wortlaut der Vorschriften in sein Ermessen gestellt.⁴⁴ In Einzelfällen hat der Gerichtshof nicht nur unverzichtbare Prozessvoraussetzungen von Amts wegen untersucht, sondern auch materiell-rechtliche Probleme zum Teil von sich aus,⁴⁵ teilweise auch im Einvernehmen mit den Parteien⁴⁶ zum Gegenstand eines Zwischenverfahrens gemacht.

II. Verfahrensart

16 Zwischenstreitigkeiten können sich bei jeder Verfahrens- und Klageart ergeben. Demnach ist die Durchführung eines Zwischenstreits nicht nur bei **Direktklagen**, sondern auch bei **Vorabentscheidungsverfahren** zulässig.⁴⁷ Eine Beschränkung auf einzelne Verfahrensabschnitte ist ebenso wenig vorgesehen. Der Gerichtshof kann auch noch nach Abschluss des schriftlichen Verfahrens beschließen, vorab über eine Zulässigkeitsfrage zu entscheiden und diesbezüglich eine getrennte mündliche Verhand-

---

³⁹ Ob ein Streithelfer eine prozeßhindernde Einrede erheben kann, wenn diese von der unterstützten Partei nicht erhoben wird, hat der EuGH ausdrücklich offengelassen, EuGH, verb. Rs. C-305/86 und C-160/87, *Neotype* Slg. 1990, I-2945 Rn. 18.
⁴⁰ *Wolf,* in: HER, Art. 91 VerfO Anm. 2; *Klinke,* Fn. 300.
⁴¹ EuGH, Rs. 55/64, *Lens,* Slg. 1965, 1097, 1102.
⁴² EuGH, Rs. 191/87, *Covale,* Slg. 1988, 515 Rn. 8; EuGH, Beschl. v. 21.6.1993, Rs. C-286/93 *Atlanta/Rat u. Kommision,* EuZW 1993, 486, 487.
⁴³ *Klinke,* Rn. 309.
⁴⁴ So auch *Wolf,* in: HER, Art. 92 VerfO Anm. 2.
⁴⁵ EuGH, verb. Rs. 89, 104, 114, 116, 117 und 125 bis 129/85, *Ahlstroem u. a.,* Slg. 1988, 5193 Rn. 18.
⁴⁶ EuGH, Rs. 145/83, *Adams,* Slg. 1985, 3556 Rn. 4 ff.
⁴⁷ EuGH, Rs. 318/85, *Greis Unterweger,* Slg. 1986, 955, Rn. 4 ff.; Rs. C-286/88, *Falciola,* Slg. 1990, I-191 Rn. 8 ff.; *Klinke,* Rn. 311, der dies allerdings nur im Wege der Analogie befürwortet.

lung durchzuführen.⁴⁸ In Einzelfällen kann der Gerichtshof gemäß Art. 151 Abs. 4, 5 VerfO-EuGH, Art. 114 § 3 und § 4 VerfO-EuG auch ohne mündliche Verhandlung entscheiden.⁴⁹ Vom Verfahren in der Hauptsache hebt sich der Zwischenstreit lediglich dadurch ab, dass er mit einem **besonderen Schriftsatz** beantragt bzw. begründet wird (Art. 151 Abs. 1 VerfO-EuGH, Art. 114 § 1 VerfO-EuG). Ausgenommen dürfte jedoch die Durchführung von Zwischenverfahren im **einstweiligen Rechtsschutz** sein, da die mit der Klärung von bestimmten Vorfragen einhergehende Verzögerung mit dem Sinn und Zweck des Eilverfahrens nicht vereinbar wäre.

III. Frist

Gemäß Art. 151 Abs. 3 VerfO-EuGH, Art. 114 § 2 VerfO-EuG bestimmen die Präsidenten der jeweiligen Gerichte unmittelbar nach Eingang des Schriftsatzes, der auf die Herbeiführung einer Zwischenentscheidung zielt, eine **Frist**, innerhalb dessen sich die anderen Verfahrensbeteiligten schriftlich äußern und entsprechende Anträge stellen können. Eine bestimmte Frist wird von den Verfahrensordnungen nicht vorgegeben, so dass davon auszugehen ist, dass die Festsetzung unter Berücksichtigung des zu entscheidenden Falles im **Ermessen der jeweiligen Präsidenten** steht. Bei der Fristbestimmung sind ferner die aufgrund der unterschiedlichen räumlichen Entfernung eingeräumten pauschalen Entfernungsfristen (Art. 51 VerfO-EuGH, Art. 102 § 2 VerfO-EuG) miteinzubeziehen.⁵⁰ Die gegnerische Partei sowie sonstige Verfahrensbeteiligte können sich zu der aufgeworfenen Streitfrage einlassen, müssen dies aber nicht. Nehmen sie innerhalb des vorgegebenen Zeitraumes keine Stellung und ist die Prozesshandlung damit versäumt, entscheidet der Gerichtshof aufgrund der bestehenden Aktenlage. Ein **Versäumnisverfahren** gemäß Art. 152 VerfO-EuGH, Art. 122 VerfO-EuG **findet nicht statt**,⁵¹ da ein solches nur bei der in der Hauptsache erhobenen Klage Anwendung findet. Eine **Wiedereinsetzung in den vorigen Stand** kommt ebenfalls nicht in Betracht, da es sich bei den aufgrund der Verfahrensordnung festgelegten Äußerungsfristen nicht um Ausschluss- oder Notfristen handelt (vgl. Art. 49 ff. VerfO-EuGH). Folge eines Fristversäumnisses ist somit allein, dass die gegnerische Partei mit ihrer Einlassung für das Verfahren ausgeschlossen ist. Nachgeholte Stellungnahmen und Anträge sind demnach unwirksam und unzulässig, es sei denn, der Betroffen kann nachweisen, dass es sich bei dem Fristablauf um Zufall oder einen Fall höherer Gewalt gehandelt hat (Art. 45 Abs. 2 Satzung-EuGH).

IV. Durchführung einer mündlichen Verhandlung

Wie sich bereits aus dem Vorstehenden ergibt, unterscheidet sich das Zwischenverfahren im Hinblick auf seine Durchführung nicht wesentlich von dem Verfahren in

---

⁴⁸ EuGH, verb. Rs. 41 und 50/59, *Hamborner Bergbau AG*, Slg. 1960, 1025, 1049; Rs. 26/86, *Deutz & Geldermann*, Slg. 1987, 941 Rn. 2; Rs. T-73/89, *Barbi*, Slg. 1990, II-619 Rn. 15.
⁴⁹ EuGH, Beschl. v. 21.6.1993 – Rs. C-286/93 *Atlanta/Rat u. Kommission*, EuZW 1993, 486 (487).
⁵⁰ *Wolf*, in: HER, Art. 91 VerfO Anm. 3.
⁵¹ *Wolf*, in: HER, Art. 91 VerfO Anm. 3.

der Hauptsache. Im Anschluss an den schriftlichen Verfahrensteil, der hauptsächlich in dem Austausch der Schriftsätze besteht, schließt sich die mündliche Verhandlung über die Anträge der Parteien und damit über die streitgegenständlichen Punkte an, sofern die Gerichte diesbezüglich nicht etwas anderes beschließen. Letzteres kann etwa dann der Fall sein, wenn der Gerichtshof die Parteien auffordert, weitere Materialien zur Sachaufklärung schriftlich beizubringen oder bei offensichtlicher Sach- und Rechtslage auf die Durchführung der mündlichen Verhandlung verzichtet.[52] Darüber hinaus verzichtet der Gerichtshof allgemein dann auf eine mündliche Verhandlung, wenn er sich durch die Schriftsätze der Parteien für ausreichend unterrichtet ansieht.[53] Beschließt er auf die Durchführung einer mündlichen Verhandlung zu verzichten, wird dieser Entschluss im Rahmen der Zwischenentscheidung kurz mitbegründet.

V. Anhörung des Generalanwalts

19   Unabhängig davon, ob der Zwischenstreit von Amts wegen oder durch den Antrag einer Partei eingeleitet wird, entscheiden die Gerichte erst, nachdem sie zuvor den Generalanwalt angehört haben (Art. 151VerfO-EuGH; Art. 111VerfO-EuG). Bemerkenswert in diesem Zusammenhang ist, dass – obwohl beim EuG nicht eigens Generalanwälte institutionalisiert worden sind – die vorherige **Anhörung des Generalanwalts** auch bei Zwischenstreitigkeiten vor dem erstinstanzlichen Gericht obligatorisch vorgesehen ist. Im Übrigen ist die Unterstützung durch einen Generalanwalt für Vollsitzungen des EuG zwingend vorgeschrieben, der dann aber vom Präsidenten aus den Reihen der Richter bestellt wird (vgl. hierzu oben § 3). Mit den Zwischenverfahren ist dieser Ausnahmetatbestand um einen weiteren Anwendungsbereich erweitert worden, was zur Folge hat, dass der Gerichtspräsident bei Zwischenverfahren ebenfalls einen Richter bestimmen muss, der die Tätigkeit des Generalanwalts ausübt. Da der zum Generalanwalt berufene Richter eine Gutachterfunktion inne hat, ist es geboten, dass er nicht der zu entscheidenden Kammer angehört (Art. 2 Abs. 3 S. 4 des Ratsbeschlusses). Eine bestimmte Form der Anhörung des Generalanwalts ist in den Verfahrensordnungen nicht vorgesehen. In der Praxis wird die Anhörung des Generalanwalts jedoch so gehandhabt, dass er bei Durchführung einer mündlichen Verhandlung unmittelbar in ihrem Anschluss seinen Schlussantrag stellt.[54] Sieht der Gerichtshof von einer mündlichen Verhandlung ab, gibt der Generalanwalt seine Stellungnahme zur rechtserheblichen Frage formlos und unter Ausschluss der Öffentlichkeit ab.[55]

---

[52] EuGH, Rs. 60/79, *Producteurs de Vins de Table*, Slg. 1979, 2429, 2432; Rs. 276/86, *Belkacem*, Slg. 1986, 3975 Rn. 3 ff.; Rs. 142/83, *Nevas*, Slg. 1983, 2969 Rn. 4 f.; Rs. 352/87, *Farzoo u. a.*, Slg. 1988, 2281 Rn. 4 f.
[53] EuGH, Rs. 141/80, *Macevicius*, Slg. 1980, 3509, 3512; Rs. 256/84, *Koyo Seiko*, Slg. 1985, 1351 Rn. 1; Rs. 121/86, *Epichirisseon*, Slg. 1987, 1183, 1186; Rs. 138/88, *Flourez u. a.*, Slg. 1988, 6393 Rn. 9; Rs. 160/88, *Fedesa*, Slg. 1988, 6399 Rn. 11; EuGRs. T-3/90, *Prodifarma*, Slg. 1991, II-1 Rn. 16.
[54] *Wolf*, in: HER, Art. 91 VerfO Anm. 5; *Klinke*, Rn. 317 m.w.N. zur Rechtsprechung des EuGH.
[55] *Klinke*, Rn. 317.

D. Zwischenentscheidung

Ob der Gerichtshof über die ihm unterbreiteten Zwischenstreitigkeiten sofort oder erst mit dem Endurteil, d. h. nach Abschluss des Hauptsacheverfahrens, entscheidet, steht gemäß Art. 151 Abs. 6 VerfO-EuGH, Art. 114 § 4 VerfO-EuG in seinem Ermessen. Die Zwischenentscheidung kann dabei durch Urteil oder Beschluss erfolgen. Im allgemeinen ergeht die Entscheidung aufgrund mündlicher Verhandlung als Urteil;[56] findet diese nicht statt, als unanfechtbarer Beschluss.[57] Eine strenge Regelung hierfür besteht jedoch nicht,[58] sofern man einmal von Art. 53 Abs. 2 VerfO-EuGH, Art. 111 VerfO-EuG absieht, die in Fällen offensichtlicher Unzulässigkeit eine Entscheidung durch Beschluss vorsehen. Der Gerichtshof wählt die Form seiner Entscheidung weniger unter dogmatischen, als vielmehr unter pragmatischen Gesichtspunkten.[59] Gibt der Gerichtshof der geltend gemachten prozesshindernden Einrede statt, erübrigt sich jede weitere Prüfung in der Hauptsache. Die Klage wird in diesem Fall als unzulässig abgewiesen. Dringt der Kläger aus Gründen des materiellen Rechts mit seiner Klage nicht durch, beispielsweise weil es bereits an einem entsprechenden Anspruch fehlt, erfolgt die Abweisung der Klage als unbegründet. Auch in diesem Fall bildet das Zwischenurteil zugleich das Endurteil. Werden das Vorliegen der prozesshindernden Einrede oder die materiell-rechtliche Vorfrage vom Gerichtshof demgegenüber abgelehnt, kann der Gerichtshof die geltend gemachten Anträge entweder zurückweisen oder seine Entscheidung dem Endurteil vorbehalten. In beiden Fällen wird das Verfahren nicht beendet, sondern in dem Stadium fortgesetzt, in dem es sich vor der Antragstellung befunden hat.[60] Den Parteien werden u. U. vom Präsidenten des jeweiligen Gerichts neue Fristen mitgeteilt, innerhalb derer sie das Hauptsacheverfahren wieder aufnehmen und zu den ursprünglich erhobenen Forderungen und Anträgen erwidern können.

Nach ständiger Rechtsprechung des Gerichtshofs ist auch im Rahmen des Revisionsverfahrens ein Zwischenstreit möglich. Hier geht dann um die Frage, ob ein Rechtsstreit grundsätzlich nicht zur Entscheidung über die Begründetheit der beim Gericht erster Instanz erhobenen Klage reif ist, wenn dieses die Klage aufgrund einer Einrede der Unzulässigkeit als unzulässig abgewiesen hat, ohne die Entscheidung dem Endurteil vorzubehalten.[61] Unter bestimmten Voraussetzungen ist es jedoch möglich, in der Sache über eine Klage zu entscheiden, obwohl sich das Verfahren im ersten Rechtszug auf eine Einrede der Unzulässigkeit beschränkte, der das Gericht erster Instanz stattgegeben hat. Dies kann zum einen der Fall sein, wenn die Aufhebung des angefochtenen Urteils oder Beschlusses zwangsläufig mit einer bestimmten Sachentscheidung über die fragliche Klage verbunden ist[62] oder zum anderen, wenn die inhaltliche Prüfung der Aufhebungsklage auf Argumenten beruht, die von den Parteien im Rahmen des

---

[56] EuGH, Rs. C-15/59, *Knutange*, Slg. 1960, 11.
[57] Nach *Kirschner/Klüpfel*, Rn. 143, endet der Zwischenstreit regelmäßig durch Beschluss.
[58] Vgl. EuGH, Rs. 19/72, *Thomik*, Slg. 1972, 1155 Rn. 10.
[59] Siehe dazu *Klinke*, Rn. 320.
[60] *Wolf*, in: HER, Art. 91 VerfO Anm. 6.
[61] EuGH, Rs. C-197/09 RX-II, *M/EMEA*, Slg 2009, I-12033 Rn. 29.
[62] EuGH, Rs. C-359/98 P, *Ca' Pasta/Kommission*, Slg. 2000, I-3977, Rn. 32 bis 36 und 39.

Rechtsmittelverfahrens im Anschluss an Ausführungen des Gerichts des ersten Rechtszugs ausgetauscht wurden.[63]

22 Neben dem Tenor kann die Zwischenentscheidung auch die Kosten des Verfahrens auswerfen. Dies ist dann selbstverständlich, wenn mit dem Zwischenurteil der gesamte Rechtsstreit seinen Abschluss findet. Sofern das Verfahren fortgesetzt wird, hat der Gerichtshof die Wahl, ob er die Kosten des Zwischenverfahrens gesondert mit der Zwischenentscheidung ausurteilt oder sie aber dem endgültigen Urteil vorbehält.

---

[63] EuGH, Rs. C-389/98 P, *Gevaert/Kommission*, Slg. 2001, I-65, Rn. 27 bis 30, 34, 35 und 52 bis 58; Rs. C-459/98 P, *Martínez del Peral Cagigal/Kommission*, Slg. 2001, I-135, Rn. 29, 34 und 48 bis 54

4. Abschnitt. Sonstige Klage- und Verfahrensarten

§ 13 Klagen betreffend die Europäische Investitionsbank (EIB) und die Europäische Zentralbank (EZB)

Übersicht

	Rn.
A. Allgemeines	1–20
I. Rechtsgrundlagen	1–7
1. Die Europäische Investitionsbank	2–4
2. Die Europäische Zentralbank	5–7
II. Wesen und Bedeutung dieser Klagen	8–20
B. Klagen betreffend die Erfüllung von Verpflichtungen	21–33
I. Zulässigkeit der Klagen	21–28
1. Sachliche Zuständigkeit	21
2. Verfahrensbeteiligte	22–24
3. Klagegegenstand	25
4. Klageart	26
5. Sonstige Sachurteilsvoraussetzungen	27/28
II. Begründetheit	29/30
III. Abschließende Entscheidung	31–33
C. Klagen, die Organbeschlüsse der EIB betreffend	34–44
I. Zulässigkeit der Klagen	34–42
1. Sachliche Zuständigkeit	34
2. Verfahrensbeteiligte	35–38
3. Klagegegenstand	39/40
4. Klageart	41
5. Sonstige Sachurteilsvoraussetzungen	42
II. Begründetheit	43
III. Abschließende Entscheidung	44
D. Sonstige, die EIB betreffende Streitigkeiten	45/46
E. Die Europäische Zentralbank und das System der gerichtlichen Kontrolle	47–61
I. Klage-, Rüge- und Antragsrechte der EZB	48–54
1. Nichtigkeitsklage nach Art. 263 AEUV	48/49
2. Untätigkeitsklage nach Art. 265 AEUV	50
3. Inzidente Normenkontrolle nach Art. 277 AEUV	51
4. Klagen nach Art. 14.2 Satzung-ESZB	52
5. Klagen nach Art. 36.2 Satzung-ESZB	53
6. Antragsrecht nach Art. 11.4 Satzung-ESZB	54
II. Die EZB als Beklagte	55–61
1. Nichtigkeitsklage nach Art. 263 AEUV	55/56
2. Untätigkeitsklage nach Art. 265 AEUV	57
3. Schadensersatzansprüche nach Art. 268 AEUV i.V.m. Art. 340 Abs. 2 AEUV	58/59
4. Vorabentscheidungsverfahren nach Art. 267 AEUV	60
5. Klagen nach Art. 36.2 Satzung-ESZB	61

Schrifttum : *Borries*, Die Fortentwicklung der Europäischen Wirtschaftsgemeinschaft zur Wirtschafts- und Währungsunion, in: Rengeling/v. Borries (Hrsg.), Aktuelle Entwicklungen in der Europäischen Gemeinschaft, 1992, S. 91 ff.; *ders.*, Die Europäische Zentralbank als Gemeinschaftsinstitution, in: ZeuS 1999, S. 281 ff.; *Endler,* Europäische Zentralbank und Preisstabilität. Eine juristische und ökonomische Untersuchung der institutionellen Vorkehrungen des Vertrages von Maastricht zur Gewährleistung der Preisstabilität, 1998; *Gaiser,* Gerichtliche Kontrolle im Europäischen System der Zentralbanken, in: EuR 2002, S. 517 ff.; *Goetze,* Die Tätigkeiten der nationalen Zentralbanken in der Wirtschafts- und Währungsunion, 1999; *Häde,* Die Europäische Wirtschafts- und Währungsunion, EuZW 1992, 171 ff.; *Heun,* Die Europäische Zentralbank in der Europäischen Währungsunion, in: JZ 1998, S. 867 ff.; *Kerber/Städter,* Die EZB in der Krise: Unabhängigkeit und Rechtsbindung als Spannungsverhältnis. Ein Beitrag zum Individualrechtsschutz gegen Rechtsverstöße der EZB, EuZW 2011, 536; *Koenig,* Institutionelle Überlegungen zum Aufgabenzuwachs beim europäischen Gerichtshofs in der Währungsunion, EuZW 1993, 661 ff.; *Middeke/Szczekalla,* Änderungen im europäischen Rechtsschutzsystem, in: JZ 1993, S. 284 ff.; *Potacs,* Nationale Zentralbanken in der Wirtschafts- und Währungsunion, in: EuR 1993, S. 23 ff.; *Seidel,* Probleme der Verfassung der Europäischen Gemeinschaft als Wirtschafts- und Währungsunion, in: Baur/Müller-Graff/Zuleeg (Hrsg.), FS für Bodo Börner, 1992, S. 471 ff.; *Selmayr,* Die Wirtschafts- und Währungsunion als Rechtsgemeinschaft, in: AöR 124 (1999), S. 357 ff.; *Smits,* The European Central Bank: Institutional Aspects, ICLQ 1996, S. 319 ff.; *Stadler,* Der rechtliche Handlungsspielraum des Europäischen Systems der Zentralbanken, 1996; *Studt,* Rechtsfragen einer Europäischen Zentralbank, 1993; *Ule,* Empfiehlt es sich, die Bestimmungen des europäischen Gemeinschaftsrechts über den Rechtsschutz zu ändern und zu ergänzen? – Gutachten für den 46. Deutschen Juristentag, 1966; *Waigel,* Die Unabhängigkeit der Europäischen Zentralbank: gemessen am Kriterium demokratischer Legitimation, 1999; *Weinbörner,* Die Stellung der Europäischen Zentralbank (EZB) und der nationalen Zentralbanken in der Wirtschafts- und Währungsunion nach dem Vertrag von Maastricht, 1998; *Weiß,* Kompetenzverteilung in der Währungspolitik und Außenvertretung des Euro, in: EuR 2002, S. 165 ff.

A. Allgemeines

I. Rechtsgrundlagen

1   Nach Art. 271 lit. a-c AEUV kommt dem **Gerichtshof der Europäischen Union** einerseits die **Entscheidungskompetenz** im Hinblick auf gewisse **Streitsachen betreffend die Europäische Investitionsbank (EIB)** und andererseits nach Art. 271 lit. d AEUV im Hinblick auf die **Europäische Zentralbank (EZB)** zu. Weitere Regelungen zum Rechtsschutz finden sich für die EZB in Art. 35 der dem Unionsvertrag als Protokoll beigefügten Satzung der EZB[1] sowie den entsprechenden Rechtsschutzbestimmungen des AEUV. Zudem normiert Art. 51 Abs. 2 der Satzung-EuGH die Zuständigkeit für Nichtigkeits- bzw. Untätigkeitsklagen, die entweder von der EZB oder gegen die EZB erhoben werden.[2] Da die beiden Banken im Rahmen des Anwendungsbereiches des EAGV keine Erwähnung finden, sind dort auch keine Parallelvorschriften zum

---

[1] Protokoll über die Satzung des Europäischen Systems der Zentralbanken und der Europäischen Zentralbank vom 7.2.1992 (BGBl. II 1253), zuletzt geändert durch Art. 1 Abs. 4 lit. b, Abs. 6 lit. a, Abs. 8 lit. b, Abs. 11 Protokoll Nr. 1 zum Vertrag von Lissabon vom 13.12.2007 (ABl. 2007 C 306/163, ber. ABl. 2008 C 111/56 u. ABl. 2009 C 290/1.)

[2] Dazu *Wägenbaur,* EuGH VerfO, 2008, Art. 51 Satzung-EuGH, Rn. 5.

4. Abschnitt. Sonstige Klage- und Verfahrensarten 2 § 13

Art. 271 AEUV vorhanden. Bevor auf das die beiden Banken betreffende **Rechtsschutzverfahren** detailliert eingegangen wird, erscheint es sowohl vor dem Hintergrund, dass es sich hierbei – wie im einzelnen nachzuweisen ist – um **Sonderverfahren** handelt als auch im Hinblick darauf, dass die Aufgaben und die Struktur der beiden europäischen Banken nicht unbedingt zum allgemeinen Kenntnisstand über das Europäische Unionsrecht zählen, angezeigt, vorab auf die Stellung und ihre Aufgaben im System der Europäischen Union einzugehen.

1. Die Europäische Investitionsbank. Grundlegende Bestimmungen zur EIB waren 2 bereits mit der Gründung der EWG in den Vertrag aufgenommen worden (Art. 129, 130 EWGV). Im Zuge des Vertragsänderungen durch den in Maastricht beschlossenen Unionsvertrag teilten sich diese Vorschriften unter leichter Modifizierung auf die Art. 4 b, 198 d, 198 e EGV a. F. auf, wobei die in den ehemaligen Art. 129, 130 EWGV enthaltenen Kernaussagen allerdings im Wesentlichen unverändert beibehalten wurden. Weitere Vorschriften zur EIB, insbesondere zur Zusammensetzung und der Aufgabenverteilung, sind in dem „Protokoll über die Satzung der Europäischen Investitionsbank"[3] enthalten, das dem EWGV als Anlage beigefügt worden war. Innerhalb des institutionellen Gefüges der Union nimmt die EIB eine **Sonderstellung** ein. Art. 308 Abs. 1 AEUV bringt zum Ausdruck, dass der EIB eine eigene, **unionsinterne Rechtspersönlichkeit** zukommt.[4] Darauf folgt, dass es sich bei der Bank um eine **finanziell** und **organisatorisch selbständige öffentlich-rechtliche Unionseinrichtung mit eigenen Rechten und Pflichten** handelt. Der genaue Umfang dieser Rechtspersönlichkeit ist in Art. 26 Satzung-EIB geregelt. Die EIB genießt eine **Sonderstellung**, so dass es sich bei ihr nicht um ein Unionsorgan handelt.[5] Die Sonderstellung ergibt sich zum anderen aber auch daraus, dass die EIB zwar den Unionsorganen nachgebildete eigene Organe hat, die aber eigenen Gesetzmäßigkeiten unterliegen und für die hinsichtlich der **Justiziabilität** ihrer Handlungen in Art. 271 lit. a-c AEUV eine – allerdings nicht abschließende – **Sonderregelung** besteht.[6] Ungeachtet der bestehenden funktionellen und institutionellen Autonomie ist die EIB auf die Ziele der Union verpflichtet.[7] Zudem genießt die EIB funktionelle und institutionelle Autonomie, um auf den Kapitalmärkten frei von politischen Einflüssen agieren zu können.[8] Insgesamt ist die EIB damit hinsichtlich ihrer Geschäftsführung, insbesondere im Rahmen ihrer

---

[3] Protokoll über die Satzung der Europäischen Investitionsbank vom 25.3.1957 (BGBl. 2007 II 753/964), zuletzt geändert durch Nr, 3.4 Beschluss vom 30.3.2009 (ABl. 2010 Nr. L 10/19).

[4] Vgl. dazu EuGH, Rs. C-110/75, *Mills/EIB*, Slg. 1976, 955 Rn. 7 ff. Ferner aus dem Schrifttum: *Binder*, in: Schwarze, EU-Kommentar, Art. 309 AEUV Rn. 4; *Frenz*, Handbuch Europarecht, Band 5 Rn. 3095 f.; *Müller-Borle/Balke*, in: Groeben/Schwarze, EUV/EGV, Art. 266 EGV Rn. 6 f.; *Oppermann/Classen/Nettesheim*, Europarecht, § 19 Rn. 33; *Rossi*, in: Calliess/Ruffert, EUV/AEUV, Art. 308 AEUV Rn. 5, 7 ff.; *Stoll/Rigod*, in: GHN, Art. 308 AEUV Rn. 5 f.

[5] Vgl. dazu EuGH, Rs. C-85/86, *Kommission/EIB*, Slg. 1988, 1281 Rn. 28 ff.; EuGH, Rs. C-15/00, *Kommission/EIB*, Slg. 2003, I-7281 Rn. 102 ff., der EIB insoweit eine Doppelnatur zuerkennt. Dazu auch im Schrifttum: *Frenz*, Handbuch Europarecht, Band 5, Rn. 3094; *Müller-Borle/Balke*, in: Groeben/Schwarze, EUV/EGV Art. 266 EGV Rn. 6; *Ohler*, in: Streinz, EUV/AEUV, Art. 308 AEUV Rn. 4 ff.; *Rossi*, in: Calliess/Ruffert, EUV/AEUV, Art. 308 AEUV Rn. 5, 6; *Stoll/Rigod*, in: GHN, Art. 308 AEUV Rn. 5.

[6] So *Binder*, in: Schwarze, EU-Kommentar, Art. 266 EGV Rn. 2; .

[7] Vgl. nur: EuGH, Rs. C-85/86, *Kommission/EIB*, Slg. 1988, 1281 Rn. 29.

[8] Dazu *Frenz*, Handbuch Europarecht, Band 5 Rn. 3097.

Kapitaloperationen unabhängig, andererseits hinsichtlich ihrer Ziele eng mit der EU verbunden.[9]

3   Die **Funktion** der EIB als einer **Einrichtung der europäischen Integrationspolitik** besteht gemäß Art. 309 AEUV vornehmlich in der Finanzierung der dort im einzelnen aufgeführter Vorhaben durch Gewährung von Darlehen oder Bürgschaften, um so zu einer ausgewogenen und reibungslosen Entwicklung des Gemeinsamen Marktes beizutragen. Obwohl die EIB über eine von den Mitgliedstaaten aufgebrachte **Eigenkapitalausstattung** (Art. 4 Satzung-EIB) verfügt, die durch Beschluss des Rates der Gouverneure vom 30.3.2009 erhöht wurde, wird der überwiegende Teil der benötigten Mittel über den freien Kapitalmarkt durch Aufnahme von Anleihen oder Abtretung von Forderungen fremdfinanziert (Art. 18 Nr. 3, 20 Satzung-EIB).[10] Dieses Kapital wird von der Bank, die gemäß Art. Art. 309 AEUV keine Gewinnzwecke verfolgt, zur **Finanzierung von Vorhaben** zur Erschließung der weniger entwickelten Gebiete (Art. 309 lit. a AEUV), von Vorhaben zur Modernisierung oder Umstellung von Unternehmen oder zur Schaffung neuer Arbeitsmöglichkeiten, die sich aus der schrittweisen Errichtung des Gemeinsamen Marktes ergeben und wegen ihres Umfangs oder ihrer Art mit den in den einzelnen Mitgliedstaaten vorhandenen Mitteln nicht vollständig finanziert werden können (Art. 309 lit. b AEUV) und von Vorhaben von gemeinsamem Interesse für mehrere Mitgliedstaaten, die wegen ihres Umfangs oder ihrer Art mit den in den einzelnen Mitgliedstaaten vorhandenen Mitteln nicht vollständig finanziert werden können (Art. 309 lit. c. AEUV), zur Verfügung gestellt.[11] Daneben erleichtert die EIB nach Art. 309 Abs. 2 AEUV die Finanzierung von Investitionsprogrammen in Verbindung mit der Unterstützung aus den Strukturfonds und anderen Finanzierungsinstrumenten der Union.

4   **Mitglieder** der EIB sind die Mitgliedstaaten der EU (Art. 308 Abs. 2 AEUV; Art. 3 Satzung-EIB), die insoweit auch an der Organisation der Bank beteiligt sind. Gemäß Art. 6 Satzung-EIB wird die Bank von einem **Rat der Gouverneure**, einem **Verwaltungsrat** und einem **Direktorium** geleitet und verwaltet. An der Spitze steht der **Rat der Gouverneure**, der aus je einem Minister der Mitgliedstaaten gebildet wird und der die allgemeinen **Richtlinien der Kreditpolitik** bestimmt (Art. 7 Satzung-EIB). Der **Verwaltungsrat** ist das **Entscheidungsgremium** der EIB, der über die Vergabe der Finanzmittel beschließt und die Einhaltung der Richtlinien überwacht (Art. 9 Abs. 1 Satzung-EIB). Die **laufenden Geschäfte der Bank** werden schließlich von einem **Direktorium**, bestehend aus einem Präsidenten und sechs Vizepräsidenten, wahrgenommen (Art. 11 Abs. 3 Satzung-EIB).

---

[9] Vgl. nur: EuGH, Rs. C-85/86, *Kommission/EIB*, Slg.1988, 1281 Rn. 28 ff.; EuGH, Rs. C-15/00, *Kommission/EIB*, Slg. 2003 I- 7281 Rn. 102 ff.

[10] So nahm die EIB im Jahr 2011 in ihren drei Hauptwährungen insgesamt einen Betrag von 66,9 Mrd. EUR auf; dabei erfolgte der Großteil (35 Mrd. EUR) in EURO-Anleihen, 6,8 Mrd. GBP betrug das Emissionsvolumen auf dem britischen Finanzmarkt und ungefähr 33 Mrd. USD wurden in Form von Anleihen auf dem US-Markt aufgenommen. Vgl. insgesamt dazu den Jahresbericht 2011 der EIB, S. 41, im Internet auf www.eib.org/report.

[11] Detailliert zu den Aufgaben der EIB auch: *Binder*, in: Schwarze, EU-Kommentar, Art. 309 AEUV Rn. 1 ff.; *Frenz*, Handbuch Europarecht, Band 5, Rn. 3099 ff.; *Kotzur*, in: Geiger/Khan/Kotzur, EUV/AEUV, Art. 309 AEUV Rn. 1; *Müller-Borle/Balke*, in: Groeben/Schwarze, EUV/EGV, Art. 267 EGV Rn. 1 ff.; *Ohler*, in: Streinz, EUV/AEUV, Art. 309 AEUV Rn. 3 ff.; *Oppermann/Classen/Nettesheim*, Europarecht, § 19, Rn. 39 ff.; *Rossi*, in: Calliess/Ruffert, EUV/AEUV, Art. 309 AEUV Rn. 3 ff.; *Stoll/Rigod*, in: GHN, Art. 309 AEUV Rn. 1 ff.

2. Die Europäische Zentralbank. Diese europäische Einrichtung ist im Zuge der 5
Wirtschafts- und Währungsunion mit dem am 7.2.1992 in Maastricht unterzeichneten
Vertrag über die Europäische Union in den EGV eingefügt worden. Die EZB ist neben
den nationalen Zentralbanken[12] Teil des Europäischen Systems der Zentralbanken
(ESZB).[13] Die EZB – nicht aber das ESZB[14] – besitzt ebenso wie die EIB eine **eigenständige Rechtspersönlichkeit** (Art. 129 Abs. 2 AEUV; Art. 9.1 Satzung-EZB). Art. 130
S. 1 AEUV normiert die **Unabhängigkeit** des Europäischen Systems der Zentralbanken.[15] Danach sind sowohl die EZB als auch die nationalen Zentralbanken bzw. ihre
Beschlussorgane weisungsunabhängig. Dies erstreckt sich sowohl auf die **persönliche
Unabhängigkeit** der Mitglieder als auch auf die **funktionale Unabhängigkeit** der EZB
und der nationalen Zentralbanken.[16] Von zentraler Bedeutung ist daneben auch die
finanzielle Unabhängigkeit.[17] Diese weitgehende Unabhängigkeit wird indes durch
das Gebot einer prinzipiellen gerichtlichen Überprüfbarkeit des Agierens ergänzt.[18]

Beschlussorgane der EZB[19] sind gemäß Art. 129 Abs. 1 AEUV der EZB-Rat und 6
ein Direktorium, deren Funktion und Aufgaben in der dem Unionsvertrag als Protokoll beigefügten Satzung der EZB näher umschrieben sind (Art. 10, 11 Satzung-EZB).
Dem EZB-Rat gehören neben den Mitgliedern des Direktoriums, welches aus dem
Präsidenten, dem Vizepräsidenten und vier weiteren Mitgliedern besteht, die jeweiligen
Präsidenten der einzelnen nationalen Zentralbanken an (Art. 283 AEUV).

Nach Maßgabe der ihr mit dem EGV sowie der im Rahmen der Satzung der EZB 7
zugewiesenen Befugnisse unterstützt die EZB die **Ziele und Aufgaben des ESZB**,[20] die
gemäß Art. 127 Abs. 1 und Abs. 2 AEUV darin bestehen, die Preisstabilität innerhalb

---

[12] Ein Überblick über die verschiedenen nationalen Zentralbanken findet sich bei: *Studt*,
Rechtsfragen einer Europäischen Zentralbank, S. 110 ff. Vgl. ferner im Schrifttum auch *Häde*,
in: Calliess/Ruffert, EUV/AEUV, Art. 129 Rn. 6 ff.
[13] Vgl. dazu *v. Borries*, in: Rengeling/v. Borries (Hrsg.), S. 110 ff., 122 ff.; *Häde*, EuZW 1992,
174 ff.; *Heun*, JZ 1998, 869; *Koenig*, EuZW 1993, 661 ff.; *Potacs*, EuR 1993, 31 ff.; *Seidel*, in: FS
für Börner, S. 425 ff.
[14] Zutreffend *Gaiser*, EuR 2002, 517 f.
[15] Dazu auch: *Blanke*, in: Mangoldt/Klein/Starck, GG, Art. 88 Rn. 52 ff.; *Herdegen*, in:
Maunz/Dürig, GG, Art. 88 Rn. 82; *Heun*, JZ 1998, 874 ff.; *ders.*, in: Dreier, GG, Art. 88 Rn. 23;
Potacs, in: Schwarze, EU-Kommentar, Art. 130 AEUV Rn. 1.
[16] Vgl. dazu zunächst EuGH, Rs. C-85/86, *Kommission/EIB*, Slg. 1988, 1281 Rn. 29; ferner
auch m.w.N.: *Blanke*, in: Mangoldt/Klein/Starck, GG, Art. 88, Rn. 54 (zur finanziellen Autonomie), Rn. 55 (zur institutionell-funktionalen Autonomie) und Rn. 69 (zur persönlichen und
sachlichen Autonomie); *Häde*, in: Calliess/Ruffert, EUV/AEUV, Art. 130 AEUV Rn. 9 ff. (zur
funktionellen Unabhängigkeit), Rn. 25 ff. (zur persönlichen Unabhängigkeit); insgesamt auch
noch *Frenz*, Handbuch Europarecht, Band 5, Rn. 3097 f.; *Heun*, JZ 1998, 874.; *Oppermann/Classen/Nettesheim*, Europarecht, Rn. § 19 Rn. 20; *Potacs*, in: Schwarze, EU-Kommentar, Art. 130
AEUV Rn. 1; zu den divergierenden Unabhängigkeitsvorstellungen zwischen EZB und nationalen Zentralbanken auch *Herdegen*, in: Maunz/Dürig, GG, Art. 88 Rn. 82.
[17] Dazu weiterführend: *Blanke*, in: Mangoldt/Klein/Starck, GG, Art. 88 Rn. 54; *Herdegen*, in:
Maunz/Dürig, GG, Art. 88 Rn. 82; *Heun*, in: Dreier, GG, Art. 88 Rn. 31.
[18] *Kerber/Städter*, EuZW 2011, 538.
[19] Ausführlich dazu: *Heun*, JZ 1998, 867 f.; *Oppermann/Classen/Nettesheim*, Europarecht, § 19
Rn. 17; *Potacs*, in: Schwarze, EU-Kommentar, Art. 129 Rn. 3.
[20] Vgl. m.w.N.: *Häde*, in: Calliess/Ruffert, EUV/AEUV, Art. 130 Rn. 9 ff.; *Heun*, JZ 1998,
869 ff.; *Oppermann/Classen/Nettesheim*, Europarecht, § 19 Rn. 26; *Potacs*, in: Schwarze, EU-Kommentar, Art. 127 Rn. 2 ff. (Ziele) 7 ff. (Aufgaben); *Weiß*, EuR 2002, 186 f. (speziell zu den
Kompetenzen der EZB in der Außenwirtschaftspolitik).

der Union aufrechtzuerhalten (vorrangiges Ziel), die gemeinschaftliche Geldpolitik festzulegen, die Devisengeschäfte durchzuführen sowie die offiziellen Währungsreserven der Mitgliedstaaten zu halten und zu verwalten wie auch das reibungslose Funktionieren der Zahlungssysteme zu fördern (letztere vier grundlegende Aufgaben).

II. Wesen und Bedeutung dieser Klagen

8   Obwohl nur die EZB nach Art. 13 EUV Organ der Union ist, sind doch beide Banken so mit den Zielen der Gemeinschaft eng verbunden,[21] dass die Gründungsväter sie in Fällen von Rechtsstreitigkeiten ausdrücklich der Gerichtsbarkeit des EuGH unterstellten. Aus diesem Grunde ist eine **Entscheidungskompetenz der** institutionellen Gemeinschaftsgerichte (EuGH und EuG) auch **in weiteren als den in Art. 271 AEUV ausdrücklich genannten Rechtsstreitigkeiten anerkannt.**[22]

9   Im Laufe seiner gesamten **Rechtsprechungstätigkeit** mussten sich der Europäische Gerichtshof (seit Lissabon: Gerichtshof) und das Gericht erster Instanz (seit Lissabon: Gericht der Europäischen Union) bislang – so weit ersichtlich – mit folgenden, **die EIB betreffenden Verfahren** befassen:

10 In dem ersten Verfahren in der Rs. *Campolongo/Hohe Behörde*[23] mit Bezug zur EIB stand die Frage der Zulässigkeit des Wechsels eines Bediensteten der Gemeinschaft (EGKS) zur EIB sowie der Kumulierung eines Abgangsgeldes der EGKS und einer Einrichtungsbeihilfe der EIB im Mittelpunkt. Der EuGH hielt die Kumulierung für unzulässig, da **innerhalb der Europäischen Gemeinschaften und der angegliederten Organe eine funktionelle Einheit** bestünde.[24] Bemerkenswert an dieser Entscheidung ist aber, dass schon GA *Roemer* in seinen Schlußanträgen – anders als der Gerichtshof – zum einen den Begriff „Organ" im Hinblick auf die EIB vermied, er daneben der Bank ein Sonderstatut zubilligte, die EIB aber ungeachtet der ihr zustehenden Autonomie zugleich als Instrument der Europäischen Wirtschaftsgemeinschaft ansah.[25]

11 Grundlegend für die **institutionelle Stellung der EIB im europäischen Institutionengefüge** ist die Entscheidung des Europäischen Gerichtshofs in der Rs. *Mills/EIB*.[26] Mit diesem Zwischenurteil hat der Gerichtshof seine Zuständigkeit auf alle Rechtsstreitigkeiten zwischen der EIB und ihren Bediensteten erstreckt. Nach Art. 270 AEUV entscheidet der Gerichtshof über „alle Streitsachen zwischen der Gemeinschaft und ihren Bediensteten". Damit war die zentrale Frage aufgeworfen, wie in diesem Kontext die EIB einzuordnen sei, da die mit eigener Rechtspersönlichkeit ausgestattete EIB (s. o.) im engen Sinn gerade nicht zur Gemeinschaft gehört. Der Gerichtshof stellt die EIB als „Gemeinschaftseinrichtung" neben die Gemeinschaftsorgane, betont aber die Zugehörigkeit der Bank zum Gemeinschaftsgefüge und kommt so zu einer weiten Interpretation des Art. Art. 270 AEUV. Ergänzend verweist der EuGH darauf, dass auch

---

[21] Für die EIB vgl. EuGH, Rs. C-85/86, *Kommission/EIB*, Slg. 1988, 1281,1320.
[22] Übereinstimmend *Frenz*, Handbuch Europarecht, Band 5, Rn. 3108; *Karpenstein,* in: GHN, Art. 271 AEUV Rn. 3; *Schwarze*, in: ders., EU-Kommentar, Art. 271 AEUV Rn. 7.
[23] EuGH, Rs. C-27/59, *Campolongo/Höhere Behörde*, Slg. 1960, 795, 819ff.
[24] EuGH, Rs. C-27/59, *Campolongo/Höhere Behörde*, Slg. 1960, 795, 819, 849.
[25] Schlußanträge GA *Roemer*, EuGH, Rs. C-27/59, *Campolongo/Höhere Behörde*, Slg. 1960, 795, 872ff.
[26] EuGH, Rs. C-110/75, *Mills/EIB*, Slg. 1976, 955.

die Bestimmung des Art. 271 AEUV diesem Ergebnis nicht widerspräche, da die dort normierten Zuständigkeiten des EuGH im Hinblick auf die EIB nicht abschließender Natur seien.[27]

Diese Rechtsprechung bestätigte der EuGH in der Rs. *Alaimo/Kommission*,[28] in der auch das mit eigener Rechtspersönlichkeit ausgestattete Europäische Zentrum für die Förderung der Berufsbildung als „Gemeinschaftseinrichtung" angesehen wurde und damit die Zuständigkeit nach Art. 270 AEUV eröffnet war. 12

Von zentraler Bedeutung für die **Stellung der EIB im Gefüge der Gemeinschaftsinstitutionen (nach Lissabon: Unionsinstitutionen)** ist die Entscheidung in der Rs. *Kommission/Rat der Gouverneure der Europäischen Zentralbank*.[29] Der EuGH führte aus, dass die EIB als eine mit eigener Rechtspersönlichkeit ausgestattete Bank zur Erfüllung ihrer im Vertrag vorgesehenen Aufgaben auf den Kapitalmärkten ebenso wie jede andere Bank in völliger Unabhängigkeit agieren können müsse. Auch wenn der **EIB** damit eine **funktionelle und institutionelle Autonomie** zugestanden wird, sei sie aber nicht völlig von den Gemeinschaften gesondert und von den Bestimmungen des Gemeinschaftsrechts ausgenommen. Vielmehr solle die Bank zur Verwirklichung der Ziele der Gemeinschaft beitragen. Der **EIB** komme daher eine **Doppelnatur** in dem Sinne zu, dass sie einerseits hinsichtlich ihrer **Geschäftsführung**, insbesondere im Rahmen ihrer Kapitaloperationen, **unabhängig**, andererseits hinsichtlich ihrer **Ziele eng mit der Gemeinschaft verbunden** sei.[30] 13

Durch das Zwischenurteil in der Rs. *Société générale d'entreprises électro-mécaniques (SGEEM) u. Roland Etroy/EIB* hat der EuGH die in Art. 340 Abs. 2 AEUV normierte **außervertragliche Haftung der Gemeinschaft für die durch ihre Organe oder Bediensteten in Ausübung ihrer Amtstätigkeit verursachten Schäden auch auf die EIB** erstreckt.[31] Unter Hinweis auf die Rs. *Mills/EIB* (s. o.) qualifizierte der Gerichtshof die EIB erneut als eine durch den Vertrag errichtete Gemeinschaftseinrichtung.[32] Damit die Gemeinschaft sich aber nicht der außervertraglichen Haftung dadurch entziehen könne, dass sie durch eine Einrichtung handelt, die mit dem Vertrag geschaffen wurde und die berechtigt ist, im Namen und für Rechnung der Gemeinschaft zu handeln, dürfe der Begriff „Organ" in Art. 340 Abs. 2 AEUV nicht so verstanden werden, dass nur die in Art. 13 Abs, 1 EUV genannten Organe erfasst werden.[33] 14

Durch Beschluss in der Rs. *Tête u. a./EIB*[34] hat das Gericht erster Instanz sich für unzuständig erklärt, über eine Klage gegen eine Darlehensentscheidung der EIB zu entscheiden. Zum einen lasse Art. 271 lit. c AEUV eine Anfechtung nur durch die Kommission oder die Mitgliedstaaten zu. Soweit Art. 263 AEUV auch **natürlichen oder juristischen Personen ein Klagerecht gegen die EZB** einräumt, sei dies darauf zurückzuführen, dass die EZB anders als die EIB Verordnungen und Entscheidungen mit verbindlicher Wirkung für die Betroffenen erlassen könne. 15

---

[27] Zum vorstehenden vgl. nur EuGH, Rs. C-110/75, *Mills/EIB*, Slg. 1976, 955 Rn. 15 ff.
[28] EuGH, Rs. C-147/82, *Alaimo/Kommission*, Slg. 1982, 1559.
[29] EuGH, Rs. C-85/86, *Kommission/EIB*, Slg. 1988, 1281.
[30] EuGH, Rs. C-85/86, *Kommission/EIB*, Slg. 1988, 1281 Rn. 29 f.
[31] Vgl. insoweit EuGH, Rs. C-370/89, *SGEEM und Etroy/EIB*, Slg. 1992, I-6211.
[32] EuGH, Rs. C-370/89, *SGEEM und Etroy/EIB*, Slg. 1992, I-6211 Rn. 13.
[33] EuGH, Rs. C-370/89, *SGEEM und Etroy/EIB*, Slg. 1992, I-6211 Rn. 16.
[34] EuG, Rs. T-460/93 (92), *Tête u.a./EIB*, Slg. 1993, II-1257.

16   Durch Urteil in der Rs. *EZB/Bundesrepublik Deutschland*[35] hat der EuGH eine Klage der EZB, gerichtet auf die Erstattung von Umsatzsteuerbeträgen für die Anmietung von Immobilien für den Dienstbedarf, abgewiesen, da den Mitgliedstaaten bei der Frage der Erstattung von Steuern, die nicht gesondert ausgewiesen sind, ein gewisser Spielraum eingeräumt ist.

17   Durch Beschluss in der Rs. *2K-Teint SARL/Kommission und EIB*[36] hat das Gericht erster Instanz für Recht erkannt, dass der von der Klägerin geltend gemachte Schadensersatzanspruch infolge einer Pflichtverletzung der EIB bei der Nachverfolgung der Verwendung von Finanzmitteln für die Durchführung eines Finanzierungsvertrages verjährt sei.

18   Mit Art. 271 lit. d AEUV erstreckt sich die europäische Gerichtsbarkeit auch auf die Streitigkeiten innerhalb des neu geschaffenen ESZB. Umfasst werden damit nicht nur die Beziehungen einer auf der dritten Stufe der Wirtschafts- und Währungsunion neu zu gründenden EZB zu den einzelnen Notenbanken der Mitgliedstaaten, vielmehr erstreckt sich die **judizielle Zuständigkeit des Gerichtshofs** auch auf das **institutionelle System der ESZB**. Darüber hinaus wirkt sich Art. 271 lit. d AEUV mittelbar auf das supranationale Zuordnungsverhältnis der ESZB zu den verschiedenen Geschäftsbanken und Unternehmen aus.[37]

19   Während die EIB bereits – wie dargelegt – Gegenstand von Entscheidungen des EuGH war, liegen – so weit bekannt – keine Entscheidungen zur EZB bzw. zum ESZB vor. Allerdings sind in der Zwischenzeit auf der Grundlage von Art. 36 Abs. 2 der Satzung-ESZB diverse Verfahren[38] anhängig, die von Bediensteten der EZB gegen diese erhoben wurden.

20   Die Rechtsstreitigkeiten im Zusammenhang mit den beiden europäischen Banken lassen sich im wesentlichen in zwei große Komplexe unterteilen: Zum einen kann es sich um **Streitigkeiten über die Erfüllung bestimmter Verpflichtungen** und zum anderen **um Streitigkeiten über bestimmte Organbeschlüsse** handeln.

B. Klagen betreffend die Erfüllung von Verpflichtungen

I. Zulässigkeit der Klagen

21   **1. Sachliche Zuständigkeit.** Gemäß Art. 271 lit. a und d ist der EuGH zuständig für **Streitsachen über die Erfüllung der Verpflichtungen der Mitgliedstaaten** aus der Satzung der EIB sowie der sich aus dem AEUV und der Satzung des ESZB ergebenden Verpflichtungen durch die nationalen Zentralbanken. Eine Übertragung dieser Zuständigkeit auf das EuG ist bisher nicht erfolgt.[39]

---

[35] EuGH, Rs. C-220/03, *EZB/Deutschland*, Slg. 2005, I-10595.
[36] EuG, Rs. T-336/06, *2 K-Teint u.a./Kommission und EIB*, Slg. 2008, II-57.
[37] *Koenig*, EuZW 1993, 663 f.
[38] Vgl. insoweit nur die Klagen *K. L. Nielsen/EZB* vom 25.11.1999 (ABl. 2000 C 79/29); *J. Pflugradt/EZB* vom 10.11.2000 (ABl. 2001 C 4/10); *E. Nicastro/EZB* vom 6.7.2001 (ABl. 2001 C 275/11); *C. Janusch/EZB* (ABl. 2001 C 227/11).
[39] Vgl. insoweit im Umkehrschluss Art. 3 des Beschlusses des Rates zur Errichtung eines Gerichts erster Instanz der Europäischen Gemeinschaften vom 24.10.1988 (ABl. 1988 L 319/1, ber. in ABl. 1989 L 241/4), zuletzt geändert durch Beschluss vom 26.4.1999 (ABl. 1989 L 114/52); vgl. dazu auch *Frenz*, Handbuch Europarecht, Band 5, Rn. 3108.

2. Verfahrensbeteiligte

a) Klageberechtigte. Entsprechend der Regelung des Art. 271 lit. a und d AEUV stehen dem **Verwaltungsrat** der EIB und dem Rat der EZB diejenigen **Befugnisse** zu, welche der Kommission in Art. 258 AEUV gegenüber den Mitgliedstaaten eingeräumt wurden. Hieraus folgt, dass im Verfahren betreffend die EIB der Verwaltungsrat und im Verfahren die EZB betreffend der EZB-Rat allein klagebefugt sind, um so auf Verpflichtungserfüllungen der Mitgliedstaaten bzw. der nationalen Zentralbanken hinzuwirken.

Ein **selbständiges Klagerecht der Mitgliedstaaten** im Hinblick auf die Erfüllung der satzungsmäßigen Pflichten anderer Mitgliedstaaten ist in Art. 271 lit. a und d AEUV **nicht vorgesehen**. Da die Satzungen sowohl der EIB als auch der EZB bzw. des ESZB dem EWGV (nunmehr AEUV) bzw. dem Unionsvertrag (nunmehr EUV) im gegenseitigen Einvernehmen der Mitgliedstaaten als Protokolle beigefügt worden sind, so dass es sich gemäß Art. 51 EUV um Bestandteile des Vertrages handelt, bleibt es den einzelnen Mitgliedstaaten unbenommen, über Art. 259 AEUV ein eigenes Vertragsverletzungsverfahren gegen einen anderen Mitgliedstaat wegen Verletzung seiner satzungsmäßigen Pflichten in Bezug auf die EIB oder EZB einzuleiten. Modifiziert wird dieses Vertragsverletzungsverfahren jedoch insofern, als an die Stelle der Kommission als prozessualem Vorklärungsorgan der Verwaltungsrat der jeweiligen europäischen Bank tritt.[40] Auffällig ist in diesem Zusammenhang, dass den nationalen Zentralbanken in Art. 271 lit. d AEUV kein eigenes Klagerecht gegenüber der EZB z. B. bei Verletzung ihr obliegender Vertrags- und Satzungspflichten eingeräumt wurde. Da es sich bei ihnen aber allgemein um juristische Personen handeln wird, können sich diese im Wege der Nichtigkeitsklage gegen die EZB und ihre Organe zur Wehr setzen.[41]

b) Klagegegner. Dem Vorstehenden ist bereits zu entnehmen, dass sich die **Klagen gegen die ihre Verpflichtungen verletzenden Mitgliedstaaten oder gegen die nationalen Zentralbanken richten müssen.** Zwar könnte man auch bei Klagen die EZB betreffend zunächst der Auffassung sein, dass Pflichtverletzungen einzelner nationaler Zentralbanken auch dem jeweiligen Mitgliedstaat als Vertragsverletzung zuzurechnen sind,[42] da es sich bei dieser Klage um eine spezielle Art des Vertragsverletzungsverfahrens handelt, so dass die Verfahrensgrundsätze des Art. 258 AEUV grundsätzlich übertragbar sind. Gegen eine solche Argumentation ist aber einzuwenden, dass es sich bei den nationalen Zentralbanken, auch wenn ihnen – wie beispielsweise der Deutschen Bundesbank – die Stellung einer nationalen Behörde zukommt,[43] doch weitgehend um

---

[40] *Dauses,* in: ders., EU-WirtR, Abschn. P I Rn. 336; *Frenz,* Handbuch Europarecht, Band 5, Rn. 3110; *Karpenstein,* in: GHN, Art. 271 AEUV Rn. 4 f. m.w.N.; *Kotzur,* in: Geiger/Khan/Kotzur, EUV/AEUV, Art. 271 AEUV Rn. 3; *Schwarze,* in: ders., EU-Kommentar, Art. 271 AEUV Rn. 3; *Wegener,* in: Calliess/Ruffert, EUV/AEUV, Art. 271 AEUV Rn. 5.
[41] *Koenig,* EuZW 1993, 666; *Wegener,* in: Calliess/Ruffert, EUV/AEUV, Art. 271 AEUV Rn. 6 mit Verweis auf *Potacs,* EuR 1993, 23 (38).
[42] Zum Problem auch *Karpenstein,* in: GHN, Art. 271 AEUV Rn. 6.
[43] Vgl. nur § 29 Abs. 1 S. 1 des Gesetzes über die Deutsche Bundesbank – BBankG – i.d.F. der Bekanntmachung vom 22.10.1992 (BGBl. 1992 I 1782), zuletzt geändert durch Gesetz vom 7.5.2002 (BGBl. 2002 I 1529). Ferner aus dem Schrifttum: *Blanke,* in: Mangoldt/Klein/Starck, GG, Art. 88, Rn. 6 ff.

weisungsunabhängige Einrichtungen handelt, die die nationale Währungspolitik in eigener Verantwortung durchführen.[44] Dementsprechend hat sich die **Klage des Rates der EZB gegen diejenige nationale Zentralbank zu richten, der die entsprechende Vertragsverletzung zum Vorwurf gemacht wird.**[45] Hierfür spricht im Übrigen auch der Wortlaut des Art. 271 lit. d S. 3 AEUV, wonach die nationale Zentralbank im Urteilstenor zu nennen ist.[46]

25   **3. Klagegegenstand.** Im Wege des hier genannten Rechtsbehelfs können **Verpflichtungen** kontrolliert und ggf. eingefordert werden, die sich für die **Mitgliedstaaten aus der Satzung-EIB** (z. B. die Pflicht zur Einzahlung eines Kapitalanteils nach Art. 5 oder die Transferierung von Tilgungen, Zinsen und Provisionen nach Art. 23 Abs. 4) und für die nationalen Zentralbanken aus dem AEUV und der Satzung-ESZB (z. B. Art. 30 ff.) ergeben.[47] Wie sich aus Art. 24 Abs. 1 Satzung-EIB ergibt, ist der Begriff der „Verpflichtung" in einem weiten Sinne zu verstehen, der jeden Satzungsverstoß der Mitgliedstaaten umfasst. Gleiches dürfte dann auch für die den nationalen Zentralbanken im ESZB obliegenden Verpflichtungen gelten.

26   **4. Klageart.** Wie die Verweisung des Art. 271 lit. a und d AEUV auf Art. 258 AEUV zeigt, handelt es sich bei dem vorliegenden Verfahren um eine **spezielle Ausgestaltung der Aufsichtsklage**, die ihrem Wesen nach eine **Feststellungsklage** ist.[48]

27   **5. Sonstige Sachurteilsvoraussetzungen.** Durch die Verweisung auf Art. 258 AEUV gelten für die Aufsichtsklagen des Art. 271 lit. a und d AEUV nicht nur die **allgemeinen Verfahrensgrundsätze**, sondern auch die **entsprechenden Verfahrensanforderungen des dort geregelten Vertragsverletzungsverfahrens.**[49] Die Verwaltungsräte der Banken haben nicht nur die gleiche prozessuale Stellung wie die Kommission im Vertragsverletzungsverfahren, auch die Stellung der Mitgliedstaaten bzw. der nationalen Zentralbanken entspricht der des Art. 258 AEUV.

28   Bevor die Verwaltungsräte Klage zum Gerichtshof erheben, bedarf es daher zunächst der **ordnungsgemäßen Durchführung eines Vorverfahrens.** Neben einem vorherigen Mahnschreiben und einer Anhörung des betreffenden Mitgliedstaates bzw. der betreffenden nationalen Zentralbank ist eine mit Gründen versehene Stellungnahme erforderlich.[50] Erst nach fruchtlosem Ablauf der in der Stellungnahme gesetzten Beseitigungsfrist ist der Weg zur gerichtlichen Klärung frei. Auch die übrigen Zulässigkeitsvoraussetzungen des Art. 258 AEUV finden im vorliegenden Verfahren entsprechende Anwendung.[51]

---

[44] Vgl. § 12 S. 2 BBankG;
[45] Zum Problem vgl. auch *Ehricke*, in: Streinz, EUV/AEUV, Art. 271 AEUV, Rn. 20; *Karpenstein*, in: GHN, Art. 271 AEUV Rn. 6; *Koenig*, EuZW 1993, 663; *Potacs*, EuR 1993, 38; *Wegener*, in: Calliess/Ruffert, EUV/AEUV, Art. 271 AEUV Rn. 6.
[46] Ebenso *Potacs*, EuR 1993, 38; *Koenig*, EuZW 1993, 663.
[47] *Karpenstein*, in: GHN, Art. 271 AEUV Rn. 7.
[48] *Gaitanides*, in: Groeben/Schwarze, EUV/EGV, Art. 237 EGV Rn. 5; *Schwarze*, in: ders., EU-Kommentar, Art. 271 AEUV Rn. 4.
[49] *Schwarze*, in: ders., EU-Kommentar, Art. 271 AEUV Rn. 3.
[50] Vgl. im Einzelnen dazu: *Karpenstein*, in: GHN, Art. 271 AEUV Rn. 8;
[51] *Karpenstein*, in: GHN, Art. 271 AEUV Rn. 8; *Schwarze*, in: ders., EU-Kommentar, Art. 271 AEUV Rn. 3.

II. Begründetheit

Die **Aufsichtsklage** des Verwaltungsrates der EIB bzw. des Rates der EZB ist 29 begründet, wenn der betreffende Mitgliedstaat gegen eine ihm obliegende Verpflichtung aus der Satzung der EIB bzw. die betreffende nationale Zentralbank gegen eine für sie aufgrund des EGV bzw. der Satzung des ESZB bestehende Verpflichtung tatsächlich verstoßen hat.[52] Obwohl sich der Wortlaut des Art. 271 lit. a AEUV auf die Satzung der EIB als Prüfungsmaßstab beschränkt, ist zu berücksichtigen, dass sich auch aufgrund des allgemeinen Primärrechts wie auch aufgrund allgemeiner Grundsätze Rechtspflichten der einzelnen Mitgliedstaaten ergeben können, die ebenfalls Gegenstand der richterlichen Überprüfung sein können. Da der Klagegegenstand durch das Vorverfahren festgelegt wird,[53] beschränkt sich der EuGH im Rahmen der Begründetheit auf das gerügte Verhalten, welches Gegenstand des Vorverfahrens gewesen ist und das er auch nur anhand derjenigen Gründe überprüft, die von den Beteiligten im Vorverfahren geltend gemacht worden sind.[54]

Beweispflichtig für den Verstoß eines Mitgliedstaates gegen eine ihm nach der 30 Satzung der EIB obliegende Verpflichtung ist – wie die Kommission im Vertragsverletzungsverfahren – **der Verwaltungsrat der EIB**, wobei dieser aber bei der Aufklärung des Sachverhaltes durch die jeweiligen Mitgliedstaaten zu unterstützen ist.[55]

III. Abschließende Entscheidung

Gibt der EuGH der Klage statt, richtet sich die abschließende Entscheidung im Fall 31 des Art. 271 AEUV aufgrund des engen Zusammenhangs zum Vertragsverletzungsverfahren nach Art. Art. 260 AEUV.[56] Der Gerichtshof entscheidet demnach durch **Feststellungsurteil**,[57] dass der betreffende Mitgliedstaat gegen eine Verpflichtung aus der Satzung der EIB verstoßen hat. Der Mitgliedstaat ist dann über Art. 260 AEUV i.V.m. Art. 13 EUV verpflichtet, die sich aus dem Feststellungsurteil ergebenden Maßnahmen zu ergreifen. Insoweit besteht auch die Möglichkeit, so weit Verfahrensgegenstand die Nichtbeseitigung von Verstoßfolgen sind, dass der verurteilte Mitgliedstaat zur **Folgenbeseitigung**, d. h. zur Rückgängigmachung der aus dem Satzungsverstoß resultierenden tatsächlichen Auswirkungen verurteilt wird.[58]

Umstritten ist, ob der Verwaltungsrat nach den Art. 260 AEUV die Möglichkeit 32 hat, den **Satzungsverstoß mit Hilfe eines Pauschalbetrages oder Zwangsgeldes**

---

[52] *Frenz*, Handbuch Europarecht, Band 5, Rn. 3113; *Karpenstein*, in: GHN, Art. 271 AEUV Rn. 9; *Schwarze*, in: ders., EU-Kommentar., Art. 271 AEUV Rn. 4.
[53] *Frenz*, Handbuch Europarecht, Band 5, Rn. 3113; *Karpenstein*, in: GHN, Art. 271 AEUV Rn. 8.
[54] *Bleckmann*, Europarecht, Rn. 521.
[55] *Karpenstein*, in: GHN, Art. 271 AEUV Rn. 9.
[56] *Karpenstein*, in: GHN, Art. 271 AEUV Rn. 10; *Gaitanides*, in: Groeben/Schwarze, EUV/EGV, Art. 237 EGV Rn. 5.
[57] *Frenz*, Handbuch Europarecht, Band 5, Rn. 3114; *Karpenstein*, in: GHN, Art. 271 AEUV Rn. 10.
[58] Vgl. insoweit nur: *Karpenstein*, in: GHN, Art. 271 AEUV Rn. 10; *Gaitanides*, in: Groeben/Schwarze, EUV/EGV, Art. 237 EGV Rn. 5.

sanktionieren zu lassen.⁵⁹ Ausgehend von der Erwägung, dass Zwangsgelder und Pauschalbeträge nicht auf die Bestrafung der Mitgliedstaaten, sondern auf die Erzwingung eines vertragskonformen Verhaltens abzielen,⁶⁰ widerspricht die Anwendung von Art. 260 Abs. 2 AEUV zwar nicht dem Analogieverbot.⁶¹ Es ist aber zu bedenken, dass nach Art. 260 Abs. 2 AEUV ausschließlich die Kommission zur Beantragung von Sanktionen ermächtigt ist und daher zum einen schon der **Grundsatz der begrenzten Einzelermächtigung** des Art. 5 Abs. 1 S. 1 EUV einer Ausdehnung auf andere Antragsberechtigte widerspricht. Zum anderen ist zu berücksichtigen, dass **Art. 24 Satzung-EIB eine eigenständige Rechtsgrundlage für die Sanktionierung mitgliedstaatlichen Fehlverhaltens** enthält.⁶² Danach kann, sofern ein Mitgliedstaat seinen Verpflichtungen nicht nachkommt, die Gewährung von Darlehen oder Bürgschaften an diesen Staat oder seine Angehörigen durch eine mit qualifizierter Mehrheit gefasste Entscheidung des Rates der Gouverneure ausgesetzt werden.

33   Da Art. 260 AEUV nur auf die Mitgliedstaaten Anwendung findet, wurde für die **nationalen Zentralbanken** im Falle ihrer Verurteilung eine dem Art. 260 Abs. 1 AEUV entsprechende Regelung in Art. 271 lit. d S. 3 AEUV aufgenommen. Eine **Sanktionsmöglichkeit** wie in Art. 260 AEUV **fehlt** jedoch. Für die Frage, ob es sich hier um eine planwidrige Regelungslücke handelt, die im Wege einer analogen Anwendung des Art. 260 Abs. 2 AEUV geschlossen werden kann, spricht zwar zunächst die Vergleichbarkeit der Sachverhalte. Allerdings sprechen auch hier die oben genannten grundsätzlichen Bedenken gegen die Zulässigkeit einer Erstreckung der Sanktionsmöglichkeit des Zwangsgeldes auch auf nationale Zentralbanken, wenn diese ihren aus dem Urteil ergebenden Verpflichtungen nicht nachkommen. Dabei ist allerdings zu berücksichtigen, dass die Satzung der EZB keine dem Art. 24 Satzung-EIB entsprechenden Sanktionsmechanismen enthält, sondern im Verhältnis der EZB zu den nationalen Zentralbanken die EZB nach der Durchführung eines Vorverfahrens nach Art. 35.6 EZB-Satzung den Europäischen Gerichtshof anrufen kann.

C. Klagen, die Organbeschlüsse der EIB betreffend

I. Zulässigkeit der Klagen

34   1. **Sachliche Zuständigkeit.** Ebenso wie bei den Streitsachen gemäß Art. 271 lit. a und d AEUV besitzt der EuGH die ausschließliche Zuständigkeit bei Streitigkeiten im Hinblick auf die von einigen Organen der EIB erlassenen Beschlüsse. Diese **Sonderregelungen** sind erforderlich, weil mit der Nichtigkeitsklage des Art. 263 AEUV nur Akte der Gemeinschaftsorgane⁶³ angefochten werden können, die EIB – wie oben

---

⁵⁹ Zum Problem ausführlich *Ehricke*, in: Streinz, EUV/AEUV, Art. 271 AEUV, Rn. 10; *Karpenstein*, in: GHN, Art. 271 AEUV Rn. 11; *Krück*, in: Groeben/Schwarze, EUV/EGV, Art. 237 EGV Rn. 5; *Schwarze*, in: ders., EU-Kommentar, Art. 271 AEUV Rn. 4.
⁶⁰ Vgl. insoweit aus dem Schrifttum nur: *Karpenstein*, in: GHN, Art. 260 AEUV Rn. 9 ff.
⁶¹ *Karpenstein*, in: GHN, Art. 271 AEUV Rn. 11; anders wohl aber für Art. 271 lit. d *Borchardt*, in: Lenz/Borchardt, EU-Verträge, Art. 271 AEUV Rn. 10.
⁶² Zum vorstehenden auch *Karpenstein*, in: GHN, Art. 271 AEUV Rn. 11.
⁶³ Zum Klagegegenstand der Nichtigkeitsklage ausführlich auch: *Booß*, in: GHN, Art. 230 AEUV Rn. 7 ff.; *Cremer*, in: Calliess/Ruffert, EUV/AEUV, Art. 263 AEUV Rn. 7 ff.; *Opper-*

(§ 13 Rn. 2) dargelegt – gerade aber diese besondere Organstellung nicht aufweisen kann. Aufgrund ihrer weit reichenden Auswirkungen auf das Gemeinschaftssystem und die Rechte und Pflichten der Mitgliedstaaten sind diese Streitsachen nicht auf das EuG übertragen worden, sondern nach wie vor ausdrücklich der Gerichtsbarkeit des EuGH unterstellt.[64]

2. Verfahrensbeteiligte

a) **Klageberechtigte.** Der **Kreis der Klageberechtigten** ist in Art. 271 lit. b und c AEUV **abschließend festgelegt.**[65] Je nachdem, ob es sich um Beschlüsse des Rates der Gouverneure der EIB[66] oder um solche des Verwaltungsrates der EIB[67] handelt, wird auch der Kreis der jeweils Aktivlegitimierten in den einschlägigen Vorschriften unterschiedlich festgelegt.

Gegen Beschlüsse des Rates der Gouverneure sind gemäß Art. 271 lit. b AEUV zunächst die Mitgliedstaaten in ihrer Eigenschaft als Mitglieder der Bank klageberechtigt, ferner die Kommission als Hüterin des Gemeinschaftsrechts sowie der Verwaltungsrat, der im Verhältnis zum Rat der Gouverneure eine ähnliche Stellung wie die Kommission im Gemeinschaftsrecht einnimmt. **Natürliche** und **juristische Personen** sind in diesen Vorschriften **nicht als Klageberechtigte** aufgeführt, so dass sie selbst dann nicht klageberechtigt sind, wenn sie von einem Beschluss des Rates der Gouverneure unmittelbar und individuell betroffen sind. Durch diese Einschränkung des Kreises der Klageberechtigten soll sichergestellt werden, dass Privatpersonen keinen Einfluss auf die Politik der Bank und ihrer Kontrolle nehmen können.[68]

Bei **Streitsachen über Beschlüsse des Verwaltungsrates** gemäß Art. 271 lit. c AEUV sind lediglich die **Mitgliedstaaten** und die Kommission klageberechtigt. Während also die Beschlüsse des Rates der Gouverneure einer umfassenden Rechtskontrolle unterworfen sind, ist die Klagemöglichkeit gegen Beschlüsse des Verwaltungsrates demgegenüber eingeschränkt. Ebenso wenig wie natürlichen und juristischen Personen steht hier auch dem Rat der Gouverneure kein selbständiges Klagerecht zu, da sich seine Kontrollfunktion über den Verwaltungsrat in der Einsetzung und Amtsenthebung der Mitglieder des Gremiums erschöpft (Art. 9 Abs. 2 und 3 Satzung-EIB).

---

mann/Classen/Nettesheim, Europarecht, § 13 Rn. 44; *Schwarze*, in: ders., EU-Kommentar, Art. 263 AEUV Rn. 16 ff.; *Stotz/Tonne*, in: Dauses, EU-WirtR, Abschn. P I Rn. 71, 76 ff.; *Streinz*, Europarecht, Rn. 590.

[64] Vgl. insoweit im Umkehrschluss Art. 3 des Beschlusses des Rates zur Errichtung eines Gerichts erster Instanz der Europäischen Gemeinschaften vom 24.10.1988 (ABl. 1988 L 319/1, ber. in ABl. 1989 L 241/4), zuletzt geändert durch Beschluss vom 26.4.1999 (ABl. 1999 L 114/52).

[65] Vgl. dazu übereinstimmend: *Frenz*, Handbuch Europarecht, Band 5, Rn. 3116; *Ehricke*, in: Streinz, EUV/AEUV, Art. 271 AEUV, Rn. 12, 16; *Karpenstein*, in: GHN, EU-Kommentar, Art. 271 AEUV Rn. 13; *Gaitanides*, in: Groeben/Schwarze, EUV/EGV Art. 237 EGV Rn. 10, 13: *Schwarze*, in: ders., EU-Kommentar, Art. 271 AEUV Rn. 6; *Wegener*, in: Calliess/Ruffert, EUV/AEUV, Art. 271 AEUV Rn. 3.

[66] Im folgenden Rat der Gouverneure genannt.

[67] Im folgenden Verwaltungsrat genannt.

[68] So übereinstimmend: *Borchardt*, in: Lenz/Borchardt, EU-Verträge, Art. 271 AEUV Rn. 4; *Dauses*, in: ders., EU-WirtR, Abschn. P I Rn. 341; *Ehricke*, in: Streinz, EUV/AEUV, Art. 271 AEUV, Rn. 12; *Frenz*, Handbuch Europarecht, Band 5, Rn. 3116; *Karpenstein*, in: GHN, Art. 271 AEUV Rn. 13; *Wegener*, in: Calliess/Ruffert, EUV/AEUV, Art. 271 AEUV Rn. 3.

38 **b) Klagegegner.** Die Bestimmung der **Passivlegitimation** in Art. 271 lit. b AEUV ist wörtlich zu nehmen.[69] Klagegegner ist daher nicht die EIB selbst, **Klagen gegen Organbeschlüsse der EIB** müssen sich vielmehr stets **gegen das Organ** richten, welches den im Streit befindlichen Beschluss erlassen hat.[70] Hierfür reicht es aus, wenn der Klageschrift zweifelsfrei der Klagegegner zu entnehmen ist. Im Fall des Art. 271 lit. b AEUV müssen die Klagen demgemäß gegen den Rat der Gouverneure und im Fall des Art. 271 lit. c AEUV gegen den Verwaltungsrat als das für die Gewährung von Darlehen oder Bürgschaften zuständige Organ der EIB gerichtet werden.

39 **3. Klagegegenstand.** Die Klagen der Art. 271 lit. b AEUV und c AEUV müssen sich gegen die von dem jeweiligen Bankorgan erlassenen „**Beschlüsse**" richten. Obwohl die Umschreibung des Klagegegenstandes damit sehr allgemein gehalten ist, ergeben sich aus dem Zusammenhang mit den zugrundeliegenden Vorschriften Restriktionen, die zu einer Begrenzung des Klagegegenstandes führen. Durch die Bezugnahme der Art. 271 lit. b und c AEUV auf die Nichtigkeitsklage gemäß Art. 263 AEUV ergibt sich, dass unter „Beschlüsse" nur **rechtsverbindliche Organhandlungen** fallen, die geeignet sind, Rechtswirkungen gegenüber anderen nicht notwendigerweise außerhalb der Organe stehende Personen zu entfalten.[71] Die Beurteilung der Rechtsverbindlichkeit der vom Rat der Gouverneure und dem Verwaltungsrat der EIB erlassenen Handlungen erfolgt dabei nicht anhand der in Art. 288 AEUV aufgelisteten Rechtsakte, da es sich hierbei ausschließlich um Handlungsformen handelt, die dem Rat und der Kommission zur Verfügung stehen.[72] Ob den „Beschlüssen" der vorstehend genannten Bankorgane eine Rechtsverbindlichkeit zukommt, lässt sich daher nicht pauschal beantworten, sondern ist in jedem Einzelfall gesondert anhand der den Organen zugewiesenen Aufgaben und Befugnisse zu überprüfen.[73] Festzuhalten ist aber, dass **Empfehlungen und Stellungnahmen**, die nach Art. 288 Abs. 5 AEUV gerade nicht verbindlich sind,[74] auch wenn sie in Beschlussform ergehen, **nicht mit der Nichtigkeitsklage angegriffen werden können**,[75] da diese Rechtsakte gerade vom Anwendungsbereich des Art. 288 AEUV ausgenommen sind.[76]

40 Durch den Verweis in Art. Art. 271 lit. c AEUV auf die Abs. 2 und 5–7 des Art. 19 Satzung-EIB werden die **Beschlüsse des Verwaltungsrats** ferner dadurch **eingeschränkt**, dass sie **nur solche Handlungen** umfassen, die die **Gewährung von Darle-**

---

[69] *Karpenstein,* in: GHN, Art. 271 AEUV Rn. 14.
[70] EuGH, Rs. C-85/86, *Kommission/EIB*, Slg. 1988, 1281 Rn. 11.
[71] So übereinstimmend: *Karpenstein,* in: GHN, Art. 271 AEUV Rn. 15; *Gaitanides,* in: Groeben/Schwarze, EUV/EGV Art. 237 EGV Rn. 8.
[72] Vgl. insoweit auch: *Karpenstein,* in: GHN, Art. 271 AEUV Rn. 15; *Gaitanides,* in: Groeben/Schwarze, EUV/EGV, Art. 237 EGV Rn. 8.
[73] Entscheidend ist, ob die betreffende Handlung dazu bestimmt ist, außenwirksame Rechtswirkungen zu erzeugen. So Schlussanträge GA EuGH, Rs. C-85/86, *Kommission/EIB*, Slg. 1988, 1281, 1299; Wie hier auch *Frenz,* Handbuch Europarecht, Band 5, Rn. 3117.
[74] Dazu ausführlich *Biervert,* in: Schwarze, EU-Kommentar, Art. 288 AEUV Rn. 36 f.; *Ruffert,* in: Calliess/Ruffert, EUV/AEUV, Art. 288 AEUV Rn. 95 ff.
[75] Vgl.: *Karpenstein,* in: GHN, Art. 271 AEUV Rn. 15; *Gaitanides,* in: Groeben/Schwarze, EUV/EGV, Art. 237 EGV Rn. 8.
[76] *Cremer,* in: Calliess/Ruffert, EUV/AEUV, Art. 263 AEUV Rn. 15; *Karpenstein,* in: GHN, Art. 271 AEUV Rn. 15; *Stotz/Tonne,* in: Dauses, EU-WirtR, Abschn. P I Rn. 76.

hen oder die **Übernahme von Bürgschaften** betreffen.[77] Anderweitige Maßnahmen des Verwaltungsrats der EIB können dementsprechend nicht im Wege des vorliegenden Verfahrens angegriffen werden.

4. Klageart. Die Bezugnahme der Art. 271 AEUV lit. b und c AEUV auf Art. 263 AEUV verdeutlicht, dass es sich bei diesen Klagen gegen die Bankorgane um **besondere Fälle der Nichtigkeitsklage** handelt.[78] Beschlüsse der Bankorgane können demnach lediglich angefochten werden. Eine **Untätigkeitsklage** gegen den Rat der Gouverneure oder den Verwaltungsrat ist folglich nicht möglich.[79] 41

5. Sonstige Sachurteilsvoraussetzungen. Infolge der allgemein gehaltenen Verweisung auf das Verfahren „nach Maßgabe des Art. 263" finden sämtliche weitere **Zulässigkeitsvoraussetzungen der Nichtigkeitsklage** auch bei Klagen gegen den Rat der Gouverneure bzw. den Verwaltungsrat der EIB **entsprechende Anwendung**. Erforderlich ist somit, dass die Klageberechtigten innerhalb von zwei Monaten (Art. 263 Abs. 6 AEUV) ihre Klage beim Gerichtshof unter kurzer Darstellung des Klagegrundes erheben.[80] Notwendig ist ferner nach Art. 120 c VerfO-EuGH die schlüssige Darlegung, dass der angegriffene Beschluss mit mindestens einem der in Art. 263 Abs. 2 AEUV normierten Mängel (Unzuständigkeit, Verletzung wesentlicher Formvorschriften, Verletzung des Vertrages oder einer bei seiner Durchführung anzuwendenden Rechtsnorm, Ermessensmissbrauch) behaftet ist. Im Einklang mit seiner Rechtsprechung zu Art. 263 AEUV stellt der EuGH bei Klagen gemäß Art. 271 lit. b und c AEUV keine allzu strengen Anforderungen an das Vorliegen eines **Rechtsschutzbedürfnisses**.[81] Für die **Beschwer des Klageberechtigten** lässt es der EuGH insoweit ausreichen, wenn dieser theoretisch durch den streitgegenständlichen Beschluss in seinen Rechten berührt sein kann.[82] 42

II. Begründetheit

Infolge der Verweisung der Art. 271 lit. b und c EGV auf die Vorschriften der Nichtigkeitsklage **überprüft** der EuGH die im Streit befindlichen Beschlüsse **lediglich auf Rechtmäßigkeit, nicht aber auf ihre Zweckmäßigkeit**. Die Rechtmäßigkeitsüberprüfung erfolgt dabei anhand der in Art. 263 Abs. 2 AEUV aufgeführten Klagegründe. Prüfungsmaßstab ist insoweit nicht nur das Recht der EIB, sondern auch das von ihr zu beachtende primäre und sekundäre Gemeinschaftsrecht.[83] Während die Rechtmäßigkeitsprüfung der vom Rat der Gouverneure erlassenen Beschlüsse anhand sämtlicher in Art. 263 Abs. 2 AEUV aufgeführten Klagegründe vorgenommen werden kann, wird die Überprüfung gemäß Art. 271 lit. c AEUV bei Beschlüssen 43

---

[77] *Gaitanides*, in: Groeben/Schwarze, EUV/EGV, Art. 180 EGV Rn. 12; *Schwarze*, in: ders., EU-Kommentar, Art. 271 AEUV Rn. 7.
[78] *Frenz*, Handbuch Europarecht, Band 5, Rn. 3119; *Karpenstein*, in: GHN, Art. 271 AEUV Rn. 16, 23; *Ule*, DJT-Gutachten 1966, S. 50.
[79] *Dauses*, in: Dauses, EU-WirtR, Abschn. P I Rn. 339 ff.
[80] *Karpenstein*, in: GHN, Art. 271 AEUV Rn. 16.
[81] Vgl. Schlussanträge EuGH, Rs. C-85/86, *Kommission/EIB*, Slg. 1988, 1281, 1299.
[82] EuGH, Rs. C-85/86, *Kommission/EIB*, Slg. 1988, 1281 Rn. 13.
[83] EuGH, Rs. C-85/86, *Kommission/EIB*, Slg. 1988, 1281 Rn. 29.

des Verwaltungsrats auf die Verletzung der in Art. 19 Abs. 2, 5–7 Satzung-EIB festgelegten Formvorschriften beschränkt.[84] Danach muss der Europäische Gerichtshof untersuchen, ob der Verwaltungsrat der EIB bei der Behandlung von Darlehen- oder Bürgschaftsanträgen

- bei der Kommission und/oder dem Mitgliedstaat, in dessen Hoheitsgebiet das Vorhaben durchgeführt werden woll, eine Stellungnahme eingeholt hat (Art. 19 Abs. 2 UAbs. 1 Satzung-EIB),
- die den Mitgliedstaaten und der Kommission zur Abgabe ihrer Stellungnahme eingeräumte Frist von zwei Monaten beachtet hat, vor deren Ablauf ein Vorhaben nicht als genehmigt betrachtet werden kann (Art. 19 Abs. 2 UAbs. 2 Satzung-EIB),
- das Einstimmigkeitserfordernis für die Gewährung eines Darlehens oder einer Bürgschaft im Falle einer vorangegangenen negativen Stellungnahme des Direktoriums oder Kommission befolgt hat (Art. 19 Abs. 5 und Art. 19 Abs. 6 Hs. 1 Satzung-EIB),
- die Pflicht zur Stimmenthaltung des von der Kommission benannten Mitglieds beachtet hat, sofern dem Antrag eine negative Stellungnahme der Kommission vorausgegangen ist (Art. 19 Abs. 6 Hs. 2 Satzung-EIB),
- den Antrag im Falle von negativen Stellungnahmen der Kommission und des Direktoriums zurückgewiesen hat (Art. 19 Abs. 7 Satzung-EIB).

III. Abschließende Entscheidung

44   Mangels einer in den Art. 271 lit. b und c AEUV enthaltenen vergleichbaren Vorschrift richtet sich die **abschließende Entscheidung** ebenfalls **nach Maßgabe der für die Nichtigkeitsklage geltenden Vorschriften**. Ist die gegen einen Beschluss des Rates der Gouverneure bzw. den Verwaltungsrat gerichtete Klage begründet, hebt der EuGH somit den Beschluss in analoger Anwendung zu Art. 264 AEUV auf.[85] Der Rat der Gouverneure muss die sich aus dem Urteil ergebenden Maßnahmen nach Art. 266 AEUV ergreifen. Bei Entscheidungen hinsichtlich des Verhaltens des Verwaltungsrates besteht die Möglichkeit, dass der Gerichtshof, so weit es die schützenswerten Rechte Dritter erfordern, diejenigen Wirkungen bezeichnet, „die als fortgeltend zu betrachten sind".[86]

D. Sonstige, die EIB betreffende Streitigkeiten

45   Die **Zuständigkeit des EuGH** für die EIB betreffende Streitigkeiten ist **nicht auf die in Art. 271 lit. a-c AEUV geregelten Fälle beschränkt**.[87] Für die dort aufgeführten

---

[84] *Karpenstein,* in: GHN, Art. 271 AEUV Rn. 24.
[85] *Frenz,* Handbuch Europarecht, Band 5, Rn. 3121; *Karpenstein,* in: GHN, Art. 271 AEUV Rn. 18, 25.
[86] Dazu *Karpenstein,* in: GHN, Art. 271 AEUV Rn. 25.
[87] Übereinstimmend *Karpenstein,* in: GHN, Art. 271 AEUV Rn. 3; *Kotzur,* in: Geiger/Khan/Kotzur, EUV/AEUV, Art. 271 AEUV Rn. 8; *Gaitanides,* in: Groeben/Schwarze, EUV/EGV, Art. 237 EGV Rn. 15; *Schwarze,* in: ders., EU-Kommentar, Art. 271 AEUV Rn. 8.

Rechtsstreitigkeiten stellt die Vorschrift lediglich eine **Sonderregelung** dar, **die weitergehende Zuständigkeiten des EuGH nicht ausschließt**.[88] Da es sich insoweit um allgemeine Verfahren handelt, an denen die EIB als Partei beteiligt sein kann, soll hier eine kursorische Aufzählung ausreichen. Rechtsstreitigkeiten, an denen die EIB beteiligt sein kann und zu deren Rechtskontrolle die institutionellen Gemeinschaftsgerichte (*EuGH* und *EuG*) berufen ist, können insbesondere sein:

- Streitsachen zwischen der EIB und ihren Bediensteten gemäß Art. 270 AEUV[89]
- Rechtsstreitigkeiten zwischen der EIB und ihren Gläubigern, Kreditnehmern oder Drittpersonen gemäß Art. 272 AEUV aufgrund einer zwischen ihnen vereinbarten Schiedsklausel.[90]

Für **gegen die EIB gerichtete Schadensersatzklagen** ist der EuGH ebenfalls zuständig, auch wenn Art. 268 AEUV mit dem Verweis auf Art. 340 Abs. 2 AEUV eine außervertragliche Haftung nur für Gemeinschaftsorgane vorsieht, zu denen die EIB infolge ihrer unabhängigen Rechtspersönlichkeit nicht zählt.[91] Maßgeblich für die Eröffnung des Klageweges ist der Gedanke, dass der **Begriff „Organ" in Art. 340 Abs. 2 AEUV** nicht so verstanden werden darf, dass nur die in Art. 13 EUV genannten Organe erfasst werden; erforderlich ist vielmehr eine **extensive Interpretation**.[92]

46

E. Die Europäische Zentralbank und das System der gerichtlichen Kontrolle

Mit der Europäischen Währungsunion kommen auf die institutionellen Gemeinschaftsgerichte insoweit neue Aufgaben zu, als die – im Gegensatz zum Europäischen System der Zentralbanken – mit eigener Rechtspersönlichkeit ausgestattete EZB Prozesspartei eines Verfahrens sein kann.[93] Nach Art. 35.1 Satzung-ESZB richten sich **Aktiv- und Passivlegitimation** nach den Bestimmungen der Verträge.

47

---

[88] EuGH, Rs. C-110/75, *Mills/EIB*, Slg. 1976, 955, Rn. 15 ff.
[89] Vgl. auch EuGH, Rs. C-110/75, *Mills/EIB*, Slg. 1976, 955 Rn. 18; ferner aus dem Schrifttum: *Dauses,* in: ders., EU-WirtR, Abschn. P I Rn. 342; *Kotzur*, in: Geiger/Khan/Kotzur, EUV/AEUV, Art. 271 AEUV Rn. 8; *Gaitanides*, in: Groeben/Schwarze, EUV/EGV, Art. 237 EGV Rn. 15; *Schwarze*, in: ders., EU-Kommentar, Art. 271 AEUV Rn. 8.
[90] Vgl. auch: *Dauses,* in: ders., EU-WirtR, Abschn. P I Rn. 343; *Kotzur*, in: Geiger/Khan/Kotzur, EUV/AEUV, Art. 271 AEUV Rn. 8; *Gaitanides*, in: Groeben/Schwarze, EUV/EGV, Art. 237 EGV Rn. 15; *Schwarze*, in: ders., EU-Kommentar, Art. 271 AEUV Rn. 8.
[91] Str., wie hier EuGH, Rs. C-370/89, *SGEEM und Etroy/EIB*, Slg.1992, I-6211; ferner auch: *Wegener*, in: Calliess/Ruffert, EUV/AEUV, Art. 271 AEUV Rn. 4; dagegen: *Dauses,* in: Dauses, EU-WirtR, Abschn. P I Rn. 343; *Ruffert*, in: Calliess/Ruffert, EUV/AEUV, Art. 340 AEUV Rn. 5.
[92] EuGH, Rs. C-370/89, *SGEEM und Etroy/EIB*, Slg.1992, I-6211 Rn. 16.
[93] Dazu ausführlich: *Gaiser*, EuR 2002, 517 f.

I. Klage-, Rüge- und Antragsrechte der EZB

48 **1. Nichtigkeitsklage nach Art. 263 AEUV.** Die EZB ist nach Art. 263 AEUV im Rahmen der Nichtigkeitsklage klageberechtigt, soweit die **Klage auf die Wahrung ihrer Rechte** abzielt. Wenngleich der Begriff der „Handlungen" in Art. Art. 263 Abs. 1 AEUV weit auszulegen ist,[94] so ist das **Klagerecht** der EZB **materiell** dadurch **beschränkt**, dass sie sich nur auf die ihr durch den Vertrag verliehenen Befugnisse und Rechte berufen kann.[95] Dabei ist im Rahmen der Zulässigkeit der schlüssige Vortrag einer Verletzung ausreichend; die Frage der tatsächlichen Verletzung ist der Begründetheit vorbehalten.[96]

49 Im einzelnen kommen als möglicherweise verletzte Rechtspositionen der Verstoß eines Gemeinschaftsorgans gegen das **Weisungs- und Beeinflussungsverbot des Art. 130 Satz 2 AEUV**[97] oder wegen einer **Verletzung des Anhörungserfordernisses des Art. 127 Abs. 4 AEUV**[98] in Betracht.

50 **2. Untätigkeitsklage nach Art. 265 AEUV.** Art. 265 Abs. 1 AEUV ermöglicht es der EZB, gegen **rechtswidrige Unterlassungen der Gemeinschaftsorgane** vorzugehen, soweit dieses Unterlassen den Zuständigkeitsbereich der EZB berührt.[99] **Klagegegenstand** ist insoweit die unterlassene Beschlussfassung, wobei der Begriff des Beschlusses weit auszulegen ist und alle Maßnahmen umfasst, zu deren Vornahme die Unionsorgane aufgrund des primären oder des sekundären Unionsrechts verpflichtet sind.[100] Eine besondere **Klagebefugnis** setzt die Untätigkeitsklage nicht voraus.[101] Vor Klageerhebung ist die Durchführung eines **Vorverfahrens** erforderlich.[102] Stellt der Gerichtshof im Rahmen der **Begründetheitsprüfung** ein gemeinschaftsrechtswidriges Unterlassen fest, so sind nach Art. 266 AEUV die beklagten Organe verpflichtet, die im Urteil bezeichneten Maßnahmen zu ergreifen.[103]

---

[94] Vgl. ausführlich zum Begriff der „Handlungen": *Booß*, in: GH, Art. 230 EGV Rn. 12 f.; *Cremer*, in: Calliess/Ruffert, EUV/AEUV, Art. 263 AEUV Rn. 10 ff.; *Pechstein*, EU-/EG-Prozeßrecht, Rn. 348 ff.; *Schwarze*, in: ders., EU-Kommentar, Art. 263 AEUV Rn. 10 ff.

[95] Dazu *Booß*, in: GH, Art. 230 EGV Rn. 44; *Cremer*, in: Calliess/Ruffert, EUV/AEUV, Art. 263 AEUV Rn. 22; *Gaiser*, EuR 2002, 518 f.; *Frenz*, Handbuch Europarecht, Band 5, Rn. 3144; *Kotzur*, in: Geiger/Khan/Kotzur, EUV/AEUV, Art. 263 AEUV Rn. 17; *Pechstein*, EU-/EG-Prozeßrecht, Rn. 389 f.

[96] *Schwarze*, in: ders., EU-Kommentar, Art. 263 AEUV Rn. 72.

[97] Dazu *Frenz*, Handbuch Europarecht, Band 5, Rn. 3137; *Gaiser*, EuR 2002, 519.

[98] Vgl. insoweit auch *Cremer*, in: Calliess/Ruffert, EUV/AEUV, Art. 263 AEUV Rn. 22; *Gaiser*, EuR 2002, 519.

[99] Dazu *Gaiser*, EuR 2002, 520; *Pechstein*, EU-/EG-Prozeßrecht, Rn. 616; *Schwarze*, in: ders., EU-Kommentar, Art. 265 AEUV Rn. 4 f.

[100] Zum Klagegegenstand vgl. auch im Schrifttum: *Cremer*, in: Calliess/Ruffert, EUV/AEUV, Art. 265 AEUV Rn. 4 f.; *Pechstein*, EU-/EG-Prozeßrecht, Rn. 609 ff.; *Schwarze*, in: ders., EU-Kommentar, Art. 265 AEUV Rn. 10 ff.

[101] *Cremer*, in: Calliess/Ruffert, EUV/AEUV, Art. 265 AEUV Rn. 12 f.; *Pechstein*, EU-/EG-Prozeßrecht, Rn. 628, 630; *Schwarze*, in: ders., EU-Kommentar, Art. 265 AEUV Rn. 8.

[102] Dazu: *Cremer*, in: Calliess/Ruffert, EUV/AEUV, Art. 265 AEUV Rn. 9 ff.; *Pechstein*, EU /EG-Prozeßrecht, Rn. 589 ff.; *Schwarze*, in: ders., EU-Kommentar, Art. 265 AEUV Rn. 19.

[103] Vgl. insoweit nur: *Cremer*, in: Calliess/Ruffert, EUV/AEUV, Art. 266 AEUV Rn. 2; *Schwarze*, in: ders., EU-Kommentar, Art. 266 AEUV Rn. 2.

3. Inzidente Normenkontrolle nach Art. 277 AEUV. Die in Art. 277 AEUV nor- 51
mierte inzidente Normenkontrolle soll die Vertragsunterworfenen vor der Anwendung
rechtswidriger Gemeinschaftsakte schützen.[104] Allerdings **eröffnet die Bestimmung
keinen selbständigen Klageweg**, sondern setzt vielmehr ein bereits vor dem Gerichtshof anhängiges Verfahren voraus. **Prozessual** handelt es sich daher um ein **unselbstän-
diges Rügerecht**.[105]

4. Klagen nach Art. 14.2 Satzung-ESZB. Unter den in Art. 14.2 Satzung-ESZB 52
normierten Voraussetzungen kann der **Präsident einer nationalen Zentralbank** aus
seinem Amt **entlassen** werden. Gegen eine solche Entscheidung können nach Art. 14.2
Satz 3 Satzung-ESZB sowohl der unmittelbar von der Entscheidung betroffene Präsident einer nationalen Zentralbank oder der Rat der EZB binnen zwei Monaten Klage
wegen einer Verletzung des Vertrages oder einer bei seiner Durchführung anzuwendenden Rechtsnorm erheben. Anders als im Verfahren nach Art. 271 lit. d AEUV, bei
dem die Klage der EZB nicht gegen den Mitgliedstaat, sondern unmittelbar gegen die
nationale Zentralbank gerichtet ist, wendet sich die auf Art. 14.2 Satzung-ESZB gestützte **Klage gegen den Mitgliedstaat**, der den Präsidenten der jeweiligen nationalen
Notenbank satzungswidrig entlassen hat.[106]

5. Klagen nach Art. 36.2 Satzung-ESZB. Nach Art. 36.2 der Satzung-ESZB besteht 53
auch eine Zuständigkeit für alle **Streitigkeiten** zwischen der **EZB** und ihren **Bediensteten**.[107] **Funktionell zuständig** ist das **Gericht erster Instanz**.[108]

6. Antragsrecht nach Art. 11.4 Satzung-ESZB. Auf **Antrag** des **EZB-Rates** oder 54
des **Direktoriums** nach Art. 11.4 Satzung-ESZB kann ein **Mitglied des Direktoriums
der EZB**, das entweder die Voraussetzungen für die Ausübung des Amtes nicht mehr
erfüllt oder eine schwere Verfehlung begangen hat, durch den Gerichtshof **seines Amtes enthoben werden**.[109] Das Verfahren ähnelt dem für die Amtshebung von Mitgliedern der Kommission (Art. 245 Abs. 2 i. V. m. Art. 247 AEUV) vorgesehenen Verfahren.

II. Die EZB als Beklagte

1. Nichtigkeitsklage nach Art. 263 AEUV. Mit der **Nichtigkeitsklage** nach 55
Art. 263 AEUV können alle **Rechtsakte der EZB mit verbindlicher Wirkung**[110] einer
gerichtlichen Überprüfung unterworfen werden. Dabei kommen als mögliche Klagegründe die in Art. 263 AEUV enumerativ aufgeführten Gründe (Unzuständigkeit,
Verletzung wesentlicher Formvorschriften, Verletzung des Vertrages oder einer bei
seiner Durchführung anzuwendenden Rechtsnorm, Ermessensmissbrauch) in Betracht.

---

[104] Zur Bedeutung der inzidenten Normenkontrolle vgl. *Cremer*, in: Calliess/Ruffert, EUV/
AEUV, Art. 277 AEUV Rn. 1; *Pechstein*, EU-/EG-Prozeßrecht, Rn. 914; *Schwarze*, in: ders.,
EU-Kommentar, Art. 277 AEUV Rn. 2.
[105] *Cremer*, in: Calliess/Ruffert, EUV/AEUV, Art. 277 AEUV Rn. 2; *Schwarze*, in: ders.,
EU-Kommentar, Art. 277 AEUV Rn. 3
[106] Übereinstimmend *Gaiser*, EuR 2002, 524; *Karpenstein*, in: GHN, Art. 271 AEUV Rn. 29.
[107] Dazu auch *Gaiser*, EuR 2002, 524.
[108] Art. 3 des Beschlusses des Rates zur Errichtung eines Gerichts erster Instanz der Europäischen Gemeinschaften vom 24.10.1988 (ABl. 1988 L 319/1, ber. in ABl. 1989 L 241/4 vom
17.8.1989), zuletzt geändert durch Art. 10 Vertrag von Nizza vom 26.2.2001 (ABl. 2001 C 80/8).
[109] Dazu auch *Gaiser*, EuR 2002, 526.
[110] Vgl. insoweit *Booß*, in: GH, Art. 230 EGV Rn. 12; *Gaiser*, EuR 2002, 526.

56 Soweit eine Klage gegen die EZB durch einen Mitgliedstaat, das Europäische Parlament, den Rat oder Kommission nach Art. 263 Abs. 2 AEUV erhoben wird, bedarf es bei diesen **privilegierten Klägern** keiner Darlegung eines besonderen Rechtsschutzinteresses.[111] Demgegenüber sind die **Klagerechte der teilprivilegierten Kläger** (Rechnungshof und Ausschuss der Regionen) nach Art. 263 Abs. 3 AEUV insoweit beschränkt, als diese lediglich eine Verletzung ihrer eigenen, durch den Vertrag verliehenen Befugnisse und Rechte geltend machen können.[112] Unter den speziellen Voraussetzungen des Art. 263 Abs. 4 AEUV besteht auch eine **Klagebefugnis nichtprivilegierter Kläger**.[113] Der Rechtsschutz ist danach davon abhängig, dass die jeweilige natürliche oder juristische Person unmittelbar und individuell betroffen ist.[114] Insoweit ist nach Maßgabe von Abs. 263 Abs. 4 AEUV auch den **nationalen Zentralbanken** die Möglichkeit eröffnet, gegen die EZB Klage zu erheben.[115]

57 **2. Untätigkeitsklage nach Art. 265 AEUV.** Verletzt die EZB ihr obliegende Handlungspflichten, so können unter den Voraussetzungen des Art. 265 Abs. 1 AEUV die Mitgliedstaaten und andere Organe der Gemeinschaft **Klage auf Feststellung der Vertragsverletzung durch die gemeinschaftsrechtswidrige Unterlassung** erheben.[116] Dieses Recht steht nach Art. 265 Abs. 3 AEUV auch **natürlichen** oder **juristischen Personen** zu. Insoweit ist nach Maßgabe von Art. 265 AEUV auch den **nationalen Zentralbanken** die Möglichkeit eröffnet, gegen die EZB Klage zu erheben.[117] Eine besondere **Klagebefugnis** setzt die Untätigkeitsklage nicht voraus.[118]

58 **3. Schadensersatzansprüche nach Art. 268 AEUV i.V.m. Art. 340 Abs. 2 AEUV.** Nach Art. 268 i. V. m. Art. 340 Abs. 2 AEUV besteht eine **ausschließliche Zuständigkeit** des Gerichtshofs für **Schadensersatzklagen wegen außervertraglicher Haftung**. Nach Art. 340 Abs. 3 AEUV gilt Art. Art. 340 Abs. 2 AEUV in gleicher Weise auch für den durch die EZB oder ihre Bediensteten in Ausübung ihrer Amtstätigkeit verursachten Schaden.[119]

---

[111] Vgl. im einzelnen *Booß*, in: GH, Art. 230 EGV Rn. 40 ff.; *Cremer*, in: Calliess/Ruffert, EUV/AEUV, Art. 263 AEUV Rn. 21; *Gaiser*, EuR 2002, 526 f.; *Kerber/Städter*, EuZW 2011, 538; *Pechstein*, EU-/EG-Prozeßrecht, Rn. 384 f., 387; *Schwarze*, in: ders., EU-Kommentar, Art. 263 AEUV Rn. 36.
[112] Dazu *Booß*, in: GH, Art. 230 EGV Rn. 44; *Cremer*, in: Calliess/Ruffert, EUV/AEUV, Art. 263 AEUV Rn. 22; *Pechstein*, EU-/EG-Prozeßrecht, Rn. 387.; *Schwarze*, in: ders., EU-Kommentar, Art. 263 AEUV Rn. 37.
[113] Siehe insoweit mit weiteren Nachweisen: *Booß*, in: GH, Art. 230 EGV Rn. 45; *Cremer*, in: Calliess/Ruffert, EUV/AEUV, Art. 263 AEUV Rn. 33 ff.; *Schwarze*, in: ders., EU-Kommentar, Art. 263 AEUV Rn. 38 ff.
[114] Ausführlich *Booß*, in: GH, EU-Kommentar, Art. 230 EGV Rn. 49 ff.; *Cremer*, in: Calliess/Ruffert, EUV/AEUV, Art. 263 AEUV Rn. 33 ff.; *Kerber/Städter*, EuZW 2011, 538; *Pechstein*, EU-/EG-Prozeßrecht, Rn. 390 ff.; *Schwarze*, in: ders., EU-Kommentar, Art. 263 AEUV Rn. 45 ff.
[115] Dazu auch *Gaiser*, EuR 2002, 533.
[116] Vgl. m. w. N. *Gaiser*, EuR 2002, 529; *Schwarze*, in: ders., EU-Kommentar, Art. 265 AEUV Rn. 8.
[117] Dazu auch *Gaiser*, EuR 2002, 535.
[118] *Schwarze*, in: ders., EU-Kommentar, Art. 265 AEUV Rn. 18.
[119] Vgl. i.E. dazu: *Berg*, in: Schwarze, EU-Kommentar, Art. 340 AEUV Rn. 71; *v. Bogdandy/Jacob*, in: GHN, Art. 340 AEUV Rn. 118 ff.; *Pechstein*, EU-/EG-Prozeßrecht, Rn. 744 ff.; *Ruffert*, in: Calliess/Ruffert, EUV/AEUV, Art. 340 AEUV Rn. 34.

Auch wenn Art. 340 Abs. 2 AEUV eine Haftung der Gemeinschaft statuiert, so **59** spricht gegen eine Haftung der Gemeinschaft insbesondere die Rechtspersönlichkeit der EZB. Ist diese mit weit reichender Unabhängigkeit ausgestattet, so widerspricht dem eine Haftungsfreizeichnung mit der Konsequenz einer Haftung der Gemeinschaft.[120] **Schadensersatzklagen** sind daher **unmittelbar gegen die EZB** zu richten.

4. Vorabentscheidungsverfahren nach Art. 267 AEUV. Als Ausdruck der **strik-** **60** **ten Aufgabenverteilung zwischen nationaler Gerichtsbarkeit und europäischer Gerichtsbarkeit** dient das **Vorabentscheidungsverfahren** nach Art. 267 AEUV der Beurteilung der Gültigkeit von Handlungen der Gemeinschaftsorgane und damit der **Wahrung der Rechtseinheit in der Gemeinschaft**.[121] Auf Vorlage eines nationalen Gerichts kann der EuGH auch über die Gültigkeit und die Auslegung von Handlungen der EZB entscheiden.[122]

5. Klagen nach Art. 36.2 Satzung-ESZB. Auf der Grundlage von Art. 36.2. Sat- **61** zung-ESZB ist der Gerichtshof zuständig für **Klagen**, die von **Bediensteten**[123] **der EZB** gegen diese erhoben werden. **Funktionell zuständig** ist das Gericht (vor Lissabon bekannt als **Gericht erster Instanz**).[124]

---

[120] Ausführlich zum Problem auch: *Gaiser*, EuR 2002, 531.
[121] Ausführlich zu Funktion und Bedeutung: *Dauses*, in: ders., EU-WirtR, Abschn. P II Rn. 32 ff.; *Schwarze*, in: ders., EU-Kommentar, Art. 267 AEUV Rn. 2; *Wegener*, in: Calliess/Ruffert, EUV/AEUV, Art. 267 AEUV Rn. 1.
[122] Umfassend dazu: *Gaiser*, EuR 2002, 532 m.w.N.
[123] Vgl. insoweit beispielhaft die Klagen *K. L. Nielsen/EZB* vom 25.11.1999 (ABl. 2000 C 79/29); *J. Pflugradt/EZB* vom 10.11.2000 (ABl. 2001 C 4/10); *E. Nicastro/EZB* vom 6.7.2001 (ABl. 2001 C 275/11); *C. Janusch/EZB* (ABl. 2001 C 227/11).
[124] Art. 3 des Beschlusses des Rates zur Errichtung eines Gerichts erster Instanz der Europäischen Gemeinschaften vom 24.10.1988 (ABl. 1988 319/1, ber. in ABl. 1989 L 241/4), zuletzt geändert durch Beschluss vom 26.4.1999 (ABl. 1999 114/52).

§ 14 Klagen aufgrund vertraglicher Schiedsklauseln

Übersicht

	Rn.
A. Allgemeines	1–5
I. Rechtsgrundlagen	1/2
II. Wesen und Bedeutung dieser Klagen	3/4
III. Verhältnis zu den anderen Rechtsbehelfen	5
B. Zulässigkeit	6–17
I. Sachliche Zuständigkeit	6–15
1. Materiellrechtlicher Vertrag	8–11
2. Vereinbarung einer Schiedsklausel	12/13
3. Wirksamkeit der Schiedsklausel	14/15
II. Klageart	16
III. Besondere Sachurteilsvoraussetzungen	17
C. Begründetheit	18–22
D. Abschließende Entscheidung	23/24

Schrifttum: *Bleckmann,* Die öffentlich-rechtlichen Verträge der EWG, NJW 1978, 464 ff.; *ders.,* Der Verwaltungsvertrag als Handlungsmittel der Europäischen Gemeinschaften, in: DVBl. 1981, 889 ff.; *Grunwald,* Die nicht-völkerrechtlichen Verträge der Europäischen Gemeinschaften, EuR 1984, 227 ff.; *Niemeyer,* Erweiterte Zuständigkeiten für das Gericht erster Instanz der Europäischen Gemeinschaften, EuZW 1993, 529 ff.; *Stelkens,* Probleme des Europäischen Verwaltungsvertrags nach dem Vertrag zur Gründung der Europäischen Gemeinschaft und dem Vertrag über eine Verfassung für Europa, EuZW 2005, 299 ff.; *Wegener,* Die Neuordnung der EU-Gerichtsbarkeit durch den Vertrag von Nizza, DVBl. 2001, 1258 ff.

A. Allgemeines

I. Rechtsgrundlagen

1 Aufgrund der Vorschrift des Art. 272 AEUV ist der Gerichtshof auch für solche **Rechtsstreitigkeiten** zuständig, die ihm im Wege von **Schiedsklauseln** übertragen werden und die in einem von der Union oder für ihre Rechnung abgeschlossenen **öffentlich-rechtlichen** oder **privatrechtlichen Vertrag** enthalten sind. Diese Schiedsklauseln sind für die Zuständigkeit des Gerichtshofs **konstitutiver Natur** und daher als Ausnahmebestimmungen **restriktiv auszulegen**.[1]

2 Bei der Kompetenzzuweisung durch eine Schiedsklausel nach Art. 272 AEUV ist aber zu berücksichtigen, dass diese dem Gerichtshof **weder die Stellung eines Schieds-**

---

[1] Vgl. insoweit EuGH, Rs. C-426/85, *Kommission/Zoubek,* Slg. 1986, 4057 Rn. 11; EuGH, Rs. C-114/94, *IDE/Kommission,* Slg. 1997, I-803 Rn. 82; siehe ferner auch im Schrifttum *Kischel,* in: Hailbronner/Wilms, 12. Ergl., 2006, Art. 238 EGV Rn. 1.

4. Abschnitt. Sonstige Klage- und Verfahrensarten 3, 4 § 14

gerichts im völkerrechtlichen noch im innerstaatlichen Sinne einräumt;[2] der **Gerichtshof** wird vielmehr auch in diesen Fällen als **Unionsorgan** tätig mit der Folge, dass jedenfalls **Aufgabe, Besetzung und Verfahren einer Parteivereinbarung entzogen sind** und sich ausschließlich aus den allgemeinen unionsrechtlichen Bestimmungen ergeben.[3]

II. Wesen und Bedeutung dieser Klagen

Die über diese Regelungen eröffnete **Möglichkeit einer europäischen Rechtskontrolle** trägt dem Umstand Rechnung, dass durch derartige Vereinbarungen wichtige Unionsinteressen berührt werden können, die es im Falle von Unstimmigkeiten nahe legen, eine Entscheidung des Gerichtshofs herbeizuführen.[4] Da Streitigkeiten aus vertraglichen Rechtsbeziehungen der Gemeinschaft im Allgemeinen der innerstaatlichen Gerichtsbarkeit unterfallen,[5] handelt es sich bei den **Schiedsklauseln** um **Zuständigkeitsvereinbarungen**, die sich in ihrem **Wesen** und ihrer **Funktion** nach nicht wesentlich von einer **Prorogation** unterscheiden.[6]   3

Sofern eine entsprechende Schiedsklausel zwischen den Vertragsparteien vereinbart wird, wird damit zugleich eine **ausschließliche Zuständigkeit des Gerichtshofs** begründet (Art. 274 AEUV).[7] Dies gilt nicht, wenn die Schiedsklausel den Gerichtshof ausdrücklich als Rechtsmittelinstanz benennt.[8] Sollte die Klage gleichwohl zunächst bei einem nationalen Gericht anhängig gemacht werden, müsste sich dieses von Amts wegen für unzuständig erklären.[9] Berücksichtigt werden muss jedoch, dass die **Schieds-**   4

---

[2] Siehe dazu *Borchardt*, in: Lenz/Borchardt, EU-Verträge, Art. 272 AEUV Rn. 5; *Karpenstein*, in: GHN, Art. 272 AEUV Rn. 2.

[3] So übereinstimmend im Schrifttum: *Borchardt*, in: Lenz/Borchardt, EU-Verträge, Art. 272 AEUV Rn. 5; *Cremer*, in: Calliess/Ruffert, EUV/AEUV, Art. 272 AEUV Rn. 8; *Dauses*, in: ders., EU-WirtR, Abschn. P I Rn. 346; *Pechstein*, EU-Prozessrecht, Rn. 945; *Gaitanides,* in: Groeben/Schwarze, EUV/EGV, Art. 238 EGV Rn. 2; *Schwarze*, in: ders., EU-Kommentar, Art. 272 AEUV Rn. 3.

[4] Zutreffend: *Karpenstein*, in: GHN, Art. 272 AEUV Rn. 3; *Schwarze*, in: ders., Art. 272 AEUV Rn. 2.

[5] Vgl. nur Art. 274, 340 Abs. 1 AEUV; für öffentlich-rechtliche Verträge allerdings kritisch *Bleckmann*, NJW 1978, 466.

[6] *Ehricke*, in: Streinz, EUV/AEUV, Art. 272 AEUV Rn. 3; *Karpenstein*, in: GHN,, Art. 272 AEUV Rn. 2; *Kotzur*, in: Geiger/Khan/Kotzur, EUV/AEUV, Art. 272 Rn. 1; *Gaitanides,* in: Groeben/Schwarze, EUV/EGV, Art. 238 EGV Rn. 3; *Grunwald*, EuR 1984, 240; anders *Kischel*, in: Hailbronner/Wilms, EU-Recht, 12. Lfg., 8/2006 der eine bloße Gerichtsstandsvereinbarung oder Prorogation ablehnt.

[7] Vgl. aus der Rspr.: EuGH, Rs. C-209/90, *Kommission/Feilhauer*, Slg. 1992, I-2613 Rn. 13; für den EGKSV vgl. EuGH, Rs. C-6/60-IMM, *Humblet/Belgischer Staat*, Slg. 1960, 1125, 1184. Ferner aus dem Schrifttum: *Borchardt*, in: Lenz/Borchardt, EU-Verträge, Art. 272 Rn. 3; *Cremer*, in: Calliess/Ruffert, EUV/AEUV, Art. 272 AEUV Rn. 5; *Pechstein*, EU-Prozessrecht, Rn. 944; *Schwarze*, in: ders., EU-Kommentar, Art. 272 AEUV Rn. 4.

[8] *Borchardt*, in: Lenz/Borchardt, EU-Verträge, Art. 272 Rn. 3; *Karpenstein*, in: GHN, Art. 272 AEUV Rn. 13; *Pechstein*, EU-Prozessrecht, Rn. 944.

[9] EuGH, Rs. C-209/90, *Kommission/Feilhauer*, Slg. 1992, I-2613 Rn. 13; EuGH, Rs. C-299/93, *Bauer/Kommission*, Slg. 1995, I-839 Rn. 12; Ferner auch: *Borchardt*, in: Lenz/Borchardt, EU-Verträge, Art. 272 AEUV Rn. 4; *Karpenstein*, in: GHN, Art. 272 AEUV Rn. 4; *Pechstein*, EU-Prozessrecht, Rn. 944; *Gaitanides,* in: Groeben/Schwarze, EUV/EGV, Art. 238 EGV Rn. 3.

klausel in freiwilligem Einvernehmen zwischen den Vertragsparteien erfolgt, so dass sie auch **jederzeit einvernehmlich wieder aufgehoben werden kann**,[10] solange der Gerichtshof noch kein Urteil in der Sache selbst gefällt hat.[11] Die **Aufhebung** muss dabei nicht unbedingt ausdrücklich geschehen, sondern kann auch **stillschweigend** erfolgen. Eine solche **stillschweigende Aufhebung** kann beispielsweise darin gesehen werden, dass die **Klage rügelos vor dem an sich unzuständigen nationalen Gericht erhoben wird**.[12] Ob insoweit die Aufhebung der Schiedsklausel oder die Erhebung einer unzulässigen Klage vorliegt, hat das angerufene Gericht im jeweiligen Einzelfall zu klären. Je nachdem, bedarf es eines entsprechenden Hinweises durch das Gericht, wie dies von einigen nationalen Prozessordnungen ausdrücklich vorgesehen wird.

III. Verhältnis zu den anderen Rechtsbehelfen

5   Von den übrigen die Zuständigkeit des Gerichtshofs begründenden Vorschriften unterscheidet sich die Zuständigkeitsbegründung im Wege der Schiedsklausel in zweifacher Hinsicht. Zum einen können dem Gerichtshof über Art. 272 AEUV, auch **Streitigkeiten privatrechtlicher Natur** (z. B. Erfüllungsansprüche, Bereicherungsansprüche, Schadensersatzansprüche etc.) zugewiesen werden.[13] Zum anderen eröffnen diese Vorschriften den Beteiligten einen **Spielraum bezüglich der Rechtskontrolle**, die ihnen in den übrigen Verfahren nicht gewährt wird.

B. Zulässigkeit

I. Sachliche Zuständigkeit

6   Da die Zuständigkeit des Gerichtshofs aufgrund einer Schiedsklausel eine **Abweichung vom allgemeinen Recht** darstellt, haben die beiden europäischen Gerichte im Rahmen der Zulässigkeit zunächst von Amts wegen zu prüfen, ob die Parteien die europäische Gerichtsbarkeit wirksam vereinbart haben.[14] Die Zuständigkeit des Gerichtshofs bestimmt sich dabei aufgrund des Ratsbeschlusses 88/591 sowie Art. 211 AEUV und der Schiedsklausel.[15] Aufgrund des novellierten Art. 3 des Ratsbeschlusses 88/591 ist dem EuG die Zuständigkeit für Schiedsklagen von natürlichen und juristischen Personen insoweit übertragen worden, als die Zuständigkeit der europäischen Gerichtsbarkeit schiedsvertraglich vereinbart wurde.[16] Für Klagen der Union oder ihrer Mitgliedstaaten aufgrund schiedsvertraglicher Klauseln bleibt – ungeachtet der Bestimmung des Art. 256

---

[10] *Karpenstein*, in: GHN, Art. 272 AEUV Rn. 4; *Pechstein*, EU-Prozessrecht, Rn. 944.
[11] *Pechstein*, EU-Prozessrecht, Rn. 944; *Gaitanides,* in: Groeben/Schwarze, EUV/EGV, Art. 238 EGV Rn. 3 f.
[12] Dazu m.w.N.: *Cremer*, in: Calliess/Ruffert, EUV/AEUV, Art. 272 AEUV Rn. 2 AEUV; *Frenz*, Handbuch Europarecht, Band 5, 2010, Rn. 3154.
[13] Vgl. EuGH, Rs. C-426/85, *Kommission/Zoubek*, Slg.1986, 4057 Rn. 5 ff.
[14] So GA *Mayras*, Schlußanträge, EuGH, Rs. C-23/76, *Pellegrini u.a./Kommission*, Slg. 1976, 1807 Rn. 8 ff.
[15] EuGH, Rs. C-209/90, *Kommission/Feilhauer*, Slg. 1992, I-2613 Rn. 13.
[16] ABl. 1993 L 144/21.

Abs. 1 UAbs. 1 S. 1 AEUV –weiterhin der EuGH zuständig.[17] Der Beschluss des Rates vom 8. Juni 1993 bereitet allerdings, soweit er eine Kompetenzverlagerung vorsieht, dann **Schwierigkeiten**, soweit eine **Widerklage** erhoben werden soll.[18] Aus Gründen des **effektiven Rechtsschutzes** und der **Prozessökonomie** sollte aber das **jeweils mit dem Rechtsstreit befasste institutionelle Unionsgericht** (EuGH oder EuG) über **sämtliche aus dem Vertragsverhältnis resultierende Streitigkeiten entscheiden**.

Da der **Gerichtshof** durch die **Schiedsklausel nur als letztinstanzlich entscheidender Spruchkörper** – also als einzige oder als Rechtsmittelinstanz mit einem anderen Spruchkörper als Eingangsinstanz[19] – bestimmt werden kann,[20] kann nach allgemeiner Ansicht nach Art. 272 AEUV die Zuständigkeit des Gerichtshofs auch nicht wahlweise neben anderen Gerichten vereinbart werden.[21] Die **Zuständigkeit** bestimmt sich **ausschließlich nach Unionsrecht**, sodass **entgegenstehende Bestimmungen des nationalen Rechts** wegen des **Vorrangs des Unionsrechts nicht angewandt werden dürfen**.[22]   7

1. Materiellrechtlicher Vertrag. Die Wortwahl in Art. 272 AEUV („Schiedsklausel, öffentlich-rechtlicher oder privatrechtlicher Vertrag") macht im Vergleich zu Art. 273 AEUV, der insoweit von einem „Schiedsvertrag" spricht, deutlich, dass es sich bei dem zwischen den Parteien geschlossenen Vertrag um ein **Abkommen** handeln muss, welches sich mit **materiell-rechtlichen Fragen** befasst. Abgesehen davon, dass Schiedsverträge nur zwischen einzelnen Mitgliedstaaten vereinbart werden können, sind diese zudem nicht in der Lage, eine Entscheidungskompetenz des EuGH für die Schlichtung außervertraglicher Streitfälle herbeizuführen.   8

Aus der gleichzeitigen Erwähnung des öffentlich-rechtlichen und privatrechtlichen Vertragstypus ergibt sich ferner, dass es auf die **Rechtsnatur des Vertrages nicht ankommt**.[23] Vielmehr werden von den Art. 272 AEUV alle Verträge erfasst, die die Union mit Dritten, also Mitgliedstaaten, Drittländern, internationalen Organisationen oder natürlichen und juristischen Personen schließt. Insoweit unterliegt auch der **Kreis der möglichen Vertragspartner keinen Beschränkungen**.[24] Es kann sich zudem auch   9

---

[17] Zu den Einzelheiten ausführlich auch: *Cremer,* in: Calliess/Ruffert, EUV/AEUV, Art. 272 AEUV Rn. 1; *Pechstein,* EU-Prozessrecht, Rn. 946; *Wegener,* DVBl. 2001, 1260.
[18] Vgl. zu diesem Problem *Karpenstein,* in: GHN, Art. 272 AEUV Rn. 11, 23 m.w.N.; *Pechstein,* EU-Prozessrecht, Rn. 946; *Niemeyer,* EuZW 1993, 530.
[19] *Frenz,* Handbuch Europarecht, Band 5, 2010, Rn. 3163; *Gaitanides,* in: Groeben/Schwarze, EUV/EGV, Art. 238 EGV Rn. 12; *Schwarze,* in: ders., EU-Kommentar, Art. 272 AEUV Rn. 12.
[20] Vgl. insoweit auch *Cremer,* in: Calliess/Ruffert, EUV/AEUV Art. 272 AEUV Rn. 5; *Gaitanides,* in: Groeben/Schwarze, EUV/EGV, Art. 238 EGV Rn. 12; *Schwarze,* in: ders., EU-Kommentar, Art. 272 AEUV Rn. 12.
[21] *Cremer,* in: Calliess/Ruffert, EUV/AEUV, Art. 272 AEUV Rn. 5; *Pechstein,* EU-Prozessrecht, Rn. 944.
[22] EuGH, Rs. C-209/90, *Kommission/Feilhauer,* Slg. 1992, I-2613 Rn. 13; EuGH, Rs. C-299/93, *Bauer/Kommission,* Slg. 1995, I-839 Rn. 11. Ferner: *Cremer,* in: Calliess/Ruffert, EUV/AEUV, Art. 272 AEUV Rn. 5; *Pechstein,* EU-Prozessrecht, Rn. 944; *Schwarze,* in: ders., EU-Kommentar, Art. 272 AEUV Rn. 4.
[23] Vgl. dazu: *Bleckmann,* DVBl. 1981, 892; *Cremer,* in: Calliess/Ruffert, EUV/AEUV, Art. 272 AEUV Rn. 3; *Gaitanides,* in: Groeben/Schwarze, EUV/EGV, Art. 238 EGV Rn. 7; *Schwarze,* in: ders., EU-Kommentar, Art. 272 AEUV Rn. 7.
[24] Übereinstimmend: *Borchardt,* in: Lenz/Borchardt, EU-Verträge, Art. 272 AEUV Rn. 7; *Cremer,* in: Calliess/Ruffert, EUV/AEUV, Art. 272 AEUV Rn. 3; *Pechstein,* EU-Prozessrecht, Rn. 948; *Schwarze,* in: ders., EU-Kommentar, Art. 272 AEUV Rn. 9.

um völkerrechtliche Abkommen handeln, wenn dies dem insoweit eindeutigen Willen der jeweiligen Vertragsparteien zu entnehmen ist.[25]

10 Der Vertrag muss „von der Gemeinschaft oder für ihre Rechnung" abgeschlossen werden. **„Von der Gemeinschaft"** wird ein Vertrag dann geschlossen, wenn die **Gemeinschaft selbst** als **Vertragspartei** auftritt, auch wenn die Verhandlungen und die Vereinbarungen letztlich von den dafür zuständigen Organen geführt bzw. getroffen werden.[26] Dagegen wird ein Vertrag „für Rechnung" der Gemeinschaft abgeschlossen, wenn **diese aus einem Vertrag berechtigt oder verpflichtet wird, ohne selbst als Partei des zugrundeliegenden Vertragswerkes aufzutreten**. Nach teilweiser, allerdings umstrittener Ansicht, soll es insoweit genügen, wenn die Gemeinschaft ein materielles Interesse an den getroffenen Vereinbarungen hat.[27] Von dieser Alternative sollen nach Ansicht eines Teils der Literatur insbesondere solche Abmachungen rechtlich unselbständiger Gemeinschaftsinstitutionen wie z.B. des Wirtschafts- und Sozialausschusses oder einiger Fonds erfasst werden.[28] Vor dem Hintergrund der rechtlichen Wirksamkeit solcher von unselbständigen Unionseinrichtungen getroffenen Vereinbarungen erscheint diese Interpretation aber eher zweifelhaft. Vielmehr dürften von dieser Alternative nur solche Verträge umfasst sein, die ein Unionsorgan oder eine mit eigenen Rechten ausgestattete Gemeinschaftseinrichtung[29] stellvertretend im Namen der Union schließt, um diese damit zu verpflichten.

11 Der die Schiedsklausel enthaltende Vertrag muss entweder öffentlich-rechtlicher oder privatrechtlicher Natur sein. **Öffentlich-rechtliche Verträge** sind beispielsweise Verwaltungsverträge der Gemeinschaft im Bereich der **Subventionsvergabe** oder der **Forschungsförderung**.[30] Beispiele für **Verträge privatrechtlicher Natur** sind u.a. die von der Gemeinschaft abgeschlossenen **Anstellungs-, Versicherungs-** und **Lizenzverträge**.[31]

12 2. **Vereinbarung einer Schiedsklausel.** Die Zuständigkeit des EuGH wird ferner nur dann begründet, wenn der Vertrag eine Klausel oder Bestimmung enthält, wonach der EuGH zur Entscheidung bei eventuellen Streitigkeiten aus dem Vertrag

---

[25] Str., wie hier: *Karpenstein*, in: GHN, Art. 272 AEUV Rn. 18; *Kischel*, in: Hailbronner/Wilms, EU-Recht, 12. Lfg., 8/2006; kritisch *Hailbronner*, in: HKMM, HK-EU Art. 181 Rn. 2 [Stand 11/98]; differenzierend nach dem jeweiligen Parteiwillen: *Pechstein*, EU-Prozessrecht, Rn. 949.

[26] Vgl. insoweit nur *Pechstein*, EU-Prozessrecht, Rn. 948; *Gaitanides*, in: Groeben/Schwarze, EUV/EGV, Art. 238 EGV Rn. 8; *Schwarze*, in: ders., EU-Kommentar, Art. 272 AEUV Rn. 8.

[27] *Ehricke*, in: Streinz, EUV/AEUV, Art. 272 AEUV, Rn. 7; *Karpenstein*, in: GHN, Art. 272 AEUV Rn. 8; *Pechstein*, EU-Prozessrecht, Rn. 948; *Schwarze*, in: ders., EU-Kommentar, Art. 272 AEUV Rn. 8.

[28] Siehe dazu *Ehricke*, in: Streinz, der ausdrücklich den Wirtschafts- und Sozialausschuss und sogar die selbständige Unionseinrichtung Europäische Investitionsbank nennt; nicht so deutlich *Gaitanides*, in: Groeben/Schwarze, EUV/EGV, Art. 238 EGV Rn. 9.

[29] Für die EIB vgl. GA *Warner*, Schlussanträge EuGH, Rs. C-110/75, *Mills/EIB*, Slg. 1976, 955, 974. Zustimmend im Schrifttum auch: *Cremer*, in: Calliess/Ruffert, EUV/AEUV, Art. 272 AEUV Rn. 3; *Pechstein*, EU-Prozessrecht, Rn. 948.

[30] Jeweils mit weiteren Nachweisen: *Karpenstein*, in: GHN, Art. 272 AEUV Rn. 17; *Pechstein*, EU-Prozessrecht, Rn. 949.

[31] Jeweils mit weiteren Nachweisen: *Karpenstein*, in: GHN, Art. 272 AEUV Rn. 16; *Pechstein*, EU-Prozessrecht, Rn. 949.

berufen ist.³² Diese **Vereinbarung** muss **bestimmten inhaltlichen Anforderungen** genügen. Die Parteien können nur die ausschließliche Zuständigkeit des Gerichtshofs vereinbaren.³³ Desweiteren kann dem Gerichtshof eine Zuständigkeit nur für solche Rechtsstreitigkeiten überantwortet werden, für die keine spezielleren Zuständigkeitsregelungen bestehen.³⁴

Darüber hinaus beschränkt sich die Entscheidungsbefugnis des Gerichts auf solche **Forderungen**, die sich **unmittelbar aus dem zugrundeliegenden Vertragsverhältnis** ergeben bzw. in **unmittelbarem Zusammenhang mit den vertraglichen Verpflichtungen** stehen.³⁵ Unerheblich ist dabei, ob es sich um **Klagen auf vertragliche Primäransprüche** oder auf **Sekundäransprüche** handelt,³⁶ wobei die Parteien innerhalb dieser Grenzen über die der Schiedsklausel unterfallenden Streitigkeiten frei disponieren können.³⁷

3. Wirksamkeit der Schiedsklausel. Voraussetzung ist ferner, dass die zwischen den Vertragsparteien, die nicht notwendigerweise mit den späteren Verfahrensbeteiligten identisch sein müssen,³⁸ vereinbarte **Schiedsklausel** auch **wirksam ist**.³⁹ Wirksam ist die Zuständigkeitsvereinbarung dann, wenn sie gewissen **Formerfordernissen** genügt und nicht gegen vorrangiges Recht verstößt. Obwohl Art. 272 AEUV keine ausdrücklichen Formvorschriften für die Schiedsklauseln enthalten, ergibt sich aus Art. 122 Abs. 2 VerfO-EuGH, wonach der Klagschrift eine Ausfertigung der Schiedsklausel beizufügen ist, dass diese grundsätzlich der Schriftform bedarf.⁴⁰ An die Wahrung dieses Formerfordernisses werden vom EuGH jedoch keine allzu hohen Anforderungen gestellt. Der EuGH lässt es insoweit ausreichen, dass sich die Vereinbarung der Zuständigkeit aus einem lediglich einen Vertragsentwurf betreffenden Schriftwechsel ergibt.⁴¹ Nach Ansicht der Rechtsprechung⁴² ist auch ausreichend, dass die Schiedsklausel lediglich in der vom dem Vertrag in Bezug genommenen Verdingungsordnung der Union

---

³² Vgl. GA *Darmon,* Schlußanträge EuGH, Rs. C-43/84, *Maag/Kommission*, Slg. 1985, 2581, 2593.
³³ Siehe dazu EuGH, Rs. C-209/90, *Kommission/Feilhauer*, Slg. 1992, I-2613 Rn. 3. Zustimmend aus dem Schrifttum: *Borchardt*, in: Lenz/Borchardt, EU-Verträge, Art. 272 AEUV Rn. 7; *Cremer*, in: Calliess/Ruffert, EUV/AEUV, Art. 272 AEUV Rn. 5; *Schwarze*, in: ders., EU-Kommentar, Art. 272 AEUV Rn. 12.
³⁴ Siehe Fn. 25.
³⁵ EuGH, Rs. C-426/85, *Kommission/Zoubek*, Slg.1986, 4057 Rn. 11; EuGH, Rs. C-114/94, *IDE/ Kommission*, Slg.1997, I-803 Rn. 82.
³⁶ *Cremer*, in: Calliess/Ruffert, EUV/AEUV, Art. 272 AEUV Rn. 6; *Karpenstein*, in: GHN, Art. 272 AEUV Rn. 14; *Kotzur*, in: Geiger/Khan/Kotzur, EUV/AEUV, Art. 272 Rn. 5; *Pechstein*, EU-Prozessrecht, Rn. 950; *Schwarze*, in: ders., EU-Kommentar,, Art. 272 AEUV Rn. 13.
³⁷ So auch im Ergebnis: *Cremer*, in: Calliess/Ruffert, EUV/AEUV, Art. 272 AEUV Rn. 6; *Schwarze*, in: ders., EU-Kommentar, Art. 272 Rn. 13.
³⁸ Siehe dazu EuGH, Rs. C-209/90, *Kommission/Feilhauer*, Slg. 1992, I-2613 Rn. 5.
³⁹ Ausführlich dazu *Borchardt*, in: Lenz/Borchardt, EU-Verträge, Art. 272 AEUV Rn. 11; *Frenz*, Handbuch Europarecht, Bd. 5, 2010, Rn. 3160 ff.; *Kotzur*, in: Geiger/Khan/Kotzur, EUV/AEUV, Art. 272 AEUV Rn. 7; *Pechstein*, EU-Prozessrecht, Rn. 947; *Schwarze*, in: ders., EU-Kommentar, Art. 272 AEUV Rn. 10 ff.
⁴⁰ Detailliert zum Problem des Verhältnisses von Art. 272 AEUV zu Art. 122 Abs. 2 VerfO-EuGH und Art. 44 § 51 VerfO-EuG: *Schwarze*, in: ders., EU-Kommentar, Art. 272 AEUV Rn. 11.
⁴¹ EuGH, Rs. C-23/76, *Pellegrini u.a./Kommission*, Slg. 1976, 1807 Rn. 10.
⁴² Vgl. dazu EuGH, Rs. C-318/81, *Kommission/CO.DE.MI*, Slg. 1985, 3693 Rn. 9.

enthalten ist. Daneben soll es auch genügen, wenn die Klausel in eine Verordnung der Union aufgenommen wird, auf deren Grundlage vertragliche Beziehungen zu einem Unionsorgan durchgeführt werden sollen.[43] **Ohne** das Vorliegen einer **Schiedsklausel** ist eine nach Art. 272 AEUV erhobene **Klage** allerdings **unzulässig**.[44]

15 Ferner darf die Zuständigkeitsvereinbarung dem Gerichtshof **keine Streitfälle** übertragen, die diesen nötigen würden, **gegen zwingende Grundsätze des Unionsrechts zu verstoßen**. Hierbei handelt es sich insbesondere um solche Streitigkeiten, für die bereits spezielle Entscheidungskompetenzen des EuGH bestehen und die im Wege der Schiedsklausel nicht außer Kraft gesetzt werden dürfen.[45]

II. Klageart

16 Im Zusammenhang mit Streitigkeiten aus vertraglichen Rechtsbeziehungen richtet sich die **einschlägige Klageart** zunächst nach dem **Streitgegenstand**, der sich wiederum am **Klageantrag und dem zugrundeliegenden Vertrag** orientiert. Für die Beurteilung des Streitgegenstandes kann auch die Schiedsklausel maßgeblich sein, da sie die Entscheidungskompetenz des EuGH nicht nur zu begründen, sondern im Hinblick auf bestimmte Streitgegenstände auch zu beschränken vermag.[46] Je nach **Klagegegenstand, Rechtsnatur des Vertrages** und **Formulierung der Schiedsklausel** kann es sich bei den Streitigkeiten um **Leistungs-, Unterlassungs-** oder **Feststellungsklagen** handeln.

III. Besondere Sachurteilsvoraussetzungen

17 Obwohl der Terminus Schiedsklausel darauf hindeuten könnte, wird der Gerichtshof nicht als ein „Schiedsgericht" tätig, dessen Besetzung und Verfahren von den Parteien frei bestimmt werden kann.[47] Das **Verfahren** und die dabei zu beachtenden **Voraussetzungen** richten sich vielmehr nach den allgemeinen, auch für die sonstigen vor dem Gerichtshof durchzuführenden Verfahren maßgeblichen **Vorschriften der Satzung und der Verfahrensordnung des EuGH bzw. des EuG**.[48] Besondere Bestimmungen für die Durchführung von Klagen aufgrund vertraglich vereinbarter Schiedsklauseln sind – abgesehen von Art. 122 Abs. 2 VerfO-EuGH – in den allgemeinen Verfahrensregeln nicht enthalten. Demzufolge sind bei diesem Klagetypus **grundsätzlich**

---

[43] Vgl. insoweit auch EuGH, Rs. C-142/91, *Cebag/Kommission*, Slg. 1993, I-553 Rn. 11.
[44] Vgl. dazu: EuGH, Rs. C-133/85, *Rau/Balm*, Slg. 1987, 2289 Rn. 9; EuG, Rs. T-180/95, *Nutria/Kommission*, Slg. 1997, II-1317 Rn. 37; EuG, Rs. T-44/96, *Oleifici Italiani/Kommission*, Slg. 1997, II-1331 Rn. 36.
[45] *Gaitanides,* in: Groeben/Schwarze, EUV/EGV, Art. 238 EGV Rn. 12.
[46] Dazu auch im Schrifttum m.w.N.: *Cremer,* in: Calliess/Ruffert, EUV/AEUV, Art. 272 AEUV Rn. 6; *Gaitanides,* in: Groeben/Schwarze, EUV/EGV, Art. 238 EGV Rn. 15 f.
[47] Übereinstimmend: *Cremer,* in: Calliess/Ruffert, EUV/AEUV, Art. 272 AEUV Rn. 8; *Dauses,* in: ders., EU-WirtR, Abschn. P I Rn. 346; *Pechstein,* EU-Prozessrecht, Rn. 945; *Gaitanides,* in: Groeben/Schwarze, EUV/EGV, Art. 238 EGV Rn. 2 u. 19 f.; a. A. *Kischel,* in: Hailbronner/Wilms, EU-Recht, 12. Lfg., 8/2006, der vom EuGH als „institutionalisiertem Schiedsgericht" spricht, bei dem jedoch die Verfahrensordnung nicht zur Disposition der Parteien steht.
[48] So auch EuGH, Rs. C-426/85, *Kommission/Zoubek*, Slg.1986, 4057 Rn. 10.

auch **keine besonderen Sachurteilsvoraussetzungen** zu beachten. Gleichwohl kann es im Einzelfall durchaus von Relevanz sein, ob der Klageantrag ordnungsgemäß gestellt ist oder ein **Rechtsschutzbedürfnis**[49] für die erhobene Klage besteht.

C. Begründetheit

Sofern sich aus der Schiedsklausel oder dem zugrundeliegenden Vertrag nicht etwas anderes ergibt, wird den institutionellen Gemeinschaftsgerichten (*EuGH* und *EuG*) **mit der Zuständigkeitsübertragung ein umfassendes Prüfungsrecht** i. S. eines „recours de pleine jurisdiction" eingeräumt, welches sich auf die **Überprüfung sowohl der tatsächlichen als auch der rechtlichen Voraussetzungen** erstreckt.[50] Die institutionellen Gemeinschaftsgerichte (*EuGH* und *EuG*) dürfen aber über die Anträge der Parteien nicht hinausgehen (*ne eat iudex ultra petita partium*).[51]   18

Die **materiell-rechtlichen Voraussetzungen** beurteilen sich dabei in erster Linie nach dem **Recht, das** nach dem **ausdrücklichen oder stillschweigenden Willen der Vertragsparteien auf die getroffenen Vereinbarungen anwendbar sein soll**.[52] Im allgemeinen legen die Beteiligten das auf den Vertrag anzuwendende Recht ausdrücklich in der Schiedsklausel oder in einer gesonderten Bestimmung fest. Hierbei besteht für die Beteiligten eine Rechtswahlfreiheit. Neben dem nationalen Recht einzelner Mitgliedstaaten[53] können die Verfahrensbeteiligten auch das Recht von Drittstaaten, das Völkerrecht oder allgemeine Rechts- und Billigkeitsgrundsätze als auf den Vertrag für anwendbar erklären.[54] Im Regelfall entscheiden sich die vertragsschließenden Parteien zumeist für das Recht desjenigen Mitgliedstaates, in dessen Geltungsbereich der Vertragspartner seine Leistungen zu erbringen und in dessen Sprache der Vertrag abgefasst ist.   19

Problematisch wird die **Beurteilung der Rechtsanwendung** allein dann, **wenn** eine **ausdrückliche Verweisung auf** einen **bestimmten Rechtskreis fehlt** und in den Vertragsbestimmungen auch nicht stillschweigend enthalten ist. Hier bedarf des der Lückenfüllung. In diesem – eher theoretischen – Fall ist nach der Rechtsnatur des zugrundeliegenden Vertrages zu differenzieren. Bei den privatrechtlichen Verträgen   20

---

[49] Dazu: EuGH, Rs. C-318/81, *Kommission/CO.DE.MI*, Slg. 1985, 3693 Rn. 16. Ferner auch: *Karpenstein*, in: GHN, Art. 272 AEUV Rn. 21; *Pechstein*, EU-Prozessrecht, Rn. 951.

[50] Vgl. insoweit auch: *Borchardt*, in: Lenz/Borchardt, EU- und EG-Vertrag, Art. 238 EGV Rn. 11 f.; *Dauses*, in: ders., EU-WirtR, Abschn. P I Rn. 345; *Ehricke*, in: Streinz, EUV/AEUV, Art. 272 AEUV, Rn. 12; *Pechstein*, EU-Prozessrecht, Rn. 952; *Schwarze*, in: ders., EU-Kommentar, Art. 272 AEUV Rn. 14.

[51] *Karpenstein*, in: GHN, Art. 272 AEUV Rn. 27.

[52] EuGH, Rs. C-23/76, *Pellegrini u.a./Kommission*, Slg. 1976, 1807 Rn. 11; EuGH, Rs. C-109/81, *Porta/Kommission*, Slg. 1982, 2469 Rn. 11; EuGH, Rs. C-318/81, *Kommission/ CO.DE.MI*, Slg. 1985, 3693 Rn. 18 ff.; EuGH, Rs. C-426/85, *Kommission/Zoubek*, Slg. 1986, 4057 Rn. 4. Ferner aus dem Schrifttum: *Cremer*, in: Calliess/Ruffert, EUV/AEUV, Art. 272 AEUV Rn. 9; *Frenz*, Handbuch Europarecht, Bd. 5, 2010, Rn. 3156; *Karpenstein*, in: GHN, Art. 272 AEUV Rn. 25; *Schwarze*, in: ders., EU-Kommentar, Art. 272 AEUV Rn. 15.

[53] EuGH, Rs. C-209/90, *Kommission/Feilhauer*, Slg. 1992, I-2613 Rn. 13.

[54] Siehe dazu: *Frenz*, Handbuch Europarecht, Bd. 5, 2010, Rn. 3156; *Pechstein*, EU-Prozessrecht, Rn. 952; *Gaitanides*, in: Groeben/Schwarze, EUV/EGV, Art. 238 EGV Rn. 17.

kommt es auf den Vertragsgegenstand an. Handelt es sich um Rechtsgeschäfte im Bereich des öffentlichen Auftragswesens, d. h. um privatrechtliche Beschaffungs- oder Herstellungsverträge[55] gelten mangels ausdrücklicher anderer Regelungen die Bestimmungen der dem jeweiligen Geschäft zugrunde gelegten Verdingungsordnung.[56] Darüber hinaus wird das **anzuwendende Recht** nach den **Regeln des internationalen Privatrechts bestimmt**. Mit dem Inkrafttreten der bereits 1980 verabschiedeten römischen Vertragskonvention[57] gehen die dort auf vertragliche Schuldverhältnisse zugeschnittenen Bestimmungen dem IPR als speziellere Regelungen vor.[58]

21   Handelt es sich demgegenüber um **öffentlich-rechtliche Verträge**, die zwischen der Union und Dritten abgeschlossen werden,[59] ist in der Literatur **umstritten, welches Rechtsregime für diese Handlungsform gilt**. Während nach teilweiser Auffassung[60] insoweit grundsätzlich das Unionsrecht, ggf. ergänzt durch die den mitgliedstaatlichen Rechtsordnungen gemeinsamen Rechtsgrundsätze, zur Anwendung gelangen soll,[61] wollen andere Autoren den Streitfall allein nach dem öffentlichen Recht desjenigen Mitgliedstaates entscheiden, in dessen Geltungsbereich die Leistung zu erbringen ist, wobei bestehende Lücken durch das Gemeinschaftsrecht und die den mitgliedstaatlichen Rechtsordnungen gemeinsamen Rechtsgrundsätze ergänzt werden können.[62]

22   Die Beantwortung der Frage des anzuwendenden Rechts dürfte vom **Einzelfall** abhängig sein. Da der öffentlich-rechtliche Vertrag nicht in allen mitgliedstaatlichen Rechtsordnungen als Handlungsform bekannt ist und in den übrigen Mitgliedstaaten, die von ihnen entwickelten Rechtsauffassungen zum Teil diametral entgegenstehen,[63] spricht dies bei den nicht geregelten Fallgestaltungen zunächst für eine Anwendung des Unionsrechts; nicht zuletzt vor dem Hintergrund, um so eine einheitliche Anwendung und Auslegung in allen Mitgliedstaaten zu gewährleisten. Ob demgegenüber auch die Zuständigkeitsverteilung zwischen der Union und den Mitgliedstaaten sowie die Im-

---

[55] Vgl. i.E. *Grunwald,* EuR 1984, 242 f.
[56] *Cremer,* in: Calliess/Ruffert, EUV/AEUV, Art. 272 AEUV Rn. 9; *Gaitanides,* in: Groeben/Schwarze, EUV/EGV, Art. 238 EGN Rn. 18; *Schwarze,* in: ders., EU-Kommentar, Art. 272 AEUV Rn. 15; vgl. auch EuGH, Rs. C-318/81, *Kommission/CO.DE.MI,* Slg. 1985, 3693, 3707.
[57] ABl. 1980 L 266/1. Vgl. dazu das Gesetz zu dem Übereinkommen vom 19.6.1980 über das auf vertragliche Schuldverhältnisse anzuwendende Recht vom 25.7.1986 (BGBl. II 809) und die Bekanntmachung über das Inkrafttreten des Übereinkommens über das auf vertragliche Schuldverhältnisse anzuwendende Recht vom 12.7.1991 (BGBl. II 871).
[58] *Cremer,* in: Calliess/Ruffert, EUV/AEUV, Art. 272 AEUV Rn. 9, Anm. 17.
[59] Zu denken ist hier beispielsweise an Subventionsverträge oder Beleihungsverträge, vgl. insoweit auch *Grunwald,* EuR 1984, 248 ff.; *Karpenstein,* in: GHN, Art. 272 AEUV Rn. 17; *Pechstein,* EU-Prozessrecht, Rn. 949, aber auch an Dienstverträge, vgl. EuGH, Rs. C-43/59, *von Lochmüller/Kommission der EWG,* Slg. 1960, 965, 987; EuGH, Rs. C-44/59, *Fiddelaar/Kommission der EWG,* Slg. 1960, 1115, 1134; siehe zum Ganzen auch *Bleckmann,* NJW 1978, 464 ff.
[60] Ausführlich zum Streit mit differenzierender Ansicht *Kischel,* in: Hailbronner/Wilms, EU-Recht, 12. Lfg., 8/2006.
[61] *Bleckmann,* NJW 1978, 466; *ders., DVBl. 1981, 894; *Borchardt,* in: Lenz/Borchardt, EU-Verträge, Art. 272 AEUV Rn. 12; *Cremer,* in: Calliess/Ruffert, EUV/AEUV, Art. 272 AEUV Rn. 9.
[62] *Hailbronner,* in: HKMM, HK-EU, Art. 181 Rn. 6 [Stand 11/1998]; *Grunwald,* EuR 1984, 240; differenzierend *Gaitanides,* in: Groeben/Schwarze, EUV/EGV, Art. 238 EGV Rn. 18.
[63] Vgl. zum deutschen und französischen Rechtskreis *Bleckmann,* NJW 1978, 465; *ders.,* DVBl. 1981, 893; zum belgischen und griechischen Rechtskreis *Schwarze,* Europäisches Verwaltungsrecht I, S. 150, 159.

munität der EU für eine Anwendung des Unionsrechts sprechen,[64] erscheint demgegenüber fraglich. Die Handlungsform des öffentlich-rechtlichen Vertrages ist gerade dadurch gekennzeichnet, dass er nicht hoheitlich einseitig von der Union festgelegt wird, sondern im gegenseitigen Aushandeln mit dem jeweiligen Vertragspartner erfolgt. Auffällig ist in diesem Zusammenhang ferner, dass die Befürworter des Unionsrechts zwar dessen Anwendung propagieren, jedoch ohne im einzelnen die in Betracht kommenden Vorschriften zu benennen. Dies ist auch nicht weiter verwunderlich, da ein den Mitgliedstaaten gemeinsames oder gar europäisches Vertragsrecht bislang noch nicht besteht.[65] Im Gegensatz dazu enthalten die Rechtsordnungen einiger Mitgliedstaaten öffentlich-rechtliche Sonderregeln, die zum Teil speziell auf die Handlungsform des öffentlich-rechtlichen Vertrages zugeschnitten sind.[66] Sofern eine der Vertragsparteien aus einem Mitgliedstaat kommt, dessen Rechtsordnung über spezielle Vorschriften im öffentlich-rechtlichen Vertragswesen verfügt und der vertraglichen Absprache zwischen den Parteien keine gegenteilige Auffassung entnommen werden kann, dürften keine Bedenken bestehen, wenn auf in diesen Ländern abgeschlossene **Verträge der Union das einschlägige innerstaatliche öffentliche Recht**,[67] ggf. modifiziert durch die allgemeinen Rechtsgrundsätze des Unionsrechts, **Anwendung findet**.

D. Abschließende Entscheidung

Der Europäische Gerichtshof entscheidet durch **Urteil**. Wie bereits erwähnt, kommt dem EuGH in den Schiedsklauselverfahren nicht die Funktion eines privaten Schiedsgerichts zu. Aus diesem Grunde sind seine **Urteile**, sofern sie einen vollstreckungsfähigen Inhalt haben, **nach Maßgabe der Art. 280, 299 AEUV zu vollstrecken**.[68]

Dabei sind im vorliegenden Zusammenhang jedoch folgende **Modifikationen** zu beachten. Vollstreckungsfähig sind zum einen sämtliche Leistungsurteile des Gerichtshofs, so dass die in den Art. 299 Abs. 1 AEUV ausgesprochene Beschränkung auf Zahlungsurteile im Schiedsklauselverfahren keine Anwendung findet.[69] Für die Vollstreckbarkeit finden die Vorschriften des Zivilprozessrechts der einzelnen Mitgliedstaaten keine Anwendung, da die institutionellen Gemeinschaftsgerichte (*EuGH* und *EuG*) nicht als private Schiedsgerichte, sondern als Unionsorgane tätig werden.[70] Wird demgegenüber die Union zu einer Leistung verurteilt, unterliegt die Vollstreckung gemäß Art. 1 Abs. 3 des Protokolls über die Vorrechte und Befreiungen der EU gesonderten Voraussetzungen. Hat der EuGH den ihm zugewiesenen **Streitfall**

---

[64] So *Bleckmann*, DVBl. 1981, 894.
[65] *Cremer*, in: Calliess/Ruffert, EUV/AEUV, Art. 272 AEUV Rn. 9; *Grunwald*, EuR 1984, 239.
[66] Dies gilt namentlich für die Bundesrepublik Deutschland, Frankreich und Italien, vgl. *Gaitanides*, in: Groeben/Schwarze, EUV/EGV, Art. 238 EGV Rn. 18.
[67] So *Cremer*, in: Calliess/Ruffert, EUV/AEUV, Art. 272 AEUV Rn. 9.
[68] *Borchardt*, in: Lenz/Borchardt, EU-Verträge, Art. 272 AEUV Rn. 13; *Cremer*, in: Calliess/Ruffert, EUV/AEUV, Art. 272 AEUV Rn. 10; *Kotzur*, in: Geiger/Khan/Kotzur, EUV/AEUV, Art. 272 AEUV Rn. 9; *Schwarze*, in: ders., EU-Kommentar, Art. 272 AEUV Rn. 16.
[69] *Karpenstein*, in: GHN, Art. 272 AEUV Rn. 28.
[70] *Karpenstein*, in: GHN, Art. 272 AEUV Rn. 28; *Schwarze*, in: ders., EU-Kommentar, Art. 272 AEUV Rn. 16.

rechtskräftig entschieden, sind die **Parteien an diese Entscheidung gebunden.** Eine darüber hinausgehende Vereinbarung der Parteien, den Fall noch einmal durch ein innerstaatliches Gericht entscheiden zu lassen, wäre unzulässig. Das gleichwohl angerufene innerstaatliche Gericht müsste sich aufgrund der entgegenstehenden Rechtskraft des europarechtlichen Urteils für unzuständig erklären und die Klage als unzulässig abweisen.

§ 15 Klagen aufgrund von Schiedsverträgen

Übersicht

		Rn.
A.	Allgemeines	1–4
	I. Rechtsgrundlagen	1/2
	II. Wesen und Bedeutung dieser Klagen	3/4
B.	Zulässigkeit	5–17
	I. Sachliche Zuständigkeit	5–10
	1. Vorliegen eines Schiedsvertrages	7/8
	2. Wirksamkeit des Schiedsvertrages	9/10
	II. Verfahrensbeteiligte	11/12
	III. Klagegegenstand	13–15
	IV. Klageart	16
	V. Sonstige Sachurteilsvoraussetzungen	17
C.	Begründetheit	18/19
D.	Abschließende Entscheidung	20

Schrifttum: *Bleckmann*, Die öffentlich-rechtlichen Verträge der EWG, NJW 1978, 464 ff.; *Züger*, Die Zuständigkeit des EuGH im neuen DBA Deutschland-Österreich, in: Internationale Wirtschaftsbriefe 1999, 245 ff.; *ders.*, Der Einfluss des Schiedsverfahrens vor dem EuGH auf das Abgabenrecht, in: Holoubek/Lang (Hrsg.), Das EuGH-Verfahren in Steuersachen, 2000, S. 301 ff.

A. Allgemeines

I. Rechtsgrundlagen

Anders als Art. 272 AEUV, der eine Zuständigkeit der institutionellen Unionsgerichte (EuGH und EuG) für Schiedsklauseln begründet, die unter Beteiligung der Union zustande gekommen sind, ist nach Art. 273 AEUV der **Gerichtshof** für jede **Streitigkeit zwischen den Mitgliedstaaten zuständig**, auf die das Unionsrecht zwar nicht unmittelbar anwendbar ist, die aber im Zusammenhang mit Gegenständen der Gründungsverträge steht und die **aufgrund eines Schiedsvertrages** bei ihm anhängig gemacht wird. Die Zuständigkeit des EuGH nach Art. 273 AEUV verstößt auch nicht gegen Bestimmungen des Völkerrechts, da die Charta der Vereinten Nationen in Art. 95 ihren Mitgliedern ausdrücklich gestattet, eine Beilegung von Streitigkeiten auch anderen Gerichten als dem IGH zuzuweisen.[1] Art. 273 AEUV trägt somit zur **Stärkung des unionsrechtlichen Rechtsschutzsystems** bei und betont insoweit aber auch die **Autonomie dieses Systems gegenüber dem internationalen Recht**.[2] 1

---

[1] *Schwarze*, in: ders., EU-Kommentar, Art. 273 AEUV Rn. 3.
[2] *Ehricke*, in Streinz, EUV/AEUV, Art. 273 AEUV, Rn. 2; *Frenz*, Handbuch Europarecht, Bd. 5, 2010, Rn. 3168, der indes zu Recht auf die praktische Bedeutungslosigkeit der Vorschrift hinweist; *Karpenstein*, in: GHN, Art. 273 AEUV Rn. 1.

2 Wie bei Art. 272 AEUV wird dem Gerichtshof auch im Rahmen des Verfahrens nach Art. 273 AEUV nicht **die Stellung eines Schiedsgerichts im völkerrechtlichen oder im innerstaatlichen Sinne** einräumt; der **Gerichtshof** wird vielmehr auch in diesen Fällen als **Unionsorgan**[3] tätig mit der Folge, dass jedenfalls **Aufgabe, Besetzung und Verfahren einer Parteivereinbarung entzogen sind** und sich ausschließlich aus den allgemeinen unionsrechtlichen Bestimmungen ergeben.

II. Wesen und Bedeutung dieser Klagen

3 Ebenso wie Art. 272 AEUV eröffnet diese Vorschrift eine weitere **Prorogationsmöglichkeit**, um die Zuständigkeit des Gerichtshofs für an sich außervertragliche Streitigkeiten zu vereinbaren.[4] Während sich Art. 272 AEUV auf vertragliche Vereinbarungen mit der Union oder eines ihrer Organe beziehen, kann die Zuständigkeit aufgrund der Art. 273 AEUV nur in einem **Schiedsvertrag** vereinbart werden, an dem **ausschließlich Mitgliedstaaten** beteiligt sind. Eine Rechtspflicht für die Mitgliedstaaten, sich der Gerichtsbarkeit des EuGH durch den Abschluss eines Schiedsvertrages zu unterwerfen, besteht indessen nicht.[5] Zum einen findet Art. 344 AEUV keine Anwendung,[6] zum anderen erfolgt die **Zuständigkeitsvereinbarung** allein **auf freiwilliger Basis**.

4 Bei der Aufnahme dieser Prorogationsnormen dürften die Gründungsväter weniger an **Abkommen** zwischen den Mitgliedstaaten zur Durchführung des eigentlichen Unionsrechts gedacht haben, als vielmehr an solche, die in Ergänzung desselben geschlossen werden und dadurch einen **Bezug zum Unionsrecht** aufweisen.[7] Allgemein dürften im Anwendungsbereich dieser Regelungen v. a. die nach ex Art. 293 EGV im Interesse der Unionsbürger abgeschlossenen Verträge liegen.[8] Obwohl somit ein praktischer Bezugspunkt durchaus gegeben ist, musste sich der **Gerichtshof** – so weit ersichtlich – **mit Fällen der vorliegenden Art bislang noch nicht auseinander setzen**.[9] Dies mag zum einen daran liegen, dass Schiedsverträge zwischen Mitgliedstaaten bislang nicht [oder kaum[10]] abgeschlossen wurden oder dass Streitigkeiten zwischen am Schiedsvertrag beteiligten Mitgliedstaaten bisher noch nicht aufgetreten sind – was zugegebenermaßen

---

[3] So im Schrifttum: *Cremer*, in: Calliess/Ruffert, EUV/AEUV, Art. 273 AEUV Rn. 1; *Karpenstein*, in: GHN, Art. 273 AEUV Rn. 2; *Pechstein*, EU-Prozessrecht, Rn. 953; *Schwarze*, in: ders., EU-Kommentar, Art. 272 AEUV Rn. 3.

[4] *Karpenstein*, in: GHN, Art. 273 AEUV Rn. 1.

[5] Siehe insoweit: *Cremer*, in: Calliess/Ruffert, EUV/AEUV, Art. 272 AEUV Rn. 1; *Frenz*, Handbuch Europarecht, Bd. 5, 2010, Rn. 3169; *Karpenstein*, in: GHN, Art. 273 AEUV Rn. 5; *Pechstein* EU-/EG-Prozessrecht, Rn. 953; *Schwarze*, in: ders., EU-Kommentar, Art. 273 AEUV Rn. 3.

[6] Allgemeine Meinung: EWGV *Hailbronner*, in: HKMM, HK-EU, Art. 182 Rn. 1 [Stand 11/98]; *Gaitanides*, in: Groeben/Schwarze, EUV/EGV, Art. 239 EGV Rn. 4.

[7] *Borchardt*, in: Lenz/Borchardt, EU-Verträge, Art. 273 AEUV Rn. 2; *Gaitanides*, in: Groeben/Schwarze, EUV/EGV Art. 239 EGV Rn. 1.

[8] Vgl. insoweit nur: *Ipsen*, GemeinschaftsR, S. 239; *Dauses*, in: ders., EU-WirtR, Abschn. P I Rn. 349.

[9] *Dauses*, in: ders., Abschn. P I Rn. 351; *Pechstein*, EU-Prozessrecht, Rn. 953; *Ehricke*, in: Streinz, EUV/AEUV, Art. 273 AEUV, Rn. 5; *Schwarze*, in: ders., EU-Kommentar, Art. 239 AEUV Rn. 1.

[10] Beispiele bei *Ehricke*, in: Streinz, EUV/AEUV, Art. 273 AEUV Rn. 5.

wenig wahrscheinlich ist – oder aber gütlich beigelegt werden konnten – was schon eher der Fall sein dürfte – oder – was auch nicht auszuschließen ist – von anderen Rechtsbehelfsmöglichkeiten (Vertragsverletzungsverfahren anderer, nicht am Vertrag beteiligter Mitgliedstaaten; Nichtigkeitsklagen natürlicher oder juristischer Personen; Vorabentscheidungsverfahren) mitabgedeckt werden konnten.

B. Zulässigkeit

I. Sachliche Zuständigkeit

Nach dem Wortlaut des Art. 273 AEUV können die Mitgliedstaaten durch einen entsprechenden Schiedsvertrag die außerordentliche Zuständigkeit des Gerichtshofs begründen. Diese **Zuständigkeitsübertragung** bezieht sich dabei **ausschließlich auf den EuGH als Rechtsprechungsorgan** und nicht auf das EuG. Aufgrund des novellierten Art. 3 des Ratsbeschlusses 88/591 ist dem EuG zwar die Zuständigkeit für Schiedsklagen von natürlichen und juristischen Personen insoweit übertragen worden, als die Zuständigkeit der europäischen Gerichtsbarkeit schiedsvertraglich vereinbart wurde.[11] Für das Verfahren nach Art. 273 AEUV bleibt es bei der Zuständigkeit des EuGH, da die Bestimmung des Art. 256 Abs. 1 UAbs. 1 Satz 1 AEUV den Art. 273 AEUV gerade nicht erwähnt.[12]

Angesichts der Bedeutung der mitgliedstaatlichen Rechtsstreitigkeiten und ihrer möglichen Folgewirkungen für die Union bietet nur die **letztinstanzliche Entscheidung** des EuGH **Aussicht auf Befriedung der Parteien**. Aus diesem Grunde dürfte auch von einer ausdrücklichen Verweisung an das EuG in dem Ratsbeschluss 88/591 abgesehen worden sein.[13] Ebenso wie bei den vertraglichen Schiedsklauseln wird die außerordentliche Zuständigkeit des EuGH allerdings nur dann begründet, wenn zwischen den streitenden Mitgliedstaaten ein wirksamer Schiedsvertrag vereinbart wurde.[14] Da diese Voraussetzungen eine Entscheidungskompetenz des EuGH überhaupt erst begründen, hat der EuGH ihr Vorliegen im jeweiligen Einzelfall von Amts wegen zu überprüfen.[15]

1. Vorliegen eines Schiedsvertrages. Die am Rechtsstreit beteiligten Staaten müssen daher zunächst eine Vereinbarung getroffen haben, in der sie übereinkommen, für den Fall eventueller Streitigkeiten, die im Zusammenhang mit einem Gegenstand des von ihrem Abkommen berührten Vertrages stehen, sich der ausschließlichen Gerichtsbarkeit des EuGH zu unterwerfen. Fraglich ist allerdings, ob es sich bei dieser **zwischenstaatlichen Vereinbarung** um ein **eigenständiges „Vertragswerk"** handeln muss, wie der Begriff „Schiedsvertrag" auf den ersten Blick vermuten lässt, oder ob sie

---

[11] ABl. 1993 L 144/21.
[12] *Pechstein*, EU-Prozessrecht, Rn. 954.
[13] ABl. 1994 L 66/29.
[14] Siehe dazu: *Borchardt*, in: Lenz/Borchardt, EU-Verträge, Art. 273 AEUV Rn. 2; *Pechstein*, EU-Prozessrecht, Rn. 955.
[15] EuGHE, Rs. C-31/69, *Kommission/Italien*, Slg. 1970, 25 Rn. 9; dort allerdings für Art. 169 EWGV.

auch als Teil des zwischenstaatlichen Abkommens vereinbart werden können.[16] Geht man von der Vertragsdefinition des Art. 2 lit. a) der Wiener Vertragsrechtskonvention[17] aus, so bezeichnet „Vertrag" lediglich die Übereinkunft zwischen Staaten, gleichviel ob sie in einer oder in mehreren zusammengehörigen Urkunden enthalten ist und welche besondere Bezeichnung sie hat. Demzufolge kann der „Schiedsvertrag" durchaus in dem zwischenstaatlichen Abkommen selbst enthalten sein, was sich aus Einfachheitsgründen und Zweckmäßigkeitserwägungen in der Regel anbieten wird. Hierfür spricht ferner, dass nach Auffassung in der Literatur Streitigkeiten über die Auslegung und Anwendung eines zwischen den beteiligten Mitgliedstaaten geschlossenen Abkommens durch eine in den Vertrag aufgenommene entsprechende Schiedsabrede ebenfalls der Zuständigkeit des Gerichtshofs überantwortet werden kann, ohne dass es hierfür eines besonderen Schiedsvertrages bedarf.[18] Wollte man immer einen gesonderten Schiedsvertrag verlangen, würde dies einen unnötigen Formalismus darstellen. Das **zwischenstaatliche Abkommen** selbst kann **bi- oder multilateraler Natur** sein. Von einer „Schiedsklausel" i. S. des Art. 272 AEUV unterscheidet sich der „Schiedsvertrag" daher kaum. Sowohl im einen wie im anderen Fall müssen die **Vertragsparteien** sich darüber einigen, dass der **Zuständigkeitsvereinbarung unbedingte Rechtsverbindlichkeit und Ausschließlichkeit** zukommt.

8   Wesentlich ist zudem, dass sich die beteiligten Mitgliedstaaten zum **Zeitpunkt der Klageerhebung** über den **Gerichtsstand des EuGH geeinigt** haben und ein **entsprechender Schiedsvertrag** besteht. Dies lässt sich einerseits dem Art. 38 § 6 VerfO-EuGH entnehmen, wonach der Klageschrift eine Ausfertigung des abgeschlossenen Schiedsvertrages beizufügen ist.[19] Darüber hinaus muss nicht nur den Parteien, sondern vor allem auch dem EuGH das Bestehen und damit der Umfang seiner Entscheidungskompetenz deutlich sein, da es sich um eine Abweichung von den normalen Zuständigkeitsregeln des Gerichtshofs handelt.[20] Die von einem Mitgliedstaat **ohne entsprechende Vereinbarung rügelos zum EuGH erhobene Klage vermag** somit dessen **Zuständigkeit nicht zu begründen**.

9   2. Wirksamkeit des Schiedsvertrages. Der EuGH wird im weiteren jedoch nur dann tätig, wenn der zwischen den Parteien getroffene **Schiedsvertrag** auch **wirksam** ist. Dies setzt zunächst voraus, dass der Vertrag ähnlich wie bei den mit der Union vereinbarten Schiedsklauseln nicht gegen vorrangige Rechtsregeln verstößt.[21] Seinem Inhalt nach darf der Schiedsvertrag somit **weder gegen zwingende Grundsätze des**

---

[16] Zum Problem vgl. auch *Cremer*, in: Calliess/Ruffert, EUV/AEUV, Art. 273 AEUV Rn. 2; *Schwarze*, in: ders., EU-Kommentar, Art. 273 AEUV Rn. 4.
[17] Wiener Übereinkommen über das Recht der Verträge vom 23.5.1969 (BGBl. 1985 II 926, in Kraft getreten für die Bundesrepublik Deutschland am 20.8.1987 – vgl. Bekanntmachung vom 26.11.1987, BGBl. II 757).
[18] *Gaitanides*, in: Groeben/Schwarze, EUV/EGV, Art. 239 EGV Rn. 9.
[19] In diesem Sinne auch *Ehricke*, in: Streinz, EUV/AEUV Art. 272 AEUV, Rn. 13.
[20] *Ehricke*, in: Streinz, EUV/AEUV, Art. 272 AEUV, Rn. 13 mit Verweis auf EuGH-Rechtsprechung.
[21] *Borchardt*, in: Lenz/Borchardt, EU-Verträge, Art. 273 AEUV Rn. 5; *Cremer*, in: Calliess/Ruffert, EUV/AEUV, Art. 273 AEUV Rn. 2; *Frenz*, Handbuch Europarecht, Bd. 5, 2010, Rn. 3173; *Pechstein*, EU-Prozessrecht, Rn. 955; *Kotzur*, in: Geiger/Khan/Kotzur, EUV/AEUV, Art. 273 AEUV Rn. 3; *Gaitanides*, in: Groeben/Schwarze, EUV/EGV, Art. 239 EGV Rn. 9; *Schwarze*, in: ders., EU-Kommentar, Art. 273 AEUV Rn. 4.

Unionsrechts noch aufgrund seiner völkerrechtlichen Natur **gegen allgemeine Regeln des Völkerrechts verstoßen**.

Darüber hinaus lässt sich der bereits erwähnten Vorschrift des Art. 38 § 6 VerfO- 10 EuGH entnehmen, dass der **Schiedsvertrag zumindest bei Klageerhebung in schriftlicher Abfassung** vorliegen muss. Ob es sich bei dieser Voraussetzung allerdings um eine formelle Wirksamkeitsvoraussetzung für den Schiedsvertrag handelt,[22] erscheint aber zweifelhaft. Sofern diese Auffassung allein auf den Art. 38 § 6 VerfO-EuGH abstellt, lässt sich eine solche Auffassung nicht begründen, da es sich hierbei um eine reine Verfahrensvorschrift handelt. Die ausdrückliche Wahrung der Schriftform ergibt sich darüber hinaus weder aus Art. 273 AEUV und dem materiellen Unionsrecht, noch aus den allgemeinen völkervertraglichen Regelungen. Ein zwischen den Mitgliedstaaten vereinbarter Schiedsvertrag ist demnach unter den vorgenannten Voraussetzungen grundsätzlich auch dann wirksam, wenn er von den abschlußbefugten Verhandlungsführern nur mündlich geschlossen wird.[23] Aus **Beweis-, Kontroll-** und **verfahrensrechtlichen Erwägungen** dürfte es jedoch angezeigt sein, die **Verträge immer schriftlich abzuschließen**.

II. Verfahrensbeteiligte

Da Schiedsverträge nach der Regelung des Art. 273 AEUV nur zwischen Mitglied- 11 staaten abgeschlossen werden können, können **Prozessparteien nur solche Mitgliedstaaten sein, die zugleich Vertragspartei des zugrundeliegenden Schiedsvertrages sind**. Dies schließt nicht aus, dass auf der einen oder anderen Seite mehrere Prozessparteien vertreten sein können, wie dies z. B. bei multilateralen Abkommen der Fall sein kann.[24]

Ob darüber hinaus auch **andere Mitgliedstaaten**, die an dem zugrundeliegenden 12 Schiedsvertrag nicht beteiligt waren, **oder Unionsorgane als Verfahrensbeteiligte** in Betracht kommen, ist eine andere Frage. Sie könnten die Klage auf der einen oder anderen Seite als Streitgenossen unterstützen. Da Art. 40 Abs. 1 Satzung-EuGH diesbezüglich keine Einschränkungen enthält und lediglich einen „bei dem Gerichtshof anhängigen Rechtsstreit" voraussetzt, dürften insoweit keine Bedenken bestehen, zumal, wenn es sich um eine Streitigkeit im Zusammenhang mit einem elementaren Gegenstand der Verträge handelt.

III. Klagegegenstand

Ausweislich der Regelungen des Art. 273 AEUV muss es sich bei dem **Klagegegen-** 13 **stand** um eine „**Streitigkeit zwischen Mitgliedstaaten**" handeln, die im Zusammenhang mit einem Gegenstand des jeweils betroffenen Vertrages steht.

---

[22] *Cremer*, in: Calliess/Ruffert, EUV/AEUV, Art. 273 AEUV Rn. 3; *Frenz*, Handbuch Europarecht, Bd. 5, 2010, Rn. 3173; *Karpenstein*, in: GHN, Art. 273 AEUV Rn. 14; *Pechstein*, EU-Prozessrecht, Rn. 955; *Gaitanides*, in: Groeben/Schwarze, EUV/EGV, Art. 239 EGV Rn. 9; *Schwarze*, in: ders., EU-Kommentar, Art. 273 AEUV Rn. 4.
[23] I. d. S. wohl auch *Hailbronner*, in: HKMM, HK-EU, Art. 182 Rn. 3 [Stand 11/98].
[24] Vgl. dazu *Karpenstein*, in: GHN, Art. 273 AEUV Rn. 7.

14 Durch diese Umschreibung wird der **Klagegegenstand in zweierlei Hinsicht eingegrenzt**. Zum einen können nur solche Streitigkeiten vor den EuGH gebracht werden, die zwischen zwei oder mehreren Mitgliedstaaten der Union bestehen. Streitigkeiten zwischen einzelnen Mitgliedstaaten und Drittstaaten bilden demzufolge selbst dann keinen zulässigen Klagegegenstand, wenn es sich bei dem Drittstaat um einen mit der EU assoziierten Vertragsstaat handelt[25] und somit durchaus Belange der Verträge berührt sein können.[26] Zum anderen werden damit solche Streitigkeiten ausgeklammert, die bereits von dem Anwendungsbereich des Art. 259 AEUV umfasst sind.[27] Streitigkeiten, die die Verletzung einer unionsrechtlich begründeten Verpflichtung eines Mitgliedstaates zum Gegenstand haben, unterfallen insoweit der ausschließlichen Rechtskontrolle des Art. 259 AEUV. Eine Umgehung des Vertragsverletzungsverfahrens durch Vereinbarung eines Schiedsvertrages verbietet sich bereits nach Art. 344 AEUV.[28]

15 Ob und wann die **Streitigkeit** den geforderten **Bezug zu einem Gegenstand der Verträge** aufweist, wird von den Vorschriften nicht näher umschrieben. In der einschlägigen Literatur wird deshalb grundsätzlich ein weiter Anwendungsbereich angenommen.[29] Danach kann ein Zusammenhang zwischen Gegenständen der Verträge und der konkreten Streitigkeit immer schon dann bejaht werden, wenn ein objektiv erkennbarer Bezug zu den in den Verträgen niedergelegten Aufgaben und Zielen besteht.[30] Anders als bei den Vertragsverletzungsverfahren braucht der Klagegegenstand nicht im Unionsrecht zu wurzeln; ein objektiv feststellbarer Anknüpfungspunkt genügt. Eine genaue Bestimmung und Abgrenzung kann im Einzelfall diffizil sein, so dass letztlich nur der EuGH entscheidet, ob eine Streitigkeit im vorgenannten Sinn gegeben ist.

IV. Klageart

16 Je nach **Klagegegenstand** lässt sich vorstellen, dass als Klageart neben **allgemeinen Feststellungsklagen** auch **Unterlassungs-** oder sogar **Leistungsklagen** in Betracht kommen können.

---

[25] Zum Problem siehe auch *Borchardt*, in: Lenz/Borchardt, EU-Verträge, Art. 273 AEUV Rn. 3; *Karpenstein*, in: GHN, Art. 273 AEUV Rn. 7; *Pechstein*, EU-Prozessrecht, Rn. 956; *Schwarze*, in: ders., EU-Kommentar, Art. 273 AEUV Rn. 4.

[26] *Dauses*, in: ders., Abschn. P I Rn. 348.

[27] Vgl. insoweit nur aus dem Schrifttum: *Ehricke*, in: Streinz, EUV/AEUV, Art. 273 AEUV, Rn. 7; *Karpenstein*, in: GHN, Art. 273 AEUV Rn. 9; *Pechstein*, EU-Prozessrecht, Rn. 956.

[28] *Gaitanides*, in: Groeben/Schwarze, EUV/EGV, Art. 239 EGV Rn. 10.

[29] *Cremer*, in: Calliess/Ruffert, EUV/AEUV, Art. 273 Rn. 2; *Karpenstein*, in: GHN, Art. 273 AEUV Rn. 11; *Gaitanides*, in: Groeben/Schwarze, EUV/EGV, Art. 239 EGV Rn. 8.

[30] Siehe dazu auch: *Borchardt*, in: Lenz/Borchardt, EU-Verträge, Art. 273 AEUV Rn. 4; *Cremer*, in: Calliess/Ruffert, EUV/AEUV, Art. 273 Rn. 2; *Dauses*, in: ders., Abschn. P I Rn. 348; *Hailbronner*, in: HKMM, HK-EU, Art. 182 EWGV Rn. 2 [Stand 11/98]; *Karpenstein*, in: GHN, Art. 273 AEUV Rn. 11; *Pechstein*, EU-Prozessrecht, Rn. 956.

V. Sonstige Sachurteilsvoraussetzungen

Ungeachtet des von den Gründungsvätern gewählten Begriffs des „Schiedsvertrages" wird der **EuGH nicht als privates Schiedsgericht**, sondern nach allgemeiner Auffassung als **Unionsorgan** tätig, so dass – wie in jedem anderen Verfahren – die allgemeinen Vorschriften der Satzung und der Verfahrensordnung des EuGH zur Anwendung gelangen.[31] Da den Parteien im Hinblick auf Besetzung und Durchführung des Verfahrens somit keine Dispositionsbefugnis zukommt, sind entsprechende abweichende Vereinbarungen im Schiedsvertrag unbeachtlich. Wie die sonstigen Verfahren vor dem Gerichtshof auch, unterliegen die Klagen aufgrund von Schiedsverträgen den **allgemeinen Sachurteilsvoraussetzungen**. Besondere Bedeutung dürften hier – ebenso wie bei den Klagen vertraglicher Schiedsklauseln – die **Formulierung der Klageanträge** und das **Rechtsschutzbedürfnis** haben.

C. Begründetheit

So weit die Schiedsverträge nicht ausdrücklich etwas anderes bestimmen,[32] steht dem EuGH ebenso wie bei den Streitigkeiten auf Grundlage vertraglicher Schiedsklauseln eine **umfassende Prüfungskompetenz in tatsächlicher und rechtlicher Hinsicht** zu.[33] Diese erstreckt sich nicht nur auf die **Rechtskontrolle**, sondern schließt eine **unbeschränkte Ermessensnachprüfung** mit ein.[34]

Als **Prüfungsmaßstab** für die Entscheidung des Streitfalls können drei verschiedene Rechtsmaterien in Betracht kommen. Handelt es sich um eine Streitigkeit, die neben dem Unionsrecht vor allem das zwischen den beteiligten Mitgliedstaaten getroffene Abkommen betrifft, kommt es zunächst darauf an, ob die Streitigkeit über eine Auslegung des vereinbarten Vertragstextes gelöst werden kann. In Ergänzung dazu kann der Gerichtshof auf das bestehende Unionsrecht und dort insbesondere auf die allen Rechtsordnungen der Mitgliedstaaten gemeinsamen allgemeinen Rechtsgrundsätze zurückgreifen. Da der Schiedsvertrag bzw. auch das zwischenstaatliche Abkommen völkerrechtlichen Charakter besitzen, können des weiteren auch die allgemeinen völkervertragsrechtlichen Regeln, wie sie im Wiener Vertragsrechtsübereinkommen festgelegt sind, zur Anwendung gelangen.[35]

---

[31] Vgl. nur: *Ehricke*, in: Streinz, Art. 273 AEUV, Rn. 4; *Hailbronner*, in: HKMM, Art. 182 EWGV Rn. 1 [Stand 11/98]; *Pechstein*, EU-Prozessrecht, Rn. 953;
[32] Vgl. insoweit nur aus dem Schrifttum: *Karpenstein*, in: GHN, Art. 273 AEUV Rn. 16 m.w.N.
[33] *Pechstein*, EU-Prozessrecht, Rn. 957.
[34] *Gaitanides*, in: Groeben/Schwarze, EUV/EGV, Art. 239 EGV Rn. 10.
[35] *Ehricke*, in: Streinz, EUV/AEUV, Art. 273 AEUV, Rn. 10.

D. Abschließende Entscheidung

20 Ist die Klage zulässig und begründet, kann das stattgebende **Urteil des EuGH** je nach Streitgegenstand einen **feststellenden** oder **verpflichtenden Tenor** haben.[36] Wird der beklagte Mitgliedstaat zur Vornahme einer Leistung oder einer Wiedergutmachung verurteilt, stellt sich die Frage nach der **Vollstreckungsfähigkeit dieses titulierten Anspruchs**. Während die überwiegende Auffassung in der Kommentarliteratur für Entscheidungen der vorliegenden Art eine Vollstreckung nach den Art. 280, 299 AEUV bejaht,[37] richtet sich die „Durchsetzung" dieser Titel nach anderer Ansicht aufgrund der in Art. 299 Abs. 1 AEUV von der Vollstreckung ausdrücklich ausgenommenen Mitgliedstaaten allein nach Art. 260 AEUV. Dementsprechend wird für den verurteilten Mitgliedstaat somit lediglich die Pflicht statuiert, die sich aus dem Urteil, d. h. insbesondere die sich aus dem Tenor ergebenden Maßnahmen zu ergreifen. Obwohl zwangsweise Durchsetzung dieser Vornahmepflichten seit der Novellierung der Gemeinschaftsverträge durch den Unionsvertrag auch in den Art. 260 AEUV (ex 228 EGV) vorgesehen ist, sprechen die besseren Argumente für die Auffassung der herrschenden Meinung. Zunächst streitet die vergleichbare Vollstreckungssituation bei Entscheidungen, die aufgrund vertraglicher Schiedsklauseln ergehen, für die Anwendbarkeit der Art. 280 AEUV, da diese allgemein auch dann vollstreckbar sind, wenn sich die Entscheidung gegen einen Mitgliedstaat richtet. Ferner ist das Verfahren des Art. 273 AEUV gerade von dem Vertragsverletzungsverfahren i. S. des Art. 259 AEUV auseinander zu halten und abzugrenzen, so dass diese grundsätzliche Trennung beider Verfahrensarten auch im Rahmen der Vollstreckbarkeit Berücksichtigung finden muss. Darüber hinaus zeigt die Novellierung der Art. 260 AEUV, Art. 143 EAGV durch den Unionsvertrag, dass die zwangsweise Durchsetzung von Entscheidungen gegen Mitgliedstaaten durchaus ihre Berechtigung hat. Vor diesem Hintergrund ist die Vollstreckung obsiegender vollstreckungsfähiger Entscheidungen, die auf Grundlage eines Schiedsvertrages ergehen, systematisch eher unter die Art. 280 AEUV einzuordnen, als bei den außen vor gelassenen Vertragsverletzungsverfahren.

---

[36] *Borchardt*, in: Lenz/Borchardt, EU-Verträge, Art. 273 AEUV Rn. 6; *Schwarze*, in: ders., EU-Kommentar, Art. 273 AEUV Rn. 6.

[37] *Borchardt*, in: Lenz/Borchardt, EU-Verträge, Art. 273 AEUV Rn. 13; *Ehricke*, in: Streinz, EUV/AEUV, Art. 273 AEUV, Rn. 11; *Frenz*, Handbuch Europarecht, Bd. 5, 2010, Rn. 3176; *Hailbronner*, in: HKMM, HK-EU, Art. 182 EWGV Rn. 3 [Stand 11/98]; *Kotzur*, in: Geiger/Khan/Kotzur, EUV/AEUV, Art. 273 AEUV Rn. 5; *Gaitanides,* in: Groeben/Schwarze, EUV/EGV, Art. 239 EGV Rn. 11.

§ 16 Gutachten und Vorschläge

Übersicht

			Rn.
A.		Das Gutachterverfahren nach Art. 218 Abs. 11 AEUV	1–15
	I.	Sinn und Zweck	2/3
	II.	Antragsberechtigte	4
	III.	Antragsgegenstand	5/6
	IV.	Zeitpunkt der Antragstellung	7–10
	V.	Prüfungsumfang	11
	VI.	Wirkungen des Gutachtens	12–14
	VII.	Verhältnis zu anderen Rechtsbehelfen	15
B.		Vorschläge	16

Schrifttum: *Bleckmann*, Die Kompetenz der Europäischen Gemeinschaft zum Abschluss völkerrechtlicher Verträge, in: EuR 1977, S. 109 ff.; *ders.*, Die öffentlich-rechtlichen Verträge der EWG, in: NJW 1978, S. 464 ff.; *Classen*, Die Jurisdiktion des Gerichtshofs der Europäischen Gemeinschaften nach Amsterdam, in: EuR 1/1999, S. 73 ff.; *Dörr*, Die Entwicklung der ungeschriebenen Außenkompetenzen der EG, in: EuZW 1996, S. 39 ff.; *Dörr/Mager*, Rechtswahrung und Rechtsschutz nach Amsterdam, in: AöR 2000, S. 386 ff.; *Everling*, Die Mitgliedstaaten der Europäischen Gemeinschaft vor ihrem Gerichtshof, in: EuR 1983, S. 101 ff.; *Geiger*, Außenbeziehungen der Europäischen Wirtschaftsgemeinschaft und auswärtige Gewalt der Mitgliedstaaten, in: ZaöRV 37 (1977), S. 640 ff.; *ders.*, Vertragsschlußkompetenzen der Europäischen Gemeinschaft und auswärtige Gewalt der Mitgliedstaaten: zur neueren Rechtsprechung des Europäischen Gerichtshofs, in: JZ 1995, S. 973 ff.; *Karpenstein*, Der Vertrag von Amsterdam im Lichte der Maastricht-Entscheidung des BVerfG, in: DVBl. 1998, S. 942 ff.; *Müller*, Begrenzte Möglichkeit zur Gründung eines Europäischen Patentgerichts, EuR 2011, S. 575 ff.; *ders.*, Die Errichtung des Europäischen Patentgerichts – Herausforderung für die Autonomie des EU-Rechtssystems, in: EuZW 2010, S. 851 ff.; *Pechstein*, Amsterdamer Vertrag und Grundgesetz, in: DÖV 1998, S. 576 ff.; *Rengeling*, Zur Kompetenz des Europäischen Parlaments beim Abschluss völkerrechtlicher Verträge, in: v. Münch (Hrsg.), FS für Hans Jürgen Schlochauer, 1981, S. 877 ff.; *Schwarz*, Die Außenkompetenzen der Gemeinschaft im Spannungsfeld von internationaler Umwelt- und Handelspolitik – zugleich eine Anmerkung zum Gutachten 2/00 des EuGH vom 6.12.2001, in: ZEuS 2003, S. 51 ff.; *Stjerna*, Das Gutachten 1/09 des EuGH – Geplantes EU-Patentgerichtssystem ist mit den EU-Verträgen unvereinbar, in: MittdtschPatAnw 2011, S. 213 ff.; *Streinz*, Der Vertrag von Amsterdam, in: EuZW 1998, S. 127 ff.; *Vedder*, Die Unterscheidung von Unionsrecht und Gemeinschaftsrecht nach dem Vertrag von Amsterdam, in: EuR 1999, Beiheft 1, S. 7 ff.

A. Das Gutachterverfahren nach Art. 218 Abs. 11 AEUV

Nach **Art. 218 Abs. 11 AEUV** können der **Rat**, die **Kommission**, ein **Mitgliedstaat** 1
– und seit dem Vertrag von Nizza – das **Europäische Parlament** von dem Gerichtshof ein Gutachten über die Vereinbarkeit eines geplanten völkerrechtlichen Abkommens mit dem AEUV einholen. Ein ähnliches Verfahren ist in **Art. 103 Abs. 3 EAGV** geregelt,[1]

---
[1] Dazu detailliert *Dauses*, in: ders., EU-WirtR, Abschn. P III Rn. 3; *Frenz*, Handbuch Europarecht, Bd. 5, 2010, Rn. 3179.

der insoweit allerdings nicht von „Gutachten", sondern von einem „Beschluss" in einem Dringlichkeitsverfahren spricht. In der Sache dürfte jedoch kein nennenswerter Unterschied bestehen. Daneben sieht auch **Art. 104 Abs. 2 EAGV** eine besondere Zuständigkeit des Gerichtshofs vor, der auf Antrag der Kommission über die Vereinbarkeit von Abkommen und Verträgen mit den Bestimmungen des EAGV entscheidet. Bisher hat der EuGH vierzehn Gutachten nach Art. 218 Abs. 11 AEUV erstattet[2] und einen Beschluss nach Art. 103 Abs. 3 EAGV[3] erlassen. Der Gerichtshof hat damit maßgeblich zur dogmatischen Erfassung der **Lehre von den Außenkompetenzen der Union**[4] beigetragen.

I. Sinn und Zweck

2 Sofern die Union Verträge mit Drittstaaten oder internationalen Organisationen eingeht, unterliegt sie wie jedes andere Völkerrechtssubjekt der Wirkung des Art. 46 der Wiener Vertragsrechtskonvention,[5] wonach sie sich gegenüber ihrem Vertragspartner nach Abschluss des Vertrages nicht auf entgegenstehende unionsrechtliche Vorschriften oder Grundsätze berufen kann. Um ein „Auseinanderklaffen zwischen den Anforderungen der unionsrechtlichen Legalität und einer durch den Vertragsschluss eingetretenen völkerrechtlichen Bindungswirkung zu verhindern",[6] sieht Art. 218 Abs. 11 AEUV die Möglichkeit einer frühzeitigen, **präventiven**[7] **Vereinbarkeitsprüfung** durch den Gerichtshof vor. Im Ergebnis dient diese a-priori-Kontrolle dazu,

---

[2] In chronologischer Reihenfolge: EuGH, Gutachten 1/75 v. 11.11.1975, *Lokale Kosten*, Slg. 1975, 1355; Gutachten 1/76 v. 26.4.1977, *Stilllegungsfonds*, Slg.1977, 741; EuGH, Gutachten 1/78 v. 4.10.1979, *Internationales Naturkautusch-Übereinkommen*, Slg.1976, 281; Gutachten 1/91 v.14.12.1991 *EWR I*, Slg. 1991, I-6079; Gutachten 1/92 v. 10. 4.1992, *EWR II*, Slg. 1992, I-2821; Gutachten 2/92 v. 19.3.1993, *ILO*, Slg. 1992, I-1061; Gutachten 1/94 v. 15.11.1994, *WTO*, Slg. 1994, I-5267; Gutachten 2/92 v. 25.3.1995, *OECD*, Slg. 1995, I-521; Gutachten 3/94 v. 13.12.1995, *GATT-WTO-Rahmenabkommen über die Bananen*, Slg. 1995, I-4577; Gutachten 2/94 v.28.3.1996, *EMRK*, Slg. 1996, I-1759; Gutachten 2/00 v. 6.12.2001, *Protokoll von Cartagena*, Slg. 2001, I-9713; Gutachten 1/00 v. 18.4.2002, *Übereinkommen über die Schaffung eines Gemeinsamen Europäischen Luftverkehrsraums*, Slg. 2002, I-3493; Gutachten 1/03 v. 7.2.2006, *Übereinkommen von Lugano*, Slg. 2006, I-1145: Gutachten 1/09 v. 8.3.2011, *Einheitliches Europäisches Patentgerichtssystem*, GRUR Int. 2011, 309.
[3] EuGH, Beschl. v. 14.11.1978, *Objektsschutz*, Slg. 1978, 2151, 2151.
[4] Ausführlich dazu: *Dauses*, in: ders., EU-WirtR, Abschn. P III Rn. 10; *Oppermann/Classen/Nettesheim*, Europarecht, § 38 Rn. 29; *Schwarz*, in: ZEuS 2003, 51 (58 ff.)
[5] Wiener Übereinkommen über das Recht der Verträge vom 23.5.1969 (BGBl. 1985 II 926, in Kraft getreten für die Bundesrepublik Deutschland am 20.8.1987 – vgl. Bekanntmachung vom 26.11.1987, BGBl. II 757).
[6] *Dauses*, in: ders., EU-WirtR, Abschn. P III Rn. 5; *Frenz*, Handbuch Europarecht, Bd. 5, 2010, Rn. 3181; allgemein zu Rangfragen *Tomuschat*, in: Groeben/Schwarze, EUV/EGV, Art. 300 EGV Rn. 83 ff.
[7] Vgl. insoweit nur: *Dauses*, in: ders., EU-WirtR, Abschn. P III Rn. 5 („vorbeugende Rechtskontrolle"); *Mögele*, in: Streinz, EUV/AEUV, Art. 218 AEUV, Rn. 35 („Instrument vorbeugender Rechtsklärung"); *Frenz*, Handbuch Europarecht, Bd. 5, 2010, Rn. 3180; *Khan*, in: Geiger/Khan/Kotzur, EUV/AEUV, Art. 218 AEUV Rn. 19; *Müller-Ibold*, in Lenz/Borchardt, EU-Verträge, Art. 218 AEUV Rn. 24; *Schmalenbach*, in: Calliess/Ruffert, EUV/AEUV, Art. 218 AEUV Rn. 31; *Tomuschat*, in: Groeben/Schwarze, EUV/EGV, Art. 300 EGV („präventive Normenkontrolle") Rn. 89 ff.

eine spätere kassatorische Entscheidung zu vermeiden, die sowohl auf Unionsebene als auch auf dem Gebiet der internationalen Beziehungen zu erheblichen Schwierigkeiten führen könnte.[8] Das Verfahren zielt damit letztendlich auf eine objektive Rechtskontrolle ab.

Sinn und Zweck der Gutachtertätigkeit durch den Europäischen Gerichtshof ist es, die sich aus dem Abkommen ergebenden Verwicklungen mit dem Unionsrecht und daraus resultierende Schwierigkeiten in internationalen Beziehungen frühzeitig zu erkennen und offenzulegen.[9] Derartige Verwicklungen können insbesondere dann entstehen, wenn in dem geplanten Abkommen andere Entscheidungsstrukturen oder Kontrollmöglichkeiten vorgesehen werden, mit denen die einheitliche Anwendung und Auslegung des Unionsrechts unterlaufen werden kann.[10] Das bei der **Gutachtenerstellung** einzuhaltende **Verfahren** richtet sich nach den Art. 196 ff. VerfO-EuGH.

II. Antragsberechtigte

Berechtigt – nicht aber verpflichtet[11] – ein Gutachten vom Gerichtshof anzufordern sind zum einen die Gemeinschaftsorgane **Europäisches Parlament**,[12] **Rat** und **Kommission**, ferner die **Mitgliedstaaten**. Der Kreis dieser Antragsteller ist abschließend.[13] Privatpersonen sind damit nicht berechtigt, ein entsprechendes Gutachten einzuholen. Für die Möglichkeit, einen Gutachtenantrag zu stellen, ist nicht erforderlich, dass die betroffenen Organe ein endgültiges Einvernehmen erzielt haben. Das Recht der Antragstellung kann individuell und ohne Abstimmung untereinander ausgeübt werden.[14]

III. Antragsgegenstand

Gegenstand des Gutachtens ist eine „geplante Übereinkunft" iSd. Art. 218 AEUV. Dagegen sprach Art. 300 Abs. 6 EGV-Nizza noch von „Abkommen", wobei allerdings keine substantiellen inhaltlichen Unterschiede mit dem Wechsel der Terminologie ver-

---

[8] Dazu EuGH, Gutachten 3/94 v.13.12.1995, *GATT-WTO-Rahmenabkommen über Bananen*, Slg. 1995, I-4577 Rn. 15 ff.; bestätigt durch Gutachten 2/94 v. 28.3.1994, *EMRK*, Slg. 1996, I-1759 Rn. 3 ff.; jüngst auch Gutachten 1/09 v. 8.3.2011, *Einheitliches Europäisches Patentgerichtssystem*, GRUR Int. 2011, 309, 311 Rn. 48.

[9] EuGH, Gutachten 1/75 v.11.11.1975, *Lokale Kosten*, Slg. 1975, 1355, 1360f.; Ferner aus Schrifttum: *Dauses,* in: ders., EU-WirtR, Abschn. P III Rn. 4; *Frenz,* Handbuch Europarecht, Bd. 5, 2010, Rn. 3181; *Pechstein,* EU-Prozessrecht, Rn. 965; *Schwarz,* in: ZEuS 2003, 51 (54); *Terhechte,* in: Schwarze, EU-Kommentar, Art. 218 AEUV Rn. 32; *Tomuschat,* in: Groeben/Schwarze, EUV/EGV, Art. 300 EGV Rn. 89.

[10] EuGH, Gutachten 1/91 v. 14.12.1992, *EWR I*, Slg. 1991, I-6079 Rn. 34 ff.; Gutachten 1/92 v.10.4.1992, *EWR II*, Slg. 1992, I-2821.

[11] Zu diesem Aspekt *Frenz,* Handbuch Europarecht, Bd. 5, 2010, Rn. 3193.

[12] Zu den Befugnissen des Europäischen Parlaments beim Abschluss völkerrechtlicher Verträge vor der durch den Vertrag von Nizza eingefügten Kompetenz vgl. nur *Rengeling,* in: FS für Schlochauer, S. 877 ff.

[13] *Frenz,* Handbuch Europarecht, Bd. 5, 2010, Rn. 3193; *Khan,* in: Geiger/Khan/Kotzur, EUV/AEUV, Art. 218 AEUV Rn. 19; *Pechstein,* EU-Prozessrecht, Rn. 968.

[14] Dazu EuGH, Gutachten 1/09 v. 8.3.2011, *Einheitliches Europäisches Patentgerichtssystem*, GRUR Int. 2011, 309, 312 Rn. 55.

bunden sein sollen.¹⁵ Als „Abkommen" bezeichnet der Europäische Gerichtshof „jede von Völkerrechtsubjekten eingegangene bindende Verpflichtung ungeachtet ihrer Form".¹⁶ Damit wird der Gegenstand zugleich auf vertragliche Abmachungen zwischen der Union und einem oder mehrerer Staaten oder einer internationalen Organisation beschränkt. In Betracht kommen insoweit der Abschluss von bzw. der Beitritt zu bilateralen oder multilateralen Abkommen sowie Akte der Gründung bzw. des Beitritts zu internationalen Organisationen sowie völkerrechtliche Abkommen der Union mit einem oder mehreren Mitgliedstaaten.¹⁷ **Sonstige Rechtsakte**, die ebenfalls bestimmte völkerrechtliche Bindungen bewirken können (z.B. **einseitige Erklärungen**), fallen nicht in diesen Anwendungsbereich.¹⁸

6   Mit dem Gutachtenantrag können die Antragsteller sowohl einen **Teil des geplanten Abkommens**¹⁹ als auch das **Abkommen insgesamt** vom Gerichtshof überprüfen lassen. Hierbei können ihm alle Fragen unterbreitet werden, die geeignet sind, aufgrund des Unionsrechts Zweifel in materiell- oder formellrechtlicher Hinsicht an der Gültigkeit des Abkommens hervorzurufen.²⁰

IV. Zeitpunkt der Antragstellung

7   Obwohl der Vertrag wegen der nichtstreitigen Natur des Verfahrens keine Frist für die Antragstellung normiert, muss sowohl vom Wortlaut („geplante Übereinkunft") als auch vom **Sinn und Zweck der Gutachtertätigkeit** ein entsprechender **Antrag vor Abschluss des zu begutachtenden Abkommens**, d.h. im einfachen Vertragsschlussverfahren vor der Unterzeichnung, im zusammengesetzten Verfahren spätestens vor der völkerrechtlichen Ratifikation gestellt werden.²¹ Dabei bedarf es aber einer Differenzierung hinsichtlich der mit dem Gutachtenantrag aufgeworfenen Rechtsfragen:

8   Schon **vor der Aufnahme von Vertragsverhandlungen** kann der Gerichtshof angerufen werden, so weit zumindest der Gegenstand des geplanten Abkommens bekannt ist und die Frage der **Zuständigkeit** (Organ-/Verbandskompetenz) **für den Abschluss des Abkommens** geprüft werden soll.²² Gerade die Frage der Zuständigkeit zum Ab-

---

15   Dazu *Frenz*, Handbuch Europarecht, Bd. 5, 2010, Rn. 3189.
16   EuGH, Gutachten 1/75 v. 11.11.1975, *Lokale Kosten*, Slg. 1975, 1355, 1360.
17   Vgl. dazu nur mit weiteren Nachweisen aus der Rechtsprechung: *Khan*, in: Geiger/Khan/Kotzur, EUV/AEUV, Art. 218 AEUV Rn. 20; *Schmalenbach*, in: Calliess/Ruffert, EUV/AEUV, Art. 218 AEUV Rn. 32 ff.
18   So: *Pechstein*, EU-Prozessrecht, Rn. 967; *Schwarz*, in: ZEuS 2003, 51 (55); *Terhechte*, in: Schwarze, EU-Kommentar, Art. 218 AEUV Rn. 31. Weitergehend aber: *Schmalenbach*, in: Calliess/Ruffert, EUV/AEUV, Art. 218 AEUV Rn. 33, soweit die völkerrechtlich verbindlichen einseitigen Erklärungen in einem unmittelbaren Zusammenhang mit einem Abkommen stehen.
19   Vgl. insoweit nur: EuGH, Gutachten 1/75 v. 11.11.1975, *Lokale Kosten*, Slg. 1975-1355, 1361.
20   Siehe dazu: EuGH, Gutachten 1/75 (Lokale Kosten), EuGHE 1975, 1355, 1361.
21   *Dauses*, in: ders., EU-WirtR; Abschn. P III Rn. 8; *Frenz*, Handbuch Europarecht, Bd. 5, 2010, Rn. 3196; *Mögele*, in: Streinz, EUV/AEUV, Art. 218 AEUV Rn. 39; *Schwarz*, in: ZEuS 2003, 51 (55). Aus der Rechtsprechung: EuGH, Gutachten 1/94 v. 15.11.1994, *WTO*, Slg. 1994, I-5267 Rn. 12.
22   EuGH, Gutachten 1/78 v. 4.10.1979, *Internationales Naturkautschuk-Übereinkommen*, Slg. 1976–2871 Rn. 33 ff.; Gutachten 1/09 v. 8.3.2011, *Einheitliches Europäisches Patentgerichtssystem*, GRUR Int. 2011, 309, 311 Rn. 53. Ferner auch im Schrifttum: *Pechstein*, EU-Prozessrecht, Rn. 969; *Schwarz*, in: ZEuS 2003, 51 (55); *Terhechte*, in: Schwarze, EU-Kommentar, Art. 218 AEUV Rn. 34; *Schmalenbach*, in: Calliess/Ruffert, EUV/AEUV, Art. 218 AEUV Rn. 31.

schluss eines Abkommens spielt eine besondere Rolle in der Gutachtenpraxis. In diesem Zusammenhang hat der Gerichtshof sowohl die Frage geprüft, ob die Union (ehemals Gemeinschaft) überhaupt eine Vertragsschlußkompetenz besitzt (EMRK[23]), als sich auch mit der Frage befasst, ob die Mitgliedstaaten im Rahmen ihrer Zuständigkeiten ein multilaterales Abkommen entweder als sog. gemischtes Abkommen gemeinsam mit der Union (ehemals Gemeinschaft) (z. B. WTO[24]) oder ohne Beteiligung der Union (ehemals Gemeinschaft) (z. B. ILO[25]) abschließen dürfen.

Ist dagegen die **inhaltliche Vereinbarkeit des Abkommens mit dem AEUV Gegenstand des Antrages**, so ist der frühestmögliche Termin für eine solche Antragstellung der Zeitpunkt, in dem die Vertragshandlungen zumindest ein Stadium erreicht haben, welches die „wesentlichen Züge des Übereinkommens mit hinreichender Genauigkeit" erkennen lässt.[26] Dies bedeutet, dass zumindest **konkrete Vertragsbestimmungen des Abkommens** vorliegen müssen.[27]

Ein **Gutachtenantrag** ist dagegen als **unzulässig** abzuweisen, wenn der völkerrechtliche Bindungswille der Union bereits endgültig zum Ausdruck gekommen ist, wenn also beispielsweise eine Ratifizierung des Abkommens erfolgt ist. Zu diesem Zeitpunkt besteht keine Möglichkeit mehr, Unvereinbarkeiten mit dem primären Unionsrecht noch rückgängig zu machen.[28]

V. Prüfungsumfang

Wird der Gerichtshof mit der Begutachtung beauftragt, steht diesem eine **umfassende Prüfungskompetenz** des geplanten Abkommens mit den Vorschriften des jeweiligen Vertrages zu. **Prüfungsmaßstab** sind **sämtliche Bestimmungen des Primärrechts einschließlich der ungeschriebenen Rechtsgrundsätze**,[29] und zwar un-

---

[23] EuGH, Gutachten 2/94 v. 28.3.1994, *EMRK*, Slg. 1996, I-1759.
[24] EuGH, Gutachten 1/94 v.15.11.1994, *WTO*, Slg. 1994, I-5267; vgl. ferner zu diesem Themenkomplex auch: Gutachten 1/75 v.11.11.1975, *Lokale Kosten*, Slg. 1975, 1355; Gutachten 1/76 v.26.4.1977, *Stillegungsfonds*, Slg. 1977, 741; Gutachten 2/92 v. 25.3.1995, *OECD*, Slg. 1995 I-521.
[25] EuGH, Gutachten 2/91 v. 19.3.1993, *ILO*, Slg. 1992, I-1061.
[26] EuGH, Gutachten 1/78 v. 4.10.1979, *Internationales Naturkautschuk-Übereinkommen*, Slg. 1976, 2871 Rn. 19; ausführlich dazu im Schrifttum: *Frenz*, Handbuch Europarecht, Bd. 5, 2010, Rn. 3195.
[27] EuGH, Gutachten 1/75 v. 11.11.1975, *Lokale Kosten*, Slg. 1975, 1355, 1360. Dazu auch *Mögele*, in: Streinz, EUV/AEUV, Art. 218 AEUV Rn. 40; *Pechstein*, EU-Prozessrecht, Rn. 969; *Schmalenbach*, in: Calliess/Ruffert, EUV/AEUV, Art. 218 Rn. 31; *Schwarz*, in: ZEuS 2003, 51 (56). Weitergehend *Müller-Ibold*, in Lenz/Borchardt, EU-Verträge, Art. 218 AEUV Rn. 24 wonach es genügt, dass Grundzüge hinreichend beschrieben sind; ähnlich auch *Dauses*, in: ders., EU-WirtR, Abschn. P III Rn. 8. Sowie *Terhechte*, in: Schwarze, EU-Kommentar, Art. 218 AEUV Rn. 34.
[28] Allgemeine Ansicht, vgl. insoweit nur: *Pechstein*, EU-Prozessrecht, Rn. 969; *Terhechte*, in: Schwarze, EU-Kommentar, Art. 218 AEUV Rn. 34; *Schmalenbach*, in: Calliess/Ruffert, EUV/AEUV, Art. 218 AEUV Rn. 31; *Schwarz*, in: ZEuS 2003, 51 (56); *Tomuschat*, in: Groeben/Schwarze, EUV/EGV, Art. 300 EGV Rn. 91.
[29] EuGH, Gutachten 1/75 v. 11.11.1975, *Lokale Kosten*, Slg. 1975, 1355, 1360f; Gutachten 1/78 v. 4.10.1979, *Internationales Naturkautschuk-Übereinkommen*, Slg. 1976, 2871 Rn. 30. Aus dem Schrifttum: *Mögele*, in: Streinz, EUV/AEUV, Art. 218 AEUV Rn. 42; *Pechstein*, EU-Prozessrecht, Rn. 923; *Schwarz*, in: ZEuS 2003, 51 (56 f.); *Terhechte*, in: Schwarze, EU-Kommentar, Art. 218 AEUV Rn. 38; *Müller-Ibold*, in Lenz/Borchardt, EU-Verträge, Art. 218 Rn. 25; *Schmalenbach*, in: Calliess/Ruffert, EUV/AEUV, Art. 218 AEUV Rn. 32.

abhängig davon, ob sie den Inhalt, die Zuständigkeit oder das Verfahren betreffen.[30] Diese Auslegung des Gerichtshofs wird auch von Art. 196 Abs. 2 VerfO-EuGH gestützt, der ausdrücklich die Vereinbarung des Abkommens mit der Unionszuständigkeit hervorhebt. Aufgrund ihrer nur funktionalen Völkerrechtsfähigkeit kann die Union allerdings nur solche Abkommen schließen, die sich innerhalb der Ziele und Aufgaben der Union bewegen. **Unabhängig von ihrer völkerrechtlichen Wirksamkeit sind ultra vires geschlossene Verträge** jedenfalls im **innerhalb der Union unwirksam** und damit **unanwendbar**.[31]

VI. Wirkungen des Gutachtens

12   Mit dem Gutachtenantrag beim Gerichtshof wird für den Vertragsschluss ein **Suspensiveffekt** ausgelöst.[32] Der Abschluss des Abkommens muss bis zur Entscheidung des Gerichtshofs unterbleiben. Ob darüber hinaus auch die Verhandlungen zwischen den Vertragsparteien auszusetzen sind, erscheint nicht erforderlich, zumal die Möglichkeit besteht, die strittigen Rechtsfragen auf dem Verhandlungswege auszuräumen.

13   Anders als die „advisory opinions" des Internationalen Gerichtshofs sind die vom EuGH erstellten **Gutachten für die Union verbindlich**.[33] Kommt der Gerichtshof also zu dem Ergebnis, dass das geplante Gutachten mit den Regeln des Unionsrechts unvereinbar ist, darf der völkerrechtliche Vertrag in dieser Form nicht abgeschlossen werden. Entweder muss der Entwurf des Abkommens oder aber das entgegenstehende Unionsrecht nach Maßgabe des Art. 48 EUV geändert werden.[34] In der Praxis dürfte jedoch sowohl die eine als auch die andere Änderung auf nicht unerhebliche Schwierigkeiten stoßen.[35]

14   Die **Konsequenzen dieses Ansatzes** zeigen sich besonders deutlich in dem Gutachten des Gerichtshofs betreffend den Beitritt der Union zur Konvention zum Schutz der Menschenrechte und Grundfreiheiten (EMRK). Gerade im Hinblick auf die weit reichenden institutionellen Auswirkungen eines Beitritts – dies betrifft insbesondere die Zuständigkeiten des EuGH nach Art. 344 AEUV – war insoweit eine Vertragsänderung erforderlich.[36] Im Ergebnis darf jedenfalls durch Verträge nach Art. 218 AEUV weder das institutionelle Grundgefüge der Union zu Disposition gestellt werden noch kann ein kommunitärer Grundrechtskatalog durch sekundäres Unionsrecht, zu dem

---

[30] EuGH, Gutachten 1/78 v. 4.10.1979, *Internationales Naturkautschuk-Übereinkommen*, Slg. 1976, 2871 Rn. 30.

[31] *Schwarz*, in: ZEuS 2003, 51 (57)

[32] Dazu *Pechstein*, EU-Prozessrecht, Rn. 971; *Schwarz*, in: ZEuS 2003, 51 (57); *Terhechte*, in: Schwarze, EU-Kommentar, Art. 218 AEUV Rn. 35; anders *Frenz*, Handbuch Europarecht, Bd. 5, 2010, Rn. 3201; anders wohl auch *Mögele*, in: Streinz, EUV/AEUV, Art. 218 AEUV Rn. 43.

[33] *Dauses*, in: ders., EU.WirtR, Abschn. P III Rn. 6; *Pechstein*, EU-Prozessrecht, Rn. 971; *Schwarz*, in: ZEuS 2003, 51 (57).

[34] *Pechstein*, EU-Prozessrecht, Rn. 971.

[35] So auch *Pechstein*, EU-Prozessrecht, Rn. 971 a. E.; *Terhechte*, in: Schwarze, EU-Kommentar, Art. 218 AEUV Rn. 36 m.w.N.; *Mögele*, in: Streinz, EUV/AEUV, Art. 218 AEUV Rn. 44 AEUV, spricht davon, dass ablehnende EuGH-Gutachten, die eine „Sperrwirkung" erzeugen, in der Praxis entweder den Verzicht auf den Abschluss des geplanten Abkommens oder dessen vertragskonforme Anpassung nach sich ziehen.

[36] Vgl. insoweit nur: EuGH, Gutachten 2/94 v. 28.3.1994, *EMRK*, Slg. 1996, I-1759 Rn. 35.

im Falle eines Beitritts der Gemeinschaft auch die EMRK zu rechnen wäre, geschaffen werden.[37]

VII. Verhältnis zu anderen Rechtsbehelfen

Mit dem Gutachten stellt das Unionsrecht eine Möglichkeit zur Verfügung, **im Vorfeld eines Unionsabkommens eine unionsinterne Klärung** damit im Zusammenhang stehender **umstrittener Rechtsfragen** herbeizuführen. **Nach Abschluss** des streitgegenständlichen Abkommens kann dessen Vereinbarkeit mit dem primären Unionsrecht daher durchaus auch im Wege der **allgemeinen Verfahrensarten** überprüft werden. Diese spätere gerichtliche Kontrollmöglichkeit wird weder durch ein unterbliebenes noch durch ein positives Gutachten ausgeschlossen.[38] Da es sich bei den Unionsabkommen um Handlungen der Unionsorgane handelt, können diese allgemein Gegenstand von Vertragsverletzungsverfahren (Art. 258, 259 AEUV),[39] Nichtigkeitsklagen (Art. 263 AEUV)[40] oder Vorabentscheidungsverfahren (Art. 267 AEUV)[41] sein.[42]

B. Vorschläge

Gemäß Art. 18 Abs. 1, 2. HS EAGV obliegt es dem Gerichtshof ferner, dem Rat einen **Vorschlag für eine Geschäftsordnung im Fall der Einrichtung eines Schiedsausschusses** bei einer nicht gütlich beizulegenden Einigung über die Vergabe von nicht ausschließlichen Lizenzen zu unterbreiten.

---

[37] Zur Problematik auch insgesamt: *Dauses,* in: ders., EU-WirtR, Abschn. P III Rn. 16; *Schwarz,* in: ZEuS 2003, 51 (57).
[38] *Terhechte,* in: Schwarze, EU-Kommentar, Art. 218 AEUV Rn. 37.
[39] EuGH, Gutachten 1/91 v.14.12.1992, *EWR I*, Slg. 1991, I-6079 Rn. 38.
[40] Vgl. z.B. EuGH, Rs. 22/70, *Kommission/Rat,* Slg. 1971, 263 Rn. 1.
[41] Vgl. z.B. EuGH, Rs. C-104/81, *Hauptzollamt Mainz/Kupferberg & Cie.,* Slg. 1982, 3641 Rn. 1; Gutachten 1/76 v.26.4.1977, *Sillegungsfonds,* Slg. 1977, 741, 761; Gutachten 1/91 v. 14.12.1991, *EWR I,* Slg. 1991, I-6079 Rn. 38.
[42] Vgl. dazu mit weiteren Nachweisen: *Pechstein,* EU-Prozessrecht, Rn. 972; *Schmalenbach,* in: Calliess/Ruffert, EUV/AEUV, Art. 218 AEUV Rn. 35; *Tomuschat,* in: Groeben/Schwarze, EUV/EGV, Art. 300 EGV Rn. 95 ff.

§ 17 Sonderverfahren nach dem EAGV

A. Klagen gegen Entscheidungen des Schiedsausschusses gemäß Art. 18 Abs. 2 EAGV

1   Nach dieser Bestimmung ist der **EuGH als Rechtsmittelinstanz** zuständig für **Klagen gegen Entscheidungen des Schiedsausschusses für die Vergabe von nichtausschließlichen Lizenzen** gemäß Art. 14 EAGV. Bei diesen Lizenzen handelt es sich um Nutzungen an Patenten, vorläufig geschützten Rechten oder Gebrauchsmustern, die nicht in der Verfügungsgewalt der Kommission stehen, sondern von dieser lediglich vermittelt werden.

2   Können sich die Parteien nicht einigen, entscheidet der Schiedsausschuss. Gegen die Entscheidungen des Schiedsausschusses können die Parteien gemäß Art. 18 Abs. 2 S. 1 EAGV **binnen eines Monats** nach deren Zustellung **Klage beim Gerichtshof** erheben. Die Einlegung dieses Rechtsmittels hat **aufschiebende Wirkung**. Bei der Nachprüfung des Schiedsspruches beschränkt sich die Befugnis des EuGH auf die förmliche Rechtmäßigkeit der Entscheidung und auf die Auslegung des EAGV, wie sie durch den Schiedsausschuss vorgenommen wurde (Art. 18 Abs. 2 S. 2 EAGV).

B. Klagen der Kommission gemäß Art. 145 Abs. 2 EAGV

3   Nach dieser Bestimmung kann die Kommission den Gerichtshof zur **Feststellung einer Vertragsverletzung** anrufen, die einer natürlichen oder juristischen Person zur Last gelegt wird. Allerdings wird mit diesem Verfahren weniger die Sanktionierung der betreffenden Person angestrebt, als vielmehr die Verurteilung desjenigen Mitgliedstaates, in dessen Geltungsbereich die betreffende Person die Vertragsverletzung begangen hat und dessen innerstaatliche Behörden sich geweigert haben, gegen diese Person innerstaatliche Zwangsmaßnahmen zu ergreifen. Vor Klageerhebung muss die Kommission den betreffenden Mitgliedstaat jedoch aufgefordert haben, gegen den Verletzer innerhalb einer festgesetzten Frist mit Zwangsmaßnahmen nach dem innerstaatlichen Recht vorzugehen.

§ 18 Verfahren und Entscheidungen aufgrund der Gerichtshofssatzungen

Weitere Zuständigkeiten und Entscheidungsmöglichkeiten für den Gerichtshof können sich aufgrund einschlägiger Bestimmungen der Gerichtshofssatzungen ergeben. Genannt seien hier lediglich die Drittwiderspruchsklage gemäß Art. 42 Satzung-EuGH (AEUV) sowie die Möglichkeit von Wiederaufnahmeklagen gemäß Art. 44 Satzung-EuGH (AEUV). Hierauf wird im Rahmen des Gerichtsverfahrens näher eingegangen. (vgl. § 21).

5. Abschnitt. Vorläufiger Rechtsschutz

Im Rahmen des vorläufigen Rechtsschutzes stellt das europäische Rechtsschutzsystem ebenso wie die nationalen Rechtsordnungen verschiedene Rechtsbehelfe zur Verfügung, um die Rechte der Parteien bis zur endgültigen Entscheidung in der Hauptsache zu wahren. Im Einzelnen sieht das Unionsrecht als Rechtsbehelfe die **Aussetzung der Durchführung einer angefochtenen Handlung** (Art. 278 S. 2 AEUV, Art. 157 S. 2 EAGV) bzw. die **Aussetzung der Zwangsvollstreckung** (Art. 299 Abs. 4 S. 1 AEUV, Art. 164 Abs. 3 S. 1 EAGV) sowie den **Erlass einstweiliger Anordnungen** (Art. 279 AEUV) vor.[1]

Diese von den Verträgen vorgezeichneten verschiedenen **Formen des einstweiligen Rechtsschutzes** kommen in unterschiedlichen Fallgestaltungen zur Anwendung. Diese werden zwar in den Verträgen und den Verfahrensordnungen von EuGH (VerfO-EuGH) und EuG (VerfO-EuG) separat geregelt, die Tatbestandsvoraussetzungen sind jedoch identisch und werden auch von den Gerichten einheitlich geprüft.[2] Der Schwerpunkt der Erläuterungen findet sich daher in § 19, im Rahmen der Erläuterungen zu den einstweiligen Anordnungen in § 20 werden Besonderheiten bzw. Abweichungen dargestellt. Die Bedeutung der unionsrechtlichen Bestimmungen über den vorläufigen Rechtsschutz kann wegen ihrer **Funktion für die Gewährleistung effektiven Rechtsschutzes grundsätzlich** kaum hoch genug veranschlagt wer-

---

[1] Die einschlägigen Vorschriften des AEUV lauten:
- Art. 278 (Art. 242 EGV-Nizza) Klagen bei dem Gerichtshof der Europäischen Union haben keine aufschiebende Wirkung. Der Gerichtshof kann jedoch, wenn er dies den Umständen nach für nötig hält, die Durchführung der angefochtenen Handlung aussetzen.
- Art. 279 (Art. 243 EGV-Nizza) Der Gerichtshof der Europäischen Union kann in den bei ihm anhängigen Sachen die erforderlichen einstweiligen Anordnungen treffen.
- Art. 299 (Art. 256 EGV-Nizza) Die Rechtsakte des Rates, der Kommission oder der Europäischen Zentralbank, die eine Zahlung auferlegen, sind vollstreckbare Titel; dies gilt nicht gegenüber Staaten.

Die Zwangsvollstreckung erfolgt nach den Vorschriften des Zivilprozessrechts des Staates, in dessen Hoheitsgebiet sie stattfindet. 2Die Vollstreckungsklausel wird nach einer Prüfung, die sich lediglich auf die Echtheit des Titels erstrecken darf, von der staatlichen Behörde erteilt, welche die Regierung jedes Mitgliedstaats zu diesem Zweck bestimmt und der Kommission und dem Gerichtshof der Europäischen Union benennt.

Sind diese Formvorschriften auf Antrag der die Vollstreckung betreibenden Partei erfüllt, so kann diese die Zwangsvollstreckung nach innerstaatlichem Recht betreiben, indem sie die zuständige Stelle unmittelbar anruft.

Die Zwangsvollstreckung kann nur durch eine Entscheidung des Gerichtshofs der Europäischen Union ausgesetzt werden. Für die Prüfung der Ordnungsmäßigkeit der Vollstreckungsmaßnahmen sind jedoch die einzelstaatlichen Rechtsprechungsorgane zuständig.

[2] Vgl. *Stoll/Rigod*, in: GHN, Art. 278 AEUV Rn. 5; *Schoch*, Vorläufiger Rechtsschutz im Europäischen Gemeinschaftsrecht, in: Ehlers/Schoch (Hrsg.), Rechtsschutz im Öffentlichen Recht, 2. Aufl. 2009, § 12 Rn. 18; *Schwarze*, in: ders., EU-Kommentar, 2. Aufl. 2008, Art. 242 EGV Rn. 4; ebenso *Klinke*, Der Gerichtshof, Rn. 255. Für eine vereinheitlichende Darstellung vgl. *Wegener*, in: Calliess/Ruffert, EUV/AEUV, Art. 278, 279 AEUV.

5. Abschnitt. Vorläufiger Rechtsschutz   § 19

den.³ Jedoch ist die **Zahl der Verfahren einstweiligen Rechtsschutzes** im Vergleich zur Gesamtzahl der bei EuGH und EuG anhängig gemachten Rechtssachen gering.⁴ Eine Ursache mag in der Einführung der beschleunigten Hauptsacheverfahren liegen,⁵ jedoch kann dies kaum der alleinige Grund für die bisherige Zurückhaltung bei der Nutzung dieser Rechtschutzmöglichkeit sein. Vielmehr lässt sich dies nur mit den besonderen Hürden des einstweiligen Rechtsschutzes – Zulässigkeit eines Antrages nur bei gleichzeitiger Erhebung eines vollständig begründeten Hauptsacheantrages (vgl. Rn. 11) sowie materiellrechtlich die Anforderungen an die Dringlichkeit des Eilrechtsschutzes (vgl. Rn. 24) – und mit der äußerst geringen Erfolgsquote⁶ erklären. Im Hinblick auf die nicht unerhebliche Dauer der Hauptsacheverfahren⁷ ist die Bedeutung des Eilrechtsschutzes trotzdem nicht zu unterschätzen.⁸

---

³ EuG, Rs. T-198/01 R, *Technische Glaswerke Illmenau*, Slg. 2002, II-2153 Rn. 115; aus der Literatur dazu neben den im Folgenden Genannten: *Sharpston*, Interim and substantive relief; *Tesauro*, Les mesures provisoires dans le système communautaire, FS Velasco, S. 1241; *Idot*, RTDE 1993, 581; *Pais Antunes*, YEL 1993, 83; für die derzeit wohl umfassendste Untersuchung der Materie vgl. *Lehr*, Einstweiliger Rechtsschutz in der Europäischen Union.

⁴ Nach der zuletzt veröffentlichten Statistik des Gerichtshofs waren lediglich 354 aller 17507 bis Ende 2011 beim EuGH anhängig gemachten Rechtssachen Anträge auf vorläufigen Rechtsschutz. Nach der Rechtsprechungsstatistik für das Jahr 2011 waren von insgesamt 638 Entscheidungen des EuGH nur 6 Beschlüsse im Verfahren des einstweiligen Rechtsschutzes. Anhängig gemacht wurden 3 Erstanträge. Beim EuG wurden 2011 insgesamt 44 Anträge auf einstweiligen Rechtsschutz anhängig gemacht. Die Rechtsprechungsstatistiken sind abrufbar unter curia.europa.eu.

⁵ Art. 62a sowie Art. 104a VerfO-EuGH; diese Möglichkeit besteht seit dem 1.7.2001.

⁶ Nach *Kaessner*, Der einstweilige Rechtsschutz im Europarecht, S. 276, waren von den bis zum 31.12.1994 entschiedenen in der Zählung der Gerichte mit »R« (für franz. référé) gekennzeichneten Rechtssachen des einstweiligen Rechtsschutzes nur ca. 10% erfolgreich. *Burianski*, EWS 2006, 304 (305) kommt mit seiner Auswertung für die Jahre 2001–2005 zu einem ähnlichen Ergebnis. Diese Tendenz besteht weiter: von den 38 durch das EuG erledigten Rechtssachen im einstweiligen Rechtsschutz waren nur 3 erfolgreich. Beim EuGH war 2010 und 2011 kein einziger Antrag im vorläufigen Rechtsschutz erfolgreich.

⁷ Nach der Rechtsprechungsstatistik für das Jahr 2011 lag die durchschnittliche Verfahrensdauer direkter Klagen vor dem EuGH bei 20,2 Monaten (im Vergleich zu den Vorjahren ist die Dauer wieder gestiegen). Beim EuG betrug die durchschnittliche Verfahrensdauer je nach Verfahrensgegenstand zwischen knapp 20,3 (Geistiges Eigentum) bis zu fast 50,5 (Wettbewerb) Monaten.

⁸ So auch *Ehricke*, in: Streinz, EUV/AEUV, Art. 279 AEUV Rn. 3.

§ 19 Entscheidungen über die vorläufige Vollzugsaussetzung

Übersicht

		Rn.
A.	Allgemeines	1–7
	I. Rechtsgrundlagen	1
	II. Wesen und Bedeutung der Aussetzungsanordnungen	2–4
	III. Abgrenzung zu sonstigen einstweiligen Rechtsbehelfen	5–7
B.	Zulässigkeit	8–20
	I. Zuständigkeit und Zulässigkeit der Hauptsache	8–10
	II. Anhängigkeit des Hauptsacheverfahrens	11
	III. Antragsgegenstand	12–14
	IV. Antragsbefugnis	15/16
	V. Rechtschutzbedürfnis sowie Frist und Form	17–20
C.	Begründetheit	21–36
	I. Notwendigkeit der begehrten Aussetzung – Hauptsacheprognose	22/23
	II. Dringlichkeit der begehrten Aussetzungsanordnung	24–36
	1. Schaden	25
	2. Schadensintensität	26–29
	3. Keine Möglichkeit der Schadenswiedergutmachung	30
	4. Interessenabwägung	31–35
	5. Vorläufigkeit der Anordnung	36
D.	Abschließende Entscheidung	37–46
	I. Art der Entscheidung und Zuständigkeit	37–40
	II. Inhalt der Entscheidung	41–43
	III. Vollstreckbarkeit des Beschlusses	44
	IV. Abänderung der Vollzugsaussetzungsentscheidung	45/46
	1. Rechtsmittel	45
	2. Aufhebung oder Abänderung der Aussetzungsanordnung	46

Schrifttum: *Allkemper,* Der Rechtsschutz des einzelnen nach dem EG-Vertrag, 1995; *Berrang,* Vorbeugender Rechtsschutz im Recht der Europäischen Gemeinschaften, 1994; *Burianski,* Vorläufiger Rechtsschutz gegen belastende Rechtsakte – Lasset alle Hoffnung fahren?, EWS 2006, 304; *Calliess,* Kohärenz und Konvergenz beim europäischen Individualrechtsschutz – Der Zugang zum Gericht im Lichte des Grundrechts auf effektiven Rechtsschutz, NJW 2002, 3577; *Castillo de la Torre,* Interim measures in Community courts, CMLRev 2007, 273; *Dänzer-Vanotti,* Der Gerichtshof der Europäischen Gemeinschaften beschränkt vorläufigen Rechtsschutz, BB 1991, 1015; *De Wilmars,* Het kort geding voor het Hof van Justitie van de Europese Gemeenschappen, SEW 1986, 32; *Ehle,* Die einstweilige Anordnung nach dem EWG-Vertrag, AWD/RIW 1964, 39; *Estler,* Zur Effektivität des einstweiligen Rechtsschutzes im Gemeinschaftsrecht, 2003; *Fiebig,* The indemnification of costs in proceedings before the European Courts, CMLRev. 1997, 89; *Frenz,* Handbuch Europarecht, Band 5, 2010, Kapitel 22; *Fromont,* La protection provisoire des particuliers contre les décisions administratives dans les Etats-membres des Communautés Européennes, Rev. Int. des Sciences Administratives, 1984, 309; *Idot,* Les mesures provisoires en droit de la concurrence, RTDE 1993, 581; *Kaessner,* Der einstweilige Rechtsschutz im Europarecht, 1996; *Klinke,* Der Gerichtshof der Europäischen Gemeinschaften, Aufbau und Verfahrensweise,

1989; *Knoll*, Grundzüge eines europäischen Standards für den einstweiligen Rechtsschutz gegen Verwaltungsakte, 2002; *Kretschmer*, Das Antidumping- und Antisubventionsrecht der Europäischen Gemeinschaften, 1980; *Lasok*, The European Court of Justice: Practice and Procedure, 2. Aufl. 1994; *Lehr*, Einstweiliger Rechtsschutz in der Europäischen Union, 1997; *Leibrock*, Die Rechtsprechung zum Gemeinschaftsrecht, DVBl. 1990, 1018; *Lenaerts*, The legal protection of private parties under the EC Treaty, in: FS für Giuseppe Federico Mancini, 1998, S. 591; *Lengauer*, Einstweiliger Rechtsschutz und Rechtsstaatlichkeit im Gemeinschaftsrecht, EuR 2008 Beiheft 3, 69; *Oliver*, Interim measures: some recent developments, CMLRev. 1992, 7; *Pais Antunes*, Interim measures under EC competition law, YEL 1993, 83; *Pastor/van Ginderachter*, La procédure en référé, R.T.D.E. 1989, 561; *Pieper/Schollmeier*, Europarecht – Ein Casebook, 1991; *Schneider*, Die einstweilige Anordnung gem. Art. 186 EWGV und der Grundsatz der Verhältnismäßigkeit, DÖV 1990, 924; *Schoch*, Vorläufiger Rechtsschutz im Gemeinschaftsrecht, Jura 2007, 837; *Schwarze*, Der vorläufige Rechtsschutz (soursis à exécution) im französischen Verwaltungsrecht, DVBl. 1987, 1037; *ders.*, Vorläufiger Rechtsschutz im Widerstreit von Gemeinschaftsrecht und nationalem Verwaltungsverfahrens- und Prozeßrecht, in: FS für Bodo Börner, 1992, S. 389; *Sharpston*, Interim and substantive relief in claims under Community law, 1993; *Sladič*, Einstweiliger Rechtsschutz im Gemeinschaftsprozessrecht, 2008; *Stotz*, Rechtsschutz vor europäischen Gerichten, in: Hans-Werner Rengeling, Handbuch zum europäischen und deutschen Umweltrecht, Band. 1, 2. Aufl. 2003, § 45 Rn. 120 ff.; *Tesauro*, Les mesures provisoires dans le système communautaire, in: FS für M. Díez de Velasco, 1993, S. 1241; *Triantafyllou*, Zur Europäisierung des vorläufigen Rechtsschutzes, NVwZ 1992, 129; *Wägenbaur*, Die jüngere Rechtsprechung der Gemeinschaftsgerichte im Bereich des vorläufigen Rechtsschutzes, EuZW 1996, 327; *Weber*, Vorläufiger Rechtsschutz bei subventionsrechtlichen Konkurrentenklagen im Verwaltungsprozeßrecht der Bundesrepublik Deutschland und im Prozeßrecht der Europäischen Gemeinschaften, 1990; *Wegener*, Die Neuordnung der EU-Gerichtsbarkeit durch den Vertrag von Nizza, DVBl. 2001, 1258; *ders.*, Gemeinwohl und Gemeinschaftsgerichtsbarkeit – Überlegungen zur gerichtlichen Verteidigung von Gemeininteressen im ius commune, ZEuS 1998, 183; *von Winterfeld*, Möglichkeiten der Verbesserung des individuellen Rechtsschutzes im Europäischen Gemeinschaftsrecht, NJW 1988, 1409.

A. Allgemeines

I. Rechtsgrundlagen

Gemäß Art. 278 S. 2 AEUV und Art. 157 S. 2 EAGV haben einzelne Parteien unter bestimmten Voraussetzungen die Möglichkeit, die Aussetzung der Durchführung der angefochtenen Handlung zu beantragen. Im Hinblick auf die Voraussetzungen und das einzuhaltende Verfahren ist das Primärrecht nicht abschließend. Vielmehr enthalten die Satzung des Gerichtshofs (Satzung-EuGH) sowie die Art. 160 ff. VerfO-EuGH und Art. 104 ff. VerfO-EuG weitergehende Bestimmungen, die die näheren Einzelheiten für die vorläufige Vollzugsaussetzung regeln.[9]

---

[9] Die Bestimmungen der Verfahrensordnungen zu Art. 278/279 AEUV bzw. Art. 157 EAGV finden auf nach Art. 299 AEUV gestellte Anträge gemäß Art. 165 Abs. 1 VerfO-EuGH und Art. 110 Abs. 1 VerfO-EuG entsprechende Anwendung.

II. Wesen und Bedeutung der Aussetzungsanordnungen

2 Den Klagen, die zum Gerichtshof erhoben werden, kommt nach Art. 278 S. 1 AEUV – anders als grundsätzlich nach deutschem Verwaltungsprozessrecht aber ebenso wie im französischen Recht[10] – **keine aufschiebende Wirkung** zu.[11] Art. 157 S. 1 EAGV versagt zwar für den Bereich des EURATOM-Vertrages ebenfalls den Suspensiveffekt, doch gilt dies im Unterschied zum AEUV nur vorbehaltlich der Einschränkung, dass im EAGV nicht ausnahmsweise eine andere Regelung getroffen wurde.[12]

3 Werden Unionsakte von den Betroffenen angefochten, sind die Unionsorgane aufgrund des **fehlenden Suspensiveffektes** nicht gehindert, den Unionsakt trotz des laufenden Gerichtsverfahrens zwangsweise durchzusetzen. Hier stellt der Antrag auf Aussetzung der Vollziehung der angefochtenen Handlung gemäß den Art. 278 S. 2 AEUV und Art. 157 S. 2 EAGV das einzige Korrektiv dar, um eine zwangsweise Durchsetzung und damit den Eintritt von vollendeten Tatsachen zu verhindern, die nach einem obsiegenden Urteil in der Hauptsache nicht mehr revidiert werden könnten.[13] Diese Form des vorläufigen Rechtsschutzes ermöglicht es somit den betroffenen Parteien, während des Verfahrens drohende Nachteile abzuwehren und ihre Rechte bis zur endgültigen Entscheidung des Gerichtshofs zu wahren.[14] Die vorläufige Aussetzungsanordnung ist damit Ausfluss des innerhalb der Unionsrechtsordnung anerkannten **Grundsatzes effektiven Rechtsschutzes**.[15]

4 **Kein Suspensiveffekt** kommt darüber hinaus den **Rechtsmitteln** zu, die gegen erstinstanzliche Entscheidungen des EuG zum EuGH erhoben werden (Art. 60 Satzung-EuGH). Auch im Rechtsmittelverfahren muss deshalb gegebenenfalls zur Interessenwahrung einstweiliger Rechtsschutz gesucht werden.[16] Der EuGH kann, wenn er es den Umständen nach für geboten hält, die Durchführung des angefochtenen Urteils aussetzen.

---

[10] Zu letzterem *Schwarze*, DVBl. 1987, 1037; *Everling*, Das Verfahren der Gerichte der EG im Spiegel der verwaltungsgerichtlichen Verfahren der Mitgliedstaaten, in: FS Starck, 2007, S. 535 (539 ff.) sowie *Sladič*, Einstweiliger Rechtsschutz im Gemeinschaftsprozessrecht, S. 34 ff.; rechtsvergleichend zum einstweiligen Rechtsschutz im Recht der Mitgliedstaaten: *Berrang*, Vorbeugender Rechtsschutz im Recht der Europäischen Gemeinschaften; *Knoll*, Grundzüge eines europäischen Standards für den einstweiligen Rechtsschutz; *Fromont*, Rev. Int. des Sciences Administratives, 1984, 309; *De Wilmars*, SEW 1986, 32.

[11] Kritisch dazu *Wägenbaur*, EuZW 1996, 327.

[12] Derartige Ausnahmen regeln die Art. 18 Abs. 2 EAGV, Art. 83 Nr. 2 Abs. 2 EAGV und Art. 83 Nr. 1 EAGV.

[13] Nachweise aus der Rechtsprechung bei *Klinke*, Der Gerichtshof, S. 83 Fn. 227.

[14] *Stoll/Rigod*, in: GHN, Art. 279 AEUV Rn. 1; *Ehricke*, in: Streinz, EUV/AEUV, Art. 279 AEUV Rn. 2; *Schwarze*, in: ders., EU-Kommentar, 3. Aufl. 2012, Art. 278 AEUV Rn. 3.

[15] Zur Frage, ob ein nationales Gericht bei Zweifeln an dem zugrundeliegenden Unionsrecht die Vollziehung eines Rechtsaktes im einstweiligen Rechtsschutz analog Art. 279 AEUV (Art. 242 EGV-Nizza) aussetzen kann oder muss, siehe EuGH, Rs. C-213/89, *Factortame*, Slg. 1990, I-2433 Rn. 21; Rs. C-217/88, *Kommission/Bundesrepublik Deutschland*, Slg. 1990, I-2879 Rn. 19 ff.; verb. Rs. C-143/88 und C-92/89, *Süderdithmarschen*, Slg. 1991, I-415 Rn. 14 ff.; vgl. ferner einerseits *Dänzer-Vanotti*, BB 1991, 1015, andererseits *Schwarze*, in: FS Börner, S. 389.

[16] EuGH, Rs. C-345/90 P-R, *Parlament/Hanning*, Slg. 1991, I-231 Rn. 24 f.

III. Abgrenzung zu sonstigen einstweiligen Rechtsbehelfen

Neben der Vollzugsaussetzung des Art. 278 S. 2 AEUV und der entsprechenden Vorschrift des EAGV sieht das Primärrecht der Europäischen Union in den Art. 299 Abs. 4 S. 1 AEUV und Art. 164 Abs. 3 EAGV mit der **Aussetzung der Zwangsvollstreckung** von Urteilen des Gerichtshofs der Europäischen Union oder Zahlungstiteln eines Unionsorgans und der **einstweiligen Anordnung** in Art. 279 AEUV weitere **Formen des vorläufigen Rechtsschutzes** vor.

Im Verhältnis zu der Aussetzungsanordnung nach Art. 278 S. 2 AEUV und der entsprechenden Vorschrift des EAGV wird mit der **Aussetzung der Zwangsvollstreckung** ein spezieller Fall vorläufiger Vollzugsaussetzung geregelt. Während Gegenstand der Aussetzung nach Art. 278 S. 2 AEUV jede anfechtbare Handlung eines Unionsorgans sein kann, soll die Aussetzung der Zwangsvollstreckung die Durchsetzung eines Leistungsbefehls verhindern, der in einem besonderen Vollstreckungsverfahren ergangen ist und der auf die Durchsetzung einer Handlung zielt, die ihrerseits der Aussetzungsanordnung nach Art. 278 S. 2 AEUV bzw. Art. 157 S. 2 EAGV unterfällt. Ein Antrag auf Aussetzung der Zwangsvollstreckung ist deshalb immer dann entbehrlich und unzulässig, wenn bereits die zugrundeliegende Maßnahme im Wege der Vollzugsaussetzung vorläufig suspendiert wurde.[17] Ein Antrag auf Aussetzung der Zwangsvollstreckung kann in einen Antrag auf Aussetzung des Vollzuges im Sinne des Art. 278 S. 2 AEUV oder Art. 157 S. 2 EAGV umgedeutet werden, sofern die Antragsfristen noch nicht abgelaufen sind.[18] Dementsprechend kommt der Aussetzungsanordnung im Rahmen der Zwangsvollstreckung nur dann eine eigenständige Bedeutung zu, wenn es für einen Antrag auf Aussetzung der Durchführung der angefochtenen Handlung zu spät ist und diese nicht mehr zu erreichen ist.[19] Wird mit dem Antrag die vorläufige Vollzugsaussetzung eines mit einem Rechtsmittel angefochtenen Urteils begehrt, steht hierfür neben der Vollzugsaussetzung gemäß Art. 278 S. 2 AEUV und Art. 157 S. 2 EAGV die Möglichkeit zur Verfügung, im Wege eines Antrags gemäß den Art. 280, 299 AEUV und Art. 159, 164 Abs. 3 EAGV die Aussetzung der Zwangsvollstreckung des angegriffenen Urteils zu beantragen. Dritte haben hinsichtlich eines sie belastenden Urteils die Möglichkeit der Erhebung einer Drittwiderspruchsklage, Art. 42 Satzung-EuGH.

Von der **einstweiligen Anordnung** gemäß Art. 279 AEUV grenzt sich die Vollzugsaussetzung dadurch ab, dass sie sich zum einen allein auf die Verhinderung der Durchsetzung einer angefochtenen, vollziehbaren Maßnahme gegenüber ihrem Adressaten beschränkt und damit zum anderen nur bei Rechtsbehelfen zur Anwendung gelangt, mit denen ein Unionsakt angefochten werden kann, also bei den Nichtigkeitsklagen gemäß Art. 263 AEUV sowie bezüglich Anträgen auf Aufhebung dienstrechtlicher Maßnahmen gemäß Art. 270 AEUV.[20] Nicht möglich ist die Vollzugsaussetzung daher bei bereits vollzogenen oder wieder aufgehobenen Rechtsakten[21] bzw. ablehnenden Entscheidungen.[22] Von der einstweiligen Anordnung werden demgegenüber alle

---

[17] EuGH, Rs. C-107/82 R, *AEG*, Slg. 1982, 1549 Rn. 1.
[18] EuGH, Rs. C-107/82 R, *AEG*, Slg. 1982, 1549 Rn. 1.
[19] *Gaitanides*, in: Groeben/Schwarze, EUV/EGV, Art. 242, 243 EGV Rn. 6.
[20] *Ehricke*, in: Streinz, EUV/AEUV, Art. 279 AEUV Rn. 5; *Klinke*, Der Gerichtshof, Rn. 257 m. w. N.
[21] EuGH, Rs. C-92/78 R, *Simmenthal*, Slg. 1978, 1129, Rn. 7.
[22] EuGH, Rs. 50/69 R, *Deutschland/Kommission*, Slg. 1969, 449, 451.

sonstigen Maßnahmen zur vorläufigen Regelung eines streitigen Rechtsverhältnisses erfasst, für die die bloße Vollzugsaussetzung zur Gewährung effektiven Rechtschutzes nicht ausreicht. Die einstweilige Anordnung kommt deshalb vor allem in Betracht bei Feststellungsklagen, Untätigkeitsklagen und Schadensersatzklagen.[23] Sie stellt im Verhältnis zur Aussetzungsanordnung den **allgemeineren Rechtsbehelf** dar.[24] In Zweifelsfällen kann der **Antrag** auf Aussetzung der Vollziehung daher mit dem auf Erlass einer einstweiligen Anordnung **kombiniert** werden. Es kann sich deshalb empfehlen, den Antrag auf Gewährung vorläufigen Rechtsschutzes auf beide in Betracht kommenden Rechtsgrundlagen zu stützen.[25]

B. Zulässigkeit

I. Zuständigkeit und Zulässigkeit der Hauptsache

8   Die **Zuständigkeit** hinsichtlich des Antrags auf Aussetzung der angefochtenen Unionshandlung folgt unmittelbar der **Entscheidungskompetenz im Hauptsacheverfahren**. Dementsprechend entscheidet immer das Gericht, das in der Hauptsache zuständig ist, auch über die Vollzugsaussetzung der angefochtenen Handlung. Die **Zuständigkeitsabgrenzung** zwischen EuGH und EuG erfolgt gemäß Art. 256 AEUV in Verbindung mit Art. 51 Satzung-EuGH.

9   Das EuG ist danach insbesondere für alle einstweiligen Vollzugsanordnungen im Zusammenhang mit Klagen natürlicher und juristischer Personen gegen Unionsorgane zuständig. Davon ausgenommen sind Streitigkeiten, die nach Art. 256 Abs. 1 AEUV speziell gebildeten Fachgerichten übertragen worden sind. Ein solches Fachgericht stellt das Gericht für den Öffentlichen Dienst dar, welches gemäß Art. 270 AEUV für Streitigkeiten zwischen der Union und deren Bediensteten zuständig ist. Trotz dieser vergleichsweise klaren Zuständigkeitsverteilung können im Einzelfall Schwierigkeiten bei der Ermittlung des für die Vollzugsaussetzung zuständigen Gerichts auftreten. Um langwierige und komplexe Prüfungen von Zuständigkeitsfragen zu vermeiden, die dem Dringlichkeitscharakter des Verfahrens entgegenlaufen würden, hat der EuGH entschieden, dass es in diesen Fällen ausreicht, wenn jedenfalls für das Hauptsacheverfahren eine Zuständigkeitsgrundlage mit hinreichender Wahrscheinlichkeit angenommen werden kann.[26] Sollte sich im weiteren Verlauf des Verfahrens die Unzuständigkeit

---

[23] *V. Winterfeld*, NJW 1988, 1409 (1413); *Stoll/Rigod*, in: GHN, Art. 279 AEUV Rn. 15; *Gaitanides*, in: Groeben/Schwarze, EUV/EGV, Art. 242, 243 EGV Rn. 7; *Klinke*, Der Gerichtshof, Rn. 258 m. w. N.

[24] *Ehricke*, in: Streinz, EUV/AEUV, Art. 279 AEUV Rn. 4; *Schwarze*, in: ders., EU-Kommentar, Art. 278 AEUV Rn. 4; *Klinke*, Der Gerichtshof, Rn. 255; *Gaitanides*, in: Groeben/Schwarze, EUV/EGV, Art. 242, 243 EGV Rn. 4; *Pieper/Schollmeier*, S. 33. Ebenso *Lengauer*, EuR 2008 Beiheft 3, 69 (72): Art. 279 AEUV als lex generalis im Verhältnis zu Art. 278 AEUV und Art. 299 Abs. 4 AEUV.

[25] So auch *Ehricke*, in: Streinz, EUV/AEUV, Art. 279 AEUV Rn. 6; Anträge, die sich auf beide in Betracht kommende Rechtsgrundlagen stützen, sind in Zweifelsfällen zulässig: EuGH, Rs. 44/75 R, *Könecke*, Slg. 1975, 637 Rn. 1; verb. Rs. 277 und 300/85 R, *Canon Inc.*, Slg. 1985, 3491 Rn. 2 f.

[26] EuGH, Rs. 118/83 R, *CMC*, Slg. 1983, 2583 Rn. 37.

des angegangenen Gerichts herausstellen, kann die Rechtssache gemäß Art. 54 Satzung-EuGH an das zuständige Gericht verwiesen werden. Im Einzelnen braucht deshalb nicht geprüft zu werden, ob es sich bei der in der Hauptsache erhobenen Klage um eine Nichtigkeitsklage oder um eine andere Klage handelt, wenn beide in Betracht kommenden Klagearten die Zuständigkeit des angerufenen Gerichts begründen.[27]

Sofern der Antragsgegner im einstweiligen Verfahren über die Einrede der Unzuständigkeit hinausgehende **Einwände gegen die Zulässigkeit** erhebt, werden diese nach der Rechtsprechungspraxis des Gerichtshofs im Rahmen des vorläufigen Rechtsschutzes nur berücksichtigt, sofern sie ernsthafte Zweifel an der Zulässigkeit der in der Hauptsache erhobenen Klage begründen.[28] Von den Gerichten wird in diesen Fällen geprüft, ob sich mit gewisser Wahrscheinlichkeit aus der Klage Anhaltspunkte ergeben, die für deren Unzulässigkeit sprechen.[29] Sonstige Unzulässigkeitseinwände werden im Verfahren einstweiligen Rechtsschutzes nur berücksichtigt, soweit sie offensichtlich sind, da diese Einwände, anders als die Einrede der Unzuständigkeit, auch im Rahmen des nachfolgenden Hauptsacheverfahren geprüft werden können.[30] Wird die Hauptklage als offensichtlich unzulässig abgewiesen, hat dies für das anhängige einstweilige Verfahren ebenfalls die Unzulässigkeit des Antrages zur Folge.[31] Für den Antrag gilt gemäß Art. 19 Satzung-EuGH **Anwaltszwang**. 10

II. Anhängigkeit des Hauptsacheverfahrens

Dem Wortlaut der Art. 278 S. 2 AEUV und Art. 157 S. 2 EAGV lässt sich – wenn auch nicht mit der Deutlichkeit wie bei den einstweiligen Anordnungen, so doch inzident – entnehmen, dass die Aussetzungsanordnung eine bereits angefochtene Handlung betreffen muss. Diese Auslegung wird von Art. 160 Abs. 1 VerfO-EuGH, Art. 104 § 1 Abs. 1 VerfO-EuG ausdrücklich bestätigt. Gegen die streitgegenständliche Handlung muss demzufolge bereits eine Klage erhoben worden sein (Art. 21 f. Satzung-EuGH).[32] Diese Anbindung an die Hauptsache erscheint vor allem in den Fällen nicht unproblematisch, in denen die Klageerhebung ihrerseits von der vorherigen Durchführung eines behördlichen Verfahrens abhängig ist.[33] Für den Sonderfall der beamtenrechtlichen Beschwerde fingiert Art. 91 Abs. 4 des EU-Beamtenstatuts deshalb deren Ablehnung und 11

---

[27] EuGH, Rs. 792/79 R, *Camara Care,* Slg. 1980, 119 Rn. 10 f.
[28] EuGH, Rs. 75/72 R, *Perinciolo,* Slg. 1972, 1201 Rn. 2/8; Rs. 794/79 R, *B./Europäisches Parlament,* Slg. 1979, 3635 Rn. 3; Rs. 114/83 R, *Société d'initiatives et de coopération agricole,* Slg. 1983, 2315 Rn. 5; Rs. 97/85 R, *Deutsche Lebensmittelwerke,* Slg. 1985, 1331, Rn. 19 f.; Rs. 221/86 R, *Front National u. a./Parlament,* Slg. 1986, 2969 Rn. 18 ff.; Rs. 160/88 R, *Fédération européenne de la santé animale,* Slg. 1988, 4121 Rn. 21 ff.
[29] EuGH, Rs. C-117/91 R, *Bosman,* Slg. 1991, I-3353 Rn. 7.
[30] EuGH, Rs. 75/72 R, *Perinciolo,* Slg. 1972, 1201 Rn. 2/8; Rs. 65/87 R, *Pfizer,* Slg. 1987, 1691 Rn. 15; Rs. C-106/90 R, *Emerald Meats,* Slg. 1990, I-3377 Rn. 22; Rs. C-257/90 R. *Italsolar,* Slg. 1990, I-3841 Rn. 11 f.; *Weber,* Vorläufiger Rechtsschutz, S. 130; *Stoll/Rigod,* in: GHN, Art. 279 AEUV Rn. 7; *Gaitanides,* in: Groeben/Schwarze, EUV/EGV, Art. 242, 243 EGV Rn. 17; missverständlich *Triantafyllou,* NVwZ 1992, 129 (130).
[31] EuGH, Rs. C-117/91 R, *Bosman,* Slg. 1991, I-3353 Rn. 7 f.; Rs. C-68/90 R, *Blot,* Slg. 1990, I-2177 Rn. 4 f.
[32] Wegen der Konnexität zur Hauptsache erhalten die Aktenzeichen den Zusatz R für référé.
[33] Etwa bei der Untätigkeitsklage nach Art. 265 Abs. 2 AEUV. Kritisch zu den sich hieraus auch in anderen Konstellationen potentiell ergebenden Rechtsschutzlücken: *Wägenbaur,* EuZW

ermöglicht so über den Weg unmittelbarer Klageerhebung den einstweiligen Rechtsschutz.[34] Der darin enthaltene Rechtsgedanke scheint verallgemeinerungsfähig.[35] Allgemein wird dem Erfordernis der Anhängigkeit der Klage Genüge getan, wenn die Klageschrift und der besondere Antrag auf Aussetzung der Vollziehung zumindest gleichzeitig beim Gerichtshof eingehen.[36] Ein Aussetzungsantrag, der vor dem Klageantrag in der Hauptsache erhoben wird, ist mangels Rechtshängigkeit des Streitgegenstandes unzulässig und muss zurückgewiesen werden.[37] Entsprechendes gilt, wenn die Rechtshängigkeit der Hauptsache endet, beispielsweise durch Abweisung der Hauptsache.[38]

III. Antragsgegenstand

12 Gegenstand der Aussetzungsanordnung können **alle anfechtbaren Handlungen** sein. Dementsprechend kommen als Antragsgegenstand im Sinne des Art. 278 S. 2 AEUV und der vergleichbaren Vorschrift des EAGV sämtliche belastenden Maßnahmen in Betracht, die von rechtserheblicher Relevanz sowie vollzugsfähig und geeignet sind, Rechtswirkungen gegenüber Einzelnen zu erzeugen.[39] Im Einzelnen kann es sich hierbei nicht nur um unionsrechtliche Legislativ-, sondern auch und vornehmlich um Exekutivakte handeln, die gegenüber den Mitgliedstaaten oder einzelnen Personen erlassen werden. Ferner können auch die im Wettbewerbsverfahren oder in Anti-Dumping- oder Anti-Subventionsverfahren erlassenen Verordnungen der Kommission, die über endgültige oder vorläufige Maßnahmen entscheiden, Gegenstand von Anfechtungsklagen und damit Gegenstand von Vollzugsaussetzungsanordnungen sein.[40]

13 Zwischen dem Antragsgegenstand und dem Streitgegenstand in der Hauptsache muss ein unmittelbarer Zusammenhang (**Konnexität**) bestehen, Art. 160 Abs. 1 VerfO-EuGH bzw. Art. 104 § 1 VerfO-EuG.[41] Dieser ist nur dann gegeben, wenn sich der

---

1996, 327 (Fn. 19); *v. Winterfeld*, NJW 1988, 1409 (1413); vgl. auch *Allkemper*, Der Rechtsschutz des einzelnen, S. 146 ff.

[34] Näher zu dieser Konstruktion: *De Wilmars*, SEW 1986, 32 (36 f.); EuG, Rs. T-203/95 R, *Conolly*, Slg. 1995, II-2919, Rn. 23; *Wegener*, in: Calliess/Ruffert, EUV/AEUV, Art. 270 AEUV Rn. 6.

[35] *Ehricke*, in: Streinz, EUV/AEUV, Art. 279 AEUV Rn. 12; kritisch: *Schoch*, Vorläufiger Rechtsschutz im Europäischen Gemeinschaftsrecht, in: Ehlers/Schoch (Hrsg.), Rechtsschutz im Öffentlichen Recht, 2. Aufl. 2009, § 12 Rn. 25.

[36] *V. Winterfeld*, NJW 1988, 1409 (1413).

[37] *Klinke*, Der Gerichtshof, Rn. 260; *Pechstein*, EU-Prozessrecht, Rn. 918; kritisch hierzu für Nachprüfungsentscheidungen der Kommission *v. Winterfeld*, NJW 1988, 1409 (1413 f.), der dies am Beispiel EuGH, verb. Rs. 46/87 und 227/88, *Hoechst*, Slg. 1989, 2859 verdeutlicht.

[38] *Ehricke*, in: Streinz, EUV/AEUV, Art. 279 AEUV Rn. 11; *Schwarze*, in: ders., EU-Kommentar, Art. 278 AEUV Rn. 9; jeweils mit Nachweisen aus der Rechtsprechung des EuGH.

[39] EuGH, Rs. 136/79, *National Panasonic*, Slg. 1980, 2033 Rn. 22; EuG, Rs. T-395/94 R, *Atlantic Container Line*, Slg. 1995, II-2893, Rn. 51; vgl. auch EuG, Rs. T-19/91 R, *Vichy*, Slg. 1991, II-265 Rn. 17 ff., das eine taugliche Vollzugsmaßnahme ablehnt.

[40] EuGH, Rs. 792/79 R, *Camera Care*, Slg. 1980, 119 Rn. 11; Rs. 292/82 R, *Ford*, Slg. 1982, 2849 Rn. 3 f.; Rs. 120/83 R, *Raznoimport*, Slg. 1983, 2573 Rn. 3 ff.; Rs. 299/85, *Tokyo Juki Industrial*, Slg. 1986, 2965, 2968; Rs. 304/86, *Enital*, Slg. 1987, 267 Rn. 10 f.

[41] *Schoch*, Vorläufiger Rechtsschutz im Europäischen Gemeinschaftsrecht, in: Ehlers/Schoch (Hrsg.), Rechtsschutz im Öffentlichen Recht, 2. Aufl. 2009, § 12 Rn. 30, fordert eine Konnexität in prozessualer Hinsicht. *Sladic*, Einstweiliger Rechtsschutz im Gemeinschaftsprozessrecht, S. 119 ff. hingegen sieht in diesem Zusammenhang alleine eine Ausprägung der Akzessorietät, jedoch nicht der Konnexität.

5. Abschnitt. Vorläufiger Rechtsschutz   14, 15 § 19

Aussetzungsantrag entweder auf die angefochtene Handlung selbst oder aber auf mit ihr verbundene Nachteile bezieht.⁴² In der Sache darf mit dem Antrag auf Aussetzung der Vollziehung nichts anderes begehrt werden als mit der Hauptsache. Ein Antrag, der auf weitergehende oder andere Folgen als die bloße Vollzugsaussetzung gerichtet ist, verfolgt keinen zulässigen Antragsgegenstand.⁴³ Ebenso ist ein Antrag auf vorläufige Aussetzung des Vollzuges, der mit dem Klageantrag identisch ist, bereits aufgrund der dann bestehenden formellen Gleichartigkeit als unzulässig abzuweisen, da hier eine Präjudizierung in der Hauptsache vorgenommen werden würde.⁴⁴ Es kann deshalb nicht mehr begehrt werden, als im Hauptsacheverfahren gewährt werden könnte.⁴⁵ Unstatthaft ist ein Aussetzungsantrag immer dann, wenn der Antrag, der der Klage zugrunde liegt, unzulässig ist (vgl. Rn. 10).

Begehrt der Antragsteller statt der Aussetzung der zugrundeliegenden Exekutiventscheidung in Wirklichkeit die Aufhebung eines die Entscheidung bereits bestätigenden Urteils, gegen das jedoch ein Rechtsmittel eingelegt wurde, ist der Antrag – soweit er nicht gegen das Urteil direkt gerichtet ist – mangels ordnungsgemäßen Antragsgegenstandes unzulässig.⁴⁶   14

IV. Antragsbefugnis

Grundsätzlich kann jede Partei, die eine Nichtigkeitsklage bzw. einen Antrag auf   15
Aufhebung dienstrechtlicher Maßnahmen nach Art. 270 AEUV vor dem Europäischen Gerichtshof erheben kann, auch einen entsprechenden Antrag auf einstweilige Aussetzung der angefochtenen Unionshandlung stellen. Die **Antragsbefugnis** richtet sich dementsprechend nach der **Klagebefugnis in der Hauptsache**. Neben den einzelnen Unionsorganen und Mitgliedstaaten (privilegierte Antragsberechtigte) sind grundsätzlich auch natürliche und juristische Personen (nichtprivilegierte Antragsberechtigte) antragsbefugt. **Streithelfer** des Hauptsacheverfahrens haben demgegenüber kein eigenes Antragsrecht. Sie können auf entsprechenden gesonderten Antrag hin auch im Verfahren einstweiliger Anordnung zugelassen werden.⁴⁷ Nicht eingeräumt ist ihnen dagegen die Befugnis, von sich aus selbständig Anträge des einstweiligen Rechtsschutzes zu stellen.⁴⁸ Die gegenteilige Ansicht,⁴⁹ die für eine solche Befugnis in dem insoweit offenen Wortlaut der Art. 160 Abs. 2 VerfO-EuGH und Art. 104 § 1 Abs. 2 VerfO-EuG für den Fall der

---

⁴² EuGH, Rs. 23/74 R, *Küster,* Slg. 1974, 331 Rn. 3/6; Rs. 88/76 R, *Exportation des Sucres,* Slg. 1976, 1585 Rn. 2/6; Rs. 186/80 R, *Suss,* Slg. 1980, 3501 Rn. 16.
⁴³ Siehe hierzu EuGH, verb. Rs. 35/62 und 16/63, *Leroy,* Slg. 1963, 463, 465; Rs. 88/76 R, *Exportation des Sucres,* Slg. 1976, 1585 Rn. 2/6; Rs. C-313/90 R, *CIRFS,* Slg. 1991, 2557 Rn. 23.
⁴⁴ EuGH, Rs. 65/63 R, *Prakash,* Slg. 1965, 770, 772; Rs. 294/86 R, *Technointorg,* Slg. 1986, 3979 Rn. 12.
⁴⁵ EuGH, verb. Rs. 35/62 und 16/63 R, *Leroy,* Slg. 1963, 463, 465; Rs. 88/76 R, *Exportation des Sucres,* Slg. 1976, 1585 Rn. 2/6.
⁴⁶ EuG, Rs. T-77/91 R, *Hochbaum,* Slg. 1991, II-1285 Rn. 21 f.
⁴⁷ EuGH, Rs. 792/79 R, *Camera Care,* Slg. 1980, 119 Rn. 8; Rs. 42/82 R, *Kommission/Frankreich,* Slg. 1982, 841, 848; Rs. C-195/90 R, *Kommission/Deutschland,* Slg. 1990, I-3351 Rn. 5.
⁴⁸ *Kaessner,* Der einstweilige Rechtsschutz im Europarecht, S. 82; *Gaitanides,* in: Groeben/Schwarze, EUV/EGV, Art. 242, 243 EGV Rn. 22; *Lasok,* The European Court of Justice, S. 239; *De Wilmars,* SEW 1986, 32 (38).
⁴⁹ *Pastor/van Ginderachter,* R.T.D.E. 1989, 561 (577).

einstweiligen Anordnung nach Art. 279 AEUV einigen Anhalt findet, vernachlässigt die Grundentscheidung des Art. 40 Abs. 4 Satzung-EuGH, nach der der Streithelfer darauf beschränkt ist, bereits gestellte Anträge einer Partei zu unterstützen.

16 Diejenigen Antragsteller, die nicht zum Kreis der privilegierten Antragsberechtigten gehören, müssen im Rahmen ihrer Antragsbefugnis ebenso wie im Hauptsacheverfahren die **Möglichkeit der Verletzung eigener Interessen** geltend machen können.[50] Dies ist substantiiert darzulegen.[51] Der einzelne Antragsteller muss damit nicht nur die materiellen Voraussetzungen für seinen Eilantrag darlegen (vgl. Rn. 21 ff.), er muss vielmehr auch im Rahmen des einstweiligen Rechtsschutzes zur Überzeugung des Gerichts darlegen, dass er durch die angefochtene Maßnahme **unmittelbar und individuell betroffen** ist.[52] Im Rahmen des Art. 263 Abs. 4 AEUV genügt nunmehr für Klagen gegen Rechtsakte mit „Verordnungscharakter" die Geltendmachung einer unmittelbaren Betroffenheit für das Vorliegen der Klagebefugnis natürlicher und juristischer Personen.[53] Diese Erleichterung muss auch im Rahmen eines Antrags auf Vollzugsaussetzung zur Geltung kommen. Im Hinblick auf den Eilcharakter des Verfahrens ist es dabei ausreichend, wenn die Antragsbefugnis nicht ohne weiteres auszuschließen ist.[54] Während natürliche und juristische Personen somit nicht als **Sachwalter dritter Interessen** fungieren können,[55] betrifft diese Einschränkung nicht die Unionsorgane und Mitgliedstaaten, die als privilegierte Antragsberechtigte auch Interessen allgemeiner Art (z. B. Unionsinteressen) und damit auch die von Dritten (z. B. von nationalen Unternehmen) im Eilverfahren vertreten können.[56]

V. Rechtschutzbedürfnis sowie Frist und Form

17 Wie bei jedem anderen Rechtsbehelf auch, muss der Antragsteller ein grundsätzliches **Rechtsschutzinteresse** an dem Antrag auf vorläufige Vollzugsaussetzung haben. Gegeben ist ein solches Rechtsschutzbedürfnis dann, wenn die einstweilige gerichtliche Entscheidung notwendig ist, um die Rechte des Antragstellers zu wahren. Die einstweilige Aussetzung der Durchführung der angefochtenen Unionsmaßnahme muss mit anderen Worten grundsätzlich geeignet sein, eine für den Antragsteller positive Wirkung zu entfalten. Dies setzt voraus, dass die Durchführung des angefochtenen Unionsaktes noch nicht erfolgt ist, da der Aussetzungsantrag ansonsten ins Leere ginge.

---

[50] EuGH, Rs. 12/64 R, *Ley,* Slg. 1965, 182, 184; Rs. 22/75 R, *Küster,* Slg. 1975, 277, 278.
[51] *Pechstein,* EU-Prozessrecht, Rn. 927; *Stoll/Rigod,* in: GHN, Art. 279 AEUV Rn. 8.
[52] EuGH, Rs. 44/75 R, *Könecke,* Slg. 1975, 637 Rn. 3; Rs. 1/84 R, *Ilford,* Slg. 1984, 423 Rn. 5 f.; Rs. 97/85 R, *Deutsche Lebensmittelwerke,* Slg. 1985, 1331 Rn. 19; Rs. 376/87 R, *Distrivet,* Slg. 1988, 209 Rn. 17 ff.; Rs. 160/88 R, *Fédération européenne de la santé animale,* Slg. 1988, 4121 Rn. 21 ff. Zur Auseinandersetzung um diese Merkmale in der neueren Rspr. von EuGH und EuG, vgl. EuGH, Rs. C-50/00 P, *Unión de Pequeños Agricultores,* Slg. 2002, I-6677 einerseits und EuG, Rs. T-177/01, *Jégo,* NJW 2002, 2088 Rn. 25 ff. Dazu *Calliess/Lais,* ZUR 2002, 344; *Calliess,* ZUR 2002, 402 (402 f.); *ders.,* NJW 2002, 3577; vgl. auch die ältere Kritik bei *Wegener,* ZEuS 1998, 183.
[53] Vgl. dazu ausführlich *Cremer,* in: Calliess/Ruffert, EUV/AEUV, Art. 263 AEUV Rn. 54 ff.
[54] EuGH, Rs. 221/86 R, *Front National u. a./Parlament,* Slg. 1986, 2969 Rn. 18 f.
[55] EuGH, Rs. 12/64 R, *Ley,* Slg. 1965, 182, 184; Rs. 22/75 R, *Küster,* Slg. 1975, 277, 278.
[56] EuGH, Rs. 42/82 R, *Kommission/Frankreich,* Slg. 1982, 841, 853; Rs. C-195/90 R, *Kommission/Deutschland,* Slg. 1990, I-2715 Rn. 20.

Ist die streitgegenständliche Handlung schon vollzogen, fehlt es an einem entsprechenden Rechtsschutzinteresse, so dass ein dahingehender Antrag unzulässig wäre.[57] Davon zu trennen ist die weitere Frage, ob in Fällen vollzogener Unionshandlungen nicht über Art. 279 AEUV einstweiliger Rechtsschutz zu erlangen ist.

Eine besondere **Antragsfrist** ist weder in den Verträgen noch in den sie ergänzenden Vorschriften der Verfahrensordnungen vorgesehen. Weil der Antrag auf Aussetzung der Vollziehung die Rechtshängigkeit der Hauptsache erfordert, kann einstweiliger Rechtsschutz **frühestens mit der Klageerhebung** begehrt werden. Aussetzungsanordnungen können mangels näherer Fristbestimmungen auch noch **während des laufenden Hauptsacheverfahrens** beantragt werden.[58] Ist das Verfahren in der Hauptsache schon weit fortgeschritten, so dass in Kürze eine endgültige Entscheidung zu erwarten ist, kann das Rechtsschutzbedürfnis für den Antrag entfallen.[59] Der Gerichtshof weist solche Anträge im Allgemeinen aber nicht wegen mangelnden Rechtsschutzinteresses als unzulässig, sondern mit dem Hinweis darauf, dass es an der Dringlichkeit oder Notwendigkeit der begehrten Maßnahme fehle, regelmäßig als unbegründet ab.[60]

Die Antragsschrift ist nach Art. 160 Abs. 4 VerfO-EuGH, Art. 104 § 3 VerfO-EuG mit besonderem Schriftsatz einzureichen. In diesem sind der Antragsgegenstand sowie die maßgeblichen Umstände, aus denen sich die Dringlichkeit ergibt, zu bezeichnen. Nach der deutschen Fassung der VerfO-EuG ist darüber hinaus die Notwendigkeit der beantragten einstweiligen Anordnung glaubhaft zu machen, Art. 104 § 2 VerfO-EuG.[61] Glaubhaftmachung ist dabei als abgeschwächte Beweispflicht zu verstehen, der Antragsteller darf sich aller verfügbaren Beweismittel bedienen, einschließlich der eidesstattlichen Versicherung sowie Urkunden, um den Unionsrichter von der Erforderlichkeit – i. S. überwiegender Wahrscheinlichkeit[62] – der beantragten Anordnung zu überzeugen.[63] Ausnahmsweise kann die Erklärung des Antragstellers ausreichen, sofern sie die notwendige Überzeugungskraft besitzt und dem Beweise zugänglich ist.[64] In der Neufassung der Verfahrensordnung des EuGH ist die Begrifflichkeit der Glaubhaftmachung nicht mehr enthalten. Art. 160 Abs. 3 VerfO-EuGH verlangt, dass „die den Erlass der beantragten einstweiligen Anordnung dem ersten Anschein nach rechtfertigenden Sach- und Rechtsgründe [angeführt werden]". An den Anforderungen an die Form der Antragsschrift, d. h. an die Qualität der anzuführenden Tatsachen und rechtlichen Erwägungen, ändert sich durch diese Umformulierung nichts, es erfolgte lediglich eine sprachliche Anpassung an die in den anderen Ländern

---

[57] EuGH, Rs. C- 92/78 R, *Simmenthal*, Slg. 1978, 1129 Rn. 7.
[58] Siehe v. *Winterfeld*, NJW 1988, 1409 (1413); *Stoll/Rigod*, in: GHN, Art. 279 AEUV Rn. 16; *Gaitanides*, in: Groeben/Schwarze, EUV/EGV, Art. 242, 243 EGV Rn. 27.
[59] Siehe EuGH, verb. Rs. 3-18, 25 und 26/58 R, *Erzbergebau*, Slg. 1960, 471, 478; *Klinke*, Der Gerichtshof, Rn. 262; in diese Richtung auch *Wägenbaur*, EuZW 1996, 327 (330).
[60] EuGH, Rs. 123/80 R, *B/Parlament*, Slg. 1980, 1793 Rn. 2.; Rs. 6/72 R, *Continental Can*, Slg. 1972, 157 Rn. 3 f.
[61] Eine Entsprechung dieser Formulierung findet sich in anderen Sprachfassungen nicht, vgl. *Wegener*, in: Calliess/Ruffert, EUV/AEUV, Art. 278, 279 AEUV Fn. 53.
[62] EuGH Rs. C-149/95 P(R), *Kommission/Atlantic Container Line*, Slg. 1995, I-2165 Rn. 38.
[63] *Stoll/Rigod*, in: GHN, Art. 279 AEUV Rn. 17. Ein Rückgriff auf § 294 Abs. 1 ZPO und die darin enthaltenen einschränkenden Voraussetzungen ist nicht zulässig, der Begriff ist autonom auszulegen, vgl. *Ehricke*, in: Streinz, EUV/AEUV, Art. 279 AEUV Rn. 40.
[64] EuGH, Rs. 31/59 R, *Acciaiera e Tubificio di Brescia*, Slg. 1960, 217, 221.

bestehenden Fassungen.⁶⁵ Das Gericht ist trotz des Eilcharakters des Verfahrens nicht gehindert, eine Beweisaufnahme anzuordnen, Art. 160 Abs. 6 VerfO-EuGH⁶⁶ bzw. Art. 105 § 2 VerfO-EuG.⁶⁷

20 Im Übrigen orientieren sich die Anforderungen an die Antragsschrift an den **Erfordernissen der Klageschrift**, Art. 160 Abs. 4 VerfO-EuGH, Art. 104 § 3 VerfO-EuG.

C. Begründetheit

21 Unter welchen Voraussetzungen ein Antrag auf vorläufige Vollzugsaussetzung der angefochtenen Handlung begründet ist, lässt sich den vertraglichen Bestimmungen nicht eindeutig entnehmen. Dort heißt es lediglich, dass der Gerichtshof den Erlass einer solchen Verfügung „den Umständen nach für nötig" halten muss. Daraus ergibt sich jedenfalls, dass den Gerichten bei ihrer Entscheidung ein Ermessensspielraum zukommt.⁶⁸ Genauere Anhaltspunkte enthalten die das Primärrecht ergänzenden Vorschriften der Verfahrensordnungen. Nach 104 § 2 VerfO-EuG müssen Anträge auf einstweiligen Rechtsschutz nicht nur den Streitgegenstand benennen, sondern auch die Umstände darlegen, aus denen sich **Dringlichkeit (I.) und Notwendigkeit (II.) der beantragten Anordnung** ergeben.⁶⁹ Dringlichkeit und Notwendigkeit sind sowohl in tatsächlicher als auch in rechtlicher Hinsicht hinreichend **glaubhaft** zu machen („**fumus boni juris**").⁷⁰ In der Neufassung der Verfahrensordnung des EuGH ist in der maßgeblichen Norm des Art. 160 Abs. 3 VerfO-EuGH der Begriff der Glaubhaftmachung nicht mehr enthalten. Vielmehr sind die Umstände, aus denen sich die Dringlichkeit ergibt sowie die den Antrag dem ersten Anschein nach rechtfertigenden Sach- und Rechtsgründe anzuführen. Die Voraussetzungen für einen begründeten Antrag ändern sich durch diese Neuformulierung nicht, es muss weiterhin der Anschein für Dringlichkeit und Notwendigkeit der Aussetzungsanordnung bestehen. Lediglich der Begriff der Glaubhaftmachung ist weggefallen.⁷¹

Soweit es sich nicht um den Aussetzungsantrag eines privilegierten Klägers handelt, ist darüber hinaus erforderlich, dass sich die Glaubhaftmachung bzw. die den Erlass der Anordnung rechtfertigenden Sach- und Rechtsgründe sich auch auf Umstände beziehen, die in der Person des Antragstellers begründet sind. Die antragstellende Partei hat nachzuweisen, dass sie den Ausgang des Hauptsacheverfahrens nicht abwarten kann, ohne selbst

---

⁶⁵ Vgl. auch die Einleitung zum Entwurf der Verfahrensordnung des Gerichtshofs sowie die Begründung zu Art. 162 VerfO-EuGH im genannten Entwurf i.d.F. vom 25.5.2011, abrufbar unter http://curia.europa.eu/jcms/jcms/Jo2_7031/.

⁶⁶ Die Änderung in der VerfO-EuGH ist an dieser Stelle rein sprachlicher Natur.

⁶⁷ *Schwarze*, in: ders., EU-Kommentar, Art. 278 AEUV Rn. 24.

⁶⁸ EuGH, Rs. C-180/96 R, *Vereinigtes Königreich/Kommission*, Slg. 1996, I-3903 Rn. 45; Rs. C-149/95 P(R), *Kommission/Atlantic Container Line*, Slg. 1995, I-2165 Rn. 23.

⁶⁹ EuG, Rs. T-379/11 R, *Krupp u.a./Kommission*, BeckRS 2011, 81377 (noch nicht in amtl. Sammlung veröffentlicht) Rn. 9.

⁷⁰ EuGH, Rs. 20/81 R, *Arbed*, Slg. 1981, 721 Rn. 13; Rs. 270/84 R, *Licata*, Slg. 1984, 4119 Rn. 4; Rs. 269/84 R, *Fabbro*, Slg. 1984, 4333 Rn. 3; Rs. C-345/90 P-R, *Parlament/Hanning*, Slg. 1991, I-231 Rn. 26.

⁷¹ Vgl. auch die Einleitung zum Entwurf der Verfahrensordnung des Gerichtshofs sowie die Begründung zu Art. 162 VerfO-EuGH im genannten Entwurf i.d.F. vom 25.5.2011, abrufbar unter http://curia.europa.eu/jcms/jcms/Jo2_7031/.

einen schweren, nicht wiedergutzumachenden Schaden zu erleiden.[72] Das Abstellen auf nachteilige Auswirkungen für andere Personen oder nationale Unternehmen, vermag insoweit der Nachweispflicht der Dringlichkeitsvoraussetzungen nicht zu genügen. Gelingt es dem Antragsteller nicht, die Dringlichkeit und Notwendigkeit seines Aussetzungsantrags hinreichend zu untermauern, geht die **Nichterweislichkeit** seiner Behauptungen zu seinen Lasten.[73] An den genannten Anforderungen scheitern die meisten Anträge.

I. Notwendigkeit der begehrten Aussetzung – Hauptsacheprognose

Nach Art. 104 § 2 VerfO-EuG muss die Notwendigkeit in tatsächlicher wie in rechtlicher Hinsicht glaubhaft gemacht werden(„**fumus boni juris**") bzw. die Umstände, aus denen sich die Dringlichkeit ergibt, bezeichnet werden und die den Erlass der Anordnung dem ersten Anschein nach rechtfertigenden Sach- und Rechtsgründe angeführt werden, Art. 160 Abs. 3 VerfO-EuGH.

Das Kriterium der **Notwendigkeit der beantragten Vollzugsaussetzung** beurteilt der Gerichtshof anhand einer summarischen Prüfung der **Erfolgsaussichten in der Hauptsache**.[74] Der Gerichtshof geht trotz der teilweise vorgebrachten Kritik[75] weiter von der Eigenständigkeit dieses Kriteriums gegenüber dem der Dringlichkeit aus. Im Vergleich zum dafür früher angelegten Maßstab der „starken Vermutung"[76] für die Begründetheit der Hauptsache bzw. deren offensichtlichen Begründetheit[77] sind die Voraussetzungen dafür mittlerweile stark abgeschwächt. Nach inzwischen ständiger Rechtsprechung von EuG und EuGH ist es ausreichend, wenn „die Klage bei summarischer Prüfung der Klagegründe nicht offensichtlich unbegründet[78] bzw. „das Vorbringen des Antragstellers auf den ersten Blick nicht völlig unhaltbar ist"[79]. Die Rechtsprechung hat die Voraussetzung des „fumus boni iuris" damit wenigstens fallweise in eine Voraussetzung des „fumus non mali iuris" (dem ersten Anschein nach nicht unbegründet) umgewandelt.[80]

---

[72] EuGH, Rs. 142/987 R, *Belgien/Kommission,* Slg. 1987, 2589 Rn. 23; Rs. C-256/90 R, *Belgien/Kommission,* Slg. 1991, I-2423 Rn. 23.

[73] EuGH, Rs. 250/85 R, *Brother Industries,* Slg. 1985, 3459 Rn. 18; *Ehricke,* in: Streinz, EUV/AEUV, Art. 279 AEUV Rn. 41.

[74] So ausdrücklich EuGH, Rs. 3/75 R, *Johnson,* Slg. 1975, 1 Rn. 1.

[75] *Ehle,* AWD/RIW 1964, 39 (41).

[76] EuGH, verb. Rs. 43/59, 44/59 und 45/59 R, *von Lachmüller,* Slg. 1960, 1019, 1024; Rs. 346/82 R, *Favre,* Slg. 1983, 199, 201.

[77] EuGH, Rs. 65/63 R, *Prakasch,* Slg. 1965, 770, 772; Rs. 68/63 R, *Luhleich,* Slg. 1965, 822, 825.

[78] EuGH, Rs. 3/75 R, *Johnson & Firth Brown,* Slg. 1975, 1 Rn. 1; vgl. aus jüngerer Zeit: Rs. 56/89 R, *Publishers Association,* Slg. 1989, 1693 Rn. 31; Rs. 246/89 R, *Kommission/Vereinigtes Königreich,* Slg. 1989, 3125 Rn. 33; Rs. C-195/90 R, *Kommission/Deutschland,* Slg. 1990, I-2715 Rn. 19; Rs. C-272/91 R, *Kommission/Italien,* Slg. 1992, I-3929 Rn. 3.

[79] EuG, Rs. T-41/96 R, *Bayer/Kommission,* Slg. 1996, II-381 Rn. 42.

[80] Tendenziell anders *Ehricke,* in: Streinz EUV/AEUV, Art. 279 AEUV Rn. 39 mit Verweis auf EuGH, Rs. C-280/93 R, *Deutschland/Rat,* Slg. 1993, I-3367 Rn. 21; EuG, T-79/95 R und T-80/95 R, *SNCF und British Railways Board,* Slg. 1995, II-1433 Rn. 35: Seiner Meinung nach weichen die Unionsgerichte nur von der Voraussetzung des „fumus boni iuris" ab, wenn sich eine grundsätzliche Rechtsfrage stellt, die mangels gefestigter Rechtsprechung eine vertiefte Prüfung erfordert.

23 Im Detail geht es in erster Linie um die Feststellung, ob die angefochtene Maßnahme offensichtlich rechtswidrig und damit das Verfahren offensichtlich begründet erscheint oder nicht. Da es sich nur um eine grobe vorläufige Prüfung handelt, hebt der Gerichtshof entscheidend auf das Kriterium der Offenkundigkeit des Rechtsverstoßes ab. Sofern die Rechtswidrigkeit der angefochtenen Handlung gewissermaßen „auf der Stirn geschrieben steht" (Rechtswidrigkeit prima facie), besteht nicht nur eine Dringlichkeit, sondern zugleich die Notwendigkeit, die Durchführung dieser Maßnahme vorläufig zu unterbinden. Gleiches gilt, wenn der EuGH erhebliche Zweifel an der Rechtmäßigkeit des Unionsaktes hat, da auch dann die Aussetzungsinteressen des Antragstellers Vorrang vor den Vollzugsinteressen der Union haben. Lässt sich eine Offensichtlichkeit weder in der einen noch in der anderen Richtung feststellen, ist es dem Richter verwehrt, „das Vorbringen der Antragstellerinnen dem ersten Anschein nach für völlig unbegründet zu erachten und die Anträge auf Aussetzung des Vollzugs der streitigen Entscheidungen deswegen zurückzuweisen".[81] Vielmehr geht der Gerichtshof davon aus, dass die Notwendigkeit der Vollzugsaussetzung bereits dann glaubhaft dargelegt ist, wenn mit dem Aussetzungsantrag Grundsatzfragen angesprochen werden, über die der Gerichtshof bislang noch nicht entschieden hat.[82]

II. Dringlichkeit der begehrten Aussetzungsanordnung

24 Schwerpunkt der Begründetheitsprüfung ist – vor allem bedingt durch die mittlerweile restriktiven Anforderungen an das Kriterium der Notwendigkeit – die Untersuchung der Dringlichkeit der begehrten Aussetzungsanordnung.[83] Wie der Gerichtshof in ständiger Rechtsprechung festgestellt hat, nimmt er die Dringlichkeit einer Aussetzungsanordnung dann an, wenn die beantragte einstweilige Maßnahme unter Berücksichtigung der Schwierigkeiten und Nachteile, die sich daraus für die Unionsorgane, die Mitgliedstaaten oder Dritte ergeben können, zur Abwendung eines schweren und nicht wiedergutzumachenden Schadens des Antragstellers erforderlich bzw. notwendig ist.[84] Dies wird im Wege einer umfassenden Interessenabwägung ermittelt. Die Kriterien, die dabei zu beachten sind, hat der EuGH in seiner Entscheidung „Zuckerfabrik Süderdithmarschen" näher erläutert.[85] Der antragstellenden Partei obliegt es, das Vorliegen dieser Voraussetzungen nachzuweisen.[86] Die in Frage kommenden Maßnahmen dürfen nur vorläufig in dem Sinne sein, dass sie der Entscheidung in der Hauptsache nicht vorgreifen.

25 **1. Schaden.** Nach den vom EuGH entwickelten Anforderungen muss zunächst einmal ein **Schaden** für den Antragsteller zu besorgen sein. Der **Begriff des Schadens** wird vom Gerichtshof in einem umfassenden Sinne verstanden, der nicht nur materi-

---

[81] EuG verb. Rs. T-24/92 R u. T-28/92 R, *Langnese u.a/Kommission*, Slg. 1992, II-1840 Rn. 27; verb. Rs. T-7/93 R u. T-9/93 R, *Langnese u. a./Kommission,* 1993, II-131 Rn. 39.
[82] EuGH, Rs. C-345/90 P-R, *Parlament/Hanning*, Slg. 1991, I-231 Rn. 29.
[83] *Ehricke*, in Streinz, EUV/AEUV, 2. Aufl. 2012, Art. 279 AEUV Rn. 25.
[84] EuGH, verb. Rs. 43/59 und 44/59 und 45/59, *Lachmüller*, Slg. 1960, 1019, 1023; Rs. 25/62 R, *Plaumann*, Slg. 1963, 271, 276; Rs. C-213/91 R, *Abertal u. a.*, Slg. 1991, I-5109 Rn. 18; verb. Rs. C-512/07 P(R) und C-15/08 P(R), *Donnici*, Slg. 2009 I-1, Rn. 57.
[85] EuGH, verb. Rs. C-143/88 und C-92/89, *Süderdithmarschen*, Slg. 1991, I-415 Rn. 29.
[86] EuGH, Rs. C-213/91 R, *Abertal u. a.*, Slg. 1991, I-5109 Rn. 18.

elle[87] sondern auch **immaterielle Nachteile**[88] am Vermögen oder sonstigen rechtlich geschützten Gütern umfasst. In Betracht kommen damit auch Beeinträchtigungen in der Ehre,[89] Gesundheit[90] sowie nachteilige Auswirkungen auf den Geschäftsbetrieb.[91]

2. **Schadensintensität.** Auch wenn der Schaden nicht unbedingt bis ins Einzelne beziffert werden muss, so muss er doch von einigem Gewicht sein, da **geringfügige Schäden** den Erlass einer vorläufigen Vollzugsaussetzung schon aus Gründen der Verhältnismäßigkeit nicht zu rechtfertigen vermögen. Der Gerichtshof nimmt einen schwerwiegenden Schaden dann an, wenn dieser den Antragsteller in seiner rechtlichen und/oder wirtschaftlichen Stellung nicht bloß unwesentlich beeinträchtigt.[92] Ob und wann eine wesentliche Beeinträchtigung der geschützten Rechtssphäre des Antragstellers gegeben ist, ermittelt der Gerichtshof anhand der Art und Schwere des Rechtsverstoßes sowie der damit verbundenen konkreten nachteiligen Auswirkungen, die der Rechtsverstoß für das Vermögen und die sonstigen rechtlich geschützten Güter des Antragstellers zeitigt.[93]

Der Antragsteller ist danach immer dann wesentlich in seinen geschützten Interessen beeinträchtigt, wenn die angefochtene Unionshandlung offenkundig unter **grober Missachtung grundlegender Rechte und Prinzipien des Unionsrechts** erlassen worden ist[94] oder die Handlung sich negativ auf das Funktionieren des Gemeinsamen Marktes auswirkt.[95] Unwesentlich ist die Beeinträchtigung demgegenüber immer dann, wenn die behauptete Rechtsverletzung eines Unionsorgans überhaupt nicht in der Lage ist, eine Rechtsgutverletzung beim Antragsteller hervorzurufen, weil es sich bei dem behaupteten unionswidrigen Verhalten lediglich um eine **Vorbereitungshandlung** für die spätere Entscheidung handelt.[96] Entsprechendes gilt, wenn das betreffende Unionsorgan von sich aus verbindlich **auf die Vollziehung** seiner Handlung bis zur endgültigen Klärung in der Hauptsache **verzichtet** hat.[97] Beeinflussen mehrere

---

[87] EuGH, Rs. 20/4 R, *Kali-Chemie*, Slg. 1974, 337 Rn. 1; Rs. 166/78 R, *Italien/Rat*, Slg. 1978, 1745 Rn. 8/13 f.; Rs. 120/83 R, *Raznoimport*, Slg. 1983, 2573 Rn. 15.
[88] EuGH, Rs. 129/80 R, *Turner*, Slg. 1980, 2135 Rn. 3; Rs. 174/80 R, *Reichardt*, Slg. 1980, 2665 Rn. 4 ff.; Rs. 338/82 R, *Albertini*, Slg. 1982, 4667 Rn. 17.
[89] EuGH, Rs. 129/80 R, *Turner*, Slg. 1980, 2135 Rn. 4; Rs. 118/83 R, *CMC*, Slg. 1983, 2583 Rn. 50 f.; EuG, Rs. T-203/95 R, *Conolly*, Slg. 1995, II-2919 Rn. 42.
[90] EuGH, verb. Rs. 43/59 und 44/59 und 45/59, *Lachmüller*, Slg. 1960, 1019, 1023; Rs. 24/87 R, *Virgili*, Slg. 1987, 2847, Rn. 15 ff.; Rs. 90/87 R, *C.W.*, Slg. 1987, 1801 Rn. 10 ff.; siehe auch EuG, Rs. T-10/91 R, *Bodson*, Slg. 1991, II-133 Rn. 18, wo das Gericht auf die Pflicht der Unionsbediensteten hinweist, Gesundheitsgefährdungen durch entsprechende Anwendung der beamtenrechtlichen Bestimmungen zu verhindern.
[91] EuGH, Rs. 171/83 R, *Kommission/Frankreich*, Slg. 1983, 2621 Rn. 18 ff.; verb. Rs. 76, 77 und 91/98 R, *RTE u. a.*, Slg. 1989, 1141 Rn. 16 ff.
[92] EuGH, *Pardini*, Rs. 809/79 R, Slg. 1980, 139 Rn. 9.
[93] EuGH, Rs. 171/83 R, *Kommission/Frankreich*, Slg. 1983, 2621 Rn. 26; *Stoll/Rigod*, in: GHN, Art. 279 AEUV Rn. 255.
[94] EuGH, verb. Rs. 31/77 R und 53/77 R, *Kommission/Vereinigtes Königreich*, Slg. 1977, 921 Rn. 20/23; vgl. auch *Ehricke*, in: Streinz, EUV/AEUV, Art. 279 AEUV Rn. 27; ähnlich *Schwarze*, in: ders., EU-Kommentar, Art. 278 AEUV Rn. 19.
[95] EuGH, Rs. 42/82 R, *Kommission/Frankreich*, Slg. 1982, 841 Rn. 20; Rs. 154/85 R, *Kommission/Italien*, Slg. 1985, 1753 Rn. 16.
[96] Siehe EuGH, Rs. 37/84 R, *EISA*, Slg. 1984, 1749 Rn. 11.
[97] EuGH, Rs. 31/79 R, *Montereau*, Slg. 1979, 1077 Rn. 2; Rs. 45/71 R, *GEMA*, Slg. 1971, 791 Rn. 2.

Faktoren den Schadenseintritt, so ist ausreichend, dass der Schadenseintritt mit einem hinreichenden Grad an Wahrscheinlichkeit vorgesehen werden kann.[98]

Werden dem Antragsteller durch die unionsrechtliche Handlung bestimmte **finanzielle Lasten** auferlegt, entscheidet die gesamtwirtschaftliche Situation des Antragstellers. Um einen schwerwiegenden Schaden handelt es sich nach der ständigen Rechtsprechung des Gerichtshofs nur dann, wenn ein diesbezüglicher Ausgleich nicht zu einem späteren Zeitpunkt, d.h. nach Obsiegen in der Hauptsache, möglich und ausreichend ist.[99] Eine Ausnahme von diesem Grundsatz lässt der EuGH lediglich für außergewöhnliche Situationen zu, in denen selbst eine spätere Schadensersatzleistung an den Geschädigten nicht wieder den Zustand herbeiführen kann, der vor Eintritt des schädigenden Ereignisses bestand.[100] So hat der EuGH im Fall der deutschen Schwerverkehrsabgabe einen irreparablen Schaden mit dem Argument angenommen, dass angesichts der geringen Gewinnspanne im Verkehrssektor einige Betriebe an den Rand der Existenzgefährdung gedrängt würden, wodurch eine unumkehrbare Veränderung im Bereich der Verteilung der Marktanteile zwischen deutschen und anderen europäischen Unternehmen entstehen würde.[101] Für die Beurteilung des Schadens ist keine pauschale Bewertung vorzunehmen, sondern auf die jeweiligen Umstände des Einzelfalles abzustellen.[102]

28 Wird dem Antragsteller für den Fall der Zuwiderhandlung oder Nichterfüllung ein **Zwangsgeld** angedroht, besteht grundsätzlich keine Dringlichkeit, da es vom Verhalten des Antragstellers abhängt, ob er finanziell belastet wird oder nicht.[103] Das gleiche gilt, wenn der Antragsteller **finanzielle Einbußen** durch den Akt des Unionsorgans erleidet (z. B. Einstellung von Gehaltszahlungen oder Einfrierung von Subventionsleistungen). Hier legt der Gerichtshof ebenfalls einen **strengen Beurteilungsmaßstab** zugrunde. **Bloße wirtschaftliche Schwierigkeiten**, die entstehen, weil der Antragsteller auf die Zahlung vertraut hat, reichen nicht aus, um einen schwerwiegenden Schaden zu begründen.[104] Eine Vollzugsaussetzung ist in diesen Fällen nur begründet, wenn der Antragsteller ohne den Erlass der einstweiligen Verfügung in seiner **Existenz**

---

[98] EuG, Rs. T-369/03, *Arizona Chemical u.a./Kommission*, Slg. 2004, II-205 Rn. 71; EuG, Rs. T-31/07 R, *Du Pont de Nemours SAS u.a./Kommission;* Slg. 2007, II-2767 Rn. 144 m.w.N.
[99] EuGH, verb. Rs. C-51/90 R und C-59/90 R, *Comos-Tank,* Slg. 1990, I- 2167 Rn. 24; Rs. C-358/90 R, *Compagnia Italiana Alcool,* Slg. 1990, I-4887 Rn. 26; Rs. C-213/91 R, *Abertal u.a.,* Slg. 1991, I-5109 Rn. 24; kritisch dazu *Burianski,* EWS 2006, 304 (308).
[100] EuGH, Rs. C-195/90 R, *Kommission/Bundesrepublik Deutschland,* Slg. 1990, I-3351 Rn. 38.
[101] EuGH, Rs. C-195/90 R, *Kommission/Bundesrepublik Deutschland,* Slg. 1990, I-3351 Rn. 39 ff.; *Leibrock,* DVBl. 1990, 1018 (1022).
[102] EuG, Rs. T-51/91 R, *Hoyer,* Slg. 1991, II-679 Rn. 19; Rs. T-52/91 R, *Smets,* Slg. 1991, II-689 Rn. 20.
[103] EuG, Rs. T-23/90 R, *Peugeot;* Slg. 1990, II-195 Rn. 32.
[104] EuGH, Rs. 48/79 R, *Ooms,* Slg. 1979, 1703 Rn. 3 f.; Rs. 33/80 R, *Albini,* Slg. 1980, 1671 Rn. 5 f.; Rs. C-213/91 R, *Albertal u.a.,* Slg. 1991, I-5109 Rn. 24; Rs. 229/88, *Cargill,* Slg. 1988, 5183, Rn. 17 f.; EuG, Rs. T-168/95, *Eridania/Rat,* Slg. 1995, II-2817, Rn. 42; Rs. T-6/95 R, *Cantine die Colli Berici,* Slg. 1995, II-647 Rn. 31; Rs. T-185/94 R, *Geotronics,* Slg. 1994, II-519 Rn. 21 ff. Abweichend scheint EuG, Rs. T-51/96 R, *Bayer,* Slg. 1996, II-381 Rn. 42 ff. eine einstweilige Anordnung schon wegen der schieren Größe des drohenden finanziellen Schadens für erforderlich zu erachten; zu dieser Entscheidung eingehend *Lasok,* CMLRev. 1997, 1309.

gefährdet würde.¹⁰⁵ Der Nachweis eines solchermaßen nicht wiedergutzumachenden Schadens ist angesichts der strengen Anforderungen, die der Gerichtshof stellt, nur in seltenen Fällen zu erbringen. Der EuGH legt hier zudem eine **wertende Betrachtungsweise** zugrunde, so dass auch die Ursachen, die in der Rechtssphäre des Antragstellers liegen und von diesem schuldhaft mitverursacht worden sind, bei der Beurteilung Berücksichtigung finden.¹⁰⁶ Bestehen hinsichtlich der Geltendmachung des Schadensersatzanspruches rechtliche Unsicherheiten allgemeiner Art sollen diese nach der viel zu restriktiven Rechtsprechung des EuGH keine Berücksichtigung finden können.¹⁰⁷

Ferner fehlt die erforderliche Intensität in Fällen, in denen die nachteiligen Auswirkungen von einer verhältnismäßig geringen Dauer sind, eine Anordnung also nur einen relativ kurzen Vorteil mit sich brächte. Hiervon betroffen sind insbesondere diejenigen Fallgestaltungen, in denen eine Entscheidung zur Hauptsache unmittelbar bevorsteht, d. h. nach Abschluss des schriftlichen und mündlichen Verfahrens. Dem Antrag auf Vollzugsaussetzung kann es in diesen Fällen schon an dem notwendigen Rechtsschutzbedürfnis fehlen.

3. Keine Möglichkeit der Schadenswiedergutmachung. Entscheidende Bedeutung kommt im weiteren der Prüfung zu, ob und inwieweit der festgestellte Schaden des Antragstellers durch die Gewährung von Schadensersatz wieder ausgeglichen werden kann,¹⁰⁸ wenn und soweit sich nach Beendigung des Verfahrens in der Hauptsache die Rechtswidrigkeit der streitgegenständlichen Maßnahme herausstellt. Der Gerichtshof stellt insoweit weniger auf die grundsätzliche Ausgleichbarkeit vorhandener Schäden als vielmehr auf die Möglichkeit der Restitution im konkreten Fall ab. Er vergleicht deshalb die unmittelbar schädigenden Auswirkungen des Unionsaktes auf die Vermögenswerte oder sonstigen rechtlich geschützten Güter des Antragstellers mit einem grundsätzlich möglichen, in der Zukunft zu gewährenden Schadensersatz.¹⁰⁹ Einen irreversiblen Schaden nimmt der Gerichtshof danach dann an, wenn die Schadensersatzleistung im konkreten Fall ungeeignet ist, den drohenden oder bereits eingetretenen Schaden auszugleichen. Dies kann beispielsweise dann gegeben sein, wenn der Schaden nicht durch Geld beseitigt werden kann¹¹⁰ oder die Schadensersatzleistung zu spät käme oder wenn ohne die einstweilige Anordnung vollendete Tatsachen geschaffen

---

¹⁰⁵ EuGH, Rs. 91/78 R, *Simmenthal*, Slg. 1978, 1129 Rn. 8/9; Rs. 141/84 R, *de Compte*, Slg. 1984, 2575 Rn. 4 f. Im Übrigen werden etwa die Möglichkeit einer Stützung von Tochterunternehmen und Verbandsvertretungen durch Konzernmütter bzw. durch Mitgliedsunternehmen in die Bewertung einbezogen, vgl. EuG, Rs. T-18/96 R, *Kraanverhuursbedrijf*, Slg. 1996, II-407 Rn. 38; Rs. T-295/94 R, *Buchmann*, Slg. 1994, II-1265, Rn. 26.
¹⁰⁶ *Gaitanides*, in: Groeben/Schwarze, EUV/EGV, Art. 242, 243 EGV Rn. 34.
¹⁰⁷ EuGH, Rs. C-404/01 P(R), *Kommission/Euroalliages u.a*, Slg. 2001, I-10367 Rn. 71 ff.; anders zuvor noch EuG, Rs. T-132/01 R, Beschl. v. 1.8.2001, *Euroalliages u. a./Kommission*, Slg. 2001, II-2307 Rn. 73 ff.; in seinem auf die Rückverweisung durch den EuGH folgenden Beschluss in gleicher Rs. v. 27.2.2002, Slg. 2002, II-777 hat das EuG dann (in Rn. 52) ausdrücklich festgestellt, dass die bloße (theoretische) Möglichkeit der Erhebung einer Schadensersatzklage genügt, um die Dringlichkeit der einstweiligen Anordnung auszuschließen.
¹⁰⁸ EuGH, Rs. 174/80 R, *Reichardt*, Slg. 1980, 2665 Rn. 6; Rs. 206/81 R, *Alvarez*, Slg. 1981, 2187 Rn. 7.
¹⁰⁹ EuGH, Rs. 174/80 R, *Reichardt*, Slg. 1980, 2665 Rn. 6; Rs. 232/81 R, *Olio*, Slg. 1981, 2193 Rn. 9.
¹¹⁰ EuGH, Rs. 229/88 R, *Cargill*, Slg. 1988, 5183 Rn. 17; Rs. C-51/90 R und C-59/90 R, *Comos Tank*, Slg. 1990, I-2167 Rn. 31.

würden, die hinterher nicht oder nur schwer wieder rückgängig zu machen wären.[111] Irreversibel sind nach dieser Rechtsprechung auch Schäden an Umwelt und Gesundheit.[112] Soweit die Betroffenen ihre nachteiligen Auswirkungen auf Dritte abwälzen können, lehnt der EuGH einen restitutionslosen Schaden ebenso ab[113] wie in Fällen, in denen die Kommission einzelnen Mitgliedstaaten im Rahmen ihrer Beihilfenaufsicht die Gewährung von Subventionen untersagt und die innerstaatlichen Unternehmen hierdurch Nachteile erleiden.[114] Dementsprechend fehlt ein schwerer und nicht wiedergutzumachender Schaden dann, wenn der Antragsteller für den Fall seines Obsiegens rückwirkend in seine Rechte eingesetzt werden könnte, wie sie vor Erlass der streitigen Entscheidung bestanden.[115]

31 4. **Interessenabwägung.** Die Interessen des Antragstellers, namentlich die drohende Beeinträchtigung seiner Rechtssphäre ohne Erlass der vorläufigen Vollzugsaussetzung auf der einen Seite, ist mit dem Interesse der Unionsorgane an der sofortigen Vollziehung und den drohenden Nachteilen für Drittbetroffene auf der anderen Seite abzuwägen.[116]

32 Das **Vollzugsinteresse der Unionsorgane** wird allerdings nur in wenigen Ausnahmefällen überwiegen, da es den Unionsorganen bei einem zuvor festgestellten drohenden und nicht wiedergutzumachenden Schaden grundsätzlich zugemutet werden kann, den Vollzug der betreffenden Maßnahme bis zur endgültigen Entscheidung aufzuschieben. Lediglich dann, wenn die Unionsorgane bei einer Vollzugsaussetzung ihrerseits vor außerordentliche Schwierigkeiten bei der Wahrnehmung der ihnen überantworteten Aufgaben gestellt würden, kann das Unionsinteresse im Einzelfall überwiegen.[117]

33 Im Allgemeinen ist der Gerichtshof bemüht, zwischen den beteiligten Parteien einen **angemessenen Interessenausgleich** herbeizuführen, indem er die Vollzugsaussetzung von bestimmten Bedingungen abhängig macht, die den gegenläufigen Interessen Rechnung tragen.[118]

34 Bei der Interessenabwägung finden auch die **Interessen Dritter** Berücksichtigung, die von der Anordnung einer aufschiebenden Wirkung für die streitgegenständliche Unionsmaßnahme ebenfalls betroffen sein können und für die mit der Entscheidung

---

[111] Vgl. dazu *Stoll/Rigod*, in: GHN, Art. 279 AEUV Rn. 23.
[112] EuGH, Rs. C-320/03 R, *Kommission/Österreich*, Slg. 2003, I-11665 Rn. 91 f.
[113] EuGH, Rs. 25/92 R, *Plaumann*, Slg. 1963, 271, 276.
[114] EuGH, verb. Rs. 31/77 R und 53/77 R, *Kommission/Vereinigtes Königreich*, Slg. 1977, 921 Rn. 20/23.
[115] EuGH, Rs. T-155/89 R, *Buccarello*, Slg. 1990, II-19 Rn. 13.
[116] EuGH, Rs. 3/75 R, *Johnson*, Slg. 1975, 1 Rn. 2/5, 6; Rs. 71/93 R, *Kommission/Frankreich*, Slg. 1983, 2621 Rn. 26; Rs. 293/85 R, *Kommission/Belgien*, Slg. 1985, 3521 Rn. 24; Rs. 45/87 R, *Kommssion/Irland*, Slg. 1987, 1369 Rn. 32 f.; Rs. C-358/90 R, *Compagnia Italiana Alcool*, Slg. 1990, I-4887 Rn. 29.
[117] EuGH, Rs. 19/78 R, *Authié*, Slg. 1978, 679 Rn. 7/8; Rs. 173/82 R, *Castille*, Slg. 1982, 4047 Rn. 4.
[118] Beispiele hierfür sind der Beschluss des EuG, verb. Rs. T-24/92 R und T-28/92 R, *Langnese u. a.*, Slg. 1992, II-1839 Rn. 28 ff., wo bei Entsprechung der Antragsbegehren von Antragsteller und Antragsgegner der anschließenden Hauptsacheentscheidung die praktische Wirkung genommen worden wäre und das EuG deshalb gezwungen war, eine Übergangslösung zu suchen sowie Rs. T-45/90 R, *Speybrouck*, Slg. 1990, II-705 Rn. 36 f., wo einer gekündigten schwangeren Arbeitnehmerin bis zur tatsächlichen Auszahlung des Arbeitslosengeldes ein entsprechender Betrag zugesprochen wurde.

erhebliche Nachteile verbunden sein können.[119] Dies gilt insbesondere für Aussetzungsanträge im Rahmen von dienstrechtlichen Anfechtungsklagen, da von ihnen gleichzeitig Mitbewerber um den streitgegenständlichen Dienstposten oder die Unionsbediensteten in ihrer Gesamtheit betroffen sein können.[120] Die Berücksichtigung betroffener Drittinteressen ist nicht zuletzt unter dem Gesichtspunkt effektiven Rechtsschutzes von erheblicher Bedeutung, da sie ihre Rechte in dem anhängigen Verfahren – soweit sie nicht als Streithelfer zugelassen worden sind – nicht selbst geltend machen können. Sofern schwerwiegende und nicht wiedergutzumachende Nachteile für Dritte zu besorgen sind, lehnt der Gerichtshof den Erlass einer Vollzugsaussetzungsanordnung regelmäßig ab.[121] Allerdings versucht der Gerichtshof auch hier den Interessen des Antragstellers dadurch entgegenzukommen, dass er die Durchführung des angefochtenen Unionsaktes von bestimmten Voraussetzungen abhängig macht.[122]

Aufgrund der bloß summarischen Prüfung muss der Gerichtshof das Interesse der Antragsteller und/oder der Unionsorgane in der Weise gegeneinander abwägen, dass sowohl der Schaffung einer unumkehrbaren Lage als auch die Entstehung eines schweren und nicht wiedergutzumachenden Schadens für eine der beteiligten Parteien vermieden wird.[123]

5. Vorläufigkeit der Anordnung. Der Beschluss über die einstweilige Vollzugsaussetzung darf die materielle Entscheidung des Gerichtshofs in der Hauptsache nicht vorwegnehmen (Art. 162 Abs. 4 VerfO-EuGH, Art. 107 § 4 VerfO-EuG).[124] Mit dieser Regelung soll verhindert werden, dass mit der Aussetzung des Vollzuges für eine Unionsmaßnahme bereits über Rechts- und Tatfragen endgültig entschieden und dadurch das nachfolgende Verfahren in der Hauptsache entwertet wird. Weil die vorläufige Entscheidung, anders als bei der einstweiligen Anordnung, nur auf die Aussetzung des Vollzuges gerichtet ist, besteht die Befürchtung einer **Präjudizierung der Hauptsache** im Regelfall nicht.[125] Unstatthaft sind jedoch Anträge auf Aussetzung der Vollziehung ablehnender Verwaltungsentscheidungen, da eine solche Anordnung der Aussetzung keine Änderung der Lage des Antragstellers herbeiführen könnte.[126] Soweit eine effektive Sicherung der Rechte des Antragsstellers nicht auf andere Weise gewährleistet werden kann, erkennen die Gerichte Ausnahmen von dem Verbot der Vorwegnahme der Hauptsache an.[127]

---

[119] *Weber*, Vorläufiger Rechtsschutz, S. 136 m. w. N.; nicht zu verwechseln mit der Geltendmachung der Interessen Dritter im Rahmen der Antragsbefugnis.
[120] EuGH, Rs. T-54/90 R, *De Dapper*, Slg. 1975, 839 Rn. 3/5; Rs. 19/78 R, *Authié*, Slg. 1978, 679 Rn. 7/8.
[121] EuGH, Rs. 26/76 R, *Metro*, Slg. 1976, 1353 Rn. 2; Rs. 4/78 R, *Salerno*, Slg. 1978 1, Rn. 12/14; Rs. 19/78 R, *Authié*, Slg. 1978, 679 Rn. 7/8.
[122] EuGH, Rs. 3/75 R, *Johnson*, Slg. 1975, 1 Rn. 7.
[123] EuG, verb. Rs. T-7/93 R u. T-9/93 R, *Langnese u. a./Kommission*, Slg. 1993, II-131, Rn. 43.
[124] EuG, Rs. T-239/94 R, *EISA*, Slg. 1994, II-703 Rn. 9; Rs. T-231/94 R, T-232/94 R und T-234/94 R, *Transacciones Marítimas*, Slg. 1994, II-885 Rn. 20; Rs. T-168/95 R, *Eridania/Rat*, Slg. 1995, II-2817 Rn. 14.
[125] *Gaitanides*, in: Groeben/Schwarze, EUV/EGV, Art. 242, 243 EGV Rn. 51.
[126] EuG, Rs. T-215/07 R, *Donnici*, Slg. 2007, II-4673 Rn. 33; EuGH, verb. Rs. C-486/01 P (R) und C-488/01 P(R), *Front national und Martinez/Parlament*, Slg. 2002, I-1843 Rn. 73.
[127] Im Zusammenhang mit Anträgen auf Aussetzung abweisender Gerichtsurteile: EuGH, Rs. C-404/04 P (R), *Technische Glaswerke Ilmenau*, Slg. 2005, I-3539 Rn. 14; Rs. C-208/03 P (R), *Le Pen*, Slg. 2003, I-7939 Rn. 78 ff.

D. Abschließende Entscheidung

I. Art der Entscheidung und Zuständigkeit

37 Die Entscheidung über den Antrag auf Aussetzung der Vollziehung ergeht gemäß Art. 162 Art. Abs. 1 S. 1 VerfO-EuGH, Art. 107 § 1 S. 1 VerfO-EuG als **Beschluss** (ebenso nach Art. 166 Abs. 2 VerfO-EuGH bei Anträgen im Sinne der Art. 81 Abs. 3 und 4 EAGV (Durchführung einer Überwachungsmaßnahme zur Einhaltung der atomrechtlichen Bestimmungen)). Die Entscheidung ist den Parteien mit Gründen versehen **zuzustellen**, Art. 162 Abs. 1 VerfO-EuGH, Art. 107 § 1 VerfO-EuG. Zumeist geschieht dies durch Telex oder Telefax.[128]

38 Die **Entscheidungsbefugnis** liegt bei dem **Präsidenten** des jeweils zuständigen Gerichts, der in besonders eiligen Fällen auch **ohne vorherige Anhörung der Gegenpartei** entscheiden kann, Art. 160 Abs. 7 S. 1 VerfO-EuGH, Art. 106, 105 § 2 Abs. 2 S. 1 VerfO-EuG (vgl. aber Rn. 46). Sofern die Entscheidung von dem Präsidenten des EuGH wegen Abwesenheit oder sonstiger Verhinderung nicht getroffen werden kann, nimmt diese Aufgabe der Vizepräsident des EuGH[129] wahr, Art. 161 Abs. 2, Art. 10 VerfO-EuGH. Bei Verhinderung von Präsident und Vizepräsident ist nach Art. 161 Abs. 2, Art. 13 VerfO-EuGH einer der Kammerpräsidenten der Kammern mit fünf Richtern nach der in Art. 7 VerfO-EuGH festgelegten Rangfolge, bzw. einer der Präsidenten der Kammern mit drei Richtern oder einer der übrigen Richter zuständig. Bei Verfahren vor dem EuG liegt die Entscheidungsbefugnis bei Verhinderung des Präsidenten bei einem anderen Richter, der vom Gericht nach Maßgabe der nach Art. 10 VerfO-EuG erlassenen Entscheidung bestimmt wird, Art. 106 VerfO-EuG.

39 Nach Art. 161 Abs. 1 VerfO-EuGH kann die Entscheidung dem **Gerichtshof** übertragen werden. Dies geschieht in Angelegenheiten von grundsätzlicher Bedeutung. Die entsprechende Regelung in der Verfahrensordnung des EuG (Art. 106 Abs. 1 VerfO-EuG a. F.) wurde 2003 aufgehoben; eine Übertragung auf die Kammern bzw. das Plenum ist somit nicht möglich. Die Übertragung kann nach der rechtlich nicht zweifelsfreien, in der VerfO nicht vorgesehenen Praxis des Gerichtshofs auch noch nach einer – dann doppelt vorläufigen – einstweiligen Anordnung des Präsidenten erfolgen.[130]

40 Das „Ob" der Entscheidung steht ebenso im pflichtgemäßen Ermessen des Gerichtshofs wie der Inhalt der Entscheidung (vgl. Rn. 41). Um den Parteien Zeit für das Aushandeln von Ersatzlösungen zu geben, steht es dem Gerichtshof grundsätzlich frei, seine Entscheidung hinauszuzögern und insoweit auf einen späteren Termin zu vertagen.[131] Ganz von einer Entscheidung über die beantragte Vollzugsaussetzung absehen kann er jedoch nicht, da es sich um ein laufendes Rechtsschutzverfahren handelt und der Gerichtshof sich sonst der Rechtsverweigerung („déni de justice") schuldig

---

[128] *Klinke*, Der Gerichtshof, Rn. 293.
[129] Das Amt des Vizepräsidenten wurde neu eingeführt durch die Änderung der Satzung des Gerichtshofs der Europäischen Union und ihres Anhangs I durch die VO (EU/Euratom) Nr. 741/2012 des Europäischen Parlaments und des Rates vom 11. August 2012, ABl. 2012 L 228/1.
[130] Vgl. etwa EuGH, Rs. C-195/90 R, *Kommission/Deutschland*, Slg. 1990, I-3351 Rn. 3 f.
[131] EuGH, Rs. 61/77 R, *Kommission/Irland*, Slg. 1977, 937 Rn. 30/34.

machen würde. Verfahren vor dem EuGH können nur durch eine Entscheidung in der Sache, durch Klage- bzw. Antragsrücknahme oder durch Erledigungserklärung beendet werden.

II. Inhalt der Entscheidung

Der Inhalt der Entscheidung wird von den Art. 278 AEUV und Art. 157 EAGV sowie den sie ergänzenden Vorschriften der Verfahrensordnungen nur insoweit vorgegeben, als mit dem Beschluss die Durchführung, d. h. also der Vollzug der Unionsmaßnahme einstweilen ausgesetzt wird. Inwieweit die Präsidenten oder Gerichte ihre Entscheidung darüber hinaus mit Auflagen oder Bedingungen versehen, steht mangels inhaltlicher Vorgaben durch das Unionsrecht in ihrem pflichtgemäßen **Ermessen**. Grundsätzlich kann der Gerichtshof jede ihm erforderlich und angemessen erscheinende **Auflage oder Bedingung** mit der Vollzugsaussetzung verknüpfen, sofern sie nicht gegen das Unionsrecht oder unionsrechtliche Grundsätze verstößt.[132] Denkbar ist ferner eine teilweise Aussetzung[133] oder eine Befristung derselben.[134] 41

Die in der Rechtsprechungspraxis des Gerichtshofs im Zusammenhang mit einer Vollzugsaussetzung am häufigsten auftretende Auflage ist die Verknüpfung mit einer **Sicherheitsleistung** gemäß Art. 162 Abs. 2 VerfO-EuGH, Art. 107 § 2 VerfO-EuG.[135] Art und Umfang der Sicherheitsleistung richten sich nach den Umständen des Einzelfalles. In Fällen, in denen es um die Zahlung einer Geldsumme geht (z. B. Antidumping-Zölle) oder in denen das Risiko einer Insolvenz gegeben ist, besteht sieregelmäßig in der Beibringung einer Bankbürgschaft[136] oder in der Hinterlegung einer entsprechenden Kaution bei einer Großbank.[137] Sie kann aber auch im Zusammenhang mit anderen Verpflichtungen auferlegt werden. Ausnahmen lässt der EuGH nur bei Vorliegen außergewöhnlicher Umstände zu.[138] Ist die Gemeinschaft selbst Schuldner der geforderten Geldleistung, wird das Insolvenzrisiko allgemein ausgeschlossen.[139] 42

Darüber hinaus kann der Gerichtshof die Vollzugsaussetzung auch mit jeder anderen erforderlich erscheinenden Bedingung oder Auflage verbinden (Mitteilungs-, Unterrichtungs- oder Informationspflichten), soweit diese sich im Rahmen der unions- 43

---

[132] EuGH, verb. Rs. 71/74 R und RR, *Fruit- en Groentenimporthandel*, Slg. 1974, 1031 Rn. 4/8; verb. Rs. 209 bis 215 und 218/78 R; *van Landewyck*, Slg. 1978, 2111 Rn. 4/5.
[133] EuGH, verb. Rs. 43/82 R, *VBVB und VBBB*, Slg. 1982, 1241 Rn. 10 f.; Rs. 1/84 R, *Ilford*, Slg. 1984, 423 Rn. 21 f.; Rs. 90/87 R, *C.W.*, Slg. 1987, 1801 Rn. 15; Rs. 152/88 R, *Sofrimport*, Slg. 1988, 2931, 2942 (Tenor).
[134] EuGH, Rs. 23/86 R, *Vereinigtes Königreich/Parlament*, Slg. 1986, 1085, 1100 (Tenor Ziffer 3); Rs. 65/87 R, *Pfizer*, Slg. 1987, 1691 Rn. 26; Rs. 76/88 R, *La Terza*, Slg. 1988, 1741 Rn. 22; Rs. 194/88 R, *Kommission/Italien*, Slg. 1988, 5647 Rn. 18; vgl. dazu auch *Schwarze*, in: ders., EU-Kommentar, Art. 278 AEUV Rn. 26.
[135] EuGH, verb. Rs 113/77 R und 113/77 R-Int., *NTN Toyo Bearing*, Slg. 1977, 1721 Rn. 8/9; Rs. 86/82 R, *Hasselblad*, Slg. 1982, 1555 Rn. 3.
[136] EuGH, Rs. 213/86 R, *Montedipe*, Slg. 1986, 2623 Rn. 22 ff.; vgl. auch Rs. 392/85 R, *Finsider*, Slg. 1986, 959 Rn. 15 ff.
[137] *Kretschmer*, S. 90.
[138] Vgl. EuGH, Rs. 234/82 R, *Volcanio*, Slg. 1983, 725 Rn. 6 ff.; Rs. 392/85 R, *Finsider*, Slg. 1986, 959 Rn. 16 ff.; Rs. 213/86 R, *Montedipe*, Slg. 1986, 2623 Rn. 22 ff.
[139] EuGH, Rs. C-195/90 R, *Kommission/Bundesrepublik Deutschland*, Slg. 1990, I-3351 Rn. 48 f.

rechtlichen Anforderungen bewegt.[140] Die **Kostenentscheidung** bleibt regelmäßig der Entscheidung über die Hauptsache vorbehalten.[141] Anderes gilt, wenn im einstweiligen Rechtsschutzverfahren ein Rechtsmittel gegen eine Entscheidung des EuG verworfen wird.[142]

III. Vollstreckbarkeit des Beschlusses

44 Gemäß Art. 280 i. V. m. Art. 299 Abs. 2–4 AEUV sind die Entscheidungen der Gerichte vollstreckbar. Zwar ist hier nur von „Urteilen" als Vollstreckungstiteln die Rede, doch werden diese Vorschriften allgemein in weitem Sinne ausgelegt, so dass auch Beschlüsse im Anordnungsverfahren grundsätzlich vollstreckungsfähig sind.[143] Diese Auslegung wird schließlich auch von den Verfahrensordnungen für die beiden europäischen Gerichte gestützt. Entsprechend den Art. 162 Abs. 2 VerfO-EuGH, Art. 107 § 2 VerfO-EuG können grundsätzlich auch im Anordnungsverfahren ergangene Beschlüsse gegen Sicherheitsleistung vollstreckt werden.

IV. Abänderung der Vollzugsaussetzungsentscheidung

45 **1. Rechtsmittel.** Die als Beschlüsse oder Verfügungen ergehenden Aussetzungsanordnungen sind grundsätzlich unanfechtbar, Art. 162 Abs. 1 S. 1 VerfO-EuGH. Rechtsmittel gegen vorläufige Entscheidungen des EuGH im einstweiligen Rechtsschutz bestehen nicht. Anderes gilt jedoch für Anordnungen des EuG nach Maßgabe der Art. 278 AEUV oder Art. 157 EAGV. Gegen diese Entscheidungen gewährt Art. 57 Abs. 2, Art. 58 Abs. 1 Satzung-EuGH mit einer Frist von zwei Monaten ein auf Rechtsfragen beschränktes Rechtsmittel zum EuGH. Der Rechtsmittelführer kann sich insoweit nur auf die Unzuständigkeit des Gerichts, auf einen Verfahrensfehler oder eine Verletzung des Unionsrechts berufen, Art. 58 Abs. 1 Satzung-EuGH. Stützt der Rechtsmittelführer seine Revision gegen die erstinstanzliche Eilentscheidung auf den zuletzt genannten Revisionsgrund, dürfte das Rechtsmittel nur dann erfolgreich sein, wenn das Gericht im Rahmen seiner Ermessensentscheidung eine offensichtliche Fehlgewichtung unionsrechtlich anerkannter Rechtssätze vorgenommen hat.

46 **2. Aufhebung oder Abänderung der Aussetzungsanordnung.** Gemäß Art. 163 VerfO-EuGH, Art. 108 VerfO-EuG kann der Beschluss auf Antrag einer Partei jederzeit wegen veränderter Umstände abgeändert oder aufgehoben werden. Erging der Beschluss ohne vorherige Anhörung der Gegenseite, so kann der anschließend zustän-

---

[140] EuGH, Rs. 109/79 R, *National Carbonising Company*, Slg. 1975, 1193, 1203 (Tenor Ziffer 1); Rs. 154/85 R, *Kommission/Italien*, Slg. 1985, 1753 Rn. 21; Rs. 293/85 R, *Kommission/Belgien*, Slg. 1985, 3521 Rn. 24; Rs. 221/86 R, *Fraktion der Europäischen Rechten und Front National/Parlament*, Slg. 1986, 2579 Rn. 10.
[141] Vgl. nur den Tenor der Entscheidungen EuGH, Rs. C-399/95 R, *Deutschland/Kommission*, Slg. 1996, I-2441; EuG, Rs. T-41/96 R, *Bayer*, Slg. 1996, II-381; EuG, Rs. T-18/96 R, *Kraanverhuursbedrijf*, Slg. 1996, II-407; zu Einzelheiten und Ausnahmen: *Fiebig*, CMLRev. 1997, 89 (107).
[142] EuGH, Rs. 148/96 P(R), *Goldstein*, Slg. 1996, I-3883, Rn. 33; Rs. C-149/95 P(R), *Kommission/Atlantic Container Line*, Slg. 1995, I-2165 Rn. 61.
[143] *Weber*, Vorläufiger Rechtsschutz, S. 138; *Stoll/Rigod*, in: GHN, Art. 280 AEUV Rn. 2.

dige Spruchkörper die Entscheidung jederzeit abändern oder aufheben (Art. 160 Abs. 7 S. 2 VerfO-EuGH bzw. Art. 105 § 2 Abs. 2 S. 2 VerfO-EuG). Ist der Aussetzungsantrag abgewiesen worden, kann der Antragsteller bei Hinzutreten weiterer Tatsachen, die noch nicht Gegenstand des vorangegangenen Verfahrens waren, jederzeit nach Art. 164 VerfO-EuGH, Art. 109 VerfO-EuG einen neuen Aussetzungsantrag stellen.

§ 20 Einstweilige Anordnungen

Übersicht

			Rn.
A.	Allgemeines		1–3
	I.	Rechtsgrundlagen	1
	II.	Wesen und Bedeutung der einstweiligen Anordnungen	2/3
B.	Zulässigkeit		4–8
	I.	Zuständigkeit und Zulässigkeit der Hauptsache	4
	II.	Anhängigkeit des Hauptsacheverfahrens	5
	III.	Besonderheiten zum Antragsgegenstand	6
	IV.	Antragsbefugnis	7
	V.	Rechtschutzbedürfnis sowie Frist und Form	8
C.	Begründetheit		9–15
	I.	Notwendigkeit der Entscheidung	10
	II.	Dringlichkeit der Entscheidung	11–15
		1. Schaden	12
		2. Schadensintensität und Interessenabwägung	13/14
		3. Vorläufigkeit der Anordnung	15
D.	Abschließende Entscheidung		16–19
	I.	Art der Anordnung	16
	II.	Inhalt der Anordnung	17
	III.	Wirkung der Anordnung – Vollstreckbarkeit, Rechtsmittel und Aufhebung	18/19

Schrifttum: vgl. § 19.

A. Allgemeines

I. Rechtsgrundlagen

1 Art. 279 AEUV räumt dem Gerichtshof die Möglichkeit ein, zur vorläufigen Gestaltung und Regelung streitiger Rechtsverhältnisse oder Rechtspositionen einstweilige Anordnungen zu erlassen. Die konkreten Verfahrensanforderungen und Voraussetzungen ergeben sich aus Art. 160 ff. VerfO-EuGH bzw. Art. 104 ff. VerfO-EuG, die das Primärrecht ergänzen.

II. Wesen und Bedeutung der einstweiligen Anordnungen

2 Gegenstand eines Antrages auf einstweilige Anordnung kann jedes Ge- und Verbot sein, das zur vorläufigen Gestaltung oder Sicherung eines streitigen Rechtsverhältnisses geeignet und erforderlich ist.[1] Die beantragte Maßnahme kann erforderlich sein, um

---

[1] *Stoll/Rigod*, in: GHN, Art. 279 AEUV Rn. 13.

entweder bereits bestehende Rechtspositionen gegen drohende Beeinträchtigungen zu schützen[2] oder um neue Rechtspositionen zu begründen.[3] Daher kommt ein solcher Antrag insbesondere in solchen Verfahren in Betracht, die im Wege der Untätigkeits-, Feststellungs- oder Schadensersatzklage anhängig gemacht werden[4] und stellt im Verhältnis zu Aussetzung der Vollziehung den allgemeineren Rechtsbehelf dar (vgl. § 19 Rn. 5 ff.).

Die ebenfalls in diesen systematischen Zusammenhang gehörende Aussetzung der Zwangsvollstreckung gemäß Art. 299 Abs. 4 AEUV soll an dieser Stelle vernachlässigt werden, (vgl. § 19 Rn. 5 f.).

B. Zulässigkeit

I. Zuständigkeit und Zulässigkeit der Hauptsache

Die Zuständigkeit folgt auch bei einstweiligen Anordnungen nach Art. 279 AEUV der Entscheidungskompetenz im Hauptsacheverfahren; die **Zuständigkeitsabgrenzung** zwischen EuGH und EuG erfolgt gemäß Art. 256 AEUV in Verbindung mit Art. 51 Satzung-EuGH (vgl. § 19 Rn. 8 f.). Anträge auf einstweilige Anordnung, für die der EuGH nach dieser Abgrenzung zuständig ist, können demnach grundsätzlich in allen Streitsachen gestellt werden. Ausgenommen davon sind Verfahren, in denen aufgrund ihres Charakters eine einstweilige Anordnung keinerlei Auswirkungen hätte, wie etwa beim Vorabentscheidungsverfahren gemäß Art. 267 AEUV, da dieses auf die Auslegung einer konkreten Rechtsfrage gerichtet ist.[5] Teilweise wird in der Literatur vertreten, dass dies ebenso für Feststellungsklagen gelte.[6] Jedoch kann es auch bei Verstößen der Mitgliedstaaten gegen Unionsrecht angezeigt sein, einstweilige Maßnahmen zu erlassen, um rechtswidrige Zustände zu verhindern.[7] Auch der EuGH teilt diese Bedenken nicht.[8] Besondere Anforderungen an die Erforderlichkeit der beantragten Maßnahmen können sich aus der Natur des Streitverfahrens ergeben. Dies gilt namentlich für das gegenüber dem Vertragsverletzungsverfahren nach Art. 258 AEUV bereits beschleunigte Verfahren gemäß Art. 348 AEUV.[9] Sonstige Zulässigkeitsvoraussetzun-

---

[2] EuGH, Rs. 792/79 R, *Camera Care,* Slg. 1980, 119 Rn. 14; Rs. 118/83 R, *CMC,* Slg. 1983, 2583 Rn. 52.
[3] EuGH, Rs. 809/79 R, *Pardine,* Slg. 1980, 139 Rn. 8.
[4] *Ehle,* AWD/RIW 1964, 39; *v. Winterfeld,* NJW 1988, 1413; *Gaitanides,* in: Groeben/Schwarze, EUV/EGV, Art. 242, 243 EGV Rn. 7; *Ehricke,* in: Streinz, EUV/AEUV, Art. 279 AEUV Rn. 6.
[5] *Ehricke,* in: Streinz, EUV/AEUV, Art. 279 AEUV Rn. 9; EuGH, Rs. C-68/95 R, *T. Port,* Slg. 1996, I-6065 Rn. 60.
[6] *GA Elmer,* SchlA Rs. C-68/95 R, *T.Port,* Slg. 1996, I-6065 Rn. 48 ff.; *Koenig/Zeiss,* JZ 1997, 461 (462); *Ehricke,* in: Streinz, EUV/AEUV, Art. 279 AEUV Rn. 17.
[7] Ebenso *Ehricke,* in: Streinz, EUV/AEUV, Art. 279 AEUV Rn. 9.
[8] EuGH, verb. Rs. 31/77 R und 53/77 R, *Kommission/Vereinigtes Königreich,* Slg. 1977, 921 Rn. 20/23; Rs. 154/85 R, *Kommission/Niederlande,* Slg. 1985, 1753 Rn. 21; Rs. 194/88 R, *Kommission/Italien,* Slg. 1988, 5647; Rs. C-195/90 R, *Kommission/Deutschland,* Slg. 1990, I-3351 Rn. 47; Ausführlich dazu: *Cremer,* in: Calliess/Ruffert, EUV/AEUV, Art. 258 AEUV Rn. 36 f.
[9] EuGH, Rs. C-120/94 R, *Kommission/Griechenland,* Slg. 1994, I-3037 Rn. 43.

gen werden nur geprüft, wenn Anhaltspunkte die Annahme rechtfertigen, dass die in der Hauptsache erhobene Klage offensichtlich unzulässig ist (vgl. § 19 Rn. 10).

II. Anhängigkeit des Hauptsacheverfahrens

5   Aus dem Wortlaut des Art. 279 AEUV ergibt sich ausdrücklich, dass ein Antrag auf Erlass einer einstweiligen Anordnung nur „bei [...] anhängigen Sachen" zulässig ist, d. h. wenn und solange das Hauptsacheverfahren anhängig ist, Art. 160 Abs. 2 VerfO-EuGH bzw. Art. 104 § 1 Abs. 2 VerfO-EuG (vgl. § 19 Rn. 11).[10]

III. Besonderheiten zum Antragsgegenstand

6   Wie auch bei der Aussetzungsanordnung muss der Antragsgegenstand in unmittelbarem Zusammenhang mit dem in der Hauptsache anhängig gemachten Streitgegenstand stehen (sog. Konnexität, vgl. § 19 Rn. 13). Dementsprechend dürfen im einstweiligen Rechtsschutz nur solche Anträge gestellt werden, die sich auf den Gegenstand des Hauptsacheverfahrens beziehen und die nicht mehr begehren, als im Hauptsacheverfahren gewährt werden könnte.[11] Ist der Antrag auf Gewährung einstweiligen Rechtsschutzes mit dem Klageantrag identisch oder geht er über das in der Hauptsache begehrte Klagebegehren hinaus, wird kein zulässiger Antragsgegenstand verfolgt.[12] Ausnahmen von dieser Einschränkung werden vom Gerichtshof mit Rücksicht auf das Gebot effektiven Rechtsschutzes gemacht, wenn der Antragsteller in der Hauptsache die lediglich feststellende Verurteilung eines Unionsorgans wegen Untätigkeit oder eines Mitgliedstaates wegen Vertragsverletzung begehrt.[13]

IV. Antragsbefugnis

7   Die einstweilige Anordnung kann nur von demjenigen beantragt werden, der ein eigenes Interesse an der vorläufigen Regelung des streitigen Rechtsverhältnisses hat. Die Wahrnehmung der Interessen Dritter bleibt in der Regel außer Betracht. Ebenso wie im Klageverfahren ist auch im Rahmen der einstweiligen Anordnung zwischen den privilegierten und den nicht privilegierten Antragsberechtigten zu unterscheiden. Einstweilige Anordnungen werden im Allgemeinen gegenüber den Beklagten des Hauptsacheverfahrens beantragt,[14] sie können aber auch im Verhältnis zu den Klä-

---

[10] EuGH, Rs. 2/59, *Deutschland/EGKS*, Slg. 1960, 351, 354 f.; Rs. C-213/89, *Factortame*, Slg. 1990, I-2433 Rn. 8; *v. Winterfeld*, NJW 1988, 1413; *Schneider*, DÖV 1990, 924.
[11] *Schneider*, DÖV 1990, 924.
[12] EuGH, Rs. 294/86 R, *Technointorg*, Slg. 1986, 3979 Rn. 12; Rs. C-313/90 R, *CIFRS u. a.*, Slg. 1991, I-2557 Rn. 23 f.
[13] Zur Untätigkeit: EuGH, Rs. C-68/95 R, *T. Port*, Slg. 1996, I-6065 Rn. 60; näher dazu *Lenaerts*, in: FS Mancini, S. 591 (600); a. A. *Sandner*, DVBl. 1998, 262 (264). Zur mitgliedstaatlichen Vertragsverletzung: EuGH, Rs. 45/87 R, *Kommission/Irland*, Slg. 1987, 783 Rn. 8; Rs. 194/88 R, *Kommission/Italien*, Slg. 1988, 5647 Rn. 16; Rs. C-87/94 R, *Kommission/Belgien*, Slg. 1994, I-1395 Rn. 40 f.; Rs. C-272/91 R, *Kommission/Italien*, Slg. 1992, I-457 Rn. 25 ff. – Auftragsvergabe, Aussetzen des bereits abgeschlossenen Vertrages.
[14] EuGH, Rs. 42/82 R, *Kommission/Frankreich*, Slg. 1982, 841, 849; Rs. 171/83 R, *Kommission/Frankreich*, Slg. 1983, 2621, 2624; Rs. 45/87 R, *Kommission/Italien*, Slg. 1985, 1753 Rn. 1.

5. Abschnitt. Vorläufiger Rechtsschutz   8, 9 **§ 20**

gern[15] bzw. gegenüber Dritten[16] ergehen (Einzelheiten zu den Voraussetzungen der Antragsbefugnis vgl. § 19 Rn. 15 f.).

V. Rechtschutzbedürfnis sowie Frist und Form

Eine Frist für die Erhebung eines Antrages nach Art. 279 AEUV besteht nicht, jedoch kann es bei weit fortgeschrittenem Hauptsacheverfahren am Rechtschutzbedürfnis fehlen (vgl. § 19 Rn. 17 ff.). Mangels Rechtsschutzbedürfnisses sind auch solche Anträge abzulehnen, die auf die unverzügliche Einstellung einer bereits durch Urteil festgestellten Vertragsverletzung gerichtet sind, da sich diese Rechtsfolge unmittelbar aus dem Primärrecht ergibt, so dass es keiner weiteren gerichtlichen Anordnung bedarf.[17]   8

Nach Art. 104 § 2 VerfO-EuG sind Dringlichkeit und Notwendigkeit der begehrten Anordnung **glaubhaft** zu machen. In der Neufassung der Verfahrensordnung des EuGH ist die Begrifflichkeit der Glaubhaftmachung nicht mehr enthalten, vielmehr sind „die den Erlass der beantragten einstweiligen Anordnung dem ersten Anschein nach rechtfertigenden Sach- und Rechtsgründe an[zu]führen", Art. 160 Abs. 3 VerfO-EuGH. An den Anforderungen an den Antrag ändert sich durch diese sprachliche Neufassung nichts (vgl. § 19 Rn. 19 f.).

C. Begründetheit

Nach dem Text der Gründungsverträge trifft der Gerichtshof „die erforderlichen einstweiligen Anordnungen". Art und Form der Anordnungen werden nicht näher beschrieben. Erst über die Vorschriften der Verfahrensordnungen erschließt sich eine nähere Bestimmung der einzelnen Voraussetzungen, unter denen der Erlass einer einstweiligen Anordnung begründet ist. Für eine entsprechende Anordnung muss gemäß Art. 104 § 2 VerfO-EuG sowohl eine Dringlichkeit als auch eine Notwendigkeit bestehen, die vom Antragsteller zur Überzeugung des Gerichts in tatsächlicher und rechtlicher Hinsicht glaubhaft gemacht werden müssen bzw. nach der Neufassung der VerfO des EuGH sind „die den Erlass der beantragten einstweiligen Anordnung dem ersten Anschein nach rechtfertigenden Sach- und Rechtsgründe an[zu]führen", Art. 160 Abs. 3 VerfO-EuGH. Die Dringlichkeit und Notwendigkeit der einstweiligen Anordnung beurteilt sich im Wesentlichen nach ähnlichen Kriterien wie bei der Vollzugsaussetzung gemäß den Art. 278 S. 2 AEUV und Art. 157 S. 2 EAGV, durch die Neufassung der Verfahrensordnung des EuGH ändert sich an den Voraussetzungen für die Begründetheit des Antrages nichts (vgl. § 19 Rn. 21).[18] Zwischen Sicherungsanord-   9

---

[15] EuGH, verb. Rs. 209 bis 215 und 218/78 R, *v. Landewyck/Kommission*, Slg. 1978, 2111, 2114; verb. Rs. 43/82 R und 63/82 R, *BVB und VBB/Kommission*, Slg. 1982, 1241, 1244.
[16] EuGH, Rs. 3/75 R, *Johnson & Firth Brown/Kommission*, Slg. 1975, 1, 3; Rs. 160/84 R, *Orizomyli Kavallas/Frankreich*, Slg. 1984, 3217, 3219; Rs. 32/86 R, *Vereinigtes Königreich/Europäisches Parlament*, Slg. 1086, 1985 Rn. 2.
[17] EuGH, verb. Rs. 24/80 und 97/80 R, *Kommission/Frankreich*, Slg. 1980, 1319 Rn. 16.
[18] *Schneider,* DÖV 1990, 924.

nung und Regelungsanordnung wird auf europäischer Ebene, anders als im deutschen Rechtsschutzsystem, nicht unterschieden.

I. Notwendigkeit der Entscheidung

10 Der Antragsteller muss die Voraussetzungen darlegen können, die das wahrscheinliche Bestehen eines Verfügungsanspruchs in rechtlicher und tatsächlicher Hinsicht untermauern. Die unter dem Stichwort der Notwendigkeit der Entscheidung zu prüfende Wahrscheinlichkeit beurteilt sich dabei wie bei der Vollzugsaussetzung nach den summarischen Erfolgsaussichten in der Hauptsache.[19] Im Rahmen der summarischen Prüfung kommt es allein darauf an, ob der in der Hauptsache geltend gemachte Anspruch auf den ersten Anschein begründet ist oder nicht („fumus boni juris", vgl. § 19 Rn. 22 f.).[20]

II. Dringlichkeit der Entscheidung

11 Bei der Dringlichkeit kommt es wie auch bei der Vollzugsaussetzung (vgl. § 19 Rn. 24 ff.) darauf an, ob eine sofortige Regelung unumgänglich ist, um den Antragsteller vor einem schweren und nicht wiedergutzumachenden Schaden zu bewahren,[21] was sich aus einer Abwägung der Belange des Antragsgegners und Dritter mit den Interessen des Antragstellers ergibt. Der unbestimmte Rechtsbegriff der Dringlichkeit wird vom Gerichtshof anhand der Art und Schwere des drohenden Schadens[22] und der Interessenabwägung konkretisiert.

12 **1. Schaden.** Unter den Begriff des Schadens fallen alle materiellen und immateriellen Nachteile (vgl. § 19 Rn. 25). Zu der Frage, welche Art von Schäden in Ansatz gebracht werden können, hat der Gerichtshof in seinem jüngsten Beschluss zur Importbeschränkung von Drittlandsbananen ausgeführt, dass die Mitgliedstaaten auch wirtschaftliche und soziale Interessen zu vertreten haben mit der Folge, dass sie zur Verteidigung solch allgemeiner Interessen antragsbefugt sind. Sie können demnach auch solche Schäden geltend machen, die einen ganzen Sektor der Volkswirtschaft betreffen, zumal, wenn die beanstandete Unionsmaßnahme nachteilige Auswirkungen auf das Beschäftigungsniveau und die Lebenshaltungskosten haben kann.[23] Im Übrigen muss es sich um eine aktuelle, nicht erst um eine künftige oder gar bloß potentielle Schädigung handeln.

13 **2. Schadensintensität und Interessenabwägung.** Erforderlich ist eine nicht unwesentliche, drohende Beeinträchtigung des Antragstellers; die Maßstäbe hierfür sind

---

[19] EuG, Rs. T-353/94, *Postbank/Kommission*, Slg. 1994, II-1141 Rn. 28.
[20] EuGH, Rs. 360/85 R, *Dillinger Hüttenwerke*, Slg. 1986, 1319 Rn. 14 ff.; Rs. 160/84 R, *Kommission/Vereinigtes Königreich*, Slg. 1989, 3125 Rn. 21.
[21] St.Rspr.: EuGH, verb. Rs. 43/59, 44/59 und 45/59 R, *Lachmüller*, Slg. 1960, 1019, 1023; Rs. 4/78 R, *Salerno*, Slg. 1978, 1 Rn. 8, 10; Rs. 258/80 R, *Rumi*, Slg. 1980, 3867 Rn. 9; Rs. 278/84 R, *Bundesrepublik Deutschland/Kommission*, Slg. 1984, 4341 Rn. 18.; Rs. 292/84 R, *Scharf*, Slg. 1984, 4349 Rn. 3.
[22] EuGH, verb. Rs. 60/81 und 190/81 R, *IBM*, Slg. 1981, 1857 Rn. 6 ff.
[23] EuGH, Rs. C-280/93 R, *Bundesrepublik Deutschland/Rat*, Slg. 1993, I-3667 Rn. 27 ff.

identisch mit denen im Rahmen einer Aussetzungsentscheidung nach Art. 278 AEUV (vgl. § 19 Rn. 26 ff.)

Bei der zur Bestimmung der Wesentlichkeit vorgenommenen **Interessenabwägung** (vgl. § 19 Rn. 31 ff.) legt der Gerichtshof je nach dem verfolgten Rechtsschutzbegehren eine unterschiedliche Gewichtung der verschiedenen Interessen zugrunde. Ist der Antrag auf ein Unterlassen gerichtet, wird den unterschiedlichen Interessen – ähnlich wie bei der Vollzugsaussetzung – soweit möglich durch Auflagen und Bedingungen Rechnung getragen. Wird demgegenüber mit dem Antrag die Vornahme einer Rechtshandlung oder die Begründung einer Rechtsposition verlangt, müssen die vom Antragsteller geltend gemachten Interessen gegenüber denen des Antragsgegners oder Dritten deutlich überwiegen.[24]

3. Vorläufigkeit der Anordnung. Der im einstweiligen Rechtsschutzverfahren ergehende Beschluss darf gemäß Art. 162 Abs. 4 VerfO-EuGH, Art. 107 § 4 VerfO-EuG der Entscheidung in der Hauptsache nicht vorgreifen. Die zur Entscheidung in der Hauptsache berufenen Richter sind zwar nicht an die Ausführungen des Präsidenten (oder der Kammer) gebunden. Gleichwohl darf der Beschluss nur eine vorläufige Regelung über das streitige Rechtsverhältnis treffen. Würde mit der einstweiligen Anordnung ein Zustand geschaffen, der später nicht oder nur schwer wieder rückgängig gemacht werden könnte, lehnt der Gerichtshof den Erlass einstweiliger Anordnungen ab.[25] Der Erlass der einstweiligen Anordnung ist seiner Schutzfunktion nach nur auf die Wahrung der Rechte des Antragstellers, nicht aber auf dessen Befriedigung gerichtet,[26] so dass der Beschluss weder von seiner Natur noch von seinen Wirkungen den Rahmen des Provisorischen verlassen darf. Die erlassene einstweilige Anordnung darf über die gestellten Anträge nicht hinausgehen. Sie darf dem Antragsteller keine weitergehenden Vorteile einräumen als die, die er im günstigsten Fall auch nach einem erfolgreichen Ausgang in dem Hauptsacheverfahren zugesprochen bekäme.[27] Nur ausnahmsweise kann im Rahmen der einstweiligen Anordnung einmal eine vorläufige Befriedigung des Antragstellers in Betracht kommen, nämlich dann, wenn seine Existenz nicht auf andere Weise sichergestellt werden kann.[28] Eine solche Fallgestaltung wird sich aber auf natürliche oder juristische Personen beschränken, da weder bei den Mitgliedstaaten, noch bei den Unionsorganen eine Existenzgefährdung zu besorgen sein wird.

D. Abschließende Entscheidung

I. Art der Anordnung

Die Präsidialentscheidungen ergehen gemäß Art. 162 Abs. 1 VerfO-EuGH, Art. 107 § 1 VerfO-EuG als **Beschluss**. Der Präsident des EuGH hat die Möglichkeit, seine

---

[24] EuGH, Rs. 92/78 R, *Simmenthal*, Slg. 1978, 1129 Rn. 13, 18 und 19.
[25] Vgl. hierzu *Weber,* Vorläufiger Rechtsschutz, S. 139 ff.
[26] *Gaitanides,* in: Groeben/Schwarze, EUV/EGV, Art. 242, 243 EGV Rn. 52.
[27] EuGH, Rs. 231/86 R, *ARGE Breda,* Slg. 1986, 2639 Rn. 18.
[28] Vgl. EuGH, Rs. 263/82 R, *Klöckner,* Slg. 1982, 3995 Rn. 4; Rs. 234/82 R, *Volcanio,* Slg. 1983, 725 Rn. 6 ff.; Rs. 78/83 R, *USINOR,* Slg. 1983, 2183, Rn. 8; Rs. 392/85 R, *Finsider,* Slg. 1986, 959 Rn. 16; Rs. 213/86 R, *Montedipe,* Slg. 1986, 2623 Rn. 18 ff.

Entscheidungskompetenz gemäß Art. 161 Abs. 1 VerfO-EuGH auf das Kollegialgericht (Plenum bzw. Kammer) zu übertragen, welches dann in Gestalt eines Beschlusses entscheidet. Zur Zuständigkeit bei Verhinderung des Präsidenten des jeweilgen Spruchkörpers vgl. § 19 Rn. 38. Die Entscheidung ist den Parteien mit Gründen versehen zuzustellen (vgl. § 19 Rn. 37). Gemäß Art. 160 Abs. 7 S. 1 VerfO-EuGH, Art. 105 § 2 Abs. 2 S. 1 VerfO-EuG kann der Präsident in dringenden Fällen auch **ohne Anhörung der Gegenpartei** dem Antrag stattgeben, die Entscheidung ist dann jederzeit abänder- oder aufhebbar, Art. 160 Abs. 7 S. 2 VerfO-EuGH bzw. Art. 105 § 2 Abs. 2 S. 2 VerfO-EuG (vgl. § 19 Rn. 46).

II. Inhalt der Anordnung

17   Der Inhalt der zu erlassenden Anordnung steht nach dem ausdrücklichen Wortlaut des Art. 279 AEUV im Ermessen des Gerichtshofs.[29] Dieses Ermessen ermöglicht, einstweilige Anordnungen mit Auflagen und Bedingungen zu verbinden, von denen die in Art. 162 Abs. 2 VerfO-EuGH genannte Sicherheitsleistung die häufigste ist. Die Sicherheitsleistung muss dabei von der Partei aufgebracht werden, die zugleich Schuldner des zu zahlenden Betrages ist; ferner darf die Zahlung nicht auf andere Weise sichergestellt sein und es muss die Gefahr einer Zahlungsunfähigkeit bestehen.[30] Das Ermessen wird durch das Verbot der Präjudizierung der Hauptsache sowie dadurch begrenzt, dass keine Regelung getroffen werden darf, die an die Stelle von einer von EU-Organen getroffenen Regelung tritt.[31]

III. Wirkung der Anordnung – Vollstreckbarkeit, Rechtsmittel und Aufhebung

18   Die Entscheidung des **EuGH** über die einstweilige Anordnung ist nach Art. 208 i. V. m. 299 Abs. 2–4 AEUV vollstreckbar (vgl. § 19 Rn. 44) und gemäß Art. 162 Abs. 1 S. 1 VerfO-EuGH unanfechtbar. Möglich ist aber eine **Abänderung oder Aufhebung** der Entscheidung ebenso wie das Stellen eines neuen Antrags auf Gewährung einstweiligen Rechtsschutzes bei Vorliegen neuer Tatsachen (Art. 163, 164 VerfO-EuGH bzw. Art. 108, 109 VerfO-EuG). Gegen einstweilige Anordnungen des **EuG** ist nach Art. 57 Abs. 2, Art. 58 Abs. 1 Satzung-EuGH ein auf Rechtsfragen beschränktes **Rechtsmittel** zum EuGH zulässig, (vgl. § 19 Rn. 45 f.).

19   Eine einstweilige Anordnung hat nur so lange Bestand, wie noch keine endgültige Entscheidung in der Hauptsache ergangen ist. Spätestens mit der Verkündung des Endurteils tritt die einstweilige Anordnung gemäß Art. 162 Abs. 3 S. 2 VerfO-EuGH, Art. 107 § 3 S. 2 VerfO-EuG automatisch außer Kraft.

---

[29] *Pechstein*, EU-Prozessrecht, Rn. 940.
[30] EuGH, Rs. C-195/90 R, *Kommission/Bundesrepublik Deutschland*, Slg. 1990, I-3351 Rn. 48 f.
[31] Vgl. dazu *Borchardt*, in: Lenz/Borchardt, EU-Verträge, Art. 278, 279 AEUV, Rn. 37.

6. Abschnitt. Das Gerichtsverfahren vor dem EuGH, dem Gericht der EU und dem Gericht für den öffentlichen Dienst

§ 21 Allgemeines und Verfahrensgrundsätze

Übersicht

		Rn.
A.	Überblick	1
B.	Verfahrensgrundsätze	2–27
	I. Vorbemerkung	2/3
	II. Der Verfügungsgrundsatz	4–6
	III. Verhandlungs- und Untersuchungsgrundsatz	7–10
	IV. Die Konzentrationsmaxime	11–15
	V. Grundsatz der Mündlichkeit und Unmittelbarkeit	16/17
	VI. Grundsatz der Öffentlichkeit	18–20
	VII. Grundsatz des „fairen Verfahrens"	21–23
	VIII. Rechtliches Gehör	24/25
	IX. Recht auf Akteneinsicht und Transparenzgrundsatz	26/27
C.	Die Sprachenregelung	28–36

Schrifttum: *Berger*, Beweisaufnahme vor dem Europäischen Gerichtshof, FS Schumann, 2001, S. 27 ff.; *Everling*, Rechtsschutz in der Europäischen Union nach dem Vertrag von Lissabon, EuR 2009, 71 ; *Frenz/Distelrath*, Klagegegenstand und Klagebefugnis von Individualnichtigkeitsklagen nach Art. 263 IV AEUV, NVwZ 2010, 162; *Hakenberg*, Das Gericht für den öffentlichen Dienst der EU, EuZW 2006, 391; *Koenig/Sander*, Einführung in das EG-Prozessrecht, 2. Aufl., Tübingen 2002; *Kühn*, Grundzüge des neuen Eilverfahrens vor dem Gerichtshof der Europäischen Gemeinschaften, EuZW 2008, 263; *Meyer-Ladewig*, Rechtsbehelfe gegen Verzögerungen im gerichtlichen Verfahren – zum Urteil des EGMR Kudla/Polen, NJW 2001, 2679 f.; *Nissen*, Die Intervention Dritter in Verfahren vor dem Gerichtshof der Europäischen Gemeinschaften, Berlin 2001; *Oppermann*, Reform der EU-Sprachenregelung? NJW 2001, 2663 ff.; *Pernice*, Die Zukunft der Unionsgerichtsbarkeit, EuR 2011, 151; *Schilling*, Transparenz und der Gerichtshof der EG, ZEuS 1999, 75 ff.; *Schilling*, Zum Recht der Parteien, zu den Schlußanträgen der Generalanwälte beim EuGH Stellung zu nehmen, ZaöRV 2000, 395 ff.; *Schmidt*, Die Befugnis des Gemeinschaftsrichters zur unbeschränkten Ermessensnachprüfung, 2004; *Schmitz*, Die EU-Grundrechtcharta aus grundrechtsdogmatischer und grundrechtstheoretischer Sicht, JZ 2001, 833 ff.; *Schröder*, Neuerungen im Rechtsschutz der EU durch den Vertrag von Lissabon, DÖV 2009, 61; *Schwarze*, 20 Jahre Gericht erster Instanz in Luxemburg, EuR 2009, 717; *Thiele*, Das Rechtsschutzsystem nach dem Vertrag von Lissabon, EuR 2010, 30; *von Danwitz*, Funktionsbedingungen der Rechtsprechung des Europäischen Gerichtshofs, EuR 2008, 769; *von Danwitz*, Europäisches Verwaltungsrecht, 2008; *von Danwitz*, Verfassungsrechtliche Herausforderungen in der jüngeren Rechtsprechung des EuGH, EuGRZ 2013, 253; *Wägenbaur*, VerfO-EuGH, 2008.

A. Überblick

1   Der EuGH, das EuG und das EuGöD erfüllen die Ihnen durch die Verträge (insb. Art. 19 EUV) zugewiesenen Rechtsprechungsaufgaben[1] im Rahmen verschiedener Verfahrensarten, zwischen denen erhebliche Unterschiede bestehen (näher dazu § 5). So handelt es sich bei den Direktklageverfahren, wie den Vertragsverletzungsverfahren (Art. 258 und 259 AEUV) oder den Nichtigkeits- bzw. Untätigkeitsklagen (Art. 263 und 265 AEUV), um kontradiktorische Streitverfahren, während das – statistisch häufigere[2] – Vorabentscheidungsverfahren (Art. 267 AEUV) keinen streitigen Charakter hat.[3] Dennoch gelten für die verschiedenen Verfahrensarten weitgehend dieselben Vorschriften der Satzung und der Verfahrensordnungen.[4] So gliedert sich das Verfahren gemäß Art. 20 Satzung-EUGH (= Protokoll Nr. 3) – unabhängig von der jeweiligen Klage- oder Verfahrensart – normalerweise – in einen schriftlichen und einen mündlichen Teil (ebenso Art. 53 Abs. 1 VerfO-EuGH). Nachdem die Verfahrensbeteiligten (vgl. § 22) im schriftlichen Verfahren ihre Schriftsätze ausgetauscht haben (vgl. § 23), verfasst der Berichterstatter seinen Vorbericht, in dem er dem zuständigen Spruchkörper den Fall kurz darstellt und vorschlägt, wie weiter verfahren werden soll, z. B. ob Beweisaufnahmen oder prozessleitende Maßnahmen erforderlich sind (vgl. § 24). Ist das nicht der Fall oder sind die Maßnahmen zur Sachverhaltsfeststellung abgeschlossen, wird die mündliche Verhandlung (vgl. § 25) eröffnet. In dieser können die Beteiligten ihren schriftlichen Vortrag erläutern und ergänzen. Nach Schließung der mündlichen Verhandlung erfolgen regelmäßig die Schlussanträge des Generalanwalts. Auf der Grundlage der anschließenden Beratung formuliert der Berichterstatter den Urteilsentwurf. Ist dieser vom Spruchkörper gebilligt worden, wird das Urteil (vgl. § 27) in die Verfahrenssprache übersetzt[5] und in öffentlicher Sitzung verkündet. Dieses „Standardverfahren" wird in bestimmten Konstellationen abgewandelt (vgl. § 26). Entscheidungen des EuG können mit einem Rechtsmittel beim EuGH angefochten werden, Entscheidungen des EuGöD bei dem EuG[6] (und dessen Überprüfungsentscheidungen ausnahmsweise wiederum durch den EuGH[7]); zudem gibt es bestimmte außerordentliche Rechtsbehelfe gegen die Entscheidungen der Unionsgerichte (vgl. § 28). Schließlich ist über die Kosten des Verfahrens zu entscheiden (vgl. § 29).

---

[1] Vgl. dazu EuGH, Gutachten 1/09, Slg. 2011, I-1137 Rn. 64 bis 87.

[2] Im Jahr 2011 waren von insgesamt 688 neuen Rechtssachen 423 Vorabentscheidungsersuchen, also mehr als 60%.

[3] *Pechstein*, EU-/EG-Prozessrecht, Rn. 126; *Schilling*, ZEuS 1999, 79.

[4] Andere Regeln gelten für Verfahren, die man nicht unmittelbar der Rechtsprechung zurechnen kann, wie die Gutachten nach Art. 218 Abs. 11 AEUV, das Amtsenthebungsverfahren (Art. 247 AEUV), oder die Ermächtigung zur Zwangsvollstreckung in Vermögensgegenstände der Union nach dem Protokoll Nr. 7 über die Vorrechte und Befreiungen der Europäischen Union.

[5] Zum Sprachenregime unten § 21 C.

[6] Art. 137 bis 149 VerfO-EuG; dazu *Wägenbaur*, VerfO-EuGH, S. 505 f.

[7] Art. 256 Abs. 2 AEUV, Art. 193, 194 VerfO-EuGH; z. B. EuGH 17.12.2009, Rs. C-197/09 RX-II, M/EMEA, Slg. 2009, I-12033 Rn. 21ff; näher dazu *Karpenstein*, in: GHN, Bd. III, § 256 Rn. 62 bis 66.

B. Verfahrensgrundsätze

I. Vorbemerkung

Das Verfahren vor dem EuGH, dem EuG und dem EuGöD ist von Grundsätzen 2 geleitet. Die geschriebenen Rechtsquellen des Verfahrensrechts (Verträge, Satzung und Verfahrensordnungen, näher dazu § 2) regeln die Prozessmaximen des Verfahrens der Unionsgerichte nicht ausdrücklich, doch lassen sie sich weitgehend aus ihnen ableiten. Die Verfahrensgrundsätze gelten nicht immer absolut, sondern stehen manchmal in einem Spannungsverhältnis, das durch die Verfahrensvorschriften bzw. die Rechtsprechung aufgelöst wird. Die sich dadurch ergebenden Einschränkungen der verschiedenen Verfahrensgrundsätze sind notwendig, da nur so den Erfordernissen eines flexiblen, sich an unterschiedlichen Rechtsordnungen orientierenden Rechtsschutzsystems Rechnung getragen werden kann. Wesentliche Unterschiede zwischen EuGH, EuG und EuGöD bestehen insoweit nicht. Die Verfahrensordnungen der Instanzen sind zu großen Teilen wortgleich und beruhen auf denselben Verfahrensgrundsätzen.

Bei der Ermittlung der Prozessmaximen ist zu beachten, dass das EU-Prozessrecht, 3 insbesondere bei den Direktklageverfahren, traditionell stark vom französischen Verwaltungsprozessrecht beeinflusst (gewesen) ist.[8] Auch das Verfahrensrecht des IGH stand seinerzeit für manche Bestimmungen des Verfahrensrechts Pate. Von besonderer Bedeutung für die Auslegung und Lückenfüllung des EU-Prozessrechts aber sind die Garantien der **Grundrechtscharta**, der **EMRK** und der gemeinsamen Grundsätze der Rechtsordnungen der Mitgliedstaaten. Seit die GR-Charta mit dem Vertrag von Lissabon gemäß Art. 6 EUV den Rang des Primärrechts einnimmt, sind insbesondere die Bestimmungen ihres Titels VI (Justizielle Rechte) zu beachten. Dieser schützt nicht nur natürliche, sondern auch juristische Personen.[9] So garantiert **Art. 47 GR-Charta das Recht auf einen wirksamen Rechtsbehelf** und ein faires Verfahren vor einem unabhängigen, unparteiischen Gericht, Art. 48 GR-Charta die Unschuldsvermutung und die Verteidigungsrechte, Art. 49 GR-Charta die Gesetzmäßigkeit und Verhältnismäßigkeit bei Straftaten und Strafen und Art. 50 GR-Charta das Verbot der Doppelbestrafung. Der EuGH hat vor allem Art. 47 GR-Charta bereits in etlichen Entscheidungen fruchtbar gemacht. Der dort verankerte Grundsatz des effektiven gerichtlichen Rechtsschutzes umfasst mehrere Elemente, zu denen u. a. die Verteidigungsrechte, der Grundsatz der Waffengleichheit, das Recht auf Zugang zu den Gerichten sowie das Recht, sich beraten, verteidigen und vertreten zu lassen, gehören.[10] Der Grundsatz des effektiven gerichtlichen Rechtsschutzes eröffnet dem Einzelnen – wie Art. 19 Abs. 4 GG – aber nur den Zugang zu einem Gericht und nicht zu mehreren Gerichtsinstanzen.[11] Da die EU eine Rechtsunion ist, unterliegen alle ihre Handlungen potentiell der Rechtmäßigkeitskontrolle durch EuGH.[12]

---

[8] *von Danwitz*, S. 301: „... zunehmende Überlagerung durch die grundrechtliche Traditionslinie der Gewährleistung effektiven Rechtsschutzes".
[9] EuGH 6.11.2012, Rs. C-199/11 Rn. 48, *Europese Gemeenschap/Otis NV* u. a.
[10] EuGH 22.12.2010, Rs. C-279/09, *DEB/Bundesrepublik Deutschland*, Slg. 2010, I-13849 Rn. 31; s. auch BVerwG 16.5.2013 – 8c 22.12., Beck RS 2013, 54 138 Rn. 26.
[11] EuGH, Rs. C-69/10, *Samba Diouf*, Slg. 2011, I-7151 Rn. 69.
[12] EuGH 18.7.2013, Rs. C-584/10 P u. a. Rn. 66 f., *Kadi II*.

II. Der Verfügungsgrundsatz

4   Gemäß dem **Verfügungsgrundsatz**, auch **Dispositionsmaxime** genannt, sind die Parteien Herren des Verfahrens und können frei über den Streitgegenstand und damit über die Einleitung und Beendigung des Verfahrens bestimmen. Soweit dieser Grundsatz gilt, legen die Parteien durch ihre Anträge und durch ihre Angriffs- und Verteidigungsmittel den Umfang der richterlichen Prüfung und der möglichen Entscheidung fest.[13] Das Gegenstück zum Verfügungsgrundsatz ist das Offizialprinzip, wonach die Einleitung des Verfahrens und die Bestimmung des Verfahrensinhalts von Amts wegen erfolgen. Das Prozessrecht der Unionsgerichte folgt der Dispositionsmaxime. Der Unionsrichter wird nur dann tätig, wenn er von einem Unionsorgan, einem Mitgliedstaat oder einem (klagebefugten) Individuum angerufen wird. Eine selbständige Verfolgung von Verstößen gegen das Unionsrecht durch den Gerichtshof ist nicht zulässig. Nach der institutionellen Konstruktion des Unionsrechts (Art. 17 EUV) obliegt die Überwachung der Einhaltung des (primären und sekundären) Unionsrechts der Kommission (vgl. § 6). Die Einleitung eines Vertragsverletzungsverfahrens steht jedoch in ihrem pflichtgemäßen Ermessen (vgl. § 6), so dass auch hier nicht von der Geltung des Offizialprinzips gesprochen werden kann.

5   Der Dispositionsmaxime entspricht der Grundsatz „ne ultra petita", der dem Gericht verbietet, ohne einen entsprechenden Antrag der Parteien eine Rechtsfolge anzuordnen,[14] ebenso wie der Grundsatz „ne infra petita", der den Richter verpflichtet, über alle Anträge der Parteien zu entscheiden.[15] Weitergehend als im deutschen Recht wird – jedenfalls in den Direktklageverfahren – auch der Streitstoff durch die Dispositionsmaxime bestimmt. So prüft z. B. der Unionsrichter (anders als regelmäßig der deutsche Verwaltungsrichter) im Rahmen einer Nichtigkeitsklage nicht die Rechtmäßigkeit des angefochtenen Aktes insgesamt, sondern beschränkt sich grundsätzlich auf die vom Kläger erhobenen Rügen, die auch als **Klagegründe** bezeichnet werden. Eine Einschränkung erfährt die Dispositonsbefugnis der Parteien über die Angriffs- und Verteidigungsmittel dadurch, dass ausnahmsweise bestimmte schwer wiegende Mängel des angefochtenen Aktes von Amts wegen geprüft werden.[16] Ebenso hat der Unionsrichter von Amts wegen zu überprüfen, ob die zwingenden Prozessvoraussetzungen vorliegen.[17] Auch wenn das Fehlen einer Prozessvoraussetzung von der Gegenseite nicht gerügt wird, müssen Gerichtshof und Gericht ihr Vorliegen prüfen und das Klage- oder Antragsbegehren ggf. als unzulässig zurückweisen.[18] Das erfolgt aber nur, wenn Anhaltspunkte dafür vorliegen, dass ein Verfahrenshindernis besteht.[19]

---

[13] *Oppermann/Classen/Nettesheim*, Europarecht, § 13 Rn. 20; *Danwitz*, EU-VerwR, S. 297 f.
[14] Ausnahmen gibt es im Rahmen der „unbeschränkten Ermessensnachprüfung", insbesondere im Beamtenrecht und bei Zwangsmaßnahmen (Art. 291 AEUV), vgl. EuGH, Rs. C-3/06, *Danone*, Slg. 2007, I-1331 Rn. 60.
[15] Zur Reichweite dieser Pflicht SchlA Rs. C-319/99 P, *Ismeri Europe/Rechnungshof*, Slg. 2001, I-5281, 5294f.
[16] EuGH, Rs. C-367/95 P, *Sytraval*, Slg. 1998, I-1719, 1771.
[17] Z. B. EuG, Rs. T-465/93, *Mugia/Messarica*, Slg. 1994, II-361 Rn. 24.
[18] Siehe oben bei den einzelnen Verfahrensarten.
[19] So wird z. B. normalerweise nicht von Amts wegen erforscht, wann die Klagefrist begonnen hat, wenn dies aus der Akte nicht hervorgeht und das beklagte Organ eine Verspätung nicht rügt.

6. Abschnitt. Das Gerichtsverfahren vor dem EuGH 6–8 § 21

Seine positivrechtliche Ausprägung hat der Verfügungsgrundsatz in verschiedenen 6
Vorschriften der Verfahrensordnungen beider Instanzen erfahren. So kann der Kläger
seine Klage jederzeit zurücknehmen (Art. 148 VerfO-EuGH, Art. 99 VerfO-EuG,
Art. 74 VerfO-EuGöD). Auch bleibt es den Parteien unbenommen, sich außergerichtlich über die streitigen Fragen zu einigen und auf die Geltendmachung ihrer Ansprüche
zu verzichten (näher dazu § 27 Rdnr. 50ff.). In diesem Fall ordnet der Präsident gemäß
Art. 147 VerfO-EuGH, Art. 98 VerfO-EuG die Streichung der Rechtssache aus dem
Register an. Einen Prozessvergleich gibt es dagegen nicht.[20] Eine Durchbrechung der
Dispositionsmaxime dürfte darin zu sehen sein, dass die Bestimmungen der Verfahrensordnungen über die außergerichtliche Streitbeilegung auf wichtige Rechtsschutzverfahren, nämlich die Nichtigkeits- und Untätigkeitsklage, nicht anwendbar sind
(Art. 147 Abs. 2 VerfO-EuGH, Art. 98 Abs. 2 VerfO-EuG). Die Bedeutung dieser Einschränkung ist indessen gering, da auch Nichtigkeits- und Untätigkeitsklagen jederzeit
zurückgenommen werden können. Eine weitere Einschränkung der Verfügungsbefugnis der Parteien über den Streitstoff liegt darin, dass Klageänderungen nur unter
sehr engen Voraussetzungen zulässig sind (näher unten § 23 Rn. 33 ff.). Hier tritt die
Dispositionsmaxime gegenüber der Konzentrationsmaxime (dazu unten IV.) zurück.

III. Verhandlungs- und Untersuchungsgrundsatz

Von der Frage, wer die Einleitung des Verfahrens und die Bestimmung des Streit- 7
stoffs beherrscht, ist die Frage zu unterscheiden, wer für die Ermittlung der entscheidungserheblichen Tatsachen im gerichtlichen Verfahren verantwortlich ist. Je nachdem,
ob die Tatsachenermittlung dem Richter von Amts wegen obliegt oder ob ihm die
entscheidungserheblichen Tatsachen von der Partei, der die materielle Darlegungs- und
Beweislast obliegt, unterbreitet werden müssen, unterscheiden sich der **Untersuchungsgrundsatz** und der Beibringungsgrundsatz bzw. die **Verhandlungsmaxime**.[21]

Aus den einschlägigen Vorschriften des Unionsrechts ergibt sich, dass anders als in 8
einigen Mitgliedstaaten keine generelle Amtsermittlungspflicht des Gerichtshofs besteht. Das heißt jedoch nicht, dass dort die Verhandlungsmaxime ohne Einschränkung
gilt. Zwar bleibt es grundsätzlich den Parteien überlassen, welchen Tatsachenstoff sie
dem Gerichtshof unterbreiten, und es obliegt ihnen, die Beweismittel zu benennen
(Art. 120 lit. e, 124 Abs. 1 lit. d VerfO-EuGH, Art. 44 § 1 lit. e, 46 § 1 lit. d, 48 § 1
VerfO-EuG). EuGH und EuG sind jedoch nicht an die von den Parteien vorgebrachten
Tatsachen und Beweisanträge gebunden, sondern zur **Sachverhaltsaufklärung**[22] **und
zur Beweiserhebung von Amts wegen** befugt (Art. 24ff. Satzung-EuGH, Art. 63ff.
VerfO-EuGH). Ob der Unionsrichter von diesen Möglichkeiten Gebrauch macht, steht
in seinem pflichtgemäßen Ermessen. Die durch die **Dispositionsmaxime** gezogenen
Grenzen darf er dabei jedoch nicht überschreiten. Das heißt, dass die Sachverhaltsauf-

---

[20] Das hindert den Unionsrichter nicht daran, vor allem bei Klagen von Privatpersonen auf eine gütliche Beilegung des Rechtsstreits hinzuwirken, die prozessrechtlich meist die Rücknahme der Klage zur Folge hat.
[21] Siehe *Berger*, S. 29.
[22] Zu den prozessleitenden und vorbereitenden Maßnahmen, die es dem Richter u. a. erlauben, die Tatsachengrundlage seiner Entscheidung von Amts wegen zu erweitern oder zu präzisieren, näher unten § 24 C.

klärung durch den Richter sich im Rahmen der von den Parteien vorgebrachten oder der von Amts wegen zu beachtenden Angriffs-und Verteidigungsmittel zu halten hat. In der Regel machen EuGH und EuG von ihrer Untersuchungsbefugnis nur zurückhaltend Gebrauch.

9 Andererseits leitet der EuGH aus Art. 47 GR-Charta die Befugnis und Pflicht der Gerichte ab, alle relevanten Rechts- und Tatsachenfragen zu prüfen.[23] Der Unionsrichter muss nicht nur die sachliche Richtigkeit der angeführten Beweise, ihre Zuverlässigkeit und ihre Kohärenz prüfen, sondern auch kontrollieren, ob diese Beweise alle relevanten Daten darstellen, die bei der Beurteilung einer komplexen Situation heranzuziehen waren, und ob sie die aus ihnen gezogenen Schlüsse untermauern können. Auch wenn z. B. in Wirtschaftsfragen der Kommission ein Wertungsspielraum eingeräumt ist, muss der Unionsrichter von Amts wegen prüfen, ob die Kommission ihre Entscheidung begründet und u. a. dargelegt hat, wie sie die berücksichtigten Faktoren gewichtet und bewertet hat.[24] Diese Rechtmäßigkeitskontrolle wird zum Teil ergänzt durch eine dem Unionsrichter eingeräumte Befugnis zu unbeschränkter Nachprüfung gemäß Art. 261 AEUV, Zwangsmaßnahmen nach eigener Beurteilung zu ändern (z. B. nach Art. 31 der VO Nr. 1/2003). Diese Befugnis ermächtigt den Richter über die reine Kontrolle der Rechtmäßigkeit der Zwangsmaßnahme hinaus dazu, die Beurteilung der Kommission durch seine eigene zu ersetzen.

10 Die überwiegende Meinung im Schrifttum geht deshalb davon aus, dass Untersuchungsgrundsatz und Verhandlungsmaxime im europäischen Rechtsschutzsystem nebeneinander zur Anwendung gelangen.[25] Welcher Grundsatz im Vordergrund steht, wird u. a. dadurch beeinflusst, um welche Verfahrensart es sich handelt. Dabei ist nicht allein entscheidend, ob ein Verfahren in erster Linie dem Allgemeininteresse oder Individualinteressen dient. So erwartet der EuGH im Vertragsverletzungsverfahren von der Kommission, dass alle Tatsachen vorgetragen und, wenn erforderlich, von ihr selbst bewiesen werden, aus denen sich der einem Mitgliedstaat zur Last gelegte Verstoß ergibt,[26] obwohl dieses Verfahren im Unionsinteresse eingeleitet wird. Auch in der Regelung des Versäumnisverfahrens kommen beide Grundsätze zum Ausdruck: So gibt es zwar, anders als in Verfahren mit Untersuchungsgrundsatz im deutschen Recht, ein Versäumnisverfahren, doch schließt die Säumnis des Beklagten es nicht aus, dass der Richter das tatsächliche Vorbringen des Klägers – jedenfalls summarisch – auf seine Richtigkeit überprüft und ggf. den Sachverhalt weiter aufklärt (näher unten § 26 Rn. 32).

IV. Die Konzentrationsmaxime

11 Art. 47 der Grundrechtecharta (und nicht mehr Art. 6 EMRK)[27] garantiert den Parteien, dass ihr Rechtsstreit innerhalb **angemessener Frist** gehört und entschieden wird. Dieser Anspruch gehört zu den allgemeinen Rechtsgrundsätzen. Seiner Verwirklichung dient die Konzentrationsmaxime. Ziel und Bestreben des zuständigen Gerichts

---

[23] EuGH 6.11.2012, Rs. C-199/11 Rn. 49, *Europese Gemeenschap*; EuGH 18.7.2013, Rs. C-584/10 P u. a. Rn. 119, 129 f., *Kadi II*.
[24] EuGH 6.11.2012, Rs. C-199/11 Rn. 59 f., *Europese Gemeenschap*.
[25] *Berger*, S. 29 ff.
[26] EuGH, Rs. 141/87, *Kommission/Italien*, Slg. 1989, 943, 979.
[27] EuGH 8.12.2011, Rs. C- 386/10 P, Rn. 51, *Chalkor*.

muss es nach diesem Grundsatz sein, das gerichtliche Verfahren so zu führen und vorzubereiten, dass nur ein Verhandlungstermin erforderlich und ein möglichst rascher Abschluss möglich ist. Der Gerichtshof kann die Parteien auffordern, ihre mündlichen Ausführungen auf eine oder mehrere festgelegte Fragen zu konzentrieren (Art. 61 Abs. 2 VerfO-EuGH). Für mehrere gleichartige Rechtssachen, die den gleichen Gegenstand haben, kann eine gemeinsame mündliche Verhandlung durchgeführt werden (Art. 77 VerfO-EuGH). Wenn der EuGH sich durch die von den Parteien eingereichten Schriftsätze und Erklärungen für hinreichend unterrichtet hält, ist er nach der neuen Fassung der Verfahrensordnung grundsätzlich nicht mehr gehalten, eine mündliche Verhandlung durchzuführen (Art. 76 VerfO-EuGH)! Ausdruck des **Beschleunigungsgrundsatzes** sind aber auch der numerus clausus der Schriftsätze[28] und die Präklusionsvorschriften der Art. 127 Abs. 1 VerfO-EuGH, Art. 48 § 2 VerfO-EuG und Art. 43 VerfO-EuGöD (näher unten § 23 Rn. 19 und 34 ff.). Danach können neue Angriffs- und Verteidigungsmittel, die nicht in der Klageschrift und der Klageerwiderung enthalten sind, im weiteren Verlauf des Verfahrens nicht mehr vorgebracht werden, es sei denn, dass sie auf rechtliche oder tatsächliche Gründe gestützt werden, die erst während des schriftlichen Verfahrens zutage getreten sind. Zudem kann der Gerichtshof durch zu veröffentlichenden Beschluss die maximale Länge der einzureichenden Schriftsätze bzw. Erklärungen festlegen (Art. 58 VerfO-EuGH).

Ebenfalls als Ausdruck der Konzentrationsmaxime mag man die Art. 63 bis 75 VerfO-EuGH (Art. 67 VerfO-EuG) ansehen, wonach eine etwaige Beweiserhebung in einem separaten Beweistermin vor der mündlichen Verhandlung stattfindet. Der Konzentrationsmaxime dienen auch die prozessleitenden Maßnahmen (Art. 62 VerfO-EuGH, Art. 64 VerfO-EuG; unten § 24 Rn. 16–22). Im Jahr 2000 haben EuGH und EuG zudem **beschleunigte Verfahren**[29] eingeführt, welche die schnelle Behandlung dringender Fälle dadurch ermöglichen sollen, dass das schriftliche Verfahren abgekürzt wird und der mündlichen Verhandlung eine größere Rolle zukommt (Art. 134 VerfO-EuGH; näher unten § 26 B). Den gleichen Zweck verfolgen mit anderen Mitteln die Vorschriften, die es dem EuGH (nicht aber dem EuG) erlauben, von der Durchführung einer mündlichen Verhandlung abzusehen und über Vorabentscheidungsersuchen, die schon früher entschiedene Fragen betreffen, durch Beschluss zu entscheiden (Art. 99 VerfO-EuGH).

Für Verfahren, die den besonders grundrechtssensiblen Raum der Freiheit, der Sicherheit und des Rechts (dritter Teil Titel V AEUV) betreffen, kann gemäß Art. 107 ff. VerfO-EuGH ein Eilvorlageverfahren durchgeführt werden. Dies kommt insbesondere bei (straf- oder ausländerrechtlichen) Haftsachen oder Kindesent-/-rückführungen in Betracht. Das schriftliche Verfahren ist dabei sehr komprimiert (Art. 109 Abs. 2) und kann in Fällen „äußerster Dringlichkeit" (Art. 111) entfallen. Dies führt dazu, dass der EuGH in manchen Verfahren schon innerhalb von zwei Monaten nach Verfahrenseingang entschieden hat.[30]

---

[28] Grundsätzlich können Kläger und Beklagter je zwei Schriftsätze einreichen, Art. 126 VerfO-EuGH, 47 VerfO-EuG. Beim EuG wird der Konzentrationsmaxime zusätzlich dadurch Rechnung getragen, dass es auf den zweiten Schriftsatzwechsel verzichten kann, *Karpenstein*, in: GHN, § 256 AEUV Rn. 15.

[29] Art. 105 VerfO-EuGH (Art. 104a a. F.) für Vorabentscheidungsverfahren, sowie Art. 133 VerfO-EuGH (Art. 62a a. F.) und Art. 76a VerfO-EuG für Direktklagen, dazu *Kühn*, EuZW 2008, 263.

[30] Z. B. in *Rinau*, C-195/08 PPU, *J.McB.*, C-400/10 PPU, *Vo*, C-83/12 PPU.

14 Im Interesse der Verfahrensbeschleunigung können andere Prozessgrundsätze Einschränkungen erfahren. Das gilt im Verfahrensrecht der Unionsgerichte etwa für die Dispositionsmaxime (durch die sehr strengen Voraussetzungen einer Klageänderung), für den Verhandlungsgrundsatz (durch Mitwirkung des Richters bei der Sachverhaltsaufklärung, insbesondere mittels prozessleitender Maßnahmen) und für das Mündlichkeitsprinzip (durch die nun weitgehenden Möglichkeiten einer Entscheidung ohne mündliche Verhandlung).

15 Führt die Missachtung der Konzentrationsmaxime zu einer **Überschreitung der angemessenen Verfahrensdauer** i.S. von Art. 47 Grundrechtecharta (bzw. Art. 6 EMRK), so liegt darin ein Verfahrensverstoß, der, wenn er dem EuG zur Last fällt, im Rahmen des Rechtsmittelverfahrens vor dem EuGH gerügt werden kann. Welche Rechtsfolgen eine solche Rechtsverletzung nach sich zieht, hängt davon ab, ob die Verfahrensdauer sich auf den Ausgang des Rechtsstreits hat auswirken können.[31] Außerdem kann die Nichteinhaltung einer angemessenen Entscheidungsfrist durch die EU-Gerichte zu einem vor dem EuGH einzuklagenden Schadensersatzanspruch (Art. 268, 340 Abs. 2 AEUV) führen.[32] In Verfahren, in denen das EuG im Rahmen seiner Befugnis zur unbeschränkten Ermessensnachprüfung (Art. 261 AEUV) Zwangsmaßnahmen abändert oder selbst verhängt, kann die Verfahrensverzögerung bußgeldmindernd berücksichtigt werden. So hat der EuGH die Festsetzung des Betrages einer Geldbuße durch das angefochtene Urteil des Gerichts wegen überlanger Verfahrensdauer aufgehoben und selbst einen niedrigeren Betrag festgesetzt.[33]

V. Grundsatz der Mündlichkeit und Unmittelbarkeit

16 Wie sich den einschlägigen Vorschriften der Satzungen und der Verfahrensordnungen entnehmen lässt, gliedert sich das Verfahren vor dem Gerichtshof (meist) in ein schriftliches und in ein mündliches Verfahren (Art. 20 Satzung-EuGH, Art. 76 ff., 120 ff. VerfO-EuGH, Art. 43 ff. VerfO-EuG, Art. 33 ff. VerfO-EuGöD). In diesen Vorschriften spiegelt sich der Grundsatz der **Mündlichkeit** wider, wonach die gerichtlichen Entscheidungen im allgemeinen aufgrund mündlicher Verhandlung ergehen.[34] Allerdings ist der Grundsatz der Mündlichkeit kein zwingendes Dogma europäischen Prozessrechts. Wegen der Schwierigkeiten, die bei der mündlichen Verständigung in einem mehrsprachigen Umfeld leicht auftreten können, kommt dem schriftlichen Verfahren vor den Unionsgerichten traditionell eine besondere Bedeutung zu. Das Mündlichkeitsprinzip wird durch die schon im Zusammenhang mit der Konzentrationsmaxime angesprochenen Art. 76 Abs. 2, Art. 99 VerfO-EuGH eingeschränkt, die dem EuGH in vielen Fällen den Verzicht auf die mündliche Verhandlung gestatten. Auch bei Entscheidungen über prozesshindernde Einreden, über Klagen oder Rechtsmittel,

---

[31] EuGH, C-120/06 P, *FIAMM*, Slg. 2008, I-6513, Rn. 203; C-583/08 P, *Gogos*, Slg. 2010, I-4469 Rn. 56 f.

[32] EuGH, Rs. C-385/07, *DSD*, Slg. 2009, I-6155, Rn. 195; Rs. C-583/08 P, *Gogos*, Slg. 2010, I-4469 Rn. 56 f.

[33] EuGH, Rs. C-185/95 P, *Baustahlgewerbe/Kommission*, Slg. 1998, I-8417, 8498 ff.; zu möglichen Folgen überlanger Verfahrensdauer s. auch EGMR, NJW 2001, 2694; *Meyer-Ladewig*, NJW 2001, 2679.

[34] Siehe auch *Wägenbaur*, VerfO-EuGH, S. 352.

die offensichtlich unzulässig oder unbegründet sind oder bei Gutachtenverfahren kann von einer mündlichen Verhandlung abgesehen werden.[35] Im Interesse der Verfahrensbeschleunigung ist die Rolle der mündlichen Verhandlung in eiligen Verfahren aber nun wieder gestärkt worden (zum beschleunigten Verfahren, s.o. Rn. 12 und zum Eilvorlageverfahren, Rn. 13 und § 26 B.) In Fällen äußerster Dringlichkeit kann die für Eilverfahren zuständige Kammer entscheiden, vom schriftlichen Verfahren abzusehen (Art. 111 VerfO-EuGH). In geeigneten Fällen kann die mündliche Erörterung des Streitgegenstandes mit den Parteien den raschen Abschluss des Verfahrens fördern, da Unklarheiten und Widersprüche sofort ausgeräumt werden können.

Nach dem Grundsatz der **Unmittelbarkeit**, der eng mit dem Mündlichkeitsprinzip zusammenhängt,[36] dürfen nur die Richter bei der Entscheidungsfindung mitwirken, die an der mündlichen Verhandlung teilgenommen haben, da nur sie sich in der Verhandlung einen unmittelbaren Eindruck von den Parteien und ihrem Vortrag verschaffen konnten. Besondere Bedeutung hat der Grundsatz der Unmittelbarkeit im Bereich der Beweisaufnahme, da es gerade dort auf den persönlichen Eindruck ankommt. Allerdings kann vom Unmittelbarkeitsprinzip insoweit abgewichen werden, als der Berichterstatter (Art. 65 Abs. 1 VerfO-EuGH) mit der Durchführung der Beweisaufnahme beauftragt werden kann;[37] das EuG kann für die Vernehmung von Zeugen und Sachverständigen auch die Rechtshilfe der innerstaatlichen Gerichte in Anspruch nehmen (Art. 75 VerfO-EuG). Aus dem Grundsatz der Unmittelbarkeit lässt sich ohne eine ausdrückliche Regelung in den Verfahrensvorschriften nicht ableiten, dass die Urteile des EuGH oder des EuG innerhalb einer bestimmten Frist nach der mündlichen Verhandlung ergehen müssten.[38]

VI. Grundsatz der Öffentlichkeit

Gemäß Art. 47 GR-Charta, Art. 31 Satzung-EuGH sind die Verhandlungen vor den EU-Gerichten grundsätzlich **öffentlich**. Zweck des Öffentlichkeitsprinzips ist es, die Verhandlungen des Gerichtshofs einer Kontrolle durch die Allgemeinheit zu unterwerfen. Damit soll das Vertrauen der Unionsbürger in die unabhängige Rechtsprechung des Gerichtshofs verstärkt werden. Dem Öffentlichkeitsgrundsatz entsprechend muss einem unbestimmten, nicht direkt am Verfahren beteiligten Personenkreis die Möglichkeit eröffnet werden, an den Sitzungen teilzunehmen. Es ist mit dieser Prozessmaxime vereinbar, wegen der begrenzten Kapazitäten der Sitzungssäle für einzelne Sitzungen den Zugang zu beschränken und von vorheriger Anmeldung abhängig zu machen.[39] Personen, deren Erscheinungsbild oder Verhalten der Würde des Gerichtshofs nicht entspricht, können zurückgewiesen werden.[40]

---

[35] Art. 53 Abs. 2, Art. 181 f. VerfO-EuGH und Art. 111, 114 § 3 VerfO-EuG, Art. 111 VerfO-EuG, Art. 119 VerfO-EuGH.
[36] Zur Reichweite beider Grundsätze im Unionsrecht GA *Léger*, EuGH, Rs. C-185/95 P, *Baustahlgewerbe/Kommission*, Slg. 1998, I-8417.
[37] Ebenso für das Gericht Art. 67 § 1 VerfO-EuG, hierzu *Berger*, S. 34 f.
[38] EuGH, Rs. C-185/95 P, *Baustahlgewerbe/Kommission*, Slg. 1998, I-8417, 8503.
[39] A. A. *Schilling*, ZEuS 1999, 94.
[40] Im Rahmen der dem Präsidenten des Spruchkörpers nach Art. 78 VerfO-EuGH, Art. 56 VerfO-EuG, Art. 51 Abs. 1 VerfO-EuGöD zustehenden Ordnungsbefugnisse.

19 Der Öffentlichkeitsgrundsatz garantiert auch Pressevertretern den Zugang zu den Verhandlungen zwecks Berichterstattung. Ob dies die Rundfunk- und Fernsehberichterstattung sowie den Mitschnitt der Sitzung auf Tonträgern einschließt, ist – anders als vor deutschen Gerichten (Art. 169 GVG) – für Verfahren vor dem Gerichtshof nicht eindeutig geregelt. In der Praxis ermöglicht Europe by Satellite (EbS), der TV-Nachrichtenkanal der EU, regelmäßig über das Internet, die Verlesung zumindest der Entscheidungsformel zu sehen. Ebenso wie für nationale Gerichtsverfahren wird man für Verfahren vor dem Gerichtshof sagen müssen, dass die Öffentlichkeitsmaxime nur den unbeschränkten Zugang, nicht aber die ungehinderte Verbreitung des gesprochenen Wortes oder des Verhaltens der Prozessbeteiligten umfasst. In der Praxis erlaubt der EuGH Fernsehaufnahmen nur von der Eröffnung der mündlichen Verhandlung und von der Urteilsverkündung.

20 Ausnahmen vom Grundsatz der Öffentlichkeit können der Gerichtshof und das Gericht im Einzelfall von Amts wegen oder auf Antrag der Parteien aus wichtigen Gründen beschließen. Der **Ausschluss der Öffentlichkeit** kann bei personenbezogenen, insbesondere beamtenrechtlichen Streitigkeiten durch den Schutz der Privatsphäre ebenso gerechtfertigt sein wie bei wirtschaftsrechtlichen Verfahren durch den Schutz vertraulicher Angaben oder Geschäftsgeheimnisse oder bei Streitigkeiten, in denen es um die innere oder äußere Sicherheit von Mitgliedstaaten geht.[41] In diesen Fällen dürfen nur die Beteiligten und ihre Prozessvertreter sowie die am Verfahren beteiligten Amtspersonen anwesend sein, so dass man hier auch von „Parteiöffentlichkeit" spricht.[42] Bereits die Verhandlung über den Ausschluss der Öffentlichkeit kann hinter verschlossenen Türen stattfinden. Das Antragsrecht steht allen Verfahrensbeteiligten zu. Wird die Öffentlichkeit vom Verfahren ausgeschlossen, muss von der Veröffentlichung des Inhalts der mündlichen Verhandlung in der amtlichen Sammlung abgesehen werden.[43]

VII. Grundsatz des „fairen Verfahrens"

21 Art. 47 GR-Charta garantiert jedermann einen Anspruch auf einen fairen Prozess.[44] Dieser Grundsatz konkretisiert den Charakter der EU als eine Union des Rechts für alle Verfahren gerichtlicher Kontrolle. Das Gebot der fairen Prozessführung hat im Verfahren vor den EU-Gerichten verschiedenste Ausprägungen erfahren. Dazu gehört der Grundsatz des kontradiktorischen Verfahrens, nach dem die Beteiligten sowohl die tatsächlichen als auch die rechtlichen Umstände, die für den Ausgang des Verfahrens entscheidend sind, kontradiktorisch erörtern können.[45] Das Gebot der **Waffengleichheit** gebietet, dass es jeder Partei angemessen ermöglicht wird, ihren Standpunkt sowie ihre Beweise unter Bedingungen vorzutragen, die sie nicht in eine gegenüber ihrem Gegner deutlich nach-

---

[41] So ausdrücklich Art. 348 Abs. 2 AEUV, Art. 79 VerfO-EuGH. Entscheidung in nichtöffentlicher Sitzung sehen verschiedene Regelungen der Verfahrensordnungen vor, z. B. Art. 103 VerfO-EuGH (Urteilsberichtigung) und entsprechende Normen der VerfO-EuG.

[42] Parteiöffentlich sind auch Beweisaufnahmen außerhalb der mündlichen Verhandlung, vgl. Art. 65 Abs. 3 VerfO-EuGH, Art. 67 § 3 VerfO-EuG, Art. 58 Abs. 3 VerfO-EuGöD.

[43] Art. 79 Abs. 2 VerfO-EuGH, Art. 57 VerfO-EuG.

[44] Zuvor schon EuGH, Rs. C-7/98, *Krombach/Bamberski*, Slg. 2000, I-1935, 1966.

[45] EuGH, Rs. C-197/09, *M/EMEA*, Slg. 2009, I-12033 Rn. 40f.

6. Abschnitt. Das Gerichtsverfahren vor dem EuGH   22–24 § 21

teilige Position versetzen.[46] Nach der Rechtsprechung des EuGH umfasst das Grundrecht auf Achtung und Wahrung der Verteidigungsrechte (Art. 41 Abs. 2 Buchst. a GR-Charta) u.a. das rechtliche Gehör (dazu unten VIII) und das Recht auf Akteneinsicht (dazu unten IX). Diese Rechte gelten nicht unbegrenzt, ihre Einschränkungen müssen gemäß Art. 52 Abs. 1 GR-Charta u.a. den Wesensgehalt achten und verhältnismäßig sein. Bei der diesbezüglichen Einzelfallprüfung sind u.a der Inhalt und der Kontext des Rechtsakts und des jeweiligen Sachrechts zu beachten.[47] Nach Art. 47 Abs. 3 GR-Charta wird Personen, die nicht über ausreichende Mittel verfügen, **Prozesskostenhilfe** bewilligt, soweit diese Hilfe erforderlich ist, um den Zugang zu den Gerichten wirksam zu gewährleisten. Die Prozesskostenhilfe kann sowohl den Beistand eines Rechtsanwalts als auch die Befreiung von den Gerichtskosten erfassen. Für juristische Personen ist sie nicht grundsätzlich ausgeschlossen, jedoch im Einzelfall nach Maßgabe der geltenden Vorschriften und der Situation der fraglichen Gesellschaft anhand verschiedener Kriterien zu beurteilen.[48]

Ebenso von zentraler Bedeutung ist die Garantie der **Unabhängigkeit und Unparteilichkeit** der Richter[49] sowie die Möglichkeit, den Ausschluss eines Richters vom Verfahren zu beantragen.[50]   22

Von dem Grundsatz des fairen Verfahrens kann auch das Geheimhaltungsinteresse einer Partei umfasst sein. Der Gerichtshof kann daher im Einzelfall, wenn es um die Wahrung von Geschäftsgeheimnissen geht, anordnen, dass Beteiligte, namentlich zugelassene Streithelfer, nur eine bereinigte Antrags- oder Klageschrift erhalten (s. u. § 22 IV) oder dass die Öffentlichkeit vom Verfahren ausgeschlossen wird.   23

VIII. Rechtliches Gehör

Die Gewährleistung des rechtlichen Gehörs ist ein elementarer Grundsatz des Unionsrechts,[51] der allen Rechtsordnungen der Mitgliedstaaten gemeinsam ist. Auf den **Grundsatz des rechtlichen Gehörs** können sich alle am gerichtlichen Verfahren Beteiligten berufen.[52] Er besagt, dass die Parteien das Recht haben, zu allen tatsächlich oder rechtlich für den Ausgang des Rechtsstreits erheblichen (Rechts-)Fragen Stellung zu nehmen. Die gerichtlichen Entscheidungen dürfen nicht auf Tatsachen oder Beweisergebnissen basieren, die den Parteien nicht bekannt sind oder zu denen eine Äußerung nicht möglich war.[53] Der Grundsatz des rechtlichen Gehörs kann in einem   24

---

[46] Vgl. EuGH 6.11.2012, Rs. C-199/1, *Europese Gemeenschap./Otis NV* Rn. 71; EuGH, Rs. C-13/99 P, *TEAM/Kommission*, Slg. 2000, I-4671, 4697 f.

[47] EuGH 21.12.2011, Rs. C-27/09 P, *People's Modjahedin*, Rn. 65 f., und EuGH 18.7.2013, Rs. C-584/10 P u. a., *Kadi II*, Rn. 98 ff.

[48] EuGH, Rs. C-279/09, *DEB/Bundesrepublik Deutschland*, Slg. 2010, I-13845 Rn. 48, 52, 60f.; Rs. C-156/12 Rn. 38, *GREP*.

[49] EuGH 6.11.2012, Rs. C-199/1, *Europese Gemeenschap/Otis NV* Rn. 64.

[50] Vgl. GTE, EU-/EG-Vertrag, Art. 16 der Satzung, Rn. 9 ff.

[51] EuGH, Rs. 42/59 und 49/59, *SUNPAT/Hohe Behörde*, Slg. 1961, 109, 169; EuGH, Rs. C-32/63, *Creusot/Hohe Behörde*, Slg. 1963, 107, 123; EuGH, Rs. C-315/99P, *Ismeri Europa/Rechnungshof*, Slg. 2001, I-5281, 5324.

[52] *Rengeling*, Grundrechtsschutz, S. 154. Zur Problematik des rechtlichen Gehörs für betroffene Dritte *Nissen*, S. 174 ff.

[53] So ausdrücklich Art. 67 § 3 Abs. 1 VerfO-EuG. Vgl. auch EuGH, Rs. C-584/10 P u. a. Rn. 100, *Kadi II*.

Spannungsverhältnis zu Geheimhaltungsinteressen der Gegenpartei oder Dritter stehen.[54] Der Umfang und Inhalt der tatsächlichen und rechtlichen Erörterungen, die der Unionsrichter mit den Parteien zu führen hat, wird von dem Zweck des Grundsatzes bestimmt, die Verfahrensbeteiligten vor überraschenden Beurteilungen des Gerichtshofs zu schützen, indem ihnen Gelegenheit gegeben wird, zu allen rechtserheblichen Umständen, Tatsachen und Behauptungen Stellung zu nehmen. Dies kann Hinweise oder Fragen seitens des Spruchkörpers erfordern, insbesondere in Gestalt prozessleitender Maßnahmen. Die Gewährleistung rechtlichen Gehörs erfordert nicht, sämtliche Streitfragen in der mündlichen Verhandlung zu erörtern; es reicht, wenn die Beteiligten während des schriftlichen Verfahrens Gelegenheit hatten, zu allen relevanten Tat- und Rechtsfragen Stellung zu nehmen. Der Anspruch auf rechtliches Gehör umfasst nicht das Recht der Parteien, nach den Schlussanträgen des Generalanwalts zu diesen Stellung zu nehmen (näher unten § 25 Rn. 15).

25 Im erstinstanzlichen Verfahren vor dem EuG stellt die Verletzung des Anspruchs auf rechtliches Gehör einen Verfahrensfehler dar, der zur Aufhebung einer Entscheidung führen kann, wenn er sich zu Lasten des Rechtsmittelführers hat auswirken können (näher unten § 28 Rn. 25). Bislang noch nicht praktisch geworden ist die Frage nach den Rechtsfolgen, wenn der Grundsatz durch den EuGH selbst verletzt wird.[55]

IX. Recht auf Akteneinsicht und Transparenzgrundsatz

26 Zur Gewährleistung rechtlichen Gehörs gehört grundsätzlich das Recht der Verfahrensbeteiligten, von allen dem Richter unterbreiteten Unterlagen Kenntnis zu nehmen.[56] Dieses Recht wird im Wesentlichen durch die **Zustellung** der Schriftsätze und ihrer Anlagen an die anderen Verfahrensbeteiligten verwirklicht. Darüber hinaus umfasst es auch das Recht zur **Akteneinsicht**. Das Gericht gestattet den Anwälten bzw. Bevollmächtigten der Parteien und der Streithelfer[57] die Einsichtnahme in die Verfahrensakte und in die vorgelegten Verwaltungsvorgänge.[58] Von der Zustellung und von der Akteneinsicht ausgenommen sind Schriftstücke, über deren vertrauliche Behandlung gestritten wird (Art. 67 § 3 Abs. 2 und 3 VerfO-EuG).[59] Zwingende Gründe der Sicherheit oder der internationalen Beziehungen der Union oder ihrer Mitgliedstaaten können zwar der Mitteilung bestimmter Informationen oder Beweise an die Betroffenen entgegenstehen. Dann muss aber der Unionsrichter, dem die Geheimhaltungsbedürftigkeit nicht entgegengehalten werden kann, die legitimen Sicherheitsinteressen und die Wahrung der Verteidigungsrechte zum Ausgleich bringen. Wenn die öffentlichen Interessen der Übermittlung nicht entgegenstehen, die Behörde die Übermittlung aber ablehnt, kann das Gericht diese Gründe bei seiner

---

[54] Vgl. Art. 67 § 3 Abs. 2 und 3, Art. 116 §§ 2 und 6 VerfO-EuG.
[55] Vor Erlass einer gerichtlichen Entscheidung kann der Gerichtshof gemäß Art. 83 VerfO-EuGH jederzeit die Wiedereröffnung der mündlichen Verhandlung anordnen.
[56] *Schilling*, ZEuS 1999, 75 (87).
[57] Bei Streithelfern vorbehaltlich der vertraulichen Behandlung bestimmter Angaben oder Schriftstücke nach Art. 116 § 2 VerfO-EuG.
[58] Art. 5 Abs. 3 DienstA-EuG.
[59] Vgl. zur Abwägung zwischen Geheimschutz und dem Recht auf effektiven Rechtsschutz im deutschen Recht BVerfGE 101, 106 und BVerfG, Beschluss vom 14. März 2006, 1 BvR 2087/03, 1 BvR 2111/03.

Sachprüfung nicht beachten. Sind die Geheimhaltungsgründe beachtlich, wird ggf. eine Zusammenfassung dem Kläger übermittelt und die Beweiskraft der vertraulichen Beweise kritisch geprüft.[60] Vor dem Gerichtshof ist das Recht auf Einsichtnahme in die Akten nur teilweise geregelt;[61] in der Praxis wird den Parteivertretern aber auch hier Einsicht in die Verfahrensakte, die alle Schriftsätze mit ihren Anlagen enthält, gewährt. Nicht zur Verfahrensakte gehören der Vorbericht des Berichterstatters (dazu unten § 23 Rn. 48–52) und Entscheidungsentwürfe sowie ein eventueller Schriftwechsel über die zu treffende Entscheidung innerhalb des Spruchkörpers. Derartige Schriftstücke, die der Vorbereitung der Entscheidungsfindung dienen, fallen unter das Beratungsgeheimnis nach Art. 35 Satzung-EuGH. Zweifelhaft im Hinblick auf die Gewährung rechtlichen Gehörs erscheint die Praxis des EuGH, nach der die Parteien keine Einsicht in die für die Bearbeitung der Rechtssachen erforderlichen Übersetzungen der Schriftsätze in die Arbeitssprache (d. h. ins Französische, s. u. Rn. 28 ff.) erhalten und ihnen die vom Wissenschaftlichen Dienst des EuGH in manchen Fällen erstellten rechtsvergleichenden Studien nicht zugänglich sind.[62]

Mit dem rechtlichen Gehör und dem Akteneinsichtsrecht der Prozessbeteiligten 27 nichts zu tun hat die Frage, ob Dritte vom Inhalt der Verfahrensakten Kenntnis nehmen können. Hier geht es eher um die Reichweite des Öffentlichkeitsgrundsatzes. Anders als in manchen Rechtsordnungen, in denen Gerichte die Schriftsätze anhängiger Verfahren weitgehend im Internet zugänglich machen,[63] wird der **Zugang Dritter zu den Verfahrensakten** des EuGH, EuG und EuGöD sehr restriktiv gehandhabt.[64] Den Verfahrensbeteiligten steht es grundsätzlich frei, Dritten oder der Öffentlichkeit ihre eigenen Schriftsätze zugänglich zu machen.[65] Das EuG hat dazu zwar die Auffassung vertreten, allein das mit dem Rechtsstreit befasste Gericht könne darüber entscheiden, ob Zugang zu solchen Dokumenten gewährt wird. Im Fall *van der Wal*[66] hat es diese Lösung damit begründet, dass andernfalls das Recht der Parteien auf ein unabhängiges und unparteiliches Gericht gefährdet werden könnte.[67]

---

[60] EuGH 4.6.2013, Rs. C-300/11, *ZZ*, Rn. 51 ff.; EuGH 18.7.2013, Rs.C-584/10 P u.a., *Kadi II*, Rn. 125 ff.; *von Danwitz*, EuGRZ 2013, 255.
[61] Vgl. Art. 3 § 3 Abs. 3 DienstA-EuGH, der ein Einsichtsrecht für Dokumente vorsieht, die wegen ihres Umfangs den Parteien nicht zugestellt werden.
[62] Kritisch insoweit *Schilling*, ZEuS 1999, 88 ff. Die zuletzt genannten Studien dürften aber mit internen Arbeitspapieren vergleichbar sein, die die Mitarbeiter der Richter für diese vorbereiten und für die ein Zugangsrecht der Parteien auch nicht in Frage kommt.
[63] So z. B. verschiedene Bundesgerichte in den USA.
[64] Vgl. Art. 5 Abs. 3, UAbs. 3 DienstA-EuG, der die Akteneinsicht durch Dritte von einer Genehmigung des Präsidenten abhängig macht, die nur auf schriftlichen, eingehend begründeten Antrag und nach Anhörung der Parteien erteilt werden kann. Beim EuGH ist demgegenüber die Akteneinsicht durch Dritte überhaupt nicht vorgesehen. Für abgeschlossene Verfahren gilt die VO 354/83 (EWG, Euratom), die durch die VO 1700/2003 (EG, Euratom) starke Veränderungen erfahren hat.
[65] EuGH, Rs. C-376/98, *Deutschland/Parlament und Rat*, Slg. 2000, I-2247, 2254. Ausführlich zur Problematik *Schilling*, ZEuS 1999, 97 ff.
[66] EuGHE 1998, II-548 EuGH, Rs. T-83/96, Slg. 1998, II-548 Rn. 47.
[67] In diesem Fall ging es allerdings nicht um Schriftsätze von Verfahrensbeteiligten in einem Verfahren vor den Gemeinschaftsgerichten, sondern um die Frage, ob die Kommission verpflichtet ist, Stellungnahmen, die sie im Rahmen ihrer Kooperation mit nationalen Gerichten im Bereich des Wettbewerbsrechts erstellt und diesen Gerichten übermittelt hat, Dritten nach ihren Regeln über Zugang zu Dokumenten zugänglich zu machen.

Im Rechtsmittelverfahren entschied dagegen der EuGH,[68] dass sich weder aus diesem Anspruch, noch aus den gemeinsamen Verfassungstraditionen der Mitgliedstaaten, noch aus Art. 6 EMRK der zwingende Schluss ziehen lässt, dass allein das Gericht, bei dem ein Rechtsstreit anhängig ist, befugt ist, den Zugang zu Verfahrensunterlagen zu gewähren und dass den Parteien die Diposition über ihr eigenes Vorbringen nicht mehr zusteht, nachdem sie es in den Prozess eingeführt haben. Anders dürfte aber die Veröffentlichung von Schriftsätzen der Gegenpartei zu beurteilen sein. Im Fall *Svenska Journalistförbundet/Rat*[69] hatte der Kläger die Klageerwiderung des Rates auf seiner Internetseite veröffentlicht. Mit der Begründung, dadurch werde das Recht des Rates beeinträchtigt, seine Interessen vor Gericht unabhängig von äußerer Beeinflussung zu vertreten, erklärte das EuG dies für unzulässig und verurteilte den Kläger, obwohl er in der Sache erfolgreich war, dazu, die Kosten zu tragen.[70]

C. Die Sprachenregelung

28 Der Sprachenfrage kommt im Verfahren vor den Unionsgerichten sowohl politisch[71] als auch praktisch nicht unerhebliche Bedeutung zu.[72] Die Regelungen über die Verfahrenssprache finden sich in den Verfahrensordnungen (Art. 36–42 VerfO-EuGH, Art. 33–35 und 131 VerfO-EuG, Art. 29 VerfO-EuGöD), welche der Genehmigung durch die qualifizierte Ratsmehrheit bedürfen (Art. 253 Abs. 5, Art. 254 Abs. 5, Art. 257 Abs. 6 AEUV). Nach Art. 64 Satzung-EuGH werden die Regelungen über die Sprachenfrage aber in einer vom Rat (nach Anhörung des Parlaments) **einstimmig** beschlossenen **Verordnung** getroffen. Bis dahin gelten die Bestimmungen der Verfahrensordnungen zur Sprachenfrage fort.

29 In den Verfahrensordnungen der EU-Gerichte beruht die Sprachenregelung auf denselben Prinzipien. Abweichungen erklären sich durch die unterschiedlichen Zuständigkeiten der Instanzen. So fehlen in der VerfO-EuG Regeln für die Verfahrensarten, für die das Gericht noch nicht zuständig ist (z. B. Vertragsverletzungsverfahren, Vorabentscheidungsverfahren). Dafür enthält sie Sondervorschriften über das Sprachenregime in Rechtsstreitigkeiten, die das geistige Eigentum betreffen und die in der Verfahrensordnung des EuGH, der über diese Streitigkeiten nur im Rechtsmittelverfahren zu befinden hat, kein Pendant besitzen. Die Sprachenregelung des EuGöD verweist auf die Normen der VerfO-EuG.

---

[68] EuGHE, Rs. C-174/98 P, *Van der Wal*, Slg. 2000, I-1 Rn. 17.
[69] EuGH, Rs. T-174/95, *Svenska Journalistförbundet/Rat*, Slg. 1998, II-2289.
[70] Kritisch zu dieser Rechtsprechung *Schilling*, ZEuS 1999, 97 f., der aus dem Grundrecht der Meinungsfreiheit (Art. 10 EMRK) ableitet, dass es den Parteien grundsätzlich freisteht, sowohl eigene Schriftsätze als auch die des Gegners zu veröffentlichen, sofern sie inhaltsgleiche Aussagen außerhalb des Prozesses machen dürften.
[71] S. zu Einschränkungen der Sprachen in EU-Personalauswahlverfahren EuGH, Rs. C-566/10 P, *Italienische Republik/Europäische Kommission*.
[72] Eingehend *Oppermann*, NJW 2001, 2663 ff.

Als **Verfahrenssprachen** kommen zur Zeit die 24 Amtssprachen der Union in 30
Betracht.[73] In Direktklageverfahren wählt der Kläger die Verfahrenssprache immer
dann, wenn ein Unionsorgan Beklagter ist, also insbesondere bei Nichtigkeits-, Untätigkeits- und Schadensersatzklagen.[74] Bei Personenmehrheit auf der Klägerseite müssen sich die Streitgenossen, die aus unterschiedlichen Mitgliedstaaten kommen, auf eine gemeinsame Verfahrenssprache einigen. Ist dagegen ein Mitgliedstaat Beklagter (im Vertragsverletzungsverfahren), so ist dessen Amtssprache Verfahrenssprache. Werden in einem Mitgliedstaat mehrere Amtssprachen gesprochen, so ist der Kläger berechtigt, eine von ihnen zu wählen. In Vorabentscheidungsverfahren richtet sich die Verfahrenssprache nach der des vorlegenden Gerichts (Art. 37 Abs. 3 VerfO-EuGH). Auch im Gerichtsverfahren obliegt es damit den Gemeinschaftsorganen, im Verkehr mit Bürgern und Mitgliedstaaten deren Sprache zu verwenden (vgl. Art. 24 Abs. 3 AEUV, Art. 41 Abs. 4 GR-Charta).

Der einer Partei beigetretene **Streithelfer** hat im Prinzip keine Einflussmöglichkeit 31
auf die Verfahrenssprache; er muss sich der vom Kläger vorgegebenen Sprache bedienen.[75] Das gilt jedoch nicht für **Mitgliedstaaten**, die als Streithelfer oder bei ihren Äußerungen im Vorabentscheidungsverfahren sowohl schriftlich als auch mündlich ihre eigene Amtssprache benutzen können (Art. 38 Abs. 4 VerfO-EuGH, Art. 35 § 3 Abs. 4 VerfO-EuG).[76] Der Kanzler veranlasst in diesen Fällen eine Übersetzung in die Verfahrenssprache.

Die Verfahrenssprache ist während des ganzen Verfahrens von den **Parteien** in 32
ihren Schriftsätzen einschließlich aller Anlagen und in ihren mündlichen Ausführungen zu verwenden (Art. 38 Abs. 1 und 2 VerfO-EuGH, Art. 35 § 3 VerfO-EuG). Ist eine als Anlage beigefügte Urkunde in einer anderen Sprache abgefasst, so muss eine Übersetzung in die Verfahrenssprache beigefügt werden, die sich bei umfangreichen Dokumenten auf Auszüge beschränken kann. Der Gerichtshof kann jedoch jederzeit auf Antrag einer anderen Partei oder von Amts wegen eine vollständige Übersetzung solcher Schriftstücke verlangen.[77]

Der **EuGH** und das **EuG** müssen in ihrem **Schriftverkehr** mit den Parteien, insbesondere in Protokollen und Entscheidungen, die Verfahrenssprache verwenden. In der 33
mündlichen Verhandlung können sich die Gerichtsmitglieder, d. h. der Präsident des Spruchkörpers bei der Leitung der Verhandlung, Richter und Generalanwälte bei ihren Fragen und die Generalanwälte bei ihren Schlussanträgen, einer anderen Sprache als der Verfahrenssprache bedienen (Art. 38 Abs. 8 VerfO-EuGH, Art. 35 § 5 VerfO-EuG).

---

[73] Art. 36 VerfO-EuGH, Art. 35 § 1 VerfO-EuG. Der Unterschied zwischen der Zahl der Sprachen und der Mitgliedstaaten ergibt sich aus dem Gebrauch des Französischen auch in Belgien und Luxemburg und des Deutschen in Österreich und des Griechischen auf Zypern.

[74] Im Gutachtenverfahren wählt der Antragsteller die Verfahrenssprache. *Dauses*, in: ders., Handbuch, Abschn. P IV, Rn. 54 a.

[75] Der Antrag auf Zulassung als Streithelfer kann nach der Praxis des EuGH auch in einer anderen Sprache eingereicht werden. Beim EuG kann der Antrag ebenfalls zunächst in einer anderen Sprache fristwahrend eingereicht werden, doch muss der Antragsteller innerhalb einer vom Kanzler gesetzten Frist eine Fassung in der Verfahrenssprache nachreichen. Erst dann wird sein Antrag den anderen Parteien zugestellt, vgl. Art. 6 Abs. 5 UAbs. 3 DienstA-EuG.

[76] Die EWR-Staaten und die EFTA-Überwachungsbehörde können statt der Verfahrenssprache eine andere der potentiellen Verfahrenssprachen für ihre Äußerungen wählen, Art. 38 Abs. 5 VerfO-EuGH, Art. 35 § 3 Abs. 5 VerfO-EuG.

[77] Vgl. z. B. EuGH, Rs. 11/95, BP *Chemicals/Kommission*, Slg. 1996, II-599.

Die Generalanwälte halten ihre Schlussanträge im allgemeinen in ihrer Muttersprache. Auch der Berichterstatter kann seinen Vorbericht und die Entscheidungsentwürfe in einer anderen Sprache als der Verfahrenssprache abfassen. Fast immer ist dies die französische Sprache, die interne **Arbeitssprache**.[78] Deshalb werden die Schriftsätze vom Sprachendienst des Gerichtshofs zunächst ins Französische übersetzt,[79] während die Entscheidungen aus der französischen „Arbeitsfassung" in die Verfahrenssprache übersetzt werden.

34 Wie sich aus Art. 38 Abs. 7 VerfO-EuGH, 35 § 4 VerfO-EuG ergibt, brauchen **Zeugen** und **Sachverständige** sich nicht der Verfahrenssprache zu bedienen. Es steht im Ermessen des zuständigen Spruchkörpers bzw. des mit der Beweisaufnahme beauftragten Berichterstatters, in welcher Sprache die Vernehmung bzw. die Anhörung sachdienlich ist. Normalerweise wird dies eine der in Art. 36 VerfO-EuGH genannten Sprachen sein. Zeugen oder Sachverständigen, die sich in keiner dieser Sprachen hinlänglich ausdrücken können, kann der zuständige Spruchkörper gestatten, ihre Erklärungen in einer anderen Sprache abzugeben, wobei auch diese selbstverständlich, wenn erforderlich, in die Verfahrenssprache zu übersetzen sind.

35 Auf gemeinsamen Antrag der Parteien kann eine der anderen in Art. 36 VerfO-EuGH bzw. 35 § 1 VerfO-EuG genannten Sprachen ganz oder teilweise als Verfahrenssprache zugelassen werden. Auch auf den Antrag nur einer Partei kann – nach Anhörung der Gegenpartei und des Generalanwaltes – gemäß Art. 37 Abs. 1 VerfO-EuGH eine **Ausnahme von der Verwendung der Verfahrenssprache** gemacht werden.[80] Der Antrag kann sowohl von einer der Hauptparteien als auch von einem Streithelfer gestellt werden.[81] Er muss eingehend begründet werden und insbesondere darlegen, weshalb die Verwendung der Verfahrenssprache den Antragsteller bei der Wahrnehmung seiner Rechte erheblich beeinträchtigen würde. Die Zulassung selbst steht im Ermessen des Gerichtshofs bzw. des Gerichts,[82] welches wegen des Ausnahmecharakters einer solchen Erlaubnis hohe Anforderungen an die Begründung des Antrags stellt. So kann der Kläger, der die Verfahrenssprache gewählt hat, sich nicht darauf berufen, dass seine Anwälte eine andere Muttersprache haben, um in der mündlichen Verhandlung die Zulassung einer anderen Sprache für die Plädoyers zu erreichen.[83] Bei Streithelfern, die auf die Verfahrenssprache keinen Einfluss hatten, kann eine großzügigere Haltung angebracht sein, doch dürfen auch ihre Anträge auf Zulassung anderer Sprachen nicht weiter gehen, als zur Wahrung ihres rechtlichen Gehörs unabdingbar ist.[84] So wird die Verwendung der Verfahrenssprache im schriftlichen Verfahren normalerweise als zumutbar angesehen, während es den Anwälten des Streithelfers eher gestattet wird, in der mündlichen Verhandlung in ihrer eigenen

---

[78] *Dauses,* in: ders., EU-WirtR, Abschn. P IV Rn. 75.
[79] Die Unionsorgane müssen die französische Übersetzung ihrer Schriftsätze selbst vorlegen.
[80] Zu der Frage, ob damit die ursprünglich gewählte Verfahrenssprache durch eine andere Sprache ersetzt wird oder ob beide Sprachen nebeneinander als Verfahrenssprachen Anwendung finden *Dauses,* in: ders., EU-WirtR, Abschn. P IV Rn. 52.
[81] EuGHE, Rs. T-74/92, *Ladbroke Racing/Kommission,* Slg. 1993, II-535 Rn. 24 ff.
[82] Vgl. z. B. EuGH, Rs. T-330/94, *Salt Union/Kommission,* Slg. 1995 II-2881.
[83] EuGHE, Slg. 1997, II-87 Rn. 11.
[84] Vgl. EuGHE, Rs. T-74/92, *Ladbroke Racing/Kommission,* Slg. 1993, II-535 für den Antrag, sich generell einer anderen Sprache bedienen zu können und Übersetzungen der Verfahrensdokumente in diese Sprache zu erhalten.

Sprache zu plädieren.⁸⁵ Dass das der angefochtenen Entscheidung vorangehende Verwaltungsverfahren in der Sprache geführt wurde, deren Verwendung der Streithelfer wünscht, reicht allein nicht aus, um eine Ausnahme von der Pflicht zur Verwendung der Verfahrenssprache zu rechtfertigen.⁸⁶

Für **Streitigkeiten betreffend die Rechte des geistigen Eigentums** enthält Art. 131 36 VerfO-EuG eine besondere Sprachenregelung. In diesen Streitigkeiten, die gerichtlichen Rechtsmittelverfahren vergleichbar sind, geht dem Prozess vor dem EuG ein Verfahren vor einer Beschwerdekammer (des HABM in Alicante oder des Gemeinschaftlichen Sortenamtes)⁸⁷ voraus. Die Besonderheit dieser Verfahren ist es, dass, während in den „normalen" Direktklageverfahren darum gestritten wird, ob ein Mitgliedstaat oder ein Unionsorgan gegen Unionsrecht verstoßen haben, hier der Rechtsstreit zwischen Privaten geführt wird, deren Interessen einander gegenüberstehen. Dieser Besonderheit und der Notwendigkeit eines Interessenausgleichs zwischen Privatleuten muss die Sprachenregelung Rechnung tragen. Dem Kläger steht das Recht, die Verfahrenssprache vor dem EuG zu wählen, nur dann allein zu, wenn er vor der Beschwerdekammer der einzige Beteiligte war. Andernfalls, wenn am Verfahren vor der Beschwerdekammer mehrere Personen beteiligt waren, setzt der Kanzler des Gerichts den anderen Parteien eine Frist zum Widerspruch gegen die vom Kläger gewählte Sprache. Innerhalb dieser Frist können sich die Parteien auf eine Verfahrenssprache einigen. Gelingt ihnen das nicht, so wird grundsätzlich die Sprache der Anmeldung des gewerblichen Schutzrechts Verfahrenssprache. Allerdings kann der Präsident des Gerichts auf Antrag eine andere Sprache bestimmen, wenn sonst die Verteidigungsmöglichkeiten einiger Parteien beeinträchtigt wären. Der Kläger kann die Sprache, die er ursprünglich gewählt hatte, während des gesamten Verfahrens schriftlich und mündlich benutzen, auch wenn sie nicht Verfahrenssprache bleibt. In diesem Fall wird die Klageschrift durch den Übersetzungsdienst des EuGH in die Verfahrenssprache übersetzt. Die anderen Parteien können eine der 23 in Art. 35 VerfO-EuG genannten Sprachen wählen, müssen aber selbst für die Übersetzung ihrer Schriftsätze in die Verfahrenssprache sorgen. Ebenso muss der Kläger weitere Schriftstücke, die er außer der Klageschrift einreichen will, selbst in die Verfahrenssprache übersetzen lassen. In der mündlichen Verhandlung vor dem EuG kann jede Partei die einmal gewählte Sprache benutzen. Alle mündlichen Äußerungen der Parteien und der Richter werden in die Verfahrenssprache und die ggf. weiteren verwendeten Sprachen gedolmetscht. Eine weitere Besonderheit dieser Verfahren besteht darin, dass (um den Übersetzungsaufwand in Grenzen zu halten) in englischer Sprache eingereichte Schriftsätze nicht in die Arbeitssprache übersetzt werden.⁸⁸

---

⁸⁵ Vgl. EuGHE 1993, II-535.
⁸⁶ Vgl. EuG, Beschl. v. 26.11.1998, Rs. T-59/98, *Honeywell/Kommission*, nicht in der Slg. veröffentlicht.
⁸⁷ Vgl. Art. 57ff. GMV für das HABM, Art. 67ff. VO 2100/94 über den gemeinschaftlichen Sortenschutz, ABl. 1994 L 227/1.
⁸⁸ Die Pflicht des HABM, eine französische Fassung seiner Schriftsätze vorzulegen, bleibt davon unberührt.

§ 22 Die Verfahrensbeteiligten*

Übersicht

		Rn.
A.	Allgemeines	1
B.	Direktklagen	2–52
	I. Parteifähigkeit	2–5
	II. Prozessfähigkeit	6
	III. Privilegierte und andere Parteien	7/8
	IV. Vertretung der Parteien	9–11
	V. Streitgenossenschaft	12–18
	VI. Streithilfe	19–52
	1. Allgemeines	19–22
	2. Zulassungsvoraussetzungen	23–29
	3. Das Zulassungsverfahren	30–35
	4. Rechtsstellung des Streithelfers und Fortgang des Verfahrens	36–42
	5. Rechtsmittel	43/44
	6. Streithilfe in Rechtsstreitigkeiten betreffend die Rechte des geistigen Eigentums	45–49
	7. Schriftsatzmuster	50–52
C.	Vorabentscheidungsverfahren	53–55
D.	Gutachtenverfahren	56

Schrifttum: *Bender*, Die Beschwerdekammern des Harmonisierungsamtes für den Binnenmarkt im Gemeinschaftsmarkensystem, MarkenR 1999, 11 ff.; *Dauses/Henkel*, Streithilfe durch natürliche und juristische Personen in Verfahren vor dem EuGH und EuG, EuZW 2000, 581 ff.; *Ehle/Schiller*, Das Streithilfeverfahren vor dem Europäischen Gerichtshof, EuR 1982, 48 ff.; *Jung*, Änderungen der Verfahrensordnung des Gerichtshofs der Europäischen Gemeinschaften, EuR 1980, 372 ff.; *ders.*: Gemeinschaftsmarke und Rechtsschutz, FS Everling Bd. I 1995, 611 ff.; *Kirschner/Klüpfel*, Das Gericht erster Instanz der Europäischen Gemeinschaften, 2. Aufl. 1998; *Klüpfel*, Die Nichtigkeitsklage vor dem Europäischen Gericht erster Instanz gegen Entscheidungen des Harmonisierungsamts für den Binnenmarkt, MarkenR 2000, 237 ff.; *Kohler/Knapp*, Nationales Recht in der Praxis des EuGH, ZeuP 2002, 701 ff.; *Magnusson*, Procedural Homogeneity v. Inconsistency of European Courts – Comments on Order of the EFTA Court President of 15 June 2012 in Case E-16/11 EFTA Surveillance Authority v. Iceland (September 1, 2012), S. 3 f., SSRN: http://ssrn.com/abstract=2140717 oder http://dx.doi.org/10.2139/ssrn.2140717; *Middeke*, Außenwirtschaftsrecht der EG, DVBl. 1991, 149 ff.; *Nissen*, Die Intervention Dritter in Verfahren vor dem Gerichtshof der Europäischen Gemeinschaften, 2001 (Diss. 2001); *Quack*, Der Ausschluss der Nebenintervention in den Fällen des Art. 37 Abs. 2 2. Halbsatz der Satzung des europäischen Gerichtshofes, in: FS für Ralf Vieregge, 1995, 747 ff.; *van Nuffel*, What's in a Member State ? Central and decentralized authorities before the community courts, CMLRev 2001, 871 ff.; *Sachs*, Die Ex-officio-Prüfung durch die Gemeinschaftsgerichte, 2008 (Diss. 2007/2008); *Thiele*, Das Rechtsschutzsystem nach dem Vertrag von Lissabon – (K)ein Schritt nach vorn? EuR 2010, S. 30–46.

---

* Dieser Beitrag basiert auf einer Neubearbeitung des von Sabine Hackspiel verfassten Beitrags der Vorauflage.

6. Abschnitt. Das Gerichtsverfahren vor dem EuGH 1, 2 § 22

A. Allgemeines

Die Voraussetzungen einer Beteiligung am Verfahren und die Rechtsstellung der 1
Beteiligten sind für die verschiedenen Verfahrensarten nicht einheitlich geregelt.
Insbesondere bestehen Unterschiede zwischen den Direktklageverfahren (z. B. Vertragsverletzungsverfahren, Nichtigkeitsklage, Untätigkeitsklage) und dem Vorabentscheidungsverfahren. Eigene Regeln gelten auch für die (in der Praxis seltenen) Sonderverfahren (vgl. oben § 17) und Gutachtenverfahren (vgl. oben § 16). Der Ausdruck „Parteien" ist an und für sich nur in den Verfahren angemessen, die unmittelbar der Streitentscheidung dienen, also in den Direktklageverfahren. Hier kann er, anders als nach deutschem Verständnis, neben den Hauptparteien auch die Streithelfer umfassen (vgl. unten Rn. 36). Im Vorabentscheidungsverfahren ist die Entscheidung des Rechtsstreits dagegen Sache des vorlegenden nationalen Gerichts und nicht des EuGH, der dem nationalen Richter durch seine Entscheidung lediglich Hilfestellung leistet. Hier ist die Bezeichnung „Verfahrensbeteiligte" vorzuziehen. Das gilt auch im Gutachtenverfahren nach Art. 218 Abs. 11 AEUV und in den Verfahren nach dem EWR-Vertrag (Art. 111 Abs. 3 EWRV bzw. Protokoll Nr. 34 zum EWRV).

B. Direktklagen

I. Parteifähigkeit

Allgemeine Vorschriften über die Parteifähigkeit enthält das Prozessrecht der 2
Unionsgerichte nicht. Aus den Bestimmungen der Verträge und des Sekundärrechts über die verschiedenen Klagearten ergibt sich aber, wer jeweils Kläger und Beklagter sein kann und damit auch parteifähig ist (Siehe dazu die Darstellung der verschiedenen Verfahrensarten, oben §§ 5–9). Das sind zunächst die Organe der Union, also das Europäische Parlament, der Europäische Rat,[1] der Rat, die Kommission, der Rechnungshof und die EZB,[2] ferner die durch die Verträge oder durch abgeleitete Rechtsakte geschaffenen rechtsfähigen Unionseinrichtungen wie die EIB,[3] oder das HABM,[4] außerdem der Ausschuss der Regionen[5] sowie sonstige Organe und Einrichtungen,[6]

---

[1] Vgl. Art. 263 AEUV sowie Pechstein, EU-Prozessrecht, Rn. 354.
[2] Wie sich aus Art. 271 lit. d) AEUV ergibt, ist neben der EZB auch der EZB-Rat parteifähig.
[3] Aus Art. 271 lit. a) – c) AEUV ergibt sich, dass neben der EIB auch deren Verwaltungsrat und der Rat der Gouverneure parteifähig sind. Näher zu Verfahren mit Beteiligung der EIB und der EZB oben § 13.
[4] Geschaffen durch die Gemeinschaftsmarken-VO Nr. 40/94/EWG (jetzt VO (EG) Nr. 207/2009).
[5] Vgl. Art. 263 Abs. 3 AEUV.
[6] Vgl. Art. 263 Abs. 1 S. 2 und Art. 265 Abs. 1. S. 2 AEUV sowie Art. 1 VerfO-EuGH, Art. 1 VerfO-EuG und Art. 1 VerfO-EuGöD, wonach der Ausdruck „Organ" von den Verfahrensordnungen in dem Sinne verwendet wird, dass er neben den Organen der Union auch die Einrichtungen umfasst, die durch die Verträge oder eine zu deren Durchführung erlassene Handlung geschaffen worden sind und die vor den Unionsgerichten Partei sein können. Vgl. ferner Pechstein, EU-Prozessrecht, Rn. 373.

die Handlungen mit Rechtswirkung gegenüber Dritten vornehmen bzw. ihrem Personal gegenüber im Rahmen eines EU-rechtlichen Beschäftigungsverhältnisses als Dienstherren auftreten.[7] Auch die EFTA-Überwachungsbehörde ist parteifähig, wie sich aus ihrem in Art. 40 Abs. 3 Satzung-EuGH anerkannten Recht ergibt, bestimmten Rechtsstreitigkeiten als Streithelfer beizutreten.

3 Ob aus der Rechtsfähigkeit der Union und der EAG (Art. 47 EUV, Art. 335 AEUV und Art. 184 EAGV) auch die Parteifähigkeit vor den Unionsgerichten folgt, ist umstritten.[8] Von großer praktischer Bedeutung ist die Frage nicht. Für die meisten Direktklagen dürfte sich schon aus dem Text der Verträge ergeben, dass nur Organe oder Einrichtungen Kläger oder Beklagte sein können, so dass der Union jedenfalls die Klagebefugnis fehlt bzw. sie nicht die richtige Klagegegnerin ist. Für Klagen nach Art. 268 AEUV auf den in Art. 340 AEUV vorgesehenen Schadensersatz und für Vertragsstreitigkeiten nach Art. 272 AEUV ist dagegen nicht ausdrücklich geregelt, wer als Partei in Frage kommt (näher oben § 9 und § 14). Während bei den vertraglichen Streitigkeiten regelmäßig die Organe als Parteien auftreten,[9] ist die Rechtsprechung bei Schadensersatzklagen nicht einheitlich.[10] Die Zulässigkeit einer Schadensersatzklage hängt indessen normalerweise nicht davon ab, ob sie gegen die Union oder gegen das Organ gerichtet ist, dem das schädigende Verhalten zur Last gelegt wird. Im Zweifel stellt das Gericht die Parteibezeichnung von Amts wegen richtig.[11]

4 Die **Mitgliedstaaten** der Union und die **Vertragsstaaten des EWR** sind als solche parteifähig. Untergliederungen der Mitgliedstaaten, wie Bundesländer, Gemeinden und andere juristische Personen des öffentlichen Rechts fallen nicht unter den Begriff des Mitgliedstaats, können aber in ihrer Eigenschaft als juristische Personen parteifähig sein.[12] Ob die mit dem Vertrag von Lissabon eingeführte sog. Subsidiaritätsklage nach Art. 8 des Subsidiaritätsprotokolls den nationalen Parlamenten prozessrechtlich ein eigenes Klagerecht einräumt, das nationale Parlament also selbst Partei der Klage sein kann, oder ob der betroffene Mitgliedstaat die Klage für das Parlament erheben muss,

---

[7] Trotz des Wortlauts von Art. 270 AEUV ist in Personalstreitigkeiten nach ständiger Rechtsprechung nicht die Union, sondern das als Dienstherr handelnde Organ bzw. die entsprechende Einrichtung Partei. (Nur) insoweit ist auch der EuGH parteifähig, vgl. *Frenz*, Handbuch Europarecht, Bd. 5 Rn. 2958 und *Pechstein*, EU-Prozessrecht, Rn. 586.

[8] Dagegen *Kirschner/Klüpfel*, Rn. 25. Die Parteifähigkeit vor nationalen Gerichten ergibt sich aus Art. 335 AEUV. Zur Vertretung der Union vor nationalen Gerichten vgl. EuGH, Rs. C-137/10, *Région de Bruxelles-Capitale*, Slg. 2011, I-3515 Rn. 25, sowie EuGH, Rs. C-199/11, *Otis u.a.* n.n.v. Rn. 36.

[9] Z.B. EuG, Rs. T-366/09, *Insula/Commission*, BeckRS 2012, 81772 und EuGH, Rs. C-200/10 P, *Evropaïki Dynamiki/Commission* n. V.

[10] Vgl. einerseits EuGH, Rs. C-129/06 P, *Autosalone Ispra/Euratom*, Slg. 2006, I-131 und andererseits EuG, verb. Rs. C-120/06 P und C-121/06 P, *Fiamm und Fedon/Rat und Commission*, Slg. 2008, I-6513.

[11] Vgl. EuG, Rs. T-201/99, *Royal Olympic Cruises/Rat und Kommission*, Slg. 2000, II-4005 Rn. 20 und Rs. T-209/00, *Lamberts/Bürgerbeauftragter*, Slg. 2002, II-2203 Rn. 48.

[12] Vgl. z.B. EuG, Rs. T-288/97, *Regione autonoma Friuli-Venezia Giulia/Kommission*, Slg. 1999, II-1871 Rn. 28. Ausführlich zu den Klagemöglichkeiten von Untergliederungen der Mitgliedstaaten *van Nuffel*, CMLRev 2001, 871 ff. Nicht parteifähig sind Organe derartiger Untergliederungen, die nach nationalem Recht nicht rechtsfähig sind, und zwar unabhängig von ihrer eventuellen Parteifähigkeit vor nationalen Gerichten, EuG, Rs. T-236/06, *Landtag Schleswig-Holstein/Kommission*, Slg. 2008, II-461 Rn. 26, 30, bestätigt durch EuGH, Rs. C-281/08 P, *Landtag Schleswig-Holstein/Kommission*, Slg. 2009, I-199 Rn. 20 ff.

ist streitig.[13] Für die nationalen Zentralbanken sieht Art. 271 d) AEUV ausdrücklich vor, dass sie parteifähig sind.

Parteifähig sind ferner **natürliche und juristische Personen,** wie sich insbesondere aus den Bestimmungen der Art. 263 Abs. 4, 265 Abs. 3 AEUV ergibt. Die Rechtsfähigkeit einer juristischen Person (von der im Prinzip die Parteifähigkeit abhängt) beurteilt der EuGH nach dem Gründungsstatut.[14] EuGH und EuG legen hier meist einen großzügigen Maßstab an und machen die Parteifähigkeit von Personenvereinigungen nicht notwendigerweise von deren Rechtsfähigkeit abhängig.[15] So kann die Tatsache, dass die Unionsorgane einer Personenvereinigung gegenüber belastende Maßnahmen ergriffen haben, ausreichen, sie jedenfalls für die Anfechtung solcher Maßnahmen als parteifähig anzusehen.[16] Wie sich die Insolvenz einer Partei auswirkt, kann je nach Parteistellung und Verfahrensart unterschiedlich zu beurteilen sein.[17]

II. Prozessfähigkeit

Die Prozessfähigkeit, verstanden als die Fähigkeit, als Partei wirksam Prozesshandlungen[18] vorzunehmen, parallel zur zivilrechtlichen Geschäftsfähigkeit,[19] ist in den Verfahrensvorschriften nicht ausdrücklich geregelt. Die Rechtsprechung unterscheidet die Prozessfähigkeit oft nicht von der Parteifähigkeit.[20] Sie richtet sich bei natürlichen Personen nach nationalem Recht.[21] Juristische Personen sind nicht prozessfähig. Wer sie vertritt, hängt von dem Recht ab, dem sie unterstehen. Das gilt sowohl für juristische Personen des Privatrechts als auch für Staaten und für die Union selbst.

---

[13] Näher *Pechstein,* EU-Prozessrecht, Rn. 368 m. w. N.; vgl. auch *Thiele,* EuR 2010, 31 (46); *Streinz/Ohler/Herrmann,* Lissabon, S. 75 f.

[14] EuGH, Rs. C-294/02, *Kommission/AMI Semiconductor u. a.,* Slg. 2005, I-2175 Rn. 60. Der EuGH folgt damit seiner auf die Niederlassungsfreiheit gestützten Rechtsprechung zur Parteifähigkeit vor nationalen Gerichten. In EuGH, Rs. C-77/99, *Kommission/Oder-Plan,* Slg. 2001, I-7355 Rn. 28, hatte er noch auf das Sitzstatut abgestellt.

[15] EuGH, Rs. 135/81, *Groupement des agences de voyages/Kommission,* Slg. 1982, 3799, Rn. 9 ff.; EuGH, Rs. 175/73, *Union Syndicale u. a./Rat,* Slg. 1974, 917 Rn. 11, näher *Kohler/Knapp,* ZeuP 2002, 701 ff.

[16] EuGH, Rs. C-225/05 P, *PKK und KNK/Rat,* Slg. 2007, I-439 Rn. 112. Die Klage einer vom HABM als Inhaber einer Gemeinschaftsmarke eingetragenen Erbengemeinschaft hat das EuG, Rs. T-185/02, *Picasso/HABM,* Slg. 2004, II-1739 Rn. 19-22, mangels Nachweises der Rechtsfähigkeit als gemeinsame Klage der Erben behandelt.

[17] Vgl. einerseits EuGH, Rs. C-294/02, *Kommission/AMI Semiconductor u. a.,* Slg. 2005, I-2175 Rn. 64-72: Unzulässigkeit einer von der Kommission gegen einen Vertragspartner nach Eröffnung des Insolvenzverfahrens erhobenen Klage – und andererseits EuG, Rs. T-316/07, *Commercy AG/HABM,* Slg. 2009, II-43 Rn. 18-23: Nur die am Verfahren vor dem HABM beteiligte (bereits insolvente) juristische Person und nicht der Insolvenzverwalter ist Partei im Verfahren vor dem EuG.

[18] Selbst oder bei fehlender Postulationsfähigkeit durch einen selbst bestellten Vertreter.

[19] GA *Ruiz-Jarabo Colomer,* SchlA Rs. C-408/08 P, *Lancôme/HABM,* Slg. 2010, I-1347 Rn. 63.

[20] Auch der Unionsgesetzgeber verwendet den Begriff der „Prozessfähigkeit" ungenau zur Wiedergabe des französischen Begriff der *capacité d'ester en justice,* der nicht scharf zwischen Partei- und Prozessfähigkeit trennt, vgl. z. B. Art. 56 Abs. 1 lit. a) der VO (EG) Nr. 207/2009 über die Gemeinschaftsmarke.

[21] *Kirschner/Klüpfel,* Rn. 29 und Fn. 75. Ob dabei die Staatsangehörigkeit, der Wohnsitz oder der gewöhnliche Aufenthalt maßgeblich ist, wurde noch nicht entschieden.

III. Privilegierte und andere Parteien

7 Hinsichtlich der Rechtsstellung der Parteien in den Direktklageverfahren ist zwischen „privilegierten" Parteien, d. h. den Mitgliedstaaten und den Unionsorganen, und „sonstigen" Parteien, d. h. insbesondere den natürlichen und juristischen Personen, zu unterscheiden. Die Sonderstellung der „privilegierten" Parteien kommt zunächst in den Regeln über die **Klagebefugnis** zum Ausdruck. So brauchen bei der Nichtigkeitsklage nach Art. 263 AEUV die Mitgliedstaaten, Parlament, Rat und Kommission keine besondere Klagebefugnis geltend zu machen, sondern können jede Handlung eines Organs, welche Rechtswirkungen hat, der Rechtmäßigkeitskontrolle durch den Gerichtshof unterwerfen. Der Rechnungshof, die EZB und der Ausschuss der Regionen können dagegen die Nichtigkeitsklage nur zur Wahrung ihrer Rechte erheben, weshalb man sie auch als „eingeschränkt privilegierte Parteien" bezeichnet. Bei der Untätigkeitsklage sind demgegenüber die Mitgliedstaaten und die in Art. 13 Abs. 1 EUV genannten Unionsorgane[22] gleich gestellt. Anders als private Parteien brauchen sie keine besondere Klagebefugnis darzulegen. Ebenso können alle privilegierten Parteien in jedem Direktklageverfahren als **Streithelfer** einer Hauptpartei auftreten, ohne ein eigenes Interesse am Ausgang des Rechtsstreits darlegen zu müssen. Demgegenüber können natürliche und juristische Personen in Rechtsstreitigkeiten, in denen die Hauptparteien Mitgliedstaaten oder Unionsorgane sind, überhaupt nicht als Streithelfer gehört werden, und bei Streitigkeiten, an denen andere Privatleute beteiligt sind, setzt ihre Zulassung ein Interesse am Ausgang des Rechtsstreits voraus (näher unten VI). Weiterhin können die privilegierten Parteien die Entscheidungen des EuG[23] mit dem **Rechtsmittel** vor dem EuGH anfechten, auch wenn sie am erstinstanzlichen Verfahren nicht beteiligt waren. Auch sonst bestehen Unterschiede in der verfahrensrechtlichen Stellung. So gilt z. B. für die privilegierten Parteien kein Anwaltszwang. In diesen Regelungen kommt zum Ausdruck, dass die Beteiligung der „privilegierten Parteien" am Verfahren vor den Unionsgerichten nicht allein zur Verteidigung ihrer eigenen Rechte oder Interessen bestimmt ist, sondern zugleich der Wahrung und Fortentwicklung der Unionsrechtsordnung insgesamt dienen soll.

8 Eine Zwischenstellungstellung nehmen die **EWR-Staaten** und die **EFTA-Überwachungsbehörde** ein. Hinsichtlich der Klagebefugnis stehen sie natürlichen und juristischen Personen gleich.[24] Dagegen gilt für sie kein Anwaltszwang, und sie können nach Art. 40 Abs. 3 Satzung-EuGH Rechtsstreitigkeiten, die einen der Anwendungsbereiche des EWR-Vertrages betreffen, ohne Nachweis eines besonderen Interventionsinteresses beitreten (näher unten Rn. 25).[25] Wie natürlichen und juristischen Personen ist den EWR-Staaten und der EFTA-Überwachungsbehörde die Streithilfe nach der Recht-

---

[22] Sonstige Einrichtungen und Stellen der Union gehören nicht zu den privilegierten Parteien, wie sich aus Art. 40 Abs. II Satzung-EuGH ergibt.
[23] Ausgenommen in Personalstreitigkeiten, Art. 56 Abs. 3 Satzung-EuGH.
[24] Für bestimmte Klagen im Bereich der Fusionskontrolle haben die EWR-Staaten allerdings eine vergleichbare Stellung wie die Mitgliedstaaten, Art. 6 Abs. 2 des Protokolls Nr. 24 zum EWR-Vertrag.
[25] Auch in Vorabentscheidungsverfahren haben sie ein Äußerungsrecht, wenn der Anwendungsbereich des EWR-Vertrages betroffen ist (s. u. C).

sprechung jedoch verwehrt, wenn die Hauptparteien Mitgliedstaaten oder Unionsorgane sind, d. h. insbesondere in Vertragsverletzungsverfahren.[26]

IV. Vertretung der Parteien

In den Direktklageverfahren vor den Unionsgerichten werden die Parteien durch Bevollmächtigte oder Anwälte vertreten.[27] Für die Mitgliedstaaten und die Unionsorgane sieht Art. 19 Abs. 1 Satzung-EuGH die Vertretung durch **Bevollmächtigte** vor, die durch einen Anwalt oder einen sonstigen Beistand unterstützt werden können.[28] Für die Mitgliedstaaten werden meistens Beamte des innerstaatlich für die Prozessvertretung vor dem EuGH zuständigen Ministeriums (häufig das Außenministerium, seltener das Justizministerium) als Bevollmächtigte tätig. In Deutschland ist das Bundesministerium für Wirtschaft und Technologie die zentrale Stelle für die gesamte Prozessvertretung der Bundesregierung vor dem EuGH. Lediglich in den Fällen, in denen der Gegenstand des Verfahrens in den fachlichen Zuständigkeitsbereich des Bundesministeriums der Justiz fällt, ist dieses Ministerium für die Vertretung zuständig. Für die Unionsorgane handeln die Mitglieder der juristischen Dienste. Dagegen besteht für natürliche und juristische Personen nach Art. 19 Abs. 3 Satzung-EuGH **Anwaltszwang**.[29] Sie müssen sich entweder durch einen Rechtsanwalt[30] vertreten lassen, der in einem der Mitgliedstaaten oder in einem Vertragsstaat des EWR vor Gericht auftreten kann oder, gemäß Art. 19 Abs. 7 Satzung-EuGH, durch einen Hochschullehrer, der Angehöriger eines Mitgliedstaats ist und nach dessen Rechtsordnung die Befugnis hat, forensisch tätig zu werden.[31] In Drittstaaten außerhalb des EWR zugelassene Anwälte

---

[26] Beschlüsse des Präsidenten des EuGH v. 15.7.2010, Rs. C-493/09, Rn. 9-11, *Kommission/Portugal* und vom 1.10.2010, Rs. C-542/09, Rn. 5-7, *Kommission/Niederlande* (nur in französischer und portugiesischer bzw. französischer und niederländischer Sprache auf der Internetseite des EuGH veröffentlicht); kritisch *Magnusson*, S. 3 f.

[27] Art. 19 Satzung-EuGH, siehe auch Art. 119 VerfO-EuGH.

[28] Das gilt ebenfalls für die EWR-Staaten und die EFTA-Überwachungsbehörde, Art. 19 Abs. 2 Satzung-EuGH. Untergliederungen der Mitgliedstaaten unterliegen dagegen dem Anwaltszwang, EuG, Rs. T-357/05, *Comunidad Autónoma de Valencia/Kommission*, Slg. 2006, II-2015 Rn. 8-11, bestätigt durch EuGH, Rs. C-363/06 P, Slg. 2008, I-32 Rn. 20 ff.

[29] Ausnahmen vom Anwaltszwang gelten für das Vorabentscheidungsverfahren (Art. 97 Abs. 3 VerfO-EuGH, näher unten Rn. 55) sowie für den Antrag auf Prozesskostenhilfe (Art. 186 Abs. 2 VerfO-EuGH, Art. 95 § 1 UAbs. 2 VerfO-EuG, Art. 96 Abs. 1 UAbs. 2 VerfO-EuGöD). Zum Sinn des Anwaltszwangs GA *Roemer*, SchlA Rs. 108/63, Slg. 1965, 19, 21: Der EuGH soll nur mit solchen tatsächlichen und rechtlichen Ausführungen konfrontiert werden, die ein Anwalt geprüft hat. EuGH, Rs. 155/79, *AM & S/Kommission*, Slg. 1982, 1575 Rn. 24 und EuG, Rs. T-453/05, *Vonage Holdings/HABM*, Slg. 2006, II-1877 Rn. 12 heben die Rolle des Anwalts als Mitgestalter der Rechtspflege, seine Unabhängigkeit und die Bindung an Berufs- und Standespflichten hervor.

[30] Juristen, die nach nationalem Recht vor Gericht auftreten können, ohne als Anwälte zugelassen zu sein, gehören nicht dazu, vgl. EuG, Rs. T-453/05, *Vonage Holdings/HABM*, Slg. 2006, II-1877 Rn. 13. Auch die Vertretung durch Patentanwälte ist – selbst in Streitigkeiten auf dem Gebiet des geistigen Eigentums – in Direktklageverfahren nicht möglich, EuG, Rs. T-14/04, *Alto de Casablanca/HABM*, Slg. 2004, II-3077 Rn. 11. Allerdings kann einem Patenanwalt gestattet werden, im Beisein und unter der Aufsicht eines Rechtsanwalts das Wort zu ergreifen, EuG, Rs. T-315/03, *Wilfer/HABM*, Slg. 2005, II-1981 Rn. 11.

[31] Näher *Hackspiel*, in: Groeben/Schwarze, EUV/EGV, Art. 19 Satzung-EuGH Rn. 24 f.

sind nicht postulationsfähig.[32] Strenge Anforderungen stellen die Unionsgerichte an die Unabhängigkeit des Anwalts von der vertretenen Partei. So kann ein Anwalt weder sich selbst[33] noch eine juristische Person, deren gesetzlicher Vertreter er ist, vor den Unionsgerichten vertreten.[34]

10 Die Prozessvertreter genießen die zur Ausübung ihres Mandates erforderlichen Rechte und Sicherheiten und unterstehen der Disziplinargewalt des Gerichtshofs nach Maßgabe der Verfahrensordnungen (Art. 19 Abs. 5 und 6 Satzung-EuGH i. V. m. Art. 43–47 VerfO-EuGH; Art. 38–42 VerfO-EuG, Art. 30–32 VerfO-EuGöD). Zu den Vorrechten und Erleichterungen (von denen manche angesichts des inzwischen erreichten Integrationsstandes keine große praktische Bedeutung mehr haben) zählen Indemnität, Durchsuchungs- und Beschlagnahmefreiheit der Verfahrensdokumente und des anwaltlichen Schriftverkehrs, Anspruch auf Zuteilung ausländischer Zahlungsmittel und Reisefreiheit. Verletzt ein Bevollmächtigter, Beistand oder Anwalt durch sein Verhalten die Würde des Gerichts oder missbraucht er seine Befugnisse, so kann er vom Verfahren ausgeschlossen werden.

11 Die früher in Direktklagen erforderliche Benennung eines **Zustellungsbevollmächtigten** in Luxemburg ist inzwischen fakultativ.[35] Dennoch machen manche Parteien noch Gebrauch von dieser Möglichkeit. Der Zustellungsbevollmächtigte braucht nicht postulationsfähig zu sein.

V. Streitgenossenschaft

12 Die Streitgenossenschaft, also die Beteiligung mehrerer Personen als Kläger (aktive Streitgenossenschaft) oder als Beklagte (passive Streitgenossenschaft) an einem Verfahren, ist vor den Unionsgerichten grundsätzlich möglich.[36] Ausdrücklich vorgesehen war sie zunächst nicht. Seit einem Ratsbeschluss vom 22.12.1994[37] erwähnt Art. 21 der Satzung-EuGH die Möglichkeit, eine Klage gegen mehrere Parteien zu richten. Doch war die Streitgenossenschaft auch vorher im Prozessrecht von EuGH und EuG anerkannt.

---

[32] EuG, Rs. T-37/98, *FTA/Rat*, Slg. 2000, II-373.

[33] EuGH, Rs. C-174/96 P, *Orlando Lopes/Gerichtshof*, Slg. 1996, I-6401 Rn. 8, 11; Rs. C-200/05 P, *Correia de Matos/Kommission*, Slg. 2006, I-43 Rn. 10-13, GA *La Pergola*, SchlA Rs. C-299/95, *Kremzow*, Slg. 1997, I-2629, 2633 f.

[34] EuG, Rs. T-79/99, *Euro-Lex/HABM*, Slg. 1999, II-3555 Rn. 28, Rs. T-184/04, *Sulvida/Kommission*, Slg. 2005, II-85 Rn. 10; EuGH, Rs. C-74/10 P, *EREF/Kommission*, Slg. 2010, I-115 Rn. 51-56.

[35] In Verfahren vor dem EuG und dem EuGöD kann der Prozessvertreter stattdessen angeben, dass er mit der Zustellung durch Fernkopierer oder andere technische Kommunikationsmittel einverstanden ist (Art. 44 § 2 Abs. 2 VerfO-EuG, Art. 35 Abs. 3 VerfO-EuGöD). In der seit November 2012 geltenden Fassung der VerfO-EuGH (ABl. 2012 L 265/1) ist das Erfordernis einer Zustellungsanschrift „am Ort des Gerichtssitzes" (Luxemburg) überhaupt nicht mehr erwähnt (Art. 121 VerfO-EuGH).

[36] Die Streitgenossenschaft kann unabhängig vom Parteiwillen auch dadurch entstehen, dass mehrere miteinander in Zusammenhang stehende Verfahren durch den Unionsrichter verbunden werden. *Frenz*, Handbuch Europarecht, Bd. 5 Rn. 2358.

[37] ABl. 1994 L 379/1, in Kraft getreten am 1.4.1995. Diese Ergänzung trug der Einführung gemeinsamer Rechtshandlungen von Rat und Parlament durch den Vertrag von Maastricht Rechnung.

Auch ohne dass die Unterscheidung zwischen einfacher und notwendiger Streitgenossenschaft in den Verfahrensordnungen oder in der Rechtsprechung ausdrücklich angesprochen wird, gibt es diesen Unterschied der Sache nach auch im Verfahrensrecht der Unionsgerichte. Die **notwendige Streitgenossenschaft** ist allerdings selten. Sie liegt vor, wenn der Rechtsstreit aufgrund materiellen oder prozessualen Unionsrechts nur von mehreren Klägern oder gegen mehrere Beklagte gemeinsam geführt werden kann. Letzteres ist insbesondere dann der Fall, wenn ein von Rat und Parlament gemeinsam erlassener Rechtsakt angefochten wird.[38] Hier muss die Klage gegen beide Organe gerichtet werden, und es kann nur eine einheitliche Sachentscheidung ergehen. Auch bei der Drittwiderspruchsklage, die gegen alle Parteien des Hauptverfahrens zu richten ist, liegt ein Fall der notwendigen Streitgenossenschaft vor.[39] Häufiger ist die **einfache Streitgenossenschaft** anzutreffen. Wenn eine gemeinsame Verhandlung und Entscheidung nicht notwendig, sondern nur zweckmäßig ist, entscheiden die Kläger, ob sie gemeinsam als aktive Streitgenossen oder in getrennten Parallelverfahren klagen wollen. Ebenso steht es im Belieben der klagenden Partei(en), sachlich zusammenhängende Klagen gegen mehrere Gegner getrennt zu erheben oder die Beklagten als passive Streitgenossen mit einer einheitlichen Klage anzugreifen.[40] Auch wenn nur eine Klageschrift eingereicht wird, handelt es sich hier in der Sache um mehrere Rechtsstreitigkeiten, die zwar durch die gemeinsame Klageerhebung zu einem Verfahren zusammengefasst werden, deren Ausgang für die einzelnen Streitgenossen aber unterschiedlich sein kann.

Die Voraussetzungen und Folgen der Streitgenossenschaft sind in den Verfahrensordnungen der Unionsgerichte nicht ausdrücklich geregelt. Erforderlich ist jedenfalls, dass dieselbe **Instanz** für Klagen der verschiedenen Streitgenossen **sachlich zuständig** ist. So können z. B. Nichtigkeits- und Untätigkeitsklagen sowohl von Mitgliedstaaten als auch von Unionsorganen oder natürlichen und juristischen Personen erhoben werden, wobei Art. 51 Satzung-EuGH einen Teil dieser Klagen dem EuGH vorbehält. Eine gemeinsame Klage von Staaten und Organen ist nicht möglich, wenn z. B. bei der Anfechtung einer Handlung der Kommission das EuG für die Klage eines Mitgliedstaats und der EuGH für die Klage eines anderen Organs zuständig ist. Ebenso scheidet eine gemeinsame Klage von Privatpersonen und Mitgliedstaaten aus, wenn die Zuständigkeit für die Klage des Mitgliedstaats, z. B. gegen eine Handlung des Parlaments oder des Rates dem EuGH vorbehalten ist und für die entsprechende Klage einer Privatperson das EuG zuständig ist. Denkbar ist aber die Verbindung solcher Klagen, wenn beide nach einer Verweisung vom EuG zum EuGH gemäß Art. 54 Abs. 3 Satzung-EuGH vor dem EuGH anhängig sind.[41]

Welche Voraussetzungen im Hinblick auf den sachlichen **Zusammenhang** zwischen den von mehreren Klägern erhobenen oder gegen mehrere Beklagte gerichteten Klagebegehren erfüllt sein müssen, damit sie in einer einheitlichen Klage geltend gemacht werden können, ist mangels einer Regelung in den Verfahrensordnungen nicht eindeutig geklärt. In der Praxis ergibt sich hier normalerweise kein Problem. Bei der aktiven

---

[38] Z. B. EuGH, Rs. C-377/98, *Niederlande/Parlament und Rat*, Slg. 2001, I-7079 (Biotechnologierichtlinie).

[39] Art. 157 Abs. 2 VerfO-EuGH, Art. 123 § 1 Abs. 2 VerfO-EuG, Art. 117 Abs. 2 UAbs. 2 VerfO-EuGöD. Allerdings sind die Interessen dieser Streitgenossen nicht notwendigerweise gleichgerichtet.

[40] Z. B. EuGH, Rs. C-353/01 P, *Mattila/Rat und Kommission*, Slg. 2004, I-1073.

[41] Vgl. z. B. EuGH, Rs. C-393/07 und C-9/08, *Italien und Donnici/Parlament*, Slg. 2009, I-3679.

Streitgenossenschaft geht es meist darum, gleichartige Ansprüche, die im Wesentlichen auf einem einheitlichen Lebenssachverhalt beruhen, durchzusetzen, wie z. B. um die Anfechtung einer an mehrere Unternehmen gerichteten kartellrechtlichen Entscheidung,[42] einer mehrere Unternehmen betreffenden Antidumping-Verordnung[43] oder um Schadensersatz aus demselben Lebenssachverhalt.[44] Passive Streitgenossenschaft kommt insbesondere bei Amtshaftungsprozessen häufig vor, da der Kläger oftmals Zweifel darüber hat, welchem Organ das schadensverursachende Verhalten zuzurechnen ist.[45] Auch bei der Nichtigkeitsklage können mehrere Organe gleichzeitig verklagt werden.[46] Ist der angefochtene Akt aber letztlich nur von einem dieser Organe erlassen worden, so wird die Klage gegen die anderen Organe als unzulässig abgewiesen.[47]

16 Wie sich die gemeinsame Klageerhebung auf die **prozessrechtliche Stellung** der Streitgenossen auswirkt, ist nicht vollständig geklärt. Bei einfacher Streitgenossenschaft wirken die Prozesshandlungen jedes Streitgenossen grundsätzlich nur für ihn und nicht auch für oder gegen andere Streitgenossen. Allerdings nehmen **aktive Streitgenossen** die wichtigsten Prozesshandlungen (insbesondere die Klageerhebung) gemeinsam vor, so dass sich ihre Klage auf einen einheitlichen Tatsachenvortrag und auf dieselben Klagegründe stützt.[48] Fraglich ist in diesem Fall, inwieweit die Prozessvoraussetzungen für alle Streitgenossen separat geprüft werden müssen. Im Urteil *CIRFS*[49] hat sich der EuGH damit begnügt, die Klagebefugnis eines von mehreren Streitgenossen festzustellen und es dahinstehen zu lassen, ob auch die anderen Kläger durch den angefochtenen Akt unmittelbar und individuell betroffen waren.[50] Dies mag aus Gründen der Prozessökonomie angebracht sein, wenn sich die eventuell fehlende Klagebefugnis eines Teils der Kläger auf den Ausgang des Rechtsstreits nicht auswirken kann.[51] Das war im Verfah-

---

[42] Z. B. EuG, Rs. T-395/94, *Atlantic Container Line u. a./Kommission*, Slg. 2002, II-875.
[43] Z. B. EuGH, Rs. C-49/88, *Al-Jubail Fertilizer Co./Rat*, Slg. 1991, I-3187.
[44] Z. B. EuGH, Rs. C-120/06 P und C-121/06 P, *FIAMM u. a./Rat und Kommission*, Slg. 2008, I-6513.
[45] Z. B. EuG, Rs. T-209/00, *Lamberts/Bürgerbeauftragter*, Slg. 2001, II-765.
[46] Z. B. EuGH, Rs. C-353/01 P, *Mattila/Rat und Kommission*, Slg. 2004, I-1073 (Anfechtung von Entscheidungen des Rates und der Kommission, mit denen Anträge des Klägers auf Zugang zu Dokumenten abgelehnt worden waren).
[47] EuGH, Rs. 129/86, *Griechenland/Rat und Kommission,* Slg. 1987, 118 (Anfechtung der Einstellung eines Antidumpingverfahrens durch den Rat nach Untersuchung durch die Kommission; die Klage gegen die Kommission wurde als unzulässig abgewiesen).
[48] Anders im Fall der Verbindung von Verfahren, zu den Folgen für die Präklusion von Angriffs- und Verteidigungsmitteln vgl. EuGH, verb. Rs. C-280/99 P bis C-282/99 P, *Moccia Irme u. a./Kommission*, Slg. 2001, I-4717 Rn. 63-67.
[49] EuGH, Rs. C-313/90, *CIRFS u. a./Kommission*, Slg. 1993, I-1125 Rn. 31.
[50] Das EuG ist dieser Rechtsprechung in mehreren Fällen gefolgt, z. B. EuG, Rs. T-374/00, *Verband der freien Rohrwerke u. a./Kommission*, Slg. 2003, II-2275 Rn. 57; Rs. T-282/06, *Sun Chemical Group u. a./Kommission*, Slg. 2007, II-2149 Rn. 50 sowie Rs. T-254/00, *Hotel Cipriani u. a./Kommission*, Slg. 2008, II-3269 Rn. 114, bestätigt durch EuGH, Rs. C-71/09 P, *Comitato „Venezia vuole vivere" u. a./Kommission*, Slg. 2011 I-4727, Rn. 36 ff. GA *Trstenjak* hatte sich in dieser Sache (SchlA Rs. C-71/09 P Rn. 49) gegen die Übernahme der CIRFS-Rechtsprechung durch das Gericht ausgesprochen.
[51] Vgl. EuG, Rs. T-112/05, *Akzo Nobel u. a./Kommission*, Slg. 2007, II-5049 Rn. 31-32. Diese Situation wird man auch als „unechte notwendige Streitgenossenschaft" bezeichnen können, da eine getrennte Klage der Streitgenossen zwar möglich wäre, bei gemeinsamer Klage das Ergebnis aber für alle Streitgenossen gleich ist. Vgl. *Bier* in: Schoch/Schneider/Bier, 24. Ergänzungslieferung 2012 VwGO § 64 Rn. 13.

ren *CIRFS* der Fall. Dort wurde die Weigerung der Kommission, ein Beihilfeprüfungsverfahren nach Art. 93 Abs. 2 EWGV (jetzt 108 Abs. 2 AEUV) zu eröffnen, von potentiellen Konkurrenten des begünstigten Unternehmens und deren Verband angegriffen. Dieser Akt war nicht an die Kläger, sondern an den Mitgliedstaat gerichtet, der die Beihilfe gewähren wollte. Die Aufhebung einer solchen Entscheidung durch Gestaltungsurteil wirkt *erga omnes* und beseitigt den angefochtenen Akt nicht nur den Streitgenossen, sondern auch den am Verfahren nicht beteiligten Dritten gegenüber. Anders liegt es, wenn der angefochtene Akt ein Bündel von Einzelentscheidungen darstellt, wie dies oft bei Entscheidungen der Kommission der Fall ist, die Wettbewerbsverstöße mehrerer Unternehmen feststellen und mit Geldbußen belegen. Hier kann jeder Kläger die Aufhebung des Rechtsakts nur insoweit erreichen, wie er selbst betroffen ist.[52] Deshalb müssen in einem solchen Fall die Prozessvoraussetzungen für jeden Kläger festgestellt werden, bevor sein Begehren in der Sache geprüft werden kann. Auch in Verfahren zur Gewährung einstweiligen Rechtsschutzes kann auf die (summarische) Prüfung der Klagebefugnis jedes Streitgenossen nicht verzichtet werden. Einstweiligen Rechtsschutz kann nämlich nur derjenige Kläger erlangen, der selbst in Gefahr schwebt, einen schweren und nicht wieder gutzumachenden Schaden zu erleiden. Droht der Schaden einem Dritten, welcher die Voraussetzungen des Art. 263 Abs. 4 AEUV nicht erfüllt, so kann dessen Einbeziehung in die Streitgenossenschaft nicht dazu benutzt werden, dieses Erfordernis zu umgehen.[53]

Dagegen reichen bei **passiver Streitgenossenschaft** die Beklagten – insbesondere, wenn es sich um Organe handelt – meist getrennte Schriftsätze ein. In diesem Fall sind ihre Verteidigungsmittel und ihr Tatsachenvortrag getrennt zu beurteilen. Bei der passiven Streitgenossenschaft stellt sich weiterhin die Frage, wie sich die Säumnis eines Streitgenossen auswirkt. Handelt es sich um einfache Streitgenossenschaft, so wird ein säumiger Streitgenosse nicht als durch den oder die anderen Beklagten vertreten angesehen, so dass ihm gegenüber ein Versäumnisurteil ergehen kann.[54]

Ebenso ist die Abweisung der Klage gegen einen von mehreren einfachen Streitgenossen möglich, wenn sich im Laufe des Verfahrens herausstellt, dass die Klage, soweit sie ihn betrifft, unzulässig oder unbegründet ist.[55] Das gleiche gilt bei der aktiven Streitgenossenschaft, wenn die Klage eines Streitgenossen abweisungsreif ist. In beiden Fällen kann durch Teilurteil oder – insbesondere bei Unzulässigkeit – durch Beschluss entschieden werden. Eine solche Teilentscheidung besagt nicht, dass die Streitgenossenschaft als solche unzulässig war. Sie entfaltet keine Rechtskraft gegenüber den anderen Streitgenossen und präjudiziert den Ausgang des Rechtsstreits ihnen gegenüber nicht. Ebenso hat die Klagerücknahme eines Streitgenossen keinen Einfluss auf den Ausgang des Rechtsstreits für die anderen Streitgenossen. Schließlich kann bei Prozessen vor dem EuG oder dem EuGöD jeder einfache Streitgenosse unabhängig von den anderen

---

[52] Vgl. z. B. EuGH, Rs. C-310/97 P, *Kommission/AssiDomän*, Slg. 1999, I-5363. Ebenso bei Antidumping-Verordnungen, die mehrere Exporteure individuell betreffen, vgl. EuGH, Rs. C-174/87, *Ricoh/Rat*, Slg. 1992, I-1335, 1389 Rn. 7, 8.

[53] EuG, Rs. T-326/07 R, *Cheminova u. a./Kommission*, Slg. 2007, II-4877 Rn. 48-51, bestätigt durch EuGH, Rs. C-60/08 P (R), *Cheminova u. a./Kommission*, Slg. 2009, I-43 Rn. 32-37, vgl. auch *Wägenbaur*, Court of Justice of the EU, 2013, RP GC Art. 104, Rn. 17.

[54] EuGH, Rs. C-77/99, *Kommission/Oder-Plan u. a.*, Slg. 2001, I-7355. Für die notwendige Streitgenossenschaft ist diese Frage anscheinend bisher noch nicht entschieden worden.

[55] Z. B. EuG, Rs. T-209/00, *Lamberts/Bürgerbeauftragter*, 2001, II-765.

ein Rechtsmittel zum Gerichtshof einlegen. Auch dies berührt die Rechtsstellung der anderen Streitgenossen nicht.

VI. Streithilfe

1. Allgemeines. Streithilfe ist die Unterstützung des Klägers oder des Beklagten, also einer der sog. Hauptparteien, durch einen Dritten. Der Streithelfer begehrt keinen unmittelbaren Rechtsschutz für sich selbst, sondern unterstützt – meist im eigenen Interesse – eine der Hauptparteien. Die Intervention erlaubt ihm, seine Ansichten, seine rechtlichen und wirtschaftlichen Interessen und seinen Sachverstand in das laufende Verfahren einzubringen.[56] Damit ermöglicht die Streithilfe dem Intervenienten, seine Interessen zu wahren und die mit einem eventuellen Prozessverlust der unterstützten Hauptpartei für ihn verbundenen nachteiligen wirtschaftlichen und/oder rechtlichen Folgen schon im Rahmen des anhängigen Rechtsstreits abzuwenden.[57] Sie kann aber auch – vergleichbar der Mitwirkung eines *amicus curiae* am Verfahren – zur Verbesserung der Urteilsgrundlage und damit zur Akzeptanz der Urteile der Unionsgerichte beitragen.[58]

Geregelt ist die Streithilfe in Art. 40 Satzung-EuGH, der durch die Verfahrensordnungen[59] ergänzt wird.

Das Unionsprozessrecht kennt die Prozessbeteiligung Dritter grundsätzlich nur als **freiwillige Nebenintervention**. Um potentielle Streithelfer über den Rechtsstreit zu informieren und ihnen die Gelegenheit zum Beitritt zu geben, schreiben Art. 21 Abs. 4 VerfO-EuGH, Art. 24 § 6 VerfO-EuG und Art. 37 Abs. 2 VerfO-EuGöD vor, dass über jede Klageerhebung eine **Mitteilung im Amtsblatt** der Europäischen Union zu veröffentlichen ist. Daneben werden bestimmte Dritte durch Übermittlung oder Zustellung der Klageschrift vom Verfahren informiert. Das gilt zum einen für das Parlament, den Rat und die Kommission, die, wenn sie selbst nicht Partei sind, Abschriften aller Klageschriften und Klagebeantwortungen erhalten, damit sie prüfen können, ob eine der Parteien nach Art. 277 AEUV die Unanwendbarkeit eines ihrer Rechtsakte geltend macht.[60] Außerdem sieht der vierte Titel der VerfO-EuG in Verfahren, die Rechte des geistigen Eigentums betreffen, die Zustellung der Klageschrift an alle Beteiligten des vorhergegangenen Beschwerdekammerverfahrens vor (näher unten § 22 Rn. 45 ff.).[61] Dagegen besteht keine Möglichkeit zur **Beiladung** interessierter Dritter durch den Unionsrichter[62] oder zur **Streitverkündung** durch die Parteien des Rechtsstreits. Das

---

[56] *Dauses/Henkel,* EuZW 2000, 581.
[57] *Ehle/Schiller,* EuR 1982, 48 (49).
[58] Das gilt insbesondere für die Streithilfe durch Mitgliedstaaten und Organe, deren Intervention kein eigenes Interesse am Ausgang des Rechtsstreits voraussetzt.
[59] Art. 129-132 VerfO-EuGH, Art. 115, 116 VerfO-EuG, Art. 109-111 VerfO-EuGöD.
[60] Art. 125 VerfO-EuGH, Art. 24 § 7 VerfO-EuG. Art. 40 VerfO-EuGöD sieht demgegenüber die Übermittlung an das Parlament bisher nicht vor, da bis zum Vertrag von Lissabon das Parlament an der Rechtsetzung im Bereich des Dienstrechts nicht beteiligt war. Eine Änderung im Hinblick auf Art. 336 AEUV ist zu erwarten.
[61] Art. 133 VerfO-EuG.
[62] EuG, T-1/90, *PérezMínguez Casariego/Kommission,* Slg. 1991, II-143 Rn. 43, vgl. auch EuGH, Rs. 12/69, *Wonnerth/Kommission,* Slg. 1969, 577 Rn. 8. Auch im Rahmen prozessleitender Maßnahmen des EuG ist eine Beiladung nicht möglich, EuG, Rs. T-396/05 und T-397/05, *ArchiMEDES/Kommission,* Slg. 2009, II-70 Rn. 70-72, bestätigt durch EuGH, Rs. C 317/09 P, *ArchiMEDES/Kommission,* Slg. 2010, I-150, Rn. 119-125.

ist insbesondere dann bedenklich, wenn das zu erwartende Urteil Rechte des Dritten beeinträchtigen kann, etwa wenn eine ihn begünstigende Entscheidung angefochten wird.[63] Im Verfahren vor dem EuGöD wird dieses Problem dadurch entschärft, dass der Präsident des zuständigen Spruchkörpers Personen, Unionsorgane oder Mitgliedstaaten, die vom Ausgang des Verfahrens betroffen sind, zum (freiwilligen) Beitritt auffordern kann.[64]

Eine Versäumung der Interventionsmöglichkeit kann für den Dritten nachteilige Folgen haben. So muss er die Gestaltungswirkung eines Urteils, das einen ihn begünstigenden Akt aufhebt, gegen sich gelten lassen,[65] ohne es mit der Drittwiderspruchsklage angreifen zu können, da diese ausscheidet, wenn eine Interventionsmöglichkeit bestanden hatte und nicht wahrgenommen worden ist.[66] Angesichts dieser Folgen kann man die Veröffentlichung der Mitteilung über eine Klage im Amtsblatt durchaus als eine „von Amts wegen erfolgende Streitverkündung mit Wirkung erga omnes" ansehen.[67] Vor diesem Hintergrund sollte die Möglichkeit des Beitritts stets sorgfältig geprüft werden, wenn ein laufendes Verfahren die wirtschaftlichen und rechtlichen Interessen des potentiellen Streithelfers tangieren kann.[68]

2. Zulassungsvoraussetzungen

a) **Anhängiger Rechtsstreit.** Die Intervention setzt einen Rechtsstreit voraus, der vor einer der drei Instanzen der Unionsgerichtsbarkeit anhängig ist. Das ist nur bei den **Direktklagen** und den mit ihnen zusammenhängenden Annexverfahren der Fall. Streithelfer können daher in Verfahren zur Gewährung einstweiligen Rechtsschutzes,[69] im Rechtsmittelverfahren gegen eine Entscheidung des EuG[70] oder des EuGöD[71] oder in den Verfahren über außerordentliche Rechtsbehelfe, wie Wiederaufnahme, Drittwiderspruch oder Urteilsauslegung,[72] zugelassen werden. Die Streithilfe in einem dieser Nebenverfahren setzt die Intervention im Hauptprozess nicht zwingend voraus. Im Hinblick auf die Streithilfe im Rechtmittelverfahren ergibt sich nach der Rechtsprechung des EuGH[73] aus Art. 49 EWG-Satzung (jetzt Art. 56 Satzung-EuGH), dass „die Streithelfer vor dem Gericht als Parteien vor diesem Gericht angesehen werden".

---

[63] Nach *Nissen*, S. 192 f., 200 f., folgt deshalb aus dem Anspruch auf rechtliches Gehör eine Pflicht der Gemeinschaftsgerichte zur Benachrichtigung Dritter, denen durch das Verfahren eine Rechtsbeeinträchtigung droht.
[64] Art. 111 Abs. 1 VerfO-EuGöD.
[65] *Kirschner/Klüpfel*, Rn. 169.
[66] EuG, Rs. T-35/89 TO I, *Ascasibar Zubizarreta/Albani und Kommission*, Slg. 1992, II-1599 Rn. 32.
[67] So *Kirschner/Klüpfel*, Rn. 169.
[68] *Ehle/Schiller*, EuR 1982, 48 (50).
[69] Im Verfahren des vorläufigen Rechtsschutzes kann dem Antragsteller gestattet werden, schon vor seiner Zulassung an der mündlichen Verhandlung teilzunehmen. Die Entscheidung über die Zulassung erfolgt dann gemeinsam mit der Entscheidung über den Antrag auf einstweiligen Rechtsschutz, vgl. EuGH, Rs. T-44/98 R, *Emesa Sugar/Kommission, Slg.* 1998, II-3079, 3089 ff.
[70] EuGH, Rs. C-245/95 P, *Kommission/NTN,* Slg. 1996, I-559.
[71] EuG, Rs. T-56/07 P, *Kommission/Economidis,* Slg. ÖD 2008, I-B-1-31, II-B-1-213, Rn. 23-24.
[72] EuGH, Rs. 9/81, *Rechnungshof/Williams,* Slg. 1983, 2895 Rn. 7.
[73] EuGH, Rs. C-245/95 P, *Kommission/NTN,* Slg. 1996, I-553 Rn. 7 f.; vgl. auch EuGH, Rs. C-244/91 P, *Pincherle/Kommission,* Slg. 1993, I-6965 Rn. 16.

§ 22 24   1. Teil. Rechtsschutz durch den Europäischen Gerichtshof

Folglich sei Art. 115 § 1 VerfO-EuGH (a. F.) auf sie anwendbar. Ein erneuter Antrag auf Zulassung als Streithelfer sei daher weder erforderlich noch zulässig. Art. 115 VerfO-EuGH a. F. sah vor, dass „die Parteien des Verfahrens vor dem Gericht" eine Rechtsmittelbeantwortung einreichen können, also kraft Gesetzes am Rechtsmittelverfahren beteiligt sind. Die im November 2012 in Kraft getretene Neufassung der VerfO-EuGH erwähnt in diesem Zusammenhang allerdings nur noch die „Parteien der betreffenden Rechtssache" (Art. 171, Art. 172 VerfO-EuGH). Das kann insbesondere dann relevant werden, wenn das erstinstanzliche Verfahren aus mehreren verbundenen Rechtssachen besteht. Die Parteien der verbundenen Rechtssachen, die nicht von dem Rechtsmittel betroffen sind, werden dann nicht an dem Rechtsmittelverfahren beteiligt. Dementsprechend dürfte der Streithelfer eines verbundenen nicht betroffenen Verfahrens auch nicht automatisch Partei des Rechtsmittelverfahrens sein, mit der Folge, dass dann ein Streithilfeantrag im Rechtsmittelverfahren in Betracht käme. In Verfahren, die keinen streitigen Charakter haben, also im **Vorabentscheidungsverfahren** und im Gutachtenverfahren nach Art. 218 Abs. 11 AEUV, ist die Streithilfe nicht möglich.[74]

24 **b) Interventionsberechtigte.** Zu unterscheiden ist zwischen der „privilegierten" Streithilfe durch **Mitgliedstaaten** und **Unionsorgane**,[75] die nach Art. 40 Abs. 1 Satzung-EuGH in jedem Rechtsstreit intervenieren können, ohne ein eigenes Interesse an dessen Ausgang darlegen zu müssen und der Streithilfe durch andere Akteure, deren Beteiligung an fremden Prozessen mehr oder weniger weitreichenden Beschränkungen unterliegt. Für die nicht in Art. 13 Abs. 1 EUV aufgezählten **Einrichtungen und sonstigen Stellen** der Union[76] sowie für „alle anderen", d. h. für die **natürlichen und juristischen Personen**, setzt die Zulassung als Streithelfer nach Art. 40 Abs. 2 S. 1 Satzung-EuGH ein berechtigtes Interesse am Ausgang des Rechtsstreits voraus. Zudem schließt Art. 40 Abs. 2 S. 2 Satzung-EuGH[77] natürliche und juristische Personen[78] von der Streithilfe in den Verfahren aus, in denen die **Hauptparteien Mitgliedstaaten oder Unionsorgane** sind. Eine Interventionsmöglichkeit von natürlichen und juristischen Personen besteht dementsprechend nur in den Fällen, in denen Nichtigkeits-, Untätigkeits- oder Schadensersatzklagen von Individualklägern erhoben worden sind. Diese Regelung ist im Grundsatz dadurch gerechtfertigt, dass die Beteiligung von Privatleuten an Streitigkeiten verfassungsrechtlicher oder institutioneller Art normalerweise nicht angemessen ist. Das trifft aber nicht auf alle Streitigkeiten zwischen privilegierten Parteien zu. So können auch Individualentscheidungen – wie z. B. die Genehmigung einer Fusion nach der FusionskontrollVO (EG) Nr. 1394/2004 – von Mitgliedstaaten angefochten werden.[79] Hier besteht die ernste Gefahr, dass die Rechte der durch den

---

[74] EuGH, Rs. C-73/07, *Satakunnan Markkinapörssi und Satamedia*, Slg. 2007, I-7075 Rn. 8-13. Dementsprechend enthält die im November 2012 in Kraft getretene Neufassung der VerfO-EuGH die Regelung der Streithilfe im Titel über die Klageverfahren (Art. 129 ff.). Zur Beteiligung Dritter im Vorabentscheidungsverfahren und im Gutachtenverfahren vgl. unten C und D.

[75] Mit Ausnahme des Gerichtshofs, vgl. *Nissen*, S. 117.

[76] Bis zum Vertrag von Lissabon war deren Interventionsbefugnis nicht ausdrücklich geregelt, näher dazu *Nissen*, S. 122 ff.

[77] Für Rechtsstreitigkeiten zwischen Drittstaaten und Unionsorganen gilt diese Bestimmung nicht, EuG, Rs. T-319/05, *Schweizerische Eidgenossenschaft/Kommission*, Slg. 2006, II-2073 Rn. 21-22.

[78] Nicht aber die Einrichtungen und sonstigen Stellen der Union.

[79] So in EuGH, Rs. C-68/94, *Frankreich u. a./Kommission*, Slg. 1998, I-1375.

angefochtenen Akt begünstigten Unternehmen durch die Entscheidung des EuGH beeinträchtigt werden, ohne dass ihnen rechtliches Gehör gewährt werden kann.[80] Dies gilt umso mehr, als nach der Rechtsprechung des EuGH in dieser Konstellation auch keine Drittwiderspruchsklage möglich ist.[81] Die europarechtliche Abteilung des 60. deutschen Juristentages (1994) hat sich deshalb für die Streichung des Art. 37 Abs. 2, 2. Hs. Satzung (EG) (entspricht Art. 40 Abs. 2 S. 2 Satzung-EuGH) ausgesprochen.[82] Die Neufassung der Satzung durch den Vertrag von Nizza und der Vertrag von Lissabon haben diese Regelung aber inhaltlich[83] unverändert übernommen.

In Rechtsstreitigkeiten, die einen der Anwendungsbereiche des **EWR-Abkommens** betreffen, gewährt Art. 40 Abs. 3 Satzung-EuGH den Vertragsstaaten des EWR, die keine EU-Mitgliedstaaten sind,[84] und der EFTA-Überwachungsbehörde die Möglichkeit zur Intervention ohne den Nachweis eines Interesses am Ausgang des Rechtsstreits.[85] Dieses Interventionsrecht erstreckt sich jedoch nicht auf Rechtsstreitigkeiten zwischen Unionsorganen und Mitgliedstaaten (s. o. Rn. 8). Prozessen, die andere Sachbereiche betreffen, können diese EWR-Staaten unter den gleichen Voraussetzungen beitreten wie andere Personen.

Zu diesen „anderen Personen" gehören die natürlichen und juristischen Personen im Sinne von Art. 263 Abs. 4 und Art. 265 Abs. 3 AEUV. Damit sind auch Drittstaaten außerhalb des EWR und Untergliederungen der Mitgliedstaaten, wie Bundesländer und Regionen, gemeint. Darüber hinaus hat der Gerichtshof die Interventionsfähigkeit von Organisationen anerkannt, denen nach der jeweiligen mitgliedstaatlichen Rechtsordnung zwar keine Rechtspersönlichkeit zuerkannt wird, die aber ähnlich den juristischen Personen über organschaftliche Strukturen verfügen und haften können.[86] Demzufolge hat der Gerichtshof auch Wirtschafts-, Berufs- und Interessenverbände als Streithelfer zugelassen.[87] Diese Rechtsprechung geht konform mit der Anerkennung der Parteifähigkeit solcher Organisationen.[88]

c) Interventionsgrund. Während die Mitgliedstaaten und Unionsorgane aufgrund ihrer privilegierten Stellung einem Rechtsstreit vor den Unionsgerichten ohne weiteres beitreten können,[89] sind „andere Personen" nur streithilfeberechtigt, wenn sie ein **berechtigtes Interesse am Ausgang des Rechtsstreits** glaubhaft machen können.

---

[80] Ausführlich zu dieser Problematik *Nissen*, S. 167–192, *Quack*, FS Vieregge, 747–753.
[81] EuGH, Rs. C-147/86-TO1, *Omospondia Idioktiton Frontistirion*, Slg. 1989, I-4103 Rn. 12 ff.
[82] *Nissen*, S. 190 f., schlägt bereits de lege lata vor, diese Vorschrift nicht anzuwenden, wenn es andernfalls zu einer Grundrechtsverkürzung käme.
[83] Lediglich die Formulierung wurde abgewandelt.
[84] Island, Liechtenstein und Norwegen.
[85] Vgl. EuG Beschl. v. 19.1.2012, Rs. T-289/11, *Deutsche Bahn u. a./Kommission*, BeckRS 2013, 80729, Rn. 9.
[86] *Dauses/Henkel*, EuZW 2000, 581; EuG, Rs. T-253/03, *Akzo/Kommission*, Slg. 2004, II-1603 Rn. 16-19.
[87] Zu den Anforderungen EuG, Rs. T-253/03, *Akzo/Kommission*, Slg. 2004, II-1617 Rn. 16-19 m. w. N. und Slg. 2007 II-479 Rn. 15.
[88] Vgl. EuGH, Rs. 18/74, *Allgemeine Gewerkschaft/Kommission*, Slg. 1974, 933, 945 sowie *Pechstein*, EU-Prozessrecht, Rn. 365.
[89] Für den Europäischen Datenschutzbeauftragten gilt eine Sonderregelung. Er kann einem Rechtsstreit gemäß Art. 47 Abs. 1 lit. i) VO (EG) Nr. 45/2001 beitreten. Sein Beitrittsrecht besteht nur „innerhalb der Grenzen, die sich aus der ihm übertragenen Aufgabe ergeben" (EuGH, Rs. C-317/04, *Parlament/Rat*, Slg. 2005, I-2457). *Pechstein*, EU-Prozessrecht, Rn. 217.

Dieses berechtigte Interesse ist vom Begriff des „rechtlichen Interesses" des deutschen Prozessrechts zu unterscheiden.[90] Zwar wird ein rechtliches Interesse stets als Grund für einen Streitbeitritt ausreichen.[91] Daneben können auch wirtschaftliche[92] oder politische Interessen,[93] sofern sie nicht völlig abwegig und fern liegend sind, als Interventionsgrund ausreichend sein. Umstritten ist, ob ein rein ideelles Interesse den Beitritt zu einem laufenden Verfahren rechtfertigen kann.[94]

28 Das berechtigte Interesse muss gegenwärtig und unmittelbar am **Ausgang des Rechtsstreits** bestehen.[95] Ein Interesse, das nicht am Erfolg der Anträge der Hauptpartei, sondern nur am Erfolg bestimmter, von den Parteien vorgebrachter Angriffs- oder Verteidigungsmittel besteht, reicht normalerweise nicht aus.[96] Ebenso wenig genügt ein Interesse, das sich lediglich auf die Entscheidung einer abstrakten juristischen Streitfrage bezieht.[97] Kein ausreichendes Interesse am Erfolg der Anträge haben daher Dritte, die sich lediglich in einer vergleichbaren Situation befinden wie die Partei, die sie unterstützen wollen.[98] Zu unterscheiden ist hier zwischen Dritten, die durch den angefochtenen Rechtsakt selbst mitbetroffen sind, und Dritten, deren Interesse sich darauf gründet, dass ein dem angefochtenen Rechtsakt ähnlicher Akt ihnen gegenüber ergangen ist oder wahrscheinlich in Zukunft ergehen wird. Im zuerst genannten Fall werden die von dem angefochtenen Rechtsakt betroffenen Dritten als Intervenienten zugelassen, und zwar unabhängig davon, ob sie den Akt selbst auch angefochten haben oder nicht.[99] Im zuletzt genannten Fall verneint die Rechtsprechung ein Interesse am Ausgang des Rechtsstreits. Das Interesse des Streithelfers muss sich auf die konkreten Anträge der von ihm unterstützten Partei beziehen, kann sich aber auf einen Teil derselben beschränken.[100]

29 Weniger streng ist die Rechtsprechung bei der Zulassung von Interessenverbänden als Streithelfer. Hier kann es ausreichen, dass im Rechtsstreit über Fragen von allge-

---

[90] *Nissen*, S. 134 f.
[91] Ausführlich *Nissen*, S. 136 f.
[92] EuGH, Rs. 41/73, *Société anonyme Générale Sucrière u. a./Kommission*, Slg. 1973, 1465 Rn. 7 ff.; Rs. C-151/98 P, *Pharos/Kommission*, Slg. 1998, I-5441 Rn. 6 (Interessenverband), Rs. C-186/02 P, *Ramondín u. a./Kommission*, Slg. 2003, I-2415 Rn. 8 f., ausführlich *Nissen*, S. 138 f.
[93] Vgl. EuGH, Rs. 3/58 u. a., *Barbara Erzbergbau/Hohe Behörde*, Slg. 1960, 375, 379 ff. und Rs. 13/60, *Geitling Ruhrkohlen-Verkaufsgesellschaft u. a./Hohe Behörde*, Slg. 1962, 285, 287 f. (Streithilfe deutscher Bundesländer gemäß Art. 34 Satzung (EGKS)); ausführlich *Nissen*, S. 139 f.
[94] Dafür z. B. EuGH, Rs. C-404/92 P, *X/Kommission*, Slg. 1994, I-4737, 4743 (Beitritt der Internationalen Liga für Menschenrechte in einer Beamtenstreitsache), mit eingehender Begründung *Nissen*, S. 140 f. Dagegen *Ehle/Schiller*, EuR 1982, 48 (53); *Wolf*, in: GTE, 4. Aufl. 1991, Art. 37 Satzung Rn. 4. unter Berufung auf EuGH, Rs. 40/79, *P./Kommission*, Slg. 1979, 3299, 3300.
[95] EuGH, Rs. 41/73, *Société anonyme Générale Sucrière u. a./Kommission*, Slg. 1973, 1465 Rn. 8.
[96] EuGH, Rs. C-116/77, *Amylum/Rat und Kommission* 1978, 893 Rn. 6 f.; Rs. T-191/96, *CAS Succhi di Frutta/Kommission*, Slg. 1998, II-573 Rn. 28; EuG, Rs. T-15/02, *BASF/Kommission*, Slg. 2003, II- 213 Rn. 26.
[97] EuGH, Rs. 111/63, *Lemmerz Werke/Hohe Behörde*, Slg. 1965, 941, 942 f.
[98] Z. B. EuG, Rs. T-227/01, *Territorio Histórico de Álava u. a./Kommission*, T-415/05 u. a., Slg. 2006, II-1 Rn. 15. Eingehend *Nissen*, S. 144 ff.
[99] EuGH, Rs. 113/77, *NTN Toyo Bearing/Rat*, Slg. 1977, 1721,1725 (Einstw. Rechtsschutz und Streithilfe); EuGH, Rs. C-245/95 P, *Kommission/NTN Corporation und Koyo Seiko*, Slg. 1996, I-559; EuG Beschl. v. 11.7.2001, Rs. T-339/00, *Bactria/Kommission*, n. v. Rn. 11 ff.
[100] *Ehle/Schiller*, EuR 1982, 48 (55).

meiner Bedeutung gestritten wird, die die Interessen betreffen, deren Vertretung der Verband zur Aufgabe hat.¹⁰¹

3. Das Zulassungsverfahren

a) **Form und Inhalt des Antrags auf Zulassung.** Die Zulassung als Streithelfer ist schriftlich bei dem Gericht zu beantragen, vor dem der Rechtsstreit anhängig ist. Die Anforderungen an den Antrag ergeben sich aus Art. 130 VerfO-EuGH, Art. 115 § 2 VerfO-EuG bzw. Art. 109 VerfO-EuGöD.¹⁰² Er muss insbesondere die anhängige Rechtssache bezeichnen und die Parteien benennen sowie angeben, welche Anträge unterstützt werden sollen. Natürliche und juristische Personen müssen außerdem die Umstände darlegen, aus denen sich ihr Interesse am Ausgang des Verfahrens ergibt und ggf. Beweismittel und Unterlagen für ihre Angaben beibringen.

Die Vertretung des Streithelfers richtet sich sowohl bei der Einreichung des Zulassungsantrags als auch im weiteren Verfahren nach den Regeln, die für die Vertretung der Hauptparteien gelten (s. oben IV.). Insbesondere besteht für natürliche und juristische Personen Anwaltszwang.¹⁰³ Auch hinsichtlich der Benennung eines Zustellungsbevollmächtigten gelten die gleichen Regeln.¹⁰⁴ Der Streithelfer kann seinen Antrag – selbst, wenn er schon zugelassen sein sollte – jederzeit wieder zurücknehmen.¹⁰⁵

Der Zulassungsantrag braucht nicht in der Verfahrenssprache eingereicht zu werden. Wie sich aus Art. 38 Abs. 4 VerfO-EuGH, Art. 35 § 3 Abs. 4 VerfO-EuG und Art. 29 VerfO-EuGöD ergibt, dürfen Mitgliedstaaten als Intervenienten ohnehin stets ihre eigene Sprache verwenden. Andere Streithelfer (auch die Organe) müssen sich zwar grundsätzlich der Verfahrenssprache bedienen. Der EuGH erlaubt dem Antragsteller jedoch bis zu seiner Zulassung als Streithelfer die Verwendung einer anderen Unionssprache.¹⁰⁶ Nicht ganz so großzügig sind das EuG und das EuGöD. Dort wahrt der in einer anderen Sprache eingereichte Antrag auf Zulassung zwar die Antragsfrist, doch

---

¹⁰¹ Z. B. EuG, Rs. T-201/04 R, *Microsoft/Kommission*, Slg. 2004, II-2977 Rn. 37; näher *Hackspiel*, in: Groeben/Schwarze, EUV/EGV, Art. 40 Satzung Rn. 7 und *Nissen*, S. 153 f.

¹⁰² Gemäß Art. 115 § 2 VerfO-EuG bzw. Art. 109 Abs. 3 VerfO-EuGöD finden außerdem die allgemeinen Vorschriften für Schriftsätze und die Bestimmungen über die Klageschrift, Art. 43 und Art. 44 VerfO-EuG bzw. Art. 34 und Art. 35 VerfO-EuGöD, entsprechende Anwendung. Art. 130 Abs. 4 VerfO-EuGH verweist dagegen nur auf verschiedene Bestimmungen über die Klageschrift, da sich die Vorschriften über die Schriftsätze (Art. 57 VerfO-EuGH, „Einreichung der Verfahrenschriftstücke") ohnehin im Titel über die „Allgemein[n] Verfahrensbestimmungen" befinden.

¹⁰³ Art. 130 Abs. 3 VerfO-EuGH, Art. 115 § 3 VerfO-EuG, Art. 109 Abs. 4 VerfO-EuGöD, Art. 19 Satzung-EuGH.

¹⁰⁴ Art. 130 Abs. 4 i. V. m. Art. 121 VerfO-EuGH, Art. 115 § 2 i.Vm. Art. 44 § 2 VerfO-EuG, Art. 109 Abs. 2 lit. d) VerfO-EuGöD.

¹⁰⁵ EuGH, Rs. 6/73, *Istituto Chemioterapico Italiano und Commercial Solvents/Kommission*, Slg. 1974, 223, 227; EuGH, Rs. 73/74, *Papiers Peints/Kommission*, Slg. 1975, 1491, 1497; vgl. EuG, Rs. T-201/04, *Microsoft/Kommission*, Slg. 2005, II-1491 Rn. 52; EuGH Beschl. v. 2.3.2005, Rs. C-244/04, *Kommission/Deutschland*, nicht in der Slg., aber auf der Internetseite des EuGH veröffentlicht.

¹⁰⁶ EuGH, Rs. 30/59, *De Gezamenlijke Steenkolenmijnen in Limburg*, Slg. 1961, 99, 101 (zu Art. 34 Abs. 2 Satzung (EGKS); Hinweise für die Prozessvertreter der Verfahrensbeteiligten für das schriftliche und das mündliche Verfahren vor dem Gerichtshof der Europäischen Gemeinschaften, Februar 2009, Nr. 13 a, http://curia.europa.eu.

wird er den anderen Parteien erst zugestellt, wenn der Antragsteller eine Übersetzung in die Verfahrenssprache vorlegt.[107]

33 **b) Frist.** Der Antrag auf Zulassung als Streithelfer muss in Verfahren vor dem EuGH und dem EuG innerhalb von sechs Wochen (Art. 130 Abs. 1 VerfO-EuGH, Art. 115 § 1 VerfO-EuG) und in Verfahren vor dem EuGöD innerhalb von vier Wochen (Art. 109 VerfO-EuGöD) nach Veröffentlichung der in Art. 21 Abs. 4 VerfO-EuGH, Art. 24 § 6 VerfO-EuG, Art. 37 Abs. 2 VerfO-EuGöD vorgesehenen Mitteilung im Amtsblatt der EU gestellt werden. In Rechtsmittelverfahren vor dem EuGH[108] und dem EuG[109] beträgt die Antragsfrist einen Monat. Die Fristen verlängern sich um eine Entfernungsfrist von 10 Tagen.[110] Anträge, die nach Fristablauf gestellt werden, sind in Verfahren vor dem EuGH und dem EuG nicht zwingend als unzulässig abzuweisen. Der EuGH kann Anträge auf Streithilfe berücksichtigen, die nach Fristablauf, aber vor dem Beschluss zur Eröffnung der mündlichen Verhandlung eingehen.[111] Das EuG hat in diesem Fall kein Ermessen, sondern muss dem Antrag stattgeben, wenn die sonstigen Voraussetzungen der Zulassung vorliegen.[112] Nach der Eröffnung der mündlichen Verhandlung ist keine Zulassung von Streithelfern mehr möglich. Die Rechtsstellung von Streithelfern, die ihren Antrag nach Fristablauf gestellt haben, ist im Vergleich zu anderen Intervenienten eingeschränkt.[113] Sie können zwar in der mündlichen Verhandlung Stellung nehmen, sofern eine solche stattfindet,[114] dürfen aber keinen eigenen Schriftsatz einreichen und erhalten nicht die Schriftsätze der Hauptparteien.[115]

34 **c) Ablauf des Verfahrens.** Erfüllt der Antrag auf Zulassung nicht die formalen Anforderungen, so setzt der Kanzler dem Nebenintervenienten zwecks Beseitigung der Mängel eine angemessene Frist. Nach erfolglosem Fristablauf entscheidet das betreffende Gericht bzw. der Präsident des zuständigen Spruchkörpers (EuGöD), ob die Formwidrigkeit der Antragsschrift die Unzulässigkeit des Streithilfeantrags zur Folge hat.[116] Ein ordnungsgemäßer und nicht offensichtlich unstatthafter Antrag wird den anderen Prozessparteien zugestellt. Diese haben gemäß Art. 131 Abs. 1 VerfO-EuGH, Art. 116 § 1 Abs. 2 VerfO-EuG, Art. 109 Abs. 5 VerfO-EuGöD das Recht, schriftlich

---

[107] Art. 7 Abs. 5 UAbs. 3 DienstA-EuG, Art. 8 Abs. 6 DienstA-EuGöD. Dadurch kann sich die Zulassung des Streithelfers verzögern.
[108] Art. 190 Abs. 2 VerfO-EuGH. Diese Frist gilt nur für den erstmaligen Beitritt vor dem EuGH, denn wer bereits im erstinstanzlichen Verfahren als Streithelfer („der betreffenden Rechtssache") beteiligt war, behält diese Stellung im Rechtsmittelverfahren (s. o. VI. 2.a).
[109] Art. 149 VerfO-EuG.
[110] Art. 51 VerfO-EuGH, Art. 102 § 2 VerfO-EuG, Art. 100 Abs. 3 VerfO-EuGöD.
[111] Art. 129 Abs. 4 VerfO-EuGH.
[112] Art. 116 § 6 VerfO-EuG.
[113] Zur Frage, ob bei unverschuldeter Verspätung eine Wiedereinsetzung in den vorigen Stand erfolgen kann, obwohl der Ablauf der Frist nicht zum Verlust des Rechts auf Zulassung als Streithelfer führt, sondern nur eine Begrenzung der Verfahrensrechte des Streithelfers mit sich bringt: siehe EuG, Rs. T-201/04, *Microsoft/Kommission,* Slg. 2005, II-1491 Rn. 49 und *Pechstein,* EU-Prozessrecht, Rn. 220.
[114] Ein Streithelfer kann vor dem EuGH gemäß Art. 129 Abs. S. 2 VerfO-EuGH nicht die Durchführung einer mündlichen Verhandlung beantragen.
[115] Z. B. EuGH, Rs. C-113/07 P, *Selex Sistemi Integrati/Kommission,* Slg. 2009, I-2207 Rn. 36; EuG, Rs. T-314/06, *Whirlpool/Rat,* Slg. 2010, II-5005 Rn. 59.
[116] Näher Art. 130 Abs. 4 i. V. m. Art. 119 Abs. 4, Art. 122 Abs. 3 VerfO-EuGH; Art. 115 § 2 i. V. m. Art. 44 § 6 VerfO-EuG; vgl. Art. 8 Abs. 1 DA-EuGöD.

oder mündlich zu dem Antrag Stellung zu nehmen. Das gilt auch bei Anträgen privilegierter Streithelfer. Zwar können sich die Hauptparteien nicht gegen deren Zulassung wehren, die Stellungnahme gibt ihnen jedoch die Möglichkeit, ggf. vor der Zulassung des Streithelfers die vertrauliche Behandlung von Teilen ihrer Schriftsätze zu beantragen. (Näher unten Rn. 37.)

d) Entscheidung über die Zulassung. Über die Zulassung von Streithelfern entscheidet der Präsident des zuständigen Spruchkörpers durch Beschluss (Art. 131 Abs. 2 und 3 VerfO-EuGH, Art. 116 § 1 S. 3 VerfO-EuG, Art. 109 Abs. 6 VerfO-EuGöD). Er kann die Entscheidung dem Spruchkörper übertragen.[117] Die Zulassung kann auf Teilaspekte des Rechtsstreits beschränkt werden.[118] Wird der Antrag auf Zulassung durch das EuG oder das EuGöD abgelehnt, so ist ein Rechtsmittel zum EuGH bzw. zum EuG gegeben.[119] Daher müssen das EuG und das EuGöD eine Ablehnung begründen. Die durch den abgelehnten Antrag entstandenen Kosten können dem Antragsteller auferlegt werden.[120] Wird der Streithelfer zugelassen, so bleibt die Kostenentscheidung dem Endurteil vorbehalten. Ist die Klage offensichtlich unzulässig, so braucht über den Antrag auf Zulassung nicht entschieden zu werden; er wird dann für erledigt erklärt.[121]

4. Rechtsstellung des Streithelfers und Fortgang des Verfahrens. Der EuGH hat entschieden, dass Streithelfer als Parteien angesehen werden.[122] Ein Streithelfer ist aber den Hauptparteien nicht gleich gestellt. Art. 129 Abs. 1 S. 2 VerfO-EuGH stellt nunmehr ausdrücklich fest, dass die Streithilfe „nicht die gleichen Verfahrensrechte verleiht, wie sie den Parteien zustehen und insbesondere nicht das Recht, eine mündliche Verhandlung zu beantragen."[123] Der Streithelfer muss den Rechtsstreit in der Lage annehmen, in der er sich zur Zeit seines Beitritts befindet (Art. 129 Abs. 3 VerfO-EuGH, Art. 116 § 3 VerfO-EuG, Art. 110 Abs. 2 VerfO-EuGöD). Ihm sind alle den Hauptparteien zugestellten Schriftstücke, also insbesondere alle Schriftsätze der Hauptparteien und deren Anlagen, zu übermitteln (Art. 131 Abs. 4 VerfO-EuG, Art. 116 § 2 VerfO-EuG, Art. 110 Abs. 2 VerfO-EuGöD). Diese Schriftstücke erhält der Streithelfer jedoch nicht, wenn er seinen Antrag auf Zulassung erst nach Ablauf

---

[117] Wird in einem Verfahren vor dem EuGH der Antrag allerdings von einem Mitgliedstaat, einem Unionsorgan oder einem EWR-Staat gemäß Art. 40 Abs. 1 oder 3 der Satzung-EuGH gestellt, so wird die Streithilfe durch den Präsidenten und nicht den Spruchkörper zugelassen (Art. 131 Abs. 2 VerfO-EuGH).
[118] EuGH, Rs. 40/73 u. a., *Suiker Unie u. a./Kommission*, Slg. 1975, 1663 (1697); EuG Beschl. v. 11.7.2001, Rs. T-339/00, *Bactria/Kommission*, n. v. Rn. 15 (Zulassung zunächst auf die Unterstützung der Anträge des Klägers zur Zulässigkeit der Klage beschränkt).
[119] Art. 57 Abs. 1 und Art. 10 Anhang I Satzung-EuGH.
[120] EuGH, Rs. 116, 124 und 143/77, *G. R. Amylum u. a./Rat und Kommission,* Slg. 1978, 893, 895 Rn. 12.
[121] EuG Beschl. v. 19.9.2001, Rs. T-54/00, *Federación de Pescadores de Guipúzcoa u. a./Rat*, n. v. Rn. 5 f.
[122] EuGH, Rs. C-244/91 P, *Pincherle/Kommission*, Slg. 1993, I-6965 Rn. 16 (zu Art. 49 EWG-Satzung, jetzt Art. 56 Satzung-EuGH, und Art. 115 § 1 VerfO-EuG a. F.); vgl. auch Rs. C-146/85, *ITRP – Maindiaux u. a./WSA*, Slg. 1988, 2003, Rn. 4 und C-245/95 P-INT, *NSK u. a./Kommission*, Slg. 1999, I-1 Rn. 15 (zu Art. 40 EWG-Satzung, jetzt Art. 43 Satzung-EuGH); *Nissen*, S. 205 f.
[123] Nach Art. 110 Abs. 6 VerfO-EuGöD „ist der Streithelfer einer Partei gleichgestellt, sofern nichts anderes bestimmt ist."

37 der Frist von 6 Wochen (EuGH, EuG) nach Veröffentlichung der Mitteilung über die Klage im Amtsblatt gestellt hatte. In Verfahren vor dem EuG wird ihm dann nur der Sitzungsbericht übermittelt (Art. 116 § 6 VerfO-EuG).[124]

37 Vom Anspruch des Streithelfers auf Übermittlung aller Schriftsätze und Anlagen machen die Art. 131 Abs. 4 VerfO-EuGH, Art. 116 § 2 S. 2 VerfO-EuG, Art. 110 Abs. 2 S. 2 VerfO-EuGöD eine Ausnahme. Auf Antrag einer Partei können geheime oder vertrauliche Unterlagen den Streithelfern vorenthalten werden. Ein Antrag auf **vertrauliche Behandlung** ist vor allem wichtig, wenn Konkurrenten einer Hauptpartei als Streithelfer auftreten. Er ist jedenfalls beim EuG mit **gesondertem Schriftsatz**[125] normalerweise gleichzeitig mit der Stellungnahme der Hauptpartei zum Antrag des Streithelfers auf Zulassung zu stellen und muss eingehend begründet werden. Dem EuG ist zugleich eine nicht vertrauliche Fassung der betroffenen Schriftstücke vorzulegen, die aus der Sicht der Hauptpartei dem Streithelfer übermittelt werden kann.[126] Geschützt werden durch die vertrauliche Behandlung in erster Linie Betriebs- und Geschäftsgeheimnisse, wie Informationen über Marktanteile, Geschäftsergebnisse,[127] mit Geschäftspartnern geschlossene Verträge,[128] aber auch der Schriftverkehr zwischen Anwälten und ihren Mandanten.[129] Die Entscheidung darüber, ob im Einzelfall dem Antrag auf vertrauliche Behandlung von Unterlagen oder Angaben stattzugeben ist, ergeht auf der Grundlage einer Abwägung der Interessen der Hauptpartei und des Streithelfers.[130] Dabei geht das EuG davon aus, dass die vollständige Übermittlung aller Unterlagen der Regelfall ist und die vertrauliche Behandlung als Ausnahme hiervon einer besonderen Rechtfertigung bedarf.[131]

38 Eine vertrauliche Behandlung von Unterlagen oder Informationen, die für die Ausübung der Verfahrensrechte der Streithelfer erforderlich sind, ist zwar grundsätzlich unzulässig.[132] Dennoch ist nicht auszuschließen, dass infolge der vertraulichen Behandlung ein Konflikt zwischen dem legitimen Interesse der Hauptparteien an der Geheimhaltung von bestimmten Angaben und dem Anspruch des Streithelfers auf rechtliches Gehör entstehen kann.[133] Insoweit ist umstritten, ob der Unionsrichter seine

---

[124] Art. 93 § 7 a. F. VerfO-EuGH sah in diesem Fall ebenfalls die Übermittlung des Sitzungsberichts vor. Der entsprechende Passus der Vorschrift wurde aber bereits im Jahre 2005 gestrichen.

[125] Praktische Anweisungen für die Parteien vor dem Gericht, ABl. 2012 L 68/23, Rn. 87 ff. Beim EuGH existiert derzeit keine ausdrückliche Regelung.

[126] Dem Streithelfer wird zunächst nur die nicht vertrauliche Fassung zugestellt. Über die Frage, ob der Antrag auf vertrauliche Behandlung für alle darin nicht enthaltenen Angaben begründet ist, braucht erst und nur dann entschieden zu werden, wenn der Streithelfer Einwände erhebt (vgl. z. B. EuG, Rs. T-383/03, *Hynix Semiconductor/Rat*, Slg. 2005, II-621 Rn. 36; Beschl. v. 19.1.2012, Rs. T-289/11, *Deutsche Bahn u. a./Kommission*, BeckRS 2013, 80729, Rn. 14.

[127] EuG, Rs. T-395/94 R, *Atlantic Container Line u. a./Kommission*, Slg. 1995, II-595 Rn. 6 und 30; Rs. T-383/03, *Hynix Semiconductor/Rat*, Slg. 2005, II-621 Rn. 36, 63.

[128] EuG, Rs. T-66/94, *Auditel/Kommission*, Slg. 1995, II-239 ff. Rn. 29 ff.; Rs. T-383/03, *Hynix Semiconductor/Rat*, Slg. 2005, II-621 Rn. 64.

[129] EuG, Rs. T 30/89, *Hilti/Kommission*, Slg. 1990, II-163 ff. 168 Rn. 12.

[130] Z. B. EuG, Rs. T-383/03, *Hynix Semiconductor/Rat*, Slg. 2005, II-621 Rn. 42 ff.

[131] Z. B. EuG, Rs. T-383/03, *Hynix Semiconductor/Rat*, Slg. 2005, II-621 Rn. 18.

[132] EuG, Rs. T-383/03, *Hynix Semiconductor/Rat*, Slg. 2005, II-621 Rn. 46, 70; Beschl. v. 8.5.2012, Rs. T-108/07, *Spira/Kommission*, BeckRS 2012, 82273 Rn. 40 (nur in französischer und englischer Sprache auf der Internetseite des EuGH veröffentlicht).

[133] *Kirschner/Klüpfel*, Rn. 173.

Entscheidung zum Nachteil des Streithelfers auf Tatsachen oder Unterlagen stützen darf, zu denen sich der Streithelfer nicht äußern konnte, weil sie ihm nicht zugänglich waren.[134] Der Vorschlag, dieses Dilemma dadurch zu lösen, dass die vertraulichen Angaben nur dem Prozessbevollmächtigten des Streithelfers mitgeteilt werden und dieser zur Vertraulichkeit (auch gegenüber seinem Mandanten) verpflichtet wird,[135] kann jedoch auf Schwierigkeiten stoßen. So ist das Standesrecht der Anwälte in den Mitgliedstaaten unterschiedlich ausgestaltet. Vielfach sind die Anwälte danach verpflichtet, Informationen an ihre Mandanten weiterzuleiten mit der Folge, dass sie sich einer Regresspflicht aussetzen, wenn sie dieser Pflicht nicht nachkommen.[136]

Mit der Übermittlung der Verfahrensdokumente setzt der Präsident des zuständigen Spruchkörpers des EuG oder des EuGöD dem Streithelfer eine Frist, innerhalb derer er seinen **Streithilfeschriftsatz** einreichen kann (Art. 116 § 4 VerfO-EuG, Art. 110 Abs. 1 VerfO-EuGöD). Die VerfO-EuGH a. F. enthielt eine entsprechende Vorschrift. Art. 132 Abs. 1 der im November 2012 in Kraft getretenen Neufassung sieht nunmehr vor, dass die Frist für die Einreichung des Streithilfeschriftsatzes einen Monat beträgt (zuzüglich einer Entfernungsfrist von 10 Tagen, Art. 51 VerfO-EuGH). Dieser Schriftsatz enthält die Anträge des Streithelfers und seine Angriffs- und Verteidigungsmittel. Die Anträge müssen sich im Rahmen der Anträge der unterstützten Hauptpartei halten. Sind diese beispielsweise auf die Nichtigerklärung eines Unionsaktes gerichtet, kann der Streithelfer keinen Antrag auf Schadensersatz stellen. Beantragt die Hauptpartei allein, die Klage als unbegründet abzuweisen, so kann der Streithelfer nicht die Abweisung als unzulässig verlangen.[137] Da die unverzichtbaren Prozessvoraussetzungen der Klage von Amts wegen geprüft werden können[138] muss sich diese Einschränkung auf das Ergebnis des Rechtsstreits nicht unbedingt auswirken.[139] Bleibt der Beklagte säumig, stellt also keinen Antrag, so kann nach dem Wortlaut von Art. 40 Abs. 4 Satzung-EuGH der zu seiner Unterstützung beigetretene Streithelfer den Erlass eines Versäumnisurteils nicht abwenden.[140] Ebenso wenig darf der Streithelfer die Anträge beider Parteien durch Erhebung eines eigenen Antrags bekämpfen.[141] Die Unterstützung kann sich aber auf einen Teil der Anträge einer Hauptpartei beschränken.

---

[134] Gegen ein Verwertungsverbot *Nissen*, S. 219 f. Art. 67 § 3 VerfO-EuG spricht dafür, dass Unterlagen grundsätzlich auch dann der Entscheidung des EuG zugrunde gelegt werden dürfen, wenn sie vertraulich behandelt wurden und deshalb den Streithelfern nicht zugänglich waren. *Hackspiel*, in: Groeben/Schwarze, EUV/EGV, Art. 40 Satzung-EuGH Rn. 21.

[135] *Jung*, EuR 1980, 379.

[136] Siehe *Middeke*, DVBl. 1991, 151. Gegen diese Lösung auch *Nissen*, S. 220 f.

[137] EuG, Rs. T-174/95, *Svenska Journalistförbundet/Rat*, Slg. 1998, II-2289 Rn. 77 f.; Rs. T-146/01, *D.L.D. Tradin/Rat*, Slg. 2003, II-6005 Rn. 47 f.

[138] Vgl. Art. 150 VerfO-EuGH, Art. 113 VerfO-EuG, Art. 77 VerfO-EuGöD.

[139] Vgl. z. B. EuG, Rs. T-174/95, *Svenska Journalistförbundet/Rat*, Slg. 1998, II-2289 Rn. 79. Anders (keine Zulässigkeitsprüfung von Amts wegen) aber z. B. EuG, Rs. T-290/94, *Kaysersberg SA/Kommission*, Slg. 1997, II-2137, 2172 Rn. 76 f. Eingehend zur Problematik *Nissen*, S. 227–230. Zur Prüfung der Zulässigkeitsvoraussetzungen vgl. auch *Sachs*, S. 104 ff.

[140] A. A. *Nissen*, der jedenfalls dann, wenn mit der Klage eine den Streithelfer begünstigende Entscheidung angefochten wird, dem Anspruch des Intervenienten auf rechtliches Gehör Vorrang vor dem Wortlaut von Art. 40 Satzung-EuGH einräumen will. Dagegen erlaubte der Wortlaut von Art. 34 Abs. 2 Satzung (EGKS) dem Streithelfer auch, die *Abweisung* von Anträgen einer Hauptpartei zu beantragen.

[141] Anders in Rechtsstreitigkeiten betreffend die Rechte des geistigen Eigentums, dazu unten Rn. 45 ff.

40 Umstritten ist, ob der Streithelfer eigene, dem Vorbringen der unterstützten Hauptpartei gegenüber selbständige Angriffs- und Verteidigungsmittel vorbringen kann.[142] Zum Hintergrund dieser Streitfrage ist daran zu erinnern, dass die Unionsgerichte im Rahmen von Direktklageverfahren normalerweise nur die vom Kläger erhobenen Klagegründe oder Rügen prüfen und dass Angriffsmittel (d. h. Klagegründe), die nicht in der Klageschrift erhoben worden sind, als verspätet zurückgewiesen werden, wenn sie nicht auf neuen Tatsachen beruhen.[143] Dem Kläger selbst ist es also verwehrt, nachträglich den Streitstoff um neue, eigenständige Angriffsmittel zu erweitern und damit seine Klage zu ändern, während er neue Argumente zur Unterstützung der zulässigerweise erhobenen Klagegründe vorbringen darf. Die Frage stellt sich also, ob der Streithelfer, der den Kläger ja nur unterstützen soll und der den Rechtsstreit in der Lage annehmen muss, in der er sich zur Zeit seines Beitritts befindet, weitergehend als der Kläger selbst befugt sein soll, den Streitstoff auf neue Klagegründe zu erstrecken und damit u. U. dem Kläger die Umgehung der Präklusionsvorschriften zu ermöglichen.[144] Während die Rechtsprechung zunächst sehr großzügig war und dem Streithelfer sogar gestattete, Angriffs- und Verteidigungsmittel vorzutragen, die im Widerspruch zu dem Vorbringen der unterstützten Hauptpartei standen, sofern sie nur der Sache nach geeignet waren, den Antrag zu stützen,[145] schränkte sie später das zulässige Vorbringen des Streithelfers stark ein.[146] Die neuere Rechtsprechung neigt dagegen wieder dazu, selbständige Angriffs- und Verteidigungsmittel des Streithelfers in weitem Umfang zuzulassen,[147] betont dabei aber gelegentlich, dass der Rahmen des Rechtsstreits dadurch nicht geändert werden darf.[148]

41 Der Rechtsstreit wird durch die Intervention nicht unterbrochen. Geht der Interventionsschriftsatz ein, bevor die Hauptparteien ihre Replik und Duplik[149] ausgetauscht haben, können sie in diesen Schriftsätzen zum Vorbringen des Streithelfers Stellung nehmen. Wird der Interventionsschriftsatz dagegen später eingereicht, so steht es im Ermessen des Präsidenten, ob den Hauptparteien gestattet wird, zu diesem Schriftsatz nochmals schriftlich Stellung zu nehmen (Art. 132 Abs. 3 VerfO-EuGH, Art. 116 § 5 VerfO-EuG).[150] Oft

---

[142] *Nissen*, S. 231–239; *Pechstein*, EU-Prozessrecht, Rn. 212 f.
[143] Art. 127 VerfO-EuGH, Art. 48 § 2 VerfO-EuG, Art. 43 VerfO-EuGöD.
[144] Dagegen *Nissen*, S. 235 f.
[145] EuGH, Rs. 30/59, *Gezamenlijke Steenkolenmijnen/Hohe Behörde der EGKS*, Slg. 1961, 1, 41; *Ehle/Schiller,* EuR 1982, 48 (56).
[146] Z. B. EuG, Rs. T-447/93, *AITEC u. a./Kommission*, Slg. 1995, II-1971 Rn. 122; Rs. T-174/95, *Svenska Journalistförbundet/Rat*, Slg. 1998, II-2289 Rn. 77.
[147] Z. B. EuGH, Rs. C-334/08, *Kommission/Italien*, Slg. 2010, I-6869 Rn. 52 ff.; vgl. auch GA Kokott, SchlA Rs. C-334/08, *Kommission/Italien*, Slg. 2010, I-6869 Rn. 40 ff.
[148] Z. B. EuG, Rs. T-125/96, *Boehringer/Rat und Kommission*, Slg. 1999, II-3427 Rn. 184; Rs. T-171/02, *Regione autonoma della Sardegna/Kommission*, Slg. 2005, II-2123 Rn. 151-154, 193, 195; Rs. T-155/04, *SELEX Sistemi Integrati/Kommission*, Slg. 2006, II-4797 Rn. 42; Rs. T-394/08, *Regione autonoma della Sardegna u. a./Kommission*, Slg. 2011, II-6255 Rn. 42 f.
[149] Vgl. Art. 126 VerfO-EuGH und Art. 47 § 1VerfO-EuG. Vor dem EuGöD umfasst das schriftliche Verfahren nur die Klageschrift und die Erwiderung, es sei denn das Gericht entscheidet auf Antrag des Klägers oder von Amts wegen dass ein zweiter Schriftsatzwechsel erforderlich ist (Art. 7 Abs. 3 Anhang I Satzung-EuGH, Art. 41 VerfO-EuGöD).
[150] Näher *Nissen*, S. 239 f.

wird es ausreichen, dass die Hauptparteien in der mündlichen Verhandlung auf die Argumente des Streithelfers antworten.[151]

Das Urteil wird auch dem Streithelfer zugestellt und erwächst ihm gegenüber in Rechtskraft.[152] Unterliegt die vom Streithelfer unterstützte Partei, so können dem Streithelfer neben seinen eigenen Kosten diejenigen Kosten auferlegt werden, die dem Gegner durch die Zulassung der Streithilfe entstanden sind.[153] Obsiegt die unterstützte Partei, so hat der Gegner, wenn ein entsprechender Antrag gestellt worden ist,[154] grundsätzlich auch die Kosten des Streithelfers zu tragen. Art. 140 VerfO-EuGH und Art. 87 § 4 VerfO-EuG sehen aber vor, dass Mitgliedstaaten und Organe[155] in diesem Fall ihre eigenen Kosten tragen. Außerdem kann der zuständige Spruchkörper entscheiden, dass auch andere Streithelfer der obsiegenden Hauptpartei ihre eigenen Kosten tragen. Vor dem EuGöD tragen dagegen alle Streithelfer ihre eigenen Kosten (Art. 89 Abs. 4 VerfO-EuGöD). 42

5. Rechtsmittel. Gegen die Ablehnung des Antrages auf Zulassung als Streithelfer in einem Verfahren vor dem EuG besteht die Möglichkeit, innerhalb von zwei Wochen nach Zustellung der ablehnenden Entscheidung ein Rechtsmittel beim EuGH einzulegen.[156] Wird der Antrag vom EuGöD abgelehnt, kann der Antragsteller innerhalb der gleichen Frist ein Rechtsmittel beim EuG einlegen.[157] Über das Rechtsmittel ist im summarischen Verfahren nach Art. 39 Satzung-EuGH bzw. Art 10 Abs. 3 des Anhangs I der Satzung zu entscheiden. Das heißt insbesondere, dass der Präsident bzw. der Vizepräsident (Art. 39 Abs. 2 Satzung-EuGH) des Gerichtshofs oder der Präsident des EuG für die Entscheidung zuständig sind.[158] 43

Urteile des EuGöD oder des EuG in der Hauptsache kann der Streithelfer ebenso mit dem Rechtsmittel vor dem EuG bzw. dem EuGH anfechten wie die Hauptparteien, und zwar unabhängig von der unterstützten Partei. Bei nicht privilegierten Streithelfern ist dazu jedoch erforderlich, dass das Urteil den Streithelfer „unmittelbar berührt" (Art. 56 Abs. 2 Satz 2 Satzung-EuGH, Art. 9 Anhang 1 Satzung-EuGH). Ob dies der Fall ist, dürfte nach ähnlichen Maßstäben zu beurteilen sein wie die Frage der unmittelbaren und individuellen Betroffenheit im Rahmen der Nichtigkeitsklage.[159] Der Streithelfer kann ebenfalls unabhängig von den Hauptparteien die Auslegung des Urteils[160] beantragen. Ob das auch für die Wiederaufnahme des Verfahrens gilt, ist umstritten.[161] 44

---

[151] Vgl. Art. 110 Abs. 5 VerfO-EuGöD.
[152] Ausführlich *Nissen*, S. 207–211.
[153] Z. B. EuG, Rs. T-171/02, *Regione autonoma della Sardegna/Kommission*, Slg. 2005, II-2123 Rn. 203.
[154] Art. 138 Abs. 1 VerfO-EuGH, Art. 87 § 2 VerfO-EuG. Z. B. Rs. T-246/99, *Tirrenia di Navigazione u. a./Kommission*, Slg. 2007, II-65 Rn. 175 f.
[155] Desgleichen EWR-Vertragsstaaten und die EFTA-Überwachungsbehörde.
[156] Art. 57 Abs. 1 Satzung-EuGH.
[157] Art 10 Abs. 1 Anhang I Satzung-EuGH.
[158] Vgl. z. B. Beschl. des Präsidenten des Gerichtshofs v. 17.10.2011, Rs. C-3/11 P (I) Rn. 4, *Gesamtverband der Deutschen Textil- und Modeindustrie u. a./Rat u. a.*; Beschl. des Präsidenten des Gerichts v. 15.7.2011, Rs. T-213/11 P(I) Rn. 6, *Collège des représentants du personnel de la BEI u. a./Bömcke*.
[159] *Karpenstein/Langner*, in GH, Art. 225 Rn. 23; *Kirschner/Klüpfel*, Rn. 175; *Nissen*, S. 241 f., großzügiger *Lasok*, The European Court of Justice: practice and procedure, 2. Aufl. 1994, S. 473; vgl. auch *Wägenbaur*, Court of Justice of the EU, 2013, Stat, Art. 56, Rn. 19.
[160] EuGH, Rs. C-146/85, *ITRP – Maindiaux u. a./WSA*, Slg. 1988, 2003, 2005, Rn. 4; Rs. C-245/95, *P-INT – NSK u. a./Kommission*, Slg. 1999, I-1 Rn. 15.
[161] *Hackspiel*, in: Groeben/Schwarze, EUV/EGV, Art. 44 Satzung-EuGH Rn. 8 m.w.N.

45 **6. Streithilfe in Rechtsstreitigkeiten betreffend die Rechte des geistigen Eigentums.** Eine besondere Regelung der Streithilfe enthält der den „Rechtsstreitigkeiten betreffend die Rechte des geistigen Eigentums" gewidmete, vierte Titel der VerfO-EuG.[162] Er betrifft die Klagen gegen das HABM (Marken, Muster und Modelle) und gegen das Sortenamt der Union. Für diese Klagen erlaubt Art. 53 Abs. 2 Satzung-EuGH, dass die Verfahrensordnung von den in Art. 40 Abs. 4 und Art. 41 der Satzung-EuGH enthaltenen Vorgaben abweicht, um den Besonderheiten Rechnung zu tragen, die diese Streitigkeiten auf dem Gebiet des gewerblichen Rechtsschutzes gegenüber den sonstigen Klagen natürlicher und juristischer Personen vor dem EuG aufweisen. Im Rechtsmittelverfahren vor dem EuGH sind dagegen keine Sonderregeln erforderlich.

46 Die Aufgabe des EuG und des EuGH ist auch im Bereich des geistigen Eigentums die Kontrolle von Entscheidungen der Unionseinrichtungen HABM und Sortenamt. Dem Prozess vor dem EuG ist hier ein Verfahren vor den zum jeweiligen Amt gehörenden gerichtsähnlichen Beschwerdekammern[163] vorgeschaltet. Erst deren Entscheidungen können mit einer – der Nichtigkeitsklage nach Art. 263 AEUV nachgebildeten – Klage vor dem EuG angefochten werden.[164] In diesen Verfahren gibt es neben den Streitigkeiten, in denen der Einzelne dem Amt als Gegner gegenübertritt, etwa weil das HABM die Eintragung einer Marke wegen absoluter Eintragungshindernisse verweigert,[165] vielfach Konstellationen, in denen das HABM und das Sortenamt dazu berufen sind, Konflikte zwischen mehreren privaten Parteien zu entscheiden. So kann sich z. B. der Inhaber einer Marke gegen die Eintragung einer ähnlichen Marke für die gleichen Waren oder Dienstleistungen durch das HABM mit einem an das Amt gerichteten Widerspruch wehren. Hier muss das Amt ähnlich wie ein Zivilrichter entscheiden, ob die Rechte der einen Partei der Eintragung der von der anderen Partei beantragten Marke entgegenstehen. Der Rechtsschutz gegen solche Entscheidungen des Amtes (Beschwerde an die Beschwerdekammer und anschließende Klage vor dem EuG) ist ähnlich einer verwaltungsgerichtlichen Anfechtungsklage mit Vorverfahren ausgestaltet, die von der unterlegenen Partei gegen das Amt erhoben wird. In der Sache stehen aber die privaten Parteien einander als Gegner gegenüber. In dieser Konstellation, die der eines zivilgerichtlichen Rechtsmittelverfahrens ähnelt, müssen alle am Verfahren vor dem Amt beteiligten Parteien die Möglichkeit haben, ihre Rechte ohne Bindung an die Position der Hauptparteien, insbesondere des Amtes, zu verteidigen.[166]

47 Deshalb wird neben dem Kläger, der die Entscheidung der Beschwerdekammer anficht, auch den anderen am Verfahren vor dieser Kammer beteiligten Parteien eine im Verhältnis zu den Streithelfern in den „normalen" Direktklageverfahren vor den Unionsgerichten erheblich stärkere Stellung eigeräumt. Sie kommt zunächst darin zum Ausdruck, dass alle am Verfahren vor der Beschwerdekammer beteiligten Parteien sich ohne besondere Zulassung und ohne ihr Interesse am Ausgang des Rechtsstreits eigens darlegen zu müssen, als Streithelfer am Prozess beteiligen können. Um ihnen den Beitritt zu erleichtern, wird die Klageschrift ihnen von Amts wegen zugestellt, so dass sie nicht darauf angewiesen sind, von der Klageerhebung durch die Veröffentlichung im Amtsblatt informiert zu werden (vgl. Art. 133 § 1 und 2 VerfO-EuG).

---

[162] Eingefügt mit den Änderungen der VerfO-EuG vom 6.7.1995, ABl. 1995 L 172.
[163] Zur Rechtsstellung der Beschwerdekammern des HABM *Bender*, MarkenR 1999, 11 ff.
[164] Näher hierzu *Klüpfel*, MarkenR 2000, 237 ff.
[165] Nach Art. 37 Gemeinschaftsmarken-VO.
[166] Eingehend hierzu *Jung*, FS Everling, Bd. 1, S. 611, 619 ff.

Die Streithelfer nach Art. 134 VerfO-EuG haben die gleichen prozessualen Rechte wie die Hauptparteien (Kläger und Amt). Insbesondere können sie eigene, von denen der Hauptparteien abweichende Anträge stellen und eigene Angriffs- und Verteidigungsmittel geltend machen. Wenn die angefochtene Entscheidung nicht nur den Kläger, sondern auch einen Streithelfer beschwert, kann dieser wie bei einer „unselbständigen Anschlussberufung"[167] die Aufhebung oder Abänderung der angefochtenen Entscheidung auch in Punkten beantragen, die der Kläger nicht angefochten hat. Dieser starken Stellung der Streithelfer entspricht es, dass sie keinen Streithilfeschriftsatz, sondern, wie das beklagte Amt, eine Klagebeantwortung einreichen können, was innerhalb einer Frist von zwei Monaten nach der Zustellung der Klageschrift zu erfolgen hat (Art. 135 § 1 VerfO-EuG). Auch wenn das beklagte Amt seine Klagebeantwortung nicht form- und fristgerecht einreicht oder keine Anträge stellt,[168] findet – abweichend von Art. 122 VerfO-EuG – kein Versäumnisverfahren statt, wenn ein Streithelfer seine Klagebeantwortung ordnungsgemäß eingereicht hat (Art. 134 § 4 VerfO-EuG). Normalerweise ist das schriftliche Verfahren mit der Einreichung der Klagebeantwortung beendet; es gibt in Markensachen grundsätzlich nur einen Schriftsatz pro Partei.[169] Wenn erforderlich, kann der Präsident der zuständigen Kammer aber auf Antrag Erwiderungen und Gegenerwiderungen der Parteien (Replik und Duplik) zulassen, so dass in Einzelfällen auch zwei Schriftsätze pro Partei (also auch für die Streithelfer) möglich sind (Art. 135 § 2 VerfO-EuG).

Die Streithilfe in Streitigkeiten über geistiges Eigentum ist trotz der starken Stellung des Intervenienten keine Hauptintervention[170] im Sinne von § 64 ZPO. Eher ist sie – trotz der zivilrechtlichen Materie – der Beiladung im Sinne von § 65 VwGO vergleichbar.[171] Art. 134 VerfO-EuG ist eine Spezialregelung, die die Beteiligten am Beschwerdekammerverfahren privilegiert. Sie schließt nicht aus, dass sonstige Dritte nach den allgemeinen Regeln über die Streithilfe dem Rechtsstreit beitreten.[172]

7. Schriftsatzmuster

a) Antrag auf Zulassung als Streithelfer

An das
Gericht der Europäischen Union
– Kanzlei des Gerichts –
Rue du Fort Niedergrünewald
L – 2925 Luxemburg

Antrag auf Zulassung als Streithelfer
nach Artikel 115 der Verfahrensordnung des EuG

Der A. GmbH
vertreten durch ihren Geschäftsführer N.N.
Anschrift

---

[167] *Jung*, FS Everling, Bd. 1, S. 611, 622.
[168] Das kann insbesondere dann vorkommen, wenn das Amt, das die Entscheidungen der Beschwerdekammern nicht anfechten kann, die angefochtene Entscheidung für falsch hält.
[169] Das ist in den anderen Direktklageverfahren anders. Dort findet normalerweise eine zweite „Schriftsatzrunde" statt.
[170] So aber *Klüpfel*, MarkenR 2000, 237 (239).
[171] *Nissen*, S. 226 vergleicht die Stellung des Streithelfers in diesen Streitigkeiten mit der eines notwendig Beigeladenen i. S. v. § 65 Abs. 2 VwGO.
[172] *Nissen*, S. 166 f.

§ 22 50　　　　　　　　　　　　1. Teil. Rechtsschutz durch den Europäischen Gerichtshof

Prozeßbevollmächtigter: Rechtsanwalt B

[Zustellungsbevollmächtigter: Rechtsanwalt C, Anschrift, Luxemburg]

In dem Rechtsstreit T-000/00

D. SA/Kommission

Gegenstand:　Aufhebung der Entscheidung der Kommission vom …, ABl. C … vom …, betreffend die Genehmigung der an die A. GmbH gewährten Beihilfe …

beantrage ich namens der A. GmbH die Zulassung als Streithelferin zur Unterstützung der Anträge der Beklagten.

1. Begründung:

1　(kurze Darstellung des Sachverhalts)[173]

2　Mit ihrer am … erhobenen Klage beantragt die Klägerin:

　1. Die Entscheidung … aufzuheben
　2. Der Kommission die Kosten des Verfahrens aufzuerlegen.

3　Die Mitteilung über die Klage ist im Amtsblatt C … vom … veröffentlicht worden. Nach Art. 115 § 1 der Verfahrensordnung des EuG ist der Antrag auf Zulassung als Streithelfer innerhalb von 6 Wochen nach der Veröffentlichung dieser Mitteilung zu stellen. Diese Frist verlängert sich um die in Art. 102 § 2 der Verfahrensordnung vorgesehene Entfernungsfrist. Sie endet am … Der vorliegende Antrag ist daher fristgemäß gestellt worden.

4　Das berechtigte Interesse der Antragstellerin am Ausgang des Rechtsstreits ergibt sich aus folgenden Umständen:

5　Die Antragstellerin ist durch die angefochtene Entscheidung, mit der die Kommission erklärt hat, gegen die Gewährung der Beihilfe … an die Antragstellerin keine Einwände zu erheben, begünstigt …

6　Außerdem hat die Antragstellerin am Verwaltungsverfahren, das zum Erlass dieser Entscheidung geführt hat, aktiv mitgewirkt …

7　Die Antragstellerin beabsichtigt, die Anträge der Kommission zu unterstützen, die darauf gerichtet sind

　1. Die Klage abzuweisen
　2. Der Klägerin die Kosten des Verfahrens aufzuerlegen.

2. Antrag auf teilweise Zulassung einer anderen Sprache als Verfahrenssprache[174]

8　Die Klägerin hat nach Art. 35 § 2 der Verfahrensordnung die französische Sprache als Verfahrenssprache gewählt.

9　Nach Art. 35 § 2 Lit. c) kann eine andere der in Art. 35 § 1 genannten Sprachen ganz oder teilweise als Verfahrenssprache zugelassen werden.

10　Die Sprache des Verwaltungsverfahrens und der rechtsverbindlichen Fassung der angefochtenen Entscheidung ist deutsch. Zahlreiche Dokumente, die den Schriftsätzen der Parteien als Anlagen beizufügen sind, existieren nur in deutscher Sprache. Die Prozessbevollmächtigten der Antragstellerin, die sie bereits während des Verwaltungsverfahrens vertreten haben, beherrschen die französische Sprache nicht so gut, dass sie bei der Vertretung der Klägerin

---

[173] Jeder Absatz eines an das EuG gerichteten Schriftsatzes ist zu nummerieren, EuG, Praktische Anweisungen für die Parteien, ABl. 2012 L 68/23 Rn. 10.

[174] Der Antrag auf Zulassung kann in einer anderen Sprache als der Verfahrenssprache fristwahrend eingereicht werden, wird den anderen Parteien aber erst zugestellt, wenn der Antragsteller eine in die Verfahrenssprache übersetzte Fassung einreicht (vgl. oben Rn. 32).

vor dem Gericht diese Sprache verwenden könnten. Daher wäre die Antragstellerin bei der Verteidigung ihrer Rechte erheblich eingeschränkt, wenn sie sich auch in der mündlichen Verhandlung der französischen Sprache bedienen müsste.

11   Aus diesen Gründen wird beantragt:
1. Die Antragstellerin als Streithelferin zur Unterstützung der Anträge der Beklagten zuzulassen
2. Der Antragstellerin zu gestatten, sich in der mündlichen Verhandlung der deutschen Sprache zu bedienen.

(Unterschrift)
Rechtsanwalt

b) Stellungnahme zum Antrag auf Zulassung als Streithelfer

An das
Gericht der Europäischen Union
- Kanzlei des Gerichts –
Rue du Fort Niedergrünewald
L – 2925 Luxemburg

Stellungnahme zum Antrag auf Zulassung als Streithelfer[175]
nach Artikel 116 § 1 der Verfahrensordnung des EuG

In dem Rechstsstreit T-000/00

D SA/Kommission

Gegenstand: Aufhebung der Entscheidung der Kommission vom ..., ABl. C ... vom ..., betreffend die Genehmigung der an die A GmBH gewährten Beihilfe ...

nehme ich namens der Klägerin zum Antrag auf Streithilfe wie folgt Stellung:
1. Die Klägerin erkennt an, dass die A GmBH ein berechtigtes Interesse am Ausgang des Rechtsstreits hat und erhebt keine Einwände gegen die Zulassung als Streithelferin der Kommisson.
2. Die Klägerin ist der Auffassung, dass es der A GmBH zuzumuten ist, sich der Verfahrenssprache zu bedienen. Sie beantragt daher, den Antrag der A. GmBH auf teilweise Zulassung einer anderen Sprache als Verfahrenssprache zurückzuweisen.

(Unterschrift)
Rechtsanwalt

c) Antrag auf vertrauliche Behandlung

An das
Gericht der Europäischen Union
- Kanzlei des Gerichts -
Rue du Fort Niedergrünewald
L – 2925 Luxemburg

Antrag auf vertrauliche Behandlung
nach Artikel 116 § 2 der Verfahrensordnung des EuG

In dem Rechtsstreit T-000/00

D SA/Kommission

---

[175] Dieser Schriftsatz ist in der Verfahrenssprache einzureichen.

Gegenstand: Aufhebung der Entscheidung der Kommission vom ..., ABl. C ... vom ..., betreffend die Genehmigung der an die A. GmbH gewährten Beihilfe ...

beantragt die Klägern, folgende in der Klageschrift enthaltenen Angaben und folgende Anlagen zur Klageschrift von der Übermittlung an die Streithelferin auszunehmen:
1. Die Angaben zum Umsatz der Klägerin in Rn. x der Klageschrift;
2. Den als Anlage y zur Klageschrift eingereichten Vertrag (genaue Bezeichnung);
3. Die Seiten 6–8 des als Anlage zur Klageschrift eingereichten Gutachtens;
4. etc.

Begründung:

1 Die Klageschrift und die im Antrag genannten Unterlagen enthalten Geschäftsgeheimnisse der Klägerin, die der mit der Klägerin konkurrierenden A. GmbH nicht zugänglich gemacht werden dürfen.

2 Im Einzelnen:
...

3 Eine nicht vertrauliche Fassung der Klageschrift und der Anlagen ist beigefügt.

4 Die Klägerin beantragt daher, gemäß Art. 116 § 2 der Verfahrensordnung die vorstehend aufgeführten Angaben und Unterlagen von der Übermittlung an die Streithelferin auszunehmen.

(Unterschrift)
Rechtsanwalt

C. Vorabentscheidungsverfahren

53   Am nicht streitigen Vorabentscheidungsverfahren vor dem EuGH ist beteiligt, wer das ihm nach Art. 23 Abs. 2 Satzung-EuGH[176] zustehende Äußerungsrecht wahrnimmt. Äußerungsberechtigt sind zunächst die Verfahrensbeteiligten des nationalen Ausgangsrechtsstreits, und zwar sowohl die Hauptparteien als auch Drittbeteiligte, wie Beigeladene oder nach nationalem Recht zugelassene Streithelfer, Nebenkläger in Strafverfahren oder der Vertreter des öffentlichen Interesses. Wer zu den Beteiligten des nationalen Rechtsstreits gehört, bestimmt das nationale Recht.[177] Zugleich steht allen Mitgliedstaaten und der Kommission ein Äußerungsrecht zu, welches ihnen sowohl die Unterstützung des EuGH bei der Entscheidungsfindung im Sinne eines *amicus curiae* erlaubt als auch der Wahrnehmung eigener Interessen dienen kann. Andere Unionsorgane haben ein solches Äußerungsrecht in allen Fällen, in denen die Vorlage die Auslegung oder die Gültigkeit eines Rechtsaktes betrifft, der von diesen Organen erlassen wurde. Darüber hinaus können sich in Vorabentscheidungsverfahren nach Art. 267 AEUV die Vertragsstaaten des EWR, die nicht Mitgliedstaaten sind, und die

---

[176] Vgl. auch Art. 96 Abs. 1 VerfO-EuGH.
[177] Art. 97 Abs. 1 VerfO-EuGH bestimmt, dass Parteien des Ausgangsverfahrens diejenigen sind, die vom vorlegenden Gericht gemäß den nationalen Verfahrensvorschriften als solche bezeichnet werden. Wird im Ausgangsrechtsstreit während der Anhängigkeit des Vorlageverfahrens eine neue Partei zugelassen, muss diese das Verfahren in der Lage annehmen, in der es sich in dem Zeitpunkt befindet, in dem das nationale Gericht den EuGH von der Zulassung unterrichtet (Art. 97 Abs. 2 VerfO-EuGH).

6. Abschnitt. Das Gerichtsverfahren vor dem EuGH 54, 55 § 22

EFTA-Überwachungsbehörde zu allen Vorlagen äußern, die einen der Anwendungsbereiche des EWR-Vertrages betreffen. Ferner kann ein vom Rat mit einem oder mehreren Drittstaaten geschlossenes Abkommen vorsehen, dass diese Drittstaaten in Vorabentscheidungsverfahren Stellung nehmen können, sofern die Vorlage den Anwendungsbereich dieses Abkommens betrifft.[178]

Andere als die in Art. 23 Satzung-EuGH genannten Personen und Organe können 54 sich am Vorabentscheidungsverfahren nicht beteiligen. Interessierte Dritte können weder beigeladen werden noch als Streithelfer beitreten. Auch das vorlegende Gericht hat von sich aus keine Möglichkeit, über den Inhalt der Vorlage hinaus eine eigene Stellungnahme abzugeben. Nach Art. 101 VerfO-EuGH kann aber der Gerichtshof nach Anhörung des Generalanwalts das vorlegende Gericht um Klarstellungen ersuchen. Darüber hinaus kann der EuGH nach Art. 24 Abs. 2 Satzung-EuGH von Mitgliedstaaten oder Organen, denen kein Äußerungsrecht zusteht oder die von sich aus keine Stellungnahme abgegeben haben, Auskünfte verlangen und sie auf diese Weise in das Verfahren einbeziehen.

Für die Vertretung der Verfahrensbeteiligten gilt zwar auch im Vorabentscheidungs- 55 verfahren grundsätzlich Art. 19 Satzung-EuGH, doch ist nach Art. 97 Abs. 3 VerfO-EuGH den nationalen Verfahrensvorschriften über die Prozessvertretung Rechnung zu tragen. Das heißt, dass sich die Vertretung der Verfahrensbeteiligten vor dem EuGH grundsätzlich nach denselben Regeln richtet wie vor dem vorlegenden Gericht. Daher können auch die vom nationalen Verfahrensrecht evtl. zugelassenen Prozessvertreter wie Steuerberater, Wirtschaftsprüfer, Patentanwälte oder Gewerkschaftsfunktionäre – anders als im Direktklageverfahren – die Verfahrensbeteiligten vor dem Gerichtshof vertreten.[179] Wenn sie vor dem vorlegenden Gericht postulationsfähig sind, können die Parteien auch vor dem Gerichtshof selbst handeln.[180]

---

[178] Ein Äußerungsrecht der Schweiz sehen vor:
- Art. 5 Abs. 2 des Abkommens zwischen der Europäischen Gemeinschaft und der Schweizerischen Eidgenossenschaft über die Kriterien und Verfahren zur Bestimmung des zuständigen Staates für die Prüfung eines in einem Mitgliedstaat oder in der Schweiz gestellten Asylantrags (ABl. 2008 L 53/5),
- Art. 8 Abs. 2 des Abkommen zwischen der Europäischen Union, der Europäischen Gemeinschaft und der Schweizerischen Eidgenossenschaft über die Assoziierung dieses Staates bei der Umsetzung, Anwendung und Entwicklung des Schengen-Besitzstands (ABl. 2008 L 53/52),
- Art. 2 des Protokolls Nr. 2 zum Übereinkommen über die gerichtliche Zuständigkeit und die Anerkennung und Vollstreckung von Entscheidungen in Zivil- und Handelssachen (ABl. 2007 L 339/3).

[179] *Dauses,* in: ders., EU-WirtR, Abschn. P IV Rn. 107; siehe auch EuGH, Rs. 357/87, *Schmid/Hauptzollamt Stuttgart-West,* Slg. 1988, 6239, 6243.

[180] Vgl. EuGH, Rs. C-238/83, *Caisse d'allocations familiales/Meade,* Slg. 1984, I-2631, 2635 f.; GA *La Pergola,* SchlA Rs. C-299/95, *Kremzow,* Slg. 1997, I-2631, 2633 f.; *Klinke,* Der Gerichtshof der Europäischen Gemeinschaften. Aufbau und Arbeitsweise, 1989, Rn. 106 m.w.N.

D. Gutachtenverfahren

56 Die Beteiligung am Gutachtenverfahren nach Art. 218 Abs. 11 AEUV regelt Art. 196 VerfO-EuGH. Danach können die Mitgliedstaaten, das Parlament, der Rat und die Kommission zu einem Gutachtenantrag Stellung nehmen. Dies entspricht dem Kreis der möglichen Antragsteller. Auch im Gutachtenverfahren gilt für die Vertretung Art. 19 Satzung-EuGH.

§ 23 Das schriftliche Verfahren

Übersicht

		Rn.
A.	Vorbemerkung	1–3
B.	Allgemeine Anforderungen an die Schriftsätze	4–10
C.	Behandlung neu eingehender Rechtssachen	11–18
	I. Eintragung in das Register, Aktenzeichen	11/12
	II. Veröffentlichung im Amtsblatt	13
	III. Geschäftsverteilung	14–18
D.	Das schriftliche Verfahren in Klageverfahren	19–46
	I. Klageerhebung	19–42
	1. Form und Inhalt der Klageschrift	19–24
	2. Klagenhäufung	25–30
	3. Widerklage	31
	4. Rechtshängigkeit	32/33
	5. Klageänderung	34–41
	6. Zustellung der Klage	42
	II. Die weiteren Schriftsätze der Parteien im Klageverfahren	43–45
	III. Muster einer Klageschrift	46
E.	Abschluss des schriftlichen Verfahrens und Vorbericht	47
F.	Sonstiges	48–52
	I. Die Verbindung von Verfahren	48–50
	II. Aussetzung	51/52

Schrifttum: *Dauses/Henkel,* Verfahrenskonkurrenzen bei gleichzeitiger Anhängigkeit verwandter Rechtssachen vor dem EuGH und dem EuG, EuZW 1999, 325 ff.; *Gundel,* Gemeinschaftsrichter und Generalanwälte als Akteure des Rechtsschutzes im Lichte des gemeinschaftsrechtlichen Rechtsstaatsprinzips, EuR 2008, 23 ff.; *Klinke,* Entwicklungen in der EU-Gerichtsbarkeit, EuR-Beiheft 2012, 61 ff.; *ders.,* Quelques réflexions à propos de la relation entre la Cour de justice et le Tribunal de première instance des Communautés européennes, Revue des Affaires Européennes 2000, 239 ff.; *Lenaerts/Arts/Maselis,* Procedural Law of the EU, 2. Aufl. 2006; *Seyr,* Der verfahrensrechtliche Ablauf vor dem EuGH am Beispiel der Rechtssache „Prosciutto di Parma", JuS 2005, 315 ff.; *Skouris,* Höchste Gerichte an ihren Grenzen: Bemerkungen aus der Perspektive des Gerichtshofes der Europäischen Gemeinschaften, in: Die Ordnung der Freiheit: FS für Christian Starck zum siebzigsten Geburtstag, 2007; *Wägenbaur,* EuGH VerfO – Satzung und Verfahrensordnungen EuGH/EuG, Kommentar, 2008.

A. Vorbemerkung

Das in den Art. 20 ff. Satzung-EuGH vorgesehene schriftliche Verfahren dient 1 dazu, den Verfahrensgegenstand zu definieren. Die jeweils zuständige Instanz soll umfassend über den entscheidungserheblichen Sachverhalt, die Anträge der Beteiligten, ihre Angriffs- und Verteidigungsgründe und ihre Argumente informiert werden. Was den Ablauf des schriftlichen Verfahrens angeht, bestehen im Einzelnen gewisse Unterschiede zwischen den Verfahrensarten. Die Vorschriften der Verfahrensordnungen von

EuG und EuGöD über das schriftliche Verfahren beziehen sich in erster Linie auf die Klageverfahren (näher Rn. 19 ff.), die VerfO-EuGH enthält hingegen in ihren Art. 57 f. unter der Überschrift „Schriftliches Verfahren" allgemeine Regeln, die für alle Verfahrensarten gelten. Daneben bestehen in den Verfahrensordnungen von EuG und EuGH Sonderbestimmungen für das schriftliche Verfahren in bestimmten Materien und Verfahrensarten.[1] Für das Rechtsmittelverfahren beim EuGH gelten neben den allgemeinen Bestimmungen die Art. 167 ff. VerfO-EuGH, die Sonderbestimmungen der VerfO-EuG zu Rechtsmitteln gegen die Entscheidungen des EuGöD finden sich in den Art. 136a ff. VerfO-EuG (näher § 28). Hinsichtlich der allgemeinen Anforderungen an die Schriftsätze (dazu Rn. 4 ff.) und bei der Behandlung der Verfahren durch den EuGH, das EuG und das EuGöD bestehen Gemeinsamkeiten (dazu Rn. 11 ff. und 47).

2   Neben den Bestimmungen der Satzung und der Verfahrensordnungen enthalten auch die Dienstanweisungen für die Kanzler der Gerichte verschiedene Regeln für das schriftliche Verfahren. Ferner haben die Unionsgerichte auf der Grundlage von Art. 125 a VerfO-EuGH (alt), Art. 150 VerfO-EuG und Art. 120 VerfO-EuGöD „praktische Anweisungen" insbesondere zur Vorbereitung und zum Ablauf der mündlichen Verhandlung sowie zur Einreichung von Verfahrensschriftstücken erteilt, die auch verbindliche Bestimmungen z. B. zur Form oder zum Umfang dieser Schriftstücke enthalten. Die „**Praktischen Anweisungen für Klagen und Rechtsmittel**" des EuGH,[2] die „**Praktischen Anweisungen für die Parteien vor dem Gericht**" sowie die „**Praktischen Anweisungen für die Parteien zum Verfahren vor dem Gericht für den öffentlichen Dienst der Europäischen Union vom 11. Juli 2012**"[3] regeln im Wesentlichen, wie im schriftlichen Verfahren Verfahrensschriftstücke einzureichen sind. Darüber hinaus sind für die Praxis eine Reihe von Arbeitsinstrumenten von Bedeutung, die von den Kanzleien der Gerichte herausgegeben werden. Dabei handelt es sich insbesondere um die „**Hinweise für die Prozessvertreter**" (EuGH), die „**Merkliste Klageschrift**", jeweils für die Einreichung auf Papier oder mittels der Anwendung E-Curia, das „**Muster der Zusammenfassung der in der Klageschrift/Rechtsmittelschrift geltend gemachten Klagegründe/Rechtsmittelgründe und wesentlichen Argumente**" (EuG) und schließlich das „**Muster Klageschrift**" sowie die „**Checkliste Klageschrift**" bzw. „**Checkliste Klagebeantwortung**" (EuGöD). Diese Arbeitsinstrumente erläutern die Praxis der Gerichte und sollen es den Vertretern der Parteien erleichtern, ihre Ausführungen in einer Form zu präsentieren, die der Arbeitsweise der Gerichte entspricht und die damit zu einem schnellen und effizienten Verfahrensablauf beiträgt. Die jeweils aktuelle Fassung aller dieser Texte findet sich auf der Website des EuGH.[4]

3   Für Bevollmächtigte und Anwälte sowie ihre Assistenten besteht die Möglichkeit, mittels der von EuGH, EuG und EuGöD gemeinsam betriebenen EDV-Anwendung „**e-Curia**" Verfahrensschriftstücke auf elektronischem Weg einzureichen und Zustellungen entgegenzunehmen. Zudem ist über e-Curia die Einsichtnahme in diese

---

[1] Siehe z. B. Art. 132 VerfO-EuG für Rechtsstreitigkeiten betreffend die Rechte des geistigen Eigentums oder die Art. 120 ff. VerfO-EuGH zu Klageverfahren.
[2] ABl. 2004 L 361/15, in geänderter Fassung; derzeit (Stand: August 2013) nehmen die Praktischen Anweisungen auf eine nicht mehr aktuelle Fassung der VerfO-EuGH Bezug; soweit die Bestimmungen der zum 1.11.2012 geänderten VerfO-EuGH inhaltlich der davor geltenden Fassung entsprechen, sind sie wohl dennoch zu berücksichtigen.
[3] ABl. 2012 L 68/23 (EuG) und ABl. 2012 L 260/6 (EuGöD).
[4] Unter v. a. http://curia.europa.eu/jcms/jcms/Jo2_7031/(EuGH).

Schriftstücke möglich.[5] Die mit der Nutzung dieser Anwendung verbundenen Verfahrensbesonderheiten sind im **Beschluss des Gerichtshofs vom 13. September 2011 über die Einreichung und die Zustellung von Verfahrensschriftstücken im Wege der Anwendung e-Curia** geregelt.[6]

B. Allgemeine Anforderungen an die Schriftsätze

Nach Art. 57 Abs. 1 VerfO-EuGH (ebenso Art. 43 § 1 VerfO-EuG, Art. 34 Abs. 1 VerfO-EuGöD) muss das Original (in VerfO-EuG und VerfO-EuGöD „Urschrift" genannt) jedes Verfahrensschriftstücks vom Bevollmächtigten oder Anwalt der Partei, also einer postulationsfähigen Person, **handschriftlich unterzeichnet** sein.[7] Durch Verfahrensschriftstücke, die dieses Erfordernis nicht erfüllen, können grundsätzlich keine wirksamen Prozesshandlungen vorgenommen werden. Die Möglichkeit, Verfahrensschriftstücke fristwahrend durch **Telefax** oder sonstige technische Kommunikationsmittel, insbesondere per E-Mail, zu übermitteln (Art. 57 Abs. 7 VerfO-EuGH, Art. 43 § 6 VerfO-EuG und Art. 34 Abs. 6 VerfO-EuGöD) (dazu auch unten Rn. 19), ändert daran nichts. Erforderlich ist nämlich in diesem Fall die Übermittlung einer (gescannten) Kopie des unterzeichneten Originals, dessen Existenz vorausgesetzt wird. Dieses Original muss jedoch, um die Frist zu wahren, spätestens 10 Tage nach der Einreichung per Fax oder E-Mail bei der Kanzlei eingehen,[8] wobei das Original in der Zwischenzeit **nicht verändert** werden darf. Für über **e-Curia** eingereichte Verfahrensschriftstücke gilt hingegen **kein Unterschriftserfordernis**, da der erforderliche Identifizierungsvorgang (Verwendung von Benutzerkennung und Passwort) die Unterzeichnung des betreffenden Schriftstücks ersetzt.[9]

4

Jedes Verfahrensschriftstück muss mit einem **Datum** versehen sein. Für die Wahrung von Fristen kommt es allerdings nicht auf das im Schriftstück angegebene Datum an, sondern auf seinen **Eingang** bei der Kanzlei (Art. 57 Abs. 6 VerfO-EuGH, Art. 43 § 3 VerfO-EuG und Art. 34 Abs. 3 VerfO-EuGöD). Ein über e-Curia eingereichtes Schriftstück gilt als eingegangen, sobald der Vertreter seine **Einreichung validiert.** Maßgebend ist dabei die Ortszeit des Großherzogtums Luxemburg.[10]

5

Um die elektronische Verwaltung der Verfahrensdokumente zu ermöglichen, haben die Gerichte in ihren Praktischen Anweisungen für Klagen und Rechtsmittel (EuGH) bzw. für die Parteien (EuG und EuGöD) genaue Anforderungen an die **äußere Form**

6

---

[5] Die Voraussetzungen für die Nutzung der Anwendung e-Curia wurden von den Kanzlern der drei Gerichte übereinstimmend geregelt und können auf der Website des EuGH abgerufen werden.

[6] Vgl. entsprechend Beschluss des Gerichts vom 14. September 2011 über die Einreichung und die Zustellung von Verfahrensschriftstücken im Wege der Anwendung e-Curia sowie Beschluss des Gerichts für den öffentlichen Dienst Nr. 3/2011, ergangen in der Sitzung des Plenums vom 20. September 2011, über die Einreichung und die Zustellung von Verfahrensschriftstücken im Wege der Anwendung e-Curia.

[7] Näher zu diesem Erfordernis z.B. EuG, Rs. T-37/98, *FTA u.a./Rat*, Slg. 2000, II-373 Rn. 21 ff.

[8] Siehe dazu z.B. EuGH, Rs. C-426/10 P, *Bell & Ross/HABM*, Slg. 2011, Rn. 32 ff.

[9] Art. 3 des Beschlusses e-Curia (EuGH, EuG, EuGöD).

[10] Art. 5 des Beschlusses e-Curia (EuGH, EuG, EuGöD).

der **Schriftsätze** aufgestellt, die z.B. das Papierformat, Schrifttypen und -größen, Seitenzählung, Nummerierung der Absätze u.ä. betreffen. Sofern im Schriftsatz auf andere Dokumente Bezug genommen wird und sie zum Beweis oder zur Erläuterung seines Inhalts erforderlich sind, sind sie ihm als **Anlagen** beizufügen. Das kann bei umfangreichen Schriftstücken auch auszugsweise geschehen, doch ist in diesem Fall das ganze Dokument oder eine vollständige Abschrift bei der Kanzlei zu hinterlegen. Ferner ist dem Schriftsatz ein **Verzeichnis aller Anlagen** beizufügen (Art. 57 Abs. 4 und 5 VerfO-EuGH, Art. 43 §§ 4 und 5 VerfO-EuG sowie Art. 34 Abs. 4 und 5 VerfO-EuGöD).[11]

7   Zur Erleichterung und Beschleunigung des Geschäftsgangs verlangen die Verfahrensordnungen, dass die Verfahrensbeteiligten mit jedem Schriftsatz **fünf Kopien** für das jeweils befasste Gericht sowie **je eine Kopie** für alle anderen am Rechtsstreit beteiligten **Parteien** einreichen.[12] Ihre Übereinstimmung mit dem Original muss von der Partei (d.h. von ihrem Prozessbevollmächtigten) beglaubigt werden.[13] Die Unionsorgane müssen außerdem Übersetzungen ihrer Schriftsätze in die Arbeitssprache des Gerichtshofs (Französisch) bzw. des Gerichts oder des Gerichts für den öffentlichen Dienst vorlegen (vgl. Art. 57 Abs. 3 VerfO-EuGH, Art. 43 § 2 VerfO-EuG und Art. 34 Abs. 2 VerfO-EuGöD, die allgemeiner eine Verpflichtung zur Vorlage von Übersetzungen in den Amtssprachen der Union vorsehen).

8   Mit **Ausnahme des Unterschriftserfordernisses**[14] handelt es sich bei diesen Anforderungen, zumindest in der Praxis,[15] um **Ordnungsvorschriften**, deren Verletzung heilbar ist und die nur dann zum Rechtsverlust führt, wenn die Partei eine ggf. vom Kanzler gesetzte Frist zur Behebung des Mangels ungenutzt verstreichen lässt.[16]

9   Bei der **Formulierung** aller Schriftsätze ist es ratsam, sich kurz zu fassen[17] und einen einfachen, direkten und prägnanten Stil zu verwenden. Wegen der Übersetzung der Schriftsätze in die Arbeitssprache, die stets unter Zeitdruck stattfindet und bei der sprachliche Finessen nicht immer getreu wiedergegeben werden können, ist dies im Verfahren vor den Unionsgerichten noch wichtiger als im innerstaatlichen Prozess. Zudem gelten im Verfahren vor dem EuG und dem EuGöD **Höchstgrenzen** für die **Länge der Schriftsätze**.[18] Im Verfahren vor dem EuGH gilt insoweit bisher nur eine Empfehlung,[19] doch kann der Gerichtshof nach Art. 58 VerfO-EuGH durch Beschluss, der im Amtsblatt zu veröffentlichen ist, die maximale Länge der bei ihm einzureichen-

---

[11] Näher EuGH, Praktische Anweisungen, Nrn. 38 ff., EuG, Praktische Anweisungen, Nrn. 57 ff., und EuGöD, Praktische Anweisungen, Nr. 23.
[12] Art. 57 Abs. 2 VerfO-EuGH, Art. 43 § 1 Abs. 2 VerfO-EuG und Art. 34 Abs. 1 UAbs. 2 VerfO-EuGöD.
[13] Siehe EuG, praktische Anweisungen, Nr. 13 (paraphierter Vermerk auf der ersten Seite jeder Kopie).
[14] Ausdrücklich EuGöD, praktische Anweisungen, Nr. 10.
[15] *Pechstein*, EU-Prozessrecht, Rn. 139.
[16] Vgl. zu vergleichbaren Mängeln der Klageschrift Art. 119 Abs. 4, Art. 122 Abs. 3 VerfO-EuGH, Art. 44 § 6 VerfO-EuG oder Art. 36 VerfO-EuGöD.
[17] Siehe z.B. EuGH, Praktische Anweisungen, Nrn. 43 f., oder EuGöD, praktische Anweisungen, Nr. 12.
[18] EuG, Praktische Anweisungen, Nrn. 15 f. (z.B. 50 Seiten für Klage und Klagebeantwortung), EuGöD, Praktische Anweisungen, Nr. 12 (30 Seiten).
[19] EuGH, Praktische Anweisungen, Nrn. 43 f.

den Schriftsätze festlegen.[20] Eine Überschreitung dieser Höchstgrenzen kann zu einer **Mängelrüge** führen,[21] aber auch **Kostenfolgen** haben.[22]

Zweckmäßig ist es, die Schriftsätze durch Zwischenüberschriften klar zu gliedern. **10** Die einzelnen Absätze sind fortlaufend mit **Randnummern** zu versehen. Bei umfangreichen Schriftsätzen ist es sinnvoll, ein Inhaltsverzeichnis beizufügen.[23]

C. Behandlung neu eingehender Rechtssachen

I. Eintragung in das Register, Aktenzeichen

Das schriftliche Verfahren vor dem Gerichtshof beginnt mit der Klageerhebung **11** durch Einreichung der Klageschrift beim EuGH, EuG oder EuGöD (Art. 21 und 22 Satzung-EuGH) oder mit der Übersendung des Vorlagebeschlusses durch das nationale Gericht (Art. 23 Satzung-EuGH). Das Verfahren wird vom Kanzler des jeweils zuständigen Gerichts überwacht und formal begleitet. Jede Rechtssache wird nach Eingang des verfahrenseinleitenden Schriftstücks in das **Register** des Gerichtshofs eingetragen und mit einem Aktenzeichen (auch Rechtssachennummer genannt) versehen.

Der erste Buchstabe des **Aktenzeichens** gibt an, ob es sich um ein Verfahren vor **12** dem EuGH (**C** [*Cour*]), dem EuG (**T** [*Tribunal*]) oder dem EuGöD (**F** [*fonction publique*]) handelt. Daran schließt sich die laufende Nummer der Rechtssache und (zweistellig) das Eingangsjahr an. Grundsätzlich werden alle im Laufe eines Jahres eingehenden Verfahren ohne Rücksicht auf die Verfahrensart durchgezählt. Ausnahmen gibt es für bestimmte Sonderverfahren.[24] Annexverfahren (wie Anträge auf vorläufigen Rechtsschutz oder auf Zulassung als Streithelfer, Wiederaufnahme des Verfahrens, Kostenfestsetzung usw.) erhalten die gleiche Rechtssachennummer wie das Hauptsacheverfahren mit einem die Verfahrensart kennzeichnenden Zusatz.[25] Rechtsmittel gegen Entscheidungen des EuG werden dadurch gekennzeichnet, dass dem Aktenzeichen des EuGH der Buchstabe **P** (*pourvoi*, d. h. Rechtsmittel) angefügt wird. Wird ein Urteil des EuG vom EuGH aufgehoben und der Rechtsstreit an das Gericht zurückverwiesen, so behält dieser das ursprüngliche Aktenzeichen des EuG mit einem nachgestellten Zusatz.[26]

---

[20] Bis jetzt (Stand August 2013) wurde ein solcher Beschluss jedoch nicht erlassen.
[21] EuG, Praktische Anweisungen, Nrn. 65 ff.
[22] Z. B. EuG, verb. Rs. T-191/98, T-212/98 bis T-214/98, *Atlantic Container u. a./Kommission*, Slg. 2003, II-3275 Rn. 1645 ff. In EuG, verb. Rs. T-197/11 P und T-198/11 P, *Kommission/Strack*, BeckRS 2012, 82650 Rn. 279 ff., hat das EuG, gestützt auf Art. 90 lit. a VerfO-EuG, dem Rechtsmittelführer Kosten in Höhe von EUR 2 000 auferlegt.
[23] Näher z. B. EuG, Praktische Anweisungen, Nrn. 17 ff.
[24] Z. B. Gutachten nach Art. 218 Abs. 11 AEUV.
[25] Z. B. Art. 12 Abs. 2 DienstA-EuGH (zum vorläufigen Rechtsschutz), Art. 4 Abs. 2 DienstA-EuG.
[26] Art. 4 Abs. 4 DienstA-EuG.

II. Veröffentlichung im Amtsblatt

13 Über jede neue Rechtssache wird eine **Mitteilung im Amtsblatt C** der EU veröffentlicht,[27] die u. a. das Aktenzeichen und das Datum des Eingangs bei Gericht angibt. Bei Klageverfahren enthält die Mitteilung die Bezeichnung des Streitgegenstandes, die Anträge und eine Zusammenfassung der wesentlichen Klagegründe und Argumente des Klägers. Bei Vorabentscheidungsersuchen werden die vorgelegten Fragen wiedergegeben. Hierdurch erhalten die Mitgliedstaaten sowie die Öffentlichkeit Gelegenheit, sich über anhängige Verfahren zu informieren. In Klageverfahren erlaubt die Veröffentlichung interessierten Dritten insbesondere, zu entscheiden, ob sie dem Rechtsstreit als Streithelfer beitreten wollen (näher zur Streithilfe oben § 22).

III. Geschäftsverteilung

14 Die Regeln über die Zuweisung von Rechtssachen an Kammern und die Bestimmung des Berichterstatters sowie des Generalanwaltes sind je nach Gericht unterschiedlich. Beim EuGH bestimmt der **Präsident** nach Eingang des verfahrenseinleitenden Schriftstücks so bald wie möglich den **Berichterstatter** für die Rechtssache. Dieser betreut das Verfahren federführend. In seinem **Vorbericht** erstattet er Vorschläge zu der Frage, ob besondere prozessleitende Maßnahmen, eine Beweisaufnahme oder gegebenenfalls ein Klarstellungsersuchen an das vorlegende Gericht erforderlich sind, sowie dazu, an welchen Spruchkörper die Rechtssache verwiesen werden soll (näher unten Rn. 46). Die Entscheidung über diese Vorschläge trifft das Plenum. Der danach zuständige Spruchkörper kann jederzeit die Verweisung des Rechtsstreits an einen größeren Spruchkörper anregen (Art. 60 Abs. 3 VerfO-EuGH).

15 Eine Zuweisung der Rechtssachen nach bestimmten Sachgebieten findet normalerweise nicht statt. Grundsätzlich kann jedem Richter für Rechtsstreitigkeiten aus den unterschiedlichsten Rechtsbereichen die Berichterstattung übertragen werden, wenn es auch gelegentlich bei einzelnen Richtern zur Bildung von Schwerpunkten kommt.[28] Bei der Verteilung der eingehenden Rechtssachen auf die Berichterstatter kann der Präsident z. B. die Arbeitsbelastung der einzelnen Richter, die Verfahrenssprache oder die Kenntnis einer nationalen Rechtsordnung berücksichtigen. Dabei wird nach Möglichkeit vermieden, als Berichterstatter den Richter des Mitgliedstaats zu bestimmen, aus dem der Rechtsstreit vor den Gerichtshof getragen wird.[29] Es gibt somit keinen im Voraus festgelegten Geschäftsverteilungsplan i.e. S.; ein Problem unter dem Blickwinkel der Garantie des gesetzlichen Richters ergibt sich nach Auffassung des EuGH daraus nicht.[30]

16 Für die Geschäftsverteilung unter den **Generalanwälten** ist der **Erste Generalanwalt** zuständig.[31] Auch dieser bemüht sich normalerweise, heikle Verfahren nicht einem Generalanwalt zu übertragen, der aus dem am Verfahren beteiligten Mitgliedstaat kommt, um schon den bloßen Anschein der Befangenheit zu vermeiden.[32]

---

[27] Z. B. Art. 21 Abs. 4 VerfO-EuGH.
[28] *Klinke*, EuR-Beiheft 2012, 61 (73).
[29] Vgl. *Skouris*, in: FS Starck, 991 (998).
[30] Dazu näher z. B. *Gundel*, EuR 2008, 23 (33); *Pechstein*, EU-Prozessrecht, Rn. 105.
[31] Art. 16 VerfO-EuGH.
[32] *Gundel*, EuR 2008, 23 (36), Fn. 85 m.w.N.

Beim **EuG** werden demgegenüber neu eingehende Rechtssachen sofort einer Kammer zugewiesen.[33] Die Kriterien der Verteilung zwischen den Kammern werden jedes Jahr vom Plenum des Gerichts festgelegt und im Amtsblatt C der EG veröffentlicht.[34] Die Verteilung folgt einem Rotationssystem, das dafür sorgen soll, dass die Verfahren aus verschiedenen Rechtsgebieten gleichmäßig auf alle Kammern verteilt werden. Im Einzelfall kann der Präsident aus besonderen Gründen, z.B. wegen der Konnexität mehrerer Rechtssachen oder um eine ausgewogene Verteilung der Arbeitslast zu erreichen, von diesem Rotationssystem abweichen. Der Präsident der Kammer, der die Sache zugewiesen wurde, schlägt dem Präsidenten des Gerichts ein Mitglied der Kammer als Berichterstatter vor.[35] Dabei bemüht er sich um eine gleichmäßige Verteilung unterschiedlicher Arten von Rechtssachen auf die Kammermitglieder, berücksichtigt aber zugleich deren Arbeitsbelastung durch bereits anhängige Fälle und ggf. die Konnexität oder Ähnlichkeit der Verfahren. Im Verfahren vor dem EuG wirkt nur in seltenen Ausnahmefällen ein Generalanwalt mit. Er wird, wenn das Plenum des EuG seine Mitwirkung beschlossen hat, ad hoc aus den Reihen der Richter vom Präsidenten bestimmt (Art. 17 ff. VerfO-EuG).

17

Den Ausschluss von Richtern und Generalanwälten von der Mitwirkung an der Erledigung einer Rechtssache wegen möglicher **Befangenheit** regelt Art. 18 Satzung-EuGH.[36] Ausgeschlossen sind insbesondere Gerichtsmitglieder, die mit dem betroffenen Verfahren bereits vor ihrer Ernennung in anderer Eigenschaft befasst waren. Art. 18 Abs. 4 Satzung-EuGH stellt klar, dass die Staatsangehörigkeit der Mitglieder des Spruchkörpers die Besorgnis der Befangenheit auf keinen Fall zu rechtfertigen vermag.

18

D. Das schriftliche Verfahren in Klageverfahren

I. Klageerhebung

1. Form und Inhalt der Klageschrift. Die Klage ist stets **schriftlich** zu erheben. Anders als das deutsche Verwaltungsprozessrecht (Art. 81 Abs. 1 S. 2 VwGO) kennt das Unionsrecht keine Klageerhebung zur Niederschrift des Urkundsbeamten der Geschäftsstelle. Die wirksame Klageerhebung erfordert, dass das vom postulationsfähigen Prozessvertreter (s. o. § 22 Rn. 9 f.) des Klägers eigenhändig unterschriebene Original der Klageschrift in der Kanzlei des EuGH (EuG, EuGöD) eingeht. Die Übermittlung kann per Post oder durch Boten bzw. Kurierdienste vorgenommen werden.[37] Maßgeblich für die Wahrung der Klagefrist ist der Zeitpunkt des **Eingangs** beim Gericht und nicht der Zeitpunkt der Absendung. Bei außergewöhnlichen Verzögerungen kann

19

---

[33] Es existieren grundsätzlich keine fachlich spezialisierten Kammern. Diese Praxis soll insbesondere bewirken, dass kein Mitgliedstaat dauerhaft von der Behandlung bestimmter Rechtsbereiche ausgeschlossen wird, vgl. *Seyr*, JuS 2005, 315 (318).
[34] Zuletzt ABl. 2011 C 232/03.
[35] Der Kammerpräsident muss sich auch selbst berücksichtigen.
[36] Näher z.B. *Wägenbaur*, Kommentar, Satzung-EuGH Art. 18 Rn. 1 ff. m.w.N.
[37] Außerhalb der Öffnungszeiten der Kanzlei können Schriftsätze beim diensthabenden Pförtner eingereicht werden (z.B. Art. 2 Abs. 5 DA Kanzler-EuG).

u. U. Wiedereinsetzung in den vorigen Stand gewährt werden.[38] Die Klagefrist kann auch dadurch gewahrt werden, dass eine **Kopie des unterzeichneten Originals** der Klageschrift einschließlich eines Anlagenverzeichnisses mittels **E-Mail** oder **Telefax** an die Kanzlei gesandt und das Original mit allen Anlagen spätestens **zehn Tage danach**[39] bei der Kanzlei eingereicht wird (siehe oben Rn. 4). Schließlich kann die Klageschrift (samt Anlagen) auch über die Anwendung **e-Curia** (oben Rn. 3) eingereicht werden. In diesem Fall ist für die Wahrung der Klagefrist der Zeitpunkt der **Validierung** der Einreichung durch den Vertreter des Klägers maßgebend.[40]

20 Die Anforderungen an den **Inhalt** der Klageschrift (neben den unter Rn. 4–10 dargestellten allgemeinen Anforderungen an alle Schriftsätze) ergeben sich aus Art. 21 und 22 der Satzung-EuGH und den ergänzenden Bestimmungen der Verfahrensordnungen (Art. 120 VerfO-EuGH, Art. 44 VerfO-EuG,[41] Art. 35 VerfO-EuGöD). Sie gelten für alle Arten von Klagen. Die Klageschrift muss insbesondere den Kläger und den Beklagten (in Verfahren über Rechte des geistigen Eigentums auch die Parteien des Verfahrens vor der Beschwerdekammer, vgl. Art. 132 § 1 VerfO-EuG) benennen, den Streitgegenstand angeben und eine kurze Darstellung der wesentlichen Klagegründe sowie die Anträge des Klägers (Beweismittel sind grundsätzlich bereits in der Klageschrift zu bezeichnen) enthalten.[42] Insgesamt muss diese so gestaltet sein, dass sie das Klagebegehren und die wesentlichen Tatsachen und rechtlichen Gesichtspunkte, auf die sich der Kläger stützt, eindeutig erkennen lässt, so dass der Beklagte seine Verteidigung vorbereiten und der Unionsrichter über die Klage gegebenenfalls auch ohne weitere Informationen entscheiden kann. Aus Gründen der Rechtssicherheit und der ordnungsgemäßen Rechtspflege ist es außerdem erforderlich, dass die wesentlichen Tatsachen und rechtlichen Gesichtspunkte, auf denen die Klage beruht, zumindest in gedrängter Form, jedenfalls aber zusammenhängend und verständlich, aus dem Wortlaut der **Klageschrift selbst** hervorgehen. Ein bloßer Verweis auf die beigefügten Anlagen genügt also i. d. R. nicht.[43] Bei Schadensersatzklagen muss sie insbesondere Angaben enthalten, die es erlauben, das dem Organ vorgeworfene Verhalten und die Gründe zu bestimmen, aus denen nach Auffassung des Klägers ein Kausalzusammenhang zwischen

---

[38] Die Fristversäumnis muss auf Zufall oder höhere Gewalt zurückzuführen sein (Art. 45 Abs. 2 Satzung-EuGH), die Rspr. gewährt darüber hinaus auch bei Vorliegen eines „entschuldbaren Irrtums" die Wiedereinsetzung in den vorigen Stand. Die Praxis ist eher restriktiv, siehe z. B. EuGH, Rs. C-73/10 P, *Internationale Fruchtimport Gesellschaft Weichert/Kommission*, Slg. 2010, I-11535 Rn. 41 ff.

[39] Diese Frist beginnt jedenfalls mit der Einreichung des Originals und nicht erst mit Ablauf der Klagefrist zu laufen, vgl. EuGH, Rs. C-325/03 P, *Zuazaga Meabe/HABM*, Slg. 2005, I-403 Rn. 17 f.

[40] Art. 5 des Beschlusses e-Curia (EuGH, EuG, EuGöD).

[41] Bei Klagen gegen das Harmonisierungsamt für den Binnenmarkt und Klagen gegen das gemeinschaftliche Sortenamt, denen Verfahren vor einer Beschwerdekammer vorausgegangen sind, ist ferner Art. 132 VerfO-EuG zu beachten.

[42] Art. 120 lit. a bis d VerfO-EuGH, Art. 44 § 1 lit. a bis d VerfO-EuG und Art. 35 Abs. 1 lit. a bis e VerfO-EuGöD. Ferner sind die jeweils einschlägigen praktischen Anweisungen der Gerichte zu beachten (EuGH, praktische Anweisungen, Nrn. 9 ff.; EuG, Praktische Anweisungen, Nrn. 18 ff.; EuGöD, Praktische Anweisungen, Nrn. 5 ff.).

[43] EuG, Rs. T-305/94 u. a., *Limburgse Vinyl Maatschappij u. a./Kommission*, Slg. 1999, II-931 Rn. 39; EuG, Rs. T-30/09, *Engelhorn/HABM – The Outdoor Group (peerstorm)*, Slg. 2010, II-3803 Rn. 18 u. v. a.

dem Verhalten und dem erlittenen Schaden besteht. Art und Umfang des Schadens sind zu bezeichnen.[44] Klagen oder einzelne Klageanträge, die diese Erfordernisse nicht erfüllen, etwa Anträge, die nicht hinreichend bestimmt sind,[45] oder Klagen, die statt einer Darstellung der Klagegründe nur Verweisungen auf beigefügte Schriftstücke enthalten, werden als **unzulässig abgewiesen**.[46] Die Parteien werden also nicht etwa zur Behebung dieser Mängel aufgefordert. Das EuG gibt in seinen praktischen Anweisungen Hinweise für den Aufbau der Klageschrift (vgl. auch das Schriftsatzmuster, unten Rn. 46).[47] Im Hinblick auf die Veröffentlichung der Mitteilung über die Klage im Amtsblatt (siehe oben Rn. 13) sehen die praktischen Hinweise zudem vor, dass der Klageschrift eine **Zusammenfassung der Klagegründe und wesentlichen Argumente** beizufügen ist, die nach einem auf der Website des EuGH abrufbaren Muster erstellt und in elektronischer Form (mittels E-Mail oder über e-Curia) übermittelt werden soll.[48]

Mit der Klageschrift legt der Kläger – gemäß der **Dispositionsmaxime** – den Inhalt des Rechtsstreits weitgehend fest. Zwar kann er die in der Klageschrift vorgebrachten Klagegründe im weiteren Verlauf des Verfahrens noch mit zusätzlichen Argumenten erläutern. Die strengen **Präklusionsvorschriften** der Art. 127 VerfO-EuGH, Art. 48 § 2 VerfO-EuG und Art. 43 VerfO-EuGöD schließen aber neues Vorbringen aus, das sich nicht im Rahmen der in der Klageschrift erhobenen Rügen hält, es sei denn, es stützt sich auf rechtliche oder tatsächliche Gesichtspunkte, die erst während des Verfahrens zutage getreten sind (näher unten Rn. 34–41 [Klageänderung]). Beweismittel können zwar noch im weiteren Verlauf des schriftlichen Verfahrens benannt werden, doch muss diese Verspätung begründet werden.[49]

Ferner ist der Kläger gehalten, anzugeben, wie die **Zustellungen** an ihn erfolgen sollen. Dafür ist eine **Zustelladresse** zu benennen, die sich im Verfahren vor dem EuG und dem EuGöD – anders als im Verfahren vor dem EuGH (Art. 121 Abs. 1 VerfO-EuGH) – grundsätzlich in Luxemburg befinden muss, und ein **Zustellungsbevollmächtigter** zu benennen. Der Kläger kann jedoch statt der Zustellung an den Zustellungsbevollmächtigten oder auch zusätzlich die Zustellung durch **Telefax** oder **sonstige technische Kommunikationsmittel** (E-Mail) wählen.[50] Schließlich kann sich der Kläger mit der Zustellung von Verfahrensschriftstücken über **e-Curia** einverstanden erklären; nach Art. 6 Abs. 1 Beschluss e-Curia (EuGH, EuG, EuGöD) gilt die Einreichung von Verfahrensschriftstücken über e-Curia durch den Kläger als schlüssige Einverständniserklärung. Wird ein Verfahrensschriftstück über e-Curia zugestellt, wird der Empfänger hiervon nach Art. 7 Abs. 1 Beschluss e-Curia (EuGH, EuG, EuGöD)

---

[44] EuG, Rs. T-1/99, *T. Port/Kommission*, Slg. 2001, II-465 Rn. 55.
[45] EuGH, Rs. C-77/99, *Kommission/Oder-Plan Architektur u. a.*, Slg. 2001, I-7355 Rn. 26; EuG, Rs. T-267/10, *Land Wien/Kommission*, Rn. 17 ff.. Siehe auch EuGH, Rs. C-34/11, *Kommission/Portugal*, Slg. 2012, Rn. 46 ff.
[46] EuGH Rs. C-338/93 P, *De Hoe/Kommission*, Slg. 1994, I-819 Rn. 28 f., EuGH, Rs. C-213/05 P, *Rossi/HABM*, Slg. 2006, I-7057 Rn. 37; EuG Rs. T-201/04, *Microsoft/Kommission*, Slg. 2007, II-3601 Rn. 94.
[47] EuG, Praktische Anweisungen, Nrn. 18 ff.
[48] EuG, praktische Anweisungen, Nr. 25.
[49] Art. 128 VerfO-EuGH, Art. 48 § 1 VerfO-EuG und Art. 42 VerfO-EuGöD.
[50] Art. 121 Abs. 2 VerfO-EuGH, Art. 44 § 2 Abs. 2 VerfO-EuG und Art. 35 Abs. 3, 2. Gedankenstrich, VerfO-EuGöD. Zu diesem Übermittlungsweg im Einzelnen EuGH, Praktische Anweisungen, Nrn. 1 ff., EuG, Praktische Anweisungen, Nrn. 4 ff., und EuGöD, Praktische Anweisungen, Nrn. 36 ff.

gesondert per E-Mail verständigt. Verfahrensschriftstücke, bei denen aus technischen Gründen oder wegen der Art oder des Umfangs des Schriftstücks eine Übermittlung über technische Kommunikationsmittel nicht möglich ist, werden an die Anschrift (Zustellungsanschrift) des Adressaten zugestellt; der Adressat wird hiervon gesondert verständigt (Art. 48 Abs. 3 VerfO-EuGH, Art. 100 § 2 Abs. 3 VerfO-EuG und Art. 99 Abs. 2 VerfO-EuGöD). Für den Fall, dass weder ein Zustellungsbevollmächtigter benannt noch das Einverständnis zur Zustellung durch technische Kommunikationsmittel bzw. über e-Curia erteilt wird, sehen die Verfahrensordnungen vor, dass bis zur Behebung dieses Mangels alle Zustellungen auf dem Postweg durch Einschreiben an den Bevollmächtigten oder Anwalt der betreffenden Partei erfolgen und die Zustellung mit der Aufgabe des Einschreibens bei der Luxemburger Post als bewirkt gilt.[51] Mit dieser Regelung wird das Übermittlungs- und Verspätungsrisiko auf die Parteien abgewälzt.

23 Der Klageschrift sind bestimmte **Unterlagen** beizufügen. So verlangt Art. 21 Satzung-EuGH, dass zusammen mit einer Nichtigkeitsklage der angefochtene Akt vorgelegt wird, während bei einer Untätigkeitsklage Unterlagen eingereicht werden müssen, aus denen sich der Zeitpunkt der Aufforderung zum Handeln nach Art. 265 Abs. 2 AEUV ergibt. Klagen aufgrund vertraglicher Schiedsklauseln (dazu oben § 14) oder aufgrund von Schiedsverträgen zwischen Mitgliedstaaten (dazu oben § 15) ist eine Ausfertigung der entsprechenden Vereinbarung beizufügen (Art. 122 VerfO-EuGH). Im Verfahren vor dem EuG müssen **juristische Personen** nach Art. 44 § 5 VerfO-EuG ihre Rechtspersönlichkeit nachweisen.[52] Juristische Personen müssen vor dem EuG ferner nachweisen, dass die **Prozessvollmacht** ihres Anwalts von einem hierzu Berechtigten ordnungsgemäß ausgestellt worden ist;[53] vorzulegen ist daher i. d. R. die Prozessvollmacht selbst sowie der Nachweis, dass die Person, die diese Vollmacht ausgestellt hat, zeichnungsbefugt ist (was i. d. R. aus dem Handelsregisterauszug hervorgehen wird).[54] Notarielle Beurkundung ist nicht erforderlich.[55] Ferner muss der Anwalt, der als Beistand oder Vertreter einer Partei auftritt, durch eine bei der Kanzlei zu hinterlegende Bescheinigung seine **Postulationsfähigkeit** nachweisen.[56] Wie bei anderen Schriftsätzen sind auch sonstige Unterlagen, auf die sich die Klageschrift bezieht, und ein Verzeichnis aller Anlagen beizufügen.

24 Entspricht die Klageschrift diesen Formerfordernissen nicht, setzt der Kanzler dem Kläger eine angemessene Frist zur Behebung des Mangels, insbesondere bei Fehlen der erforderlichen Unterlagen.[57] Werden die fehlenden Dokumente innerhalb der vom

---

[51] Art. 121 Abs. 3 VerfO-EuGH, Art. 44 § 2 Abs. 3 VerfO-EuG und Art. 35 Abs. 4 VerfO-EuGöD.

[52] Das kann durch Vorlage der Satzung, durch einen neueren Auszug aus dem Handels- oder Vereinsregister oder in sonstiger Weise geschehen.

[53] Näher Art. 8 Abs. 3 DA Kanzler-EuG. Bei natürlichen Personen ist die Vorlage einer Prozessvollmacht nur erforderlich, wenn die Bevollmächtigung bestritten wird, z. B. EuG, Rs. T-34/02, *Le Levant 001 u. a./Kommission*, Slg. 2006, II-267 Rn. 63. Siehe auch z. B. EuG, Rs. T-180/00, *Astipesca/Kommission*, Slg. 2002, II-3985 Rn. 42 ff.

[54] EuG, Praktische Anweisungen, Nr. 62 lit. c.

[55] Näher *Wägenbaur*, Kommentar, Art. 44 VerfO EuG Rn. 47 m.w.N.

[56] Art. 119 Abs. 3 VerfO-EuGH, Art. 44 § 3 VerfO-EuG und Art. 35 Abs. 5 VerfO-EuGöD. Hat ein Anwalt beim EuG eine solche Bescheinigung einmal eingereicht, so kann er in weiteren Rechtssachen auf sie verweisen, siehe z. B. Art. 8 Abs. 2 DA Kanzler-EuG.

[57] Art. 119 Abs. 4 und 122 Abs. 3 VerfO-EuGH, Art. 44 § 6 VerfO-EuG und Art. 36 VerfO-EuGöD.

Kanzler gesetzten Frist nachgereicht, so beeinträchtigt die verspätete Beibringung, auch wenn sie nach Ablauf der Klagefrist erfolgt, die Zulässigkeit der Klage nicht. Andernfalls entscheidet der zuständige Spruchkörper, welche Folgen sich aus dem Fehlen derartiger Unterlagen für die Zulässigkeit der Klage ergeben.[58] Für die anderen Anforderungen an die Klageschrift fehlt eine eindeutige Regelung. Eine Heilung ist jedenfalls unmöglich, wenn gegen das Erfordernis der Originalunterschrift oder der anwaltlichen Vertretung verstoßen wurde.[59] Ebenso wenig können nach Ablauf der Klagefrist fehlende oder unverständliche Anträge nachgebessert oder Klagegründe ergänzt werden.

2. Klagenhäufung. Der Kläger kann in unionsrechtlichen Rechtsschutzverfahren ebenso wie im deutschen Recht[60] mehrere Klagebegehren in einem Prozess verfolgen. Insoweit können auch hier subjektive und objektive Klagenhäufung unterschieden werden. Die „subjektive Klagenhäufung" ist ein Fall der Streitgenossenschaft (dazu oben § 22 Rn. 12 ff.); hier ist nur die **objektive Klagenhäufung** zu behandeln.[61] Auch wenn dies im Unionsprozessrecht nicht ausdrücklich vorgesehen ist, kann der Kläger mehrere prozessuale Begehren in einer Klage gegen denselben Beklagten zusammenfassen. Wie die Verbindung konnexer Verfahren durch das Gericht (unten Rn. 48) dient dies einerseits der Verfahrensökonomie und hilft andererseits, widersprechende Entscheidungen in sachlich zusammenhängenden Verfahren zu vermeiden. Was als weiteres Klagebegehren zu verstehen ist, richtet sich nach dem **Klageziel**. Keine Klagenhäufung liegt daher vor, wenn der Kläger seinen Klageantrag lediglich auf mehrere Klagegründe, also verschiedene rechtliche Gesichtspunkte bzw. verschiedene tatsächliche Begründungen (Unzuständigkeit, Formfehler) stützt. Im Einzelnen ist zwischen verschiedenen Formen der (objektiven) Klagenhäufung zu unterscheiden.

So verfolgt die klagende Partei bei der **kumulativen Klagenhäufung** verschiedene Ansprüche nebeneinander, z. B. die Nichtigerklärung mehrerer Rechtsakte, die Feststellung mehrerer Verstöße eines Mitgliedstaats gegen das Unionsrecht oder die Nichtigerklärung einer Handlung bzw. Feststellung der Untätigkeit und Schadensersatz.[62]

Bei der **eventualen** oder **bedingten Klagenhäufung** wird neben dem Hauptantrag für den Fall, dass dieser unzulässig oder unbegründet ist, hilfsweise ein weiterer Antrag zur Entscheidung des Gerichts gestellt. So kann bei einer Untätigkeitsklage der Kläger, der vom beklagten Organ schriftlich vertröstet worden ist, für den Fall, dass dieses Schreiben vom Gericht als Stellungnahme im Sinne von Art. 265 Abs. 2 S. 2 AEUV gewertet wird, hilfsweise dessen Nichtigerklärung beantragen.[63] Auch kann der Hauptantrag auf die Feststellung der Nichtigkeit (Inexistenz) eines angeblichen Rechtsakts gerichtet sein, während mit dem Hilfsantrag die Nichtigerklärung

---

[58] Vgl. z. B. EuG, Rs. T-101/92, Slg. 1993, II-63 (Abweisung der Klage wegen fehlenden Nachweises der Zulassung des Anwalts).
[59] Z. B. EuGH Rs. 163/07 P, *Diy-Mar Insaat Sanayi ve Ticaret und Akar/Kommission*, Slg. 2007, I-10125 (keine Einreichung einer von einem im EWR zugelassenen Anwalt unterzeichneten Klageschrift innerhalb der Klagefrist).
[60] Vgl. § 44 VwGO, § 260 ZPO.
[61] Auch die Kombination von subjektiver und objektiver Klagenhäufung ist möglich, vgl. EuG Rs. T-204/99, *Mattila/Rat und Kommission*, Slg. 2001, II-2265.
[62] Z. B. EuGH, Rs. 174/83, *Amman/Rat*, Slg. 1985, 2133 Rn. 10 ff.; EuG, Rs. T-672/11, *H-Holding/Parlament*, Rn. 6 ff.
[63] EuG, Rs. T-17/96, *TF1/Kommission*, Slg. 1999, II-1757 Rn. 16, 104 ff.

desselben Aktes begehrt wird.⁶⁴ Bei dienstrechtlichen Streitigkeiten kommt es zur bedingten Klagenhäufung, wenn der Kläger mit seinem Hauptantrag die Nichtigerklärung einer Maßnahme begehrt, deren Anfechtbarkeit zweifelhaft ist, und hilfsweise Schadensersatz verlangt.⁶⁵ Keine Klagenhäufung ist es dagegen, wenn der Hilfsantrag lediglich ein „Minus" zum Hauptantrag darstellt, z. B. wenn der Hauptantrag auf die Nichtigerklärung einer Entscheidung insgesamt und der Hilfsantrag auf deren teilweise Aufhebung gerichtet ist.⁶⁶

28 Eine besondere Form der eventualen Klagenhäufung ist die **Stufenklage**, mit der aufeinander aufbauende Ansprüche geltend gemacht werden. Der zusätzliche Klageantrag wird (im Gegensatz zum hilfsweise gestellten Antrag) nur für den Fall gestellt, dass der Unionsrichter dem zunächst gestellten Antrag stattgibt. So kann die Anfechtung eines Rechtsaktes für den Fall, dass dem Antrag auf Nichtigerklärung stattgegeben wird, mit dem Antrag auf Schadensersatz verbunden werden.⁶⁷ Ob bei einer sowohl auf Nichtigerklärung als auch auf Schadensersatz gerichteten Klage ein Fall der Stufenklage oder ein Fall der kumulativen Klagenhäufung vorliegt, ergibt sich aus der Auslegung der Klageschrift.

29 Unter welchen **Voraussetzungen** die Klagenhäufung zulässig ist, regeln die Verfahrensvorschriften nicht ausdrücklich. Jedenfalls muss für alle Klagebegehren die gleiche Instanz (EuGH, EuG oder EuGöD) sachlich zuständig sein. Da nach der gegenwärtigen Rechtslage die Zuständigkeitsverteilung zwischen den Gerichte insbesondere von der Person des Klägers abhängt, ist diese Voraussetzung jedoch zumeist erfüllt.⁶⁸ Nicht erforderlich ist, dass die verschiedenen Klagebegehren mit der gleichen Klageart verfolgt werden (eine Häufung von z. B. Untätigkeits- und Nichtigkeitsklage ist daher möglich). Teilweise wird jedoch gefordert, dass zwischen den verschiedenen Klagebegehren ein Zusammenhang besteht, der ihre Behandlung im Rahmen eines einheitlichen Prozesses rechtfertigt.⁶⁹ Der EuGH hat sich einer Stellungnahme zu dieser Frage bisher enthalten.⁷⁰

30 Werden mit einer Klage mehrere Klageziele verfolgt, verhandelt und entscheidet das zuständige Gericht grundsätzlich über alle geltend gemachten Klagebegehren gemeinsam. Doch können einzelne unzulässige Anträge vorab durch Beschluss oder Zwischenurteil abgewiesen werden.⁷¹ Eine Trennung der in einer einheitlichen Klage zusammengefassten Anträge durch das jeweils befasste Gericht ist in den Verfahrensordnungen jedoch nicht vorgesehen.

---

⁶⁴ Siehe EuG, Rs. T-213/95 und T-18/96, *SCK und FNK/Kommission*, Slg. 1997, II-1739 Rn. 36.
⁶⁵ Z. B. EuG, verb. Rs. T-164/99, T-37/00 und T-38/00, *Leroy/Rat*, Slg. 2001, II-1819; Rs. T-182/99, *Caravelis/Parlament*, Slg. 2001, II-1313.
⁶⁶ Z. B. EuG, Rs. T-144/99, *Institut des mandataires agréés/Kommission*, Slg. 2001, II-1087 Rn. 27.
⁶⁷ Z. B. EuG, Rs. T-47/03, *Sison/Rat*, Slg. 2007, II-73 Rn. 42.
⁶⁸ Vgl. *Pechstein*, EU-Prozessrecht, Rn. 191.
⁶⁹ Z. B. GA *Fennelly*, SchlA Rs. C-15/98, *Italien und Sardegna Lines/Kommission*, Slg. 2000, II-8855 Nrn. 17 f.; GA *Ruiz Jarabo*, SchlA Rs. C-315/99 P, *Ismeri Europa/Rechnungshof*, Slg. 2001, I-5281 Nr. 33.
⁷⁰ Siehe EuGH, Rs. C-15/98, *Italien und Sardegna Lines/Kommission*, Slg. 2000, II-8855 Rn. 28. Gegen ein solches Erfordernis *Pechstein*, EU-Prozessrecht, Rn. 192.
⁷¹ EuGH, Rs. C-15/98, *Italien und Sardegna Lines/Kommission*, Slg. 2000, II-8855 Rn. 28.

3. Widerklage. Widerklagen sind auch in Rechtsstreitigkeiten vor den Unionsgerichten möglich. Sie kommen insbesondere in vertraglichen Streitigkeiten nach Art. 272 AEUV oder in Rechtsstreitigkeiten über die Anwendung von Art. 101 AEUV vor.[72]

4. Rechtshängigkeit. Mit der Klageerhebung – und nicht erst mit der Zustellung an den Beklagten – tritt **Rechtshängigkeit** ein (vgl. Art. 21 Abs. 1 S. 1 Satzung-EuGH). Sie dauert bis zur Beendigung des Verfahrens durch Entscheidung des Unionsrichters, Klagerücknahme oder Erledigung (dazu unten § 27). Die Rechtshängigkeit steht als von Amts wegen zu beachtendes Prozesshindernis[73] einem weiteren Rechtsstreit zwischen denselben Parteien mit demselben Streitgegenstand entgegen.[74]

Für die Frage, wann **Identität des Streitgegenstandes** (und damit Rechtshängigkeit) gegeben ist, hat der EuGH zunächst allein auf die **Anträge** des Klägers abgestellt.[75] In neueren Urteilen berücksichtigt er daneben jedoch auch die **Klagegründe**.[76] Der Gerichtshof scheint somit im Wesentlichen von einem „zweigliedrigen" **Streitgegenstandsbegriff** auszugehen.[77]

5. Klageänderung. Eine Klageänderung kann im Unionsprozessrecht durch Änderung der Anträge, durch Änderung der Klagegründe oder durch Parteiwechsel eintreten. Dabei liegt eine Klageänderung nur vor, wenn Anträge, Klagegründe oder Parteien ganz oder teilweise ausgetauscht oder zusätzlich in den Prozess eingeführt werden sollen. Das Fallenlassen oder die Einschränkung von Anträgen oder Klagegründen ist dagegen als teilweise Klagerücknahme zu behandeln, ebenso wie das Ausscheiden von Streitgenossen auf der Klägerseite oder der Verzicht auf die Klage gegen einzelne Streitgenossen auf der Beklagtenseite.

Ausdrücklich geregelt ist in Art. 127 VerfO-EuGH, Art. 48 § 2 VerfO-EuG und Art. 43 VerfO-EuGöD nur die Änderung der Klagegründe. Wie alle Formen der Klageänderung ist sie im Unionsprozessrecht nur in Ausnahmefällen zulässig, obwohl im Verfahrensrecht von EuGH, EuG und EuGöD grundsätzlich die Dispositionsmaxime gilt. Auf das Einverständnis der anderen Parteien kommt es für die Zulässigkeit der Klageänderung nicht an.

Grundsätzlich muss der Kläger in der Klageschrift den Streitstoff durch seine Anträge und Klagegründe definieren. Die spätere **Änderung der Klagegründe** ist nur dann zulässig, wenn sie sich auf rechtliche oder tatsächliche Gesichtspunkte stützt, die erst im Verlauf des Verfahrens zutage getreten sind (vgl. z. B. Art. 127 Abs. 1 VerfO-EuGH). Dagegen dürfen die in der Klageschrift erhobenen Klagegründe nachträglich

---

[72] Z. B. EuG, Rs. T-68/99, *Toditec/Kommission*, Slg. 2001, II-1443 (Widerklage auf Zahlung eines Geldbetrags), oder EuG, Rs. T-25/05, *KME Germany u. a./Kommission*, Slg. 2010, II-91 (Widerklage auf Erhöhung der Geldbuße).
[73] EuGH, Rs. 45/70, *Bode/Kommission*, Slg. 1971, 465, 475; verb. Rs. 58 und 75/72, *Perinciolo/Rat*, Slg. 1973, 511, 516 f.
[74] *Pechstein*, EU-Prozessrecht, Rn. 138.
[75] Z. B. EuGH, Rs. 45/70, *Bode/Kommission*, Slg. 1971, 465, 475 Rn. 11.
[76] EuGH, verb. Rs. 172 und 226/83, *Hoogovens Groep/Kommission*, Slg. 1985, 2831, 2846 Rn. 9, Rs. 358/85, *Frankreich/Parlament*, Slg. 1988, 4821, 4850 Rn. 7 ff., und verb. Rs. C-138/03, C-324/03 und C-431/03, *Italien/Kommission*, Slg. 2005, I-10043 Rn. 64.
[77] Zur Berücksichtigung auch der Klagegründe *GA Trstenjak*, SchlA verb. Rs. C-71/09 P, C-73/09 P und C-76/09 P, *Comitato „Venezia vuole vivere" u. a./Kommission*, Nr. 52; ferner in diesem Sinne *Wägenbaur*, Kommentar, VerfO EuG Art. 44 Rn. 7 Fn. 8 m. w. N., *Pechstein*, EU-Prozessrecht, Rn. 137.

erweitert und auf **neue Argumente** gestützt werden.⁷⁸ Die Abgrenzung zwischen der unzulässigen Einführung neuer Klagegründe und der zulässigen Erweiterung vorhandener Klagegründe kann im Einzelfall schwierig sein.

37 **Erst im Verlauf des Verfahrens zutage getreten** sind Tatsachen oder Beweismittel, von denen der Kläger vor der Klageerhebung **keine Kenntnis haben konnte**, etwa Umstände oder Dokumente, von denen der Kläger erst durch die Klageerwiderung erfahren hat und für die keine andere Möglichkeit zur Kenntnisnahme bestand.⁷⁹ War dagegen die Existenz eines Dokuments bekannt, ist seine Vorlage als Anlage zur Klagerwiderung keine neue Tatsache, auf die der Kläger in der Replik neue Angriffsgründe stützen könnte.⁸⁰ Berichtigt ein Organ eine Entscheidung, die bereits Gegenstand einer anhängigen Nichtigkeitsklage ist, stellt dies jedenfalls eine Tatsache dar, die den Kläger des betreffenden Verfahrens zur Änderung seiner Klage berechtigt.⁸¹ Ein auf erst im Verfahren zutage getretene Tatsachen gestützter neuer Klagegrund kann auch bloß **teilweise** zugelassen werden.⁸² Hingegen berechtigt ein Urteil des Unionsrichters, das nach Klageerhebung erlassen wurde, nicht zu einer Klageänderung, wenn in diesem Urteil nur eine Rechtslage bestätigt wird, die dem Kläger bei Erhebung seiner Klage bekannt sein konnte.⁸³ Tritt ein Umstand erst im Verlauf des Verfahrens zutage, muss er allerdings nicht unverzüglich oder binnen einer bestimmten Frist geltend gemacht werden.⁸⁴

38 Grundsätzlich unzulässig ist die Änderung der **Anträge**.⁸⁵ Die in der Klageschrift gestellten Anträge dürfen nachträglich weder erweitert noch durch andere Anträge ersetzt werden. Das gilt insbesondere im Vertragsverletzungsverfahren.⁸⁶ Bei Schadensersatzklagen ist die Praxis etwas großzügiger. Hier kann die nachträgliche Präzisierung von Anträgen erlaubt werden, auch wenn sich der verlangte Betrag dadurch erhöht, wenn im Zeitpunkt der Klageerhebung der Schaden noch nicht eindeutig beziffert werden konnte oder wenn erst ein Zwischenurteil die für die Schadensberechnung erforderlichen Vorgaben enthält.⁸⁷ Ebenso wird die nachträgliche Berichtigung offensichtlicher Fehler bei der Formulierung der Anträge zugelassen.⁸⁸

---

⁷⁸ Ständige Rspr., z. B. EuGH, Rs. C-504/09 P, *Kommission/Polen*, Slg. 2012, Rn. 34.
⁷⁹ Z. B. EuG, Rs. T-362/08, *IFAW Internationaler Tierschutz-Fonds/Kommission*, Slg. 2011, II-11. Das dürfte im Wesentlichen auf die Prüfung hinauslaufen, ob dem Kläger in Bezug auf seine Unkenntnis ein Sorgfaltsverstoß anzulasten ist; vgl. in diesem Sinne *Pechstein*, EU-Prozessrecht, Rn. 198.
⁸⁰ EuG, Rs. T-62/99, *Sodima/Kommission*, Slg. 2001, II-655 Rn. 67 f.; ähnlich EuG, Rs. T-139/99, *AICS/Parlament*, Slg. 2000, II-2849 Rn. 59 ff.
⁸¹ EuGH, Rs. 14/81, *Alpha Steel/Kommission*, Slg. 1982, 749 Rn. 8; EuG, verb. Rs. T-46/98 und T-151/98, *CCRE/Kommission*, Slg. 2000, II-167 Rn. 36.
⁸² Z. B. EuGH, verb. Rs. C-238/99 P, C-244/99 P, C-245/99 P, C-247/99 P, C-250/99 P bis C-252/99 P und C-254/99 P, *Limburgse Vinyl Maatschappij u. a./Kommission*, Slg. 2002, I-8375 Rn. 366 ff.
⁸³ EuGH, Rs. 11/81, *Dürbeck/Kommission*, Slg. 1982, 1251 Rn. 17; EuG, Rs. T-154/10, *Frankreich/Kommission*, BeckEuRS 2012, 688823 Rn. 56.
⁸⁴ *Lenaerts/Arts/Maselis*, Procedural Law, Rn. 24-015 unter Verweis auf EuG, Rs. T-32/91, *Solvay/Kommission*, Slg. 1995, II-1825 Rn. 40.
⁸⁵ EuG, Rs. T-2/99, *T. Port/Rat*, Slg. 2001, II-2093 Rn. 34.
⁸⁶ Z. B. EuGH, Rs. C-256/98, *Kommission/Frankreich*, Slg. 2000, I-2487 Rn. 29 ff.
⁸⁷ EuGH, verb. Rs. C-104/89 und C-37/90, *Mulder u. a./Rat und Kommission*, Slg. 2000, I-203 Rn. 39.
⁸⁸ EuG, Rs. T-2/99, *T. Port/Rat*, Slg. 2001, II-2093 Rn. 36.

6. Abschnitt. Das Gerichtsverfahren vor dem EuGH

Aus Gründen der Prozessökonomie können die Anträge einer Nichtigkeitsklage 39 ausnahmsweise geändert werden, wenn der angefochtene Akt im Laufe des Gerichtsverfahrens **durch eine andere Handlung ersetzt** wird.[89] Die Aufrechterhaltung der ursprünglichen Anträge führt nämlich in diesem Fall zur Abweisung der Klage als gegenstandslos, sofern der Kläger nicht ausnahmsweise ein hinreichendes Interesse an einem Urteil hat. Das gilt jedoch nicht, wenn – wie in Personalstreitigkeiten – der Klageerhebung ein Vorverfahren vorgeschaltet ist und dieses in Bezug auf den ersetzenden Akt noch nicht abgeschlossen ist.[90]

Bei **Untätigkeitsklagen** kann es vorkommen, dass während des laufenden Verfahrens die Untätigkeit des beklagten Organs durch den Erlass eines Rechtsakts beendet wird. Hier hatte die Rspr. zum EGKS-Vertrag die Anfechtung des neu erlassenen Akts im Rahmen desselben Verfahrens im Wege der Klageänderung zugelassen.[91] Der EuGH sieht diese Rspr. jedoch als nicht auf die Untätigkeitsklage nach Art. 265 AEUV übertragbar an, da anders als diese die Klage nach Art. 35 Abs. 3 EGKSV als Nichtigkeitsklage gegen eine stillschweigende Ablehnungsentscheidung ausgestaltet war. Die Rspr. lässt daher den Übergang von der Untätigkeitsklage nach Art. 265 AEUV auf die Nichtigkeitsklage nicht zu, vielmehr wird die Untätigkeitsklage bei Beendigung der Untätigkeit nach Klageerhebung für erledigt erklärt.[92]

Den **Parteiwechsel** haben die Unionsgerichte bisher im Wesentlichen nur im 41 Fall der Gesamtrechtsnachfolge zugelassen.[93] Darüber hinaus lässt das EuG jedoch in Rechtsstreitigkeiten über Titel des geistigen Eigentums bisweilen auch in Fällen der Einzelrechtsnachfolge (Veräußerung des betreffenden Titels) Parteiwechsel zu.[94] Als grundsätzlich unzulässig sieht der EuGH den **Parteibeitritt** an, bei dem sich eine weitere Person als Hauptpartei am Rechtsstreit beteiligen soll.[95]

6. Zustellung der Klage. Die Klageschrift wird dem Beklagten[96] zugestellt (Art. 123 42 VerfO-EuGH, Art. 45 VerfO-EuG und Art. 37 Abs. 1 VerfO-EuGöD). Verantwortlich hierfür ist der Kanzler (Art. 48 VerfO-EuGH, Art. 100 VerfO-EuG und Art. 99 VerfO-EuGöD sowie Art. 3 §§ 2–4 DienstA-EuGH, Art. 10 DienstA-EuG und Art. 10 DienstA-EuGöD).

---

[89] Grundlegend EuGH, Rs. 14/81, *Alpha Steel/Kommission*, Slg. 1982, 749 Rn. 8 (Änderung der Klagegründe ebenso zulässig wie Änderung der Anträge); siehe auch EuG, Rs. T-111/00, *British American Tobacco International (Investments)/Kommission*, Slg. 2001, II-2997 Rn. 22 ff.
[90] EuG, Rs. T-161/00, *Tsarnavas/Kommission*, Slg. 2001, ÖD-A-155, II-721 Rn. 28 ff. (jedenfalls dann, wenn die ersetzende Handlung auf der Grundlage einer Beurteilung neuer Sachverhaltselemente ergangen ist, vgl. Rn. 30 dieses Urteils).
[91] EuGH, Rs. 103/85, *Stahlwerke Peine-Salzgitter/Kommission*, Slg. 1988, 4131 Rn. 10 ff.
[92] *Cremer*, in: Calliess/Ruffert, EUV/AEUV, Art. 265 Rn. 13 m.w.N.
[93] Z. B. EuGH, Rs. 294/83, *Les Verts/Parlament*, Slg. 1986, 1339 Rn. 13 ff.
[94] Nach Anhörung aller Parteien mit Beschluss; siehe z. B. EuG, verb. Rs. T-231/08 und T-232/08, *Asenbaum/HABM*, Slg. 2010, II-226 Rn. 9, oder zuletzt EuG, Rs. T-29/12, *Bauer/HABM*, BeckRS 2012, 82518, Rn. 15.
[95] Vgl. *Pechstein*, EU-Prozessrecht, Rn. 204 m.w.N.
[96] Allenfalls auch den am Verfahren vor der Beschwerdekammer beteiligten Parteien, Art. 133 § 2 VerfO-EuG.

II. Die weiteren Schriftsätze der Parteien im Klageverfahren

43 Nach Zustellung der Klageschrift hat der Beklagte – in Verfahren, die Entscheidungen der Beschwerdekammern des HABM oder des Sortenamts zum Gegenstand haben, auch die am Verfahren vor der Beschwerdekammer Beteiligten – **zwei Monate** Zeit, ihre **Klagebeantwortung** einzureichen. Anders als die Klagefrist, die sich in den meisten Fällen direkt aus dem Vertrag ergibt,[97] kann die Klagebeantwortungsfrist, obwohl sie sich unmittelbar aus den Verfahrensordnungen ergibt und daher keine „gesetzte" (vgl. Art. 52 VerfO-EuGH) bzw. „festgesetzte" oder „angeordnete" Frist (Art. 103 VerfO-EuG, Art. 101 VerfO-EuGöD) ist, u. U. verlängert werden.[98] Die Klagebeantwortung muss ähnlichen Anforderungen genügen wie die Klageschrift (Art. 124 VerfO-EuGH, Art. 46 VerfO-EuG, Art. 39 VerfO-EuGöD) und insbesondere die Verteidigungsgründe und -argumente des Beklagten angeben.[99] Wie bei der Klageschrift reicht dazu die Bezugnahme auf andere Schriftstücke, auch wenn sie als Anlagen beigefügt sind, nicht aus.[100]

44 Klageschrift und Klagebeantwortung können im Verfahren vor dem EuGH und dem EuG durch eine **Erwiderung** (Replik) des Klägers und eine **Gegenerwiderung** des Beklagten (Duplik) ergänzt werden. Im Verfahren vor dem EuGöD gilt dies nur dann, wenn das Gericht den weiteren Schriftsatzwechsel als erforderlich ansieht (Art. 41 VerfO-EuGöD); auch in Rechtsstreitigkeiten betreffend die Rechte des geistigen Eigentums ist die Einreichung einer Erwiderung oder Gegenerwiderung nur für den Fall vorgesehen, dass der Präsident dies auf Antrag der betreffenden Partei, der binnen zwei Wochen nach Zustellung der Klagebeantwortungen oder der Erwiderungen gestellt wird, gestattet (Art. 135 § 2 VerfO-EuG).[101] Die Fristen für die genannten Verfahrensschriftstücke bestimmt jeweils der Präsident des Spruchkörpers (Art. 126 Abs. 2 VerfO-EuGH, Art. 47 § 2 und Art. 135 § 2 VerfO-EuG, Art. 33 Abs. 2 VerfO-EuGöD). Das EuG kann auf diese zweite Schriftsatzrunde verzichten, wenn der zuständige Spruchkörper den Akteninhalt bereits für so vollständig hält, dass die Parteien ihre Positionen in der mündlichen Verhandlung ausreichend darlegen können (Art. 47 § 1 VerfO-EuG). Auf begründeten Antrag des Klägers, der innerhalb der (nicht verlängerbaren) Frist von zwei Wochen nach der Zustellung dieser Entscheidung zu stellen ist, kann das Gericht jedoch den Parteien gestatten, die Akten zu ergän-

---

[97] Siehe jedoch z. B. Art. 65 Abs. 5 der VO (EG) Nr. 207/2009 über die Gemeinschaftsmarke oder Art. 91 des Beamtenstatuts.
[98] Art. 124 Abs. 3 VerfO-EuGH, Art. 46 Abs. 3 VerfO-EuG, Art. 39 Abs. 2 VerfO-EuGöD. Die Zeichnungsbefugnis zur Fristverlängerung kann dem Kanzler übertragen werden, vgl. z. B. Art. 52 Abs. 2 VerfO-EuGH, Art. 11 DienstA-EuG.
[99] Anders als bei der Klageschrift ist die Beifügung von Unterlagen nicht generell vorgeschrieben. In beamtenrechtlichen Streitigkeiten müssen zwar laut Art. 46 § 2 VerfO-EuG der Klagebeantwortung bestimmte Unterlagen beigefügt werden, diese Bestimmung ist jedoch seit dem Inkrafttreten der VerfO-EuGöD obsolet (*Wägenbaur*, Kommentar, VerfO-EuG Art. 46 Rn. 11). Zu den Anforderungen an die Klagebeantwortung siehe näher EuGH, Praktische Anweisungen, Nrn. 16 ff., EuG, Praktische Anweisungen, Nrn. 29 ff., und EuGöD, Praktische Anweisungen, Nrn. 30 ff.
[100] Z. B. EuG, verb. Rs. T-305/94 u. a., *Limburgse Vinyl Maatschappij u. a./Kommission*, Slg. 1999, II-931 Rn. 46 ff.
[101] Siehe auch EuG, Praktische Anweisungen, Nrn. 95 f.

zen.¹⁰² Umgekehrt steht die Einreichung dieser Verfahrensschriftstücke grundsätzlich im Ermessen der Parteien; wird keine Erwiderung oder Gegenerwiderung eingereicht, wird das Verfahren **fortgesetzt**.¹⁰³ Weitere als die vier in der Verfahrensordnung genannten Schriftsätze sind bei normalem Verfahrensablauf nicht vorgesehen (**numerus clausus der Schriftsätze**); dennoch eingereichte Schriftsätze werden den Parteien i. d. R. zurückgeschickt. Allerdings können die Parteien durch den zuständigen Spruchkörper im Wege prozessleitender Maßnahmen (dazu unten § 24 Rn. 16 ff.) zu ergänzenden Stellungnahmen aufgefordert werden. Wie bereits dargestellt (siehe oben Rn. 21 u. a.), können in der Erwiderung bzw. Gegenerwiderung grundsätzlich **keine neuen Angriffs- und Verteidigungsgründe** mehr vorgebracht werden.

Neben den Hauptparteien können auch die in einem Verfahren zugelassenen **Streithelfer** i. d. R. im Rahmen eines Schriftsatzes Stellung nehmen. Im Verfahren vor dem EuGH steht dem Streithelfer hierfür eine Frist von einem Monat nach der in Art. 131 Abs. 4 VerfO-EuGH vorgesehenen Übermittlung der Verfahrensschriftstücke zur Verfügung.¹⁰⁴ Im Verfahren vor dem EuG und dem EuGöD wird den Streithelfern vom Präsidenten eine Schriftsatzfrist gewährt (Art. 116 § 4 VerfO-EuG, Art. 110 Abs. 1 VerfO-EuGöD). Die Hauptparteien können zu diesem Schriftsatz schriftlich Stellung nehmen, wenn der Präsident des Spruchkörpers dies für sachdienlich hält und eine entsprechende Frist setzt (Art. 132 Abs. 3 VerfO-EuGH, Art. 116 § 5 VerfO-EuG und Art. 110 Abs. 5 VerfO-EuGöD).

III. Muster einer Klageschrift

Nichtigkeitsklage einer natürlichen oder juristischen Person¹⁰⁵
[Übermittlung via e-Curia/in Papierform – allenfalls: vorab per E-Mail/Fax]

An den Kanzler
des Gerichts der Europäischen Union
Rue du Fort Niedergrünewald
L-2925 Luxemburg

[Datum]

Klage

des A. (genaue Bezeichnung des Klägers mit ladungsfähiger Anschrift, bei juristischen Personen auch die Namen ihrer gesetzlichen Vertreter)

Kläger

Prozessbevollmächtigte: Rechtsanwälte X, Y und Z (mit genauer Anschrift)

gegen

---

¹⁰² Darunter werden kürzere Ausführungen zu einzelnen Aspekten zu verstehen sein, die nicht den Umfang einer Erwiderung oder Gegenerwiderung erreichen, vgl. *Wägenbaur*, Kommentar, VerfO EuG Art. 47 Rn. 4.
¹⁰³ Siehe z. B. *Lenaerts/Arts/Maselis*, Procedural Law, Rn. 24-046.
¹⁰⁴ Siehe dazu und zu den besonderen Anforderungen an diesen Schriftsatz Art. 132 VerfO-EuGH.
¹⁰⁵ Vgl. insbesondere EuG, Praktische Anweisungen, Nr. 17 ff.

Europäische Kommission (genaue Bezeichnung des beklagten Organs)

Beklagte

Wegen Nichtigerklärung der Entscheidung (genaue Angabe des angefochtenen Aktes, ggf. mit Aktenzeichen, Titel und Fundstelle im Amtsblatt sowie ggf. dem Datum der Zustellung an den Kläger)

Namens und im Auftrag des Klägers beantragen wir,

1. die Entscheidung (genaue Bezeichnung des angefochtenen Rechtsakts) für nichtig zu erklären;
2. dem Beklagten die Kosten des Verfahrens aufzuerlegen.

[Angabe des Zustellungsbevollmächtigten mit genauer Anschrift und/oder Erklärung nach Art. 44 § 2 Abs. 2 VerfO-EuG über die Zustellung per Fax oder mittels anderer technischer Kommunikationsmittel mit Angabe der Email-Adresse oder Faxnummer]

Inhaltsübersicht

A. Sachverhalt
(mit Hinweisen auf relevante Schriftstücke, die als Anlagen beizufügen sind, und ggf. Beweisantritt)

B. Zulässigkeit
(Wenn Ausführungen erforderlich sind, z. B. wenn der angefochtene Akt keine an den Kläger gerichtete Entscheidung ist, vgl. Art. 263 Abs. 4 AEUV)

C. Begründetheit
(Nähere Ausführungen zu den einzelnen Klagegründen, ggf. mit Hinweisen auf die einschlägige Rechtsprechung der Unionsgerichte)

I. Erster Klagegrund
(z. B.: Unzuständigkeit des handelnden Organs)

II. Zweiter Klagegrund
(z. B.: Verfahrensfehler – Verletzung des Anspruchs auf rechtliches Gehör)

III. Dritter Klagegrund
(z. B. Verfahrensfehler – fehlende Anhörung eines anderen Organs)

IV. ...

[Eigenhändige Unterschrift des Prozessbevollmächtigten]

Anlagenverzeichnis

Anlagen
[Die Anlagen umfassen:
- Zusammenfassung der Klagegründe und wesentlichen Argumente (siehe oben Rn. 20)
- Kopie der angefochtenen Entscheidung
- Bei juristischen Personen: Satzung, neuerer Handelsregisterauszug oder sonstiger Nachweis der Rechtspersönlichkeit
- Bei juristischen Personen: Nachweis der Befugnis zum Ausstellen der Prozessvollmacht
- Bescheinigung über die Anwaltszulassung des Prozessbevollmächtigten
- Prozessvollmacht oder sonstiger Nachweis der Bevollmächtigung (siehe oben Rn. 23)
- ggf. weitere Anlagen]

E. Abschluss des schriftlichen Verfahrens und Vorbericht

Das schriftliche Verfahren ist bei Klageverfahren im Wesentlichen dann abgeschlossen, wenn der letzte Schriftsatz beim betreffenden Gericht eingegangen ist.[106] Nach Abschluss des schriftlichen Verfahrens und der eventuell erforderlichen Übersetzungen bestimmt der Präsident einen Termin zur Abgabe eines **Vorberichts**.[107] Dieser wird vom Berichterstatter der jeweiligen Rechtssache vorgelegt und stellt für die anderen Richter (und die Generalanwälte im Verfahren beim EuGH) die wesentlichen tatsächlichen und rechtlichen Gesichtspunkte der Rechtssache dar. Meist enthält er bereits eine erste Würdigung dieser Probleme durch den Berichterstatter. Auf der Grundlage dieses Vorberichts entscheidet das Plenum des EuGH in einer Verwaltungssitzung, nach Anhörung des Generalanwalts, wie das weitere Verfahren gestaltet wird, insbesondere, von welchem Spruchkörper (Kammer mit drei oder fünf Richtern, große Kammer, Plenum) entschieden werden soll, ob eine Beweisaufnahme erforderlich ist, ob auf eine mündliche Verhandlung verzichtet werden kann und ob allenfalls nach Art. 20 Abs. 5 Satzung-EuGH von Schlussanträgen des Generalanwalts abgesehen wird (Art. 59 Abs. 2 VerfO-EuGH). Beim EuG wird der Vorbericht nicht dem Plenum, sondern der zuständigen Kammer vorgelegt. Er kann dort ebenfalls Vorschläge für die Verweisung der Sache an einen anderen Spruchkörper mit größerer oder geringerer Mitgliederzahl sowie für die Übertragung der Sache auf den Einzelrichter enthalten (Art. 52 § 2 und Art. 51 § 2 VerfO-EuG). Der Vorbericht ist ein **internes Arbeitsdokument**, das weder den Verfahrensbeteiligten noch Dritten zugänglich ist.

F. Sonstiges

I. Die Verbindung von Verfahren

Eine der subjektiven oder objektiven Klagenhäufung ähnliche Situation kann vom zuständigen Gericht durch die **Verbindung** von Verfahren zum gemeinsamen schriftlichen oder mündlichen Verfahren oder zur Entscheidung (zu gemeinsamem Endurteil) herbeigeführt werden (Art. 54 VerfO-EuGH, Art. 50 VerfO-EuG und Art. 46 VerfO-EuGöD). Diese Möglichkeit besteht nicht nur bei Klageverfahren, sondern auch bei Vorabentscheidungsersuchen. Sie kann jederzeit, also sowohl während des schriftlichen Verfahrens als auch vor oder sogar nach der mündlichen Verhandlung erfolgen. Die **Voraussetzungen** der Verbindung sind, dass die Verfahren vor der gleichen Instanz anhängig sind, „den gleichen Gegenstand" betreffen und miteinander in Zusammenhang stehen. Damit ist allerdings nicht gemeint, dass die Verfahren im technischen Sinne den gleichen Streitgegenstand haben müssten. Entscheidend ist vielmehr, dass ein Zusammenhang zwischen den Verfahren besteht, der eine gemeinsame Verhandlung und Entscheidung als sinnvoll erscheinen lässt. So wird eine Verbindung oft angebracht

---

[106] Vgl. die ausdrückliche Regelung für das Verfahren vor dem EuG in Art. 52 § 1 lit. a VerfO-EuG.
[107] Art. 59 VerfO-EuGH, Art. 52 VerfO-EuG und Art. 45 VerfO-EuGöD.

sein, wenn derselbe Rechtsakt von mehreren Parteien angefochten wird.[108] Sie kann aber auch stattfinden, wenn von demselben Kläger mehrere aufeinander folgende oder parallele Handlungen angefochten[109] oder in demselben Sachzusammenhang sowohl Nichtigkeits- als auch Untätigkeitsklagen erhoben werden.[110] Auch Amtshaftungsklagen, die sich auf dasselbe schadenstiftende Verhalten stützen, können miteinander verbunden werden.[111] Mehrere Vorabentscheidungsverfahren können unabhängig davon miteinander verbunden werden, ob die Vorlagefragen vom selben Gericht oder aus demselben Mitgliedstaat stammen.[112] Verschiedene Verfahrenssprachen sind kein Hindernis für die Verbindung.[113] Ebenso ist die Verbindung möglich, wenn in einem der Verfahren die Klage von einem Mitgliedstaat und im anderen Verfahren von einer natürlichen oder juristischen Person erhoben wurde, sofern beide Verfahren vor der gleichen Instanz anhängig sind.[114] So kann die Klage einer natürlichen oder juristischen Person vor dem Gerichtshof anhängig werden, wenn das Gericht sich gemäß Art. 54 Abs. 3 Satzung-EuGH für unzuständig erklärt[115] oder wenn gegen seine Entscheidung ein Rechtsmittel eingelegt wird. Selbst die Verbindung von Klageverfahren mit Vorabentscheidungsverfahren scheint nicht ausgeschlossen.[116]

49 **Zuständig** für die Verbindung ist der Präsident des mit dem Verfahren befassten Spruchkörpers, der nach Anhörung der Beteiligten und ggf. des Generalanwalts durch Beschluss entscheidet. Er kann diese Entscheidung dem Spruchkörper übertragen. Die Verbindung hat zur Folge, dass das gesamte Vorbringen aus den verbundenen Rechtssachen bei der Prüfung jeder einzelnen Rechtssache berücksichtigt wird. Die Parteien erhalten daher im Verfahren vor dem EuG und dem EuGöD die Möglichkeit, in die den anderen Parteien in den verbundenen Verfahren zugestellten Schriftstücke in der Kanzlei Einsicht zu nehmen, wobei jedoch der Präsident auf Antrag bestimmte geheime oder vertrauliche Unterlagen von der Einsichtnahme ausnehmen kann (Art. 50 § 2

---

[108] Z. B. EuG, verb. Rs. T-25/95, T-26/95, T-30/95 bis T-32/95, T-34/95 bis T-39/95, T-42/95 bis T-46/95, T-48/95, T-50/95 bis T-65/95, T-68/95 bis T-71/95, T-87/95, T-88/95, T-103/95 und T-104/95, *Cimenteries CBR u. a./Kommission*, Slg. 2000, II-491.

[109] Etwa in Markensachen, wenn ein Anmelder mehrere ähnliche Marken beantragt hat, z. B. EuG, verb. Rs. T-357/99 und T-358/99, *Telefon & Buch/HABM (Universaltelefonbuch und Universalkommunikationsverzeichnis)*, Slg. 2001, II-1705, oder in Beamtensachen, wenn eine Vielzahl ähnlicher Entscheidungen verschiedenen Personen gegenüber ergeht, vgl. z. B. EuG, verb. Rs. T-103/98, T-104/98, T-107/98, T-113/98 und T-118/98, *Kristensen/Rat*. Slg. 1999, ÖD I-A-215, II-1111.

[110] Z. B. EuG, verb. Rs. T-189/95, T-39/96 und T-123/96, *SGA/Kommission*, Slg. 1999, II-3587.

[111] Z. B. EuG, verb. Rs. T-466/93, T-469/93, T-473/93, T-474/93 und T-477/93, *O'Dwyer u. a./Kommission*, Slg. 1995, II-2071.

[112] Z. B. EuGH, verb. Rs. C-240/98 bis C-244/98, *Océano Grupo Editorial und Salvat Editores*, Slg. 2000, I-4941, und verb. Rs. C-127/96, C-229/96 und C-74/97, *Hernández Vidal*, Slg. 1998, I-8179.

[113] EuG, verb. Rs. T-222/99, T-327/99 und T-329/99, *Martinez u. a./Parlament*, Slg. 2001, II-2823.

[114] Z. B. EuG, verb. Rs. C-68/94 und C-30/95, *Frankreich und SCPA/Kommission*, Slg. 1998, I-1375 Rn. 33.

[115] Ausführlich zu Art. 54 Abs. 3 Satzung-EuGH *Klinke*, Revue des Affaires Européennes 2000, 239 und *Dauses/Henkel*, EuZW 1999, 325.

[116] Siehe *Lenaerts/Arts/Maselis*, Procedural Law, Rn. 24-087 m. w. N.; a. A. *Wägenbaur*, Kommentar, VerfO-EuGH, Art. 43 Rn. 2.

VerfO-EuG, Art. 46 Abs. 3 VerfO-EuGöD).[117] Die Parteien müssen jedenfalls zu diesen Verfahrensschriftstücken **Stellung nehmen** können,[118] und die Entscheidung, soweit sie sie betrifft, darf nur auf solche Aktenbestandteile gestützt werden, von denen sie Kenntnis nehmen konnten (Art. 67 Abs. 3 VerfO-EuG, Art. 44 Abs. 1 VerfO-EuGöD). Für das Verfahren vor dem EuGH fehlt derzeit eine vergleichbare ausdrückliche Regelung.[119] Die Verbindung der Verfahren hat keine Auswirkungen auf die Rechtsposition der einzelnen Parteien; die Entscheidung muss daher auch **nicht für sämtliche Parteien gleich** lauten.[120]

Sofern dies sinnvoll oder notwendig ist, steht es dem Präsidenten frei, die verbundenen Verfahren wieder zu trennen.[121] Die **Trennung** kann z. B. angebracht sein, wenn eines der verbundenen Verfahren sich erledigt hat. Sowohl bei der Verbindung als auch bei der Trennung handelt es sich um eine Zweckmäßigkeitsentscheidung. 50

II. Aussetzung

Die **Aussetzung** des Verfahrens kann erforderlich werden, wenn im Zusammenhang stehende Verfahren vor verschiedenen Instanzen anhängig sind. Sie kann ferner insbesondere dann sinnvoll sein, wenn sich die Parteien um eine außergerichtliche Einigung bemühen oder wenn es das Ergebnis eines nationalen Verfahrens abzuwarten gilt. Art. 55 Abs. 1 lit. a VerfO-EuGH sieht als Grund für die Aussetzung primär den in Art. 54 Abs. 3 Satzung-EuGH geregelten Fall vor, dass beim EuGH und beim EuG Rechtssachen anhängig sind, die den gleichen Gegenstand haben, die gleiche Auslegungsfrage aufwerfen oder die Gültigkeit desselben Rechtsakts betreffen.[122] Darüber hinaus kann der EuGH jedoch nach seinem Ermessen ein Verfahren auch aus anderen Gründen aussetzen (Art. 55 Abs. 1 lit. b VerfO-EuGH). Für das Verfahren vor dem EuG schränkt Art. 77 VerfO-EuG dieses Ermessen für das Gericht stark ein. Neben den Fällen des Art. 54 Abs. 3 Satzung-EuGH ist die Aussetzung hier nur zulässig, wenn das Gericht eine Teil- oder Zwischenentscheidung gefällt hat und diese mit einem Rechtsmittel beim EuGH angegriffen wird, wenn ein außerordentlicher Rechtsbehelf (Drittwiderspruch, Wiederaufnahme oder Urteilsauslegung) eingelegt wird und die betroffene Entscheidung außerdem mit einem Rechtsmittel vor dem EuGH angegriffen wird[123] oder wenn die Parteien gemeinsam die Aussetzung beantragen.[124] Entsprechende Voraussetzungen gelten grundsätzlich auch vor dem EuGöD (Art. 71 VerfO-EuGöD), doch kann das Verfahren vor dem EuGöD ferner ausgesetzt werden, 51

---

[117] Dazu näher EuG, Praktische Anweisungen, Nrn. 85 ff., EuGöD, Praktische Anweisungen, Nrn. 40 ff.
[118] EuGH. Rs. C-480/99 P, *Plant u. a./Kommission*, Slg. 2002, I-265 Rn. 24 ff.
[119] Vgl. demgegenüber Art. 131 Abs. 2 und 4 VerfO-EuGH (Streithilfe).
[120] Siehe *Lenaerts/Arts/Maselis*, Procedural Law, Rn. 24-089.
[121] Art. 54 Abs. 3 VerfO-EuGH, Art. 50 § 1 VerfO-EuG, Art. 46 Abs. 1 VerfO-EuGöD.
[122] Näher *Klinke*, Revue des Affaires Européennes 2000, 239–253 und *Dauses/Henkel*, EuZW 1999, 325 ff.
[123] Für diese Rechtsbehelfe gelten die Sonderbestimmungen in den Art. 123 § 4, 128 und 129 § 4 VerfO-EuG.
[124] Auch im Fall eines gemeinsamen Antrags steht die Aussetzung im Ermessen des Gerichts, vgl. *Wägenbaur*, Kommentar, VerfO-EuG, Art. 77 Rn. 6.

wenn „die Aussetzung in sonstigen besonderen Fällen den Erfordernissen einer geordneten Rechtspflege entspricht" (Art. 71 Abs. 1 lit. d VerfO-EuGöD).

52 Zuständig für die Entscheidung über die Aussetzung ist beim EuGH in den meisten Fällen der Präsident, nach Anhörung des Berichterstatters und des Generalanwalts sowie (außer in Vorlageverfahren) der Parteien. Nur in den Fällen des Art. 54 Abs. 3 Satzung-EuGH entscheidet, nach Anhörung des Generalanwalts, der Spruchkörper insgesamt. Im Verfahren vor dem EuG und dem EuGöD ist die Entscheidung über die Aussetzung Sache des Präsidenten (d. h. des Kammerpräsidenten, Art. 16 VerfO-EuG, Art. 71 Abs. 2 i. V. m. Art. 1 Abs. 2 zweiter Gedankenstrich VerfO-EuGöD). Der Beschluss über die Aussetzung ist jedenfalls **unanfechtbar**.[125] Die Aussetzung bewirkt insbesondere eine **Unterbrechung der Verfahrensfristen** (Art. 55 Abs. 5 und 7 VerfO-EuGH, Art. 79 § 1 Abs. 2 und § 2 Abs. 2 VerfO-EuG, Art. 72 Abs. 3 VerfO-EuGöD). Die VerfO-EuG und die VerfO-EuGöD machen hiervon eine **Ausnahme für die Frist für den Antrag auf Zulassung als Streithelfer**, die trotz der Aussetzung weiterläuft. Das Verfahren wird fortgesetzt, wenn der im Aussetzungsbeschluss angegebene Zeitpunkt für das Ende der Aussetzung erreicht ist oder nach dem gleichen Verfahren entschieden wird, das Verfahren fortzusetzen (allenfalls zu dem Zeitpunkt, der im letztgenannten Beschluss genannt ist).

---

[125] Z. B. EuGH, Rs. C-526/07 P, *Combescot/Kommission*, Slg. 2008, I-168 Rn. 36.

§ 24 Beweisrecht*

Übersicht

		Rn.
A.	Sachverhaltsaufklärung im Verfahren vor den Gerichten der Europäischen Union	1–5
B.	Darlegungs- und Beweislast	6–15
C.	Prozessleitende Maßnahmen	16–22
D.	Formelle Beweisaufnahme	23–35
	I. Beweismittelkatalog	23–29
	II. Beweisverfahren	30–35
E.	Beweismaß und Beweiswürdigung	36–38

Schrifttum: *André,* Beweisführung und Beweislast im Verfahren vor dem Europäischen Gerichtshof, 1966; *Baumhof,* Die Beweislast im Verfahren vor dem Europäischen Gerichtshof, 1995; *Berger,* Beweisaufnahme vor dem Europäischen Gerichtshof, FS Schumann, 2001, S. 27 ff.; *Brealey,* The Burden of Proof before the European Court, ELR 1985, 250 ff.; *Castillo de la Torre,* Evidence and Judicial Review in Cartel Cases, in: Ehlermann/Marquis, The Evaluation of Evidence and its Judicial Review in Competition Cases, European Competition Law Annual 2009, 319 ff.; *Everling,* Zur richterlichen Kontrolle der Tatsachenfeststellungen und der Beweiswürdigung durch die Kommission in Wettbewerbssachen, WuW 1989, 877 ff.; *Gippini-Fournier,* The Elusive Standard of Proof in EU Competition Cases, World Competition Law and Economic Review 2010, 187 ff.; *Lasok,* Judicial Review of Issues of Fact in Competition Cases, European Competition Law Review 1983, 85 ff.; *Mehdi,* La preuve devant les juridictions communautaires, in: La preuve devant les juridictions internationales, 2007, 165 ff.; *Ó Caoimh,* Standard of Proof, Burden of Proof, Standards of Review and Evaluation of Evidence in Antitrust and Merger Cases: Perspective of Court of Justice of the European Union, in: Ehlermann/Marquis, The Evaluation of Evidence and its Judicial Review in Competition Cases, European Competition Law Annual 2009, 271 ff.; *Ress,* Fact-finding at the European Court of Justice, in: Fact-finding before international tribunals, 11th Sokol Colloquium, 1992, 177 ff.; *Schuurmans,* Review of Facts in Administrative Law Procedures; A European Community Law Perspective, Review of European Administrative Law 2008, 5 ff.; *Sibony/Barbier de la Serre,* Charge de la preuve et théorie do contrôle en droit communautaire de la concurrence : pour un changement de la perspective, Revue trimestrielle de droit européen 2007, 205 ff.; *dies.,* Expert evidence before the EC Courts, CMLRev. 2008, 941 ff.

A. Sachverhaltsaufklärung im Verfahren vor den Gerichten der Europäischen Union

Die Aufgabenverteilung zwischen Parteien und Gericht bei der Ermittlung der tatsächlichen Entscheidungsgrundlagen wird vor dem EuGH, dem EuG und dem EuGöD durch ein Verfahren bestimmt, dass sowohl Elemente von **Verhandlungsgrundsatz** als 1

---

* Dieser Beitrag beruht in großen Zügen auf der zweiten Auflage dieses Werks und somit auf dem Beitrag von Sabine Hackspiel. Im Hinblick auf die Rechtsprechung beruht der Beitrag auf dem Stand Dezember 2012. Ferner gibt dieser Beitrag ausschließlich die persönliche Auffassung der Verfasserin wider und bindet in keinerlei Hinsicht die Institution, für die sie arbeitet.

§ 24 2   1. Teil. Rechtsschutz durch den Europäischen Gerichtshof

auch der **Untersuchungsmaxime** aufweist (oben § 21).[1] Die Maxime „*da mihi factum, dabo tibi ius*" gilt hier nicht uneingeschränkt.[2] Einerseits kann der Unionsrichter sich die tatsächlichen Grundlagen seiner Entscheidungen zum Teil selbst verschaffen, denn er ist zur Sachverhaltsaufklärung zwar nicht verpflichtet,[3] aber – im Rahmen der durch die Dispositionsmaxime gezogenen Grenzen – berechtigt.[4] Andererseits können die Parteien die Rechtsfragen nicht einfach dem Unionsrichter überlassen. Vielmehr beschränkt sich seine Prüfung in rechtlicher Hinsicht vorwiegend auf die vom Kläger erhobenen Rügen.

2   Maßnahmen zur Sachverhaltsaufklärung und Beweisaufnahmen finden hauptsächlich in **Direktklageverfahren** statt, während in **Vorabentscheidungsverfahren** normalerweise auf der Grundlage des vom nationalen Richter festgestellten Sachverhaltes[5] Rechtsfragen zu klären sind. Auch in Vorabentscheidungsverfahren kann die Ermittlung von Tatsachen und die Erhebung von Beweisen aber zulässig und erforderlich sein, und zwar insbesondere dann, wenn es um die Gültigkeit eines Rechtsaktes geht[6] und der EuGH z. B. prüfen muss, ob das Verfahren zum Erlass dieses Aktes ordnungsgemäß verlaufen ist.[7] Im **Rechtsmittelverfahren** werden normalerweise nur Rechtsfragen geprüft.[8] Ausnahmsweise kann aber auch hier eine Sachverhaltsfeststellung erforderlich sein, so, wenn dem Gericht, dessen Entscheidung überprüft wird, ein Verfahrensfehler vorgeworfen wird.[9]

---

[1] *Berger*, FS Schumann, S. 27 (29 ff.); *Castillo de la Torre*, in: European Competition Law Annual 2009, S. 319 (336); *Korsch*, Prozeßmaximen, in: Zehn Jahre Rechtsprechung des Gerichtshofs der Europäischen Gemeinschaften, 1965, S. 122 (123); *Lasok*, European Competition Law Review 1983, 85 (89); *Ress*, in: Fact-finding before international tribunals, S. 177 (183 f.).

[2] *Lenaerts/Arts/Maselis/Bray*, Procedural Law of the European Union, 2. Aufl. 2006, Rn. 24–073.

[3] Der Unionsrichter darf sich jedoch nicht darauf beschränken, die Behauptungen der Parteien wegen unzulänglichen Beweises zurückzuweisen, wenn es von ihm abhängt, einem Antrag auf Vorlage von Schriftstücken zu genehmigen, die Klarheit über die Begründetheit einer Rüge hätten bringen können (EuGH, Rs. C-119/97 P, *Ufex u. a./Kommission*, Slg. 1999, I-1341 Rn. 107 ff.).

[4] Nach Art. 24 der Satzung-EuGH kann der Unionsrichter von den Parteien die Vorlage aller Urkunden und die Erteilung aller Auskünfte verlangen, die er für wünschenswert hält. Zu dem entsprechenden Ermessen siehe z. B. *Castillo de la Torre*, in: European Competition Law Annual 2009, S. 319 (337) ; *Donnat*, Contentieux communautaire de l'annulation, 2008, S. 143 ; *Lenaerts/Arts/Maselis/Bray*, Procedural Law of the European Union, 2. Aufl. 2006, Rn. 24–074.

[5] *Ó Caoimh*, in: European Competition Law Annual 2009, S. 271 (276); *Schuurmans*, Review of European Administrative Law 2008, 5 (16).

[6] *Brealey*, ELR 1985, 250 (254); *Everling*, WuW 1989, 877; *Plender*, European Courts Procedure, Loseblattsammlung 2001, Rn. 11.017; *Ress*, in: Fact-finding before international tribunals, S. 177 (194 ff.).

[7] EuGH, Rs. C-269/90, *Technische Universität München/Hauptzollamt München-Mitte*, Slg. 1991, I-5469 (Fragen an die Kommission zur Ausgestaltung des streitigen Verfahrens).

[8] Vgl. Art. 58 Satzung-EuGH, Art. 11 Anhang I der Satzung-EuGH. Demzufolge können Rechtsmittel nach ständiger Rechtsprechung nicht auf die Würdigung von Tatsachen gestützt werden, da für die Feststellung von Tatsachen – sofern sich nicht aus den Prozessakten ergibt, dass die Feststellungen tatsächlich falsch sind – und für ihre Würdigung – sofern die vorgelegten Beweise nicht verfälscht werden – allein das EuG bzw. das EuGöD zuständig sind (EuGH, verb. Rs. C-204/00 P, C-205/00 P, C-211/00 P, C-213/00 P, C-217/00 P und C-219/00 P, *Aalborg Portland u. a./Kommission*, Slg. 2004, I-123 Rn. 48 f.; verb. Rs. C-403/04 P und C-405/04 P, *Sumitomo Metal Industries und Nippon Steel/Kommission*, Slg. 2007, I-729 Rn. 38; EuG, Rs. T-199/11 P, *Strack/Kommission* BeckRs 2012, 82651 Rn. 74.

[9] EuGH, Rs. C-480/99 P, *Plant u. a./Kommission und South Wales Small Mines*, Slg. 2002, I-265 Rn. 20.

Die Befugnisse der Gerichte der Europäischen Union zur Sachverhaltsaufklärung haben ihre **normative Grundlage** in den Art. 24 bis 29 Satzung-EuGH. Die Maßnahmen, die die Unionsgerichte zu diesem Zweck ergreifen können, sind in Art. 61 bis 74 VerfO-EuGH, Art. 49 und 64 bis 76 VerfO-EuG und Art. 54 bis 67 VerfO-EuGöD im Einzelnen geregelt. Die Verfahrensordnung des EuGH enthielt ursprünglich nur Regelungen über förmliche Beweisaufnahmen. Das EuG übernahm diese Bestimmungen in seine Verfahrensordnung von 1991 und führte in Art. 49 und Art. 64 zusätzlich Vorschriften über prozessleitende Maßnahmen ein, um seine Rolle als Tatsacheninstanz, die ihm der Rat im Beschluss zur Errichtung des EuG[10] übertragen hatte, besser erfüllen zu können. Der EuGH, der ohne ausdrückliche Regelung in der VerfO-EuGH vergleichbare Aufklärungsmaßnahmen unmittelbar auf die Satzung gestützt hatte, fügte im Jahre 2000[11] mit Art. 54 a VerfO-EuGH eine eigene Regelung über „vorbereitende Maßnahmen" ein. Seit der grundlegenden Reform der Verfahrensordnung des EuGH aus dem Jahre 2012 ist die ausdrückliche Möglichkeit, prozessleitende Maßnahmen zu ergreifen, nunmehr auch in den Verfahrensvorschriften des EuGH verankert.[12]

Die Vorschriften zum Beweisrecht in den Satzungen und Verfahrensordnungen sind im Verhältnis zu den Rechtsordnungen der Mitgliedstaaten lückenhaft.[13] Dies erklärt sich vielleicht dadurch, dass dem Beweisrecht in den Verfahren vor dem EuGH eine geringe praktische Bedeutung zukommt und sich die Verfahrensordnungen des EuG und des EuGöD in Beweisfragen weitgehend an der Verfahrensordnung des EuGH orientieren.[14] Da Streit um Tatsachen insbesondere in den Verfahren vor dem EuG und EuGöD vorkommt, machen diese Gerichte von der Beweisaufnahme wesentlich mehr Gebrauch als der EuGH. In diesem Zusammenhang ist daran zu erinnern, dass das EuG gerade mit dem Ziel geschaffen wurde, in Fällen, deren Entscheidung eine eingehende Prüfung komplexer Sachverhalte erfordert, die notwendige tatsächliche Aufklärung zu betreiben.[15] In der Praxis des EuG und EuGöD spielen aber die prozessleitenden Maßnahmen eine sehr viel wichtigere Rolle als die förmlichen Beweisaufnahmen.

Als **Gegenstand des Beweises** kommen wie im nationalen Recht **Tatsachen** und **Erfahrungssätze** in Betracht. Nicht beweisbedürftig sind Tatsachen, die offenkundig oder gerichtsbekannt sind,[16] sowie solche Tatsachen, für die im Recht der Europäischen Union eine Vermutung aufgestellt wird, wenn die Parteien keine Anhaltspunkte für einen abweichenden Sachverhalt darlegen. Ferner ist darauf hinzuweisen, dass der Unionsrichter nicht so streng an das Parteivorbringen gebunden ist wie der nationale Richter im Zivilprozess. Er kann seine Entscheidung auf das gesamte Vorbringen der Parteien und auf die Ergebnisse von prozessleitenden Maßnahmen und Beweisaufnahmen

---

[10] ABl. 1988 L 319/1. Der Vertrag von Nizza hat diesen Beschluss aufgehoben und seine wesentlichen Bestimmungen in die Satzung-EuGH aufgenommen.
[11] Änderungen der Verfahrensordnung vom 16.5.2000, ABl. 2000 L 122/43.
[12] Art. 61 und 62 VerfO-EuGH, ABl. 2012 C 337/1. Ferner kann der EuGH in Vorabentscheidungsverfahren nach Art. 101 VerfO-EuGH das vorlegende Gericht um Klarstellungen ersuchen.
[13] Allgemein zum Beweisrecht *Berger*, FS Schumann, S. 27 ff.; *Everling*, WuW 1989, S. 877 ff.; *Lasok*, The European Court of Justice, Practice and Procedure, 2. Aufl. 1994, S. 344 ff.; *Lenaerts/Arts/Maselis/Bray*, Procedural Law of the European Union, 2. Aufl. 2006, Rn. 24-072 ff.; *Plender*, European Courts Procedure, Loseblattsammlung 2001, Rn. 10.094 ff., 11.001 ff.
[14] Dies gilt, obwohl der EuGH seine Verfahrensordnung aus dem Jahre 1991 zwischenzeitlich einer grundlegenden Reform unterzogen hat (vgl. ABl. 2012 C 337/1).
[15] Vgl. den Beschluss zur Errichtung des EuG, ABl. 1988, L 319/1, 3. Begründungserwägung.
[16] *Ó Caoimh*, in: European Competition Law Annual 2009, S. 271 (275).

stützen, unabhängig davon, welche Partei diese Tatsachen in den Prozess eingeführt hat. Eine Bindung des Unionsrichters an nicht bestrittene Tatsachenbehauptungen der Parteien besteht nicht. Allerdings wird er unstreitige Tatsachen normalerweise nicht von Amts wegen überprüfen.[17] **Rechtssätze** des Unionsrechts kommen als Gegenstand des Beweises nicht in Betracht. Fraglich ist dagegen, wie das Recht der Mitgliedstaaten zu behandeln ist. Neben dem Studium der nationalen Rechtsquellen durch die Richter[18] kommt als Erkenntnisgrundlage der Parteivortrag in Betracht. So hat der EuGH im Urteil zum deutschen Reinheitsgebot für Bier die Darstellung des deutschen Rechts durch die Bundesregierung seinem Urteil mit dem Hinweis zugrunde gelegt, dass die Kommission dieser Darstellung nicht widersprochen hatte.[19] Daneben können Fragen an den Mitgliedstaat, um dessen Recht es geht (und der nicht zu den Parteien des Rechtsstreits zu gehören braucht), gestellt werden.

B. Darlegungs- und Beweislast

6   Auch in Verfahren vor den Gerichten der EU kann zwischen **subjektiver** oder formeller Beweislast und **objektiver** oder materieller **Beweislast** unterschieden werden, wobei Anhaltspunkte hierfür in erster Linie aus der Rechtsprechung abgeleitet werden können.[20] Während die subjektive Beweislast dafür maßgeblich ist, welcher der Beteiligten den Tatsachenstoff vorzutragen und ggf. die erforderlichen Beweisanträge unter Angabe der jeweiligen Beweismittel zu stellen hat, ergibt sich aus den Regeln über die objektive Beweislast, wie die Richter zu entscheiden haben, wenn der Sachverhalt nicht aufgeklärt werden kann. Die Frage der subjektiven Beweislast (oder Beweisführungslast) stellt sich nur in Verfahren, in denen die Verhandlungsmaxime gilt. Die objektive Beweislast (sog. Feststellungslast) ist dagegen auch im Anwendungsbereich des Untersuchungsgrundsatzes von Bedeutung.

7   Das Verfahren vor den Gerichten der EU mit seiner Mischung aus Verhandlungs- und Untersuchungsgrundsatz kennt nicht nur die objektive, sondern auch die **subjektive Beweislast**. Auch wenn die Unionsgerichte den Sachverhalt von Amts wegen aufklären können, sind sie bei der Entscheidungsfindung weitgehend auf den Vortrag der Verfahrensbeteiligten angewiesen.[21] Die Sachverhaltsaufklärung durch den Unionsrichter ist fakultativ und hat gegenüber dem Parteivortrag nur ergänzende Funk-

---

[17] *Lasok*, The European Court of Justice, Practice and Procedure, 2. Aufl. 1994, S. 344 f.
[18] Bei dem sie vom wissenschaftlichen Dienst des EuGH durch Vermerke zum nationalen Recht (sog. *notes de recherche*) unterstützt werden können.
[19] EuGH, Rs. 178/84, *Kommission/Deutschland*, Slg. 1987, 1227 Rn. 3.
[20] GA *Kokott*, SchlA Rs. C-105/04 P, *Nederlandse Federatieve Vereniging voor de Groothandel op Elektrotechnisch Gebied/Kommission*, Slg. 2006, I-8725 Rn. 73; GA *Kokott*, SchlA Rs. C-8/08, *T-Mobile Netherlands u. a.*, Slg. 2009, I-4529 Fn. 60. Die englischsprachige, vom *common law* beeinflusste Literatur unterscheidet in diesem Zusammenhang zwischen „*legal burden of proof*" bzw. „*burden of persuasion*" und „*evidential burden of proof*" bzw. „*burden of adducing evidence*" (vgl. z.B. *Brealey*, ELR 1985, 250 ff.; *Lasok*, The European Court of Justice, Practice and Procedure, 2. Aufl. 1994, S. 420 f.; *Nazzini*, The wood began to move: an essay on consumer welfare, evidence and burden of proof in Article 82 EC cases, ELR 2006, 518 [524]). Siehe auch *Castillo de la Torre*, in: European Competition Law Annual 2009, S. 319 (330 ff.).
[21] *Everling*, WuW 1989, 877 (880).

tion.²² Insbesondere obliegt es dem Kläger, seine Klagegründe sowohl in tatsächlicher als auch in rechtlicher Hinsicht schlüssig darzustellen und seinen Vortrag, so weit möglich, durch Dokumente oder sonstige Beweismittel zu belegen. Nur wenn der Kläger die Voraussetzungen der Zulässigkeit und Begründetheit seiner Klage, bzw. der Beklagte seine Verteidigungsmittel substantiiert darlegt,²³ haben die Unionsgerichte Anlass, den Sachverhalt, wenn nötig, weiter aufzuklären.²⁴ Ist das Vorbringen einer Partei dagegen nicht ausreichend substantiiert, wird es normalerweise ohne weitere Aufklärungsmaßnahmen zurückgewiesen.

Für die **Verteilung der objektiven Beweislast** in den Verfahren vor den europäischen Gerichten existieren so gut wie keine ausdrücklichen Vorschriften.²⁵ Rechtsprechung und Literatur haben zumeist auf **verfahrensrechtliche Erwägungen** zurückgegriffen,²⁶ um Beweislastregeln für die verschiedenen Verfahren vor den europäischen Gerichten zu entwickeln. So wird oft der Grundsatz *actor incumbit probatio* herangezogen, der auf die Parteirolle abstellt und nach dem der Kläger die Beweislast für die zur Begründung seiner Klage erforderlichen Behauptungen trägt, während der Beklagte sein Verteidigungsvorbringen beweisen muss, so weit es sich nicht auf das Bestreiten des Klägervortrags beschränkt.²⁷ *Ule*²⁸ hält das „Wesen des Prozesses" für ausschlaggebend und unterscheidet nach den verschiedenen Klagearten. Dem steht ein **materiellrechtlicher Ansatz** gegenüber, dessen Vertreter sich teils an die Normentheorie *Rosenbergs* anlehnen, nach der derjenige, der sich auf eine Norm beruft, deren tatsächliche Voraussetzungen zu beweisen hat, während rechtshindernde, rechtsvernichtende und rechtshemmende Tatsachen vom Gegner zu beweisen sind.²⁹ Eine Variante dieser Auffassung will die Verteilung der Beweislast „nach materiellrechtlichen Gesichtspunkten [vornehmen], die aufgrund der Auslegung des materiellen Gemeinschaftsrechts nach Wortlaut, Systematik, Sinn und Zweck sowie Entstehungsgeschichte und Zielen – zu ermitteln sind".³⁰ Die Rechtsprechung lässt nicht immer erkennen, auf

---

²² *Lenaerts/Arts/Maselis/Bray,* Procedural Law of the European Union, 2. Aufl. 2006, Rn. 24-074; *Berger,* FS Schumann, S. 27 (30).
²³ GA *Kokott* spricht in diesem Zusammenhang vom Wechselspiel der Darlegungslasten, das der Beweislast vorgelagert ist (SchlA Rs. C-105/04 P, *Nederlandse Federatieve Vereiniging voor de Groothandel op Elektrotechnisch Gebied/Kommission,* Slg. 2006, I-8725 Rn. 73).
²⁴ *Brealey,* ELR 1985, 250 (252), *Everling,* WuW 1989, 884; *Lenaerts/Arts/Maselis/Bray,* Procedural Law of the European Union, 2. Aufl. 2006, Rn. 24-74; *Schuurmans,* Review of European Administrative Law 2008, 5 (17).
²⁵ *Baumhof,* Beweislast, S. 21. Eine Ausnahme bildet Art. 2 der VO (EG) Nr. 1/2003. Dieser Vorschrift zu Folge obliegt in den Verfahren zur Anwendung der Art. 101 und 102 AEUV die Beweislast für eine Zuwiderhandlung gegen Art. 101 Abs. 1 AEUV oder Art. 102 AEUV der Kommission. Die Beweislast dafür, dass die Voraussetzungen von Art. 101 Abs. 3 AEUV erfüllt sind, obliegt allerdings den Unternehmen oder Unternehmensvereinigungen, die sich auf diese Bestimmung berufen.
²⁶ Ausführlich zu den verschiedenen Meinungen *Baumhof,* Beweislast, S. 44 ff.
²⁷ Z.B. *Brealy,* ELR 1985, 250 (255); weitere Nachweise bei *Baumhof,* Beweislast, S. 45 Fn. 3. Siehe betreffend das Wettbewerbsrecht auch *Sibony/Barbier de la Serre,* Revue trimestrielle de droit européen 2007, 205 (219 f.).
²⁸ *Ule,* Empfiehlt es sich, die Bestimmungen des europäischen Gemeinschaftsrechts über den Rechtsschutz zu ändern oder zu ergänzen?, Gutachten für den 46. Deutschen Juristentag, 1966, S. 84 ff.
²⁹ Z.B. *André,* Beweisführung und Beweislast, S. 195.
³⁰ *Baumhof,* Beweislast, S. 114.

welche Grundsätze sie ihre Beweislastentscheidungen stützt, zumal die unterschiedlichen Ansichten oft zu den gleichen Lösungen führen. Es lassen sich jedoch Faustregeln für verschiedene Verfahrensarten erkennen, die von Fall zu Fall im Hinblick auf die anwendbaren materiellen Rechtsnormen angepasst werden.

9 Im **Vertragsverletzungsverfahren** obliegt es so der Kommission, das Vorliegen eines Verstoßes gegen unionsrechtliche Vorschriften zu beweisen.[31] Der EuGH klärt den Sachverhalt normalerweise nicht weiter auf, wenn der Kommission dieser Nachweis nicht mit ihren eigenen Mitteln gelingt. So hat er den Antrag der Kommission auf Einholung eines Sachverständigengutachtens zum Beweis der Vertragsverletzung eines Mitgliedstaates zurückgewiesen.[32] Beruft sich aber der beklagte Mitgliedstaat auf eine Ausnahmeregelung, so obliegt ihm normalerweise der Nachweis, dass der Ausnahmetatbestand erfüllt ist.[33] Wenn sich ein Mitgliedstaat auf die Verletzung seiner Verteidigungsrechte beruft, da es ihm die zu lange Dauer des Vorfahrens erschwert, die Argumente der Kommission zu widerlegen, obliegt es ihm, den entsprechenden Nachweis zu führen.[34]

10 Bei **Schadensersatzklagen**[35] obliegt dem Kläger der Nachweis des rechtswidrigen Verhaltens[36] des beklagten Organs, des Schadens[37] und des Kausalzusammenhanges.[38] Mitverschulden des Geschädigten hat dagegen das beklagte Organ zu beweisen.[39] Ausnahmsweise kann es zu einer **Beweislastumkehr** kommen, wenn der Beklagte besser in der Lage ist als der Kläger, den Beweis dafür zu erbringen, welcher von mehreren möglichen Umständen den Schaden verursacht hat.[40] Eine solche Sphärentheorie wendete der EuGH in einem Fall an, in dem ein Beamter Ersatz für Körperschäden verlangte, die er bei einem Verkehrsunfall während einer Dienstfahrt erlitten hatte. Zu dem Unfall war es durch die Ablösung der Laufflüche des Reifens an dem verwendeten Dienstwagen gekommen, wofür nach einem Sachverständigengutachten verschiedene Ursachen in Betracht kamen, zu denen auch Wartungsmängel gehörten. Da die beklagte Kommission keinerlei Beweis dafür angetreten hatte, welche dieser möglichen Ursachen vorgelegen hatte, obwohl es sich um Umstände in ihrer Sphäre handelte, ent-

---

[31] EuGH, Rs. 96/81, *Kommission/Niederlande*, Slg. 1982, 1791 Rn. 6; Rs. C-562/10, *Kommission/Deutschland*, BeckRS 2012, 81450 Rn. 41; *Ule*, Empfiehlt es sich, die Bestimmungen des europäischen Gemeinschaftsrechts über den Rechtsschutz zu ändern oder zu ergänzen?, Gutachten für den 46. Deutschen Juristentag, 1966, S. 84 f.; *Everling*, WuW 1989, 877 (885). Ausführlich zur Entwicklung der Rechtsprechung *Baumhof*, Beweislast, S. 116 ff.

[32] EuGH, Rs. 141/87, *Kommission/Italien*, Slg. 1989, 943 Rn. 17.

[33] EuGH, Rs. C-275/08, *Kommission/Deutschland*, Slg. 2009, I-168 Rn. 56; Rs. C-239/06, *Kommission/Italien*, Slg. 2009, I-11913 Rn. 50.

[34] EuGH, Rs. C-546/07, *Kommission/Deutschland*, Slg. 2010, I-439 Rn. 22.

[35] Dazu ausführlich *Baumhof*, Beweislast, S. 263 ff.

[36] EuGH, Rs. 244/83, *Meggle/Rat und Kommission*, Slg. 1986, 1101 Rn. 26-27.

[37] EuGH, Rs. C-237/98 P, *Dorsch Consult/Rat und Kommission*, Slg. 2000, I-4549 Rn. 23; Rs. C-481/07 P, *SELEX Sistemi Integrati/Kommission*, Slg. 2009, I-127 Rn. 36.

[38] EuGH, verb. Rs. C-363/88 und C-364/88, *Finsider u. a./Kommission*, Slg. 1992, I-359 Rn. 25; EuG, verb. Rs. T-440/03, T-121/04, T-171/04, T-208/04, T-365/04 und T-484/04, *Arizmendi u. a./Rat und Kommission*, Slg. 2009, II-4883 Rn. 85; *Everling*, WuW 1989, 877 (884); *Baumhof*, Beweislast, S. 27 und 250 ff. m.w.N.

[39] EuGH, Rs. 5/66, 7/66, 13/66 bis 24/66, *Kampffmeyer u. a./Kommission*, Slg. 1967, 317, 357.

[40] EuGH, verb. Rs. 169/83 und 136/84, *Leussink-Brummelhuis/Kommission*, Slg. 1986, 2801 Rn. 17; kritisch *Baumhof*, Beweislast, S. 259 f.

schied der Gerichtshof zugunsten des Klägers, der behauptet hatte, ein Amtsfehler der Kommission in Form eines Wartungsmangels sei für den Unfall ursächlich gewesen.

Bei der **Untätigkeitsklage** trägt der Kläger die Beweislast für die Tatsachen, aus denen sich die Pflicht der Kommission zum Handeln und deren Verletzung ergibt,[41] sowie für die ordnungsgemäße Durchführung des Vorverfahrens. 11

Im Hinblick auf die **Nichtigkeitsklage** ist zu betonen, dass für die Handlungen der Organe der Europäischen Union grundsätzlich die Vermutung der Gültigkeit (presomption de léqalité) spricht.[42] Hieraus wird abgeleitet, dass derjenige, der sich auf die Ungültigkeit einer solchen Handlung beruft, den Nachweis dafür erbringen muss.[43] Demzufolge trifft die Beweislast bei einer Nichtigkeitsklage häufig den Kläger in Bezug auf das, was er geltend macht.[44] Beispielsweise wurde bereits entschieden, dass dem Unternehmen, das im Rahmen von einem Dumpingverfahren eine individuelle Behandlung beantragt, die Beweislast für das Vorliegen der Voraussetzungen für so eine Behandlung obliegt.[45] Ferner hat der Unionsrichter auf dem Gebiet der staatlichen Beihilfen bereits klargestellt, dass es dem Mitgliedstaat, der eine Differenzierung zwischen Unternehmen im Bereich von Belastungen vorgenommen hat, obliegt darzutun, dass diese tatsächlich durch die Natur und den inneren Aufbau des fraglichen Systems gerechtfertigt ist.[46] Ebenfalls wurde bereits entschieden, dass der Kläger bei einem Verfahren, das auf die Kontrolle einer Entscheidung auf dem Gebiet des Zugangs der Öffentlichkeit zu Dokumenten gerichtet ist, das überwiegende öffentliche Interesse an der Verbreitung eines Dokuments geltend macht, darzutun hat, dass in Anbetracht der spezifischen Umstände des Einzelfalls dieses Interesse so akut ist, dass es das Schutzbedürfnis des streitigen Dokuments überragt.[47] 12

In einigen Bereichen – insbesondere im Falle der Beurteilung komplexer wirtschaftlicher oder technischer Fragen – steht den Organen bei ihren Handlungen ein weiter Ermessensspielraum zu, dem eine **eingeschränkte Rechtmäßigkeitskontrolle** der Unionsgerichte entspricht. Diese prüfen nur, ob die Verfahrensregeln und die Vorschriften über die Begründung eingehalten wurden, ob der Sachverhalt zutreffend festgestellt wurde und ob kein offensichtlicher Beurteilungsfehler und kein Ermessensmissbrauch vorliegen.[48] Hier trifft die Beweislast für das Vorliegen eines offensichtlichen Beurteilungsfehlers den Kläger.[49] Auch den **Ermessensmissbrauch** im Sinne von Art. 263 13

---

[41] *Ule*, Empfiehlt es sich, die Bestimmungen des europäischen Gemeinschaftsrechts über den Rechtsschutz zu ändern oder zu ergänzen?, Gutachten für den 46. Deutschen Juristentag, 1966, S. 85.

[42] EuGH, Rs. C-137/92 P, *Kommission/BASF u. a.*, Slg. 1994, I-2555 Rn. 48; neuere Rechtsprechung spricht vom Grundsatz der Vermutung der Rechtmäßigkeit der Rechtsakte der Unionsorgane (siehe EuGH Rs. C-27/05 P Rn. 74, *Frankreich/People's Mojahedin Organization of Iran*).

[43] EuGH, Rs. 166/78, *Italien/Rat*, Slg. 1979, 2575 Rn. 15; EuG, Rs. T-340/04, *France Télécom/Kommission*, Slg. 2007, II-573 Rn. 131.

[44] *Brealy*, ELR 1985, 250 (255); *Donnat*, Contentieux communautaire de l'annulation, 2008, S. 138.

[45] EuG, Rs. T-269/10, *LIS/Kommission* BeckEuRS 2012, 81947 Rn. 42.

[46] EuGH, Rs. C-159/01, *Niederlande/Kommission*, Slg. 2004, I-4461 Rn. 42, 43.

[47] EuG, Rs. T-84/03, *Turco/Rat*, Slg. 2004, II-4061 Rn. 83.

[48] EuG, Rs. T-13/99, *Pfizer Animal Health/Rat*, Slg. 2002, II-3305 Rn. 166; Rs. T-201/04, *Microsoft/Kommission*, Slg. 2007, II-3601 Rn. 87; Rs. T-390/08, *Bank Melli Iran/Rat*, Slg. 2009, II-3967 Rn. 36.

[49] EuG, Rs. T-201/04, *Microsoft/Kommission*, Slg. 2007, II-3601 Rn. 380.

AEUV muss der Kläger nachweisen. Dazu muss er objektive, schlüssige und übereinstimmende Anhaltspunkte beibringen, aus denen sich der Schluss ziehen lässt, dass mit dem angefochtenen Akt ein anderer als der angegebene Zweck verfolgt wurde.[50]

14 Falls jedoch die Klage auf die Nichtigerklärung eines Rechtsaktes eines Organs der Europäischen Union gerichtet ist, durch den Sanktionen verhängt wurden, trifft die Beweislast für das Vorliegen einer Zuwiderhandlung die beklagte Partei. Somit obliegt im **Wettbewerbsrecht** grundsätzlich der Kommission der Nachweis, dass ein Wettbewerbsverstoß vorliegt,[51] insbesondere, dass ein Unternehmen sich an einem Kartell beteiligt hat,[52] (siehe auch oben Fn. 25) und wie lange die Zuwiderhandlung gedauert hat.[53] Beim Nachweis des Vorliegens einer Zuwiderhandlung gegen das Wettbewerbsrecht kann sich die Kommission jedoch auf ein Bündel von Indizien stützen.[54] Ausgehend von der Unschuldsvermutung kommen eventuelle Zweifel dem Kläger zugute.[55] In gewissen Fällen genügt eine widerlegbare Vermutung, um den Nachweis einer Zuwiderhandlung zu erbringen,[56] bzw. um eine Muttergesellschaft in Haftung nehmen[57] zu können. Falls die Freistellung nach Art. 101 Abs. 3 AEUV beantragt wird, trägt das betroffene Unternehmen die Beweislast.[58]

15 Sofern die Verhängung **restriktiver Maßnahmen** im Rahmen der Gemeinsamen Außen- und Sicherheitspolitik, wie z.B. das Einfrieren von Geldern, Verfahrensgegenstand ist, kann der Rechtsprechung entnommen werden, dass die Beweislast dafür, dass diese Maßnahmen nach den einschlägigen Rechtsvorschriften gerechtfertigt sind, dem Rat obliegt.[59]

---

[50] EuGH, verb. Rs. C-186/02 P und 188/02 P, *Ramondín u. a./Kommission*, Slg. 2004, I-10653 Rn. 44.

[51] EuGH, Rs. C-89/11 P, *E.ON Energie/Kommission,* BeckRs 2012, 81296 Rn. 71.

[52] EuGH, Rs. C-185/95 P, *Baustahlgewerbe/Kommission*, Slg. 1998, I-8417 Rn. 58; verb. Rs. C-204/00 P, C-205/00 P, C-211/00 P, C-213/00 P, C-217/00 P und C-219/00 P, *Aalborg Portland u. a./Kommission*, Slg. 2004, I-123 Rn. 78; EuG. verb. Rs. T-122/07 bis T-124/07, *Siemens Österreich u. a./Kommission*, Slg. 2011, II-793 Rn. 52; siehe auch Art. 2 der VO (EG) Nr. 1/2003 und oben Fn. 25.

[53] EuG, Rs. T-43/92, *Dunlop Slazenger/Kommission*, Slg. 1994, II-441 Rn. 79; Rs. T-439/07, *Coats Holdings/Kommission* BeckEuRs 2012, 680544 Rn. 161.

[54] EuGH, verb. Rs. C-204/00 P, C-205/00 P, C-211/00 P, C-213/00 P, C-217/00 P und C-219/00 P, *Aalborg Portland u. a./Kommission*, Slg. 2004, I-123 Rn. 57; Rs. C-407/08 P, *Knauf Gips/Kommission*, Slg. 2010, I-6375 Rn. 47-49; Rs. C-441/11 P, *Kommission/Verhuizingen Coppens*, BeckRs 2012, 81393 Rn. 70, 71.

[55] EuGH, Rs. C-199/92 P, *Hüls/Kommission*, Slg. 1999, I-4287 Rn. 149-150; Rs. C-89/11 P, *E.ON Energie/Kommission,* BeckRs 2012, 81296 Rn. 72; EuG, verb. Rs. T-44/02 OP, T-54/02 OP, T-56/02 OP, T- 60/02 OP und T-61/02 OP, *Dresdner Bank u. a./Kommission*, Slg. 2006, II-3567 Rn. 60.

[56] EuGH, verb. Rs. C-403/04 P und C-405/04 P, *Sumitomo Metal Industries und Nippon Steel/Kommssion*, Slg. 2007, I-729 Rn. 47.

[57] EuGH, Rs. C-97/08 P, *Akzo Nobel u. a./Kommission*, Slg. 2009, I-8237 Rn. 60-62.

[58] EuGH, verb. Rs. C-501/06 P, C-513/06 P, C-515/06 P und C-519/06 P, *GlaxoSmithKline Services u. a./Kommission u. a.*, Slg. 2009, I-9291, Rn. 83.

[59] EuG, Rs. T-284/08, *People's Mojahedin Organization of Iran/Rat*, Slg. 2008, II-3487 Rn. 54. In diesem Zusammenhang siehe auch Rs. T-390/08, *Bank Melli Iran/Rat*, Slg. 2009, II-3967 Rn. 37, 107.

C. Prozessleitende Maßnahmen

Gemäß Art. 24 Satzung-EuGH können EuGH, EuG und EuGöD von den Parteien 16
die **Vorlage aller Urkunden** und die **Erteilung sämtlicher Auskünfte** verlangen, die sie für wünschenswert halten. Darüber hinaus erlaubt Art. 24 Abs. 2 Satzung-EuGH das Einholen von Auskünften bei Mitgliedstaaten und Organen, Einrichtungen und sonstigen Stellen, die nicht Parteien sind. Nach Art. 25 Satzung-EuGH können die Unionsgerichte zudem jederzeit Gutachten in Auftrag geben und gemäß Art. 26 Satzung-EuGH Zeugen vernehmen. Obwohl die Einholung von Gutachten und die Vernehmung von Zeugen lediglich im Rahmen einer formellen Beweisaufnahme (siehe unten D.) angeordnet werden können, erfolgt das Anfordern von Auskünften und Unterlagen häufig formlos und ohne Beweisbeschluss. Beim EuG (vgl. Art. 49 und 64 VerfO-EuG) und EuGöD (vgl. Art. 54-56 VerfO-EuGöD) geschieht dies durch prozessleitende Maßnahmen. Wie bereits erwähnt, kann der EuGH seit der grundlegenden Reform seiner Verfahrensordnung im Jahre 2012 ebenfalls prozessleitende Maßnahmen beschließen (vgl. Art. 61, 62 VerfO-EuGH).

Im Verfahren vor dem **EuGH** können prozessleitende Maßnahmen neben den in 17
Art. 24 Satzung-EuGH vorgesehenen Maßnahmen darin bestehen, bestimmte Fragen an die Verfahrensbeteiligten zur schriftlichen oder zur mündlichen Beantwortung zu stellen. Zugleich sollen sie, in den Verfahren, in denen eine mündliche Verhandlung durchgeführt wird, dazu dienen, die Verfahrensbeteiligten aufzufordern, ihre Plädoyers auf gewisse Fragen zu konzentrieren. Prozessleitende Maßnahmen können sowohl von der zuständigen Kammer als auch vom Berichterstatter oder vom Generalanwalt beschlossen werden. Wenn so einer Aufforderung nicht nachgekommen wird, sind keine Sanktionen vorgesehen. In der Praxis kommt dies in den Verfahren vor dem EuGH jedoch kaum vor. Ferner ist auf die Sonderregelung für das **Vorabentscheidungsverfahren** hinzuweisen. Nach Art. 101 VerfO-EuGH kann der Gerichtshof nach Anhörung des Generalanwalts das vorlegende Gericht um Klarstellungen ersuchen.

Nach Art. 64 VerfO-EuG kann das **EuG** prozessleitende Maßnahmen beschließen, 18
um die Vorbereitung seiner Entscheidungen, den Verfahrensablauf, die Beweiserhebung und eine eventuelle gütliche Einigung der Parteien zu erleichtern. Dazu kann es insbesondere den Parteien Fragen stellen, sie auffordern, zu bestimmten Aspekten des Rechtsstreits Stellung zu nehmen und ihr Vorbringen zu ergänzen, von den Parteien und sogar von Dritten Auskünfte verlangen, sich Unterlagen oder Beweismittel vorlegen lassen und die Parteien oder ihre Prozessbevollmächtigten zu Sitzungen laden. Solche informellen **Erörterungstermine** (*réunions informelles*) können sowohl darauf abzielen, eine Einigung zwischen den Parteien herbeizuführen, als auch dazu, den weiteren Verlauf des Verfahrens im Einvernehmen mit den Parteien zu gestalten. Z.B. kann in komplexen Verfahren, etwa bei der Anfechtung von Bußgeldentscheidungen, die eine Vielzahl von Unternehmen betreffen, durch eine solche Sitzung die mündliche Verhandlung so vorbereitet werden, dass sich die Plädoyers auf diejenigen Punkte konzentrieren können, die einer mündlichen Erörterung bedürfen, und dass die Prozessvertreter der verschiedenen Parteien ihr Vorbringen miteinander abstimmen, um Wiederholungen zu vermeiden. So kann der Verfahrensablauf flexibel auf die jeweiligen Besonderheiten einer Rechtssache abgestimmt werden. Ebenfalls werden im

Rahmen solcher informellen Sitzungen häufig Fragen der vertraulichen Behandlung von Schriftsätzen bzw. deren Anlagen erörtert.

19 Prozessleitende Maßnahmen werden in den Verfahren vor dem EuG – anders als Beweisaufnahmen – nicht durch förmlichen Gerichtsbeschluss angeordnet, sondern vom zuständigen Spruchkörper entschieden und den Parteien durch ein Schreiben des Kanzlers mitgeteilt. Das EuG macht insbesondere von der Möglichkeit, den Parteien Fragen zu stellen und sich dadurch genauere Kenntnis des Sachverhalts zu verschaffen oder Unklarheiten im Parteivorbringen auszuräumen, häufig Gebrauch.[60] Die **Mitwirkung der Parteien** an diesen Maßnahmen ist **freiwillig**, Zwangs- oder Sanktionsbefugnisse stehen dem Unionsrichter insoweit nicht zu.[61] In der Praxis wird die Mitwirkung an prozessleitenden Maßnahmen insbesondere dann verweigert, wenn die betroffene Partei – häufig die Kommission – Unterlagen vorlegen soll, die ihrer Auffassung nach dem Kläger gegenüber vertraulich sind bzw. ihm nicht zugestellt werden sollten. In so einem Fall kann ein förmlicher Beweisbeschluss erforderlich werden.[62] Sofern die Weigerung der Vorlage von Urkunden und der Erteilung von Auskünften nach Art. 24 Abs. 1 Satzung-EuGH auch nach einem Beweisbeschluss erfolgt, wird sie ausdrücklich festgestellt. Ob neben dieser Feststellung weitere Rechtsfolgen mit der Weigerung verbunden sind, ist nicht ausdrücklich geregelt, doch hat der Unionsrichter in seiner das Verfahren beendenden Entscheidung daraus die Konsequenzen zu ziehen.[63]

20 Prozessleitende Maßnahmen können in jedem Stadium des Verfahrens vor dem EuG (Art. 49 VerfO-EuG) **von Amts wegen** oder **auf Antrag** angeordnet werden. Nach dem Ende der mündlichen Verhandlung können prozessleitende Maßnahmen jedoch nur beantragt werden, wenn deren Wiedereröffnung beschlossen wird.[64] Damit einem Antrag auf prozessleitende Maßnahmen, der auf die Vorlage bestimmter Unterlagen gerichtet ist, stattgegeben werden kann, muss dieser die erbetenen Dokumente hinreichend bezeichnen und dem Gericht zumindest einen Anhaltspunkt dafür geben, dass diese Unterlagen für das Verfahren zweckdienlich sind.[65] Ferner muss der Antragsteller, wenn der Antrag auf prozessleitende Maßnahmen zu einem Zeitpunkt gestellt wird, in dem neue Beweismittel in das Verfahren nicht mehr eingebracht werden können,

---

[60] *Jaeger*, The Court of First Instance and Competition Law Litigation, in: Kanninen/Korjus/Rosas, EU Competition Law in Context: Essays in Honour of Virpi Tiili, 2009, S. 10 (11); *Lenaerts/Arts/Maselis/Bray*, Procedural Law of the European Union, 2. Aufl. 2006, Rn. 24-076.

[61] EuG, Rs. T-560/08 P, *Kommission/Meierhofer*, Slg. 2010, II-1739 Rn. 73; *Lenaerts/Arts/Maselis/Bray*, Procedural Law of the European Union, 2. Aufl. 2006, Rn. 24-079; *Wägenbaur*, EuGH VerfO, Satzung und Verfahrensordnungen EuGH/EuG, 2008, S. 39.

[62] EuG, Rs. T-299/05, *Shanghai Excell M&E Enterprise und Shanghai Adeptech Precision/Rat*, Slg. 2009, II-565 Rn. 25, 26; Rs. T-560/08 P, *Kommission/Meierhofer*, Slg. 2010, II-1739 Rn. 72; Rs. T-112/07, *Hitachi u. a./Kommission*, Slg. 2011, II-3871 Rn. 18, 19; Rs. T-151/07, *KONE u. a./Kommission*, Slg. 2011, II-5313 Rn. 25.

[63] EuG, Rs. T-560/08 P, *Kommission/Meierhofer*, Slg. 2010, II-1739 Rn. 73; EuGH, Rs. 155/78, *M./Kommission*, Slg. 1980, 1797 Rn. 20, 21.

[64] EuGH, Rs. C-199/92 P, *Hüls/Kommission*, Slg. 1999, I-4287 Rn. 126. In diesem Zusammenhang ist auch auf Rn. 128 desselben Urteils hinzuweisen, wonach einem Antrag auf Wiedereröffnung der mündlichen Verhandlung nur stattzugeben ist, wenn die betroffene Partei sich auf Tatsachen von entscheidender Bedeutung beruft, die sie nicht schon vor dem Ende der mündlichen Verhandlung geltend machen konnte.

[65] EuGH, Rs. C-185/95 P, *Baustahlgewebe/Kommission*, Slg. 1998, I-8417 Rn. 93; EuG, Rs. T-151/05, *NVV u. a./Kommission*, Slg. 2009, II-1219 Rn. 218.

begründen, warum der Antrag nicht früher gestellt werden konnte.⁶⁶ Bevor dem Antrag einer Partei auf Erlass oder Abänderung einer prozessleitenden Maßnahme stattgegeben wird, sind die anderen Parteien zu hören (Art. 64 § 4 VerfO-EuG). Wenn das EuG nicht gewillt ist, einem Antrag auf prozessleitende Maßnahmen stattzugeben, trifft es eine entsprechende Entscheidung in der Regel erst im Urteil oder im Beschluss, der das Verfahren beendet.⁶⁷

Zu den Ergebnissen prozessleitender Maßnahmen ist den Parteien rechtliches Gehör zu gewähren. Das kann durch Gelegenheit zur schriftlichen Stellungnahme oder in der mündlichen Verhandlung geschehen. Die Präklusion neuer Angriffs- und Verteidigungsmittel nach Art. 48 § 2 VerfO-EuG hindert das Gericht nicht daran, neue tatsächliche oder rechtliche Elemente, die sich durch die prozessleitenden Maßnahmen ergeben haben, bei seiner Entscheidung zu berücksichtigen.⁶⁸

Die Verfahrensvorschriften des **EuGöD** in Bezug auf prozessleitende Maßnahmen unterscheiden sich nur unwesentlich von den vor dem EuG anwendbaren Regeln. Eine der größten Unterschiede besteht darin, dass beim EuGöD die prozessleitenden Maßnahmen vom Berichterstatter und nicht, wie beim EuG, von der zuständigen Kammer angeordnet werden. Ferner ist darauf hinzuweisen, dass das EuGöD im Rahmen seiner Bemühungen um die gütliche Beilegung von Rechtsstreitigkeiten gemäß Art. 68 VerfO-EuGöD auch gewisse Maßnahmen treffen kann, um so eine Einigung zu erleichtern. Hierzu zählt die Möglichkeit, von den Parteien bzw. von Dritten Informationen oder Auskünfte einzuholen und sie aufzufordern, gewisse Unterlagen vorzulegen. Das EuGöD kann auch zu einer Güteverhandlung laden.

D. Formelle Beweisaufnahme

I. Beweismittelkatalog

Als zulässige Beweismittel vor dem EuGH, dem EuG und dem EuGöD nennen die Art. 64 Abs. 2 VerfO-EuGH, Art. 65 VerfO-EuG und Art. 57 VerfO-EuGöD:⁶⁹

a) das persönliche Erscheinen der Parteien,
b) die Einholung von Auskünften und die Vorlegung von Urkunden,
c) die Vernehmung von Zeugen,
d) die Begutachtung durch Sachverständige und
e) die Einnahme des Augenscheins.

---

⁶⁶ EuG, Rs. T-141/01, *Entorn/Kommission*, Slg. 2005, II-95 Rn. 132.
⁶⁷ EuG, Rs. T-141/01, *Entorn/Kommission*, Slg. 2005, II-95 Rn. 124-138; Rs. T-190/08, *CHEMK und KF/Rat*, Slg. 2011, II-7359 Rn. 239; Rs. T-111/08 Rn. 60-65, *MasterCard u. a./Kommission*.
⁶⁸ EuGH, Rs. C-259/96 P, *Rat/De Nil und Impens*, Slg. 1998, I-2915 Rn. 31; EuG, Rs. T-210/01, *General Electric/Kommission*, Slg. 2005, II-5575 Rn. 505.
⁶⁹ Die Verfahrensordnung des EuGöD spezifiziert, dass sowohl Auskünfte als auch Informationen eingeholt werden können. Ferner wird klargestellt, dass es sich um die Einholung von Informationen oder Auskünften bei Dritten (d.h. Nichtparteien) bzw. um die Aufforderung zur Vorlage von Unterlagen an Dritte handelt. Eine derartige Einschränkung kann den Verfahrensordnungen der anderen Unionsgerichte nicht entnommen werden. Trotzdem kann auch das EuGöD einer Partei die Vorlage von Unterlagen mit Beschluss aufgeben (vgl. EuG, Rs. T-560/08 P, *Kommission/Meierhofer*, Slg. 2010, II-1739 Rn. 72).

24 Das **persönliche Erscheinen der Parteien** umfasst bei natürlichen Personen die Möglichkeit der Parteivernehmung. Anders als Zeugen und Sachverständige kann die Partei selbst nicht eidlich vernommen werden. Die persönliche Anwesenheit der Parteien kann auch dazu benutzt werden, auf eine gütliche Einigung hinzuwirken. Sanktionen gegenüber einer Partei, die der Anordnung des persönlichen Erscheinens keine Folge leistet, sind nicht vorgesehen.[70] In der Praxis kommt die Anordnung des persönlichen Erscheinens einer Partei sehr selten und am ehesten in Sachen, die den öffentlichen Dienst betreffen, vor.[71]

25 Das **Einholen von Auskünften und das Anfordern von Dokumenten** im Wege des förmlichen Beweisverfahrens kommt von den zulässigen Beweismitteln am häufigsten vor und ist insbesondere dann erforderlich, wenn entsprechende prozessleitende Maßnahmen nicht befolgt worden sind (siehe oben C). Verlangt werden kann nur die Vorlage von Unterlagen, die den Streitgegenstand betreffen,[72] d.h., die geeignet sind, eine entscheidungserhebliche Tatsache zu beweisen. Der Grundsatz des rechtlichen Gehörs, der in Art. 67 § 3 Abs. 1 VerfO-EuG zum Ausdruck kommt, gebietet es grundsätzlich, alle angeforderten Schriftstücke den Parteien des Rechtsstreits zu übermitteln. Hiervon kann lediglich im Verhältnis zu Streithelfern und für den Fall der Verbindung von Rechtssachen abgewichen werden. Sofern es sich um Unterlagen handelt, die dem Kläger bzw. dem Beklagten gegenüber vertraulichen Charakter haben sollen, erlaubt Art. 67 § 3 Abs. 2 VerfO-EuG so lange, wie das Gericht prüft, ob ein Schriftstück, das für die Entscheidung des Rechtsstreits von Belang sein kann, vertraulich ist, diesen den anderen Parteien nicht bekannt zu gegeben.[73] Nach dieser Prüfungsphase wird der Gegenpartei bzw. ihren Prozessbevollmächtigten Zugang zu Unterlagen gewährt, die das Gericht bei seiner Entscheidung zu berücksichtigen gedenkt, und zwar auch dann, wenn sich ihr vertraulicher Charakter bestätigt.[74] Ferner bestimmt Art. 67 § 3 Abs. 3 VerfO-EuG als Spezialvorschrift für Rechtsstreitigkeiten, die den Zugang zu Dokumenten eines Unionsorgans betreffen, dass das Schriftstück, zu dem der Zugang verwehrt worden ist, dem EuG vorgelegt wird, aber von der Übermittlung an die anderen Parteien ausgenommen ist. Ähnliche Vorschriften beinhaltet

---

[70] *Lenaerts/Arts/Maselis/Bray*, Procedural Law of the European Union, 2. Aufl. 2006, Rn. 24-078.

[71] EuG, T-59/89, *Yorck von Wartenburg/Parlament*, Slg. 1990, II-25 Rn. 6; EuGöD, F-126/05, *Borbély/Kommission*, Slg. ÖD 2007, I-17 Rn. 17.

[72] EuG, Rs. T-367/94, *British Coal/Kommission*, Slg. 1997, II-2103 Rn. 24.

[73] Ein entsprechender Beschluss ist z.B. in der EuG, Rs. T-299/05, *Shanghai Excell M&E Enterprise und Shanghai Adeptech Precision/Rat*, in der Rs. T-151/07, *KONE u.a./Kommission*, und in der Rs, T-199/08, *Ziegler/Kommission*, ergangen.

[74] Siehe hierzu ausführlich GA *Sharpston*, SchlA Rs. C-27/09 P, *Frankreich/People's Mojahedin Organization of Iran*, BeckRs 2011, 81133 Rn. 175 ff., GA Sharpston plädiert in Rn. 186 dieses Schlussantrages für eine Änderung der Verfahrensordnung des EuG und des EuGH, damit – zumindest bei Verfahren, die restriktive Maßnahmen im Rahmen gemeinsamer Außen- und Sicherheitspolitik betreffen – die Vorlage „wirklich" vertraulicher Beweise zur gerichtlichen Prüfung in einer Weise ermöglicht wird, die mit dem Charakter dieser Beweise vereinbar ist, ohne die Rechte der übrigen Verfahrensbeteiligten unzulässig zu verletzen. Im gegebenen Zusammenhang ist auch auf das Urteil des EuGH, Rs. C-450/06, *Varec*, Slg. 2008, I-581 Rn. 47-52, sowie auf das Urteil des EuGöD, Rs. F-50/09 Rn. 67, *Missir Mamachi di Lusignano/Kommission*, hinzuweisen.

auch die Verfahrensordnung des EuGöD (vgl. Art. 44 VerfO-EuGöD), jedoch nicht die Verfahrensordnung des EuGH.

Zeugenvernehmungen kommen in Prozessen vor den Unionsgerichten nur selten 26 vor. Sie können von Amts wegen oder auf Antrag stattfinden. Der Beweisbeschluss, der die Vernehmung des Zeugen anordnet, hat die Tatsachen anzugeben, die bewiesen werden sollen (Art. 66 Abs. 3 VerfO-EuGH, Art. 68 § 1 VerfO-EuG, Art. 59 Abs. 2 VerfO-EuGöD). Jede Partei kann innerhalb von zwei Wochen nach Zustellung des Beweisbeschlusses einen Zeugen wegen „Unfähigkeit, Unwürdigkeit oder aus sonstigen Gründen" ablehnen (Art. 72 VerfO-EuGH, Art. 73 VerfO-EuG, Art. 65 VerfD-GöD). Zeugen sind verpflichtet, vor den Unionsgerichten zu erscheinen und auszusagen. Sie können vor (Art. 60 Abs. 2, Art. 63 VerfO-EuGöD) oder nach ihrer Aussage (Art. 68 VerfO-EuGH, Art. 68 § 5, Art. 71 VerfO-EuG) vereidigt werden. Aus „berechtigtem Grund" darf ein Zeuge die Aussage verweigern (vgl. Art. 69 Abs. 3 VerfO-EuGH, Art. 69 § 2 VerfO-EuG, Art. 61 Abs. 2 VerfO-EuGöD). Welche Gründe als berechtigt anzusehen sind, ist in den Verfahrensvorschriften nicht ausdrücklich geregelt. Gegen Zeugen, die trotz ordnungsgemäßer Ladung nicht erscheinen oder ihre Pflicht zur Aussage und zur Eidesleistung nicht erfüllen, kann eine Geldbuße von bis zu 5000 Euro verhängt werden.

Sachverständigengutachten können durch Beweisbeschluss von Amts wegen oder 27 auf Antrag einer Partei eingeholt werden. In der Praxis der Unionsgerichte kommt dies relativ selten vor.[75] Der Beschluss benennt den Sachverständigen, gibt seinen Auftrag genau an und setzt eine Frist für die Erstattung des Gutachtens (Art. 70 Abs. 1 VerfO-EuGH, Art. 70 § 1 VerfO-EuG, Art. 62 Abs. 1 VerfO-EuGöD). Der Sachverständige kann nach Erstattung seines Gutachtens mündlich angehört und vereidigt werden. Von den im Rahmen eines Beweisverfahrens eingeholten Sachverständigengutachten sind die von den Parteien vorgelegten Gutachten zu unterscheiden.[76] Sie sind keine Beweismittel, sondern Teil des Parteivorbringens. Wie sonstiges Parteivorbringen können solche Gutachten der Entscheidung des Richters zugrunde gelegt werden, wenn ihr Inhalt von der Gegenpartei nicht bestritten wird.

Die **Einnahme des Augenscheins** durch den Unionsrichter kommt äußerst selten vor. 28 Regeln darüber, wie sie durchzuführen ist, enthalten die Verfahrensordnungen nicht.

Die **Aufzählung der Beweismittel** in den Verfahrensordnungen ist **nicht abschlie-** 29 **ßend**, wie schon der Wortlaut von Art. 64 Abs. 2 VerfO-EuGH, Art. 65 VerfO-EuG und Art. 57 VerfO-EuGöD andeutet. Letztlich kommen alle Erkenntnismittel in Betracht, welche die Gerichte in die Lage versetzen, eine sichere Überzeugung von der Richtigkeit der Tatsachen zu erhalten, die der Entscheidung zugrunde zu legen sind.[77]

---

[75] Siehe hierzu ausführlich *Sibony/Barbier de la Serre*, CMLRev. 2008, 941 ff.

[76] *Sibony/Barbier de la Serre* (CMLRev. 2008, 941 [964 ff.]) sprechen in diesem Zusammenhang zutreffend von *„partisan expert evidence"*. Gutachter bzw. Berater der Parteien werden mitunter sogar autorisiert, im Rahmen der mündlichen Verhandlung das Wort zu ergreifen (siehe z. B. EuG, Rs. T-29/92, *SPO u. a./Kommission*, Slg. 1995, II-289 Rn. 42; Rs. T-13/99, *Pfizer Animal Health/Rat*, Slg. 2002, II-3305 Rn. 338; verb. Rs. T-74/00, T-76/00, T-83/00 bis T-85/00, T-132/00, T-137/00 und T-141/00, *Artegodan u. a./Kommission*, Slg. 2002, II-4945 Rn. 83, 164 und 167; T-315/03, *Wilfer/HABM [ROCKBASS]*, Slg. 2005, II-1981 Rn. 11; Rs. T-172/05, *Armacell/HABM – nmc [ARMAFOAM]*, Slg. 2006, II-4061 Rn. 13; T-201/04, *Microsoft/Kommission*, Slg. 2007, II-3601 Rn. 155).

[77] *André*, Beweisführung und Beweislast, S. 150 ff.; *Everling*, WuW 1989, 877 (884), a. A. *Berger*, FS Schumann, 2001, 32 f.

II. Beweisverfahren

30   Beweisaufnahmen können **von Amts wegen oder auf Antrag** der Parteien durchgeführt werden. Für die Klageverfahren ist vorgesehen, dass die Klageschrift bzw. die Klagebeantwortung gegebenenfalls die Beweise und die Beweisangebote zu enthalten haben (Art. 120 und Art. 124 VerfO-EuGH, Art. 44 § 1 und 46 § 1 VerfO-EuG, Art. 35 Abs. 1 und Art. 39 Abs. 1 VerfO-EuGöD).[78] Sofern ein zweiter Schriftsatzwechsel stattfindet, können die Parteien noch in der Erwiderung bzw. Gegenerwiderung Beweise oder Beweisangebote vorlegen, doch muss die Verspätung begründet werden (Art. 128 VerfO-EuGH, Art. 48 § 1 VerfO-EuG).[79] Da in den Verfahren vor dem Gericht für den öffentlichen Dienst der zweite Schriftsatzwechsel eher die Ausnahme ist, können die Parteien noch bis zum Ende der mündlichen Verhandlung Beweismittel benennen (Art. 42 VerfO-EuGöD). Die Zulassung dieser Beweismittel hängt davon ab, ob der betreffenden Partei die Verspätung des Beweisantritts vorgeworfen werden kann.[80] Die vorgenannten Präklusionsvorschriften finden keine Anwendung, wenn es darum geht, die vom Gegner vorgebrachten Beweise durch Gegenbeweis oder Erweiterung des eigenen Beweisantritts zu entkräften.[81] Einem Beweisantrag, der nach dem Schluss der mündlichen Verhandlung gestellt wird, kann nur stattgegeben werden, wenn er Tatsachen von entscheidender Bedeutung für den Ausgang des Rechtsstreits betrifft, die die betroffene Partei nicht schon vor dem Ende der mündlichen Verhandlung geltend machen konnte.[82]

31   Die **Anforderungen an Beweisanträge** sind nur hinsichtlich der Zeugenvernehmung ausdrücklich geregelt (Art. 66 Abs. 2 VerfO-EuGH, Art. 68 § 1 VerfO-EuG, Art. 59 Abs. 1 VerfO-EuGöD). Danach muss der Antrag die Tatsachen bezeichnen, über die die Vernehmung stattfinden soll, und die Gründe angeben, die die Vernehmung rechtfertigen. Diese Anforderungen dürften auf Anträge, die andere Beweismittel betreffen, übertragbar sein. Sie müssen das Beweisthema und das Beweismittel genau bezeichnen sowie darlegen, weshalb die beantragte Beweiserhebung entscheidungserheblich ist. Dazu genügt es nicht, zur Stützung einer Behauptung bestimmte Tatsachen anzuführen; vielmehr müssen objektive, schlüssige und übereinstimmende Anhaltspunkte dafür vorgetragen werden, dass diese Tatsachen wahr sind oder dass ihr Vorliegen wahrscheinlich ist.[83] Der Beweisantrag darf außerdem nicht auf Ausforschung gerichtet sein.[84]

---

[78] EuGH, Rs. C-243/04 P Rn. 29, 30, *Gaki-Kakouri/Gerichtshof*; EuG, Rs. T-310/06, *Ungarn/Kommission*, Slg. 2007, II-4619 Rn. 164.

[79] Unter außergewöhnlichen Umständen können im Sinne der Rechtsprechung auch nach dem Abschluss des schriftlichen Verfahrens Beweismittel vorgelegt bzw. Beweisangebote gemacht werden (EuGH, Rs. C-243/04 P Rn. 32, *Gaki-Kakouri/Gerichtshof*; EuG, Rs. T-51/07, *Agrar-Invest-Tatschl/Kommission*, Slg. 2008, II-2825 Rn. 57; Rs. T-296/09, *EFIM/Kommission*, Slg. 2011, II-425, BeckRs 2011, 81686 Rn. 22.

[80] EuG, Rs. T-19/01, *Chiquita Brands u. a./Kommission*, Slg. 2005, II-315 Rn. 71; Rs. T-445/07; *Berning & Söhne/Kommission*, BeckEuRs 2012, 81309 Rn. 35-41.

[81] Art. 64 Abs. 3 VerfO-EuGH, Art. 66 § 2 VerfO-EuG, Art. 58 Abs. 5 VerfO-EuGöD. Vgl. auch EuGH, Rs. C-185/95 P, *Baustahlgewebe/Kommission*, Slg. 1998, I-8417 Rn. 71, 72; EuG, Rs. T-303/02, *Westfalen Gassen Nederland/Kommission*, Slg. 2006, II-4567 Rn. 189.

[82] EuGH, Rs. C-199/92 P, *Hüls/Kommission*, Slg. 1999, I-4287 Rn. 127.

[83] EuGH, Rs. C-274/99 P, *Connolly/Kommission*, Slg. 2001, I-1611 Rn. 113.

[84] EuG, Rs. T-175/97, *Bareyt u. a./Komission*, Slg. ÖD 2000, I-A-229 und II-1053 Rn. 91.

Der **Antrag** einer Partei **auf Vorlage von Dokumenten durch die Gegenpartei** 32
muss diese Dokumente bezeichnen und darlegen, dass sie für das Verfahren von Belang sind.[85] Die Anforderungen dürfen allerdings nicht überspannt werden. So darf das EuG den Antrag einer Partei, die Vorlage eines offenbar für die Entscheidung des Rechtsstreits erheblichen Schriftstücks durch die Gegenpartei anzuordnen, nicht mit der Begründung zurückweisen, dieses Schriftstück sei nicht zu den Akten gegeben worden und für seine Existenz lägen keine Beweise vor, wenn Verfasser, Adressat und Datum des Schreibens angegeben worden sind.[86]

Zur **Behandlung von Beweisanträgen** enthalten die Verfahrensordnungen lediglich 33
vereinzelt ausdrückliche Regelungen.[87] Der Rechtsprechung kann entnommen werden, dass es Sache des zuständigen Spruchkörpers ist, die Sachdienlichkeit des Antrags im Hinblick auf den Streitgegenstand und die Erforderlichkeit der Beweiserhebung zu beurteilen.[88] Gibt er dem Beweisantrag nicht statt, so wird dies oft in der das Verfahren abschließenden Entscheidung begründet. Danach obliegt es dem Rechtsmittelgericht zu prüfen, ob das erkennende Gericht nicht dadurch einen Rechtsirrtum begangen hat, dass es einen Beweisantrag abgelehnt hat.[89]

Ob eine Beweisaufnahme durchgeführt werden muss, entscheidet sich normaler- 34
weise aufgrund des Vorberichts des für die Rechtssache zuständigen Berichterstatters und, sofern es sich um ein Verfahren vor dem EuGH handelt, nach Anhörung des Generalanwalts. Die Beweisaufnahme wird durch einen **Beweisbeschluss** angeordnet, in dem gemäß Art. 64 Abs. 1 VerfO-EuGH, Art. 66 § 1 VerfO-EuG und Art. 58 Abs. 2 VerfO-EuGöD die zu beweisenden Tatsachen und die Beweismittel aufzuführen sind. Bevor Zeugenvernehmungen, die Einholung von Sachverständigengutachten oder Augenscheinseinnahmen angeordnet werden, sind die Parteien zu hören. Beweisbeschlüsse sind nicht gesondert anfechtbar.[90]

---

[85] EuG, T-411/06, *Sogelma/EAR*, Slg. 2008, II-2771 Rn. 152. Außerdem muss die Partei nachweisen, dass sie selbst vergeblich versucht hat, diese Unterlagen von der Gegenpartei zu erhalten (EuG, verb. Rs. T-201/00 und T-384/00, *Ajour u. a./Kommission*, Slg. ÖD 2002, I-A-167 und II-885 Rn. 73 ff).

[86] EuGH, Rs. C-119/97 P, *Ufex u. a./Kommission*, Slg. 1999, I-1341 Rn. 107 ff.

[87] Diesbezüglich ist auf Art. 66 Abs. 3 VerfO-EuGH zu verweisen, demzufolge über einen Antrag einer Partei auf Vernehmung eines Zeugen durch mit Gründen versehenen Beschluss zu entscheiden ist. Eine entsprechende Formpflicht im Falle der Antragsabweisung ist in den Verfahrensordnungen der anderen Unionsgerichte nicht anzutreffen (vgl. auch EuGH, Rs. C-162/05 P, *Entorn/Kommission*, Slg. 2006, I-12 Rn. 54; C-113/07 P, *Selex Sistemi Integrati/Kommission*, Slg. 2009, I-2207 Rn. 51).

[88] EuGH, Rs. C-185/95 P, *Baustahlgewebe/Kommission*, Slg. 1998, I-8417 Rn. 70; Rs. C-182/99 P, *Salzgitter/Kommission*, Slg. 2003, I-10761 Rn. 41; Rs. C-162/05 P, *Entorn/Kommission*, Slg. 2006, I-12 Rn. 54; Rs. C-230/05 P, *L/Kommission*, Slg. 2006, I-55 Rn. 47; Rs. C-260/05 P, *Sniace/Kommission*, Slg. 2007, I-10005 Rn. 78. Dass das Gericht insoweit über ein Ermessen verfügt, kann nicht verneint werden, indem man sich auf den allgemeinen Grundsatz des Unionsrechts beruft, wonach jede Person das Recht auf ein faires Verfahren hat (EuGH, verb. Rs. C-189/02 P, C-202/02 P, C-205/02 P bis C-208/02 P und C-213/02 P, *Dansk Rørindustri u. a./Kommission*, Slg. 2005, I-5425 Rn. 69; EuG, Rs. T-223/07 P, *Thierry/Kommission*, Slg. ÖD 2008, I-B-1-81 und II-B-1-519 Rn. 22).

[89] EuGH, Rs. C-200/92 P, *ICI/Kommission*, Slg. 1999, I-4399 Rn. 59; Rs. C-320/05 P, *Olsen/Kommission*, Slg. 2007, I-131 Rn. 64; Rs. C-462/10 P, *Evropaïki Dynamiki/EUA*, BeckRs 2012, 80848 Rn. 22,; verb. Rs. C-465/09 P bis C-470/09 P, *Diputación Foral de Vizcaya u. a./Kommission*, Slg. 2011, I-83 Rn. 108.

[90] EuGH, Rs. C-349/99 P, *ADT/Kommission Projekt Gesellschaft*, Slg. 1999, I-6467 Rn. 10.

35 Die **Durchführung der Beweisaufnahme** obliegt entweder dem zur Entscheidung berufenen Spruchkörper oder aber dem damit beauftragten Berichterstatter (Art. 65 Abs. 1 VerfO-EuGH, Art. 67 § 1 VerfO-EuG, Art. 58 Abs. 4 VerfO-EuGöD). Der Generalanwalt nimmt an der Beweisaufnahme teil. Die Beweisaufnahme ist parteiöffentlich; ob die Parteien ihr beiwohnen, steht in ihrem Ermessen. Vor dem EuGH findet die Beweisaufnahme im Allgemeinen vor der mündlichen Verhandlung statt (vgl. Art. 75 VerfO-EuGH). Die Verfahrensordnungen der anderen Unionsgerichte (Art. 49 VerfO-EuG, Art. 54 Abs. 1 VerfO-EuGöD) sehen vor, dass Beweisaufnahmen in jedem Verfahrensstadium stattfinden können. Der Beweistermin kann daher auch in der mündlichen Verhandlung beschlossen werden oder mit dieser zusammenfallen. Zeigt sich die Notwendigkeit einer Beweisaufnahme erst während der Urteilsberatung, so muss gemäß Art. 83 VerfO-EuGH, 62 VerfO-EuG bzw. Art. 52 Abs. 2 VerfO-EuGöD die mündliche Verhandlung wieder eröffnet werden. Erfolgt die Beweisaufnahme durch Vernehmung von Zeugen, Sachverständigen oder Parteien in der mündlichen Verhandlung, ist den Beteiligten zur Wahrung ihres rechtlichen Gehörs nach Beendigung der Vernehmung die Möglichkeit einer Stellungnahme einzuräumen.[91]

E. Beweismaß und Beweiswürdigung

36 Das Verfahrensrecht der Unionsgerichte lässt die Frage offen, in welcher Weise der Gerichtshof das Ergebnis der Beweisaufnahme zu würdigen hat. Weder die Satzungen noch die Verfahrensordnungen enthalten Beweisregeln. Daraus und aus der Rechtsprechung lässt sich schließen, dass für das Verfahren vor den europäischen Gerichten der **Grundsatz der freien Beweiswürdigung** gilt und dass das alleinige Kriterium für die Beurteilung von Beweismitteln ihre Glaubwürdigkeit ist.[92] Demzufolge kommen keine starren gesetzlich festgelegten Regeln zur Anwendung, sondern die freie Überzeugung des Gerichts steht im Mittelpunkt. Danach ist eine umstrittene Tatsache bewiesen, wenn sie zur Überzeugung des Gerichts feststeht. Die vom Gericht vorgenommene Beweiswürdigung muss in sich widerspruchsfrei sein und darf nicht mit logischen Denkfehlern behaftet sein. Die Beweiswürdigung durch das EuG ist keine Rechtsfrage, die vom EuGH im Rechtsmittelverfahren überprüft werden könnte, es sei denn, das EuG hat Beweismittel „verfälscht" oder die Unrichtigkeit seiner Tatsachenfeststellun-

---

[91] *Hackspiel,* in: GTE EU-/EG-Vertrag, Art. 29 Satzung (EG) Rn. 2.
[92] GA *Vesterdorf,* SchlA Rs. T-1/89, *Rhône-Poulenc/Kommission,* Slg. 1991, II-867, 954; EuG, Rs. T-50/00, *Dalmine/Kommission,* Slg. 2004, II-2395 Rn. 72; Rs. T-343/06, *Shell Petroleum u. a./ Kommission,* BeckRs 2012, 81969 Rn. 161; Rs. T-410/09 Rn. 38, *Almamet/Kommission,* EuGH, Rs. C-360/02 P, *Ripa di Meana/Parlament,* Slg. 2004, I-10339 Rn. 28; EuG, verb. Rs. T-40/07 P und T-62/07 P, *de Brito Sequeira Carvalho/Kommission und Kommission/de Brito Sequeira Carvalho,* Slg. ÖD 2009, I-89 Rn. 105. Siehe auch *Everling,* WuW 1989, 877 (884); *Gippini-Fornier,* World Competition Law and Economic Review 2010, 187 (191); *Lasok,* The European Court of Justice, Practice and Procedure, 2. Aufl. 1994, 431 ff.; *Mehdi,* La preuve devant les juridictions communautaires, S. 165 (174); *Sibony/Barbier de la Serre,* CMLRev. 2008, 941 (974); *Ule,* Empfiehlt es sich, die Bestimmungen des europäischen Gemeinschaftsrechts über den Rechtsschutz zu ändern oder zu ergänzen?, Gutachten für den 46. Deutschen Juristentag, 1966, S. 759.

gen ergibt sich aus den Verfahrensakten.⁹³ Sofern die Beweise ordnungsgemäß erhoben und die allgemeinen Grundsätze sowie die Vorschriften über die Beweislast und das Beweisverfahren eingehalten worden sind, ist es allein die Sache des erkennenden Gerichts, den Wert der ihm vorgelegten Beweismittel zu würdigen.⁹⁴

Die Unionsgerichte können bei ihrer Urteilsfindung auch Unterlagen berücksichtigen, für die nicht bewiesen ist, dass sie **auf rechtmäßige Weise** erlangt worden waren.⁹⁵ Selbst interne Dokumente der Unionsorgane – deren Verbreitung das Organ, von dem es stammt, nicht zustimmte – können sich in bestimmten Fällen zu Recht in den Verfahrensakten befinden und werden, wenn die dafür festgelegten Voraussetzungen (insb. die Entscheidungserheblichkeit des Dokuments) erfüllt sind, verwertet. ⁹⁶

Ausdrückliche Regeln für das **Beweismaß** enthalten die Verfahrensvorschriften ebenfalls nicht. Die Unionsgerichte sprechen diesbezüglich von „überzeugenden Beweisen",⁹⁷ von „hinreichend signifikanten und überzeugenden Beweismitteln",⁹⁸ von „eindeutigen Beweisen"⁹⁹ oder auch davon, dass die vorgelegten Beweise „relevant, glaubhaft und wahrscheinlich"¹⁰⁰ scheinen.¹⁰¹ Erforderlich dürfte normalerweise die an Sicherheit grenzende Wahrscheinlichkeit sein, für die ausreichend ist, dass keine vernünftigen Zweifel am Vorliegen der behaupteten Tatsache bestehen.¹⁰²

---

⁹³ EuGH, Rs. C-185/95 P, *Baustahlgewebe/Kommission*, Slg. 1998, I-8417 Rn. 24; Rs. C-315/99 P, *Ismeri Europa/Rechnungshof*, Slg. 2001, I-5281 Rn. 19; verb. Rs. C-403/04 P und C-405/04 P, *Sumitomo Metal Industries und Nippon Steel/Kommission*, Slg. 2007, I-729 Rn. 38, 39.

⁹⁴ EuGH, verb. Rs. C-403/04 P und C-405/04 P, *Sumitomo Metal Industries und Nippon Steel/Kommission*, Slg. 2007, I-729 Rn. 38.

⁹⁵ EuG, Rs. T-48/05, *Franchet und Byk/Kommission*, Slg. 2008, II-1585 Rn. 78.

⁹⁶ EuG, Rs. T-48/05, *Franchet und Byk/Kommission*, Slg. 2008, II-1585 Rn. 75-82; Rs. T-324/05, *Estland/Kommission*, Slg. 2009, II-3681 Rn. 50-59; Rs. T-149/09, *Dover/Parlament*, Slg. 2011, II-69 Rn. 60-64. In diesem Zusammenhang ist jedoch darauf hinzuweisen, dass der Unionsrichter nur ausnahmsweise einem Antrag, der auf die Vorlage interner Dokumente gerichtet ist, stattgeben wird (EuG, verb. Rs. T-109/02, T-118/02, T-122/02, T-125/02, T-126/02, T-128/02, T-129/02, T-132/02 und T-136/02, *Bolloré u. a./Kommission*, Slg. 2007, II-947 Rn. 734, 736; T-411/06, *Sogelma/EAR*, Slg. 2008, II-2771 Rn. 157).

⁹⁷ EuGH, Rs. C-105/04 P, *Nederlandse Federatieve Vereniging voor de Groothandel op Elektrotechnisch Gebied/Kommission*, Slg. 2006, I-8725 Rn. 60.

⁹⁸ EuGH, verb. Rs. C-68/94 und C-30/95, *Frankreich und Société commerciale des potases und de l'azote und Entreprise minière und chimique/Kommission*, Slg. 1998, I-1375 Rn. 228.

⁹⁹ EuG, Rs. T-5/02, *Tetra Laval/Kommission*, Slg. 2002, II-4381 Rn. 155.

¹⁰⁰ EuG, Rs. T-168/01, *GlaxoSmithKline Services/Kommission*, Slg. 2006, II-2969 Rn. 263.

¹⁰¹ Siehe hierzu *Gippini-Fornier*, World Competition Law and Economic Review 2010, 187 (191 ff.).

¹⁰² Eingehend *Baumhof*, S. 32 ff. und 266.

§ 25 Das mündliche Verfahren

Übersicht

		Rn.
A.	Erforderlichkeit und Zweck der mündlichen Verhandlung	1–5
B.	Ablauf der mündlichen Verhandlung	6–15
	I. Sitzungsbericht des Berichterstatters	6/7
	II. Anhörung der Verfahrensbeteiligten	8–12
	III. Schlussanträge des Generalanwaltes	13–15
C.	Wiedereröffnung der mündlichen Verhandlung	16–18

Schrifttum: *Erlbacher/Schima*, Neuerungen in Organisation und Verfahren des EuGH, Ecotex 2013, 91-94. *Inghelram*, Les arrêts sans conclusions de l'avocat général: aperçu de l'application, depuis le traité de Nice, de l'article 20, dernier alinéa, du statut de la Cour, Il Diritto dell'Unione Europea (Dir. Un. Eur.) 2007, 183-202; *Klinke*, Suspension de l'instance et réouverture de la procédure orale, in: Christianos, Evolution récente du droit judiciaire communautaire, Bd. II, 1995, 101-131 (*Klinke*, Suspension); *Marsch/Sanders,* Gibt es ein Recht der Parteien auf Stellungnahme zu den Schlussanträgen des Generalanwalts? Zur Vereinbarkeit des Verfahrens vor dem EuGH mit Art. 6 I EMRK, EuR 2008, 345-364. *Roth*, Der Anspruch auf öffentliche Verhandlung nach Art. 6 Abs. 1 EMRK im verwaltungsgerichtlichen Rechtsmittelverfahren, EuGRZ 1998, 495-507.

A. Erforderlichkeit und Zweck der mündlichen Verhandlung

1   Das Verfahren vor dem EuGH gliedert sich nach Art. 20 Abs. 1 Satzung-EuGH in ein schriftliches und ein mündliches Verfahren. Das gilt nach Art. 53 Abs. 1 Satzung-EuGH auch für das Verfahren vor dem EuG bzw. nach Art. 7 Abs. 1 des Anhangs I zur Satzung-EuGH für das EuGöD. Damit besteht nach der Satzung grundsätzlich die **Pflicht zur Durchführung einer mündlichen Verhandlung**. Von diesem Grundsatz bestehen allerdings zunehmend **Ausnahmen**, die sich teils aus der Satzung selbst, teils aus den Verfahrensordnungen ergeben. Sie betreffen einige besondere Verfahrensarten. So z. B. Nebenverfahren, die nicht zu einer Hauptsacheentscheidung führen, sowie bestimmte Fälle, in denen das Ergebnis des Verfahrens keinem Zweifel unterliegt. Seit der Novellierung von 2012 kann darüber hinaus der EuGH in den Fällen, in denen er sich durch die eingereichten schriftlichen Erklärungen für ausreichend unterrichtet hält, ohne mündliche Verhandlung entscheiden.

2   Zu den Sonderverfahren ohne mündliche Verhandlung gehören das **Gutachtenverfahren** nach Art. 218 Abs. 11 AEUV sowie die **Überprüfung von Rechtsmittelentscheidungen des Gerichts** nach Art. 256 Abs. 2 Satz 2 AEUV, für die in der VerfO-EuGH ein schriftliches Verfahren vorgesehen ist.[1] Wenn der EuGH dies für erforderlich hält, kann allerdings im Gutachtenverfahren eine mündliche Anhörung stattfinden.[2]

---

[1] Art. 196 (Gutachten) und 193-194 (Überprüfung) VerfO-EuGH.
[2] Art. 198 VerfO-EuGH. Z. B. EuGH, Gutachten 1/09, Slg. 2011, I-1137 (Schaffung eines einheitlichen Patentgerichtssystems).

Für das **Rechtsmittelverfahren** vor dem EuGH gegen Entscheidungen des Gerichts sieht Art. 59 Satzung-EuGH die Zweiteilung in ein schriftliches und ein mündliches Verfahren vor, erlaubt aber, dass der EuGH unter in der VerfO-EuGH festzulegenden Voraussetzungen nach Anhörung des Generalanwalts und der Parteien ohne mündliche Verhandlung entscheidet.[3] Art. 76 Abs. 2 VerfO-EuGH bestimmt dazu, dass der EuGH von dieser Möglichkeit Gebrauch machen kann, wenn er sich durch das schriftliche Verfahren hinreichend unterrichtet betrachtet. Gemäß Art. 146 VerfO-EuG kann das Gericht seinerseits auf die mündliche Verhandlung verzichten, es sei denn, eine der Parteien stellt einen begründeten Antrag, gehört zu werden.[4]

Art. 39 Satzung-EuGH erlaubt für das abgekürzte Verfahren des **einstweiligen Rechtsschutzes** Abweichungen von einzelnen Bestimmungen der Satzung (näher unten § 26 Rn. 2–6). Hier sehen die Verfahrensordnungen die Entscheidung durch Beschluss ohne vorhergehende mündliche Verhandlung vor.[5] Das schließt jedoch eine mündliche Anhörung der Parteien nicht aus.

Auch in anderen **unselbständigen Nebenverfahren**, in denen es z. B. um die Gewährung von Prozesskostenhilfe, die Zulassung von Streithelfern, Kostenfestsetzung, Zwischenstreit oder außerordentliche Rechtsbehelfe gegen Entscheidungen des EuGH, des EuG oder des EuGöD geht, ist nach den Verfahrensordnungen – ohne dass dies in der Satzung ausdrücklich geregelt wäre – eine mündliche Verhandlung nicht zwingend. Ebenso können die Unionsgerichte von der mündlichen Verhandlung absehen und durch Beschluss entscheiden, wenn der Beklagte mit gesondertem Schriftsatz beantragt, vorab über die Zulässigkeit der Klage zu befinden.[6] Außerdem können die drei Instanzen ohne mündliche Verhandlung durch Beschluss entscheiden, wenn sie für eine Klage offensichtlich unzuständig sind oder eine Klage offensichtlich unzulässig ist.[7] Das EuG und das EuGöD können dies darüber hinaus bei Klagen tun, denen offensichtlich jede rechtliche Grundlage fehlt (näher unten § 26 Rn. 22).[8]

Im **Vorabentscheidungsverfahren** kann der EuGH die Unzulässigkeit von Vorlagen durch Beschluss feststellen (z. B. näher unten § 26 Rn. 24). Ferner kann er durch Beschluss entscheiden, wenn die vorgelegte Frage mit einer bereits entschiedenen Frage übereinstimmt, wenn die Antwort auf die Vorlagefrage sich klar aus der Rechtsprechung ableiten lässt oder wenn kein Raum für vernünftige Zweifel an der Antwort besteht (näher unten § 26 Rn. 25, 26).[9]

Des Weiteren kann der EuGH (nicht dagegen das EuG)[10] auf die mündliche Anhörung der Parteien verzichten, wenn keiner der Verfahrensbeteiligten einen begründeten

---

[3] Das Rechtsmittelverfahren vor dem Gericht gegen Entscheidungen des EuGöD ist ähnlich geregelt (Art. 12 Abs. 2 des Anhangs I zur Satzung).

[4] Zu den Anforderungen an einen solchen Antrag, siehe EuG, Rs. T-223/06 P, *Parlament/Eistrup*, Slg. 2007, II-1581 Rn. 17-19.

[5] Art. 160-161 VerfO-EuGH, Art. 105-106 VerfO-EuG, Art. 104-105 VerfO-EuGöD.

[6] Art. 151 Abs. 4 VerfO-EuGH, Art. 114 Abs. 3 VerfO-EuG, Art. 78 VerfO-EuGöD.

[7] Art. 53 Abs. 2 VerfO-EuGH, Art. 111 VerfO-EuG, Art. 76 VerfO-EuGöD.

[8] Art. 111 VerfO-EuG, Art. 76 VerfO-EuGöD.

[9] Art. 99 VerfO-EuGH.

[10] Einem entsprechenden Vorschlag des EuG stimmte der Rat nicht zu (*Kirschner/Klüpfel*, Das Gericht erster Instanz der Europäischen Gemeinschaften: Aufbau, Zuständigkeiten, Verfahren, 2. Aufl. 1998, Rn. 123). In Verfahren vor dem EuGöD haben die Parteien die Möglichkeit, einvernehmlich auf eine mündliche Verhandlung zu verzichten, sofern ein zweiter Schriftsatzwechsel stattgefunden hat (Art. 48 VerfO-EuGöD).

Antrag auf mündliche Verhandlung gestellt hat. Dies ergibt sich sowohl für Direktklageverfahren als auch für Vorabentscheidungsverfahren und Rechtsmittelverfahren aus Art. 76 Abs. 1 VerfO-EuGH. Der Antrag ist innerhalb von drei Wochen nach der Mitteilung vom Abschluss des schriftlichen Verfahrens zu stellen.[11] Von einer bereits im Jahre 2000 eingeführten ähnlichen Regelung machte der EuGH bereits zunehmend Gebrauch.[12] Darüber hinaus kann der EuGH entscheiden, auf die mündliche Verhandlung zu verzichten, wenn er sich durch die eingereichten schriftlichen Erklärungen für ausreichend unterrichtet hält (Art. 76 Abs. 2 VerfO-EuGH). In Vorabentscheidungsverfahren findet diese Möglichkeit jedoch keine Anwendung, wenn ein in Art. 23 der Satzung-EuGH bezeichneter Beteiligter, der nicht am schriftlichen Verfahren teilgenommen hat, einen begründeten Antrag auf mündliche Verhandlung stellt (Art. 76 Abs. 3 VerfO-EuGH).[13] Entfällt die mündliche Anhörung der Parteien, so entfällt aber nicht unbedingt der mündliche Verfahrensabschnitt insgesamt. Der Generalanwalt kann auch in einem solchen Fall seine Schlussanträge, die Teil des mündlichen Verfahrens sind, stellen. Der EuGH entscheidet in jedem Fall durch Urteil.

3 Zweck der mündlichen Verhandlung ist in erster Linie die **effektive Verwirklichung des rechtlichen Gehörs** der Verfahrensbeteiligten. Sie soll ihnen durch die unmittelbare Erörterung der Sach- und Rechtslage mit dem Richter ermöglichen, auf eine Entscheidung in ihrem Sinne hinzuwirken. Außerdem trägt sie zur **Transparenz** des Verfahrens und damit zur Akzeptanz der gerichtlichen Entscheidung durch die Parteien[14] und, da die mündliche Verhandlung grundsätzlich **öffentlich** ist, durch die Bürger im Allgemeinen bei.

4 Vor dem EuGH sowie vor dem EuG und dem EuGöD findet in der mündlichen Verhandlung vor allem ein **Rechtsgespräch** zwischen den Verfahrensbeteiligten und dem Gericht statt. Die mündliche Verhandlung bietet die Gelegenheit, das Vorbringen aus dem schriftlichen Verfahren zu ergänzen und in den entscheidenden Punkten zu vertiefen und näher zu erläutern sowie die Fragen der Richter und des Generalanwaltes zu beantworten. Weiterhin erlaubt sie, eventuell neue Argumente vorzutragen, die sich aus Umständen ergeben, die nach dem Abschluss des schriftlichen Verfahrens eingetreten sind, und auf Argumente der anderen Verfahrensbeteiligten zu antworten, zu denen im schriftlichen Verfahren keine Stellungnahme möglich war, also auf die Replik bzw. die Duplik des Beklagten oder auf Schriftsätze von Streithelfern.[15] Besonders wichtig ist dies in Vorabentscheidungsverfahren. Da es hier nicht zu einem Austausch von Schriftsätzen wie in den Direktklageverfahren kommt, haben die Beteiligten nur in der mündlichen Verhandlung Gelegenheit, zu den Ansichten der anderen Beteiligten Stellung zu nehmen. Die Wiederholung des Vortrags aus dem schriftlichen Verfahren in der mündlichen Verhandlung soll nach Möglichkeit vermieden werden.

---

[11] Gleichzeitig mit der Mitteilung über den Abschluss des schriftlichen Verfahrens, bzw. mit der Zustellung der Erklärungen weist der Kanzler auf die Erforderlichkeit dieses Antrags hin, Hinweise für Prozessvertreter (EuGH), C 7.
[12] *Inghelram*, Dir. Un. Eu. 2007, 193.
[13] *Erlbacher/Schima*, Ecotex 2013, 92. Zu den in Art. 23 der Satzung bezeichneten Beteiligten, siehe § 22 C.
[14] *Roth*, EuGRZ 1998, 496.
[15] Hinweise für die Prozessvertreter (EuGH), C 2; Praktische Anweisungen für die Parteien (EuG), II; Praktische Anweisungen für die Parteien (EuGöD), IV.

Sowohl EuGH als auch EuG und EuGöD haben **Hinweise für Prozessvertreter** 5
veröffentlicht, die den Prozessbevollmächtigten die Vorbereitung der mündlichen
Verhandlung erleichtern sollen.[16]

B. Ablauf der mündlichen Verhandlung

I. Sitzungsbericht des Berichterstatters

Bis 2012 sah Art. 20 Abs. 4 der Satzung-EuGH die Verlesung des Sitzungsberichts zu 6
Beginn der mündlichen Verhandlung vor. Von einer tatsächlichen Verlesung hatte der
EuGH seit langem abgesehen; das EuG und das EuGöD haben von vornherein darauf
verzichtet. Infolge der Streichung des obsoleten Verweises auf die Verlesung anlässlich
der 2012 erfolgten Änderung der Satzung hat der EuGH nun ganz auf den Sitzungsbericht verzichtet. Bei dem EuG und dem EuGöD bleibt es aber (vorerst) bei der bisherigen
Praxis. Zur Vorbereitung der mündlichen Verhandlung erstellt der Berichterstatter also
weiterhin einen **Sitzungsbericht**. Dieser enthält eine Zusammenfassung des Sachverhalts und des Vorbringens der Beteiligten. Er soll einerseits den Parteien ermöglichen,
zu überprüfen, ob ihr Vorbringen richtig verstanden worden ist, und andererseits
den anderen Mitgliedern des Spruchkörpers das Aktenstudium erleichtern. Der Sitzungsbericht wird den Beteiligten normalerweise ca. 3 Wochen vor der mündlichen
Verhandlung zur Kenntnisnahme zugeschickt, damit diese möglichst vor der Sitzung
eventuelle Bemerkungen oder Vorschläge zur Ergänzung des Sitzungsberichts machen
können.[17] In der Sitzung mündlich vorgebrachte Bemerkungen sollten anschließend
schriftlich in der Kanzlei eingereicht werden. Auf angebliche Unvollkommenheiten
des Sitzungsberichts in einem Verfahren vor dem EuG können sich die Parteien, wenn
sie zu Beginn der mündlichen Verhandlung keine Vorbehalte angemeldet haben, im
Rechtsmittelverfahren vor dem EuGH nicht mehr berufen.[18]

Im Gegensatz zum Vorbericht (siehe oben § 23 Rn. 47) ist der Sitzungsbericht 7
in Verfahren vor dem EuG sowie vor dem EuGöD öffentlich. Er liegt am Tage der
Verhandlung vor dem Sitzungssaal aus und ist in der Kanzlei der jeweils zuständigen
Instanz erhältlich, wird aber nicht in die Entscheidungssammlung aufgenommen.

---

[16] Während die „Hinweise" (EuGH) und „Praktische Anweisungen" (EuG, EuGöD) sowohl
das schriftliche als auch für das mündliche Verfahren betreffen, haben das EuG und das EuGöD
ein zweites Dokument für die mündliche Verhandlung erarbeitet. Die „Merkliste Mündliche
Verhandlung" (EuG) und die „Checkliste Mündliche Verhandlung" (GöD) sind zusammen mit
denen für die drei Instanzen gemeinsam geltenden „Hinweise für den Vortrag in der mündlichen
Verhandlung" auf der Internetseite des EuGH zugänglich. Sie werden außerdem den Prozessbevollmächtigten vor der mündlichen Verhandlung zugesandt.

[17] Praktische Anweisungen (EuG), II Rn. 129-131. In Verfahren vor dem EuGöD erhalten
die Parteien rechtzeitig vor der mündlichen Verhandlung den Vorbereitenden Sitzungsbericht
des Berichterstatters, der neben den Gegenstand des Rechtsstreits und die Anträge der Parteien
die tatsächlichen und rechtlichen Punkte, die einer Vertiefung bedürfen, enthält (Praktische
Anweisungen (GöD), IV Rn. 154).

[18] EuGH, Rs. C-161/97 P, *Kernkraftwerke Lippe-Ems/Kommission*, Slg. 1999, I-2057 Rn. 57.

II. Anhörung der Verfahrensbeteiligten

8   Der **Termin der mündlichen Verhandlung** wird vom Präsidenten, bzw. vom Präsidenten der jeweils zuständigen Kammer bestimmt,[19] dem auch ihre Leitung obliegt und der für die Aufrechterhaltung der Ordnung in der Sitzung zuständig ist (Art. 78 VerfO-EuGH, Art. 56 VerfO-EuG, Art. 51 Abs. 2 VerfO-EuGöD).

9   Unmittelbar vor Beginn der Sitzung werden die Prozessvertreter zu einer kurzen **Unterredung** mit den Richtern des zuständigen Spruchkörpers gebeten, in der die Gestaltung der Sitzung besprochen wird. Anschließend eröffnet der Präsident die Sitzung. Dem Aufruf der Rechtssache durch den Kanzler folgen die Plädoyers der Prozessbevollmächtigten, deren Dauer sowohl beim EuGH als auch beim EuG und beim EuGöD begrenzt ist. Die **Redezeit** beträgt beim EuG grundsätzlich 15 Minuten für jede Partei. Beim EuGH dürfen die Vertreter der Hauptparteien 20 Minuten plädieren, wenn das Plenum oder eine Kammer mit fünf Richtern sitzt, und 15 Minuten, wenn vor einer Kammer mit drei Richtern verhandelt wird. Sonstige Verfahrensbeteiligte haben eine Redezeit von 15 (EuGH) bzw. 10 (EuG) Minuten. Die Redezeit schließt die Zeit für die Beantwortung von Fragen der Richter und Generalanwälte nicht ein. Sie kann auf begründeten Antrag, der spätestens zwei Wochen vor der Sitzung zu stellen ist, verlängert werden.[20]

10   Im Anschluss an ihre (eventuellen) Bemerkungen zum Sitzungsbericht haben die Parteien Gelegenheit, vertreten durch ihre Bevollmächtigten oder ihre Anwälte, noch einmal kurz die wesentlichen Argumente in ihren Plädoyers vorzutragen (Art. 32 Satz 2 Satzung-EuGH). Sie sollten sich dabei bemühen, Wiederholungen des bereits bekannten Inhalts der schriftlichen Ausführungen zu vermeiden, um die Verhandlung auf das Wesentliche zu konzentrieren.[21] Obwohl somit nur die Bevollmächtigten vor dem Gerichtshof verhandeln können, muss es den Parteien möglich sein, einem unrichtigen tatsächlichen Vorbringen im Prozess sofort zu widersprechen.[22] Allerdings ist das persönliche Erscheinen der Parteien nur in Ausnahmefällen erforderlich. Dann wird es ausdrücklich vom Gerichtshof angeordnet. Ansonsten genügt die ordnungsgemäße Vertretung der Parteien im Prozess.

11   Die Prozessvertreter sind in ihrem Vorbringen aufgrund des Art. 127 Abs. 1 VerfO-EuGH und des Art. 48 Abs. 2 EuG an die in ihren Schriftsätzen enthaltenen **Angriffs- und Verteidigungsmittel** gebunden (zur Präklusion neuer Angriffs- und Verteidigungsmittel im gerichtlichen Verfahren siehe oben § 23 Rn. 21). In der mündlichen Verhandlung dürfen neue Klagegründe oder neue Verteidigungsmittel des Beklagten nur vorgebracht werden, wenn sie sich auf Umstände stützen, die nach dem Einreichen

---

[19] Die diesbezüglich ausdrückliche Bestimmung der VerfO-EuGH ist zwar gestrichen worden, die Praxis aber erhalten geblieben. Für das EuG, siehe Art. 31 Abs. 1 i. V. m. Art. 16 Abs. 1 VerfO-EuG und für das EuGöD Art. 49 i. V. m. Art. 7 Abs. 2 und Art. 11 Abs. 3 VerfO-EuGöD.

[20] Hinweise für Prozessvertreter (EuGH) C 3 und C 5, Praktische Hinweise für die Parteien (EuG) II, Rn. 125-126. In Verfahren vor dem EuGöD werden die Angaben zur Dauer der einleitenden mündlichen Ausführungen der Parteivertreter im Vorbereitenden Sitzungsbericht mitgeteilt.

[21] *Klinke*, Suspension, Rn. 158. Hinweise für Prozessvertreter (EuGH) C 2, Praktische Anweisungen für die Parteien (EuG) II, Rn. 115.

[22] *Hackspiel*, in: v.d. Groeben/Thiesing/Ehlermann, Kommentar zum EU-/EG-Vertrag, 5. Aufl. 1997/1999, nach Art. 188 Art. 29 Satzung Rn. 5.

des letzten Schriftsatzes der Partei zutage getreten sind.²³ Dagegen sind **neue Argumente** zur Ergänzung, Erläuterung oder Entwicklung der Klagegründe bzw. des Verteidigungsvorbringens des Beklagten zulässig.²⁴ EuGH und EuG können einer Partei auch gestatten, in der mündlichen Verhandlung noch Unterlagen vorzulegen, wenn dadurch der Anspruch der Gegenpartei auf rechtliches Gehör nicht beeinträchtigt wird.²⁵

Dem Grundsatz der Öffentlichkeit der mündlichen Verhandlung kann die Öffentlichkeit nur in Ausnahmefällen ausgeschlossen werden.²⁶ Über die mündliche Verhandlung fertigt der Kanzler ein **Protokoll** an (Art. 33 Satzung-EuGH; Art. 84 VerfO-EuGH; Art. 63 VerfO-EuG, Art. 53 VerfO-EuGöD). Unabhängig davon wird die Sitzung auf Tonband aufgezeichnet. Auf begründeten Antrag kann der EuGH ferner einer Partei oder einem in Art. 23 Satzung-EuGH bezeichneten Beteiligten, die am schriftlichen oder mündlichen Verfahren teilgenommen hat, gestatten, den Tonband in der vom Vortragenden in der Verhandlung verwendeten Sprache in den Räumen des Gerichts anzuhören.²⁷ Die mündliche Verhandlung wird nach der Anhörung der Parteien für geschlossen erklärt, es sei denn, am Verfahren wirkt ein Generalanwalt mit.

III. Schlussanträge des Generalanwaltes

Seit dem Inkrafttreten des Vertrages von Nizza sind Schlussanträge nur noch in den Rechtssachen zu stellen, in denen nach der Satzung die Mitwirkung eines Generalanwalts erforderlich ist (Art. 252 AEUV). Art. 20 Abs. 5 Satzung-EuGH bestimmt dazu, dass der Gerichtshof, wenn er der Auffassung ist, dass eine Rechtssache keine neuen Rechtsfragen aufwirft, nach Anhörung des Generalanwalts beschließen kann, dass ohne Schlussanträge entschieden wird. Wenn der EuGH nicht auf die Schlussanträge verzichtet, gehören diese zum mündlichen Verfahrensabschnitt und werden entweder unmittelbar im Anschluss an die mündliche Verhandlung oder aber in einer zu einem späteren Zeitpunkt terminierten öffentlichen Sitzung abgegeben (Art. 20 Abs. 4 Satzung-EuGH, Art. 82 VerfO-EuGH). Im allgemeinen trägt der Generalanwalt seine Schlussanträge ca. 6 Wochen nach der Anhörung der Parteien vor, so dass die mündliche Verhandlung vorerst unterbrochen und später fortgeführt wird.²⁸ Seit langem sind die Generalanwälte dazu übergegangen, von ihren Schlussanträgen nur noch den Entscheidungsvorschlag, nicht aber die häufig umfangreiche Begründung zu verlesen. Diese Maßnahme trägt zu einem schnelleren Verfahrensablauf bei, zumal die vollständige schriftliche Fassung des Schlussantrages dem Gerichtshof vorliegt.

Im Verfahren vor dem EuG erfolgt eine Unterstützung des Spruchkörpers durch einen aus den Reihen der Richter zu bestellenden Generalanwalt, wenn das EuG als

---

[23] Z.B. EuGH, Rs. C-465/09 bis C-470/09 P, *Territorio Historico Vizcaya u. a./Kommission*, Slg. 2011, I-83, Rn. 84-85; EuG, Rs. T-148/08, *Beifa Group/HABM*, Slg. 2010, II-1681 Rn. 102-105.
[24] Z.B. EuGH, Rs. T-430/00 P, *Dürbeck/Kommission*, Slg. 2001, I-8547 Rn. 17; EuG, Rs. T-11/06, *Romana Tabacchi/Kommission*, Slg. 2011, II-6681, Rn. 124-125.
[25] EuG, Rs. T-71/96, *Berlingieri Vinzek/Kommission*, Slg. 1997 ÖD I A-339, II-2265 Rn. 22.
[26] Art. 79 Abs. 1 VerfO-EuGH nennt als Beispiele für „wichtige Gründe" solche der Sicherheit der Mitgliedstaaten oder des Schutzes Minderjähriger. Siehe auch Art. 57 VerfO-EuG und Art. 51 Abs. 2 EuGöD.
[27] Art. 85 VerfO-EuGH.
[28] *Klinke*, Suspension, Rn. 163.

Plenum tagt oder wenn es sich um eine komplizierte Rechtssache handelt.[29] Im Unterschied zu Verhandlungen vor dem EuGH ist in der Verfahrensordnung des Gerichts vorgesehen, dass der Generalanwalt seinen Schlussantrag auch schriftlich stellen kann. Der schriftliche Schlussantrag wird dann dem Kanzler übergeben, der ihn den Parteien zustellt (Art. 61 Abs. 1 VerfO-EuG). Anschließend wird die mündliche Verhandlung für geschlossen erklärt.

15 Die Schlussanträge sollen den Richtern die Entscheidungsfindung erleichtern, wobei der Spruchkörper jedoch nicht an den Vorschlag des Generalanwaltes gebunden ist.[30] Die Parteien können zu diesen Schlussanträgen, die einen Entscheidungsvorschlag enthalten, nicht Stellung nehmen.[31] Diese Praxis stößt im Schrifttum im Hinblick auf die Rechtsprechung des EuGMR zu Art. 6 EMRK auf Kritik.[32] Ausnahmsweise kann der EuGH die mündliche Verhandlung wieder eröffnen, wenn in den Schlussanträgen neue Gesichtspunkte angesprochen werden, zu denen den Parteien rechtliches Gehör gewährt werden muss.

C. Wiedereröffnung der mündlichen Verhandlung

16 Gemäß Art. 83 VerfO-EuGH, Art. 62 VerfO-EuG, Art. 52 Abs. 2 EuGöD kann jede Instanz die mündliche Verhandlung wieder eröffnen und nochmals in das Verfahren eintreten. Da die Wiedereröffnung eines einmal abgeschlossenen Verfahrensabschnitts leicht in Widerspruch zur Konzentrationsmaxime geraten kann, sind die verfahrensrechtlichen Anforderungen relativ streng. Die Wiedereröffnung der mündlichen Verhandlung kann daher nicht vom Präsidenten angeordnet werden, sondern erfordert einen Beschluss des zuständigen Spruchkörpers nach Anhörung des Generalanwalts.[33] In Verfahren, an denen ein Generalanwalt mitwirkt, wird die mündliche Verhandlung erst nach dessen Schlussanträgen für geschlossen erklärt. Erweist sich vorher die Notwendigkeit einer erneuten mündlichen Anhörung der Parteien, so gelten die Vorschriften über die Wiedereröffnung nicht.[34] Auch wenn es nach einer Zwischenentscheidung – z. B. über die Zulässigkeit, über das Bestehen des Anspruchs bei einer Schadensersatzklage oder über einzelne Klagegründe – zu einer zweiten mündlichen Verhandlung über die noch nicht entschiedenen Fragen kommt, liegt keine Wiedereröffnung vor. Wenn die mündliche Verhandlung wieder eröffnet wird, muss der Generalanwalt am Ende der zweiten mündlichen Verhandlung erneut seine Schlussanträge stellen.[35]

17 Auf der bisherigen Praxis aufbauend präzisiert nunmehr Art. 83 VerfO-EuGH, unter welchen Voraussetzungen die mündliche Verhandlung wiederzueröffnen ist. Drei Fallgruppen werden „insbesondere" genannt, was darauf deutet, dass die Liste

---

[29] Art. 17 VerfO-EuG.
[30] *Klinke,* Suspension, Rn. 168 ff.
[31] Grundlegend EuGH, Rs. C-17/98, *Emesa Sugar,* Slg. 2000, I-665 Rn. 10-18.
[32] EGMR, Urt. v. 7.6.2001, 39594/98 Rn. 72–76, *Kress/Frankreich*. Ausführlich zur Problematik *Marsch/Sanders,* EuR 2008, 345.
[33] *Klinke,* Suspension, S. 126.
[34] *Klinke,* Suspension, S. 126.
[35] Z. B. GA *Stix-Hackl,* SchlA Rs. C-475/03, *Banca popolare di Cremona,* Slg. 2006, I-9394; GA *Stix-Hackl,* SchlA Rs. C-292/04, *Meilicke,* Slg. 2007, I-1854.

nicht abschließend ist. In der ersten Gruppe finden sich die Fälle, in denen der Gerichtshof sich für unzureichend unterrichtet hält, z. B. wenn sich während der Urteilsberatung herausstellt, dass entscheidungserhebliche Punkte noch ungeklärt sind und die Parteien oder Dritte hierzu gehört werden sollen.[36] Die zweite Gruppe umfasst die Fälle, in denen eine Partei nach Abschluss der mündlichen Verhandlung eine neue Tatsache vorgeträgt, die entscheidungserheblich ist. Dies setzt allerdings voraus, dass die Partei diese Tatsache vorher nicht vorbringen konnte (siehe oben § 23 Rn. 21). Bei der dritten Gruppe kommt es darauf an, ob ein zwischen den Parteien oder den in Art. 23 Satzung-EuGH bezeichneten Beteiligten nicht erörtertes Vorbringen entscheidungserheblich ist. Dies kann z. B. dann der Fall sein, wenn der Generalanwalt sich in seinen Schlussanträgen auf neue Elemente gestützt hat, zu denen die Parteien, bzw. die Verfahrensbeteiligten im Vorabentscheidungsverfahren, noch nicht Stellung nehmen konnten.[37] Dagegen rechtfertigt der bloße Wunsch der Parteien, zu den Schlussanträgen Stellung zu nehmen, die Wiedereröffnung nicht.[38] Erscheint der Vertreter einer Partei im Termin für die mündliche Verhandlung nicht, so kann dies die Wiedereröffnung nur rechtfertigen, wenn ein Fall von höherer Gewalt vorliegt, also wenn die Verhinderung des Vertreters durch ungewöhnliche, vom Willen der betroffenen Partei unabhängige Schwierigkeiten verursacht wurde, die auch bei Beachtung aller erforderlichen Sorgfalt unvermeidbar erscheinen.[39]

Die Wiedereröffnung der mündlichen Verhandlung kann außerdem erforderlich werden, wenn sich die Zusammensetzung des zuständigen Spruchkörpers ändert. Verweist etwa eine Kammer eine ihr übertragene Rechtssache nach Abschluss der mündlichen Verhandlung an einen größeren Spruchkörper zurück, so bedarf es einer erneuten mündlichen Verhandlung, da an der Beratung gemäß Art. 32 § 2 VerfO-EuGH, Art. 33 § 2 VerfO-EuG nur die Richter teilnehmen können, die zuvor auch bei der mündlichen Verhandlung zugegen waren.[40] Auch wenn durch das Ausscheiden von Richtern – etwa beim gleichzeitigen Ablauf der Mandate mehrerer Richter – nach der mündlichen Verhandlung das für die Entscheidung des Spruchkörpers erforderliche Quorum nicht mehr erreicht wird, muss die Verhandlung vor dem Spruchkörper in seiner neuen Zusammensetzung wiederholt werden.[41]

---

[36] EuGH, Rs. C-240/05, *Eurodental*, Slg. 2006, I-11479.
[37] EuGH, Rs. C-475/03, *Banca popolare de Cremona*, Slg. 2006, I-9373; Rs. C-292/04, *Meilicke*, Slg. 2007, I-1835.
[38] Grundlegend EuGH, Rs. C-17/98, *Emesa Sugar*, Slg. 2000, I-665 Rn. 10-18.
[39] EuG, Rs. T-235/94, *Galtieri/Parlament*, Slg. 1996, II-129 Rn. 17.
[40] EuGH, Rs. C-382/08, *Neukirchinger*, Slg. 2011, I-139; *Klinke*, Suspension, S. 128.
[41] Z.B. EuGH, Rs. C-101/07 P und C-110/07 P, *Coop de France und FNSEA/Kommission*, Slg. 2008, I-10193 Rn. 32-34.

§ 26 Abweichungen vom normalen Verfahrensablauf

Übersicht

		Rn.
A.	Das summarische Verfahren	2–6
B.	Die beschleunigten Verfahren	7–20
	I. Direktklageverfahren	8–13
	II. Vorabentscheidungsverfahren	14–20
	1. Beschleunigtes Vorabentscheidungsverfahren	14/15
	2. Eilvorlageverfahren	16–20
C.	Die „vereinfachten" Verfahren	21–26
	I. Direktklageverfahren	22/23
	II. Vorabentscheidungsverfahren	24–26
D.	Das Versäumnisverfahren	27–35
	I. Allgemeines	27
	II. Säumnis	28–30
	III. Verfahren und Versäumnisurteil	31–33
	IV. Rechtsbehelfe	34/35

Schrifttum: *Barnard*, The PPU: Is it worth the candle?, ELR 2009, 281-297; *Bernard-Glanz/Blot/Levi/Rodrigues*, Plaider devant le Tribunal de la fonction publique: quelques spécificités de la procédure, Revue universelle des droits de l'homme (RUDH) 2011, 17-27; *Currall*, Plaider devant le Tribunal de la fonction publique: spécificités procédurales, Revue universelle des droits de l'homme (RUDH) 2011, 27-36; *Dörr*, Das beschleunigte Vorabentscheidungsverfahren im Raum der Freiheit, der Sicherheit und des Rechts, EuGRZ 2008, 349-354; *Erlbacher/Schima*, Neuerungen in den Verfahrensordnungen von EuG und EuGH, Ecolex 2001, 165–169; *Inghelram*, Quelques réflexions relatives à l'utilisation de la procédure préjudicielle simplifiée par la Cour de justice des CE, Il Diritto dell'Unione europea (Dir. Un. Eur.) 2007, 285-304; *Kühn*, Grundzüge des neuen Eilverfahrens vor dem Gerichtshof der Europäischen Gemeinschaften im Rahmen von Vorabentscheidungsersuchen, EuZW 2008, 263-266; *Richter*, Schnell und effektiv: Zwei Jahre Eilvorlageverfahren vor dem Europäischen Gerichtshof, Zeitschrift für Europarecht, internationales Privatrecht und Rechtsvergleichung (ZfRV) 2010, 148-154; *Schima*, Jüngste Änderungen der Verfahrensordnung des EuGH, Ecolex 2000, 534-538.

1 Von dem in Art. 20 Satzung-EuGH und in den Verfahrensordnungen des EuGH, des EuG und des EuGöD für den Normalfall vorgesehenen Verfahren mit einem schriftlichen und einem mündlichen Verfahrensabschnitt sehen Satzung und Verfahrensordnungen verschiedene Abweichungen vor, um den Besonderheiten bestimmter Verfahrensarten oder einzelner Fälle Rechnung zu tragen. So ergehen Eilentscheidungen über Anträge auf vorläufigen Rechtsschutz in einem **summarischen Verfahren** (siehe unten Rn. 2–6). Der besonderen Dringlichkeit einzelner Rechtssachen tragen die **„beschleunigten" Verfahren** Rechnung (siehe unten Rn. 7–20). In manchen Konstellationen können EuGH, EuG und EuGöD aus Gründen der Prozessökonomie **vereinfachte Verfahren** anwenden und auf bestimmte Verfahrensschritte verzichten (siehe unten Rn. 21–26). Für das **Versäumnisverfahren** sehen Satzung und Verfahrensordnungen Sonderregeln vor (siehe unten Rn. 27–35). Besonderheiten im Vergleich zum normalen Verfahrensablauf bestehen ferner z. B. im Rechtsmittelverfahren (näher § 28), vor dem

6. Abschnitt. Das Gerichtsverfahren vor dem EuGH   2, 3 § 26

EuG in Streitigkeiten betreffend die Rechte des geistigen Eigentums.[1] und vor dem EuGöD, wo das Gericht in jedem Verfahrensstadium die Möglichkeiten für eine gütliche Beilegung des Streites prüfen kann und dazu geeignete Maßnahmen treffen kann.[2]

A. Das summarische Verfahren

Über Anträge auf einstweiligen Rechtsschutz (vgl. dazu oben §§ 19 und 20) im Rahmen von Direktklageverfahren[3] sowie über Anträge auf Aussetzung der Zwangsvollstreckung nach Art. 299 Abs. 4 (ggf. i. V. m. Art. 280) AEUV ist nach Art. 39 Satzung-EuGH in einem „abgekürzten Verfahren" zu entscheiden, das in den Verfahrensordnungen von EuGH, EuG und EuGöD geregelt ist und, so weit wegen der Besonderheiten derartiger Eilverfahren erforderlich, von einzelnen Bestimmungen der Satzung abweichen kann. Dieses **summarische Verfahren** ist auch vorgesehen, wenn beim EuGH (bzw. beim EuG) im Rahmen eines Rechtsmittels beantragt wird, die Wirkungen eines Urteils des EuG (bzw. des EuGöD) auszusetzen, und wenn beim EuGH (bzw. beim EuG) Rechtsmittel gegen Entscheidungen des EuG (bzw. des EuGöD) in Eilverfahren oder über die Zulassung von Streithelfern eingelegt werden (näher § 28 Rn. 12).

Vom normalen Verfahren unterscheidet sich das in den Art. 160 bis 166 VerfO-EuGH, Art. 104 bis 110 VerfO-EuG und Art. 102 bis 108 VerfO-EuGöD geregelte summarische Verfahren vor allem dadurch, dass die **Zuständigkeit** für die Entscheidung grundsätzlich beim **Präsidenten** des jeweiligen Unionsgerichts liegt.[4] Wenn der jeweils zuständige Präsident (beim EuGH Vizepräsident) verhindert ist, wird er nach Maßgabe der Verfahrensordnung von einem anderen Richter vertreten.[5] Beim EuGH und beim EuG kann die Entscheidung auf einen Spruchkörper übertragen werden.[6] Von dieser Möglichkeit machen die Präsidenten beider Instanzen vor allem in Fällen von grundsätzlicher Bedeutung Gebrauch,[7] die Verweisung an den Spruchkörper kann

---

[1] Art. 130 bis 136 VerfO-EuG.

[2] Art. 68 VerfO-EuGöD. Siehe *Bernard-Glanz/Blot/Levi/Rodrigues*, RUDH 2011, 17 (22); *Currall*, RUDH 2011, 27 (29).

[3] Im Vorabentscheidungsverfahren ist der EuGH dagegen nicht zuständig, einstweiligen Rechtsschutz zu gewähren; dies ist vielmehr allein Sache des vorlegenden nationalen Gerichts. Siehe z.B EuGH, Rs. C-213/89, *Factortame*, Slg. 1990, I-2433 Rn. 19; Rs. C-186/01 R, *Dory*, Slg. 2001, I-7823 Rn. 13.

[4] Art. 161 Abs. 1 VerfO-EuGH. Gemäß Art. 1 Abs. 1 des Beschlusses des Gerichtshofs vom 23.10.2012 über die richterlichen Aufgaben des Vizepräsidenten des Gerichtshofs (ABl. 2012 L 300/47) vertritt der Vizepräsident allerdings den Präsidenten bei der Erfüllung der in den Art. 160-166 VerfO-EuGH vorgesehenen richterlichen Aufgaben. Für die beiden anderen Gerichte, siehe Art. 105 VerfO-EuG, Art. 103 Abs. 1 VerfO-EuGöD.

[5] Art. 161 Abs. 2 VerfO-EuGH. Gemäß Art. 1 Abs. 2 des Beschlusses des Gerichtshofs vom 23.10.2012 wird der Vizepräsident verhindert, so werden seine Aufgaben von einem Kammerpräsidenten ausgeübt. Für die beiden anderen Gerichte, siehe Art. 106 VerfO-EuG und Art. 103 Abs. 2 VerfO-EuGöD.

[6] Art. 161 Abs. 3 VerfO-EuGH, Art. 106 VerfO-EuG.

[7] Z. B. EuGH, Rs. C-440/01 R, *Kommission/Artegodan*, Slg. 2002, I-1489 (Rücknahme der Zulassung von Humanarzneimitteln); Rs. 180/96 R, *Vereinigtes Königreich/Kommission*, Slg. 1996, I-3903 (BSE).

aber auch sinnvoll sein, wenn die Klage in der Hauptsache offensichtlich unzulässig oder offensichtlich unbegründet ist, so dass die Klage und der Antrag auf einstweiligen Rechtsschutz in einem einheitlichen Beschluss abgewiesen werden können.[8]

4 Was den **Verfahrensablauf** betrifft, besteht die Besonderheit des summarischen Verfahrens vor allem darin, dass es, anders als in Art. 20 Satzung-EuGH vorgesehen, **keine Zweiteilung in einen schriftlichen und einen mündlichen Verfahrensabschnitt gibt**.[9] Das summarische Verfahren wird mit einem **Antrag** eingeleitet, der mit **besonderem Schriftsatz** einzureichen ist.[10] Die Anforderungen an die Antragsschrift entsprechen weitgehend den Anforderungen, wie sie von den Verfahrensordnungen allgemein an Schriftsätze und insbesondere an die Klageschrift gestellt werden.[11] Insbesondere muss die Antragsschrift den Streitgegenstand des Eilverfahrens bezeichnen und die Dringlichkeit und die Notwendigkeit der beantragten Anordnung in rechtlicher und tatsächlicher Hinsicht glaubhaft machen.[12] Dazu müssen die wesentlichen tatsächlichen und rechtlichen Gesichtspunkte, auf die sich der Antrag stützt, zusammenhängend und verständlich in der Antragsschrift dargelegt werden. Die bloße Verweisung auf die gleichzeitig eingereichte Klageschrift reicht dazu nicht aus.[13] Die Nichtbeachtung wesentlicher Anforderungen an Form und Inhalt der Antragsschrift hat die Unzulässigkeit des Antrags zur Folge (vgl. § 23 Rn. 24 zu den Folgen von Mängeln der Klageschrift).

5 Der **Antragsgegner** erhält Gelegenheit zur **Stellungnahme** innerhalb einer kurzen Äußerungsfrist (Art. 160 Abs. 5 VerfO-EuGH, Art. 105 Abs. 1 VerfO-EuG und Art. 104 Abs. 1 VerfO-EuGöD). Die Stellungnahme kann schriftlich oder mündlich erfolgen. In ganz dringenden Fällen sehen die Art. 160 Abs. 7 VerfO-EuGH, Art. 105 Abs. 2 VerfO-EuG und Art. 104 Abs. 3 VerfO-EuGöD vor, dass der Präsident auch schon vor der Stellungnahme des Antragsgegners über den Antrag auf vorläufigen Rechtsschutz entscheiden kann. Ein solcher Beschluss kann jederzeit von Amts wegen abgeändert oder aufgehoben werden. Stattdessen kann der Präsident seine Wirkung aber auch von vornherein auf den Zeitraum bis zu einer erneuten Entscheidung nach Anhörung der Gegenpartei befristen.[14] Die eigentliche Entscheidung über den Antrag, welche das summarische Verfahren beendet, erlässt der Präsident erst, nachdem der Antragsgegner sich äußern konnte.

6 Die Entscheidung im summarischen Verfahren hat normalerweise lediglich vorläufigen Charakter und darf der Entscheidung in der Hauptsache nicht vorgreifen.[15] Anders als ein Urteil oder ein das Hauptsacheverfahren beendender Beschluss erwächst sie nicht in Rechtskraft.[16] Auf Antrag einer Partei kann sie deshalb jederzeit wegen

---

[8] Z.B. EuG, Rs. T-492/93 und T-492/93 R, *Nutral/Kommission*, Slg. 1993, II-1023.
[9] EuGH, Rs. C-65/99 P (R), *Willeme*, Slg. 1999, I-1857 Rn. 49-53.
[10] Art. 160 Abs. 4 VerfO-EuGH, Art. 104 Abs. 3 VerfO-EuG und Art. 102 Abs. 3 VerfO-EuGöD.
[11] So verweisen Art. 160 Abs. 4 VerfO-EuGH, Art. 104 Abs. 3 VerfO-EuG und Art. 102 Abs. 3 EuGöD auf die Bestimmungen über die Klageschrift.
[12] Art. 160 Abs. 3 VerfO-EuGH, Art. 104 Abs. 2 VerfO-EuG und Art. 102 Abs. 2 EuGöD.
[13] Z.B. EuG, Rs. T-236/00 R, *Stauner/Parlament und Kommission*, Slg. 2001, II-15 Rn. 34.
[14] Z.B. EuG, Rs. T-184/01 R, *IMS Health/Kommission*, Slg. 2001, II-2349.
[15] Art. 39 Abs. 3 Satzung-EuGH. Anders ist das allerdings bei Entscheidungen über Rechtsmittel gegen die Nichtzulassung eines Streithelfers nach Art. 57 Abs. 3 Satzung-EuGH. Hier ist die Entscheidung des EuGH über die Zulassung des Streithelfers endgültig und wird rechtskräftig.
[16] EuGH, Rs. C-440/01 P (R), *Kommission/Artegodan*, Slg. 2002, I-1489 Rn. 70.

veränderter Umstände abgeändert oder aufgehoben werden. Dabei können nicht nur neue Tatsachen, sondern auch neue rechtliche Gesichtspunkte berücksichtigt werden, die zu einer anderen Entscheidung führen.[17] Schließlich hindert die Abweisung seines Antrags den Antragsteller nicht daran, einen weiteren, auf neue Tatsachen gestützten Antrag zu stellen, etwa, wenn neue Umstände eingetreten sind, aus denen sich die Dringlichkeit der beantragten Maßnahme ergibt.[18]

B. Die beschleunigten Verfahren

Nicht immer reicht der einstweilige Rechtsschutz im summarischen Verfahren aus, wenn in dringenden Fällen eine rasche gerichtliche Entscheidung nötig ist, da er nur eine vorläufige Regelung bis zur Entscheidung des Richters in der Hauptsache ermöglicht. Es gibt jedoch Situationen, in denen in denen binnen **kurzer Frist** eine **endgültige Entscheidung** erforderlich ist, wenn der gerichtliche Rechtsschutz nicht jeden praktischen Wert verlieren soll. So müssen etwa im Bereich der Fusionskontrolle die beteiligten Unternehmen schnell und definitiv wissen, ob ein Zusammenschluss durchgeführt werden darf oder nicht.[19] Um diesem Bedürfnis Rechnung zu tragen, haben EuGH und EuG im Jahr 2000 durch Änderungen ihrer Verfahrensordnungen die Möglichkeit eingeführt, bestimmte Rechtssachen in einem beschleunigten Verfahren zu entscheiden.[20] 2008 wurde ferner die Verfahrensordnung des EuGH erneut geändert, um die Möglichkeit zu schaffen, Vorhabentscheidungsersuchen im Bereich des Raums der Freiheit, der Sicherheit und des Rechts in einem Eilverfahren zu behandeln. In diesen Verfahren, die anderen Rechtssachen gegenüber Vorrang genießen wird das **schriftliche Verfahren abgekürzt**, während der **mündliche Verfahrensabschnitt** größeres Gewicht erhält. 7

I. Direktklageverfahren

Für Direktklagen ist das 2001 eingeführte beschleunigte Verfahren in den Art. 133 bis 136 VerfO-EuGH und 76 a VerfO-EuG geregelt. Die Ausgestaltung des Verfahrens ist – trotz Abweichungen in Einzelheiten – in beiden Instanzen ähnlich. Vor dem EuGöD ist ein solches Verfahren nicht vorgesehen. 8

Ursprünglich setzte die Durchführung des beschleunigten Verfahrens bei beiden Gerichten die **besondere Dringlichkeit** der betroffenen Rechtssache voraus. Seit der Novellierung von 2012 wurde dieses Kriterium in Art. 133 Abs. 1 VerfO-EuGH ersetzt durch einen Verweis auf „die Natur der Rechtssache", die „eine rasche Erledigung 9

---

[17] EuGH, Rs. C-440/01 P (R), *Kommission/Artegodan*, Slg. 2002, I-1489 Rn. 76.
[18] Art. 164 VerfO-EuGH, Art. 109 VerfO-EuG und Art. 107 VerfO-EuGöD.
[19] Auch bei Rechtsstreitigkeiten um den Zugang zu Dokumenten der Organe greift einstweiliger Rechtsschutz oft nicht, da er die Hauptsache nicht vorwegnehmen darf, der einmal gewährte Zugang aber nicht rückgängig gemacht werden kann, während das Recht auf Einsichtnahme nach einem langen Gerichtsverfahren für den Antragsteller oft kaum noch interessant ist.
[20] Zuvor hatte nach Art. 53 Abs. 3 VerfO-EuGH, 55 Abs. 2 VerfO-EuG der Präsident nur die Möglichkeit, in besonderen Fällen die vorrangige Behandlung einer Rechtssache im Rahmen des mündlichen Verfahrens anzuordnen, vgl. *Erlbacher/Schima*, Ecolex 2001, 165.

fordert". Trotz der unterschiedlichen Formulierungen und unabhängig davon, ob die Eignung der Rechtssache für eine Behandlung im beschleunigten Verfahren mehr oder weniger im Vordergrund steht,[21] behält dieses Verfahren vor beiden Gerichten einen strengen **Ausnahmecharakter.** Hierzu tragen auch konkrete Überlegungen bei, da die vorrangige Behandlung dieser Fälle zu Lasten der Bearbeitung der „normalen" Verfahren geht und deren Dauer sich unangemessen verlängern würde, wenn der Anteil von Verfahren „auf der Überholspur" zu stark anstiege. Beim EuGH besteht die Möglichkeit, das beschleunigte Verfahren in den normalen Klageverfahren anzuwenden, in denen der EuGH in erster und letzter Instanz entscheidet, während das Rechtsmittelverfahren eigenen Regeln folgt, die ohnehin ein abgekürztes schriftliches Verfahren vorsehen. Anträge auf Entscheidung im beschleunigten Verfahren sind daher im Rechtsmittelverfahren unzulässig.[22]

10 In der Regel setzt das beschleunigte Verfahren einen **Antrag** des Klägers oder des Beklagten voraus, der mit besonderem Schriftsatz gleichzeitig mit der Klageschrift bzw. mit der Klagebeantwortung einzureichen ist.[23] Zu dem Antrag sind die anderen Parteien und ggf. der Generalanwalt zu hören. **Zuständig** für die Entscheidung über den Antrag ist beim **EuGH** der **Präsident** auf Vorschlag des Berichterstatters und beim **EuG** die **Kammer**, der die Rechtssache zugewiesen wurde.[24] Beim EuGH kann der Präsident ausnahmsweise von Amts wegen eine solche Entscheidung treffen.[25] Neben der besonderen Dringlichkeit des Falles ist für diese Entscheidung wichtig, ob sich die **Rechtssache ihrer Art nach** für die Behandlung in einem Verfahren **eignet**, dessen Schwerpunkt in der mündlichen Verhandlung liegt. Will der Kläger das beschleunigte Verfahren beantragen, so hat er deshalb bereits bei der Abfassung der **Klageschrift** auf **Kürze und Prägnanz** zu achten und sollte, was den Umfang der Anlagen angeht, Zurückhaltung walten lassen, da in Rechtssachen, die die Würdigung umfangreichen schriftlichen Materials erfordern, das beschleunigte Verfahren normalerweise weniger angebracht ist.[26] Dennoch muss die Klageschrift die Angriffsmittel des Klägers vollständig enthalten, da die Präklusionsvorschriften der Art. 127 Abs. 1 VerfO-EuGH, 48 Abs. 2 VerfO-EuG auch im beschleunigten Verfahren gelten. Die ausführliche Darlegung der Argumente der Parteien soll dagegen vorrangig in der mündlichen Verhandlung und nicht in den Schriftsätzen stattfinden.

11 Beschließen EuGH oder EuG, im beschleunigten Verfahren zu entscheiden, so wird das schriftliche Verfahren dadurch abgekürzt, dass es grundsätzlich **keine zweite Schriftsatzrunde** gibt und dass eventuelle **Streithelfer keine Gelegenheit zur schriftlichen Stellungnahme** erhalten.[27] Da gerade die Streithilfe oft zu einer erheblichen

---

[21] Nach Art. 76 a Abs. 1 VerfO-EuG hat das Gericht bei der Entscheidung, ob ein beschleunigtes Verfahren durchgeführt werden soll, neben der „besonderen Dringlichkeit" auch die „Umstände der Rechtssache" in Betracht zu ziehen.

[22] Die Möglichkeit, ein Rechtsmittel nach Art. 53 Abs. 3 VerfO-EuGH mit Vorrang zu behandeln, bleibt davon unberührt.

[23] Art. 133 Abs. 1 VerfO-EuGH, Art. 76 a Abs. 1 UAbs. 2 VerfO-EuG.

[24] Art. 133 Abs. 1 VerfO-EuGH, Art. 76 a Abs. 1 UAbs. 1 VerfO-EuG. Seit 2004 entscheidet der Präsident des EuGH durch einen mit Gründen versehenen Beschluss, der unanfechtbar ist.

[25] Art. 133 Abs. 3 VerfO-EuGH.

[26] Näher EuGH, Praktische Anweisungen für Klagen und Rechtsmittel, Rn. 45-46; EuG, Praktische Anweisungen für die Parteien vor dem Gericht, Rn. 69-80.

[27] Art. 134 VerfO-EuGH, Art. 76 a Abs. 2 VerfO-EuG.

6. Abschnitt. Das Gerichtsverfahren vor dem EuGH 12, 13 § 26

Verlängerung des schriftlichen Verfahrens führt, ist dies von großer praktischer Bedeutung. Allerdings können, wenn erforderlich, Erwiderung und Gegenerwiderung sowie die Einreichung von Streithilfeschriftsätzen zugelassen werden. Beim EuGH entscheidet darüber der Präsident. Beim EuG kann die zuständige Kammer im Rahmen prozessleitender Maßnahmen nach Art. 64 VerfO-EuG die Einreichung dieser Schriftsätze gestatten. Normalerweise folgt auf den ersten Austausch von Schriftsätzen aber die mündliche Verhandlung, in der die Parteien ihr Vorbringen ergänzen und ggf. neue Beweismittel benennen können, deren Verspätung sie allerdings begründen müssen.[28] Damit liegt der Schwerpunkt des beschleunigten Verfahrens grundsätzlich in der mündlichen Verhandlung.

Art. 76 a Abs. 1 UAbs. 3 VerfO-EuG ordnet ausdrücklich an, dass Rechtssachen, in 12 denen das beschleunigte Verfahren stattfindet, mit **Vorrang** entschieden werden. Im Verfahren vor dem EuGH, dessen VerfO keine derartige Bestimmung enthält, ergibt sich die vorrangige Behandlung daraus, dass der Präsident unmittelbar nach Eingang der Klagebeantwortung den Termin für die mündliche Verhandlung festsetzt.[29] Die Verfahrensdauer verkürzt sich beim EuGH weiterhin dadurch, dass der Generalanwalt keine Schlussanträge stellt, sondern nur angehört wird.[30]

Der EuGH hat bisher von der Möglichkeit, über Direktklagen im beschleunigten 13 Verfahren zu entscheiden, nur in ganz wenigen (allerdings politisch wichtigen) Fällen Gebrauch gemacht.[31] Beim EuG kommen Anträge auf Entscheidung im beschleunigten Verfahren öfter vor, haben aber nur selten Erfolg.[32] Neben Fällen der Fusionskontrolle[33] hat das EuG von der Möglichkeit, im beschleunigten Verfahren zu entscheiden, auch in anderen Bereichen des Unionsrechts Gebrauch gemacht.[34]

---

[28] Art. 135 Abs. 2 VerfO-EuGH, Art. 76 a Abs. 3 VerfO-EuG.
[29] Art. 135 Abs. 1 VerfO-EuGH.
[30] Art. 136 VerfO-EuGH. In der Regel gibt der Generalanwalt eine abgekürzte schriftliche Stellungnahme ab.
[31] Aus dem Jahresbericht des EuGH 2011, S. 117, ergibt sich, dass für die Zeitperiode 2007-2011 bei Direktklagen vor dem EuGH nur 2 Anträge gestellt wurden. Beide wurden abgewiesen. Zu den politisch wichtigen Fällen, in denen ein beschleunigtes Verfahren dennoch durchgeführt wurde, siehe z. B. EuGH, Rs. C-27/04, *Kommission/Rat*, Slg. 2004, I-6649 (Verfahren nach dem Wachstum- und Stabilitätspakt bei einem übermäßigen Defizit); EuGH, Rs. C-286/12, *Kommission/Ungarn*, noch nicht in der Slg. veröffentlicht (Justizreform in Ungarn).
[32] Aus dem Jahresbericht des EuGH 2011, S. 208, ergibt sich, dass für die Zeitperiode 2007-2011 bei Direktklagen vor dem EuG insgesamt ca. 130 Anträge gestellt wurden. Davon wurden 15 stattgegeben.
[33] Z. B. EuG, Rs. T-77/02, *Schneider/Kommission*, Slg. 2002, II-4201 (7 Monate); Rs. T-282/06, *Sun Chemical Group u. a./Kommission*, Slg. 2007, II-2149 (9 Monate).
[34] So z. B. im Beihilferecht EuG, Rs. T-195/01 und T-207/01, *Gibraltar/Kommission*, Slg. 2002, II-2309 (8 Monate); im Wettbewerbsrecht EuG, Rs. T-170/06, *Alrosa/Kommission*, Slg. 2007, II-2601 (12 Monate); beim Schutz gegen Dumpingpraktiken EuG, Rs. T-206/07, *Forhan Shunde/Rat*, Slg. 2008, II-1 (7 Monate); im Bereich des Umweltschutzes EuG, Rs. T-182/06, *Niederlande/Kommission*, Slg. 2007, II-1983 (11 Monate); im Bereich der Gemeinsamen Außen- und Sicherheitspolitik (Einfrieren von Geldern) EuG, Rs. T-246/08 und T-332/08, *Melli Bank/Rat*, Slg. 2009, II-2629 (12 Monate), Rs. T-390/08, *Bank Melli Iran/Rat*, Slg. 2009, II-3967 (11 Monate) und T-86/11, *Bamba/Rat*, noch nicht in der Slg. veröffentlicht (4 Monate). Im Vergleich zu den angegebenen Verfahrensdauern ist dem Jahresbericht des EuGH 2011, S. 209, zu entnehmen, dass bei „normalen" Verfahren vor dem EuG von einer Verfahrensdauer von ca. 50 Monaten in Wettbewerbssachen und von ca. 22 Monaten bei sonstigen Klagen zu rechnen ist.

II. Vorabentscheidungsverfahren

1. Beschleunigtes Vorabentscheidungsverfahren. Das bereits 2000 eingeführte beschleunigte Vorabentscheidungsverfahren ist in Art. 105 VerfO-EuGH geregelt. Auch hier stellt die Entscheidung im beschleunigten Verfahren die Ausnahme dar. Bis 2012 stellte die **außerordentliche Dringlichkeit** der Entscheidung über die Vorlage das Kriterium für die Durchführung eines solchen Verfahrens dar. Entscheidend ist nunmehr, dass „die Art der Rechtssache ihre rasche Erledigung erfordert" (siehe oben B I Rn. 9). Den **Antrag** auf Entscheidung im beschleunigten Verfahren ist vom **vorlegenden Gericht** zu stellen; die Parteien des Ausgangsverfahrens haben kein Antragsrecht. Der Antrag muss Umstände anführen, aus denen sich die Dringlichkeit ergibt. Die Entscheidung trifft – wie im Direktklageverfahren – der **Präsident** auf Vorschlag des Berichterstatters und nach Anhörung des Generalanwalts. Ausnahmsweise kann der Präsident von Amts wegen eine solche Entscheidung treffen. Die Beteiligten des Ausgangsverfahrens werden vorher nicht angehört.[35]

Entscheidet der Präsident, das beschleunigte Verfahren anzuwenden, so bestimmt er **sofort** den **Termin für die mündliche Verhandlung**.[36] Dieser Termin wird den nach Art. 23 Satzung-EuGH Äußerungsberechtigten (Parteien des Ausgangsverfahrens, Mitgliedstaaten und Kommission sowie ggf. Rat, Parlament, EZB, EWR-Mitgliedstaaten und EFTA-Überwachungsbehörde) gleichzeitig mit der Zustellung des Vorabentscheidungsersuchens mitgeteilt. Der Präsident setzt diesen Beteiligten eine Frist von mindestens 15 Tagen, in der sie Schriftsätze oder schriftliche Erklärungen einreichen können. Er kann sie auffordern, den schriftlichen Vortrag auf die wesentlichen von der Vorlage aufgeworfenen Rechtsfragen zu beschränken. Vor der Sitzung erhalten alle Beteiligten die ggf. eingereichten Schriftsätze. Wie im „normalen" Vorabentscheidungsverfahren können die Äußerungsberechtigten in der Sitzung mündlich Stellung nehmen, auch wenn sie keinen Schriftsatz eingereicht haben.[37] Die Schlussanträge des Generalanwalts entfallen; stattdessen wird er vor der Entscheidung des EuGH angehört.[38] Bisher ist es ungefähr in einem Dutzend von Fällen zu einer Entscheidung im beschleunigten Verfahren gekommen,[39] in denen sich die neue Regelung eindrucksvoll bewährt hat. Während die durchschnittliche Dauer der Vorabentscheidungsverfahren bei ca. 16

---

[35] Art. 105 Abs. 1 VerfO-EuGH.
[36] Art. 105 Abs. 2 VerfO-EuGH.
[37] Art. 105 Abs. 3 und 4 VerfO-EuGH.
[38] Art. 105 Abs. 5 VerfO-EuGH. In der Regel gibt der Generalanwalt eine abgekürzte schriftliche „Stellungnahme" ab.
[39] Aus dem Jahresbericht 2011 des EuGH, S. 117, ergibt sich, dass in der Zeitperiode 2007-2011 in Vorabentscheidungensverfahren insgesamt 36 Anträge gestellt wurden. Davon wurden 9 stattgegeben. Ein beschleunigtes Verfahren wurde durchgeführt u. a. in Fällen betreffend die elterliche Verantwortung (EuGH Rs. C-296/10, *Purrucker*, Slg. 2010, I-11163), den europäischen Haftbefehl (Rs. C-66/08, *Kozlowski*, Slg. 2008, I-6041), und im Bereich der Einwanderung (wenn der Betroffene inhaftiert bzw. von einer raschen Auslieferung bedroht war, Rs. C-329/11, *Achughbabian*, und Rs. C-256/11, *Dereci u. a.*, noch nicht in der Slg. veröffentlicht). In der 2012 entschiedenen Rs. C-370/10, *Pringle* (noch nicht in der Slg. veröffentlicht) war die Entscheidung des Vorlagegerichts im Ausgangsverfahren unerlässlich für die rechtzeitige Ratifikation des Vertrags zur Einrichtung des EMS durch Irland.

Monaten liegt,⁴⁰ konnten diese Verfahren in weniger als drei Monaten abgeschlossen werden.⁴¹

2. Eilvorlageverfahren. Für Fragen im Bereich des **Raums der Freiheit, der Sicherheit und des Rechts** (Titel V des dritten Teils des AEUV) besteht seit 2008 die Möglichkeit, diese in einem Eilverfahren zu behandeln. In diesem Bereich, der durch eine „intensive gesetzgeberische Tätigkeit" der Unionsorgane geprägt ist,⁴² gilt seit dem Inkrafttreten des Vertrages von Lissabon die Zuständigkeit des Gerichtshofs für Vorabentscheidungen gemäß Art. 267 AEUV uneingeschränkt.⁴³ Die vom Raum der Freiheit, Sicherheit und des Rechts umfasste Materien betreffen den Grundrechtschutz in besonderem Maße. Hierzu zählt z. B. die justizielle Zusammenarbeit in Strafsachen (Art. 82-86 AEUV), die die Freiheit des Einzelnen betreffen kann. Ein effektiver Rechtsschutz steht daher unter dem Beschleunigungsgebot.⁴⁴ Als spezieller Ausdruck dieses Gebots sieht Art. 267 Abs. 4 AEUV für den Fall, dass eine Vorlagefrage „in einem schwebenden Verfahren, das eine inhaftierte Person betrifft" gestellt wird, ausdrücklich vor, dass der Gerichtshof „in kürzester Zeit" zu entscheiden hat. Zu dem Bereich Freiheit, Sicherheit und Recht gehören auch Asyl- und Einwanderungspolitik⁴⁵ sowie die justizielle Zusammenarbeit in Zivilsachen, wobei letztere sich auf Fragen des Familienrechts erstreckt.⁴⁶ Dass Fragen, die in einem Verfahren betreffend eine drohende Auslieferung oder die Regelung des elterlichen Sorgerechts gestellt werden, auch rasch entscheiden werden müssen, erscheint auch klar. Hinzu kommt, dass die nationalen Gerichte selbst auf Grund des Unionsrechts oder nationalen Rechts in diesen Materien oft an kurzen Entscheidungsfristen gebunden sind.⁴⁷

Die Grundlage der Regelung des Eilvorlageverfahrens findet sich in Art. 23a Satzung-EuGH und ist in Art. 107-114 VerfO-EuGH näher geregelt. Mit der Durchführung solcher Verfahren wird **eine bestimmte Kammer** betraut. In der Praxis erfüllen die mit fünf Richtern gebildeten Kammern turnusmäßig diese Funktion jeweils für ein Jahr.⁴⁸ Die designierte Kammer entscheidet – nach Anhörung des Generalanwalts – über die Anwendung des Eilverfahrens und i. d. R. über die Vorlagefrage. In

---

⁴⁰ Jahresbericht 2011 des EuGH, S. 114.
⁴¹ In der Rechtssache C-189/01, *Jippes*, Slg. 2001, I-5689 (Bekämpfung der Maul- und Klauenseuche) betrug die Verfahrensdauer 76 Tage.
⁴² *Richter*, ZfRV 2010, 148 (148).
⁴³ Die in Art. 68 EGV-Nizza enthaltene Einschränkung, wonach nur Gerichte, deren Entscheidungen nicht mehr mit Rechtsmitteln angefochten werden konnten, vorlageberechtigt waren, ist aufgehoben worden.
⁴⁴ *Dörr*, EuGRZ 2008, 349 (351).
⁴⁵ Die Richtlinie 2004/83/EG des Rates vom 29. April 2004 über Mindestnormen für die Anerkennung und den Status von Drittstaatsangehörigen oder Staatenlosen als Flüchtlinge oder als Person, die anderweitig internationalen Schutz benötigen, und über den Inhalt des zu gewährenden Schutzes (ABl. 2004 L 304/12) sowie die Richtlinie 2008/115/EG des Europäischen Parlaments und des Rates vom 16. Dezember 2008 über gemeinsame Normen und Verfahren in den Mitgliedstaaten zur Rückführung illegal aufhältiger Drittstaatsangehöriger (ABl. 2008 L 348/98) gehören zu den wichtigsten Rechtsakten dieses Rechtsgebiets.
⁴⁶ Verordnung (EG) Nr. 2201/2003 des Rates vom 27. November 2003 über die Zuständigkeit und die Anerkennung und Vollstreckung von Entscheidungen in Ehesachen und in Verfahren betreffend die elterliche Verantwortung (ABl. 2003 L/1).
⁴⁷ *Richter*, ZfRV 2010, 148 (149); *Kühn*, EuZW 2008, 263 (263).
⁴⁸ Art. 11 Abs. 2 VerfO-EuGH.

bestimmten Fällen kann jedoch die Kammer beschließen, nur mit drei Richtern zu tagen. Umgekehrt ist bei besonders wichtigen oder komplexen Fällen eine Verweisung an einen größeren Spruchkörper möglich.[49]

18 Die Entscheidung ein Eilverfahren durchzuführen wird **grundsätzlich nur auf Antrag des nationalen Gerichts** getroffen.[50] Das vorlegende Gericht soll „die rechtlichen und tatsächlichen Umstände darlegen, aus denen sich die **Dringlichkeit** ergibt". Gemeint sind dabei insbesondere die Gefahren, die bei Anwendung des gewöhnlichen Verfahrens drohen und das abweichende Verfahren rechtfertigen.[51] Soweit möglich soll das nationale Gericht auch angeben, wie seiner Ansicht nach die Vorlagefragen beantwortet werden sollen.[52] Diese Angaben, die Ausdruck der Zusammenarbeit zwischen dem nationalen Richter und dem Gerichtshof sind, sollen konkret die Stellungnahme der Parteien des Ausgangsverfahrens und der sonstigen Verfahrensbeteiligten erleichtern.[53] Ausnahmsweise kann auch der Gerichtshof von Amts wegen das Vorabentscheidungsersuchen einem Eilverfahren unterwerfen.[54]

Liegt ein solcher Antrag bzw. ein solches Ersuchen des Präsidenten vor, so veranlasst der Kanzler die **Zustellung** des Vorabentscheidungsersuchens zwar sogleich, aber **zunächst nur an einen reduzierten Kreis von Äußerungsberechtigten,** nämlich an die am Verfahren vor dem nationalen Gericht beteiligten Parteien, den Mitgliedstaat, zu dem das Gericht gehört, die Kommission sowie ggf. das Unionsorgan, dessen Akt Gegenstand des Vorlageersuchens ist. Unmittelbar danach soll aber die gleiche Zustellung an alle anderen in Art. 23 Satzung-EuGH bezeichneten Beteiligten (u. a. die anderen Mitgliedsstaaten) ergehen.[55] Diese Teilung des Zustellungsprozesses erklärt sich durch die unausweichlichen Zwänge der Übersetzungsfristen. Die ersten Adressaten sollen so schnell wie möglich informiert werden, denn ihnen kommt im Falle der Durchführung eines Eilverfahrens eine gesonderte Rolle zu.

19 Lehnt die Kammer die Durchführung eines Eilverfahrens ab, so bestimmt sich das Verfahren fortan nach den Regeln des normalen Vorabentscheidungsverfahrens.[56]

Entscheidet die Kammer, dass die Vorlage in einem Eilverfahren behandelt wird, so wird diese Entscheidung wieder in zeitlicher Nachfolge zugestellt: Zuerst an die

---

[49] Art. 113 Abs. 1 und 2 VerfO-EuGH. Für den Fall, dass die dringliche Rechtssache einen Zusammenhang mit einer bereits anhängigen Rechtssache aufweist, die einem Berichterstatter zugewiesen worden ist, der nicht der für Eilverfahren bestimmten Kammer angehört, sieht Art. 108 Abs. 2 VerfO-EuGH eine Abweichung von dieser Regel vor. Für den Fall einer Verweisung an die Große Kammer siehe EuGH, Rs. C-357/09 PPU, *Kadzoev*, Slg. 2009, I-11189.

[50] Art. 107 Abs. 1 VerfO-EuGH. Es wird empfohlen, den Antrag in einer „unmissverständlichen Form" einzubringen, der der Kanzlei des EuGH erlaubt, unmittelbar festzustellen, dass die Angelegenheit eine spezifische Behandlung erfordert. Hierzu die vom EuGH erstellten Empfehlungen an die nationalen Gerichte bezüglich der Vorlage von Vorabentscheidungsersuchen, Rn. 43.

[51] Empfehlungen an die nationalen Gerichte, Rn. 41.

[52] Art. 107 Abs. 2 VerfO-EuGH; Empfehlungen an die nationalen Gerichte, Rn. 42.

[53] *Richter*, ZfRV 2010, 148 (151); *Kühn*, EuZW 2008, 263 (264).

[54] Art. 107 Abs. 1 und 3 VerfO-EuGH. Der Präsident des Gerichtshofs kann die Anwendung des Eilverfahrens anregen, wenn dies dem ersten Anschein nach geboten erscheint. In diesem Fall beauftragt er die zuständige Kammer mit der Prüfung der Frage, ob ein Eilverfahren erforderlich ist.

[55] Art. 109 Abs. 1 und 4 VerfO-EuGH.

[56] Art. 109 Abs. 6 VerfO-EuGH. Gegebenenfalls kann eine Anwendung des beschleunigten Verfahrens in Betracht kommen. Siehe EuGH, Rs. C-66/08, *Kozlowski*, Slg. 2008, I-6041.

am Verfahren vor dem nationalen Gericht beteiligten Parteien, den Mitgliedstaat, zu dem das Gericht gehört, die Kommission sowie ggf. das Unionsorgan, dessen Akt Gegenstand des Vorlageersuchens ist, und unmittelbar danach an die anderen in Art. 23 Satzung-EuGH bezeichneten Beteiligten.[57] In dieser Entscheidung wird eine Frist gesetzt, innerhalb deren die Adressaten der ersten Zustellung (und nur diese) Schriftsätze einbringen können.[58] Dieser **Ausschluss der anderen Äußerungsberechtigten vom schriftlichen Teil des Verfahrens** dient dazu den Übersetzungsaufwand zu beschränken und somit kurze Fristen anzuhalten.

Die für die Einreichung der Schriftsätze gesetzte Frist wird je nach Einzelfall bestimmt, soll aber nicht auf weniger als zehn Werktage verkürzt werden.[59] Die Entscheidung kann auch eine Obergrenze für die Länge der Schriftsätze und eine Konzentration auf bestimmte Punkte festlegen.[60] In Fällen äußerster Dringlichkeit kann die Kammer entscheiden, vom schriftlichen Verfahren ganz abzusehen.[61]

An der **mündlichen Verhandlung** können **alle in Art. 23 Satzung-EuGH bezeichneten Beteiligten teilnehmen** und Stellung beziehen.[62] Dass die Rechtsgebiete, in denen das Eilverfahren anwendbar ist, oft neue, komplexe und mitunter politisch sensible Fragen aufwerfen, erklärt, dass im Rahmen solcher Verfahren eine vergleichsweise hohe Zahl von Mitgliedstaaten in der mündlichen Verhandlung gehört werden will.[63] Diese rege Teilnahme und die daraus resultierende Debatte unterstreichen noch weiter die außerordentlich wichtige Rolle der mündlichen Verhandlung in Eilvorlageverfahren.[64] Nach der mündlichen Verhandlung entscheidet die Kammer nach Anhörung des Generalanwalts.[65] Obwohl eine rein mündliche Anhörung ausreichend wäre, wird in der Praxis eine kurze schriftliche Stellungnahme abgegeben.[66]

In der Zeit von März 2008 bis Oktober 2011 wurden 22 Anträge auf Durchführung eines Eilverfahrens gestellt. 12 Eilverfahren wurden durchgeführt (darunter eines auf Ersuchen des Präsidenten). Die Hälfte der Fälle betraf Fragen des elterlichen Sorgerechts,[67] ein Viertel den europäischen Haftbefehl[68] und das letzte Viertel bezog

---

[57] Art. 109 Abs. 2 und 4 VerfO-EuGH.
[58] Art. 109 Abs. 2 S. 1 VerfO-EuGH. Trotz der nicht eindeutigen Formulierung dieser Bestimmung kann das Vorlagegericht keine Stellungnahme abgeben.
[59] Erklärung des Rates im Anhang seines Beschlusses v. 20. Dezember 2007 zur Änderung des Protokolls über die Satzung des Gerichtshofs (ABl. 2008 L 24/44). In der Praxis liegt die Frist durchschnittlich bei 16 Tagen. Siehe den 2012 erstellten Bericht des Gerichtshofs über die Anwendung des Eilvorlageverfahrens durch den Gerichtshof (abrufbar auf www.curia.europa.eu), Rn. 3.
[60] Art. 109 Abs. 2 S. 2 VerfO-EuGH.
[61] Art. 111 VerfO-EuGH.
[62] Alle in Art. 23 Satzung-EuGH bezeichneten Beteiligten sind so bald wie möglich vom Termin der mündlichen Verhandlung zu informieren (Art. 109 Abs. 5 VerfO-EuGH).
[63] Bericht des Gerichtshofs, Rn. 3.
[64] *Richter*, ZfRV 2010, 148 (151).
[65] Art. 112 VerfO-EuGH.
[66] Bislang wurde diese Stellungnahme im Durchschnitt weniger als drei Tage nach der mündlichen Verhandlung abgegeben und in den meisten Fällen veröffentlicht. Bericht des Gerichtshofs, Rn. 3.
[67] Z.B. EuGH, Rs. C-195/08 PPU, *Rinau*, Slg. 2008, I-571; Rs. C-497/10 PPU, *Mercredi*, Slg. 2010, I-14309.
[68] Z.B. EuGH, Rs. C-296/08 PPU, *Santesteban Goicoechea*, Slg. 2008, I-6307; Rs. C-388/08 PPU, *Leymann und Pustovarov*, Slg. 2008, I-8993.

sich auf den Bereich Visa, Asyl und Einwanderung.[69] In Durchschnitt dauerte das Verfahren 66 Tage und kein Verfahren länger als drei Monate.[70]

C. Die „vereinfachten" Verfahren

21 Als „vereinfachte Verfahren" werden im Sprachgebrauch der Unionsgerichte verschiedene Verfahrensgestaltungen zusammengefasst, die zum großen Teil verhältnismäßig neueren Datums sind und die **Effizienz des Rechtsschutzes** dadurch verbessern sollen, dass sie es dem EuGH, dem EuG sowie dem EuGöD ermöglichen, in bestimmten Fällen **auf einzelne Bestandteile des „normalen" Urteilsverfahrens zu verzichten**. Vom den „beschleunigten" Verfahren unterscheiden sich diese Gestaltungen insbesondere dadurch, dass sie **keine Dringlichkeit** voraussetzen und dass die Rechtssachen, in denen sie zur Anwendung kommen, **keinen Vorrang** gegenüber anderen Verfahren genießen. Zu den Vorschriften, die vereinfachte Verfahren vorsehen, sind die Bestimmungen zu zählen, die den EuGH, das EuG sowie das EuGöD ermächtigen, unter bestimmten Voraussetzungen ohne mündliche Verhandlung durch **Beschluss** zu entscheiden.

I. Direktklageverfahren

22 Eine Vereinfachung des Verfahrens liegt in den Fällen vor, in denen das **EuG** (sowie das **EuGöD**) ohne vollständiges schriftliches Verfahren und ohne mündliche Verhandlung durch **Beschluss** über eine Direktklage entscheiden kann. Das ist zunächst nach Art. 111 VerfO-EuG, Art. 76 VerfO-EuGöD der Fall, wenn das EuG bzw. das EuGöD für die Klage **offensichtlich unzuständig** ist, sie offensichtlich **unzulässig** ist oder ihr offensichtlich **jede rechtliche Grundlage fehlt**. Darüber hinaus können unzulässige Klagen durch Beschluss abgewiesen werden, sei es, dass von Amts wegen das Fehlen von unverzichtbaren Prozessvoraussetzungen festgestellt wird,[71] sei es, dass die beklagte Partei beantragt hat, vorab über die Zulässigkeit zu entscheiden.[72] Darüber hinaus kann das EuG ein offensichtlich unzulässiges oder unbegründetes Rechtsmittel gegen eine Entscheidung des EuGöD durch Beschluss zurückweisen.[73]

Beim **EuGH** können offensichtlich unzulässige Klagen wie beim EuG durch **Beschluss** abgewiesen werden.[74] Anders als beim EuG ist die Abweisung einer offensichtlich unbegründeten Klage durch Beschluss nicht möglich, während offensichtlich unzulässige oder unbegründete Rechtsmittel gegen Entscheidungen des EuG durch Beschluss verworfen werden können.[75]

---

[69] Z. B. EuGH, Rs. C-357/09 PPU, *Kadzoev*, Slg. 2009, I-11189; Rs. C-61/11 PPU, *El Dridi Hassen*, noch nicht in der Slg. veröffentlicht.
[70] Bericht des Gerichtshofs, Rn. 1 und 2.
[71] Art. 113 VerfO-EuG, Art. 77 VerfO-EuGöD.
[72] Art. 114 VerfO-EuG, Art. 78 VerfO-EuGöD.
[73] Art. 145 VerfO-EuG.
[74] Art. 53 Abs. 2 VerfO-EuGH.
[75] Art. 181, 182 VerfO-EuGH. Z. B. EuGH, Rs. C-73/10 P, *Internationale Fruchtimport/Kommission*, Slg. 2010, I-11535.

Ein Beschluss nach Art. 53 Abs. 2 VerfO-EuGH, Art. 111 VerfO-EuG, Art. 76 Ver- 23
fO-EuGöD kann von Amts wegen in jedem Verfahrensstadium gefällt werden, d. h.
auch vor Zustellung der Klage an die Gegenpartei, ohne dass die Parteien zu dieser
Möglichkeit gehört werden müssen.[76] Dies setzt voraus, dass die aus den Akten ergebenden Angaben eindeutig einen offensichtlichen Mangel an Zuständigkeit bzw.
Begründetheit erkennen lassen. Dies ist z. B. der Fall, wenn eine Nichtigkeitsklage vor
dem EuGH oder dem EuG gegen ein Urteil eines nationalen Gerichts gerichtet ist[77]
oder wenn in einer Nichtigkeitsklage vor dem EuG die Argumentation des Klägers
offensichtlich mit der ständigen Rechtsprechung der Unionsrichter nicht zu vereinbaren ist.[78]

Der Beschluss ist mit Gründen versehen, wobei die Begründung in der Regel knapp
ausfällt. Die Veröffentlichung in der Sammlung ist eine Ausnahme. Gegen einen Beschluss des EuGöD bzw. des EuG kann ein Rechtsmittel eingereicht werden.[79]

II. Vorabentscheidungsverfahren

Art. 53 Abs. 2 VerfO-EuGH ermächtigt dem Gerichtshof auch ein Vorabentschei- 24
dungsersuchen durch begründeten Beschluss abzuweisen wenn er offensichtlich unzuständig[80] oder das Ersuchen offensichtlich unzulässig ist.[81] Der Beschluss ergeht nach
Anhörung des Generalanwalts, ggf. ohne das Verfahren fortzusetzen.

Darüber hinaus erlaubt das **vereinfachte Vorabentscheidungsverfahren**, das in 25
Art. 99 VerfO-EuGH geregelt ist, dem EuGH in bestimmten Fällen ohne mündliche
Verhandlung durch begründeten Beschluss zu entscheiden. Diese Möglichkeit war
1991 zunächst nur für Fälle eingeführt worden, in denen die vorgelegte Frage offensichtlich mit einer Frage übereinstimmte, die der EuGH bereits entschieden hatte. Seit
2000 braucht die Übereinstimmung nicht mehr offensichtlich zu sein. Darüber hinaus
kann seit dieser Änderung auch dann durch Beschluss entschieden werden, wenn die
Antwort auf die vorgelegte Frage klar aus der Rechtsprechung abgeleitet werden kann
oder keinen Raum für vernünftige Zweifel lässt.[82]

---

[76] Beim Gerichtshof muss aber der Generalanwalt gehört werden.
[77] Z. B. EuGH, Rs. C-49/08, *Raulin/France*, Slg. 2008, I-77; EuG, Rs. T-77/07, *Di Pasquale/Italien*, nicht in der Slg. veröffentlicht.
[78] Z. B. EuGH, Rs. C-155/98 P, *Alexopoulou/Kommission*, Slg. 1999, I-4069 Rn. 11, 13. Siehe auch EuGH, Rs. C-437/98 P, *Infrisa/Kommission*, Slg. 1999, I-7145 Rn. 16-24: Stellt das EuG im Rahmen einer Nichtigkeitsklage fest, dass fünf der sechs Klagegründe bereits im wesentlichen in einem früheren Urteil des EuGH geprüft wurden und dass der sechste Klagegrund offensichtlich unbegründet ist, so ist das Gericht berechtigt, zu erklären, dass der Klage offensichtlich jede rechtliche Grundlage fehlt.
[79] Z. B. EuGH, Rs. 308/07 P, *Gorostiaga Atxalandabaso /Europäisches Parlament*, Slg. 2009, I-1059 Rn. 36-38: Ist der Rechtsmittelführer der Ansicht, dass das EuG Art. 111 seiner VerfO nicht ordnungsgemäß angewandt hat, muss er dartun, dass es die Voraussetzungen für die Anwendung dieser Bestimmung falsch beurteilt hat.
[80] Z. B. wenn der Fall nicht in den Anwendungsbereich des Unionsrecht fällt. EuGH, Rs. C-328/04, *Vajnai*, Slg. 2005, I-8577; Rs. C-457/09, *Chartry*, Slg. 2011, I-819. Näher hierzu § 10.
[81] Z. B. wenn der Sachverhalt nicht ausreichend dargestellt ist. EuGH, Rs. C-438/03, *Cannito*, Slg. 2004, I-1605. Näher hierzu § 10.
[82] *Inghelram*, Dir. Un. Eur. 2007, 285 (285); *Schima*, Ecolex 2000, 534 (536).

Die Vereinfachung im Verhältnis zum normalen Verfahren besteht zunächst darin, dass bei einer Entscheidung durch Beschluss die **mündliche Verhandlung einschließlich der Schlussanträge** des Generalanwalts (der nur angehört wird) **entfällt**. Außerdem kann ein solcher Beschluss gefällt werden, **ohne** dass zuvor das **schriftliche Verfahren** nach Art. 20 Satzung-EuGH durchgeführt zu werden braucht.[83] Damit kann das vereinfachte Vorabentscheidungsverfahren die Äußerungsmöglichkeiten der Verfahrensbeteiligten und der nach Art. 23 Satzung-EuGH zur Abgabe von Stellungnahmen befugten Mitgliedstaaten und Organe erheblich einschränken.[84] Parallel zur Erweiterung des Anwendungsbereichs des vereinfachten Vorabentscheidungsverfahrens wurden die Verfahrensschritte vereinfacht. Wollte der EuGH durch Beschluss entscheiden, so musste er ursprünglich vorher das vorlegende Gericht unterrichten und den nach Satzung und Verfahrensordnung Äußerungsberechtigten Gelegenheit zur Stellungnahme geben. Dies gab den Verfahrensbeteiligten die Gelegenheit, Bedenken gegen die Entscheidung durch Beschluss vorzubringen und z. B. geltend zu machen, dass aus ihrer Sicht größere Zweifel an der Antwort auf die Vorlagefrage bestehen, als der EuGH angenommen hatte.[85] Die Erfahrung hat aber gezeigt, dass diese Anhörung sich in den meisten Fällen in der Wiederholung bereits vorgetragener Argumenten erschöpfte und keinen erkennbaren Mehrwert brachte, dafür aber die angestrebte Kürzung der Verfahrensdauer verhinderte. Das Verfahren wurde daher schrittweise vereinfacht: ob von Art. 99 VerfO-EuGH Gebrauch gemacht wird, entscheidet der EuGH seit der Novellierung von 2012 in allen Fällen nach einfacher Anhörung des Generalanwalts.

26 Der (seltene) Fall der identischen Fragen[86] steht mit dem Fall, in dem sich die Antwort klar aus der Rechtsprechung ableiten lässt,[87] in enger begrifflichen Nähe. In beiden Fällen muss (zumindest) eine Entscheidung vorhanden sein, in der für das neue Ausgangsverfahren relevante Fragen der Auslegung (oder der Gültigkeit) der anwendbaren Norm des Unionsrechts bereits geklärt wurden. Dies entspricht den zwei ersten Konstellationen, in denen nach dem Urteil *Cilfit* eine Vorlagepflicht letztinstanzlicher Gerichte entfällt.[88] Der dritte Fall der Fragen, die hinsichtlich der Antwort keinen Raum für vernünftige Zweifel lassen, ist ebenfalls vom Urteil *Cilfit*[89] abgedeckt, wo-

---

[83] *Inghelram*, Dir. Un. Eur. 2007, 285 (288) (unter Berufung auf einem von zwei Richtern am EuGH verfassten Bericht), 295 ; *Schima*, Ecolex 2000, 534 (536).

[84] *Schima*, Ecolex 2000, 534 (536).

[85] *Schima*, Ecolex 2000, 534 (536). Dies geschah in zumindest einem Fall: siehe EuGH, Rs. 379/02, *Imexpo Trading*, Slg. 2004, I-9273 Rn. 14-15.

[86] Z. B. EuGH, Rs. C-405/96 bis C-408/96, *Béton Express u. a.*, Slg. 1998, I-4253.

[87] Z. B. EuGH, Rs. C-334/09, *Scheffler*, Slg. 2010, I-12379 (gegenseitige Anerkennung der Führerscheine); Rs. C-288/10, *Wamo*, Slg. 2011, I-5835 (unlautere Geschäftspraktiken).

[88] EuGH, Rs. 283/81, *Cilfit*, Slg. 1982, 3415 Rn. 13 (wenn die gestellte Frage tatsächlich bereits in einem gleichgelagerten Fall Gegenstand einer Vorabentscheidung gewesen ist) und 14 (wenn bereits eine gesicherte Rechtsprechung des EuGH vorliegt, durch die die betreffende Rechtsfrage gelöst ist, gleich in welcher Art von Verfahren sich diese Rechtsprechung gebildet hat, und selbst dann, wenn die strittigen Fragen nicht vollkommen identisch sind). Hierzu *Inghelram*, Dir. Un. Eur. 2007, 285 (297); *Schima*, Ecolex 2000, 534 (536).

[89] EuGH, Rs. 283/81, *Cilfit*, Slg. 1982, 3415 Rn. 16 (wenn „keinerlei Raum für einen vernünftigen Zweifel an der Entscheidung der gestellten frage bleibt"). Allerdings darf das nationale Gericht nur dann davon ausgehen „wenn es überzeugt ist, dass auch für die Gerichte der übrigen Mitgliedstaaten und den Gerichtshof die gleiche Gewissheit bestünde".

bei der Begriff des Zweifels nach h. M. unscharf bleibt.[90] Die Praxis des EuGH zeigt einerseits, dass die obersten Gerichte vorzulegen tendieren, selbst wenn ihnen die Antwort klar erscheint,[91] wobei der Gerichtshof sich in zumindest einem Fall auf die vom Vorlagegericht vorgeschlagene Antwort ausdrücklich gestützt und übernommen hat.[92] Andererseits zeigt die Praxis auch, dass der Gerichtshof sich selbst bei der Beurteilung der Frage, ob eine Antwort eindeutig ist, eine größere Freiheit nimmt als er den nationalen Gerichten im Urteil Clifit eingeräumt hat.[93]

Nach zehnjähriger Anwendung zeigt sich, dass das vereinfachte Vorabentscheidungsverfahren in etwas weniger als 10 % der Fälle angewandt wird. Es wurde ausgerechnet, dass dies im Vergleich zur durchschnittlichen Dauer eines normalen Vorabentscheidungsverfahrens zu einer Verkürzung von ungefähr 6 Monaten führt.[94]

D. Das Versäumnisverfahren

I. Allgemeines

Nach Art. 41 Satzung-EuGH kann in den Direktklageverfahren vor dem EuGH und dem EuG gegen einen ordnungsgemäß geladenen Beklagten, der keine schriftlichen Anträge stellt, ein Versäumnisurteil erlassen werden. Ergänzende Bestimmungen zum Erlass von Versäumnisurteilen sind in den Verfahrensordnungen der europäischen Gerichte enthalten.[95] Die praktische Bedeutung des Versäumnisverfahrens ist gering. Als Beklagte kommen nach den Verträgen fast ausschließlich Unionsorgane oder Mitgliedstaaten in Betracht, während natürliche oder juristische Person vor den Unionsgerichten nur in den eher seltenen vertraglichen Streitigkeiten verklagt werden können, für die die Zuständigkeit des EuGH oder des EuG nach Art. 272 AEUV vereinbart wurde. Dennoch ist es in den letzten Jahren nicht nur in Vertragsstreitigkeiten,[96] sondern auch in anderen Direktklageverfahren[97] zu einigen Versäumnisurteilen gekommen.

27

II. Säumnis

Anders als das deutsche Zivilprozessrecht kennt das europäische Rechtsschutzsystem nur ein Versäumnisverfahren gegen den **Beklagten**, während für eine Säumnis

28

---

[90] Zuletzt noch *Rüsken*, ZfZ 2011, 86 (86).
[91] *Inghelram*, Dir. Un. Eur. 2007, 285 (298).
[92] EuGH, Rs. C-446/02, *Gouralnik*, Slg. 2004, I-5841 Rn. 35.
[93] Z.B. EuGH, Rs. C-206/03, *SmithKline Beecham*, Slg. 2005, I-415 Rn. 46. Die gegebene Auslegung des Unionsrechts steht in Widerspruch zu einem anders lautenden Tarifavis der Weltzollorganisation). Hierzu *Inghelram*, Dir. Un. Eur. 2007, 285 (300).
[94] *Inghelram*, Dir. Un. Eur. 2007, 285 (292-295).
[95] Art. 152 VerfO-EuGH; Art. 122 VerfO-EuG und Art. 116 VerfO-EuGöD.
[96] Z.B. EuGH, Rs. C-59/99, *Kommission/Pereira Roldão*, Slg. 2001, I-8499 (Schiedsklausel); EuGH, Rs. C-77/99, *Kommission/Oder-Plan Architektur*, Slg. 2001, I-7355 (Schiedsklausel).
[97] Z.B. in Personalstreitigkeiten EuG, Rs. T-20/00, *Camacho-Fernandes/Kommission*, Slg. öD 2000, IA-249, Slg. II-1149; im Vertragsverletzungsverfahren EuGH, Rs. C-274/93, *Kommission/Luxemburg*, Slg. 1996, I-1019; bei Nichtigkeitsklage EuGH, Rs. C-365/99, *Portugal/Kommission*, Slg. 2001, I-5645.

des Klägers keine Regelung besteht.[98] Dies ist durch die Definition der **Säumnis** in der Satzung und den Verfahrensordnungen bedingt. Danach ist der Beklagte säumig, wenn er trotz ordnungsmäßiger Ladung keine schriftlichen Anträge stellt,[99] d. h., wenn er keine form- und fristgerechte Klageerwiderung[100] eingereicht hat (Art. 152 Abs. 1 VerfO-EuGH, Art. 122 Abs. 1 VerfO-EuGH, Art. 116 Abs. 1 VerfO-EuGöD). Dagegen wird eine Partei nicht als säumig angesehen, wenn sie trotz ordnungsgemäßer Ladung in der mündlichen Verhandlung nicht erscheint oder nicht ordnungsgemäß vertreten ist. In diesem Fall kommt es zu einem kontradiktorischen Urteil (siehe oben § 25) auf der Grundlage des Parteivorbringens im schriftlichen Verfahren.

29 Hat im Falle passiver **Streitgenossenschaft** einer von mehreren Beklagten keine schriftlichen Anträge gestellt, so hängt die Möglichkeit zum Erlass eines Versäumnisurteils gegen diesen Beklagten davon ab, ob eine einfache oder eine notwendige Streitgenossenschaft vorliegt.[101] **Streithelfer** des Beklagten können den Erlass eines Versäumnisurteils normalerweise nicht verhindern.[102]

30 Ein Versäumnisverfahren findet nur auf **Antrag** des Klägers statt. Ob im Falle der Säumnis des Beklagten ein solcher Antrag gestellt wird, steht im Belieben des Klägers. Er kann sich stattdessen damit einverstanden erklären, dass das schriftliche Verfahren fortgesetzt wird.[103] In diesem Fall wird dem Beklagten eine neue Frist zur Klagebeantwortung gesetzt.

III. Verfahren und Versäumnisurteil

31 Der Antrag auf Erlass eines Versäumnisurteils wird dem Beklagten zugestellt. Ob über den Antrag mündlich verhandelt wird, steht im Ermessen des zuständigen Spruchkörpers.[104]

---

[98] Gegen den Kläger kann allenfalls ein unechtes Versäumnisurteil ergehen, wenn der Beklagte säumig ist, die Klage sich aber als unzulässig oder unbegründet herausstellt, vgl. EuGH, Rs. C-365/99, *Portugal/Kommission*, Slg. 2001, I-5645.

[99] Art. 41 S. 1 Satzung-EuGH. Problematisch kann es im Hinblick auf diese Regelung sein, wenn bei der Anfechtungsklage gegen Entscheidungen der Beschwerdekammern des HABM das Amt als Beklagter keine eigenen Anträge stellt, etwa, weil es die Entscheidung der Beschwerdekammer selbst für falsch hält. Das HABM muss in diesem Fall als säumig angesehen werden. Vgl. EuG, Rs. T-99/01, *Mystery Drinks/HABM*, Slg. 2003, II-43 Rn. 14-15.

[100] Ein Beklagter ist nicht schon säumig, wenn er eine mangelhafte bzw. unzulängliche Klageerwiderung einreicht. Eine Säumnis ist jedoch dann anzunehmen, wenn der Mangel derart gravierend ist, dass keine Verteidigungsabsicht mehr zu erkennen ist. Vgl. *GA Alber*, SchlA Rs. C-172/97, *Kommission/SIVU und Hydro-Réalisations*, Slg. 1999, I-3364 Rn. 31-37.

[101] EuGH, Rs. C-77/99, *Kommission/Oder-Plan Architektur*, Slg. 2001, I-7355; Rs. C-59/99, *Kommission/Pereira Roldão*, Slg. 2001, I-8499.

[102] Eine Ausnahme besteht hiervon für die Rechtsstreitigkeiten, die Rechte des geistigen Eigentums betreffen. Hier kann kein Versäumnisurteil gefällt werden, wenn zwar das beklagte Amt säumig ist, jedoch eine der am Verfahren vor der Beschwerdekammer beteiligten Parteien als Streithelfer die Klageschrift form- und fristgerecht beantwortet hat (Art. 134 Abs. 4 VerfO-EuG).

[103] EuG, Rs. T-18/02, *Österholm/Kommission*, nicht veröffentlicht Rn. 13.

[104] Art. 152 Abs. 2 VerfO-EuGH, Art. 122 Abs. 1 UAbs. 2 VerfO-EuG und Art. 116 Abs. 1 UAbs. 2 VerfO-EuGöD. Der säumige Beklagte wird zwar geladen, darf aber nicht plädieren (EuG, Rs. T-85/94, *Eugénio Branco/Kommission*, Slg. 1995, II-45 Rn. 14, 20-23). Dies hindert ihn jedoch nicht, auf Grund neuer Tatsachen die Erledigung der Hauptsache zu beantragen (EuG, Rs. T-39/97, *T. Port/Kommission*, Slg. 1997, II-2125 Rn. 20-23).

6. Abschnitt. Das Gerichtsverfahren vor dem EuGH

Anders als im deutschen Zivilprozess hat die Säumnis nicht zur Folge, dass der 32 Tatsachenvortrag des Klägers als zugestanden gilt. Vielmehr ist die zuständige Instanz verpflichtet, zu prüfen, ob die Klage ordnungsgemäß erhoben und zulässig ist und ob die Anträge des Klägers „begründet erscheinen". Wie im kontradiktorischen Verfahren ist daher zunächst die **Zulässigkeit** der Klage **von Amts wegen** voll zu prüfen.[105] Weiterhin setzt der Erlass des Versäumnisurteils die **Schlüssigkeit** der Klage voraus. Was die Begründetheit der Klage in tatsächlicher Hinsicht angeht, sehen die Art. 152 Abs. 3 VerfO-EuGH, Art. 122 Abs. 2 VerfO-EuG und Art. 116 Abs. 2 VerfO-EuGöD ausdrücklich die Möglichkeit einer **Beweisaufnahme** vor. Aus dem Wortlaut der Verfahrensordnungen (begründet „erscheinen") wird man jedoch schließen können, dass an das Beweismaß geringere Anforderungen zu stellen sind als im kontradiktorischen Verfahren, so dass sich der Richter im Regelfall auf eine summarische Prüfung anhand des Akteninhalts beschränken darf und von Amts wegen keine Sachverhaltsaufklärung zu betreiben braucht.[106] Ist die Klage zulässig, schlüssig und erscheint sie – gegebenenfalls nach einer Beweisaufnahme – als begründet, so ergeht das beantragte Versäumnisurteil gegen den Beklagten. Andernfalls wird die Klage durch **unechtes Versäumnisurteil** abgewiesen. Der EuGH hat vor Erlass eines Versäumnisurteils den Generalanwalt anzuhören.

Das Versäumnisurteil ist ein Endurteil und dementsprechend gemäß Art. 152 Abs. 4 33 VerfO-EuGH, Art. 122 Abs. 3 VerfO-EuG und Art. 116 Abs. 3 VerfO-EuGöD vollstreckbar. Die **Vollstreckung** kann jedoch solange ausgesetzt werden, bis über einen vom Beklagten eingelegten Einspruch entschieden ist. Stattdessen kann der Unionsrichter die Vollstreckung von einer Sicherheitsleistung abhängig machen, deren Höhe und Art sich nach Maßgabe der jeweiligen Umstände bestimmt.

IV. Rechtsbehelfe

Der Beklagte kann gegen das Versäumnisurteil gemäß Art. 152 Abs. 4 i. V. m. 34 Art. 156 Abs. 1 und 2 VerfO-EuGH, Art. 122 Abs 4 VerfO-EuG und Art. 116 Abs. 4 VerfO-EuGöD binnen eines Monats nach dessen Zustellung **Einspruch** einlegen. Streithelfer auf Seiten der beklagten Partei haben kein eigenes Einspruchsrecht. Für die Einspruchsschrift gelten die inhaltlichen und formalen Anforderungen an die Klageschrift entsprechend. Zuständig ist das Gericht, welches das Versäumnisurteil erlassen hat. Die Gegenpartei erhält Gelegenheit zur schriftlichen Stellungnahme. Der weitere Verlauf des Einspruchsverfahrens richtet sich nach den gleichen Regeln wie das normale Direktklageverfahren.[107] Zu beachten ist insbesondere die **Präklusion verspäteten Vorbringens** nach Art. 127 Abs. 1 VerfO-EuGH, 48 Abs. 2 VerfO-EuG, Art. 43 Abs. 1 VerfO-EuGöD, die es dem säumigen Beklagten verwehrt, mit seinem Einspruch Verteidigungsmittel geltend zu machen, die er in der Klageerwiderung hätte vorbringen können.[108] Über den Einspruch wird durch Urteil entschieden, das mit der Urschrift

---

[105] Art. 152 Abs. 3 VerfO-EuGH, Art. 122 Abs. 2 VerfO-EuG und Art. 116 Abs. 2 VerfO-EuGöD.
[106] Vgl. EuGH, Rs. C-59/99, *Kommission/Pereira Roldão*, Slg. 2001, I-8499 Rn. 36.
[107] Die Parteien heißen allerdings nicht mehr „Kläger" und „Beklagter", sondern „Einspruchsführer" und „Einspruchsgegner".
[108] EuG, Rs. T-85/94, *Branco/Kommission*, Slg. 1995, II-45 Rn. 9. So weit der Einspruchsführer sich dagegen auf später eingetretene Umstände stützt, greifen die Präklusionsvorschriften nicht ein (EuG, Rs. C-172/97, *Kommission/SIVU und Hydro-Réalisations*, Slg. 1999, I-6699).

des Versäumnisurteils verbunden wird.[109] Hiergegen ist ein weiterer Einspruch nicht zulässig. So weit das Versäumnisurteil aufgehoben wird, tritt die Entscheidung über den Einspruch an dessen Stelle. Wird der Einspruch dagegen zurückgewiesen, so behält das Versäumnisurteil seine Wirkung unter dem ursprünglichen Datum.

35   Sowohl gegen ein Versäumnisurteil als auch gegen ein Urteil im Einspruchverfahren des EuGöD bzw. des EuG kann die jeweils unterlegene Partei ein **Rechtsmittel** einlegen (siehe unten § 28).

---

[109] Art. 156 Abs. 5 und 6 VerfO-EuGH, Art. 122 Abs. 6 VerfO-EuG und Art 116 Abs. 6 VerfO-EuGöD.

§ 27 Die gerichtlichen Entscheidungen*

Übersicht

	Rn.
A. Überblick	1–5
B. Beratung und Entscheidung	6–10
C. Form und Inhalt der Entscheidungen	11–17
I. Urteile	11–16
II. Beschlüsse	17
D. Verkündung und Veröffentlichung	18/19
E. Entscheidungswirkungen	20–29
I. Rechtskraft und innerprozessuale Bindungswirkung	21–23
II. Gestaltungswirkung	24–27
III. Vollstreckbarkeit	28
IV. Die Pflicht, die sich aus dem Urteil ergebenden Maßnahmen zu ergreifen	29
F. Urteilsauslegung	30–43
I. Gegenstand	31/32
II. Antragsbefugnis	33–36
III. Verfahren und Entscheidung	37–40
IV. Verhältnis zu anderen Rechtsbehelfen	41–43
G. Urteilsberichtigung und Urteilsergänzung	44–49
I. Urteilsberichtigung	44–47
II. Urteilsergänzung	48/49
H. Verfahrensbeendigung ohne Sachentscheidung	50–55
I. Direktklagen	50–54
1. Einigung der Parteien	50–52
2. Klagerücknahme	53
3. Erledigung der Hauptsache	54
II. Vorabentscheidungsverfahren	55

Schrifttum: *Berrisch,* Die neue Verfahrensordnung des EuGH – Verfahrensbeschleunigung auf Kosten des Anhörungsrechts, EuZW 2012, 881 f.; *Degenhardt,* Die Auslegung und Berichtigung von Urteilen des Gerichtshofs der Europäischen Gemeinschaften, 1969; *Due,* Understanding the reasoning of the Court of Justice, Mélanges en hommage à Fernand Schockweiler, 1999, 73–85; *Everling,* Begründung der Urteile des Gerichtshofs der Europäischen Gemeinschaften, EuR 1994, 127–143; *ders.,* Der Beitrag des deutschen Rechts zur Rechtsprechung des Gerichtshofs der Europäischen Gemeinschaften, in: Lüneburger Symposium für Hans Peter Ipsen, 1988, S. 63 ff.; *Jung,* Das Gericht erster Instanz der Europäischen Gemeinschaften, Praktische Erfahrungen und zukünftige Entwicklung, EuR 1992, 246–264; *Kirschner/Klüpfel,* Das Gericht erster Instanz der Europäischen Gemeinschaften, 2. Aufl. 1998; *Klinke,* Der Gerichtshof der Europäischen Gemeinschaften. Aufbau und Arbeitsweise, 1989; *Oliver,* Could the Wording of the Court's Judgments be improved? EuZW 2001, 257; *Ossenbühl,* Der gemeinschaftsrechtliche Staatshaftungsanspruch, DVBl. 1992, 993 ff.; *Toth,* Anmerkung zum Urteil C-137/92 P, CMLR 1995, 271 ff.

---

* Dieser Beitrag basiert auf einer Neubearbeitung des von Sabine Hackspiel verfassten Beitrags der Vorauflage.

A. Überblick

1 **Verfahrensbeendende Entscheidungen** der Unionsgerichte ergehen entweder als Urteil oder als Beschluss. Durch **Urteil** wird sowohl im Direktklageverfahren als auch im Vorabentscheidungsverfahren meist dann entschieden, wenn das normale Verfahren mit einem schriftlichen und einem mündlichen Verfahrensabschnitt stattgefunden hat. In bestimmten Fällen ist die Entscheidung durch Urteil ausdrücklich vorgeschrieben. Das gilt etwa für das Versäumnisurteil und die Entscheidung über den Einspruch gegen ein solches Urteil.[1] Auch für Entscheidungen über außerordentliche Rechtsbehelfe, also über den Drittwiderspruch[2] und die Wiederaufnahme,[3] sowie für die Auslegung eines Urteils des EuG oder des EuGöD[4] schreiben die Verfahrensordnungen grundsätzlich die Urteilsform vor.

2 Bei den Urteilen der Unionsgerichte handelt es sich meist um **Endurteile**, zu denen auch die **Teilurteile** gehören, welche einen abtrennbaren Teil des Rechtsstreits endgültig beenden. Gelegentlich kommt es zu **Zwischenurteilen**, etwa, wenn vorab über einzelne Klagegründe[5] oder auf Antrag des Beklagten über die Zulässigkeit der Klage entschieden wird.[6] Ob ein solcher Zwischenstreit über die Zulässigkeit durch Urteil oder durch Beschluss beendet wird, hängt i.d.R. davon ab, ob eine mündliche Verhandlung durchgeführt worden ist.[7] Im Schadensersatzprozess kann über das Bestehen des Anspruchs durch **Grundurteil** entschieden werden. Normalerweise setzt dieses Urteil den Parteien eine Frist zur Einigung auf die Höhe des Schadensersatzes. Gelingt dies nicht, wird das Verfahren bis zum Endurteil über die Schadenshöhe fortgesetzt.[8]

3 Als **Beschluss** können verfahrensbeendende Entscheidungen insbesondere dann ergehen, wenn kein mündlicher Verfahrensabschnitt erforderlich ist. So haben die Unionsgerichte bei **unzulässigen Klagen** die Wahl, nach mündlicher Verhandlung durch Urteil zu entscheiden oder sie durch Beschluss abzuweisen.[9] In Vorabentschei-

---

[1] Art. 41 Satzung-EuGH, Art. 152 Abs. 1 und Art. 156 Abs. 5 VerfO-EuGH, Art. 122 § 1 und § 6 VerfO-EuG, Art. 116 Abs. 1 und 6 VerfO-EuGöD.

[2] Art. 157 Abs. 6 VerfO-EuGH, Art. 123 § 3 VerfO-EuG, Art. 117 Abs. 3 VerfO-EuGöD.

[3] Art. 159 Abs. 6 VerfO-EuGH, Art. 127 § 3 VerfO-EuG (für die Entscheidung nach erneuter Prüfung der Hauptsache). Art. 119 Abs. 3 VerfO-EuGöD verlangt dagegen die Urteilsform sowohl für die Entscheidung über die Zulässigkeit des Antrags als auch für die erneute Hauptsacheentscheidung.

[4] Art. 129 § 3 VerfO-EuG, Art. 118 Abs. 3 VerfO-EuGöD. Die ab November 2012 geltende Neufassung der VerfO-EuGH enthält insoweit keine Regelung (vgl. Art. 158 Abs. 6 VerfO-EuGH).

[5] So z. B. EuGH, Rs. T-110/98, *RJB Mining/Kommission*, Slg. 1999 II-2585.

[6] Art. 151 VerfO-EuGH, Art. 114 VerfO-EuG.

[7] Das EuGöD entscheidet über einen Zwischenstreit durch Beschluss oder behält die Entscheidung dem Endurteil vor (Art. 78 VerfO-EuGöD).

[8] Z. B. EuGH, Rs. C-104/89, *J. M. Mulder u. a./Rat und Kommission*, Slg. 1992, I-3061, 3138 f. (Grundurteil) und Slg. 2000, I-203 (Endurteil).

[9] Das ist sowohl auf Antrag des Beklagten möglich, Art. 151 VerfO-EuGH, Art. 114 VerfO-EuG, Art. 78 VerfO-EuGöD, als auch von Amts wegen, Art. 53 Abs. 2 VerfO-EuGH, Art. 111 und 113 VerfO-EuG. Art. 76 f. VerfO-EuGöD. Nach Art. 151 Abs. 5 VerfO-EuGH ist der Gerichtshof jedoch gehalten, über einen Zwischenstreit so bald wie möglich zu entscheiden und nur dann die Entscheidung dem Endurteil vorzubehalten, wenn besondere Umstände dies rechtfertigen.

dungsverfahren kann der EuGH durch Beschluss entscheiden, wenn die vorgelegte Frage mit einer Vorlagefrage übereinstimmt, über die bereits entschieden wurde, wenn die Antwort klar aus der Rechtsprechung abgeleitet werden kann oder wenn die Beantwortung keinen Raum für vernünftige Zweifel lässt.[10] Ferner können der EuGH und das EuG **offensichtlich unbegründete** Rechtsmittel durch Beschluss zurückweisen.[11] Dem EuG und dem EuGöD steht eine entsprechende Befugnis bei Klagen zu, denen offensichtlich jede rechtliche Grundlage fehlt.[12] Darüber hinaus kann der EuGH **offensichtlich begründeten** Rechtsmitteln durch Beschluss stattgeben.[13] Die **Erledigung der Hauptsache** wird normalerweise durch Beschluss des zuständigen Spruchkörpers festgestellt.[14] Bei **Klagerücknahme** oder **außergerichtlicher Einigung** ist dagegen der Präsident dafür zuständig, durch Beschluss die Streichung der Rechtssache im Register anzuordnen.[15] Schließlich ist die Beschlussform für die Entscheidung im Kostenfestsetzungsverfahren[16] und für die Urteilsberichtigung[17] vorgeschrieben.

Als Beschlüsse ergehen auch zahlreiche **Zwischenentscheidungen**, wie Beweisbeschlüsse und Entscheidungen über die Zulassung von Streithelfern, über Anträge auf Prozesskostenhilfe und über Anträge auf einstweiligen Rechtsschutz sowie über die Verbindung und Aussetzung von Verfahren.

Neben förmlichen Beschlüssen gibt es „schlichte" Entscheidungen. Zu diesen Entscheidungen, die den Parteien durch formloses Schreiben des Kanzlers mitgeteilt werden, zählen etwa die Verweisung einer vor dem Gerichtshof anhängigen Rechtssache an eine Kammer[18] oder die Verweisung an einen anderen Spruchkörper innerhalb des EuG,[19] die Entscheidung über einen Antrag auf Durchführung des beschleunigten Verfahrens oder die Anordnung prozessleitender Maßnahmen.[20] Über solche Maßnahmen wird in Verfahren vor dem EuGH und dem EuG normalerweise auf Vorschlag des Berichterstatters in einer sogenannten Generalversammlung (EuGH) oder Konferenz (EuG) entschieden.[21]

---

[10] Art. 99 VerfO-EuGH; kritisch *Berrisch*, EuZW 2012, 881 (881).
[11] Art. 181 VerfO-EuGH, Art. 145 VerfO-EuG. Dagegen kann der EuGH über offensichtlich unbegründete Klagen, anders als das EuG, nicht durch Beschluss entscheiden.
[12] Art. 111 VerfO-EuG, Art. 76 VerfO-EuGöD.
[13] Art. 182 VerfO-EuGH (eingefügt mit der ab November 2012 geltenden Neufassung der VerfO-EuGH).
[14] Art. 149 VerfO-EuGH, Art. 113 VerfO-EuG und Art. 75 VerfO-EuGöD. Nach mündlicher Verhandlung kann über die Erledigung der Hauptsache jedoch auch durch Urteil entschieden werden (Art. 113 i. V. m. Art. 114 § 3 und § 4 VerfO-EuG).
[15] Art. 147 und 148 VerfO-EuGH, Art. 98 und 99 VerfO-EuG, Art. 69 Abs. 2 und 74 VerfO-EuGöD.
[16] Art. 145 Abs. 1 VerfO-EuGH, Art. 92 § 1 VerfO-EuG, 92 Abs. 1 VerfO-EuGöD.
[17] Art. 103 Abs. 3, Art. 154 Abs. 4 VerfO-EuGH, Art. 84 § 4 VerfO-EuG, Art. 84 Abs. 1 VerfO-EuGöD.
[18] Vgl. Art. 60 Abs. 1 VerfO-EuGH.
[19] Vgl. Art. 14 § 1 und Art. 51 § 1 VerfO-EuG.
[20] Art. 64 VerfO-EuG, vgl. auch Art. 61 VerfO-EuGH.
[21] Prozessleitende Maßnahmen können auch vom Berichterstatter oder Generalanwalt beschlossen werden (Art. 62 VerfO-EuGH, Art. 64 Abs. 5 VerfO-EuG). Zum Verfahren vor dem EuGöD siehe Art. 55 f. VerfO-EuGöD.

B. Beratung und Entscheidung

6　Am Ende des mündlichen Verfahrensabschnitts erklärt der Präsident des zuständigen Spruchkörpers das mündliche Verfahren für abgeschlossen. Beim EuGH geschieht dies regelmäßig, nachdem der Generalanwalt seine Schlussanträge gestellt hat, beim EuG und beim EuGöD am Ende der mündlichen Verhandlung.[22] Der Spruchkörper tritt dann in die Beratung ein. Normalerweise legt er zunächst unter dem unmittelbaren Eindruck der Schlussanträge bzw. der mündlichen Verhandlung die Leitlinien fest, an denen sich der Urteilsentwurf des Berichterstatters orientieren soll. Dieser wird vom Berichterstatter in der Arbeitssprache redigiert und dem Spruchkörper übermittelt, der ihn anschließend im Einzelnen berät.

7　Die Beratungen der Unionsgerichte unterliegen nach Art. 35 Satzung-EuGH einem strengen **Beratungsgeheimnis**, welches insbesondere verbietet, dass das Ergebnis von Abstimmungen innerhalb des Spruchkörpers und die unterschiedlichen Auffassungen der Richter bekanntgegeben werden. Ob eine Entscheidung einstimmig oder mit Mehrheit ergangen ist, lässt sich den Entscheidungsgründen deshalb nicht entnehmen. Ebenso wenig dürfen, anders als im Recht vieler Mitgliedstaaten, **abweichende Meinungen** einzelner Richter veröffentlicht werden.[23] Dass die Unionsgerichte nach außen „mit einer Stimme sprechen" sichert die Unabhängigkeit der Richter und stärkt die Integrationsfunktion des Gerichtshofs. Ein Verzicht auf die Wahrung des Beratungsgeheimnisses oder Lockerungen, z. B. nach dem Ausscheiden eines Richters aus dem Gerichtshof oder bei einer Änderung der Rechtsprechung, sind nicht möglich.

8　Aus dem Beratungsgeheimnis folgt, dass an der Beratung ausschließlich die zur Entscheidung berufenen Richter des entsprechenden Spruchkörpers teilnehmen.[24] Weder der Generalanwalt noch die Mitarbeiter der Richter, der Kanzler, ein sonstiger Protokollführer oder Dolmetscher dürfen hinzugezogen werden. Daher müssen sich in der Beratung alle Richter nach Möglichkeit derselben Sprache bedienen. Dies ist im Allgemeinen die französische Arbeitssprache. Da die Richter keine Unterstützung seitens des Sprachendienstes erhalten, müssen sie die Arbeitssprache gut beherrschen, um – wie in den Verfahrensordnungen vorgesehen[25] – ihre Rechtsauffassung im Kollegkreis vortragen und begründen zu können. Allerdings können die Richter des EuG und des EuGöD verlangen, dass jede zur Abstimmung vorgelegte Frage in eine Sprache ihrer Wahl übersetzt und den übrigen Richtern des Spruchkörpers schriftlich übermittelt wird.[26] Im Einzelfall können sich die Richter innerhalb des Spruchkörpers auch auf eine andere Arbeitssprache einigen. Dies kommt gelegentlich bei Kammerentschei-

---

[22] Der EuGH und das EuGöD können aber von einer mündlichen Verhandlung absehen, näher: Art. 76 VerfO-EuGH, Art. 48 Abs. 2 VerfO-EuGöD.
[23] *Klinke*, Gerichtshof der EG, Rn. 189; *Oppermann/Classen/Nettesheim*, Europarecht, § 13 Rn. 25; *Wägenbaur*, Court of Justice of the EU, RP ECJ Art. 32, Rn. 6 f.
[24] Art. 32 Abs. 2 VerfO-EuGH, Art. 33 § 2 VerfO-EuG, Art. 27 Abs. 2 VerfO-EuGöD. Die in Art. 32 Abs. 2 VerfO-EuGH vorgesehene Möglichkeit der Teilnahme eines Hilfsberichterstatters scheint keine praktische Bedeutung zu haben.
[25] Art. 32 Abs. 3 VerfO-EuGH, Art. 33 § 3 VerfO-EuG, Art. 27 Abs. 4 VerfO-EuGöD.
[26] Art. 33 § 4 VerfO-EuG, Art. 27 Abs. 4 UAbs. 2 VerfO-EuGöD. Art. 27 § 4 VerfO-EuGH a. F. enthielt eine entsprechende Vorschrift, die jedoch mit der ab November 2012 geltenden Neufassung gestrichen wurde.

dungen vor und setzt voraus, dass die beteiligten Richter diese andere Sprache (z. B. Englisch) ebenfalls gut beherrschen. Die Beratung von Beschlüssen kann, anders als die Urteilsberatung, auch im Rahmen von Generalversammlungen oder Konferenzen stattfinden,[27] bei denen die Generalanwälte und der Kanzler anwesend sind. Deshalb verpflichten sich nicht nur die Richter, sondern auch Generalanwälte und Kanzler in ihrem Amtseid, das Beratungsgeheimnis zu wahren.[28] Eine Verletzung dieser Pflicht kann zur Amtsenthebung gemäß Art. 6 Satzung-EuGH führen.

Die verschiedenen Spruchkörper des EuGH und des EuG entscheiden nach abschließender Aussprache über den Urteilsentwurf mit **einfacher Mehrheit**.[29] In der Praxis wird die Beratung allerdings durch die Suche nach einem möglichst breiten **Konsens** unter den Richtern bestimmt. Um Stimmengleichheit im Spruchkörper auszuschließen, können die Unionsgerichte nur in der Besetzung mit einer **ungeraden Richterzahl** rechtswirksam entscheiden.[30] Ist ein Richter verhindert, so scheidet der Richter mit dem geringsten Dienstalter aus dem Spruchkörper aus, es sei denn, er ist Berichterstatter. In diesem Fall nimmt der Richter, der ihm im Dienstalter unmittelbar vorgeht, an der Beratung nicht teil.[31] Wird in einem solchen Fall das nach Art. 17 Satzung-EuGH für eine wirksame Entscheidung erforderliche **Quorum** nicht mehr erreicht, so muss bei dauernder Verhinderung die mündliche Verhandlung vor einem um andere Richter ergänzten Spruchkörper wiederholt werden.

Der am Ende der Beratung genehmigte – ggf. nochmals berichtigte – Urteilsentwurf[32] wird anschließend in die Verfahrenssprache übersetzt. Die Fassung des Urteils in der Verfahrenssprache gilt als Originaltext der Entscheidung und ist im Zweifelsfall verbindlich.[33] Hat an der Beratung ein Richter teilgenommen, dessen Muttersprache die Verfahrenssprache ist, so überprüft dieser den Text deshalb darauf, ob die Übersetzung mit dem Beratungsergebnis übereinstimmt.[34]

---

[27] In diesen Sitzungen wird auch über Beweisaufnahmen und verfahrensleitende Maßnahmen beraten und entschieden. Auch hierfür gilt das Beratungsgeheimnis.
[28] Art. 2, 8 und 10 Satzung-EuGH.
[29] Art. 33 Abs. 4 VerfO-EuGH, Art. 33 § 5 VerfO-EuG, Art. 27 Abs. 4 S. 3 VerfO-EuGöD.
[30] Art. 17 S. 1 Satzung-EuGH.
[31] Art. 33 i. V. m. Art. 7 VerfO-EuGH, Art. 32 § 1 Abs. 1 i. V. m. Art. 6 VerfO-EuG, Art. 27 Abs. 3 VerfO-EuGöD.
[32] Die Urteilsentwürfe werden in der Arbeitssprache von den Urteilslektoren, d. h. Juristen französischer Muttersprache durchgesehen, um insbesondere die korrekte Verwendung der französischen Rechtsterminologie sicherzustellen. Die korrigierte Fassung wird dem Spruchkörper zur Genehmigung vorgelegt.
[33] Vgl. Art. 38 Abs. 1 VerfO-EuGH, Art. 35 § 3 Abs. 1 VerfO-EuG. Eventuelle Übersetzungsfehler können, wenn sie sich erst nachträglich herausstellen, im Urteilsberichtigungsverfahren korrigiert werden, s. u. G I.
[34] *Klinke*, Gerichtshof der EG, Rn. 183.

C. Form und Inhalt der Entscheidungen

I. Urteile

11 Mindestanforderungen an **Form und Inhalt der Urteile** enthalten die Art. 36 bis 38 Satzung-EuGH. Sie werden durch Bestimmungen der Verfahrensordnungen[35] ergänzt. Von ihrem Aufbau her ähneln die Urteile der Unionsgerichte denen deutscher Gerichte. Sie gliedern sich in Rubrum, Entscheidungsgründe und Tenor. Im Unterschied zu den deutschen Urteilen wird der Tenor jedoch nicht an den Anfang, sondern an das Ende der Entscheidungsgründe gestellt.

12 Zu den Angaben, die die Urteile nach den Verfahrensordnungen enthalten müssen, gehört zunächst die Feststellung, dass es sich um ein Urteil des EuGH, des EuG bzw. des EuGöD handelt. Neben dem Tag der Verkündung des Urteils werden alle an dem Verfahren Beteiligten nebst ihren Prozessbevollmächtigten sowie alle an der Entscheidungsfindung mitwirkenden Richter, der Kanzler und ggf. der Generalanwalt aufgeführt. Ferner finden sich Angaben zum Verfahrensablauf, insbesondere die Daten der mündlichen Verhandlung und der Schlussanträge.

13 Unter der Überschrift „Urteil" folgen die **Entscheidungsgründe**. Zunächst erfolgt die von den Verfahrensordnungen geforderte kurze Darstellung des Sachverhaltes, der eine Darstellung des rechtlichen Rahmens des Rechtsstreits vorgeschaltet werden kann. Daran schließen sich in Direktklageverfahren Angaben zum Verfahrensablauf und die Anträge der Parteien an, während in Vorabentscheidungsverfahren die vom nationalen Gericht gestellten Fragen wiedergegeben werden, worauf die eigentliche Begründung für die Entscheidung folgt. Die Entscheidungsgründe enden mit Ausführungen zur Kostenentscheidung.

14 Die **Darstellung des Sachverhalts** in den Urteilen des EuGH hat sich im Lauf der Zeit erheblich gewandelt. Zunächst enthielten die Urteile einen umfangreichen Tatbestand, der den Sachverhalt und das Verfahren beschrieb und das Parteivorbringen ausführlich wiedergab. Ab 1986 wurde dieser Teil des Urteils erheblich gestrafft und in die Entscheidungsgründe eingegliedert. Für Einzelheiten verwies der Gerichtshof auf den Sitzungsbericht, der mit dem Urteil in der amtlichen Entscheidungssammlung veröffentlicht wurde. Diese Praxis musste jedoch wegen des erheblichen Übersetzungsaufwandes ab 1994 eingestellt werden. Dagegen stellt das EuG den Sachverhalt und das Parteivorbringen – insbesondere die Angriffs- und Verteidigungsmittel der unterlegenen Partei – normalerweise im Urteil selbst relativ ausführlich dar, um dem EuGH die Überprüfung seiner Entscheidungen im Rechtsmittelverfahren zu ermöglichen.

15 Auch was die eigentliche **Begründung** der Entscheidungen betrifft, unterscheiden sich die Urteile des EuGH und des EuG deutlich. Die Urteile des EuGH zeichnen sich zumeist durch eine äußerst knappe, oft apodiktisch anmutende Begründung aus und folgen damit dem Vorbild der französischen Obergerichte.[36] Eine ausdrückliche Auseinandersetzung mit der wissenschaftlichen Literatur sucht man in den Urteilen

---

[35] Art. 87 VerfO-EuGH, Art. 81 VerfO-EuG, Art. 79 VerfO-EuGöD.
[36] *Klinke,* Gerichtshof der EG, Rn. 199.

des Gerichtshofs vergeben.³⁷ Während der EuGH früher auch seine eigenen Vorentscheidungen nur sparsam zitierte, verweist er nunmehr regelmäßig auf seine eigenen Urteile und auch gelegentlich auf die Rechtsprechung des EuG. Auf Hilfserwägungen und *obiter dicta* verzichtet der EuGH nach Möglichkeit, nicht zuletzt, um zu vermeiden, dass künftige Rechtssachen durch eine Entscheidung präjudiziert werden, die ihren Besonderheiten nicht Rechnung tragen konnte.³⁸ Der deutsche Rechtsanwender, der durch den Begründungsaufwand deutscher Bundesgerichte verwöhnt ist, sieht sich insoweit häufig auf „geistige Diät gesetzt"³⁹ und bedauert, dass Fragen zum dogmatischen Zusammenhang und zu vergleichbaren Entscheidungen in anderen Rechtsgebieten offenbleiben, so dass die Urteile des Gerichtshofs vielfach Raum für unterschiedliche Interpretationen lassen, die dann zu erneuten Vorabentscheidungsersuchen nationaler Gerichte führen können. Während der EuGH oft für die Kürze seiner Entscheidungen kritisiert wird, trifft das EuG gelegentlich der entgegengesetzte Vorwurf,⁴⁰ da es seine Entscheidungen wesentlich ausführlicher begründet. Dies liegt daran, dass das EuG grundsätzlich verpflichtet ist, alle Angriffs- oder Verteidigungsmittel der unterlegenen Partei zu prüfen, und dass seine Entscheidung, damit sie im Rechtsmittel Bestand haben kann, erkennen lassen muss, dass diese Prüfung tatsächlich stattgefunden hat.⁴¹ Zudem trägt eine eingehende Begründung zur Akzeptanz der Entscheidungen des EuG und damit zu Vermeidung von Rechtsmitteln bei.

Auf die Entscheidungsgründe folgt der **Tenor**, der bei Direktklagen auch den Kostenausspruch enthält.⁴² Während der Tenor bei Direktklagen mit den Worten: „hat der Gerichtshof für Recht erkannt und entschieden" eingeleitet wird, besteht die entsprechende Formel im Vorabentscheidungsverfahren, dem nicht streitigen Charakter dieser Verfahren gemäß, nur aus den Worten: „für Recht erkannt". Die Urschrift der Entscheidung ist von den am Urteil beteiligten Richtern und vom Kanzler zu unterschreiben. Sie wird vom Kanzler mit einem Verkündungsvermerk versehen⁴³ und in der Kanzlei hinterlegt. Den Parteien wird eine beglaubigte Abschrift zugestellt.⁴⁴

II. Beschlüsse

Die Anforderungen an Form und Inhalt der Urteile gelten für **Beschlüsse** zum großen Teil entsprechend. Das gilt insbesondere für die Angaben über die entscheidende Instanz, die Verfahrensbeteiligten, das Datum der Entscheidung und die mitwirkenden

---

³⁷ *Klinke*, Gerichtshof der EG, Rn. 201. Dagegen nehmen die Generalanwälte in geeigneten Fällen durchaus auf das Schrifttum Bezug. Zur Berücksichtigung ausländischer Stellungnahmen in Wissenschaft und Praxis durch den EuGH siehe *Everling*, in: Lüneburger Symposium, S. 65 f., der darauf hinweist, dass im Allgemeinen nur englische und französische Literatur gelesen werde.
³⁸ *Klinke*, Gerichtshof der EG, Rn. 199.
³⁹ *Ossenbühl*, DVBl. 1992, 993 (994 f.), vgl. auch *Due*, Mélanges en l'honneur de Fernand Schockweiler, S. 73 f.
⁴⁰ Z. B. *Toth*, CMLR 1995, 271 (292).
⁴¹ *Jung*, EuR 1992, 247, 253. Die Begründungspflicht erfordert allerdings nicht, dass das Gericht bei seinen Ausführungen alle von den Parteien vorgetragenen Argumente ausführlich behandelt: EuGH, Rs. C-204/00 P, *Aalborg Portland u. a./Kommission*, Slg. 2004, I-123 Rn. 372.
⁴² Bei Vorabentscheidungen wird nur in den Gründen zur Kostenfrage Stellung genommen.
⁴³ Art. 6 § 1 DienstA-EuGH, Art. 82 § 3 VerfO-EuG, Art. 80 Abs. 3 VerfO-EuGöD.
⁴⁴ Art. 88 Abs. 2 VerfO-EuGH, Art. 82 § 2 VerfO-EuG, Art. 80 Abs. 2 VerfO-EuGöD.

Richter.⁴⁵ Allerdings brauchen nicht alle Beschlüsse begründet zu werden.⁴⁶ Anders als Urteile werden Beschlüsse auch dann, wenn sie von einem Spruchkörper stammen, nur von dessen Präsidenten und vom Kanzler unterschrieben.⁴⁷ Sie werden nicht verkündet, sondern den Parteien zugestellt.

D. Verkündung und Veröffentlichung

18 Urteile werden in **öffentlicher Sitzung** verkündet.⁴⁸ Auch wenn nach Art. 37 Satzung-EuGH die Urteile „in öffentlicher Sitzung verlesen" werden, betrifft dies in der Praxis lediglich den Tenor. Die Parteien werden von der Verkündung benachrichtigt, verzichten aber im Regelfall auf ein Erscheinen, da ihnen, bzw. ihren Prozess- oder Zustellungsbevollmächtigten, eine beglaubigte Abschrift des Urteils zugestellt wird. Dies kann, wenn die Partei ihr Einverständnis erklärt hat, auch unmittelbar per Telefax oder mittels sonstiger technischer Kommunikationsmittel geschehen.⁴⁹ Das vollständige schriftliche Urteil mit den Entscheidungsgründen ist normalerweise am gleichen Tag im **Internet** auf der Seite des EuGH⁵⁰ verfügbar.

19 Den Kanzlern der Unionsgerichte obliegt es, für die **Veröffentlichung** der Entscheidungen in einer Rechtsprechungssammlung zu sorgen.⁵¹ Die Sammlung⁵² besteht derzeit aus drei Teilen: Teil I enthält die Rechtsprechung des EuGH, Teil II die Rechtsprechung des EuG. In der Sammlung „öffentlicher Dienst" werden Entscheidungen in dienstrechtlichen Streitigkeiten veröffentlicht. Die amtliche Sammlung umfasst für den EuGH auch die Schlussanträge der Generalanwälte. Diese enthalten vielfach Hintergrundinformationen, welche die knapp gehaltenen Entscheidungsgründe einer besseren juristischen Bewertung zugänglich machen. Nachdem früher alle Urteile des EuGH und des EuG sowie bestimmte Beschlüsse in der amtlichen Sammlung veröffentlicht wurden, gilt ab dem Jahre 2004 (EuGH) bzw. 2005 (EuG) eine restriktivere Veröffentlichungspraxis. So werden Urteile der Kammern des EuGH mit drei oder fünf Richtern, die keine Vorabentscheidungsersuchen betreffen sowie Beschlüsse nicht mehr in der Sammlung veröffentlicht, sofern der betreffende Spruchkörper nichts anderes bestimmt. Beim EuG entscheiden die Kammern mit drei Richtern von Fall zu Fall über die Veröffentlichung ihrer Urteile. Urteile, die das EuG durch Einzelrichter erlässt, und Beschlüsse werden grundsätzlich nicht in der Sammlung veröffentlicht.

---

⁴⁵ Art. 89 VerfO-EuGH, Art. 81 VerfO-EuGöD.
⁴⁶ So z. B. Art. 116 Abs. 4, Art. 187 Abs. 3 VerfO-EuGH, Art. 96 § 2 VerfO-EuG, Art. 97 Abs. 2 VerfO-EuGöD für die Bewilligung von Prozesskostenhilfe.
⁴⁷ Art. 90 VerfO-EuGH. Das gilt ebenfalls für das EuGöD, obwohl in Art. 82 VerfO-EuGöD bislang nicht erwähnt ist, dass Beschlüsse auch vom Kanzler unterschrieben werden.
⁴⁸ Art. 37 Satzung-EuGH, Art. 88 Abs. 1 VerfO-EuGH, Art. 82 § 1 VerfO-EuG, 80 Abs. 1 VerfO-EuGöD.
⁴⁹ Zur Zustellung über die EDV-Anwendung „e-Curia" siehe Art. 6 der Beschlüsse des EuGH vom 13.9.2011, des EuG vom 14.9.2011 und des EuGöD vom 20.9.2011 (ABl. 2011 C 289/7 ff.).
⁵⁰ http://curia.europa.eu.
⁵¹ Art. 20 Abs. 3 VerfO-EuGH, Art. 86 VerfO-EuG, vgl. auch Art. 19 Abs. 2 VerfO-EuGöD. Näher Art. 24 DienstA-EuGH, Art. 18 Abs. 4 DienstA-EuG, Art. 17 Abs. 3 DienstA-EuGöD.
⁵² Es ist geplant, für zukünftige Veröffentlichungen die verbindliche Papierversion der Rechtsprechungssammlung durch eine elektronische, online abrufbare Fassung zu ersetzen.

6. Abschnitt. Das Gerichtsverfahren vor dem EuGH 20, 21 § 27

Nicht in der Sammlung veröffentlichte Entscheidungen können jedoch auf der Website des Gerichtshofes abgerufen werden, allerdings nur in der Verfahrenssprache und der Beratungssprache (Französisch).[53] Darüber hinaus wird über jede verfahrensbeendende Entscheidung eine Mitteilung im Amtsblatt veröffentlicht.[54]

E. Entscheidungswirkungen

Die Wirkungen der Entscheidungen der Unionsgerichte sind je nach der Verfahrensart unterschiedlich. Sie werden deshalb im Zusammenhang mit den verschiedenen Verfahren dargestellt und hier nur in einem Überblick zusammengefasst. 20

I. Rechtskraft und innerprozessuale Bindungswirkung

Der **Zeitpunkt des Eintritts der Rechtskraft** ist für die Urteile der verschiedenen Instanzen der Unionsgerichtsbarkeit unterschiedlich. Urteile des **EuGH** werden mit ihrer Verkündung rechtskräftig.[55] Das gilt sowohl für die formelle Rechtskraft, also die Unanfechtbarkeit, als auch für die materielle Rechtskraft, also die Bindung der Parteien an den Inhalt des Urteils. Bei erstinstanzlichen Urteilen des **EuG** tritt die Rechtskraft dagegen erst mit dem Ablauf der Rechtsmittelfrist oder mit der Zurückweisung des Rechtsmittels ein. Auch gegen Entscheidungen des EuGöD kann ein Rechtsmittel eingelegt werden. Zudem kann der Erste Generalanwalt dem EuGH in Ausnahmefällen innerhalb einer Frist von einem Monat vorschlagen, die Rechtsmittelentscheidung des EuG zu überprüfen.[56] Es ist demnach möglich, dass erst nach Befassung des EuGH eine endgültige Entscheidung in einer Dienstrechtsstreitigkeit vorliegt. Die Rechtskraft bewirkt im Direktklageverfahren ein **Verbot der Wiederholung** eines Prozesses mit dem gleichen Streitgegenstand zwischen den gleichen Parteien.[57] Darüber hinaus **bindet** sie die Parteien in zukünftigen Rechtsstreitigkeiten an die Entscheidung über den Streitgegenstand sowie an diejenigen Feststellungen tatsächlicher oder rechtlicher Art, die dem Urteil notwendig zugrunde gelegen haben.[58] Im Vorabentscheidungsverfahren sind die Parteien des nationalen Ausgangsverfahrens und alle mit diesem Verfahren befassten Gerichte an die Entscheidung des EuGH gebunden. Allerdings hindert die Rechtskraft des Urteils das vorlegende Gericht oder ein (z.B. als Rechtsmittelinstanz) mit dem gleichen Verfahren befasstes Gericht nicht daran, die vom EuGH entschiedene Frage erneut vorzulegen, wenn noch Unklarheiten bestehen oder wenn es Bedenken gegen die Entscheidung des EuGH hat.[59] 21

---

[53] Nähere Informationen zur Veröffentlichungspraxis, auch des EuGöD, finden sich auf der Webseite des Gerichtshofs (http://curia.europa.eu > Rechtsprechung > Inhalt der Datenbank).
[54] Art. 92 VerfO-EuGH, Art. 18 Abs. 3 DienstA-EuG, Art. 17 Abs. 2 DienstA-EuGöD.
[55] Art. 91 Abs. 1 VerfO-EuGH.
[56] Art. 256 Abs. 2 UAbs. 2 AEUV, Art. 62 Satzung-EuGH.
[57] Z.B. EuGH, Rs. C-159/84, *Ainsworth/Kommission*, Slg. 1987, 1579, 1581. Ausführlich *Kirschner/Klüpfel*, Rn. 133.
[58] EuGH, Rs. C-281/89, *Italien/Kommission*, Slg. 1991, I-347 Rn. 12 ff.
[59] Art. 104 Abs. 2 VerfO-EuGH, vgl. EuGH, Rs. C-206/94, *Brennet/Paletta*, Slg. 1996, I-2357, insbesondere *GA Cosmas*, SchlA Rs. C-206/94, *Brennet/Paletta*, Slg. 1996, I-2359 Rn. 22 ff.

22 Mit der Urteilsverkündung sind **die Unionsgerichte** ferner **selbst** an den Inhalt ihrer Entscheidungen **gebunden**.[60] So kann etwa vom Inhalt eines Zwischenurteils über die Zulässigkeit oder über den Anspruchsgrund im Endurteil nicht mehr abgewichen werden. Die Möglichkeit einer späteren Urteilsberichtigung oder Urteilsergänzung (dazu unter G, Rn. 44 ff.) ändert an der Bindungswirkung nichts, denn diese Verfahren haben nur das Ziel, den fehlerhaften oder unvollständigen Text des Urteils mit dem vom Unionsrichter gewollten Urteilsinhalt in Übereinstimmung zu bringen. Die Bindung der Unionsgerichte an ihre eigenen Urteile besteht nur innerhalb desselben Verfahrens. In einem neuen Rechtsstreit ist eine inhaltlich abweichende Entscheidung nur ausgeschlossen, soweit ihr die Rechtskraft oder die Gestaltungswirkung eines früheren Urteils entgegenstehen.

23 **Beschlüsse** können in Rechtskraft erwachsen und innerprozessuale Bindungswirkung entfalten, wenn sie das Verfahren beenden (s. o. Rn. 3)[61] oder wenn sie sonst einen der Rechtskraft fähigen Inhalt haben. Bei Beschlüssen im Verfahren über **einstweiligen Rechtsschutz** ist das nicht der Fall.[62] Ändern sich die Umstände, die der Entscheidung zugrunde lagen, so kann jede Partei die Abänderung oder Aufhebung eines solchen Beschlusses beantragen.[63] Für den negativ beschiedenen Antragsteller besteht zudem die Möglichkeit, jederzeit einen weiteren, auf neue Tatsachen gestützten Antrag zu stellen.[64]

II. Gestaltungswirkung

24 Das einer **Nichtigkeitsklage** stattgebende Urteil entfaltet nach Art. 264 AEUV **Gestaltungswirkung**, denn es ändert die materielle Rechtslage dadurch, dass es den angefochtenen Rechtsakt *ex tunc* und mit Wirkung für und gegen jedermann vernichtet.[65] Im Interesse der Rechtssicherheit ermächtigt Art. 264 Abs. 2 AEUV den EuGH jedoch dazu, die Wirkung der Nichtigerklärung zu beschränken, und insbesondere die (vorübergehende) Fortgeltung einzelner Wirkungen anzuordnen.[66] Eine der Gestaltungswirkung ähnliche Wirkung entfalten auch **Vorabentscheidungen**, durch die der EuGH nach Art. 267 Abs. 1 b) AEUV die Ungültigkeit einer Rechtshandlung feststellt, denn auch sie beseitigen den betroffenen Akt mit konstitutiver Wirkung aus der Unionsrechtsordnung.[67]

25 Die Gestaltungswirkung tritt nur ein, soweit der Nichtigkeitsklage stattgegeben wird. Ein **klageabweisendes Urteil** ändert die materielle Rechtslage nicht, sondern entfaltet lediglich Rechtskraft zwischen den Parteien.[68] Durch **Beschluss** kann eine Nichtigkeitsklage nur abgewiesen werden (s. o. Rn. 3). Ein solcher Beschluss entfaltet daher keine Gestaltungswirkung. Auch wenn im Rahmen der inzidenten

---

[60] Vgl. *Kirschner/Klüpfel*, Rn. 131.
[61] Vgl. Art. 91 Abs. 2 VerfO-EuGH.
[62] EuGH, Rs. C-440/01 P (R), *Kommission/Artegodan*, Slg. 2002, I-1489.
[63] Art. 163 VerfO-EuGH, Art. 108 VerfO-EuG, Art. 106 VerfO-EuGöD.
[64] Art. 164 VerfO-EuGH, Art. 109 VerfO-EuG, Art. 107 VerfO-EuGöD.
[65] *Kirschner/Klüpfel*, Rn. 134.
[66] *Cremer*, in: Calliess/Ruffert, EUV/AEUV, Art. 264 AEUV Rn. 3-6.
[67] Vgl. *Haratsch/Koenig/Pechstein*, Europarecht, Rn. 570.
[68] *Kirschner/Klüpfel*, Rn. 134.

6. Abschnitt. Das Gerichtsverfahren vor dem EuGH   26–28 §27

Normenkontrolle nach Art. 277 AEUV die Rechtswidrigkeit und damit die Unanwendbarkeit einer Rechtsnorm im konkreten Fall festgestellt wird, tritt keine Gestaltungswirkung ein, da die allgemeine Geltung dieser Rechtsnorm dadurch nicht berührt wird.[69]

Die Gestaltungswirkung der Nichtigerklärung eines Rechtsakts wirkt zwar für und gegen alle, betrifft aber nur den angefochtenen Rechtsakt als solchen und nicht andere, parallel gelagerte Fälle. Wird etwa eine Entscheidung, mit der die Kommission gegen mehrere an einem Kartell beteiligte Unternehmen Geldbußen verhängt hat, nur von einem Teil dieser Unternehmen angefochten, so tritt die Gestaltungswirkung des der Klage stattgebenden Urteils nur insoweit ein, wie die Entscheidung diese Kläger betrifft. Soweit sie Verstöße anderer Adressaten feststellt und sanktioniert, die keine Klage erhoben haben, ändert das Nichtigkeitsurteil nichts an der Bestandskraft der Entscheidung.[70] 26

Die Gestaltungswirkung von **Urteilen des EuG und des EuGöD** tritt – anders als die Rechtskraft – grundsätzlich mit deren Verkündung ein[71] und wird durch die Einlegung eines Rechtsmittels nicht beeinträchtigt. Eine Ausnahme besteht nach Art. 60 Abs. 2 Satzung-EuGH für die Fälle, in denen das EuG eine Verordnung für nichtig erklärt hat. Hier ist der Eintritt der Gestaltungswirkung an den Eintritt der Rechtskraft gebunden. Allerdings kann der Gerichtshof in beiden Fällen nach den Art. 278 und 279 AEUV einstweiligen Rechtsschutz gewähren und, je nach den Umständen, die Gestaltungswirkung des erstinstanzlichen Urteils oder die Wirkungen der Verordnung aussetzen oder sonstige einstweilige Anordnungen treffen. 27

III. Vollstreckbarkeit

Mit ihrer Verkündung sind die Urteile der Unionsgerichte vollstreckbar.[72] Bei den Urteilen des EuG und des EuGöD hängt daher die Vollstreckbarkeit – wie die Gestaltungswirkung – nicht von der Rechtskraft ab.[73] Wird ein Rechtsmittel eingelegt, so kann jedoch im Wege des einstweiligen Rechtsschutzes die Vollstreckung ausgesetzt werden. Nicht alle Urteile der Unionsgerichte haben einen vollstreckbaren Inhalt. Das gilt nicht nur für Urteile im Vorabentscheidungsverfahren. Auch in Direktklageverfahren stellt die Verurteilung zu einer Leistung die Ausnahme dar, so dass eine Vollstreckung meist nur im Hinblick auf die Kostenerstattungspflicht in Frage kommt. Auch Beschlüsse sind vollstreckbar, soweit sie einen vollstreckungsfähigen Inhalt haben. Das gilt insbesondere für Kostenfestsetzungsbeschlüsse.[74] 28

---

[69] Vgl. *Stoll/Rigod*, in GHN, Art. 277 AEUV Rn. 15.
[70] EuGH, Rs. C-310/97 P, *Kommission/AssiDomän*, Slg. 1999, I-5399 Rn. 52 ff.
[71] Art. 83 VerfO-EuG und Art. 83 Abs. 1 VerfO-EuGöD sprechen insoweit von „Wirksamkeit".
[72] Art. 280 AEUV, für das EuG i. V. m. Art. 254 Abs. 6 AEUV, für das EuGöD i. V. m. Art. 257 Abs. 6 AEUV.
[73] Vgl. *Kirschner/Klüpfel*, Rn. 132.
[74] Art. 145 Abs. 3 VerfO-EuGH, Art. 92 § 2 VerfO-EuG, Art. 92 Abs. 2 VerfO-EuGöD.

IV. Die Pflicht, die sich aus dem Urteil ergebenden Maßnahmen zu ergreifen

29 Die Vertragsverletzungsklagen nach Art. 258 und Art. 259 AEUV und die Untätigkeitsklage nach Art. 265 AEUV sind Feststellungsklagen, während es sich bei der Nichtigkeitsklage nach Art. 263 AEUV um eine Gestaltungsklage handelt. Keine dieser Klagearten erlaubt eine Verurteilung zu einem Handeln oder Unterlassen. Einen gewissen Ausgleich dafür stellt es dar, dass der AEUV in den Artikeln 260 Abs. 1 und 266 über die Rechtskraft und die Gestaltungswirkung der Urteile hinaus als weitere Folge anordnet, dass die unterlegenen Beklagten (Mitgliedstaaten bzw. Unionsorgane) diejenigen Maßnahmen zu ergreifen haben, die sich aus den Urteilen der Unionsgerichte ergeben. Dabei obliegt es zunächst dem verurteilten Staat oder Organ, anhand des Tenors und der Gründe des Urteils zu beurteilen, welche Maßnahmen zum Vollzug des Urteils erforderlich sind. Kommt es zum Streit über die Erfüllung dieser Pflicht, so kann der Unionsrichter erneut angerufen werden. Im Vertragsverletzungsverfahren erlaubt dann Art. 260 Abs. 2 AEUV die Verurteilung des Mitgliedstaates, der seine Pflicht aus Art. 260 Abs. 1 AEUV verletzt, zu einem Zwangsgeld oder einem „Pauschalbetrag" (näher § 6). Organen gegenüber kommt die Untätigkeitsklage in Betracht, wenn sie nach dem Urteil gar nichts tun, um ihrer Umsetzungspflicht nachzukommen. Sind sie dagegen tätig geworden, so kann ein Streit darüber, ob sie die richtigen Maßnahmen ergriffen haben, im Wege der Nichtigkeitsklage geklärt werden.

F. Urteilsauslegung

30 Angesichts der Aufgabe des EuGH, die einheitliche Anwendung des Unionsrechts in einer Union mit unterschiedlichen Sprachen und nationalen Rechtstraditionen sicherzustellen, ist es wichtig, dass bei Urteilen der Unionsgerichtsbarkeit Klarheit über den Urteilsausspruch (Tenor) und die ihn tragenden Urteilsgründe besteht. Aus diesem Grunde sieht die Satzung die Möglichkeit vor, Zweifel über den Sinn und die Tragweite eines Urteils im Wege der nachträglichen Auslegung auszuräumen.[75] Zur Auslegung berufen ist dasjenige Gericht, welches das Urteil erlassen hat.[76] Es wird nur auf Antrag einer Partei oder eines Unionsorgans tätig.

I. Gegenstand

31 Gegenstand des Auslegungsverfahrens sind nach dem Wortlaut des Art. 43 Satzung-EuGH die **Urteile** der Unionsgerichte. Gemeint sind damit nur Urteile in Direktklageverfahren. Bei Entscheidungen des EuGH im **Vorabentscheidungsverfahren** kommt die Urteilsauslegung auf Antrag der Parteien oder von Unionsorganen dagegen nicht in Betracht. Vielmehr kann hier das vorlegende Gericht die Klärung von Fragen, zu

---

[75] Art. 43 Satzung-EuGH, ergänzt durch Art. 158 VerfO-EuGH, Art. 129 VerfO-EuG, Art. 118 VerfO-EuGöD.
[76] Art. 153 Abs. 3 i. V. m. Art. 158 VerfO-EuGH, Art. 129 § 2 VerfO-EuG, Art. 118 Abs. 2 VerfO-EuGöD.

6. Abschnitt. Das Gerichtsverfahren vor dem EuGH   32 § 27

denen es keine eindeutige Antwort erhalten hat, durch eine erneute Vorlage erreichen.⁷⁷
Urteile des **EuG** und des **EuGöD** können Gegenstand der Auslegung sein, auch wenn
sie noch nicht rechtskräftig sind. Wird die Auslegung eines Urteils beantragt, das auch
mit einem Rechtsmittel angegriffen wird, so können das EuG bzw. das EuGöD ihre
Entscheidung über den Auslegungsantrag bis zur Entscheidung des EuGH bzw. des EuG
über das Rechtsmittel aussetzen.⁷⁸ Auch **Beschlüsse** können Auslegungsgegenstand
sein. Das gilt nicht nur für Beschlüsse, die wie ein Urteil das Verfahren in der Hauptsache beenden, sondern auch für solche in Kostenstreitsachen,⁷⁹ über Prozesskostenhilfe
und über einstweiligen Rechtsschutz. Inwieweit neben Urteilen und Beschlüssen auch
Gutachten (siehe dazu § 16) einer nachträglichen Auslegung durch den Gerichtshof
fähig sind, wurde noch nicht entschieden. Im Ergebnis sollte man bei bestehenden
Unklarheiten auch für diese eine nachträgliche Interpretation durch den Gerichtshof
nicht ausschließen.

Auslegt werden können sowohl der **Urteilstenor** als auch die ihn **tragenden Gründe**, nicht aber nur ergänzende oder erläuternde Feststellungen oder den Urteilsspruch nicht tragende Rechtsausführungen („obiter dicta").⁸⁰ Auch die Kostenentscheidung kann Gegenstand der Auslegung sein.⁸¹ Im Wege der Urteilsauslegung können nur Fragen geklärt werden, die sich auf den **Inhalt der auszulegenden Entscheidung** selbst beziehen. Sie bezweckt die Beseitigung einer Unklarheit oder Mehrdeutigkeit, die Sinn und Tragweite des Urteils selbst insoweit berührt, als mit ihm die dem Gericht vorgelegte konkrete Streitigkeit entschieden werden sollte. Das ist insbesondere der Fall, wenn sich bei der Vollstreckung eines Urteils Zweifel hinsichtlich seines Inhalts ergeben. Dagegen kann die Urteilsauslegung nicht dazu benutzt werden, Fragen zu klären, die das auszulegende Urteil (noch) nicht entschieden hat. Ein Antrag auf Auslegung eines Urteils ist deshalb **unzulässig**, wenn er Fragen betrifft, die über den Inhalt dieses Urteils hinausgehen, etwa wenn er darauf abzielt, von dem angerufenen Gericht eine Stellungnahme zur **Geltung**, zur **Durchführung** oder zu den **Folgen** des von ihm erlassenen Urteils zu erlangen.⁸² So kann durch die Urteilsauslegung insbesondere nicht geklärt werden, welche Maßnahmen die unterlegene Partei nach Art. 260 Abs. 1 oder Art. 266 AEUV zu treffen hat⁸³ oder welche Folgen sich aus einer konkreten Entscheidung für andere, ähnlich gelagerte Fälle ergeben.⁸⁴

32

---

⁷⁷ Art. 104 VerfO-EuGH.
⁷⁸ Art. 129 § 4 VerfO-EuG, Art. 118 Abs. 4 VerfO-EuGöD.
⁷⁹ EuGH, Rs. 17/68, *Reinarz/Kommission*, Slg. 1970, 1 (Kostenfestsetzungsbeschluss).
⁸⁰ EuGH, Rs. 5/55, *Assider/Hohe Behörde*, Slg. 1954, 280, 291.
⁸¹ EuGH, C-245/95 P-INT, *NSK u. a./Kommission*, Slg. 1999, I-1.
⁸² EuG, T-573/93 (129), *Caballero Montoya/Kommission*, Slg. 1997, öD IA-271, II-761; siehe auch EuGH, Rs. 5/55, *Assider/Hohe Behörde*, Slg. 1954, 280, 292 f.; EuGH, Rs. 70/63 (a), *Hohe Behörde/Collotti und Gerichtshof*, 1965, 374, 380; EuGH, Rs. 9/81-Auslegung, *Rechnungshof/Williams*, Slg. 1983, 2859 Rn. 9; EuGH, Rs. C-206/81a, *Alvarez/Parlament*, Slg. 1983, 2865 Rn. 8, 11; EuGH, Rs. C-25/86, *Suss/Kommission*, Slg. 1986, 3929 Rn. 9; EuG, Rs. T-22/91 INT, *Raiola-Denti u. a./Rat*, Slg. 1993, II-817 Rn. 6 ff.; EuG, Rs. T-284/08 INTP, *People's Mojahedin Organization of Iran/Rat*, Slg. 2008 II-00334 Rn. 8.
⁸³ EuGH, Rs. C-146/85-ITRP, *Maindiaux u. a./WSA*, Slg. 1988, 2003 Rn. 5 ff.; EuGH, Rs. 110/63 (a), *Willame*, Slg. 1966, 620, 626.
⁸⁴ Vgl. EuGH, Rs. 70/63 (a), *Hohe Behörde/Collotti und Gerichtshof*, 1965, 374, 379 f.; Rs. 9/81-Auslegung, *Rechnungshof/Williams*, Slg. 1983, 2859 Rn. 12 f.; EuGH, Rs. 24/66 bis, *Getreidehandel/Kommission*, Slg. 1973, 1595, 1603.

II. Antragsbefugnis

33 Nach der Satzung-EuGH sind die Parteien und die Unionsorgane berechtigt, einen Antrag auf Urteilsauslegung zu stellen. Mit **Parteien** sind grundsätzlich die Verfahrensbeteiligten des Rechtsstreits gemeint, in dem das interpretationsbedürftige Urteil ergangen ist. Dazu gehören auch die **Streithelfer**[85] und die Rechtsnachfolger der Verfahrensbeteiligten.[86] Insbesondere bei Entscheidungen mit „erga-omnes-Wirkung" sind deshalb nicht alle von der Entscheidung Betroffenen antragsberechtigt. Allerdings ist nach einer frühen Entscheidung des EuGH der Begriff der Partei weit auszulegen und kann auch Parteien eines Parallelverfahrens umfassen, die die Auslegung eines Urteils beantragt haben, welches den auch von ihnen angefochtenen Akt für nichtig erklärt hat, so dass über ihre Klage wegen Erledigung der Hauptsache nicht mehr entschieden wurde.[87] Dies gilt aber nur, wenn der Antragsteller in der Sache die gleiche Rechtsverletzung gerügt hatte, die in dem Parallelverfahren zur Nichtigkeit geführt hat.[88]

34 Die **Unionsorgane** sind unabhängig davon, ob sie Partei des Verfahrens waren, befugt, einen Auslegungsantrag zu stellen. Dieses Antragsrecht gilt für die in Art. 13 Abs. 1 EUV genannten Organe, also das Parlament, den Rat, die Kommission, die EZB und den Rechnungshof. Obwohl der Gerichtshof ebenfalls zu den Unionsorganen zählt, steht ihm kein von einer eventuellen Parteistellung unabhängiges Antragsrecht[89] zu, um von sich aus bei Urteilen des EuGH, des EuG oder des EuGöD auf eine bestimmte Auslegung hinzuwirken. Diese Möglichkeit widerspräche der unparteiischen Stellung des Gerichtshofs. Ob sonstige Organe und Einrichtungen der Union, die vor den Unionsgerichten parteifähig sind (näher dazu § 22 Rn. 2), die Auslegung von Urteilen beantragen können, auch wenn sie am Ausgangsverfahren nicht beteiligt waren, wurde anscheinend noch nicht entschieden. Da die Antragsbefugnis der Organe ein berechtigtes Interesse an der Auslegung voraussetzt, welches bei den spezialisierten Organen und Einrichtungen nur selten unabhängig von ihrer Parteistellung vorliegen wird, dürfte die Frage keine große praktische Bedeutung haben. Besteht aber ein berechtigtes Interesse an der Auslegung, so dürfte es keinen Grund geben, die Antragsbefugnis einer solchen Einrichtung auszuschließen. Im Gegensatz zu den Unionsorganen steht den **Mitgliedstaaten** keine privilegierte Antragsbefugnis zu. Sofern sie nicht selbst Partei in einem Rechtsstreit waren, können sie keine Auslegung von Entscheidungen der Unionsgerichte beantragen. Besonders sinnvoll ist diese Unterscheidung zwischen Mitgliedstaaten und Organen nicht.

35 Die Zulässigkeit eines Auslegungsantrags setzt sowohl bei den Parteien als auch bei den privilegiert antragsbefugten Organen voraus, dass ein **berechtigtes Interesse**

---

[85] EuGH, Rs. C-245/95 P-INT, *NSK u. a./Kommission*, Slg. 1999, I-1 Rn. 15; EuGH, Rs. C-146/85-ITRP *Maindiaux u. a./WSA*, Slg. 1988, 2003 Rn. 4.

[86] EuGH, Rs. C-41/73-ITRP, *Société anonyme Générale Sucrière u. a./Kommission*, Slg. 1977, 445, 460.

[87] EuGH, Rs. 5/55, *Assider/Hohe Behörde*, Slg. 1954/55, 275, 290.

[88] Nach EuGH, Rs. 24/66, *Getreidehandel/Kommission,* Slg. 1973, 1595, 1603, reicht es dagegen für die Antragsbefugnis nicht aus, dass sich eine Partei im Schadensersatzprozess auf das auszulegende Urteil, das zwischen Dritten ergangen ist, berufen will.

[89] Der EuGH kann in Personalstreitigkeiten Partei sein. In diesen Fällen wird man ihm die Möglichkeit der Urteilsauslegung nicht versagen dürfen.

an der Auslegung glaubhaft gemacht wird.⁹⁰ Der EuGH hat ein solches Interesse als gegeben angesehen, wenn die Frage, welche der verschiedenen Auslegungsmöglichkeiten die richtige ist, unmittelbar die Rechte des Antragstellers berührt und ihm keine anderen Rechtsbehelfe zur Verfügung stehen, um Klarheit zu erreichen.⁹¹

Die Unionsgerichte können nur dann mit der Auslegung eines Urteils befasst werden, wenn zwischen den Parteien oder zwischen den antragsberechtigten Organen **Meinungsverschiedenheiten** hinsichtlich des Sinnes und der Tragweite der auszulegenden Entscheidung bestehen. Maßgeblich hierfür ist nach der Rechtsprechung des EuGH eine subjektive Betrachtung, d. h. selbst wenn „der Text der Entscheidungsgründe, dessen Auslegung beantragt wird, keine Unklarheiten enthält und daher grundsätzlich keiner Auslegung bedarf" (objektive Betrachtung), ist eine Urteilsauslegung zulässig, wenn die Parteien oder Organe das streitentscheidende Judikat verschieden interpretieren.⁹² Dazu reicht es aus, wenn verschiedene Dienststellen innerhalb eines Organs unterschiedlicher Auffassung sind.⁹³ Besteht demgegenüber zwischen den Parteien kein Meinungsstreit, so ist das Auslegungsbegehren unzulässig.⁹⁴ Dass Inhalt und Bedeutung eines Urteils in der Lehre umstritten sind oder im wissenschaftlichen Schrifttum unterschiedliche Interpretationen vertreten werden, reicht für sich genommen nicht aus, den Gerichtshof mit einer Urteilsauslegung zu befassen. Die unterschiedlichen Sichtweisen können aber u. U. Anlass für Meinungsverschiedenheiten sein, die es rechtfertigen, eine Urteilsauslegung zu beantragen.

III. Verfahren und Entscheidung

Das Verfahren wird durch den **Antrag** einer Partei oder eines Organs eingeleitet. Er ist gegen sämtliche am ursprünglichen Rechtsstreit beteiligten Parteien zu richten. Die Verfahrensordnungen sehen vor, dass die **Anforderungen** an die Klageschrift für den Auslegungsantrag entsprechend gelten.⁹⁵ Außerdem muss dieser das auszulegende Urteil eindeutig bezeichnen⁹⁶ und die Stellen des Urteils angeben, deren Auslegung beantragt wird. Dazu sind die Zweifel an deren Bedeutung zu umschreiben. Ferner ist ein bestimmter Antrag erforderlich, der erkennen lässt, welche Auslegung dem Urteil nach Auffassung des Antragstellers beizulegen ist.⁹⁷ Seit der im November 2012 in Kraft getretenen Neufassung der VerfO-EuGH ist ein Antrag auf Auslegung einer Entscheidung des EuGH innerhalb von zwei Jahren nach Verkündung des Urteils bzw. Zustellung des Beschlusses zu stellen.⁹⁸ Die VerfO-EuG sieht dagegen keine Frist vor und die VerfO-EuGöD bestimmt ausdrücklich, dass der Antrag auf Auslegung nicht

---

⁹⁰ Art. 43 Satzung-EuGH.
⁹¹ EuGH, Rs. 5/55, *Assider/Hohe Behörde*, Slg. 1954, 280, 288.
⁹² EuGH, Rs. 5/55, *Assider/Hohe Behörde*, Slg. 1954, 280, 290 f.
⁹³ EuGH, Rs. 70/63 (a), *Hohe Behörde/Collotti und Gerichtshof*, 1965, 374, 380.
⁹⁴ EuGH, Rs. 110/63 (a), *Willame/Kommission*, 1966, 619, 626.
⁹⁵ Art. 158 Abs. 3 VerfO-EuGH, Art. 129 § 1 VerfO-EuG, Art. 118 Abs. 2 VerfO-EuGöD.
⁹⁶ Z. B. durch Angabe des Aktenzeichens, des Datums und der Parteien.
⁹⁷ EuGH, Rs. 110/63 (a), *Willame*, Slg. 1966, 620, 626; Art. 158 Abs. 3 i. V. m. Art. 120 lit. d) VerfO-EuGH, Art. 129 § 1 i. V. m. Art. 44 § 1 lit. d) VerfO-EuG, Art. 118 Abs. 2 i. V. m. Art. 35 Abs. 1 lit. d) VerfO-EuGöD.
⁹⁸ Art. 158 Abs. 2 VerfO-EuGH.

fristgebunden ist.⁹⁹ Bei einem bereits vollzogenen Urteil kann jedoch das erforderliche Auslegungsinteresse fehlen. Ferner wird man auch den Gedanken der Verwirkung heranziehen können, wenn die Parteien über einen längeren Zeitraum keine Zweifel an dem Urteil zu erkennen gegeben haben und die mit dem Urteil verbundenen Wirkungen stillschweigend geduldet haben.¹⁰⁰

38 Die (anderen) Parteien des Ausgangsrechtsstreits erhalten Gelegenheit, zu dem Antrag Stellung zu nehmen. Dritte, die ein berechtigtes Interesse am Ausgang des Auslegungsverfahrens haben, können als Streithelfer zugelassen werden.¹⁰¹ Die Durchführung eines mündlichen Verfahrens ist nicht vorgeschrieben, dagegen verlangen die Verfahrensordnungen des EuGH und des EuG die Anhörung des Generalanwalts.¹⁰² Möglich ist auch, dass dieser Schlussanträge stellt.¹⁰³

39 Die **Zuständigkeit** für die **Entscheidung** über den Antrag liegt bei dem Spruchkörper, der die auszulegende Entscheidung erlassen hat.¹⁰⁴ Dieser bleibt auch dann zuständig, wenn sich seine Zusammensetzung inzwischen geändert hat.¹⁰⁵

40 Während über die **Zulässigkeit** eines Antrags auf Auslegung eines Urteils durch **Beschluss** entschieden werden kann, erfolgt die eigentliche Auslegung durch ein **Urteil**.¹⁰⁶ Über die Auslegung eines Beschlusses wird dagegen durch Beschluss entschieden.¹⁰⁷ Zunächst wird geprüft, ob eine Unklarheit bei der betreffenden Entscheidung in dem gerügten Sinne besteht und anschließend wird entschieden, wie das Urteil richtigerweise zu verstehen ist. Im Tenor wird dann eine Präzisierung der Textstellen des ursprünglichen Urteils vorgenommen.¹⁰⁸ Die Urschrift der auslegenden Entscheidung wird mit der Urschrift der ausgelegten Entscheidung verbunden. Am Rande der Urschrift der ausgelegten Entscheidung ist außerdem ein Hinweis auf die auslegende Entscheidung anzubringen.¹⁰⁹ Mit der Auslegung des Urteils sind keine Auswirkungen für die formelle und materielle Rechtskraft der Entscheidung verbunden. Die Kosten des Auslegungsverfahrens hat grundsätzlich die unterlegene Partei zu tragen,¹¹⁰ also die, welche einen unzulässigen Antrag gestellt hat oder die mit ihrer Auffassung vom Sinn oder von der Tragweite des Urteils unterlegen

---

⁹⁹ Art. 118 Abs. 1 UAbs. 2 VerfO-EuGöD.
¹⁰⁰ *Degenhardt*, Auslegung und Berichtigung von Urteilen des EuGH, S. 63 ff.
¹⁰¹ EuGH, Rs. 9/81-Auslegung, *Rechnungshof/Williams*, Slg. 1983, 2859 Rn. 7.
¹⁰² Art. 158 Abs. 5 VerfO-EuGH, Art. 129 § 3 Abs. 1 VerfO-EuG. Beim EuG gilt dies selbstverständlich nur, wenn für das konkrete Verfahren ein Generalanwalt bestellt ist.
¹⁰³ Näher *GA VerLoren van Themaat*, SchlA Rs. C-206/81 INT, *Alvarez/Parlament*, Slg. 1983, 2873, 2874.
¹⁰⁴ Art. 153 Abs. 1 VerfO-EuGH, Art. 129 § 2 VerfO-EuG, Art. 118 Abs. 2 VerfO-EuGöD.
¹⁰⁵ Ist dieser Spruchkörper jedoch nicht mehr beschlussfähig, weil die hierzu erforderliche Anzahl von Richtern nicht mehr erreicht werden kann, sieht Art. 153 Abs. 3 VerfO-EuGH die Verweisung an einen neuen Spruchkörper vor.
¹⁰⁶ Art. 129 § 3 Abs. 1 VerfO-EuG, Art. 118 Abs. 3 UAbs. 1 VerfO-EuGöD. Die ab November 2012 geltende Neufassung der VerfO-EuGH enthält insoweit keine Regelung.
¹⁰⁷ *Pechstein*, EU-Prozessrecht, Rn. 1022.
¹⁰⁸ Z. B. EuG, Rs. T-348/05 INTP, *JSC Kirovo-Chepetsky Khimichesky Kombinat/Rat*, Slg. 2009 II-116.
¹⁰⁹ Art. 158 Abs. 6 VerfO-EuGH, Art. 129 § 3 Abs. 2 VerfO-EuG, Art. 118 Abs. 3 UAbs. 2 VerfO-EuGöD.
¹¹⁰ Es gelten die allgemeinen Kostenvorschriften der Art. 138 ff. VerfO-EuGH, 87 VerfO-EuG und 87 ff. VerfO-EuGöD.

ist.¹¹¹ Entspricht keine der Parteiauffassungen dem wirklichen Sinn des Urteils, so wie er vom Gerichtshof letztlich gedeutet wurde, so können die Kosten gegeneinander aufgehoben werden.

IV. Verhältnis zu anderen Rechtsbehelfen

Aus dem Vorstehenden ergibt sich bereits, dass der EuGH und das EuG den Anwendungsbereich des Urteilsauslegungsverfahrens eng auslegen. Hinzu kommt, dass die Unionsgerichte zur **Auslegung** ihrer eigenen früheren Urteile auch **im Rahmen anderer Verfahren** berufen sind, in denen es auf deren Inhalt ankommt.¹¹² Allerdings sind Situationen selten, in denen gleichzeitig mit der Urteilsauslegung ein anderes Verfahren in Betracht kommt, in dem über die Auslegung als Vorfrage für eine andere Entscheidung zu befinden ist. Hat etwa ein Unionsorgan, um seiner Pflicht zum Vollzug eines Urteils nachzukommen, eine Maßnahme getroffen, die nach Meinung der hiervon Betroffenen bei richtiger Auslegung dieser Entscheidung nicht oder nicht so hätte erlassen werden dürfen, so ist nicht die Urteilsauslegung, sondern die **Nichtigkeitsklage** der geeignete Rechtsbehelf.¹¹³ Ein Antrag auf Auslegung der früheren Entscheidung wäre unzulässig, da diese keinesfalls über die Rechtmäßigkeit der später erlassenen Maßnahme entscheiden könnte. Außerdem könnte die Auslegung eines früheren Urteils den späteren Rechtsakt nicht beseitigen.¹¹⁴ Ebenso wenig kann sich im Verhältnis zum **Vertragsverletzungsverfahren** eine Konkurrenz ergeben, wenn ein wegen vertragswidrigen Verhaltens verurteilter Mitgliedstaat infolge einer unrichtigen Urteilsdeutung überhaupt keine oder aber eine falsche Maßnahme trifft, denn auch hier ist über die Frage, welche Umsetzungsmaßnahmen erforderlich sind, im vorhergegangenen Urteil noch nicht entschieden worden.¹¹⁵

Dagegen kann das Auslegungsverfahren u. U. zu **Vollstreckungsrechtsbehelfen** in Konkurrenz treten.¹¹⁶ Ergeben sich Zweifel über den vollstreckbaren Inhalt eines Urteils, so erscheinen sowohl ein Antrag auf Aussetzung der Zwangsvollstreckung¹¹⁷ als auch ein Antrag auf Auslegung des Urteils denkbar. Im Verhältnis der beiden Rechtsbehelfe zueinander ist der Aussetzungsantrag jedoch der speziellere Rechtsbehelf, da der Vollstreckungsschuldner sein Ziel, die Zwangsvollstreckung zu unterbinden, auf diesem Wege unmittelbar, schneller und vor allem effektiver erreichen kann als im Wege der Urteilsauslegung.¹¹⁸

Die **Urteilsberichtigung** und die **Urteilsergänzung** haben andere Voraussetzungen und Wirkungen als die Urteilsauslegung. Die drei Verfahren schließen einander daher grundsätzlich aus. Allerdings kann es im Einzelfall bei Streitigkeiten über den Inhalt eines Urteils schwierig sein, im Voraus festzustellen, welches Verfahren einschlägig

---

¹¹¹ Z. B. EuGH, Rs. 70/63 (a), *Hohe Behörde/Collotti und Gerichtshof*, 1965, 374, 380 f.; EuGH, C-245/95 P-INT, *NSK u. a./Kommission*, Slg. 1999, I-1, Rn. 17.
¹¹² Z. B. EuGH, Rs. C-412/92 P, *Parlament/Meskens*, Slg. 1994, I-3768 Rn. 35.
¹¹³ Im Ergebnis ebenso *Degenhardt*, Auslegung und Berichtigung von Urteilen des EuGH, S. 79 ff.
¹¹⁴ Vgl. auch EuG, Rs. T-11/00 R, *Hautem/EIB*, Slg. 2000 öD I-A 71, II-301.
¹¹⁵ A. A. *Degenhardt*, Auslegung und Berichtigung von Urteilen des EuGH, S. 84 ff.
¹¹⁶ Zu den Vollstreckungsrechtsbehelfen auf europäischer Ebene vgl. unten § 33.
¹¹⁷ Art. 280 i. V. m. Art. 299 AEUV.
¹¹⁸ *Degenhardt*, Auslegung und Berichtigung von Urteilen des EuGH, S. 89 f.

ist. Deshalb kann der Auslegungsantrag mit Hilfsanträgen verbunden werden, die auf Berichtigung und/oder Ergänzung des Urteils gerichtet sind.[119]

G. Urteilsberichtigung und Urteilsergänzung

I. Urteilsberichtigung

44 Die Unionsgerichte können, unbeschadet der Bestimmungen über die Auslegung von Entscheidungen, **Schreib- und Rechenfehler** sowie **offenbare Unrichtigkeiten** in Urteilen und Beschlüssen berichtigen.[120] Anders als die Urteilsauslegung und die Urteilsergänzung ist die Urteilsberichtigung auch im Vorabentscheidungsverfahren möglich.[121]

45 Als **berichtigungsfähige Fehler** nennen die Verfahrensordnungen Schreib- und Rechenfehler sowie offenbare Unrichtigkeiten. Unter Schreibfehlern sind orthographische Unrichtigkeiten, wie die unkorrekte Schreibweise einzelner Namen, oder sog. Abschreibfehler bei der Fertigung von Reinschriften und beglaubigten Urteilsausfertigungen zu verstehen. Rechenfehler sind das Ergebnis eines falschen rechnerischen Denkvorganges. Demgegenüber handelt es sich bei den offenbaren Unrichtigkeiten um Widersprüche zwischen dem Erklärten und dem tatsächlich vom Richter Gewollten. Offenkundig sind diese Fehler dann, wenn ohne Zweifel ersichtlich ist, dass etwas anderes gemeint ist, als tatsächlich ausgedrückt wurde. Der Urteilsberichtigung bedarf es nur, wenn die Originalentscheidung in der Verfahrenssprache den Fehler enthält.[122] Fehler, die sich im Rahmen der Übersetzung in die verschiedenen anderen Sprachen einschleichen, werden formlos im Zuge der Veröffentlichung des Urteils korrigiert.[123]

46 Mit der Fehlerkorrektur wird eine Änderung des Entscheidungstextes herbeigeführt. Diese kann sowohl den Tenor als auch die Entscheidungsgründe betreffen. Die Berichtigung darf den eigentlichen Entscheidungsinhalt jedoch nicht verändern. Ein anderes als das vom Spruchkörper gewollte Urteilsergebnis kann mit der Berichtigung nicht erreicht werden, da sie kein Rechtsmittel darstellt.[124]

47 Das Berichtigungsverfahren wird entweder **von Amts wegen** oder **auf Antrag** einer Partei eingeleitet. Antragsberechtigt ist jede Partei sowie die sie unterstützenden Streithelfer. Auch die Beteiligten eines Vorlageverfahrens haben ein Antragsrecht.[125] Der Antrag muss innerhalb einer **Frist** von zwei Wochen nach dem Tag der Urteils-

---

[119] Z. B. EuGH, Rs. C-245/95 P-INT, *NSK u.a./Kommission*, Slg. 1999, I-1 Rn. 13.
[120] Art. 103 und Art. 154 VerfO-EuGH, Art. 84 VerfO-EuG, Art. 84 VerfO-EuGöD. Der Wortlaut von Art. 84 VerfO-EuG bezieht sich allerdings lediglich auf die Berichtigung von Urteilen. Dagegen betrifft Art. 103 VerfO-EuGH ausdrücklich Urteile und Beschlüsse. Art. 154 VerfO-EuGH und Art. 84 VerfO-EuGöD verwenden den Oberbegriff „Entscheidung".
[121] Art. 103 VerfO-EuGH (Vorabentscheidungsersuchen), Art 154 VerfO-EuGH (Klageverfahren).
[122] Dabei kann es sich auch um einen Fehler bei der Übersetzung aus der Arbeitssprache handeln.
[123] *Klinke*, Gerichtshof der EG, Rn. 206.
[124] EuGH, Rs. C-19/60, *Société Fives Lille Cail u.a./Hohe Behörde*, Slg. 1961, 687, 691.
[125] Art. 103 Abs. 1 VerfO-EuGH i. V. m. Art. 23 Satzung-EuGH.

verkündung beim judex a quo eingehen.¹²⁶ Die Berichtigung von Amts wegen ist nicht an eine Frist gebunden. Der EuGH entscheidet nach Anhörung des Generalanwalts.¹²⁷ Wurde die zu berichtigende Entscheidung im Rahmen eines Vorabentscheidungsverfahrens erlassen, ist eine Anhörung der Beteiligten nicht vorgesehen. Handelt es sich um ein Klageverfahren, können die Parteien nur dann Stellung nehmen, wenn sich ein Berichtigungsantrag auf die Entscheidungsformel oder einen tragenden Entscheidungsgrund bezieht.¹²⁸ Dagegen enthält der Wortlaut der Verfahrensordnungen des EuG und des EuGöD keine solche Einschränkung. Sie sehen lediglich vor, dass den Parteien Gelegenheit zur Stellungnahme zu geben ist.¹²⁹ Der Berichtigungsbeschluss wird mit der Urschrift des zu berichtigenden Urteils oder Beschlusses verbunden, wobei am Rand der Urschrift ein Hinweis auf die vorgenommene Berichtigung angebracht wird.¹³⁰ Eine gesonderte Veröffentlichung des Berichtigungsbeschlusses erfolgt normalerweise nicht.¹³¹ Eine Kostenentscheidung enthalten Berichtigungsbeschlüsse normalerweise nicht. Das gilt insbesondere im Fall der Berichtigung von Amts wegen. Wird demgegenüber ein Berichtigungsantrag als unzulässig abgewiesen, so können dem Antragsteller die Kosten des Verfahrens auferlegt werden.¹³²

II. Urteilsergänzung

Die Ergänzung von Urteilen des **Gerichtshofs** ist möglich, wenn dieser nicht alle Anträge der Parteien beschieden hat oder wenn im Urteil die auch ohne Antrag erforderliche Kostenentscheidung fehlt.¹³³ Lücken in den Entscheidungsgründen, etwa die fehlende Behandlung einzelner Klagegründe, können dagegen nicht durch Urteilsergänzung behoben werden. Die Urteilsergänzung findet nur in **Direktklageverfahren** statt. Ist ein Urteil im Vorabentscheidungsverfahren lückenhaft, so kann das vorlegende nationale Gericht erneut die Fragen vorlegen, deren Antwort für seine Entscheidung erforderlich ist.¹³⁴ Wie auch sonst im Vorabentscheidungsverfahren haben die Parteien des Ausgangsverfahrens nicht die Möglichkeit, sich unmittelbar mit einem Ergänzungsantrag an den EuGH zu wenden. Haben das **EuG** oder das **EuGöD** Anträge der Parteien übergangen, so kann dies mit dem **Rechtsmittel** gerügt werden. Einer Urteilsergänzung bedarf es insoweit nicht. Anders ist das allerdings, wenn versäumt wurde, über die **Kosten** zu entscheiden, da ein allein den Kostenpunkt betreffendes Rechtsmittel nicht

48

---

¹²⁶ Diese Frist verlängert sich um die pauschale Entfernungsfrist von 10 Tagen, EuG, Rs. T-138/01 R, *F/Rechnungshof*, Slg. 2001 öD IA-211, II-987 Rn. 4.
¹²⁷ Art. 103 Abs. 2 und Art. 154 Abs. 3 VerfO-EuGH.
¹²⁸ Art. 154 Abs. 2 VerfO-EuGH (eingefügt mit der ab November 2012 in Kraft getretenen Neufassung der VerfO).
¹²⁹ Art. 84 § 2 VerfO-EuG, Art. 84 Abs. 1 VerfO-EuGöD.
¹³⁰ Art. 103 Abs. 3 und Art. 154 Abs. 4 VerfO-EuGH, Art. 84 § 4 VerfO-EuG, Art. 84 Abs. 2 VerfO-EuGöD.
¹³¹ Anders z. B. EuGH, Rs. C-19/93 P, *Rendo u. a./Kommission*, Slg. 1996, I-1997.
¹³² EuGH, Rs. C-19/60, *Société Fives Lille Cail u. a./Hohe Behörde*, Slg. 1961, 687, 691; anders aber EuG, Rs. T-138/01 R, *F/Rechnungshof*, Slg. 2001 öD IA-211, II-987 (keine Kostenentscheidung).
¹³³ Art. 155 VerfO-EuGH.
¹³⁴ Art. 104 Abs. 2 VerfO-EuGH.

statthaft ist.¹³⁵ Daher stehen dem EuG und dem EuGöD die Befugnis zur Ergänzung seiner Urteile nur im Fall der fehlenden Kostenentscheidung zu.¹³⁶ Enthält das Urteil des EuG eine Kostenentscheidung, unterscheidet diese aber nicht zwischen den Kosten des Hauptverfahrens und denen eines Verfahrens auf einstweiligen Rechtsschutz, so liegt darin kein Übergehen der Kostenentscheidung. Ein Antrag auf Urteilsergänzung ist daher in diesem Fall nicht zulässig.¹³⁷

49 Die Urteilsergänzung findet nur auf Antrag statt. Ihn kann jede Partei innerhalb eines Monats nach Zustellung des Urteils stellen.¹³⁸ Eine Lückenfüllung von Amts wegen ist im Gegensatz zur Berichtigung nicht vorgesehen. Über den Ergänzungsantrag entscheidet das Gericht, welches das unvollständige Urteil gefällt hat, nach Anhörung der anderen Parteien und des Generalanwaltes.¹³⁹

H. Verfahrensbeendigung ohne Sachentscheidung

I. Direktklagen

50 **1. Einigung der Parteien.** Ein **Prozessvergleich** zwischen den streitenden Parteien ist als verfahrensbeendende Maßnahme in Verfahren vor dem EuGH und dem EuG **nicht vorgesehen**. Dagegen kann eine **außergerichtliche Einigung** der Parteien zur Streichung der Rechtssache im Register führen, wenn die Parteien gegenüber dem zuständigen Gericht erklären, dass sie auf die Geltendmachung ihrer Ansprüche verzichten.¹⁴⁰ Eine solche außergerichtliche Erledigung wird allerdings durch die Verfahrensordnungen des EuGH und des EuG für die praktisch wichtigsten Klagearten, nämlich die Nichtigkeits- und Untätigkeitsklagen, ausdrücklich ausgeschlossen.¹⁴¹ Dieser Ausschluss wird damit begründet, dass die Rechtmäßigkeit von Hoheitsakten der Unionsorgane nicht der Disposition der Parteien unterliegen darf.¹⁴²

51 In der Rechtspraxis ist die **einverständliche Beilegung von Streitigkeiten** vor dem EuGH und dem EuG dennoch möglich. Insbesondere das EuG macht, wenn auch nur selten, von der Möglichkeit Gebrauch, durch Erörterungstermine, zu denen die Parteien bzw. Vertreter, die zur Abgabe verbindlicher Erklärungen ermächtigt sind, persönlich geladen werden, auf eine solche Einigung hinzuwirken.¹⁴³ Bei Nichtigkeits- und Untätigkeitsklagen kann nach einer Einigung der Parteien der Prozess entweder dadurch beendet werden, dass der Kläger seine Klage zurücknimmt oder dadurch, dass der Beklagte die Erledigung der Hauptsache herbeiführt.

---

¹³⁵ Art. 58 Abs. 2 Satzung-EuGH, Art. 11 Abs. 2 Anhang I Satzung-EuGH.
¹³⁶ Art. 85 VerfO-EuG, Art. 85 VerfO-EuGöD.
¹³⁷ EuG, Rs. T-50/89, *Sparr/Kommission*, Slg. 1990, II-539 Rn. 9.
¹³⁸ Art. 155 Abs. 1 VerfO-EuGH.
¹³⁹ Art. 153 Abs. 1, Art. 155 Abs. 2 und 3 VerfO-EuGH.
¹⁴⁰ Art. 147 VerfO-EuGH, Art. 98 VerfO-EuG. *Pechstein*, EU-Prozessrecht, Rn. 277, sieht darin eine übereinstimmende Erledigungserklärung.
¹⁴¹ Art. 147 Abs. 2 VerfO-EuGH, Art. 98 Abs. 2 VerfO-EuG.
¹⁴² *Pechstein*, EU-Prozessrecht, Rn. 228.
¹⁴³ Vgl. EuG, Rs. T-59/89, *Yorck von Wartenburg/Parlament*, Slg. 1990, II-25 (Anordnung des persönlichen Erscheinens der Parteien in einer dienstrechtlichen Streitigkeit).

6. Abschnitt. Das Gerichtsverfahren vor dem EuGH   52–54 § 27

Art. 68 VerfO-EuGöD[144] sieht dagegen ausdrücklich vor, dass sich das Gericht oder   52
ein dazu beauftragter Berichterstatter in jedem Verfahrensstadium um eine gütliche
Beilegung des Rechtsstreits bemühen können. Einigen sich die Parteien auf eine Lösung
zur Beendigung des Rechtsstreits, kann der Inhalt dieser Vereinbarung in einem Protokoll festgestellt werden. Danach wird die Rechtssache im Register gestrichen. Auf Antrag des Klägers und des Beklagten stellt der Präsident den Inhalt der Vereinbarung im
Streichungsbeschluss fest.[145] Darüber hinaus besteht die Möglichkeit, die Rechtssache
nach einer außergerichtlichen Einigung der Parteien aus dem Register zu streichen.[146]

2. Klagerücknahme. Der Kläger kann die Klage bis zur Rechtskraft des Urteils[147]   53
durch einseitige, schriftliche Erklärung oder in der mündlichen Verhandlung zurücknehmen.[148] Als Prozesshandlung ist die Klagerücknahme bedingungsfeindlich, unwiderruflich und unanfechtbar. Die Zustimmung des Beklagten zur Klagerücknahme
ist nicht erforderlich.[149] Ihm muss jedoch Gelegenheit zur Stellungnahme gegeben
werden, damit er sich zur Verteilung der Kosten äußern und insbesondere den Antrag
stellen kann, diese dem Kläger aufzuerlegen.[150] Nach Anhörung des Beklagten ordnet der Präsident durch Beschluss die **Streichung** der Rechtssache aus dem Register
an. In diesem Beschluss entscheidet er über die **Kosten**. Die Vorschriften über die
Klagerücknahme gelten entsprechend für die Rücknahme anderer Anträge, etwa auf
einstweiligen Rechtsschutz.[151]

3. Erledigung der Hauptsache. Tritt nach Klageerhebung ein Ereignis ein, welches   54
den Kläger klaglos stellt, können die Unionsgerichte nach Anhörung der Parteien jederzeit **von Amts wegen** feststellen, dass die Klage gegenstandslos geworden und die
Hauptsache erledigt ist.[152] Die Entscheidung kann durch Beschluss ergehen. Hat eine
mündliche Verhandlung stattgefunden entscheidet das EuG durch Urteil.[153] Erklärt
eine der Parteien den Rechtsstreit **einseitig für erledigt**, so kann dies in einem Zwischenstreit nach Art. 151 VerfO-EuGH, Art. 114 VerfO-EuG, Art. 78 VerfO-EuGöD
geklärt werden. Wird die Hauptsache für erledigt erklärt, entscheidet das Gericht über
die Kosten nach freiem Ermessen.[154]

---

[144] Vgl. auch Art. 7 Abs. 4 Anhang I Satzung-EuGH.
[145] Art. 69 Abs. 1 VerfO-EuGöD.
[146] Art. 69 Abs. 2 VerfO-EuGöD.
[147] *Pechstein*, EU-Prozessrecht, Rn. 229.
[148] Art. 148 VerfO-EuGH, Art. 99 VerfO-EuG, Art. 74 VerfO-EuGöD. Anders als die Verfahrensordnungen des EuGH und des EuGöD erwähnt die VerfO-EuG lediglich die Möglichkeit der Rücknahme durch eine schriftliche Erklärung. Allerdings dürfte die Klagerücknahme gegenüber dem EuG – jedenfalls hinsichtlich einzelner Anträge oder Klagegründe – auch durch Erklärung des Klägervertreters in der mündlichen Verhandlung erfolgen können, da die Niederschrift der Erklärung im Sitzungsprotokoll in diesem Fall die Schriftform ersetzt. A. A. wohl
Pechstein, EU-Prozessrecht, Rn. 229.
[149] *Klinke*, Gerichtshof der EG, Rn. 224.
[150] Art. 141 VerfO-EuGH, Art. 87 § 5 VerfO-EuG, Art. 89 Abs. 5 VerfO-EuGöD.
[151] *Wägenbaur*, Court of Justice of the EU, RP ECJ Art. 148, Rn. 3.
[152] Art. 149 VerfO-EuGH, Art. 113 VerfO-EuG, Art. 75 VerfO-EuGöD.
[153] Vgl. Art. 113 i.V.m. Art. 114 § 3 und § 4 VerfO-EuG.
[154] Art. 142 VerfO-EuGH, Art. 87 § 6 VerfO-EuG, Art. 89 Abs. 6 VerfO-EuGöD.

II. Vorabentscheidungsverfahren

55 Der Präsident ordnet die **Streichung** von **Vorabentscheidungsverfahren** aus dem Register an, wenn der nationale Richter den EuGH informiert, dass er seine Vorlage zurückzieht. Das kann der nationale Richter von sich aus tun, z. B. wenn sich das nationale Verfahren erledigt hat, etwa im Fall der Einigung der Parteien. Auch der EuGH kann die Initiative ergreifen, indem er beim nationalen Gericht anfragt, ob die Vorlage aufrechterhalten wird, wenn zwischenzeitlich in einem anderen Verfahren die gleiche Frage entschieden wurde. Die Rücknahme des Vorabentscheidungsersuchens kann bis zur Bekanntgabe des Termins der Urteilsverkündung erfolgen.[155]

---

[155] Art. 100 Abs. 1 VerfO-EuGH.

§ 28 Rechtsmittel, Rechtsbehelfe und Überprüfungsverfahren*

Übersicht

		Rn.
A.	Vorbemerkung	1–5
B.	Das Rechtsmittel gegen Entscheidungen des EuG	6–57
	I. Allgemeines	6/7
	II. Die anfechtbaren Entscheidungen	8–13
	III. Die Berechtigung zum Einlegen des Rechtsmittels	14–20
	1. Die Parteien des erstinstanzlichen Verfahrens.	16–18
	2. Die autonome Rechtsmittelbefugnis der Mitgliedstaaten und der Unionsorgane.	19/20
	IV. Anträge der Parteien	21
	V. Anschlussrechtsmittel	22/23
	VI. Rechtsrügen	24–36
	1. Verbot der Veränderung des Streitgegenstandes und notwendige Präzisierung von Rechtsrügen.	24/25
	2. Die Abgrenzung von Rechts- und Tatsachenfragen.	26–30
	3. Zulässige Rügen.	31–36
	VII. Ablauf des Rechtsmittelverfahrens	37–49
	1. Rechtsmittelfrist.	38/39
	2. Rechtsmittelschrift und Rechtsmittelbeantwortung.	40–49
	VII. Die Entscheidung des EuGH	50–54
	VIII. Das Verfahren vor dem EuG nach Aufhebung und Zurückverweisung	55–57
C.	Rechtsmittel gegen Entscheidungen des EuGöD	58–61
D.	Das Überprüfungsverfahren	62–67
E.	Die außerordentlichen Rechtsbehelfe	68–84
	I. Allgemeines	68
	II. Der Drittwiderspruch	69–73
	III. Die Wiederaufnahme des Verfahrens	74–84

Schrifttum: *Azizi,* Die Reform der Gerichtsbarkeit der Europäischen Gemeinschaften im Lichte der aktuellen Entwicklung in: Völker- und Europarecht, 25. Österreichischer Völkerrechtstag, 2001, 167 ff.; *Bölhoff,* Das Rechtsmittelverfahren vor dem Gerichtshof der Europäischen Gemeinschaften: Verfahren, Prüfungsumfang und Kontrolldichte, 2001; *Everling,* Das Verfahren der Gerichte der EG im Spiegel der verwaltungsgerichtlichen Verfahren der Mitgliedstaaten in FS Starck 2007, 535, *Friden,* Quelques réflexions sur la recevabilité d'un pourvoi contre un arrêt du Tribunal de première instance, Revue des Affaires Européennes 2000, 231 ff.; *Gaudissart,* La refonte du règlement de procédure de la Cour de justice, Cahiers de droit européen 2012/3, 603; *Gros,* Le pourvoi devant la Cour de justice des Communautés européennes, L'actualité juridique: droit administratif 1995, 859 ff.; *Hakenberg,* Das Gericht für den öffentlichen Dienst der EU – Eine neue Ära in der Gemeinschaftsgerichtsbarkeit, EuZW 2006, 391 ff.; *Johansson,* The ECJ decides

---

* Es handelt sich im Folgenden um eine umfassende Aktualisierung, Ergänzung (insbesondere Abschnitte C. und D.) und teilweise Neubearbeitung des Beitrags von Frau Sabine Hackspiel (2. Auflage des vorliegenden Werks). Der Abschnitt zu den außerordentlichen Rechtsbehelfen wurde gekürzt, aber weitgehend unverändert gelassen.

the first case under the Article 256(2) TFEU review procedure; *Kühn,* Das Überprüfungsverfahren vor dem Gerichtshof der Europäischen Gemeinschaften, EuZ 2010, 4 ff.; *Langner,* Der Europäische Gerichtshof als Rechtsmittelgericht. Der Prüfungsumfang im europäischen Rechtsmittelverfahren, 2003; *Lenaerts,* Das Gericht erster Instanz der Europäischen Gemeinschaften, EuR 1990, 228 ff.; *Lenaerts,* Le Tribunal de première instance des Communautés européennes: Regard sur une décennie d'activités et sur l'apport du double degré d'instance au droit communautaire, Cahiers de droit européen 2000, 323 ff.; *Lenaerts/Arts/Maselis,* The procedural law of the European Union, 2006; *Lenz,* die Gerichtsbarkeit der Europäischen Gemeinschaft nach dem Vertrag von Nizza, EuGRZ 2001, 433 ff.; *Molinier/Lotarski,* Droit du contentieux de l'Union européenne, 2010; *Naômé,* Procédure «RX»: le réexamen par la Cour de justice, d'affaires ayant fait l'objet d'un pourvoi devant le Tribunal; Journal de droit européen, 2010, 104 ff.; *dies.,* Voies de recours, in: Lamy Procédures communautaires; 2008; *Pirrung,* Die Stellung des Gerichts erster Instanz im Rechtsschutzsystem der EG, in: Zentrum für Europäisches Wirtschaftsrecht, Vorträge und Berichte, N. 111 vom 29.11.1999; *Rabe,* Das Gericht erster Instanz der Europäischen Gemeinschaften, NJW 1989, 3041 ff.; *Rideau/Picod,* Le pourvoi sur les questions de droit, Revue du marché commun 1995, 584 ff.; *Ruiz-Jarabo,* La réforme de la Cour de justice opérée par le traité de Nice et sa mise en oeuvre future, Revue trimestrielle de droit européen 2001, 707 ff.; *Schwarze,* 20 Jahre Gericht erster Instanz in Luxemburg – Der Zugang zur Justiz, EuR 2009, 717 ff.; *Thiele,* Das Rechtsschutzsystem nach dem Vertrag von Lissabon – (K)ein Schritt nach vorn?, EuR 2010, 30 ff.; *Wägenbaur,* Die Prüfungskompetenz des EuGH im Rechtsmittelverfahren, EuZW 1995, 199 ff.; *ders.* The Right of Appeal to the Community Courts, Hurdles and Opportunities, ZEuS 2007, 161 ff.; *ders.,* EuGH VerfO – Satzung und Verfahrensordnungen des EuGH/EuG, Kommentar 2008*; ders.,* Court of Justice of the European Union, Commentary on Statute and Rules of Procedure, 2012; *Wathelet/Wildemeersch,* Contentieux européen, 2010*, Wathelet/Van Raepenbusch,* Le contrôle sur pourvoi de la Cour de justice des Communautés européennes, dix ans après la création du Tribunal de première instance, Mélanges en hommage à Fernand Schockweiler, 1999, 605 ff.

A. Vorbemerkung

1   Lag die Rechtsprechungsgewalt zunächst allein beim Gerichtshof (EuGH), so sprechen in der Europäischen Union von heute auch das Gericht (früher Gericht erster Instanz, nachfolgend EuG) und das Gericht für den öffentlichen Dienst (EuGöD) Recht.[1] Infolgedessen ist in den vergangenen knapp 25 Jahren ein ausgeklügeltes Rechtsmittelsystem der Unionsgerichtsbarkeit entstanden. Rechtsmittel erfüllen verschiedene Funktionen. Die Möglichkeit gegen die Entscheidung eines Gerichts ein Rechtsmittel bei einem höheren Gericht einlegen zu können, ist zum einen Teil des effektiven Rechtsschutzes, denn ein Rechtsmittel dient dem Rechtsschutz des Einzelnen,[2] der Qualität des Rechtsschutzes und der Legitimität der Entscheidungen.[3] In der Unionsrechtsordnung sichern Rechtsmittel zum anderen die einheitliche Auslegung und Anwendung der Verträge durch die drei europäischen Gerichte.[4] Beide Rechtsmittelzwecke – das eine auf den Individualschutz, das andere auf das Allgemeininteresse gerichtet – stehen gleichwertig nebeneinander und müssen bei Anwendung der Rechtsmittelvorschriften berücksichtigt werden.[5]

---

[1] Durch Art. 19 EUV wird klargestellt, dass das Gericht und die Fachgerichte keine eigenständigen Unionsorgane sind, sondern Teil des „Gerichtshofs der Europäischen Union".
[2] Beschluss des Rates zur Errichtung des EuG, ABl. 1988 L 319/1, 3. Begründungserwägung.
[3] *Lenaerts/Arts/Maselis,* Rn. 16-001.
[4] Art. 19 EUV.
[5] *Karpenstein,* in: GHN, Art. 256 AEUV Rn. 9.

Mit Errichtung des Gerichts erster Instanz 1989 wurde das Rechtsmittel gegen Entscheidungen des EuG zum EuGH eingeführt. Die Kompetenz für die Behandlung von Rechtsstreitigkeiten zwischen der Union und ihren Bediensteten wurde 2005 auf das Gericht für den öffentlichen Dienst (EuGöD) übertragen, gegen dessen Entscheidungen kann ein Rechtsmittel zum EuG eingelegt werden. Gegen die Entscheidungen, die das EuG als Rechtsmittelgericht trifft, kann kein weiteres Rechtsmittel beim EuGH eingelegt werden, aber dieser kann, auf Vorschlag des Ersten Generalanwaltes, eine Überprüfung dieser Entscheidungen veranlassen, wenn die ernste Gefahr besteht, dass die Einheit oder Kohärenz des Unionsrecht beeinträchtigt wird.[6] Es gibt bislang kein Rechtsmittel gegen Entscheidungen des EuGH selbst. Allerdings könnte sich das mit dem Beitritt der Europäischen Union zur Europäischen Menschenrechtskonvention ändern.[7]

Rechtsmittelverfahren stellen alle Beteiligten vor gewisse Herausforderungen. Die verfahrensrechtlichen Vorschriften, die durch eine umfangreiche Rechtsprechung ausgefüllt wurden, sind so ausgestaltet, dass sie einerseits die Kontrolle des erstinstanzlichen Gerichts ermöglichen, andererseits aber einen schnellen Verfahrensabschluss ermöglichen. Schließlich soll die durch Gründung des EuG bzw. EuGöD bezweckte Entlastung und Verfahrensbeschleunigung nicht durch Rechtsmittelverfahren wieder aufgehoben werden. Da es im Rechtsmittelverfahren immer um eine *Kontrolle der Anwendung des Rechts* durch das erstinstanzliche Gericht geht, werden die in erster Instanz festgestellten Tatsachen und Beweise im Regelfall nicht überprüft. Es dürfen keine neuen Anträge gestellt werden. Ebenso wenig ist es ausreichend, das Vorbringen aus erster Instanz einfach zu wiederholen, vielmehr müssen die Kritikpunkte genau benannt werden. Die präzise Formulierung der Rügen ist unbedingt notwendig, bereitet aber oft Schwierigkeiten.

Die Verfahrensordnung des EuGH ist 2012 inhaltlich und strukturell grundlegend überarbeitet worden. Durch die Reform sind viele Rechtsmittelvorschriften genauer und klarer gefasst worden, insbesondere die zu Anschlussrechtsmitteln.[8] Neu ist u. a. Art. 182 VerfO-EuGH, der es dem EuGH nun ermöglicht, einem offensichtlich begründeten Rechtsmittel durch Beschluss stattzugeben. Weitere Änderungen zielen auf Verfahrensbeschleunigung.

Die Anzahl der neu eingegangenen Rechtsmittelverfahren beim Gerichtshof lag in den vergangenen Jahren zwischen 97 und 162, im Jahr 2011 überstieg die Anzahl der neu eingegangenen Rechtsmittelverfahren sogar erstmals beträchtlich die Anzahl neuer Direktklagen, ein Trend der sich 2012 fortgesetzt hat. In den vergangenen Jahren wurde gegen 25 bis 30 % der Entscheidungen des EuG ein Rechtsmittel zum EuGH eingelegt. Im Jahr 2012 beendete der EuGH 129 Rechtsmittelverfahren, davon endeten 16 mit einer vollständigen oder teilweisen Aufhebung der Entscheidung des EuG. Die Dauer des Rechtsmittelverfahrens betrug 2012 im Durchschnitt 15,3 Monate.[9]

---

[6] Art. 62 Satzung-EuGH.
[7] *Molinier/Lotarski*, S. 49.
[8] Im Einzelnen: *Gaudissart*, S. 655 ff.:
[9] Alle Angaben sind dem Jahresbericht 2012 entnommen.

B. Das Rechtsmittel gegen Entscheidungen des EuG

I. Allgemeines

6   Als Ausgleich für die Übertragung von Rechtsprechungskompetenzen auf das EuG wurde die Möglichkeit geschaffen, gegen dessen Entscheidungen ein auf Rechtsfragen beschränktes Rechtsmittel beim EuGH einzulegen.[10] Damit kontrolliert der EuGH das Verfahren und die Entscheidung des EuG. Ausgehend von Art. 256 Abs. 1 UAbs. 2 AEUV, finden sich die entsprechenden verfahrensrechtlichen Vorschriften in Art. 56 ff. Satzung-EuGH und Art. 167 ff. VerfO-EuGH. Bei der Ausgestaltung der verfahrensrechtlichen Vorschriften des Rechtsmittels zum EuGH haben die niederländische, belgische und französische Kassationsbeschwerde sowie die Revision des deutschen Rechts als Vorbild gedient.[11]

7   Die Einlegung des Rechtsmittels hat **Devolutiveffekt**, das heißt die Rechtssache wird in eine höhere Instanz, zum EuGH, gehoben. Das Rechtsmittel hat grundsätzlich keinen **Suspensiveffekt**, Art. 60 Abs. 1 Satzung-EuGH schließt die aufschiebende Wirkung ausdrücklich aus. Spiegelbildlich dazu bestimmt Art. 83 VerfO-EuG, dass die Entscheidungen des EuG mit ihrer Verkündung „wirksam" werden. Deshalb muss z. B. ein Organ, dessen Handeln vom EuG für nichtig erklärt worden ist, binnen angemessener Frist die sich aus dem Nichtigkeitsurteil ergebenden Maßnahmen ergreifen, ohne das Urteil des EuGH auf das Rechtsmittel abzuwarten.[12] Davon unberührt bleibt die Möglichkeit des EuGH Maßnahmen zur Aussetzung des Vollzugs (Art. 278 AEUV) oder einstweilige Anordnungen (Art. 279 AEUV) zu treffen. Eine Ausnahme von der sofortigen Wirksamkeit der erstinstanzlichen Entscheidungen trifft Art. 60 Abs. 2 Satzung-EuGH für die Entscheidungen des EuG, in denen eine Verordnung für nichtig erklärt wird. Die für nichtig erklärte Verordnung verliert nicht ihre Wirkung mit Verkündung des erstinstanzlichen Urteils, sondern erst mit Eintritt der Rechtskraft, d. h. mit Ablauf der Rechtsmittelfrist oder mit der Zurückweisung des Rechtsmittels durch den EuGH.

II. Die anfechtbaren Entscheidungen

8   Die Entscheidungen, gegen die ein Rechtsmittel statthaft ist, sind in den Artikeln 56 Abs. 1 und 57 Abs. und 2 Satzung-EuGH sowie Artikel 9 des Anhangs I der Satzung abschließend aufgezählt. Anders als in einigen nationalen Rechtsordnungen ist das Rechtsmittel des Unionsrechts nicht vom Erreichen eines bestimmten Streitwertes, von der Bedeutung der aufgeworfenen Fragen oder von einer ausdrücklichen Zustimmung abhängig. Allerdings erlaubt Artikel 256 AEUV, dass die Satzung entsprechende Bedingungen und Grenzen festlegt, so dass angesichts der ständig steigenden Inanspruchnahme des EuGH die Einführung von entsprechenden Kriterien nicht ausgeschlossen ist.

---

[10] Die erste auf ein Rechtsmittel ergangene Entscheidung des EuGH, Rs. C-283/90 P, *Raimund Vidrányi/Kommission*, Slg. 1991, I-4339.
[11] *Lenaerts*, EuR 1990, 228 (242 f.).
[12] EuG, Rs. T-11/00, *Hautem/Europäische Investitionsbank*, Slg. 2000, II-4019 Rn. 35-38.

Ein Rechtsmittel kann in erster Linie gegen **Endentscheidungen** eingelegt werden, 9
das heißt Urteile und Beschlüsse, die die Instanz abschließen. Endentscheidungen des
Gerichts sind auch Beschlüsse, in denen das EuG die **Erledigung der Hauptsache** erklärt.
Weiterhin ist das Rechtsmittel statthaft gegen eine Entscheidung, durch die das EuG
einen Wiederaufnahmeantrag zurückweist.[13] Ob die Anfechtung von **Streichungsbeschlüssen** des Präsidenten im Fall der außergerichtlichen Einigung mit anschließender
Verzichtserklärung[14] oder nach Klagerücknahme[15] zulässig ist, ist zweifelhaft. Da in
diesen Fällen jederzeit neu Klage erhoben werden kann, erscheint die Einlegung eines
Rechtsmittels wenig sinnvoll.[16] Statthaft ist dagegen die Einlegung eines Rechtsmittels
gegen ein **Versäumnisurteil**. Zwar kann gegen ein Versäumnisurteil auch ein Einspruch
beim Gericht erhoben werden, jedoch ist kein Grund ersichtlich, der Partei deswegen
die Rechtsmittelmöglichkeit zu versagen. Bei Einlegung eines Einspruchs beim Gericht
und Einreichung eines Rechtsmittels beim EuGH, kann dieser die Entscheidung über
das Rechtsmittel bis zur Entscheidung über den Einspruch aussetzen.[17]

Zu den anfechtbaren Entscheidungen gehören auch die, die über einen Teil des 10
Streitgegenstandes ergangen sind. Das sind zum einen die echten **Teilentscheidungen**, die z. B. im Fall der Klagehäufung vorab über einzelne Anträge oder im Fall der
Streitgenossenschaft gegenüber einzelnen Streitgenossen ergehen können. Zum anderen
gehören hierzu **Zwischenurteile** über einzelne Klagegründe[18] oder **Grundurteile** im
Schadensersatzprozess.[19] Ausdrücklich nennt Art. 56 Satzung-EuGH ferner diejenigen
Entscheidungen, die einen Zwischenstreit nach Art. 114 VerfO-EuG über die Einrede
der Unzuständigkeit des EuG oder die Unzulässigkeit der Klage beenden. Darunter
fallen alle Entscheidungen, die damit, dass sie dieser Einrede stattgeben oder sie zurückweisen, eine der Parteien beschweren.[20]

Dagegen kann ein Beschluss des Gerichts, der den Antrag auf Prozesskostenhil- 11
fe zurückweist, nicht durch Rechtsmittel angegriffen werden. Nicht angefochten
werden können dagegen Beschlüsse und Entscheidungen des laufenden Verfahrens,
z. B. ein Beschluss, mit dem der Kommission aufgegeben wird bestimmte Dokumente vorzulegen,[21] Beweisbeschlüsse, die Anordnung prozessleitender Maßnahmen, die Verweisung an einen anderen Spruchkörper,[22] die Übertragung auf den
Einzelrichter oder die Verbindung oder Aussetzung von Verfahren. Diese Entscheidungen können aber sofern sie einen Verstoß gegen Verfahrensregeln darstellen und
sich zu Lasten des Rechtsmittelführers ausgewirkt haben, im Rahmen des Rechtsmittels gegen die Endentscheidung geprüft werden.[23] Nicht zulässig ist ein An-

---

[13] EuGH, Rs. C-5/93, *DSM/Kommission*, Slg. 1999, I-4695 Rn. 30 f.
[14] Art. 98 VerfO-EuG.
[15] Art. 99 VerfO-EuG.
[16] Für die Anfechtung von Streichungsbeschlüssen in bestimmten Fällen, *Hackspiel*, 2: Auflage des vorliegenden Werks; dagegen *Karpenstein*, in GHN, Art. 256 AEUV Rn. 15.
[17] *Karpenstein*, in: GHN, Art. 256 AEUV Rn. 15.
[18] Z. B. EuG, Rs. T-110-98, *RJB Mining/Kommission*, Slg. 1999, II-2585 Rn. 29 f. und in der gleichen Rechtssache EuGH, Rs. C-427/99 P, *UK Coal/Kommission*, n. v.
[19] Z. B. EuG, verb. Rs. T-17/89 u. a., *Brazzelli u. a./Kommission*, Slg. 1992, II-293.
[20] EuGH, Rs. C-141/02 P, *Kommission/T-Mobile Austria*, Slg. 2005, I-1283 Rn. 50.
[21] EuGH, Rs. C-349/99 P, *Kommission/ADT Projekt Gesellschaft*, Slg. 1999, I-6467, Leitsatz.
[22] EuG, Rs. T-413/06 P, *Gualtieri/Kommission*, Slg. 2008 I-B-1-35 und II-B-1-253 Rn. 22 ff.
[23] EuGH, Rs. C-171/00 P, *Libéros/Kommission*, Slg. 2002, I-451 Rn. 25 ff., Qualifizierung der fehlerhaften Übertragung an den Einzelrichter als Verfahrensverstoß.

schlussrechtsmittel, das auf die Erklärung der Unzulässigkeit des Hauptrechtsmittels zielt.[24]

12 Nach Art. 57 Satzung-EuGH und Art. 10 Abs. 1 des Anhangs I der Satzung können in zwei Fällen auch Entscheidungen eines anhängigen Verfahrens mit dem Rechtsmittel angegriffen werden. Statthaft ist ein Rechtsmittel gegen die **Ablehnung zur Zulassung als Streithelfer**, das binnen zwei Wochen nach Zustellung der ablehnenden Entscheidung, und damit in einer kürzeren Frist als gewöhnlich eingelegt werden muss. Weiterhin kann ein Rechtsmittel gegen Beschlüsse über **Anträge auf einstweiligen Rechtsschutz** eingelegt werden, die die Aussetzung des Vollzuges der angefochtenen Entscheidung (Art. 278 AEUV), einstweilige Anordnungen (Art. 279 AEUV) oder die Aussetzung der Zwangsvollstreckung (Art. 299 Abs. 4 AEUV) betreffen.

13 Ausdrücklich ausgeschlossen ist nach Art. 58 Satzung-EuGH die isolierte Anfechtung der Kostenentscheidung und von Kostenfestsetzungsbeschlüssen.[25]

III. Die Berechtigung zum Einlegen des Rechtsmittels

14 Im Hinblick auf die Berechtigung zum Einlegen des Rechtsmittels unterscheidet die Satzung zwischen der Hauptpartei, den Mitgliedstaaten und Unionsorganen und den übrigen Streithelfern. Während die Rechtsmittel der Parteien grundsätzlich auf die Wahrung eigener Rechte abzielen, dienen die Rechtsmittel unbeteiligter Mitgliedstaaten und Organe der Wahrung der Unionsrechtsordnung.

15 **1. Die Parteien des erstinstanzlichen Verfahrens.** Nach dem Wortlaut der Satzung-EuGH kann das Rechtsmittel von einer Partei eingelegt werden, die „mit ihren Anträgen ganz oder teilweise unterlegen" ist.[26] Die Partei kann nicht nur dann beschwert sein, wenn ihre Anträge vor dem EuG abgewiesen wurden (formelle Beschwer), sondern es kann sich aus den Urteilsgründen ergeben, dass das Urteil in Wirklichkeit nicht dem Antrag der Partei entspricht (materielle Beschwer) und damit die Rechtsmittelbefugnis begründet werden. So kann z. B. das beklagte Organ ein Urteil anfechten, welches die Klage gegen einen seiner Rechtsakte deswegen als unzulässig abweist, weil der angefochtene Akt mit so schweren Fehlern behaftet ist, dass das EuG ihn als rechtlich inexistent ansieht.[27] Z. B. kann eine Partei teilweise auch dann mit ihren Anträgen unterlegen sein und damit die Aufhebung des erstinstanzlichen Urteils verlangen, wenn sich aus den Urteilsgründen ergibt, dass die Klage nicht in vollem Umfang, sondern nur teilweise Erfolg hatte, auch wenn der Tenor eine solche Einschränkung nicht enthält.[28]

16 Natürliche oder juristische Personen, die nicht als Streithelfer vom EuG zugelassen worden sind, können gegen diese Entscheidung ein Rechtsmittel vor dem EuGH einlegen.[29] In allen anderen Fällen können **Streithelfer** nach Art. 56 Abs. 2 Satzung-EuGH nur dann Rechtsmittelführer sein, wenn sie von der Entscheidung des EuG „unmittelbar berührt" sind. Der Wortlaut weicht damit von Art. 40 Abs. 2 Satzung-EuGH ab, der für die Zulassung als Streithelfer im ersten Rechtszug ein „berechtigtes Interesse" für

---

[24] EuGH, Rs. C-71/07 P, *Campoli/Kommission*, Slg. 2008 Seite I-05887; FP-I-B-2-13 Rn. 40 ff.
[25] EuGH, Rs. C-122/07, *Eurostrategies/Kommission*, Slg. 2007, I-129 Rn. 22 f.
[26] Art. 56 Abs. 2 Satzung-EuGH.
[27] EuGH, Rs. C-137/92 P, *Limburgse Vinyl Maatschappij u. a.*, Slg. 1994, I-2555 Rn. 48.
[28] EuGH, Rs. C-383/99, *Procter&Gamble*, Slg. 2001, I-6251 Rn. 16 ff.
[29] Art. 57 Abs. 1 Satzung-EuGH.

6. Abschnitt. Das Gerichtsverfahren vor dem EuGH   17, 18 § 28

den Beitritt als Streithelfer ausreichen lässt. Die Praxis ist bei Zulassung der Streithelfer im ersten Rechtszug sehr großzügig. Ein berechtigtes Interesse wird z. B. bei Verbänden dann angenommen, wenn es um die Vertretung kollektiver oder allgemeiner Interessen geht. Da Art. 56 Abs. 2 Satzung-EuGH dagegen verlangt, dass der Streithelfer von der Entscheidung des EuG „unmittelbar berührt" sein muss, kann es für die Einlegung des Rechtsmittels nicht genügen, dass der Streithelfer im ersten Rechtszug zugelassen worden war und ein berechtigtes Interesse am Ausgang des Rechtsstreits hatte.[30] Die Frage, ob ein Urteil den Streithelfer unmittelbar berührt, ist deshalb nach ähnlichen Maßstäben wie die Klagebefugnis nach Art. 263 UAbs. 4 AEUV zu beurteilen.[31] In jedem Fall verfügt der EuGH bei der Prüfung der Rechtsmittelberechtigung eines Streithelfers aufgrund des erstinstanzlichen Verfahrens über mehr Informationen, so dass es durchaus möglich, dass der EuGH dem in erster Instanz zugelassene Streithelfer ein Rechtsmittel verweigert.[32]

Zu berücksichtigen ist, dass sofern es sich bei den Streithelfern um **Mitgliedstaaten oder Unionsorgane** handelt, diese auch dann ein Rechtsmittel einlegen können, wenn sie von dem erstinstanzlichen Verfahren nicht unmittelbar berührt sind. Es genügt, dass sie mit ihren Anträgen ganz oder teilweise unterlegen sind.[33] Wegen der verfahrensrechtlich privilegierten Stellung eines Mitgliedstaats kann die materielle Reichweite des Rechtsmittels einer solchen Partei somit zwangsläufig nur durch den Streitgegenstand beschränkt sein und nicht durch die Reichweite der Erklärungen, die sie vor dem Gericht abgegeben hat.[34]

Die Partei muss nicht nur beschwert sein, sie muss darüber hinaus ein **Rechtsschutzinteresse** haben, das heißt die Einlegung des Rechtsmittels muss ihr einen Vorteil bringen können.[35] Das Rechtsschutzinteresse darf auch während des Verfahrens nicht wegfallen, sondern muss bis zum Erlass der gerichtlichen Sachentscheidung vorliegen.[36] Das Rechtsschutzinteresse kann insbesondere dadurch wegfallen, dass nach dem Urteil des EuG neue Tatsachen eintreten, die dem Urteil seine für den Rechtsmittelführer nachteiligen Wirkungen nehmen.[37] Der Wegfall des Rechtschutzinteresses kann von dem EuGH auch von Amts wegen während des Rechtsmittelverfahrens geprüft werden. Das Rechtsschutzinteresse eines Unternehmens, das gegen eine Ablehnungsentscheidung der Kommission vorgeht, mit der diese sich weigert, eventuell vertrauliche Schriftstücke zurückzugeben, bleibt solange gegeben, wie die Kommission die fraglichen Schriftstücke oder eine Kopie hiervon in Besitz hat.[38]

---

[30] EuGH, Rs. C-74/00 P und C-75/00 P, *Falck SpA und Acciaierie di Bolzano SpA/Kommission*, Slg. 2002, I-7869 Rn. 55.
[31] So auch *Hackspiel,* in der 2. Auflage, § 28 Rn. 12.
[32] *Lenearts/Arts/Maselis*, Rn. 16-014.
[33] EuGH, verb. Rs. C-432/98 P und C-433/98 P, *Rat/Chvatal u. a.*, Slg. 2000, I-8535 Rn. 22-23.
[34] GA *Jääskinen*, SchlA Rs. C-106/09 P und C-107/09 P Rn. 30 f.
[35] EuGH, Rs. C-19/93 P, *Rendo u. a./Kommission*, Slg. 1995, I-3319 Rn. 13; siehe auch: Rs. C-97/08 P *Akzo Nobel u. a./Kommission*, Slg. 2009, I-8237 Rn. 33 ff.
[36] EuGH, Rs. C-373/06 P, C-379/06 P und C-382/06 P, *Flaherty u. a./Kommission*, Slg. 2008, I-2649 Rn. 25.
[37] EuGH, Rs. C-111/99 P, *Lech-Stahlwerke GmbH/Kommission*, Slg. 2001, I-727 Rn. 18.
[38] EuGH, Rs. C-550/07 P, *Akzo Nobel Chemicals/Kommission*, Slg. 2010, I-8301 Rn. 25.

19 **2. Die autonome Rechtsmittelbefugnis der Mitgliedstaaten und der Unionsorgane.** Den Mitgliedstaaten und Unionsorganen kommt im Prozessrecht eine privilegierte Stellung zu. Sie besitzen eine **autonome Rechtsmittelbefugnis,** das heißt, sie können Entscheidungen des EuG auch dann anfechten, wenn sie nicht unmittelbar von der Entscheidung betroffen sind und selbst wenn sie am erstinstanzlichen Verfahren nicht beteiligt waren.[39] Die Mitgliedstaaten und Organe können sogar dann ein Rechtsmittel einlegen, wenn keiner der anderen Beteiligten des erstinstanzlichen Verfahrens das Urteil angreift. Mitgliedstaaten oder Organe, die ein Rechtsmittel einlegen, ohne im ersten Rechtszug Streithelfer gewesen zu sein, haben im Rechtsmittelverfahren die gleiche Stellung wie Mitgliedstaaten und Organe, die dem Rechtsstreit im ersten Rechtszug beigetreten sind.[40] Das heißt sie können nur die in erster Instanz gestellten Anträge der Parteien unterstützen, der Streitgegenstand des erstinstanzlichen Verfahrens darf durch das Rechtsmittel nicht verändert werden.[41] Durch diese privilegierte Stellung wird es den Mitgliedstaaten ermöglicht, ihre nationalen Interessen im Rahmen des Verfahrens vor den Unionsgerichten geltend zu machen und in gewissem Maße auf die Rechtsprechung Einfluss zu nehmen.[42]

20 Eine Ausnahme von dieser weiten Rechtsmittelbefugnis der Mitgliedstaaten und Unionsorgane gilt für Beamtensachen. Sofern sie dem Rechtsstreit nicht beigetreten sind, können sie kein Rechtsmittel einlegen.[43] Seit Gründung des EuGöD für dessen Entscheidungen das Gericht Rechtsmittelgericht ist, hat diese Ausnahme im Rahmen des Verfahrens vor dem Gerichtshof kaum noch Bedeutung.

IV. Anträge der Parteien

21 Die Anträge des Rechtsmittelführers müssen nach Art. 169 Abs. 1 VerfO-EuGH einerseits die vollständige oder teilweise Aufhebung der Entscheidung des EuG und andererseits die vollständige oder teilweise Aufrechterhaltung der im ersten Rechtszug gestellten Anträge zum Gegenstand haben. Bei der Verfahrensreform 2012 wurde der Zusatz „in der Gestalt der Entscheidungsformel" eingefügt, wobei nun ausdrücklich klargestellt ist, dass das Rechtsmittel nicht allein auf die nach Ansicht der Rechtsmittelführer fehlerhafte Begründung der Entscheidung gestützt werden kann.[44] Art. 169 Abs. 2 VerfO-EuGH bringt eine gefestigte Rechtsprechung auf den Punkt, nach der das Rechtsmittel die beanstandeten Teile des Urteils und die rechtlichen Anträge, die diesen Antrag speziell stützen, genau bezeichnen muss.[45] Neue Anträge können gemäß Art. 170 Abs. 1 VerfO-EuGH vor dem EuGH nicht gestellt werden. So kann z. B., wenn in erster Instanz eine reine Nichtigkeitsklage erhoben worden war, im Rahmen des Rechtsmittels kein Antrag auf Schadensersatz gestellt werden.[46] Bei der Formulierung der Anträge sollte auf keinen Fall der Kostenantrag vergessen werden.

---

[39] Z. B. Rechtsmittel Frankreichs gegen Urteil des EuG, Rs. T-70/94 *Comafrica SpA und Dole Fresh Fruit Europe/Kommission* siehe EuGH, Rs. C-73/97 P, Slg. 1999, I-185.
[40] Art. 56 Abs. 3 Satzung-EuGH.
[41] Art. 170 Abs. 1 VerfO-EuGH.
[42] *Karpenstein*: in GHN, Art. 256 Rn. 25.
[43] Art. 56 Abs. 3 Satzung-EuGH.
[44] EuGH, verb. Rs. C-539/10 P u. a. Rn. 49, *Stichting Al-Aqsa/Rat u. a.*, BeckRS 2012, 82443.
[45] EuGH, Rs. C-286/04 P, *Eurocermex/HABM*, Slg. 2005, I-5797 Rn. 42.
[46] EuGH, Rs. C-283/90 P, *Vidrányi/Kommission*, Slg. 1991, I-4339 Rn. 8-10.

V. Anschlussrechtsmittel

Der bzw. die Beklagte(n) und Streithelfer können ihrerseits mit einem Anschluss- 22
rechtsmittel die vollständige oder teilweise Aufhebung der Entscheidung des EuG
beantragen. Eine Partei kann zugleich ein Rechtsmittel und ein Anschlussrechtsmittel
gegen ein und dasselbe Urteil des EuG einlegen, und zwar ungeachtet dessen, dass dieses
Urteil mehrere Rechtssachen betrifft und diese verbunden worden sind. Die zulässigen
Anträge des Anschlussrechtsmittelführers unterscheiden sich insofern von denen des
Rechtsmittelführers, da sie gemäß Art. 178 Abs. 2 VerfO-EuGH auch auf die Aufhebung einer ausdrücklichen oder stillschweigenden Entscheidung über die Zulässigkeit
der Klage vor dem Gericht gerichtet sein können. Die in einem Anschlussrechtsmittel
geltend gemachten Gründe und Argumente müssen sich von denen der Rechtsmittelbeantwortung unterscheiden.[47] Der Kläger bzw. jede andere Partei kann innerhalb von
zwei Monaten auf das Anschlussrechtsmittel antworten.

Die Reform der Verfahrensordnung des EuGH hat auf dem Gebiet der Rechtsmittel 23
vor allem die Vorschriften zu den Anschlussrechtsmitteln verändert und klarer gefasst.
Früher war das Anschlussrechtsmittel öfters in der Rechtsmittelbeantwortung „ver-
packt", war nicht immer als solches ohne weiteres erkennbar und erschwerte somit die
Bearbeitung. Gemäß Art. 176 Abs. 2 VerfO-EuGH muss das Anschlussrechtsmittel nun
in einem eigenen Schriftsatz enthalten sein. Ein Verstoß gegen diese Vorschrift hat bei
Ablauf der Anschlussrechtsmittelfrist wohl die Unzulässigkeit des Anschlussrechtsmittels zur Folge. Die Frist zur Einlegung eines Anschlussrechtsmittels beträgt wie die zur
Rechtsmittelbeantwortung zwei Monate nach Zustellung der Rechtsmittelschrift.[48]
Eine Unterscheidung zwischen selbständigen und unselbständigen Anschlussrechtsmitteln macht das Unionsprozessrecht nicht. Anschlussrechtsmittel sind vielmehr stets
unselbständig und können deshalb nicht aufrechterhalten werden, wenn das Rechtsmittel zurückgenommen wird, sich auf andere Weise erledigt oder unzulässig ist.[49]

VI. Rechtsrügen

1. Verbot der Veränderung des Streitgegenstandes und notwendige Präzisie- 24
rung von Rechtsrügen. Weder das Rechtsmittel noch die Rechtsmittelbeantwortung
dürfen den vor dem EuG verhandelten Streitgegenstand verändern, Art. 170 Abs. 1
VerfO-EuGH. Konkret heißt das, dass in der Rechtsmittelinstanz keine neuen An-
griffs- und Verteidigungsmittel bzw. Rechtsrügen vorgebracht werden dürfen, um
nachzuweisen, dass das erstinstanzliche Urteil im Ergebnis falsch ist. Der EuGH beschränkt sich grundsätzlich darauf, zu kontrollieren, ob dem EuG bei der Beurteilung
der in erster Instanz erhobenen Rügen ein Rechtsfehler unterlaufen ist, da Zweck des
Rechtsmittelverfahrens die Kontrolle der Rechtsanwendung durch das EuG ist.[50] Die
Beschränkung des Rechtsmittels auf den Streitstoff des erstinstanzlichen Verfahrens
hindert den Rechtsmittelführer allerdings nicht daran, neue Rechtsfragen aufzuwerfen,
zu deren Erörterung erst das Urteil des Gerichts und die darin nach seiner Auffassung

---

[47] Art. 178 Abs. 3 Satz 2 VerfO-EuGH.
[48] Art. 176 Abs. 1 VerfO-EuGH.
[49] Art. 183 VerfO-EuGH.
[50] EuGH, Rs. C-136/92, *Kommission/Brazzelli-Lualdi*, Slg. 1994, I-1981 Rn. 59.

enthaltenen Rechtsfehler Anlass geben, denn gemäß Art. 127 Abs. 1 VerfO-EuGH[51] können neue Angriffs- und Verteidigungsmittel dann vorgebracht werden, sofern „sie auf rechtliche oder tatsächliche Gründe gestützt werden, die erst während des Verfahrens zutage getreten sind".[52] Eine weitere Ausnahme vom Ausschluss neuer Angriffs- und Verteidigungsmittel bilden die Gesichtspunkte, die der Unionsrichter von Amts wegen zu prüfen hat (so genannte *moyens d'ordre public*). Eine fehlende oder unzureichende Begründung stellt eine Verletzung wesentlicher Formvorschriften dar und ist ein Gesichtspunkt zwingenden Rechts, den der Unionsrichter von Amts wegen prüfen kann und muss.[53] Weiterhin hat der Unionsrichter eine Feststellung, die die Zuständigkeit eines Unionsorgans betrifft, von Amts wegen zu treffen, auch wenn keine der Parteien dies beantragt hat.[54]

25   Bei der Formulierung ihrer Rügen müssen die Rechtsmittelführer besondere Sorgfalt walten lassen, denn einerseits darf das Rechtsmittel den vor dem EuG verhandelten Streitgegenstand nicht verändern, andererseits darf es sich nicht darauf beschränken, die bereits vor dem EuG dargelegten Klagegründe und Argumente einfach zu wiederholen, ohne überhaupt eine speziell auf die Rechtsfehler gerichtete Argumentation zu enthalten.[55] Die Abgrenzung zwischen zulässigen Ausführungen im Rahmen der Darlegung eines Rechtsmittelgrundes und unzulässiger Wiederholung erstinstanzlichen Vorbringens kann schwierig sein. Das Rechtsmittel muss in jedem Fall die beanstandeten Teile des angefochtenen Urteils als auch die rechtlichen Argumente, auf die sich der Antrag auf Aufhebung des Urteils stützt, genau bezeichnen. Der Rechtsmittelführer kann sogar gezwungen sein, Rechtsfragen zu wiederholen, wenn er gerade die Interpretation oder Anwendung des Unionsrecht durch das Gericht angreift.[56] Ein Rechtsmittel kann sich zudem auf bereits im ersten Rechtszug vorgetragene Argumente stützen, wenn gerade dargelegt werden soll, dass das EuG durch die Zurückweisung des Vorbringens des Rechtsmittelführers Unionsrecht verletzt hat.[57] Der Rechtsmittelführer darf dagegen keine Gründe vortragen, auf die der Rechtsmittelführer in erster Instanz verzichtet hat oder die dort als unzulässig zurückgewiesen worden sind, es sei denn, mit dem Rechtsmittel wird gerügt, dass diese Zurückweisung einen Verfahrensverstoß darstellt.[58]

26   **2. Die Abgrenzung von Rechts- und Tatsachenfragen.** Das Rechtsmittel ist nach Art. 256 Abs. 1 UAbs. 2 AEUV Rechtsfragen beschränkt, das heißt der EuGH überprüft im Rahmen des Rechtsmittelverfahrens grundsätzlich nicht die vom EuG festgestellten Tatsachen, sondern er beschränkt sich auf eine Rechtskontrolle. Die Konzentration auf Rechtsfragen entspricht einerseits dem Sinn und Zweck des Rechtsmittelverfahrens, in dem es um die Kontrolle der Auslegung und Anwendung des Rechts durch das EuG geht. Andererseits muss bedacht werden, dass bei einer Tatsachenkontrolle das Verfahren

---

[51] Art. 127 VerfO-EuGH findet durch den Verweis in Art. 190 Abs. 1 VerfO-EuGH Anwendung im Rechtsmittelverfahren.
[52] Z. B. EuGH, Rs. C-449/99 P, *EIB/Hautem*, Slg. 2001, I-6733 Rn. 87-89.
[53] EuGH, Rs. C-89/08 P, *Kommission/Irland*, Slg. 2009, I-11245 Rn. 34-35.
[54] EuGH, Rs. C-210/98 P, *Salzgitter/Kommission, Slg.* 2000, I-5843 Rn. 56.
[55] Z. B. EuGH, verb. Rs. C-300/99 P und C-388/99 P, *Area Cova SpA u. a./ Rat,* Slg. 2001, I-983 Rn. 37; *Wathelet/Van Raepenbusch*, Mélanges Schockweiler, S. 605, 620.
[56] *Wägenbaur* 2012, zu Art. 168, Rn. 9. siehe auch EuGH, Rs. C-254/03 P, *Vieira/Kommission*, Slg. 2005, I-237 Rn. 32.
[57] EuGH, Rs. C-82/98 P, *Kögler/Gerichtshof*, Slg. 2000, I-3855 Rn. 21-23.
[58] EuGH, Rs. C-354/92 P, *Eppe/Kommission*, Slg. 1993, I-7027 Rn. 13.

erheblich in die Länge gezogen würde. Die Rechtsprechung dazu ist gefestigt und umfangreich, die Anwendung im Einzelfall jedoch nicht immer eindeutig und einheitlich.

Im Rechtsmittelverfahren können die **Tatsachenfeststellungen**[59] und die **tatsächliche Bewertung der Tatsachen** durch das EuG[60] nicht angegriffen werden. Von diesem Grundsatz wird aber in den Fällen eine Ausnahme gemacht, in denen sich eindeutig aus den Prozessakten ergibt, dass die Feststellungen des EuG unrichtig sind.[61] Der EuGH kann z. B. einem Rechtsmittel stattgeben, wenn sich aus der einfachen Lektüre eines für das Verfahren entscheidenden Schriftstücks ergibt, dass das EuG sich auf falsche Tatsachen gestützt hat und einen offensichtlichen Fehler begangen hat.[62]

So wenig wie der der EuGH die Tatsachenfeststellungen überprüfen darf, ist er grundsätzlich auch nicht befugt, die **Beweise und die Beweiswürdigung** zu prüfen, auf die das EuG seine Tatsachenfeststellung gestützt hat. Es ist allein Sache des EuG, den Beweiswert der ihm vorgelegten Beweismittel zu beurteilen.[63] Es kommt nur darauf an, ob diese Beweise ordnungsgemäß erhoben und die allgemeinen Rechtsgrundsätze, zum Beispiel die Unschuldsvermutung sowie die Vorschriften über die Beweislast und das Beweisverfahren eingehalten worden sind.[64] Die **Beweiswürdigung** durch das EuG kann allerdings dann überprüft werden, wenn das Beweismittel „verfälscht" worden ist.[65] Rügt der Rechtsmittelführer eine Verfälschung von Beweismitteln, so muss genau angeben, welche Beweismittel das Gericht verfälscht haben soll, und welche Beurteilungsfehler das Gericht zu dieser Verfälschung veranlasst haben.[66]

Die Frage wann ein Beweismittel verfälscht ist, hat der EuGH in ständiger Rechtsprechung damit beantwortet, dass sich die Verfälschung offensichtlich, das heißt ohne neue Tatsachen- und Beweiswürdigung aus den Akten ergeben muss. Wie Generalanwältin Kokott in der Rechtssache PKK und KNK/Rat richtig festgestellt hat, ist diese Formulierung allerdings unklar, „weil auch die Feststellung einer Verfälschung ein Mindestmaß der Würdigung voraussetzt."[67] In seinem Urteil ist der EuGH diesem Einwand ohne weitere Begründung gefolgt und hat seine Definition der Beweisverfälschung nuanciert. Eine Verfälschung wird nun angenommen „wenn ohne die Erhebung neuer Beweise die Würdigung der vorliegenden Beweismittel offensichtlich unzutreffend ist."[68] In einer Beamtenstreitsache hat der EuGH die Verfälschung von Beweismitteln bejaht, weil das EuG dem Beförderungsausschuss des Dienstherrn vor-

---

[59] Beispiele bei *Wathelet/Van Raepenbusch*, Mélanges Schockweiler, S. 605, 613.
[60] *Wägenbaur*, Art. 58 Satzung EuGH, Art. 58 Rn. 18.
[61] EuGH, Rs. C-136/92, *Kommission/Brazzelli-Lualdi*, Slg. 1994, I-1981 Rn. 49; EuGH verb. Rs. C-204/00 P, C-205/00 P, C-211/00 P, C-213/00 P, C-217/00 P und C-219/00 P, *Aalborg Portland A/S u. a./Kommission*, Slg. 2004, I-123 Rn. 48.
[62] EuGH, verb. Rs. C-204/00 P, C-205/00 P, C-211/00 P, C-213/00 P, C-217/00 P und C-219/00 P, *Aalborg Portland A/S u. a./Kommission*, Slg. 2004, I-123 Rn. 381-385
[63] EuGH, Rs. C-385/07 P, *Der Grüne Punkt – Duales System Deutschland GmbH/Kommission*, Slg. 2009, I-6155 Rn. 163-164.
[64] EuGH, Rs. C-53/92 P, *Hilti/Kommission*, Slg. 1994, I-667 Rn. 42; Rs. C-185/95 P *Baustahlgewebe/Kommission*, Slg. 1998, I-8417 Rn. 24; Rs. C-199/92 P, Rn. 64 ff.; Rs. C-413/06 P, *Bertelsmann/Impala*, Slg. 2008, I-4951, Rn. 29.
[65] EuGH, Rs. C-53/92 P, *Hilti/Kommission*, Slg. 1994, I-667 Rn. 42.; Rs. C-488/01, *Martinez/Parlament*, Slg. 2003, I-13355 Rn. 53.
[66] EuGH, Rs. C-413/08 P, *Lafarge/Kommission*, Slg. 2010, I-5361 Rn. 16-17.
[67] GA *Kokott*, SchlA Rs. C-229/05 P, *PKK und KNK/Rat*, Slg. 2007, I-439 Rn. 42.
[68] EuGH, Rs. C-229/05 P, *PKK und KNK/Rat*, Slg. 2007, I-439 Rn. 37.

geworfen hatte, nur die Noten des Bediensteten berücksichtigt zu haben, dabei aber den anders lautenden Inhalt eines Protokolls außer Acht gelassen hatte.[69] Ein Beweismittel wird auch dann verfälscht, wenn das EuG einem Unternehmen, das Mitglied eines rechtswidrigen Kartells ist, zuschreibt, ein Schriftstück im Laufe einer Zusammenkunft verfasst zu haben, dieses Schriftstück jedoch von diesem Unternehmen nur vorgelegt und außerdem erst nach der Zusammenkunft verfasst wurde. Eine solche Verfälschung kann das Urteil nicht ungültig machen, wenn sich das Gericht zusätzlich zu diesem Schriftstück auf mehrere Beweismittel gestützt hat.[70]

29   Die tatsächliche Bewertung von Tatsachen ist von der **rechtlichen Qualifizierung von Tatsachen** abzugrenzen. Der EuGH ist zwar nicht befugt, vom EuG festgestellte oder beurteilte Tatsachen zu kontrollieren, soweit aber aus diesen Tatsachen rechtliche Folgen abgeleitet werden, kontrolliert der EuGH diese.[71] Geht es z. B. um die Prüfung der Frage, ob ein Unternehmen eine marktbeherrschende Stellung innehat, wozu eine Abgrenzung des relevanten Produktmarktes notwendig ist, so handelt es sich hierbei um eine rechtliche Folge und der EuGH kann überprüfen, ob das EuG alle relevanten Faktoren zur Bestimmung des Produktmarktes berücksichtigt hat.[72] Im Beamtenrecht hat der EuGH die Entscheidung, ob ein Brief als Beschwerde im Sinne von Artikel 90 Absatz 2 des Beamtenstatuts angesehen werden kann, als eine Rechtsfrage angesehen, die im Rahmen eines Rechtsmittels aufgeworfen werden kann.[73] Auf dem Gebiet der außervertraglichen Haftung der Union ist die Frage, ob ein Kausalzusammenhang zwischen der auslösenden Tatsache und dem Schaden besteht, der eine Voraussetzung für die Begründung dieser Haftung ist, eine Rechtsfrage, die der Kontrolle durch den EuGH unterliegt.[74] Die Abgrenzung zwischen der tatsächlichen Bewertung und der rechtlichen Qualifizierung von Tatsachen nicht immer einfach. Im Markenrecht hat der EuGH die Beurteilung der Unterscheidungskraft von Marken, einmal als Tatsachenfrage und einmal als Rechtsfrage qualifiziert.[75]

30   Zur Illustrierung der Abgrenzung zwischen Tatsachen- und Rechtsfragen und damit der Kompetenz zwischen EuG und EuGH bietet sich die Rechtssache Ferriere Nord an, in welcher der EuGH ausgeführt hat, dass sofern das EuG im Rahmen seiner Befugnis zur unbeschränkten Ermessensnachprüfung den Betrag einer von der Kommission verhängten Geldbuße neu festsetzt, der EuGH im Rahmen des Rechtsmittels nicht seine eigene Beurteilung der Sanktion aus Gründen der Billigkeit an die Stelle der Bemessung der Geldbuße durch das EuG setzen kann. Das hindert ihn jedoch nicht daran, zu prüfen, ob das EuG auf alle Argumente, die der Rechtsmittelführer für eine Aufhebung oder Herabsetzung der Geldbuße vorgebracht hatte, hinreichend geantwortet hat.[76] Sollten dem EuG dabei rechtliche Fehler unterlaufen sein, wird die Geldbuße

---

[69] EuGH, Rs. C-277/01 P, *Europäisches Parlament/Ignacio Samper*, Slg. 2003, I-3019 Rn. 50; Weitere Beispiele: *Lamy*, 375-120
[70] EuGH, Rs. C-510/06 P, *Archer Daniels Midland/Kommission*, Slg. 2009, I-1843 Rn. 132 ff.
[71] EuGH, Rs. C-136/92, *Kommission/Brazzelli Lualdi u. a.*, Slg. 1994, I-1981 Rn. 49; Rs. C-7/95 P, *Deere/Kommission*, Slg. 1998, I-3111 Rn. 21
[72] *Lenaerts/Arts/Maselis*, Rn. 16-007.
[73] EuGH, Rs. C-154/1999 P, *Politi/Europäische Stiftung für Berufsbildung*, Slg. 2000, I-5019 Rn. 11
[74] EuGH, Rs. C-440/07 P, *Kommission/Schneider Electric*, Slg. 2009, I-6413 Rn. 192 f.
[75] Vgl. einerseits EuGH, Rs. C-383/99 P, *Procter&Gamble/Harmonisierungsamt für den Binnenmarkt* (Baby-dry), Slg. I-6251, Rn. 44 und andererseits EuGH, Rs. C-104/00, *DKV/Harmonisierungsamt für den Binnenmarkt* (Companyline), Slg. I-7561; Rn. 21.
[76] EuGH, Rs. C-219/95 P, *Ferriere Nord/Kommission*, Slg. 1997, I-4411 Rn. 31.

6. Abschnitt. Das Gerichtsverfahren vor dem EuGH

nicht durch den EuGH neu festgesetzt, sondern die erstinstanzliche Entscheidung aufgehoben und zurückverwiesen. Im Einzelfall kann der EuGH selbst die Geldbuße neu festsetzen, und zwar dann, wenn dies keine neuen Tatsachenfeststellungen und keine eigene Bewertung der Schwere des Verstoßes durch den EuGH erfordert.[77]

3. Zulässige Rügen. In Art. 58 Abs. 1 der Satzung-EuGH wird präzisiert, dass das Rechtsmittel zulässigerweise nur auf drei Gründe gestützt werden darf: auf die Unzuständigkeit des EuG, auf Verfahrensfehler oder auf die Verletzung von Unionsrecht. In der Praxis erweist sich die Zuordnung zu einer dieser Kategorien als wenig nützlich, dennoch sollen einige Beispiele gegeben werden. 31

Der praktisch kaum bedeutsame Rechtsmittelgrund der **Unzuständigkeit** erfasst auch die Fälle, in den sich da EuG zu Unrecht für unzuständig erklärt hat.[78] Verstöße gegen die internen Zuständigkeitsregeln des EuG sind als Verfahrensfehler zu rügen. 32

Mit dem Rechtsgrund **Verfahrensfehler** kann die Verletzung von Verfahrensvorschriften der Verträge, der Satzungen, der VerfO-EuG und von allgemeinen verfahrensbezogenen Grundsätzen des Unionsrechts geltend gemacht werden. Es führt nicht jeder **Verfahrensfehler** zur Aufhebung des erstinstanzlichen Urteils, sondern nur solche, welche die Interessen des Rechtsmittelführers beeinträchtigen.[79] Die verletzte Verfahrensnorm muss gerade dem **Schutz des Rechtsmittelführers** dienen.[80] Der Rechtsmittelführer muss darlegen, worin die Nichtbeachtung der betreffenden Vorschriften genau bestehen soll und in welcher Weise die angeblichen Verstöße seine Interessen beeinträchtigt haben sollen. Weiterhin muss vorgetragen werden, wie sich diese angeblichen Verstöße auf die Entscheidung ausgewirkt haben sollen.[81] Ein Verfahrensfehler liegt nicht darin, dass das EuG bestimmte **interne Organisationsmaßnahmen** ergriffen oder unterlassen hat. Der Rechtsmittelführer kann also nicht mit Erfolg rügen, dass die beantragte Verbindung von Rechtssachen unterblieben ist,[82] dass der Rechtsstreit an einen anderen Spruchkörper verwiesen[83] oder dass der Antrag auf Bestellung eines Generalanwalts abgelehnt worden ist.[84] 33

Als Verfahrensfehler kann z.B. die **Verletzung des rechtlichen Gehörs** der Verfahrensbeteiligten,[85] **Verstöße gegen die Grundsätze der Beweislast** oder des **Beweisverfahrens**[86] oder die **Verletzung der Verteidigungsrechte**[87] gerügt werden. Auch die **überlange Verfahrensdauer** vor dem EuG kann als Verstoß gegen den Grund- 34

---

[77] EuGH, Rs. C-248/98 P, *NV Koninklijke KNP BT/Kommission* (Kartonkartell), Slg. 2000, I-9641 Rn. 70. Siehe auch Rs. C-328/05 P, *SGL Carbon AG/Kommission*, Slg. 2007, I-3921 Rn. 98 f.
[78] *Wägenbaur*, Art. 58 Satzung-EuGH, Art. 58, Rn. 20.
[79] *Naômé*, Etude, 375-145.
[80] Zur überlangen Verfahrensdauer, vgl. EuGH, Rs. C-185/95, *Baustahlgewebe*, Slg. 1998, I-8417 Rn. 19 ff.
[81] EuGH, Rs. C-173/95 P, *Hogan/Gerichtshof*, Slg. 1995, I-4905 Rn. 15.
[82] So im Ergebnis EuGH, Rs. C-248/99 P, *Frankreich/Monsanto und Kommission*, Slg. 2002, I-1 Rn. 46.
[83] Anders aber bei der Verweisung an den Einzelrichter nach Art. 14 § 2 VerfO-EuG, EuGH, Rs. C-171/00 P, *Libéros*, Slg. 2002, I-451 Rn. 25 ff.
[84] EuGH Rs. C-173/95 P, *Hogan/Gerichtshof*, Slg. 1995, I-4905 Rn. 15.
[85] EuGH, Rs. C-480/99 P, *Gerry Plant/Kommission und South Wales Small Mines Association*, Slg. 2002, I-265 Rn. 20.
[86] EuGH, Rs. C-185/95 P, *Baustahlgewebe*, Slg. 1998, I-8417 Rn. 19; Rs. C-119/97 P, *Ufex*, Slg. 1999, I-1341 Rn. 107; *Lenaerts*, Cah. Dr. eur. 2000, S. 323 ff., Rn. 53-54.
[87] EuGH, Rs. C-310/93 P, *BPB Industries/Kommission*, Slg. 1995, I-865 Rn. 12 f.

satz des effektiven gerichtlichen Rechtsschutzes gerügt werden. Die Nichteinhaltung einer angemessenen Entscheidungsfrist führt nur dann zur Aufhebung des angefochtenen Urteils, wenn es Anhaltspunkte dafür gibt, dass die überlange Verfahrensdauer Auswirkungen auf den Ausgang des Rechtsstreits gehabt hat.[88]

35 Unter Verfahrensfehler werden auch Begründungsfehler gefasst.[89] Im Rechtsmittelverfahren kann eine unzulängliche[90] oder widersprüchliche[91] Begründung des angefochtenen Urteils gerügt werden. Es kommt nicht auf die Ausführlichkeit der Begründung an, entscheidend ist, dass das EuG alle rechtlich relevanten Gesichtspunkte berücksichtigt hat.[92] Hat das EuG zu Klagegründen oder Verteidigungsmitteln nicht oder nicht ausreichend Stellung genommen, so kann zugleich das rechtliche Gehör beeinträchtigt sein. Der Anspruch auf rechtliches Gehör in einem gerichtlichen Verfahren bedeutet nicht, dass der Richter auf das gesamte Vorbringen sämtlicher Parteien eingehen muss.[93] Bei Rüge der Verletzung des Anspruchs auf rechtliches Gehör müssen die Kläger darlegen, dass die angeblich unterbliebene Berücksichtigung bestimmter Teile ihres Vorbringens durch das EuG den Ausgang des Verfahrens beeinflusst und somit ihre Belange beeinträchtigt hat.[94]

36 Bei der **Verletzung von Unionsrecht** handelt es sich um einen Auffangtatbestand, der alle anderen Rechtsfehler des Gerichts erfasst, insbesondere die fehlerhafte Auslegung und Subsumtion des Unionsrechts.[95] Prüfungsmaßstab sind sämtliche geschriebenen und ungeschriebenen Rechtssätze des primären und sekundären Unionsrechts.[96] Dazu gehören die allgemeinen Grundsätze des Unionsrechts, insbesondere die Grundrechte,[97] sowie diejenigen Regeln des Völkerrechts, die Bestandteil der Unionsrechtsordnung sind.[98] Der EuGH prüft, ob die vom EuG herangezogenen Normen anwendbar sind,[99] ob das EuG sie richtig ausgelegt[100] und korrekt auf den Einzelfall angewendet hat.[101]

VII. Ablauf des Rechtsmittelverfahrens

37 Die Mitgliedstaaten hatten bei Ausarbeitung der Regeln zum Rechtsmittelverfahren unterschiedliche Gesichtspunkte miteinander zu vereinbaren: Einerseits soll das Rechtsmittelverfahren möglichst zügig durchgeführt werden, um das Verfahren insgesamt nicht unnötig zu verlängern. Damit die beabsichtigte Entlastungswirkung

---

[88] EuGH, Rs. C-385/07 P, *Der Grüne Punkt – Duales System Deutschland GmbH/Kommission*, Slg. 2009, I-6155 Rn. 183-193; Rs. C-199/99, *Corus UK/Kommission*, Slg. 2003, I-11177 Rn. 41-56 und Rn. 183-193.
[89] EuGH, Rs. C-413/06, *Bertelsmann AG u. a./Independent Music Publishers and Labels (Impala)*, Slg. 2008, I-4951 Rn. 30.
[90] EuGH, Rs. C-283/90 P, *Vidrányi/Kommission*, Slg. 1991, I-4339 Rn. 29
[91] EuGH, Rs. C-185/95, *Baustahlgewebe*, Slg. 1998, I-8417 Rn. 25.
[92] GA Jacobs, SchlAR s. C-53/92, *Hilti/Kommission*, Slg. 1994, I-667 Rn. 27.
[93] EuGH, Rs. C-485/08 P, *Gualtieri/Kommission*, Slg. 2010, I-3009 Rn. 39 ff.
[94] EuGH, Rs. C-221/97 P, *Schröder u. a./Kommission*, Slg. 1998, I-8255 Rn. 24
[95] *Karpenstein*: in: GHN, Art. 256, Rn. 52.
[96] *Karpenstein*: in: GHN, Art. 256, Rn. 52.
[97] *Wägenbaur*, EuZW 1995, 199, 200; *Bölhoff*, S. 144–153.
[98] Vgl. z. B. EuG, Rs. T-115/94, *Opel Austria/Rat*, Slg. 1997, II-39.
[99] EuGH, Rs. C-30/91 P, *Lestelle*, Slg. 1992, I-3755 Rn. 26 ff.
[100] EuGH, Rs. C-185/90 P, *Gill*, Slg. 1992, I-4779 Rn. 13 ff.; *Bölhoff*, S. 142 f.
[101] EuGH, Rs. C-219/95 P, *Ferriere Nord*, Slg. 1997, I-4411 Rn. 31 ff.

durch das EuG eintreten kann, muss sich der Aufwand für das Rechtsmittelverfahren in Grenzen halten. Andererseits soll das Rechtsmittelverfahren eine wirksame Kontrolle der erstinstanzlichen Rechtsprechung gewährleisten. Auch im Rechtsmittelverfahren kann es zur Anwendung des beschleunigten Verfahrens nach Art. 190 i. V. m. Art. 133 VerfO-EuGH kommen, was in der Praxis jedoch eher selten der Fall ist.[102]

1. Rechtsmittelfrist. Die Rechtsmittelfrist beträgt gemäß Art. 56 Abs. 1 Satzung-EuGH zwei Monate und beginnt ab Zustellung der angefochtenen erstinstanzlichen Entscheidung zu laufen. Wenn eine Partei keine Zustellungsanschrift in Luxemburg angeben kann und kein Einverständnis dahingehend vorliegt, dass die Zustellung mittels Telefax oder sonstiger technischer Kommunikationsmittel erfolgen kann, findet Art. 48 Abs. 3 VerfO-EuGH Anwendung.[103] Die Zustellung gilt dann am zehnten Tag nach der Aufgabe des Einschreibens zur Post in Luxemburg als erfolgt, sofern der Rückschein nicht ein anderes Datum nachweist. Eine kürzere Rechtsmittelfrist von zwei Wochen sieht die Satzung-EuGH für die Anfechtung der Ablehnung eines Antrags auf Zulassung als Streithelfer vor.[104] 38

Für die Berechnung der Rechtsmittelfrist gelten die allgemeinen Bestimmungen des Artikels 49 VerfO-EuGH. Sie verlängert sich um die pauschale Entfernungsfrist von 10 Tagen.[105] Eine gesonderte Begründungsfrist, wie sie in einigen nationalen Prozessordnungen für Rechtsmittel vorgesehen ist, kennt das Unionsprozessrecht nicht. Die Rechtsmittelfrist ist eine Ausschlussfrist.[106] Wird die Rechtsmittelfrist aus Gründen versäumt, die als „Zufall" oder höhere Gewalt qualifiziert werden können, so kann nach Art. 45 Abs. 2 Satzung-EuGH auf Antrag Wiedereinsetzung in den vorigen Stand gewährt werden. Aufgrund der großzügigen Verfahrensvorschriften, die die Einreichung der Rechtsmittelschrift per Fax und e-mail[107] genügen lassen und der 10tägigen Entfernungsfrist ist der EuGH jedoch sehr streng was die Beachtung der Rechtsmittelfrist betrifft, so dass der Antrag auf Wiedereinsetzung schwer zu begründen sein dürfte. 39

2. Rechtsmittelschrift und Rechtsmittelbeantwortung. Die **Rechtsmittelschrift** kann beim EuGH oder beim EuG nicht nur per Schriftsatz, sondern auch „mittels Telefax oder sonstiger beim Gerichtshof vorhandener technischer Kommunikationsmittel" eingereicht werden, sofern die unterzeichneten Originale spätestens 10 Tage danach bei der Kanzlei eingehen.[108] Seit kurzem können Verfahrensstücke und damit auch die Rechtsmittelschrift, im Wege der Anwendung e-curia eingereicht werden (Beschluss des EuGH vom 13. September 2011, C 289/7). Wird das Rechtsmittel beim EuG erhoben, so übermittelt die Kanzlei des Gerichts den Schriftsatz zusammen mit den erstinstanzlichen Akten unverzüglich an die Kanzlei des EuGH.[109] Die Geschäftsverteilung richtet sich nach den allgemeinen Regeln. 40

---

[102] Siehe Jahresbericht 2012; vgl. aber EuGH, Rs. C-39/03 P, *Kommission/Artegodan*, Slg. 2003, I-7885.
[103] Siehe auch: EuGH, Rs. C-360/02 P, *Ripa di Meana/Parlament*, Slg. 2004, I-10339 Rn. 21 ff.
[104] Art. 57 Abs. 2 Satzung-EuGH.
[105] Art. 51 VerfO-EuGH.
[106] EuGH, Rs. C-84/08 P, *Pitsiorlas/Rat*, Slg. 2008, I-104.
[107] Die e-mail muss ebenso wie das Fax unterschrieben sein, das heißt eine einfache e-mail reicht nicht, es muss ein gescanntes und unterschriebenes Dokument eingereicht werden.
[108] Art. 57 Abs. 7 VerfO-EuGH.
[109] Art. 167 Abs. 2 VerfO-EuGH.

In Art. 168 VerfO-EuGH sind die Anforderungen an den **Inhalt** der Rechtsmittelschrift aufgeführt. So muss die Rechtsmittelschrift insbesondere die Rechtsmittelgründe und die mit dem Rechtsmittel verfolgten Anträge enthalten. Neuerdings soll die Rechtsmittelschrift eine kurze Darstellung der Rechtsmittelgründe enthalten. Die Zusammenfassung der Rechtsmittelgründe dient u. a. der Veröffentlichung im Amtsblatt.

Im Übrigen sind die Anforderungen des EuGH an die Darstellung der Rechtsmittelgründe hoch. Insbesondere ist wichtig, dass die angegriffenen Passagen des erstinstanzlichen Urteils genau bezeichnet werden und die Rügen klar und eindeutig auf die kritisierten Ausführungen des EuG Bezug nehmen.[110] Die Argumentation des Rechtsmittelführers muss dem EuGH ermöglichen, seine Rechtmäßigkeitskontrolle durchzuführen. Sofern es dem Vorbringen des Rechtsmittelführers an Genauigkeit mangelt, dieses Vorbringen als Ganzes genommen jedoch hinreichend klar erscheint, um mit der erforderlichen Genauigkeit die beanstandeten Teile des angefochtenen Urteils sowie die zur Begründung dieser Rüge herangezogenen rechtlichen Argumente zu ermitteln, ist das Rechtsmittel zulässig.[111] Die rechtlichen und tatsächlichen Umstände, auf die eine Klage gestützt ist, müssen sich zumindest in gedrängter Form unmittelbar aus der Klageschrift ergeben. Es genügt nicht, wenn sie in einer Anlage zur Klageschrift genannt werden, denn das Gericht ist nicht verpflichtet, die Klagegründe, auf die sich die Klage möglicherweise stützen lasse, in den Anlagen zu suchen und zu bestimmen. Die Anlagen haben eine bloße Beweis- und Hilfsfunktion.[112]

41 Neben der Bezeichnung der anderen Parteien des erstinstanzlichen Verfahrens ist anzugeben, wann die angefochtene Entscheidung dem Rechtsmittelführer zugestellt worden ist, damit die Einhaltung der Rechtsmittelfrist überprüft werden kann.[113] Zusammen mit dem Schriftsatz hat der Rechtsmittelführer die darin erwähnten Anlagen und die angefochtene Entscheidung einzureichen.[114] Allerdings führt die Nichtbeachtung dieser Vorschriften nicht zur Unzulässigkeit des Rechtsmittels.[115] Der Schriftsatz muss nach Art. 168 Abs. 2 i. V. m. Art. 119 Abs. 1 VerfO-EuGH vom Bevollmächtigten oder vom Anwalt der Partei unterzeichnet werden. Die Partei kann niemals selbst unterzeichnen, selbst wenn es sich bei dem Rechtsmittelführer um einen vor einem nationalen Gericht zugelassenen Anwalt handelt.[116] Gemäß Art. 168 Abs. 4 VerfO-EuGH können unter bestimmten Umständen Rechtsmittelschriften, die nicht den in Absatz 1 bis 3 genannten (strengen) formalen Anforderungen genügen, geheilt werden.

42 Alle Parteien des erstinstanzlichen Verfahrens sind auch im Rechtsmittelverfahren Partei. Das gilt auch, wenn ein bislang am Rechtsstreit nicht beteiligter Mitgliedstaat oder ein nicht beteiligtes Organ ein Rechtsmittel einlegt. Wer in erster Instanz als Streithelfer beteiligt war, ist automatisch Partei im Rechtsmittelverfahren. Im

---

[110] EuGH, Rs. C-352/98 P, *Bergaderm u. a./Kommission*, Slg. 2000, I-5291 Rn. 34, Rs. C-248/99 P, *Frankreich/Monsanto u. a.*, Slg. 2002, I-1 Rn. 68

[111] EuGH, Rs. 67/09 P, *Nuova Agricast/Kommission*, Slg. 2010, I-9811 Rn. 48, 49.

[112] EuGH, verb. Rs. C-189/02 P, C-202/02 P, C-205/02 P bis C-208/02 P, C-213/02 P, *Dansk Rørindustri u. a./Kommission,* Slg. 2005, I-05425 Rn. 91 ff.

[113] Art. 168 Abs. 3 VerfO-EuGH. Das Fehlen der beiden zuletzt genannten Angaben macht das Rechtsmittel aber nicht unzulässig, EuGH, Rs. C-91/95 P, *Tremblay u. a./Kommission, Slg.* 1996, I-5547, 5572.

[114] Art. 168 Abs. 2 i. V. m. Art. 122 Abs. 1 VerfO-EuGH.

[115] EuGH, Rs. C-82/01 P, *Aéroports de Paris/Kommission*, Slg. 2002, I-9297 Rn. 9-11.

[116] EuGH, Rs. C-200/05 P, *Correia de Matos/Kommission*, Slg. 2006, I-43.

Rechtsmittelverfahren ist darüber hinaus die erstmalige Zulassung neuer Streithelfer möglich. Sie müssen den Antrag auf Zulassung binnen einen Monats nach der Veröffentlichung der Mitteilung über das Rechtsmittel im Amtsblatt stellen. Die Zulassung als Streithelfer im Rechtsmittelverfahren setzt, sofern es sich nicht um Mitgliedstaaten oder Unionsorgane handelt, voraus, dass ein berechtigtes Interesse glaubhaft gemacht werden kann, Art. 40, Abs. 2 Satzung-EuGH. Ein berechtigtes Interesse nimmt die Rechtsprechung an, wenn die Person ein gegenwärtiges und direktes Interesse am Ausgang des Rechtsstreits hat.[117]

Gemäß Art. 171 Abs. 2 VerfO-EuGH wird die Rechtsmittelschrift den anderen Parteien der *betreffenden*[118] Rechtssache vor dem Gericht zugestellt. Dabei handelt es sich um eine wichtige Präzisierung. Waren nämlich in dem Verfahren vor dem Gericht mehrere Rechtssachen miteinander verbunden, so wird im Rechtsmittelverfahren nicht an alle Parteien der verbundenen Rechtssachen zugestellt, sondern nur an die Parteien der Rechtssache, gegen die das Rechtsmittel eingelegt worden ist. Diese Vorschrift hat insbesondere in umfangreichen Wettbewerbsverfahren große praktische Bedeutung.

Innerhalb von zwei Monaten nach Zustellung der Rechtsmittelschrift können die anderen Parteien des betreffenden Verfahrens vor dem EuG eine **Rechtsmittelbeantwortung** einreichen. Diese Frist kann, wie die Rechtsmittelfrist, nicht verlängert werden.[119] Gemäß Art. 186 Abs. 3 VerfO-EuGH wird die Rechtsmittelfrist durch Antrag auf Prozesskostenhilfe unterbrochen. Die formalen und inhaltlichen Anforderungen an den Schriftsatz regeln Art. 173 und Art. 174 VerfO-EuGH. Durch die Verfahrensreform 2012 wurde die zusätzliche Voraussetzung eingefügt, dass die Partei, die eine Rechtsmittelbeantwortung einreicht, ein Interesse an der Stattgabe oder der Zurückweisung des Rechtsmittels haben muss. Reicht der Rechtsmittelgegner keinen Schriftsatz ein, so prüft der EuGH auf der Grundlage der Rechtsmittelschrift, ob das Rechtsmittel begründet ist.[120] Im Interesse der Verfahrensbeschleunigung gibt es im Rechtsmittelverfahren nur dann Replik bzw. Duplik, wenn sie vom Präsidenten des EuGH zugelassen worden sind.[121] Der Rechtsmittelführer muss dazu binnen 7 Tagen[122] nach Zustellung der Rechtsmittelbeantwortung einen gebührend begründeten Antrag stellen, dem der Präsident nachkommen kann, wenn er den weiteren Schriftsatzaustausch für erforderlich hält. An die Erforderlichkeit werden hohe Anforderungen gestellt. Insbesondere ist dann von einer Erforderlichkeit auszugehen, wenn der Rechtsmittelführer zu einer Unzulässigkeitseinrede oder zu in der Rechtsmittelbeantwortung neu aufgeworfenen Gesichtspunkten Stellung nehmen will. Gemäß Art. 175 Abs. 2 kann die Seitenzahl und der Gegenstand der Schriftsätze begrenzt werden.

Verfahrenssprache des Rechtsmittelverfahrens ist die Sprache, in der die mit dem Rechtsmittel angefochtene Entscheidung des EuG ergangen ist.[123] Die Rechtsmittelschrift muss grundsätzlich in dieser Sprache abgefasst sein. Mitgliedstaaten dürfen die

---

[117] EuGH, Rs. C-385/07 P, *Der Grüne Punkt*.
[118] Hervorhebung durch Verfasserin.
[119] Art. 172 VerfO-EuGH.
[120] EuGH, C-150/98 P, *Wirtschafts- und Sozialausschuss/E*, Slg. 1999, I-8877 Rn. 8.
[121] Art. 175 VerfO-EuGH.
[122] Dazu kommt die Entfernungsfrist, insgesamt also 7 Tage.
[123] Art. 37 Abs. 2a) VerfO-EuGH.

Rechtsmittelschrift allerdings in ihrer eigenen Sprache einreichen.[124] Auf die Verfahrenssprache des Rechtsmittelverfahrens, die die anderen Parteien und der EuGH benutzen müssen, hat das keinen Einfluss. (Art. 37 Abs. 2a; Art. 38 Abs. 4 VerfO-EuGH)

45   Im Interesse der Verfahrensbeschleunigung findet im Rechtsmittelverfahren, wie auch in allen anderen Verfahren, eine mündliche Verhandlung im Prinzip nur dann statt, wenn sich der Gerichtshof durch die eingereichten Schriftsätze für nicht ausreichend unterrichtet hält. Die Parteien können eine begründeten Antrag auf mündliche Verhandlung stellen, Art. 76 Abs. 1 VerfO-EuGH, der Gerichtshof muss diesem Antrag aber nicht folgen, Art. 76 Abs. 2 VerfO-EuGH. Eine Ausnahme gilt aus Gründen des Rechtschutzes nur für den Fall, dass der Antrag auf mündliche Verhandlung von einem Beteiligten gestellt wird, der nicht am schriftlichen Vefahren teilgenomen hat.

46   Die Einlegung des Rechtsmittels hat grundsätzlich keine aufschiebende Wirkung. Der EuGH kann jedoch für die Dauer des Rechtsmittelverfahrens vorläufigen Rechtsschutz durch **Aussetzung der Wirkungen des angefochtenen Urteils** oder des mit der ursprünglichen Klage angefochtenen Aktes nach Art. 278 AEUV bzw. **einstweilige Anordnungen** nach Art. 279 AEUV gewähren. Zweck des vorläufigen Rechtsschutzes ist es, die volle Wirksamkeit der künftigen Endentscheidung zu gewährleisten, um eine Lücke in dem vom Gerichtshof gewährten Rechtsschutz zu verhindern.[125] Voraussetzungen und Verfahren für den Erlass einstweiliger Maßnahmen im Rahmen des Rechtsmittelverfahrens richten sich nach den Vorschriften der Artikel 160 bis 166 VerfO-EuGH über das summarische Verfahren, die im Rechtsmittelverfahren entsprechend gelten.[126] Die Entscheidungen im vorläufigen Rechtsschutz gehören zum Aufgabenbereich des Vizepräsidenten.[127]

Der Erlass einer solchen Maßnahme hängt von ihrer Dringlichkeit und Notwendigkeit ab. **Dringlichkeit** liegt danach vor, wenn die Gewährung vorläufigen Rechtsschutzes erforderlich ist, um den Eintritt eines schweren und nicht wieder gutzumachenden Schadens zu verhindern.[128] Die Tatsachen, aus denen sich die Wahrscheinlichkeit eines solchen Schadens ergibt, hat der Antragsteller nachzuweisen.[129] **Notwendigkeit** der Gewährung vorläufigen Rechtsschutzes besteht z. B. dann, wenn das eingelegte Rechtsmittel grundsätzliche, vom Gerichtshof im Rechtsmittelverfahren zu behandelnde Fragen aufwirft, eine bedeutsame rechtliche Kontroverse besteht, deren Lösung sich nicht sogleich aufdrängt, so dass das Rechtsmittel dem ersten Anschein nach nicht einer ernstlichen Grundlage entbehrt (*fumus boni iuris*).[130]

47   Im Übrigen finden auf das Rechtsmittelverfahren die Vorschriften der VerfO-EuGH über die normalen Direktklageverfahren entsprechende Anwendung. Da sich das Rechtsmittelverfahren auf die Überprüfung von Rechtsfragen beschränkt, sind die

---

[124] Das gilt sowohl für den Fall, dass der Mitgliedstaat als Streithelfer einer Partei am erstinstanzlichen Verfahren beteiligt war, als auch für den Fall des Rechtsmittels nach Art. 56 Abs. 3 Satzung-EuGH, denn auch in diesem Fall hat der Mitgliedstaat die Rechtsstellung eines Streithelfers.

[125] EuGH, Rs. C-39/03 P-R, *Kommission/Artegodan,* Slg. 2003, I-4485 Rn. 41.

[126] Art. 190 Abs. 1 VerfO-EuGH.

[127] Art. 10, Abs. 3 VerfO-EuGH und Beschluss des EuGH vom 23/10/2012, Abl. 2012 L 300/77).

[128] EuGH, Rs. C-39/03 P-R, *Kommission/Artegodan,* Slg. 2003, I-4485 Rn. 41.

[129] EuGH, Rs. C-180/01 P-R, *Kommission/NALOO,* Slg. 2001, I-5737, 5754.

[130] EuGH, Rs. C-39/03 P-R, *Kommission/Artegodan,* Slg. 2003 Seite I-4485 Rn. 40.

Vorschriften über die Beweiserhebung von dieser Verweisung ausgenommen. Beweisanträge der Parteien sind daher im Rechtsmittelverfahren grundsätzlich unzulässig.

Über Rechtsmittel gegen die Ablehnung der Zulassung eines Streithelfers oder gegen Entscheidungen im einstweiligen Verfahren ist im summarischen Verfahren nach Art. 39 Satzung-EuGH zu entscheiden. Zuständig ist der Vizepräsident des EuGH. Er entscheidet nach Anhörung des Generalanwaltes durch begründeten Beschluss, kann aber die Entscheidung auch dem EuGH übertragen. Die Bestimmungen der VerfO-EuGH zum einstweiligen Rechtsschutz sind auf das summarische Rechtsmittelverfahren nicht ohne weiteres übertragbar. So kann z. B. die Zulässigkeit des Rechtsmittels nach Art. 57 Satzung-EuGH nicht davon abhängig gemacht werden, dass beim EuGH ein Hauptsacheverfahren anhängig ist. Die Überprüfung der erstinstanzlichen Entscheidung ist auch hier auf Rechtsfragen beschränkt. Der Vizepräsident des EuGH kann prüfen, ob dem Präsidenten des EuG bei der Beurteilung des fumus boni iuris oder der Dringlichkeit ein Rechtsfehler unterlaufen ist und ob er bei der Entscheidung über einen Antrag, einen Beschluss über einstweilige Maßnahmen wegen veränderter Umstände aufzuheben, den Begriff der „veränderten Umstände" richtig ausgelegt hat. 48

Das Rechtsmittel kann **zurückgenommen** werden, Art. 183 VerfO-EuGH. Eventuell eingelegte Anschlussrechtsmittel werden damit gegenstandslos, und die erstinstanzliche Entscheidung erwächst in Rechtskraft. Grundsätzlich trägt in diesem Fall der Rechtsmittelführer die Kosten, doch kann der EuGH in entsprechender Anwendung des für die Klagerücknahme geltenden Art. 141 Abs. 2 i. V. m. Art. 184 Abs. 1 VerfO-EuGH auch der Gegenpartei die Kosten auferlegen, wenn dies wegen ihres Verhaltens gerechtfertigt erscheint. 49

VII. Die Entscheidung des EuGH

Zum Abschluss des Rechtsmittelverfahrens sind grundsätzlich[131] drei Situationen denkbar: erstens, der EuGH weist das Rechtsmittel zurück, zweitens er hält das Rechtsmittel für zulässig und begründet, hebt die Entscheidung des EuG auf und verweist an das EuG zurück oder drittens, der EuGH hebt auf und entscheidet in der Sache selbst. Die Entscheidung über das Rechtsmittel ergeht entweder durch **Urteil** oder, wenn das Rechtsmittel offensichtlich unzulässig oder unbegründet ist, kann es der EuGH jederzeit durch begründeten **Beschluss** zurückweisen (Art. 181 VerfO-EuGH). Offensichtlich unzulässig ist ein Rechtsmittel wenn z. B. die zweimonatige Rechtsmittelfrist nicht eingehalten wurde oder nur das erstinstanzliche Vorbringen wiederholt wird. Im Hinblick auf seine gefestigte Rechtsprechung zur Zulässigkeit des Rechtsmittels weist der EuGH eine große Anzahl von Rechtsmitteln zurück.[132] 50

Das Rechtsmittel wird zurückgewiesen, wenn es entweder unzulässig ist oder wenn das erstinstanzliche Urteil keinerlei Rechtsfehler enthält. Das Rechtsmittel kann aber auch zurückgewiesen werden, selbst wenn der Entscheidung des EuG Rechtsfehler anhaften, nämlich dann, wenn sich das Ergebnis des erstinstanzlichen Urteils aus anderen als den vom EuG angeführten Gründen als richtig erweist.[133] In diesem Fall ersetzt die 51

---

[131] Außerdem kann auch der Fall der Streichung/Erledigung der Hauptsache eintreten.
[132] Siehe Jahresbericht 2012.
[133] Grundlegend EuGH, Rs. C-30/91 P, *Lestelle*, Slg. 1992 I-3755 Rn. 28; Rs. C-367/95 P, *Sytraval*, Slg. 1998, I-1719 Rn. 77.

Begründung des EuGH die des EuG.[134] Das gilt erst recht, wenn das erstinstanzliche Urteil neben der rechtsfehlerhaften Begründung auch zutreffende Erwägungen enthält, die ausreichen, um die Entscheidung zu tragen.[135] Die Abweisung des Rechtsmittels hat zur Folge, dass die erstinstanzliche Entscheidung in Rechtskraft erwächst.

52 Ist das Rechtsmittel zulässig und begründet, so hebt der Gerichtshof die erstinstanzliche Entscheidung auf.[136] Durch Verfahrensreform 2012 neu eingefügt wurde Art. 182 VerfO-EuGH der es dem Gerichtshof erlaubt, im Falle eines offensichtlich begründeten Rechtsmittels oder Anschlussrechtsmittels einen begründeten Beschluss zu erlassen. Offensichtlich begründet ist das Rechtsmittel dann, wenn es Fragen aufwirft, über die der Gerichtshof bereits entschieden hat. Wenn die Rechtssache spruchreif ist, hat der EuGH die Wahl zwischen einer eigenen, **endgültigen Entscheidung** und der **Zurückverweisung** an das EuG. In der Mehrzahl der Fälle entscheidet der EuGH selbst. Voraussetzung ist Entscheidungsreife.[137] Neu durch die Verfahrensreform 2012 wurde Art. 170 Abs. 2 VerfO-EuGH eingefügt, wonach der Rechtsmittelführer, sofern er beantragt, die Sache nach Aufhebung an das Gericht zurückzuverweisen, die Gründe darzulegen hat, warum die Sache nicht entscheidungsreif ist. Die Vorschrift bezweckt, den Gerichtshof möglichst in die Lage zu versetzen abschließend zu urteilen, damit der Rechtsstreit nicht weiter in die Länge gezogen wird.[138] Zu einer Zurückverweisung kommt es z. B. dann, wenn die Beteiligten zu den Tatsachenfragen noch nicht vorgetragen haben,[139] die Prüfung komplexer Tatsachenfragen erforderlich ist,[140] weil das EuG die Klage zu Unrecht als unzulässig abgewiesen hatte,[141] weil es einen Klagegrund rechtsfehlerhaft als begründet angesehen und deshalb die anderen Rügen des Klägers nicht geprüft hat,[142] oder weil in erster Instanz ein Verfahrensverstoß vorgelegen hat.[143] Dass das EuG entscheidungserhebliche Klagegründe noch nicht geprüft hatte, schließt aber die Entscheidungsreife nicht in jedem Falle aus.[144]

53 War das Rechtsmittel, das zur Aufhebung des erstinstanzlichen Urteils geführt hat, von einem am Ausgangsverfahren nicht beteiligten Mitgliedstaat oder Organ eingelegt worden, so kann der Gerichtshof (ähnlich wie nach der Vorschrift des Art. 264 Abs. 2 AEUV im Rahmen der Nichtigkeitsklage) in seiner Entscheidung diejenigen **Wirkungen** der aufgehobenen Entscheidung bezeichnen, die für die Parteien des Ausgangsrechtsstreits **fortgelten**.[145] Diese Vorschrift hat ihren Grund darin, dass die Rechtslage

---

[134] Beispiele siehe bei *Wathelet*, Rn. 404, Fn. 525.
[135] Z. B. EuGH, Rs. C-35/92 P, *Frederiksen*, Slg. 1993 I-991 Rn. 31; EuGH, Rs. C-302/99 P, *TF 1*, Slg. 2001, I-5603 Rn. 26 ff.; *Wathelet/Van Raepenbusch*, Mélanges Schockweiler, S. 605, 621.
[136] Art. 61 Abs. 1 Satzung-EuGH.
[137] EuGH, Rs. C-440/07 P, *Kommission/Schneider Electric*, Slg. 2009, I-6413 Rn. 212 ff.
[138] *Gaudissart*, S. 657.
[139] Schlussanträge der GA *Kokott*, EuGH C-334/05 P, *HABM/Shaker di L. Laudato*, Slg. 2007, I-4529 Rn. 28.
[140] EuGH, C-408/04 P, *Kommission/Salzgitter*, Slg. 2008, I-2767, Rn. 111; Rs. 334/07 P, *Kommission/ Freistaat Sachsen*, Slg. 2008, I-9465 Rn. 62.
[141] Z. B. EuGH, Rs. C-404/96 P, *Glencore*, Slg. 1998, I-2435.
[142] EuGH, Rs. C-316/97 P, *Gaspari*, 1998, I-7597 Rn. 37.
[143] Z. B. bei Verstoß gegen die Beweislastregeln EuGH, Rs. C-433/97 P, *IPK München*, Slg. 1999, I-6795, 6829 Rn. 16 ff., dagegen aber GA *Mischo*, aaO, S. I-6807 mit der Begründung, die Akte enthalte eine vollständige Darstellung des Rechtsstreits.
[144] Z. B. EuGH, Rs. C-104/97 P, *Atlanta/Kommission und Rat,* Slg. 1999, I-6983 Rn. 69.
[145] Art. 61 Abs. 3 Satzung-EuGH.

für die Parteien des Ausgangsverfahrens, wenn keine von ihnen ein Rechtsmittel eingelegt hat, nicht ohne ihr Zutun auf die Initiative eines unbeteiligten Dritten hin geändert werden darf.[146] Insbesondere für die in erster Instanz erfolgreiche Partei kann es eine erhebliche Härte darstellen, wenn die ihr günstige Entscheidung, mit der sich der Prozessgegner abgefunden hatte, aufgehoben wird. Bei seiner Ermessensentscheidung hat der Gerichtshof deshalb das Allgemeininteresse an der Durchsetzung der richtigen Entscheidung mit den Erfordernissen der Rechtssicherheit und mit den individuellen Schutzinteressen vor persönlichen Härten abzuwägen.[147]

Im Fall der Aufhebung und Zurückverweisung entscheidet der EuG über die Kosten des gesamten Verfahrens, einschließlich des Rechtsmittelverfahrens vor dem EuGH (Art. 184 Abs. 2 VerfO-EuG). Bei Zurückweisung des Rechtsmittels werden die Kosten normalerweise dem Rechtsmittelführer auferlegt (Art. 184 Abs. 1, Art. 138 Abs. 1 VerfO-EuG). Der EuGH kann die Kosten teilen, wenn jede Partei teils obsiegt, teils unterliegt oder wenn ein außergewöhnlicher Grund gegeben ist. Hinzuweisen ist auf Art. 184 Abs. 3 VerfO-EuG, der eine Sonderregelung für den Fall vorsieht, dass ein nach von einem in erster Instanz unbeteiligten Mitgliedstaat oder Organ eingelegtes Rechtsmittel Erfolg hat. Der Gerichtshof kann die Kosten teilen oder dem obsiegenden Rechtsmittelführer auferlegen. Eine Neuerung enthält Art. 184, Abs. 4 VerfO-EuG: Einer erstinstanzlichen Streithilfepartei, die nicht selbst das Rechtsmittel eingelegt hat, können nur dann die Kosten auferlegt werden, wenn sie am Verfahren vor dem EuGH teilgenommen hat.

VIII. Das Verfahren vor dem EuG nach Aufhebung und Zurückverweisung

Die Einzelheiten des Verfahrens vor dem EuG nach Aufhebung und Zurückverweisung sind in Art. 117 bis 121 VerfO-EuG geregelt. Mit der Zurückverweisung wird das Verfahren ohne Tätigwerden der Parteien wieder beim EuG anhängig.[148] Bei seiner neuen Entscheidung ist das EuG nach Art. 61 Abs. 2 Satzung-EuGH an die rechtliche Beurteilung der Entscheidung des EuGH gebunden. Respektiert das EuG diese Bindungswirkung nicht, so liegt darin ein Verfahrensfehler, der zur Aufhebung des Urteils in einem neuen Rechtsmittelverfahren führen kann. Auf andere Verfahren, die die gleichen Rechtsfragen aufwerfen, erstreckt sich die Bindungswirkung nicht.[149]

Für die Bestimmung des zuständigen Spruchkörpers stellt Art. 118 VerfO-EuG Regeln auf. Ihnen liegt jeweils der Gedanke zugrunde, dass die Rechtssache niemals einer kleineren Richterformation zugewiesen werden darf, als der, die sich vor Einlegung des Rechtsmittels mit der Sache befasst hat.[150] Bei Aufhebung einer **Kammerentscheidung** kann der Präsident die Sache einer anderen Kammer, die die gleiche Mitgliederzahl hat wie der Spruchkörper des Ausgangsverfahrens, zuweisen. War die angefochtene Entscheidung vom **Plenum oder der Großen Kammer** des EuG gefällt worden, so wird dieses wieder mit der Rechtssache befasst. **Einzelrichtersachen** werden dagegen einer

---
[146] Lenaerts, EuR 1990, 228 (245).
[147] Hackspiel, in der 2. Auflage, § 28, Rn. 43.
[148] Art. 117 VerfO-EuG.
[149] Hackspiel, in der 2. Auflage.
[150] Wägenbaur, Art. 118 VerfO-EuG, Rn. 1.

mit drei Richtern besetzten Kammer zugewiesen. Der Richter, der das aufgehobene Urteil gefällt hatte, darf dieser Kammer nicht angehören. Die so bestimmte Kammer kann die Sache z. B. bei rechtlichen Schwierigkeiten an einen größeren Spruchkörper verweisen. Eine Rückübertragung der Rechtssache auf einen Einzelrichter darf dagegen nicht erfolgen.[151]

57 Der **Ablauf des Verfahrens** hängt davon ab, in welchem Verfahrensstadium die aufgehobene Entscheidung gefällt worden war. War bei Erlass zurückverweisenden Urteils das schriftliche Verfahren vor dem EuG abgeschlossen – was der Regelfall ist – so erhalten die Parteien, einschließlich der Streithelfer, nochmals Gelegenheit zur schriftlichen Stellungnahme.

Sofern vor dem EuG noch kein vollständiges schriftliches Verfahren stattgefunden hatte, z. B. weil die Klage in einem frühen Verfahrensstadium als unzulässig oder offensichtlich unbegründet abgewiesen worden war,[152] so wird es in dem Stadium fortgesetzt, in dem es sich vor der aufgehobenen Entscheidung befunden hatte.[153] Das Gericht hat insoweit durch prozessleitende Maßnahmen sicherzustellen, dass sich die Parteien zu den Folgerungen äußern können, die aus dem Urteil des EuGH zu ziehen sind. Der Beklagte kann innerhalb eines Monats nach Zustellung des Klägerschriftsatzes auf diesen antworten. Die Schriftsätze der Hauptparteien werden zusammen den Streithelfern übermittelt, die zu ihnen schriftlich Stellung nehmen können. Für das Parteivorbringen gilt auch in diesem Verfahrensstadium die Präklusionsvorschrift des 48 § 2 VerfO-EuG. Das heißt einerseits, dass neue Angriffs-und Verteidigungsmittel ausgeschlossen sind, wenn sie bereits im ursprünglichen Verfahren hätten geltend gemacht werden können. Andererseits können die Parteien neues Vorbringen in den Prozess einführen, wenn es sich auf Tatsachen oder Rechtsgründe stützt, die erst nachträglich bekanntgeworden sind. Dann kann auf solche Tatsachen kein Antrag auf Wiederaufnahme des Verfahrens vor dem EuGH gestützt werden.

C. Rechtsmittel gegen Entscheidungen des EuGöD

58 Gegen die Entscheidungen der Fachgerichte kann gemäß Art. 256 Abs. 2 AEUV ein Rechtsmittel zum EuG eingelegt werden. Die Fachgerichte sind nach dem Wortlaut von Art. 257 AEUV für „Entscheidungen im ersten Rechtszug über bestimmte Kategorien von Klagen zuständig, die auf besonderen Sachgebieten erhoben werden". Sie dienen der Entlastung der EuG und der Bewältigung der ständig wachsenden Anzahl von Verfahren, insbesondere bei Rechtsstreitigkeiten von geringerem politischem Gewicht.[154]

59 Das Rechtsmittel zum EuG gegen Entscheidungen des EuGöD ist wie das Rechtsmittel zum EuGH gegen Entscheidungen des EuG auf Rechtsfragen beschränkt. Allerdings kann nach Art. 257, UAbs. 3 AEUV die von Parlament und Rat zu beschließende Verordnung über die Bildung des Fachgerichts vorsehen, dass mit dem Rechtsmittel

---

[151] Art. 118 § 3 VerfO-EuG, der nur auf Art. 14 § 1 VerfO-EuG verweist, nicht auf dessen § 2. Vgl. auch *Wägenbaur*, Art. 118 VerfO-EuG, Rn. 4.
[152] Nach Art. 111, 113 oder 114 VerfO-EuG.
[153] Art. 119 § 2 VerfO-EuG.
[154] *Kotzur*, in: Geiger/Khan/Kotzur, EUV/AEUV, Art. 257 Rn. 1-2.

auch Sachfragen werden können. Bislang wurde dieser Möglichkeit keinen Gebrauch gemacht.

Das Rechtsmittelverfahren vor dem EuG entspricht im Wesentlichen dem Rechtsmittelverfahren vor dem EuGH. Der fünfte Titel der Verfahrensordnung des Gerichts enthält in seinen Artikeln 136a bis 149 alle relevanten Vorschriften. Im Unterschied zum Rechtsmittelverfahren vor dem EuGH sind die Mitgliedstaaten vor dem EuG nicht privilegiert und dürfen nur dann ein Rechtsmittel einlegen, wenn sie vor dem EuGöD selbst aufgetreten sind. In praktischer Hinsicht ist zu erwähnen, dass das EuG eine Rechtsmittelkammer mit wechselnden Formationen eingesetzt hat. Sie besteht in der Regel aus dem Präsidenten und zwei Kammerpräsidenten, die nach einem Rotationssystem zum Einsatz kommen.

Gegen die Entscheidungen die das EuG als Rechtsmittelgericht trifft, kann kein weiteres Rechtsmittel eingelegt werden. Der EuGH kann diese Entscheidungen jedoch unter bestimmten Voraussetzungen überprüfen. Das Überprüfungsverfahren wird im folgenden Abschnitt gesondert behandelt.

D. Das Überprüfungsverfahren

Das Überprüfungsverfahren geht zurück auf den Vertrag von Nizza. Den Verfassern stellte sich die Frage, ob im Zusammenhang mit der Einrichtung der „gerichtlichen Kammern", (seit dem Vertrag von Lissabon als Fachgerichte bezeichnet) für deren Entscheidungen das EuG Rechtsmittelgericht ist, es möglich sein sollte, ein weiteres Rechtsmittel zum EuGH einzulegen. Jedoch hätte dies eine Überlastung des EuGH und weitere Verfahrensverlängerung bedeutet.[155] Somit wurde das Überprüfungsverfahren („réexamen") in die Unionsrechtsordnung eingeführt.[156] Es erlaubt dem EuGH in Ausnahmefällen Entscheidungen des EuG, die dieser als Rechtsmittelgericht getroffen hat zu überprüfen, „wenn die ernste Gefahr besteht, dass die Einheit oder Kohärenz des Unionsrechts berührt wird", Art. 256 Abs. 2, UAbs. 2 AEUV. Der AEUV sieht in Art. 256 Abs. 3 außerdem vor, dass das Statut dem EuG die Kompetenz zur Entscheidung in Vorabentscheidungsverfahren übertragen kann. Bisher ist von dieser Möglichkeit noch kein Gebrauch gemacht worden, aber auch bei diesen Entscheidungen könnte ein Überprüfungsverfahren durchgeführt werden.

Durch das Überprüfungsverfahren wird damit gewährleistet, dass trotz der Übertragung von Kompetenzen an das EuG und die Fachgerichte, die Einheit des Unionsrechts gewahrt bleibt. Mit der Errichtung weiterer Fachgerichte und sofern das EuG in Vorabentscheidungsverfahren tätig wird, dürfte die Bedeutung des Überprüfungsverfahrens zunehmen.

Das erste Urteil des EuGH nach einem Überprüfungsverfahren ist am 17.12.2009[157] ergangen, worin er festgestellt hat, dass der EuG durch seine Deutung des Begriffs „Rechtsstreit, der zur Entscheidung reif ist"[158] die Einheit des Unionsrechts beein-

---

[155] *Wathelet*, Rn. 385
[156] Zu ähnlichen Verfahren in anderen Rechtsordnungen: *Kühn*, EuZ 2010, 4(5).
[157] EuGH, Rs. C-197/09 RX II, *M/EMEA*. Zurzeit anhängig ist die Rs. C-334/12 RX II, *Arango Jaramillo u. a./E.I.B.*
[158] Art. 61 der Satzung-EuGH und Art. 13 Abs. 1 des Anhangs dieser Satzung

trächtigt hat. Der EuG hat diesen Begriff in einer Weise ausgelegt, die es ihm ermöglichte, die Rechtssache an sich zu ziehen und in der Sache zu entscheiden, obwohl das bei ihm anhängige Rechtsmittel die Prüfung der Frage betraf, wie eine Einrede der Unzulässigkeit im ersten Rechtszug behandelt worden war und obwohl der Aspekt des Rechtsstreits weder im Rechtsmittelverfahren vor dem EuG noch vor dem EuGöD als Gericht des ersten Rechtszugs Gegenstand einer streitigen Erörterung war.[159]

64 Dem Ersten Generalanwalt[160] kommt bei dem Überprüfungsverfahren eine besondere Rolle zu: Nur er kann dem EuGH vorschlagen eine Entscheidung des EuG zu überprüfen, wenn er die Einheit oder die Kohärenz des Unionsrechts gefährdet sieht.[161] Da er in institutioneller und funktioneller Hinsicht Teil des Gerichtshofs ist, kann von einem „Selbstbefassungsrecht" gesprochen werden.[162] Der Generalanwalt, der angehalten ist, die Entscheidungen die das EuG als Rechtsmittelgericht trifft, systematisch zu sichten, muss seinen Vorschlag zur Überprüfung innerhalb eines Monats einreichen. Die Parteien haben kein entsprechendes Initiativrecht.

65 Im Zuge der Verfahrensreform wurden die Vorschriften zum Überprüfungsverfahren vereinfacht. Gemäß Art. 191 VerfO-EuGH wird für die Dauer jeweils eines Jahres eine Kammer aus fünf Richtern gebildet. Diese Überprüfungskammer entscheidet dann über den Vorschlag des Ersten Generalanwaltes. Bei Eingang des Vorschlags des Ersten Generalanwaltes, bestimmt der Präsident des EuGH auf Vorschlag des Präsidenten der Überprüfungskammer einen der Richter als Berichterstatter.

Der EuGH muss dann innerhalb eines Monats entscheiden, ob er dem Vorschlag des Ersten Generalanwalts folgt und ein Überprüfungsverfahren durchführt oder nicht.[163] Folgt der EuGH dem Vorschlag des Generalanwaltes entscheidet er im Wege eines Eilverfahrens nach Art. 62 a Satzung-EuGH, bei dem nur in Ausnahmefällen das mündliche Verfahren eröffnet wird.

66 Nach dem Wortlaut von Vertrag und Satzung-EuGH wird die Entscheidung des EuG dann überprüft, wenn die ernste Gefahr besteht, dass die Einheit oder die Kohärenz des Unionsrechts berührt wird. Die Rechtsprechung wird in Zukunft zeigen, unter welchen Umständen anzunehmen ist, dass die Einheit oder die Kohärenz gefährdet sind. Sicher ist schon jetzt, dass die Relevanz der Rechtsfrage muss über den konkreten Fall hinausgehen muss.[164] Das Überprüfungsverfahren dürfte insbesondere dann eingreifen, wenn die Auslegung durch den EuGH im Widerspruch zu wesentlichen Grundsätzen des Unionsrechts steht, von einer gefestigten Rechtsprechung abweicht oder eine Entwicklung nimmt, die nicht die Zustimmung des EuGH findet.[165]

67 Die Rechtswirkungen des Urteils ergeben sich aus Art. 62b der Satzung-EuGH. Sofern der EuGH feststellt, dass das Urteil des EuG tatsächlich die Einheit oder die Kohärenz des Unionsrechts beeinträchtigt, so verweist es die Sache an das EuG zurück, das an die rechtliche Beurteilung durch den EuGH gebunden ist. Der EuGH kann endgültig entscheiden, wenn die Rechtssache zur Entscheidung reif ist.

---

[159] EuGH, Rs. C-197/09 RX-II, *M/EMEA*, Slg. 2009, I-12033.
[160] Der Erste Generalanwalt wird jährlich bestimmt. In der Praxis erfolgt die Bestimmung des Ersten Generalanwaltes nach einem Rotationssystem.
[161] Art. 62, Abs. 1 Satzung-EuGH.
[162] *Kühn*, EuZ 2010, 4 (8).
[163] Art. 62 Abs. 2 Satzung-EuGH.
[164] *Kühn*, EuZ 2010, 4 (6).
[165] *Kühn*, EuZ 2010, 4 (6).

E. Die außerordentlichen Rechtsbehelfe[166]

I. Allgemeines

Drittwiderspruch und die **Wiederaufnahme** des Verfahrens ermöglichen die 68
Durchbrechung der Rechtskraft von Entscheidungen des EuGH oder des EuG. Die
Anforderungen an ihre Zulässigkeit sind sehr streng und ihre Bedeutung in der Praxis
eher gering. Beim Drittwiderspruch wird das Urteil nicht von einer Partei, sondern von
einem am bisherigen Verfahren unbeteiligten Dritten angegriffen wird, dessen Rechte
es beeinträchtigt. Die Wiederaufnahme erlaubt es den Parteien, entscheidungserhebliche Tatsachen, die erst nach dem Urteil bekannt geworden sind, geltend zu machen.
Beide Rechtsbehelfe können nur gegen Urteile in Direktklageverfahren gerichtet
werden. Im Vorabentscheidungsverfahren sind sie nicht statthaft.[167]

II. Der Drittwiderspruch

Der Drittwiderspruch ist ein Rechtsbehelf, mit dem **Dritte**, die an einem gericht- 69
lichen Verfahren nicht beteiligt waren, gleichwohl aber von der dort ergangenen
Entscheidung in ihren **Rechten betroffen** sind, eine Änderung des Urteils oder des
Beschlusses herbeiführen können. Die verfahrensrechtlichen Vorschriften finden sich
in 42 Satzung-EuGH geregelt, der durch die Vorschriften der Art. 157 VerfO-EuGH,
Art. 123 VerfO-EuG ergänzt wird.

Aus der Systematik der Verfahrensordnung des EuGH ergibt sich, dass nur Urteile 70
und Beschlüsse in **Direktklageverfahren** angegriffen werden können. Nach Art. 42
Satzung-EuGH können Mitgliedstaaten, Unionsorgane und -einrichtungen sowie alle
natürlichen und juristischen Personen Drittwiderspruch einlegen, sofern das Urteil
ihre **Rechte beeinträchtigt** und sie an dem Rechtsstreit, in dem das betreffende Urteil
erlassen worden ist, weder als Partei noch als Streithelfer teilgenommen haben. Aus
den Art. 157 Abs. 1 c) VerfO-EuGH ergibt sich darüber hinaus, dass den Drittwiderspruch nur erheben darf, wer **nicht in der Lage war, sich am Ausgangsverfahren zu
beteiligen**.[168]

Der Kläger muss gerade **durch das angegriffene Urteil in seinen Rechten verletzt** 71
sein. Die Beeinträchtigung kann sich sowohl aus dem Tenor als auch aus den tragenden
Gründen des Urteils ergeben.[169] Eine bloße Beeinträchtigung rechtlicher Interessen
reicht nicht aus.[170]

Der Drittwiderspruch wird durch einen **Antrag** auf Änderung des angegriffenen 72
Urteils erhoben und ist gegen sämtliche am Hauptverfahren beteiligten Parteien zu

---

[166] Ausführlich zu den außerordentlichen Rechtsbehelfen siehe *Hackspiel* in der 2. Auflage.
[167] EuGH, Rs. 69/85, *Wünsche*, Slg. 1986, I-947, 952.
[168] Diese Einschränkung ist mit den höherrangigen Bestimmungen von Art. 42 Satzung-EuGH vereinbar, EuGHE 1962, 347, 370f.; EuGH, Rs. T-35/89 TO1, *Zubizarreta u.a./Albani*, Slg. 1992, II-1599, 1612.
[169] EuGH, Rs. 267/80 TO, *Birra Dreher*, Slg. 1986, I-3901, 3914.
[170] EuGH, Rs. 292/84 TO, *Bolognese u.a./Scharf*, Slg. 1987, I-3563, 3567.

richten.¹⁷¹ Hierzu gehören auch die Streithelfer. Für den Antrag gelten die Anforderungen an die Klageschrift entsprechend.

73 Wenn die angegriffene Entscheidung die Rechte des Antragstellers tatsächlich in rechtswidriger Weise beeinträchtigt, ist sie entsprechend zu ändern.¹⁷² Im Übrigen behält es seine ursprünglichen Wirkungen. Die Rechtskraft des Drittwiderspruchsurteils bindet sowohl die Parteien des Ausgangsverfahrens als auch den Antragsteller.¹⁷³

III. Die Wiederaufnahme des Verfahrens

74 Die Wiederaufnahme des Verfahrens kann beantragt werden, wenn nach der Verkündung eines Urteils des EuGH oder des EuG eine Tatsache von entscheidender Bedeutung bekannt wird, von der vorher weder das erkennende Gericht noch die die Wiederaufnahme beantragende Partei Kenntnis hatten.¹⁷⁴

75 Der Antrag auf Wiederaufnahme des Verfahrens kann gegen **Urteile oder Beschlüsse** des EuGH und des EuG in **Direktklageverfahren** gerichtet werden. Die Wiederaufnahme ermöglicht eine Durchbrechung der Rechtskraft, setzt aber nicht voraus, dass das angegriffene Urteil rechtskräftig ist. Aus Art. 128 VerfO-EuG ergibt sich, dass ein erstinstanzliches Urteil gleichzeitig mit dem Rechtsmittel und mit einem Antrag auf Wiederaufnahme angefochten werden kann. Das EuG kann in diesem Fall das Wiederaufnahmeverfahren aussetzen, bis über das Rechtsmittel entschieden wurde. Die Wiederaufnahme kann auch gegenüber **Entscheidungen des EuGH im Rechtsmittelverfahren** beantragt werden.¹⁷⁵

76 Die Wiederaufnahme kann jede **Partei** des abgeschlossenen Verfahrens beantragen.

77 Als Wiederaufnahmegrund muss eine Tatsache geltend gemacht werden, die bereits zum Zeitpunkt der Verkündung des angefochtenen Urteils existierte, die aber weder dem Gericht noch der die Wiederaufnahme beantragenden Partei bekannt war und bei deren Kenntnis die Entscheidung möglicherweise anders ausgefallen wäre.¹⁷⁶ Der Begriff der **Tatsache** wird in einem weiten Sinn verstanden.

78 Die Tatsache muss bereits im Zeitpunkt der Verkündung des Urteils im Ausgangsverfahren vorgelegen haben („**Vorzeitigkeit**" der Tatsache).¹⁷⁷ Ändern sich die Umstände später, bedarf es der Wiederaufnahme nicht, denn solchen nachträglich eintretenden Tatsachen kann Rechnung getragen werden, ohne dass die Rechtskraft des ursprünglichen Urteils dem entgegensteht.

79 Die Tatsache darf dem Antragsteller und dem entscheidenden Gericht erst **nach der Verkündung der Entscheidung** im Ausgangsverfahren **bekannt geworden** sein. Auf Tatsachen oder Beweismittel, die von der Gegenpartei in der mündlichen Verhandlung in den Prozess eingeführt wurden, kann daher kein Wiederaufnahmeantrag gestützt werden.¹⁷⁸ Die nachträglich entdeckte Tatsache muss **entscheidungserheblich** sein.

---

¹⁷¹ Art. 157 Abs. 2 VerfO-EuGH.
¹⁷² Art. 157 Abs. 5 VerfO-EuGH.
¹⁷³ *Plender*, Rn. 27.050.
¹⁷⁴ Art. 44 Satzung-EuGH und Art. 159 VerfO-EuGH.
¹⁷⁵ EuGH, Rs. C-199/94 P und C-200/94 P REV, *Inpesca/Komission,* Slg. 1998, I-831.
¹⁷⁶ EuG, T-77/99 REV, *Ojha/Kommission,* Slg. 2002, ÖD I A 29, II-131, 135 f.
¹⁷⁷ Z.B. EuGH, C-185/90 P – Rev, *Gill/Kommission*, 1992, I-993; offengelassen in EuGH, Rs. C-5/93 P, *DSM/Kommission,* 1999, I-4695, 4729.
¹⁷⁸ EuG, T-77/99 REV, *Ojha/Kommission,* 2002, ÖDIA-29, II-131, 137.

Für die Zulässigkeit der Wiederaufnahme braucht nicht festgestellt zu werden, dass die Tatsache den Ausgang des ursprünglichen Verfahrens in jedem Fall beeinflusst hätte; ausreichend ist, dass die Möglichkeit dazu bestand. Daran fehlt es z. B., wenn die Tatsache nur für Hilfserwägungen im angefochtenen Urteil von Bedeutung ist.

Die Wiederaufnahme ist an eine doppelte Frist gebunden. Einerseits muss das Verfahren spätestens drei Monate nach Entdeckung der neuen Tatsachen angestrengt werden.[179] Nach Ablauf von zehn Jahren seit Erlass des Urteils ist eine Wiederaufnahme auch bei Bekanntwerden neuer Tatsachen nicht mehr möglich.[180] 80

Das Wiederaufnahmeverfahren umfasst zwei Phasen. In der ersten Phase geht es nur um die **Zulässigkeit des Antrags**, während in der zweite Phase die **Neuverhandlung** des ursprünglichen Rechtsstreits stattfindet.[181] Es wird mit einem Antrag eingeleitet, für den ähnliche Anforderungen gelten wie für die Klageschrift und der sich gemäß Art. 159 Abs. 4 VerfO-EuGH gegen sämtliche Parteien des Rechtsstreits richtet, in dem die angefochtene Entscheidung ergangen ist. 81

Zuständig ist stets die Instanz, die die ursprüngliche Entscheidung gefällt hat. 82

In der **ersten Verfahrensphase** ist zu prüfen, ob der Wiederaufnahmegrund vorliegt, d.h. ob die Tatsache wirklich existiert, ob sie unbekannt war und ob sie sich auf das Resultat des Rechtsstreits hätte auswirken können. In der **zweiten Phase** des Wiederaufnahmeverfahrens wird der Rechtsstreit in der Hauptsache neu verhandelt und entschieden. Das Urteil am Ende dieses Verfahrensabschnitts entscheidet darüber, ob die als Wiederaufnahmegrund vorgebrachte Tatsache wirklich zu einer anderen Entscheidung führt. Ist das der Fall, so ist die Urschrift des abändernden Urteils ist mit der der ursprünglichen Entscheidung zu verbinden.[182] 83

Entscheidungen des EuG im Wiederaufnahmeverfahren können mit einem Rechtsmittel zum EuGH angefochten werden. 84

---

[179] Art. 159 Abs. 2 VerfO-EuGH.
[180] Art. 44 Abs. 3 Satzung-EuGH.
[181] Art. 159 Abs. 5 und 6 Verfo-EuGH.
[182] Art. 159 Abs. 7 VerfO-EuGH, Art. 127 § 4 VerfO-EuG.

§ 29 Kostenrecht*

Übersicht

			Rn.
A.	Allgemeines		1
B.	Prozesskosten		2–6
	I.	Gerichtskosten	2–4
	II.	Außergerichtliche Kosten der Parteien	5/6
C.	Kostenentscheidung		7–19
	I.	Zeitpunkt	7–9
	II.	Inhalt	10–19
		1. Regelfall	10–13
		2. Kostenentscheidung bei Parteienmehrheit	14/15
		3. Sonderfälle	16–18
		4. Die Kostenentscheidung im Vorabentscheidungsverfahren	19
D.	Kostenfestsetzung		20–24
E.	Prozesskostenhilfe		25–36
	I.	Allgemeines	25
	II.	Voraussetzungen	26/27
		1. Bedürftigkeit	26
		2. Erfolgsaussichten in der Hauptsache	27
	III.	Verfahren und Inhalt der Entscheidung	28–35
	IV.	Erstattungsanspruch der Gerichtskasse	36

Schrifttum: *Christophe,* L'accès au juge devant le TFP à travers la question des dépens, RUDH 2011 Vol. 20 N°1-3, 89 ff.; *Fiebig,* The Indemnification of Costs in Proceedings before the European Courts, CMLR 1997, 89–134; *Kennedy,* Paying the Piper: Legal Aid in proceedings before the Court of Justice, CMLR 1988, 559–591; *Klinke,* Introduction au régime des dépens et à celui de l'assistance judiciaire gratuite in: Christianos (Hrsg.), Evolution récente du droit judiciaire communautaire, Bd. I, 1994, S. 133–164; *Mail-Fouilleul,* Les dépens dans le contentieux communautaire, 2005; *Podovsovnik,* Der Kostenersatz bei Verfahren vor dem EuGH nach nationalem VwGH-Verfahren, Schriftenreihe Euro-Jus, Bd. 5, 2000; Text verfügbar unter http://www.manz.at./buecher/index/htm; *Tagaras,* Le Tribunal de la fonction publique et la questions des dépens, Mélanges Vandersanden, 2008, 971 ff.; *Wägenbaur,* EuGH VerfO – Satzung und Verfahrensordnungen des EuGH/EuG, Kommentar, 2008*; ders.*, Das Kostenfestsetzungsverfahren vor den Gemeinschaftsgerichten: Wer klagt gewinnt? EuZW 1997, 197–206; *Wolf,* Kostenrecht und Kostenpraxis des Gerichtshofs der Europäischen Gemeinschaften, EuR 1976, S. 7–30.

---

* Es handelt sich im Folgenden um eine Aktualisierung des Beitrags von Frau Sabine Hackspiel (2. Auflage des vorliegenden Werks). Änderungen inhaltlicher Art wurden vor allem im Abschnitt über die Prozesskostenhilfe vorgenommen.

A. Allgemeines

Art. 38 Satzung-EuGH verpflichtet den Gerichtshof, über die Kosten zu entscheiden. Dabei geht es in erster Linie um die **Kostenverteilung** zwischen den Parteien in den streitigen Direktklageverfahren. Die Regeln über die Kostenlast, die auf dem Grundsatz beruhen, dass die im Rechtsstreit unterlegene Partei die Kosten trägt, finden sich in den Verfahrensordnungen des EuGH, des EuG und des EuGöD.[1] Im Vorabentscheidungsverfahren ist die Entscheidung über die Kostenverteilung dagegen Sache des nationalen Gerichts.[2] Gutachten des Gerichtshofs nach Art. 218 Abs. 11 AEUV enthalten keine Kostenentscheidung. Von der Entscheidung über die Pflicht zur Kostentragung zu unterscheiden ist die **Kostenfestsetzung**, also die Entscheidung über die Höhe der Kosten, die eine Partei der anderen zu erstatten hat. Das Kostenfestsetzungsverfahren ist ebenfalls in den Verfahrensordnungen geregelt[3] und findet nur statt, wenn sich die Parteien über den zu erstattenden Betrag nicht einigen können. Das Verfahren vor den drei Gerichten ist grundsätzlich **gerichtskostenfrei**,[4] doch sind die Parteien in bestimmten Fällen verpflichtet, Auslagen der Gerichte zu erstatten. Regelungen dazu enthalten die ZVerfO des EuGH,[5] die VerfO-EuG,[6] die VerfO-EuGöD[7] und die Dienstanweisungen für die Kanzler.[8] Trotz der weitgehenden Gerichtskostenfreiheit können die mit einem Verfahren vor den Unionsgerichten verbundenen Aufwendungen der Parteien, insbesondere die Anwaltskosten, einen erheblichen Umfang erreichen. Die Verfahrensordnungen[9] und die ZVerfO des EuGH[10] sehen deshalb die Möglichkeit vor, bedürftigen Parteien **Prozesskostenhilfe** zu gewähren.

B. Prozesskosten

I. Gerichtskosten

Wie im deutschen Recht sind in den Verfahren vor den europäischen Gerichten Gerichtskosten und außergerichtliche Kosten zu unterscheiden. Für die **Gerichtskosten**

---

[1] Art. 137 ff. VerfO-EuGH, Art. 87 ff. VerfO-EuG und Art. 86 ff. VerfO-EuGöD.
[2] Art. 102 VerfO-EuGH, näher unten Rn. 19.
[3] Art. 145 VerfO-EuGH, Art. 92 VerfO-EuG und Art. 92 VerfO-EuGöD.
[4] Art. 143 VerfO-EuGH, Art. 90 VerfO-EuG und Art. 94 VerfO-EuGöD.
[5] So verhalten sich die Art. 2 und 3 ZVerfO über die Kosten, die durch die Erledigung von Rechtshilfeersuchen bei nationalen Gerichten entstehen.
[6] Art. 75 § 4 VerfO-EuG.
[7] Art. 67 Abs. 4 VerfO-EuGöD.
[8] Art. 17 ff. DienstA-EuGH, Art. 16 ff. DienstA-EuG, Art. 15 DienstA-GöD. Aus ihnen ergibt sich u. a., welche Kanzleigebühren für Entscheidungsausfertigungen, Abschriften, Registerauszüge und Übersetzungen erhoben werden, ob und welche Beiträge aus der Gerichtskasse ausgezahlt werden und wie zu verfahren ist, wenn Beträge an den Gerichtshof zurückzuerstatten sind.
[9] Art. Art. 115 ff. VerfO-EuGH für Vorabentscheidungen und Art. 185 ff. VerfO-EuGH für Rechtsmittel, Art. 94–97 VerfO-EuG, Art. 95-98 VerfO-EuGöD.
[10] Art. 4 und 5 ZVerfO.

§ 29 3, 4   1. Teil. Rechtsschutz durch den Europäischen Gerichtshof

gilt gemäß Art. 143 VerfO-EuGH, Art. 90 VerfO-EuG und Art. 94 VerfO-EuGöD der Grundsatz, dass die Verfahren vor dem Gerichtshof, dem Gericht und dem Gericht für den öffentlichen Dienst kostenfrei sind. Das heißt, dass **keine Gerichtsgebühren** erhoben werden. Hinsichtlich der **Auslagen** der Gerichte gibt es dagegen mehrere Ausnahmen vom Grundsatz der Kostenfreiheit.

3   So können **vermeidbare Kosten**, also beispielsweise Aufwendungen des Gerichts, die durch unsachgemäße Prozessführung, etwa durch verspätetes Vorbringen, verursacht wurden, der Partei auferlegt werden, die sie veranlasst hat.[11] Die Verfahrensordnung des EuGöD präzisiert, dass vermeidbare Kosten insbesondere solche sind, die im Fall einer offensichtlich missbräuchlichen Klage entstehen. Sie können der betreffenden Partei bis zu einem Höchstbetrag von EUR 2000,– auferlegt werden.[12] Kosten für Schreib- und Übersetzungsarbeiten, die nach Ansicht des Kanzlers das gewöhnliche Maß überschreiten, hat die Partei zu erstatten, die diese Arbeiten beantragt hat.[13] Auch die **Leistungen an Zeugen und Sachverständige**, die im Rahmen einer Beweiserhebung anfallen, tragen die Parteien.[14] Zeugen und Sachverständige haben gemäß Art. 73 VerfO-EuGH, Art. 74 VerfO-EuG, Art. 66 VerfO-EuGöD. Anspruch auf Erstattung ihrer Reise- und Aufenthaltskosten sowie auf Entschädigung für ihren Verdienstausfall bzw. auf Vergütung ihrer Tätigkeit. Die entsprechenden Zahlungen nimmt die Gerichtskasse vor, nachdem der Zeuge oder Sachverständige seine Aussage gemacht hat. Im Einzelfall können die Gerichte einen Vorschuss auf die Reise- und Aufenthaltskosten gewähren.[15] Diese Beträge sind von den Parteien zu erstatten, wobei sich aus der Kostenentscheidung ergibt, welchen Teil dieser Kosten jede Partei zu tragen hat.

4   Zu den Gerichtskosten, die die Parteien zu tragen haben, gehören auch die Auslagen für **Rechtshilfeersuchen**. Wenden sich die europäischen Gerichte im Wege eines Rechtshilfeersuchens an ein nationales Gericht mit der Bitte, einen Zeugen oder Sachverständigen an dessen Wohnsitz zu vernehmen,[16] so teilt dieses Gericht die dort entstandenen Kosten dem Gerichtshof, dem Gericht bzw. dem Gericht für den öffentlichen Dienst mit, die sie zunächst erstatten. Nach der späteren Kostenentscheidung richtet sich, welche Partei mit diesen Kosten belastet wird.[17]

---

[11] Art. 143 Buchst. a) VerfO-EuGH, Art. 90 Buchst. a) VerfO-EuG, Art. 94 Buchst. a) VerfO-EuGöD.
[12] Art. 94 Buchst. a) VerfO-EuGöD.
[13] Art. 143 Buchst. b) VerfO-EuGH, Art. 90 Buchst. b) VerfO-EuG, Art 94 Buchst. b) VerfO-EuGöD.
[14] Ausführlich hierzu *Wägenbaur,* EuzW 1997, 197 (198).
[15] Zeugen, die von Amts wegen geladen werden, erhalten nach den Verfahrensordnungen von EuG und EuGöD die erforderlichen Vorschüsse durch die Kasse des Gerichts, Art. 68 § 3 Abs. 2 VerfO-EuG, Art. 59 Abs. 3, UAbs. 2 VerfO-EuGöD. Beantragt dagegen eine Partei die Vernehmung eines Zeugen, so können die Gerichte vor dessen Ladung von der Partei die Hinterlegung eines Vorschusses zur Deckung der voraussichtlichen Kosten verlangen, Art. 68 § 3 Abs. 1 VerfO-EuG, Art. 59 Abs. 3, UAbs. 1 VerfO-EuGöD. Die neue Verfahrensordnung des EuGH bestimmt dagegen in Art. 73, dass er stets von den Parteien oder von einer Partei die Hinterlegung eines Vorschusses verlangen kann.
[16] Art. 29 Satzung-EuGH i. V. m. Art. 1- 3 ZVerfO des EuGH bzw. Art. 75 VerfO-EuG.
[17] Art. 3 ZVerfO des EuGH, Art. 75 § 4 VerfO-EuG, Art. 67 Abs. 4 VerfO-EuGöD.

II. Außergerichtliche Kosten der Parteien

Hauptsächlich regelt die Kostenentscheidung jedoch, wie die **außergerichtlichen** 5
Kosten der Parteien auf diese verteilt werden. Nach Art. 144 lit. b VerfO-EuGH, Art. 91 lit. b VerfO-EuG und Art. 91 lit. b VerfO-EuGöD gehören zu den erstattungsfähigen Kosten die Aufwendungen der Parteien, die für das Verfahren notwendig waren, insbesondere Reise- und Aufenthaltskosten, sowie die Vergütung der Bevollmächtigten, Beistände oder Anwälte. Dabei handelt es sich grundsätzlich nur um die Kosten, die durch das gerichtliche Verfahren verursacht werden. Aufwendungen, die den Parteien in einem **vorhergegangenen Verwaltungsverfahren** entstanden sind,[18] werden von der Kostenentscheidung nicht erfasst.[19] Anders ist das nur in Rechtsstreitigkeiten, die die Rechte des geistigen Eigentums im Sinne des vierten Titels der VerfO-EuG betreffen. Hier gehören zu den erstattungsfähigen Kosten auch die Aufwendungen der Parteien, die für das **Verfahren vor der Beschwerdekammer** des HABM oder des Gemeinschaftlichen Sortenamtes notwendig waren.[20]

Den größten Anteil an den Aufwendungen der Parteien haben die **Honorare von** 6
Anwälten und Beiständen. Die Höhe dieser Vergütungen ist im Unionsrecht weder durch eine Gebührenordnung noch durch sonstige Bestimmungen geregelt. Im Verhältnis des Anwalts zu seinem Mandanten besteht auch keine Zuständigkeit der europäischen Gerichte über die Höhe der Vergütung zu befinden.[21] Die Befugnis zur Kostenfestsetzung betrifft allein die Entscheidung über den Betrag, dessen Erstattung eine Partei auf Grund der Kostenentscheidung von der Gegenpartei verlangen kann (näher zur Kostenfestsetzung unter D.).

C. Kostenentscheidung

I. Zeitpunkt

Gemäß Art. 137 VerfO-EuGH, Art. 87 § 1 VerfO-EuG bzw. Art. 86 VerfO-EuGöD 7
wird über die Kosten im **Endurteil** oder in dem Beschluss entschieden, der das Verfahren beendet. Zu den Endentscheidungen gehören Versäumnisurteile[22] und Entscheidungen über außerordentliche Rechtsbehelfe. Auch **Teilentscheidungen**, die bei objektiver Klagenhäufung über einen selbständigen Antrag endgültig entscheiden oder im Fall der Streitgenossenschaft das Verfahren für einen der Streitgenossen beenden,

---

[18] Das gleiche gilt für die Kosten einer Bankgarantie, die zur Abwendung der Vollstreckung aus der angefochtenen Entscheidung gestellt wird, EuG, verb. Rs. T-25/95, T-26/95 u. a., *Cimenteries/Kommission*, Slg. 2000, 491.

[19] Z.B. EuGH, Rs. 75/69, *Hake/Kommission*, Slg. 1970, 901; EuG, Rs. T-84/91, *Meskens/Parlament*, Slg. 1993, II-757; verb. Rs. T-25/95, T-26/95 u. a., *Cimenteries/Kommission*, Slg. 2000, 491, kritisch *Wägenbaur*, EuZW 1997, 197 (203). Anders in einem Sonderfall EuG, Rs. T-35/00, *Goldstein/Kommission, Slg.* 2000, II-2917.

[20] Art. 136 § 2 VerfO-EuG.

[21] Eine Ausnahme davon besteht nur im Rahmen der Gewährung von Prozesskostenhilfe, Art. 5 Abs. 2 ZVerfO; Art. 96 § 3, UAbs. 3 VerfO-EuG, Art. 97, Abs. 3, UAbs. 3 VerfO-EuGöD, näher unten Rn. 34.

[22] Art. 152 VerfO-EuGH, Art. 122 VerfO-EuG, Art. 116 VerfO-EuGöD.

enthalten normalerweise eine Kostenentscheidung für den abgeschlossenen Teil des Verfahrens. Entscheidungen über **Zwischenstreitigkeiten** sind dagegen nur dann mit einer Kostenentscheidung zu versehen, wenn sie die Instanz beenden, z. B. wenn sie die Klage als unzulässig abweisen.[23] Andernfalls behalten sie, wie Zwischenurteile,[24] Grundurteile im Schadensersatzprozess[25] und sonstige Entscheidungen zu besonderen Verfahrensabschnitten (z. B. über Anträge auf einstweiligen Rechtsschutz,[26] auf Zulassung als Streithelfer[27] oder auf vertrauliche Behandlung von Verfahrensdokumenten[28]), die Kostenentscheidung normalerweise dem Endurteil vor. Je nach ihrem Inhalt können solche Entscheidungen aber das Verfahren teilweise beenden und dann mit einer Kostenentscheidung verbunden werden, z. B. wenn ein Antrag auf Zulassung als Streithelfer abgelehnt wird.[29] Kommt es nicht zu einer Sachentscheidung, z. B. weil der Kläger seine Klage zurücknimmt oder sich die Parteien einigen, so wird das Verfahren durch einen Beschluss beendet, der die **Streichung** der Rechtssache im Register des zuständigen Gerichts anordnet und einen Kostenausspruch enthält.[30] Das gleiche gilt, wenn durch Beschluss die **Erledigung der Hauptsache** festgestellt wird.[31]

8   Entscheidungen des EuGH über **Rechtsmittel** enthalten eine Kostenentscheidung, wenn das Rechtsmittel zurückgewiesen wird oder wenn der EuGH nach Aufhebung des erstinstanzlichen Urteils selbst entscheidet.[32] Im zuerst genannten Fall betrifft die Kostenentscheidung des EuGH nur die Kosten des Rechtsmittelverfahrens, während die Entscheidung des EuG über die Kosten der ersten Instanz bestehen bleibt. Im zweiten Fall regelt der EuGH die Kostenverteilung für beide Instanzen.[33] Verweist der EuGH den Rechtsstreit dagegen an das EuG zurück, so wird die Kostenentscheidung vorbehalten. Das EuG entscheidet dann sowohl über die Kosten des erstinstanzlichen Verfahrens vor und nach dem Rechtsmittel als auch über die Kosten des Rechtsmittelverfahrens vor dem EuGH.[34] Gleiches gilt nach Art. 148 VerfO-EuG für Entscheidungen des EuG im Hinblick auf Rechtsmittel gegen Entscheidungen des EuGöD.

9   Die Kostenentscheidung bildet normalerweise den letzten Punkt des Entscheidungstenors. Sie wird in einem gesonderten Abschnitt am Ende der Entscheidungsgründe kurz begründet.

---

[23] Z. B. EuG, Rs. T-236/00, *Stauner u. a./Parlament*, Slg. 2002, II-135.
[24] EuG, Rs. T-110/98, *RJB Mining/Kommission*, Slg. 1999, II-2585.
[25] EuGH, verb. Rs. C-104/89 und C-37/90, *Mulder und Heinemann/Rat und Kommission*, Slg. 1992, I-3061.
[26] EuG, Rs. T-132/01 R, *Euroalliages u. a./Kommission*, Slg. 2001, II-2307.
[27] EuG, Rs. T-138/98, *Armement coopératif artisanal vendéen/Rat*, Slg. 1999, II-1797.
[28] EuG, Rs. T-102/96, *Gencor/Kommission*, Slg. 1997, II-879.
[29] EuG, Rs. T-138/98, *Armement coopératif artisanal vendéen/Rat*, Slg. 1999, II-1797.
[30] Art. 141 VerfO-EuGH, Art. 98 und 99 VerfO-EuG.
[31] Art. 142 VerfO-EuGH, Art. 87 Abs. 6 VerfO-EuG, Art. 89 Abs. 6 VerfO-EuGöD, z. B. EuG, Rs. T-187/00, *Gödecke/HABM, Slg.* 2001, II 859.
[32] Art. 184 Abs. 2 VerfO-EuGH.
[33] *Plender,* Rn. 15.010.
[34] Art. 121 VerfO-EuG.

II. Inhalt

1. Regelfall. Gemäß Art. 138 Abs. 1 VerfO-EuGH, Art. 87 § 2 Abs. 1 VerfO-EuG und Art. 87 Abs. 1 VerfO-EuGöD trägt im Regelfall die unterlegene Partei die Kosten des Verfahrens,[35] wenn die obsiegende Partei dies beantragt hat. Fehlt es an einem solchen Antrag, so kommt es ohne Rücksicht auf den Prozessausgang zur Kostenaufhebung, d. h. jede Partei muss ihre eigenen Kosten tragen.[36] Der Antrag ist grundsätzlich im ersten Schriftsatz zu stellen, den eine Partei einreicht (d. h. Klage, Klageerwiderung oder Streithilfeschriftsatz). Zwar haben EuGH und EuG es gelegentlich ausreichen lassen, dass ein Kostenantrag erst in der Replik[37] oder in der mündlichen Verhandlung gestellt wurde,[38] doch kann ein in der Replik oder der Duplik gestellter Kostenantrag auch als verspätet zurückgewiesen werden.[39] Der Antrag muss eindeutig darauf gerichtet sein, der Gegenpartei die Kosten aufzuerlegen. Das Begehren „nach Rechtslage" oder „gemäß den Bestimmungen der Verfahrensordnung" zu entscheiden, reicht dafür nicht immer aus, insbesondere, wenn der Antrag von einem Organ formuliert wird.[40]

Unterlegen ist die Partei, deren Anträge keinen Erfolg haben.[41] Auf Anträge, die dem Klageziel gegenüber keine eigenständige Bedeutung haben, kommt es dabei in der Regel nicht an. So kann der Beklagte auch dann als unterlegen angesehen werden, wenn der Kläger neben einem erfolgreichen Antrag auf Nichtigerklärung einen unzulässigen Antrag auf Feststellung oder Verurteilung eines Organs zu einem Handeln stellt. Da dem Unionsrichter im Kostenrecht ein weiter Ermessensspielraum zusteht, berücksichtigt er ein Unterliegen in unwesentlichen Nebenpunkten zumeist nicht und gelangt damit zu einer einfachen und praxisnahen Kostenentscheidung.[42]

Hat keiner der Verfahrensbeteiligten mit seinen Anträgen in vollem Umfange Erfolg, so kann der Gerichtshof die Kosten teilen oder gegeneinander aufheben.[43] Sofern es im Einzelfall gerechtfertigt ist, kann der Gerichtshof gemäß Art. 138 Abs. 3 Satz 2 VerfO-EuGH entscheiden, dass eine Partei außer ihren eigenen Kosten einen Teil der Kosten der Gegenpartei trägt. Das Prozessrecht räumt dem Gerichtshof hier ausdrücklich einen Ermessensspielraum ein. Maßgeblich für die Ermessensentscheidung sind vor allem die Bedeutung der einzelnen Streitpunkte und die mit ihrer Bearbeitung verbundenen Schwierigkeiten. Gelegentlich wird bei der Kostenentscheidung nach Verfahrensabschnitten differenziert, so z. B. bei Zwischenstreitigkeiten[44] oder Anträgen

---

[35] Zum Ursprung dieser Regel *Fiebig,* CMLR 1997, 89 (90–91).
[36] Art. 141 Abs. 4 VerfO-EuGH bei Klage-oder Antragsrücknahme, Art. 87 § 5 Abs. 3 VerfO-EuG, Art. 89 Abs. 3 VerfO-EuGöD; z. B. EuGH, Rs. 294/83, *Les Verts/Parlament,* Slg. 1986, 1339 Rn. 56.
[37] EuG, Rs.T-149/89, *Sotralentz/Kommission,* Slg. 1995 II-1127.
[38] Z. B. EuG, T-64/89, *Automec/Kommission,* Slg. 1990, II-367.
[39] EuGH, Rs. 92 und 93/87, *Kommission/Frankreich u. a.,* Slg. 1989, 405.
[40] EuGH, Rs. C-255/90 P, *Burban/Kommission,* Slg. 1992, I-2253, 2276.
[41] Dass die Angriffs- oder Verteidigungsmittel der unterlegenen Partei teilweise begründet waren, wird normalerweise nicht berücksichtigt, wenn sich dies nicht auf den Tenor der Entscheidung ausgewirkt hat, z. B. EuG, verb. Rs. T-371/94 und T-394/94, *British Airways u. a./ Kommission,* Slg. 1998, II-2405, anders aber in Ausnahmefällen.
[42] *Klinke,* Rn. 374 f.; siehe auch *Wolf,* EuR 1976, 7 (15).
[43] Art. 138 VerfO-EuGH, Art. 87 § 3 Abs. 1 VerfO-EuG, Art. 89 Abs. 2 VerfO-EuGöD.
[44] Vgl. EuGH, Rs. 70/87, *Fediol/Kommission,* Slg. 1989, 1781: Aufhebung der Kosten, da das Beklagte Organ mit seinem Vorbringen, die Klage sei unzulässig, keinen Erfolg hatte. In diesem Fall hatte jedoch kein Zwischenstreit über die Zulässigkeit stattgefunden.

auf vorläufigen Rechtsschutz.[45] Normalerweise ist aber das Ergebnis des Rechtsstreits in der Hauptsache maßgeblich für die Kostenlast, so dass z.B. ein Kläger, der im Zwischenstreit über die Zulässigkeit obsiegt hat, dessen Klage aber als unbegründet abgewiesen wird, in aller Regel die Kosten des gesamten Verfahrens tragen muss.[46]

13 Der Grundsatz wonach die unterliegende Partei die Kosten des Verfahrens zu tragen hat, gilt nach Art. 87 VerfO-EuGöD auch bei Streitigkeiten zwischen der Union und ihren Bediensteten. Das noch in Art. 88 VerfO-EuG enthaltene **Kostenprivileg** der Unionsbediensteten, wonach die Organe ihre Kosten selbst tragen, und zwar auch dann, wenn sie in dem Rechtsstreit obsiegt haben, ist fast bedeutungslos geworden, da seit Inkrafttreten der Verfahrensordnung des EuGöD am 1.11.2007 nur diese auf neu eingehende Rechtssachen angewendet wird.[47] Die Vorschrift des Art. 87 VerfO-EuGöD ist umstritten, denn sicherlich ist es nicht auszuschließen, dass ein Bediensteter auf die Geltendmachung seines Rechts verzichtet, da er die Kostentragung im Falle des Unterliegens fürchtet.[48]

14 **2. Kostenentscheidung bei Parteienmehrheit.** Besteht die unterliegende Partei aus mehreren Personen, so entscheidet das in der Rechtssache zuständige Gericht nach Art. 138 Abs. 2 VerfO-EuGH, Art. 87 § 2 Abs. 2 VerfO-EuG bzw. Art. 89 Abs. 1 VerfO-EuGöD zugleich über eine Verteilung der Kosten auf die einzelnen **Streitgenossen**. Wie diese Aufteilung vorzunehmen ist, geht aus den Vorschriften allerdings nicht hervor. Der Gerichtshof und das Gericht verurteilen meist die unterlegenen Streitgenossen dazu, die Kosten der obsiegenden Partei als Gesamtschuldner zu tragen,[49] ohne festzulegen, welcher Betrag im Innenverhältnis auf den einzelnen Streitgenossen entfällt. Dazu ist nicht erforderlich, dass eine notwendige Streitgenossenschaft besteht, also dass die Entscheidung gegenüber den kostenpflichtigen Parteien in der Hauptsache nur einheitlich ergehen kann. Möglich ist aber auch die Verurteilung jedes Streitgenossen dazu, einen bestimmten Bruchteil der Kosten zu tragen.[50]

15 **Streithelfer** werden hinsichtlich der Kostenlast ähnlich behandelt wie die Hauptparteien. Streithelfer der unterlegenen Partei müssen normalerweise die Kosten tragen, die der obsiegenden Partei durch ihre Streithilfe entstanden sind, sie können aber auch gemeinsam mit der Hauptpartei als Gesamtschuldner verurteilt werden. Eine Sonderregelung für Streithelfer treffen allerdings Art. 140 VerfO-EuGH, 87 § 4 VerfO-EuG. Danach tragen Mitgliedstaaten und Unionsorgane[51] stets ihre eigenen Kosten, unab-

---

[45] Z.B. EuG, verb. Rs. T-195/01 und T-207/01, *Gibraltar/Kommission*, Slg. 2002, II-2309, 2361 f. Die Partei, die im einstweiligen Rechtsschutzverfahren erfolgreich war und in der Hauptsache unterliegt, muss die getrennte Entscheidung über die Kosten des einstweiligen Verfahrens ausdrücklich beantragen, EuG, Rs. T-50/89, *Sparr/Kommission*, Slg. 1990, II-539 ff.

[46] So ausdrücklich EuGH, Rs. T-154/98, *Asia Motor France u.a./Kommission*, Slg. 2000, II-3453, vgl. auch EuGH, C-70/88, *Parlament/Rat*, Slg. 1991, I-4529 Rn. 30, wo GA *van Gerven* allerdings vorgeschlagen hatte, dem Rat wegen seines Unterliegens im Zwischenstreit seine eigenen Kosten aufzuerlegen.

[47] *Wägenbaur*, EuGH VerfO, Art. 88 VerfO-EuG Rn. 1.

[48] Zum Ganzen: *Christophe*, RUDH 2011 Vol. 20 N°1-3, 89 ff.

[49] Z.B. EuG, Rs. T-9/99, *HFB u.a./Kommission*, Slg. 2002, II-1487 Rn. 640 und Tenor, sowie EuG, verb. Rs. T-485/93, T-491/93, T-494/93 und T-61/98, *Dreyfus & Cie u.a./Kommission*, Slg. 2000, II-3659.

[50] Z.B. EuGH, verb. Rs. 96-102, 104, 105, 108 und 110/82, *NV IAZ International Belgium/Kommission*, Slg. 1983, 3369.

[51] Das gleiche gilt für die Mitgliedstaaten des EWR, die keine EU-Mitgliedstaaten sind, und für die EFTA-Überwachungsbehörde.

hängig davon, ob die von ihnen unterstützte Partei obsiegt oder unterliegt. EuGH und EuG können darüber hinaus entscheiden, dass auch andere Streithelfer ihre eigenen Kosten tragen.[52]

3. Sonderfälle

a) **Kostenentscheidung zu Lasten der obsiegenden Partei.** Selbst wenn eine Partei 16 den Rechtsstreit gewonnen hat, kann es vorkommen, dass sie dazu verurteilt wird, die Kosten ihres Gegners ganz oder teilweise zu tragen. So können der obsiegenden Partei nach Art. 139 VerfO-EuGH, Art. 87 § 3 Abs. 2 VerfO-EuG und Art. 88 VerfO-EuGöD die **Kosten** auferlegt werden, die sie der Gegenseite **ohne angemessenen Grund** oder gar **böswillig** verursacht hat. Hierzu rechnen insbesondere die Kosten, die infolge unsachgemäßer Prozessführung oder unkorrekten außerprozessualen Verhaltens entstanden sind.[53] So kann das beklagte Organ nach dieser Vorschrift zur Kostentragung verurteilt werden, wenn sein rechtswidriges Verhalten den Rechtsstreit ausgelöst hat, auch wenn die Klage letztlich erfolglos bleibt.[54] Darüber hinaus eröffnet Art. 87 § 3 Abs. 1 VerfO-EuG, generell die Möglichkeit, bei Vorliegen eines **außergewöhnlichen Grundes** die Kosten zu teilen oder gegeneinander aufzuheben.[55] Diese Regelung lässt Raum für Billigkeitserwägungen der Gerichte und erlaubt z. B., dem Umstand Rechnung zu tragen, dass das beklagte Organ durch sein Verhalten Anlass zur Erhebung einer unzulässigen oder unbegründeten Klage gegeben hat.[56] Zwischen dem Anwendungsbereich von Abs. 1 (Kostenteilung oder -aufhebung bei außergewöhnlichem Grund) und Abs. 2 (Verurteilung der obsiegenden Partei, Kosten zu tragen, die sie ohne angemessenen Grund verursacht hat) bestehen gewisse Überschneidungen. EuGH und EuG wählen in diesen Fällen die im Einzelfall angemessene Rechtsfolge nach ihrem Ermessen aus.

b) **Klage- oder Antragsrücknahme und Erledigung der Hauptsache.** Dem Un- 17 terliegen in einem Prozess wird die **Klagerücknahme** nach Art. 141 VerfO-EuGH, Art. 99 VerfO-EuG und Art. 74 VerfO-EuGöD bzw. die Rücknahme eines ein sonstiges Verfahren einleitenden Antrags gleich gestellt. Dementsprechend werden dem Zurücknehmenden auf Antrag der anderen Partei die Kosten des Rechtsstreits auferlegt.[57] Ohne einen solchen Antrag trägt jede Partei ihre eigenen Kosten,[58] während bei einer Einigung der Parteien über die Kosten, etwa im Rahmen einer außergerichtlichen Einigung über die Hauptsache, die europäischen Gerichte gemäß dieser Vereinbarung entscheiden.[59] Auf Antrag der Partei, die ihre Klage oder ihren Antrag zurücknimmt,[60]

---

[52] Z. B. EuG T-89/96, *British Steel/Kommission*, Slg. 1999, II-2089, 2153 und Tenor.
[53] So für den Fall, dass die Kommission dem späteren Kläger im Rahmen des Verwaltungsverfahrens keine Akteneinsicht gewährt hat, so dass dieser erst im Laufe des Gerichtsverfahrens von bestimmten Unterlagen Kenntnis nehmen konnte, EuG, Rs. Verb. Rs. T-25/95, T-26/95 u. a., *Cimenteries/Kommission*, Slg. 2000, II-491.
[54] EuG Rs. T-336/94, *Efisol/Kommission*, Slg. 1996, II-1343 Rn. 38 f. und Tenor.
[55] z. B. EuG, Rs. T-464/04, *Impala/Kommission*, Slg. 2006, II-2289 Rn. 544-552.
[56] EuG, Rs. T-64/89, *Automec/Kommission*, Slg. 1990 II-367, 392.
[57] Art. 141 Abs. 1 VerfO-EuGH, Art. 87 § 5 Abs. 1 Satz 1 VerfO-EuG, Art. 89 Abs. 5 VerfO-EuGöD.
[58] Art. 141 Abs. 4 VerfO-EuGH, Art. 87 § 5 Abs. 3 VerfO-EuG, Art. 89 Abs. 3 VerfO-EuGöD.
[59] Art. 141 Abs. 3 VerfO-EuGH, Art. 87 § 5 Abs. 2 VerfO-EuG, Art. 89 Abs. 7 VerfO-EuGöD.
[60] z. B. EuG, Rs. 317/03, *Volkswagen/HABM*, Slg. 2006, II-12 Rn. 2 f.

können die Gerichte auch der Gegenpartei die Kostenlast auferlegen, wenn dies wegen des Verhaltens dieser Partei gerechtfertigt erscheint. Dies betrifft namentlich die Fälle, in denen die beklagte Partei – normalerweise ein Organ oder, im Vertragsverletzungsverfahren, ein Mitgliedstaat – durch ein vorwerfbares Verhalten Anlass zur Klage gibt, dieses Verhalten nach Klageerhebung aber abstellt und so den Rechtsstreit hinfällig werden lässt.[61] Das ist z. B. der Fall, wenn eine Vertragsverletzung nach Klageerhebung abgestellt wird oder wenn sich der angefochtene Akt nach Klageerhebung als rechtswidrig erweist,[62] er zurückgenommen oder durch einen anderen, den Kläger nicht belastenden Akt ersetzt worden ist.[63] Allerdings kommt es im Einzelfall auf die Gründe für die Rücknahme des Aktes an.[64]

18 Für den Fall der **Erledigung** des Rechtsstreits in **der Hauptsache** bestimmen Art. 142 VerfO-EuGH, Art. 87 § 6 VerfO-EuG und Art. 89 Abs. 6 VerfO-EuGöD, dass die Gerichte nach freiem Ermessen über die Kostenverteilung entscheiden können. Zweck dieser Regelung ist es sicherzustellen, dass nicht allein im Hinblick auf die Kostentragungspflicht schwierige rechtliche Erörterungen über die Zulässigkeit und die Begründetheit der Klage anzustellen sind. Im Rahmen dieser Ermessensentscheidung wird der Gerichtshof jedoch den Sach- und Streitstand im Zeitpunkt der Erledigung berücksichtigen und die Erfolgsaussichten nicht völlig außer Acht lassen.[65] Wenn sich die Erfolgsaussichten nicht eindeutig abschätzen lassen, werden die Kosten meist gegeneinander aufgehoben.[66] Die Kostenentscheidung ergeht mit dem verfahrensbeendenden Streichungsbeschluss.

19 **4. Die Kostenentscheidung im Vorabentscheidungsverfahren.** Vorabentscheidungen, die auf Vorlage nationaler Gerichte ergehen, müssen ebenfalls eine Kostenentscheidung enthalten, Art. 38 Satzung-EuGH sieht keine Einschränkung vor. Im Gegensatz zu den Entscheidungen über Direktklagen wird die Kostenformel aber nicht in den Tenor aufgenommen; die Kosten werden lediglich am Ende der Entscheidungsgründe behandelt. Dazu bestimmt Art. 102 VerfO-EuGH, dass die Entscheidung über die Kosten des Vorabentscheidungsverfahrens Sache des nationalen Gerichts ist, welches den EuGH angerufen hat. Sowohl hinsichtlich der Kostenlast als auch für die Kostenfestsetzung gelten für das nationale Gericht dabei allein seine innerstaatlichen Kostenvorschriften.[67] Das gilt auch dann, wenn das nationale Recht für diesen Fall keine ausdrücklichen

---

[61] Z. B. EuG, Rs, T- 124/93, *Werner/Kommission*, Slg. 1995, II-91.
[62] EuG, Beschl. v. 6.7.2000, Rs. T-150/98, *De Haan Beheer/Kommission*, n. v. (Feststellung der Ungültigkeit des angefochtenen Aktes in einem Vorabentscheidungsverfahren).
[63] EuG, Beschl. v. 27.3.2001, Rs. T-205/00, *Renco/Rat*, n. v. (Klage gegen die Verweigerung des Zugangs zu den Akten eines Vergabeverfahrens, die zurückgenommen wurde, nachdem das beklagte Organ nicht vertrauliche Teile dieser Akten im Rahmen eines die Rechtmäßigkeit des Vergabeverfahrens betreffenden Parallelrechtsstreits vorgelegt hatte, ohne diese Änderung seiner Haltung zu begründen.).
[64] EuG, Beschl. v. 22.2.2001, Rs. T-189/00, *Invest/Kommission*, nicht in der Slg. veröffentlicht: Angefochten war eine Verordnung über das Einfrieren von Geldern und ein Investitionsverbot betreffend die Bundesrepublik Jugoslawien, die nach Klageerhebung wegen der veränderten politischen Situation in diesem Staat aufgehoben wurde. Hier wurde keine Ausnahme von dem Grundsatz gemacht, dass der Kläger nach einer Klagerücknahme alle Kosten des Verfahrens trägt.
[65] Vgl. hierzu mit vielen Beispielen aus der Rechtsprechung *Wolf*, EuR 1976, 7 (20); *Klinke*, Rn. 388.
[66] Z. B. EuG, Beschl. v. 10.1.2001, Rs. T-153/00, *SpainPharma/Kommission*, n. v.
[67] EuGH, Rs. C- 472/99, *Clean Car Autoservice/Stadt Wien*, Slg. 2001, I-9687.

Bestimmungen enthält. Allerdings ist die Kostenregelung, die sich aus dem nationalen Recht für das Vorabentscheidungsverfahren ergibt, an den gemeinschaftsrechtlichen Grundsätzen der Effektivität und der Gleichwertigkeit zu messen. Sie darf deshalb nicht so ausgestaltet sein, dass sie dem einzelnen die Ausübung der durch die Unionsrechtsordnung verliehenen Rechte unmöglich macht oder übermäßig erschwert, und sie darf nicht ungünstiger sein als die Vorschriften über die Kosten vergleichbarer Zwischenverfahren des nationalen Rechts.[68] Dies führt zu der Konsequenz, dass Vorlageverfahren zum EuGH je nach Mitgliedstaat unterschiedlich teuer sein können.[69] Unionsorgane oder Mitgliedstaaten, die sich nach Art. 23 Satzung-EuGH an einem Vorabentscheidungsverfahren beteiligen, müssen nach ständiger Rechtsprechung des Gerichtshofs ihre Kosten selber tragen, da ihr Beitrag an der Klärung der vorgelegten Rechtsfrage im eigenen, bzw. im allgemeinen europäischen Interesse erfolgt.[70]

D. Kostenfestsetzung

Die Kostenentscheidungen des EuGH und des EuG stellen regelmäßig nur fest, welchen Anteil an den Prozesskosten jede Partei zu tragen hat. Muss danach eine Partei der anderen ihre Kosten oder einen Teil davon erstatten, so müssen die Parteien mangels einer unionsrechtlichen Gebührenordnung grundsätzlich versuchen, sich über den Erstattungsbetrag zu einigen. Kommt keine Einigung zustande, so entscheidet auf Antrag einer Partei die mit dem ursprünglichen Rechtsstreit befasste Kammer[71] über die erstattungsfähigen Kosten.[72] Die Verfahrensordnung des EuGöD präzisiert, dass der Beschluss mit Gründen zu versehen ist. Streiten die Parteien im Anschluss an ein Rechtsmittelverfahren über die Kosten beider Instanzen, so entscheidet der EuGH nur über den Betrag, der auf das Rechtsmittelverfahren entfällt, während für die Festsetzung der auf das erstinstanzliche Verfahren entfallenden Kosten das EuG zuständig ist.[73]

Jeder Verfahrensbeteiligte, d. h. auch ein Streithelfer, kann einen **Antrag** auf Kostenfestsetzung stellen.[74] Der Antrag ist nur zulässig, wenn über die zu erstattenden Kosten Streit besteht. Er setzt daher jedenfalls voraus, dass der Kostengläubiger den Kostenschuldner zur Zahlung aufgefordert hat und dieser nicht bereit ist, den verlangten Betrag zu zahlen.[75] Eine Frist für den Antrag legen die Verfahrensordnungen nicht fest, doch verlangt die Rechtsprechung, dass er innerhalb **angemessener Frist** gestellt wird.[76] Dem Antrag ist eine Kostenaufstellung mit entsprechenden Belegen

20

21

---

[68] EuGH, Rs. C-472/99, *Clean Car Autoservice/Stadt Wien*, Slg. 2001, I-9687 Rn. 28-29.
[69] *Klinke*, Rn. 398.
[70] Z. B. EuGH, Rs. C-472/99, *Clean Car Autoservice/Stadt Wien*, Slg. 2001, I-9687 Rn. 33.
[71] Bei Plenarentscheidungen des EuGH ist die Kammer zuständig, der der Berichterstatter angehört.
[72] Art. 145 VerfO-EuGH, Art. 92 VerfO-EuG, Art. 92 VerfO-EuGöD.
[73] Vgl. EuGH, Beschl. v. 20.5.1999, Rs. C-362/95 P-DEP, *Rat/Blackspur*, n. v. und EuG, Beschl. v. 7.2.2000, Rs. T-168/94 (92), *Blockspur DIY u. a./Rat u. Kommission* n. v.; vgl. auch *Plender*, Rn. 15.01 und Fn. 1.
[74] *Wolf*, EuR 1976, 7 (24).
[75] EuG, Beschl. v. 17.3.1999, verb. Rs. T-163 und T-165/94 (92), *NTN und Koyo Seiko/Rat*, n. v..
[76] EuGH, Rs. 126/76, *Gebrüder Dietz/Kommission*, Slg. 1979, 2131, 2133; EuG, T-2/93 DEPE, *British Airways/Air France*, Slg. 1996 II-235, 241.

beizufügen.⁷⁷ So weit nach dem Verfahrensrecht Anwaltszwang besteht, ist dieser auch hier zu beachten. Die Entscheidung ergeht nach Anhörung der Gegenpartei und ggf. des Generalanwaltes durch **unanfechtbaren Beschluss**, von dem die interessierte Partei zum Zwecke der Zwangsvollstreckung eine Ausfertigung beantragen kann. Mit ihr setzt das jeweils zuständige Gericht nicht die Höhe der entstandenen Kosten fest, sondern bestimmt lediglich den Betrag, den die zur Erstattung der Kosten verurteilte Partei dem Gegner erstatten muss.⁷⁸

22   Streit um die zu erstattenden Kosten betrifft meist die Höhe der **Anwaltskosten**. Für die Frage, in welcher Höhe die **Honorare der Prozessvertreter** erstattet werden müssen, sind nationale Gebührenregelungen ebenso wenig maßgeblich⁷⁹ wie Honorarvereinbarungen, die eine Partei mit ihrem Rechtsbeistand getroffen hat.⁸⁰ Die europäischen Gerichte bestimmen den „für das Verfahren notwendigen" Betrag der Vergütung in freier Würdigung der Umstände des Einzelfalles, bei der ihnen ein weites Ermessen zusteht. Zu den Gesichtspunkten, die sie dabei berücksichtigen, gehören der Gegenstand und die Art des Rechtsstreits, seine Bedeutung für das Unionsrecht, die Frage, ob neue Rechtsfragen zu erörtern sind, die Schwierigkeit der aufgeworfenen Fragen und der erforderliche Arbeitsaufwand der Prozessvertreter, sowie die wirtschaftliche Bedeutung des Prozesses für die Parteien.⁸¹ Inwieweit der Unionsrichter den erforderlichen Arbeitsaufwand und den Wert der Arbeit eines Anwalts korrekt beurteilen kann, hängt davon ab, ob die Parteien dazu hinreichend präzise Angaben gemacht haben.⁸² Das danach als angemessen anzusehende Honorar des Anwalts, den eine Partei in Anspruch genommen hat, ist auch dann erstattungsfähig, wenn für diese Partei – wie bei Mitgliedstaaten und Unionsorganen – kein Anwaltszwang besteht.⁸³ Dagegen können die Organe keinen Ersatz für die Arbeitszeit ihrer eigenen Bediensteten verlangen, die sie im Prozess vertreten haben. Als notwendig werden normalerweise nur die Kosten eines Anwalts angesehen,⁸⁴ der allerdings durch andere Anwälte derselben Kanzlei unterstützt werden kann.⁸⁵ Besondere Umstände können jedoch im Einzelfall die Mitwirkung mehrerer Anwälte, bzw. Kanzleien,

---

⁷⁷ *Plender*, Rn. 15–069, vgl. auch EuGH, Rs. T-290/94, *Fort James France*, Slg. 1998 II-4105.
⁷⁸ Z.B. EuG, T-97/95 (92) II, *Sinochem National Chemicals Import & Export Corporation*, Slg. 2000, II-1715.
⁷⁹ Z.B EuG, Rs. T-120/89, *Stahlwerke Peine-Salzgitter/Kommission*, Slg. 1996, II-1547. Das schließt nicht aus, dass sie im Einzelfall einen Anhaltspunkt für die Beurteilung bilden können, ob die verlangten Honorare sich in einem angemessenen Rahmen bewegen, *Plender*, Rn. 15–064.
⁸⁰ EuGH, Rs. 318/82, *Leeuwarder Papierwarenfabriek BV/Kommission*, Slg. 1985, 3727, 3729; EuG, T-97/95 (92) II, *Sinochem National Chemicals Import & Export*, Slg. 2000, II-1715.
⁸¹ Ständige Rechtsprechung, z.B. EuGH, Rs. 318/82, *Leeuwarder Papierwarenfabriek/Kommission*, Slg. 1985, 3727. Beispiele für die Anwendung dieser Kriterien bei *Wägenbaur*, EuZW 1997, 197 (202 f.).
⁸² EuG, Rs. T-120/89, *Stahlwerke Peine-Salzgitter/Kommission*, Slg. 1996, II-1547, vgl. auch EuG, Rs. T-101/00, *de Pablos/Kommission*, Slg. 2002, II-1, 14.
⁸³ Z. B. EuG, Rs. T-167/94 (92), *Nölle/Rat u.a.*, Slg. 1997, II-2379, 2387; Rs. T-294/97, *Benitez/Kommission*, Slg. 1998, II-1819.
⁸⁴ Z.B. EuG, Rs. T-78/89 – DEPE, *PPG Industries Glass/Kommission*, Slg. 1993, II-573, 584; Rs. T-337/94 (92), *Enso-Gutzeit/Kommission*, Slg. 2000, II-479.
⁸⁵ *Fiebig*, CMLR 1997, 89 (119). Für die Kostenfestsetzung kommt es in diesem Fall darauf an, ob die insgesamt aufgewendete Arbeitszeit angemessen ist, EuG, Rs. T-337/94 (92), *Enso-Gutzeit/Kommission*, Slg. 2000, II-479 Rn. 20-21.

6. Abschnitt. Das Gerichtsverfahren vor dem EuGH　　　　　23, 24 § 29

rechtfertigen.[86] Für die Vertretung eines **Streithelfers** ist normalerweise ein geringeres Honorar angemessen als bei der unterstützten Hauptpartei.[87]

Zu den erstattungsfähigen **Auslagen** der Parteien gehören die **Reise- und Aufenthaltskosten** der Anwälte,[88] Rechtsbeistände und Bevollmächtigten[89] für Termine bei den europäischen Gerichten.[90] Für die Reise- und Aufenthaltskosten der Parteien gilt dies jedoch nur dann, wenn ihre persönliche Anwesenheit für das Verfahren geboten ist, sei es, dass ihr Erscheinen vor dem Gerichtshof ausdrücklich angeordnet wurde, sei es, dass sie zur Sachverhaltsaufklärung erforderlich sein kann.[91] Reise- und Aufenthaltskosten sonstiger Personen, z. B. von Sachverständigen, die eine Partei beauftragt hat, können nur geltend gemacht werden, wenn deren Mitwirkung am Verfahren erforderlich war.[92] Die Kosten einer Rechtsschutzversicherung gehören nur in seltenen Ausnahmefällen zu den erstattungsfähigen Verfahrenskosten.[93]

23

Im Kostenfestsetzungsbeschluss werden die vom Kostengläubiger verlangten Beträge oft erheblich gekürzt, während die von den Kostenschuldnern angebotenen Summen meist überschritten werden.[94] Hinsichtlich der Begründung dieser Beschlüsse lassen sich zwei Ansätze unterscheiden. Einige Kammern neigen zur Festsetzung von globalen Beträgen auf der Grundlage einer Gesamtwürdigung aller Umstände, während andere Kammern detaillierte Berechnungen der einzelnen Kostenfaktoren vornehmen. In dem festgesetzten Betrag sind auch die Kosten des Kostenfestsetzungsverfahrens enthalten.[95] Eine eigene Kostenentscheidung enthält der Kostenfestsetzungsbeschluss selbst dann

24

---

[86] Z. B. EuGH, Rs. 318/82 *Leeuwarder Papierwarenfabrik BV/Kommission*, Slg. 1985, 3727, 3729, EuG, Rs. T-115/94 (92), *Opel Austria/Rat*, Slg. 1998, II-2739, 2749 f. Weitere Beispiele bei *Wägenbaur*, EuZW 1997, 197 (200) und bei *Plender*, Rn. 15.056. Wird während des Verfahrens ein neuer Anwalt eingeschaltet, so gehört die für dessen Einarbeitung erforderliche Arbeitszeit nicht zu den für das Verfahren erforderlichen Aufwendungen, EuG, Rs. T-337/94 (92), *Enso-Gutzeit/Kommission*, Slg. 2000, II-479.

[87] EuG, Rs. T-97/95 (92), *Sinochem National Chemicals Import & Export Corporation/Rat*, Slg. 1999, II-743. Die von der Hauptpartei gezahlten Honorare sind aber nicht unbedingt maßgeblich, wenn diese ein Organ ist, dessen Bedienstete einen großen Teil der für das Verfahren erforderlichen Arbeit geleistet haben, EuG, Rs. T-2/95 (92), *Industrie des poudres sphériques/Rat*, Slg. 2000, II-463. Zu Übersetzungskosten des Intervenienten vgl. EuG, Rs. T-2/93 DEPE *British Airways/Air France*, Slg. 1996, II-235.

[88] Sofern kein Missbrauch vorliegt, kann der Kostenschuldner gegen die Höhe der Reisekosten eines Anwalts nicht einwenden, dass die Gegenpartei einen näher am Gerichtssitz zugelassenen Anwalt hätte beauftragen können, EuG, Rs. T-95/98 DEP, *Gogos/Kommission,* Slg. 2001, öD IA-123, II-571 (griechischer Beamter, der sich durch einen in Athen zugelassenen Anwalt vertreten ließ).

[89] Organe und Mitgliedstaaten, die neben einem Bevollmächtigten durch einen Anwalt vertreten werden, können diese Kosten für beide Vertreter verlangen, vgl. EuG, Rs. T-167/94 (92), *Nölle/Rat u. a.*, Slg. 1997, II-2379.

[90] Reisekosten, die für Konsultationen des Anwalts mit der Partei angefallen sind, werden dagegen nur ausnahmsweise ersetzt, vgl. *Plender*, Rn. 15-064.

[91] EuGH, Rs. 24/79, *Noëlle Oberthür/Kommission*, Slg. 1981, 2229, 2230; kritisch *Fiebig*, CMLRev 1997, 89 (124).

[92] EuG, Rs. T-271/94 (92), *Branco/Kommission*, Slg. 1998, II-3761.

[93] EuG, Rs. T-78/99 (92), *Elder u. a./Kommission*, Slg. 2000, II-3717.

[94] Beispiele bei *Wägenbaur*, EuZW 1997, 197 (204). Kritisch zu dem dadurch gegebenen Anreiz, die Gemeinschaftsgerichte mit Kostenstreitigkeiten zu befassen, *Plender*, Rn. 15-066 und *Fiebig*, CMLRev 1997, 89 (129–133).

[95] EuG, Rs. T-2/93 DEPE, *British Airways/Air France*, Slg. 1996, II-235, 245.

nicht, wenn der Antrag zurückgewiesen wird. Verzugszinsen billigt der Gerichtshof für die Zeit vor dem Erlass des Kostenfestsetzungsbeschlusses nicht zu.[96] Wie jede andere Gerichtsentscheidung ist der Kostenfestsetzungsbeschluss der Auslegung durch den Gerichtshof fähig.[97]

E. Prozesskostenhilfe

I. Allgemeines

25 Die Verfahrensordnungen der drei europäischen Gerichte sehen jeweils vor, dass einer Partei, die außerstande ist, die Kosten des Verfahrens zu bestreiten, Prozesskostenhilfe gewährt werden kann.[98] Die entsprechenden Vorschriften[99] wurden 2005 überarbeitet, mit dem Ziel, das Verfahren für die Bürger einfacher und zugänglicher zu gestalten. In der Praxis ist dieses Verfahren insbesondere vor dem EuG und dem EuGöD relevant, da der EuGH kaum noch für Klagen natürlicher Personen zuständig ist.[100] Dagegen entscheidet der EuGH über die Prozesskostenhilfe im Zusammenhang mit den bei ihm eingelegten Rechtsmitteln und in den Vorabentscheidungsverfahren. Bei letzteren hat die Gewährung von Prozesskostenhilfe nach nationalem Recht im Verfahren vor dem vorlegenden Gericht grundsätzlich Vorrang vor der Prozesskostenhilfe durch den EuGH, doch erlaubt Art. 115 ff. VerfO-EuGH es dem Gerichtshof, einer am Ausgangsverfahren beteiligten Partei Prozesskostenhilfe gewähren, um es ihr zu erleichtern, sich vor dem Gerichtshof vertreten zu lassen oder persönlich zu erscheinen.[101] Im Einzelfall können also nationale und europäische Prozesskostenhilfe zusammentreffen, wenn nach den mitgliedstaatlichen Vorschriften keine Unterstützung für das Verfahren vor dem EuGH gewährt werden kann oder diese nicht ausreicht.[102] Durch die Reform der Verfahrensordnung des EuGH 2012 sind die Vorschriften zur Prozesskostenhilfe bei Vorabentscheidungsverfahren klarer gefasst worden.[103]

II. Voraussetzungen

26 **1. Bedürftigkeit.** Zu den Parteien, die Prozesskostenhilfe erhalten können, gehören neben dem Kläger und dem Beklagten auch die Streithelfer.[104] Nur natürliche Personen haben nach Art. 94 § 2, Abs. 2 VerfO-EuG Anspruch auf Prozesskostenhilfe. Der Antragsteller muss seine Bedürftigkeit nachweisen, d. h. er muss aufzeigen, dass sein

---

[96] Z. B. EuGH, Rs. 6-72, *Europemballage/Kommission*, Slg. 1975, 495, 496; EuG, Rs. T-120/89, *Stahlwerke Peine-Salzgitter/Kommission*, Slg. 1996, II-1547.
[97] EuGH, Rs. 17/68, *Reinarz Kommission*, Slg. 1970, 1.
[98] Zu diesem Zweck stehen den Gerichten Haushaltsmittel zur Verfügung.
[99] Art. 94 VerfO-EuG, Art. 95 ff. VerfO-EuGöD.
[100] *Wägenbaur*, VerfO-EuGH, Art. 76 Rn. 1.
[101] Vgl. z. B. EuGH, verb. Rs.-95/99 bis C-98/99 und C-180/99, *Khalil u. a./Bundesanstalt für Arbeit*, Slg. 2001, I-7413.
[102] Siehe auch *Plender*, Rn. 16.033 f.
[103] Art. 115 ff. VerfO-EuGH
[104] *Wolf*, EuR 1976, 26.

Einkommen und sein Vermögen bei Berücksichtigung seiner sonstigen Verpflichtungen (z. B. Familienunterhalt) für eine Prozessführung vor dem Gericht nicht ausreichen. Zum Nachweis dieser Bedürftigkeit sieht Art. 95 § 2 VerfO-EuG, Art. 96 Abs. 2 VerfO-EuGöD insbesondere die Vorlage einer entsprechenden **Bescheinigung der zuständigen innerstaatlichen Behörde** vor. Die Bedürftigkeit kann aber auch auf andere Art und Weise nachgewiesen werden. Als Beweismittel können z. B. aktuelle Gehaltsbescheinigungen oder sonstige Unterlagen dienen, die Aufschluss über Einkünfte, vorhandenes Vermögen und Belastungen geben.[105] Sind die Unterlagen unzureichend oder unvollständig, kann der Gerichtshof ergänzende Angaben verlangen. Art. 115 Abs. 2 VerfO-EuGH verlangt für Prozesskostenhilfe im Vorabentscheidungsverfahren ebenso die Vorlage von allen Auskünften und Belegen, die eine Beurteilung der wirtschaftlichen Lage des Antragstellers ermöglichen. Die Vorschriften zur Prozesskostenhilfe im Rechtsmittelverfahren sind ähnlich gefasst.[106]

2. Erfolgsaussichten in der Hauptsache. Prozesskostenhilfe wird nicht gewährt, wenn die Klage **offensichtlich unzulässig oder unbegründet** ist.[107] Wird der Antrag vor der Klage eingereicht, muss er deshalb eine kurze Darstellung des Klagegegenstandes enthalten,[108] damit sich das zuständige Gericht einen Eindruck davon verschaffen kann, ob die Rechtsverfolgung der antragstellenden Partei Aussicht auf Erfolg verspricht. Beantragt eine Partei erst nach der Klageerhebung Prozesskostenhilfe, so können Gerichtshof und Gericht die Erfolgaussichten dagegen anhand der Klageschrift prüfen. Im einen wie im anderen Fall handelt es sich um eine summarische Prüfung, so dass ein Prozesskostenhilfeantrag lediglich bei offensichtlicher Aussichtslosigkeit der Rechtsverfolgung zurückgewiesen wird. Im Vorabentscheidungsverfahren ist dieses Erfordernis nicht unmittelbar anwendbar; hier ergibt sich normalerweise schon aus der Tatsache, dass das nationale Gericht eine Vorlage für angebracht gehalten hat, dass die Rechtsverfolgung durch die bedürftige Partei nicht völlig aussichtslos oder mutwillig ist. Allerdings kommt Prozesskostenhilfe nicht in Betracht, wenn das Vorabentscheidungsersuchen unzulässig ist.[109]

27

III. Verfahren und Inhalt der Entscheidung

Prozesskostenhilfe wird nur auf **Antrag** gewährt. Im Verfahren vor dem EuG[110] und EuGöD[111] ist neuerdings die Verwendung eines entsprechenden vom Gericht gestellten Formulars obligatorisch: Ein in anderer Form als mit dem Formular gestellter Antrag

28

---

[105] Z. B. eine aktuelle Bescheinigung über Sozialleistungen, die dem Antragsteller auf Grund von Bedürftigkeit gewährt werden, EuG, Beschl. v. 26.6.2000, Rs. T-11/00 AJ, *Hautem/EIB*, n. v. Dagegen wurde eine Bescheinigung der Finanzbehörden über das zu versteuernde Einkommen in dem der Klageerhebung vorhergehenden Jahr nicht als ausreichend angesehen, EuG, Beschl. v. 29.09.2000, Rs. T-101/00 AJ, *Martin de Pablos/Kommission*, n. v.
[106] Art. 185 ff. VerfO-EuGH.
[107] Art. 187 Abs. 1 VerfO-EuGH, Art. 94 § 2 Abs. 3 VerfO-EuG, z. B. EuGH, Slg. 1991, II-179, 186.
[108] Art. 94 § 2 VerfO-EuG, Art. 186 Abs. 1 VerfO-EuGH.
[109] *Plender*, Rn. 16.034.
[110] Vgl. die Praktischen Anweisungen an die Parteien, unter www.curia.europa.eu.
[111] Vgl. die Praktischen Anweisungen an die Parteien, ABl. 2008 L 69/13 ff.

auf Bewilligung von Prozesskostenhilfe wird nicht berücksichtigt. Gemäß Art. 95 § 1 VerfO-EuG, Art. 96 Abs. 1 VerfO-EuGöD kann ein Prozesskostenhilfeantrag jederzeit, d. h. vor oder nach Klageerhebung gestellt werden. Der Antrag ist nicht an eine Frist gebunden und kann deshalb auch erst in einem späteren Stadium des Verfahrens erfolgen. Er kann wiederholt werden, wenn sich entscheidungserhebliche Umstände, wie z. B. die wirtschaftliche Situation des Antragstellers, ändern. Der Antrag unterliegt nicht dem Anwaltszwang.[112] Das gilt auch dann, wenn erst nach der Klageerhebung Prozesskostenhilfe beantragt wird.[113]

29 Nach Art. 94 VerfO-EuG hemmt das Einreichen des Prozesskostenhilfeantrags den Lauf der Klagefrist bis zur Entscheidung des EuG über diesen Antrag. Allerdings gilt dies nur soweit der Antragsteller nicht anwaltlich vertreten ist. Gemäß Art. 186, Abs. 3. VerfO-EuGH hemmt die Einreichung eines Prozesskostenhilfeantrags für den Antragsteller die Rechtsmittelfrist.

30 Die **Zuständigkeit** für die Entscheidung über den Antrag ist bei den drei Gerichten unterschiedlich geregelt. Beim EuG und EuGöD sind die **Präsidenten** für die Gewährung von Prozesskostenhilfe zuständig, die die Entscheidung dem Gericht übertragen können.[114] Wird der Prozesskostenhilfeantrag vor Erhebung der eigentlichen Klage gestellt, so bestimmt beim EuGH der Präsident einen Berichterstatter für die Rechtssache. Über die Gewährung der Prozesskostenhilfe entscheidet dann die kleinste **Kammer**, der der Berichterstatter angehört, also in der Regel eine Dreierkammer. Früher hingegen wurde über die Prozesskostenhilfe von der Kammer entschieden, die auch für die Entscheidung über die Rechtssache zuständig war, was gerade im Hinblick auf vor der Großen Kammer verhandelte Rechtssachen nicht sehr effizient erschien.[115]

31 Vor der Entscheidung über Prozesskostenhilfe erhält die Gegenpartei Gelegenheit zur schriftlichen Stellungnahme. Die Anhörung der Gegenpartei ist überflüssig, wenn der Antragsteller seine Bedürftigkeit nicht nachgewiesen hat bzw. die Klage offensichtlich unzulässig oder unbegründet ist.[116] Die Entscheidung ergeht ohne Angabe von Gründen.

32 Prozesskostenhilfe wird normalerweise für die gesamte Instanz bewilligt. Kommt es zum Versäumnisurteil, so wird auch die Fortsetzung des Verfahrens nach einem Einspruch von dem Prozesskostenhilfebeschluss umfasst. Nicht gedeckt sind die Wiederaufnahme des Verfahrens oder der Drittwiderspruch, da hier die Erfolgsaussichten neu zu beurteilen sind. Im Einzelfall kann die Prozesskostenhilfe statt für das gesamte Verfahren nur für eine bestimmte Verfahrenshandlung gewährt werden.[117] Die Gewährung von Prozesskostenhilfe durch das EuG betrifft nur die Kosten des erstinstanzlichen Verfahrens, während für ein eventuelles Rechtsmittelverfahren ein neuer Antrag beim EuGH erforderlich ist.

---

[112] Art. 95 § 1 VerfO-EuG.
[113] EuGHE 1997, II-155.
[114] Art. 96 § 2 VerfO-EuG, Art. 97 Abs. 2 VerfO-EuGöD.
[115] Art. 187 VerfO-EuGH und Art. 116 Abs. 2 VerfO-EuGH.
[116] Art. 96 § 1 VerfO-EuG.
[117] Z. B. EuG Rs. T-303/94 AJ, *De Jong/Rat und Kommission*, Beschl. v. 14.6.1995 (Prozesskostenhilfe nur für die Erhebung einer Schadensersatzklage); Beschl. v. 14.10.1998 und v. 12.10.2001 (Prozesskostenhilfe für die Teilnahme des Anwalts an zwei informellen Sitzungen mit dem Ziel einer gütlichen Einigung).

Die europäischen Gerichte ordnen im Beschluss über die Gewährung von Prozess- 33
kostenhilfe dem Antragsteller einen Anwalt bei.[118] Meist schlägt der Antragsteller dafür
einen bestimmten Anwalt vor, der oft bereits das Prozesskostenhilfegesuch bearbeitet
hat. Normalerweise folgen die Gerichte dem Vorschlag des Antragstellers, sie können
aber davon abweichen, wenn sie die Bestellung dieses Anwalts für untunlich halten. In
diesem Falle, und wenn die bedürftige Partei ohne anwaltlichen Beistand ist und keinen
Vorschlag macht, wird ein Anwalt von Amts wegen ernannt, nachdem die zuständige
Stelle des durch das Verfahren betroffenen Staates[119] um entsprechende Vorschläge
ersucht worden ist.[120]

Im Falle der Gewährung von Prozesskostenhilfe sind EuGH, EuG und EuGöD 34
ausnahmsweise befugt, auch die Kosten festzusetzen, die der Anwalt für seine Tätigkeit
im Rahmen des Verfahrens erhält.[121] Beim EuG macht der zuständige Präsident oder
Kammerpräsident oft von der Möglichkeit Gebrauch, in dem Beschluss, mit dem die
Prozesskostenhilfe bewilligt wird, eine Obergrenze festzulegen, die die Auslagen und
Gebühren des Anwalts grundsätzlich nicht überschreiten dürfen. Wenn sich im Laufe
des Verfahrens ergibt, dass die ursprünglich angesetzten Beträge nicht ausreichen,
etwa weil zusätzliche Verfahrenshandlungen vorzunehmen sind, so kann ein weiterer
Antrag gestellt werden.[122] Neben dem Honorar und des Auslagen des Anwalts können
auch sonstige für das Verfahren erforderliche Kosten (z. B. Reisekosten der Partei)
übernommen werden.

Wird Prozesskostenhilfe gewährt, so streckt die Gerichtskasse die Kosten vor.[123] 35
Damit ist aber weniger die Auszahlung der zur Rechtswahrnehmung notwendigen
Beträge an die Partei oder ihren Anwalt gemeint als die vorübergehende Befreiung
von eventuell im Laufe des Verfahrens fällig werdenden Kosten.[124] Darüber hinaus
kann dem der bedürftigen Partei beigeordneten Anwalt ein Vorschuss auf sein Honorar ausgezahlt werden. Hierüber entscheidet auf Antrag der Präsident des zuständigen
Gerichts.[125] Ändern sich die für die Gewährung der Prozesskostenhilfe maßgeblichen
Umstände im Laufe des Verfahrens, so kann die Prozesskostenhilfe dem Begünstigten
von Amts wegen oder auf Antrag der Gegenpartei wieder entzogen werden.[126]

---

[118] Art. 4 Abs. 1 ZVerfO, Art. 96 § 3 VerfO-EuG, Art. 97 Abs. 3 VerfO-EuGöD, z. B. in EuGH, Rs. 145/83, *Stanley Adams*, Slg. 1985, 3539, 3564.
[119] In aller Regel wird es sich um den Heimatstaat des Antragstellers, um einen Staat, zu dem der Rechtsstreit eine besonders enge Beziehung aufweist, oder im Vorabentscheidungsverfahren um den Staat des vorlegenden Gerichts handeln. Welche Stelle jeweils in Betracht kommt, ergibt sich aus der Anlage II zur ZVErfO.
[120] Art. 4 Abs. 2 ZVerfO, Art. 96 § 3 VerfO-EuG, Art. 97 Abs. 3 VerfO-EuGöD.
[121] Art. 5 Abs. 2 ZVerfO; Art. 97 § 2 VerfO-EuG, Art. 98 Abs. 2 VerfO-EuGöD.
[122] Z. B. EuG, Beschl. v. 12.1.2000, Rs. T-280/93 AJ, *Garrett/Rat und Kommission*, n. v..
[123] Art. 117 und Art. 188 Abs. 1 VerfO-EuGH i. V. m. Art. 5 Abs. 1 ZVerfO, Art. 94 § 1 VerfO-EuG.
[124] Z. B. die von den Parteien zu leistenden Vorschüsse für die Kosten von Zeugen oder Sachverständigen.
[125] Art. 5 Abs. 2, 2. Hs. ZVerfO; Art. 97 § 1 VerfO-EuG, Art. 98 Abs. 1 VerfO-EuGöD.
[126] Art. 118, 189 VerfO-EuGH, Art. 96 Abs. 5 VerfO-EuG, Art. 97 Abs. 5 VerfO-EuGöD.

IV. Erstattungsanspruch der Gerichtskasse

36 Gemäß Art. 188 Abs. 3 VerfO-EuGH, Art. 97 § 3 VerfO-EuG kann in der Kostenentscheidung des Endurteils angeordnet werden, dass die von der Gerichtskasse im Wege der Prozesskostenhilfe vorgestreckten Kosten vom Kostenschuldner eingezogen werden. EuGH und EuG machen von dieser Möglichkeit vor allem dann Gebrauch, wenn der Gegner der bedürftigen Partei die Kosten trägt,[127] doch ist die Anordnung der Einziehung zu Lasten der bedürftigen Partei nicht ausgeschlossen, wenn diese den Prozess verliert.[128] Die Beitreibung dieser Beträge obliegt dem Kanzler.

---

[127] Z.B. EuGHE, Rs. 185/78, *Van Dam*, Slg. 1981, 2345, 2361 und Tenor und EuGH, Rs. T-11/00, *Hautem/EIB*, Slg. 2000, II-4019, 4037 und Tenor; vgl. andererseits EuGH, Rs. T-131/99, *Shaw und Falla*, Slg. 2002, II-2023, 2081 f. (Verurteilung des Empfängers der Prozesskostenhilfe zur Kostentragung, aber keine Anordnung der Einziehung im Tenor).

[128] Z.B. EuGH, Rs. 65/63, *Crakosh*, Slg. 1965, 718, 750; EuGH, Rs. 25/68, *Schertzer/Parlament*, Slg. 1977, 1729, 1745.

§ 30 Fristversäumnis und Wiedereinsetzung in den vorigen Stand

Übersicht

		Rn.
A.	Fristen	1–9
	I. Allgemeines	1
	II. Fristbeginn	2–4
	III. Fristende	5–7
	IV. Fristwahrung, Fristversäumnis	8/9
B.	Wiedereinsetzung in den vorigen Stand	10–12
C.	Nationale Verfahrensfristen	13

A. Fristen

I. Allgemeines

Verfahrensfristen dienen v. a. der Verfahrensbeschleunigung, der **Rechtssicherheit** 1 und der Verhinderung von Diskriminierung.[1] Ihre Einhaltung ist **von Amts wegen** zu prüfen.[2] Die Klagefristen stehen weder zur Disposition des EuGH noch der Beteiligten.[3] Zu unterscheiden sind **gesetzliche Fristen** und **richterliche Fristen**. Erstere ergeben sich aus dem AEUV, der Satzung und der jeweils anwendbaren Verfahrensordnung. Als wichtigste seien genannt die Klagefristen,[4] die Frist zur Klageerwiderung,[5] die Frist zur Stellungnahme im Vorabentscheidungsverfahren,[6] die Frist des Antrags auf Zulassung zur Streithilfe,[7] die Rechtsmittelfristen,[8] die Frist zur Rechtsmittelbeantwortung[9] bzw. für das Anschlussrechtsmittel[10] und die Verjährungsfrist bei außervertrag-

---

[1] EuGH, Rs. C-242/07 P, *Belgien*, Slg. 2007, I-9757 Rn. 16; Rs. C-112/09 P, *SGAE*, Slg. 2010, I-351 Rn. 20.

[2] EuGH, Rs. C-498/08 P, *Danesi*, Slg. 2009, I-122 Rn. 19; Rs. C-25/08 P, *Gargani*, Slg. 2008, I-154 Rn. 19.

[3] EuGH, Rs. 227/83, *Moussis*, Slg. 1984, 3133 Rn. 12.

[4] Zwei Monate bei der Nichtigkeitsklage (Art. 263 Abs. 6 AEUV) und bei der Untätigkeitsklage (Art. 265 Abs. 2 AEUV), drei Monate in Beamtensachen (Art. 91 § 3 Beamtenstatut; zu EIB-Beschäftigten s. EuGH, Rs. C-334/12 RX, *Arango Jaramillo*), ein Monat bei Verfahren nach Art. 7 EUV (Art. 269 AEUV, Art. 206 VerfO-EuGH).

[5] Art. 124 Abs. 1 VerfO-EuGH, Art. 46 § 1 VerfO-EuG; Art. 39 § 1 VerfO-EuGöD.

[6] Art. 23 Abs. 2 bis 4 Satzung-EuGH: Zwei Monate.

[7] Art. 130 Abs. 1 VerfO-EuGH: Sechs Wochen ab Veröffentlichung im Amtsblatt.

[8] Art. 56, 45 bzw. Art. 57, 45 Satzung-EuGH: Zwei Monate; Art. 9 Anhang 1 der Satzung-EuGH i. V. m. Art. 112 VerfO-EuGöD.

[9] Art. 172 VerfO-EuGH: Zwei Monate.

[10] Art. 176 VerfO-EuGH: Zwei Monate.

licher Haftung.[11] Demgegenüber werden die richterlichen Fristen nach Ermessen bestimmt.[12]

II. Fristbeginn

2   Nach Jahren, Monaten, Wochen oder Tagen bemessene **gesetzliche Fristen** beginnen grundsätzlich an dem Tag, der dem fristauslösenden Ereignis folgt (Art. 49 Abs. 1 lit. a) VerfO-EuGH, Art. 101 § 1 lit. a) VerfO-EuG/-EuGöD). Bei der Anfechtung eines veröffentlichungspflichtigen Unionsaktes beginnt die Frist dagegen am (Ende des) 14. **Tag nach der Veröffentlichung** im ABlEU (Art. 50 VerfO-EuGH, Art. 102 § 1 VerfO-EuG). Erfolgt die Veröffentlichung z. B. am 1. eines Monats, so beginnt die Frist (schon) am 15.[13] Für den Fristbeginn ist es nicht erforderlich, dass der veröffentlichte Rechtsakt bereits in Kraft getreten ist.[14]

3   Hängt der Fristbeginn von der **Mitteilung der Maßnahme** ab (z. B. Art. 263 Abs. 6 2. Alt., Art. 275 Abs. 2 AEUV), welche unter Umständen auch mündlich oder durch schlüssiges Verhalten erfolgen kann, so ist für die Mitteilung und ihren Zeitpunkt das den Rechtsakt erlassende Organ beweispflichtig.[15] Weitere Voraussetzung ist die Mitteilung in einer Amtssprache des Mitgliedstaats, dem der Adressat angehört.[16] Die Mitteilung kann ggf. auch im Amtsblatt erfolgen.[17] Eine Rechtsbehelfsbelehrung ist für den Lauf der Frist nicht nötig.[18]

4   Wird eine **Maßnahme nicht bekannt gegeben**, so ist derjenige, der keine Mitteilung der Maßnahme erhält, aber von ihr betroffen ist, gehalten, binnen angemessener Frist deren vollen Wortlaut anzufordern; ab Kenntniserlangung vom genauen Wortlaut und der Begründung läuft die Klagefrist.[19] Die zulässige Frist für diese Anforderung ist bisher nicht näher festgelegt, es erscheinen ca. 4 Wochen vertretbar,[20] nicht aber zwei Monate.[21] Die Kenntnisnahme von der Entscheidung setzt die Klagefrist aber nicht in Gang, wenn die Maßnahme nach der ständigen Praxis des betreffenden Organs normalerweise im Amtsblatt veröffentlicht wird, eine Veröffentlichung tatsächlich aber nicht erfolgt.[22]

---

[11] Art. 46 Satzung-EuGH: Fünf Jahre; *Dörr/Lenz*, VerwRechtsschutz, Rn. 228; zur Verjährung des unionsrechtlichen Staatshaftungsanspruchs nach dem mitgliedstaatlichen Recht s. EuGH, Rs. C-445/06, *Danske Slagterrier*, Slg. 2009, I-2119.

[12] Art. 52 VerfO-EuGH, Art. 103 § 1 VerfO-EuG, Art. 101 § 1 VerfO-EuGöD.

[13] EuGH, Rs. C-406/01, *Deutschland/Parlament und Rat*, Slg. 2002, I-4561 Rn. 14; *Wägenbaur*, EuZW 2002, 404 (406).

[14] *Happe*, EuZW 1992, 297; *Frenz*, Handbuch Europarecht, Bd. 5, Rn. 2812.

[15] EuGH, Rs. C-480/99 P, *Plant*, Slg. 2002, I- 265 Rn. 50; *Booß*, in: GHN, Art. 230 Rn. 87; *Pechstein*, EU-Prozessrecht, Rn. 180; *Schwarze*, in: ders, EU-Kommentar, Art. 263 AEUV Rn. 69.

[16] EuGH, Rs. 41/69, *ACF*, Slg. 1970, 661 Rn. 48.

[17] EuGH, Rs. C-478/11 P u. a., *Gbagbo*, Rn. 61 f.

[18] EuGH, Rs. C-154/98 P, *Guerin automobiles EURL*, Slg. 1999, I-1451 Rn. 15; *Ehricke*, in: Streinz, EUV/AEUV, Art. 263 AEUV Rn. 37, 72; *Gundel*, in: Ehlers, § 20 Rn. 13; *Dörr/Lenz*, VerwRechtsschutz, Rn. 147.

[19] EuGH, Rs. C-309/95, *Komission*, Slg. 1998, I-655 Rn. 18; Rs. C-180/88, *Wirtschaftsvereinigung Eisen- und Stahlindustrie*, Slg. 1990, I-4413.

[20] *Ehricke*, in: Streinz, EUV/AEUV, Art. 263 AEUV Rn. 36.

[21] EuGH, Rs. C-102/92, *Ferriere Acciairie Sarde*, Slg. 1993, I-801 Rn. 19.

[22] EuG, Rs. T-426/04, *Tramarin*, Slg. 2005, II-4769 Rn. 49.

III. Fristende

Gesetzliche Fristen enden gemäß Art. 49 Abs. 1 lit. b) VerfO-EuGH, Art. 101 § 1 lit. b) VerfO-EuG/-EuGöD mit Ablauf des Tages, der in der letzten relevanten Zeiteinheit (Jahr, Monat etc.) **dieselbe Bezeichnung bzw. dieselbe Zahl** aufweist, wie der Tag, an dem das fristauslösende Ereignis eintrat. Fehlt bei einer nach Jahren oder Monaten bemessenen Frist im letzten Monat dieser Tag, so endet die Frist bereits mit Ablauf des letzten Tages dieses Monats.[23] Allerdings werden die so berechneten Verfahrensfristen um eine **pauschale Entfernungsfrist von zehn Tagen** verlängert (Art. 45 Abs. 1 Satzung-EuGH, Art. 51 VerfO-EuGH; Art. 102 § 2 VerfO-EuG; Art. 100 § 3 VerfO-EuGöD).[24] Dass sich der Adressat in einem Drittstaat befindet, verlängert die Entfernungsfrist nicht. Fällt das so berechnete Fristende[25] auf einen Samstag, Sonntag oder auf einen in der Anlage zur VerfO-EuGH verzeichneten gesetzlichen Feiertag, endet die Frist erst mit Ablauf des nächsten Werktages (Art. 49 Abs. 2 und Anlage I VerfO-EuGH; Art. 101 § 2 VerfO-EuG; Art. 100 § 2 VerfO-EuGöD).[26] Eine Auslegung der Fristbestimmungen unter Rückgriff auf andere unionsrechtliche Rechtsakte ist untunlich.[27] Der Fristlauf wird durch die Gerichtsferien nicht gehemmt (Art. 49 Abs. 1 lit. e) VerfO-EuGH).

Richterliche Fristen werden dagegen durch Nennung des konkreten Tages, an dem die Frist endet, angegeben. Eine Verlängerung um eine Entfernungsfrist findet hier nicht statt.

Die Stellung eines Antrags auf Gewährung von Prozesskostenhilfe (Art. 115 VerfO-EuGH) während des Laufs der Klagefrist führt nicht generell zur Verlängerung oder Hemmung der Klagefrist,[28] im Einzelfall eines nicht anwaltlich vertretenen, bedürftigen Klägers wurde aber eine Hemmung der Klagefrist angenommen.[29]

Fristverlängerung kommt bei gesetzlichen Fristen nur in Betracht, soweit dies ausdrücklich gesetzlich vorgesehen ist (z. B. bei der Klageerwiderung, Art. 124 Abs. 3 VerfO-EuGH, Art. 46 § 3 VerfO-EuG, Art. 39 § 2 VerfO-EuGöD, und dem Streithilfeschriftsatz, Art. 132 Abs. 1 VerfO-EuGH).[30] Eine Verlängerung richterlicher Fristen richtet sich nach Art. 51 VerfO-EuGH, Art. 103 § 1 VerfO-EuG, Art. 101 § 1 VerfO-EuGöD. Sie kann noch nach Ablauf der ursprünglichen Frist erfolgen, setzt aber einen vor Fristablauf gestellten Antrag voraus.

---

[23] Wird z. B. eine Entscheidung am 30. Dezember zugestellt, endet die zweimonatige Frist der Nichtigkeitsklage am 28. Februar, im Schaltjahr am 29. Februar.
[24] Auf Verjährungsfristen (z. B. Art. 46 Satzung-EuGH) ist die Entfernungsfrist nicht anwendbar, EuGH, Rs. C-469/11 P, *Evropaiki Dynamiki*, BeckRS 2012, 82380 Rn. 49 f.
[25] EuG, Rs. T-85/97, *Horeca-Wallonie*, Slg. 1997, II-2113 Rn. 25 m. w. N.
[26] Anders für das Ende der Sechsmonatsfrist des Art. 35 EMRK: EGMR, Urt. v. 29.6.2012, 27396/06, NJW 2012, 2943 Rn. 61, *Sabri Günes*.
[27] EuGH, Rs. C-112/09 P, *SGAE*, Slg. 2010, I-351 Rn. 24; *Booß*, in: GHN, Art. 230 Rn. 83.
[28] EuG, Rs. T-109/98, *A.V.M.*, Slg. 1999, II-3383 Rn. 25.
[29] EuG, Rs. T-92/92 AJ, *Lallemand-Zeller*, Slg. 1993, II-31.
[30] *Hakenberg/Stix-Hackl*, Handbuch zum Verfahren vor dem Europäischen Gerichtshof, 2. Aufl. 2000, S. 136.

IV. Fristwahrung, Fristversäumnis

8 Für die Einhaltung bzw. Berechnung der Verfahrensfristen ist grundsätzlich auf den **Zeitpunkt des Eingangs** des (unterschriebenen) Originalschriftsatzes **in der Kanzlei** abzustellen, allerdings reicht auch der dortige Eingang der Kopie des unterzeichneten Originals, wenn das Original binnen zehn Tagen eintrifft oder die elektronische Einreichung mittels „e-Curia" (Art. 57 Abs. 6 bis 8 VerfO-EuGH, Beschluss des Gerichtshofs vom 13.9.2011 über die Einreichung und die Zustellung von Verfahrensschriftstücken im Wege der Anwendung e-Curia, ABl. 2011 C 289/7).

9 Wird die gesetzliche oder die richterliche **Frist versäumt**, kann die Prozesshandlung grundsätzlich nicht mehr wirksam erfolgen (Ausschlussfrist), es sei denn es liegt ein begründeter Antrag auf Wiedereinsetzung in den vorigen Stand (s. B.) vor. Wird der angefochtene Rechtsakt wegen Versäumung der Klagefrist bestandskräftig, kann seine Wirksamkeit künftig weder direkt noch inzident in Frage gestellt werden.[31] Die Weigerung, eine frühere Entscheidung zu ändern, eröffnet i. d. R. keine neue Klagefrist.[32] Die Versäumung der Frist zur Klagebeantwortung eröffnet die Möglichkeit eines Versäumnisurteils (Art. 41 Satzung-EuGH, Art. 152 VerfO-EuGH).

B. Wiedereinsetzung in den vorigen Stand

10 Gesetzlich vorgesehen ist eine Wiedereinsetzung bei **Zufall** oder einem Fall **höherer Gewalt** gemäß Art. 45 Abs. 2 Satzung-EuGH.[33] Die Verfahrensordnungen enthalten hierzu keine näheren Vorgaben. Allerdings fassen die Gerichte die Voraussetzungen sehr eng.[34] Die Begriffe der höheren Gewalt und des Zufalls umfassen ein objektives und ein subjektives Merkmal. Ersteres bezieht sich auf ungewöhnliche, außerhalb der Sphäre des Beteiligten liegende Umstände, z. B. überlange Postlaufzeiten, Streiks, Naturkatastrophen, verzögertes Verwaltungshandeln.[35] Letzteres hängt mit der Verpflichtung des Betroffenen zusammen, sich gegen die Folgen ungewöhnlicher Ereignisse zu wappnen, indem er geeignete Maßnahmen trifft, ohne „übermäßige Opfer" zu bringen.[36] Insbesondere muss der Ablauf des Gerichtsverfahrens sorgfältig überwacht werden und für die Einhaltung der Fristen Sorgfalt walten.[37] Es ist nicht Aufgabe der Kanzlei, sich zur konkreten Fristberechnung zu äußern und es obliegt auch nicht dem Gericht, fehlende Sorgfalt der Parteien auszugleichen.[38] Die Stellung eines Antrags auf

---

[31] *Dörr/Lenz*, VerwRechtsschutz, Rn. 147; *Streinz*, Europarecht, Rn. 609; *Frenz*, Handbuch Europarecht, Bd. 5, Rn. 2817.
[32] EuG, Rs. T-514/93, *Cobrecaf U.A.*, Slg. 1995, II-621 Rn. 44; Rs. T-321/01, *Internationaler Hilfsfonds e.V.*, Slg. 2003, II-3225 Rn. 31.
[33] EuGH, Rs. 284/82, *Acciaierie Ferriere Busseni*, Slg. 1984, 557 Rn. 10; Rs. 209/83, *Valsabbia*, Slg. 1984, 3089 Rn. 21.
[34] EuGH, Rs. C-242/07, *Belgien*, Slg. 2007, I-9757 Rn. 16: „nur unter ganz außergewöhnlichen Umständen"; EuGH, Rs. C-478/11 P u. a., *Gbagbo*, Rn. 71: „strikte Anwendung der Verfahrensvorschriften"; *Dauses*, EU-WirtR, Abschn. P IV, S. 14 Fn. 40: „In der Praxis ... extrem selten."
[35] *Pechstein*, EU-Prozessrecht, Rn. 185; *Wägenbaur*, EuGH-VerfO, 2008, S. 62.
[36] EuGH, Rs. C-478/11 P u. a., *Gbagbo*, Rn. 72.
[37] EuGH, Rs. C-242/07, *Belgien*, Slg. 2007, I-9757 Rn. 17.
[38] EuGH, Rs. C-112/09 P, *SGAE*, Slg. 2010, I-351 Rn. 27.

Gewährung von Prozesskostenhilfe führt nicht nur generell nicht zur Verlängerung oder Aussetzung der Klagefrist, sondern stellt auch regelmäßig keinen Zufall oder Fall höherer Gewalt dar.[39]

Zusätzlich zu den in Art. 45 Abs. 2 der Satzung-EuGH normierten Wiedereinsetzungsgründen Zufall bzw. höhere Gewalt lässt der EuGH eine Wiedereinsetzung bei **entschuldbarem Irrtum** zu. Die vollständige Kenntnis der Endgültigkeit einer Entscheidung und der geltenden Klagefrist schließe als solche nicht aus, dass ein entschuldbarer Irrtum geltend gemacht werden kann, der geeignet ist, die Fristversäumnis zu rechtfertigen. Ein solcher Irrtum kann insbesondere dann eintreten, wenn das Unionsorgan ein Verhalten an den Tag gelegt hat, das für sich genommen oder aber maßgeblich geeignet war, bei einem gutgläubigen Bürger, der alle Sorgfalt aufwendet, eine verständliche Verwirrung hervorzurufen.[40] Darunter fallen z. B. falsche oder irreführende Informationen.[41] Fehler des Betroffenen bei der Fristberechnung sind grundsätzlich nicht entschuldbar.[42]

Das Verfahrensrecht sieht zwar – anders als z. B. § 60 VwGO – keine Frist zur Geltendmachung von Wiedereinsetzungsgründen vor, der EuGH erwartet aber von dem Fristsäumigen, die tatsächlichen Gründe, die eine etwaige Wiedereinsetzung rechtfertigen könnten, selbst schlüssig darzulegen. Ein Rechtsmittelführer kann sich ausnahmsweise erstmals im Rechtsmittelverfahren auf einen Fall höherer Gewalt berufen, wenn er erstinstanzlich vor der Klageabweisung als verspätet nicht auf die Fristversäumnis hingewiesen und zur Begründung der Verspätung aufgefordert worden ist.[43]

C. Nationale Verfahrensfristen

Verfahrensfristen des nationalen Rechts der Mitgliedstaaten beeinflussen selbstverständlich nicht den Ablauf des gerichtlichen Verfahrens vor den Unionsgerichten. Die Unionsrechtsordnung kann sich aber auf die Bemessung bzw. Wirksamkeit der Verfahrensfristen nach nationalem Recht auswirken, soweit auf Unionsrecht beruhende Ansprüche streitig sind.[44] Denn nach der ständigen Rechtsprechung des EuGH dürfen wegen des Grundsatzes des effektiven gerichtlichen Schutzes der den Einzelnen durch das Unionsrecht verliehenen Rechte die Verfahrensmodalitäten für Klagen, die den Schutz solcher Rechte gewährleisten sollen, nicht weniger günstig ausgestaltet sein als die für entsprechende innerstaatliche Klagen (Grundsatz der Äquivalenz) und sie dürfen die Ausübung der durch die Unionsrechtsordnung verliehenen Rechte nicht praktisch unmöglich machen oder übermäßig erschweren (Grundsatz der Effektivität).

---

[39] EuG, Rs. T-109/98, *A.V.M.*, Slg. 1999, II-3383 Rn. 28.
[40] EuGH, Rs. C-112/09 P, *SGAE*, Slg. 2010, I-351 Rn. 20; Rs. C-242/07, *Belgien*, Slg. 2007, I-9757 Rn. 29.
[41] EuG, Rs. T-29/97, *Liberos*, Slg. 2000 ÖD, I-A-43.
[42] EuGH, Rs. C-406/01, *Deutschland/Parlament und Rat,* Slg. 2002, I-4561 Rn. 21; EuG, Rs. T-392/05, *MMT,* Slg. 2006, II-97 Rn. 36.
[43] EuGH, Rs. C-478/11 P u. a., *Gbagbo*, Rn. 70.
[44] EuGH, Rs. C-268/06, *Impact*, Slg. 2008, I-2483 Rn. 46; Rs. C-63/08, *Pontin*, Slg. 2009, I-10467 Rn. 43.

7. Abschnitt. Durchsetzung unionsrechtlicher Titel

§ 31 Voraussetzungen der Zwangsvollstreckung

Übersicht

		Rn.
A.	Allgemeines...	1
B.	Vollstreckungstitel	2–5
	I. Entscheidungen des Gerichtshofs	3/4
	1. Urteile..	3
	2. Sonstige Entscheidungen	4
	II. Vollstreckungstitel anderer Unionsorgane	5
C.	Vollstreckungsfähigkeit	6–8
D.	Vollstreckungsparteien	9–16
	I. Vollstreckungsschuldner............................	9–15
	1. Natürliche und juristische Personen	9
	2. Mitgliedstaaten................................	10–14
	3. Unionsorgane	15
	II. Vollstreckungsgläubiger	16

Schrifttum: *Appel*, Sanktionen als Mittel zur Durchsetzung des Gemeinschaftsrechts, DVBl 1995, 280; *Becker*, Die Berechnung des Zwangsgeldes nach Art. 228 EGV n. F. – Analyse des Verfahrens der Europäischen Kommission/zugleich über Rechnen im Recht, UPR 2000, 21; *Böhm*, Der Bund-Länder-Regreß nach Verhängung von Zwangsgeldern durch den EuGH, JZ 2000, 382; *Brandt*, Der Europäische Gerichtshof (EuGH) und das Europäische Gericht erster Instanz(EuG) – Aufbau, Funktion und Befugnisse, JUS 1994, 300; *El-Shabassy*, Die Durchsetzung finanzieller Sanktionen der Europäischen Gemeinschaft gegen ihre Mitgliedstaaten, Frankfurt 2008; *Engel*, Die Einwirkungen des Europäischen Gemeinschaftsrechts auf das deutsche Verwaltungsrecht, DV 25 (1992), 437; *Frenz*, Handbuch Europarecht, Band 5, „Wirkungen und Rechtsschutz", 2010; *Giegerich*, Organstreit vor dem Gerichtshof der Europäischen Gemeinschaften, ZaöRV 1990, 812; *Greven/Zuleeg* (Hrsg.), Sanktionen als Mittel zur Durchsetzung des Gemeinschaftsrechts, 1996; *Gündisch*, Rechtsschutz in der Europäischen Gemeinschaft, 1994; *Heidig*, Die Verhängung von Zwangsgeldern nach Art. 228 Abs. 2 EGV, EuR 2000, 782; *ders.*, Die Verhängung von Zwangsgeldern und Pauschalbeträgen gegen die Mitgliedstaaten der EG, 2001; *Hölscheidt*, Zwangsgelder gegen die Bundesrepublik Deutschland wegen der Nichtbeachtung von Urteilen des Europäischen Gerichtshofs, BayVBl 1997, 459; *Huck/Klieve*, Neue Auslegung des Art. 228 Abs. 2 EG und ein Zeichen gesteigerter Autorität des EuGH: Erstmalige Verhängung von Zwangsgeld und Pauschalbetrag gegen einen Mitgliedstaat, EuR 2006, 414; *Karl*, Aktuelle Überlegungen zur Reform der EG-Gerichtsbarkeit, RIW 1991, 745; *Karpenstein*, Anmerkung zu EuGH, Urt. v. 4.7.2000 – Rs. C-387/97 (Kommission/Hellenische Republik), EuZW 2000, 537; *Klinke*, Der Gerichtshof der Europäischen Gemeinschaften – Aufbau und Arbeitsweise, 1989; *Koenig/Sander*, Einführung in das EG-Prozeßrecht; *Mecking*, Sanktionen als Mittel zur Durchsetzung des Gemeinschaftsrechts, EuR 1995, 141; *Middeke/Szczekalla*, Änderungen im europäischen Rechtsschutzsystem, JZ 1993, 284; *Oppermann/Moersch*, Europa-Leitfaden – Ein Wegweiser zum Europäischen Binnenmarkt 1992, 1989; *Osterheld*, Die Vollstreckung von Entscheidungen der Europäischen Gemeinschaft für Kohle und Stahl in der Bundesrepublik Deutschland, 1995; *Pernice*, Vollstreckung gemeinschaftsrechtlicher Zahlungstitel und Grundrechtsschutz, RIW 1986, 356; *Rehmann*, Zur Vollstreckung einer Nachprüfungsentscheidung der Kommission der

EG, NJW 1987, 3061; *Rudisile,* Zur Zwangsgeldentscheidung des EuGH im Hoechst-Urteil, EuZW 1990, 53; *Runge,* Die Zwangsvollstreckung aus Entscheidungen der Europäischen Gemeinschaften, ADW/RIW 1962, 337; *Rupp,* Kontrolle und Kontrollmaßstäbe bei der innerstaatlichen Erteilung der europarechtlichen Vollstreckungsklauseln, in: Hans-Uwe Erichsen/Werner Hoppe/Albert v. Mutius (Hrsg.), System des verwaltungsgerichtlichen Rechtsschutzes, FS für Christian-Friedrich Menger zum 70. Geburtstag, 1985, S. 859; *ders.,* Materielles Prüfungsrecht bei Erteilung der europarechtlichen Vollstreckungsklauseln, NJW 1986, 640; *Schniewind,* Vollstreckung und Vollstreckungsrechtsbehelfe im Recht der Europäischen Gemeinschaften, 1972; *Schütze,* Die Nachprüfung von Entscheidungen des Rates, der Kommission und des Gerichtshofes nach Art. 187, 192 EWG-Vertrag, NJW 1963, 2204; *Steiner,* Die Verhängung einer Geldbuße nach Art. 228 II EGV, ZfRV 2008, 152-158; *Streinz,* Zwangsgeld wegen Nichtbefolgung eines Urteils des EuGH, JUS 2000, 1216; *Terhechte,* Die Vollstreckung von EG-Bußgeldbescheiden, EuZW 2004, 235; *Thiele,* Sanktionen gegen EG-Mitgliedstaaten zur Durchsetzung von Europäischem Gemeinschaftsrecht – Das Sanktionsverfahren nach Art. 228 Abs. 2 EG, EuR 2008, S. 320 ff.; *Ule,* Empfiehlt es sich, die Bestimmungen des europäischen Gemeinschaftsrechts über den Rechtsschutz zu ändern und zu ergänzen? – Gutachten für den 46. Deutschen Juristentag, 1966; *Wägenbaur,* Zur Nichtbefolgung von Urteilen des EuGH durch die Mitgliedstaaten, in: Due/Lutter/Schwarze (Hrsg.), FS für Ulrich Everling, Band II, 1995, S. 1615.

A. Allgemeines

Die Ausführungen zum Rechtsschutz in der Europäischen Union wären unvollständig, wenn nicht auf die Rolle des Gerichtshofs bei der Durchsetzung von Unionstiteln eingegangen würde. Vorschriften und Regelungen zur Zwangsvollstreckung finden sich in den Art. 280 und 299 AEUV (früher Art. 244, 256 EGV-Nizza, Art. 159, 164 EAGV und Art. 44, 92 EGKSV).[1]

Im Unterschied zum nationalen Vollstreckungsrecht unterscheidet sich die zwangsweise Durchsetzung auf Unionsebene in zwei wesentlichen Punkten: Zum einen hat ein gegen eine vollstreckungsfähige Entscheidung eingelegtes Rechtsmittel im Unterschied zum nationalen (Verwaltungs)Recht auf europäischer Ebene keinen Suspensiveffekt. Zum anderen ist bei Durchsetzung unionsrechtlicher Titel zu beachten, dass im Rahmen der Zwangsvollstreckung zwischen den europäischen Gerichten und den nationalen Vollstreckungsbehörden eine Kompetenzaufteilung besteht.

B. Vollstreckungstitel

Das Unionsrecht kann seine einheitliche Geltung in allen Mitgliedstaaten nur erreichen, wenn es auch zwangsweise durchgesetzt werden kann.[2]

Eine Rechtsordnung muss zwar auf dem Willen der Rechtsunterworfenen beruhen, sich Ge- und Verboten zu fügen, wäre jedoch ohne Sanktionen nicht überlebensfähig.[3]

---

[1] Zu den Unterschieden der früheren Regelungen in den einzelnen Verträgen siehe *Krück,* in: GTE, 4. Aufl. 1991, Art. 187 EWGV Rn. 4
[2] *Thiele,* EuR 2008, 320 (320); zu den sonstigen Funktionen der Zwangsvollstreckung im Gemeinschaftsrecht siehe *Krajewski/Rösslein,* in: GHN, Art. 299 AEUV Rn. 1.
[3] *Greven/Zuleeg,* S. 11.

Daher sieht das Unionsrecht ebenso wie die nationalen Prozessordnungen eine zwangsweise Durchsetzung unionsrechtlicher Titel für den Fall vor, dass die unterlegene Partei nicht gewillt ist, dem Titel freiwillig Folge zu leisten. Die Möglichkeiten der Union, ihr Recht gegenüber einzelnen Mitgliedstaaten oder Individuen durchzusetzen, ist jedoch begrenzt. Weitgehend ist sie auf die freiwillige Befolgung und „Einsicht" der Rechtsunterworfenen angewiesen.[4]

In der unionsrechtlichen Praxis ist die zwangsweise Durchsetzung von Entscheidungen der europäischen Gerichte bisher äußerst selten vorgekommen und eher die Ausnahme. Die Union bedient sich in diesen Fällen mangels eigener Vollstreckungsorgane der Mithilfe der zuständigen einzelstaatlichen Behörden.

I. Entscheidungen des Gerichtshofs

3   **1. Urteile.** Nach dem Wortlaut des Art. 288 AEUV (früher Art. 244 EGV-Nizza, Art. 159 EAGV, Art. 44 EGKSV) beschränkt sich die zwangsweise Durchsetzung allein auf **Urteile der europäischen Gerichte**.

4   **2. Sonstige Entscheidungen.** Gleichwohl ist unbestritten, dass der Urteilsbegriff nicht im formellen Sinne zu verstehen ist,[5] so dass im Einzelfall auch Beschlüsse als vollstreckungsfähige Entscheidung im Sinne dieser Vorschrift anzusehen sind.[6]

Das betrifft namentlich solche Beschlüsse, mit denen einer Partei Zahlungspflichten auferlegt werden, wie z. B. bei Kostenfestsetzungsbeschlüssen,[7] einstweiligen Anordnungen oder Versäumnisurteilen (Art. 145 Abs. 3, 162 Abs. 2, 52 Abs. 4 VerfO-EuGH). Das gleiche muss dann auch für **Prozessvergleiche** und sonstige vor dem EuGH errichtete und **für vollstreckbar erklärte Urkunden** gelten.[8] Als Vollstreckungstitel i. S. d. Art. 280 AEUV sind alle Entscheidungen der beiden europäischen Gerichte anzusehen, die einen vollstreckungsfähigen Inhalt haben.[9]

II. Vollstreckungstitel anderer Unionsorgane

5   Neben den Entscheidungen des Gerichtshofs können auch andere Unionsorgane, namentlich der Rat, die Kommission und der Europäischen Zentralbank[10] in bestimm-

---

[4] So können im Rahmen des Haushaltsdefizitverfahrens nach Art. 126 Abs. 11 AEUV vom Rat verhängte Geldbußen oder Verlangen auf Leistung einer unverzinslichen Einlage wegen Art. 299 Abs. 1 2. HS AEUV nicht vollstreckt werden; vgl. *El-Shabassy*, S. 67 f.

[5] *Stoll/Rigod*, in: GHN, Art. 280 AEUV Rn. 2; *Kotzur*, in: Geiger/Khan/Kotzur EUV/AEUV, Art. 280 AEUV Rn. 1; *Kischel*, in: Hailsbronner/Wilms, EU-Recht, Art. 244 EGV Rn. 3; *Krück*, in: GTE, 4. Aufl. 1991, Art. 187 Rn. 4; vgl. i.E. *Schniewind*, S. 39 f.

[6] *Elricke*, in: Streinz, Art. 280 AEUV Rn. 5; *Runge*, AWD/RIW 1962, 338; *Klinke*, Rn. 210.

[7] EuGH, Slg. 1977, 1, 3.

[8] *Wegener*, in: Calliess/Ruffert, Art. 280 AEUV Rn. 2; *Elricke*, in: Streinz, Art. 280 AEUV Rn. 5.

[9] *Stoll/Rigod*, in: GHN, Art. 280 AEUV Rn. 2; *Kischel*, in: Hailbronner/Wilms, EU-Recht, Art. 244 EGV Rn. 3.

[10] Entscheidungen des Europäischen Parlaments scheiden schon dem Wortlaut nach aus; vgl. auch *Schmidt*, in: GTE, 4. Aufl. 1991, Art. 192 Rn. 4 f.

ten unionsrechtlich vorgesehenen Fällen Entscheidungen erlassen, die eine Zahlung auferlegen.[11]

Nach Art. 299 Abs. 1 AEUV handelt es sich bei den Rechtsakten des Rates, der Kommission oder der Europäischen Zentralbank, die eine Zahlung auferlegen, ebenfalls um vollstreckbare Titel.

Vollstreckungstitel sind diese Rechtsakte nur, soweit sie sich nicht an Staaten, sondern natürliche oder juristische Personen richten. Rechtsakte, die eine andere Leistungsverpflichtung als eine Zahlung beinhalten (Handlung, Duldung oder Unterlassung), können sich aus dem Sekundärrecht ergeben. Ihre zwangsweise Durchsetzung ist grundsätzlich möglich, richtet sich dann aber nach innerstaatlichem Recht.[12]

Voraussetzung für einen vollstreckbaren Rechtsakt i. S. d. Art. 299 Abs. 1 AEUV ist immer, dass mit hinreichender Sicherheit festgestellt werden kann, von welchem Zeitpunkt an die Rechtswirkungen eintreten sollen, dass eine ausreichende Begründung der Entscheidung vorliegt, aus der sich unzweideutig der Umfang der Verpflichtungen ergibt, die dem Adressaten auferlegt werden, und dass das nach der Geschäftsordnung vorgeschriebene Ausfertigungsverfahren nicht völlig missachtet wurde.[13]

Wird der für sich genommen bereits vollstreckbare Rechtsakt von Rat, Kommission oder Europäischer Zentralbank vor einem der europäischen Gerichte erfolglos angefochten, bildet nicht mehr die Exekutiventscheidung den Vollstreckungstitel, sondern das gerichtliche Urteil. Erst das bestätigende Urteil legt die Vollstreckungsfähigkeit endgültig fest mit der Folge, dass eine Titelersetzung stattfindet.[14]

C. Vollstreckungsfähigkeit

Da Art. 280 AEUV auf Art. 299 AEUV verweist, Art. 299 Abs. 1 AEUV jedoch seinem Wortlaut nach nur Rechtsakte in Bezug nimmt, „die eine Zahlung auferlegen", war früher streitig, ob auch andere als auf Zahlung gerichtete Entscheidungen des EuGH vollstreckbar sein können.[15]

Nach richtigem Verständnis stellt Art. 280 AEUV bereits aus sich heraus klar, dass es sich bei Gerichtsurteilen um Vollstreckungstitel handelt. Die Verweisung auf Art. 299 AEUV bezieht sich nicht auf dessen ersten Absatz, der eine Vollstreckbarkeit auf Zahlungsforderungen beschränkt und gegen Mitgliedstaaten ganz ausschließt, sondern auf die Regelungen der Abs. 2 bis 4, die das Vollstreckungsverfahren regeln.[16]

Deshalb sind alle Verurteilungen, die einen Leistungsbefehl enthalten und nach dem anwendbaren nationalen Prozessrecht vollstreckungsfähig sind, vollstreckbar. Für Ur-

---

[11] *Oppermann/Classen/Nettersheim*, Europarecht, § 13 Rn. 26; *Oppermann/Moersch*, S. 195; *Schweitzer/Hummer/Obwexer*, Europarecht, S. 93; vgl. i.E. *Schniewind*, S. 31 ff.
[12] Zur Durchsetzung der Befugnisse gem. Art. 14 Abs. 6 VO 17/62 verweist das deutsche Ausführungsgesetz auf das VwVG; vgl. dazu *Rehmann*, NJW 1987, 306 I.
[13] EuG, Urt. v. 27.2.1992 – verb. Rs. T-79, 84-86, 89, 91, 92, 94, 96, 98, 102, 104/89 (BASF u. a.) Slg. 1992, II-315, 362.
[14] *Giegerich*, ZaöRV 50, 1990, 846 f.
[15] Dagegen früher *Ule*, DJT-Gutachten 1966, S. 103; *Epiney*, in: Bieber/Epiney/Haag, Europäische Union, § 9 Rn. 33.
[16] *Stoll/Rigod*, in: GHN, Art. 280 AEUV Rn. 1; *Wegener*, in: Calliess/Ruffert, EUV/AEUV, Art. 280 AEUV Rn. 1.

teile des Gerichtshofs gelten daher die Einschränkungen „auf Zahlung gerichtet" und „nicht gegen einen Mitgliedstaat gerichtet" nicht.

Nicht vollstreckbar sind daher lediglich rechtsgestaltende und feststellende Entscheidungen eines europäischen Gerichtes.[17]

7   Gem. Art. 20 i. V. m. Art. 299 AEUV sind daher alle Entscheidungen des Gerichtshofs vollstreckbar, sofern sie der unterlegenen Partei die Zahlung einer bestimmten Geldsumme oder sonstige Leistungsverpflichtungen auferlegen.[18]

8   Während die Vollstreckungsfähigkeit bei Leistungsentscheidungen der beiden europäischen Gerichte im Regelfall gegeben sein wird, ist dies bei **Feststellungs- oder Gestaltungsentscheidungen des Gerichtshofs** nicht der Fall, so dass ihre zwangsweise Durchsetzung ausscheidet.[19]

D. Vollstreckungsparteien

I. Vollstreckungsschuldner

9   **1. Natürliche und juristische Personen.** Einigkeit besteht in Rechtsprechung und Literatur darüber, dass die Zwangsvollstreckung unionsrechtlicher Titel gegen jede **Einzelperson** und gegen jedes **Unternehmen** in der Union stattfinden kann.[20]

10   **2. Mitgliedstaaten.** Im Hinblick auf den Wortlaut des Art. 299 Abs. 1, 2. HS AEUV[21] ging die überwiegende Meinung bislang davon aus, dass eine Zwangsvollstreckung gegen Mitgliedstaaten nicht statthaft sei, da hierdurch in die mitgliedstaatliche Souveränität eingegriffen würde.[22] Allerdings wurden Ausnahmen zugelassen, wenn es sich z. B. um Kostenfestsetzungsbeschlüsse gegen Mitgliedstaaten handelte oder sich der betreffende Mitgliedstaat in einem Schiedsvertrag der Zwangsvollstreckung durch den Gerichtshof unterworfen hatte.[23]

Demgegenüber kann nach einer anderen Ansicht im Schrifttum auch gegen Mitgliedstaaten eine Zwangsvollstreckung durchgeführt werden,[24] da Art. 299 Abs. 1, 2. HS AEUV nur den vollstreckbaren Inhalt betreffe, nicht aber die grundsätzliche Vollstreckungsmöglichkeit gegen Mitgliedstaaten.[25] Entscheidend soll vielmehr sein,

---

[17] *Stoll/Rigod*, in: GHN, Art. 280, AEUV Rn. 3; *Wegener*, in: Calliess/Ruffert, EUV/AEUV, Art. 280 AEUV Rn. 2; *Kischel*, in: Hailsbronner/Wilms, EU-Recht, Art. 244 EGV Rn. 3.
[18] *Klinke*, Rn. 20; *Dauses*, in: ders., EU-WirtR, Abschn. P IV Rn. 82.
[19] *Middeke/Szczekalla*, JZ 1993, 288.
[20] *Schniewind*, S. 46 ff.; *Stoll/Rigod*, in: GHN, Art. 280, AEUW Rn. 4.
[21] Im EAGV und EGKSV ist keine derartige Bestimmung enthalten.
[22] *Runge*, AWD/RIW 1962, 338; *Ule*, DJT-Gutachten 1966, S. 103; *Schniewind*, S. 43; *Bleckmann*, Europarecht, Rn. 694; *Oppermann/Classen/Nettersheim*, Europarecht, § 13; *Schweitzer/Hummer/Obwexer*, Europarecht, S. 93; BBPS, S. 251; *Brandt*, JuS 1994, 304; ebenso jüngst *Hölscheidt*, BayVBl 1997, 457 (461) m.w.N.
[23] Siehe dazu *Klinke*, Rn. 211; a. A. *Schniewind*, S. 43.
[24] *Stoll/Rigod*, in: GHN, Art. 280, AEUV Rn. 5; *Hailbronner*, in: HKMM, HK-EU, Art. 187 Rn. 3.
[25] *Krück*, in: GTE, 4. Aufl. 1991, Art. 187 EWGV Rn. 2, 7; *R. Kotzur*, in: Geiger/Khan/Kotzur, EUV/AEUV, Art. 290 Rn. 6.

inwieweit der betreffende Unionstitel seinem Wesen nach eine Vollstreckung gegen Mitgliedstaaten zulasse.

Mangels vollstreckungsfähigen Inhalts wurden die im Rahmen eines Vertragsverletzungsverfahrens ergangenen (Feststellungs-)Urteile des EuGH bisher allgemein für nicht vollstreckbar angesehen.[26] Diese Auffassung wurde auch durch die im Rahmen des Maastrichter Unionsvertrages vorgenommene Novellierung des Art. 192 EGV-Maastricht (Art. 256 EGV-Nizza nunmehr Art. 299 AEUV) bestätigt, wonach eine wiederholte bzw. unerledigte Vertragsverletzung nunmehr zur Festsetzung von Zwangsgeldern und Geldbußen führen kann. Diese „Bewehrung" von Gerichtsurteilen, mit denen eine Vertragsverletzung durch einen Mitgliedstaat festgestellt worden ist, wäre im Falle einer unmittelbaren Vollstreckungsmöglichkeit nämlich obsolet.

Problematisch und im Vertrag nicht eindeutig geregelt ist der Umstand, dass die Durchführung der Zwangsvollstreckung gegen einen Mitgliedstaat diesem selbst obliegt (vgl. § 32), weshalb im Schrifttum bereits eine entsprechende Rechtsänderung angeregt worden ist.[27]

Darüber hinaus sind bei einer Zwangsvollstreckung gegen einen Mitgliedstaat Beschränkungen zu beachten, die sich aus dem innerstaatlichen Vollstreckungsrecht ergeben können. So ist die Zwangsvollstreckung gegen die Bundesrepublik Deutschland nach § 882 a ZPO nur unter bestimmten einschränkenden Voraussetzungen statthaft. Zu beachten sind eine Warte- und eine Anzeigepflicht; in Gegenstände von öffentlichem Interesse ist eine Zwangsvollstreckung sogar gänzlich unmöglich. Demnach ist eine Zwangsvollstreckung gegen Mitgliedstaaten nur in dem Maße zulässig, in dem die anzuwendenden innerstaatlichen Vorschriften dies zulassen.

Im Übrigen hat der EuGH das „Vollstreckungsdefizit", das sich bezüglich der Mitgliedstaaten ergibt, im Rahmen richterlicher Rechtsfortbildung durch Schaffung eines unionsrechtlichen Staatshaftungsanspruches zu minimieren gesucht. Erstmals in der sog. Frankovic-Entscheidung[28] wurde bei Nichteinhaltung der mitgliedstaatlichen Verpflichtung zur rechtzeitigen und fehlerfreien Richtlinienumsetzung ein Entschädigungsanspruch zugesprochen. Mit seiner Brasserie-du-Pecheur-Entscheidung[29] dehnte der Gerichtshof diesen unionsrechtlichen Entschädigungsanspruch auch auf Fälle der Verletzung unmittelbar anwendbaren Unionsrechts, insbesondere des Primärrechts, aus.[30]

Eine Vermeidung von Vollstreckungsmaßnahmen gegen Mitgliedstaaten kommt jedenfalls bei Zahlungsansprüchen auch dadurch in Betracht, dass eine Aufrechnung mit Ansprüchen auf Unionsmittel, die dem betroffenen Mitgliedstaat z. B. aus einem Fonds zustehen, zugelassen wird.[31] Entsprechendes jedoch dürfte nur in solchen Fällen

---

[26] *Grabitz*, in: GH, Art. 187 Rn. 8; *Krück*, in: GTE, 4. Aufl. 1991, Art. 187 EWGV Rn. 4; *Hailbronner*, in: HKMM, HK-EU, Art. 187 Rn. 4.
[27] *Middeke/Szczekalla*, JZ 1993, 288 f.
[28] EuGH, Urt. v. 19.11.1991, verb. Rs. C-6/90 und C-9/90, *Frankovic u.a./Italienische Republik*, Slg. 1991, I-5357.
[29] EuGH, Urt. v. 5.3.1996, verb. Rs. C-46/93 und C-48/93, *Brasserie du pecheur u.a./Bundesrepublik Deutschland u.a.*, Slg. 1996, I-1029.
[30] Vgl. *Koenig/Sander*, Einführung in das EG-Prozeßrecht, Rn. 212 f.
[31] Vgl. *Karpenstein*, EuZW 2000, 537 (537 f.).

möglich sein, in denen das Unionsrecht eine Rechtsgrundlage für die Vornahme einer Aufrechnung enthält.[32]

15 **3. Unionsorgane.** Ähnliche Probleme können sich bei den **Unionsorganen** ergeben, da sie in vollstreckungsrechtlicher Hinsicht den Mitgliedstaaten gleichgestellt werden.[33] Dies betrifft sowohl das Verhältnis der Organe untereinander als auch ihr Verhältnis zu den Mitgliedstaaten.[34] Nach teilweiser Auffassung im Schrifttum kommt eine Vollstreckung von Entscheidungen gegen die Union nicht in Betracht, weil die Zuständigkeit für die Durchführung der Vollstreckung bei den Mitgliedstaaten liege und diese im Falle einer Vollstreckung in die Immunität der Union eingreifen würden; dies sei nicht zulässig.[35] Dagegen ergibt sich aber bereits aus Art. 1 S. 3 des Protokolls über die Vorrechte und Befreiungen der EU,[36] dass eine Vollstreckung in das Vermögen der Union nicht grundsätzlich ausgeschlossen, sondern nur von einer Ermächtigung des EuGH abhängig ist. Dementsprechend können Vermögensgegenstände und Guthaben der Union nur mit der Ermächtigung des EuGH Gegenstand von Zwangsvollstreckungsmaßnahmen sein.[37] Man wird also differenzieren müssen: Bei Urteilen, die einen Unionsakt für nichtig erklären oder die Pflichtwidrigkeit einer Unterlassung des Rates oder der Kommission feststellen, kommt schon ihrer Natur nach und wegen Art. 266 Abs. 1 AEUV eine Vollstreckung nicht in Betracht. Wird dagegen ein Unionsorgan zu einer Geldleistung verpflichtet und kommt es dieser Verpflichtung nicht nach, ist eine Zwangsvollstreckung grundsätzlich möglich. Entscheidungen, die einem Organ im Rahmen einer Schadensersatzklage oder bei einer dienstrechtlichen Streitigkeit (z. B. Erhöhung der Bezüge oder Zahlung ungerechtfertigt einbehaltener Bezüge) eine Geldleistungspflicht auferlegen, können somit grundsätzlich Gegenstand der Zwangsvollstreckung sein.[38] Insoweit fehlt es aber an einschlägiger Rechtsprechung, da sich die Organe bislang immer unionskonform verhalten haben.[39] Ebenfalls vollstreckungsfähig sind die Entscheidungen des Gerichtshofs gegenüber den Unionsorganen, die aufgrund einer in einem Vertrag enthaltenen Schiedsklausel ergangen sind.[40]

---

[32] Für den Fall einer Aufrechnung gegenüber einer juristischen Person des Privatrechts hat das EuG jüngst eine Aufrechnungsmöglichkeit mangels Bestehens einer Rechtsgrundlage verneint, vgl. EuG, Urt. v. 14.12.2000 – Rs. T-105/99, *CCRE/Kommission*, Slg. 2000, II-4099.
[33] *Bleckmann*, Europarecht, Rn. 694; *Grabitz*, in: GH, Art. 187 Rn. 9.
[34] *Klinke*, Rn. 212.
[35] *Bleckmann*, Europarecht, Rn. 694; *Brandt*, JuS 1994, 304.
[36] ABl. 2012 C 326/266.
[37] *Kotzur*, in: Geiger/Khan/Kotzur, EUV/AEUV, Art. 290 AEUV Rn. 5; vgl. auch jüngst EuGH, Beschl. v. 29.5.2001, Rs. C-1/00 SA, *Cotecna Inspection SA/Kommission*, Slg. 2001, I-4219, NJW 2001, 3109, mit dem eine Pfändung in Mittel der Kommission (hier: Mittel des Europäischen Entwicklungsfonds) als unzulässig abgelehnt worden ist.
[38] *Krück*, in: GTE, 4. Aufl. 1991, Art. 187 EWGV Rn. 9.
[39] BBPS, S. 251; vgl. aber EuGH, Beschl. v. 17.6.1987, Rs. 1/87 SE, *Universe Tankship/Kommission*, Slg. 1987, 2807; EuGH, Slg. 1987, 2807 (Pfändung von Mietforderungen Belgiens gegen die Kommission durch einen Gläubiger des belgischen Staates).
[40] *Klinke*, Rn. 212; *Stoll/Rigod*, in: GHN, Art. 280 Rn. 2.

II. Vollstreckungsgläubiger

Als **Vollstreckungsgläubiger** kommen die Union oder die gegnerische Partei des zugrundeliegenden Rechtsstreits in Betracht. Falls für die Union vollstreckt wird, ist diese in ihrer Gesamtheit Vollstreckungsgläubiger, vertreten durch die Kommission oder den Rat. Dabei wird es jedoch als zulässig angesehen, auch das Vertretungsorgan als Partei bzw. Vollstreckungsgläubiger zu bezeichnen.[41] Nach teilweiser Ansicht im Schrifttum soll auch der Gerichtshof als Vollstreckungsgläubiger in Betracht kommen, wenn er einer der am Rechtsstreit beteiligten Parteien ungerechtfertigte Kosten auferlegt hat.[42] Hierbei ist aber zu berücksichtigen, dass die Partei dann bereits die Möglichkeit zur Kostenberichtigung hat (vgl. allgemein zum Kostenrecht oben § 29), so dass man am Vorliegen eines Rechtsschutzbedürfnisses für eine Zwangsvollstreckung Zweifel haben kann.

16

---

[41] *Schniewind*, S. 59 (66).
[42] *Schmidt*, in: GTE; Art. 192 EWGV Rn. 12.

§ 32 Durchführung der Zwangsvollstreckung

Übersicht

		Rn.
A.	Allgemeines	1/2
B.	Vollstreckungsklausel	3–10
	I. Ausfertigung durch innerstaatliche Behörde	3/4
	II. Prüfungsumfang	5–10
C.	Zustellung des Titels	11
D.	Anrufung des Vollstreckungsorgans	12
E.	Zwangsvollstreckung gegen einen Mitgliedstaat	13

Schrifttum: vgl. § 31.

A. Allgemeines

1 Mit dem Vorliegen des Titels kann die Zwangsvollstreckung eingeleitet werden. Soweit es sich um eine letztinstanzliche Gerichtsentscheidung handelt, ist diese infolge ihrer Rechtskraft sofort vollstreckbar, während Entscheidungen der Kommission noch im Wege der Nichtigkeitsklage angefochten werden können (vgl. dazu oben i. e. unter § 7). Ein verfrühtes Vorgehen kann aber im Fall der Aufhebung der vollstreckbaren Entscheidung Schadensersatzansprüche nach sich ziehen,[1] so dass es empfehlenswert ist, zumindest die Rechtsmittel/Anfechtungsfrist bzw. einen möglichen Aussetzungsantrag abzuwarten (dazu unter § 32).

2 Das unionsrechtliche Prozessrecht stellt **keine eigenen Verfahrensvorschriften** zur Durchführung der Zwangsvollstreckung bereit. Art. 299 Abs. 2 AEUV (früher Art. 256 Abs. 2 bis 4 EGV-Nizza, Art. 164 EAGV und – im wesentlichen ähnlich – Art. 92 EGKSV) verweist insoweit auf die entsprechenden Vorschriften der **einzelstaatlichen Zivilprozeßordnungen**,[2] in deren Hoheitsgebiet die Zwangsvollstreckung stattfindet.[3] Sie findet jeweils dort statt, wo sich der Gegenstand befindet, in den vollstreckt werden soll. Dies wird regelmäßig das gleiche Land sein, in dem der Vollstreckungsschuldner seinen Wohn- oder Geschäftssitz hat. Fallen der Wohn- bzw. Geschäftssitz des Vollstreckungsschuldners und das Land, in dem sich der zu vollstreckende Gegenstand befindet, ausnahmsweise auseinander, muss der Gläubiger des unionsrechtlichen Vollstreckungstitels etwaige Beschränkungen, die das nationale Recht seinen Vollstreckungsbehörden setzt, hinnehmen.[4]

---

[1] *Schmidt*, in: GTE, 4. Aufl. 1991, Art. 192 EWGV Rn. 8.
[2] Zu den Unterschieden zwischen den Gemeinschaftsverträgen siehe *Schmidt*, in: GTE, 4. Aufl. 1991, Art. 192 EWGV Rn. 1 f.
[3] Siehe dazu EuGH, Urt. v. 9.3.1977, verb. Rs. 41, 43, 44/73, *SA Générale Sucrière* Slg. 1977, 445, 462.
[4] *Schmidt*, in: GTE, 4. Aufl. 1991, Art. 192 EWGV Rn. 13.

7. Abschnitt. Durchsetzung unionsrechtlicher Titel   3–5 § 32

Im Hoheitsgebiet der Bundesrepublik Deutschland richtet sich die unionsrechtliche Zwangsvollstreckung nach dem 8. Buch der ZPO (§§ 704 ff.).

B. Vollstreckungsklausel

I. Ausfertigung durch innerstaatliche Behörde

Für die Einleitung des Vollstreckungsverfahrens bedarf es der Erteilung einer **Voll-** 3 **streckungsklausel**. Ebenso wie in den nationalen Prozessordnungen wird von dem unionsrechtlichen Titel eine vollstreckbare Ausfertigung geschaffen (Vollstreckungsklausel). Die Vollstreckungsklausel wird von einer zu diesem Zwecke eigens benannten Behörde erteilt. In der Bundesrepublik Deutschland ist dies der Bundesminister der Justiz.[5] Die Vollstreckungsklausel besteht aus dem amtlichen Vermerk:

„Vorstehende Ausfertigung wird der (Bezeichnung der Partei) zum Zwecke der Zwangsvollstreckung erteilt".

Sie ist vom zuständigen Amtsträger zu unterschreiben und mit dem Dienstsiegel zu 4 versehen (§ 725 ZPO). Mit der Vollstreckungsklausel wird im Allgemeinen die Vollstreckungsreife herbeigeführt. Die bloße Erteilung der Vollstreckungklausel nach § 725 ZPO ist nicht zu verwechseln mit der bei der Erteilung vorzunehmenden Prüfung, die im Hinblick auf Unionstitel nur in eingeschränktem Maß statthaft ist.[6]

II. Prüfungsumfang

Die Prüfungskompetenz der innerstaatlichen Stelle beschränkt sich allein auf 5 die **Echtheit der Urschrift des Vollstreckungstitels**.[7] Damit ist die formelle Richtigkeit des Vollstreckungstitels gemeint, d.h. ob dieser tatsächlich von einem der beiden europäischen Gerichte stammt bzw. von einem Unionsorgan erlassen wurde.[8] Die nationale Behörde hat keine Kompetenz, die Zuständigkeit zum Erlass des unionsrechtlichen Titels oder gar dessen Rechtmäßigkeit zu überprüfen. Eine verfassungsrechtliche Überprüfung am Maßstab nationaler Grundrechte durch die Erteilungsbehörde oder nationale Prozessgerichte ist ebenfalls ausgeschlossen.[9] Den mitgliedstaatlichen Vollstreckungsorganen ist es auch verwehrt, die Vollstreckung des Unionstitels am nationalen ordre public zu messen, da anderenfalls die Funktionsfähigkeit und die einheitliche Geltung des Unionsrechts in den Mitgliedstaaten

---

[5] Bekanntmachung vom 25.8.1954 (BGBl. 1954 II 1030) für den Bereich der EGKS; Bekanntmachung vom 3.2.1961 (BGBl. 1961 II 50) für den Bereich der Römischen Verträge.
[6] *Krajewski/Rösslein,* in: GHN, Art. 299 AEUV Rn. 13; *Schmidt,* in: GTE, 4. Aufl. 1991, Art. 192 EWGV Rn. 14 ff., 17.
[7] EuGH, Beschl. v. 11.1.1977, Rs. 4/73, *Nold/Kommission* Slg. 1977, 1, 3; verfassungsrechtlich unbedenklich nach BVerfG, Beschl. v. 10.4.1987–2 BvR 1236/86 – WM 1987, 772.
[8] Siehe dazu *Schniewind,* S. 60 f.
[9] BVerfG, Beschl. v. 22.10.1986–2 BvR 197/83 – BVerfGE 73, 339, 375 f.; Beschl. v. 10.4.1987– 2 BvR 1236/86 – WM 1987, 772; siehe auch *Rupp,* in: FS Menger, S. 859 ff.; *ders.,* NJW 1986, 640 f.; i.d. S. auch *C. Engel,* DV 25 (1992), 444.

unterlaufen werden könnte.[10] Eine Beschwerde wegen Verstoßes des Titels gegen die EMRK erscheint – nach dem Beitritt auch der Union – möglich.[11]

6 Einer „Anerkennung" unionsrechtlicher Titel i. S. d. § 328 ZPO bedarf es nicht, da die Unionsrechtsordnung aufgrund ihrer Eigenständigkeit den mitgliedstaatlichen Rechtsordnungen in ihrer Anwendung vorgeht und zudem durch die jeweiligen Zustimmungsgesetze in die mitgliedstaatlichen Rechtsordnungen integriert wurde.[12] Die vollstreckbaren Entscheidungen des Gerichtshofs sind somit als Vollstreckungstitel des inländischen Prozessrechts anzusehen und nicht als „ausländische Leistungsbefehle", so dass ein zusätzliches deutsches Vollstreckungsurteil i. S. d. § 722 ZPO ebenfalls nicht erforderlich ist.[13]

7 Denkbar sind aber Fälle, in denen die Vollstreckung einer Entscheidung vom Eintritt einer bestimmten Tatsache abhängen soll. Beispielsweise kann der Gerichtshof gemäß Art. 152 Abs. 4 VerfO-EuGH, Art. 122 § 3 VerfO-EuG die Vollstreckung aus einem Versäumnisurteil davon abhängig machen, dass der Antragsteller eine bestimmte **Sicherheitsleistung** erbringt. Gleiches gilt gemäß Art. 162 Abs. 2 VerfO-EuGH, Art. 107 § 2 VerfO-EuG bei einer einstweiligen Anordnung. In diesen Fällen haben die nationalen Behörden die Vollstreckungsklausel ohne Weiteres zu erteilen; der Gläubiger hat – in Deutschland gemäß § 751 Abs. 2 ZPO – durch öffentliche oder öffentlich-beglaubigte Urkunden nachzuweisen, dass die Sicherheit wie verlangt geleistet worden ist.

8 Da sich die Überprüfung nur auf die Echtheit des unionsrechtlichen Titels beschränkt, finden auch die innerstaatlichen Rechtsbehelfe im Klauselverfahren bei der Ausfertigung des unionsrechtlichen Titels keine Anwendung.[14]

9 Ob und inwieweit bei einer **Verweigerung der Klauselerteilung** durch die zuständigen innerstaatlichen Behörden eine analoge Anwendung dieser Rechtsbehelfe in Betracht kommt, muss eingehenderen Erörterungen vorbehalten bleiben.[15] Für den Bereich der Bundesrepublik Deutschland ergibt sich die Schwierigkeit, dass die Rechtsbehelfe entweder dem Prozessgericht oder dem Rechtsmittelgericht die gerichtliche Überprüfung zuweisen. Erklärt man umgekehrt den EuGH für zuständig, könnte er die innerstaatliche Behörde zur Erteilung der Vollstreckungsklausel anweisen, was der rechtlichen Selbstständigkeit der unionsrechtlichen Rechtsordnung im Verhältnis zu den mitgliedstaatlichen Rechtsordnungen widersprechen würde. In die gleiche Richtung geht die Problematik einer titelergänzenden (§ 725 ZPO) oder titelübertragenden Klausel (§ 726 ZPO), wenn der Titelinhalt von einer Bedingung abhängt oder der Vollstreckungsschuldner zwischenzeitlich einen Rechtsnachfolger erhalten hat. Es handelt sich hierbei einmal mehr um ein Problem, welches aus dem Verhältnis des Unionsrechts zum nationalen Recht resultiert (siehe dazu i. E. unten §§ 34 ff.). Unter systematischen und teleologischen Gesichtspunkten erscheint es in Fällen der Klauselverweigerung angezeigt, eine Beschwerde zum für die Behörde zuständigen Prozessgericht anzuneh-

---

[10] *Schniewind*, S. 61 f.; *Pernice*, RIW 1986, 356; a. A. *Schütze*, NJW 1963, 2205; *Rupp*, in: FS für Menger, S. 861 (864 ff.).
[11] Siehe insoweit *Pernice*, RIW 1986, 356; *Giegerich*, ZaöRV 50 (1990), 844 ff.
[12] Dazu i. E. *Schniewind*, S. 62 ff.
[13] *Schmidt*, in: GTE, 1. Aufl. 1991, Art. 192 EWGV Rn. 8; a. A. wohl *C. Engel*, DV 25 (1992), 444.
[14] Vgl. *Klinke*, Rn. 214.
[15] Siehe *Schniewind*, S. 67, der § 576 ZPO für einschlägig hält.

men, welches den EuGH gegebenenfalls im Wege des Vorabentscheidungsverfahrens anrufen kann.

Wird demgegenüber der **Bestand des Titels als solcher** in Zweifel gezogen und 10 damit die unionsrechtliche Grundentscheidung insgesamt angegriffen, können über diese Bedenken nur die dann zuständigen europäischen Gerichte entscheiden. Hierfür stellt das unionsrechtliche Rechtsschutzsystem eigenständige Rechtsbehelfe zur Verfügung (siehe unter § 33).

C. Zustellung des Titels

Gemäß § 750 ZPO bedarf es der **Zustellung des Titels**. Sie ist Voraussetzung 11 für die Zwangsvollstreckung und muss spätestens mit Vollstreckungsbeginn erfolgt sein.[16] Soweit es sich um Entscheidungen der Kommission oder des Rates handelt, ist eine Zustellung bereits aufgrund der Gemeinschaftsverträge unerlässlich (Art. 297 AEUV). Die Titel müssen dem Betroffenen erst zur Kenntnis gebracht werden, bevor die Vollstreckung durchgeführt werden kann. Soll aus einer gerichtlichen Entscheidung vollstreckt werden, so findet, falls nicht die Zustellung ausdrücklich vorgeschrieben ist, § 750 Abs. 1 ZPO i. V. m. § 317 ZPO Anwendung: Der Titel ist auf Betreiben des Gläubigers zuzustellen. Eine Zustellung der Vollstreckungsklausel findet nur in den Fällen des § 750 Abs. 2 ZPO statt.[17]

D. Anrufung des Vollstreckungsorgans

Sind die Formvorschriften erfüllt, wird die Zwangsvollstreckung gemäß Art. 299 12 Abs. 3 AEUV durch den Antrag des Vollstreckungsgläubigers, ggf. vertreten durch das zuständige Organ, beim zuständigen **Vollstreckungsorgan** in Gang gesetzt;[18] eine Einleitung des Vollstreckungsverfahrens von Amts wegen findet nicht statt.[19] Als zuständige Vollstreckungsorgane kommen in der Bundesrepublik Deutschland das **Vollstreckungsgericht** (§ 764 ZPO) oder der **Gerichtsvollzieher** (§ 753 ZPO) in Betracht. Während der Gerichtsvollzieher die Zwangsvollstreckung in das bewegliche Vermögen vornimmt, obliegt dem Vollstreckungsgericht die Zwangsvollstreckung in das unbewegliche Vermögen und in Geldforderungen. Da sich insoweit keine Unterschiede oder Abweichungen zum innerstaatlichen Zwangsvollstreckungsrecht ergeben, kann an dieser Stelle auf die einschlägigen Abhandlungen zum nationalen Recht verwiesen werden.

---

[16] *Runge,* AWD/RIW 1962, 339.
[17] *Schniewind,* S. 67.
[18] *Runge,* AWD/RIW 1962, 339; *Krajewski/Rösslein,* in: GHN, Art. 299 AEUV Rn. 14.
[19] *Schniewind,* S. 67; *Schmidt,* in: GTE, 4. Aufl. 1991, Art. 192 EWGV Rn. 20.

E. Zwangsvollstreckung gegen einen Mitgliedstaat

13   Als problematisch könnte sich die praktische Durchführung der Zwangsvollstreckung eines unionsrechtlichen Titels gegen einen verurteilten Mitgliedstaat erweisen. Wenig glücklich ist dabei zunächst der Umstand, dass der Mitgliedstaat gegen sich selbst eine vollstreckbare Ausfertigung des Titels ausstellen muss. Selbst wenn es sich hierbei um einen rein formalen Akt handelt, besteht zumindest die Möglichkeit, die Vollstreckung durch Hinauszögern der Klauselerteilung zu verschleppen. Zur Vermeidung solcher Verzögerungen erscheint es – de lege ferenda – angebracht, auf Unionsebene eine Vollstreckungsbehörde zu schaffen, welche die Vollstreckung betreibt und überwacht.[20] Es wurde bereits darauf hingewiesen, dass eine Vollstreckung gegen Mitgliedstaaten nur im Rahmen ihrer Zwangsvollstreckungsvorschriften zulässig ist. Damit ist den Mitgliedstaaten aber die grundsätzliche Möglichkeit eröffnet, Vermögen und Gegenstände des Gemeinwesens durch innerstaatliche Regelungen von der Vollstreckung auszunehmen und so die unionsrechtliche Vollstreckung zu unterlaufen. Eine solche Regelung besteht für die Bundesrepublik Deutschland beispielsweise in § 882 a ZPO, wonach solche Sachen und Vermögensgegenstände von der Zwangsvollstreckung ausgenommen sind, die für die Erfüllung öffentlicher Aufgaben unentbehrlich sind. Welche Vollstreckungsobjekte im Einzelfall dann noch übrig bleiben, ist fraglich, da alle Vermögenswerte des Bundes irgendeinen öffentlichen Zweck erfüllen.

---

[20] *Karl*, RIW 1991, 748; *Middeke/Szczekalla*, JZ 1993, 288; wohl auch *Giegerich*, ZaöRV 50 (1990), 845.

§ 33 Rechtsbehelfe in der Zwangsvollstreckung

Übersicht

			Rn.
A.		Allgemeines	1
B.		Unionsrechtliche Rechtsbehelfe	2–32
	I.	Die Anfechtung von Zwangsmaßnahmen	3–16
		1. Allgemeines	3
		2. Die Anfechtung nach dem AEUV	4–14
		3. Die Anfechtung gemäß Art. 144 EAGV	15/16
	II.	Die Aussetzung der Zwangsvollstreckung	17–32
		1. Grundlagen	17/18
		2. Abgrenzung zur allgemeinen Zuständigkeit des Gerichtshofs	19
		3. Vollzugsaussetzung im Rahmen verwaltungsgerichtlicher Tätigkeit	20
		4. Aussetzung im Rahmen vollstreckungsgerichtlicher Tätigkeit	21–28
		5. Möglichkeit der endgültigen Einstellung einer Zwangsvollstreckung	29/30
		6. Rechtsfolgen der Aussetzung	31/32
C.		Innerstaatliche Rechtsbehelfe	33/34

Schrifttum: vgl. § 31.

A. Allgemeines

Der Vollstreckungsschuldner hat die Möglichkeit, sich gegen die **Entscheidung** **1** **als solche** oder gegen **einzelne konkrete Vollstreckungsmaßnahmen** zur Wehr zu setzen. Hierfür sehen die europäischen und nationalen Prozessordnungen verschiedene Rechtsbehelfsmöglichkeiten vor. Die Tatsache, dass zwei Zuständigkeiten unterschieden werden müssen, ist ein wesentliches Charakteristikum der Zwangsvollstreckung auf Unionsebene: zum einen die materielle Kompetenz der Unionsorgane zum Erlass vollstreckbarer Entscheidungen, zur Überprüfung der Titel und zur Beurteilung der Zulässigkeit einer Vollstreckung sowie zum anderen die Kompetenz der Mitgliedstaaten zur formellen Durchführung der Zwangsvollstreckung und zur Nachprüfung der Ordnungsmäßigkeit der Vollstreckungsmaßnahmen.[1] Die Aufgabe der Gewährleistung eines effektiven Rechtsschutzes ist demnach unter den europäischen und mitgliedstaatlichen Gerichten aufgeteilt. Die Abgrenzung der Zuständigkeit einerseits der unionsrechtlichen und andererseits der mitgliedstaatlichen Gerichte richtet sich nach dem verfolgten **Rechtsschutzziel**.[2]

---

[1] *Constantinesco*, S. 106; *Krajewski/Rösslein*, in: GHN, Art. 299 Rn. 5.
[2] Vgl. dazu i.E. *Schmidt*, in: GTE, 4. Aufl. 1991, Art. 192 EWGV Rn. 22 ff.

B. Unionsrechtliche Rechtsbehelfe

2 Die Vollstreckung als solche kann nur durch eine gerichtliche Entscheidung eines der beiden europäischen Gerichte verhindert werden. Ihnen obliegt es, als Wahrer des Unionsrechts den unionsrechtlich erlassenen Vollstreckungstitel (endgültig) aufzuheben oder (vorläufig) auszusetzen bzw. zu ergänzen oder abzuändern. Insoweit ist der Gerichtshof auch für die Überprüfung der Festsetzung von Zwangsmaßnahmen und deren Verhältnismäßigkeit im Hinblick auf das durchzusetzende Verhalten zuständig.[3] **Einzelstaatliche Rechtsbehelfe, die sich gegen den Titel als solchen oder gegen den Inhalt des Titels richten** (z. B. die Vollstreckungsgegenklage gemäß § 767 ZPO), sind demzufolge im Zwangsvollstreckungsverfahren unzulässig. Das nationale Gericht muss entsprechende Anträge zurückweisen oder das Verfahren aussetzen und dem EuGH zur Entscheidung vorlegen. Im einzelnen kommen auf Unionsebene die nachgenannten Rechtsschutzmöglichkeiten gegen Vollstreckungstitel in Betracht.

I. Die Anfechtung von Zwangsmaßnahmen

3 **1. Allgemeines.** Zwangsmaßnahmen der Union können unter den Voraussetzungen des Art. 261 AEUV (früher Art. 229 EGV-Nizza, Art. 144 EAGV und Art. 36 EGKSV) von den Betroffenen durch eine Klage vor dem EuGH angefochten werden. Weisen die zitierten Vorschriften auch en détail einige Unterschiede auf, so ist ihnen doch gemeinsam, dass es sich um Gestaltungsklagen handelt, deren Eigenart gerade darin besteht, dass der Gerichtshof den angefochtenen Akt nicht nur aufheben, sondern auch durch einen anderen ersetzen kann.[4]

2. Die Anfechtung nach dem AEUV

4 **a) Bedeutung des Art. 261 AEUV.** Die Bedeutung des Art. 261 AEUV besteht primär darin, dass er die Möglichkeit eröffnet, den europäischen Gerichten über das übliche Maß hinausgehende Kompetenzen zu verleihen – im französischen und belgischen (Verwaltungsprozess-) Recht entspricht diesem Kompetenzzuwachs das Gegensatzpaar „*contentieux de pleine juridiction*" bzw. „*contentieux de l'annulation*".[5] Da es sich bei Zwangsmaßnahmen, insbesondere bei Geldbußen oder Zwangsgeldern, um individuelle Akte handelt, die an eine bestimmte Person gerichtet werden und diese beschweren, stehen hier Entscheidungen i. S. d. Art. 288 AEUV in Frage.[6] Ohne Art. 261 AEUV könnten die Betroffenen die fraglichen Maßnahmen nur mit der „gewöhnlichen" Nichtigkeitsklage gemäß Art. 263 AEUV angreifen. Dies hätte zur Folge, dass dem Gerichtshof nur zwei Entscheidungsmöglichkeiten offenstünden: Entweder weist er die Klage als unzulässig oder unbegründet ab oder er erklärt den angefochtenen Akt für nichtig. Im letztgenannten Fall kann der EuGH sein stattgebendes Urteil

---

[3] EuGH, Urt. v. 21.9.1989, verb. Rs. 46/87, 227/88, *Hoechst/Kommission*, Slg. 1989, 2859, 2933 f.; kritisch dazu *Rudisile*, EuZW 1990, 53 f.
[4] Siehe dazu auch *Ule*, DJT-Gutachten, 1966, S. 36 f.
[5] *Krück*, in: GTE, 4. Aufl. 1991, Art. 172 EWGV Rn. 3.
[6] *Krück*, in: GTE, 4. Aufl. 1991, Art. 172 EWGV Rn. 3.

nur auf einen der in Art. 263 AEUV genannten Rechtsmängel stützen, mit dem die Entscheidung, die die „Zwangsmaßnahme" anordnet, behaftet sein müsste. Erwägungen wie Zweckmäßigkeit, Angemessenheit, Richtigkeit wirtschaftlicher Prognosen, allgemeine Billigkeit usw. könnten folglich nicht herangezogen werden. Der EuGH könnte insbesondere nicht sein Ermessen an die Stelle desjenigen der beklagten Behörde setzen, sondern wäre ggf. auf die Feststellung beschränkt, dass die Behörde ihr Ermessen missbraucht oder überschritten habe.[7] Gerade im nationalen Recht gehört es aber traditionell zum herkömmlichen Aufgabenkreis des Richters, dass er Strafen, Bußen oder sonstige Sanktionen, die eine andere Instanz festgesetzt hat, nicht nur bestätigen oder aufheben, sondern auch ändern kann. Da es sich bei Sanktionen im weitesten Sinne um ein Unwerturteil handelt, erscheint es gerechtfertigt, dass eine unparteiische Instanz nicht nur über das „Ob", sondern auch über das „Wieviel" einer solchen Zwangsmaßnahme urteilen kann.[8]

Ist der Richter nach Art. 261 AEUV ermächtigt, eine von den Exekutivorganen festgesetzte Sanktion zu ändern, so folgt aus dieser erweiterten Zuständigkeit, dass er sich bei deren Ausübung nicht allein auf die Kontrolle der Rechtmäßigkeit zu beschränken braucht. Ob in einem konkreten Fall die Höhe einer bestimmten Geldbuße angemessen ist oder nicht, wird man kaum als reine Rechtsfrage lösen können.[9] Diesen Befund bringt die deutsche Fassung des Art. 261 AEUV zum Ausdruck, wenn sie sich sowohl auf die denkbaren Inhalte der Entscheidungen des EuGH („Änderung oder Verhängung solcher Maßnahmen") als auch auf den Umfang der Kontrollbefugnis („unbeschränkte Ermessensnachprüfung") bezieht. Gegenüber dieser detaillierten Fassung bezeichnen vor allem die französische, italienische und niederländische Version der Vorschrift die in Betracht kommenden Befugnisse mit vergleichsweise knappen Begriffen. Es ist jedoch nicht davon auszugehen, dass mit Art. 261 AEUV die französische bzw. belgische Rechtsfigur der „pleine juridiction" unverändert und vollständig ins Unionsrecht übernommen worden ist. Zwar wird der französische Text entwicklungsgeschichtlich das Original der Verträge darstellen, doch sprechen eine Reihe von Tatsachen gegen die Annahme, dass Art. 261 AEUV eine unveränderte Adaption der französischen Rechtsfigur der „pleine juridiction" beinhaltet: Nach der hermeneutischen Regel des Art. 314 EGV-Nizza (im Wesentlichen ersetzt durch Art. 55 EUV) sind alle sprachlichen Fassungen des Vertrages „gleichermaßen verbindlich", weshalb jedem Wortlaut für die Rechtsfindung prinzipiell das gleiche Gewicht zukommt. Viele von der französischen Rechtsordnung mit dem Begriff der „pleine juridiction" verbundenen Regelungen und Vorstellungen sind überdies in das Unionsrecht gar nicht transponierbar.[10]

b) Regelungsbereich des Art. 261 AEUV. Unter „Zwangsmaßnahmen" i. S. d. Art. 261 AEUV sind nicht nur Maßnahmen zu verstehen, die – wie z. B. Zwangsgelder – den Betroffenen zu einem bestimmten künftigen Verhalten veranlassen sollen, sondern auch solche, die eine Sühne für vergangenes Verhalten darstellen, also insbesondere Geldbußen.[11] Diese Auslegung wird dadurch bekräftigt, dass die französische, italieni-

---

[7] *Krück,* in: GTE, 4. Aufl. 1991, Art. 172 EWGV Rn. 1.
[8] *Krück,* in: GTE, 4. Aufl. 1991, Art. 172 EWGV Rn. 4.
[9] *Krück,* in: GTE, 4. Aufl. 1991, Art. 172 EWGV Rn. 4.
[10] Skeptisch auch *Krück,* in: GTE, 4. Aufl. 1991, Art. 172 EWGV Rn. 8; *Daig,* in: GBTE, 3. Aufl. 1983, Art. 172 EWGV Rn. 5.
[11] *Krück,* in: GTE, 4. Aufl. 1991, Art. 172 EWGV Rn. 3.

sche und niederländische Fassung von Art. 261 AEUV, aber auch die deutsche Fassung des Art. 25 Abs. 2 VO Nr. 11/60,[12] die auf der Grundlage des Art. 229 EWGV erlassen worden ist, den allgemeinen Begriff der „Sanktionen" verwenden. Diese Sanktionen, auf die sich Art. 261 AEUV bezieht, haben keinen strafrechtlichen Charakter, sondern gehören dem Recht der Ordnungswidrigkeiten an. Das ergibt sich zunächst daraus, dass der AEUV selbst unmittelbar keine Sanktionen androht, sondern lediglich den Rat ermächtigt, derartige Maßnahmen in den von ihm zu erlassenden Verordnungen vorzusehen.[13] Im Verhältnis dazu ist davon auszugehen, dass die Vertragsschließenden die Ausübung einer so wesentlichen Befugnis, wie sie die Androhung echter Kriminalstrafen darstellen würde, nicht einem Organ überlassen hätten, das weder selbst ein Parlament ist noch von einem Parlament kontrolliert wird. Zudem betreffen die Verstöße, derentwegen Sanktionen in Betracht kommen, wirtschaftliche Normen. Bei ihrer Verletzung wird den Beteiligten in der Regel das sittliche Unrechtsbewusstsein fehlen, da anders als bei strafrechtlichen Normen nicht ethische Werte, sondern ordnungspolitische Zielvorstellungen die geschützten Rechtsgüter sind.[14]

7 Zwangsmaßnahmen i. S. d. Art. 261 AEUV können nur gegen (natürliche oder juristische) Personen verhängt werden.[15] Für den Fall, dass Mitgliedstaaten gegen das Unionsrecht verstoßen, enthalten die Art. 258 ff. AEUV ein eigenes Verfahren (vgl. auch § 31 Rn. 16 ff.).[16] Träger der nach Art. 261 AEUV bestehenden Befugnisse (Androhung von Sanktionen, Erweiterung der Kompetenzen des EuGH) ist allein der Rat, ggf. gemeinsam mit dem Parlament. Demgegenüber ist es nach der primärrechtlichen Funktionsverteilung an sich Sache der Kommission, die Sanktionen im Einzelfall zu verhängen.[17] Unterlässt es der Rat, dem EuGH eine Zuständigkeit zu unbeschränkter Ermessensnachprüfung in Bezug auf bestimmte Zwangsmaßnahmen einzuräumen, kann hierin – gerade wegen des ohnehin weitreichenden Ermessens der Kommission bei der Festsetzung der Zwangs- und Bußgelder sowie hinsichtlich der Vollstreckungsfähigkeit dieser Entscheidungen und weil bis auf die Entscheidungskompetenz des EuGH ein anderes unionsrechtliches Korrektiv zu dieser weiten Kompetenz fehlt – ein nach Art. 263 AEUV angreifbarer Ermessensmissbrauch liegen. Weiterhin geht aus Art. 261 AEUV hervor, dass die Sanktionen in einer Verordnung, also einem abstrakt-normativen Rechtsakt, angedroht werden müssen. Ohne eine solche vorherige Androhung kann die Kommission keine Sanktionen verhängen. Im Übrigen sind an die inhaltliche Bestimmtheit von Zwangsmaßnahmen strenge Anforderungen zu stellen. Inhalt, Zweck und Ausmaß der Sanktionen müssen in dem zugrundeliegenden Rechtsakt so genau umrissen sein, dass sich ihre Voraussetzungen und die Art der im Einzelfall anzuwendenden Zwangsmaßnahmen für den Unionsbürger schon aus der Ermächtigung ergeben.

8 **c) Inhalt und Grenzen der Entscheidungs- und Nachprüfungsbefugnis.** Art. 261 AEUV erweitert die Entscheidungsbefugnisse des Gerichtshofs gegenüber der „ge-

---

[12] ABl. 1960, 1121.
[13] *Krück,* in: GTE, 4. Aufl. 1991, Art. 172 EWGV Rn. 3.
[14] *Daig,* in: GBTE, 3. Aufl. 1983, Art. 172 EWGV Rn. 7.
[15] *Krück,* in: GTE, 4. Aufl. 1991, Art. 172 EWGV Rn. 4.
[16] *Daig,* in: GBTE, 3. Aufl. 1983, EArt. 172 EWGV Rn. 8; *Middeke/Szczekalla,* JZ 1993, 286 ff.; vgl. auch § 30 Rn. 16 ff.
[17] *Daig,* in: GBTE, 3. Aufl. 1983, Art. 172 EWGV Rn. 13.

wöhnlichen" Nichtigkeitsklage nach Art. 263 AEUV in doppelter Hinsicht: Einerseits kann dem EuGH eine **erweiterte Entscheidungsbefugnis** zugestanden werden und zum anderen – als Korrelat hierzu – ein **erweitertes Nachprüfungsrecht** zukommen.[18]

aa) **Mögliche Entscheidungsbefugnisse nach Art. 261 AEUV.** Die von der Unionsverwaltung erlassenen Sanktionen sind „Beschlüsse" i. S. d. Art. 288 Abs. 4 AEUV, gegen die – bei Nichtexistenz des Art. 261 AEUV – normalerweise nur die Nichtigkeitsklage gemäß Art. 263 AEUV gegeben wäre.[19] Der Urteilstenor könnte in diesem Fall nur auf Klageabweisung oder auf Nichtigerklärung lauten. Art. 261 AEUV schafft nun insbesondere die Möglichkeit, eine Kompetenz zur **Änderung von Sanktionsentscheidungen** zu begründen. Dies ergibt sich aus dem deutschen Text wörtlich, aus den anderen sprachlichen Versionen dieses Artikels sinngemäß. Bestätigt wird diese Auffassung durch die Unionspraxis, wie sie beispielsweise in Art. 17 VO Nr. 17/62 [20] niedergelegt ist und wonach der Gerichtshof die festgesetzten Geldbußen oder Zwangsgelder „aufheben, herabsetzen oder erhöhen" kann. Ferner hat der EuGH bereits mehrfach Geldbußen, die die Kommission wegen Verstoßes gegen das EG-Wettbewerbsrecht verhängt hatte, herabgesetzt.[21] Der EuGH hat sogar in einem das Montanrecht betreffenden Rechtsstreit ausdrücklich festgestellt, dass die „pleine juridiction" die Befugnis zur Änderung der angefochtenen Entscheidung in sich schließe.[22] In einer anderen Montan-Rechtssache hat er die Fristen, nach deren Ablauf die festgesetzten Zwangsgelder wirksam wurden, zugunsten der Betroffenen verlängert.[23]

Problematisch erscheint, ob die erweiterte Entscheidungsbefugnis, die dem EuGH nach Art. 261 AEUV eingeräumt werden kann, dann auch die **Befugnis zur reformatio in peius**, also vor allem zur Erhöhung der von der Kommission verhängten Zwangsgelder und Geldbußen, umfasst. Diese schon von einem Generalanwalt vertretene Auffassung[24] hat sich auch der Rat zu eigen gemacht, wie sich aus dem schon zitierten Art. 17 VO Nr. 17/62 ergibt. Sie findet überdies eine Stütze im deutschen Wortlaut von Art. 261 AEUV, der allgemein von „Änderung" spricht und damit auch grammatikalisch eine „Erhöhung" von Zwangsgeldern und anderen Zwangsmaßnahmen umfasst. Außerdem scheint diese Auffassung auch in Einklang mit dem Sinn einer „pleine juridiction" zu stehen. Der EuGH selbst hat sich zu der Möglichkeit einer reformatio in peius – soweit ersichtlich – bisher noch nicht geäußert. In seinen Entscheidungen hat er vielmehr bisher Änderungen von Zwangsmaßnahmen nur zugunsten des Betroffenen vorgenommen.[25] Trotz der genannten Aspekte, die für den Schluss sprechen, dem EuGH sei auch eine reformatio in peius möglich, ist eine derartige Kompetenz des Gerichtshofs im

---

[18] *Krück*, in: GTE, 4. Aufl. 1991, Art. 172 EWGV Rn. 10.
[19] *Krück*, in: GTE, 4. Aufl. 1991, Art. 172 EWGV Rn. 1, 13.
[20] ABl. 1962, 204.
[21] EuGH, Urt. v. 15.7.1970, Rs. 41/69, *ACF Chemiefarma/Kommission*, Slg. 1970, 661, 705; Urt. v. 13.2.1979, Rs. 85/76, *Hoffmann- La Roche/Kommission*, Slg. 1979, 461, 558; Urt. v. 31.3.1993, verb. Rs. C-89, 104, 114, 116, 117, 125-129/85, *A. Ahlström u.a./Kommission*, EuGHE 1993, I-1575.
[22] EuGH, Urt. v. 10.12.1957, Rs. 8/56, *A.L.M.A./ Hohe Behörde*, EuGHE, Slg. 1957, 189, 202.
[23] EuGH, Urt. v. 16.12.1963, verb. Rs. 2-10/63, *Società Industriale Acciaierie San Michele u.a./ Hohe Behörde*; EuGHE, Slg. 1963, 705, 744f.
[24] GA *Mayras*, SA v. 29.10.1975, Rs. 26/75, *General Motors/Kommission*, Slg. 1975, 1367, 1391
[25] Zuletzt EuGH, Urt. v. 31.3.1993 – verb. Rs. C-89, 104, 114, 116, 117, 125–129/85, *A. Ahlström u. a./Kommission* – EuGHE, Slg. 1993, I-1575.

Rahmen des Art. 261 AEUV aus folgenden Überlegungen heraus abzulehnen: Mit der Verschärfung einer Zwangsmaßnahme würde der EuGH einen Ausspruch ultra petita treffen.[26] Der Kläger selbst wird einen solchen Ausspruch natürlicherweise nie beantragen; ebensowenig wird dies die beklagte Verwaltung tun, die gerade den von ihr erlassenen Akt verteidigen wird.[27] Überdies lässt sich in den nationalen Rechtsordnungen eine Tendenz feststellen, die einer reformatio in peius eher negativ gegenübersteht, jedenfalls eine solche Möglichkeit nicht als selbstverständlich ansieht.[28]

11 Ausgehend von der deutschen Fassung des Art. 261 AEUV taucht weiter die Frage auf, ob der Rat dem EuGH auch die Befugnis übertragen kann, die Zwangsmaßnahmen zunächst nur zu verhängen. Eine solche Kompetenz ist nach dem deutschsprachigen Text jedenfalls nicht ausgeschlossen. Eine derartige Interpretation des Art. 261 AEUV hätte jedoch zur Voraussetzung, dass die Exekutive – also praktisch die Kommission – dann eine solche Maßnahme nicht selbst treffen dürfte, sondern beim Gerichtshof gegen den potentiellen Adressaten auf Verhängung einer Zwangsmaßnahme bestimmter Art und bestimmten Ausmaßes klagen müsste, also praktisch die Rolle eines Anklägers übernehmen müsste. Gegen eine derartige Möglichkeit sprechen folgende Gründe: Die in Art. 261 AEUV angesprochenen Sanktionen haben bloß ordnungspolitischen Charakter, weshalb es in ihrer Natur liegt, dass sie vorbehaltlich ihrer Kontrolle durch den Gerichtshof von der Unionsexekutive zu verhängen sind.[29] Ferner liegt auch der bisherigen Rechtspraxis eine Auffassung zugrunde, die eine solche Möglichkeit verneint. Die ergangenen Ratsverordnungen[30] sehen nicht die Möglichkeit vor, dass die Kommission erst auf die Verhängung einer Sanktion klagt. Letztlich spricht gegen eine solche Interpretation auch Art. 91 Abs. 1 S. 2 BSt. Diese Vorschrift übersetzt gerade in der deutschen Fassung den Begriff „compétence de pleine juridiction" mit „Befugnis zu unbeschränkter Ermessensnachprüfung einschließlich der Befugnis zur Aufhebung oder Änderung der getroffenen Maßnahmen". Sie spricht aber nicht davon, dass der Gerichtshof auf eine Klage der Verwaltung hin eine Maßnahme (erst) verhängen könnte. Infolge dieser Überlegung ist daher davon auszugehen, dass es sich bei der deutschen Fassung des Art. 261 AEUV, soweit dort von „Verhängung" einer Zwangsmaßnahme durch den EuGH die Rede ist, um eine schlechte Übersetzung bzw. um einen Übersetzungsfehler handelt.[31]

12 Nach französischer Rechtsauffassung ist mit einer „compétence de pleine juridiction" die Befugnis des Richters verbunden, nicht nur den angefochtenen Akt zu ändern, sondern im Tenor seines Urteils auch sonstige Entscheidungen zu treffen, z.B. die Maßnahme der Verwaltung durch eine eigene zu ersetzen, bestehende Verpflichtungen festzustellen, die Verwaltung zur Zahlung einer Geldsumme – insbesondere zum Scha-

---

[26] *Daig,* in: GBTE, 3. Aufl. 1983, EWGV, Art. 172 Rn. 12; *Middeke/Szczekalla,* JZ 1993, 287.
[27] Vgl. zu dieser Argumentation auch EuGH, Urt. v. 10.12.1957, Rs. 8/56, *A. L. M. A./Hohe Behörde;* EuGHE, Slg. 1957, 189, 202.
[28] *Daig,* in: GBTE, 3. Aufl. 1983, EWGV, Art. 172 Rn. 12. Für eine Verböserung aber *Krück,* in: GTE, EWGV, Art. 172 Rn. 15 ff.; *Kotzur,* in: Geiger/Khan/Kotzur, Art. 261 AEUV Rn. 6. Differenzierend *Hailbronner,* in: HKMM, HK_EU, Art. 172 Rn. 7; a. A. wohl *Booß,* in: GHN, Art. 261 AEUV Rn. 15.
[29] *Daig,* in: GBTE, 3. Aufl. 1983, EWGV, Art. 172 Rn. 13; a. A. *Krück,* in: GTE, Art. 172 Rn. 14, Fn. 11; *Booß,* in: GHN, Art. 261 AEUV Rn. 8.
[30] Insbesondere VO Nr. 11 und Nr. 17.
[31] *Bleckmann,* Europarecht, Rn. 657; *Schweitzer/Hummer/Obwexer,* Europarecht, Rn. 433.

densersatz – zu verurteilen etc. Soweit für derartige Entscheidungen unionsrechtlich ein Bedürfnis besteht, ist davon auszugehen, dass der Rat dem EuGH entsprechende Befugnisse übertragen kann, also z. B. die Befugnis, die Kommission zur Rückerstattung bereits gezahlter Geldbußen oder Zwangsgelder nebst Zinsen zu verurteilen, oder die Befugnis, die Frist, nach deren Ablauf die festgesetzten Zwangsgelder verwirkt sind, anders festzusetzen als es die Kommission getan hat,[32] bzw. die Befugnis, unrichtige Feststellungen der Verwaltung im Urteilstenor richtig zu stellen.[33] Begrenzt wird die Möglichkeit, dem EuGH auch derartige oder ähnliche Kompetenzen zu übertragen, durch die Überlegung, dass Art. 261 AEUV keine Grundlage für solche Regelungen darstellen kann, die die traditionelle Aufgabenverteilung zwischen der Exekutive und der Judikative in ihr Gegenteil verkehren würden.[34]

Gegenüber der „gewöhnlichen" Nichtigkeitsklage, wie sie in Art. 263 AEUV geregelt ist, ist der „recours de pleine juridiction", den Art. 261 AEUV gewährt, kein aliud, sondern ein Mehr. Der EuGH kann die angefochtene Entscheidung daher auch schlicht annullieren. Ebenso können die Betroffenen auch im Rahmen eines solchen „recours de pleine juridiction" geltend machen, die Entscheidung sei rechtlich fehlerhaft.[35] Andererseits wird der EuGH eine Nichtigerklärung aber auch darauf stützen können, dass die betreffende Entscheidung mit einem oder mehreren der vier in Art. 263 AEUV genannten Rechtsmängeln behaftet sei; für anderweitige oder sogar außerrechtliche Erwägungen ist insoweit kein Raum. Solche können dagegen zum Zuge kommen, soweit der Kläger – ausschließlich oder hilfsweise – die Herabsetzung des Betrages der Buße oder des Zwangsgeldes beantragt. Das aber wiederum bedeutet nicht, dass ein solcher Antrag nicht auch auf rein rechtliche Erwägungen gestützt werden könnte, z. B. darauf, dass die Kommission bei der Definition des vorwerfbaren Verhaltens teilweise von unrichtigen Tatsachen ausgegangen sei.[36]

bb) Nachprüfungsbefugnis des EuGH gemäß Art. 261 AEUV. Notwendiges Korrelat zu der beschriebenen erweiterten Entscheidungsbefugnis des Gerichtshofs nach Art. 261 AEUV ist eine **erweiterte Nachprüfungsbefugnis** des Gerichts. Die tatsächlichen Feststellungen, die zur Begründung eines im Rahmen der „pleine juridiction" ergangenen Urteils erforderlich sind, machen u. U. umfassendere Ermittlungen und Überlegungen nötig als solche Feststellungen, die eine reine Nichtigerklärung stützen. Kann der Gerichtshof – wie nach Art. 261 AEUV – ausnahmsweise auch selbst Ermessensentscheidungen fällen, muss er daher auch die Ermessensausübung der vorgeordneten Instanz – hier der Kommission – uneingeschränkt kontrollieren können, d. h. diese Ausübung auch auf juristisch „an sich" irrelevante, weil Bereichen wie Zweckmäßigkeit,

---

[32] Siehe dazu EuGH, Urt. v. 16.12.1963, verb. Rs. 2-10/63, *Società Industriale Acciaierie San Michele u.a./Hohe Behörde*; EuGHE, Slg. 1963, 705, 744 f.
[33] Vgl. dazu EuGH, Urt. v. 15.7.1970, Rs. 41/69, *ACF Chemiefarma/Kommission*, Slg. 1970, 661, 705; Urt. v. 15.7.1970, Rs. 44/69, *Buchler/Kommission*, Slg. 1970, 733, 766; Urt. v. 15.7.1970, Rs. 45/69, *Boehringer/Kommission*, Slg. 1970, 769, 813.
[34] *Wenig*, in: GH, EU-Kommentar, Art. 172 Rn. 9; *Daig*, in: GBTE, 3. Aufl. 1983, Art. 172 EWGV Rn. 14.
[35] EuGH, Urt. v. 16.12.1963, verb. Rs. 2-10/63, *Società Industriale Acciaierie San Michele u.a./Hohe Behörde*; EuGHE, Slg. 1963, 705, 739 ff.
[36] EuGH, Urt. v. 13.2.1979. Rs. 85/76, *Hoffmann-La Roche/Kommission*, Slg. 1979, 461, 557; EuGHE 1979, 461, 557; *Daig*, in: GBTE, 3. Aufl. 1983, Art. 172 EWGV Rn. 15.

Billigkeit usw. zuzurechnende Irrtümer untersuchen können.[37] Die Ratsverordnungen, die Zwangsmaßnahmen vorsehen, ermächtigen daher den Gerichtshof regelmäßig, alle Tatsachen zu ermitteln und zur Grundlage seines Urteils zu machen, welche die Entscheidung z. B. darüber ermöglichen, ob die Kommission die Schwere des Verstoßes richtig eingeschätzt hat[38] oder ob die Geldbuße die wirtschaftliche Leistungsfähigkeit des gemaßregelten Unternehmens übersteigt.[39] Ferner kann sie daraufhin überprüft werden, ob die Sanktion in einem angemessenen Verhältnis zu den Folgen des Verstoßes steht,[40] sowie daraufhin, wie schwer der Anteil gerade des Klägers an einer gemeinschaftlich mit anderen Personen begangenen Zuwiderhandlung gegen unionsrechtliche Vorschriften wiegt.[41] Bezüglich derartiger und ähnlicher Überlegungen kann der Gerichtshof tatsächlich sein Ermessen anstelle desjenigen der Kommission setzen, was in Art. 261 AEUV mit der Formulierung „unbeschränkte Ermessensnachprüfung" zum Ausdruck kommt. Insofern verfügt der EuGH bei der Bemessung der Sanktion nicht über ein weiteres Ermessen als die Verwaltung, sondern ist an die gleichen rechtlichen Schranken gebunden wie diese. Daher darf er z. B. die Schwere des fraglichen Verstoßes nicht unberücksichtigt lassen.[42] Soweit der EuGH die bloße Änderung der angefochtenen Sanktion erwägt, ist er deshalb ausnahmsweise auch befugt, seine wirtschaftlichen Prognosen an die Stelle derjenigen der Exekutive zu setzen, also z. B. sein Urteil auf die Feststellung zu stützen, die Kommission habe die mutmaßlichen Auswirkungen der Zuwiderhandlung auf das Marktgeschehen als schwerwiegender beurteilt, als dies tatsächlich der Fall war. Es ist aber davon auszugehen, dass der EuGH sich in dieser Hinsicht freiwillig eine gewisse Zurückhaltung auferlegen wird; die dem Art. 263 AEUV zugrundeliegende ratio, dass die Kommission für ökonomische Vorausbeurteilungen besser gerüstet ist als ein Gericht, trifft nämlich naturgemäß auch im Rahmen des Art. 261 AEUV zu.[43]

15 **3. Die Anfechtung gemäß Art. 144 EAGV.** Auch der EAGV enthält eine dem Art. 261 AEUV ähnliche Vorschrift. Gemäß Art. 144 EAGV steht dem EuGH die Befugnis zu unbeschränkter Ermessensnachprüfung sowie zur Änderung oder Verhängung von Zwangsmaßnahmen in zwei Fällen zu, nämlich einerseits bei Klagen, die gemäß Art. 12 EAGV zur Festlegung angemessener Bedingungen für die Erteilung von Lizenzen oder Unterlizenzen durch die Kommission angestrengt werden, sowie andererseits bei Klagen, die von Personen oder Unternehmen wegen Zwangsmaßnahmen erhoben werden, die gegen sie von der Kommission gemäß Art. 83 EAGV verhängt worden sind.

16 Im erstgenannten Fall (Art. 144 lit. a EAGV) hat der EuGH – wie sich auch aus Art. 12 Abs. 3, 4 EAGV ergibt – eine weiterreichende Befugnis als nach Art. 261 AEUV,

---

[37] *Krück*, in: GTE, Art. 172 EWGV Rn. 10; *R. Geiger, Kotzur*, in: Geiger/Khan/Kotzur, Art. 261 Rn. 7.
[38] EuGH, Urt. v. 17.12.1959, Rs. C-1/59, *Macchiorlatti Damas Frigli/Hohe Behörde*, Slg. 1959, 413, 444 f.
[39] EuGH, Urt. v. 31.3.1965, Rs. C-21/64, *Macchiorlatti Damas Frigli/Hohe Behörde*; EuGHE, Slg. 1965, 241, 262 f.
[40] EuGH, Urt. v. 17.12.1959, Rs. C-1/59, *Macchiorlatti Damas Frigli/Hohe Behörde*, Slg. 1959, 413, 445.
[41] EuGH, Urt. v. 15.7.1970, Rs. C-44/69, *Buchler/Kommission*, Slg. 1970, 733, 764 f.
[42] *Krück*, in: GTE, 4. Aufl. 1991, Art. 172 EWGV Rn. 17.
[43] *Krück*, in: GTE, 4. Aufl. 1991, Art. 172 EWGV Rn. 12.

da es insoweit nicht um die Änderung einer bereits ergangenen Verwaltungsentscheidung geht, sondern um die erstmalige verbindliche Festlegung der fraglichen Regelungen. Im zweitgenannten Fall (Art. 144 lit. b EAGV) hat der EuGH praktisch die gleichen Vollmachten, wie sie ihm durch eine nach Art. 229 EWGV zu erlassende Ratsverordnung übertragen werden können.[44] Ein Unterschied zwischen beiden Klagemöglichkeiten besteht allein insofern, als Art. 83 EAGV, auf den sich Art. 144 b EAGV bezieht, keine Geldbußen und Zwangsgelder vorsieht – so aber Art. 261 AEUV –, sondern Maßnahmen wie „Verwarnung", „Entzug besonderer Vorteile" usw.[45] Daher kann auch was Art. 144 lit. b EAGV angeht sinngemäß auf die Ausführungen zu Art. 261 AEUV verwiesen werden.

II. Die Aussetzung der Zwangsvollstreckung

1. Grundlagen. Das Verfahren zur **Aussetzung der Zwangsvollstreckung** ist teilweise im Primärrecht (Art. 299 AEUV; früher Art. 256 Abs. 4 S. 1 EGV-Nizza, Art. 164 Abs. 3 S. 1 EAGV, Art. 92 Abs. 3 EGKSV), teilweise aber auch in den Verfahrensordnungen geregelt (Art. 55 VerfO-EuGH, Art. 104 ff. VerfO-EuG).[46] Für die Aussetzung der Zwangsvollstreckung sind ausschließlich die europäischen Gerichte (EuGH und EuG) zuständig.

In der Systematik des gemeinschaftsrechtlichen Prozessrechts weist die Aussetzung der Zwangsvollstreckung **Parallelen zum vorläufigen Rechtsschutz** i. S. d. Art. 278, 279 AEUV (früher Art. 242, 243 EGV-Nizza; Art. 39 Satzung-EuGH)[47] auf, mit dem ihr der vorläufige Entscheidungscharakter gemeinsam ist (vgl. dazu oben §§ 19 und 20).[48] Es verwundert daher nicht, wenn die Art. 165 VerfO-EuGH, Art. 110 VerfO-EuG auf die entsprechende Anwendung der Vorschriften über den einstweiligen Rechtsschutz verweisen.

2. Abgrenzung zur allgemeinen Zuständigkeit des Gerichtshofs. Nach der Systematik der Unionsverträge kommt eine Aussetzung der Zwangsvollstreckung nur in Betracht, wenn **keine anderen Rechtsbehelfe mehr möglich** sind. Kann die Entscheidung noch im Wege der Nichtigkeitsklage angefochten oder die Aussetzung im Wege des vorläufigen Rechtsschutzes erreicht werden, besteht für eine Aussetzung der Zwangsvollstreckung kein Bedürfnis. Darauf abzielende Anträge einer Partei sind in solche der vorläufigen Aussetzung der Entscheidung umzudeuten, zumal mit der vorgelagerten Aussetzung dann auch die Zwangsvollstreckung verhindert werden kann.[49] Da sich die beiden Aussetzungsbegehren nach unterschiedlichen Vorschriften und Grundsätzen beurteilen, muss zwischen beiden Verfahrensarten strikt differenziert werden.

---

[44] *Krück,* in: GTE, 4. Aufl. 1991, Art. 172 EWGV Rn. 20.
[45] *Krück,* in: GTE, 4. Aufl. 1991, Art. 172 EWGV Rn. 20 Fn. 15; *Wenig,* in: GH, Art. 172 Rn. 5. Zu einem solchen Fall vgl. aus jüngerer Zeit EuGH, Urt. v. 21.1.1993, Rs. C-308/90, *Advanced Nuclear Fuels GmbH/Kommission,* Slg. 1993, I-349 (viermonatige Zwangsverwaltung des Betriebes; Abweisung der Nichtigkeitsklage einschließlich des Hilfsantrages auf Ersetzung der Zwangsmaßnahme durch die weniger einschneidende Verwarnung).
[46] Siehe dazu *Ule,* DJT-Gutachten, 1966, S. 103 ff.
[47] Sowie den entsprechenden Vorschriften der anderen Verträge und Satzungen.
[48] *Schmidt,* in: GTE, 4. Aufl. 1991, Art. 192 EWGV Rn. 21.
[49] EuGH, Beschl. v. 6.5.1982, Rs. 107/82 R, *AEG/Kommission,* Slg. 1982, 1549, 1552.

20 **3. Vollzugsaussetzung im Rahmen verwaltungsgerichtlicher Tätigkeit.** Sofern der **Vollstreckungstitel noch nicht rechtskräftig** ist, kann er – je nach Zuständigkeitsverteilung – vor dem EuGH oder dem EuG mit der Nichtigkeitsklage angefochten werden. Gleichzeitig können die Gerichte im Rahmen ihrer verwaltungsgerichtlichen Zuständigkeit mit dem Begehren auf Vollzugsaussetzung der angefochtenen Entscheidung befasst werden, die sich nach den Vorschriften des Art. 278 S. 2 AEUV (früher Art. 242 S. 2 EGV-Nizza, Art. 157 S. 2 EAGV, Art. 39 Abs. 2 EGKSV sowie den Art. 39 Satzung-EuGH, Art. 37 Satzung (EAG), Art. 33 Satzung (EGKS)) richten, diese ergänzt durch weitere Bestimmungen in den Verfahrensordnungen der Gerichte. Auf die vorläufige Vollzugsaussetzung der angefochtenen Handlung eines Unionsorgans ist bereits gesondert eingegangen worden, so dass an dieser Stelle auf die dortigen Ausführungen verwiesen werden kann (siehe oben § 19).

4. Aussetzung im Rahmen vollstreckungsgerichtlicher Tätigkeit

21 **a) Aussetzung der Zwangsvollstreckung aus unanfechtbaren Titeln.** Entsprechend dem anzuwendenden nationalen Recht kann der Schuldner die **mangelnde Übereinstimmung des Vollstreckungsverfahrens mit den Vorschriften der jeweils anwendbaren Zivilprozessordnung** rügen (dazu sogleich unter Rn. 32 f.). Die Verfolgung solcher Rechtsbehelfe wäre aber sinnlos, wenn der Gläubiger die Zwangsvollstreckung währenddessen weiterverfolgen dürfte. Deshalb kann in diesen Fällen neben dem konkreten Rechtsschutzbedürfnis ein weiteres Bedürfnis an der Aussetzung der Zwangsvollstreckung insgesamt bestehen. Durch die vollstreckungsrechtliche Kompetenzverteilung auf unionale und nationale Gerichte, die aber nicht über die Aussetzung der Zwangsvollstreckung insgesamt entscheiden dürfen, wird mit dieser Möglichkeit der Anrufung europäischer Gerichte das Verhältnis der beiden Rechtsebenen zueinander gewahrt.[50]

22 **b) Umfang der Aussetzungsbefugnis des EuGH im Rahmen vollstreckungsgerichtlicher Tätigkeit.** Der Umfang der Aussetzungsbefugnis des Gerichtshofs nach Art. 299 AEUV Abs. 4 AEUV (früher Art. 256 Abs. 4 EGV-Nizza und Art. 164 Abs. 3 S. 1 EAGV sowie Art. 92 Abs. 3 EGKSV) ist nicht eindeutig bestimmt. Insbesondere stellt sich die Frage, ob der EuGH zur **Aussetzung der Zwangsvollstreckung als Ganzes** oder auch zur **Aussetzung einzelner Vollstreckungsmaßnahmen** befugt ist. Im Hinblick auf die Kompetenz der nationalen Gerichte besteht über den Umfang der Aussetzungsbefugnis des EuGH Streit. Einerseits wurde früher die Auffassung vertreten, dass trotz der in den Unionsverträgen normierten alleinigen Aussetzungsbefugnis des EuGH eine einstweilige Einstellung der Zwangsvollstreckung, wie sie beispielsweise im nationalen Bereich in den §§ 766 Abs. 1 S. 2, 732 Abs. 2, 771 Abs. 3 ZPO vorgesehen ist, auch weiterhin von einem deutschen Gericht angeordnet werden kann.[51] Andererseits wird zu Recht darauf hingewiesen, dass bis auf die deutsche Rechtsordnung die übrigen nationalen Rechtsordnungen den Unterschied zwischen der einstweiligen Einstellung einzelner Vollstreckungsakte und der Zwangsvollstreckung insgesamt nicht kennen, weshalb nur die Einstellung der Zwangsvollstreckung insgesamt in Betracht komme, über die allein der Gerichtshof entscheide.[52] Nur auf diese Weise werde die

---

[50] Vgl. auch *Schniewind*, S. 158 f., der die nationalen Vollstreckungsrechtsbehelfe unter Berufung auf die Rechtsprechung des EuGH jedoch auf die Stufe des Gemeinschaftsrechts heben will.
[51] Nachweise bei *Schniewind*, S. 162 Fn. 37.
[52] So *Schniewind*, S. 159 ff.

Gleichbehandlung aller von einer unionsrechtlichen Zwangsvollstreckung Betroffenen gewährleistet.

c) Grundzüge des Verfahrens. Auf das Aussetzungsverfahren gemäß Art. 299 Abs. 4 AEUV (früher Art. 256 Abs. 4 S. 1 EGV-Nizza, Art. 164 Abs. 3 S. 1 EAGV, Art. 92 Abs. 3 EGKSV) finden die Vorschriften der Art. 61 ff. VerfO-EuGH, Art. 104 ff. VerfO-EuG über die einstweilige Anordnung entsprechende Anwendung (Art. 165 Abs. 1 VerfO-EuGH, Art. 110 VerfO-EuG), so dass auf die zur Aussetzung im Rahmen der verwaltungsgerichtlichen Tätigkeit des Gerichtshofs gemachten Ausführungen weitgehend Bezug genommen werden kann (vgl. §§ 19 und 20).[53] 23

aa) Zulässigkeit des Aussetzungsantrages. Aufgrund der Verweisung der Art. 165 i. V. m. Art. 160 VerfO-EuGH, Art. 110 i. V. m. Art. 104 § 1 VerfO-EuG auf die Zulässigkeitsvoraussetzungen, wie sie bereits oben für die Anträge im allgemeinen Vollzugsaussetzungsverfahren dargelegt worden sind, ergibt sich bei der Aussetzung der Zwangsvollstreckung das **Problem, ob gleichzeitig mit der Antragsstellung ebenfalls ein Hauptverfahren eingeleitet werden muss**. Die Auffassungen im Schrifttum sind hierzu geteilt. Der Gerichtshof hat sich hierzu – soweit ersichtlich – noch nicht geäußert. 24

(1) Entbehrlichkeit des Hauptsacheverfahrens. Nach einer Ansicht kann der Gerichtshof entgegen dem Wortlaut auch tätig werden, ohne dass vorher oder gleichzeitig eine Klage in der Hauptsache erhoben sein muss.[54] Dies ergebe sich aus der Zweiteilung der Zuständigkeiten für die Zwangsvollstreckung. Erforderlich, aber auch ausreichend sei, dass sich der Vollstreckungsschuldner oder ein Dritter eines Rechtsbehelfs bediene, den auch das jeweils anwendbare nationale Zivilprozessrecht hinsichtlich der Nachprüfung der Ordnungsgemäßheit der Vollstreckungsmaßnahmen zur Verfügung stellen könne. Sofern ein solcher Rechtsbehelf vor den nationalen Rechtsprechungsorganen erhoben worden sei, könne der EuGH mit einem Aussetzungsantrag befasst werden. 25

(2) Erforderlichkeit des Hauptsacheverfahrens. Demgegenüber vertritt eine andere Auffassung die Meinung, dass mit der generellen Verweisung auf die Vorschriften des einstweiligen Rechtsschutzes auch die gleichzeitige Erhebung eines Hauptverfahrens gemeint sei, wobei zwischen den vollstreckbaren Entscheidungen differenziert werden müsse.[55] Betreffe der Aussetzungsantrag eine Entscheidung des Rates oder der Kommission, sei die vorrangige Möglichkeit der Anfechtung vor den europäischen Gerichten gegeben. Der Betroffene könne deshalb nur einen Antrag an das entsprechende Unionsorgan stellen, die Vollstreckung der Entscheidung auszusetzen. Gegen die ablehnende Entscheidung oder Nichtbescheidung stünden ihm dann die Nichtigkeits- oder die Untätigkeitsklage zur Verfügung.[56] Sofern der Vollstreckungsschuldner sich gegen die Art und Weise der Vollstreckung wende, seien die Verfahren vor den nationalen Gerichten als Hauptverfahren anzusehen, was sich mit dem Unionsrecht vereinbaren lasse, da die Vorschriften des einstweiligen Rechtsschutzes nur „entsprechend" zur Anwendung gelangten. Bei vollstreckungsfähigen Entscheidungen des EuGH oder des 26

---

[53] Siehe i.E. aber auch *Schniewind*, S. 162 ff.
[54] *Schniewind*, S. 165 ff.
[55] *Schmidt*, in: GTE, 4. Aufl. 1991, Art. 192 EWGV Rn. 25 ff.
[56] *Schmidt*, in: GTE, 4. Aufl. 1991, Art. 192 EWGV Rn. 28.

EuG kämen als Hauptsacheverfahren die Drittwiderspruchsklage oder die Wiederaufnahme des Verfahrens in Betracht, die gleichzeitig mit einem Aussetzungsantrag verbunden werden könnten. Bei Entscheidungen des EuG stünde dem Betroffenen zudem die Möglichkeit des Rechtsmittelverfahrens offen.[57]

27 *(3) Stellungnahme.* Sofern man allein auf die Verweisung in den Art. 165 VerfO-EuGH, Art. 110 VerfO-EuG und den Wortlaut der Art. 160 VerfO-EuGH, Art. 104 § 1 VerfO-EuG abstellt, liegt es nahe, auch für die Zulässigkeit des Aussetzungsantrags im Rahmen der Zwangsvollstreckung das Anhängigmachen eines Hauptverfahrens zu fordern. Bei dieser allein grammatikalischen Betrachtung bleiben aber mehrere Punkte unberücksichtigt. Zum einen finden die Vorschriften des einstweiligen Rechtsschutzes nur „entsprechende Anwendung". Durch diese Terminologie wird gerade zum Ausdruck gebracht, dass bei dem Antrag auf Aussetzung der Vollstreckung unionsrechtlicher Entscheidungen gewisse Modifikationen möglich sind. Insofern erscheint es widersprüchlich, wenn sich die Autoren zum einen auf die bloß „analoge Anwendung" der Vorschriften berufen, um so die vor nationalen Gerichten anhängigen Vollstreckungsrechtsbehelfe in die Unionsrechtsordnung einzupassen, andererseits die „entsprechende Anwendung" aber nicht von vornherein zulassen. Ferner bleibt bei der zweiten Ansicht unberücksichtigt, dass eine Zwangsvollstreckung immer nur aus rechtskräftigen Entscheidungen, d. h. aus solchen, die nicht mehr im Wege von Rechtsbehelfen oder Rechtsmitteln angegriffen werden können, möglich ist.[58] Vor diesem Hintergrund Direktklagen bzw. das Rechtsmittelverfahren als Hauptsacheverfahren anzusprechen, vermag nicht zu überzeugen. Vielmehr wird die Vollzugsaussetzung als Rechtsbehelfsmöglichkeit bei der verwaltungsgerichtlichen Zuständigkeit, d. h. bei laufenden Verfahren und noch nicht rechtskräftigen Entscheidungen, mit der Aussetzung der Zwangsvollstreckung, die allein bei vollstreckungsrechtlicher Tätigkeit in Betracht kommt,[59] vermischt. Eine andere Bewertung erfolgt auch nicht dadurch, dass den gegen Entscheidungen der Unionsorgane erhobenen Klagen keine aufschiebende Wirkung zukommt. Zwar sind sie damit prinzipiell sofort vollziehbar, doch soll dies in diesem Stadium gerade mit der Vollzugsaussetzung und nicht mit der Vollstreckungsaussetzung verhindert werden können. Dementsprechend bedarf es für die Zulässigkeit eines Antrags zur Aussetzung der zwangsweisen Durchsetzung einer rechtskräftigen Entscheidung nicht notwendigerweise der Anhängigmachung eines Hauptverfahrens. Dies schließt es aber im Einzelfall nicht aus, dass neben der Aussetzung der Zwangsvollstreckung gleichzeitig eine Drittwiderspruchsklage erhoben oder die Wiederaufnahme des Verfahrens beantragt wird.

28 bb) **Begründetheit des Aussetzungsantrages.** Hinsichtlich der **Begründetheit des Aussetzungsantrags** kann wiederum auf die Ausführungen Bezug genommen werden, die zur Begründetheit von Aussetzungsanträgen im Rahmen der verwaltungsgerichtlichen Tätigkeit des Gerichtshofs gemacht worden sind. Die unionsrechtlich zu fordernde Notwendigkeit der Zwangsvollstreckungsaussetzung ergibt sich im Zweifel bereits daraus, dass ohne die Aussetzung der europäischen Gerichte eine Nachprüfung der

---

[57] *Schmidt,* in: GTE, 4. Aufl. 1991, Art. 192 EWGV Rn. 30.
[58] *Krajewski/Rösslein,* in: GHN, Art. 299 AEUV Rn. 16.
[59] Siehe hierzu auch EuG, Beschl. v. 22.11.1991, Rs. T-77/91 R, *Hochbaum/Kommission,* Slg. 1991, II-1285, 1291.

Vollstreckungsmaßnahme durch das nationale Gericht von einer ungeachtet eingelegter Rechtsbehelfe fortgesetzten Zwangsvollstreckung überholt werden kann.[60]

5. Möglichkeit der endgültigen Einstellung einer Zwangsvollstreckung. Das 29 Gemeinschaftsrecht enthält keine ausdrückliche Bestimmung, nach der eine endgültige Einstellung der Zwangsvollstreckung möglich wäre. Durch die Verweisung auf die Bestimmungen des vorläufigen Rechtsschutzes liegt vielmehr eine bloß vorläufige Entscheidung im Aussetzungsverfahren nahe. Andererseits ist eine **endgültige Einstellung bei rechtshemmenden oder rechtsvernichtenden Einreden** in allen Rechtsordnungen der Mitgliedstaaten vorgesehen. Darüber hinaus kann es auch auf Gemeinschaftsebene bestimmte Fälle geben, bei denen an der Notwendigkeit einer endgültigen Einstellung der Zwangsvollstreckung kein Zweifel bestehen kann. Daher kann bei der Vollstreckung aus Unionstiteln allenfalls fraglich sein, mittels welchen Rechtsinstrumentariums eine endgültige Einstellung der Zwangsvollstreckung erreicht werden kann.

Das Unionsrecht bringt in Art. 299 Abs. 4 AEUV (früher Art. 256 Abs. 4 EGV-Nizza, Art. 164 Abs. 3 EAGV sowie Art. 92 Abs. 3 EGKSV) unmissverständlich zum Aus- 30 druck, dass Rechtsschutz in der Zwangsvollstreckung gewollt ist. Infolgedessen sind als Rechtsbehelfe zur Erreichung einer endgültigen Einstellung der Zwangsvollstreckung zum einen die formlose Anrufung des EuGH aufgrund der oben genannten Artikel[61] und zum anderen ein Widerspruch analog der deutschen Vollstreckungsgegenklage, der anhand der implied-powers-Doktrin zu entwickeln wäre, diskutiert worden.[62] Damit ein Antrag auf endgültige Einstellung der Zwangsvollstreckung begründet ist, müssen Tatsachen vorliegen, die erst nach der letzten mündlichen Verhandlung entstanden sind und das Recht des Gläubigers hemmen bzw. vernichten (z. B. Stundung, Aufrechnung oder Erfüllung).[63] Die Vorschriften über die Aussetzung lassen sich dahingehend interpretieren, dass der Gerichtshof nicht nur über die vorläufige Aussetzung, sondern auch über die endgültige Aussetzung, d. h. über die Aufhebung der Zwangsvollstreckung als solche, entscheiden kann.[64] Da es insoweit aber an unionsrechtlichen Vorschriften fehlt, wird der Gerichtshof – wird er mit einem solchen Fall befasst – einmal mehr rechtsfortbildend tätig.[65]

6. Rechtsfolgen der Aussetzung. Die Entscheidung über den Antrag ergeht gemäß 31 Art. 162 VerfO-EuGH durch einen **unanfechtbaren Beschluss**. Allerdings kann der Antragsteller jederzeit einen auf neue Tatsachen gestützten Antrag einbringen, mit dem eine einstweilige Maßnahme, deren Aufhebung oder Abänderung begehrt wird (Art. 163 VerfO-EuGH). Dieses Recht hat jede Partei. Mit dem Beschluss wird von Amts wegen ein Zeitpunkt bestimmt, zu dem die vorläufige Aussetzung endet. Die Aussetzung des Vollzugs der Zwangsvollstreckung kann von einer Sicherheitsleistung abhängig gemacht werden, welche die Verzugszinsen mitumfasst.[66]

In der Literatur ist dargelegt worden, dass einer positiven Entscheidung des Gerichts- 32 hofs über die Einstellung der Zwangsvollstreckung keine unmittelbare Gestaltungswir-

---

[60] *Schniewind*, S. 183 ff.
[61] So *Osterheld*, S. 69.
[62] Vgl. dazu *Schniewind*, S. 175; *Krajewski/Rösslein*, in: GHN, Art. 299 AEUV Rn. 16.
[63] Siehe hierzu wiederum *Schniewind*, S. 189 ff.
[64] *Krajewski/Rösslein*, in: GHN, Art. 299 Rn. 16.
[65] *Klinke*, Rn. 218.
[66] EuGH, Beschl. v. 6.5.1982, Rs. C-107/82 R, *AEG/Kommission*, Slg. 1982, 1549, 1553.

kung zukomme.⁶⁷ Die Verstrickung der gepfändeten Gegenstände werde vielmehr erst dann aufgehoben, wenn nach nationalem Verfahrensrecht z. B. das Pfandsiegel befugtermaßen entfernt oder eine entsprechende Eintragung im Grundbuch vorgenommen worden sei. Der Rechtssicherheit wegen ist dieser Auffassung zuzustimmen. Allerdings ist die Entscheidung des EuGH über die Einstellung der Zwangsvollstreckung insoweit als verbindliche Anweisung an die nationalen Behörden zu werten, die Zwangsvollstreckung nach Maßgabe der Aussetzungsentscheidung einzustellen.⁶⁸

C. Innerstaatliche Rechtsbehelfe

33   Aus Art. 299 Abs. 4 S. 2 AEUV (früher Art. 256 Abs. 4 S. 2 EGV-Nizza, Art. 164 Abs. 3 S. 2 EAGV) ergibt sich, dass die nationalen Gerichte für die **Überprüfung der Ordnungsmäßigkeit, d. h. der Art und Weise der Vollstreckungsmaßnahme bzw. der Art und Weise des Verfahrens,** ausschließlich zuständig sind. Nationale Gerichte gewähren demnach Schutz vor Vollstreckungshandlungen, die nach nationalem Verfahrensrecht unzulässig sind.⁶⁹ Geht es dagegen um den zu befriedigenden materiellen Anspruch, entfällt die Kompetenz der nationalen Gerichte.⁷⁰ In ihre Zuständigkeit fallen aber auch Rechtsstreitigkeiten, die sich erst im Laufe der Zwangsvollstreckung ergeben und die die Vollstreckbarkeit der zugrundeliegenden Entscheidungen unberührt lassen.⁷¹ Darüber hinaus haben die innerstaatlichen Gerichte auch zu überprüfen, ob die beabsichtigten Zwangsmaßnahmen nicht willkürlich oder, gemessen am Gegenstand der Nachprüfung, unverhältnismäßig sind.⁷² Im Einzelnen kann die Kompetenzabgrenzung zwischen nationalen und unionsrechtlichen Rechtsbehelfen problematisch sein. Die deutsche Zivilprozessordnung stellt verschiedene Rechtsschutzmöglichkeiten zur Verfügung. Danach lässt sich für das deutsche Recht im Grundsatz folgendes feststellen: Die Verfahren auf Nachprüfung der von den Vollstreckungsorganen zu beachtenden Vorschriften (Erinnerung gemäß § 766 ZPO) und zum Schutze der Rechte unbeteiligter Dritter (Drittwiderspruchsklage gemäß § 771 ZPO), aber auch die Rechtsbehelfe gemäß § 805 und § 878 ZPO sind ebenfalls im Rahmen der Zwangsvollstreckung aus Vollstreckungstiteln des Unionsrechts zulässig, da diese Verfahren nur zu dem Ergebnis führen, dass die Zwangsvollstreckung nicht in dieser oder jener Weise in den betreffenden Gegenstand durchgeführt werden darf. Nicht zulässig sind dagegen die Vollstreckungsgegenklage (§ 767 ZPO) oder Anträge auf Vollstreckungsschutz, da diese auf eine Einstellung der Zwangsvollstreckung hinzielen.⁷³

34   Fraglich ist aber, wie sich ein Betroffener zu verhalten hat, der sich, ohne die Ordnungsmäßigkeit der vollstreckbaren Entscheidung des EuGH zu bestreiten, aus anderen

---

⁶⁷ *Runge,* AWD/RIW 1962, 339.
⁶⁸ *Runge,* AWD/RIW 1962, 339.
⁶⁹ EuGH, Urt. v. 21.9.1989, verb. Rs. C-46/87, 227/88, *Hoechst/Kommission,* Slg. 1989, 2859, 2928.
⁷⁰ *Ule,* DJT-Gutachten, 1966, S. 103 ff.; *Schniewind,* S. 49 ff., 68 ff.
⁷¹ EuGH, Beschl. v. 11.1.1977, Rs. C-4/73, Nold/Kommission, Slg. 1977, 1, 3.
⁷² EuGH, Urt. v. 21.9.1989, verb. Rs. C-46/87, 227/88, *Hoechst/Kommission,* Slg. 1989, 2859, 2928.
⁷³ *Runge,* AWD/RIW 1962, 339; *Krajewski/Rösslein,* in: GHN, Art. 299 Rn. 19.

Gründen gegen die Zwangsvollstreckung wehren will (z. B. bei Erlöschen der Zahlungsverpflichtung). Soweit für diese Einwendungen die nationalen Gerichte zuständig sind, kann er diese Gerichte anrufen und sich wegen der Aussetzung der Zwangsvollstreckung an den allein zuständigen EuGH wenden. Ist dagegen der EuGH auch für die Entscheidung über „die Hauptsache" zuständig, muss dieser über einen entsprechenden Antrag entscheiden. Die Verträge sehen ein derartiges Hauptverfahren aber nicht vor, weshalb es rechtschöpferisch entwickelt werden muss. Zu denken ist insoweit an einen Antrag auf Feststellung, dass die Zwangsvollstreckung unzulässig sei.[74]

---

[74] *Schmidt,* in: GTE, 4. Aufl. 1991, Art. 192 EWGV Rn. 31.

2. Teil. Rechtsschutz durch deutsche Gerichte

1. Abschnitt. Verhältnis des nationalen Rechtsschutzes zum europäischen Rechtsschutz

§ 34 Europäisches Unionsrecht als Gegenstand des nationalen Rechtsschutzes

Übersicht
		Rn.
A.	Einführung	1/2
B.	Die Rechtsquellen des Unionsrechts	3–23
	I. Allgemeines	4
	II. Primärrecht	5–7
	III. Sekundärrecht	8–10
	IV. Tertiärrecht	11–15
	V. Von der Union abgeschlossene völkerrechtliche Verträge mit Drittstaaten	16–18
	VI. Fehlerfolgen bei Verstößen gegen höherrangiges Recht	19–23
C.	Das Unionsrecht und seine Wirkung im innerstaatlichen Raum	24–57
	I. Primäres Unionsrecht	27
	II. Sekundäres Unionsrecht	28–57
	1. Verordnungen	29–31
	2. Richtlinien	32–47
	3. Beschlüsse	48–51
	4. Empfehlungen und Stellungnahmen	52–54
	5. Völkerrechtliche Verträge der Europäischen Union	55
	6. Akte sui generis	56/57
D.	Die Auslegung des sekundären Unionsrechts	58–60
E.	Die unionsrechtskonforme Auslegung des nationalen Rechts	61–64

Schrifttum: *Annacker*, Die Inexistenz als Angriffs- und Verteidigungsmittel vor dem EuGH und dem EuG, EuZW 1995, 755; *Burgi*, Deutsche Verwaltungsgerichte als Gemeinschaftsgerichte, DVBl. 1995, 772; *von Danwitz*, Rechtswirkungen von Richtlinien in der neueren Rechtsprechung des EuGH, JZ 2007, 697; *Desens*, Auslegungskonkurrenz im europäischen Mehrebenensystem, EuGRZ 2011, 211; *Drexler*, Die richtlinienkonforme Interpretation in Deutschland und Frankreich, 2012; *Di Fabio*, Richtlinienkonformität als ranghöchstes Normauslegungsprinzip? Überlegungen zum Einfluß des indirekten Gemeinschaftsrechts auf die nationale Rechtsordnung, NJW 1990, 947; *Driessen*, Delegated legislation after the Treaty of Lisbon: An analysis of Article 290 TFEU, European Law Review 35 (2010), 837; § 5; *Ehricke*, Die richtlinienkonforme Auslegung nationalen Rechts vor Ende der Umsetzungsfrist einer Richtlinie, EuZW 1999, 553; *Everling*, Zur Auslegung des durch EG-Richtlinien angeglichenen nationalen Rechts, ZGR 1992, 376; *Gersdorf*, (Individual-)Rechtsschutz gegen unionsrechtlich nichtdeterminierte und unionsrechtlich determinierte Umsetzungsgesetze, in: Weiß (Hrsg.), Rechtsschutz als Element von Rechtsstaatlichkeit,

2011, S. 47; *Glaser*, Die Entwicklung des Europäischen Verwaltungsrechts aus der Perspektive der Handlungsformenlehre, 2013; *Götz*, Europäische Gesetzgebung durch Richtlinien – Zusammenwirken von Gemeinschaft und Staat, NJW 1992, 1849; *Grosche*, Rechtsfortbildung im Unionsrecht, 2011; *Hailbronner*, Die Wirkung ausländer- und asylrechtlicher Richtlinien vor der Umsetzung ins deutsche Ausländerrecht, ZAR 2007, 6; *Herrmann*, Richtlinienumsetzung durch die Rechtsprechung, 2002; *Höpfner*, Voraussetzungen und Grenzen richtlinienkonformer Auslegung und Rechtsfortbildung, in: Busch/Kopp/McGuire/Zimmermann (Hrsg.), Europäische Methodik: Konvergenz und Diskrepanz europäischen und nationalen Privatrechts, 2009, S. 73; *Jarass/Beljin*, Grenzen der Privatbelastung durch unmittelbar wirkende Richtlinien, EuR 2004, 714; *König*, Gesetzgebung, in: Schulze/Zuleeg/Kadelbach (Hrsg.), Europarecht, 2. Aufl. (2010), § 2; *Leible/Sosnitza*, Richtlinienkonforme Auslegung vor Ablauf der Umsetzungsfrist und vergleichende Werbung, NJW 1998, 2507; *Mager*, Die staatengerichtete Entscheidung als supranationale Handlungsform, EuR 2001, 661; *Matz-Lück*, Die Umsetzung von Richtlinien und nationaler Grundrechtsschutz, EuGRZ 2011, 207; *Mörsdorf*, Unmittelbare Anwendung von EG-Richtlinien zwischen Privaten in der Rechtsprechung des EuGH, EuR 2009, 219; *Nettesheim*, Normenhierarchien im EU-Recht, EuR 2006, 737; *Pechstein*, Die Anerkennung der rein objektiven unmittelbaren Richtlinienwirkung, EWS 1996, 261; *Pernice*, Kriterien zur Umsetzung von Umweltrichtlinien am Lichte der Rechtsprechung des EuGH, EuR 1994, 325; *Royla/Lackhoff*, Die innerstaatliche Beachtlichkeit von EG-Richtlinien und das Gesetzmäßigkeitsprinzip, DVBl. 1998, 1116; *Ruffert*, Rechtsquellen und Rechtsschichten des Verwaltungsrechts, in: Hoffmann-Riem/Schmidt-Aßmann/Voßkuhle (Hrsg.), Grundlagen des Verwaltungsrechts, Bd. I, 2. Aufl. 2012, § 17; *Schoch*, Die Europäisierung des verwaltungsgerichtlichen Rechtsschutzes, 2000, S. 16, 26 f.; *Schroeder*, Bindungswirkungen von Entscheidungen nach Art. 249 EG im Vergleich zu denen von Verwaltungsakten nach deutschem Recht, 2006; *Vogt*, Die Rechtsform der Entscheidung als Mittel abstrakt-genereller Steuerung, in: Schmidt-Aßmann/Schöndorf-Haubold (Hrsg.), Der Europäische Verwaltungsverbund, 2005, S. 213; *Weiß*, Zur Wirkung von Richtlinien vor Ablauf der Umsetzungsfrist, DVBl. 1998, 568; *Wohlfahrt*, Veränderungen des Lissabon-Vertrages im Hinblick auf die Doktrin der unmittelbaren Wirkung, ZaöRV 70 (2010), 523; *Zuleeg*, Die Rolle der rechtsprechenden Gewalt in der europäischen Integration, JZ 1994, 1.

A. Einführung

1 Die **nationalen Gerichte** sind entscheidende Akteure bei der Durchsetzung des Unionsrechts. Entsprechend dem dezentralen Vollzugsmodell der Union wird das Unionsrecht grundsätzlich von nationalen Behörden fallbezogen angewendet und durchgesetzt (vgl. Art. 291 Abs. 1 AEUV). Die Kontrolle der Verwaltung obliegt wiederum den nationalen Gerichten, die ihrerseits das Unionsrecht anzuwenden und diesem zur effektiven Wirksamkeit zu verhelfen haben. Nationale Gerichte handeln insoweit als **funktionale Unionsgerichte**.[1] Aus diesem Grund verpflichtet Art. 19 Abs. 1 UAbs. 2 EUV die Mitgliedstaaten dazu, die erforderlichen Rechtsbehelfe zu schaffen, damit ein wirksamer Rechtsschutz in den vom Unionsrecht erfassten Bereichen gewährleistet ist.

2 Aus der allgemeinen Pflicht, Unionsrecht anzuwenden, lassen sich indes keine Schlüsse ziehen, ob und wie ein konkreter von Organen der Union erlassener Rechtsakt

---

[1] Vgl. *Burgi*, DVBl. 1995, 772 ff.; *Schoch*, Die Europäisierung des verwaltungsgerichtlichen Rechtsschutzes, 2000, S. 16, 26 f.; *Streinz*, VVDStRL 61 (2001), 300 (321); *Zuleeg*, JZ 1994, 1 (2). Hierin liegt auch ein wichtiger Beitrag zur Rechtserkenntnis und Rechtsentwicklung im Unionsrecht, zumal die Akzeptanz der Rechtsprechung des EuGH durch die nationalen Gerichte ein wichtiges Gegengewicht zur zentralen Deutungshoheit der europäischen Gerichtsbarkeit bildet. Vgl. hierzu *Grosche*, Rechtsfortbildung im Unionsrecht, 2011, S. 270 ff.

die nationalen Gerichte inhaltlich bindet. Dies hängt entscheidend von der Rechtsform des relevanten Rechtsakts und seinen spezifischen Rechtswirkungen im innerstaatlichen Recht ab. Insoweit ist es erforderlich, die einzelnen Rechtsquellen im Unionsrecht und deren Wirkung im innerstaatlichen Raum näher zu betrachten.

B. Die Rechtsquellen des Unionsrechts

Der Begriff der Rechtsquelle beschreibt die von der Rechtsordnung anerkannten Methoden der Rechtserzeugung.[2] Das Unionsrecht besteht aus unterschiedlichen, normenhierarchisch angeordneten Regelungsschichten. Die Gründungsverträge bilden das Primärrecht und konstituieren insoweit die Rechtsordnung der Europäischen Union (vgl. Rn. 5 f.). Daneben besteht abgeleitetes Recht, dessen Erzeugungsbedingungen im Primärrecht (explizit oder implizit) festgelegt sind. Die frühere funktionale Differenzierung zwischen dem supranationalen Gemeinschaftsrecht einerseits und dem weiterhin völkerrechtlichen (zwischenstaatlichen) Unionsrecht andererseits[3] ist mit der Einebnung der Säulenstruktur der Union durch den Lissabon-Vertrag von einem einheitlichen supranationalen Regelungsregime abgelöst worden.

I. Allgemeines

Die Europäische Union ist eine Rechtsgemeinschaft.[4] Nach Art. 2 EUV beruht die Europäische Union auf dem Grundsatz der Rechtsstaatlichkeit. Das Gebot der Rechtmäßigkeit des Handelns der Organe der Union gehört daher zu den Kernelementen des Unionsrechts,[5] was sich unmittelbar im Kontrollanspruch des EuGH widerspiegelt (vgl. Art. 19 Abs. 1 UAbs. 1 S. 2 EUV; Art. 263 Abs. 1, 267 Abs. 1 lit. b AEUV). Eine Konsequenz der Bindung an das geltende Recht ist die dem Unionsrecht immanente Normenhierarchie,[6] also die Konstruktion der Unionsrechtsordnung als gestufte Abfolge von Ermächtigungen, die vom Primärrecht über das abgeleitete Sekundärrecht zum Tertiärrecht sowie letztlich zu den auf diesen Grundlagen ergangenen Vollzugsakten reicht.

II. Primärrecht

Das Primärrecht gründet die Rechtsordnung der Europäischen Union (Art. 1 Abs. 3 S. 1 EUV) und legt die Regeln fest, nach denen die Organe der Union abgeleitetes

---

[2] *Kelsen*, Principles of International Law, 2. Aufl. 1967, S. 437 f.
[3] Siehe die Vorauflage: *Gellermann*, § 33 Rn. 3.
[4] EuGH, Rs. C-50/00 P, *Unión de Pequeños Agricultores*, Slg. 2002, I-6677 Rn. 38; Rs. C-229/05, *Osman Ocalan*, Slg. 2007, I-439 Rn. 109; *Mayer*, Europa als Rechtsgemeinschaft, in: Schuppert/Pernice/Haltern (Hrsg.), Europawissenschaft, 2005, S. 429 ff.; *Zuleeg*, NJW 1994, 545 ff.
[5] *Pernice*, in: Dreier, GG, Art. 23 Rn. 63; *Rengeling*, VVDStRL 53 (1994), 202 (228); *Scheuing*, in: Schulze/Zuleeg/Kadelbach, § 6 Rn. 37.
[6] *Calliess*, Die neue Europäische Union, 2010, S. 290 f.; *Scheuing*, in: Schulze/Zuleeg/Kadelbach, § 6 Rn. 12 ff.

Unionsrecht erzeugen. Hieraus resultiert der **Vorrang des Primärrechts** vor dem Sekundärrecht.[7] Der Vorrang des Primärrechts gegenüber dem abgeleiteten Recht ist (anders als gegenüber dem nationalen Recht, vgl. § 35 Rn. 7) ein **Geltungsvorrang**, kein bloßer Anwendungsvorrang.[8] Die Begrenzung des Vorranges des Unionsrechts gegenüber dem nationalen Recht auf einen bloßen Anwendungsvorrang dient dem Schutz der Regelungsfreiheit der Mitgliedstaaten als den originären Hoheitsträgern in Bereichen, in denen die Union über keine Regelungskompetenz verfügt (vgl. § 35 Rn. 7). Der Vorrang des Primärrechts gegenüber dem Sekundärrecht beruht demgegenüber auf einem Delegations- und Ableitungszusammenhang, der durch die Bindung des Sekundärrechtsetzers an eine begrenzte Einzelermächtigung (Art. 5 Abs. 1 S. 1 EUV) abgesichert ist. Für eine Begrenzung der Rechtsfolgen von hierarchischen Normenkonflikten auf einen Anwendungsvorrang besteht insoweit weder ein Bedürfnis noch eine Rechtfertigung. Als normenhierarchisch höchste Regelungsstufe handelt es sich bei dem Primärrecht – unter Zugrundelegung eines anspruchslosen, rein normenhierarchischen und nicht mit sozialphilosophischen Ansprüchen konfrontierten Verfassungsbegriffs – um die **Verfassung der Union**[9] im formellen Sinne.[10]

6   Das Primärrecht besteht aus den nach Art. 1 Abs. 3 S. 2 EUV gleichrangigen **Gründungsverträgen** (EUV und AEUV). Diese inkorporieren wiederum die **Charta der Grundrechte** der Europäischen Union (GR-Charta), und zwar im Rang der Verträge (Art. 6 Abs. 1 Halbs. 2 EUV), sodass diese ebenfalls Bestandteil des Primärrechts ist und die Organe bei der Erzeugung von Sekundärrecht bindet (vgl. auch Art. 51 EU-Grundrechtecharta). Bestandteile des Primärrechts sind ferner die **Protokolle** (Art. 51 EUV). Das Unionsrecht kennt zudem ungeschriebene **allgemeine Rechtsgrundsätze**[11] im Range des Primärrechts.[12] Hierzu gehören allgemeine Verfahrensrechte,[13] darüber hinaus allgemeine – und ursprünglich dem Recht der Mitgliedstaaten entlehnte[14] – rechtsstaatliche Grundprinzipien wie der Grundsatz der Rechtssicherheit, die Gesetzmäßigkeit der Verwaltung oder der Vertrauensschutz.[15] Die meisten allgemeinen Rechtsgrundsätze wurden entwickelt, um im Verhältnis zum Einzelnen einen hinrei-

---

[7] Etwa EuGH, Rs. C-50/00 P, *Unión de Pequeños Agricultores*, Slg. 2002, I-6677 Rn. 38; *Rieckhoff*, Der Vorbehalt des Gesetzes im Europarecht, 2007, S. 125; *Ruffert*, in: Hoffmann-Riem/Schmidt-Aßmann/Voßkuhle, § 17 Rn. 30, 32; *Siegel*, DÖV 2010, 1 (4).

[8] Anderer Ansicht *Siegel*, DÖV 2010, 1 (4 f.). Auf die von ihm hierfür in Anspruch genommenen Entscheidung (EuGH, Rs. C-100/96, *The Queen/Ministry of Agriculture, Fisheries and Food, ex parte: British Agrochemicals Association Ltd*, Slg. 1999, I-1499 Rn. 31) lässt sich das Postulat eines bloßen Anwendungsvorranges nicht stützen. Es ging in dieser Entscheidung um die restriktive Auslegung des Sekundärrechts, der eine mögliche Normenkollision gerade vermieden hat.

[9] BVerfGE 22, 293 (296); *von Danwitz*, EU-VerwR, S. 172; *Ruffert*, in: Hoffmann-Riem/Schmidt-Aßmann/Voßkuhle, § 17 Rn. 32; *Streinz*, Europarecht, Rn. 445.

[10] Zum Vorrang als Regelungsfunktion der Verfassung *Haverkate*, Verfassungslehre, 1992, S. 14 f.

[11] Grundlegend hierzu *Rengeling*, Rechtsgrundsätze beim Verwaltungsvollzug des Europäischen Gemeinschaftsrechts, 1977, S. 180 ff.; ferner *Grosche*, Rechtsfortbildung im Unionsrecht, S. 251 ff.

[12] *Siegel*, DÖV 2010, 1; *Wettner*, in: Schmidt-Aßmann/Schöndorf Haubold (Hrsg.), Der Europäische Verwaltungsverbund, 2005, S. 181 (195).

[13] Siehe *Gundel*, in: Ehlers, § 20 Rn. 3 f.

[14] Vgl. *Zuleeg*, VVDStRL 53 (1994), 154 (170).

[15] Stellvertretend *Mayer*, in: GHN, Art. 6 Rn. 389 ff.

1. Abschnitt. Verhältnis des nationalen Rechtsschutz 7 § 34

chenden grundrechtlichen Mindeststandard zu wahren. Mit der förmlichen Integration einer geschriebenen Grundrechtecharta bestehen Bedürfnisse, auf ungeschriebene Rechtsgrundsätze zurückgreifen zu müssen, im Wesentlichen nur noch dort, wo es um die Wahrung ungeschriebener Ausprägungen der gegenseitigen Loyalität gegenüber den Mitgliedstaaten geht. Der **Euratom-Vertrag** blieb auch nach Inkrafttreten des Lissabon-Vertrages als selbstständiger Gründungsvertrag erhalten, ist jedoch auf Grund der Absorption der meisten Kompetenzen durch den AEUV weitgehend bedeutungslos geworden.[16]

Es gibt **keine Hierarchisierung innerhalb des Primärrechts**; die bezeichneten 7 Rechtsquellen stehen also normenhierarchisch auf einer Ebene.[17] **Normenkollisionen** auf Primärrechtsebene werden daher nach allgemeinen Kollisionsregeln (Vorrang von lex posterior, lex specialis) aufgelöst.[18] Aus diesem Grund gibt es auch keine Bestandteile der Verträge, die einer einvernehmlichen Änderung durch die Mitgliedstaaten entzogen wären.[19] Unbestreitbar gibt es zwar fundamentale Grundstrukturen im Primärrecht, die als Bestandteil eines materialen Verfassungskerns beschrieben werden könnten. Dies führt aber nur zu einer relativen politischen Änderungsresistenz, nicht hingegen zu einer rechtlichen Änderungsfestigkeit. Da das Primärrecht jedenfalls aus verfassungsrechtlicher Sicht[20] seinen Geltungsgrund allein aus einer vertraglichen Kompetenzübertragung durch die Mitgliedstaaten ableiten kann, kann es nicht aus sich heraus Bindungen erzeugen, die dem einvernehmlichen Willen der Mitgliedstaaten, den Herren der Verträge,[21] entgegengehalten werden könnte. Auch das vertragsimmanente Änderungsverfahren enthält lediglich (ihrerseits konsensual änderbare) formale Anforderungen (Art. 48 EUV). Schranken der Änderbarkeit des Primärrechts ergeben sich folglich nicht aus hierarchisch erhöhten Strukturprinzipien, sondern als dem kleinsten gemeinsamen Nenner aus den Integrationsschranken der mitgliedstaatlichen Verfassungen, deren Einhaltung ggf. verfassungsgerichtlich kontrolliert wird.[22]

---

[16] Siehe Protokoll Nr. 2 zur Änderung des Vertrags zur Gründung der Europäischen Atomgemeinschaft (ABl. 2007 C 306, S. 199). Hierzu *Nowak*, Europarecht nach Lissabon, 2011, S. 84.
[17] *Haratsch/Koenig/Pechstein*, Europarecht, Rn. 370; *Nettesheim*, EuR 2006, 737 (739); *Streinz*, Europarecht, Rn. 446; differenziert für eine Bindung aus dem Gedanken der Selbstbindung der Mitgliedstaaten aber *von Arnauld*, EuR 2003, 191; *von Danwitz*, EU-VerwR, S. 173 f.; für eine Hierarchisierung anhand rechtlicher Grundlagen der Verträge *Hofmann*, Normenhierarchien im europäischen Gemeinschaftsrecht, 2000, S. 80 ff.; ferner *Heintzen*, EuR 1994, 35 ff.
[18] *Haratsch/Koenig/Pechstein*, Europarecht, Rn. 370.
[19] *Geiger*, in: ders./Khan/Kotzur, EUV/AEUV, Art. 48 EUV Rn. 1. Für die Änderungsfestigkeit fundamentaler Strukturprinzipien aber etwa *Herdegen*, Vertragliche Eingriffe in das „Verfassungssystem" der Europäischen Union, in: FS Everling, Bd. I, 1995, S. 447 (456 ff.).
[20] Zur Perspektivenabhängigkeit siehe *Isensee*, Vorrang des Europarechts und deutsche Verfassungsvorbehalte – offener Dissens, in: FS Stern, 1997, S. 1239 (1263 ff.); *Jestaedt*, Der Europäische Verfassungsverbund – Verfassungstheoretischer Charme und rechtstheoretische Insuffizienz einer Unschärferelation, in: FS Blomeyer, 2004, S. 637 (668 ff.).
[21] So BVerfGE 89, 155 (187 f.), 192, 199); 123, 267 (349 f., 353); 126, 286 (303); BVerfG, Urt. v. 12.9.2012, 2 BvR 1390/12 u. a., NJW 2012; 3145 Rn. 209; *Grimm*, Wer ist souverän in der Europäischen Union?, in: ders., Die Zukunft der Verfassung II, 2012, S. 275 (282); *Streinz*, Europarecht, Rn. 147.
[22] Wie hier *Geiger*, in ders./Khan/Kotzur, EUV/AEUV, Art. 48 EUV Rn. 1.

III. Sekundärrecht

8   Art. 288 AEUV enthält einen Katalog standardisierter **Handlungsformen**. Hiernach nehmen die Organe der Union für die Ausübung ihrer Zuständigkeiten Verordnungen, Richtlinien, Beschlüsse und Empfehlungen an. Art. 288 AEUV nennt die drei rechtsverbindlichen Handlungsformen (Verordnung, Richtlinien und Beschlüsse) zunächst gleichrangig nebeneinander, ohne eine hierarchische oder funktionale Zuordnung zu treffen.[23] Jedes Organ der Union darf sich zum einen im Rahmen seiner Kompetenzen, soweit vertraglich nichts Abweichendes bestimmt wurde, aller in Art. 288 AEUV genannten Handlungsformen bedienen (**Funktionsindifferenz**).[24] Zum anderen stehen die drei Handlungsformen grundsätzlich normenhierarchisch auf einer Stufe (**Hierarchieverzicht**).

9   Der **Lissabonvertrag** hat hieran zwar explizit nichts geändert,[25] allerdings die Differenzierung zwischen **Gesetzgebungsakten** und Rechtsakten ohne Gesetzescharakter eingeführt.[26] Hiermit verbunden ist eine – auch in unterschiedlichen Legitimationspfaden zum Ausdruck kommende[27] – **Hierarchisierung** dahingehend, dass Gesetzgebungsakte den anderen Rechtsakten vorrangig sind.[28] Dies gilt namentlich für Rechtsakte ohne Gesetzescharakter, die der Kommission nach Art. 290, 291 Abs. 2 AEUV in einem Gesetzgebungsakt qua Delegation übertragen wurden (unten Rn. 11 ff.).[29] Der Vertrag unterscheidet hierbei wiederum zwischen delegierten Rechtsakten nach Art. 290 Abs. 1 AEUV einerseits und Durchführungsrechtsakten nach Art. 291 Abs. 2 AEUV andererseits, die jeweils an unterschiedliche Voraussetzungen gekoppelt werden.[30] In beiden Fällen muss sich das abgeleitete Recht im Rahmen der jeweiligen Ermächtigung halten.

10   Die normative Typologie der Handlungsformen, die Art. 288 Abs. 3 AEUV ausdrückt, bestimmt vor allem das Verhältnis von Europäischer Union und Mitgliedstaaten zueinander.[31] Art. 288 Abs. 3 AEUV kommt insoweit eine **Ordnungsfunktion** zu, als die Rechtserzeugung innerhalb bestimmter Typen der Regelsetzung stattfindet, die über Art und Maß der Bindung der Mitgliedstaaten entscheiden. Insoweit ist Art. 288

---

[23] *Bast*, Handlungsformen, S. 525 ff.; *von Danwitz*, Europäisches Verwaltungsrecht, 2008, S. 236 ff.; *Gärditz*, Europäisches Planungsrecht, 2009, S. 63 f.; *Ruffert*, in: Hoffmann-Riem/Schmidt-Aßmann/Voßkuhle, § 17 Rn. 39; anders aber wohl *Kotzur*, in: Geiger/Khan/ders., EUV/AEUV, Art. 288 Rn. 5.

[24] Dies galt auch für Durchführungsvorschriften nach Art. 202 Sp. 3, 211 Sp. 4 EGV, da hier der EuGH sowohl abstrakt-generelle als auch einfallbezogene Entscheidungen hierunter fasste. Vgl. EuGH, Rs. 23/75, *Rey Soda/Cassa Conguaglio Zucchero*, Slg. 1975, 1279 Rn. 10/14; Rs. 16/88, *Kommission/Rat*, Slg. 1989, 3457 Rn. 11; siehe hierzu auch *König*, in: Schulze/Zuleeg/Kadelbach, § 2 Rn. 93; *Möllers* EuR 2002, 483 ff.

[25] Zur Gleichrangigkeit der Handlungsformen des Art. 288 AEUV *Streinz/Ohler/Herrmann*, Lissabon, S. 99.

[26] Vgl. *König*, in: Schulze/Zuleeg/Kadelbach, § 2 Rn. 92.

[27] Vgl. *Kluth*, in: Schulze/Zuleeg/Kadelbach, § 5 Rn. 18.

[28] Zutreffend *Becker*, Die Handlungsformen im Vertrag von Lissabon, in: Pernice (Hrsg.), Der Vertrag von Lissabon – Reform der EU ohne Verfassung?, 2008, S. 145 (149); *Calliess*, Die neue Europäische Union, 2010, S. 300. Zurückhaltend *Streinz/Ohler/Herrmann*, Lissabon, S. 98 f.

[29] Vgl. *Streinz/Ohler/Herrmann*, Lissabon, S. 99.

[30] *König*, in: Schulze/Zuleeg/Kadelbach, § 2 Rn. 101.

[31] *von Danwitz*, EU-VerwR, S. 233.

Abs. 3 AEUV ein Baustein der filigranen **institutionellen Balance** im Vertikalverhältnis.[32]

IV. Tertiärrecht

Schon vor Inkrafttreten des Lissabon-Vertrages hat sich unter dem Gesichtspunkt 11
der Durchführungsbestimmungen (siehe Art. 202 Sp. 3 i. V. m. 211 Sp. 4 EGV) ein
eigenständiger Bereich abstrakt-genereller Regelungen der Kommission gebildet, die
das Sekundärrecht konkretisieren und als Tertiärrecht maßstabsbildend für den (in der
Regel mitgliedstaatlichen) Vollzug wirken.[33] Im Bereich der **delegierten Rechtsakte**
nach Art. 290 Abs. 1 AEUV wird die Kommission im Wege abstrakt-genereller Normsetzung (materieller Gesetzgebung) tätig.[34] Dies ergibt sich unmittelbar aus dem ersten
Halbsatz, wonach der Kommission die Befugnis übertragen werden kann, Rechtsakte
ohne Gesetzescharakter **mit allgemeiner Geltung** zur Ergänzung oder Änderung
bestimmter nicht wesentlicher Vorschriften des betreffenden Gesetzgebungsaktes zu
erlassen.

Die **Wesentlichkeit** im Sinne des Art. 290 Abs. 1 AEUV, die ungeachtet der Nähe 12
zur deutschen Dogmatik des Demokratieprinzips schon zuvor in der Rechtsprechung
des EuGH etabliertes (obschon nicht demokratisch fundiertes) Kriterium zur Begrenzung einer Delegation war,[35] bestimmt sich nach der jeweiligen Bedeutung der Sache,[36]
wobei hier (unter Berücksichtigung der EU-Grundrechtecharta) sowohl die Intensität
der Grundrechtsrelevanz[37] als auch die Auswirkungen auf das institutionelle Gleichgewicht[38] zu beachten sind. Erfasst werden jedenfalls diejenigen Kernvorschriften eines
Regelungskomplexes, die die grundsätzliche Ausrichtung der sektoralen Unionspolitik
festschreiben.[39] Mit der Begrenzung der Delegation auf unwesentliche Rechtsakte
sollen die grundlegenden politischen Weichenstellungen im Interesse der institutionellen Gewaltengliederung dem ordentlichen Gesetzgebungsverfahren vorbehalten
bleiben, das über Rat und Parlament eine hinreichende demokratische Legitimation
sicherstellt. Auch soweit die Kommission nach Art. 290 Abs. 1 UAbs. 1 AEUV den
Basisrechtsakt ändern darf, agiert sie nicht normenhierarchisch auf gleicher Ebene mit
dem Gesetzgeber,[40] da auch in diesem Fall die Reichweite der Änderungsermächtigung
weiterhin vom zugrunde liegenden Gesetzgebungsakt bestimmt wird.

Durchführungsrechtsakte nach Art. 291 Abs. 2 AEUV dienen der administrati- 13
ven Sicherstellung des einheitlichen Unionsrechtsvollzugs[41] und können daher auch

---

[32] Siehe zu dieser *Kirchhof*, JZ 1998, 965 ff.
[33] Eingehend *Möllers*, Tertiäre exekutive Rechtsetzung im Europarecht, in: Schmidt-Aßmann/Schöndorf-Haubold (Hrsg.), Der Europäische Verwaltungsverbund, 2005, S. 293 (313 ff.).
[34] *Driessen*, European Law Review 35 (2010), 837 (845).
[35] Etwa EuGH, Rs. C-66/04, *Vereinigtes Königreich/Parlament und Rat*, Slg. 2005, I-10552, Rn. 48 ff.
[36] *König*, in: Schulze/Zuleeg/Kadelbach, § 2 Rn. 102.
[37] Anders *Ruffert*, in: Calliess/ders., EUV/AEUV, Art. 290, Rn. 10.
[38] Vgl. hierzu z. B. EuGH, Rs. 16/88, *Kommission/Rat*, Slg. 1989, 3457 Rn. 8; Rs. 70/88, *Parlament/Rat*, Slg. 1990, I-2041 Rn. 21 f.
[39] *Gellermann*, in: Streinz, EUV/AEUV, Art. 290, Rn. 6.
[40] So aber *Streinz/Ohler/Herrmann*, Lissabon, S. 99.
[41] Vertiefend hierzu *König*, in: Schulze/Zuleeg/Kadelbach, § 2 Rn. 101 ff.

Einzelfallmaßnahmen sein.[42] Ein Grund für den Erlass von Durchführungsrechtsakten ist, dass die Mitgliedstaaten über oft sehr unterschiedliche administrative Vollzugsstrukturen verfügen. Die Ausgestaltung der Ermächtigung unterliegt nicht den strikten Voraussetzungen des Art. 290 AEUV, ist hierfür aber auf die Übertragung **administrativer Maßnahmen** beschränkt,[43] wobei diese zwar einen höheren Grad der Konkretisierung haben, allerdings nicht zwangsläufig einzelfallbezogen sein müssen. Eine besondere Rolle nehmen hierbei die nach Art. 291 Abs. 3 AEUV im ordentlichen Gesetzgebungsverfahren durch Verordnungen im Voraus zu erlassenden **allgemeinen Regeln und Grundsätze** ein, nach denen die Mitgliedstaaten die Wahrnehmung der Durchführungsbefugnisse durch die Kommission im Rahmen des Art. 291 Abs. 2 AEUV kontrollieren. Hier erfolgt also eine hierarchische Stufung nach Maßgabe des Abstraktionsgrades.

14 Unter das Tertiärrecht wird man auch die in zunehmendem Umfang von der Kommission – meist auf der Grundlage sekundärrechtlicher Ermächtigungen – erlassenen **atypischen Vollzugsregelungen** zu fassen haben, die nicht den traditionellen Handlungsformen des Art. 288 AEUV zuzuordnen sind,[44] sondern auf spezifischen sekundärrechtlich geschaffenen Handlungsformen und deren Rechtsfolgen beruhen. Verschiedentlich ermächtigt das Sekundärrecht die Kommission dazu, in Form von **Empfehlungen** und **Leitlinien** Vorgaben für den nationalen Vollzug des Unionsrechts zu formulieren.[45] Ein Beispiel hierzu ist etwa das europäische Regulierungsrecht.[46] Solche Vorgaben dienen in der Regel der Gewährleistung der Kohärenz des Vollzugs durch verbundförmige Koordination, und zwar vor allem in solchen Regelungsbereichen, in denen auf Grund der erheblichen Entscheidungsspielräume der mitgliedstaatlichen Behörden ansonsten mit einem Auseinanderdriften der Vollzugspraktiken zu rechnen wäre.[47] Verbreitet sind Verpflichtungen, die Vorgaben der Unionsorgane im Rahmen des Vollzugs **weitestgehend zu berücksichtigen**.[48] Inhalt und Intensität der Bindung folgen auch hier nicht aus Art. 288 AEUV, sondern aus dem jeweiligen Sekundärrechtsakt, der die Bindungswirkung jenseits der allgemeinen Handlungsformen bereichsspezifisch festlegt.[49] Solche weichen Vorgaben sind zwar einerseits ihrem Inhalt

---

[42] *Driessen*, European Law Review 35 (2010), 837 (845); ebenso wohl *Ruffert*, in: Calliess/ders., EUV/AEUV, Art. 291, Rn. 11, der neben Verordnungen auch Beschlüsse für mögliche Durchführungsrechtsakte erachtet.

[43] *König*, in: Schulze/Zuleeg/Kadelbach, § 2 Rn. 107.

[44] Hierzu *Glaser*, Die Entwicklung des Europäischen Verwaltungsrechts, S. 379 ff.; *Groß*, DÖV 2004, 20 ff.

[45] Eingehend *Weiß*, Der Europäische Verwaltungsverbund, 2010, S. 74 ff.

[46] Kritisch hierzu *Lecheler*, DVBl. 2008, 873 ff.

[47] Für den europäischen Regulierungsverbund EuGH, Rs. C-424/07, *Kommission/Bundesrepublik Deutschland*, Slg. 2009, I-11431, 195 Rn. 53; *Britz*, EuR 2006, 46 (56); *Broemer*, Strategisches Verhalten in der Regulierung, 2010, S. 222 f., 327 f.; *Hombergs*, Europäisches Verwaltungskooperationsrecht auf dem Sektor der elektronischen Kommunikation, 2006, S. 331; *Rieckhoff*, Der Vorbehalt des Gesetzes im Europarecht, 2007, S. 246; *Schramm*, DÖV 2010, 387 (388); *Trute*, Der europäische Regulierungsverbund in der Telekommunikation – ein neues Modell europäisierter Verwaltung, in: FS Selmer, 2004, S. 565 (567 ff.).

[48] Stellvertretend Art. 3 Abs. 3c, Art. 7 Abs. 7, Art. 7a Abs. 1 UAbs. 1, Art. 15 Abs. 3, Art. 16 Abs. 1 UAbs. 1 Telekommunikations-Rahmenrichtlinie = RL 2002/21/EG v. 7.3.2002 (ABl. L 108, S. 33), geändert durch RL 2009/140/EG v. 25.11.2009 (ABl. 2009, L 337, S. 37).

[49] Vgl. *Ludwigs*, DVBl. 2011, 61 (63).

nach nicht unmittelbar bindend,⁵⁰ verpflichten andererseits aber zu einer qualifizierten Berücksichtigung bzw. Zieloptimierung im Rahmen des nationalen Verwaltungsverfahrens.⁵¹ Nationale Gerichte sind daher zwar nicht an die materiellen Standards weicher Empfehlungen und Leitlinien gebunden, allerdings zur Kontrolle berechtigt und verpflichtet, ob die sekundärrechtlich angeordneten Berücksichtigungspflichten von den nationalen Behörden eingehalten wurden. Inwieweit die Union allerdings in Anbetracht der grundsätzlich dezentralen Vollzugsstruktur und der Ordnungsfunktion des Art. 288 AEUV überhaupt die **Kompetenz** hat (Art. 298 AEUV setzt eine solche voraus, begründet sie aber nicht⁵²), im Wege der Sekundärrechtsetzung entsprechende prozedurale Vorgaben zu institutionalisieren, ist doch sehr fraglich, bislang aber noch nicht entschieden.⁵³ Zumindest ist, schon zur Wahrung der Subsidiarität (Art. 5 Abs. 1 S. 1 EUV), die Reichweite solcher Bindungswirkungen außerhalb des ordentlichen Formenkanons des Art. 288 AEUV **restriktiv zu interpretieren.**

Tertiärrechtsetzung ist uneingeschränkt an das Primärrecht gebunden. Tertiärrecht muss sich im Ermächtigungsrahmen des Sekundärrechts halten, was bereits aus dem Wesen der Delegation folgt. Tertiärrecht muss aber auch sonstiges Sekundärrecht beachten, da Tertiärrecht nach Art. 290 Abs. 1 UAbs. 1 AEUV nur unwesentliche Vorschriften des ermächtigenden Gesetzgebungsaktes ändern oder ergänzen darf, im Umkehrschluss indes nicht sonstiges Sekundärrecht.⁵⁴ Zudem kann auch nur delegiert werden, was überhaupt in der Kompetenz des delegierenden Organs liegt.⁵⁵

V. Von der Union abgeschlossene völkerrechtliche Verträge mit Drittstaaten

Die Europäische Union kann nach **Art. 216 Abs. 1 AEUV** (i. V. m. Art. 3 Abs. 2 AEUV) mit Drittstaaten oder mit internationalen Organisationen Übereinkünfte schließen, wenn dies in den Verträgen vorgesehen ist oder wenn der Abschluss einer Übereinkunft im Rahmen der Politik der Union entweder zur Verwirklichung eines der in den Verträgen festgesetzten Ziele erforderlich oder in einem verbindlichen Rechtsakt der Union vorgesehen ist oder aber gemeinsame Vorschriften beeinträchtigen oder deren Anwendungsbereich ändern könnte. Der Lissabon-Vertrag hat insoweit die bisherige AETR-Rechtsprechung des EuGH in das geschriebene Primärrecht übersetzt.⁵⁶ Wei-

---

⁵⁰ BVerwG, Urt. v. 14.2.2007, 6 C 28.05, MMR 2007, 522 (524); *Schneider*, in: Fehling/Ruffert (Hrsg.), Regulierung, 2010, § 8 Rn. 108.
⁵¹ Siehe *Gärditz*, NVwZ 2009, 1005 (1008); *Heinen-Hosseini*, in: Säcker (Hrsg.), Berliner Kommentar zum Telekommunikationsgesetz, 3. Aufl. 2013, § 11 Rn. 50 ff.; *Hermeier*, Der Europäische Regulierungsverbund im EG-Rechtsrahmen für Telekommunikation, 2009, S. 123; *Korehnke/Ufer*, in: Geppert/Schütz (Hrsg.), Beck'scher TKG-Kommentar, 4. Aufl. 2013, § 12 Rn. 19; *Ladeur/Möllers*, DVBl. 2005, 525 (532); *Schramm*, DÖV 2010, 387 (390).
⁵² *Gärditz*, DÖV 2010, 453 (459); *Kotzur*, in: Geiger/Khan/ders., EUV/AEUV, Art. 298 AEUV Rn. 1; *Weiß*, Der Europäische Verwaltungsverbund, 2010, S. 36 f.
⁵³ Kritisch *Gärditz*, N&R Beilage 2/2011, 1 (5 f.); jedenfalls für Restriktionen unter dem Gesichtspunkt der Subsidiarität *Weiß*, Der Europäische Verwaltungsverbund, 2010, S. 38 ff.; kompetenzfreundlich demgegenüber *Ludwigs*, DVBl. 2011, 61 (67).
⁵⁴ *Streinz/Ohler/Herrmann*, Lissabon, S. 99.
⁵⁵ *Driessen*, European Law Review 35 (2010), 837 (844).
⁵⁶ *Kahl*, EuR 2009, 601 (613 f.); *Khan*, in: Geiger/ders./Kotzur, EUV/AEUV, Art. 216 Rn. 5 ff.

terhin ungeregelt geblieben ist die Frage der so genannten **gemischten Abkommen**, an denen auf Grund gespaltener Zuständigkeiten neben der Europäischen Union auch die Mitgliedstaaten beteiligt sind.[57] Der EuGH geht zutreffend davon aus, dass er in diesem Bereich auf Grund einer geteilten Zuständigkeit dafür zuständig sei, die von der Europäischen Union übernommenen Verpflichtungen von denjenigen abzugrenzen, für die allein die Mitgliedstaaten verantwortlich bleiben, sowie das anwendbare Völkerrecht auszulegen und ggf. dessen unmittelbare Anwendbarkeit zu ermitteln.[58]

17 Von der Europäischen Union mit Drittstaaten abgeschlossene **völkerrechtliche Verträge binden** nach Art. 216 Abs. 2 AEUV die Organe der Union und die Mitgliedstaaten. Nicht gebunden ist die Union hingegen an völkerrechtliche Verträge ihrer Mitgliedstaaten, auch wenn sämtliche Mitgliedstaaten zugleich Mitglied des jeweiligen Vertrages sind.[59]

18 Aus der Bindung der Unionsorgane folgt, dass völkerrechtliche Abkommen einen **Rang über dem Sekundärrecht** einnehmen.[60] Völkervertragsrecht steht jedoch – ungeachtet der hiervon unabhängigen völkerrechtlichen Bindung im Außenverhältnis – innerhalb der Unionsrechtsordnung im Rang unter dem Primärrecht (vgl. Art. 218 Abs. 11 AEUV).[61] Gleichermaßen soll die Europäische Union auch an **Völkergewohnheitsrecht** gebunden sein.[62]

VI. Fehlerfolgen bei Verstößen gegen höherrangiges Recht

19 **Verstöße gegen höherrangiges Recht** führen nicht zur Nichtigkeit ex tunc, sondern zur Vernichtbarkeit.[63] Der EuGH hat dies als **Vermutungsregel zugunsten der Gültigkeit** des Unionsrechtsakts formuliert:[64] „Für die Rechtsakte der Gemeinschaftsorgane spricht grundsätzlich die Vermutung der Rechtmäßigkeit, und diese Akte entfalten daher Rechtswirkungen, solange sie nicht zurückgenommen, im Rahmen einer Nichtigkeitsklage für nichtig erklärt oder infolge eines Vorabentscheidungsersuchens oder einer Rechtswidrigkeitseinrede für ungültig erklärt worden sind".[65] Ungeachtet dessen geht es nicht um eine Vermutung im eigentlichen Sinne, die die Erkenntnis der

---

[57] Hierzu im Einzelnen *Khan*, in: Geiger/ders./Kotzur, EUV/AEUV, Art. 216 Rn. 13 ff.; *Streinz*, Europarecht, Rn. 527 ff.

[58] EuGH, C-240/09, *Slowakischer Braunbär*, NVwZ 2011, 673, Rn. 31. Siehe zu den Folgeproblemen etwa OVG Koblenz, NVwZ 2013, 881 ff.; *Klinger*, NVwZ 2013, 850 ff.; ders., EurUP 2013, 95 ff.; *Schink*, DÖV 2012, 622 ff.

[59] *Haratsch/Koenig/Pechstein*, Europarecht, Rn. 450.

[60] EuGH, Rs. C-61/94, *Kommission/Bundesrepublik Deutschland*, Slg. 1996, I-3989 Rn. 52; *Epiney*, EuZW 1999, 5 (7); *Hobe/Müller-Sartori*, JuS 2002, 8 (12); *Khan*, in: Geiger/ders./Kotzur, EUV/AEUV,, Art. 216 Rn. 22.

[61] Vgl. EuGH, Rs. C-122/95, *Bundesrepublik Deutschland/Rat*, Slg. 1998, I-973 Rn. 82.

[62] EuGH, Rs. C-162/96, *Racke/HZA Mainz*, Slg. 1998, I-3655 Rn. 45 f.; *Epiney*, EuZW 1999, 5 (7); *Haratsch/Koenig/Pechstein*, Europarecht, Rn. 438; *Streinz*, Europarecht, Rn. 538.

[63] *Annacker*, EuZW 1995, 755 ff.; *von Danwitz*, EU-VerwR, S. 265.

[64] Siehe hierzu *Gundel*, in: Schulze/Zuleeg/Kadelbach, § 3 Rn. 76.

[65] EuGH, Rs. C-475/01, *Kommission/Griechenland*, Slg. 2004, I-8923 Rn. 18; ferner etwa EuGH, Rs. C-137/92, *Kommission/BASF*, Slg. 1994, I-2555 Rn. 48; Rs. C-245/92 P, *Chemie Linz AG*, Slg. 1999, I-4643 Rn. 93; Rs. C-261/99, *Kommission/Frankreich*, Slg. 2001, I-2537 Rn. 26; EuG, Rs. T-256/07, *People's Mojahedin Organization of Iran*, Slg. 2008, II-3019 Rn. 58; Rs. T-494/08 u. a., *Ryan Air/Kommission*, Slg. 2010 II-5723 Rn. 49.

Rechtswidrigkeit durch die mit der Anwendung betrauten Organe beträfe und sich kognitiv entkräften ließe. Vielmehr geht es um eine **Kompetenzverteilungsregel** zum Schutz der **Einheitlichkeit der Rechtsanwendung** des Unionsrechts und die **Kohärenz des Rechtsschutzsystems** der Europäischen Union, das es allein der Unionsgerichtsbarkeit überantwortet hat, Rechtsakte der Organe der Europäischen Union wegen Verstößen gegen höherrangiges Recht aufzuheben.[66] Gegen einen Staat gerichtete Beschlüsse sind von diesem zu befolgen, auch wenn substantiierte Zweifel an der Rechtmäßigkeit geltend gemacht werden.[67] Eine lediglich anhängige Nichtigkeitsklage, über die noch nicht entschieden wurde, beseitigt die vorläufigen Rechtswirkungen eines Unionsrechtsakts nicht.[68]

Auch der Gerichtshof hält dieses Dogma allerdings nicht uneingeschränkt durch, sondern erkennt **Ausnahmen** bei **schwerwiegenden Fehlern** an. „Als Ausnahme von diesem Grundsatz ist bei Rechtsakten, die mit einem Fehler behaftet sind, dessen Schwere so offensichtlich ist, dass er von der Gemeinschaftsrechtsordnung nicht geduldet werden kann, davon auszugehen, dass sie keine – auch nur vorläufige – Rechtswirkung entfaltet haben, d. h., dass sie als rechtlich inexistent zu betrachten sind. Diese Ausnahme soll das Gleichgewicht zwischen zwei grundlegenden, manchmal jedoch widerstreitenden Erfordernissen wahren, denen eine Rechtsordnung genügen muss, nämlich der Stabilität der Rechtsbeziehungen und der Einhaltung der Rechtmäßigkeit".[69] Da eine Feststellung der Inexistenz eines Unionsrechtsakts gravierende Folgen zeitigt, begrenzt die Rechtsprechung die Nichtigkeitsfolge allerdings aus Gründen der Rechtssicherheit auf außergewöhnliche Fälle.[70] Kriterien, wann ein derart schwerwiegender Fehler vorliegt, hat die Rechtsprechung freilich bislang nicht entwickelt.[71] Schwerwiegende und offensichtliche Fehler können sich jedenfalls sowohl aus der formalen als auch aus der materiellen Rechtswidrigkeit ergeben.[72]

Auch ein **ultra vires ergangener Rechtsakt**, der offensichtlich und unter keinem vertretbaren Gesichtspunkt von den Kompetenzen der Union gedeckt ist, ist gemessen an diesen Voraussetzungen als Nichtakt zu bewerten,[73] wovon im Übrigen auch der EuGH in einer älteren Entscheidung auszugehen scheint.[74] Die Figur des Aktes ultra vires ist dem Völkerrecht (konkret: dem Recht internationaler Organisationen)

---

[66] *Annacker*, EuZW 1995, 755; *von Danwitz*, EU-VerwR, S. 265.
[67] EuGH, Rs. C-177/06, *Kommission/Königreich Spanien*, Slg. 2007, I-7689 Rn. 30.
[68] EuGH, Rs. C-261/99, *Kommission/Frankreich*, Slg. 2001, I-2537 Rn. 26.
[69] EuGH, Rs. 15/85, *Consorzio Cooperative d'Abruzzo*, Slg. 1987, 1005 Rn. 10; Rs. C-475/01, *Kommission/Griechenland*, Slg. 2004, I-8923 Rn. 19; ferner EuGH, Rs. C-137/92, *Kommission/ BASF*, Slg. 1994, I-2555 Rn. 49; Rs. C-245/92 P, *Chemie Linz AG*, Slg. 1999, I-4643 Rn. 94; Rs. C-177/06, *Kommission/Königreich Spanien*, Slg. 2007, I-7689 Rn. 31; EuG, Rs. T-256/07, *People's Mojahedin Organization of Iran*, Slg. 2008, II-3019 Rn. 59; *Schärf*, EuZW 2004, 333f.
[70] EuGH, Rs. C-137/92, *Kommission/BASF*, Slg. 1994, I-2555 Rn. 50; Rs. C-245/92 P, *Chemie Linz AG*, Slg. 1999, I-4643 Rn. 95; Rs. C-475/01, *Kommission/Griechenland*, Slg. 2004, I-8923 Rn. 20; EuG, Rs. T- 494/08 u. a., *Ryan Air/Kommission*, Slg. 2010 II-5723 Rn. 49.
[71] Mit Recht kritisch *Pechstein*, EU-Prozessrecht, Rn. 350.
[72] *Annacker*, EuZW 1995, 755 (756 ff.).
[73] *Annacker*, EuZW 1995, 755 (757).
[74] EuGH, Rs. C-6/69, *Kommission/Frankreich*, Slg. 1969, 523 (524). Siehe ferner EuGH, Rs. C-98/80, *Giuseppe Romano*, Slg. 1981, 1241 Rn. 20: keine rechtliche Bindungswirkung von Entscheidungen einer Verwaltungskommission, die nach den Verträgen zu entsprechenden Rechtsakten nicht ermächtigt werden darf.

entlehnt,[75] bedarf allerdings einer restriktiven Handhabung, weil das Unionsrecht über ein ausdifferenziertes Rechtsschutzsystem zur Entscheidung von Kompetenzkonflikten (Art. 263, 267 AEUV) verfügt. Der unionsrechtlichen Versagung einer Anerkennung als Rechtsakt korrespondiert aus **staatsrechtlicher Sicht** die vom BVerfG in Anspruch genommene Kompetenz, Ultra-vires-Akte der Union in der Rechtsordnung der Bundesrepublik Deutschland für unanwendbar zu erklären (vgl. § 35 Rn. 20).[76] Da es sowohl aus unionsrechtlicher als auch aus staatsrechtlicher Sicht um schwerwiegende und offenkundige Kompetenzüberschreitungen geht,[77] die Maßstäbe des EuGH und des BVerfG unter dem Gesichtspunkt der begrenzten Einzelermächtigung also weitgehend konvergieren,[78] dürfte sich die bisweilen geäußerte Besorgnis, die bundesverfassungsgerichtliche Ultra-vires-Kontrolle könne zu einem strukturellen Auseinanderbrechen von unionsrechtlicher und staatsrechtlicher Bindung führen,[79] auch aus diesem Grund praktisch als nicht begründet erweisen.[80] Im Gegenteil ist eher zu erwarten, dass sich die Rechtsprechungslinie – wie sich schon jetzt abzeichnet – im operativen Geschäft als Papiertiger erweist, deren Wert sich in einer – die Funktionsgrenzen von Rechtsprechung überschreitenden – Warnung in Richtung EuGH erschöpft, die Begründungsqualität kompetenzsensibler Spruchpraxis zu erhöhen. Es ist zu erwarten, dass jedenfalls der EuGH seiner Rolle als europäisches Verfassungsgericht in Kompetenzkonflikten gerecht zu werden sucht und insoweit keinen Anlass bieten dürfte, der die Schwelle einer verfassungsgerichtlichen Intervention überschreitet (zu einem möglichen Konflikt im Grundrechtsbereich s. unten Rn. 27).

22 Die Gültigkeitsvermutung und die hierzu entwickelten Ausnahmen beziehen sich auf **sämtliche Handlungsformen** der Union: Verordnungen, Richtlinien und Beschlüsse.[81] Die Dogmatik der Fehlerfolgen ist insoweit handlungsformneutral und hat die z. B. aus dem deutschen Verwaltungsrecht bekannte – obschon auch dort brüchige[82] – Differenzierung zwischen rechtswidrigen Einzelakten einerseits und rechtswidrigen abstrakt-generellen Regelungen andererseits nicht nachgebildet.

23 Das Monopol des EuGH, einen von Organen der Union erlassenen Rechtsakt für ungültig zu erklären, erfasst inexistente Akte nicht.[83] Die Nichtbeachtung eines solchen Nichtaktes durch einen Mitgliedstaat begründet keine Vertragsverletzung. Ist ein

---

[75] Vgl. *Reinisch*, International Organizations Before National Courts, 2002, S. 80 f.; *Ruffert/Walter*, Institutionalisiertes Völkerrecht, 2009, Rn. 206 ff.; *Schorkopf*, EuZW 2009, 718 (721).

[76] BVerfGE 123, 267 (352 ff.).

[77] Siehe BVerfGE 126, 286 (304); *Grimm*, Der Staat 48 (2009), 475 (492); *Ruffert*, DVBl. 2009, 1197 (1205); *Sauer*, ZRP 2009, 195 (196); *Thym*, Der Staat 48 (2009), 559 (568).

[78] Vgl. auch *Thym*, Der Staat 48 (2009), 559 (573).

[79] Skeptisch etwa *Everling*, EuR 2010, 91 (101); *Terhechte*, EuZW 2009, 724 (729); *ders.*, Europäischer Bundesstaat, supranationale Gemeinschaft oder Vertragsunion souveräner Staaten?, in: Hatje/*ders.* (Hrsg.), Grundgesetz und europäische Integration, 2010, S. 135 (142); *Wahl*, Der Staat 48 (2009), 587 (600); aus institutioneller Sicht *Sauer*, ZRP 2009, 195 (196 f.).

[80] Nach der inhaltlichen Zurücknahme des bundesverfassungsgerichtlichen Kontrollanspruchs in der Mangold-Entscheidung auf offensichtliche und strukturell bedingte Kompetenzüberschreitungen (BVerfGE 126, 286 [304 ff.]) sind Konflikte zwischen BVerfG dem EuGH in diesem Punkt ohnehin nicht zu befürchten. Realistisch *Classen*, JZ 2010, 1186 (1187).

[81] Siehe *von Danwitz*, EU-VerwR, S. 264.

[82] Vgl. *Gärditz*, in: Friauf/Höfling (Hrsg.), Berliner Kommentar zum Grundgesetz, 2012, Rechtsstaatsprinzip (Art. 20 Abs. 3 GG), Rn. 91 ff.

[83] *Annacker*, EuZW 1995, 755 (756).

Rechtsakt nichtig, kann sich jeder Betroffene auf die Nichtigkeit berufen, und zwar unabhängig von der Einhaltung bestehender Klagefristen (vgl. Art. 263 Abs. 6 AEUV).[84] Eine **Nichtigkeitsklage** gegen einen nichtigen Rechtsakt soll mangels Klagegegenstandes im Sinne des Art. 263 Abs. 1 S. 1 AEUV **unzulässig** sein.[85] Dies ist zwar materiellrechtlich konsequent, aber insoweit unbefriedigend, als auch bei offensichtlichen und schwerwiegenden Fehlern ein Interesse bestehen kann, unvermeidbar stets verbleibende Zweifel[86] qua autoritativer Feststellung durch den EuGH ausräumen zu lassen. In einer jüngeren Entscheidung hat das EuG angedeutet, dass auch eine Feststellung der Inexistenz eines Rechtsakts mögliches Klageziel einer Nichtigkeitsklage sein kann.[87] Ein solcher **Feststellungsantrag** und ein entsprechendes Feststellungsurteil dürften als Minus zur Gestaltungsklage nach Art. 263 Abs. 1 AEUV zulässig sein.[88] In jedem Fall ist es einem befassten nationalen Gericht möglich, die Frage der Nichtexistenz eines Rechtsaktes der Union im Wege des **Vorabersuchens** nach Art. 267 AEUV durch den EuGH verbindlich klären zu lassen.

C. Das Unionsrecht und seine Wirkung im innerstaatlichen Raum

Bei der Beurteilung, welche Wirkungen das Unionsrecht im innerstaatlichen Raum entfaltet, ist zwischen seiner (grundsätzlich umfassenden) **unmittelbaren Geltung** einerseits und seiner (nur begrenzten) **unmittelbaren Wirkung** (Anwendbarkeit) andererseits zu unterscheiden.[89] Im ersten Fall geht es darum, ob das Unionsrecht als solches, sprich: ohne weiteren Transformationsakt, innerstaatliche Geltung erlangt. Die unmittelbare Wirkung betrifft die Frage, unter welchen Voraussetzungen ein konkreter Rechtsakt der Union innerstaatlich von Gerichten und Behörden angewendet werden kann. Der EuGH hat im historischen Verlauf hierbei die unmittelbare Anwendbarkeit vom Primärrecht aus entwickelt und sukzessive auf unsichere Bereiche des Sekundärrechts erstreckt.[90]

Mit der Gründung der Europäischen Gemeinschaft(en) bzw. der Europäischen Union haben die Mitgliedstaaten durch Übertragung von Hoheitsrechten eine **eigenständige und autonome Rechtsordnung** geschaffen. Diese Rechtsordnung ist weder bloßer Bestandteil der Rechtsordnung der einzelnen Mitgliedstaaten noch ihrem

---

[84] EuGH, Rs. 15/85, *Consorzio Cooperative d'Abruzzo*, Slg. 1987, 1005 Rn. 10; *Annacker*, EuZW 1995, 755 (759 f.).
[85] EuG, Rs. T-79/89 u. a., *BASF/Kommission*, Slg. 1992, II-315 Rn. 65; *Annacker*, EuZW 1995, 755 (760); *Classen*, in: Schulze/Zuleeg/Kadelbach, § 4 Rn. 17; *Pechstein*, EU-Prozessrecht, Rn. 348; *Schärf*, EuZW 2004, 333 f.; *Thiele*, Europäisches Prozessrecht, 2007, § 6 Rn. 21.
[86] Vgl. nur *Annacker*, EuZW 1995, 755 (756).
[87] EuG, Rs. T- 494/08 u. a., *Ryan Air/Kommission*, Slg. 2010 II-5723 Rn. 33 ff., insbesondere Rn. 49.
[88] Anderer Ansicht *Annacker*, EuZW 1995, 755 (760).
[89] Vgl. nur *Ehlers*, in: Schulze/Zuleeg/Kadelbach, § 11 Rn. 8; *Haratsch/Koenig/Pechstein*, Europarecht, Rn. 371. Vertiefend hierzu *Klein*, Unmittelbare Geltung, Anwendbarkeit und Wirkung von europäischem Gemeinschaftsrecht, 1988.
[90] Eingehend und luzide *Mangold*, Gemeinschaftsrecht und deutsches Recht, 2011, S. 128 ff.

Charakter nach zwischenstaatliches Völkerrecht.[91] Der EuGH hat dies erstmals in seiner berühmten Entscheidung in der Rechtssache *Costa/ENEL* ausbuchstabiert: „Zum Unterschied von gewöhnlichen internationalen Verträgen hat der EWG-Vertrag eine eigene Rechtsordnung geschaffen, die bei seinem Inkrafttreten in die Rechtsordnungen der Mitgliedstaaten aufgenommen worden und von ihren Gerichten anzuwenden ist. Denn durch die Gründung einer Gemeinschaft für unbegrenzte Zeit, die mit eigenen Organen, mit der Rechts- und Geschäftsfähigkeit, mit internationaler Handlungsfähigkeit und insbesondere mit wirklichen, aus der Beschränkung der Zuständigkeit der Mitgliedstaaten oder der Übertragung von Hoheitsrechten der Mitgliedstaaten auf die Gemeinschaft herrührenden Hoheitsrechten ausgestattet ist, haben die Mitgliedstaaten, wenn auch auf einem begrenzten Gebiet, ihre Souveränitätsrechte beschränkt und so einen Rechtskörper geschaffen, der für ihre Angehörigen und sie selbst verbindlich ist."[92] Aus dem autonomen Charakter folgt, dass es **keines spezifischen Transformationsaktes** bedarf, um Unionsrecht innerstaatlich zur Geltung zu bringen. Es gilt vielmehr unmittelbar. Ungeachtet dessen bleibt das Unionsrecht aber weiterhin abgeleitetes Recht. Die Union verfügt also nur über Hoheitsgewalt, soweit ihr diese von den Mitgliedstaaten übertragen wurde.[93] Unionsrechtliche Kompetenzen und damit auch die unmittelbare Geltung bleiben von den Grenzen der innerstaatlichen Kompetenzübertragung abhängig (vgl. § 35 Rn. 4, 16 ff.).

26 Aus **verfassungsrechtlicher Sicht** folgt die (ursprünglich auf Art. 24 GG gestützte) Ermächtigung zur **Übertragung von Hoheitsrechten** auf die Europäische Union aus Art. 23 Abs. 1 S. 2 GG.[94] Diese Ermächtigung des Gesetzgebers ermöglicht es, die innerstaatliche Rechtsordnung zu öffnen und den exklusiven rechtlichen Herrschaftsanspruch der deutschen Staatsgewalt im Bundesgebiet zurückzunehmen, um einer anderen Rechtsordnung innerhalb des deutschen Hoheitsbereichs zur unmittelbaren Geltung zu verhelfen.[95] Hebel zur entsprechenden Öffnung der Rechtsordnung ist das Zustimmungsgesetz zu den Gründungsverträgen. Der deutsche Gesetzgeber muss hierbei die sich aus Art. 23 Abs. 1 S. 1 mit S. 3, Art. 79 Abs. 3 GG ergebenden Integrationsschranken achten (vgl. § 35 Rn. 16 ff.). Das Zustimmungsgesetz – und nur dieses, nicht etwa das Primärrecht selbst[96] – unterliegt insoweit der verfassungsgerichtlichen Kontrolle.

I. Primäres Unionsrecht

27 Das Primärrecht bindet zwar in erster Linie die Mitgliedstaaten sowie die zur Sekundärrechtsetzung ermächtigten Organe der Union. Ungeachtet dessen können auch einzelne Normen des Primärrechts unmittelbar Rechte und Pflichten von Individuen begründen,[97] die dann auch vor staatlichen Behörden und Gerichten durchgesetzt werden.[98] Der EuGH bejaht die **unmittelbare Anwendbarkeit**, wenn eine Norm des Primärrechts ohne weitere Konkretisierung anwendbar und unbedingt ist, eine mitgliedstaatli-

---

[91] BVerfGE 22, 293 (296); 37, 271 (277 f.).
[92] EuGH, Rs. 6/64, *Flaminio Costa/E.N.E.L*, Slg. 1964, 1251 (1269).
[93] Vgl. BVerfGE 75, 223 (242); 89, 155 (190); 123, 267 (348 f.).
[94] BVerfGE 123, 267 (349 ff.).
[95] BVerfGE 37, 271 (280); 73, 339 (374).
[96] Klarstellend *Jestaedt*, Der Staat 48 (2009), 497 (499).
[97] *Streinz*, Europarecht, Rn. 448.
[98] Vgl. EuGH, Rs. 26/62, *van Gend & Loos*, Slg. 1963, 1 (24).

che Pflicht begründet, die keine weiteren Vollzugsakte erfordert und den Mitgliedstaaten insoweit keine Ermessensspielräume verbleiben.[99] Ob dies der Fall ist, lässt sich nicht aus der Struktur des Primärrechts als solcher ableiten, sondern hängt von der Auslegung der jeweiligen konkreten Norm des Primärrechts ab.[100] Diese Voraussetzungen sind etwa für das allgemeine Verbot von Diskriminierungen wegen der Staatsangehörigkeit (Art. 18 Abs. 1 AEUV)[101] und für die Grundfreiheiten[102] gegeben. Auch die Grundrechte der EU-Grundrechtecharta sind unmittelbar anwendbar, soweit Mitgliedstaaten Unionsrecht durchführen (Art. 51 Abs. 1 EU-Grundrechtecharta),[103] wobei Durchführung sowohl die administrative Anwendung im Einzelfall als auch die abstrakt-generelle Rechtsetzung erfasst.[104] Im Übrigen ist bislang ungeklärt, ab welchem unionsrechtlichen Regelungsgrad die Schwelle zur Durchführung des Unionsrechts im Sinne der Grundrechtecharta überschritten ist. Der EuGH hat jüngst Art. 51 Abs. 1 GRCh eine sehr weite Auslegung zugrunde gelegt und eine Durchführung auch in Bereichen bejaht, die nicht unmittelbar unionsrechtlich geregelt sind, in denen die administrative Anwendung mitgliedstaatlichen Rechts aber Auswirkungen auf unionsrechtlich geregelte Sachverhalte haben kann.[105] Das BVerfG hatte bislang die Auffassung vertreten, dass innerhalb unionsrechtlich belassener Regelungsspielräume (ausschließlich) die Grundrechte des Grundgesetzes zur Anwendung kämen[106] und ist daher der sich möglicherweise abzeichnenden expansiven Auslegungslinie durch den EuGH in einem ungewöhnlichen obiter dictum jüngst entschieden präventiv entgegengetreten.[107] Aber auch der EuGH hat in anderen Entscheidungen Art. 51 GRCh bewusst restriktiv gehandhabt,[108] ohne dass bislang eine

---

[99] *Streinz*, Europarecht, Rn. 448.
[100] *Haratsch/Koenig/Pechstein*, Europarecht, Rn. 374.
[101] *Khan*, in: Geiger/ders./Kotzur, EUV/AEUV, Art. 18 AEUV Rn. 7. Siehe zum Mechanismus vertiefend *Schönberger*, Unionsbürger, 2005, S. 387 ff.
[102] *Ehlers*, in: ders., § 7 Rn. 7; *Streinz*, Europarecht, Rn. 848; aus der Rechtsprechung etwa EuGH, Rs. 2/74, *Reyners*, Slg. 1974, 631 Rn. 29/31; Rs. 74/76, *Ianelli & Volpi/Meroni*, Slg. 1977, 557 Rn. 13; Rs. 83/78, *Pigs Mareting Board*, Slg. 1978, 2347 Rn. 66/67; Rs. 48/75, *Royer*, Slg. 1976, 497 Rn. 19/23; Rs. 33/74, *van Binsbergen*, Slg. 1974, 1299 Rn. 24/26, 27.
[103] Vgl. *Jarass*, Charta der Grundrechte der Europäischen Union, 2010, Art. 51 Rn. 13. Zum umstrittenen Problem, ob die Umsetzung von Richtlinien zur unionsgrundrechtsgebundenen Durchführung in diesem Sinne zählt, siehe *Gersdorf*, in: Weiß, S. 47 (49 ff.). Zum Begriff der Durchführung insgesamt vertiefend *Augsberg* DÖV 2010, 152 ff.; *Brummund*, Kohärenter Grundrechtsschutz im Raum der Freiheit, der Sicherheit und des Rechts, 2011, S. 67 f.; *Calliess* JZ 2009, 113 ff.; *Jarass* EU-Grundrechte, 2005, § 4 Rn. 13; *Kingreen* in: Calliess/Ruffert EUV/AEUV, Art. 51 GR-Charta Rn. 12; *Kühling*, in: v. Bogdandy/Bast, Europäisches Verfassungsrecht, S. 657 (682 f.); *Lindner*, EuZW 2007, 71 ff.; *Papier* DVBl. 2009, 473 ff.; *Ziegenhorn* NVwZ 2010, 803 ff.
[104] *Jarass*, NVwZ 2012, 457 (459); *Kingreen*, in: Calliess/Ruffert, EUV/AEUV, Art. 51 GR-Charta Rn. 8; *Schoch*, in: Kischel/Masing (Hrsg.), Unionsgrundrechte und Diskriminierungsverbote im Verfassungsrecht, 2012, S. 57 (58); *Streinz/Michl*, in: Streinz, EUV/AEUV, Art. 51 GR-Charta, Rn. 7.
[105] EuGH, Rs. C-617/10, *Åkerberg Fransson*, JZ 2013, 613 Rn. 24 ff.; hierzu eingehend *Dannecker*, JZ 2013, 616 ff.
[106] BVerfGE 113, 273 (300); 118, 79 (98); 125, 260 (306 f.); ebenso *Hillgruber*, in: Schmidt-Bleibtreu/Hofmann/Hopfauf (Hrsg.), GG, 12. Aufl. (2011), Art. 23 Rn. 36; *Masing* NJW 2006, 264 (267); *Ziegenhorn* NVwZ 2010, 803 (806 f.). Kritisch demgegenüber *Schoch*, in: Kischel/Masing (Hrsg.), Unionsgrundrechte und Diskriminierungsverbote im Verfassungsrecht, 2012, S. 57 (61).
[107] BVerfG, JZ 2013, 621 (622) Rn. 90 f. Hierzu *Gärditz*, JZ 2013, 633 (635 f.).
[108] Insbesondere EuGH, Rs. C-256/11, *Dereci* u.a., NVwZ 2012, 97 Rn. 71; Beschl. v. 19.4.2013, C-128/12.

klare Linie zu erkennen ist. Insoweit zeichnet sich ein Interpretationskonflikt ab, der gerade im Unionsverwaltungsrecht weitreichende Folgen zeitigen könnte.[109] Von der unmittelbaren Anwendbarkeit im Allgemeinen ist die Frage zu unterscheiden, ob eine Bestimmung lediglich die Mitgliedstaaten bindet oder auch im Verhältnis zwischen Privaten **Horizontalwirkung** entfaltet. Dies ist etwa für das unmittelbar anwendbare Diskriminierungsverbot (Art. 18 AEUV) zu verneinen[110] und wird im Bereich der Grundfreiheiten differenziert gesehen.[111]

II. Sekundäres Unionsrecht

28   Die unmittelbare Wirkung des sekundären Unionsrechts hängt entscheidend von der jeweiligen **Handlungsform** ab. Explizite Aussagen hierzu lassen sich bereits der Bestimmung des Art. 288 AEUV entnehmen. Allerdings bleiben diese unvollständig, schon weil der EuGH auch an sich umsetzungsbedürftigen oder unverbindlichen Handlungsformen unter bestimmten Voraussetzungen Wirkungen zuerkannt hat, die von nationalen Gerichten und Behörden zu beachten sind. Abweichende – von der Rechtsprechung ohnehin relativierte[112] – Sonderregelungen für den früheren Bereich der polizeilichen und justiziellen Zusammenarbeit[113] sind mit der Einebnung der Säulenstruktur aufgehoben.[114]

29   **1. Verordnungen.** Eine Verordnung hat nach Art. 288 Abs. 2 AEUV **allgemeine Geltung** (Satz 1); sie ist in allen ihren Teilen **verbindlich** und **gilt unmittelbar** in jedem Mitgliedstaat (Satz 2). Allgemeine Geltung bedeutet zunächst dass die Verordnung abstrakt-generell wirkt, sprich: eine unbestimmte Zahl an Sachverhalten erfasst und sich an einen unbestimmten Personenkreis richtet.[115] Dies schließt es allerdings nicht aus, dass eine Verordnung materiell lediglich verschiedene Einzelentscheidungen bündelt (so genannte Scheinverordnung),[116] also Adressaten im Einzelfall bestimmbar sind.[117] Das Kriterium der Verbindlichkeit „in allen ihren Teilen" dient der Abgrenzung zur Richtlinie.[118] Der Begriff ist freilich missverständlich, weil die verfügenden Teile sowohl der Richtlinie als auch der Verordnung kraft ihrer Geltung (Normativität) die Verbindlichkeit aller umfassten Normen beanspruchen. Unterschiede ergeben sich erst hinsichtlich ihrer Wirkung.

---

[109] Scharfsichtige Analyse bei *Thym*, NVwZ 2013, 889 ff.
[110] *Kingreen*, in: Ehlers, § 13 Rn. 18; im Ausgangspunkt ebenso, freilich für punktuelle Ausnahmen offen *Khan*, in: Geiger/ders./Kotzur, EUV/AEUV, Art. 18 AEUV Rn. 4.
[111] Nachw. und berechtigte Kritik bei *Streinz*, Europarecht, Rn. 850.
[112] Namentlich EuGH, Rs. C-105/03, *Maria Pupino*, Slg. 2005, I-5285 Rn. 33 ff.; kritisch hierzu z. B. *Hillgruber*, JZ 2005, 841 ff.; *von Unger*, NVwZ 2006, 46 (48). Zur Einordnung der Entscheidung *Baddenhausen/Pietsch*, DVBl. 2005, 1562 (1565); *Gärditz/Gusy*, GA 2006, 225 ff.; *Herrmann*, EuZW 2005, 436 (437).
[113] Eingehend *Knebelsberger*, Die innerstaatliche Wirkungsweise von EU-Rahmenbeschlüssen und ihre gerichtliche Überprüfbarkeit, 2010.
[114] Hierzu *Wohlfahrt*, ZaöRV 70 (2010), 523 (525 ff.).
[115] *Streinz*, Europarecht, Rn. 468.
[116] *Ehlers*, in: Erichsen/Ehlers, Allg. Verw., § 5 Rn. 11.
[117] *Ruffert*, in: Calliess/ders., EUV/AEUV, Art. 288, Rn. 18, m. w. Nachw. zur Rechtsprechung des EuGH.
[118] *Kotzur*, in: Geiger/Khan/ders., EUV/AEUV, Art. 288 Rn. 9.

Die Verordnung bedarf **keiner gesonderten Umsetzungsakte** mehr, was der EuGH 30
in folgende plakative Definition gegossen hat: „Unmittelbare Geltung bedeutet unter
diesem Blickwinkel, dass die Bestimmungen des Gemeinschaftsrechts ihre volle Wirkung einheitlich in sämtlichen Mitgliedstaaten vom Zeitpunkt ihres Inkrafttretens an
und während der gesamten Dauer ihrer Gültigkeit entfalten müssen. Diese Bestimmungen sind somit unmittelbare Quelle von Rechten und Pflichten für alle diejenigen, die
sie betreffen, einerlei, ob es sich um die Mitgliedstaaten oder um solche Einzelpersonen
handelt, die an Rechtsverhältnissen beteiligt sind, welche dem Gemeinschaftsrecht
unterliegen. Diese Wirkung erstreckt sich auch auf jedes Gericht, das, angerufen im
Rahmen seiner Zuständigkeit, als Organ eines Mitgliedstaates die Aufgabe hat, die
Rechte zu schützen, die das Gemeinschaftsrecht den einzelnen verleiht."[119] Art. 288
Abs. 2 AEUV regelt also nicht lediglich die (strukturell dem gesamten Unionsrecht
inhärente) unmittelbare Geltung, sondern ordnet zugleich die **unmittelbare Wirkung**
(Anwendbarkeit) der Verordnung an.

Mitgliedstaatliche Behörden und Gerichte haben eine Verordnung daher **von Amts** 31
wegen anzuwenden und ggf. entgegenstehendes nationales Recht unangewendet zu
lassen (vgl. im Einzelnen § 35 Rn. 10 ff.).[120] Aus dem konkreten Norminhalt einer
Verordnung kann sich auch ergeben, dass diese **Horizontalwirkung** zwischen Privaten
entfaltet.[121] Denn da die Verordnung „in" jedem Mitgliedstaat gilt, kann sie auch die
innerstaatlichen Adressaten ggf. abweichend von staatlichen Akteuren festlegen, sofern
die jeweilige unionale Sachkompetenz dies ihrem Ziel und Regelungsgegenstand nach
zulässt. Eine Verordnung kann zudem **Ermächtigungsgrundlage für Eingriffe** mitgliedstaatlicher Behörden sein.[122] Die unmittelbare Wirkung entfällt ausnahmsweise
nur dann, wenn zwar die Handlungsform der Verordnung gewählt wurde, diese aber
in einzelnen Teilen Regelungen enthält, denen es an der erforderlichen Unbedingtheit
und hinreichenden Bestimmtheit fehlt. In diesen Fall muss die Verordnung erst durch
ergänzende Regelungen **vollzugsfähig** gemacht werden. Die Mitgliedstaaten sind
gegebenenfalls nach Art. 4 Abs. 3 EUV i. V. m. Art. 197, 291 AEUV verpfichtet, die
erforderlichen Regelungen zu schaffen, die einen wirksamen Vollzug ermöglichen
(z. B. Behördenzuständigkeiten; Verfahrensregelungen; Ermächtigungsgrundlagen,
soweit die Verordnung solche nicht enthält).

2. Richtlinien. Eine Richtlinie ist nach Art. 288 Abs. 3 AEUV hinsichtlich des zu 32
erreichenden Ziels **verbindlich**, überlässt jedoch den innerstaatlichen Stellen die **Wahl
der Form und der Mittel**. Die Richtlinie unterscheidet sich also von der Verordnung
grundsätzlich durch ihre Umsetzungsbedürftigkeit, die wiederum grundsätzlich eine
unmittelbare Wirkung verhindert. Die Rechtsprechung hat allerdings in erheblichem
Umfang Durchbrechungen dieses Grundsatzes anerkannt.

a) Umsetzungsbedürftigkeit der Richtlinie. Richtlinien schaffen auf Grund ihrer 33
strukturellen Umsetzungsbedürftigkeit grundsätzlich kein für den Einzelnen verbindliches Recht, sondern verpflichten lediglich die Mitgliedstaaten zur Umsetzung. Die

---

[119] EuGH, Rs. 106/77, *Simmenthal II*, Slg. 1978, 629 Rn. 14/16.
[120] *Streinz*, Europarecht, Rn. 470.
[121] *Haratsch/Koenig/Pechstein*, Europarecht, Rn. 381.
[122] *Rieckhoff*, Der Vorbehalt des Gesetzes im Europarecht, 2007, S. 198 ff.; *Winter*, DVBl. 1991, 657 (665).

Richtlinie ist daher grundsätzlich auf die Umsetzung durch die Mitgliedstaaten angewiesen und daher ein Instrument **kooperativer Rechtsetzung**.[123] Der EuGH beschreibt die Wirkung der Richtlinie dahingehend, dass „Richtlinien zwar grundsätzlich nur ihre Adressaten, d. h. die Mitgliedstaaten, binden, daß sie aber normalerweise ein Mittel der indirekten Rechtsetzung sind."[124] Als Ausdruck der institutionellen Balance zwischen der Europäischen Union und ihren Mitgliedstaaten (vgl. Rn. 10) dient der arbeitsteilige Regelungszugriff bei der Wahl der Handlungsform der Richtlinie auch dazu, die Regelungsstrukturen der Mitgliedstaaten (als Ausdruck von Verhältnismäßigkeit und Subsidiarität, Art. 5 Abs. 1 S. 2, Abs. 3-4 EUV) zu schonen.[125]

34 Die Mitgliedstaaten sind nach der Rechtsprechung verpflichtet, innerhalb der ihnen durch eine Richtlinie belassenen Entscheidungsfreiheit die Formen und die Mittel zu wählen, die sich zur Gewährleistung der **praktischen Wirksamkeit** (effet utile) einer Richtlinie unter Berücksichtigung des mit ihr verfolgten Zwecks am besten eignen.[126] Die Verschiedenartigkeit der mitgliedstaatlichen Rechtsordnungen macht es erforderlich, dass der jeweilige Umsetzungsgesetzgeber die abstrakte und grundsätzlich rechtsordnungsindifferente Richtlinie passgenau in das nationale Rechtssystem und seine Eigenheiten einfügt, wodurch diese erst hinreichende praktische Wirksamkeit erlangen kann.[127] Die aus einer Richtlinie folgende Umsetzungspflicht beinhaltet vor diesem Hintergrund in erster Linie eine **Gestaltungsverantwortung des Gesetzgebers**, der durch die gesetzliche Ausgestaltung hinreichend konkrete und auf die Besonderheiten des nationalen Rechtsrahmens abgestimmte Regelungen zu schaffen hat. Aus staatsrechtlicher Sicht kommt der Umsetzungsbedürftigkeit einer Richtlinie insoweit Bedeutung zu, als diese Gestaltungsspielräume für den nationalen Gesetzgeber eröffnet, das demokratische Legitimations- und das rechtsstaatliche Präzisionsniveau anzureichern.[128] Aus unionsrechtlicher Sicht hat der mitgliedstaatliche Gesetzgeber diese Spielräume zudem so auszufüllen, dass unionsrechtlich bestehende Anforderungen an einen wirksamen – auf Grund des rahmenartigen Regelungsansatzes einer Richtlinie noch ergänzungsbedürftigen – Grundrechtsschutz gewahrt werden.[129] Mitgliedstaatliche **Behörden und Gerichte** können Richtlinien, soweit sie umsetzungsbedürftig

---

[123] *Hilf*, EuR 1993, 1 (4f.); *Kotzur*, in: Geiger/Khan/ders., EUV/AEUV, Art. 288 Rn. 10; *Pernice*, EuR 1994, 325 (327 ff.); *Ruffert*, in: Hoffmann-Riem/Schmidt-Aßmann/Voßkuhle, § 17 Rn. 35.
[124] EuGH, Rs. C-298/89, *Gibraltar/Rat*, Slg. 1993, I-3605 Rn. 16.
[125] *Hilf*, EuR 1993, 1 (7); *Ruffert*, in: Calliess/ders., EUV/AEUV, Art. 288 Rn. 23; *Streinz*, Europarecht, Rn. 475.
[126] EuGH, Rs. 48/75, *Royer*, Slg. 1976, 497 Rn. 69/73.
[127] *von Danwitz*, JZ 2007, 697 (698).
[128] Vgl. *Bauer*, in: Dreier, GG, Art. 80 Rn. 36; *Brenner*, in: v. Mangoldt/Klein/Starck, GG, Art. 80 Rn. 39; *von Danwitz*, Jura 2002, 93 (98 f.); *Ossenbühl*, DVBl. 1999, 1 (6 f.); *Saurer*, JZ 2007, 1073 (1075 f.); *Weihrauch*, NVwZ 2001, 265 (268 f.).
[129] EuGH, Rs. C-540/03, *Europäisches Parlament/Rat*, Slg. 2006, I-5769 Rn. 104 f.; EuGH, Rs. C-571/10, *Kamberaj*, NVwZ 2012, 950, Rn. 80; *Gersdorf*, in: Weiß, S. 47 (50). Hieraus folgt allerdings entgegen *Gersdorf* (ebd., S. 53 f.) nicht, dass die Umsetzungspflicht das BVerfG daran hindern würde, ein Umsetzungsgesetz auf Grund eines Verstoßes gegen nationale Grundrechte für nichtig zu erklären, sondern auf eine bloße Unvereinbarkeitserklärung im Sinne des § 31 Abs. 2 Satz 2 BVerfGG beschränkt wäre. Scheitert eine pflichtgemäße Umsetzung an der Nichtigerklärung eines Umsetzungsgesetzes durch das BVerfGG, verletzt die Bundesrepublik Deutschland ihre vertraglichen Pflichten. Der Grund für das Scheitern ist unionsrechtlich irrelevant. Die geltungserhaltende Aufrechterhaltung verfassungswidrigen Rechts ist unionsrechtlich

und damit nicht unmittelbar wirksam sind, nicht inhaltlich zur Anwendung bringen. Eine auch von den mitgliedstaatlichen Gerichten zu aktualisierende Haftung wegen Nichtumsetzung einer Richtlinie (Sekundärrechtsschutz)[130] bleibt hiervon unberührt.

Ihrer Struktur nach ist die Richtlinie daher als Instrument **finaler Rahmenrecht-** 35 **setzung** konzipiert. Dies hat die Rechtsetzungspraxis nicht daran gehindert, auch in Richtlinien zunehmend Regelungen aufzunehmen, die sich hinsichtlich ihrer **Detaillierungsdichte** kaum von Verordnungen unterscheiden. Überwiegend wird dies für zulässig erachtet, da Art. 288 AEUV die Richtliniengebung nicht auf Rahmenregelungen begrenze.[131]

Das Richtlinienziel muss zudem **vollständig umgesetzt** werden, was nicht schon 36 durch eine formale Übernahme des Wortlautes der Richtlinie in das nationale Recht gewährleistet ist, sondern auch ein Wirksamwerden des Richtlinienprogramms in der **Verwaltungspraxis** erfordert.[132] Dies schlägt sich insbesondere in der Pflicht nieder, nationales Recht richtlinienkonform auszulegen und anzuwenden (vgl. Rn. 61 ff.). Im Übrigen gilt für die Umsetzung von Richtlinien im Hinblick auf Transparenz und Rechtssicherheit[133] ein weitgehender **Rechtsnormvorbehalt**.[134] Eine Umsetzung durch eine nicht normativ durch abstrakt-generelle Regelung angereicherte Verwaltungspraxis genügt dem Umsetzungserfordernis nach Art. 288 Abs. 3 AEUV nicht. Ist eine Richtlinie darauf gerichtet, subjektive Rechte zu begründen oder Einzelnen Verpflichtungen aufzuerlegen, bedarf es einer Umsetzung durch **außenwirksame Regelungen**.[135] Eine höchstrichterliche Rechtsprechung entspricht diesen Anforderungen schon auf Grund der mangelnden Bestimmtheit und der damit einhergehenden Rechtsunsicherheit nicht.[136]

b) Unmittelbare Anwendbarkeit der Richtlinie. Wurde eine Richtlinie nicht, 37 **nicht rechtzeitig** und/oder **nicht vollständig umgesetzt** und scheitert zudem eine richtlinienkonforme Auslegung des nationalen Rechts (Rn. 61 ff.), stellt sich die Frage, ob die Richtlinie unmittelbar angewendet werden kann (unmittelbare Anwendbarkeit bzw. Wirkung; Direktwirkung). Die strukturelle Umsetzungsbedürftigkeit, von der Art. 288 Abs. 3 AEUV ausgeht, spricht zunächst gegen eine unmittelbare Anwendbarkeit. Die Rechtsprechung des EuGH hat eine unmittelbare Anwendbarkeit jedoch unter bestimmten (anfangs enger gefassten, aber sukzessive immer weiter ausgedehnten) Voraussetzungen anerkannt. Das BVerfG hat diese ursprünglich möglicherweise mit

---

nicht gefordert, weil es alleinige Verantwortung der Mitgliedstaaten bleibt, im Rahmen ihres Staatsorganisationsrechts festzulegen, wie ein Gesetz Wirksamkeit erlangt und ggf. verliert.

[130] Hierzu stellvertretend m. w. Nachw. *Ossenbühl*, Staatshaftungsrecht, 5. Aufl. 1998, S. 500 ff.

[131] *Ehlers*, in: Erichsen/Ehlers, Allg. Verw., § 5 Rn. 12; *Ruffert*, in: Calliess/Ruffert, EUV/AEUV, Art. 288 EUV Rn. 25.

[132] EuGH, Rs. C-62/00, *Marks & Spencer*, Slg. 2002, I-6325 Rn. 26 ff.; *Ruffert*, in: Calliess/Ruffert, EUV/AEUV, Art. 288 EUV Rn. 26.

[133] *Ehlers*, in: Erichsen/Ehlers, Allg. Verw., § 5 Rn. 13.

[134] *Streinz*, Europarecht, Rn. 481.

[135] EuGH, Rs. C-131/88, *Grundwasserrichtlinie*, Slg. 1991, I-825 Rn. 8 ff.; Rs. C-361/88, *TA Luft*, Slg. 1991, I-2567 Rn. 15 ff.; Rs. C-59/89, *Kommission/Bundesrepublik Deutschland*, Slg. 1991, I-2607 Rn. 23 f.; Rs. C-262/95, *Kommission/Bundesrepublik Deutschland*, Slg. 1996, I-5729 Rn. 13 ff.; Rs. C-298/95, *Kommission/Bundesrepublik Deutschland*, Slg. 1996, I-6747 Rn. 15 ff.; *Herrmann*, Richtlinienumsetzung, S. 210.

[136] EuGH, Rs. C-144/99, *Kommission/Niederlande*, Slg. 2001, I-3541 Rn. 21.

dem Primärrecht unvereinbare Rechtsfortbildung durch den EuGH[137] (mit freilich im Einzelnen durchaus angreifbarer Begründung) als **verfassungskonform** anerkannt.[138] Jedenfalls heute gehört die unmittelbare Anwendbarkeit der Richtlinie zum im Wege mehrmaliger Vertragsreform übernommenen und damit primärrechtlich implizit sanktionierten unionsrechtlichen Acquis.

38 Im Zusammenspiel mit einer **zunehmenden Regelungsdichte**, die den Mitgliedstaaten oftmals nur geringe Spielräume zur Umsetzung beläßt, hat die unmittelbare Anwendbarkeit dazu geführt, dass sich die Handlungsform der Richtlinie der Verordnung weitgehend angenähert hat.[139] Dies ist gerade für die behördliche und gerichtliche Rechtsanwendung von entscheidender Bedeutung, da die stille Omnipräsenz des Unionsrechts dazu zwingt, den jeweiligen europäischen Regelungsrahmen auch und gerade dann im Blick zu behalten, wenn er nicht umgesetzt wurde oder an der Unionsrechtskonformität der Umsetzung Zweifel bestehen.

39 **aa) Allgemeine Voraussetzungen.** Einzelne können sich **auf Bestimmungen** einer nicht fristgemäß umgesetzten Richtlinie **berufen**, soweit diese **unbedingt** und **hinreichend bestimmt** ist.[140] Eine unmittelbare Anwendung ist auch dann möglich, wenn eine Richtlinie zwar Umsetzungsspielräume belässt, sich der Betroffene aber auf solche Rechte beruft, die bereits nach der Richtlinie eindeutig feststehen.[141] Grund für die unmittelbare Anwendbarkeit ist, dass es ein Mitgliedstaat nicht in der Hand haben soll, durch Verzögerung oder Verweigerung der Umsetzung das praktische Wirksamwerden der Richtlinie zu vereiteln. Gewährt eine Richtlinie dem Einzelnen Begünstigungen, soll ein Mitgliedstaat seinen Bürgern zudem nicht die Nichtumsetzung der Richtlinie entgegenhalten dürfen.[142] Hiermit geht zugleich eine dezentralisierte Sanktionierungswirkung durch klagewillige Bürger einher, was die Rechtsdurchsetzung gegenüber punktuellen und schwerfälligen Vertragsverletzungsverfahren (Art. 258 AEUV) wegen Nichtumsetzung effektuiert.

40 **bb) Vertikalwirkung. Adressat** der unmittelbaren Wirkung ist der Staat als Ganzes mit allen Untergliederungen.[143] **Rechtsfolge** der unmittelbaren Anwendbarkeit ist, dass Gerichte und Behörden die Richtlinien anzuwenden haben, auch soweit sie nicht umgesetzt wurden. Entgegenstehendes nationales Recht wird durch den **Anwendungsvorrang** des Unionsrechts unanwendbar.[144] Die unmittelbare Anwendbarkeit der Richtlinie hängt nicht davon ab, ob eine Richtlinie auf die Einräumung subjektiver Rechte zielt.

---

[137] Grundlegende Untersuchung zur methodischen Problematik und ihrer rechtsdogmatischen Verarbeitung mit eingehender Bestandsaufnahme zur Rechtsprechung des EuGH: *Grosche*, Rechtsfortbildung im Unionsrecht, S. 75 ff., 87-178.
[138] BVerfGE 75, 223 (235 ff.); anders aber noch BFHE 143, 383 (388 ff.).
[139] Vgl. auch *Streinz*, Europarecht, Rn. 477.
[140] EuGH, Rs. C 6/90 und C 9/90, *Francovich*, Slg. 1991, I-5357 Rn. 11; Rs. C-62/00, *Marks & Spencer*, Slg. 2002, I-6325 Rn. 25; Rs. C-397/01 bis C-403/01, *Pfeiffer*, Slg. 2004, I-8835 Rn. 103; Rs. C-226/07, *Flughafen Köln/Bonn*, Slg. 2008, I-5999 Rn. 23; Rs. C-138/07, *Cobelfret NV*, Slg. 2009, I-731 Rn. 58; EuGH, Rs. C-61/11 PPU, Strafverfahren gegen Hassen El Dridi, alias Soufi Karim, Slg. 2011, I-3015 Rn. 46 ff.
[141] EuGH, Rs. C-226/07, *Flughafen Köln/Bonn*, Slg. 2008, I-5999 Rn. 30; Rs. C-138/07, *Cobelfret NV*, Slg. 2009, I-731 Rn. 61.
[142] *Streinz*, Europarecht, Rn. 486.
[143] *Götz*, NJW 1992, 1849 (1856).
[144] *Streinz*, Europarecht, Rn. 259.

Vielmehr entfaltet sich die unmittelbare Anwendbarkeit kraft **objektiver unmittelbarer Wirkung**.[145] Behörden und Gerichte haben die unmittelbare Anwendbarkeit aus diesem Grund auch **von Amts wegen** zu beachten.[146] Subjektive Rechte Einzelner sind daher eine besondere Rechtsfolge der unmittelbaren Anwendbarkeit, die nicht automatisch eintritt, sondern von weiteren Voraussetzungen abhängt (vgl. § 35 Rn. 59).[147]

Demgegenüber kann sich keine **staatliche Stelle** auf nicht umgesetzte Richtlinienbestimmungen berufen, um Belastungen des Adressaten einer hoheitlichen Maßnahme zu rechtfertigen (**keine umgekehrt vertikale Wirkung**).[148] Dies gilt insbesondere im **Strafrecht**, wo bereits der gemeineuropäische Grundsatz nulla poena sine lege (Art. 49 Abs. 1 EU-Grundrechtecharta) einer strafverschärfenden Anwendung nicht unmittelbar anwendbaren Unionsrechts entgegensteht.[149]

cc) **Horizontalwirkung.** Eine Richtlinie entfaltet nach ständiger Rechtsprechung **keine Direktwirkung zu Lasten Privater** (**horizontale Wirkung**).[150] Dies ergibt sich bereits aus dem unionsrechtlichen Gebot der Rechtssicherheit und dem Rückwirkungsverbot.[151] Im Übrigen verweist der EuGH mit Recht darauf, dass der Europäischen Union, wenn sie unmittelbar Verpflichtungen der Bürger begründen wolle, die Handlungsform der Verordnung zur Verfügung stehe.[152] In Streitigkeiten ausschließlich zwischen Privaten kann sich daher der Einzelne nicht auf eine Richtlinienbestimmung berufen, die anderen Privaten Verpflichtungen auferlegt, auch wenn die Bestimmung eindeutig und unbedingt ist.[153] Handelt es sich bei dem potentiell Belasteten freilich um eine lediglich in **Formen des Privatrechts** organisierte Stelle (etwa AG, GmbH), auf die der Staat, insbesondere als Mehrheitsgesellschafter, maßgeblichen Einfluss hat, so kann ein Privater der (mittelbar) staatlich beherrschten Stelle die unmittelbare Wirkung einer

---

[145] Vgl. EuGH, Rs. C-431/92, *Großkrotzenburg*, Slg. 1995, I-2189 Rn. 39 f.; anderer Ansicht noch *Papier*, DVBl. 1993, 809 ff.; *Pechstein*, EWS 1996, 261 ff.

[146] *Neuhäuser*, Die Zulassung der Berufung im Verwaltungsprozess unter den Einwirkungen des Verfassungs- und des Unionsrechts, 2012, S. 467; *Streinz*, Europarecht, Rn. 259; vorausgesetzt von EuGH, Rs. C-312/93, *Peterbroeck*, Slg. 1995, I-4599 Rn. 18, 20; undeutlich noch EuGH, Rs. C-87 bis 89/90, *Verholen*, Slg. 1991, I-3757 Rn. 16: Gemeinschaftsrecht hindere ein nationales Gericht nicht an einer Prüfung von Amts wegen.

[147] *Rengeling*, VVDStRL 53 (1994), 202 (210).

[148] EuGH, Rs. 80/86, *Kolpinghuis Nijmegen*, Slg. 1987, 3969 Rn. 9; verb. Rs. 372 bis 374/85, *Oscar Traen*, Slg. 1987, 2141 Rn. 24; *Ehlers*, in: Erichsen/Ehlers, Allg. Verw., § 5 Rn. 14; *Streinz*, Europarecht, 8. Aufl. 2009, Rn. 446.

[149] EuGH, verb. Rs. C-387/02, C-391/02 und C-403/02, *Silvio Berlusconi*, Slg. 2005, I-3565 Rn. 67 ff.; *Fletcher*, European Law Review 30 (2005), 862 (873); *Gärditz*, in: Böse (Hrsg.) Europäisches Strafrecht, 2013, § 6 Rn. 59; *Schwarze*, NJW 2005, 3459 (3463); kritisch *Gross*, EuZW 2005, 371 (372 f.).

[150] EuGH, Rs. 152/84, *Marshall/Health Authority*, Slg. 1986, 723 Rn. 48; Rs. C-221/88, *Busseni*, Slg. 1990, I-495 Rn. 23; Rs. C-106/89, *Marleasing*, Slg. 1990, I-4135 Rn. 6; Rs. C-91/92, *Faccini Dori*, Slg. 1994, I-3325 Rn. 24; Rs. C-97/96, *Verband deutscher Daihatsu-Händler*, Slg. 1997, I-6843 Rn. 24; Rs. C-443/98, *Unilever Italia*, Slg. 2000, I-7535 Rn. 50; Rs. C-201/02, *Wells*, Slg. 2004, I-723 Rn. 56; Rs. C-80/06, *Carp Snc di L. Moleri e V. Corsi*, Slg. 2007, I-4473 Rn. 20; *Breuer*, Entwicklungen des europäischen Umweltrechts – Ziele, Wege und Irrwege, 1993, S. 27; *Haratsch/Koenig/Pechstein*, Europarecht, Rn. 392; *Jarass/Beljin*, EuR 2004, 714 ff. Zu den Durchbrechungen und Aufweichungen eingehend *Mörsdorf*, EuR 2009, 219 ff.

[151] *Streinz*, Europarecht, 8. Aufl. 2009, Rn. 446.

[152] EuGH, Rs. C-91/92, *Faccini Dori*, Slg. 1994, I-3325 Rn. 24.

[153] EuGH, Rs. C-80/06, *Carp Snc di L. Moleri e V. Corsi*, Slg. 2007, I-4473 Rn. 20.

Richtlinie entgegenhalten.[154] Das Unionsrecht bindet insoweit die Mitgliedstaaten **organisationsindifferent**.

43 Allerdings hat die Ablehnung einer Horizontalwirkung den EuGH – unter nachträglicher Billigung des BVerfG[155] – nicht gehindert, die **Verdrängung nationalen Rechts zu Lasten Privater** zu fordern, sofern dessen Anwendung mit Unionsrecht unvereinbar wäre.[156] Teils wird dies damit begründet, dass die dem Anwendungsvorrang geschuldete Außerachtlassung entgegenstehenden nationalen Rechts von der unmittelbaren Anwendbarkeit einer Richtlinie zu unterscheiden sei.[157] Eine solche differenzierende Belastungswirkung ist jedoch abzulehnen, da ein rechtfertigungsbedürftiger Eingriff nicht davon abhängt, ob eine Belastung begründet oder eine Begünstigung beseitigt wird. Die zitierte Entscheidung des EuGH lässt sich auch **nicht verallgemeinern**.[158] Der EuGH beruft sich in der Sache vor allem auf Besonderheiten der entscheidungserheblichen Richtlinie, die ein Verfahren vorsah, dessen Nichteinhaltung die Unwirksamkeit der in Anwendung der Richtlinie erlassenen technischen Vorschriften nach sich zieht.[159] Allerdings hat der Gerichtshof später eine Verdrängungswirkung erneut bejaht, und zwar zudem noch **vor Ablauf der Umsetzungsfrist**.[160] Auch hier spielten freilich erneut Besonderheiten der angewandten Richtlinie, nämlich eine qualifizierte Treuepflichten auslösende Verlängerungsoption betreffend die Umsetzungsfrist, eine Rolle.[161] Einen allgemeinen Grundsatz, wonach hinreichend bestimmte und unbedingte Richtlinien kraft ihres Anwendungsvorrangs auch begünstigendes nationales Recht stets verdrängen, hat der Gerichtshof bislang nicht aufgestellt. Jedenfalls wäre eine solche Ausdehnung der Vorwirkungen der Richtlinie als von den Verträgen, die an der begrenzten Wirkung der Richtlinie ungeachtet aller Vertragsreformen stets festgehalten haben, nicht gedeckte Rechtsfortbildung abzulehnen,[162] zumal eine punktuelle Derogation auch nicht geeignet ist, etwaigem Vertrauensschutz und Bedürfnissen nach differenziertem Interessenausgleich im Rahmen des gesamten Regelungskomplexes angemessen Rechnung zu tragen. Wenig überzeugend ist es auch, wenn der Gerichtshof in

---

[154] *Götz*, NJW 1992, 1849 (1856); auch der EuGH geht hiervon offenbar aus, auch wenn er maßgeblich auf die erbrachte Dienstleistung abstellt. Vgl. EuGH, Rs. C-188/89, *Foster/British Gas Corporation*, Slg. 1990, I-3313 Rn. 20: „Demgemäß gehört jedenfalls eine Einrichtung, die unabhängig von ihrer Rechtsform kraft staatlichen Rechtsakts unter staatlicher Aufsicht eine im öffentlichen Interesse zu erbringende Dienstleistung zu erbringen hat und die hierzu mit besonderen Rechten ausgestattet ist, die über das hinausgehen, was für die Beziehungen zwischen Privatpersonen gilt, zu den Rechtssubjekten, denen die unmittelbar anwendbaren Bestimmungen einer Richtlinie entgegengehalten werden können."

[155] BVerfGE 126, 286 (311 ff.). Die Argumentation des Gerichts ist hier, unabhängig vom Ergebnis, schon deshalb problematisch, weil die Prüfung, ob eine Entscheidung des EuGH ultra vires ergangen ist, daran gemessen wird, ob sich diese in die bisherige Rechtsprechung des Gerichtshofs einfügt, ohne zu erläutern, ob gerade diese Rechtsprechungslinie insgesamt zu einer abzuwehrenden Schieflage geführt hat.

[156] EuGH, Rs. C-443/98, *Unilever Italia*, Slg. 2000, I-7535 Rn. 50.

[157] Etwa *Herrmann*, EuZW 2006, 69 (70); hiergegen mit Recht *Jarass/Beljin*, EuR 2004, 714 (720).

[158] In diesem Sinne wohl auch *Haratsch/Koenig/Pechstein*, Europarecht, Rn. 394.

[159] Vgl. auch *von Danwitz*, JZ 2007, 697 (700).

[160] EuGH, Rs. C-144/04, *Werner Mangold/Rüdiger Helm*, Slg. 2005, I-9981 Rn. 67 ff.; kritisch etwa *Gas*, EuZW 2005, 737 ff.; *Reich*, EuZW 2006, 20 (21); *Streinz*, AöR 135 (2010), 1 (12 f.).

[161] EuGH, Rs. C-144/04, *Werner Mangold/Rüdiger Helm*, Slg. 2005, I-9981 Rn. 71 f.

[162] Andere Ansicht BVerfGE 126, 286 (311 ff.); *von Danwitz*, JZ 2007, 697 (700).

einer jüngeren Entscheidung eine sekundärrechtlich in einer Richtlinie geregelte Frage zum gemeinen Rechtsgrundsatz des Unionsrechts überhöht, der dann allgemein – sprich: auch in Horizontalverhältnissen – gelten soll.[163]

dd) Mittelbare Drittbelastungen durch objektive Wirkung. Der EuGH hat klargestellt, dass nicht jeder Nachteil, der Dritten entstehen kann, die unmittelbare Anwendung einer Richtlinie ausschließt. Hiernach rechtfertigen **bloße negative Auswirkungen auf die Rechte Dritter**, selbst wenn sie gewiss sind, es nicht, dem Einzelnen das Recht zu versagen, sich auf die Bestimmungen einer Richtlinie gegenüber dem betreffenden Mitgliedstaat zu berufen.[164] Zu den lediglich **mittelbaren Nachteilen**, die einer unmittelbaren Anwendung nicht entgegenstehen, zählen insbesondere unionsrechtlich gewährte Verfahrensrechte,[165] und zwar sowohl im Verwaltungsverfahren als auch im gerichtlichen Verwaltungsprozess. Dies wird bisweilen damit begründet, dass die Rechtsgrundlagen für entsprechende Eingriffe nicht in der zugrunde liegenden Richtlinie zu sehen seien, sondern in den nationalen Verfahrensbestimmungen.[166] Es werde keine eigenständige Handlungspflicht des Privaten begründet.[167] Hierbei darf freilich nicht aus dem Blick geraten, dass auch die Institutionalisierung von Verfahrenspflichten, die zwischen dem Antrag und der Genehmigungserteilung stehen oder die eine erteilte Begünstigung der Anfechtung durch Dritte unterwerfen, den betroffenen Privaten in seinen Rechten beeinträchtigen, indem sie ihm eine prozedurale Duldungspflicht auferlegen (**Verfahren als Eingriff**), und daher einer rechtlichen Grundlage bedürfen. Richtigerweise wird man eher **nach der Eingriffsintensität gestufte Anforderungen** an die Qualität der Eingriffsermächtigung zu stellen haben: Wird lediglich ein ohnehin durchzuführendes national-rechtlich geregeltes Verfahren um unionsrechtliche (belastende) Regelungsgehalte angereichert, erscheint eine nicht umgesetzte, inhaltlich aber unbedingt und hinreichend bestimmte Richtlinienbestimmung als ausreichende Grundlage.

Unmittelbar anwendbar ist hiernach z. B. die **UVP-Richtlinie**,[168] nach zutreffender Ansicht aber z. B. auch die Öffentlichkeitsbeteiligungsrichtlinie hinsichtlich **umweltbezogener Klagerechte**.[169]

c) Vorwirkung der Richtlinie. Nach ständiger Rechtsprechung entfalten Richtlinien bereits ab dem Zeitpunkt ihres Erlasses insoweit eine aus Art. 4 Abs. 3 EUV, Art. 288 Abs. 3 AEUV abzuleitende Vorwirkung, als sie es den Mitgliedstaaten im

---

[163] EuGH, Rs, C-555/07, *Kücükdeveci*, Slg. 2010, I-365 Rn. 50 ff.; kritisch auch *Seifert*, EuR 2010, 802 (806 f.). Siehe ferner methodisch parallel, obschon einen allgemeinen Rechtsgrundsatz im Fall ablehnend EuGH, Rs. C-101/08, *Audiolux*, Slg. 2009, I-9823 Rn. 53 ff. Eingehend und ebenfalls kritisch zum Problem nunmehr *Grosche*, Rechtsfortbildung im Unionsrecht, S. 283 ff., 293 ff.
[164] EuGH, Rs. C-201/02, *Wells*, Slg. 2004, I-723 Rn. 57. Siehe hierzu *Ehlers*, in: Erichsen/Ehlers, Allg. Verw., § 5 Rn. 14.
[165] *Durner*, ZUR 2005, 285 (288); *Gärditz*, EurUP 2010, 210 (217); *Schlacke*, Überindividueller Rechtsschutz, 2008, S. 278.
[166] *Herrmann*, Richtlinienumsetzung, S. 81 f.; *Streinz*, Europarecht, 8. Aufl. 2009, Rn. 446.
[167] *Albin*, NuR 1997, 29 (31); *Herrmann*, Richtlinienumsetzung, S. 81.
[168] EuGH, Rs. C-201/02, *Wells*, Slg. 2004, I-723 Rn. 56 ff.
[169] EuGH, Rs. C-115/09, *BUND/Bezirksregierung Arnsberg*, Slg. 2011, I-3673, Rn. 56 ff.; Schlussanträge GA Sharpston, Rs. C-115/09, *BUND/Bezirksregierung Arnsberg*, Rn. 89 ff.; BVerwG, Urt. v. 29.9.2011, 7 C 21.09, NVwZ 2012, 176 (177); *Gärditz*, EurUP 2010, 210 (217 f.); *Kahl*, JZ 2012, 667 (672); anders etwa *Durner*, ZUR 2005, 285 (288 ff.).

Sinne eines **Frustrationsverbots** untersagen, während der laufenden Umsetzungsfrist Maßnahmen zu erlassen, die geeignet sind, die unionsrechtlich vorgegebene Zielerreichung zu vereiteln.[170]

47 Da die objektive Vorwirkung der Richtlinie alle Organe der Mitgliedstaaten bindet, sollen auch **Behörden und Gerichte** verpflichtet sein, Auslegungen des innerstaatlichen Rechts im Rahmen des Möglichen zu unterlassen, soweit eine entsprechende Auslegung das Ziel der Richtlinie gefährden würde.[171] Eine solche Vorwirkung ist jedoch als mit Art. 288 Abs. 3 AEUV unvereinbar abzulehnen. Letztlich würde hierdurch contra legem eine (gegenständlich auf Auslegungsspielräume begrenzte) Direktwirkung der Richtlinie vor Ablauf der Umsetzung eingeführt.[172] Lediglich soweit bereits eine unionsrechtskonforme Rechtslage im Mitgliedstaat besteht, sind Behörden und Gerichte zur Unterlassung einer richtlinienzielinkompatiblen Auslegung verpflichtet (Rn. 63). Ein Gebot, aktiv durch Interpretation auf die Herstellung einer Rechtslage hinzuwirken, die unionsrechtlich noch nicht zwingend vorgegeben ist, besteht für Behörden und Gerichte demgegenüber nicht. Im Übrigen sind vor Ablauf der Umsetzungsfrist lediglich Vereitelungshandlungen, die (etwa durch die Schaffung vollendeter Tatsachen bzw. die Herbeiführung irreparabler Schäden[173]) eine Zielerreichung nach Ablauf der Umsetzungsfrist verhindern, mit Art. 4 Abs. 3 EUV unvereinbar.[174]

48 **3. Beschlüsse.** Beschlüsse sind nach Art. 288 Abs. 4 S. 1 AEUV in allen ihren Teilen **verbindlich**. Richten sie sich an **bestimmte Adressaten**, so sind sie nach Art. 288 Abs. 4 S. 2 AEUV nur für diese verbindlich. Die Beschlüsse entsprechen den früheren Entscheidungen nach Art. 249 Abs. 4 EGV. Adressatenbezogene Beschlüsse bedürfen einer ausdrücklichen Ermächtigung.[175] Der Beschluss ist typischerweise die **einfallbezogene Handlungsform** der Union,[176] obgleich er hierauf nicht zwingend beschränkt ist, sondern staatengerichtete Entscheidungen auch **abstrakt-generelle Regelungsgehalte** aufweisen können.[177]

---

[170] EuGH, Rs. C-129/96, *Inter-Environment Wallonie*, Slg. 1997, I-7411 Rn. 45; Rs. C-14/02, *ATRAL*, Slg. 2003, I-4431 Rn. 58; Rs. C-144/04, *Werner Mangold/Rüdiger Helm*, Slg. 2005, I-9981 Rn. 67; Rs. C-2/10, *Azienda Agro-Zootecnica Franchini Sarl u. a./Regione Puglia*, NVwZ 2011, 1057, Rn. 71; *Ehlers*, in: Erichsen/Ehlers, Allg. Verw., § 5 Rn. 12; *Haratsch/Koenig/Pechstein*, Europarecht, Rn. 367.

[171] EuGH, Rs. C-212/04, *Adelener/ELOG*, Slg. 2006, I-6057 Rn. 119 ff.

[172] Kritisch auch *Klein*, Objektive Wirkungen von Richtlinien, in: FS Everling, Bd. I, 1995, S. 641 (645).

[173] Anschaulich etwa das Verbot, die Erreichung der Ziele der Fauna-Flora-Habitat-Richtlinie durch eine nachteilige Veränderung des Erhaltungszustandes eines zu schützenden Gebiets herbeizuführen. Vgl. EuGH, Rs. C-117/03, *Dragaggi*, Slg. 2005, I-167 Rn. 23 ff.; Rs. C-244/05, *Bund Naturschutz in Bayern*, Slg. 2006, I-8445 Rn. 44 ff.; *Gellermann*, NuR 2005, 433 ff.; *Kerkmann*, Natura 2000, in: ders. (Hrsg.), Naturschutzrecht in der Praxis, 2. Aufl. 2010; § 8 Rn. 126 ff.; *Schmidt/Kahl*, Umweltrecht, 8. Aufl. 2010, § 7 Rn. 83 f.

[174] Mit Recht *Klein*, Objektive Wirkungen von Richtlinien, in: FS Everling, Bd. I, 1995, S. 641 (645).

[175] *Gundel*, in: Schulze/Zuleeg/Kadelbach, § 3 Rn. 75.

[176] *Bumke*, Rechtsetzung in der Europäischen Gemeinschaft, in: Schuppert/Pernice/Haltern (Hrsg.), Europawissenschaft, 2005, S. 543 (678); *von Danwitz*, EU-VerwR, S. 234; *Prokopf*, Das gemeinschaftsrechtliche Rechtsinstrument der Richtlinie, 2007, S. 24; *Thiele*, Europäisches Prozessrecht, 2007, § 7 Rn. 32.

[177] *Ehlers*, in: Erichsen/Ehlers, Allg. Verw., § 5 Rn. 17. *Glaser*, Die Entwicklung des Europäischen Verwaltungsrechts, 2013, S. 354 f.

Ein **adressatenbezogener Beschluss** kann auch gegenüber Nichtadressaten be- 49
günstigende oder belastende Wirkungen entfalten.[178] Wird ein an einen **Mitgliedstaat gerichteter Beschluss** nicht umgesetzt, so ergeben sich teilweise andere Rechtsfolgen als die für die unmittelbare Anwendbarkeit von Richtlinien entwickelten.[179] Ein staatsgerichteter Beschluss begründet zwar zunächst nur Verpflichtungen im bilateralen Verhältnis zwischen Union und Mitgliedstaat. Solche Beschlüsse wirken jedoch unmittelbar, binden alle staatlichen Organe und können nicht durch entgegenstehendes nationales Recht überwunden werden.[180] Die objektive Anwendungspflicht aller staatlichen Organe, die sich auf den unmittelbar wirksamen Rechtsakt stützen, kann dann zulässigerweise auch zu **Belastungen von Dritten** führen, die Adressaten oder Betroffene der nationalen Vollzugsakte sind.[181] Eine unmittelbare **Drittwirkung** von Beschlüssen zu Lasten privater Nichtadressaten scheidet allerdings (ebenso wie bei einer Richtlinie, vgl. Rn. 42) aus, sodass sich der Einzelne in einem allein zwischen Privaten ausgetragenen Rechtsstreit nicht auf einen staatsgerichteten Beschluss berufen kann.[182]

Fehlt es zur Umsetzung eines staatsgerichteten Beschlusses an einer **gesetzlichen** 50 **Ermächtigung im innerstaatlichen Recht**, das Unionsrecht gegenüber dem Bürger durchzusetzen, kann der Verweis auf die unmittelbare Anwendung des Unionsrechts bzw. die Verpflichtung zum wirksamen Vollzug (Art. 4 Abs. 3 EUV) eine solche Grundlage nicht ersetzen.[183] Der Beschluss ist in diesem Fall nicht vollziehbar; die Bundesrepublik Deutschland ist verpflichtet, eine entsprechende Ermächtigungsgrundlage zu schaffen[184] und begeht, bis dies geschehen ist, eine (durch die zuständige Behörde oder das zuständige Gericht letztlich nicht zu verhindernde) Vertragsverletzung.

Beschlüsse können in **formelle Bestandskraft** erwachsen, d. h. sie werden mit 51 Ablauf der Rechtsbehelfsfrist (Art. 263 Abs. 6 AEUV) unanfechtbar und können auch durch EuGH und EuG nicht mehr aufgehoben werden.[185] Dies hat auch Folgen für die Bindung nationaler Gerichte und Behörden. Versäumt ein Betroffener, der zur Erhebung der Nichtigkeitsklage befugt ist, die Anfechtung einer Entscheidung innerhalb der Frist, kann er sich vor nationalen Behörden und Gerichten nicht mehr auf die Rechtswidrigkeit des Beschlusses berufen.[186] Ansonsten könnte die Rechtssicherheit dienende Frist des Art. 263 Abs. 6 AEUV letztlich umgangen werden. Auch eine Vorlage durch ein vom Betroffenen befasstes nationales Gericht nach Art. 267 AEUV,

---

[178] *Gundel*, in: Schulze/Zuleeg/Kadelbach, § 3 Rn. 73.
[179] *Gundel*, in: Schulze/Zuleeg/Kadelbach, § 3 Rn. 73; *Mager*, EuR 2001, 661 (679 f.); *Vogt*, Entscheidung, S. 230 ff.
[180] EuGH, Rs. 133/88, *Rau/Bundesanstalt für landwirtschaftliche Marktordnung*, Slg. 1987, 2354 Rn. 17.
[181] *Vogt*, in: Schmidt-Aßmann/Schöndorf-Haubold, S. 213 (231).
[182] EuGH, Rs. C-80/06, *Carp Snc di L. Moleri e V. Corsi*, Slg. 2007, I-4473 Rn. 21 f.
[183] So ThürOVG, Urt. v. 8.6.2010, 3 KO 524/08, DVBl. 2011, 242 (244); VG Berlin, Beschl. v. 15.8.2005, 20 A 135.5, EuZW 2005, 659 (660); *Arhold*, EuZW 2006, 94 (95 f.); *Royla/Lackhoff*, DVBl. 1998, 1116 (1119); *Vögler*, NVwZ 2007, 294 ff.; tendenziell auch *Vogt*, Entscheidung, S. 232; anderer Ansicht OVG Berlin-Brandenburg, Beschl. v. 7.11.2005, 8 S 93.05, EuZW 2006, 91 (92 f.).
[184] *Vogt*, in: Schmidt-Aßmann/Schöndorf-Haubold, S. 213 (232).
[185] Eingehend *Schroeder*, Bindungswirkungen, S. 41-78.
[186] EuGH, Rs. C-188/92, *TWD Textilwerke Deggendorf*, Slg. 1994, I-833 Rn. 15 ff.; Rs. 178/95, *Wiljo NV*, Slg. 1997 I-585 Rn. 21; Rs. C-239/99, *Nachi Europe/Hauptzollamt Krefeld*, Slg. 2001, I-1197 Rn. 36 f.; *Burgi*, Verwaltungsproß und Europarecht, 1996, S. 51; *Busse* EuZW 2002, 715 (717); *Classen*, Die Europäisierung der Verwaltungsgerichtsbarkeit, 1996, S. 30.

mit dem die Gültigkeit des bestandskräftig gewordenen Beschlusses überprüft werden soll, wäre unzulässig.[187] Die Gültigkeit des Rechtsakts ist in diesem Fall nämlich auf Grund der Bestandskraft nicht mehr entscheidungserheblich.[188] Eine Ausnahme gilt nur dann, wenn die Anfechtungsmöglichkeit nach Art. 263 AEUV nicht offenkundig war;[189] Unsicherheiten über den richtigen Rechtsschutz sollen insoweit nicht zu Lasten des Betroffenen gehen.

52 **4. Empfehlungen und Stellungnahmen.** Nach Art. 288 Abs. 5 AEUV sind Empfehlungen und Stellungnahmen **nicht verbindlich**. Empfehlungen sind daher vor allem ein Instrument der weichen, „influenzierenden Steuerung",[190] sind aber kein von nationalen Gerichten zugrunde zu legender rechtlicher Maßstab. Aufgrund der Unverbindlichkeit soll für Empfehlungen das Prinzip der begrenzten Einzelermächtigung nicht gelten.[191] Dies überzeugt jedoch nicht. Auch Empfehlungen müssen sich zumindest innerhalb des vom Primärrecht abgesteckten Handlungsrahmens halten (vgl. für die Kommission Art. 17 Abs. 1 EUV). Da sie ungeachtet ihrer Unverbindlichkeit nicht rechtlich völlig wirkungslos sind (vgl. Rn. 53), bedarf es zudem einer tragenden **Verbandskompetenz** der Europäischen Union. Dies gilt erst recht dann, wenn Empfehlungen oder Stellungnahmen faktische Auswirkungen auf einzelne Mitgliedstaaten oder Dritte haben können (z. B. bei Warnungen, Produktempfehlungen oder politischen Missbilligungen).

53 Der EuGH bejaht ungeachtet dessen eine **Berücksichtigungspflicht** nationaler Behörden bezüglich unverbindlicher Empfehlungen im Sinne des Art. 288 Abs. 5 AEUV.[192] Rechtsgrund ist das allgemeine **Gebot der Unionstreue** (Art. 4 Abs. 3 EUV).[193] Empfehlungen könnten „nicht als rechtlich völlig wirkungslos angesehen werden [...]. Die innerstaatlichen Gerichte sind nämlich verpflichtet, bei der Entscheidung der bei ihnen anhängigen Rechtsstreitigkeiten die Empfehlungen zu berücksichtigen, insbesondere dann, wenn diese Aufschluß über die Auslegung zu ihrer Durchführung erlassener innerstaatlicher Rechtsvorschriften geben oder wenn sie verbindliche gemeinschaftliche Vorschriften ergänzen sollen."[194] Hiermit ist jedoch lediglich eine verfahrensrechtliche, aber keine inhaltliche Bindung verbunden. Nationale Behörden oder Gerichte sind nicht verpflichtet, sich der in der Empfehlung verlautbarten (Rechts-)Auffassung anzuschließen. Die nationale Stelle ist aber ggf. verpflichtet, im Rahmen der Begründung ihrer Entscheidung im Einzelnen darzulegen, aus welchen Gründen man von der Empfehlung des Unionsorgans abweicht.

54 Darüber hinaus hat die Rechtsprechung des EuGH unverbindlichen Empfehlungen (z. B. „Leitlinien") auch insoweit eine rechtliche Bedeutung beigemessen,[195] als sich die

---

[187] *Burgi*, Verwaltungsprozeß und Europarecht, 1996, S. 30; *Kahl/Gärditz*, NuR 2005, 555 (564).
[188] *Kahl/Gärditz*, NuR 2005, 555 (565).
[189] EuGH, Rs. C-241/95, *Accrington Beef*, Slg. 1996, I-6699 Rn. 15; Rs. C-408/95, *Eurotunnel/SeaFrance*, Slg. 1997, I-6315 Rn. 29 f.; kritisch *Röhl*, ZaöRV 60 (2000), 331 (362).
[190] *Ruffert*, in: Hoffmann-Riem/Schmidt-Aßmann/Voßkuhle, § 17 Rn. 37.
[191] *Kotzur*, in: Geiger/Khan/ders., EUV/AEUV, Art. 288 Rn. 26.
[192] Siehe *von Bogdandy/Bast/Arndt*, ZaöRV 62 (2002), 78 (116); *Ruffert*, in: Hoffmann-Riem/Schmidt-Aßmann/Voßkuhle, § 17 Rn. 37.
[193] *Haratsch/Koenig/Pechstein*, Europarecht, Rn. 411.
[194] EuGH, Rs. C-322/88, *Grimaldi*, Slg. 1989, I-4407 Rn. 18.
[195] EuGH, Rs. C-313/90, *Comité international de la rayonne et des fibres synthétiques*, Slg. 1993, I-1125 Rn. 44.

Kommission durch abstrakt-generelle Vorfestlegung selbst binden kann (**Selbstbindung der Unionsverwaltung**).[196] Der EuGH geht davon aus, „dass Verhaltensnormen, die Außenwirkungen entfalten sollen, wie es bei den die Wirtschaftsteilnehmer betreffenden Leitlinien der Fall ist, zwar nicht als Rechtsnorm qualifiziert werden können, die die Verwaltung auf jeden Fall zu beachten hat, dass sie jedoch eine Verhaltensnorm darstellen, die einen Hinweis auf die zu befolgende Verwaltungspraxis enthält und von der die Verwaltung im Einzelfall nicht ohne Angabe von Gründen abweichen kann, die mit dem Grundsatz der Gleichbehandlung vereinbar sind."[197] Die **Mitgliedstaaten** sind an den Inhalt entsprechender Empfehlungen demgegenüber nur gebunden, sofern sie im Wege der kooperativen Rechtsetzung dem jeweiligen Akt zugestimmt haben.[198]

5. Völkerrechtliche Verträge der Europäischen Union. Die unmittelbare Anwendbarkeit völkerrechtlicher Verträge richtet sich nach den allgemeinen Grundsätzen, unter denen Völkerrecht auch innerstaatlich anwendbar wäre. Dies ist der Fall, wenn ein Vertrag „**self-executing**" ist, sprich: wenn der Vertrag eine klare und eindeutige Verpflichtung enthält, die nicht vom Erlass weiterer Rechtsakte der Europäischen Union, der nach Art. 216 Abs. 2 AEUV ebenfalls gebundenen Mitgliedstaaten oder des Vertragspartners (Drittstaat oder internationale Organisation) abhängt.[199] Beispielsweise für das WTO-Übereinkommen hat der EuGH dies abgelehnt.[200] Sind Vorschriften nicht unmittelbar anwendbar und hat die Europäische Union noch keine Rechtsvorschriften zur Umsetzung erlassen, bleibt es bei der Zuständigkeit der Mitgliedstaaten, die nach innerstaatlichem Recht darüber entscheiden, ob ein völkerrechtliches Abkommen unmittelbare Wirkung haben soll oder nicht.[201] 55

6. Akte sui generis. Bislang nicht abschließend geklärt ist, welche Rechtsquellen des Unionsrechts neben den in Art. 288 AEUV benannten Handlungsformen existieren. Tatsächlich besteht neben den formalisierten Akten nach Art. 288 AEUV eine unsystematische Vielfalt unterschiedlicher Quellen, die jedoch überwiegend keine Verbindlichkeit besitzen („soft law").[202] Die vorherrschende Auffassung sieht im Übrigen **Art. 288 AEUV** als **nicht abschließend** an,[203] hält also auch weitere verbindliche 56

---

[196] *Kotzur*, in: Geiger/Khan/ders., EUV/AEUV, Art. 288 Rn. 26; *Weiß*, EWS 2010, 257 (258).
[197] EuGH, Rs. C-397/03, *Archer Daniels Midland*, Slg. 2006, I-4429 Rn. 91.
[198] EuGH, Rs. C-311/94, *IJssel-Vliet Combinatie BV*, Slg. 1996, I-5023 Rn. 41 ff.; Rs. C-288/96, *Bundesrepublik Deutschland/Kommission*, Slg. 2000, I-8237 Rn. 64.
[199] Siehe EuGH, Rs. C-104/81, *Hauptzollamt Mainz/C.A. Kupferberg & Cie KG*, Slg. 1982, 3641 Rn. 17 ff.; Rs. 12/86, *Meryem Demirel/Schwäbisch Gmünd*, Slg. 1987, 3719 Rn. 14; Rs. C-277/94, *Taflan-Met, Altun-Baser und Andal-Bugdayci*, Slg. 1996, I-4085 Rn. 24; Rs. C-300/98 und C-392/98, *Parfums Christian Dior SA*, Slg. 2000, I-11307 Rn. 42; Haratsch/Koenig/Pechstein, Europarecht, Rn. 448; *Khan*, in: Geiger/ders./Kotzur, EUV/AEUV, Art. 216 Rn. 23.
[200] EuGH, Rs. C-300/98 und C-392/98, *Parfums Christian Dior SA*, Slg. 2000, I-11307 Rn. 43.
[201] EuGH, Rs. C-300/98 und C-392/98, *Parfums Christian Dior SA*, Slg. 2000, I-11307 Rn. 48. Der EuGH hat allerdings in einem solchen Fall – bezogen auf die im Unionsrecht nur teilweise umgesetzte Aarhus-Konvention – jüngst eine unionsrechtliche Pflicht bejaht, das nationale Recht ggf. völkerrechtskonform auszulegen, wenn das Völkerrecht zugleich eine Durchsetzung unionsrechtlich begründeter Rechte betrifft. So EuGH, C-240/09, *Slowakischer Braunbär*, NVwZ 2011, 673, Rn. 52.
[202] Vgl. *Ruffert*, in: Hoffmann-Riem/Schmidt-Aßmann/Voßkuhle, § 17 Rn. 38.
[203] *Kotzur*, in: Geiger/Khan/Kotzur, EUV/AEUV, Art. 288 Rn. 27; *Nowak*, Europarecht nach Lissabon, 2011, S. 128 f.

Handlungsformen für möglich. Teilweise enthält das Primärrecht in den einzelnen Politikbereichen besondere Handlungsformen, etwa die Leitlinien und Aktionen im Bereich transeuropäischer Netze (Art. 171 Abs. 1 S. 1 AEUV),[204] Programme und Rahmenprogramme im Bereich der Forschungs- und technologischen Entwicklungspolitik (Art. 180 lit. a, 182 AEUV),[205] allgemeine Leitlinien der GASP (Art. 25 lit. a EUV) oder umweltpolitische Aktionsprogramme (Art. 192 Abs. 3 AEUV). Das **Recht der Verwaltungsverträge** ist unionsrechtlich ungeregelt, jedoch kann sich die in den Mitgliedstaaten rechts- und geschäftsfähige Union (Art. 355 AEUV) des mitgliedstaatlichen Rechts bedienen, auf Gleichordnungsebene (privatrechtliche oder öffentlich-rechtliche) Verträge zu schließen.[206]

57 Was das **Innenrecht** der Union betrifft, verfügen die Organe über Weisungsrechte und die Möglichkeit, allgemeine **Verwaltungsvorschriften** zu erlassen.[207] Gegenüber den Mitgliedstaaten oder dem Bürger verbindliche Rechtsakte bedürfen jedoch schon auf Grund der begrenzten Einzelermächtigung einer expliziten Rechtsgrundlage. Mangels primärrechtlicher Ermächtigung können solche Rechtsakte letztlich nur auf Sekundärrecht gestützt werden. Insoweit sind namentlich unbenannte Rechtsquellen im **Durchführungsbereich** möglich.[208] Diese sind dann abgeleitetes Recht und müssen sich jeweils im Rahmen ihrer Ermächtigung halten. Inwieweit die verschiedenen primärrechtlichen Kompetenznormen entsprechende sekundärrechtliche Ermächtigungen zum Erlass neuartiger Rechtsakte überhaupt zulassen und wie sich gerade neuere Steuerungsansätze in die dezentrale Vollzugsstruktur der Union einfügen, ist eine hiervon zu unterscheidende, nur aus dem jeweiligen Regelungskontext heraus zu beantwortende Frage.

D. Die Auslegung des sekundären Unionsrechts

58 Rechtsakte von Organe der Union werden vor allem teleologisch ausgelegt.[209] Ziele eines Rechtsakts ergeben sich zum einen aus den **Zielbestimmungen des verfügenden Teils**, zum anderen aber auch aus der **Begründung**. Der nach Art. 296 Abs. 2 AEUV obligatorischen Begründung von Rechtsakten,[210] die von Organen der Europäischen Union erlassen werden, kommt insoweit eine qualifizierte Bedeutung für die Interpre-

---

[204] Hierzu *Bogs*, Die Planung transeuropäischer Verkehrsnetze, 2002, S. 61 ff.; *Gärditz*, Europäisches Planungsrecht, 2009, S. 24 ff.
[205] Hierzu stellvertretend *Kotzur*, in: Schulze/Zuleeg/Kadelbach, § 38 Rn. 75.
[206] *Ehlers*, in: Erichsen/Ehlers, Allg. Verw., § 5 Rn. 25.
[207] Hierzu EuGH, Rs. 148/73, *Lowange/Kommission*, Slg. 1974, 81 Rn. 11/18; *Adam*, Die Mitteilungen der Kommission: Verwaltungsvorschriften des Europäischen Gemeinschaftsrechts?, 1999, S. 126 ff.; *Priebe*, Die Aufgaben des Rechts in einer sich ausdifferenzierenden EG-Administration, in: Schmidt-Aßmann/Hoffmann-Riem (Hrsg.), Strukturen des europäischen Verwaltungsrechts, 1999, S. 71 (85); *Vogt*, Die Entscheidung als Handlungsform des Europäischen Gemeinschaftsrechts, 2005, S. 165 f.
[208] *Weiß*, Der Europäische Verwaltungsverbund, 2010, S. 150.
[209] Etwa *Bleckmann*, NJW 1982, 1177 (1178); *Lutter*, JZ 1992, 593 (602); *Wegener*, in: Calliess/Ruffert, EUV/AEUV, Art. 19 EUV Rn. 15.
[210] Eingehend zu Funktion und Bedeutung *Saurer*, VerwArch 100 (2009), 364 ff.

1. Abschnitt. Verhältnis des nationalen Rechtsschutz   59 **§ 34**

tation zu.[211] Der EuGH rekurriert daher zur Bestimmung der Regelungsziele und damit des Norminhalts vor allem auf die **Erwägungsgründe** des jeweiligen Rechtsakts,[212] die im Unionsrecht, anders als im deutschen Recht, integraler Bestandteil des amtlichen Gesetzgebungsdokuments sind.[213]

Der normenhierarchische Vorrang des Primärrechts gebietet es, das Sekundärrecht **59** **primärrechtskonform auszulegen**, soweit dies nach Maßgabe der allgemeinen Auslegungsregeln möglich ist.[214] Gleiches gilt für die Vereinbarkeit abgeleiteten (Tertiär-) Rechts mit höherrangigem Sekundärrecht.[215] Von besonderer Bedeutung sind hierbei die Auslegung des Sekundärrechts im Lichte der primärrechtlichen Kompetenzgrundlage, die Auslegung im Lichte allgemeiner Rechtsgrundsätze des Unionsrechts[216] und schließlich die grundrechtskonforme Auslegung[217] sowie, als Unterfall, die Auslegung im Lichte des primärrechtlichen Verhältnismäßigkeitsgebots.[218] Die primärrechtskonforme Auslegung obliegt auch nationalen Gerichten,[219] die freilich unter den Voraussetzungen des Art. 267 AEUV zur Vorlage an den EuGH verpflichtet sein können.

---

[211] Siehe etwa *Bülow*, Die Relativierung von Verfahrensfehlern im Europäischen Verwaltungsverfahren und nach §§ 45, 46 VwVfG, 2007, S. 128 ff., 138 ff.; *Gündisch*, Rechtsschutz gegenüber der europäischen Wirtschaftsverwaltung, in: Schwarze (Hrsg.), Die rechtsstaatliche Einbindung der europäischen Wirtschaftsverwaltung, 2002, S. 29 (32); *Huber*, Recht der Europäischen Integration, 2. Aufl. 2002, § 20 Rn. 17.

[212] Stellvertretend aus unterschiedlichsten Regelungsgebieten EuGH, Rs. C-306/06, *01051 Telecom GmbH*, Slg. 2008, I-1923 Rn. 26; Rs. C-412/06, *Annelore Hamilton*, Slg. 2008, I-2383 Rn. 33; Rs. C-298/07, *Bundesverband der Verbraucherzentralen und Verbraucherverbände*, Slg. 2008, I-7841 Rn. 19; Rs. C-442/07, *Radetzky-Orden*, Slg. 2008, I-9223 Rn. 15; Rs. C-16/06 P, *Les Éditions Albert René Sàrl*, Slg. 2008, I-10053 Rn. 62; Rs. C-348/07, *Turgay Semen*, Slg. 2009, I-2341 Rn. 31; Rs. C-489/07, *Pia Messner*, Slg. 2009, I-7315 Rn. 19; Rs. C-451/08, *Helmut Müller-GmbH*, Slg. 2010, I-2673 Rn. 46; Rs. C-428/08, *Monsanto Technology*, Slg. 2010, I-6765 Rn. 43 f.; Rs. C-368/09, *Pannon Gép Centrum*, Slg. 2010, I-7467 Rn. 34.

[213] *Köndgen*, Die Rechtsquellen des europäischen Privatrechts, in: Riesenhuber (Hrsg.), Europäische Methodenlehre, 2. Aufl. 2010, § 7 Rn. 39.

[214] Beispielsweise EuGH, Rs. C-314/89, *Rauh*, Slg. 1991, I-1647 Rn. 17; Rs. C-98/91, *Herbrink*, Slg. 1994, I-223 Rn. 9; Rs. C-61/94, *Kommission/Bundesrepublik Deutschland*, Slg. 1996, I-3989 Rn. 52; Rs. C-1/02, *Borgmann*, Slg. 2004, I-3219 Rn. 30; Rs. C-457/05, *Schutzverband Spirituosen-Industrie*, Slg. 2007, I-8075 Rn. 22; Rs. C-149/10, *Zoi Chatzi/Ypourgos Oikonomikon*, Slg. 2010 I-8489, Rn. 43; *von Danwitz*, EU-VerwR, S. 172; *Kotzur*, in: Geiger/Khan/ders., EUV/AEUV, Art. 288 Rn. 5.

[215] EuGH, Rs. C-98/91, *Herbrink*, Slg. 1994, I-223 Rn. 9; Rs. C-61/94, *Kommission/Bundesrepublik Deutschland*, Slg. 1996, I-3989 Rn. 52.

[216] EuGH, Rs. C-1/02, *Borgmann*, Slg. 2004, I-3219 Rn. 30; Rs. C-457/05, *Schutzverband Spirituosen-Industrie*, Slg. 2007, I-8075 Rn. 22.

[217] Etwa EuGH, Rs. C-482/01, *Orfanopoulos und Oliveri/Land Baden-Württemberg*, Slg. 2004, I-5257 Rn. 97 ff.; Rs. C-540/03, *Europäisches Parlament/Rat*, Slg. 2006, I-5769 Rn. 52 ff.; Rs. C-145/09, *Tsakouridis/Baden-Württemberg*, Slg. 2010, I-11979 Rn. 52; Rs. C-400/10 PPU, *J. McB. gegen L. E.*, Slg. 2010 I-8965, Rn. 52 f. (mit Anm. *Thym*, JZ 2011, 148 ff.); Rs. C-149/10, *Zoi Chatzi/Ypourgos Oikonomikon*, Slg. 2010 I-8489, Rn. 37 ff., 63 ff.; Rs. C-69/10, *Samba Diouf/Ministre du Travail*, NVwZ 2011, 1380 Rn. 34; Rs. C-411/10, *N. S./Secretary of State for the Home Department*, NVwZ 2012, 417 Rn. 86 ff.; GA Trstenjak, SchlA Rs. C-411/10, *N. S./Secretary of State for the Home Department*, BeckRS 2011, 81398 Rn. 110 ff.; BVerwG, Urt. v. 27.4.2010, 10 C 5.09, NVwZ 2011, 51 (53).

[218] EuGH, Rs. C-100/96, *The Queen/Ministry of Agriculture, Fisheries and Food, ex parte: British Agrochemicals Association Ltd*, Slg. 1999, I-1499 Rn. 26 ff.; *Siegel*, DÖV 2010, 1 (5).

[219] Siehe etwa BVerwG, Urt. v. 27.4.2010, 10 C 5.09, NVwZ 2011, 51 (53).

Nationale Behörden und Gerichte dürfen der Anwendung des Unionsrechts daher namentlich keine Auslegung des sekundären Rechts zugrunde legen, die mit den in der EU-Grundrechtecharta niedergelegten Unionsgrundrechten unvereinbar ist.[220]

60 Wenn der Gerichtshof bisweilen die Verhältnismäßigkeit nationaler Regelungen anhand von Wertungen auf den Fall nicht anwendbarer Bestimmungen des europäischen Sekundärrechts konkretisiert,[221] läuft dies auf eine **sekundärrechtskonforme Auslegung des Primärrechts** hinaus, die aus methodischen Gründen abzulehnen ist. Sicherlich kommen im Sekundärrecht politische Wertungen zum Ausdruck, was die Mitgliedstaaten als angemessenen Interessenausgleich erachten.[222] Mehr als eine interpretatorische Indizwirkung darf Festlegungen des Sekundärrechts aber nicht beigemessen werden, weil ansonsten der Vorrang des Primärrechts unterlaufen würde.[223] Das Bemühen des Gerichtshofs, die Gestaltungsmöglichkeiten der Mitgliedstaaten zu schonen, indem man Regelungen für zulässig erachtet, die den Wertungen des Sekundärrechts entsprechen, ist durchaus anzuerkennen. Sachgerechter erscheint es jedoch, den Mitgliedstaaten von vornherein weitergehende Regelungsspielräume zuzugestehen. Dies würde auch verhindern, dass einmal eine mitgliedstaatliche Regelung als unvereinbar mit Primärrecht erachtet wird, weil sie sich als unverträglich mit Wertungen nicht anwendbaren Sekundärrechts erweist.

E. Die unionsrechtskonforme Auslegung des nationalen Rechts

61 Nationale Behörden und Gerichte sind nach ständiger Rechtsprechung verpflichtet, im Rahmen der durch das anzuwendende nationale Recht eröffneten Interpretationsspielräume die Konformität des nationalen Rechts mit dem geltenden Unionsrecht herzustellen.[224] Welcher **Regelungsinhalt** als unionsrechtskonform anzusehen ist, hängt maßgeblich vom Regelungsziel des als Maßstab heranzuziehenden Unionsrechtsakts ab (vgl. Rn. 59).

62 Eine richtlinienkonforme Auslegung erfordert vor allem, dass das nationale Recht in Anwendung der nach nationalen Maßstäben geltenden Methoden überhaupt **hinrei-**

---

[220] EuGH, Rs. C-411/10, *N. S./Secretary of State for the Home Department*, NVwZ 2012, 417 Rn. 94.

[221] EuGH, Rs. C-158/07, *Jacqueline Förster/Hoofddirectie van de Informatie Beheer Groep*, Slg. 2008, I-8507 Rn. 55 ff.

[222] *Lindner*, NJW 2009, 1047 (1048).

[223] Siehe nur *Müller/Christensen*, Juristische Methodik II: Europarecht, 2. Aufl. 2007, Rn. 559. Richtig sowie zur teils anderweitigen Auffassung für 'normgeprägte' Grundrechte *Stewen*, Die Entwicklung des allgemeinen Freizügigkeitsrechts der Unionsbürger und seiner sozialen Begleitrechte, 2011, 91.

[224] EuGH, Rs. 14/83, *von Colson und Kamann*, Slg. 1984, 1891 Rn. 26; Rs. C-106/89, *Marleasing*, Slg. 1990, I-4135 Rn. 8; Rs. C-129/96, *Inter-Environnement Wallonie*, Slg. 1997, I-7411 Rn. 40; Rs. C-397/01 u. a., *Pfeiffer*, Slg. 2004, I-8835 Rn. 113; Rs. C-555/07, *Kücükdeveci*, Slg. 2010, I-365 Rn. 48; *Hailbronner*, ZAR 2007, 6 (10); *Zuleeg*, VVDStRL 53 (1994), 154 (165 ff.). Grundlegende Kritik bei *Di Fabio*, NJW 1990, 947 ff. Vertiefend jüngst *Drexler*, Die richtlinienkonforme Interpretation in Deutschland und Frankreich, 2012.

chende **Auslegungsspielräume** belässt.[225] Nicht immer ist dies der Fall, wie gerade die Judikatur deutscher Gerichte verdeutlicht.[226] Der Unterfall der richtlinienkonformen Auslegung ist vor diesem Hintergrund auch von der unmittelbaren Anwendbarkeit der Richtlinie zu unterscheiden. Im Fall der richtlinienkonformen Auslegung wird weiterhin nationales Recht zur Anwendung gebracht, während im Fall der unmittelbaren Anwendbarkeit auf die Richtlinie selbst zurückgegriffen wird, und zwar als unmittelbarer Entscheidungsmaßstab der nationalen Stelle oder zur Verdrängung entgegenstehenden nationalen Rechts.[227] Die Übergänge können im Einzelnen freilich fließend sein.[228] Um unzulässige Belastungen im Horizontalverhältnis zwischen Privaten über die Hintertür einer expansiven richtlinienkonformen Auslegung zu vermeiden, bedarf es daher einmal mehr einer methodisch stringenten Bestimmung dessen, was noch vertretbare Auslegung ist. Dies gilt namentlich für den Regelungszweck des nationalen Rechts als systematische Grenze aller Bemühungen um unionsrechtskonforme Auslegung. Eine strikte, insoweit ‚methodenehrliche' Handhabung des Instruments der unionsrechtskonformen Auslegung würde auch dazu beitragen, objektiv bestehende Normenkollisionen sichtbar zu machen und insoweit gerade im Interesse der Rechtssicherheit entsprechende Gesetzesänderungen zu erzwingen.[229]

Eine richtlinienkonforme Auslegung **vor Ablauf der Umsetzungsfrist** ist grund- 63 sätzlich nicht geboten,[230] weil eine Richtlinie lediglich auf die Herstellung eines unionsrechtskonformen Zustandes innerhalb der Frist gerichtet ist. Hiervon scheint auch der EuGH auszugehen.[231] Die Richtlinie bindet also die Mitgliedstaaten nach Art. 288 AEUV mit ihrem Inkrafttreten, adressiert aber nicht die einzelne Behörde und Gerichte. Eine **Ausnahme** wird man nur annehmen können, wenn eine Erreichung der verbindlichen Ziele der Richtlinie anderenfalls vereitelt würde, namentlich wenn bereits durch endgültige Umsetzung oder durch eine unionsrechtskonforme Rechtsprechung ein an sich richtlinienkonformer Zustand erreicht ist.[232] In diesem Fall ergibt sich die Pflicht zur richtlinienkonformen Rechtsanwendung aus dem Gebot der Unionstreue (Art. 4 Abs. 3 EUV), das es verbietet, eine vom Gesetzgeber (durch

---

[225] Siehe EuGH, Rs. C-105/03, *Maria Pupino*, Slg. 2005, I-5285 Rn. 47; Rs. C-212/04, *Adeneler/ELOG*, Slg. 2006, I-6057 Rn. 110; Rs. C-268/06, *Impact/Minister for Agriculture*, Slg. 2008, I-2483 Rn. 100; Rs. C-378/07, *Angelidaki*, Slg. 2009, I-3071 Rn. 199; *Brechmann*, Die richtlinienkonforme Auslegung, 1994, S. 265 ff.; *Durner*, Verfassungsrechtliche Grenzen richtlinienkonformer Rechtsfortbildung, 2010, S. 10 f.

[226] Etwa aus dem Umweltrecht OVG Lüneburg, Urt. v. 10.3.2010, 12 ME 176/09, NuR 2010, 290 (292); VGH Kassel, Urt. v. 16.9.2009, 6 C 1005/08.T, ZUR 2010, 46 (48).

[227] *Herrmann*, Richtlinienumsetzung, S. 93.

[228] *Streinz*, Europarecht, Rn. 500.

[229] Mit Recht *Desens*, EuGRZ 2011, 211 (213).

[230] *Haratsch/Koenig/Pechstein*, Europarecht, Rn. 386; *Herrmann*, Richtlinienumsetzung, S. 115 ff., 123 f.; *Jarass*, Grundfragen der innerstaatlichen Bedeutung des EG-Rechts, 1994, S. 92; *Klein*, Objektive Wirkungen von Richtlinien, in: FS Everling, Bd. I, 1995, S. 641 (645 f.); anderer Ansicht etwa *Brechmann*, Die richtlinienkonforme Auslegung, 1994, S. 264 f.; *Franzen*, Privatrechtsangleichung durch die Europäische Gemeinschaft, 1999, S. 302 f.; *Lenz*, DVBl. 1990, 903 (908); *Ress*, DÖV 1994, 489 (492 f.); *Scherzberg*, Jura 1993, 225 (232).

[231] EuGH, Rs. C-67/97, *BMW*, Slg. 1999, I-905 Rn. 23 (Hervorhebung durch den Verfasser): „Das nationale Gericht muß daher diese Vorschriften, soweit irgend möglich, derart auslegen, daß die volle Wirksamkeit [...] der Richtlinie für die Benutzung einer Marke *nach dem Tag* gewährleistet ist, an dem die Richtlinie hätte umgesetzt werden müssen."

[232] *Everling*, ZGR 1992, 376 (383 f.); *Herrmann*, Richtlinienumsetzung, S. 124.

aktive Gesetzgebung oder durch Untätigkeit wegen Unionsrechtskonformität des Status quo[233]) eingeleitete Zielerreichung künstlich durch (Neu-)Interpretation zu verzögern.

64 Ob nationale Behörden und Gerichte jedenfalls **berechtigt** sind, im Rahmen der Auslegungsspielräume des nationalen Rechts **auf eine Richtlinie zu rekurrieren**, auch soweit eine richtlinienkonforme Auslegung **vor Ablauf der Umsetzungspflicht** nicht geboten ist,[234] richtet sich letztlich nach der nationalen Rechtsquellen- und Methodenlehre.[235] Soweit das nationale Recht im Wege der Delegation Entscheidungsfreiräume schafft, die der Rechtsanwender durch eigene Wertungen ausfüllen kann (z. B. Generalklauseln wie Sittlichkeit, Treu und Glauben oder öffentliche Ordnung), stehen einer richtlinienkonformen Auslegung keine grundsätzlichen Hindernisse entgegen.[236] Ist dies jedoch nicht der Fall, ist eine solche Auslegung grundsätzlich gesperrt, da die inhaltliche Sinngebung des geltenden, demokratisch gesetzten Rechts in erster Linie dem zuständigen Gesetzgeber zufällt. Die maßstabsbildende Kraft der Richtlinie ist zwar ihrerseits demokratisch legitimiert,[237] erreicht Behörden und Gerichte aber vor Ablauf der Umsetzungsfrist grundsätzlich nur durch das Umsetzungsgesetz. Eine vorgezogene administrative oder gerichtliche Konformitätserzwingung würde daher die Wahlfreiheit hinsichtlich der Mittel und der Form der Richtlinienumsetzung unterlaufen und unzulässig in den Funktionskreis der Gesetzgebung eingreifen.[238]

---

[233] Zu dieser Differenzierung *Herrmann*, Richtlinienumsetzung, S. 119.

[234] Bejahend *Herrmann*, Richtlinienumsetzung, S. 201 ff.; *Leible/Sosnitza*, NJW 1998, 2507 (2507 f.). Verneinend *Ehricke*, EuZW 1999, 553 (555 f.); *Götz*, NJW 1992, 1849 (1854); *Staudinger*, JR 1999, 198 (199, 201).

[235] Eingehend *Herresthal*, Rechtsfortbildung im europarechtlichen Bezugsrahmen, 2006, S. 347 ff. und passim.

[236] Im Ergebnis wie hier BGHZ 138, 55, (62 ff.); 139, 378 (381 ff.); *Streinz*, Europarecht Rn. 502. Kritisch aber etwa *Hailbronner*, ZAR 2007, 6 (11); *Staudinger*, JR 1999, 198 (200).

[237] Zuletzt BVerfGE 123, 267 (348 ff.).

[238] *Ehricke*, EuZW 1999, 553 (556); *Götz*, NJW 1992, 1849 (1854); tendenziell auch *Brechmann*, Die richtlinienkonforme Auslegung, 1994, S. 265.

§ 35 Verhältnis des Unionsrechts zum Recht der Mitgliedstaaten

Übersicht

		Rn.
A.	Der Vorrang des Unionsrechts	1–22
	I. Unmittelbare Kollisionen	6–21
	1. Art und Reichweite des Vorrangs	7/8
	2. Folgeproblem der Inländerdiskriminierung	9/10
	3. Verwerfungskompetenzen nationaler Behörden und Gerichte	11–15
	4. Verfassungsrechtliche Grenzen	16–21
	II. Mittelbare Kollisionen	22
B.	Auswirkungen des Unionsrechts auf das nationale Verwaltungsorganisations-, Verwaltungsverfahrens- und Verwaltungsprozessrecht	23–74
	I. Vollzug des Unionsrechts	25–29
	II. Einflüsse des Unionsrechts auf den mitgliedstaatlichen Vollzug	30–74
	1. Allgemeine Vorgaben	31–36
	2. Verwaltungsorganisation und Verwaltungsverfahren	37–53
	3. Verwaltungsprozess	54–74

Schrifttum: *Bach*, Direkte Wirkungen von EG-Richtlinien, JZ 1990, 1108; *Britz/Richter*, Die Aufhebung eines gemeinschaftsrechtswidrigen nicht begünstigenden Verwaltungsakts, JuS 2005, 198 ff.; *Buck*, Die Europäisierung des verwaltungsgerichtlichen vorläufigen Rechtsschutzes, 2000; *Burgi*, Verwaltungsprozeß und Europarecht, 1996; *ders.*, Die dienende Funktion des Verwaltungsverfahrens: Zweckbestimmung und Fehlerfolgenrecht in der Reform, DVBl. 2011, 1317; *Claes*, The National Courts' Mandate in the European Constitution, 2006; *Classen*, Das nationale Verwaltungsverfahren im Kraftfeld des europäischen Verwaltungsrechts, Die Verwaltung 31 (1998), 307; *Demleitner*, Die Normverwerfungskompetenz der Verwaltung bei entgegenstehendem Gemeinschaftsrecht, NVwZ 2009, 1525; *Dörr*, Der europäisierte Rechtsschutzauftrag deutscher Gerichte, 2003; *Ehlers*, Die Europäisierung des Verwaltungsprozeßrechts, 1999; *ders.*, Vorrang des Unionsrechts, Jura 2011, 187; *Everling*, Zum Vorrang des EG-Rechts vor nationalem Recht, DVBl. 1985, 1201; *Finck/Gurlit*, Die Rückabwicklung formell unionsrechtswidriger Beihilfen, Jura 2011, 87; *Frenz*, Rücknahme eines gemeinschaftswidrigen belastenden Verwaltungsaktes, DVBl. 2004, 375; *Funke*, Der Anwendungsvorrang des Gemeinschaftsrechts, DÖV 2007, 733; *Galetta*, Begriff und Grenzen der Verfahrensautonomie der Mitgliedstaaten der Europäischen Union, in: Schwarze (Hrsg.), Der Rechtsschutz vor dem Gerichtshof der EU nach dem Vertrag von Lissabon, 2012, S. 37; *Gärditz*, Europäisches Verwaltungsprozessrecht, JuS 2009, 385; *ders.*, Die Bestandskraft gemeinschaftsrechtswidriger Verwaltungsakte zwischen Kasuistik und Systembildung, NVwBl. 2006, 441; *Glaser*, Die Entwicklung des Europäischen Verwaltungsrechts, 2013; *Groß*, Einwirkungen des Gemeinschaftsrechts auf den mitgliedstaatlichen Verwaltungsprozess, in: Marauhn (Hrsg.), Bausteine eines europäischen Beweisrechts, 2007, S. 65; *Grünewald*, Subjektive Verfahrensrechte als Folge der Europäisierung des Planungsrechts, NVwZ 2009, 1520; *Held*, Individualrechtsschutz bei fehlerhaftem Verwaltungsverfahren, NVwZ 2012, 461; *Hillgruber*, Landesbericht Deutschland, in: Kluth (Hrsg.), Europäische Integration und nationales Verfassungsrecht, 2007, S. 97; *Hofmann*, Rechtsschutz und Haftung im Europäischen Verwaltungsverbund, 2004; *Isensee*, Vorrang des Europarechts und deutsche Verfassungsvorbehalte – offener Dissens, in: FS Stern, 1997, S. 1239; *Jamrath*, Normenkontrolle der Verwaltung und Europäisches Gemeinschaftsrecht, 1993; *Jarass/Beljin*, Die Bedeutung von Vorrang und Durchführung des EG-Rechts für die nationale Rechtsetzung und Rechtsanwendung, NVwZ 2004, 1; *Jestaedt*, Der Europäische Verfassungsverbund – Verfassungstheoretischer Charme und rechtstheoretische Insuffizienz einer Unschärferelation, in: FS Blomeyer, 2004, S. 637; *Kahl*, Europäisches und nationales Verwaltungsorganisationsrecht, Die Verwaltung 29 (1996), 341; *ders.*, Grundrechtsschutz durch Verfahren in Deutschland und in der EU, VerwArch 95 (2004), 1; *ders.*, Entwicklung des Rechts der Europäischen Union und der Rechtsprechung des EuGH, in: Hill/Sommermann/Stelkens/Ziekow (Hrsg.), 35 Jahre Verwaltungsverfahrensgesetz – Bilanz und Perspektiven, 2011, S. 111; *Kahl/Gärditz*, Rechtsschutz im europäischen Kontrollverbund am Beispiel der FFH-Gebietsfestsetzungen, NuR 2005, 555; *Knauff*, Europäisierung des Verwaltungsprozessrechts, in: Gärditz (Hrsg.), VwGO, 2013, S. 11; *Krönke*, Die Verfahrensautonomie der Mitgliedstaaten der Europäischen Union, 2013; *Kokott*, Europäisierung des Verwaltungsprozessrechts, Die Verwaltung 31 (1998), 335; *Mager*, Entwicklungslinien des Europäischen Verwaltungsrechts, in: Axer/Grzeszick/Kahl/dies./Reimer (Hrsg.), Das Europäische Verwaltungsrecht in der Konsolidierungsphase, 2010, S. 11; *Mangold*, Gemeinschaftsrecht und deutsches Recht, 2011; *Masing*, Die Mobilisierung des Bürgers für die Durchsetzung des Rechts, 1997; *Mayer/Walter*, Die Europarechtsfreundlichkeit des BVerfG nach dem Honeywell-Beschluss, Jura 2011, 532; *Neuhäuser*, Die Zulassung der Berufung im Verwaltungsprozess unter den Einwirkungen des Verfassungs- und des Unionsrechts, 2012; *Nowak*, Europarecht und Europäisierung in den Jahren 2009-2011, DVBl. 2012, 861; *Otting/Olgemöller*, Europäischer Rechtsschutz im Verwaltungsprozess?, AnwBl. 2010, 155; *Papier*, Direkte Wirkung von Richtlinien der EG im Umwelt- und Technikrecht, DVBl. 1993, 809; *Potacs*, Gemeinschaftsrecht und Bestandskraft staatlicher Verwaltungsakte, in: FS Ress, 2005, S. 729; *Rengeling*, Deutsches und europäisches Verwaltungsrecht – wechselseitige Einwirkungen, VVDStRL 53 (1994), 202; *Rennert*, Bestandskraft rechtswidriger Verwaltungsakte und Gemeinschaftsrecht, DVBl. 2007, 400; *Röben*, Die Einwirkung der Rechtsprechung des Europäischen Gerichtshofs auf das mitgliedstaatliche Verfahren in öffentlich-rechtlichen Streitigkeiten, 1999; *Ruffert*, Subjektive Rechte im Umweltrecht der Europäischen Gemeinschaft, 1996; *Schmahl/Köber*, Durchbrechung der Rechtskraft nationaler Gerichtsentscheidungen zu Gunsten der Effektivität des Unionsrechts, EuZW 2010, 927; *Schoch*, Die Europäisierung des verwaltungsgerichtlichen Rechtsschutzes, 2000; *ders.*, Die Europäisierung des Verwaltungsprozessrechts, in: FS 50 Jahre BVerwG, 2003, S. 507; *Shirvani*, Verfahrensgrundrechte in mehrstufigen, das EU-Recht vollziehenden Verwaltungsverfahren, DVBl. 2011, 674; *Siegel*, Europäisierung des Öffentlichen Rechts, 2012; *Steinbeiß-Winkelmann*, Europäisierung des Verwaltungsrechtsschutzes, NJW 2010, 1233; *Streinz*, „Gemeinschaftsrecht bricht nationales Recht", in: FS Söllner, 2000, S. 1139; *Streinz/Herrmann*, Der Anwendungsvorrang des Gemeinschaftsrechts und die „Normverwerfung" durch deutsche Behörden, BayVBl. 2008, 1; *Suerbaum*, Die Europäisierung des nationalen Verwaltungsverfahrensrechts am Beispiel der Rückforderung gemeinschaftsrechtswidriger staatlicher Beihilfen, VerwArch 91 (2000), 169; *Sydow*, Europäisierte Verwaltungsverfahren, JuS 2005, 97 und 201; *Terhechte* (Hrsg.), Verwaltungsrecht der Europäischen Union, 2011; *Tonne*, Effektiver Rechtsschutz durch staatliche Gerichte als Forderung des Europäischen Gemeinschaftsrechts, 1997; *Wackerbarth/Kreße*, Das Verwerfungsmonopol des BVerfG – Überlegungen nach der Kücükdeveci-Entscheidung des EuGH, EuZW 2010, 252; *Wahl*, Das Verhältnis von Verwaltungsverfahren und Verwaltungsprozessrecht aus europäischer Sicht, DVBl. 2003, 1285; *Weiß*, Bestandskraft nationaler belastender Verwaltungsakte im EG-Recht, DÖV 2008, 477; *Wettner*, Das allgemeine Verfahrensrecht der gemeinschaftsrechtlichen Amtshilfe, in: Schmidt-Aßmann/Schöndorf-Haubold (Hrsg.), Der Europäische Verwaltungsverbund, 2005, S. 181; *Ziegenhorn*, Kontrolle von mitgliedstaatlichen Gesetzen „im Anwendungsbereich des Unionsrechts", NVwZ 2010, 803; *Zuleeg*, Deutsches und europäisches Verwaltungsrecht – wechselseitige Einwirkungen, VVDStRL 53 (1994), 154.

A. Der Vorrang des Unionsrechts

Die Frage, welchen Rang das Recht der Europäischen Union einnimmt, erlangt immer dann Entscheidungsrelevanz, wenn eine unmittelbar anwendbare Norm des Unionsrechts (vgl. unten Rn. 15 sowie § 34 Rn. 27 ff.) einen Sachverhalt anders regelt als nationales Recht und aus diesem Grund ein Regelungskonflikt entsteht (**Kollisionslage**).

Heute ist im Ergebnis anerkannt, dass dem Unionsrecht grundsätzlich **Vorrang vor dem nationalen Recht** zukommt, auch wenn über die strukturelle Begründung weiterhin eine gewisse Restunsicherheit fortbesteht.[1] Der gescheiterte **Verfassungsvertrag** wollte den Vorrang des Unionsrechts gegenüber dem nationalen Recht explizit machen (Art. I-6 VVE). Dies wäre zwar gemessen an der ständigen und heute nicht mehr in Frage gestellten Rechtsprechung des EuGH lediglich deklaratorisch gewesen,[2] wurde aber – zumal nach den gescheiterten Referenden zum Verfassungsvertrag – als politisch heikel erachtet und daher bei der Formulierung des Lissabon-Vertrages fallengelassen.[3] Das ist die andere Seite der prononcierten Symbolbeladenheit des Verfassungsvertrages: Symbole werden auch dann als bedrohlich wahrgenommen, wenn ihnen eben nur symbolische Wirkung und keine rechtliche Relevanz zukommt. Der Schlussakte der Regierungskonferenz, die den am 13. Dezember 2007 unterzeichneten **Vertrag von Lissabon** angenommen hat, wurde lediglich eine Erklärung zum Vorrang beigefügt,[4] die deklaratorisch auf die Übernahme des Acquis verweist: „Die Konferenz weist darauf hin, dass die Verträge und das von der Union auf der Grundlage der Verträge gesetzte Recht im Einklang mit der ständigen Rechtsprechung des Gerichtshofs der Europäischen Union unter den in dieser Rechtsprechung festgelegten Bedingungen Vorrang vor dem Recht der Mitgliedstaaten haben."

Das bis heute tragende dogmatische Fundament hat der EuGH in seiner Entscheidung in der **Rechtssache Costa/E.N.E.L** gelegt, und zwar (letztlich teleologisch[5]) unter Verweis auf die **Funktionsbedingungen der europäischen Rechtsordnung**:[6] Die „Aufnahme der Bestimmungen des Gemeinschaftsrechts in das Recht der einzelnen Mitgliedstaaten und allgemeiner Wortlaut und Geist des Vertrages haben zur Folge, daß es den Staaten unmöglich ist, gegen eine von ihnen auf der Grundlage der Gegenseitigkeit angenommene Rechtsordnung nachträglich einseitige Maßnahmen ins Feld zu führen. Solche Maßnahmen stehen der Anwendbarkeit der Gemeinschaftsrechtsordnung daher nicht entgegen. [...] Die Verpflichtungen, die die Mitgliedstaaten im Vertrag zur Gründung der Gemeinschaft eingegangen sind, wären keine unbedingten mehr, sondern nur noch eventuelle, wenn sie durch spätere Gesetzgebungsakte der Signatarstaaten in Frage gestellt werden könnten. [...] Aus alledem folgt, daß dem vom

---

[1] Siehe hierzu die Vorauflage: *Gellermann*, § 34 Rn. 4 ff.
[2] Vgl. nur Erklärung Nr. 1 zu Art. I-6 VVE; *Nettesheim*, EuR 2004, 511 (545); zu verbleibenden Problemen dieser Vorrangregel allerdings *Streinz/Ohler/Herrmann*, Die neue Verfassung für Europa, 1. Aufl. 2005, S. 67 f.
[3] Vgl. *Streinz/Herrmann*, BayVBl. 2008, 1 (3).
[4] ABl. EU 2008 C 115, S. 344.
[5] *Sauer*, Jurisdiktionskonflikte in Mehrebenensystemen, 2008, S. 161.
[6] Vgl. auch *Isensee*, in: FS Stern, S. 1239 (1243 f.).

Vertrag geschaffenen, somit aus einer autonomen Rechtsquelle fließenden Recht wegen dieser seiner Eigenständigkeit keine wie immer gearteten innerstaatlichen Rechtsvorschriften vorgehen können, wenn ihm nicht sein Charakter als Gemeinschaftsrecht aberkannt und wenn nicht die Rechtsgrundlage der Gemeinschaft selbst in Frage gestellt werden soll."[7] Der Gerichtshof verweist affirmativ auf die weitgehend inhaltsgleiche Vorgängernorm zum heutigen Art. 288 AEUV, die den Vorrang insoweit bestätigt, als hiernach die Verordnung „verbindlich" ist und unmittelbar in jedem Mitgliedstaat gilt.[8]

4   Der Vorrang des Unionsrechts ist keine abstrakt rechtstheoretisch zu entscheidende Frage, sondern eine Folge der Rechtsverdrängungsmacht, die dem inkorporierten (hier: europäischen) Recht durch das inkorporierende (hier: nationale) Recht qua positiver Setzung eingeräumt wird.[9] Der rechtstheoretisch offene **Geltungsgrund des Vorrangs** liegt jedenfalls aus verfassungsrechtlicher Perspektive nicht im Unionsrecht, sondern in den **mitgliedstaatlichen Rechtsanwendungsbefehlen**, durch die entsprechende Hoheitsrechte auf die Union übertragen wurden.[10] Für das deutsche Verfassungsrecht ergibt sich dies aus der allgemeinen Integrationsklausel des Art. 23 Abs. 1 S. 2 GG.[11] Es ist möglich, dem Unionsrecht durch innerstaatlichen Anwendungsbefehl auch Geltungs- oder Anwendungsvorrang beizulegen.[12] Der Vorrang des Unionsrechts gilt kraft dieser Ermächtigung grundsätzlich auch gegenüber **nationalem Verfassungsrecht**,[13] da das Unionsrecht weder auf die innerstaatliche Normenhierarchie Einfluss nehmen noch in seinen Funktionsbedingungen von dem Rang einer innerstaatlichen Rechtsnorm abhängen kann. Grenzen des Vorrangs ergeben sich allerdings *verfassungsrechtlich* aus den in Art. 23 Abs. 1 S. 1 und S. 3 GG niedergelegten Vorbehalten (vgl. Rn. 16 ff.). Denn da der Anwendungsvorrang des Unionsrechts von einer Kompetenzübertragung durch die Mitgliedstaaten abhängt, kann er, anders als der Vorrang des Bundesrechts nach Art. 31 GG, nicht umfassend sein.[14]

5   Aus der allgemeinen Vorrangfrage lassen sich allerdings noch keine Schlüsse auf konkrete Voraussetzungen, unter denen sich der Vorrang in der Rechtsanwendung aktualisiert, und auf die inhaltliche Reichweite des Vorrangs ziehen.[15] Der Vorrang

---

[7] EuGH, Rs. 6/64, *Flaminio Costa/E.N.E.L*, Slg. 1964, 1251 (1269). Der Vorrang des Unionsrechts ist seitdem ständige Rechtsprechung, siehe zuletzt etwa EuGH, Rs. C-409/06, *Winner Wetten GmbH/Bergheim*, Slg. 2010, I-8015 Rn. 53; ferner EuGH, Gutachten v. 8.3.2011, Avis 1/09, Rn. 65, 67.

[8] Nochmals EuGH, Rs. 6/64, *Flaminio Costa/E.N.E.L*, Slg. 1964, 1251 (1269).

[9] *Jestaedt*, in: FS Blomeyer, S. 637 (662, 664).

[10] *Isensee*, in: FS Stern, S. 1239 (1245 f.); *Streinz*, in: FS Söllner, S. 1139 (1148 f.). Siehe referierend zu den unterschiedlichen Perspektiven *von Danwitz*, EU-VerwR, S. 152 f.

[11] *Hillgruber*, in: Kluth, Europäische Integration und nationales Verfassungsrecht, S. 97 (129); *Streinz/Herrmann*, BayVBl. 2008, 1 (4).

[12] BVerfGE 73, 339 (375); 123, 267 (402); 126, 286 (302).

[13] EuGH, Rs. C-409/06, *Winner Wetten GmbH/Bergheim*, Slg. 2010, I-8015, Rn. 61; *Classen*, in: v. Mangoldt/Klein/Starck, GG, Art. 23 Rn. 48; *Tomuschat*, EuR 1990, 340 (344 ff.); für eine Beibehaltung der Verfassungsbindung bei Bejahung einer Pflicht zur Verfassungsänderung *Herdegen*, EuGRZ 1989, 309 (311). Siehe auch *Hufeld*, in: von Arnauld/ders. (Hrsg.), Systematischer Kommentar zu den Lissabon-Begleitgesetzen, 2011, 1. Teil, 1. Abschnitt Rn. 66 f.: Art. 23 Abs. 1 GG sanktioniere auch die sekundärrechtlich bewirkte Verfassungsänderung und entbinde vom absoluten Parlamentsvorbehalt für die Verfassungsgesetzgebung. Freilich ändert das Unionsrecht die Verfassung nicht, es überlagert sie nur in seinem Anwendungsbereich.

[14] BVerfGE 123, 267 (398); 126, 286, 302.

[15] Vgl. *von Danwitz*, EU-VerwR, S. 153.

des Unionsrechts aktualisiert sich in Fällen von Normenkollisionen mit dem nationalen Recht. Herkömmlich wird zwischen **unmittelbaren** (direkten) und **mittelbaren** (indirekten) **Kollisionen** zwischen Unionsrecht und mitgliedstaatlichem Recht unterschieden.[16] Die Rechtsfolgen in den beiden Kollisionslagen divergieren nicht unwesentlich.

I. Unmittelbare Kollisionen

Im Fall unmittelbarer Kollisionen werden im Unionsrecht und im nationalen Recht an einen identischen Regelungsgegenstand **unterschiedliche Rechtsfolgen** geknüpft, die zueinander in einem Ausschließlichkeitsverhältnis stehen.[17] Dies bedeutet, dass der Rechtsanwender, bezogen auf die von ihm zu treffende Entscheidung, eine der beiden, ihrem Tatbestand nach anwendbaren (und entscheidungserheblichen) Normen unangewendet lassen muss. Für diesen Basisfall der Normenkollision hat das Unionsrecht frühzeitig Kollisionsregeln ausgeformt.

1. Art und Reichweite des Vorrangs. Ganz allgemein beansprucht das Unionsrecht gegenüber dem nationalen Recht **Anwendungsvorrang**, nicht hingegen Geltungsvorrang.[18] Dies bedeutet, dass das Unionsrecht in seinem Anwendungsbereich zwar entgegenstehendes nationales Recht **verdrängt**, dieses aber **nicht vernichtet**. Verdrängtes nationales Recht kommt also außerhalb des Anwendungsbereichs der kollidierenden Norm des Unionsrechts weiterhin zur Anwendung. Es lebt zudem in vollem Umfang wieder auf, soweit die kollidierende Norm des Unionsrechts später – etwa durch Änderungsrechtsakt oder durch Entscheidung des EuGH – aufgehoben wird.[19] Hierdurch wird dem Bedürfnis nach einer einheitlichen Geltung und Anwendung des Unionsrechts hinreichend Rechnung getragen, zugleich aber werden auch die nationalen Rechtsordnungen geschont.[20] Zutreffenderweise handelt es sich bei dem Anwendungsvorrang nicht um eine Rangregel,[21] sondern um eine bloße **Kollisionsregel**,[22] sprich: das mitgliedstaatliche Recht wird mangels einer zur autoritativen Kassation befugten Instanz nicht kraft Hierarchie derogiert, sondern lediglich kraft vorrangigen Anwendungsbefehls im Einzelfall verdrängt.

---

[16] *von Danwitz*, EU-VerwR, S. 154 f.; *Weber*, EuR 1986, 1 ff.
[17] *von Danwitz*, EU-VerwR, S. 154.
[18] Ausdrücklich EuGH, Rs. C-10/97, *IN.CO.GE.90*, Slg. 1998, I-6307 Rn. 21. Ferner etwa *Funke*, DÖV 2007, 733 (734); *Haratsch/Koenig/Pechstein*, Europarecht, Rn. 178; *Isensee*, in: FS Stern, S. 1239 (1242); *Sauer*, Jurisdiktionskonflikte in Mehrebenensystemen, 2008, S. 161; *Streinz*, in: FS Söllner, S. 1139 (1149); *Zuleeg*, VVDStRL 53 (1994), 154 (161).
[19] *Funke*, DÖV 2007, 733 (734); *Isensee*, in: FS Stern, S. 1239 (1242).
[20] *Streinz/Herrmann*, BayVBl. 2008, 1 (4); *Zuleeg*, VVDStRL 53 (1994), 154 (162).
[21] Eine normgeltungstheoretische Begründung wagt *Hillgruber*, in: Schmidt-Bleibtreu/Hofmann/Hopfauf, GG, Art. 23 Rn. 21: Das Unionsrecht könne keinen höheren Rang beanspruchen als das Zustimmungsgesetz und der in ihm enthaltene Anwendungsbefehl. Gegen solche Schlüsse zutreffend aber *Jestaedt*, in: FS Blomeyer, S. 637 (670 f.), der auf die kontingenten Gestaltungsmöglichkeiten des positiven Rechts verweist, Vorrangrelationen zu installieren und Rechtsverdrängungsmacht zu übertragen.
[22] *Funke*, DÖV 2007, 733 (735 ff.); *Jestaedt*, in: FS Blomeyer, S. 637 (664); *Sauer*, Jurisdiktionskonflikte in Mehrebenensystemen, 2008, S. 158; *Scherzberg*, Jura 1993, 225 (229); *Zuleeg*, DÖV 1973, 361 (364); *ders.*, VVDStRL 53 (1994), 154 (161). Hiervon scheint auch das BVerfG auszugehen, vgl. BVerfGE 123, 267 (402).

8 Im Fall einer **unmittelbaren Kollision** setzt sich das Unionsrecht kraft Anwendungsvorrangs gegenüber dem nationalen Recht unverkürzt durch.[23] Später erlassenes, dem Unionsrecht zuwider laufendes nationales Recht erlangt keine Wirksamkeit.[24] Es wird allerdings wiederum nicht an seiner Entstehung gehindert, sondern bleibt lediglich von Anfang an unanwendbar.[25] Die Verpflichtung, eine Vorschrift unangewandt zu lassen, beschränkt nicht die Befugnis nationaler Gerichte, unter mehreren nach der innerstaatlichen Rechtsordnung in Betracht kommenden Entscheidungsoptionen diejenigen zu wählen, die zum Schutz der durch das Unionsrecht gewährten individuellen Rechte am besten geeignet erscheinen.[26]

9 **2. Folgeproblem der Inländerdiskriminierung.** Eine mittelbare Folge des unionsrechtlichen Anwendungsvorrangs ist das Problem der Inländerdiskriminierung.[27] Dieses entsteht, wenn EU-Ausländern[28] bestimmte nationale Rechtsvorschriften in nicht harmonisierten Bereichen des Binnenmarktes auf Grund entgegenstehender Grundfreiheiten nicht entgegengehalten werden dürfen, diese Vorschriften aber weiterhin auf reine, von den Grundfreiheiten tatbestandlich nicht erfasste, Inlandssachverhalte und damit auf Inländer (die nicht notwendig mit Staatsangehörigen des betroffenen Staates identisch sein müssen) Anwendung finden.[29] Das **Unionsrecht** verbietet Inländerdiskriminierungen nach herkömmlicher Auffassung nicht, weil die Behandlung reiner Inlandssachverhalte außerhalb seines Geltungsbereichs liegt.[30] Wenn der EuGH freilich in der jüngeren Rechtsprechung unter bestimmten Voraussetzungen auch Inländern, die von ihrer Freizügigkeit keinen Gebrauch gemacht haben, eine Berufung jedenfalls auf einen Kernbereich an Rechten, die aus der Unionsbürgerschaft nach Art. 20 AEUV abgeleitet werden,[31] ermöglicht,[32] könnte dies eine allmähliche Erosion des bisherigen Standpunktes markieren,[33] was mit-

---

[23] *von Danwitz*, EU-VerwR, S. 154.
[24] EuGH, Rs. 106/77, *Simmenthal II*, Slg. 1978, 629 Rn. 17/18.
[25] EuGH, Rs. C-10/97 bis C-22/97, *IN.CO.GE*, Slg. 2000, I-6307 Rn. 21.
[26] EuGH, Rs. C-10/97 bis C-22/97, *IN.CO.GE*, Slg. 2000, I-6307 Rn. 21; Rs. C-314/08, *Krzysztof Filipak*, Slg. 2009, I-11049 Rn. 83.
[27] Hierzu stellvertretend *Epiney*, Umgekehrte Diskriminierungen, 1995; *Fastenrath*, JZ 1987, 170 ff.; *Gundel*, DVBl. 2007, 269 ff.; *Hammerl*, Inländerdiskriminierung, 1997; *Schönberger*, Unionsbürger, 2005, 429 ff.
[28] Gleiches gilt für inländische Staatsangehörige, die vom EU-Ausland aus in ihrem Herkunftsstaat wirtschaftlich tätig werden wollen und insoweit funktionale EU-Ausländer sind. Vgl. EuGH, Rs. C-61/89, *Bouchoucha*, Slg. 1990, I-3551 Rn. 11, 13; Rs. C-19/92, *Kraus/Baden-Württemberg*, Slg. 1993, I-1663 Rn. 23; *Streinz*, Europarecht, Rn. 821.
[29] *Streinz*, Europarecht, Rn. 819.
[30] *Gundel*, DVBl. 2007, 269 (270); *Riese/Noll*, NVwZ 2007, 516 (519); *Streinz*, Europarecht, Rn. 822. Kritisch etwa *Tietje*, in: Ehlers, § 10 Rn. 40.
[31] Siehe zum Umfang näher *Gutmann*, InfAuslR 2011, 177 (178 f.); *Hailbronner/Thym*, NJW 2011, 2008 (2010 ff.); *Nettesheim*, JZ 2011, 1030 (1033 ff.).
[32] EuGH, Rs. C-34/09, *Zambrano*, NVwZ 2011, 545 Rn. 40 ff. Auch in der kurz darauf ergangenen Entscheidung des EuGH, Rs. C-434/09, *McCarthy*, Slg. 2011, I-3375 hat der Gerichtshof diesen Ansatz nur hinsichtlich des Umfangs des Kernbestandes an Rechten präzisiert, nicht aber in der Sache relativiert. Zutreffend *Gärditz*, VVDStRL 72 (2013), 49 (145 f.); *Hong* ZJS 2012, 249 (250); *Huber*, NVwZ 2011, 856 (859); ähnlich ferner *Nettesheim*, JZ 2011, 1030 (1033). Gleiches gilt für EuGH, Rs. C-256/11, *Dereci u. a.*, NVwZ 2012, 97 Rn. 61 ff.
[33] Hierfür explizit *GA Sharpston*, SchlA, Rs. C-34/09, *Zambrano*, BeckRS 2010, 91151 Rn. 144 ff. Diese mögliche Entwicklung angedeutet auch bei OVG Münster, NVwZ 2011, 955 (957). Stark relativierend demgegenüber *Frenz*, ZAR 2011, 221 ff.

telfristig auch einem unionsrechtlichen Verbot der Diskriminierung von Inländern als Unionsbürger (etwa über die erweiternde Auslegung des Art. 21 AEUV[34]) Vorschub leisten würde.[35] Zu befürworten ist dies nicht[36] und auch der EuGH ist dem bislang nicht gefolgt. Eine solche materiell-rechtliche Lösung würde bereits verkennen, dass es bei der Inländerdiskriminierung allein um ein Kompetenzproblem geht.[37] Es würde – anders gewendet – durch eine unionsrechtliche Beseitigung der Inländerdiskriminierung zu einer in den Verträgen nicht vorgesehenen und zudem die Begrenzungen des Art. 51 Abs. 1 EU-Grundrechtecharta unterlaufenden kompetenzunabhängigen Unitarisierung[38] über einen ungeschriebenen Gleichheitsstandard kommen,[39] was ein faktisch vertragsändernder Struktureingriff in das Primärrecht wäre, der nur im Wege der förmlichen völkerrechtlichen Änderung der Verträge möglich wäre.

Der von einer Benachteiligung als Inländer gegenüber Unionsbürgern Betroffene ist daher darauf verwiesen, auf eine Korrektur innerhalb seiner Heimatrechtsordnung (ggf. auch über die EMRK) hinzuwirken.[40] Zutreffenderweise sind Inländerdiskriminierungen unvereinbar sowohl mit den jeweils betroffenen **Freiheitsgrundrechten des Grundgesetzes**[41] als auch mit **Art. 3 Abs. 1 GG**.[42] Schon die Eignung nationaler Verbote zur jeweiligen Zielerreichung wird auf Grund der Durchbrechung zugunsten von EU-Ausländern in Frage gestellt. Auch die Erforderlichkeit einer Aufrechterhaltung von im Anwendungsbereich des Unionsrechts beseitigter Verbote für inländische Restsachverhalte wird sich nur schwer plausibel begründen lassen. Schließlich wird eine Differenzierung unzumutbar sein,[43] weil der einzelne Staatsangehörige letztlich im Inland zum (ggf. steigendem Konkurrenzdruck durch Anbieter mit geringeren rechtlichen Anforderungen ausgeliefertem) Unionsbürger zweiter Klasse wird und allein eine integrationspolitische Bewahrung nationaler Eigenheiten im innerstaatlichen Recht kein Sachgrund von hinreichendem Gewicht ist, der eine separate Aufrecht-

---

[34] Hierfür z. B. *Hatje*, in: Schwarze (Hrsg.), EU-Kommentar, 2. Aufl. 2009, Art 18 EGV Rn. 9.
[35] Deutung in diesem Sinne *Gutmann*, InfAuslR 2011, 177 ; *Nettesheim*, JZ 2011, 1030 (1036).
[36] Mit Recht hiergegen auch *Graf Vitzthum*, EuR 2011, 550 (556 ff.); *Hailbronner/Thym*, NJW 2011, 2008 (2009); *Schönberger*, Unionsbürger, 2005, S. 429 ff.; *Wollenschläger*, Grundfreiheit ohne Markt, 2007, S. 222 f.
[37] *Fastenrath*, JZ 1987, 170 (177 f.); *Schönberger*, Unionsbürger, 2005, S. 430.
[38] Kritisch *Hong* ZJS 2012, 249 (253); *Huber* NJW 2011, 2385 ff.; *ders.* EuR 2008, 19 ff.; *ders.* European Public Law 14 (2008), 323 ff.; *Schoch* in: Kischel/Masing (Hrsg.) Unionsgrundrechte und Diskriminierungsverbote im Verfassungsrecht, 2012, S. 57 (79).
[39] Zutreffend *Graf Vitzthum*, EuR 2011, 550 (559).
[40] *Graf Vitzthum*, EuR 2011, 550 (559); *Wollenschläger*, Grundfreiheit ohne Markt, 2007, S. 223.
[41] Eingehend *König*, AöR 118 (1993), 591 (601 ff.); für eine freiheitsrechtliche Parallelwertung auch *Gundel*, DVBl. 2007, 269 (274 ff.); *Riese/Noll*, NVwZ 2007, 516 (520): erhöhter Rechtfertigungsdruck; differenzierend etwa *Rieger*, DÖV 2006, 285 (289 ff.).
[42] Anderer Ansicht aber *Fastenrath*, JZ 1987, 170 (175 f.); *Götz*, JZ 1994, 1061 (1062); *Gundel*, DVBl. 2007, 269 (272 f.); *Papier*, JZ 1990, 253 (260); *König*, AöR 118 (1993), 591 (599 f.).
[43] Deutlich auch BVerfG-K, Beschl. v. 5.12.2005, 1 BvR 1730/02, JZ 2007, 354 (355). Das Gericht stützt sich in seiner Kammerentscheidung ausschließlich auf die wirtschaftliche Unzumutbarkeit qualifizierter Anforderungen an Inländer (dort: Meisterzwang nach HwO a. F.), lässt aber die Frage der Ungleichbehandlung als solche offen. Im Ergebnis brauchte das Gericht über die Verfassungsmäßigkeit der zum Entscheidungszeitpunkt bereits durch andere Regelungen ersetzten Bestimmungen der HwO nicht zu entscheiden.

erhaltung von Belastungen rechtfertigen würde. Jedenfalls erscheint es **willkürlich**, bezogen auf das gleiche Verhalten nachteilige Folgen allein an die Inländereigenschaft anzuknüpfen.[44] Dass hierbei zwei verschiedene Gesetzgeber agieren, schließt die Anwendbarkeit von Art. 3 Abs. 1 GG nicht aus, da den deutschen Gesetzgeber zumindest eine Folgenverantwortung für seine Mitgliedschaft in der Europäischen Union trifft.[45] Auch der Einwand, dass es, gemessen an dem grenzüberschreitenden Moment, um unterschiedliche Sachverhalte geht, greift nicht durch, da es entscheidend darauf ankommt, ob die (rechtsdogmatisch unbestreitbaren) Unterschiede einen hinreichenden (sprich: angemessenen) Grund für die vorgenommene Differenzierung liefern. Gerade dies ist aber (in der Regel) zu verneinen.

11 **3. Verwerfungskompetenzen nationaler Behörden und Gerichte.** Institutionell adressiert der Anwendungsvorrang **alle nationalen Stellen**, die folglich **nationales Recht unangewendet** lassen müssen, wenn dessen Anwendung mit Unionsrecht unvereinbar wäre. Innerstaatliche Bestimmungen, die die Zuständigkeit für die Verwerfung[46] von Rechtsnormen bei bestimmten Stellen konzentrieren (Verwerfungsmonopole), sind jedenfalls unanwendbar,[47] was im Übrigen das BVerfG bezogen auf Art. 100 Abs. 1 GG aus verfassungsrechtlicher Sicht frühzeitig anerkannt hat.[48] Auch **parlamentarische Gesetze** sind insoweit nicht gegenüber einer inzidenten Nichtanwendung geschützt.[49] Ansonsten würden die einheitliche Anwendung und die praktische Funktionsfähigkeit des Unionsrechts in Frage gestellt sowie ggf. den Unionsbürgern die ihnen durch das Unionsrecht zugewiesenen Rechte vorenthalten, solange der jeweilige Gesetzgeber die Herstellung einer unionsrechtskonformen Rechtslage verweigert.[50] Normenhierarchisch lässt sich das Verwerfungsrecht nationaler Stellen demgegenüber nicht begründen. Denn zum einen geht es beim Vorrang um eine reine Kollisionsregel (Rn. 7). Zum anderen müssten ansonsten nationale Stellen konsequenterweise auch befugt sein,

---

[44] So für Österreich ÖstVfGH, EuGRZ 1997, 362; EuZW 2001, 219 (221 ff.). Kritisch ferner *Streinz/Herrmann*, BayVBl. 2008, 1 (4).

[45] *Bullinger*, IStR 2005, 370 (373 f.); *Isensee*, in: HStR VIII, § 191 Rn. 215; *Riese/Noll*, NVwZ 2007, 516 (521). Im Ergebnis für eine Anwendbarkeit offenbar auch BVerwG, Urt. v. 21.6.2006, 6 C 19.06, NVwZ 2006, 1175 (1180).

[46] Zur Klarstellung: Eine Normverwerfung kann auch in einer Nichtanwendung liegen, selbst wenn man (wie hier) den Vorrang des Unionsrechts als bloße Kollisionsregel begreift und hiermit kein Rechtswidrigkeitsurteil bezogen auf die nicht anzuwendende Norm verbindet. Die folgenden Probleme hängen hiervon nicht ab, weil diese nicht aus der rechtstheoretischen Einordnung des Vorranges, sondern aus den Gefahren einer beliebigen Desavouierung nationalen Rechts durch Behörden und Gerichte resultieren. Anderer Ansicht aber *Funke*, DÖV 2007, 733 (738 f.). Wie hier etwa *von Danwitz*, Verwaltungsrechtliches System und Europäische Integration, 1996, S. 209 ff.; *Jarass*, Grundfragen der innerstaatlichen Bedeutung des EG-Rechts, 1994, S. 100 ff.

[47] EuGH, Rs, C-555/07, *Kücükdeveci*, Slg. 2010, I-365 Rn. 52 ff.; Rs. C-188 und 189/10, *Aziz Melki und Sélim Abdeli*, Slg. 2010, I-5667 Rn. 53 f.; OVG Saarlouis, Urt. v. 22.1.2007, 3 W 14/06, NVwZ-RR 2008, 95 (99); *Jarass/Beljin* NVwZ 2004, 1 (4); *Seifert*, EuR 2010, 802 (810); kritisch *Wackerbarth/Kreße*, EuZW 2010, 252 ff.

[48] BVerfGE 31, 145 (174 f.).

[49] *Streinz/Herrmann*, BayVBl. 2008, 1 (4). Namentlich eine analoge Anwendung von Art. 100 Abs. 1 GG kommt nicht in Betracht, so zutreffend *Gersdorf*, in: Weiß (Hrsg.), Rechtsschutz als Element von Rechtsstaatlichkeit, 2011, S. 47 (52 f.).

[50] *Streinz/Herrmann*, BayVBl. 2008, 1 (5).

primärrechtswidriges Sekundärrecht zu verwerfen, was ihnen der EuGH jedoch in ständiger Rechtsprechung[51] verweigert.[52]

Zunächst sind nationale **Gerichte** unmittelbar berechtigt und auch verpflichtet, mit Unionsrecht unvereinbares nationales Recht unangewendet zu lassen.[53] Ein nationales Gericht ist auch nicht allgemein verpflichtet, zuvor den EuGH nach **Art. 267 AEUV** um **Vorabentscheidung** zu ersuchen, bevor es eine nationale Norm im Hinblick auf ihre Unvereinbarkeit mit Unionsrecht unangewendet lässt.[54] Die Anrufung des EuGH bleibt also fakultativ, solange nicht ein letztinstanzliches Gericht mit einer Auslegungsfrage des Unionsrechts konfrontiert wird, die sich nicht anhand des geltenden Rechts und der Rechtsprechung des Gerichtshofs eindeutig entscheiden lässt (**acte claire**).[55][56] Kommt gleichzeitig die Vorlage eines Gesetzes nach Art. 100 Abs. 1 GG an das BVerfG wegen vom Instanzgericht angenommener **Verfassungswidrigkeit** und an den EuGH nach Art. 267 AEUV wegen potentieller Unionsrechtswidrigkeit in Betracht, beansprucht der EuGH neuerdings Vorrang in der Reihenfolge der Vorlageverfahren, um seine volle Kontrollkompetenz auszuüben.[57] Eine normative Stütze findet ein solches Primat der unionsrechtlichen Fallentscheidung im geltenden Primärrecht freilich nicht, zumal Art. 267 AEUV keine Aussagen enthält, in welchem Stadium des Verfahrens ein Vorlagebeschluss ggf. zu ergehen hat. Auch das BVerfG beurteilt das Verhältnis der beiden Vorlageverfahren zueinander anders und billigt den Instanzgerichten ein Wahlrecht zu, ob sie eine Vorlage zunächst an den EuGH nach Art. 267 AEUV oder an das BVerfG nach Art. 100 Abs. 1 GG richten, sofern (wie nicht selten der Fall) sowohl unionsrechtliche als auch verfassungsrechtliche Zweifel bestehen.[58] Allerdings geht das BVerfG davon aus, dass ein Gericht nach nationalem Verfassungsrecht (!) unter dem Gesichtspunkt der Entscheidungserheblichkeit im Rahmen des Art. 100 Abs. 1 GG zur vorrangigen Vorlage an den EuGH verpflichtet sei, sofern es um die Frage gehe, ob das Unionsrecht dem nationalen Gesetzgeber überhaupt Umsetzungsspielräume belassen habe, die Einfallstor für eine grundrechtsgebundene nationale Gesetzgebung[59] sind.[60]

---

[51] Grundlegend EuGH, Rs. 314/85, *Foto-Frost*, Slg. 1987, 4199 Rn. 19.
[52] Zum Problem *Streinz*, in: FS Söllner, S. 1139 (1153).
[53] Stellvertretend EuGH, Rs. 14/83, *von Colson und Kamann*, Slg. 1984, 1891 Rn. 26; Rs. C-106/89, *Marleasing*, Slg. 1990, I-4135 Rn. 8; Rs. C-129/96, *Inter-Environnement Wallonie*, Slg. 1997, I-7411 Rn. 40; Rs. C-397/01 u. a., *Pfeiffer*, Slg. 2004, I-8835 Rn. 113; Rs. C-144/04, *Mangold*, Slg. 2005, I-9981 Rn. 77; Rs. C-555/07, *Kücükdeveci*, Slg. 2010, I-365 Rn. 51; *Haratsch*, EuR 2008, 81 (85 ff.).
[54] EuGH, Rs, C-555/07, *Kücükdeveci*, Slg. 2010, I-365 Rn. 55.
[55] Hierzu vertiefend BVerfGE 129, 186 (207 f.); *Pechstein*, EU-Prozessrecht, Rn. 838; *Roth*, NVwZ 2009, 345 ff.; *Thiele*, EU-Prozessrecht, § 9 Rn. 72.
[56] Strikter aber *Desens*, EuGRZ 2011, 211 (213), der aus verfassungsrechtlichen Gründen (Art. 20 Abs. 3 GG) eine Vorlagepflicht auch in solchen Fällen bejahen möchte, um die Rechtlichkeit von Letztentscheidungen institutionell abzusichern.
[57] So EuGH, Rs. C-188 und 189/10, *Melki und Sélim Abdeli*, Slg. 2010, I-5667 Rn. 55 f.
[58] BVerfGE 116, 202 (214 f.); 129 (203); BVerfG-K, Beschl. v. 18.11.2008, 1 BvL 4/08, BeckRS 2008, 41121 Rn. 12; *Papier*, DVBl. 2009, 473 (481); ferner FG Hamburg, Beschl. v. 29.1.2013, 4 K 270/11..
[59] Hierzu BVerfGE 113, 273 (300); 118, 79 (98); 125, 260 (306 f.); *Augsberg*, DÖV 2010, 152 (158 f.); *Calliess*, JZ 2009, 113 (120 f.); *Kingreen*, in: Calliess/Ruffert, EUV/AEUV, Art. 51 GR-Charta Rn. 12; *Papier*, DVBl. 2009, 473 (480); *Pieroth/Schlink*, Grundrechte, 27. Aufl. 2011, Rn. 61; *Weber*, NJW 2000, 537 (542); *Ziegenhorn*, NVwZ 2010, 803 (807 f.).
[60] BVerfGE 129, 186 (207 f.); kritisch hierzu *Michael*, ZJS 2012, 376 (377 ff.). Eingehend *Foerster*, JZ 2012, 515 ff.; *Wendel*, EuZW 2012, 213 ff. Widerwillige Resonanz in BFHE 236, 318 ff.

Der EuGH hält sich im Übrigen im Rahmen eines Vorlageverfahrens zwar nicht für befugt, unmittelbar über die Frage der **Vereinbarkeit des nationalen Rechts mit Unionsrecht** zu entscheiden, gibt aber dem nationalen Gericht diejenigen Hinweise, die erforderlich sind, um diese Frage selbstständig zu beurteilen.[61] Oftmals nimmt dies faktisch das Ergebnis schon vorweg. Das nationale Gericht ist dann nach den vorstehenden Grundsätzen auf der Basis einer ergangenen Vorlageentscheidung des EuGH ggf. berechtigt und verpflichtet, ein nationales Gesetz wegen Unvereinbarkeit mit Unionsrecht unangewendet zu lassen. Ist ein Gesetz aber unanwendbar, so ist es auch nicht mehr entscheidungserheblich im Sinne des Art. 100 Abs. 1 GG.[62] Eine zusätzliche Vorlage an das BVerfG, um – etwa bei einem Verstoß sowohl gegen Unions- als auch nationale Grundrechte – über die Verdrängung qua Anwendungsvorrang hinaus auch eine Nichtigerklärung zu erreichen, ist daher nicht mehr zulässig.[63]

13   Eine Kompetenz zur Nichtanwendung nationalen Rechts soll nach vorherrschender Ansicht auch für **Verwaltungsbehörden** gelten,[64] die insoweit eine **inzidente Normverwerfungskompetenz** erlangen. Der EuGH begründet dies auch damit, dass es widersprüchlich sei, den Gerichten im Rahmen der Verwaltungskontrolle eine Verwerfungskompetenz zuzubilligen, der Verwaltung eine solche Kompetenz aber vorzuenthalten.[65] Innerstaatlich steht dem jedenfalls nicht die – nach Art. 79 Abs. 3 GG unverbrüchliche – **Gesetzlichkeit der Verwaltung** nach Art. 20 Abs. 3 GG entgegen, da Gesetz im Sinne dieser Bestimmung auch das Unionsrecht ist.[66] Ein allgemeines Verwerfungsrecht von Behörden wird mit Recht kritisch gesehen.[67] Da Behörden – im Kontrast zu Gerichten – die Möglichkeit fehlt, Auslegungszweifel im Wege einer Vorlage an den EuGH (Art. 267 AEUV) klären zu lassen, führt die Verwerfungspflicht zu erheblichen Unsicherheiten und erhöht die Gefahr einer uneinheitlichen Rechtsanwendung im Unionsraum, die gerade auch aus unionsrechtlicher Sicht zu vermeiden

---

[61] EuGH, Rs. C-124/99, *Carl Borawitz/Landesversicherungsanstalt Westfalen*, Slg. 2000, I-7293 Rn. 17; Rs. C-60/05, *WWF Italia u. a./Regione Lombardia*, Slg. 2006, I-5083 Rn. 18; Rs. C-439/06, *citiworks AG*, Slg. 2008, I-3913 Rn. 21; Rs. C-2/10, *Azienda Agro-Zootecnica Franchini Sarl u. a./Regione Puglia*, NVwZ 2011, 1057, Rn. 35.

[62] Siehe hierzu *Hillgruber/Goos*, Verfassungsprozessrecht, 3. Aufl. 2011, Rn. 601 ff.; *Lechner/Zuck*, BVerfGG, 6. Aufl. 2011, § 80 Rn. 36 ff.

[63] BVerfG-K, Beschl. v. 18.11.2008, 1 BvL 4/08, BeckRS 2008, 41121 Rn. 12.

[64] EuGH, Rs. 158/80, *Rewe*, Slg. 1981, 1805 Rn. 43; Rs. 103/88, *Fratelli Constanzo*, Slg. 1989, 1839 Rn. 31; Rs. C-224/97, *Ciola*, Slg. 1999, I-2517 Rn. 30; *Bach*, JZ 1990, 1108 (1113); *Schoch*, JZ 1995, 109 (111); *Scheuing*, EuR 1985, 229 (252 ff.); *Streinz*, Europarecht, Rn. 259; *Ziegenhorn*, NVwZ 2010, 803. Zwischen Verordnungen und Richtlinien im Hinblick auf eine fehlende Kompetenz der Verwaltung zur Beurteilung der unmittelbaren Wirkung differenzierend *Jamrath*, Normenkontrolle, S. 121 ff.

[65] EuGH, Rs. 103/88, *Fratelli Constanzo*, Slg. 1989, 1839 Rn. 31.

[66] Vgl. nur BVerwGE 74, 241 (248 f.); OVG Saarlouis, Urt. v. 22.1.2007, 3 W 14/06, NVwZ-RR 2008, 95 (100); *Grzeszick*, in: Maunz/Dürig, GG, 2013, Art. 20 VI Rn. 60; *Herresthal*, Rechtsfortbildung im europarechtlichen Bezugsrahmen, 2006, S. 156; *Kluth*, DVBl. 2004, 393 (399); *Sachs*, in: ders., GG, Art. 20 Rn. 107; *Schulze-Fielitz*, in: Dreier, GG, Art. 20 (Rechtsstaat), Rn. 93; *Steinbeiß-Winkelmann*, NJW 2010, 1233.

[67] Etwa *von Danwitz*, Verwaltungsrechtliches System und Europäische Integration, 1996, S. 209 ff.; *Di Fabio*, NJW 1990, 947 ff.; *Papier*, DVBl. 1993, 809 (811); *Pietzcker*, Zur Nichtanwendung europarechtswidriger Gesetze seitens der Verwaltung, in: FS Everling, Bd. II, 1995, S. 1095 (1100 ff.); *Schmidt-Aßmann*, Zur Europäisierung des allgemeinen Verwaltungsrechts, in: FS Lerche, 1993, S. 513 (526 ff.).

ist.⁶⁸ Letztlich wird man vor diesem Hintergrund eine verwaltungsbehördliche Verwerfungskompetenz richtigerweise nur bei **offenkundigen Verstößen** annehmen können.⁶⁹ Hierzu ist maßgeblich die Rechtsprechung des EuGH in vergleichbaren Fallgruppen heranzuziehen. Zwar ist anzuerkennen, dass im Grundsatz jede staatliche Stelle eine Vorschrift, die im Widerspruch zu höherrangigem (respektive vorrangigem) Recht steht, grundsätzlich unangewendet lassen muss, solange die Rechtsordnung die Verwerfungskompetenz nicht ausnahmsweise bei einem besonderen Organ konzentriert.⁷⁰ Allerdings wird auch im nationalen Recht die Frage der konkreten Verteilung von Verwerfungskompetenzen mit Erwägungen der funktionalen Gewaltengliederung beantwortet.⁷¹ Analoges wird für den nationalen Vollzug des Unionsrechts gelten müssen, sodass das Argument der Begrenzung administrativer Macht, geltendes Recht allein auf Grund eigener Beurteilungen zur Unionsrechtskonformität zu desavouieren, auch in diesem Kontext zum Tragen kommen kann. Ob die Rechtsprechung des EuGH eine solche differenzierte Lösung zulässt, ist nicht abschließend geklärt. Hiergegen könnte sprechen, dass das Gericht staatliche Verwerfungsmonopole selbst für parlamentarische Gesetze nicht als Ausnahme von der Verwerfungspflicht anerkennt (vgl. Rn. 10). Der Gerichtshof hat dies allerdings ausdrücklich nur für *gerichtliche* Verwerfungsbefugnisse festgestellt.⁷² Dort besteht aber im Kontrast zu verwaltungsbehördlichen Verfahren zum einen eine **institutionelle Anbindung an den EuGH über Art. 267 AEUV**, die eine einheitliche Rechtsanwendung über den Interpretationsvorrang des Gerichtshofs sicherstellt und eine diffuse Verwerfungspraxis verhindert. Zum anderen nimmt der Gerichtshof ein staatliches Gericht nur „im Rahmen seiner Zuständigkeiten" in die Pflicht, das Unionsrecht durchzusetzen,⁷³ was darauf hindeutet, dass es verfahrensrechtlich begründete Einschränkungen der anzuwendenden Kontrollmaßstäbe prinzipiell geben kann. Erst recht muss dies dann für Verwaltungsbehörden gelten.⁷⁴

Eine allgemeine innerstaatliche **Konzentration der Entscheidungskompetenz** über eine Normverwerfung bei der jeweiligen **Exekutivspitze**⁷⁵ – zu verwirklichen durch Weisung bzw. Verwaltungsvorschrift – erscheint zwar aus praktischen Gründen sinnvoll,⁷⁶ ist aber nicht zwingend und unionsrechtlich nur zulässig, soweit die damit

---

⁶⁸ *Streinz/Herrmann*, BayVBl. 2008, 1 (7).
⁶⁹ *Everling*, DVBl. 1985, 1201 (1202); *Kahl*, in: Calliess/Ruffert, EUV/AEUV, Art. 4 EUV Rn. 94; *Pietzcker*, Zur Nichtanwendung europarechtswidriger Gesetze seitens der Verwaltung, in: FS Everling, Bd. II, 1995, S. 1095 (1109); *Streinz/Herrmann*, BayVBl. 2008, 1 (7f.); strikter als hier demgegenüber *Jamrath*, Normenkontrolle, S. 111: Verwerfungskompetenz erst nach einschlägiger Rechtsprechung des EuGH.
⁷⁰ BVerfGE 31, 145 (174).
⁷¹ *Gärditz*, in: Friauf/Höfling (Hrsg.), Berliner Kommentar zum GG, 2013, Art. 20 Abs. 3 (Rechtsstaat) Rn. 111; *Gril*, JuS 2000, 1080 (1084).
⁷² EuGH, Rs. C-555/07, *Kücükdeveci*, Slg. 2010, I-365 Rn. 54.
⁷³ EuGH, Rs. C-144/04, *Mangold*, Slg. 2005, I-9981 Rn. 77; Rs. C-555/07, *Kücükdeveci*, Slg. 2010, I-365 Rn. 51.
⁷⁴ Hierbei ist sub specie Effektivitätsgebot (Art. 4 Abs. 3 EUV) zu berücksichtigen, dass in Deutschland grundsätzlich kein amtliches Klagerecht gegen Entscheidungen von Behörden besteht, weshalb namentlich bei rein begünstigenden Entscheidungen überhaupt keine Möglichkeit besteht, eine Streitfrage von Amts wegen vor ein vorlageberechtigtes Gericht zu bringen.
⁷⁵ *Demleitner*, NVwZ 2009, 1525 (1528 ff.); *Jamrath*, Normenkontrolle, S. 124.
⁷⁶ Wird Unionsrecht freilich von Kommunen vollzogen, ist mit der Hochzonung zum Bürgermeister gemessen an den hier thematisierten Stabilisierungsbedürfnissen nur wenig gewonnen.

einhergehende Verfahrensverzögerung nicht die effektive Wirksamkeit der Unionsrechtsanwendung beeinträchtigt.[77] Ungeachtet dessen ist es nach innerstaatlichem Organisationsrecht der hierarchischen Verwaltungsspitze stets möglich, Weisungen zur Entscheidung der relevanten Fälle zu erteilen.

15 Ob die Verwerfungskompetenz die **unmittelbare Wirkung** der unionsrechtlichen Maßstabsnorm voraussetzt[78] oder unabhängig hiervon besteht,[79] ist umstritten. Die besseren Gründe sprechen dafür, als Voraussetzung der Verwerfungskompetenz die unmittelbare Anwendbarkeit zu fordern. Denn die Verwerfungskompetenz nationaler Behörden und Gerichte ist nicht allein Folge der unmittelbaren Geltung des Unionsrechts, sondern setzt zusätzlich – schon weil es sich beim Vorrang des Unionsrechts um eine Kollisionsregel für Einzelfälle handelt, die sich erst fallbezogen aktualisiert[80] – die Befugnis der nationalen Stelle voraus, die betreffende Norm in einem konkreten Rechtsstreit zur Anwendung zu bringen. Eine solche Anwendungsbefugnis hängt aber gerade von der unmittelbaren Anwendbarkeit ab (vgl. § 34 Rn. 24).

16 **4. Verfassungsrechtliche Grenzen.** Der Vorrang des Unionsrechts wurde zwar grundsätzlich verfassungskonform durch Übertragung von Hoheitsrechten, ursprünglich auf der Grundlage von Art. 24 Abs. 1 GG und jetzt von Art. 23 Abs. 1 S. 2 GG (vgl. Rn. 4), begründet. Ungeachtet dessen lässt die Verfassung **keine unbegrenzte Übertragung von Hoheitsgewalt** zu. Auch der Anwendungsvorrang des Unionsrechts gilt daher nur, soweit die Bundesrepublik Deutschland dieser Kollisionsregel zugestimmt hat und verfassungsrechtlich zustimmen durfte.[81]

17 Den das Primärrecht ändernden Gesetzgeber binden die für Verfassungsänderungen im Allgemeinen geltenden Grenzen aus **Art. 79 Abs. 3 GG**, was auch **Art. 23 Abs. 1 S. 3 GG** ausdrücklich klarstellt. Eine entsprechende Übertragung von Hoheitsrechten stellt zwar ihrer Form nach keine Verfassungsänderung dar, wird aber – abgesehen vom formellen Erfordernis des Art. 79 Abs. 1 Satz 1 GG – vom Grundgesetz wie eine solche behandelt.[82] Auch eine durch verfassungsändernde Mehrheit sanktionierte Fortentwicklung der Gründungsverträge (vgl. Art. 23 Abs. 1 S. 3 i. V. m. Art. 79 Abs. 2 GG) ist an den **materialen Identitätskern des Grundgesetzes** gebunden, wonach Änderungen des Grundgesetzes, durch welche die Gliederung des Bundes in Länder, die grundsätzliche Mitwirkung der Länder bei der Gesetzgebung oder die in Art. 1, 20 GG niedergelegten Grundsätze berührt werden, unzulässig ist (Art. 79 Abs. 3 GG). Streit besteht lediglich über die Dichte und die Direktionskraft dieser – demokratietheoretisch konfliktreichen[83] – Selbstbegrenzung des demokratischen Gesetzgebers. Ein wesentliches Element des über Art. 79 Abs. 3 GG geschützten **Demokratieprinzips**

---

[77] So auch *Streinz/Herrmann*, BayVBl. 2008, 1 (8).
[78] *Ehlers*, DVBl. 1991, 605 (609); *Hutka*, Gemeinschaftsbezogene Prüfungs- und Verwerfungskompetenz der deutschen Verwaltung gegenüber Rechtsnormen nach europäischem Gemeinschaftsrecht und nach deutschem Recht, 1997, S. 115 ff.; *Jarass*, Grundfragen der innerstaatlichen Bedeutung des EG-Rechts, 1994, S. 104 f.; *Nettesheim*, AöR 119 (1994), 261 (280); *Scherzberg*, Jura 1993, 225 (229).
[79] *Bach*, JZ 1990, 1108 (1112 ff.); *Kahl*, in: Calliess/Ruffert, EUV/AEUV, Art. 4 EUV Rn. 94.
[80] Vgl. auch *Funke*, DÖV 2007, 733 (738).
[81] BVerfGE 123, 267 (402); *Nettesheim*, EuR 2004, 511 (545 f.); *Sauer*, Jurisdiktionskonflikte in Mehrebenensystemen, 2008, S. 162 ff.
[82] *Jestaedt*, in: FS Blomeyer, S. 637 (652). Anders aber *Möllers/Reinhardt*, JZ 2012, 693 (694).
[83] Siehe jüngst *Dreier*, Gilt das Grundgesetz ewig?, 2009, S. 67 ff.

besteht darin, dass sich auch die Ausübung supranationaler Gewalt stets auf einen Übertragungsakt durch das demokratisch unmittelbar legitimierte Parlament zurückführen lässt. Dies wird unionsrechtlich über das **Gebot der begrenzten Einzelermächtigung** (Art. 5 Abs. 1 S. 1 EUV) grundsätzlich sichergestellt.[84] Die Probleme einer unkontrollierten Kompetenzanmaßung sind damit freilich nicht gelöst, sondern verlagern sich letztlich in die sachgerechte **Auslegung der primärrechtlichen Kompetenzen**, über die aus unionsrechtlicher Sicht letztverantwortlich der EuGH wacht. Das BVerfG hat dem Gerichtshof hierbei weitgehende methodische Freiheit zugestanden,[85] weshalb das verfassungsrechtlich letztlich unausweichliche Beharren auf einer begrenzten Einzelermächtigung in der Sache wenig zur Stabilisierung des demokratischen und des rechtsstaatlichen Fundaments der Europäischen Union beitragen dürfte.[86] In erster Linie ist daher der EuGH in der Verantwortung, die verbreitete Skepsis der Mitgliedstaaten ernst zu nehmen und für methodische Transparenz und Zurückhaltung bei der Rechtsfortbildung zu sorgen.[87]

Daneben kommt die **Struktursicherungsklausel des Art. 23 Abs. 1 S. 1 GG** zur Anwendung. Hiernach ist die Bundesrepublik darauf beschränkt, an einer Europäischen Union mitzuwirken, die demokratischen, rechtsstaatlichen, sozialen und föderativen Grundsätzen sowie dem Grundsatz der Subsidiarität verpflichtet ist und einen dem Grundgesetz im Wesentlichen vergleichbaren Grundrechtsschutz gewährleistet. Da sich die Strukturmerkmale des Grundgesetzes allerdings nicht ohne Modifikationen auf einen supranationalen Staatenverbund projizieren lassen, bedürfen die in Art. 23 Abs. 1 S. 1 GG genannten Grundsätze einer **integrationsoffenen Modifikation**.[88] Einerseits wird nicht verlangt, dass die Verfassung der Europäischen Union ein vergrößertes Abbild der nationalen Staatsstrukturen nach Art. 1, 20 GG ist, andererseits werden die integrationsfreundlichen und lediglich rahmenartigen Mindeststandards[89] als Grenzen der Mitwirkung deutscher Staatsgewalt weiterhin vom Grundgesetz definiert.

Art. 23 Abs. 1 S. 1 GG ist ein Produkt des verfassungsändernden Gesetzgebers. Die Norm ist zwar teilweise deklaratorisch, soweit sie lediglich (neben S. 3) auf Integrationsschranken verweist, die nach Art. 79 Abs. 3 GG in seiner Ausdeutung durch die bundesverfassungsgerichtliche Rechtsprechung ohnehin gelten. Art. 23 Abs. 1 S. 1 GG als solcher wird aber nicht von Art. 79 Abs. 3 GG erfasst und könnte daher auch wieder gestrichen werden. Da die Änderung des Primärrechts nach Art. 23 Abs. 1 S. 3 GG zudem ohnehin an Art. 79 Abs. 3 GG gebunden ist, reduziert sich der Anwendungsbereich

---

[84] BVerfGE 123, 267 (353 f.); 126, 286 (302 f.).
[85] BVerfGE 123, 267 (351 f.); 126, 286 (305).
[86] Kritisch bereits *Gärditz/Hillgruber*, JZ 2009, 872 (877).
[87] Vgl. deutlich auch *GA Trstenjak*, SchlA Rs. C-101/08, *Audiolux*, Slg. 2009, I-9823 Rn. 107.
[88] BVerfGE 89, 155 (182); 123, 267 (365 f.); *von Bogdandy*, Zur Übertragbarkeit staatsrechtlicher Figuren auf die Europäische Union, in: FS Badura, 2004, S. 1033 ff.; *Breuer*, NVwZ 1994, 417 (421 f.); *Classen*, in: v. Mangoldt/Klein/Starck, GG, Art. 23 Rn. 16; *Grzeszick*, in: Maunz/Dürig, 2010/2007 GG, Art. 20 VI Rn. 162; *ders.*, Die Europäisierung des Rechts und die Demokratisierung Europas, in: Axer/Grzeszick/Kahl/Mager/Reimer (Hrsg.), Das Europäische Verwaltungsrecht in der Konsolidierungsphase, 2010, S. 95 (103); *Ruffert*, DVBl. 2009, 1197 (1199); *Streinz*, in: Sachs, GG, Art. 23 Rn. 22, 27.
[89] Vgl. *Classen*, in: v. Mangoldt/Klein/Starck, GG, Art. 23 Rn. 16; *Grzeszick*, Die Europäisierung des Rechts und die Demokratisierung Europas, in: Axer/Grzeszick/Kahl/Mager/Reimer (Hrsg.), Das Europäische Verwaltungsrecht in der Konsolidierungsphase, 2010, S. 95 (103).

des Art. 23 Abs. 1 S. 1 GG auf die **Mitwirkung** (verfassungsgebundener[90]) deutscher Organe bzw. deutscher Vertreter in europäischen Organen **am europäischen Integrationsprozess unterhalb der Vertragsanpassung**. Die Funktion der Struktursicherungsklausel besteht mithin darin, die Staatsorgane bei ihrer politischen Mitwirkung im Bereich der Sekundärrechtsetzung an materiale Vorgaben der Verfassung zu binden.[91] Für Behörden und Instanzgerichte ist demgegenüber Art. 23 Abs. 1 S. 1 GG grundsätzlich kein unmittelbarer Entscheidungsmaßstab, soweit sie nicht in außergewöhnlichen Konstellationen über die Rechtmäßigkeit der Mitwirkung deutscher Staatsorgane am europäischen Rechtsetzungsprozess zu entscheiden haben.

20 Das BVerfG hat auf der Grundlage der Integrationsschranke aus Art. 79 Abs. 3 GG[92] einen dualen Kontrollansatz entwickelt, der sowohl die Verfassungsidentität als auch den demokratischen Ableitungszusammenhang qua primärrechtlicher Einzelermächtigung sicherstellt (**Identitäts- und Ultra-vires-Kontrolle**).[93] Das BVerfG beansprucht die Kompetenz, „die Integrationsverantwortung im Fall von ersichtlichen Grenzüberschreitungen bei Inanspruchnahme von Zuständigkeiten durch die Europäische Union [...] und zur Wahrung des unantastbaren Kerngehalts der Verfassungsidentität des Grundgesetzes im Rahmen einer Identitätskontrolle einfordern zu können".[94] Das BVerfG betont im Ansatz zutreffend die Notwendigkeit, die Kontrollkompetenz **unionsrechtsfreundlich** auszuüben,[95] was allerdings in der Honeywell/Mangold-Entscheidung des Gerichts zu einer das Kontrollkonzept letztlich entleerenden[96] Zurücknahme der Interventionsmöglichkeiten geführt hat: Voraussetzung einer Unanwendbarkeitserklärung ist eine Vorbefassung des EuGH und ein hinreichend

---

[90] *Böse*, Der Grundsatz der Verfügbarkeit von Informationen in der strafrechtlichen Zusammenarbeit der Europäischen Union, 2007, S. 52; *Classen*, in: v. Mangoldt/Klein/Starck, GG, Art. 24 Rn. 56; *Durner*, in: HStR, § 216 Rn. 15 ff. Anderer Ansicht *Cornils*, AöR 129 (2004), 336 ff.

[91] Ähnlich *Hobe*, in: Friauf/Höfling (Hrsg.), Berliner Kommentar zum GG, Stand: 1/2011, Art. 23 Rn. 51; wohl auch *Isensee*, in: FS Stern, S. 1239 (1249).

[92] Vgl. nur *Grimm*, Der Staat 48 (2009), 475 (489); *Pache*, EuGRZ 2009, 285 (295); *Voßkuhle*, NVwZ 2010, 1 (7).

[93] Stellvertretend und weiterführend zum Kontrollkonzept der Lissabon-Entscheidung *Bobes Sánches*, Revista española de Derecho Europeo 33 (2010), 157 ff.; *Bryde*, in: FS Jaeger, 2010, S. 65 (70 ff.); *Denninger*, JZ 2010, 969 ff.; *Everling*, EuR 2010, 91 ff.; *Grimm*, Der Staat 48 (2009), 475 ff.; *Häberle*, JöR 58 (2010), 317 ff.; *Halberstam/Möllers*, German Law Journal 10 (2009), 1241 ff.; *Isensee*, ZRP 2010, 33 ff.; *Lindner*, BayVBl. 2010, 193 ff.; *Pache*, EuGRZ 2009, 285 ff.; *Sauer*, ZRP 2009, 195 ff.; *Schorkopf*, German Law Journal 10 (2009), 1219 ff.; *ders.*, American Journal of International Law 104 (2010), 259 ff.; *Tomuschat*, German Law Journal 10 (2009), 1259 ff.; *Ungern-Sternberg*, Revue du Droit Public 2010, 171 ff.; *Voßkuhle*, NVwZ 2010, 1 ff.; *Wolff*, DÖV 2010, 49 ff.

[94] BVerfGE 123, 267 (353).

[95] BVerfGE 123, 267 (354); 126, 286 (303); kritisch aber die abweichende Meinung des Richters *Landau*, BVerfGE 126, 286, (318, 321 ff.). Eingehend und realistisch zu Entwicklungsperspektiven *Mayer/Walter*, Jura 2011, 532 (539 ff.); analytisch *Kaiser/Schübel-Pfister*, Der ungeschriebene Verfassungsgrundsatz der Europarechtsfreundlichkeit: Trick or Treat?, in: Emmenegger/Wiedmann (Hrsg.), Linien der Rechtsprechung des Bundesverfassungsgerichts, 2011, S. 545 ff. Undeutlich BVerfG, JZ 2013, 621 (622) Rn. 90 f.

[96] Zutreffende Diagnose bei *Classen*, JZ 2010, 1186 (1186 f.); *Terhechte*, EuZW 2011, 81; differenzierend *Payandeh*, Common Market Law Review 48 (2011), 9 (27); *Sauer*, EuZW 2011, 94 (97). Gerade aus diesem Grund hat die Entscheidung freilich auch Zustimmung erfahren, vgl. etwa *Mayer/Walter*, Jura 2011, 532 (539).

qualifizierter Verstoß gegen die begrenzte Einzelermächtigung, so „dass das kompetenzwidrige Handeln der Unionsgewalt offensichtlich ist und der angegriffene Akt im Kompetenzgefüge zwischen Mitgliedstaaten und Union im Hinblick auf das Prinzip der begrenzten Einzelermächtigung und die rechtsstaatliche Gesetzesbindung erheblich ins Gewicht fällt".[97] Die in Anspruch genommenen materiellen verfassungsrechtlichen Kontrollmaßstäbe einerseits und deren prozessuale Operationalisierung klaffen insoweit argumentativ auseinander.[98]

Das BVerfG beansprucht für sich zugleich das **innerstaatliche Monopol**, Unionsrecht aus den genannten Gründen in Deutschland für unanwendbar zu erklären.[99] Auch wenn sich dies aus dem Grundgesetz heraus nur schwer begründen lässt,[100] sind jedenfalls unter Zugrundelegung der vom Gericht vertretenen Auffassung **Instanzgerichte** daran gehindert, selbst Unionsrecht aus verfassungsrechtlichen Gründen unangewendet zu lassen. Es bleibt für die spruchrichterliche Praxis daher bei dem allgemeinen Vorrang des Unionsrechts, von dem sich ein Gericht allenfalls durch eine zulässige und nach Maßgaben der vorstehenden Integrationsgrenzen begründete **Richtervorlage analog Art. 100 Abs. 1 GG** befreien kann. Eine solche Richtervorlage wird freilich kaum die notwendigen Substantiierungsanforderungen (§ 23 Abs. 1 S. 2 Hs. 1, 80 Abs. 2 S. 1 BVerfGG)[101] erfüllen, um überhaupt die Zulässigkeitshürde zu überwinden. Denn das vorlegende Gericht müsste nach Einholung einer Entscheidung des EuGH (Art. 267 AEUV) darlegen, dass ein Unionsrechtsakt nicht nur ultra vires ergangen ist, sondern diese singuläre Kompetenzüberschreitung zudem zu einer strukturellen Verschiebung im Kompetenzgefüge zwischen Europäischer Union und Mitgliedstaaten führt.

II. Mittelbare Kollisionen

Bei mittelbaren Kollisionen stehen sich **keine gegenseitig ausschließenden Rechtsfolgen** von Normen des Unionsrechts einerseits und des nationalen Rechts andererseits gegenüber. Vielmehr müssen unionsrechtliche und nationale Rechtsvorschriften kumulativ angewandt werden.[102] Auch in diesem Fall kann es zu Konflikten kommen, wenn die anzuwendenden nationalen Vorschriften den wirksamen Vollzug des Unionsrechts beeinträchtigen. Das Unionsrecht verdrängt bzw. überlagert dann ebenfalls das nationale Recht, jedoch nur, soweit dies für die **Funktionssicherung** des Unionsrechts geboten ist.[103] Im Mittelpunkt stehen hierbei die aus dem Grundsatz des loyalen Vollzugs (Art. 4 Abs. 3 EUV, ergänzt durch Art. 19 Abs. 1 UAbs. 2 EUV) abgeleiteten Vorgaben für das Organisations-, Verfahrens- und Prozessrecht der Mitgliedstaaten, das den Rahmen des indirekten Vollzugs des Unionsrechts bildet und nachfolgend in Teil B näher dargestellt werden soll.

---

[97] BVerfGE 126, 286 (304).
[98] Treffend *Payandeh*, Common Market Law Review 48 (2011), 9 (23).
[99] BVerfGE 123, 267 (354).
[100] Kritisch *Gärditz/Hillgruber*, JZ 2009, 872 (874); *Lindner*, BayVBl. 2010, 193 (203, Anm. 123); *Sauer*, ZRP 2009, 195 (197); *Wolff*, DÖV 2010, 49 (51); vgl. auch *Bryde*, in: FS Jaeger, 2010, S. 65 (69): Monopol keine Selbstverständlichkeit.
[101] Siehe allgemein BVerfGE 85, 329 (333 ff.); 88, 187 (194 ff.); 96, 315 (324 f.).
[102] *von Danwitz*, EU-VerwR, S. 154 f.
[103] Treffend *von Danwitz*, EU-VerwR, S. 155.

B. Auswirkungen des Unionsrechts auf das nationale Verwaltungsorganisations-, Verwaltungsverfahrens- und Verwaltungsprozessrecht

23 Neben den materiellen Bindungen der Verwaltung beeinflusst das Unionsrecht vor allem **Organisation und Verfahren** des nationalen Vollzugs. Hierbei handelt es sich letztlich um die älteste Schicht des Europäischen Verwaltungsrechts.[104] Noch heute maßgeblich sind die Aussagen des EuGH in der Rechtssache *Deutsche Milchkontor*: „Im Einklang mit den allgemeinen Grundsätzen, auf denen das institutionelle System der Gemeinschaft beruht und die die Beziehungen zwischen der Gemeinschaft und den Mitgliedstaaten beherrschen, ist es [...] Sache der Mitgliedstaaten, in ihrem Hoheitsgebiet für die Durchführung der Gemeinschaftsregelungen [...] zu sorgen. Soweit das Gemeinschaftsrecht einschließlich der allgemeinen gemeinschaftsrechtlichen Grundsätze hierfür keine gemeinsamen Vorschriften enthält, gehen die nationalen Behörden bei dieser Durchführung der Gemeinschaftsregelungen nach den formellen und materiellen Bestimmungen ihres nationalen Rechts vor, wobei dieser Rechtssatz freilich [...] mit den Erfordernissen der einheitlichen Anwendung des Gemeinschaftsrechts in Einklang gebracht werden muß [...]".[105]

24 Auch der EuGH geht also zunächst davon aus, dass sich die **Durchführung des Unionsrechts** in den Bahnen des nationalen Verwaltungsorganisations-, Verwaltungsverfahrens- und Verwaltungsprozessrechts vollzieht. Dies stellt inzwischen **Art. 291 Abs. 1 AEUV** explizit klar, wonach die Mitgliedstaaten die zur Durchführung der verbindlichen Rechtsakte der Union erforderlichen Maßnahmen „nach innerstaatlichem Recht" treffen.[106] Art. 19 Abs. 1 UAbs. 2 EUV enthält eine parallele Gewährleistung für den **Rechtsschutz zur Durchsetzung des Unionsrechts**, der durch Rechtsbehelfe nach nationalem Recht gewährt wird (vgl. Rn. 54). Die „Soweit-Formel"[107] des Gerichtshofs in *Deutsche Milchkontor* steht allerdings für ein inzwischen dichtes Netz an sehr unterschiedlichen Einflüssen des Unionsrechts auf das nationale (Allgemeine) Verwaltungs- und Verwaltungsprozessrecht. Dies hat vor allem seit der Mitte der 1990er Jahre in Deutschland zu einer weitläufigen und intensiven verwaltungsrechtswissenschaftlichen **Europäisierungsdiskussion** geführt,[108] die einerseits fraglos einen exogen katalysierten

---

[104] *Mager*, Entwicklungslinien, S. 11 (15).
[105] EuGH, verb. Rs. 205-215/82, *Deutsche Milchkontor*, Slg. 1983, 2633 Rn. 17.
[106] Vgl. *Kahl*, in: Calliess/Ruffert, EUV/AEUV, 4. Aufl. 2011, Art. 4 EUV Rn. 61. Siehe nunmehr grundsätzlich hierzu *Krönke*, Die Verfahrensautonomie der Mitgliedstaaten der EU, 2003.
[107] So die etablierte Bezeichnung, vgl. etwa *Kahl*, Die Verwaltung 29 (1996), 341 (352); *Rengeling*, VVDStRL 53 (1994), 202 (225).
[108] Aus der Vielzahl grundlegender Schriften aus dieser Pionierphase des Europäischen Verwaltungsrechts sind stellvertretend zu nennen: *Blanke*, Vertrauensschutz im deutschen und europäischen Verwaltungsrecht, 2000; *Brenner*, Der Gestaltungsauftrag der Verwaltung in der Europäischen Union, 1996; *Classen*, Die Europäisierung der Verwaltungsgerichtsbarkeit, 1996; *von Danwitz*, Verwaltungsrechtliches System und Europäische Integration, 1996; *Ehlers*, Die Europäisierung des Verwaltungsprozessrechts, 1999; *Hatje*, Die gemeinschaftsrechtliche Steuerung der Wirtschaftsverwaltung, 1998; *Kadelbach*, Allgemeines Verwaltungsrecht unter europäischem Einfluss, 1999; *Rengeling*, VVDStRL 53 (1994), 202 ff.; *Schoch*, Die Europäisierung des verwaltungsgerichtlichen Rechtsschutzes, 2000; *Zuleeg*, VVDStRL 53 (1994), 154 ff.

Umbruch in der Entwicklung des Öffentlichen Rechts in Deutschland markiert,[109] andererseits teilweise aber auch als diskursives Ventil für aufgestaute Probleme diente, die eher in verkrusteten Teilelementen der Dogmatik des deutschen Verwaltungsrechts lagen.[110] Ungeachtet dessen hat das Europäische Verwaltungsrecht deutliche und tief greifende Spuren im nationalen Verwaltungsrecht des indirekten Vollzugs hinterlassen. Die wichtigsten Einflüsse sollen im Folgenden dargestellt werden.

I. Vollzug des Unionsrechts

Das Unionsrecht beruht auf einem **dualen Vollzugskonzept**.[111] Im Bereich des **direkten Vollzugs** wird das Unionsrecht von Organen der Union ausgeführt (**Eigenverwaltungsrecht**).[112] Im Bereich des **indirekten Vollzugs** wenden die mitgliedstaatlichen Behörden und Gerichte das Unionsrecht an und haben hierbei verschiedene unionsrechtliche Anforderungen an einen loyalen Vollzug zu achten (**Unionsverwaltungsrecht**).

Die organisatorische Basis des Europäischen Verwaltungsrechts bilden die **mitgliedstaatlichen Verwaltungen**.[113] Art. 291 AEUV, dessen Absatz 1 den Vollzug durch die Mitgliedstaaten zum Regelfall erklärt und eine Hochzonung auf Kommissionsebene nur in den Ausnahmefällen des Absatz 2 zulässt, bekräftigt dies zusätzlich.[114] Der Anwendungsbereich des Eigenverwaltungsrechts ist demgegenüber schon aus Kompetenzgründen begrenzt. Aus einer Regelungskompetenz der Union folgen unmittelbar keine Vollzugskompetenzen; vielmehr benötigt die Union für einen Vollzug im Rahmen der Eigenverwaltung eine besondere **Ermächtigungsgrundlage**.[115] Solche Ermächtigungen enthält das Primärrecht aber nur punktuell (vgl. aber auch Rn. 27). Wo Kompetenzen zur Eigenverwaltung bestehen, wurden diese teilweise (auch aus Gründen der Vollzugseffektivität) bisweilen sekundärrechtlich stärker dezentral ausgerichtet: Im **Kartellrecht**, das in der praktischen Unionsrechtsanwendung eine zentrale Rolle spielt, verfügt die Kommission auf der Grundlage des Art. 105 Abs. 1 AEUV

---

[109] *Wahl*, Herausforderungen und Antworten: Das Öffentliche Recht der letzten fünf Jahrzehnte, 2006, S. 94 ff.
[110] Luzide Beobachtung bei *Lepsius*, Hat die Europäisierung des Verwaltungsrechts Methode? Oder: Die zwei Phasen der Europäisierung des Verwaltungsrechts, in: Axer/Grzeszick/Kahl/Mager/Reimer (Hrsg.), Das Europäische Verwaltungsrecht in der Konsolidierungsphase, 2010, S. 179 ff.
[111] Siehe nur *Rengeling*, Rechtsgrundsätze beim Verwaltungsvollzug des Europäischen Gemeinschaftsrechts, 1977, S. 9 ff.
[112] Vgl. zu dessen Organisation stellvertretend nur *Ehlers*, in: Erichsen/Ehlers, Allg. Verw., § 5 Rn. 34 ff.
[113] *Mager*, Die europäische Verwaltung zwischen Hierarchie und Netzwerk, in: Trute/Groß/Röhl/Möllers (Hrsg.), Allgemeines Verwaltungsrecht – zur Tragfähigkeit eines Konzepts, 2008, S. 369 (378 f.); *Schmidt-Aßmann*, Verfassungsprinzipien für den Europäischen Verwaltungsverbund, in: Hoffmann-Riem/ders./Voßkuhle (Hrsg.), Grundlagen des Verwaltungsrechts, Bd. 1, 2006, § 5 Rn. 19.
[114] *Ruffert*, Institutionen, Organe und Kompetenzen – der Abschluss eines Reformprozesses als Gegenstand der Europawissenschaft, in: Schwarze/Hatje (Hrsg.), Der Reformvertrag von Lissabon, 2009, S. 31 (45).
[115] *Magiera*, in: Schulze/Zuleeg/Kadelbach, § 13 Rn. 21.

zwar über eine unionseigene Vollzugskompetenz,[116] jedoch wurden diese Zuständigkeiten durch VO (EG) 1/2003[117] ebenfalls weitgehend auf die Wettbewerbsbehörden der Mitgliedstaaten verlagert.[118]

27 Im Kontrast zu dieser Dezentralisierung im Wettbewerbsrecht steht ein voranschreitender Ausbau der unionseigenen Verwaltung auf sekundärrechtlicher Grundlage in den verschiedensten Regelungsbereichen. Auf der Ebene der **Eigenverwaltung** ist es zu einer erheblichen **Ausdifferenzierung der Verwaltungsorganisation** gekommen.[119] Der Kommission werden häufig auf sekundärrechtlicher Grundlage gegründete eigenständige Verwaltungseinrichtungen (**Agenturen**) zugeordnet, die in graduell unterschiedlicher Verselbstständigung vorbereitende, koordinierende, teils aber auch außenwirksame Verwaltungsaufgaben wahrzunehmen haben.[120] Zwar verfügt die Union in den meisten betroffenen Verwaltungsbereichen explizit nur über eine sachliche Regelungskompetenz, keine korrespondierende primärrechtliche Vollzugskompetenz. Der EuGH hat eine solche Kompetenz aber grundsätzlich als ausreichend erachtet, sekundärrechtlich Eigenverwaltungsstrukturen aufzubauen, soweit dies dem Regelungsziel der primärrechtlichen Kompetenzgrundlage (insbesondere Art. 114 AEUV) förderlich ist.[121]

28 In zunehmendem Maße entstehen zudem Formen der **Verbundverwaltung**, in der Organe der Union und nationale Behörden arbeitsteilig kooperieren und Verwaltungsverfahren verbundförmig verschränkt durchführen.[122] Derzeit wichtigstes

---

[116] Vgl. EuGH, Rs. 13/61, *Bosch*, Slg. 1962, 99 (112); *Bechtold/Brinker/Bosch/Hirsbrunner*, EG-Kartellrecht, 2. Aufl. 2009, Art. 85 Rn. 1; *Koenig/Schreiber*, Europäisches Wettbewerbsrecht, 2010, S. 171.

[117] Verordnung (EG) 1/2003 des Rates v. 16.12.2002 zur Durchführung der in den Artikeln 81 und 82 des Vertrags niedergelegten Wettbewerbsregeln (ABl. 2003 L 1, S. 1).

[118] Siehe hierzu *Dalheimer*, in: dies./Feddersen/Miersch (Hrsg.), EU-Kartellverfahrensverordnung, 2005, Vorbem. Rn. 46. Kritisch *Deringer*, EuZW 2000, 5 ff.; *Mestmäcker*, EuZW 1999, 523 (525 ff.); *Möschel*, JZ 2000, 61 (62).

[119] Siehe *Craig*, EU Administrative Law, 1. Aufl. 2006, S. 143 ff.; *Schmidt-Aßmann*, Allgemeines Verwaltungsrecht als Ordnungsidee, 2. Aufl. 2004, S. 379 f.

[120] Eingehend *Britz*, Verbundstrukturen in der Mehrebenenverwaltung: Erscheinungsformen, Funktion und verfassungsrechtliche Grenzen am Beispiel der europäischen und deutschen Energiemarktregulierung, in: Schneider/Caballero (Hrsg.), Strukturen des europäischen Verwaltungsverbundes, 2009, S. 71 ff.; *Fehling*, Europäische Verkehrsagenturen als Instrumente der Sicherheitsgewährleistung und Marktliberalisierung insbesondere im Eisenbahnwesen, in: Schneider/Schwarze/Müller-Graff (Hrsg.), Vollzug des Europäischen Wirtschaftsrechts zwischen Zentralisierung und Dezentralisierung, 2005, S. 41 ff.; *Görisch*, Demokratische Verwaltung durch Unionsagenturen, 2009; *Koch*, Die Externalisierungspolitik der Kommission, 2004; *Uerpmann*, AöR 125 (2000), 551 ff.; *Wittinger*, EuR 2008, 609 ff.

[121] EuGH, Rs. C-359/92, *Bundesrepublik Deutschland/Rat*, Slg. 1994, I-3698 Rn. 37, Rs. C-66/04, *Vereinigtes Königreich und Nordirland/Europäisches Parlament und Rat*, Slg. 2005, I-10553 Rn. 60 ff.; Rs. C-217/04, *Vereinigtes Königreich und Nordirland/Europäisches Parlament und Rat*, Slg. 2006, I-3771 Rn. 47 ff. Kritisch hierzu *Caspar*, DVBl. 2002, 1437 (1444); *Gärditz*, ZUR 1998, 169 (173); *Groß*, Die Produktzulassung von Novel-Food, 2001, S. 168 ff., 179 ff.; *Klepper*, Vollzugskompetenzen der Europäischen Gemeinschaft aus abgeleitetem Recht, 2001, S. 45 f.; *Ludwigs*, Rechtsangleichung nach Art. 94, 95 EG-Vertrag, 2004, S. 254 f.; *Mesenburg*, Erosion staatlicher Vollzugsbefugnisse im Gentechnikrecht, 2003, S. 168 ff.; *Wahl/Groß*, DVBl. 1998, 2 ff.; *Winkelmüller*, Verwaltungskooperation bei der Wirtschaftsaufsicht im EG-Binnenmarkt, 2002, S. 145 ff.

[122] Vertiefend *Ruffert*, DÖV 2007, 761 ff.

Referenzgebiet hierfür ist das **Regulierungsrecht**.[123] Beispiele für verbundförmige Verschränkungen wären etwa Notifikations- und Konsultationspflichten der nationalen Behörde, Vetorechte der Kommission, Vollzugsregelungen der Kommission[124] und Konsolidierungsverfahren, in denen Organe der Mitgliedstaaten und der Europäischen Union zusammenwirken. In solchen verbundförmigen Verwaltungsverfahren kommt es zu Überlagerungen der Rechtsschichten, da Entscheidungen im Zusammenspiel mehrerer Ebenen hergestellt werden, die unterschiedlichen rechtlichen Bindungen unterliegen. Die nationalen Verwaltungsbehörden werden zwar nicht organisatorisch, aber verfahrensrechtlich in die Entscheidungsstrukturen der unionalen Eigenverwaltung eingebunden.[125] Die daraus resultierenden Probleme wurden auch vom Lissabon-Vertrag, insbesondere durch Art. 291 Abs. 1 AEUV, nicht gelöst.[126]

In Ermangelung eines allgemeinen europäischen Verbundverwaltungsrechts gilt prinzipiell, dass für **Verfahrenshandlungen mitgliedstaatlicher Behörden**, die im Rahmen eines Verbundverfahrens außenwirksam vorzunehmen sind, die allgemeinen Grundsätze des Unionsverwaltungsrechts zur Anwendung kommen, die auch im Übrigen für den indirekten Vollzug des Unionsrechts durch mitgliedstaatliche Behörden gelten. Namentlich richten sich Organisation und Verfahren – vorbehaltlich abweichender fachgesetzlicher Regelungen – nach nationalem Recht. **Rechtsschutz** gegen Verfahrenshandlungen der mitgliedstaatlichen Behörden wird durch nationale Gerichte gewährt.[127] Allerdings bestehen hier Einschränkungen hinsichtlich der Teilakte, die von Organen der Europäischen Union erlassen wurden.[128] Denn die nationalen Gerichte – und gleichermaßen die nationalen Behörden[129] – sind nach allgemeinen Grundsätzen nicht befugt, solche Rechtsakte inzident zu verwerfen (Verwerfungsmonopol des EuGH),[130] sondern müssen die Frage der Gültigkeit ggf. durch Vorlage an den EuGH nach Art. 267 AEUV klären lassen und können allenfalls unter qualifizierten Voraussetzungen Eilrechtsschutz gewähren.[131]

---

[123] Siehe *Britz*, EuR 2006, 46 ff.; *Broemer*, Strategisches Verhalten in der Regulierung, 2010, S. 222 f., 327 f.; *Ladeur/Möllers*, DVBl. 2005, 525 ff.; *Trute*, Der europäische Regulierungsverbund in der Telekommunikation – ein neues Modell europäisierter Verwaltung, in: FS Selmer, 2004, S. 565 ff.

[124] Hierzu Näheres bei *Groß*, DÖV 2004, 20 ff.

[125] Siehe *Stöger*, ZÖR 65 (2010), 247 (265); *Trute*, Der europäische Regulierungsverbund in der Telekommunikation – ein neues Modell europäisierter Verwaltung, in: FS Selmer, 2004, S. 565 (577). Zu der hieraus folgenden Bindung der mitgliedstaatlichen Behörden an die Verfahrensgrundrechte der Union nach Art. 41 GRC siehe *Shirvani*, DVBl. 2011, 674 ff.

[126] *Gärditz*, DÖV 2010, 453 (462); für den VVE gleichsinnig *Ruffert*, DÖV 2007, 761 (767).

[127] Zu den dabei auftretenden Problemen im Regulierungsrecht *Schramm*, DÖV 2010, 387 (389 ff.); *Siegel*, Europäisierung des Öffentlichen Rechts, 2012, Rn. 427 ff.; im Naturschutzrecht *Kahl/Gärditz*, NuR 2005, 555 ff.

[128] Siehe *Gundel*, in: Ehlers, § 20 Rn. 68. Kritisch zur Erschwernis des Rechtsschutzes *Weiß*, Der Europäische Verwaltungsverbund, 2010, S. 153; ferner *Sydow*, Verwaltungskooperation in der Europäischen Union, 2004, S. 282, 278. Auch das Gericht hat die Anfechtbarkeit von internen Mitwirkungs- und Steuerungsmaßnahmen der Kommission verneint, wenn im Außenverhältnis die nationale Behörde handelt. Siehe EuG, Urt. v. 12. 12. 2007, Rs. T-109/06, *Vodafone*, Slg. 2007, II-5151, Rn. 89 ff.

[129] Klarstellend *Britz*, NVwZ 2004, 173 (175).

[130] EuGH, Rs. C-119/05, *Lucchini*, Slg. 2007 I-6199, Rn. 53; Rs. C-188/10 u. a., *Azis Melki*, Slg. 2010 I-5667, Rn. 54.

[131] Siehe im Einzelnen EuGH, Rs. 314/85, *Foto-Frost*, Slg. 1987, 4199 Rn. 19; Rs. C-143/88 u. a., *Zuckerfabrik Süderdithmarschen*, Slg. 1991, I-415 Rn. 23 ff.; Rs. C-465/93, *Atlanta Fruchthandelsgesellschaft*, Slg. 1995, I-3781 Rn. 32 ff.; Rs. C-68/95, *T. Port*, Slg. 1996, I-6065 Rn. 48.

II. Einflüsse des Unionsrechts auf den mitgliedstaatlichen Vollzug

30 Die Mitgliedstaaten vollziehen das Recht der Europäischen Union in eigener Kompetenz sowie in Ausübung **originärer mitgliedstaatlicher Hoheitsgewalt**, nicht auf Grund einer Delegation von Unionsgewalt.[132] Kommt nationales Organisations-, Verfahrens- oder Prozessrecht im Rahmen des Vollzugs des Unionsrechts zur Anwendung, wird es allerdings von verschiedenen unionsrechtlichen Direktiven im Rahmen der Auslegung und Anwendung überlagert.[133] Die sehr unterschiedlichen Einflusspfade sollen im Folgenden näher dargestellt werden.

31 **1. Allgemeine Vorgaben.** Das Unionsrecht enthält nur wenige detaillierte allgemeine Vorgaben für die Organisation und das Verfahren des indirekten Vollzugs. Dies beruht vor allem darauf, dass die Europäische Union lediglich über gegenständlich segmentierte Kompetenztitel verfügt, den mitgliedstaatlichen Vollzug zu regeln (vgl. Rn. 32). Ganz allgemein anerkennt der EuGH eine Organisations- und Verfahrensautonomie der Mitgliedstaaten,[134] die auch den Vollzug des Unionsrechts einschließt und lediglich von rahmenartigen allgemeinen Vorgaben überlagert wird.

32 **a) Fehlen einer einheitlichen Regelung.** Das europäische Unionsrecht enthält keine einheitlichen Regelungen für den mitgliedstaatlichen Vollzug. Dies ist primär darauf zurückzuführen, dass die Europäische Union über **keine Kompetenz** verfügt, das **Allgemeine Verwaltungsrecht** oder das **Verwaltungsprozessrecht** der Mitgliedstaaten im Bereich des Unionsrechtsvollzugs anzugleichen.[135] Eine solche Kompetenz ergibt sich auch nicht aus Art. 197 AEUV.[136] Regelungen des Organisations-, Verfahrens- und Prozessrechts können daher im Rahmen der begrenzten Einzelermächtigung (Art. 5 Abs. 1 S. 1 EUV) nur auf konkrete **Sachkompetenzen** gestützt werden,[137] bleiben dann aber notwendig punktuell und auf konkrete fachspezifische Probleme beschränkt.[138] Für entsprechende Regelungen wird teilweise der Gedanke der „implied power" herangezogen.[139] Entscheidend ist, dass das Primärrecht den Organen der Union sachgebietsbezogene Kompetenzen zuweist, die vor allem final strukturiert sind, also einen Auftrag zur gegenstandsspezifischen Zielerreichung enthalten. Zwischen materiellen und formalen Regelungsinhalten wird unionsrechtlich insoweit nicht differenziert. Auch Organisations- oder Verfahrensvorgaben können daher unter eine Sachkompetenz fallen, wenn sie notwendig sind, die Erreichung des materiellen Regelungsziels

---

[132] *Rengeling*, VVDStRL 53 (1994), 202 (211).
[133] *Mager*, in: Axer/Grzeszick/Kahl/dies./Reimer, Europäisches Verwaltungsrecht, S. 11 (15).
[134] Stellvertretend EuGH, Rs. C-201/02, *Wells*, Slg. 2004, I-723 Rn. 65, 67; Rs. C-392/04 und C-422/04, *i-21 Germany/Arcor*, Slg. 2006, I-8559 Rn. 57. Siehe vertiefend hierzu *Galetta*, in: Schwarze, Rechtsschutz vor dem Gerichtshof der EU nach Lissabon, S. 37 ff.
[135] *von Danwitz*, EU-VerwR, S. 467 ff.; *Kahl*, NVwZ 1996, 865 ff.; *Rengeling*, Rechtsgrundsätze beim Verwaltungsvollzug des Europäischen Gemeinschaftsrechts, 1977, S. 242.
[136] *Gärditz*, DÖV 2010, 453 (462 f.); *Lafarge*, European Public Law 16 (2010), 597 (609).
[137] *Kahl*, Die Verwaltung 29 (1996), 341 (346); *Sydow*, JuS 2005, 201 (203); für das Umweltrecht etwa *Epiney*, NVwZ 1999, 485 (491 ff.); *Pernice/Rodenhoff*, ZUR 2004, 149 ff.; für das Regulierungsrecht *Gärditz*, Regulierungsrechtliche Grundfragen des Legislativpakets für die europäischen Strom- und Gasbinnenmärkte, in: Löwer (Hrsg.), Neuere Europäische Vorgaben für den Energiebinnenmarkt, 2010, S. 23 (51 f.).
[138] Weitergehend aber wohl *Gundel*, in: Schulze/Zuleeg/Kadelbach, § 3 Rn. 114, 118.
[139] *Kahl*, Die Verwaltung 29 (1996), 341 (346 f.).

durch formale Vorkehrungen abzusichern. Solche Regelungen beschränken sich dann aber schon aus Kompetenzgründen auf den fachspezifischen Anwendungsbereich des jeweiligen Sekundärrechtsakts.

Vorgaben für das Verwaltungsverfahren und den Verwaltungsprozess finden sich beispielsweise im **Umweltrecht** (z. B. Umweltverträglichkeitsprüfung,[140] Öffentlichkeitsbeteiligung[141] und Umweltrechtsbehelfe[142]), im **Regulierungsrecht** (Konsultations- und Konsolidierungsverfahren[143]), im **Flüchtlingsrecht** (z. B. qualitative Anforderungen an die Tatsachenprüfung[144]) oder im **Vergaberecht** (Vergabeverfahren, Nachprüfungsverfahren).[145] Vorgaben für die Verwaltungsorganisation enthält z. B. das Regulierungsrecht (Unabhängigkeit der nationalen Regulierungsbehörde[146]), oder die Dienstleistungsrichtlinie (einheitlicher Ansprechpartner[147]).[148] Die verwaltungskooperationsrechtlichen Vorgaben der **Dienstleistungsrichtlinie** wurden in den §§ 8a ff., 42a, 71a ff. VwVfG umgesetzt.[149] Eine systematische Darstellung der darüber hinaus zahlreichen verfahrensrechtlichen Regelungen im besonderen Fachrecht der Union ist bislang Desiderat.

33

b) Mindeststandards der guten Verwaltung. Die Mindeststandards, die sich aus dem Grundrecht auf eine gute Verwaltung nach **Art. 41 EU-Grundrechtecharta** (GR-Charta) ergeben, beziehen sich dem Wortlaut nach zwar nur auf Verwaltungsverfahren der **Unionsorgane**. Eine Anwendung auf Verfahren vor **mitgliedstaatlichen Behörden**, soweit diese Unionsrecht vollziehen, schließt dies aber nicht aus.[150] Hierfür spricht vor allem Art. 51 Abs. 1 S. 1 Halbs. 2 GR-Charta, der für die gesamte Grundrechtecharta gilt. Dass Art. 41 Abs. 1 S. 1 GR-Charta eine Durchbrechung dieser

34

---

[140] RL 85/337/EWG v. 27.6.1985 (ABl. L 175, S. 40), geändert durch RL 97/11/EG v. 3.3.1997 (ABl. L 73, S. 5) und durch RL 2003/35/EG v. 26.5.2003 (ABl. L 156, S. 17); jetzt: RL 2011/92/EU (ABl. 2012 L 26, S. 1).

[141] RL 2003/35/EG v. 26.5.2003 (ABl. L 156, S. 17).

[142] Art. 16 RL 2008/1/EG v. 15.1.2008 (ABl. L 114, S. 9); Art. 11 RL 2011/92/EU (ABl. L 2012, L 26, S. 1).

[143] Art. 7, 15, 16 RL 2002/21/EG v. 7.3.2002 (ABl. 2002 L 108, S. 33) in der Fassung der RL 2009/140/EG v. 25.11.2009 (ABl. 2009 L 337, S. 37).

[144] Art. 8 Abs. 2 RL 2005/85/EG v. 1.12.2005 (ABl. L 326, S. 13).

[145] RL 2004/18/EG v. 30.4.2004 (ABl. 2004 L 134, S. 114); RL 2007/66/EG v. 11.12.2007 (ABl. L 335, S. 31).

[146] Art. 3 Abs. 3a UAbs. 1 RL 2002/21/EG v. 7.3.2002 (ABl. 2002 L 108, S. 33) in der Fassung der RL 2009/140/EG v. 25.11.2009 (ABl. 2009, L 337, S. 37); Art. 35 Abs. 4 RL 2009/72/EG v. 13.7.2009 (ABl. 2009 L 211, S. 36); Art. 39 Abs. 4 RL 2009/73/EG v. 13.7.2009 (ABl. 2009 L 211, S. 36).

[147] Art. 6 RL 2006/123/EG v. 12.12.2006 (ABl. 2006 L 376, S. 94).

[148] Zahlreiche Beispiele aus verschiedenen Regelungsbereichen bei *Kahl*, Die Verwaltung 29 (1996), 341 (353 ff.); ferner *Ehlers*, in: Erichsen/Ehlers, Allg. Verw., § 5 Rn. 52.

[149] Hierzu *Eisenmenger*, NVwZ 2010, 337 ff.; *Guckelberger*, DÖV 2010, 109 ff.; *Reichelt*, LKV 2010, 97 ff.; *Schliesky/Schulz*, DVBl. 2010, 601 ff.; *Schmitz/Prell*, NVwZ 2009, 1 ff. und 1121 ff.; *Uechtritz*, DVBl. 2010, 684 ff.

[150] So aber die h. M. *Classen*, Gute Verwaltung im Recht der Europäischen Union, 2008, S. 76 ff.; *Grzeszick*, EuR 2006, 161 (167 f.); *Kańska*, European Law Journal 10 (2004), 296 (309); *Magiera*, in: Meyer (Hrsg.), Charta der Grundrechte der Europäischen Union, 3. Aufl. 2010, Art. 41 Rn. 9; *Pfeffer*, Das Recht auf eine gute Verwaltung, 2006, S. 102 ff.; kritisch und vorsichtig ferner *Jarass*, Charta der Grundrechte der europäischen Union, 2010, Art. 41 Rn. 10; wie hier immerhin *Bauer*, Das Recht auf eine gute Verwaltung, 2002, S. 142.

allgemeinen Regel normieren wollte, erscheint nicht plausibel, zumal das Grundrecht in erster Linie bereits zuvor anerkannte allgemeine Rechtsgrundsätze positiviert,[151] die nach der Rechtsprechung die mitgliedstaatlichen Verwaltungen binden, soweit sie Unionsrecht vollziehen (vgl. Rn. 36). Dass die EU-Grundrechtecharta die unionsrechtlichen Einflüsse auf den indirekten Vollzug gegenüber dem bereits erreichten Status quo gezielt zurückdrängen sollte, ist nicht erkennbar und auch nicht anzunehmen. Der Wortlaut indiziert ebenfalls nicht zwangsläufig einen anderen Willen der rechtsetzenden Mitgliedstaaten, wenn man den Begriff der „sonstigen Stellen der Union" in Art. 41 Abs. 1 S. 1 GR-Charta nicht organisatorisch versteht, sondern funktional über Art. 51 Abs. 1 S. 1 GR-Charta eben auch auf mitgliedstaatliche Stellen beim indirekten Vollzug erstreckt. Im Ergebnis binden daher die Mindeststandards guter Verwaltung auch die mitgliedstaatlichen Behörden im Bereich des Unionsverwaltungsrechts.[152] Selbst wenn man dies mit der hM anders beurteilen wollte, würde sich bezogen auf konkrete Verwaltungsverfahren am Ergebnis kaum etwas ändern. Denn Art. 41 GR-Charta markiert jedenfalls gemeineuropäische Mindeststandards eines rechtsstaatlichen Verwaltungsvollzugs, die unter dem Gesichtspunkt des Effektivitätsprinzips (Art. 4 Abs. 3 EUV, unten Rn. 35) auch von den Mitgliedstaaten im indirekten Vollzug zu beachten sind.

35 **c) Äquivalenz- und Effektivitätsgebot.** Nach ständiger Rechtsprechung des EuGH darf die Anwendung und Auslegung des nationalen Organisations- und Verfahrensrechts als Ausdruck des (unmittelbar anwendbaren[153]) Gebotes loyaler Zusammenarbeit **(Art. 4 Abs. 3 EUV)** zum einen nicht gegenüber der Unionsrechtsanwendung diskriminierend sein; die Anwendung des Unionsrechts durch die zuständigen Stellen der Mitgliedstaaten muss in gleichem Maße praktisch wirksam sein wie der Vollzug nationalen Rechts in vergleichbaren Fallgruppen **(Äquivalenzgebot)**. Zum anderen darf die Verwirklichung des Unionsrechts durch die anzuwendenden nationalen Regeln nicht praktisch vereitelt oder erheblich beeinträchtigt werden **(Effektivitätsgebot)**.[154] Eine (rein deklaratorische[155]) Bekräftigung hat das Effektivitätsgebot durch Art. 197 Abs. 1 AEUV erfahren, der die für das ordnungsgemäße Funktionieren der Union entscheidende effektive Durchführung des Unionsrechts durch die Mitgliedstaaten zu einer Frage von gemeinsamem Interesse erklärt. Das nationale Verwaltungsverfahrens- und Verwaltungsprozessrecht

---

[151] Vgl. *Galetta/Grzeszick*, in: Tettinger/Stern (Hrsg.), Kölner Gemeinschaftskommentar zur Europäischen Grundrechte-Charta, 2006, Art. 41 Rn. 1 ff.; *Goerlich*, DÖV 2006, 313 (317); *Kańska*, European Law Journal 10 (2004), 296 (303 ff.).

[152] *Gärditz*, DÖV 2010, 453 (464).

[153] *Kahl*, in: Calliess/Ruffert, EUV/AEUV, Art. 4 EUV Rn. 43.

[154] Vgl. exemplarisch EuGH, Rs. 309/85, *Barra*, Slg. 1988, 355 Rn. 18; Rs. C-208/90, *Emmott*, Slg. 1991, I-4269 Rn. 16; Rs. C-231/96, *Edilizia Industriale Siderurgica*, Slg. 1998, I-4951 Rn. 35 f.; Rs. C-188/95, *Fantask*, Slg. 1997, I-6783 Rn. 39; Rs. C-366/95, *Steff-Houlbeck Export*, Slg. 1998, I-2661 Rn. 15; verb. Rs. C-10 bis 22/97, *IN.CO.GE*, Slg. 1998, I-6307 Rn. 25; Rs. C-228/96, *Aprile*, Slg. 1998, I-7141 Rn. 19 f.; Rs. C-343/96, *Dilexport*, Slg. 1999, I-579 Rn. 26 f.; Rs. C-78/98, *Preston*, Slg. 2000, I-3201 Rn. 31; Rs. C-336/00, *Martin Huber*, Slg. 2002, I-7736 Rn. 55; Rs. C-201/02, *Wells*, Slg. 2004, I-723 Rn. 67; Rs. C-453/00, *Kühne & Heitz*, Slg. 2004, I-837 Rn. 20 ff.; Rs. C-392/04 und C-422/04, *i-21 Germany/Arcor*, Slg. 2006, I-8559 Rn. 49 ff. Vertiefend hierzu *Blanke*, Vertrauensschutz im deutschen und europäischen Verwaltungsrecht, 2000, S. 452 ff.; *Gärditz*, NWVBl. 2006, 441 ff.; *von Danwitz*, EU-VerwR, S. 483 ff.; *Streinz*, Die Verwaltung 23 (1990), 153 (170 ff.).

[155] *Gärditz*, DÖV 2010, 453 (462 f.); gleichsinnig *Kotzur*, in: Geiger/Khan/ders., EUV/AEUV, Art. 197 AEUV Rn. 2; abweichend *Frenz*, DÖV 2010, 66 ff.

wird insoweit im Dienste der europäischen Rechtsdurchsetzung funktionalisiert.[156] Diese unionsrechtlichen Vorgaben modifizieren das nationale Verwaltungsrecht freilich nur insoweit, als Unionsrecht überhaupt (direkt oder indirekt) zur Anwendung kommt.[157] Für **gerichtliche Verfahren** liegt heute richtigerweise die Grundlage des Äquivalenz- und Effektivitätsgebots in Art. 19 Abs. 1 UAbs. 2 EUV (hierzu Rn. 54).

d) Allgemeine Rechtsgrundsätze des Europäischen Verwaltungsrechts. Soweit in Verwaltungsverfahren Unionsrecht angewendet wird, binden allgemeine Rechtsgrundsätze des Europäischen Verwaltungsrechts (vgl. § 34 Rn. 6) nicht nur die Unionsorgane,[158] sondern auch die Organe der nationalen Verwaltungen[159] sowie im Rahmen ihres Kontrollauftrags die nationalen Verwaltungsgerichte. Der EuGH hat dies für **subjektive Verfahrens- und Verteidigungsrechte**[160] und die vor Inkrafttreten der EU-Grundrechtecharta ebenfalls als allgemeine Rechtsgrundsätze gewährleisteten **Grundrechte**[161] ausdrücklich anerkannt. Allgemeine Verfahrensgrundrechte gelten über den indirekten Vollzug des Unionsrechts hinaus auch für Eingriffe mitgliedstaatlicher Behörden in unionsrechtlich gewährleistete Rechte.[162] Insoweit handelt es sich, vergleichbar dem Äquivalenz- und Effektivitätsprinzip, um Ausprägungen eines loyalen mitgliedstaatlichen Vollzugs (Art. 4 Abs. 3 EUV), der in einer rechtsstaatlich sensibilisierten Union (vgl. Art. 2 EUV)[163] nicht nur praktisch wirksam sein, sondern auch rechtsstaatlichen Mindeststandards genügen muss (vgl. zur Spezialvorschrift des Art. 41 EU-Grundrechtecharta Rn. 34).[164] Die Bindung der nationalen Stellen beim

---

[156] *Galetta*, in: Schwarze, Rechtsschutz vor dem Gerichtshof der EU nach Lissabon, 2012, S. 37 (42 f.).
[157] *Kahl*, in: Calliess/Ruffert, EUV/AEUV, Art. 4 EUV Rn. 46.
[158] Hierzu eingehend *Gundel*, in: Ehlers, § 20 Rn. 10 ff.
[159] Vgl. *Gärditz*, Europäisches Planungsrecht, 2009, S. 83; *Gundel*, in: Schulze/Zuleeg/Kadelbach, § 3 Rn. 201; *Wettner*, Allgemeines Verfahrensrecht, S. 181 (195, 207); *Sydow*, JuS 2005, 97 (100). Dies gilt erst recht dann, wenn man diese Rechtsgrundsätze gerade aus dem mitgliedstaatlichen Recht gewinnt, dessen Bestandteil sie seien, vgl. *Rengeling*, Rechtsgrundsätze beim Verwaltungsvollzug des Europäischen Gemeinschaftsrechts, 1977, S. 239. Ob dieser methodische Zugriff freilich in einer Union mit 27 Mitgliedstaaten und den damit einhergehenden Disparitäten der innerstaatlichen Rechtsgrundsätze heute noch möglich ist, erscheint eher zweifelhaft.
[160] EuGH, Rs. 46/87 und 227/88, *Hoechst*, Slg. 1989, I-2859 Rn. 19, 33; Rs. C-94/00, *Roquette*, Slg. 2002, I-9011 Rn. 24 ff.; Rs. C-276/01, *Steffensen*, Slg. 2003, I-3735 Rn. 71; *David*, Inspektionen als Instrument der Vollzugskontrolle, in: Schmidt-Aßmann/Schöndorf-Haubold (Hrsg.), Der Europäische Verwaltungsverbund, 2005, S. 237 (255, 257); *Gundel*, in: Ehlers, § 20 Rn. 45.
[161] EuGH, Rs. 5/88, *Wachauf*, Slg. 1989, 2609 Rn. 19; Rs. C-260/89, *ERT*, Slg. 1991, I-2925 Rn. 42; Rs. C-20/00, *Brooker Aquaculture*, Slg. 2003, I-7411 Rn. 88; Rs. C-540/03, *Parlament/Rat*, Slg. 2006, I-5769 Rn. 104 f. Vgl. hierzu *Britz*, NVwZ 2004, 173 (174); *Thym*, JZ 2011, 148 (149).
[162] *Gundel*, in: Schulze/Zuleeg/Kadelbach, § 3 Rn. 203.
[163] Siehe hierzu vertiefend *Buchwald*, Der Staat 37 (1998), 189 ff.; *Calliess*, Die neue Europäische Union, 2010, S. 288 ff.; *Gärditz*, in: Friauf/Höfling (Hrsg.), Berliner Kommentar zum GG, 2012, Art. 20 Abs. 3 (Rechtsstaat) Rn. 18 ff.; *Hoffmeister*, Die Wirkweise des europäischen Rechtsstaatsprinzips in der Verwaltungspraxis, in: Calliess (Hrsg.), Verfassungswandel im europäischen Staaten- und Verfassungsverbund, 2007, S. 141 ff.; *Merten*, Europäische Union und Rechtsstaatlichkeit, in: Akyürek/Baumgartner/Jahnel/Lienbacher (Hrsg.), Verfassung in Zeiten des Wandels, 2002, S. 229 (234 ff.); *Scheuing*, in: Schulze/Zuleeg/Kadelbach, § 6 Rn. 1 ff.; *Streinz*, Die Europäische Union als Rechtsgemeinschaft, in: FS Merten, 2007, S. 395 ff.
[164] Kritisch zu einer Ausdehnung der europäischen Grundrechtsgeltung, soweit eine Richtlinie Umsetzungsspielräume belässt: *Papier*, DVBl. 2009, 473 (480).

indirekten Vollzug reicht unbeschadet dessen nicht weiter als der **Geltungsbereich des Unionsrechts** und führt zu **keiner Ausdehnung der Kompetenzen der Union**, was in Bezug auf die Unionsgrundrechte Art. 51 Abs. 2 EU-Grundrechtecharta ausdrücklich klarstellt[165] und sowohl vom EuGH als auch vom BVerfG bekräftigt wurde.[166] Die allgemeinen Rechtsgrundsätze der Union werden also in den Regelungsgehalt des umzusetzenden und anzuwendenden Sekundärrechts integriert und sind daher insoweit (aber eben auch nur in diesem Rahmen) zu beachten (vgl. für die Unionsgrundrechte Art. 51 Abs. 1 S. 1 EU-Grundrechtscharta). Allgemeine Rechtsgrundsätze haben den **Rang primären Unionsrechts**.[167]

37   **2. Verwaltungsorganisation und Verwaltungsverfahren.** Organisation und Verfahren sind wesentliche Elemente der **Verwaltungssteuerung** und erfüllen grundlegende **Ordnungsfunktionen**.[168] Da das nationale Organisations- und Verfahrensrecht die entscheidenden rechtlichen Rahmenbedingungen setzt, unter denen das materielle Unionsrecht vollzogen wird und praktische Wirksamkeit erlangt, zeitigen gerade in diesem Bereich die Pflicht zum loyalen Vollzug im Allgemeinen und die Gebote der Äquivalenz und Effektivität im Besonderen (vgl. Rn. 35) intensive Auswirkungen. Die praktisch wichtigsten Bereiche indirekter Kollisionen sind bezogen auf das Verwaltungsverfahrensrecht (im weiteren Sinne) die Bestandskraft von Verwaltungsakten und die Fehlerfolgen. Das Unionsrecht verfolgt ganz allgemein einen stärker **prozeduralen Ansatz** als das deutsche Recht, misst also Organisation und Verfahren eine graduell höhere Bedeutung bei. Ungeachtet aller notwendigen Relativierungen und Konvergenzen, die durch die wechselseitige Verschränkung der Regelungsebenen bedingt sind,[169] lässt sich ganz allgemein feststellen, dass das Unionsrecht stärker den Modus des Entscheidens in den Vordergrund rückt, während das deutsche Recht im Verfahren vor allem ein dienendes Instrument sieht, bestimmte („sachrichtige‘[170]) Ergebnisse herzustellen, die im materiellen Recht angelegt sind.[171]

---

[165] Vgl. *Calliess*, EuZW 2001, 261 (266): „Ergebnis des schlechten Gewissens des Konvents, nachdem er den Grundsatz der Parallelität von Kompetenz und Grundrechtsschutz missachtet hatte".

[166] EuGH, Rs. C-249/96, *Lisa Jacqueline Grant*, Slg. 1998, I-621 Rn. 45; Rs. C-400/10, *J. McB.*, Slg. 2010, I-8965, Rn. 51 f.; Rs. C-256/11, *Dereci u. a.*, NVwZ 2012, 97 Rn. 71 ff.; BVerfGE 126, 286 (312 f.). Siehe auch *Thym*, NVwZ 2012, 102 (104). Siehe allerdings zu den jüngsten Irritationen betreffend die Auslegung des Art. 51 EU-Grundrechtecharta einerseits EuGH, Rs. C-617/10, *Åkerberg Fransson*, JZ 2013, 613 Rn. 24 ff.; andererseits BVerfG, JZ 2013, 621 (622) Rn. 90 f. Hierzu stellvertretend *Dannecker*, JZ 2013, 616 ff.; *Gärditz*, JZ 2013, 633 (635 f.); *Thym*, NVwZ 2013, 889.

[167] *Lindner*, DÖV 2000, 543 (547); *Siegel*, DÖV 2010, 1; *Schilling*, EuGRZ 2000, 3 (30 ff.); *Wettner*, Allgemeines Verfahrensrecht, S. 181 (195).

[168] Vgl. nur *Schmidt-Aßmann*, Verwaltungsorganisationsrecht als Steuerungsressource, in: ders./Hoffmann-Riem (Hrsg.), Verwaltungsorganisationsrecht als Steuerungsressource, 1997, S. 9 (14 ff.).

[169] Vgl. *Bumke*, Die Entwicklung der verwaltungsrechtswissenschaftlichen Methodik in der Bundesrepublik Deutschland, in: Schmidt-Aßmann/Hoffmann-Riem (Hrsg.), Methoden der Verwaltungsrechtswissenschaft, 2004, S. 73 (112 f.).

[170] Jüngst *Fehling*, VVDStRL 70 (2011), 278.

[171] Kritik bei *Gärditz*, Hochschulorganisation und verwaltungsrechtliche Systembildung, 2009, S. 60 ff.; *Meyer*, in: Knack/Henneke, VwVfG, § 46 Rn. 8; *Schmidt-Aßmann*, NVwZ 2007, 40 (41 ff.).

Auch das **deutsche Recht** erkennt freilich an, dass jedes materielle Recht verfahrensabhängig ist, sprich: ohne ein Verfahren, das die gesetzlichen Voraussetzungen eines Tatbestandes feststellt, keine Rechtsfolge festgelegt werden kann. Die wissenschaftliche Reformbewegung im Allgemeinen Verwaltungsrecht hat den besonderen Stellenwert von Organisation und Verfahren mit Recht von Anfang an hervorgehoben.[172] Die Verwaltungsorganisation ist aus verfassungsrechtlicher Sicht das Rückgrat der demokratischen Legitimation[173] (insbesondere Legitimationsketten qua Weisung und Ernennung[174]) und damit auch in der deutschen Rechtsdogmatik alles andere als nachrangig. Aus **unionsrechtlicher Sicht** ist das Organisationsrecht demgegenüber vor allem ein Instrument optimaler Zielerreichung, während Legitimationsfragen erst ganz allmählich an Bedeutung gewinnen.[175] **Kontraste** zwischen einem prozeduralen Unionsrecht und einem material determinierten deutschen Verwaltungsrecht bestehen daher zweifelsohne, werden aber bisweilen **überzeichnet**.[176] Die Unterschiede liegen eher in den (nicht weniger wichtigen) Nuancen des geltenden Rechts. Das Unionsrecht begnügt sich im Vergleich zum rechtsstaatlich durchgebildeten deutschen Verwaltungsrecht oftmals mit einer geringeren inhaltlichen Regelungsdichte, differenziert hierfür aber das Verfahrensrecht stärker aus und erklärt Verfahrensfehler häufiger für beachtlich (vgl. Rn. 47). 38

Organisation und Verfahren sind vor allem die Orte, an denen der relevante Sachverhalt entsteht, den die zuständige nationale Instanz ihrer Entscheidung zugrunde legt. In der **Sachverhaltsfeststellung** liegt mithin eine oder sogar die wesentliche Leistung des Verwaltungsverfahrens (und der -organisation), die auch eigene Wertungen des Rechtsanwenders einschließt.[177] Dies gilt zwar ganz allgemein, erlangt aber im unionsrechtlichen Kontext eine besondere Bedeutung. Das Unionsrecht wird größtenteils von den Mitgliedstaaten vollzogen und durchgesetzt, die es aber in der Hand haben, über ihre Behörden und Gerichte den relevanten Sachverhalt zu bestimmen und hierdurch letztlich über die Anwendbarkeit des Unionsrechts zu entscheiden. Auch wenn im Bereich des Eigenverwaltungsrechts die Kommission selbst Sachverhaltsfeststellungen 39

---

[172] Stellvertretend *Groß*, Das Kollegialprinzip in der Verwaltungsorganisation, S. 19 ff.; *Kahl*, Die Verwaltung 29 (1996), 341 ff.; *ders.*, VerwArch 95 (2004), 1 ff.; *Schmidt-Aßmann*, Das allgemeine Verwaltungsrecht als Ordnungsidee, 2. Aufl. 2004, S. 27, 239 ff., 356 ff.; *ders./Hoffmann-Riem* (Hrsg.), Verwaltungsorganisationsrecht als Steuerungsressource, 1997; *Voßkuhle*, Das Kompensationsprinzip, 1999, S. 406 ff.

[173] Siehe *Schmidt-Aßmann*, Verwaltungsorganisationsrecht als Steuerungsressource, in: ders./Hoffmann-Riem (Hrsg.), Verwaltungsorganisationsrecht als Steuerungsressource, 1997, S. 9 (39); *Trute*, Die demokratische Legitimation der Verwaltung, in: Hoffmann-Riem/Schmidt-Aßmann/Voßkuhle (Hrsg.), Grundlagen des Verwaltungsrechts, Bd. I, 2006, § 6 Rn. 43 f.

[174] BVerfGE 97, 37 (66 f.); 107, 59 (87 f.); NWVerfGH, Urt. v. 15.9.1986, VerfGH 17/85, NVwZ 1987, 211 (212); *Böckenförde*, in: HStR II, § 24 Rn. 16 ff.

[175] Vgl. EuGH, Rs. C-518/07, *Kommission/Bundesrepublik Deutschland*, Slg. 2010, I-1885 = JZ 2010, 784, Rn. 41. Kritisch insoweit *Bull*, EuZW 2010, 488 (489 ff.); *Frenzel*, DÖV 2010, 925 (928 ff.); *Gärditz*, AöR 135 (2010), 251 (280 f.); *Spieker genannt Döhmann*, JZ 2010, 787 (789 f.).

[176] Symptomatisch *Lepsius*, Hat die Europäisierung des Verwaltungsrechts Methode? Oder: Die zwei Phasen der Europäisierung des Verwaltungsrechts, in: Axer/Grzeszick/Kahl/Mager/Reimer (Hrsg.), Das Europäische Verwaltungsrecht in der Konsolidierungsphase, 2010, S. 179 (188 f.).

[177] Siehe hierzu Näheres bei *Gärditz*, Gerichtliche Feststellung genereller Tatsachen (legislative facts) im Öffentlichen Recht, in: FS Puppe, 2011, S. 1557 (1568 ff.).

trifft, ist sie doch in der Regel nicht unwesentlich auf Informationen angewiesen,[178] die ihnen nationale Behörden im Wege der Amtshilfe[179] verschaffen.[180] Dies bedeutet, dass ein praktisch wirksamer Vollzug des Unionsrechts vor allem daran hängt, wer in welchem Verfahren die maßgeblichen Tatsachen feststellt.[181] Den nationalen Behörden kommt daher in der Regel zugleich eine **Kontrollfunktion** zu, um die ordnungsgemäße Rechtsanwendung in tatsächlicher Hinsicht sicherzustellen.[182]

40   a) **Bestandskraft.** Modifikationen des nationalen Rechts unter dem Gesichtspunkt des loyalen Vollzugs des Unionsrechts (Art. 4 Abs. 3 EUV) ergeben sich hinsichtlich der **Bestandskraft von Verwaltungsakten.**[183] Zwar gelten hier grundsätzlich die §§ 48 ff. VwVfG. Der EuGH hat indes verschiedentlich Anforderungen aufgestellt, die aus dem Äquivalenz- und dem Effektivitätsprinzip (Rn. 35) folgen. Die Konsequenz hiervon ist, dass die §§ 48 ff. VwVfG im Bereich des Unionsverwaltungsrechts tief greifenden Veränderungen unterworfen sind, die in der gesetzlichen Regelungsstruktur nicht mehr abgebildet werden. Namentlich § 48 VwVfG wurde insoweit unionsrechtlich perforiert. Der verbleibende Torso[184] ist mit dem Grundsatz der Normenklarheit und dem Vorbehalt des Gesetzes nur schwer in Einklang zu bringen.[185]

41   Die intensivsten Modifikationen betreffen die **Rücknahme begünstigender Verwaltungsakte.** Der EuGH erkennt zwar den für die §§ 48 ff. VwVfG prägenden **Grundsatz des Vertrauensschutzes** ebenfalls an,[186] gewichtet diesen aber in Relation zu den unionsrechtlichen Vollzugsinteressen geringer.[187] Im Bereich der Beihilfenkontrolle verlangt der Gerichtshof durchweg die Rücknahme rechtswidriger nationaler Förderbescheide, um die Integrität des **Beihilfenkontrollregimes** (Art. 107 f. AEUV) zu schützen und einer Perpetuierung von Wettbewerbsverzerrungen entgegenzuwir-

---

[178] Siehe allgemein zur rechtlichen Relevanz der Organisation von Wissen innerhalb der Verwaltung *Reinhardt*, Wissen und Wissenszurechnung im öffentlichen Recht, 2010, S. 85 ff.
[179] Zu den Regelungsstrukturen der europäischen Amtshilfe stellvertretend *Schliesky*, Die Europäisierung der Amtshilfe, 2008; *Wettner*, Die Amtshilfe im Europäischen Verwaltungsrecht, 2005.
[180] Vgl. für die Rechtsprechung auch EuG, Rs. T-346/94, *France Aviation*, Slg. 1995, II-2841 Rn. 39.
[181] Die Bedeutung zeigt sich mittelbar darin, dass der EuGH im Eigenverwaltungsrecht Entscheidungen bei unzureichender Sachverhaltsaufklärung aufhebt, nicht aber durch eigene Aufklärung spruchreif macht. Vgl. *Wahl*, DVBl. 2003, 1285 (1290).
[182] EuGH, verb. Rs. 205-215/82, *Deutsche Milchkontor*, Slg. 1983, 2633 Rn. 18.
[183] Weiterführend *Britz/Richter*, JuS 2005, 198 ff.; *Frenz*, DVBl. 2004, 375 ff.; *Gärditz*, NVwBl. 2006, 441 ff.; *Kopp/Ramsauer*, VwVfG, 13. Aufl. 2012, § 48 Rn. 7 ff.; *Potacs*, Gemeinschaftsrecht und Bestandskraft staatlicher Verwaltungsakte, FS Ress, 2005, S. 729 ff.; *Suerbaum*, VerwArch 91 (2000), 169 ff.
[184] Vgl. realistisch *Schoch*, Die Europäisierung des Verwaltungsprozessrechts, FS 50 Jahre BVerwG, 2003, S. 507 (522).
[185] Berechtigte Kritik bei *Kahl*, Die Europäisierung des Verwaltungsrechts als Herausforderung an Systembildung und Kodifikationsidee, in: Axer/Grzeszick/ders./Mager/Reimer (Hrsg.), Das Europäische Verwaltungsrecht in der Konsolidierungsphase, 2010, S. 39 (73 f.).
[186] EuGH, verb. Rs. 7/56 und 3 bis 7/57, *Algera*, Slg. 1957, 85 (119); Verb. Rs. 205-215/82, *Deutsche Milchkontor*, Slg. 1983, 2633 Rn. 33; Rs. C-296/93, *Frankreich und Irland/Kommission*, Slg. 1996, I-795 Rn. 59; Rs. C-104/97, *Atlanta*, Slg. 1999, I-6983 Rn. 52; Rs. C-366/95, *Steff-Houlberg*, Slg. 1998, I-2661 Rn. 35; Rs. C-298/96, *Oelmühle und Schmidt Söhne*, Slg. 1998, I-4767 Rn. 24 ff.; Rs. C-336/00, *Martin Huber*, Slg. 2002, I-7736 Rn. 56 f.
[187] Vgl. nur *Rengeling*, VVDStRL 53 (1994), 202 (214).

ken.¹⁸⁸ Der Gerichtshof betont in ständiger Rechtsprechung: „Die Aufhebung einer rechtswidrigen Beihilfe durch Rückforderung ist die logische Folge der Feststellung ihrer Rechtswidrigkeit und diese Folge kann nicht davon abhängen, in welcher Form die Beihilfe gewährt worden ist".¹⁸⁹ Der Mitgliedstaat ist zwar in der Wahl der (auch von der Form der Bewilligung abhängigen¹⁹⁰) Mittel frei, wie eine Rückabwicklung technisch durchzuführen ist. Jedoch dürfen die gewählten Mittel nicht die praktische Wirksamkeit (bzw. Durchsetzungsfähigkeit) des Unionsrechts beeinträchtigen.¹⁹¹ Die Regelungen über den Vertrauensschutz, die Rücknahmefrist und die Rückabwicklung (§ 48 Abs. 2, Abs. 4 VwVfG, § 49a Abs. 2 S. 1 VwVfG i. V. m. § 818 Abs. 3 BGB) müssen unionsrechtskonform modifiziert bzw. außer Anwendung gelassen werden.¹⁹²

Weniger einschneidend sind die Modifikationen in Bezug auf unionsrechtswidrige **belastende Verwaltungsakte**.¹⁹³ Die Rechtsprechung des EuGH aus dem Bereich des Abgabenrechts stellte zwar die Pflicht auf, bereits geleistete Abgaben zurückzuzahlen, wenn diese unter Verstoß gegen das Unionsrecht erhoben wurden.¹⁹⁴ Zugleich anerkennt der Gerichtshof aber, dass **angemessene Fristen** einer Rückforderung, deren Versäumnis zur Bestandskraft der jeweiligen Verwaltungsentscheidungen führen, mit dem unionsrechtlichen Effektivitätsgebot in Einklang stehen.¹⁹⁵ Dies gilt erst recht, wenn über eine Verfügung bereits rechtskräftig durch Gericht entschieden wurde (Rn. 61).

Auch im Interesse der effektiven Durchsetzung des Unionsrechts ist eine Pflicht zum **Wiederaufgreifen des Verwaltungsverfahrens** nur ausnahmsweise anzuerkennen. Der Gerichtshof war hier mit Recht zurückhaltend.¹⁹⁶ In der Rechtssache *Kühne & Heitz* nimmt er zwar an, dass nationale Behörden im Rahmen des nationalen Rechts unter bestimmten Voraussetzungen eine Rücknahme bestandskräftiger belastender Verwaltungsakte zu prüfen haben, nachdem der angefochtene Verwaltungsakt auf Grund einer letztinstanzlichen klageabweisenden Entscheidung unanfechtbar geworden ist, sofern

---

[188] EuGH, Rs. C-24/95, *Alcan II*, Slg. 1997, I-1608 Rn. 34 ff.; Rs. C-298/96, *Oelmühle und Schmidt Söhne*, Slg. 1998, I-4767 Rn. 37.
[189] Zuletzt EuGH, Rs. C-507/08, *Kommission/Slowakische Republik*, BeckRS 2010, 91504 Rn. 42.
[190] Eingehend *Finck/Gurlit*, Jura 2011, 87 (89 ff.).
[191] EuGH, Rs. C-507/08, *Kommission/Slowakische Republik*, BeckRS 2010, 91504 Rn. 51.
[192] Siehe BVerwGE 92, 81 (83 ff.); 106, 328 (332 ff.); eingehend *Finck/Gurlit*, Jura 2011, 87 (91 ff.); *Kopp/Ramsauer*, VwVfG, § 48 Rn. 12 ff.; *Meyer*, in: Knack/Henneke, VwVfG, § 48 Rn. 18 ff.; *Ruffert*, in: Erichsen/Ehlers, Allg. Verw., § 24 Rn. 17 f.; *Sydow*, JuS 2005, 97 (101 f.); *Weiß*, DÖV 2008, 477 ff.
[193] Eingehend *Rennert*, DVBl. 2007, 400 ff.
[194] EuGH, Rs. 199/82, *San Giorgio*, Slg. 1983, 3595 Rn. 12; verb. Rs. C-192 bis 218/95, *Comateb*, Slg. 1997, I-165 Rn. 20; Rs. C-188/95, *Fantask*, Slg. 1997, I-6783 Rn. 38 f.; verb. Rs. C-10 bis 22/97, *IN.CO.GE*, Slg. 1998, I-6307 Rn. 24 f.; *Gundel*, Die Erstattung gemeinschaftsrechtswidriger Gebühren nach nationalem Verfahrensrecht – Ein Dauerthema für den EuGH, in: FS Götz, 2005, S. 191 (192 f.).
[195] EuGH, Rs. 33/76, *REWE*, Slg. 1975, I-1989 Rn. 5; Rs. 45/76, *Comet*, Slg. 1976, I-2043 Rn. 11; Rs. C-88/99, *Roquette Frères*, Slg. 2000, I-10465 Rn. 22 ff.; Rs. C-30/02, *Recheio Cash & Carry*, Slg. 2004, I-6051 Rn. 21 ff.
[196] In diesem Sinne *Ludwigs*, NVwZ 2007, 549 (551); *ders.*, DVBl. 2008, 1164 (1171); aus der Rechtsprechung zutreffend BVerwGE 129, 367 (378); BVerwG, Urt. v. 17.1.2007, 6 C 32.06, NVwZ 2007, 709 (711); VGH Mannheim, Urt. v. 30.4.2008, 11 S 759/06, VBlBW 2009, 32 (34 f.).

das erkennende Gericht seine **Vorlagepflicht nach Art. 267 AEUV** verletzt hat.[197] Hintergrund ist hier letztlich der besondere Schutz der Vorlagepflicht, die das Scharnierelement zwischen nationaler und europäischer Gerichtsbarkeit darstellt, ohne das eine einheitliche Durchsetzung des Unionsrechts scheitern würde. Im Übrigen besteht keine Pflicht, einen bestandskräftigen unionsrechtswidrigen Verwaltungsakt aufzuheben.[198] Insbesondere besteht keine Pflicht zur erneuten Überprüfung einer bestandskräftigen Verwaltungsentscheidung, wenn der Betroffene den nach innerstaatlichem Recht eröffneten **Rechtsweg nicht ausgeschöpft** hat (vgl. zu Rechtsbehelfsfristen und Rechtskraft auch unten Rn. 61 ff.).[199] Bei einer Ermessensentscheidung über die Rücknahme muss freilich das Äquivalenzprinzip beachtet werden.[200] Bei der Abwägung zwischen Bestands- und Aufhebungsinteressen ist vor allem unionsrechtlichen Korrekturbedürfnissen, insbesondere an einer Beseitigung eingetretener schwerwiegender Wettbewerbsverzerrungen,[201] angemessen Rechnung zu tragen.

44 Staatliche Behörden sind in den bezeichneten Fällen, in denen eine unionsrechtlich induzierte Pflicht zur Revision besteht, **von Amts wegen** verpflichtet, eine **Aufhebung zu prüfen**.[202] Der EuGH hat klargestellt, dass die Parteien eine entscheidungserhebliche unionsrechtliche Frage auch nicht zwingend bereits vor den nationalen Gerichten aufgeworfen haben müssen.[203] Insoweit besteht ein gebundener **Anspruch auf Wiederaufgreifen** (§ 51 VwVfG). Eine positive **Aufhebungspflicht** besteht demgegenüber nicht, da einer Aufhebung im Einzelfall legitime öffentliche Interessen entgegenstehen können.[204] Insoweit ist im Rahmen der Ermessensentscheidung nach § 48 Abs. 1 S. 1 VwVfG dem Gewicht des Unionsrechtsverstoßes sowie den Folgen einer Aufhebung einerseits und den Folgen einer Aufrechterhaltung des unionsrechtswidrigen Zustandes andererseits angemessen Rechnung zu tragen.[205]

45 Der EuGH hat in seiner Entscheidung in der Rechtssache *Stadt Papenburg* zudem deutlich gemacht, dass das Inkrafttreten neuen Unionsrechts es erforderlich machen kann, auch **bestehende rechtmäßige Verwaltungsentscheidungen** zu modifizieren, wenn ansonsten die Verwirklichung der Ziele einer Richtlinie dauerhaft unmöglich würde.[206] Was der Gerichtshof hier punktuell anhand spezifischer Fragen des euro-

---

[197] EuGH, Rs. C-453/00, *Kühne & Heitz*, Slg. 2004, I-837 Rn. 20 ff.; Rs. C-2/06, *Willy Kempter*, Slg. 2008, I-411 Rn. 37 ff.
[198] EuGH, Rs. C-392/04 und C-422/04, *i-21 Germany/Arcor*, Slg. 2006, I-8559 Rn. 51; BVerwG, Urt. v. 17.1.2007, 6 C 32.06, NVwZ 2007, 709 (711).
[199] *Weiß*, DÖV 2008, 477 (482).
[200] EuGH, Rs. C-392/04 und C-422/04, *i-21 Germany/Arcor*, Slg. 2006, I-8559 Rn. 52 ff.
[201] Vgl. die Hinweise bei EuGH, Rs. C-392/04 und C-422/04, *i-21 Germany/Arcor*, Slg. 2006, I-8559 Rn. 70.
[202] *Streinz*, JuS 2005, 516 (518).
[203] EuGH, Rs. C-2/06, *Willy Kempter*, Slg. 2008, I-411 Rn. 44.
[204] VGH Mannheim, Urt. v. 30.4.2008, 11 S 759/06, VBlBW 2009, 32 (35 f.); *Britz/Richter*, JuS 2005, 198 (202); *Gärditz*, NWVBl. 2006, 441 (447); *Gundel*, JA 2007, 398 (400); *Kahl*, in: Calliess/Ruffert, EUV/AEUV, Art. 4 EUV Rn. 74; anderer Ansicht *Lenze*, VerwArch 97 (2006), 49 (61); *Ludwigs*, DVBl. 2008, 1164 (1172 f.); *Weiß*, DÖV 2008, 477 (485). In der Sache wie hier auch BVerwG, Urt. v. 17.1.2007, 6 C 32.06, NVwZ 2007, 709 (711); gebilligt von BVerfG-K, Beschl. v. 30.1.2008, 1 BvR 943/07, NVwZ 2008, 550 (551 f.).
[205] In diesem Sinne *Rennert*, DVBl. 2007, 400 (408); ferner *Gärditz*, NWVBl. 2006, 441 (447).
[206] EuGH, Rs. C-226/08, *Stadt Papenburg/Deutschland*, Slg. 2010, I-131 = EuZW 2010, 222 Rn. 41 ff.

päischen Habitatschutzrechts entwickelt, ist der Verallgemeinerung zugänglich. In der Sache verlangt der EuGH die Beachtung des Gebots des loyalen Vollzugs (Art. 4 Abs. 3 EUV) auch bei einem möglichen **Widerruf**,[207] wobei zur Operationalisierung im nationalen Recht am ehesten der unionsrechtlich aufgeladene Widerrufsgrund des § 49 Abs. 2 S. 1 Nr. 5 VwVfG in Betracht kommt. Dass der Grundsatz des Vertrauensschutzes insoweit keinen absoluten Vorrang beanspruchen kann, stellt der Gerichtshof ausdrücklich klar.[208] Im Einzelfall wird es daher auf eine Interessenabwägung ankommen, deren Ausgang auch entscheidend von den konkreten Zielen der Richtlinie und ihrer Wertigkeit gegenüber den geschützten Individualinteressen abhängt.

b) Fehlerfolgen. Der allgemeine Stellenwert von Organisation und Verfahren im Unionsrecht hat zwangsläufig auch Auswirkungen auf die Fehlerfolgen bei Verstößen der nationalen Verwaltung gegen Verfahrensrecht. Das unionsrechtliche Verwaltungsverfahrensrecht kontrastiert erkennbar mit den tendenziell großzügigen Vorschriften über die Fehlerheilung (nicht nur) im deutschen Verwaltungsverfahrensrecht (vgl. §§ 45, 46 VwVfG), das letztlich Ausdruck eines rein **instrumentellen bzw. dienenden Verfahrensverständnisses** ist (vgl. Rn. 38). Dies ist zwar im Ausgangspunkt nicht unzutreffend, da ein Verwaltungsverfahren nur durchzuführen ist, sofern nach materiellem Recht eine Entscheidung zu treffen ist; es gibt keine gegenstandslosen Verfahren ohne Erkenntnisziel. Dies gilt für das deutsche wie auch für das europäische Verwaltungsrecht, sodass hier keine grundlegenden Divergenzen auftreten.[209] Auch gehört die Sicherstellung der materiellen Gesetzlichkeit als zentrale Verfahrensfunktion[210] unbestritten zu den erhaltenswerten Beständen der deutschen Verwaltungsrechtsdogmatik.[211] Gewisse Spannungen treten aber dadurch auf, dass die hinter der traditionellen deutschen Dogmatik stehenden Verfahrenskonzepte dem Verfahren generell einen geringeren Stellenwert beimessen und sich dies in der Interpretation sowie konkreten Anwendung der §§ 45, 46 VwVfG ventiliert. Im Unionsrecht wird demgegenüber die materielle Richtigkeitskontrolle eher zurückhaltend ausgeübt und werden weite Entscheidungsspielräume der Verwaltung anerkannt, kompensatorisch wird aber eine vergleichsweise strikte Verfahrenskontrolle zur Anwendung gebracht.[212] „In Fällen, in denen ein Gemeinschaftsorgan über einen weiten Ermessensspielraum verfügt, kommt der Kontrolle der Einhaltung der Garantien, die die Gemeinschaftsrechtsordnung für Verwaltungsverfahren vorsieht, wesentliche Bedeutung zu. Der Gerichtshof hat klargestellt, dass zu diesen Garantien u. a. die Verpflichtung des zuständigen Organs gehört, sorgfältig und unparteiisch alle relevanten Gesichtspunkte des Einzelfalls zu untersuchen und seine Entscheidung hinreichend zu begründen".[213]

---

[207] *Gärditz*, DVBl. 2010, 247 (249); *Glaser*, EuZW 2010, 225 (227); *Kahl*, in: Calliess/Ruffert, EUV/AEUV, Art. 4 EUV Rn. 75.
[208] EuGH, Rs. C-226/08, *Stadt Papenburg/Deutschland*, Slg. 2010, I-131 = EuZW 2010, 222 Rn. 46.
[209] Realistische Analyse etwa bei *Burgi*, DVBl. 2011, 1317 (1320 f.); *Fehling*, VVDStRL 70 (2011), 278 (325 ff.).
[210] Stellvertretend *Held*, Der Grundrechtsbezug des Verwaltungsverfahrens, 1984, S. 34 ff.
[211] *Fehling*, VVDStRL 70 (2011), 278 (307, 328 f.).
[212] Siehe nur *Kahl*, VerwArch 95 (2004), S. 1 (9 f.); *Schemmer*, in: Bader/Ronellenfitsch (Hrsg.), VwVfG, 2010, § 45 Rn. 22; *Schmidt-Aßmann*, VBlBW 2000, 45 (49); *Wahl*, DVBl. 2003, 1285 (1290).
[213] EuGH, Rs. C-405/07 P, *Königreich Niederlande/Kommission*, Slg. 2008, I-8301 Rn. 56.

47 **aa) Eigenverwaltungsrecht als Vergleichsrahmen.** Im Eigenverwaltungsrecht hat sich folgende Fehlerdogmatik herausgebildet: **Verfahrensfehler** sind grundsätzlich **beachtlich.**[214] Ausnahmen werden nur für **unwesentliche Verfahrensfehler** gemacht, wenn Auswirkungen auf das Entscheidungsergebnis **offensichtlich ausgeschlossen** werden können (Wesentlichkeit und Kausalität).[215] Ein Fehler ist stets wesentlich und kausal, wenn es auf Grund des defizitär durchgeführten Verfahrens an einer hinreichenden Aufklärung des relevanten Sachverhalts fehlt.[216] Einer **Nachholung** von Verfahrenshandlungen nach Abschluss des Verwaltungsverfahrens, insbesondere vor Gericht, hat der EuGH bislang (mit Recht) eine Absage erteilt.[217] Denn Verfahrenshandlungen erfüllen ihren spezifischen Zweck nur dann, wenn das Verfahren noch ergebnisoffen fortgeführt werden kann und die verfahrensimmanent erlangten Informationen potentiell ergebnisrelevant verarbeitet werden können.[218] Dies ist aber nicht mehr der Fall, wenn die Verwaltung auf der Grundlage einer abgeschlossenen Sachverhaltskonstruktion bereits eine Entscheidung in der Sache getroffen hat.

48 **bb) Fehlerfolgen im indirekten Vollzug.** Diese für das Eigenverwaltungsrecht der Union entwickelte Fehlerdogmatik hat auch Auswirkungen für den indirekten Vollzug.[219] Hierbei sind **drei unterschiedliche Fallgruppen** zu unterscheiden: Verstöße gegen unmittelbar anwendbares Verfahrensrecht der Union, Verstöße gegen nationale Verfahrensvorschriften, die Unionsrecht umsetzen, und schließlich Verstöße gegen nationale Verfahrensvorschriften, die zwar keinen spezifischen unionsrechtlichen Hintergrund haben, aber allgemein und damit auch beim indirekten Vollzug des Unionsrechts zur Anwendung kommen.

49 Verstößt die nationale Verwaltung gegen **unmittelbar geltende verfahrens- oder organisationsrechtliche Vorgaben des Unionsrechts** (vgl. für Beispiele Rn. 33), ergeben sich die Fehlerfolgen unmittelbar aus dem Unionsrecht selbst. Insbesondere ein Rückgriff auf die §§ 45, 46 VwVfG ist in diesem Fall versperrt. Soweit das Unionsrecht nicht selbst Fehlerfolgen normiert, was nur höchst selten der Fall sein wird, ist ein Verfahrensfehler nach allgemeinen Grundsätzen prinzipiell beachtlich. Dies gilt etwa für Verstöße gegen die **beihilfenrechtliche Notifizierungspflicht** nach Art. 108 AEUV.[220]

---

[214] *Gornig/Trüe*, JZ 2000, 395 (397); *Wahl*, DVBl. 2003, 1285 (1290). Vgl. etwa EuGH, Rs. C-329/93, C-62/95 und C-63/95, *Deutschland/Kommission*, Slg. 1996, I-5151 Rn. 38.

[215] Vgl. EuGH, Rs. 117/81, *Geist/Kommission*, Slg. 1983, 2191 Rn. 7; Rs. 234/84, *Belgien/Kommission*, Slg. 1986, 2263 Rn. 30; Rs. 301/87, *Frankreich/Kommission*, Slg. 1990, I-307 Rn. 31; *Gellermann*, DÖV 1996, 433 (442 f.); *Blattner*, PharmaR 2002, 277 (280 ff.); eingehende Analyse bei *Bülow*, Die Relativierung von Verfahrensfehlern im Europäischen Verwaltungsverfahren und nach §§ 45, 46 VwVfG, 2007, S. 239 ff., 301 ff., 320 ff.

[216] Vgl. EuG, Rs. T-36/91, *Imperial Chemical Industries/Kommission*, Slg. 1995, II-1847 Rn. 113; Rs. T-346/94, *France Aviation*, Slg. 1995, II-2841 Rn. 39.

[217] EuGH, verb. Rs. C-329/93, C-62/95 und C-63/95, *Deutschland/Kommission*, Slg. 1996, I-5151 Rn. 48; Rs. C-315/99, *Ismeri Europa/Rechnungshof*, Slg. 2001, I-5281 Rn. 31; EuG, Rs. T-346/94, *France Aviation*, Slg. 1995, II-2841 Rn. 39; *Bredemeier*, Kommunikative Verfahrenshandlungen im deutschen und europäischen Verwaltungsrecht, 2007, S. 474 f. Zu den Feindifferenzierungen in der Rechtsprechung hierbei ferner *Pietzcker*, Verfahrensrechte und Folgen von Verfahrensfehlern, in: FS Maurer, 2001, S. 695 (704 f.).

[218] In diesem Sinne EuGH, Rs. C-315/99, *Ismeri Europa/Rechnungshof*, Slg. 2001, I-5281 Rn. 31.

[219] Deutlich *Wahl*, DVBl. 2003, 1285 (1290 f.).

[220] EuGH, Rs. C-354/90, *Federation Nationale du Commerce Exterieur des Produits Alimentaires*, Slg. 1991, I-5505 Rn. 16; Rs. C-39/94, *Syndicat français de l'Express international (SFEI)*, Slg. 1996, I-3547 Rn. 67; *Finck/Gurlit*, Jura 2011, 87 (91 f.); *Kahl*, VerwArch 95 (2004), 1 (28).

Richtet sich der Vollzug des Unionsrechts, wie in der Regel der Fall, nach **mitglied-** 50
staatlichem Organisations- und Verfahrensrecht,[221] kommen grundsätzlich auch die
§§ 45, 46 VwVfG zur Anwendung,[222] die auch nicht per se unionsrechtswidrig sind.[223]
Verstößt die nationale Verwaltung im indirekten Vollzug gegen Organisations- oder
Verfahrensvorschriften, so müssen die §§ 45, 46 VwVfG allerdings unangewendet
bleiben, soweit durch Heilung oder Unbeachtlichkeit unionsrechtlich gewährleistete
Verfahrensrechte unterlaufen würden.[224] Maßstab sind insoweit die Anforderungen
des Effektivitätsgebots (Art. 4 Abs. 3 EUV).[225] Eine **Heilung nach Abschluss des Ver-**
waltungsverfahrens ist hiernach grundsätzlich[226] unzulässig.[227] Denn das insoweit
zur Bestimmung eines hinreichend effektiven Mindeststandards vergleichend heran-
zuziehende Unionsrecht kennt eine Heilung nach Verfahrensabschluss (namentlich
im gerichtlichen Verfahren) gerade nicht. Auch die **Unbeachtlichkeitsbestimmung**
des § 46 VwVfG, die bei restriktiver Handhabung auch mit einem Konzept effektiven
Individualrechtsschutzes durchaus vereinbar sein kann,[228] bedarf einer unionsrechtskonformen Reduktion.[229] Zwar kennt auch das Unionsrecht ausnahmsweise unbeacht-
liche Fehler (vgl. Rn. 47). Insoweit wird auch dem nationalen Recht keine striktere
Fehlerfolgenregelung abverlangt. Kommt eine Unbeachtlichkeit bei vergleichbaren
Fehlern im Eigenverwaltungsrecht nicht in Betracht, fordert das Effektivitätsgebot
jedoch in der Regel, den Fehler auch im indirekten Vollzug für beachtlich zu erklären.
Der spezifische Eigenwert des Verfahrens, der im europäischen Verwaltungsrecht
schärfere Konturen erhalten hat, als dies bislang im nationalen Recht der Fall ist,[230]

---

[221] Instruktiv zum verfahrensbezogenen Rechtsschutz *Held*, NVwZ 2012, 461 ff.

[222] *Kopp/Ramsauer*, VwVfG, § 45 Rn. 5a, § 46 Rn. 5a; *Schemmer*, in: Bader/Ronellenfitsch (Hrsg.), VwVfG, 2010, § 45 Rn. 20; *Stelkens*, DVBl. 2010, 1078 (1081).

[223] Stellvertretend *Kahl*, in: Hill/Sommermann/Ziekow, 35 Jahre Verwaltungsverfahrensgesetz – Bilanz und Perspektiven, 2011, S. 111 (119); *Schmidt-Aßmann*, in: Hoffmann-Riem/Schmidt-Aßmann/Voßkuhle, Grundlagen des Verwaltungsrechts, Bd. II, 2008, § 27 Rn. 110; *Stelkens*, DVBl. 2010, 1078 (1081).

[224] *Burgi/Durner*, Modernisierung des Verwaltungsverfahrensrechts durch Stärkung des VwVfG, 2012, S. 38; *Kokott*, Die Verwaltung 31 (1998), 335 (367 f.); *Otting/Olgemöller*, AnwBl. 2010, 155 (160); *Sydow*, JuS 2005, 97 (101).

[225] *Kopp/Ramsauer*, VwVfG, § 45 Rn. 5a.

[226] Zu punktuellen Ausnahmen *Pietzcker*, Verfahrensrechte und Folgen von Verfahrensfehlern, in: FS Maurer, 2001, S. 695 (703 ff.).

[227] *Classen*, Die Verwaltung 31 (1998), 307 (324); *Erbguth*, UPR 2000, 81 (91 f.); *Gurlit*, VVDStRL 70 (2011), 227 (262); *Kahl*, VerwArch 95 (2004), 1 (21); *ders.*, in: Hill/Sommermann/Ziekow, 35 Jahre Verwaltungsverfahrensgesetz – Bilanz und Perspektiven, 2011, S. 111 (120 f.); *Kokott*, Die Verwaltung 31 (1998), 335 (367); *Kopp/Ramsauer*, VwVfG, § 45 Rn. 5c. Anderer Ansicht BVerwGE 130, 83 (94, 98). De lege ferenda für eine Abschaffung des § 45 Abs. 2 VwVfG: *Fehling*, VVDStRL 70 (2011), 278 (326).

[228] Filigran entfaltet bei *Held*, Der Grundrechtsbezug des Verwaltungsverfahrens, 1984, S. 242 ff.

[229] *Burgi*, DVBl. 2011, 1317 (1321); *Classen*, Die Verwaltung 31 (1998), 307 (327 ff.); *Grünewald*, NVwZ 2009, 1520 (1523 f.); *Kahl*, VerwArch 95 (2004), 1 (24 f.); *ders.*, in: Hill/Sommermann/Ziekow, 35 Jahre Verwaltungsverfahrensgesetz – Bilanz und Perspektiven, 2011, S. 111 (120); *Kleesiek*, Zur Problematik der unterlassenen Umweltverträglichkeitsprüfung, 2010, S. 261 ff.; *Wahl*, DVBl. 2003, 1285 (1291); parallel für die Aarhus-Konvention *Ziekow*, NVwZ 2005, 263 (266). Anderer Ansicht *Stelkens*, DVBl. 2010, 1078 (1081 f.).

[230] Aufschlussreich zur Entwicklung *Quabeck*, Dienende Funktion des Verwaltungsverfahrens und Prozeduralisierung, 2010, S. 21 ff.

steht einer Unbeachtlichkeit von Verfahrensfehlern daher grundsätzlich entgegen.[231] Für den indirekten Vollzug gilt, dass das Unionsrecht nationalen Heilungsvorschriften zwar nicht generell entgegensteht, „doch darf eine solche Möglichkeit nur eingeräumt werden, wenn sie den Betroffenen keine Gelegenheit bietet, das Gemeinschaftsrecht zu umgehen oder es nicht anzuwenden, und die Ausnahme bleibt."[232] Hierzu wäre es aus praktischer Sicht bereits ausreichend, wenn der Wortlaut des § 46 VwVfG ernst genommen und hieraus entsprechende beweisrechtliche Konsequenzen gezogen würden.[233]

51   Begründet das Unionsrecht **absolute Verfahrensrechte** – sprich: Verfahrensrechte, die unabhängig vom materiellen Recht durchsetzbare Ansprüche gewähren – kommt eine Heilung oder Unbeachtlichkeit ebenfalls nicht in Betracht.[234] Absolute Verfahrensrechte in diesem Sinne liegen insbesondere dann vor, wenn die relevanten Vorgaben des Unionsrechts auch dem Schutz individueller Rechte dienen.[235] Dies gilt ganz allgemein für gesundheitsschützende Vorschriften im Umwelt- und Technikrecht, und zwar auch dann, wenn es sich nach deutscher Dogmatik um (traditionell nicht drittschützende) Vorsorgebestimmungen handelt (vgl. Rn. 60).

52   Gemessen hieran sind namentlich Verstöße gegen die Pflicht, eine **Umweltverträglichkeitsprüfung nach UVPG** durchzuführen, nicht nach § 46 VwVfG unbeachtlich.[236] Anderenfalls würde die auch dem Schutz der Gesundheit und des Eigentums Betroffener dienenden[237] Bestimmungen der UVP-Richtlinie[238] unterlaufen.[239] Der auch individualschützenden Funktion der Umweltprüfungen muss daher ein adäquates Fehlerfolgen-

---

[231] *von Danwitz*, EU-VerwR, 2008, S. 543.
[232] EuGH, Rs. C-215/06, *Kommission/Irland*, Slg. 2008, I-4911 Rn. 57.
[233] Zutreffend *Fehling*, VVDStRL 70 (2011), 278 (326).
[234] *Kopp/Ramsauer*, VwVfG, § 46 Rn. 5a, 5c; *Schemmer*, in: Bader/Ronellenfitsch (Hrsg.), VwVfG, 2010, § 45 Rn. 21; allgemein *Schwerdtfeger*, Der deutsche Verwaltungsrechtsschutz unter dem Einfluss der Aarhus-Konvention, 2010, S. 87. Siehe auch *Burgi/Durner*, Modernisierung des Verwaltungsverfahrensrechts durch Stärkung des VwVfG, 2012, S. 39: dogmatische Deutung als teleologische Reduktion des § 46 VwVfG.
[235] Zurückhaltend aber *Siegel*, Europäisierung des Öffentlichen Rechts, 2012, Rn. 225.
[236] *von Danwitz*, EU-VerwR, 2008, S. 543; *Gassner*, NVwZ 2008, 1203 (1205); *Kadelbach*, Allgemeines Verwaltungsrecht unter europäischem Einfluß, 1999, S. 422; *Kahl*, VerwArch 95 (2004), 1 (26 ff.); *ders.*, JZ 2008, 74 (77); *Murswiek*, Verwaltung 38 (2005), 243 (266 f.); *Ruffert*, Subjektive Rechte im Umweltrecht der EG, 1996, S. 269 f.; *Scheidler*, NVwZ 2005, 863 (867 f.); *Schlacke*, ZUR 2006, 360 (362 f.); *Schrader*, UPR 2006, 205 (208); *Ziekow*, NVwZ 2005, 263 (266). Anderer Ansicht *Stelkens*, DVBl. 2010, 1078 (1081 f.). Differenzierend *Kleesiek*, Zur Problematik der unterlassenen Umweltverträglichkeitsprüfung, 2010, S. 261 ff., die § 46 VwVfG für eine unterlassene UVP für unanwendbar erklärt, hinsichtlich der übrigen Verfahrensfehler aber differenzierte Lösungen für möglich und notwendig erachtet.
[237] *Schlacke*, ZUR 2006, 360 (362).
[238] RL 85/337/EWG v. 27.6.1985 (ABl. L 175, S. 40), geändert durch RL 97/11/EG v. 3.3.1997 (ABl. L 73, S. 5) und durch RL 2003/35/EG v. 26.5.2003 (ABl. L 156, S. 17); jetzt: RL 2011/92/EU v. 13.12.2011 (ABl. 2012 L 26, S. 1).
[239] Der EuGH geht zutreffend davon aus, dass die UVP-Richtlinie dem Einzelnen Ansprüche vermittelt, auf die er sich vor nationalen Behörden und Gerichten berufen kann. Vgl. EuGH, Rs. C-201/02, *Wells*, Slg. 2004, I-723 Rn. 57. Wie hier *Karge*, Das Umwelt-Rechtsbehelfsgesetz im System des deutschen Verwaltungsprozessrechts, 2010, S. 107; *Schwerdtfeger*, Der deutsche Verwaltungsrechtsschutz unter dem Einfluss der Aarhus-Konvention, 2010, S. 91; in der Interpretation abweichend aber *Appel*, NVwZ 2010, 473 (478). Eine spezifische Prüfung des konkret individualschützenden Gehalts der einzelnen Norm verlangt *Held*, NVwZ 2012, 461 (465).

regime korrespondieren.²⁴⁰ Auch der EuGH verlangt, dass eine Verletzung der Pflicht, eine ordnungsgemäße UVP durchzuführen, eine korrespondierende Abhilfepflicht nach sich zieht.²⁴¹ Eine Inanspruchnahme von § 46 VwVfG würde aber eine solche Abhilfe gerade vereiteln; auch eine Heilung nach § 45 VwVfG nach Abschluss des Verfahrens kommt nicht in Betracht (vgl. Rn. 50). Eine unterbliebene Öffentlichkeitsbeteiligung, die Grundlage einer frühzeitigen Ermittlung möglicher Umweltauswirkungen ist, lässt sich nicht nach § 45 VwVfG nachholen.²⁴² Dementsprechend sind Verstöße jedenfalls gegen wesentliche Vorgaben der UVP-Richtlinie bzw. gegen das diese umsetzende UVPG beachtlich und führen ggf. zum Erfolg eines zulässig eingelegten Rechtsbehelfs. Die gegenläufige und rigide gefasste Kausalitätsrechtsprechung des BVerwG²⁴³ ist abzulehnen.²⁴⁴ Sie wird bereits dem in § 46 VwVfG angelegten Prüfungsprogramm und der daraus folgenden Beweislastverteilung nicht gerecht. Die sich stellenden Schwierigkeiten, eine unionsrechtskonforme Auslegung sicherzustellen, ließen sich innerhalb des deutschen Rechts systemkonform am ehesten dadurch vermeiden, dass man die individualschützenden Bestimmungen des UVPG als **absolute Verfahrensrechte** qualifiziert.²⁴⁵ Auf solche Rechte findet § 46 VwVfG keine Anwendung.²⁴⁶ Für eine rechtswidrig unterlassene Umweltverträglichkeitsprüfung folgt die Beachtlichkeit des Verfahrensfehlers inzwischen auch aus der Bestimmung des § 4 Abs. 1 S. 1 UmwRG,²⁴⁷ die allerdings nicht alle relevanten Fehler erfasst und insoweit auch mit Unionsrecht unvereinbar ist.²⁴⁸ Demgegenüber ist eine bloße **UVP- oder SUP-Vorprüfung** (§§ 3c, 14a UVPG) nachholbar,²⁴⁹

---

²⁴⁰ Vgl. jüngst auch *Burgi*, DVBl. 2011, 1317 (1323).
²⁴¹ EuGH, Rs. C-201/02, *Wells*, Slg. 2004, I-723 Rn. 62 ff.; Rs. C-215/06, *Kommission/Irland*, Slg. 2008, I-4911 Rn. 59.
²⁴² BVerwGE 131, 352 (360); *Stelkens*, DVBl. 2010, 1078 (1082).
²⁴³ BVerwGE 98, 339 (361); 100, 238 (246 f.); 100, 370 (376); 130, 83 (94).
²⁴⁴ *von Danwitz*, DVBl. 2008, 537 (541); ders., EU-VerwR, 2008, S. 543; *Gärditz*, JuS 2009, 385 (390); *Grünewald*, NVwZ 2009, 1520 (1523 f.).
²⁴⁵ Eine andere, obschon dogmatisch nicht wirklich stringente, Lösungsmöglichkeit könnte darin bestehen, das Verhältnis von §§ 44a, 113 Abs. 1 Satz 1 VwGO und § 46 VwVfG neu auszutarieren: § 46 VwVfG fordert, dass ein Verfahrensfehler nicht evident ohne Auswirkungen auf die Sachentscheidung geblieben ist (Ergebnisrelevanz). Die Bestimmung fordert hingegen ihrem Wortlaut nach nicht, dass zugleich ein materielles subjektives Recht des Klägers verletzt wurde. Hiernach wäre es durchaus möglich, ein Verfahrensrecht im Rahmen des § 113 Abs. 1 Satz 1 als durch die Sachentscheidung verletzte Schutznorm (§ 42 Abs. 2) anzusehen, diese Rechtsverletzung aber nach § 46 VwVfG für unbeachtlich zu erklären, sofern dies unionsrechtskonform möglich ist. Vertiefend zum Diskussionsstand *Gärditz*, in: ders. (Hrsg.), VwGO, 2013, § 42 Rn. 79 ff.
²⁴⁶ BVerwGE 105, 348, 353 f.; *Kopp/Ramsauer*, VwVfG, § 46 Rn. 18; *Schemmer*, in: Bader/Ronellenfitsch, VwVfG, 2010, § 46 Rn. 26. Anders *Meyer*, in: Knack/Henneke, VwVfG, § 46 Rn. 9.
²⁴⁷ *Schlacke*, ZUR 2009, 80 (82 ff.); *Schwerdtfeger*, Der deutsche Verwaltungsrechtsschutz unter dem Einfluss der Aarhus-Konvention, 2010, S. 91 f.; ferner VGH Kassel, Urt. v. 24.9.2008, 6 C 1600/07.T, ZUR 2009, 87 (89); anderer Ansicht *Appel*, NVwZ 2010, 473 (477 f.).
²⁴⁸ *Gärditz*, EurUP 2010, 210 (216); *Genth*, NuR 2008, 28 (31 f.); *Kment*, NVwZ 2007, 274 (277 f.); *Schmidt/Kremer*, ZUR 2007, 57 (62); jedenfalls kritisch *Wegener*, UTR 98 (2008), 319 (345); kritisch ferner der Vorlagebeschluss BVerwG, Beschl. v. 10.1.2012, 7 C 20/11, NVwZ 2012, 448 (450); für eine unionsrechtskonforme Auslegung aber *Schlacke*, ZUR 2009, 80 (82 ff.); BVerwG, Urt. v. 24.11.2011, 9 A 23/10, NVwZ 2012, 557 f. (weiterhin Anwendbarkeit des § 46 VwVfG). Zum Scheitern einer anderweitigen Auslegung am eindeutigen Willen des Gesetzgebers mit Recht aber *Karge*, Das Umwelt-Rechtsbehelfsgesetz im System des deutschen Verwaltungsprozessrechts, 2010, S. 108 ff. Zum Problem vertiefend *Seibert*, NVwZ 2013, 1040 (1045).
²⁴⁹ BVerwGE 131, 352 (360 ff.).

da diese auch zum Ergebnis führen kann, dass eine UVP gerade nicht durchzuführen ist und mithin die Anforderungen der UVP-Richtlinie nicht greifen. Erst wenn nach der Vorprüfung positiv feststeht, dass eine UVP hätte durchgeführt werden müssen, liegt ein Verfahrensfehler vor, der nicht mehr behoben werden kann (s. auch § 4 Abs. 1 Satz 2 UmwRG n. F.). Eine **nachträgliche Legalisierung** eines bereits durchgeführten Projektes, das unter Verstoß gegen die UVP-Pflicht genehmigt wurde, ist unzulässig.[250]

53 Auch soweit **nationale Vorschriften nicht unmittelbar der Umsetzung oder Konkretisierung europäischen Verfahrensrechts** dienen, ist zu berücksichtigen, dass der Vollzug des Unionsrechts generell auf ein geordnetes Verfahren angewiesen ist, schon um den relevanten Sachverhalt festzustellen (Erkenntnisfunktion) und einen formalen Rahmen zu konstituieren, der dem materiellen Unionsrecht zur praktischen Wirksamkeit verhilft (vgl. Rn. 39) und zugleich eine Matrix für die an ein ergebnisoffenes Verfahren anknüpfenden Verfahrensrechte bildet. Das Effektivitätsgebot kann daher eine restriktive Anwendung der §§ 45, 46 VwVfG auch in Bezug auf rein nationale Verfahrensvorschriften fordern, sofern ansonsten wesentliche Eigenleistungen eines ergebnisoffenen Verfahrens insgesamt unterlaufen würden.[251]

54 3. **Verwaltungsprozess.** Da der administrative Vollzug des Unionsrechts ganz überwiegend auf der Ebene der mitgliedstaatlichen Behörden erfolgt und diese auch in verbundförmigen Verwaltungsverfahren (vgl. Rn. 28) in der Regel allein im Außenverhältnis gegenüber dem Bürger zu handeln befugt sind, wird auch Rechtsschutz gegen „europäisiertes" Verwaltungshandeln in erster Linie dezentral durch nationale Gerichte gewährt. Das **Sekundärrecht** enthält indes nur punktuell spezifisch verwaltungsprozessuale Regelungen, die sich mangels allgemeiner Regelungskompetenzen der Union (vgl. Rn. 32) im Bereich des Verwaltungsrechtsschutzes (anders als teilweise für den Zivilprozess nach Art. 81 Abs. 2 AEUV) auf die jeweilige Sachkompetenz stützen lassen müssen,[252] also nur fachspezifisches **Sonderverwaltungsprozessrecht** hervorzubringen vermögen.[253] Teilweise lassen sich den üblichen allgemeinen Rechtsschutzklauseln des Sekundärrechts durchaus konkrete Anforderungen an den Rechtsschutz entnehmen.[254] Auch hier kommen daher vor allem das **Äquivalenzgebot** und das **Effektivitätsgebot** (hierzu Rn. 35) zum Tragen, was das nationale Verwaltungsprozessrecht zwar in seinen Grundstrukturen unberührt lässt, aber punktuelle Modifikationen erfordern kann.[255] Rechtsgrundlage dieser Ausprägungen loyalen Vollzugs ist nach zutreffender Ansicht nicht mehr Art. 4 Abs. 3 EUV (Art. 10 EGV a. F.), sondern die Spezialregelung für das Gerichtsverfassungs- und Prozessrecht in **Art. 19 Abs. 1 UAbs. 2 AEUV**.[256] Inhaltliche **Mindestanforderungen** an den effektiven Rechtsschutz ergeben sich auch aus Art. 47 i. V. m. Art. 51 Abs. 1 EU-Grundrechtecharta, was inhaltlich insoweit wiederum den zu Art. 6 EMRK entwickelten Standards entspricht. Richtigerweise konkretisieren diese Standards

---

[250] EuGH, Rs. C-215/06, *Kommission/Irland*, Slg. 2008, I-4911 Rn. 60.
[251] Zurückhaltend demgegenüber *Kopp/Ramsauer*, VwVfG, § 45 Rn. 5c.
[252] *Classen*, in: Schulze/Zuleeg/Kadelbach, § 4 Rn. 109.
[253] Siehe zu dessen systemprägender Kraft *Gärditz*, Die Verwaltung 43 (2010), 309 (311 ff.); ders., Das Sonderverwaltungsprozessrecht des Asylverfahrens, in: FS Schenke, 2011, S. 689 ff.
[254] Siehe anschaulich EuGH, Rs. C-69/10, *Samba Diouf/Ministra du Travail*, NVwZ 2011, 1380 Rn. 35 ff., zum Rechtsschutzgebot der Flüchtlingsanerkennungsrichtlinie 2005/85/EG.
[255] Analytisch hierzu *Claes*, The National Courts' Mandate in the European Constitution, 2006, S. 119 ff.
[256] *Kahl*, in: Calliess/Ruffert, EUV/AEUV, Art. 4 EUV Rn. 51.

zugleich die Anforderungen, die an einen wirksamen Rechtsbehelf im Sinne des Art. 19 Abs. 1 UAbs. 2 AEUV zu stellen sind.[257] Die Grundrechtecharta, deren Anwendungsbereich nach Art. 51 Abs. 1 Satz 1 GRC sich mit der Geltung der allgemeinen Loyalitätspflicht nach Art. 19 Abs. 1 UAbs. 1 EUV deckt, begründet unmittelbar Rechte des Einzelnen. Der sich daraus ableitende verbindliche Mindeststandard schließt weitergehende Anforderungen kraft objektiver Vollzugsloyalität aus, soweit der inhaltliche Regelungsbereich der Art. 47, 48 GRC reicht. Anders gewendet kommt also das unionsrechtliche Effektivitätsgebot bezogen auf das gerichtliche Verfahren nur insoweit zur Anwendung, als es um Effektivitätsanforderungen geht, die nicht allein in der Rechtsstellung des Einzelnen im Verfahren oder in seinem subjektiven Rechtsschutzanspruch begründet liegen.

a) **Rechtsschutzeröffnung.** Zur **Durchsetzung unionsrechtlich gewährter Rechtspositionen** müssen geeignete, **hinreichend effektive Rechtsbehelfe** zur Verfügung stehen (vgl. Art. 19 Abs. 1 UAbs. 2 AEUV). Rechte müssen also einklagbar sein.[258] Hinsichtlich des Wie der Rechtsschutzgewährung betont der EuGH allerdings die Verfahrensautonomie der Mitgliedstaaten. Es sei „allein Sache der Mitgliedstaaten [...], im Rahmen ihrer Verfahrensautonomie unter Wahrung der Grundsätze der Äquivalenz und der Effektivität des gerichtlichen Rechtsschutzes das zuständige Gericht, die Verfahrensart und damit die Art und Weise der richterlichen Kontrolle von Entscheidungen [...] zu bestimmen."[259] Entscheidend ist, dass es ein Rechtsbehelfsverfahren gibt, in dem die Unvereinbarkeit einer Maßnahme mit dem Unionsrecht festgestellt werden kann.[260]

Die umfassende **Rechtsschutzgarantie** des Art. 19 Abs. 4 GG, die zu einem lückenlosen Rechtsschutz in den (ggf. verfassungskonform auszulegenden) Formen der VwGO führt, stellt die Einklagbarkeit unionsrechtlich gewährter Rechte allgemein sicher.[261] Vollzugshandlungen deutscher Behörden, die (auch) auf Unionsrecht beruhen, können mit den dafür zur Verfügung stehenden **Rechtsbehelfen der VwGO** – insbesondere Anfechtungs- und Verpflichtungsklage (§ 42 Abs. 1 VwGO) – angegriffen werden. Begründet das Unionsrecht hingegen unmittelbar Rechte oder Pflichten des Einzelnen und kommt eine Nichtigkeitsklage gegen den Unionsrechtsakt mangels einer Betroffenheit nach Art. 263 Abs. 4 AEUV[262] nicht in Betracht, steht adäquater Rechtsschutz über die Feststellungsklage (§ 43 VwGO) zur Verfügung.[263]

---

[257] *Nowak*, Europarecht nach Lissabon, 2011, S. 147.
[258] EuGH, Rs. C-432/05, *Unibet*, Slg. 2007, I-2271 Rn. 37 f.; Rs. C-426/05, *Tele2 Telecommunication*, Slg. 2008, I-685 Rn. 30; Rs. C-55/06, *Arcor*, Slg. 2008, I-2931 Rn. 174; *Dörr*, DVBl. 2008, 1401 (1402); *Gärditz*, JuS 2009, 385 (388); *Gundel*, in: Ehlers, § 20 Rn. 53; *Otting/Olgemöller*, AnwBl. 2010, 155 (156).
[259] EuGH, Rs. C-55/06, *Arcor*, Slg. 2008, I-2931 Rn. 170.
[260] EuGH, Rs. C-69/10, *Samba Diouf/Ministra du Travail*, NVwZ 2011, 1380 Rn. 54.
[261] Vgl. auch *Classen*, in: Schulze/Zuleeg/Kadelbach, § 4 Rn. 110; zu Lücken *Gundel*, in: Ehlers, § 20 Rn. 53; kritisch zu einer Aushöhlung durch hypertrophe Einräumung von Klagerechten *Huber*, BayVBl. 2001, 577 (585).
[262] Siehe zu den weiterhin restriktiven Kriterien, die durch die Neufassung im Rahmen des Lissabon-Vertrages nur punktuell entschärft wurden, EuGH, Rs. 25/62, *Plaumann*, Slg. 1963, 213 (238); Rs. C-50/00 P, *Unión de Pequeños Agricultores*, Slg. 2002, I-6677 Rn. 36 ff.; stellvertretend hierzu *Baumeister* EuR 2005, 1 ff.; *Nettesheim*, JZ 2002, 928 ff.
[263] *Classen*, in: Schulze/Zuleeg/Kadelbach, § 4 Rn. 110; *Cremer*, Die Verwaltung 37 (2004), 165 (182 f.); *Gärditz*, JuS 2009, 385 (289); *Gundel*, VerwArch 92 (2001), 81 (108); *Karpenstein*, Praxis des EG-Rechts, 2006, Rn. 297 f.; *Lenz/Staeglich*, NVwZ 2004, 1421 (1425 ff.); *Lindner*, JuS 2008, 1 (3); *Mayer*, DVBl. 2004, 606 (613); *Otting/Olgemöller*, AnwBl. 2010, 155 (157). Kritisch aber *Haedicke*, VBlBW 2007, 210 ff.

57 Dem Rechtsschutzgebot genügt es, wenn eine **inzidente Kontrolle** der Anwendung des Unionsrechts möglich ist. Ein **prinzipales Normenkontrollverfahren** muss das nationale Prozessrecht nicht zur Verfügung stellen.[264] Hierzu gehören auch Rechtsbehelfe, mit der die gebotene Beschleunigung des Verfahrens erzwungen werden kann. Das vom EGMR[265] aus Art. 13 EMRK abgeleitete Erfordernis einer **Beschwerde gegen überlange Verfahrensdauer**[266] markiert auch unionsrechtlich einen Mindeststandard, wenn es gerade um die Durchsetzung unionsrechtlich begründeter Rechte geht (vgl. Rn. 54). Solange der Gesetzgeber keinen – im Hinblick auf das Gebot der Rechtswegklarheit und den Vorbehalt des Gesetzes vorzugswürdigen[267] – spezifischen Rechtsschutz zur Verfügung stellte, musste man auf die Beschwerde nach § 146 VwGO zurückgreifen.[268] Das Problem wurde inzwischen durch Neufassung des § 173 VwGO im Rahmen des Gesetzes über den Rechtsschutz bei überlangen Verfahren gelöst, wodurch § 198 GVG für entsprechend anwendbar erklärt wird.[269]

58 Eine **Beschränkung** der Kontrolle, ob das Unionsrecht richtig angewandt wurde, auf **Rechtsbehelfe gegen die Sachentscheidung (§ 44a S. 1 VwGO)** schließt dies nicht generell aus, da auch eine Inzidentkontrolle den unionsrechtlichen Rechtsschutzanforderungen grundsätzlich genügt,[270] jedenfalls solange sie zu einer Korrektur der Rechtsverletzung führen kann. Begründet das Unionsrecht jedoch **selbstständig durchsetzbare Verfahrensrechte**, so ist es erforderlich, auch entsprechende Klagerechte einzuräumen.[271] Gleiches gilt, wenn eine Abhilfe im Rahmen einer gerichtlichen Entscheidung in der Sache auch im Falle eines Obsiegens nicht mehr möglich ist.[272] Die Bestimmung des § 44a VwGO, die zur Unzulässigkeit einer isolierten Anfechtung von Verfahrenshandlungen führt,[273] ist in diesem Fall einschränkend auszulegen und unionsrechtskonform nicht anzuwenden,[274] was im Übrigen aber auch den parallelen

---

[264] EuGH, Rs. C-432/05, *Unibet*, Slg. 2007, I-2271 Rn. 47; *Dörr*, DVBl. 2008, 1401 (1402).

[265] EGMR, Urt. v. 26.10.2000, 30210/96, NJW 2001, 2694 Rn. 132 ff.; Urt. v. 8.6.2006, 75529/01, NJW 2006, 2389 (2390 f.); Urt. v. 2.9.2010, 46244/06, NJW 2010, 3355 Rn. 71 ff.

[266] Eingehend hierzu *Gundel*, DVBl. 2004, 17 ff.; *Meyer-Ladewig*, NJW 2010, 3358 (3358 f.).

[267] Vgl. *Ehlers*, DVBl. 2004, 1441 (1447).

[268] So im Ergebnis mit unterschiedlicher Begründung *Kuhlmann*, in: Wysk (Hrsg.), VwGO, 2011, § 146 Rn. 10; *Britz/Pfeifer*, DÖV 2004, 245 (250); *Gärditz*, JuS 2009, 385 (388); *Schenke*, NVwZ 2005, 729 (731 f.); *Ziekow*, DÖV 1998, 941 (950); im Ergebnis offen gelassen, aber erkennbar befürwortend OVG Münster, Urt. v. 29.4.2009, 8 E 147/09, NJW 2009, 2615. Anderer Ansicht noch BVerwG, Urt. v. 19.12.2002, C 34.01, NVwZ 2003, 869; VGH Mannheim, Urt. v. 20.3.2003, 12 S 228/03, NVwZ 2003, 1541.

[269] Art. 8 des Gesetzes v. 24.11.2011 (BGBl. I S. 2302). Hierzu OVG Magdeburg, Urt. v. 25.7.2012, 7 KE 1/11, NVwZ 2012, 1637; *Guckelberger*, DÖV 2012, 289 ff.; *Link/van Dorp*, Rechtsschutz bei überlangen Gerichtsverfahren, 2012, Rn. 128 ff.; *Orth*, in: Gärditz (Hrsg.), VwGO, 2013, § 173; *Glaser*, die Entwicklung des Europäischen Verwaltungsrechts, 2013, S. 354 f.

[270] *Gärditz*, JuS 2009, 385 (390).

[271] Zutreffend *Streinz*, VVDStRL 61 (2002), 300 (346 f.).

[272] *Ehlers*, DVBl. 2004, 1441 (1446); *Otting/Olgemöller*, AnwBl. 2010, 155 (160). In diesem Sinne wohl auch EuGH, Rs. C-97/91, *Borelli*, Slg. 1992, I-6313 Rn. 13 f.

[273] *Geiger*, in: Eyermann, VwGO, § 44a Rn. 1.

[274] *Ehlers*, DVBl. 2004, 1441 (1446); *Gärditz*, JuS 2009, 385 (390); *Kadelbach*, Allgemeines Verwaltungsrecht unter europäischem Einfluß, 1999, S. 422; *Schoch*, Die Europäisierung des verwaltungsgerichtlichen Rechtsschutzes, 2000, S. 39. Namentlich als Alternativlösung bei Verstößen gegen die UVP-Pflicht *Kleesiek*, Zur Problematik der unterlassenen Umweltverträglichkeitsprüfung, 2010, S. 266; hiergegen aber im Hinblick auf § 1 Abs. 1 S. 3 UmwRG *Karge*, Das Umwelt-Rechtsbehelfsgesetz im System des deutschen Verwaltungsprozessrechts, 2010, S. 130.

1. Abschnitt. Verhältnis des Rechtsschutz	59 § 35

Anforderungen an eine verfassungskonforme Interpretation des § 44a VwGO im Lichte des Art. 19 Abs. 4 GG bezogen auf national-rechtliche Verfahrenshandlungen entspricht.[275]

b) **Schutznormen.** Rechtsschutz ist im deutschen Recht freilich grundsätzlich nur 59 eröffnet, sofern **subjektive Rechte** betroffen sind (vgl. die Systementscheidung des § 42 Abs. 2 VwGO). Auch Art. 19 Abs. 4 GG begründet nicht selbst gerichtlich durchsetzbare Rechte, sondern setzt diese voraus.[276] Die Voraussetzungen, unter denen einerseits das Unionsrecht und andererseits die deutsche **Schutznormtheorie** subjektive Rechte begründet und deren gerichtliche Durchsetzung fordert, divergieren freilich. Das Unionsrecht ist tendenziell großzügiger bei der Gewährung von Rechten, schon weil es den Einzelnen nicht nur in eigener Sache als Träger individueller Interessen, sondern zugleich auch objektiv als Hebel zur dezentralen Rechtsdurchsetzung mobilisieren möchte.[277] So begründen etwa umweltrechtliche Vorsorgebestimmungen subjektive Rechte zwar nicht nach traditionellem deutschem Verständnis, gleichwohl aber nach europäischem Recht.[278] Dementsprechend kommt es zu einer **Europäisierung subjektiver Rechte** im Verwaltungsprozess.[279] Beispiele für unionsrechtlich induzierte Schutznormen finden sich etwa unter den Bestimmungen über die Umweltverträglichkeitsprüfung,[280] im Gewässerschutzrecht,[281] im Luftreinhalterecht[282] oder unter den investitionsschützenden Bestimmungen im Telekommunikationsregulierungsrecht.[283] Auch **Art. 108 Abs. 3 AEUV** wird man zutreffenderweise als Schutznorm ansehen müssen, mit der Folge, dass betroffene Dritte die Rückforderung einer unionsrechtswidrigen Beihilfe einfordern und ggf. einklagen können.[284] Demgegenüber begründen beispielsweise unionsrechtlich auferlegte Aufgaben der **staatlichen Wirtschaftsaufsicht** keine Ansprüche Einzelner.[285]

---

[275] Siehe OVG Münster, Urt. v. 15.9.2010, 6 A 1966/08, NVwZ-RR 2011, 65 (67).
[276] *Sachs*, in: ders., GG, Art. 19 Rn. 129 f.; *Schulze-Fielitz*, in: Dreier, GG, Art. 19 IV Rn. 61.
[277] Siehe *Groß*, Einwirkungen des Gemeinschaftsrechts auf den mitgliedstaatlichen Verwaltungsprozess, S. 65 (69); *Masing*, Die Mobilisierung des Bürgers für die Durchsetzung des Rechts, 1997, S. 196 ff., 215 ff.; *Murswiek*, Die Verwaltung 38 (2005), 243 (262); *Schoch*, NVwZ 1999, 457 (459); *Wegener*, UTR 98 (2008), 319 (323 ff.).
[278] Siehe hierzu nur stellvertretend *Faßbender*, Die Umsetzung von Umweltstandards der Europäischen Gemeinschaft, 2001, S. 128 ff.; *Ruffert*, Subjektive Rechte im Umweltrecht der EG, 1996, S. 224 ff.; ders., DVBl. 1998, 69 ff.
[279] *Kahl/Ohlendorf*, JA 2010, 41 (43); *Siegel*, Europäisierung des Öffentlichen Rechts, 2012, Rn. 219 f.
[280] *Gärditz*, JuS 2009, 385 (390); *Schlacke*, ZUR 2006, 360 (362); in diesem Sinne wohl auch EuGH, Rs. C-201/02, *Wells*, Slg. 2004, I-723 Rn. 57.
[281] EuGH, Rs. C-131/88, *Grundwasserrichtlinie*, Slg. 1991, I-825 Rn. 8 ff.
[282] EuGH, Rs. C-237/07, *Janecek*, Slg. 2008, I-6221 Rn. 34 ff.; ebenso etwa *Calliess*, NVwZ 2006, 1 (7); *Couzinet*, DVBl. 2008, 754 (760 ff.); *Kahl*, JZ 2008, 120 (120 f.); *Ruffert*, JZ 2007, 1102 (1103 f.); *Sparwasser/Engel*, NVwZ 2010, 1513 (1519); *Winkler*, Anmerkung, ZUR 2007, 364 (365).
[283] *Gärditz*, N & R Beilage 2/2011, S. 1 (21 f., 38 f.).
[284] *Fiebelkorn/Petzold*, EuZW 2009, 323 (327 ff.); *Finck/Gurlit*, Jura 2011, 87 (93); *Gundel*, EWS 2008, 161 (165); *Martin-Ehlers/Strohmayr*, EuZW 2009, 557 (558); ablehnend OLG Koblenz, Urt. v. 25.2.2009, 4 U 759/07, OLGR Koblenz 2009, 491. Offen gelassen *Otting/Olgemöller*, AnwBl. 2010, 155 (158). Eingehend zu den praktischen Durchsetzungsschwierigkeiten *Soltész*, ZWeR 2006, 388 ff.
[285] EuGH, Rs. C-222/02, *Paul*, Slg. 2004, I-9425 Rn. 30 ff.; *Häde*, EuZW 2005, 39 (40).

60 Unmittelbar unionsrechtlich begründete Rechte sind **Rechte im Sinne der §§ 42 Abs. 2, 47 Abs. 2 S. 1, 113 Abs. 1 S. 1, Abs. 5 S. 1 VwGO**;[286] mittelbar dem Schutz von im Unionsrecht angelegten Rechten dienende Bestimmungen des nationalen Rechts sind unionsrechtskonform als Schutznormen auszulegen.[287] Nationale Bestimmungen, die final Unionsrecht umsetzen, das nach seinem Regelungsziel auch dem Schutz individueller Rechte im unionsrechtlichen Sinne dient, sind ebenfalls unionsrechtskonform und unter Modifikation der Schutznormtheorie dahingehend auszulegen, dass sie subjektive Rechte gewähren. Schließt eine deutsche Rechtsnorm den subjektiv-rechtlichen Charakter im Widerspruch zum Unionsrecht ausdrücklich aus, muss diese Bestimmung kraft Vorrangs des Unionsrechts unangewendet bleiben,[288] mit der Folge, dass ggf. die verbleibende Rumpfregelung subjektivierbar wird.

61 **c) Rechtsbehelfsfristen.** Rechtsbehelfsfristen dienen dem unionsrechtlich anerkannten[289] Ziel der Rechtssicherheit. Bereits das Unionsrecht kennt dementsprechend Fristen für die vertraglich vorgesehenen Rechtsbehelfe (Art. 263 Abs. 6, 265 Abs. 2 S. 2 AEUV). Rechtsbehelfsfristen entsprechen daher ganz allgemein gemeineuropäischen Prozessstandards und sind daher – unter Berücksichtigung des Rechtsvergleichs zur Konkretisierung von Mindeststandards – zulässig, solange sie die Durchsetzung unionsrechtlich begründeter Rechte nicht verhindern oder unangemessen erschweren **(Effektivitätsgebot)**.[290] Die gegenläufige Entscheidung in der Rechtssache *Emmot*[291] betraf eine atypische Ausnahmekonstellation und darf heute als überholt gelten.[292] Die regulären Klagefristen, die das deutsche Verwaltungsprozessrecht vorsieht und die üblicherweise einen Monat betragen (vgl. §§ 70 Abs. 1 S. 1, 74 Abs. 1 S. 1, 124a Abs. 2, Abs. 4, 133 Abs. 2, 139 Abs. 1, 146 Abs. 4 VwGO), sind daher ohne unionsrechtliche Modifikationen anzuwenden.[293]

62 **d) Rechtskraft und Rechtsmittelrecht.** Regeln über die Rechtskraft gerichtlicher Entscheidungen[294] dienen den unionsrechtlich anerkannten Zielen der **Rechtssicherheit** und einer **geordneten Rechtspflege**.[295] Da das Unionsrecht keine allgemeinen Regeln zur Rechtskraft gerichtlicher Entscheidungen enthält, die Gerichte der Mitgliedstaaten bei der Kontrolle des indirekten Vollzugs des Unionsrechts erlassen, obliegt die Ausgestaltung

---

[286] Etwa *Dörr*, Rechtsschutzauftrag, S. 189 ff., 221; *Ehlers*, DVBl. 2004, 1441 (1446); *Gärditz*, JuS 2009, 385 (389); *Kahl/Ohlendorf*, JA 2010, 41 (43); *Stüber*, Jura 2001, 798 (802f.); anders, nämlich für eine anderweitige gesetzliche Bestimmung, etwa *Steinbeiß-Winkelmann*, NJW 2010, 1233 (1237). Eingehend und im Ergebnis wie hier *Ruthig*, BayVBl. 1997, 289 ff.

[287] Vgl. *Kirchhof*, AöR 135 (2010), 29 (52).

[288] *Steinbeiß-Winkelmann*, NJW 2010, 1233 (1235 f.).

[289] Zuletzt EuGH, Rs. C-2/08, *Olimpiclub*, Slg. 2009 I-7501 Rn. 22.

[290] EuGH, Rs. C-33/76, *Rewe*, Slg. 1976, 1989 Rn. 5; Rs. C-45/76, *Comet*, Slg. 1976, 2043 Rn. 11; Rs. C-188/95, *Fantask*, Slg. 1997, I-6783 Rn. 39, 46; BVerwG, Urt. v. 4.10.1999, 1 B 55.99, NVwZ 2000, 193; *Kuntze*, Allgemeines Verwaltungsrecht in: Bergmann/Kenntner (Hrsg.), Deutsches Verwaltungsrecht unter europäischem Einfluss, 2002, Kap. 4 Rn. 69 f.

[291] EuGH, Rs. C-208/90, *Emmot*, Slg. 1991, I-4269 Rn. 17 ff.

[292] *Ehlers*, DVBl. 2004, 1441 (1446); *Gundel*, NVwZ 1998, 910; ähnlich *Classen*, in: Schulze/Zuleeg/Kadelbach, § 4 Rn. 114; *Weiß*, DÖV 2008, 477 (479); offen gelassen *Götz*, DVBl. 2002, 1 (5).

[293] *Otting/Olgemöller*, AnwBl. 2010, 155 (160).

[294] Eingehend zum Problem *Germelmann*, Die Rechtskraft von Gerichtsentscheidungen in der Europäischen Union, 2009; *Hatje*, EuR 2007, 654 ff.; *Kremer*, EuR 2007, 471 ff.

[295] Zuletzt EuGH, Rs. C-507/08, *Kommission/Slowakische Republik*, BeckRS 2010, 91504 Rn. 59.

der innerstaatlichen Rechtskraftregeln insoweit den Mitgliedstaaten.[296] Es besteht daher keine Verpflichtung der Mitgliedstaaten, eine gegen Unionsrecht verstoßende rechtskräftige gerichtliche Entscheidung nachträglich zu überprüfen oder gar aufzuheben.[297]

Ausnahmen hat der EuGH nur punktuell und **in atypischen Fällen** angenommen.[298] 63 So hat es der Gerichtshof in *Lucchini* für unvereinbar mit der Pflicht zum loyalen Vollzug angesehen, wenn eine Rechtskraftregel die Rückforderung einer unter Verstoß gegen das Unionsrecht gewährten staatlichen Beihilfe behindert, deren Unionsrechtswidrigkeit durch eine bestandskräftig gewordene Entscheidung der Kommission festgestellt worden ist.[299] In *Olimpiclub* ging es um eine Sonderkonstellation des insoweit mit Eigenheiten behafteten italienischen Prozessrechts,[300] das in der Sache eine Korrektur von unionsrechtswidrigen Steuerbescheiden für zurückliegende Veranlagungszeiträume ausschloss.[301] Eine mögliche Haftung des Mitgliedstaates für die qualifizierte Verletzung der Vorlagepflicht nach Art. 267 AEUV, die der EuGH in der Rechtssache *Köbler* angenommen hat,[302] arrondiert das europäisierte Staatshaftungsregime,[303] betrifft aber einen anderen Streitgegenstand und lässt die Rechtskraft als solche unberührt.[304] Nutzt eine nationale Behörde die ihr nach nationalem Recht zur Verfügung stehenden Möglichkeiten nicht, einen Unionsrechtsverstoß (insbesondere gegen das Beihilfenrecht) zu korrigieren, und lässt sie eine gerichtliche Entscheidung rechtskräftig werden, kann dies freilich als **Vertragsverletzung** zu qualifizieren sein.[305] Die Rechtskraft selbst bleibt hiervon unangetastet.

Eine Erweiterung der **Wiederaufnahmegründe** (§ 153 VwGO i. V. m. §§ 578 ff. ZPO) 64 für unionsrechtswidrige Urteile ist daher im Allgemeinen nicht geboten, wobei freilich ein Wiederaufnahmegrund für – nicht von vornherein auszuschließende und durch bloße Staatshaftung nicht zu überbrückende – schwerwiegende und offensichtliche Verstöße nationaler Gerichte gegen Unionsrecht zur Folgenbewältigung hilfreich wäre.[306]

Mit der Anerkennung der Rechtskraft geht indes eine qualifizierte Verantwor- 65 tung der Gerichte innerhalb der nach staatlichem Recht eröffneten **Rechtsmittelverfahren** einher, jedenfalls das staatliche Rechtsmittelrecht im Sinne der effektiven Durchsetzung des Unionsrechts anzuwenden, um eine Verletzung des Unionsrechts durch den jeweiligen Mitgliedstaat, dem das Verhalten seiner Gerichte zugerechnet

---

[296] EuGH, Rs. C-2/08, *Olimpiclub*, Slg. 2009 I-7501 Rn. 24.
[297] EuGH, Rs. C-234/04, *Kapferer*, Slg. 2006, I-2585 Rn. 21 ff.; Rs. C-2/08, *Olimpiclub*, Slg. 2009 I-7501 Rn. 23; *Gärditz*, NVwBl. 2006, 441 (442 f.); *Schmidt-Westphal/Sander*, EuZW 2006, 242 (243); *Weiß*, DÖV 2008, 477 (481).
[298] In der Bewertung wie hier *Classen*, in: Schulze/Zuleeg/Kadelbach, § 4 Rn. 115; *Germelmann*, EWS 2007, 392 (396); *ders.*, EuR 2010, 538 (542); *Gundel*, JA 2008, 158 (160). Auch der EuGH räumt den Ausnahmecharakter im Übrigen ausdrücklich ein, vgl. EuGH, Rs. C-2/08, *Olimpiclub*, , Slg. 2009 I-7501 Rn. 25. Eingehend hierzu *Schmahl/Köbler*, EuZW 2010, 927 ff.
[299] EuGH, Rs. C-119/05, *Lucchini*, Slg. 2007, I-6199 Rn. 63.
[300] Eingehend *Germelmann*, EuR 2010, 538 (546 ff.).
[301] EuGH, Rs. C-2/08, *Olimpiclub*, Slg. 2009 I-7501 Rn. 29 ff.; vgl. *Germelmann*, EuR 2010, 538 (541).
[302] EuGH, Rs. C-224/01, *Köbler*, Slg. 2003, I-10239 Rn. 51 ff.
[303] *Kluth*, DVBl. 2004, 393 (399).
[304] Vgl. *von Danwitz*, JZ 2004, 301 (301 f.); weitergehend aber *Schöndorf-Haubold*, JuS 2006, 112 (115); *Pache/Bielitz*, DVBl. 2006, 325 (331 f.); *Tsikrikas*, ZZPInt 9 (2004), 123 (126 ff.).
[305] EuGH, Rs. C-507/08, *Kommission/Slowakische Republik*, Slg. 2010 I-13489 Rn. 60 ff.
[306] Vgl. auch *Kremer*, EuR 2007, 471 (491); *Streinz*, JuS 2006, 637 (639).

wird,[307] möglichst zu verhindern.[308] Namentlich **Berufungs- und Revisionszulassungsgründe** (§§ 124 Abs. 2, 132 Abs. 2 VwGO; § 115 Abs. 2 FGO; §§ 144 Abs. 2, 160 Abs. 2 SGG) müssen daher unionsrechtskonform ausgelegt werden, damit eine wirksame Durchsetzung des Unionsrechts im Sinne des Art. 19 Abs. 1 UAbs. 2 EUV gerade auch durch den der Rechtswahrung dienenden Instanzenzug hinreichend sichergestellt ist. Rechtsmittelgerichte müssen also die **Korrekturfunktion** des Rechtsmittelverfahrens nutzen, um mögliche Verstöße gegen Unionsrecht im Rahmen der vom nationalen Recht belassenen Wertungs- und Entscheidungsspielräume bestmöglich abzuwehren. Hierbei ist zudem zu berücksichtigen, **dass der ober- und höchstrichterlichen Rechtsprechung** über die Entscheidung von Einzelfällen hinaus auch eine Leitsatzfunktion zukommt,[309] die für die Anwendung und Auslegung des Rechts in der Verwaltungspraxis abstrakt-generelle Bedeutung entfaltet. Eine Rechtssache hat daher etwa **grundsätzliche Bedeutung** im Sinne des Rechtsmittelzulassungsrechts, „wenn die aufgeworfene Frage die Auslegung von Gemeinschaftsrecht betrifft und sich für das letztinstanzliche Gericht deswegen voraussichtlich die Notwendigkeit ergeben würde, eine Vorabentscheidung des Europäischen Gerichtshofs einzuholen"[310] Dies gilt erst recht dann, wenn in der untergeordneten – nicht nach Art. 267 AEUV vorlagepflichtigen – Instanz von einer Entscheidung des EuGH abgewichen wurde[311] oder eine höchstrichterliche deutsche Rechtsprechung angegriffen wird, die zwar etabliert ist, sich aber als unvereinbar mit Unionsrecht erwiesen hat bzw. (etwa im Lichte jüngerer Rechtsprechung) vorlagerelevante Fragen aufwirft. Soweit ein Rechtsmittelgericht im Übrigen bereits im Zulassungsverfahren letztinstanzlich im Sinne des Art. 267 Abs. 3 AEUV entscheidet, ist er unter den entsprechenden Voraussetzungen vorlagepflichtig.[312]

---

[307] EuGH, Rs. C-224/01, *Köbler*, Slg. 2003, I-10239 Rn. 49 ff.
[308] Eingehend *Neuhäuser*, Zulassung der Berufung im Verwaltungsprozess, S. 455 ff.
[309] Hierzu stellvertretend *Albers*, VVDStRL 71 (2012), 257 ff.; Desens, Bindung der Finanzverwaltung an die Rechtsprechung, 2011, S. 272 ff.
[310] BVerfG-K, Beschl. v. 25.8.2008, 2 BvR 2213/06, NVwZ 2009, 519 Rn. 16. In diesem Sinne auch BVerwG, Urt. v,. 30.1.1996, 3 NB 2.94, NVwZ 1997, 178. Nach der ständigen Rechtsprechung kommt einer Rechtssache grundsätzliche Bedeutung dann zu, „wenn zu erwarten ist, daß die Entscheidung in einem zukünftigen Revisionsverfahren dazu dienen kann, im rechtlichen Zusammenhang mit einer dargelegten Rechtsfrage die Rechtseinheit in ihrem Bestand zu erhalten oder die Weiterentwicklung des Rechts zu fördern. Dazu ist erforderlich, daß die dargelegte Rechtsfrage in einem zukünftigen Revisionsverfahren klärungsfähig und klärungsbedürftig ist [...]. Hierfür ist in Rechtsstreitigkeiten über die Auslegung einer gemeinschaftsrechtlichen Regelung ausreichend, denn dargelegt ist, daß in einem zukünftigen Revisionsverfahren voraussichtlich [...] eine Vorabentscheidung des EuGH einzuholen sein wird, außer wenn hinreichende Gründe vorliegen, die die Einholung der Vorabentscheidung entbehrlich erscheinen lassen" (BVerwG, Urt. v. 22.10.1986, 3 B 43.86, NJW 1988, 664).
[311] *Sauer/Schwarz*, Handbuch des finanzgerichtlichen Verfahrens, 7. Aufl. 2010, Rn. 823.
[312] BVerfG-K, Beschl. v. 25.8.2008, 2 BvR 2213/06, NVwZ 2009, 519 Rn. 15: „Die Möglichkeit, dass eine Vorlageverpflichtung besteht, wirkt sich auch auf die Entscheidung über die Zulassung von Rechtsmitteln aus. Die Vorlagepflicht kann hier nur bei dem Gericht eintreten, das letztinstanzlich über die Zulassung des Rechtsmittels entscheidet. Für die Zwecke des Zulassungsverfahrens ist dieses Gericht letztinstanzliches Gericht im Sinne des Art. 234 Abs. 3 EG; dass sich nach erfolgter Rechtsmittelzulassung [...] eine weitere Instanz anschließen kann, ändert daran nichts [...]. Wird das Rechtsmittel nicht zugelassen, so ist diese Entscheidung an den vom Bundesverfassungsgericht herausgearbeiteten verfassungsrechtlichen Kontrollmaßstäben für die Handhabung des Art. 234 Abs. 3 EG zu messen".

e) **Bindung an den Streitgegenstand und Verbot der reformatio in peius.** Die 66
Bindung des Gerichts an den konkreten Streitgegenstand (§ 88 VwGO) entspricht
der Rechtslage in den meisten Mitgliedstaaten, dient der Gewährleistung der Neutralität des Gerichts und schützt damit die Fairness des Verfahrens. Das Effektivitätsgebot
fordert daher von einem Gericht nicht, von Amts wegen Verstöße gegen Unionsrecht
aufzugreifen,[313] wenn es hierdurch die von den Parteien bestimmten Grenzen des
Rechtsstreits (ne ultra petita) überschreiten müsste, sofern der Betroffene Gelegenheit
zur Geltendmachung des Rechtsverstoßes hatte.[314] Auch ein nach nationalem Prozessrecht bestehendes **Verbot der reformatio in peius** wird aus diesem Grund bei Verstößen
gegen Unionsrecht weder überwunden noch modifiziert.[315] Jedoch muss ein Gericht
die rechtlichen Gesichtspunkte, die sich aus einer zwingenden Bestimmung des Unionsrechts ergeben, von Amts wegen aufgreifen, wenn es nach dem durch nationales Recht
bestimmten Kontrollauftrag hierzu verpflichtet oder berechtigt ist.[316]

f) **Tatsachenfeststellung und Kontrolldichte.** Die **Tatsachenfeststellung** (ein- 67
schließlich der Beweiserhebung) und die **Subsumption** des relevanten Sachverhalts
unter den Tatbestand obliegen den nationalen Gerichten.[317] Fragen der Darlegungs-
und der Beweislast werden, soweit nicht das Sekundärrecht bereichsspezifische Festlegungen trifft,[318] grundsätzlich vom nationalen Prozessrecht festgelegt. Allerdings
darf die Beweisführung im Hinblick auf das Effektivitätsprinzip (vgl. Rn. 35) nicht
die Durchsetzung des Unionsrechts vereiteln oder wesentlich erschweren.[319] Die konkreten Anforderungen an die Tatsachenfeststellung hängen aus unionsrechtlicher Sicht
maßgeblich vom jeweiligen Regelungskontext ab und sind insoweit funktionsbezogen
zu ermitteln.[320] Hierbei können auch Konflikte mit anderen, ihrerseits unionsrechtlich
geschützten Interessen (etwa Betriebs- und Geschäftsgeheimnissen Dritter[321]) entstehen. Notwendig ist dann eine praktische Konfliktbewältigung im Prozess, die weder
das unionsrechtliche Vollzugsinteresse noch die grundrechtlich geschützten Belange
der betroffenen Gegenseite unangemessen zurücksetzt.

Der EuGH hat beispielsweise zum gerichtlichen Rechtsschutz im **Regulierungs-** 68
recht Folgendes festgestellt: Das zur Kontrolle einer Regulierungsentscheidung zuständige Gericht müsse „über sämtliche Informationen verfügen können, die erforderlich

---

[313] EuGH, Rs. C-430/93, *van Schijndel*, Slg. 1995, I-4705 Rn. 20 ff. Kritisch *Cahn*, ZEuP 1998, 974 (979).
[314] EuGH, Rs. C-222/05, *van der Weerd*, Slg. 2007, I-4233 Rn. 41.
[315] EuGH, Rs. C-455/06, *Heemskerk*, Slg. 2008, I-8763 Rn. 46 ff.; *Gärditz*, JuS 2009, 385 (393); *Lindner*, DVBl. 2009, 224 (227); *Otting/Olgemöller*, AnwBl. 2010, 155 (161 f.); *Reich*, EuZW 2008, 325 ff.
[316] EuGH, Rs. C-2/06, *Willy Kempter*, Slg. 2008, I-411 Rn. 45.
[317] EuGH, Rs. 7/75, *F/Belgien*, Slg. 1975, 679 Rn. 10; Rs. 107/83, *Onno Klopp*, Slg. 1984, 2971 Rn. 14.
[318] Siehe anschaulich aus dem Bereich des Flüchtlingsrechts Art. 4 Abs. 4 RL 2004/83/EG (ABl. 2004 L 304, S. 12); hierzu EuGH, Rs. C-175 bis 179/08, *Abdulla/Bundesrepublik Deutschland*, NVwZ 2010, 505 Rn. 93 ff.; BVerwG, Urt. v. 27.4.2010, 10 C 5/09, NVwZ 2011, 51 (53 f.).
[319] EuGH, Rs. 199/82, *San Giorgio*, Slg. 1983, 3595 Rn. 14; Rs. 331/85, *Les Fils de Jules Bianco*, Slg. 1988, 1099 Rn. 12; Rs. C-147/01, *Weber's Wine World*, Slg. 2003, I-11365 Rn. 110 ff.; Rs. C-55/06, *Arcor*, Slg. 2008, I-2931 Rn. 191; *Gundel*, in: Schulze/Zuleeg/Kadelbach, § 3 Rn. 195.
[320] Anschaulich für die Beweislast im Bereich der Warenverkehrsfreiheit *Schorkopf*, EuR 2009, 645 (653 ff.).
[321] *Gärditz*, JuS 2009, 385 (391).

sind, um über die Begründetheit dieser Rechtsbehelfe in voller Kenntnis der Umstände entscheiden zu können, also auch über vertrauliche Informationen. Der Schutz dieser Informationen und von Geschäftsgeheimnissen muss jedoch sichergestellt und so ausgestaltet sein, dass er mit den Erfordernissen eines effektiven Rechtsschutzes und der Wahrung der Verteidigungsrechte der am Rechtsstreit Beteiligten im Einklang steht."[322] Auch im **Flüchtlingsrecht** hat der EuGH dem geltenden Sekundärrecht Vorgaben hinsichtlich der von den nationalen Gerichten anzulegenden Wahrscheinlichkeitsmaßstäbe bei der Beweiserhebung entnommen.[323]

69 Es ist daher Sache der innerstaatlichen Rechtsordnungen, die Kompetenzverteilung zwischen Verwaltung und Gerichten im indirekten Vollzug und damit Art sowie Umfang der **Kontrolldichte** zu regeln.[324] Allerdings darf eine Rücknahme der Kontrolldichte nicht dazu führen, dass der unionsrechtlich gebotene Rechtsschutz als Durchsetzungsinstrument mangels praktischer Wirksamkeit letztlich entwertet würde.[325] Zwar verlangt der EuGH mitgliedstaatlichen Gerichten keine Kontrollintensität ab, die die eigene Kontrolldichte übersteigen würde.[326] Allerdings wäre es mit dem Effektivitätsgebot unvereinbar, die Einhaltung der aus dem Unionsrecht folgenden Rechte und Pflichten durch die Verwaltung einer bloßen gerichtlichen Willkürkontrolle zu unterwerfen.[327] Letztlich müssen die Gerichte das Verwaltungshandeln zumindest insoweit einer Vollkontrolle unterwerfen, als das Unionsrecht rechtliche Bindungen enthält.

70 g) **Eilrechtsschutz.** Auch der verwaltungsgerichtliche Eilrechtsschutz unterliegt unionsrechtlichen Modifikationen.[328] Das nationale Recht muss generell **Eilrechtsschutz zur Durchsetzung des Unionsrechts** zur Verfügung stellen, soweit dies notwendig ist, eine Vereitelung der unionsrechtlich garantierten Rechte zu verhindern.[329] Die wirksame Durchsetzung unionsrechtlich begründeter Rechte im Eilverfahren wird im Rahmen der §§ 80, 80a, 123 VwGO gewährt,[330] die ein hinreichend wirksames Rechtsschutzregime zur Verfügung stellen.

---

[322] EuGH, Rs. C-438/04, *Mobistar*, Slg. 2006, I-6675 Rn. 40. Zu den Folgerungen für das nationale Verwaltungsprozessrecht siehe BVerwGE 127, 282 (287 ff.); *Gärditz/Orth*, JuS 2010, 317 (321).

[323] EuGH, Rs. C-175 bis 179/08, *Abdulla/Bundesrepublik Deutschland*, Slg. 2010, I-1493 Rn. 85 ff., 93 ff.

[324] EuGH, Rs. C-120/97, *Upjohn*, Slg. 1999, I-223 Rn. 29, 32 f.; Rs. C-55/06, *Arcor*, Slg. 2008, I-2931 Rn. 170; *Classen*, Die Europäisierung der Verwaltungsgerichtsbarkeit, 1996, S. 172 f.; *Gärditz*, JuS 2009, 385 (392).

[325] *Gärditz*, JuS 2009, 385 (392).

[326] EuGH, Rs. C-120/97, *Upjohn*, Slg. 1999, I-223 Rn. 35.

[327] *von Danwitz*, EU-VerwR, S. 592; siehe für den Widerruf einer Ausschreibung nach europäischem Vergaberecht EuGH, Rs. C-92/00, *Hospital Ingenieure Krankenhaustechnik Planungs-Gesellschaft mbH*, Slg. 2002, I-5553 Rn. 64.

[328] Hierzu vertiefend *Buck*, Die Europäisierung des verwaltungsgerichtlichen vorläufigen Rechtsschutzes; *Jannasch*, NVwZ 1999, 495 ff.; *Hauser*, VBlBW 2000, 377; *Knoll*, Grundzüge eines europäischen Standards für den einstweiligen Rechtsschutz gegen Verwaltungsakte, 2002; *Schoch*, DVBl. 1997, 289 ff.; *Sandner*, DVBl. 1998, 262 ff.

[329] EuGH, Rs. C-213/89, *The Queen/Secretary of State for Transport, ex parte Factortame*, Slg. 1990, I-2433 Rn. 21; Rs. C-432/05, *Unibet*, Slg. 2007, I-2271 Rn. 72 ff.; *Gundel*, JA 2007, 830 (832); *Rengeling*, VVDStRL 53 (1994), 202 (216).

[330] *Ehlers*, DVBl. 2004, 1441 (1450).

Richtet sich Eilrechtsschutz jedoch gegen Maßnahmen nationaler Behörden, die im 71
Rahmen des **indirekten Vollzugs des Unionsrechts** ergehen, sind die Entscheidungsmöglichkeiten der nationalen Gerichte beschränkt. Einerseits kann die Gewährung von Eilrechtsschutz die Einheitlichkeit der Rechtsanwendung und die praktische Wirksamkeit des Unionsrechts beeinträchtigen. Andererseits erkennt auch das Unionsrecht die Notwendigkeit an, als Ausprägung des Gebotes, effektiven Rechtsschutz zu gewähren (vgl. Art. 47 EU-Grundrechtecharta sowie Rn. 54), hinreichenden Eilrechtsschutz zur Verfügung zu stellen. Im Rahmen der **Interessenabwägung**, die bei Entscheidungen nach § 80 Abs. 5 oder § 123 VwGO vorzunehmen ist, wird die relative Gewichtung zugunsten des unionsrechtlich aufgeladenen Vollzugsinteresses verschoben.

Die Verwaltung kann verpflichtet sein, Verwaltungsakte, die der Durchsetzung 72
des Unionsrechts im indirekten Vollzug dienen, nach § 80 Abs. 2 S. 1 Nr. 4 VwGO für **sofort vollziehbar** zu erklären.[331] Die im Rahmen des § 80 Abs. 2 VwGO eröffneten Ermessensspielräume lassen insoweit eine weitgehend konfliktfreie Integration unionsrechtlicher Vollzugsinteressen in das deutsche Prozessrecht zu.[332]

Wird inzident die **Ungültigkeit eines Unionsrechtsaktes** geltend gemacht, fehlt 73
nationalen Behörden und Gerichten eine entsprechende Verwerfungskompetenz. Dies schließt es jedoch nicht aus, unter strikten Voraussetzungen Eilrechtsschutz zu gewähren, um schwerwiegende Beeinträchtigungen abzuwenden, die sich aus den mit einer Vorlage nach Art. 267 AEUV eintretenden Verzögerungen ergeben würden. Das angerufene Gericht muss erhebliche und ggf. anhand der einschlägigen Rechtsprechung des EuGH begründbare Zweifel an der Rechtmäßigkeit eines Unionsrechtsaktes geltend machen. Es muss zudem die Gültigkeitsfrage dem EuGH nach Art. 267 AEUV vorlegen. Bei der Entscheidung über die Aussetzung muss das Gericht das unionsrechtlich qualifizierte Vollzugsinteresse angemessen berücksichtigen. Die Gewährung von Eilrechtsschutz muss schließlich zur Abwehr schwerer und irreparabler Schäden erforderlich sein.[333] **Beteiligungsrechte der Kommission** zur institutionellen Einbindung unionsrechtlich induzierter Vollzugsinteressen im nationalen Verwaltungsprozess sind demgegenüber nicht erforderlich.[334]

Der EuGH hat die Kompetenz staatlicher Gerichte, Eilrechtsschutz zu gewähren, 74
beim nationalen Vollzug von Beihilfeentscheidungen der Kommission weiter eingeschränkt.[335] Werde ein Mitgliedstaat durch Kommissionsentscheidung zur **Rückforderung gewährter Beihilfen** verpflichtet, so sei es prinzipiell unzulässig, wenn nationale Gerichte Rechtsbehelfen, die gegen Rückforderungsbescheide der nationalen Verwaltungsbehörden eingelegt werden, aufschiebende Wirkung verleihen. Begründet wird dies – parallel zur verwaltungsverfahrensrechtlichen Bestandskraft (vgl. Rn. 41) – damit, dass das gemeinschaftsrechtliche Gebot, Wettbewerbsverzerrungen möglichst

---

[331] EuGH, Rs. C-217/88, *Weindestillation*, Slg. 1990, I-2879 Rn. 34.
[332] *Zuleeg*, VVDStRL 53 (1994), 154 (167).
[333] EuGH, Rs. C-143/88 u. a., *Zuckerfabrik Süderdithmarschen*, Slg. 1991, I-415 Rn. 23 ff.; Rs. C-465/93, *Atlanta Fruchthandelsgesellschaft*, Slg. 1995, I-3781 Rn. 32 ff.; Rs. C-68/95, *T. Port*, Slg. 1996, I-6065 Rn. 48.
[334] EuGH, Rs. C-334/95, *Krüger/Hauptzollamt Hamburg-Jonas*, Slg. 1997, I-4517 Rn. 46; *Huber*, BayVBl. 2001, 577 (583).
[335] EuGH, Rs. C-232/05, *Scott Paper SA/Kimberly-Clark*, Slg. 2006, I-10071 Rn. 52 ff.; siehe im Anschluss ferner EuGH, Rs. C-507/08, *Kommission/Slowakische Republik*, Slg. 2010, I-13489 Rn. 55 ff.

wirksam und zeitnah zu korrigieren, hierdurch unterlaufen würde. Geltend gemachte Mängel der Kommissionsentscheidung müsse der betroffene Bürger im Wege einer Nichtigkeitsklage (Art. 263 Abs. 4 AEUV) erheben. Auch einstweiliger Rechtsschutz ist folglich allein durch Antrag auf Aussetzung der Kommissionsentscheidung nach Art. 278 S. 2 AEUV zu erreichen. Versäumt der Betroffene dies, kann ihm konsequenterweise auch kein Eilrechtsschutz vor nationalen Gerichten zur Verfügung stehen, um den Vollzug der Rückforderungsanordnung zu suspendieren. Eilrechtsschutz kommt allerdings insoweit in Betracht, als sich der Betroffene nicht gegen die Rückforderung dem Grunde nach wendet, sondern gegen die **Rechtmäßigkeit der Mittel**, mit denen die nationale Verwaltung die Rückforderung nach nationalem Recht durchsetzen will. Denn das unionsrechtliche Interesse, die durch eine unzulässige Beihilfe erlangten Wettbewerbsverzerrungen zeitnah zu korrigieren, suspendiert nicht die Bindungen der nationalen Verwaltung an das unionsrechtskonforme nationale Recht, insbesondere an Zuständigkeits-, Form- und Verfahrensregelungen, an eine hinreichende Ermächtigungsgrundlage sowie an die allgemeinen rechtsstaatlichen Grenzen des Verwaltungsvollzugs. Gelingt es einem Mitgliedstaat nicht, eine Rückforderungsanordnung der Kommission in angemessener Zeit rechtmäßig zu vollziehen, begeht er eine Vertragsverletzung, die aber dem Betroffenen nicht zuzurechnen ist und erst recht nicht in eine Pflicht umschlägt, auch rechtswidrige Vollzugsmaßnahmen dulden zu müssen.

2. Abschnitt. Rechtsschutz durch verschiedene Zweige der nationalen Gerichtsbarkeit

§ 36 Rechtsschutz durch das Bundesverfassungsgericht

Übersicht

		Rn.
A.	Einleitung	1
B.	Verfassungsgerichtlicher Rechtsschutz und Unionsrecht	2–69
	I. Unionsrechtsakte als unmittelbarer Prüfungsgegenstand	2–16
	1. Konkrete Normenkontrolle	3–10
	2. Abstrakte Normenkontrolle	11
	3. Individualverfassungsbeschwerde	12–15
	4. Organstreit und Bund-Länder-Streit	16
	II. Mittelbare Kontrolle von Unionsrechtsakten und vergleichbaren völkerrechtlichen Bindungen im Zusammenhang mit der Europäischen Union	17–69
	1. Nationale Gesetzgebung als Anknüpfungspunkt der verfassungsgerichtlichen Kontrolle	18–22
	2. Mittelbare Kontrolle von Rechtsakten im Zusammenhang mit der Europäischen Union	23–32
	3. Besondere Sachentscheidungsvoraussetzungen	33–42
	4. Verfahrensarten	43–51
	5. Prüfungsmaßstab	52–69
C.	Verfassungsgerichtlicher Rechtsschutz gegen nationale Ausführungs- und Vollzugsakte	70–93
	I. Normative Ausführungsakte	70–91
	1. Verfahrensarten	72–81
	2. Besondere Sachentscheidungsvoraussetzungen und Prüfungsmaßstab	82–91
	II. Administrative Vollzugsakte	92/93
D.	Durchsetzung des Unionsrechts in verfassungsgerichtlichen Rechtsschutzverfahren	94–108
	I. Verletzung der Vorlagepflicht staatlicher Gerichte	95–103
	1. Vorlagepflichten staatlicher Gerichte und das Recht auf den gesetzlichen Richter	97/98
	2. Prüfungsmaßstab	99–103
	II. Verfassungsgerichtliche Überprüfung der Unionskonformität staatlicher Hoheitsakte	104–108
E.	Verfassungsgerichtliche Kontrolle der deutschen Mitwirkung am Entscheidungsprozess der Europäischen Union	109–138
	I. Verfahrensarten	110–119
	1. Individualverfassungsbeschwerde	110–116
	2. Bund-Länder Streit	117
	3. Organstreitverfahren	118/119
	II. Prüfungsmaßstab	120–138
	1. Schranken der Integrationsermächtigung	120–122
	2. Schranken der organschaftlichen Rechte	123–138
F.	Annex: Einstweiliger Rechtsschutz	139–141

Schrifttum: *Augsberg,* Von der Solange- zur Soweit-Rechtsprechung: Zum Prüfungsumfang des Bundesverfassungsgerichts bei richtlinienumsetzenden Gesetzen, DÖV 2010, 153 ff.; *Bäcker,* Altes und Neues zum EuGH als gesetzlichem Richter, NJW 2011, 270 ff.; *ders.,* Solange IIa oder Basta I?, Das Vorratsdaten-Urteil des Bundesverfassungsgerichts aus europarechtlicher Sicht, EuR 2011, 103 ff.; *Benda/Klein,* Verfassungsprozessrecht, 3. Aufl., Heidelberg 2012; *Bergmann/Karpenstein,* Identitäts- und Ultra-Vires-Kontrolle durch das Bundesverfassungsgericht – Zur Notwendigkeit einer gesetzlichen Vorlageverpflichtung, ZEuS 2009, 529 f.; *von Bogdandy,* Prinzipien der Rechtsfortbildung im Europäischen Rechtsraum, Überlegungen zum Lissabon-Urteil des BVerfG, NJW 2010, 1 ff.; *ders. u. a.,* Ein Rettungsschirm für europäische Grundrechte – Grundlagen einer unionsrechtlichen Solange-Doktrin gegenüber Mitgliedstaaten, ZaöRV 2012, 45 ff.; *Britz,* Verfassungsrechtliche Effektuierung des Vorabentscheidungsverfahrens, NJW 2012, 1313 ff., *Buschmann/Daiber,* Subsidiaritätsrüge und Grundsatz der begrenzten Einzelermächtigung, DÖV 2011, 504 ff.; *Calliess,* Der Kampf um den Euro: Eine „Angelegenheit der Europäischen Union" zwischen Regierung, Parlament und Volk, NVwZ 2012, 1 ff.; *ders.,* Der EuGH als gesetzlicher Richter im Sinne des Grundgesetzes, NJW 2013, 1905 ff.; *ders.,* Die neue Europäische Union nach dem Vertrag von Lissabon, Tübingen 2010; *Classen,* Legitime Stärkung des Bundestages oder verfassungsrechtliches Prokrustesbett?, zum Urteil des BVerfG zum Vertrag von Lissabon, JZ 2009, 881 ff.; *Dingemann,* Zwischen Integrationsverantwortung und Identitätskontrolle: Das „Lissabon"-Urteil des Bundesverfassungsgerichts, ZEuS 2009, 491 ff.; *Dörr,* Der europäisierte Rechtsschutzauftrag Deutscher Gerichte, Tübingen 2003; *ders.,* Rechtsprechungskonkurrenz zwischen nationalen und europäischen Verfassungsgerichten, DVBl 2006, 1088 ff.; *Everling,* Europas Zukunft unter der Kontrolle der nationalen Verfassungsgerichte, Anmerkungen zum Urteil des Bundesverfassungsgerichts vom 30.06.2009 über den Vertrag von Lissabon, EuR 2010, 91 ff.; *Fastenrath,* BVerfG verweigert willkürlich die Kooperation mit dem EuGH, NJW 2009, 272 ff.; *Frenz,* Demokratiebegründete nationale Mitwirkungsrechte und Aufgabenreservate, Im Blickpunkt: Das Lissabonurteil des BVerfG vom 30.06.2009, EWS 2009, 345 ff.; *ders.,* Kastriertes Lissabon-Urteil? Die Relativierung durch den „Mangold"-Beschluss vom 06.07.2010, EWS 2010, 401 ff.; *Gärditz/Hillgruber,* Volkssouveränität und Demokratie ernst genommen – Zum Lissabon-Urteil des BVerfG, JZ 2009, 872 ff.; *Gas,* Macht das Lissabon-Urteil des Bundesverfassungsgerichts die Option der De-facto-Subsidiaritätsklage durch ein Bundesland unmöglich?, DÖV 2010, 313 ff.; *Gerken/Rieble/Roth/Stein/Streinz,* „Mangold" als ausbrechender Rechtsakt, München 2009; *Götz,* Das Maastricht-Urteil des Bundesverfassungsgerichts, JZ 1993, 1081 ff.; *Grimm,* Das Grundgesetz als Riegel vor einer Verstaatlichung der Europäischen Union, zum Lissabon-Urteil des Bundesverfassungsgerichts, Der Staat 48 (2009), 475 ff.; *Halberstam/Möllers,* The German Constitutional Court says „Ja zu Deutschland!", German Law Journal (GLJ) 2009, 1241; *Haratsch,* Die kooperative Sicherung der Rechtsstaatlichkeit durch die mitgliedstaatlichen Gerichte und Gemeinschaftsgerichte aus mitgliedstaatlicher Sicht, EuR 2008/Beiheft 3, 81 ff.; *Heck,* Rechtsschutz gegen durch EG-Richtlinien determiniertes Gesetzesrecht, NVwZ 2008, 523 ff.; *Hilf,* Solange II: Wie lange noch Solange?, EuGRZ 1987, 1 ff.; *Holz,* Grundrechtsimmunes Gesetzesrecht, NVwZ 2007, 1153 ff.; *Isensee,* Integrationswille und Integrationsresistenz des Grundgesetzes, Das Bundesverfassungsgericht zum Vertrag von Lissabon, ZRP 2010, 33 ff.; *Kahl,* Bewältigung der Staatsschuldenkrise unter Kontrolle des Bundesverfassungsgerichts, DVBl 2013, 197 ff.; *Ketterer,* Anm. zu BVerfG-Urteil vom 7.9.2011, 2 BvR 987/19 u. a., BayVBl 2012, 84 ff.; *Kingreen,* Die Grundrechte des Grundgesetzes im europäischen Grundrechtsföderalismus, JZ 2013, 801 ff.; *Kirchhof,* Grundrechtsschutz durch europäische und nationale Gerichte, NJW 2011, 3681 ff.; *Kokott/Henze/Sobotta,* Die Pflicht zur Vorlage an den Europäischen Gerichtshof und die Folgen ihrer Verletzung, JZ 2006, 633 ff.; *Kottmann/Wohlfahrt,* Der gespaltene Wächter?, Demokratie, Verfassungsidentität und Integrationsverantwortung im Lissabon-Urteil, ZaöRV 2009, 443 ff.; *Landau/Trésoret,* Menschenrechtsschutz im Europäischen Mehrebenensystem, DVBl 2012, 1329 ff.; *Lecheler,* Zum Bananenmarkt-Beschluß des BVerfG, JuS 2001, 120 ff.; *Lechner/Zuck,* Bundesverfassungsgerichtsgesetz-Kommentar, 6. Aufl., München 2011; *Lenz,* Brauchen wir ein neues Kontrollverfahren für das Recht der Europäischen Union vor dem BVerfG?, ZRP 2010, 22 ff.; *Maidowsky,* Identität der Verfassung und europäische Integration – BVerfGE 73, 339, JuS 1988, 114 ff.; *Maunz/Schmidt-Bleibtreu/Klein/Bethge,* Bundesverfassungsgerichtsgesetz, Kommentar, Loseblattsammlung, Stand: April 2012; *Michael*, Grenzen einer verschärften Vorlagekontrolle des Art. 267 Abs. 3 AEUV durch das BVerfG, JZ 2012, 870 ff.; *Moench/Ruttloff*, Verfassungsrechtliche Grenzen für die Delegation parlamentarischer Entscheidungsbefugnisse, DVBl 2012, 1261 ff.; *ders./Sander*, Rechtsschutz vor deutschen Gerichten, in: Rengeling (Hrsg.), Handbuch zum europäischen und deutschen Umweltrecht, Band I: Allgemeines Umweltrecht (EUDUR I), 2. Aufl., Köln, Berlin, Bonn, München 2003, § 46; *Nettesheim*, Gesetzgebungsverfahren im europäischen Staatenverbund – zwischen Voluntarismus und Loyalitätspflicht, 2013; *ders.*, Art. 23 GG, nationale Grundrechte und EU-Recht, NJW 1995, 2083 ff.; *ders.*, Die Integrationsverantwortung – Vorgaben des BVerfG und gesetzgeberische Umsetzung, NJW 2010, 177 ff.; *ders.*, Ein Individualrecht auf Staatlichkeit? Die Lissabon-Entscheidung des BVerfG, NJW 2009, 2867 ff.; *ders.*, Verfassungsgerichtliche Vorgaben für den Umbau der Währungsunion, EuR 2011, 765 ff.; *Ohler*, Herrschaft, Legitimation und Recht in der Europäischen Union – Anmerkungen zum Lissabon-Urteil des BVerfG, AöR 135 (2010), 153 ff.; *van Ooyen*, Mit „Mangold" zurück zu „Solange II"?, Der Staat 50 (2011), 45 ff.; *Pache*, Das Ende der europäischen Integration?, Das Urteil des Bundesverfassungsgerichts zum Vertrag von Lissabon, Zur Zukunft Europas und der Demokratie, EuGRZ 2009, 285 ff.; *Pagenkopf*, Schirmt das BVerfG vor Rettungsschirmen?, NVwZ 2011, 1473 ff.; *Payandeh*, Die Nichtigkeit von EG-Richtlinien: Konsequenzen für den mitgliedstaatlichen Umsetzungsakt im Lichte des Demokratieprinzips, DVBl 2007, 741 ff.; *Pernice*, Der Schutz nationaler Identität in der Europäischen Union, AöR 136 (2011), 185 ff.; *Piekenbrock*, Vorlagen an den EUGH nach Art. 267 AEUV im Privatrecht, EuR 2011, 317 ff.; *Polzin*, Das Rangverhältnis von Verfassungs- und Unionsrecht nach der neuesten Rechtsprechung des BVerfG, JuS 2012, 1 ff.; *Proelß*, Zur verfassungsrechtlichen Kontrolle der Kompetenzmäßigkeit von Maßnahmen der Europäischen Union: Der „ausbrechende Rechtsakt" in der Praxis des BVerfG – Anmerkung zum Honeywell-Beschluss des BVerfG vom 6. Juli 2010 –, EuR 2011, 241 ff.; *Rengeling*, Das Zusammenwirken von Europäischem Gemeinschaftsrecht und nationalem, insbesondere deutschem Recht, DVBl 1986, 306 ff.; *Ritzer/Ruttloff*, Die Kontrolle des Subsidiaritätsprinzips: Geltende Rechtslage und Reformperspektiven, EuR 2006, 116 ff.; *Roth*, Verfassungsgerichtliche Kontrolle der Vorlagepflicht an den EuGH, NVwZ 2009, 345 ff.; *Ruffert*, An den Grenzen des Integrationsverfassungsrechts: Das Urteil des Bundesverfassungsgerichts zum Vertrag von Lissabon, DVBl 2009, 1197 ff.; *Sauer*, Jurisdiktionskonflikte in Mehrebenensystemen, Die Entwicklung eines Modells zur Lösung von Konflikten zwischen Gerichten unterschiedlicher Ebenen in vernetzten Rechtsordnungen, Heidelberg 2008; *ders.*, Kompetenz- und Identitätskontrolle von Europarecht nach dem Lissabon-Urteil – Ein neues Verfahren vor dem Bundesverfassungsgericht?, ZRP 2009, 195 ff.; *ders.*, Europas Richter Hand in Hand? – Das Kooperationsverhältnis zwischen BVerfG und EuGH nach Honeywell –, EuZW 2011, 94 ff.; *Scherer*, Solange II: Ein grundrechtspolitischer Kompromiß, JA 1987, 483 ff. *Schlaich/Korioth*, Das Bundesverfassungsgericht, 8. Aufl., München 2010; *Schönberger*, Der introvertierte Rechtsstaat als Krönung der Demokratie? – Zur Entgrenzung von Art. 38 GG im Europaverfassungsrecht, JZ 2010, 1160 ff.; *ders.*, Lisbon in Karlsruhe: Maastricht's Epigones at Sea, German Law Journal (GLJ) 2009, 1201 ff.; *Schorkopf*, Die Europäische Union im Lot, Karlsruhes Rechtsspruch zum Vertrag von Lissabon, EuZW 2009, 718 ff.; *ders.*, „Startet die Maschinen" – Das ESM-Urteil des BVerfG vom 12.9.2012, NVwZ 2012, 1273 ff.; *Schröder*, Die offene Flanke – die verfassungsrechtlichen Anforderungen an die Begleitgesetzgebung zum Vertrag von Lissabon –, DÖV 2010, 303 ff.; *Shirvani*, Die europäische Subsidiaritätsklage und ihre Umsetzung ins Deutsche Recht, JZ 2010, 753 ff.; *Seiler*, Das Bundesverfassungsgericht und der gesetzliche Richter, ZRP 2011, 164 ff.; *Steiner*, Das Spannungsfeld zwischen europäischem Gemeinschaftsrecht und deutschem Verfassungsrecht, EuZA 2 (2009), 140 ff.; *Streinz*, Bundesverfassungsgerichtlicher Grundrechtsschutz und Europäisches Gemeinschaftsrecht, Baden-Baden 1989; *ders.*, Das Grundgesetz: Europafreundlichkeit und Europafestigkeit, Zum Lissabon-Urteil des Bundesverfassungsgerichts, ZfP 2009, 467 ff.; *Thüsing/Pötters/Traut*, Der EuGH als gesetzlicher Richter i.S. von Art. 101 I 2 GG, NZA 2010, 930 ff.; *Thym*, Die Reichweite der EU-Grundrechte-Charta – Zu viel Grundrechtsschutz?, NVwZ 2013, 889 ff.; *Umbach/Clemens/Dollinger*, Bundesverfassungsgerichtsgesetz, Mitarbeiterkommentar und Handbuch, 2. Aufl., Heidelberg 2005; *Voßkuhle*, Der europäische Verfassungsgerichtsverbund,

NVwZ 2010, 1 ff.; *Walter*, Grundrechtsschutz gegen Hoheitsakte internationaler Organisationen, Überlegungen zur Präzisierung und Fortentwicklung der Dogmatik des Maastricht-Urteils des Bundesverfassungsgerichts, AöR 129 (2004), 39 ff.; *ders.*, Integrationsgrenze Verfassungsidentität – Konzept und Kontrolle aus europäischer, deutscher und französischer Perspektive, ZaöRV 2012, 177 ff.; *ders.*, Verfassungsgerichtsbarkeit und europäische Integration, NVwZ-Beilage 2013, 27 ff.; *Wendel*, Neue Akzente im europäischen Grundrechtsverbund – Die fachgerichtliche Vorlage an den EuGH als Prozessvoraussetzung der konkreten Normenkontrolle, EuZW 2012, 213 ff.; *Wernsmann*, Grundrechtsschutz nach Grundgesetz und Unionsrecht vor dem BVerfG, NZG 2011, 1241 ff.; *Wolff*, De lege ferenda: Das Integrationskontrollverfahren – Diskussionsbeitrag zur Frage einer Fortbildung des Verfassungsprozessrechts nach dem Lissabon-Urteil des Bundesverfassungsgerichts vom 30.06.2009 –, DÖV 2010, 49 ff.

A. Einleitung

1   Das BVerfG ist nach den Bestimmungen des Grundgesetzes dafür zuständig, die Tätigkeit der Staatsorgane am Maßstab der Verfassung auf ihre Rechtmäßigkeit hin zu kontrollieren. Es agiert nach seinem eigenen Selbstverständnis als „Hüter der Verfassung".[1] Das Handeln aller staatlichen Gewalt unterliegt seiner Kontrolle. Soweit Akte der deutschen öffentlichen Gewalt zur Umsetzung oder Durchsetzung des Unionsrechts ergehen, ist die Prüfungskompetenz des BVerfG potentiell berührt. Das BVerfG erkennt an, dass die Effet-Utile-Regel, das Prinzip der Einheitlichkeit des Unionsrechts und der grundsätzliche Anwendungsvorrang des Unionsrechts „Teil des vom Grundgesetz gewollten Integrationsauftrags"[2] sind.[3] Der **Anwendungsvorrang** des Unionsrechts hat im Vertrag von Lissabon ausdrücklich in der „17. Schlusserklärung der Regierungskonferenz zum Vorrang"[4] seinen Niederschlag gefunden, auf die sich das deutsche Zustimmungsgesetz ebenfalls bezieht.[5] Der Anwendungsvorrang des Unionsrechts gegenüber dem nationalen (Verfassungs-)Recht ergibt sich ferner aus der Notwendigkeit, dass nur durch diese einheitliche Rechtswirksamkeit des Unionsrechts die Union als Rechtsgemeinschaft bestehen kann. Als Grundlage dieses Anwendungsvorrangs betont das BVerfG nun auch die Eigenständigkeit der Unionsrechtsordnung, soweit eine vertragliche Ermächtigung und die Übertragung von Hoheitsrechten auf Grundlage des Art. 23 Abs. 1 GG erfolgt ist.[6] Es löst sich damit von dem *rein* völkerrechtlichen Verständnis[7] des Kollisionsverhältnisses. Der Anwendungsvorrang des Unionsrechts findet jedoch seine **Grenze** im Spannungsfeld zwischen dem Prinzip der begrenzten Einzelermächtigung und der verfassungsrechtlichen Integrationsverant-

---

[1] Vgl. hierzu *Voßkuhle*, in: v. Mangoldt/Klein/Starck, GG, Art. 93 Rn. 18, Art. 94 Rn. 32.
[2] BVerfG, Urt. v. 30.6.2009, 2 BvE 2/08 u. a., NJW 2009, 2267 (2272) *(Lissabon)*.
[3] BVerfG, Urt. v. 30.6.2009, 2 BvE 2/08 u. a., NJW 2009, 2267 (2284 f.) *(Lissabon)*; *von Bogdandy*, NJW 2010, 1 (2 ff.).
[4] ABl. 2008 C 115/344 bzw. ABl. 2010 C 83/344.
[5] BVerfG, Urt. v. 30.6.2009, 2 BvE 2/08 u. a., NJW 2009, 2267 (2285 f.) *(Lissabon)*; *Frenz*, Handbuch Europarecht, Bd. 5, Rn. 25, 107 f.
[6] BVerfG, Beschl. v. 6.7.2010, 2 BvR 661/06, NJW 2010, 3422 (3423) *(Honeywell)*; so auch in st. Rspr. EuGH, Gut. v. 8.3.2011, Rs. Gut 01/09, EuR 2011, 567 (Rn. 68); EuGH, Rs. C-409/06, *Winner Wetten*, Slg. 2010, I-8015 Rn. 53, 61.
[7] So noch BVerfG, Urt. v. 30.6.2009, 2 BvE 2/08 u. a., NJW 2009, 2267 (2285) *(Lissabon)*.

wortung als Mitgliedstaat.[8] Der verfassungsgerichtliche Rechtsschutz bezieht sich in diesem Zusammenhang auf die Einhaltung der verfassungsrechtlichen Grenzen der Integrationsermächtigung im Sinne eines Verfassungsvorbehalts.

B. Verfassungsgerichtlicher Rechtsschutz und Unionsrecht

I. Unionsrechtsakte als unmittelbarer Prüfungsgegenstand

Sofern primär- und sekundärrechtliche Unionsrechtsnormen verfassungsrechtlichen Bedenken unterliegen, können diese einer verfassungsgerichtlichen Normenkontrolle (Art. 93 Abs. 1 Nr. 2, 100 Abs. 1 GG) unterzogen werden. Überdies kann die inkriminierte Unionsnorm im Wege der Individualverfassungsbeschwerde (Art. 93 Abs. 1 Nr. 4a GG) angegriffen werden. Dies setzt allerdings voraus, dass das Unionsrecht in einem dieser Verfahren als zulässiger Prüfungsgegenstand in Betracht kommt.

1. Konkrete Normenkontrolle. Das in Art. 100 Abs. 1 GG geregelte Normenkontrollverfahren kommt in Betracht, wenn ein bundesdeutsches Gericht eine formalgesetzliche Rechtsnorm, auf deren Gültigkeit es für die Entscheidung eines bei ihm anhängigen Rechtsstreits ankommt, wegen Verstoßes gegen das Grundgesetz für verfassungswidrig hält.[9]

a) Gegenüber primärem Unionsrecht. Das primäre Unionsrecht eignet sich bereits deshalb nicht zum Gegenstand einer Richtervorlage, weil die unionsrechtlichen und die ihnen gleich gestellten Regelungen keine „Gesetze" im Sinne des Art. 100 Abs. 1 GG sind. Den Gründungsverträgen kann (im Normalfall) keine Gesetzesqualität beigemessen werden, weil sie als ursprünglich **völkervertragliche Vereinbarungen** lediglich Rechte und Pflichten zwischen den vertragsschließenden Parteien begründen.[10] Selbst primärrechtliche Bestimmungen mit unmittelbarer Wirkung im Verhältnis zu Unionsbürgern scheiden als Prüfungsgegenstand aus, weil Art. 100 Abs. 1 GG nur deutsche, d. h. von deutschen Gesetzgebungsorganen erlassene Gesetze, erfasst.[11]

b) Gegenüber sekundärem Unionsrecht. Auch das Sekundärrecht ist Teil der eigenständigen Unionsrechtsordnung. Es wird von den Organen der EU auf der Grundlage primärrechtlicher Ermächtigungen erlassen. Eine unmittelbare Überprüfung im Wege der Normenkontrolle ist ebenso grundsätzlich unzulässig, wenngleich das BVerfG in

---

[8] BVerfG, Urt. v. 30.6.2009, 2 BvE 2/08 u. a., NJW 2009, 2267 (2272, 2285 f.) *(Lissabon)*; Beschl. v. 6.7.2010, 2 BvR 661/06, NJW 2010, 3422 (3423 f.) *(Honeywell)*; *Voßkuhle*, in: v. Mangoldt/Klein/Starck, GG, Art. 93 Rn. 82b.

[9] Zu den Voraussetzungen dieses Verfahrens vgl. *Löwer*, in: HStR, § 70 Rn. 79 ff.; *Sturm/Detterbeck*, in: Sachs, GG, Art. 100 Rn. 7 ff.

[10] *Siekmann*, in: v. Mangoldt/Klein/Starck, GG, Art. 100 Rn. 21.

[11] Vgl. BVerfG, Beschl. v. 29.5.1974, 2 BvL 52/71, E 37, 271 (300) *(Solange I)*; Beschl. v. 8.10.1996, 1 BvL 15/91, E 95, 39 (44); Urt. v. 30.6.2009, 2 BvE 2/08 u. a., NJW 2009, 2267 (2277) *(Lissabon)*; *Siekmann*, in: v. Mangoldt/Klein/Starck, GG, Art. 100 Rn. 21; *Müller-Terpitz*, in: Schmidt-Bleibtreu/Hofmann/Hopfauf, GG, Art. 93 Rn. 100, Art. 100 Rn. 7.

ständiger Rechtsprechung für sich in Anspruch nimmt, das Sekundärrecht auf Kompetenzüberschreitungen und in engem Umfang auch materiell zu überprüfen.

6 **aa) Die Rechtsprechung des BVerfG.** Das BVerfG hält es für möglich, Verordnungen im Sinne des Art. 288 AEUV (Art. 249 EGV-Nizza) im Rahmen der Normenkontrolle gemäß Art. 100 Abs. 1 GG am Maßstab des Grundgesetzes zu prüfen.[12] Entsprechendes gilt für andere unmittelbar wirkende Rechtsakte der Union.[13] Der Kontrollanspruch des BVerfG wurde im Solange I-Beschluss[14] mit dem Fehlen eines europäischen Grundrechtskataloges, der dem des Grundgesetzes adäquat ist, begründet. Im Solange II-Beschluss[15] verkündete das BVerfG, solange auf die Kontrolle zu verzichten, als ein effektiver, dem Grundgesetz im Wesentlichen entsprechender Grundrechtsschutz gewährt werde[16]. Da ein solches Schutzniveau erreicht sei, werden Vorlagen nach Art 100 Abs. 1 GG als unzulässig erachtet. Das BVerfG ging dabei weiterhin von einer prinzipiellen Prüfungskompetenz aus und verwies in seiner Begründung nicht auf die mangelnde Vorlagefähigkeit von sekundärem Unionsrecht.[17] Diese Leitlinien werden im Maastricht-Urteil bestätigt. Dort findet sich die Passage, wonach auch die Akte der autonomen supranationalen Hoheitsgewalt „die Grundrechtsberechtigten in Deutschland betreffen" und damit „die Gewährleistungen des Grundgesetzes und die Aufgaben des BVerfG (berühren), die den Grundrechtsschutz in Deutschland und insoweit nicht nur gegenüber deutschen Staatsorganen zum Gegenstand haben".[18] Dies ist im Sinne eines Bekenntnisses zur Option der unmittelbaren Überprüfung von Akten der Unionsorgane zu verstehen.[19] Im Bananenmarkt-Beschluss schließlich werden „Vorlagen von Gerichten, die eine Verletzung in Grundrechten des Grundgesetzes durch sekundäres Unionsrecht geltend machen", für unzulässig erklärt, „wenn ihre Begründung nicht darlegt, dass die europäische Rechtsentwicklung einschließlich der Rechtsprechung des EuGH nach Ergehen der Solange II-Entscheidung unter den erforderlichen Grundrechtsstandard abgesunken sei".[20] Wiederum wird auf das Maß des europäischen Grundrechtsschutzes, nicht aber auf die mangelnde Vorlagefähigkeit

---

[12] BVerfG, Beschl. v. 29.5.1974, 2 BvL 52/71, E 37, 271 (278 ff.) *(Solange I)*; Beschl. v. 22.10.1986, 2 BvR 197/83, E 73, 339 (387) *(Solange II)*; Urt. v. 7.6.2000, 2 BvL 1/97, Beschl. v. 7.6.2000, 2 BvL 1/97, E 102, 147 (161) *(Bananen)*; Urt. v. 12.10.1993, 2 BvR 2134/92 u. a., E 89, 155 (LS 7, 175) *(Maastricht)*; Urt. v. 30.6.2009, 2 BvE 2/08 u. a., NJW 2009, 2267 (2272 f.) *(Lissabon)*.
[13] Vgl. allgemein zu Maßnahmen des Europäischen Patentamtes BVerfG, Beschl. v. 27.1.2010, 2 BvR 2253/06, NVwZ 2010, 641 (642); Beschl. v. 27.4.2010, 2 BvR 1848/07, GRUR 2010, 1031 (1032).
[14] BVerfG, Beschl. v. 29.5.1974, 2 BvL 52/71, E 37, 271 (278 ff.) *(Solange I)*.
[15] BVerfG, Beschl. v. 22.10.1986, 2 BvR 197/83, E 73, 339 *(Solange II)*.
[16] Für eine Übertragung der Solange-Doktrin auf den europäischen Grundrechtsschutz *von Bogdandy* u. a., ZaöRV 2012, 45 ff., die sich für einen gesamteuropäischen, von Kompetenzfragen unabhängigen Mindestschutz der Grundrechte aussprechen, der *solange* nicht vom EuGH durchgesetzt wird, wie von den nationalen Rechtsordnungen gewährt wird.
[17] Vgl. *Lechner/Zuck*, BVerfGG, § 80 Rn. 15; *Oppermann/Classen/Nettesheim*, Europarecht, § 10 Rn. 20 ff.
[18] BVerfG, Urt. v. 12.10.1993, 2 BvR 2134/92 u. a., E 89, 155 (LS 7, 175) *(Maastricht)*.
[19] *Götz*, JZ 1993, 1081 (1083); *Meier*, NJW 1996, 1027 (1029); a. A. *Dörr*, Rechtsschutzauftrag, S. 130 f.
[20] BVerfG, Beschl. v. 7.6.2000, 2 BvL 1/97, NJW 2000, 3124 (LS 1) *(Bananen)*; ebenso BVerfG, Beschl. v. 9.1.2001, 1 BvR 1036/99, EuZW 2001, 255.

des sekundären Unionsrechts rekurriert. Die verfassungsgerichtliche Überprüfung einschlägiger sekundärrechtlicher Bestimmungen kommt daher nur dann zum Tragen, wenn das vorlegende Gericht darlegen kann, dass der gebotene Grundrechtsschutz generell nicht mehr gewährleistet ist. Solche Abweichungen mögen von theoretischer Art sein. Das BVerfG betont dennoch die prinzipielle Möglichkeit einer Richtervorlage von Regelungen des sekundären Unionsrechts.[21]

Diese Grundsätze werden im Lissabon-Urteil durch das BVerfG ausdrücklich bestätigt und fortgeschrieben. Hierbei wird zwischen der tradierten Grundrechtskontrolle gemäß der Solange II- Rechtsprechung sowie der Identitäts- und Ultra-Vires-Kontrolle unterschieden.[22] Das BVerfG sieht sich „im Falle von Grenzdurchbrechungen bei der Inanspruchnahme von Zuständigkeiten durch Gemeinschafts- und Unionsorgane" dazu berufen, sekundäres Unionsrecht für unanwendbar zu erklären, wenn die bei der Übertragung von Hoheitsrechten nach Art. 23 Abs. 1 GG geltenden Grenzen oder die Verfassungsidentität nicht gewahrt werden.[23] Es bestätigt damit erneut seine Rechtsschutzaufgabe in Bezug auf identitätsverletzende oder kompetenzüberschreitende Rechtsakte (vgl. Rn. 35 ff., 41 f., 57 ff.). Das BVerfG begreift diese Prüfungskompetenz zugleich als Ausprägung des unionsrechtlichen Grundsatzes der Wahrung der Staatlichkeit der Mitgliedsstaaten nach Art. 4 Abs. 2 EUV. Es sieht sich dabei im Einklang mit dem Grundsatz der Europafreundlichkeit des Grundgesetzes und damit zugleich auch dem europarechtlichen Grundsatz der loyalen Zusammenarbeit nach Art. 4 Abs. 3 EUV.[24] Als mögliche Verfahrensarten zieht es ausdrücklich die konkrete Normenkontrolle (Art. 100 Abs. 1 GG), aber auch die abstrakte Normenkontrolle (Art. 93 Abs. 1 Nr. 2 GG), den Organstreit (Art. 93 Abs. 1 Nr. 1 GG), den Bund-Länder-Streit (Art. 93 Abs. 1 Nr. 3 GG) und die Verfassungsbeschwerde (Art. 93 Abs. 1 Nr. 4a GG) in Betracht. Ferner regt das BVerfG die Schaffung eines zusätzlichen, speziell auf die Ultra-Vires- und die Identitätskontrolle zugeschnittenen verfassungsgerichtlichen Verfahrens an, das darauf gerichtet ist, kompetenzüberschreitende oder identitätsverletzende Unionsrechtsakte im Einzelfall in Deutschland für unanwendbar zu erklären.[25] Nach Einschätzung des BVerfG bleibt also das sekundäre Unionsrecht ein potentiell zulässiger Prüfungsgegenstand auch der konkreten Normenkontrolle.[26]

Dabei verkennt das BVerfG nicht, dass es zur Kontrolle der Gültigkeit von Sekundärrecht nicht berufen ist,[27] sondern es betont explizit den Vorrang des Rechtsschutzes auf Unionsebene.[28] Die Wirksamkeit des Sekundärrechts beurteilt sich anhand des primären Unionsrechts und unterliegt der ausschließlichen Jurisdiktionskompe-

---

[21] Vgl. *Löwer*, in: HStR, § 70 Rn. 87; *Oppermann/Classen/Nettesheim*, Europarecht, § 11 Rn. 22 f.
[22] *Mayer*, in: GHN, Art. 19 EUV Rn. 90; vgl. auch BVerfG, Beschl. v. 27.1.2010, 2 BvR 2253/06, NVwZ 2010, 641 (643).
[23] BVerfG, Urt. v. 30.6.2009, 2 BvE 2/08 u. a., NJW 2009, 2267 (2272, 2286) *(Lissabon)*; Beschl. v. 6.7.2010, 2 BvR 661/06, NJW 2010, 3422 (3425) *(Honeywell)*.
[24] BVerfG, Urt. v. 30.6.2009, 2 BvE 2/08 u. a., NJW 2009, 2267 (2272) *(Lissabon)*.
[25] BVerfG, Urt. v. 30.6.2009, 2 BvE 2/08 u. a., NJW 2009, 2267 (2273) *(Lissabon)*. Zu möglichen Integrationskontrollverfahren de lege ferenda *Wolff*, DÖV 2010, 49 ff.; zu Recht einen speziellen Klagetyp ablehnend *Scholz*, in: Maunz/Dürig, GG, Art. 23 Rn. 40, 113.
[26] *Müller-Terpitz*, in: Schmidt-Bleibtreu/Hofmann/Hopfauf, GG, Art. 100 Rn. 13.
[27] So bereits BVerfG, Beschl. v. 29.5.1974, 2 BvL 52/71, E 37, 271 (281 f.) *(Solange I)*; *Lechner/Zuck*, BVerfGG, § 80 Rn. 16; *Everling*, EuR 2010, 91 (100).
[28] BVerfG, Urt. v. 30.6.2009, 2 BvE 2/08 u. a., NJW 2009, 2267 (2272) *(Lissabon)*.

tenz des EuGH. Als überprüfbar wird aber die Anwendung einer solchen Bestimmung durch deutsche Behörden oder Gerichte bezeichnet, zumal hierin eine grundrechtsgebundene Ausübung deutscher Staatsgewalt liege.[29] Nicht die Gültigkeit, wohl aber die Frage nach der **Anwendbarkeit abgeleiteten Unionsrechts** in der Bundesrepublik Deutschland kann daher zum Gegenstand einer Richtervorlage erhoben werden.[30] Die Zulässigkeit einer solchen Vorlage hängt dann davon ab, ob es dem vorlegenden Gericht gelingt, die hierfür vom BVerfG aufgestellten hohen Hürden (vgl. Rn. 33 ff.) zu überwinden.

9 bb) **Tragfähigkeit des Lösungsweges.** Auch wenn diese Rechtsprechungsgrundsätze durchaus Zuspruch erfahren haben,[31] bestehen gegen den Anspruch, sekundäres Unionsrecht unmittelbar am Maßstab der Verfassung zu überprüfen, schon deshalb Bedenken, weil die Normenkontrolle hierfür nicht konzipiert ist. Art. 100 Abs. 1 GG ermöglicht die Überprüfung von **formellen nachkonstitutionellen Gesetzen** des deutschen Gesetzgebers, nicht aber von Rechtsakten der Unionsorgane.[32] Verordnungen der EU (sowie sonstige potentiell unmittelbar wirkende Rechtsakte) könnten zwar noch als „Gesetze" im Sinne des Art 100 Abs. 1 GG qualifiziert werden, zumal das Unionsrecht nicht zwischen förmlichen Gesetzen und hierauf gestützten Verordnungen (materielle Gesetze, die der konkreten Normenkontrolle nicht unterliegen) differenziert. Sie sind aber keine *deutschen* Gesetze – wie von Art 100 Abs. 1 GG gefordert. Die **Anwendung sekundärrechtlicher Bestimmungen** durch deutsche Behörden und Gerichte, auf die das BVerfG verweist, sind zwar fraglos Akte der deutschen Hoheitsgewalt. Es handelt sich aber um keinen Vollzug *deutscher* Gesetze, die allein den zulässigen Gegenstand einer Normenkontrolle bilden können. Eine unmittelbare Anwendung des Art. 100 Abs. 1 GG kommt daher nicht in Betracht.

10 Angesichts solcher Bedenken wird eine **analoge Anwendung des Art. 100 Abs. 1 GG** erwogen.[33] Auch das BVerfG spricht im Bananenmarkt-Beschluss mehrfach von Richtervorlagen „entsprechend Art. 100 Abs. 1 GG".[34] Das BVerfG hat jedoch keine Kompetenz, sekundäres Unionsrecht für nichtig zu erklären. Für Rechtsakte der Unionsgewalt nimmt das BVerfG daher für sich den Sanktionsmechanismus insoweit in Anspruch, als lediglich die Unanwendbarkeit des sekundären Unionsrechts oder sonstiger Unionsakte wegen Überschreitung verfassungsrechtlicher Grenzen fest-

---

[29] BVerfG, Beschl. v. 29.5.1974, 2 BvL 52/71, E 37, 271, (278 ff.) *(Solange I)*; Beschl. v. 22.10.1986, 2 BvR 197/83, E 73, 339 (387) *(Solange II)*.
[30] BVerfG, Urt. v. 30.6.2009, 2 BvE 2/08 u. a., NJW 2009, 2267 (2272, 2285) *(Lissabon)*; Beschl. v. 6.7.2010, 2 BvR 661/06, NJW 2010, 3422 (3425) *(Honeywell)*.
[31] Vgl. nur *Müller-Terpitz*, in: Schmidt-Bleibtreu/Hofmann/Hopfauf, GG, Art. 93 Rn. 101, Art. 100 Rn. 13.
[32] *Dollinger*, in: Umbach/Clemens/Dollinger, BVerfGG, § 80 Rn. 51; *Sturm/Detterbeck*, in: Sachs, GG, Art. 100 Rn. 11; *Wolff*, DÖV 2010, 49 (53).
[33] VG Frankfurt, Beschl. v. 24.10.1996, 1 E 798/95 (V) u. a., EuZW 1997, 182 (185); *Classen*, in: v. Mangoldt/Klein/Starck, GG, Art. 24 Abs. 1 Rn. 46; *Wolff*, DÖV 2010, 49 (53); *Bergmann/Karpenstein*, ZEuS 2009, 529 (534).
[34] BVerfG, Beschl. v. 7.6.2000, 2 BvL 1/97, NJW 2000, 3124 *(Bananen)*; vom „in Art. 100 Abs. 1 GG zum Ausdruck kommenden Rechtsgedanken" sprechend auch BVerfG, Urt. v. 30.6.2009, 2 BvE 2/08 u. a., NJW 2009, 2267 (2273) *(Lissabon)*.

gestellt werden kann.³⁵ Für eine solche Analogie fehlt es jedoch an der notwendigen Regelungslücke. Denn es ist stets – worauf zurückzukommen sein wird – eine mittelbare Überprüfung des Unionsrechts im Wege einer konkreten Normenkontrolle des sich auf die Integrationsermächtigung gründenden Zustimmungsgesetzes möglich.³⁶ Das Zustimmungsgesetz verhilft dem für verfassungsrechtlich bedenklich erachteten Unionsrecht grundsätzlich zur innerstaatlichen Geltung und Anwendbarkeit. Es ist ein tauglicher Vorlagegegenstand, der daraufhin überprüft werden kann, ob die verfassungsrechtlichen Begrenzungen überschritten werden. Für problematische Fortbildungen des Verfahrensrechts besteht daher kein Anlass.

2. Abstrakte Normenkontrolle. Gemäß Art. 93 Abs. 1 Nr. 2 GG ist die abstrakte Normenkontrolle statthaft zur Überprüfung der Verfassungsgemäßheit von **Bundes- oder Landesrecht**. Das Unionsrecht ist als autonome Rechtsordnung nicht Teil des Bundes- und Landesrechts und somit grundsätzlich kein tauglicher Gegenstand dieses Kontrollverfahrens.³⁷ Die Emissionshandel-Urteile bestätigen jedoch die eingeschlagene Rechtsprechungslinie und erklären Richtlinienrecht zum zulässigen Verfahrensgegenstand der abstrakten Normenkontrolle unter den Voraussetzungen des Solange II-Vorbehalts.³⁸ Im Lissabon-Urteil erhebt das BVerfG seine Reservekompetenz bezüglich europäischen Sekundärrechts zum verallgemeinerungsfähigen Grundsatz, der für alle denkbaren Verfahrensarten – ausdrücklich auch für die abstrakte Normenkontrolle (Art. 93 Abs. 1 Nr. 2 GG) – gelten soll.³⁹ Die Ausführungen zur konkreten Normenkontrolle bezüglich der Überprüfbarkeit des Unionsrechts (vgl. Rn. 9 f.) gelten entsprechend. Für diese extensive Erweiterung der Zuständigkeit besteht kein Bedürfnis. Demgemäß ist sie kaum begründbar.

3. Individualverfassungsbeschwerde. Gegenstand der Individualverfassungsbeschwerde gemäß Art. 93 Abs. 1 Nr. 4a GG sind Akte der staatlichen, deutschen, an das Grundgesetz gebundenen öffentlichen Gewalt. Als Verfahren zur unmittelbaren Überprüfung des Unionsrechts kommt die Verfassungsbeschwerde nicht in Betracht.⁴⁰ Entscheidend ist die **formale Qualifikation des Organs, das den Rechtsakt erlassen hat**. Wenngleich Rechtsakte der Union (oftmals) unter Mitwirkung der deutschen Staatsgewalt erlassen werden, ändert dies nichts an der Qualität der rechtsetzenden Stelle als Unionsorgan. Folglich können **Rechtsakte der Union** grundsätzlich nicht als Akte „deutscher öffentlicher Gewalt" im Wege der Individualverfassungsbeschwerde angegriffen werden.⁴¹

---

³⁵ Vgl. hierzu BVerfG, Urt. v. 30.6.2009, 2 BvE 2/08 u. a., NJW 2009, 2267 (2272, 2285) *(Lissabon)*; Beschl. v. 6.7.2010, 2 BvR 661/06, NJW 2010, 3422 (3425) *(Honeywell)*; *Lechner/Zuck*, BVerfGG, § 80 Rn. 15; *Voßkuhle*, SächsVBl 2013, 77 (80); *Lecheler*, JuS 2001, 120 (122).
³⁶ *Moench/Sander*, in: Rengeling, EUDUR I, § 46 Rn. 30; *Siekmann*, in: v. Mangoldt/Klein/Starck, GG, Art. 100 Rn. 21 f.; *Sauer*, Jurisdiktionskonflikte, S. 172 f.; *ders.*, ZRP 2009, 195 (197).
³⁷ *Voßkuhle*, in: v. Mangoldt/Klein/Starck, GG, Art. 93 Rn. 121; *Wolff*, DÖV 2010, 49 (54); *Sauer*, ZRP 2009, 195 (197).
³⁸ BVerfG, Beschl. v. 13.3.2007, 1 BvF 1/05, NVwZ 2007, 937 (938) *(Emissionshandel I)*; Beschl. v. 14.5.2007, 1 BvR 2036/05, NVwZ 2007, 942 (942 f.) *(Emissionshandel II)*.
³⁹ BVerfG, Urt. v. 30.6.2009, 2 BvE 2/08 u. a., NJW 2009, 2267 (2273, 2285) *(Lissabon)*; vgl. zur Kritik an der Reservekompetenz *Gerken/Rieble/Roth/Stein/Streinz*, ausbrechender Rechtsakt, S. 53 ff.
⁴⁰ Vgl. nur *Löwer*, in: HStR, § 70 Rn. 185.
⁴¹ Vgl. *Pieroth*, in: Jarass/Pieroth, GG, Art. 93 Rn. 50b; *Sturm/Detterbeck*, in: Sachs, GG, Art. 93 Rn. 85; *Lechner/Zuck*, BVerfGG, § 90 Rn. 120, 122.

13 Von seiner hiermit zunächst übereinstimmenden Rechtsprechung[42] ist das BVerfG allerdings zwischenzeitlich abgewichen. Im Maastricht-Urteil sieht es seine Zuständigkeit nicht nur gegenüber Akten deutscher Hoheitsträger als gegeben an, sondern auch gegenüber Akten von Unionsorganen, die sich *in* Deutschland auswirken.[43] Nicht der Urheber des grundrechtsrelevanten Aktes ist entscheidend, sondern der Ort, an dem er seine Wirkungen entfaltet. Rechtsakte der Union werden daher durch das BVerfG teilweise als Akte „öffentlicher Gewalt" im Sinne des Art. 93 Abs. 1 Nr. 4a GG behandelt.[44] Diese Ausführungen bezieht es im Bananenmarkt-Beschluss zugleich auf Verfassungsbeschwerden[45] und bringt damit zum Ausdruck, dass dieses Verfahren zumindest prinzipiell geeignet ist, eine durch sekundäres Unionsrecht bedingte Verletzung der Grundrechte des Grundgesetzes geltend zu machen. Das Lissabon-Urteil schreibt diese Rechtsprechungslinie fort, indem das BVerfG Rechtsakte der europäischen Organe, die die Integrationsgrenzen des Grundgesetzes missachten, seiner Reservekompetenz unterstellt. Als mögliche Verfahrensart nennt es in diesem Zusammenhang auch die Verfassungsbeschwerde (vgl. Rn. 7).[46] Dies setzt voraus, dass der Rechtsakt eines europäischen Organs einen Grundrechtseingriff bewirkt.[47]

14 Das BVerfG konkretisierte in jüngeren Kammerbeschlüssen, wann ein Rechtsakt einer supranationalen Organisation einen „Durchgriff" in die nationale Rechtsordnung gestattet und damit die erforderliche unmittelbare Grundrechtsrelevanz hat.[48] Die Verfahren betrafen Maßnahmen des Europäischen Patentamtes, welche das BVerfG als Akte der öffentlichen Gewalt im Sinne des Art. 93 Abs. 1 Nr. 4a GG und damit als zulässige Verfahrensgegenstände der Verfassungsbeschwerde wertete. Akte nicht-deutscher Hoheitsgewalt können hiernach nur dann Gegenstand der Verfassungsbeschwerde sein, wenn Maßnahmen von internationalen, völkerrechtlich verselbständigten Organisationen die Grundrechtsberechtigten in Deutschland unmittelbar betreffen. Ihnen müssen als zwischenstaatliche supranationale Einrichtungen im Sinne des Art. 23 Abs. 1 oder Art. 24 Abs. 1 GG Hoheitsrechte übertragen oder zumindest „ein vordem tatsächlich gegebenes oder rechtlich mögliches Herrschaftsrecht zugunsten fremder Herrschaftsgewalt zurückgenommen"[49] worden sein. Das Merkmal der Supranationalität bezieht sich dabei nicht nur auf die generellen Befugnisse der Organisation. Sondern die konkret angegriffene Maßnahme muss **supranationaler Natur** sein und Rechtswirkungen über den Binnenbereich der Organisation hinaus entfalten.[50] Der Rechtsakt muss „auf

---

[42] BVerfG, Ent. v. 18.10.1967, 1 BvR 248/63 u. a., E 22, 293 (297).
[43] BVerfG, Urt. v. 12.10.1993, 2 BvR 2134/92 u. a., E 89, 155 (175) *(Maastricht)*; bestätigend BVerfG, Urt. v. 7.9.2011, 2 BvR 987/10 u. a., NJW 2011, 2946 (2950) *(Griechenland-Hilfe)*; vgl. zur Kritik an dieser Auffassung nur *Moench/Sander,* in: Rengeling, EUDUR I, § 46 Rn. 17 ff.
[44] Vgl. *Löwer,* in: HStR, § 70 Rn. 185; *Pieroth,* in: Jarass/Pieroth, GG, Art. 93 Rn. 50b; *Walter,* AöR 129 (2004), 39 (45 ff.).
[45] BVerfG, Beschl. v. 7.6.2000, 2 BvL 1/97, NJW 2000, 3124 (LS 1) *(Bananen)*; Urt. v. 7.9.2011, 2 BvR 987/10 u. a., NJW 2011, 2946 (2950) *(Griechenland-Hilfe)*; *Lecheler,* JuS 2001, 120 (123).
[46] BVerfG, Urt. v. 30.6.2009, 2 BvE 2/08 u. a., NJW 2009, 2267 (2272 f.) *(Lissabon)*.
[47] *Bethge,* in: Maunz/Schmidt-Bleibtreu/Klein/Bethge, BVerfGG, § 90 Rn. 334.
[48] BVerfG, Beschl. v. 4.4.2001, 2 BvR 2368/99, NJW 2001, 2705 (2705 f.); Beschl. v. 22.6.2006, 2 BvR 2093/05, NVwZ 2006, 1403 (1403 f.); Beschl. v. 27.1.2010, 2 BvR 2253/06, NJW 2010, 641 (642); Beschl. v. 27.4.2010, 2 BvR 1848/07, GRUR 2010, 1031 (1031 f.).
[49] BVerfG, Urt. v. 18.12.1984, 2 BvE 13/83, E 68, 1 (90); vgl. hierzu auch *Möllers/Reinhardt,* JZ 2012, 693 (695).
[50] BVerfG, Beschl. v. 22.6.2006, 2 BvR 2093/05, NVwZ 2006, 1403 (1403 f.).

die Rechtsstellung des Adressaten unmittelbar de iure einwirken".[51] Dies wurde für Maßnahmen des Europäischen Patentamtes bejaht,[52] soweit diese nicht nur Binnenmaßnahmen eines Anstellungsverhältnisses betrafen.[53] Ähnliches dürfte für weitere unabhängige EU-Agenturen wie die Europäische Grenzschutzagentur und die Europäische Bankenaufsichtsbehörde gelten.[54] Der Internationale Währungsfonds ist hingegen keine Organisation mit supranationalen Befugnissen.[55] Rechtsakte der Europäischen Union sind zulässige Verfahrensgegenstände, wenn sie unmittelbar zulasten des Bürgers wirken.[56] Bei intergouvernementalen Beschlüssen des Rates der Europäischen Union ist dies regelmäßig nicht der Fall.[57] Auch im Bereich der Gemeinsamen Außen- und Sicherheitspolitik sind bislang keine derartigen Befugnisse übertragen;[58] zumal fraglich ist, ob diese Bereiche unter die Angelegenheiten der Europäischen Union im Sinne des Art. 23 GG fallen.[59] Ferner haben sonstige völkerrechtliche Verträge keine unmittelbaren Rechtswirkungen gegenüber Bürgern, selbst wenn sie in einem Ergänzungs- oder sonstigen besonderen Näheverhältnis zum Recht der Europäischen Union stehen.[60]

Es kann aus den oben dargelegten Gründen (vgl. Rn. 9 f.) nicht überzeugen, unmittelbar wirkende Rechtsakte der Europäischen Union als zulässige Verfahrensgegenstände der Individualverfassungsbeschwerde anzusehen – es handelt sich um keine Akte der deutschen öffentlichen Gewalt.[61] Hierfür besteht auch kaum ein praktisches Bedürfnis, da die Betroffenen Verfassungsbeschwerde gegen den nationalen Umsetzungsakt erheben können, der die in Streit stehende Unionsnorm vollzieht.[62] Existiert kein nationaler Ausführungsakt, da ein Rechtsakt eines supranationalen Organs bereits unmittelbar Rechtswirkungen entfaltet, müssen die deutschen Gerichte die hieraus resultierenden Rechtspflichten grundsätzlich beachten und anwenden.[63] In diesem Fall kann gegen das entsprechende Urteil des Fachgerichts Verfassungsbeschwerde erhoben werden, das den Unionsrechtsakt zum Gegenstand hat.[64] Dies entspricht im Ergebnis auch der

---

[51] BVerfG, Beschl. v. 4.5.2006, 2 BvR 120/03, NJW 2006, 2908 (2909); Beschl. v. 27.1.2010, 2 BvR 2253/06, NJW 2010, 641 (642); Beschl. v. 27.4.2010, 2 BvR 1848/07, GRUR 2010, 1031 (1031 f.); ähnlich BVerfG, Urt. v. 30.6.2009, 2 BvE 2/08 u. a., NJW 2009, 2267 (2285 f.) *(Lissabon)*.
[52] BVerfG, Beschl. v. 4.4.2001, 2 BvR 2368/99, NJW 2001, 2705 (2705 f.); Beschl. v. 22.6.2006, 2 BvR 2093/05, NVwZ 2006, 1403 (1403 f.); Beschl. v. 27.1.2010, 2 BvR 2253/06, NJW 2010, 641 (642); Beschl. v. 27.4.2010, 2 BvR 1848/07, GRUR 2010, 1031 (1031 f.).
[53] BVerfG, Beschl. v. 22.6.2006, 2 BvR 2093/05, NVwZ 2006, 1403 (1403 f.); ähnlich bereits *Walter*, AöR 129 (2004), 39 (49).
[54] Vgl. zu deren demokratischer Legitimation *Groß*, JZ 2012, 1087 (1088 ff.).
[55] BVerfG, Beschl. v. 4.5.2006, 2 BvR 120/03, NJW 2006, 2908 (2909).
[56] *Frenz*, Handbuch Europarecht, Bd. 5, Rn. 3714, 3720.
[57] BVerfG, Urt. v. 7.9.2011, 2 BvR 987/10 u. a., NJW 2011, 2946 (2950) *(Griechenland-Hilfe)*.
[58] Vgl. auch BVerfG, Urt. v. 30.6.2009, 2 BvE 2/08 u. a., NJW 2009, 2267 (2285 f.) *(Lissabon)*.
[59] Offenlassend BVerfG, Urt. v. 19.6.2012, 2 BvE 4/11, NVwZ 2012, 954 (Rn. 105) *(ESM/Euro-Plus-Pakt)*.
[60] BVerfG, Urt. v. 19.6.2012, 2 BvE 4/11, NVwZ 2012, 954 (Rn. 100) *(ESM/Euro-Plus-Pakt)*; Urt. v. 12.9.2012, 2 BvE 6/12 u. a., NJW 2012, 3145 (Rn. 231) *(ESM/Fiskalpakt)*.
[61] *Frenz*, Handbuch Europarecht, Bd. 5, Rn. 3735; eingehend *Sauer*, Jurisdiktionskonflikte, S. 173 f.
[62] *Classen*, in: v. Mangoldt/Klein/Starck, GG, Art. 24 Abs. 1 Rn. 44, 46; *Wolff*, DÖV 2010, 49 (56 f.); *Dörr*, DVBl 2006, 1088 (1095 f.).
[63] *Frenz*, Handbuch Europarecht, Bd. 5, Rn. 3720; *Classen*, in: v. Mangoldt/Klein/Starck, GG, Art. 24 Abs. 1 Rn. 47; *Wolff*, DÖV 2010, 49 (57).
[64] Vgl. auch *Kottmann/Wohlfahrt*, ZaöRV 2009, 443 (465).

Verfahrenskonstellation des **Honeywell-Beschlusses** des BVerfG.[65] Gegenstand dieser Verfassungsbeschwerde war nicht unmittelbar die Mangold-Entscheidung des EuGH,[66] sondern ein Urteil des BAG,[67] das die Feststellungen der Mangold-Entscheidung umsetzte. Etwas anderes sollte dann gelten, wenn ein zwischenstaatlicher Hoheitsakt nicht von den deutschen Fachgerichten überprüft werden kann, weil keine nationale Behörde zur Ausführung des zwischenstaatlichen Hoheitsaktes berufen ist.[68] In diesen Fällen ist auch der Weg für eine verwaltungsgerichtliche Feststellungsklage (§ 43 VwGO) versperrt. Rechtsschutz kann dann an sich nur direkt vor den supranationalen Instanzen – wie beispielsweise den Beschwerdekammern des Europäischen Patentamtes[69] – begehrt werden, weil nur diese zur Überprüfung des Aktes berufen sind. Eine Individualverfassungsbeschwerde wird in diesen Fällen vom BVerfG gleichwohl für zulässig erachtet,[70] obwohl sie an sich ins Leere geht. Denn für bundesverfassungsgerichtlichen Rechtsschutz kann in diesen Fällen kein berechtigtes Bedürfnis bestehen, da weder zwischenstaatliche Organisationen noch ausländische Stellen an die Entscheidungen des BVerfG gebunden sind.[71]

16   **4. Organstreit und Bund-Länder-Streit.** Im Lissabon-Urteil betont das BVerfG seine Ultra-Vires- und Identitäts-Kontrollkompetenz hinsichtlich der Rechtsakte der europäischen Organe und Einrichtungen. Es erwähnt als mögliche Verfahrensarten die Normenkontrolle (Art. 93 Abs. 1 Nr. 2 GG und Art. 100 Abs. 1 GG), die Verfassungsbeschwerde (Art. 93 Abs. 1 Nr. 4a GG), aber auch den Organstreit (Art. 93 Abs. 1 Nr. 1 GG) und den Bund-Länder-Streit (Art. 93 Abs. 1 Nr. 3 GG).[72] In welchen Konstellationen eine verfassungsgerichtliche Überprüfung von Unionsrechtsakten im Wege des Organstreits oder des Bund-Länder-Streits denkbar sein könnte, lässt das Urteil unbeantwortet. Im Organstreitverfahren sind nur oberste Bundesorgane und deren mit eigenen Rechten ausgestattete Organteile parteifähig.[73] Im Bund-Länder-Streit treten nur die Bundesregierung für den Bund und die Landesregierungen für die Länder als Partei auf.[74] Insofern können supranationale Rechtsakte nicht unmittelbar Verfahrensgegenstand sein, da die rechtsetzenden Unionsorgane nicht parteifähig sind. Gegenstand können lediglich rechtserhebliche Maßnahmen oder Unterlassungen des nationalen Verfassungsrechts sein, die im Zusammenhang mit Unionsrechtsakten stehen; so beispielsweise die Mitwirkungsrechte nach Art. 23 GG sowie Fragen der nationalen Verantwortlichkeit und Haftung aufgrund supranationaler Rechtspflichten der Bundesrepublik Deutschland.[75]

---

[65] BVerfG, Beschl. v. 6.7.2010, 2 BvR 661/06, NJW 2010, 3422 *(Honeywell)*.
[66] EuGH, Rs. C-144/04, *Mangold*, Slg. 2005, I-9981.
[67] BAG, Urt. v. 26.4.2006, 7 AZR 500/04, NZA 2006, 1162.
[68] Vgl. hierzu *Wolff*, DÖV 2010, 49 (57).
[69] Vgl. BVerfG, Beschl. v. 27.4.2010, 2 BvR 1848/07, GRUR 2010, 1031; allgemein zur Überprüfbarkeit der Entscheidungen der Beschwerdekammern des Europäischen Patentamtes *Messerli*, GRUR 2001, 979.
[70] BVerfG, Beschl. v. 27.4.2010, 2 BvR 1848/07, GRUR 2010, 1031; BVerfG (K), Beschl. v. 27.1.2010, 2 BvR 2253/06, NVwZ 2010, 641 (643).
[71] *Classen*, in: v. Mangoldt/Klein/Starck, GG, Art. 24 Abs. 1 Rn. 46; *ders.*, JZ 2009, 881 (888); *Gärditz/Hillgruber*, JZ 2009, 872 (877 f.).
[72] BVerfG, Urt. v. 30.6.2009, 2 BvE 2/08 u. a., NJW 2009, 2267 (2273) *(Lissabon)*.
[73] *Bethge*, in: Maunz/Schmidt-Bleibtreu/Klein/Bethge, BVerfGG, § 63 Rn. 20 ff.
[74] *Schorkopf*, in: Umbach/Clemens/Dollinger, BVerfGG, §§ 68, 69 Rn. 1 ff.
[75] So auch die Konstellation im Organstreit BVerfG, Urt. v. 28.2.2012, 2 BvE 8/11, NVwZ 2012, 495 (Rn. 105) *(Beteiligungsrechte des BT/EFSF)*. Vgl. ferner *Bethge*, in: Maunz/Schmidt-Bleibtreu/Klein/Bethge, BVerfGG, § 64 Rn. 40 ff., § 69 Rn. 51 ff.; *Wolff*, DÖV 2010, 49 (55 f.).

II. Mittelbare Kontrolle von Unionsrechtsakten und vergleichbaren völkerrechtlichen Bindungen im Zusammenhang mit der Europäischen Union

Kommt das Unionsrecht nicht als tauglicher Prüfungsgegenstand eines verfassungsgerichtlichen Kontrollverfahrens in Betracht, müssen andere prozessuale Wege gefunden werden. So eröffnet der sich aus der Integrationsermächtigung ergebende Verfassungsvorbehalt gegenüber dem Unionsrecht eine mittelbare verfassungsgerichtliche Kontrolle anhand der nationalen Zustimmungsgesetze. Ferner werden zunehmend die parlamentarischen Beteiligungsrechte im Zusammenhang mit der Europäischen Union durch formelle Begleitgesetze näher ausgestaltet. Auch diese nationale Begleitgesetzgebung ist ein möglicher Anknüpfungspunkt für die verfassungsgerichtliche Kontrolle. 17

1. Nationale Gesetzgebung als Anknüpfungspunkt der verfassungsgerichtlichen Kontrolle. Neben den eigentlichen Zustimmungsgesetzen im engeren Sinne können auch sonstige nationale Gesetze Gegenstand eines verfassungsgerichtlichen Verfahrens sein, wenn deren Regelungszusammenhang in einem unmittelbaren Näheverhältnis zur Europäischen Union und deren Institutionen steht. 18

a) Zustimmungsgesetze. Die Teilnahme der Bundesrepublik Deutschland an der Europäischen Union beruht auf der Integrationsermächtigung (Art. 23 Abs. 1 GG; vormals Art. 24 Abs. 1 GG a.F.). Die Pflicht nationaler Instanzen, das autonome Unionsrecht anzuwenden, resultiert aus dem nationalen Zustimmungsgesetz. Dieses erteilt den insoweit maßgeblichen Anwendungsbefehl[76] für die grundsätzlich eigenständige Unionsrechtsordnung.[77] Die **verfassungsgerichtliche Kontrolle** kann sich auf diesen **nationalen Rechtsanwendungsbefehl** beziehen.[78] Gemäß einer verbreiteten Auffassung, der das BVerfG nun seit seinem Lissabon-Urteil ohne Auseinandersetzung mit seiner bisherigen Rechtsprechung gefolgt ist,[79] vollzieht sich die verfassungsgerichtliche Kontrolle des Unionsrechtsakts daher mittelbar über die Überprüfung der Verfassungskonformität des Zustimmungsgesetzes.[80] Diese Anknüpfung an das Zustimmungsgesetz ist regelmäßig nicht nur bei Unionsrechtsakten im engeren Sinn geboten, sondern auch in sonstigen Angelegenheiten der Europäischen Union (vgl. Rn. 32).[81] 19

Schließlich ist auch das **Fehlen eines Zustimmungsgesetzes** gemäß Art. 23 Abs. 1 S. 2 GG ein rügefähiger Verfahrensgegenstand.[82] Unterlässt es die Bundesregierung 20

---

[76] BVerfG, Beschl. v. 22.10.1986, 2 BvR 197/83, E 73, 339 (375) *(Solange II);* Urt. v. 30.6.2009, 2 BvE 2/08 u. a., NJW 2009, 2267 (2285) *(Lissabon).*

[77] Dies nun ausdrücklich anerkennend BVerfG, Beschl. v. 6.7.2010, 2 BvR 661/06, NJW 2010, 3422 (3423) *(Honeywell).*

[78] Vgl. *Dollinger,* in: Umbach/Clemens/Dollinger, BVerfGG, § 80 Rn. 48; *Gerken/Rieble/Roth/Stein/Streinz,* ausbrechender Rechtsakt, S. 42; *Grimm,* Der Staat 48 (2009), 474 (476, 478).

[79] BVerfG, Urt. v. 30.6.2009, 2 BvE 2/08 u. a., E 123, 267 (329) *(Lissabon)* (insoweit nicht in NJW 2009, 2267 abgedruckt); Urt. v. 12.9.2012, 2 BvE 6/12 u. a., NJW 2012, 3145 (Rn. 209) *(ESM/Fiskalpakt).*

[80] Vgl. *Dollinger,* in: Umbach/Clemens/Dollinger, BVerfGG, § 80 Rn. 48; *Gerken/Rieble/Roth/Stein/Streinz,* ausbrechender Rechtsakt, S. 42; *Sauer,* Jurisdiktionskonflikte, S. 191 f.; *Lecheler,* JuS 2001, 120 (122); *Streinz,* ZfP 2009, 467 (471); *Isensee,* ZRP 2010, 33 (34 f.).

[81] BVerfG, Urt. v. 19.6.2012, 2 BvE 4/11, NVwZ 2012, 954 (958) *(ESM/Euro-Plus-Pakt);* Urt. v. 12.9.2012, 2 BvE 6/12 u. a., NJW 2012, 3145 (Rn. 231) *(ESM/Fiskalpakt).*

[82] Hierfür auch *Ketterer,* BayVBl 2012, 84 (85).

eine nach Art. 23 Abs. 1 S. 2 GG erforderliche parlamentarische Ermächtigung einzuholen, ist regelmäßig der Kern der Verfassungsidentität parlamentarischer Demokratie (Art. 23 Abs. 1 S. 3 i. V. m. Art. 79 Abs. 3 GG) berührt.

21   **b) Begleitgesetzgebung.** Zulässiger Verfahrensgegenstand ist neben den jeweiligen Zustimmungsgesetzen auch die sog. Begleitgesetzgebung, wenn ein enger Sachzusammenhang mit der zugleich angegriffenen völkerrechtlichen Vereinbarung besteht.[83] Das ist namentlich dann anzunehmen, wenn das Gesetz die von Verfassungs wegen grundsätzlich gebotene **parlamentarische Rückanbindung** der völkerrechtlich vereinbarten Maßnahme sicherstellen soll und eine getrennte Betrachtung des Zustimmungsgesetzes und der Begleitgesetzgebung ebenso eine künstliche Aufspaltung eines einheitlichen Sachverhalts darstellte wie ihre Unterwerfung unter unterschiedliche Maßstäbe.[84] Es handelt sich dabei um Gesetze, die im zeitlichen Zusammenhang mit und unter inhaltlichem Bezug auf ein Zustimmungsgesetz zu einem völkerrechtlichen Vertrag beschlossen werden.[85] Durch die Begleitgesetzgebung werden insbesondere die **verfassungsrechtlich gebotenen Beteiligungsrechte** der gesetzgebenden Körperschaften am europäischen Integrationsprozess im nationalen Recht auf der Ebene des einfachen Gesetzes abgebildet und konkretisiert.[86] Entsprechende allgemeine Regelungen finden sich im Gesetz über die Wahrnehmung der Integrationsverantwortung des Bundestages und des Bundesrates in Angelegenheiten der Europäischen Union (Integrationsverantwortungsgesetz – IntVG),[87] im Gesetz über die Zusammenarbeit von Bundesregierung und Deutschem Bundestag in Angelegenheiten der Europäischen Union (EUZBBG)[88] und im Gesetz über die Zusammenarbeit von Bund und Ländern in Angelegenheiten der Europäischen Union (EUZBLG).[89] Eine solche Begleitgesetzgebung kann auch den Abschluss oder den Vollzug völkerrechtlicher Verträge betreffen, die in einem unmittelbaren Näheverhältnis zur Europäischen Union und deren Institutionen stehen, ohne unmittelbar die Grundlagen der Union zu berühren.[90]

22   **c) Flankierungsgesetzgebung.** Denkbarer Gegenstand sind auch andere Gesetze (wie haushaltspolitische Ermächtigungen), die im unmittelbaren Zusammenhang zu Verpflichtungen stehen, die auf supranationaler oder völkerrechtlicher Ebene zu erfüllen sind, und die Handlungsfähigkeit der entsprechenden supranationalen Institutionen gewährleisten.[91] Insbesondere können **haushaltsrechtliche Ermächtigungen**,

---

[83] BVerfG, Urt. v. 30.6.2009, 2 BvE 2/08 u. a., E 123, 267 (329, 335) *(Lissabon)* (insoweit nicht in NJW 2009, 2267 abgedruckt).
[84] BVerfG, Urt. v. 12.9.2012, 2 BvE 6/12 u. a., NJW 2012, 3145 (Rn. 193, 209, 282) *(ESM/Fiskalpakt)*.
[85] Ähnlich *Schröder*, DÖV 2010, 303 f.
[86] BVerfG, Urt. v. 30.6.2009, 2 BvE 2/08 u. a., NJW 2009, 2267 (2294); Urt. v. 12.9.2012, 2 BvE 6/12 u. a., NJW 2012, 3145 (Rn. 282, 284) *(ESM/Fiskalpakt)*.
[87] V. 22.9.2009 (BGBl. I S. 3022), das durch Art. 1 des Gesetzes vom 1.12.2009 (BGBl. I S. 3822) geändert worden ist.
[88] V. 12.3.1993 (BGBl. I S. 311), das zuletzt durch Art. 2 des Gesetzes vom 13.9.2012 (BGBl. II S. 1006) geändert worden ist.
[89] V. 12.3.1993 (BGBl. I S. 313), das zuletzt durch Art. 1 des Gesetzes vom 22.9.2009 (BGBl. I S. 3031) geändert worden ist.
[90] BVerfG, Urt. v. 12.9.2012, 2 BvE 6/12 u. a., NJW 2012, 3145 (Rn. 193, 209) *(ESM/Fiskalpakt)*.
[91] Vgl. BVerfG, Urt. v. 7.9.2011, 2 BvR 987/10 u. a., NJW 2011, 2946 ff. *(Griechenland-Hilfe)*; hierzu *Ketterer*, BayVBl 2012, 84.

mit denen **supranationale oder völkervertragliche Verpflichtungen umgesetzt und flankiert** werden sollen und die im Einzelfall eine Fesselung des Haushaltsgesetzgebers bewirken und zu einer massiven Beeinträchtigung der Haushaltsautonomie führen können, Anknüpfungspunkt für die mittelbare verfassungsgerichtliche Überprüfung sein.[92]

2. Mittelbare Kontrolle von Rechtsakten im Zusammenhang mit der Europäischen Union. Gewisse Unsicherheiten bestehen allerdings in der Frage, ob nur das primäre oder auch das sekundäre Unionsrecht und sonstige Unionsrechtsakte auf diesem Wege einer verfassungsgerichtlichen Kontrolle unterworfen werden können. Eine Kontrolle kommt ferner für Rechtsakte in Betracht, die im Zusammenhang mit der Europäischen Union stehen, ohne dem Unionsrecht im engeren Sinn unmittelbar unterworfen zu sein.

a) **Primäres Unionsrecht.** Ebenso wie schon unter der Geltung der vormaligen Integrationsermächtigung des Art. 24 Abs. 1 GG bedarf es nach Art. 23 Abs. 1 S. 2 GG für die Übertragung von Hoheitsrechten eines Bundesgesetzes, das als Akt deutscher Hoheitsgewalt der verfassungsgerichtlichen Prüfung zugänglich ist. Dabei bildet die **Zustimmungs-, Begleit- oder Flankierungsgesetzgebung** als Norm des deutschen Rechts lediglich formal den Prüfungsgegenstand. Es bezieht seinen Inhalt aus den von ihm in Bezug genommenen Vorschriften des Primärrechts, denen es die Zustimmung erteilt.[93] Die vom BVerfG zu beantwortende Frage lautet daher, ob der entsprechende nationale Rechtsakt die ihm verfassungsrechtlich gezogenen Schranken der Integrationsermächtigung überschreitet, indem es einer bestimmten unionsrechtlichen Regelung infolge seines Anwendungsbefehls zur innerstaatlichen Geltung und Anwendbarkeit verhilft[94] oder national die erforderlichen Rechtswirkungen erzeugt oder flankiert. So war auch der Verfahrensgegenstand des Lissabon-Urteils ausdrücklich das Zustimmungsgesetz zum Vertrag von Lissabon,[95] wohingegen in der Griechenland-Hilfe-Entscheidung die verfassungsrechtliche Prüfung an die Flankierungsgesetzgebung knüpfte[96].

Einer auf diesem Wege zu bewirkenden (mittelbaren) Überprüfung des primären Unionsrechts kann nicht entgegnet werden, sie wäre „schlechthin irreal", weil keine ernsthaften Zweifel an der Verfassungsmäßigkeit der Zustimmungsgesetze bestünden.[97] Ergibt sich für primärrechtliche Vorschriften, dass sie tatsächlich als Vertragserweiterung oder Vertragsänderung wirken, ohne dass den formellen und materiellen Voraussetzungen des Art. 23 Abs. 1 GG genügt wurde, ist das BVerfG berechtigt, über die Verfassungskonformität zu entscheiden.[98]

---

[92] Vgl. BVerfG, Urt. v. 7.9.2011, 2 BvR 987/10 u. a., NJW 2011, 2946 (Rn. 103) *(Griechenland-Hilfe)*; *Ruffert*, EuR 2011, 842 (845).
[93] *Hillgruber*, in: Schmidt-Bleibtreu/Hofmann/Hopfauf, GG, Art. 23 Rn. 19; *Frenz*, Handbuch Europarecht, Bd. 5, Rn. 3706; *Sauer*, Jurisdiktionskonflikte, S. 192.
[94] *Moench/Sander,* in: Rengeling, EUDUR I, § 46 Rn. 29; *Ohler*, AöR 135 (2010), 153 (163 ff.); *Grimm*, Der Staat 48 (2009), 475 (480 ff.).
[95] Vgl. BVerfG, Urt. v. 30.6.2009, 2 BvE 2/08 u. a., NJW 2009, 2267 ff. *(Lissabon)*.
[96] Vgl. BVerfG, Urt. v. 7.9.2011, 2 BvR 987/10 u. a., NJW 2011, 2946 ff. *(Griechenland-Hilfe)*; hierzu *Ketterer*, BayVBl 2012, 84.
[97] So aber *H. P. Ipsen*, Europäisches Gemeinschaftsrecht, 1972, S. 290.
[98] *Scholz*, in: Maunz/Dürig, GG, Art. 23 Rn. 41.

26 **b) Sekundäres Unionsrecht.** Neben dem Primärrecht können auch sekundäre Unionsrechtsakte in die **verfassungsgerichtliche Kontrolle der Zustimmungs- oder Flankierungsgesetze** einbezogen werden.[99]

27 Hiergegen lässt sich nicht einwenden, die Zustimmungs- oder Flankierungsgesetze bezögen sich einzig auf die zur Zeit ihres Erlasses bestehenden primärrechtlichen Bestimmungen, nicht hingegen auf die hierauf gestützten, nicht vorhersehbaren Akte des Sekundärrechts.[100] Die zeitliche Distanz zwischen der Verabschiedung des Zustimmungs- oder Flankierungsgesetzes und dem Erlass des jeweiligen Sekundärrechtsaktes ändert nichts daran, dass seine innerstaatliche Geltung auf dem nationalen Rechtsanwendungsbefehl beruht.[101] Ebenso wenig kann die deutsche Staatsgewalt im Falle des Widerspruchs zwischen sekundärem Unionsrecht und unverzichtbaren Essentialia der geltenden Verfassungsordnung durch eine entsprechende Interpretation der Kollisionsregel Abhilfe schaffen.[102] Denn es existiert keine allgemeine Kollisionsregel des Inhalts, dass Unionsrecht zwar nationalem Recht vorgehe, nicht aber den elementaren Grundsätzen – etwa gemäß Art. 79 Abs. 3 GG – der geltenden Verfassungsordnung.

28 Vielmehr muss das Sekundärrecht in die Kontrolle der Zustimmungs- oder Flankierungsgesetze einbezogen werden. Maßgeblich ist also der sich auf das Sekundärrecht beziehende nationale normative Rechtsanwendungsbefehl. Ein sekundärrechtlich bedingter Verfassungsverstoß kann insoweit die (Teil-)Unwirksamkeit des im Zustimmungsgesetz gelegenen Anwendungsbefehls zur Folge haben. Entsprechendes muss für die Flankierungsgesetzgebung gelten, die keinen im Widerspruch zu Art. 23 Abs. 1 GG stehenden Sekundärrechtsakten zur Umsetzung verhelfen oder diese flankieren kann. Das Zustimmungs- oder Flankierungsgesetz selbst ist ein nationales, nachkonstitutionelles Gesetz, dessen Kontrolle gemäß Art. 100 Abs. 1 GG in die ausschließliche Zuständigkeit des BVerfG fällt.[103] Wird ein Verfassungsverstoß von dem zur Entscheidung berufenen Fachgericht angenommen, ist es verpflichtet, dem BVerfG die Frage nach der Verfassungskonformität des im Zustimmungsgesetz enthaltenen Rechtsanwendungsbefehls oder sonstiger flankierender Gesetze zu unterbreiten.[104]

29 Bei der verfassungsgerichtlichen Kontrolle des Sekundärrechts untersucht das BVerfG, ob das **Zustimmungsgesetz** gegen die der Integrationsermächtigung durch Art. 23 Abs. 1 GG gesetzten Grenzen verstößt. Es ist verfassungswidrig, soweit auf der Grundlage der Rechtsetzungsermächtigung ein Sekundärrechtsakt erlassen wird, der seinerseits den verfassungsrechtlichen Anforderungen widerspricht.[105] Bestätigt sich im Rahmen dieser Prüfung ein Verfassungsverstoß, führt dies nicht zur Gesamtnichtigkeit des Zustimmungsgesetzes; vielmehr erfasst der Rechtsanwendungsbefehl des

---

[99] Hierfür auch *Maidowsky*, JuS 1988, 114 (118); *Streinz*, Grundrechtsschutz, S. 160 ff.; *Sauer*, Jurisdiktionskonflikte, S. 191 f.; *Lecheler*, JuS 2001, 120 (122); *Streinz*, ZfP 2009, 467 (471); *Isensee*, ZRP 2010, 33 (34 f.).

[100] *Ehle*, NJW 1964, 321 (325); ähnlich *Ress/Ukrow*, EuZW 1990, 499 (505).

[101] Vgl. BVerfG, Urt. v. 30.6.2009, 2 BvE 2/08 u. a., NJW 2009, 2267 (2285) *(Lissabon)*; *Grimm*, Der Staat 48 (2009), 474 (476, 478).

[102] *Zuleeg*, Das Recht der Europäischen Gemeinschaften im innerstaatlichen Bereich, 1969, S. 167 f.

[103] BVerfG, Urt. v. 30.6.2009, 2 BvE 2/08 u. a., NJW 2009, 2267 (2273) *(Lissabon); Classen*, in: v. Mangoldt/Klein/Starck, GG, Art. 24 Abs. 1 Rn. 50; *ders.*, JZ 2009, 881 (888); zweifelnd *Gärditz/Hillgruber*, JZ 2009, 872 (873, 877).

[104] Vgl. *Streinz*, Grundrechtsschutz, S. 163; *Bergmann/Karpenstein*, ZEuS 2009, 529 (534).

[105] Vgl. *Maidowsky*, JuS 1988, 114 (118).

Zustimmungsgesetzes nicht den verfassungswidrigen, sondern lediglich den verfassungsgemäßen Teil des Unionsrechtsaktes.[106] Soweit von der Ermächtigungswirkung des Zustimmungsgesetzes in verfassungswidriger Weise Gebrauch gemacht wurde, entfällt der Anwendungsvorrang des Unionsrechts und dieses ist auf nationaler Ebene unanwendbar.[107]

In vergleichbarer Weise ist eine nationale **Flankierungsgesetzgebung** darauf zu überprüfen, ob die verfassungsrechtlichen Anforderungen des Art. 23 Abs. 1 GG durch den jeweiligen Sekundärrechtsakt eingehalten werden. Ein nationales Gesetz darf schließlich nur die Umsetzung solcher Sekundärrechtsakte flankieren und deren Durchführung ermöglichen, wenn die innerstaatlichen verfassungsrechtlichen Grenzen gewahrt sind. 30

c) Sonstige Unionsrechtsakte. Dieselben Prinzipien gelten auch für die übrigen Rechtsakte supranationaler Einrichtungen und Institutionen. Ausgangspunkt sind die dem jeweiligen supranationalen Organ oder der jeweiligen zwischenstaatlichen Einrichtung vertraglich übertragenen Aufgaben und Befugnisse. Denn der Anwendungsvorrang der Rechtsakte bleibt auf nationaler Ebene von der Reichweite und dem Fortbestand der vertraglichen Übertragung und Ermächtigung durch das Zustimmungsgesetz abhängig. „Das BVerfG ist deshalb berechtigt und verpflichtet, Handlungen der europäischen Organe und Einrichtungen darauf zu überprüfen, ob sie auf Grund ersichtlicher Kompetenzüberschreitungen oder auf Grund von Kompetenzausübungen im nicht übertragbaren Bereich der Verfassungsidentität (Art. 79 Abs. 3 GG i. V. m. Art. 1 und 20 GG) erfolgen, und gegebenenfalls die Unanwendbarkeit kompetenzüberschreitender Handlungen für die deutsche Rechtsordnung festzustellen."[108] Hierbei wird geprüft, ob „eine das Prinzip der begrenzten Einzelermächtigung in offensichtlicher und strukturwirksamer Weise verletzende Überschreitung der durch Zustimmungsgesetz auf die Europäische Union übertragenen Hoheitsrechte"[109] vorliegt. Diese Grundsätze hat das BVerfG in seinem Honeywell-Beschluss explizit bei der Überprüfung einer möglichen Kompetenzüberschreitung bei der Rechtsfortbildung durch den EuGH zugrunde gelegt.[110] Die verfassungsrechtliche Überprüfung kann ferner an die nationale Begleit- oder Flankierungsgesetzgebung anknüpfen, welche die Umsetzbarkeit und die Handlungsfähigkeit der Union ermöglicht oder gewährleistet.[111] 31

d) Sonstige Angelegenheiten der Europäischen Union. Diese Grundsätze sind nicht nur für die Mitwirkung an supranationalen Einrichtungen (der EU) und Uni- 32

---

[106] Vgl. BVerfG, Beschl. v. 5.7.1967, 2 BvL 29/63, E 22, 134 (152); *Hilf*, EuGRZ 1987, 1 (5); *Maidowsky*, JuS 1988, 114 (118); *Streinz*, Grundrechtsschutz, S. 164 ff.
[107] Vgl. BVerfG, Urt. v. 30.6.2009, 2 BvE 2/08 u. a., NJW 2009, 2267 (2272, 2284 f.) *(Lissabon)*; *Voßkuhle*, NVwZ 2010, 1 (6); kritisch *Frenz*, EWS 2010, 401 (402), der nicht den Anwendungsvorrang, sondern die Verpflichtung der deutschen Organe, entsprechende Rechtsakte zu befolgen, unter verfassungsgerichtlichen Vorbehalt stellen will.
[108] BVerfG, Beschl. v. 6.7.2010, 2 BvR 661/06, NJW 2010, 3422 (3423 f.) *(Honeywell)*.
[109] BVerfG, Beschl. v. 6.7.2010, 2 BvR 661/06, NJW 2010, 3422 (3425) *(Honeywell)*.
[110] BVerfG, Beschl. v. 6.7.2010, 2 BvR 661/06, NJW 2010, 3422 (3423 ff.) *(Honeywell)*; ähnlich BVerfG, Urt. v. 7.9.2011, 2 BvR 987/10 u. a., NJW 2011, 2946 (2950 ff.) *(Griechenland-Hilfe)*; hierfür bereits *Steiner*, EuZA 2 (2009), 140 (148 ff.); *Ohler*, AöR 135 (2010), 153 (169 ff.).
[111] Vgl. BVerfG, Urt. v. 7.9.2011, 2 BvR 987/10 u. a., NJW 2011, 2946 ff. *(Griechenland-Hilfe)*; Urt. v. 12.9.2012, 2 BvE 6/12 u. a., NJW 2012, 3145 (Rn. 209) *(ESM/Fiskalpakt)*.

onsrechtsakten im engeren Sinne[112] – also Vertragsänderungen, Änderungen des Primärrechts und Rechtsakte der Europäischen Union – anzuwenden, sondern auch für „**völkerrechtliches Ersatzunionsrecht**"[113] als „vergleichbare völkervertraglich eingegangene Bindungen, die im institutionellen Zusammenhang mit der supranationalen Union stehen".[114] Das Urteil zum ESM/Euro-Plus-Pakt präzisiert für die parlamentarischen Unterrichtungsrechte nach Art. 23 Abs. 2 S. 2 GG den Begriff „Angelegenheiten der Europäischen Union".[115] Angelegenheiten der EU liegen bereits vor, wenn „sie in einem Ergänzungs- oder sonstigen besonderen Näheverhältnis zum Recht der Europäischen Union stehen".[116] Mit dieser Erweiterung tritt das BVerfG Versuchen entgegen, durch eine Verlagerung von Entscheidungen auf die völkerrechtliche Ebene der EU (außerhalb des ‚acquis communitaire'), diese der verfassungsgerichtlichen Identitäts- und Ultra-Vires-Kontrolle zu entziehen.[117] Verfahrensgegenstand kann in diesem Zusammenhang neben dem **Zustimmungsgesetz**, das – wie eine haushaltspolitische Ermächtigung – erst die Handlungsfähigkeit einer Institution auf supranationaler Ebene begründet, auch die nationale **Begleit- und Flankierungsgesetzgebung** sein.[118]

3. Besondere Sachentscheidungsvoraussetzungen

33   a) **Hinreichende Begründung.** Die Zulässigkeit eines Antrags auf verfassungsgerichtliche Überprüfung unterliegt teilweise besonderen Darlegungsanforderungen. Das BVerfG knüpft diese Voraussetzung nun ausdrücklich an die normativen Anforderungen des § 23 Abs. 1 S. 2 BVerfGG.[119]

34   aa) **Gewährleistung des Grundrechtsschutzes auf Unionsebene.** Das BVerfG betont in der Solange II-Entscheidung, seine Gerichtsbarkeit über die Anwendung abgeleiteten Unionsrechts nicht mehr auszuüben, solange der EuGH einen wirksamen und dem Grundgesetz im Wesentlichen gleich zu achtenden Schutz der Grundrechte gegenüber der Hoheitsgewalt der Union generell gewährleistet.[120] Hieran anknüpfend werden Richtervorlagen im Bananenmarkt-Beschluss als von vornherein unzulässig

---

[112] BVerfG, Urt. v. 12.10.1993, 2 BvR 2134/92 v. a., DVBl 1993, 1254 (1255); Urt. v. 30.6.2009, 2 BvE 2/08 u. a., E 123, 267 (330, 361 f.) *(Lissabon)* (insoweit nicht vollständig in NJW 2009, 2267 abgedruckt).
[113] Zu diesem Begriff BVerfG, Urt. v. 12.9.2012, 2 BvE 6/12 u. a., NJW 2012, 3145 (Rn. 257) *(ESM/Fiskalpakt)*, unter Verweis auf *Lorz/Sauer*, DÖV 2012, 573 (575).
[114] BVerfG, Urt. v. 7.9.2011, 2 BvR 987/10 u. a., NJW 2011, 2946 (2948 ff.) *(Griechenland-Hilfe)*; vgl. zu dieser Klarstellung *Ruffert*, EuR 2011, 842 (844); *Ketterer*, BayVBl 2012, 84; *Fischer-Lescano/Oberndorfer*, NJW 2013, 9 (10 ff.).
[115] BVerfG, Urt. v. 19.6.2012, 2 BvE 4/11, NVwZ 2012, 954 (Rn. 99 ff.) *(ESM/Euro-Plus-Pakt)*.
[116] BVerfG, Urt. v. 19.6.2012, 2 BvE 4/11, NVwZ 2012, 954 (Rn. 100 ff.) *(ESM/Euro-Plus-Pakt)*. Ähnlich auch der EuGH, Rs. C-370/12, *Pringle*, NJW 2013, 29 ff.
[117] *Ruffert*, EuR 2011, 842 (844); *Calliess*, NVwZ 2013, 97 (98); *Gröpl*, Der Staat S2 /2013, 1 (10 f.); *Nettesheim*, NJW 2013, 14 (14 f.); kritisch *Oppermann*, NJW 2013, 6 (7). Aus unionsrechtlicher Perspektive sind solche völkervertraglichen Vereinbarungen unter Mitgliedstaaten nur zulässig, wenn diese nicht im Widerspruch zu den Vorgaben des Unionsrechts stehen; hierzu *Repasi* EuR 2013, 45 ff.
[118] Vgl. BVerfG, Urt. v. 7.9.2011, 2 BvR 987/10 u. a., NJW 2011, 2946 ff. *(Griechenland-Hilfe)*; Urt. v. 12.9.2012, 2 BvE 6/12 u. a., NJW 2012; 3145 (Rn. 209) *(ESM/Fiskalpakt)*.
[119] BVerfG, Beschl. v. 6.7.2010, 2 BvR 661/06, NJW 2010, 3422 (3423) *(Honeywell)*.
[120] BVerfG, Beschl. v. 22.10.1986, 2 BvR 197/83, E 73, 339 (376) *(Solange II)*.

qualifiziert, wenn nicht dargelegt wird, dass die europäische Rechtsentwicklung einschließlich der Rechtsprechung des EuGH nach Ergehen der Solange II-Entscheidung unter den erforderlichen **Grundrechtsstandard** abgesunken und der jeweils als unabdingbar gebotene Grundrechtsschutz generell nicht mehr gewährleistet ist.[121] Diese Grundsätze werden ferner im Lissabon-Urteil[122] und der Entscheidung zur Vorratsdatenspeicherung[123] bestätigt.[124] Das BVerfG hat damit für die von ihm für möglich gehaltene Prüfung sekundären Unionsrechts eine **besondere Zulässigkeitsvoraussetzung** kreiert, indem es aus der materiellrechtlichen Feststellung eines hinreichenden Grundrechtsschutzes auf Unionsebene prozessuale Konsequenzen zieht.[125] Spätestens seit der Verbindlichkeit der Grundrechte-Charta gemäß Art. 6 Abs. 1 S. 1 EUV dürfte eine relevante Unterschreitung des Grundrechtsstandards weitgehend hypothetisch sein.[126] Eine uneingeschränkte Kontrollkompetenz – ohne besondere Zulässigkeitsvoraussetzung – muss jedoch bestehen, wenn ein grundrechtlicher Schutzbereich tangiert ist, den das GG zwar gewährleistet, der jedoch auf Ebene des europäischen Grundrechtsschutzes keine Entsprechung findet.[127] Rechtliche Bedenken bestehen hinsichtlich der Gewährleistung des gesetzlichen Richters im Sinne des Art. 101 Abs. 1 S. 2 GG durch den EuGH, da dieser keine eindeutige und verbindliche Zuständigkeitszuweisung durch einen Geschäftsverteilungsplan kennt, wie ihn das BVerfG für deutsche Gerichte fordert.[128]

bb) Identitätsverletzende oder kompetenzüberschreitende Rechtsakte. Inwieweit 35 im Bereich der identitätsverletzenden oder kompetenzüberschreitenden Rechtsakte vergleichbar hohe Anforderungen bestehen, ist noch nicht abschließend geklärt. Das BVerfG hat in seinem Honeywell-Beschluss[129] und anschließend in seinem Griechenland-Hilfe-Urteil[130] ausgeführt, dass die Begründungspflicht nach § 23 Abs. 1 S. 2 BVerfGG jedenfalls gebietet, ausreichend substantiiert darzulegen, warum ein Unionsrechtsakt die Grenzen der Unionskompetenzen missachtet oder in den Identitätskern

---

[121] BVerfG, Beschl. v. 7.6.2000, 2 BvL 1/97, NJW 2000, 3124 *(Bananen)*; Beschl. v. 9.1.2001, 1 BvR 1036/99, EuZW 2001, 255.
[122] BVerfG, Urt. v. 30.6.2009, 2 BvE 2/08 u. a., E 123, 267 (334 f.) *(Lissabon)* (insoweit nicht in NJW 2009, 2267 abgedruckt).
[123] BVerfG, Urt. v. 2.3.2010, 1 BvR 206/05 u. a., NJW 2010, 833 (835) *(Vorratsdatenspeicherung I)*.
[124] Vgl. auch BVerfG, Beschl. v. 13.3.2007, 1 BvF 1/05, NVwZ 2007, 937 (938) *(Emissionshandel I)*; Beschl. v. 14.5.2007, 1 BvR 2036/05, NVwZ 2007, 942 (942) *(Emissionshandel II)*; zu Maßnahmen des Europäischen Patentamtes: BVerfG, Beschl. v. 27.1.2010, 2 BvR 2253/06, NJW 2010, 641 (642), und Beschl. v. 27.4.2010, 2 BvR 1848/08, GRUR 2010, 1031 (1032); ferner BVerfG, Beschl. v. 19.7.2011, 1 BvR 1916/09, NJW 2011, 3428 (3429).
[125] Hierzu *Frenz*, Handbuch Europarecht, Bd. 5, Rn. 3722; für eine „negative Evidenzkontrolle" *Nettesheim*, NJW 1995, 2083 (2084); für eine Prüfung auf einen „strukturellen Defekt" des unionsrechtlichen Grundrechtsschutzes *Schlaich/Korioth*, BVerfG, Rn. 365a.
[126] *Wendel*, EuZW 2012, 213 (214); *Elicker/Heintz*, DVBl 2012, 141 (143). Grundlegend zur Grundrechte-Charta *Lenaerts*, EuR 2012, 3 ff.; *Huber*, NJW 2011, 2385 ff.
[127] *Scholz*, in: Maunz/Dürig, GG, Art. 23 Rn. 85; *Landau/Trésoret*, DVBl 2012, 1329 (1337); ähnlich *F. Kirchhof*, NJW 2011, 3681 (3682).
[128] Vgl. hierzu *Selder*, ZRP 2011, 164.
[129] BVerfG, Beschl. v. 6.7.2010, 2 BvR 661/06, NJW 2010, 3422 (3423) *(Honeywell)*.
[130] BVerfG, Urt. v. 7.9.2011, 2 BvR 987/10 u. a., NJW 2011, 2946 (2947 ff.) *(Griechenland-Hilfe)*.

parlamentarischer Kompetenzen eingreift. Neben Unionsrechtsakten kommen auch vergleichbare völkervertraglich eingegangene Verbindungen und sonstige Angelegenheiten der Europäischen Union, die im institutionellen Zusammenhang mit der supranationalen Union stehen, als Anknüpfungspunkt in Betracht.[131] Die Begründung muss sich mit der Rechtsprechung des BVerfG zur Kompetenzkontrolle auseinandersetzen. Soweit die Einzelheiten der Maßstäbe noch nicht verfassungsgerichtlich präzisiert sind, müssen sich die Darlegungen zumindest mit den jeweiligen Anmerkungen in der Literatur auseinandersetzen.[132]

36 Eine weitere Konkretisierung der Begründungsanforderungen ist im Honeywell-Beschluss nur teilweise erfolgt. So ist darzulegen, dass die Kompetenzüberschreitung oder die Identitätsverletzung durch den Unionsrechtsakt „**hinreichend qualifiziert**" ist.[133] Es ist darzutun, „dass das kompetenzwidrige Handeln der Unionsgewalt offensichtlich ist und der angegriffene Akt im Kompetenzgefüge zwischen Mitgliedstaaten und Union im Hinblick auf das Prinzip der begrenzten Einzelermächtigung und die rechtsstaatliche Gesetzesbindung erheblich ins Gewicht fällt."[134] Die Substantiierung des Vorbringens dürfte geringfügig weniger strengen Anforderungen unterliegen als bei einer möglichen Verletzung nationaler Grundrechte durch europäische Rechtsakte.[135] Denn im Gegensatz zum Grundrechtsschutz geht das BVerfG nicht nur von einer rein theoretischen „Reservekompetenz" aus, sondern behält sich konkret vor, „ausnahmsweise"[136] und unter „besonderen, engen Voraussetzungen"[137] Unionsrechtsakte in Deutschland für unanwendbar zu erklären.

37 Soll die im Maastricht-Urteil aufgestellte Prämisse vom Kooperationsverhältnis zwischen EuGH und BVerfG[138] Bestand haben, kann es sich hierbei auch nur um eine strukturelle Reservekompetenz handeln, die dem Solange II-Vorbehalt zumindest anzunähern ist.[139] Nur eine solche Auffassung genügt den Anforderungen des Grundsatzes der loyalen Zusammenarbeit zwischen der Union und den Mitgliedstaaten nach Art. 4 Abs. 3 EUV. Dies bedeutet eine **besondere Zulässigkeitsvoraussetzung**. Das BVerfG nimmt seine Reservekompetenz für die Identitäts- und Kompetenzkontrolle also nicht wahr, solange durch die Unionsorgane einschließlich des EuGH die – nach dem Prinzip der begrenzten Einzelermächtigung übertragenen und durch die Kompetenzausübungsschranke des Subsidiaritätsprinzips gemäß Art. 5 EUV eingegrenzten – Unionskompetenzen gewahrt werden und keine **offensichtlichen und erheblichen Grenzüberschreitungen** erfolgen.[140] Ein bloßer Einzelfall kann genügen, wenn es sich um eine **strukturelle**

---

[131] BVerfG, Urt. v. 7.9.2011, 2 BvR 987/10 u. a., NJW 2011, 2946 (2948) *(Griechenland-Hilfe)*; Urt. v. 19.6.2012, 2 BvE 4/11, NVwZ 2012, 954 (Rn. 100 ff.) *(ESM/Euro-Plus-Pakt)*.
[132] So wohl BVerfG, Beschl. v. 6.7.2010, 2 BvR 661/06, NJW 2010, 3422 (3423) *(Honeywell)*.
[133] BVerfG, Beschl. v. 6.7.2010, 2 BvR 661/06, NJW 2010, 3422 (3424) *(Honeywell)*.
[134] BVerfG, Beschl. v. 6.7.2010, 2 BvR 661/06, NJW 2010, 3422 (3424) *(Honeywell)*.
[135] *Frenz*, Handbuch Europarecht, Bd. 5, Rn. 3730.
[136] BVerfG, Urt. v. 30.6.2009, 2 BvE 2/08 u. a., NJW 2009, 2267 (2285) *(Lissabon)*; *Frenz*, Handbuch Europarecht, Bd. 5, Rn. 3733.
[137] Vgl. BVerfG, Urt. v. 30.6.2009, 2 BvE 2/08 u. a., NJW 2009, 2267 (2272, 2286) *(Lissabon)*; Beschl. v. 6.7.2010, 2 BvR 661/06, NJW 2010, 3422 (3425) *(Honeywell)*.
[138] BVerfG, Urt. v. 12.10.1993, 2 BvR 2134/92 u. a., E 89, 155 (LS 7, 175) *(Maastricht)*; ausdrücklich erneut BVerfG, Beschl. v. 6.7.2010, 2 BvR 661/06, NJW 2010, 3422 (3424) *(Honeywell)*.
[139] Ähnlich *Nowak*, DVBl 2012, 861 (863).
[140] Ebenso *Calliess*, Die neue Europäische Union, S. 266 f.; *Ruffert*, DVBl 2009, 1197 (1205); *Everling*, EuR 2010, 91 (101). Dies verkennt *Bäcker*, EuR 2011, 103 (117 ff.).

Verschiebung im Kompetenzgefüge von existenzieller Tragweite handelt.[141] So wenn die haushaltspolitische Gesamtverantwortung auf die supranationale oder intergouvernmentale Ebene verlagert wurde und nicht mehr durch den Bundestag wahrgenommen werden kann.[142] Entsprechende Anträge sind künftig unzulässig, wenn nicht dargelegt wird, dass die europäische Rechtsentwicklung – einschließlich der Rechtsprechung des EuGH – nach Ergehen des Honeywell-Beschlusses unter den erforderlichen Standard der Wahrung der nationalen Kompetenzen und Identitäten missachtet und die jeweils als unabdingbar gebotene Identitäts- und Kompetenzkontrolle generell nicht mehr gewährleistet ist oder eine strukturelle Verschiebung im Kompetenzgefüge vorliegt. Eine pauschale Behauptung, die Kontrolle der Subsidiarität erfolge durch den EuGH generell nicht hinreichend, genügte ohne Begründung eines strukturellen Defizits demgemäß nicht.[143]

b) Vorhergehende Auslegung der Unionsrechtsakte durch den EuGH. Die verfassungsgerichtliche Überprüfung der Zustimmungsgesetze unterscheidet sich von anderen verfassungsgerichtlichen Verfahren. Da die Zustimmungsgesetze nur den formalen Anknüpfungspunkt bilden, die materiell-rechtliche Überprüfung sich aber auf den Inhalt des Unionsrechts bezieht, zu dessen letztverbindlicher Auslegung allein der EuGH berufen ist, muss vor dem verfassungsgerichtlichen Verfahren regelmäßig eine **Vorbefassung durch den EuGH** erfolgen.[144] Ist diese noch nicht erfolgt, kommt im Einzelfall die Einleitung eines Vorabentscheidungsverfahrens nach Art. 267 Abs. 3 AEUV in Betracht. Die Voraussetzungen für die Vorbefassungspflicht des EuGH unterscheiden sich jedoch hinsichtlich des Vorbringens des nicht hinreichend gewährleisteten Grundrechtsschutzes einerseits und der kompetenzüberschreitenden oder identitätsverletzenden Rechtsakte andererseits.

38

aa) Gewährleistung des Grundrechtsschutzes auf Unionsebene. Soweit die Auslegung und Wirksamkeit des Unionsrechts in Frage steht, geht das BVerfG davon aus, dass im Rahmen des Kooperationsverhältnisses dem EuGH die **vorrangige Beurteilungskompetenz** zukommt. Das BVerfG überprüft potentielle, unionsrechtlich bedingte Rechtsverletzungen grundsätzlich nicht am Maßstab der Grundrechte des Grundgesetzes. Eine Entscheidung über die Unvereinbarkeit unionsrechtlicher Vorgaben mit den deutschen Grundrechten kommt überhaupt erst in Betracht, nachdem der EuGH eine Bewertung anhand der europäischen Grundrechte vorgenommen und die Vereinbarkeit festgestellt hat.[145] Die Fachgerichte sind daher verpflichtet, die Vereinbarkeit des zugrundeliegenden Unionsrechtsakts mit den Unionsgrundrechten zu prüfen. Im Zweifel müssen sie ein Vorabentscheidungsverfahren nach Art. 267 AEUV einleiten. Dies ist letztlich ein Gebot des effektiven Rechtsschutzes nach Art. 19 Abs. 4 GG.[146] Erklärt daraufhin der EuGH den zugrundeliegenden Unionsrechtsakt für

39

---

[141] *Landau/Trésoret*, DVBl 2012, 1329 (1335); ausschließlich hierauf abstellend *Sauer*, EuZW 2011, 94 (96 f.).
[142] BVerfG, Urt. v. 12.9.2012, 2 BvE 6/12 u. a., NJW 2012, 3145 (Rn. 196) *(ESM/Fiskalpakt)*.
[143] *Ruffert*, DVBl 2009, 1197 (1205); *Bergmann/Karpenstein*, ZEuS 2009, 529 (534); *Sauer*, ZRP 2009, 195 (196); *Shirvani*, JZ 2010, 753 (758 f.).
[144] So auch *Streinz*, in: HStR, § 218 Rn. 82.
[145] BVerfG, Urt. v. 2.3.2010, 1 BvR 256/08 u. a., NJW 2010, 833 (835) *(Vorratsdatenspeicherung I)*; Beschl. 19.7.2011, 1 BvR 1916/09, NJW 2011, 3428 (3433); *Benda/Klein*, Verfassungsprozessrecht, Rn. 95; *F. Kirchhof*, NJW 2011, 3681 (3684 f.).
[146] BVerfG, Beschl. v. 13.3.2007, 1 BvF 1/05, E 118, 79 (97); Beschl. v. 19.7.2011, 1 BvR 1916/09, NJW 2011, 3428 (3433).

ungültig, wird ein hierauf beruhendes deutsches Umsetzungsgesetz nicht automatisch ebenfalls unbeachtlich.[147] Das deutsche Umsetzungsgesetz ist jedoch dann kein unionsbedingter Rechtsakt mehr und damit in vollem Umfang an den **Vorgaben des nationalen Verfassungsrechts** zu messen.[148]

40 Auch das BVerfG selbst hat eine entsprechende Vorlagepflicht nach Art. 267 AEUV, wenn es auf die Auslegung oder die Wirksamkeit des Unionsrechts ankommt, diese Vorfrage also entscheidungserheblich ist, und nicht bereits eine anderweitige Vorbefassung des EuGH stattgefunden hat.[149] Richtet sich eine Verfassungsklage unmittelbar gegen ein Umsetzungsgesetz, das „self-executing" ist und gegen das kein Primärrechtsschutz vor den Fachgerichten zulässig ist, kann der Antragsteller zugleich eine Vorlage nach Art. 267 AEUV an den EuGH durch das BVerfG anregen, um in der Folge eine uneingeschränkte Kontrolle anhand des Verfassungsrechts zu ermöglichen. Die Zulässigkeit der Klage ist dann ohne Weiteres gegeben.[150] Eine Beschränkung der Zulässigkeit aufgrund der „Reservekompetenz" des BVerfG soll in diesen Fällen nicht bestehen.[151] Das BVerfG verzichtet jedoch selbst auf eine Vorlage an den EuGH, sofern eine aus nationaler Sicht grundrechtskonforme Auslegung möglich und die Frage daher nicht entscheidungserheblich ist.

41 **bb) Identitätsverletzende oder kompetenzüberschreitende Rechtsakte.** Im Zusammenhang mit abgeleiteten identitätsverletzenden oder kompetenzüberschreitenden Unionsrechtsakten deutete das Lissabon-Urteil eine **Vorbefassungspflicht des EuGH** zunächst nur an, indem es für eine Prüfung durch das BVerfG voraussetzte, dass „Rechtsschutz auf Unionsebene nicht zu erlangen ist".[152] Ausweislich seines Honeywell-Beschlusses hält es das BVerfG nunmehr „vor der Annahme eines Ultra-vires-Akts der europäischen Organe und Einrichtungen" für erforderlich, „dem Gerichtshof im Rahmen eines Vorabentscheidungsverfahrens nach Art. 267 AEUV die Gelegenheit zur Vertragsauslegung sowie zur Entscheidung über die Gültigkeit und die Auslegung der fraglichen Rechtsakte zu geben." Das BVerfG dürfe für Deutschland keine Unanwendbarkeit des Unionsrechts feststellen, „solange der Gerichtshof keine Gelegenheit hatte, über die aufgeworfenen unionsrechtlichen Fragen zu entscheiden".[153] Denn der notwendige Vergleich des unionsrechtlichen Regelungsinhalts mit den verfassungsrechtlichen Anforderungen setze eine sichere Kenntnis von Regelungsgehalt und -bedeutung der unionsrechtlichen Norm voraus, die nur durch eine Auslegungsentscheidung des

---

[147] Hierfür aber *Wernsmann*, NZG 2011, 1241 (1243 f.), der den nationalen Umsetzungsakt wegen eines Verstoßes gegen Unionsrecht dann ebenfalls für unanwendbar hält.
[148] Vgl. BVerfG, Beschl. v. 13.3.2007, 1 BvF 1/05, NVwZ 2007, 937 (938) *(Emissionshandel I)*; Urt. v. 2.3.2010, 1 BvR 256/08 u. a., NJW 2010, 833 (835) *(Vorratsdatenspeicherung I)*; *Frenz*, Handbuch Europarecht, Bd. 5, Rn. 3802; für eine Differenzierung nach formellen und materiellen Nichtigkeitsgründen der Richtlinie *Heck*, NVwZ 2008, 523 (524 f.).
[149] Vgl. zu all dem BVerfG, Urt. v. 2.3.2010, 1 BvR 206/05 u. a., NJW 2010, 833 (835) *(Vorratsdatenspeicherung I)*; *Voßkuhle*, SächsVBl 2013, 77 (80); *Pagenkopf*, NVwZ 2011, 1473 (1479).
[150] BVerfG, Urt. v. 2.3.2010, 1 BvR 256/08 u. a., NJW 2010, 833 (835) *(Vorratsdatenspeicherung I)*.
[151] Vgl. hierzu auch die Kritik bei *Bäcker*, EuR 2011, 103 (107 ff.).
[152] BVerfG, Urt. v. 30.6.2009, 2 BvE 2/08 u. a., NJW 2009, 2267 (2272) *(Lissabon)*.
[153] BVerfG, Beschl. v. 6.7.2010, 2 BvR 661/06, NJW 2010, 3422 (3424) *(Honeywell)*; hierzu *Kirchhof*, in: HStR, § 214 Rn. 188.

EuGH vermittelt werden kann.¹⁵⁴ Sofern nicht bereits ein Vorabentscheidungsverfahren durch ein Fachgericht eingeleitet wurde, ist das BVerfG damit selbst zur Vorlage des vermeintlichen Ultra-Vires-Aktes angehalten, sofern dies entscheidungserheblich ist. Dies ist Ausdruck des „Kooperationsverhältnisses".¹⁵⁵

Dasselbe muss auch für potentiell identitätsverletzende (völkerrechtliche) Primärrechtsakte gelten: Es ist eine vorhergehende Entscheidung der streitigen Auslegungsfrage durch den EuGH geboten, bevor eine Identitätsverletzung festgestellt werden kann.¹⁵⁶ Das BVerfG prüft jedoch auch in diesen Konstellationen vorrangig, ob eine verfassungskonforme Auslegung der durch das nationale Zustimmungsgesetz erfassten Rechtsakte in Angelegenheiten der Union möglich und ein Vorlageverfahren damit entbehrlich ist.¹⁵⁷ Soweit damit völkerrechtliche Vereinbarungen einer verfassungskonformen Auslegung unterworfen werden, steht dies letztlich unter dem Vorbehalt der Akzeptanz auf völkerrechtlicher Ebene.¹⁵⁸

4. Verfahrensarten

a) **Normenkontrollverfahren.** Als Verfahren zur mittelbaren Kontrolle des Unionsrechts kommen zunächst Normenkontrollen nach Art. 93 Abs. 2 Nr. 2 GG und Art. 100 Abs. 1 GG in Betracht. Den unmittelbaren Gegenstand dieses Verfahrens bildet das deutsche Zustimmungsgesetz, das in Widerstreit zur Verfassung gerät, soweit es sich auf eine unionsrechtliche Regelung bezieht, die mit den Schranken der Integrationsermächtigung nicht vereinbar ist.¹⁵⁹ Eine Bindung an Fristen besteht bei diesen Verfahrensarten nicht.

b) **Individualverfassungsbeschwerde.** Die Individualverfassungsbeschwerde gemäß Art. 93 Abs. 1 Nr. 4a GG ermöglicht dem einzelnen Bürger, über das Zustimmungsgesetz eine mittelbare Kontrolle des Unionsrechts zu bewirken. Die Zustimmungsgesetze sind Akte öffentlicher Gewalt im Sinne dieser Vorschrift und können daher Gegenstand einer Verfassungsbeschwerde – in Gestalt einer sog. **„Wahlbürgerbeschwerde"**¹⁶⁰ – sein.¹⁶¹

Für den Bereich **primärrechtlicher** Kompetenzübertragungen auf die Union hat das BVerfG bereits im Maastricht-Urteil anerkannt, dass eine Verletzung des Art. 38 Abs. 1 S. 1 GG im Verfahren der Verfassungsbeschwerde jedenfalls dann geltend gemacht werden kann, wenn die nach Art. 20 Abs. 1, 2 i. V. m. Art. 79 Abs. 3 GG **unverzicht-**

---

¹⁵⁴ Hierzu *Calliess*, Die neue Europäische Union, S. 266; *Frenz*, EWS 2010, 401 (403); *Pache*, EuGRZ 2009, 285 (297 f.); für eine kodifizierte Vorlagepflicht des BVerfG *Bergmann/Karpenstein*, ZEuS 2009, 529 (539 ff.).
¹⁵⁵ Kritisch zur Vorlage von potentiellen Ultra-Vires-Akten durch das BVerfG an den EuGH *P. Kirchhof*, NJW 2013, 1 (5).
¹⁵⁶ So auch *Scholz*, in: Maunz/Dürig, GG, Art. 23 Rn. 86; *Mayer*, in: GHN, Art. 19 EUV Rn. 91; *Pernice*, AöR 136 (2011), 185 (217 f.); *ders.*, EuR 2011, 151 (157 f.).
¹⁵⁷ BVerfG, Urt. v. 12.9.2012, 2 BvE 6/12 u. a., NJW 2012, 3145 (Rn. 254 ff.) *(ESM/Fiskalpakt)*.
¹⁵⁸ *Lepsius*, EuZW 2012, 761 (762); *Schorkopf*, NVwZ 2012, 1273 (1274 f.).
¹⁵⁹ Vgl. VG Frankfurt, Beschl. v. 24.10.1996, 1 E 798/95 (V) u. a., EuZW 1997, 182 (186); *Sauer*, Jurisdiktionskonflikte, S. 191 f.; *Streinz*, ZfP 2009, 467 (471); *Isensee*, ZRP 2010, 33 (34 f.).
¹⁶⁰ Zu dieser Begrifflichkeit *Schumann*, in: Perpektiven des öffentlichen Rechts, Festgabe 50 Jahre Assistententagung, 2011, S. 52 (70).
¹⁶¹ Vgl. *Bethge*, in: Maunz/Schmidt-Bleibtreu/Klein/Bethge, BVerfGG, § 90 Rn. 209; *Lechner/Zuck*, BVerfGG, § 90 Rn. 126.

baren **Mindesterfordernisse demokratischer Legitimation verletzt** werden.[162] Im Lissabon-Urteil wird dieser Ansatz fortentwickelt. Art. 38 Abs. 1 GG begründe „einen Anspruch auf demokratische Selbstbestimmung, auf freie und gleiche Teilhabe an der in Deutschland ausgeübten Staatsgewalt sowie auf die Einhaltung des Demokratiegebots einschließlich der Achtung der verfassungsgebenden Gewalt des Volkes".[163] Es müsse ein hinreichendes Maß an Aufgaben und Befugnissen verbleiben, um die konkrete Verantwortung für das Handeln auf das nationale Parlament zurückführen zu können.[164] In der Zusammenschau mit Art. 146 GG wird zudem ein subjektives Recht gegen den potentiellen Verlust der deutschen Staatlichkeit durch Kompetenzübertragungen auf die Union abgeleitet.[165] Die durch die Wahl bewirkte Legitimation von Staatsgewalt und Einflussnahme auf deren Ausübung dürfe ferner nicht durch die Verlagerung von Aufgaben und Befugnissen des Bundestages auf die Union so entleert werden, dass das Demokratieprinzip verletzt wird.[166] Das Urteil zum Euro-Rettungsschirm führt weitergehend aus, die abwehrrechtliche Dimension des Art. 38 Abs. 1 GG verbiete es, Kompetenzen des gegenwärtigen oder künftigen Bundestages auf eine Art und Weise auszuhöhlen, die eine parlamentarische Repräsentation des Volkswillens, gerichtet auf die Verwirklichung des politischen Willens der Bürger, rechtlich oder praktisch unmöglich mache und damit das Wahlrecht entleere.[167] Damit werden grundlegende Entscheidungen der Außenpolitik, die mit Kompetenzübertragungen auf internationale Organisationen verbunden sind, potentiell der „Wahlbürgerbeschwerde" unterworfen.[168] Aspekte der Verfassungswidrigkeit aufgrund verfahrensrechtlicher Verstöße beim Erlass der Zustimmungsgesetze sind auf diesem Weg regelmäßig nicht rügefähig.[169]

46   Rügefähig sind die **Gewährleistungen des Sozialstaatsprinzips**. Hierfür ist darzulegen, inwiefern „die demokratischen Gestaltungsmöglichkeiten des Deutschen Bundestages auf dem Gebiet der Sozialpolitik durch die Zuständigkeiten der Europäischen Union" derart beschränkt werden, dass die Mindestanforderungen des Sozialstaatsprinzips durch den Deutschen Bundestag nicht mehr zu gewährleisten sind. Damit dürfte insbesondere auch der sozialstaatlich geprägte, grundrechtliche Mindeststandard gemeint sein.[170] Originär objektive Verfassungs- und Staatsstrukturprinzipien werden

---

[162] BVerfG, Urt. v. 12.10.1993, 2 BvR 2134/92 u. a., E 89, 155 (171 f.) *(Maastricht)*.

[163] BVerfG, Urt. v. 30.6.2009, 2 BvE 2/08 u. a., NJW 2009, 2267 (2268) *(Lissabon)*.

[164] BVerfG, Urt. v. 30.6.2009, 2 BvE 2/08 u. a., E 123, 267 (330) *(Lissabon)* (insoweit nicht in NJW 2009, 2267 abgedruckt); ähnlich BVerfG, Urt. v. 7.9.2011, 2 BvR 987/10 u. a., NJW 2011, 2946 (2948) *(Griechenland-Hilfe)*.

[165] BVerfG, Urt. v. 30.6.2009, 2 BvE 2/08 u. a., E 123, 267 (331 f.) *(Lissabon)* (insoweit nicht in NJW 2009, 2267 abgedruckt); weiterführend zur Grenzüberschreitung der Verfassungsgebung *Nettesheim*, Der Staat 51 (2012), 313 ff.

[166] BVerfG, Urt. v. 30.6.2009, 2 BvE 2/08 u. a., E 123, 267 (332 f.) *(Lissabon)* (insoweit nicht in NJW 2009, 2267 abgedruckt); Urt. v. 7.9.2011, 2 BvR 987/10 u. a., NJW 2011, 2946 (2948) *(Griechenland-Hilfe)*.

[167] BVerfG, Urt. v. 7.9.2011, 2 BvR 987/10 u. a., NJW 2011, 2946 (2948) *(Griechenland-Hilfe)*.

[168] Dies müsste wohl auch für einen Beitritt zu den Vereinten Nationen gelten; *Tomuschat*, DVBl 2012, 1431.

[169] BVerfG, Urt. v. 12.9.2012, 2 BvE 6/12 u. a., NJW 2012, 3145 (Rn. 198) *(ESM/Fiskalpakt)*.

[170] *Uerpmann-Wittzack*, in: von Münch/Kunig, Grundgesetz-Kommentar, 6. Aufl. 2012, Art. 23 Rn. 21.

somit in zum Teil bedenklicher Weise zu subjektiv-abwehrfähigen Rechtspositionen kristallisiert.[171]

Überschreitet indessen ein **(Sekundär-)Rechtsakt** die Grenzen der Integrationsgewalt des Unionsrechts, ist er nicht Teil der verfassungsmäßigen Ordnung und kann belastende Maßnahmen nicht legitimieren. Die Beschwerdebefugnis gegenüber abgeleiteten kompetenzüberschreitenden oder identitätsverletzenden Unionsrechtsakten ergibt sich dann aus den speziellen Grundrechten oder, sofern diese nicht in Betracht kommen, aus dem Auffanggrundrecht des Art. 2 Abs. 1 GG i. V. m. Art. 20 Abs. 3 GG.[172] Der kompetenzüberschreitende oder identitätsverletzende Rechtsakt muss zudem eine **unmittelbare Betroffenheit** des Antragstellers begründen. Eines Rückgriffs auf Art. 38 Abs. 1 GG bedarf es hingegen nicht.[173] 47

Nicht rügefähig ist demgegenüber die bloße objektive Rechtswidrigkeit einer primär- oder sekundärrechtlichen Maßnahme in Angelegenheiten der Europäischen Union. Voraussetzung ist stets, dass der Antragsteller eine Betroffenheit in seiner eigenen Rechtsstellung oder seine rechtlich geschützten Interessen geltend machen kann.[174] Weder aus Art. 19 Abs. 4 GG noch aus Art. 2 Abs. 1 GG oder Art. 3 Abs. 1 GG ist ein von der konkreten rechtlichen Betroffenheit unabhängiger **allgemeiner Gesetzesvollziehungsanspruch** ableitbar. 48

Unter welchen Voraussetzungen ein Beschwerdeführer die **Zuständigkeitsverteilung** zwischen Plenum, Haushaltsausschuss und anderen Untergremien des Deutschen Bundestages bei der Wahrnehmung seiner Beteiligungsrechte in Angelegenheiten der Europäischen Union (vgl. Rn. 129 ff.) als Verletzung des durch Art. 38 Abs. 1, Art. 20 Abs. 1 und 2 i. V. m. Art. 79 Abs. 3 GG geschützten Kerns des Wahlrechts rügen kann, hat das BVerfG in der Eilentscheidung zum ESM/Fiskalpakt noch offen gelassen.[175] Da Wahlrechtsgleichheit und Gleichheit im Status als weitgehend spiegelbildliche Gewährleistungen in Satz 1 und 2 des Art. 38 Abs. 1 GG ausgestaltet sind, müssen im Ergebnis aus der Perspektive des Wahlbürgers wie des Abgeordneten grundsätzlich die gleichen Verbürgungen rügefähig sein. Dies muss jedenfalls gelten, soweit nicht nur punktuell – aufgrund einer fehlerhaften parlamentarischen Praxis – Organrechte des Abgeordneten verletzt, sondern **Teilhaberechte** durch eine gesetzliche Regelung **dauerhaft entzogen** werden. Nicht über Art. 38 Abs. 1 S. 1 rügefähig ist „eine „inhaltliche Kontrolle des demokratischen Prozesse", wie die Richtigkeit und Vollständigkeit der zugrundegelegten Tatsachen oder der durch die Bundesregierung zur Verfügung gestellten Informationen.[176] Auch die Rüge einer Verletzung der Beteiligungsrechte von Bundestag und Bundesrat aus Art. 23 Abs. 2 bis 6 GG kann nicht Gegenstand einer Verfassungsbeschwerde sein, da diese Normen nicht in Art. 93 Abs. 1 Nr. 4a GG, §§ 13 Nr. 8a, 90 Abs. 1 BVerfGG aufgeführt sind.[177] 49

---

[171] Ähnlich *Nettesheim*, NJW 2009, 2867 (2868 ff.); *Pache*, EuGRZ 2009, 285 (296); *Denninger*, JZ 2010, 969 (971); *Dingemann*, ZEuS 2009, 491 (497 f.); *Dietlmeier*, BayVBl 2012, 616 (619); noch kritischer *Schönberger*, JZ 2010, 1160 (1162 ff.).
[172] So der Anknüpfungspunkt bei BVerfG, Beschl. v. 6.7.2010, 2 BvR 661/06, NJW 2010, 3422 (3423) *(Honeywell)*; *Streinz*, in: HStR, § 218 Rn. 86.
[173] Anders *Murswiek*, JZ 2010, 702 (707).
[174] Vgl. hierzu BVerfG, Urt. v. 12.9.2012, 2 BvE 6/12 u. a., NJW 2012, 3145 (Rn. 199) *(ESM/Fiskalpakt)*; ferner bereits *Herz*, JA 2009, 573 (578).
[175] BVerfG, Urt. v. 12.9.2012, 2 BvE 6/12 u. a., NJW 2012, 3145 (Rn. 294) *(ESM/Fiskalpakt)*.
[176] BVerfG, Beschl. v. 17.4.2013, 2 BvQ 17/13, NVwZ 2013, 858 (Rn. 25 f.) *(Zypern-Hilfe)*.
[177] BVerfG, Beschl. v. 17.4.2013, 2 BvQ 17/13, NVwZ 2013, 858 (Rn. 27) *(Zypern-Hilfe)*.

50 Im Hinblick auf das jeweilige Zustimmungsgesetz ist die einjährige **Beschwerdefrist** des § 93 Abs. 3 BVerfGG zu beachten. Ist diese für das jeweilige Zustimmungsgesetz bereits abgelaufen, kommt eine Kontrolle im Wege einer Inzidentprüfung im Rahmen eines Verfassungsbeschwerdeverfahrens mit einem zulässigen Prüfungsgegenstand – einem nationalen Vollzugs- oder fachgerichtlichen Rechtsprechungsakt – in Betracht. Bei künftigen (primärrechtlichen) Vertragsänderungen stellt sich die Sachlage freilich anders dar. Für den Rechtsschutz in Bezug auf **Sekundärrechtsakte** spricht zudem viel dafür, dass die Beschwerdefrist ohnehin erst ab deren **Erlass** zu laufen beginnt. Denn das Zustimmungsgesetz zur Übertragung von Hoheitsrechten auf die Union beginnt sich nach dem Willen des nationalen Gesetzgebers erst auszuwirken, wenn durch den Erlass des abgeleiteten Unionsrechtsaktes von der „Ermächtigung" Gebrauch gemacht wird.[178] Daher ist für den Fristbeginn auf diesen Zeitpunkt abzustellen. Ähnliches gilt für nationale Regelungen der Begleit- und Umsetzungsgesetzgebung.

51 c) **Sonstige Hauptsacheverfahren.** Auch im Wege des Organstreits (Art. 93 Abs. 1 Nr. 1 GG) und des Bund-Länder-Streits (Art. 93 Abs. 1 Nr. 3 GG) kann der Erlass eines Zustimmungsgesetzes verfassungsgerichtlich überprüft werden. Für das Organstreitverfahren hat das BVerfG im Lissabon-Urteil die Anforderungen punktuell präzisiert. So soll der **einzelne Abgeordnete** in seiner Funktion als Organwalter seine aus Art. 38 Abs. 1 GG abzuleitenden Rechte nur geltend machen können, soweit es sich um originär **formell-organschaftliche Teilhaberechte** aufgrund seines **Abgeordnetenstatus'** handelt.[179] Die Ausübung der **materiell-substanziellen Teilhabe** soll **nur dem Bundestag als Ganzes** – als Organ – zustehen. Das gilt jedoch nicht für das Demokratieprinzip (im Sinne des Art. 79 Abs. 3 i. V. m. Art. 20 Abs. 1 und 2 GG) in seiner Allgemeinheit, sondern nur für konkrete parlamentarische Rechte wie den wehrverfassungsrechtlichen Parlamentsvorbehalt. Eine Prozessstandschaft für den Bundestag wird jedenfalls nur den mit eigenen Rechten (vgl. §§ 63, 64 Abs. 1 BVerfGG) ausgestatteten Organteilen – wie den Fraktionen – und nicht dem einzelnen Abgeordneten zugestanden.[180] Ansonsten soll die Rechtsschutzmöglichkeit, als Bürger eine auf die materiellen Verbürgungen des Art. 38 Abs. 1 GG gestützte Verfassungsbeschwerde erheben zu können, gegenüber einer Organklage aus dem Abgeordnetenstatus vorrangig sein.[181] Weshalb das Recht auf materiell-substanzielle Teilhabe auf Seiten des aktiven Wählers gegenüber dem korrespondierenden Recht des gewählten Abgeordneten Vorrang haben soll,[182] ist nicht recht nachvollziehbar. Die Einleitung des Verfahrens ist an die in § 64 Abs. 3 (i. V. m. § 69) BVerfGG bezeichnete **Frist** gebunden. Diese Rechtsschutzmöglichkeit betrifft damit vorwiegend künftige Vertragsänderungen und flankierende völkerrechtliche

---

[178] Ebenso für den Erlass von Rechtsverordnungen auf Grundlage formal-gesetzlicher Ermächtigungsnormen BVerfG, Beschl. v. 18.5.2004, 2 BvR 2374/99, E 110, 370 (382); Beschl. v. 12.12.1984, 1 BvR 1249/83 u. a., E 68, 319 (324 f.); *Hömig*, in: Maunz/Schmidt-Bleibtreu/Klein/Bethge, BVerfGG, § 93 Rn. 75.

[179] So die Konstellation bei BVerfG, Urt. v. 28.2.2012, 2 BvE 8/11, NVwZ 2012, 495 *(Beteiligungsrechte des BT/EFSF)*.

[180] BVerfG, Urt. v. 30.6.2009, 2 BvE 2/08 u. a., E 123, 267 (337 ff.) *(Lissabon)* (insoweit nicht in NJW 2009, 2267 abgedruckt); Urt. v. 12.9.2012, 2 BvE 6/12 u. a., NJW 2012, 3145 (Rn. 206, 229) *(ESM/Fiskalpakt)*; *Dingemann*, ZEuS 2009, 491 (500 f.).

[181] BVerfG, Urt. v. 30.6.2009, 2 BvE 2/08 u. a., E 123, 267 (336 f.) *(Lissabon)* (insoweit nicht in NJW 2009, 2267 abgedruckt).

[182] Hierfür *Dingemann*, ZEuS 2009, 491 (500).

Vereinbarungen, die den Erlass neuer Zustimmungsgesetze, einer Begleit- oder Umsetzungsgesetzgebung erforderlich machen.

5. Prüfungsmaßstab

a) Historie. Prinzipiell sind es die Normen des Grundgesetzes, die den vom BVerfG anzuwendenden Prüfungsmaßstab bilden. Geht es allerdings um die verfassungsgerichtliche Kontrolle der Zustimmungsgesetze zu den Gründungsverträgen und ihren späteren Änderungen, mithin um eine mittelbare Überprüfung primären oder sekundären Unionsrechts, ist dieser **Prüfungsmaßstab aufgrund der Teilnahme an der Europäischen Union verengt**.[183] Die verfassungsrechtliche Integrationsermächtigung gestattet eine Relativierung grundrechtlicher Gewährleistungen und verfassungsrechtlicher Prinzipien, die zu einer Einschränkung des vom Grundgesetz gewährleisteten Schutzes führt.[184] Der Integrationsgesetzgeber wird von seiner strikten Verfassungsbindung befreit. Er kann auch solchem Unionsrecht seine Zustimmung erteilen, das nicht vollständig den Anforderungen der Verfassungsordnung der Bundesrepublik Deutschland genügt. Zu wahren sind die verfassungsrechtlichen Begrenzungen der Integrationsgewalt.

52

Unter der Geltung der bis zum Abschluss des Maastrichter Unionsvertrages einschlägigen Integrationsermächtigung des Art. 24 Abs. 1 GG hat das BVerfG klargestellt, dass diese Vorschrift keine schrankenlose Übertragung von Hoheitsrechten erlaube. Die insoweit maßgeblichen Grenzen wurden dahin umschrieben, dass Art. 24 Abs. 1 GG es nicht gestatte, „im Wege der Einräumung von Hoheitsrechten für zwischenstaatliche Einrichtungen die Identität der geltenden Verfassungsordnung [...] durch Einbruch in ihr Grundgefüge, in die sie konstituierenden Strukturen aufzugeben".[185] Während sich das Schrifttum um eine nähere Konturierung dieses „Identitätsbegriffs" unter Rückgriff auf die Ewigkeitsgarantie des Art. 79 Abs. 3 GG bemühte,[186] hob das BVerfG in keiner seiner einschlägigen Entscheidungen auf diesen Gesichtspunkt ab und brachte damit zum Ausdruck, dass die Schranken des Art. 24 Abs. 1 GG nicht mit jenen des Art. 79 Abs. 3 GG identisch, sondern in seinem Vorfeld anzusiedeln sind. Welche über die Mindestschranke der Ewigkeitsgarantie hinausreichenden Begrenzungen Art. 24 Abs. 1 GG fordert, blieb aber weitgehend unsicher.

53

b) Schranken der Integrationsermächtigung. Die **Schranken der Integrationsermächtigung** sind nunmehr in **Art. 23 Abs. 1 GG** festgeschrieben, ohne dass diese aus Anlass der Gründung der Europäischen Union durch den Vertrag von Maastricht geschaffene Vorschrift die Probleme nachhaltig löst. Während die auf den Übertragungsgegenstand bezogene Schranke des Art. 23 Abs. 1 S. 3 i. V. m. Art. 79 Abs. 3 GG grundlegende Verfassungsstrukturprinzipien gegen eine Aufgabe im Rahmen der europäischen Integration sichert, stellt die Struktursicherungsklausel des Art. 23 Abs. 1 S. 1 GG Anforderungen an den Übertragungsadressaten. Einer Europäischen Union,

54

---

[183] Angesprochen ist damit nur der materielle Prüfungsmaßstab; zu den formellen Erfordernissen der Integrationsermächtigung des Art. 23 GG vgl. *Classen*, in: v. Mangoldt/Klein/Starck, GG, Art. 23 Abs. 1 Rn. 64 ff.; *Scholz*, in: Maunz/Dürig, GG, Art. 23 Rn. 127 ff.
[184] Vgl. nur *Classen*, in: v. Mangoldt/Klein/Starck, GG, Art. 23 Rn. 16 ff.
[185] BVerfG, Beschl. v. 22.10.1986, 2 BvR 197/83, E 73, 339 (375 f.) *(Solange II)*; ebenfalls BVerfG, Beschl. v. 29.5.1974, 2 BvL 52/71, E 37, 271 (279) *(Solange I)*; Beschl. v. 23.6.1981, 2 BvR 1107/77 u. a., E 58, 1 (30) *(Eurocontrol)*.
[186] Vgl. nur *Klein*, VVDStRL 50 (1991), 71; *Huber*, AöR 116 (1991), 226 f.

die den demokratischen, sozialen, föderativen Grundsätzen sowie dem Grundsatz der Subsidiarität nicht genügt oder keinen dem Grundgesetz im Wesentlichen vergleichbaren **Grundrechtsschutz** gewährleistet, darf keine Hoheitsgewalt übertragen werden. Ihren Hoheitsakten wäre die innerstaatliche Geltung zu versagen und die Unanwendbarkeit auszusprechen.[187] In seiner Entscheidung zum Europäischen Rahmenbeschluss betonte das BVerfG noch die Unterschiede zwischen dem Gemeinschaftsrecht im engeren Sinne und dem Unionsrecht im weiteren Sinne im Bereich der Polizeilichen und Justiziellen Zusammenarbeit in Strafsachen (PJZS) – die sog. „Dritte Säule" völkerrechtlicher Natur.[188] Durch die Einbeziehung in den Titel „Der Raum der Freiheit, der Sicherheit und des Rechts" im Zuge des Vertrages von Lissabon hat diese differenzierte Argumentation weitgehend ihre Grundlage verloren.[189]

55 Zur Konkretisierung der Maßstäbe hat das Lissabon-Urteil – neben den Anforderungen an den Grundrechtsschutz – zwei grundlegende Rügeformen in Angelegenheiten der Europäischen Union entwickelt: Die **Identitätskontrolle** bezieht sich auf die übertragbaren Kompetenzen. Ausgehend vom jeweiligen Kompetenzbestand ist zu überprüfen, inwieweit eine Kompetenzübertragung durch den Mitgliedstaat aufgrund der Vorgaben des nationalen Verfassungsrechts von vorneherein begrenzt ist.[190] Die **Ultra-Vires-Kontrolle** betrifft hingegen die tatsächliche Ausübung der übertragenen Kompetenzen durch die ermächtigten Unionsorgane und -einrichtungen.[191] Zwischen den Kategorien der Identitätsverletzung und der Kompetenzüberschreitung bestehen Überschneidungen,[192] die sich insbesondere im Rahmen von Vertragsänderungen, -ergänzungen, -anpassungen oder -(um-)interpretationen manifestieren können.[193]

56 aa) **Gewährleistung des Grundrechtsschutzes auf Unionsebene.** Es kann inzwischen als verfassungsgerichtlich etablierter Grundsatz gelten, dass eine Übertragung von Hoheitsrechten unzulässig ist, soweit ein dem **Grundgesetz** im Wesentlichen **vergleichbarer Grundrechtsschutz** auf europäischer Ebene im Sinne von Art. 23 Abs. 1 S. 1 GG nicht gewährleistet wird.[194] Ob und inwieweit zudem ein Absinken des Grundrechtsschutzes auf Unionsebene durch primärrechtliche Veränderungen auf der Grundlage von Art. 1 Abs. 1 GG gerügt werden kann, deutet das BVerfG nur an.[195] Kraft des ausdrücklichen Verweises von Art. 23 Abs. 1 S. 3 GG i. V. m. Art. 79 Abs. 3 GG auf Art. 1 GG ist eine Übertragung von Hoheitsrechten jedoch unzulässig, wenn der durch Art. 1 und Art. 19 Abs. 2 GG verbürgte Wesensgehalt der Grundrechte als

---

[187] BVerfG, Urt. v. 30.6.2009, 2 BvE 2/08 u. a., NJW 2009, 2267 (2272, 2286) *(Lissabon)*; Beschl. v. 6.7.2010, 2 BvR 661/06, NJW 2010, 3422 (3425) *(Honeywell)*.
[188] BVerfG, Beschl. v. 18.7.2005, 2 BvR 2236/04, NJW 2005, 2289 (2291 f.) *(Europäischer Haftbefehl)*.
[189] So auch *Streinz*, ZfP 2009, 467 (477).
[190] *Streinz*, ZfP 2009, 467 (478); *Schorkopf*, EuZW 2009, 718 (722).
[191] *Streinz*, ZfP 2009, 467 (478, 480); *Schorkopf*, EuZW 2009, 718 (721 f.).
[192] *Durner*, in: HStR, § 216 Rn. 34; *Walter*, ZaöRV 2012, 177 (183).
[193] Andeutend *Müller-Franken*, NVwZ 2012, 1201 (1205).
[194] BVerfG, Urt. v. 30.6.2009, 2 BvE 2/08 u. a., E 123, 267 (335) *(Lissabon)* (insoweit nicht in NJW 2009, 2267 abgedruckt) unter Verweis auf BVerfG, Beschl. v. 22.10.1986, 2 BvR 197/83, E 73, 339 (376) *(Solange II)*; ebenfalls BVerfG, Beschl. v. 29.5.1974, 2 BvL 52/71, E 37, 271 (279 f.) *(Solange I)*.
[195] BVerfG, Urt. v. 30.6.2009, 2 BvE 2/08 u. a., E 123, 267 (334, 354) *(Lissabon)* (insoweit nicht in NJW 2009, 2267 abgedruckt).

Teil der Verfassungsidentität (vgl. Rn. 57 ff.) nicht auf Unionsebene gewährleistet ist.[196] Angesichts des unionsrechtlichen Grundrechtsstandards – wie er in Art. 6 EUV angelegt ist – dürfte dieser Prüfungsmaßstab kaum praktische Relevanz haben; zumal die EU auch formell der EMRK beitritt.[197]

bb) Identitätskontrolle – übertragbare Kompetenzen. Das BVerfG nimmt in seinem Lissabon-Urteil auf das aus dem Wahlrecht abzuleitende Recht auf demokratische Teilhabe Bezug, vgl. Art. 38 Abs. 1 S. 1 i. V. m. Art. 20 Abs. 1 und 2 GG. Dieses ist nicht abwägungsfähig und gemäß Art. 79 Abs. 3 GG unantastbar. Der in Art. 23 Abs. 1 GG und der Präambel zu verortende **Grundsatz der Völker- und Europarechtsfreundlichkeit** gebietet, die Europäische Integration als Ziel und Auftrag der Verfassung wahrzunehmen.[198] Ausgeschlossen ist eine vollständige Preisgabe der deutschen Souveränität in einem europäischen Bundesstaat – dies erforderte eine Verfassungsneugebung nach Art. 146 GG.[199] Art. 38 Abs. 1 GG begründet somit eine Anspruchsposition gegen „Entstaatlichung".[200]

Die abwehrrechtliche Dimension des Art. 38 Abs. 1 GG kommt dabei in Konstellationen zum Tragen, in denen **offensichtlich** die Gefahr besteht, „dass die Kompetenzen des gegenwärtigen oder künftigen Bundestages auf eine Art und Weise ausgehöhlt werden, die eine parlamentarische Repräsentation des Volkswillens, gerichtet auf die Verwirklichung des politischen Willens der Bürger, rechtlich oder praktisch unmöglich macht."[201] Eine verstärkte Integration bedürfte also eines den Mitgliedstaaten vergleichbaren Integrationsniveaus.[202] Jedenfalls solange kein einheitliches Unionsvolk gleichheitsgerecht die demokratische Legitimation der Union sicherstellt, muss die Unionsgewalt an die demokratische Legitimation der mitgliedstaatlichen Hoheitsgewalt anknüpfen.[203] „Das Grundgesetz ermächtigt den Gesetzgeber zwar zu einer weitreichenden Übertragung von Hoheitsrechten auf die Europäische Union. Die Ermächtigung steht aber unter der Bedingung, dass dabei die souveräne Verfassungsstaatlichkeit auf der Grundlage eines Integrationsprogramms nach dem Prinzip der begrenzten Einzelermächtigung und unter **Achtung der verfassungsrechtlichen Identität als Mitgliedstaaten** gewahrt bleibt und zugleich die Mitgliedstaaten ihre Fähigkeit zu selbstverantwortlicher politischer und sozialer Gestaltung der Lebensverhältnisse nicht verlieren."[204] So kann keine Kompetenz-Kompetenz übertragen werden, die dazu ermächtigt, weitere eigene Hoheitsrechte zu begründen. Das unionsrechtliche **Prinzip**

---

[196] Vgl. *Classen*, in: v. Mangoldt/Klein/Starck, GG, Art. 24 Abs. 1 Rn. 25 ff.; *Sauer*, EuZW 2011, 94 (96 f.).
[197] Vgl. hierzu *Oberwexer*, EuR 2012, 115 ff.; *Jarass*, EuR 2013, 29 (43).
[198] BVerfG, Urt. v. 30.6.2009, 2 BvE 2/08 u. a., NJW 2009, 2267 (2270) *(Lissabon)*.
[199] BVerfG, Urt. v. 30.6.2009, 2 BvE 2/08 u. a., NJW 2009, 2267 (2270 f.) *(Lissabon)*. Kritisch zur potentiellen Instrumentalisierung des Art. 146 GG als Integrationshebel *Herbst*, ZRP 2012, 33 ff; *Herdegen*, Die Vertiefung der Europäischen Wirtschafts- und Währungsunion, in: Festschrift Papier, 2013, S. 59 (71 f.).
[200] BVerfG, Urt. v. 30.6.2009, 2 BvE 2/08 u. a., NJW 2009, 2267 (2268 f.) *(Lissabon)*.
[201] BVerfG, Urt. v. 7.9.2011, 2 BvR 987/10 u. a., NJW 2011, 2946 (2948, 2951) *(Griechenland-Hilfe)*.
[202] *Cremer*, Jura 2010, 296 (304).
[203] BVerfG, Urt. v. 30.6.2009, 2 BvE 2/08 u. a., NJW 2009, 2267 (2273 ff.) *(Lissabon)*.
[204] BVerfG, Urt. v. 30.6.2009, 2 BvE 2/08 u. a., NJW 2009, 2267 (2270) *(Lissabon)*; vgl. zur Verfassungsidentität in Deutschland und Frankreich *Walter*, ZaöRV 2012, 177 ff.

der begrenzten **Einzelermächtigung** nach Art. 5 Abs. 1 S. 1 und Abs. 2 EUV ist somit zugleich ein grundgesetzliches Prinzip, das eine hinreichend bestimmte Kompetenzübertragung erfordert.[205] Dem Deutschen Bundestag müssen grundsätzlich „eigene Aufgaben und Befugnisse von substanziellem politischen Gewicht" verbleiben. Das BVerfG begrenzt dabei seine **Kontrolldichte** weitgehend auf „offensichtliche" und „**evidente Überschreitungen** von äußersten Grenzen".[206] Ein klarer Maßstab, an dem die Grenze des Hinnehmbaren messbar wäre, existiert freilich nicht.[207]

59 Für eine „Vertragsunion souveräner Mitgliedstaaten" setzt das **Demokratieprinzip** sowie das ebenfalls in Art. 23 Abs. 1 S. 1 GG verankerte **Subsidiaritätsprinzip** inhaltliche Grenzen für die Übertragung von Hoheitsrechten. Den Mitgliedstaaten muss ein ausreichender **Raum zur politischen Gestaltung** der wirtschaftlichen, kulturellen und sozialen Lebensverhältnisse verbleiben, wobei insbesondere das Strafrecht, die Verteidigung, das Budget, der Sozialstaat und die Kultur als Vorbehaltsbereiche gelten.[208] Dies betrifft namentlich die „Sachbereiche, die die Lebensumstände der Bürger, vor allem ihren von den Grundrechten geschützten privaten Raum der Eigenverantwortung und der persönlichen und sozialen Sicherheit prägen, sowie solche politische Entscheidungen, die in besonderer Weise auf kulturelle, historische und sprachliche Vorverständnisse angewiesen sind, und die sich im parteipolitisch und parlamentarisch organisierten Raum einer politischen Öffentlichkeit diskursiv entfalten."[209]

60 Das BVerfG zählt hierzu unter anderem „die Staatsbürgerschaft, das zivile und militärische Gewaltmonopol, Einnahmen und Ausgaben einschließlich der Kreditaufnahme sowie die für die **Grundrechtsverwirklichung** maßgeblichen Eingriffstatbestände, vor allem bei intensiven Grundrechtseingriffen wie dem Freiheitsentzug in der Strafrechtspflege oder bei Unterbringungsmaßnahmen" sowie kulturelle Fragen der „Verfügung über die Sprache, die Gestaltung der Familien- und Bildungsverhältnisse, die Ordnung der Meinungs-, Presse- und Versammlungsfreiheit oder der Umgang mit dem religiösen oder weltanschaulichen Bekenntnis".[210] Insbesondere soll auch Teil der verfassungsrechtlichen Identität sein, „dass die Freiheitswahrnehmung der Bürger nicht total erfasst und registriert werden darf"[211]. Es handelt sich insofern um den durch Art. 1 und Art. 19 Abs. 2 GG verbürgten Wesensgehalt der Grundrechte als Teil der Verfassungsidentität gemäß Art. 79 Abs. 3 GG (**vgl. Rn. 56**), dessen Gewährleistung auch auf supranationaler Ebene sichergestellt sein muss.[212] Eine Kontrolldichte über die Grundsätze des Solange II-Vorbehaltes hinaus dürfte sich für die Grundrechtsgewährleistung daraus nicht ergeben.

---

[205] BVerfG, Urt. v. 30.6.2009, 2 BvE 2/08 u. a., NJW 2009, 2267 (2271) (*Lissabon*).
[206] BVerfG, Urt. v. 7.9.2011, 2 BvR 987/10 u. a., NJW 2011, 2946 (2948, 2952) (*Griechenland-Hilfe*); ähnlich Urt. v. 12.9.2012, 2 BvE 6/12 u. a., NJW 2012, 3145 (Rn. 271) (*ESM/Fiskalpakt*); kritisch hierzu *Pagenkopf*, NVwZ 2011, 1473 (1479 f.).
[207] *Durner*, in: HStR, § 216 Rn. 21, 25, 37; *Mirschberger*, KritV 2011, 239 (245); *Müller-Graff*, Integration 4 (2009), 331 (337); *Walter*, ZaöRV 2012, 177 (190 ff.); *Dietlmeier*, BayVBl 2012, 616 (620).
[208] Vgl. *Ruffert*, EuR 2011, 842 (843).
[209] BVerfG, Urt. v. 30.6.2009, 2 BvE 2/08 u. a., NJW 2009, 2267 (2273) (*Lissabon*).
[210] BVerfG, Urt. v. 30.6.2009, 2 BvE 2/08 u. a., NJW 2009, 2267 (2274) (*Lissabon*).
[211] BVerfG Urt. v. 2.3.2010, 1 BvR 256/08 u. a., NJW 2010, 833 (839 f.) (*Vorratsdatenspeicherung I*).
[212] In diesem Sinne wohl auch *Voßkuhle*, NVwZ-Beilage 2013, 27.

Das BVerfG begibt sich durch die Aufzählung der **Sachbereiche des nationalen** 61
„**Hausguts**" in einen gewissen Widerspruch zu seiner Aussage, dass nicht „eine von vornherein bestimmbare Summe oder bestimmte Arten von Hoheitsrechten in der Hand des Staates bleiben müssten".[213] Vielmehr nimmt es ohne hinreichende verfassungstheoretische Grundlage die abschließende Interpretationsmacht über die unveräußerliche Verfassungsstaatlichkeit für sich in Anspruch, die zumindest auch der politisch-gestalterischen Entscheidungskompetenz des Gesetzgebers unterliegt.[214] Die benannten Sachbereiche können jedenfalls nicht als absolut unveräußerliches Hausgut aufgefasst werden. Eine partielle Übertragung muss bei grenzüberschreitendem Bezug möglich bleiben.[215] Ausgeschlossen kann lediglich eine derart weitreichende Preisgabe dieser Sachbereiche sein, die keinen „ausreichenden Raum zur politischen Gestaltung"[216] im Sinne eines nationalen Identitätsgestaltungsspielraums belässt.

Der unveräußerliche Identitätskern umfasst ferner „die Kontrolle über **grundle-** 62
gende haushaltspolitische Entscheidungen".[217] Insbesondere in seinen Entscheidungen zur Griechenland-Hilfe[218] und zum ESM/Fiskalpakt[219] führt das BVerfG diese verfassungsrechtlichen Maßstäbe aus, indem es eine Beschränkung der gesamtparlamentarischen Haushaltsverantwortung an **fünf allgemeine Kriterien** knüpft, die sich in den Verboten fremdbestimmter, unbestimmter, unüberschaubarer, unumkehrbarer und nicht verantwortbarer Eingriffe in die Haushaltsautonomie zusammenfassen lassen.[220] Es schreibt damit seine Ausführungen zur grundsätzlichen Unveräußerlichkeit des Kerngehalts des Haushaltsrechts – anknüpfend an das Lissabon-Urteil[221] – fort; relativiert jedoch zugleich die These der „Unveräußerlichkeit", indem es den Selbstgestaltungsvorbehalt auf einen Mitgestaltungsvorbehalt zurückführt.[222] Zumindest **institutionell-verfahrensrechtliche mitgliedstaatliche Beteiligungsrechte** müssen gewahrt bleiben; dies gilt über die Bereiche der Budgethoheit hinaus für alle Konstellationen, in denen die Verfassungsidentität berührt ist.[223]

Das BVerfG betont in seinem Urteil zu den Griechenland-Hilfen das **Budgetrecht** 63
des Bundestages als „zentrales Element der demokratischen Willensbildung" und

---

[213] BVerfG, Urt. v. 30.6.2009, 2 BvE 2/08 u. a., NJW 2009, 2267 (2273) *(Lissabon)*.
[214] Vgl. zur Kritik *Nettesheim*, NJW 2009, 2867 (2868 f.); *Ruffert*, DVBl 2009, 1197 (1204 f.); *Schönberger*, GLJ 2009, 1201 (1209); *Halberstam/Möllers*, GLJ 2009, 1241 (1249 ff.); *Ohler*, AöR 135 (2010), 153 (175); *Kottmann/Wohlfahrt*, ZaöRV 2009, 443 (460 f.); *Pernice*, AöR 136 (2011), 185 (211); *van Ooyen*, Der Staat 50 (2011), 45 (49).
[215] Andeutend BVerfG, Urt. v. 30.6.2009, 2 BvE 2/08 u. a., NJW 2009, 2267 (2274) *(Lissabon)*; vgl. auch *Calliess*, Die neue Europäische Union, S. 268 ff.; *Frenz*, EWS 2009, 345 (346).
[216] BVerfG, Urt. v. 30.6.2009, 2 BvE 2/08 u. a., NJW 2009, 2267 (2273) *(Lissabon)*.
[217] BVerfG, Urt. v. 30.6.2009, 2 BvE 2/08 u. a., NJW 2009, 2267 (2273) *(Lissabon)*, unter Verweis auf BVerfG, Urt. v. 12.10.1993, 2 BvR 2134/92 u. a., E 89, 155 (207) *(Maastricht)*; ferner BVerfG, Urt. v. 7.9.2011, 2 BvR 987/10 u. a., NJW 2011, 2946 *(Griechenland-Hilfe)*.
[218] BVerfG, Urt. v. 7.9.2011, 2 BvR 987/10 u. a., NJW 2011, 2946 (2951) *(Griechenland-Hilfe)*.
[219] BVerfG, Urt. v. 12.9.2012, 2 BvE 6/12 u. a., NJW 2012, 3145 (Rn. 210 ff.) *(ESM/Fiskalpakt)*. Vgl. hierzu auch aus unionsrechtlicher Perspektive EuGH, Rs. C-370/12, *Pringle*, NJW 2013, 29 ff.; *Nettesheim*, NJW 2013, 14 ff.; *Antpöhler*, ZaöRV 2012, 353 ff.
[220] Hierzu grundlegend *Nettesheim*, EuR 2011, 765 (772 ff.).
[221] BVerfG, Urt. v. 30.6.2009, 2 BvE 2/08 u. a., E 123, 267 (361 f.) (insoweit nicht in NJW 2009, 2267 abgedruckt).
[222] Vgl. hierzu auch *Hufeld*, in: HStR, § 215 Rn. 48 f.
[223] Ähnlich *Hufeld*, in: HStR, § 215 Rn. 76; *Durner*, in: HStR, § 216 Rn. 23 f.; *Lepsius*, EuZW 2012, 761 f.

„umfassender parlamentarischer Regierungskontrolle", die „als eine wesentliche Ausprägung rechtsstaatlicher Demokratie" zu begreifen sei.[224] Eine Ausprägung des Identitätskerns der Verfassung (Art. 20 Abs. 1 und 2, Art. 79 Abs. 3 GG) besteht demnach darin, dass „der Haushaltsgesetzgeber seine Entscheidungen über Einnahmen und Ausgaben frei von Fremdbestimmung seitens der Organe und anderer Mitgliedstaaten der Europäischen Union trifft und dauerhaft ‚Herr seiner Entschlüsse' bleibt".[225] Für den Bereich der staatlichen Kreditaufnahme, der Übernahme von Bürgschaften oder sonstigen Gewährleistungen ergibt sich dies konkretisierend aus dem qualifizierten Gesetzesvorbehalt des Art. 115 Abs. 1 GG.[226] Bei überstaatlichen Vereinbarungen, die auf Grund ihrer Größenordnungen für das Budgetrecht von struktureller Bedeutung sein können, muss der parlamentarische Einfluss sowohl hinsichtlich jeder einzelnen Disposition als auch der konkreten Mittelverwendung gewahrt sein.[227] Dies kann insbesondere durch risikobegrenzende Kriterien zu Gewährleistungshöhe, -zeitraum, -zweck, Vergabe- und Auszahlungsmodalitäten sowie durch parlamentarische Zustimmungsvorbehalte für die konkrete Mittelverwendung sichergestellt werden.[228] Damit ist klargestellt, dass bei Kreditermächtigungen auch Vollzugs- und Durchführungsmaßnahmen den konstitutiven Parlamentsvorbehalt des Art. 115 Abs. 1 GG auslösen können, der insofern der bloßen „Berücksichtigungspflicht" des Art. 23 Abs. 3 GG vorgeht.[229] Der parlamentarisch-budgetrechtliche Zustimmungs- und Kontrollvorbehalt gilt nicht nur für die Etablierung eines Finanzstabilitätssystems, sondern für jede einzelne Disposition, wenn deren Größe eine **strukturelle Bedeutung für das Budgetrecht** erreicht.[230] Die strukturelle Bedeutung ist dann zu verneinen, wenn es sich um eine untergeordnete oder bereits ausreichend klar durch das Parlament vorherbestimmte, lediglich konkretisierende Entscheidung handelt.[231] Das verfassungsrechtlich relevante Risiko kann dabei als Produkt aus Haftungshöhe und Eintrittswahrscheinlichkeit methodisch quantitativ bestimmt werden, wobei hinsichtlich der Eintrittswahrscheinlichkeit den handelnden Organen eine gewisse **Einschätzungsprärogative**

---

[224] BVerfG, Urt. v. 7.9.2011, 2 BvR 987/10 u. a., NJW 2011, 2946 (2950) *(Griechenland-Hilfe)*; vgl. auch BVerfG, Urt. v. 28.2.2012, 2 BvE 8/11, NVwZ 2012, 495 (Rn. 105) *(Beteiligungsrechte des BT/EFSF)*; Urt. v. 12.9.2012, 2 BvE 6/12 u. a., NJW 2012, 3145 (Rn. 210 ff.) *(ESM/Fiskalpakt)*.

[225] BVerfG, Urt. v. 7.9.2011, 2 BvR 987/10 u. a., NJW 2011, 2946 (2951) *(Griechenland-Hilfe)*; Urt. v. 12.9.2012, 2 BvE 6/12 u. a., NJW 2012, 3145 (Rn. 213) *(ESM/Fiskalpakt)*; ähnlich BVerfG, Urt. v. 28.2.2012, 2 BvE 8/11, NVwZ 2012, 495 (Rn. 109) *(Beteiligungsrechte des BT/EFSF)*.

[226] BVerfG, Urt. v. 28.2.2012, 2 BvE 8/11, NVwZ 2012, 495 (Rn. 111) *(Beteiligungsrechte des BT/EFSF)*. Das Notbewilligungsrecht des Finanzministers gemäß Art. 112 GG ist hingegen grundsätzlich nicht anwendbar; *Heun/Thiele*, JZ 2012, 973 (975); großzügiger *Kalb/Roßner*, NVwZ 2012, 1071 (1074).

[227] BVerfG, Urt. v. 7.9.2011, 2 BvR 987/10 u. a., NJW 2011, 2946 (2951) *(Griechenland-Hilfe)*; Urt. v. 28.2.2012, 2 BvE 8/11, NVwZ 2012, 495 (Rn. 109) *(Beteiligungsrechte des BT/EFSF)*; Urt. v. 12.9.2012, 2 BvE 6/12 u. a., NJW 2012, 3145 (Rn. 213 f.) *(ESM/Fiskalpakt)*.

[228] BVerfG, Urt. v. 28.2.2012, 2 BvE 8/11, NVwZ 2012, 495 (Rn. 112) *(Beteiligungsrechte des BT/EFSF)*; Urt. v. 12.9.2012, 2 BvE 6/12 u. a., NJW 2012, 3145 (Rn. 241) *(ESM/Fiskalpakt)*; *Nettesheim*, EuR 2011, 765 (774).

[229] *Thym*, JZ 2011, 1011 f.; ähnlich *Calliess*, NVwZ 2012, 1 (5 f.); *ders.*, VVDStRL 71 (2012), 113 (163).

[230] BVerfG, Urt. v. 12.9.2012, 2 BvE 6/12 u. a., NJW 2012, 3145 (Rn. 214) *(ESM/Fiskalpakt)*. Indifferent noch *Calliess*, NVwZ 2012, 1 (4); *Ketterer*, BayVBl 2012, 79 (86).

[231] Vgl. BVerfG, Urt. v. 12.9.2012, 2 BvE 6/12 u. a., NJW 2012, 3145 (Rn. 294) *(ESM/Fiskalpakt)*.

zuzugestehen ist.[232] Eine dauerhafte Haftungsübernahme für fremde Staaten ist ebenso unzulässig[233] wie die monetäre Finanzierung durch die Europäische Zentralbank.[234] Die aus dem Demokratieprinzip abzuleitende **Obergrenze** ist überschritten, wenn aufgrund der eingegangenen Verpflichtungen die Haushaltsautonomie für einen nennenswerten Zeitraum „nicht nur eingeschränkt würde, sondern praktisch vollständig leerliefe".[235] Inwieweit sich aus der „Schuldenbremse" in Art. 109 Abs. 3, 5, Art. 109a, Art. 115 Abs. 2, Art. 143d GG eine weitergehende Begrenzung ergibt, ließ das BVerfG offen.[236] Umgekehrt scheidet eine Identitätsverletzung bei Beachtung dieser Maßstäbe regelmäßig aus.[237] Unproblematisch ist schließlich, wenn zugleich völkerrechtlich eine vordergründig irreversible Bindung an diese oder vergleichbare im Grundgesetz bereits verankerte haushaltsrechtliche Maßstäbe festgeschrieben wird. Denn nach allgemeinen völkerrechtlichen Grundsätzen ist eine Lösung von solchen Verpflichtungen möglich und damit eine nachträgliche Grundgesetzänderung nicht ausgeschlossen.[238] Eine Rüge des Art. 14 Abs. 1 GG i. V. m. Art. 88 S. 2 GG wegen der Einleitung einer inflationären Entwicklung kommt allenfalls bei einer evidenten und erheblichen Minderung des Geldwerts in Betracht.[239]

In **verfahrensrechtlicher Hinsicht** müssen die in Art. 23 GG verbürgten **Beteiligungsrechte** von Bundestag und Bundesrat bei der Mitwirkung auf europäischer Ebene entsprechend formalgesetzlich ausgestaltet sein.[240] Soweit Änderungs-, Brücken- und Flexibilitätsklauseln vereinfachte Änderungen des Primärrechts ermöglichen, muss deren Aktivierung an einen hinreichenden Mitwirkungsakt durch Bundestag und Bundesrat geknüpft werden.[241] Jede Form der Vertragsänderung bedarf einer qualifizierten Zustimmung durch förmliches Gesetz im Sinne des Art. 23 Abs. 1 S. 3 i. V. m. Art. 79 Abs. 2 GG, soweit hierdurch zugleich das GG geändert wird.[242] Für eine Ausfüllung

---

[232] Hierzu *Degenhart*, BayVBl 2012, 517 (520); ähnlich *Kube*, WM 2012, 245 (249); ferner *Müller-Franken*, NVwZ 2012, 1201 (1204 ff.), der weitergehend eine ‚Marginalisierung' der Eintrittswahrscheinlichkeit fordert.
[233] BVerfG, Urt. v. 12.9.2012, 2 BvE 6/12 u. a., NJW 2012, 3145 (Rn. 214) *(ESM/Fiskalpakt)*; *von Lewinski*, in: HStR, § 217 Rn. 100.
[234] BVerfG, Urt. v. 12.9.2012, 2 BvE 6/12 u. a., NJW 2012, 3145 (Rn. 220, 276) *(ESM/Fiskalpakt)*.
[235] BVerfG, Urt. v. 7.9.2011, 2 BvR 987/10 u. a., NJW 2011, 2946 (2952) *(Griechenland-Hilfe)*; Urt. v. 12.9.2012, 2 BvE 6/12 u. a., NJW 2012, 3145 (Rn. 216) *(ESM/Fiskalpakt)*; kritisch *Kahl*, DVBl 2013, 197 (201 f.); *Gröpl*, Der Staat S2 (2013), 1 (14).
[236] BVerfG, Urt. v. 7.9.2011, 2 BvR 987/10 u. a., NJW 2011, 2946 (2952) *(Griechenland-Hilfe)*; Urt. v. 12.9.2012, 2 BvE 6/12 u. a., NJW 2012, 3145 (Rn. 224, 300 ff.) *(ESM/Fiskalpakt)*. Kritisch hierzu *Pagenkopf*, NVwZ 2011, 1473 (1478 f.); *Kube/Reimer*, ZG 2011, 332 (338, 340, 343 f.); wohl auch *Mayer/Heidfeld*, NJW 2012, 422 (425).
[237] BVerfG, Urt. v. 12.9.2012, 2 BvE 6/12 u. a., NJW 2012, 3145 (Rn. 300 ff.) *(ESM/Fiskalpakt)*.
[238] BVerfG, Urt. v. 12.9.2012, 2 BvE 6/12 u. a., NJW 2012, 3145 (Rn. 319) *(ESM/Fiskalpakt)*; strenger *Schorkopf*, VVDStRL 71 (2012), 183 (217); zurückhaltender *ders.*, NVwZ 2012, 1273 (1276).
[239] BVerfG, Urt. v. 12.9.2012, 2 BvE 6/12 u. a., NJW 2012, 3145 (Rn. 200, 219) *(ESM/Fiskalpakt)*; kritisch *Kahl*, DVBl 2013, 197 (198 f.); *Elicker/Heintz*, DVBl 2012, 141 (142 f.), weitergehend *Pagenkopf*, NVwZ 2011, 1473 (1475 ff.).
[240] Deswegen bedurfte die nationale Begleitgesetzgebung auch der Nachbesserung; vgl. hierzu *Calliess*, Die neue Europäische Union, S. 273 ff.; *Nettesheim*, NJW 2010, 177 ff.; *Schröder*, DÖV 2010, 303 ff.
[241] BVerfG, Urt. v. 30.6.2009, 2 BvE 2/08 u. a., NJW 2009, 2267 (2289, 2293, 2295) *(Lissabon)*.
[242] BVerfG, Urt. v. 30.6.2009, 2 BvE 2/08 u. a., NJW 2009, 2267 (2281) *(Lissabon)*.

von allgemeinen Brückenklauseln genügt jedoch dann eine parlamentarische Zustimmung – ohne förmliches Gesetz –, wenn die sachgebietsspezifischen Brückenklauseln bereits „hinreichend bestimmt" sind.[243] Allerdings sollen vereinfachte Vertragsänderungen auf Grundlage des Art. 48 Abs. 3 AEUV nicht daraufhin überprüfbar sein, ob deren Voraussetzungen tatsächlich vorlagen, da das Unionsrecht keine mitgliedstaatliche Parlamentsbeteiligung bei der Entscheidung über die Art des Vertragsänderungsverfahrens vorsieht.[244] Wie die durch Art. 23 Abs. 1 S. 2 GG ermöglichten Hoheitsrechtsübertragungen von jenen abzugrenzen sind, die ausweislich des Art. 23 Abs. 1 S. 3 GG der Zustimmung der in Art. 79 Abs. 2 GG bezeichneten Mehrheiten bedürfen, ist im Detail ungeklärt.[245] Einer Zustimmung durch den Bundesrat bedarf es nach verbreiteter Auffassung bei jeder Änderung der Verträge zur Europäischen Union.[246] Art. 23 Abs. 1 S. 2 GG ist hiernach nur eine lex specialis zu Art. 59 Abs. 2 S. 1 GG in Angelegenheiten der Europäischen Union. Diese Auffassung verkennt jedoch, dass Hoheitsrechte im engeren Sinne nur übertragen werden, wenn zumindest „vordem tatsächlich gegebene oder rechtlich mögliche Herrschaftsrechte zugunsten fremder Herrschaftsgewalt zurückgenommen"[247] werden. Liegen diese Voraussetzungen nicht vor, gelten für inhaltlich verfassungsändernde Fortentwicklungen der Europäischen Union nur die Bindungen des Art. 23 Abs. 1 S. 3 GG i. V. m. Art. 79 Abs. 2, 3 GG.[248]

65   cc) **Ultra-Vires-Kontrolle – übertragene Kompetenzen.** Bereits im Maastricht-Urteil nahm das BVerfG für sich die Kompetenz in Anspruch zu überprüfen, „ob Rechtsakte der europäischen Einrichtungen und Organe sich in den Grenzen der ihnen eingeräumten Hoheitsrechte halten oder aus ihnen ausbrechen."[249] Hiergegen wird eingewandt, die Kontrolle von Sekundärrechtsakten der Unionsorgane anhand der primärrechtlichen Vorgaben obliege gemäß Art. 19 Abs. 1 EUV ausschließlich dem EuGH. Parallele Kontrollbefugnisse durch innerstaatliche Gerichte gefährdeten die einheitliche Auslegung und den Vorrang des Unionsrechts.[250] Trotz dieser Kritik hat das BVerfG seine Auffassung im Zuge des Lissabon-Urteils bestätigt und in seinem Honeywell-Beschluss die Voraussetzungen näher konkretisiert. Es verweist auf die Prinzipien der Kooperation und der gegenseitigen Rücksichtnahme gegenüber dem EuGH, aufgrund derer den Gerichten der Mitgliedstaaten – als den „Herren der Verträge" – in den „seltenen Grenzfällen möglicher Kompetenzüberschreitung seitens der Unionsorgane" eine „zurückhaltende und europarechtsfreundliche" Ausübung der Ultra-Vires-Kontrolle zuzugestehen sei.[251]

---

[243] BVerfG, Urt. v. 30.6.2009, 2 BvE 2/08 u. a., NJW 2009, 2267 (2283) *(Lissabon)*.
[244] BVerfG, Beschl. v. 12.9.2012, 2 BvE 6/12 u. a., NJW 2012, 3145 (Rn. 9).
[245] Vgl. nur *Ohler*, AöR 135 (2010), 153 (156 ff.); *Kottmann/Wohlfahrt*, ZaöRV 2009, 443 (459 f.); *P. Kirchhof*, NJW 2013, 1 (3); *Lorz/Sauer*, EuR 2012, 682 (685 f.).
[246] Vgl. zu dieser Auffassung nur *Lorz/Sauer*, DÖV 2012, 573 (575 ff.); *dies.*, EuR 2012, 682 (685 ff.); *Wollenschläger*, DVBl 2012, 713 (714 f.).
[247] BVerfG, Urt. v. 18.12.1984, 2 BvE 13/83, E 68, 1 (90); vgl. hierzu auch *Möllers/Reinhardt*, JZ 2012, 693 (695).
[248] Hierzu *Kube*, WM 2012, 245 (247).
[249] BVerfG, Urt. v. 12.10.1993, 2 BvR 2134/92 u. a., E 89, 155 (188) *(Maastricht)*.
[250] Vgl. zur Kritik *Haratsch*, EuR 2008/Beiheft 3, 81 (98 ff.); *Ohler*, AöR 135 (2010), 153 (163 f.); *Lenz*, ZRP 2010, 22 ff.; *Proelß*, EuR 2011, 241 (247 ff.).
[251] BVerfG, Beschl. v. 6.7.2010, 2 BvR 661/06, NJW 2010, 3422 (3424) *(Honeywell)*; hierzu *Voßkuhle*, NJW 2013, 1329 (1331).

Das BVerfG erkennt an, dass das Bekenntnis des GG zur europäischen Integration 66
eine politische Entwicklung und eine eigenständige Willensbildung durch die Unionsorgane bedingt. Das grundsätzliche Bekenntnis zur Besitzstandswahrung (acquis communitaire), die wirksame Kompetenzauslegung im Sinne der implied-powers-Lehre sowie das Prinzip des effet-utile sind tragende Prinzipien des Unionsrechts.[252] Wenn die Unionsorgane Zuständigkeiten neu begründen, erweiternd abrunden oder sachlich ausdehnen, besteht die Gefahr, dass diese außerhalb ihrer Ermächtigung handeln. Überschreiten die Unionsorgane die Grenzen ihrer Zuständigkeiten, steht dem BVerfG die Kompetenz zur Ultra-Vires-Kontrolle zu. Es überprüft, „ob Rechtsakte der europäischen Organe und Einrichtungen sich unter Wahrung des gemeinschafts- und unionsrechtlichen Subsidiaritätsprinzips (Art. 5 Abs. 1 S. 2, Abs. 3 EUV) in den Grenzen der ihnen im Wege der begrenzten Einzelermächtigung eingeräumten Hoheitsrechte halten."[253]

Die im Einzelfall geltenden Maßstäbe wurden durch den Honeywell-Beschluss des 67
BVerfG präzisiert und fortentwickelt. Eine Kompetenzüberschreitung liegt danach vor, wenn der Verstoß durch den Unionsrechtsakt **„hinreichend qualifiziert"** ist.[254] Das BVerfG nimmt damit ausdrücklich auf das Tatbestandsmerkmal aus dem europäischen Haftungsrecht – die Rechtssache *Fresh Marine* des EuGH[255] – Bezug. Eine **„hinreichend qualifizierte"** Kompetenzüberschreitung setzt damit voraus, „dass das kompetenzwidrige Handeln der Unionsgewalt **offensichtlich** ist und der angegriffene Akt im Kompetenzgefüge zwischen Mitgliedstaaten und Union im Hinblick auf das Prinzip der begrenzten Einzelermächtigung und die rechtsstaatliche Gesetzesbindung strukturell **erheblich** ins Gewicht fällt."[256] Insbesondere bestehen keine Generalermächtigungen oder die Kompetenz, sich weitere Kompetenzen zu verschaffen.[257] Ein Ultra-Vires-Akt liegt also vor, wenn entweder ein neuer Kompetenzbereich für die Union zu Lasten der Mitgliedstaaten begründet wird oder eine bestehende Kompetenz mit dem Gewicht einer Neubegründung ausgedehnt wird.[258] Es muss eine gewichtige Verschiebung im **Kompetenzgefüge** vorliegen, die sich nicht auf Einzelfälle beschränkt, und belastende Wirkungen auf Grundrechte entstehen lässt, deren Belastungen nicht innerstaatlich ausgeglichen werden können.[259] Die Grenze zur verfassungsrechtlich erheblichen „strukturwirksamen Kompetenzverschiebung" muss nicht aufgrund einer isolierten Betrachtung eines Einzelaktes begründet sein.[260] Die Kompetenzüberschreitung kann sich auch aus der Zusammenschau einer fortschreitenden Entwicklung von Einzelakten ergeben.

Welche konkreten Anforderungen damit an das Handeln der einzelnen Unionsor- 68
gane zu stellen sind, hat das BVerfG bislang nur für die Rechtsprechungstätigkeit des

---

[252] BVerfG, Urt. v. 30.6.2009, 2 BvE 2/08 u. a., NJW 2009, 2267 (2272) *(Lissabon)*.
[253] BVerfG, Urt. v. 30.6.2009, 2 BvE 2/08 u. a., NJW 2009, 2267 (2272) *(Lissabon)* m.w.N.; *Kahl*, DVBl 2013, 197 (199).
[254] BVerfG, Beschl. v. 6.7.2010, 2 BvR 661/06, NJW 2010, 3422 (3424) *(Honeywell)*.
[255] EuGH, Rs. C-472/00 P, *Fresh Marine*, Slg. I-7541 Rn. 26 f.
[256] BVerfG, Beschl. v. 6.7.2010, 2 BvR 661/06, NJW 2010, 3422 (3424) *(Honeywell)*; so bereits *Steiner* EuZA 2 (2009), 140 (148); gegen diese Verengung *Gerken/Rieble/Roth/Stein/Streinz*, ausbrechender Rechtsakt, S. 63.
[257] BVerfG, Beschl. v. 6.7.2010, 2 BvR 661/06, NJW 2010, 3422 (3425) *(Honeywell)*.
[258] BVerfG, Beschl. v. 6.7.2010, 2 BvR 661/06, NJW 2010, 3422 (3426) *(Honeywell)*.
[259] BVerfG, Beschl. v. 6.7.2010, 2 BvR 661/06, NJW 2010, 3422 (3425 f.) *(Honeywell)*; *Calliess*, Die neue Europäische Union, S. 266.
[260] Hierzu *Proelß*, EuR 2011, 241 (254); ähnlich *Kirchhof*, in: HStR, § 214 Rn. 189.

EuGH präzisiert. So ist dem EuGH die Befugnis zur „Rechtsfortbildung in methodisch gebundener Rechtsprechung" zuzugestehen,[261] solange sie nicht „praktisch kompetenzbegründend" wirkt[262] und einer Rechtsetzung mit politischem Gestaltungsspielraum gleichkommt.[263] Einen Ultra-Vires-Akt nähme das BVerfG beispielsweise an, wenn der EuGH für eine Bindung der Mitgliedstaaten durch die in der Grundrechte-Charta niedergelegten Grundrechte der Europäischen Union jeden sachlichen Bezug einer Regelung zum bloß abstrakten Anwendungsbereich des Unionsrechts oder rein tatsächliche Auswirkungen auf dieses ausreichen ließe.[264] Die europäischen Grundrechte der Charta können kompetenzgemäß nur in unmittelbar „unionsrechtlich geregelten Fallgestaltungen, aber nicht außerhalb derselben Anwendung finden".[265] Im Übrigen sind die „unionseigenen Methoden der Rechtsfindung" zu respektieren und ein „Anspruch auf Fehlertoleranz" einzuräumen.[266] Einen entsprechenden Anspruch auf Fehlertoleranz wird man anderen Unionsorganen allenfalls zugestehen können, wenn sich die betroffenen Rechtsakte auf einen klar umgrenzten Adressatenkreis beziehen und keine allgemeinverbindliche Wirkung entfalten.

69 Schwierigkeiten wirft die Prämisse des BVerfG auf, die Kompetenzkontrolle auch auf das Subsidiaritätsprinzip zu erstrecken. Das Subsidiaritätsprinzip begrenzt nicht die Kompetenzverteilung, sondern die Ausübung bestehender Kompetenzen.[267] Inwieweit ein Regelungsziel auf Ebene der Mitgliedstaaten im Sinne des Art. 5 Abs. 1 S. 2, Abs. 3 EUV hinreichend verwirklicht werden kann, ist an der Gesamtheit aller Mitgliedstaaten zu messen.[268] Da das BVerfG sich anmaßen müsste, die Leistungsfähigkeit aller Mitgliedstaaten zu beurteilen, ist das Subsidiaritätsprinzip nur eingeschränkt justiziabel. Die Reservekompetenz muss sich auf eine absolute Evidenzkontrolle reduzieren.

C. Verfassungsgerichtlicher Rechtsschutz gegen nationale Ausführungs- und Vollzugsakte

I. Normative Ausführungsakte

70 Das Unionsrecht enthält vielfach Handlungsgebote gegenüber den Mitgliedstaaten, deren Erfüllung – etwa aus Gründen des Gesetzesvorbehalts – den **Erlass gesetzlicher Regelungen** erfordert. Im sekundärrechtlich geregelten Bereich sind es vorwiegend die Rechtsangleichungsrichtlinien der Union, die den Mitgliedstaaten Rechtsetzungspflichten auferlegen. Wenngleich Art. 288 Abs. 3 AEUV den innerstaatlichen Stellen

---

[261] BVerfG, Beschl. v. 6.7.2010, 2 BvR 661/06, NJW 2010, 3422 (3424) *(Honeywell)*; ebenso *Gerken/Rieble/Roth/Stein/Streinz*, ausbrechender Rechtsakt, S. 43; *Everling*, EuR 2010, 91 (103); *Steiner*, EuZA 2 (2009), 140 (148).
[262] BVerfG, Beschl. v. 6.7.2010, 2 BvR 661/06, NJW 2010, 3422 (3426) *(Honeywell)*.
[263] *Frenz*, EWS 2010, 401 (401).
[264] BVerfG, Urt. v. 24.4.2013, 1 BvR 1215/07, NJW 2013, 1499 (Rn. 91) (Antiterrordatei).
[265] BVerfG, Urt. v. 24.4.2013, 1 BvR 1215/07, NJW 2013, 1499 (Rn. 91) (Antiterrordatei), unter Verweis auf EuGH, Rs. C-617//10, Akerberg Fransson, NJW 2013, 1415 (Rn. 19 ff.).
[266] BVerfG, Beschl. v. 6.7.2010, 2 BvR 661/06, NJW 2010, 3422 (3425) *(Honeywell)*.
[267] Vgl. nur *Ritzer/Ruttloff*, EuR 2006, 116 (119, 133).
[268] *Everling*, EuR 2010, 91 (101); *Ritzer/Ruttloff*, EuR 2006, 116 (120).

die Wahl der Form und Mittel überantwortet, sind es aus Gründen des vom EuGH entwickelten Rechtsnormvorbehaltes[269] doch regelmäßig nur die normativen Umsetzungsakte, die eine insgesamt unionsrechtskonforme Verwirklichung der Richtlinienvorgaben ermöglichen. Schließlich können auch mitgliedstaatsgerichtete Beschlüsse (Art. 288 Abs. 4 AEUV) und unionsrechtliche Verordnungen (Art. 288 Abs. 2 AEUV) Rechtsetzungspflichten für die Mitgliedstaaten begründen. Letztere bedürfen zu ihrer innerstaatlichen Wirksamkeit grundsätzlich keiner Umsetzung.[270]

Da es hier regelmäßig um eine unionsrechtlich veranlasste Rechtsetzungstätigkeit der Mitgliedstaaten geht, stellt sich die Frage, ob und in welchem Maße deutsche Rechtsetzungsakte, die zur Ausführung des Unionsrechts ergehen, der verfassungsgerichtlichen Überprüfung unterliegen. 71

1. Verfahrensarten. Eine verfassungsgerichtliche Überprüfung normativer Ausführungsakte im Rahmen der Normenkontrollverfahren (Art. 93 Abs. 1 Nr. 2, Art. 100 Abs. 1 GG), der Individualverfassungsbeschwerde (Art. 93 Abs. 1 Nr. 4a GG) sowie des Organstreitverfahrens (Art. 93 Abs. 1 Nr. 1 GG) begegnet keinen grundlegenden Bedenken. Es handelt sich um Rechtsetzungsakte der deutschen Hoheitsgewalt, die grundsätzlich der Überprüfung durch das BVerfG zugänglich sind. Entsprechendes gilt auch für das Bund-Länder-Streitverfahren gemäß Art. 93 Abs. 1 Nr. 3 GG.[271] 72

Im älteren Schrifttum wurde zum Teil die Auffassung vertreten, eine konkrete Normenkontrolle oder eine Verfassungsbeschwerde sei von vornherein unzulässig, da bei Ausführungsnormen, die sich innerhalb des unionsrechtlichen Rahmens halten, eine Verfassungsverletzung aus Gründen des Vorrangs des Europarechts nicht möglich sei.[272] Diese Auffassung berücksichtigt nicht, dass die europarechtlichen Vorgaben, zu deren Erfüllung der nationale Gesetzgeber tätig wird, ihn nicht davon entbinden können, die nationalen Gesetzgebungsverfahrens- oder Formvorschriften einzuhalten. Die Verletzung solcher Vorschriften kann in jedem Falle im Wege der Verfassungsbeschwerde oder der konkreten Normenkontrolle gerügt werden.[273] Die Reichweite des Anwendungsvorrangs ist kein Problem der Zulässigkeit. Vielmehr betrifft die aus dem Anwendungsvorrang möglicherweise resultierende Fähigkeit des Unionsrechts, Verstöße gegen das nationale Verfassungsrecht zu decken, allein die Begründetheit solcher Verfahren. Denn der Anwendungsvorrang beeinflusst den anzuwendenden Prüfungsmaßstab des BVerfG.[274] 73

Dem rechtsschutzsuchenden Bürger stehen gegen normative Ausführungsakte vor allem die Verfassungsbeschwerde gemäß Art. 93 Abs. 1 Nr. 4a GG und die konkrete Normenkontrolle gemäß Art. 100 Abs. 1 GG (auf deren Durchführung der Bürger allerdings kaum Einfluss nehmen kann) offen. 74

---

[269] Vgl. EuGH, Rs. C-131/88 P, *Deutschland/Rat*, Slg. I-825 Rn. 70 ff.; *Oppermann/Classen/Nettesheim*, Europarecht, § 9 Rn. 92.
[270] Eine Wiederholung des Regelungsinhalts der Verordnung ist grundsätzlich unionsrechtswidrig, weil hierdurch der unionsrechtliche Ursprung der Regelung verschleiert wird; vgl. *Oppermann/Classen/Nettesheim*, Europarecht, § 9 Rn. 79 ff.
[271] Vgl. *Streinz*, Grundrechtsschutz, S. 181 f.
[272] *H. P. Ipsen*, Europäisches Gemeinschaftsrecht, 1972, S. 737 f.; ähnlich *Scherer*, JA 1987, 483 (489).
[273] Vgl. *Moench/Sander*, in: Rengeling, EUDUR I, § 46 Rn. 38.
[274] Vgl. *Streinz*, Grundrechtsschutz, S. 181.

75 **a) Individualverfassungsbeschwerde.** Eine nationale Ausführungsnorm ist unabhängig davon, ob es sich um ein formelles Parlamentsgesetz oder eine untergesetzliche Rechtsnorm in Form einer Verordnung oder Satzung handelt, ein zulässiger Gegenstand einer Verfassungsbeschwerde. Die Zulässigkeit des gegen eine Rechtsnorm gerichteten Verfahrens hängt jedoch wesentlich davon ab, dass der Beschwerdeführer behaupten kann, selbst, gegenwärtig und unmittelbar in einer grundrechtlich geschützten Position verletzt zu sein. Gerade an dem **Unmittelbarkeitserfordernis** mangelt es häufig, weil die Ausführungsnorm in der Regel einen weiteren Vollzugsakt erfordert.

76 Als potentielle Beschwerdeführer kommen neben natürlichen und inländischen juristischen Personen auch **ausländische juristische Personen** aus anderen Mitgliedstaaten in Betracht.[275] Art. 19 Abs. 3 GG ist entsprechend erweiternd auszulegen, soweit der Anwendungsbereich des Unionsrechts berührt ist. Dies ist ein Gebot des Anwendungsvorranges, des Diskriminierungsverbots im Rahmen der Grundfreiheiten und des allgemeinen Diskriminierungsverbots aus Art. 18 AEUV.

77 Eine weitere Zulässigkeitshürde ist der Grundsatz der **Subsidiarität** der Verfassungsbeschwerde. Danach sind über das Gebot der Rechtswegerschöpfung gemäß § 90 Abs. 2 BVerfGG hinaus zuvor alle im Rahmen des fachgerichtlichen Verfahrens gegebenen Möglichkeiten zu nutzen, um der Rechtsverletzung abzuhelfen.[276] Zur Rechtswegerschöpfung zählen auch alle Möglichkeiten instanzgerichtlicher Inzidentkontrolle.[277] Das BVerfG propagiert teilweise, dass es dem Grundsatz der Subsidiarität widersprechen kann, wenn gegenüber dem Instanzgericht nicht hinreichend substantiiert eine Vorlage nach Art. 267 AEUV angeregt wurde, sofern hierzu begründeter Anlass bestand.[278] Begründeter Anlass soll insbesondere bestehen, wenn eine Rechtsmittelzulassung begehrt wird, um eine Vorlage an den EuGH nach Art. 267 Abs. 3 AEUV durch das letztinstanzliche Rechtsmittelgericht sicherzustellen.[279] Damit werden die Zulässigkeitsanforderungen jedoch überspannt. Schließlich besteht kein Antragsrecht auf Vorlage zum EuGH. Ferner sind die Instanzgerichte zur sorgfältigen Prüfung der Vorlagepflichten auf Grundlage des Sachvortrags gehalten – *iura novit curia*.[280] Aus diesen Gründen lässt es das BVerfG nunmehr grundsätzlich genügen, wenn das Vorbringen bei rechtlicher Prüfung durch das Fachgericht eine Vorlage an den EuGH als naheliegend erscheinen lässt.[281] Letztinstanzliche Gerichte sind ferner gemäß Art. 267 Abs. 3 AEUV von Amts wegen zur Vorlage verpflichtet, so dass ein Hinweis grundsätzlich entbehrlich ist.[282]

78 **b) Normenkontrolle.** Die praktische Bedeutung der konkreten Normenkontrolle gemäß Art. 100 Abs. 1 GG für den Rechtsschutz des Bürgers ist durch ihren nur **begrenzten Prüfungsgegenstand** eingeschränkt. In diesem Verfahren sind nur förmli-

---

[275] BVerfG, Beschl. v. 19.7.2011, 1 BvR 1916/09, NJW 3428 (3430 ff.); ebenso bereits *Zuck*, EuGRZ 2008, 680 ff.
[276] BVerfG, Beschl. v. 1.4.2008, 2 BvR 2680/07, NVwZ-RR 2008, 611 (611 f.) m.w.N.
[277] *Lechner/Zuck*, BVerfGG, § 90 Rn. 167.
[278] BVerfG, Beschl. v. 1.4.2008, 2 BvR 2680/07, NVwZ-RR 2008, 611 (612); ähnlich bereits BVerfG, Beschl. v. 25.2.2004, 1 BvR 2016/01, NVwZ 2004, 977 (979); zustimmend *Lechner/Zuck*, BVerfGG, § 90 Rn. 167; *Roth*, NVwZ 2009, 345 (348).
[279] BVerfG, Beschl. v. 21.11.2011, 2 BvR 516/09 u. a., NJW 2012, 598 (599 f.).
[280] Vgl. *Terhechte*, EuR 2008, 567 (569).
[281] BVerfG, Beschl. v. 19.7.2011, 1 BvR 1916/09, NJW 2011, 3428 (3433 f.); *Britz*, NJW 2012, 1313 (1315).
[282] BVerfG, Beschl. v. 21.11.2011, 2 BvR 516/09 u. a., NJW 2012, 598 (599 f.).

che Gesetze des Bundes und der Länder vorlagefähig,[283] während die Kontrolle und Verwerfung untergesetzlicher Ausführungsakte den Verwaltungsgerichten obliegt.

Eine ähnliche Begrenzung des Prüfungsgegenstandes kennt die abstrakte Normenkontrolle gemäß Art. 93 Abs. 1 Nr. 2 GG nicht.[284] Auf Antrag der Bundesregierung, einer Landesregierung oder eines Drittels der Mitglieder des Bundestages kann Unionsrecht ausführendes Bundes- oder Landesrecht auf **Gesetzes- oder Verordnungsebene** auf seine Verfassungsmäßigkeit hin überprüft werden. 79

c) **Organstreitverfahren.** Im Organstreitverfahren gemäß Art. 93 Abs. 1 Nr. 1 GG entscheidet das BVerfG Streitigkeiten über den Umfang der Rechte und Pflichten oberster Bundesorgane oder anderer Beteiligter. Gegenstand dieses Verfahrens ist also nicht der normative Ausführungsakt als solcher. Dieses Verfahren kommt etwa in Betracht, wenn der Bundestag einer ihm obliegenden Pflicht zur normativen Ausführung des Unionsrechts nicht oder verspätet nachkommt. Denkbar ist ferner, dass der Bundespräsident die Ausfertigung und Verkündung eines gesetzlichen Ausführungsaktes verweigert, obwohl dieser nach Meinung des Antragstellers aufgrund einer Richtlinie in Kraft treten muss.[285] 80

d) **Bund-Länder-Streit.** Nach Art. 93 Abs. 1 Nr. 3 GG entscheidet das BVerfG auch über Meinungsverschiedenheiten hinsichtlich der Rechte und Pflichten des Bundes und der Länder. Dieses Verfahren des Bund-Länder-Streits kommt im hier interessierenden Zusammenhang etwa dann in Betracht, wenn das zuständige Organ eines Bundeslandes Ausführungsvorschriften, die unionsrechtlich gefordert sind, nicht erlässt oder die Verwaltungsbehörden eines Bundeslandes unmittelbar wirkendes Unionsrecht nicht oder unrichtig vollziehen.[286] 81

2. **Besondere Sachentscheidungsvoraussetzungen und Prüfungsmaßstab.** Soweit mitgliedstaatliches Ausführungsrecht unionsrechtlich geboten ist, unterliegt die rechtsetzende Stelle in der Bundesrepublik Deutschland den Anforderungen der Art. 1 Abs. 3 und Art. 20 GG. Die hieraus resultierenden Bindungen entfallen auch nicht, soweit die entsprechenden nationalen Normen in Erfüllung unionsrechtlicher Pflichten erlassen werden.[287] Anders als im Falle der Überprüfung der Zustimmungsgesetze bildet die jeweilige nationale Ausführungsnorm auch nicht bloß den formalen Anknüpfungspunkt zur (mittelbaren) verfassungsgerichtlichen Kontrolle des Unionsrechts, sondern Prüfungsgegenstand ist allein das nationale Recht. 82

Dennoch kann durch die Überprüfung der nationalen Ausführungsnorm das Unionsrecht berührt werden. Hier ist nach der **Art des Verfassungsverstoßes** zu unterscheiden.[288] Er kann sich zunächst aus der unionsrechtlichen Vorgabe selbst ergeben, die 83

---

[283] Vgl. *Siekmann*, in: v. Mangoldt/Klein/Starck, GG, Art. 100 Abs. 1 Rn. 19 ff.; *Sturm/Detterbeck*, in: Sachs, GG, Art. 100 Rn. 9 m.w.N.
[284] Vgl. *Lechner/Zuck*, BVerfGG, § 76 Rn. 10 ff.
[285] Vgl. *Rengeling*, DVBl 1986, 306 (312), mit weiteren Beispielen.
[286] Vgl. *Rengeling*, DVBl 1986, 306 (312).
[287] Vgl. BVerfG, Beschl. v. 14.5.2007, 1 BvR 2036/05, NVwZ 2007, 942 (942) *(Emissionshandel II)*; *Augsberg*, DÖV 2010, 153 (155).
[288] Vgl. BVerfG, Beschl. v. 9.1.2001, 1 BvR 1036/99, EuZW 2001, 255 (255); Beschl. v. 27.7.2004, 1 BvR 1270/04, NVwZ 2004, 1346 (1346 f.); Beschl. v. 13.3.2007, 1 BvF 1/05, NVwZ 2007, 937 (938) *(Emissionshandel I)*; Beschl. v. 14.5.2007, 1 BvR 2036/05, NVwZ 2007, 942 (942) *(Emissionshandel II)*; Urt. v. 2.3.2010, 1 BvR 256/08 u.a., NJW 2010, 833 (835) *(Vorratsdatenspeicherung I)*.

das nationale Recht umsetzt, mithin unionsbedingt sein. Oder er beruht auf sonstigen Verfassungsverstößen formeller oder materieller Art – namentlich im Falle unionsrechtlich vorgesehener Regelungsspielräume. Während sich der erstgenannte Verstoß dauerhaft auf das Unionsrecht auswirkt, bedingt letzterer lediglich eine Verzögerung der Ausführung des Unionsrechts. Diesen unterschiedlichen Folgen muss der anzulegende Prüfungsmaßstab Rechnung tragen.

84   a) **Unionsrechtlich bedingte Verfassungsverstöße.** Ein unionsrechtlich bedingter Verfassungsverstoß liegt vor, wenn die rechtsetzende Stelle der unionsrechtlichen Pflicht nur unter Verletzung ihrer Bindungen aus Art. 1 Abs. 3, Art. 20 GG nachkommen kann.[289] Dies gilt für notwendige Ausführungsnormen zu unionsrechtlichen Verordnungen, die der nationalen Rechtsetzungsinstanz keinen Regelungsfreiraum belassen, um die unionsrechtlichen Erfordernisse mit den Bindungen der nationalen Verfassung in Einklang zu bringen.[290] Fälle dieser Art sind gleichfalls vorstellbar im Bereich der normativen Umsetzung unionsrechtlicher Richtlinien, die entweder detaillierte Vorgaben enthalten oder deren Umsetzungsspielraum nicht ausreicht, um eine sowohl dem Unionsrecht wie auch der nationalen Verfassung entsprechende Regelung zu treffen.[291] Letzteres kann bereits der Fall sein, wenn eine Richtlinie eine allgemeine „Systementscheidung" vorgibt.[292] Unerheblich ist hingegen, ob der Richtlinie ausnahmsweise wie einer Verordnung unmittelbare Wirkung zukommt. Denn die mitgliedstaatliche Umsetzungspflicht nach Art. 288 Abs. 3 AEUV besteht unabhängig davon, ob die Voraussetzungen der unmittelbaren Anwendbarkeit erfüllt sind.[293]

85   Die Annahme der Verfassungswidrigkeit der nationalen Ausführungsnorm bedeutete eine dauerhafte Beeinträchtigung der einheitlichen und gleichmäßigen Wirksamkeit der unionsrechtlichen Vorgabe. Um dies zu vermeiden, können hier keine anderen Anforderungen im Rahmen der Zulässigkeit (vgl. Rn. 33 ff.) und kein anderer Kontrollmaßstab (vgl. Rn. 52 ff.) gelten als bei der verfassungsgerichtlichen Überprüfung der Zustimmungsgesetze. Eine innerstaatliche Rechtsvorschrift, die eine Richtlinie in deutsches Recht umsetzt, wird grundsätzlich nicht an den **Grundrechten des Grundgesetzes** gemessen, soweit das Unionsrecht keinen Umsetzungsspielraum lässt, sondern zwingende Vorgaben macht.[294] Dann reduziert sich der an das unionsrechtlich determinierte Ausführungsrecht anzulegende Kontrollmaßstab auf jene Mindestanforderungen, die zu den unverzichtbaren Bestandteilen der geltenden Verfassungsordnung nach Art. 23 Abs. 1 GG zählen.[295]

86   Nichts anderes kann für die Fälle gelten, in denen die ausfüllungsbedürftigen Unionsrechtsakte die **nationale Identität verletzen** oder **ultra vires** ergangen sind. Erginge

---

[289] Vgl. Streinz, Grundrechtsschutz, S. 182.
[290] Vgl. Streinz, Grundrechtsschutz, S. 185 f.
[291] Vgl. BVerfG, Urt. v. 2.3.2010, 1 BvR 256/08 u. a., NJW 2010, 833 (835) *(Vorratsdatenspeicherung I)*.
[292] BVerfG, Beschl. v. 14.5.2007, 1 BvR 2036/05, NVwZ 2007, 942 (942) *(Emissionshandel II)*.
[293] BVerfG, Beschl. v. 13.3.2007, 1 BvF 1/05, NVwZ 2007, 937 (938) *(Emissionshandel I)*.
[294] BVerfG, Beschl. v. 27.7.2004, 1 BvR 1270/04, NVwZ 2004, 1346 (1346 f.); Beschl. v. 13.3.2007, 1 BvF 1/05, NVwZ 2007, 937 (938) *(Emissionshandel I)*; Beschl. v. 14.5.2007, 1 BvR 2036/05, NVwZ 2007, 942 (942) *(Emissionshandel II)*; Urt. v. 2.3.2010, 1 BvR 256/08 u. a., NJW 2010, 833 (835) *(Vorratsdatenspeicherung I)*.
[295] Vgl. Moench/Sander, in: Rengeling, EUDUR I, § 46 Rn. 42; Streinz, Grundrechtsschutz, S. 182, spricht von einer „mittelbaren Überprüfung des Gemeinschaftsrechts im weiteren Sinne".

ein identitätsverletzender oder ein Ultra-Vires-Unionsakt in Gestalt einer Verordnung, käme eine Identitäts- oder eine Ultra-Vires-Kontrolle ohne Weiteres nach den oben dargelegten Grundsätzen in Betracht. Soweit ein entsprechender Regelungsinhalt einer Richtlinie eine – vermeintliche – Umsetzungspflicht begründet, die im Ergebnis zu einem nationalen Umsetzungsakt geführt hat, müssen ebenfalls dieselben Anforderungen im Rahmen der Zulässigkeit (vgl. Rn. 33 ff.) und derselbe Kontrollmaßstab (vgl. Rn. 52 ff.) heranzuziehen sein.[296] Denn der nationale Umsetzungsakt beruht letztlich auf unionsrechtlichen Vorgaben, die nicht von der nationalen Hoheitsübertragung erfasst sind und dadurch innerstaatlich keine allgemeine Rechtswirkung und damit keine Umsetzungspflicht entfalten können. Der Umsetzungsakt ist auch nicht auf eine hinreichend demokratisch legitimierte eigene Willensbildung des nationalen Parlaments zurückzuführen, soweit dieses lediglich der vermeintlichen Umsetzungspflicht genügen wollte,[297] und damit ebenfalls unanwendbar.[298] Im Bereich der unionsrechtlich bedingten Verfassungsverstöße sind die Grundsätze der Identitätskontrolle und der Ultra-Vires-Kontrolle also entsprechend heranzuziehen.

b) **Allein ausführungsbedingte Verfassungsverstöße.** Anders gestaltet sich die rechtliche Lage, wenn Verfassungsverstöße **nicht unionsbedingt** sind, sondern ihre Ursache allein in der nationalen Ausführungsmaßnahme angelegt ist. Zu denken ist etwa an formelle Mängel im Gesetzgebungsverfahren oder – beispielsweise bei der Umsetzung von Richtlinien – eine nichtverfassungskonforme Ausfüllung des unionsrechtlich eröffneten Regelungsspielraums, der unter Wahrung der Bindungen aus Art. 1 Abs. 3, 20 Abs. 3 GG hätte ausgestaltet werden können.[299] Dasselbe gilt, wenn der EuGH – im Rahmen eines Vorabentscheidungs- oder auch eines sonstigen Verfahrens – die zugrundeliegende Richtlinie für ungültig erklärt hat. Das deutsche Umsetzungsgesetz ist dann kein unionsbedingter Rechtsakt mehr und damit in vollem Umfang an den **Vorgaben des nationalen Verfassungsrechts** zu messen.[300] Daher ist eine Verfassungsklage grundsätzlich auch ohne Weiteres zulässig, soweit dem Antragsteller gegen ein Umsetzungsgesetz keine Rechtsschutzmöglichkeit vor den Fachgerichten offensteht und er daher die Verfassungsklage gerade erhebt, um eine Vorlage nach Art. 267 AEUV an den EuGH durch das BVerfG zu bewirken und in der Folge eine uneingeschränkte Kontrolle anhand des Verfassungsrechts zu ermöglichen.[301] Eine Beschränkung der Zulässigkeit aufgrund der „Reservekompetenz" des BVerfG gilt in diesen Fällen nicht. Das BVerfG prüft jedoch vorrangig, ob überhaupt verfassungsrechtliche Bedenken

---

[296] *Frenz*, Handbuch Europarecht, Bd. 5, Rn. 3799 f., 3803; ähnlich auch *Holz*, NVwZ 2007, 1153 (1155).
[297] Vgl. hierzu ausführlich *Payandeh*, DVBl 2007, 141 ff.
[298] *Frenz*, Handbuch Europarecht, Bd. 5, Rn. 3803.
[299] *Hillgruber*, in: Schmidt-Bleibtreu/Hofmann/Hopfauf, GG, Art. 23 Rn. 36; *Frenz*, Handbuch Europarecht, Bd. 5, Rn. 3812 ff.; weitere Beispiele bei *Streinz*, Grundrechtsschutz, S. 183 ff.
[300] Vgl. BVerfG, Beschl. v. 13.3.2007, 1 BvF 1/05, NVwZ 2007, 937 (938) *(Emissionshandel I)*; Urt. v. 2.3.2010, 1 BvR 256/08 u. a., NJW 2010, 833 (835) *(Vorratsdatenspeicherung I)*; Beschl. v. 24.1.2012, 1 BvR 1299/05, NJW 2012, 1419 (1421) *(Vorratsdatenspeicherung II); Frenz*, Handbuch Europarecht, Bd. 5, Rn. 3802; für eine Differenzierung nach formellen und materiellen Nichtigkeitsgründen der Richtlinie *Heck*, NVwZ 2008, 523 (524 f.).
[301] BVerfG, Urt. v. 2.3.2010, 1 BvR 256/08 u. a., NJW 2010, 833 (835) *(Vorratsdatenspeicherung I)*; Beschl. v. 24.1.2012, 1 BvR 1299/05, NJW 2012, 1419 (1421) *(Vorratsdatenspeicherung II)*.

bestehen oder ob ein Vorlageverfahren schon mangels Entscheidungserheblichkeit entbehrlich ist.[302]

88 Eine **besondere Zulässigkeitsvoraussetzung** hat das BVerfG in diesem Zusammenhang für die **konkrete Normenkontrolle** aufgestellt. Der umfassende Prüfungsmaßstab des BVerfG ist bei ausführungsbedingten Verfassungsverstößen nur eröffnet, wenn ein entsprechender unionsrechtlicher Umsetzungsspielraum besteht. Das vorlegende Gericht muss daher vorab klären, inwieweit das vorgelegte Gesetz auf verbindlichen Vorgaben des Unionsrechts beruht.[303] Es handelt sich insofern um eine spezielle Ausprägung des Grundsatzes der Subsidiarität, die ausnahmsweise den Nachrang des verfassungsgerichtlichen Verfahrens gegenüber der Vorlage an den EuGH postuliert.[304] Das vorlegende Gericht trifft dabei eine **besondere Begründungs- und Darlegungslast**, dass das Unionsrecht für die in Streit stehende Frage einen entsprechenden **Umsetzungsspielraum** belässt.[305] Nur dann unterliegt die Vorlagefrage uneingeschränkt der Prüfung der Grundrechtskonformität und der Verfassungsmäßigkeit durch das BVerfG. Ist die Reichweite eines entsprechenden unionsrechtlichen Umsetzungsspielraum unklar – sind die Voraussetzungen der *acte clair*-Doktrin also nicht gegeben –, verdichtet sich auch für nicht letztinstanzliche Fachgerichte das Recht aus Art. 267 Abs. 2 AEUV zu einer **Vorlagepflicht** an den EuGH.[306] Diese Verpflichtung ist letztlich im nationalen Verfassungsprozessrecht begründet, das eine mögliche Verletzung grundgesetzlicher Normen für eine Entscheidungserheblichkeit der Vorlagefrage voraussetzt.[307] Kommt das Fachgericht dieser verfassungsrechtlichen Vorlagepflicht nicht nach, kann eine auf Art. 101 Abs. 1 S. 2 GG gestützte Verfassungsbeschwerde erhoben werden (vgl. Rn. 95 ff.) – allerdings mit einer vollwertigen, über den Maßstab der Willkür hinaus reichenden Kontrolldichte.[308] Dies dürfte über die konkrete Normenkontrolle hinaus auch für die **anderen Verfahrensarten** gelten.

89 Legt ein Fachgericht dem EuGH die Frage nicht vor, ob das Unionsrecht einen Umsetzungsspielraum einräumt, sondern geht von einer strikten Bindung aus, dann bleiben Grundrechte regelmäßig unberücksichtigt. Ein Gericht verstößt dann gegen die einschlägigen nationalen Grundrechte, wenn es einen durch das Unionsrecht gewährten **Umsetzungsspielraum verkennt** und daher die Grundrechte außer Betracht lässt.[309]

90 Für **allein ausführungsbedingte** Verfassungsverstöße bestehen grundsätzlich die verfassungsrechtlichen Bindungen der nationalen Rechtsetzung.[310] Allerdings kann im Einzelfall eine unionsrechtskonforme Auslegung der Grundrechte geboten sein.[311] So

---

[302] Vgl. BVerfG, Urt. v. 12.9.2012, 2 BvE 6/12 u. a., NJW 2012, 3145 (Rn. 254 ff.) *(ESM/Fiskalpakt)*.
[303] BVerfG, Beschl. v. 4.10.2011, 1 BvL 3/08, NJW 2012, 45 (45 ff.); eingehend *Wendel*, EuR 2012, 213 ff.
[304] *Michael*, JZ 2012, 870 (879).
[305] BVerfG, Beschl. v. 4.10.2011, 1 BvL 3/08, NJW 2012, 45 (46 f.); ähnlich BVerfG, Beschl. v. 19.7.2011, 1 BvR 1916/09, NJW 2011, 3428 (3432 f.).
[306] BVerfG, Beschl. v. 4.10.2011, 1 BvL 3/08, NJW 2012, 45 (46).
[307] Ähnlich *Foerster*, JZ 2012, 515 (516).
[308] *Michael*, JZ 20120, 870 (879).
[309] BVerfG, Beschl. v. 19.7.2011, 1 BvR 1916/09, NJW 3428 (3430 ff.); *Britz*, NJW 2012, 1313 (1316).
[310] Ebenso BVerfG, Beschl. v. 9.1.2001, 1 BvR 1036/99, EuZW 2001, 255 (255); *Augsberg*, DÖV 2010, 153 (156 ff.).
[311] So ausdrücklich BVerfG, Beschl. v. 19.7.2011, 1 BvR 1916/09, E 129, 78 (99).

hat das BVerfG im Anwendungsbereich des Unionsrechts vor dem Hintergrund der europäischen Grundfreiheiten und – subsidiär – des allgemeinen Diskriminierungsverbots aus Art. 18 AEUV eine Grundrechtsfähigkeit auch europäischer juristischer Personen über dem Wortlaut des Art. 19 Abs. 3 GG hinaus im Wege der „Anwendungserweiterung" anerkannt.[312] Der Grundsatz der **unionsrechtskonformen Auslegung** kann im Anwendungsbereich des Unionsrechts folglich eine Berücksichtigung der Gewährleistungsgehalte der Grundfreiheiten oder sonstiger unionsrechtlicher Vorgaben bei der Interpretation **der nationalen Grundrechte** gebieten. Verzögert sich infolge der Nichtigkeit der nationalen Norm die innerstaatliche Ausführung des Unionsrechts, so handelt es sich um keine dauerhafte Beeinträchtigung. Die zur normativen Ausführung innerstaatlich berufene Stelle ist dann gehalten, eine gleichermaßen den unionsrechtlichen wie den verfassungsrechtlichen Bindungen entsprechende Regelung zu erlassen. Die Verzögerung der Umsetzung des Unionsrechts kann eine Vertragsverletzung sein, etwa wenn die Umsetzungsfrist einer Richtlinie bereits verstrichen ist. Eine Einengung des verfassungsgerichtlichen Kontrollmaßstabes hingegen rechtfertigt sie nicht.[313] Um diesen unionsrechtswidrigen Schwebezustand zu vermeiden, kann anstatt der Nichtigkeit auch lediglich die Verfassungswidrigkeit durch das BVerfG festgestellt und dem Gesetzgeber – unter dem Ausspruch der Fortgeltung für eine Übergangsfrist – eine entsprechende Neuregelung aufgegeben werden.[314]

Eine Modifikation dieser Grundsätze zeichnet sich aufgrund des Art. 51 Abs. 1 S. 1 GRCh ab, wonach die Charta für die Union und für die Mitgliedstaaten ausschließlich bei der „Durchführung des Rechts der Union" anzuwenden ist.[315] Eine mitgliedstaatliche Durchführung des Unionsrechts ist – außer bei der unmittelbaren Anwendung oder Umsetzung von Unionsrecht – auch gegeben, wenn nationale Maßnahmen in Grundfreiheiten eingreifen[316] oder den Mitgliedstaaten Ermessensspielräume bei der Umsetzung eröffnet sind[317].[318] Der EuGH[319] hat dies im Grundsatz bestätigt. Im Ergebnis wird ein Handeln im „Geltungsbereich des Unionsrecht" – Fallgestaltungen, „die vom Unionsrecht erfasst" werden – mit der „Durchführung des Unionsrechts" gleichgesetzt.[320] Relativierend wirkt hingegen die Formulierung, die Charta finde „in unionsrechtlich geregelten Fallgestaltungen, aber nicht außerhalb derselben Anwendung".[321] Es genügt also nicht jede abstrakte Beziehung zum Unionsrecht, sondern es müssen hinreichend

91

---

[312] BVerfG, Beschl. v. 19.7.2011, 1 BvR 1916/09, E 129, 78 (94 ff.); hierzu *Ludwigs*, JZ 2013, 434 (435 ff.).
[313] Vgl. *Streinz*, Grundrechtsschutz, S. 183 f., 186 f.
[314] *Augsberg*, DÖV 2010, 153 (159).
[315] Die Bestimmungen der Europäischen Grundrechte-Charta für sich genommen sind nicht tauglich, als „Recht der Union" i. S. von Art. 51 Abs. 1 Halbs. 2 GRCh mitgliedstaatliches Handeln der Charta zu unterwerfen, das nicht in Durchführung anderweitigen Unionsrechts ergangen ist. BVerfG, Beschl. v. 15.12.2011, 2 BvR 148/11, NJW 2012, 1202, (LS 2, 1204).
[316] EuGH, Rs. C-260/89, *ERT*, Slg. 1991, I-2925 (Rn. 42); EuGH, Rs. C-71/02, *Karner*, Slg. 2004, I-3025 (Rn. 48).
[317] EuGH, Rs. C-540/03, *Parlament/Rat*, Slg. 2006, I-5769 (Rn. 104 f.).
[318] Zu weiteren Konstellationen im Detail *Jarass*, NVwZ 2012, 457 (458 ff.); *Hoffmann/Rudolphi*, DÖV 2012, 597 ff.; *von Bogdandy u. a.*, ZaöRV 2012, 45 (55 ff.).
[319] EuGH, Rs. C-617//10, *Akerberg Fransson*, NJW 2013, 1415 (Rn. 19 ff.).
[320] *Rabe*, NJW 2013, 1407 (1408); *Winter*, NZA 2013, 473 (476 f.); ähnlich *Weiß*, EuZW 2013, 287 (288 f.).
[321] EuGH, Rs. C-617//10, *Akerberg Fransson*, NJW 2013, 1415 (Rn. 19).

konkrete unionsrechtliche Verpflichtungen berührt sein.[322] Das BVerfG zieht hieraus einschränkend den Schluss, dass nur mittelbare Beeinflussungen unionsrechtlich geordneter Rechtsbeziehungen, rein tatsächliche Auswirkungen oder der sachliche Bezug zum bloß abstrakten Anwendungsbereich des Unionsrechts noch keine Bindung an die Grundrechte-Charta begründen könne.[323] Soweit in diesen Fällen die Grundrechte-Charta anwendbar ist, dürften die **Grundrechtsgewährleistungen der Union und der Mitgliedstaaten grundsätzlich nebeneinander anwendbar** sein – und damit treten auch die Prüfungskompetenzen von EuGH und BVerfG nebeneinander.[324] Bei bipolaren Sachverhalten führt der Grundsatz der Meistbegünstigung – wie er in Art. 53 GrCh angelegt ist – für diese Konstellationen der doppelten Grundrechtsgewährleistung zumeist zu sachgerechten Lösungen.[325] Die Unionsgrundrechte sind insofern als Gewährleistung eines Mindestschutzniveaus zu verstehen.[326] Der in Art. 23 Abs. 1 GG verankerte Grundsatz der Europafreundlichkeit kann im Einzelfall eine solche unionsrechtsfreundliche Interpretation der nationalen Grundrechte gebieten.[327] Schwierigkeiten treten in multipolaren Konstellationen auf, wenn sich eine hoheitliche Maßnahme auf das Spannungsverhältnis der Rechtspositionen mehrerer Grundrechtsträger bezieht. Diese Konfliktkonstellationen sind im Zweifel anhand des Anwendungsvorranges der Unionsgrundrechte aufzulösen,[328] da das Schutzniveau der Charta durch die nationalen Grundrechtsstandards ansonsten durchbrochen oder „der Vorrang, die Einheit und die Wirksamkeit des Unionsrechts beeinträchtigt" würde.[329] Aus der Perspektive des BVerfG muss in den letztgenannten Fällen ein abschließender Kontrollvorbehalt nach den Solange II-Grundsätzen **(vgl. Rn. 3 ff. und Rn. 39 f. sowie Rn. 56)** gelten.

II. Administrative Vollzugsakte

92   Wird Unionsrecht durch nationale Behörden in Gestalt **des mittelbaren indirekten Vollzugs** durchgeführt, handelt es sich um Akte der deutschen öffentlichen Gewalt, die – ebenso wie die normativen Ausführungsakte – der verfassungsgerichtlichen Kontrolle unterliegen.[330] Die Vollzugsbehörden sind in gleicher Weise wie die nationalen Rechtsetzungsinstanzen den sich aus Art. 1 Abs. 3, Art. 20 GG ergebenden Bindungen unterworfen, von denen der Unionsbezug ihrer Tätigkeit sie – jedenfalls prinzipiell –

---

[322] Ähnlich *Thym*, NVwZ 2013, 889 (894).
[323] BVerfG, Urt. v. 24.4.2013, 1 BvR 1215/07, NJW 2013, 1499 (Rn. 90 f.) *(Antiterrordatei)*.
[324] *Kingreen*, in: Calliess/Ruffert, EUV/AEUV, Art. 51 GrCh Rn. 8 ff.; *ders.*, JZ 2013, 801 (806 ff.); *Szczekalla*, NVwZ 2006, 1019 (1021); *Weiß*, EuZW 2013, 287 (290); *Gooren*, NVwZ 2013, 564; *Dannecker*, JZ 2013, 616 (618); *Thym*, NVwZ 2013, 889 (895).
[325] *Dannecker*, JZ 2013, 616 (618, 620); *Jarass*, EuR 2013, 37 (38); *Fassbender*, NVwZ 2010, 1049 (1052); *Wegner*, HRRS 2013, 126 (129); *Kingreen*, JZ 2013, 801 (806 ff.).
[326] *Nettesheim*, Gesetzgebungsverfahren im europäischen Staatenverbund, D.II.1 und 2; *von Danwitz*, EuGRZ 2013, 253 (261); *Gstrein/Zeitzmann* ZEuS 2013, 239 (258).
[327] *Nettesheim*, Gesetzgebungsverfahren im europäischen Staatenverbund, D.II.2.
[328] Vgl. hierzu *Jarass*, EuR 2013, 29 (38 f.); *Thym*, NVwZ 2013, 889 (894); *Gragl*, ZEuS 2011, 409 (424); *Streinz/Michl* EuZW 2011, 384 (386); *Weiß*, EuZW 2013, 287 (290); *Gärditz*, JZ 2013, 633 (636); *Wegner*, HRRS 2013, 126 (129); *Kingreen*, JZ 2013, 801 (808).
[329] EuGH, Rs. C-399/11, *Melloni*, EuZW 2013, 305 (Rn. 58, 60); kritisch hierzu *Gaede*, NJW 2013, 1279 (1281).
[330] Eingehend: *Schmidt-Aßmann*, in: Maunz/Dürig, GG, Art. 19 Abs. 4 Rn. 51; *Streinz*, Grundrechtsschutz, S. 188 ff.

nicht freistellt. Werden in einem zulässigerweise beim BVerfG anhängig gemachten Verfahren – vornehmlich kommt insoweit das Individualverfassungsbeschwerdeverfahren in Betracht – durch einen Vollzugsakt begründete Verfassungsverstöße gerügt, ist die Wahrung dieser verfassungsrechtlichen Bindungen zu überprüfen. Allerdings ist die **Reichweite der Verfassungsgebundenheit** unterschiedlich, je nachdem, ob die Behörden zwingende Vorgaben des Unionsrechts – ggf. vermittelt durch einen nationalen Ausführungsakt – zu beachten oder ob sie im Unionsrecht begründete Freiräume in Form von Ermessensspielräumen auszufüllen haben. Die Reichweite ihrer Verfassungsbindung und damit das Maß der verfassungsgerichtlichen Überprüfbarkeit ihrer Vollzugsakte entsprechen insofern der parallel gelagerten Konstellation der Richtlinienumsetzung.

Demgemäß reduziert sich die verfassungsgerichtliche Kontrolle im Falle eines unionsbedingten Verfassungsverstoßes auf die Einhaltung der konstituierenden Strukturen der geltenden Verfassungsordnung (Art. 23 Abs. 1 GG).[331] Im Übrigen, also soweit Räume des rechtlich gebundenen Ermessens durch die unionsrechtlichen Vorgaben eröffnet sind, erfährt der Prüfungsmaßstab keine Einschränkung.[332] Die Ausführungen zu den normativen Umsetzungsakten gelten entsprechend (vgl. Rn. 70 ff.).

D. Durchsetzung des Unionsrechts in verfassungsgerichtlichen Rechtsschutzverfahren

Ging es bislang um den verfassungsgerichtlichen Rechtsschutz gegen staatliche Maßnahmen zur Ausführung und zum Vollzug des Unionsrechts, stellt sich nunmehr in umgekehrter Richtung die Frage, ob und inwieweit das BVerfG im Rahmen seiner Zuständigkeiten zur Durchsetzung des Unionsrechts beitragen kann.

I. Verletzung der Vorlagepflicht staatlicher Gerichte

Urteile nationaler Gerichte sind Gegenstand von Urteilsverfassungsbeschwerden gemäß Art. 93 Abs. 1 Nr. 4a GG, wenn sie unter Verletzung der sich aus Art. 267 Abs. 3 AEUV (vgl. auch Art. 150 EAGV) oder weiterführenden Grundsätzen ergebenden Vorlagepflicht ergehen.

Die Verletzung einer unionsrechtlich begründeten Vorlagepflicht durch ein letztinstanzliches Hauptsachegericht führt nicht in jedem Falle zum Erfolg einer hierauf gestützten Verfassungsbeschwerde. Hinsichtlich der **Zulässigkeitsanforderungen** aufgrund des Grundsatzes der Rechtswegerschöpfung und der Subsidiarität im Sinne des § 90 Abs. 2 S. 1 BVerfGG gelten die Ausführungen oben (vgl. Rn. 77) weitgehend entsprechend. Um den Anforderungen des aus § 90 Abs. 2 BVerfGG abgeleiteten Grundsatzes der **materiellen Subsidiarität** zu genügen, muss jedoch bereits im fachgerichtlichen

---

[331] *Hillgruber*, in: Schmidt-Bleibtreu/Hofmann/Hopfauf, GG, Art. 23 Rn. 36; *Dörr*, DVBl 2006, 1088 (1096).
[332] Vgl. *Moench/Sander*, in: Rengeling, EUDUR I, § 46 Rn. 47; *Frenz*, Handbuch Europarecht, Bd. 5, Rn. 3812.

Verfahren auf die **Vorlagepflicht hingewiesen** und müssen die erheblichen Tatsachen vorgetragen worden sein.³³³

97   1. **Vorlagepflichten staatlicher Gerichte und das Recht auf den gesetzlichen Richter.** Spätestens seit dem Beschluss des BVerfG vom 22.10.1986³³⁴ steht fest, dass der **EuGH als gesetzlicher Richter im Sinne des Art. 101 Abs. 1 S. 2 GG** zu qualifizieren ist. Eine den Erfordernissen des Art. 267 Abs. 3 AEUV zuwiderlaufende Nichtvorlage einer die Auslegung des Unionsrechts oder die Gültigkeit der Rechtsakte der Unionsorgane betreffenden Frage kann daher die grundrechtsgleiche Garantie des gesetzlichen Richters verletzen.³³⁵ Die Vorlagepflicht dient auch der Gewährleistung der Unionsgrundrechte.³³⁶ Aufgrund der nur schwach ausgestalteten Individualklagemöglichkeit nach Art. 263 Abs. 4 AEUV ist keine generelle Einklagbarkeit des unionsrechtlichen Grundrechtsschutzes sichergestellt.³³⁷ Über die Vorlagepflicht werden die Fachgerichte gehalten, das einschlägige Unionsrecht durch den EuGH an den Unionsgrundrechten überprüfen zu lassen. Ferner setzt die Vorlagepflicht die supranationalen Vorgaben des Art. 19 Abs. 1 UAbs. 2 EUV und die nationale Garantie effektiven Rechtsschutzes um, die übereinstimmend einen wirksamen Rechtsschutz in Angelegenheiten des Unionsrechts gebieten.³³⁸

98   Nicht jede Nichtvorlage einer das Unionsrecht betreffenden Rechtsfrage verletzt die Garantie des gesetzlichen Richters. Denn nicht jeder Spruchkörper, der zur Vorlage an den EuGH berechtigt ist, ist zugleich gesetzlicher Richter im Sinne des Art. 101 Abs. 1 S. 2 GG – dies gilt auch umgekehrt. Die tatbestandlichen Voraussetzungen für ein „Gericht" im Sinne des Art. 101 Abs. 1 S. 2 GG und des Art. 267 AEUV sind nicht vollständig deckungsgleich.³³⁹ Ferner kommt ein Verstoß gegen Art. 101 Abs. 1 S. 2 GG nur in Betracht, wenn das nationale Gericht, welches von einer Vorlage Abstand genommen hat, unionsrechtlich gemäß Art. 267 Abs. 3 AEUV oder aufgrund sonstiger Grundsätze hierzu verpflichtet war.³⁴⁰ Zur Vorlage verpflichtet sind neben letztinstanzlichen Gerichten³⁴¹ auch die Instanzgerichte, sofern diese die Nichtigkeit eines Sekundärrechtsakts feststellen wollen und damit das Verwerfungsmonopol des EuGH berührt ist.³⁴²

---

³³³ *Piekenbrock*, EuR 2011, 317 (344); *Michael*, JZ 2012, 870 (875 f.).
³³⁴ BVerfG, Beschl. v. 22.10.1986, 2 BvR 197/83, E 73, 339 (366 f.) *(Solange II)*; Beschl. v. 8.4.1987, 2 BvR 687/85, E 75, 223 *(Kloppenburg)*.
³³⁵ St. Rspr. vgl. nur BVerfG, Beschl. v. 22.10.1986, 2 BvR 197/83, E 73, 339 (367 f.) *(Solange II)*; Beschl. v. 8.4.1987, 2 BvR 687/85, E 75, 223; Beschl. v. 9.11.1987, 2 BvR 808/82, NJW 1988, 1456; Beschl. v. 27.8.1991, 2 BvR 276/90, NJW 1992, 678; Beschl. v. 29.11.1991, 2 BvR 1642/91, NVwZ 1992, 360; Beschl. v. 9.1.2001, 1 BvR 1036/99, EuZW 2001, 255.
³³⁶ Hierzu und zum Folgenden *Britz*, NJW 2012, 1313 (1316 f.) *Voßkuhle*, SächsVBl 2013, 77(79); *Jarass*, EuR 2013, 29 (34 f.).
³³⁷ *Landau/Trésoret*, DVBl 2012, 1329 (1329 f.); zu den damit zusammenhängenden Streitfragen vgl. nur *Kotzur*, EuR/Beih 2012, 7 (17 f.); *Pötters/Werkmeister/Traut*, EuR 2012, 546 ff.; *Petzold*, EuR 2012, 443 ff.; *Thalmann*, EuR 2012, 452 ff.
³³⁸ *Schröder*, EuR 2011, 808 (811, 819, 822, 826).
³³⁹ Vgl. hierzu die kasuistische Darstellung bei *Piekenbrock*, EuR 2011, 317 (326 ff.).
³⁴⁰ Zur Vorlagepflicht und ihren Ausnahmen *Oppermann/Classen/Nettesheim*, Europarecht, § 13 Rn. 76 ff.
³⁴¹ Zur teilweise problematischen Beurteilung der Letztinstanzlichkeit der Zivilgerichte *Piekenbrock*, EuR 2011, 317 (331 ff.).
³⁴² *Piekenbrock*, EuR 2011, 317 (338 f.) *Latzel/Streinz*, NJOZ 2013, 97 f.; *Calliess*, NJW 2013, 1905 (1906).

Ferner besteht eine – allerdings verfassungsrechtlich begründete – Vorlagepflicht der Fachgerichte, wenn zu klären ist, ob für den nationalen Gesetzgeber ein Umsetzungsspielraum besteht, dessen grundrechtskonforme Ausübung der umfänglichen Kontrolle des BVerfG unterliegt (vgl. Rn. 90 f.). In Verfahren des einstweiligen Rechtsschutzes besteht grundsätzlich keine Vorlagepflicht,[343] es sei denn, es soll die Vollziehung eines auf einer Unionsverordnung beruhenden nationalen Verwaltungsaktes ausgesetzt werden.[344] Bei einer fakultativen Vorlage an den EuGH, die insbesondere bei Instanzgerichten in Betracht kommt, ist eine Verletzung der Garantie des gesetzlichen Richters regelmäßig ausgeschlossen.

2. Prüfungsmaßstab. Nach st. Rspr. des BVerfG setzt ein verfassungsrechtlich 99 relevanter Verstoß gegen Art. 101 Abs. 1 S. 2 GG eine **willkürliche Verletzung** bestehender Zuständigkeitsnormen voraus. Hierfür muss es sich um eine Auslegung oder Anwendung zuständigkeitsbegründender Vorschriften durch die Fachgerichte handeln, die die Bedeutung und Tragweite von Art. 101 Abs. 1 S. 2 GG grundlegend verkennt.[345] Art. 101 Abs. 1 S. 2 GG werde nur verletzt, wenn eine gerichtliche Entscheidung bei verständiger Würdigung der das Grundgesetz beherrschenden Gedanken **nicht mehr verständlich erscheine oder offensichtlich unhaltbar** sei.[346] Die Anforderungen hat das BVerfG in der jüngeren Vergangenheit weiter konkretisiert:[347] So muss das Gericht sich hinsichtlich des europäischen Rechts hinreichend kundig gemacht haben. Ferner hat das Gericht die Gründe anzugeben, um dem BVerfG die Kontrolle am Maßstab des Art. 101 Abs. 1 S. 2 GG zu ermöglichen.

Der allgemein gültige **Willkürmaßstab** für die Auslegung und Anwendung der 100 durch Art. 267 Abs. 3 AEUV (vgl. früher Art. 150 EAGV) begründeten Vorlagepflicht setzt demnach voraus, dass eine **entscheidungserhebliche materiell-unionsrechtliche Frage** in nicht vertretbarer Weise verkannt wurde. Die Entscheidungserheblichkeit beurteilt das Vorlagegericht in eigener Zuständigkeit und dabei auftretende Rechtsanwendungsfehler führen nicht zu einer Verletzung von Art. 101 Abs. 1 S. 2 GG.[348] Unter Berücksichtigung der Besonderheiten des Unionsrechts hat das BVerfG drei nicht abschließende **Fallgruppen** herausgebildet, bei denen ein Entzug des gesetzlichen

---

[343] BVerfG, Beschl. v. 29.11.1991, 2 BvR 1642/91, NVwZ 1992, 360; Beschl. v. 7.12.2006, 2 BvR 2428/06, NJW 2007, 1521 (1522).
[344] BVerfG, Beschl. v. 19.10.2006, 2 BvR 2023/06, ZUM 2006, 919 (920 f.).
[345] BVerfG, Urt. 10.7.1990, 1 BvR 984/87, 1 BvR 985/87, E 82, 286 (299); Beschl. v. 3.11.1992, 1 BvR 137/92, E 87, 282 (286); Beschl. v. 25.2.2010, 1 BvR 230/09, NJW 2010, 1268 (1269); *Classen*, in: v. Mangoldt/Klein/Starck, GG, Art. 101 Rn. 52.
[346] BVerfG, Beschl. v. 13.10.1970, 2 BvR 618/68, E 29, 198 (207); Beschl. v. 6.5.2008, 2 BvR 2419/06, NVwZ-RR 2008, 658 (659); Beschl. v. 14.5.2007, BvR 2036/05, NVwZ 2007, 942 (944 f.); Beschl. v. 14.7.2006, 2 BvR 264/06, NZG 2006, 781 (781 f.); Beschl. v. 7.12.2006, 2 BvR 2428/06, NVwZ 2007, 1521 (1521); Beschl. v. 30.8.2010, 1 BvR 1631/08, GRUR 2010, 999 (1000); Beschl. v. 28.10.2010, 2 BvR 2236/09, NJOZ 2010, 1428 (1429 f.); Beschl. v. 6.12.2006, 1 BvR 2085/03, NVwZ 2007, 197 (198); ferner *Degenhart*, in: Sachs, GG, Art. 101 Rn. 17 ff.
[347] Vgl. BVerfG, Beschl. v. 14.7.2006, 2 BvR 264/06, NZG 2006, 781 (781 f.); Beschl. v. 14.5.2007, 1 BvR 2036/05, NVwZ 2007, 942 (945); Beschl. v. 20.2.2008, 1 BvR 2722/06, NVwZ 2008, 780 (781); Beschl. v. 30.8.2010, 1 BvR 1631/08, GRUR 2010, 999 (1000); Beschl. v. 25.2.2010, 1 BvR 203/09, NJW 2010, 1268 (1269); Beschl. v. 28.10.2009, 2 BvR 2236/09, NJOZ 2010, 1428 (1430).
[348] BVerfG, Beschl. v. 31.5.1990, 2 BvL 12/88 v. a., E 82, 159 (184); Beschl. v. 10.11.2010, 1 BvR 2065/10, Rn. 22, 25 – juris.

Richters vorliegt:³⁴⁹ Dies gilt erstens für Fallgestaltungen, in denen ein vorlagepflichtiges Hauptsachegericht die Vorlage einer entscheidungserheblichen unionsrechtlichen Frage nicht in Erwägung zieht, obwohl es selbst Zweifel bezüglich der richtigen Beantwortung der Frage hegt (**Grundsätzliche Verkennung der Vorlagepflicht**). Eine Verletzung des Art. 101 Abs. 1 S. 2 GG wird vom BVerfG zweitens bejaht, wenn ein vorlagepflichtiges Gericht in seiner Entscheidung bewusst von der Rechtsprechung des EuGH zu der in Rede stehenden Frage abweicht und gleichwohl nicht oder nicht erneut vorlegt (**Bewusstes Abweichen ohne Vorlagebereitschaft**). Drittens kann eine Verletzung von Art. 101 Abs. 1 S. 2 GG dann vorliegen, wenn einschlägige Rechtsprechung des EuGH noch nicht vorliegt oder aber der EuGH die entscheidungserhebliche Frage noch nicht erschöpfend behandelt hat, so dass eine Fortbildung der Rechtsprechung möglich erscheint (**Unvollständigkeit der Rechtsprechung**). Eine relevante Verkennung der Vorlagepflicht soll nur in Betracht kommen, wenn das letztinstanzliche Hauptsachegericht (entsprechendes gilt auch für Untergerichte, sofern sie vorlagepflichtig sind) den ihm in solchen Fällen notwendig zukommenden Beurteilungsrahmen in unvertretbarer Weise überschritten hat. Dies ist der Fall, wenn mögliche Gegenauffassungen zu der entscheidungserheblichen Frage gegenüber der vom Gericht vertretenen Meinung eindeutig vorzuziehen sind.³⁵⁰ Ein Entzug des gesetzlichen Richters liegt jedenfalls nach dem bislang vorherrschenden Maßstab nicht vor, wenn das Gericht die entscheidungserhebliche materielle Frage – und nicht etwa diejenige der Vorlagepflicht nach Art. 267 Abs. 3 AEUV – in vertretbarer Weise beantwortet hat.³⁵¹

101 Dieser Prüfungsmaßstab der hergebrachten Rechtsprechung hat in der Literatur erhebliche Kritik erfahren.³⁵² Zum Teil wird aus Gründen der Unionsrechtskonformität die Willkürkontrolle bei Art. 101 Abs. 1 S. 2 GG generell abgelehnt und im Lichte des in Art. 23 Abs. 1 S. 1 GG verankerten Grundsatzes der Europarechtsfreundlichkeit eine umfassende Kontrolldichte gefordert,³⁵³ während andere für eine extensive und an der Rechtsprechung des EuGH zu Art. 267 Abs. 3 AEUV orientierte Interpretation des Willkürkriteriums plädieren.³⁵⁴ Die **jüngste Entwicklung der Rechtsprechung**

---

³⁴⁹ Vgl. hierzu BVerfG, Beschl. v. 9.11.1987, 2 BvR 808/82, NJW 1988, 1456 (1457); Beschl. v. 31.5.1990, 2 BvL 12/88, v.a., NVwZ 1991, 53 (57f.); Beschl. v. 9.1.2001, 1 BvR 1036/99, EuZW 2001, 255 (255f.); Beschl. v. 6.12.2006, 1 BvR 2085/03, NVwZ 2007, 197 (198); Beschl. v. 20.2.2008, 1 BvR 2722/06, NVwZ 2008, 780 (780f.); Beschl. v. 6.5.2008, 2 BvR 2419/06, NVwZ-RR 2008, 658 (659); Beschl. v. 25.8.2008, 2 BvR 2213/06, NVwZ 2009, 519 (520); Beschl. v. 6.7.2010, 2 BvR 2661/06, NJW 2010, 3422 (3427); Beschl. v. 28.10.2009, 2 BvR 2236/09, NJOZ 2010, 1428 (1429); Beschl. v. 5.1.2011, 1 BvR 2870/10, NJW 2011, 1131 (1131f.); Beschl. v. 19.7.2011, 1 BvR 1916/09, NJW 2011, 3428 (3433f.); *Roth*, NVwZ 2009, 345 (349).
³⁵⁰ BVerfG, Beschl. v. 9.11.1987, 2 BvR 808/82, NJW 1988, 1456 (1457); Beschl. v. 31.5.1990, 2 BvL 12/88, v.a., NVwZ 1991, 53 (57); Beschl. v. 9.1.2001, 1 BvR 1036/99, EuZW 2001, 255 (256); Beschl. v. 28.10.2009, 2 BvR 2236/09, NJOZ 2010, 1428 (1430).
³⁵¹ Vgl. BVerfG, Beschl. v. 6.12.2006, 1 BvR 2085/03, NVwZ 2007, 197 (198); Beschl. v. 14.5.2007, 1 BvR 2036/05, NVwZ 2007, 942 (945); Beschl. v. 6.5.2008, 2 BvR 2419/06, NVwZ-RR 2008, 658 (659); Beschl. v. 24.10.2011, 2 BvR 1969/09, NVwZ 2012, 426 (427f.); Beschl. v. 6.7.2010, 2 BvR 2661/06, NJW 2010, 3422 (3427) *(Honeywell)*.
³⁵² *Classen*, in: v. Mangoldt/Klein/Starck, GG, Art. 101 Rn. 57f; *Fastenrath*, NJW 2009, 272 (274ff.); *ders.*, JZ 2012, 299 (300ff.); *Roth*, NVwZ 2009, 345 (349f.).
³⁵³ *Hilf*, EuGRZ 1987, 1 (5f.); *Scherer*, JA 1987, 483 (487f.) *Callies*, NJW 2013, 1905 (1907).
³⁵⁴ Vgl. *Fastenrath*, NJW 2009, 272 (274ff.); *ders.*, JZ 2012, 299 (300ff.); *Roth*, NVwZ 2009, 345 (349ff.); *Proelß*, EuR 2011, 241 (259); wohl auch *Sauer*, EuZW 2011, 94 (96).

des BVerfG – einzelner Kammern[355] und des Ersten Senats selbst,[356] vereinzelt auch von Kammern des Zweiten Senats[357] – überholt die Kritik zunehmend, indem sie den Prüfungsmaßstab an die unionsrechtlichen Erfordernisse anpasst und auf die **Vertretbarkeit der Auslegung der Zuständigkeitsnorm des Art. 267 Abs. 3 AEUV** bezieht.[358] Danach sei die fachgerichtliche Anwendung des Art. 267 Abs. 3 AEUV offensichtlich unhaltbar und führe zu einer Verletzung von Art. 101 Abs. 1 S. 2 GG, sofern die eigene Lösung der entscheidungserheblichen Frage des Gerichts nicht auf die bestehende Rechtsprechung des EuGH zurückgeführt werden könne und auch nicht einer eindeutigen Rechtslage entspreche.[359] Das Gericht müsse die entscheidungserhebliche Frage vorlegen, es sei denn, die entscheidungserhebliche Norm des Unionsrechts ist bereits Gegenstand einer Auslegung des EuGH gewesen oder die richtige Anwendung des Unionsrechts sei derart offenkundig, dass für einen vernünftigen Zweifel keinerlei Raum bleibe. Davon dürfe das innerstaatliche Gericht ausgehen, wenn es überzeugt sei, dass auch für die Gerichte der übrigen Mitgliedstaaten und für den EuGH die gleiche Gewissheit bestünde. Nur wenn sich das Gericht ausreichend hinsichtlich des europäischen Rechts kundig gemacht habe, könne es von einer Vorlage absehen und die Frage in eigener Verantwortung in zumindest vertretbarer Weise beantworten.[360] Würdigt das Gericht die im Zusammenhang mit der entscheidungserheblichen unionsrechtlichen Frage vorgetragenen Aspekte nicht in tragfähiger Weise, genügt bereits dieser Umstand für die Feststellung eines Verfassungsverstoßes.[361] In der Sache nähert

---

[355] BVerfG, Beschl. v. 30.8.2010, 1 BvR 1631/08, GRUR 2010, 999 (1000); Beschl. v. 10.11.2010, 1 BvR 2065/10, Rn. 23 – juris; Beschl. v. 21.12.2010, 1 BvR 506/09, Rn. 16 – juris; Beschl. v. 5.1.2011, 1 BvR 2870/10, NJW 2011, 1131 (1131 f.); Beschl. v. 19.7.2011, 1 BvR 1916/09, NJW 2011, 3428 (3433 f.); Beschl. v. 31.1.2011, 1 BvR 640/11, NVwZ 2012, 1033 ff.; Beschl. v. 22.6.2011, 1 BvR 2553/10, NJW-RR 2011, 1608 (1609 f.); Beschl. v. 7.6.2011, 1 BvR 2109/09, LMRR 2011, 41; Beschl. v. 29.5.2012, 1 BvR 3201/11, Rn. 23 – juris; Beschl. v. 16.4.2012, 1 BvR 523/11, HFR 2012, 795.
[356] BVerfG, Beschl. v. 25.1.2011, 1 BvR 1741/09, NJW 2011, 1427 (1431), der jedoch ausdrücklich keinen Widerspruch erkennen will zur restriktiveren Linie des Zweiten Senats in BVerfG, Beschl. v. 6.7.2010, 2 BvR 661/06, NJW 2010, 3422 (3427) *(Honeywell)*; kritisch zum Honeywell-Beschluss daher *Proelß*, EuR 2011, 241 (256 ff.).
[357] BVerfG, Beschl. v. 28.10.2009, 2 BvR 2236/09, NJOZ 2010, 1428 (1429 f.); Beschl. v. 21.11.2011, 2 BvR 516/09 u. a., NJW 2012, 598 (599 f.); Beschl. v. 22.9.2011, 2 BvR 947/11, Rn. 13 – juris; Beschl. v. 15.12.2011, 2 BvR 148/11, NJW 2012, 1202 (Rn. 35 ff.).
[358] Vgl. zur Entwicklung *Classen*, in: v. Mangoldt/Klein/Starck, GG, Art. 101 Rn. 57 f.; *Thüsing/Pötters/Traut*, NZA 2010, 930 (932 f.); *Bäcker*, NJW 2011, 270 ff.; *Britz*, NJW 2012, 1313 (1314); *Wernsmann*, NZG 2011, 1241 (1244); *Selder*, ZRP 2011, 164.
[359] BVerfG, Beschl. v. 25.1.2011, 1 BvR 1741/09, NJW 2011, 1427 (1431); Beschl. v. 25.2.2010, 1 BvR 230/09, NJW 2010, 1268 (1269); Beschl. v. 30.8.2010, 1 BvR 1631/08, GRUR 2010, 999 (1000); Beschl. v. 19.7.2011, 1 BvR 1916/09, NJW 2011, 3428 (3433 f.); Beschl. v. 7.6.2011, 1 BvR 2109/09, LMRR 2011, 41; vgl. hierzu *Thüsing/Pötters/Traut*, NZA 2010, 930 ff.; anders noch BVerfG, Beschl. v. 20.9.2007, 2 BvR 855/06, NJW 2008, 209 (212), zu BVerwG, Urt. v. 26.1.2006, 2 C 43/04, NJW 2006, 1828, in der das BVerwG zur Vorlagepflicht nicht Stellung genommen hatte.
[360] BVerfG, Beschl. v. 5.1.2011, 1 BvR 2870/10, NJW 2011, 1131 (1131 f.); Beschl. v. 19.7.2011, 1 BvR 1916/09, NJW 2011, 3428 (3433 f.); Beschl. v. 31.1.2011, 1 BvR 640/11, NVwZ 2012, 1033 f.; Beschl. v. 21.11.2011, 2 BvR 516/09 u. a., NJW 2012, 598 (599 f.); Beschl. v. 29.5.2012, 1 BvR 3201/11, Rn. 24.
[361] BVerfG, Beschl. v. 24.10.2011, 2 BvR 1969/09, NVwZ 2012, 426 (428); Beschl. v. 25.8.2008, 2 BvR 2213/06, NVwZ 2009, S. 19 (521).

das BVerfG damit seinen **Prüfungsmaßstab** an die acte-claire-Doktrin des EuGH an und stellt im Rahmen des Art. 101 Abs. 1 S. 2 GG vergleichbare Anforderungen an die Auslegung und Anwendung des Art. 267 Abs. 3 AEUV wie der EuGH:[362] Es bleibt zwar bei einer Willkürprüfung durch das BVerfG, deren Maßstäbe an die Fallgruppen der bisherigen Rechtsprechung anknüpfen.[363] Ihr Bezugspunkt ist aber nicht mehr die entscheidungserhebliche materielle Frage des Unionsrechts, sondern die Auslegung und Anwendung des Art. 267 Abs. 3 AEUV durch das Hauptsachegericht.[364] Ein nationales Gericht ist bei ungeklärter Rechtslage zur Vorlage einer entscheidungserheblichen Frage nicht nur berechtigt, sondern sogar verpflichtet, wenn Gerichte anderer Mitgliedstaaten die Frage anders beurteilt haben. Es dürfte daher kaum ein Spielraum der Gerichte verbleiben, ohne Vorlage eine vertretbare und damit mit Art. 101 Abs. 1 S. 2 GG konforme Entscheidung zu treffen.[365] In der Literatur werden über die durch die verfassungsgerichtliche Judikatur geprägten Konstellationen hinaus zwei weitere Fallgruppen vorgeschlagen, in denen hinsichtlich Art. 101 Abs. 1 S. 2 GG eine vollständige verfassungsgerichtliche – über den Willkürmaßstab hinaus – angezeigt sein soll:[366] Ein vorlagepflichtiges Gericht verkennt eine gebotene Vorlage an den EUGH betreffend die Gültigkeit eines Unionsrechtsaktes Art. 267 Abs. 3 i. V. m. Abs. 1 lit. b) 1. Alt. AEUV (unterlassene Gültigkeitsvorlage) oder ein Fachgericht übergeht eine Vorlagepflicht nach Art. 267 Abs. 3 i. V. m. Abs. 1 lit a) oder b) AEUV, die zur Gewährleistung eines grundrechtskonformen Auslegung des Unionsrechts geboten ist (grundrechtskonforme Auslegung des Unionsrechts).

102 Einen Sonderfall betreffen die Konstellationen, in denen die Reichweite eines unionsrechtlichen Umsetzungsspielraums unklar ist – die Voraussetzungen der acte claire-Doktrin also nicht gegeben sind (vgl. Rn. 90 f.). In diesen Fällen ist auch für nicht letztinstanzliche Fachgerichte das Recht aus Art. 267 Abs. 2 AEUV nicht nur fakultativ, sondern es besteht eine obligatorische **Vorlagepflicht** an den EuGH.[367] Denn gemäß der Solange II-Rechtsprechung (vgl. Rn. 6 f., 11, 34) hängt von der Reichweite des Umsetzungsspielraumes ab, ob eine mögliche Verletzung grundgesetzlicher Normen in Betracht kommt. Verstößt ein nationales Gesetz nach Auffassung eines Fachgericht sowohl gegen das Grundgesetz als auch gegen Unionsrecht, steht es ihm grundsätzlich frei, vorrangig die Normenkontrolle durch das BVerfG nach Art. 100 Abs. 1 GG oder eine Entscheidung des EuGH nach Art. 267 AEUV zu ersuchen.[368] Solange eines der beiden Verfahren anhängig ist, scheidet ein Verstoß gegen Art. 101 Abs. 1 S. 2 GG aus. Möglich ist zudem die Aussetzung des eigenen Verfahrens, wenn die Unionsrechtsfrage

---

[362] EuGH, Rs. 283/81, *Cilfit*, Slg. 1982, 3415 Rn. 16, 21; hierzu *Kokott/Henze/Sobotta*, JZ 2006, 633 (634 f.); *Broberg/Fenger*, EuR 2010, 835 ff.
[363] BVerfG, Beschl. v. 5.1.2011, 1 BvR 2870/10, NJW 2011, 1131 (1131 f.), Beschl. v. 25.1.2011, 1 BvR 1741/09, NJW 2011, 1427 (1431); Beschl. v. 15.12.2011, 2 BvR 148/11, NJW 2012, 1202 (Rn. 35 ff.); *Britz*, NJW 2012, 1313 (1314); *Michael*, JZ 2012, 870 (872 f.).
[364] BVerfG, Beschl. v. 10.11.2010, 1 BvR 2065/10, Rn. 23 – juris; Beschl. v. 25.2.2010, 1 BvR 230/09, NJW 2010, 1268 (1269); Beschl. v. 5.1.2011, 1 BvR 2870/10, NJW 2011, 1131 (1131 f.); Beschl. v. 15.12.2011, 2 BvR 148/11, NJW 2012, 1202 (Rn. 35 ff.); *Bäcker*, NJW 2011, 270 (272); *Thüsing/Pötters/Traut*, NZA 2010, 930 (931 ff.).
[365] Vgl. *Thüsing/Pötters/Traut*, NZA 2010, 930 (932 f.); *Sauer*, EuZW 2011, 94 (96).
[366] *Michael*, JZ 2012, 870 (878 ff.); ders., JZ 2013, 302 (303 f.).
[367] BVerfG, Beschl. v. 4.10.2011, 1 BvL 3/08, NJW 2012, 45 (46).
[368] BVerfG, Beschl. v. 11.7.2006, 1 BvL 4/00, E 116, 202 (214 f.); BVerfG, Beschl. v. 4.10.2011, 1 BvL 3/08, NJW 2012, 45 (45); *Britz*, NJW 2012, 1313 (1316); *Voßkuhle*, SächsVBl 2013, 77 (80).

bereits Gegenstand eines anderen Vorabentscheidungsersuchens ist, dessen Ausgang abgewartet werden soll.[369]

Auch das BVerfG selbst unterliegt der Vorlagepflicht aus Art. 267 Abs. 3 AEUV und damit der Verpflichtung aus Art. 101 Abs. 1 S. 2 GG, wobei Verstöße jedoch nicht im Wege der förmlichen Verfahren, sondern nur durch Gegenvorstellung gerügt werden können.[370]

II. Verfassungsgerichtliche Überprüfung der Unionskonformität staatlicher Hoheitsakte

Während sich die Betrachtungen üblicherweise dem Problemfeld einer Instrumentalisierung des verfassungsgerichtlichen Rechtsschutzes zur Abwehr unionsbedingter Belastungen widmen, wurde in neuerer Zeit verschiedentlich erörtert, ob im Rahmen verfassungsgerichtlicher Rechtsschutzverfahren eine Überprüfung deutscher Hoheitsakte am Maßstab des Unionsrechts vorzunehmen ist.[371] Namentlich wurde der Vorschlag unterbreitet, das Verfahren der Verfassungsbeschwerde nach Art. 94 Abs. 1 Nr. 4a GG auch zum Schutz der unionsrechtlich gewährleisteten Individualrechte (Grundrechte und Grundfreiheiten) zu eröffnen.[372]

Dabei wird zunächst in Betracht gezogen, eine **Verletzung des Art. 19 Abs. 4 GG** im Verfassungsbeschwerdeverfahren geltend zu machen, wenn nationale Gerichte die Unionsgrundrechte oder sonstige in die nationale Rechtsordnung hineinwirkende Unionsrechtsakte unbeachtet lassen.[373] Daneben wird erwogen, die allgemeine Handlungsfreiheit des **Art. 2 Abs. 1 GG** als Ansatzpunkt zu nutzen, um das Unionsrecht über den Integrationshebel des Art. 23 Abs. 1 GG heranzuziehen.[374] Ganz allgemein muss der Gewährleistungsgehalt der nationalen Grundrechte auch davor schützen, durch mit höherrangigem Recht unvereinbare Normen beeinträchtigt zu werden. Im Kontext des Unionsrechts ergeben sich dabei spezifische prozedurale wie materielle Anforderungen an den nationalen Gesetzgeber.[375] Ausgehend vom Grundsatz der Europarechtsfreundlichkeit des Grundgesetzes gemäß Art. 23 Abs. 1 GG und der Loyalitätspflicht nach Art. 4 Abs. 3 EUV bestehen Koordinations- und Kooperationspflichten im Mehrebenensystem nicht nur für die Verwaltung und die Gerichtsbarkeit, sondern auch für den Gesetzgeber. Aus den entsprechenden **Koordinations- und Kooperationspflichten** des Gesetzgebers im vorstehenden Sinn lassen sich eine **pro-**

---

[369] *Piekenbrock*, EuR 2011, 317 (338).
[370] *Bethge*, in: Maunz/Schmidt-Bleibtreu/Klein/Bethge, BVerfGG, § 90 Rn. 243, 260; *Benda/Klein*, Verfassungsprozessrecht, Rn. 95, 554. *Kahl*, DVBl 2013, 197 (199); *Voßkuhle*, NJW 2013, 1329 (1331). De lege ferenda für ein Antragsrecht auf Anrufung des EuGH *Pagenkopf*, ZRP 2012, 42 (45).
[371] *Sauer*, Jurisdiktionskonflikte, S. 168 f.; *Frenz*, Handbuch Europarecht, Bd. 5, Rn. 3815 ff.; *Moench/Sander*, in: Rengeling, EUDUR I, § 46 Rn. 44 f.
[372] Vgl. etwa *Frenz*, Handbuch Europarecht, Bd. 5, Rn. 3829.
[373] *Frenz*, Handbuch Europarecht, Bd. 5, Rn. 3858 ff.
[374] Vgl. hierzu *Frenz*, Handbuch Europarecht, Bd. 5, Rn. 3834 ff., insbesondere Rn. 3861 f.
[375] Grundlegend hierzu *Nettesheim*, Gesetzgebungsverfahren im europäischen Staatenverbund, passim.

zedurale und eine **materiell-rechtliche Komponente** ableiten:[376] In **prozeduraler Hinsicht** ist im Interesse der Europarechtsfreundlichkeit den **Institutionen der Union** dazu Gelegenheit zu geben, von einer beabsichtigten gesetzgeberischen Maßnahme **Kenntnis** zu nehmen und sich hierzu zu äußern, sofern diese Verantwortungsbereiche der EU berührt oder auf diese potentiell einwirkt. In **materiell-rechtlicher Hinsicht** sind die **Belange der Union** grundsätzlich zu **ermitteln** und zu **bewerten**. Sie fließen sodann – als einer neben anderen verfassungsrechtlich erheblichen Belangen – in die gesetzgeberische Abwägungsentscheidung ein. Diese Pflichten kommen zum Tragen, wenn Maßnahmen geplant sind, die sich hinreichend greifbar auf Verantwortlichkeiten der EU auswirken. Ähnlich ist der Ansatz zu verstehen, das Unionsrecht zähle zu „Recht und Gesetz" gemäß Art. 20 Abs. 3 GG, so dass die Anwendung des Unionsrechts über das jeweils einschlägige Grundrecht zum Gegenstand der Verfassungsbeschwerde gemacht werden könne.[377] Diese Auffassung knüpft an die jüngere verfassungsgerichtliche Rechtsprechung an, die eine Pflicht zur Berücksichtigung der EMRK im Rahmen einer vertretbaren Gesetzesauslegung ebenfalls aus der Bindung an „Recht und Gesetz" gemäß Art. 20 Abs. 3 GG ableitet.[378]

106 Nach der bisherigen Auffassung des BVerfG gehören jedoch unionsrechtlich begründete Rechte grundsätzlich nicht zu den Grundrechten oder grundrechtsgleichen Rechten, gegen deren Verletzung nach Art. 93 Abs. 1 Nr. 4a GG, § 90 Abs. 1 BVerfGG mit der Verfassungsbeschwerde vorgegangen werden kann.[379] Die Prüfung der Vereinbarkeit einer innerstaatlichen Norm des einfachen Rechts mit den Bestimmungen des europäischen Unionsrechts falle **nicht in die Zuständigkeit des BVerfG**. Es handele sich nicht um die Überprüfung spezifischen Verfassungsrechts, auf die sich die Zuständigkeit des BVerfG beschränke, sondern um einen einfachen Normenkonflikt, der in die Zuständigkeit der Fachgerichtsbarkeit falle.[380] Erst recht scheide eine Überprüfung von Unionsrechtsakten an den jeweils höherrangigen unionsrechtlichen Maßstäben aus.[381] Diese restriktive Rechtsprechung ist angesichts des entwicklungsoffenen Grundsatzes der Europarechtsfreundlichkeit des Grundgesetzes zu überdenken.

107 Etwas anderes gilt, wenn ein Fachgericht den unionsrechtlichen Vorgaben nicht hinreichend Rechnung trägt. Gemäß dem sich aus dem Grundgesetz – insbesondere aus Art. 19 Abs. 4 GG – ergebenden Recht auf effektiven Rechtsschutz obliegt es den Fachgerichten, die unionsrechtlichen Vorgaben für einen nationalen Ausführungsakt an den Unionsgrundrechten zu messen und gegebenenfalls ein Vorabentscheidungsverfahren nach Art. 267 AEUV durchzuführen.[382] Ein hierauf begründeter Verstoß gegen Art. 19 Abs. 4 GG kann vor dem BVerfG geltend gemacht werden. Die Fachgerichte werden damit im Ergebnis zu Hütern der Unionsgrundrechte erhoben.[383] Hintergrund ist, dass die

---

[376] *Nettesheim*, Gesetzgebungsverfahren im europäischen Staatenverbund, B.II.
[377] So *Voßkuhle* SächsVBl 2013, 77 (79).
[378] BVerfG, Beschl. v. 14.10.2004, 2 BvR 1481/04, E 111, 307 (315 ff.).
[379] BVerfG, Urt. v. 16.3.2004, 1 BvR 1778/01, NVwZ 2004, 597 (598 f.); Urt. v. 28.3.2006, 1 BvR 1054/01, NJW 2006, 1261 (1261).
[380] *Sauer*, Jurisdiktionskonflikte, S. 169; *Bethge*, in: Maunz/Schmidt-Bleibtreu/Klein/Bethge, BVerfGG, § 90 Rn. 334a.
[381] BVerfG, Beschl. v. 12.9.2012, 2 BvR 1824/12, Rn. 11 f.
[382] BVerfG, Beschl. v. 13.3.2007, 1 BvF 1/05, E 118, 79 (97); *Britz*, NJW 2012, 1313 (1315 f.) *Voßkuhle*, SächsVBl 2013, 77 (79).
[383] Hierzu und zum Folgenden *Britz*, NJW 2012, 1313 (1316 f.).

nur schwach ausgestaltete Individualklagemöglichkeit nach Art. 263 Abs. 4 AEUV keine generelle Einklagbarkeit des unionsrechtlichen Grundrechtsschutzes gewährleistet. Das gleiche sollte künftig gelten, wenn nach Auffassung eines Instanzgerichtes ein nationaler Rechtsakt aufgrund des Vorranges des Unionsrechts nicht anwendbar sein soll.[384]

Eine weitere Ausnahme ist anzuerkennen, wenn Verfassungsnormen ausdrücklich auf das Europarecht Bezug nehmen – wie das Kommunalwahlrecht für Unionsbürger nach Art. 28 Abs. 1 S. 3 GG.[385] Soweit sich aus der Verweisung Zweifelsfragen ergeben, sind diese jedoch zwingend durch das BVerfG dem EuGH vorzulegen.

E. Verfassungsgerichtliche Kontrolle der deutschen Mitwirkung am Entscheidungsprozess der Europäischen Union

Fragen des verfassungsgerichtlichen Rechtsschutzes stellen sich überdies mit Blick auf die deutsche Mitwirkung am Entstehungsprozess des sekundären Unionsrechts, deren praktische Relevanz die Streitigkeiten um die Tabakrichtlinie[386] und um die Rundfunkrichtlinie[387] hinreichend belegen. Das Rechtsschutzziel kann insbesondere darin liegen, die deutsche Mitwirkung am Erlass eines bestimmten, noch nicht beschlossenen Rechtsaktes zu verhindern oder die Verfassungswidrigkeit eines entsprechenden Verhaltens festzustellen.

I. Verfahrensarten

1. **Individualverfassungsbeschwerde.** Der Beschwerdeführer wird nicht bereits durch den Zustimmungsakt des deutschen Vertreters im Rat, sondern erst durch den erlassenen Unionsrechtsakt oder weitere Umsetzungsakte **selbst** und **unmittelbar** im Sinne von § 90 Abs. 1 BVerfGG in seinen Grundrechten beeinträchtigt.[388] Das BVerfG hat insoweit zu Recht klargestellt, dass die Mitwirkung bei der Entstehung eines Unionsrechtsaktes den Beschwerdeführer nicht grundsätzlich unmittelbar beschwere.[389] Insbesondere eine Richtlinie könne erst nach ihrem Inkrafttreten und ihrer innerstaatlichen Verwirklichung eine Beschwer des Beschwerdeführers auslösen. Auch die Verordnung löse erst mit ihrem Inkrafttreten unmittelbare Rechtswirkungen und damit potentiell eine Beschwer aus.[390]

---

[384] Ähnlich *Piekenbrock*, EuR 2011, 317 (339 f.).
[385] Vgl. hierzu *Frenz*, VerwArch 101 (2010), 159 (165).
[386] Vgl. hierzu BVerfG, Beschl. v. 12.5.1989, 2 BvQ 3/89, NJW 1990, 974; Beschl. v. 9.7.1992, 2 BvR 1096/92, DÖV 1992, 1010.
[387] Vgl. hierzu BVerfG, Urt. v. 11.4.1989, 2 BvG 1/89, EuGRZ 1989, 337; Urt. v. 22.3.1995, 2 BvG 1/89, E 92, 203 ff.
[388] *Classen*, in: v. Mangoldt/Klein/Starck, GG, Art. 24 Rn. 48; *Schmidt-Aßmann*, in: Maunz/Dürig, GG, Art. 19 Abs. 4 Rn. 50.
[389] BVerfG, Beschl. v. 12.5.1989, 2 BvQ 3/89, NJW 1990, 974; Beschl. v. 9.7.1992, 2 BvR 1096/92, DÖV 1992, 1010; Beschl. v. 16.10.2003, 1 BvR 2075/03, NVwZ 2004, 209; Urt. v. 7.9.2011, 2 BvR 987/10 u. a., NJW 2011, 2946 (2949 f.) *(Griechenland-Hilfe)*.
[390] Zweifel an der Beschwer des Bürgers sind ferner deshalb angebracht, da auch bei Feststellung der Verfassungswidrigkeit der Zustimmung der Rechtsakt gültig bliebe. Vgl. nur *Streinz*, Grundrechtsschutz, S. 209.

111 Dennoch wird teilweise eine Verfassungsbeschwerde gegen das **Abstimmungsverhalten des deutschen Vertreters** im Rat der Europäischen Union für zulässig erachtet.[391] Die dem jeweiligen supranationalen Rechtsakt konkret erteilte zustimmende Mitwirkungshandlung sei ein (prinzipiell) verfassungsgebundener Akt deutscher öffentlicher Gewalt, der eine (völkerrechtliche) Bindung der Bundesrepublik begründe und grundsätzlich der Jurisdiktionsmacht des BVerfG unterliege.[392] Im Ergebnis ist dies nicht richtig. Denn es fehlt schon an der unmittelbaren Auswirkung.

112 Nicht der Mitwirkungsakt als solcher, sondern erst der unter Mitwirkung des deutschen Vertreters erlassene Rechtsakt greift in die Sphäre des Bürgers ein.[393] Zudem bliebe der Unionsrechtsakt gültig, auch wenn die Verfassungswidrigkeit des Mitwirkungsaktes festgestellt würde. Es ist daher grundsätzlich hinreichend, Rechtsschutz gegen den belastenden Unionsrechtsakt über das zugrundeliegende Zustimmungsgesetz zuzulassen. Dies gilt auch für den Fall, dass sich der angegriffene Mitwirkungsakt etwa auf eine unionsrechtliche Verordnung bezieht und regelmäßig mit dem Erlass des Rechtsaktes zusammenfällt.

113 Das prozessuale Unmittelbarkeitserfordernis ist demnach im Regelfall nicht erfüllt. Die nationalen Vertreter unterliegen bei der Mitwirkung und Beteiligung an Organschaften der Europäischen Union gleichwohl materiell der Bindung an die nationalen Grundrechte nach Art. 1 Abs. 3, Art. 20 Abs. 3 GG.[394] Es ist zumindest ein Ausfluss der grundrechtlichen Schutzpflicht, Beeinträchtigung der durch die nationalen Grundrechte geschützten Freiräume durch supranationale Hoheitsakte möglichst zu verhindern.[395] Mitwirkungsakte sind daher nur ausnahmsweise ein zulässiger Beschwerdegegenstand, wenn ein qualifiziertes Unterlassen vorliegt, insbesondere indem eine grundrechtlich gebotene Handlungspflicht verletzt wird.[396]

114 Der Mitwirkungsakt kann sich zudem auf einen identitätsverletzenden oder einen Ultra-Vires-Rechtsakt der Union beziehen. In einem solchen Fall sind die demokratiebezogenen Grenzen für europäisches Recht berührt. Auch in diesen Fällen ist das prozessuale Unmittelbarkeitserfordernis erst durch den Unionsrechtsakt verwirklicht. Eine gegenwärtige und unmittelbare Betroffenheit durch den letztlich erlassenen Unionsrechtsakt ist regelmäßig aufgrund der oben dargelegten verfassungsgerichtlichen Grundsätze (vgl. Rn. 44 ff.) aus Art. 38 Abs. 1 S. 1 GG abzuleiten.[397]

115 Aus dem Erfordernis der **Rechtswegerschöpfung** gemäß § 90 Abs. 2 S. 1 BVerfGG ergibt sich hingegen keine unüberwindliche Hürde für eine gegen den Zustimmungsakt gerichtete Verfassungsbeschwerde. Ungeachtet der im Schrifttum diskutierten Möglichkeit einer Inanspruchnahme verwaltungsgerichtlichen Rechtsschutzes,[398] dürfte die Rechtswegerschöpfung aus den in § 90 Abs. 2 S. 2 BVerfGG genannten Gründen regelmäßig entbehrlich sein.

---

[391] Vgl. *Classen*, in: v. Mangoldt/Klein/Starck, GG, Art. 24 Rn. 48; *Streinz*, Grundrechtsschutz, S. 206 f.
[392] Vgl. *Schmidt-Aßmann*, in: Maunz/Dürig, GG, Art. 19 Abs. 4 Rn. 50; *Nettesheim*, EuR 2011, 765 (770).
[393] Anders hingegen *Frenz*, Handbuch Europarecht, Bd. 5, Rn. 3780 ff.
[394] Vgl. auch zur Gegenansicht *Scholz*, in: Maunz/Dürig, GG, Art. 23 Rn. 87.
[395] Vgl. *Classen*, in: v. Mangoldt/Klein/Starck, GG, Art. 24 Rn. 56.
[396] BVerfG, Urt. v. 7.9.2011, 2 BvR 987/10 u. a., NJW 2011, 2946 (2950) *(Griechenland-Hilfe)*.
[397] Vgl. *Frenz*, Handbuch Europarecht, Bd. 5, Rn. 3783.
[398] Vgl. *Streinz*, Grundrechtsschutz, S. 209 f.

Die Integritätsinteressen des Beschwerdeführers können in seltenen Extremfällen 116
eine **präventiv** wirkende Kontrolle des Abstimmungsverhaltens im Rat gebieten. Im
Wege einer **einstweiligen Anordnung** gemäß § 32 BVerfGG kann die beabsichtigte
Zustimmung versagt werden. Dies kommt allenfalls in Betracht, wenn nach dem Vortrag des Beschwerdeführers ohne den Erlass der einstweiligen Anordnung schwere und
irreversible Grundrechtsbeeinträchtigungen zu erwarten sind, wohingegen eine zeitliche Aufschiebung der Mitwirkungshandlung auf europäischer Ebene keine schweren
Nachteile begründet (vgl. Rn. 141).[399]

2. Bund-Länder Streit. Gemäß Art. 93 Abs. 1 Nr. 3 GG entscheidet das BVerfG über 117
Meinungsverschiedenheiten hinsichtlich der Rechte und Pflichten des Bundes und der
Länder. Dieses Verfahren eröffnet den Bundesländern die Möglichkeit, die bundesdeutschen Mitwirkungshandlungen am Entstehungsprozess sekundären Unionsrechts
verfassungsgerichtlich kontrollieren zu lassen.[400] Verfahrensgegenstand ist nur die
Mitwirkungshandlung, nicht der Unionsrechtsakt selbst.[401] Das jeweilige Bundesland
muss gemäß § 69 BVerfGG i. V. m. § 64 BVerfGG geltend machen können, durch die
angegriffene Mitwirkungshandlung der Bundesregierung in seinen grundgesetzlich
zugewiesenen Rechten und Pflichten verletzt oder unmittelbar gefährdet zu sein.
Gerügt werden kann namentlich eine Verletzung der Grundsätze bundesfreundlichen
Verhaltens[402] sowie des Subsidiaritätsprinzips nach Art. 23 Abs. 1 S. 1 GG[403], soweit
Länderkompetenzen durch den Unionsrechtsakt berührt werden sollen. Einen weiteren
möglichen Angriffspunkt bilden die in Art. 23 Abs. 1a bis 7 GG niedergelegten Beteiligungsrechte des Bundesrates und der Ländervertreter.[404] Ferner müssen auch Beeinträchtigungen der unabdingbaren Grundrechtsgewährleistung, der Verfassungsidentität und der Kompetenzgrenzen unter Berufung auf Art. 23 Abs. 1 GG geltend gemacht
werden können.[405] Auch in diesem Zusammenhang gebietet das Integritätsinteresse
des Antragstellers, grundsätzlich eine präventiv wirkende Kontrolle – ggf. im Wege
einer einstweiligen Anordnung gemäß § 32 BVerfGG (vgl. Rn. 139 ff.) – zuzulassen.[406]

3. Organstreitverfahren. Der **Bundesrat** kann die ihm durch Art. 23 GG zuerkannten Mitwirkungsrechte zudem im Wege des Organstreitverfahrens gemäß Art. 93 118
Abs. 1 Nr. 1 GG, §§ 63 ff. BVerfGG verteidigen. Entsprechendes gilt für den in diesem Verfahren gleichfalls beteiligtenfähigen **Bundestag**, dem durch Art. 23 Abs. 2, 3
GG Beteiligungsmöglichkeiten in Angelegenheiten der Europäischen Union verfassungskräftig eingeräumt wurden.[407] Hierzu zählen auch die Mitwirkungsrechte des
Bundestages hinsichtlich vertragsändernder Rechtsakte der Union wie sie in §§ 2 ff.

---

[399] Die verfassungsgerichtliche Rechtsprechung schließt den Erlass einer einstweiligen Anordnung – unter äußerst strengen Anforderungen – nicht grundsätzlich aus; vgl. BVerfG, Beschl. v. 7.5.2010, 2 BvR 987/10, NJW 2010, 1586 (1587) *(Griechenland-Gewährleistungsübernahme)*; Beschl. v. 9.6.2010, 2 BvR 1099/10, NJW 2010, 2418 (2419) *(Euro-Rettungsschirm)*.
[400] Vgl. BVerfG, Urt. v. 22.3.1995, 2 BvG 1/89, E 92, 203 (227).
[401] *Bethge*, in: Maunz/Schmidt-Bleibtreu/Klein/Bethge, BVerfGG, § 69 Rn. 61.
[402] BVerfG, Urt. v. 22.3.1995, 2 BvG 1/89, E 92, 203 (227 f.); *Classen*, in: v. Mangoldt/Klein/Starck, GG, Art. 24 Abs. 1 Rn. 48, 56.
[403] *Streinz*, in: Sachs, GG, Art. 23 Rn. 38.
[404] Vgl. *Lechner/Zuck*, BVerfGG, Vor § 68 Rn. 8.
[405] Hierfür *Frenz*, Handbuch Europarecht, Bd. 5, Rn. 3790.
[406] *Frenz*, Handbuch Europarecht, Bd. 5, Rn. 3794 ff.
[407] *Streinz*, in: Sachs, GG, Art. 23 Rn. 112 ff.; *Schlaich/Korioth*, BVerfG, Rn. 366.

IntVG ausgestaltet sind. Diese Mitwirkungsrechte sind letztlich einfachgesetzliche Konkretisierungen des in Art. 23 Abs. 1 GG verankerten Demokratieprinzips im Zusammenhang mit Kompetenzübertragungen[408] und sind somit zugleich organschaftliche Rechte. Schließlich kann auch das „Klagerecht" nach Art. 23 Abs. 1a GG (vgl. Rn. 138) im Wege des Organstreitverfahrens durchgesetzt werden. Die Fraktionen sind aufgrund der parlamentarischen Kontrollfunktion und aus Gründen des Minderheitenschutzes berechtigt, im Wege der Prozessstandschaft gemäß § 63 BVerfGG Rechte des Bundestages geltend zu machen.[409]

119 Der einzelne **Abgeordnete** kann seine organschaftlichen Rechte aus Art. 38 Abs. 1 S. 2 GG ebenfalls im Wege des Organstreitverfahrens gemäß Art. 93 Abs. 1 Nr. 1 GG, §§ 63 ff. BVerfGG geltend machen. Dies gilt insbesondere, wenn sein Status als Abgeordneter und das Recht auf Teilhabe an den parlamentarischen Prozessen dadurch beschränkt wird, dass einzelne Befugnisse auf parlamentarische Gremien delegiert werden.[410]

II. Prüfungsmaßstab

120 **1. Schranken der Integrationsermächtigung.** Die Mitwirkungshandlungen der bundesdeutschen Beteiligten am Prozess der Entstehung sekundären Unionsrechts unterliegen der prinzipiellen Verfassungsbindung aus Art. 1 Abs. 3, 20 Abs. 3 GG. Im Bereich der Entwicklung und vertraglichen Fortentwicklung der Union, aber auch beim Vollzug des Unionsrechts ist diese Verfassungsbindung – wie oben dargelegt – in gewisser Weise zu **relativieren**. Die Grenzen sind erst überschritten, wenn die unaufgebbaren Grundstrukturen der geltenden Verfassungsordnung tangiert werden.

121 Eine entsprechende Lockerung der Rückbindung an die Vorgaben der Verfassung ist auch hier angezeigt. Der Handlungs- und Entscheidungsspielraum der Bundesregierung ist aus Gründen des Unionsbezuges erweitert. Dem wird im Schrifttum zum Teil unter Hinweis auf den Gedanken einer „präventiv wirkenden Maßstäblichkeit" des nationalen Verfassungsrechts widersprochen.[411] Allein die Annahme einer strikten Beachtlichkeit der Verfassungsvorgaben für die deutsche Beteiligung am unionsrechtlichen Rechtsetzungsprozess wird für geeignet erachtet, der Entstehung grundgesetzwidrigen Unionsrechts zu begegnen.

122 Überzeugender ist es, den maßgeblichen verfassungsrechtlichen **Prüfungs- und Kontrollmaßstab** – unabhängig davon, ob Begründungs- und Vollzugsakte von Unionsrecht betroffen sind – einheitlich anhand des **Art. 23 Abs. 1 GG** zu bestimmen.[412] Die Integrationsermächtigung erlaubt es von Verfassungs wegen, den innerstaatlichen Rechtsraum auch solchem Unionsrecht zu eröffnen, das den verfassungsrechtlichen An-

---

[408] BVerfG, Urt. v. 30.6.2009, 2 BvE 2/08 u. a., NJW 2009, 2267 (2294 f.) *(Lissabon)*.

[409] BVerfG, Urt. v. 19.6.2012, 2 BvE 4/11, NVwZ 2012, 954 (Rn. 77) *(ESM/Euro-Plus-Pakt)*; Urt. v. 12.9.2012, 2 BvE 6/12 u. a., NJW 2012, 3145 (Rn. 229) *(ESM/Fiskalpakt)*.

[410] BVerfG, Urt. v. 28.2.2012, 2 BvE 8/11, NVwZ 2012, 495 (Rn. 97) *(Beteiligungsrechte des BT/EFSF)*.

[411] So wohl *Stern*, Staatsrecht, Bd. III/1, S. 1236 f.

[412] Vgl. *Frenz*, Handbuch Europarecht, Bd. 5, Rn. 3770 ff.; hierzu auch *Classen*, in: v. Mangoldt/Klein/Starck, GG, Art. 23 Rn. 73; *Uerpmann-Wittzack*, in: von Münch/Kunig, Grundgesetz-Kommentar, 6. Aufl. 2012, Art. 23 Rn. 11.

forderungen nicht vollen Umfangs entspricht. Wenn aber die einmal geschaffene Unionsnorm zu Lockerungen der Verfassungsbindungen führen kann, ist dies bereits im Prozess ihrer Entstehung zu berücksichtigen. Die Maßstäbe, die für die Übertragung von Hoheitsrechten und damit die Schaffung der primärrechtlichen Kompetenzen gelten, müssen bei der deutschen Beteiligung am unionsrechtlichen Rechtssetzungsprozess fortwirken. Andernfalls würden der Realisierung verfassungsrechtlich zulässig „übertragener" Kompetenzen weitere, vom nationalen Verfassungsrecht gerade nicht geforderte Hindernisse bereitet, die es aber weder beim Vollzug bestehenden Unionsrechts noch bei seiner Begründung geben darf.[413] Insofern müssen nicht nur die Maßstäbe des unabdingbaren Grundrechtsstandards Anwendung finden (vgl. Rn. 56), sondern auch die Maßstäbe der Identitäts- und der Ultra-Vires-Kontrolle (vgl. Rn. 57 ff.). Vor diesem Hintergrund haben auch die diesbezüglichen besonderen Sachentscheidungsvoraussetzungen (vgl. Rn. 33 ff.) zu gelten.

2. Schranken der organschaftlichen Rechte. Etwas anderes gilt hingegen, wenn **123** konkrete organschaftliche Rechte – wie in Art. 23 Abs. 1a bis 7 GG sowie Art. 23 Abs. 1 S. 2, Abs. 1a S. 3 GG i. V. m. §§ 2 ff. IntVG oder Art. 38 Abs. 1 S. 2 GG verbürgt – geltend gemacht werden (zu Art. 23 Abs. 1a GG vgl. Rn. 138). In diesen Fällen sind die Prinzipien der Europarechtsfreundlichkeit und der Integrationsverantwortung nicht unmittelbar berührt. Vielmehr geht es um die Abgrenzung der Aufgaben- und Befugnisbereiche unter den beteiligten Verfassungsorganen, die sich ausschließlich aus den durch die Verfassung eingeräumten Organrechten ergeben. Einer grundsätzlichen Modifikation des Prüfungsmaßstabs oder gar der Sachentscheidungsvoraussetzungen bedarf es unter diesen Umständen nicht.

a) Beteiligungsrechte aus Art. 23 Abs. 2 bis 6 GG. Die wesentlichen organschaft- **124** lichen Mitwirkungs- und Beteiligungsrechte der Plena von Bundestag und Bundesrat werden durch Art. 23 Abs. 2 bis 6 GG ausgestaltet. Art. 23 Abs. 3 S. 3 GG und Art. 23 Abs. 7 GG ermächtigen zum Erlass der entsprechenden Begleitgesetzgebung (vgl. Rn. 21), durch die die parlamentarischen Mitwirkungsbefugnisse verfahrensrechtlich ausgeformt werden. Nur soweit die auf dieser Grundlage erlassenen Normen in IntVG, EUZBBG, EUZBLG oder sonstigen Begleitgesetzen die verfassungsrechtlichen Vorgaben des Art. 23 GG konkretisieren und die aus der Verfassung selbst folgenden Rechte und Pflichten widerspiegeln und keine darüber hinaus reichenden Verfahrenserfordernisse aufstellen, ist deren Verletzung im verfassungsgerichtlichen Verfahren rügefähig.[414]

In Angelegenheiten der Europäischen Union (vgl. Rn. 23 ff.) sieht Art. 23 Abs. 2 S. 1 **125** GG für die Ausübung der auswärtigen Gewalt die **Mitwirkung von Bundestag und Bundesrat** vor. Bundestag und Bundesrat ist im Vorfeld Gelegenheit zur Stellungnahme zu geben (Art. 23 Abs. 3 S. 1 GG und Art. 23 Abs. 4 GG) und ihre Stellungnahme zu berücksichtigen (Art. 23 Abs. 3 S. 2 GG und Art. 23 Abs. 5 S. 1 GG) – bei einer schwer-

---

[413] Vgl. *Streinz*, Bundesverfassungsgerichtliche Kontrolle über die deutsche Mitwirkung am Entscheidungsprozeß im Rat der Europäischen Gemeinschaften, 1990, S. 32.
[414] BVerfG, Urt. v. 19.6.2012, 2 BvE 4/11, NVwZ 2012, 954 (Rn. 80) *(ESM/Euro-Plus-Pakt)*.

punktmäßigen Berührung von Länderaufgaben schreibt Art. 23 Abs. 5 S. 2 GG sogar eine *maßgebliche* Berücksichtigung der Bundesratsstellungnahme vor.[415]

126 Mit dem Urteil zum ESM/Euro-Plus-Pakt hat das BVerfG das – „allein im Organstreitverfahren rügefähige"[416] – Recht von Bundestag und Bundesrat aus Art. 23 Abs. 2 S. 2 GG auf umfassende und frühestmögliche Unterrichtung durch die Bundesregierung grundlegend präzisiert. Die Unterrichtung soll eine nicht nur nachvollziehende Rolle, sondern eine frühzeitige Möglichkeit der Einflussnahme auf die Willensbildung der Bundesregierung durch fundierte Stellungnahme ermöglichen[417] und damit zugleich einem legitimatorischen Kompensationsbedürfnis Rechnung tragen[418]. In verfahrenstechnischer Hinsicht gebietet der Verhältnismäßigkeitsgrundsatz zugunsten der übrigen Abgeordneten ein grundsätzlich unbeschränktes Recht auf Unterrichtung über die Angelegenheiten der Europäischen Union. In sachlicher Hinsicht muss die Information umfassend die Tätigkeiten aller beteiligten Akteure (Bundesregierung, Unionsorgane und -behörden, andere Mitgliedstaaten) einbeziehen.[419] Die Unterrichtung des Bundestages und seiner Abgeordneten muss umso höheren Anforderungen – hinsichtlich Qualität, Quantität, Aktualität und Verwertbarkeit – genügen, „je komplexer ein Vorgang ist, je tiefer er in den Zuständigkeitsbereich der Legislative eingreift und je mehr er sich einer förmlichen Beschlussfassung oder Vereinbarung annähert".[420] Das BVerfG leitet daraus – unter Wahrung des Kernbereiches exekutiver Eigenverantwortung – drei Gebote ab: Die Unterrichtung des Bundestages muss in sachlicher Hinsicht umfassend sein, in zeitlicher Hinsicht zum frühestmöglichen Zeitpunkt erfolgen und in einer zweckgerechten Weise ausgestaltet sein.

127 Das BVerfG betont weiter, dass die Geheimhaltungsbedürftigkeit einer Information ihrer Weiterleitung an den Bundestag „grundsätzlich" nicht entgegenstehe. Wenn das Wohl des Staates durch das Bekanntwerden der Information gefährdet werde, könne die Unterrichtung nach der Geheimschutzordnung „vertraulich erfolgen".[421] Eine Einschränkung ist allenfalls in zeitlicher Hinsicht zulässig.[422] Insbesondere während des Willensbildungsprozesses der Bundesregierung als dem Kernbereich der Exekutive.[423] Das Parlament ist zu unterrichten, sobald der zwingende Grund entfallen ist. Im Übrigen gebietet die „frühestmögliche Unterrichtung", dass das Parlament „in

---

[415] Grundlegend zu den einzelnen Streitfragen in diesem Zusammenhang *Scholz*, in: Maunz/Dürig, GG, Art. 23 Rn. 127 ff. Zu den Beteiligungsrechten des Bundestages *Mellein*, EuR 2011, 655 (657 ff.).
[416] BVerfG, Urt. v. 12.9.2012, 2 BvE 6/12 u. a., NJW 2012, 3145 (Rn. 260) *(ESM/Fiskalpakt)*.
[417] BVerfG, Urt. v. 19.6.2012, 2 BvE 4/11, NVwZ 2012, 954 (Rn. 107) *(ESM/Euro-Plus-Pakt)*; Urt. v. 28.2.2012, 2 BvE 8/11, NVwZ 2012, 495 (Rn. 109) *(Beteiligungsrechte des BT/EFSF)*; Urt. v. 12.9.2012, 2 BvE 6/12 u. a., NJW 2012, 3145 (Rn. 215) *(ESM/Fiskalpakt)*; Urt. v. 7.9.2011, 2 BvR 987/10 u. a., NJW 2011, 2946 (2951) *(Griechenland-Hilfe)*.
[418] *Kube*, AöR 137 (2012), 205 (219 ff.); *von Kielmannsegg*, EuR 2012, 654 (661 f.).
[419] BVerfG, Urt. v. 19.6.2012, 2 BvE 4/11, NVwZ 2012, 954 (Rn. 118 f.) *(ESM/Euro-Plus-Pakt)*.
[420] BVerfG, Urt. v. 19.6.2012, 2 BvE 4/11, NVwZ 2012, 954 (Rn. 117, 120 ff.) *(ESM/Euro-Plus-Pakt)*.
[421] BVerfG, Urt. v. 19.6.2012, 2 BvE 4/11, NVwZ 2012, 954 (Rn. 119, 153) *(ESM/Euro-Plus-Pakt)*.
[422] BVerfG, Urt. v. 28.2.2012, 2 BvE 8/11, NVwZ 2012, 495 (Rn. 128, 159) *(Beteiligungsrechte des BT/EFSF)*.
[423] BVerfG, Urt. v. 19.6.2012, 2 BvE 4/11, NVwZ 2012, 954 (Rn. 115, 124) *(ESM/Euro-Plus-Pakt)*.

die Lage versetzt werden muss, sich fundiert mit dem Vorgang zu befassen und eine Stellungnahme zu erarbeiten, bevor die Bundesregierung nach außen wirksame Erklärungen" abgibt.[424]

Adressat der Unterrichtung, die grundsätzlich in Schriftform zu erfolgen hat, ist das Plenum als Organ.[425] Mündliche Unterrichtungen sind nur als „Vorabinformationen" zulässig, wenn die schriftliche Information erst mit Verzögerung erfolgen kann. **128**

b) Statusrechte aus Art. 38 Abs. 1 S. 2 GG. Bezüglich der **organschaftlichen Rechte des einzelnen Abgeordneten** stellt das BVerfG in der Entscheidung zu den „Beteiligungsrechten des Bundestages/EFSF" die Konvergenz von Art. 38 Abs. 1 S. 1 und S. 2 GG her. Aus dem – konkret durch das GG verfassten – Demokratieprinzip leitet sich aus der Perspektive des wahlberechtigten Bürgers wie auch aus dem Blickwinkel des Status' des Abgeordneten ein spiegelbildlicher verfassungsrechtlicher Gewährleistungsgehalt ab.[426] Wahlrechtsgleichheit und Gleichheit im Status bedingen einander. Das Recht des einzelnen Abgeordneten auf **gleiche und substanzielle Teilhabe an den grundlegenden und wesentlichen parlamentarischen Entscheidungen** ist sowohl in Art. 38 Abs. 1 S. 1 wie auch in S. 2 GG als abwehrrechtliches Postulat verankert. Der Schutzbereich des Statusrechts aus Art. 38 Abs. 1 S. 2 GG definiert sich maßgeblich durch die Repräsentationsfunktion des Bundestages als Verfassungsorgan. Alle Abgeordneten haben grundsätzlich die gleichen grundlegenden Mitwirkungsbefugnisse, parlamentarischen Rede-, Stimm-, Initiativ- und sonstigen Beteiligungsrechte.[427] **129**

Das BVerfG hat in der Entscheidung über die Beteiligungsrechte des Bundestags/EFSF erstmals eingehend die verfassungsrechtlichen Voraussetzungen und Grenzen definiert, die für die Delegation von Aufgaben und Entscheidungsbefugnissen des Bundestagsplenums auf seine parlamentarischen Gremien und den damit verbundenen Entzug von Teilhaberechten der nicht in das Gremium berufenen Abgeordneten gelten.[428] Diese Maßgaben gelten im Zusammenhang mit supranational veranlassten Maßnahmen, sind jedoch auf rein nationale Sachverhalte ohne Weiteres übertragbar.[429] Das BVerfG verweist darauf, dass das GG in einigen ausdrücklich vorgesehenen Fällen normiert, dass der Bundestag „Befugnisse zur selbständigen und plenarersetzenden Wahrnehmung auf Ausschüsse übertragen kann".[430] Es lässt aber die Frage offen, ob dies auch ohne eine spezielle **verfassungsrechtliche Ermächtigung** durch Gesetz oder aufgrund der Geschäftsordnungsautonomie zulässig ist.[431] Die Einschränkung der Teilnahmerechte der Abgeordneten muss jedoch normativ auf derselben Ebene erfolgen wie ihre Gewährung. Es ist **130**

---

[424] BVerfG, Urt. v. 19.6.2012, 2 BvE 4/11, NVwZ 2012, 954 (LS 3, Rn. 127) *(ESM/Euro-Plus-Pakt)*.
[425] BVerfG, Urt. v. 19.6.2012, 2 BvE 4/11, NVwZ 2012, 954 (Rn. 129 ff.) *(ESM/Euro-Plus-Pakt)*.
[426] BVerfG, Urt. v. 28.2.2012, 2 BvE 8/11, NVwZ 2012, 495 (Rn. 101 ff.) *(Beteiligungsrechte des BT/EFSF)*; ebenso BVerfG, Urt. v. 12.9.2012, 2 BvE 6/12 u. a., NJW 2012, 3145 (Rn. 210 ff.) *(ESM/Fiskalpakt)*, wo einheitlich „Art. 38 Abs. 1 GG" geprüft wird.
[427] BVerfG, Urt. v. 28.2.2012, 2 BvE 8/11, NVwZ 2012, 495 (Rn. 101 ff.) *(Beteiligungsrechte des BT/EFSF)*.
[428] BVerfG, Urt. v. 28.2.2012, 2 BvE 8/11, NVwZ 2012, 495 (Rn. 119) *(Beteiligungsrechte des BT/EFSF)*.
[429] Grundlegend zu dieser Entscheidung *Moench/Ruttloff*, DVBl 2012, 1261 ff.
[430] BVerfG, Urt. v. 28.2.2012, 2 BvE 8/11, NVwZ 2012, 495 (Rn. 122) *(Beteiligungsrechte des BT/EFSF)*. Es nimmt dabei Bezug auf die Art. 45, 45c, 45d und 53a GG.
[431] BVerfG, Urt. v. 28.2.2012, 2 BvE 8/11, NVwZ 2012, 495 (Rn. 122) *(Beteiligungsrechte des BT/EFSF)*.

daher eine entsprechende Delegationsermächtigung durch die Verfassung erforderlich.[432] Die Ausnahmevorschrift des Art. 45 S. 2 GG bestätigt die hier vertretene Position.[433]

131   Die Entscheidung zu den „Beteiligungsrechten des Bundestages/EFSF" überträgt die Grundrechtsdogmatik nun auch auf das Statusrecht des Abgeordneten. Beschränkungen dieses Statusrechts sind „nur zum Schutz anderer Rechtsgüter mit Verfassungsrang unter strikter Wahrung des Grundsatzes der Verhältnismäßigkeit zulässig".[434] Damit ist zunächst die *materielle* Voraussetzung für den Eingriff umschrieben: Ein anderes Rechtsgut mit Verfassungsrang muss die Einschränkung des Teilhaberechtes des Abgeordneten zwingend gebieten. Der Eingriff muss also nach dem **Gebot des geringstmöglichen Eingriffs** erforderlich und angemessen sein.[435]

132   Ein solches Rechtsgut von Verfassungsrang ist die **Funktionsfähigkeit des Parlaments**. Zu diesem Zweck hat der Bundestag die in Art. 40 Abs. 1 S. 2 GG geregelte Geschäftsordnungsautonomie. Diese bezieht sich auf den Geschäftsgang und die Arbeitsweise des Parlaments, aber auch auf die Einrichtung von Ausschüssen, die Wahrnehmung der Initiativ-, Informations- und Kontrollrechte. Die Befugnis zur Selbstorganisation allein erlaubt es nicht, „den Abgeordneten Rechte vollständig zu entziehen".[436] Eine Aufgabenübertragung auf (Unter-)Ausschüsse ist nach der GOBT (§§ 54 Abs. 1, 62 Abs. 1) auf die *Vorbereitung* der Beratungen und Beschlüsse des Plenums beschränkt und umfasst nicht die Delegation von Entscheidungsbefugnissen.[437]

133   Das BVerfG erkennt als weitere Gründe von Verfassungsrang eine besondere **Eilbedürftigkeit und Belange des Geheimschutzes** an. Diese sind Grund und Grenze für den Entzug oder die Beschränkung von Abgeordnetenrechten. Ungeklärt ist, ob im Einzelfall noch andere Rechtsgüter von Verfassungsrang einen solchen Eingriff rechtfertigen können.[438] Für die Frage des ‚Ob' und ‚Wie' einer solchen Delegation können verfassungsrechtliche Gesichtspunkte der Eilbedürftigkeit und Vertraulichkeit nur *soweit* rechtfertigend wirken, als die konkrete Form der Ausgestaltung zwingend geboten ist.

134   Für das Kriterium besonderer **Eilbedürftigkeit** „setzt dies voraus, dass die Maßnahmen bei Befassung des Plenums ihren Zweck aus zeitlichen Gründen verfehlen würden, dass es daher der in Aussicht genommenen Größe des Sondergremiums bedarf und dass sie – die durch das Gremium zu treffende Entscheidung – unmittelbar im Anschluss an die Beratung und Beschlussfassung auch tatsächlich umgesetzt werden soll und umgesetzt wird."[439] Die Eilbedürftigkeit rechtfertigt eine Delegation von Entschei-

---

[432] Dazu instruktiv *Kasten*, DÖV 1985, 222 ff.; *Berg*, Der Staat 9 (1970), 21 ff.; *Kreuzer*, Der Staat 7 (1968), 183 (184 ff.).

[433] Andeutend BVerfG, Urt. v. 19.6.2012, 2 BvE 4/11, NVwZ 2012, 954 (Rn. 130) *(ESM/Euro-Plus-Pakt)*.

[434] BVerfG, Urt. v. 28.2.2012, 2 BvE 8/11, NVwZ 2012, 495 (Rn. 119, ähnlich Rn. 144) *(Beteiligungsrechte des BT/EFSF)*.

[435] *Moench/Ruttloff*, DVBl 2012, 1261 (1263 f.); ähnlich bereits *Berg*, Der Staat 9 (1970), 21 (34).

[436] BVerfG, Urt. v. 28.2.2012, 2 BvE 8/11, NVwZ 2012, 495 (Rn. 119) *(Beteiligungsrechte des BT/EFSF)*.

[437] BVerfG, Urt. v. 28.2.2012, 2 BvE 8/11, NVwZ 2012, 495 (Rn. 120 ff.) *(Beteiligungsrechte des BT/EFSF)*; *H. H. Klein*, in: Maunz/Dürig, GG, Art. 40 Rn. 135 f. Insofern mögen die Ausführungen des BVerfG in diesem Zusammenhang „inhaltlich nicht recht passen", so *Nettesheim*, NJW 2012, 1411.

[438] BVerfG, Urt. v. 28.2.2012, 2 BvE 8/11, NVwZ 2012, 495 (Rn. 144 ff.) *(Beteiligungsrechte des BT/EFSF)*.

[439] BVerfG, Urt. v. 28.2.2012, 2 BvE 8/11, NVwZ 2012, 495 (Rn. 145) *(Beteiligungsrechte des BT/EFSF)*.

dungsbefugnissen auf parlamentarische Gremien also nur, wenn und soweit bei einer Entscheidung durch das Plenum erkennbar eine Überholung der Angelegenheit droht.

Geheimschutzbelange können eine Delegation regelmäßig nur rechtfertigen, wenn „auch die Tatsache der Beratung und der Beschlussfassung an sich geheim gehalten werden müssen, um den Erfolg einer Maßnahme nicht von vornherein unmöglich zu machen."[440] Bezieht sich die Geheimhaltungsbedürftigkeit lediglich auf den Inhalt der Beratung, kann der Vertraulichkeit durch die Instrumentarien der Geheimschutzordnung Rechnung getragen werden. Dies gilt nach Einschätzung des BVerfG „für die allermeisten Fallgestaltungen".[441] Die Abgeordneten sind zu unterrichten, sobald der zwingende Grund entfallen ist. Das uneingeschränkte Unterrichtungsrecht des einzelnen Abgeordneten muss unmittelbar wieder aufleben, sobald kein Grund von Verfassungsrang (der regelmäßig mit dem Rechtfertigungsgrund identisch ist, der die Delegation für die Entscheidungsbefugnis auf das Gremium legitimiert) mehr entgegensteht.[442]

Nach dem **Grundsatz der Spiegelbildlichkeit** muss das entsprechende Untergremium als Delegatar ein verkleinertes Abbild des Plenums sein und die Struktur des Plenums in seiner politischen Gewichtung und dessen Mehrheitsverhältnisse grundsätzlich widerspiegeln.[443] Die Besetzung des Gremiums hat aus demokratisch-legitimatorischen Gründen durch das Plenum zu erfolgen. Die substantielle Verkleinerung eines Gremiums kann durch besondere Gründe des Geheimschutzes nur ganz ausnahmsweise gerechtfertigt sein.[444] Angesichts der Grundanforderungen demokratischer Legitimation dürfte – entgegen einer früheren verfassungsgerichtlichen Äußerung[445] – die verfassungsrechtlich obligatorische Mindestgröße aber unterschritten sein, wenn nicht zumindest jede Fraktion bei der Besetzung des Gremiums berücksichtigt wird.

Weitere **Grenzen der Delegation** parlamentarischer Entscheidungsbefugnisse lassen sich aus der sog. „**Wesentlichkeitstheorie**" des BVerfG ableiten.[446] Hiernach gebietet der im Rechtsstaatsprinzip und im Demokratiegebot wurzelnde Parlamentsvorbehalt, alle *wesentlichen* Entscheidungen dem Gesetzgeber zu überlassen.[447] Für die Wesentlichkeit können insbesondere die Grundrechtsrelevanz, der Adressatenkreis und die Lang-

---

[440] BVerfG, Urt. v. 28.2.2012, 2 BvE 8/11, NVwZ 2012, 495 (Rn. 149) *(Beteiligungsrechte des BT/EFSF)*.

[441] BVerfG, Urt. v. 28.2.2012, 2 BvE 8/11, NVwZ 2012, 495 (Rn. 149) *(Beteiligungsrechte des BT/EFSF)*; ähnlich BVerfG, Urt. v. 19.6.2012, 2 BvE 4/11, NVwZ 2012, 954 (Rn. 119) *(ESM/Euro-Plus-Pakt)*.

[442] BVerfG, Urt. v. 28.2.2012, 2 BvE 8/11, NVwZ 2012, 495 (Rn. 128, 158 f.) *(Beteiligungsrechte des BT/EFSF)*.

[443] Dem trägt auch die Regelung des § 12 S. 1 GOBT Rechnung, vgl. zu alldem BVerfG, Urt. v. 28.2.2012, 2 BvE 8/11, NVwZ 2012, 495 (Rn. 126 ff.) *(Beteiligungsrechte des BT/EFSF)*, m.w.N. aus der verfassungsgerichtlichen Rechtsprechung.

[444] BVerfG, Urt. v. 28.2.2012, 2 BvE 8/11, NVwZ 2012, 495 (Rn. 149) *(Beteiligungsrechte des BT/EFSF)*, dürfte dieser Gedanke zumindest implizit zugrunde liegen.

[445] BVerfG, Urt. v. 14.1.1986, 2 BvE 14/83, E 70, 324 (366).

[446] Hierzu *Moench/Ruttloff*, DVBl 2012, 2161 (1267 f.).

[447] Vgl. nur BVerfG, Beschl. v. 8.8.1978, 2 BvL 8/77, DVBl 1979, 45 (46); Beschl. v. 6.6.1989, 1 BvR 727/84, DVBl 1989, 869 (870); Urt. v. 6.7.1999, 2 BvF 3/90, DVBl 1999, 1266 (1268); Urt. v. 22.11.2001, 2 BvE 6/99, DVBl 2002, 116 (119); *Scholz*, in: Pitschas/Uhle, Parlamentarische Demokratie in der Bewährung – Ausgewählte Abhandlungen, 2012, 17 (26 f.). Der Gesetzesvorbehalt korreliert insoweit mit einem Plenarvorbehalt, so zutr. *Kasten*, DÖV 1985, 222 (225).

fristigkeit oder finanzielle Erheblichkeit einer Entscheidung sprechen.[448] „Entscheidungen von erheblicher Tragweite" sind nach dem Urteil zu den Beteiligungsrechten des Bundestages/EFSF und zum ESM/Fiskalpakt insbesondere solche, die „aufgrund ihrer Größenordnung für das Budgetrecht von struktureller Bedeutung sein können".[449] Eine plenarersetzende Delegation auf einen Ausschuss ist nur möglich, wenn es sich um eine untergeordnete oder bereits ausreichend klar durch das Plenum vorherbestimmte Entscheidung handelt.[450] Ergibt sich anhand der ‚Wesentlichkeit', dass eine Materie durch förmliches Parlamentsgesetz oder zumindest durch Plenarentscheidung zu regeln ist, bedeutet dies zugleich ein Verbot der Delegation auf parlamentarische Gremien.[451]

138   c) **Exkurs: Subsidiaritätsklage nach Art. 23 Abs. 1a GG.** Art. 23 Abs. 1a GG normiert nunmehr das Klagerecht des Bundestages und des Bundesrates gegen einen Unionsrechtsakt wegen Verletzung des unionsrechtlichen Subsidiaritätsprinzips vor dem EuGH. Die Regelung setzt das in Art. 8 des Protokolls (Nr. 2) über die Anwendung der Grundsätze der Subsidiarität und der Verhältnismäßigkeit[452] normierte Recht der Mitgliedstaaten um, im Namen der nationalen Parlamente oder deren Kammern eine auf die Verletzung des Subsidiaritätsprinzips gestützte Nichtigkeitsklage nach Art. 263 AEUV zu erheben. Das Subsidiaritätsprinzip setzt denknotwendig das Bestehen einer Kompetenz im Sinne der begrenzten Einzelermächtigung (Art. 5 Abs. 1 S. 1, Abs. 2 EUV) voraus, so dass die **Subsidiaritätsklage** vor dem EuGH auch gegen Ultra-Vires-Akte gerichtet werden kann.[453] Das Quorum eines Viertels der Parlamentsmitglieder nach Art. 23 Abs. 1a S. 2 GG für die Initiierung der Klage ist verfassungsrechtlich unbedenklich.[454] Europarechtlich ist eine Ausgestaltung als Minderheitenrecht hingegen nicht angelegt, sondern lediglich eine Klage auf Veranlassung des gesamten Parlaments.[455] Kommen Bundestag oder Bundesrat einem zulässigen Antrag auf Erhebung einer entsprechenden Nichtigkeitsklage nach Art. 263 AEUV nicht nach oder übermittelt die Bundesregierung trotz eines entsprechenden Parlamentsbeschlusses keine entsprechende Nichtigkeitsklage an den EuGH, kann das antragsberechtigte Quorum die Klageerhebung vor dem EuGH im Wege des Organstreitverfahrens (Art. 93 Abs. 1 Nr. 1 GG) durchsetzen. Das antragsberechtigte Quorum des Bundestages beträgt gemäß Art. 23 Abs. 1a S. 2 GG ein Viertel. Für den Bundesrat gilt das allgemeine Mehrheitsprinzip nach Art. 52 Abs. 3 S. 1 GG, solange keine abweichende einfachgesetzliche Regelung auf Grundlage des Art. 23 Abs. 1a S. 3 GG getroffen wird.[456]

---

[448] *Herzog/Grzeszick*, in: Maunz/Dürig, GG, Art. 20 Rn. 107; *Reimer*, in: Hoffmann-Riem/Schmidt-Aßmann/Voßkuhle, Grundlagen des Verwaltungsrechts I, 2. Aufl. 2012, § 9 Rn. 48.
[449] BVerfG, Urt. v. 28.2.2012, 2 BvE 8/11, NVwZ 2012, 495 (Rn. 109) *(Beteiligungsrechte des BT/EFSF)*; Urt. v. 12.9.2012, 2 BvE 6/12 u. a., NJW 2012, 3145 (Rn. 294) *(ESM/Fiskalpakt)*.
[450] Urt. v. 12.9.2012, 2 BvE 6/12 u. a., NJW 2012, 3145 (Rn. 294) *(ESM/Fiskalpakt)*.
[451] *Moench/Ruttloff*, DVBl 2012, 1261 (1267 f.); ähnlich Möllers/Reinhardt, JZ 2012, 693 (700); Calliess, VVDStRL 71 (2012), 113 (161); *Berg*, Der Staat 9 (1970), 21 (34); *Kasten* DÖV 1985, 222 (225).
[452] ABl. 2008 C 115/206.
[453] *Pernice*, in: Dreier, GG, Art. 23 Rn. 92 f. (Supplementum 2010); *Buschmann/Daiber*, DÖV 2011, 504 (505 ff.).
[454] BVerfG, Urt. v. 30.6.2009, 2 BvE 2/08 u. a., NJW 2009, 2267 (2293 f.) *(Lissabon)*; *Scholz*, in: Maunz/Dürig, GG, Art. 23 Rn. 112; *Mellein*, EuR 2011, 655 (672 ff.).
[455] Vgl. *Classen*, in: v. Mangoldt/Klein/Starck, GG, Art. 23 Rn. 61; *Uerpmann-Wittzack/Edenharter*, EuR 2009, 313 (315 ff.); a. A. *Pernice*, in: Dreier, GG, Art. 23 Rn. 3b (Supplementum 2010).
[456] *Classen*, in: v. Mangoldt/Klein/Starck, GG, Art. 23 Rn. 60; *Shirvani*, JZ 2010, 753 (756 f.); *Gas*, DÖV 2010, 313 (317 f.).

F. Annex: Einstweiliger Rechtsschutz

Im Zusammenhang mit sämtlichen Hauptsacheverfahren kann grundsätzlich einstweiliger Rechtsschutz gewährt werden. Die einstweilige Anordnung kann auch schon vor Anhängigkeit der Hauptsache ergehen.[457] Der strenge Maßstab der Folgenabwägung gemäß § 32 BVerfGG ist jedoch noch weiter verschärft, wenn völkerrechtliche oder außenpolitische Folgen in Rede stehen.[458] Dabei ist zwischen unterschiedlichen Konstellationen zu differenzieren: Der Überprüfung eines nationalen Umsetzungsakts, der auf zwingenden unionsrechtlichen Vorgaben beruht, und der verfassungsgerichtlichen Kontrolle eines Zustimmungsgesetzes zu einem völkerrechtlichen Vertrag in Angelegenheiten der Europäischen Union einschließlich der entsprechenden Flankierungsgesetzgebung, die die Handlungsfähigkeit der supranationalen Institution erst ermöglicht.

In einem Verfahren gegen einen **nationalen Umsetzungsakt** kommt eine einstweilige Anordnung allenfalls in Betracht, wenn „aus der Vollziehung des Gesetzes den Betroffenen ein besonders schwerwiegender und irreparabler Schaden droht, dessen Gewicht das Risiko hinnehmbar erscheinen lässt, im Eilverfahren über die Entscheidungskompetenz des BVerfG in der Hauptsache hinauszugehen und das Unionsinteresse an einem effektiven Vollzug des Unionsrechts schwerwiegend zu beeinträchtigen."[459] In der **Folgenabwägung** kommt also den Belangen der Europäischen Union besonderes Gewicht zu. Bestehen hingegen erhebliche Zweifel an der Unionsrechtskonformität des dem Umsetzungsakt zugrunde liegenden Unionsrechtsakts kann Art. 19 Abs. 4 GG im Einzelfall umgekehrt auch die Gewährung einstweiligen Rechtsschutzes gebieten.[460]

Ist Verfahrensgegenstand das **Zustimmungsgesetz** zu einem völkerrechtlichen Vertrag in Angelegenheiten der Europäischen Union (einschließlich ggf. begleitender oder flankierender einfachgesetzlicher Regelungen), kann es im Einzelfall geboten sein, anstatt einer reinen Folgenabwägung eine **summarische Prüfung** anzustellen, ob die vorgetragenen verfassungsrechtlichen Gründe mit einem hohen Grad an Wahrscheinlichkeit die Feststellung der Verfassungswidrigkeit erwarten lassen.[461] Eine solche summarische Prüfung ist angezeigt, wenn die behauptete Verfassungswidrigkeit mit hoher Wahrscheinlichkeit Belange des Art. 79 Abs. 3 GG berührt und daher in der Nichtgewährung von Rechtsschutz ein schwerer Nachteil für das gemeine Wohl im Sinne des § 32 Abs. 1 BVerfGG läge. Dadurch soll die Begründung völkerrechtlicher Bindungen verhindert werden, von denen eine Loslösung auch bei festgestellter Verfassungswidrigkeit in der Hauptsache nicht ohne Weiteres möglich wäre.[462]

---

[457] BVerfG, Beschl. v. 17.4.2013, 2 BvQ 17/13, NVwZ 2013, 858 (Rn. 20) *(Zypern-Hilfe)*.
[458] BVerfG, Urt. v. 12.9.2012, 2 BvE 6/12 u. a., NJW 2012, 3145 (Rn. 190) *(ESM/Fiskalpakt)*.
[459] BVerfG, Beschl. v. 11.3.2008, 1 BvR 256/08, NVwZ 2008, 543 (544).
[460] BVerfG, Beschl. v. 27.7.2004, 1 BvR 1270/04, NVwZ 2004, 1346 (1347).
[461] BVerfG, Urt. v. 12.9.2012, 2 BvE 6/12 u. a., NJW 2012, 3145 (Rn. 192) *(ESM/Fiskalpakt)*. Kritisch zur Nichtberücksichtigung der Folgenabwägung in diesem Kontext *Tomuschat*, DVBl 2012, 1431 (1432).
[462] BVerfG, Urt. v. 12.9.2012, 2 BvE 6/12 u. a., NJW 2012, 3145 (Rn. 192, 194) *(ESM/Fiskalpakt)*; *Hölscheidt/Rohleder*, DVBl 2012, 806 (810).

§ 37 Verwaltungsgerichtlicher Rechtsschutz

Übersicht

		Rn.
A.	Einleitung	1/2
B.	Erstinstanzliche Hauptsacheverfahren	3–45
	I. Rechtsweg zu den Verwaltungsgerichten	3–6
	II. Rechtsschutzformen	7–14
	1. Anfechtungs- und Verpflichtungsklagen	8–10
	2. Leistungsklagen	11
	3. Feststellungsklagen	12/13
	4. Normenkontrollen	14
	III. Sachentscheidungsvoraussetzungen	15–38
	1. Klage- bzw. Antragsbefugnis	15–33
	2. Widerspruchsverfahren	34
	3. Fristen	35–37
	4. Rechtsschutz in Bezug auf behördliche Verfahrenshandlungen	38
	IV. Besonderheiten der Begründetheitsprüfung	39–47
	1. Beurteilungszeitpunkt	40/41
	2. Vereinbarkeit streitentscheidender Normen mit dem Unionsrecht	42/43
	3. Gerichtliche Kontrolldichte	44
	4. Beweisrecht	45
	5. Sonstige Aspekte	46/47
C.	Das Rechtsmittelverfahren	48–58
	I. Berufung und Revision	50–54
	II. Beschwerde	55/56
	III. Wiederaufnahme des Verfahrens	57/58
D.	Vorläufiger Rechtsschutz	59–77
	I. Die Rechtsprechung des Gerichtshofs	59–64
	II. Vorläufiger Rechtsschutz gegen belastende Verwaltungsakte	65–74
	1. Der Suspensiveffekt	66–69
	2. Die gerichtliche Aussetzungsentscheidung	70–74
	III. Die einstweilige Anordnung	75–77

Schrifttum: *Burgi*, Verwaltungsprozeß und Europarecht, 1996; *v. Danwitz*, Verwaltungsrechtliches System und Europäische Integration, 1996; *ders.*, Aktuelle Fragen der Grundrechte, des Umwelt- und Rechtsschutzes in der Europäischen Union, DVBl. 2008, 537 ff.; *Ehle*, Zur Tragweite der unmittelbaren Wirkung von Gemeinschaftsnormen, RIW/AWD 1972, 719 ff.; *Ehlers*, Die Europäisierung des Verwaltungsprozeßrechts, 1999; *ders.*, Europäisierung des Verwaltungsprozessrechts, DVBl. 2004, 1441 ff.; *Epiney*, Primär- und Sekundärrechtsschutz im Öffentlichen Recht, VVDStRL 61 (2002), S. 362 ff.; *Gärditz*, Europäisches Verwaltungsprozessrecht, JuS 2009, 385 ff.; *Gellermann*, Europäisierter Rechtsschutz im Umweltrecht, in: Ipsen/Stüer (Hrsg.), FS für Hans-Werner Rengeling zum 70. Geburtstag, 2008, S. 233 ff.; *Haibach*, Vorläufiger Rechtsschutz im Spannungsfeld von Gemeinschaftsrecht und Grundgesetz, DÖV 1996, 60 ff.; *Hatje*, Die gemeinschaftsrechtliche Steuerung der Wirtschaftsverwaltung, 1998; *Hauser*, Europarecht im deutschen Verwaltungsprozess (3): Vorläufiger Rechtsschutz und Gemeinschaftsrecht, VBlBW 2000, 377 ff.; *Hoppe/Beckmann*, Gesetz über die Umweltverträglichkeitsprüfung, Kommentar, 4. Aufl. 2012; *P. M. Huber*, Die Europäisierung des verwaltungsgerichtlichen Rechtsschutzes, BayVBl. 2001, 557 ff.; *Huthmacher*, Der Vorrang des Gemeinschaftsrechts bei indirekten Kollisionen, 1985; *Jannasch*, Einwirkungen des Gemeinschaftsrechts auf den vorläufigen Rechtsschutz, NVwZ 1999, 495 ff.; *Karpenstein*, Praxis des EG-Rechts, 2006; *Kleinschnittger*, Auswirkungen des EuGH-Urteils vom 12.5.2011 zum Verbandsklagerecht für Umweltverbände, I+E 2011, 280 ff.; *Kokott*, Europäisierung des Verwaltungsprozeßrechts, DV 31 (1998), 335 ff.; *Landmann/Rohmer*, Umweltrecht, Loseblatt-Kommentar, Stand: November 2012; *Lehr*, Einstweiliger Rechtsschutz und Europäische Union. Nationaler einstweiliger Verwaltungsrechtsschutz im Widerstreit von Gemeinschaftsrecht und nationalem Verfassungsrecht, 1997; *Masing*, Die Mobilisierung des Bürgers für die Durchsetzung des Rechts – Europäische Impulse für eine Revision der Lehre vom subjektiv-öffentlichen Recht, 1997; *Meier*, Rechtsschutzmöglichkeiten bei gemeinschaftswidrigen deutschen Rechtsnormen, RIW/AWD 1980, 850 ff.; *Moench/Sander*, Rechtsschutz vor deutschen Gerichten, in: Rengeling (Hrsg.), Handbuch zum europäischen und deutschen Umweltrecht, Band I (EUDUR I), 1998, § 46; *Müller-Franken*, Gemeinschaftsrechtliche Fristenhemmung, richtlinienkonforme Auslegung und Bestandskraft von Verwaltungsakten, DVBl. 1998, 758 ff.; *Ohler/Weiß*, Einstweiliger Rechtsschutz vor nationalen Gerichten und Gemeinschaftsrecht, NJW 1997, 2221 f.; *Otting/Olgemöller*, Europäischer Rechtsschutz im Verwaltungsprozess, AnwBl. 3 (2010), 155 ff.; *Rabe*, Vorlagepflicht und gesetzlicher Richter, in: Bender/Breuer/Ossenbühl/Sendler (Hrsg.), Rechtsstaat zwischen Sozialgestaltung und Rechtsschutz, FS für Konrad Redeker zum 70. Geburtstag, 1993, S. 201 ff.; *Rengeling*, Europäisches Gemeinschaftsrecht und nationales Recht – dargestellt am Beispiel des Rechtsschutzes bei Subventionen, Jura 1979, 236 ff.; *ders.*; Remedies for breach of Community Law: German Report, Deutscher Bericht für den IX. Kongress der Fédération Internationale pour le Droit Européen vom 25.–27. September 1980, in: FIDE, London 1980, 4.1–4.21; *ders.*, Europäisches Gemeinschaftsrecht und nationaler Rechtsschutz – unter besonderer Berücksichtigung der Rechtsprechung des Europäischen Gerichtshofs und deutscher Gerichte, in: Bieber (Hrsg.), Das Europa der zweiten Generation. Gedächtnisschrift für Christoph Sasse, 1991, S. 197 ff.; *Sander*, Probleme des vorläufigen Rechtsschutzes gegen Gemeinschaftsrecht vor nationalen Gerichten, DVBl. 1998, 262 ff.; *Schoch*, Individualrechtsschutz im deutschen Umweltrecht unter dem Einfluss des Gemeinschaftsrechts, NVwZ 1999, 457 ff.; *Schumacher/Fischer-Hüftle*, Bundesnaturschutzgesetz, Kommentar, 2. Aufl. 2010; *Schwerdtfeger*, Erweiterte Klagerechte für Umweltverbände – Anmerkungen zum Urteil des EuGH v. 12.5.2011 in der Rechtssache Trianel, EuR 2012, 80 ff.; *Steinbeiß-Winkelmann*, Europäisierung des Verwaltungsrechtsschutzes, NJW 2010, 1233 ff.; *Stern*, Die Einwirkungen des europäischen Gemeinschaftsrechts auf die Verwaltungsgerichtsbarkeit, JuS 1998, 769 ff.; *Streinz*, Primär- und Sekundärrechtsschutz im Öffentlichen Recht, VVDStRL 61 (2002), S. 300 ff.; *Tonne*, Effektiver Rechtsschutz durch staatliche Gerichte als Forderung des Europäischen Gemeinschaftsrechts, 1997; *Triantafyllou*, Zur Europäisierung des vorläufigen Rechtsschutzes, NVwZ 1992, 129 ff.; *ders.*, Zur Subjektivierung des subjektiv öffentlichen Rechts, DÖV 1997, 192 ff.; *Vedder*, Die Anordnung der sofortigen Vollziehung eines Verwaltungsaktes als Folge des Gemeinschaftsrechts, EWS 1991, 10 ff.; *Weber*, Rechtsfragen der Durchführung des Gemeinschaftsrechts in der Bundesrepublik Deutschland, 1988; *Wegener*, Vollzugskontrolle durch Klagerechte vor mitgliedstaatlichen Gerichten, in: Lübbe-Wolff (Hrsg.), Der Vollzug des europäischen Umweltrechts, 1996, S. 145 ff.; *ders.*, Gemeinwohl und Gemeinschaftsgerichtsbarkeit – Überlegungen zur gerichtlichen Verteidigung von Gemeininteressen im ius commune, ZEuS 1998, 183 ff.; *Winter*, Individualrechtsschutz im deutschen Umweltrecht unter dem Einfluß des Gemeinschaftsrechts, NVwZ 1999, 467 ff.; *Ziekow*, Europa und der deutsche Verwaltungsprozess – Schlaglichter auf eine unendliche Geschichte, NVwZ 2010, 793 ff.

A. Einleitung

1   Da das Unionsrecht in weiten Teilen als Verwaltungsrecht, insbesondere als Wirtschaftsverwaltungsrecht zu qualifizieren ist,[1] dessen Vollzug zumeist den nationalen Verwaltungs-, Finanz- und Sozialbehörden obliegt,[2] kommt dem Rechtsschutz durch die Verwaltungs-, Finanz- und Sozialgerichtsbarkeit besondere Bedeutung zu. Werden im Vollzug unionsrechtlich begründete Rechte der Bürger in Mitleidenschaft gezogen, muss den Betroffenen effektiver Rechtsschutz zu Gebote stehen. Dies gebietet die vom Europäischen Gerichtshof mit Blick auf die Verfassungstraditionen der Mitgliedstaaten sowie Art. 6, 13 EMRK anerkannte Garantie des effektiven Rechtsschutzes,[3] die ihren grundrechtlichen Niederschlag in Art. 47 GR-Charta gefunden hat.[4] Während die europäische Gerichtsbarkeit den gebotenen Verwaltungsrechtsschutz gegen Akte der Unionsorgane gewährleistet, haben die Mitgliedstaaten die erforderlichen Rechtsbehelfe zu schaffen, damit ein wirksamer Rechtsschutz (auch) in Ansehung der Vollzugsakte staatlicher Behörden gewährleistet ist (Art. 19 Abs. 1 UAbs. 2 EUV). Insoweit kommt den Verwaltungsgerichten die Aufgabe zu, die individuellen Rechte der Bürger zu schützen, die sich aus dem Unionsrecht ergeben. Auf diesem Wege erbringen sie zugleich Beiträge zur wirksamen Durchsetzung des Unionsrechts und werden funktionell als Unionsgerichte tätig.[5]

2   Die Wahrnehmung dieser Aufgabe vollzieht sich grundsätzlich in den Bahnen des nationalen Gerichtsorganisations- und Prozessrechts. In Übereinstimmung mit dem Grundsatz der institutionellen und verfahrensmäßigen Autonomie[6] ist es in Ermangelung entsprechender unionsrechtlicher Vorschriften Sache der mitgliedstaatlichen Rechtsordnung, die jeweils zur Entscheidung berufenen Gerichte zu bestimmen und die Modalitäten des gerichtlichen Verfahrens festzulegen. Die mitgliedstaatliche Gestaltungsfreiheit hat sich indes jenen Begrenzungen zu fügen, die sich dem Grundsatz der Unionstreue verdanken (Art. 19 Abs. 1 UAbs. 2 i. V. m. Art. 4 Abs. 3 EUV).[7] Die Modalitäten des gerichtlichen Rechtsschutzes dürfen daher in Verfahren mit Unionsrechtsbezug nicht ungünstiger gestaltet sein als in rein nationalen Fällen (Grundsatz der Äquivalenz); überdies dürfen sie die Ausübung der durch die Unionsrechtsordnung verliehenen Rechte weder praktisch unmöglich machen noch übermäßig erschweren

---

[1] Vgl. hierzu nur *Schwarze*, Europäisches Verwaltungsrecht, 2005 Band I, S. 5.
[2] Sog. indirekter Vollzug vgl. § 35 Rn. 25.
[3] Vgl. EuGH, Rs. 222/84, *Johnston*, Slg. 1986, 1651 Rn. 18; Rs. C-424/99, *Kommission/Österreich*, Slg. 2001, I-9285 Rn. 45; Rs. C-50/00 P, *Unión de Pequeños Agricultores*, Slg. 2002, I-6677 Rn. 39; Rs. C-432/05, *Unibet*, Slg. 2007, I-2271 Rn. 39; eingehend *Pechstein*, EU-Prozessrecht, Rn. 24 ff. m.w.N.
[4] Zusammenfassend EuGH, Rs. C-279/09, *DEB*, Slg. 2010, I-13849 Rn. 29 ff.
[5] *Streinz*, in: ders., EUV/AEUV, Art. 4 EUV Rn. 61; *Pechstein*, EU-Prozessrecht, Rn. 36; *Gärditz*, JuS 2009, 385 (388).
[6] Begriffsprägend *Rengeling*, in: Gedächtnisschrift Sasse, Bd. I, S. 197; ähnlich *Ehlers*, DVBl. 2004, 1441 (1442); *Schwarze*, NVwZ 2000, 241 (244).
[7] Hierzu *Terhechte*, EuR 2008, 143 (159); a. A. *Kahl*, in: Calliess/Ruffert, EUV/AEUV, Art. 4 EUV Rn. 51.

(Grundsatz der Effektivität).[8] Diesen Anforderungen ist bei der Ausgestaltung des nationalen Gerichtsorganisations- und Prozessrechts, zugleich aber auch bei dessen Auslegung und Anwendung im Einzelfall zu genügen.

B. Erstinstanzliche Hauptsacheverfahren

I. Rechtsweg zu den Verwaltungsgerichten

Vorbehaltlich der Einschlägigkeit aufdrängender Sonderzuweisungen[9] eröffnet die Generalklausel des § 40 Abs. 1 VwGO den Rechtsweg zu den (allgemeinen) Verwaltungsgerichten, soweit es über öffentlich-rechtliche Streitigkeiten nichtverfassungsrechtlicher Art zu befinden gilt, die nicht durch Bundesgesetze einem anderen Gericht ausdrücklich zugewiesen sind.

Das Vorliegen einer öffentlich-rechtlichen Streitigkeit setzt zunächst voraus, dass um Rechtsschutz gegen einen **Akt der deutschen öffentlichen Gewalt** nachgesucht wird.[10] Klagen, die sich unmittelbar gegen (Rechts-)Akte der Unionsorgane oder solche Akte anderer Mitgliedstaaten richten, denen eine transnationale Wirkung zukommt,[11] können im Verwaltungsrechtsweg nicht verfolgt werden. Letzteres gilt beispielsweise für Berufsqualifikationen (z. B. Diplome, akademische Grade), die nach der Richtlinie 2005/36/EG grundsätzlich in allen Mitgliedstaaten akzeptiert werden müssen, die so genannten Schengen-Visa, die von allen Mitgliedstaaten nach Art. 10 des Schengen-Durchführungsübereinkommens ohne eigene Prüfung anzuerkennen sind und nicht zuletzt auch für die in einem anderen Mitgliedstaat ausgestellten EU-Führerscheine, die ausweislich des Art. 2 Abs. 1 der Richtlinie 2006/126/EG grundsätzlich auch hierzulande zum Führen eines Fahrzeugs berechtigen (§ 28 Abs. 1 FeV).[12] Stehen dagegen Aktivitäten bundesdeutscher Hoheitsträger in Rede, kommt es darauf an, ob die jeweilige Streitigkeit von öffentlich-rechtlicher Art ist. Dies bemisst sich anhand der wahren Rechtsnatur des streitigen Rechtsverhältnisses,[13] dessen öffentlich-rechtlicher Charakter davon abhängt, ob die für die Beurteilung der Streitigkeit maßgebliche Rechtsnorm dem öffentlichen Recht zugehört. Nach der vorherrschenden **modifizier-**

---

[8] Vgl. nur EuGH, Rs. C- 432/05, *Unibet*, Slg. 2007, I-2271 Rn. 43; Rs. C-2/06, *Kempter*, Slg. 2008, I-411 Rn. 57; Rs. C-246/09, *Bulicke*, Slg. 2010, I-6999 Rn. 25; Rs. C-240/09, *Lesoochranárske zoskupenie VLK*, Slg. 2011, I-1255 Rn. 48; vgl. auch *Pechstein*, EU-Prozessrecht, Rn. 48.

[9] Hierzu *Wysk*, in: ders. VwGO, § 40 Rn. 59; ausführlich *Sodan*, in: ders./Ziekow, VwGO, § 40 Rn. 131 ff.

[10] *Burgi*, DVBl. 1995, 772 (777 f.); *Ehlers*, in: Schoch/Schneider/Bier, VwGO, Vorb. § 40 Rn. 70; *Kopp/Schenke*, VwGO, § 40 Rn. 37; *Martinez Soria*, VerwArch 89 (1998), 400 (406); *Stern*, JuS 1998, 769 (770).

[11] Zum transnationalen Verwaltungsakt *Stelkens*, in: Stelkens/Bonk/Sachs, VwVfG, § 35 Rn. 358 ff.; *Becker*, DVBl. 2001, 855 (855 ff.); *Sydow*, DÖV 2006, 66 (69).

[12] Eingehend *Kopp/Ramsauer*, VwVfG, § 35 Rn. 34 ff.

[13] GemSOGB, Beschl. v. 10.4.1986, GmS-OGB 1/85, NJW 1986, 2359 (2359); BVerwG, Beschl. v. 17.11.2008, 6 B 41.08, NVwZ-RR 2009, 308 (309); BGH, Beschl. v. 13.3.2008, V ZB 113/07, NVwZ-RR 2008, 742 (742); OVG NW, Beschl. v. 27.4.2010, 1 E 406/10, NVwZ-RR 2010, 587 (587).

ten **Subjektstheorie** (bzw. Sonderrechtstheorie) ist dies anzunehmen, wenn es sich bei der streitentscheidenden Norm um einen Rechtssatz handelt, dessen berechtigtes oder verpflichtetes Subjekt ein Träger hoheitlicher Gewalt ist.[14] Dieses Unterscheidungskriterium gelangt auch dann zur Anwendung, wenn sich der Streit um eine Norm des Unionsrechts rankt.[15] Das ist unproblematisch, soweit die Anwendung einer nationalen Rechtsvorschrift in Rede steht, die zur Umsetzung oder Durchführung des Unionsrechts erlassen wurde, gilt aber auch dann, wenn es sich bei der streitentscheidenden Norm um eine unionsrechtliche Bestimmung handelt. Gründet sich ein nationaler Vollzugsakt auf eine unmittelbar anwendbare Vorschrift des Unionsrechts, die allein staatliche Stellen zum Handeln ermächtigt oder leitet ein Unionsbürger den von ihm geltend gemachten Anspruch aus Regelungen des Primärrechts, Vorschriften einer EU-Verordnung oder einer unmittelbar wirkenden Richtlinienbestimmung her, deren Verpflichtungsadressat notwendig ein Träger hoheitlicher Gewalt ist, handelt es sich um eine öffentlich-rechtliche Streitigkeit.[16]

5   Für diese Streitigkeiten ist der Verwaltungsrechtsweg allerdings nicht eröffnet, soweit sie von verfassungsrechtlicher Art sind. Nach der **Theorie von der doppelten Verfassungsunmittelbarkeit**[17] ist dies anzunehmen, wenn die streitenden Parteien Verfassungsorgane oder sonst unmittelbar am Verfassungsleben beteiligte Rechtsträger sind und sich der Rechtsstreit in seinem Kern um das Verfassungsrecht rankt. Für öffentlich-rechtliche Streitigkeiten zwischen einer natürlichen oder juristischen Person und dem Staat oder sonstigen Trägern hoheitlicher Gewalt ist daher regelmäßig schon deshalb der Verwaltungsrechtsweg eröffnet, weil sie selbst keine Streitsubjekte im vorbezeichneten Sinne sind.

6   Die nach diesen Kriterien zu ermittelnde Zuständigkeit der allgemeinen Verwaltungsgerichtsbarkeit kommt nicht zum Tragen, wenn die Streitigkeit **besonderen Verwaltungsgerichten** zugewiesen ist.[18] Zu nennen sind hier zunächst die Finanzgerichte, die als besondere Verwaltungsgerichte über Streitigkeiten der in § 33 FGO bezeichneten Art zu entscheiden haben. Unter unionsrechtlichen Aspekten sind namentlich Streitigkeiten im Bereich des Agrarverwaltungsrechts von Belang, das von den Zollbehörden abgewickelt wird.[19] Erfasst werden ferner die Verwaltung der Abschöpfungen (§ 3 Abs. 1 S. 2 AO), die Ausfuhrabgaben (§§ 5, 17 Abs. 1 MOG), die Abgaben im Bereich der Produktionsregelungen, beispielsweise die Milchabgabe im Rahmen der Milchmengengarantieverordnung (§ 4 Abs. 2, 11 MGVO; § 29 Abs. 1 S. 1 MOG; § 33 Abs. 1 S. 1, Abs. 2 S. 1 FGO) oder Währungsausgleichsbeträge, auf die die Regeln über die Abschöpfung entsprechend anwendbar sind.[20] Für Streitigkeiten auf dem Gebiet

---

[14] Vgl. nur *Koch*, in: Gräber, FGO, § 33 Rn. 10; *Kopp/Schenke*, VwGO, § 40 Rn. 11; *Keller*, in: Meyer-Ladewig/Keller/Leitherer, SGG, § 51 Rn. 3c; *Wysk*, in: ders., VwGO, § 40 Rn. 97.

[15] *Sodan*, in: Sodan/Ziekow, VwGO, § 40 Rn. 125; *Burgi*, Verwaltungsproseß, S. 64; *Karpenstein*, Praxis des EG-Rechts, § 2 Rn. 295; *Moench/Sander*, EUDUR I, § 46 Rn. 56.

[16] Vgl. nur *Dörr*, in: Sodan/Ziekow, VwGO, EVR Rn. 229.

[17] Vgl. nur *Ehlers*, in: Schoch/Schneider/Bier, VwGO, § 40 Rn. 141; *Wysk*, in: ders., VwGO, § 40 Rn. 89; *Hufen*, Verwaltungsprozessrecht, § 11 Rn. 49.

[18] Zu den sonstigen Fällen durch Bundesgesetz begründeter Zuständigkeit anderer Gerichte vgl. *Sodan*, in: Sodan/Ziekow, VwGO, § 40 Rn. 476 ff.

[19] *Kopp/Schenke*, VwGO, § 40 Rn. 37; *Frenz*, Handbuch Europarecht Bd. 5, Rn. 4054.

[20] Eingehend *Koch*, in: Gräber, FGO, § 33 Rn. 30.

der sozialen Sicherheit ist in den von § 51 SGG bezeichneten Fällen der Rechtsweg zu den Sozialgerichten eröffnet.²¹

II. Rechtsschutzformen

Der den Verwaltungs-, Finanz- und Sozialgerichten obliegende Schutz unionsrechtlich begründeter Rechte wird nach Maßgabe der nationalen Prozessordnungen im Rahmen der dort vorgesehenen Rechtsschutzverfahren gewährleistet (vgl. oben § 35 Rn. 51). Die Effektivität des Rechtsschutzes darf darunter nicht leiden, indessen ist es aus unionsrechtlicher Sicht nicht geboten, neben den nach nationalem Recht bestehenden Rechtsbehelfen weitere Rechtsschutzmöglichkeiten zur Wahrung des Unionsrechts einzuführen.²² Die Festlegung der Rechtsschutzformen (Klage bzw. Antragsarten) bleibt grundsätzlich dem nationalen Prozessrecht vorbehalten, das allerdings in einzelnen Beziehungen unionsrechtlicher Einwirkung unterliegt. Welche Rechtsschutzform im Einzelfall zum Tragen kommt, beurteilt sich anhand des klägerischen Begehrens (§ 88 VwGO, § 96 FGO, § 123 SGG). 7

1. Anfechtungs- und Verpflichtungsklagen. Richtet sich das Begehren auf die Abwehr eines belastenden Verwaltungsaktes oder erstrebt der Kläger den Erlass eines begünstigenden Verwaltungsaktes, wird der gebotene Rechtsschutz im Wege der Anfechtungs- bzw. Verpflichtungsklage gewährt, die zu den spezifischen Rechtsbehelfen vor den Verwaltungs-, Finanz- und Sozialgerichten zählen. 8

Im Wege der Anfechtungsklage (§ 42 Abs. 1 VwGO, § 40 Abs. 1 FGO, § 54 Abs. 1 SGG) können behördliche Vollzugsakte zur gerichtlichen Überprüfung gestellt werden, die ihrer Rechtsnatur nach als Verwaltungsakte zu bewerten sind. Über diese Qualität verfügen behördliche Maßnahmen auf dem Gebiet des öffentlichen Rechts zur rechtsverbindlichen Regelung eines Einzelfalls mit unmittelbarer Außenwirkung.²³ Die Anfechtungsklage kommt etwa zur Abwehr unionsrechtswidriger Abgabenbescheide,²⁴ daneben aber auch dann in Betracht, wenn im Rahmen einer Konkurrentenklage um Rechtsschutz gegen einen Beihilfebescheid nachgesucht wird, der einem Mitbewerber unter Verletzung der sich aus Art. 108 Abs. 3 S. 3 AEUV ergebenden Pflichten erteilt wurde.²⁵ Entsprechendes gilt, wenn gegen behördliche Entscheidungen vorgegangen werden soll, mit denen dem Adressaten die Vermittlung von Sportwetten untersagt²⁶ oder das Recht aberkannt wird, von der in einem anderen Mitgliedstaat erworbenen 9

---

[21] Hierzu *Frenz*, Handbuch Europarecht, Bd. 5 Rn. 4056.
[22] EuGH, Rs. 158/80, *Rewe*, Slg. 1981, 1805 Rn. 44; Rs. C-432/05, *Unibet*, Slg. 2007, I-2271 Rn. 47; *v. Danwitz*, DVBl. 2008, 537 (538).
[23] § 35 S. 1 VwVfG, hierzu *Kopp/Ramsauer*, VwVfG, § 35 Rn. 50 ff.; § 118 Abs. 1 AO, hierzu: *Ax/Fuchs/Grosse*, Abgabenordnung und Finanzgerichtsordnung, Rn. 351 ff.; zu Art. 4 Nr. 5 ZK, *von Groll*, in: Gräber, FGO, Vor § 40 Rn. 14; § 31 SGB X, vgl. hierzu: *Keller*, in: Meyer-Ladewig/Keller/Leitherer, SGG, Anhang § 54.
[24] Vgl. hierzu *Huthmacher*, Indirekte Kollisionen, S. 8.
[25] Vgl. nur BVerwG, Urt. v. 16.12.2010, 3 C 44.09, EuZW 2011, 269; *Frenz*, Handbuch Europarecht, Bd. 5 Rn. 3882; *Dörr/Lenz*, VerwRechtsschutz, Rn. 428; eingehend *Rennert*, EuZW 2011, 576 (578); kritisch gegenüber der verwaltungsgerichtlichen Judikatur *Martin-Ehlers*, EuZW 2011, 583 (588 ff.).
[26] Hierzu nur EuGH, Rs. C-409/06, *Winner Wetten GmbH*, Slg. 2010, I-8015; BVerwG, Urt. v. 21.6.2006, 6 C 19.06, NVwZ 2006, 1175 ff.

Fahrerlaubnis im Bundesgebiet Gebrauch zu machen.[27] Von hoher praktischer Relevanz sind zudem Entscheidungen des Fachplanungsrechts, gibt es doch heutzutage kaum noch einen Planfeststellungsbeschluss, der sich im Rahmen einer dagegen gerichteten Anfechtungsklage nicht dem Einwand der Verletzung des europäischen Umwelt- und Naturschutzrechts oder des zu seiner Umsetzung bestimmten nationalen Rechts konfrontiert sieht.[28] Nichts anderes gilt namentlich für immissionsschutzrechtliche Genehmigungen, mit denen die Errichtung und der Betrieb von Kraftwerken, Windkraftanlagen, Mastställen sowie sonstigen Anlagen gestattet werden, die nachteilige Auswirkungen auf die Umwelt haben können.[29]

10 Die Verpflichtungsklage (§ 42 Abs. 1 VwGO, § 40 Abs. 1 FGO, § 54 Abs. 1 SGG) ist die statthafte Rechtsschutzform, wenn der Kläger den Erlass eines abgelehnten oder unterlassenen Verwaltungsakts begehrt. Sie kommt daher auch in Frage, um unionsrechtlich begründete oder vorgesehene Ansprüche auf bestimmte Leistungen durchzusetzen, über deren Erteilung durch Verwaltungsakt entschieden wird. Zu denken ist etwa an den Fall der Durchsetzung eines im Unionsrecht angelegten Anspruchs auf Erhalt einer Subvention[30] oder eine Klage auf Erteilung einer Aufenthaltsgenehmigung, die in § 4 Abs. 5 AufenthG i. V. m. Art. 6 des Beschlusses des Assoziationsrates EWG/Türkei ihre Grundlage findet.[31] Daneben ist die Verpflichtungsklage die richtige Rechtsschutzform zur Durchsetzung von Informationsansprüchen, die sich aus den zur Umsetzung der Richtlinie 2003/4/EG bestimmten Vorschriften des Umweltinformationsgesetzes (§ 3 ff. UIG) oder entsprechenden Regelungen des Landesrechts ergeben.[32]

11 **2. Leistungsklagen.** Ist dem Kläger an einem Verwaltungshandeln gelegen, das nicht im Erlass eines Verwaltungsaktes besteht, kann er sein diesbezügliches Leistungsbegehren im Wege der Leistungsklage verfolgen. Diese Klageart, die für das finanzgerichtliche und sozialgerichtliche Rechtsschutzverfahren in den §§ 40 Abs. 1 Fall 3 FGO, 54 Abs. 5 SGG normiert ist,[33] hat im Anwendungsbereich der Verwaltungsgerichtsordnung keine ausdrückliche Regelung erfahren, darf sich indes auch hier allgemeiner Anerkennung erfreuen.[34] Sie findet ihre Grundlage in § 40 Abs. 1 i. V. m. § 43 Abs. 2 VwGO und wird im Übrigen an mehreren Stellen des Gesetzes erwähnt (§§ 111, 113 Abs. 3, 169 Abs. 2, 170, 191 Abs. 1 VwGO). Da im Wege der Leistungsklage die

---

[27] BVerwG, Urt. v. 25.2.2010, 3 C 15.09, EuZW 2010, 436 ff.
[28] Vgl. nur BVerwG, Urt. v. 14.4.2010, 9 A 5.08, NVwZ 2010, 1225 ff.; Urt. v. 14.7.2011, 9 A 12.10, NuR 2011, 866 ff.; Urt. v. 14.7.2011, 9 A 14.10, NuR 2012, 52 ff.; OVG Lüneburg, Urt. v. 20.5.2009, 7 KS 28/07, NuR 2009, 719 ff.; OVG Koblenz, Urt. v. 8.7.2009, 8 C 10399/08, NuR 2009, 882 ff.
[29] Vgl. etwa OVG Münster, Urt. v. 1.12.2011, 8 D 58/08.AK, NuR 2012, 342 ff.; OVG Magdeburg, Urt. v. 26.10.2011, 2 L 6/09, NuR 2012, 196; VG München, Urt. v. 27.3.2012, M 1 K 11.5898, NuR 2012, 659 ff.
[30] Vgl. *Rengeling*, Jura 1979, 236 (239 f.); weitere Beispiele bei *Kadelbach*, KritV 1999, 378 (389 f.).
[31] Hierzu VGH Kassel, Urt. v. 8.4.2009, 11 A 2264/08, BeckRS 2009, 35836.
[32] Vgl. nur OVG Koblenz, Urt. v. 2.6.2006, 8 A 10267/06, NVwZ 2007, 351; VGH Mannheim, Urt. v. 25.11.2008, 10 S 2702/06, NuR 2009, 650 (651); *Hufen*, Verwaltungsprozessrecht, § 15 Rn. 10 m. w. N.
[33] *V. Groll*, in: Gräber, FGO, § 40 Rn. 28 ff.; *Keller*, in: Meyer-Ladewig/Keller/Leitherer, SGG, § 54 Rn. 37 ff.
[34] Vgl. *Sodan*, in: Sodan/Ziekow, VwGO, § 42 Rn. 39; *Pietzcker*, in: Schoch/Schneider/Bier, VwGO, § 42 Abs. 1 Rn. 150; *Steiner*, JuS 1984, 853 (855).

Verurteilung einer Behörde zu einer Handlung, Duldung oder Unterlassung erreicht werden kann, ist sie die statthafte Rechtsschutzform, um unionsrechtlich veranlasste Vornahme-, Unterlassungs- oder Folgenbeseitigungsansprüche gerichtlich durchzusetzen. Sie kommt beispielsweise in Betracht, um den Anspruch eines Betroffenen auf die Aufstellung immissionsschutzrechtlicher Luftreinhalte- und Aktionspläne durchzusetzen.[35] In Gestalt der Unterlassungsklage ist sie die richtige Rechtsschutzform, wenn sich der Empfänger von EU-Agrarsubventionen gegen die im Internet erfolgte Veröffentlichung seiner persönlichen Daten zur Wehr setzen will.[36] Daneben kann die Leistungsklage zur Abwehr künftigen Verwaltungshandelns eingesetzt werden.[37] In der Gestalt der (vorbeugenden) Unterlassungsklage kann mit ihr die Unterlassung eines schlicht-hoheitlichen Verwaltungshandelns verlangt werden. So wurde erst unlängst der – aus Gründen einer fehlenden Klagebefugnis (§ 42 Abs. 2 VwGO analog) allerdings erfolglose – Versuch unternommen, auf diesem Wege die Unterlassung der Erteilung des bundesdeutschen Einvernehmens zur Aufnahme eines ökologisch wertvollen Gebietes in die Liste der Gebiete von gemeinschaftlicher Bedeutung (Art. 4 Abs. 2 FFH-RL) zu verhindern.[38] Im Falle des Vorliegens eines besonders qualifizierten Rechtsschutzbedürfnisses kommt die vorbeugende Unterlassungsklage zur Abwehr des drohenden Erlasses eines Verwaltungsakts in Betracht,[39] der mit bindenden Vorgaben des Unionsrechts nicht vereinbar ist.

3. Feststellungsklagen. Erstrebt der Kläger die Feststellung des Bestehens oder Nichtbestehens eines Rechtsverhältnisses oder der Nichtigkeit eines Verwaltungsakts, so steht ihm hierfür die Feststellungsklage (§ 43 Abs. 1 VwGO, § 41 Abs. 1 FGO, § 55 Abs. 1 Ziff. 1, 4 SGG) zu Gebote, soweit er seine Rechte nicht im Wege einer Gestaltungs- oder Leistungsklage verfolgen kann und ein berechtigtes Interesse an alsbaldiger Feststellung besteht. Den Gegenstand der Feststellungsklage bilden konkrete Rechtsverhältnisse, die aber nicht zwangsläufig zwischen den Beteiligten des Verwaltungsprozesses bestehen müssen. Da auch Drittrechtsverhältnisse einer Feststellung zugänglich sind,[40] ist die Feststellungsklage die richtige Rechtsschutzform zur Feststellung der Nichtigkeit eines öffentlich-rechtlichen Subventionsvertrages,[41] auf dessen Grundlage einem Konkurrenten eine Beihilfe unter Missachtung des unionsrechtlichen Durchführungsverbots (Art. 108 Abs. 3 S. 3 AEUV) gewährt wurde.[42] Praktische Bedeutung hat diese Klageart auch in einem eher untypisch gelagerten Fall gewonnen, in dem ein auf die Beseitigung von Tierkörpern spezialisiertes Unternehmen um die Feststellung nachsuchte, dass ein mit ihm konkurrierender Zweckverband von seinen Mitgliedern

---

[35] Vgl. EuGH, Rs. C-237/07, *Janecek*, Slg. 2008, I-6221 Rn. 42; *Hufen*, Verwaltungsprozessrecht, § 28 Rn. 3; *Klinger/Löwenberg*, ZUR 2005, 169 (173).
[36] Vgl. hierzu nur EuGH, verb. Rs. C-92/09 und 93/09, *Schecke GbR u. a.*, Slg. 2010, I-11063; OVG Münster, Beschl. v. 27.4.2009, 16 B 566/09, BeckRS 2010, 51579; OVG Bautzen, Beschl. v. 10.3.2010, 3 B 366/09, BeckRS 2010, 48213.
[37] Zur vorbeugenden Unterlassungsklage *Pietzcker*, in: Schoch/Schneider/Bier, VwGO, § 42 Abs. 1 Rn. 162 ff.
[38] Vgl. OVG Lüneburg, Urt. v. 17.4.2013, 4 LC 34/11, BeckRS 2013, 50118; Urt. v. 17.4.2013, 4 LC 46/11, NuR 2013, 429 (430).
[39] Hierzu *Hufen*, Verwaltungsprozessrecht, § 16 Rn. 17.
[40] *Sodan*, in: Sodan/Ziekow, VwGO, § 43 Rn. 37 ff.
[41] Eingehend *Maurer*, Allg. VerwR, § 14 Rn. 43a.
[42] Vgl. *Ehlers*, Jura 2007, 179 (183).

künftig Umlagen nach seiner Verbandsordnung nur nach vorheriger Genehmigung durch die EU-Kommission erheben darf.[43]

13 Daneben kommt die Feststellungsklage zur Durchsetzung des Unionsrechts in Betracht, wenn der Bürger um Rechtsschutz gegen Regelungen des Sekundärrechts oder staatliche Normativakte nachsucht, die keines Vollzugsaktes bedürfen.[44] Allerdings begründet die Nichtigkeit einer mit Grundfreiheiten, Grundrechten oder sonstigem Primärrecht unvereinbaren sekundärrechtlichen Norm kein der Feststellung zugängliches Rechtsverhältnis;[45] entsprechendes gilt für die Unanwendbarkeit einer mit unmittelbar wirkendem EU-Recht unvereinbaren nationalen Norm, die für sich betrachtet gleichfalls nicht den Gegenstand einer Feststellungsklage bilden kann.[46] Im Rahmen einer Klage nach § 43 Abs. 1 VwGO kann aber jedenfalls die Feststellung begehrt werden, dass wegen der Nichtigkeit bzw. Unanwendbarkeit des in Rede stehenden Normativakts in einem konkreten Fall keine rechtlichen Beziehungen im Verhältnis zu einem anderen Beteiligten bestehen.[47] Zu denken ist etwa an Situationen, in denen eine Behörde für den Fall der Nichtbeachtung der vom Bürger für ungültig oder unanwendbar erachteten Norm besondere Sanktionen in Aussicht stellt.[48] Der Feststellung zugänglich ist auch die im Einzelfall streitige Frage, ob aufgrund einer Rechtsnorm eine bestimmte Verhaltenspflicht besteht oder infolge der Nichtigkeit bzw. Unanwendbarkeit der Norm nicht entstanden ist.[49] In solchen Fällen bildet nicht die jeweilige Norm, sondern das Bestehen bzw. Nichtbestehen der von ihrer Gültigkeit bzw. Anwendbarkeit abhängigen Rechte und Pflichten den Gegenstand der Feststellungsklage. Im Rahmen der insoweit erforderlich werdenden Inzidentkontrolle kann – ggf. nach Einholung einer Vorabentscheidung des Gerichtshofs (Art. 267 AEUV) – die Gültigkeit sekundären Unionsrechts ebenso geklärt werden wie die zwischen den Beteiligten umstrittene Frage der Anwendbarkeit eines nationalen Normativaktes.

14 **4. Normenkontrollen.** Gemäß § 47 Abs. 1 VwGO entscheidet das Oberverwaltungsgericht im Rahmen seiner Gerichtsbarkeit über die Gültigkeit von Satzungen nach den Vorschriften des Baugesetzbuchs, Rechtsverordnungen aufgrund des § 246 Abs. 2 BauGB sowie im Rang unter dem Landesgesetz stehenden Rechtsvorschriften, soweit das Landesrecht dies bestimmt.[50] Im Rahmen dieser Normenkontrolle überprüft das

---

[43] OVG Koblenz, Urt. v. 24.11.2009, 6 A 10113/09, EuZW 2010, 274 ff.
[44] *Dörr*, in: Sodan/Ziekow, VwGO, EVR Rn. 232; *Classen*, in: Schulze/Zuleeg/Kadelbach, § 4 Rn. 110; *Frenz*, Handbuch Europarecht, Bd. 5 Rn. 3890; *Gärditz*, JuS 2009, 385 (389); *Lenz/Staeglich*, NVwZ 2004, 1421 (1425 ff.).
[45] Vgl. nur *Kopp/Schenke*, VwGO, § 43 Rn. 8 g; *Ehlers*, Jura 2007, 179 (181).
[46] BVerwG, Urt. v. 23.8.2007, 7 C 2.07, NVwZ 2007, 1428 (1429); *Wysk*, in: ders., VwGO, § 43 Rn. 31.
[47] BVerwG, Urt. v. 23.8.2007, 7 C 2.07, NVwZ 2007, 1428 (1429); *Dörr*, in: Sodan/Ziekow, VwGO, EVR Rn. 232.
[48] Hierzu BVerwG, Urt. v. 30.9.1999, 3 C 39.98, DVBl. 2000, 636; Urt. v. 25.3.2009, 8 C 1.09, NVwZ 2009, 1170 (1171).
[49] Vgl. BVerwG, Urt. v. 28.1.2010, 8 C 19.09, NVwZ 2010, 1300 (1302); *Kopp/Schenke*, VwGO, § 43 Rn. 8 h; *Sodan*, in: Sodan/Ziekow, VwGO, § 43 Rn. 58; *Hüttenbrink*, in: Kuhla/Hüttenbrink, Verwaltungsprozess, D Rn. 231.
[50] Dies gilt allgemein in Baden-Württemberg (§ 4 AGVwGO BW), Brandenburg (§ 4 Abs. 1 BbgVwGG), Bremen (Art. 7 Abs. 1 AGVwGO Br), Hessen (§ 15 Abs. 1 HessAGVwGO), Mecklenburg-Vorpommern (§ 13 AGGerStrG MV), Niedersachsen (§ 7 NdsAGVwGO), Saarland (§ 18 SaarlAGVwGO), Sachsen (§ 24 SächsJG), Sachsen-Anhalt (§ 10 AGVwGO LSA), Schleswig-Hol-

Gericht die Vereinbarkeit der jeweiligen Rechtsvorschrift mit dem gesamten höherrangigen formellen und materiellen Recht. Ob in diesem Zusammenhang auch das Unionsrecht als Kontrollmaßstab fungiert, ist gelegentlich bezweifelt worden, kann im Ergebnis aber nicht in Abrede gestellt werden.[51] Der dagegen gerichtete Einwand, es handele sich dabei nicht um Recht der Bundesrepublik Deutschland, sondern um Regelungen einer eigenständigen Rechtsordnung,[52] verfängt schon deshalb nicht, weil das materielle Unionsrecht dem „Gesetz und Recht" im Sinne des Art. 20 Abs. 3 GG zugehört,[53] das von allen staatlichen Organen zu beachten ist. Im Übrigen speisen sich einschlägige Bedenken vornehmlich aus der Erwägung, dass Normenkontrollverfahren der Überprüfung der Gültigkeit bzw. Ungültigkeit von Rechtsvorschriften dienen.[54] Als Prüfungsmaßstab könnten daher nur solche Vorschriften fungieren, deren Verletzung eine Ungültigkeit der überprüften Vorschrift bewirkt. Auch wenn es zutrifft, dass dem Unionsrecht im Konfliktfall kein Geltungs-, sondern lediglich ein Anwendungsvorrang gebührt, der die Unanwendbarkeit entgegenstehenden mitgliedstaatlichen Rechts bewirkt, kann dieser Umstand allein es nicht rechtfertigen, unmittelbar geltendes Unionsrecht im Rahmen einer Normenkontrolle unberücksichtigt zu lassen. Dafür besteht von vornherein kein Anlass, soweit eine zur Überprüfung gestellte untergesetzliche Norm auf eine Ermächtigungsgrundlage gestützt wurde, die dem Unionsrecht zuwiderläuft; in diesem Fall ist sie ohne Rechtsgrundlage erlassen und verfällt als solche dem Verdikt der Nichtigkeit.[55] Aber auch in Fällen eines Widerspruchs zwischen einschlägigem Unionsrecht und zu überprüfender Rechtsvorschrift kann der Normenkonflikt nicht ohne Folge bleiben. Abgesehen davon, dass dies mit dem Zweck der Normenkontrolle kaum vereinbar wäre,[56] widerspräche es dem Äquivalenzgebot, wollte man das Unionsrecht bei der Überprüfung einer Norm am Maßstab höherrangigen Rechts außer Acht lassen.[57] § 47 Abs. 5 S. 2 VwGO, der die Unwirksamkeitserklärung betrifft, lässt sich dagegen nicht mit Erfolg ins Feld führen,[58] zumal der Rechtsfolgenausspruch einer Anpassung zugänglich ist.[59] Kann das Unionsrecht danach als unmittelbarer Prüfungsmaßstab fungieren, sind die gelegentlich präferierten konstruktiven Umwege über die Integrationsermächtigung[60] oder das sich hierauf gründende Zustimmungsgesetz[61] entbehrlich.

---

stein (§ 5 AGVwGO SH) und Thüringen (§ 4 ThürAGVwGO); in beschränktem Umfang findet die Normenkontrolle statt in Bayern (Art. 5 AGVwGO Bay) und Rheinland-Pfalz (§ 4 AGVwGO RP), während Berlin, Hamburg und Nordrhein-Westfalen von § 47 Abs. 1 Nr. 2 VwGO keinen Gebrauch gemacht haben; vgl. hierzu *Kopp/Schenke*, VwGO, § 47 Rn. 23.

[51] Vgl. nur BVerwG, Beschl. v. 23.12.1994, 3 NB 1.93, NVwZ-RR 1995, 358 (359); OVG Lüneburg, Urt. v. 10.4.2013, 1 KN 33/10, NuR 2013, 424 LS. 4; *Kopp/Schenke*, VwGO, § 47 Rn. 99; *Wysk*, in: ders., VwGO, § 47 Rn. 59; *Dörr/Lenz*, VerwRechtsschutz, Rn. 427; *Ehlers*, DVBl. 2004, 1441 (1445); *Otting/Olgemöller*, AnwBl. 3 (2010), 155 (158).

[52] *Schmidt*, in: Eyermann, VwGO, § 47 Rn. 38.

[53] *Wysk*, in: ders., VwGO, Vorbem. §§ 40-53 Rn. 23; *Steinbeiß-Winkelmann*, NJW 2010, 1233 m.w.N.

[54] In dieser Hinsicht *Rinze*, NVwZ 1996, 458 (459 f.).

[55] *Ehlers*, Verwaltungsprozeßrecht, S. 40.

[56] *Gerhardt/Bier*, in: Schoch/Schmidt-Aßmann/Pietzner, VwGO, § 47 Rn. 89.

[57] *Ehlers*, DVBl. 2004, 1441 (1445); *Huber*, BayVBl. 1998, 584 (589); *Pache/Burmeister*, NVwZ 1996, 979 (980 f.).

[58] In dieser Hinsicht aber *Rinze*, NVwZ 1996, 458 (459).

[59] *Ziekow*, in: Sodan/Ziekow, VwGO, § 47 Rn. 353a, 357.

[60] *Rengeling/Middeke/Gellermann*, EU-Rechtsschutz, 1. Aufl. 2003, Rn. 1123.

[61] VGH BW, Beschl. v. 14.5.1992, 992730/86 VBlBW 1992, 333, 335.

III. Sachentscheidungsvoraussetzungen

15 **1. Klage- bzw. Antragsbefugnis.** Eine Anfechtungs- oder Verpflichtungsklage kann – vorbehaltlich anderweitiger Bestimmungen – nach Maßgabe der §§ 42 Abs. 2 VwGO, 40 Abs. 2 FGO, 54 Abs. 1 S. 2 SGG nur erheben, wer geltend machen kann, durch den angegriffenen Verwaltungsakt oder seine Ablehnung in eigenen Rechten verletzt zu sein. Entsprechendes gilt für den Normenkontrollantrag einer natürlichen oder juristischen Person (§ 47 Abs. 2 S. 1 VwGO) sowie für Leistungs- und Feststellungsklagen, die in zulässiger Weise nur erhoben werden können, wenn der Kläger über die erforderliche Klagebefugnis verfügt. Während dies bei finanz- und sozialgerichtlichen Leistungsklagen eine ausdrückliche Regelung erfahren hat (§§ 40 Abs. 2 FGO, 54 Abs. 5 SGG), ergibt es sich im Verwaltungsprozess aus einer analogen Anwendung des § 42 Abs. 2 VwGO. Ob diese Bestimmung zur Vermeidung der dem Verwaltungsprozess fremden Popularklage auch im Falle einer Feststellungsklage entsprechend anzuwenden ist, wird uneinheitlich beurteilt;[62] die Rechtsprechung bekennt sich allerdings zu der Auffassung, dass die Zulässigkeit der Feststellungsklage davon abhängt, dass der Kläger mit ihrer Erhebung die Verwirklichung eigener Rechte verfolgt.[63]

16 Das Erfordernis einer Klage- bzw. Antragsbefugnis unterliegt aus Sicht des Unionsrechts keiner prinzipiellen Beanstandung. Stehen unionsrechtlich begründete Rechtspositionen zur Debatte, obliegt es den staatlichen Gerichten, für deren effektiven Schutz Sorge zu tragen. Da dieser Rechtsschutzauftrag im Rahmen und nach Maßgabe des nationalen Gerichtsorganisations- und Verfahrensrechts zu erfüllen ist, darf dessen Gestaltung in unionsrechtlich relevanten Konstellationen weder ungünstiger als in rein nationalen Fällen sein noch die Ausübung unionsrechtlich begründeter Rechte unmöglich machen oder übermäßig erschweren (siehe oben § 35 Rn. 40 ff.) Diesen Begrenzungen läuft es nicht zuwider, wenn die Inanspruchnahme gerichtlichen Rechtsschutzes von dem Erfordernis einer Klage- bzw. Antragsbefugnis abhängig gemacht wird.[64] Diskriminierungen gehen hiermit von vornherein nicht einher und dem Effektivitätsprinzip ist Rechnung getragen, zumal Einvernehmen darüber besteht, dass innerstaatlich unmittelbar anwendbares Unionsrecht den Bürgern Rechtspositionen verleihen kann, die geeignet sind, eine Klage- bzw. Antragsbefugnis im Sinne der §§ 42 Abs. 2 VwGO, 40 Abs. 2 FGO, 54 Abs. 1 S. 2 SGG zu vermitteln.

17 **a) Klagefähige Rechtspositionen des Unionsrechts.** Entscheidend ist daher in erster Linie, anhand welcher Kriterien die Existenz unionsrechtlich eingeräumter Rechtspositionen zu ermitteln ist. Ungeachtet aller Bemühungen hat sich in dieser Hinsicht bis heute keine einheitliche Linie herauszubilden vermocht. Die europäische Gerichtsbarkeit orientiert sich am Einzelfall und enthält sich übergreifender Aussagen. Die literarische Diskussion wurde mit großer Intensität geführt, hat aber allseits konsentierte Ergebnisse nicht zu Tage gefördert. Als geklärt darf immerhin gelten, dass die im bundesdeutschen Recht nach wie vor dominierende Schutznormtheorie[65] in

---

[62] Eingehend *Sodan*, in: Sodan/Ziekow, VwGO, § 42 Rn. 373 f.; *Hufen*, Verwaltungsprozessrecht, § 18 Rn. 17 m.w.N.
[63] Vgl. nur BVerwG, Urt. v. 29.6.1995, 2 C 32.94, NJW 1996, 139; Urt. v. 28.11.2007, 9 C 10/07, NVwZ 2008, 423 Rn. 14; *Wysk*, in: ders, VwGO, § 43 Rn. 62; *Ehlers*, Jura 2007, 179 (188).
[64] Ebenso *Burgi*, Verwaltungsprozeß, S. 64; *v. Danwitz*, Europäisches Verwaltungsrecht, S. 586.
[65] Hierzu *Sodan*, in: Sodan/Ziekow, VwGO, § 42 Rn. 388.

ihrer ursprünglichen Ausprägung nicht zur Beantwortung der Frage herangezogen werden kann, ob Vorschriften des Unionsrechts zur Klage berechtigende Positionen vermitteln.[66] Insoweit ist davon auszugehen, dass das Unionsrecht aus sich heraus bestimmt, welche seiner Rechtsvorschriften den Unionsbürgern gerichtlich durchsetzbare Positionen einräumen. Mag es sich dabei auch eher um eine Tendenzaussage handeln, verfährt das Unionsrecht bei der Zuerkennung klagefähiger Positionen doch großzügiger als das deutsche Recht.[67]

Rechte der Unionsbürger können ihre normative Grundlage sowohl im Primär- als auch im Sekundärrecht finden. Ob eine Norm des Unionsrechts dem Einzelnen Rechte einräumt, hängt zunächst davon ab, ob die jeweilige Bestimmung unbedingte und genaue Handlungsanweisungen erteilt und als solche einer unmittelbaren Anwendung zugänglich ist bzw. unmittelbare innerstaatliche Wirkungen entfaltet.[68] Fehlt es daran, weil die in Rede stehende Vorschrift lediglich programmatische Aussagen oder Vorgaben beinhaltet, deren Konkretisierung ein Tätigwerden des Unionsgesetzgebers erfordert oder den Mitgliedstaaten vorbehalten bleibt, ist sie von vornherein ungeeignet, Rechte Einzelner zu begründen.[69]

Die unmittelbare Wirkung ist daher eine notwendige Bedingung, genügt für sich betrachtet aber nicht, um einer Norm des Unionsrechts die Fähigkeit zur Rechtsbegründung attestieren zu können. Auch wenn einzuräumen ist, dass die dem Themenfeld der unmittelbaren Richtlinienwirkung gewidmete Judikatur des Gerichtshofs zunächst durchaus Anlass bot, einem allgemeinen Normvollziehungsanspruch das Wort zu reden,[70] ist doch spätestens seit der Großkrotzenburg-Entscheidung geklärt, dass die unmittelbare Wirkung einer Richtlinie nichts mit der hiervon zu unterscheidenden Frage zu tun hat, ob sich Einzelne auf unbedingte und hinreichend genaue Vorschriften einer nicht umgesetzten Richtlinie berufen können.[71] Beide Aspekte müssen in dem Sinne getrennt voneinander betrachtet werden, als die Möglichkeit einzelner Unionsbürger, normstrukturell hierzu geeignete Bestimmungen für sich in Anspruch zu nehmen, eine denkbare, aber keine zwangsläufige Folge ihrer unmittelbaren Wirkung ist. Einen allgemeinen Normvollziehungsanspruch kennt das Unionsrecht daher nicht.[72] Stattdessen hängt die Entstehung individueller Rechte der Unionsbürger von der Erfüllung weiterer Bedingungen ab.

---

[66] *Dörr*, in: Sodan/Ziekow, VwGO, EVR Rn. 234; *Ehlers*, DVBl. 2004, 1441 (1445).
[67] Vgl. nur *Ehlers*, Verwaltungsprozeßrecht, S. 58; *Gärditz*, JuR 2009, 385 (389); *Ruffert*, DVBl. 1998, 69 (72); *Steinbeiß-Winkelmann*, NJW 2010, 1233 (1234 f.).
[68] Vgl. nur *Dörr*, in: Sodan/Ziekow, VwGO, EVR Rn. 234; *Kokott*, DV 31 (1998), 335 (353); *Schoch*, NVwZ 1999, 457 (462); *Stern*, JuS 1998, 769 (770); *Ziekow*, NVwZ 2010, 793 (794).
[69] EuGH, Rs. C-236/92, *Cava*, Slg. 1994, I-483 Rn. 8 ff.; Rs. C-365/97, *Kommission/Italien*, Slg. 1999, I-7773 Rn. 62; Rs. C-379/09, *Casteels*, Slg. 2011, I-1379 Rn. 15.
[70] Vgl. *v. Danwitz*, Verwaltungsrechtliches System, S. 233 f.; *ders.*, DÖV 1996, 481 (489); im Ergebnis auch *Ruffert*, Subjektive Rechte im Umweltrecht der Europäischen Gemeinschaft, 1996, S. 224 ff., 341 ff., der um der Bekämpfung von Umsetzungsdefiziten Willen von der unmittelbaren Wirkung einer Richtlinie auf hierdurch begründete Rechte schließen will.
[71] EuGH, Rs. C-431/92, *Kommisson/Deutschland*, Slg. 1995, I-2189 Rn. 26.
[72] *Otting/Olgemöller*, AnwBl. 3 (2010), 155 (159); eingehend *Ehlers*, Verwaltungsprozeßrecht, S. 48 ff.

20   Zur Klärung der Frage nach der Existenz individueller Rechte stellt der Gerichtshof zumeist auf das Ziel und den Schutzzweck der jeweiligen Vorschrift ab.[73] Die darin zum Ausdruck kommende Rechtssatzabhängigkeit bringt es mit sich, dass es nicht auf eine – wie auch immer geartete – faktische Betroffenheit eigener Interessen ankommt,[74] sondern der Umstand von Belang ist, ob das Schutzziel der Regelung auch die Interessen Einzelner umfasst.[75] Dies erfordert einen gewissen Individualbezug, der bei den Grundfreiheiten und den Grundrechten auf der Hand liegt[76] und sich bei sekundärrechtlichen Bestimmungen, deren rechtsgewährender Gehalt – wie dies namentlich bei Art. 3 RL 2003/4/EG (Umweltinformation) der Fall ist – bereits im Normtext einen hinreichenden Niederschlag gefunden hat,[77] als unproblematisch erweist. Jenseits derart klarer Fälle lässt der Gerichtshof es namentlich im Referenzgebiet des Umweltrechts genügen, wenn eine Rechtsvorschrift dem Schutz der menschlichen Gesundheit oder der Volksgesundheit dient.[78] Individuelle Rechte werden durch Normen des Unionsrechts daher bereits dann begründet, wenn sie „auf den Schutz eines typisierten Interesses der Gesamtheit" gerichtet sind.[79] Dagegen kommt es nicht darauf an, dass sie den Schutz der Gesundheit eines abgrenzbaren und von der Allgemeinheit unterscheidbaren Personenkreises intendieren.[80] Die Unterschiede zur deutschen Schutznormtheorie treten an dieser Stelle deutlich zu Tage und erklären zwanglos, warum diese Lehre allenfalls in einer „unionsrechtlich aufgeladenen Variante" zum Tragen kommen kann.[81] Zugleich belehren die Erkenntnisse des Gerichtshofs darüber, dass ein auf die Sicherung personenbezogener Schutzgüter gerichteter Regelungszweck zur Anerkennung individueller Rechte ausreicht, aber nicht zu der Annahme berechtigt, dass der rechtsbegründende Charakter einer Norm des Unionsrechts stets von ihrer den Schutz typischer Individualgüter (z. B. Leben, Gesundheit) umfassenden Regelungsintention abhängt.[82] Mögen der personale Charakter des Schutzgutes und der erforderliche Individualbezug in Fällen des Gesundheitsschutzes auch besonders nahe liegen, hat der Gerichtshof den individualschützenden Gehalt doch auch solcher Normen anerkannt, die allgemein dem

---

[73] Zur Schutznormorientierung vgl. nur *Dörr/Lenz*, VerwRechtschutz, Rn. 431; *Ehlers*, DVBl. 2004, 1441 (1445); *Steinbeiß-Winkelmann*, NJW 2010, 1233 (1234); *Ziekow*, NVwZ 2010, 793 (795).
[74] In dieser Hinsicht aber *Winter*, DVBl. 1991, 657 (662 Fn. 45); ferner *Halfmann*, VerwArch 91 (2000), 74 (82); *Wegener*, ZEuS 1998, 183 (192 f.).
[75] *Dörr*, in: Sodan/Ziekow, VwGO, EVR Rn. 235; *Ehlers*, DVBl. 2004, 1441 (1445); *Epiney*, VVDStRL 61 (2002), 362 (397).
[76] Vgl. nur *v. Danwitz*, Europäisches Verwaltungsrecht, S. 512.
[77] Vgl. hierzu *Epiney*, Umweltrecht in der Europäischen Union, 2. Aufl. 2005, S. 193.
[78] EuGH, Rs. C-361/88, *Kommission/Deutschland*, Slg. 1991, I-2567 Rn. 16; Rs. C- 59/89, *Kommission/Deutschland*, Slg. 1991, I-2607 Rn. 19; Rs. C-237/07, *Janecek*, Slg. 2008, I-6221 Rn. 38; verb. Rs. C-165-167/09, *Stichting Natuur en Milieu ua.*, Slg. 2011, I-4599 Rn. 94; *Couzinet*, DVBl. 2008, 754 (761); *Otting/Olgemöller*, AnwBl. 3 (2010), 155 (158).
[79] *V. Danwitz*, Europäisches Verwaltungsrecht, S. 514; *Schoch*, NordÖR 2002, 1 (8).
[80] Unklar *GA Kokott*, SchlA Rs. C-165/09 bis 167/09, *Stichting Natuur en Milieu u. a.*, Slg. 2011, I-4599 Rn. 140, die dem Aspekt eines eingrenzbaren Personenkreises Bedeutung zuerkennen will.
[81] *Dörr*, in: Sodan/Ziekow, VwGO, EVR Rn. 234; *Ehlers*, DVBl. 2004, 1441 (1445).
[82] In dieser Hinsicht aber *Schmidt-Kötters*, in: BeckOK VwGO, § 42 Rn. 170.1; *Hatje*, Die gemeinschaftsrechtliche Steuerung der Wirtschaftsverwaltung, 1998, S. 312; *Hailbronner*, JZ 1992, 284 (288); *Jarass*, NJW 1991, 2665 (2667).

Schutz der Verbraucher dienen,[83] auf einen wirksamen Konkurrenz- und Wettbewerbsschutz gerichtet sind[84] oder das Funktionieren des gemeinsamen Marktes zum Gegenstand haben.[85] Zieht man überdies in Betracht, dass ihm zur Anerkennung subjektiver Rechte gelegentlich sogar genügte, wenn eine Regelung auf die wirksame Sicherung eines bedeutenden Gutes der Allgemeinheit (Grundwasser) abzielt[86] und sogar für Recht erkannt wurde, dass Einzelnen aus Vorschriften des europäischen Naturschutzrechts Rechte erwachsen, die dem mitgliedstaatlichen Schutz anvertraut sind,[87] ist dies nur erklärbar, wenn man sich von der Vorstellung befreit, dass allenfalls die auf den Schutz typischer Individualgüter gerichteten Regelungen geeignet sind, Rechte Einzelner zu begründen. Stattdessen genügt bereits die im Interesse der Allgemeinheit gelegene rechtliche Sicherung wichtiger Güter und Belange, die eine Angelegenheit sämtlicher Unionsbürger ist und daher zwangsläufig dem Einzelnen als Teil dieser Gesamtheit zugutekommt.[88] Der notwendige Individualbezug verdankt sich daher schlicht der Erwägung, dass eine dem Wohl der Allgemeinheit geltende Bestimmung den Schutz der Einzelnen umfasst.[89] Unionsrechtliche Normen, die dem Schutz und der Erhaltung von Gemeingütern dienen oder Belange des gemeinen Wohls sichern, können daher prinzipiell als Grundlage individueller Rechte fungieren und einzelnen Unionsbürgern die Möglichkeit eröffnen, die normbedingten Vorteile für sich in Anspruch zu nehmen.

Ist der Kreis der zur Rechtsbegründung geeigneten Normen des Unionsrechts danach auch großzügig bemessen, eröffnet dies dennoch nicht die Möglichkeit der Popularklage, die den Rechtsordnungen der Mitgliedstaaten fremd ist und die einzuführen auch das Unionsrecht nicht gebietet.[90] Vielmehr hat der Gerichtshof verschiedentlich darauf hingewiesen, dass keineswegs jedermann, sondern allein die **Betroffenen** in den Stand versetzt werden, die normbedingten Vorteile gerichtlich geltend zu machen.[91] Auch wenn dieses der Eingrenzung des berechtigten Personenkreises dienende Merkmal noch der näheren Konkretisierung harrt, kommt darin doch zum Ausdruck, dass sich nur jene Marktbürger eine hierzu geeignete Vorschrift zunutze machen können, die

---

[83] EuGH, verb. Rs. C-178/94, C-179/94, C-188/94, C-189/94 und C-190/94, *Dillenkofer u. a.*, Slg. 1996, I-4845 Rn. 41.
[84] EuGH, Rs. C-282/95 P, *Guérin automobiles*, Slg. 1997, I-1503 Rn. 39; Rs. C-453/99, *Courage*, Slg. 2001, I-6297 Rn. 23; Rs. C-295/04 bis C-298/04, *Manfredi u. a.*, Slg. 2006, I-6619 Rn. 39.
[85] EuGH, Rs. C-97/96, *Daihatsu*, Slg. 1997, I-6843 Rn. 18 f.
[86] EuGH, Rs. C-131/88, *Kommission/Deutschland*, Slg. 1991, I-825 Rn. 7.
[87] EuGH, Rs. C-240/09, *Lesoochranárske zoskupenie VLK*, Slg. 2011, I-1255 Rn. 47; in diese Richtung tendierend auch *Epiney*, VVDStRL 61 (2002), 393 (403); *Gellermann*, Natura 2000, 2. Aufl. 2001, S. 260; a. A. OVG Hamburg, Teilbeschl. v. 19.2.2001, 2 Bs 370/00, NuR 2001, 592 (595); OVG Schleswig, Urt. v. 17.5.2001, 1 K 01/01, NuR 2003, 186 f.; OVG Lüneburg, Urt. v. 19.1.2011, 7 KS 161/08, BeckRS 2011, 48711.
[88] Deutlich in dieser Hinsicht EuGH, verb. Rs. C-165/09-167/09, *Stichting Natuur en Milieu u. a.*, Slg. 2011, I-4599 Rn. 94.
[89] EuGH, verb. Rs. C-178/94, C-179/94, C-188/94, C-189/94 und C-190/94, *Dillenkofer u. a.*, Slg. 1996, I-4845 Rn. 41 f.; vgl. auch *Epiney*, NVwZ 1999, 485 (487); *Wegener*, in: Lübbe-Wolf, Vollzug des europäischen Umweltrechts, S. 160 f.
[90] Vgl. nur *Kokott*, DV 31 (1998), 335 (357); *Gärditz*, JuS 2009, 385 (389); *Ruffert*, JZ 2007, 1102 (1103); *Schoch*, NVwZ 1999, 457 (463).
[91] EuGH, Rs. C-361/88, *Kommission/Deutschland*, Slg. 1991, I-2567 Rn. 16; Rs. C-58/89, *Kommission/Deutschland*, Slg. 1991, I-4983 Rn. 14; Rs. C-298/95, *Kommission/Deutschland*, Slg. 1996, I-6747 Rn. 16; Rs. C-237/07, *Janecek*, Slg. 2008, I-6221 Rn. 39; hierzu *Calliess*, NVwZ 2006, 1 (3).

ein „unmittelbares Interesse" an ihrer Einhaltung haben.[92] Eine derartige Interessenlage kann Unionsbürgern attestiert werden, die infolge einer Missachtung einschlägiger Vorschriften des Unionsrechts gerade in jenen Interessen betroffen sind, deren Wahrung die Norm zu dienen bestimmt ist.[93] Aus einer Regelung des Verbraucherschutzes können daher nur den Verbrauchern Rechte erwachsen, denen der von der Norm vorgesehene Schutz im Einzelfall vorenthalten wird; ebenso kann die Einhaltung eines im Interesse des Gesundheitsschutzes festgelegten Grenzwertes für Luftschadstoffe nur von den Unionsbürgern geltend gemacht werden, die infolge einer Missachtung dieser Norm in ihrer Gesundheit gefährdet werden und schließlich können sämtliche Trinkwasserkonsumenten auf die Einhaltung der Grenzwerte für Oberflächengewässer drängen, die Wasser aus einem diesen Anforderungen nicht entsprechenden Gewässer beziehen.

22   Die auf diesem Wege begründeten Rechte der Unionsbürger sind dem Schutz der staatlichen Gerichte anvertraut und müssen einer gerichtlichen Geltendmachung zugänglich sein. Aus der Sicht des nationalen Rechts stellt sich allerdings die Frage, in welcher Weise diese Rechtspositionen mit dem nationalen Prozessrecht verzahnt sind. Während noch Einvernehmen darüber herrscht, dass zumindest jene unionsrechtlich begründeten Positionen Rechte im Sinne des § 42 Abs. 2 VwGO (bzw. §§ 40 Abs. 2 FGO, 54 Abs. 1 SGG) darstellen, die auch bei Anlegung der Kriterien der Schutznormtheorie als solche zu begreifen sind,[94] ist dies bei diesen Anforderungen nicht entsprechenden Positionen unionsrechtlicher Provenienz weniger gewiss. Zwar sollen auch sie nach **dem materiell-rechtlichen Lösungsmodell** als echte subjektive Rechte zu begreifen sein,[95] dagegen plädieren die Vertreter einer **prozessualen Lösung** für eine Sicht, nach der es sich lediglich um individuelle Berechtigungen zur gerichtlichen Geltendmachung der Verletzung gemeinschaftsrechtlicher Vorschriften handelt;[96] deren gemeinschaftsrechtlich gebotene Klagbarkeit soll sich dann unter dem Aspekt einer anderweitigen gesetzlichen Bestimmung aus § 42 Abs. 2, 1. Halbs. VwGO (bzw. §§ 40 Abs. 2, 1. Halbs. FGO, 54 Abs. 1 S. 2, 1. Halbs. SGG) ergeben. Auch wenn das materiell-rechtliche Modell dem Diskriminierungsverbot eher gerecht wird,[97] mag seine Vorzugswürdigkeit letztlich dahinstehen, zumal die praktischen Unterschiede beider Ansätze im Ergebnis eher gering sein dürften.[98]

23   **b) Unionsrechtlich veranlasste Rechtseinräumung.** Unionsrechtliche Richtlinien sind auf Umsetzung durch die Mitgliedstaaten angelegt und begründen zumindest im

---

[92] EuGH, verb. Rs. C-87/90 bis 89/90, *Verholen*, Slg. 1991, I-3757 Rn. 23; Rs. C-237/07, *Janecek*, Slg. 2008, I-6221 Rn. 39; hierzu *Ziekow*, NVwZ 2010, 793 (794).
[93] *Epiney*, VVDStRL 61 (2002), 362 (406); *Götz*, DVBl. 2002, 1 (4); *Winter*, NVwZ 1999, 467 (473); eingehend *Gellermann*, Natura 2000, 2. Aufl. 2001, S. 261 ff.
[94] Vgl. etwa *Moench/Sander*, EUDUR I, § 46 Rn. 68 ff.
[95] In dieser Hinsicht *Dörr*, in: Sodan/Ziekow, VwGO, EVR Rn. 234; *v. Danwitz*, Europäisches Verwaltungsrecht, S. 587; *Ehlers*, DVBl. 2004, 1441 (1446); *Frenz*, DVBl. 1995, 408 (412); *Gärditz*, JuS 2009, 385 (389); *Pernice*, EuR 1994, 325 (339 f.); differenzierend *Ziekow*, NVwZ 2010, 739 (796).
[96] *Berkemann*, in: Berkemann/Halama, Bau- und Umweltrichtlinien der EG, 2008 S. 267 Rn. 485; *Everling*, RIW 1992, 379 (384 f.); *Wahl*, in: Schoch/Schneider/Bier, VwGO, Vorb. § 42 Abs. 2 Rn. 128.
[97] *Classen*, VerwArch 88 (1997), 645 (678); eher skeptisch *Kokott*, DV 31 (1998), 335 (351).
[98] *Kokott*, DV 31 (1998), 335 (351); *Moench/Sander*, EUDUR I, § 46 Rn. 72; *Otting/Olgemöller*, AnwBl. 3 (2010), 155 (159).

vertraglich vorgesehenen Normalfall des Art. 288 Abs. 3 AEUV aus sich heraus keine Rechte der Unionsbürger. Will eine Richtlinie Rechtsansprüche der Unionsbürger auf Einhaltung der in ihr vorgesehenen Regelungen gewährleistet wissen, bestehen in Ansehung der Klage- bzw. Antragsbefugnis keine Besonderheiten, wenn der nationale Gesetzgeber der individuellen Schutzrichtung des Sekundärrechts Rechnung trägt und im Rahmen der Umsetzung entsprechende subjektive Rechte begründet. Gewährt die nationale Umsetzungsnorm dagegen – gemessen am Maßstab der deutschen Schutznormtheorie – keine individuellen Rechte, ist ihr der unionsrechtlich gebotene drittschützende Gehalt im Wege einer richtlinienkonformen Interpretation zuzuerkennen. Mag das Unionsrecht individuelle Rechte auch nicht selbst einräumen, so entfaltet es auf diesem Wege doch seine norminternen Wirkungen.[99]

c) Vorbehalt anderweitiger Regelungen – Verbandsklagen im Umweltrecht. 24
Nach § 42 Abs. 2 VwGO (analog) ist die Zulässigkeit einer Klage von der Geltendmachung einer Verletzung eigener Rechte abhängig, soweit gesetzlich nichts anderes bestimmt ist. Zu diesen anderweitigen Bestimmungen zählen – neben der wenig beachteten, praktisch aber bedeutsamen Vorschrift des § 13 Abs. 1 BBG [100] – vor allem jene Regelungen, die es anerkannten Natur- und Umweltschutzvereinigungen im Interesse der Verminderung der im Felde des Naturschutz- und Umweltrechts viel beklagten Vollzugsdefizite erlauben, gerichtlichen Rechtsschutz in Anspruch zu nehmen, ohne in eigenen Rechten verletzt zu sein.

Eine bundesweit einheitliche Regelung der naturschutzrechtlichen Vereinsklage 25 wurde erstmals im Zuge der im Jahre 2002 erfolgten Novelle des Bundesnaturschutzgesetzes geschaffen (§ 61 BNatSchG a. F.). In der nunmehr geltenden Fassung ermöglicht § 64 BNatSchG es anerkannten Naturschutzvereinigungen, gegen einen – allerdings begrenzten – Kreis von Entscheidungen (z. B. Befreiungen, Planfeststellungen) Rechtsbehelfe nach Maßgabe der VwGO einzulegen, ohne die Verletzung eigener Rechte geltend machen zu müssen. Das gilt freilich nur, soweit § 1 Abs. 3 UmwRG dem nicht entgegensteht und setzt im Übrigen voraus, dass die Vereinigung in ihrem satzungsgemäßen Aufgaben- und Tätigkeitsbereich betroffen ist, zur Mitwirkung im Verwaltungsverfahren berechtigt war und sich hierbei in der Sache geäußert hat oder ihr keine Gelegenheit zur Äußerung gegeben wurde. Zudem muss sie geltend machen, dass die Entscheidung gegen spezifisch naturschutzrechtliche oder solche Vorschriften verstößt, die zumindest auch den Belangen des Naturschutzes und der Landschaftspflege zu dienen bestimmt sind. Da § 64 Abs. 1 BNatSchG die Einlegung von „Rechtsbehelfen gegen" die in § 63 Abs. 1 Nr. 2 bis 4 und Abs. 2 Nr. 5 bis 7 BNatSchG genannten Entscheidungen gestattet, kommen – neben dem Widerspruch im Sinne des § 68 Abs. 1 VwGO – in erster Linie die Anfechtungsklage (§ 42 Abs. 1 VwGO) sowie – in Verfahren des vorläufigen Rechtsschutzes – Anträge nach §§ 80a Abs. 3, 80 Abs. 5 VwGO in Betracht. Überdies vermittelt § 64 Abs. 1 BNatSchG eine Befugnis zur Erhebung solcher Rechtsbehelfe, die auf die Feststellung der Rechtswidrigkeit oder Nichtvollziehbarkeit oder auf eine Ergänzung rechtsbehelfsfähiger Entscheidungen um zusätzliche Kompensationsmaßnahmen oder eine Erhöhung festgesetzter Ersatzgelder gerichtet

---

[99] *Kopp/Schenke*, VwGO, § 42 Rn. 152; *Karpenstein*, Praxis des EG-Rechts, Rn. 307; *Ramsauer*, JuS 2012, 769 (773).
[100] Hierzu BVerwG, Urt. v. 5.4.2006, 9 C 1.05, NVwZ 2006, 817; *Keller*, in: Meyer-Ladewig/Keller/Leitherer, SGG, § 54 Rn. 13a.

sind.[101] Auch wenn der – durch § 1 Abs. 3 UmwRG maßgeblich reduzierte – Anwendungsbereich des § 64 Abs. 1 BNatSchG und die sich hierauf gründende Rügebefugnis anerkannter Naturschutzvereinigungen begrenzt sind, kann die Bestimmung in dem ihr verbliebenen Einsatzfeld doch einen Beitrag zur Durchsetzung des Umweltrechts der Union leisten. Neben den unmittelbar wirkenden Regelungen des europäischen Naturschutzrechts[102] können davon auch Normen des Immissionsschutz-, Wasser- und Abfallrechts profitieren, die sich dem – zumeist aus unionsrechtlicher Quelle gespeisten – integrierten Ansatz verpflichtet wissen, als solche auf einen ganzheitlichen Umweltschutz gerichtet sind und daher im Sinne des § 64 Abs. 1 Nr. 1 BNatSchG „zumindest auch" dem Schutz der Belange des Naturschutzes und der Landschaftspflege dienen.[103]

26 Von dem Vorbehalt des § 42 Abs. 2 VwGO hat der Bundesgesetzgeber daneben Gebrauch gemacht, um der mit der Richtlinie 2003/35/EG (Öffentlichkeitsbeteiligung) erhobenen Forderung Rechnung zu tragen, anerkannten Nichtregierungsorganisationen eine Klagemöglichkeit zu schaffen, die es namentlich im Falle der Zulassung bestimmter umweltrelevanter Projekte erlaubt, die Verletzung umweltrechtlicher Vorschriften einer gerichtlichen Kontrolle zuzuführen. Mit dem zur innerstaatlichen Verwirklichung bestimmten Umwelt-Rechtsbehelfsgesetz wurde dem Gebäude des nationalen Rechtsschutzsystems ein weiterer unionsrechtlich veranlasster Baustein eingefügt, der anerkannten sowie die Anerkennungsvoraussetzungen erfüllenden inländischen und ausländischen Umweltvereinigungen die Möglichkeit bietet, gegen die in § 1 Abs. 1 S. 1 UmwRG genannten Zulassungsentscheidungen oder deren Unterlassung Rechtsbehelfe einzulegen, ohne eine Verletzung eigener Rechte geltend machen zu müssen. Neben der Berührung in ihrem satzungsgemäßen Aufgabenbereich und der Beteiligung im jeweiligen Verwaltungsverfahren (§ 2 Abs. 1 Nr. 2, 3 UmwRG) setzte die Rechtsbehelfsbefugnis nach § 2 Abs. 1 Nr. 1 UmwRG in seiner bisherigen Fassung allerdings voraus, dass die Vereinigung die Verfehlung umweltschützender Vorschriften geltend macht, die Rechte Einzelner begründen. Im Schrifttum wurde frühzeitig auf die Unvereinbarkeit der sich daraus ergebenden Einengung des Klagerechts mit einschlägigen Vorgaben der Richtlinie 2003/35/EG (nunmehr Art. 11 UVP-RL und Art. 25 Industrieemissions-RL) aufmerksam gemacht,[104] vermöge derer bestimmte Nichtregierungsorganisationen „als Träger von Rechten (gelten)", die verletzt werden können. Kraft der hierin zum Ausdruck kommenden Fiktion müssen die Organisationen in den Stand versetzt werden, die verfahrens- und materiell-rechtliche Rechtmäßigkeit bestimmter umweltrelevanter Entscheidungen unabhängig davon einer gerichtlichen Überprüfung zuzuführen, ob die in Rede stehenden Vorschriften über einen Schutznormcharakter verfügen. Hiermit übereinstimmend stellte zwischenzeitlich auch der Gerichtshof klar, dass eine nationale Rechtsvorschrift, die anerkannte Umweltvereinigungen auf die Rüge der Verletzung individueller Rechte beschränkt und ihnen in einem gerichtlichen Verfahren die Möglichkeit nimmt, eine Überprüfung

---

[101] Vgl. BVerwG, Urt. v. 9.6.2004, 9 A 11.03, NVwZ 2004, 1486 (1496).
[102] BVerwG, Urt. v. 27.1.2000, 4 C 2.99, NVwZ 2000, 1171 (1172); Urt. v. 17.5.2002, 4 A 28.01, NVwZ 2002, 1243; *Heselhaus*, in: Frenz/Müggenborg, BNatSchG, § 64 Rn. 27.
[103] *Fischer-Hüftle*, in: Schumacher/Fischer-Hüftle, BNatSchG, § 64 Rn. 28; *Gellermann*, in: Landmann/Rohmer, Umweltrecht II, Nr. 11 § 64 BNatSchG Rn. 17; *Heselhaus*, in: Frenz/Müggenborg, BNatSchG, § 64 Rn. 27.
[104] Vgl. nur *Berkemann*, NordÖR 2009, 336 (341 ff.); *Gellermann*, in: FS Rengeling, S. 233 (239 ff.); *Koch*, NVwZ 2007, 369 (378 f.); *Kment*, NVwZ 2007, 274 (277).

einschlägiger Entscheidungen am Maßstab jener umweltrechtlichen Rechtsvorschriften zu erwirken, die aus dem Unionsrecht hervorgegangen sind, mit Art 10a UVP-RL (nunmehr Art. 11 UVP-RL) nicht vereinbar ist.[105] Da den Unzulänglichkeiten des nationalen Umsetzungsrechts im Wege einer richtlinienkonformen Interpretation nicht abgeholfen werden konnte,[106] sah sich der Gesetzgeber zum Handeln veranlasst.[107]

Um eine lückenlose 1:1-Umsetzung des Art. 10a UVP-RL (nunmehr Art. 11 UVP-RL) sowie des Art. 9 Abs. 2 der Aarhus-Konvention zu bewirken,[108] wurde der auf das Erfordernis subjektiver Rechte verweisende Satzteil des § 2 Abs. 1 Nr. 1 UmwRG durch Art. 1 Nr. 2 lit. a aa) des Gesetzes zur Änderung des Umwelt-Rechtsbehelfsgesetzes und anderer umweltrechtlicher Vorschriften vom 21.1.2013 gestrichen. Der im Verlauf des Gesetzgebungsverfahrens erhobenen und sich auf Aussagen des Trianel-Urteils beziehenden Forderung, die Anpassung der Vorschrift darauf zu beschränken, anerkannten Vereinigungen den Zugang zu Gerichten nur in Ansehung unionsrechtlicher bzw. unionsrechtlich fundierter Vorschriften des Umweltrechts zu ermöglichen,[109] kam der Gesetzgeber nicht nach. Verantwortlich zeichnete dafür die Erwägung, dass sich der Änderungsbedarf nicht bloß aus dem Unionsrecht, sondern auch aus der Notwendigkeit ergibt, den durch Art. 9 Abs. 2 der Aarhus-Konvention begründeten Pflichten der Bundesrepublik Deutschland zu genügen.[110] Diese völkervertragliche Bestimmung ist darauf gerichtet, anerkannten Umweltverbänden das Recht einzuräumen, die Verletzung umweltrechtlicher Vorschriften unabhängig davon zu rügen, ob die verletzte Norm dem Unionsrecht entstammt oder von rein nationaler Provenienz ist.[111] In Anerkennung dessen räumt § 2 Abs. 1 UmwRG anerkannten Vereinigungen nunmehr unter den in Nr. 2 und 3 bezeichneten Voraussetzungen die Befugnis ein, Entscheidungen im Sinne des § 1 Abs. 1 S. 1 UmwRG oder deren Unterlassen einer gerichtlichen Überprüfung zuzuführen, sofern sie die Verletzung von Rechtsvorschriften geltend machen, die dem Umweltschutz dienen und für die Entscheidung von Bedeutung sein können. In dieser Gestalt trägt § 2 Abs. 1 UmwRG nicht bloß den völker- und unionsrechtlichen Vorgaben Rechnung, sondern ist auch deshalb zu begrüßen, weil die Praxis hierdurch der nur mühsam zu bewältigenden Aufgabe enthoben ist, zwischen unionsrechtlich fundierten und rein nationalen Vorschriften des Umweltrechts unterscheiden zu müssen.

Mag das Umwelt-Rechtsbehelfsgesetz anerkannten Verbänden auch eine den unionsrechtlichen Vorgaben genügende Rechtsbehelfsbefugnis einräumen, darf in diesem Zusammenhang doch nicht unerwähnt bleiben, dass die innerstaatliche Verwirklichung des Art. 9 Abs. 3 der Aarhus-Konvention noch immer aussteht.

---

[105] EuGH, Rs. C-115/09, *BUND/Bezirksregierung Arnsberg*, Slg. 2011, I-3673 Rn. 44 ff., 50; eingehend *Kment*, in: Hoppe/Beckmann, UVPG, § 2 UmwRG Rn. 20 ff.; *Wegener*, ZUR 2011, 363 ff.
[106] BVerwG, Urt. v. 29.9.2011, 7 C 21.09, NVwZ 2012, 176 Rn. 28; die Möglichkeit in Rechnung stellend dagegen *Gärditz*, JuS 2009, 385 (391).
[107] Zum Entwurf der Bundesregierung, *Fellenberg/Schiller*, in: Landmann/Rohmer, Umweltrecht I, Nr. 13, Vorb. UmwRG, Rn. 53.
[108] BT-Drs. 17/10957, S. 5.
[109] Ausschussempfehlung vom 10.9.2012, BR-Drs. 469/1/12, S. 3.
[110] BT-Drs. 17/10957, S. 16 unter Hinweis auf das bei dem Compliance Committee der Aarhus-Konvention anhängige Verfahren (Az.: ACCC/C/2008/31) gegen die Bundesrepublik Deutschland.
[111] OVG Münster, Urt. v. 12.6.2012, 8 D 38/08.AK, NuR 2012, 722 (728); *Bunge*, NuR 2011, 605 (608); *Ekard*, NVwZ 2012, 530 (531); *Kleinschnittger*, I+E 2011, 280 (285) jeweils m.w.N.

Nach dieser Bestimmung haben die Vertragsparteien Mitgliedern der Öffentlichkeit den Zugang zu verwaltungsbehördlichen und gerichtlichen Verfahren zu eröffnen, um die von Privatpersonen und Behörden vorgenommenen Handlungen und Unterlassungen anzufechten, die gegen umweltbezogene Bestimmungen des innerstaatlichen Rechts verstoßen. Auch wenn die innerstaatlich aufgrund des Zustimmungsgesetzes vom 9.12.2006[112] geltende Bestimmung breite Umsetzungsspielräume gewährt, lässt sie doch keinen Zweifel daran, dass auch andere als die in Art. 9 Abs. 2 der Aarhus-Konvention angesprochenen Entscheidungen einer Kontrolle zugänglich sein müssen, wenn sie mit dem Umweltrecht nicht vereinbar sind. Die naheliegende Konsequenz, der völkerrechtlichen Verpflichtung durch eine Erweiterung des Kreises der verbandsklagefähigen Entscheidungen Rechnung zu tragen, hat der Gesetzgeber nicht gezogen.

29 Das bedeutet allerdings nicht, dass Umweltverbände in keinem Fall im Stande wären, eine gerichtliche Kontrolle auch anderer als der in § 1 UmwRG bezeichneten Entscheidungen zu erwirken. Mag Art. 9 Abs. 3 der Aarhus-Konvention auch keine unmittelbaren innerstaatlichen Wirkungen entfalten,[113] sind die mitgliedstaatlichen Gerichte nach den Erkenntnissen des EuGH im Interesse eines effektiven Schutzes der durch das Umweltrecht der Union begründeten Rechte gehalten, ihr nationales Recht so weit wie möglich im Einklang mit Art. 9 Abs. 3 der Aarhus-Konvention auszulegen, um Umweltverbänden die gerichtliche Anfechtung der mit dem europäischen Umweltrecht unvereinbaren behördlichen Entscheidungen zu ermöglichen.[114] Dieser Forderung haben bereits verschiedene Verwaltungsgerichte entsprochen und „in erweiternder Auslegung" des § 42 Abs. 2 VwGO für Recht erkannt, dass anerkannte Umweltverbände die Aufstellung unionsrechtlich gebotener Luftreinhaltepläne erzwingen[115] oder behördliche Entscheidungen angreifen können, die mit dem EU-Artenschutzrecht unvereinbar waren.[116] In Ansehung der Grenzen, der sich die richterliche Rechtsfortbildung zu fügen hat, mag dies auf den ersten Blick bedenklich erscheinen.[117] Zu berücksichtigen ist aber, dass es der Sache nach nicht darum geht, den Art. 9 Abs. 3 der Aarhus-Konvention in den Rang einer „anderweitigen gesetzlichen Bestimmung" im Sinne des § 42 Abs. 2 VwGO zu erheben. Stattdessen steht die gerichtliche Durchsetzung unionsrechtlich begründeter Rechte der Verbände zur Debatte. In seinem Braunbären-Urteil brachte der Gerichtshof zum Ausdruck, dass Vorschriften der Habitat-Richtlinie Rechte einzelner begründen und betonte unter Einbezug des Art. 9 Abs. 3 der Aarhus-Konvention zugleich, dass diese Rechte auch den Umwelt-

---

[112] BGBl. II 2006, S. 1251.
[113] OVG Koblenz, Beschl. v. 27.2.2013, 8 B 10254/13, ZUR 2013, 291 f.; *Berkemann*, DVBl. 2011, 1253 (1255 f.); *Seibert*, NVwZ 2013, 1040 (1043).
[114] EuGH, RS. C-240/09, *Lesoochranárske zoskupenie VLK*, Slg. 2011, I-1255 Rn. 50 f.; hierzu *Epiney*, EurUP 2012, 88 (89); *Schlacke*, ZUR 2011, 312 ff.
[115] VG Wiesbaden, Urt. v. 10.10.2011, 4 K 757/11.WI, ZUR 2012, 113 (115); Urt. v. 16.8.2012, 4 K 165/12.WI, BeckRS 2012, 55841; ebenso VG München, Urt. v. 9.10.2012, M 1 K 12.1046, ZUR 2012, 699 (700) mit Anmerkung *Klinger*.
[116] VGH Kassel, Beschl. v. 14.5.2012, 9 B 1918/11, NuR 2012, 493 (495); OVG Koblenz, Beschl. v. 6.2.2013, 1 B 11266/12.OVG, ZUR 2013, 293 (296); VG Augsburg, Beschl. v. 13.2.2013, Au 2 S 13.143, NuR 2013, 284.
[117] OVG Koblenz, Beschl. v. 27.2.2013, 8 B 10254/13, ZUR 2013, 291 (292 f.); zurückhaltend auch OVG Lüneburg, Beschl. v. 30.7.2013, 12 MN 300/12, BeckRS 2013, 53932.

verbänden in ihrer Funktion als Mitgliedern der Öffentlichkeit zu Gebote stehen.[118] Unionsrechtlich begründete Rechtspositionen können aber anerkanntermaßen auch ohne Überschreitung der Grenzen richterlicher Rechtsfortbildung als Rechte im Sinne des § 42 Abs. 2 VwGO begriffen werden,[119] deren mögliche Verletzung eine Rechtsbehelfsbefugnis begründet. Mit einer Umweltverbandsklage hat dies freilich nichts zu tun, weil ein Verband in solcher Lage eigene rechtsbehelfsfähige Positionen geltend macht, die ihm durch Vorschriften des europäischen Umweltrechts vermittelt werden und deren Schutz der nationalen Verwaltungsgerichtsbarkeit obliegt.

Um den Anforderungen des Art. 13 der Richtlinie 2004/35/EG (Umwelthaftung) zu genügen, wurde anerkannten oder als anerkannt geltenden Umweltvereinigungen bislang durch § 11 Abs. 2 USchadG die Möglichkeit eröffnet, in entsprechender Anwendung der Vorschriften des Umwelt-Rechtsbehelfsgesetzes gerichtlichen Rechtsschutz gegen Entscheidungen oder Unterlassungen nach dem Umweltschadensgesetz in Anspruch zu nehmen.[120] Durch Art. 1 Nr. 1 des Gesetzes zu Änderung des Umwelt-Rechtsbehelfsgesetzes wurde § 1 Abs. 1 UmwRG um eine neue Nummer 3 ergänzt, die den Anwendungsbereich des Gesetzes auf Entscheidungen nach dem Umweltschadensgesetz erweitert. Dem korrespondierend stellt die durch Art. 4 Nr. 2 des Artikelgesetzes neu gefasste Vorschrift des § 11 Abs. 2 USchadG nunmehr klar, dass für Rechtsbehelfe anerkannter Vereinigungen gegen Entscheidungen oder Unterlassungen nach dem Umweltschadensgesetz das Umwelt-Rechtsbehelfsgesetz gilt. Inhaltliche Änderungen sind mit dieser Umgestaltung nicht verbunden, indessen hat der Gesetzgeber damit einen Schritt zur Systematisierung der Rechtsbehelfsmöglichkeiten anerkannter Umweltvereinigungen unternommen.[121]

d) Präklusion. Die zur Inanspruchnahme gerichtlichen Rechtsschutzes erforderliche Klage- bzw. Antragsbefugnis (§§ 42 Abs. 2, 47 Abs. 2 S. 1 VwGO) setzt grundsätzlich die Geltendmachung der Verletzung eigener Rechte voraus. Ist der Rechtsschutzsuchende durch (materielle) Präklusionsvorschriften (z. B. § 47 Abs. 2a VwGO, § 73 Abs. 4 S. 3 VwVfG, § 10 Abs. 3 BImSchG, § 17 Abs. 4 FStrG) daran gehindert, im gerichtlichen Verfahren jene Tatsachen vorzubringen, aus denen sich die Möglichkeit der Verletzung eigener Rechte ergibt, ist der von ihm erhobene Rechtsbehelf in Fällen eines offensichtlichen Einwendungsausschlusses bereits unzulässig, andernfalls mangels tatsächlicher Rechtsverletzung jedenfalls unbegründet.[122] In ähnlicher Weise sind anerkannte Umwelt- und Naturschutzvereinigungen an der gerichtlichen Geltendmachung einer Verletzung der für sie rügefähigen Vorschriften gehindert, wenn sie

---

[118] EuGH, Urt. v. 8.3.2011, RS. C-240/09, *Lesoochranárske zoskupenie VLK*, Slg. 2011, I-1255 Rn. 47, 51.
[119] Vgl. nur *Dörr*, in: Sodan/Ziekow, VwGO, EVR Rn. 234; *Kopp/Schenke*, VwGO, § 42 Rn. 153; *v. Danwitz*, EU-VerwR, S. 587.
[120] Vgl. VG Saarlouis, Urt. v. 12.9.2012, 5 K 209/12, NuR 2013, 439 (440); eingehend hierzu *Beckmann/Wittmann*, in: Landmann/Rohmer, Umweltrecht I, Nr. 14 § 11 Rn. 11 ff.; *Schrader/Hellenbroich*, ZUR 2007, 289 ff.
[121] BT-Drs. 17/10957, S. 15.
[122] *Kopp/Schenke*, VwGO, § 42 Rn. 179; *Jarass*, BImSchG, 9. Aufl. 2012, § 10 Rn. 98; *Schmidt/Kahl*, Umweltrecht, 8. Aufl. 2010, § 1 Rn. 106; generell für eine Unzulässigkeit *Wahl/Schütz*, in: Schoch/Schneider/Bier, VwGO I, § 42 Rn. 107; wohl auch *Wysk*, in: ders., VwGO, § 42 Rn. 133; generell für Unbegründetheit *Hufen*, Verwaltungsprozessrecht, § 23 Rn. 18; *Papier*, NJW 1980, 313 (316 f.).

ihre diesbezüglichen Einwendungen nicht bereits in dem zur Entscheidung führenden Verwaltungsverfahren erhoben haben (§ 64 Abs. 2 BNatSchG, § 2 Abs. 3 URG). Präklusionsvorschriften sind daher durchaus im Stande, die gerichtliche Durchsetzung des Unionsrechts sowie hierdurch begründeter Rechte der Unionsbürger zu behindern. Dennoch besteht kein Anlass, ihnen dieser Wirkungen wegen rundheraus mit Ablehnung zu begegnen. Auch wenn der Gerichtshof bislang noch nicht zur Zulässigkeit nationaler Präklusionsregelungen Stellung bezogen hat, ist zu berücksichtigen, dass ein Einwendungsausschluss – nicht anders als die von ihm akzeptierten angemessenen Ausschlussfristen (z.B. Klage- oder Verjährungsfristen) (vgl. hierzu Rn. 31) – zur Bestandskraft behördlicher Entscheidungen beiträgt und sich daher aus dem auch im Unionsrecht anerkannten Grundsatz der Rechtssicherheit legitimiert. Schon deshalb können Präklusionsvorschriften nicht per se als unionsrechtswidrig begriffen werden.[123] Daran vermögen jüngere Aussagen des Gerichtshofs, vermöge derer es „den Mitgliedern der betroffenen Öffentlichkeit ... möglich sein muss, die ... Genehmigung eines Projekts anzufechten, gleichviel, welche Rolle sie in dem Verfahren über den Genehmigungsantrag vor dieser Stelle durch ihre Beteiligung an und ihre Äußerung in diesem Verfahren spielen konnte",[124] nichts zu ändern. Mag diese Formulierung auch den Eindruck erwecken, als dürfte die Möglichkeit der Inanspruchnahme gerichtlichen Rechtsschutzes nicht von der vorherigen Beteiligung im Verwaltungsverfahren abhängig gemacht werden,[125] hat sich der Gerichtshof in der auf Vorlage eines schwedischen Gerichts ergangenen Entscheidung doch einzig zu der Frage geäußert, ob es zulässig ist, bestimmten Umweltvereinigungen von vornherein den Zugang zu einem gerichtlichen Verfahren zu verwehren, weil sie bereits an einem Genehmigungsverfahren beteiligt waren, das von einer Stelle mit Gerichtscharakter durchgeführt wurde. Aussagen zur Zulässigkeit von Präklusionsvorschriften, die einen Einwendungsausschluss im gerichtlichen Verfahren für den Fall anordnen, dass von der Möglichkeit zur Äußerung im vorherigen Verwaltungsverfahren kein oder ein unzulänglicher Gebrauch gemacht worden ist, verbinden sich hiermit nicht.[126] Ebenso wenig lässt sich das Urteil des Gerichts in der Rechtssache Saxonia Edelmetalle zum Beleg der Unionsrechtswidrigkeit nationaler Präklusionsvorschriften anführen.[127] Die dort getroffene Aussage, nach der ein Kläger nicht daran gehindert ist, „gegen die endgültige Entscheidung einen rechtlichen Grund vorzubringen, der im Verwaltungsverfahren nicht geltend gemacht worden ist",[128] bezieht sich gerade nicht auf den durch Präklusionsvorschriften bewirkten Ausschluss sachlichen Gegenvorbringens, sondern einzig auf das Vorbringen rechtlicher

---

[123] Vgl. nur EuGH, Rs. C-327/00, *Santex*, Slg. 2003, I-1907 Rn. 54 ff.; BVerwG, Urt. v. 14.7.2011, 9 A 12.10, NuR 2011, 866 Rn. 25; ferner *Fellenberg/Schiller*, in: Landmann/Rohmer, Umweltrecht I, Nr. 13 § 2 Rn. 54; *Kment*, in: Hoppe/Beckmann, UVPG, § 2 UmwRG Rn. 23; *ders.* EuR 2006, 201 (222f.); *Gellermann*, NVwZ 2006, 7 (11); kritisch *Europäische Kommission*, Begründete Stellungnahme, Vertragsverletzung Nr. 2007/4267 v. 26.4.2013, S. 13 f.; *Bunge*, ZUR 2010, 20 (23); *Schlacke*, ZUR 2007, 8 (15).

[124] EuGH, Rs. C-263/08, *Djurgården-Lilla Värtans*, Slg. 2009, I-9967 Rn. 39.

[125] Hierzu *Ziekow*, NVwZ 2010, 793 (795).

[126] BVerwG, Urt. v. 14.4.2010, 9 A 5.08, NVwZ 2010, 1225 Rn. 108; Beschl. v. 14.9.2010, 7 B 15.10, NVwZ 2011, 364 Rn. 14; Urt. v. 14.7.2011, 9 A 14.10, NuR 2012, 52 Rn. 24.

[127] In dieser Hinsicht aber *Europäische Kommission*, Begründete Stellungnahme, Vertragsverletzung Nr. 2007/4267 v. 26.4.2013, S. 14.

[128] EuG, verb. Rs. T-111/01 und T 133/01, *Saxonia Edelmetalle und Zemag*, Slg. 2005, II-1585 Rn. 68.

Argumente, das durch Präklusionsvorschriften nicht eingeschränkt wird.[129] Das folgt zwanglos aus dem Gesamtzusammenhang der Erwägungen des Gerichts, wird dort doch sogar ausdrücklich betont, der Kläger, der sich an dem in Rede stehenden Prüfungsverfahren beteiligt habe, könne sich nicht auf ein „Vorbringen zum Sachverhalt" berufen, das er der Kommission nicht im Verlauf des Verfahrens mitgeteilt hat. Das spricht eher für als gegen die Unionsrechtskonformität von Präklusionsvorschriften.

Unterliegen Präklusionsvorschriften daher auch keinen prinzipiellen Bedenken, haben sie sich dennoch den Anforderungen zu fügen, die sich namentlich aus dem unionsrechtlichen Effektivitätsgrundsatz ergeben.[130] Weder dürfen sie in ihrer konkreten Ausgestaltung noch in der Art ihrer Anwendung die Ausübung unionsrechtlich begründeter Rechte bzw. die Geltendmachung der Verletzung des Unionsrechts praktisch unmöglich machen oder übermäßig erschweren. Diese Grenzen werden überschritten, wenn die Modalitäten des nationalen Rechts keine angemessenen Möglichkeiten zur Erhebung von Einwendungen bieten, was namentlich bei zu knapp bemessenen Äußerungsfristen der Fall sein kann. Nicht mehr hinnehmbare Erschwernisse können sich aber auch ergeben, wenn bei der Anwendung an sich unionsrechtskonform gestalteter Präklusionsregelungen überzogene Anforderungen an ein präklusionsvermeidendes Vorbringen gestellt werden. Letzteres ist sicher nicht der Fall, solange es bei Klagen Privater zur Überwindung der Präklusionshürden als genügend erachtet wird, wenn die Einwendungen zumindest in „groben Zügen" erkennen lassen, welche Rechtsgüter aus Sicht des Einwenders betroffen sind und welche Beeinträchtigungen ihnen drohen.[131] Da sich die Darlegungsanforderungen an den Möglichkeiten eines Laien orientieren,[132] besteht kein Anlass zur Beanstandung.

Dagegen erscheint die Rechtsprechung zu den an ein präklusionsvermeidendes Vorbringen anerkannter Umwelt- und Naturschutzvereinigungen zu stellenden Anforderungen keineswegs bedenkenfrei. Um ihre Einwendungen im gerichtlichen Verfahren verfolgen zu können, muss eine Vereinigung nach den Erkenntnissen des Bundesverwaltungsgerichts die in Rede stehenden Schutzgüter konkret benennen, ihre Vorkommen räumlich verorten und die ihnen drohenden Beeinträchtigungen spezifizieren.[133] Das Vorbringen muss eine kritische Auseinandersetzung mit den ausgelegten Unterlagen erkennen lassen, die umso detaillierter auszufallen hat, je umfangreicher und intensiver die vom Vorhabenträger bereits geleisteten Begutachtungen und Bewertungen ausfallen. Bei kleineren Eingriffsvorhaben mögen derartige Substantiierungslasten noch getragen werden können. Handelt es sich dagegen um umfangreiche und komplexe Zulassungsverfahren (z. B. Kraftwerke, Fernstraßen, Stauseen), die eine Vielzahl unterschiedlichster Schutzgüter (Boden, Wasser, Luft, Tier- und Pflanzenwelt, menschliche Gesundheit) durch die verschiedensten Wirkfaktoren (z. B.

---

[129] Vgl. nur BVerwG, Urt. v. 14.7.2011, 9 A 12.10, NuR 2011, 866 Rn. 29.
[130] *Classen*, in: Schulze/Zuleeg/Kadelbach, § 4 Rn. 124
[131] BVerwG, Urt. v. 3.3.2011, 9 A 8.10, juris Rn. 38; Urt. v. 3.5.2011, 7 A 9.09, NVwZ 2012, 47 Rn. 30; Urt. v. 14.7.2011, 9 A 14.10, 52 Rn. 17; OVG Münster, Urt. v. 9.12.2009, 8 D 10/08. AK, ZUR 2010, 316 (319).
[132] BVerwG, Urt. v. 3.5.2011, 7 A 9.09, NVwZ 2012, 47 Rn. 30.
[133] Zusammenfassend BVerwG, Urt. v. 14.7.2011, 9 A 12.10, NuR 2011, 867 Rn. 19 f.; ferner OVG Lüneburg, Urt. v. 20.5.2009, 7 KS 28/07, NuR 2009, 719 (720); Urt. v. 19.1.2011, 7 KS 161/08, NuR 2011, 650 (651); VGH München, Beschl. v. 19.4.2011, 8 ZB 10.129, NuR 2011, 587 (588 f.).

Flächeninanspruchnahme, Einträge von Schadstoffen, Lärm und Erschütterung etc.) in Mitleidenschaft ziehen, ist es innerhalb der üblichen Auslegungs- und Einwendungsfristen von rund sechs Wochen und in Ansehung der bei Vorhaben dieser Art zumeist umfangreich ausfallenden Unterlagen ausgeschlossen, zu sämtlichen Betroffenheiten detailliert und mit dem geforderten fachlichen Tiefgang Stellung zu beziehen. Die restriktive Handhabung der Präklusionsvorschriften bringt es in solchen Fällen mit sich, dass es den Vereinigungen praktisch unmöglich gemacht wird, im gerichtlichen Verfahren die Verletzung aller in Rede stehenden umweltrechtlichen Vorschriften des Unionsrechts geltend zu machen.[134] Daraus resultierende Konflikte mit dem Effektivitätsgebot sind nur vermeidbar, indem die Substantiierungslasten mit Rücksicht darauf bestimmt werden, was einer anerkannten Umwelt- und Naturschutzvereinigung in Ansehung der Gegebenheiten des Einzelfalles und der ihn prägenden Umstände billigerweise an Sachvortrag im Verwaltungsverfahren abverlangt werden kann. Das wird es namentlich bei komplexen Großvorhaben mit sich bringen, dass es – unabhängig vom Umfang der ausgelegten Unterlagen und der vom Vorhabenträger beigebrachten Begutachtungen – als ausreichend zu erachten ist, wenn die befürchteten Beeinträchtigungen in einer Weise thematisiert werden, die erkennbar werden lässt, in welcher Hinsicht die Vereinigung aus ihrer fachlichen Sicht Bedenken hegt.

34 **2. Widerspruchsverfahren.** Dem Grundsatz des effektiven Rechtsschutzes läuft es nach den Erkenntnissen des Gerichtshofs nicht zuwider, wenn ein Mitgliedstaat ein obligatorisches Schlichtungsverfahren zur außergerichtlichen Beilegung einer Streitigkeit zur Zulässigkeitsvoraussetzung für eine Klage bestimmt.[135] Angesichts dessen sieht sich auch die Notwendigkeit, vor Erhebung der Anfechtungs- oder Verpflichtungsklage ein verwaltungsbehördliches Vorverfahren durchzuführen (§ 68 Abs. 1, 2 VwGO, § 44 Abs. 1 FGO, § 78 Abs. 1, 3 SGG),[136] keinen unionsrechtlichen Bedenken ausgesetzt.[137] Weder wirkt diese Sachentscheidungsvoraussetzung diskriminierend noch wird hierdurch die Verwirklichung unionsrechtlich begründeter Rechte in einer dem Effektivitätsgrundsatz zuwiderlaufenden Weise unmöglich gemacht. Stattdessen dient das Vorverfahren einer Verbesserung des Rechtsschutzes (Art. 47 GR-Charta), zumal in diesem Rahmen eine neuerliche Überprüfung des behördlichen Vorgehens erfolgt, die sich nicht auf eine Betrachtung der Rechtmäßigkeit der in Rede stehenden Entscheidung beschränkt, sondern sich gerade auch auf deren Zweckmäßigkeit erstreckt. Auch der Umstand, dass der Widerspruch binnen Monatsfrist zu erheben ist, begegnet keinen Bedenken, zumal der Gerichtshof diese Frist bereits für angemessen erachtet hat.[138] Konflikte mit dem Unionsrecht werden daher allenfalls durch § 68 Abs. 1 S. 2 VwGO (§ 78 Abs. 1 S. 2 SGG) hervorgerufen, soweit hierdurch das Vorverfahren in Fällen für entbehrlich erklärt wird, in denen das Sekundärrecht eine Pflicht zur Durchführung eines außergerichtlichen Verfahrens vor Klageerhebung be-

---

[134] In dieser Hinsicht auch *Europäische Kommission*, Begründete Stellungnahme, Vertragsverletzung Nr. 2007/4267 v. 26.4.2013, S. 14; kritisch auch *Seibert*, NVwZ 2013, 1040 (1045).
[135] EuGH, verb. Rs. C-317/08 bis C-320/08, *Rosalba Alassini u. a.*, Slg. 2010, I-2213 Rn. 53.
[136] Zum Widerspruchsverfahren als Voraussetzung des Gerichtszugangs in VwGO, FGO und SGG, vgl. *Steinbeiß-Winkelmann/Ott*, NVwZ 2011, 914 ff.
[137] Ebenso *Ehlers*, Verwaltungsprozeßrecht, S. 73; *v. Danwitz*, Europäisches Verwaltungsrecht, S. 587; *Otting/Olgemöller*, AnwBl. 3 (2010), 155 (161).
[138] EuGH, Rs. C-33/76, *Rewe*, Slg. 1976, 1989 Rn. 5.

gründet.[139] Erinnert sei insoweit nur an die durch Art. 38 Abs. 2 der Richtlinie 2004/38/EG aufgehobenen Bestimmungen der Art. 8, 9 der Richtlinie 64/221/EWG,[140] die ihre Relevanz allerdings mit Blick auf den hieran anknüpfenden verfahrensrechtlichen Ausweisungsschutz für türkische Staatsangehörige noch immer nicht vollständig eingebüßt hat.[141]

3. Fristen. Während es bei Leistungs- und Feststellungsklagen keine Fristen einzuhalten gilt, können Anfechtungs- und Verpflichtungsklagen in zulässiger Weise nur unter Wahrung der hierfür gesetzlich vorgesehenen **Klagefrist** von einem Monat erhoben werden (§ 74 VwGO, § 47 FGO, § 87 SGG). Wird diese Frist versäumt, schließt dies – vorbehaltlich einer Wiedereinsetzung in den vorigen Stand (§ 60 Abs. 1 VwGO, § 56 Abs. 1 FGO, § 67 Abs. 1 SGG) – die Inanspruchnahme gerichtlichen Rechtsschutzes auch in Fällen aus, in denen die Verletzung unionsrechtlich begründeter Rechte in Rede steht. Mag das Erfordernis der Wahrung der Klagefrist die Rechtsverfolgung auch behindern, besteht dennoch kein Anlass zu unionsrechtlicher Beanstandung. Nach den Erkenntnissen des Gerichtshofs ist eine im Interesse der Rechtssicherheit erfolgende Festsetzung angemessener Ausschlussfristen grundsätzlich nicht geeignet, die Ausübung unionsrechtlich begründeter Rechte praktisch unmöglich zu machen oder übermäßig zu erschweren.[142] Die der mitgliedstaatlichen Prozessautonomie gezogenen Grenzen werden daher durch die Einführung oder Beibehaltung von Klagefristen nicht überschritten, sofern sie sich als angemessen erweisen. Auch wenn eine einmonatige Klagefrist vergleichsweise knapp bemessen sein mag, stellt dies ihre Angemessenheit nicht in Frage. Namentlich ist zu berücksichtigen, dass die Klagefrist erst mit der Zustellung bzw. Bekanntgabe einer Verwaltungsentscheidung zu laufen beginnt, die mit einer ordnungsgemäßen Rechtsbehelfsbelehrung versehen ist (§ 58 Abs. 1 VwGO). Fehlt es daran, wird anstelle der Monatsfrist die in § 58 Abs. 2 VwGO geregelte Jahresfrist in Gang gesetzt. Entspricht die Belehrung dagegen den an sie zu stellenden Anforderungen, erhält der Betroffene die zur Rechtsverfolgung erforderlichen Informationen über die Art des Rechtsbehelfs, das zuständige Gericht und die einzuhaltende Frist. Da er hierdurch frühzeitig in den Stand versetzt wird, die zur Inanspruchnahme gerichtlichen Rechtsschutzes erforderlichen Schritte einzuleiten, kann es kaum als unangemessen betrachtet werden, wenn ihm hierfür ein zeitlicher Rahmen von einem Monat zur Verfügung steht. Das gilt umso mehr, als der Gerichtshof die Monatsfrist des § 70 VwGO für angemessen erachtet hat[143] und daher kein Grund zu der Annahme besteht, dass dies bei der für Anfechtungs- und Verpflichtungsklagen maßgeblichen Frist abweichend zu bewerten wäre.[144] Eine Verkürzung dieser Fristen dürfte allerdings kaum in Betracht zu ziehen sein.

---

[139] *Dörr*, in: Sodan/Ziekow, VwGO, EVR Rn. 238; *Ehlers*, Verwaltungsprozeßrecht, S. 73; *Frenz*, Handbuch Europarecht, Bd. 5 Rn. 4012; Nachweise entsprechender sekundärrechtlicher Regelungen bei *Tonne*, Rechtsschutz, S. 371 Fn. 65.
[140] Hierzu EuGH, Rs. C-136/03, *Dörr*, Slg. 2005, I-4759.
[141] BVerfG, Beschl. v. 24.10.2011, 2 BvR 1969/09, BeckRS 2011, 56458.
[142] EuGH, Rs. 33/76, *Rewe*, Slg. 1976, 1989 Rn. 5; Rs. 45/76, *Comet*, Slg. 1976, 2043 Rn. 17 f.; Rs. C-343/96, *Dilexport Srl*, Slg. 1999, I-579 Rn. 25; Rs. C-228/96, *Aprile*, Slg. 1998, I-7141 Rn. 19; Rs. C-445/06, *Danske Slagterier*, Slg. 2009, I-2119 Rn. 32.
[143] EuGH, Rs. 33/76, *Rewe*, Slg. 1976, 1989 Rn. 5; vgl. auch verb. Rs. C-392/04 und C-422/04, *Germany und Arcor*, Slg. 2006, I-8559 Rn. 59 f.
[144] Vgl. BFH, Urt. v. 16.9.2010, V R 57/09, NVwZ 2011, 253 Rn. 28; *Kopp/Schenke*, VwGO, § 74 Rn. 4; *Burgi*, Verwaltungsprozeß, S. 65; *Classen*, in: Schulze/Zuleeg/Kadelbach, § 4 Rn. 114; *Ehlers*, DVBl. 2008, 1441 (1446); *Gärditz*, JuS 2009, 385 (391); *Otting/Olgemöller*, AnwBl. 3 (2010), 155 (160).

36 Obwohl die Festsetzung angemessener Ausschlussfristen unionsrechtlich grundsätzlich gebilligt wird, bekannte sich der Gerichtshof in der **Rechtssache Emmot** zu der Auffassung, dass sich ein säumiger Mitgliedstaat nicht auf die verspätete Einlegung einer Klage berufen kann, mit der ein Bürger Rechte geltend macht, die ihm aus einer nicht ordnungsgemäß umgesetzten Richtlinie erwachsen.[145] Verantwortlich zeichnete dafür die Erwägung, dass die Marktbürger vor Erlass der erforderlichen Umsetzungsmaßnahmen nicht im Stande sind, vollen Umfangs von ihren Rechten Kenntnis zu erlangen. Da der Zustand der Unsicherheit erst durch die korrekte Erfüllung der Umsetzungspflicht behoben werde, sei es dem Mitgliedstaat bis dahin versagt, die Verspätung einer zur Durchsetzung richtlinienbegründeter Rechte erhobenen Klage geltend zu machen. Diese pauschalen Aussagen, die im Schrifttum eine kritische Würdigung erfuhren,[146] wurden in nachfolgenden Judikaten relativiert, in denen sich die Klarstellung findet, dass die Entscheidung in der Rechtssache Emmot „durch die besonderen Umstände jenes Falles gerechtfertigt war, in dem der Klägerin des Ausgangsverfahrens jegliche Möglichkeit genommen war, ihren auf die Richtlinie gestützten Anspruch auf Gleichbehandlung geltend zu machen".[147] Entgegen ersten Befürchtungen wurde daher keiner generellen Fristenhemmung aus Anlass der unzureichenden Umsetzung einer Richtlinie das Wort geredet, sondern lediglich zum Ausdruck gebracht, dass eine nationale Fristenregelung außer Anwendung zu bleiben hat, wenn andernfalls die Durchsetzung richtliniengestützter Rechte im Einzelfall wegen der ihn prägenden Besonderheiten praktisch unmöglich ist.[148] Eine Hemmung der Klagefrist kommt daher nur in besonders gelagerten Fällen und – in Ansehung der Gegebenheiten des Falles Emmot – namentlich dann in Betracht, wenn eine rechtzeitige Anrufung des nationalen Gerichts durch behördliches Fehlverhalten erschwert oder vereitelt wird.[149]

37 Neben den Klagefristen können sich auch **Klagebegründungsfristen**, wie sie namentlich im Fachplanungsrecht geläufig sind (§ 17e Abs. 5 FStrG, § 18e Abs. 5 AEG, § 43e Abs. 3 EnWG, § 10 Abs. 7 LuftVG, § 14e Abs. 5 WaStrG), für die Durchsetzung des Unionsrechts als hinderlich erweisen. Werden die zur Begründung der Klage dienenden Tatsachen und Beweismittel erst nach Ablauf der Begründungsfrist beigebracht, kann das Gericht den Vortrag nach Maßgabe des § 87b Abs. 3 VwGO zurückweisen und ohne weitere Ermittlungen entscheiden. Die schon aus verfassungsrechtlichen Gründen (Art. 103 I GG) restriktiv zu interpretierenden Vorschriften sehen sich trotz der sich mit ihnen verbindenden Präklusionswirkung aus der Perspektive des unionsrechtlichen Effektivitätsgebots im Ergebnis keinen Bedenken ausgesetzt.[150] Das gilt für die sich an Vorbildern des Fachplanungsrechts orientierende Klagebegründungsfrist des § 4a Abs. 1

---

[145] EuGH, Rs. C-208/90, *Theresa Emmott*, Slg. 1991, I-4269 Rn. 23.
[146] Vgl. nur *Brenner*, in: Sodan/Ziekow, VwGO, § 74 Rn. 14; *v. Groll*, in: Gräber, FGO, § 47 Rn. 1; *Burgi*, Verwaltungsprozeß, S. 66; *Götz*, DVBl. 2002, 1 (5); *Müller-Franken*, DVBl. 1998, 758 (760 ff.); *Stadie*, NVwZ 1994, 435 (435 ff.).
[147] EuGH, Rs. C-338/91, *Steenhorst-Neerings*, Slg. 1993, I-5475 Rn. 19 ff.; Rs. C-410/92, *Elsie Rita Johnson*, Slg. 1994, I-5483 Rn. 26; Rs. C-88/99, *Roquette Frères*, Slg. 2000, I-10465 Rn. 33 f.; Rs. C-445/06, *Danske Slagterier*, Slg. 2009, I-2119 Rn. 54.
[148] *Dörr/Lenz*, VerwRechtsschutz, Rn. 444 sprechen zutreffend von einer einzelfallbezogenen Anwendung des Effektivitätsgebots.
[149] Vgl. *GA Mischo*, SchlA, Rs. C-208/90, *Theresa Emmott*, Slg. 1991, I-4269, 4290; ferner BFH, Urt. v. 16.9.2010, V R 57/09, NVwZ 2011, 253 Rn. 26; *Dörr/Lenz*, VerwRechtsschutz, Rn. 444; *Levedag*, in: Gräber, FGO, Anhang Rn. 112 f.
[150] *Seibert*, NVwZ 2013, 1040 (1046).

UmwRG schon deshalb, weil diese Frist – zumal bei umfangreichen und komplexen Entscheidungen – auf Antrag der klagenden Umweltvereinigung durch den Vorsitzenden oder den Berichterstatter verlängert werden kann. Diese Möglichkeit steht im Anwendungsfeld der genannten fachplanungsrechtlichen Vorschriften nicht zu Gebote, indessen ist zu berücksichtigen, dass die Rechtsprechung keine hohen Anforderungen an ein die Präklusionsfolge des § 87b Abs. 3 VwGO vermeidendes fristgerechtes Vorbringen stellt. Es genügt, wenn der geltend gemachte prozessuale Anspruch innerhalb der sechswöchigen Begründungsfrist hinreichend umrissen wird, während dem Kläger eine nachfolgende Vertiefung und Präzisierung seines Vorbringens unbenommen bleibt.[151]

4. Rechtsschutz in Bezug auf behördliche Verfahrenshandlungen. Verleiht das Unionsrecht den Bürgern subjektive Verfahrensrechte, muss das nationale Recht um der effektiven Durchsetzbarkeit entsprechender Positionen willen die Möglichkeit der Inanspruchnahme eines wirksamen gerichtlichen Rechtsschutzes bieten. Dabei kann es sich als hinderlich erweisen, dass § 44a S. 1 VwGO selbständige Rechtsbehelfe gegen behördliche Verfahrenshandlungen für unzulässig erklärt.[152] Die Einhaltung von Verfahrensbestimmungen kann danach nicht isoliert erzwungen, sondern ihre Verletzung nur im Zusammenhang mit einem gegen die behördliche Sachentscheidung gerichteten Rechtsbehelf geltend gemacht werden. Steht – wie im Falle des unionsrechtlich fundierten **Umweltinformationsanspruchs** – ein verfahrensunabhängiges Recht in Rede, bereitet § 44a S. 1 VwGO von vornherein keine Probleme, weil derartige Berechtigungen vom Anwendungsbereich der Vorschrift nicht erfasst werden.[153] Anders ist dies dagegen in dem viel diskutierten Fall einer fehlenden oder unzulänglichen **Umweltverträglichkeitsprüfung** zu bewerten. Da § 44a S. 1 VwGO Verfahrenshandlungen betrifft, die im Zusammenhang mit einem schon begonnenen und noch nicht abgeschlossenen Verwaltungsverfahren stehen und der Vorbereitung einer regelnden Sachentscheidung dienen,[154] werden betroffene Unionsbürger hierdurch an der isolierten Geltendmachung einer Verletzung der ihnen nach zutreffender Auffassung durch die Richtlinie 2011/92/EU zuerkannten Rechte auf eine Umweltverträglichkeitsprüfung gehindert.[155] Mit dem unionsrechtlichen Effektivitätsgebot ist dies allenfalls vereinbar, wenn ausreichende Gewähr dafür geboten ist, dass die Verletzung der Verfahrensrechte im Rahmen eines sich gegen die Sachentscheidung richtenden Rechtsbehelfs folgenreich geltend gemacht werden kann.[156] In dieser Hinsicht erwies sich insbesondere die Fehlerfolgenregelung des § 46 VwVfG als problematisch, deren

---

[151] BVerwG, Urt. v. 30.8.1993, 7 A 14.93, NVwZ 1994, 371 (372); Urt. v. 18.2.1998, 11 A 6.97, NVwZ-RR 1998, 592 f.; *Sauthoff*, in: Müller/Schulz, FStrG, § 17e Rn. 27.

[152] Zur umstrittenen Einordnung des § 44a VwGO als Element der Klagebefugnis, des Rechtsschutzbedürfnisses oder als selbständige negative Sachentscheidungsvoraussetzung, vgl. *Stelkens*, in: Schoch/Schneider/Bier, VwGO, § 44a Rn. 24.

[153] Vgl. nur *Kopp/Schenke*, VwGO, § 44a Rn. 4a; *Ehlers*, DVBl. 2008, 1441 (1446).

[154] BVerwG, Urt. v. 1.9.2009, 6 C 4.09, NVwZ 2009, 1558 Rn. 21 m.w.N.

[155] Vgl. OVG Koblenz, Beschl. v. 25.1.2005, 7 B 12114/04, ZUR 2005, 246 (247 f.); *Kadelbach*, Allgemeines Verwaltungsrecht unter europäischem Einfluß, 1999, S. 422; *Kahl*, VerwArch 95 (2004), 1 (27); *Scheidler*, NVwZ 2005, 863 (865) jeweils m.w.N.; a.A. OVG Lüneburg, Beschl. v. 11.2.2004, 8 LA 206/03, NuR 2004, 404; OVG Münster, Beschl. v. 1.7.2002, 10 B 788/02, NVwZ 2003, 361 (362).

[156] *Dörr*, in: Sodan/Ziekow, VwGO, EVR Rn. 237 m.w.N.

Anwendung in der Rechtsprechung dazu führte, dass die Verfehlung der an eine Umweltverträglichkeitsprüfung gestellten verfahrensrechtlichen Anforderungen praktisch sanktionslos blieb.[157] Die „unheilige Allianz von § 44a VwGO und § 46 VwVfG"[158] hat ihre unionsrechtliche Brisanz durch die Bestimmung des § 4 Abs. 1, 3 UmwRG ein Stück weit eingebüßt. Anerkannte Umweltvereinigungen sowie betroffene Privatpersonen können danach die Aufhebung einer Sachentscheidung jedenfalls dann verlangen, wenn eine erforderliche Umweltverträglichkeitsprüfung oder eine Vorprüfung des Einzelfalles nicht durchgeführt und nicht nachgeholt worden ist.[159] Das gilt auch, wenn eine Vorprüfung durchgeführt wurde, die UVP-Pflichtigkeit dabei aber zu Unrecht in Abrede gestellt wurde;[160] dies hat der Gesetzgeber zwischenzeitlich in § 4 Abs. 1 S. 2 UmwRG klargestellt. Ob es damit sein Bewenden haben kann oder aus unionsrechtlichen Gründen zumindest auch schwerwiegende Mängel der Umweltverträglichkeitsprüfung als absolute und zur Aufhebung einer Sachentscheidung nötigende Verfahrensfehler gewertet werden müssen, wird uneinheitlich beurteilt.[161] Während der Bundesrat im Verfahren zur Änderung des Umwelt-Rechtsbehelfsgesetzes auf Klarstellung drängte,[162] wies die Bundesregierung den Vorschlag unter Hinweis auf ein beim Europäischen Gerichtshof bereits anhängiges Vorabentscheidungsersuchen des Bundesverwaltungsgerichts[163] zurück und verstand sich zu der Auffassung, vor einer Rechtsänderung solle erst die Entscheidung des Gerichtshofs abgewartet werden.[164]

IV. Besonderheiten der Begründetheitsprüfung

39   Sind die Sachentscheidungsvoraussetzungen erfüllt, hat das um Rechtsschutz ersuchte Gericht in Abhängigkeit von der jeweiligen Rechtsschutzform in der Sache zu klären, ob dem Kläger ein von ihm geltend gemachter Anspruch auf Aufhebung oder Erlass eines Verwaltungsaktes oder Erbringung einer sonstigen Leistung tatsächlich zusteht, einem auf die Feststellung des Bestehens oder Nichtbestehens eines Rechtsverhältnisses gerichtetes Ersuchen zu entsprechen oder eine zur Überprüfung gestellte untergesetzliche Norm aus Gründen der Verletzung höherrangigen Rechts für ungültig zu erklären ist. Weist der jeweilige Rechtsstreit Bezüge zum Unionsrecht auf, sind im Rahmen der Begründetheitsprüfung gewisse Besonderheiten zu beachten.[165]

---

[157] Vgl. nur BVerwG, Urt. v. 8.6.1995, 4 C 4.94, NVwZ 1996, 381, BVerwGE 98, 339 (361 f.); Urt. v. 25.1.1996, 4 C 5.95, NVwZ 1996, 788, BVerwGE 100, 238 (247, 252); Darstellung der Rechtsprechung bei *Kahl*, VerwArch 95 (2004), 1 (26).
[158] *Ziekow*, NVwZ 2005, 263 (264).
[159] OVG Magdeburg, Beschl. v. 17.9.2008, 2 M 146/08, ZUR 2009, 36 (38); *Kopp/Ramsauer*, VwVfG, § 63 Rn. 30; *Kment*, NVwZ 2007, 274 (275 f.).
[160] BVerwG, Urt. v. 20.12.2011, 9 A 31.10, NuR 2012, 403 Rn. 33.
[161] Dafür VGH Kassel, Urt. v. 24.9.2008, 6 C 1600/07.T, ZUR 2009, 87 (89); VG Osnabrück, Beschl. v. 30.11.2012, 2 B 4/12, Umdruck, S. 14; *Schlacke*, ZUR 2009, 80 (82); dagegen OVG Münster, Beschl. v. 15.9.2008, 8 B 900/08, juris; *Spieth/Appel*, NuR 2009, 312 (316 f.).
[162] BT-Drs. 17/10957, S. 25 f.
[163] BVerwG, Beschl. v. 10.1.2012, 7 C 20.11, NVwZ 2012, 448; hierzu GA, *Cruz Villalón*, SchlA Rs. 72/12, *Altrip* ZUR 2013, 423 ff.
[164] BT-Drs. 17/10957, S. 30.
[165] Vgl. *Ehlers*, Verwaltungsprozeßrecht, S. 62; *Moench/Sander*, EUDUR I, § 46 Rn. 78.

1. Beurteilungszeitpunkt. Unionsrechtliche Einflüsse treten bereits bei der Bestimmung des für die Beurteilung der Sach- und Rechtslage maßgeblichen Zeitpunkts zu Tage. Obwohl sich die Frage nach dem maßgeblichen Beurteilungszeitpunkt grundsätzlich anhand der einschlägigen Regeln der nationalen Rechtsordnung beantwortet,[166] ist es aus Gründen der Effektivität des Rechtsschutzes doch erforderlich, den Zeitpunkt so zu wählen, dass die Geltendmachung unionsrechtlich verliehener Rechte nicht übermäßig erschwert wird.[167] Namentlich bei Anfechtungsklagen sind Situationen zu gewärtigen, in denen dem Effektivitätsgebot nur genügt ist, wenn nicht auf den Zeitpunkt der letzten behördlichen Entscheidung abgestellt,[168] sondern eine bis zum Zeitpunkt der gerichtlichen Entscheidung eintretende Änderung der Sach- und Rechtslage berücksichtigt wird.[169] Exemplarischen Beleg bietet dafür die verwaltungsgerichtliche Judikatur im Felde des Ausländerrechts. Ging man zunächst noch davon aus, dass es bei Ausweisungen von Ausländern auf den Zeitpunkt der behördlichen Entscheidung ankommt,[170] sah sich das Bundesverwaltungsgericht vor dem Hintergrund der Rechtsprechung des Gerichtshofs bereits im Jahre 2004 veranlasst, die Rechtmäßigkeit der Ausweisung eines freizügigkeitsberechtigten Unionsbürgers unter Berücksichtigung der Sach- und Rechtslage im Zeitpunkt der gerichtlichen Entscheidung zu beurteilen.[171] Diese Rechtsprechung wurde anschließend auf sämtliche Ausweisungsentscheidungen[172] erstreckt und kommt mittlerweile auch in Fällen der Aufenthaltsbeendigung durch Rücknahme oder Widerruf von Aufenthaltstiteln zum Tragen.[173] Die Entwicklungen im Bereich des Ausländerrechts belehren darüber, dass die hierzulande übliche Bestimmung des maßgeblichen Beurteilungszeitpunkts anhand des materiellen Rechts[174] offenbar über ein hinreichendes Maß an Flexibilität verfügt, um Anforderungen des Unionsrechts in gebührender Weise Rechnung zu tragen.

Die Notwendigkeit, nach Erlass der behördlichen Entscheidung eintretende Änderungen der Umstände im gerichtlichen Verfahren zu berücksichtigen, mag am ehesten zu gewärtigen sein, wenn Rechte der Unionsbürger in Rede stehen,[175] ist hierauf aber nicht beschränkt. Kraft der ihnen obliegenden Loyalitätsverpflichtung (Art. 4 Abs. 3 EUV) sind die nationalen Gerichte generell verpflichtet, im Rahmen ihrer Zuständig-

---

[166] EuGH, Rs. C-120/97, *Upjohn*, Slg. 1999, I-223 Rn. 39 f.; verb. Rs. C-482/01 und C-493/01, *Orfanopoulos u. Oliveri*, Slg. 2004, I-5257 Rn. 80.
[167] Vgl. EuGH, verb. Rs. C-482/01 und 493/01, *Orfanopoulos u. Oliveri*, Slg. 2004, I-5257 Rn. 82.
[168] Vgl. nur *Bamberger*, in: Wysk, VwGO, § 113 Rn. 16; *Hufen*, Verwaltungsprozessrecht, § 24 Rn. 8.
[169] *Dörr*, in: Sodan/Ziekow, VwGO, EVR Rn. 244; *Karpenstein*, Praxis des EG-Rechts, Rn. 321.
[170] Vgl. nur BVerwG, Urt. v. 5.5.1998, 1 C 17.97, NVwZ 1999, 425 (426).
[171] BVerwG, Urt. v. 3.8.2004, 1 C 30.02, NVwZ 2005, 220 (222); zur Ausweisung eines nach dem ARB 1/80 aufenthaltsberechtigten türkischen Staatsangehörigen, BVerwG, Urt. v. 15.3.2005, 1 C 2.04, NVwZ 2005, 1074 (1075); vgl. hierzu *Bader*, JuS 2006, 199 f.
[172] BVerwG, Urt. v. 15.11.2007, 1 C 45.06, NVwZ 2008, 434 Rn. 18; VGH Mannheim, Urt. v. 9.8.2011, 11 S 245/11, NVwZ-RR 2011, 994 (996).
[173] BVerwG, Urt. v. 13.4.2010, 1 C 10.09, NVwZ 2010, 1369 Rn. 11; Überblick bei *Dörig* NVwZ 2010, 921 (922).
[174] BVerwG, Urt. v. 15.11.2007, 1 C 45.06, NVwZ 2008, 434 Rn. 13; *Bamberger*, in: Wysk, VwGO, § 113 Rn. 15; *Wolff*, in: Sodan/Ziekow, VwGO, § 113 Rn. 94.
[175] *Ziekow*, NVwZ 2010, 793 (798).

keit sämtliche Maßnahmen allgemeiner oder besonderer Art zu ergreifen, um die sich aus Richtlinien der Union ergebenden Verpflichtungen zu erfüllen.[176] Das verlangt nicht bloß nach einer richtlinienkonformen Interpretation, sondern gebietet es zugleich, erst nach Erlass einer angegriffenen behördlichen Entscheidung auftretenden Veränderungen der Sachlage Rechnung zu tragen, wenn die Vorgaben einschlägigen Unionsrechts andernfalls verfehlt oder ihrer praktischen Wirksamkeit beraubt würden. Wohl nicht zuletzt deshalb hat das Bundesverwaltungsgericht im Anwendungsfeld des europäisierten Artenschutzrechts dem Aspekt einer Ansiedlung geschützter Tierarten, die erst nach Erlass eines Planfeststellungsbeschlusses erfolgt, seine Aufmerksamkeit gewidmet,[177] obwohl es für dessen Beurteilung an sich nur auf den Erlasszeitpunkt ankommt.[178] Nicht anders wird dies in Fällen zu beurteilen sein, in denen ein Planfeststellungsbeschluss in Anwendung der projektbezogenen Vorschriften des Habitatschutzrechts erlassen wird. Selbst wenn die behördliche Entscheidung in einer den Anforderungen des Art. 6 Abs. 3 FFH-RL (§ 34 Abs. 1, 2 BNatSchG) vollauf genügenden Weise getroffen wurde, entbindet dies nach den Erkenntnissen des Gerichtshofs nicht von der durch Art. 6 Abs. 2 FFH-RL begründeten Pflicht, projektbedingte Verschlechterungen der Schutzgüter eines Natura 2000-Gebietes zu vermeiden, die im Zeitpunkt der behördlichen Entscheidung weder bekannt noch erkennbar waren.[179] Ist die Behörde daher aus unionsrechtlichen Gründen genötigt, auf nachträgliche Veränderungen der Sachlage durch Anpassung oder Aufhebung ihres rechtmäßig erlassenen Planfeststellungsbeschlusses zu reagieren, besteht in Ansehung der durch Art. 4 Abs. 3 EUV begründeten Loyalitätspflicht Grund zu der Annahme, dass solche Umstände auch bei der gerichtlichen Beurteilung nicht außer Acht gelassen werden dürfen. Das gilt umso mehr, als die maßgeblichen Richtlinienbestimmungen klar zum Ausdruck bringen, dass projektbedingte Verschlechterungen allenfalls in Ausnahmefällen bei Vorliegen der restriktiv gefassten Voraussetzungen des Art. 6 Abs. 4 FFH-RL (§ 34 Abs. 3-5 BNatSchG) hingenommen werden dürfen. Die praktische Wirksamkeit des europäischen Habitatschutzrechts wäre daher entscheidend geschwächt, würden die Gerichte bei ihrer Beurteilung Änderungen der Sachlage nach Erlass eines Planfeststellungsbeschlusses nicht berücksichtigten.

42 **2. Vereinbarkeit streitentscheidender Normen mit dem Unionsrecht.** Handelt es sich bei der für die Streitentscheidung maßgeblichen Norm um eine Bestimmung des sekundären Unionsrechts, hat das zur Entscheidung berufene Gericht zuvörderst ihre Übereinstimmung mit den Vorgaben des Primärrechts und namentlich ihre Vereinbarkeit mit den Unionsgrundrechten[180] zu prüfen. Hegt das Gericht bei Anwendung dieses Prüfungsmaßstabs Zweifel hinsichtlich der Gültigkeit der sekundärrechtlichen Bestimmung

---

[176] EuGH, Rs. 14/83, *Colson und Kamann*, Slg. 1984, 1981 Rn. 26; Rs. C-106/89, *Marleasing*, Slg. 1990, I-4135 Rn. 9.

[177] BVerwG, Urt. v. 12.8.2009, 9 A 64.07, BeckRS 2009, 37830 Rn. 91; hierzu *Korbmacher*, Artenschutzrecht in der Fach- und Bauleitplanung, in: Mitschang (Hrsg.), Bauen und Naturschutz, 2011, S. 97 (103).

[178] BVerwG, Urt. v. 7.7.1978, 4 C 79.76, BVerwGE 56, 110 (121); Beschl. v. 26.6.1992, 4 B 1-11.92, NVwZ 1993, 572; Urt. v. 14.4.2010, 9 A 5.08, NVwZ 2010, 1225 Rn. 29.

[179] EuGH, Rs. C-127/02, *Waddenzee*, Slg. 2007, I-7405 Rn. 37 f.; Rs. C-226/08, *Papenburg/Deutschland*, Slg. 2010, I-131 Rn. 49; Rs. C-404/09, *Kommission/Spanien*, Slg. 2011, I-0000 Rn. 125.

[180] Hierzu *Streinz*, in: ders., EUV/AEUV, Art. 6 EUV Rn. 24 ff.

oder ist es gar von ihrer Ungültigkeit überzeugt, darf es die unionsrechtliche Vorschrift bei seiner Entscheidung dennoch nicht von sich aus unangewendet lassen. Stattdessen hat es dem Gerichtshof eine die Gültigkeit der Unionsnorm betreffende Frage zur Vorabentscheidung gemäß Art. 267 AEUV zu unterbreiten.[181] Schließt sich der Gerichtshof diesen Zweifeln nicht an und bestätigt die Gültigkeit der Norm, ist das vorlegende Gericht an diese Feststellung gebunden. Ihm verbleibt dann allenfalls noch die – zwischenzeitlich aber doch sehr theoretisch gewordene – Möglichkeit, die unionsrechtliche Bestimmung zum Gegenstand einer Normenkontrolle im Sinne des Art. 100 GG zu erheben, soweit es den „unantastbaren Kerngehalt der Verfassungsidentität des Grundgesetzes" berührt sieht oder den Fall eines „ausbrechenden Hoheitsaktes" für gegeben erachtet.[182]

Sind dagegen Vorschriften des nationalen Rechts für die Entscheidung des Rechtsstreits maßgeblich, hat das hierzu berufene Gericht sowohl die Unionsrechtskonformität als auch die verfassungsrechtliche Zulässigkeit der einschlägigen Bestimmungen zu prüfen. Die allen staatlichen Gerichten obliegende Pflicht, das Unionsrecht von Amts wegen zu berücksichtigen, bringt es zunächst mit sich, dass nationale Bestimmungen stets unionsrechtskonform ausgelegt und angewendet werden müssen.[183] Ist dieser Weg zur Bewältigung etwaiger Normwidersprüche nicht gangbar und stellt sich – ggf. nach vorheriger Einholung einer die Auslegung des Unionsrechts betreffenden Vorabentscheidung des Gerichtshofs – heraus, dass die staatliche Bestimmung den zur Entscheidung gestellten Sachverhalt in Widerspruch zu einer unmittelbar anwendbaren Unionsnorm regelt, ist das Gericht aus Gründen des dem Unionsrecht eigenen Anwendungsvorrangs gehalten, den Rechtsstreit unter Außerachtlassung der nationalen Norm zu entscheiden (sog. materieller Konfliktfall).[184] Dient die streitentscheidende Norm der Durchführung unionsrechtlicher Vorgaben, die dem nationalen Gesetzgeber Spielräume zu eigenständiger Gestaltung belassen, unterliegen sie der Kontrolle am Maßstab des Verfassungsrechts einschließlich der nationalen Grundrechte jedenfalls insoweit, als sie sich innerhalb des unionsrechtlich gesetzten Rahmens bewegt.[185] Belässt das Unionsrecht dagegen keine Spielräume zu eigenverantwortlicher Gestaltung, scheidet bei unionsrechtlich bedingten Verfassungsverstößen eine Kontrolle am Maßstab des nationalen Verfassungsrechts aus den bereits genannten Gründen (Rn. 40 a. E.) prinzipiell aus, weil die unionsrechtliche „Deckungsgrundlage" bestimmte Verfassungsverstöße zu legitimieren vermag. Dem zur Entscheidung berufenen Verwaltungsgericht verbleibt aber die Möglichkeit einer Kontrolle am Maßstab des primären Unionsrechts unter Einschluss der Unionsgrundrechte.[186]

---

[181] Vgl. nur *Ehricke*, in: Streinz, EUV/AEUV, Art. 267 AEUV Rn. 45; *Kotzur*, in: Geiger/Khan/Kotzur, EUV/AEUV, Art. 267 AEUV Rn. 20 m.w.N.

[182] Vgl. nur BVerfG, Urt. v. 30.6.2009, 2 BvE 2/08, 2 BvE 5/08, 2 BvR 1010/08, 2 BvR 1022/08, 2 BvR 1259/08, 2 BvR 182/09, NJW 2009, 2267, BVerfGE 123, 267; Beschl. v. 6.7.2010, 2 BvR 2661/06, EuZW 2010, 828 ff.; Darstellung des aktuellen Standes der Rechtsprechung des Bundesverfassungsgerichts bei *Polzin*, JuS 2012, 1 ff.; ferner § 36 Rn. 175 ff.

[183] Eingehend *Schroeder*, in: Streinz, EUV/AEUV, Art. 288 Rn. 125 ff. mit zahlreichen Nachweisen.

[184] Vgl. nur EuGH, Rs. 6/64, *Costa/ENEL*, Slg. 1964, 1251 Rn. 12; BVerfG, Beschl. v. 6.7.2010, 2 BvR 2661/06, EuZW 2010, 828 Rn. 53; BVerwG, Urt. v. 28.10.2010, 2 C 47.09, NVwZ 2011, 499 Rn. 23; *Streinz*, in: ders., EUV/AEUV, Art. 4 EUV Rn. 35 ff.

[185] BVerfG, Beschl. v. 18.7.2005, 2 BvR 2236/04, NJW 2005, 2289 (2291 f.); BVerwG, Urt. v. 21.11.2006, 5 C 19.05, NJW 2007, 937.

[186] *Gärditz*, JuS 2009, 385 (391 f.).

44   **3. Gerichtliche Kontrolldichte.** Die Effektivität des gerichtlichen Schutzes unionsrechtlich verbürgter Rechte hängt nicht zuletzt davon ab, ob die Unionsrechtskonformität staatlichen Handelns vollen Umfangs gerichtlich kontrolliert wird. Dennoch sieht es sich trotz der hiermit einhergehenden Reduzierung der gerichtlichen Kontrolldichte keinen prinzipiellen Bedenken ausgesetzt, wenn mitgliedstaatlichen Behörden im indirekten Vollzug des Unionsrechts Beurteilungs- bzw. Ermessensspielräume zuerkannt werden.[187] Nach den Erkenntnissen des Gerichtshofs bleibt es grundsätzlich den Mitgliedstaaten vorbehalten, im Rahmen ihrer Verfahrensautonomie über die Art und Weise der richterlichen Kontrolle sowie deren Intensität zu befinden. Da es mit dem unionsrechtlichen Grundsatz des effektiven Rechtsschutzes vereinbar sei, der Europäischen Kommission ein gerichtlich nur in beschränktem Umfang überprüfbares Ermessen namentlich bei komplexen wirtschaftlichen Beurteilungen einzuräumen, gebiete es das Unionsrecht nicht, dass die Mitgliedstaaten Verfahren der gerichtlichen Nachprüfung entsprechender Entscheidungen nationaler Behörden einführen, die eine weitergehende richterliche Nachprüfung umfassen, als sie der Gerichtshof in vergleichbaren Fällen vornimmt.[188] Dies bringt es mit sich, dass auch ein nationaler Richter das Vorliegen der Tatbestandsvoraussetzungen und ihrer rechtlichen Bewertung durch die Behörde zu prüfen und insbesondere der Frage nachzugehen hat, ob die behördliche Entscheidung auf offensichtlichen Irrtümern beruht, einen Beurteilungs- bzw. Ermessensmissbrauch erkennen lässt oder die Grenzen des Entscheidungsspielraums offensichtlich überschreitet.[189] Dagegen kann es mit einer reinen Willkürkontrolle sein Bewenden nicht haben.[190] Im Ergebnis etabliert das Unionsrecht daher einen Mindeststandard, hindert die Mitgliedstaaten aber nicht daran, eine intensivere gerichtliche Kontrolle behördlicher Beurteilungen bzw. Ermessensbetätigungen vorzusehen. Eine gerichtliche Kontrollintensität, wie sie nach den Erkenntnissen des Bundesverfassungsgerichts in Ansehung des Art. 19 Abs. 4 GG geboten ist,[191] sieht sich daher keinen unionsrechtlichen Bedenken ausgesetzt.

45   **4. Beweisrecht.** Soweit es die gerichtliche Beweiserhebung anbelangt, ist zu beachten, dass das Unionsrecht die maßgeblichen Beweisregeln gelegentlich selbst aufstellt.[192] Exemplarischen Beleg bieten dafür Art. 8 der Richtlinie 2000/43/EG (Gleichbehandlungsgrundsatz Rasse und ethnische Herkunft) und Art. 10 der Richtlinie 2000/78/EG (Gleichbehandlung in Beschäftigung und Beruf). Auch ist darauf hinzuweisen, dass der Gerichtshof in Ansehung artenschutzrechtlicher Ausnahmebestimmungen (Art. 9 VRL) für Recht erkannte, dass die Beweislast für die Erfüllung der dort normierten Voraussetzungen von der nationalen Stelle zu tragen ist, die über sie

---

[187] *Dörr*, in: Sodan/Ziekow, VwGO, EVR Rn. 243; *Ehlers*, DVBl. 2004, 1441 (1448 f.); *Gärditz*, NVwZ 2009, 1005 (1007 f.); *Otting/Olgemöller*, AnwBl. 3 (2010), 155 (161).
[188] EuGH, Rs. C-120/97, *Upjohn*, Slg. 1999, I-223 Rn. 34; verb. Rs. C-211/03, C-316-318/03, *HLH und Orthica*, Slg. 2005, I-5141 Rn. 75 ff.; Rs. C-55/06, *Arcor*, Slg. 2008, I-2931 Rn. 169 f.; ferner BVerwG, Urt. v. 2.4.2008, 6 C 15.07, NVwZ 2008, 1359 Rn. 19; *v. Danwitz*, Europäisches Verwaltungsrecht, S. 591 f.; *Ehlers*, DVBl. 2004, 1441 (1448 f.).
[189] Vgl. hierzu EuGH, Rs. C-120/97, *Upjohn*, Slg. 1999, I-223 Rn. 34.
[190] EuGH, Rs. C-92/00, *Hospital Ingenieure Krankenhaustechnik Planungs-Gesellschaft mbH (HI)*, Slg. 2002, I-5553 R.n. 61.
[191] BVerfG, Beschl. v. 10.12.2009, 1 BvR 3151/07, NVwZ 2010, 435 Rn. 60; Beschl. v. 31.5.2011, 1 BvR 857/07, BeckRS 2011, 51929 Rn. 90 ff.
[192] *V. Danwitz*, Europäisches Verwaltungsrecht, S. 589.

entscheidet.¹⁹³ Im Übrigen ist bei der Anwendung nationaler Beweis- oder Beweislastregeln zu beachten, dass sie mit dem unionsrechtlichen Äquivalenz- und Effektivitätsgrundsatz vereinbar sein müssen.¹⁹⁴ Hiermit übereinstimmend hat der Gerichtshof verschiedentlich klargestellt, dass Beweisregeln des staatlichen Rechts mit dem Gemeinschaftsrecht unvereinbar sind, wenn sie – etwa durch Mitwirkungsverbote, die Unwiderleglichkeit behördlicher Bescheinigungen oder durch Vermutungsregelungen – die Durchsetzung gemeinschaftsrechtlicher Ansprüche¹⁹⁵ oder die Geltendmachung von Verstößen gegen das Gemeinschaftsrecht unmöglich machen.¹⁹⁶

5. Sonstige Aspekte. Den Gerichten ist es versagt, über die gestellten Anträge hinauszugehen oder dem Kläger etwas anderes als von ihm beantragt zuzusprechen (§ 88 VwGO, § 123 SGG, § 96 FGO). Setzt sich der Kläger gegen die belastende Nebenbestimmung eines ihn begünstigen Verwaltungsaktes (z. B. Beihilfe) zur Wehr und stellt sich im gerichtlichen Verfahren heraus, dass die Gewährung der Begünstigung einschlägigen Bestimmungen des Unionsrechts widerspricht, sind sie daher gehindert, den Streitgegenstand zum Nachteil des Klägers zu verändern. Obwohl die Wahrung des Unionsrechts zu den Aufgaben nationaler Gerichte gehört (Art. 4 Abs. 3 EUV), bietet dies dennoch keinen Anlass zur Beanstandung,¹⁹⁷ hat der Gerichtshof doch für Recht erkannt, dass der nationale Richter nicht dazu verpflichtet ist, eine Vorschrift des Unionsrechts von Amts wegen anzuwenden, wenn dies nur um den Preis einer Durchbrechung des im nationalen Recht verankerten Verbots der *reformatio in peius* möglich wäre.¹⁹⁸

Nicht unerwähnt bleiben darf schließlich, dass sich das Unionsrecht auch im Bereich der Kosten des gerichtlichen Verfahrens auswirken kann. Mit Blick auf die sekundärrechtlichen Bestimmungen der Art. 11 UVP-RL und Art. 25 Industrieemissions-RL, vermöge derer die gerichtlichen Verfahren nicht übermäßig teuer sein dürfen, sah sich Irland dem Vorwurf der Kommission konfrontiert, dass es keine nationale Bestimmung gibt, die eine Obergrenze für die Kosten bestimmt, die von einem unterlegenen Kläger zu zahlen sind. Der Gerichtshof bestätigte den Vorwurf und ließ das Argument, die irischen Gerichte könnten davon absehen, der unterlegenen Partei die Kosten aufzuerlegen, mit dem Hinweis zurück, dass es sich dabei um eine bloße Rechtsprechungspraxis handele, die nicht als rechtswirksame Erfüllung der richtlinienengestützten Verpflichtung zu erachten sei.¹⁹⁹ Im Schrifttum wurden daher bereits Zweifel geäußert, ob die §§ 154 ff. VwGO mit den unionsrechtlichen Vorgaben in Übereinstimmung stehen.²⁰⁰

---

¹⁹³ EuGH, Rs. C-344/03, *Kommission/Finnland*, Slg. 2005, I-11033 Rn. 39, 60; Rs. C-507/04, *Kommission/Österreich*, Slg. 2007, I-5939 Rn. 198.
¹⁹⁴ Hierzu *Dörr*, in Sodan/Ziekow, VwGO I, EVR Rn. 239; *Ehlers*, Verwaltungsprozeßrecht, S. 103.
¹⁹⁵ EuGH, Rs. C-343/96, *Dilexport*, Slg. 1999, I-579 Rn. 48; verb. Rs. C-441/98 u. C-442/98, *Michailidis*, Slg. 2000, I-7145; *v. Danwitz*, Europäisches Verwaltungsrecht, S. 588 f.
¹⁹⁶ EuGH, Rs. C-242/95, *GT-Link*, Slg. 1997, I-4449 Rn. 25 ff.
¹⁹⁷ *Classen*, in: Schulze/Zuleeg/Kadelbach, § 4 Rn. 124; *Gärditz*, JuS 2009, 385 (393); *Kopp/Schenke*, VwGO, § 88 Rn. 6.
¹⁹⁸ EuGH, Rs. C-455/06, *Heemskerk*, Slg. 2008, I-8763 Rn. 48.
¹⁹⁹ EuGH, Rs. C-427/07, *Kommission/Irland*, Slg. 2009, I-6277 Rn. 93 f.
²⁰⁰ *Ziekow*, NVwZ 2010, 793 (798).

C. Das Rechtsmittelverfahren

48 In verwaltungs- und sozialgerichtlichen Verfahren kommen als förmliche Rechtsbehelfe, mit denen der Betroffene die Überprüfung einer gerichtlichen Entscheidung erreichen kann, die Berufung (§§ 124–131 VwGO; §§ 143–159 SGG), die Revision (§§ 132–145 VwGO; §§ 160–171 SGG) und die Beschwerde (§§ 146–152 VwGO; §§ 172–178 SGG) einschließlich der Nichtzulassungsbeschwerde in Betracht. Die Rechtsmittel im Finanzgerichtsprozess sind demgegenüber auf die Revision (§§ 115–127 FGO), die Nichtzulassungsbeschwerde (§ 116 FGO) und die Beschwerde (§§ 128–133 FGO) beschränkt.[201]

49 Die Wirkungen dieser Rechtsmittel sind dahingehend charakterisiert, dass sie den Eintritt der Rechtskraft der angegriffenen Entscheidung hemmen (Suspensiveffekt) und die Entscheidungszuständigkeit eines höheren Gerichts begründen (Devolutiveffekt).[202] Ihre Zulässigkeit hängt im Wesentlichen von ihrer Statthaftigkeit, der erforderlichen Beschwer des Rechtsmittelführers sowie ihrer form- und fristgerechten Einlegung ab. Darüber hinaus muss der Rechtsmittelführer beteiligten- und prozessfähig und bereits am Verfahren beteiligt gewesen sein; er darf ferner keinen Rechtsmittelverzicht erklärt oder die Möglichkeit zur Einlegung des Rechtsmittels verwirkt haben.[203] Hier ist nicht der Raum, die Einzelheiten des Rechtsmittelverfahrens darzulegen; insoweit muss auf die einschlägige prozessrechtliche Literatur verwiesen werden.[204] Die nachfolgende Darstellung beschränkt sich daher im Wesentlichen auf die Besonderheiten unionsrechtlich bedeutsamer Rechtsmittelverfahren.

I. Berufung und Revision

50 Während die Berufung grundsätzlich zu einer umfassenden Überprüfung des erstinstanzlichen Urteils sowohl in rechtlicher als auch in tatsächlicher Hinsicht führt und selbst neu vorgebrachte Tatsachen in diesem Verfahren Berücksichtigung finden (§§ 128 S. 2 VwGO, 157 S. 2 SGG), dient das Revisionsverfahren ausschließlich einer Überprüfung in rechtlicher Hinsicht,[205] wobei die revisionsgerichtliche Kontrolle auf die Verletzung revisiblen Rechts beschränkt ist (§§ 137 Abs. 1 VwGO, 118 Abs. 1 FGO, 162 SGG). Auch wenn die einschlägigen Bestimmungen insoweit in erster Linie auf das Bundesrecht verweisen, ist doch anerkannt, dass auch das primäre und sekundäre Recht der Europäischen Union zum revisiblen Recht gehört, zumal es im Gegensatz zu (nicht revisiblem) Landes- und Partikularrecht aufgrund einheitlicher Kompetenz im gesamten Bundesgebiet gilt.[206] Dabei ist in Ansehung des Sekundärrechts nicht von

---

[201] *Ruban*, in: Gräber, FGO, Vor § 115 Rn. 3.
[202] Vgl. nur *Blanke*, in: Sodan/Ziekow, VwGO, Vorbemerkung zu § 124 Rn. 1; *Meyer-Ladewig*, in: Schoch/Schneider/Bier, VwGO, Vorb. § 124 Rn. 1, 6.
[203] Einzelheiten bei *Kopp/Schenke*, VwGO, Vorb. § 124 Rn. 27 ff.
[204] *Hufen*, Verwaltungsprozessrecht, §§ 40–42; *Kuhla/Hüttenbrink*, Verwaltungsprozess, Kap. F Rn. 1–290.
[205] *Blanke*, in: Sodan/Ziekow, VwGO, Vorbemerkungen zu § 124 Rn. 18 f.
[206] BVerfG, Beschl. v. 31.5.1990, 2 BvL 12, 13/88, 2 BvR 1436/87, BVerfGE 82, 159 (196); Beschl. v. 22.12.1992, 2 BvR 557/88, NVwZ 1993, 883 (884); BVerwG, Beschl. v. 12.6.1970, VII C 35.69, BVerwGE 35, 277 (278); Urt. v. 21.7.1983, 3 C 11.82, NVwZ 1984, 518; Urt. v. 5.6.1986,

Belang, ob das Unionsrecht innerstaatlich unmittelbar anwendbar ist.[207] In Ansehung des Sekundärrechts prüft das Revisionsgericht daher auch, ob die Vorschriften des nationalen Rechts in einer richtlinienkonformen Weise ausgelegt wurden.[208]

Jenseits der sich dem Äquivalenz- und Effektivitätsgebot verdankenden allgemeinen Anforderungen sind die Einwirkungen des Unionsrechts auf das nationale Rechtsmittelrecht gering.[209] Zu beachtende Besonderheiten im Hinblick auf die Unionsrechtsrelevanz ergeben sich vorwiegend unter dem Aspekt des Erfordernisses einer vorherigen Zulassung des Rechtsmittels.[210] Berufung und Revision erfordern zu ihrer Statthaftigkeit der vorherigen Zulassung (§§ 124, 132 VwGO; §§ 144, 160 SGG; § 115 FGO), die nur in Frage kommt, wenn bestimmte Zulassungsgründe erfüllt sind. Aus Gründen ihrer besonderen Relevanz werden im Folgenden nur die einschlägigen revisionsrechtlichen Vorschriften behandelt; die Ausführungen gelten entsprechend für die vergleichbaren Regeln über die Berufungszulassung. 51

Ausweislich der §§ 132 Abs. 2 Ziff. 1 VwGO, 160 Abs. 2 Ziff. 1 SGG, 115 Abs. 2 Ziff. 1 FGO ist die Revision zuzulassen, wenn die Rechtssache grundsätzliche Bedeutung hat (**Grundsatzrevision**). Mit Rücksicht auf die Funktion dieses Zulassungsgrundes hat eine Rechtssache grundsätzliche Bedeutung, wenn für die Entscheidung des vorinstanzlichen Gerichts eine konkrete fallübergreifende revisible Rechtsfrage bedeutsam war, deren noch ausstehende höchstrichterliche Klärung im Revisionsverfahren zu erwarten ist und im Interesse der Einheitlichkeit der Rechtsprechung oder der Fortbildung des Rechts geboten erscheint.[211] Geht es bei dem Rechtsstreit um die Auslegung von Unionsrecht, ist der Zulassungsgrund einschlägig, wenn in einem künftigen Revisionsverfahren voraussichtlich eine Vorabentscheidung des Gerichtshofs gemäß Art. 267 AEUV erforderlich ist und keine Gründe vorliegen, die die Vorlagepflicht des letztinstanzlich entscheidenden Gerichts entfallen lassen.[212] Ist das richtige Verständnis einer Norm des Unionsrechts für die zu treffende Entscheidung wesentlich – sei es, dass sie selbst die Entscheidungsgrundlage bildet oder ihr Inhalt für die Auslegung einer entscheidungsbeachtlichen nationalen Norm bedeutsam ist – und sieht das Gericht – wozu es gemäß Art. 267 Abs. 2 AEUV berechtigt sein kann – von einer Vorlage an den Gerichtshof ab, muss die Revision wegen der grundsätzlichen Bedeutung der Sache zugelassen werden. Anderes gilt nur dann, wenn die dem Revisionsgericht obliegende Vorlagepflicht gemäß Art. 267 Abs. 3 AEUV ausnahmsweise entfällt. Dieser 52

---

3 C 12.82, NJW 1986, 3040; *Eichberger*, in: Schoch/Schneider/Bier, VwGO, § 137 Rn. 39; *Kopp/Schenke*, VwGO, § 137 Rn. 5; *Kuhlmann*, in: Wysk, VwGO, § 137 Rn. 5.
[207] *Eichberger*, in: Schoch/Schneider/Bier, VwGO, § 137 Rn. 40; *Neumann*, in: Sodan/Ziekow, VwGO, § 137 Rn. 54; a. A. *Ruban*, in: Gräber, FGO, § 115 Rn. 30.
[208] *Kuhlmann*, in: Wysk, VwGO, § 137 Rn. 5; *Suerbaum*, in: Posser/Wolff, BeckOK VwGO, § 137 Rn. 15.
[209] *Dörr*, in: Sodan/Ziekow, VwGO, EVR Rn. 258; vgl. auch *Czybulka*, in: Sodan/Ziekow, VwGO, § 132 Rn. 17 ff.; *Pietzner/Buchheister*, in: Schoch/Schneider/Bier, VwGO, § 132 Rn. 12a.
[210] Zur Unionsrechtskonformität der verschiedentlich bestehenden Erfordernisse fristgerechter Begründung *Ehlers*, Verwaltungsprozeßrecht, S. 81 ff.
[211] St. Rspr., vgl. nur BVerwG, Beschl. v. 3.6.2008, 9 B 3.08, BeckRS 2008, 36614 Rn. 6 m.w.N.
[212] St. Rspr. vgl. BVerwG, Beschl. v. 20.3.1986, 3 B 3.86, NJW 1987, 601; Beschl. v. 30.1.1996, 3 NB 2.94, NJW 1997, 178; ferner BVerfG, Beschl. v. 24.10.2011, 2 BvR 1969/09, BeckRS 2011, 56458; *Kopp/Schenke*, VwGO, § 132 Rn. 10; *Pietzner/Buchheister*, in: Schoch/Schneider/Bier, VwGO, § 132 Rn. 49 m. w. N.; *Ruban*, in: Gräber, FGO, § 115 Rn. 30.

Ausnahmefall greift aber nur dann Platz, wenn die unionsrechtliche Rechtslage derart offenkundig ist, dass kein Raum für vernünftige Zweifel an der Entscheidung der gestellten Frage verbleibt oder die maßgebliche Rechtsfrage bereits durch eine gesicherte Rechtsprechung des Gerichtshofs geklärt ist.[213] Überdies erscheint es durchaus nahe liegend, von einer grundsätzlichen Bedeutung im Regelfall auch dann auszugehen, wenn im Verlaufe des Rechtsstreits bereits eine Vorabentscheidung eingeholt wurde.[214] Den auf diesem Wege gewonnenen Erkenntnissen wird nämlich nicht selten eine über den konkreten Rechtsstreit hinausweisende Bedeutung für die einheitliche Auslegung und Anwendung des nationalen Rechts zukommen.

53 Darüber hinaus ist die Revision gemäß §§ 132 Abs. 2 Ziff. 3 VwGO, 115 Abs. 2 Ziff. 3 FGO, 160 Abs. 2 Ziff. 3 SGG zuzulassen, wenn ein Verfahrensmangel geltend gemacht wird (und in Fällen der §§ 132 Abs. 2 Ziff. 3 VwGO, 116 Abs. 2 Ziff. 3 FGO auch vorliegt[215]), auf dem die angefochtene Entscheidung beruhen kann (**Verfahrensrevision**). Die Missachtung einer dem Gericht obliegenden Vorlageverpflichtung gemäß Art. 267 AEUV stellt einen Zulassungsgrund im Sinne dieser Vorschrift jedenfalls dann dar, wenn die Nichtvorlage an den Gerichtshof bei verständiger Würdigung der das Grundgesetz bestimmenden Gedanken nicht mehr verständlich erscheint oder offensichtlich unhaltbar ist[216] und in diesem Sinne willkürlich erfolgte.[217] Da der Gerichtshof gesetzlicher Richter im Sinne des Art. 101 Abs. 1 S. 2 GG ist,[218] ermangelt es einer vorschriftsmäßigen Besetzung des Gerichts (§ 138 Abs. 1 Nr. 1 VwGO), wenn einer bestehenden Vorlageverpflichtung in willkürlicher Weise nicht entsprochen wird.[219] Dieser Zulassungstatbestand wird in unionsrechtlich relevanten Verfahren allerdings eher selten verwirklicht sein. Berufungsgerichte sind keine letztinstanzlich entscheidenden Gerichte im Sinne des Art. 267 Abs. 3 AEUV, solange noch das Rechtsmittel der Nichtzulassungsbeschwerde (§§ 133 VwGO, 116 FGO, 160 a SGG) möglich ist.[220] Zur Vorlage an den Gerichtshof sind sie daher berechtigt (Art. 267 Abs. 2 AEUV), in Ansehung etwaiger die Auslegung des Unionsrechts betreffender Fragen aber nicht verpflichtet. Das ihnen eingeräumte Vorlageermessen verdichtet sich nur ausnahms-

---

[213] Vgl. nur EuGH, Rs. 284/81, *C.I.L.F.I.T.*, Slg. 1982, 3415 Rn. 16; zur acte-clair-doctrin auch *Ehricke*, in: Streinz, EUV/AEUV, Art. 267 AEUV Rn. 47.
[214] *Moench/Sander*, EUDUR I, § 46 Rn. 94.
[215] Vgl. hierzu *Pietzner/Buchheister*, in: Schoch/Schneider/Bier, VwGO, § 132 Rn. 105.
[216] BVerfG, Beschl. v. 6.7.2010, 2 BvR 2661/06, EuZW 2010, 828 Rn. 88; zur fallgruppenweisen Konkretisierung des so umschriebenen Willkürmaßstabs *Classen*, in: Schulze/Zuleeg/Kadelbach, § 4 Rn. 128; *Roth*, NVwZ 2009, 345 (349 ff.).
[217] Vgl. etwa BVerwG, Beschl. v. 20.3.1986, 3 B 3.86, NJW 1987, 601; Beschl. v. 13.7.2007, 3 B 16.07, NJOZ 2007, 4547 Rn. 16; BFH, Beschl. v. 3.2.1987, VII B 129/86, NJW 1987, 3096; *Dörr*, in: Sodan/Ziekow, VwGO, EVR Rn. 147; *Glaesner*, EuR 1990, 143 (149); a. A. *Ruban*, in: Gräber, FGO, § 115 Rn. 84.
[218] Vgl. nur BVerfG, Beschl. v. 30.8.2010, 1 BvR 1631/08, GRUR 2010, 999 Rn. 46; Beschl. v. 27.8.1991, 2 BvR 276/90, NJW 1992, 678; Beschl. v. 29.11.1991, 2 BvR 1642/91, NVwZ 1992, 360.
[219] BVerwG, Beschl. v. 13.7.2007, 3 B 16.07, NJOZ 2007, 4547 Rn. 16; *Eichberger*, in: Schoch/Schneider/Bier, VwGO, § 138 Rn. 56; *Kopp/Schenke*, VwGO, § 138 Rn. 6; *Kuhlmann*, in: Wysk, VwGO, § 138 Rn. 18.
[220] Vgl. EuGH, Rs. C-99/00, *Lyckeskog*, Slg. 2002, I-4839 Rn. 16; eingehend hierzu *Czybulka*, in: Sodan/Ziekow, VwGO, § 132 Rn. 20; ferner *Classen*, in: Schulze/Zuleeg/Kadelbach, § 4 Rn. 120; *Pietzner/Buchheister*, in: Schoch/Schneider/Bier, VwGO, § 132 Rn. 12a.

weise zur Vorlagepflicht, nämlich dann, wenn das Gericht die Ungültigkeit einer unionsrechtlichen Norm annimmt.[221] Dies festzustellen, ist allein Sache des Gerichtshofs.

Die **Divergenzrevision** kommt nur in Betracht, wenn das Gericht von einer Entscheidung eines der in §§ 132 Abs. 2 Ziff. 2 VwGO, 115 Abs. 2 Ziff. 2 FGO, 160 Abs. 2 Ziff. 2 SGG ausdrücklich genannten Gerichte abweicht und das Urteil auf dieser Abweichung beruht. Da der Europäische Gerichtshof dort nicht genannt ist, können Abweichungen von seinen Entscheidungen nicht mit der Divergenzrüge geltend gemacht werden.[222] In Ansehung der Divergenzrevision kann sich daher allenfalls die Frage stellen, ob sie nicht ihren eigentlich tragenden Grund der Gewährleistung der Rechtseinheit verfehlt, wenn die Abweichung Folge der Bindung an eine eingeholte Vorabentscheidung ist. Schließlich ist auch das Revisionsgericht in derselben Angelegenheit an den Spruch des Gerichtshofs gebunden.[223] Ihm verbleibt aber die Möglichkeit, den Gerichtshof zur weiteren Klärung der unionsrechtlichen Frage erneut um Vorabentscheidung zu ersuchen,[224] so dass eine Abänderung des mit der Revision angegriffenen Urteils jedenfalls nicht von vornherein ausgeschlossen erscheint.

II. Beschwerde

Das Rechtsmittel der Beschwerde ist gegen Entscheidungen des Verwaltungsgerichts, des Vorsitzenden und des Berichterstatters statthaft, die weder Urteile noch Gerichtsbescheide sind (§§ 146 Abs. 1 VwGO, 128 Abs. 1 FGO, 172 Abs. 1 SGG). Die Beschwerde findet also vornehmlich gegen gerichtliche Beschlüsse statt;[225] dagegen kommt sie in den gesetzlich bezeichneten Fällen nicht in Betracht. Aus diesem Grunde unterliegen namentlich prozessleitende Verfügungen, Aufklärungsanordnungen, Vertagungsbeschlüsse, Fristbestimmungen, Beweisbeschlüsse, Beschlüsse über die Ablehnung von Beweisanträgen, über Verbindung und Trennung von Verfahren und Ansprüchen keiner gerichtlichen Überprüfung in einem Beschwerdeverfahren (§§ 146 Abs. 2 VwGO, 128 Abs. 2 FGO, 172 Abs. 2 SGG).

Gerichtliche Vorlagebeschlüsse im Sinne des Art. 267 AEUV finden in dieser Aufzählung nicht beschwerdefähiger Entscheidungen keine Erwähnung. Ausgehend vom Wortlaut der genannten Bestimmungen erscheint eine dagegen gerichtete Beschwerde daher nicht ausgeschlossen. Dennoch entspricht es der überwiegend vertretenen Auffassung, dass Vorlageentscheidungen einer Anfechtung im Beschwerdeverfahren unzugänglich sind.[226] Diese erweiternde Auslegung der §§ 146 Abs. 2 VwGO, 128 Abs. 2

---

[221] BVerwG, Beschl. v. 13.7.2007, 3 B 16.07, NJOZ 2007, 4547 Rn. 16.
[222] BVerwG, Beschl. v. 26.1.2010, 9 B 40.09, BeckRS 2010, 47305 Rn. 2; *Kuhlmann*, in: Wysk, VwGO, § 132 Rn. 29; *Pietzner/Buchheister*, in: Schoch/Schneider/Bier, VwGO, § 132 Rn. 66.
[223] Vgl. *Beckmann*, Vorabentscheidungsverfahren, S. 96; *Lieber*, Vorlagepflicht, S. 119 f.
[224] EuGH, Rs. 14/86, *Pretore di Salo*, Slg. 1987, 2545 Rn. 12.
[225] Überblick über beschwerdefähige Entscheidungen bei *Kaufmann*, in: Posser/Wolff, BeckOK VwGO, § 146 Rn. 1.
[226] VGH Mannheim, Beschl. v. 19.9.2001, 9 S 1464/01, NVwZ-RR 2002, 236; OLG Celle, Beschl. v. 10.10.2008, 9 W 78/08, EuZW 2009, 96; *Gräber*, in: ders., FGO, § 128 Rn. 13; *Kopp/Schenke*, VwGO, § 94 Rn. 9b; *Kuhlmann*, in: Wysk, VwGO, § 146 Rn. 4; *Meyer-Ladewig*, in: Schoch/Schneider/Bier, VwGO, § 146 Rn. 9; a. A. *Dörr*, in: Sodan/Ziekow, VwGO, EVR Rn. 145; *Guckelberger*, in: Sodan/Ziekow, VwGO, § 146 Rn. 38.

FGO, 172 Abs. 2 SGG ist angesichts des Zwecks dieser Regelung gerechtfertigt[227] und wird durch den Umstand bestätigt, dass auch Vorlagebeschlüsse gemäß Art. 100 Abs. 1 GG an das Bundesverfassungsgericht im Beschwerdeverfahren nicht anfechtbar sind.[228] Im Übrigen ist daran zu erinnern, dass die dem nationalen Gericht durch Art. 267 Abs. 2 AEUV eingeräumte Vorlagebefugnis in Frage gestellt wäre, wenn eine Rechtsmittelinstanz seine Vorlageentscheidung im Nachhinein abändern oder außer Kraft setzen könnte.[229] Das schließt einen im nationalen Recht vorgesehenen Rechtsbehelf gegen Vorlageentscheidungen zwar nicht aus,[230] führt aber doch dazu, dass für inhaltliche Überprüfungen faktisch kein Raum verbleibt.[231] Die Anerkennung der mangelnden Beschwerdefähigkeit von Vorlagebeschlüssen verfügt daher zugleich über den Vorzug, die durch Art. 267 Abs. 2 AEUV eingeräumte Vorlageberechtigung wirksam vor unionsrechtswidrigen Übergriffen der Rechtsmittelinstanz abzusichern.

III. Wiederaufnahme des Verfahrens

57   Ein rechtskräftig abgeschlossenes Verwaltungs-, Finanz- oder sozialgerichtliches Verfahren kann gemäß §§ 153 VwGO, 134 FGO, 179 SGG unter Durchbrechung der Rechtskraft der gerichtlichen Entscheidung im Wege der Nichtigkeits- bzw. Restitutionsklage wieder aufgenommen werden. Die Zulässigkeit einer solchen Wiederaufnahmeklage hängt davon ab, dass die Voraussetzungen der für entsprechend anwendbar erklärten §§ 578–591 ZPO erfüllt sind.

58   Im hier interessierenden Zusammenhang kann sich die Frage stellen, ob eine gegen ein rechtskräftiges Urteil gerichtete Restitutionsklage in Betracht kommt, wenn sich infolge einer nachträglichen Entscheidung des Gerichtshofs in einer anderen Rechtssache herausstellt, dass das nationale Gericht die unionsrechtliche Rechtslage verkannt hat. Dieser Fall wird in den Wiederaufnahmegründen des § 580 ZPO nicht erwähnt. § 580 Nr. 8 ZPO betrifft allein die Wiederaufnahme aus Anlass der Feststellung einer Verletzung der Europäischen Konvention zum Schutz der Menschenrechte durch den EGMR, trifft aber keine Aussage zu rechtskräftigen Gerichtsentscheidungen, die mit dem Unionsrecht unvereinbar sind.[232] Eine analoge Anwendung dieser Bestimmung oder der Vorschrift des § 580 Abs. 6 ZPO verbietet sich, zumal die Wiederaufnahmegründe abschließend konzipiert sind und keine Anhaltspunkte dafür bestehen, dass der Gesetzgeber der Wiederaufnahmeklage gegen ein rechtskräftiges Urteil allein aus dem Grunde habe stattgeben wollen, weil nachträglich eine höchstrichterliche Entscheidung eine diesem Urteil widersprechende Rechtsauffassung vertreten hat.[233]

---

[227] Vgl. BFH, Beschl. v. 27.1.1981, VII B 56/80, BFHE 132, 217 (218).
[228] Vgl. nur OLG Düsseldorf, Beschl. v. 3.7.1992, 1 Ws 552/92, NJW 1993, 411; Kopp/Schenke, VwGO, § 94 Rn. 9b; Meyer-Ladewig, in: Schoch/Schneider/Bier, VwGO, § 146 Rn. 9.
[229] EuGH, Rs. C-210/06, Cartesio, Slg. 2008, I-9641 Rn. 95, 98.
[230] EuGH, Rs. 146/73, Rheinmühlen-Düsseldorf, Slg. 1974, 33 Rn. 3.
[231] Pechstein, EU-Prozessrecht, Rn. 882.
[232] Kremer, EuR 2007, 470 (478).
[233] BFH, Beschl. v. 27.9.1977, VII K 1/76, ZfZ 1978, 18 (19); OVG Lüneburg, Beschl. v. 31.3.2008, 1 LA 73/08, BeckRS 2008, 34293; Kopp/Schenke, VwGO, § 153 Rn. 8a; eingehend Guckelberger, in: Sodan/Ziekow, VwGO, § 153 Rn. 78 f.

D. Vorläufiger Rechtsschutz

I. Die Rechtsprechung des Gerichtshofs

Der allgemeine Grundsatz, vermöge dessen es den staatlichen Gerichten obliegt, den Schutz der im Unionsrecht begründete Rechte im Rahmen und nach Maßgabe ihrer nationalen Rechtsordnung sicherzustellen, die lediglich gewissen unionsrechtlichen Mindestbedingungen entsprechen muss, kann im Bereich des vorläufigen Rechtsschutzes längst keine uneingeschränkte Geltung mehr beanspruchen. Während sich der Gerichtshof in anderen Feldern darauf beschränkt, die Anwendbarkeit nationalen Verfahrens- und Prozessrechts den aus dem Vorrangprinzip und dem Grundsatz der Effektivität und einheitlichen Geltung folgenden Grenzen der praktischen Unmöglichkeit und Nichtdiskriminierung zu unterwerfen, hat er durch die Entwicklung eines gemeinsamen europäischen Standards eine weitgehende **Vereinheitlichung des vorläufigen Rechtsschutzes** bewirkt. 59

Den Auftakt zu dieser Entwicklung bildete die **Factortame-Entscheidung**,[234] die sich noch am ehesten mit den bis dahin geltenden Grundsätzen vereinbaren lässt. Der Gerichtshof nahm dort unter Hinweis auf die volle Wirksamkeit des Gemeinschafts-(Unions-)rechts ein nationales Gericht in die Pflicht, zur Sicherung der hierdurch begründeten Rechte selbst dann vorläufigen Rechtsschutz zu gewähren, wenn eine staatliche Rechtsnorm – in concreto die Grundregel des Common Law, nach der ein einstweiliger Rechtsschutz gegen die Krone nicht in Betracht kommt – dies untersagt. 60

In der **Tafelwein-Entscheidung** galt es die Frage zu beantworten, ob eine nationale Behörde beim Vollzug einer europäischen Verordnung den gegen ihre Entscheidungen gerichteten Widersprüchen Betroffener den Suspensiveffekt (§ 80 Abs. 1 VwGO) nehmen und die sofortige Vollziehung gemäß § 80 Abs. 2 Nr. 4 VwGO anordnen muss.[235] Unter Hinweis auf die Notwendigkeit zur Gewährleistung einer effektiven Verwirklichung des europäischen Rechts erkannte der Gerichtshof auf eine entsprechende Verpflichtung staatlicher Vollzugsbehörden. 61

Einen bedeutenden Schnitt in das Netz prozessualer Bestimmungen der Mitgliedstaaten nahm der Gerichtshof mit seinem **Süderdithmarschen-Urteil**[236] vor. Er bestätigte dort zunächst, dass – ungeachtet seines diesbezüglichen Entscheidungsmonopols – auch mitgliedstaatliche Gerichte zur Gewährung vorläufigen Rechtsschutzes befugt sind, wenn sie eine von staatlichen Behörden zu vollziehende Verordnung für ungültig erachten. Zugleich entwickelten die Luxemburger Richter – vorwiegend in Anlehnung an die in Art. 242 EGV (Art. 278 AEUV) genannten Kriterien – einheitliche Voraussetzungen, von deren Erfüllung diese Befugnis nationaler Gerichte abhängig ist und erkannten für Recht, dass ein nationales Gericht die Aussetzung der Vollziehung des 62

---

[234] EuGH, Rs. C-213/89, *Factortame*, Slg. 1990, I-2433 Rn. 21.
[235] EuGH, Rs. C-217/88, *Tafelwein*, Slg. 1990, I-2879; dazu auch Rs. C- 465/93, *Atlanta*, Slg. 1995, I-3761 Rn. 26.
[236] EuGH, verb. Rs. C-143/88 und C-92/89, *Süderdithmarschen*, Slg. 1991, I-415 Rn. 33; bestätigt und konkretisiert durch Rs. C-17/98, *Emesa Sugar*, Slg. 2000, I-665 Rn. 68 f.; verb. Rs. C-435/03, C-11/04, C-12/04 und C-194/04, *ABNA*, Slg. 2005, I-10468 Rn. 103 ff.; Rs. C-432/05, *Unibet*, Slg. 2007, I-2271 Rn. 79.

auf einer Unionsverordnung beruhenden Verwaltungsaktes nur anordnen darf, wenn erhebliche Zweifel an deren Gültigkeit bestehen, dem Antragsteller ein schwerer, nicht wiedergutzumachender Schaden droht, die Unionsinteressen angemessene Berücksichtigung finden und die Frage nach der Gültigkeit der Verordnung dem Gerichtshof zur Entscheidung vorgelegt wird.[237]

63 In der Rechtssache **Atlanta**[238] wurde betont, dass Entsprechendes im Falle des Erlasses einer einstweiligen Anordnung zu gelten hat, mit der sich ein staatliches Gericht über eine von ihm als ungültig erachtete Verordnung der Union hinwegzusetzen trachtet. Welchen vorläufigen Rechtsschutz die nationalen Gerichte den Bürgern aufgrund des Unionsrechts gewähren müssten – so der Gerichtshof – dürfe nicht davon abhängen, ob diese die Aussetzung der Vollziehung eines auf einer EU-Verordnung beruhenden nationalen Verwaltungsaktes oder den Erlass einer einstweiligen Anordnung beantragen.[239] Anderes gilt nach den Erkenntnissen des Gerichtshofs im Urteil **T. Port**,[240] in dem gleichfalls die Bananenmarktordnung zur Debatte stand, freilich dann, wenn das Unionsrecht für Härtefälle eine Entscheidung der Kommission vorsieht. Der Untätigkeit eines Organs könne sich der sich hierdurch in seinen Rechten verletzt wähnende Marktbürger im Wege einer Untätigkeitsklage nach Art. 232 Abs. 3 EGV (Art. 265 Abs. 3 AEUV) und eines in diesem Rahmen gestellten Antrags auf einstweilige Anordnung gemäß Art. 243 EGV (Art. 279 AEUV) erwehren. Dagegen sei es staatlichen Gerichten verwehrt, in derartigen Fällen vorläufigen Rechtsschutz zu gewähren.[241]

64 Es kann angesichts dieser doch vergleichsweise weitreichenden Vereinheitlichung des vorläufigen Rechtsschutzes kaum verwundern, dass sich diese Entscheidungen einer mitunter massiven literarischen Kritik ausgesetzt sehen,[242] die in den Vorwurf einmündet, der Gerichtshof habe die auch seiner Rechtsprechung gesetzten Grenzen zulässiger richterlicher Rechtsfortbildung überschritten.[243] Ob diese – keineswegs fernliegenden – Einwände berechtigt sind, ist hier nicht zu entscheiden. Da angesichts des erreichten Entwicklungsstandes ohnehin nicht zu erwarten ist, dass rechtswissenschaftliche Analysen den Europäischen Gerichtshof von dem eingeschlagenen Weg abzubringen vermögen,[244] sollen im Folgenden vielmehr die Konsequenzen beleuchtet werden, die sich aus dieser Judikatur für die Gewährung vorläufigen Rechtsschutzes in verwaltungsrechtlichen Streitigkeiten ergeben.

---

[237] EuGH, verb. Rs. C-143/88 und C-92/89, *Süderdithmarschen,* Slg. 1991, I-415 Rn. 23 ff.
[238] EuGH, Rs. C-465/93, *Atlanta,* Slg. 1995, I-3781.
[239] EuGH, Rs. C-465/93, *Atlanta,* Slg. 1995, I-3781 Rn. 26 ff., 31 ff.
[240] EuGH, Rs. C-68/95, *T. Port,* Slg. 1996, I-6065.
[241] EuGH, Rs. C-68/95, *T. Port,* Slg. 1996, I-6065 Rn. 62.
[242] Vgl. nur *v. Danwitz,* DVBl. 1998, 421; *Ohler/Weiß,* NJW 1997, 2221 ff.; *Sandner,* DVBl. 1998, 262 ff.; *Schoch,* DVBl. 1997, 289 ff.; anders aber *Ehlers,* Verwaltungsprozeßrecht, S. 128 ff.; *Jannasch,* NVwZ 1999, 495 f.
[243] Nachdrücklich *Schoch,* in: ders./Schneider/Bier, VwGO, § 80 Rn. 393 und § 123 Rn. 68; kritisch zur Kompetenzfrage auch *Kopp/Schenke,* VwGO, § 80 Rn. 154; *Puttler,* in: Sodan/Ziekow, VwGO, § 80 Rn. 18; *Hauser,* VBlBW 2000, 377 (382); *Lehr,* Einstweiliger Rechtsschutz, S. 387; *Schenke,* VBlBW 2000, 56 (64); *Schlemmer-Schulte,* EuZW 1991, 307 (310).
[244] So die durch jüngere Judikate des Gerichtshofs längst bestätigte Einschätzung von *Schoch,* NVwZ 1999, 248.

II. Vorläufiger Rechtsschutz gegen belastende Verwaltungsakte

In den der allgemeinen Verwaltungsgerichtsbarkeit zugewiesenen Streitigkeiten vollzieht sich der vorläufige Rechtsschutz auf der Grundlage der §§ 80, 80 a VwGO, soweit die Anfechtungsklage in der Hauptsache die statthafte Rechtsschutzform darstellt (vgl. § 123 Abs. 5 VwGO). Die Finanzgerichte gewähren in diesen Fällen vorläufigen Rechtsschutz nach Maßgabe des § 69 FGO (vgl. § 114 Abs. 5 FGO), in den sozialgerichtlichen Verfahren beurteilt er sich anhand der Vorschriften der §§ 86a, 86b SGG. In den unionsrechtlich relevanten Fallkonstellationen sind es – soweit ersichtlich – **zwei Problemschwerpunkte**, denen besondere Aufmerksamkeit zu widmen ist. Neben den vom Gerichtshof unionsweit einheitlich ausgestalteten Voraussetzungen, unter denen vorläufiger Rechtsschutz zu gewähren ist, bereitet vor allem der Suspensiveffekt, den Widerspruch und Anfechtungsklage je nach einschlägiger Prozessordnung in unterschiedlichem Maße entfalten, in Fällen mit Unionsrechtsbezug gewisse Schwierigkeiten.

1. Der Suspensiveffekt. In den verwaltungsgerichtlichen Streitigkeiten wird der vorläufige Rechtsschutz gegen belastende Verwaltungsakte grundsätzlich durch die gesetzliche Anordnung des § 80 Abs. 1 VwGO bewirkt. Hiernach tritt bereits durch Erhebung von Widerspruch und Anfechtungsklage eine aufschiebende Wirkung ein, die jedwede Verwirklichung des betroffenen Verwaltungsaktes hindert.[245] Entsprechendes gilt mittlerweile auch in den sozialgerichtlichen Angelegenheiten (§ 86a Abs. 1 SGG).[246] Ganz anders hingegen gestaltet sich die rechtliche Lage im Bereich der Finanzgerichtsordnung, die keine vergleichbaren Regelungen kennt. Vielmehr bestimmt § 69 Abs. 1 FGO ausdrücklich, dass durch die Erhebung einer Klage die Vollziehung des angefochtenen Verwaltungsaktes nicht gehemmt wird (Ausnahme: § 69 Abs. 5 FGO).[247] Das finanzgerichtliche Verfahren kann daher zunächst aus der Betrachtung ausgeklammert werden.

a) Konfliktlage beim Vollzug des Unionsrechts. Unter unionsrechtlichen Aspekten birgt der kraft Gesetzes eintretende Suspensiveffekt insoweit Konfliktpotenzial in sich, als sich hiermit die Gefahr einer unzureichenden Durchsetzung des Unionsrechts verbindet. Exemplarischen Beleg bietet dafür der dem Urteil des Gerichtshofs vom 10.7.1990 zugrunde liegende Sachverhalt.[248] Dort hatte die Kommission gemäß Art. 41 der VO (EWG) Nr. 337/79 über die gemeinsame Weinmarktordnung eine gemeinschaftsweite **Zwangsdestillation** von 12 Mio. Hektoliter Tafelwein angeordnet, von denen rund 70.000 Hektoliter auf deutsche Erzeuger entfielen. Auf Grundlage der entsprechenden Kommissionsverordnung erließen deutsche Behörden insgesamt 614 Bescheide, die die betroffenen Erzeuger zur Destillation bzw. Ablieferung zur Destillation verpflichteten. Gegen 506 dieser Bescheide wurde Widerspruch erhoben. Infolge der hierdurch bewirkten Suspendierung wurden im Ergebnis nur 13 % der gesamten Menge destilliert und das Ziel der Verordnung, nämlich bestimmte Überschussmengen

---

[245] Vgl. nur *Saurenhaus*, in: Wysk, VwGO, § 80 Rn. 8; *Hufen*, Verwaltungsprozessrecht, § 32 Rn. 3.
[246] Vgl. *Keller*, in: Meyer-Ladewig/Keller/Leitherer, SGG, § 86a Rn. 2 ff.
[247] Vgl. *Koch*, in: Gräber, FGO, § 69 Rn. 1.
[248] EuGH, Rs. C-217/88, *Tafelwein*, Slg. 1990, I-2879.

vom Markt zu nehmen, in der Bundesrepublik nicht erreicht. Dieses Beispiel belegt mit hinreichender Deutlichkeit, dass die Effektivität des Unionsrechts in beträchtlichem Maße gefährdet werden kann, wenn ungeachtet der Besonderheiten des Einzelfalles eine automatische Suspendierung der im direkten Vollzug von Unionsrecht erlassenen Verwaltungsentscheidungen kraft Gesetzes angeordnet wird.[249] Diese Automatik erlaubt für sich betrachtet keine einzelfallorientierte Abwägung, in deren Rahmen eine privilegierte Berücksichtigung der Interessen der Union erfolgen kann.

68 **b) Konfliktbewältigung.** Ob diese Problemstellung es allerdings angeraten sein lässt, de lege ferenda die bisherige Konzeption einer automatischen Suspendierung der Verwaltungsentscheidung – zumindest in unionsrechtlich relevanten Fallgestaltungen – aufzugeben und stattdessen durch ein Modell der gerichtlichen Vollzugsanordnung im Einzelfall zu ersetzen,[250] muss bezweifelt werden. Das staatliche Recht hält auch in seinem derzeitigen Bestand hinreichende Lösungsmöglichkeiten bereit, um der Notwendigkeit einer effektiven Verwirklichung des Unionsrechts angemessen Rechnung zu tragen. Zutreffend ist allerdings, wenn im Schrifttum darauf hingewiesen wird, dass die kraft Gesetzes erfolgte Anordnung der sofortigen Vollziehbarkeit gemäß § 80 Abs. 2 S. 1 Nr. 3 VwGO nicht geeignet ist, die bezeichneten Schwierigkeiten zu überwinden.[251] Zwar erscheint es angesichts der Parallele zu § 137 VwGO nicht von vornherein ausgeschlossen, das Unionsrecht als „Bundesrecht" im Sinne dieser Vorschrift zu verstehen. Die interpretatorische Einbeziehung scheitert jedoch daran, dass die überragende Bedeutung der Rechtsschutzgarantie des Art. 19 Abs. 4 GG eine ausdrückliche und eindeutige Regelung der Ausnahmen von der Grundregel des Art. 80 Abs. 1 VwGO erfordert,[252] die durch den schlichten Unionsrechtsbezug einer Angelegenheit nicht ersetzt werden kann.

69 Dagegen erweist sich die Vorschrift des **§ 80 Abs. 2 Nr. 4 VwGO** als ein hinreichendes Korrektiv des „Aussetzungsmechanismus". Die Vorschrift ermöglicht es den Vollzugsbehörden, die sofortige Vollziehung eines Verwaltungsaktes im öffentlichen Interesse anzuordnen und gestattet es durchaus, den Interessen der Union in hinreichendem Maße Rechnung zu tragen.[253] Dass diese Interessen zugleich als öffentliche Interessen im Sinne dieser Vorschrift zu bewerten sind, sollte angesichts der Pflicht zur unionsrechtskonformen Interpretation keinen ernstlichen Bedenken ausgesetzt sein.[254] Nun genügt allerdings nicht jedes öffentliche Interesse, um eine Anwendung des § 80 Abs. 2 Nr. 4 VwGO zu rechtfertigen, sondern es bedarf eines „besonderen öffentlichen Interesses", das über

---

[249] Vgl. nur *Mögele*, BayVBl 1993, 129 (140); *Triantafyllou*, NVwZ 1992, 129 (132).
[250] So der Vorschlag von *Triantafyllou*, NVwZ 1992, 129 (130 f.).
[251] *Puttler*, in: Sodan/Ziekow, VwGO, § 80 Rn. 15; *Schoch*, in: ders./Schneider/Bier, VwGO, § 80 Rn. 218; *v. Danwitz*, Europäisches Verwaltungsrecht, S. 596; a. A. in Fällen, in denen sich eine Pflicht zur Anordnung der sofortigen Vollziehung aus dem Sekundärrecht ergibt, *Streinz*, in ders., EUV/AEUV, Art. 4 EUV Rn. 62; *ders.*, VVDStRL 61 (2002), 300 (346).
[252] Vgl. *Vedder*, EWS 1991, 10 (14).
[253] OVG Lüneburg, Beschl. v. 9.5.2012, 10 ME 43/12, Beck RS 2012, 51108; *Puttler*, in: Sodan/Ziekow, VwGO, § 80 Rn. 15; *Schoch*, in: ders./Schneider/Bier, VwGO, § 80 Rn. 72 und 218; *Burgi*, Verwaltungsprozeß, S. 70; *Huber*, BayVBl. 2001, 557 (582); *Janasch*, NVwZ 1999, 495 (496); *Otting/Olgemöller*, AnwBl. 2010, 155 (162); *Triantafyllou*, NVwZ 1992, 129 (133); a. A. *Haibach*, DÖV 1996, 60; *Vedder*, EWS 1991, 10 (17).
[254] Vgl. *Triantafyllou*, NVwZ 1992, 129 (132).

das für den Erlass des Verwaltungsaktes erforderliche Interesse hinausgeht[255] und nur ausnahmsweise mit ihm zusammenfallen kann. Die insoweit gebotene Abwägung hat in Fällen mit Unionsrechtsbezug unter besonderer Berücksichtigung der europäischen Belange zu erfolgen. Diese Abwägung wird vorwiegend aus Gründen der Vorrangstellung des Unionsrechts und der Notwendigkeit einer effektiven Realisierung der europäischen Interessen beeinflusst[256] und im Sinne der unionsrechtlichen Erfordernisse gesteuert.[257] Nur besonders schwergewichtige Gründe des Einzelfalles können sich zulasten der unionalen Vollzugsinteressen auswirken. Ein Überwiegen unionsrechtlicher Gründe hat im Übrigen zur Konsequenz, dass die Behörde nicht aus Opportunitätserwägungen vom Erlass einer Vollzugsanordnung absehen kann. Denn reine Zweckmäßigkeitsüberlegungen dürfen nicht dazu führen, eine effektive Realisierung des Unionsrechts zu hindern. Zutreffend wird daher darauf hingewiesen, dass sich das durch § 80 Abs. 2 Nr. 4 VwGO gewährte behördliche Ermessen in Fallgestaltungen mit Bezügen zum Unionsrecht im Regelfall auf Null reduziert.[258]

2. Die gerichtliche Aussetzungsentscheidung. Der weitere zu behandelnde Problemkreis betrifft die gerichtliche Aussetzungsentscheidung, die auf der Grundlage der §§ 80 Abs. 5 VwGO, 69 Abs. 3 FGO, 86b Abs. 1 SGG getroffen wird. Wie bereits bemerkt, sind in diesem Kontext die vom Gerichtshof entwickelten und unionsweit einheitlichen Voraussetzungen zu beachten, von deren Erfüllung es abhängt, ob ein um die Gewährung vorläufigen Rechtsschutzes ersuchtes nationales Gericht zur Aussetzung der Vollziehung eines auf einer Verordnung der Union beruhenden Verwaltungsaktes berechtigt ist. Zumindest dann, wenn die Ungültigkeit der zugrunde liegenden Verordnung in Rede steht, sind die Erfolgsaussichten einer Klage in der Hauptsache (§ 80 Abs. 5 VwGO; § 86b Abs. 1 SGG)[259] oder ernstliche Zweifel an der Rechtmäßigkeit des angefochtenen Verwaltungsaktes (§ 69 Abs. 3 FGO)[260] nicht mehr die maßgeblichen und vom Gericht im Rahmen seiner Entscheidung heranzuziehenden Beurteilungskriterien. Vielmehr darf ein staatliches Gericht aus Sicht des Gerichtshofs die Vollziehung eines auf einer EU-Verordnung beruhenden Verwaltungsaktes nur unter den **Voraussetzungen** aussetzen, dass

- es erhebliche Zweifel an der Gültigkeit der Verordnung hat und die Frage der Gültigkeit, sofern der Gerichtshof mit ihr noch nicht befasst ist, diesem selbst vorlegt,
- die Entscheidung dringlich ist und dem Antragsteller ein schwerer und nicht wiedergutzumachender Schaden droht, wobei rein finanzielle Schäden nicht ausreichen und

---

[255] Vgl. nur *Kuhla/Hüttenbrink*, Verwaltungsprozeß, Kap. J Rn. 70; *Finkelnburg/Dombert/Külpmann*, Vorläufiger Rechtsschutz, Rn. 758 ff. m.w.N.
[256] *Triantafyllou*, NVwZ 1992, 129 (133); wohl auch *Mögele*, BayVBl 1993, 129 (140).
[257] *Ehlers*, Verwaltungsprozeßrecht, S. 128 f.; *Schoch*, in: ders./Schneider/Bier, VwGO, § 80 Rn. 157.
[258] *Schoch*, in: ders./Schneider/Bier, VwGO, § 80 Rn. 232; *Finkelnburg/Dombert/Külpmann*, Vorläufiger Rechtsschutz, Rn. 780; *Dörr*, DVBl. 2008, 1401 (1406 f.); *Rosenfeld*, EuZW 2007, 59 (60); *Triantafyllou*, NVwZ 1992, 129 (133); zurückhaltend *Puttler*, in: Sodan/Ziekow, VwGO, § 80 Rn. 15.
[259] *Saurenhaus*, in: Wysk, VwGO, § 80 Rn. 50; *Keller*, in: Meyer-Ladewig/Keller/Leitherer, SGG, § 86b Rn. 12 f.
[260] *Koch*, in: Gräber, FGO, § 69 Rn. 86.

• das Gericht das Interesse der Union, dass eine Verordnung nicht vorschnell außer Anwendung gelassen wird, angemessen berücksichtigt.[261]

Ob die hiermit einhergehende Vereinheitlichung der Beurteilungsmaßstäbe angesichts des Grundsatzes der verfahrensrechtlichen Autonomie der Mitgliedstaaten berechtigt ist, mag zweifelhaft sein, gewichtiger erscheint indessen, auf einige praktisch wichtige Aspekte hinzuweisen.

71 Dies betrifft zunächst die Frage, wie die **Zweifel hinsichtlich der Gültigkeit** der unionsrechtlichen Vorschrift geartet sein müssen, von deren Vorliegen die Gewährung des begehrten Rechtsschutzes abhängt. Während der Gerichtshof einerseits von „erheblichen Zweifeln" spricht, verlangt er andererseits vom nationalen Richter Angaben darüber, warum die Norm für ungültig zu erklären sei.[262] Während Letzteres darauf hindeutet, dass selbst gewichtige Zweifel nicht ausreichen, sondern das nationale Gericht von der Ungültigkeit der Unionsnorm überzeugt sein muss,[263] wird es im Schrifttum zumeist für ausreichend erachtet, dass ernst zu nehmende Zweifel hinsichtlich der Gültigkeit der unionsrechtlichen Grundlage des in Rede stehenden Verwaltungsaktes bestehen.[264]

72 Problematisch ist überdies die gebotene **Vorabentscheidung**, die – soweit der Gerichtshof mit ihr noch nicht befasst ist – nach verschiedentlich vertretener Auffassung noch in das Eilverfahren einbezogen werden muss.[265] Das nationale Gericht könnte danach dem Grunde nach nur vorläufig einen vorläufigen Rechtsschutz gewähren, während die endgültige Entscheidung über den vorläufigen Rechtsschutz erst nach einer entsprechenden Beantwortung der Vorlagefrage getroffen werden kann. Ob den Aussagen des Gerichtshofs solche Folgerungen abgewonnen werden müssen, lässt sich allerdings füglich bezweifeln, zumal er wohl eine Vorlage der die Gültigkeit des Rechtsaktes betreffenden Frage, nicht aber die Einholung einer Vorabentscheidung im Verfahren des vorläufigen Rechtsschutzes für geboten erachtet.[266] Den Anforderungen ist daher genügt, wenn ein Gericht, bei dem sowohl ein Verfahren der Hauptsache als auch ein solches des vorläufigen Rechtsschutzes anhängig ist, die Vorlage dem Verfahren der Hauptsache vorbehält.[267]

73 Bestehen hinreichende Gültigkeitszweifel, kommt eine gerichtliche Aussetzung nur in Betracht, wenn sie dringlich und erforderlich ist, um den Antragsteller vor einem

---

[261] EuGH, verb. Rs. C-143/88 und C-92/89, *Süderdithmarschen*, Slg. 1991, I-415 Rn. 33; Rs. C-17/89, *Emesa Sugar*, Slg. 2000, I-665 Rn. 69; ferner *Schwarze*, in: FS Börner, S. 396 f.
[262] EuGH, verb. Rs. C-143/88 und C-92/89, *Süderdithmarschen*, Slg. 1991, I-415 Rn. 23 und 36.
[263] *Dörr/Lenz*, VerwRechtsschutz, Rn. 454.
[264] *Dörr*, in: Sodan/Ziekow, VwGO, EVR Rn. 250; *Schoch*, in: ders./Schneider/Bier, VwGO, § 80 Rn. 395; *Gärditz*, JuS 2009, 385 (392).
[265] Vgl. *Ehlers*, Verwaltungsprozeßrecht, S. 132; *Hauser*, VBlBW 2000, 377 (383); wohl auch *Saurenhaus*, in: Wysk, VwGO, § 80 Rn. 56; unklar *Dörr*, in Sodan/Ziekow, VwGO, EVR Rn. 252.
[266] *Schoch*, in: ders./Schneider/Bier, VwGO, § 80 Rn. 395; vgl. auch *Puttler*, in: Sodan/Ziekow, VwGO, § 80 Rn. 17a.
[267] Vgl. BVerfG, Beschl. v. 27.4.2005, 1 BvR 223/05, NVwZ 2005, 1303; OVG Koblenz, Beschl. v. 28.9.2006, 6 B 10895/06, NVwZ 2006, 1426 (1429); OVG Lüneburg, Beschl. v. 15.3.2011, 11 ME 59/11, NVwZ-RR 2011, 458 (459); *Schoch*, in: ders./Schneider/Bier, VwGO, § 80 Rn. 395; *Kopp/Schenke*, VwGO, § 80 Rn. 164; *Jannasch*, NVwZ 1999, 495 (497).

schweren und nicht wiedergutzumachenden Schaden zu bewahren. Finanzielle Schäden gelten in diesem Zusammenhang von vornherein nicht als irreparabel.[268] Im Übrigen hat das Gericht das Vollzugsinteresse der Union bei seiner Entscheidung angemessen zu berücksichtigen. Dies verlangt nach einer Abwägung, die dem Interesse der Union an einer effektiven Durchsetzung des EU-Rechts in gebührender Weise Rechnung trägt. Maßgeblich ist dabei vor allem, ob dem Rechtsakt nicht jede praktische Wirkung genommen wird, wenn er vorläufig unbeachtet bleibt. Birgt der Erlass einer vorläufigen Maßnahme ein finanzielles Risiko der Union in sich, muss dem nationalen Gericht die Möglichkeit offen stehen, von dem Antragsteller hinreichende Sicherheiten (z. B. Kaution, Hinterlegung) zu verlangen.[269] Im Rahmen der Prüfung der genannten Voraussetzungen hat das nationale Gericht bereits getroffene Entscheidungen der europäischen Gerichtsbarkeit über die Gültigkeit des in Rede stehenden Rechtsaktes zu beachten.[270] Wurde dessen Gültigkeit bereits festgestellt und lassen sich dagegen keine gewichtigen neuen Argumente ins Feld führen, kommt eine gerichtliche Aussetzungsentscheidung nicht mehr in Betracht.[271]

Die vom Gerichtshof entwickelten Voraussetzungen sind ausschließlich in Fällen bedeutsam, in denen es um die Frage der Ungültigkeit der einem Verwaltungsakt zugrundeliegenden Norm des Unionsrechts geht. Hingegen verbietet sich jede Erstreckung dieses restriktiven Beurteilungsmaßstabes auf Fallkonstellationen, in denen eine gültige Rechtsvorschrift der Union im indirekten Vollzug fehlerhaft angewandt wurde[272] oder in denen Zweifel an der Vereinbarkeit des betreffenden nationalen Rechtsakts mit dem Unionsrecht bestehen.[273] Die vom Gerichtshof entwickelten Voraussetzungen sind auf den Fall einer angenommenen Ungültigkeit einer unionsrechtlichen Rechtsgrundlage zugeschnitten Überdies ist zu berücksichtigen, dass sich der EuGH bei der Entwicklung dieser Voraussetzungen vorwiegend an der Vorschrift des Art. 242 EGV (Art. 278 AEUV) orientiert hat. Nun mag es noch angehen, den nationalen Gerichten die für Entscheidungen der europäischen Gerichtsbarkeit maßgeblichen Kriterien verbindlich vorzugeben, wenn sie – und sei es auch nur ausnahmsweise und vorläufig – über Rechtsfragen, nämlich die Gültigkeit einer Gemeinschaftsverordnung, befinden, deren Beantwortung nach dem System der Verträge allein dem Gerichtshof vorbehalten ist. Für einen aus anderen Gründen in Frage kommenden vorläufigen Rechtsschutz hält das Unionsrecht dagegen keine einheitlichen Beurteilungsmaßstäbe bereit, weil hierüber zu befinden ausschließlich Sache der staatlichen Gerichte ist.[274] In Fallkonstellationen dieser Art verbleibt es bei den üblicherweise im Rahmen der §§ 80 Abs. 5 VwGO, 69 Abs. 3 FGO, 97 Abs. 2–4

---

[268] EuGH, verb. Rs. C-143/88 und C-92/89, *Süderdithmarschen*, Slg. 1991, I-415 Rn. 29; hierzu auch OVG Berlin-Brandenburg, Beschl. v. 7.11.2005, 8 S 93/05, NVwZ 2006, 104 (106).
[269] EuGH, verb. Rs. C-453/03, C-11/04, C-12/04 und C-194/04, *ABNA*, Slg. 2005, I-10468 Rn. 107; *Lengauer*, EuR 2008, Beiheft 3, 69 (74).
[270] EuGH, Rs. C-334/95, *Krüger*, Slg. 1997, I-4538 Rn. 44, 47; *Dörr*, in: Sodan/Ziekow, VwGO, EVR Rn. 255.
[271] *Dörr*, in: Sodan/Ziekow, VwGO, EVR Rn. 255 m.w.N.
[272] *Huber*, BayVBl. 2001, 557 (583); *Jannasch*, NVwZ 1999, 495 (497); vgl. auch *Karpenstein*, Praxis des EG-Rechts, § 2 Rn. 327; a. A. *Classen*, in: Schulze/Zuleeg/Kadelbach, § 4 Rn. 119.
[273] EuGH, Rs. C-432/05, *Unibet*, Slg. 2007, I-2271 Rn. 79 ff.; OVG Koblenz, Beschl. v. 4.11.2003, 8 B 11220/03, NVwZ 2004, 363 f.; *Puttler*, in: Sodan/Ziekow, VwGO, § 80 Rn. 17; *Finkelnburg/Dombert/Külpmann*, Vorläufiger Rechtsschutz, Rn. 997.
[274] Vgl. *Schoch*, in: ders/Schneider/Bier, VwGO, § 80 Rn. 396.

SGG anzuwendenden Beurteilungsmaßstäben, die – ebenso wie jene des § 80 Abs. 2 Nr. 4 VwGO – eine angemessene Berücksichtigung auch der gemeinschaftlichen Interessen erlauben.[275]

III. Die einstweilige Anordnung

75 Die vom Gerichtshof in der Süderdithmarschen-Rechtsprechung entwickelten Maßstäbe sind in gleicher Weise heranzuziehen, wenn anstelle der Aussetzung der Vollziehung eines Verwaltungsaktes der Erlass einer einstweiligen Anordnung (§§ 123 VwGO, 86b Abs. 2 SGG, 114 FGO) in Rede steht, die es mit sich bringt, dass eine EU-Verordnung vorläufig unanwendbar wird. Da sich ein mitgliedstaatliches Gericht in beiden Fällen über eine als ungültig erachtete Norm des sekundären Unionsrechts hinwegzusetzen trachtet, wäre es angesichts der Ergebnisäquivalenz kaum plausibel, wenn die Art des Rechtsschutzverfahrens Einfluss auf den anzulegenden Beurteilungsmaßstab gewinnen könnte.[276] Dementsprechend dürfen einstweilige Anordnungen in Fällen solcher Art nur ergehen, wenn erhebliche Zweifel an der Gültigkeit des EU-Rechtsaktes bestehen und die Gültigkeitsfrage dem Gerichtshof vorgelegt wird, die Entscheidung dringlich in dem Sinne ist, dass die Anordnung der Vermeidung eines schweren und nicht widergutzumachenden Schadens dient und das Interesse der Union angemessen berücksichtigt wird.

76 Geht es dagegen der Sache nach – wie im **Fall T. Port** – um die Gewährung vorläufigen Rechtsschutzes wegen der Untätigkeit eines Unionsorgans, fällt diese Aufgabe in die ausschließliche Zuständigkeit der Unionsgerichtsbarkeit, während ihre Wahrnehmung den staatlichen Gerichten versagt ist.[277] Dagegen lassen sich fraglos Bedenken unter dem Aspekt des effektiven Rechtsschutzes erheben,[278] zumal das Unionsrecht eine Verpflichtungsklage nicht kennt und die Möglichkeit einzelner Marktbürger, Untätigkeitsklage zu erheben keineswegs über jeden Zweifel erhaben ist. Dennoch erscheint es im Grundsatz zutreffend, eine ausschließliche Kompetenz der europäischen Gerichtsbarkeit anzunehmen, wenn im Schwerpunkt das Fehlverhalten eines Unionsorgans in Rede steht.[279] Anderes mag aber zumindest dann gelten, wenn auf Unionsebene keine Abhilfe erreichbar ist.[280]

77 Im Übrigen aber sind keine grundstürzenden Veränderungen des Beurteilungsmaßstabes zu gewärtigen. Die gerichtliche Entscheidung erfordert – unabhängig davon, ob es sich um eine Sicherungsanordnung i. S. d. §§ 123 Abs. 1 S. 1 VwGO, 86b Abs. 2 S. 1 SGG, 114 Abs. 1 S. 1 FGO oder um eine Regelungsanordnung i. S. d. §§ 123 Abs. 1 S. 2 VwGO, 86b Abs. 2 S. 2, 114 Abs. 1 S. 2 FGO handelt – eine umfassende Abwägung der

---

[275] Eingehend *Ehlers*, Verwaltungsprozeßrecht, S. 128 f.
[276] Die Kriterien bei einem Sachverhalt mit Bezügen zum Unionsrecht übernehmend OVG NW, Beschl. v. 18.7.1996, 13 B 1210/96, NJW 1996, 3291; OVG Saarlouis, Beschl. v. 14.1.2011, 3 B 332/10, BeckRS 2011, 45756; *Dörr*, in: Sodan/Ziekow, VwGO, EVR Rn. 250; *Ehlers*, DVBl. 2004, 1441 (1450); *Jannasch*, NVwZ 1999, 495 (498); *Otting/Olgemöller*, AnwBl. 2010, 155 (162); *Schoch*, VBlBW 1999, 241 (248).
[277] EuGH, Rs. C-68/95, *T. Port*, Slg. 1996, I-6065 Rn. 53 ff.; hierzu *Dörr*, in: Sodan/Ziekow, VwGO, EVR Rn. 256 f.; *v. Danwitz*, Europäisches Verwaltungsrecht, S. 595 f.
[278] *Koenig*, EuZW 1997, 206 (207); *Ohler/Weiß*, NJW 1997, 2221 (2221 f.).
[279] *Jannasch*, NVwZ 1999, 495 (499 f.).
[280] In dieser Hinsicht *Streinz*, EuropaR, Rn. 657 f.

im jeweiligen Einzelfall relevanten Interessen. Im Rahmen dieser Abwägung ist in Fällen mit Unionsrechtsbezug das Interesse der Union an einer effektiven Verwirklichung ihres Rechts mit dem ihm jeweils zukommenden und durch seine Vorrangstellung beeinflussten Gewichts zu berücksichtigen.[281]

---

[281] Hierzu *Triantafyllou*, NVwZ 1992, 129 (131 f.).

§ 38 Rechtsschutz im Bereich der Zivilgerichtsbarkeit

Übersicht

		Rn.
A.	Einleitung	1–3
B.	Zuständigkeitsfragen im Verhältnis der europäischen zur nationalen Zivilgerichtsbarkeit	4–23
	I. Zivilgerichtliche Zuständigkeiten des Gerichtshofs	5–17
	1. Außervertragliche Haftung der Union	6–10
	2. Streitsachen zwischen der Union und ihren Bediensteten	11–13
	3. Kartellsachen	14
	4. Schiedssachen	15–17
	II. Kompetenzkonflikte	18–23
C.	Unionalisierung des Internationalen Zivilverfahrensrechts für den europäischen Raum	24–44
	I. Überblick über die wichtigsten Entwicklungsschritte im Europäischen Zivilverfahrensrecht	24–27
	II. Erleichterung des Zugangs zum Recht	28–34
	1. E-Justiz-Aktionsplan und Europäisches E-Justiz-Portal	29/30
	2. Prozesskostenhilferichtlinie	31
	3. Mediationsrichtlinie	32–34
	III. Die Brüssel-I-VO als Kernstück des Europäischen Zivilverfahrensrechts	35/36
	IV. Europäische Erkenntnisverfahren	37–41
	V. Die schrittweise Abschaffung des Exequaturverfahrens	42–44
D.	Europäisches Recht und deutsches Zivilprozessrecht	45–126
	I. Ausgewählte Fragen der internationalen Zuständigkeit	47–63
	1. Die Regelung der internationalen Zuständigkeit durch die §§ 12 ff. ZPO	47–50
	2. Der Gerichtsstand des Vermögens (forum fortunae)	51–53
	3. Staatsangehörigkeitszuständigkeit im Internationalen Erbprozessrecht	54–57
	4. Staatsangehörigkeitszuständigkeit im Internationalen Familienprozessrecht	58–61
	5. Die Missbräuchlichkeit von Gerichtsstandsklauseln und Schiedsklauseln nach der KlauselRL	62/63
	II. Prozessfähigkeit und persönliches Erscheinen	64–67
	1. Alternative Anknüpfung der Prozessfähigkeit	64/65
	2. Anordnung persönlichen Erscheinens der Parteien	66
	3. Zugang von Ausländern zur deutschen Justiz	67
	III. Sprache und Recht im Verfahren	68–89
	1. Deutsch als Gerichtssprache	68–77
	2. § 293 ZPO und die Ermittlung des Rechts von EU-Mitgliedstaaten	78–83
	3. Revisibilität ausländischen Rechts	84–89
	IV. Zustellungs- und beweisrechtliche Fragen	90–126
	1. Europäische Zustellungsverordnung (EuZustellVO) und Europäische Beweisverordnung (EuBeweisVO)	90–93

		2. Verhältnis der EuZustellVO zu nationalen Zustellungsvorschriften, insbesondere der fiktiven Inlandszustellung	94/95
		3. Beweiskraft ausländischer öffentlicher Urkunden nach § 438 ZPO	96/97
	V.	Die Absicherung des Zivilverfahrens mit mitgliedstaatlichem Bezug	98–105
		1. Ausländersicherheit nach § 110 ZPO	99
		2. Der Arrestgrund der Auslandsvollstreckung nach § 917 II ZPO	100–105
	VI.	Revision und Wiederaufnahme bei fehlerhafter Anwendung des Unionsrechts	106–109
		1. Fehlerhafte Nichtzulassung der Revision	106
		2. Aufhebung des nationalen Urteils bzw. Wiederaufnahme des Verfahrens	107–109
	VII.	Prozessbürgschaft einer Bank aus dem EU-Ausland	110–114
	VIII.	Exkurs: Handelsregistergebühren für gesellschaftsrechtliche Eintragungen	115–126
		1. Fantask-Rechtsprechung des EuGH	115–118
		2. Sachliche Reichweite bei Handelsregistergebühren ...	119–124
		3. Nationalrechtliche Ausdehnung auf andere Registergebühren?	125/126
E.	Materielles Zivilrecht und Unionsrecht		127–166
	I.	Unionsrechtskonforme Auslegung	127/128
	II.	Richtlinienwirkungen und Private	129–136
		1. Keine horizontale Direktwirkung	129/130
		2. Ausnahme bei nur gemeinsam möglicher Rechtswahrnehmung	131
		3. Ausnahme bei öffentlichrechtlichen Vorfragen (indirekte horizontale Wirkung)	132
		4. Ausnahme bei Durchsetzung öffentlicher Interessen durch Private	133/134
		5. Ausnahme bei Verweigerung vertraglicher Erfüllung unter Berufen auf richtlinienwidriges nationales Recht?	135/136
	III.	Staatshaftung und Unionsrecht	137–166
		1. Staatshaftung wegen Verletzung von jeder Art Unionsrecht	137–140
		2. Beabsichtigte Verleihung subjektiver Rechte durch das Unionsrecht	141/142
		3. Qualifizierter Verstoß gegen Unionsrecht	143–151
		4. Haftungssubjekt	152/153
		5. Schadensumfang	154–156
		6. Mitverschuldenseinwand	157
		7. Haftungsprivilegien des nationalen Rechts	158–165
		8. Verjährung	166
		9. Prozessuale Durchsetzung in Deutschland	166

Schrifttum: *Adolphsen*, Konsolidierung des Europäischen Zivilverfahrensrechts, in: FS Athanassios Kaissis, 2012, S. 1; *Althammer*, Verfahren mit Auslandsbezug nach dem neuen FamFG, IPrax 2009, 381; *Armbrüster*, Englischsprachige Zivilprozesse vor deutschen Gerichten?, ZRP 2011, 102; *Bach*, Drei Entwicklungsschritte im europäischen Zivilprozessrecht, Kommissionsentwurf für eine Reform der EuGVVO, ZRP 2011, 97; *Bachmayer*, Ausgewählte Problemfelder bei Nachlasssachen mit Auslandsberührung, BWNotZ 2010, 146; *Breuer*, Staatshaftung für judikatives Unrecht, 2011; *Cadet*, Main Features of the Revised Brussels I Regulation, EuZW 2013, 218; *Dilger*, Stille Wasser gründen tief – die Cour de cassation zur EheGVO a. F., IPRax 2006, 617; *Eichel*, Die Revisibilität ausländischen Rechts nach der Neufassung von § 545 I ZPO, IPrax 2009, 389; *Eidenmüller/Prause*, Die europäische Mediationsrichtlinie – Perspektiven für eine gesetzliche Regelung der Mediation in Deutschland, NJW 2008, 2737; *Ewer*, Das Öffentlichkeitsprinzip – ein Hindernis für die Zulassung von Englisch als konsensual-optionaler Gerichtssprache?, NJW 2010, 1323; *Flessner*, Deutscher Zivilprozess auf Englisch. Der Gesetzesentwurf des Bundesrates im Lichte von Staatsrecht, Grundrechten und Europarecht NJW 2011, 3544 ; *ders.* Deutscher Zivilprozess auf Englisch. Der Gesetzesentwurf des Bundesrates im Lichte von Staatsrecht, Grundrechten und Europarecht, NJOZ 2011, 1913; *ders.*, Diskriminierung von grenzübergreifenden Rechtsverhältnissen im europäischen Zivilprozess, ZEuP 2006, 737; *Fornasier*, Auf dem Weg zu einem europäischen Justizraum – Der Beitrag des Europäischen Justiziellen Netzes für Zivil- und Handelssachen, ZEuP 2010, 477, 478; *Gotsche*, Der BGH im Wettbewerb der Zivilrechtsordnungen, 2008; *Graf v. Westphalen*, Die Gerichtssprache ist nicht mehr nur deutsch, AnwBl 3/2009, 214.; *Gullo*, Das neue Mediationsgesetz: Anwendung in der wirtschaftsrechtlichen Praxis, GWR 2012, 385; *Hau*, Das System der internationalen Entscheidungszuständigkeit im europäischen Eheverfahrensrecht, FamRZ 2000, 1333; *Heckel*, Die fiktive Inlandszustellung auf dem Rückzug – Rückwirkungen des europäischen Zustellungsrechts auf das nationale Recht, IPrax 2008, 218; *Heiderhoff*, Keine Inlandszustellung an Adressaten mit ausländischem Wohnsitz mehr?, EuZW 2006, 235; *v. Hein*, Die Neufassung der Europäischen Gerichtsstands- und Vollstreckungsverordnung (EuGVVO), RIW 2013, 97; *ders.*, Die Abschaffung des Exequaturverfahrens durch die Revision der europäischen Gerichtsstands- und Vollstreckungsverordnung: Eine Gefährdung des Verbraucherschutzes?, in: FS Daphne-Ariane Simotta, 2012, S. 645*; Heinze*, Fiktive Inlandszustellungen und der Vorrang des europäischen Zivilverfahrensrechts, IPRax 2010, 155; *ders.*, Europäisches Primärrecht und Zivilprozess, EuR 2008, 654; *Hess/Hübner*, Die Revisibilität ausländischen Rechts nach der Neufassung des § 545 ZPO, NJW 2009, 3132; *Hirsch/Gerhardt*, Die „alternative Streitbeilegung" hat Konjunktur, Nicht nur die Mediation kann befriedend wirken, ZRP 2012, 189; *Hoffmann*, Kammern für internationale Handelssachen, Eine juristisch-ökonomische Untersuchung zu effektiven Justizdienstleistungen im Außenhandel, 2011; *ders./Handschell*, Pro & Contra Englisch als Rechtssprache?, ZRP 2010, 103; *Holzner*, Europäisches E-Justiz-Portal in Betrieb genommen, MMR-Aktuell 2010, 305999; *Hoppe*, Englisch als Verfahrenssprache – Möglichkeiten de lege lata und de lege ferenda, IPrax 2010, 373; *Huber*, Koordinierung europäischer Zivilprozessrechtsinstrumente, in: FS Athanassios Kaissis, 2012, S. 413; *ders.*, Prozessführung auf Englisch vor Spezialkammern für internationale Handelssachen, in: FS Daphne-Ariane Simotta, 2012, S. 245; *Illmer*, Ziel verfehlt – Warum Englisch als Verfahrenssprache in § 1062 ZPO zuzulassen ist, ZRP 2011, 170; *Jastrow*, EG-Richtlinie 8/2003 – Grenzüberschreitende Prozesskostenhilfe in Zivilsachen, MDR 2004, 75; *ders.*, Zur Ermittlung ausländischen Rechts: Was leistet das Londoner Auskunftsübereinkommen in der Praxis?, IPrax 2004, 402; *Magnus/Mankowski*, The Proposal for the Reform of Brussels I, ZVglRWiss 110 (2011), 252; *Mankowski, *CESL – who needs it?, IHR 2012, 45; *ders.*, Der Vorschlag für ein Gemeinsames Europäisches Kaufrecht (CESL), IHR 2012, 1; *ders*. Zur Regelung von Sprachfragen im europäischen Internationalen Zivilverfahrensrecht, in: FS Athanassios Kaissis, 2012, S. 607; *Mansel,* Der Verordnungsvorschlag für ein Gemeinsames Europäisches Kaufrecht, WM 2012, 1253 u. 1309; *Micklitz*, The Targeted Full Harmonisation Approach: Looking Behind the Curtain, in: Howells/Schulze (Hrsg.), Modernising and Harmonising Consumer Contract Law, S. 47; *ders./Reich,* Der Kommissionsvorschlag vom 8.10.2008 für eine Richtlinie über „Rechte der Verbraucher", oder: „der Beginn des Endes einer Ära…", EuZW 2009, 279; *Pietzcker*, Rechtsprechungsbericht zur Staatshaftung, AöR 132 (2007), 393; *Poelzig*, Die Aufhebung rechtskräftiger zivilgerichtlicher Urteile unter dem Einfluss des Europäischen Gemeinschaftsrechts, JZ 2007, 858; *Prütting*, In Englisch vor deutschen Gerichten verhandeln? Den Justizstandort Deutschland stärken: Nicht nur Deutsch als Gerichtssprache zulassen, AnwBl 2/2010, 113; *Remien*, Iuria novit curia und die Ermittlung fremden Rechts im europäischen Rechtsraum der Art. 61 ff. EGV – für ein neues Vorabentscheidungsverfahren bei mitgliedstaatlichen Gerichten,

in: Basedow u. a. (Hrsg.), Aufbruch nach Europa, 75 Jahre Max-Planck-Institut, 2001, S. 617; *Remmert*, Englisch als Gerichtssprache: Nothing ventured, nothing gained, ZIP 2010, 1579; *Risse*, Das Medationsgesetz – eine Kommentierung, SchiedsVZ 2012, 244 ; *Schellack*, Selbstermittlung oder ausländische Auskunft unter dem europäischen Rechtsauskunftübereinkommen, 1998; *Schwab/Giesemann*, Die Verbraucherrechte-Richtlinie: Ein wichtiger Schritt zur Vollharmonisierung im Binnenmarkt: EuZW 2012, 253; *Schwartze*, Die Ermittlung und Anwendung des Vertragsrechts anderer EU-Staaten im deutschen Zivilprozess nach § 293 ZPO – ein besonderer Fall, in: FS Hilmar Fenge, 1996, S. 127; *Sommerlad/Schrey*, Die Ermittlung ausländischen Rechts im Zivilprozess und die Folgen der Nichtermittlung, NJW 1991, 1377; *Sujecki*, Die Entwicklung des europäischen Privat- und Zivilprozessrechts im Jahr 2011, EuZW 2012, 327; *Sujecki*, Die Entwicklung des europäischen Privat- und Zivilprozessrechts im Jahr 2010, EuZW 2011, 287; *Sujecki*, Entwicklung des Europäischen Privat- und Zivilprozessrechts in den Jahren 2008 und 2009, EuZW 2010, 44; *Tamm/Rott*, Verbraucherrecht in neuem Aufbruch: VuR Editorial 2012, 1; *Tietjen*, Die Bedeutung der deutschen Richterprivilegien im System des gemeinschaftsrechtlichen Staatshaftungsrechts – Das EuGH-Urteil „Traghetti de Mediterraneo.", EWS 2007, 15; *Tönsfeuerborn*, Einflüsse des Diskriminierungsverbots und der Grundfreiheiten der EG auf das nationale Zivilprozessrecht, 2002; *Trautmann*, Ausländisches Recht vor deutschen und englischen Gerichten, ZEuP 2006, 283, 296; *Wagner*, Die politischen Leitlinien zur justiziellen Zusammenarbeit in Zivilsachen im Stockholmer Programm, IPrax 2010, 97; *ders.*, Vereinheitlichung des Internationalen Privat- und Zivilverfahrensrechts neun Jahre nach Inkrafttreten des Amsterdamer Vertrags, NJW 2008, 2225; *ders./Beckmann*, Beibehaltung oder Absachaffung des Vollstreckbarerklärungsverfahrens in der EuGVVO?, RIW 2011, 44; *Weitz*, Die geplante Erstreckung der Zuständigkeitsordnung der Brüssel-I-Verordnung auf drittstaatsansässige Beklagte, in: FS Daphne-Ariane Simotta, 2012, S. 679; *v. Westphalen*, Verbraucherschutz nach zwei Jahrzehnten Klauselrichtlinie, NJW 2013, 961; *Wolf*, Renaissance des Vermögensgerichtsstands?, in: FS Daphne-Ariane Simotta, 2012, S. 717; *Zantis*, Das Richterspruchprivileg in nationaler und gemeinschaftsrechtlicher Hinsicht, 2010.
Zur Literatur vor dem Jahr 2004 s. Vorauflage.

A. Einleitung

Die Tätigkeit der Zivilgerichte wird kaum weniger vom Unionsrecht beeinflusst 1 als jene der Verwaltungsgerichte. Denn die überwiegende Mehrzahl zumal der jüngeren zivilrechtlichen Gesetze ist vom Unionsrecht entweder veranlasst oder zumindest betroffen. Z. B. beruht das moderne **Verbraucherschutzrecht,** wie man es für Verträge bis zum 1.1.2002 in AGBG, HWiG, VerbrKrG, TzWrG, FernAbsG und den korrespondierenden Vorschriften des BGB (insbesondere §§ 241 a; 361 a; 361 b; 651 a ff. BGB), heute in §§ 305–310; 312–312 d; 312 f.; 355–359; 481–487; 491–494; 497–502; 651 a–l; 655 a–e BGB und durchgängig im ProdHaftG findet, auf entsprechenden EU-Richtlinien.[1] Die zunächst sehr ambitioniert geplante „Verbraucherrechte-Richtlinie"[2] fasst lediglich die bestehenden Richtlinien über Haustürgeschäfte und

---

[1] Aufzählung der betreffenden Richtlinien z. B. bei *Roth,* Generalklauseln im Europäischen Privatrecht – Zur Rollenverteilung zwischen Gerichtshof und Mitgliedstaaten bei ihrer Konkretisierung, in: FS Drobnig, 1998, S. 135 (135 f.); die einschlägigen Richtlinien kommentiert *Grundmann*, Europäisches Schuldvertragsrecht, 1999.

[2] RL 2011/83/EU des Europäischen Parlaments und des Rates v. 25.10. 2011 über die Rechte der Verbraucher, ABl. 2011 L 304/64. Hierzu z. B. *Micklitz*, in: Howells/Schulze (Hrsg.), S. 47; *ders./Reich*, EuZW 2009, 279; *Schwab/Giesemann*, EuZW 2012, 253; *Tamm/Rott*, VuR Editorial, 2012, 1.

Vertragsabschlüsse im Fernabsatz in einem Dokument zusammen und harmonisiert einige Regelungen der bisherigen, nunmehr außer Kraft getretenen Richtlinien. Die Gestaltungen des modernen Gesellschaftsrechts sind ebenfalls zu einem ganz wesentlichen Teil durch EU-Richtlinien vorgegeben. Hinzu kommt der gewichtige Einfluss des Primärrechts.[3] Die Liste der Beispiele ließe sich nahezu beliebig verlängern, etwa um die Verbrauchsgüterkaufrichtlinie[4] oder die E-Commerce-Richtlinie[5] und deren Umsetzung in §§ 433–479; 651 BGB bzw. im komplett novellierten TMG und in § 312 g BGB. Denn kaum ein Aspekt des Zivilrechts, namentlich des wirtschaftsregulierenden Zivilrechts, hat keine Binnenmarktrelevanz und läge deshalb außerhalb der angemaßten Regelungskompetenz der Unionsorgane. Allenfalls das Familien- und das Erbrecht dürften insoweit auszunehmen sein,[6] soweit es sich nicht um grenzüberschreitende Sachverhalte handelt.[7] Das bisher weitgehend unberührt gebliebene Sachenrecht dürfte gegenwärtig noch die Ruhe vor dem Sturm erleben.[8]

2   Am Horizont zeichneten sich übergreifend Konturen eines – gegebenenfalls sogar als EU-Verordnung zu etablierenden – **Europäischen Zivilgesetzbuchs** ab. Die Arbeiten der Study Group on a European Civil Code sowie der acquis-Group sind über ein akademisch – konkret rechtsvergleichend – interessantes Ergebnis in Form des 2008 durch die Kommission eingebrachten Draft Common Frame of Reference nicht hinausgekommen und sind als politisch gescheitert anzusehen. Die Kommission (forciert insbesondere durch die Kommissarin *Viviane Reding*) ist nunmehr dabei, wenigstens einen Teil des DCFR in die rechtspolitische Realität zu retten, indem sie am 11.10.2011 einen Vorschlag für ein Gemeinsames Europäisches Kaufrecht (*GEK*, in der englischen Variante: *CESL*) vorlegte.[9]

3   Alle bisher genannten Bereiche betreffen jedoch die materielle Entscheidungsgrundlage, nicht das Zivilverfahrensrecht als solches. Materielles Recht und Verfahrensrecht sind auch für das Verhältnis von Zivilgerichtsbarkeit und Unionsrecht zueinander strikt zu trennen. Von einer umfassenden Europäisierung des Zivilprozessrechts kann dagegen kaum eine Rede sein.[10] Fast alle bisherigen Ansätze haben punktuellen Charakter. Das in den 1990ern zeitweise angedachte Projekt eines Europäischen Zivilprozess-

---

[3] Siehe nur umfassend *Steindorff*, EG-Vertrag und Privatrecht, 1996, sowie *Remien*, Zwingendes Vertragsrecht und Grundfreiheiten des EG-Vertrages, 2003; *Mülbert*, ZHR 159 (1995), 2; *Möllers*, EuR 1998, 20.

[4] RL 99/44/EG des Europäischen Parlaments und des Rates v. 25.5.1999 zu bestimmten Aspekten des Verbrauchsgüterkaufs und der Garantien für Verbrauchsgüter, ABl. 1999 L 171/12.

[5] RL 2000/31/EG des Europäischen Parlaments und des Rates v. 8.6.2000 über bestimmte rechtliche Aspekte der Dienste der Informationsgesellschaft, insbesondere des elektronischen Geschäftsverkehrs, im Binnenmarkt, ABl. 2000 L 178/1.

[6] Vgl. aber *Antokolskaia/de Hondt/Steenhoff*, Een zoektocht naar Europees familierecht, 1999.

[7] Siehe zum Internationalen Ehegüter-, Ehescheidungs- und Erbrecht den Aktionsplan des Rates und der Kommission v. 3.12.1998 zur bestmöglichen Umsetzung der Bestimmungen des Amsterdamer Vertrages über den Aufbau eines Raumes der Freiheit und der Sicherheit und des Rechts, ABl. 1999 C 19/1 Nr. 41 a)–c).

[8] Aktionsplan des Rates und der Kommission v. 3.12.1998 zur bestmöglichen Umsetzung der Bestimmungen des Amsterdamer Vertrages über den Aufbau eines Raumes der Freiheit und der Sicherheit und des Rechts, ABl. 1999 C 19/1 Nr. 41 f.).

[9] KOM (2011) 635 endg. Hierzu *Mankowski*, IHR 2012, 1; *ders*. IHR 2012, 4, *Mansel*, WM 2012, 1253, *ders.*, WM 2012, 1309.

[10] Siehe *Stadler,* in: 50 Jahre BGH – Festgabe aus der Wissenschaft, Bd. III, 2000, S. 645.

rechts kulminierte in einem von einer Arbeitsgruppe unter Marcel Storme vorgelegten Grobentwurf.[11] Es wurde jedoch nicht wirklich weiterverfolgt und hat keine echten Spuren hinterlassen. Für die Rechtspraxis gilt es vielmehr, die schon aufgeworfenen Einzelfragen der Europäisierung im Zivilprozess zu beachten.

B. Zuständigkeitsfragen im Verhältnis der europäischen zur nationalen Zivilgerichtsbarkeit

Der Begriff „europäische Zivilgerichtsbarkeit" mag zunächst erstaunen, kann man sich den EuGH doch kaum als Entscheidungsinstanz in Zivilsachen vorstellen. Jedoch entzieht Art. 274 AEUV (ehemals Art. 240 EGV-Nizza; 155 EAGV) Rechtsstreitigkeiten, an denen die Union beteiligt ist, dem nationalen Richter, soweit für solche Streitigkeiten eine Sonderzuweisung an den *EuGH* besteht. Sonderzuweisungen setzten sich auch unter dem EGKSV durch, obwohl diesem ein Pendant zu Art. 240 EGV-Nizza fehlte.[12]

I. Zivilgerichtliche Zuständigkeiten des Gerichtshofs

Wenn man die Kompetenzverteilung zwischen den Rechtswegen innerhalb des deutschen Prozessrechts als Maßstab anlegt, besitzt der EuGH die nachfolgend aufgeführten Zuständigkeiten auf Gebieten, welche das deutsche Recht dem Zivilrecht zuordnen würde.

1. Außervertragliche Haftung der Union. Art. 268 AEUV erklärt den EuGH für zuständig, wenn die Streitsache **Schadensersatz** aus **außervertraglicher Haftung der Union** für Schäden, die ihre Organe oder Bediensteten in Ausübung ihrer Amtstätigkeit verursacht haben, nach Art. 340 Abs. 2 AEUV zum Gegenstand hat. Die Zuständigkeit des *EuGH* ist nicht eng begrenzt auf Schäden aus eigentlicher hoheitlicher Tätigkeit. Vielmehr reicht es aus, wenn zwischen den Aufgaben der Unionsorgane und dem schadensstiftenden Ereignis eine unmittelbare innere Beziehung besteht,[13] der geltend gemachte Schaden also der Union zurechenbar ist.[14] Bei Anlegen deutschrechtlicher Terminologie könnte man von einer Art Doktrin vom Schutzzweck der Norm sprechen. Der Union zuzuzählen ist, wie Art. 13 Abs. 1 EUV nunmehr unmissverständlich klarstellt, auch die EZB.

---

[11] Storme (ed.), Approximation of Judiciary Law in the European Union, 1994; siehe außerdem z. B. *Prütting,* Auf dem Weg zu einer Europäischen Zivilprozeßordnung – dargestellt am Beispiel des Mahnverfahrens, in: FS Baumgärtel, 1990, S. 457; *Kerameus,* 43 Am. J. Comp. L. 401 (1995); *Storme,* Das prozessrecht in Europa: e Diversitate Unitas, in: FS Drobnig, 1998, S. 177; *Schwartze,* ERPL 2000, 135.
[12] EuGH, Rs. 6/60, *Humblet/Belgischer Staat,* Slg. 1960, 1163, 1184; *Schumann,* ZZP 78 (1965), 77 (85); *Gellermann,* in: Rengeling/Gellermann/Middeke, Rechtsschutz in der Europäischen Union, 1. Aufl. 1994, Rn. 1171 m.w.N.
[13] Nur *Gilsdorf,* EuR 1975, 73 (107).
[14] *Kotzur,* in: Geiger/Khan/Kotzur, EUV/AEUV, Art. 268 AEUV Rn. 3.

7   Die Union haftet und der EuGH ist zuständig für unmittelbares Tätigwerden ihrer eigenen **Organe**, aber auch für das Tätigwerden mitgliedstaatlicher Behörden, wenn diese ohne eigene Spielräume eine rechtswidrige Unionsverordnung befolgen[15] oder auf Weisung der Kommission handelten.[16] Gleiches gilt ausnahmsweise, wenn das Beschreiten des innerstaatlichen Rechtswegs dem Geschädigten im Einzelfall unzumutbar ist, weil die nationalen Klagemöglichkeiten den Schutz des Einzelnen nicht wirksam sicherstellen.[17]

8   Art. 3 Abs. 1 lit. c Ratsbeschluss 88/591/EGKS/EWG/Euratom[18] erklärt über Art. 256 Abs. 1 AEUV das EuG für erstinstanzlich zuständig. Gegen dessen Entscheidung ist ein auf Rechtsfragen beschränktes Rechtsmittel zum *EuGH* statthaft. Statthafte Klageart kann vor dem *EuG* auch eine **Klage auf Feststellung der Schadensersatzhaftung dem Grunde** nach sein, wenn sich der Schaden noch nicht berechnen, aber mit hoher Wahrscheinlichkeit voraussehen lässt.[19] Die Grundlage für die erstinstanzliche Kompetenz des *EuG* hat der Vertrag von Nizza im Primärrecht selbst etabliert, was durch den Vertrag von Lissabon in Art. 256 Abs. 1 UAbs. 1 AEUV übernommen wurde.

9   Dagegen besteht keine besondere Kompetenzzuweisung an den EuGH für die **vertragliche Haftung der Union.** Insoweit sind nach Artt. 274 AEUV; 188 Abs. 1 EAGV die nationalen Gerichte zuständig. Art. 274 AEUV garantiert und begründet indes keine Zuständigkeit der nationalen Gerichte, sondern verweist auf das nationale Prozessrecht. Diesem obliegt es, über den Rechtsweg sowie die internationale, örtliche, sachliche und funktionelle Zuständigkeit der einzelnen Spruchkörper zu entscheiden.[20]

10   Theoretisch besteht damit die Gefahr, dass Schadensersatzansprüche aus demselben Sachverhalt, aber aus verschieden zu qualifizierenden Anspruchsgrundlagen in gänzlich verschiedenen Rechtswegen zu verfolgen sind.[21] Dies droht allerdings nur bei **konkurrierenden Ansprüchen.** Es erscheinen mehrere Wege denkbar, um dieser Gefahr Herr zu werden. Der erste bestünde darin, eine Annexkompetenz des EuGH auch für konkurrierende vertragliche Ansprüche zu bejahen. Dies wäre eine teleologische Extension des Art. 268 AEUV mit teleologischer Reduktion des Art. 274 AEUV. Angesichts des Auffangcharakters von Art. 274 AEUV ließe sich durchaus vertreten, diesen hinter eine ungeschriebene Annexkompetenz zurücktreten zu lassen. Ein Dammbruch mit unabsehbaren Weiterungen, der Art. 274 AEUV entwerten würde, wäre dies jedenfalls nicht. Der zweite ist weniger radikal. Er besteht in einer Aussetzung des vor dem nationalen Gericht anhängigen vertraglichen Haftungsverfahrens bis zum Abschluss des deliktischen Haftungsverfahrens vor dem EuGH, nach deutschem Recht über § 148

---

[15] EuGH, Rs. 64/76, *Dumortier Frères/Rat,* Slg. 1979, 3091, 3113.
[16] EuGH, Rs. 175/84, *Krohn/Kommission,* Slg. 1986, 753 Rn. 23.
[17] EuGH, Rs. 20/88, *Roquette frères/Kommission,* Slg. 1989, 1553 Rn. 15.
[18] Beschluss des Rates v. 24.10.1988 zur Errichtung eines Gerichts erster Instanz der Europäischen Unionen (88/591/EGKS, EWG, Euratom), ABl. 1988 L 319/1, zuletzt geändert durch Beschluss des Rates der Europäischen Union vom 1.1.1995 zur Anpassung der Dokumente betreffend den Beitritt neuer Mitgliedstaaten zur Europäischen Union (95/1/EG, Euratom, EGKS), ABl. 1995 L 1/1.
[19] EuGH, Rs. 56–60/74, *Kampffmeyer/Kommission u. Rat,* Slg. 1976, 711 Rn. 6; Rs. 281/84, *Zuckerfabrik Bedburg/Rat u. Kommission,* Slg. 1987, 49 Rn. 14.
[20] *Schwarze,* in: ders., EU-Kommentar, Art. 274 AEUV Rn. 4.
[21] *Schumann,* ZZP 78 (1965), 77 (88); *Rengeling/Gellermann/Middeke,* Rechtsschutz in der Europäischen Union, 1. Aufl. 1994, Rn. 1174 (*Gellermann*).

ZPO.²² Den pragmatischsten Weg, nämlich jenen durch Rechtsgestaltung, geht die Union seit geraumer Zeit, indem sie für ihre Vertragsbeziehungen Schiedsklauseln zu Gunsten des *EuGH* vereinbart.²³

2. Streitsachen zwischen der Union und ihren Bediensteten. Gleichsam als Arbeitsgerichte der Union werden EuG und EuGH tätig, soweit Art. 270 AEUV ihm die **Streitigkeiten zwischen der Union und deren Bediensteten** zuweist. Diese Streitigkeiten sind zugewiesen, soweit sie sich innerhalb der Grenzen und nach Maßgabe der Bedingungen abspielen, die im Statut der Beamten festgelegt sind oder sich aus den Beschäftigungsbedingungen der Bediensteten ergeben. Art. 3 Abs. 1 lit. a des vorgenannten Ratsbeschlusses (oben Fn. 27) erklärt das EuG für den gesamten sachlichen Anwendungsbereich des Art. 270 AEUV zur Eingangsinstanz. Auch insoweit hat der Vertrag von Nizza die Kompetenzgrundlage des EuG mit Art. 225 Abs. 1 UAbs. 1 EGV ins Primärrecht selber verschoben, was durch den Vertrag von Lissabon in Art. 256 Abs. 1 UAbs. 1 AEUV nachvollzogen wurde. Die einschlägige Rechtsprechung wird seit 1994 in einer eigenen Sammlung (ÖD) veröffentlicht.

11

Die Eingangszuständigkeit wurde durch den Vertrag von Nizza – wiederum nachvollzogen durch den Vertrag von Lissabon – noch wesentlich gestärkt und spezialisiert: Art. 257 AEUV (vormals Art. 225 a EGV-Nizza) sieht die Bildung so genannter gerichtlicher Kammern als fachlich spezialisierter Spruchkörper vor. Die Übertragung der Beamtensachen der Union auf solche Spruchkörper gilt als wichtiger Anwendungsfall der Neuregelung.²⁴

12

Maßgebliche Regelungen sind Artt. 90- 91a Beamtenstatut,²⁵ .²⁶ Für die sonstigen Bediensteten sind diese Vorschriften nach Artt. 46; 73; 83; 97 Beschäftigungsbedingungen für die sonstigen Bediensteten der Europäischen Gemeinschaften entsprechend anwendbar.²⁷ Richtiger **Klagegegner** ist entgegen dem Wortlaut des Art. 270 AEUV nicht die Union als solche, sondern dasjenige **Unionsorgan**, zu dessen Dienstbereich die jeweilige Anstellungsbehörde gehört.²⁸

13

3. Kartellsachen. Zum Zivilrecht im weiteren Sinne, wenn auch eigentlich zum Aufsichtsrecht und damit zum öffentlichen Recht, zählen **Kartellsachen**. Jedenfalls in Deutschland ist die Entscheidung in Kartellsachen den Zivilgerichten (nämlich dem OLG Köln, vor der Sitzverlegung des Bundeskartellamts dem KG) und nicht den Verwaltungsgerichten zugewiesen. Daher kann man auch die nach Art. 263 Abs. 4 AEUV bestehende Zuständigkeit des EuGH zur Entscheidung über kartellrechtliche

14

---

²² *Schumann,* ZZP 78 (1965), 77 (89); *Rosenberg/Schwab/Gottwald,* Zivilprozessrecht, 15. Aufl. 1993, S. 82 (§ 18 II 1 a); *Geimer,* Internationales Zivilprozessrecht, 4. Aufl. 2001, Rn. 246 b.

²³ *Gellermann,* in: Rengeling/Gellermann/Middeke, Rechtsschutz in der Europäischen Union, 1. Aufl. 1994, Rn. 1175; *Krück,* in: GTE, Art 181 EWGV Rn. 1 ff.

²⁴ Siehe Schlussakte der Konferenz von Nizza, 16. Erklärung zu Art. 225 a des Vertrages zur Gründung der Europäischen Union; *Sack,* EuZW 2001, 77 (78).

²⁵ Verordnung (EWG, Euratom, EGKS) Nr. 259/68 des Rates vom 29.2.1968 zur Festlegung des Statuts der Beamten der Europäischen Gemeinschaften und der Beschäftigungsbedingungen für die sonstigen Bediensteten dieser Gemeinschaften sowie zur Einführung von Sondermaßnahmen, die vorübergehend auf die Beamten der Kommission anwendbar sind, ABl. 1968 L 56/1.

²⁶ EuGH, Rs. C-246/95 *Myrianne Coen/Belgischer Staat,* Slg. 1997, I-403.

²⁷ *Kotzur,* in: Geiger/Khan/Kotzur, EUV/AEUV, Art. 270 AEUV Rn. 2.

²⁸ *Dauses,* in: ders., EU-WirtR, Abschn. P I. Rn. 8; *Wegener,* in: Calliess/Ruffert, EUV/AEUV (4. Aufl. 2011), Art. 270 AEUV Rn. 5.

Entscheidungen der Kommission zum Rechtsschutz im Bereich der Zivilgerichtsbarkeit zählen. Diese Zuständigkeit bildet einen wesentlichen und praktisch überaus relevanten Teil des direkten Rechtsschutzes von Privaten gegen Maßnahmen europäischer Organe. Eingangsinstanz ist wiederum das EuG, im Vertrag von **Lissabon** primärrechtlich festgeschrieben durch Art. 256 Abs. 1 UAbs. 1 AEUV.

15 **4. Schiedssachen.** Eine zivilgerichtliche Zuständigkeit des EuGH kann sich schließlich aus einer **Schiedsklausel** in einem von der EU oder für Rechnung der EU abgeschlossenen privatrechtlichen Vertrag ergeben. Kompetenznormen sind Artt. 272 AEUV; 153 EAGV. Insoweit wird die Zuständigkeit des EuGH durch Vereinbarung der Vertragsparteien begründet. Die Zuständigkeit des EuGH vereinbaren zu können erscheint sinnvoll, weil auch durch solche Verträge wichtige Unionsinteressen berührt sein können, die man ungern der Beurteilung durch ein mitgliedstaatliches Gericht überantwortet sähe.[29] **Privatrechtliche Verträge** sind Verträge, welche dem Zivilrecht eines Mitgliedstaates oder eines Drittstaates unterliegen, insbesondere solche zur **Bedarfsdeckung.**[30]

16 Eine Partei des Vertrages muss die Union oder eine rechtlich selbstständige Institution sein, die im eigenen Namen, aber mit Wirkung für den Unionshaushalt handelt; die Gegenpartei kann ein beliebiges Rechtssubjekt sein (näher oben § 15).[31] Sachlich gilt eine getroffene Schiedsabrede zumindest für die eigentlichen Erfüllungsansprüche aus dem Vertrag.[32] Mangels abweichender Einschränkung erfasst sie aber in der Regel auch Streitigkeiten um eine **Vertragsbeendigung** oder Vertragsaufsage, **Sekundäransprüche** und sogar **Rückabwicklungsansprüche**, die im Zusammenhang mit dem Vertrag erwachsen, also namentlich Schadensersatz- und Bereicherungsansprüche.[33]

17 Der EuGH wird unter Art. 272 AEUV **nicht als Schiedsgericht im Sinne der ZPO** tätig.[34] Der Grund dafür liegt allerdings nicht darin, dass die Parteien an Zusammensetzung und Verfahren des EuGH nach Satzung und VerfO gebunden wären.[35] Entsprechende Bindungen ohne weitergehende Kompetenzen der Parteien können auch bei „normalen" institutionellen Schiedsgerichten vorkommen. Entscheidend ist vielmehr der auch hier durchschlagende Charakter des EuGH als Unionsorgan.[36] Damit ließe es

---

[29] Siehe nur *Mégret/Waelbroeck*, Comm., Art. 181 EWGV Anm. 1; *Karpenstein*, in: GHN, Art. 272 AEUV Rn. 3; *Schwarze*, in: ders., EU-Kommentar, Art. 272 AEUV Rn. 2.

[30] *Grunwald*, EuR 1984, 227 (242); *Karpenstein*, in: GHN, Art. 272 AEUV Rn. 16.

[31] *Gellermann*, in: Rengeling/Gellermann/Middeke, Rechtsschutz in der Europäischen Union, 1. Aufl. 1994, Rn. 487.

[32] EuGH, Rs. C-142/91, *Cebag/Kommission*, Slg. 1993, I-553.

[33] Siehe nur EuGH, Rs. 426/85, *Kommission/Zoubek*, Slg. 1986, 4057 Rn. 11 ; Rs. C-209/90, *Kommission/Feilhauer*, Slg. 1992, I-2613 Rn. 13; Rs. C-42/94, *Heidemij Advies/Parlament*, Slg. 1995, I-1417 Rn. 5; Rs. C-114/94, *IDE/Kommission*, Slg. 1997, I-803 Rn. 82; Rs. C-337/96 *Kommission/IRACO*, Slg. 1998, I-7943 Rn. 49; Rs. C-69/97, *Kommission/SNUA*, Slg. 1999, I-2363 Rn. 35; Rs. C-40/98, *Kommission/TVR*, Slg. 2001, I-307 Rn. 26–58; Rs. C-41/98, *Kommission/TVR*, Slg. 2001, I-341 Rn. 28–71.

[34] *Schumann*, ZZP 78 (1965), 77 (95); *Gellermann*, in: Rengeling/Gellermann/Middeke, Rechtsschutz in der Europäischen Union, 1. Aufl. 1994, Rn. 1178; *Kotzur*, in: Geiger/Khan/Kotzur, EUV/AEUV, Art. 272 AEUV Rn. 1; *Schwarze*, in: ders., EU-Kommentar, Art. 272 AEUV Rn. 3.

[35] So aber *Kotzur*, in: Geiger/Khan/Kotzur, EUV/AEUV, Art. 272 AEUV Rn. 1; *Schwarze*, in: ders., EU-Kommentar, Art. 272 AEUV Rn. 3.

[36] Vgl. *Schwarze*, in: ders., EU-Kommentar, Art. 272 AEUV Rn. 3.

sich nicht vereinbaren, wenn ein Schiedsurteil des EuGH von einem mitgliedstaatlichen Gericht wieder aufgehoben werden könnte, wie es bei „normalen" Schiedssprüchen der Fall ist (nach deutschem Recht gemäß § 1059 ZPO). Die Schiedsklausel zu Gunsten des EuGH schließt die Zuständigkeit nationaler Gerichte aus, sodass diese sich auf erhobene Schiedseinrede hin für unzuständig erklären und eine der Schiedsabrede zuwider erhobene Klage abweisen müssen. Art. 272 AEUV regelt die Zulässigkeit einer entsprechenden Schiedsabrede abschließend.[37] Daher kann strengeres nationales Recht, das konkret die Schiedsfähigkeit verneint oder sonst eine Schiedsabrede für unzulässig hält, nicht greifen.[38] Mit Rücksicht auf seine Stellung im Organgefüge kann der EuGH auch nur als letztinstanzliches Schiedsgericht, nicht als erstinstanzliches mit einer übergeordneten Schiedsberufungsinstanz vereinbart werden.[39]

II. Kompetenzkonflikte

Soweit dem EuGH zivilgerichtliche Kompetenzen übertragen sind, besteht funktionell wegen einer abdrängenden Sonderzuweisung eigener Art keine Zuständigkeit deutscher nationaler Zivilgerichte. Der EuGH ist insoweit kraft unionsrechtlicher Regelung, die Vorrang vor jeder Zuweisung im nationalen Prozessrecht beansprucht, ausschließlich zuständig. Deutlichster Beleg dafür ist der Umkehrschluss aus Art. 274 AEUV. Die Union soll eben gegenüber den mitgliedstaatlichen Gerichten unabhängig sein.[40] Diese Ausschließlichkeit greift auch, wenn die Zuständigkeit des EuGH konkret auf einer Schiedsvereinbarung beruht. Denn abstrakter Kompetenztitel des EuGH ist dann Art. 272 AEUV. Dieser wird durch die konkrete Schiedsvereinbarung nur aktualisiert. Die Option, den EuGH zum vereinbarten Gericht erheben zu können, besteht kraft Unionsrechts. Auf sie kommt es für die **Abgrenzung der Gerichtsbarkeiten** an. Anders verhielte es sich nur dann, wenn die Vertragsparteien die Option nur dergestalt wahrnähmen, dass die Anrufung des EuGH als Schiedsgericht bloß fakultativ, aber nicht obligatorisch wäre. In der Praxis kommen solche fakultativen Schiedsklauseln zu Gunsten des EuGH aber nicht vor.

Theoretisch kann es daher keine echten Zuständigkeitskonflikte zwischen europäischer und nationaler Zivilgerichtsbarkeit geben.[41] Ein entgegen einer bestehenden Zuständigkeit des EuGH angerufenes mitgliedstaatliches Gericht muss sich für unzuständig erklären.[42] Dogmatisch betrifft dies nicht das Bestehen deutscher Gerichtsbarkeit.[43] Denn der EuGH ist bekanntlich gesetzlicher Richter i. S. v. Art. 101 Abs. 1 S. 2 GG und muss daher auch Teil der deutschen Gerichtsbarkeit sein. Eher könnte man versuchen,

---

[37] *Karpenstein*, in: GHN, Art. 272 AEUV Rn. 6.
[38] EuGH Rs. C-209/90, *Kommission/Feilhauer*, Slg. 1992, I-2613 Rn. 13; Rs. C-299/93, *Bauer/Kommission*, Slg. 1995, I-839 Rn. 11; *Schwarze*, in: ders., EU-Kommentar, Art. 272 AEUV Rn. 4.
[39] *Schwarze*, in: ders., EU-Kommentar, Art. 272 AEUV Rn. 12; *Karpenstein*, in: GHN, Art. 272 AEUV Rn. 11.
[40] Siehe nur *Schwarze*, in: ders., EU-Kommentar, Art. 274 AEUV Rn. 1.
[41] EuGH, verb. Rs. 31, 33/62, *Wöhrmann*, Slg. 1962, 1030, 1040; *Schumann*, ZZP 78 (1965), 77 (84 f.).
[42] *Schwarze*, in: ders., EU-Kommentar, Art. 274 AEUV Rn. 3.
[43] Entgegen *Rosenberg/Schwab/Gottwald*, Zivilprozessrecht, 15. Aufl. 1993, S. 84 (§ 18 II 3) sowie *Schumann*, ZZP 78 (1965), 77 (85 Fn. 45).

die Kategorie der internationalen Zuständigkeit zu bemühen.⁴⁴ Indes geht es hier nicht um den klassischen Konflikt der internationalen Zuständigkeit, welchen Staates Gerichte entscheiden sollen bzw. ob die eigenen Gerichte im Verhältnis zu anderen Staaten entscheiden dürfen. Vielmehr geht es um einen Konflikt zwischen supranationaler und nationaler Gerichtsbarkeit. Systematisch sollte man dies berücksichtigen, indem man eine eigene Zuständigkeitskategorie eröffnet, deren Prüfung jener der internationalen Zuständigkeit noch vorgelagert ist.⁴⁵

20 Sofern die Zuständigkeit des EuGH von einer Auslegung unionsrechtlicher Normen abhängt, bildet das Vorlageverfahren nach Art. 267 AEUV den richtigen Mechanismus, um supranationale und nationale Gerichtsbarkeit zu koordinieren.⁴⁶ Das nationale Gericht, das sich nach den Grenzen der EuGH-Zuständigkeit fragt, muss diese Vorfrage vorlegen und das vor ihm anhängige Verfahren nach § 148 ZPO aussetzen.⁴⁷ Die Entscheidung des EuGH ist dann für das vorlegende Gericht verbindlich.

21 Der Koordinationsmechanismus des Vorlageverfahrens kann aber nicht mehr helfen, wenn das nationale Gericht bereits bestands- oder rechtskräftig über die Zuständigkeitsfrage entschieden hat.⁴⁸ Dann droht ein **Kompetenzkonflikt**, sei es ein positiver (beide Gerichte wollen zuständig sein) oder ein negativer (kein Gericht will zuständig sein). Der **positive Kompetenzkonflikt** soll dahingehend aufzulösen sein, dass der Entscheidung des EuGH auch innerstaatliche Geltung verschafft werden solle.⁴⁹ Freilich ist nicht recht ersichtlich, wie dies geschehen soll, wenn das Verfahren vor den nationalen Gerichten bereits abgeschlossen ist. Wäre dann ein Wiederaufnahmeverfahren anzustrengen? Solange der Rechtsstreit noch anhängig ist, wird ein auf Verletzung des unionsrechtlichen Kompetenztitels gestütztes Rechtsmittel des nationalen Rechts helfen.

22 Gefährlicher erscheint der **negative Kompetenzkonflikt**. Wurde ausnahmsweise zuerst der EuGH angerufen und hat dieser seine Zuständigkeit verneint, so bindet dies die nationalen Gerichte. Der EuGH ist aber nicht an die Feststellungen des nationalen Gerichts gebunden, mit denen dieses die eigene Kompetenz verneint und die Zuständigkeit des EuGH bejaht.⁵⁰ Dann droht eine Rechtsschutzverweigerung für den einzelnen Bürger. Um diese zu vermeiden, wird eine großzügige Auslegung der unionsrechtlichen Kompetenztitel⁵¹ oder des nationalen Rechts⁵² angeraten. Die Verantwortung, den negativen Kompetenzkonflikt zu lösen, würde so dem jeweils

---

⁴⁴ So *Schumann,* ZZP 78 (1965), 77 (85) sowie *Rosenberg/Schwab/Gottwald,* Zivilprozessrecht, 15. Aufl. 1993, S. 84 (§ 18 II 3); *Geimer,* Internationales Zivilprozessrecht, 4. Aufl. 2001, Rn. 246 e; *Gellermann,* in: Rengeling/Gellermann/Middeke, Rechtsschutz in der Europäischen Union, 1. Aufl. 1994, Rn. 1179.
⁴⁵ *Basse,* Das Verhältnis zwischen der Gerichtsbarkeit des Gerichtshofs der Europäischen Unionen und der deutschen Zivilgerichtsbarkeit, 1967, S. 111 f., 154.
⁴⁶ *Kotzur,* in: Geiger/Khan/Kotzur, EUV/AEUV, Art. 274 AEUV Rn. 5.
⁴⁷ Siehe nur OLG Düsseldorf, Beschl. v. 2.12.1992, 18 W 58/92, EuZW 1993, 327 (327 f.) = VersR 1994, 1204; *Hartmann,* in: Baumbach/Lauterbach/Albers/Hartmann, § 148 ZPO Rn. 16.
⁴⁸ *Karpenstein,* in: GHN, Art. 274 AEUV Rn. 14; *Schwarze,* in: ders., EU-Kommentar, Art. 274 AEUV Rn. 5.
⁴⁹ *Karpenstein,* in: GHN, Art. 274 AEUV Rn. 15; *Schwarze,* in: ders., EU-Kommentar, Art. 274 AEUV Rn. 5.
⁵⁰ *Gellermann,* in: Rengeling/Gellermann/Middeke, Rechtsschutz in der Europäischen Union, 1. Aufl. 1994, Rn. 1183; *Krück,* in: GTE, 4. Aufl. 1991, Art. 183 EWGV Rn. 9.
⁵¹ *Krück,* in: GTE, EWGV, Art. 183 EWGV Rn. 9.
⁵² *Schumann,* ZZP 78 (1965), 77 (87).

später befassten Gericht aufgebürdet, dem man nachgerade Manipulationen an seinem Prozessrecht ansinnt. Die Normhierarchie wird dabei außer acht gelassen. Besser erscheint eine andere, an der Normhierarchie orientierte Lösung: Wenn das nationale Gericht seine eigene Zuständigkeit verneint, ist dies unter deutschem Prozessrecht nur eine Prozessentscheidung. Diese entfaltet nach deutschem Prozessrecht keine materielle Rechtskraft. Sie löst nicht die Folgen einer res iudicata aus. Eine zweite Klage aus demselben Sachverhalt wäre also nicht bereits wegen des res iudicata-Einwands unzulässig. Die im ersten Verfahren getroffene negative Zuständigkeitsentscheidung dürfte das nationale Gericht im zweiten Verfahren nicht mehr aufrecht erhalten, wenn der EuGH seinerseits entschieden hat, dass der Fall nicht in seine Kompetenz fällt. Die Entscheidung des EuGH führt dann über Art. 274 AEUV zu einer Zuständigkeit der nationalen Gerichte, die diese im zweiten Klagverfahren wahrzunehmen haben.

23 Eine weitere Ausnahme von der Koordination durch Vorlage wird gemeinhin bejaht, wenn die Kompetenzstreitigkeit sich auf eine Schiedsklausel zu Gunsten des EuGH bezieht, weil die Schiedsklausel als solche nicht Gegenstand eines Vorabentscheidungsverfahrens sein könne.[53] Von der generellen Funktion des Vorlageverfahrens her betrachtet, das der abstrakten Klärung von Rechtsfragen dienen soll, erscheint dies vorderhand richtig. Freilich steht hier die so genannte Kompetenz-Kompetenz in Rede. Generell hat das prorogierte Schiedsgericht zwar keine ausschließliche Kompetenz-Kompetenz, also die ausschließliche Kompetenz, über die Wirksamkeit der Schiedsklausel zu entscheiden. Im Verhältnis zwischen nationalem Gericht und supranationalem „Schiedsgericht" sui generis (siehe oben Rn. 17) mit vorrangigem Kompetenztitel im Unionsrecht sollte dieser allgemeine Grundsatz aber nicht durchschlagen. Den Weg dorthin sollte man über eine Vorlage frei machen. Der dogmatische Preis ist nicht zu hoch und sachlich dadurch gerechtfertigt, dass die schiedsklauselbedingte Zuständigkeit des EuGH eben ihre Besonderheiten hat.

C. Unionalisierung des Internationalen Zivilverfahrensrechts für den europäischen Raum

I. Überblick über die wichtigsten Entwicklungsschritte im Europäischen Zivilverfahrensrecht

24 Der Vertrag von Amsterdam hat in Artt. 61 lit. c; 65 lit. a EGV (den heutigen Artt. 67 Abs. 4; 81 AEUV) eine Kompetenz des Rates für Maßnahmen auf den wichtigsten Teilgebieten des Internationalen Zivilverfahrensrechts (IZVR) geschaffen, soweit das IZVR die justizielle Zusammenarbeit innerhalb der EU und das Funktionieren des Binnenmarktes betrifft.[54] Insofern handelt sich dabei um eine weitreichende Kompe-

---

[53] *Schwarze*, in: ders., EU-Kommentar, Art. 274 AEUV Rn. 5.
[54] *Adolphsen*, in: FS Kaissis, S. 1 (2). Zur Unionalisierung von IPR und IZVR z.B. *Kohler*, Rev.crit.dr.int.pr. 88 (1999), 1; *Asenso*, Rev.esp.der.int. 1998, 2, 373; *Schack*, ZEuP 1999, 805; *Besse*, ZEuP 1999, 107; *Basedow*, C.M.L. Rev, 37 (2000), 687; *Drobnig*, King's College L.J. 11 (2000), 190; *Pocar*, Riv.dir.int.priv.proc. 2000, 873; *Kotuby*, NILR 2001, 1; *van Houtte*, in: van Houtte/Pertegás Sender (eds.), Het nieuwe Europese IPR: van verdrag naar verordening, 2001, S. 1; *Mansel/F. Baur* (Hrsg.), Systemwechsel im europäischen Kollisionsrecht, 2002.

tenz, die immer dann zum Tragen kommt, wenn ein grenzüberschreitender Bezug in Rede steht.[55] Aus der Vorschrift wird deutlich, dass es primär um eine Koordinierung und Vernetzung der Prozessrechte der Mitgliedsstaaten geht und nicht um Rechtsvereinheitlichung.[56] In dieser Hinsicht wurde die Kompetenz bisher mit großem Elan ausgeübt und binnen relativ kurzer Zeit in einem sektoriellen Ansatz eine Vielzahl einschlägiger Verordnungen und Richtlinien mit zum Teil eigenständigen europäischen Verfahren und thematischen Überschneidungen erlassen:

25   Die Brüssel-I-VO, die als wichtigster Sekundärrechtsakt des Europäischen Zivilverfahrensrechts im Jahre 2007 das EuGVÜ ablöste, wird ab dem 10.1.2015 in ihrer Neufassung,[57] Brüssel-Ia-VO, Geltung beanspruchen. Flankiert wird sie im Bereich des Internationalen Familienrechts durch die Brüssel-IIa-VO, die in ihrer revidierten Fassung seit dem 1.3.2005 gilt und auch kollisionsrechtliche Aspekte umfasst.[58] In den Jahren 2006 und 2007 wurden ein eigenständiges Europäisches Bagatellverfahren (EuBagatellVO)[59] und das Europäische Mahnverfahren (EuMahnVO)[60] verabschiedet. Zudem wurde mit der Vollstreckungstitelverordnung (EuVTVO)[61] ein Europäischer Vollstreckungstitel geschaffen. Das Internationale Insolvenzrecht wird durch die Europäische Insolvenzverordnung (EuInsVO) geregelt,[62] während die grenzüberschreitende Zustellung und Beweisaufnahme innerhalb der Europäischen Union der Zustellungsverordnung (EuZustellVO)[63] und der Beweisverordnung (EuBeweisVO)[64] unterliegen. Schon 2003 wurde die Prozesskostenhilferichtlinie (PKH-RL)[65] verabschiedet, um durch Mindeststandards im Hinblick auf Prozesskostenzuschüsse den Zugang zum Recht zu erleichtern. Eine Förderung der außergerichtlichen Streitbeilegung soll durch

---

[55] Zur Uneinigkeit im Hinblick auf das Tatbestandsmerkmal des „unmittelbaren grenzüberschreitenden Bezugs" *Hess*, in: GHN, Art. 81 AEUV Rn. 26–30.

[56] *Hess*, in: GHN, Art. 81 AEUV Rn. 1.

[57] VO (EU) Nr. 1215/2012 des Rates v. 12.12.2012 über die gerichtliche Zuständigkeit und die Anerkennung und Vollstreckung von Entscheidungen in Zivil- und Handelssachen (Neufassung), ABl. 2012 L 351/1 (Brüssel I VO).

[58] VO (EG) Nr. 2201/2003 des Rates v. 27.11.2003 über die Zuständigkeit und die Anerkennung und Vollstreckung von Entscheidungen in Ehesachen und in Verfahren betreffend die elterliche Verantwortung und zur Aufhebung der Verordnung (EG) Nr. 1346/2000, ABl. 2003 L 338/1 (Brüssel IIa VO).

[59] VO (EG) Nr. 861/2007 des Rates v. 11.7.2007 zur Einführung eines europäischen Verfahrens für geringfügige Forderungen, ABl. 2007 L 199/1.

[60] VO (EG) Nr. 1896/2006 des Rates v. 12.12.2006 zur Einführung eines europäischen Mahnverfahrens, ABl. 2006 L 399/1.

[61] VO (EG) Nr. 805/2004 des Rates v. 21.4.2004 zur Einführung eines europäischen Vollstreckungstitels für unbestrittene Forderungen, ABl. L 2004 143/15.

[62] VO (EG) Nr. 1346/2000 des Rates v. 29.5.2000 über Insolvenzverfahren, ABl. 2000 L 160/1.

[63] VO (EG) Nr. 1393/2007 des Rates v. 13.1.2007 über die Zustellung gerichtlicher und außergerichtlicher Schriftstücke in Zivil- und Handelssachen in den Mitgliedsstaaten und zur Aufhebung der Verordnung (EG) Nr. 1348/2000, ABl. 2007 L 324/79.

[64] VO (EG) Nr. 1206/2001 des Rates v. 28.5.2001 über die Zusammenarbeit zwischen den Gerichten auf dem Gebiet der Beweisaufnahme in Zivil- und Handelssachen in den Mitgliedsstaaten, ABl. 2001 L 174/1.

[65] RL 2003/8/EG des Rates v. 27.1.2003 zur Verbesserung des Zugangs zum Recht bei Streitsachen mit grenzüberschreitendem Bezug durch Festlegung gemeinsamer Mindestvorschriften für die Prozesskostenhilfe in derartigen Streitsachen, ABl. 2003 L 26/41.

die kürzlich geschaffene Mediationsrichtlinie (EuMediationsRL)[66] erzielt werden. Am 18.6.2011 ersetzte schließlich die Unterhaltsverordnung (EuUntVO) die im Hinblick auf Unterhaltssachen anwendbaren Vorschriften der Brüssel-I-VO.[67] Die das internationale Erbrecht ab dem 17.8.2015 regelnde Rom-IV-VO[68] enthält ebenfalls Vorschriften zur internationalen Zuständigkeit, der Anerkennung und Vollstreckung von Entscheidungen in Erbsachen und führt zudem das Europäisches Nachlasszeugnis ein. Um die Vollstreckung von Entscheidungen effizienter gestalten zu können, hat die Kommission mehrere Vorschläge veröffentlicht;[69] zum einen das Grünbuch zur effizienteren Vollstreckung von Urteilen in der EU: Vorläufige Kontenpfändung,[70] das Grünbuch Effiziente Vollstreckung gerichtlicher Entscheidungen in der EU: Transparenz des Schuldnervermögens,[71] sowie den Verordnungsvorschlag zur Einführung eines Europäischen Beschlusses zur vorläufigen Kontenpfändung.[72] 2011 hat die Kommission zudem Vorschläge für Verordnungen zur Regelung des Internationalen Güterrechts im Bereich der Ehe[73] und der eingetragenen Partnerschaften[74] vorgelegt, die auch Regelungen zur internationalen Zuständigkeit, der Anerkennung und Vollstreckung enthalten sollen.

Hervorzuheben ist eine Besonderheit, die aus der systematischen Stellung des damaligen Art. 65 lit. a EGV im Titel IV des Dritten Teils des EGV resultiert: Nach den Protokollen zum Vertrag vom Amsterdam sind Unionsrechtsakte, die auf diesen Titel gestützt sind, für **Großbritannien** und **Irland** nur verbindlich, wenn diese sich an der Annahme und Anwendung solcher Maßnahmen beteiligen wollen und dies ausdrücklich erklären. Großbritannien und Irland haben jeweils für die Geltung der internationalzivilverfahrensrechtlichen Verordnungen optiert.[75] Für **Dänemark** sind Unionsrechtsakte, die auf Titel IV gestützt werden, schlechterdings unverbindlich. Dänemark hat sich auch keine opt in-Möglichkeit vorbehalten. Eine Erleichterung erfährt die Justizielle Zusammenarbeit der EU mit Dänemark durch das Protokoll Nr. 22 zum Vertrag von Lissabon. Obgleich Dänemark nach Art. 2 weiterhin ausge-

---

[66] RL 2008/52/EG des Rates v. 21.5.2008 über bestimmte Aspekte der Mediation in Zivil- und Handelssachen, ABl. 2008 L 136/3.
[67] VO (EG) Nr. 4/2009 des Rates v. 18.12.2008 über die Zuständigkeit, das anwendbare Recht, die Anerkennung und Vollstreckung von Entscheidungen und die Zusammenarbeit in Unterhaltssachen, ABl. 2009 L 7/1.
[68] VO (EU) Nr. 650/2012 des Rates v. 4.7.2012 über die Zuständigkeit, das anzuwendende Recht, die Anerkennung und Vollstreckung von Entscheidungen und die Annahme und Vollstreckung öffentlicher Urkunden in Erbsachen sowie zur Einführung eines Europäischen Nachlasszeugnisses, ABl. 2012 L 201/107.
[69] Vgl. *F. Sturm/G. Sturm*, in: Staudinger BGB, Einleitung IPR, 2012, Rn. 956.
[70] KOM (2006) 618 endg.
[71] KOM (2008) 128 endg.
[72] KOM (2011) 445 endg.
[73] Vorschlag der Kommission für eine Verordnung des Rates über die Zuständigkeit, das anzuwendende Recht, die Anerkennung und die Vollstreckung von Entscheidungen im Bereich des Ehegüterrechts v. 16.3.2011, KOM (2011) 126 endg.
[74] Vorschlag der Kommission für eine Verordnung des Rates über die Zuständigkeit, das anzuwendende Recht, die Anerkennung und die Vollstreckung von Entscheidungen im Bereich des Güterrechts eingetragener Partnerschaften v. 16.3.2011, KOM (2011) 127 endg.
[75] Diese Vorgehensweise wird sich erstmals in der Anwendung der EuUntVO auswirken, da diese unterschiedliche Anerkennungsregime vorsieht orientiert am Vereinheitlichungsstand des Kollisionsrechts; vgl. *Hess*, in: GHN, Art. 81 AEUV Rn. 58.

nommen ist, schafft Art. 3 die Option, an Rechtsakten der EU teilzunehmen. Dies gilt auch für Rechtsakte, die von 1999 bis 2009 erlassen wurden, sofern Dänemark für eine Teilnahme an den zugehörigen Änderungsvorschriften optiert.[76] Eine gesonderte staatsvertragliche Entsprechung findet sich für Dänemark seit dem 1.7.2007 im Hinblick auf die Brüssel-I-VO und die EuZustellVO – darüber hinaus nimmt Dänemark bislang nicht an der justiziellen Zusammenarbeit in Zivilsachen teil.[77]

27 Der Erlass dieser Rechtsakte und vorbereitenden Maßnahmen steht im Einklang mit dem „Stockholmer Programm"[78] des Europäischen Rates aus dem Jahre 2009, das dem Haager Programm nachfolgt und in dem die politischen Leitlinien zur justiziellen Zusammenarbeit in Zivilsachen für den Zeitraum 2010 bis 2014 festgelegt wurden. Kernpunkte des Programmes stellen die Abstimmung der im Zivilverfahrensrecht erlassenen Rechtsakte,[79] die graduelle Abschaffung des Exequaturverfahrens[80] und die Schaffung eines europäischen E-Justiz-Portals (E-Justiz-Aktionsplan),[81] sowie die Online-Abwicklung[82] europäischer Verfahren dar.

II. Erleichterung des Zugangs zum Recht

28 Der erleichterte Zugang zur Justiz stellt eine der tragenden Säulen eines reibungslos funktionierenden Binnenmarktes dar.[83] Dazu ist notwendig, dass sich Bürger der Europäischen Union mühelos über das europäische und das mitgliedstaatliche Recht informieren können, dass die Justizbehörden und Angehörige von Rechtsberufen von einer stärkeren Vernetzung der nationalen Justizsysteme profitieren, und dass die Hürden, die grenzüberschreitende Prozesse mit sich bringen, langfristig weiter abgebaut werden.

29 **1. E-Justiz-Aktionsplan und Europäisches E-Justiz-Portal.** Kernanliegen des mehrjährigen Aktionsplans 2009–2013 für die europäische E-Justiz[84] ist die Erleichterung des Zugangs zum Recht innerhalb der Europäischen Union und die horizontale Vernetzung der Justizsysteme der Mitgliedstaaten. Vorteile ergeben sich daraus insbesondere im Hinblick auf die Vereinfachung grenzüberschreitender Gerichtsverfahren, die Verkürzung von Verfahrensfristen und die Reduktion von Verfahrenskosten. Demzufolge ist der Aktionsplan sowohl auf die Schaffung eines Informationssystems für die Bürger Europas als auch auf die Etablierung eines Arbeitsinstruments für Angehörige der Rechtsberufe und der Justizbehörden gerichtet.[85] Im Zentrum steht die

---

[76] *Hess,* in: GHN, Art. 81 AEUV Rn. 59.
[77] *Hess,* in: GHN, Art. 81 AEUV Rn. 60; Abkommen zwischen der Europäischen Gemeinschaft und dem Königreich Dänemark über die Zustellung gerichtlicher und außergerichtlicher Schriftstücke in Zivil- und Handelssachen, ABl. 2008 L 331/21.
[78] Das Stockholmer Programm – Ein offenes und sicheres Europa im Dienste und zum Schutz der Bürger, in Kraft seit dem 4.5.2010, ABl. 2010 C 115/01; ausführlich dazu *Wagner,* IPrax 2010, 97.
[79] *Hess,* in: GHN, Art. 81 AEUV Rn. 19.
[80] *v. Hein,* RIW 2013, 97 (97). Siehe Rn. 42 ff.
[81] ABl. 2009 C 75/1. Siehe Rn. 29.
[82] *Wagner,* IPrax 2010, 97 (99).
[83] *Eidenmüller/Prause,* NJW 2008, 2737 (2737).
[84] Mehrjähriger Aktionsplan 2009–2013 für die europäische E-Justiz, ABl. 2009 C 75/1.
[85] Mehrjähriger Aktionsplan 2009–2013 für die europäische E-Justiz, ABl. 2009 C 75/1, Rn. 21 f.

Errichtung des Europäischen E-Justiz-Portals, das den Zugang zu Informationen im Justizbereich, die Einrichtung papierloser Verfahren und die Kommunikation zwischen den Justizbehörden erleichtern soll.[86]

Das Europäische E-Justizportal ist im Juli 2010 in Betrieb genommen worden.[87] Unter Menüpunkten wie „Recht", „Arbeitshilfen" oder „Dynamische Formulare" finden sich zahlreiche Informationen und Hilfestellungen sowohl zum materiellen Recht als auch den europäischen Verfahren, sowie der Vollstreckung von Urteilen. Besonders hervorzuheben ist der Menüpunkt „Register", der Verlinkungen auf Unternehmens-, Grundbuch- und Insolvenzregister bereithält. Sehr anwenderfreundlich ist die Weiterleitung auf die mitgliedstaatlichen Informationen – ein Klick auf die Landesflagge reicht aus. Das europäische Justizportal will zudem bereits bestehende Angebote in sich aufnehmen – so bestehen Verlinkungen sowohl auf das Europäische Justizielle Netz[88] als auch auf den Europäischen Justiziellen Atlas.[89] Das Europäische Justizielle Netz dient, insbesondere über die Einrichtung von Kontaktstellen, der gegenseitigen Information der mitgliedstaatlichen Justiz und ergänzt so als Kooperationsplattform europäische Rechtshilfemechanismen.[90] Das Europäische Justizielle Netz kann auch zur Auskunft über ausländisches mitgliedstaatliches Recht durch eben diejenigen Institutionen, die das Recht selbst anwenden, genutzt werden und ist insofern wesentlich weniger formell als das Europäische Rechtsauskunftsübereinkommen aus dem Jahr 1968.[91] Der Europäische Justizielle Atlas informiert über den Gerichtsaufbau und die Zuständigkeiten mitgliedstaatlicher Gerichte sowie die verschiedenen europäischen Verfahren. Den Schwerpunkt des Ausbaus der Europäischen E-Justiz werden auch in kommender Zeit die Fortentwicklung der Online-Abwicklung europäischer Verfahren sowie die Vernetzung nationaler Register darstellen.[92]

2. Prozesskostenhilferichtlinie. Die Europäische Prozesskostenhilferichtlinie (PKH-RL)[93] aus 2003 zielt darauf ab, wirtschaftliche Hürden bei der Durchsetzung grenzüberschreitender Forderungen abzubauen. Bei grenzüberschreitenden Sachverhalten in Zivil- und Handelssachen legt die Richtlinie fest, dass Unionsbürger und Drittstaatenangehörige mit rechtmäßigem gewöhnlichem Aufenthalt in der EU lediglich ein europäisches Standardformular[94] bei ihrem Wohnsitz-Gericht einreichen müssen, um Prozesskostenhilfe im Ausland zu beantragen. Dieser Antrag wird dann nach Überset-

---

[86] Mehrjähriger Aktionsplan 2009–2013 für die europäische E-Justiz, ABl. 2009 C 75/1, Rn. 26-31.
[87] https://e-justice.europa.eu (30.4.2013).
[88] http://ec.europa.eu/civiljustice/index_de.htm (30.4.2013). Derzeit wird eine Migration sämtlicher Inhalte des Europäischen Justiziellen Netzes auf die Webseite des E-Justiz-Portals geprüft.
[89] http://ec.europa.eu/justice_home/judicialatlascivil/html/index_de.htm (30.4.2012).
[90] *Fornasier*, ZEuP 2010, 477 (478, 489).
[91] Ausführlich dazu *Fornasier*, ZEuP 2010, 477 (493–495); Londoner Europäisches Übereinkommen betreffend Auskünfte über ausländisches Recht vom 7.6.1968, BGBl. 1974 II, 938.
[92] Einen Überblick gibt *Wagner*, IPrax 2010, 97 (99).
[93] RL 2003/8/EG des Rates v. 27.1.2003 zur Verbesserung des Zugangs zum Recht bei Streitsachen mit grenzüberschreitendem Bezug durch Festlegung gemeinsamer Mindestvorschriften für die Prozesskostenhilfe in derartigen Streitsachen, ABl. 2003 L 26/41.
[94] Diese werden auf dem E-Justiz-Portal bereitgestellt; https://e-justice.europa.eu/content_legal_aid_forms-157-de.do (30.4.2013).

zung durch das Gericht an das mitgliedstaatliche Gericht, bei dem das Verfahren durchgeführt wird, übermittelt, welches sodann über die Prozesskostenhilfebewilligung entscheidet.[95] Eine Mindestharmonisierung der Prozesskostenhilfebewilligung wird dadurch erzielt, dass Prozesskostenhilfe nach nationalem Recht mangels Erreichung eines bestimmten Schwellenwertes nicht abgelehnt werden kann, wenn im Wohnsitzstaat Prozesskostenhilfe aufgrund eines höheren Schwellenwertes – etwa wegen höherer Lebenshaltungskosten – gewährt werden würde.[96] Die Prozesskostenhilferichtlinie ist in §§ 1076–1078 ZPO mit Verweis auf die §§ 114 ff. ZPO umgesetzt.

32   **3. Mediationsrichtlinie.** Mit der Europäischen Mediationsrichtlinie (Mediations RL)[97] aus dem Jahre 2008 verfolgte der Europäische Gesetzgeber das Ziel, die nationalen Rechtssysteme mit Hilfe einer Mindestharmonisierung im Bereich der alternativen Streitbeilegung (Alternative Dispute Resolution – ADR) zu ergänzen und so die Hürden zwischenstaatlicher gerichtlicher Auseinandersetzungen abzufedern. Ein Mediationsverfahren ist dann sinnvoll, wenn es nicht in erster Linie um die Klärung rein rechtlicher Probleme oder eine komplexe Beweiserhebung geht, sondern der Ausgleich sich gegenüberstehender Interessen im Vordergrund steht – insbesondere bei Parteien innerhalb einer Geschäftsbeziehung, die grundsätzlich fortgeführt werden soll.[98] Gerade bei derartigen grenzüberschreitenden Konflikten kann die Aussicht auf ein fremdes Verfahrensrecht, differierendes materielles Recht und auch die Notwendigkeit von Anerkennungs- und Vollstreckungverfahren die Parteien von einer Klageerhebung absehen lassen.[99] Die MediationsRL will dem begegnen, indem sie einen rechtlichen Mindestrahmen zur Regelung der Durchführung von Mediationsverfahren bereit stellt. Die Richtlinie wurde mit Inkrafttreten des Mediationsgesetzes am 26.7.2012 in Deutschland umgesetzt.[100]

33   Kerninhalte der Mediationsrichtlinie stellen nicht der Ablauf des Mediationsverfahrens dar, sondern das Verhältnis von Mediationsverfahren und nationalem Zivilprozessrecht für grenzüberschreitende Streitigkeiten. Dabei wird das Mediationsverfahren nach Art. 3a S. 1 als „(…) strukturiertes Verfahren unabhängig von seiner Bezeichnung, in dem zwei oder mehr Streitparteien mit Hilfe eines Mediators auf freiwilliger Basis selbst versuchen, eine Vereinbarung über die Beilegung ihrer Streitigkeiten zu erzielen." Dabei wurden insbesondere Regelungen zum Vertraulichkeitsschutz mittels eines Aussageverweigerungsrechts (Art. 7), zur Verjährungshemmung durch das Verfahren (Art. 8) und der Vollstreckbarkeit von Mediationsvergleichen (Art. 6) getroffen. Art. 5 sieht in Ergänzung dieser Punkte ein Vorschlagsrecht für Richter in Bezug auf die Durchführung eines Mediationsverfahrens vor.[101]

---

[95] *Jastrow*, MDR 2004, 75 (76); *Fischer*, ZAP Fach 13 (2005), 1287 (1288).
[96] Art. 5 Abs. 4 PKH-RL; Erwägungsgrund 15 PKH-RL; ausführlich dazu *Jastrow* MDR 2004, 75 (77).
[97] RL 2008/52/EG über bestimmte Aspekte der Mediation in Zivil- und Handelssachen v. 21.5.2008, ABl. 2008 L 136/3.
[98] *Hirsch,* ZRP 2012, 189 (189 f.).
[99] *Eidenmüller/Prause,* NJW 2008, 2737 (2737).
[100] Gesetz zur Förderung der Mediation und anderer Verfahren der außergerichtlichen Konfliktbeilegung, BGBl. 2012 I 1577.
[101] Ausführlich zur den Inhalten der Richtlinie, *Eidenmüller/Prause*, NJW 2008, 2737 (2738–2740).

Die Umsetzung dieser Richtlinienvorgaben im Mediationsgesetz sieht in § 4 die 34
Verschwiegenheitspflicht des Mediators vor, mit der ein Zeugnisverweigerungsrecht
nach § 383 I Nr. 6 ZPO korrespondiert.[102] Eine gesonderte Regelung der Verjährungs-
unterbrechung durch das Mediationsverfahren war wegen § 203 BGB nicht notwendig.
Und schlussendlich hat man – entgegen der im Gesetzesentwurf[103] noch vorgesehenen
Regelung der Vollstreckbarkeit in § 796d ZPO – auf eine gesonderte Normierung verzichtet, die angesichts § 794 I Nr. 1 und 5 ZPO auch nicht als erforderlich erscheint.[104]
Einer der essentiellen Inhalte des deutschen Mediationsgesetzes ist folglich in der
Umsetzung der Richtlinienregelung zur Vertraulichkeit des Mediationsverfahrens zu
sehen. Diese ermöglicht häufig erst einen konsensualen Interessenaustausch und stellt
gegebenenfalls auch den für die Parteien entscheidenden Vorteil der Mediation gegenüber der Öffentlichkeit des Gerichtsverfahrens dar.[105]

III. Die Brüssel-I-VO als Kernstück des Europäischen Zivilverfahrensrechts

Die wichtigste internationalzivilprozessrechtliche Verordnung stellt die Verordnung 35
über die Zuständigkeit sowie die Anerkennung und Vollstreckbarerklärung von Entscheidungen in (allgemeinen) Zivil- und Handelssachen (EuGVO – „Brüssel I") dar. Sie
ersetzt das „Grundgesetz" des europäischen IZVR, das EuGVÜ.[106] Das EuGVÜ hat
sich als – mehrfach durch Beitrittsübereinkommen veränderter – Staatsvertrag dreißig
Jahre lang bewährt. Insgesamt hat der Vertrag von Amsterdam den Staatsvertrag, das
völkerrechtliche Übereinkommen zwischen den Mitgliedstaaten, als Regelungsinst-
rument des europäischen IZVR durch die Verordnung ersetzt.[107] Ihr Regelungsgehalt
liegt in der Vereinheitlichung der mitgliedstaatlichen Rechte im Hinblick auf die
internationale Zuständigkeit in allgemeinen Zivil- und Handelssachen sowie in der
Vereinfachung der Formalitäten für Anerkennung und Vollstreckung gerichtlicher
Entscheidungen innerhalb der Mitgliedstaaten.[108] Auf die Brüssel-I-VO als Zentrum
des Europäischen Internationalen Zivilverfahrensrechts wird zudem auch durch andere
Verordnungen Bezug genommen und die Auslegung der in ihr verwendeten Begriffe

---

[102] *Risse*, SchiedsVZ 2012, 244 (250); *Gullo*, GWR 2012, 385 (385).
[103] BT-Drs. 17/5335, 7, 21.
[104] *Gullo*, GWR 2012, 385 (385).
[105] *Risse*, SchiedsVZ 2012, 244 (250).
[106] Übereinkommen v. 27.9.1968 über die gerichtliche Zuständigkeit und die Anerkennung und Vollstreckung von Entscheidungen in Zivil- und Handelssachen; konsolidierte Fassung: ABl. 1998 C 27/1.
[107] *Jayme/Kohler*, IPRax 1997, 385; *dies.*, IPRax 1999, 401; *Heß*, NJW 2000, 23; *Jayme*, IPRax 2000, 165; *Mankowski*, MMR-Beilage 7/2000, 22 (23). Auch die EuInsVO, die EuZustellVO und die Brüssel-IIa-VO beruhen auf Übereinkommen, die allerdings allesamt nie in Kraft getreten waren. Das EuInsÜ (Europäisches Übereinkommen über Insolvenzverfahren v. 24.11.1995, abgedruckt in ZIP 1996, 976) scheiterte an der fehlenden Zeichnung durch Großbritannien innerhalb der Zeichnungsfrist; das EuZustÜ (ABl. 1997 C 261/1) und das EuEheGVÜ (ABl. 1998 C 221/1) wurden mit Blick auf die sich seinerzeit schon abzeichnende zukünftige Unionskompetenz von keinem Mitgliedstaat ratifiziert.
[108] *Stadler*, in: Musielak ZPO, 10. Aufl. 2013, Vorb. z. Europäischen Zivilprozessrecht Rn. 3.

durch den EuGH kann im Zuge der europäisch-einheitlichen Auslegung im Regelfall auch auf das weitere Europäische Zivilverfahrensrecht übertragen werden.[109]

36 Nach drei Jahren der Diskussion um die Reform der Brüssel-I-VO wurde ihre Neufassung vom Rat der EU nun am 6.12.2012 beschlossen; ihre Revision, die Brüssel-Ia-VO, wird nun am 10.1.2015 in Kraft treten. Die äußerst ambitionierten Pläne für die Reform der Brüssel-I-VO umfassten unter anderem die Erweiterung ihres Anwendungsbereiches auf Drittstaatensachverhalte,[110] die Schaffung eines Vermögensgerichtsstandes,[111] die weitergehende Prävention von forum shopping durch Anpassung der Regelungen zu Rechtshängigkeit und einstweiligem Rechtsschutz, und schlussendlich die Abschaffung des Exequaturverfahrens.[112] Die Rechtshängigkeitsregelungen wurden dahingehend geändert, dass Gerichtsstandsvereinbarungen als solche nicht mehr hinter einer rein zeitlichen Prioritätsregelung zurücktretem (Art. 31 II und III Brüssel-Ia-VO)[113] und dass ein „Sicherheitsventil" im Hinblick auf die Behandlung in Drittstaaten anhängiger und potenziell langwieriger Verfahren (Art. 33 I lit. b Brüssel-Ia-VO; Erwägungsgrund 24 I Brüssel-Ia-VO) eingeführt wurde.[114] Dem forum shopping soll zudem damit begegnet werden, dass im Bereich des einstweiligen Rechtsschutzes nur solche Entscheidungen anerkennungsfähig sind, die von einem nach der Brüssel-Ia-VO zuständigen Hauptsachegericht erlassen wurden. Begründet sich die Internationale Zuständigkeit eines Gerichts hingegen auf den stark divergierenden nationalen Regelungen der internationalen Zuständigkeit, so soll die Wirkung der angeordneten Maßnahmen auf dessen Mitgliedsstaat begrenzt sein.[115] Im Hinblick auf die Kernaspekte des Reformvorhabens – Drittstaatensachverhalte, Vermögensgerichtsstand, Abschaffung des Exequatur – blieb die Umsetzung jedoch in nicht unerheblichem Maße hinter den Vorschlägen aus 2010 zurück.[116] Die Grundkonzeption wurde folglich beibehalten, jedoch Defizite der gegenwärtigen Brüssel-I-VO in Form einer Detailkorrektur ausgeglichen.

IV. Europäische Erkenntnisverfahren

37 Der Europäische Gesetzgeber hat zwei eigenständige europäische Erkenntnisverfahren ausgestaltet, zum einen das Europäische Mahnverfahren (EuMahnVO) und zum anderen das Europäische Bagatellverfahren (EuBagatellVO).

38 Das europäische Mahnverfahren[117] steht seit dem 12.12.2008 zur Verfügung und bezweckt eine erleichterte Geltendmachung vertraglicher Ansprüche, weshalb – im Gegensatz zu den anderen verfahrensrechtlichen Rechtsakten – im Grundsatz die Gel-

---

[109] *Adolphsen*, in: FS Kaissis, S. 1 (1).
[110] Siehe Rn. 49.
[111] Siehe Rn. 51.
[112] Siehe Rn. 42 ff.
[113] *Cadet*, EuZW 2013, 218 (219); *Bach*, ZRP 2011, 97 (98); *Magnus/Mankowski*, ZVglRWiss 110 (2011), 252 (285 ff.).
[114] Vgl. *v. Hein*, RIW 2013, 97 (106).
[115] So ausdrücklich Erwägungsgrund 33 Brüssel-Ia-VO; vgl. auch Art. 2 lit. a S. 2 Brüssel Ia-VO.
[116] Ausführlich *v. Hein*, RIW 2013, 97 und *Cadet*, EuZW 2013, 218.
[117] Vergleiche zum Verhältnis zum deutschen internationalen Mahnverfahren innerhalb der EU *Hess*, Europäisches Zivilprozessrecht, 2010, § 10 Rn. 80-83.

tendmachung außervertraglicher Ansprüche (z. B. Delikt) ausgeschlossen sein soll.[118] Verfahrensgegestand sind nach Art. 4 EuMahnVO nur fällige Geldforderungen. Kernüberlegung ist, – wie beim deutschen Mahnverfahren auch – dass die Forderung unbestritten bleiben wird und so zügig vollstreckt werden kann.[119] Am Ende des Europäischen Mahnverfahrens steht der Erlass eines europäischen Zahlungsbefehls, der einen Vollstreckungstitel darstellt, der europaweit – mit Ausnahme von Dänemark – Geltung beansprucht. Der Europäische Zahlungsbefehl soll innerhalb von 30 Tagen erlassen werden nach Art. 12 EuMahnVO. Ergänzende Bestimmungen zur EuMahnVO befinden sich in §§ 1087–1096 ZPO.

Seit dem 1.1.2009 können Gläubiger auch den Weg der EuBagatellVO beschreiten. Auch hier steht die erleichterte Vollstreckbarkeit im Vordergrund: Nach Art. 20 EuBagatellVO steht am Ende des Verfahrens ebenfalls ein europäischer Vollstreckungstitel, der weder Anerkennung noch Exequatur bedarf und europaweit – mit Ausnahme von Dänemark – Geltung beansprucht.[120] Ziel der Verordnung ist es, die Beilegung grenzüberschreitender Streitigkeiten mit einem Streitwert von bis zu 2000 € zu beschleunigen.[121] Im Gegensatz zum Europäischen Mahnverfahren steht das Bagatellverfahren auch für außervertragliche Forderungen zur Verfügung und beschränkt sich nicht auf Geldforderungen; Feststellungs-, Gestaltungs- und Herausgabeklagen sind also eingeschlossen. Auch hier wird ein formularmäßiges Verfahren in der Regel schriftlich durchgeführt, vgl. Art. 4 EuBagatellVO. Die Ergänzungsvorschriften zur EuBagatellVO finden sich in §§ 1097–1109 ZPO.

Kein originär europäisches Erkenntnisverfahren stellt der Europäische Vollstreckungstitel nach der EuVTVO dar, denn hier baut der europäische Titel auf einer nationalen Entscheidung – die in einem nationalen Verfahren gewonnen wurde – auf. Diese wird lediglich als europäischer Vollstreckungstitel bestätigt und erlangt so europaweite – mit Ausnahme von Dänemark – Wirkung.[122] Aus diesem Grund ist der sachliche Anwendungsbereich der EuVTVO nach ihrem Art. 3 I auch auf unbestrittene Forderungen beschränkt.[123] Auch hier geht der europäische Gesetzgeber von Passivität seitens des Schuldners aus.[124] Seine Vollstreckung unterliegt wiederum dem nationalen Recht,[125] sodass mit der EuVTVO lediglich ein europäisches Klauselerteilungsverfahren geschaffen wurde. Dieses soll eine erhebliche Zeitersparnis gegenüber dem

---

[118] Art. 2 II lit. d EuMahnVO; *Junker*, Internationales Zivilprozessrecht, 2012, § 31 Rn. 20; *Gruber*, in: Rauscher, EuZPR/EuIPR, 2010, EuMahnVO Einl. Rn. 10.

[119] *Gruber*, in: Rauscher, EuZPR/EuIPR, 2010, EuMahnVO Einl. Rn. 4; *Schlosser*, Europäisches Zivilprozessrecht, EuMahnVO Einl. Rn. 1.

[120] *Varga*, in: Rauscher, EuZPR/EuIPR, 2010, EuBagatellVO Einl. Rn. 1.

[121] *Junker*, Internationales Zivilprozessrecht, 2012, § 31 Rn. 22; *Varga*, in: Rauscher, EuZPR/EuIPR, 2010, EuBagatellVO Einl. Rn. 3.

[122] Vgl. *Schlosser*, Europäisches Zivilprozessrecht, EuVTVO Art. 1 Rn. 1, 8; *Pabst*, in: Rauscher, EuZPR/EuIPR, 2010, EuVTVO Einl. Rn. 10 f.

[123] *Schlosser*, Europäisches Zivilprozessrecht, EuVTVO Art. 1 Rn. 6; vgl. zur den im Hinblick auf den ordre public strittigen Punkten ausführlich, *Hess*, Europäisches Zivilprozessrecht, 2010, § 10 Rn. 4–9.

[124] *Pabst*, in: Rauscher, EuZPR/EuIPR, 2010, EuVTVO Einl. Rn. 18, 30 ff.; hierin liegt jedoch gleichzeitig auch einer der Kernpunkte der rechtswissenschaftlichen Diskussion um die EuVTVO, insbesondere im Hinblick auf die europaweite Vollstreckbarkeit von Versäumnisurteilen.

[125] *Hess*, Europäisches Zivilprozessrecht, 2010, § 10 Rn. 24.

herkömmlichen Exequaturverfahren bedeuten.[126] Ergänzt wird die EuVTVO durch die §§ 1079–1086 ZPO.

41 Innerhalb des sich überschneidenden sachlichen Anwendungsbereichs der Verordnungen, also z. B. bei einer fälligen vertraglichen Forderung unter 2000 € aus einem grenzüberschreitenden Sachverhalt, hat der Gläubiger folglich die Wahl, ob er sich des Bagatellverfahrens, des Mahnverfahrens, des nationalen Verfahrens mit europäischem Vollstreckungstitel oder auch einer Exequatur nach der Brüssel-I-VO bedienen will. Die eigentliche Vollstreckung der Entscheidung erfolgt dann jedoch nach dem jeweiligen nationalen mitgliedstaatlichen Recht.

V. Die schrittweise Abschaffung des Exequaturverfahrens

42 Im Zeichen eines Europas der Justiziellen Zusammenarbeit in Zivilsachen und der gegenseitigen Anerkennung (vgl. Art. 81 AEUV) besteht eines der Kernanliegen der Europäischen Kommission darin, das Exequaturverfahren für Entscheidungen aus den Mitgliedstaaten der EU abzuschaffen.[127] Ausgangspunkt ist eine nationale mitgliedstaatliche Entscheidung, der grundsätzlich nur Wirkung im Hoheitsgebiet dieses Mitgliedsstaates zukommt. Diese Entscheidung muss grundsätzlich ein Anerkennungs- und Vollstreckbarerklärungsverfahren durchlaufen im Vollstreckungsstaat, um dort hoheitliche Wirkung zu entfalten. Vollständige Urteilsfreizügigkeit innerhalb der Europäischen Union bedarf allerdings des wechselseitigen Vertrauens in die jeweiligen nationalen Rechtssysteme, abgesichert durch den acquis communautaire. Diese lässt sich jedoch trotz Anerkennung nicht realisieren, wenn der Urteilsvollstreckung ein umfangreiches Exequaturverfahren vorgeschaltet ist. Aus diesem Grund ging die Brüssel-I-VO in ihrer ursprünglichen Fassung einen Schritt weiter als das EuGVÜ, das noch die Anerkennungshindernisse des Art. 27 EuGVÜ von Amts wegen im Exequaturverfahren überprüfen ließ. Mit dem Inkrafttreten der Brüssel-I-VO wurde die Überprüfung der Anerkennungshindernisse in ein nachgelagertes Beschwerdeverfahren verschoben.[128] In der Folge wurden in 90 % der Fälle die Anerkennungshindernisse nicht mehr im Vollstreckbarerklärungsverfahren geprüft[129] und damit eine fortschreitende Automatisierung der Urteilsvollstreckung erzielt. Während die Brüssel-I-VO bislang nur ein schlankeres Exequaturverfahren brachte, führten die ihr zeitlich nachfolgenden Verordnungen immer weitergehende Zwischenstufen in Richtung eines Fortfalls der Zweitkontrolle von Urteilen ein.

43 Eingeleitet wurde diese Entwicklung von der EuVTVO, wonach eine mitgliedstaatliche Entscheidung als „Europäischer Vollstreckungstitel" bestätigt werden kann, der dann ohne das Erfordernis einer Vollstreckbarerklärung zu vollstrecken ist.[130] Die Bestätigung im Ursprungsstaat ersetzt somit die Vollstreckbarerklärung des Vollstreckungsstaates; der prozessuale Akt der Wirkungserstreckung wird damit auf den Erst-

---

[126] *Pabst*, in: Rauscher, EuZPR/EuIPR, 2010, EuVTVO Einl. Rn. 12, 29.
[127] *Hess* in: GHN, Art. 81 AEUV Rn. 32 f.;*Wagner/Beckmann*, RIW 2011, 44 (45); *v. Hein*, RIW 2013, 97 (108); *Adolphsen*, in: FS Kaissis, S. 1 (9); *Huber*, in: FS Kaissis, S. 413 (417); *Magnus/Mankowski*, ZVglRWiss 110 (2011), 252 (291 ff.).
[128] *v. Hein*, RIW 2013, 97 (108); *Cadet*, EuZW 2013, 218 (221).
[129] *Hess* in: GHN, Art. 81 AEUV Rn. 33.
[130] *v. Hein*, in FS Simotta, S. 645 (645).

staat verlagert und auf die gesamte EU ausgedehnt.[131] Weitere Zwischenschritte stellen als eigenständige europäische Erkenntnisverfahren die EuMahnVO und die EuBagatell-VO dar. „Die EuBagatellVO enthält gegenüber der EuMahnVO den nächsten Integrationsschritt. Erstmalig entfällt für streitige Forderungen das Exequaturverfahren."[132] Die Brüssel-IIa-VO selbst nutzt eine Mischlösung aus EuGVÜ, Brüssel-I-VO und EuVTVO.[133] Die EuUntVO folgt ebenfalls einer Mischvariante aus EuVTVO und Brüssel-I-VO.[134]

Im Zuge dieser heterogenen Situation im Europäischen Zivilverfahrensrecht sollte nun die Reform der Brüssel-I-VO die vollständige Abkehr vom Erfordernis des Exequatur unter den Mitgliedstaaten im Bereich des Zivil- und Handelsrechts bedeuten. Begründet wurde dies mit der fehlenden Vereinbarkeit des Exequaturverfahrens mit einem „Binnenmarkt ohne Grenzen", bereits bestehenden Instrumenten ohne Exequatur, und der Tatsache, dass nur bei bis zu 5% der Vollstreckbarerklärungen Rechtsbehelfe eingelegt würden.[135] Dennoch wiegt schwer, dass mit der Abschaffung einer Kontrollinstanz das Vollstreckungsverfahren generell Gläubigerfreundlichkeit einhergeht, da eine Berufung des Schuldners auf die Verletzung rechtlichen Gehörs oder den ordre public zunächst ausscheidet.[136] Derzeit sehen diejenigen Verordnungen ohne Exequatur daher noch grundsätzlich einen Rechtsbehelf im Vollstreckungsstaat vor.[137] Aus diesem Grunde umfasste der Kommissionsvorschlag nicht ausschließlich eine Abschaffung des Exequatur, sondern auch die zeitgleiche Etablierung besonderer Garantien, die den Schuldner absichern sollten.[138] Der geplante Systemwechsel ist jedoch an eben diesen Punkten gescheitert,[139] sodass in der Brüssel-Ia-VO zwar formell das Exequaturverfahren abgeschafft ist, der Schuldner aber weiterhin nach Art. 46 Brüssel-Ia-VO die Verweigerung der Vollstreckung beantragen wird für den Fall des Vorliegens eines Anerkennungsversagungsgrundes nach Art. 45 Brüssel-Ia-VO.[140] In dieser Hinsicht wurde lediglich der hoheitliche Aspekt des Exequaturverfahrens abgeschafft – die Kontrollaspekte, insbesondere im Hinblick auf den ordre public, bleiben erhalten.

D. Europäisches Recht und deutsches Zivilprozessrecht

Die Grundmaximen des Unionsrechts, insbesondere das Diskriminierungsverbot aus Art. 18 AEUV und die Grundfreiheiten, können sich auf vielfältige Weise auf das

---

[131] *Huber*, in: FS Kaissis, S. 413 (417).
[132] *Hess*, Europäisches Zivilprozessrecht, 2010, § 10 Rn. 88.
[133] *Adolphsen*, in: FS Kaissis, S. 1 (10).
[134] *Huber*, in: FS Kaissis, S. 413 (418); *Adolphsen*, in: FS Kaissis, S. 1 (11).
[135] *Wagner/Beckmann*, RIW 2001, 44 (46f.).
[136] Hier liegt ein Kernpunkt der Bedenken der Mitgliedstaaten. Vgl. *Bach*, ZRP 2011, 97 (98); *Wagner/Beckmann*, RIW 2001, 44 (52); *Hess* in: GHN, Art. 81 AEUV Rn. 33. Kritisch zur Gefährdung des Verbraucherschutzes durch die Abschaffung des Exequatur *v. Hein*, in: FS Simotta, S. 645.
[137] *Wagner/Beckmann*, RIW 2001, 44 (53).
[138] *v. Hein*, in: FS Simotta, S. 645 (656); *ders.* RIW 2013, 97 (108); *Adolphsen*, in: FS Kaissis, S. 1 (11); *Hess* in: GHN, Art. 81 AEUV Rn. 33; *Bach*, ZRP 2011, 97 (99).
[139] *Cadet*, EuZW 2013, 218 (221f.); *v. Hein*, RIW 2013, 97 (109).
[140] *v. Hein*, RIW 2013, 97 (109).

Zivilverfahren mit Auslandsbezug auswirken. Friktionen ergeben sich dann in Bezug auf Normen des autonomen Zivilprozessrechts, die Verfahren mit Auslandsbezug betreffen. Hervorzuheben sind Bereiche wie das Internationale Zivilverfahrensrecht, die Bereiche der Gerichtssprache, der Revisibilität ausländischen Rechts oder auch der Zustellung und des Beweises. Es stellt sich also die Frage, ob und inwieweit Normen des nationalen Zivilprozessrechts gegen elementare Grundsätze des Unionsrechts verstoßen.

46 Auch der Verbraucherschutz ist nach Art. 169 AEUV eine Maxime und ein Leitprogramm im Unionsrecht. Soweit man Art. 169 AEUV ein unmittelbar wirkendes subjektives Recht des einzelnen Verbrauchers auf Information entnehmen will,[141] kann sich dies auch im Zivilprozessrecht niederschlagen. Dann gehörten alle Normen der ZPO theoretisch auf diesen Prüfstand.[142]

I. Ausgewählte Fragen der internationalen Zuständigkeit

1. Die Regelung der internationalen Zuständigkeit durch die §§ 12 ff. ZPO

47 **a) Kein Verlust der Doppelfunktionalität der §§ 12 ff. ZPO durch die Brüssel-I-VO-Reform.** Während die Regelungen der örtlichen Zuständigkeit schon auf ein konkret angerufenes Gericht abzielen, geht es bei der Frage internationaler Zuständigkeit um die Abgrenzung des Zuständigkeitsbereichs deutscher Gerichte gegenüber ausländischen Gerichten allgemein. An diesem Punkt setzt das Prinzip der Doppelfunktionalität[143] der örtlichen Zuständigkeitsnormen an: Sobald eine örtliche Zuständigkeit des Gerichts nach den §§ 12 ff. ZPO gegeben ist, besteht ebenso eine internationale Zuständigkeit der deutschen Gerichte; die örtliche Zuständigkeit indiziert folglich die internationale Zuständigkeit. Der BGH hat sich insofern der Rechtsprechung des RG angeschlossen[144] und auch das Schrifttum folgt diesem Grundsatz nahezu einhellig.[145]

48 In ihrem Anwendungsbereich überlagert jedoch die Brüssel-I-VO die nationalen doppelfunktionalen Vorschriften. Das europäische IZVR regelt grundsätzlich nur das Verhältnis der Mitgliedstaaten untereinander. Für die Brüssel-I-VO ist ausweislich ihrer Artt. 2 Abs. 1 und 4 Abs. 1 insofern prinzipielles Abgrenzungskriterium, ob der Beklagte seinen Wohnsitz bzw. seinen Sitz in der EU hat. Im Bereich der internationalen Zuständigkeit erleidet der Grundsatz jedoch Ausnahmen. Hier nehmen die Mitgliedstaaten durchaus Kompetenzen gegenüber Nicht-EU-Ausländern in Anspruch, unabhängig davon, ob diese in der EU leben oder nicht. Dies gilt namentlich für die ausschließlichen Zuständigkeiten nach Art. 22 Brüssel-I-VO. Diese greifen immer, wenn die dort benannten Anknüpfungspunkte im EU-Gebiet belegen sind, selbst dann, wenn alle Beteiligten ihren Wohnsitz bzw. Sitz außerhalb der EU haben.[146] Das bedeu-

---

[141] So *Reich*, VuR 1999, 3 (6 f.) sowie tendenziell *Staudenmayer*, RIW 1999, 733 (734).
[142] *Heiderhoff*, ZEuP 2001, 276 (283).
[143] *Heinrich*, in: Musielak ZPO, 10. Aufl. 2013, § 12 ZPO Rn. 17; *Patzina*, in: MüKo ZPO, 4. Aufl. 2013, § 12 ZPO Rn. 90-93.
[144] RGZ 126, 196 (199); 150, 265 (268); BGHZ 44, 46 (47 f.) = NJW 1965, 1665 = JZ 1966, 237 m. Anm. *Neuhaus*; *Patzina*, in: MüKo ZPO, 4. Aufl. 2013, § 12 ZPO Rn. 90.
[145] M.w.N. *Patzina*, in: MüKo ZPO, 4. Aufl. 2013, § 12 ZPO Rn. 90.
[146] *Bach*, ZRP 2011, 97 (97).

tet, dass auch in diesen Fällen mit Drittstaatenbezug nicht auf die Doppelfunktionalität der §§ 12 ff. ZPO zurückgegriffen werden kann.

Das Reformvorhaben der Kommission zur Brüssel-I-VO enthielt demgegenüber 49 nicht nur eine sehr partielle, sondern eine umfassende Regelung der internationalen besonderen Zuständigkeiten auch für diejenigen Sachverhalte, in denen der Beklagte seinen Wohnsitz nicht in einem Mitgliedstaat hat.[147] Dieser Bereich war bislang im Grundsatz den nationalen doppelfunktionalen Regelungen der örtlichen Zuständigkeit vorbehalten.[148] Konsequenz der Reform der Brüssel-I-VO wäre nun im Grundsatz der Verlust der Doppelfunktionalität derjenigen Regelungen der örtlichen Zuständigkeit, die in den sachlichen Anwendungsbereich der Brüssel-Ia-VO fallen, gewesen.[149] Für eine einheitliche Regelung der internationalen Zuständigkeit im Hinblick auf Drittstaatenansässige sprachen vor allem das Argument der Übersichtlichkeit der Rechtsanwendung, die Vermeidung von Diskriminierung, sowie ein Gleichlauf mit den lois uniformes der Rom-Verordnungen.[150] Zugang zu den Gerichten eines Mitgliedstaates sollte auch bei einem in einem Drittstaat ansässigen Beklagten ermöglicht werden.[151] Großer politischer Widerstand[152] verhinderte jedoch einen Systemwechsel in diesem Bereich, sodass es im Wesentlichen bei der derzeitigen Regelung bleibt. Hauptargument war, dass die Regelungen der Internationalen Zuständigkeit innerhalb der EU auf einer Vertrauensbasis beruhen, die gegenüber Drittstaaten so nicht existiert, zumal diese oft auch exorbitante Zuständigkeiten gegenüber in der EU ansässigen Beklagten anwenden.[153] Eine Erweiterung der Brüssel-I-VO auf Sachverhalte mit Drittstaatenbezug gilt jedoch im Hinblick auf die Gerichtsstandsvereinbarung nach Art. 25 Brüssel-Ia-VO und demgemäß auch die rügelose Einlassung (Art. 26 Brüssel-Ia-VO).[154] Zudem ist eine Regelung zum Umgang mit der Rechtshängigkeit von Verfahren in Drittstaaten (Art. 33 I lit. b Brüssel-Ia-VO; Erwägungsgrund 24 I Brüssel-Ia-VO) hinzugekommen. Am Grundsatz der Doppelfunktionalität der §§ 12 ff. ZPO hat sich im Rahmen der Brüssel-I-VO-Reform folglich nichts geändert, da es nicht zu einer Vollharmonisierung kam.

b) Die Regelung der örtlichen Zuständigkeit durch europäische Normen. Die 50 bisher erlassenen Unionsrechtsakte berühren grundsätzlich nur das *Internationale Zivilverfahrensrecht* der Mitgliedstaaten, nicht aber deren für rein innerstaatliche Sach-

---

[147] *Magnus/Mankowski*, ZVglRWiss 110 (2011), 252 (262 f.); *Cadet*, EuZW 2013, 218 (219); *v. Hein*, RIW 2013, 97 (100).
[148] Zu beachten ist jedoch das Luganer Übereinkommen aus 2007 im Hinblick auf die Vertragsstaaten, die nicht Mitgliedstaaten der EU sind.
[149] „Künftig sollen die Zuständigkeitsregelungen der EuGVVO eine „loi uniforme" bilden: Sie müssen von europäischen Gerichten also immer angewendet werden, ganz gleich, wo der Beklagte wohnt. Die §§ 12 ff. ZPO verlieren damit ihre Doppelfunktionalität." *Bach*, ZRP 2011, 97 (97); ebenso, aber die Ausnahme des einstweiligen Rechtsschutzes benennend *Weitz*, in: FS Simotta, S. 679 (687).
[150] Ausführlich *v. Hein*, RIW 2013, 97 (100 f.); ähnlich *Weitz*, in: FS Simotta, S. 679 (685).
[151] *Weitz*, in: FS Simotta, S. 679 (685); ähnlich auch *Magnus/Mankowski*, ZVglRWiss 110 (2011), 252 (262 ff.).
[152] *Cadet*, EuZW 2013, 218 (219).
[153] *Cadet*, EuZW 2013, 218 (219).
[154] Zur Erweiterung ausführlich, insbesondere im Hinblick auf die Schutzregimes der Brüssel-I-VO, *v. Hein*, RIW 2013, 97 (101); *Magnus/Mankowski*, ZVglRWiss 110 (2011), 252 (272 ff.).

verhalte geltendes „normales" Zivilverfahrensrecht. Gleichwohl regeln die besonderen und ausschließlichen Zuständigkeitstatbestände der Brüssel-I-VO regelmäßig nicht nur die internationale, sondern auch die **örtliche Zuständigkeit** der mitgliedstaatlichen Gerichte und greifen damit in den sachlichen Anwendungsbereich des nationalen Prozessrechts über. Sie tun dies jedoch nur in Fällen mit Auslandsbezug. Gleiches gilt für die Brüssel-IIa-VO. Die EuInsVO sieht von einer – sei es auch nur partiellen – Mitregelung der örtlichen Zuständigkeit ganz ab. Sie beschränken sich – ebenso wie Art. 2 I Brüssel-I-VO – auf die Festlegung der internationalen Zuständigkeit. Sie bestimmen also nur, die Gerichte welchen Mitgliedstaats zur Entscheidung berufen sind. Sie überlassen die weitere Festlegung, welches unter den Gerichten des international zuständigen Mitgliedstaates örtlich zuständig ist, dagegen dem Prozessrecht des betreffenden Mitgliedstaates. In den Fällen der Mitregelung der örtlichen Zuständigkeit durch die vorrangig anwendbaren europäischen Normen scheidet jedenfalls eine zusätzliche Anwendung der §§ 12 ff. ZPO im Hinblick auf die örtliche Zuständigkeit aus.

2. Der Gerichtsstand des Vermögens (forum fortunae)

51   a) **Kein europäischer Vermögensgerichtsstand in der Neufassung der Brüssel-I-VO.** Der Kommissionsvorschlag zur Reform der Brüssel-I-VO umfasste zudem die Schaffung eines Vermögensgerichtsstandes in Art. 25 Brüssel-I-VO-E. Dieses Vorhaben stand in engem Zusammenhang mit der Erweiterung des Anwendungsbereiches der Zuständigkeitsvorschriften auf in Drittstaaten ansässige Beklagte.[155] Das Hauptargument für diese Neuerung lag darin, dass durch die bestehenden Regelungen weder die Rechtsstaatlichkeit der drittstaatlichen Entscheidung noch deren Vollstreckung in in der EU belegenes Vermögen gesichert sei und Vollstreckungsoasen verhindert werden müssten.[156] Die Regelung des Art. 25 Brüssel-I-VO-E sollte aber keineswegs einen exorbitanten Gerichtsstand zur Folge haben – verhindert werden sollte dies durch eine subsidiäre Anwendung des Gerichtsstandes einerseits und die Anforderungen, die der Entwurf durch einen angemessenen Vermögenswert und einen ausreichenden Mitgliedstaatsbezug (Art. 25 lit. a und b Brüssel-I-VO-E) an den genuine link stellte.[157] Wie auch bei den übrigen systemverändernden Reformvorschlägen konnte sich die Kommission jedoch auch hier nicht gegen die politischen Widerstände durchsetzen.[158]

52   b) **Der Vermögensgerichtsstand in § 23 ZPO.** Der vieldiskutierte Vermögensgerichtsstand in § 23 ZPO findet grundsätzlich dann Anwendung, wenn ein Beklagter keinen Wohnsitz in Deutschland hat, wohl aber ein Teil seines Vermögens in Deutschland belegen ist. Auch wenn die Norm ihrem Wortlaut nach nicht nach Staatsangehörigkeit von Kläger oder Beklagtem differenziert, so stellt die Klage eines Deutschen gegen einen im Ausland ansässigen Beklagten, zumeist mit ausländischer Staatsangehörigkeit, ihren Hauptanwendungsfall dar.[159] § 23 ZPO findet auch Anwendung im

---

[155] *Wolf,* in: FS Simotta, S. 717 (727).
[156] *Wolf,* in: FS Simotta, S. 717 (728).
[157] Vgl. Art. 25 Brüssel-I-VO-E; ebenso *Bach,* ZRP 2011, 97 (98); kritisch *Weitz,* in: FS Simotta, S. 679 (688); *Weber,* RabelsZ 75 (2011), 619 (639 f.). Die Detailprobleme der Regelung herausstellend *Magnus/Mankowski,* ZVglRWiss 110 (2011), 252 (267 f.).
[158] *v. Hein,* RIW 2013, 97 (100).
[159] Aus diesem Grunde wird die Vorschrift als „Ausländerforum" oder exorbitanter Gerichtsstand bezeichnet; *Patzina,* in: MüKo ZPO, 4. Aufl. 2013, § 23 ZPO Rn. 2; *Schack,* ZZP 97 (1984), 48 ff.

Falle von Klagen gegen ausländische juristische Personen.[160] Dies kommt einem forum actoris, einem **Klägergerichtsstand,** für Inländer sehr nahe. Der grundsätzlich sehr weite und stark einschränkungsbedürftige Anwendungsbereich des § 23 ZPO und die daraus folgenden Fragen der Vereinbarkeit mit dem Völker- und Unionsrecht werden durch Art. 3 II Brüssel-I-VO jedoch etwas entschärft. Innerhalb des Anwendungsbereiches der Brüssel-I-VO findet die Vorschrift nach Art. 3 II Brüssel-I-VO[161] keine Anwendung, also grundsätzlich dann, wenn der Beklagte keinen Wohnsitz in einem Mitgliedstaat hat – mit Ausnahme des einstweiligen Rechtsschutzes.[162] Problematisch bleiben also diejenigen Fallgruppen, in denen das Europäische System Internationaler Zuständigkeit die Anwendung des § 23 ZPO nicht ausgeschlossen hat – beispielsweise in erbrechtlichen Streitigkeiten bis zur Geltung der Rom-IV-VO[163] für Erbfälle ab dem 17.8.2015, vgl. Art. 83 I Rom-IV-VO – und diejenigen, in denen der Beklagte mit EU-Staatsangehörigkeit seinen Wohnsitz außerhalb der EU hat.

Die Rechtsprechung liest in § 23 S. 1 ZPO einschränkend in völkerrechtskonformer Auslegung ein ungeschriebenes Tatbestandsmerkmal hinein, dass der Rechtsstreit zusätzlich einen hinreichenden Inlandsbezug zu Deutschland aufweisen müsse.[164] Der Inlandsbezug muss über die Belegenheit von Vermögenswerten des Beklagten in Deutschland hinausgehen. Ein solcher zusätzlicher Inlandsbezug soll sich unter anderem daraus ergeben können, dass der Kläger seinen Wohnsitz oder gewöhnlichen Aufenthalt bzw. Sitz in Deutschland hat oder Deutscher ist.[165] Beide Kriterien erscheinen in der Tat diskriminierungsverdächtig.[166] Abhilfe vermöchte aber wohl eine unionsrechtskonforme Inländergleichstellung von EU-Ausländern im Wege richterlicher Rechtsfortbildung zu schaffen.[167] Diskutiert wird ebenfalls, die Internationale Zuständigkeit nach § 23 ZPO dann abzulehnen, wenn der Kläger Ausländer ist.[168] Auch die vom Europäischen Internationalen Zivilprozessrecht noch nicht geregelten Materien

---

[160] *Patzina* in: MüKo ZPO, 4. Aufl. 2013, § 23 ZPO Rn. 2.
[161] Art. 5 II, 6 II Brüssel-Ia-VO.
[162] *Patzina* in: MüKo ZPO, 4. Aufl. 2013, § 23 ZPO Rn. 12; *Heinrich*, in: Musielak ZPO, 10 Aufl. 2013, § 23 ZPO Rn. 6, 19.
[163] VO (EU) Nr. 650/2012 des Rates v. 4.7.2012 über die Zuständigkeit, das anzuwendende Recht, die Anerkennung und Vollstreckung von Entscheidungen und die Annahme und Vollstreckung öffentlicher Urkunden in Erbsachen sowie zur Einführung eines Europäischen Nachlasszeugnisses, ABl. 2012 L 201/107.
[164] Ständige Rechtsprechung; grundlegend BGHZ 115, 90 = NJW 1991, 3092; außerdem z. B. BGH, Urt. v. 22.10.1996, XI ZR 261/95, NJW 1997, 324 (325) = LM H. 3/1997 § 23 ZPO Nr. 10 m. Anm. *Geimer*; BGH, Beschl. v. 28.10.1996, X ARZ 1071/96, NJW 1997, 325 (326) = JR 1997, 462 m. Anm. *Mankowski*; *Patzina*, in: MüKo ZPO, 4. Aufl. 2013, § 23 ZPO Rn. 1; ausführlich dazu *Heinrich*, in: Musielak ZPO, 10 Aufl. 2013, § 23 ZPO Rn. 2 f.
[165] BGH, Urt. v. 29.4.1992, XII ZR 40/91, NJW-RR 1993, 5; BGH, Urt. v. 22.10.1996, XI ZR 261/95, NJW 1997, 324 (325) = IPRax 1997, 257; OLG Stuttgart, Urt. v. 6.8.1990, 5 U 77/89, RIW 1990, 829 (831); OLG Frankfurt/M., Urt. v. 4.6.1992, 16 U 140/91, WM 1993, 1670 (1671); auch BGHZ 115, 90 (98); OLG München, Urt. v. 7.10.1992, 7 U 2583/92, WM 1992, 2115 (2117 f.); *Patzina*, in: MüKo ZPO, 4. Aufl. 2013, § 23 ZPO Rn. 15.
[166] *v. Wilmowsky*, ZaöRV 50 (1990), 231 (275); *Koch*, IPRax 1997, 229 (230–232); auch *Geimer*, NJW 1991, 3072 (3074); *Gieseke*, EWS 1994, 149 (153 f.).
[167] *Koch*, IPRax 1997, 229 (232 f.).
[168] Ablehnend *Roth*, in: Stein/Jonas, 22. Aufl. 2003, § 23 ZPO, Rn. 9; ablehnend *Patzina* in: MüKo ZPO, 4. Aufl. 2013, § 23 ZPO Rn. 10; ausführlich auch *Heinrich*, in: Musielak ZPO, 10. Aufl. 2013, § 23 ZPO Rn. 5.

können einen Zusammenhang mit den unionsrechtlichen Grundfreiheiten aufweisen. Insofern steht also ein Verstoß des § 23 ZPO gegen die berührten Grundfreiheiten als besondere Diskriminierungsverbote zur Diskussion.[169] Allerdings bliebe ebenso eine Rechtfertigung durch überwiegende Klägerinteressen zu untersuchen. Denn der **Vermögensgerichtsstand** erlaubt dem Kläger einen besonders effektiven Zugriff. Er schafft Nähe zu potenziellen Vollstreckungsobjekten und kann so der Mühe entheben, später ein Urteil im Gerichtsausland für vollstreckbar erklären lassen zu müssen.

3. Staatsangehörigkeitszuständigkeit im Internationalen Erbprozessrecht

54 **a) Aufgabe des Gleichlaufgrundsatzes in Nachlasssachen.** In Nachlassverfahren mit Auslandsbezug erklärten sich die deutschen Gerichte nur dann zur Erteilung von Erbscheinen über den weltweit gesamten Nachlass für international zuständig, wenn in der Sache deutsches Erbrecht anzuwenden war. Es herrschte der so genannte **Gleichlaufgrundsatz**: Anwendbares Recht und internationale Zuständigkeit liefen parallel.[170] Der Gleichlaufgrundsatz nahm die internationalprivatrechtliche Anknüpfung für das materielle Erbrecht in Bezug. Diese findet sich in Art. 25 Abs. 1 EGBGB. Die Erbfolge richtet sich nach dem Recht des Staates, welchem der Erblasser zum Zeitpunkt seines Todes angehörte. Aufgrund dieser mittelbaren Anknüpfung der internationalen Zuständigkeit an die letzte Staatsangehörigkeit des Erblassers wurde diskutiert, ob die Gleichlauftheorie diskriminierende Wirkung entfalte.[171] Denn der Erbe nach einem Erblasser mit deutscher, inländischer Staatsangehörigkeit fand im Inland immer einen umfassend zuständigen Gerichtsstand. Dagegen lief der Erbe nach einem Erblasser mit ausländischer Staatsangehörigkeit erhebliche Gefahr, in Deutschland nur einen beschränkten Fremdrechtserbschein nach § 2369 BGB erhalten zu können. Jedoch darf man bei alledem die Mediatisierung nicht übersehen: Diese Erben wurden nicht deshalb unterschiedlich behandelt, weil sie selber verschiedene Staatsangehörigkeiten hätten. Auf ihre eigenen Staatsangehörigkeiten kam es nämlich gar nicht an, sondern nur auf diejenige des Erblassers. Der deutsche Erbe nach einem französischen Erblasser wurde ebenso behandelt wie der belgische, griechische oder irische. Indes konnte sich mittelbar doch eine **Diskriminierung** ergeben, die daraus resultiert, dass das deutsche Staatsangehörigkeitsrecht dem ius sanguinis-Prinzip folgt, also an die Staatsangehörigkeit der Eltern anknüpft:[172] Ist der Erblasser Deutscher, so begründet dies eine Vermutung, dass auch seine Abkömmlinge regelmäßig Deutsche sein werden. Jedoch ist vorab zu überlegen, ob Erbrecht, insbesondere Internationales Erbrecht, und Nachlassverfahren überhaupt in den sachlichen Anwendungsbereich des Unionsrechts fallen. Soweit der sachliche Anwendungsbereich des Unionsrechts nicht eröffnet ist, können internatio-

---

[169] *Pfeiffer*, Internationale Zuständigkeit und prozessuale Gerechtigkeit, 1995, S. 698–700.
[170] Nur BGHZ 49, 1 (2); BGHZ 52, 123 (135–138); BayObLGZ 1986, 466 (469 f.); BayObLG, FamRZ 1991, 1237 (1238); BayObLG, FamRZ 1994, 330; BayObLGZ 1994, 40 (44); BayOb-LGZ 1999, 296 (303 m.w.N.); BayObLG, NJW-RR 2001, 297 (298); OLG Zweibrücken, OLGZ 1985, 413 (414 f.); OLG Zweibrücken, Beschl. v. 21.7.1992, 3 W 111/97, IPRax 1999, 110 = ZEV 1997, 512 (513) (dazu *Hohloch*, ZEV 1997, 469; *Kartzke*, IPRax 1999, 98); umfassende Nachweise bis 1988 bei *Berenbrok*, Internationale Nachlaßabwicklung, 1989, S. 17 Fn. 4.
[171] Dafür *Pfeiffer*, Internationale Zuständigkeit und prozessuale Gerechtigkeit, S. 683–697; *Ultsch*, MittBayNot 1995, 1 (6); *Geimer*, Internationales Zivilprozessrecht, 4. Aufl. 2001, Rn. 246 v.
[172] Dieser Gedanke stammt von Prof. Dr. *Pfeiffer* (Bielefeld).

nalprivatrechtliche Anknüpfungen an die Staatsangehörigkeit nämlich in keinem Fall eine unionsrechtlich relevante Diskriminierung begründen.[173]

Derlei Bedenken gegenüber dem Gleichlaufgrundsatz als solchem stellen sich nun seit der FGG-Reform mit Wirkung zum 1.9.2009 nicht mehr. Der Gleichlaufgrundsatz wurde zugunsten einer doppelfunktionalen Regelung örtlicher Zuständigkeit aufgegeben.[174] Mithin wird die internationale Zuständigkeit in Nachlasssachen nun in § 105 FamFG iVm § 343 FamFG geregelt. Der Gesetzgeber bezweckte die Abschaffung des Gleichlaufgrundsatzes vor allem aus systematischen Gründen. Denn die Kopplung der internationalen Zuständigkeit an die Anwendung deutschen Rechts stellte einen Systembruch dar, der in keinem anderen Rechtsbereich in dieser Form vorlag und auch nicht geboten erschien. Des Weiteren sah man die Gefahr einer Rechtsverweigerung im Falle von Fremdrechtsnachlässen. Der engen Verzahnung von Verfahrens- und anwendbarem Recht im internationalen Erbrecht solle in Zukunft im Wege der Qualifikation Rechnung getragen werden. Darüber hinaus ist die Anwendung ausländischen Erbrechts durch deutsche Gerichte auf nicht „wesensfremde" Tätigkeiten beschränkt.[175] Nunmehr fügt sich die Internationale Zuständigkeit in Nachlasssachen in das System der autonomen Regelung Internationaler Zuständigkeit mittels Doppelfunktionalität ein. Der Grundsatz der Doppelfunktionalität ist nun auch in § 105 FamFG normiert.

b) Staatsangehörigkeitszuständigkeit nach § 343 II FamFG. Obgleich der Gleichlaufgrundsatz abgeschafft ist, wird in § 343 II FamFG nunmehr noch in denjenigen Fällen an die Staatsangehörigkeit geknüpft, in denen ein deutscher Erblasser weder Wohnsitz noch Aufenthalt in Deutschland hatte. Vorrangig zuständigkeitsbegründend ist jedoch der Aufenthalt des Erblassers zum Zeitpunkt seines Todes in Deutschland, § 343 I FamFG. Nach § 343 III FamFG sind in denjenigen Fällen, in denen ein ausländischer Erblasser weder Wohnsitz noch Aufenthalt in Deutschland hatte, die deutschen Gerichte international zuständig, sofern sich Nachlassgegenstände in Deutschland befinden. Auch hier könnte man argumentieren, dass deutsche Erben (vermittelt durch das ius-sanguinis-Prinzip) gegenüber Erben mit nichtdeutscher, mitgliedstaatlicher Staatsangehörigkeit bevorzugt werden. Dennoch sollte nicht übersehen werden, dass Nachlassverfahren in einem Staat im Grundsatz nur dann angestrengt werden, sofern Nachlassgegenstände in diesem Staat auch vorhanden sind. Insofern steht dann auch mitgliedstaatlichen Erben ein Gerichtsstand offen. Darüber hinaus sind in doppelfunktionaler Anwendung der Norm die deutschen Gerichte nun auch international für den gesamten Nachlass zuständig, was bedeutet, dass der allgemeine Erbschein auch bei Anwendung ausländischen Erbrechts weltweite Geltung entfaltet.[176] Damit ist das Diskriminierungspotenzial des § 343 II FamFG im Hinblick auf Erben mit nichtdeutscher, mitgliedstaatlicher Staatsangehörigkeit gegenüber der Regelung des Gleichlaufgrundsatzes maßgeblich entschärft worden. Hinzu kommt, dass § 343 FamFG in seiner doppelfunktionalen Ausprägung für Erbfälle ab dem 17.8.2015 von den Artt. 4 ff. Rom-IV-VO abgelöst wird, vgl. Art. 83 I Rom-IV-VO. Fragen der Diskriminierung

---

[173] EuGH, Rs. C-430/97, *Johannes*, Slg. 1999, I-3475 Rn. 28; zustimmend *Rigaux*, IPRax 2000, 287 (288).
[174] „Damit wird der ungeschriebenen sog. Gleichlauftheorie (…) eine Absage erteilt." BT-Drs. 16/6308, 221.
[175] M.w.N. BT-Drs. 16/6308, 221 f.
[176] *J. Mayer* in: MüKo ZPO, 3. Aufl. 2010, § 343 FamFG Rn. 27.

stellen sich in Bezug auf § 343 II FamFG folglich nur für diejenigen Erbfälle zwischen Anwendungsbeginn des FamFG und der Rom-IV-VO.

57   c) **Subsidiäre Staatsangehörigkeitszuständigkeit nach Art. 10 I lit. a Rom-IV-VO.** Die Regelungen der Rom-IV-VO[177] werden also nach Artt. 83 I; 84 I Rom-IV-VO für Erbfälle ab dem 17.8.2015 insgesamt die nationalen Vorschriften im Erbkollisionsrecht und Internationalen Erbverfahrensrecht ablösen. Artt. 1 und 2 der Rom-IV-VO regeln nur ihren sachlichen Anwendungsbereich; der personale Anwendungsbereich wird nicht eingegrenzt. Dementsprechend gelten die autonomen Regelungen zur Internationalen Zuständigkeit in Erbsachen auch nicht bei Drittstaatenbezug fort. Art. 4 Rom-IV-VO stellt im Hinblick auf die Internationale Zuständigkeit in Nachlasssachen auf die Gerichte des Mitgliedstaates mit dem letzten gewöhnlichen Aufenthalt des Erblassers ab. Art. 10 I lit. a Rom-IV-VO statuiert hilfsweise eine subsidiäre Zuständigkeit der Gerichte des Mitgliedstaates, dessen Staatsangehörigkeit der Erblasser zum Zeitpunkt seines Todes besaß, sofern er zu diesem Zeitpunkt nicht seinen gewöhnlichen Aufenthalt innerhalb der EU hatte und sich in diesem Mitgliedstaat Nachlassvermögen befindet. Auch hier bleibt festzuhalten, dass Bezugspunkt nicht die Staatsangehörigkeit der Erben, sondern die des Erblassers ist, folglich differenziert die Regelung nicht zwischen mitgliedstaatlichen Staatsangehörigkeiten. Zudem besteht unabhängig von der Staatsangehörigkeit wiederum ein Gerichtsstand dort, wo sich Nachlassvermögen befindet nach Art. 10 II Rom-IV-VO. Faktisch findet folglich der Erbe immer dort eine internationale Zuständigkeit vor, wo sich auch ein Teil der Erbschaft befindet, unabhängig von seiner Staatsangehörigkeit.

58   **4. Staatsangehörigkeitszuständigkeit im Internationalen Familienprozessrecht.** Unmittelbar an die Staatsangehörigkeit eines Beteiligten knüpfen dagegen mehrere Zuständigkeitstatbestände im Internationalen Familienprozessrecht an. In der Brüssel-IIa-VO[178] sind dies Art. 3 Abs. 1 lit. a 6. Lemma Var. 1 und Art. 3 Abs. 1 lit. b. Lit. b lässt ausreichen, dass beide Ehegatten die Staatsangehörigkeit des Forumstaates besitzen. Lit. a 6. Lemma Var. 1 verlangt dagegen, dass ein Staatsangehöriger des Forumstaates mindestens sechs Monate vor Klagerhebung seinen gewöhnlichen Aufenthalt im Forumstaat hatte. Delikaterweise kann hier ein Konflikt zwischen Sekundärrecht und Primärrecht bestehen. Es führt jedenfalls kein Weg daran vorbei, dass die direkte Anknüpfung an die Staatsangehörigkeit eines Beteiligten eine offene **Diskriminierung** darstellen kann.[179]

59   a) **Art. 3 Abs. 1 lit. a 6. Lemma Var. 1 Brüssel-IIa-VO.** Ein scheidungswilliger Deutscher fände nach Art. 3 I lit. a 6. Lemma Var. 1 Brüssel-IIa-VO in Deutschland

---

[177] VO (EU) Nr. 650/2012 des Rates v. 4.7.2012 über die Zuständigkeit, das anzuwendende Recht, die Anerkennung und Vollstreckung von Entscheidungen und die Annahme und Vollstreckung öffentlicher Urkunden in Erbsachen sowie zur Einführung eines Europäischen Nachlasszeugnisses, ABl. 2012 L 201/107.

[178] VO (EG) Nr. 2201/2003 des Rates v. 27.11.2003 über die Zuständigkeit und die Anerkennung und Vollstreckung von Entscheidungen in Ehesachen und in Verfahren betreffend die elterliche Verantwortung und zur Aufhebung der Verordnung (EG) Nr. 1346/2000, ABl. 2003 L 338/1 (Brüssel IIa VO). Die Brüssel-IIa-VO verdrängt in ihrem Anwendungsbereich grundsätzlich alle Gerichtsstände des nationalen Rechts. Das FamFG findet im Hinblick auf die internationale Zuständigkeit dann keine Anwendung mehr.

[179] Zur Staatsangehörigkeit als weitgehend abgelehntes Kriterium internationaler Zuständigkeit *Borrás*, in: Magnus/Mankowski (Hrsg.), Brussels IIbis Regulation, 2012, Art. 3 note 12.

schon auf Grund seiner Staatsangehörigkeit einen Gerichtsstand, ein gleichermaßen scheidungswilliger Franzose dagegen nicht. Damit ist nach einer Rechtfertigung dieser Diskriminierung zu fragen. Immerhin lässt sie sich für einige Fälle rechtfertigen aus dem Gedanken des forum necessitatis:[180] Wenn ansonsten überhaupt kein Richter, wo auch immer, sich für zuständig erklären würde, muss aus Gründen der Justizgewährung ein Residualforum eröffnet werden. Bei Art. 3 Abs. 1 lit. a 6. Lemma Var. 1 Brüssel-IIa-VO lässt sich auch anführen, dass die Anknüpfung an die Staatsangehörigkeit dort sehr abgeschwächt und stark konditioniert sei.[181] Der Sache nach kann man die Staatsangehörigkeit dort nach Wortlaut und Aufbau der Norm sogar als zusätzliche Voraussetzung für eine Anknüpfung an den gewöhnlichen Aufenthalt nur eines Ehegatten sehen.[182] Allerdings wäre dies kein durchschlagendes Argument, da anerkanntermaßen auch Anknüpfungen an den gewöhnlichen Aufenthalt versteckte Diskriminierungen nach der Staatsangehörigkeit sein können.

Ein (eingeschränktes) forum actoris wie Art. 3 Abs. 1 lit. a 6. Lemma Var. 1 Brüssel- **60** IIa-VO mag man rechtspolitisch kritisieren und ablehnen.[183] Zwischen rechtspolitischer Kritik an der Wünschbarkeit und unionsrechtlich unzulässiger Diskriminierung bestehen aber erhebliche Unterschiede. Trotzdem bleibt festzuhalten, dass Angehörigen des Forumstaates doppelt so schnell wie Angehörigen anderer EU-Staaten ein Gerichtsstand offen steht, weil die Staatsangehörigkeit die Mindestaufenthaltsdauer im Forumstaat halbiert.[184] Insoweit werden sie begünstigt, weil sie weniger lang warten müssen und Eheauflösungsverfahren früher einleiten können. Diese Begünstigung auf der Gerichtsstandsebene wird auch nicht dadurch ausgeglichen, dass die materiellen Scheidungsrechte zumeist längere Wartefristen aufstellen, bevor sie ein Scheidungsbegehren für begründet erklären. Denn die materiellen Wartefristen laufen ab einem anderem Zeitpunkt als der Aufenthaltsnahme im Forumstaat, nämlich in der Regel ab der faktischen Trennung der Ehegatten. Zu einem anderen Ergebnis hinsichtlich Art. 18 AEUV gelangt man, sofern man eine Diskriminierung dann ablehnt, wenn jeder Unionsbürger in seinem Heimatstaat ein Forum vorfindet und nicht die Unionsbürger verschiedener Staaten im Hinblick auf ein und dasselbe Forum verglichen werden.[185] Sofern man von ein und demselben Forumstaat als Vergleichsmaßstab ausgeht, ist aber eine Begünstigung und korrespondierende Diskriminierung nicht von der Hand zu weisen.[186] Eine Rechtfertigung über das Rechtssicherheitsargument im Vergleich zum gewöhnlichen Aufenthalt scheidet aus; denn dann dürfte das System der Zuständigkeit nicht als Ganzes auf dem gewöhnlichen Aufenthalt fußen. Auch die Argumente der Heimatflucht und der wesenseigenen Zuständigkeit für eigene Staatsangehörige vermögen in einem Europa des wechselseitigen Vertrauens nicht eine derartige Benachteiligung zu tragen.[187]

---

[180] *Van der Velden,* in: Op recht – Bundel aangeboden aan A.V.M. Struycken, 1996, S. 357 (364).
[181] Vgl. *Kohler,* NJW 2001, 10 (11).
[182] *Hau,* FamRZ 2000, 1333 (1334) sowie *Wagner,* IPRax 2000, 512 (519).
[183] So namentlich *Pirrung,* ZEuP 1999, 834 (844 f.); *Jayme,* IPRax 2000, 165 (167 f.) sowie *de Boer,* FJR 1999, 244 (249 f.).
[184] *Hau,* FamRZ 2000, 1333 (1336); *Schack,* RabelsZ 65 (2001), 615 (623).
[185] *Rauscher,* in: ders., EuZPR/EuIPR, 2010, Art. 3 Brüssel IIa VO Rn. 47.
[186] So auch *Dilger,* IPRax 2006, 617 (619) mit zahlreichen weiteren Nachweisen in Fn. 30; ebenso *Hau,* FamRZ 2000, 1333 (1336).
[187] Ausführlich dazu *Hau,* FamRZ 2000, 1333 (1336); a. A. zum Argument der Heimatflucht *Rauscher,* IPR, 4. Aufl. 2012, § 15 Rn. 2058.

61 b) **Art. 3 Abs. 1 lit. b Brüssel-IIa-VO.** Art. 3 Abs. 1 lit. b Brüssel-IIa-VO lässt die gemeinsame Forumstaatsangehörigkeit beider Ehegatten für die internationale Zuständigkeit ausreichen. Damit werden Partner von gemischtnationalen Ehen diskriminiert.[188] Ihnen steht die zusätzliche Option des Art. 3 Abs. 1 lit. b Brüssel-IIa-VO nicht zur Verfügung. Die Begünstigung wird sogar relativ noch größer, wenn man[189] für Mehrstaater keine Effektivitätsprüfung anstellt und auch eine ineffektive Staatsangehörigkeit des Forumstaates ausreichen lässt. Differenzierungskriterium ist unmittelbar die Staatsangehörigkeit. Grundsätzlich drohte jedenfalls keine unannehmbare Rechtsschutzverweigerung, wenn es Art. 3 Abs. 1 lit. b Brüssel-IIa-VO nicht gäbe. Dann bliebe nämlich immer noch der umfangreiche Katalog des jetzigen Art. 3 Abs. 1 lit. a Brüssel-IIa-VO. Die maximale Konsequenz bestünde darin, dass der scheidungswillige Ehegatte ein Jahr zuwarten müsste, bevor er einen Gerichtsstand für sein Scheidungsbegehren in seinem Aufenthaltsstaat hätte. Essentiell gilt es jedoch zu sehen, dass Art. 3 Abs. 1 lit. b Brüssel-IIa-VO nicht an die Staatsangehörigkeit des Einzelnen, sondern an die Gemeinsamkeit der Ehegatten anknüpft, also an eine besondere Nähebeziehung zum gemeinsamen Heimatstaat und dass diese Nähebeziehung ein Forum im gemeinsamen Heimatstaat zu rechtfertigen vermag.[190]

62 5. **Die Missbräuchlichkeit von Gerichtsstandsklauseln und Schiedsklauseln nach der KlauselRL.** Weniger mit dem Primär- als vielmehr mit dem Sekundärrecht können Gerichtsstandsklauseln und Schiedsklauseln in Verbraucherverträgen kollidieren. **Gerichtsstandsklauseln** bezwecken in der Regel[191] eine Zuständigkeitskonzentration bei dem prorogierten Gericht, ähnlich legen Schiedsklauseln die Derotgation nationaler Gerichte zugunsten eines Schiedsgerichts fest. In der Folge bedingen sie alle anderen Gerichtsstände ab. Sie greifen also in den Zugang der Parteien zu den Gerichten ein. Dadurch stehen sie in einem latenten Konflikt mit Art. 3 Abs. 3 i. V. m. Anhang Nr. 1 lit. q **KlauselRL**.[192] Diesen Konflikt hat die Océano Grupo-Entscheidung des EuGH deutlich gemacht.[193] Zwar ist der Anhang zur KlauselRL für die Mitgliedstaaten nicht

---

[188] *Hau*, FamRZ 2000, 1333 (1336).
[189] Wie z. B. *Vlas*, WPNR 6444 (2001), 440 (444).
[190] Im Vordringen befindliche Ansicht; so auch *Dilger*, IPRax 2006, 617 (620, m.w.N. in Fn. 38). Ebenso *Gottwald*, in: MüKo ZPO, 3. Aufl. 2008, Art. 3 EheGVO Rn. 26; ähnlich *Rauscher*, in: ders., EuZPR/EuIPR, 2010, Art. 3 Brüssel IIa VO Rn. 54, der doch darauf abstellt, dass wiederum jeder EU-Bürger in seinem eigenen Heimatstaat dieselbe Möglichkeit einer internationalen Zuständigkeit hat. Eine Rechtfertigung ablehnend jedoch *Hau*, FamRZ 2000, 1333 (1336); auf die Heimatverbundenheit abstellend aber einen Verstoß gegen Art. 18 AEUV bejahend *Spellenberg*, in: Staudinger BGB, Neubearbeitung 2005, Art. 3 EheGVO Rn. 9.
[191] Möglich und durchaus verbreitet sind auch Klauseln, in denen nur ein *zusätzlicher* Gerichtsstand prorogiert wird.
[192] RL 93/13/EWG des Rates v. 5.4.1993 über missbräuchliche Klauseln in Verbraucherverträgen, ABl. 1993 L 95/29.
[193] EuGH, verb. Rs. C-240 bis C-244/98, *Océano Grupo Editorial u. Salvat Editores*, Slg. 2000, I-4941 Rn. 21–24 = NJW 2000, 2571 = JZ 2001, 245 m. Anm. *Schwartze*; dazu *Freitag*, EWiR Art. 3 RL 93/13/EWG 1/2000, 783; *Ansgar Staudinger*, DB 2000, 2058; *Reynaud*, Rev.trim. dr.civ. 2000, 839; *Bernardeau*, Rev.eur.dr.consomm. 2000, 261; *Augi/Baratella*, Eur. L. Forum 3–2000/01, 83; *Borges*, RIW 2000, 933; ders., NJW 2001, 2081; *Hau*, IPRax 2001, 96; *Frenk*, WPNR 6431 (2001), 73; *Whittaker*, (2001) 117 LQR 215; *M.B.M. Loos*, NTBR 2001, 98; *Masquefa*, JCP, éd. E, 2001 supp. no. 2, 23; *Leible*, RIW 2001, 422; ders., JA-R 2000, 173; *Buchberger*, ÖJZ 2001, 441; *Stuyck*, (2001) 38 C.M.L. Rev. 719.

verbindlich, jedoch leitet er die Auslegung des verbindlichen Art. 3 Abs. 3 Klausel-RL.[194] Normalfall des Anhang Nr. 1 lit. q KlauselRL sind zwar Klagverzichtsklauseln. Sachlich ist er jedoch weit genug, um Gerichtsstandsklauseln, ja sogar Schieds- oder Mediationsklauseln[195] zu erfassen.[196] Denn die Abbedingung eines Gerichtsstands umfasst einen Verzicht jedes potenziellen Klägers darauf, Rechtsschutz gerade vor dem derogierten Gericht zu suchen. Insoweit steht ein partieller Klageverzicht vor. Für Verbraucher kann der Zwang, einen unter Umständen weit entfernten Gerichtsstand aufsuchen zu müssen, erhebliche Kosten mit sich bringen, von einer Klage abschrecken und so die Effektivität der Rechtsverfolgung erheblich vermindern.[197] Darin wird regelmäßig ein Missbrauch überlegener Gestaltungsmacht seitens des Unternehmers liegen.[198]

In den letzten Jahren sind aufgrund von Vorlageverfahren zahlreiche weitere Entscheidungen, insbesondere zu Schiedsklauseln in Verbraucherverträgen, ergangen.[199] Die Rechtsprechung des EuGH behandelt dabei zwei zentrale Punkte: zum einen geht es um die Frage, wann ein nationales Gericht verpflichtet ist, eine Missbrauchskontrolle nach der Richtlinie vorzunehmen; die zweite Frage thematisiert die Auslegung und Anwendung der Maßstäbe für Missbräuchlichkeit einer Klausel. Den Grundstein zur Beantwortung der ersten Frage legte der EuGH in der Océano Grupo-Entscheidung, in der der EuGH feststellte, dass ein nationales Gericht die Missbräuchlichkeit einer Klausel von Amts wegen prüfen kann.[200] In der Entscheidung „Cofidis",[201] „Motaza Claro"[202] und „Pannon GSM"[203] wurde diese Rechtsprechung weitergeführt hin zu einer Verpflichtung des nationalen Gerichts, die Missbräuchlichkeit zu kontrollieren.[204] In dem Verfahren „VB Pénzügyi Lízin Zrt." Stellte er zudem heraus, dass die KlauselRL eine Durchbrechung des Beibringungsgrundsatzes gebietet, sodass eine

63

---

[194] Siehe zur Diskussion *Tenreiro/Karsten*, in: Schulte-Nölke/Schulze (Hrsg.), Europäische Rechtsangleichung und nationale Privatrechte, 1999, S. 223 (258–260); *Schwartze*, Europäische Sachmängelgewährleistung beim Warenkauf, 2000, S. 407 f.; *Leible*, RIW 2001, 422 (426 f.).
[195] *Brieske*, in: Henssler/Koch (Hrsg.), Mediation in der Anwaltspraxis, 2000, § 9 Rn. 118; *Mankowski*, MDR 8/2001, R 17 gegen *Eidenmüller*, Vertrags- und Verfahrensrecht der Wirtschaftsmediation, 2001, S. 17 f. sowie *Gerhard Wagner*, Prozeßverträge, 1999, S. 446.
[196] *Borges*, RIW 2000, 933 (936 f.).
[197] EuGH, verb. Rs. C-240 bis C-244/98, *Océano Grupo Editorial u. Salvat Editores*, Slg. 2000, I-4941 Rn. 21–24.; *Standard Bank London Ltd. v. Apostolakis and another* [2001] Lloyd's Rep. Bank. 240 (250 para. 49) (Q.B.D., *Steel* J.); *Freitag*, EWiR Art. 3 RL 93/13/EWG 1/2000, 783 (784); *Schwartze*, JZ 2001, 246 (248); *Hau*, IPRax 2001, 96 (96); *Leible*, RIW 2001, 422 (427).
[198] *Wolf/Horn/Lindacher(Wolf)*, AGBG, 4. Aufl. 1999, Anh. RiLi Rn. 213; *Pfeiffer*, in: FS Schütze, 1999, S. 671; *Freitag*, EWiR Art. 3 RL 93/13/EWG 1/2000, 783 (784).
[199] Vgl. die äußerst ausführliche Aufarbeitung von *Basedow*, in: MüKo BGB, 6. Aufl. 2012, Vorb. § 305 BGB Rn. 36-45.
[200] *Basedow*, in: MüKo BGB, 6. Aufl. 2012, Vorb. § 305 BGB Rn. 37; ähnlich *Dauses*, EU-WirtR, Abschn. V. Verbraucherschutz Rn. 652; *v. Westphalen*, NJW 2013, 961 (962).
[201] EuGH, Rs. C-473/00, *Cofidis SA/Fredout*, Slg. 2002, I-10875 = NJW 2003, 275.
[202] EuGH, Rs. C-168/05, *Elisa María Mostaza Claro/Centro Móvil Milenium SL*, Slg. 2006, I-10421 = EuZW 2006, 734 = NJW 2007, 135.
[203] EuGH, Rs. C-243/08, *Pannon GSM Távközlési Rt./Erzsébet Sustinkne Györfi*, Slg. 2009, I-4713 = EuZW 2009, 503 = NJW 2009, 2367.
[204] Vgl. dazu ausführlich mit weiterführenden Nachweisen *Basedow*, in: MüKo BGB, 6. Aufl. 2012, Vorb. § 305 BGB Rn. 38; vgl. auch *Coester*, in: Staudinger BGB, Eckpfeiler des Zivilrechts, Neubearbeitung 2012, E. AGB, Rn. 12.

Amtsermittlungspflicht, unabhängig vom Parteivorbringen, bestehe.[205] Einen Schritt weiter ging der EuGH in den Rechtssachen „Asturcom Telecomunicaciones"[206] und „Pohotovost' s.r.o.",[207] in denen er festhielt, dass die Rechtskraft eines Schiedsspruches zwar grundsätzlich– auch bei missbräuchlicher Schiedsklausel – beachtlich sei; falls allerdings das nationale Verfahrensrecht vorsehe, dass das Vollstreckungsgericht die Wirksamkeit der Schiedsvereinbarung prüfe, so müsse dann auch von Amts wegen die Vereinbarkeit mit der KlauselRL geprüft werden.[208] Folglich wird die Prüfkompetenz der nationalen Gerichte durch Schiedsklauseln nicht beschränkt.[209] Die Frage nach der Prüfung der Missbräuchlichkeit einer Klausel beantwortete der EuGH in leichter Abweichung vom Grundsatz der Océano Grupo-Entscheidung im Verfahren „Freiburger Kommunalbauten GmbH/Hofstetter"[210] dahingehend, dass der EuGH zwar die Kompetenz für die Auslegung des Begriffs der Missbräuchlichkeit auf Grundlage der KlauselRL inne habe, die Überprüfung einer bestimmten Klausel anhand dieser Kriterien allerdings in den Verantwortungsbereich des nationalen Gerichts falle.[211] Dies wurde in den Entscheidung „Mostaza Claro" und „Pannon GSM" bestätigt.

II. Prozessfähigkeit und persönliches Erscheinen

64 1. **Alternative Anknüpfung der Prozessfähigkeit.** Die **Prozessfähigkeit** einer Partei unterliegt grundsätzlich dem Heimatrecht dieser Partei. Jedoch gilt ein Ausländer, obwohl er nach seinem Heimatrecht nicht prozessfähig ist, gemäß § 55 ZPO doch in Deutschland als prozessfähig, wenn er nach deutschem Recht prozessfähig ist. In der Terminologie des Internationalen Privatrechts gesprochen wird die Prozessfähigkeit von Ausländern vor deutschen Gerichten also alternativ[212] angeknüpft:[213] Es reicht aus, wenn die Prozessfähigkeit nach einem von zwei Rechten gegeben ist, nämlich dem Heimatrecht oder dem deutschen Recht. Ist jemand nach deutschem Recht (gemeint ist § 52 ZPO i. V.m. §§ 104–107 BGB) prozessfähig, so kann praktisch offen bleiben, ob er nach seinem Heimatrecht prozessfähig ist oder nicht.[214]

---

[205] So auch *Basedow*, in: MüKo BGB, 6. Aufl. 2012, Vorb. § 305 BGB Rn. 38.
[206] EuGH, Rs. C-40/08, *Asturcom Telecomunicaciones SL/Cristina Rodríguez Nogueira*, Slg. 2009, I-9579 = EuZW 2009, 852 = NJW 2010, 47; dazu *Mankowski*, EWiR 2010, 91.
[207] EuGH Rs. C-76/10, *Pohotovost' s.r.o./Iveta Korckovská*, Slg. 2010, I-11557.
[208] *Basedow*, in: MüKo BGB, 6. Aufl. 2012, Vorb. § 305 BGB Rn. 38.
[209] *Coester*, in: Staudinger BGB, Eckpfeiler des Zivilrechts, Neubearbeitung 2012, E. AGB, Rn. 12.
[210] EuGH, Rs. C-237/02, *Freiburger Kommunalbauten*, Slg. 2004, I-3403 = EuZW 2004, 349 = NJW 2004, 1674.
[211] *Coester*, in: Staudinger BGB, Eckpfeiler des Zivilrechts, Neubearbeitung 2012, E. AGB, Rn. 11; *Basedow*, in: MüKo BGB, 6. Aufl. 2012, Vorb. § 305 BGB Rn. 41 f.
[212] Die internationalprivatrechtliche Terminologie stimmt hier nicht mit derjenigen der formalen Logik überein. Richtigerweise müsste man eigentlich von einer disjunktiven Anknüpfung sprechen, weil die beiden Teile der Anknüpfung einander nicht wechselseitig ausschließen.
[213] Zum internationalprivatrechtlichen Begriff der alternativen Anknüpfung *Baum*, Alternativanknüpfungen, 1985, S. 58, 68 et passim, Rn. 564-567; *v. Hoffmann*, Internationales Privatrecht, 9. Aufl. 2007, § 5 Rn. 117; *Kropholler*, Internationales Privatrecht, 6. Aufl. 2006, S. 141 (§ 20 II); *v. Bar/Mankowski*, Internationales Privatrecht, Bd. I, 2. Aufl. 2003, § 7 Rn. 103 ff.
[214] *Hausmann*, in: Staudinger BGB, Art. 7-12 EGBGB, Neubearbeitung 2007, Art. 7 EGBGB Rn. 98.

§ 55 ZPO soll den inländischen Rechtsverkehr schützen.[215] Dieser darf davon ausgehen, dass jemand prozessfähig ist, wenn er nach inländischen Maßstäben prozessfähig ist. Insbesondere kann man sich auf die Prozessfähigkeit eines ausländischen Beklagten nach deutschem Recht verlassen.[216] Bedeutung hat § 55 ZPO zum einen für Familiensachen Minderjähriger[217] und zum anderen, wenn das Volljährigkeitsalter im ausländischen Recht höher liegt als im deutschen Recht.[218] Dieser Schutz des inländischen Prozessrechtsverkehrs und des Klägers im Inland ist allerdings nur dann effektiv, wenn die erstrittene Entscheidung keiner Anerkennung oder Vollstreckbarerklärung im Heimatstaat des Beklagten bedarf.[219] Unter unionsrechtlichen Aspekten ist fraglich, ob § 55 ZPO eine wirkliche **Diskriminierung** von Ausländern gegenüber Deutschen begründet. Denn erster Schritt ist eigentlich die Anknüpfung an das Heimatrecht.[220] Diese erfolgt auch für Deutsche. Insoweit werden Deutsche und Ausländer auf der rechtsanwendungsrechtlichen Ebene genau gleich behandelt. Eine allseitige[221] Anknüpfung ist keine verbotene Diskriminierung, auch wenn sie an die Staatsangehörigkeit anknüpft.[222] Art. 4 Abs. 3 EUV erfasst grundsätzlich nicht Benachteiligungen, die sich aus den Unterschieden zwischen den einzelnen Rechtsordnungen der Mitgliedstaaten ergeben, sofern die zur Anwendung berufene Rechtsordnung ihrerseits nicht diskriminiert.[223] Ausländer werden auch nicht regelhaft benachteiligt, indem sie häufiger vor Gericht zitiert werden könnten als Deutsche. Die zusätzliche Anknüpfung an deutsches Recht führt vielmehr zu Anwendung gleicher Maßstäbe auf Ausländer und Deutsche: Wenn ein Deutscher nach deutschem Recht nicht prozessfähig ist, ist auch ein Ausländer unter deutschem Recht nicht prozessfähig. Andererseits kann § 55 ZPO sogar zum Vorteil ausländischer Kläger ausschlagen. Diese können Verfahrensbeteiligte sein, wenn sie nur nach deutschem Recht, nicht aber nach ihrem Heimatrecht prozessfähig sind. Außerdem können sie durch prozessuale Handlungen wie Geständnisse oder Anerkenntnisse materielle Rechte entgegen dem eigenen Heimatrecht beeinflussen.[224] Insoweit erweitert § 55 ZPO den eigenen Aktions- und Optionenkreis für Ausländer.

---

[215] Siehe nur *Schack*, Internationales Zivilverfahrensrecht, 5. Aufl. 2010, Rn. 603; *Hausmann*, in: Staudinger BGB, Art. 7-12 EGBGB, Neubearbeitung 2007, Art. 7 EGBGB Rn. 98.
[216] *Hausmann*, in: Staudinger BGB, Art. 7-12 EGBGB, Neubearbeitung 2007, Art. 7 EGBGB Rn. 98.
[217] KG, JW 1936, 3570 (3571) m. Anm. *Süß*.
[218] *Schack*, Internationales Zivilverfahrensrecht, 5. Aufl. 2010, Rn. 603.
[219] *Gottwald*, in: Walther J. Habscheid/Beys (Hrsg.), Grundfragen des Zivilprozessrechts, 1991, S. 3, 74; *Nagel/Gottwald*, Internationales Zivilprozessrecht, 4. Aufl. 1997, § 4 Rn. 39.
[220] Siehe nur OLG Düsseldorf, Urt. v. 8.12.1994, 6 U 250/92, IPRax 1996, 423 (424) m. Anm. *Kronke*; *Sonnenberger*, in: MüKo BGB, 3. Aufl. 1998, Einl. IPR Rn. 446.
[221] Eine Anknüpfung heißt allseitig, wenn sie potenziell jede Rechtsordnung dieser Erde zur Anwendung berufen kann.
[222] *v. Bar*, Internationales Privatrecht, Bd. I, 1987, Rn. 168; *Kreuzer*, in: Müller-Graff (Hrsg.), Gemeinsames Privatrecht in der Europäischen Union, 1993, S. 373 (416); *Fallon*, Hommage à François Rigaux, Bruxelles 1993, S. 187 (217); *Sonnenberger*, ZVglRWiss 95 (1996), 3 (15 f.); *Höpping*, Auswirkungen der Warenverkehrsfreiheit auf das IPR, 1997, S. 109–111.
[223] EuGH, Rs. 14/68, *Wilhelm/Bundeskartellamt*, Slg. 1969, 1 Rn. 13; verb. Rs. C-92/92 u. C-326/92, *Phil Collins u.a*, Slg. 1993, I-5145 Rn. 30; verb. Rs. C-267 u. C-268/91, *Keck u. Mithouard*, Slg. 1993, I-6097 Rn. 8; Rs. C-177/94, *Perfili*, Slg. 1996, I-161 Rn. 17; *Reitmaier*, Inländerdiskriminierung nach dem EWG-Vertrag, 1984, S. 30–33.
[224] *Hausmann*, in: Staudinger BGB, Art. 7–12 EGBGB, Neubearbeitung 2007, Art. 7 EGBGB Rn. 98.

66 **2. Anordnung persönlichen Erscheinens der Parteien.** Persönlich erscheinen zu müssen, trifft eine Partei um so härter, je weiter sie vom Prozessort entfernt wohnt. Mit der Entfernung steigen Mühen, Zeit und Kosten. Dies gilt erst recht für grenzüberschreitende Anreisen. Die Grundanlage für eine Diskriminierung von im EU-Ausland Ansässigen gegenüber in Deutschland Ansässigen scheint also hinsichtlich der **Anordnung des persönlichen Erscheinens** gegeben. Jedoch nimmt § 141 Abs. 1 ZPO Rücksicht auf die erkannte Problemlage: § 141 Abs. 1 S. 2 ZPO verpflichtet das Gericht, von der Anordnung des persönlichen Erscheinens abzusehen, wenn einer Partei wegen großer Entfernung oder aus sonstigem wichtigem Grund die persönliche Wahrnehmung des Termins nicht möglich ist. Es steht also ein differenziertes Instrumentarium zur Verfügung. Bei grenznahen Prozessen scheidet eine Diskriminierung schon tatbestandlich aus. Man kann z. B. jemandem, der in Maastricht lebt, zumuten, zu einem Prozess in Aachen zu erscheinen. In Aachen erscheinen zu müssen würde jemanden, der in Flensburg, Garmisch-Partenkirchen oder Frankfurt an der Oder lebt, weit härter treffen als den in Maastricht Lebenden. Im Ausland Ansässige stehen sogar in einer Hinsicht besser: Sie haben, wenn sie trotz Anordnung des persönlichen Erscheinens ausbleiben, keine effektive Vollstreckung von Ordnungsgeldern nach § 141 Abs. 3 S. 1 ZPO zu fürchten, weil die Zwangsbefugnisse deutscher Gerichte an der deutschen Grenze enden.[225]

67 **3. Zugang von Ausländern zur deutschen Justiz.** Kein Problem ist der **Zugang von Ausländern zur deutschen Justiz.** Insoweit bestehen keine prinzipiellen Zugangsbeschränkungen allein für Ausländer. Der **Justizgewährungsanspruch,** wie er sich auch auf Dienstleistungsfreiheit und unionsrechtliches allgemeines Diskriminierungsverbot stützen lässt,[226] ist vollkommen gewahrt. Bei Sachverhalten mit Auslandsbezug innerhalb des Binnenmarktes garantiert die Brüssel-I-VO passende und sachgerechte Gerichtsstände. Das Interesse des Beklagten gebietet, dem Kläger nicht überall einen Gerichtsstand zu eröffnen, sondern (Mindest-)Bezüge zum Forumstaat zu verlangen.[227]

III. Sprache und Recht im Verfahren

68 **1. Deutsch als Gerichtssprache.** § 184 GVG bestimmt: „Die **Gerichtssprache** ist deutsch." Dies gilt für den Zivil- und den Strafprozess als auch über § 9 Abs. 2 Var. 3 ArbGG für den Arbeitsgerichts- und über § 55 VwGO für den Verwaltungsgerichtsprozess,[228] mit Einschränkungen durch supra- und internationale Regelungen auch im Sozialgerichtsprozess. Der deutschen Sprache nicht mächtige Ausländer belastet die Vorschrift mit **Übersetzungen** einerseits der von ihnen vorzulegenden Dokumente (zumindest auf Verlangen des Gerichts), jedenfalls der von ihnen einzureichenden Schriftsätze ins Deutsche und andererseits der in Deutsch abgefassten Verfahrensdokumente und des in Deutsch sich abspielenden Verhandlungsgeschehens in ihre Heimatsprache. Im Anwaltsprozess mit einem deutschen Anwalt als Prozessbevollmächtigtem mindert sich die unmittelbare Übersetzungslast um die eigenen

---

[225] OLG München, Beschl. v. 5.9.1995, 28 W 2329/95, NJW-RR 1996, 59.
[226] *v. Wilmowsky,* ZaöRV 50 (1990), 231 (275 f.).
[227] Siehe nur *v. Wilmowsky,* ZaöRV 50 (1990), 231 (276).
[228] BVerwG, Beschl. v. 8.2.1996, 9 B 418/95, NJW 1996, 1553; *Jacob,* VBlBW 1991, 205.

Schriftsätze. Übersetzungs- und Dolmetscherkosten sind zwar erstattungsfähig, soweit die ausländische Partei obsiegt. Außerdem trifft auch deutschsprachige Parteien die Last, fremdsprachige Dokumente übersetzen zu müssen, soweit das Gericht dies verlangt. In der Praxis ist die Übersetzungslast jenseits der Schriftsätze zumeist dadurch gemildert, dass die Gerichte fremdsprachige Dokumente akzeptieren und ausreichen lassen, wenn die Richter der entsprechenden Sprache selbst mächtig sind; dies ist rechtlich unbedenklich.[229] Mit Blick auf § 185 GVG, namentlich dessen zweiten Absatz, ist es in der mündlichen Verhandlung auch zulässig, dass ein der betreffenden Fremdsprache mächtiger Richter mit der ausländischen Partei in deren Sprache spricht.[230] Schließlich bestehen verfassungs- und menschenrechtliche Garantien aus Artt. 103 Abs. 1; 3 Abs. 3 GG bzw. Art. 6 Abs. 1 S. 1 EMRK.[231] Den letztgenannten Aspekten zum Trotz ist § 184 GVG ein diskriminierender Charakter kaum abzusprechen.[232] Er wird regelmäßig Ausländer häufiger treffen und stärker belasten als Inländer. Mit der funktionell beschränkten Inländergleichbehandlung von EU-Marktbürgern ist eine stärkere Belastung von Ausländern aber nicht in Einklang zu bringen.[233]

Indes könnte § 184 GVG durch überwiegende Gemeinwohlbelange oder Interessen anderer Beteiligter gerechtfertigt sein. Seinem Zweck nach sichert er die Verständlichkeit des Geschehens im Gericht.[234] Die anderen Parteien oder Beteiligten haben ihrerseits einen Anspruch aus Art. 6 Abs. 1 S. 1 EMRK, dass ihnen Dokumente einer ausländischen Partei in die Gerichtssprache übersetzt werden, wenn sie selber die betreffende ausländische Sprache nicht beherrschen.[235] Ein denkbarer Ausweg wäre eine Unionsrechtskonforme Auslegung des § 184 GVG, derzufolge die Prozessführung einer Partei in einer der Amtssprachen der EU erfolgen kann.[236] Sofern man allerdings verlangte, dass eine Übersetzung zumindest fremdsprachiger bestimmender Schriftsätze ins Deutsche alsbald nachzureichen sei oder dass der Rechtsstreit seine Wurzel im Unionsrecht haben müsse,[237] spränge man zu kurz. Keinen durchschlagenden unionsrechtlichen Bedenken begegnet, dass deutsche Gerichte ihre Entscheidungen, als Hoheitsakt, nur in Deutsch absetzen. Richtigerweise ist dem Sprachunkundigen die Wiedereinsetzung in den vorigen Stand zu gewähren, wenn er infolge seiner Sprachunkenntnis entschuldbarerweise die Rechtsmittelfrist versäumt hat.[238]

a) Englisch als Gerichtssprache im Hinblick auf den Justizstandort Deutschland. In den letzten Jahren ist eine lebhafte Diskussion um den Wettbewerb der Justizstandorte und die Förderung des Justizstandortes Deutschland entstanden. Als Antwort auf die

---

[229] BGH, Beschl. v. 2.3.1988, IVb ZB 10/88, NJW 1989, 1432 (1433); BVerwG, Beschl. v. 8.2.1996, 9 B 418/95, NJW 1996, 1553; *Luchemann,* in: Zöller, ZPO, § 184 GVG Rn. 1; *Graf v. Westphalen* AnwBl 3/2009, 214.
[230] *Luchemann,* in Zöller, ZPO, § 184 GVG Rn. 1 sowie KG, HRR 1935 Nr. 991.
[231] *Leipold,* in: FS Matscher, 1993, S. 287 (291–299).
[232] Vgl. zur Sprachenfrage in einem Südtiroler Strafverfahren EuGH, Rs. 274/96, *Bickel u. Franz,* Slg. 1998, I-7637; dazu *Desolre,* Cah. dr. eur. 2000, 311.
[233] *Lässig,* Deutsch als Gerichts- und Amtssprache, 1980, S. 79 f. mit S. 72–75.
[234] *Paulus,* JuS 1994, 367 (369); *Albers,* in: Baumbach/Lauterbach/Albers/Hartmann, ZPO, § 184 GVG Rn. 1.
[235] *Schwander,* SZIER 1998, 426 (427).
[236] Den ersten Schritt in diese Richtung geht FG des Saarlandes, NJW 1989, 3112.
[237] So vorsichtig noch FG des Saarlandes, NJW 1989, 3112.
[238] *Lässig,* Deutsch als Gerichts- und Amtssprache, 1980, S. 78.

im Jahre 2007 von der englischen Law Society herausgegebene Broschüre „The Jurisdiction of Choice" wurde 2008 in Deutschland die zweisprachige Broschüre „Law – made in Germany" herausgegeben.[239] Zusätzlich sollten common law und civil law mittels der Broschüre „Kontinentales Recht – global, sicher, flexibel, kostengünstig" gegenüber gestellt werden.[240] Die Image-Broschüren sollen die Vorteile des jeweiligen nationalen Rechts und des Justizstandortes herausstellen und um Verfahren werben.[241] Deutlich wird, dass seitens der deutschen Anwaltschaft ein großes Bedürfnis für die Einführung von Englisch als Gerichtssprache besteht.[242]

71 Im gleichen Zuge wird diskutiert, das deutsche Gerichtsverfahren auch für die englische Sprache zu öffnen. Die Vorteile dieses Vorhabens liegen auf der Hand: Gegenüber Englisch als Welt- und Wirtschaftssprache stellt die deutsche Sprache natürlich eine Hürde dar. Verträge, die auf Englisch abgeschlossen werden, werden tendenziell auch englischem Recht unterstellt.[243] Wird das Gerichtsverfahren ausschließlich auf Deutsch durchgeführt, so wirkt sich diese Hürde auf die Vereinbarung der internationalen Zuständigkeit deutscher Gerichte unmittelbar aus. Dies hat natürlich auch wirtschaftliche Konsequenzen, denn grundsätzlich sind die deutschen Gerichte im internationalen Vergleich günstig, sorgfältig und effizient – hätten im Wettbewerb der Justizstandorte also eine gute Position.[244] Gleichzeitig bestehen Auswirkungen auf die Wahl deutschen Rechts, denn Parteien vereinbaren im Regelfall einen Gleichlauf von Gerichtsstand und anwendbarem Recht;[245] dass die Anwendung eines für das gewählte Gericht fremden Rechts vereinbart wird, kommt eher selten vor. Somit könnte die Zulassung der englischen Sprache vor deutschen Gerichten auch dazu führen, dass deutsches Recht, das international einen guten Ruf genießt,[246] insgesamt häufiger gewählt wird. Die Abwanderung in das Schiedsverfahren könnte vermieden werden.[247] In der Zulassung von Englisch als Gerichtssprache liegt also grundsätzlich großes Potenzial für den Justizstandort Deutschland.[248]

72 Die geäußerten Bedenken sind in erster Linie praktischer Natur. Hauptkritikpunkt ist die Frage, ob die deutsche Justiz der Einführung von Englisch als Gerichtssprache derzeit gewachsen ist. Sind deutsche Juristen der englischen Sprache in ausreichendem Maße mächtig? Kann auf genug Gerichtspersonal mit ausreichenden Sprachkenntnissen zurückgegriffen werden? Wie soll eine amtliche Übersetzung der deutschen Gesetzes-

---

[239] http://www.lawmadeingermany.de/Law-Made_in_Germany.pdf. Es beteiligten sich sämtliche Standesorganisationen der Anwaltschaft, vgl. *Hoppe*, IPrax 2010, 373 (377); dazu auch *Remmert*, ZIP 2010, 1579.
[240] http://www.kontinentalesrecht.de/tl_files/kontinental-base/Broschuere_DE.PDF. *Illmer*, ZRP 2011, 170 (171).
[241] *Huber*, in: FS Simotta, S. 245 (245 f.). Ausführlich zum Justizstandort und den Broschüren *Remmert*, ZIP 2010, 1579.
[242] *Hoppe*, IPrax 2010, 373 (377).
[243] *Armbrüster*, ZRP 2011, 102 (103).
[244] *Prütting*, AnwBl 2/2010, 113; insbesondere zur Kostenfrage v. *Westphalen*, AnwBl 3/2009, 214; zu den niedrigen Kosten und der größeren Rechtssicherheit *Armbrüster*, ZRP 2011, 102 (103).
[245] *Illmer*, ZRP 2011, 170 (170 f.); vgl. auch *Ewer*, NJW 2010, 1323; *Prütting*, AnwBl 2/2010, 113; bezogen auf die Chance für den Justizstandort Deutschland BT-Drs. 71/2163, 7 f.
[246] BT-Drs. 71/2163, 7.
[247] *Hoppe*, IPrax 2010, 373 (373 f.).
[248] So auch v. *Westphalen*, AnwBl 3/2009, 214.

texte aussehen? Ist eine wortgetreue Übersetzung deutscher juristischer Begriffe ins Englische überhaupt möglich? Verlöre das deutsche Recht nicht an Präzision?[249] Die Durchführung eines Verfahrens in einer fremden Sprache und die Anwendung des eigenen Rechts in fremder Sprache bergen immer ein Risiko. Es sollte aber nicht vergessen werden, dass deutsche Juristen schon heute häufig international, zum Teil auf Englisch, arbeiten und dass die Zahl der deutschen Juristen mit einem Masterabschluss aus dem englischsprachigen Ausland stetig zunimmt. Zudem würden Fortbildungsangebote eingerichtet werden. Große Bedenken hinsichtlich der Qualifikation deutscher Richter und Anwälte sollten also nicht bestehen.[250] Außerdem wird gerade nicht gefordert, die zusätzliche Sprachqualifikation im Rahmen der Ausbildung zum Volljuristen als notwendigen Bestandteil zu etablieren. Schon heute existieren englische Übersetzungen deutscher Gesetze; und der vermeintliche Präzisionsverlust durch Übersetzung kann mittels Umschreibungen oder den Gebrauch des deutschen Fachbegriffs in der Klammer, aufgefangen werden. Es sollte auch nicht vergessen werden, dass schon heute deutsche Richter ausländisches Recht mittels englischer Übersetzung korrekt anwenden und Dokumente in fremder Sprache unübersetzt zulassen. Die Anwendung des deutschen Rechts in einem englischsprachigen Verfahren sollte für im deutschen Recht ausgebildete Richter und Anwälte mit zusätzlicher Sprachqualifikation also keine allzu große Hürde darstellen.

b) Vereinbarkeit von Englisch als Gerichtssprache mit Verfassungs- und Unionsrecht. Das Hauptaugenmerk der rein juristischen Diskussion um die Einführung von Englisch als Verfahrenssprache liegt jedoch auf der Vereinbarkeit mit dem Öffentlichkeitsgrundsatz. Im Hinblick auf die Nutzung von (nur) Englisch als weiterer Verfahrenssprache stellt sich zudem auch die Frage, ob dies mit dem Unionsrecht vereinbar ist.

Der Öffentlichkeitsgrundsatz birgt in seinem Kern ein sehr sinnvolles Kontrollelement. Die Öffentlichkeit soll Gerichtsverfahren verfolgen können und den Justizapparat so der sozialen Kontrolle aussetzen.[251] Bei einem Gerichtsverfahren, in dem auf Englisch verhandelt wird, Schriftsätze auf Englisch verfasst sind und auch das Urteil in Englisch abgefasst ist, stellt sich nun die Frage, ob hier eine soziale Kontrolle durch die Öffentlichkeit noch möglich ist. Dies ist anhand zweier Gesichtspunkte zu bejahen: zum einen ist Maßstab für eine hinreichende Kontrollmöglichkeit durch die Öffentlichkeit nicht, dass die Öffentlichkeit den juristischen Fragestellungen en Detail folgen kann. Erforderlich zur Wahrung des Grundsatzes ist lediglich, dass man sich ohne Umwege Kenntnis von Ort und Zeit der Verhandlung und grundsätzlich tatsächlichen Zugang zu dieser verschaffen kann, denn eine Aufbereitung juristischer Spezialmaterien für den – auch deutschsprachigen – Laien kann nicht gewährleistet werden.[252] Zum anderen gaben in einer Umfrage der Europäischen Union ca. 50 % der Befragten an, über ausreichende Sprachkenntnisse im Englischen zu verfügen.[253] In einer deutschlandweiten

---

[249] *Armbrüster*, ZRP 2011, 102 (103).
[250] So auch *Remmert*, ZIP 2010, 1579 (1581).
[251] *Ewer*, NJW 2010, 1323 (1324).
[252] BVerfGE 103, 44 (64): „Prozesse finden in der, aber nicht für die Öffentlichkeit statt."; *Remmert*, ZIP 2010, 1579 (1582); *Hoppe*, IPrax 2010, 373 (375); auch *Armbrüster*, ZRP 2011, 102 (104).
[253] Europäische Kommission, Generaldirektion Bildung und Kultur, Europäer und Sprachen: eine Sondererhebung, Brüssel 2001, S. 3 f.; *Ewer*, NJW 2010, 1323 (1324).

Umfrage aus 2008 waren es 67 %.²⁵⁴ Nicht vernachlässigt werden sollte auch die Rolle und „Übersetzungstätigkeit" der Medien im Rahmen der Gerichtsberichterstattung,²⁵⁵ die nur durch Nutzung einer anderen Sprache keinen grundlegend anderen Charakter erhält. Im Übrigen gilt auch der Grundsatz der Öffentlichkeit nicht uneingeschränkt. Er wird durchbrochen zugunsten entgegenstehender Interessen, vor allem zum Schutze von Persönlichkeitsrechten.²⁵⁶ Sollte man nun den Öffentlichkeitsgrundsatz durch die Zulassung von Englisch als Verfahrenssprache als nicht gewahrt ansehen,²⁵⁷ so ist zumindest die Förderung des Justizstandortes Deutschland als ein Gemeinwohlbelang anzusehen, der ausreichend ist, den Grundsatz der Öffentlichkeit zu beschränken.²⁵⁸

75 Im Hinblick auf das Unionsrecht stellt sich aber die Frage, ob man wegen der Zulassung von Englisch das deutsche Gerichtsverfahren nicht auch für alle EU-Amtssprachen öffnen müsste, um die Diskriminierung von Nicht-Deutschen mit Unionsbürgerschaft nach Art. 18 AEUV zu verhindern. Dies ist zu verneinen.²⁵⁹ Die Durchführung von Gerichtsverfahren nur auf Deutsch und Englisch bevorzugt diejenigen Unionsbürger mit Deutsch oder Englisch als Muttersprache, und es werden andere Amtssprachen der Union benachteiligt.²⁶⁰ Dies ist jedoch durch die herausragende Stellung von Englisch als Sprache des internationalen Handelsverkehrs sehr wohl gerechtfertigt.²⁶¹ Zudem wird die Ansicht geäußert, dass Deutschland die Pflicht der EU ihre sprachliche Vielfalt zu wahren, untergrabe.²⁶² Dem ist entgegen zu setzen, dass sich auch der Unionsgesetzgeber aus Praktikabilitätserwägungen auf Englisch, Französisch und Deutsch beschränkt;²⁶³ auch hat der EuGH betont, dass das Primärrecht der EU kein Prinzip der Gleichheit aller Sprachen etabliere.²⁶⁴ Mithin sind die Kriterien eines Rechtfertigungsgrundes im Sinne des Art. 18 AEUV eingehalten.²⁶⁵ Die Einführung von Englisch als weiterer Gerichtssprache wäre unionsrechtlich folglich unbedenklich.

76 c) Modellprojekt des OLG-Bezirks Köln seit 2010. Seit Anfang 2010 läuft auf Grundlage von § 185 II GVG ein Modellprojekt der Landgerichte Aachen, Bonn und Köln und des Zivilsenats des OLG Köln.²⁶⁶ Dazu wurden gesonderte Kammern für internationale Handelssachen ins Leben gerufen. § 185 II GVG erlaubt es, unter Zustimmung aller Beteiligten ein Gerichtsverfahren in englischer Sprache durchzuführen, wobei allerdings Urteil und Schriftsätze weiterhin auf Deutsch abgefasst

---

²⁵⁴ BT-Drs. 17/2163, 9.
²⁵⁵ *Prütting*, AnwBl 2/2010, 113 (114); ähnlich *Armbrüster*, ZRP 2011, 102 (104).
²⁵⁶ *Remmert*, ZIP 2010, 1579 (1582); ausführlich auch *Ewer*, NJW 2010, 1323 (1325); vgl. auch BT-Drs. 71/2163, 8 f.
²⁵⁷ So beispielsweise *Flessner*, NJOZ 2011,1913 (1914).
²⁵⁸ Ähnlich *Remmert*, ZIP 2010, 1579 (1582).
²⁵⁹ So auch *Hoppe*, IPrax 2010, 373 (375); allgemein zur Bestimmung der Gerichtssprache durch die lex fori im Verhältnis zum Europarecht *Mankowski*, in: FS Kaissis, 2012, S. 607 (625).
²⁶⁰ *Flessner*, NJW 2011, 3544 (3545); *Flessner*, NJOZ 2011, 1913 (1922).
²⁶¹ So auch *Hoppe*, IPrax 2010, 373 (375). Andere Ansicht *Flessner*, NJW 2011, 3544 (3545); ebenso *Flessner*, NJOZ 2011, 1913 (1922).
²⁶² *Flessner*, NJW 2011, 3544 (3545); ausführlich *Flessner*, NJOZ 2011, 1913 (1923).
²⁶³ *Hoppe*, IPrax 2010, 373 (375).
²⁶⁴ EuGH, Rs. C-361/01 P, *Kik/HABM*, Slg. 2003, I-8283 Rn. 82, 93; ebenso *Hoppe*, IPrax 2010, 373 (375).
²⁶⁵ *Hoppe*, IPrax 2010, 373 (375).
²⁶⁶ Kritisch dazu, ob die weite Auslegung von § 185 II GVG dieses Modellprojekt zu tragen vermag *Armbrüster*, ZRP 2011, 102 (102 f.).

2. Abschnitt. Rechtsschutz durch verschiedene Zweige 77 § 38

werden müssen.[267] Wie erfolgreich das aussichtsreiche Modellprojekt sein wird, kann noch nicht gesagt werden. In seinen ersten Jahren waren nur sehr wenige Verfahren rechtshängig,[268] deren Durchführung jedoch durchweg positiv beurteilt wurde.[269] Bemängelt wurde lediglich, dass nicht auch Schriftsätze und Vergleich auf Englisch abgefasst werden konnten.[270] Zu bedenken ist, dass ein Projekt dieser Art eine lange Vorlaufzeit benötigt, da sowohl ein hinreichender Bekanntheitsgrad des Projekts als auch entsprechende Gerichtsstandsvereinbarungen in den Verträgen vonnöten sind.[271]

d) Gesetzesentwurf auf Initiative der Länder Nordrhein-Westfalen und Hamburg (KfiHG). Einen Schritt weiter als das Modellprojekt auf Basis des geltenden Rechts geht ein Gesetzesvorhaben, das auf eine Initiative der Länder Nordrhein-Westfalen und Hamburg im Bundesrat beruht (KfiHG)[272] Handelssachen mit internationalem Bezug sollen auch auf Englisch verhandelt werden können unter Nutzung englischsprachiger Schriftsätze, Beschlüsse und Urteile, sofern die Parteien dem zustimmen.[273] Der Spruchkörper soll wie reguläre Kammern für Handelssachen mit einem Berufsrichter und zwei Laienrichtern besetzt werden. Die Neufassung des § 184 GVG sieht als deutlichste Abgrenzung zur geltenden Regelung vor, dass auch Protokolle und Gerichtsentscheidungen auf Englisch abzufassen sind.[274] Kernkriterium bleibt die Vereinbarung der Parteien über die Durchführung des Verfahrens auf Englisch.[275] Bestandteil des Entwurfs ist jedoch auch ein „Sicherheitsnetz" – sollte das Verfahren sich auf Englisch als nicht Durchführbar erweisen, kann das Verfahren entweder mit Dolmetschern oder auf Deutsch fortgeführt werden.[276] Das Gesetzesvorhaben wurde überwiegend, auch vom deutschen Anwaltverein und der Bundesnotarkammer, positiv aufgenommen,[277] obwohl es Stimmen gab, die das Vorhaben als Aufgabe der deutschen Rechtskultur sahen.[278] Kritisch wurde auch angemerkt, dass die Erweiterung der Verfahrenssprachen nicht auch für das Schiedsverfahren beabsichtigt sei[279] und dass die Beschränkung auf

---

[267] *Armbrüster*, ZRP 2011, 102.
[268] *Huber*, in: FS Simotta, S. 245 (248).
[269] OLG Köln, Justizstandort Köln 2012, S. 8, http://www.olg-koeln.nrw.de/001_wir_ueber_uns/009_standortpapier_2012/Standortpapier-2012-–-Endfassung_gesch.pdf. Zu LG Köln, Az. 38 O 1/11 ausführlich *Huff*, Modellprojekt in NRW – LG Köln goes international, Legal Tribune v. 29.11.2011, http://www.lto.de/recht/hintergruende/h/modellprojekt-in-nrw-lg-koeln-goes-international/; *Hoffmann*, Kammern für internationale Handelssachen, 2011, S. 214.
[270] *Huff*, Modellprojekt in NRW – LG Köln goes international, Legal Tribune v. 29.11.2011, http://www.lto.de/recht/hintergruende/h/modellprojekt-in-nrw-lg-koeln-goes-international/.
[271] Zur Ungeeignetheit statistischer Angaben bei der Bewertung des Pilotprojekts *Huber*, in: FS Simotta, S. 245 (249).
[272] BR-Drs. 42/10. Der Bundesrat beschloss den Entwurf des KfiHG im Mai 2010, *Illmer*, ZRP 2011, 170. BT-Drs. 17/2163. Erste Lesung in der 130. Sitzung des Bundestags am 29.9.2011 mit Verweisung an den Rechtsausschuss und den Ausschuss für Wirtschaft und Technologie, vgl. *Flessner*, NJOZ 2011,1913, Fn. 4.
[273] *Huber*, in: FS Simotta, S. 245 (248 f.).
[274] Hoppe, IPrax 2010, 373 (375).
[275] Ausführlich zu den Inhalten des Gesetzesentwurfs *Remmert*, ZIP 2010, 1579 (1580); *Flessner*, NJW 2011, 3544.
[276] *Remmert*, ZIP 2010, 1579 (1582).
[277] *Hoffmann*, Kammern für internationale Handelssachen, 2011, S. 213; *Remmert*, ZIP 2010, 1579 (1580).
[278] *Handschell*, ZRP 2010, 103; m.w.N. *Armbrüster*, ZRP 2011, 102 (103).
[279] *Illmer*, ZRP 2011, 170 (170 f.).

Handelssachen zu kurz greife.²⁸⁰ Die Bundesregierung bezeichnete den Gesetzesentwurf als „präzendenzlose Problemstellung", die „vertiefter Diskussion" bedürfe.²⁸¹ Die Mehrheit der Sachverständigen, die am 9.11.2011 im Rechtsausschuss gehört wurden befürwortete ebenfalls das Gesetzesvorhaben.²⁸²

2. § 293 ZPO und die Ermittlung des Rechts von EU-Mitgliedstaaten

78 **a) § 293 ZPO im Hinblick auf Diskriminierungsverbot und Grundfreiheiten.** Auch § 293 ZPO harrt noch des unionsrechtlichen Härtetests, so weit er sich auf die **Ermittlung ausländischen Rechts**, genauer: des Rechts anderer EU-Mitgliedstaaten bezieht. Die Anwendung eines bestimmten ausländischen Rechts setzt nach den Regeln des deutschen Internationalen Privatrechts einen Bezug zu jener Rechtsordnung voraus, sei es (soweit statthaft) durch Rechtswahl, sei es durch prägende objektive Momente. Ein solcher Bezug wird zumeist durch Merkmale einer ausländischen Partei (namentlich Niederlassung, Sitz, Staatsangehörigkeit, gewöhnlicher Aufenthalt) begründet. Ausländisches Recht spielt aber im deutschen Zivilprozess eine Sonderrolle. Zwar trifft primär das Gericht eine **Amtsermittlungspflicht**, jedoch sind sekundär die Parteien zur Mitwirkung verpflichtet. Die Mitwirkungspflicht wird um so aktueller, je heimischer eine Partei in der betreffenden Rechtsordnung ist. Ihre volle Last scheint vorderhand Ausländer häufiger treffen zu können als Inländer.

79 Indes kann insoweit die Parteirolle als Korrektiv wirken: Ein Kläger wird gut daran tun, das anwendbare ausländische Sachrecht hinreichend vorzutragen und zu substantiieren, wenn er den Anforderungen an einen schlüssigen Klagvortrag genügen will.²⁸³ Es existiert aber keine Regel, dass Ausländer häufiger auf der Basis ausländischen Rechts klagten als Deutsche. Eine Diskriminierung von EU-Ausländern durch § 293 ZPO zu bejahen fällt daher schwer.²⁸⁴

80 Allerdings bleibt zu überlegen, ob eine Sonderbehandlung EU-ausländischen Rechts gegenüber deutschem Recht nicht geeignet ist, den Leistungsaustausch zwischen den Mitgliedstaaten in grundfreiheitenrelevanter Weise zu beeinträchtigen.²⁸⁵ Konsequenz daraus könnte sein, dass der Richter EU-ausländisches Recht in gleicher Weise ermitteln muss wie inländisches und insbesondere den teuren Beweis durch Sachverständigengutachten vermeiden sollte.²⁸⁶ Damit verminderte man aber die Richtigkeitsgewähr entscheidend. Ausländisches Recht kennen Richter keineswegs so gut wie deutsches. Oft versperren schon Sprachprobleme und fehlende Quellen den Zugang zu ihm. Sachverständige sind oft das einzige, fast immer aber das zuverlässigste Mittel, um diese Hürden zu überwinden. Daraus ergibt sich aber auch, dass eine Diskriminierung, sofern sie denn bejaht werden sollte, in jedem Falle gerechtfertigt ist, da von dem einzelnen Richter nicht erwartet werden kann, dass er in gleichem Maße Kenntnis der inländischen sowie eu-ausländischer Rechtsordnungen hat.²⁸⁷

---

²⁸⁰ *Hoffmann*, Kammern für internationale Handelssachen, 2011, S. 214 f.
²⁸¹ BT-Drs. 17/2163, 15.
²⁸² http://www.bundestag.de/dokumente/textarchiv/2011/36400205_kw45_pa_recht/.
²⁸³ OLG München, Beschl. v. 11.4.2008, 11 W 1298/00, RPfleger 2000, 425; *Mankowski*, MDR 2001, 194 (195).
²⁸⁴ Im Ergebnis übereinstimmend *Schwartze*, in: FS Fenge, S. 127 (141).
²⁸⁵ So *Schwartze*, in: FS Fenge, S. 127 (142).
²⁸⁶ Dafür *Schwartze*, in: FS Fenge, S. 127 (143 f.).
²⁸⁷ *Heinze*, EuR 2008, 654 (687).

b) Die Möglichkeiten der Ermittlung mitgliedstaatlichen ausländischen Rechts. 81
§ 293 ZPO gewährt dem Richter – unter Achtung pflichtgemäßen Auswahlermessens – eine Fülle von Erkenntnisquellen im Hinblick auf die Ermittlung ausländischen Rechts, da er nicht abschließend auf die Beweisvorschriften der ZPO verweist.[288] Sie reichen von rein gerichtsinterner Erforschung über das Internet über informelle Auskünfte von Privatpersonen bis hin zu förmlichen Beweisverfahren, sofern das Gericht diese wählt.[289] Auch die Parteien können ihrerseits Informationen über das ausländische Recht beibringen, an die der Richter jedoch nicht gebunden ist. Der im deutschen Gerichtsverfahren bei weitem am häufigsten eingeschlagene Weg besteht in der Einholung eines Sachverständigengutachtens zum ausländischen Recht, was allerdings sowohl kosten- als auch zeitintensiv ist.

Es besteht zudem die Möglichkeit der Nutzung des Londoner Europäischen Über- 82
einkommens betreffend Auskünfte über ausländisches Recht von 1968,[290] das 1975 für Deutschland in Kraft trat. Auskünfte im Bereich des Zivil- und Handelsrechts und das korrespondierende Verfahrens- und Gerichtsverfassungsrecht sind erfasst. Vorteile gegenüber Sachverständigengutachten liegen in der weitgehenden Kostenfreiheit der Auskünfte.[291] Erledigungsdauer und die Qualität der Auskünfte werden grundsätzlich positiv betrachtet.[292] Gravierendster Nachteil des Übereinkommens ist die Tatsache, dass lediglich abstrakte Rechtsfragen beantwortet werden und so keine Subsumtion unter den übermittelten Sachverhalt stattfindet.[293] Art. 7 des Übereinkommens statuiert, dass die Antwort auf das Ersuchen in „objektiver und unparteiischer Weise" über das ausländische Recht unterrichten soll. An diese Antwort ist das Gericht nach Art. 8 nicht gebunden. Aus diesem Grunde wird lediglich von 20 bis 50 Ersuchen pro Jahr aus Deutschland ausgegangen.[294] Mehr Ersuchen werden hingegen an Deutschland aus dem Ausland gerichtet.[295] Insgesamt vermag das Übereinkommen das Problem der Informationsbeschaffung zu ausländischem Recht aus deutscher Sicht also nicht effektiv genug zu lösen.[296]

Deshalb soll innerhalb der Europäischen Union nun ein effizienterer Weg be- 83
schritten werden. Das Europäische E-Justizportal soll die horizontale Vernetzung der Justizsysteme ermöglichen und Informationen über die nationalen Rechtsordnungen bereitstellen, die einen ersten Ansatzpunkt für informelle Informationsbeschaffung darstellen (vgl. oben Rn. 29 f.). Ebenso kann das Europäische Justizielle Netz auch zur Auskunft über ausländisches mitgliedstaatliches Recht durch eben diejenigen Institutionen, die das Recht selbst anwenden, genutzt werden und ist insofern wesentlich weniger

---

[288] *Sonnenberger*, in: MüKo BGB, 5. Aufl. 2010, Einleitung IPR Rn. 624 ff.
[289] *Trautmann*, ZEuP 2006, 283 (296 ff.); *Sommerlad/Schrey*, NJW 1991, 1377 (1379).
[290] Londoner Europäisches Übereinkommen betreffend Auskünfte über ausländisches Recht vom 7.6.1968, BGBl. 1974 II 938.
[291] *Jastrow*, IPrax 2004, 402 (403).
[292] *Jastrow*, IPrax 2004, 402 (403).
[293] *Prütting*, in: MüKo ZPO, 4. Aufl. 2013, § 293 ZPO Rn. 23 ff.; *Trautmann*, ZEuP 2006, 283 (298).
[294] *Prütting*, in: MüKo ZPO, 4. Aufl. 2013, § 293 ZPO Rn. 46; zwischen 1999 und 2000 waren es beispielsweise 32 Ersuchen, *Jastrow*, IPrax 2004, 402 (403); *Schellack*, Selbstermittlung oder ausländische Auskunft unter dem europäischen Rechtsauskunftübereinkommen, S. 270 f.
[295] *Jastrow*, IPrax 2004, 402 (404).
[296] Zur kritischen Beurteilung des Übereinkommens m.w.N. auch *Remien*, in: Aufbruch nach Europa, 75 Jahre Max-Planck-Institut, S. 617 (618 f.).

formell als das Europäische Rechtsauskunftübereinkommen aus 1968.[297] Die Nutzung dieser Möglichkeiten hat das Potenzial einer wesentlich schnelleren und kostengünstigeren Bereitstellung von Informationen über ausländisches mitgliedstaatliches Recht.

84   **3. Revisibilität ausländischen Rechts.** Im Hinblick auf den inländischen Prozess, in dem die Anwendung ausländischen Rechts eine tragende Rolle spielt, stellt sich die Frage, ob die Fehlanwendung ausländischen Rechts einen Revisionsgrund darstellen kann. Im Ausland wird diese Frage uneinheitlich beantwortet;[298] in Deutschland wurde die Revisibilität zunächst schon aufgrund des klaren Wortlauts des § 545 I ZPO a. F. abgelehnt, wenngleich die Thematik nun unter § 545 I ZPO n. F. wieder offen erscheint.

85   **a) Irrevisibilität ausländischen Recht nach § 545 I ZPO a. F.** § 545 Abs. 1 ZPO a. F. erklärt eine Verletzung ausländischen Rechts für nicht revisibel.[299] Darin lag angesichts zunehmender Internationalisierung eine nicht unbedenkliche qualitative Rechtsschutzbeschränkung.[300] Obgleich die herrschende Meinung die Revisibilität ausländischen Rechts unter Bezugnahme auf den Wortlaut der Norm („Verletzung von Bundesrecht") verneinte, befürwortete sie jedoch eine Änderung des Gesetzestextes dahingehend, dass auch die Anwendung ausländischen Rechts einen Revisionsgrund darstellen müsse.[301] Eine „Umgehungsmöglichkeit" dieser Vorschrift stellte die Rüge nach § 293 ZPO dar, mit der Aussage, dass der Inhalt ausländischen Rechts nicht hinreichend ermittelt worden sei.[302] Um dies zu verhindern, entwickelten sich zahlreiche Fallgruppen und Abgrenzungsmöglichkeiten, die die Grenze zwischen der Korrektur der Fehlermittlung und der nicht gewollten Korrektur der Fehlanwendung ausländischen Rechts ziehen sollten.[303] Allerdings erscheint eine klare Grenzziehung hier praktisch unmöglich; der BGH hat in einigen Fällen also auch ausländisches Recht ermittelt und angewandt.[304]

86   **b) Revisibilität ausländischen Rechts nach § 545 I ZPO n. F.** Die Änderung des Wortlauts der Norm („Verletzung des Rechts") in ihrer Neufassung legt nun nahe, dass auch die Anwendung ausländischen Rechts revisibel sein soll, da von dem Begriff des Bundesrechts Abstand genommen wurde.[305] In Frage steht also eine teleologische Reduktion des § 545 I ZPO n. F. Im Hinblick auf den Willen des Gesetzgebers erscheint diese Frage dennoch weiterhin offen.[306] Der Wortlaut der Norm wurde in den letzten Zügen des Gesetzgebungsverfahrens geändert[307] und die Gesetzesbegründung nennt

---

[297] Ausführlich dazu *Fornasier,* ZEuP 2010, 477 (493-495); zum Europäischen Justiziellen Netz auch *Jastrow,* IPrax 2004, 402 (405), der jedoch keine Verdrängung des Europäischen Übereinkommens erwartet.

[298] Ausführlicher Rechtsvergleich bei *Gotsche,* Der BGH im Wettbewerb der Zivilrechtsordnungen, 2008, S. 113–123; Beispiele bei *Flessner,* ZEuP 2006, 737 (738).

[299] Ausführlich dazu *Gotsche,* Der BGH im Wettbewerb der Zivilrechtsordnungen, 2008, S. 75–82.

[300] *Pfeiffer,* LM H. 10/1992 § 293 ZPO Nr. 18 Bl. 2R (2R f.).

[301] So ausdrücklich mit zahlreichen Nachweisen *Eichel,* IPrax 2009, 389 (390, Fn. 20 f.).

[302] *Hess/Hübner,* NJW 2009, 3132 (3133).

[303] So auch *Hess/Hübner,* NJW 2009, 3132 (3135).

[304] *Hess/Hübner,* NJW, 2009, 3132 (3135 u. Fn. 14); weitere Beispiele bei *Gotsche,* Der BGH im Wettbewerb der Zivilrechtsordnungen, 2008, S. 127 ff.

[305] Ausländisches Recht wird als Recht, nicht als Tatsache betrachtet, *Eichel,* IPrax 2009, 389 (390).

[306] So auch *Althammer,* IPrax 2009, 381 (389).

[307] *Hess/Hübner,* NJW 2009, 3132 (3132).

lediglich die Erweiterung der Revisibilität von Bundesrecht auf das Landesrecht als Motivation für die Änderung.[308] Eine Ausweitung der Revisibilität auch auf ausländisches Recht wird nicht zur Sprache gebracht.[309] Systematische Argumente lassen die Frage der Revisibilität ebenfalls unbeantwortet: zwar ist die Anwendung ausländischen Rechts in anderen Gerichtsbarkeiten ohne Weiteres möglich (vgl. z. B. § 73 I ArbGG; § 72 I FamFG; § 337 I StPO), andererseits verlöre § 560 ZPO prinzipiell seinen Anwendungsbereich, wenn man die vollständige Revisibilität ausländischen sowie Landes- und Bundesrechts annähme.[310] Denn nach § 560 ZPO hat das Revisionsgericht die Anwendung ausländischen Rechts inhaltlich ungeprüft seiner Entscheidung zugrunde zu legen. Teleologische Gesichtspunkte sprechen für die Revisibilität ausländischen Rechts, denn die Revision als solche betrifft nicht nur die Wahrung und Fortbildung deutschen Rechts,[311] sondern auch Gerechtigkeitsgesichtspunkte – warum soll derjenige, der sich auf einen Anspruch aus ausländischem Recht stützt, in geringerem Maße vor Fehlurteilen geschützt werden?[312] Ebenso soll nach dem Willen des Gesetzgebers der Revision eine „maximale Wirkungsbreite" zukommen – diese kann nur unter Einbeziehung der Revision ausländischer Rechtsnormen bestehen.[313] Schlussendlich soll die Revision die abschließende Klärung grundsätzlicher Rechtsfragen ermöglichen; über den Einzelfall hinausgehende Bedeutung beinhalten jedoch auch zunehmend Entscheidungen über ausländisches Recht,[314] deren absolute Zahl steigt und die sich zunehmend ähneln, beispielsweise im Bereich der englischen Ltd.

Auch sprechen gewichtige Argumente für die Revisibilität ausländischen Rechts: Die Anwendung des Gründungsrechts auf Gesellschaften aus dem EU-Ausland, also die Anwendung ausländischen Rechts auf deren Binnenangelegenheiten, erhöht das Bedürfnis für eine weitere Instanz, welche die korrekte Anwendung eben dieses Binnenrechts in großem Umfang kontrolliert. Ebensolche Notwendigkeit besteht insbesondere auch in den Bereichen des Erbrechts und des Vertragsrechts[315] In dieser Hinsicht spielt der Revisionsgrund des § 543 II Nr. 2 Alt. 2 ZPO eine besondere Rolle, denn zum einen kann die Rechtsprechung inländischer Gerichte zum ausländischen Recht von derjenigen ausländischer Gerichte abweichen, zum anderen kann auch die Rechtsprechung verschiedener inländischer Gerichte zum ausländischen Recht voneinander abweichen.[316] Auch das Argument des Eingriffs in die Souveränität des

---

[308] BT-Drs. 16/9733, 301 f.; dies nicht als Ausschlusskriterium für die Revisibilität ausländischen Rechts sehend *Hess/Hübner*, NJW 2009, 3132 (3132 f.); offen lassend *Althammer*, IPrax 2009, 381 (389).
[309] BT-Drs. 16/9733, 301 f.
[310] Allenfalls könnte § 560 ZPO durch die Verweisung anderer Verfahrensnormen auf die Vorschriften der ZPO einen sehr beschränkten Anwendungsbereich entfalten. So auch *Eichel*, IPrax 2009, 389 (390); *Krüger*, in: MüKo ZPO, 4. Aufl. 2012, § 545 ZPO Rn. 11.
[311] Diesen Argumentationsansatz entkräftend *Gotsche*, Der BGH im Wettbewerb der Zivilrechtsordnungen, 2008, S. 107 f.
[312] *Eichel* IPrax 2009, 389 (392); ausführlich zur Funktion der Revisionskontrolle und zur Gefahr der Fehlurteile *Gotsche*, Der BGH im Wettbewerb der Zivilrechtsordnungen, 2008, S. 83–85 86 ff.
[313] *Eichel* IPrax 2009, 389 (392).
[314] So auch *Eichel*, IPrax 2009, 389 (392).
[315] *Hess/Hübner,* NJW 2009, 3132 (3132 f.).
[316] Zur Abweichungsgefahr ausführlich *Gotsche*, Der BGH im Wettbewerb der Zivilrechtsordnungen, 2008, S. 87–106; auch *Hess/Hübner*, NJW 2009, 3132 (3134).

jeweiligen Staates trägt nicht, denn mangels einer Bindungswirkung der Beurteilung ausländischen Rechts durch inländische Gerichte kann von einem Eingriff nicht die Rede sein – darüber hinaus ist die fehlende Bindungswirkung im Hinblick auf Instanzgerichte und den BGH identisch zu beurteilen – und erstere sind nicht an der Beurteilung des bzw. der Überprüfung der Anwendung ausländischen Rechts gehindert.[317]

88   Wenngleich die Auslegung von § 545 I ZPO n. F. in weiten Teilen mit offenem Ergebnis scheint, bleibt dennoch festzuhalten, dass keinerlei Gründe für eine teleologische Reduktion der Norm ersichtlich sind[318] – die Ratio der Vorgängernorm ist heutzutage als überholt zu betrachten. Mithin ist die Anwendung ausländischen Rechts nach der Neufassung des § 545 I ZPO als revisibel anzusehen.[319] Der BGH hat die Frage, ob § 545 I ZPO nunmehr auch die Revisibilität ausländischen Rechts statuiert, bislang allerdings offen gelassen.[320]

89   **c) Revisibilität ausländischen mitgliedstaatlichen Rechts nach europarechtskonformer Auslegung des § 545 I ZPO n. F..** Deutlicher stellt sich die Frage der Revisibilität ausländischen mitgliedstaatlichen Rechts unter Diskriminierungsgesichtspunkten dar. Die **Anwendung ausländischen Rechts** wird Ausländer statistisch häufiger treffen als Deutsche. Dessen **Nichtrevisibilität** könnte daher eine versteckte Diskriminierung von Ausländern unter Art. 18 AEUV sein. Indes differenziert § 545 Abs. 1 ZPO nach Rechtsordnungen, nicht nach Merkmalen des Revisionsklägers. Es gibt keine Regel, dass in einem Prozess, der auf der Basis materiellen ausländischen Rechts entschieden wurde, Ausländer häufiger Revisionskläger wären als Deutsche.[321] Eine mittelbare Diskriminierung kommt danach nur noch in den Bereichen in Betracht, in denen die Diskriminierung kollisionsrechtlich vermittelt ist, also das anwendbare Recht an die Staatsangehörigkeit anknüpft,[322] vornehmlich im Internationalen Familienrecht[323] und im Internationalen Gesellschaftsrecht, da auf ihre Binnenangelegenheiten Gründungsortsrecht[324] angewendet wird. Sofern man eine Diskriminierung tatbestandlich bejaht,[325] wird sich für § 545 Abs. 1 ZPO eine überzeugende Rechtfertigung kaum finden lassen. Zwingende Gründe des Gemeinwohls im Sinne des EuGH sind jedenfalls

---

[317] *Hess/Hübner*, NJW 2009, 3132 (3134); *Gotsche*, Der BGH im Wettbewerb der Zivilrechtsordnungen, 2008, S. 109.
[318] So auch *Eichel*, IPrax 2009, 389 (393). Für eine Revisibilität ausländischen Rechts auch *Hess/Hübner*, NJW 2009, 3132; *Geimer*, in: Zöller, ZPO, § 293 ZPO Rn. 28.
[319] Andere Ansicht m.w.N. *Krüger*, in: MüKo ZPO, 4. Aufl. 2012, § 545 ZPO Rn. 11; *Reichold*, in: Thomas/Putzo, ZPO, § 545 ZPO Rn. 8, 9.
[320] BGH, Urt. v. 15.11.2012, I ZR 86/11, Rn. 18; BGH, Beschl. v. 3.2.2011, V ZB 54/10 (LG Leipzig), NJW 2011, 1818 (1819, Rn. 14); BGH, Urt. v. 12.11.2009, Xa ZR 76/07 (OLG München), NJW 2010, 1070 (1072, Rn. 21).
[321] Siehe auch *Schwartze*, FS Fenge, S. 127 (141); ebenso zu Art. 12 EGV *Flessner*, ZEuP 2006, 737 (738); dies als Ausgangspunkt nehmend auch *Gotsche*, Der BGH im Wettbewerb der Zivilrechtsordnungen, 2008, S. 161 ff.
[322] Ähnlich *Gotsche*, Der BGH im Wettbewerb der Zivilrechtsordnungen, 2008, S. 162 f.
[323] Auch *Flessner*, ZEuP 2006, 737 (739) zu Art. 12 EGV.
[324] Die Zugehörigkeit der Gesellschafts zum Gründungsstaat entspricht der Staatsangehörigkeit im Rahen des Art. 18 AEUV; zu Art. 12 EGV *Flessner*, ZEuP 2006, 737 (739); ebenso *Gotsche*, Der BGH im Wettbewerb der Zivilrechtsordnungen, 2008, S. 163.
[325] So beispielsweise *Gotsche*, Der BGH im Wettbewerb der Zivilrechtsordnungen, 2008, S. 171.

nicht ersichtlich.³²⁶ In europarechtskonformer Anwendung von Art. 545 I ZPO ist folglich zumindest die Anwendung mitgliedstaatlichen Rechts revisibel.

IV. Zustellungs- und beweisrechtliche Fragen

1. Europäische Zustellungsverordnung (EuZustellVO) und Europäische Beweisverordnung (EuBeweisVO). Die völkerrechtliche Konzeption internationaler Rechtshilfe orientiert sich an dem Gedanken der Souveränität. Die Durchführung eines Zivilprozesses ist mithin Ausübung dieser staatlichen Souveränität; Verfahrensbestandteile, die auf das Territorium eines anderen Staates zugreifen müssen, erfordern daher die Mithilfe des ausländischen Staates, häufig über konsularische Vertreter und die jeweiligen Außenministerien.³²⁷ Diese Perspektive hat unweigerlich Nachteile für den Zivilprozess mit Auslandsberührung zur Folge. Das erkennende Gericht und auch die Parteien haben insbesondere keinerlei Anspruch auf Durchführung der Rechtshilfe als „Akt der Außenpolitik".³²⁸ Zudem muss die Beweiserhebung nach mindestens zwei verschiedenen Prozessrechten konsolidiert werden.³²⁹ Völkerrechtlich suchten die Haager Übereinkommen Vereinfachungs- und Beschleunigungsmöglichkeiten zu finden.³³⁰

Die europäischen Rechtshilfeverordnungen führten hier zu einem Perspektivwechsel; Rechtshilfe unterliegt innerhalb des europäischen Rechtsraumes nicht mehr dem Souveränitätsgedanken, sondern vielmehr der Frage der Verwirklichung prozessualer Verfahrensrechte, wie dem Gebot effektiven Rechtsschutzes.³³¹ EuZustellVO und EuBeweisVO ermöglichen innerhalb ihres Anwendungsbereichs Hoheitsakte mit unmittelbarer Wirkung auf dem Territorium des jeweiligen Mitgliedstaates, vgl. Art. 14 EuZustellVO oder Art. 17 EuBeweisVO. Folglich findet auch nur ein Verfahrensrecht Anwendung. Eine Einschränkung gilt beispielsweise im Bereich ausländischer Zeugnispflichten, die mit Zustimmungserfordernisses ausgestattet sind. Hervorzuheben ist der direkte Kontakt zwischen ersuchendem und ersuchtem Gericht auf Basis von Standardformularen, der zu einem wesentlichen Effizienzgewinn innerhalb der innereuropäischen Rechtshilfe führt.³³²

Die EuZustellVO³³³ gilt in ihrer gegenwärtigen Fassung seit dem 13.11.2008 und erfasst die grenzüberschreitende Übermittlung gerichtlicher und außergerichtlicher

---

³²⁶ Näher *v. Bar/Mankowski*, Internationales Privatrecht, Bd. I, 2. Aufl. 2003; so auch *Flessner*, ZEuP 2006, 737 (739); nach *Gotsche* bleibt einzig das Argument der Funtionsfähigkeit der Revisionsinstanz, das die Diskriminierung aber nicht zu rechtfertigen vermag, *Gotsche*, Der BGH im Wettbewerb der Zivilrechtsordnungen, 2008, S. 178.
³²⁷ *Hess*, Europäisches Zivilprozessrecht, 2010, § 3 Rn. 63; dazu auch *Junker*, Internationales Zivilprozessrecht, 2011, § 25 Rn. 2.
³²⁸ *Hess*, Europäisches Zivilprozessrecht, 2010, § 3 Rn. 64.
³²⁹ *Hess*, Europäisches Zivilprozessrecht, 2010, § 3 Rn. 64.
³³⁰ Ausführliche Nachweise bei *Hess*, Europäisches Zivilprozessrecht, 2010, § 3 Rn. 63, Fn. 284.
³³¹ *Hess*, Europäisches Zivilprozessrecht, 2010, § 3 Rn. 67 f.
³³² *Hess*, Europäisches Zivilprozessrecht, 2010, § 3 Rn. 674 f.; zur Verkürzung der Verfahrensdauer auch *Schütze*, Das internationale Zivilprozessrecht in der ZPO, 2. Aufl. 2011, S. 301, 319.
³³³ VO (EG) Nr. 1393/2007 des Rates v. 13.1.2007 über die Zustellung gerichtlicher und außergerichtlicher Schriftstücke in Zivil- und Handelssachen in den Mitgliedstaaten und zur Aufhebung der Verordnung (EG) Nr. 1348/2000, ABl. 2007 L 324/79.

Schriftstücke in Zivil- und Handelssachen zwischen den Mitgliedstaaten, jedoch nicht den Zustellungsvorgang als solchen.[334] Durchführungsbestimmungen sind in den §§ 167–1071 ZPO enthalten. Bislang ist ein nennenswerter Effizienzgewinn durch die Reduktion auf Erledigungszeiten von 1–3 Monaten.[335] Problematisch ist jedoch weiterhin das Verhältnis von EuZustellVO und mitgliedstaatlichem Zustellungsrecht, insbesondere, da nicht geregelt ist, wann die Zustellung eines Schriftstücks Rechtshilfe erfordert.[336]

93 Die grenzüberschreitende Informationsbeschaffung durch das Gericht wird durch die stark unterschiedlich ausgeprägten Beweisrechte der Mitgliedstaaten noch verkompliziert. Seit dem 1.1.2004 soll hier die Anwendung der EuBeweisVO[337] Abhilfe schaffen. Sie bezieht sich nach ihrem Art. 1 auf die gesamte justizielle Informationsbeschaffung zwischen Mitgliedstaaten.[338] Umsetzungsvorschriften finden sich in den §§ 1072–1075 ZPO. In Art. 17 wird, neben der in Artt. 10–16 EuBeweisVO vorgesehenen aktiven Rechtshilfe, noch die Möglichkeit des Prozessgerichts, die Beweisaufnahme selbst in einem anderen Mitgliedstaat durchzuführen (passive Rechtshilfe) eröffnet.[339]

94 **2. Verhältnis der EuZustellVO zu nationalen Zustellungsvorschriften, insbesondere der fiktiven Inlandszustellung.** Im Hinblick auf einen Verstoß gegen das Diskriminierungsverbot des Art. 18 AEUV stellten sich Probleme im Bereich des Erfordernisses eines Zustellungsbevollmächtigten nach § 184 Abs. 1 S. 1 ZPO, im Bereich der Zustellung von Versäumnisurteilen und Vollstreckungsbescheiden nach § 339 ZPO und bei der öffentlichen Zustellung nach § 185 ZPO.[340] Eines der Kernprobleme bestand darin, dass die EuZustellVO nicht für Dänemark als Mitglied der Europäischen Union galt. Seit 2008 besteht jedoch ein Übereinkommen zwischen der Europäischen Union und dem Königreich Dänemark über die Geltung der EuZustellVO,[341] sodass eine unterschiedliche Behandlung der jeweiligen Unionsbürger ausscheidet. Von Belang ist hier nur noch die Abgrenzung des vorrangigen Anwendungsbereichs der EuZustellVO von den Vorschriften des nationalen Rechts. Geklärt ist das Verhältnis der Zustellungsvorschriften für die Auslandszustellung, die der vorrangigen EuZustellVO angepasst

---

[334] *Junker*, Internationales Zivilprozessrecht, 2011, § 25 Rn. 6 ff.; *Hess*, Europäisches Zivilprozessrecht, 2010, § 8 Rn. 8 f.

[335] *Hess*, Europäisches Zivilprozessrecht, 2010, § 8 Rn. 25.

[336] *Hess*, Europäisches Zivilprozessrecht, 2010, § 8 Rn. 25; ähnlich *Junker*, Internationales Zivilprozessrecht, 2011, § 25 Rn. 3.

[337] VO (EG) Nr. 1206/2001 des Rates v. 28.5.2001 über die Zusammenarbeit zwischen den Gerichten auf dem Gebiet der Beweisaufnahme in Zivil- und Handelssachen in den Mitgliedstaaten, ABl. 2001 L 174/1.

[338] *Junker*, Internationales Zivilprozessrecht, 2011, § 26 Rn. 4 ff.

[339] *Schütze*, Das internationale Zivilprozessrecht in der ZPO, 2. Auflage 2011, S. 319; *Hess*, Europäisches Zivilprozessrecht, 2010, § 8 Rn. 33 f.

[340] Ausführlich zur Übergabe bei zufälligem Aufenthalt im Inland und zur öffentlichen Zustellung *Heiderhoff*, EuZW 2006, 235 (237). Ebenfalls zur Übergabe bei zufälligem Aufenthalt im Inland *Düsterhaus*, NJW 2013, 443 = Anm. zu EuGH, Urt. v. 19.12.2012, C-325/11 *(Alder u. a./Orlowska u. a.)*.

[341] Abkommen zwischen der Europäischen Gemeinschaft und dem Königreich Dänemark über die Zustellung gerichtlicher und außergerichtlicher Schriftstücke in Zivil- und Handelssachen, ABl. 2008 L 331/21.

wurden.³⁴² Die EuZustellVO genießt innerhalb ihres sachlichen Anwendungsbereichs immer dann Vorrang, wenn der Empfänger eines mitgliedstaatlichen gerichtlichen Schriftstücks in einem anderen Mitgliedstaat ansässig ist und seine Anschrift bekannt oder kein Bevollmächtigter im Inland benannt ist; dies wird durch § 183 Nr. 5 ZPO nochmals ausdrücklich herausgestellt.

Problematisch war jedoch, inwieweit eine Inlandszustellung, die eine Auslandszustellung gerade vermeiden soll, im Anwendungsbereich der EuZustellVO möglich sein kann. Im Zentrum der Diskussion stand dabei § 184 Abs. 2 ZPO.³⁴³ Eine Minderansicht vertrat die Anwendbarkeit der fiktiven Inlandszustellung unter dem Gesichtspunkt, dass die Zustellung nicht unter tatsächlicher Grenzüberschreitung erfolge.³⁴⁴ Verkannt wurde dabei, dass der Anwendungsbereich der Brüssel-I-VO hier, unabhängig davon, ob das nationale Recht eine tatsächliche Auslandszustellung erforderlich macht, eröffnet ist. Die Anwendbarkeit von § 184 ZPO hatte der BGH schon 2011 mit Hinweis auf § 183 Nr. 5 ZPO verneint.³⁴⁵ Zur generellen Unzulässigkeit einer fiktiven Inlandszustellung im Anwendungsbereich der EuZustellVO hatte er sich jedoch nicht geäußert. 2012 hat der EuGH diese Rechtsfrage nunmehr zugunsten der EuZustellVO beantwortet.³⁴⁶ Zum einen betonte er, dass bei Zustellung eines mitgliedstaatlichen gerichtlichen Schriftstücks in einem anderen Mitgliedstaat die EuZustellVO nur bei unbekannter Anschrift oder Bevollmächtigung keine Anwendung findet.³⁴⁷ Unter Verweis auf die abschließende Aufzählung der in der EuZustellVO vorgesehenen Zustellungsarten, die keine fiktive Zustellung enthalte, lehnte er die Zulässigkeit einer derartigen nationalen Regelung ab.³⁴⁸ Zudem gewährleiste die fiktive Inlandszustellung auch nicht den Schutz der Verteidigungsrechte, wie von der EuZustellVO postuliert.³⁴⁹ Dies steht im Einklang mit dem Telos der fiktiven Inlandszustellung, die gerade der Auslandszustellung ausweichen möchte und so zu einer Umgehung der Regelung EuZustellVO führen würde.

3. Beweiskraft ausländischer öffentlicher Urkunden nach § 438 ZPO. Die volle und gleichmäßige Durchsetzung des Unionsrechts würde beeinträchtigt werden können, wenn in jedem Mitgliedstaat beliebig hohe Anforderungen an den **Beweis** der jeweiligen Tatbestandsvoraussetzungen gestellt werden dürften.³⁵⁰ Durch strenge

---

³⁴² *Heiderhoff*, EuZW 2006, 235 (236).
³⁴³ Die Anwendbarkeit ablehnend *Heiderhoff*, EuZW 2006, 253 (237) m.w.N.; *Heinze*, IPrax 2010, 155 (160); ebenso *Heinze*, EuR 2008, 654 (685).
³⁴⁴ Ausführlich *Heckel*, IPrax 2008, 218 (221, 223 f.); ablehnend *Heinze*, IPrax 2010, 155 (159); ebenso, *Düsterhaus*, NJW 2013, 443 = Anm. zu EuGH, Urt. v. 19.12.2012, Rs. C-325/11, *Alder u. a./Orlowska u. a.*
³⁴⁵ BGH, Urt. v. 2.2.1011, VIII ZR 190/10, NJW 2011, 1885 m. Anm. *Sujecki* = DZWIR 2011, 441 (443).
³⁴⁶ EuGH, Urt. v. 19.12.2012, Rs. C-325/11, *Alder u. a./Orlowska u. a.* = EuZW 2013, 187 = NJW 2013, 443 m. Anm. *Düsterhaus*; vgl. auch EuGH, Rs. C-522/03, *Scania Finance France SA*, Slg. 2005, I-8639 = EuZW 2005, 753 = NJW 2005, 3627.
³⁴⁷ EuGH, Urt. v. 19.12.2012, Rs. C-325/11 Rn. 24, *Alder u. a./Orlowska u. a.* = EuZW 2013, 187 (188).
³⁴⁸ EuGH, Urt. v. 19.12.2012, Rs. C-325/11 Rn. 32, *Alder u. a./Orlowska u. a.* 42 = EuZW 2013, 187 (188). Im vorliegenden Fall ging es um eine polnische Regelung.
³⁴⁹ EuGH, Urt. v. 19.12.2012, Rs. C-325/11 Rn. 40, *Alder u. a./Orlowska u. a.* = EuZW 2013, 187 (189). So schon *Heinze*, IPrax 2010, 155 (159).
³⁵⁰ *Schlosser*, Jura 1998, 65 (69).

bis übersteigerte prozessuale Anforderungen würde man dann gleichsam durch die Hintertür das Unionsrecht einer effektiven Anwendung entziehen. Daher kann das sekundäre Unionsrecht sachliche Beweisregeln implizieren. Insbesondere können Normen, die zur Anerkennung von **Urkunden** oder Belegen aus anderen Mitgliedstaaten zwingen, solchen Urkunden oder Belegen eine besondere Wertigkeit zuweisen und nur ausnahmsweise einen gleichsam durchbrechenden Gegenbeweis zulassen. Ein Beispiel dafür bieten die berühmten Paletta-Entscheidungen des EuGH zur Anerkennung ärztlicher **Atteste** aus anderen Mitgliedstaaten und deren Bedeutung für die Pflicht des Arbeitgebers zur Lohnfortzahlung im Krankheitsfall.[351] Kaum eine andere Entscheidung vermöchte aber auch die damit verbundenen Gefahren deutlicher zu zeigen.

97   Es stellt sich daher die Frage, ob aufgrund von Art. 18 AEUV mitgliedstaatliche Urkunden von zusätzlichen Hürden befreit werden müssten, d. h. das grundsätzliche Erfordernis der Legalisation (§ 438 II ZPO) entfallen müsste zugunsten der Gleichstellung mit inländischen Urkunden,[352] insbesondere der Echtheitsvermutung nach § 437 ZPO. Es besteht zwar ein Europäisches Übereinkommen zur Befreiung von ausländischen Urkunden von der Legalisation;[353] dieses ist aber nicht in allen Mitgliedsstaaten in Kraft getreten. Es herrscht also nicht aufgrund vorrangigen Völkerrechts eine Gleichbehandlung der EU-Mitgliedsstaaten. Eine Diskriminierung kommt hier insbesondere im Bereich der Personenstandsurkunden in Betracht, denn ausländische Staatsangehörige nutzen zur Beweiserbringung tendenziell häufiger ausländische Urkunden.[354] Sollte man eine Diskriminierung hier annehmen, so sind jedoch offensichtlich Rechtfertigungsgründe gegeben:[355] die unterschiedlich ausgestalteten Registersysteme der Mitgliedstaaten, die Hürde der fremden Sprache (die ja innerhalb der europäischen Rechtsakte durch Formblätter überwunden wird) und die fehlende Kenntnis deutscher Richter von den Typisierungen ausländischer Urkunden.[356] Die Sprachbarriere wirkt sich auch auf die Praktikabilität von Erkundigungen bei der ausstellenden ausländischen Behörde aus.[357] Ein Verstoß gegen das Diskriminierungsverbot ist daher nicht anzunehmen.

---

[351] *Schlosser,* Jura 1998, 65 (69).
[352] Dazu ausführlich *Heinze,* EuR 2008, 654 (686); ebenso *Tönsfeuerborn,* Einflüsse des Diskriminierungsverbots und der Grundfreiheiten der EG auf das nationale Zivilprozessrecht, 2002, S. 94 f.
[353] Europäisches Übereinkommen zur Befreiung der von diplomatischen oder konsularischen Vertretern errichteten Urunden von der Legalisation v. 7.6.1968, BGBl. 1971 II 86; *Jayme/Hausmann,* Internationales Privat- und Verfahrensrecht, 10. Auflage 2000, Nr. 251. Dazu auch *Tönsfeuerborn,* Einflüsse des Diskriminierungsverbots und der Grundfreiheiten der EG auf das nationale Zivilprozessrecht, 2002, S. 94.
[354] Eine Diskriminierung bejahend *Heinze,* EuR 2008, 654 (686); eine Diskriminierung für andere Urkunden als Personenstandsurkunden ablehnend *Tönsfeuerborn,* Einflüsse des Diskriminierungsverbots und der Grundfreiheiten der EG auf das nationale Zivilprozessrecht, 2002, S. 94 f.
[355] So *Heinze,* EuR 2008, 654 (686); anders *Tönsfeuerborn,* die schon eine Diskriminierung hinsichtlich nicht-personenstandsrechtlicher Urkunden ablehnt, vgl. *Tönsfeuerborn,* Einflüsse des Diskriminierungsverbots und der Grundfreiheiten der EG auf das nationale Zivilprozessrecht, 2002, S. 94 f.
[356] *Heinze,* EuR 2008, 654 (686).
[357] *Heinze,* EuR 2008, 654 (686).

V. Die Absicherung des Zivilverfahrens mit mitgliedstaatlichem Bezug

In mehreren früher strittigen Punkten hat der deutsche Gesetzgeber auf Verdikte des EuGH gegen Normen des deutschen Zivilprozessrechts reagiert und ausdrückliche Neuregelungen vorgenommen. Dies betrifft namentlich die **Ausländersicherheit** nach § 110 ZPO und den **Arrestgrund der Auslandsvollstreckung** nach § 917 Abs. 2 ZPO. Beide wurden mit Wirkung vom 1.10.1998 durch das 3. RPflGÄndG[358] angepasst. 98

1. Ausländersicherheit nach § 110 ZPO. § 110 Abs. 1 ZPO nimmt Kläger mit gewöhnlichem Aufenthalt (oder bei Gesellschaften: Sitz) innerhalb der EU oder des EWR von der Pflicht, Prozesskostensicherheit zu leisten, aus. Regelungen ohne solche Ausnahme hatte der EuGH gleich mehrfach als unzulässige Diskriminierungen verworfen.[359] Zuvor war eine unionsrechtskonforme Auslegung der Vorgängervorschrift erforderlich. Die Änderung zugunsten der Gleichbehandlung von Klägern mit gewöhnlichem Aufenthalt in der EU oder dem EWR trat 1998 in Kraft. Zudem stellt § 110 ZPO nicht mehr auf die Staatsangehörigkeit, sondern auf den gewöhnlichen Aufenthalt des Klägers ab.[360] Damit scheidet auch eine Diskriminierung von Staatsangehörigen anderer EU-Mitgliedstaaten gegenüber Deutschen aus. Deutsche mit gewöhnlichem Aufenthalt außerhalb der EU oder des EWR müssen ebenso wie Kläger anderer Nationalitäten eine Prozesskostensicherheit leisten. 99

2. Der Arrestgrund der Auslandsvollstreckung nach § 917 II ZPO. § 917 Abs. 2 ZPO wurde 1998 um den zweiten Satz ergänzt. Diesem zufolge kam der Arrestgrund der Auslandsvollstreckung nicht mehr in Betracht, soweit eine Vollstreckung der zu sichernden Entscheidung in einem Mitgliedstaat des EuGVÜ[361] in Rede stand.[362] Die vorhergehende Fassung enthielt eine solche Einschränkung noch nicht und hatte vor dem EuGH keinen Bestand.[363] Obwohl der EuGH dabei wesentliche Aspekte außer Acht ließ,[364] musste die Praxis eine entsprechende Einschränkung schon im Wege der 100

---

[358] Drittes Gesetz zur Änderung des Rechtspflegergesetzes und anderer Gesetze v. 6.8.1998, BGBl. 1998 I 2030.
[359] EuGH, Rs. C-43/95, *Data Delecta u. Forsberg*, Slg. 1996, I-4661; Rs. C-323/95, *Hayes*, Slg. 1997, I-1711; Rs. C-122/96, *Saldanha u. MTS*, Slg. 1997, I-5235 sowie zuvor schon EuGH, Rs. C-20/92, *Hubbard*, Slg. 1993, I-3777; dazu u.a. *Zimmermann*, RIW 1992, 707; *Schlosser*, EuZW 1993, 659; *Bungert*, IStR 1993, 481; *ders.*, EWS 1993, 315; *Wolf*, RIW 1993, 797; *Bork/Schmidt-Parzefall*, JZ 1994, 18; *Rohlfs*, NJW 1995, 2211; *Mankowski*, EWiR § 110 ZPO 1/96, 1151; *Jäger*, EWS 1997, 37; *dies.*, NJW 1997, 1220; *Walker*, EWiR Art. 6 EGV 1/97, 1081; *Czernich*, ÖJZ 1998, 251; *Streinz/Leible*, IPRax 1998, 162; *Ahrens*, ZZP Int. 2 (1997), 155 (erschienen 1998); *Ackermann*, (1998) 35 C.M.L Rev 783; *Ehricke*, IPRax 1999, 311; *Kubis*, ZEuP 1999, 967.
[360] Vgl. ausführlich zu den Verfahren und der Neuregelung *Tönsfeuerborn*, Einflüsse des Diskriminierungsverbots und der Grundfreiheiten der EG auf das nationales Zivilprozessrecht, S. 38–41.
[361] Wenn man denn auf die Erleichterungen der Vollstreckbarerklärung durch Staatsverträge abstellen will, wäre es nur konsequent, auch eine drohende Auslandsvollstreckung in Mitgliedstaaten des LugÜ nicht ausreichen zu lassen; siehe nur *Mankowski*, EWiR § 917 ZPO 1/96, 1007 (1008); *Kropholler/Hartmann*, Die Europäisierung des Arrestgrundes der Auslandsvollstreckung, in: FS Drobnig, 1998, S. 337 (340 f. m.w.N.).
[362] Eingehend dazu *Kropholler/Hartmann*, Die Europäisierung des Arrestgrundes der Auslandsvollstreckung, in: FS Drobnig, 1998, S. 337 (338–344).
[363] EuGH, Rs. C-398/92, *Mund & Fester*, Slg. 1994, I-467.
[364] Siehe die eingehende Kritik von *Mankowski*, NJW 1995, 306; *Schack*, ZZP 108 (1995), 47.

unionsrechtskonformen Auslegung (genauer: Restriktion) des § 917 Abs. 2 ZPO a. F. vornehmen.³⁶⁵ Nach dem EuGH enthielt die Vorgängernorm eine versteckte Form der Diskriminierung, da Auslandsvollstreckungen überwiegend Personen, die nicht die deutsche Staatsangehörigkeit besitzen, betreffen. Die Vollstreckungsrisiken seien in allen Mitgliedstaaten als gleich anzusehen.³⁶⁶ Allein die Notwendigkeit einer Vollstreckung im EU-Ausland kann also keinen Arrestgrund bedeuten.

101 Der Arrestgrund des § 917 Abs. 2 ZPO in seiner derzeit geltenden Fassung nimmt jedoch nicht mehr explizit die Vollstreckung in einem Mitgliedstaat der EU aus, sondern stellt auf die Verbürgung der Gegenseitigkeit ab. Im Anwendungsbereich von Brüssel-I-VO und LugÜ ist die erforderliche Gegenseitigkeit unstrittig gegeben.³⁶⁷ Die Diskriminierungswirkung durch die unwiderlegliche Vermutung unter Verzicht auf eine konkrete Gefährdung wird folglich durch die Gegenseitigkeitsverbürgung im europäischen Raum wieder aufgehoben. Daher wird der Rechtsprechung des EuGH zum diskriminierenden Charakter des § 917 Abs. 2 ZPO a. F. weiterhin entsprochen. § 917 Abs. 1 ZPO bleibt zwar weiterhin auch im Verhältnis zu Mitgliedstaaten trotz Verbürgung der Gegenseitigkeit anwendbar – allerdings ist hier zu beachten, dass es sich nicht um die abstrakte Vermutung der Vollstreckungserschwerung handelt, sondern hier ein konkreter Nachweis erforderlich ist. Tatsächliche Schwierigkeiten bei der Vollstreckung können folglich auch innerhalb der EU berücksichtigt werden und zu einem Arrestgrund führen.³⁶⁸

102 Geklärt ist jedoch nicht, ob die Arrestprivilegierung durch den Arrestgrund der Auslandsvollstreckung in Drittstaaten nur den Entscheidungen deutscher Gerichte oder auch jenen von Gerichten aus EU-Mitgliedstaaten oder Mitgliedstaaten des EuGVÜ bzw. des LugÜ zugute kommt. Eine solche Arrestprivilegierung zu versagen³⁶⁹ könnte mit dem Unionsrecht in zweierlei Hinsicht konfligieren: Zum einen sieht der EuGH die Mitgliedstaaten als einen einheitlichen Rechtsraum an.³⁷⁰ Dies spräche für eine Gleichstellung Brüssel-I-VO-ausländischer mit inländischen Entscheidungen auch hinsichtlich der Arrestprivilegierung.³⁷¹ Indes krankt dieser Ansatz daran, dass seine Prämisse nicht zutrifft. Auch die Brüssel-I-VO kennt noch die Institute der Anerken-

---

³⁶⁵ OLG München, Beschl. v. 17.3.1995, 25 W 952/95, IPRax 1996, 339 = OLG-Report München 1995, 92 (dazu *Roth*, IPRax 1996, 324); OLG Frankfurt/M., Beschl. v. 11.4.1995, 12 W 50/95, RIW 1996, 965 = OLG-Report Frankfurt 1995, 155; OLG Karlsruhe, Urt. v. 7.5.1996, 2 UF 59/96, NJW-RR 1997, 450; OLG Bremen, Beschl. v. 2.8.1996, 5 WF 81/96, IPRspr. 1996 Nr. 199 (dazu *Mankowski*, WiB 1996, 1072); OLG Frankfurt/M., Urt. v. 25.9.1996, 8 U 160/96, IPRspr. 1996 Nr. 200 (dazu *Finger*, FuR 1997, 93); LG Hamburg, Urt. v. 14.8.1996, 317 S 144/96, RIW 1997, 67 (68) (dazu *Mankowski*, EWiR § 917 ZPO 1/96, 1007; *Kaum*, WiB 1997, 1053); LG Köln, Beschl. v. 15.5.1997, 16 O 263/97, ZIP 1997, 1165 = RIW 1998, 238 (dazu *Sinz*, EWiR § 7 KO 1/98, 377).

³⁶⁶ *Tönsfeuerborn*, Einflüsse des Diskriminierungsverbots und der Grundfreiheiten der EG auf das nationale Zivilprozessrecht, S. 42.

³⁶⁷ *Gottwald*, in: MüKO ZPO, 3. Auflage 2008, Art. 31 Brüssel-I-VO Rn. 13.

³⁶⁸ OLG Dresden, Urt. v. 7.12.2006, 21 UF 410/06, NJW-RR 2007, 659; *Drescher*, in: MüKO ZPO, 4. Auflage 2012, § 917 ZPO Rn. 13; *Huber*, in: Musielak ZPO, 10. Auflage 2013, § 917 ZPO Rn. 5–7; *Mankowski*, RIW 2004, 587 (590).

³⁶⁹ So z. B. AG Pirmasens, RIW 1997, 1042; Differenzierend AG Hamburg, IPRspr. 1996 Nr. 197 a S. 477.

³⁷⁰ EuGH, Rs. C-398/92, *Mund & Fester*, Slg. 1994, I-467 Rn. 19.

³⁷¹ OLG Frankfurt/M., Urt. v. 2.12.1998, 13 U 175/98, OLG-Report Frankfurt 1999, 74 (75); LG Hamburg, Urt. v. 14.8.1996, 317 S 144/96, RIW 1997, 67 (68); *Ress*, JuS 1995, 967

nung und Vollstreckbarerklärung von Entscheidungen aus dem einen in einem anderen Mitgliedstaat. Die nationalen Grenzen der Judikative hebt die Brüssel-I-VO nicht auf. Sie schafft keinen EU-weit einheitlichen europäischen Vollstreckungstitel. Ein einheitlicher Rechtsraum, im dem jede Entscheidung überall ipso iure gleiche Wirkungen hätte, besteht gerade nicht.[372] Es gibt keine Grundfreiheit auf ipso iure-Freizügigkeit gerichtlicher Titel.[373]

Indes könnte eine versteckte **Diskriminierung** vorliegen, wenn sich erhärten ließe, dass Arrestkläger aus dem EU-Ausland sich seltener auf § 917 Abs. 2 ZPO berufen können als in Deutschland ansässige Arrestkläger.[374] § 917 Abs. 2 S. 1 ZPO enthält in keinem Fall eine offene Diskriminierung, denn er differenziert weder nach der Staatsangehörigkeit noch nach dem Wohnsitz oder gewöhnlichen Aufenthalt des Arrestklägers.[375] Für die Annahme einer versteckten Diskriminierung werden jedoch drei Argumente vorgebracht: Erstens komme § 917 Abs. 2 S. 1 ZPO als Arrestgrund nur zur Anwendung, soweit eine Vollstreckung in einem Drittstaat in Rede stehe. Wenn man die Vermutung aufstelle, dass in Drittstaaten zumeist Drittstaatsansässige ihr Vermögen hätten, ergebe sich daraus, dass die Vorschrift vornehmlich gegen Ausländer greife.[376] Zweitens fielen die zur Verfügung stehenden Gerichtsstände zumeist mit dem Wohnsitz oder Sitz des Arrestklägers zusammen.[377] Drittens sei die Mehrzahl derjenigen, die im Inland Arrestverfahren anstrengten, im Inland ansässig.[378]

Das erste Argument vermag ersichtlich eine unionsrelevante Diskriminierung nicht zu tragen. Eine Diskriminierung von Nicht-EU-Ausländern, die keine EU-Marktbürger sind, verbietet Art. 18 AEUV nicht. Das zweite Argument erschütterte im Ansatz das gesamte Recht der internationalen Zuständigkeit. Ihm zuwider muss man auch das Gebot effektiven Rechtsschutzes in Rechnung stellen. Im Eilverfahren gebietet dieses, solche Gerichtsstände zur Verfügung zu stellen, die einen schnellen und effektiven Zugriff gewährleisten oder zumindest möglich machen. Allein dem dritten Argument vermag man eine gewisse Berechtigung nicht abzusprechen. Indes könnte man mit ihm das gesamte Zivilprozessrecht zum Einsturz bringen. Natürlich wird vorrangig derjenige im Inland ein Verfahren anstrengen, der im Inland leichten Zugang zu den Gerichten hat. Das ganze Zivilverfahrensrecht betrifft im Inland angestrengte Verfahren

---

(971); *Grunsky*, in: Stein/Jonas, ZPO, 21. Aufl. 1996, § 917 ZPO Rn. 17; *Mennicke*, EWS 1997, 117 (121 f.).

[372] *Mankowski*, NJW 1995, 306 (308); *ders.*, EWiR § 917 ZPO 1/96, 1007 (1008); *Fuchs*, RIW 1996, 280 (286); *dies.*, IPRax 1998, 25 (28).

[373] *Kaum*, WiB 1997, 1053.

[374] *Kropholler/Hartmann*, Die Europäisierung des Arrestgrundes der Auslandsvollstreckung, in: FS Drobnig, 1998, S. 337 (354–358); *Sessler*, WM 2001, 497 (501) sowie *Mennicke*, EWS 1997, 117 (120).

[375] Siehe nur *Mankowski*, NJW 1995, 306 (307); *Mennicke*, EWS 1997, 117 (120); *Kaum*, WiB 1997, 1053; *Kropholler/Hartmann*, Die Europäisierung des Arrestgrundes der Auslandsvollstreckung, in: FS Drobnig, 1998, S. 337 (353 f.).

[376] *Kropholler/Hartmann*, Die Europäisierung des Arrestgrundes der Auslandsvollstreckung, in: FS Drobnig, 1998, S. 337 (355).

[377] *Kropholler/Hartmann*, Die Europäisierung des Arrestgrundes der Auslandsvollstreckung, in: FS Drobnig, 1998, S. 337 (355–357).

[378] *Kropholler/Hartmann*, Die Europäisierung des Arrestgrundes der Auslandsvollstreckung, in: FS Drobnig, 1998, S. 337 (357 f.) sowie *Sessler*, WM 2001, 497 (501).

und wäre deshalb von einem Argument betroffen, dass sich auf die Wahrscheinlichkeit stützt, mit welcher der Verfahrenseinleitende im Inland ansässig ist.

105 Für die Inklusion prospektiver Entscheidungen aus dem EU-Ausland spricht auch Art. 47 Abs. 1 Brüssel-I-VO, der statuiert, dass der Kläger bei einer nach der Brüssel-I-VO anzuerkennenden Entscheidung die Möglichkeit hat, einstweilige Maßnahmen (wie auch den Arrest) nach dem Recht des Vollstreckungsmitgliedstaates ohne Vollstreckbarerklärung zu nutzen.[379] Mitgliedstaatliche Entscheidungen sollen auf demselben Absicherungsniveau stehen können wie inländische Entscheidungen.[380]

VI. Revision und Wiederaufnahme bei fehlerhafter Anwendung des Unionsrechts

106 **1. Fehlerhafte Nichtzulassung der Revision.** Nach dem Wegfall der Streitwertrevision entscheidet gemäß § 543 ZPO nur noch das Berufungsgericht über die **Zulassung der Revision.** Das Revisionsgericht ist gemäß § 543 Abs. 2 S. 2 ZPO an die Zulassung der Revision durch das Berufungsgericht gebunden. Gebunden war es vor der ZPO-Reform auch an die Nichtzulassung.[381] Dies galt selbst bei einem Rechtsirrtum des Berufungsgerichts über die Zulassungsvoraussetzungen.[382] Die ZPO kannte bis zum 1.1.2002 und dem Inkrafttreten des § 544 ZPO anders als VwGO und FGO kein Institut der **Nichtzulassungsbeschwerde.** Unionsrechtliche Relevanz konnte dies erlangen, wenn das Berufungsgericht verkannt hatte, dass im konkreten Rechtsstreit unionsrechtliche Fragen eine Vorlage des Revisionsgerichts an den EuGH nach Art. 267 Abs. 3 AEUV erforderlich machten.[383] Solche unionsrechtlichen Fragen verliehen dem Rechtsstreit grundsätzliche Bedeutung damals im Sinne des § 546 Abs. 1 S. 2 Nr. 1 ZPO a. F.,[384] heute im Sinne des § 543 Abs. 2 S. 1 Nr. 1 ZPO Abhilfe gegen die Bindung an die Nichtzulassung durch das Berufungsgericht erschien zur Wahrung der Unionstreue aus Art. 4 Abs. 3 EUV geboten.[385] Rechtstechnisch ließ sich solche Abhilfe dadurch verwirklichen, dass das Revisionsgericht eine fristgerecht eingelegte Revision annahm und insoweit keine Bindung an die Nichtzulassung durch das Berufungsgericht bestand.[386] Abhilfe erschien jedoch nicht möglich, wenn die in der Berufungsinstanz belastete Partei keine Revision einlegte. Die Nichtzulassungsbeschwerde als Institut einzuführen wäre ein zu schwer wiegender Struktureingriff in das Zivilprozessrecht gewesen, als dass er im Wege richterlicher Rechtsfortbildung hätte geleistet werden können.

107 **2. Aufhebung des nationalen Urteils bzw. Wiederaufnahme des Verfahrens.** Eine parallele Problematik ergibt sich auch heute noch, wenn sich nach rechtskräfti-

---

[379] Ausführlich dazu *Heinze,* EuR 2008, 654 (685 f.)
[380] Ausführlich dazu *Heinze,* EuR 2008, 654 (685 f.)
[381] BGH, Beschl. v. 26.9.1979, VIII ZR 87/79, NJW 1980, 344.
[382] BGHZ 76, 305 = NJW 1980, 1626; BGH, Beschl. v. 23.1.1980, IV ZR 217/79, FamRZ 1980, 233, 234.
[383] *Koch,* EuZW 1995, 78 (83).
[384] Siehe BVerwG, Beschl. v. 22.7.1986, 3 B 104/85, LRE 19, 93 (94); BVerwG, Beschl. v. 22.10.1986, 3 B 43/86, LRE 20, 30 (31) für die parallele Frage im Verwaltungsprozess.
[385] *Koch,* EuZW 1995, 78 (83).
[386] *Koch,* EuZW 1995, 78 (83).

gem Abschluss eines Verfahrens herausstellt, dass das entscheidungsfällende Gericht Unionsrecht falsch angewandt hat. Eine solche nachlaufende Entwicklung kann sich namentlich durch eine später ergehende Entscheidung des EuGH ergeben. Für den nationalen Prozess stellt sich dann die Frage nach einer möglichen Aufhebung des Urteils oder der **Wiederaufnahme des Prozesses.**

Wird durch den EuGH nachträglich die Unionsrechtswidrigkeit einer nationalen Entscheidung festgestellt, so führt dies nicht automatisch zur Aufhebung der Entscheidung, denn der EuGH hält nicht die Funktion einer Superrevisionsinstanz über den nationalen Gerichten.[387] Der betreffende Mitgliedstaat ist lediglich nach Art. 260 AEUV gezwungen, diejenigen erforderlichen Maßnahmen zu ergreifen, die sich aus dem Urteil ergeben. Der genaue Inhalt dieser Pflicht ist strittig.[388] Die Aufhebung eines nationalen Urteils kann demzufolge auch nur auf nationaler Ebene stattfinden. Es stellt sich also die Frage, ob die Mitgliedstaaten aus Art. 260 AEUV verpflichtet sind, Verfahren zu schaffen, durch die gegen das Unionsrecht verstoßende Entscheidungen aufgehoben werden können. In der Rechtssache Kapferer[389] hatte der EuGH noch deutlich betont, dass das Unionsrecht nicht verlange, dass ein Mitgliedstaat von seinen Regelungen der Rechtskraft abweicht; d. h. das also kein Gebot zur Aufhebung rechtskräftiger unionsrechtswidriger Entscheidungen bestehe.[390] Zur Begründung wird unter anderem angeführt, dass das Unionsrecht lediglich die Ausnutzung bestehender Verfahren erfordere, nicht die Schaffung neuer. Wenngleich dies die Grundlinie des EuGH ist, so hat er dennoch die Frage der Beibehaltung der nationalen Rechtskraft bisweilen relativiert.[391] Im Ausnahmefall muss also diskutiert werden, ab welchem Umfang eines Gemeinschaftsrechtsverstoßes eine Überwindung der nationalen Rechtskraft angezeigt ist – zu bejahen ist dies sicherlich, in den Fällen, in denen ein Nationalstaat die unionsrechtliche Regelung gezielt zu unterlaufen sucht, gegebenenfalls auch bei Verletzung von Gemeinschaftsgrundrechten.[392] Für den Regelfall gilt jedoch die Beibehaltung der Rechtskraft des gemeinschaftsrechtswidrigen Urteils auf Basis des geltenden Rechts, eine Aufhebung ist hier bislang nicht möglich.[393]

In § 580 ZPO ist ein entsprechender **Wiederaufnahmegrund** auch nach der ZPO-Reform nicht aufgeführt. Bei strengem und wortlautgetreuem Verständnis scheidet eine Wiederaufnahme daher aus.[394] Dafür streitet auch, dass der Gesetzgeber generell die nachträgliche Änderung der Rechtslage durch neue höchstrichterliche Rechtsprechung nicht zum Wiederaufnahmegrund erhoben hat.[395] Eine verfahrensrechtsvergleichende Umschau in den Prozessrechten der anderen Mitgliedstaaten sichert dies ab.[396] Eine solche Umschau kann deshalb Bedeutung haben, weil sie allgemeine Prozessrechtsgrundsätze auch für die prozessuale Umsetzung des Unionsrechts im

---

[387] MwN *Poelzig,* JZ 2007, 858 (859).
[388] MwN *Poelzig,* JZ 2007, 858 (859, Fn. 18).
[389] EuGH, Rs. C-234/04, *Kapferer/Schlank und Schick,* Slg. 2006 I-2585.
[390] *Ruffert,* JZ 2006, 905 (905 f.); *Poelzig,* JZ 2007, 858 (860).
[391] Sehr ausführlich dazu *Poelzig,* JZ 2007, 858 (860-862).
[392] Vgl. *Ruffert,* JZ 2006, 905 (906); ähnlich *Poelzig,* JZ 2007, 858 (862).
[393] *Poelzig,* JZ 2007, 858 (864).
[394] BFHE 123, 310 (312) = BStBl. II 1978, 21 = DVBl 1978, 501.
[395] BFHE 123, 310 (312) = BStBl. II 1978, 21 = DVBl 1978, 501.
[396] *Koch,* EuZW 1995, 78 (84 mit Nachweisen).

Rahmen der nationalen Prozessrechte indizieren kann.[397] Dies könnte den Konflikt zwischen voller Effektivität des Unionsrechts und der Rechtskraft von Entscheidungen zu Gunsten der Rechtskraft ausgehen lassen. Die Gegenposition bestünde in einer analogen Anwendung des § 580 Nrn. 6, 7 oder 8 ZPO,[398] um dem Unionsrecht seine volle Effektivität zu verleihen.[399] Die Einfügung von § 580 Nr. 8 ZPO im Jahre 2006 macht deutlich, dass die Durchbrechung der Rechtskraft aufgrund einer Entscheidung eines außerhalb des nationalen Instanzenzugs stehenden Gerichts jedenfalls nicht gänzlich abgelehnt wird.[400] In einem Umkehrschluss aus § 580 Nr. 8 ZPO ist demzufolge auch in diesem Fall anzuwenden. Nur so kann eine effektive Anwendung des Unionsrechts und – in Parallele zur EMRK – seiner Grundrechte gewährleistet werden.

VII. Prozessbürgschaft einer Bank aus dem EU-Ausland

110 § 108 ZPO a. F. verwies für die Tauglichkeit von **Prozessbürgen** implizit auf § 239 BGB. Nach § 239 Abs. 1 BGB ist zur Sicherheitsleistung tauglicher Bürge, wer ein der Höhe der zu leistenden Sicherheit angemessenes Vermögen besitzt und seinen allgemeinen Gerichtsstand im Inland hat. Nach § 108 Abs. 1 S. 2 Var. 1 ZPO ist heute die Bürgschaft eines im Inland zum Geschäftsbetrieb befugten **Kreditinstituts** Regelsicherheit. Problematisch ist das Merkmal der Zulassung im Inland bzw. unter altem Recht das Merkmal des allgemeinen Gerichtsstandes im Inland. Zulassung im Inland meint das Bestehen einer Niederlassung im Inland. Ob man das grenzüberschreitende Stellen einer Bankbürgschaft als Kapitaltransfer[401] oder als Dienstleistung[402] versteht, hat als systematische Einordnungsfrage Bedeutung. In Rede steht je nach Einordnung ein Verstoß gegen Art. 56 AEUV oder gegen Art. 63 AEUV. Eine Besonderheit liegt in jedem Fall darin, dass primär[403] nicht Rechte einer der Prozessparteien betroffen sind, sondern Grundfreiheiten eines Dritten. Zulassung im Inland, d. h. Begründung einer Niederlassung im Inland, oder generelle Ansässigkeit im Inland sind diskriminierende Merkmale. Die Grundfreiheiten sind aber besondere Diskriminierungsverbote.

---

[397] *Koch,* EuZW 1995, 78 (79–82) unter Hinweis auf EuGH, verb. Rs. 7/56 und 3/57 bis 7/57, *Algera u. a.,* Slg. 1957, 86 (118); Rs. 33/76, *Rewe/Landwirtschaftskammer Saarland,* Slg. 1976, 1989 (1998 Rn. 5).

[398] Zur analogen Anwendung von § 580 Nr. 6 ZPO, *Poelzig,* JZ 2007, 858 (867); ablehnend auch *Musielak,* in: Musielak ZPO, 10. Auflage 2013, § 580 Rn. 12; die analoge Anwendung von § 570 Nr. 7 ZPO ablehnend OLG Köln, Urt. v. 31.3.2004, 6 U 158/03, NJOZ 2004, 2764.

[399] *Meier,* EuR 1976, 158 (160 f.); *ders.,* EuZW 1991, 11 (14); *Huthmacher,* Der Vorrang des Unionsrechts bei indirekten Kollisionen, 1985, S. 214 f.; *Bernhardt,* Verfassungsprinzipien, Verfassungsfunktion, Verfassungsprozessrecht, 1987, S. 341 f.

[400] *Poelzig* JZ 2007, 858 (864); zu § 580 Nr. 8 ZPO *Musielak,* in: Musielak ZPO, 10. Auflage 2013, § 580 Rn. 24.

[401] So OLG Düsseldorf, Beschl. v. 18.9.1995, 4 U 231/93, ZIP 1995, 1667 (1668) = WM 1995, 1993; *Retemeyer,* Sicherheitsleistung durch Bankbürgschaft, 1995, S. 51 f.; *Taupitz,* Prozessbürgschaft durch ausländische Kreditinstitute?, in: FS Lüke, 1997, S. 845 (857 f.).

[402] So *Ehricke,* EWS 1994, 259 (261); *ders.,* RabelsZ 59 (1995), 598 (607); *Mülbert,* ZHR 159 (1995), 2 (29); *Mankowski,* EWiR § 108 ZPO 1/95, 1035 (1036); *ders.,* WuB VII A. § 108 ZPO 1.96, 187 (188); *Ralle,* WiB 1996, 87 (88); *Fuchs,* RIW 1996, 280 (284); *Reich,* ZBB 2000, 177 (178); mit Differenzierungen auch *Schöne,* WM 1989, 873 (876).

[403] Sekundär mag man auch die passive Dienstleistungsfreiheit, die Dienstleistungsempfangsfreiheit der zur Sicherheitsleistung verpflichteten Prozesspartei wie des begünstigten Bürgschaftsgläubigers beeinträchtigt sehen (*Reich,* ZBB 2000, 177 (177)).

Sowohl die Dienstleistungsfreiheit als auch die **Kapitalverkehrsfreiheit** stellen 111
strenge Anforderungen an eine Rechtfertigung für Diskriminierungen. In Betracht
kommen dafür nur Belange der öffentlichen Ordnung. Eine Rechtfertigung durch
zwingende Erfordernisse des Allgemeinwohls wäre dagegen nur bei nichtdiskriminierenden Beschränkungen möglich.[404] Die öffentliche Ordnung ist für Dienstleistungsfreiheit wie für Kapitalverkehrsfreiheit ausländerpolizeirechtlich zu verstehen.
Eine tatsächliche und hinreichend schwere Gefährdung muss Grundinteressen der
Gesellschaft berühren.[405] Art. 6 Abs. 1 lit. b Var. 3 AEUV ist insoweit nicht anders auszulegen als Art. 52 Abs. 1 i. V. m. Art. 62 AEUV.[406] Der Schutz von Individualbelangen
einzelner Drittbetroffener fällt nicht darunter.[407] § 108 Abs. 1 S. 2 ZPO wie § 239 Abs. 1
BGB können sich aber nur auf Individualbelange des Bürgschaftsgläubigers stützen, die
Nachteile einer Vollstreckung im Ausland mit ihren zusätzlichen Kosten und Mühen
zu vermeiden.[408] Die in ihnen bei wörtlichem Verständnis angelegte Diskriminierung
lässt sich daher europarechtlich nicht rechtfertigen.[409] Auf EuGVVO, EuGVÜ oder
LugÜ kommt es dabei überhaupt nicht an.[410]

Bestätigung findet dies in der Ambry-Entscheidung des EuGH: Dieser zufolge 112
verstieß die im französischen Recht für Sicherheitsleistungen im Zusammenhang mit
der Pauschalreise-Richtlinie bestehende Pflicht, eine zweite Sicherheit durch ein in
Frankreich ansässiges Institut stellen zu lassen, wenn eine erste Sicherheit von einem
im EU-Ausland ansässigen Finanzinstitut gestellt war, gegen Art. 66 AEUV, ohne dass
dies unionsrechtlich gerechtfertigt gewesen wäre.[411]

Geboten ist eine **Inländergleichbehandlung** von Bürgen (insbesondere Banken), die 113
im EU-Ausland ansässig sind. Mittel dafür ist eine europarechtskonforme Extension
des § 108 Abs. 1 S. 2 ZPO und des § 239 Abs. 1 BGB. Abzustellen ist nicht mehr auf eine
Niederlassung im Inland oder den allgemeinen Gerichtsstand in Deutschland, sondern
auf den allgemeinen Gerichtsstand in einem EU- oder EWR-Mitgliedstaat.[412] Teilweise

---

[404] Siehe nur *Ehricke*, EWS 1994, 259 (261 f.) mit umfangreichen Nachweisen aus der Rechtsprechung des EuGH.
[405] EuGH, Rs. 30/77, *Bouchereau*, Slg. 1977, 1999, Rn. 33/35.
[406] *Weber*, EuZW 1992, 561 (563); *Mankowski*, WuB VII A. § 108 ZPO 1.96, 187 (188 f.); auch *Taupitz*, Prozessbürgschaft durch ausländische Kreditinstitute?, in: FS Lüke, 1997, S. 845 (858).
[407] *Ehricke*, EWS 1994, 259 (262); *Mankowski*, EWiR § 108 ZPO 1/95, 1035 (1036); *ders.*, WuB VII A. § 108 ZPO 1.96, 187 (189); *Taupitz*, Prozessbürgschaft durch ausländische Kreditinstitute?, in: FS Lüke, 1997, S. 845 (860 f.).
[408] *Foerste*, ZBB 2001, 483, (484, 486).
[409] OLG Hamburg, Beschl. v. 4.5.1995, 5 U 118/93, NJW 1995, 2859; OLG Düsseldorf, Beschl. v. 18.9.1995, 4 U 231/93, ZIP 1995, 1667 (1668) = WM 1995, 1993; *Ehricke*, EWS 1994, 259 (262); *ders.*, RabelsZ 59 (1995), 598 (607); *Mülbert*, ZHR 159 (1995), 2 (31); *Toth*, EWS 1995, 281 (282); *Retemeyer*, Sicherheitsleistung durch Bankbürgschaft, 1995, S. 52; *Ralle*, WiB 1995, 602; *dies.*, WiB 1996, 87 (88); *Mankowski*, EWiR § 108 ZPO 1/95, 1035 (1036); *ders.*, WuB VII A. § 108 ZPO 1.96, 187 (189); *Zeller*, EWiR § 108 ZPO 2/95, 1139; *Taupitz*, Prozessbürgschaft durch ausländische Kreditinstitute?, in: FS Lüke, 1997, S. 845 (861); *Reich*, ZBB 2000, 177 (178–180) sowie OLG Koblenz, Beschl. v. 29.3.1995, 2 W 105/95, RIW 1995, 775 = EWS 1995, 282.
[410] Dies übersehen OLG Düsseldorf, Beschl. v. 18.9.1995, 4 U 231/93, ZIP 1995, 1667, 1668 = WM 1995, 1993; *Ralle*, WiB 1995, 602; *Reich*, ZBB 2000, 177 (179 f.).
[411] EuGH, Rs. C-410/96, *Ambry*, Slg. 1998, I-7875 Rn. 22–40.
[412] *Ehricke*, EWS 1994, 259 (262); *Retemeyer*, Sicherheitsleistung durch Bankbürgschaft, 1995, S. 54; *Heinrichs*, in: Palandt, BGB, 61. Aufl. 2002, § 239 BGB Rn. 1; ähnlich *Stadler* in: 50 Jahre BGH – Festgabe aus der Wissenschaft, Bd. III, 2000, S. 645 (647) (gebundene Ermessensentschei-

wurden zusätzliche einschränkende Kautelen aufgestellt:[413] Erstens müssten in der Bürgschaftsurkunde deutsches Recht und ein deutscher Gerichtsstand vereinbart werden;[414] zweitens müsse der Bürge einen inländischen Zustellungsbevollmächtigten benennen; drittens dürfe eine Auslandsvollstreckung nur in Mitgliedstaaten des EuGVÜ oder des LugÜ in Betracht kommen. Zumindest die ersten beiden dieser Kautelen wären ihrerseits diskriminierend, weil sie rein inlandsbezogen sind. unionsrechtlich lassen sie sich nicht halten.[415] Im EU- oder EWR-Ausland ansässige Kreditinstitute dürfen sich zwar nach § 53 b Abs. 2, 7 KWG erleichtert und über eine Zweigniederlassung sogar ohne besonderes behördliches Zulassungsverfahren in Deutschland niederlassen. Das verschlägt aber nicht, soweit die Niederlassung im Inland Voraussetzung der Regelsicherheit wäre. Denn dahinter steckte doch ein mittelbarer Zwang dazu, eine Niederlassung in Deutschland zu begründen, um in den Markt für Prozessbürgschaften effektiv einbrechen zu können. Der Korrespondenzabschluss vom Ausland aus ohne die Kosten einer festen inländischen Präsenz bliebe mittelbar verwehrt.[416] Es kann auch keinen Unterschied machen, ob es unter neuem Recht um die Anerkennung als Regelsicherheit oder unter altem Recht um die Anerkennung als Sicherheit überhaupt geht.[417] Die Unterschiede sich graduell, ändern aber nichts am prinzipiell diskriminierenden und deshalb zu beseitigenden Charakter.

114   Inländergleichbehandlung heißt dagegen nicht, dass man hinsichtlich der persönlichen Anforderungen Bürgen aus dem EU-Ausland anders beurteilen müsste oder dürfte als inländische Bürgen. An der Anforderung, dass der Bürge hinreichendes Vermögen haben müsse, ändert sich nichts.[418] Die **Bonität des Bürgen** ist weiterhin zu prüfen.[419] Unionsrechtlich ist das Erfordernis zulässig, dass ein Nachweis für die Tauglichkeit der zu stellenden Sicherheit nach bestimmten und objektiv festgelegten Kriterien erbracht werden muss.[420] Die entsprechende Prüfung kann bei Bürgen aus dem Ausland aufwendiger sein,[421] jedoch ist dies einzelfallabhängig.[422] Ein wichtiges Indiz ist, ob die bürgende Bank in ihrem Sitzstaat als **Zoll- oder Steuerbürge** zugelassen ist.[423]

---

dung). Über eine – nach der hier vertretenen Ansicht – weitere Ausdehnung auf Banken mit Sitz in Mitgliedstaaten des LugÜ, aber nicht der EU oder des EWR (dafür *Fuchs*, RIW 1996, 280 (286)) bleibt nachzudenken. Betroffen wären davon namentlich Banken in der Schweiz.

[413] OLG Hamburg, Beschl. v. 4.5.1995, 5 U 118/93, NJW 1995, 2859; dazu *Toth*, EWS 1995, 280; *Mankowski*, EWiR § 108 ZPO 1/95, 1035.
[414] So auch *Reich*, ZBB 2000, 177 (180); ähnlich *Fuchs*, RIW 1996, 280 (289).
[415] *Mankowski*, EWiR § 108 ZPO 1/95, 1035 (1036); ders., WuB VII A. § 108 ZPO 1.96, 187 (188).
[416] Vgl. *Foerste*, ZBB 2001, 483 (486 f.), der dieses Ergebnis durchaus befürwortet.
[417] Entgegen *Foerste*, ZBB 2001, 483 (486 f.).
[418] OLG Koblenz, Beschl. v. 29.3.1995, 2 W 105/95, RIW 1995, 775 = EWS 1995, 282 (283); *Retemeyer*, Sicherheitsleistung durch Bankbürgschaft, 1995, S. 54; *Taupitz*, Prozessbürgschaft durch ausländische Kreditinstitute?, in: FS Lüke, 1997, S. 845 (861).
[419] *Mankowski*, WuB VII A. § 108 ZPO 1.96, 187 (189).
[420] GA *Mischo*, SchlA Rs. C-410/96, *André Ambry*, Slg. 1998, I-7877, 7887 f. Nr. 36.
[421] OLG Koblenz, Beschl. v. 29.3.1995, 2 W 105/95, RIW 1995, 775 = EWS 1995, 282 (283); *Retemeyer*, Sicherheitsleistung durch Bankbürgschaft, 1995, S. 54.
[422] *Taupitz*, Prozessbürgschaft durch ausländische Kreditinstitute?, in: FS Lüke, 1997, S. 845 (861 Fn. 68).
[423] *Mankowski*, WuB VII A. § 108 ZPO 1.96, 187 (189).

VIII. Exkurs: Handelsregistergebühren für gesellschaftsrechtliche Eintragungen

1. Fantask-Rechtsprechung des EuGH. Art. 10 lit. c RL 69/335/EWG[424] verbietet den Mitgliedstaaten von Gesellschaften – abgesehen von der Gesellschaftssteuer – Steuern oder Abgaben auf die Registereintragung oder sonstigen Formalitäten zu erheben, welche der Aufnahme der operativen Gesellschaftstätigkeit wegen der Rechtsform der Gesellschaft zwingend vorangeht. Allerdings gestattet Art. 12 Abs. 1 lit. e RL 69/335/ EWG, Gebühren für die Eintragung zu erheben. Eine **Gebühr** liegt jedoch nach den Entscheidungen Fantask, Agas, Modelo I, Modelo II, IGI und SONAE des EuGH nur dann vor, wenn sie aufwandsbezogen berechnet wird.[425] Der Gebühr als Gegenleistung muss die Verwaltungsleistung in ihrem Wert entsprechen. Dies ist nicht der Fall, wenn die so genannten Gebühren für Eintragungen nicht nach dem Verwaltungsaufwand, sondern nach dem Wert des einzutragenden Gegenstands bemessen werden. Solche wertabhängigen „Gebühren", die mit steigendem Gegenstandswert mitsteigen, stehen außer Verhältnis zu den Kosten, welche der Verwaltung bei der Eintragungsförmlichkeit entstehen.[426] Sie sind deshalb keine Gebühren im Sinne des Art. 12 Abs. 1 lit. e RL 69/335/EWG, sondern unzulässige Abgaben.[427] Darauf können sich die Unionsbürger gegenüber den Registerverwaltungen berufen. Denn Richtlinien haben bei hinreichender inhaltlicher Bestimmtheit der einzelnen Vorschrift eine vertikale Direktwirkung gegen den fehlerhaft umsetzenden Mitgliedstaat.[428] Diese Voraussetzungen sind konkret erfüllt.[429]

Im deutschen Kostenrecht kann die **Fantask-Rechtsprechung** rechtstechnisch dadurch berücksichtigt werden, dass **Kostenbescheiden** ein **Vorbehalt der Vorläufigkeit** bis zur gesetzlichen Neuregelung hinzugefügt wird.[430] Eine Alternative bestünde darin, dass die Register- und Beschwerdegerichte Mindestwerte für zweifelsfrei entstandene Kosten ansetzen.[431] Unionsrechtlich wäre dies nicht zu beanstanden. Denn insoweit ist keine strenge Einzelbewertung nach konkreten Kosten verlangt, vielmehr reicht eine

---

[424] RL 69/335/EWG des Rates v. 17.7.1969 betreffend die indirekten Steuern auf die Ansammlung von Kapital, ABl. 1969 L 249/25.
[425] EuGH, Rs. C-188/95, *Fantask u.a*, Slg. 1997, I-6783 Rn. 29-31; Rs. C-152/97, *Agas*, Slg. 1998, I-6553 Rn. 21; Rs. C-56/98, *Modelo* I, Slg. 1999, I-6427 Rn. 24-32; Rs. C-19/99, *Modelo II*, Slg. 2000, I-7213 Rn. 16–27 (dazu *Ehrke*, ELR 2000, 371); Rs. C-134/99, *IGI*, Slg. 2000, I-7717 Rn. 22-35 (dazu *Ehrke*, ELR 2000, 413); Rs. C-206/99, *SONAE – Tecnologia de Informao SA/Direco-Geral dos Registos e Notariado*, Slg. 2001, 4679 Rn. 21-43.
[426] EuGH, Rs. C-188/95, *Fantask u.a*, Slg. 1997, I-6783 Rn. 29-31; LG Frankenthal, Beschl. v. 14.1.1999, 1 HK T 5/98, NJW 1999, 1343 = WM 1999, 1634 (1635).
[427] Ökonomische Analyse der Fantask-Rechtsprechung bei *Arrunada*, Eur. J. L. & Econ. 11 (2001), 281.
[428] Ständige Rechtsprechung des EuGH seit EuGH, Rs. 9/70, *Grad/Finanzamt Traunstein*, Slg. 1970, 825 Rn. 5 und 10.
[429] EuGH, Rs. C-56/98, *Modelo I*, Slg. 1999, I-6427 Rn. 34; Rs. C-19/99, *Modelo SGPS SA/Director-Geral dos Registos e Notariado*, Slg. 2000, I-7213; Rs. C-134/99, *IGI Investimentos Imobiliários SA/Fazenda Pública*, Slg. 2000, I-7717 Rn. 37.
[430] OLG Zweibrücken, Beschl. v. 23.6.1999, 3 W 107/99, WM 1999, 1631 (1634); OLG Zweibrücken, Beschl. v. 8.11.1999, 3 W 219/99, NJW-RR 2000, 1094 (1095); LG Frankenthal, Beschl. v. 14.1.1999, 1 HK T 5/98, NJW 1999, 1343 = WM 1999, 1634 (1635).
[431] So LG Hildesheim, Beschl. v. 3.6.1998, 11 T 4/98, WM 1998, 2373 (2375).

durchschnittliche Berechnung typischer Eintragungskosten aus.⁴³² Der EuGH erlaubt selber, dass die allgemeinen Kosten der zuständigen Registerverwaltung miteinbezogen werden können, soweit sie auf die entsprechenden Vorgänge entfallen.⁴³³ Sämtliche mit der Eintragung zusammenhängenden Kosten, insbesondere Sach- und Personalkosten, dürfen berücksichtigt werden.⁴³⁴

117 **Mischkalkulationen** innerhalb der handelsregistergerichtlichen Eintragungen sind also in Grenzen möglich.⁴³⁵ Andere Eintragungen und andere Aufgaben der Registerbehörde müssen aber, selbst wenn sie isoliert Defizite produzieren, außer Betracht bleiben.⁴³⁶ Beim Wert der Eintragung als Grundlage der Gebührenbemessung müssen mittelbare wirtschaftliche oder rechtliche Vorteile außer Betracht bleiben.⁴³⁷ Unerheblich ist auch die Bedeutung und Größe der Gesellschaft, sodass eine Quersubventionierung kleinerer durch größere Gesellschaften nicht stattfindet.⁴³⁸

118 Weitere Konsequenz muss ein **Anspruch** der Beteiligten **auf Rückforderung** in der Vergangenheit erhobener, nicht am tatsächlichen Verwaltungsaufwand orientierter Gebühren sein, soweit diese den tatsächlichen Verwaltungsaufwand übersteigen.⁴³⁹ Nur so lässt sich die grundsätzliche ex tunc-Wirkung von Entscheidungen des EuGH sichern.⁴⁴⁰

119 **2. Sachliche Reichweite bei Handelsregistergebühren.** Die sachliche Reichweite der Fantask-Rechtsprechung bedarf der Überlegung. Fantask selber trifft eine klare Aussage für die Eintragung von Kapitalgesellschaften und von Kapitalerhöhungen bei Kapitalgesellschaften.⁴⁴¹ Die Entscheidung Gas betrifft einen Sonderfall, aus dem sich verallgemeinerungsfähige Aussagen kaum ableiten lassen. Ihr lässt sich jedoch entnehmen, dass man genau prüfen sollte, ob die tatbestandlichen Voraussetzungen des Art. 10 lit. c RL 69/335/EWG in der einzelnen Konstellation wirklich erfüllt sind.⁴⁴² Allerdings ist daneben über Art. 10 lit. a RL 69/335/EWG auch Art. 4 RL 69/335/EWG zu beachten. Aus ihm ergibt sich die sachliche Einbeziehung von Erhöhungen des Gesellschaftsvermögens durch Gesellschafterleistungen und des Gesellschaftskapitals aus Gesellschaftsmitteln.⁴⁴³

---

⁴³² EuGH, Rs. C-188/95, *Fantask u.a*, Slg. 1997, I-6783 Rn. 29-31; *Gustavus*, ZIP 1998, 502 (503); *Knut Werner Lange*, WuB II N. Art. 10 RL 85/303/EWG 1.99, 252 (253).
⁴³³ EuGH, Rs. C-188/95, *Fantask u.a*, Slg. 1997, I-6783 Rn. 29-31; Rs. C-206/99, *SONAE – Tecnologia de Informao SA/Direco-Geral dos Registos e Notariado*, Slg. 2001, 4679 Rn. 20-43.
⁴³⁴ EuGH, Rs. C-188/95, *Fantask u.a*, Slg. 1997, I-6783 Rn. 34; EuGH, Rs. C-206/99, *SONAE – Tecnologia de Informao SA/Direco-Geral dos Registos e Notariado*, Slg. 2001, 4679 Rn. 20-43.
⁴³⁵ *Gustavus*, ZIP 1998, 502 (503).
⁴³⁶ *Gustavus*, ZIP 1998, 502 (503).
⁴³⁷ EuGH, Rs. C-206/99, *SONAE – Tecnologia de Informao SA/Direco-Geral dos Registos e Notariado*, Slg. 2001, 4679 Rn. 20-43.
⁴³⁸ EuGH, Rs. C-206/99, *SONAE – Tecnologia de Informao SA/Direco-Geral dos Registos e Notariado*, Slg. 2001, 4679 Rn. 20-43.
⁴³⁹ EuGH, Rs. C-134/99, *IGI*, Slg. 2000, I-7717 Rn. 22–35. Eingehend dazu, insbesondere zur Verjährung solcher Ansprüche, *Gustavus*, ZIP 1998, 502 (504); *Sprockhoff*, NZG 1999, 747 (750f.); *Wolf*, ZIP 2000, 949.
⁴⁴⁰ *Ehrke*, ELR 2000, 413 (415).
⁴⁴¹ Dem folgend LG Frankenthal, Beschl. v. 14.1.1999, 1 HK T 5/98, NJW 1999, 1343 = WM 1999, 1634 (1635).
⁴⁴² Vgl. *Vogt*, WuB II N. Art. 12 RL 69/335/EWG 2.99, 604 (606).
⁴⁴³ *Sprockhoff*, NZG 1999, 747 (749).

Art. 4 Abs. 1 litt. a–c RL 69/335/EWG bilden zugleich die Differenzierungslinie 120
dafür, in welchem Umfang die Fantask-Grundsätze für formwechselnde **Umwandlungen** oder für **Verschmelzungen** nach dem UmwG greifen.[444] Die deutschen Gerichte
wenden die Fantask-Grundsätze in weitem Umfang an. Sie haben diese ausgedehnt auf
die **Eintragung von Zweigniederlassungen** inländischer Kapitalgesellschaften,[445] die
Eintragung von Zweigniederlassungen ausländischer Kapitalgesellschaften[446] und die
Eintragung einer **Prokura**.[447] Dagegen soll das Verfahren zur Ergänzung des Aufsichtsrates nach § 104 Abs. 2, 3 AktG keine für die Tätigkeit der Gesellschaft wesentliche
Förmlichkeit betreffen und nicht unter die Fantask-Rechtsprechung fallen.[448]

Der EuGH hat entschieden, dass die Gebühren für Beurkundungen und Beglaubigungen der **Notare** im Landesdienst Baden-Württembergs mit Art. 10 lit. c RL 69/335/ 121
EWG nicht vereinbar sind.[449] Bei diesen besteht die Besonderheit der quasi-beamteten
Stellung. Die Gebühren der selbständig und freiberuflich tätigen Notare dagegen sind
keine Steuern, da sie weder dem Staat zufließen noch für allgemeine staatliche Zwecke
eingesetzt werden, sondern Einkünfte von Privatpersonen darstellen.[450]

Zumindest einzelne Justizverwaltungen sehen die Eintragungen folgender Gegen- 122
stände als erfasst an: Bargründung; Sachgründung; Kapitalerhöhung; Satzungsänderungen; inländische Zweigniederlassungen; Neueintragungen und Veränderungen im
HRA.[451] Durch Art. 10 lit. c RL 69/335/EWG geboten ist eine solche Ausdehnung
dieses Umfangs nicht zwingend.[452]

Bei der Eintragung von inländischen Niederlassungen ausländischer Kapitalgesell- 123
schaften ist allerdings zu beachten, dass die ausländischen Kapitalgesellschaften als
solche im Inland nicht eingetragen werden können, die Errichtung einer Zweigniederlassung also eine ähnliche Bedeutung hat wie die Errichtung einer deutschen Gesellschaft.[453] Hinzu kommt die wirtschaftliche Austauschbarkeit inländischer (unselbständiger) Zweigniederlassungen und inländischer Tochtergesellschaften für das operative

---

[444] Eingehend *Sprockhoff,* NZG 1999, 747 (749 f.).
[445] BayObLG, Beschl. v. 25.11.1998, 3Z BR 164/98, NJW 1999, 652 (653 f.) = WM 1999, 1622, (1623–1625) (dazu *Keil,* EWiR § 26 KostO 3/99, 223; *Bortloff,* BB 1999, 492; *Vogt,* WuB II N. Art. 10 RL 85/303/EWG 2.99, 983); BayObLG, Beschl. v. 2.12.1998, 3Z BR 244/98, WM 1999, 1625 (1626 f.) = ZIP 1999, 363 (dazu *Gustavus,* EWiR § 26 KostO 2/99, 221); OLG Zweibrücken, Beschl. v. 23.6.1999, 3 W 107/99, WM 1999, 1631 (1632, 1633); LG Hildesheim, Beschl. v. 3.6.1998, 11 T 4/98, WM 1998, 2373 (2374 f.) (dazu *Lange,* WuB II N. Art. 10 RL 85/303/EWG 1.99, 252).
[446] BayObLG, Beschl. v. 9.12.1998, 3Z BR 245/98, WM 1999, 1627 (1629); OLG Köln, Beschl. v. 16.11.1998, 2 Wx 45/98, NJW 1999, 1341 (1342) = WM 1999, 1629 (1630 f.).
[447] OLG Köln, Beschl. v. 6.12.1999, 2 Wx 26/99, OLG-Report Köln 2000, 230.
[448] BayObLG, Beschl. 29.3.2000, 3Z BR 11/00, FGPrax 2000, 129.
[449] EuGH, Rs. C-264/00, *Gründerzentrum-Betrieb-GmbH/Land Baden-Württemberg,* Slg. 2002, 3333 = ZIP 2002, 663 (666 Rn. 31–35) m. Anm. *Görk* = DB 2002, 834 m. Anm. *Römermann.*
[450] *Görk,* DNotZ 1999, 851 (857 f.); *ders.,* ZIP 2002, 667 (668 m.w.N.) = Anm. zu EuGH, Rs. C-264/00, *Gründerzentrum-Betriebs-GmbH/Land Baden-Württemberg,* Slg. 2002, 3333; *Römermann,* DB 2002, 836 (836 f.) verweist aber zu Recht auf die konkurrenzvermittelten Auswirkungen auch auf das Gebührenrecht der selbständigen Notare.
[451] Justizministerium Baden-Württemberg, ZIP 1998, 1246 (1248); Rundschreiben des Ministeriums für Justiz des Landes Rheinland-Pfalz v. 10.6.1998, JurBüro 1998, 566.
[452] *Lange,* WuB II N. Art. 10 RL 85/303/EWG 1.99, 252 (253); *Vogt,* WuB II N. Art. 12 RL 69/335/EWG 2.99, 604 (606).
[453] *Vogt,* WuB II N. Art. 10 RL 85/303/EWG 2.99, 983 (984).

Geschäft. Die Eintragung über die Gründung einer inländischen Tochtergesellschaft wäre aber von der Fantask-Rechtsprechung erfasst. Generell muss die Fantask-Rechtsprechung auch die Aufhebungsakte zu Eintragungen, die „Austragungen", erfassen; für actus positivus und actus negatives vel contrarius müssen dieselben Grundsätze gelten.[454] Dies folgt auch aus der zumindest entsprechend heranzuziehenden Wertung des § 13 Abs. 5 HGB.[455]

124 Einen weiteren Problempunkt berührt die Frage, inwieweit **Personengesellschaften** in den Genuss der Fantask-Rechtsprechung kommen. Die Antwort sollte sich am Kapitalgesellschaftsbegriff des Art. 3 RL 69/335/EWG orientieren. Danach wären zumindest solche Kommanditgesellschaften erfasst, bei denen keine natürliche Person unbeschränkt haftet, also jede „Kapitalgesellschaft & Co. KG".[456] Dem entspricht deutschrechtlich der Ansatz des § 5 Abs. 2 Nr. 3 KVStG.[457][458] Bei isolierter Betrachtung des Art. 10 RL 69/335/EWG könnte man sogar daran denken, sämtliche Kommanditgesellschaften in den Genuss der allein aufwandsbezogenen Gebühren kommen zu lassen.[459]

125 **3. Nationalrechtliche Ausdehnung auf andere Registergebühren?** Über den Bereich gesellschaftsrechtlicher Eintragungen in das Handelsregister hinausgreifend könnte die Fantask-Rechtsprechung mittelbar Bedeutung auch für andere Gebührentatbestände haben. So bemessen sich die Gebühren in Grundbuchsachen gemäß §§ 18 ff.; 60 ff.; 32 KostO nach dem Wert des Grundstücks und nicht nach dem konkreten Verwaltungsaufwand. Gleiches gilt nach §§ 32; 84 KostO für Eintragungen im Seeschiffsregister. Art. 3 Abs. 1 GG könnte eine Gleichbehandlung von anderen wertbezogenen Gebühren mit den Handelsregistergebühren gebieten.[460] Nur das nationale Recht kann dafür den Transmissionsriemen bieten. Die Gesellschaftssteuer-RL jedenfalls ist sachlich nicht einschlägig. Art. 12 Abs. 1 lit. d RL 69/335/EWG erlaubt sogar ausdrücklich Abgaben auf die Bestellung, Eintragung und Löschung von Grundpfandrechten. Aus rein unionsrechtlicher Perspektive ist daher eine aufwandsbezogene Gebührenberechnung in **Grundbuchsachen** nicht geboten,[461] selbst nicht für das Einbringen eines Grundstücks in eine Gesellschaft.[462]

126 Alle grundbuchähnlichen Gebühren, insbesondere diejenigen für Eintragungen in das **Schiffregister**, sperren sich in der weiteren Folge gegen eine Übertragung der Fantask-Rechtsprechung mittels des Gleichheitssatzes.[463] Dasselbe gilt für Gebühren der **freiwilligen Gerichtsbarkeit**, z.B. für die amtliche Verwahrung und Eröffnung

---

[454] *Vogt*, WuB II N. Art. 10 RL 85/303/EWG 2.99, 983 (985).
[455] *Vogt*, WuB II N. Art. 10 RL 85/303/EWG 2.99, 983 (985).
[456] *Gustavus*, ZIP 1998, 502 (503); *Sprockhoff*, NZG 1999, 747 (748 f.).
[457] Kapitalverkehrsteuergesetz v. 17.11.1972, BGBl. 1972 I 2129.
[458] BayObLG, Beschl. v. 2.12.1998, 3Z BR 244/98, WM 1999, 1625 (1626) = ZIP 1999, 363.
[459] *Gustavus*, ZIP 1998, 502 (503).
[460] Dafür *Klein/Schmahl*, WuB II N. Art. 12 RL 69/335/EWG 1.99, 248 (249). Dagegen OLG Oldenburg, Beschl. v. 11.9.2000, 9 W 25/00, OLG-Report Celle/Braunschweig/Oldenburg 2000, 334 (335).
[461] BayObLG, Beschl. v. 6.12.2000, 3Z BR 280/00, RPfleger 2001, 269.
[462] BayObLGZ 2001, 275; *Vogt*, WuB II N. Art. 12 RL 69/335/EWG 2.99, 604 (606).
[463] OLG Oldenburg, Beschl. v. 11.9.2000, 9 W 25/00, TranspR 2001, 142 (143) = OLG-Report Celle/Braunschweig/Oldenburg 2000, 334 (335); LG Hamburg, Beschl. v. 28.4.1999–321, T 38/99; *Grau*, TranspR 2001, 144.

eines Testaments (selbst dann, wenn der Nachlass im Wesentlichen aus der Beteiligung an einer KG besteht oder ein Erbschein nur für die Anmeldung zum Handelsregister benötigt wird).[464] Der Union fehlt es an einer umfassenden Kompetenz, die Gebühren im Bereich der freiwilligen Gerichtsbarkeit zu harmonisieren.[465] Der Fantask-Rechtsprechung ist also kein allgemeiner Grundsatz zu entnehmen.[466] Im internen deutschen Recht erscheinen Differenzierungen zwischen den einzelnen Gebührentatbeständen für die verschiedenen Eintragungen jedenfalls nicht willkürlich; immerhin bilden nach dem Wert berechnete Gebühren das Interesse des Antragstellers an der Eintragung ab.[467]

E. Materielles Zivilrecht und Unionsrecht

I. Unionsrechtskonforme Auslegung

Das nationale Zivilrecht steht ebenso wie das nationale öffentliche Recht normhierarchisch unter dem Unionsrecht. Daher gilt auch für das nationale Zivilrecht, dass es wenn irgend möglich so auszulegen ist, dass kein Konflikt mit dem Unionsrecht besteht. Das Gebot unionsrechts**konformer Auslegung**[468] (oben § 33) erfasst auch das Zivilrecht. Besondere Bedeutung hat es als Gebot richtlinienkonformer Auslegung für die wachsende Zahl zivilrechtlicher Normen, die auf Richtlinien des Unionsrechts zurückgehen.

Auch in dieser Spielart der **richtlinienkonformen Auslegung** ist es jedoch keineswegs auf spezifische **Umsetzungsakte für Richtlinien** beschränkt, sondern erfasst alle Normen des Zivilrechts, seien diese auch vollständig nationalen Ursprungs oder schon lange vor Gründung der EWG geschaffen.[469] Jede beliebige Bestimmung des BGB muss sich dem Unionsrecht und dessen Anforderungen stellen.[470] Dies gilt auch, wenn die richtlinienkonforme Auslegung nationalen Rechts Nachteile für den Einzelnen mit sich bringt.[471] Freilich reicht das Gebot richtlinienkonformer Auslegung als solches nur so

---

[464] BayObLG, Beschl. v. 28.10.1999, 3Z BR 300/99, ZIP 2000, 186; BayObLG, Beschl. v. 26.10.2001, 3Z BR 95/01, FGPrax 2002, 42 (44f.) zustimmend *Fabis*, EWiR Art. 10 c RL 69/355/EWG 1/2000, 927 (928).
[465] *Fabis*, ZIP 1999, 1041 (1043); *ders.*, EWiR Art. 10 c RL 69/355/EWG 1/2000, 927 (928).
[466] BayObLG, Beschl. v. 6.12.2000, 3Z BR 280/00, RPfleger 2001, 269.
[467] OLG Oldenburg, Beschl. v. 11.9.2000, 9 W 25/00, TranspR 2001, 142, 143 m. Anm. *Grau* = OLG-Report Celle/Braunschweig/Oldenburg 2000, 334 (335).
[468] Monografisch *Klamert*, Die richtlinienkonforme Auslegung nationalen Rechts, 2001. Aus der Rechtsprechung siehe nur EuGH, Rs. C-318/98, *Fornasar u. a.*, Slg. 2000, I-4785 Rn. 42; verb. Rs. C-240 bis C-244/98, *Océano Grupo Editorial u. Salvat Editores*, Slg. 2000, I-4941 Rn. 30; Rs. C-456/98, *Centrosteel*, Slg. 2000, I-6007 Rn. 16.
[469] Zur umfassenden Geltung des Rechtsangleichungsauftrags für das Privatrecht bereits *Hallstein*, RabelsZ 28 (1964), 211 (214); speziell zur richtlinienkonformen Auslegung *Ehricke*, RabelsZ 59 (1995), 598 (603); *Everling*, ZGR 1992, 376 (385); *ders.*, ZEuP 1997, 796 (799); daneben *Taschner*, Zur Fortentwicklung des in der Europäischen Union angeglichenen Privatrechts durch die Gerichte der Mitgliedstaaten, in: FS Steffen, 1995, S. 479.
[470] *Reich*, VuR 2000, 261 (261f.); *Haratsch/Koenig/Pechstein*, Europarecht, Rn. 178ff.
[471] Siehe nur EuGH, Rs. C-456/98, *Centrosteel*, Slg. 2000, I-6007 Rn. 16; Rs. C-371/97, *Gozza*, Slg. 2000, I-7881 Rn. 45.

weit wie die Richtlinie selber.[472] Für die gleichlaufende Auslegung überschießender nationaler Rechtsakte besteht aber ein Gebot quasi-richtlinienkonformer Auslegung als Kohärenzgebot innerhalb des nationalen Rechts.[473]

II. Richtlinienwirkungen und Private

129 **1. Keine horizontale Direktwirkung.** Richtlinien entfalten selbst dann, wenn sie überhaupt nicht, unvollständig oder inkorrekt umgesetzt wurden, **keine horizontale Direktwirkung** im Verhältnis zwischen Parteien des Privatrechts.[474] Der einzelne kann sich also anderen Privaten gegenüber nicht darauf berufen, dass ihm eine Richtlinie eine bestimmte, gegen jenen anderen wirkende Rechtsposition einräume, wenn diese Rechtsposition keinen Niederschlag im anwendbaren nationalen Recht gefunden hat. Adressaten der Richtlinien sind nämlich nur die Mitgliedstaaten. Diese treffen Umsetzungsaufträge aus der Richtlinie. An Private können sich diese spezifischen Verpflichtungen aus der Richtlinie nicht richten.

130 Ein Privater muss sich daher nicht an der Lage unter der Richtlinie orientieren, sondern vielmehr an der Lage unter dem anwendbaren Recht. Man kann ihm nicht zum Vorwurf machen und zu seinem Nachteil ausschlagen lassen, dass der betreffende Mitgliedstaat die Richtlinie nicht korrekt umgesetzt hat. Die **vertikale Direktwirkung** der Richtlinie ist ein Sanktionsinstrument gegen den fehlerhaft agierenden Mitgliedstaat. Dieser soll keine Vorteile aus seinem Fehlverhalten haben. Ihm soll jeder Anreiz genommen werden, nicht korrekt umzusetzen. Vielmehr soll er den größtmöglichen Anreiz erhalten, korrekt umzusetzen. Dieser Sanktionsgedanke kann gegen einen Privaten nicht zum Zuge kommen.

131 **2. Ausnahme bei nur gemeinsam möglicher Rechtswahrnehmung.** Ausnahmsweise kann eine Richtlinie vorsehen, dass Privaten ein Recht einzuräumen ist, das diese nur gemeinsam wahrnehmen können. Die Richtlinie sieht dann Rechtspositionen der Privaten vor, welche diese als gewährte Privatautonomie (oder im IPR: Parteiautonomie) wahrnehmen können. Soweit die betreffenden Regelungen perfekt regelungsintensiv sind, also keinen Umsetzungsspielraum lassen, nimmt ein Umsetzungsdefizit den Privaten nicht die Rechtsmacht, die ihnen die Richtlinie verleihen will. Vielmehr können sie sich gegenüber dem Staat, dessen Umsetzung defizitär ist, auf die ihnen richtlinengemäß zustehende Privat- oder Parteiautonomie berufen. Dies ist keine Richtlinienwirkung zu Lasten eines Privaten. Denn hier geht es um **gemeinsame**

---

[472] Siehe nur *Hennrichs*, ZGR 1997, 66 (76f.); *Schulze*, in: ders. (Hrsg.), Auslegung europäischen Privatrechts und angeglichenen Rechts, 1999, S. 9 (18).

[473] Näher *Hommelhoff*, in: 50 Jahre BGH – Festgabe aus der Wissenschaft, Bd. II, 2000, S. 889 (915f.); *Tröger*, ZEuP 2003, 525 (525f.); *Mayer/Schürnbrand*, JZ 2004, 525; *Habersack/Mayer*, in: Riesenhuber (Hrsg.), Europäische Methodenlehre, 2. Aufl. 2010, § 15 Rn. 2.

[474] EuGH, Rs. 152/84, *Marshall/Southampton and South-West Hampshire Area Health Authority*, Slg. 1986, 723 Rn. 48; Rs. 372–374/85 *Traen*, Slg. 1987, 2141 Rn. 24; Rs. 14/86, *Pretore di Salò/X*, Slg. 1987, 2545 Rn. 19; Rs. C-106/89, *Marleasing*, Slg. 1990, I-4135 Rn. 6; Rs. C-91/92, *Faccini Dori*, Slg. 1994, I-3325 Rn. 24f.; Rs. C-192/94, *El Corte Inglés*, Slg. 1996, I-1281 Rn. 17; verb. Rs. C-71, C-72 u. C-73/94, *Eurim-Pharm*, Slg. 1996, I-3603 Rn. 26; Rs. C-97/96, *Daihatsu Deutschland*, Slg. 1997, I-6843 Rn. 26; Rs. C-185/97, *Coote*, Slg. 1998, I-5199 Rn. 19; Rs. C-456/98, *Centrosteel*, Slg. 2000, I-6007 Rn. 15.

Rechtswahrnehmung aller Beteiligten. Wenn ein Beteiligter eine bestimmte Vereinbarung nicht will, braucht er einem entsprechenden Vorschlag der Gegenseite nur nicht zuzustimmen, und es kommt keine Vereinbarung zustande. Wollen dagegen *alle* Beteiligten eine bestimmte Vereinbarung, so eröffnet ihnen eine erweiterte Funktionsweise der vertikalen Direktwirkung von Richtlinien die dafür nötige Autonomie.[475]

3. Ausnahme bei öffentlichrechtlichen Vorfragen (indirekte horizontale Wirkung). Eine weitere Ausnahme besteht, soweit staatliches Handeln die Beziehungen zwischen den Privaten gestaltet. Insoweit verlängert sich über eine indirekte horizontale Wirkung das Umsetzungsverschulden des Staates in die privatrechtlichen Beziehungen.[476] Einfallstor dafür ist ein präjudizieller Einfluss des Unionsrechts bei den zu beantwortenden öffentlichrechtlichen Vorfragen.[477]

4. Ausnahme bei Durchsetzung öffentlicher Interessen durch Private. Eine dritte Ausnahme betrifft die Konstellation, dass Private **öffentliche Interessen durchsetzen**.[478] In Betracht kommen namentlich Wettbewerbsverfahren, in denen Private richtlinienwidrige Normen des nationalen Rechts zur Grundlage von Unterlassungs- oder Schadensersatzbegehren machen. Funktional übernimmt der Private dann die Durchsetzung des mitgliedstaatlichen Rechts im öffentlichen Interesse. Er könnte hinweggedacht und durch eine Behörde ersetzt werden. Das nationale Lauterkeitsrecht durch Private durchsetzen zu lassen, drohte auf diesem Wege zu einer strategischen Option der Mitgliedstaaten zu werden, um der vertikalen Direktwirkung von Richtlinien zu entgehen. Eine solche Umgehung ist nicht zuzulassen.[479]

Allerdings erscheint eine **Rückausnahme** zur Ausnahme angebracht, soweit der Private **eigene Schäden** liquidiert. Insoweit nimmt er eigene und keine öffentlichen Interessen wahr. Die mit der nationalen Norm eventuell auch verfolgten öffentlichen Interessen stehen dann aus seiner Sicht wie aus der Sicht des Prozessgegners am Rande und sind Begleiterscheinung. Insoweit könnte der Kläger gedanklich auch nicht durch eine Behörde ersetzt werden. Deshalb überzeugt auch das Reflexargument nicht, dass sich die Wettbewerbssituation insgesamt verändere, weil richtlinienwidrige staatliche Normen nicht mehr angewandt werden dürften.[480] Darin liegt nämlich eine petitio principii. Deren Grundaussage wird schon dadurch konterkariert, dass ein beklagter

---

[475] Näher *Mankowski*, Seerechtliche Vertragsverhältnisse im Internationalen Privatrecht, 1995, S. 561–563; dem folgend *Spinellis*, Das Vertrags- und Sachenrecht des internationalen Kunsthandels, 2000, S. 356.

[476] Siehe EuGH, Rs. C-441/93, *Pafitis u.a* Slg. 1996, I-1347 Rn. 60; Rs. C-201/94, *Smith & Nephew u. Primecrown*, Slg. 1996, I-5819 Rn. 39; Rs. C-443/98, *Unilever*, Slg. 2000, I-7535 Rn. 44.

[477] *Lackhoff/Nyssens*, (1998) 23 Eur. L. Rev. 397; *Hilson/Downes*, (1999) 24 Eur. L. Rev. 121 (125–130); *Lenz/Tynes/Young*, (2000) 25 Eur. L. Rev. 509; *Weatherill*, (2001) 26 Eur. L. Rev. 177 (183).

[478] EuGH, Rs. C-194/94, *CIA Security International*, Slg. 1996, I-2201 Rn. 55 = EuZW 1996, 379 m. Anm. *Fronia* = ZLR 1996, 437 m. Anm. *Everling* (dazu *Slot*, [1996] 33 C.M.L. Rev. 1035; *Porchia*, Dir. com. e sc. int. 1996, 545; *Lecrenier*, J. Trib. Dr. Eur. 1997, 1; *Castillo*, Rev. Marché Commun 1997, 51; *Vorbach*, ÖZW 1997, 110); *Gundel*, EuZW 2001, 143 (145 f.); vgl. auch EuGH, Rs. C-369/89, *Piageme I*, Slg. 1991, I-2971 Rn. 15–17; Rs. C-85/94, *Piageme II*, Slg. 1995, I-2955 Rn. 21.

[479] *Slot*, (1996) 33 C.M.L. Rev. 1035 (1049 f.); *Gundel*, EuZW 2001, 143 (145).

[480] So aber *Lackhoff/Nyssens*, (1998) 23 Eur. L. Rev. 397, 403 (406); *Gundel*, EuZW 2001, 143 (146) sowie *Craig/de Búrca*, EU Law, 2. Aufl. 1998, S. 207.

Wettbewerber sich zu seiner Verteidigung auf richtlinienwidriges nationales Recht berufen kann.[481] Die Wettbewerbssituation ändert sich also keineswegs komplett, und richtlinienwidriges nationales Recht ist nicht schlechterdings unanwendbar. Hinzu tritt das Belastungsverbot. Denn indem man ihm einen nach nationalem Recht bestehenden Schadensersatzanspruch zum Ausgleich eigener, tatsächlich erlittener Nachteile versagte, würde man dem Kläger eine Rechtsposition nehmen und ihn damit belasten.

135   **5. Ausnahme bei Verweigerung vertraglicher Erfüllung unter Berufen auf richtlinienwidriges nationales Recht?** Schließlich wird seit kurzem eine vierte Ausnahme behauptet. Sie soll die Konstellation betreffen, dass eine Partei eines Vertrages die Erfüllung ihrer vertraglichen Pflichten verweigert und sich dafür auf richtlinienwidrige Vorschriften des nationalen Rechts beruft.[482] In der Rechtsprechung des EuGH ist diese Ausnahme keineswegs fest etabliert. Der EuGH hat sie bisher nicht anerkannt,[483] sondern sich in der einschlägigen Entscheidung mit einer Exegese aus der konkret betroffenen Richtlinie beholfen unter ausdrücklicher Abgrenzung gegenüber der weiterhin abgelehnten horizontalen Direktwirkung.[484] In der mitgliedstaatlichen Rechtsprechung zur Unanwendbarkeit nationaler Nachtarbeitsverbote hat sie aber einen gewissen Rückhalt.[485]

136   Eine entsprechende Ausnahme geriete jedoch in Konflikt mit dem tragenden Prinzip des Vertragsrechts, nämlich pacta sunt servanda.[486] Zusätzlich zum nationalen Recht auch auf Richtlinien Rücksicht nehmen zu müssen unterminierte die kommerzielle Planung.[487] Es öffnete ein unwillkommenes Ventil für Versuche, sich aus Verträgen zu lösen.[488] Dadurch provozierte es ineffiziente Streitigkeiten und vernichtete Ressourcen.

III. Staatshaftung und Unionsrecht

137   **1. Staatshaftung wegen Verletzung von jeder Art Unionsrecht. Staatshaftung** ist in Deutschland vor den Zivilgerichten geltend zu machen. Dies gilt auch für **unionsrechtliche Haftungsansprüche,** die sich gegen die Mitgliedstaaten, in Deutschland also gegen den Staat Bundesrepublik Deutschland, richten. Der **unionsrechtliche Staatshaftungsanspruch** ist eine der bedeutsamsten richterrechtlichen Entwicklungen im gesamten Unionsrecht. Der EuGH hat – unter intensiver literarischer Begleitung

---

[481] EuGH, Rs. C-355/96, *Silhouette International Schmied,* Slg. 1998, I-4799 Rn. 36 f. = EuZW 1998, 563 m. Anm. *Renck.*

[482] Eingehend *Gundel,* EuZW 2001, 143 (146-149).

[483] Ablehnend für den konkreten Fall sogar GA *Jacobs,* SchlA Rs. C-443/98, *Unilever,* Slg. 2000, I-7537, 7555 ff. sowie *Hakenberg,* ZEuP 2001, 889 (895).

[484] EuGH, Rs. C-443/98, *Unilever,* Slg. 2000, I-7535, 7582-7584.

[485] Corte di Cassazione, sez. lav., v. 20.11.1997 (Forin/TI UNO s.n.c.), Riv. ital. dir. pubbl. com. 1998, 1391 m. Anm. *Faro;* Cour d'appel Riom, v. 3.10.1994 (Association d'education populaire de la Plaine/de Jesus), JCP, éd. G, 1995 IV 103; Conseil des prudhommes Laval, v. 5.11.1998, Dr. soc. 1999, 133.

[486] Dieser Grundsatz ist auch im Unionsrecht, namentlich im Sekundärrecht, anerkannt; siehe nur *Bülow,* Der Grundsatz pacta sunt servanda, im europäischen Sekundärrecht, in: FS Söllner, 2000, S. 189.

[487] *Weatherill,* (2001) 26 Eur. L. Rev. 177 (181).

[488] *Weatherill,* (2001) 26 Eur. L. Rev. 177 (181).

2. Abschnitt. Rechtsschutz durch verschiedene Zweige 137 § 38

namentlich aus Deutschland[489] – seine Rechtsprechung gefestigt und mit dieser einen Baustein nach dem anderen in das System eingefügt. Zu nennen[490] sind die Entscheidungen **Francovich**,[491] Wagner Miret,[492] Brasserie du pêcheur,[493] El Corte Inglés,[494] British Telecom,[495] Hedley Lomas,[496] Dillenkofer,[497] Denkavit,[498] Sutton,[499] Bonifaci,[500]

---

[489] Siehe nur *Ukrow,* Richterliche Rechtsfortbildung durch den EuGH, 1995, S. 273-338; *Cornils,* Der unionsrechtliche Staatshaftungsanspruch, 1995; *Deckert,* EuR 1997, 203; *Goffin,* Cah.dr. eur. 1997, 531; *Saenger,* JuS 1997, 865; *Hermes,* Die Verwaltung 31 (1998), 371; *Binia,* Das Francovich-Urteil des Europäischen Gerichtshofs im Kontext des deutschen Staatshaftungsrechts, 1998; *Hidien,* Die unionsrechtliche Staatshaftung in den EU-Mitgliedstaaten, 1998; *Beljin,* Staatshaftung im Europarecht, 2000; *Schwarzenegger,* Staatshaftung – unionsrechtliche Vorgaben und ihre Auswirkungen auf nationales Recht, 2001.

[490] Ergänzend ist hinzuweisen auf EuGH, Rs. C-321/97, *Andersson u. Wåkerås-Andersson,* Slg. 1999, I-3551 Rn. 28-46. Die Staatshaftung wurde dort aus besonderen intertemporalen Gründen für einen Beitrittsstaat verneint.

[491] EuGH, verb. Rs. C-6/90 u. C-9/90, *Francovich u. a.,* Slg. 1991, I-5357 Rn. 28-46; dazu *Schaub,* EWiR Art. 189 EWGV 1/92, 49; *Fischer,* EuZW 1992, 41; *Bahlmann,* DWiR 1992, 61; *Barav,* J.C.P. 1992 Jur. 21783, 14; *Barone/Pardolesi,* Foro it. 1992 IV col. 146; *Ponzanelli,* Foro it. 1992 IV col. 150; *Schockweiler,* Rev.trim.dr.eur. 1992, 27 (40-50); *Betlem/Rood,* NJB 1992, 250; *Brenninkmeijer,* NJB 1992, 256; *Snoep,* NJB 1992, 260; *Hailbronner,* JZ 1992, 284; *Meier,* RIW 1992, 245; *Emmert,* EWS 1992, 56 (61–63); *Schlemmer-Schulte/Ukrow,* EuR 1992, 82; *Parker,* (1992) 108 LQR 181; *Buschhaus,* JA 1992, 142; *Pesendorfer,* RdW 1992, 102; *Eilmannsberger/Erhart,* Ecolex 1992, 213; *Preiskel,* (1992) Int'l. Bus. Lawyer 294; *Duffy,* (1992) 17 Eur.L.Rev. 133; *Smith,* (1992) Eur. Comp. L. Rev. 129; *Carbelutti,* Revue du Marché Unique Européen 1992, 187; *Karl,* RIW 1992, 440; *Triantafyllou,* DÖV 1992, 564; *Bebr,* (1992) 29 C.M.L. Rev. 557; *Häde,* BayVBl 1992, 449; *Szyszczak,* (1992) 55 Mod. L. Rev. 690; *Ossenbühl,* DVBl 1992, 993; *Pieper,* NJW 1992, 2454; *Cumming,* (1992) JBL 610; *Nettesheim* DÖV 1992, 999; *Campesan/dal Ferro,* Riv. dir. eur. 1992, 313; *Curtin,* SEW 1993, 93; *Ross,* (1993) 56 Mod.L.Rev. 55; *Steiner,* (1993) 18 Eur.L.Rev. 3; *Prieß,* NVwZ 1993, 118; *Caranta,* (1993) 52 Cambridge L.J. 272; *Geiger,* DVBl 1993, 465; *van Gerven,* T.P.R. 1993, 5; *Bok,* TPR 1993, 37; *Fabricius,* UfR 1993 B 241; *Tash,* 31 Col. J. Trans. L. 377 (1993); *Plaza Martin,* (1994) 43 ICLQ 26; *Kopp,* DÖV 1994, 201; *Jarass,* NJW 1994, 881; *Gellermann,* EuR 1994, 342.

[492] EuGH, Rs. C-334/92, *Wagner Miret,* Slg. 1993, I-6911 Rn. 22 = EuZW 1994, 182 m. Anm. *Bröhmer.*

[493] EuGH verb. Rs. C-46 u. 48/93, *Brasserie du pêcheur u. Factortame,* Slg. 1996, I-1029 Rn. 15–57; dazu *Streinz,* EuZW 1996, 201; *Brinker,* WiB 1996, 602; *Ehlers,* JZ 1996, 776; *Meier,* NVwZ 1996, 660; *Beul,* EuZW 1996, 748; *Finke,* DZWir 1996, 361; *Krohn,* EWiR § 839 BGB 1/96, 1123; *Fines,* Rev.trim.dr.eur. 1997, 69; *Wathelet/van Raepenbusch,* Cah.dr.eur. 1997, 13; *Böhm,* JZ 1997, 53; *Wissink,* SEW 1997, 78; *Oliver,* (1997) 34 C.M.L.Rev. 635; *Dantonel-Cor,* Rev.trim. dr.eur. 1998, 75.

[494] EuGH, Rs. C-192/94, *El Corte Inglés,* Slg. 1996, I-1281 Rn. 22; dazu *Bülow,* EWiR Art. 129 a EGV 1/96, 599; *Niebling,* WiB 1996, 866; *Finke,* DZWir 1996, 361.

[495] EuGH, Rs. C-392/93, *British Telecommunications,* Slg. 1996, I-1631 Rn. 38.

[496] EuGH, Rs. C-5/94, *Hedley Lomas,* Slg. 1996, I-2553 Rn. 24.

[497] EuGH, verb. Rs. C-178, 179, 188, 189, 190/94, *Dillenkofer u.a,* Slg. 1996, I-4845 Rn. 19-29; dazu *Papier/Dengler,* EWiR Art. 189 EGV 1/96, 1027; *Streinz/Leible,* ZIP 1996, 1931; *Huff,* NJW 1996, 3190; *Reich,* EuZW 1996, 709; *Klagian,* ZfRV 1997, 6; *Hakenberg,* AnwBl 1997, 56; *Eidenmüller,* JZ 1997, 201; *Wehlau,* DZWir 1997, 100; *Herdegen/Rensmann,* ZHR 161 (1997), 522; *Gonzalez,* Rev. der.com.eur. 1997, 261.

[498] EuGH, verb. Rs. C-283, 292, 293/94, *Denkavit u.a,* Slg. 1996, I-5063 Rn. 47-50.

[499] EuGH, Rs. C-66/95, *Sutton,* Slg. 1997, I-2163 Rn. 31-36.

[500] EuGH, verb. Rs. C-94/95 u. C-95/95, *Bonifaci u. a. u. Berto u. a.,* Slg. 1997, I-3969 Rn. 47-50; dazu *Wimmer,* ZIP 1997, 1635; *Oetker,* EWiR Art. 4 RL 80/987/EWG 1/98, 229; *Heinze,* KTS 1998, 513.

Palmisani,[501] Maso,[502] Verband Deutscher Daihatsu-Händler,[503] Norbrook Laboratories,[504] Brinkmann Tabakfabriken,[505] Konle,[506] Rechberger,[507] Haim,[508] Lindöpark,[509] Metallgesellschaft,[510] Larsy,[511] [512] Köbler,[513] Kühne & Heitz,[514] Arcor,[515] Traghetti del Mediterraneo,[516] A.G.M.-COS.MET Srl,[517] Danske Slagterier[518] und Transportes Urbanos.[519]

138 Damit schließt der EuGH im Interesse des Individualrechtsschutzes eine wesentliche Lücke im unionsrechtlichen Haftungssystem.[520] Er hat eine sehr effektive Sanktionskategorie entwickelt[521] und damit die anderen gegen die Mitgliedstaaten gerichteten Sanktionen insbesondere im Richtlinienbereich ergänzt. Legitimierende Grundlagen sind der effet utile des Unionsrechts, der Schutz vom Unionsrecht beabsichtigter subjektiver Rechte der Marktbürger und das auf Art. 4 Abs. 3 EUV gestützte Prinzip der Unionstreue[522] sowie der in den Rechtsordnungen der Mitgliedstaaten geltende allgemeine Grundsatz, dass eine rechtswidrige Handlung oder Unterlassung die Verpflichtung zum Ersatz des dadurch verursachten Schadens nach sich zieht.[523]

139 Die unionsrechtliche Staatshaftung der Mitgliedstaaten ist zwar anhand der Verletzung von Umsetzungspflichten für Richtlinien entwickelt worden. Sie beschränkt sich

---

[501] EuGH, Rs. C-261/95, *Palmisani*, Slg. 1997, I-4025 Rn. 24-27; dazu *Oetker*, EWiR Art. 189 EGV 1/98, 217.

[502] EuGH, Rs. C-373/95, *Maso u. a.*, Slg. 1997, I-4051 Rn. 34-38; dazu *Wimmer*, ZIP 1997, 1635; *Lübbig*, WiB 1997, 1164; *Krause*, ZIP 1998, 56; *Peters-Lange*, EWiR § 141 b AFG 1/98, 241.

[503] EuGH, Rs. C-97/96, *Daihatsu Deutschland*, Slg. 1997, I-6843 Rn. 25; dazu *Schulze-Osterloh*, ZIP 1997, 2157; *ders.*, ZIP 1998, 1721; *de Weerth*, BB 1998, 366; *Schön*, JZ 1998, 194; *Klein*, AnwBl 1998, 88; *Lenenbach*, DZWir 1998, 265; *Crezelius*, ZGR 1999, 252; *Hirte*, NJW 1999, 36.

[504] EuGH, Rs. C-127/95, *Norbrook Laboratories*, Slg. 1998, I-1531 Rn. 107-112.

[505] EuGH, Rs. C-319/96, *Brinkmann*, Slg. 1998, I-5255 Rn. 24-28.

[506] EuGH, Rs. C-302/97, *Konle*, Slg. 1999, I-3099 Rn. 58; dazu *Lengauer*, (2000) 37 C.M L. Rev. 181; *Dossi*, Ecolex 2000, 337; *Gundel*, DVBl 2001, 95; *Weber*, NVwZ 2001, 287.

[507] EuGH, Rs. C-140/97, *Rechberger u.a,*, Slg. 1999, I-3499 Rn. 72 = EuZW 1999, 468 m. Anm. *Tonner*.

[508] EuGH, Rs. C-424/97, *Haim*, Slg. 2000, I-5123 Rn. 26; dazu *Voigtländer*, EWiR Art. 43 EG 2/01, 227; *Streinz*, JuS 2001, 285; *Gautier*, Clunet 128 (2001), 598.

[509] EuGH, Rs. C-150/99, *Stockholm Lindöpark*, Slg. 2001, I-493 Rn. 36-39 = IStR 2001, 149 m. Anm. *Dziadkowski*; dazu *Lohse*, BB 2001, 1028.

[510] EuGH, verb. Rs. C-397 u. C-410/98, *Metallgesellschaft u. a.*, Slg. 2001, I-1727 Rn. 91.

[511] EuGH, Rs. C-118/00, *Larsy*, Slg. 2001, I-5063 Rn. 36-40.

[512] Aus der deutschen Rechtsprechung namentlich BGHZ 134, 30 = JR 1997, 324 m. Anm. *Pache* (dazu *Brinker*, WiB 1997, 156; *Hatje*, EuR 1997, 297; *Deards*, [1997] 22 Eur.L. Rev. 620; *Baumeister*, BayVBl 2000, 225).

[513] EuGH, Rs. C-224/01, *Köbler*, Slg. 2003, I-10239 Rn. 30-59.

[514] EuGH, Rs. C-453/03, *Kühne & Heitz*, Slg. 2004, I-837 Rn. 28.

[515] EuGH, verb. Rs. C-392/04 und C-422/04, *Arcor*, Slg. 2006, I-859, Rn. 52.

[516] EuGH, Rs. C-173/03, *Traghetti del Mediterraneo*, Slg. 2006, I-5177 Rn. 51.

[517] EuGH, Rs. C-470/03, *A.G.M.-COS.MET Srl*, Slg. 2007, I-2749 Rn. 104.

[518] EuGH, Rs. C-445/06, *Danske Slagterier*, Slg. 2009, I-2119 Rn. 31.

[519] EuGH, Rs. C-118/08, *Transportes Urbanos y Servicios Generales SAL*, Slg. 2010, I-635 Rn. 48.

[520] *Oppermann*, Europarecht, 5. Aufl. 2011, Rn. 178.

[521] Siehe nur *v. Danwitz*, DVBl 1997, 1 (3); *Ossenbühl*, Staatshaftungsrecht, 5. Aufl. 1998, S. 495.

[522] EuGH, verb. Rs. C-6/90 u. C-9/90, *Francovich u. a.*, Slg. 1991, I-5357 Rn. 36.

[523] EuGH, verb. Rs. C-46 u. 48/93, *Brasserie du pêcheur u. Factortame*, Slg. 1996, I-1029 Rn. 29.

jedoch sachlich nicht darauf. Vielmehr ist sie ein allgemeiner Grundsatz, der bei prinzipiell jeder Verletzung von Unionsrecht (sowohl des primären als auch des sekundären) greifen kann.[524] Die Verletzung jener Umsetzungspflichten war nur Anlass und ist bis heute prominentestes Beispiel für den allgemeinen unionsrechtlichen Staatshaftungsanspruch. Das Beispiel erschöpft aber nicht, sondern ist Basis eines Induktionsschlusses. Taugliche Verletzungsobjekte sind namentlich Verordnungen und Entscheidungen der Kommission oder des Rates nach Art. 288 AEUV.[525]

Nur die Haftungsvoraussetzungen im Detail sollten gemäß dem ursprünglichen Konzept leicht differieren, je nach der Art des Rechtsverstoßes.[526] Die neuere Rechtsprechung des *EuGH* seit der Entscheidung **Dillenkofer**[527] tendiert jedoch zu einem grundsätzlich einheitlichen Haftungstatbestand ohne wirkliche Differenzierung.[528] Die ursprüngliche, leicht abweichende Formulierung kann man rückblickend als spezielle Ausprägung des allgemeinen Tatbestands verstehen.[529] Freilich dürfte bei der Tatbestandsvoraussetzung des hinreichend qualifizierten Verstoßes gegen Unionsrecht immer noch der rechte Platz sein, um einem weiten Ermessensspielraum des nationalen Gesetzgebers Rechnung zu tragen.[530] **140**

2. Beabsichtigte Verleihung subjektiver Rechte durch das Unionsrecht. Erste Voraussetzung der unionsrechtlichen Verleihung ist, dass das Unionsrecht bezweckt, dem einzelnen Marktbürger **subjektive Rechte** zu geben.[531] Dieses Erfordernis eines individuellen Schutzzwecks schließt Popularklagen aus. Der Marktbürger wird nicht zum Anwalt der Allgemeinheit oder der Union, sondern kann nur die Verletzung in eigenen Rechtspositionen rügen. Der unionsrechtliche Begriff des subjektiven Rechts ist weiter zu verstehen als der enge Begriff des subjektiv-öffentlichen Rechts im deutschen Verwaltungsrecht.[532] Man muss den intendierten **Schutzzweck** des betreffenden Unionsrechtsakts, genauer: dessen einzelner Normen ermitteln.[533] **141**

Nicht erforderlich ist, dass das Unionsrecht selber dem Marktbürger bereits das subjektive Recht verliehen hat; entscheidend ist vielmehr, dass das Unionsrecht darauf ausgerichtet ist, subjektive Rechtspositionen zu begründen.[534] Anderenfalls könnte **142**

---

[524] EuGH, verb. Rs. C-46 u. 48/93, *Brasserie du pêcheur u. Factortame,* Slg. 1996, I-1029 Rn. 16-57; Rs. C-5/94, *Hedley Lomas,* Slg. 1996, I-2553 Rn. 23-25 sowie EuGH, verb. Rs. C-192 – C-218/95, *Comateb u. a.,* Slg. 1997, I-165 Rn. 34; Rs. 242/95, *GT-Link,* Slg. 1997, I-4449 Rn. 58; Rs. 90/96, *Petrie u.a,* Slg. 1997, I-6527 Rn. 31.
[525] BGH, Urt. v. 14.12.2000, III ZR 151/99, WM 2001, 868 (869 f.) = JZ 2001, 456 (457 f.) m. Anm. *Classen.*
[526] EuGH, verb. Rs. C-6/90 u. C-9/90, *Francovich u. a.,* Slg. 1991, I-5357 Rn. 38.
[527] EuGH, verb. Rs. C-178, 179, 188, 189, 190/94, *Dillenkofer u. a.,* Slg. 1996, I-4845 Rn. 19-28.
[528] *Hidien,* Die unionsrechtliche Staatshaftung in den EU-Mitgliedstaaten, 1998, S. 38-40; *Detterbeck/Windthorst/Sproll,* Staatshaftungsrecht, 2000, § 6 Rn. 27-30; *Beljin,* Staatshaftung im Europarecht, 2000, S. 19-22.
[529] *Saenger,* JuS 1997, 865 (869 f.); *Cremer,* JuS 2001, 643 (645).
[530] Siehe *Cremer,* JuS 2001, 643 (644 f.).
[531] Grundlegend EuGH, verb. Rs. C-6/90 u. C-9/90, *Francovich u. a.,* Slg. 1991, I-5357 Rn. 40.
[532] *v. Danwitz,* DVBl 1996, 481; *Reich,* EuZW 1996, 709; *Ossenbühl* (Fn. 327), S. 506.
[533] Ein herausragendes Beispiel bietet *Three Rivers District Council and others v. Bank of England (No. 3)* [2000] 3 All E.R. 1 (19 c-32 j; 45 j-48 c) (H.L., per Lords *Hope of Craighead* bzw. *Millett*) (dazu *Allott,* [2001] 60 Cambridge L.J. 4).
[534] Siehe nur *Herdegen/Rensmann,* ZHR 161 (1997), 522, 539; *Ossenbühl,* Staatshaftungsrecht, 5. Aufl. 1998, S. 506.

nämlich eine Verletzung von Richtlinien nicht verfolgt werden, weil diese nicht unmittelbar gelten und daher dem Marktbürger – außerhalb der vertikalen Direktwirkung – keine Rechte verleihen.[535] Der Mitgliedstaat kann sich nicht gerade dadurch, dass er versäumt, eine Richtlinie richtig umzusetzen und mit der Umsetzung dem Bürger subjektive Rechte zu geben, seiner Haftung entziehen.

143   **3. Qualifizierter Verstoß gegen Unionsrecht.** Der richterrechtlich entwickelte unionsrechtliche Staatshaftungsanspruch ist zudem in einem Zusammenhang mit den sachlichen Maßstäben des Art. 340 Abs. 2 AEUV zu sehen; diese sind unter dem Vorbehalt, dass der effet utile des verletzten Unionsrechtsakts gewahrt ist, auch hier heranzuziehen.[536] Von Bedeutung für das Vorliegen einer Verletzung ist insbesondere, ob der betreffende Unionsrechtsakt den Mitgliedstaaten Spielräume zum Ausfüllen in eigener Verantwortung lässt und ob die konkret getroffenen Maßnahmen des betreffenden Mitgliedstaates sich im Rahmen solcher Spielräume halten.[537] Generell gilt die Maxime, dass der Mitgliedstaat nicht strenger beurteilt werden darf als die Union selber.[538] Anzustreben ist ein möglichst einheitliches Haftungssystem für Union und Mitgliedstaaten.[539] Konsequenterweise[540] hat der EuGH daher auch von seiner Staatshaftungsrechtsprechung Rückkoppelungen auf die Haftung der Union vorgenommen.[541]

144   Eine **drittgerichtete Amtspflicht** oder deren Verletzung sind keine Voraussetzungen des unionsrechtlichen Staatshaftungsanspruchs.[542] Ebenso wenig sind ein schuldhaftes Handeln des Staates oder ein individuelles **Verschulden** der konkret agierenden staatlichen Amtsträger verlangt;[543] an deren Stelle tritt vielmehr die Notwendigkeit eines hinreichend qualifizierten Verstoßes gegen Unionsrecht.[544] Es gibt kein Verschuldenserfordernis über den qualifizierten Verstoß hinaus.[545]

145   Ob ein hinreichend **qualifizierter Verstoß** vorliegt, beurteilt sich nach allen Gesichtspunkten, welche den Sachverhalt vor dem nationalen Gericht kennzeichnen; insbesondere sind in Rechnung zu stellen:[546] das Maß an Klarheit und Genauigkeit der verletzten Vorschrift (die ihrerseits wieder in einem Wechselspiel mit Komplexität und Novität des konkreten Sachverhalts steht[547]); die Frage, ob der Verstoß oder der Scha-

---

[535] *Ossenbühl*, Staatshaftungsrecht, 5. Aufl. 1998, S. 506.
[536] EuGH, verb. Rs. C-46 u. 48/93, *Brasserie du pêcheur u. Factortame*, Slg. 1996, I-1029 Rn. 41; *Herdegen/Rensmann*, ZHR 161 (1997), 522 (535 f.).
[537] Siehe BGH, Urt. v. 14.12.2000, III ZR 151/99, WM 2001, 868, 870 f.
[538] *Neisser/Verschraegen*, Die Europäische Union, 2001, Rn. 17.024.
[539] *Fruhmann*, ÖJZ 1996, 401 (408 f.).
[540] Zustimmend mit eingehender Begründung *Tridimas*, (1001) 38 C.M.L. Rev. 301 (322-330).
[541] EuGH, Rs. C-352/98 P, *Bergaderm u. Goupil/Kommission*, Slg. 2000, I-5291 Rn. 43 f.
[542] *Hobe*, RIW 2000, 389 (390).
[543] *Reg. v. Secretary of State for Transport, ex parte Factortame Ltd. (No. 5)* [1999] 3 W.L.R. 1062 (1075 E) (H.L., per Lord *Slynn of Hadley*).
[544] *Streinz/Leible*, ZIP 1996, 1931 (1932 f.); *Leible*, ZHR 162 (1998), 594 (604); siehe auch *Nassall*, WM 1999, 657 (659).
[545] EuGH, verb. Rs. C-46 u. 48/93, *Brasserie du pêcheur u. Factortame*, Slg. 1996, I-1029 Rn. 80.
[546] Die folgende Aufzählung ist eine wichtige Hilfestellung, aber weder erschöpfend noch abschließend; *Reg. v. Secretary of State for Transport, ex parte Factortame Ltd. (No. 5)* [1999] 3 W.L.R. 1062 (1083 B C) (H.L., per Lord *Hope of Craighead*).
[547] *Reg. v. Secretary of State for Transport, ex parte Factortame Ltd. (No. 5)* [1999] 3 W.L.R. 1062, 1087 E-F (H.L., per Lord *Clyde*).

den vorsätzlich oder unbeabsichtigt begangen bzw. zugefügt wurde; die Entschuldbarkeit oder Unentschuldbarkeit eines etwaigen **Rechtsirrtums**; der Umstand, dass das Verhalten eines Unionsorgans möglicherweise dazu beigetragen hat, dass unionsrechtswidrige Maßnahmen oder Praktiken beibehalten oder eingeführt wurden.[548] Für einen qualifizierten Verstoß sind also sowohl objektive als auch subjektive Gesichtspunkte zu berücksichtigen.[549] Verschuldenselemente fließen zwar in die Haftungsvoraussetzungen ein,[550] sind aber kein eigenständiger Prüfungspunkt.

Die unionsrechtliche Staatshaftung kann auch durch ein **Handeln oder Unterlassen des nationalen Gesetzgebers** ausgelöst werden.[551] Es besteht also eine Haftung für **legislatives Unrecht** wie für legislative Versäumnisse. Ein Verstoß durch erlassene einzelstaatliche Gesetzgebung ist dann hinreichend qualifiziert, wenn der Mitgliedstaat bei der Ausübung seiner Gesetzgebungsbefugnis deren Grenzen offenkundig und erheblich überschritten hat.[552] Wird ein unionsrechtlich erteilter Rechtssetzungsauftrag überhaupt nicht oder nur verspätet wahrgenommen, so liegt immer ein hinreichend qualifizierter Verstoß vor.[553] Wenn der einzelne Mitgliedstaat nicht angekündigt hat, dass er Öffnungsklauseln in Richtlinien nutzen will, um erlaubterweise bestimmte Fallgruppen vom Anwendungsbereich der nationalen Umsetzung auszunehmen, so haftet er auch für eine Verletzung jener Richtlinienbestimmungen, von denen Ausnahmen prinzipiell möglich wären.[554]

Bei einer **unzulänglichen Richtlinienumsetzung** dagegen ist verlangt, dass die vom betreffenden Mitgliedstaat vorgenommene Auslegung der Richtlinie in einem offenkundigen Widerspruch zu deren Wortlaut und dem mit der Richtlinie verfolgten Ziel stehen muss.[555] Die Abweichung muss so eklatant sein, dass keine vernünftigen Zweifel an der Unionsrechtswidrigkeit des nationalen Umsetzungsaktes verbleiben können.[556] In der Sache gilt so eine Art flexiblen verobjektivierten Verschuldensmaßstabs.[557] Für die maßgeblichen Spielräume kommt es nicht auf das einzelne Staatsorgan und dessen eventuell durch nationales Recht eingeräumte Spielräume an, sondern auf den von Unionsrecht für die Mitgliedstaaten gesetzten Spielraum.[558] Schöpft der Mitgliedstaat einen

---

[548] EuGH, verb. Rs. C-46 u. 48/93, *Brasserie du pêcheur u. Factortame*, Slg. 1996, I-1029 Rn. 56; Rs. C-424/97, *Haim*, Slg. 2000, I-5123 Rn. 43; Rs. C-118/00, *Larsy*, Slg. 2001, I-5063 Rn. 39.
[549] EuGH, verb. Rs. C-46 u. 48/93, *Brasserie du pêcheur u. Factortame*, Slg. 1996, I-1029 Rn. 78.
[550] *Barbara Müller*, Ecolex 1996, 428 (430).
[551] EuGH, verb. Rs. C-46 u. 48/93, *Brasserie du pêcheur u. Factortame*, Slg. 1996, I-1029 Rn. 32-36.
[552] EuGH, verb. Rs. C-46 u. 48/93, *Brasserie du pêcheur u. Factortame*, Slg. 1996, I-1029 Rn. 55; Rs. C-392/93, *British Telecommunications*, Slg. 1996, I-1631 Rn. 42; verb. Rs. C-178, 179, 188, 189, 190/94, *Dillenkofer u. a.*, Slg. 1996, I-4845 Rn. 25; verb. Rs. C-283, 292, 293/94, *Denkavit u. a.*, Slg. 1996, I-5063 Rn. 50; Rs. C-127/95, *Norbrook Laboratories*, Slg. 1998, I-1531 Rn. 109; Rs. C-118/00, *Larsy*, Slg. 2001, I-5063 Rn. 38.
[553] EuGH, Rs. C-5/94, *Hedley Lomas*, Slg. 1996, I-2553 Rn. 28; verb. Rs. C-178, 179, 188, 189, 190/94, *Dillenkofer u. a.*, Slg. 1996, I-4845 Rn. 29; Rs. C-319/96, *Brinkmann*, Slg. 1998, I-5255 Rn. 28; LG Bonn, Urt. v. 16.4.1999, 1 O 186/98, WM 1999, 1972 (1975) (dazu *Hobe*, RIW 2000, 389; *Hafke*, WuB I L 6. – 1.00, 557).
[554] *Three Rivers District Council and others v. Bank of England (No. 3)* [2000] 3 All E.R. 1, 47 f-g (H.L., per Lord Millett).
[555] EuGH, Rs. C-392/93, *British Telecommunications*, Slg. 1996, I-1631 Rn. 42 f.; *Leible*, ZHR 162 (1998), 594 (605).
[556] *Leible*, ZHR 162 (1998), 594 (605 f.).
[557] *Herdegen/Rensmann*, ZHR 161 (1997), 522 (545).
[558] *Gautier*, Clunet 128 (2001), 598 (599).

vermeinten Ermessensspielraum in vertretbarer Weise aus, so haftet er nicht.[559] Das Staatsorgan hat aber jeweils den Ergebnisstand zugrunde zu legen, der bei Vornahme seines Aktes besteht, nicht den früheren, wie er bestanden haben mag, als der verletzte Unionsrechtsakt erlassen wurde.[560] Nicht mehr vertretbar ist eine Maßnahme, die mit etablierter Rechtsprechung des EuGH nicht in Einklang steht.[561]

148 Ermessen ist hier nicht im Sinne des deutschen Verwaltungsrechts zu verstehen, sondern als Beurteilungsspielraum der entscheidenden Instanzen.[562] Von der EU-Kommission eventuell geäußerte Ansichten sind nicht praejudiziell.[563] Allerdings wird ein Handeln des Mitgliedstaates entgegen einer sich als zutreffend erweisenden Ansicht von EU-Institutionen grundsätzlich weniger vertretbar sein und einen kaum entschuldbaren **Rechtsirrtum** begründen.[564] Dies gilt um so mehr, wenn sich der Mitgliedstaat in Widerspruch zu einer feststehenden Rechtsprechung des EuGH setzt.[565] Eine Entschuldigung folgt keineswegs bereits daraus, dass sich der Mitgliedstaat hat rechtlich beraten lassen, bevor er handelte oder nicht handelte.[566]

149 Dass **Nichtigkeitsklage** zum EuGH gegen eine umzusetzende Richtlinie erhoben ist, entbindet nicht von der Umsetzungsverpflichtung. Diese besteht vielmehr fort, denn Klagen haben im Unionsprozessrecht ausweislich Art. 278 S. 1 AEUV keinen Suspensiveffekt. In der Folge wird auch der Staatshaftungsanspruch gegen den nicht umsetzenden Mitgliedstaat nicht beeinträchtigt.[567] Die Feststellung des qualifizierten Verstoßes durch den EuGH ist zwar hinreichende, aber keine notwendige Voraussetzung der Staatshaftung.[568]

150 Eine unionsrechtliche Staatshaftung scheidet indes aus, wenn sich das von der Richtlinie gewollte Ziel bereits durch richtlinienkonforme Auslegung des jeweiligen nationalen Rechts erreichen lässt.[569] Die **richtlinienkonforme Auslegung hat Vorrang** vor der insoweit subsidiären Staatshaftung. Es greift ein anderer **Sanktionsmechanismus** gegen den säumigen Mitgliedstaat, der diesem hinreichende Anreize vermittelt, das Unionsrecht zu befolgen. Richtlinienkonforme Auslegung ist zum einen das mildere Mittel und erfordert zum anderen kein weiteres Verfahren zur Durchsetzung. Insoweit ist sie bei vergleichbarer Effektivität ressourcenschonender und damit im ökonomischen Sinn effizienter. Ist gar ein direkter Effekt der Richtlinie möglich, so scheidet eine Staatshaftung erst recht aus, wenn die Organe des betreffenden Staates diesen Effekt korrekt erkannt und beachtet haben.[570]

---

[559] LG Berlin, Urt. v. 9.4.2001, 23 O 650/00, EuZW 2001, 511 (512) = ZIP 2001, 1636 (1638) m. krit. Anm. *Hirte* = DB 2002, 258 (259) m. krit. Anm. *Thietz-Bartram*.
[560] *Hirte,* ZIP 2001, 1638 (1639) sowie *Thietz-Bartram,* DB 2002, 260.
[561] *Hirte,* ZIP 2001, 1638 (1639).
[562] *Ossenbühl,* Staatshaftungsrecht, 5. Aufl. 1998, S. 507.
[563] *Reg. v. Secretary of State for Transport, ex parte Factortame Ltd. (No. 5)* [1999] 3 W.L.R. 1062, 1078 E (H.L., per Lord *Slynn of Hadley*).
[564] *Reg. v. Secretary of State for Transport, ex parte Factortame Ltd. (No. 5)* [1999] 3 W.L.R. 1062 (1085 B-C, 1088 D-F) (H.L., per Lords *Hope of Craighead* bzw. *Clyde*).
[565] *Reg. v. Secretary of State for Transport, ex parte Factortame Ltd. (No. 5)* [1999] 3 W.L.R. 1062 (1087 G-H) (H.L., per Lord *Clyde*).
[566] *Reg. v. Secretary of State for Transport, ex parte Factortame Ltd. (No. 5)* [1999] 3 W.L.R. 1062 (1080 E-G) (H.L., per Lord *Hoffmann*).
[567] LG Bonn, Urt. v. 16.4.1999, 1 O 186/98, WM 1999, 1972 (1975); *Hobe,* RIW 2000, 389.
[568] EuGH, verb. Rs. C-46 u. 48/93, *Brasserie du pêcheur u. Factortame,* Slg. 1996, I-1029 Rn. 93.
[569] EuGH, Rs. C-334/92, *Wagner Miret,* Slg. 1993, I-6911 Rn. 22 ; Rs. C-91/92, *Faccini Dori,* Slg. 1994, I-3325 Rn. 26 f.; Rs. C-111/97, *EvoBus Austria,* Slg. 1998, I-5411 Rn. 21.
[570] EuGH, Rs. C-319/96, *Brinkmann,* Slg. 1998, I-5255 Rn. 5281.

Die unionsrechtliche Staatshaftung ist **Erfolgshaftung**.[571] Inwieweit bei einer 151
Richtlinie deren Ziel erreicht wird, beurteilt sich nach dem tatsächlichen Erfolg der
Umsetzung.[572] Die Verletzung der Umsetzungsverpflichtung kann Staatshaftungsansprüche des Benachteiligten, dem nicht die von der Richtlinie vorgesehene Rechtsposition gewährt wird, gegen den betreffenden Mitgliedstaat auch dann auslösen, wenn ihm jene Rechtsposition gegen andere Private einzuräumen ist.[573] Der Bürger erleidet durch die (Umsetzungs-)Praxis des Mitgliedstaats eben auch im Privatrecht einen Schaden, weil ihm eine unrichtige Umsetzung Ansprüche oder sonstige Rechtspositionen gegen andere Private vorenthält.[574]

4. Haftungssubjekt. Gerade in einem föderalen Staat wie der Bundesrepublik stellt 152
sich die Frage danach, welche staatliche Gliederung konkret Schuldner des unionsrechtlichen Staatshaftungsanspruchs ist. Der Ausgangspunkt, dass eine unionsrechtliche Staatshaftung bestehen muss, ist aber klar: Die Kompetenzverteilung zwischen dem Staat und seinen einzelnen Organen im Inneren der Staatsorganisation kann nicht von der Verantwortung gegenüber dem Bürger nach außen entbinden.[575] Die Schadensersatzverpflichtung des Mitgliedstaates für einen staatlichen Stellen zuzurechnenden Verstoß gegen Unionsrecht besteht unabhängig vom Charakter der verstoßenden Stelle und der Passivlegitimation im Detail.[576] Der richtige Schuldner beurteilt sich nach dem Recht des in Anspruch genommenen Staates.[577]

Prinzipiell sind formell selbstständige Gliedeinheiten der Mitgliedstaaten als Schuld- 153
ner verantwortlich,[578] soweit sie eigene Kompetenzräume wahrzunehmen und auszufüllen hatten und nicht durch Vorgaben der Zentralgewalt gebunden waren.[579] Dies setzt die richtigen Anreize, um Kompetenzen verantwortungsbewusst und so auszuüben, dass der materielle Rechtsschutz des Einzelnen möglichst gewahrt bleibt.[580] Dagegen verschlägt nicht, dass formell der Gesamtstaat Vertragspartner des AEUV ist.[581] Denn die Ratifikation bindet nicht nur den Gesamtstaat als solchen, sondern auch alle dessen Gliedeinheiten. Ebenso wenig lässt sich der Gesamtstaat zum Haftungssubjekt erklären, weil er ja seine Gliedeinheiten innerstaatlich anhalten könnte, das Unionsrecht einzu-

---

[571] *Schoißwohl*, Ecolex 1998, 963 (965).
[572] *Neisser/Verschraegen*, Die Europäische Union, 2001, Rn. 17.024.
[573] LG Bonn, EuGH-Vorlage v. 6.6.1994, 1 O 310/93, NJW 1994, 2489 (2490 f.) = EuZW 1994, 442 (444); LG Bonn, Urt. v. 6.6.1994, 1 O 317/93, NJW 1994, 2492 (2492 f.) = EuZW 1994, 445 (446) m. Anm. *Huff*.
[574] Zur Berechnung von Schaden und zu leistender Entschädigung am Beispiel des nicht hinreichenden Einräumens verbraucherschützender Widerrufsrechte *Eidenmüller*, JZ 1997, 201 (203); *Michaels/Kamann*, JZ 1997, 601 (607 f.).
[575] *Voigtländer*, EWiR Art. 43 EG 2/01, 227 (228).
[576] EuGH, Rs. C-118/00, *Larsy*, Slg. 2001, I-5063 Rn. 35.
[577] EuGH, Rs. C-302/97, *Konle*, Slg. 1999, I-3099 Rn. 63 f.; *Anagnostaras*, (2001) 26 Eur. L. Rev. 139 (153–156).
[578] GA *van Gerven*, SchlA Rs. C-128/92, *Banks*, Slg. 1994, I-1209, 1248; *Dermot Coppinger v. The County Council of the County of Waterford* Irish High Ct. March 22, 1996 (dazu *Travers*, [1997] 22 Eur. L. Rev. 173); *Lewis*, Remedies and the Enforcement of European Community Law, 1996, S. 143.
[579] *Anagnostaras*, (2001) 26 Eur. L. Rev. 139 (150 f.).
[580] *Anagnostaras*, (2001) 26 Eur. L. Rev. 139 (151).
[581] So aber *Maurer*, Staatshaftung im europäischen Kontext, in: FS Boujong, 1996, S. 591 (606 f.); *Folz*, Die Staatshaftung bei deutschen Verstößen gegen das Europäische Gemeinschaftsrecht, in: Liber amicorum Seidl-Hohenveldern, 1998, S. 175 (196).

halten.⁵⁸² Ob er dies kann, ist eine Frage der innerstaatlichen Kompetenzverteilung. In jedem Fall würden dadurch aber einerseits die Anreize zu indirekt und andererseits die zu befürwortende Koppelung zwischen Kompetenz und Haftung aufgelockert.

154 **5. Schadensumfang.** Der Schadensersatz muss einen effektiven Schutz der Rechtsposition des Einzelnen gewährleisten; grundsätzlich richten sich Art und Umfang des Schadensersatzes aber nach dem nationalen Recht.⁵⁸³ Art. 340 Abs. 2 AEUV wäre zwar eine mögliche Richtschnur auch auf der Rechtsfolgenseite,⁵⁸⁴ ist aber dort in der Rechtsprechung des *EuGH* noch nicht benutzt worden. Eine unionsrechtliche Vorgabe ist indes, dass der Schadensersatz den **entgangenen Gewinn** umfassen muss.⁵⁸⁵ Dagegen ist nicht klar, ob das Unionsrecht **Naturalrestitution** verlangt, wenn das nationale Recht als Instrument nur Ersatz bzw. Ausgleich in Geld kennt.⁵⁸⁶

155 Richtigerweise⁵⁸⁷ ist nur solcher Schaden zu ersetzen, der vom Schutzzweck der verletzten unionsrechtlichen Norm gedeckt ist.⁵⁸⁸ Dies kann zu durchaus differenzierten Lösungen führen. Verlangt die Richtlinie z. B. eine Zwangssicherung gegen **Insolvenzrisiken** und ordnet zugleich eine Art Selbstbehalt des Gläubigers an, so ist jedenfalls dieser Selbstbehalt vom erlittenen Schaden abzuziehen, und nur der über die Insolvenzquote hinausgehende Schaden ist ersatzfähig; zudem ist der Insolvenzanspruch an den Staat abzutreten.⁵⁸⁹ Diese Lösung ist nicht übermäßig, sondern genau im richtigen Maße gläubigerfreundlich.⁵⁹⁰

156 Ein Schadensersatzanspruch scheidet jedenfalls aus, soweit es konkret an der **Kausalität** zwischen qualifiziertem Unionsrechtsverstoß und Schaden fehlt, weil auch korrekte Umsetzungsmaßnahmen den Schadenseintritt nicht verhindert hätten.⁵⁹¹ Die Kausalität beurteilt sich prinzipiell nach der Adaequanztheorie.⁵⁹²

---

⁵⁸² So aber *Maurer*, Staatshaftung im europäischen Kontext, in: FS Boujong, 1996, S. 591 (606 f.); *Folz*, Die Staatshaftung bei deutschen Verstößen gegen das Europäische Gemeinschaftsrecht, in: Liber amicorum Seidl-Hohenveldern, 1998, S. 175 (196).

⁵⁸³ EuGH, verb. Rs. C-46 u. 48/93, *Brasserie du pêcheur u. Factortame*, Slg. 1996 Rn. 83; verb. Rs. C-94/95 u. C-95/95, *Bonifaci u. a. u. Berto u. a.*, Slg. 1997, I-3969 Rn. 48–53; Rs. C-261/95, *Palmisani*, Slg. 1997, I-4025 Rn. 35; Rs. C-373/95, *Maso u.a,*.Slg. 1997, I-4051 Rn. 41.

⁵⁸⁴ *Beljin*, Staatshaftung im Europarecht, 2000, S. 37 f.

⁵⁸⁵ EuGH, verb. Rs. C-46 u. 48/93, *Brasserie du pêcheur u. Factortame*, Slg. 1996 Rn. 87; verb. Rs. C-397 u. C-410/98, *Metallgesellschaft u. a.*, Slg. 2001, I-1727 Rn. 91; *Hidien*, Die unionsrechtliche Staatshaftung in den EU-Mitgliedstaaten, 1998, S. 63–66; *Ruffert*, in: Calliess/Ruffert, EUV/AEUV, Art. 340 AEUV Rn. 72; *Detterbeck/Windthorst/Sproll*, Staatshaftungsrecht, 2000, § 6 Rn. 36; *Beljin*, Staatshaftung im Europarecht, 2000, S. 65.

⁵⁸⁶ Bejahend *Jud*, Ecolex 2001, 100.

⁵⁸⁷ Im Ergebnis so auch EuGH, Rs. C-140/97, *Rechberger u. a.*, Slg. 1999, I-3499 Rn. 74.

⁵⁸⁸ *Rebhahn*, JBl 1996, 749 (755 f.).

⁵⁸⁹ LG Bonn, Urt. v. 16.4.1999, 1 O 186/98, WM 1999, 1972 (1977).

⁵⁹⁰ *Spunda*, Ecolex 1999, 442 (443).

⁵⁹¹ EuGH, verb. Rs. C-46 u. 48/93, *Brasserie du pêcheur u. Factortame*, Slg. 1996 Rn. 51; *Reg. v. Secretary of State for Transport, ex parte Factortame Ltd. (No. 5)* [1999] 3 W.L.R. 1062 (1072 H) (H.L., per Lord *Slynn of Hadley*); östOGH, JBl 2000, 785 (787); östOGH, JBl 2001, 445 (449); OLG Köln, Urt. v. 25.5.2000, 7 U 178/99, VersR 2001, 988 (990); LG Berlin, Urt. v. 9.4.2001, 23 O 650/00, EuZW 2001, 511 (512) = ZIP 2001, 1636 (1637) f. m. Anm. *Hirte* = DB 2002, 258 (259) m. konkret krit. Anm. *Thietz-Bartram*; *Rebhahn*, JBl 1996, 749 (753); *Hatje*, EuR 1997, 297 (307); *Öhlinger/Potacs*, Unionsrecht und staatliches Recht, 2. Aufl. 2001, S. 173.

⁵⁹² *Prieß*, NVwZ 1993, 118 (123); *Jarass*, NJW 1994, 881 (883); *Detterbeck*, VerwArch 1994, 159 (189); *Maurer*, Staatshaftung im europäischen Kontext, in: FS Boujong, 1996, S. 591 (605);

6. Mitverschuldenseinwand. Gegenüber dem unionsrechtlichen Staatshaftungs- 157
anspruch kann die verklagte Körperschaft den Einwand klägerischen Mitverschuldens
erheben. Bei der Bestimmung des ersatzfähigen Schadens ist zu berücksichtigen, ob
sich der Geschädigte in angemessener Form um die Verhinderung des Schadenseintritts
oder die Begrenzung des Schadensumfangs bemüht hat.[593] Den Geschädigten trifft
insbesondere eine Schadensminderungs- oder Schadensminimierungspflicht. Dies
ist – wie bei jedem Schadensersatzanspruch – sinnvoll, damit der Geschädigte nicht
auf Kosten des Schädigers spekulieren kann. Allerdings sind dabei weitere Faktoren
zu beachten: Dem Geschädigten gereicht es nicht zum Nachteil, wenn er Selbstschutzmaßnahmen unterlassen hat, welche vom verletzten Rechtsakt des Unionsrechts als
nicht geeignet eingestuft werden, um der regulierten Gefahr zu begegnen.[594] Generell
ist der Schutzzweck des verletzten Unionsrechtsakts ein wichtiger Aspekt: Ein **Mitverschulden** kann man dem Geschädigten nicht vorwerfen, wenn er genau solche
Selbstschutzmaßnahmen unterlässt, welche der verletzte Unionsrechtsakt ihm abneh-
men will.[595]

7. Haftungsprivilegien des nationalen Rechts

a) Haftungsausschluss wegen Nichtinanspruchnahme von Primärrechtsschutz. 158
Eine Regelung wie § 839 Abs. 3 BGB dürfte den Rahmen des zugelassenen Mitver-
schuldenseinwands sprengen.[596] Sie führt bei einem rein formalen Verschulden des
Gläubigers schon zu einem völligen Freiwerden des Staates. Allerdings ist diskussi-
onswürdig, ob entsprechende weitergehende Obliegenheiten nach nationalem Recht,
namentlich innerhalb einer angemessenen Frist **Primärrechtsschutz** gegen staatliche
Einzelangriffe durch Klage wahrnehmen zu müssen, neben dem Mitverschuldenseinwand bestehen und greifen könnten. Letztlich handelt es sich bei einer Obliegenheit der
skizzierten Art um einen **Verfristungstatbestand,** der nach denselben unionsrechtlichen Regeln zu beurteilen wäre wie ein Verjährungstatbestand.

Folz, Die Staatshaftung bei deutschen Verstößen gegen das Europäische Gemeinschaftsrecht,
in: Liber amicorum Seidl-Hohenveldern, 1998, S. 175 (194).

[593] EuGH, verb. Rs. C-46 u. 48/93, *Brasserie du pêcheur u. Factortame,* Slg. 1996 Rn. 84;
verb. Rs. C-178, 179, 188, 189, 190/94, *Dillenkofer u. a.,* Slg. 1996, I-4845 Rn. 72; OLG Köln,
Urt. v. 5.6.2000, 7 U 208/99, VersR 2001, 990 (990) = R/W 2002, 239 (241); LG Bonn, Urt.
v. 16.4.1999, 1 O 186/98, WM 1999, 1972 (1977); LG Bonn, Urt. v. 10.11.1999, 1 O 55/99, WM
2000, 618 (620) (dazu *Hafke,* WuB I L 6. – 2.00, 560).

[594] EuGH, verb. Rs. C-178, 179, 188, 189, 190/94, *Dillenkofer u. a.,* Slg. 1996, I-4845 Rn. 73;
LG Bonn, Urt. v. 10.11.1999, 1 O 55/99, WM 2000, 618 (620).

[595] LG Bonn, Urt. v. 16.4.1999, 1 O 186/98, WM 1999, 1972, 1977; LG Bonn, Urt.
v. 10.11.1999, 1 O 55/99, WM 2000, 618 (620); siehe auch OLG Köln, Urt. v. 8.6.2000, 7 U
208/99, VersR 2001, 990 = R/W 2002, 239.

[596] *Hatje,* EuR 1997, 297 (305); *Beljin,* Staatshaftung im Europarecht, 2000, S. 66 f. sowie *v.
Danwitz,* DVBl 1998, 421 (425 mit Fn. 40).
Anders aber *Ossenbühl,* DVBl 1992, 993 (994); *Prieß,* EuZW 1993, 118 (124); *Streinz,* EuZW 1993,
599 (603); *Detterbeck,* VerwArch 1994, 159 (190); *Maurer,* Staatshaftung im europäischen Kontext,
in: FS Boujong, 1996, S. 591 (606); *Folz,* Die Staatshaftung bei deutschen Verstößen gegen das
Europäische Gemeinschaftsrecht, in: Liber amicorum Seidl-Hohenveldern, 1998, S. 175 (194);
Papier, in: Rengeling (Hrsg.), Handbuch des deutschen und europäischen Umweltrechts, Bd. I,
1998, § 43 Rn. 44; *Detterbeck/Windthorst/Sproll,* Staatshaftungsrecht, 2000, § 6 Rn. 69 sowie
Fruhmann, ÖJZ 1996, 401 (412).

159 **b) Spruchrichterprivileg.** Eine offene Flanke war lange Zeit die Frage, ob und, wenn ja, in welchem Umfang ein **Spruchrichterprivileg** wie § 839 Abs. 2 BGB den unionsrechtlichen Staatshaftungsanspruch begrenzen kann.[597] Auch Gerichte sind Organe der Mitgliedstaaten. Auch sie stehen in der Pflicht, das Unionsrecht korrekt anzuwenden und nicht zu verletzen. Deutlichster Beleg dafür sind die aus Art. 4 Abs. 3 EUV abgeleiteten Pflichten zur unionsrechtskonformen Auslegung und zum Verleihen vertikaler Direktwirkung für Richtlinien. Beide richten sich spezifisch an den Rechtsanwender in den Mitgliedstaaten und damit zuvörderst an Gerichte.

160 Ohne ein Spruchrichterprivileg müsste der Staat nach den Grundsätzen der unionsrechtlichen Staatshaftung auch für die hinreichend qualifizierte fehlerhafte Anwendung von Unionsrecht durch seine Gerichte einstehen.[598] Denn eine Differenzierung nach Art und Zuschnitt der handelnden Organe lässt sich der Rechtsprechung des EuGH gerade nicht entnehmen.[599] Misslich wären dabei die sich ergebenden Konstellationen der gerichtlichen Entscheidung in (quasi-)eigener Sache.[600] Haftungsprivilegien zumindest der Höchstgerichte ließen sich auf die Endlichkeit jeden Rechtsschutzes stützen.[601]

161 Eine denkbare Stellschraube wäre allerdings bereits die hinreichende Qualität der Verletzung von Unionsrecht. Dabei müsste man zunächst den Beurteilungs- und Ermessensspielraum mit einfließen lassen. Insoweit erscheint vorstellbar, dass man einen qualifizierten Unionsrechtsverstoß nur bei willkürlichen oder an Rechtsbeugung grenzenden Entscheidungen bejahte.[602] Freilich käme man dann zu dem Problem unterschiedlicher Rechtsbeugungsgrenzen in den nationalen Prozessrechten. Ein **Willkürverbot** ließe sich dagegen besser unionsrechtlich ausbauen. Sodann könnte die **richterliche Unabhängigkeit** den Maßstab höher legen. Eine weitere Einschränkung wäre im Wege der teleologischen Restriktion dahingehend denkbar, dass hier ausnahmsweise ein Vorabentscheidungsverfahren zum EuGH zur Voraussetzung der Staatshaftung würde.[603]

162 Eine unionsrechtliche Staatshaftung wegen judikativer Versäumnisse beinhaltet insbesondere Fälle, in denen ein Gericht eine Vorlage an den EuGH unterlassen hat.[604] Dabei stehen zum einen mögliche Verletzungen einer Vorlagepflicht durch konkret

---

[597] Dafür *Herdegen/Rensmann*, ZHR 161 (1997), 522 (554 f.); *Ossenbühl*, Staatshaftungsrecht, 5. Aufl. 1998, S. 514.
Dagegen *Beul*, EuZW 1996, 748; *Thalmair*, DStR 1996, 1975 (1979); *Wehlau*, DZWir 1997, 100 (106); *Deckert*, EuR 1997, 203 (226).
Eingehende Diskussion insbesondere durch *Toner*, (1997) 17 Yearb. Eur. L. 165.

[598] So *Fruhmann*, ÖJZ 1996, 401 (407); *Rebhahn*, JBl 1996, 749 (760); *Funk*, Ecolex 1997, 553 (556); *Temple Lang*, The principle of effective protection of Community law rights, in: Liber amicorum in Honour of Lord Slynn of Hadley, Bd. I, 2000, S. 235 (254–256); *Öhlinger/Potacs*, Unionsrecht und staatliches Recht, 2. Aufl. 2001, S. 172.
Ausdrücklich offen lassend östOGH, Ecolex 2001, 100 LS m. Anm. *Jud*.

[599] *Fruhmann*, ÖJZ 1996, 401 (407).

[600] *Funk*, Ecolex 1997, 553 (556); *Öhlinger/Potacs*, Unionsrecht und staatliches Recht, 2. Aufl. 2001, S. 172.

[601] *Rebhahn*, JBl 1996, 749 (760).

[602] Der Gedanke entstammt einem Diskussionsbeitrag von Prof. Dr. *Hirte* (Hamburg) während des Symposiums zum 75-jährigen Bestehen des Max-Planck-Instituts für ausländisches und internationales Privatrecht in Hamburg vom 18.9.2001.

[603] *Rebhahn*, JBl 1996, 749 (760); *Öhlinger/Potacs*, Unionsrecht und staatliches Recht, 2. Aufl. 2001, 172.

[604] Eingehend *Beul*, EuZW 1996, 748.

letztinstanzliche Gerichte unter Art. 267 Abs. 3 AEUV und zum anderen Ermessensfehlgewichtungen bei Entscheidungen konkret nicht letztinstanzlicher Gerichte über eine fakultative Vorlage unter Art. 267 Abs. 2 AEUV in Rede. Für Verletzungen einer wirklich bestehenden Vorlagepflicht könnte man argumentieren, dass insoweit die Möglichkeit eines von der Kommission eingeleiteten Vertragsverletzungsverfahrens[605] ausreichende Sanktion sei.[606] Gedanklich erinnert dies an die Subsidiarität der unionsrechtlichen Staatshaftung gegenüber der richtlinienkonformen Auslegung (oben Rn. 117). Jedoch kann das Argument letztlich nicht durchschlagen, weil man mit ihm jede unionsrechtliche Staatshaftung zu Fall bringen könnte. Denn die unionsrechtliche Staatshaftung setzt einen qualifizierten Verstoß des betreffenden Mitgliedstaates gegen Unionsrecht voraus. Damit wären immer, wenn die Haftungsvoraussetzungen erfüllt sind, auch die Voraussetzungen für ein Vertragsverletzungsverfahren gegeben. Subsidiarität gegenüber der Möglichkeit eines Vertragsverletzungsverfahrens würde also die unionsrechtliche Staatshaftung als Institut der Existenz berauben.

In der Entscheidung **Köbler**[607] stellte der EuGH nunmehr klar, dass die völkerrechtlich tradierte Ansicht eines nach außen einheitlichen Staatsgebildes erst recht für die Unionsebene gelten muss.[608] Demnach haftet der Mitgliedstaat auch für das Fehlverhalten seiner Judikative. Die Bedenken, der auch durch den Gerichtshof (konkret in Bezug auf Schiedssprüche)[609] anerkannte Grundsatz der Rechtskraft sei ebenso wie die Unabhängigkeit des Richters durch eine solche Haftung beeinträchtigt, nimmt der EuGH ernst.[610] Demnach ist – der Stellungnahme der Kommission folgend – ein für die Begründung des Staatshaftungsanspruchs notwendiger „hinreichend qualifizierter Verstoß" nur in Fällen anzunehmen, in denen dieser Verstoß „offenkundig" ist.[611] Dem Merkmal der „Offenkundigkeit" entspricht dabei auf nationaler Ebene ungefähr das Kriterium der „groben Fahrlässigkeit".[612] **163**

Diese Rechtsprechung konkretisierte der EuGH in der Entscheidung **Traghetti del Mediterraneo**[613] dahingehend, dass ein nationaler Gesetzgeber gehindert ist, die praktische Durchsetzbarkeit des Staatshaftungsanspruchs für judikatives Unrecht auf Fälle von Vorsatz oder grober Fahrlässigkeit zu beschränken.[614] In der Praxis sind jedoch kaum Fälle denkbar, in denen ein Verstoß „offenkundig" ist, wenn ein nationaler Richter lediglich einfach fahrlässig gehandelt hat. Der EuGH wollte wohl lediglich klarstellen, dass die Frage der Offenkundigkeit des Rechtsverstoßes stets einer Einzelfallabwägung unterliegt, ohne dass ein Mitgliedstaat im Vorhinein diesen Maßstab **164**

---

[605] Siehe dazu *Carl Otto Lenz*, NJW 1994, 2063 (2065).
[606] So *Ossenbühl*, Staatshaftungsrecht, 5. Aufl. 1998, S. 514.
[607] EuGH, Rs. C-224/01, *Köbler*, Slg. 2003, I-10239.
[608] EuGH, Rs. C-224/01, *Köbler*, Slg. 2003, I-10239 Rn. 32.
[609] EuGH, Rs. C-126/97, *Eco Swiss*, Slg. 1999 I-3055 Rn. 46–48.
[610] *Breuer*, Staatshaftung für judikatives Unrecht, 2011, S. 457, weist nicht zu Unrecht darauf hin, dass der EuGH in dogmatisch fragwürdiger Weise zunächst eine Kollision mit dem Prinzip der Bestandskraft richterlicher Entscheidungen verneint, anschließend aber dennoch ein Spannungsverhältnis sieht, welches zu besonderer Sensibilität Anlass gebiete.
[611] EuGH, Rs. C-224/01, *Köbler*, Slg. 2003, I-10239 Rn. 53.
[612] *Pietzcker*, AöR 132 (2007), 393 (462).
[613] EuGH, Rs. C-173/03, *Traghetti del Mediterraneo*, Slg, 2006, I-5177. Hierzu *Breuer*, Staatshaftung für judikatives Unrecht, 2011, S. 464.
[614] Hierzu *Zantis*, Das Richterspruchprivileg in nationaler und gemeinschaftsrechtlicher Hinsicht, S. 127–129.

beschränken kann.⁶¹⁵ Für die Bundesrepublik Deutschland bedeutet dies, dass die Einschränkung des § 839 II S. 1 BGB auf Fälle der Staatshaftung wegen judikativer Verstöße gegen Unionsrecht keine Anwendung findet.⁶¹⁶

165 **c) Subsidiarität der Staatshaftung.** Ein letztes Moment auf dem Prüfstand ist die **Subsidiaritätsklausel** des § 839 Abs. 1 S. 2 BGB.⁶¹⁷ Ihr zufolge greift eine Haftung wegen Fahrlässigkeit des Amtsträgers nur subsidiär. Tatbestandlich lässt sie sich nur schwer mit den unionsrechtlichen Vorgaben in Einklang bringen, denen zufolge der unionsrechtliche Staatshaftungsanspruch grundsätzlich verschuldensunabhängig und gewisse Verschuldensmomente nur im Rahmen des qualifizierten Verstoßes berücksichtigt. Eine Abstufung der Staatshaftung nach Verschuldensgraden ist dem Unionsrecht fremd, wenn die Hürde des qualifizierten Verstoßes erst einmal genommen ist. Zudem geht es im Unionsrecht um eine genuine Haftung des Staates als solchen, nicht um eine auf den Staat übergeleitete Haftung des einzelnen Amtsträgers. Die unionsrechtliche Staatshaftung soll den effet utile des Unionsrechts sichern. Von dieser Grundlage her muss ein geeigneter Anreiz bestehen, auch fahrlässige Verstöße zu unterlassen. Praktisch kann man sich zudem zumindest im Bereich der Richtlinienumsetzung nur schwer Konstellationen vorstellen, in denen neben dem Staat noch eine weitere Person haftet.

166 **8. Verjährung.** Die **Verjährung** des unionsrechtlichen Staatshaftungsanspruchs richtet sich nach dem nationalen Recht des in Anspruch genommenen Staates.⁶¹⁸ Die Fünfjahresfrist des Art. 46 Satzung-EuGH ist nicht einschlägig.⁶¹⁹ Selbst eine einjährige Verjährungsfrist des nationalen Rechts soll akzeptabel sein, soweit sie keine negative Abweichung speziell für den unionsrechtlichen Staatshaftungsanspruch im Vergleich mit den Staatshaftungsansprüchen des nationalen Rechts begründet.⁶²⁰ In Deutschland greift die dreijährige Verjährungsfrist nach § 195 BGB bzw. für Altfälle nach § 852 Abs. 1 BGB a. F.⁶²¹

9. Prozessuale Durchsetzung in Deutschland. Für die prozessuale Durchsetzung des Staatshaftungsanspruchs enthält das Unionsrecht keine eigenen Regeln. Viel-

---

⁶¹⁵ *Zantis*, Das Richterspruchprivileg in nationaler und gemeinschaftsrechtlicher Hinsicht, S. 129.
⁶¹⁶ *Tietjen*, EWS 2007, 15.
⁶¹⁷ Für deren Zulässigkeit *Maurer*, Staatshaftung im europäischen Kontext, in: FS Boujong, 1996, S. 591 (605); *Folz*, Die Staatshaftung bei deutschen Verstößen gegen das Europäische Gemeinschaftsrecht, in: Liber amicorum Seidl-Hohenveldern, 1998, S. 175 (194).
⁶¹⁸ EuGH, Rs. C-261/95, *Palmisani*, Slg. 1997, I-4025 Rn. 27 f.; *Streinz*, EuZW 1993, 599 (603); *Beljin*, Staatshaftung im Europarecht, 2000, S. 73 f.; *Öhlinger/Potacs*, Unionsrecht und staatliches Recht, 2. Aufl. 2001, S. 176; *Neisser/Verschraegen*, Die Europäische Union, 2001, Rn. 17.025.
⁶¹⁹ *Folz*, Die Staatshaftung bei deutschen Verstößen gegen das Europäische Gemeinschaftsrecht, in: Liber amicorum Seidl-Hohenveldern, 1998, S. 175 (195); *Neisser/Verschraegen*, Die Europäische Union, 2001, Rn. 17.025. Anderer Ansicht *Prieß*, NVwZ 1993, 118 (124); *Detterbeck*, VerwArch 1994, 159 (191).
⁶²⁰ EuGH, Rs. C-261/95, *Palmisani*, Slg. 1997, I-4025 Rn. 28.
⁶²¹ *Geiger*, DVBl 1993, 465 (474); *Streinz*, EuZW 1993, 599 (603); *Maurer*, Staatshaftung im europäischen Kontext, in: FS Boujong, 1996, S. 591 (606); *Folz*, Die Staatshaftung bei deutschen Verstößen gegen das Europäische Gemeinschaftsrecht, in: Liber amicorum Seidl-Hohenveldern, 1998, S. 175 (195).

mehr bedient es sich insoweit – wie allgemein bei Fehlen spezieller Regelungen – des Rechtsschutzinstrumentariums des nationalen Rechts; dabei gilt die Maßgabe, dass das nationale Verfahrensrecht die Voraussetzungen nicht ungünstiger gestalten darf als bei vergleichbaren materiellrechtlichen Klagen rein nationalen Zuschnitts, also diskriminierungsfrei sein muss, die Effektivität des Unionsrechts wahren muss und die unionsrechtlich gewährten Positionen des Bürgers nicht verkürzen darf.[622] In Deutschland richten sich dementsprechend Zuständigkeit und Verfahren für unionsrechtliche Staatshaftungsansprüche gegen deutsche Stellen nach § 839 BGB.[623]

---

[622] EuGH, verb. Rs. C-46 u. 48/93, *Brasserie du pêcheur u. Factortame*, Slg. 1996 Rn. 67.
[623] LG Bonn, Urt. v. 16.4.1999, 1 O 186/98, WM 1999, 1972 (1974).

§ 39 Strafgerichtsbarkeit

Übersicht

		Rn.
A.	Einführung	1–4
B.	Kompetenzen der EU auf dem Gebiet des Straf- und Bußgeldrechts und des Rechts sonstiger Verwaltungssanktionen mit punitivem Charakter	5–20
	I. Kriminalstrafrechtliche Kompetenzen	5–16
	1. Prinzip der begrenzten Einzelermächtigung.	5–12
	2. Rechtsetzung im Rahmen der intergouvernementalen Zusammenarbeit.	13
	3. Kompetenzen zur Bekämpfung von Betrug zum Nachteil der EU (Art. 325 AEUV).	14–16
	II. Kompetenz zur Einführung unionsrechtlicher Geldbußen	17–19
	III. Kompetenz zur Einführung sonstiger Verwaltungssanktionen punitiven Charakters	20
C.	Von den mitgliedstaatlichen Gerichten zu berücksichtigende Beeinflussung des nationalen Strafrechts durch das Unions- und Gemeinschaftsrecht	21/89a
	I. Ausdehnung des nationalen Strafrechtsschutzes	21–26
	1. Ausdehnung des Anwendungsbereichs des nationalen Strafrechts mittels Assimilierung	22–25
	2. Ausweitung der nationalen Straf- und Bußgeldvorschriften auf Verstöße gegen das Gemeinschaftsrecht durch Blankettgesetze.	26
	II. Verpflichtung der Mitgliedstaaten zur Sanktionierung der Verletzung von Unions-/Gemeinschaftsrecht	27–29
	III. Begrenzungen des nationalen Strafrechts	30–41
	1. Anwendungsvorrang des Unionsrechts.	30–38
	2. Unionsrechtskonforme Auslegung des gesamten nationalen Rechts.	39–41
	IV. Rechtsschutz zur Sicherstellung der unionsrechtlichen Vorgaben im Rahmen des Vorabentscheidungsverfahrens	42/89a
	1. Vorlageberechtigung und -verpflichtung der Gerichte eines Mitgliedstaats.	43–48
	2. Durchführung des Vorabentscheidungsverfahrens im strafrechtlichen Haupt-, Zwischen- und Ermittlungsverfahren.	49–62
	3. Überprüfung des Vorabentscheidungsverfahrens nach dem Rechtsmittelsystem der Strafprozessordnung.	63–78
	4. Rechtskraft unionsrechtswidriger Strafurteile und Wiederaufnahme des Verfahrens.	79–88
	5. Praktische Bedeutung des Vorabentscheidungsverfahrens auf dem Gebiet des Strafrechts.	89
	6. Rechtsschutz gegen die Nichtvorlage.	89a

2. Abschnitt. Rechtsschutz durch verschiedene Zweige § 39

D. Geldbußen wegen Verstößen gegen das Kartellrecht 90–151
   I. Geldbußen wegen verbotener Wettbewerbsbeschränkungen 91–132
      1. Rechtsgrundlagen und Entstehungsgeschichte der wettbewerbsrechtlichen Bußgeldvorschriften. 91/92
      2. Geldbußen bei Verstößen gegen die wettbewerbsrechtlichen Verbotsnormen der Art. 101, 102 AEUV 93–105
      3. Rechtsmittel bei Bußgeldentscheidungen 106–115
      4. Zuständigkeit des EuG und des EuGH 116–132
   II. Geldbußen wegen Verstößen gegen die Fusionskontroll-Verordnung 133–147
      1. Rechtsgrundlagen der Fusionskontrolle. 133
      2. Anwendungsbereich der Fusionskontroll-Verordnung 134/135
      3. Fusionskontrollverfahren. 136–143
      4. Bußgeldvorschriften der Fusionskontroll-Verordnung 144/145
      5. Rechtsmittel bei Bußgeldentscheidungen. 146/147
   III. Besonderheiten beim Rechtsschutz gegen Maßnahmen nach dem EGKS-Vertrag 148
   IV. Geldbußen des EWR-Vertrages 149–151
      1. Geltung der Wettbewerbsregeln. 149
      2. Zuständigkeit im Verwaltungsverfahren. 150
      3. Gerichtliche Kontrolle. 151
E. Justizielle und polizeiliche Zusammenarbeit in Strafsachen 152–239
   I. Entwicklung der PJZS 152–154
   II. Justizielle Zusammenarbeit in Strafsachen (Art. 82-86 AEUV) 155–179
      1. Europäischer Haftbefehl. 159–170
      2. Eurojust 171–178
      3. Europäische Staatsanwaltschaft. 179
   III. Polizeiliche Zusammenarbeit 180–217
      1. Rechtsschutz vor nationalen Gerichten. 181
      2. Rechtsschutz vor dem EuGH bei Rechtsakten nach Inkrafttreten des Vertrages von Lissabon. 182
      3. Rechtsschutz vor dem EuGH bei Rechtsakten vor Inkrafttreten des Vertrages von Lissabon. 183–204
      4. Europol 205–217

Schrifttum: *Appel*, Kompetenzen der Europäischen Gemeinschaft zur Überwachung und sanktionsrechtlichen Ausgestaltung des Lebensmittelrechts, in: Dannecker (Hrsg.), Lebensmittelstrafrecht und Verwaltungssanktionen in der Europäischen Union; 1994, S. 55 ff.; *von Arnauld*, AVR 44 (2006), 201 ff.; *Bacigalupo*, Rapport national espagnol, in: Delmas-Marty/Vervaele (Hrsg.), The Implementation of Corpus Juris in the Member States, Vol. III, 2000, S. 775 ff.; *van Bael/Bellis*, Competition Law of the European Community, 3. Aufl., 1994; *Barbe*, Une triple étape pour le troisième pilier de l'union européenne, RMC 2002, S. 5 ff.; *Barbier de La Serre/Winckler*, Legal Issues Regarding Fines Imposed in EU Competition Proceedings, Journal of European Competition Law & Practice 2010, S. 327 ff.; *Behr*, Anmerkung zum Urteil des EuGH v. 12.2.74 – Rs. 146/73, EuR 1974, S. 358 ff.; *Bechtold*, Die Grundzüge der neuen EWG-Fusionskontrolle, RIV 1990, S. 253 ff.; *ders.*, Zum Ermessen der Kommission im Bußgeldverfahren, WuW 2009, S. 1115 ff.; *Beisse*, Grundsatzfragen der Auslegung des neuen Bilanzrechts, BB 1990, S. 2007 ff.; *Berg*, Die neue EG-Fusionskontrollverordnung, BB 2004, S. 561 ff.; *Bergmann/Lenz* (Hrsg.), Der Amsterdamer Vertrag vom 2. Oktober 1997 – Eine Kommentierung der Neuerungen des EU- und EG-Vertrages, 1998; *Bergmann/Burholt*, Nicht Fisch und nicht Fleisch – Zur Änderung des materiellen Prüfkriteriums in der Europäischen Fusionskontrollverordnung, EuZW 2004, S. 161; *Biancarelli/Maidani*, Les principes généraux applicables en matière pénale, Rev. science crim. 1984,

S. 225 ff.; *Bleckmann*, Anmerkung zu EuGHE „Griechischer Maisskandal", WuR 1991, S. 283 f.; *ders.*, Die Richtlinie im EG-Recht und im deutschen Recht, in: Leffson/Rückle/Großfeld (Hrsg.), Handwörterbuch unbestimmter Rechtsbegriffe im Bilanzrecht des HGB, 1986, S. 28 ff.; *ders.*, Gemeinschaftsrechtliche Probleme des Entwurfs des Bilanzrichtliniengesetzes, BB 1984, S. 1525 ff.; *Böhm*, Das neue Europäische Haftbefehlsgesetz, NJW 2006, S. 2592 ff.; *Böse*, Strafen und Sanktionen im Europäischen Gemeinschaftsrecht, 1996; *ders.*, Rechtsschutz durch den EuGH, in: Sieber/Brüner/Satzger/von Heintschel-Heinegg (Hrsg.), Europäisches Strafrecht, 2011, § 54; *ders.*, The Obligation of Member States to Penalise Infringements of Community Law: From Greek Maize to French Farmers, R.A.E. – L.E.A. 2001-2002, S. 103 ff.; *Bonichot*, Droit communautaire, Rev. science crim. 1990, S. 155 f.; *Braum*, Das „Corpus Juris" – Legitimität, Erforderlichkeit und Machbarkeit, JZ 2000, S. 493 ff.; *Brechmann*, Die richtlinienkonforme Auslegung. Zugleich ein Beitrag zur Dogmatik der EG-Richtlinie, 1994; *Bridge*, The European Communities and the Criminal law, CLR 1976, S. 88 ff.; *Bruns*, Der strafrechtliche Schutz der europäischen Marktordnungen für Landwirtschaft, 1980; *v. Bubenoff*, Der Europäische Haftbefehl, 2005; *Bull*, Das Europäische Polizeiamt – undemokratisch und rechtsstaatswidrig?, DRiZ 1998, S. 32 ff.; *Burnley*, Group Liability for Antitrust Infringements: Responsibility and Accountability, World Competition 33, no. 4 (2010), S. 595-614; *Calliess*, Auf dem Weg zu einem einheitlichen europäischen Strafrecht?, ZEuS 2008, S. 3 ff.; *Canenbley/Steinvorth*, Kartellbußgeldverfahren, Kronzeugenregelungen und Schadensersatz – Liegt die Lösung des Konflikts „de lege ferenda" in einem einheitlichen Verfahren?, in: FS 50 Jahre FIW: 1960–2010, S. 143 ff.; *Classen*, Die Jurisdiktion des Gerichtshofs der Europäischen Gemeinschaften nach Amsterdam, EUR-Beiheft 1/1999, S. 73 ff.; *Cuerda Riezu*, Besitzt die Europäische Gemeinschaft ein ius puniendi?, in: Schünemann/Suárez González (Hrsg.), Bausteine der europäischen Wirtschaftsstrafrechts, Madrid-Symposium für Klaus Tiedemann 1994, S. 367 ff.; *Dannecker*, Strafrecht in der Europäischen Gemeinschaft, JZ 1996, S. 869 ff.; *ders.*, Die Entwicklung des Wirtschaftsrechts unter dem Einfluß des Europarechts, in: Wabnitz/Janovsky (Hrsg.), Handbuch des Wirtschafts- und Steuerstrafrechts, 3. Aufl. 2007, Kapitel 8, S. 415 ff.; *ders.*, VO Nr. 17, Art. 15–18 in: Immenga/Mestmäcker (Hrsg.), EG-Wettbewerbsrecht, Bd. II; *ders./Biermann*, Art. 23 VO 1/2003 in: Immenga/Mestmäcker, EU-Wettbewerbsrecht, Bd. I Teil 2, 5. Aufl. 2012; *ders.*, Das intertemporale Strafrecht, 1993; *ders.*, Strafrecht in der Europäischen Gemeinschaft, in: Eser/Huber (Hrsg.), Strafrechtsentwicklung in Europa, Bd. 4.3, 1995; *ders.*, Sanktionen und Grundsätze des Allgemeinen Teils im Wettbewerbsrecht der Europäischen Gemeinschaft, in: Schünemann/Suárez González (Hrsg.), Bausteine des europäischen Wirtschaftsrechts, Madrid-Symposium für Klaus Tiedemann, 1994, S. 331 ff.; *ders.*, Kommentierung der Bilanzstraf- und -bußgeldvorschriften, in: Ulmer (Hrsg.), HGB-Bilanzrecht, Großkommentar, 2002, §§ 313 ff. HGB; *ders./Fischer-Fritsch*, Das EG-Kartellrecht in der Bußgeldpraxis, 1989; *ders.*, Das Europäische Strafrecht in der Rechtsprechung des Bundesgerichtshofs in Strafsachen, in: Canaris (Hrsg.), 50 Jahre Bundesgerichtshof, Festgabe aus der Wissenschaft, Bd. IV, S. 339 ff.; *ders.*, Die Dynamik des materiellen Strafrechts unter dem Einfluss europäischer und internationaler Entwicklungen, ZStW 177 (2005), S. 697 ff.; *ders./Streinz*, Umweltpolitik und Umweltrecht in: Rengeling (Hrsg.), EUDUR, Bd. I, 2. Aufl. 2003; *ders.* § 8 Einführung von Tatbeständen mit supranatioaler Schutzrichtung (Europadelikte), in: Böse (Hrsg.) Europäisches Strafrecht, 2013; *Dauses*, Das Vorabentscheidungsverfahren nach Artikel 177 EG-Vertrag, 2. Aufl., 1995; *Deimel*, Rechtsgrundlagen einer europäischen Zusammenschlusskontrolle, 1992; *Dekeyser/Roques*, The European Commission's Settlement Procedure in Cartel Cases, AntiTrust Bulletin: Vol. 55, No. 4/ 2010, S. 819 ff.; *Delmas-Marty*, Corpus Juris der strafrechtlichen Regelung zum Schutz der finanziellen Interessen der Europäischen Union, 1998; *dies.*, Rapport national francais, in: Delmas-Marty/Vervaele (Hrsg.), The Implementaion of the Corpus Juris in the Member States, Vol. II, 2000, S. 287 ff.; *Deutscher*, Die Kompetenzen der Europäischen Gemeinschaften zur originären Strafgesetzgebung, 1999; *Dieblich*, Der strafrechtliche Schutz der Rechtsgüter der Europäischen Gemeinschaften, 1985; *Dreher*, Kartellrechtliche Kronzeugenprogramme und Gesellschaftsrecht, ZWeR 2009, S. 397 ff.; *Eckard*, Anwendung und Durchsetzung des Kartellverbots im dezentralen Legalausnahmesystem, 2011; *Emmerich*, Art. 101 AEUV, in: Immenga/Mestmäcker, EU-Wettbewerbsrecht, Bd. I, Teil 1, 5. Aufl. 2012; *Emmert*, Europarecht, 1996; *Esser*, EU-Strafrecht ohne

EU-richterliche Kontrolle – Individualrechtsschutz durch den EuGH?, StRR 2010, S. 133 ff.; *ders.*, Befugnisse der europäischen Union auf dem Gebiet des Strafrechts?, in: Zuleeg (Hrsg.), Europa als Raum der Freiheit, der Sicherheit und des Rechts, 2007, S. 25 ff.; *Fastenrath/Skerka*, Sicherheit im Schengen-Raum nach dem Wegfall der Grenzkontrollen – Mechanismen und rechtliche Probleme grenzüberschreitender polizeilicher und justizieller Zusammenarbeit, ZEuS 2009, S. 219 ff.; *Fawzy*, Die Errichtung von Eurojust – zwischen Funktionalität und Rechtsstaatlichkeit, 2005; *Fezer*, Zum Verständnis der sog. Annahmeberufung (§ 313 StPO), NStZ 1995, S. 265 ff.; *Fragstein*, Die Einwirkungen des EG-Rechts auf den vorläufigen Rechtsschutz nach deutschem Verwaltungsrecht, 1997; *Fromm*, EG-Rechtsetzungsbefugnis im Kriminalstrafrecht, 2009; *Frowein*, Der Rechtsschutz gegen Europol, JZ 1998, S. 589 ff.; *Gärditz*, Der Strafprozess und der Einfluss europäischer Richtlinien, wistra 1999, 293; *Gehring/Mäger*, Kartellrechtliche Grenzen von Kooperationen zwischen Wettbewerbern – Neue Leitlinien der EU-Kommission, DB 2011, S. 398 ff.; *Gersdorf*, Das Kooperationsverhältnis zwischen deutscher Gerichtsbarkeit und EuGH, DVBl. 1994, S. 674 ff.; *Gleß*, Kontrolle über Europol und seine Bediensteten, EuR 1998, S. 745 ff.; *ders./Grote/Heine*, Justizielle Einbindung und Kontrolle von Europol durch Eurojust, 2004; *ders./Lüke*, Rechtsschutz gegen grenzüberschreitende Strafverfolgung in Europa, Jura 2000, S. 400 ff.; *Goosriw*, Einschränkung der Vorlagebefugnis nach Art. 177 Abs. 2 EWGV, AWD 1975, S. 660 ff.; *Grams*, Zur Gesetzgebung der Europäischen Union, 1998; *Gröblinghoff*, Die Verpflichtung des deutschen Strafgesetzgebers zum Schutz der finanziellen Interessen der Europäischen Gemeinschaften, 1996; *Grünewald*, Zur Frage eines europäischen Allgemeinen Teils des Strafrechts, JZ 2011, S. 972 ff.; *Hackel*, Konzerndimensionales Kartellrecht, 2012; *Harings*, Grenzüberschreitende Zusammenarbeit der Polizei- und Zollverwaltungen und Rechtsschutz in Deutschland, 2005, S. 127 ff.; *Hederström*, The Commission's legislative package on settlement procedures in cartel cases, in: Weiß, Die Rechtsstellung Betroffener im modernisierten EU-Kartellverfahren, 2010, S. 9 ff.; *Heger*, Perspektiven des Europäischen Strafrechts nach dem Vertrag von Lissabon, ZIS 2009, S. 406 ff.; *Heidenhain*, Zur Klagebefugnis Dritter in der europäischen Fusionskontrolle, EuZW 1991, S. 590 ff.; *Heinrichs*, Umsetzung der EG-Richtlinie über missbräuchliche Klauseln in Verbraucherverträgen durch Auslegung, NJW 1995, S. 153 ff.; *Heise*, Europäisches Gemeinschaftsrecht und nationales Strafrecht – Die Auswirkungen des Vorrangs des Gemeinschaftsrechts und der gemeinschaftsrechtskonformen Rechtsanwendung auf das deutsche materielle Strafrecht, 1998; *Heitzer*, Punitive Sanktionen im Europäischen Gemeinschaftsrecht, 1997; *Hellmann*, Die Bonusregelung des Bundeskartellamts im Lichte der Kommissionspraxis zur Kronzeugenmitteilung, EuZW 2000, S. 741 ff.; *Herdegen*, Der Vorrang des Europäischen Gemeinschaftsrechts und innerstaatliche Vorlagepflichten, MDR 1985, S. 542 ff.; *Herrmann/Michl*, Wirkungen von EU-Richtlinien, JuS 2009, S. 1065 ff.; *Heß*, Die Einwirkungen des Vorabentscheidungsverfahrens nach Art. 177 EGV auf das deutsche Zivilprozeßrecht, ZZP 108 (1995), S. 59 ff.; *Hirsbrunner*, Neue Durchführungsbestimmungen und Mitteilungen zur EG-Fusionskontrolle, EuZW 1998, S. 613 ff.; *ders./v. Köckritz*, Da capo senza fine – Das Sony/BMG-Urteil des EuGH, EuZW 2008, S. 591; *ders.*, Settlements in EU-Kartellverfahren, EuZW 2011, S. 12 ff.; *Howarth*, ,1992' and the Criminal Law, JCL 1989, S. 358 ff.; *Hoffmann*, Das Verhältnis des Rechts der Europäischen Gemeinschaften zum Recht der Mitgliedstaaten, DÖV 1967, S. 433 ff.; *Hossenfelder/Lutz*, Die neue Durchführungsverordnung zu den Artikeln 81 und 82 EG-Vertrag, WuW 2003, S. 118; *Huber*, Recht der europäischen Integration, 1996; *ders.*, Das Corpus Juris als Grundlage eines europäischen Strafrechts, 2000; *Hugger*, Zur strafbarkeitserweiternden richtlinienkonformen Auslegung deutscher Strafvorschriften, NStZ 1993, S. 421 ff.; *Immenga*, Die Sicherung unverfälschten Wettbewerbs durch Europäische Fusionskontrolle, WuW 1990, S. 371 ff.; *Idot*, Chronique internationale: droit communautaire, Rev. science crim. 1997, S. 690 ff.; *Jaeger*, Die mögliche Reform des EG-Wettbewerbsrechts für die nationalen Gerichte, WuW 2000, S. 1062 ff.; *Jakob-Siebert*, Der Europäische Wirtschaftsraum: Wettbewerbspolitik in einer neuen Dimension, WBl. 1992, S. 118 ff.; *Janicki*, EG – Fusionskontrolle auf dem Weg zur praktischen Umsetzung, WuW 1990, S. 195 ff.; *Johannes*, Das Strafrecht im Bereich der Europäischen Gemeinschaften, EuR 1968, S. 63 ff.; *ders.*, Zur Angleichung des Straf- und Strafprozeßrechts in der Europäischen Wirtschaftsgemeinschaft, ZStW 83 (1971), S. 532 ff.; *Jokisch*, Gemeinschaftsrecht und Strafverfahren. Die Überlagerung des deutschen

Stafprozeßrechts durch das Europäische Gemeinschaftsrecht, dargestellt anhand ausgewählter Problemfälle, 2000; *Joliet,* Le droit institutionnel des Communautés européennes – Le contentieux, 1981; *Jung,* Konturen und Perspektiven des europäischen Strafrechts, JuS 2000, S. 417 ff.; *Klees,* Zu viel Rechtssicherheit für Unternehmen durch die neue Kronzeugenmitteilung im europäischen Kartellverfahren?, WuW 2002, S. 1056 ff.; *Kling,* Die Haftung der Konzernmutter für Kartellverstöße ihrer Tochterunternehmen, wrp 2010, S. 506; *Koch,* Die neuen Befugnisse der EG zur Kontrolle von Unternehmenszusammenschlüssen, EWS 1990, S. 65 ff.; *Koch,* Einwirkungen des Gemeinschaftsrechts auf das nationale Verfahrensrecht, EuZW 1995, S. 78 ff.; *Koenigs,* Die neue VO 1/2003: Wende im EG-Kartellrecht, DB 2003, S. 755; *Krehl,* Strafbarkeit des Siegelbruchs (§ 136 II StGB) bei Verletzung ausländischer Zollplomben?, NJW 1992, S. 604 ff.; *Kreis,* Ermittlungsverfahren der EG-Kommission in Kartellsachen, RIW/AWD 1981, S. 281 ff.; *Kühl,* Europäisierung der Strafrechtswissenschaft, ZStW 109 (1997), S. 777 ff.; *Kühn,* Grundzüge des neuen Eilverfahrens vor dem Gerichtshof der Europäischen Gemeinschaften im Rahmen von Vorabentscheidungsersuchen, EuZW 2008, S. 263 ff.; *Lenz,* Kommentar zu dem Vertrag zur Gründung der Europäischen Gemeinschaften, 2. Aufl., 1999; *Lieber,* Über die Vorlagepflicht des Art. 177 EWG-Vertrag und deren Mißachtung, 1986; *Linsmeier/Balssen,* Die Kommission macht Ernst: Erstmals Durchsuchungen wegen Gun Jumping, BB 2008, S. 74; *Lutter,* Die Auslegung angeglichenen Rechts, JZ 1992, S. 593 ff.; *Mansdörfer,* Das europäische Strafrecht nach dem Vertrag von Lissabon – oder: Europäisierung des Strafrechts unter nationalstaatlicher Mitverantwortung, HRRS 2010, S. 11 ff.; *Maur,* Verletzung der Europäischen Konvention zum Schutze der Menschenrechte und Grundfreiheiten als neuer Wiederaufnahmegrund im Strafverfahren, NJW 2000, S. 338 ff.; *Meier,* Zur Einwirkung des Gemeinschaftsrechts auf nationales Verfahrensrecht im Falle höchstrichterlicher Vertragsverletzungen, EuZW 1991, S. 11 ff.; *Miersch,* Kommentar zur EG-Verordnung Nr. 4064/89 über die Kontrolle von Unternehmenszusammenschlüssen, 1991; *Möhrenschlager,* Einbeziehung ausländischer Rechtsgüter in den Schutzbereich nationaler Straftatbestände, in: Dannecker (Hrsg.), Die Bekämpfung des Subventionsbetrugs im EG-Bereich, 1993, S. 164 ff.; *Moll,* Europäisches Strafrecht durch nationale Blankettstrafgesetzgebung?, 1998; *Monar,* Justice and Home Affairs in the Treaty of Amsterdam: Reform at the Price of Fragmentation, ELR 1998, S. 320 ff.; *Morris,* The Fines Imposed in EEC Competition Cases in Light of the Pioneer Hi-Fi Decision, California International Law Journal vol. 14 (1984), S. 425 ff.; *Nachbaur,* Europol-Beamte und Immunität – ein Sündenfall des Rechtsstaates, KJ 1998, S. 231 ff.; *Nieto Martin,* Fraudes Comunitarios, 1996; *Oehler,* Der europäische Binnenmarkt und sein wirtschaftsstrafrechtlicher Schutz, in: Arzt/Fezer/Weber/Schlüchter/Rössner (Hrsg.), FS für Jürgen Baumann zum 70. Geburtstag, 1992, S. 561 ff.; *Ortega Gonzáles,* The cartel settlement procedure in practice, ECLR 2011, S. 170 ff.; *Ostendorf,* Europol – ohne Rechtskontrolle, NJW 1997, S. 3418 ff.; *Otto,* Das Corpus Juris der strafrechtlichen Regelungen zum Schutz der finanziellen Interessen der Europäischen Union, Jura 2000, S. 98 ff.; *Pabsch,* Der strafrechtliche Schutz der überstaatlichen Hoheitsgewalt, 1965; *Pache,* Der Schutz der finanziellen Interessen der Europäischen Gemeinschaften, 1994; *Panizza,* Ausgewählte Probleme der Bonusregelung des Bundeskartellamts vom 7. März 2006, ZWeR 2008, S. 58 ff.; *Pfeiffer,* Das strafrechtliche Beschleunigungsgebot, in: FS für Jürgen Baumann zum 70. Geburtstag, 1992, S. 329 ff.; *Pfeiffer,* Keine Beschwerde gegen EuGH-Vorlagen?, NJW 1994, S. 1996 ff.; *Philippi,* Divergenzen im Grundrechtsschutz zwischen EuGH und EGMR, ZEuS 2000, S. 97 ff.; *Polley/Seeliger,* Die neue Mitteilung der Europäischen Kommission über den Erlass und die Ermäßigung von Geldbußen in EG-Kartellsachen, EuZW 2002, S. 397 ff.; *Polzin,* Die Erhöhung von Kartellbußgeldern durch den Unionsrichter, WuW 2011, S. 454; *Postberg,* Die polizeiliche und justizielle Zusammenarbeit in Strafsachen im Wandel – unter besonderer Berücksichtigung der Organisation Eurojust, 2011; *Pühs,* Der Vollzug von Gemeinschaftsrecht, 1997; *Ranft,* Strafprozeßrecht, 3. Aufl. 2005; *Rengeling/Jacobs,* Neuere Entwicklungen des Rechts der Europäischen Gemeinschaften, DÖV 1983, S. 369 ff.; *Ress,* Wichtige Vorlagen deutscher Verwaltungsgerichte an den Gerichtshof der Europäischen Gemeinschaften, Die Verwaltung 1987, S. 177 ff.; *Riegel,* Aktuelle Fragen des gemeinschaftsrechtlichen Verfahrens- und Haftungsrechts unter besonderer Berücksichtigung der neueren Rechtsprechung des EuGH, DVBl. 1978, S. 469 ff.; *Riesenkampff,* Die Haftung im Konzern für Verstöße gegen europäisches Kartellrecht, in: Hilty/Drexl (Hrsg.),

2. Abschnitt. Rechtsschutz durch verschiedene Zweige §39

Schutz von Kreativität und Wettbewerb, FS für Ulrich Loewenheim zum 75. Geburtstag, 2009, S. 529 ff.; *Rizvi,* Entfesselte Bußenpraxis im Wettbewerbsrecht?, AJP/ PJA 2010, S. 452 ff.; *Rodriguez Iglesias,* Der EuGH und die Gerichte der Mitgliedstaaten – Komponenten der richterlichen Gewalt in der Europäischen Union, NJW 2000, S. 1889 ff.; *Rosenau,* Zur Europäisierung im Strafrecht, ZIS 2008, S. 9 ff.; *Roth,* Verfassungsgerichtliche Kontrolle der Vorlagepflicht an den EuGH, NVwZ 2009, S. 345 ff.; *Sandweg,* Der strafrechtliche Schutz auswärtiger Staatsgewalt, 1965; *Satzger,* Die Europäisierung des Strafrechts, 2001; *ders.,* Auf dem Weg zu einem Europäischen Strafrecht, ZRP 2001, S. 549 ff.; *ders.,* Anmerkung zum Urteil des EuGH v. 16.6.1998 – Rs. C-226/97, StV 1999, S. 132 f.; *ders.,* Das Strafrecht als Gegenstand europäischer Gesetzgebungstätigkeit, KritV 2008, S. 17 ff.; *Schellenberg,* Das Verfahren vor der Kommission und dem Europäischen Gerichtshof für Menschenrechte, 1983; *Schermers/Waelbroeck,* Judicial protection in the European Communities, 5. Aufl., 1992; *Schmidt,* Die Befugnis des Gemeinschaftsrichters zu unbeschränkter Ermessensüberprüfung, 2004; *Schmidt/Koyuncu,* Kartellrechtliche Compliance-Anforderungen an den Informationsaustausch zwischen Wettbewerbern, BB 2009, S. 2251; *Schomburg,* Anmerkung zum Urteil des BGH v. 2.2.1999, StV 1999, S. 246; *Schröder,* Europäische Richtlinien und deutsches Strafrecht, 2002; *Schroeder,* Strafprozeßrecht, 5. Aufl., 2012; *Schultze/Pautke/Wagener,* Vertikal-GVO, Praxiskommentar, 3. Aufl. 2011; *Schulze* (Hrsg.), Europarecht, 2006; *Schwarze* (Hrsg.), Verfahren und Rechtsschutz im europäischen Wirtschaftsrecht, 2010; *Schweitzer/Hummer,* Europarecht, 6. Aufl., 2010; *Seitz,* Grundsätze der ordnungsmäßen Verwaltung und der Gleichbehandlung – Sanktionsreduzierung wegen Nichtbeachtung der im Gemeinschaftsrecht geltenden Verfahrensgarantien durch die Europäische Kommission, EuZW 2008, S. 525 ff.; *Sevenster,* Criminal Law and EC Law, CMLRev 1992, S. 29 ff.; *Sieber,* Europäische Einigung und Europäisches Strafrecht, ZStW 103 (1991), S. 957 ff.; *ders.,* Entwicklungsstand und Perspektiven des europäischen Wirtschaftsstrafrechts, in: Schünemann/Suárez González (Hrsg.), Bausteine des europäischen Wirtschaftsrechts, Madrid-Symposium für Klaus Tiedemann, 1994, S. 349 ff.; *Sinn,* Die Einbeziehung der Internationalen Rechtspflege in den Anwendungsbereich der Aussagedelikte, NJW 2008, S. 3526 ff.; *Skouris,* Stellung und Bedeutung des Vorabentscheidungsverfahrens im europäischen Rechtsschutzsystem, EuGRZ 2008, S. 343 ff.; *Soltész,* Bußgeldreduzierung bei Zusammenarbeit mit der Kommission in Kartellsachen – Kronzeugenmitteilung, EWS 2000, S. 240 ff.; *Spinellis,* National report of Greece, in: Delmas-Marty/Vervaele (Hrsg.), The Implementation of the Corpus Juris in the Member States, Vol. II, 2000, S. 417 ff.; *Srock,* Rechtliche Rahmenbedingungen für die Weiterentwicklung von Europol, 2006; *Staebe/Denzel,* Die neue europäische Fusionskontrollverordnung (VO 13/2004), EWS 2004, S. 194; *Streinz,* Europarecht: Anwendungsbereich der EU-Grundrechtecharta, JuS 2013, S. 568 ff.; *Thomas,* Die Anwendung des europäischen materiellen Rechts im Strafverfahren, NJW 1991, S. 2233 ff.; *Thun-Hohenstein,* Der Vertrag von Amsterdam, 1997; *Tiedemann,* Anmerkung zum Urteil des EuGH v. 21.9.1989 in der Rs. 68/88 „Kommission/Griechenland", EuZW 1990, S. 100 f.; *ders.,* Europäisches Gemeinschaftsrecht und Strafrecht, NJW 1993, S. 23 ff.; *ders.,* Pour un espace juridique commun après Amsterdam, AGON Nr. 17 (1997), S. 12 ff.; *ders.,* Der Strafschutz der Finanzinteressen der Europäischen Gemeinschaft, NJW 1990, S. 2226 ff.; *ders.,* Wirtschaftsrecht im Ausland – Skizzen zur Entwicklung und Reform –, GA 1969, S. 321 ff.; *ders.,* Literaturbericht Wirtschaftsrecht (Teil I), ZStW 102 (1990), S. 94 ff.; *ders.,* National report of Germany, in: Delmas-Marty/Vervaele (Hrsg.), The Implementation of the Corpus Juris in the Member States, Vol. II, 2000, S. 349 ff.; *Vogel,* Die Kompetenz der EG zur Einführung supranationaler Sanktionen, in: Dannecker (Hrsg.), Die Bekämpfung des Subventionsbetrugs im EG-Bereich, 1993, S. 175 ff.; *ders.,* Geldwäsche – ein europaweit harmonisierter Straftatbestand?, ZStW 109 (1997), S. 335 ff.; *ders.,* Die Strafgesetzgebungskompetenzen der Europäischen Union nach Art. 83, 86 und 325 AEUV, in: Ambos (Hrsg.), Europäisches Strafrecht post – Lissabon, 2011, S. 41 ff.; *ders.,* Die Bedeutung der Rechtsweggarantie des Grundgesetzes für den Rechtsschutz im Rechtshilfeverfahren, NJW 1982, S. 468 ff.; *Voß,* Erfahrungen und Probleme bei der Anwendung des Vorabentscheidungsverfahrens nach Art. 177 EWGV, EuR 1986, S. 95 ff.; *Wagemann,* Rechtfertigungs- und Entschuldigungsgründe im Bußgeldrecht der Europäischen Gemeinschaften, 1992; *Wasmeier,* Stand und Perspektiven des EU-Strafrechts, ZStW 116 (2004), S. 320 ff.; *Wasserburg,* § 79 Abs. 1 BVerfGG im Spannungsverhältnis zwischen Rechtssicherheit und materieller Gerechtigkeit, StV 1982, S. 237 ff.; *Weber*, Der Raum der Freiheit, der Sicherheit und des Rechts im Vertrag von Lissabon, BayVBl 2008, S. 485 ff.; *de Weerth*, Die Bilanzordnungswidrigkeiten nach § 334 HGB unter besonderer Berücksichtigung der europarechtlichen Bezüge, 1994; *Wegener*, Wie es uns gefällt oder ist die unmittelbare Wirkung des Umweltrechts in der EG praktisch?, ZUR 1994, S. 232 ff.; *ders.*, Zur Bedeutung der Umweltverträglichkeitsprüfung, ZUR 1996, S. 324 ff.; *Weigend*, Strafrecht durch internationale Vereinbarungen – Verlust an nationaler Strafrechtskultur?, ZStW 105 (1993), S. 774 ff.; *Weitbrecht*, Drei Jahre Europäische Fusionskontrolle – eine Zwischenbilanz, EuZW 1993, S. 687 ff.; *ders.*, Das neue EG-Kartellverfahrensrecht, EuZW 2003, 69; *ders.*, Die Kronzeugenmitteilung in EG-Kartellsachen, EuZW 1997, S. 555 ff.; *ders.*, Europäisches Kartellrecht 2000/ 2001, EuZW 2002, S. 581 ff.; *Wiedemann*, Handbuch des Kartellrechts, 2. Aufl. 2008; *S. Winkler*, Der Europäische Gerichtshof für Menschenrechte, das Europäische Parlament und der Schutz der Konventionsgrundrechte im Europäischen Gemeinschaftsrecht, EuGRZ 2001, S. 18 ff.; *R. Winkler*, Die Rechtsnatur der Geldbuße im Wettbewerbsrecht der Europäischen Wirtschaftsgemeinschaft, 1971; *Wolter*, Vorabentscheidungsverfahren und Beschleunigungsgebot in Strafsachen, 2011; *Zieher*, Das sog. Internationale Strafrecht nach der Reform, 1977; *Zott*, Der rechtliche Rahmen der innen- und justizpolitischen Zusammenarbeit in der EU, 1999; *Zuleeg*, Der Beitrag des Strafrechts zur europäischen Integration, JZ 1992, S. 761 ff.; *ders.*, Das Recht der Europäischen Gemeinschaften im innerstaatlichen Bereich, 1969.

A. Einführung

1   Während lange Zeit die Vorstellung vorherrschte, dass das Strafrecht und das Strafverfahrensrecht als Ausdruck staatlicher Souveränität der Mitgliedstaaten frei von Einflüssen des Gemeinschaftsrechts seien,[1] hat sich mittlerweile die Erkenntnis durchgesetzt, dass das Recht der Europäischen Union auch in diesem Bereich keineswegs bedeutungslos ist (näher dazu Rn. 21 ff.). Gerade im Zuge der Bestrebungen nach fortschreitender europäischer Integration und der Schaffung eines einheitlichen europäischen Rechtsraums im Rahmen der Europäischen Union besteht die Notwendigkeit einer **Angleichung der nationalen Strafrechtsordnungen**, auch im Hinblick auf die Entwicklung eines einheitlichen europäischen Strafrechts.[2]

2   Wegen der vielfältigen Einflüsse des Unionsrechts kann von einer **„Europäisierung" des Strafrechts**[3] gesprochen werden. Zwar sind die Mitgliedstaaten mangels eigener kriminalstrafrechtlicher Kompetenz der Europäischen Union weiterhin für die Straf- und Strafverfahrensgesetzgebung zuständig (siehe Rn. 5 ff), sofern man von der Kompetenz der EU auf dem Gebiet der Betrugsbekämpfung (Art. 325 AEUV) absieht (näher dazu Rn. 14 ff.). Jedoch ergeben sich aus dem Unionsrecht rechtliche Vorgaben, die sowohl die nationalen Gesetzgeber als auch die nationale Rechtsprechung im Rahmen der Anwendung und Auslegung der geltenden Gesetze zu berücksichtigen haben. So kann sich aus dem Unionsrecht – insbesondere aus Art. 4 Abs. 3 EUV – die positive

---

[1] Vgl. hierzu *Kühl*, ZStW 109 (1997), 777 (790); *Jung*, JuS 2000, 417; *Thomas*, NJW 1991, 2233; *Tiedemann*, NJW 1993, 23.

[2] Vgl. Corpus Juris der strafrechtlichen Regelungen zum Schutz der finanziellen Interessen der Europäischen Union; *Delmas-Marty*, Corpus Juris der strafrechtlichen Regelungen zum Schutz der finanziellen Interessen der Europäischen Union, 1998, passim.; *B. Huber*, Das Corpus Juris als Grundlage eines Europäischen Strafrechts, 2000, passim.

[3] *Satzger*, Die Europäisierung des Strafrechts, S. 8.

Pflicht der Mitgliedstaaten ergeben, die Geltung und Wirksamkeit des Unionsrechts (auch) dadurch zu gewährleisten, dass sie Interessen der Union mit strafrechtlichen Mitteln ebenso schützen wie die entsprechenden nationalen Interessen (näher dazu Rn. 27 ff.). In diesem Zusammenhang sind die zuständigen staatlichen Stellen aus Gründen der Unionstreue verpflichtet, auch bei der Ahndung von Verstößen gegen das Unionsrecht dieselbe Sorgfalt walten zu lassen wie bei der Ahndung von Verstößen gegen das nationale Recht. Daneben kann sich das Europarecht auch negativ, in begrenzender Weise, auf das nationale Strafrecht auswirken.[4] Außerdem gilt die **Grundrechtecharta** „für die Mitgliedstaaten ausschließlich bei der Durchführung des Rechts der Union". Der EuGH bestimmt den Anwendungsbereich der **Grundrechtecharta** extensiv und unterwirft sowohl das materielle Strafrecht als auch das Strafverfahrensrecht, wenn es um die Sanktionierung in einem unionsrechtlich geleiteten Bereich wie dem der Mehrwertsteuer geht, den unionalen Grundrechten.[5] Außerdem findet nach der ERT-Rechtsprechung des EuGH die **Grundrechtecharta** auf die Grundfreiheiten Anwendung.[6] Der Rechtsschutz in der Europäischen Union auf dem Gebiet des Strafrechts wird daher von den Auswirkungen der unionsrechtlichen Vorgaben auf das nationale Straf- und Strafverfahrensrecht maßgeblich geprägt (siehe Rn. 12 ff.).

„Auch im Strafrecht gilt das **Gebot effektiven Individualrechtsschutzes**, wonach weder Handlungen der Mitgliedstaaten noch der Unionsorgane der Kontrolle, ob diese mit dem geltenden Unionsrecht vereinbar sind, entzogen sein dürfen. Individualklage (Art. 263 AEUV) und Vorabentscheidungsverfahren (Art. 267 AEUV) bieten ein umfassendes Rechtsschutzsystem durch EuG und EuGH. Soweit jedoch das Unionsrecht von den Mitgliedstaaten angewendet wird, wird der **Rechtsschutz durch die Mitgliedstaaten** gewährt, auch wenn Rechtmäßigkeitsmaßstab das Unionsrecht ist (näher dazu Rn. 21 ff.). Um die **Interpretationshoheit des EuGH** zu gewährleisten, müssten die nationalen Gerichte ggf. vom **Vorlageverfahren** (Rn. 42 ff.) Gebrauch machen. Denn allein der europäischen Gerichtsbarkeit steht das Verwerfungsmonopol für Unionsrechtsakte zu (zu den strafrechtsspezifischen Sonderproblemen im Bereich von Einrichtungen der Union, die an Strafverfahren beteiligt sein können [Europol und Eurojust], und zum Rechtsschutz beim Europäischen Haftbefehl siehe Rn. 4, 155 ff.)."

Im Bereich des **Wettbewerbsrechts** kennt das Unionsrecht **Geldbußen**, die von der Kommission verhängt werden. Zu nennen sind zum einen Wettbewerbsverstöße gegen Art. 101 und 102 AEUV und zum anderen Verstöße gegen die Fusionskontroll-Verordnung. Gegen die unionsrechtlichen Geldbußen, bei denen es sich um strafrechtliche Sanktionen im weiteren Sinne, vergleichbar den deutschen, italienischen und portugiesischen Ordnungswidrigkeiten, handelt, ist ein direkter Rechtsschutz durch die europäischen Gerichte möglich. Dabei finden sich für die Wettbewerbsverstöße gegen Art. 101 und 102 AEUV (siehe Rn. 92 ff.) und gegen die Fusionskontroll-Verordnung (siehe Rn. 133 ff.) sowie für Kartellrechtsverstöße gegen den EGKS-Vertrag (siehe Rn. 148) und die kartellrechtlichen Regelungen des Europäischen Wirtschaftsraums (siehe Rn. 149 ff.) spezielle Regelungen.

---

[4] Dannecker ZStW 2005, 697, 724 ff.
[5] EuGH, Rs. C-617/10, *Åkerberg Fransson* JZ 2013, 613 ff. mit Anm. *Dannecker* JZ 2013, 616 ff.; *Streinz* JuS 2013, 568 ff.
[6] EuGH Rs. C-260/89, ERT., Slg. 1991, I-2925 Rn. 41 ff.

4 Schließlich wurde die **Polizeiliche und Justizielle Zusammenarbeit in Strafsachen** durch den Vertrag von Lissabon neu geregelt und die Zuständigkeit des Gerichtshofs in diesem Bereich, zuvor durch Art. 35 EUV-Nizza geregelt, bestätigt, ausgedehnt (siehe Rn. 152 ff.; 180 ff.). Nunmehr bildet Art. 82 AEUV die Grundlage für die Zusammenarbeit im Bereich der Strafverfolgung und ist Basis für das im Entstehen befindliche „Europäische Strafverfahrensrecht".

B. Kompetenzen der EU auf dem Gebiet des Straf- und Bußgeldrechts und des Rechts sonstiger Verwaltungssanktionen mit punitivem Charakter

I. Kriminalstrafrechtliche Kompetenzen

5 **1. Prinzip der begrenzten Einzelermächtigung.** Die Kompetenzen der EU zur Rechtsetzung ergeben sich aus dem Primärrecht der Union. Hierbei gilt auch nach dem Lissabon-Vertrag das Prinzip der begrenzten Einzelermächtigung,[7] d. h. die Rechtsetzungsorgane der Gemeinschaft bedürfen einer **ausdrücklichen Kompetenzzuweisung**, um Rechtsakte erlassen zu können, denn die Gemeinschaft ist gem. Art. 5 EUV (Art. 5 [ex-Art. E] EU und Art. 5 [ex-Art. 3 b] Abs. 1 EG) und Art. 288 AEUV (Art. 249 EGV-Nizza; Art. 189 EGV-Maastricht) zur Rechtsetzung nur „für die Ausübung der Zuständigkeiten der Union" berechtigt.[8]

Die einzelnen Ermächtigungen in den Verträgen waren teilweise so weit formuliert, dass ihr Wortlaut grundsätzlich auch strafrechtliche Maßnahmen rechtfertigen konnte, ohne dass eine ausdrückliche Ermächtigung in den Verträgen ausgesprochen war.[9] Die Mitgliedstaaten betrachteten jedoch das Strafrecht als Ausdruck ihrer eigenen Souveränität[10] und erkannten eine eigene kriminalstrafrechtliche Kompetenz der EU nicht an. Dagegen wurde zwar geltend gemacht, das Strafrecht dürfe nicht schlechthin aus dem Anwendungsbereich des Gemeinschaftsrechts ausgeschlossen sein, denn die Mitgliedstaaten seien verpflichtet, ihr nationales Recht in den Dienst der Integration zu stellen, und die Annahme eines absoluten Souveränitätsvorbehalts bei den Mitgliedstaaten erweise sich aus integrativer Sicht als kontraproduktiv.[11] Es bestand jedoch Einigkeit darüber, dass die Ausübung einer so wesentlichen Befugnis wie die Androhung und Verhängung echter Kriminalstrafen einer ausdrücklichen Ermächtigung der vertragsschließenden Staaten bedurfte. Dies musste schon deshalb gelten, weil die Organe der EU nur bedingt demokratisch legitimiert waren.[12]

---

[7] Vgl auch *Hecker* Europäisches Strafrecht, 4. Aufl. 2012, § 4 Rn. 68.
[8] *Streinz*, Europarecht, Rn. 539.
[9] Vgl. *Sieber*, ZStW 103 (1991), 957 (969).
[10] *Weigend*, ZStW 105 (1993), 775 m.w.N.; vgl. auch *Böse*, Strafen und Sanktionen im Europäischen Gemeinschaftsrecht, S. 55 ff.
[11] *Zuleeg*, JZ 1992, 761 (762); zustimmend *Appel*, in Dannecker, Lebensmittelstrafrecht und Verwaltungssanktionen in der Europäischen Union, S. 55 ff.
[12] Vgl. dazu *Deutscher*, Die Kompetenzen der Europäischen Gemeinschaft zur originären Strafgesetzgebung, S. 317 ff.; *Grams*, Zur Gesetzgebung der Europäischen Union, S. 65 ff.; *Oehler*, in: FS für Baumann, S. 561.

Daher stimmten sowohl die Rechtsprechung des EuGH[13] und des Bundesgerichts- 6
hofs[14] als auch die Literatur[15] weitgehend darin überein, dass die Mitgliedstaaten beim
Abschluss der Verträge von Rom der EG keine originäre strafrechtliche Kompetenz zur
Schaffung eines supranationalen Strafrechts[16] übertragen haben.[17] Die Mitgliedstaaten
sahen das Strafrecht vielmehr nach wie vor als ihre ureigene Aufgabe an,[18] und der
EuGH sprach ihnen diese Kompetenz auch ausdrücklich zu.[19]

Damit war der Erlass gemeinschaftlicher Strafnormen im Rahmen von EG-Verordnungen, die unmittelbare Wirkung gegenüber dem Einzelnen entfalten, ausgeschlossen. Auch wenn bereits damals teilweise geltend gemacht wurde, dass das Strafrecht nicht schlechthin dem Anwendungsbereich des Gemeinschaftsrechts entzogen sein dürfe, weil die Mitgliedstaaten verpflichtet seien, ihr nationales Recht in den Dienst der Integration zu stellen und sich die Annahme eines absoluten Souveränitätsvorbehalts bei den Mitgliedstaaten aus integrativer Sicht als kontraproduktiv erweise,[20] bestand Einigkeit, dass die vertragschließenden Staaten die Ausübung einer so wesentlichen Befugnis wie die Androhung und Verhängung echter Kriminalstrafen ohne eine entsprechende ausdrückliche Ermächtigung der EG nicht überlassen hatten.[21]

Die Neufassung des Primärrechts durch den **Lissabon-Vertrag** brachte diesbezüg- 7
lich grundlegende Änderungen, auch wenn es nach wie vor kein supranationales, durch
die EU selbst gesetztes unmittelbar geltendes Strafrecht gibt.[22] Nunmehr ist der Europäischen Union eine sog. „geteilte" Zuständigkeit (Art. 4 AEUV) eingeräumt: primär
eine Angleichungskompetenz durch Richtlinien (Art. 83 Abs. 2 AEUV), die sich auf die

---

[13] EuGH, Rs. C-186/87, *Cowan/Trésor public*, Slg. 1989, 195, 221 f.; EuGH, Rs. C-203/80, *Casati*, Slg. 1981, 2595, 2618.

[14] BGHSt 25, 191, 193 f.

[15] *Oehler*, in: FS für Baumann, S. 561; *Tiedemann* NJW 1993, 23 ff.; *Vogel*, in: Dannecker, Die Bekämpfung des Subventionsbetruges im EG-Bereich, S. 175 ff.

[16] Zur Problematik eines europäischen Begriffs des Strafrechts und der Abgrenzung zwischen Kriminalstrafrecht und Strafrecht im weiteren Sinne *Hecker*, Europäisches Strafrecht, § 4 Rn. 59 f.

[17] Vgl. nur *Böse*, Strafen und Sanktionen im Europäischen Gemeinschaftsrecht, S. 54 ff.; *Deutscher*, Die Kompetenzen der Europäischen Gemeinschaften zur originären Strafgesetzgebung, S. 312 ff.; *Gröblinghoff*, Die Verpflichtung des deutschen Strafgesetzgebers zum Schutz der finanziellen Interessen der Europäischen Gemeinschaften, S. 141; *Satzger*, Die Europäisierung des Strafrechts, S. 92 ff.; *Schröder, Chr.*, Europäische Richtlinien und deutsches Strafrecht, S. 104 ff.; jeweils m. w. N.; a. A. *Pache*, Der Schutz der finanziellen Interessen der Europäischen Gemeinschaften, S. 341.

[18] *Weigend*, ZStW 105 (1993), 774 (775) m. w. N.; vgl. auch *Böse*, Strafen und Sanktionen im Europäischen Gemeinschaftsrecht, S. 55 ff.

[19] EuGH Rs. C-50/76, *Amsterdam Bulb BV*, Slg. 1977, I-139; Rs. C-336/88, *Hansen*, Slg. 1990, I-2911.

[20] *Zuleeg*, JZ 1992, 761 (762); zustimmend *Appel*, in: Dannecker, Lebensmittelstrafrecht und Verwaltungssanktionen in der Europäischen Union, 1994, S. 165, 177.

[21] Vgl. *Dannecker*, in: 50 Jahre Bundesgerichtshof, Festgabe aus der Wissenschaft, Bd. IV, S. 339, 346 ff.; *Dannecker/Streinz*, in: Rengeling, EUDUR, Bd. I, § 8 Rn. 55; *Deutscher*, Die Kompetenzen der Europäischen Gemeinschaften zur originären Strafgesetzgebung, 2000, S. 309 ff.; *Gärditz*, wistra 1999, 293; *Gröblinghoff*, Die Verpflichtung des deutschen Strafgesetzgebers zum Schutz der Interessen der Europäischen Gemeinschaften, S. 141; *Pühs*, Der Vollzug von Gemeinschaftsrecht, S. 276 f.; *Satzger*, Die Europäisierung des Strafrechts, 2001, S. 92 ff. Zur Rechtslage nach Inkrafttreten des Amsterdamer Vertrages vgl. Rn. 70 ff.

[22] Vgl. *Hecker* § 4 Rn. 58.

Tatbestandsvoraussetzungen und die Rechtsfolgen bezieht (Rn. 8 ff.), und eine „echte" Rechtssetzungskompetenz (Art. 325 AEUV)[23] als subsidiäre Befugnis (Rn. 14 ff.).[24]

Nunmehr ist im AEUV eine ausdrückliche Ermächtigung der Union zur Setzung **kriminalstrafrechtlicher Mindestvorgaben** im Primärrecht verankert (Art. 83 AEUV). Hieraus ergibt sich eine Anweisungskompetenz (Rn. 8 ff.).[25] Außerdem räumt Art. 325 Abs. 4 AEUV der Union die Kompetenz zum Erlass von **Maßnahmen zur Bekämpfung von gegen ihre Interessen gerichteten Betrügereien** ein (Rn. 14 ff.).[26] Damit beinhaltet das Unionsrecht nunmehr eine Kompetenz zum Erlass von Verordnungen strafrechtlichen Inhalts.[27] Eine Kompetenz zur Schaffung supranationalen Strafrechts gegen den Menschenhandel könnte sich aus Art. 79 Abs. 1, 2 lit. d) AEUV ergeben.

8 c) **Anweisungskompetenz gegenüber den Mitgliedstaaten.** Außerhalb des eng begrenzten Gebiets der Betrugsbekämpfung steht der Union eine Anweisungskompetenz die Mitgliedstaaten zu verpflichten, durch die Schaffung nationaler Strafvorschriften unionsrechtliche Mindestvorgaben zu erfüllen.[28] Im EG-Vertrag war zwar keine ausdrückliche Rechtsgrundlage für eine solche Anweisungskompetenz enthalten. In der Literatur wurde diese Kompetenz teilweise als Annexkompetenz zu den einzelnen, im Vertrag enthaltenen Rechtsgrundlagen anerkannt, die die Gemeinschaft zur Angleichung, Koordinierung und Harmonisierung mitgliedstaatlicher Rechtsvorschriften ermächtigte.[29] Diese Auffassung wurde auf die sog. **„implied-powers"-Lehre**, die der EuGH im Rahmen seiner integrationsfreundlichen und an der praktischen Wirksamkeit des Gemeinschaftsrechts – also dem **effet utile** – orientierten Rechtsprechung entwickelt hat gestützt.[30] Teilweise wurde die Anweisungskompetenz zur strafrechtlichen Harmonisierung auf **Art. 94 bzw. 95 EGV-Nizza (nunmehr Art. 114, 115 AEUV)** gestützt.[31] Heute ergibt sich diese Kompetenz aus **Art. 83 AEUV**, der Vorgaben von Mindestvorschriften zur Harmonisierung des nationalen Strafrechts durch die EU ermöglicht.

9 Nach Art. 83 Abs. 1 AEUV gilt auch für Richtlinien strafrechtlichen Inhalts, dass ein **ordentliches Gesetzgebungsverfahren** nach Art. 294 AEUV (Mitentscheidungsverfahren) durchzuführen ist. Für Harmonisierungsrichtlinien nach Art. 83 Abs. 2

---

[23] *Fromm,* EG-Rechtssetzungsbefugnis im Kernstrafrecht, 2009, S. 73, 74; *Heger,* ZIS 2009, 406 (416); *Safferling,* Internationales Strafrecht, 2011, § 10, Rn. 42; *Calliess,* ZEuS 2008, 3 (37); *Rosenau,* ZIS 2008, 9 (16).

[24] *Mansdörfer,* HRRS 2010/1, 11, 12, 17.

[25] Vgl. *Hecker,* Europäisches Strafrecht, § 4 Rn. 68.

[26] Zur Entwicklung der Kompetenz aus Art. 325 AEUV vgl. *Hecker,* Europäisches Strafrecht, § 4 Rn. 81 ff.

[27] Vgl. *Hecker,* Europäisches Strafrecht, § 4 Rn. 82 m.w.N.

[28] *Bleckmann,* in: FS Stree und Wessels 1993, S. 106, 111; *Dannecker/Streinz,* in: Rengeling, EUDUR, Bd. I, § 8 Rn. 62 ff.; *Sieber,* ZStW 103 (1991), 957 (963); *Tiedemann,* NJW 1993, 23 (26); *Vogel,* in: *Dannecker,* Die Bekämpfung des Subventionsbetrugs im EG-Bereich, S. 170, 172; *Albrecht/Braum,* KritV 2001, 312 (319 f.).

[29] *Appel,* in: *Dannecker,* Lebensmittelstrafrecht und Verwaltungssanktionen in der Europäischen Union, 1994, S. 172, 177 m. w. N.; *Dannecker,* Strafrecht in der europäischen Gemeinschaft, 1995, S. 59.

[30] Vgl. EuGH, Rs. C-281/85, *Einwanderungspolitik,* Slg. 1987, 3204.

[31] Vgl. dazu *Appel,* in: *Dannecker* (Hrsg.), Lebensmittelstrafrecht und Verwaltungssanktionen in der Europäischen Union, S. 172, 174; *Vogel,* in: *Dannecker* (Hrsg.), Die Bekämpfung des Subventionsbetrugs im EG-Bereich, S. 170, 172; *Dannecker,* Strafrecht der Europäischen Gemeinschaft, S. 59.

AEUV ist die Verfahrensweise anzuwenden, die für den zu harmonisierenden Bereich gilt, also das ordentliche oder das besondere Gesetzgebungsverfahren: Zudem ist die Notbremsenfunktion des Art. 83 Abs. 3 AEUV zu beachten. Die Kompetenz zur Schaffung supranationalen Strafrechts wird im ordentlichen Gesetzgebungsverfahren durch Europäisches Parlament und den Rat und nach Anhörung des Rechnungshofs ausgeübt.

Das **Subsidiaritätsprinzip** des Art. 5 Abs. 3 UAbs. 1 EUV (Art. 5 Abs. 2 EGV-Nizza) beschränkt die Anweisungskompetenz der EU auf Sachverhalte, die auf nationaler Ebene nicht effektiv geregelt werden können.[32] Dabei ist zu beachten, dass das Subsidiaritätsprinzip keine Kompetenzschranke, sondern eine Kompetenzausübungsschranke darstellt, also voraussetzt, dass überhaupt eine Kompetenz der EU besteht.[33] Jedoch spielt der Subsidiaritätsgedanke auch dann eine Rolle, wenn es darum geht, Unionskompetenzen in Randbereichen wie dem Strafrecht zu konkretisieren.[34]

10

Darüber hinaus dürfen nach dem in Art. 5 Abs. 3 UAbs. 2 S. 1 EUV (Art. 5 Abs. 3 EGV-Nizza) festgeschriebenen **Verhältnismäßigkeitsprinzip** Anweisungen zum Erlass von Strafgesetzen nur dann getroffen werden, wenn dies zur Erreichung der Ziele des Vertrages erforderlich ist.

Die EU verwendet regelmäßig die Handlungsform der **Richtlinie**, wenn sie von ihrer Anweisungskompetenz Gebrauch macht.[35] Gemäß Art. 288 UAbs. 3 AEUV (Art. 249 Abs. 3 EGV-Nizza) ist eine Richtlinie für die Mitgliedstaaten zielverbindlich, den Mitgliedstaaten bleibt jedoch die Wahl der Form und Mittel zur Zielerreichung überlassen. Während die Gemeinschaft die Mitgliedstaaten durch solche Richtlinien zunächst unter Rückgriff auf die Rechtsprechung des EuGH im „Mais"-Urteil zum Erlass geeigneter und wirksamer Sanktionen zum Schutz bestimmter Rechtsgüter verpflichtet hatte,[36] zeigt sich bereits unter Geltung des EGV die Tendenz, den Mitgliedstaaten detaillierte Vorgaben zum Inhalt der Sanktionsnormen zu machen.[37] So wurden die strafbaren Handlungen zum Teil wörtlich vorgegeben und Mindestvorschriften für Art und Höhe der Strafen getroffen.[38] Dieses Vorgehen war und ist bedenklich, da sich die Gemeinschaft/Union damit der Rechtsform der Verordnung stark annähert, durch die aufgrund ihrer Verbindlichkeit und unmittelbaren Geltungen in den Mitgliedstaaten **supranationales Strafrecht** geschaffen würde. Zwar entfaltet eine solche Richtlinie wegen ihres für den Einzelnen belastenden Inhalts auch nach Ablauf der Umsetzungsfrist keine unmittelbare Wirkung in den Mitgliedstaaten, wenn sie noch nicht in nationales Recht umgesetzt ist. Jedoch wird der den Charakter der

11

---

[32] *Gröblinghoff*, Die Verpflichtung des deutschen Strafgesetzgebers zum Schutz der Interessen der Europäischen Gemeinschaften, S. 135 f.; *Dannecker/Streinz*, in: Rengeling, EUDUR, Bd. I, § 8 Rn. 62.

[33] Vgl. *Streinz*, Europarecht, Rn. 172; *Dannecker/Streinz*, in: Rengeling, EUDUR, Bd. I, § 8 Rn. 55.

[34] *Dannecker/Streinz*, in: Rengeling, EUDUR, Bd. I, § 8 Rn. 55.

[35] Vgl. umfassend dazu *Schröder*, Europäische Richtlinien und deutsches Strafrecht, 2002.

[36] Vgl. z. B. die Richtlinie 79/409/EWG des Rates über die Erhaltung der wildlebenden Vogelarten, ABl. 1979 vom 25.4.1979, Nr. L 103, S. 1 ff.; *Dannecker/Streinz*, in: Rengeling, EUDUR, Bd. I, § 8 Rn. 63.

[37] Vgl. *Sieber*, ZStW 103 (1991), 957 (965).

[38] Vgl. z. B. den Vorschlag einer Richtlinie über den strafrechtlichen Schutz der Umwelt, näher dazu unten Rn. 113 f.; vgl. auch den Vorschlag für eine Richtlinie des Europäischen Parlamentes und des Rates über den strafrechtlichen Schutz der finanziellen Interessen der Gemeinschaft, näher dazu unten Rn. 72; *Böse*, R. A. E. – L. E. A. 2001–2002, S. 103 ff.

Rechtsform „Richtlinie" mitprägende Umsetzungsspielraum für die Mitgliedstaaten erheblich verkleinert.

12 d) **Assimilierungsprinzip.** Bereits vor Inkrafttreten des Lissabonvertrages gab es gemeinschaftsrechtliche Regelungen, die den Anwendungsbereich der nationalen Strafrechtsordnungen ausdehnten, indem sie auf nationale Strafrechtsnormen verweisen (**Assimilierung**) und dadurch erreichen, dass die den Schutz nationaler Rechtsgüter bezweckenden Strafnormen auch für entsprechende Gemeinschaftsgüter anwendbar sind.[39] Für diese Assimilierung nationaler Strafvorschriften zum Schutz originärer Unionsrechtsgüter kann sich die EU auf ihre Kompetenz aus Art. 4 Abs. 3 UAbs. 2, 3 EUV (Art. 10 EGV-Nizza) stützen, der den **Grundsatz der Unionstreue** (Loyalitätsgebot) beinhaltet.[40] Solche Fälle der Assimilierung finden sich zum Teil im Primärrecht, wie etwa bei Art. 30 Satzung-EuGH, der für Falschaussagen von Zeugen auf die nationalen Vorschriften zum Schutz der Rechtspflege verweist. Ähnliches gilt für Art. 194 Abs. 1 UAbs. 2 des Vertrages zur Gründung der Europäischen Atomgemeinschaft.[41]

13 2. **Rechtsetzung im Rahmen der intergouvernementalen Zusammenarbeit.** Die Justizielle Zusammenarbeit in Strafsachen ist in den Art. 82 ff. AEUV geregelt. Art. 82 AEUV bildet die Grundlage für die Zusammenarbeit im Bereich der Strafverfolgung. Diese Vorschrift stellt die Grundlage für ein im Entstehen befindliches „**Europäisches Strafverfahrensrecht**" dar.[42] Die frühere intergouvernementalen Strukturen wurden durch eine „Supranationalisierung" dieses Bereichs ersetzt. Insbesondere gilt nunmehr der Vorrang des Unionsrechts in vollem Umfang. Außerdem können auch unmittelbar anwendbare Verordnungen eingesetzt werden. In Abkehr vom Prinzip der Einstimmigkeit entscheidet der Rat nun mit qualifizierter Mehrheit. Lediglich soweit die EU-Organe rechtsangleichend tätig werden, steht den Mitgliedstaaten unter bestimmten Voraussetzungen ein „Veto"-Recht zu (Art. 82 Abs. 3 AEUV).

14 3. **Kompetenzen zur Bekämpfung von Betrug zum Nachteil der EU (Art. 325 AEUV).** Art. 325 AEUV enthält die Befugnis der EU, die erforderlichen „abschreckenden Maßnahmen" zur Verhütung und Bekämpfung von gegen die finanziellen Interessen der EU gerichteten Betrugsdelikten und sonstigen rechtswidrigen Handlungen zu beschließen, die einen „effektiven Schutz bewirken" (Art. 325 Abs. 1 AEUV). Art. 325 Abs. 4 AEUV regelt das Gesetzgebungsverfahren für die erforderlichen Maßnahmen zur Gewährleistung eines effektiven und gleichwertigen Schutzes in den Mitgliedstaaten und bildet zudem die Rechtsgrundlage für die Gesetzgebung zur Verhütung und Bekämpfung von gegen die finanziellen Interessen der EU gerichteten Betrugsdelikten und sonstigen rechtswidrigen Handlungen. Ein abschreckender, effektiver und gleichwertiger Schutz der finanziellen Interessen umfasst auch strafrechtliche Sanktionen.

15 Durch Art. 325 Abs. 4 AEUV wird eine **genuine Strafrechtsetzungskompetenz** begründet.[43] Die Bedenken, die sich aus dem Demokratieprinzip ergaben, sind wohl nicht mehr in der bisherigen Weise aufrecht zu erhalten. Denn die Beteiligung des

---

[39] Vgl. hierzu *Hecker*, Europäisches Strafrecht, § 7 Rn. 1 ff.
[40] Vgl. *Hecker*, Europäisches Strafrecht, § 7 Rn. 2 f.
[41] Näher dazu *Dannecker* in Böse (Hrsg.), Europäisches Strafrecht, § 8 Rn. 2 ff.
[42] *Satzger*, in: Streinz, EUV/AEUV, Art. 82 Rn. 1.
[43] So *Grünewald*, JZ 2011, 972 (973); *Satzger*, KritV 2008, 17 (25 ff.); *ders.*, Internationales Strafrecht, § 9, Rn. 51; *Vogel*, in: Ambos , EU-Strafrecht, S. 41, 48.

Europäischen Parlaments als Entscheidungsgremium sichert – auch wenn es nicht die Bürger der Mitgliedstaaten, sondern die Unionsbürger repräsentiert (Art. 14 EUV) – eine gewisse demokratische Legitimation. Jedoch stellt sich die Frage, ob Art. 325 Abs. 4 AEUV, der nicht wie Art. 83 AEUV eine „**Notbremsenregelung**" vorsieht, eine so weitreichende Befugnis zur Bekämpfung des Betruges geben soll. Deshalb ist die verfahrensrechtliche „Notbremse" des Art. 83 Abs. 3 AEUV auf strafrechtsangleichende Richtlinien zur Bekämpfung des EU-Betruges analog anzuwenden.[44]

Gemäß Art. 325 Abs. 5 AEUV (Art. 280 Abs. 5 EGV-Nizza) legt die Kommission in Zusammenarbeit mit den Mitgliedstaaten dem Europäischen Parlament und dem Rat jährlich einen **Bericht über die Maßnahmen** vor, die zur Durchführung dieses Artikels getroffen wurden. 16

II. Kompetenz zur Einführung unionsrechtlicher Geldbußen

Ausdrückliche Ermächtigungen für den Rat, supranationale Geldbußen einzuführen, finden sich in Art. 103 AEUV (Art. 83 EGV-Nizza, Art. 64 EGKSV[45] und Art. 83 EAGV,[46] von denen der Rat auch mehrfach Gebrauch gemacht hat. Praktische Bedeutung kommt ihnen insbesondere im **Wettbewerbsrecht** der EU zu (dazu näher unter Rn. 90 ff.). Hiervon hat der Rat in allen kartellrechtlichen Durchführungsvorschriften, so z. B. in Art. 23 der VO (EG) Nr. 1/2003 (dazu näher unter Rn. 98 ff.) und in Art. 14 VO 139/2004 (dazu näher unter Rn. 144 f.) Gebrauch gemacht und die Verhängung von Geldbußen vorgesehen. 17

Nach Art. 132 Abs. 3 AEUV (Art. 110 Abs. 3 EGV-Nizza) kann die **Europäische Zentralbank** bei Nichteinhaltung von Verpflichtungen, die sich aus ihren Verordnungen und Entscheidungen ergeben, Unternehmen mit Geldbußen belegen. Von dieser Ermächtigungsgrundlage hat der Rat Gebrauch gemacht und die Verordnung Nr. 2532/98[47] erlassen, die die Möglichkeit der Verhängung von Geldbußen und Strafgeldern (vgl. Art. 1 Nr. 5, 6 und Art. 2 Abs. 1 VO Nr. 2532/98) gegen Unternehmen durch die Europäische Zentralbank vorsieht. Daneben steht den Gerichten der EG (EuG und EuGH) nach deren Satzungen und Verfahrensordnungen die Kompetenz zu, Geldbußen gegen ausbleibende Zeugen zu verhängen.[48] 18

Umstritten ist, inwieweit die EU auch außerhalb der genannten Vorschriften die Kompetenz zur Schaffung von Bußgeldtatbeständen hat. In diesem Zusammenhang wurde zwar Art. 229 EGV-Nizza als Ermächtigungsnorm diskutiert, um eine **allgemeine Befugnis des Rates**, Verstöße gegen EG-Verordnungen auch mit „strafrechtlichen" Folgen zu versehen, abzuleiten.[49] Dies ist allerdings mit der überwiegenden Auffassung abzuleh- 19

---

[44] Bejahend *Hecker,* Europäisches Strafrecht, § 8, Rn. 46; *Satzger,* Internationales Strafrecht, § 9, Rn. 54; a. A. *Vogel,* in: Ambos, EU Strafrecht, S. 41, 49.
[45] Siehe dazu *Böse,* Strafen und Sanktionen im Europäischen Gemeinschaftsrecht, S. 243 ff.
[46] *Deutscher,* Die Kompetenzen der Europäischen Gemeinschaften zur originären Strafgesetzgebung, S. 121 ff.
[47] ABl. 1998 L 318/4.
[48] Näher dazu *Dannecker,* in: Wabnitz/Janovsky, Handbuch des Wirtschaftsstrafrechts, 2. Kapitel Rn. 86 ff.
[49] *Tiedemann,* NJW 1990, 2232; ders., GA 1969, 329; *Winkler,* Die Rechtsnatur der Geldbuße im Wettbewerbsrecht der Europäischen Wirtschaftsgemeinschaft, S. 23 f.; vgl. auch *Heitzer,* Punitive Sanktionen im Europäischen Gemeinschaftsrecht, S. 145.

nen, da Art. 229 EGV-Nizza im Vergleich zu Art. 103 AEUV – der die ausdrückliche Ermächtigung für das Gebiet des Wettbewerbsrechts enthält – eine solch wichtige Ermächtigung nicht indirekt enthalten konnte.[50] Dies gilt gleichermaßen für Art. 261 AEUV.

III. Kompetenz zur Einführung sonstiger Verwaltungssanktionen punitiven Charakters

20 Von den Kriminalstrafen und Geldbußen sind die sonstigen supranationalen Sanktionen des Sekundärrechts zu unterscheiden. Bei ihnen handelt es sich um **verwaltungsrechtliche Sanktionen**, vor allem im Agrar- und Fischereibereich. Die ganz h. M. ging von einer Kompetenz der EG für solche Verwaltungssanktionsvorschriften punitiven Charakters aus.[51] Verordnungen, die diese Sanktionen enthalten, waren fast ausschließlich solche der Kommission zur Durchführung von Ratsverordnungen. Allgemeine Grundsätze, die für sie gelten, so z. B. das Verhältnismäßigkeitsprinzip, das Rückwirkungsverbot und das Milderungsgebot, die Regelungen für die Verfolgungs- und Vollstreckungsverjährung und über das Verhältnis zu nationalen Sanktionen, sind im Jahr 1995 in einer Rahmenverordnung festgehalten worden.[52] Mit dieser Verordnung sind erste Schritte zur Harmonisierung auf Gemeinschaftsebene getan. Um wirksam gegen Schädigungen der EG-Finanzen vorgehen zu können, sieht sie die Einführung von verwaltungsrechtlichen Maßnahmen und Sanktionen als Reaktion auf Handlungen zum Nachteil der finanziellen Interessen der Gemeinschaften vor. Diese Maßnahmen können auch neben Kriminalstrafen ausgesprochen werden und sollen von den Verwaltungsbehörden der Mitgliedstaaten verhängt werden. Der AEUV hat diesbezüglich zu keinen Änderungen geführt.

C. Von den mitgliedstaatlichen Gerichten zu berücksichtigende Beeinflussung des nationalen Strafrechts durch das Unions- und Gemeinschaftsrecht

I. Ausdehnung des nationalen Strafrechtsschutzes

21 Auch wenn der EU in nur begrenztem Umfang strafrechtliche Kompetenz zukommt, besteht doch das Bedürfnis nach strafrechtlichem Schutz unionaler bzw. gemeinschaftlicher Rechtsgüter. Außerhalb der strafrechtlichen Kompetenz der EU muss dieser Rechtsgüterschutz durch die Mitgliedstaaten gewährleistet werden. Deshalb werden die nationalen Strafrechtsordnungen und die mitgliedstaatliche Strafgesetz-

---

[50] *Gröblinghoff*, Die Verpflichtung des deutschen Strafgesetzgebers zum Schutz der Interessen der Europäischen Gemeinschaften, S. 115; *Vogel*, in: Dannecker, Die Bekämpfung des Subventionsbetrugs im EG-Bereich, S. 182.
[51] *Dannecker*, in: Eser/Huber, Strafrechtsentwicklung in Europa, S. 2015; *Deutscher*, Die Kompetenzen der Europäischen Gemeinschaft zur originären Strafgesetzgebung, S. 281 ff.; *Heitzer*, Punitive Sanktionen im Gemeinschaftsrecht, S. 164 f.; *Pache*, Der Schutz der finanziellen Interessen der Europäischen Gemeinschaften, S. 304 ff.; *Sieber*, ZStW 103 (1991), 969; *Tiedemann*, NJW 1990, 2232; *ders.*, NJW 1993, 23 (27).
[52] VO (EG) Nr. 2988/95, ABl. 1995 L 312/2; näher dazu *Heitzer*, Punitive Sanktionen im Europäischen Gemeinschaftsrecht, S. 34 ff.

gebung in wesentlichem Umfang durch das Unions- und Gemeinschaftsrecht beeinflusst, und auch die **mitgliedstaatlichen Gerichte** müssen in ihrer Rechtsprechung die unions- und gemeinschaftsrechtlichen Vorgaben berücksichtigen und nachvollziehen.

1. Ausdehnung des Anwendungsbereichs des nationalen Strafrechts mittels Assimilierung

a) Assimilierung durch die EU. Bereits die Gemeinschaft bediente sich, um auf dem Gebiet des Kriminalstrafrechts Gemeinschaftsrechtsgüter mit strafrechtlichen Mitteln schützen zu können, in Teilbereichen eines bestimmten Verweisungssystems: Gemeinschaftliche Regelungen verwiesen auf nationale Strafrechtsnormen, wodurch der Anwendungsbereich der nationalen Strafrechtsordnungen ausgedehnt wurde (Assimilierung) und die den Schutz nationaler Rechtsgüter bezweckenden Strafnormen auch für die entsprechenden Gemeinschaftsrechtsgüter für anwendbar erklärt wurden.[53] Durch solche Verweisungen entstanden neue, abgeleitete Normen, so dass insofern von einem gemeinschaftlichen Strafrecht gesprochen werden konnte.[54]

Die **Verweisungen im primären Gemeinschaftsrecht**, die die Ausdehnung des Anwendungsbereichs nationaler Straftatbestände durch EG-Vorschriften bestimmen, betreffen die Eidesverletzungen, die vor dem EuG und dem EuGH begangen werden,[55] und die Wahrung von Geheimhaltungspflichten, auch durch Bedienstete der Atomüberwachungsbehörden.[56] Nach Art. 48 § 2 VerfO-EuGH kann der Europäische Gerichtshof das Nichterscheinen von Zeugen und die Verweigerung von Aussagen, Eidesleistungen oder feierliche Versicherung an Eides Statt mit einer Geldbuße bis zu 5.000 Euro belegen.[57]

---

[53] *Cuerta*, in: Schünemann/Suárez González, Bausteine des europäischen Wirtschaftsstrafrechts, S. 373.

[54] *Tiedemann*, NJW 1993, 23 (25).

[55] Art. 30 des Protokolls (Nr. 3) über die Satzung -EuGH vom 30.2.2010; BGBl. 1957 II, S. 1166, geändert durch Art. 20 Beitritts- und Anpassungsakte zum Vertragswerk vom 22.1.1972 (BGBl. 1972 II, S. 1127); vgl. dazu *Böse*, Strafen und Sanktionen im Europäischen Gemeinschaftsrecht, S. 107 ff.; *Dannecker*, in: Eser/Huber, Strafrechtsentwicklung in Europa, 4.3, S. 34 ff.; *Johannes*, EuR 1968, 69 ff.; *ders.*, ZStW 83 (1971), 546 ff.; *Krehl*, NJW 1992, 604 (605 f.); *Lüttger*, in: FS Jescheck, S. 165 ff.; *Möhrenschlager*, in: Dannecker, Bekämpfung, S. 165; *Pabsch*, Der strafrechtliche Schutz der überstaatlichen Hoheitsgewalt, S. 155 f.; *Pache*, Der Schutz der finanziellen Interessen der Europäischen Gemeinschaften, S. 232 f.; *Oehler*, Internationales Strafrecht, 2. Aufl. 1983, S. 483 f., 549 ff.; *ders.*, in: FS Jescheck, S. 1409 f.; *Sandweg*, Der strafrechtliche Schutz auswärtiger Staatsgewalt, 1965, S. 155 ff.; *Schellenberg*, Das Verfahren vor der Europäischen Kommission und dem Europäischen Gerichtshof für Menschenrechte, 1983, S. 137 f., 227 f.; *Schlüchter*, in: FS Oehler, S. 317; *Tiedemann*, NJW 1993, 23 (25); *Zieher*, Das sog. internationale Strafrecht nach der Reform, 1977, S. 120; *Zuleeg*, JZ 1992, 762; a. A. *Satzger*, Internationales Strafrecht, § 8 Rn. 14; *ders.*, Europäisierung, S. 575 ff.; *Rosenau*, ZIS 2008, 9. Der deutsche Gesetzgeber hat im Jahr 2008 den Schutzbereich der Aussagedelikte ausdrücklich auf falsche Angaben in einem Verfahren vor einem internationalen Gericht, das durch einen für Deutschland verbindlichen Rechtsakt errichtet worden ist erstreckt; dazu *Hecker*, Europäisches Strafrecht, § 7, Rn. 10 f.; *Sinn*, NJW 2008, 3526 (3527).

[56] Vertrag zur Gründung der Europäischen Atomgemeinschaft v. 25. März 1957, zuletzt geändert durch Protokoll Nr. 2 zur Änderung des EAGV v. 13.12.2007 (ABl. 2007 C 306, 197; berichtigt ABl. 2007 L 1290, 1); vgl. dazu *Ambos*, Internationales Strafrecht, § 11, Rn. 23; *Bridge*, The European Communities and the Criminal Law, CLR 1976, 88 ff.; *Satzger*, Internationales Strafrecht, § 8, Rn. 16.

[57] Vgl. dazu *Bridge*, CLR 1976, 88 ff.

24 Neben den **Verweisungen** im primären Gemeinschaftsrecht finden sich auch im **sekundären Gemeinschaftsrecht** Verordnungen, die für die Verletzung gemeinschaftsrechtlicher Normen auf die inhaltlich entsprechenden nationalen Strafvorschriften verweisen und diese für anwendbar erklären.[58] Vom Erlass solcher Verordnungen, die auf nationale Strafvorschriften verweisen, hat die Gemeinschaft allerdings in den letzten Jahren abgesehen,[59] weil in der Literatur die Kompetenz der EU, die Strafbarkeit bestimmter Verhaltensweisen selbst zu begründen und damit gleichsam unmittelbar geltendes materielles Strafrecht zu schaffen, zunehmend in Frage gestellt wurde.[60]

25 **b) Assimilierung durch die Mitgliedstaaten.** Die Einbeziehung unions- bzw. gemeinschaftlicher Rechtsgüter in den nationalen strafrechtlichen Schutz geschieht nicht nur durch die unions- und gemeinschaftsrechtlichen Verweisungsnormen, sondern vor allem auch durch die Mitgliedstaaten selbst. Während Individualrechtsgüter universalen Schutz durch das nationale Strafrecht erhalten, unterfallen Rechtsgüter ausländischer Rechtsordnungen – so auch diejenigen der EU – regelmäßig nicht dem Schutz der nationalen Strafnormen. Um diese Lücke zu schließen, haben die Mitgliedstaaten bestimmte Straftatbestände in ihrem Anwendungsbereich dadurch erweitert, dass durch einzelne Tatbestandsmerkmale ausdrücklich auch europäische Rechtsgüter erfasst werden. So hat der deutsche Gesetzgeber die Vorschriften des Strafgesetzbuches über die **Verletzung von Privatgeheimnissen**, die **Verwertung fremder Geheimnisse** und die **Verletzung des Dienstgeheimnisses** auch **für Beamte der EG** für anwendbar erklärt.[61] Außerdem wurden **Bestechungshandlungen gegenüber ausländischen und EU-Amtsträgern** denjenigen gegen inländische Amtsträger gleich gestellt.[62] Mit Gesetz vom 22.8.2002[63] sind zudem Bestechungshandlungen im geschäftlichen Verkehr im ausländischen Wettbewerb gleich denen im Inland zu behandeln.

26 **2. Ausweitung der nationalen Straf- und Bußgeldvorschriften auf Verstöße gegen das Gemeinschaftsrecht durch Blankettgesetze.** Neben der Assimilierung von nationalen Strafvorschriften durch den Gemeinschaftsgesetzgeber dehnten die nationalen Gesetzgeber den Anwendungsbereich ihrer Straf- und Bußgeldtatbestände

---

[58] Vgl. z. B. Art. 5 VO Nr. 28/62 des Rates zur Durchführung einer Lohnerhebung, ABl. 1962/1277 v. 28.5.1962.

[59] *Pache*, Der Schutz der finanziellen Interessen der Europäischen Gemeinschaften, S. 236.

[60] Vgl. nur *Bruns*, Der strafrechtliche Schutz der europäischen Marktordnungen für Landwirtschaft, S. 91; *Dieblich*, Der Strafrechtliche Schutz der Rechtsgüter der Europäischen Gemeinschaften, S. 245 f.; *Oehler*, in: FS für Jescheck, S. 1407 f.; a. A. *Johannes*, EuR 1968, 108 ff.

[61] Art. 8 § 2 des Gesetzes zu dem Übereinkommen vom 26.7.1995 aufgrund Art. K des Vertrages über die Europäische Union über die Errichtung eine europäischen Polizeiamts (Europol-) Gesetz vom 16.12.1997, BGBl. 1998 II 2150.

[62] Gesetz zu dem Übereinkommen vom 17.12.1997 über Bekämpfung der Bestechung ausländischer Amtsträger im internationalen Geschäftsverkehr (Gesetz zur Bekämpfung internationaler Bestechung) vom 19.9.1998, BGBl. 1998 II 2327, und Gesetz zu dem Protokoll vom 27.9.1996 zu dem Übereinkommen über den Schutz der finanziellen Interessen der Europäischen Gemeinschaften (EU-Bestechungsgesetz) vom 10.9.1998, BGBl. 1998 II 2340.

[63] Vgl. Art. 1 Nr. 4 des Gesetzes zur Ausführung des Zweiten Protokolls vom 19.6.1997 zum Übereinkommen über den Schutz der finanziellen Interessen der Europäischen Gemeinschaften, der Gemeinsamen Maßnahme betreffend die Bestechung im privaten Sektor vom 22.9.1998 und des Rahmenbeschlusses vom 29.5.2000 über die Verstärkung des mit strafrechtlichen und anderen Sanktionen bewehrten Schutzes gegen Geldfälschung im Hinblick auf die Einführung des Euro vom 22.8.2002, BGBl. I, S. 3387.

dadurch aus, dass mittels einer Verweisung auf unions- und gemeinschaftsrechtliche Ver- und Gebote straf- und bußgeldrechtliche Blanketttatbestände geschaffen wurden, in denen lediglich die wesentlichen Strafbarkeitsvoraussetzungen sowie Art und Maß der Strafe bestimmt sind, die konkrete Beschreibung des Straftatbestandes aber durch die Verweisung auf ausfüllende Vorschriften in unmittelbar geltenden Rechtsakten der EU ersetzt werden. Nach h.M.,[64] insbesondere auch nach Auffassung der Rechtsprechung des Bundesverfassungsgerichts,[65] sind solche Blankettverweisungen auf europäisches Recht ebenso zulässig wie solche auf nationales Recht. **Blankettverweisungen auf europäisches Recht** finden sich vor allem im Lebensmittel- und Weinstrafrecht, im Steuer- und Zollstrafrecht, im Außenwirtschaftsstrafrecht, im Naturschutz- und Markenstrafrecht sowie in den Strafnormen des Betriebsverfassungsgesetzes.[66]

II. Verpflichtung der Mitgliedstaaten zur Sanktionierung der Verletzung von Unions-/Gemeinschaftsrecht

Im Rahmen der Ausdehnung des nationalen Strafrechtsschutzes kommt der Verpflichtung der Mitgliedstaaten zur Sanktionierung der Verletzung von unions- und gemeinschaftsrechtlichen Normen besondere Bedeutung zu. Der EuGH hat diese Verpflichtung in einem Vertragsverletzungsverfahren – im sog. *„Griechischen Maisfall"* – festgestellt und konkretisiert. Der Gerichtshof[67] hatte eine Vertragsverletzung des Art. 10 EGV-Nizza durch die Griechische Republik bejaht, weil sie keine straf- und disziplinarrechtlichen Verfahren gegen Personen und Beamte eingeleitet hatte, die an Betrügereien in Zusammenhang mit Agrarabschöpfungen beteiligt waren. Aus dem Grundsatz der Gemeinschaftstreue und dem Effizienzprinzip[68] ergab sich nach Ansicht des EuGH die Verpflichtung der Mitgliedstaaten, alle geeigneten Maßnahmen zu treffen, um die Geltung und Wirksamkeit des Gemeinschaftsrechts zu gewährleisten. Hierzu gehöre auch, dass Verstöße gegen das Gemeinschaftsrecht nach ähnlichen sachlichen und verfahrensrechtlichen Regelungen geahndet werden wie gleichartige Verstöße gegen nationales Recht. Zwar verbleibe den Mitgliedstaaten die Wahl bezüglich der Sanktionen; die nationalen Stellen müssten aber bei Verstößen gegen das Gemeinschaftsrecht mit derselben Sorgfalt vorgehen, die sie bei der Anwendung nationaler Vorschriften walten ließen (**Gleichstellungserfordernis**).[69] Darüber hinaus müssten die Sanktionen jedenfalls wirksam, verhältnismäßig und abschreckend sein (**Mindesttrias**).[70]

---

[64] Näher dazu *Moll*, Europäisches Strafrecht durch nationale Blankettstrafgesetzgebung?, S. 49 ff.

[65] BVerfGE 29, 198, 210; 75, 342.

[66] Näher dazu *Moll*, Europäisches Strafrecht durch nationale Blankettstrafgesetzgebung?, S. 49 ff.; *Dannecker*, in: Wabnitz/Janovsky, Handbuch des Wirtschaftsstrafrechts, 2. Kapitel Rn. 123.

[67] EuGHE, Rs. C-68/88, *Kommission/Griechenland*, Slg., 1989, 2965 ff. mit Anm. *Bleckmann*, WuR 1991, 283 f.; *Tiedemann*, EuZW 1990, 100 f.; vgl. auch *Böse*, Strafen und Sanktionen im Europäischen Gemeinschaftsrecht, S. 410 f.; *Bonichot*, Rev. science crim. 1990, 155 f.; *Gröblinghoff*, Die Verpflichtung des deutschen Strafgesetzgebers, S. 12 ff.

[68] *Bleckmann*, in: FS für Stree und Wessels, S. 109 f.

[69] Vgl. dazu *Zuleeg*, JZ 1992, 767.

[70] EuGH, Rs. C-326/88, *Hansen*, Slg. 1990, I-2911 Rn. 22; EuGH, Rs. C-2/88-IMM, *Zwartveld*, Slg. 1990, I-4405.

28   Die Verpflichtung zum Erlass von Sanktionsnormen kann sich zum einen aus dem Primärrecht in Verbindung mit Art. 4 Abs. 3 UAbs. 2 und 3 AEUV (Art. 10 EGV-Nizza) ergeben, wenn der Gesetzgeber im Primärrecht angelegte Rechtsgüter schützen will. Zum anderen kann eine solche Verpflichtung der mitgliedstaatlichen Gesetzgeber auch aus dem Sekundärrecht in Verbindung mit Art. 4 Abs. 3 UAbs. 2 und 3 AEUV entstehen, wenn Verhaltensnormen zur Anwendung verholfen werden soll und strafrechtlich relevante Rechtsgüter geschützt werden müssen. Die Wahl der sachgerechten Maßnahmen, auch der strafrechtlichen Sanktionen, obliegt den Mitgliedstaaten; sie können insbesondere die Sanktionen bestimmen, die ihnen sachgerecht erscheinen.[71] Die Sanktionsnormen dürfen dabei nicht unverhältnismäßig sein, insbesondere nicht durch unangemessene Strenge eine der Grundfreiheiten beeinträchtigen oder den Wettbewerb verzerren. Der EuGH hat seine Rechtsprechung zum **Gleichstellungserfordernis** und zur **Mindesttrias** im Fall „*Vandevenne*" ausdrücklich bestätigt.[72] In diesem Fall stand in Frage, ob die Mitgliedstaaten zur Einführung einer Strafbarkeit von juristischen Personen auch dann verpflichtet sind, wenn ihnen eine solche bisher fremd war. Eine solche Verpflichtung hat der EuGH abgelehnt, weil Zuwiderhandlungen gegen gemeinschaftliches Verordnungsrecht durch die Anwendung von Bestimmungen hinreichend bestraft werden können, die mit den Grundprinzipien des nationalen Strafrechts in Einklang stehen, sofern die sich daraus ergebenden Sanktionen wirksam, verhältnismäßig und abschreckend sind.[73]

29   Auch in Richtlinien und Verordnungen kann die EU die Mitgliedstaaten dazu verpflichten, Verletzungen des Unions-/Gemeinschaftsrechts zu sanktionieren. Bislang hat sich die EU weitgehend damit begnügt, die Forderung nach wirksamen Sanktionen in den Mitgliedstaaten zu erheben, ohne die konkrete Art und das Ausmaß der Sanktionen näher festzulegen. Hierzu verwendet die Kommission insbesondere die Formulierung, die Mitgliedstaaten hätten „geeignete Maßnahmen" zum Schutz bestimmter Interessen zu treffen.[74] Es ist allerdings fraglich, ob die EU auf diese Weise die Mitgliedstaaten auch verpflichten kann, ganz bestimmte Sanktionen anzudrohen. Die Richtlinie ist für jeden Mitgliedstaat, an den sie gerichtet ist, nur hinsichtlich des zu erreichenden Ziels für verbindlich und überlässt den innerstaatlich Stellen die Wahl und die Form der Mittel. Insofern reicht es als Rechtfertigung für die Verpflichtung zur Einführung bestimmter Sanktionen nicht aus, dass einzelne Verstöße überhaupt nicht oder in den Mitgliedstaaten nach unterschiedlichen Maßstäben geahndet werden. Die Notwendigkeit zu einer bestimmten einheitlichen Unionsinitiative ist lediglich dann gegeben, wenn durch die Unterschiede in den Mitgliedstaaten schwer wiegenden Wettbewerbsverzerrungen herbeigeführt werden oder die Erreichung der von der EU verfolgten Ziele ernsthaft gefährdet erscheinen.

---

[71] EuGH, Rs. C-50/76, *Amsterdam Bulb*, Slg. 1977, 137; vgl. auch EuGH, Rs. C-14/83, *von Colson und Kamann*, Slg. 1984, 1891.
[72] EuGH, Rs. C-7/90, *Vandevenne*, Slg. 1991, I-4371.
[73] EuGH, Rs. C-7/90, *Vondevenne*, Slg. 1991, I-4371.
[74] Vgl. den Überblick über die Richtlinien und Verordnungen, die die Mitgliedstaaten allgemein zum Erlass von Strafnormen verpflichten *Dannecker*, in Wabnitz/Janovsky, Handbuch des Wirtschaftsstrafrechts, 2. Kapitel Rn. 100 ff.

III. Begrenzungen des nationalen Strafrechts

1. Anwendungsvorrang des Unionsrechts. Vorschriften des Unions- bzw. Gemein- 30
schaftsrechts und des nationalen Rechts, die denselben Lebensvorgang betreffen, kommen grundsätzlich nebeneinander zur Anwendung.[75] Dabei ist das nationale Recht nach dem soeben Dargelegten unions- bzw. gemeinschaftskonform auszulegen (Rn. 39 ff.). Die Auslegung findet jedoch dort ihre Grenzen, wo sich die unionsrechtlichen und die nationalen Regelungen widersprechen. In einem solchen Kollisionsfall hat nach der Rechtsprechung des EuGH[76] das Unions- bzw. Gemeinschaftsrecht Anwendungsvorrang, so dass es in seinem Anwendungsbereich das nationale Recht verdrängt oder zur Anpassung zwingt.

Der Vorrang des primären Unions- bzw. Gemeinschaftsrechts wird allgemein an- 31
erkannt.[77] Gleiches gilt im Bereich des sekundären Unions- und Gemeinschaftsrechts für Verordnungen, die gemäß Art. 288 AEUV in allen Teilen verbindlich sind und in jedem Mitgliedstaat unmittelbar gelten. Hingegen bedürfen Richtlinien zu ihrer Wirksamkeit im innerstaatlichen Recht der Umsetzung durch den zuständigen nationalen Gesetzgeber. Nur im Falle ihrer unmittelbaren Anwendbarkeit kommt ihnen Vorrang vor dem nationalen Recht zu.

Das gleiche gilt für den Vorrang des Unions- und Gemeinschaftsrechts vor dem 32
nationalen Strafrecht.[78] So können sich primäres und sekundäres Unions- und Gemeinschaftsrecht unmittelbar auf das nationale Strafrecht und die Strafbarkeit bestimmter Verhaltensweisen in den Mitgliedstaaten auswirken. Auch die Grundsätze der unmittelbaren Anwendbarkeit von Richtlinien sind zu berücksichtigen. Dem Unions- und Gemeinschaftsrecht kommt stets Vorrang vor dem nationalen Recht zu, wenn die Frist für die Umsetzung einer Richtlinie nach Begehung der Tat, aber vor Verurteilung abgelaufen ist, wenn die Richtlinie weiterhin inhaltlich bestimmt und unbedingt ist und zudem die Vorschriften der Richtlinie für den Beschuldigten günstiger als die des nationalen Rechts sind. Strafschärfende Gesetzesänderungen kommen erst nach Umsetzung der Richtlinie in nationales Recht zur Anwendung; vor Ablauf der Umsetzungsfrist kann eine Richtlinie keine den Bürger treffenden Pflichten statuieren. Nur wenn die Richtlinie günstiger als das nationale Recht ist, gilt nach dem strafrechtlichen Grundsatz der „lex mitior", dass zum Zeitpunkt der Verkündung des Urteils das mildeste Gesetz anzuwenden ist.[79] Darüber hinaus sind bei der Anwendung des nationalen Strafrechts die günstigeren Bestimmungen einer Richtlinie auch dann zu berücksichtigen, wenn zur Zeit der Verurteilung die Umsetzungsfrist noch nicht abgelaufen ist.[80] Denn es verstieße gegen den Verhältnismäßigkeitsgrundsatz, wenn ein

---

[75] EuGH, Rs. C-6/64, *Costa/E.N.E.L.*, Slg. 1964, 1253, 1270; vgl. auch *Heise*, Europäisches Gemeinschaftsrecht und nationales Strafrecht, 1998, S. 5 ff.
[76] Grundlegend EuGH, Rs. C-6/64, *Costa/E.N.E.L.*, Slg. 1964, 1253; BVerfGE 37, 271 *(Solange I)*; 73, 339 *(Solange II)*.
[77] *Zuleeg*, Das Recht der Europäischen Gemeinschaften im innerstaatlichen Bereich, S. 155.
[78] EuGH, Rs. C-358/95, *Tommaso Morellato/Unità Sanitaria Locale [USL] Nr. 11 Pordnone*, EuZW 1997, 574 ff. zur Unanwendbarkeit einer italienischen Bußgeldvorschrift und EuGH, Rs. C-319/97, *Antoine Kortas*, EuZW 1999, 476 ff., zum schwedischen Lebensmittelstrafrecht.
[79] EuGH, Rs. C-319/97, *Antoine Kortas*, EuZW 1999, 477.
[80] EuGH, Rs. C-230/97, *Awoyemi*, Slg. 1998, I-6781, 6808. Rs. C-319/97, EuGH, EuZW 1999, 477 *(Antoine Kortas)*.

Verhalten bestraft würde, das in absehbarer Zeit sanktionslos gestellt wird. Ausnahmen hiervon gelten lediglich für Zeitgesetze.[81] Das Unions- bzw. Gemeinschaftsrecht kann sich deshalb im Hinblick auf eine unterschiedliche Rechtslage im Unions- bzw. Gemeinschaftsrecht und im nationalen Recht strafrechtsbegrenzend auswirken. Dies gilt auch für das Ordnungswidrigkeitenrecht. Die dargestellte Problematik ist gerade im Hinblick auf den strafrechtlichen Rechtsschutz in der EU von wesentlicher Bedeutung, wie die im Folgenden dargestellten grundlegenden Entscheidungen des EuGH zum Vorrang des Gemeinschaftsrechts vor dem nationalen Strafrecht belegen.

33 Im Fall „*Auer*" praktizierte ein österreichischer Veterinärmediziner, der in Italien sein Studium mit einem italienischen Examen abgeschlossen hatte, im Elsass und verstieß damit gegen eine französische (strafbewehrte) Vorschrift, die für eine entsprechende berufliche Tätigkeit ein französisches Diplom forderte. Weil eine von Frankreich noch nicht umgesetzte Richtlinie allerdings die Anerkennung aller in der EG erworbenen Diplome vorsah, stellte der EuGH fest, dass das EG-Recht **Anwendungsvorrang** vor der nationalen Regelung habe, und hielt das widersprechende französische Recht wegen Kollision mit dem Gemeinschaftsrecht für nicht anwendbar.[82]

34 Entsprechendes stellte der EuGH im Fall „*Sagulo*"[83] für den **Vorrang des Primärrechts** fest. Die primärrechtlich in Art. 39 EGV verankerte Freizügigkeit der Arbeitnehmer verbiete es, von Angehörigen der Mitgliedstaaten den Besitz einer allgemeinen Aufenthaltserlaubnis zu verlangen. Eine Strafbarkeit nach § 47 Abs. 1 Nr. 2 AuslG scheide damit aus, denn „die innerstaatlichen Stellen dürfen wegen der Nichtbeachtung einer mit dem Gemeinschaftsrecht unvereinbaren Vorschrift keine Sanktion verhängen".[84] Außerdem nahm der EuGH zu der Frage der Strafzumessung Stellung und legte dar, dass, falls ein Angehöriger eines Mitgliedstaats bereits wegen eines Verstoßes gegen die mit dem Gemeinschaftsrecht unvereinbare Vorschrift verurteilt worden sei, zwar die Rechtskraft es verbiete, diese Verurteilung ungeschehen zu machen. Jedoch dürfe die Verurteilung von einem erkennenden Gericht in einem neuen Verfahren nicht als strafschärfender Umstand berücksichtigt werden.

35 Ebenso wirkt nach der Rechtsprechung des EuGH auch der unions- bzw. gemeinschaftsrechtliche **Verhältnismäßigkeitsgrundsatz** begrenzend auf nationale strafrechtliche Sanktionen.[85] Im Fall „*Casati*"[86] legte das Gericht dar, dass die Mitgliedstaaten zwar für die Strafgesetzgebung und die Strafverfahrensvorschriften grundsätzlich zuständig blieben, dass aber das Gemeinschaftsrecht mitgliedstaatlichen Kontrollmaßnahmen, deren Aufrechterhaltung den Mitgliedstaaten nach dem Gemeinschaftsrecht im Rahmen des freien Waren- und Personenverkehrs gestattet ist, Schranken setze: „Die administrativen oder strafrechtlichen Maßnahmen dürfen nicht über den Rahmen des unbedingt Erforderlichen hinausgehen, die Kontrollmodalitäten dürfen nicht so beschaffen sein, daß sie die vom Vertrag gewollte Freiheit einschränken, und es darf

---

[81] Näher dazu *Dannecker*, Das intertemporale Strafrecht, S. 434 ff.
[82] EuGH, Rs. C-271/82, *Auer*, Slg. 1983, 2727, 2739 ff.; EuGH, Rs. C-41/76, *Donckerwolcke*, Slg. 1976, 1921 ff. und EuGH, Rs. C-63/83, *Kirk*, Slg. 1984, 2689.
[83] EuGH, Rs. C-8/77, *Sagulo*, Slg. 1977, 1495.
[84] EuGH, Rs. C-8/77, *Sagulo*, Slg. 1977, 1495, 1504.
[85] Vgl. dazu *Sevenster*, CMLR 1992, 46; vgl. auch *Biancarelli/Maidani*, Rev. science crim. 1984, 458 ff.
[86] EuGH, Rs. C-203/80, *Casati*, Slg. 1981, 2595 ff.

daran keine Sanktion geknüpft sein, die so außer Verhältnis zur Schwere der Tat steht, daß sie sich als eine Behinderung der Freiheit erweist."[87]

Dieser Gedanke war bereits im Fall „*Donckerwolke*"[88] zum Ausdruck gekommen: 36 Zwei Belgier, die Textilprodukte aus dem Libanon bzw. aus Syrien in Belgien in den freien Verkehr gebracht hatten, ohne das Ursprungsland entsprechend den nationalen Zollbestimmungen anzugeben, wurden zu einer Geldstrafe in Höhe des Wertes der eingeführten Ware verurteilt. Der EuGH sah in der Verpflichtung, das Ursprungsland anzugeben, zwar keine nach Art. 28 EGV verbotene Maßnahme mit gleicher Wirkung wie mengenmäßige Beschränkungen, wandte jedoch den **Verhältnismäßigkeitsgrundsatz** an und kam zu dem Ergebnis, es dürfe nichts anderes als die Angabe des Ursprungs der Ware gefordert werden, so wie der Händler ihn kennt oder vernünftigerweise kennen kann. Außerdem dürfe, wenn der Importeur die Pflicht zur Angabe des ersten Ursprungs der Ware verletze, keine Sanktion verhängt werden, die zu dem Verstoß angesichts der bloßen Ordnungsfunktion der verletzten Norm außer Verhältnis stehe.[89]

Neben dem Verhältnismäßigkeitsgrundsatz kommt auch dem unions- bzw. ge- 37 meinschaftsrechtlichen **Diskriminierungsverbot** strafbarkeitsbegrenzende Funktion zu. Das Diskriminierungsverbot kann insbesondere betroffen sein, wenn im Zusammenhang mit der Warenverkehrsfreiheit oder der Freizügigkeit der Arbeitnehmer Handlungen, die einen Gemeinschaftsbezug aufweisen, im Verhältnis zu vergleichbaren Verhaltensweisen mit einem nationalen Bezug strenger geahndet werden.[90] Ebenso kann auch die Höhe einer strafrechtlichen Sanktion gegen das europäische Diskriminierungsverbot verstoßen. Im Fall „*Drexl*"[91] legte der EuGH dar, dass Sanktionen nicht die Wirkung haben dürfen, die vom EG-Vertrag gewährten Freiheiten zu beeinträchtigen. Insbesondere dürften die angedrohten Sanktionen im Verhältnis zur Schwere des Verstoßes nicht unverhältnismäßig sein. Ein solches Missverhältnis bestehe, wenn für Verstöße bei Inlandsgeschäften keine oder geringere Sanktionen vorgesehen wären als bei Verstößen im Zusammenhang mit Wareneinfuhren.

Neben dem Vorrang vor dem materiellen Strafrecht kommt dem Unions- und 38 Gemeinschaftsrecht auch **Vorrang vor dem nationalen Strafverfahrensrecht** zu. Im Fall „*Cowan*"[92] stellte der EuGH fest, dass das Straf- und das Strafverfahrensrecht in den Zuständigkeitsbereich der Mitgliedstaaten fallen, das Gemeinschaftsrecht dieser Kompetenz jedoch inhaltliche Grenzen setze. „Derartige Rechtsvorschriften dürfen weder zu einer Diskriminierung von Personen führen, denen das Gemeinschaftsrecht einen Anspruch auf Gleichbehandlung verleiht, noch die vom Gemeinschaftsrecht garantierten Grundfreiheiten beschränken."[93]

2. Unionsrechtskonforme Auslegung des gesamten nationalen Rechts. Eine er- 39 hebliche Bedeutung erlangen das Unionsrecht auch bei der Auslegung nationaler

---

[87] EuGH, Rs. C-203/80, *Casati*, Slg. 1981, 2595, 2618.
[88] EuGH, Rs. C-41/76, *Donckerwolke*, Slg. 1976, 1921 ff.
[89] EuGH, Rs. C-41/76, *Donckerwolke*, Slg. 1976, 1921, 1937; vgl. auch EuGH, Rs. C-52/77, *Rivoira*, Slg. 1977, 2261.
[90] Vgl. hierzu den Fall EuGH, Rs. C-63/83, *Kirk*, Slg. 1984, 2689, 2280.
[91] EuGH, Rs. C-299/86, *Drexl*, Slg. 1988, 1213, 1233 ff.
[92] EuGH, Rs. C-186/87, *Cowan/Trésor public*, Slg. 1986, 195.
[93] EuGH, Rs. C-186/87, *Cowan/Trésor public*, Slg. 1986, 195, 222.

Rechtsordnungen. Insbesondere auf dem Gebiet des Strafrechts erweist sich die unionsrechtskonforme Auslegung nationaler Rechtsnormen als bedeutsamer Europäisierungsfaktor.[94] In der Praxis spielt insbesondere die richtlinienkonforme Auslegung, die sich nach ständiger Rechtsprechung des EuGH auf das gesamte nationale Recht bezieht,[95] die zentrale Rolle.[96] Hierbei handelt es sich jedoch nur um einen Unterfall der unionsrechtskonformen Auslegung.[97] Dogmatisch wird die unionsrechtskonforme Auslegung auch Art. 4 Abs. 3 UAbs 2 und 3 EUV und die Umsetzungsverpflichtung aus Art. 288 UAbs. 3 AEUV gestützt.

40 Das Gebot der gemeinschaftskonformen Auslegung soll sich nach der Rechtsprechung des EuGH im Fall *„Marleasing"* nicht auf **Umsetzungsakte** beschränken. Die nationalen Gerichte müssten, soweit sie das nationale Recht auszulegen hätten – gleich ob es sich um vor oder nach der Richtlinie erlassene Vorschriften handelt –, die Auslegung so weit wie möglich am Wortlaut und Zweck der Richtlinie ausrichten, um das mit der Richtlinie verfolgte Ziel zu erreichen.[98] Somit ist nach Auffassung des EuGH das **gesamte nationale Recht** im Lichte des Wortlauts und des Zwecks einer Richtlinie auszulegen, sofern es nur in deren Regelungsbereich fällt, selbst wenn es sich um vor der Richtlinie erlassene Vorschriften handelt.[99] Damit schließt der EuGH auch das Strafrecht mit ein, das unionsrechtskonform auszulegen und im Lichte des Unionsrechts fortzubilden sei.[100] Hierbei geht der Gerichtshof davon aus, dass unionsrechtliche Normen stets gleich auszulegen sind, sei es im Rahmen eines außerstrafrechtlichen Verfahrens oder im Rahmen des Strafrechts, wenn dieses außerstrafrechtliche Normen des Gemeinschaftsrechts in Bezug nimmt.[101]

41 Grenzen für die unions- bzw. gemeinschaftskonforme Auslegung im Strafrecht ergeben sich lediglich aus den **verfassungsrechtlichen Vorgaben**,[102] so aus dem „nullum crimen sine lege"-Grundsatz, der die Grenze für die Auslegung auf den möglichen Wortlaut der Vorschrift festlegt.[103] Die Wortlautgrenze gilt bei der unions- bzw. gemeinschaftskonformen Auslegung auch dann, wenn ein klar erkennbarer Widerspruch zwischen nationalem Gesetz und Richtlinie oder zwischen einer an einer EG-Richtlinie orientierten Auslegung und dem nationalen Verfassungsrecht besteht. Der EuGH hat ausdrücklich festgestellt, dass die gemeinschaftskonforme Auslegung „ihre Grenze in den allgemeinen Rechtsgrundsätzen, die Teil des Gemeinschaftsrechts sind, und insbesondere in dem Grundsatz der Rechtssicherheit und im Rückwirkungsverbot"

---

[94] *Ambos*, Internationales Strafrecht, § 11 Rn. 46 ff.; *Brechmann*, Richtlinienkonforme Auslegung, passim; *Hecker*, Europäisches Strafrecht, § 10 Rdn. 1; *Satzger*, Internationales Strafrecht, § 9 Rdn. 89 ff.
[95] EuGH, Rs. C-14/83, *von Colson und Kamann*, Slg. 1984, 1891, 1909; EuGH, Rs. C-79/83, Harz, Slg. 1984, 1921, 1942; EuGH, Rs. C-106/89, *Marleasing*, Slg. 1990, I-4135, 4159.
[96] *Herrmann/Michl*, JuS 2009, 1065.
[97] *Hecker*, Europäisches Strafrecht, § 10 R n. 2
[98] EuGH, Rs. C-106/89, *Marleasing*, Slg. 1990, I-4135, 4159.
[99] Eingehend dazu *Brechmann*, Die richtlinienkonforme Auslegung, S. 69; *Heinrichs*, NJW 1995, 154.
[100] Näher dazu *Dannecker*, JZ 1996, 873; *Hugger*, NStZ 1993, 421 ff.; zur richtlinienkonformen Auslegung des Straftatbestandes der Geldwäsche *Vogel*, ZStW 109 (1997), 348.
[101] EuGH, Rs. C-238/84, *Gemeinsame Marktorganisation für Wein*, Slg. 1986, 795, 805 ff.
[102] A. A. *Hugger*, NStZ 1993, 421 ff.
[103] *Dannecker*, in: Schünemann/Suárez González, Bausteine des europäischen Wirtschaftsstrafrechts, S. 345.

finde.[104] „Es ist Sache des nationalen Gerichts, das zur Durchführung der Richtlinie erlassene Gesetz unter voller Ausschöpfung des Beurteilungsspielraums, den ihm das nationale Recht einräumt, in Übereinstimmung mit den Anforderungen des Gemeinschaftsrechts auszulegen und anzuwenden."[105] Der Wortlaut des Gesetzes, aber auch der erkennbar andere Wille des Gesetzgebers müssen daher im Strafrecht eine Grenze für die gemeinschaftsrechtskonforme Interpretation bilden.[106]

IV. Rechtsschutz zur Sicherstellung der unionsrechtlichen Vorgaben im Rahmen des Vorabentscheidungsverfahrens

Das wichtigste prozessuale Instrument, um die Anwendung des Unionsrechts in den Mitgliedstaaten sicherzustellen, ist das Vorabentscheidungsverfahren nach Art. 267 AEUV.[107] Es gehört zu den Eckpfeilern des unionsrechtlichen Verfahrenssystems.[108] Durch dieses Verfahren wird das **Auslegungsmonopol des EuGH** (Art. 19 EUV) für alle Fragen des Unionsrechts gesichert und so eine einheitliche Anwendung des Rechts der Europäischen Union in allen Mitgliedstaaten gewährleistet.[109] Außerdem wird durch das Vorabentscheidungsverfahren auch **Individualrechtsschutz** garantiert,[110] dem gerade auf dem Gebiet des Strafrechts besondere Bedeutung zukommt. Für jede unionsrechtliche Auslegungs- oder Gültigkeitsfrage eines mitgliedstaatlichen Gerichts ist der Gerichtshof grundsätzlich ausschließlich zuständig,

Soweit bereits vor Inkrafttreten des Vertrags von Lissabon erlassenen Rechtsakte nicht geändert werden, gelten die Regelungen nach Art. 35 EUV für eine **Übergangsfrist** von maximal fünf Jahren fort (Art. 10 Abs. 1–3 Übergangsprotokoll Nr. 36).[111]

Art. 267 Abs. 1 AEUV sieht für das Unionsrecht ein obligatorisches **Vorabentscheidungsverfahren** vor, das nach Einbeziehung der strafrechtlichen Zusammenarbeit in den supranationalen Rahmen (Rn. 152 ff.) auch auf die PJZS Anwendung findet. Der

---

[104] Vgl. dazu *Zuleeg*, JZ 1992, 765; EuGH, Rs. C-80/86, *Kolpinghuis Nijmegen BV*, Slg. 1987, 3969, 3986.
[105] EuGH, Rs. C-14/83, *von Colson und Kamann*, Slg. 1984, 1891, 1909; EuGH, Rs. C-79/83, *Harz*, Slg. 1984, 1921, 1942.
[106] *Beisse*, BB 1990, 2012; *Bleckmann*, in: Leffson/Rückle/Großfeld, Handwörterbuch unbestimmter Rechtsbegriffe im Bilanzrecht des HGB, S. 28; *ders.*, BB 1984, 1526; vgl. auch *Gröblinghoff*, Die Verpflichtung des deutschen Strafgesetzgebers, S. 51 f.; *Dieblich*, Der strafrechtliche Schutz der Rechtsgüter der Europäischen Gemeinschaften, S. 148 ff.; *Heise*, Europäisches Gemeinschaftsrecht und nationales Strafrecht, S. 151 ff.; *Möhrenschlager*, in: Dannecker, Die Bekämpfung des Subventionsbetrugs im EG-Bereich, S. 164.
[107] EuGH, Rs. C-402/05, *Kadi* Slg. 2008, I-6351, Rn. 320 ff.; *von Arnauld*, AVR 44 (2006), 201 (214 f.).
[108] *Rodriguez Iglesias*, NJW 2000, 1895; *Pechstein*, EU-Prozessrecht, Rn. 471 ff.
[109] *Böse*, in: Sieber/Brüner/Satzger/von Heintschel-Heinegg, Europäisches Strafrecht, § 54 Rn. 5; *Schweitzer/Hummer*, Europarecht, Rn. 520.
[110] *Böse*, in: Sieber/Brüner/Satzger/von Heintschel-Heinegg, Europäisches Strafrecht, § 54 Rn. 5; *Dauses*, Das Vorabentscheidungsverfahren nach Art. 177 EG-Vertrag, S. 48; *Hecker*, Europäisches Strafrecht, § 6 Rn. 3; *Jokisch*, Gemeinschaftsrecht und Strafverfahren, S. 171 f., 175 f.; *Middecke*, Europäischer Rechtsschutz, § 10 Rn. 8; *P. Huber*, Recht der europäischen Integration, § 21 Rn. 20; *Wegener*, in: Calliess/Ruffert, EUV/AEUV, Art. 267 Rn. 1.
[111] Näher dazu *Böse*, in: Sieber/Brüner/Satzger/von Heintschel-Heinegg, Europäisches Strafrecht, § 54 Rn. 6.

EuGH ist auch während der Übergangsfrist für Vorlagen deutscher Gerichte in Bezug auf Rechtsakte, die auf der Grundlage der Art. 29 ff. EUV-Nizza erlassen worden sind, zuständig, weil Deutschland eine solche Zuständigkeit des EuGH durch eine Erklärung nach Art. 35 Abs. 2 EUV anerkannt hat.[112] Die Vorlagebefugnis ist in § 1 Abs. 1 EuGH-Gesetz geregelt, die Vorlagepflicht für letztinstanzlich zuständige Gerichte in § 1 Abs. 2 EuGH-G.

43   1. **Vorlageberechtigung und -verpflichtung der Gerichte eines Mitgliedstaats.** Nach Art. 267 AEUV ist nur ein „Gericht" eines Mitgliedstaats zur Vorlage beim EuGH berechtigt bzw. verpflichtet.[113] Natürliche und juristische Personen haben keine Klagebefugnis. Der Einzelne kann ein Vorlageverfahren immer nur anregen oder beantragen, nicht aber erzwingen. Dennoch stellt die Missachtung der Vorlagepflicht einen Unionsrechtsverstoß dar, der zu einem Vertragsverletzungsverfahren gegen den Mitgliedstaat führen kann, dessen Gericht den Verstoß zu verantworten hat. Der einzelne Bürger kann Verfassungsbeschwerde erheben, weil der EuGH „**gesetzlicher Richter**" i. S. d. Art. 101 Abs. 1 GG ist.[114] Daher verletzt ein Verstoß gegen die Vorlagepflicht nach Art. 267 AEUV den Bürger in seinem verfassungsrechtlich verbürgten Anspruch auf den „gesetzlichen Richter". Allerdings bejaht das BVerfG eine solche Verletzung nur dann, wenn ein **willkürliches Verhalten des Gerichts** vorliegt, weil die Rechtsanwendung bei verständiger Würdigung „nicht mehr verständlich erscheint und offensichtlich unhaltbar ist".[115] Diese Voraussetzungen dürften bei grundsätzlicher Verkennung der Vorlagepflicht oder bei bewusstem Abweichen von der vom Gericht zutreffend erkannten Vorlagepflicht, der jedoch nicht nachgekommen wird, gegeben sein.[116]

44   a) **Strafgerichte als Gerichte im Sinne des Art. 267 AEUV.** Der Begriff des Gerichts ist unionsrechtlich zu bestimmen. Der EuGH hat dies dahingehend präzisiert, dass es sich um einen Spruchkörper handeln muss, der mit **unabhängigen Richtern** besetzt ist und der auf gesetzlicher Grundlage ständig damit betraut ist, Rechtstatsachen unabhängig zu entscheiden.[117] Es müssen **bindende Entscheidungen mit Rechtsprechungscharakter**, d. h. Entscheidungen nach Rechtsnormen und nicht nach Billigkeit, getroffen werden.

45   Bei den **Strafgerichten** handelt es sich unstreitig um Gerichte im Sinne des Art. 267 AEUV. Hingegen ist die **Staatsanwaltschaft** eine Behörde und kein Gericht, weil es bei ihr sowohl an der gerichtlichen Unabhängigkeit als auch an dem Rechtsprechungscharakter ihrer Entscheidungen fehlt.[118] So hat der EuGH die Vorlageberechtigung

---

[112] *Böse,* in: Sieber/Brüner/Satzger/von Heintschel-Heinegg, Europäisches Strafrecht, § 54 Rn. 7.
[113] *Middecke,* Europäischer Rechtsschutz, § 10 Rn. 20; *Wegener,* in: Calliess/Ruffert, EUV/AEUV, Art. 267 Rn. 18.
[114] BVerfGE 75, 223, 245; *Böse,* in: Sieber/Brüner/Satzger/von Heintschel-Heinegg, Europäisches Strafrecht, § 54 Rn. 5.
[115] BVerfGE 29, 198, 207; 31, 145, 159, 192 ff.; NVwZ 2008, 658; NJW 2010, 1268 (1269); 2012, 1202 (1203); krit. *Roth,* NVwZ 2009, 345 (349 ff.)
[116] *Middecke,* Europäischer Rechtsschutz, § 10 Rn. 67; *Wegener,* in: Calliess/Ruffert, EUV/AEUV, Art. 267 Rn. 35 f.
[117] EuGH, Rs. C-96/04, *Standesamt Stadt Niiebüll,* Slg. 2006, I-03561; EuGH, Rs. C-24/92, *Corbian,* Slg. 1993, I-1277 ff.; EuGH, Rs. C-54/96, *Dorsch Konsula Vergabeüberwachungsausschuß,* Slg. 1997, I-4961 ff.; EuGH, Rs. C 258/97, *Landeskrankenanstalten,* Slg. 1999, I-1405, 1406.
[118] *Dauses,* Das Vorabentscheidungsverfahren, S. 86; *Satzger,* Die Europäisierung des Strafrechts, S. 660; ebenso für die französische Staatsanwaltschaft *Idot,* Rev. science crim. 1997, 690.

der italienischen Procura della Repubblica, die im wesentlichen dieselben Aufgaben wie die deutsche Staatsanwaltschaft wahrnimmt, verneint, weil sie nicht in völliger Unabhängigkeit ein Verfahren entscheide, sondern dieses dem Gericht zur Kenntnis bringe.[119] Wenn die Staatsanwaltschaft Zweifel an der Vereinbarkeit einer Strafnorm mit dem Unionsrecht hat, muss sie dies dem zuständigen Gericht mitteilen, damit dieses die zu entscheidende Auslegungs- oder Gültigkeitsfrage dem EuGH vorlegen kann.

Auch bei Entscheidungen, die die Staatsanwaltschaft in eigener Kompetenz treffen kann und die deshalb als rechtsprechungsähnlich einzustufen sind – so die **Einstellungsentscheidungen** nach §§ 153 ff. StPO, bei denen der Staatsanwaltschaft ein eigenes Ermessen zusteht –, handelt sie nicht als Gericht im Sinne des Art. 267 AEUV, weil es ihr an der für ein Gericht erforderlichen Unabhängigkeit fehlt. Daher ist die Staatsanwaltschaft generell nicht vorlageberechtigt.[120]

Im Bußgeldverfahren gelten die Vorschriften der Strafprozessordnung entsprechend, soweit keine Sonderregelungen im Ordnungswidrigkeitengesetz getroffen worden sind (§ 46 Abs. 1 OWiG). Daher sind die Strafgerichte auch in diesem Verfahren „Gerichte" im Sinne des Art. 267 AEUV. Dagegen treffen die **Verwaltungsbehörden**, die für den Erlass des Bußgeldbescheides zuständig sind, keine unabhängigen Entscheidungen, da sie weisungsgebunden sind.[121] Sie sind deshalb keine Gerichte im Sinne des Art. 267 AEUV. **46**

b) Berechtigung zur Vorlage in Straf- und Bußgeldverfahren. Obwohl es sich bei den Strafgerichten unstreitig um Gerichte im Sinne des Art. 267 AEUV handelt, wurde früher in Zweifel gezogen, ob auch in Strafverfahren eine Vorlageberechtigung besteht. Der EuGH hat die **Art des Verfahrens** jedoch als **irrelevant** bezeichnet[122] und in späteren Entscheidungen sogar ausdrücklich klargestellt, dass nicht zwischen strafrechtlichen und sonstigen Verfahren unterschieden werden könne.[123] Die Wirksamkeit des Gemeinschaftsrechts könne nicht davon abhängig gemacht werden, in welchem Rechtsbereich sich dessen Einfluss zeige.[124] Daher sind nach inzwischen h. M. die Gerichte auch in Straf- und Bußgeldverfahren zur Vorlage berechtigt bzw. verpflichtet. Hingegen sind die Staatsanwaltschaften nicht vorlageberechtigt.[125] Gleiches gilt für die für den Erlass von Bußgeldbescheiden zuständigen Verwaltungsbehörden.[126] **47**

c) Berechtigung oder Verpflichtung zur Vorlage. Die nationalen Gerichte müssen bei ihrer Rechtsprechung den Einfluss und die Vorgaben des Europarechts auf das nationale Straf- und Strafverfahrensrecht berücksichtigen.[127] Bei Zweifeln über **48**

---

[119] EuGH, Rs. C-74/95, *Strafverfahren gegen X*, Slg. 1996, I-6609 ff Rn. 19.
[120] EuGHE (*Strafverfahren gegen X*) 1996, I-6609 Rn. 18 ff.
[121] *Dannecker*, in: Ulmer, HGB-Bilanzrecht, Großkommentar, § 334 Rn. 10; a. A. *de Weerth*, Die Bilanzordnungswidrigkeiten nach § 334 HGB, S. 87 ff.
[122] EuGH, Rs. 82/71 Rn. 5, *SAIL*, Slg. 1972, 119, 136.
[123] EuGH, Rs. 238/84, *Gemeinsame Marktorganisation für Wein*, Slg. 1986, 795, 806.
[124] EuGH, Rs. 82/71, *SAIL*, Slg. 1972, 119 ff.; Gemeinschaftsrecht und Strafverfahren, S. 176; *Nieto Martin*, Fraudes Comunitarios, S. 248; *Satzger*, Die Europäisierung des Strafrechts, S. 660 f.; *Thomas*, NJW 1991, 2233, 2235.
[125] EuGH 1987, 4199; *Hecker*, Europäisches Strafrecht, § 6 Rn. 7.
[126] *Hecker*, Europäisches Strafrecht, § 6 Rn. 7; zustimmend *Böse*, in: Sieber/Brüner/Satzger/von Heintschel-Heinegg, Europäisches Strafrecht, § 54 Rn. 8.
[127] *Naucke*, Strafrecht, Rn. 138 spricht diesbezüglich von „Vorformen europäischen Strafrechts".

die Auslegung und die Geltung von Unionsrecht im konkreten Fall muss bzw. kann das nationale Gericht entscheidungserhebliche Fragen dem Gerichtshof nach Art. 267 AEUV vorlegen, um dessen Vorabentscheidung einzuholen. Die Frage, ob ein nationales Gericht nur die Möglichkeit zur Vorlage hat oder ob es eine diesbezügliche Pflicht trifft, kann teilweise dem Wortlaut des Art. 267 AEUV entnommen werden, dessen Absatz 3 eine **Verpflichtung zur Vorlage** statuiert, wenn die Entscheidung des Gerichts in dem konkreten Fall[128] nicht mehr mit Rechtsmitteln angefochten werden kann. Hingegen besteht eine **Vorlageermächtigung** nach Art. 267 Abs. 2 AEUV für nicht-letztinstanzliche Gerichte. Diese Ermächtigung wird nach der Rechtsprechung des EuGH allerdings zur Vorlagepflicht in den Fällen, in denen das nationale Gericht eine Vorschrift des Unionsrechts oder eine sonstige Handlung eines Unionsorgans für ungültig erachtet und außer Anwendung lassen will, wenn es also um Fragen der Rechtsgeltung geht. Mit Rücksicht auf den Grundsatz der Einheitlichkeit der Anwendung des Unionsrechts, auf die Rechtssicherheit und auf das im Rechtsschutzsystem des Vertrages angelegte Verwerfungsmonopol des Gerichtshofs seien „die nationalen Gerichte nicht befugt [...], selbst die Ungültigkeit von Handlungen der Gemeinschaftsorgane festzustellen".[129] Eine Ausnahme von der Vorlageverpflichtung erkennt der Gerichtshof an, wenn die Rechtsfrage bereits geklärt oder die richtige Antwort auf die Frage „derart offenkundig ist, dass für einen vernünftigen Zweifel keinerlei Raum bleibt" (sog. **acte-claire-Doktrin**).[130] Jedoch bestehen gegen diese Doktrin angesichts der erhöhten Anforderungen an die Rechtssicherheit im Strafrecht Bedenken, so dass sich ein Strafgericht hierauf nicht berufen sollte, um sich ein Vorlageverfahren zu ersparen.[131]

49 **2. Durchführung des Vorabentscheidungsverfahrens im strafrechtlichen Haupt-, Zwischen- und Ermittlungsverfahren.** Das Strafverfahren weist gegenüber anderen Verfahrensarten Besonderheiten auf, die auch bei der Durchführung des Vorabentscheidungsverfahrens zu berücksichtigen sind. Dem Hauptverfahren geht das Ermittlungsverfahren voraus, in dem der Sachverhalt unter der Herrschaft der Staatsanwaltschaft ermittelt wird. Wenn sich am Ende der Ermittlungen herausstellt, dass „genügender Anlass" zur Erhebung der Anklage besteht (§ 170 Abs. 1 StPO), erhebt die Staatsanwaltschaft Anklage. Das Gericht prüft im Zwischenverfahren, ob der von der Staatsanwaltschaft behauptete hinreichende Tatverdacht besteht, und lässt dann, falls es diesen bejaht, die Anklage zur Hauptverhandlung zu. Erst danach wird die Hauptverhandlung durchgeführt, in der über die Strafbarkeit entschieden und die Strafe verhängt wird.

50 **a) Vorlageverfahren im Haupt- und Zwischenverfahren.** Das **Hauptverfahren** weist gegenüber den anderen Prozessarten keine prozessualen Besonderheiten auf, so dass eine Vorlage in diesem Verfahrensabschnitt unstreitig möglich ist. Dabei ist bereits im Zwischenverfahren die Vorlage an den EuGH möglich. Dies hat das Bundes-

---

[128] *Schweitzer/Hummer*, Europarecht, Rn. 530; *Streinz*, Europarecht, Rn. 687; *P. Huber*, Recht der Europäischen Integration, § 21 Rn. 33.
[129] EuGH, Rs. C-314/85, *Foto-Frost*, Slg. 1987, 4225 f.
[130] EuGH, Rs. C-283/81, *CILFIT*, Slg. 1982, 3417, 3419; *Böse*, in: Sieber/Brüner/Satzger/von Heintschel-Heinegg, Europäisches Strafrecht, § 54 Rn. 8; *Roth*, NVwZ 2009, 345, 346 f.; *Wegener*, in: Calliess/Ruffert, EUV/AEUV, Art. 267 AEUV Rn. 32.
[131] *Satzger*, Die Europäisierung des Strafrechts, S. 662 f.; vgl. auch *Nieto Martin*, Fraudes Comunitarios, S. 525.

verfassungsgericht ausdrücklich bejaht und damit begründet, dass das Strafgericht **in jedem Stadium des Strafverfahrens** mit besonderer Sorgfalt prüfen müsse, ob in einer entscheidungserheblichen Frage Zweifel bei der Auslegung des Unionsrechts bestehen und die Vorlage an den EuGH erforderlich ist.[132] Die Vorlage zum EuGH ist auch noch **nach Erlass des Eröffnungsbeschlusses** möglich. Das Gericht ist bei der Entscheidung, in welchem Verfahrensabschnitt es die Frage vorlegen will, grundsätzlich frei,[133] da es aufgrund der unmittelbaren Kenntnis des Sachverhalts am besten entscheiden kann, in welchem Verfahrensstadium eine Vorabentscheidung erforderlich ist.[134]

aa) **Vorlageermessen und Anforderungen an die Sachverhaltsklärung.** Nach 51 Art. 267 Abs. 2 AEUV steht den unterinstanzlichen Gerichten bei der Entscheidung über die Vorlage ein **Ermessen** zu, sofern es nicht um haftungsrechtliche Fragen geht (fakultatives Vorabentscheidungsverfahren) (siehe oben § 10 Rn. 49 f.). Dieses Ermessen kann durch den Ermittlungsgrundsatz begrenzt werden, nach dem die Strafverfolgungsorgane den Sachverhalt von Amts wegen vollständig erforschen und aufklären müssen.[135] Hierzu gehört auch die Klärung der Frage, ob das Verhalten des Beschuldigten wirklich strafbar ist, und dies kann vom Unionsrecht abhängen (siehe Rn. 21 ff.; 30 ff.). Voraussetzung einer Vorlage an den EuGH ist dabei nicht, dass der Sachverhalt abschließend geklärt ist.[136] Auch diesbezüglich steht es im Ermessen des nationalen Gerichts, den **Umfang der erforderlichen Sachaufklärung** zu bestimmen. Jedoch sollten im Strafverfahren aus Gründen der Prozessökonomie und im Interesse einer möglichst weitgehenden Konkretisierung der Rechtsfrage die Ermittlungen möglichst weit vorangetrieben werden.[137] Nach der einschlägigen Rechtsprechung des EuGH ist es sogar erforderlich, dass die rein innerstaatlichen Rechtsfragen vor Erlass eines Vorabentscheidungsersuchens geklärt werden,[138] um sicher zu stellen, dass die Vorlagefrage auch tatsächlich entscheidungserheblich ist.[139] Diesbezüglich bedarf es jedoch richtigerweise einer differenzierenden Sicht: Wenn die Frage nach der Auslegung des Unionsrechts auf alle Fälle relevant ist, weil sich der Beschuldigte mit Sicherheit strafbar gemacht hat und es nur um die Strafhöhe geht, muss die Vorlage möglichst früh erfolgen, um die Verfahrensverlängerung durch das Vorlageverfahren möglichst kurz zu halten. Wenn von der Auslegungsfrage hingegen abhängt, ob die Strafbarkeit überhaupt besteht, müssen die nationalen Fragen vorab geklärt werden, da ein Abwarten der Entscheidung des EuGH unverhältnismäßig wird, wenn es hierauf im Ergebnis nicht ankommt.[140]

bb) **Konflikt der Vorlage an den EuGH mit dem Beschleunigungsgebot.** Eine 52 wesentliche Maxime des deutschen Strafprozessrechts ist der Beschleunigungsgrund-

---

[132] BVerfG, NJW 1989, 2464.
[133] EuGH, Rs. C-348/89, *Mecanarte*, NVwZ 1993, 461.
[134] EuGH, RS. C-14/86, *Pretore di Salo*, Slg. 1987, 2545, 2567; EuGH, Rs. C-36/80, *Irish Cream*, Slg. 1981, 735 ff.
[135] *Kleinknecht/Meyer-Goßner*, StPO, § 244 Rn. 11; *Beulke*, Strafprozeßrecht, Rn. 21, *Ranft*; Strafprozeßrecht, Rn. 1541; *Roxin*, Strafverfahrensrecht, § 15 Rn. 1 ff.; *Schroeder*, Strafprozeßrecht, Rn. 245; *Volk*, Strafprozeßrecht, § 18 Rn. 15.
[136] EuGH, Rs. C-36/80, *Irish Cream*, Slg. 1981, 735 ff.; *Rengeling/Jacobs*, DÖV 1983, 374.
[137] Stein/Jonas/*Roth*, ZPO, 21. Aufl., § 148 Rn. 192.
[138] EuGH, Rs. C-83/91, *Meilicke*, Slg. 1992, I-4919, 4933 f.
[139] *Jokisch*, Gemeinschaftsrecht und Strafverfahren, S. 181.
[140] A. A. *Böse*, in: Sieber/Brüner/Satzger/von Heintschel-Heinegg, Europäisches Strafrecht, § 54 Rn. 10.

satz, nach dem der Beschuldigte innerhalb angemessener Frist über den gegen ihn erhobenen Vorwurf, eine Straftat begangen zu haben, Klarheit erhalten muss.[141] An diesen allgemeinen Rechtsgrundsatz, der zudem durch Grundrechtecharta garantiert wird, sind auch die Organe der Union gebunden. Jedoch kann die Pflicht der nationalen Gerichte zur Vorlage gemäß Art. 267 AEUV nicht durch das Beschleunigungsgebot ausgeschlossen werden,[142] zumal der Art. 267 Abs. 4 AEUV eine Entscheidung des Gerichtshofs innerhalb kürzester Zeit vorsieht, falls das Verfahren eine inhaftierte Person betrifft. Denn dem Interesse an einer korrekten und gleichmäßigen Durchführung des Unionsrechts kommt ein hoher Stellenwert zu, dem sich die Gerichte nicht durch eine einschränkende Auslegung des Beschleunigungsgrundsatzes entziehen können.[143] Einer von dem Beschuldigten nicht zu vertretenen Verfahrensverlängerung, die die Durchführung eines Vorlageverfahrens bedeutet, muss dann bei den Rechtsfolgen durch eine Strafmilderung,[144] in Extremfällen durch eine Verfahrenseinstellung nach § 153 Abs. 2 StPO Rechnung getragen werden.[145]

Die durchschnittliche Verfahrensdauer eines Vorabentscheidungsverfahrens betrug im Jahre 2007 noch 19,3 Monate;[146] durch das im Jahre 2008 eingeführte **Eilverfahren**[147] für Vorlageverfahren im Rahmen der strafrechtlichen Zusammenarbeit (Art. 82 ff. AEUV) hat inzwischen zu einer gewissen Entspannung beigetragen.[148] Das Eilverfahren kann auf Antrag des vorlegenden Gerichts oder auf Anregung des Präsidenten des EuGH von Amts wegen durchgeführt werden. Die zuständige Kammer entscheidet nach Anhörung des Generalanwalts (Art. 108 VerfO-EuGH). Im Eilverfahren ist der Kreis der Verfahrensbeteiligten, die im schriftlichen Verfahren beteiligt waren, begrenzt; insbesondere andere Mitgliedstaaten als derjenige, dem das vorlegende Gericht angehört, können nur in der mündlichen Verhandlung Stellung nehmen (Art. 109 Abs. 2 S. 1 und 2 VerfO-EuGH). Weiterhin kann die Frist zur Stellungnahme für die Verfahrensbeteiligten im Eilverfahren verkürzt werden (Art. 111 VerfO-EuGH).

53   cc) **Aussetzung des Strafverfahrens.** Wenn sich ein Strafgericht zur Vorlage an den EuGH entschließt, stellt sich die Frage, ob es das Strafverfahren aussetzt. Im Hinblick darauf, dass das Vorlageverfahren inhaltlich eine große Ähnlichkeit zu dem Verfahren nach Art. 100 GG aufweist,[149] liegt es nahe, das Strafverfahren mit der Mitteilung der Vorlagefrage an den EuGH auszusetzen. Eine ausdrückliche Regelung, nach der die Aussetzung erfolgen kann, fehlt jedoch in der Strafprozessordnung. § 262 Abs. 2 StPO,

---

[141] Eingehend dazu *Pfeiffer*, in: FS für Baumann, S. 329; *Wolter*, Vorabentscheidungsverfahren und Beschleunigungsgebot in Strafsachen, 2011, S. 74 ff.
[142] *Satzger*, Die Europäisierung des Strafrechts, S. 666 f.; *Jokisch*, Gemeinschaftsrecht und Strafverfahren, S. 197.
[143] *Hecker*, Europäisches Strafrecht, § 6 Rn. 22; *Wolter*, Vorabentscheidungsverfahren, S. 228.
[144] BGH, StraFo 1998, 385.
[145] BGH, NJW 1996, 2739. Zu dem Vorschlag, einen strafrechtlichen Spruchkörper des EuGH zu schaffen, wodurch zur beschleunigten Entscheidungsfindung beigetragen werden könnte, vgl. *Satzger*, Die Europäisierung des Strafrechts, S. 669.
[146] *Skouris*, EuGRZ 2008, 343.
[147] ABl. L 24 v. 29.1.2008, S. 39; dazu *Kühn*, EuZW 2008, 263 ff.; *Wegener*, in: Calliess/Ruffert, EUV/AEUV, Art. 267 AEUV Rn. 44; *Wolter*, Vorabentscheidungsverfahren, S. 104 ff.; siehe auch *Böse*, in: Sieber/Brüner/Satzger/von Heintschel-Heinegg, Europäisches Strafrecht, § 54 Rn. 15.
[148] *Skouris*, EuGRZ 2008, 343 ff.
[149] *Satzger*, Die Europäisierung des Strafrechts, S. 659 m.w.N.

der die Aussetzung bei der Klärung zivilrechtlicher Vorfragen regelt, kann nicht direkt angewendet werden, weil die Vorlagefrage keine Klärung eines außerstrafrechtlichen Rechtsverhältnisses darstellt.[150] Für eine **analoge Anwendung des § 262 Abs. 2 StPO** [151] spricht, dass diese Vorschrift über ihren Wortlaut hinaus auf verwaltungs-, finanz-, arbeits- und sozialrechtliche Vorfragen erstreckt wird[152] und eine Erstreckung dieser Regelung für tatsächliche Rechtsverhältnisse auf Rechtsfragen angesichts der vergleichbaren Rechtsfolgen geboten ist, um die planwidrige Regelungslücke zu schließen, die bei der Schaffung der Strafprozessordnung noch nicht vorhersehbar war. Allerdings stellt § 262 Abs. 2 StPO die Aussetzung in das Ermessen des Gerichts, so dass die h. M. für entscheidungserhebliche Vorfragen, weil diese nur vom EuGH mit bindender Wirkung entschieden werden können, entgegen dem Gesetzeswortlaut eine Rechtspflicht bejaht.[153] Aus diesem Grund ist es vorzugswürdig, die Vorlage an den EuGH als **Aussetzungsgrund sui generis** anzusehen.[154] Im Ergebnis besteht jedenfalls Einigkeit, dass im Falle der Vorlage eine Aussetzung des Strafverfahrens möglich und erforderlich ist. Wenn beim EuGH bereits ein Vorabentscheidungsverfahren anhängig ist, das die gleiche Rechtsfrage betrifft, kann das Strafverfahren ohne gleichzeitige Vorlage beim EuGH ausgesetzt werden.[155]

dd) **Erfordernis eines einheitlichen Beschlusses über die Aussetzung des Strafverfahrens und die Vorlage zum EuGH.** Die Aussetzung des Strafverfahrens und die Vorlage zum EuGH ergehen in einem **einheitlichen Beschluss**, den das Gericht – ebenso wie bei Art. 100 GG – in voller Besetzung zu treffen hat.[156] Hierüber entscheidet nur das Gericht. Die Parteien haben kein formelles Antragsrecht und können auch nicht auf die Vorlage verzichten;[157] sie können eine Vorlage lediglich anregen, ohne dass diese Anregung für den nationalen Richter verbindlich ist. Die Vorlage wird dem EuGH von dem nationalen Gericht direkt zugeleitet.[158] 54

Der Vorlagebeschluss ist – ebenso wie im Verfahren nach Art. 100 GG – zu **begründen**.[159] Das Gericht muss insbesondere darlegen, weshalb die in Betracht gezogene Auslegung des Unionsrechts entscheidungserheblich ist. Dabei ist die Vorlagefrage abstrakt zu fassen, da der EuGH nicht den konkreten Rechtsstreit entscheidet. Jedoch muss der EuGH in tatsächlicher und rechtlicher Hinsicht soweit über den Ausgangsfall informiert werden, dass er die vorgelegte Frage erschöpfend beantworten kann.

ee) **Möglichkeit der Aussetzung des Vorabentscheidungsverfahrens und der Aufhebung des Vorlagebeschlusses.** Das vorlegende Gericht kann jederzeit die Aussetzung des Vorabentscheidungsverfahrens beantragen oder den Vorlagebeschluss 55

---

[150] Vgl. Löwe/Rosenberg/*Stuckenberg,* StPO, § 262 Rn. 45.
[151] So insbesondere *Jokisch,* Gemeinschaftsrecht und Strafverfahren, S. 180.
[152] Heidelberger Kommentar/*Julius,* StPO, § 262 Rn. 1.
[153] *Kleinknecht/Mayer-Goßner,* StPO, § 262 Rn. 11 m.w.N.
[154] *Dauses,* Das Vorabentscheidungsverfahren, S. 96; KMR/*Stuckenberg,* StPO, § 262 Rn. 10; zustimmend *Satzger,* Die Europäisierung des Strafrechts, S. 661 Fn. 2773.
[155] OLG Düsseldorf, NJW 1993, 1661; kritisch dazu *Heß,* ZZP 1995, 59.
[156] Stein/Jonas/*Roth,* ZPO, 21. Aufl., § 148 Rn. 207.
[157] BVerfGE 73, 339, 369.
[158] *Voß,* EuR 1986, 95 (98).
[159] Str., da nicht ausdrücklich vorgeschrieben, vgl. Löwe/Rosenberg/*Stuckenberg,* StPO, § 262 Rn. 49; GTE/*Krück,* Art. 177 Rn. 53 f. m.w.N.

aufheben. In letzterem Falle wird das Verfahren vor dem EuGH hinfällig. Weiterhin endet das Verfahren, wenn der EuGH eine Sachentscheidung trifft oder die Vorlage als unzulässig zurückweist.

b) Vorlageverfahren im Ermittlungsverfahren

56 **aa) Vorlage durch den Ermittlungsrichter.** Das Ermittlungsverfahren wird von der Staatsanwaltschaft geführt. Sie ist „Herrin des Ermittlungsverfahrens".[160] Jedoch ist sie nicht zur Vorlage an den EuGH berechtigt (siehe oben Rn. 45). Daher kommt eine Vorlage an den EuGH nur ausnahmsweise in Betracht, wenn nämlich ein Gericht bereits im Ermittlungsverfahren eine Entscheidung trifft und dabei unionsrechtliche Vorhaben zu berücksichtigen sind. Gerichtliche Entscheidungen im Ermittlungsverfahren sind **bei Grundrechtseingriffen** wie der Durchsuchung, Beschlagnahme, Fernmeldeüberwachung, Untersuchungshaft etc. erforderlich. In diesen Fällen müssen die Ermittlungsmaßnahmen vom Richter genehmigt werden, weil sie besonders schwer wiegend sind.[161] Die Tatsache, dass diese richterlichen Entscheidungen nicht in einem streitigen Gerichtsverfahren ergehen, ist für die Vorlageberechtigung bzw. -verpflichtung irrelevant, da es nach Auffassung des EuGH auf die Verfahrensart nicht ankommt (siehe Rn. 47). Es reicht aus, dass sich bei der Anwendung prozessualer Zwangsmittel eine Frage nach der Auslegung des Unionsrechts als entscheidungsrelevant erweist.

57 **bb) Eilbedürftigkeit der richterlichen Entscheidung.** Einer **Vorlage im Ermittlungsverfahren** wird in der Regel die Eilbedürftigkeit der Entscheidung entgegenstehen, da die meisten Grundrechtseingriffe im Zusammenhang mit Ermittlungsmaßnahmen keinen Aufschub dulden und deshalb auch keine Aussetzung des Ermittlungsverfahrens erlauben. Wenn aber der Eingriff zunächst vorgenommen wird, bevor der EuGH Gelegenheit zur Entscheidung hatte, kann der Eingriff im Nachhinein nicht mehr rückgängig gemacht werden. Außerdem ist zu berücksichtigen, dass in der dem Ermittlungsverfahren nachfolgenden Hauptverhandlung nur über die Strafbarkeit oder Straflosigkeit, nicht aber über die Rechtmäßigkeit der Ermittlungsmaßnahmen entschieden wird. Allenfalls im Rahmen eventuell eingreifender Beweisverwertungsverbote, die sich aus der Rechtswidrigkeit der Beweisaufnahme ergeben können,[162] wird noch über die Rechtmäßigkeit der Grundrechtseingriffe entschieden. Daher stellt sich die Frage, wie der Eilbedürftigkeit der richterlichen Entscheidung Rechnung zu tragen ist. Hierbei muss danach differenziert werden, ob die Vorlage an den EuGH im Ermessen des Gerichts steht, das entscheidende Gericht also zur Vorlage berechtigt ist, oder ob es hierzu verpflichtet ist (siehe oben Rn. 40).

58 **(1) Vorlageermessen.** Wenn die Vorlage an den EuGH im Ermessen des Gerichts steht, schließt die Eilbedürftigkeit nach h. M.[163] eine Vorlage nicht aus, weil nur so dem Be-

---

[160] *Kleinknecht/Meyer-Goßner*, StPO, Einl. Rn. 60; *Beulke*, Strafprozeßrecht, Rn. 312; *Ranft*, Strafprozeßrecht, Rn. 200 f.; *Roxin*, Strafverfahrensrecht, § 4 Rn. 3; *Schroeder*, Strafprozeßrecht, Rn. 80, 107; *Volk*, Strafprozeßrecht, § 8 Rn. 1.
[161] Vgl. nur *Ranft*, Strafprozeßrecht, Rn. 599 f.; *Roxin*, Strafverfahrensrecht, § 29 Rn. 7.
[162] *Kleinknecht/Meyer-Goßner*, StPO, Einl. Rn. 55; *Beulke*, Strafprozeßrecht, Rn. 454 ff.; *Ranft*, Strafprozeßrecht, Rn. 1607; *Roxin,* Strafverfahrensrecht, § 24 Rn. 13 ff.; *Schroeder*, Strafprozeßrecht, Rn. 122 ff.; *Volk*, Strafprozeßrecht, § 28 Rn. 4 f.
[163] GTE/*Krück*, Art. 177 Rn. 60; *Fragstein*, Die Einwirkungen des EG-Rechts auf den vorläufigen Rechtsschutz nach deutschem Verwaltungsrecht, S. 141.

dürfnis nach einheitlicher Anwendung des Unions- bzw. Gemeinschaftsrechts in den Mitgliedstaaten Rechnung getragen werden könne[164] und der Verfahrensgegenstand im Hauptverfahren ein anderer sei.[165] Wenn man gleichwohl eine Vorlageberechtigung verneinte, würden wichtige Rechtsbereiche wie die Rechtmäßigkeit und Dauer der Untersuchungshaft, die im Hauptverfahren nur noch eine geringe Rolle spielen, von der Vorlage an den EuGH letztlich ausgenommen. Allein die Eilbedürftigkeit des Ermittlungsverfahrens stellt damit keine ausreichende Grundlage für eine Beschränkung der Vorlagebefugnis des Art. 267 AEUV dar. Vielmehr steht dem nationalen Richter die Vorlagebefugnis auch im Ermittlungsverfahren zu, wenn er dies für erforderlich hält. Wenn allerdings das Ermittlungsverfahren – ebenso wie im Haupt- und Zwischenverfahren – ausgesetzt und bis zur Beantwortung der vorgelegten Frage durch den EuGH keine weitere Entscheidung getroffen wird, verliert die Ermittlungsmaßnahme in der Regel ihre praktische Bedeutung. Denn selbst eine Entscheidung im abgekürzten Verfahren nach Art. 39 der Satzung-EuGH würde mehrere Wochen oder Monate in Anspruch nehmen und damit zu lange dauern. Deshalb kann das Ermittlungsverfahren – anders als im Hauptverfahren – nicht bis zur Beantwortung der vorgelegten Frage durch den EuGH ausgesetzt werden. Vielmehr muss der Ermittlungsrichter über die Ermittlungsmaßnahme wie die Durchsuchung, Telefonüberwachung etc. oder die Verhängung oder Aufrechterhaltung der Untersuchungshaft selbst sofort entscheiden. Hierbei hat er seine eigene Auslegung des Unionsrechts zugrunde zu legen. Dies bedeutet, dass im Ermittlungsverfahren die **Eilbedürftigkeit grundsätzlich Vorrang vor dem Abwarten der Entscheidung in dem Vorlageverfahren** hat.

Damit stellt sich aber die Frage, ob der EuGH seine Zuständigkeit verliert, wenn die konkrete Ermittlungsmaßnahme in einem Strafverfahren bereits durchgeführt worden ist. Nach der Rechtsprechung des EuGH entfällt seine Zuständigkeit, wenn das Ausgangsverfahren vor dem nationalen Richter abgeschlossen ist.[166] Dies ist jedoch noch nicht der Fall, wenn der konkrete Eingriff durchgeführt und abgeschlossen ist. Vielmehr ist zu berücksichtigen, dass der konkrete Eingriff, den die Ermittlungsmaßnahme bedeutet, der Durchführung des Strafverfahrens insgesamt dient und deshalb das Ausgangsverfahren erst **mit Vorliegen eines rechtskräftigen Urteils beendet** ist.[167] Gleichwohl bestehen Bedenken, das Vorliegen eines gerichtlichen Verfahrens allein deshalb zu bejahen, weil im staatsanwaltschaftlichen Ermittlungsverfahren eine punktuelle Zuständigkeit des Gerichts besteht. Denn das Hauptverfahren ist noch nicht eröffnet. Hier ist es erforderlich, von dem Erfordernis eines anhängigen Verfahrens im gerichtlichen Sinne abzusehen, um den Besonderheiten der nationalen Verfahrensordnungen Rechnung zu tragen. Ansonsten läge es in der Hand der Mitgliedstaaten, durch eine Übertragung der Ermittlungsbefugnisse vom juge d'instruction (Ermittlungsrichter) auf die Staatsanwaltschaft die Durchführung eines Vorlageverfahrens für bestimmte Rechtsbereiche und Fragestellungen generell auszuschließen.

Wenn der EuGH somit erst nach Durchführung der Ermittlungsmaßnahme über die Vorfrage entscheidet, kann diese Entscheidung nicht mehr bei der Ermittlungshandlung

---

[164] EuGH, Rs. C-107/76, *Hoffmann-La Roche*, Slg. 1977, 957, 972; EuGH, Rs. C-35/82, *Morson and Jhanjan*, Slg. 1982, 3723, 3734.
[165] *Jokisch*, Gemeinschaftsrecht und Strafverfahren, S. 187.
[166] EuGH, Rs. C-159/90, *Grogan*, Slg. 1991, I-4685, 4737.
[167] *Jokisch*, Gemeinschaftsrecht und Strafverfahren, S. 189.

berücksichtigt werden. Lediglich wenn über die Rechtsfolge einer rechtswidrigen Ermittlungshandlung entschieden werden muss, weil sich die Frage nach einem **Beweisverwertungsverbot** oder einer **Entschädigung für Strafverfolgungsmaßnahmen** nach §§ 2, 4 StrEG oder den allgemeinen Regeln der Staatshaftung stellt, ist die Würdigung des unionsrechtswidrigen Handelns im nationalen Strafverfahren erforderlich.

61 *(2) Vorlagepflicht.* Ein Entscheidungsmonopol des EuGH besteht, wenn es nicht um Auslegungsfragen, sondern um die auch für unterinstanzliche Gerichte bestehende Vorlagefrage in **Gültigkeitsfragen** geht.[168] In diesen Fällen ist die Vorlage an den EuGH grundsätzlich verpflichtend. Der EuGH sieht die nationalen Gerichte auch in vorläufigen Verfahren zur Vorlage verpflichtet an, wenn sie bezüglich der Gültigkeit entscheidungserheblichen Unions- oder Gemeinschaftsrechts erhebliche Zweifel haben.[169] Die unterinstanzlichen Gerichte dürfen bei Gültigkeitsfragen – anders als bei Auslegungsfragen – bei der Entscheidungsfindung nicht ihre eigene Entscheidung über die Gültigkeit des Unionsrechts zugrunde legen. Damit entsteht aber ein Spannungsverhältnis zwischen dem Schutz der Unionsrechtsordnung durch Beachtung des Verwerfungsmonopols des EuGH[170] und der Eilbedürftigkeit des Ermittlungsverfahrens. Somit stellt sich die Frage, wie für die Dauer des Vorlageverfahrens vorzugehen ist.

62 In einem verwaltungsgerichtlichen Verfahren hat der EuGH die grundsätzliche Befugnis des nationalen Gerichts bejaht, die Vollziehung eines Verwaltungsakts auszusetzen, der auf einer nach Ansicht des Gerichts ungültigen Verordnung beruhte. Diese Befugnis sollte jedoch davon abhängen, dass die Entscheidung dringlich ist, weil dem Antragsteller ein schwerer, nicht wiedergutzumachender Schaden droht, und der Verordnung nicht jegliche praktische Wirksamkeit genommen wird, wenn sie nicht sofort angewendet wird.[171] Begründet wurde diese Entscheidung damit, dass der Rechtsschutz des Bürgers gefährdet wäre, wenn der Verwaltungsakt erst ausgesetzt würde, nachdem der EuGH die Ungültigkeit der Verordnung festgestellt hat. Wenn aber der EuGH in dieser Entscheidung einen nationalen Verfahrenszweck – das Rechtsschutzbedürfnis des Bürgers – berücksichtigt, kann der Verfahrenszweck des strafrechtlichen Ermittlungsverfahrens ebenfalls berücksichtigt werden. Daher kann die **Effektivität der Strafrechtspflege** es rechtfertigen, dass ein nationales Gericht einen europäischen Rechtsakt als ungültig behandelt, sofern die Entscheidung für das Ermittlungsverfahren dringlich und unerlässlich ist.[172]

63 **3. Überprüfung des Vorabentscheidungsverfahrens nach dem Rechtsmittelsystem der Strafprozessordnung.** Weiterhin stellt sich die Frage, ob der Beschuldigte das Vorlageersuchen eines nationalen Strafgerichts und den Aussetzungsbeschluss anfechten kann. Da Art. 267 AEUV eine Anfechtung des Vorlageersuchens und der Aussetzung nach nationalem Recht nicht ausschließt, bestimmt sich die Anfechtbarkeit allein nach **nationalem Verfahrensrecht**.[173] Hiervon bleibt die Kompetenz des EuGH, über die Gültigkeit oder Auslegung des Unionsrechts zu entscheiden, unberührt.

---

[168] *Streinz,* Europarecht, Rn. 701.
[169] EuGH, Rs. C-143/88, *Süderdithmarschen,* Slg. 1991, I-415.
[170] Dazu EuGH, Rs. C-314/85, *Foto-Frost,* Slg. 1987, 4231.
[171] EuGH, Rs. C-143/88, *Süderdithmarschen,* Slg. 1991, I-415; EuGH, Rs. C-465/93, *Atlanta,* Slg. 1995, I-3761.
[172] *Jokisch,* Gemeinschaftsrecht und Strafverfahren, S. 193.
[173] EuGH, Rs. C-31/68, *Chanel,* Slg. 1970, 403.

2. Abschnitt. Rechtsschutz durch verschiedene Zweige 64–67 § 39

a) Fehlende Anfechtbarkeit des Vorlagebeschlusses. Die h. M. in Rechtsprechung 64
und Literatur lehnt die Anfechtbarkeit mittels Beschwerde gegen ein Vorabentscheidungsersuchen gemäß Art. 267 Abs. 2 AEUV ab,[174] und auch in der strafprozessualen Literatur herrscht die Ansicht vor, dass Aussetzungsbeschlüsse wegen ihres das Urteil vorbereitenden Charakters stets der Beschwerde entzogen und damit nicht anfechtbar sind (§ 305 StPO).[175] Daher besteht im Strafverfahren keine Möglichkeit, gegen den Aussetzungs- und Vorlagebeschluss im Falle der Vorlage an den EuGH vorzugehen.[176] Ebenso wenig kann ein Beschluss, der die Aussetzung und damit die Vorlage an den EuGH ablehnt, gemäß § 305 StPO mit der Beschwerde angefochten werden. Eine unterlassene Vorlage und Aussetzung des Verfahrens kann daher nur im Wege des Rechtsmittels gegen die Endentscheidung angefochten werden.[177]

b) Anfechtung der unterlassenen Vorlage im Revisionsverfahren. Das Unions- 65
recht ist als innerstaatlich unmittelbar geltendes Recht auch im strafrechtlichen Revisionsverfahren überprüfbar. Die Rechtsverletzung ist durch die Sachrüge geltend zu machen. Dabei ist zwischen dem Vorlagerecht in Fragen der Auslegung des Unionsrechts und der Vorlagepflicht in Gültigkeitsfragen des Unionsrechts zu unterscheiden.

aa) Auslegungsfragen. Soweit die Auslegung des Unionsrechts in Frage steht, ist das 66
Instanzgericht gemäß Art. 267 Abs. 2 AEUV nicht zur Vorlage verpflichtet, sondern kann nach eigenem Ermessen hierüber entscheiden. Jedoch haben die Prozessbeteiligten Anspruch auf **ermessensfehlerfreie Entscheidung über die Vorlage**. Nach den allgemeinen Regeln ist die Ablehnung der Aussetzung nur bei rechtsfehlerhafter oder willkürlicher Ermessensausübung angreifbar. Daher verspricht die Revision in den Fällen fakultativer Vorlage in der Praxis wenig Aussicht auf Erfolg.

bb) Gültigkeitsfragen. Wenn die Gültigkeit einer Unionsnorm in Frage steht, weil 67
z. B. ein Blankettstrafgesetz eine unionsrechtliche Verbotsnorm in Bezug nimmt, ist nicht nur das letztinstanzliche, sondern jedes Strafgericht zur Vorlage verpflichtet.[178] Verzichtet es hierauf, so kann darin eine Verletzung des Gesetzes liegen, die einen relativen Revisionsgrund (§ 337 StPO) darstellt. Als Gesetz im strafprozessualen Sinne (§ 7 EGStPO) ist jede Rechtsnorm anzusehen. Hierzu gehören auch ausländische Rechtsnormen, soweit sie im Inland Wirkungen entfalten,[179] sowie Normen des Unionsrechts, denen Vorrang vor dem nationalen Recht zukommt. Daher kann ein Verstoß gegen die Aussetzungs- und Vorlagepflicht im Wege der **Revision** gerügt werden.[180] Hierbei handelt es sich nicht um einen absoluten Revisionsgrund im Sinne des § 338 Nr. 8 StPO, denn das Vorlageverfahren dient der objektiven Klärung von Rechtsfragen und nicht der Verteidigung des Angeklagten. Daher kann allein die **Verfahrensrüge gemäß § 337 StPO** erhoben werden, die nur dann Erfolg hat, wenn das Urteil auf der Verletzung der Vorlagepflicht beruht. Dies ist der Fall, wenn nicht ausgeschlossen werden kann,

---

[174] BFHE 132, 219; *Ress*, VerwArch 1987, 194; *Riegel*, DVBl 1978, 477; *Goosriw*, AWD 1975, 660; a. A. *Pfeiffer*, NJW 1994, 2000.
[175] SK-StPO/*Schlüchter*, § 228 Rn. 24; Löwe-Rosenberg/*Becker*, StPO, § 228 Rn. 40.
[176] Löwe/Rosenberg/*Stuckenberg*, StPO, § 262 Rn. 58.
[177] Löwe/Rosenberg/*Becker*, StPO, § 228 Rn. 43; *Stein/Jonas/Roth*, ZPO, 21. Aufl., § 148 Rn. 212 m.w.N.
[178] *Hecker*, Europäisches Strafrecht, § 6 Rn. 8.
[179] Löwe/Rosenberg/*Franke*, StPO, § 337 Rn. 8.
[180] Löwe/Rosenberg/*Stuckenberg*, StPO, § 262 Rn. 62.

dass die Verurteilung des Angeklagten auf dem Verfahrensfehler beruht.[181] Hierfür reicht die Möglichkeit, dass durch die versäumte Vorlage ein relevanter rechtlicher Gesichtspunkt nicht berücksichtigt wurde, bereits aus. Dies wird in Gültigkeitsfragen in der Regel der Fall sein, so dass die Revision begründet ist.

68 Voraussetzung der Revisibilität ist nicht, dass der Beschuldigte die Durchführung des Vorabentscheidungsverfahrens beantragt oder dessen Nichtdurchführung gerügt hat. Denn der Verlust von Verfahrensrügen durch Verzicht oder Verwirkung ist nur in engen Grenzen möglich.[182] Nicht die Prozessbeteiligten, sondern die Strafgerichte tragen die Verantwortung für ein einwandfreies Verfahren. Insbesondere bei der Frage nach der Durchführung des Vorlageverfahrens dürfen den **Parteien keine Mitwirkungspflichten** auferlegt werden, da die Entscheidung darüber, ob im Prozess eine Frage dem EuGH vorgelegt werden soll oder nicht, ausschließlich beim Gericht liegt. Wenn aber den Verfahrensbeteiligten keine Mitwirkungsrechte bei der Entscheidung über die Durchführung des Vorabentscheidungsverfahrens zustehen, darf ihnen bei der revisionsrechtlichen Würdigung der unterlassenen Vorlage auch keine unterlassene Mitwirkung vorgeworfen werden.[183] Die unterlassene obligatorische Vorlage stellt somit einen Revisionsgrund dar, ohne dass die Vorlage von den Beteiligten im vorherigen Verfahren geltend gemacht worden sein müsste.

c) Berücksichtigung des Vorabentscheidungsverfahrens bei der Entscheidung über die Nichtannahme der Berufung oder Revision

69 aa) Entscheidung über die Nichtannahme der Berufung. Gegen erstinstanzliche Urteile des Amtsgerichts kann gemäß § 312 StPO Berufung eingelegt werden. Lediglich für Bagatellfälle sehen § 313 Abs. 1 S. 1 und 2 StPO vor, dass das Berufungsgericht die Annahme des Rechtsmittels ablehnen kann, wenn dieses „offensichtlich unbegründet" ist (§ 313 Abs. 2 StPO).[184] In letzteren Fällen kann sich eine Kollision zwischen einem Vorabentscheidungsverfahren und der Annahmebedürftigkeit des nationalen Rechtsmittels ergeben. Denn das Amtsgericht ist als erstinstanzliches Gericht in unionsrechtlichen Auslegungsfragen nicht zur Vorlage verpflichtet, wird aber im Falle der späteren Nichtannahme der Berufung durch das Berufungsgericht nachträglich zur letzten Instanz und wäre deshalb zur Vorlage verpflichtet gewesen. Im Ergebnis hätte es daher ein nicht vorlagewilliges Berufungsgericht in der Hand, durch die Nichtannahme der Berufung die Erfüllung der Vorlagepflicht zu verhindern.

70 Wenn es um noch klärungsbedürftige Fragen des Unionsrechts geht, führt die Nichtannahme der Berufung zu einer Gefährdung der im Unionsrecht begründeten Rechte, da offen bleibt, ob das Amtsgericht das Unionsrecht eigenmächtig zum Nachteil eines Verfahrensbeteiligten ausgelegt hat.[185] Wenn das Amtsgericht von einer bestehenden Rechtsprechung des EuGH zum Nachteil des Beschuldigten abweicht, liegt sogar eine über eine bloße Gefährdung hinausgehende Beeinträchtigung der Rechte des Beschuldigten vor. Angesichts der umfassenden Prüfungspflicht des Berufungsgerichts kommt es auch hier nicht darauf an, ob die Verletzung von Unionsrecht gerügt worden ist. Um diesem Umstand Rechnung zu tragen, muss das Landgericht die Vorlagepflicht nach

---

[181] BGHSt 1, 346, 350; BGHSt 22, 278, 280.
[182] Kleinknecht/*Meyer-Goßner*, StPO, § 337 Rn. 41 ff.
[183] *Jokisch*, Gemeinschaftsrecht und Strafverfahren, S. 201 f.
[184] *Fezer*, NStZ 1995, 265.
[185] *Koch*, EuZW 1995, 78 (83).

Art. 267 Abs. 3 AEUV bei der Zulassung des Rechtsmittels in der Form berücksichtigen, dass es die Berufung in der Regel annehmen muss.[186] Dies bedeutet, dass immer dann, wenn im Rechtsmittelverfahren die Vorlage an den EuGH erforderlich ist, von der „grundsätzlichen Bedeutung" einer Rechtssache auszugehen ist. Die grundsätzliche Bedeutung resultiert in diesen Fällen aus der Verpflichtung der Mitgliedstaaten, alle Maßnahmen, welche die Verwirklichung der Ziele der Union gefährden könnten, zu unterlassen (Art. 4 Abs. 3 EUV), die Vorlageverpflichtung gemäß Art. 267 Abs. 3 AEUV zu respektieren und dem Betroffenen den Weg zu seinem gesetzlichen Richter offen zu halten. Daher ist das Merkmal der **„offensichtlichen Unbegründetheit" unionskonform** dahingehend **auszulegen**, dass eine noch offene Vorlagefrage an den EuGH die „offensichtliche Unbegründetheit" der Berufung ausschließt. Nur auf diese Weise kann die Vorlagepflicht des Art. 267 Abs. 3 AEUV erfüllt und der Bedeutung des Unionsrechts Rechnung getragen werden.

Die Entscheidung über die Annahme der Berufung ergeht durch Beschluss des Berufungsgerichts (§ 322 Abs. 1 StPO), der begründet werden muss, wenn die Berufung abgelehnt wird.[187] Die Entscheidungsgründe müssen insbesondere dann näher ausgeführt werden, wenn der Beschwerdeführer neue Tatsachen oder rechtliche Aspekte angekündigt hat, um die Feststellung des Amtsgerichts zu entkräften. Da sich insoweit die Erfolgsaussichten oder noch zu erwartende Schwierigkeiten des Verfahrens in den Anforderungen an die Begründung niederschlagen, ist auch die **Berufungsablehnung** in Fällen mit europarechtlichen Bezügen **besonders zu begründen** und hierbei auf die Verpflichtung zur Vorlage aus Art. 267 AEUV näher einzugehen. Auf diese Weise wird sichergestellt, dass sich das Berufungsgericht tatsächlich mit dem gerügten Problemkreis auseinander gesetzt hat. Wird hiergegen verstoßen, so kann nur mittels einer Verfassungsbeschwerde vorgegangen werden (siehe dazu § 35 Rn. 50 ff.). 71

bb) Entscheidung über die Nichtannahme der Revision. Für die Regelung des § 349 Abs. 2 StPO, nach der die Revision auf Antrag der Staatsanwaltschaft abgelehnt werden kann, wenn sie offensichtlich unbegründet ist, gelten die Ausführungen zur Nichtannahme der Berufung entsprechend (Rn. 69 ff.). Auch die Revisionsinstanz darf nicht durch Ablehnung der Annahme des Rechtsmittels ihre Vorlagepflicht umgehen und muss deshalb die Revision stets annehmen, wenn erkennbar ist, dass in einem zukünftigen Verfahren voraussichtlich gemäß Art. 267 Abs. 3 AEUV eine Vorabentscheidung des EuGH einzuholen sein wird. 72

d) Keine sofortige Beschwerde gegen die Ablehnung eines Rechtsmittels als „offensichtlich unbegründet". Wenn die Annahme der Berufung trotz der unionsrechtlichen Erfordernisse abgelehnt wird, sieht die Strafprozessordnung – anders als die Verwaltungsgerichtsordnung – kein spezielles Verfahren der Nichtzulassungsbeschwerde vor, bei dem die ablehnende Entscheidung erneut überprüft werden kann. Vielmehr ist der Beschluss der Nichtannahme gemäß § 322a S. 2 StPO unanfechtbar.[188] Daher hat der Angeklagte auch im Falle einer unberechtigten Ablehnung der Berufung keine Rechtsschutzmöglichkeiten nach dem Rechtsmittelsystem der Strafprozessordnung mehr. Damit bleibt ihm nur die **Verfassungsbeschwerde** wegen Entzugs 73

---

[186] *Heß*, ZZP 1995, 59 (99).
[187] BVerfG, NJW 1996, 2785.
[188] OLG Düsseldorf, StV 1994, 122.

des gesetzlichen Richters (Art. 101 Abs. 1 S. 2 GG) mit den Rechtsschutzlücken der beschränkten Überprüfung auf „willkürliches Handeln" (siehe dazu § 35 Rn. 50 ff.). Aus diesem Grund wird in der Literatur die Forderung erhoben, in solchen Fällen **§ 322 Abs. 2 StPO analog** anzuwenden und die sofortige Beschwerde gemäß § 311 StPO zuzulassen, wenn das Berufungsgericht die Berufung für unzulässig gehalten hat.[189] Die analoge Anwendung des § 322 Abs. 2 StPO auf den Fall, dass das Berufungsgericht die Vorlagebedürftigkeit einer Rechtsfrage übersehen hat, ist dem Fall der rechtlich falschen Einstufung der Berufung vergleichbar. Für den Angeklagten werden dadurch die Lücken der bundesverfassungsgerichtlichen Rechtsprechung bezüglich des Entzugs des gesetzlichen Richters ausgeglichen.

74   **e) Bindung der Tatsachengerichte an die rechtliche Beurteilung des Revisionsgerichts?** Wenn das Revisionsgericht das angefochtene Urteil aufhebt und die Sache zur Entscheidung an das Instanzgericht zurückverweist, ist letzteres nach § 358 Abs. 1 StPO an die Entscheidung des Revisionsgerichts gebunden. Sofern das Revisionsgericht jedoch in seiner Entscheidung von einer **Rechtsansicht des EuGH abweicht** ist oder die Entscheidungsrelevanz einer unionsrechtlichen Auslegungs- oder Gültigkeitsfrage erst nach der Zurückverweisung zur erneuten Entscheidung erkannt wird, hätte die Bindung des unterinstanzlichen Gerichts an die Entscheidung des Revisionsgerichts zur Folge, dass das Instanzgericht nicht mehr gemäß Art. 267 Abs. 2 AEUV zur Vorlage befugt wäre. Die innerstaatliche Bestimmung des § 358 Abs. 1 StPO würde Art. 267 Abs. 2 AEUV durch die Bindung an die Rechtsauffassung des Rechtsmittelgerichts einschränken und damit die Kompetenz des EuGH zur letztverbindlichen Auslegung des Unionsrechts beschneiden.[190] Mit dieser Problematik hat sich der EuGH[191] in einem Vorlageverfahren des Bundesfinanzhofs auseinandergesetzt und die Vorlagemöglichkeit bejaht, da das Vorlageverfahren unterschiedliche Auslegungen des Unionsrechts verhindern soll. Eine innerstaatliche Norm, welche die Gerichte an die Beurteilung der übergeordneten Gerichte binden würde, könne diesen nicht das Recht nehmen, dem Gerichtshof die Auslegungsfrage vorzulegen. Etwas anderes gelte nur dann, wenn die von einem unterinstanzlichen Gericht gestellte Frage sachlich mit einer Frage identisch ist, die ein letztinstanzliches Gericht bereits vorgelegt hat. Daher kann auch § 358 Abs. 1 StPO die Vorlagebefugnis des Instanzgerichts gemäß Art. 267 Abs. 2 AEUV nicht begrenzen.

75   Hat das Revisionsgericht über die Auslegung oder Gültigkeit des Gemeinschafts- oder Unionsrechts entschieden, ohne die Frage dem EuGH vorzulegen, so bleibt das Instanzgericht weiterhin zur Vorlage befugt, wenn es die Auffassung des Revisionsgerichts für unvereinbar mit dem Gemeinschafts- oder Unionsrecht hält. Dieser vom EuGH vertretene Standpunkt entspricht dem Sinn des Vorabentscheidungsverfahrens, wie es die Mitgliedstaaten vertraglich vereinbart haben.[192]

---

[189] So *Jokisch*, Gemeinschaftsrecht und Strafverfahren, S. 205.
[190] EuGH, Rs. C-166/73, Rheinmühlen I, Slg. 1974, 33, 38.
[191] EuGH, Rs. C-166/73, Rheinmühlen I, Slg. 1974, 33, 38, vgl. dazu *Briguglio*, in: FS für Habscheid, S. 47 ff.; *Bebr*, EuR 1974, 358 (361); *Rengeling*, in: Gedächtnisschrift für Sasse, S. 197, 221; GTE-*Krück*, Art. 177 Rn. 69.
[192] *Rengeling*, in: Gedächtnisschrift für Sasse, S. 197, 211.

f) Konkurrenz supranationaler und innerstaatlicher Vorlagepflichten

aa) Vorlagepflicht an den Bundesgerichtshof gemäß § 121 Abs. 2 GVG. Nach 76 § 121 Abs. 2 GVG besteht die Pflicht zur Vorlage an den Bundesgerichtshof, wenn zwischen mehreren Oberlandesgerichten oder zwischen einem Oberlandesgericht und dem Bundesgerichtshof in einer Rechtsfrage divergierende Auffassungen vertreten werden. Die daraufhin ergehende Entscheidung des Bundesgerichtshofs entfaltet dann Bindungswirkung. Diese **Vorlagepflicht an den Bundesgerichtshof** kann mit der **Vorlagepflicht aus Art. 267 AEUV** zur Vorlage **an den EuGH kollidieren**, wenn sich zugleich die Frage nach der Auslegung des Unionsrechts oder nach dessen Gültigkeit stellt. Der Bundesgerichtshof hat diesbezüglich entschieden, dass der Zuständigkeit des EuGH als zur Entscheidung über Gemeinschaftsrecht originär berufenes Organ Vorrang einzuräumen sei, hinter der die nationale Vorlagepflicht zurück treten müsse.[193]

In dem Sonderfall, dass zu der Rechtsfrage bereits eine anderweitig eingeholte 77 Entscheidung des EuGH vorliegt, kann sich das Oberlandesgericht dieser Auffassung anschließen, auch wenn die Entscheidung des EuGH keine Rechtskraft im formellen Sinne entfaltet und deshalb das Oberlandesgericht nicht bindet. Das Oberlandesgericht kann daher auch erneut eine Vorlage an den EuGH beschließen. Selbst wenn zu der unions- oder gemeinschaftsrechtlichen Rechtsfrage noch keine Entscheidung des EuGH vorliegt, führt die Abweichung von der Auslegung anderer Gerichte nicht zur Vorlagepflicht an ein nationales Gericht, sondern allein zur Befugnis oder zur Pflicht zur Vorlage an den EuGH.[194] Ein Oberlandesgericht darf somit auf dem Gebiet des Unionsrechts von der Entscheidung eines anderen Oberlandesgerichts ohne Vorlage gemäß § 121 Abs. 2 GVG an den Bundesgerichtshof abweichen.[195]

bb) Vorlagepflicht an den Großen Senat gemäß § 132 Abs. 2 GVG. Die Recht- 78 sprechung des Bundesgerichtshofs zu § 121 Abs. 2 GVG (Rn. 76 f.) ist auch auf die Vorlagepflicht nach § 132 Abs. 2 GVG anwendbar, wonach bei Differenzen innerhalb eines Gerichts eine Vorlage an den Großen Senat des jeweiligen Gerichts erfolgen muss. Es besteht also keine Pflicht zur Anrufung des Großen Senats, wenn ein Senat von der Entscheidung eines anderen Senats in der Auslegung einer Norm des Unionsrechts abweichen und sich der Rechtsprechung des EuGH anschließen will.

4. Rechtskraft unionsrechtswidriger Strafurteile und Wiederaufnahme des Ver- 79 **fahrens.** Wenn ein Strafurteil rechtskräftig wird, das dem Unionsrecht widerspricht, kollidieren nationales Prozessrecht und Unionsrecht. Ein solcher Fall liegt vor, wenn ein Täter wegen eines nach nationalem Strafrecht verbotenen Verhaltens, das jedoch nach dem Unionsrecht erlaubt ist, verurteilt worden ist. In einem solchen Fall hätte der Angeklagte freigesprochen werden müssen. Damit stellt sich die Frage, ob Rechtskraft eintritt und ob diese gegebenenfalls im Wege der Wiederaufnahme durchbrochen werden kann.

a) Rechtskraft unionsrechtswidriger Strafurteile. Das **Unionsrecht** kennt keine 80 verfahrensrechtlichen Vorschriften, die die Rechtskraft unionsrechtswidriger Straf-

---

[193] BGHSt 36, 92.
[194] BGHSt 36, 92.
[195] BGHSt 33, 76 mit Anm. *Herdegen*, MDR 1985, 542.

81 Das **deutsche Strafprozessrecht** erkennt im Interesse der Rechtssicherheit und des Rechtsfriedens letztinstanzliche Entscheidungen sowie unanfechtbar gewordene Gerichtsentscheidungen als endgültig an (siehe Rn. 83). Wenn eine Entscheidung nicht mehr angefochten werden kann, erwächst sie in formeller Rechtskraft, die die Unabänderlichkeit der Entscheidung zur Folge hat. Das formell rechtskräftige Urteil erwächst auch in materieller Rechtskraft. Voraussetzung für das Eintreten der Rechtskraft ist nicht die inhaltliche Richtigkeit der Entscheidung. Vielmehr wird dem Rechtsfrieden Vorrang vor der materiellen Gerechtigkeit eingeräumt. Ausnahmen bilden lediglich besonders schwer wiegende, geradezu unerträgliche und offenkundige Verstöße gegen die rechtstaatliche Ordnung, die zur Nichtigkeit des Urteils führen, sowie Nicht-Urteile, die nicht einmal ihrem äußeren Anschein nach als Urteile anzusehen sind.[196] Diese Voraussetzungen liegen bei lediglich unionsrechtswidrigen Urteilen nicht vor. Dies bedeutet aber, dass das nationale Institut der Rechtskraft dem Verstoß gegen das Unionsrecht grundsätzlich Beständigkeit verleiht.

82 Allerdings greift der **EuGH** im Verwaltungs- und Zivilrecht auf das Effizienzgebot (effet util) und den Gleichbehandlungsgrundsatz zurück, um einen Ausgleich zwischen den Interessen der Union an der praktischen Wirksamkeit ihres Rechts und der verfahrensmäßigen Autonomie der Mitgliedstaaten herzustellen.[197] Auch im Strafprozess besteht ein Interesse der Union daran, dass die unionsrechtlichen Vorgaben bei der Bestrafung der Bürger nicht verletzt werden. Weiterhin ist der Beschuldigte daran interessiert, nicht dem Unionsrecht zuwider verurteilt zu werden.

83 Wenn man jedoch die Kriterien der **Effizienz** und der **Gleichbehandlung** auf die Rechtskraft gerichtlicher Strafurteile anwendet, bestehen keine Bedenken gegen die Anerkennung der Rechtskraft strafrechtlicher Entscheidungen. Denn die Gleichbehandlung gebietet, dass alle Urteile, unabhängig davon, ob sie das Unionsrecht berühren, der Rechtskraft unterliegen. Und im Hinblick auf die Effizienz macht die Rechtskraft die unionsrechtlich geschützten Positionen nicht „praktisch unmöglich", weil die Rechtskraftwirkung nur das Ende eines prozessualen Gesamtvorgangs darstellt, bei dem das Gemeinschaftsrecht zu beachten war.[198] Im Ergebnis kann daher festgehalten werden, dass auch unionsrechtswidrige Urteile in Rechtskraft erwachsen können.

84 **b) Durchbrechung der Rechtskraft unionsrechtswidriger Strafurteile.** In den Fällen unionsrechtswidriger Urteile hätte das verurteilende Gericht die zu entscheidende Frage dem EuGH vorlegen müssen. Hiergegen ist der richtige Rechtsbehelf die **Verfassungsbeschwerde**. Diese ist auch statthaft, da der EuGH als gesetzlicher Richter im Sinne des Art. 101 Abs. 1 S. 2 GG anzusehen ist (Rn. 43). Wenn jedoch die Einlegungsfrist des § 93 BVerfGG verstrichen ist, kann der Verstoß gegen die Vorlagepflicht zum EuGH eine Wiederaufnahme des Verfahrens nicht rechtfertigen. Somit können nur Verstöße gegen materielles Unionsrecht zur Durchbrechung der Rechtskraft führen.

---

[196] Vgl. nur *Beulke*, Strafprozeßrecht, Rn. 507; *Roxin*, Strafverfahrensrecht, § 52 Rn. 22 ff.
[197] EuGH, Rs. C-33/76, Slg. 1976, 1989 (1998) *Rewe*; EuGH, Rs. C-312/93, Slg. 1995, I-4599 (4621) *Peterbroek*; EuGH, Rs. C-430/93, Slg. 1995, I-4705 (4737) *van Schijnde*.
[198] *Satzger*, Die Europäisierung des Strafrechts, S. 672 f.

Wichtigster Fall der Durchbrechung der Rechtskraft nach nationalem Recht ist das **85**
Wiederaufnahmeverfahren, das der Gesetzgeber in den §§ 359 ff. StPO geregelt hat.[199]
Hierbei handelt es sich um einen außerordentlichen Rechtsbehelf, der nur bei unerträglichen Fehlern eingreift.[200] Durch die Beschränkung der Wiederaufnahmemöglichkeiten wird dem grundsätzlichen Vorrang des Rechtsfriedens und der Rechtssicherheit vor der materiellen Gerechtigkeit Rechnung getragen. Nur in den abschließend aufgezählten Fällen findet eine Durchbrechung der formellen Rechtskraft im Interesse der materiellen Gerechtigkeit statt. Eine falsche Anwendung oder Auslegung von Rechtsnormen reicht hierfür grundsätzlich nicht aus. Auch die Verfassungsbeschwerde greift nicht ein, da das Bundesverfassungsgericht keine Kompetenz zur Überprüfung von Urteilen anhand des Unionsrechts hat.

Bei den Wiederaufnahmegründen handelt es sich in aller Regel um solche, die **86**
die Überprüfung der tatsächlichen Grundlage des Urteils, nicht aber die Nachprüfung von Rechtsfehlern ermöglichen. Ein rechtlicher Mangel des Urteils kann nur im Falle vorsätzlich falscher Rechtsanwendung (§§ 359 Nr. 3, 362 Nr. 3 StPO), der Verletzung der EMRK (§ 359 Nr. 6 StPO) sowie der Nichtigerklärung eines Gesetzes (§ 79 Abs. 1 BVerfGG) zur Wiederaufnahme des Verfahrens führen. Hingegen ist ein **Verstoß gegen das Unionsrecht** kein solcher **Grund für eine Wiederaufnahme**.[201] Für diese restriktive Haltung spricht insbesondere, dass der Gesetzesentwurf der SPD-Fraktion[202] aus dem Jahre 1996, nach dem die Wiederaufnahmegründe speziell um Rechtsanwendungsfehler erweitert und Verstöße gegen Europäisches Gemeinschaftsrecht als Revisionsgrund aufgenommen werden sollten,[203] insoweit nicht umgesetzt worden ist.

Dennoch kann sich ein unionsrechtliches Gebot zur Durchbrechung der Rechtskraft **87**
mittels Wiederaufnahme unter dem vom EuGH herangezogenen Kriterium der Gleichbehandlung ergeben. Voraussetzung hierfür ist, dass der den nationalen Wiederaufnahmegründen zugrundeliegende Gedanke auch auf unionsrechtswidrige Strafurteile übertragbar ist und es sachlich nicht zu rechtfertigen ist, die Wiederaufnahme bei rein nationalen Rechtsfehlern zu ermöglichen, bei vergleichbaren Fällen mit Unionsbezug jedoch zu versagen. Ein erster Ansatzpunkt könnte sich aus **§ 359 Nr. 6 StPO**, der die Wiederaufnahme im Falle der Feststellung der Konventionswidrigkeit eines Strafurteils durch den EGMR zulässt, ergeben. Durch die Regelung des § 359 Nr. 6 StPO wollte der Gesetzgeber jedoch nicht primär konventionswidrige Verurteilungen beseitigen, sondern dem Urteilsspruch des EGMR, den der Verurteilte erreicht hat, im nationalen Recht Geltung verschaffen.[204] Da das Unionsrecht bereits kein Klagerecht gegen nationale Verurteilungen vorsieht und das Vorabentscheidungsverfahren kein primär dem Individualrechtsschutz dienendes Verfahren ist, kann die Situation des § 359 Nr. 6 StPO nicht mit der eines unionsrechtswidrigen Strafurteils verglichen werden. Daher kann eine Pflicht zur Gleichbehandlung konventions- und unionsrechtswidriger Straf-

---

[199] *Kleinknecht/Meyer-Goßner*, vor § 359 ff.
[200] Vgl. nur *Roxin*, Strafverfahrensrecht § 57 Rn. 1.
[201] Heidelberger Kommentar/*Temming*, § 359 Rn. 34; *Kleinknecht/Meyer-Goßner* StPO, § 359. Rn. 52.
[202] Gesetzesbeschluss des Bundestags vom 2.4.1998, BGBl. 1998 I 1802.
[203] *Maur*, NJW 2000, 338.
[204] *Kleinknecht/Meyer-Goßner*, StPO, § 359 Rn. 52.

urteile nicht begründet und ein Wiederaufnahmegrund nicht auf § 359 Nr. 6 StPO gestützt werden.[205]

88 Hingegen sieht § 79 Abs. 1 BVerfGG für eine den unionsrechtswidrigen Verurteilungen vergleichbare Konstellation die Wiederaufnahme des Verfahrens vor: Nach § 79 Abs. 1 BVerfGG ist die Wiederaufnahme möglich, wenn das Strafurteil auf einer vom Bundesverfassungsgericht für nichtig oder mit dem Grundgesetz unvereinbaren Norm oder auf einer von diesem Gericht für mit dem Grundgesetz unvereinbar erklärten Normauslegung beruht. Durch diesen Wiederaufnahmegrund soll vermieden werden, dass jemand gezwungen ist, den auf einem verfassungswidrigen Strafgesetz beruhenden Makel der Bestrafung auf sich lasten zu lassen.[206] Nicht erforderlich ist, dass der Verurteilte selbst die Verfassungsbeschwerde eingereicht hat, die zur Nichtigerklärung des Gesetzes geführt hat. Strafrechtliche Verurteilungen, die auf unionsrechtswidrigen Normen beruhen, entfalten eine ebenso intensive Eingriffswirkung wie sonstige nationale Strafurteile. Zwar kann in Bezug auf das Unionsrecht nicht von höherrangigem Recht gesprochen werden, gleichwohl kommt dem Unionsrecht Anwendungsvorrang vor dem nationalen Recht zu. Dieser Vorrang führt zu demselben Ergebnis wie die Nichtigkeit wegen Verstoßes gegen höherrangiges Verfassungsrecht. Vor allem ist der Vorrang des Gesetzes mit der Alternative der Unvereinbarerklärung einer Norm durch das Bundesverfassungsgericht vergleichbar, die lediglich zu einer Rechtsanwendungssperre führt.[207] Daher würde eine Differenzierung zwischen für verfassungswidrig erklärten Normen einerseits und unionsrechtswidrigen Normen andererseits gegen das Gebot der Gleichbehandlung verstoßen. Deshalb ist es geboten, § 79 Abs. 1 BVerfGG im Wege der **unionsrechtskonformen Auslegung** auf solche Entscheidungen des EuGH zu erstrecken, die die Rolle der Unvereinbarkeits- oder Nichtigkeitserklärung des Bundesverfassungsgerichts einnehmen. Zu nennen sind zum einen **Nichtigkeitsklagen nach Art. 263 AEUV**, bei denen es sich um Gestaltungsurteile mit Wirkung ex tunc und erga omnes handelt.[208] Damit entfällt für eine Verurteilung, die auf eine solche für nichtig erklärte Norm gestützt ist, die Rechtsgrundlage. Gleiches gilt für Urteile des EuGH in **Vertragsverletzungsverfahren** (Art. 258 f. AEUV), in denen festgestellt wird, dass die Bundesrepublik Deutschland durch den Erlass oder die unterlassene Änderung oder Aufhebung der Strafnorm gegen Unionsrecht verstoßen hat. Ein solches Urteil kommt einer Rechtsanwendungssperre im Falle einer Unvereinbarkeitserklärung durch das Bundesverfassungsgericht nahe.[209] Schließlich müssen auch Urteile des EuGH in **Vorabentscheidungsverfahren** (Art. 267 AEUV) berücksichtigt werden, die nicht die Bundesrepublik Deutschland unmittelbar betreffen, denn jedes später mit derselben Frage befasste Gericht muss der Vorabentscheidung Folge leisten oder aber erneut vorlegen. Da Vorabentscheidungen ex tunc wirken, entfalten sie eine der Unanwendbarkeitserklärung des Bundesverfassungsgerichts vergleichbare Wirkung, wenn sich aus ihnen die Unvereinbarkeit einer nationalen Strafnorm mit Unionsrecht oder einer bestimmten Auslegung einer Strafnorm ergibt.

---

[205] *Jokisch*, Gemeinschaftsrecht und Strafverfahren, S. 219 f.; *Satzger*, Die Europäisierung des Strafrechts, S. 678 ff.
[206] BVerfGE 12, 338, 340.
[207] Vgl. *Wasserburg*, StV 1982, 232; *Bethge*, in: Maunz/Schmidt-Bleibtreu/Klein/Ulsamer/Bethge/Winter, BVerfGG, § 79 Rn. 54.
[208] Vgl. *Dauses*, Das Vorabentscheidungsverfahren, S. 32 f.; *Emmert*, Europarecht, § 19 Rn. 122.
[209] *Satzger*, Die Europäisierung des Strafrechts, S. 682 f.

5. Praktische Bedeutung des Vorabentscheidungsverfahrens auf dem Gebiet des 89
Strafrechts. Erfolg und Funktion des Vorabentscheidungsverfahrens sind abhängig von der „Vorlagefreundlichkeit" der nationalen Gerichte.[210] Von der Möglichkeit, die Vorabentscheidung des EuGH einzuholen, hat der Bundesgerichtshof – soweit ersichtlich – bislang erst einmal Gebrauch gemacht.[211] In der Regel berücksichtigt er bei der Anwendung und Auslegung des nationalen Rechts die europarechtlichen Vorgaben selbstständig. Die **rechtswidrige Nichtvorlage** durch ein nationales Gericht stellt nach nahezu einhelliger Ansicht[212] eine dem jeweiligen Mitgliedstaat zurechenbare Vertragsverletzung dar, die von der Kommission oder einem anderen Mitgliedstaat in einem Vertragsverletzungsverfahren gerügt werden kann. Die Kommission hat bisher allerdings aus Opportunitätserwägungen von einer Klageerhebung wegen unterlassener Vorlage abgesehen. Im Hinblick auf die Unabhängigkeit der Gerichte und das in Art. 267 AEUV etablierte System der Zusammenarbeit nationaler und Unionsgerichtsbarkeit dürfte sich die Kontrolle auch rechtlich auf Fälle systematischer, evidenter oder grundsätzlich bedeutsamer Vorlagepflichtverletzungen beschränken.[213]

6. Rechtsschutz gegen die Nichtvorlage. Für den betroffenen Bürger besteht 89a die Möglichkeit, die Nichtvorlage durch Erhebung einer **Verfassungsbeschwerde** zu rügen. Doch darf diese wegen der fehlenden Angreifbarkeit einer Nichtvorlage nur auf Art. 101 Abs. 1 S. 2 GG, nicht auf Art. 100 Abs. 1 GG gestützt werden.[214] Wenn eine Vorlage an die Verfassungsgerichte gem. Art. 100 Abs. 1 GG geboten ist, haben diese Gerichte die Stellung eines gesetzlichen Richters i.S.d. Art. 101 Abs. 1 S. 2 GG. Einen Verstoß gegen diese Vorschrift nimmt das Bundesverfassungsgericht in ständiger Rechtsprechung nur dann an, wenn das Verhalten des Fachgerichts auf **Willkür** beruht.[215] Willkür wird nur bejaht, wenn die Auslegung und Anwendung von Zuständigkeitsnormen durch die Fachgerichte bei verständiger Würdigung der das Grundgesetz bestimmenden Gedanken nicht mehr verständlich erscheinen und „in offensichtlich unhaltbarer Weise gehandhabt worden" sind[216] oder die Bedeutung und Tragweite des Art. 101 Abs. 1 S. 2 GG grundlegend verkannt worden ist.[217] Auch in diesen Fällen muss vor der Erhebung der Verfassungsbeschwerde der Rechtsweg erschöpft werden.[218]

---

[210] Dazu allgemein *Dauses*, Das Vorabentscheidungsverfahren nach Art. 177 EG-Vertrag, S. 162; *Lieber*, Über die Vorlagepflicht des Art. 177 EWG-Vertrag und deren Mißachtung, S. 126 ff.; zur Vorlagefreundlichkeit deutscher Gerichte im Umwelt- und Planungsrecht *Wegener*, ZUR 1994, 232 ff.; *ders.*, ZUR 1996, 324 f.
[211] BGH, wistra 2000, 267 ff. m. Anm. *Keller/Kelnhofer*.
[212] *Dauses*, in: ders., EU-WirtschaftsR, P. II, Rn. 202; GTE/*Krück*, Art. 177 Rn. 78; *Borchardt*, in: Lenz, EU- und EG-Vertrag, 4. Aufl. 2006, Art. 177 EGV Rn. 33; mit gewissen Einschränkungen auch *Wohlfahrt*, in: GH, Art. 177 EGV Rn. 55.
[213] *Calliess/Ruffert*, EUV/EGV, Art. 234 Rn. 26.
[214] Vgl. BVerfGE 18, 440, 447 f.
[215] BVerfGE 19, 38, 42 f.; BVerfGE 64, 1, 20 f.; ebenso BayVGH BayVBl 1988, 527 f.
[216] Zuletzt BVerfG, Urt. v. 26.8.2010, 2 BvR 2661/06, BeckRS 2010, 52067; stRspr., vgl. BVerfGE 82, 159, 195; BVerfG, NVwZ 2007, 942, 944 f.; BVerfG, NJW 2005, 737; BVerfG, NZBau 2004, 164; BVerfG, NJW 2003, 418 f.; BVerfG, NJW 2002, 1486 f.; BVerfG, NVwZ 1999, 293; ähnlich zu Art. 6 EMRK: EGMR v. 13.6.2002, Rs. 43 454/98, *Bakker/Österreich*; EGMR v. 20.9.2011, Rs. 3989/07, *Ullens de Schooten, Rezabek/Belgien*.
[217] BVerfGE 82, 286, 296 ff.
[218] *Ehlers*, in: Schoch/Schneider/Bier, Verwaltungsgerichtsordnung, Stand: 2012, Art. 100 GG Rn. 58.

D. Geldbußen wegen Verstößen gegen das Kartellrecht

90   Der EG-Vertrag enthielt in Art. 3 Abs. 1 lit. g) als Zielvorgabe die Schaffung eines unverfälschten Wettbewerbs, dessen Verwirklichung durch die Wettbewerbsregeln der Art. 81 bis 85 EGV-Nizza (nunmehr Art. 101 und 102 AEUV) gesichert werden soll. Seit dem Inkrafttreten des Vertrages von Lissabon[219] am 1.12.2009 ist dieses Vertragsziel neben dem Ziel der Errichtung eines Binnenmarktes in Art. 3 Abs. 3 EUV nicht mehr explizit erwähnt, sodass der Eindruck einer gewissen Herabstufung des Wettbewerbs in der Hierarchie der Unionsziele entstehen kann, der zusätzlich durch die Regelung des Art. 3 Abs. 1 lit. b) AEUV verstärkt wird.[220] Dem steht allerdings entgegen, dass die **Art. 101 und 102 AEUV** inhaltsgleich die materiellrechtlichen und verfahrensrechtlichen Bestimmungen gegen Beeinträchtigungen des europäischen Wettbewerbs übernommen haben. Die Vorschriften beinhalten das Verbot wettbewerbsbeschränkender Vereinbarungen und Verhaltensweisen (Rn. 94) sowie das Verbot des Missbrauchs einer marktbeherrschenden Stellung (Rn. 95). Diese Verbotsnormen sind sowohl von der Kommission als auch von den nationalen Behörden und Gerichten anzuwenden. Außerdem enthält das Primärrecht in **Art. 103 AEUV** eine Ermächtigungsgrundlage zur Einführung von unionsrechtlichen Bußgeldvorschriften, von der der Rat durch die Einführung der Verordnung Nr. 17/62[221] Gebrauch gemacht hat. Diese Verordnung wurde durch die am 1.1.2004 in Kraft getretene **Verordnung des Rates Nr. 1/2003 zur Durchführung der in den Art. 81 und 82 des EG-Vertrages niedergelegten Wettbewerbsregeln** ersetzt.[222] Sowohl der EG-Vertrag wie auch nunmehr der AEUV enthalten keine ausdrücklichen Bestimmungen über die Kontrolle von Unternehmenszusammenschlüssen. Auf der Grundlage von Art. 83 und 308 EGV-Nizza (heute Art. 103 und 352 AEUV) wurde die am 21.9.1990 in Kraft getretene **Verordnung Nr. 4064/89 über die Kontrolle von Unternehmenszusammenschlüssen** erlassen,[223] das die europäische Instrumentarium zum Schutze des freien Wettbewerbs maßgeblich erweitert und die Effizienz der Kontrolle durch die Sanktionierung der Verstöße mit Geldbußen gesteigert hat. Diese wurde durch die „**EG-Fusionskontrollverordnung**" über die Kontrolle von Unternehmenszusammenschlüssen,[224] die am 1.5.2004 in Kraft getreten ist, ersetzt.

I. Geldbußen wegen verbotener Wettbewerbsbeschränkungen

91   **1. Rechtsgrundlagen und Entstehungsgeschichte der wettbewerbsrechtlichen Bußgeldvorschriften.** Der EG-Vertrag selbst bzw. heute der AEUV drohen keine sup-

---

[219] Vertrag über die Europäische Union i.d.F. des Vertrags von Lissabon v. 13.12.2007, in Kraft seit 1.12.2009, ABl. Nr. C 306 S. 1, ber. ABl. 2008 Nr. C 111 S. 56, ABl. 2009 Nr. C 290 S. 1, ABl. 2011 Nr. C 378 S. 3.
[220] *Eilmansberger*, in: Streinz, EUV/AEUV, vor Art. 101 AEUV Rn. 1.
[221] ABl. 1962, 13/204/62, zuletzt geändert durch die Verordnung (EG) Nr. 1216/1999, ABl. 1999 L 148/5 v. 15.6.1999.
[222] VO (EG) Nr. 1/2003 des Rates vom 16.12.2002 zur Durchführung der in den Artikeln 81 und 82 des Vertrags niedergelegten Wettbewerbsregeln, ABl. 2003 L 1/1.
[223] Eingehend dazu *Dannecker/Fischer-Fritsch*, Das EG-Kartellrecht in der Bußgeldpraxis, S. 134 ff.; *Morris*, California Western International Law Journal, Vol. 14 (1984), 425 ff.
[224] Verordnung (EG) Nr. 139/2004 des Rates vom 20.1.2004.

ranationalen Geldbußen an. Jedoch enthielt bereits Art. 87 Abs. 1 EWGV (heute Art. 103 Abs. 1 AEUV) die Ermächtigung und zugleich die Verpflichtung für den Rat der Europäischen Gemeinschaft, binnen drei Jahren nach Inkrafttreten des EWG-Vertrages alle zweckdienlichen Verordnungen oder Richtlinien zur Verwirklichung der in Art. 85 und 86 EWGV a. F. (heute Art. 101 und 102 AEUV) niedergelegten Grundsätze zu erlassen. Nach Art. 87 Abs. 2 lit. a EWGV a. F. war insbesondere die Beachtung der in Art. 85 Abs. 1 und 86 EWGV a. F. genannten Verbote durch die Einführung von Geldbußen und Zwangsgeldern zu gewährleisten. Auf dieser Ermächtigungsgrundlage basieren alle Rechtsverordnungen zur Durchführung des europäischen Kartellrechts, insbesondere die Ratsverordnung Nr. 17/62 vom 6.2.1962 (sog. Kartellverordnung VO 17/62) sowie die ihr nachfolgende VO 1/2003, die der Kommission weitgehende Ermittlungs-, Entscheidungs- und Sanktionsbefugnisse gegen Unternehmen und Unternehmensvereinigungen gewähren. Damit gehört das Kartellrecht zu den wenigen Bereichen, in denen der Kommission eine supranationale Sanktionskompetenz eingeräumt ist.

Auf der Grundlage des Art. 83 (ex-Art. 87) EGV sind außerdem mehrere Ratsverordnungen zu bestimmten Wirtschaftsbereichen verabschiedet worden, so bezüglich landwirtschaftlicher Erzeugnisse, Eisenbahn-, Straßen- und Binnenschiffsverkehr, Seeverkehr, Luftverkehr. Diese Verordnungen enthalten im Wesentlichen Bußgeldbestimmungen, wie sie auch Art. 23 VO 1/2003 vorsieht. 92

2. Geldbußen bei Verstößen gegen die wettbewerbsrechtlichen Verbotsnormen der Art. 101, 102 AEUV

a) Anwendungsbereich der wettbewerbsrechtlichen Vorschriften

aa) **Unternehmen als Normadressaten.** Adressat der Art. 101 und 102 AEUV sind nur Unternehmen, Unternehmensvereinigungen sowie Vereinigungen von Unternehmensvereinigungen.[225] Die auf diese Artikel verweisenden Bußgeldvorschriften des Art. 23 VO 1/2003 richten sich gleichermaßen an Unternehmen[226] und Unternehmensvereinigungen,[227] nicht hingegen an die für das Unternehmen handelnden natürlichen Personen. 93

bb) **Verbot des Art. 101 Abs. 1 AEUV.** Die materiellrechtlichen Wettbewerbsverbote sind in Art. 101 und 102 AEUV geregelt. Nach Art. 101 Abs. 1 AEUV sind 94

---

[225] *Tiedemann*, ZStW 102 (1990), 94 (101); *de Bronett* in: Schulte/Just, Kartellrecht, Art. 101 AEUV Rn. 11 ff. m.w.N.

[226] Zum Unternehmensbegriff: EuGH, Rs. C- 189702 P, C-202/02 P. C-205/02 P bis C-208/02 P und C-213/02 P, *Dansk Rorindustri u.a./Kommission*, Slg. 2005. I-5425, Rn. 112; EuGH, Rs. T-38705, *Agroexpansion SA/Kommission*, Rn. 99; EuGH, Rs. C-90/09, *General Quimimica*, Slg. 2011, I-1. *Kling*, wrp 2010, 506 ff.

[227] Zur wirtschaftlichen Einheit bei Konzerngesellschaften: EuGH, Rs. C-97/08 P, *Akzo Nobel*, Slg. 2009, I-8237; C-407/08 P, *Knauf Gips*, Slg. 2012, I-0000, Rn. 64; EuGH, Rs. C-201/09 P und C-216/09 P, *Acelor Mittal Luxembourg u.a.*, Slg. 2011, I-2239; Rs. C- 125/07 P, *Erste Bank Group*, Slg. 2009, I-1843, Rn. 78; EuGH, Rs. C-90/09 P, *General Quimica*, Slg. 2011, I-1, Rn. 34 ff.; EuGH, Rs. T-386/06, *Pegler*, Slg. 2011, II-01267, Rn. 132 f.; EuGH, Rs. C-520/09 P, *Arkema/Kommission*, Slg. 2011, I-8947; EuGH, Rs. C-521/09 P, *Elf Aquitaine/Kommission*, Slg. 2011, I-8901; ausführlich *Dannecker/Biermann* in: Immenga/Mestmäcker, EU-Wettbewerbsrecht, Bd. I Teil 2, Art. 23 VO 1/2003 Rn. 82 ff. m. w. N.; siehe dazu *Hackel*, S. 140 ff.; *Burnley*, World Competition 33, no. 4 (2010): 595; *Riesenkampff*, in: FS Loewenheim, S. 529 ff.

alle Vereinbarungen[228] zwischen Unternehmen, Beschlüsse[229] von Unternehmensvereinigungen und aufeinander abgestimmte Verhaltensweisen[230] verboten, welche den Handel zwischen den Mitgliedstaaten zu beeinträchtigen geeignet sind und eine Verhinderung, Einschränkung oder Verfälschung des Wettbewerbs bezwecken oder bewirken.[231] Damit geht das europäische Wettbewerbsrecht vom **Verbotsprinzip bei horizontalen und vertikalen Wettbewerbsbeschränkungen** aus. Diese Beschränkungen können sowohl auf einer Vereinbarung als auch auf abgestimmtem Verhalten (concerted practices) beruhen.[232]

95 cc) **Missbrauch einer marktbeherrschenden Stellung.** Art. 102 AEUV verbietet „die missbräuchliche Ausnutzung einer beherrschenden Stellung auf dem Gemeinsamen Markt oder einem wesentlichen Teil desselben durch ein oder mehrere Unternehmen, soweit dies dazu führen kann, den Handel zwischen Mitgliedstaaten zu beeinträchtigen".[233] Der Tatbestand des Art. 102 AEUV hat folgende drei Voraussetzungen: das Bestehen einer marktbeherrschenden Stellung,[234] ihre missbräuchliche Ausnutzung[235] und die Möglichkeit einer Beeinträchtigung des Handels zwischen den Mitgliedstaaten.[236] Das Missbrauchsverbot erfasst sowohl **Diskriminierungen**[237] und den **Ausbeutungsmissbrauch** gegenüber vor- und nachgelagerten Wirtschaftsstufen (vertikal)[238] als auch den **Behinderungsmissbrauch** gegenüber anderen Unternehmen

---

[228] *Emmerich*, in: Immenga/Mestmäcker, EU-Wettbewerbsrecht, Bd. I Teil 1, Art. 101 Abs. 1 AEUV Rn. 55 ff. m. w. N.; EuG Urt. v. 8.7.2009, WuW/E EU-V 1457 Rn. 168 ff. *(E.ON/GDF)*; EuG Urt. v. 8.7.2008, Slg. 2008, II-1353, 1379 f. *(BPB)*; vgl. auch *Dannecker/Biermann*, in: Immenga/Mestmäcker, EU-Wettbewerbsrecht, Bd. I Teil 2, Art. 23 VO 1/2003 Rn. 71 f.

[229] EuG, Rs. T-44/00, *Mannesmannröhren-Werke*, Slg. 2004, II-2223, Rn. 278; BKartA 21.12.2007, WuW/E DE-V 1539 Rn. 26.

[230] *de Bronett* in: Schulte/Just, Kartellrecht, Art. 101 AEUV Rn. 11 ff. m.w.N.

[231] *Braun*, in: Langen/Bunte, Kommentar zum deutschen und europäischen Kartellrecht, Bd. 2, Art. 81 Rn. 97 ff.; EuGH Urt. v. 20.11.2008, WuW/E EU-R 1509, Rn. 15 *(BIDS)*; EuGH Urt. v. 6.10.2009, WuW/E EU-R 1641 Rn. 58 *(GSK Services)*; EuGH, Rs. C-8/08, *T-Mobile Netherlands*, Slg. 2009, I-4529; GRUR-Int 2011, 1077 Rn. 34 ff.

[232] Siehe dazu EuGH, Rs. C-8/08, *T-Mobile Netherlands*, Slg. 2009, I-4529; *Schmidt/Koyuncu*, BB 2009, 2251, 2252 f.; EuG Urt. v. 8.7.2008, Slg. 2008, II-1353, 1398 *(BPB)*; EuG Urt. v. 15.12.2010, WuW/E EU-R 1835, 1839 ff. *(E.ON. Energie)*; *Gehring/Mäger*, BB 2011, 398, 401; *Dannecker/Biermann* in: Immenga/Mestmäcker, EU-Wettbewerbsrecht, Bd. I Teil 2, Art. 23 VO 1/2003 Rn. 67.

[233] Einen kurzen Überblick über die Entscheidungspraxis der Kommission und des EuGH in den vergangenen Jahren gibt *Weitbrecht*, EuZW 2002, 585 f.; EuGH Rs. C-413/06 P, Slg. 2008, I-4951, Rn. 120 *(Sony BMG)*; EuG, Rs. T-201/04, *Microsoft*, Slg. 2007, II-3601, Rn. 229.

[234] *Weber* in: Schulte/Just, Kartellrecht, Art. 102 AEUV Rn. 30 ff.; *Bulst* in: Langen/Bunte Kommentar zum deutschen und europäischen Kartellrecht, Bd. 2, Art. 82 EG-Kartellrecht, Rn. 32 ff. m.w.N.

[235] *Weber* in: Schulte/Just, Kartellrecht, Art. 102 AEUV Rn. 46 ff.; eingehend *Bulst* in: Langen/Bunte, Kommentar zum deutschen und europäischen Kartellrecht, Bd. 2, Art. 82 EG-Kartellrecht, Rn. 85 ff.

[236] *Weber* in: Schulte/Just, Kartellrecht, Art. 102 AEUV Rn. 107 ff.; *Bulst* in: Langen/Bunte, Kommentar zum deutschen und europäischen Kartellrecht, Bd. 2, Art. 82 EG-Kartellrecht, Rn. 384 ff. m.w.N

[237] EuG, Rs. T-201/04, *Microsoft/Kommission*, Slg. 2007, II-3601, Rn. 319.

[238] EuG, Rs. T-151/01, *Duales System*, Slg. 2007, II-1607, Rn. 121; KOMM v 15.11.2011, COMP/39 592, ABl 2012 C 31, 8 *(Standart&Poors)*.

auf derselben Wirtschaftsstufe (horizontal),[239] wobei letzterer als das ernstere Problem des Monopolmissbrauchs anzusehen ist.[240]

b) Rechtsnatur des Verfahrens. Für das Verfahren unterscheidet die Verordnung 1/2003 nicht zwischen Verwaltungs- und Bußgeldsachen: Für alle verfahrensabschließenden Entscheidungen – Negativattest, Feststellung eines Verstoßes, Untersagung, Geldbuße – ist das gleiche Verfahren vorgesehen. Hierbei handelt es sich nach ständiger Rechtsprechung des Gerichtshofs[241] nicht um ein Gerichts-, sondern um ein **Verwaltungsverfahren**, selbst wenn Geldbußen verhängt werden.[242]

Für alle in der Kartellverordnung 1/2003 vorgesehenen Entscheidungen mit belastender Rechtswirkung gilt das **Opportunitätsprinzip**. Es besteht sowohl ein Entschließungs- als auch ein Auswahlermessen der Kommission. Dies gilt auch für die Bußgeldverhängung, für die ausschließlich die Kommission zuständig ist.[243]

c) Sanktionierung von Verfahrensverstößen und Verletzungen des materiellen Kartellrechts. Art. 23 VO 1/2003 unterscheidet zwischen leichten und schweren Kartellordnungswidrigkeiten: In Art. 23 Abs. 1 VO 1/2003 werden für Mitwirkungsverstöße Geldbußen bis zu einem Höchstbetrag von **1 % des** im vorangegangenen Geschäftsjahres erzielten **Gesamtumsatzes** angedroht, in Abs. 2 sind für Verletzungen des materiellen Kartellrechts Geldbußen vorgesehen, die jeweils **10 % des** von dem einzelnen an der Zuwiderhandlung beteiligten Unternehmens bzw. der Unternehmensvereinigung im letzten Geschäftsjahr erzielten **Gesamtumsatzes** nicht übersteigen dürfen. Hierbei handelt es sich nicht um eine Bußgeldobergrenze, sondern um eine die Geldbuße begrenzende „Kappungsgrenze", die nicht überschritten werden darf.

aa) Verfahrensverstöße. Gemäß Art. 23 Abs. 1 VO 1/2003 sind Pflichtverletzungen der Unternehmen bei der Informationsgewinnung mittels **Auskunftsbegehren oder Nachprüfungen durch die Kommission** im Rahmen ihrer Ermittlungen bußgeldbewehrt (Art. 17, 18 Abs. 2 oder Art. 17, 18 Abs. 3 bzw. Art. 20, 20 Abs. 4 oder Art. 20 Abs. 2 lit. e VO 1/2003).[244] Neben der Pflichtverletzung setzt eine Ahndung den Nachweis von Vorsatz oder Fahrlässigkeit seitens des Unternehmens voraus.

Das Unterlassen der Beantwortung eines **einfachen Auskunftsbegehrens** kann nicht mit einer Geldbuße geahndet werden. Die Kommission ist in diesem Fall gezwungen, eine förmliche Entscheidung zu erlassen; erst dann ist das Unterlassen der Auskunftserteilung seitens des Unternehmens bußgeldbewehrt. Falls das formlose Schreiben jedoch unrichtig oder irreführend beantwortet wird, kann sofort eine Geld-

---

[239] EuG, Rs. T-151/01, *DSD*, Slg. 2007, II-1607, Rn. 151; Rs. T-155/06, *Tomra*, Slg, 2010, II-4361, Rn. 93.
[240] Vgl. dazu *Dannecker/Fischer-Fritsch*, Das EG-Kartellrecht in der Bußgeldpraxis, S. 20 f.; EuGH, Rs. C-95/04 P, *British Airways*, Slg. 2007, I-2331, Rn. 57; EuGH, Rs. C-280/08, *Deutsche Telekom*, Slg. 2010, I-95 ff.; EuGH, Rs. C-202/07 P, *France Telekom*, Slg. 2009, I-2369, Rn. 41 ff.
[241] EuGH, Rs. C-56/64, *Grundig*, Slg. 1966, 321, 385 f.; EuGH, Rs. C-44/69, *Buchler*, Slg. 1970, 733, 756; EuGH, Rs. C-155/79, *AM&S*, Slg. 1982, 1575, 1611.
[242] *Dannecker/Biermann*, in: Immenga/Mestmäcker, EU-Wettbewerbsrecht, Bd. I 2, Vor Art. 23 VO 1/2003 Rn. 214; *Sauer* in: Schulte/Just, Kartellrecht, Art. 23 VO 1/2003 Rn. 255.
[243] *Dannecker/Biermann*, in: Immenga/Mestmäcker, EU-Wettbewerbsrecht, Bd. I 2, Vor Art. 23 VO 1/2003 Rn. 225 f.
[244] Eingehend dazu *Dannecker/Biermann*, in: Immenga/Mestmäcker, EU-Wettbewerbsrecht, Bd. I 2, Art. 23 VO 1/2003 Rn. 1 ff.

buße verhängt werden (Art. 23 Abs. 1 lit. a VO 1/2003).[245] Inhaltlich zutreffende, aber unvollständig erteilte Auskünfte gelten dabei nur dann als unrichtig, wenn sie den Anschein einer vollständigen Auskunft erwecken.[246] Dagegen verpflichtet ein **qualifiziertes Auskunftsverlangen** zur Auskunftserteilung. Zusätzlich zu unrichtigen und irreführenden Angaben sind hier auch unvollständige und verspätete Angaben gemäß Art 23 Abs. 1 lit. b VO 1/2003 bußgeldbewehrt.[247]

101 bb) **Verstöße gegen das materielle Kartellrecht.** Von den Mitwirkungsverstößen sind die schweren, in Art. 23 Abs. 2 lit. a VO 1/2003 bußgeldbewehrten Verstöße gegen Art. 81 oder 82 EGV-Nizza (heute 101 und 102 AEUV) zu trennen. Diese Wettbewerbsregeln dienen der **Sicherung der individuellen wirtschaftlichen Freiheit**, sollen aber auch den **Wettbewerb als Institution** garantieren, um dadurch zur Verwirklichung der allgemeinen Vertragsziele beizutragen.[248] So soll im Interesse der Allgemeinheit und insbesondere der Verbraucher eine optimale Nutzung der Produktionsfaktoren bewirkt sowie wirtschaftlicher und technischer Fortschritt ermöglicht werden.

102 Verstöße gegen die materiellen Wettbewerbsverbote können nach Art. 23 Abs. 2 VO 1/2003 von der Kommission mit **Geldbußen gegen die Unternehmen und Unternehmensvereinigungen** geahndet werden, wenn schuldhafte Zuwiderhandlungen gegen das materielle Wettbewerbsrecht vorliegen. Sanktionen gegen die für das Unternehmen handelnden natürlichen Personen sind nicht vorgesehen. Die Geldbußen dürfen in einer Höhe von bis zu 10 % des Jahresumsatzes des betroffenen Unternehmens verhängt werden (Rn. 98). Dabei bezieht sich die 10 %-Grenze auf den Gesamtumsatz des Unternehmens und nicht auf den Umsatz mit den von den Wettbewerbsverstößen tangierten Produkten (sog. relevanter Umsatz).[249]

103 Die noch nach Art. 15 Abs. 5 VO 17/62[250] vorgesehene Anmeldungsmöglichkeit wettbewerbsbeschränkender Vereinbarungen entfiel mit der Abschaffung des zentralisierten Genehmigungssystems und der Einführung des **Legalausnahmesystems in Art. 1 VO 1/2003**.[251] Zuvor waren nur das Kartellverbot des Art. 81 Abs. 1 und 2 EG sowie das Missbrauchsverbot des Art. 82 EG unmittelbar anwendbar. Kam jedoch

---

[245] KOM E v. 17.11.1981 – *(Comptoir Commercial d'Importation)* – ABl. 1982 L 27/31 ff. v. 4.2.1982; KOM E v. 11.12.1981 – *(National Panasonic Belgium)* – ABl. 1982 L 113/18 ff. v. 27.4.1982; E. v. 11.12.1981 – *(National Panasonic France)* – ABl. 1982 L 211/32 ff. v. 20.7.1982.

[246] EuGH, Rs. C-28/77, *TEPEA/Watts*, Slg. 1978, 1391, 1418: *Dannecker/Fischer-Fritsch*; Das EG-Kartellrecht in der Bußgeldpraxis, S. 51; *Kreis*, RIW/AWD 1981, 295; eingehend dazu *Dannecker/Biermann*, in: Immenga/Mestmäcker, EU-Wettbewerbsrecht, Bd. I Teil 2, Art. 23 VO 1/2003 Rn. 24.

[247] Eingehend dazu *Dannecker/Biermann*, in: Immenga/Mestmäcker, EU-Wettbewerbsrecht, Bd. I 2, Art. 23 VO 1/2003 Rn. 24 ff.; *Sauer* in: Schulte/Just, Kartellrecht, Art. 23 VO 1/2003 Rn. 67 ff.

[248] Vgl. *Bulst*, in: Langen/Bunte, Kommentar zum deutschen und europäischen Kartellrecht, Bd. 2, Art. 82 Rn. 9 ff.

[249] Zu Beispielen aus der Kommissionspraxis siehe *Deutscher*, Die Kompetenzen der Europäischen Union zur originären Strafgesetzgebung, S. 134 ff.; *Sauer* in: Schulte/Just, Kartellrecht, Art. 23 VO 1/2003 Rn. 75 ff.

[250] Näher zum System der Legalausnahme *Dannecker/Biermann*, in: Immenga/Mestmäcker, EU-Wettbewerbsrecht, Bd. I 2, Art. 23 VO 1/2003 Rn. 61 ff. m.w.N.

[251] Näher dazu zu *Hossenfelder/Lutz*, WuW 2003, 118, 119; *Jaeger*, WuW 2000, 1062 (1066); *Koenigs*, DB 2003, 755; *Weitbrecht*, EuZW 2003, 69 (70); *Dannecker/Biermann*, in: Immenga/Mestmäcker, EU-Wettbewerbsrecht, Bd. I Teil 2, Vor Art. 23 VO 1/2003 Rn. 148 ff.

eine Freistellung vom Kartellverbot gemäß Art. 81 Abs. 3 EG in Betracht, so war ein Freistellungsakt erforderlich, für dessen Erteilung gemäß Art. 9 Abs. 1 VO 17/62 eine ausschließliche Zuständigkeit der Kommission bestand. Die Einführung des Prinzips der Legalausnahme hatte zur Folge, dass damit auch Art. 81 Abs. 3 EG (bzw. jetzt Art. 101 Abs. 3 AEUV) unmittelbar anwendbar ist und es daher nach Art. 1 Abs. 2 VO 1/2003 keines gesonderten Freistellungsaktes mehr seitens der Kommission bedarf. Folglich müssen Unternehmen jetzt in eigener Verantwortung prüfen, ob eine Verhaltensweise im Sinne von Art. 101 Abs. 3 AEUV (ehemals Art. 81 Abs. 1 EG) wettbewerbsbeschränkend ist und ob die Voraussetzungen des Art. 101 Abs. 3 AEUV gegeben sind, wodurch sich die Eigenverantwortung der Unternehmen erhöht. Die Beweislast für das Vorliegen der Voraussetzungen des Art. 101 Abs. 3 AEUV obliegt dabei gemäß Art. 2 S. 2 VO 1/2003 den Unternehmen. Dies gilt nach Auffassung der Kommission auch im Rahmen von nationalen Bußgeld- und Strafverfahren.[252]

cc) **Kooperationsmöglichkeiten im Rahmen der Bußgeldfestsetzung.** Am 8.12.2006 wurde von der Kommission die **Mitteilung der Kommission über die Nichtfestsetzung oder die niedrigere Festsetzung von Geldbußen** erlassen, welche die Mitteilung der Kommission vom 14.2.2002[253] ersetzt, die wiederum die bis dahin geltende Mitteilung vom 18.7.1996 obsolet werden ließ.[254] Durch die Mitteilung sollten größere Anreize für die Aufdeckung von Kartellen geschaffen und gleichzeitig die präventive Wirkung erhöht werden.[255]

Um einen **Erlass der Geldbuße**[256] zu erreichen, muss das Unternehmen als erstes Informationen und Beweismittel vorlegen, die es der Kommission nach deren Ansicht nach bei einer ex ante-Betrachtung ermöglichen, gezielte Nachprüfungen im Zusammenhang mit dem mutmaßlichen Kartell durchzuführen (Ziff. 8 lit. a) oder im Zusammenhang mit dem mutmaßlichen Kartell eine Zuwiderhandlung festzustellen (Ziff. 8 lit. b).[257] Weiter muss das Unternehmen seine Teilnahme an dem Kartell spätestens zu dem Zeitpunkt einstellen, zu dem es die Beweismittel für das mutmaßliche Kartell vorlegt.[258] Auch ist es sowohl für den Bußgelderlass als auch für die Bußgeldermäßigung erforderlich, dass das Unternehmen während des gesamten Verwaltungsverfahrens mit der Kommission zusammenarbeitet[259] und alle in seinem Besitz befindlichen oder ihm verfügbaren Beweismittel vorlegt (Ziff. 12).[260] Zudem darf das Unternehmen andere

---

[252] Näher dazu *Dannecker/Biermann*, in: Immenga/Mestmäcker, EU-Wettbewerbsrecht, Bd. I Teil 2, Vor Art. 23 VO 1/2003 Rn. 153 ff.; Art. 23 VO 1/2003 Rn. 61 f.; *Schultze/Pautke/Wagener*, Vertikal-GVO, Einl. Rn. 16 ff.; *Eckard*, S. 90 ff.

[253] ABl. 2002, Nr. C 45 vom 19.2.2002, S. 3 ff.

[254] ABl. 1996, Nr. C 207 vom 18.7.1996, S. 4 ff. Zur Kommissionspraxis bezüglich der alten Kronzeugenregelung vgl. *Hellmann*, EuZW 2000, 743.

[255] KOMM, Pressemitteilung zur Kronzeugenregelung, IP/02/274 vom 13.2.2002, S. 3.

[256] Nähere Ausführungen zum Antrag auf Erlass und zum bedingten Erlass bei *Klees*, WuW 2002, 1062 f. und bei *Polley/Seeliger*, EuZW 2002, 400; EuG Rs. T-110/07, *Siemens/Kommission*, Slg. 2011 II-477, Rn. 375.

[257] Siehe *Suurnäki/Tierno Centella*, Competition Policy Newsletter, 1/2007, 7, 8.

[258] *Sauer* in: *Schulte/Just*, Kartellrecht, Art. 23 VO 1/2003, Rn. 193.

[259] EuG, Rs. T-12/06, *Deltafina*, BeckRS 2011, 81503, Rn. 126 ff.; *Surnäki/Tierno Centella*, Competition policy Newsletter, 1/2007, 7, 8.

[260] Kritisch zu den Verteidigungsmöglichkeiten des kooperierenden Unternehmens *Soltész*, EWS 2000, 241; *Weitbrecht*, EuZW 1997, 557 f.; EuG, Rs. T-12/06, *Deltafina*, BeckRS 2011, 81503, Rn. 131 m.w.N., 132.

Unternehmen nicht durch die Ausübung wirtschaftlichen Drucks zur Teilnahme an dem Kartell gezwungen haben (Ziff. 13). Ein Bußgelderlass scheidet aus, wenn das Unternehmen Beweise vernichtet, verfälscht oder unterdrückt, nachdem es eine Antragstellung in Betracht gezogen hat, ebenso, wenn das Unternehmen den Leniency-Antrag (bewusst) vorzeitig offen legt bzw. die Kommission nicht über (eine auch ungewollte) Offenlegung informiert.[261]

Dabei gilt das sog. **Marker-System**, das es den Unternehmen ermöglicht, frühzeitig einen Antrag auf Kronzeugenbehandlung zu stellen und erst anschließend innerhalb einer bestimmten Frist interne Ermittlungen zur Beweisbeschaffung für die Kommission durchzuführen. Innerhalb dieser Frist hat das Unternehmen somit einen rangwahrenden Marker platziert, der verhindert, dass ein anderer Kartellbeteiligter ihm durch die Vorlage von Beweismitteln zuvorkommt. Dies gilt jedoch nur für den Antrag auf vollständigen Erlass der Geldbuße, für eine Ermäßigung der Geldbuße gilt weiterhin, dass ein förmlicher Antrag gestellt werden muss.[262]

Um eine Bußgeldermäßigung zu erreichen, müssen die durch das Unternehmen vorgelegten Beweismittel einen erheblichen Mehrwert gegenüber den bereits im Besitz der Kommission befindlichen Beweismitteln darstellen. EuGH und EuG verlangen dabei, dass die Kooperation des Unternehmens und die von ihm übergebenen Informationen als „Zeichen eines echten Geistes der Zusammenarbeit" gewertet werden können.[263] Außerdem muss das Unternehmen seine Beteiligung an der mutmaßlichen Zuwiderhandlung spätestens zum Zeitpunkt der Beweismittelvorlage einstellen (Ziff. 12).

Die Kronzeugenmitteilung sieht dabei eine strikte Prioritätsregel vor, wonach Unternehmen entsprechend der zeitlichen Reihenfolge, in der sie einen erheblichen Mehrwert liefern, eine **Ermäßigung** nur in einem bestimmten Rahmen erhalten können. So sieht Mitteilung vor, dass das Unternehmen, welches erste Beweismittel vorlegt, eine Ermäßigung von 30 bis 50% erhält, die Geldbuße des zweiten Beweismittel vorlegenden Unternehmen 20 bis 30% ermäßigt wird und das dritte Unternehmen, welches der Kommission Beweismittel übergibt, einen Nachlass von bis zu 20% erhält.

Bei einer bloßen Ermäßigung der Geldbuße besitzt die Kommission **Ermessen** bezüglich der Höhe der Geldbuße; sie muss dabei jedoch den Gleichheitsgrundsatz beachten.[264] Ob die durch das Unternehmen vorgelegten Beweismittel tatsächlich einen Mehrwert darstellen und inwieweit die zu verhängende Geldbuße ermäßigt wird, entscheidet die Kommission endgültig erst am Ende des Verwaltungsverfahrens. Der **Gerichtshof** besitzt nach Art. 31 VO 1/2003 ein **umfassendes Überprüfungsrecht**, das die richtige Anwendung der Kronzeugenregelung ebenso einschließt wie die rechtmäßige Ausübung des Ermessens (siehe Rn. 110 ff.).[265]

---

[261] KOMM Entsch. v. 20.10.2005, COMP/38.281, Rn. 408-460 (*Rohtabak Italien*); EuG, Rs. T-12/06, *Deltafina*, BeckRS 2011, 81503, Rn. 124 ff.

[262] Eingehend dazu *Dreher*, ZWeR 2009, 397 ff.; *Panizza* ZWeR 2008, 58 (85); *Seitz*, EuZW 2008, 525 (528): *Panizza*, ZWeR 2008, 58, 85.

[263] EuGH, Rs. C-189/02 P u.a., *Dansk Rorindstri*. Slg. 2005, I-5425, Rn. 395; Rs. C-301/04 P, *SGL Carbon AG u.a.*, Slg. 2006, I-5915, Rn. 68; EuG, Rs. T-259/02 u.a., *Raiffeisen Zentralbank Österreich AG u.a.*, Slg. 2006, II-51/69, Rn. 530; Rs. T-101/05, *BASF AG u.a.*, Slg. 2007, II-4949, Rn. 92.

[264] EuG Rs. T-343/08, *Arkema*, Slg. 2011, II-2287, Rn. 81, 134 ff.; T-186/06, *Solvay*, Slg. 2011, II-2839, Rn. 394 f.; T-144/07 u.a., *Thyssen-Krupp*, Slg. 2011, II-5129, Rn. 333 ff.

[265] *Rizvi*, AJP/PJA 2010, 452, 456; *Bechtold* WuW 2009, 1115.

Die Kommission hat zum 30.6.2008 das **Vergleichsverfahren** (Settlement) einge- 105
führt, das als weiteres Kooperationsinstrument neben die Kronzeugenmitteilung tritt.[266]
Die Kartellbeteiligten haben nach diesem (vereinfachten) Verfahren die Möglichkeit,
nach einer summarischen Mitteilung der Bedenken durch die Kommission und einer
gegebenenfalls nur beschränkten Akteneinsicht ihre Kartellbeteiligung einzuräumen.
Dafür wird die ansonsten zu verhängende Geldbuße durch die Kommission um 10 %
reduziert.[267] Über die Angemessenheit eines Vergleichsverfahrens entscheidet die Kommission nach eigenem Ermessen.[268] Die rechtlichen Grundlagen des Vergleichsverfahrens
finden sich in der Verordnung (EG) Nr. 622/2008,[269] die die VO 773/2004 änderte. Zudem hat die Kommission eine Vergleichsmitteilung veröffentlicht, die neben den konkreten Verfahrensvoraussetzungen auch eine Regelung zur Bußgeldermäßigung enthält.[270]

Spätestens mit Einleitung des Settlementverfahrens durch die Kommission müssen
parallele Maßnahmen der nationalen Wettbewerbsbehörden im EWR eingestellt werden. Danach finden drei förmliche Treffen, in deren Rahmen die beteiligten Unternehmen über die Vorwürfe informiert werden und Akteneinsicht erhalten sowie im
Anschluss die Settlementerklärung verfassen und abgeben. Die **Settlement-Erklärung**
muss dabei das Eingeständnis der Zuwiderhandlung, die Angabe eines Höchstbetrags
der Geldbuße, die Bestätigung, über die Beschwerdepunkte der Kommission informiert
zu sein und Gelegenheit zur Stellungnahme gehabt zu haben, Verzicht auf eine (erneute)
Akteneinsicht bzw. mündliche Anhörung sowie die Zustimmung, dass die Mitteilung
der Beschwerdepunkte und der endgültigen Entscheidung in einer bestimmten Amtssprache zugestellt wird.[271]

Die Unternehmen dürfen ihre Settlement-Erklärung nicht einseitig widerrufen.[272]
Nach dem Abschluss der Treffen versendet die Kommission eine **Mitteilung der Beschwerdepunkte** entsprechend dem Inhalt der Settlement-Erklärung und setzt eine
Frist von zwei Wochen, innerhalb derer die Unternehmen erklären müssen, dass die
Beschwerdepunkte dem Inhalt der Settlement-Erklärung entsprechen und sie **unwiderruflich** (und unabhängig vom etwaigen Ausscheiden eines anderen Unternehmens)
am Vergleichsverfahren teilnehmen.[273] So hat letztlich nur die Kommission die

---

[266] *Barbier de La Serre/Winckler*, Journal of European Competition Law & Practice 2010, S. 327, 341 f.; *Canenbley/Steinvorth*, in: FS 50 Jahre FIW: 1960-2010, 143, 146; *Dekeyser/Roques*, The Antitrust Bulletin: Vol. 55, 2010, 819 ff.; *Hederström* in: Weiß, Die Rechtstellung Betroffener, S. 9 f.; *Ortega Gonzales*, ECLR 2011, 170; *Wagemann* in: Schwarze, Verfahren und Rechtsschutz im europäischen Wirtschaftsrecht, S. 82, 97 f.; *Tierno Centella*, Competition Policy Newsletter 3/2008, S. 30, 32.

[267] *Ortega Gonzales*, ECLR 2011, 170, 172; *Tierno Centella*, Competition Policy Newsletter 3/2008, S. 30, 35.

[268] *Sauer* in: Schulte/Just, Kartellrecht, Art. 23 VO 1/2003 Rn. 218; EuG Rs. T-343/08, *Arkema*, Slg. 2011, II-2287, Rn. 191.

[269] Verordnung (EG) Nr. 622/2008 der Kommission vom 30.6.2008 zur Änderung der Verordnung (EG) 773/2004 hinsichtlich der Durchführung von Vergleichsverfahren in Kartellfällen, ABl. L 171 v. 1.7.2008, S. 3 ff.

[270] Mitteilung der Kommission über die Durchführung von Vergleichsverfahren bei dem Erlass von Entscheidungen nach Art. 7 und 23 der Verordnung (EG) Nr. 1/2003 des Rates in Kartellfällen, ABl. C 167 v. 2.7.2008, S. 1 ff.

[271] Rn. 20 der Settlement-Mitteilung, ABlEU Nr. C 167 v. 2.7.2008.

[272] Rn. 22 der Settlement-Mitteilung, ABlEU Nr. C 167 v. 2.7.2008.

[273] Rn. 26 der Settlement-Mitteilung, ABlEU Nr. C 167 v. 2.7.2008; *Soltész*, BB 2010, 2123 ff.

Möglichkeit, das Verfahren zu beenden. Einen Rechtsmittelverzicht sieht das Settlementverfahren nicht vor.[274]

Die ersten Verfahren, die nach dem Settlementverfahren abgewickelt wurden,[275] zeigen, dass es auch sog. Hybridverfahren[276] gibt, in deren Rahmen betroffene Unternehmen aus dem bereits begonnenen Vergleichsverfahren ausscheiden, was den erhofften Effizienzgewinn des Vergleichsverfahrens schmälert. Die **Befugnis des Gerichtshofs zur uneingeschränkten Ermessensnachprüfung** wird durch das Vergleichsverfahren nicht eingeschränkt.[277]

3. Rechtsmittel bei Bußgeldentscheidungen

106 a) **Ermächtigung des Rates zur Erweiterung der gerichtlichen Nachprüfung und Entscheidung (Art. 261 AEUV).** Nach Art. 263 AEUV überwacht der Gerichtshof die Rechtmäßigkeit der Gesetzgebungsakte sowie der Handlungen des Rates und der Europäischen Zentralbank, soweit es sich nicht um Empfehlungen oder Stellungnahmen handelt, sowie die Rechtmäßigkeit der Handlungen des Europäischen Parlaments und des Europäischen Rates mit Rechtswirkungen gegenüber Dritten. Eine gerichtliche Überprüfung der Rechtmäßigkeit kommt nur wegen Unzuständigkeit, Verletzung wesentlicher Formvorschriften, Verletzung des Gemeinschaftsrechts oder einer bei Durchführung des AEUV bzw. EGV anzuwendenden Rechtsnorm oder wegen Ermessensmissbrauchs in Betracht. Ein der Klage stattgebendes Urteil kann sich nur auf einen dieser Rechtsmängel gründen.[278]

107 Art. 261 AEUV eröffnet dem Rat die Möglichkeit, die Zuständigkeit des Gerichtshofs bei der Nachprüfung von Entscheidungen der Unions- bzw. Gemeinschaftsorgane mit Zwangscharakter, d. h. Buß- und Zwangsgeldentscheidungen, über Art. 263 AEUV hinaus zu erweitern und ihn zur **unbeschränkten Nachprüfung** und zur **Ersetzung der Kommissionsentscheidung** durch eine eigene Entscheidung des Gerichts zu ermächtigen.

108 Art. 261 AEUV ermächtigt dazu, in den vom Rat oder von Rat und Europäischem Parlament gemeinsam erlassenen Verordnungen die gerichtliche Zuständigkeit hinsichtlich der **Verhängung von Zwangsmaßnahmen** – Geldbußen und Zwangsgeldern – besonders zu regeln. Die Verordnung kann insoweit ein besonderes Klageverfahren vor dem Gerichtshof vorsehen, das die Aufhebung und Änderung, aber auch die Verhängung von Zwangsmaßnahmen durch den EuGH gestattet.[279]

109 b) **Erweiterung der gerichtlichen Nachprüfung und Entscheidung.** Die Union hat nur in wenigen Einzelfällen von der Erweiterung der gerichtlichen Befugnisse

---

[274] Da die Unternehmen im Vergleichsverfahren ihre Haftbarkeit jedoch anerkennen müssen, wird ihnen faktisch ein Großteil ihrer Verteidigungsrechte abgeschnitten, siehe T-236/01 u.a., *Tokai Carbon*, Slg. 2004, II-1181, Rn. 108; T-69/04, *Schunk*, Slg. 2008, II-2567, Rn. 84 ff., 107; *Sauer* in: Schulte/Just, Kartellrecht, Art. 23 VO 1/2003 Rn. 242; *Dekeyser/Roques*, The Antitrust Bulletin: Vol. 55, No. 4/2010, 819, 833 ff.; *Hirsbrunner*, EuZW 2011, 12, 13.

[275] KOMM COMP/38.511 IP/10/586 (*DRAMs*); COMP 38.866 IP/10/985 (*Tierfutter*); COMP/39.579 IP/11/473 (*Waschpulver*).

[276] KOMM Pressemitteilung IP10/985 v. 20.7.2010 (*Tierfutter*).

[277] EuGH, Rs. C-407/08 P, *Knauf Gips*, Slg. 2010, I-6375, Rn. 90 und Rs. C-352/09 P, *ThyssenKrupp Nirosta*, Slg. 2011, I-2359, Rn. 155.

[278] Eingehend dazu *Cremer*, in: Calliess/Ruffert, EUV/AEUV, Art. 263 Rn. 1 ff.

[279] *Cremer*, in: Calliess/Ruffert, EUV/AEUV, Art. 261 Rn. 1 ff.

Gebrauch gemacht. Die Verordnungen betreffen dabei alle die **Wettbewerbs- und Verkehrspolitik der EU**. So hat der Rat von der Ermächtigung des Art. 172 EWGV (dann Art. 229 EGV-Nizza, jetzt Art. 261 AEUV) auf dem Gebiet der Wettbewerbspolitik mit Art. 17 VO 17/62[280] (jetzt Art. 31 VO 1/2003)[281] Gebrauch gemacht und dadurch die Sanktionsbefugnisse um die rechtsstaatlich gebotene gerichtliche Dimension ergänzt. Gleiches gilt für die EG-Fusionskontrollverordnung (VO (EG) 139/2004) sowie für Verordnungen, die die Anwendung der Wettbewerbsregeln auf den Transport- und Verkehrssektor zum Gegenstand haben etc.[282] Im Hinblick darauf, dass es an einer eigenständigen Regelung für Fristen und das Rechtsschutzbedürfnis fehlt, müssen die Bestimmungen des Art. 263 AEUV entsprechend angewandt werden.[283] Die Statthaftigkeit der Nichtigkeitsklage gegen die Entscheidung über die Verhängung von Zwangsmaßnahmen wird vorausgesetzt.[284] Daher kann diesbezüglich auf die allgemeinen Regeln zur Nichtigkeitsklage verwiesen werden (siehe dazu Rn. 106, 122 ff.).

Nach **Art. 31 VO 1/2003** hat der Gerichtshof bei Klagen gegen Entscheidungen der Kommission, in denen eine Geldbuße oder ein Zwangsgeld festgesetzt ist, die Befugnis zu unbeschränkter Nachprüfung der Entscheidung im Sinne von Art. 261 AEUV; er kann die festgesetzte Geldbuße oder das festgesetzte Zwangsgeld aufheben, herabsetzen[285] oder erhöhen.[286] Die Umschreibung der Befugnisse mit „unbeschränkter Ermessensnachprüfung" und „Änderung oder Verhängung solcher Maßnahmen" ist dem französischen und belgischen Verwaltungsrecht entnommen, die die „compétence de pleine juridiction" kennen.[287] Dies bedeutet, dass die Zwangsmaßnahmen in tatsächlicher und rechtlicher Hinsicht in vollem Umfang bezüglich der erforderlichen Tatsachenfeststellung sowie hinsichtlich der Zweckmäßigkeit und Angemessenheit, der Richtigkeit wirtschaftlicher Prognosen, der allgemeinen Billigkeit etc. überprüfbar sind.[288] Diese unbeschränkte Nachprüfungsbefugnis ist dabei die notwendige Vorbedingung für

---

[280] Verordnung Nr. 17 des Rates vom 6.2.1962, Erste Durchführungsverordnung zu den Artikeln 85 und 86 des Vertrages, ABl. 1962 13/204/62 v. 26.2.1962, geändert durch die Verordnung (EG) Nr. 1216/1999, ABl. 1999 L 148/5 v. 15.6.1999.

[281] Verordnung (EG) Nr. 1/2003 des Rates zur Durchführung der in den Artikeln 81 und 82 des Vertrags niedergelegten Wettbewerbsregeln (Kartellverfahrensverordnung) vom 16.12.2002, ABl. EG L 1/1 v. 4.1.2003, geändert durch Verordnung EG Nr. 411/2004 v. 26.2.2004, ABl. Nr. L 68/1 und durch Verordnung (EG) Nr. 1419/2006 v. 25.11.2006, ABl. Nr. L 269/1.

[282] *Ehricke*, in Streinz, EUV/AEUV, Art. 261 Rn. 4; im Einzelnen siehe *Booß*, in: GHN, Art. 261 Rn. 2 ff. m.w.N.

[283] *Schermers/Waelbroeck*, Judicial Protection in the European Communities, S. 333; *Cremer* in: Calliess/Ruffert, EUV/AEUV, Art. 263 Rn. 75 ff.

[284] Dies gilt unabhängig davon, ob man Art. 229 EG als ein eigenes Verfahren ansieht, vgl. *Cremer*, in: Calliess/Ruffert, EUV/AEUV, Art. 261 AEUV Rn. 1.

[285] Eine Herabsetzung des Bußgeldes um die Hälfte wurde z. B. durch das EuG in Sachen *Zement* vorgenommen; EuG, Rs. T-25/95, Slg. 2000, II-491.

[286] EuG, verb. Rs. T-101/05 und T-111/05, *BASF/Kommission*, Slg. 2007, II-04949=WuW/E EU-R, 1362; *Polzin*, WuW 2011, S. 454 ff.; siehe auch EuG, Rs. T-58/01, *Solvay*, Slg. 2009, II- 4621, Rn. 269 m.w.N.

[287] *Joliet*, Le droit institutionnel des Communautés européennes – Le contentieux, S. 6 ; eingehend dazu *Schmidt*, Die Befugnis des Gemeinschaftsrichters zu unbeschränkter Ermessensüberprüfung, S. 25 ff.; *Cremer* in: Calliess/Ruffert, EUV/AEUV, Art. 261 Rn. 3; So EuG, Rs. T-446/05, *Amann u.a.*, Slg. 2010, II-1255, Rn. 144.

[288] *Ehricke*, in: Streinz, EUV/AEUV, Art. 261 AEUV Rn. 5; *Cremer* in: Calliess/Ruffert, EUV/AEUV, Art. 261 Rn. 4.

die „uneingeschränkte Entscheidungsbefugnis" des EuGH.[289] Dies bestätigt auch der EGMR in der Rs. Menarini zum italienischen Kartellverfahren, welches ebenfalls davon ausgeht, dass es ausreicht, wenn zunächst eine Behörde entscheidet, wenn anschließend ein Gericht angerufen werden kann, das die Garantien des Art. 6 EMRK wahrt und über volle Prüfungs- und Entscheidungsbefugnis verfügt.[290] Der Gerichtshof kann sein eigenes Ermessen an die Stelle desjenigen der Kommission setzen.[291]

111 Die uneingeschränkte Entscheidungsbefugnis beinhaltet eine Rechtmäßigkeitskontrolle und ergänzend ein uneingeschränktes Nachprüfungsrecht beispielsweise auf Nachvollziehbarkeit der Entscheidung.[292] Auch ohne Vorliegen eines Rechtsfehlers oder einer unzutreffenden Tatsachenwürdigung kann die von der Kommission verhängte **Zwangsmaßnahme geändert oder aufgehoben** werden, wenn sie dem Gericht unangemessen erscheint.[293] Dies schließt auch die Möglichkeit ein, eine von der Kommission verhängte Geldbuße zu verschärfen. Über die Änderung oder Beseitigung der Zwangsmaßnahmen hinaus ist der EuGH auch zur Regelung der damit zusammenhängenden Fragen berechtigt. Dies gilt z. B. für die Anordnung, dass die rechtswidrig zurückgehaltenen Zahlungen zu verzinsen sind,[294] für Schadensersatzansprüche, die den Betroffenen zugesprochen werden können,[295] sowie für die Anordnung der Folgenbeseitigung, die zur Rehabilitierung des betroffenen Unternehmens geboten ist.[296]

112 In der Praxis bezieht sich die gerichtliche Kontrolle vor allem auf die Einhaltung der verfahrensmäßigen Rechte der Beteiligten sowie auf den Nachweis des den Unternehmen vorgeworfenen Verhaltens.[297] Von der Möglichkeit der eigenen Tatsachenfeststellung wird in der Praxis nur selten Gebrauch gemacht.[298] Als Gründe für die Aufhebung der Kommissionsentscheidung stehen daher **Verfahrensfehler** und insbesondere **Nachweisprobleme** im Vordergrund. Grundsätzlich werden die Zwangsmaßnahmen der Kommission auch bezüglich des materiellen Rechts überprüft. Hierbei betreffen die eher seltenen materiellrechtlichen Korrekturen überwiegend **Kausalitäts-, Zurechnungs-, Schuld- und Bußgeldbemessungsfragen**, nicht hingegen kartellrechtliche Fragen der Abgrenzung des erlaubten vom verbotenen Verhalten.[299] Die von der Kommission angestellten Ermessenserwägungen, ob eine Geldbuße verhängt werden soll, werden in der

---

[289] EuGH, Rs. C-8/56, *Alma*, Slg. 1957, 191, 202; EuG, Rs. T-101/05 u. T-111/05, *BASF und UCP*, Slg. 2007, II-4949, Rn. 213; Rs. T-343/08, *Arkema*, Slg. 2011, II-2287, Rn. 203 ff.; EuGH, Rs. C-3/06 P, *Groupe Danone*, Slg. 2007, I-1331, Rn. 61.
[290] EGMR v. 27.9.2011, No. 43509/08, *Menarini Diagnostics c. Italia* Rn. 58 f.
[291] EuGH, Rs. C-386/10 P, Rn. 64 ff. *Chalkor*; *Cremer* in: Calliess/Ruffert, EUV/AEUV, Art. 261 Rn. 3 ff.
[292] EuGH Rs. C-386/10 P – *Chalkor*; EuZW 2012, 190 Rn. 54 sowie Rs. C-272/09 P – *KME* Rn. 94.
[293] EuGH, Rs. C-386/10 P, Rn. 64 ff. *Chalkor*.
[294] EuGH, Rs. C-107/82, *AEG-Telefunken*, Slg. 1983, 3151, 3221; Rs. C-75/82, *Razzouk und Beydoun*, Slg. 1984, 1509, 1531.
[295] EuGH, Rs. C-32/62, *Alvis*, Slg. 1963, 101, 107, 124; EuGH, Rs. C-27/76, *United Brands*, Slg. 1978, 207, 273.
[296] *Feddersen*, in: GH, Art. 31 VO 1/2003 Rn. 11 ff.
[297] Näher dazu *Dannecker/Fischer-Fritsch*, Das EG-Kartellrecht in der Bußgeldpraxis, S. 59 ff.; EuG, Rs. T-145/06, *Omya*, Slg. 2009, II-145, Rn. 32.
[298] *Dannecker/Fischer-Fritsch*, Das EG-Kartellrecht in der Bußgeldpraxis, S. 60.
[299] *Dannecker/Fischer-Fritsch*, Das EG-Kartellrecht in der Bußgeldpraxis, S. 59.

Regel nicht überprüft.³⁰⁰ Dies gilt auch für die Ausübung des Opportunitätsprinzips bei Zwangsgeldfestsetzungen. Hingegen findet eine eingehende Überprüfung der **Angemessenheit der Höhe der verhängten Geldbußen und Zwangsgelder** statt. Dies könnte sich in Anbetracht der neueren Rspr. des EuGH jedoch ändern. So hat der Gerichtshof in Sachen *Schindler* im Anschluss an die Rs. *Chalkar*³⁰¹und *KME*³⁰² entschieden, dass das Gericht losgelöst von Bußgeldleitlinien oder der Leniency-Bekanntmachung eine allgemeine Rechtmäßigkeitskontrolle vornehmen muss.³⁰³

Auch das **EuG** (Rn. 116 ff.) verhält sich entsprechend und nimmt die **unbeschränkte Entscheidungsbefugnis** in rechtsstaatlich gebotener Weise unter Wahrung des judicial self restraint wahr.³⁰⁴ Die Entscheidungen des EuG werden wiederum vom **EuGH** überprüft, der sich hierbei, obwohl ihm nach Art. 31 VO 1/2003 (vorher Art. 17 VO 17/62) eine umfassende Nachprüfungs- und Entscheidungskompetenz zukommt, auf eine **Rechtskontrolle** beschränkt. Die Wahrnehmung der umfassenden Kompetenzen des EuGH gegenüber den Entscheidungen des EuG sind angesichts der Tatsache, dass bereits im erstinstanzlichen Verfahren eine umfassende Überprüfung stattfindet, weder erforderlich noch rechtsstaatlich zwingend geboten. Sie beruhen darauf, dass Art. 17 VO 17/62 (heute Art. 31 VO 1/2003) vor Errichtung des EuG erlassen worden ist, der damals die alleinige gerichtliche Überprüfung der behördlichen Zwangsmaßnahmen durch den EuGH geregelt hat. Auch nach Errichtung des EuG (Rn. 116) wurde diese Vorschrift beibehalten, so dass die grundsätzlich unbeschränkte Überprüfungs- und Entscheidungskompetenz des EuGH, der nunmehr in Wettbewerbssachen erst als zweitinstanzliches Gericht tätig wird, erhalten geblieben ist. Wenn der EuGH allerdings von der ihm eingeräumten umfassenden Überprüfungs- und Entscheidungsbefugnis Gebrauch machen würde, könnte die durch die Einführung des EuG angestrebte Entlastung nicht erreicht werden. Aus diesem Grund ist das Vorgehen des EuGH, der die Entscheidungen des EuG nur in rechtlicher Hinsicht überprüft, zu befürworten.

Demgegenüber kommt im **Bereich der Bußgeldentscheidungen** das umfassende Überprüfungsrecht zum Tragen, um die Höhe der Geldbußen gerichtlich neu festzusetzen, was häufig der Fall ist. Hiervon wird nicht nur Gebrauch gemacht, wenn die Kommissionsentscheidung auf Rechtsfehlern beruhte oder Verfahrensfehler bei der Tatsachenfeststellung gemacht wurden.³⁰⁵ Besonderes Augenmerk wird bei den verhängten Geldbußen auch auf deren Angemessenheit im Hinblick auf die Schwere des Verstoßes gelegt; dabei werden die Schwere und Dauer des vorgeworfenen Verstoßes,³⁰⁶ seine wirtschaftlichen Auswirkungen, das schuldhafte Verhalten, das Vorliegen von Schuldausschließungsgründen, die Leistungsfähigkeit und Größe des Unternehmens sowie allgemeine Gesichtspunkte der Billigkeit nachgeprüft.³⁰⁷ Die Auffassung von

113

---

300 *Dannecker/Fischer-Fritsch,* Das EG-Kartellrecht in der Bußgeldpraxis, S. 60.
301 EuGH, Rs. C-386/10 P, *Chalkor,* EuZW 2012, 190 Rn. 54.
302 EuGH, Rs. C-272/09 P, *KME,* Rn. 94.
303 EuGH, Rs. C-501/11 P, *Schindler* Rn. 33.
304 EuG, Rs. T-147/09, *Trelleborg Industrie,* BeckRS 2013, 81008.
305 *Dannecker/Fischer-Fritsch,* Das EG-Kartellrecht in der Bußgeldpraxis, S. 63.
306 EuG, Rs. T-15/02, *BASF-Vitamine,* Slg. 2006, II-497, Rn. 233; EuG, Rs. T-66/01, *ICI,* Slg. 2010, II-2631 Rn. 372; EuG, Rs. T-29/05, *Deltafina,* Slg. 2010, II-4077 Rn. 331 ff., 411; EuGH, Rs. C-564/08, *SGL Carbon,* Slg. 2009, I-191 Rn. 43.
307 Vgl. nur EuGH, Rs. C-86/82, *Hasselblad,* Slg. 1984, 883, 911; EuGH, Rs. C-322/81, *Michelin,* Slg. 1983, 3461, 3524.

Generalanwalt *Warner*,[308] die Höhe der Geldbuße sollte durch den EuGH nur geändert werden, wenn dieser überzeugt ist, dass deren Festsetzung in tatsächlicher oder rechtlicher Hinsicht ein wesentlicher Irrtum anhaftet, war bis zur Einführung des EuG angesichts der unbeschränkten Überprüfbarkeit von Sanktionsmaßnahmen nicht überzeugend. Der EuGH hat deshalb auch stets sein Ermessen bezüglich der Sanktionshöhe an die Stelle des Ermessens der Kommission gesetzt und die Geldbußen selbst berechnet.[309] Nachdem der EuGH nunmehr nur noch als zweitinstanzliches Gericht tätig wird, ist die von Generalanwalt *Warner* erhobene Forderung, nur in tatsächlicher oder rechtlicher Hinsicht fragwürdige Bußgelder zu korrigieren, bezüglich der Überprüfung der erstinstanzlichen Entscheidungen des EuG berechtigt.

Nach dem Wortlaut des Art. 31 VO 1/2003, des Art. 16 VO 139/2004, des Art. 21/4056/86 und des Art. 14 3975/87 kann der EuGH **Zwangsmaßnahmen** der Kommission auch **erhöhen**. Das Verbot der reformatio in peius gilt nach dem Wortlaut des Art. 261 AEUV nicht. Gleichwohl gehört es zum Wesen der unbeschränkten Rechtsprechung, dass im Rahmen der vollen Sachprüfung durch das Gericht auch die für das festgestellte Verhalten angemessene Sanktion verhängt werden kann, selbst wenn sie die von der Kommission verhängte Zwangsmaßnahme übersteigt.[310]

114 Praktische Bedeutung kann die Möglichkeit zur Erhöhung der Zwangsmaßnahmen dann erhalten, wenn sich erst während des gerichtlichen Verfahrens herausstellt, dass die Kommission ihrerseits im Vorverfahren von dem betroffenen Unternehmen getäuscht worden ist und dieser Irrtum für die Verhängung einer niedrigen Geldbuße ursächlich war.[311] Angesichts der beschränkten Möglichkeiten der Kommission, eine Beweisaufnahme durchzuführen, kann die Situation eintreten, dass erst die Sachaufklärung durch das EuG oder den EuGH den wahren Umfang der Zuwiderhandlung offenbart. Dies kann eine Erhöhung der von der Kommission verhängten Geldbuße durch das Gericht rechtfertigen. Ein weiterer Anwendungsfall für eine Erhöhung der Geldbuße ergibt sich daraus, dass die Kommission die „Mitarbeit" der betroffenen Unternehmen bei der Aufklärung des Sachverhalts im Verwaltungsverfahren durch „entsprechend mildere" Geldbußen honoriert. Auch in solchen Fällen ist es denkbar, dass erst im gerichtlichen Verfahren der **volle Sachverhalt offenbar** wird, der eine höhere Sanktion erfordert.[312] Eine Erhöhung der Geldbußen und Zwangsgelder ist weiterhin in Fällen denkbar, in denen die Kommission unter Vernachlässigung wesentlicher Gesichtspunkte zur Festsetzung eines im Vergleich zur sonstigen Praxis unvertretbar niedrigen Betrages gelangt ist.[313] Allerdings wäre eine Erhöhung der verhängten Geldbußen durch die Gerichte insofern fragwürdig, als sie eine rechtsstaatlich nicht vertretbare Abschreckungswirkung

---

[308] EuGH, Rs. C-32/78, *BMW Belgium*, Slg. 1979, 2435, 2494.
[309] EuGH, Rs. C-70/63, *Colotti*, Slg. 1964, 937, 984.
[310] GTE/*Krück*, Art. 172 Rn. 17; so der EuG, verb. Rs. T-101 u. 111/05, *BASF u. UCB*, Slg. 2007, II-4949 Rn. 222 f.; die in der Rs. C-301/04 P, *SGL Carbor*, Slg. 2006, I-5915 Rn. 70 vorgenommene Erhöhung des durch das Gericht festgesetzten Betrages durch den Gerichtshof erfolgte dagegen nicht im Rahmen der unbeschränkten Kontrolle, sondern wegen eines Rechtsfehlers.
[311] EuG, verb. Rs, T-236/01, T-239/01, T-244/01 bis T-246/01, T-251/01 und T-252/01, *Tokai Carbor u.a.*, Slg. 2004, II-1181 LS 9, Rn. 165; EuG, verb. Rs. T-101 und 111/05, *BASF u. UCB*, Slg. 2007, II-4949 LS 3, Rn. 70; EuG, Rs. T-241/01, *Scandinavian Airlines*, Slg. 2005, II-2917 LS 12, Rn. 228.
[312] *Feddersen*, in: GH, Art. 31 VO 1/2003 Rn. 11 ff.
[313] *Sura*, in: Langen/Bunte, Kommentar zum deutschen und europäischen Kartellrecht, Bd. 2, Art. 31 VO 1/2003 Rn. 4.

gegenüber dem Rechtsschutzbegehren bei Entscheidungen über Zwangsmaßnahmen bedeuten kann, die mit dem Gebot der richterlichen Zurückhaltung gegenüber der sachnäheren Verwaltungsbehörde nicht zu vereinbaren wäre.[314]

Ungeklärt ist, ob der EuGH oder das EuG auf der Grundlage des Art. 261 AEUV (zuvor Art. 229 EGV-Nizza) in einem anhängigen Verfahren auch von sich aus **erstmalig Zwangsmaßnahmen verhängen** dürfen. Der Wortlaut des Art. 261 AEUV – „Verhängung solcher Maßnahmen" – lässt dies durchaus zu. Allerdings handelt es sich bei Art. 261 AEUV um eine Vorschrift, die lediglich den Kompetenzrahmen bestimmt, der durch die entsprechende Verordnung ausgefüllt werden muss. Die gegenwärtig geltende Verordnung im Wettbewerbsbereich enthält aber keine Ermächtigung der Gerichte, Zwangsmaßnahmen zu verhängen, wenn die Kommission hierauf verzichtet hat, sondern setzt das Bestehen von Zwangsmaßnahmen voraus, die von der Kommission verhängt worden sind. Daher ist eine Berechtigung des EuGH und des EuG, von sich aus Zwangsmaßnahmen zu verhängen, zu **verneinen**.[315]

4. Zuständigkeit des EuG und des EuGH

a) **Anwendbarkeit von Art. 31 VO 1/2003 (zuvor Art. 17 VO 17/62) auf das Verfahren vor dem EuG.** Das EuG wurde auf der Grundlage des Art. 168 a EGV-Maastricht (dann Art. 225 EGV-Nizza, heute Art. 256 AEUV) mit Beschluss 88/591/EWG, Euratom vom 24.10.1988[316] errichtet. Dieser Beschluss regelt die Zuständigkeit, den Sitz, die Zusammensetzung und nimmt die erforderlichen Änderungen an den Satzungen des EuGH vor. Mit der Einführung dieses Gerichts wurde das Ziel verfolgt, den EuGH zu entlasten und den Individualrechtsschutz durch **Schaffung einer besonderen Tatsacheninstanz** zu verbessern. Gemäß Art. 3 des Beschlusses des Rates vom 8.6.1993[317] ist das EuG u. a. für Klagen von natürlichen und juristischen Personen gegen ein Organ der EG im ersten Rechtszug zuständig. Das EuG übt seine Tätigkeit seit September 1989 aus.

Art. 31 VO 1/2003 (zuvor Art. 17 VO 17/62) findet nach seinem Wortlaut nur auf den EuGH Anwendung. Grundsätzlich obliegt diesem die Aufgabe der Rechtsschutzgewährung. Zwar fehlt eine ausdrückliche Bestimmung, dass abgeleitetes Verordnungsrecht wie Art. 31 VO 1/2003, welches das Verfahren oder die Zuständigkeit des EuGH betrifft, entsprechend für das EuG gilt. Gleichwohl sind derartige Vorschriften auch auf das EuG anzuwenden; dies gilt auch für Art. 31 VO 1/2003 (wie zuvor für Art. 17 VO 17/62).[318] Denn im Hinblick darauf, dass die Wahrnehmung der betreffenden Zuständigkeiten des EuGH auf das EuG übergegangen ist, sind derartige Vorschriften im Lichte des die Zuständigkeitsübertragung regelnden höherrangigen Primärrechts dahingehend auszulegen, dass das EuG im Rahmen seiner Zuständigkeiten an die Stelle des EuGH tritt. Eine Anpassung der betreffenden Verordnungsbestimmungen war daher nicht erforderlich, sie gelten auch für das EuG.

Demgemäß hat das EuG ebenso wie der EuGH in den in seine Zuständigkeit fallenden Rechtssachen die Befugnis zur unbeschränkten Tatsachen- und Ermessensnach-

---

[314] *Sura,* in: Langen/Bunte, Kommentar zum deutschen und europäischen Kartellrecht, Bd. 2, Art. 31 VO 1/2003 Rn. 4.
[315] *Borchardt,* in: Lenz , Art 261 Rn. 6; *Dannecker/Biermann,* in: Immenga/Mestmäcker, EU-Wettbewerbsrecht, Bd. I Teil 2, Art. 31 VO 1/2003 Rn. 23, 29.
[316] ABl. 1988 L 319/1 v. 25.11.1988; Berichtigung in ABl. 1989 L 241/4 v. 17.8.1989.
[317] ABl. 1993 L 144/21 v. 16.7.1993.
[318] GTE/*Jung,* Art. 168 a Rn. 23.

prüfung und zur Änderung oder Erhöhung von Geldbußen und Zwangsmaßnahmen, soweit dies dem Gerichtshof durch eine Verordnung gemäß Art. 261 AEUV (zuvor Art. 229 EGV-Nizza) übertragen worden ist (dazu Rn. 109 ff.).

119 **b) Zuständigkeit des EuG im ersten Rechtszug.** Für Klagen gegen Zwangsmaßnahmen der Kommission ist, weil es sich um Klagen von natürlichen und juristischen Personen gegen ein Organ der EG handelt, das EuG im ersten Rechtszug zuständig. Das EuG ist nicht an die Rechtsprechung des EuGH gebunden, verweist aber in der Praxis regelmäßig auf dessen Entscheidungen.[319]

120 **aa) Aufschiebende Wirkung.** Klagen beim EuG haben nach Art. 278 AEUV **keine aufschiebende Wirkung**. Wie der EuGH kann aber auch das EuG in den bei ihm anhängigen Rechtssachen den Vollzug der angefochtenen Maßnahme aussetzen.[320]

121 **bb) Verfahrensablauf.** Der Verfahrensablauf vor dem EuG wird durch die nach Maßgabe von Art. 256 AEUV erlassene **VerfO-EuG** im Einzelnen geregelt und ergänzt. Die VerfO-EuG vom 2.5.1991[321] lehnt sich in weiten Teilen eng an die Verfahrensordnung des Gerichtshofes der Europäischen Gemeinschaften vom 19.6.1991[322] an.[323]

---

[319] *van Bael/Bellis,* Competition Law of the European Community, Rn. 1138.
[320] *Dannecker/Biermann,* in: Immenga/Mestmäcker, EU-Wettbewerbsrecht, Bd. I Teil 2, Art. 31 VO 1/2003 Rn. 32.
[321] VerfO-EuG der Europäischen Gemeinschaften vom 2.5.1991, (ABl. L 136 vom 30.5.1991, und L 317 vom 19.11.1991, S. 34 (Berichtigung), geändert am 15.9.1994 (ABl. L 249 vom 24.9.1994, S. 17), am 17.2.1995 (ABl. L 44 vom 28.2.1995, S. 64), am 6.7.1995 (ABl. L 172 vom 22.7.1995, S. 3), am 12.3.1997 (ABl. L 103 vom 19.4.1997, S. 6, und L 351 vom 23.12.1997, S. 72 – Berichtigung), am 17.5.1999 (ABl. L 135 vom 29.5.1999, S. 92), am 6.12.2000 (ABl. L 322 vom 19.12.2000, S. 4), am 21.5.2003 (ABl. L 147 vom 14.6.2003, S. 22), am 19.4.2004 (ABl. L 132 vom 29.4.2004, S. 3), am 21.4.2004 (ABl. L 127 vom 29.4.2004, S. 108), am 12.10.2005 (ABl. L 298 vom 15.11.2005, S. 1, und L 250 vom 14.9.2006, S. 35 – Berichtigung), am 18.12.2006 (ABl. L 386 vom 29.12.2006, S. 45), am 12.6.2008 (ABl. L 179 vom 8.7.2008, S. 12), am 14.1.2009 (ABl. L 24 vom 28.1.2009, S. 9), am 16.2.2009 (ABl. L 60 vom 4.3.2009, S. 3), am 7.7.2009 (ABl. L 184 vom 16.7.2009, S. 10), am 26.3.2010 (ABl. L 92 vom 13.4.2010, S. 14) und am 24.5.2011 (ABl. L 162 vom 22.6.2011, S. 18).
[322] Verfahrensordnung des Gerichtshofs der Europäischen Gemeinschaften, ABl. L 176 vom 4.7.1991, S. 7, und L 383 vom 29.12.1992, S. 117 (Berichtigungen), mit den Änderungen vom 21.2.1995, veröffentlicht im ABl. L 44 vom 28.2.1995, S. 61, vom 11.3.1997, veröffentlicht im ABl. L 103 vom 19.4.1997, S. 1, und L 351 vom 23.12.1997, S. 72 (Berichtigungen), vom 16.5.2000, veröffentlicht im ABl. L 122 vom 24.5.2000, S. 43, und ABl. L 43 vom 14.2.2001, S. 40 (Berichtigungen), vom 28.11.2000, veröffentlicht im ABl. L 322 vom 19.12.2000, S. 1, vom 3.4.2001, veröffentlicht im ABl. L 119 vom 27.4.2001, S. 1, vom 17.9.2002, veröffentlicht im ABl. L 272 vom 10.10.2002, S. 24, und ABl. L 281 vom 19.10.2002, S. 24 (Berichtigungen), vom 8.4.2003, veröffentlicht im ABl. L 147 vom 14.6.2003, S. 17, und für die Anlage zur Verfahrensordnung der Beschluss des Gerichtshofs vom 10.6.2003, veröffentlicht im ABl. L 172 vom 10.7.2003, S. 12, vom 19.4.2004, veröffentlicht im ABl. L 132 vom 29.4.2004, S. 2, vom 20.4.2004, veröffentlicht im ABl. L 127 vom 29.4.2004, S. 107, vom 12.7.2005, veröffentlicht im ABl. L 203 vom 4.8.2005, S. 19, vom 18.10.2005, veröffentlicht im ABl. L 288 vom 29.10.2005, S. 51, vom 18.12.2006, veröffentlicht im ABl. L 386 vom 29.12.2006, S. 44, vom 15.1.2008, veröffentlicht im ABl. L 24 vom 29.1.2008, S. 39, vom 8.7.2008, veröffentlicht im ABl. L 200 vom 29.7.2008, S. 18, vom 23.6.2008, veröffentlicht im ABl. L 200 vom 29.7.2008, S. 20, und vom 13.1.2009, veröffentlicht im ABl. L 24 vom 28.1.2009, S. 8, vom 25.9.2012, veröffentlicht im ABl. L 265 vom 29.9.2012, S. 1; siehe dazu auch *Schwarze,* EU-Kommentar, 2. Aufl. 2009.
[323] Näher dazu *van Bael/Bellis,* Competition Law of the European Community, Rn. 1144.

In entsprechender Anwendung des Art. 263 AEUV muss die Klage innerhalb einer **122** Frist von zwei Monaten erhoben werden. Diese Frist verlängert sich um eine pauschale Entfernungsfrist von 10 Tagen (Art. 102 § 2 VerfO-EuG). Die **zweimonatige Klagefrist** ist eine Ausschlussfrist, deren Einhaltung von Amts wegen geprüft wird und die nicht der Verfügung der Parteien oder des Gerichts unterliegt.[324] Die Klagefrist beginnt am Tage nach der Bekanntgabe der Kommissionsentscheidung an den Betroffenen oder, wenn die Maßnahme veröffentlicht wird, am 15. Tage nach ihrem Erscheinen im Amtsblatt der Europäischen Gemeinschaften (vgl. Art. 102 § 1 VerfO-EuG). Wird eine Handlung weder veröffentlicht noch dem Betroffenen mitgeteilt, so beginnt die Frist von dem Zeitpunkt an zu laufen, an dem der Betroffene von dieser Handlung Kenntnis erlangt hat. Die Klage muss innerhalb der Klagefrist bei der Kanzlei des Gerichts eingehen. Der Ablauf von Fristen hat nur dann keinen Nachteil für den Kläger zur Folge, wenn er nachweist, dass Zufall oder höhere Gewalt vorliegt, d.h. wenn auch bei Anwendung der gebotenen Sorgfalt die Fristversäumnis nicht verhindert worden wäre.[325]

Die beim EuG einzureichende Klageschrift muss mindestens den in **Art. 21 Sat- 123 zung-EuGH** bezeichneten Inhalt haben. Hierzu gehört eine kurze **Darstellung der Klagegründe**. Der Kläger hat deshalb nach Ablauf der Klagefrist keine weitere Begründungsfrist, in der die Klagebegründung nachgereicht werden könnte.

Das gerichtliche Verfahren gliedert sich in einen **schriftlichen und einen münd- 124 lichen Verfahrensabschnitt**. Beide Abschnitte sind grundsätzlich zwingend vorgeschrieben. Nur in Ausnahmefällen – z.B. bei offensichtlicher Unzulässigkeit der Klage – kann auf eine mündliche Verhandlung verzichtet werden.

Gegen alle rechtsmittelfähigen Entscheidungen des EuG können innerhalb einer Frist von zwei Monaten, beginnend mit der Zustellung der angefochtenen Entscheidung (Art. 56 Abs. 1 Satzung-EuGH), **Rechtsmittel beim EuGH** eingelegt werden.

cc) **Rechtsmittel.** Rechtsmittelfähig sind alle **verfahrensbeendenden Entscheidun- 125 gen des EuG**, nicht hingegen prozessleitende Verfügungen und Kostenentscheidungen (Art. 56 Abs. 1, 58 Abs. 2 Satzung-EuGH). Eine Beschränkung des Rechtsmittels nach dem Streitwert oder durch Rechtsmittelzulassung ist nicht vorgesehen.

Das Rechtsmittel hat keine aufschiebende Wirkung (Art. 60 Abs. 1 Satzung-EuGH). **126** Jedoch kann der Rechtsmittelführer im **Verfahren der einstweiligen Anordnung** beantragen, dass der EuGH die Vollstreckung der angefochtenen Entscheidung des EuG aussetzt und die erforderliche einstweilige Anordnung trifft (Art. 60 Abs. 2 Satzung-EuGH). Gegen die Zwangsmaßnahmen der Kommission kann nicht im Wege einer Art „Sprungrevision" beim EuGH Klage erhoben werden.

dd) **Vollstreckbarkeit.** Urteile des EuG sind, soweit sie einer Partei eine Zahlung **127** auferlegen, gemäß Art. 280 i.V.m. Art. 299 AEUV vollstreckbar. Für die Vollstreckung gelten die **Vorschriften des Zivilprozessrechts des Vollstreckungsstaates**. Die Erteilung der Vollstreckungsklausel erfolgt nach Art. 299 AEUV. Der Rechtsmittelführer kann jedoch im Verfahren der einstweiligen Anordnung beantragen, dass der EuGH die Vollstreckung der angefochtenen Entscheidung des EuG aussetzt und die erforderliche einstweilige Anordnung trifft (Art. 60 Abs. 2 Satzung-EuGH).

---

[324] Vgl. nur GTE/*Krück,* Art. 173 Rn. 63 m. Nachw. der Rspr.
[325] EuGHE 1967, 41, 56 *(SIMET); Feddersen* in: GH, Stand 40, EL 2009, Art. 31 VO 1/2003 Rn. 7.

c) Zuständigkeit des EuGH als Rechtsmittelinstanz

128 aa) **Umfassende Nachprüfungs- und Entscheidungsbefugnis des EuGH.** Vor dem EuGH kann nicht nur eine Rechtsverletzung einschließlich Verfahrensfehlern, sondern auch die unrichtige Tatsachenermittlung gerügt werden.[326] Zwar sieht Art. 58 Abs. 1 Satzung-EuGH vor, dass gegen die erstinstanzliche Entscheidung nur aus Rechtsgründen vorgegangen werden kann. Bei Art. 31 VO 1/2003 (ehemals Art. 17 VO 17/62) handelt es sich jedoch um eine spezielle Regelung, die durch die Verfahrensordnung unberührt bleibt. In der Praxis wird die Tatsachen- und Ermessensüberprüfung allerdings insbesondere vom EuG vorgenommen,[327] und der EuGH beschränkt sich in der Regel auf die Überprüfung der Rechtmäßigkeit der verhängten Geldbuße bzw. des festgesetzten Zwangsgeldes. Dies könnte sich mit Blick auf die Entscheidungen des Gerichtshofs in den Rs. *Chalkar, KME* und *Schindler* jedoch künftig ändern.[328]

129 Ist das Rechtsmittel zulässig und begründet, so hebt der EuGH die Entscheidung des EuG auf. Bei Spruchreife entscheidet er selbst. Andernfalls kann er die Sache an das EuG zurückverweisen, das an die rechtliche Beurteilung des EuGH gebunden ist (Art. 61 Abs. 1 und 2 Satzung-EuGH).

130 bb) **Verfahrensablauf.** Die Satzung-EuGH für den Bereich des AEUV bzw. EGV wurde von den Gründerstaaten der EWG in einem Protokoll vom 17.4.1957 niedergelegt. Dieses Protokoll ist Bestandteil des EG-Vertrages (vgl. Art. 273 AEUV). Dies bedeutet, dass die Satzung grundsätzlich nur im Wege der Vertragsänderung geändert werden kann. Eine Ausnahme besteht jedoch für Änderungen des Gerichtsverfahrens (Titel II der Satzung-EuGH). Die Satzung enthält Regelungen u.a. über das Verfahren und die Verfahrensarten (Titel III).[329]

131 Die **Verfahrensordnung** wurde vom EuGH als eigener Rechtsakt am 3.3.1959 erlassen.[330] Sie enthält eine nähere Ausgestaltung der durch den AEUV (zuvor EGV) und die Satzung vorgegebenen Rahmenbedingungen. Das Verfahren vor dem EuGH entspricht weitgehend dem vor dem EuG (siehe dazu oben Rn. 121 ff.).[331] Es besteht aus einem schriftlichen und einem mündlichen Teil, dessen Einzelheiten in der Verfahrens-

---

[326] GTE/*Schröter/Jakob-Siebert*, Art. 87 – Zweiter Teil Rn. 44.
[327] Vgl. *van Bael/Bellis,* Competition Law of the European Community, Rn. 1140.
[328] EuGH, Rs. C-386/10 P *Chalkor*, EuzW 2012, 190 Rn. 54 sowie C-272/09 P, *KME* Rn. 94 und EuGH, Rs. C-501/11 P *Schindler* Rn. 33.
[329] Bei *Schwarze*, EU-Kommentar, findet sich ein Protokoll über die Satzung-EuGH, nach Art. 7 des am 26.2.2001 unterzeichneten Vertrags von Nizza zur Änderung des Vertrags über die Europäische Union, der Verträge zur Gründung der Europäischen Gemeinschaften sowie einiger damit zusammenhängender Rechtsakte (ABl. 2001 C 80), dem Vertrag über die Europäische Union, dem Vertrag zur Gründung der Europäischen Gemeinschaft und dem Vertrag zur Gründung der Europäischen Atomgemeinschaft beigefügt, geändert durch Beschluss des Rates vom 15.7.2003 (ABl. 2003 L 188/1), durch Artikel 13 Absatz 2 der Beitrittsakte vom 16.4.2003 (ABl. 2003 L 236/3) durch Beschlüsse des Rates vom 19. und 26.4. 2004 (ABl. 2004 L 132/1 und 5, mit Berichtigung im ABl. 2004 L 194/3), durch Beschluss des Rates vom 2.11.2004 zur Errichtung des Gerichts für den öffentlichen Dienst der Europäischen Union (ABl. 2004 L 333 vom 9.11.2004, S. 7), durch Beschluss des Rates vom 3.10.2005 (ABl. 2005 L 266/60), durch Artikel 11 der Beitrittsakte vom 25.4.2005 (ABl. 2005 L 157/203) und durch Beschluss des Rates vom 20.12.2007 (ABl. 2007 L 24/42).
[330] VerfO-EuGH vom 19.6.1991, ABl. 1991 L 176/7.
[331] Zu den Abweichungen vgl. *van Bael/Bellis,* Competition Law of the European Community, Rn. 1152.

ordnung festgelegt sind (Art. 110 bis 123 VerfO-EuGH). Das schriftliche Verfahren beschränkt sich dabei grundsätzlich auf zwei Schriftsätze: die Rechtsmittelschrift und die Rechtsmittelbeantwortung. Nur auf Antrag kann durch Entscheidung des Präsidenten eine Erwiderung bzw. Gegenerwiderung zugelassen werden. Die entsprechenden Anträge sind binnen einer Woche nach Zustellung der Rechtsmittelbeantwortung bzw. nach Zustellung der Erwiderung zu stellen.

Auf die **mündliche Verhandlung** kann der EuGH nach Anhörung des Generalanwalts verzichten, sofern einer Entscheidung ohne mündliche Verhandlung nicht durch eine Partei mit dem Hinweis widersprochen wird, sie habe im schriftlichen Verfahren nicht ausreichend Gelegenheit gehabt, ihren Standpunkt zu Gehör zu bringen.

cc) **Vollstreckbarkeit.** Die Urteile des EuGH sind gemäß Art. 299 AEUV vollstreckbar. 132

II. Geldbußen wegen Verstößen gegen die Fusionskontroll-Verordnung

1. **Rechtsgrundlagen der Fusionskontrolle.** Die Fusionskontrolle dient der Überwachung des Zusammenschlusses von Unternehmen, um den freien Wettbewerb zu erhalten. Der EG-Vertrag selbst enthielt keine Bestimmungen über die Kontrolle von Unternehmenszusammenschlüssen. Der Rat verabschiedete am 21.12.1989 auf der Grundlage des Art. 83 (ex-Art. 87) und Art. 308 (ex-Art. 235) EGV die Verordnung 4064/89 über die Kontrolle von Unternehmenszusammenschlüssen (Fusionskontroll-Verordnung),[332] die am 21.9.1990 in Kraft getreten ist[333] und die durch die Verordnung (EG) Nr. 1310/97 des Rates vom 30.6.1997 geändert wurde.[334] Seit dem 1.5.2004 ist die EG-Fusionskontrollverordnung VO 139/2004[335] in Kraft getreten.[336] Die VO 139/2004 zeichnet sich durch flexible Prüfungsfristen aus und stärkt den Grundsatz der Einmalanmeldung von Fusionen mit gemeinschaftsweiter Bedeutung zur Vermeidung von Mehrfachanmeldungen.[337] Daneben wurde auch das materielle Prüfkriterium zur Beurteilung von Zusammenschlussvorhaben umgestaltet. Früher dominierte der sog. Marktbeherrschungstest. Danach war ein Zusammenschluss nur dann zu untersagen, wenn er eine beherrschende Stellung begründet oder verstärkt, durch die wirksamer Wettbewerb im Gemeinsamen Markt oder in einem wesentlichen Teil desselben erheblich behindert wird. Nach der Neufassung der Fusions- 133

---

[332] ABl. 1989 L 395/1 ff. v. 30.12.1989; Berichtigung ABl. 1990 L 257/13 v. 21.9.1990, zuletzt geändert durch die Verordnung (EG) Nr. 1310/97, ABl. 1997 L 180/1 v. 9.7.1997, Berichtigung ABl. 1998 L 40/17 v. 13.2.1998.
[333] Zur Entstehungsgeschichte dieser VO vgl. *Miersch*, Kommentar zur EG-Verordnung Nr. 4064/89 über die Kontrolle von Unternehmenszusammenschlüssen, S. 2 ff., und zu deren Anwendung vgl. 22. Bericht über die Wettbewerbspolitik 1992, Rn. 221 f.
[334] ABl. 1997 L 180/1 ff. v. 9.7.1997.
[335] Verordnung (EG) Nr. 139/2004 des Rates vom 20.1.2004 über die Kontrolle von Unternehmenszusammenschlüssen, ABl. 2004 L 24/1 ff.
[336] Grundlegend zu den Änderungen vgl. *Berg*, BB 2004, 561 ff.; *Montag/Kacholdt* in: Dauses, EU-WirtR, § 4 Rn. 1 ff.
[337] Vgl. Pressemitteilung der EG-Kommission vom 20.1.2004 in: EuZW 2004, 66; *Wägenbaur*, ZRP 2003, 71; siehe auch EuGH, Rs. C-202/06 P, *Cementbouw/Kommission*, Slg. 2007, I-12129, Rn. 41 ff.; tatsächlich ist das Verfahren vor der Kommission jedoch sehr aufwändig, siehe *Hirsbrunner*, EuZW 2012, 646.

kontrolle kommt es bei Zusammenschlüssen entscheidend darauf an, ob sie einen wirksamen Wettbewerb im Gemeinsamen Markt oder in einem wesentlichen Teil desselben erheblich behindern würden. Das Marktbeherrschungskriterium ist zu einem Regelfallbeispiel für eine derartige Wettbewerbsbehinderung herabgestuft worden.[338] Aufgrund der Ermächtigungsgrundlage des Art. 23 VO 139/2004 wurde außerdem eine neue Durchführungsverordnung[339] hinsichtlich der Einzelheiten des Verfahrens erlassen. Die europäische Fusionskontrolle hat grundsätzlich Vorrang vor der nationalen Fusionskontrolle und vor der Fusionskontrolle aufgrund der Art. 101 und 102 AEUV.[340]

134   **2. Anwendungsbereich der Fusionskontroll-Verordnung.** Die Fusionskontroll-Verordnung erfasst Zusammenschlüsse von Unternehmen im Sinne einer Eingliederung sowie jeden Anteilserwerb eines Unternehmens und jeden Abschluss von Unternehmensverträgen, der einem Unternehmen die Kontrolle über ein anderes Unternehmen verschafft (u. U. auch im Wege des Kontrollerwerbs; Art. 3 Abs. 1 VO 139/2004).[341] Voraussetzung für ein Eingreifen der europäischen Fusionskontrolle durch die Kommission ist, dass der Zusammenschluss „gemeinschaftsweite Bedeutung" hat (Art. 1 Abs. 1 VO 139/2004).[342] Das wird an verschiedenen Umsatzschwellen gemessen: dem weltweiten Gesamtumsatz der beteiligten Unternehmen (5 Milliarden EUR) und einem Mindestumsatz von mindestens zwei beteiligten Unternehmen innerhalb der Gemeinschaft von jeweils mehr als 250 Millionen EUR, soweit nicht zwei Drittel dieses gemeinschaftsweiten Umsatzes innerhalb eines Mitgliedstaates erzielt werden (Art. 1 Abs. 2 VO 139/2004) bzw. dem weltweiten Gesamtumsatz der beteiligten Unternehmen (5 Milliarden EUR) und einem Mindestumsatz von mindestens drei beteiligten Unternehmen in drei Mitgliedsstaaten von jeweils 100 Mio. EUR, wobei in jedem dieser drei Mitgliedsstaaten ein Mindestumsatz zweier beteiligten Unternehmen von 25 Mio. EUR erreicht werden muss und der gemeinschaftsweite Umsatz von mindestens zwei beteiligten Unternehmen jeweils 100 Mio. EUR übersteigt. Dies gilt nicht, soweit zwei Drittel dieses gemeinschaftsweiten Umsatzes innerhalb eines Mitgliedstaates erzielt werden (Art. 1 Abs. 3 VO 139/2004).[343] Unternehmen, deren beabsichtigter Zusammenschluss diese Schwellenwerte überschreitet, ist eine **bußgeldbewehrte Anmeldeverpflichtung vor Durchführung des Zusammenschlusses** (Rn. 145) auferlegt (Art. 4 VO 139/2004). Die Kommission hat daraufhin zu prüfen, ob

---

[338] Vgl. *Bergmann/Burholt*, EuZW 2004, 161; *Staebe/Denzel*, EWS 2004, 194 (199 ff.); umfassend zu den Änderungen *Berg*, BB 2004, 561 ff.; zu den Kriterien einer Marktbeherrschung siehe *Hirsbrunner/v. Köckritz*, EuZW 2008, 591 ff.; EuGH, Rs. C-413/06 P, *Bertelmann AG und Sony Corporation of America/Impala*, Slg. 2008, I-4951, BeckRS 2008, 70755.

[339] Verordnung (EG) Nr. 802/2004 der Kommission vom 7. April 2004 zur Durchführung der Verordnung (EG) Nr. 139/2004 des Rates über die Kontrolle von Unternehmenszusammenschlüssen, ABl. 2004, Nr. L 133 vom 30.4.2004, S. 1 ff.

[340] *Peter*, in: Schulte, Handbuch Fusionskontrolle, S. 27 ff.

[341] Der Erwerb einer Minderheitsbeteiligung genügt dafür nicht, siehe EuGH, Rs. T-411/07, *Aer Lingus Group blc/Kommission*, Slg. 2010, II-3691; eine Beteiligung von 25 % reicht dagegen aus, KOMM, Entsch. V. 9.6.2011, ABl. 2011, C 223/2 (*Indorama/Sinterama/Tevira*); siehe auch KOMM, Entsch. v. 6.2.2009, ABl. 2009, C 47/1 (*Kühne/HVG/TUI/Hapag-Lloyd*); *von Rosenberg* in: Schulte/Just, Kartellrecht, Art. 1 FKVO Rn. 10 ff., Art. 3 FKVO Rn. 4 ff.

[342] *Von Rosenberg* in: Schulte/Just, Kartellrecht, Art. 1 FKVO Rn. 27 ff.

[343] Siehe auch LG Köln, BeckRS 2010, 00557 = WuW/DE-R 2868 (*EPG*); *Montag/Kacholdt*, in: Dauses, EU-WirtR, § 4 Rn. 35 ff. m.w.N.

der Zusammenschluss mit dem Gemeinsamen Markt vereinbar ist. Dies ist zu verneinen, wenn durch den Zusammenschluss eine beherrschende Marktstellung begründet oder verstärkt oder wenn ein wirksamer Wettbewerb im Gemeinsamen Markt oder in einem wesentlichen Teil desselben erheblich behindert würde.[344] Im Hinblick auf die Durchführung des EWR-Abkommens berücksichtigt die Kommission nicht nur die Lage der Unternehmen im Gemeinsamen Markt, sondern auch im Gebiet der EFTA-Staaten. Die Fusionskontroll-Verordnung ist ferner auf Unternehmen aus Drittstaaten anwendbar, und zwar unabhängig davon, wo der Zusammenschluss vollzogen werden soll, sofern sich der Zusammenschluss in der Gemeinschaft auswirkt.[345]

Vor Inkrafttreten der europäischen Fusionskontroll-Verordnung mussten die Unternehmen Genehmigungsverfahren in allen von der Fusion betroffenen Staaten anstrengen. Seit der Einführung der europäischen Fusionskontrolle ist dies nicht mehr erforderlich. Die Unternehmen müssen nur noch *ein* Verfahren vor der Kommission betreiben, das alle nationalen Verfahren ersetzt.

3. Fusionskontrollverfahren. Das Fusionskontrollverfahren ist in der Fusionskontroll-Verordnung geregelt. Weitere Vorschriften über die Anmeldungen nach Art. 4 VO 139/2004, über Form, Inhalt und andere Einzelheiten der Anmeldungen, über die Fristen sowie über die Anhörung, die die Verfahrensausgestaltung im Einzelnen betreffen, sind in der Verordnung 802/2004 geregelt.[346] In offensichtlich unproblematischen Fällen findet ein vereinfachtes Verfahren Anwendung.[347]

a) **Anmeldung von Zusammenschlüssen.** Nach **Art. 4 Abs. 1 VO 139/2004** ist jeder Zusammenschluss von gemeinschaftsweiter Bedeutung vor seinem Vollzug bei der Kommission anzumelden. Die starren Fristen der Vorgängerregelung sind damit weggefallen. Gemäß Art. 4 Abs. 1 Unterabs. 2 VO 139/2004 ist nunmehr eine Anmeldung auch schon dann möglich, wenn die Beteiligten Unternehmen der Kommission glaubhaft machen, dass ein Zusammenschluss beabsichtigt ist.[348]

b) **Aufschub des Vollzugs von Zusammenschlüssen.** Die förmliche Anmeldung löst gemäß Art. 7 Abs. 1 VO 139/2004 für die Erfüllungsgeschäfte ein **Vollzugsverbot** aus, bis der Zusammenschluss gemäß Art. 6 Abs. 1 lit. b oder 8 Abs. 1 oder 2 bzw. aufgrund einer Vermutung nach Art. 10 Abs. 6 VO 139/2004 durch die Kommission freigegeben wird.[349] Nach Art. 7 Abs. 3 VO 139/2004 kann die Kommission auf Antrag eine Befreiung von dem Vollzugsverbot erteilen. Gegen das Verbot verstoßende Rechtsgeschäfte sind schwebend unwirksam. Es besteht die Möglichkeit, eine solche Befreiung mit Bedingungen und Auflagen zu verbinden.

---

[344] Näher dazu *Bechtold*, RIW 1990, 253, 259 ff.; *Koch*, EWS 1990, 65 ff.; vgl. auch *Immenga*, WuW 1990, 373 ff.; *Janicki*, WuW 1990, 194 ff.
[345] *Bechtold*, RiW 1990, 253, 260 f.; *Koch*, EWS 1990, 65, 67; *Ekey*, Grundriss des Wettbewerbs- und Kartellrecht, S. 139.
[346] *Von Rosenberg* in: Schulte/Just, Kartellrecht, Art. 4 FKVO Rn. 9 ff.
[347] Bekanntmachung der Kommission über ein vereinfachtes Verfahren für bestimmte Zusammenschlüsse gemäß der Verordnung (EG) Nr. 139/04 des Rates, ABl. 2005 C 56/32 ff.
[348] *Von Rosenberg* in: Schulte/Just, Kartellrecht, Art. 4 FKVO Rn. 17; *Brinker*, in: Schwarze, Verfahren und Rechtsschutz im europäischen Wirtschaftsrecht, S. 42, 47 f.
[349] Siehe *Linsmeier/Balssen*, BB 2008, 741 ff.; Kommission, Mitteilung v. 13.12.2007, MEMO/07/573: Mergers – Commission has carried out inspections in the PVC sector.

139 c) **Prüfung der Anmeldung und Einleitung des Verfahrens.** Gemäß Art. 6 Abs. 1 VO 139/2004 beginnt die Kommission unmittelbar nach Eingang der Anmeldung mit deren Prüfung. Innerhalb von höchstens 25 Arbeitstagen muss die Kommission **förmlich über die Eröffnung des Verfahrens entscheiden** (Art. 10 Abs. 1 VO 139/2004). Wenn der Kommission eine Mitteilung eines Mitgliedstaates nach Art. 9 Abs. 2 VO 139/2004 zugeht, in der Bedenken gegen den Zusammenschluss erhoben werden können bzw. die beteiligten Unternehmen nach Art. 6 Abs. 2 VO 139/2004 anbieten, Verpflichtungen einzugehen, um die Vereinbarkeit des Zusammenschlusses mit dem Gemeinsamen Markt sicherzustellen, verlängert sich diese Frist um 10 Arbeitstage (Art. 10 Abs. 1 Unterabs. 2 VO 139/2004).

140 Unter der Voraussetzung, dass kein Zusammenschluss im Sinne der Fusionskontroll-Verordnung vorliegt oder das Vorhaben keine gemeinschaftsweite Bedeutung hat, wird die **Unanwendbarkeit der Verordnung** gemäß Art. 6 Abs. 1 lit. a VO 139/2004 festgestellt.

141 Wenn der Zusammenschluss nach Ansicht der Kommission in den Anwendungsbereich der Fusionskontroll-Verordnung fällt, jedoch kein Anlass zu ernsthaften Bedenken hinsichtlich seiner Vereinbarkeit mit dem Gemeinsamen Markt besteht, trifft die Kommission die **Entscheidung, keine Einwände zu erheben**, und erklärt den Zusammenschluss für vereinbar mit dem Gemeinsamen Markt (Art. 6 Abs. 1 lit. b VO 139/2004).

142 d) **Ermittlungs- und Entscheidungsbefugnisse der Kommission.** Wenn die Kommission zu dem Ergebnis kommt, dass sie zur Erfüllung der ihr übertragenen Aufgaben Informationen über ein Zusammenschlussvorhaben benötigt, die in der Anmeldung nicht enthalten sind, oder wenn sie vorhandene Daten auf ihre Richtigkeit hin überprüfen will, sehen Art. 11 ff. VO 139/2004 die Möglichkeit des **Auskunftsverlangens** sowie das **Recht auf Nachprüfung** durch Behörden der Mitgliedstaaten und durch die Kommission selbst vor. Diese Ermittlungsbefugnisse sind weitgehend denen der Kartellverordnung nachgebildet (Rn. 99 f.).[350]

143 Wenn die Kommission zu dem Ergebnis kommt, dass der angemeldete Zusammenschluss genehmigungsfähig ist, erklärt sie den Zusammenschluss für vereinbar mit dem Gemeinsamen Markt. Diese Entscheidung kann mit Bedingungen und Auflagen verbunden werden (Art. 8 Abs. 2 Unterabs. 2 VO 139/2004). Wenn ein Zusammenschluss die Voraussetzungen für eine Genehmigung nicht erfüllt, wird er für unvereinbar mit dem Gemeinsamen Markt erklärt (Art. 8 Abs. 3 VO 139/2004). Sofern der Zusammenschluss bereits vollzogen ist, kann die Kommission in einer Entscheidung nach Art. 8 Abs. 3 VO 139/2004 oder in einer gesonderten Entscheidung die Trennung der zusammengefassten Unternehmen oder Vermögenswerte, die Beendigung der gemeinsamen Kontrolle oder andere Maßnahmen anordnen, um den wirksamen Wettbewerb wieder herzustellen (Art. 8 Abs. 4 VO 139/2004).

4. Bußgeldvorschriften der Fusionskontroll-Verordnung

144 a) **Verstöße gegen Anmelde-, Auskunfts- und Duldungspflichten.** Die Kommission kann gemäß **Art. 14 Abs. 1 VO 139/2004** gegen in Art. 3 Abs. 1 lit. b VO 139/2004 bezeichnete Personen sowie gegen Unternehmen und Unternehmensvereinigungen

---

[350] Miersch, Kommentar zur EG-Verordnung Nr. 4064/89 über die Kontrolle von Unternehmenszusammenschlüssen, S. 149.

Geldbußen bis zu einem Höchstbetrag von 1 % des von dem beteiligten Unternehmen oder der beteiligten Unternehmensvereinigung erzielten Gesamtumsatzes festsetzen, wenn sie vorsätzlich oder fahrlässig

- in einem Antrag, einer Bestätigung, einer Anmeldung oder Anmeldeergänzung nach Art. 4, 10 Abs. 5 bzw. 22 Abs. 3 VO 139/2004 unrichtige oder irreführende Angaben machen,
- bei der Erteilung einer nach Art. 11 Abs. 2 VO 139/2004 verlangten Auskunft unrichtige oder irreführende Angaben machen,
- bei der Erteilung einer durch Entscheidung nach Art. 11 Abs. 3 VO 139/2004 verlangten Auskunft unrichtige, unvollständige oder irreführende Angaben machen oder die Auskunft nicht innerhalb der gesetzten Frist erteilen,
- bei Nachprüfungen nach Art. 13 VO 139/2004 oder Art. 13 VO 139/2004 die angeforderten Bücher oder sonstigen Geschäftsunterlagen nicht vollständig vorlegen oder die in einer Entscheidung nach Art. 13 Abs. 4 VO 139/2004 angeordnete Nachprüfung nicht dulden,
- in Beantwortung einer nach Art. 13 Abs. 2 VO 139/2004 gestellten Frage eine unrichtige oder irreführende Auskunft erteilen, eine von einem Beschäftigten erteilte unrichtige, unvollständige oder irreführende Antwort nicht innerhalb einer von der Kommission gesetzten Frist berichtigen oder in Bezug auf Fakten im Zusammenhang mit dem Gegenstand und dem Zweck einer durch Entscheidung nach Art. 13 Abs. 4 VO 139/2004 angeordneten Nachprüfung keine vollständige Antwort erteilen oder eine vollständige Antwort verweigern,
- die von den Bediensteten der Kommission oder den anderen von ihr ermächtigten Begleitpersonen nach Art 13 Abs. 2 VO 139/2004 angebrachten Siegel gebrochen haben.[351]

Die bußgeldbewehrten Anmelde-, Auskunfts- und Duldungspflichten entsprechen den in der VO 1/2003 geregelten Pflichten (Rn. 99 f.)

b) Schwerwiegende Verstöße. Gemäß **Art. 14 Abs. 2 VO 139/2004** kann die Kommission gegen Personen oder Unternehmen Geldbußen in Höhe von bis zu 10 % des Gesamtumsatzes, den die beteiligten Unternehmen im letzten Geschäftsjahr mit Waren und Dienstleistungen erzielt haben, festsetzen, wenn sie vorsätzlich oder fahrlässig

- einen Zusammenschluss vor seinem Vollzug nicht gem. Art 4 oder 22 Abs. 3 VO 139/2004 anmelden, es sei denn, dies ist ausdrücklich nach Art. 7 Abs. 2 oder 3 VO 139/2004 zulässig;
- einen Zusammenschluss unter Verstoß gegen Art. 7 VO 139/2004 vollziehen;
- einen durch Entscheidung nach Art. 8 Abs. 3 VO 139/2004 für unvereinbar mit dem Gemeinsamen Markt erklärten Zusammenschluss vollziehen oder die in einer Entscheidung nach Art. 8 Abs. 4 VO 139/2004 angeordneten Maßnahmen nicht durchführen;

---

[351] Ende 2010 hat das EuG das erste Bußgeld wegen Siegelbruch bestätigt, EuG, Rs. T-141/08, E.ON Energie AG/Kommission, EuZW 2011, 230 m. Anm. *Soltész*; im Mai 2011 wurde von der Kommission in einem weiteren Fall ein Bußgeld verhängt, siehe KOMM v. 24.5.2011, COMP/39 796, ABl. 2011 Nr. C 251/ 4 (*Suez Environnement Siegelbruch*).

• oder einer durch Entscheidung nach Art. 6 Abs. 1 lit. b, Art. 7 Abs. 3 oder Art. 8 Abs. 2 UAbs. 2 VO 139/2004 auferlegten Bedingung oder Auflage zuwiderhandeln.

146 **5. Rechtsmittel bei Bußgeldentscheidungen.** Die in der Fusionskontrollverordnung vorgesehenen Entscheidungen der Kommission unterliegen nach Art. 16 VO 139/2004 der **Rechtmäßigkeitskontrolle durch den Gerichtshof**. Diese Verordnung verweist hinsichtlich der Rechtsschutzmöglichkeiten auf die Art. 263 ff. AEUV (zuvor 230 ff. EGV-Nizza).[352] Diese Vorschriften stellen daher die allgemeine Rechtsgrundlage für den gerichtlichen Rechtsschutz in Fusionsfällen dar.

147 In Art. 16 VO 139/2004 hat der Rat zudem von der in Art. 229 EGV-Nizza (jetzt Art. 261 AEUV) vorgesehenen Ermächtigung Gebrauch gemacht und dem Gerichtshof eine unbeschränkte Ermessensnachprüfung von Entscheidungen, mit denen die Kommission eine Geldbuße nach Art. 14 VO 139/2004 oder ein Zwangsgeld nach Art. 15 VO 139/2004 festgesetzt hat, eingeräumt. Art. 16 VO 139/2004 entspricht nahezu wörtlich Art. 31 VO 1/2003 (zuvor Art. 17 VO 17/62), so dass auf die dortigen Ausführungen verwiesen werden kann (Rn. 110 ff.). Die Verordnung selbst enthält darüber hinaus nur wenige Regelungen zu den Klagemöglichkeiten bestimmter Entscheidungsadressaten (Art. 9 Abs. 9, 11 Abs. 5, 13 Abs. 3, 16 VO 139/2004). Sonderregelungen zu den Klagemöglichkeiten Dritter fehlen gänzlich.

Zuständiges Gericht für klagende Mitgliedstaaten nach Art. 263 bzw. 265 AEUV ist unmittelbar der **EuGH**. Für Klagen natürlicher oder juristischer Personen nach Art. 263 bzw. Art. 265 AEUV ist erstinstanzlich das **EuG** zuständig (Art. 3 Abs. 1 lit. c des Ratsbeschlusses über die Errichtung des EuG).[353] Dem steht nicht entgegen, dass die VO 139/2004 in Art. 16 und 21 Abs. 2 von dem „Gerichtshof" spricht.[354] Denn Art. 3 Abs. 1 des Ratsbeschlusses über die Errichtung des EuG stellt ausdrücklich klar, dass das EuG insoweit die Zuständigkeiten ausübt, die in den Verträgen und in den zu ihrer Durchführung erlassenen Rechtsakten dem Gerichtshof zugewiesen sind. Gegen Entscheidungen des EuG kann nach Art. 51 der Satzung-EuGH ein **Rechtsmittel zum EuGH** eingelegt werden.

III. Besonderheiten beim Rechtsschutz gegen Maßnahmen nach dem EGKS-Vertrag

148 Im Bereich des EGKS-Vertrages galt ein vergleichbarer Rechtsschutz wie im Kartellrecht, allerdings ist die Zulässigkeit der Klageerhebung enger definiert als bei den Maßnahmen der Kommission, die Verstöße gegen Art. 81 und 82 EGV-Nizza (heute Art. 101 und 102 AEUV) betreffen. Vor allem galt für die Anfechtung von Entscheidungen nach Art. 33 EGKSV durch Unternehmen eine Frist von nur einem Monat.[355] Außerdem sah Art. 41 EGKSV das Vorabentscheidungsverfahren nur vor, wenn die Gültigkeit von Beschlüssen der Kommission oder des Rates in Frage gestellt wurden, nicht aber für Fragen der Auslegung des Vertrages. Die Vorlagepflicht bestand nach Art. 41 EGKSV für alle Gerichte und nicht nur für die Gerichte der letzten Instanz.

---

[352] Vgl. *Deimel*, Rechtsgrundlagen einer europäischen Zusammenschlusskontrolle, S. 125.
[353] Ratsbeschluss 88/519 vom 29.10.1988, ABl. 1988 L 319/1; geändert durch Ratsbeschluss 93/350 vom 8.6.1993, ABl. L 144/21 v. 16.7.1993.
[354] *Heidenhain*, EuZW 1991, 591.
[355] Vgl. *Schütte*, in: Wiedemann, Handbuch des Kartellrechts, § 49 Rn. 6.

IV. Geldbußen des EWR-Vertrages

1. Geltung der Wettbewerbsregeln. Im Rahmen der Verhandlungen über den Vertrag über den Europäischen Wirtschaftsraum (EWRV) erfolgte eine integrale und vollständige Übernahme der EG-Wettbewerbsregeln in den EWR-Vertrag. Diese Regeln sind in Art. 16 (staatliche Handelsmonopole) sowie in Art. 53 ff. EWRV und in dem Protokoll 25 (Kohle und Stahl) enthalten. Sie sind im Hinblick auf ihre direkte Anwendung vor nationalen Gerichten den Gemeinschaftsbestimmungen qualitativ gleich gestellt.[356]

2. Zuständigkeit im Verwaltungsverfahren. Für die Überwachung und Anwendung der EWR-Wettbewerbsregeln sind die Kommission und ein unabhängiges „EWR-Überwachungsorgan" zuständig, das der Kommission entsprechende Kompetenzen innehat und über die gleichen Ermittlungsbefugnisse wie diese verfügt. Im Kartellverfahren besteht für das EWR-Überwachungsorgan somit die Möglichkeit, Ermittlungen anzustellen und Geldbußen zu verhängen. Um Kompetenzüberschneidungen zu vermeiden, gilt grundsätzlich das Prinzip der ausschließlichen Zuständigkeit: Entweder ist die Kommission oder aber das EWR-Überwachungsorgan für die Anwendung der Art. 81 und 82 EGV bzw. Art. 101 und 102 AEUV zuständig. Alle supranationalen Sanktionen werden von der Kommission, deren Zuständigkeit sich aus Art. 249 Abs. 1 EGV-Nizza (jetzt Art. 288 AEUV) ergibt, bzw. von dem EWR-Überwachungsorgan in einem verwaltungsrechtlich ausgestalteten Verfahren verhängt.

3. Gerichtliche Kontrolle. Die gerichtliche Kontrolle im Wettbewerbsrecht auf Seiten der EG wird durch den EWR-Vertrag nicht verändert: Das **EuG** und der **EuGH** bleiben für alle von der Kommission getroffenen Entscheidungen zuständig. Die Kontrolle über Entscheidungen des EWR-Überwachungsorgans übt ein unabhängiger **EWR-Gerichtshof** aus.

E. Justizielle und polizeiliche Zusammenarbeit in Strafsachen

I. Entwicklung der PJZS

Die polizeiliche und justizielle Zusammenarbeit in Strafsachen (PJZS) hat lange Zeit außerhalb der vertraglichen Grundlagen der Union in von den Regierungen der Mitgliedstaaten eingerichteten Arbeitsgruppen stattgefunden. Zu nennen sind die TREVI-Kooperation (Terrorisme, Radicalisme, Extremisme, Violence International), CELAD (Comité Européen de la Lutte Anti-Drogue – Drogenbekämpfung), GAM'92 (Groupe d'Assistance Mutuelle – gegenseitige Amtshilfe der Zollverwaltungen) und die Arbeitsgruppe für justizielle Zusammenarbeit.[357] Diese Zusammenarbeit wurde von einem Teil der Mitgliedstaaten durch die Schengener Abkommen[358] vertieft. Durch den

---

[356] Eingehend dazu *Jakob-Siebert*, WBl. 1992, 118 ff.
[357] Eingehend dazu *Röben*, in: GH, Art. 67 AEUV Rn. 1.
[358] Abgedr. in: *Schomburg/Lagodny*, Internationale Rechtshilfe in Strafsachen, S. 1647 ff.

Vertrag von Maastricht wurde in Art. K EUV-Nizza erstmals für die „Zusammenarbeit in den Bereichen Justiz und Inneres" ein vertraglicher Rahmen geschaffen. Mit dem Vertrag von Amsterdam wurden dann die Bereiche Asylpolitik, Außengrenzen und Einwanderungspolitik sowie die justizielle Zusammenarbeit in Zivilsachen in den EG-Vertrag überführt und damit der Anwendungsbereich der Art. 29 ff. EUV-Nizza auf die PJZS beschränkt. Zugleich wurde die Zuständigkeit des EuGH auf diesen Bereich ausgedehnt (Art. 35 EUV-Nizza). Schließlich wurde der Schengen-Besitzstand durch ein Protokoll zum Amsterdamer Vertrag in den Rahmen der EU einbezogen.

Die Integration der Europäischen Gemeinschaft in die Union bewirkte eine Vereinigung des im früheren Titels IV des EGV „Visa, Asyl, Einwanderung und andere Politiken betreffend den freien Personenverkehr" geregelten und somit supranationalisierten Teils der mitgliedstaatlichen Zusammenarbeit in den Bereichen Justiz und Inneres mit der bisher im Wesentlichen intergouvernemental strukturierten PJZS unter dem Titel V „Der Raum der Freiheit, der Sicherheit und der Rechts" des Vertrages über die Arbeitsweise der Europäischen Union (Art. 67 ff. AEUV) und ermöglichte eine effektivere Durchführbarkeit des Raumes der Freiheit, der Sicherheit und des Rechts.[359] Die Bildung eines solchen Raums wird durch die EU gewährleistet (vgl. Art. 67 Abs. 1 AEUV) und konkretisiert das in Art. 3 Abs. 2 EUV genannte Ziel der Union, „[…] ihren Bürgerinnen und Bürgern einen Raum der Freiheit, der Sicherheit und der Rechts ohne Binnengrenzen [zu bieten]".[360]

153 In diesem Raum der Freiheit, der Sicherheit und des Rechts strebt die Union an, ein hohes Maß an Sicherheit zu gewährleisten, das durch die gemeinsame Tätigkeit der Mitgliedstaaten zur Bekämpfung und Verhütung von Kriminalität in Form der justiziellen (Art. 82 ff. AEUV) und polizeilichen (Art. 87 ff. AEUV) Zusammenarbeit erreicht werden soll (vgl. Art. 67 Abs. 3 AEUV).[361] Diese in Art. 67 Abs. 3 AEUV ohne jegliche Einschränkungen genannte Aufgabe der **Kriminalitätsbekämpfung durch die PJZS** deutet auf die Notwendigkeit eines Vorgehens gegen jegliche Art von Kriminalität hin, zumal weder eine Reduzierung des Tätigkeitsfeldes der Union auf die schwerwiegende und grenzüberschreitende Kriminalität noch eine Unterscheidung zwischen den Formen der organisierten und nicht organisierten Kriminalität, wie sie noch in Art. 29 EUV-Nizza a. F. vorgesehen war, vorhanden ist.[362] In systematischer Hinsicht ergibt sich jedoch eine faktische Beschränkung der PJZS auf die Aufklärung und Verfolgung von Straftaten („Bekämpfung") sowie die Kriminalprävention („Verhütung") im **Bereich der grenzüberschreitenden Schwerkriminalität** (vgl. etwa Artt. 83 Abs. 1, 85 Abs. 1, 86 Abs. 4 AEUV).[363] Eine Abgrenzung hat lediglich der Bereich der Verhütung und Bekämpfung von Rassismus und Fremdenfeindlichkeit mit der Verankerung in Art. 67 Abs. 3 AEUV als autonomer Tätigkeitsbereich erfahren, der trotz

---

[359] *Streinz*, in: Streinz, EUV/AEUV, Präambel EUV, Rn. 6; *Weiß/Satzger*, in: Streinz, EUV/AEUV, Art. 67 AEUV Rn. 3, 8.

[360] *Wasmeier*, in: Sieber/Brüner/Satzger/v. Heintschel-Heinegg, Europäisches Strafrecht, § 32 Rn. 22.

[361] Die besondere Regelungen gelten für Großbritannien, Irland und Dänemark, s. hierzu Art. 1 des Protokoll (Nr. 21) über die Position des Vereinigten Königreichs und Irlands hinsichtlich des Raums der Freiheit, der Sicherheit und des Rechts (ABl. 2010, C 83/295) sowie Art. 1 des Protokolls (Nr. 22) über die Position Dänemarks (ABl. 2010, C 83/299).

[362] *Postberg*, PJZS, S. 26; *Weiß/Satzger*, in: Streinz, EUV/AEUV, Art. 67 AEUV Rn. 33.

[363] *Postberg*, PJZS, S. 26; *Weiß/Satzger*, in: Streinz, EUV/AEUV, Art. 67 AEUV Rn. 33.

fehlender näherer Ausgestaltung im AEUV eine gemeinschaftliche ethische Einstellung kundtut und ein Vorgehen der Union unabhängig von der Strafbarkeit des dieses Gebiet berührenden Verhaltens in den Mitgliedstaaten gestattet.[364]

Die Supranationalisierung im Bereich der justiziellen und polizeilichen Zusammenarbeit in Strafsachen eliminiert zwar die bestandenen Schwierigkeiten bei der Kompetenzabgrenzung in diesem Bereich und erhöht die Transparenz und Handlungsfähigkeit der EU,[365] lässt aber erhebliche Rechtsschutzdefizite bestehen.[366] Während vor dem Inkrafttreten des Lissaboner Vertrages ein Individualrechtsschutz im strafrechtlichen Bereich auf der europäischen Ebene auf Grund der verbindlichen Geltung der in Art. 6 EUV-Nizza a. F. aufgezählten Grundrechte lediglich für die Gemeinschaften sowie die Mitgliedstaaten als Träger der EU kaum möglich war und die Zuständigkeit des EuGH im Bereich der strafrechtlichen Zusammenarbeit auf die Durchführung des Vorabentscheidungsverfahrens begrenzt war, erweitert der Vertrag von Lissabon durch die Bindung der Union an die Grund- und Menschenrechte (vgl. Art. 6 EUV) und die Supranationalisierung der strafrechtlichen Zusammenarbeit den **Zuständigkeitsbereich des EuGH**, der nun die im Wege der **Nichtigkeitsklage** gemäß Art. 63 AEUV vom Individuum gerügten Unionsmaßnahmen der strafrechtlichen Zusammenarbeit auf ihre Rechtmäßigkeit hin überprüfen kann.[367] Allerdings kann vom Betroffenen eine gerichtliche Auseinandersetzung lediglich bei Handlungen der Union und ihrer Organe angestrebt werden, „die verbindliche Rechtswirkungen erzeugen, die geeignet sind, die Interessen des Betroffenen zu beeinträchtigen, indem sie seine Rechtsstellung in qualifizierter Weise ändern".[368] Eine solche Qualifikation weisen im Bereich der überwiegend auf die Datenverarbeitung und den allgemeinen behördlichen Informationsaustausch konzentrierten PJZS lediglich wenige Handlungen auf, denn eine unmittelbare Rechtswirkung im Sinne des Art. 263 Abs. 1 AEUV und folglich der Rechtsweg zu EuGH sind auch dann nicht gegeben, wenn die strafrechtlichen Ermittlungen seitens der nationalen Behörde auf die im Wege der Informationsübermittlung erfolgte Veranlassung einer europäischen Stelle erfolgt.[369]

II. Justizielle Zusammenarbeit in Strafsachen (Art. 82-86 AEUV)

Die justizielle Zusammenarbeit in Strafsachen (JZS) bildet ein Kernelement zur Erreichung von Bedingungen, welche die Schaffung eines Raumes der Freiheit, der Sicherheit und des Rechts in der Europäischen Union ermöglichen und sicherstellen.[370] Sie erstreckt sich auf die **gesamte Strafrechtspflege unter Einbeziehung der gerichtlichen Tätigkeit**.[371]

---

[364] *Weiß/Satzger*, in: Streinz, EUV/AEUV, Art. 67 AEUV Rn. 35 mit weiteren Nachweisen.
[365] *Weuß/Satzger*, in: Streinz, EUV/AEUV, Art. 67 AEUV Rn. 8 mit weiteren Nachweisen.
[366] *Nelles/Tinkl/Lauchstädt*, in: Schulze/Zuleeg/Kadelbach, Europarecht, § 42, Rn. 76.
[367] *Nelles/Tinkl/Lauchstädt*, in: Schulze/Zuleeg/Kadelbach, Europarecht, § 42 Rn. 62 f.
[368] So die ständige Rechtsprechung des EuGH zu Art. 230 EGV, zusammengeführt beispielsweise in: EuG, Rs. T-193/04 Rn. 67 *Tillack*, mit weiteren Nachweisen.
[369] *Nelles/Tinkl/Lauchstädt*, in: Schulze/Zuleeg/Kadelbach, Europarecht, § 42 Rn. 76 mit weiteren Nachweisen.
[370] *Hecker*, Europäisches Strafrecht, § 12 Rn. 1.
[371] *Hecker*, Europäisches Strafrecht, § 12 Rn. 2.

156 Gemäß Art. 82 Abs. 1 AEUV beruht die justizielle Zusammenarbeit in Strafsachen in der Union auf dem **Grundsatz der gegenseitigen Anerkennung gerichtlicher Urteile und Entscheidungen** und umfasst die Angleichung der Rechtsvorschriften der Mitgliedstaaten in den in Art. 82 Abs. 2 AEUV und in Art. 83 AEUV genannten Bereichen. Das Prinzip der gegenseitigen Anerkennung stellt dabei die Basis für die strafrechtliche Zusammenarbeit der Mitgliedstaaten dar,[372] das seit dem Lissaboner Vertrag vom Vorrang des Unionsrechts unter Geltung aller möglichen, im ordentlichen Gesetzgebungsverfahren nach Art. 289 Abs. 294 AUEV erlassenen Handlungsformen geprägt ist.[373]

Die Idee des Grundsatzes einer gegenseitigen Anerkennung ist nicht neu. Dieses Rechtsinstitut wurde ursprünglich von der Kommission zum Zweck der Beschleunigung des Warenverkehrs im Rahmen eines Binnenmarktes entwickelt.[374] In strafrechtlicher Hinsicht erlangte dieser Grundsatz seine Bedeutung durch eine Tagung des Europäischen Rates vom 15. und 16.10.1999 in Tampere, im Rahmen derer der Grundsatz der gegenseitigen Anerkennung gerichtlicher Entscheidungen zum Eckpfeiler für die Schaffung eines echten europäischen Rechtsraums erklärt wurde. Danach kann das Ziel der Geltung dieses Grundsatzes in der Gewährleistung eines „Raums der Freiheit, der Sicherheit und des Rechts" durch die **einheitliche Rechtspraxis** gesehen werden, die nicht zuletzt durch das komplementäre Hilfsmittel einer Angleichung der mitgliedstaatlichen Rechtsvorschriften gefördert werden soll[375] (vgl. auch Art. 67 Abs. 3 AEUV).

157 Nach dem Prinzip der gegenseitigen Anerkennung sollen die in einem Mitgliedstaat der Union vom zuständigen Gewaltträger ordnungsgemäß erlassenen justiziellen Maßnahmen eine gleichwertige Anerkennung mit daraus resultierenden Rechtsfolgen in jedem anderen Mitgliedstaat finden, wobei auf eine **inhaltliche Überprüfung** zugunsten einer effektiven grenzüberschreitenden Strafverfolgung[376] **verzichtet** wird. Daraus wird ersichtlich, dass eine gegenseitige Anerkennung von Rechtsakten auf dem Vertrauen der Mitgliedstaaten und dem Einzelner in die jeweiligen Strafjustizsysteme basiert.[377] Die damit verbundenen Schwierigkeiten[378] erklären die bisherige Zurückhaltung der Mitgliedstaaten hinsichtlich der Gebrauchnahme von dieser Möglichkeit. Eine Ausnahme davon stellt der Rahmenbeschluss des Rates über den Europäischen Haftbefehl und die Übergabeverfahren zwischen den Mitgliedstaaten vom 13.6.2002[379] (Rn. 159) dar.

158 Auch wenn ein großer Vorteil der Anerkennung nationaler Rechtmaßnahmen, nämlich die Möglichkeit der Beibehaltung nationaler Rechtssysteme durch die Mitgliedstaaten, nicht zu leugnen ist,[380] sah sich dieses Rechtsinstitut seit jeher harter **Kritik** ausgesetzt. So wird gegen das Prinzip der gegenseitigen Anerkennung insbesondere

---

[372] *Jokisch/Jahnke,* in: Sieber/Brüner/Satzger/v. Heintschel-Heinegg, Europäisches Strafrecht, § 2 Rn. 29, krit.
[373] *Satzger,* in: Streinz, EUV/AEUV, Art. 82 AEUV Rn. 1.
[374] *Satzger,* in: Streinz, EUV/AEUV, Art. 82 AEUV Rn. 13.
[375] *Satzger,* in: Streinz, EUV/AEUV, Art. 82 AEUV Rn. 2, 11.
[376] *Satzger,* in: Streinz, EUV/AEUV, Art. 82 AEUV Rn. 9.
[377] EuGH, verb. Rs. C-187/01 *Gözütok* u. C-385/01 *Brügge,* Slg. 2003, I-1345, Rn. 33.
[378] Dazu Überblick bei *Satzger,* in: Streinz, EUV/AEUV, Art. 82 AEUV Rn. 15.
[379] ABl. L 190 v. 18.7.2002, S. 1 ff.
[380] *Wasmeier,* ZStW 116 (2004), 32, (321).

die Unübertragbarkeit dieses auf die Besonderheiten des Binnenmarktes mit dem dort geltenden ordre-public-Vorbehalt zugeschnittenen Konzepts auf die justizielle Zusammenarbeit in Strafsachen vorgebracht, wodurch es zu einer Grundrechtsbeschränkung, insbesondere zu einer Verkürzung der Verteidigungsrechte des Einzelnen, kommt.[381] Außerdem begünstigt die gegenseitige Anerkennung die Anwendung der punitivsten nationalen Rechtsordnung,[382] was durch eine künftige verbindliche Vereinbarung von Zuständigkeitsverteilungen zwischen den Mitgliedstaaten als Ausgleich zwischen den kollidierenden Rechtsgütern im Wege praktischer Konkordanz[383] vermieden werden sollte.

1. Europäischer Haftbefehl. Nach dem Grundsatz der gegenseitigen Anerkennung wird jeder Europäische Haftbefehl von den Mitgliedstaaten vollstreckt (vgl. Art. 1 Abs. 2 RB-EUHb). Er kann somit zu den in der Praxis wohl bedeutsamsten Maßnahmen der gegenseitigen Anerkennung strafrechtlich justizieller Entscheidungen gezählt werden, die durch die Vereinfachung und Beschleunigung des Auslieferungsverfahrens zwischen den EU-Mitgliedstaaten die Entwicklung der Union zu einem Raum der Freiheit, der Sicherheit und des Rechts effektiv fördert.

Mit diesem Rechtsinstitut wurde die Schaffung eines „Systems des freien Verkehrs strafrechtlicher justizieller Entscheidungen"[384] innerhalb der Union anvisiert. Dadurch sollte in diesem Bereich ein im Vergleich zu der ursprünglichen unüberschaubaren und auf einer Vielzahl von Abkommen[385] basierenden Kooperation der Mitgliedstaaten neues, von politischen Gesichtspunkten unbeeinflusstes System der Übergabe[386] von verdächtigen oder verurteilten Personen zwischen Justizbehörden eingeführt werden und diese ersetzen.

a) Rechtlicher Rahmen. Die rechtlichen Grundlagen des Europäischen Haftbefehls sind der **Rahmenbeschluss des Rates über den Europäischen Haftbefehl und die Übergabeverfahren zwischen den Mitgliedstaaten**[387] und das ihn ins nationale Recht umsetzende **Europäische Haftbefehlsgesetz** vom 20.6.2006, das mit den Bestimmungen zum „Auslieferungs- und Durchlieferungsverkehr mit Mitgliedstaaten der Europäischen Union" einen integralen Teil des Gesetzes über die internationale Rechtshilfe in Strafsachen bildet (§§ 78–83 i IRG).[388]

---

[381] *Satzger,* in: Streinz, EUV/AEUV, Art 82 AEUV Rn. 13 ff. mit weiteren Nachweisen.
[382] *Lagodny,* in: Sieber/Brüner/Satzger/von Heintschel-Heinegg, Europäisches Strafrecht, § 31, Rn. 47.
[383] *Schomburg/Logodny/Gleß/Hackner,* Einleitung, Rn. 106, *Lagodny,* in: Sieber/Brüner/Satzger/von Heintschel-Heinegg, Europäisches Strafrecht, § 31 Rn. 47.
[384] Vgl. den Rahmenbeschluss des Rates über den Europäischen Haftbefehl und die Übergabeverfahren zwischen den Mitgliedstaaten vom 13.6.2002 (ABl. 2002 L 190/1 ff.), Erwägung – Ziff. 5.
[385] S. etwa das Europäische Auslieferungsübereinkommen (SEV Nr. 24); das EU-Übereinkommen über das vereinfachte Auslieferungsverfahren (ABl. 1995 C 78/2), das EU-Auslieferungsübereinkommen (ABl. 1996 C 313/11); Art. 59 ff. SDÜ.
[386] *Hecker,* Europäisches Strafrecht, § 12 Rn. 23; vgl. den Rahmenbeschluss des Rates über den Europäischen Haftbefehl und die Übergabeverfahren zwischen den Mitgliedstaaten vom 13.6.2002 (ABl. L 190 v. 18.7.2002, S. 1 ff.), Erwägung – Ziff. 5.
[387] ABl. L 190 v. 18.7.2002, S. 1 ff.
[388] Die erste Fassung des „Gesetzes zur Umsetzung des Rahmenbeschlusses über den Europäischen Haftbefehl und die Übergabeverfahren zwischen den Mitgliedstaaten der Europäischen

Art. 1 Abs. 1 RB-EUHb[389] definiert den europäischen Haftbefehl als „eine justizielle Entscheidung, die in einem Mitgliedstaat ergangen ist und die Festnahme und Übergabe einer gesuchten Person durch einen anderen Mitgliedstaat zur Strafverfolgung und zur Vollstreckung einer Freiheitsstrafe oder einer freiheitsentziehenden Maßregel der Sicherung bezweckt".[390] Sie ersetzt das Auslieferungsersuchen im Falle der Festnahme[391] und ist mit einer Ausschreibung des Gesuchten im als polizeiliches Erfassungs- und Abfragesystem zur Personen- und Sachfahndung verfassten Schengener Informationssystem[392] verbunden, „sofern nicht die Ausschreibung zur Festnahme zwecks Auslieferung nach dem Schengener Durchführungsübereinkommen gleich als Europäischer Haftbefehl gemäß § 83 a Abs. 2 IRG gilt".[393] Die Funktion des europäischen Haftbefehls besteht folglich darin, die Vollstreckung von nationalen Haftbefehlen in den anderen Mitgliedstaaten der Union und somit die Durchsetzung des Rechts zu gewährleisten,[394] woraus deutlich wird, dass eine nationale Anordnung der Haft zum Zeitpunkt des Erlasses dieses Fahndungsinstruments feststehen muss.[395]

162 **b) Anwendungsbereich des Europäischen Haftbefehls und der Grundsatz der beiderseitigen Strafbarkeit.** Der Anwendungsbereich des Europäischen Haftbefehls erstreckt sich auf alle Personen, welche die nach den Rechtsvorschriften des **Ausstellungsmitgliedstaats** mit einer Freiheitsstrafe oder einer freiheitsentziehenden Maßregel der Sicherung im Höchstmaß von mindestens zwölf Monaten bedrohten Handlungen begangen haben oder zu einer Strafe bzw. der Anordnung einer Maßregel der Sicherung, deren Maß mindestens vier Monate beträgt, verurteilt worden sind (vgl. Art. 2 Abs. 1 RB-EUHb). Eine Übergabe des Betroffenen kann dabei von der Strafbarkeit der

---

Union" (EuHbG I) vom 21.7.2004 (BGBl. I 2004, 1748), welche am 23.8.2004 in Kraft tritt und achter Teil mit dem Titel „Unterstützung von Mitgliedstaaten der Europäischen Union" (§§ 78–83 i IRG) im IRG bildete, wurde vom BVerfG mit dem Beschluss vom 18.7.2005 (BVerfGE 113, 237 ff. = NJW 2005, 2289 ff.) wegen der Verletzung von Art. 16 Abs. 2 S. 2 und Art. 19 Abs. IV GG für nichtig erklärt. Die geltende Fassung des „Gesetzes zur Umsetzung des Rahmenbeschlusses über den Europäischen Haftbefehl und die Übergabeverfahren zwischen den Mitgliedstaaten der Europäischen Union" (EuHbG II) vom 20.7.2006 (BGBl I, S. 1721), trat am 2.8.2006 in Kraft.

[389] Die Umsetzung dieses Rahmenbeschlusses ins nationale Recht erfolgte in Deutschland durch das Europäische Haftbefehlsgesetz (EuHbG) („Gesetz zur Umsetzung des Rahmenbeschlusses über den Europäischen Haftbefehl und die Übergabeverfahren zwischen den Mitgliedstaaten der Europäischen Union"). Die erste Fassung dieses Gesetzes vom 21.4.2004 (BGBl. I 2004, 1748), die am 23.8.2004 in Kraft tritt, wurde vom BVerfG mit dem Urteil vom 18.7.2005 für verfassungswidrig und nichtig erklärt. Die geltende Fassung vom 20.7.2006 (BGBl I, S. 1721), die am 2.8.2006 in Kraft trat, stellt einen integralen Teil des Gesetzes über die internationale Rechtshilfe in Strafsachen (IRG) dar.

[390] ABl. L 190 v. 18.7.2002, S. 1 ff.

[391] S. hierzu OLG Stuttgart, NJW 2004, 3437 (3438), das den Europäischen Haftbefehl dem Ersuchen um eine Auslieferung gleichstellt; *Böhm*, NJW 2006, 2593.

[392] *Eisele*, in: Sieber/Brüner/Satzger/v. Heintschel-Heinegg, Europäisches Strafrecht, § 49, Rn. 5. Das SIS als Fahndungsdatei soll die Gewährleistung der öffentlichen Sicherheit und Ordnung einschließlich der Sicherheit des Staates sowie die Anwendung der Bestimmungen des Schengener Durchführungsübereinkommens im Bereich des Personenverkehr im Schengener Raum sicherstellen (vgl. Art. 93 SDÜ).

[393] OLG Celle, Beschl. v. 16.4.2009, 2 VAs 3/09, II Ziff. 1.

[394] *Frenz*, Handbuch Europarecht, Bd. 5 Rn. 4141.

[395] *v. Heintschel-Heinegg*, in: Sieber/Brüner/Satzger/v. Heintschel-Heinegg, Europäisches Strafrecht, § 37 Rn. 5 f.

den Erlass des Europäischen Haftbefehls erforderlich machenden Handlung im Recht des **Vollstreckungsmitgliedstaats** abhängig gemacht werden (vgl. Art. 2 Abs. IV RB-EUHb) und im Falle der Straflosigkeit des fraglichen Verhaltens eine Verweigerung der Auslieferung nach sich ziehen (vgl. Art. 4 Nr. 1 RB-EUHb). Von diesem Grundsatz der beiderseitigen Strafbarkeit, der in der BRD seine Verankerung in § 3 IRG fand, wird lediglich dann eine Ausnahme gemacht[396] und auf eine Prüfung der beiderseitigen Strafbarkeit im Auslieferungsverfahren verzichtet, wenn die die europäische Fahndung begründende Handlung den Tatbestand einer Katalogtat des Art. 2 Abs. 2 RB-EUHb erfüllt und diese Straftat im Ausstellungsmitgliedstaat mit einer freiheitsentziehenden Sanktion im Höchstmaß von mindestens drei Jahren bedroht ist (vgl. Art. 2 Abs. 2 RB-EUHb und § 81 Nr. 4 IRG).

c) **Zuständigkeit.** Die Zuständigkeit für den Erlass eines Europäischen Haftbefehls richtet sich nach den einschlägigen **Vorschriften der Mitgliedstaaten** (vgl. Art. 6 Abs. 1 RB-EUHb) und kann für die Staatsanwaltschaft oder die Gerichte begründet werden. Eine Ermächtigungsgrundlage für die Ausstellung eines Europäischen Strafbefehls in Bundesrepublik Deutschland kann insbesondere § 114 StPO, aber auch § 230 Abs. 2 StPO entnommen werden, die gleichzeitig eine Erlassbefugnis an die Staatanwaltschaft delegieren.[397]

d) **Auslieferungsverfahren**

(1) Auslieferung zum Zwecke der Strafverfolgung. Während die Auslieferung deutscher Staatsangehöriger an die der EU nicht zugehörigen Staaten unzulässig ist,[398] ist die Auslieferung **Deutscher** im Unionsgebiet nur unter den engen Voraussetzungen des § 80 IRG möglich, wobei an die Auslieferung des Betroffenen in Abhängigkeit vom Zweck der Maßnahme unterschiedliche Anforderungen gestellt werden. So darf für die Auslieferung des Betroffenen zum Zwecke der **Strafverfolgung** kein maßgeblicher Inlandsbezug der Tat vorliegen, der in der Regel dann gegeben ist, wenn die Tathandlung vollständig oder in wesentlichen Teilen im Geltungsbereich des IRG begangen wurde und der Erfolg zumindest in wesentlichen Teilen dort eingetreten ist (vgl. § 80 Abs. 1 IRG, § 80 Abs. 2 IRG). Entscheidend ist vielmehr ein maßgeblicher Bezug der Tat zum ersuchenden Mitgliedstaat (§ 80 Abs. 1 Nr. 2 IRG) bzw. im Falle einer zweiseitigen Tatortanbindung das Ergebnis einer unter der Berücksichtigung mehrerer Kriterien wie Tatvorwurf, Erfordernisse und Möglichkeiten einer effektiven Strafverfolgung sowie die mit der Schaffung einer Europäischen Raums verbundenen Ziele vorgenommenen Interessenabwägung (vgl. § 80 Abs. 2 Nr. 3 IRG). Des Weiteren ist für die Zulässigkeit der Auslieferung eine gesicherte Rücküberstellung des Betroffenen erforderlich (vgl. §§ 80 Abs. 1 Nr. 1, 80 Abs. 2 Nr. 1 in Verbindung mit § 80 Abs. 1 Nr. 1 IRG).

Der **Auslieferung eines Ausländers** zum Zwecke der **Strafverfolgung**, welcher **im Inland** seinen **gewöhnlichen Aufenthalt** hat, ist die Zulässigkeit zu versagen, wenn bei einer auf die Strafverfolgung gerichteten Auslieferung eines Deutschen eine solche gem. § 80 Abs. 1 und Abs. 2 IRG nicht zulässig wäre (vgl. § 83 b Abs. 2 Ziff. a IRG).

---

[396] Im Regelfall findet in der BRD eine Prüfung der beiderseitigen Strafbarkeit statt, vgl. § 78 Abs. 1 IRG in Verbindung mit § 3 IRG.
[397] *v. Heintschel-Heinegg*, in: Sieber/Brüner/Satzger/v. Heintschel-Heinegg, Europäisches Strafrecht, § 37 Rn. 7; zur Zuständigkeit des Jugendrichters s. dort Rn. 5.
[398] *v. Heintschel-Heinegg*, in: Sieber/Brüner/Satzger/v. Heintschel-Heinegg, Europäisches Strafrecht, § 37 Rn. 40 Fn. 71.

Bei den **Angehörigen ausländischer Staaten** müssen lediglich die Anforderungen des § 83 a Abs. 1 IRG beachtet werden.[399]

166 *(2) Auslieferung zum Zwecke der Strafvollstreckung.* Die **Auslieferung eines Deutschen zur Strafvollsteckung** ist dagegen nur zulässig, wenn der Verfolgte nach Belehrung in einem richterlichen Protokoll zustimmt, § 80 Abs. 3 IRG. Für die Auslieferung eines **Ausländers mit dem gewöhnlichen Aufenthalt im Inland**[400] zum Zwecke der Strafvollstreckung ist ebenfalls seine Zustimmung, die richterlich zu protokollieren ist, erforderlich. Verweigert der Betroffene dagegen die Erteilung des Einverständnisses in die Auslieferung und überwiegt sein schutzwürdiges Interesse an der Strafvollstreckung im Inland, so kann die Bewilligung der Auslieferung verweigert werden, vgl. § 83 b Abs. 2 Ziff. b IRG.

167 Diese und die weiteren in § 83 b IRG abschließend geregelten Bewilligungshindernisse geben den Generalstaatsanwaltschaften als zuständigen Bewilligungsbehörden der Länder die Möglichkeit, eine Bewilligung zur Auslieferung auch bei der Erfüllung der im IRG normierten Auslieferungsvoraussetzungen zu verweigern[401] und konkretisieren die in § 79 IRG konstituierte grundsätzliche Pflicht des ersuchten Staates zur Auslieferungsbewilligung. Die Normierung dieser Pflicht im IRG deklamiert die Beibehaltung des traditionellen zweistufigen Auslieferungsmodels und ist insofern als eine grundlegende Abkehr von den Vorgaben des Rahmenbeschlusses[402] aufzufassen, als dadurch dem als „Instrumenten der Zusammenarbeit mit klarer gemeinschaftlicher Tendenz" konzipierten Europäischen Haftbefehl ein zwischenstaatlicher Charakter verliehen wird.[403]

168 **e) Rechtsschutz gegen den Europäischen Haftbefehl.** Die Besonderheit des Europäischen Haftbefehls als ein auf der nationalen Haftanordnung beruhendes europäisches Fahndungsmittel wirft berechtigte Fragen nach den Möglichkeiten des Rechtsschutzes gegen den Europäischen Haftbefehl für den Betroffenen auf, die sich vor allem auf die Zuständigkeitsprobleme fokussieren. Denkbar wäre sowohl das Vorgehen mit den Mitteln des europäischen Rechtsschutzes als auch die Inanspruchnahme von innerstaatlichen Rechtsbehelfen.

169 Während die erste Alternative dem Betroffenen mangels Eröffnung des Rechtsweges zum Europäischen Gerichtshof verwehrt ist, eröffnen ihm die Zuständigkeit für

---

[399] *v. Heintschel-Heinegg,* in: Sieber/Brüner/Satzger/v. Heintschel-Heinegg, Europäisches Strafrecht, § 37 Rn. 48.
[400] Bei der Auslieferung von anderen ausländischen Staatsangehöriger müssen auch in diesem Fall die Anforderungen des § 83 a Abs. 1 IRG eingehalten werden.
[401] *Hecker,* Europäisches Strafrecht, § 12, Rn. 49.
[402] Im Rahmenbeschluss des Rates über den Europäischen Haftbefehl und die Übergabeverfahren zwischen den Mitgliedstaaten war ein „einstufiges" Auslieferungsverfahren vorgesehen, welches im Gegensatz zum herkömmlichen „zweistufigen" Auslieferungsverfahren keine Bewilligung der zuständigen Regierungsbehörde über die Personenherausgabe erfordert und als rein justizielles Verfahren zwischen den involvierten mitgliedstaatlichen Justizbehörden abgewickelt wird (vgl. Art. 9 Abs. I RB-EUHb sowie die Ausführungen bei *Hecker,* Europäisches Strafrecht, § 12 Rn. 23)
[403] *v. Bubnoff,* Der Europäische Haftbefehl, Ergänzung, S. 8. *Lagodny,* in: Sieber/Brüner/Satzger/von Heintschel-Heinegg, Europäisches Strafrecht, § 31 Rn. 34; Einen Überblick über die kritischen Stimmen bezüglich dieser rahmenbeschlusswidrigen Regelung gibt *v. Heintschel-Heinegg,* in: Sieber/Brüner/Satzger/v. Heintschel-Heinegg, Europäisches Strafrecht, § 37, Rn. 34, Fn. 65.

den Erlass des Europäischen Haftbefehls sowie der Umstand, dass dieses Fahndungsinstrument zugleich das **Auslieferungsersuchen und das Ersuchen um Festnahme** impliziert[404] auf den ersten Blick die Möglichkeit, gegen diese Modalitäten im Wege eines Verfahrens gemäß **§§ 23 ff. EGGVG** vorzugehen. Diese Möglichkeit der Anfechtung von Justizverwaltungsakten setzt insbesondere das Vorliegen einer Maßnahme voraus, welche auf dem Gebiet der innerstaatlichen Strafrechtspflege ergangen ist.[405] Mangels dieser Eigenschaft können weder die im ersuchten Staat von den zuständigen Stellen erlassene Bewilligung der Auslieferung und anderer ausländischen Rechtshilfeersuchen noch Rechtshilfeersuchen der Bundesrepublik Deutschland an ausländische Staaten gemäß § 23 Abs. 1 EGGVG angefochten werden.[406] Da die unmittelbare Betroffenheit des Antragstellers erst durch eine Entscheidung des ersuchten Staates begründet werden kann und ein bloßes Ersuchen um Auslieferung bzw. Festnahme keinen Eingriff in die geschützten Rechte des Betroffenen seitens der BRD darstellt,[407] bleiben ihm jegliche Anfechtungsmöglichkeiten dieser Komponenten des Europäischen Haftbefehls unzugänglich.[408]

Eine Überprüfung der **Ausschreibung zur Festnahme** im Schengener Informationssystem im Wege eines Verfahrens gemäß § 98 Abs. 2 S. 2 StPO analog[409] ist dagegen möglich, da es sich bei dem Europäischen Haftbefehl um eine Ausschreibung zur Festnahme im Sinne des § 131 StPO handelt (vgl. § 83 a Abs. 2 IRG).[410] Des Weiteren steht dem Betroffenen den Rechtsweg zu den nationalen Gerichten offen, wenn er sich gegen den nationalen Haftbefehl wehren will. Die erfolgreiche Haftbeschwerde gemäß § 304 I StPO bzw. § 310 I StPO führt zur Aufhebung des nationalen Haftbefehls gemäß § 120 StPO und entzieht dem Europäischen Haftbefehl seine Existenzgrundlage. 170

2. Eurojust

a) **Zuständigkeiten und Aufgaben.** Das Auslieferungsverfahren soll der gesetzgeberischen Intention zufolge unter Einhaltung von bestimmten in § 83c IRG festgesetzten Fristen ablaufen, deren Missachtung wenn auch keine Haftentlassung,[411] so doch zumindest die Überprüfung der Haftfortdauer des Betroffenen veranlassen kann.[412] Darüber hinaus begründet die Fristenüberschreitung eine Pflicht der Bundesregierung, **Eurojust** von den die Verzögerung begründenden Umständen in Kenntnis zu setzen (vgl. § 83c Abs. 4 IRG und Art. 17 Abs. 7 RB-EUHb). Die Einschaltung dieser mit 171

---

[404] *v. Heinschel-Heinegg,* in: Sieber/Brüner/v. Heintschel-Heinegg, Europäisches Strafrecht, § 37 Rn. 5.
[405] *Vogler* NJW 1982, 470.
[406] *Meyer-Goßner,* StPO, § 23 EGGVG, Rn. 4 mit weiteren Nachweisen.
[407] BVerfG NJW 1981, 1154; OLG München NJW 1975, 509.
[408] OLG Celle, Beschl. v. 16.4.2009, 2 VAs 3/09 mit weiteren Nachweisen.
[409] Antrag auf gerichtliche Entscheidung kann im Falle des Erlasses der Fahndungsmaßnahmen im Sinne des § 131 StPO nach hM entsprechend § 98 Abs. 2 S. 2 StPO gestellt werden. S. hierzu *Meyer-Goßner,* StPO, § 131, Rn. 7; *Schultheis,* in: Karlsruher Kommentar, § 131, Rn. 20; *Hilger,* in: Löwe/Rosenberg, § 131, Rn. 30.
[410] OLG Celle, Beschl. v. 16.4.2009, 2 VAs 3/09 mit weiteren Nachweisen.
[411] BT-Drs. 15/1718, S. 22.
[412] S. dazu OLG Hamburg, Beschl. v. 3.5.2005-Ausl 28/03; OLG Karlsruhe, NJW 2005, 1206 f.; OLG Karlsruhe 2007, 617, 618.

dem Beschluss des Rates vom 28.2.2002[413] errichteten[414] und mit eigener Rechtspersönlichkeit ausgestatteten[415] **zentralen Stelle für justizielle Zusammenarbeit** sah auf der Ebene des Europäischen Haftbefehls auch Art. 16 Abs. 2 RB-EUHb vor, welcher die Teilnahme von Eurojust an einer Entscheidungsfindung bei Mehrfachersuchen ausdrücklich regelte.

172 Dieser Umstand verdeutlicht das hartnäckige und konsequente europäische Streben nach einer Effizienzsteigerung bei der Verfolgung von schwerer Kriminalität durch die Erleichterung der mitgliedstaatlichen Kooperation auf dem Gebiet der **justiziellen Zusammenarbeit** – ein Gedanke, welcher der Schaffung von Eurojust zugrunde lag.[416] Um die Äquivalenz zu Europol zu betonen und Eurojust einen diesem Rechtsinstitut vergleichbaren Stellenwert zu verleihen, wurde diese Einrichtung der Europäischen Union in Art. 29 ff. EUV-Nizza a. F. kodifiziert und findet ihre gesetzliche Verankerung seit der Novellierung der rechtlichen Grundlagen durch den Lissaboner Vertrag in Art. 85 AEUV. Während Art. 31 Abs. 2 EUV-Nizza a. F. in Umsetzung der gesetzgeberischen Vorgaben[417] die **Aufgaben von Eurojust** auf eine Erleichterung einer sachgerechten Koordinierung der nationalen Strafverfolgungsbehörden und der Erledigung von Rechtshilfeersuchen sowie eine Unterstützung bei den strafrechtlichen Ermittlungen beschränkte, führte der Vertrag von Lissabon zu einer Erweiterung und Präzisierung des ursprünglichen Tätigkeitskreises.[418] Dies macht sich insbesondere in der Kompetenzverdichtung für das Europäische Parlament und den Rat in diesem Bereich bemerkbar, welche sich in der Ermächtigung der genannten Organe zur Regelung[419] des Aufbaus, der Arbeitsweise, des Tätigkeitsbereiches und der Aufgaben von Eurojust im ordentlichen Gesetzgebungsverfahren nach Art. 289, 294 AEUV[420]

---

[413] Beschluss des Rates 2002/187/JI (ABl. 2002 L 63/1), abgeändert durch Beschluss 2003/659/JI des Rates vom 18.6.2003 (ABl. L 2003 245/44) und durch Beschluss 2009/426/JI des Rates vom 16.12.2008 (ABl. 2009 L 138/14). In der BRD findet dieser Beschluss seit dem Inkrafttreten des ihn ins nationale Recht umsetzenden Gesetzes vom 12.5.2004 (Gesetz zur Umsetzung des Beschlusses (2002/187/JI) des Rates vom 28.2.2002 über die Errichtung von Eurojust zur Verstärkung der Bekämpfung der schweren Kriminalität (Eurojust-Gesetz-EJG), BGBl I 2004, 902) am 18.5.2004 uneingeschränkte Anwendung (vgl. § 13 EJG).

[414] Die „vorläufige Stelle zur justiziellen Zusammenarbeit" (sog. Pro-Just) als Vorgängerin von heutigen Eurojust hat bereits am 3.1.2001 ihre Tätigkeit begonnen. Ihrer Einrichtung lag ein Beschlusses des Rates (2000/799/JI) vom 14.12.2000 (ABl. 2000 L 324/2) zugrunde. S. dazu *Barbe*, RMC 2002, 5 (7); *Grotz*, in: Sieber u. a., Europäisches Strafrecht, 2011, § 45 Rn. 3 ff.

[415] Vgl. Art. 1 des Eurojust-Beschlusses.

[416] Vgl. Schlussfolgerung Nr. 46 des Vorsitzes des Europäischen Rates von Tampere (15. und 16.10.1999).

[417] Vgl. Schlussfolgerung Nr. 46 des Vorsitzes des Europäischen Rates von Tampere (15. und 16.10.1999).

[418] *Weber*, BayVBl. 2008, 485 (487).

[419] Der gesetzgeberischer Intention zufolge sollen die Einzelheiten zu den genannten Materien im Wege der Verordnungen festgelegt werden (vgl. Art. 85 Abs. 1 UAbs. 2 AEUV). Dieses gesetzgeberische Instrument hat allgemeine Geltung, ist in allen Teilen verbindlich und gilt unmittelbar in jedem Mitgliedstaat (vgl. Art. 288 UAbs. 2 AEUV). Den Prototyp einer Verordnung bildete das nunmehr aufgegebene europäische Gesetz, das der Verfassungsvertrag in Art. I-33 Abs. 1 UAbs. 2 EVV vorsah.

[420] Im Rahmen des Gesetzgebungsverfahren ist insbesondere Art. 76 AEUV zu beachten, demzufolge die Rechtsakte für Eurojust auf Vorschlag der Kommission oder auf Initiative eines Viertels der Mitgliedstaaten erlassen werden (s. auch Art. 289 Abs. IV AEUV).

äußert (vgl. Art. 85 Abs. 1 UAbs. 2 AEUV). Wenn diese Neuregelung das funktionale Kerngebiet von Eurojust auch unberührt lässt und es nach wie vor die **Unterstützung** der Koordinierung und Zusammenarbeit zwischen den mitgliedstaatlichen Behörden beispielsweise durch die Informationsübermittlung oder durch Anregungen im ermittlungs- bzw. rechtshilferelevanten Bereich[421] bei der Verfolgung von schwerer[422] grenzüberschreitender[423] Kriminalität ausmacht (vgl. Art. 85 Abs. 1 AEUV), so führt sie doch zum Kompetenz-Zuwachs von Eurojust im Rahmen der vom europäischen Verordnungsgeber noch festzulegenden Aufgaben (vgl. Art. 85 Abs. 1 UAbs. 1 AEUV). Zu erwähnen ist insbesondere die Möglichkeit einer eigenständigen Einleitung strafrechtlicher Ermittlungsmaßnahmen[424] durch Eurojust (Art. 85 Abs. 1 UAbs. 1 lit. a AEUV), auch wenn die Zuständigkeit zur Durchführung von Zwangsmaßnahmen den Mitgliedstaaten vorbehalten ist,[425] sowie einer Verstärkung der justiziellen Zusammenarbeit etwa durch eine enge Zusammenarbeit mir dem Europäischen Justiziellen Netz (Art. 85 Abs. 1 UAbs. 2 lit. c AEUV). Dies soll jedoch eine Entwicklung von Eurojust zu einer eigenständigen Ermittlungsbehörde der Union vorerst nicht begründen, sodass Eurojust weiterhin als **Koordinierungsstelle für grenzüberschreitende Ermittlungen** der mitgliedstaatlichen Behörden tätig bleibt,[426] die ihre Aufgaben entweder durch einzelne nationale Mitglieder oder als Kollegium[427] wahrnimmt.[428]

b) Rechtsschutz gegen Maßnahmen und Entscheidungen von Eurojust. Die 173 Möglichkeit, die Handlungen der Einrichtungen und sonstigen Stellen der Union mit Rechtswirkungen gegenüber Dritten, und folglich auch solche von Eurojust, der Rechtmäßigkeitskontrolle des Europäischen Gerichtshofes zu unterstellen, gewährt seit dem Inkrafttreten des Lissaboner Vertrages **Art. 263 UAbs. 1 S. 2 AEUV**. Während nach der früheren Rechtslage ein Individualverfahren im Rahmen von Art. 35 EUV-Nizza vor dem EuGH nicht vorgesehen war, können die Betroffenen gegen die Maßnahmen von Eurojust im Wege einer Nichtigkeitsklage gem. Art. 263 AEUV oder einer Schadensersatzklage gem. Art. 268 i. V. m. Art. 340 Abs. 2 AEUV vorgehen. Dies gilt uneingeschränkt für alle nach dem Inkrafttreten des Vertrags von Lissabon erlassenen Maßnahmen von Eurojust. Die Neugestaltung der europarechtlichen Grundlagen hat allerdings keinen Einfluss auf

---

[421] *Dannecker,* in: Streinz, EUV/AEUV, Art. 85 AEUV Rn. 7.
[422] Zum Begriff der schweren Kriminalität in Art. 85 AEUV s. *Dannecker,* in: Streinz, EUV/AEUV, Art. 85 AEUV Rn. 6 mit weiteren Nachweisen.
[423] Die strafrechtlichen Angelegenheiten im rein nationalen Bereich finden dagegen keine Berücksichtigung.
[424] Die bisherige Handlungsbefugnis von Eurojust in diesem Bereich war auf eine rechtlich unverbindliche Anregung von Ermittlungsmaßnahmen bei den nationalen Behörden beschränkt. Keine Kompetenzerweiterung in diesem Bereich sehen *Nelles/Tinkl/Lauchstädt,* in: Schulze/Zuleeg/Kadelbach, § 42 Rn. 116 als gegeben. A. A. *Dannecker,* in: Streinz, EUV/AEUV, Art. 85 AEUV Rn. 7 mit weiteren Nachweisen.
[425] *Dannecker,* in: Streinz, EUV/AEUV, Art. 85 AEUV Rn. 7, 10.
[426] *Dannecker,* in: Streinz, EUV/AEUV, Art. 85 AEUV Rn. 8 mit weiteren Nachweisen.
[427] Davon sind die förmlichen prozessfördernden und prozessleitenden Handlungen im Rahmen der von Eurojust ersuchten Strafverfolgungsmaßnahmen ausgenommen, welche gem. Art. 85 Abs. 2 AEUV weiterhin den zuständigen einzelstaatlichen Bediensteten überlassen bleiben. Dazu und zur Befugnis einer zukünftigen Europäischen Staatsanwaltschaft, förmliche Prozesshandlungen vorzunehmen, inklusive Verhältnis beider Einrichtungen zu den nationalen Staatsanwaltschaften *Dannecker,* in: Streinz, EUV/AEUV, Art. 85 AEUV Rn. 11 m. w. N.
[428] *Dannecker,* in: Streinz, EUV/AEUV, Art. 85 AEUV Rn. 9.

die Wirksamkeit der bisherigen Eurojust betreffenden Rechtsakte, die bis zu ihrer Aufhebung, für Nichtigerklärung oder Änderung vom Gerichtshof im Rahmen der Art. 29 ff. EUV-Nizza[429] noch innerhalb der zeitlichen Spanne von 5 Jahre nach dem Inkrafttreten des Lissaboner Vertrages auf ihre Rechtmäßigkeit hin überprüft werden können.

174 Als besonders praxisrelevant erweisen sich die **Rechtsschutzmöglichkeiten im Zusammenhang mit den personenbezogenen Daten**, zu deren Erhebung und Speicherung Eurojust ausdrücklich befugt ist (vgl. Art. 19 ff. EJB bzw. EJB neu). Neben dem allgemeinen Anspruch auf Auskunft auf Einzelne betreffende von Eurojust verarbeitete Daten (Art. 19 Abs. 1 EJB bzw. EJB neu) sind die Betroffenen berechtigt, die Berichtigung, Sperrung oder Löschung von den unrichtigen, unvollständigen oder nicht rechtmäßig erhobenen Daten von Eurojust zu verlangen (vgl. Art. 20 Abs. 1 EJB bzw. EJB neu). Für die Geltendmachung dieser Ansprüche hat der Betroffene einen kostenfreien Antrag bei der zuständigen Behörde in dem Mitgliedstaat seiner Wahl zu stellen, welcher dann an Eurojust unverzüglich weitergeleitet wird (vgl. Art. 19 Abs. 2 EJB bzw. EJB neu). Werden die fraglichen Ansprüche in der Bundesrepublik Deutschland geltend gemacht, so muss der entsprechende Antrag in Übereinstimmung mit den Vorgaben des § 8 Abs. 1 EJG beim **Bundesministerium der Justiz** eingereicht werden.

175 Gegen die auf den Antrag hin ergangene Entscheidung von Eurojust kann der Betroffene bei der gemeinsamen Kontrollinstanz **Beschwerde** einlegen (Art. 19 Abs. 8, 20 Abs. 2, 23 Abs. 7 EJB bzw. EJB neu), die eine Rechtmäßigkeitsprüfung vornimmt.[430] Die in diesem Rahmen ergangene **Entscheidung der gemeinsamen Kontrollinstanz** ist für Eurojust endgültig und bindend (Art. 23 Abs. 8 EJB bzw. EJB neu).

176 Des Weiteren stehen dem Betroffenen wegen der unbefugten oder unrichtigen Datenverarbeitung **Schadensersatzansprüche gegen Eurojust** zu, die er im Wege einer Klage vor den niederländischen Gerichten[431] geltend machen kann (vgl. Art. 24 Abs. 2 EJB bzw. EJB neu in Verbindung mit § 10 EJG).

177 Während die von der gemeinsamen Kontrollinstanz erlassene Entscheidung ihre Endgültigkeit und Bindung lediglich gegenüber Eurojust aufweist, steht allen anderen Verfahrensbeteiligten nur der **Rechtsweg zu den nationalen Gerichten** offen.[432] Die Frage nach einer nationalen Rechtsschutzmöglichkeit ist insbesondere im Rahmen des Datenübermittlungsverfahrens an Eurojust seitens einer deutschen öffentlichen Stelle relevant, da in diesem Vorgang ein Eingriff in das verfassungsrechtlich geschützte Recht auf informationelle Selbstbestimmung zu sehen ist.[433] Aus diesem Grund kann die Überprüfung der Einhaltung der in EJG und EJB enthaltenen Vorgaben vor den deutschen Gerichten angestrebt werden.

178 Die Möglichkeit eines **Ausgleichs von Schäden** besteht auch im nationalen Bereich, falls sie von der unbefugten oder unrichtigen Verarbeitung von Daten seitens der Mitgliedstaaten herrühren (vgl. Art. 24 Abs. 3 EJB bzw. EJB neu). Die Einzelheiten richten sich nach den innerstaatlichen Rechtsgrundlagen, die in der Bundesrepublik

---

[429] Ausführlich zu dem Verfahren gemäß Art. 35 EUV-Nizza siehe unten Rn. 184 ff.
[430] Die Wirksamkeit eines solchen „gerichtlichen" Rechtsschutzes wird auf Grund des Wesens der gemeinsamen Kontrollinstanz als eine justizähnliche Widerspruchsbehörde jedoch in Zweifel gezogen. S. dazu *Dannecker*, in: Streinz, EUV/AEUV, Art. 85 AEUV Rn. 20 m. w. N.
[431] Der Sitz von Eurojust liegt in Den Haag.
[432] *Fawzy*, Die Errichtung von Eurojust, S. 209, 218; *Dannecker*, in: Streinz, EUV/AEUV, Art. 85 Rn. 20.
[433] BVerfGE 65, 1 (43); *Dreier*, in: Dreier, GG-Kommentar, Art. 2 Abs. 1 Rn. 79 ff.

Deutschland im Falle der Zuständigkeit der Bundesbehörde für die Datenverarbeitung dem Datenschutzgesetz des Bundes oder einem solchen des Landes bei entsprechender Zuständigkeit einer Landesbehörde entnommen werden können.

3. Europäische Staatsanwaltschaft. Ausgehend von Eurojust kann in Bestimmung von Art. 86 Abs. 1 UAbs. 1. S. 1 AEUV eine Europäische Staatsanwaltschaft eingesetzt werden, um die Straftaten zum Nachteil der finanziellen Interessen der Union zu bekämpfen. Diesbezüglich bleibt die künftige Entwicklung abzuwarten, wie die Europäische Staatsanwaltschaft ausgestaltet werden wird.

III. Polizeiliche Zusammenarbeit

Die wesentlichen Prinzipien der polizeilichen Zusammenarbeit haben mit Inkrafttreten des Lissaboner Vertrages ihre Verankerung in Art. 87 AEUV (zuvor Art. 30 Abs. 1 EUV-Nizza) gefunden. Dieser Regelung zufolge plant die Union eine unmittelbare Kooperation mitgliedstaatlichen Behörden in verschiedenen Bereichen, deren Aufzählung jedoch nicht abschließend ist.[434] Zu diesem Zweck ermächtigt Art. 87 Abs. 2 AEUV das Europäische Parlament und den Rat zum Erlass von Maßnahmen, die im Unterschied zu der vor dem Inkrafttreten des Vertrags von Lissabon bestehenden Rechtslage nicht mehr auf dem einstimmigen Ratsbeschluss beruhen,[435] sondern nunmehr zum Zwecke der Erhöhung der Handlungsfähigkeit der Union bei der polizeilichen Zusammenarbeit mit qualifizierter Ratsmehrheit im Wege des ordentlichen Gesetzgebungsverfahrens gemäß Artt. 289, 294 AEUV erfolgen soll. Die in diesem Verfahren ergangenen Rechtsakte (Rahmenbeschlüsse, Übereinkommen etc.) können die **Informationssammlung und -verarbeitung** als Grundlage jeder weitergehenden Zusammenarbeit im gesamten Bereich der Kriminalitätsbekämpfung[436] unter Verwendung hoch technisierter, durch die Möglichkeit der Erfassung und Abfrage von ermittlungs- und fahndungsrelevanten Daten dem effektiven Informationsaustausch im europäischen Rahmen dienenden Informationssysteme[437] wie das SIS,[438] das ZIS,[439]

---

[434] *Dannecker*, in: Streinz, EUV/AEUV, Art. 87 Rn. 2.
[435] Gemäß Art. 34 Abs. 2 S. 2 EUV-Nizza war für Rechtsakte, die auf Art. 30 Abs. 1 EUV-Nizza beruhten, ein einstimmiger Ratesbeschluss erforderlich.
[436] *Dannecker*, in: Streinz, EUV/AEUV, Art. 87 Rn. 5.
[437] Ein nichtautomatisierter Informationsaustausch in der EU ist ebenfalls möglich und praktizierbar; dazu *Dannecker*, in: Streinz, EUV/AEUV, Art. 87 Rn. 14 f.
[438] Der Einsatz des in Art. 92 ff. SDÜ geregelten Schengener Informationssystems als ein computergestütztes Abfrage- und Erfassungssystem im Bereich der Fahndung nach Personen und Sachen in der Schengen-Zone soll der Übermittlung von Rechtshilfeersuchen dienen und den Kontrollmangel beheben, welchen die im Wege des Schengener Abkommens erreichte Grenzöffnung auslöste. Mit der auf das Jahr 2013 anvisierte Inbetriebnahme des Schengener Informationssystems der zweiten Generation (SIS II), welches nicht zuletzt auf Grund der auf den Lissaboner Vertrag zurückgehende Kompetenzerweiterung durch zwei Rechtsakte wie Beschluss 2007/533/JI (ABl. 2007 L 506/63) des Rates vom 12.6.2007 und die Verordnung (EG) Nr. 1987/2006 geschaffen werden musste, erhofft man eine auf Grund der Erweiterung der EU notwendig gewordene effektivere technische Unterstützung im Informationsverkehr, welche insbesondere durch die Möglichkeit der Verarbeitung biometrischer Daten erreicht werden soll. S. hierzu *Dannecker*, in: Streinz, EUV/AEUV, Art. 87 Rn. 7 ff. mit weiteren Nachweisen.
[439] Das durch das Übereinkommen über den Einsatz der Informationstechnologie im Zollbereich (ABl. 1995 C 316/33) ins Leben gerufene und auf dem Beschluss 2009/917/JI (ABl. 2009

§ 39 180

das VIS⁴⁴⁰ oder das Europol-Informationssystem als Gegenstand haben (vgl. Art. 87 Abs. 2 lit. a AEUV).⁴⁴¹ Die Rechtsakte können sich weiterhin auf die **Aus- oder Weiterbildung und Austausch von Beamten** beziehen⁴⁴² (Art. 87 Abs. 2 lit. b. AEUV⁴⁴³) oder die **gemeinsame Ermittlungstechniken** regeln (Art. 87 Abs. 2 lit. c AEUV⁴⁴⁴).

L 323/20-ZIS-Beschluss) des Rates vom 30.11.2009 basierende Zollinformationssystem stellt eine für die mitliedstaatlichen Behörden, Eurojust und Europol zugängliche zentrale Datenbank dar, welche dem Zweck dient, die Verhinderung, Ermittlung und Verfolgung schwerer Zuwiderhandlungen gegen einzelstaatliche Rechtsvorschriften zu unterstützen, indem Daten schneller zur Verfügung gestellt werden und auf diese Weise die Effizienz der Kooperations- und Kontrollverfahren der Zollverwaltungen der Mitgliedstaaten gesteigert wird" (Art. 1 Abs. 2 ZIS-Beschluss). S. hierzu *Dannecker*, in: Streinz, EUV/AEUV, Art. 87 Rn. 11.

⁴⁴⁰ Mit der Errichtung des noch im Aufbaustadium sich befindende Visa-Informationssystem durch die Entscheidung 2004/512/EG (ABl. 2004 L 213/5) des Rates vom 8.6.2004, wurde neben der Verbesserung der gemeinsamen Visumspolitik etwa durch die Vereinfachung des Visa-Antragsverfahrens, Verhinderung des „Visa-Shoppings" und der Kontrollen an den Außengrenzen, auch die Verhütung, Aufklärung und Verfolgung terroristischer und anderer schweren Straftaten angestrebt. Die Einzelheiten hinsichtlich des Datenaustauschverkehrs regeln neben der auf Art. 66, 62 Nr. 2 lit. b Ziff. ii EGV-Nizza a. F. (Art. 74, 77 AEUV) gestützten Verordnung (EG) Nr. 767/2008 des Europäischen Parlaments und des Rates vom 8.7.2008 über das Visa-Informationssystem (VIS) und den Datenaustausch zwischen den Mitgliedstaaten über Visa für einen kurzfristigen Aufenthalt (ABl. 2008 L 218/60) sowie dem Beschluss des Rates 2008/633/JI (ABl. 2008 L 218/219), auch der durch sieben Mitgliedstaaten außerhalb des Rechtsrahmens der EU geschlossene Vertrag von Prüm vom 27.5.2005 (BGBl. 2006 II 626 mit Ausführungsgesetz BGBl. 2006 I 1458) bzw. der ihn in den Rechtsrahmen der EU überführende Beschluss 2008/615/JI des Rates vom 23.6.2008 zur Vertiefung der grenzüberschreitenden Zusammenarbeit, insbesondere der Bekämpfung des Terrorismus und der grenzüberschreitenden Kriminalität (ABl. 2008 L 210/1), welche intergouvernementale Rechtsgrundlagen des VIS darstellen. S. hierzu *Dannecker*, in: Streinz, EUV/AEUV, Art. 87 Rn. 12 f.
⁴⁴¹ Die Möglichkeit des Einsatzes des Europol-Informationssystems ist auf der Ebene des AEUV in Art. 88 Abs. 2 lit. a AEUV vorgesehen.
⁴⁴² Die in diesen Rahmen ergangenen Programme wie STOP, DAPHNE, ABl. 1996 L 322/7; OISIN, ABl. 1997 L7/5; SHERLOCK, ABl. 1996 L 287/7; Orientierungsrahmen in Bezug auf Verbindungsbeamte, ABl. 1996 L 268/2; GROTIUS, ABl. 1996 L 287/3; FALCONE, ABl. 1998 L 99/8 konnten sich in der Praxis durchsetzen, sodass neben der Schaffung neuer (STOP II, ABl. 2001 L 186/7; OISIN II, ABl. 2001 L 186/4; GROTIUS II, ABl. 2001 L 186/1; HIPPOKRATES, ABl. 2001 L 186/11; DAPHNE II, ABl. 2004 L 143/1, DAPHNE III, ABl. 2007 L 173/19; auch die Errichtung einer Europäischen Polizeiakademie (EPA bzw. CEPOL) mit dem Beschluss 2000/820/JI (Beschluss vom 30.12.2000, ABl. 2000 L 336/1, zuletzt geändert durch den Beschluss 2004/565/JI vom 27.7.2004, ABl. 2004 L 251/20) mit anschließender Umwandlung in eine EU-Agentur (Beschluss des Rates vom 20.9.2005, ABl. 2005 L 256/63)) die Fortführung und Ergänzung (wie etwa durch ein auf dem Beschluss des Rates vom 22.7.2002 basierendes „Rahmenprogramm für die polizeiliche und justizielle Zusammenarbeit in Strafsachen (AGIS), ABl. 2002 L 203/5 (ersetzt durch Beschluss des Rates vom 12.2.2007 zur Auflegung des spezifischen Programms „Kriminalprävention und Kriminalitätsbekämpfung" für den Zeitraum 2007-2023, ABl. 2007 L 58)) alter Programme beabsichtigt ist.
⁴⁴³ Art. 30 Abs. 1 lit. c EUV-Nizza a. F. bzw. Art. III-275 Abs. 2 lit. b EVV.
⁴⁴⁴ Diese Norm strebt die Optimierung der Ermittlungstätigkeit durch die Aufdeckung schwerwiegender Formen der organisierten Kriminalität an und stellt insofern eine Erweiterung des ihr vorangegangenen Art. 30 Abs. 1 lit. d EUV-Nizza a. F. bzw. Art. III-275 Abs. 2 lit. c EVV dar, als sie durch die Festlegung einzelner Ermittlungstätigkeit zur Angleichung nationaler Ermittlungs- und Fahndungstechniken verhilft. S. hierzu: *Kretschmer*, in: Vedder/s. Post-it Übersicht, EVV, Art. III-275 Rn. 13.

Außerdem kann der Rat nach Anhörung des Europäischen Parlaments einstimmig (Art. 87 Abs. 3 S. 2 AEUV) über den Erlass von Maßnahmen entscheiden, welche die **operative Zusammenarbeit zwischen den mitgliedstaatlichen Behörden** betreffen. Dieser bereits im Art. 30 Abs. 1 lit. a EUV-Nizza a. F. ausgewiesene Bereich der PJZS erstreckt sich auf die Abstimmung und gemeinsame Durchführung einzelner konkreter polizeilicher Maßnahmen[445] und soll im Wege der grenzüberschreitenden Observation, der grenzüberschreitenden Nacheile, des Austauschs von Verbindungsbeamten, der Bildung gemeinsamer Ermittlungsgruppen und kontrollierter Lieferungen zwischen den zuständigen mitgliedstaatlichen Behörden als Formen der operativen Zusammenarbeit die Kooperation der Mitgliedstaaten in der Gefahrenabwehr und Strafverfolgung fördern.[446]

1. Rechtsschutz vor nationalen Gerichten. Der gegen die Maßnahmen der polizeilichen Zusammenarbeit gewährte **Rechtsschutz** lässt sich insgesamt als defizitär qualifizieren,[447] wobei dieser Umstand auf die Überlagerung der Befugnisse aus den mitgliedstaatlichen Rechtsordnungen zurückgeführt wird.[448] Dies verdeutlicht bereits der Umstand, dass die Gewährung des Rechtsschutzes gegen den grenzüberschreitenden Informationsaustausch von der Maßnahme abhängt, gegen welche ein Vorgehen angestrebt wird. Strebt der Betroffene die Abwehr der Übermittlung von Daten nach Deutschland an, so ist die Zuständigkeit deutscher Gerichte zu verneinen, da diesem Vorgang eine hoheitliche, der Staatenimmunität unterliegende Maßnahme zugrunde liegt.[449] Dem Betroffenen steht jedoch die Möglichkeit offen, vor **deutschen Gerichten** gegen ein **Informationsersuchen deutscher Behörden** vorzugehen oder die **Überprüfung der Verwendung von übermittelten Daten** zu veranlassen.[450]

2. Rechtsschutz vor dem EuGH bei Rechtsakten nach Inkrafttreten des Vertrages von Lissabon. Während der Rechtsweg zum EuGH gegen die im Zusammenhang mit den Formen der operativen Zusammenarbeit ergangenen Maßnahmen nicht gegeben ist und der Betroffene nur dann das Handeln grenzüberschreitend tätiger Beamten vor Gerichten des Einsatz- oder eines anderen Mitgliedstaates überprüfen lassen kann, wenn die zu überprüfende Maßnahme die Außenwirkung entfaltet[451] und den Beamten bzw. Behörden des Einsatz[452]- oder eines anderen Mitgliedstaates[453] zugerechnet werden

---

[445] *Brechmann*, in: Calliess/Ruffert, EUV/AEUV, Art. 30 EUV Rn. 3.
[446] S. hierzu ausführlich bei *Dannecker*, in: Streinz, EUV/AEUV, Art. 87 Rn. 21 ff. m. w. N.
[447] Der Überblick über die Vorschläge zur Behebung dieses Defizits s. bei *Nelles/Tinkl/Lauchstädt*, in: Schulze/Zuleeg/Kadelbach, § 42 Rn. 108 m. w. N.
[448] *Nelles/Tinkl/Lauchstädt*, in: Schulze/Zuleeg/Kadelbach, § 42 Rn. 107 m. w. N.
[449] *Fastenrath/Skerka*, ZEuS 2009, 219 (255).
[450] *Fastenrath/Skerka*, ZEuS 2009, 219 (255).
[451] Dieses Kriterium ist beispielsweise beim Austausch von Verbindungsbeamten nicht erfüllt. S. hierzu *Dannecker*, in: Streinz, EUV, AEUV, Art. 87 Rn. 25, 28.
[452] So bei der Zusammenarbeit durch kontrollierte Lieferungen und gemeinsame Ermittlungsgruppen.
[453] Vor andere als Gerichte des Einsatzstaates gehören die Maßnahmen im Zusammenhang mit dem Einsatz verdeckter Ermittler, der grenzüberschreitenden Observation und der grenzüberschreitenden Nacheile. Näher hierzu *Fastenrath/Skerka*, ZEuS 2009, 219 (244 ff.); *Gleß/Lüke*, Jura 2000, 400 (402 f.); *Harings*, in: Schmidt-Aßmann/Schöndorf-Haubold, Der Europäische Verwaltungsverbund, S. 127 (143 ff.).

kann,⁴⁵⁴ sind die **im Bereich der Polizeilichen Zusammenarbeit erlassenen Rechtsakte** im Sinne des Art. 87 Abs. 2 und 3 AEUV **durch den EuGH** gerichtlich überprüfbar.

Vor Inkrafttreten des Lissaboner Vertrags beurteilte sich der Rechtsschutz gegen die im Rahmen der Polizeilichen Zusammenarbeit erlassenen Rechtsakte nach **Art. 35 EUV-Nizza**.⁴⁵⁵ Diese Norm enthielt eine Erweiterung der Zuständigkeiten des EuGH auf den Bereich der PJZS. Dabei folgte die Gerichtsbarkeit des EuGH für diesen Bereich eigenen Regeln. Zwar wurden mit dem Vorabentscheidungsverfahren (vgl. Rn. 42 ff., 184) (Art. 35 Abs. 1–4 EUV-Nizza) und der Nichtigkeitsklage (vgl. Rn. 194 ff.) (Art. 35 Abs. 6 EUV-Nizza a. F.) bekannte Verfahrensarten übernommen. Jedoch waren diese Verfahren speziellen Vorbehalten unterworfen. Außerdem wurde ergänzend das Streitbeilegungsverfahren (Art. 35 Abs. 7 EUV-Nizza) als neue Verfahrensart eingeführt (Rn. 201 ff.).

Der **Vertrag von Lissabon** führte zwar zugunsten der Möglichkeit eines effektiven Individualrechtsschutzes, der Durchführung eines Vertragsverletzungsverfahrens sowie der Verstärkung der Zuständigkeiten des EuGH für das Vorabentscheidungsverfahren zum Verlust der Sonderposition der PJZS in Fragen des Rechtsschutzes, indem er die Streitigkeiten in diesem Bereich mit Ausnahme solcher, welche der Regelung des mit dem Art. 35 Abs. 5 EUV-Nizza inhaltsidentischen **Art. 276 AEUV** unterliegen, den allgemeinen Verfahrensvorschriften über den Rechtsschutz vor dem EuGH (Rn. 42 ff.) unterstellte.⁴⁵⁶ Uneingeschränkt gilt dies aber lediglich für alle erst nach dem Inkrafttreten des Vertrages von Lissabon erlassenen oder zumindest geänderten⁴⁵⁷ Maßnahmen im Bereich der PJZS.

183 **3. Rechtsschutz vor dem EuGH bei Rechtsakten vor Inkrafttreten des Vertrages von Lissabon.** Für die Rechtsakte im Bereich der PJZS, die bereits **vor dem Inkrafttreten des Lissaboner Vertrages** ergangen sind, wurde eine fünfjährige Übergangsperiode gemäß Art. 10 Abs. 1, 3 des Protokolls Nr. 36 über die Übergangsbestimmungen⁴⁵⁸ bestimmt, während derer die „Befugnisse des EuGH nach Titel VI des Vertrags über die Europäische Union in der vor dem Inkrafttreten des Vertrags von Lissabon geltender Fassung [unverändert] bleiben" und in die justizielle Kontrolle im Sinne des Art. 35 EUV-Nizza einmünden, falls ein Rechtsakt der PJZS unverändert geblieben ist.⁴⁵⁹ Für solche Fälle sind die speziellen, in Art. 35 EUV-Nizza geregelten Verfahrensarten nach wie vor relevant.

a) Vorabentscheidungen nach Art. 35 Abs. 1 EUV-Nizza

184 **aa) Gegenstand der Vorlage.** Nach Art. 35 Abs. 1 EUV-Nizza konnte der EuGH nach Vorlage eines nationalen Gerichts über die Auslegung und Gültigkeit der nach Art. 34 Abs. 2 EUV-Nizza erlassenen sekundären Rechtsakte – Rahmenbeschlüsse und sonstige Beschlüsse (Art. 34 Abs. 2 lit. b und c EUV-Nizza) – entscheiden. Da die Gegenstände des Vorlageverfahrens in Art. 35 Abs. 1 EUV-Nizza abschließend genannt sind, können dem EuGH Auslegungsfragen weder bezüglich primärrechtlicher Bestimmun-

---

⁴⁵⁴ Näher dazu *Dannecker*, in: Streinz, EUV/AEUV, Art. 87 Rn. 28 m. w. N.
⁴⁵⁵ *Pechstein*, EU-Prozessrecht, Rn. 55; *Esser*, StRR 2010, 133 ff.
⁴⁵⁶ *Weiß/Satzger*, in: Streinz, EUV/AEUV, Art. 67 AEUV Rn. 15.
⁴⁵⁷ Vgl. Art. 10 Abs. 2 des Protokolls über die Übergangsbestimmungen, ABl. 2010 C 83/322.
⁴⁵⁸ ABl. 2010 C 83/322.
⁴⁵⁹ *Weiß/Satzger*, in: Streinz, EUV/AEUV, Art. 67 AEUV Rn. 15. Zur besonderen Rechtslage in Großbritannien s. *Weiß/Satzger*, in: Streinz, EUV/AEUV, Art. 67 AEUV Rn. 15, 47 ff.

gen der Art. 29 ff. EUV-Nizza noch bezüglich gemeinsamer Standpunkte vorgelegt werden. Auch ist eine Vorabentscheidung über die Gültigkeit von Übereinkommen ausgeschlossen, weil deren Verbindlichkeit auf der Ratifizierung des Mitgliedstaates beruht und die Übereinkommen dadurch den Rang von Primärrecht erlangen.[460] Unstreitig ist, dass Art. 35 Abs. 1 EUV-Nizza auch Durchführungsmaßnahmen des Rates zu Übereinkommen erfasst. Problematisch ist jedoch, ob Durchführungsmaßnahmen zu allen in Art. 29 EUV-Nizza geregelten Handlungsformen, also auch zu Beschlüssen und Rahmenbeschlüssen, erfasst sind. Hierfür spricht zum einen der Gesetzeswortlaut. Zum anderen macht es wenig Sinn, die Beschlüsse selbst der gerichtlichen Kontrolle zu unterwerfen, nicht aber die Durchführungsmaßnahmen zu deren Durchsetzung.[461]

bb) Klagebefugnis nationaler Gerichte. Ein nationales Gericht kann dem EuGH im Vorabentscheidungsverfahren nach Art. 35 Abs. 1–4 EUV-Nizza a. F., das dem Verfahren nach Art. 234 EGV-Nizza nachgebildet ist, Fragen über die Gültigkeit und die Auslegung der Rahmenbeschlüsse und Beschlüsse über die Auslegung der Übereinkommen zur PJZS und über die Gültigkeit und Auslegung der dazu gehörigen Durchführungsmaßnahmen vorlegen, wenn der jeweilige Mitgliedstaat die Zuständigkeit des EuGH hierfür durch eine Erklärung nach Art. 35 Abs. 2 EUV-Nizza anerkannt hat. Hierzu hatten sich neben Deutschland auch Belgien, Griechenland, Luxemburg und die Niederlande bereit erklärt.[462] Welche Gerichte des jeweiligen Mitgliedstaates vorlageberechtigt sind – nur letztinstanzliche (Art. 35 Abs. 3 lit. a EUV-Nizza) oder sämtliche Gerichte (Art. 35 Abs. 3 lit. b EUV-Nizza) – bestimmt der jeweilige Mitgliedstaat selbst.[463] Deutschland hat sämtlichen nationalen Gerichten eine Vorlagebefugnis eingeräumt.[464] Der Begriff des Gerichts hat dieselbe Bedeutung wie in Art. 234 EGV und ist deshalb entsprechend auszulegen (siehe dazu Rn. 35 ff.). 185

Die nationalen Gerichte sind nach Art. 35 EUV-Nizza nicht zur Vorlage verpflichtet. Jedoch können die Mitgliedstaaten für letztinstanzliche Gerichte – entsprechend der Regelung in Art. 234 Abs. 3 EGV-Nizza – eine Vorlagepflicht statuieren. Von dieser Möglichkeit hat der deutsche Gesetzgeber in **§ 1 Abs. 2 EuGHG** Gebrauch gemacht. 186

Außerdem besteht eine Vorlagepflicht, wenn ein vorlageberechtigtes Gericht einen Rechtsakt nach Art. 34 Abs. 2 EUV-Nizza – Rahmenbeschluss und Beschluss zu einem anderen Zweck – für ungültig erklären will. Insoweit findet die *Fotofrost*-Rechtsprechung des EuGH,[465] die auch unterinstanzliche mitgliedstaatliche Gerichte zur Vorlage an den EuGH verpflichtet, wenn sie von der Ungültigkeit des Unions- oder Gemeinschaftsrechts ausgehen wollen (siehe Rn. 61), auch auf Rechtsakte der Dritten Säule Anwendung. Denn nur auf diese Weise kann eine einheitliche Geltung der Gemeinschaftsrechtsordnung und die Einheitlichkeit der Judikativfunktion im Gemeinschaftsrechtsraum erreicht werden. Diese Erwägungen zur Ersten Säule gelten gleichermaßen für die Dritte Säule.[466] 187

---

[460] *Röben*, in: GH, Art. 35, EUV Rn. 15.
[461] *Böse*, in: Schwarze, EU-Kommentar, Art. 35 Rn. 5; *Röben*, in: GH, Art. 35 EUV Rn. 6; *Thun-Hohenstein*, Vertrag von Amsterdam, Art. 35 Rn. 46; *Schomburg*, StV 1999, 298.
[462] ABl. 1997 C 340/308 v. 10.11.1997.
[463] *Röben*, in: GH, Art. 35 EUV Rn. 5.
[464] § 1 Abs. 1 EuGH-G, BGBl. 1998, I-2035.
[465] EuGH, Rs. C-314/85, *Foto-Frost*, Slg. 1987, 4199.
[466] *Röben*, in: GH, Art. 35 EUV Rn. 16.

188 **cc) Entscheidungserheblichkeit der Vorlagefrage.** Die dem EuGH vorgelegte Frage muss für die Entscheidung des nationalen Gerichts entscheidungserheblich sein (Art. 35 Abs. 3 lit. a und b EUV-Nizza).

189 **dd) Verfahren und Entscheidung.** Das Verfahren vor dem EuGH und seine Entscheidung folgen den Regelungen zu Art. 234 EGV (vgl. dazu § 10 Rn. 1 ff.). An dem Verfahren können sich auch Mitgliedstaaten beteiligen und intervenieren, die die Zuständigkeit des EuGH für Vorabentscheidungen nicht anerkannt haben (Art. 35 Abs. 4 EUV-Nizza). Dies folgt zum einen aus dem Gedanken der Einheit der Gemeinschaftsordnung und zum anderen daraus, dass die Chancen eines späteren „opt in" erhöht werden sollen.[467]

190 Die **Entscheidung des EuGH** entfaltet nur für das vorlegende Gericht und gegebenenfalls für die Instanzgerichte in dem anhängigen Rechtsstreit **Bindungswirkung**. Wenn der EuGH jedoch einen Rechtsakt im Rahmen einer Vorabentscheidung für ungültig erklärt hat, entfaltet diese Entscheidung eine faktische Bindungswirkung „erga omnes"; der Rechtsakt gilt als nichtig.[468] Diese Wirkung tritt auch in denjenigen Mitgliedstaaten ein, die eine Zuständigkeit des EuGH nach Art. 35 Abs. 2, 3 EUV-Nizza nicht anerkannt haben. Denn es ist Sinn und Zweck der Anerkennungserklärung, dem Staat die Möglichkeit einzuräumen, die Vorlage durch eigene Gerichte zu kontrollieren, nicht aber Inhalt und Wirkung des Unionsrechts modifizieren zu können.[469]

191 **ee) Grenzen der Gerichtsbarkeit des EuGH (Art. 35 Abs. 5 EUV-Nizza).** Nach Art. 35 Abs. 5 EUV-Nizza war der Gerichtshof nicht zuständig für die Überprüfung der **Gültigkeit oder Verhältnismäßigkeit von Maßnahmen der Polizei oder anderer Strafverfolgungsbehörden eines Mitgliedstaats** oder der **Wahrnehmung der Zuständigkeit der Mitgliedstaaten für die Aufrechterhaltung der öffentlichen Ordnung und den Schutz der inneren Sicherheit.** Dadurch werden der Gerichtsbarkeit des EuGH Grenzen gesetzt, die sowohl für das Vorabentscheidungsverfahren nach Art. 35 Abs. 1–4 EUV-Nizza als auch für das Streitbeilegungsverfahren nach Art. 35 Abs. 7 EUV-Nizza gelten.[470] Auf diese Weise soll verhindert werden, dass der EuGH im Rahmen der PJZS richterrechtliche allgemeine Maßstäbe entwickelt, deren Anwendung zur Ungültigkeit und Unverhältnismäßigkeit von Maßnahmen der nationalen Polizei- und Strafverfolgungsbehörden führen kann. Hingegen können spezifische Normen des anwendbaren Unionsrechts geprüft und ausgelegt werden, die von den nationalen Gerichten anzuwenden sind.

192 Soweit Art. 35 Abs. 5 EUV-Nizza die Überprüfung der **Gültigkeit oder Verhältnismäßigkeit von Maßnahmen der Polizei oder anderer Strafverfolgungsbehörden** von der Zuständigkeit des EuGH ausnimmt, hat diese Regelung lediglich deklaratorischen Charakter. Der EuGH war auch im Vorabentscheidungsverfahren nach Art. 234 EGV auf die Entscheidung einer abstrakten Auslegungsfrage des Gemeinschaftsrechts oder auf eine Frage nach der Gültigkeit des Gemeinschaftsrechts beschränkt. Die Anwendung auf den konkreten Einzelfall bleibt dem **nationalen Gericht** vorbehalten. Gegenstand von Streitbeilegungsverfahren nach Art. 35 Abs. 7 EUV-Nizza werden ebenfalls

---

[467] *Röben,* in: GH, Art. 35 EUV Rn. 19.
[468] *Bergmann/Lenz/Winkler,* EUV, Art. 35 Rn. 68.
[469] *Röben,* in: GH, Art. 35 EUV Rn. 18.
[470] *Pechstein/Koenig,* Die Europäische Union, Rn. 533.

keine Einzelmaßnahmen, sondern allenfalls Regelungen sein, bei denen fraglich ist, ob Rechtsakte korrekt in nationales Recht umgesetzt worden sind.

Mit dem zweiten Teil der Einschränkung des Art. 35 Abs. 5 EUV-Nizza wird auf den Vorbehalt des Art. 33 EUV-Nizza Bezug genommen und die Wahrnehmung der **Zuständigkeiten der Mitgliedstaaten für die Aufrechterhaltung der öffentlichen Ordnung und den Schutz der inneren Sicherheit** der gerichtlichen Kontrolle durch den EuGH entzogen. Der EuGH kann eine solche Kontrollbefugnis auch nicht durch eine restriktive Auslegung des Art. 35 Abs. 5 EUV-Nizza an sich ziehen, denn gerade diese Möglichkeit wollten die Mitgliedstaaten durch die Schaffung des Art. 35 Abs. 5 EUV-Nizza ausschließen.[471] Hierfür sind die mitgliedstaatlichen Gerichte zuständig.

b) Entscheidung des EuGH über Klagen der Kommission oder eines Mitgliedstaates nach Art. 35 Abs. 6 EUV a. F. Die Nichtigkeitsklage des Art. 35 Abs. 6 EUV-Nizza war hinsichtlich Zuständigkeit, Klagegründen und Klagefrist Art. 230 EGV nachgebildet. Die **Feststellung der Rechtswidrigkeit** eines Rechtsakts hat nach h.M dessen **Ungültigkeit** zur Folge.[472] Zwar ist keine Vorschrift über die Nichtigerklärung, wie sie sich in Art. 231 EGV fand, aufgenommen worden. Sie ist jedoch, wie auch weitere allgemein das Verfahren und die Entscheidung über die Klage betreffende Vorschriften des primären und sekundären Rechts, stillschweigend für anwendbar erklärt.[473] Anders als im Fall der Vorabentscheidungsverfahren steht die Zuständigkeit des EuGH für Nichtigkeitsklagen nicht unter dem Vorbehalt einer Anerkennung durch die Mitgliedstaaten. Die Möglichkeit der Kommission, im Falle der Verletzung von Kompetenzen der EG ein Vertragsverletzungsverfahren nach Art. 226 EGV einzuleiten, bleibt von der Nichtigkeitsklage nach Art. 35 Abs. 6 EUV-Nizza unberührt.[474]

aa) Gegenstand der Klage. Als Gegenstand einer Nichtigkeitsklage werden in Art. 35 Abs. 6 S. 1 EUV **Rahmenbeschlüsse** und **Beschlüsse** nach Art. 34 Abs. 2 S. 2 lit. b und c EUV genannt. Hieraus ergibt sich im Umkehrschluss, dass gegen andere als die in Art. 34 Abs. 2 EUV genannten Rechtsakte keine Nichtigkeitsklage möglich ist. Für **gemeinsame Standpunkte** nach Art. 34 Abs. 2 S. 2 lit. a EUV folgt dies bereits aus deren fehlender Verbindlichkeit, so dass ein Rechtsschutzinteresse nicht besteht, und für Übereinkommen daraus, dass diese nach der Ratifizierung nicht mehr am Maßstab des EU-Vertrages überprüfbar sind. Von Art. 35 Abs. 6 EUV sind auch **Durchführungsmaßnahmen zu den Übereinkommen** nach Art. 34 Abs. 2 S. 2 lit. d EUV nicht erfasst. Hingegen ermöglicht es der Wortlaut des Art. 35 Abs. 6 EUV, unter „Beschlüssen" nicht nur die „Beschlüsse zu anderen Zwecken" im Sinne des Art. 34 Abs. 2 S. 2 lit. c Satz 1 EUV, sondern auch die zu deren Durchführung beschlossenen Maßnahmen (Art. 34 Abs. 2 S. 2 lit. c S. 2 EUV) zu verstehen. Für eine Einbeziehung solcher Durchführungsmaßnahmen in den Anwendungsbereich des Art. 35 Abs. 6 EUV spricht zum einen, dass ansonsten der Klagegrund der Verletzung einer bei der Durchführung des EU-Vertags anzuwendenden Rechtsnorm leer liefe, denn die dort vorausgesetzte Normenhierarchie ist nur zwischen Beschlüssen und den dazu gehörigen Durchfüh-

---

[471] Röben, in: GH, Art. 35 EUV Rn. 21.
[472] Böse, in: Schwarze, EU-Kommentar, Art. 35 Rn. 7; Classen, EUR-Beiheft 1/1999, 83 f.; a. A. Zott, Der rechtliche Rahmen der innen- und justizpolitischen Zusammenarbeit in der EU, S. 280.
[473] Röben, in: GH, Art. 35 EUV Rn. 21.
[474] Pechstein/Koenig, Die Europäische Union, Rn. 522.

rungsmaßnahmen denkbar. Zum anderen besteht für die Mitgliedstaaten gerade im Falle der mit qualifizierter Mehrheit zu beschließenden Durchführungsmaßnahmen ein Bedürfnis für eine Klagemöglichkeit.[475] Da bereits Übereinkommen nicht Gegenstand einer Nichtigkeitsklage sein können, kommt diese Klageart auch für diesbezügliche Durchführungsmaßnahmen nicht in Betracht.[476]

196   bb) **Klagebefugnis**. Nach Art. 35 Abs. 6 EUV sind die **Mitgliedstaaten** und die **Kommission** zur Erhebung einer Nichtigkeitsklage berechtigt. Die Klagebefugnis ist nicht von der Geltendmachung der Verletzung eigenen Rechts abhängig. Andere Gemeinschaftsorgane als die Kommission, so der Rat, können nach dem Wortlaut des Art. 35 Abs. 6 EUV keine Nichtigkeitsklage erheben.

197   Allerdings ist das Parlament auf eine Klagemöglichkeit angewiesen, um seine Beteiligungsrechte gerichtlich durchsetzen zu können. Deshalb hat der EuGH dem Parlament bereits zu einem Zeitpunkt eine auf die Wahrung eigener Rechte beschränkte Klagebefugnis zugestanden, als diese Befugnis für Nichtigkeitsklagen nach Art. 230 EGV noch nicht ausdrücklich vorgesehen war.[477] Entsprechend ist eine **Nichtigkeitsklage des Parlaments** nach Art. 35 Abs. 6 EUV zulässig, sofern diese auf die Verletzung von Mitwirkungsbefugnissen des Parlaments gestützt wird.[478]

198   Hingegen sind **Individualnichtigkeitsklagen** von natürlichen und juristischen Personen **ausgeschlossen**. Dadurch entsteht keine Rechtsschutzlücke, weil Rechtsakte nach Art. 34 Abs. 2 EUV nicht unmittelbar in die Rechte des Einzelnen eingreifen und daher ausreichender Rechtsschutz gegen Umsetzungsmaßnahmen vor den nationalen Gerichten besteht.[479]

199   cc) **Nichtigkeitsgründe und Verfahren**. Die Nichtigkeitsgründe des Art. 35 Abs. 6 EUV entsprechen denen des Art. 230 EGV. Folglich kann der EuGH einen Rechtsakt nach Art. 34 Abs. 2 lit. b und c EUV, der in die **Kompetenz** der EG eingreift, nach Art. 35 Abs. 6 EUV wegen Unzuständigkeit für nichtig erklären. Der Nichtigkeitsgrund der „Verletzung dieses Vertrages" erfasst über Art. 46 lit. d EUV auch die Verletzung von **Grundfreiheiten und Menschenrechten** (Art. 6 Abs. 2 EUV) und über Art. 46 lit. e, 47 EUV die Verletzung von **materiellem Gemeinschaftsrecht**. Das Klageverfahren richtet sich nach den für die Nichtigkeitsklage gemäß Art. 230 EGV geltenden Regeln (vgl. oben Rn. 112 ff.). Die Klagefrist beträgt 2 Monate und beginnt mit der Veröffentlichung der Maßnahme im Amtsblatt zu laufen (Art. 35 Abs. 6 S. 2 EUV).

200   dd) **Grenzen der Gerichtsbarkeit des EuGH**. Trotz der systematischen Stellung gilt Art. 35 Abs. 5 EUV für alle Verfahren des Art. 35 EUV[480] und muss daher auch bei Klagen der Kommission oder eines Mitgliedstaates nach Art. 35 Abs. 6 EUV berücksichtigt werden.[481]

---

[475] *Böse*, in: Schwarze, EU-Kommentar, Art. 35 EUV Rn. 9; *Thun-Hohenstein*, EUV, Art. 35 Rn. 49.
[476] *Röben*, in: GH, Art. 35 EUV Rn. 22; *Thun-Hohenstein*, Vertrag von Amsterdam, Art. 35 Rn. 49.
[477] EuGH, Rs. C-70/88, *Tschernobyl*, Slg. 1990, I-2041 ff., vgl. Art. 230 Abs. 3 EGV.
[478] *Böse*, in: Schwarze, EU-Kommentar, Art. 35 Rn. 8; *Röben*, in: GH, Art. 35 EUV Rn. 29; a. A. *Monar*, ELR 1998, 331.
[479] Vgl. *Pechstein/Koenig*, Die Europäische Union, Rn. 533.
[480] *Pechstein/Koenig*, Die Europäische Union, Rn. 533.
[481] *Böse*, in: Schwarze, EU-Kommentar, Art. 36 Rn. 13.

c) Streitbeilegungsverfahren nach Art. 35 Abs. 7 EUV-Nizza

aa) **Erfordernis des Bemühens um gerichtliche Einigung.** Das Streitbeilegungsverfahren nach Art. 35 Abs. 7 EUV findet keine Parallele im Rechtsschutzsystem des EG-Vertrages. Es ist jedoch aus mehreren Übereinkommen im Rahmen der ZBJI bekannt. In diesem Verfahren sind ausschließlich die **Mitgliedstaaten** zur Anrufung des EuGH berechtigt. Jedoch ist Zulässigkeitsvoraussetzung für dieses Verfahren, dass sich die Mitgliedstaaten zuvor über einen Zeitraum von mindestens 6 Monaten erfolglos um eine gütliche Einigung bemüht haben. Hierbei handelt es sich um eine Art Vorverfahren. 201

bb) **Gegenstand des Verfahrens.** Gegenstand des Verfahrens ist die **Auslegung und Anwendung** – nicht die Gültigkeit – **von auf Art. 34 Abs. 2 EUV gestützten Rechtsakten**, d. h. der EuGH muss dabei regelmäßig prüfen, ob ein Mitgliedstaat die erforderlichen Maßnahmen ergriffen hat, um seine Verpflichtungen aus den im Rahmen der PJZS erlassenen Rechtsakten zu erfüllen. Die Funktion des Streitbeilegungsverfahrens entspricht daher im Wesentlichen derjenigen des Vertragsverletzungsverfahrens nach Art. 226 ff. EGV.[482] Ein wesentlicher Unterschied liegt allerdings darin, dass die Kommission nicht antragsberechtigt ist. Darin kommt zum Ausdruck, dass die Kontrolle über eine wirksame Umsetzung der im Rahmen der PJZS erlassenen Rechtsakte letzten Endes den Mitgliedstaaten selbst obliegt. 202

Das Verfahren nach Art. 35 Abs. 7 S. 2 EUV betrifft lediglich Streitigkeiten über die Auslegung und Anwendung von Übereinkommen nach Art. 34 Abs. 2 S. 2 lit. d EUV. Die Streitigkeit kann zwischen Mitgliedstaaten (Art. 35 Abs. 7 S. 1 EUV) oder zwischen der Kommission und einem Mitgliedstaat (Art. 35 Abs. 7 S. 2 EUV) bestehen. Praktische Relevanz dürften diese Verfahren vor allem im Hinblick auf die Frage erlangen, ob einzelne Mitgliedstaaten ihre Verpflichtungen aus dem Übereinkommen erfüllt bzw. verletzt haben. Im Hinblick darauf, dass die Mitgliedstaaten bereits von einer Ratifizierung des Übereinkommens absehen können, war es aus Sicht der Mitgliedstaaten unproblematisch, der Kommission im Streitbeilegungsverfahren das Recht einzuräumen, den EuGH anzurufen und auf den in Art. 35 Abs. 7 S. 1 EUV vorgesehenen obligatorischen Einigungsversuch zu verzichten. Diese Erwägung trifft jedoch auf Durchführungsbeschlüsse zu Übereinkommen nach Art. 34 Abs. 2 S. 2 lit. d EUV nicht zu. Daher unterfallen letztere Beschlüsse nicht der Ausnahmevorschrift des Art. 35 Abs. 7 S. 2 EUV.[483] Vielmehr ist in diesen Fällen ein Streitbeilegungsverfahren durchzuführen.[484] 203

cc) **Grenzen der Gerichtsbarkeit des EuGH entsprechend Art. 35 Abs. 5 EUV-Nizza.** Die Begrenzung der Zuständigkeit des EuGH aufgrund von Art. 35 Abs. 5 EUV ist über den Wortlaut hinaus auch auf das Streitbeilegungsverfahren nach Art. 35 Abs. 7 EUV anzuwenden.[485] Die Regelung des Art. 35 Abs. 5 EUV greift ein, wenn das Unionsrecht nicht tangiert wird. Dadurch soll Art. 33 EUV, der eine sog. Reservatkompetenz der Mitgliedstaaten im Primärrecht statuiert, Rechnung getragen werden, nach dem die Wahrnehmung der Zuständigkeit der Mitgliedstaaten für die 204

---

[482] *Böse*, in: Schwarze, EU-Kommentar, Art. 35 Rn. 11; *Classen*, EUR-Beiheft 1999, 84.
[483] Denkschrift der Bundesregierung, BT-Drucks. 13/9339, 147; a. A. *Thun-Hohenstein*, EUV, Art. 35 Rn. 48.
[484] *Böse*, in: Schwarze, EU-Kommentar, Art. 35 Rn. 12.
[485] *Pechstein/Koenig*, Die Europäische Union, Rn. 533.

Aufrechterhaltung der öffentlichen Ordnung und für den Schutz der inneren Sicherheit gewahrt werden soll. Dadurch soll nicht die gerichtliche Kontrolle mitgliedstaatlicher Maßnahmen in diesem Bereich ausgeschlossen, wohl aber die Kontrolldichte eingeschränkt werden.[486]

205 **4. Europol**

a) Zuständigkeit und Aufgaben. Art. 86 Abs. 2 AEUV statuiert die Zuständigkeit der Europäischen Staatsanwaltschaft für die strafrechtliche Untersuchung, Verfolgung sowie die Anklageerhebung, welche sie gegebenenfalls in Verbindung mit **Europol** ausüben kann. Neben der Möglichkeit einer Aufgabendelegation bei der Ermittlungstätigkeit im Zuständigkeitsbereich von Art. 86 AEUV an Europol begründet diese Ermächtigung zugleich eine solche der partiellen justiziellen Einbindung dieser Einrichtung.[487]

Eine enge Zusammenarbeit mit Europol sieht ferner **Art. 26 Abs. 1 EJB** vor, die **Eurojust**, soweit dies für die Wahrnehmung seiner Aufgaben und für die Erreichung seiner Ziele erforderlich ist, begründen und pflegen soll.[488] Diese Bestrebung spiegelt sich in Art. 85 Abs. 1 UAbs. 1 HS. 2 AEUV wieder, wonach Eurojust sich bei der Erledigung seiner Aufgaben außer der von den Behörden der Mitgliedstaaten durchgeführten Operationen und gelieferten Informationen auch solcher von Europol bedienen soll, zumal alle der Zuständigkeit von Europol unterliegenden Kriminalitätsformen und Straftaten in den allgemeinen Zuständigkeitsbereich von Eurojust fallen (vgl. Art. 4 Abs. 1a EJB bzw. EJB neu).

206 Während die ursprüngliche Zuständigkeit von Europol als Nachfolger der European Drug Union (EDU)[489] sich auf die Verhütung und Bekämpfung des illegalen Drogenhandels, des illegalen Handels mit nuklearen und radioaktiven Substanzen, der Schleusekriminalität, des Menschenhandels und der Kraftfahrzeugkriminalität beschränkte (vgl. Art. 2 Abs. 2 S. 1 EuropolÜ) und Europol ausschließlich im Falle des Vorhandenseins einer kriminellen Organisationsstruktur tätig werden durfte (vgl. Art. 2 Abs. 1 EuropolÜ), beschäftigt sich das Europäische Polizeiamt heute mit der **organisierten Kriminalität, dem Terrorismus** und zahlreichen anderen, im Anhang des EuropolB aufgeführten Formen **schwerer Kriminalität**[490] (vgl. Art. 4 Abs. 1 EuropolB), welche im Wesentlichen den im Rahmenbeschluss über den Europäischen Haftbefehl genannten Deliktsgruppen entsprechen.[491] Darüber hinaus erstreckt Art. 4 Abs. 3 EuropolB die Zuständigkeit dieser Einrichtung auf alle im Zusammenhang mit den im Anhang zum EuropolB und in Art. 4 Abs. 1 EuropolB genannten Delikten stehenden Straftaten. Neben diesen einzelnen Zuständigkeitsmodifikationen ist ein Ver-

---

[486] Näher dazu *Röben*, in: GH, Art. 35, EUV Rn. 21.
[487] *Gleß/Grote/Heine*, Justizielle Einbindung und Kontrolle von Europol durch Eurojust, S. 32.
[488] Die wesentliche Elemente dieser Zusammenarbeit legt das Abkommen zwischen Eurojust und Europol vom 1.10.2009 fest, das gemäß Art. 26 am 1.1.2010 in Kraft getreten ist und das vorherige Abkommen vom 9.6.2004 gemäß Art. 24 ersetzt.
[489] *Nelles/Tinkl/Lauchstädt*, in: Schulze/Zuleeg/Kadelbach, § 42 Rn. 86.
[490] Auch Art. 88 Abs. 1 AEUV teilt den Terrorismus und die schwere Kriminalität, die zwei oder mehr Mitgliedstaaten betreffen, dem Zuständigkeitsbereich von Europol zu. Allerdings geht die im AEUV geregelte Zuständigkeit von Europol insoweit über die Grenzen einer im EuropolB festgelegten Zuständigkeit hinaus, als die Tätigkeit von Europol auf Kriminalitätsformen erstreckt wird, die ein gemeinsames Interesse verletzen, das Gegenstand einer Politik der Union ist.
[491] *Satzger*, Internationales und Europäisches Strafrecht, § 10 Rn. 5.

zicht auf das Erfordernis des Vorhandenseins einer kriminellen Organisationsstruktur besonders zu betonen, welcher Europol ein Agieren bei allen schwerwiegenden Formen der internationalen Kriminalität ermöglichte.[492]

Der Errichtung dieser als internationale Organisation[493] zu qualifizierenden, unabhängigen[494] und mit eigener Rechtspersönlichkeit ausgestatteten[495] Einrichtung der EU[496] lag das Europol-Übereinkommen vom 26.7.1995[497] zugrunde, an dessen Stelle der das Europäische Polizeiamt vollständig in den unionsrechtlichen Rahmen integrierende[498] **Europol-Beschluss**[499] des Rates am 1.1.2010 getreten ist.

Der Konzeption dieser beiden Rechtsgrundlagen zufolge besteht die Hauptaufgabe von Europol als **Europäische Datensammlungszentrale** in der Erhebung und Verarbeitung von Daten über die in strafrechtlicher[500] und für Europol relevanter[501] Hinsicht in Erscheinung getretenen Personen auf der Basis des automatisiert geführten Informationssystem[502] mit dem Zweck, das gesammelte Material den zuständigen Stellen der Mitgliedstaaten[503] oder solchen außerhalb der Union bzw. Drittländer zu übermitteln. Im operativen Bereich soll Europol die Koordinierung, Organisation und Durchführung von Ermittlungen und von operativen Maßnahmen vornehmen, die gemeinsam mit den zuständigen Behörden der Mitgliedstaaten oder im Rahmen gemeinsamer Ermittlungsgruppen durchgeführt werden (vgl. Art. 88 Abs. 2 S. 2 lit. b AEUV), was eine grundsätzliche Abkehr von der ursprünglich Europol zugewiesenen untergeordneten Rolle in diesem Bereich darstellt.[504] Die selbständige Durchführung

---

[492] BT-Drs. 16/12924, S. 8.
[493] *Kotzur*, in: Geiger/Khan/Kotzur, EUV/AEUV, Art. 88 AEUV Rn. 2.
[494] *Nelles/Tinkl/Lauchstädt*, in: Schulze/Zuleeg/Kadelbach, § 42 Rn. 86.
[495] S. Art. 2 Abs. 1 EuropolB (Bislang: Art. 26 Abs. 1 EuropolÜ).
[496] Der Europolbeschluss konzipiert Europol als eine aus den Mitteln des EU-Haushals finanzierte Agentur der EU.
[497] ABl. (EG) C 316 vom 27.11.1995, S. 2. Das Europol-Übereinkommen trat am 1.10.1998 in Kraft.
[498] *Nelles/Tinkl/Lauchstädt*, in: Schulze/Zuleeg/Kadelbach, § 42 Rn. 86.
[499] Beschluss des Rates vom 6.4.2009 zur Errichtung des Europäischen Polizeiamts (Europol), ABl. 2009 L 121/37. In der BRD setzt diesen Beschluss das Europol-Gesetz (BGBl. 1997 II, S. 2150) ins nationale Recht um.
[500] Den Vorgaben des Art. 12 Abs. 1 lit. a, lit. b EuropolB (Bislang: Art. 8 EuropolÜ) gemäß werden Daten über Personen gespeichert, die einer Straftat im Zuständigkeitsbereich von Europol verdächtig sind, die wegen einer solchen Tat verurteilt sind oder bei denen die Gefahr der Begehung einer solchen Straftat besteht.
[501] Art. 14 Abs. 1 S. 2 lit. a-lit. e EuropolB (Bislang: Art. 10 EuropolÜ) sieht unter anderem die Speicherung von Daten über die anderen Personenkreise zu Analysezwecken in Arbeitsdateien vor. Näher hierzu: *Neumann*, in: Sieber/Brüner/Satzger/v. Heintschel-Heinegg, Europäisches Strafrecht, § 44 Rn. 29 ff.
[502] Art. 11 ff. EuropolB (Bislang: Art. 7 ff. EuropolÜ).
[503] Der Kreis der Abrufberechtigten und die Einzelheiten bezüglich der Nutzung des Europol-Informationssystems regelt Art. 13 EuropolB (Bislang: Art. 9 EuropolÜ). In der BRD ermächtigt Art. 2 § 1 Nr. 1 EuropolG in Verbindung mit § 3 Abs. 1 BKAG das Bundeskriminalamt zum unmittelbaren Zugriff auf die im Informationssystem gespeicherten Daten.
[504] Art. 6 EuropolB sieht entsprechend der Vorgaben des Art. 30 Abs. 2 lit. a EUV-Nizza die Funktion von Europol im Bereich der Ermittlungstätigkeit auf die unterstützende Teilnahem an gemeinsamen Ermittlungsgruppen begrenzt und macht von der ebenfalls in Art. 30 Abs. 2 lit. a EUV-Nizza enthaltenen Möglichkeit der Kompetenzerweiterung keinen Gebrauch. S. hierzu: *Kretschmer*, in: Vedder/Heintschel von Heinegg, EVV, Art. III-276 Rn. 8.

von Ermittlungen durch Europol ist im Umkehrschluss zu Art. 88 Abs. 1 AEUV und Art. 88 Abs. 2 S. 2 lit. b AEUV jedoch nicht vorgesehen, da seine Tätigkeit der gesetzlichen Intention zufolge in der Unterstützung und Verstärkung der nationalen Polizei- und Strafverfolgungsbehörden im Rahmen einer gemeinsamen Zusammenarbeit mit den Mitgliedstaaten oder anderen Beteiligten bestehen soll.[505] Dies bestätigt auch die Regelung des Art. 88 Abs. 3 S. 1 AEUV, wonach die Vornahme operativer Maßnahmen durch Europol nur in Verbindung und in Absprache mit den Behörden der in ihrem Hoheitsgebiet betroffenen Mitgliedstaaten erfolgen kann, welche sich die Möglichkeit der Zwangsmittelanwendung vorbehalten (vgl. Art. 88 Abs. 3 S. 2 AEUV).

208 **b) Rechtsschutz gegen Maßnahmen von Europol.** Die rege Teilnahme Europols am datenrechtlichen Verkehr hat bereits vor Inkrafttreten des Lissaboner Vertrags die zahlreichen Fragen nach den Rechtsschutzmöglichkeiten der betroffenen Personenkreise in diesem Bereich aufgeworfen. Die Aufwertung der Befugnisse Europols durch den Vetrag von Lissabon (s. o.) hat insofern die bestehende Situation verschärft, als dadurch die neuen, nicht weniger komplizierten Probleme hinsichtlich des Schutzes gegen operative Maßnahmen Europols aufgetreten sind.

209 **aa) Rechtsschutz gegen traditionelle datenrechtliche Maßnahmen Europols.** Die Hauptfunktion von Europol als Datensammlungszentrale veranlasste den Gesetzgeber, die datenschutzrechtlichen Fragen detailliert zu regeln. Dies führte zur **Aufteilung der datenschutzrechtlichen Verantwortung** gemäß den Vorgaben des Art. 29 EuropolB[506] zwischen den Mitgliedstaaten und Europol.

Die von einem Mitgliedstaat eingegebenen Daten sind von seiten der Mitgliedstaaten zu errichtenden **nationalen Kontrollinstanzen** auf der Grundlage des nationalen Datenschutzrechts überprüfbar,[507] welches allerdings die Vorgaben des Übereinkommens des Europarates über den Schutz des Menschen bei der automatischen Verarbeitung personenbezogener Daten vom 28.1.1981[508] beachten muss (vgl. Art. 27 EuropolB[509]).[510] Die Überwachung des datenschutzrechtlichen Verkehrs obliegt in der BRD dem **Bundesbeauftragten für den Datenschutz**, Art. 2 § 6 EuropolG. Nach dem nationalen Recht beläuft sich auch die Ausübung des durch Art. 33 Abs. 2 EuropolB[511] in Verbindung mit Art. 30 Abs. 1 a. E. EuropolB (früher Art. 19 Abs. 1 EuropolÜ) dem Einzelnen ausdrücklich verliehenen Rechts auf die Überprüfung der Rechtmäßigkeit der Eingabe und der Übermittlung der personenbezogenen Daten an Europol sowie des Abrufs dieser Daten durch den betreffenden Mitgliedstaat. Die Maßnahmen der nationalen Behörden sind mit den durch das nationale Recht zur Verfügung gestellten Rechtsmitteln angreifbar.[512]

210 Die Überprüfung der von Europol eingegebenen, verarbeiteten oder übermittelten Daten obliegt dagegen der **Gemeinsamen Kontrollinstanz**, welche diese in Orientie-

---

[505] *Kretschmer*, in: Vedder/Heintschel von Heinegg, EVV, Art. III-276 Rn. 8.
[506] Bislang: Art. 15 EuropolÜ.
[507] Vgl. Art. 33 Abs. 1 EuropolB (bislang: Art. 23 Abs. 1 EuropolÜ).
[508] BGBl. 1985 II 538 ff. Seit 1.10.1985 ist das Übereinkommen für die BRD verbindlich, BGBl. 1985 II 1134.
[509] Bislang: Art. 14 Abs. 1 EuropolÜ.
[510] *Dannecker*, in: Streinz, EUV/AEUV, Art. 88 AEUV Rn. 20.
[511] Bislang: Art. 23 Abs. 2 EuropolÜ.
[512] *Dannecker*, in; Streinz, EUV/AEUV, Art. 88 AEUV Rn. 20.

rung an Vorgaben des Europaübereinkommens vom 28.1.1981 und der speziellen im EuropolÜ verankerten Bestimmungen vornimmt. Sie ist zuständig für die Beschwerden gemäß Art. 32 EuropolB, welche der Einzelne im Falle der Nichtstattgabe seines Antrags auf Auskunft, Berichtigung oder Löschung der Daten einlegen kann. Während die rechtliche Lage vor dem Inkrafttreten des Lissaboner Vertrages die rechtskräftigen Entscheidungen der gemeinsamen Kontrollinstanz einer gerichtlicher Überpfüung entzog und insbesondere wegen der Missachtung von Art. 23 Abs. 1 in Verbindung mit Art. 79 Abs. 3 GG als verfassungsrechtlich problematisch galt, gewährt Art. 261 Abs. 1 S. 2 AEUV die Möglichkeit, die Handlungen der Einrichtungen der EU mit Rechtswirkung gegenüber Dritten auf ihre Rechtmäßigkeit hin zu überprüfen. Im Falle von Europol umfasst die gerichtliche Kontrolle auch die einzelnen Handlungen dieser als tauglicher Adressat im Sinne dieser Vorschrift zu qualifizierenden Einrichtung der EU, denn die im Rahmen der primären Tätigkeit von Europol erfolgte Eingabe, Verarbeitung und Übermittlung von Daten auf Grund der mittlerweile verbindlichen datenschutzrechtlichen Vorgaben der Grundrechtscharta entfaltet die Rechtswirkung gegenüber Dritten. Dies gilt selbst dann, wenn die Rechtmäßigkeit der durch die beanstandete Maßnahme Europols ausgelösten Folgemaßnahmen nationaler Behörden untersucht werden muss. Von der Möglichkeit der Überprüfung von Entscheidungen der Kontrollinstanz im Rahmen des Art. 263 Abs. 1 S. 2 AEUV durch EuGH kann allerdings erst nach Ablauf der auf 5 Jahre seit dem Inkrafttreten des Lissaboner Vertrages bemessenen Übergangsfrist Gebrauch gemacht werden, wenn nicht davor das EuropolB geändert, aufgehoben oder durch eine auf Art. 88 Abs. 2 AEUV gestützte Verordnung ersetzt wird. Bis dahin bewegen sich die Zuständigkeiten des EuGH hinsichtlich der Tätigkeit von Europol in den alten, vor dem Inkrafttreten des Vertrags von Lissabon festgesetzten Grenzen.

Neben dem Verfahren zur Überprüfung von der einzelnen Handlungen Europols oder der Mitgliedstaaten können Fehler im Vorgang der Datenübermittlung auch **Schadensersatzansprüche des Betroffenen** begründen. Die entsprechende Möglichkeit sehen Art. 52, 53 EuropolB vor, welche eine Haftung der Mitgliedstaaten und Europols für die Schäden begründen, welche die von Europol gespeicherten oder verarbeiteten fehlerhaften Daten oder das Verschulden der Organe bzw. Bediensteten von Europol verursacht haben. 211

Über die Gewährung des **Schadensersatzes wegen unzulässiger oder unrichtiger Datenübermittlung** entscheiden die zuständigen **Gerichte des Mitgliedstaates**, in welchem der Schadensfall eingetreten ist (vgl. Art. 52 Abs. 1 EuropolB). Wenn eine Entlastungsmöglichkeit für diesen, als Adressat der Klage zu bezeichnenden, Mitgliedstaat insofern nicht besteht, als ihm eine Berufung auf die Übermittlung falscher Daten seitens eines anderen Mitgliedstaates bzw. Europol dem Geschädigten gegenüber verwehrt ist,[513] so kann er jedoch gemäß Art. 52 Abs. 2 EuropolB in einem solchen Fall die genannten Schadensverursacher auf eine Schadensserstattung in Anspruch nehmen. Für die sonstigen Fälle der vertraglichen und außervertraglichen, nicht dem Regelungsbereich des Art. 52 EuropolB unterliegenden **Haftung von Europol** sind ebenfalls die nationalen **Gerichte der Mitgliedstaaten** zuständig (vgl. Art. 53 Abs. 4 EuropolB). Vor diesen Gerichten können außerdem die Ansprüche des Betroffenen gegen Europol auf **Unterlassung einer Handlung oder Widerruf** geltend gemacht werden (vgl. Art. 53 Abs. 3 EuropolB). 212

---

[513] Vgl. Art. 52 Abs. 1 EuropolB.

213 **bb) Rechtsschutz gegen operative Maßnahmen Europols.** Die in Art. 88 Abs. 2 lit. b AEUV für Europol enthaltene Befugnis, die Koordinierung, Organisation und Durchführung von Ermittlungen sowie von operativen Maßnahmen vorzunehmen, welche entweder gemeinsam mit den zuständigen Behörden der Mitgliedstaaten oder im Rahmen gemeinsamer Ermittlungsgruppen durchgeführt werden, begründet auch auf der Rechtsschutzebene das Bedürfnis nach einer Differenzierung.

Soweit es dem Betroffenen um den Rechtsschutz gegen die im Rahmen **gemeinsamer Ermittlungsgruppen** durchgeführten Handlungen der Europol-Mitarbeiter geht, bietet sich die Möglichkeit des nationalen Rechtsweges an, da die fraglichen Handlungen der die Strafverfolgung durchführenden nationalen Behörden zurechenbar sind.[514]

214 Als schwieriger erweist sich die Frage nach der zuständigen Gerichtsbarkeit im Falle des Rechtsschutzes gegen die auf die Teilnahme an gemeinsamen operativen Maßnahmen zurückzuführenden Handlungen Europols, wenn der Rat die durch den Art. 88 Abs. 2 S. 2 lit. b, 1. Alt. AEUV eröffnete Regelungsmöglichkeit wahrnimmt. In dieser Hinsicht wäre sowohl die alleinige Zuständigkeit der nationalen Gerichte als auch eine solche des EuGH denkbar. Während gegen die letzte insbesondere die Regelung des Art. 276 AEUV spricht, welche die Überprüfung der Rechtmäßigkeit der Maßnahmen nationaler Behörde der Befugnis des EuGH entzieht und im Falle der Befugniseinräumung über die Kontrolle der gemeinsam durchgeführten operativen Maßnahmen Europols an EuGH zwangsläufig missachtet würde, erscheint die Zuordnung jeglicher fraglichen Handlungen der nationalen Gerichten weiterführend.[515] Zutreffender und der Komplexität der Materie gerechter erscheint jedoch eine Aufteilung der **Zuständigkeit** zwischen nationalen und europäischen Instanzen, welche nicht nach dem handelnden Personenkreis,[516] sondern **nach der Zurechnung der Handlungen an Europol bzw. den nationalen Stellen**[517] vorgenommen werden muss.[518]

215 **cc) Rechtsschutz gegen andere im Zusammenhang mit Europol erlassenen Maßnahmen.** Gegen Maßnahmen, beruhend auf dem EuropolB, bzw. gegen Verordnungen gemäß Art. 88 Abs. 2 AEUV als die fragliche Kategorie bildenden Fälle steht in Übereinstimmung mit Art. 35 Abs. 1 EUV a. F. für die Betroffenen der Rechtsweg zum EuGH offen, wobei letzter insbesondere über die im Zusammenhang mit der Auslegung des EuropolB stehenden Streitigkeiten entscheidet.[519] Diese bereits vor dem

---

[514] *Esser*, in: Zuleeg, Europa als Raum der Freiheit, der Sicherheit und des Rechts, S. 25 (41); *Srock*, Rechtliche Rahmenbedingungen für die Weiterentwicklung von Europol, S. 234 f.; *Kretschmer*, in: Vedder/Heintschel von Heinegg, EVV, Art. III-276 Rn. 12.
[515] *Srock*, Rechtliche Rahmenbedingungen für die Weiterentwicklung von Europol, S. 234 f.; zustimmend wohl auch *Kretschmer*, in: Vedder/Heintschel von Heinegg, EVV, Art. III-276 Rn. 12.
[516] So aber *Esser*, in: Zuleeg, Europa als Raum der Freiheit, der Sicherheit und des Rechts, S. 25 (41), welcher für die Handlungen Europol-Mitarbeiter die Zuständigkeit des EuGH erklärt, während solche der Mitarbeiter nationaler Behörden in die Zuständigkeit der nationalen Gerichte fallen sollen.
[517] In diesem Fall würde es bei der Zuständigkeit der nationalen Gerichte auch dann verbleiben, wenn die rechtwidrige Handlung die Europol-Bediensteten begangen haben.
[518] *Streinz/Ohler/Hermann*, Lissabon, S. 166; zustimmend *Dannecker*, in: Streinz, EUV/AEUV, Art. 88 AEUV Rn. 27.
[519] Dies ergibt sich aus Art. 35 Abs. 1 EUV-Nizza, da der EuropolB als ein im Bereich der Polizeilichen und Justiziellen Zusammenarbeit in Strafsachen erlassener Rechtsakt ein tauglicher Prüfungsgegenstand im Sinne des Art. 35 EUV-Nizza darstellt (s. hierzu: BT-Drs. 16/12924, 12924 S. 9).

Inkrafttreten des Lissaboner Vertrages begründete **Zuständigkeit des EuGH** bleibt bis zum Ablauf der 5-jährigen, mit Inkrafttreten des Vertrages von Lissabon beginnenden Übergangsfrist bestehen, wenn der EuropolB nicht früher geändert, aufgehoben oder durch eine auf Art. 88 Abs. 2 S. 1 AEUV gestützte Verordnung zur Regelung der Angelegenheiten von Europol ersetzt wird.[520] In einem solchen Fall bzw. nach dem Fristablauf werden dem Betroffenen die nach den allgemeinen Regelungen über den Rechtsschutz zu bestimmenden Möglichkeiten zur Verfügung stehen.[521]

Zu diesem Zweck werden die Mitgliedstaaten in den in Art. 29 EUV festgelegten Bereichen gemeinsam tätig, nämlich zur Verhütung und Bekämpfung von Rassismus und Fremdenfeindlichkeit (Art. 29 Abs. 1 EUV) und von Kriminalität (Art. 29 Abs. 2 EUV). Für diese Tätigkeiten sind als Handlungsformen die Zusammenarbeit der Polizei-, Zoll- und anderer zuständiger Verwaltungsbehörden einschließlich Europol (Art. 29 Abs. 2 tir. 1 i. V. m. Art. 30, 32 EUV) und die Zusammenarbeit der Justizbehörden (Art. 29 Abs. 2 tir. 2 i. V. m. Art. 31 lit. a–d, Art. 32 EUV) vorgesehen. Außerdem soll die Annäherung der nationalen Strafvorschriften (Art. 29 Abs. 2 tir. 3 i. V. m. Art. 31 lit. e EUV) angestrebt werden.

Was den Anwendungsbereich des Art. 29 EUV anbetrifft, so wurde die Verhütung und Bekämpfung von Kriminalität nicht mehr auf schwerwiegende Formen der internationalen Kriminalität begrenzt, zu der nach Art. 29 Abs. 2 EUV der Terrorismus, der illegale Drogenhandel, der Betrug sowie der Menschenhandel, Straftaten gegen Kinder, der illegale Waffenhandel und die Korruption zählen. Vielmehr ist auch die nicht organisierte Kriminalität in die JZS einbezogen. Diese Aufzählung ist nicht abschließend, so dass auch weitere Erscheinungsformen der Kriminalität erfasst werden, so z. B. der illegale Handel mit radioaktiven Stoffen und Kernmaterial sowie das Umweltstrafrecht. Der Bereich der Verhütung und Bekämpfung von Rassismus und Fremdenfeindlichkeit wurde nicht in die allgemeine Kriminalitätsbekämpfung und Verhütung eingefügt, sondern in Art. 29 Abs. 1 EUV neben die allgemeine Zusammenarbeit in Strafsachen gestellt.

c) Immunität von Europol. Die Immunität von Europolbediensteten ergibt sich aus Art. 51 EPB. Hiernach finden „das Protokoll über die Vorrechte und Befreiungen der Europäischen Gemeinschaften und eine besondere auf der Grundlage von Artikel 16 des Protokolls über die Vorrechte und Befreiungen der Europäischen Gemeinschaften anzunehmende Verordnung … auf den Direktor, die stellvertretenden Direktoren und das Personal von Europol Anwendung." Die Gewährung dieser in ihrer Reichweite beschränkten Immunität erscheint angesichts der Europol inzwischen übertragenen Aufgaben sowie angesichts des erreichten Integrationsniveaus problematisch[522] und erfordert deshalb eine restriktive Auslegung.

---

[520] Vgl. Art. 10 Abs. 1, Abs. 2 und Abs. 3 des Protokolls über die Übergangsbestimmungen zum Lissaboner Vertrag (ABl. 2010 C 83/322).
[521] *Dannecker*, in: Streinz, EUV/AEUV, Art. 88 AEUV Rn. 29.
[522] *Ruthig*, in: Böse (Hrsg.), Europäisches Strafrecht, § 20 Rn. 83.

Sachverzeichnis

Die halbfetten Ziffern beziehen sich auf die Paragraphen,
die mageren auf die Randnummern

abgekürztes Verfahren 39 58
Abkommen 34 16
– als Gegenstand gutachterlicher Kontrolle **16** 5 ff.
– Vertragsschlusskompetenzen **16** 8
Acte claire-Doktrin 10 65; **35** 12; **36** 90, 101 f.; **39** 48
Adäquanztheorie 9 43
administratives Handeln 9 32
Adressat 34 48 f.
Agenturen der Union
– Nichtigkeitsklage **7** 28
Akteneinsicht
– in die Akten des EuGH und des EuG **21** 26 f.
Aktenzeichen
– der Rechtssachen vor den Unionsgerichten **23** 11 f.
Aktivlegitimation 9 8
Amtshaftungsanspruch 9 26 ff.
– Amtstätigkeit **9** 30 ff.
– Art der Ersatzleistung **9** 44
– Kausalität **9** 43
– Organe und Bedienstete **9** 28 f.
– rechtmäßiges Verhalten **9** 39
– Rechtswidrigkeit **9** 34 ff.
– Schaden **9** 41 f.
– Schutznorm **9** 36
– Verjährung **9** 47
– Verschulden **9** 40
Amtshaftungsklagen 9 4 ff.
– aktive Parteifähigkeit **9** 9
– Begründetheit **9** 26 ff.
– Klagebefugnis **9** 12
– Klageerhebung **9** 14 f.
– Klagefrist **9** 16
– passive Parteifähigkeit **9** 10
– Rechtsschutzbedürfnis **9** 18 ff.
– sachliche Zuständigkeit **9** 7
– Verhältnis zu anderen unionsrechtlichen Rechtsschutzmöglichkeiten **9** 19 ff.
– Verhältnis zu nationalen Rechtsbehelfen **9** 23 ff.
– Vorverfahren **9** 13
– Wesen und Bedeutung **9** 4 f.

Anbindung, institutionelle 35 13
Änderungsverfahren 34 7
Anerkennung und Vollstreckung 38 42 ff.
Anfechtbarkeit des Vorlagebeschlusses 39 64
– Vorlageermessen **39** 51, 58
– Vorlageverpflichtung **39** 48, 70
Angelegenheit der Europäischen Union 36 14, 19, 21, 32, 35, 48 f., 55, 64, 97, 118, 125 f., 139, 141
anhängiger Rechtsstreit 11 6 ff.
Anhängigkeit der Klage 19 11; **20** 5
Anlagen
– zu Schriftsätzen allgemein **23** 6
– zur Klageschrift **23** 23, 46
Anlagenverzeichnis 23 6
Annahmeverfahren 10 20
Antidumpingrecht
– Nichtigkeitsklage **7** 43, 45, 61, 64, 73, 110
Antisubventionsrecht
– Nichtigkeitsklage **7** 61, 63, 110
Anwaltskosten 9 41
Anwaltszwang
– Verfahren vor dem EuGH **19** 10; **22** 9
Anwendbarkeit des Unionsrechts, unmittelbare 34 24 ff., 62 f.
Anwendbarkeit von EU-Richtlinien, unmittelbare 34 37 ff., 62 f.; **39** 31
Anwendbarkeit von völkerrechtlichen Verträgen, unmittelbare 34 55
Anwendung des Unionsrechts durch den EuGH 4 2, 4, 8
Anwendungsvorrang des Primärrechts 34 5 ff., 59 f.
Anwendungsvorrang des Unionsrechts 34 5 ff., 59 f.; **39** 30 ff.
Äquivalenzgebot 35 35, 54
Arbeitnehmervertretungen
– Klagebefugnis **7** 74
Arbeitsgruppe für justizielle Zusammenarbeit 39 152
Arbeitsrecht 38 11 ff.
Assimilierung 39 12, 21 f., 25 f.
Atlanta-Entscheidung des EuGH 37 63
Auer-Entscheidung des EuGH 39 33

957

Sachverzeichnis

aufschiebende Wirkung 19 2
Aufsichtsklage 13 26
– s. auch Vertragsverletzungsverfahren
außerordentliche Rechtsbehelfe 28 68 ff.
Äußerungsberechtigte 10 12
außervertragliche Haftung der EU 38 6 ff.
Auslegung 4 4 ff.; 10 6, 41; 34 58 ff.
– Methoden 4 5
Auslegungsfrage 10 31
Auslegungskompetenz 10 31
Ausschluss der Öffentlichkeit 21 20
Ausschuss der Regionen
– Nichtigkeitsklage des AdR 7 16
– Untätigkeitsklage des AdR 8 11
– Untätigkeitsklage gegen AdR 8 16
Ausschlussfrist 39 122
Aussetzung
– der Durchführung einer angefochtenen Handlung 19 1
– des Ermittlungsverfahrens 39 57
– des Strafverfahrens 39 53 ff.
– des Verfahrens vor EuGH, EuG oder EuGöD 23 51 f.
Aussetzung der Zwangsvollstreckung
– Begründetheit des Antrages 33 28
– Erforderlichkeit eines Hauptsacheverfahrens 33 24
– Fehlen anderer Rechtsbehelfe 33 19
– noch nicht rechtskräftiger Titel 33 20
– parallele Aussetzung 33 17 f.
Auswahlermessen 39 97
Auswirkungen des Unionsrecht 35 23 ff.
Balance 34 10
Bananenmarktordnung 37 63
Befangenheit
– Ausschluss von Gerichtspersonen 23 18
Befugnis des EuGH
– Änderung von Sanktionsentscheidungen 33 9
– zur reformatio in peius 33 10
Begleitgesetz 36 17, 21, 124
Begründungspflicht 10 48
Beihilfekontrollregime 35 41
Beihilfen
– Nichtigkeitsklage 7 36, 67 ff., 73, 75, 78 f., 87, 95
– Untätigkeitsklage 8 35
Beiladung 22 21, 49
Bekanntgabe 30 4
Beratungsgeheimnis 27 7 f.
Bereicherungsanspruch 9 2
Berufungsverfahren, strafrechtliches
– grundsätzliche Bedeutung bei unterlassener Vorlage an den EuGH 39 64 ff.

Beschlagnahme 39 56
Beschleunigtes Verfahren
– im Direktklageverfahren 26 8 ff.
– im Vorabentscheidungsverfahren vor dem EuGH 10 96 ff., 100; 26 14 f.
Beschleunigungsgrundsatz 21 11 ff.; 39 52
Beschluss 19 37; 20 16; 27 3 f., 17 34 48 ff.
– Vorabentscheidungsverfahren 26 24 ff.
– Klageabweisung 26 22 f.
Beschwerde
– bei der Kommission 6 2 f., 58 ff.
Beschwerdekammer 3 28
Bestand des Titels
– als solcher 32 10
Bestandskraft, formelle 34 51
Bestandskraft eines Rechtsaktes 10 45
Bestandskraft von Verwaltungsakten 35 40 ff.
Bestimmtheit 34 31, 36, 39
Beteiligungsrecht der Kommission 35 73
Beurteilungszeitpunkt 37 40
Beweis
– Gegenstand 24 5
Beweisanträge 24 32 ff.
Beweisaufnahme 19 19; 24 30
Beweislast 24 6 ff.
Beweismittel 19 19; 24 20 ff.
Beweiswürdigung 24 36
Bindung an Streitgegenstand 35 66
Bindungswirkung
– Vorabentscheidungsurteil des EuGH 10 103 ff.
Blankettverweisung 39 26
Brückenklausel 36 64
Brüssel-I-VO 38 25, 35 f., 44
Brüssel-I-VO-Reform 38 36, 47
Brüssel-Ia-VO 38 36, 47
Brüssel-IIa-VO 38 25
Budgetrecht 36 63, 137
Bundesländer
– Klagebefugnis bei Nichtigkeitsklagen 7 75
– Klageberechtigung bei Nichtigkeitsklagen 7 13
– Klageberechtigung bei Untätigkeitsklagen 8 13
– Parteifähigkeit vor den Unionsgerichten 22 4
– Vertragsverletzung durch 6 40
Bund-Länder-Streit 36 7, 16, 38, 54, 61, 91
Bundesverfassungsgericht 1 10; 36 1 ff.
Bußgeldverfahren 39 46 f.
Casati-Entscheidung des EuGH 39 35
CELAD 39 152

Sachverzeichnis

Charta der Grundrechte der Europäischen Union **34** 6, 41, 59; **39** 2
comfort letter
– s. Negativattest
Common Frame of Reference 38 2
Contentieux de l'annulation 33 4
Contentieux de pleine juridiction 33 4
Cowan-Entscheidung des EuGH 39 38
Dänemark 38 26
Demokratieprinzip 35 17; **36** 45, 51, 59 ff., 118, 129 ff.
deutsche Mitwirkung am Unionsrecht 36 83 ff.
Devolutiveffekt 37 49
Dialog 10 6, 9
Dienstanweisung für den Kanzler des EuG 2 7
Direktklagen 12 16
– Begriff **5** 1
Diskriminierungsverbot 39 37
Dispositionsmaxime 21 4 ff.
Divergenzrevision 37 54
Donckerwolke-Entscheidung des EuGH 39 36
Doppelfunktionalität 38 47 ff., 55
Drei-Säulen-Konzept 1 2
Drexl-Entscheidung des EuGH 39 37
Drittbelastung 34 44 f.
Drittstaaten 34 16
– Klageberechtigung bei Nichtigkeitsklagen **7** 19
Drittstaatenbezug 38 48 f.
Drittwiderspruch 18; **22** 22
Drittwirkung 34 49
Durchführungsbereich 34 57
Durchführungsbeschlüsse 39 203
Durchführungsmaßnahme 39 184 f., 195
Durchführungsrechtsakt 34 13
Durchsuchung 39 56, 58
Echtheit
– der Urschrift des Vollstreckungstitels **32** 5
E-Commerce-Richtlinie 38 1
e-Curia
– Nichtigkeitsklage **7** 96
Effektivitätsgebot 35 35, 54, 61
effet utile 34 34; **36** 1, 66; **39** 8, 27, 82
Effizienzprinzip
– s. effet utile
EFTA-Überwachungsbehörde
– Parteifähigkeit **22** 2
Eigenverwaltung 35 26
Eilbedürftigkeit 36 133 f.
Eilrechtsschutz 35 70
Eilvorlageverfahren 10 17, 99 f.; **26** 16 ff.

Eingangsgericht 3 21, 38
Eingriff 34 31, 43 f.
Eingriffsintensität 34 44
Einrede
– der Rechtswidrigkeit **11** 2, 12
– entgegenstehende Rechtskraft **12** 8
– fehlende Aktivlegitimation **12** 8
– fehlende Klagebefugnis **12** 8
– fehlende Passivlegitimation **12** 8
– fehlendes Rechtsschutzbedürfnis **12** 8
– fehlendes Vorverfahren **12** 8
– prozeßhindernde **12** 1
– Unzulässigkeit **12** 6
– Unzuständigkeit **12** 6, 8
– versäumte Klagefrist **12** 8
Einrichtungen und sonstige Stellen der Europäischen Union 10 33
– Untätigkeitsklage **8** 17
– Nichtigkeitsklage **7** 27 f.
Einschätzungsprärogative 36 63
Einspruch
– Versäumnisurteil **26** 34
Einstellung der Zwangsvollstreckung, endgültige
– rechtshemmende/rechtsvernichtende Einreden **33** 29
einstweilige Anordnung 36 69, 89, 91, 116 f., 140; **37** 75 ff.
einstweiliger Rechtsschutz 10 58; **36** 98, 139 ff.
– während des Rechtsmittelverfahrens **28** 46 ff.
Einwand
– der Vertragsverletzung **11** 10
einzelstaatliche Rechtsbehelfe
– gegen den Inhalt des Titels **33** 1
– gegen den Titel als solchen **33** 1
E-Justiz-Aktionsplan 38 29
E-Justizportal, europäisches 38 29
Emmot-Entscheidung des EuGH 37 36
EMRK 21 3
Empfehlung 10 35; **34** 14, 52; **39** 106
Entfernungsfrist 7 90; **30** 5
Entscheidungserheblichkeit 10 47
Entscheidungskompetenz 35 14
Erbprozessrecht, internationales 38 54 ff.
Erforderlichkeitskriterium 10 53, 55
Erkenntnisverfahren, europäisches 38 37 ff.
Erlass einstweiliger Anordnungen 19 7
Erledigung der Hauptsache 10 49; **27** 54
Ermächtigung 34 50
Ermächtigungsgrundlage 34 31, 50; **35** 27, 47 ff.
Ermächtigungsrahmen 34 15

959

Sachverzeichnis

Ermittlungsgrundsatz
- strafrechtlicher 39 51

Ermittlungsmaßnahmen
- strafrechtliche 39 57 ff.

Ermittlungsverfahren
- strafrechtliches 39 49, 55 ff.

Einzelrichter 3 19 f., 29

Ermessen
- bei Einleitung eines Vertragsverletzungsverfahrens 6 25
- Missbrauch als Klagegrund bei der Nichtigkeitsklage 7 117 ff.

EU
- Parteifähigkeit 22 3

EuBagatellVO 38 25, 37, 39

EuBeweisVO 38 25, 90 ff.

EuG
- s. Gericht der Europäischen Union, Gericht erster Instanz

EuGH
- s. Europäischer Gerichtshof

EU-Grundrechtscharta 21 3

EuGVÜ 38 35

EuInsVO 38 25

EU-Kommission
- s. Europäische Kommission

EuMahnVO 38 25, 37 f.

EuMediationsRL 38 25, 32 ff.

Euratom-Vertrag 34 6

EU-Richtlinien 39 11, 29 ff.
- unmittelbare Wirkung 34 37 ff., 62 f.; 39 31

Eurojust 39 171 ff.
- Nichtigkeitsklage 7 28

Europäische Beweisverordnung 38 25, 90 ff.

Europäische Gemeinschaften 1 2

Europäische Insolvenzverordnung 38 25

Europäische Investitionsbank
- Funktion 13 3
- Haftung 13 14
- Mitglieder 13 4
- Organbeschlüsse 13 34 ff.
- Rechtspersönlichkeit 13 2, 11 ff., 46
- Sonderstellung 13 2
- Verwaltungsrat 13 4, 22 ff., 35 ff.

Europäische Kommission 39 91 ff., 134 ff.
- Auskunftsverlangen 39 142
- Auswahl- und Entschließungsermessen 39 97
- Nichtigkeitsklage der 7 13, 30 ff., 50
- Nichtigkeitsklage gegen die 7 20 ff.
- Pflicht zur Einleitung eines Vertragsverletzungsverfahrens 6 25
- supranationale Sanktionskompetenz 39 91

- Untätigkeitsklage der 8 10 f., 19 ff., 32
- Untätigkeitsklage gegen die 8 15
- Vertragsverletzungsverfahren (Aufsichtsklage) 6 2, 10 ff.

Europäische Rechtsgüter 39 25

Europäische Union 1 1
- Anweisungskompetenz 39 7 f., 10 f.
- Begrenzte Einzelermächtigung 39 5
- Finanzschutzinteressen 39 14, 20, 179
- Kompetenz zum Erlass strafrechtlicher Normen 39 5
- Kompetenz zum Erlass von Bußgeldtatbeständen 39 19
- Kompetenz zum Erlass von Verwaltungssanktionen 39 20

Europäische Unterhaltsverordnung 38 25

Europäische Zentralbank 9 11; 39 18
- Aktivlegitimation 13 47
- Aufgaben 13 7
- Beschlussorgane 13 6
- Haftung 13 58 f.
- Klagerechte 13 48 ff.
- Nichtigkeitsklage der 7 16, 30 ff., 51
- Nichtigkeitsklage gegen 7 20, 25, 44
- Passivlegitimation 13 47
- Rechtspersönlichkeit 13 5
- Unabhängigkeit 13 5
- Untätigkeitsklage der 8 12, 33
- Untätigkeitsklage gegen 8 14, 23
- Vorabentscheidungsverfahren 13 60

Europäische Zustellungsverordnung 38 25, 90 ff.

Europäischer Gerichtshof (EuGH) 1 6 ff.; 3 1 ff.
- s. auch Gericht der Europäischen Union
- Rechtsmittelinstanz 39 128 ff.
- unbeschränkte Entscheidungsbefugnis 39 110 ff., 128 ff.
- unbeschränkte Nachprüfung 39 86, 99, 106 f., 109 ff., 128 ff., 144
- Verfahren 39 130 f.
- Zusammensetzung 3 10 ff.

Europäischer Haftbefehl 39 159 ff.

Europäischer Rat
- Nichtigkeitsklage des 7 13
- Nichtigkeitsklage gegen 7 20
- Untätigkeitsklage des 8 10
- Untätigkeitsklage gegen 8 15

Europäischer Rechnungshof
- Nichtigkeitsklage des 7 16, 30 ff., 53
- Nichtigkeitsklage gegen 7 27
- Untätigkeitsklage des 8 10 f., 19 ff., 32
- Untätigkeitsklage gegen 8 16

Europäisches Bagatellverfahren 38 25, 37, 39

Sachverzeichnis

Europäisches Mahnverfahren 38 25, 37 f.
Europäisches Parlament 39 9, 15 f., 106, 108, 172, 180
– Mitwirkungsrechte 8 4
– Nichtigkeitsklage des 7 15 f., 30 ff., 50 f.
– Nichtigkeitsklage gegen 7 20, 24
– Untätigkeitsklage des 8 10 f., 19 ff., 32
– Untätigkeitsklage gegen 8 15 f., 28
Europäisches Zivilgesetzbuch 38 2
Europäisches Zivilprozessrecht 38 3, 24
Europarechtsfreundlichkeit 36 57, 65, 101, 105, 123
Europol 39 205 ff.
– Nichtigkeistklage 7 28
EuUntVO 38 25
EuVTVO 38 25, 40
EuZustellVO 38 25, 90 ff.
Exequaturverfahren 38 42 ff.
Fachgerichte
– Zusammensetzung 3 18
Factortame-Entscheidung des EuGH 37 60
Fehlerfolgen
– bei Verstößen gegen höherrangiges Recht 34 19 f.
Fernmeldeüberwachung 39 56, 58
Feststellungsantrag 34 23
Feststellungsklage 6 4; 8 3
– bei Klagen betreffend die Erfüllung von Verpflichtung 13 26
– bei Schiedsklauseln 14 16
– bei Schiedsverträgen 15 16
Feststellungsurteil 6 49 f.; 8 53
– bei Klagen betreffend die Erfüllung von Verpflichtung 13 31
Feststellungsverfahren 10 12
FGG-Reform 38 55
Flankierungsgesetz 36 28, 30 ff., 139
Flexibilitätsklausel 36 64
Folgenbeseitigungsanordnung 39 111
Formvorschriften
– Verletzung von – als Klagegrund bei der Nichtigkeitsklage 7 109 ff.
Fortentwicklung des Unionsrechts 10 7
Fortgeltung
– trotz Nichtigkeit 7 123 f.
Foto-Frost-Entscheidung des EuGH 39 187
Freistellung im Kartellrecht 39 103
Freizügigkeit der Arbeitnehmer 39 34, 37
Frist 11 19
– für den Antrag auf Zulassung als Streithelfer 22 33
– Rechtsmittel 28 38
Fristbeginn 30 2
Fristende 30 5

Fristversäumnis 30 8
Frustrationsverbot 34 46
Funktion
– der Unionsgerichte 10 5, 9
Funktionenordnung 2 9
Funktionsindifferenz 34 8
Fusionskontrolle
– Nichtigkeitsklage 7 72, 74, 79, 110
Fusionskontrollverordnung 39 109, 133 ff.
GAM'92 39 152
Gebot der begrenzten Einzelermächtigung 35 17
Gebot effektiven Rechtsschutzes 10 58
Geheimschutz 36 127, 133, 135 f.
Geistiges Eigentum
– Sprachenregelung 21 36
Geldbußen, supranationale 39 17, 91 ff.
– Angemessenheit 39 112
– Erhöhung durch den Europäischen Gerichtshof 39 113 f.
– Rechtsmittel gegen Bußgeldentscheidungen 39 106 f., 146 f.
gemeinsame Kontrollinstanz 39 175, 177, 210 ff.
gemeinsame Standpunkte 39 184, 195
gemischte Abkommen
– s. Abkommen
Generalanwälte am EuGH 3 12 ff.
Generalversammlung 3 27
Gericht
– Begriff 39 43 ff.
Gericht erster Instanz (vormals EuG) 1 7 f.; 3 1 ff., 15; 39 69, 116, 119
– s. auch Gericht der Europäischen Union (EuG)
Gericht der Europäischen Union (EuG) 3 1 ff.
– s. auch Gericht erster Instanz (vormals EuG)
– Aussetzung der Vollstreckung von Entscheidungen des EuG 39 127
– Aussetzung der Vollziehung angefochtener Maßnahmen 39 120
– Einstweilige Anordnung 39 120, 126 f.
– Neubesetzung 3 16
– Rechtsmittel 39 125 f.
– unbeschränkte Entscheidungsbefugnis 39 112
– unbeschränkte Nachprüfung 39 118
– Verfahren 39 121 ff.
– Zusammensetzung 3 15 ff.
Gerichte, nationale 34 1
gerichtliche Kammer 3 25
gerichtliche Kontrolle 10 9

Sachverzeichnis

Gerichtsbarkeit(en) **1** 5; **4** 18
– sonstige Funktionen **4** 28
Gerichtskosten **37** 47
– Kostenfreiheit der Verfahren vor EuGH und EuG **29** 1
Gerichtsverfassung **2** 2
Gerichtsvollzieher **32** 12
Geschäftsordnung **2** 7
Geschäftsverteilung **2** 7
Gesetzesvollziehungsanspruch **36** 48
Gesetzgebungsakt **34** 9
gesetzliche Frist **30** 1 ff.
gesetzlicher Richter **2** 7; **3** 27; **36** 34, 97 ff.; **39** 43, 70, 73, 84, 89
Gesetzlichkeit der Verwaltung **35** 13
Gestaltungsklage **7** 3
Gestaltungsverantwortung **34** 34
Gestaltungswirkung
– von Urteilen der Unionsgerichte **27** 24 ff.
Gewährleistung des Grundrechtsschutzes auf Unionsebene **36** 6 f., 27, 31, 42, 65, 95
Gewaltenteilung **2** 9
Glaubhaftmachung **19** 19 f., 21; **20** 8
Gleichbehandlungsgrundsatz **39** 82
Gleichlaufgrundsatz **38** 54
Gleichstellungserfordernis **39** 27 f.
Grenzen, verfassungsrechtliche **35** 16 ff.
Griechischer Mais-Entscheidung des EuGH **39** 27
Großbritannien **38** 26
Grundrecht **36** 6 ff., 13 f., 34, 36, 38 ff., 46 f., 52, 54 ff., 59 f., 67, 75, 85, 89 ff., 97 f., 104 ff., 110, 113, 116 f., 122, 131, 137
Grundrechtecharta
– s. Charta der Grundrechte der Europäischen Union
Grundrechtseingriff **39** 56 f.
Grundrechtsschutz **36** 6, 34, 36, 38, 54 ff., 97, 107
Grundsatz der gegenseitigen Anerkennung **39** 157 f.
Grundsatzrevision **37** 52
Gründungsvertrag **34** 6
Grundurteil **27** 2
Gültigkeitsfragen **10** 42 ff.; **39** 67 f.
Gutachterverfahren **16**
– Antragsberechtigte **16** 4
– Antragsgegenstand **16** 5 f.
– präventives Verfahren **16** 2
– Prüfungsumfang **16** 11
– Suspensiveffekt **16** 12
– Verbindlichkeit **16** 13
– Verfahrensbeteiligte **22** 56
Handlungen **10** 34 f.

Handlungsform **34** 8, 22, 48
Handlungspflicht
– bei Untätigkeit **8** 49, 51, 53
– eines Mitgliedstaats **6** 45, 50
– zur Verfahrenseinleitung **6** 25
Harmonisierung **39** 8 f., 20
Hauptgeschäftsstellenbeamte **3** 21
Hauptsacheerledigung **10** 49
Hauptverfahren **39** 49 ff.
Hierarchisierung **34** 7, 9
Hinweise für die Prozessvertreter
– des EuG **25** 5
– für das mündliche Verfahren vor dem EuG **25** 5
– vor dem EuGH **23** 2
– zur Vorlage **10** 4
höhere Gewalt **30** 10
hypothetischer Schaden **9** 42
Identitätskern des Grundgesetzes, materialer **35** 17
Identitätskontrolle **35** 20; **36** 7, 16, 25, 28 f., 32, 43 ff., 66, 88, 91, 95
identitätsverletzende Rechtsakte **36** 7, 16, 25, 28 f., 32, 43 ff., 66, 88, 91, 95
Immunität **3** 10
Individualklagen
– drittbezogener Rechtsschutz **7** 65 ff.
– Klagebefugnis bei Nichtigkeitsklagen **7** 52 ff.
– Klagebefugnis bei Untätigkeitsklagen **8** 34 f.
– Klagebefugnis von Vereinigungen **7** 64, 73
– Klageberechtigung bei Nichtigkeitsklagen **7** 18 f.
– Klageberechtigung bei Untätigkeitsklagen **8** 13 f.
– Klagegegenstand bei Nichtigkeitsklagen **7** 37 ff.
– Klagegegenstand bei Untätigkeitsklagen **8** 24 ff.
Individualrechtsschutz **10** 8
Informationelle Selbstbestimmung **39** 177
Informationsdarlegung **10** 48
Inkompatibilität **3** 10
Inländerdiskriminierung **35** 9 ff.
Inlandsbezug **38** 53
Innerstaatliche Gerichte **1** 10
Instanzenzug **3** 34
Institutionelles System **2** 10
Integrationsprozess, europäischer **35** 19
Intervention **22** 19 ff.
Inzidenterprüfung **11** 3
Inzidentrüge **11** 1

Sachverzeichnis

Inzidentverfahren 11 6 ff.
Irland 38 26
Irrtum, entschuldbarer 30 11
judicial self restraint 39 112
juristische Personen
- Begriff 7 19
Justiz und Inneres 1 3
justizielle Zusammenarbeit im Rahmen des IZVR 38 24
Justizielle Zusammenarbeit in Strafsachen 4 3; 7 2
Kammer 3 18, 22 ff.
Kanzler des EuGH/EuG/EuGöD 3 21
Kartellordnungswidrigkeiten 39 98 ff.
Kartellrecht 39 98 ff.
- Nichtigkeitsklage 7 36, 39, 45, 48, 71 f., 76
Kartellsachen 38 14
Kartellverfahren 39 150
Kartellverordnung, VO 1/2003
- s. Verordnung Nr. 1/2003
Kartellverordnung, VO 17/62
- s. Verordnung Nr. 17/62
Kassationsverfahren 10 93
Klageänderung 23 34 ff.
Klageantrag, unbezifferter 9 15
Klageart
- nicht selbständige 11 4
Klagebeantwortung 23 43
Klageberechtigung
- des Rates der EZB 13 22
- des Verwaltungsrates der EIB 13 22, 35 f.
Klagefrist 39 122 f., 194, 199
Klagegegenstand
- Beschlüsse 13 39
- Organbeschlüsse der EIB 13 34 ff., 39
- Schiedsverträge 15 13 ff.
- Stellungnahmen 13 39
- Verpflichtungen der EIB-Satzung 13 25
- Verpflichtungen der EZB-Satzung 13 25
Klagegründe 21 5
- Präklusion neuer 23 36
Klagenhäufung 23 25 ff.
Klägergerichtsstand 38 52
Klagerücknahme 27 53
Klageschrift
- Anforderungen 23 4 ff., 19 ff.
- Heilung von Mängeln 23 24
Kohärenzgebot 10 6
Kollision, mittelbare 35 5, 22
Kollision, unmittelbare 35 5 ff.
Kollisionslage 35 1
Kompetenzkonflikt, negativer 38 22
Kompetenzkonflikt, positiver 38 21

Kompetenzkonflikte zwischen EuGH und EuG 3 38; 3 38
Kompetenzkonflikte zwischen EuGH und nationalen Zivilgerichten 38 18 ff.
kompetenzverletzende Rechtsakte 36 7, 16, 25, 28 f., 32, 46 ff., 66, 88, 91, 95
Konkrete Betrachtungsweise 10 52, 55
Konkurrentenklagen 7 65 ff., 79
Konkurrentenstreit 10 46
Konnexität 19 13; 20 6
Kontrolldichte 7 119; 35 69; 37 44
Kontrolle, inzidente 35 57
Kontrollfunktion 35 39
Konventionswidrigkeit 39 87
Konzentrationsmaxime 21 11 ff.
Kooperationsverhältnis 1 10; 10 12
Kostenentscheidung 10 108
- bei dienstrechtlichen Streitigkeiten 29 13
- bei Erledigung der Hauptsache 29 18
- bei Klagerücknahme 29 17
- bei mehreren Parteien 29 14
- bei Streithilfe 29 15
- im Rechtsmittelverfahren 28 54
- im Vorabentscheidungsverfahren 29 19
- zu Lasten der obsiegenden Partei 29 16
Kostenfestsetzung 29 20 ff.
legislative Befugnisse 2 10
Leistungsklage
- bei Schiedsklauseln 14 16
- bei Schiedsverträgen 15 16
Lissabon-Vertrag 39 3, 7, 154, 156, 172 f., 180, 183, 208 ff.
Luganer Gerichtsstand VÜ 10 3
Mahnschreiben 6 12 ff.
Marleasing-Entscheidung des EuGH 39 40
materiell-rechtliche Vorfragen 12 9 f.
Mediationsrichtlinie 38 25, 32 ff.
Milderungsgebot 39 20
Mindeststandards guter Verwaltung 35 34 ff., 54
Mindesttrias 39 27 f.
Missbrauch
- des Vorabentscheidungsverfahren 10 42
Missbrauchsverbot
- kartellrechtliches 39 95
Mitgliedstaaten
- Nichtigkeitsklage der 7 13, 30 ff., 50
- Untätigkeitsklage der 8 10, 19 ff., 32
- Vertragsverletzungsverfahren zwischen 6 3, 26 ff.
Mitteilung einer Maßnahme gem. Art. 263 Abs. 6 2. Alt. AEUV 30 3
Mitteilung im Amtsblatt

963

Sachverzeichnis

- über Rechtssachen vor dem EuGH und dem EuG **23** 13
- über verfahrensbeendende Entscheidungen **27** 19

Mitwirkungshandlung 36 111, 116 f., 120
modifizierte Subjektstheorie 37 4
Monopolmissbrauch 39 95
mündliche Verhandlung 25
- Antrag **25** 2
- Erforderlichkeit **25** 1 f.
- im Rechtsmittelverfahren **25** 2; **28** 45
- Wiedereröffnung **25** 16 ff.
- Zweck **25** 1, 3 f.

Mündlichkeitsprinzip 21 16
nationale Ausführungs- und Vollzugsakte 36 37, 52 ff.
nationale Fristen 30 13
nationales Recht 4 11
Naturalrestitution 9 44
Nebenintervention 22 19 ff.
Negativattest 39 96
Nichtbeachtung
- der Vorlage **10** 65

Nichtigkeit 7 121 ff.
- Fortgeltung trotz Nichtigkeit **7** 123 f.

Nichtigkeitsklage
- Antrag **7** 126
- Bedeutung **7** 3 f.
- Begründetheit **7** 104 ff.
- Entscheidung **7** 121 ff.
- gegen Richtlinien **7** 40
- Gegenstand **7** 29 ff.
- Klagebefugnis **7** 49 ff.
- Klagebefugnis Art. 35 AEUV **39** 196 ff.
- Klageberechtigte **7** 12 ff.
- Klagefrist **7** 90 ff.
- Klagegegenstand Art. 35 AEUV **39** 195
- Klagegegner **7** 20 ff.
- Klageschrift **7** 89, 127
- Maßnahmen Eurojust Art. 263 AEUV **39** 173
- Organbeschlüsse der EIB **13** 41 f.
- Rechtsschutzbedürfnis **7** 99 ff.
- Rechtsschutzlücken **7** 63
- Statthaftigkeit Art. 263 AEUV **39** 109
- Verhältnis zu anderen Rechtsbehelfen **7** 5 ff.
- Verhältnis zu Rechtsgutachten **16** 15
- Verhältnis zum Vorabentscheidungsverfahrens **10** 40; **11** 20
- Verhältnis zum Vorabentscheidungsverfahren Art. 35 AEUV **39** 194
- Zulässigkeit **7** 9 ff.
- Zuständigkeit **7** 9 ff.

Nichtzulassungsbeschwerde 10 63
Normenkontrolle 11 1
Normenkontrolle, abstrakte 36 7, 11, 33, 59
Normenkontrolle, inzidente 11 1 ff.; **13** 51
Normenkontrolle, konkrete 36 3 ff., 33, 55 f., 58,
Normverwerfungskompetenz 10 34
Normverwerfungskompetenz, inzidente 35 13
nullum crimen sine lege-Grundsatz 39 41
oberstes Rechtsprechungsorgan 1 8
Öffentlichkeit
- Zugang zu Dokumenten **7** 39

Öffentlichkeitsprinzip 21 18 ff.
Offizialmaxime 21 4
Opportunitätsprinzip 39 97, 112
Organhandlungen 10 33
Organisationsform EuGH/EuG 3 2
organschaftliche Rechte 36 51, 118 f., 123 ff.
Organstreitverfahren 36 7, 16, 38, 51, 54, 60, 92
Parteifähigkeit
- vor den Unionsgerichten **22** 2 ff.

Parteiwechsel 23 41
Passivlegitimation 9 8
Pauschalbetrag 32 18
persönliches Erscheinen der Parteien 24 24; **37** 88 f.
Plenum 3 17, 23
Polizei
- s. Strafverfolgungsbehörden

Polizeiliche und Justizielle Zusammenarbeit in Strafsachen
- Nichtigkeitsklage **7** 2
- Streitbeilegungsverfahren **5** 4

Präklusion 37 31 ff.
praktische Anweisungen für die Parteien
- vor den Unionsgerichten **23** 2

Präsident des EuG
- Zuständigkeit für Eilverfahren **26** 3

Präsident des EuGH
- Zuständigkeit für Eilverfahren **26** 3

Präsidenten 3 20
primäres Unionsrecht 36 2, 4, 19 f., 28 f., 32, 35 ff., 39 f.
privilegierte Parteien
- in Verfahren vor den Unionsgerichten **22** 7 f.

Prorogation
- Schiedsklauseln **14** 3
- Schiedsverträge **15** 3

Prozessbevollmächtigte
- in Verfahren vor den Unionsgerichten **22** 9 f.

Sachverzeichnis

Prozessfähigkeit
- vor den Unionsgerichten **22** 6

Prozesshindernde Einrede 9 16
Prozesskosten 29 2 ff.
Prozesskostenhilfe 10 110; **29** 25 ff. **30** 10
Prozesskostenhilferichtlinie 38 25, 31
prozessleitende Maßnahmen 24 3, 16 ff.
Prozessordnung 2 1
Prozessvergleich 27 50
Prozessvollmacht 23 23
Prozessvoraussetzungen 12 3
Prüfung
- der Art und Weise der Zwangsvollstreckungsmaßnahme/des Zwangsvollstreckungsverfahrens **33** 33

Prüfungskriterien
- Inzidentrüge **11** 5

Prüfungsmaßstab
- Bundesverfassungsgericht **36** 39 ff., 55, 62 ff., 71, 76 ff., 93 ff.
- Inzidentrüge **11** 21

Quorum
- der Spruchkörper bei EuGH und EuG **25** 18

Rat der Europäischen Union
- Nichtigkeitsklage des **7** 13, 30 ff., 52
- Nichtigkeitsklage gegen den **7** 20 ff.
- Untätigkeitsklage des **8** 10 f., 19 ff., 32
- Untätigkeitsklage gegen den **8** 15

Rechte, subjektive 35 36, 59 ff.
rechtliches Gehör
- im Gerichtsverfahren **21** 24 f.

Rechtsakte mit Verordnungscharakter
- Nichtigkeitsklage gegen **7** 80 ff.

Rechtsanwendungssperre 39 88
Rechtsbehelfsfristen 35 61
Rechtserzeugung
- judizielle Rechtserzeugung **4** 7

Rechtsfortbildung 4 7
Rechtsfrage 12 2
Rechtsgrundsätze, allgemeine 35 36
Rechtshängigkeit 23 32 f.
Rechtskraft 27 21 ff.; **35** 62 ff. **39** 79 ff.
- Durchbrechung **39** 84 ff.
- formelle **39** 81
- materielle **39** 81
- unionswidriger Strafurteile **39** 79 ff.

Rechtsmittel 3 19, 33 ff. **10** 62, 90; **35** 62 ff.
- anfechtbare Entscheidungen **28** 8 ff.
- Anforderungen an die Anträge **28** 21
- autonome Rechtsmittelbefugnis der Mitgliedstaaten und Unionsorgane **28** 19 f.
- Beschränkung auf Rechtsfragen **28** 27 ff.
- gegen die Ablehnung der Zulassung als Streithelfer **22** 43 f.
- gegen die Ablehnung der Zulassung eines Streithelfers **28** 16, 48
- gegen Entscheidungen des EuGöD **28** 58 ff.
- Rechtsmittelbefugnis der Parteien des erstinstanzlichen Verfahrens **28** 16 ff.
- Zurücknahme **28** 49

Rechtsmittelgericht 1 9 **3** 16
Rechtsmittelgründe 28 31 ff.
- Unzuständigkeit des Gerichts **28** 32
- Verfahrensfehler **28** 33
- Verletzung des Unionsrechts **28** 36

Rechtsmittelschrift 28 41 ff.
Rechtsschutz 35 24, 29, 54 ff.
Rechtsschutzbedürfnis 11 20
Rechtsschutzfunktion 10 5
Rechtsschutzgarantie 35 56
Rechtsschutzsystem 1 12 **11** 3
Rechtssicherheit 39 41, 48
Rechtsstaatlichkeit
- Rechtsstaatliche Grundsätze **4** 6

Referenten
- beim EuGH **3** 11

Reflexionspapier 10 92
Reform 10 112
reformatio in peius 33 10 **35** 66; **37** 44; **39** 113
Reformierung
- des europäischen Gerichtssystems **3** 16

relevanter Umsatz 39 102
Reservatkompetenz der Mitgliedstaaten 39 204
Revision 39 65, 69
- Bindung der Tatsachengerichte **39** 74
- relativer Revisionsgrund **39** 67

Rheinmühlen 1-Entscheidung des EuGH 39 74
Richter (EuGH) 3 10
Rom-IV-VO 38 25, 57
Rücknahme 10 78
Rückwirkungsverbot 39 20, 41
Rügeberechtigte 11 12 ff.
Rügeerhebung 11 17 f.
Rügegegenstand 11 14 f.
Sachentscheidungsvoraussetzungen 12 3
Sachentscheidungsvoraussetzungen, besondere 36 6, 8, 26 ff., 63 ff.
Sachverhaltsaufklärung
- durch den EuGH und das EuG **21** 7 ff.
- im Rechtsmittelverfahren **24** 2
- im Vorabentscheidungsverfahren **10** 41

Sachverständige
- Sprachenregelung **21** 34

Sachverzeichnis

Sachverständigengruppe 10 99
Sachverständigengutachten
– als Beweismittel **24** 27
Sagulo-Entscheidung des EuGH 39 34
Samstag 30 5
Sanktionierungspflicht 39 27 ff.
– primärrechtliche **39** 28
– sekundärrechtliche **39** 28
Sanktionsbefugnis 39 109
Sanktionsnormen 39 11, 28
Satzung 10 4
Säumnis 30 9
Schadensersatz 38 6 ff.; **39** 111, 176, 211 f.
Schadensersatzklage 10 76
Schadensminderung 9 45
Schengener Abkommen 39 152
Schiedsgericht
– EuGH als **14** 2; **15** 2
Schiedsklauseln
– Anlage zur Klageschrift **23** 23
– Aufhebung **14** 4
– Ausnahmebestimmung **14** 1
– Klageart **14** 16
– maßgebliches Recht **14** 20 ff.
– Prorogation **14** 3
– Prüfungsumfang **14** 18 ff.
– Schriftform **14** 14
– Vereinbarung **14** 12
– Vollstreckung **14** 23 f.
– Widerklage **14** 6
– Wirksamkeit **14** 14 f.
– Zuständigkeit des Gerichtshofs **14** 7
Schiedssachen 38 15
Schiedsverträge
– Klagegegenstand **15** 13 ff.
– Prorogation **15** 3
– Prüfungsumfang **15** 19
– Schriftform **15** 10
– Vertragsparteien **15** 7 f., 11 f.
– Vollstreckung **15** 20
– Wirksamkeit **15** 9 f.
– Zuständigkeit des Gerichtshofs **15** 1, 5 f.
Schlussantrag des Generalanwalts 3 13 f.; **25** 13 ff.
– Stellungnahme der Prozessbeteiligten bzw. Anhörungsberechtigten **3** 14
Schriftsätze
– allgemeine Anforderungen **23** 4 ff.
Schuldenbremse 36 63
Schutznormtheorie 9 36; **35** 59 f.; **37** 17, 20
sekundäres Unionsrecht 36 2, 5 ff., 21 ff., 27 ff., 46 ff.
Sitzungsbericht 25 6
Sofortige Beschwerde 39 73

Sofortige Vollziehung 37 61, 69
Sonderverfahren nach dem EAGV 17 1 ff.
Sonntag 30 5
Souveränitätsvorbehalt 39 5 f.
Sozialgerichtsbarkeit 4 22
Sozialstaatsprinzip 36 46, 59
Spiegelbildlichkeit 36 136
Spruchkörper 3 22 ff.
Staaten
– Parteifähigkeit vor den Unionsgerichten **22** 4
Staatliche Gerichte 10 2
Staatsangehörigkeitszuständigkeit 38 54 ff.
Staatsanwaltschaft 39 45, 47, 49, 56, 72, 163, 167, 179, 205
Staatshaftung
– bei Vertragsverletzung **6** 57
Statusrechte 36 129 ff.
Stellungnahme
– als Gegenstand eines Vorabentscheidungsersuchen **10** 35
Stellungnahme der Kommission, begründete
– im Vertragsverletzungsverfahren **6** 18 ff., 29 f.
– bei Untätigkeitsklage **8** 39 f.
Stockholmer Programm 38 27
Strafgerichtsbarkeit 4 25
Strafrecht
– europäisches **4** 25
Strafverfahrensrecht 39 2, 13, 38, 48
Strafverfolgungsbehörden 39 172, 191 f., 207,
Strafzumessung 39 34
Streitbeilegungsverfahren 39 183, 191 f., 202 ff.
– Verfahrensgegenstand **39** 202 f.
Streitgenossenschaft
– in Verfahren vor den Unionsgerichten **22** 12 ff.
Streithelfer 22 24 ff., 36 ff.
– Beteiligung am Rechtsmittelverfahren **28** 42
– Kostenentscheidung **29** 15
– Rechtsmittelbefugnis **28** 16
Streithilfe
– im Verfahren vor den Unionsgerichten **22** 19 ff.
– in Streitigkeiten betreffend die Rechte des geistigen Eigentums **22** 45 ff.
Streithilfeschriftsatz 23 45
Streitigkeiten betreffend die Rechte des geistigen Eigentums
– Sprachenregelung **21** 36

Sachverzeichnis

– Streithilfe **22** 45 ff.
Streitschlichtung 1 13
Streitverkündung 22 21
Struktursicherungsklausel 35 18
Stufenklage 23 28
Subsidiaritätsklage 7 14; **36** 51, 91 f., 96
Subsidiaritätsprinzip 36 29, 41, 44, 47, 50 f., 91 f., 96
Süderdithmarschen-Entscheidung des EuGH 37 62, 75
summarisches Verfahren 26 2 ff.
Suspensiveffekt 37 49, 61, 66 ff.
– kein **19** 2 ff.
Tafelwein-Entscheidung des EuGH 37 61, 67
Tatsachenfeststellung 35 67
Teilurteil 27 2
Telefax
– Einreichung von Schriftsätzen **23** 4
Telefonüberwachung
– s. unter Fernmeldeüberwachung
T. Port-Entscheidung des EuGH 37 63
Transparenzgrundsatz 21 26 f.
Treuepflicht 10 66
TREVI 39 152
Übereinstimmung
– des Vollstreckungsverfahrens mit nationalem Zivilprozessrecht **33** 21
Übermittlung
– der Vorlageentscheidung **10** 88 f.
Überprüfung
– von Entscheidungen des EuG durch den EuGH **28** 6 ff.
Überprüfungsverfahren 28 62 ff.
Ultra-vires-Kontrolle 35 20; **36** 7, 16, 25, 28 f., 32, 46 ff., 66, 88, 91, 95
Umfang der Entscheidungs-/Nachprüfungsbefugnis des EuGH
– bei Rechtsbehelfen in der Zwangsvollstreckung **33** 8
Umsetzungsspielraum 36 84 f., 90 f., 98, 102
Umweltinformationsanspruch 37 38
Umwelt-Rechtsbehelfsgesetz 37 26 f., 38
Umweltverträglichkeitsprüfung 37 38
Unabhängigkeit
– der Richter des EuGH und des EuG **21** 22
Ungültigkeit eines Unionsrechtsaktes 35 73
Unionsorgane 10 33
unionskonforme Auslegung 39 39 ff.
Unionsrecht als unmittelbarer Prüfungsgegenstand 36 2 ff.
unionsrechtswidrige Urteile nationaler Gerichte 36 72 ff.

Unionsrechtsakt 36 2 ff., 15 f., 17 ff., 86, 105 f., 110, 112, 114, 117, 138
Unionstreue 39 2, 12, 27
Unmittelbarkeitsprinzip 21 17
Untätigkeitsklage 13 41, 50, 57
– Antrag **8** 47, 54
– Bedeutung **8** 2
– Begründetheit **8** 48 ff.
– Entscheidung **8** 53
– Gegenstand **8** 18 ff.
– Klagebefugnis **8** 31 ff.
– Klageberechtigte **8** 9 ff.
– Klagefrist **8** 41
– Klagegegner **8** 15 ff.
– Klageschrift **8** 47, 54
– Rechtsschutzbedürfnis **8** 42 ff.
– Verhältnis zu anderen Rechtsbehelfen **8** 3 ff.
– Vorverfahren **8** 36 ff.
– Zulässigkeit **8** 6 ff.
– Zuständigkeit **8** 6 f.
Unterlassungsklage
– bei Schiedsklauseln **14** 16
– bei Schiedsverträgen **15** 16
Unterschrift
– des Prozessbevollmächtigten unter Schriftsätze **23** 4
Untersuchungsgrundsatz 21 7 ff.
Untersuchungshaft 39 56, 58
Unvereinbarkeitserklärung des BVerfG
– s. Rechtsanwendungssperre
Unzuständigkeit
– als Klagegrund bei der Nichtigkeitsklage **7** 107 f.
Urteil der Unionsgerichte 10 37; **27** 1 ff., 11 ff.
– Begründung **27** 15
– Verkündung **27** 18 f.
Urteilsauslegung 27 30 ff.
Urteilsberichtigung 27 44 ff.
Urteilsergänzung 27 48 ff.
Urteilsfreizügigkeit 38 42
Vandevenne-Entscheidung des EuGH 39 28
Verbandsgerichte 10 23
Verbandsklage 37 24 ff.
Verbindung
– von Verfahren vor dem EuGH oder dem EuG **23** 48 ff.
Verböserung
– s. reformatio in peius
Verbotsprinzip 39 94
Verbraucherrechterichtlinie 38 1
Verbraucherschutzrecht 38 1
Verbrauchsgüterkaufrichtlinie 38 1

Sachverzeichnis

Verbundverwaltung 35 28
vereinfachtes Verfahren 26 21
– im Direktklageverfahren 26 22 f.
– im Vorabentscheidungsverfahren 26 24 ff.
Verfahrensdauer 10 11
– Überschreitung einer angemessenen 21 15
Verfahrensfehler 35 47 ff.; 39 67, 112 f., 128
Verfahrensordnung 2 3, 5
– EuGH 19 19, 21; 20 8 f.
– neu 19 19, 21; 20 8 f.
– zusätzliche (ZVerfO) 2 5 f.
Verfahrensrechte, absolute 35 51 ff., 58
Verfahrensrevision 37 53
Verfahrenssprache 21 28 ff.
– Ausnahmen von der Verwendung 21 35
– im Rechtsmittelverfahren 28 44
Verfassungsbeschwerde 10 65; 36 2, 7, 12 ff., 34 ff., 54 ff., 57, 70, 73, 76, 80 ff., 84 ff.; 39 43, 71, 73, 84 f., 88 f.
Verfassungsgericht 1 10
Verfassungsgerichtsbarkeit 4 19
Verfügungsgrundsatz 21 4 ff.
Verhältnismäßigkeitsprinzip 39 10, 20, 32, 35 f.
Verhandlungsgrundsatz 21 7 ff.
Verjährung 39 20
Verjährungsfrist 30 11
Vermögensgerichtsstand 38 51 ff.
Veröffentlichung 30 2
Verordnung 39 6, 11, 20, 24, 31, 62
Verordnung Nr. 1/2003 39 17, 90, 92 f., 96 ff., 116 f., 128, 144, 147
– Bußgeldsachen 39 96
– Verfahrensverstöße 39 98 ff.
– Verwaltungssachen 39 96
Verordnung Nr. 17/62 39 90 ff.
Versäumnisurteil 26 31 ff.
– Einspruch 26 34
Versäumnisverfahren 12 17
Verschulden, mitwirkendes
– Umfang des Ersatzanspruchs 9 45
Verschulden bei Vertragsschluss 9 2
Verstoß, offenkundiger 35 13
Vertrag, öffentlich-rechtlicher 14 1, 11, 21 f.
Vertrag, privatrechtlicher 14 1, 11
Vertrag von Amsterdam 4 15
Vertrag von Lissabon 3 8 f.; 4 17
Vertrag von Maastricht 4 14
Vertrag von Nizza 3 4 ff.; 4 16
Vertragliche Haftung der EU 9 2; 38 9
Vertragsverletzung 39 27, 89
– als Klagegrund bei der Nichtigkeitsklage 7 112 ff.
– durch Bundesländer 6 40
– durch nationale Gerichte 6 41 f.
– durch öffentliche Unternehmen 6 43
– durch Private 6 44
– durch Untätigkeit eines Unionsorgans 8 50
– durch Unterlassen 6 44 f.
– Staatshaftung 6 57
Vertragsverletzungsverfahren 10 75; 39 27, 43, 183, 194, 202, 217
– Aufsichtsklage 6 2, 10 ff.
– Antrag 6 33, 61
– Bedeutung 6 2 ff., 10
– Begründetheit 6 39 ff.
– Durchsetzung des Urteils 6 51 ff.
– Einleitung 6 2, 25, 58 ff.
– Entscheidung 6 49 ff.
– Gegenstand 6 13, 20, 27 ff., 34
– Klagebefugnis 6 9
– Klageberechtigte 6 9
– Klagefrist 6 35
– Klagegegner 6 36
– Klageschrift 6 33 f., 61 f.
– Pauschalbetrag 6 52
– Rechtsschutzbedürfnis 6 37 f.
– Verteidigungsmöglichkeiten 6 48
– Vorverfahren 6 10 ff.
– Zulässigkeit 6 6 ff.
– Zuständigkeit 6 7 f.
– Zwangsgeld 6 52 ff.
– zwischen Mitgliedstaaten 6 3, 26 ff.
Vertrauensschutz 35 37 ff.
vertrauliche Behandlung
– gegenüber Streithelfern 22 37 f.
Vertretung der Parteien
– in Verfahren vor den Unionsgerichten 22 9 f.
verwaltungsgerichtlicher Rechtsschutz 37 1 ff.
– Begründetheit der Klage 37 37 ff.
– Berufung 37 50 ff.
– Beschwerde 37 55 f.
– Beweisrecht 37 45
– Feststellungsklage 37 12 f.
– Klage- und Antragsbefugnis 37 15 ff.
– Klagebegründungsfrist 37 37
– Klagefrist 37 35
– Leistungsklage 37 11
– Normenkontrolle 37 14
– Rechtsweg 37 3 ff.
– Revision 37 50 ff.
– Verfahrenshandlungen 37 38
– vorläufiger Rechtsschutz 37 59 ff.
– Widerspruchsverfahren 37 34

Sachverzeichnis

- Wiederaufnahme des Verfahrens **37** 57 f.
Verwaltungsgerichtsbarkeit 4 21
Verwaltungstätigkeit 10 28
Verwaltungsverfahren 35 23, 37 ff.
Verweigerung
- der Annahme **10** 42
Verwerfungskompetenz 10 10; **35** 11 ff.
Verwerfungsmonopol des EuGH 39 48, 61
Verzinsung
- rechtswidrig zurückgehaltener Zahlungen **39** 111
Völkerrecht 4 10; **36** 1, 14, 21 f., 32, 42, 51, 54, 63, 111, 139, 141
völkerrechtliche Konsequenzen 10 77
völkerrechtliche Verträge
- als Prüfungsmaßstab **7** 114
- Nichtigkeitsklage **7** 32
- Vorabentscheidungsverfahren **10** 36
Vollstreckbarkeit
- von Urteilen der Unionsgerichte **27** 28
Vollstreckung
- bei Klagen betreffend die Erfüllung von Verpflichtung **13** 32
- bei Schiedsklauseln **14** 23 f.
- bei Schiedsverträgen **15** 20
Vollstreckungsfähigkeit 31 6; **32** 6
Vollstreckungsgericht 32 12
Vollstreckungsgläubiger 31 16; **32** 16
Vollstreckungsklausel 32 3
Vollstreckungsorgane 32 12
Vollstreckungsparteien 31 9
- Mitgliedstaaten **31** 10
- natürliche und juristische Personen **31** 9
- Unionsorgane **31** 15
Vollstreckungsschuldner 32 9 ff.
Vollstreckungstitel 31 2 ff.; **32** 2 ff.
- Entscheidungen anderer Unionsorgane **31** 5
- Entscheidungen des EuGH **31** 3 f.
Vollstreckungstitelverordnung 38 25, 40, 43
Vollzug, direkter 35 25
Vollzug, indirekter 35 25, 48 ff., 71
Vollzugskonzept, duales 35 25
Vorabentscheidungsverfahren gem. Art. 35 EUV-Nizza 39 184 ff.
- Auslegungsfragen **39** 184
- Bindungswirkung der Entscheidung **39** 190
- Entscheidungserheblichkeit **39** 188
- Grenzen der Gerichtsbarkeit **39** 191
- Vorlageberechtigung **39** 185 ff.
- Vorlagegegenstand **39** 184

Vorabentscheidungsverfahren gem. Art. 267 AEUV 3 6, 32; **12** 16; **35** 12; **39** 42 ff.
- Auslegungsfragen **10** 28; **39** 66
- Aussetzung des Verfahrens, s. unter Aussetzung **10** 72
- Bedeutung **10** 15
- Eilbedürftigkeit **39** 57 ff.
- Entscheidungserheblichkeit (Art. 267 AEUV) **39** 48, 50 f., 61
- Gegenstand **10** 11
- Gültigkeitsfragen **10** 42 ff.; **39** 67 f.
- Handlungen der EZB **13** 60
- im Ermittlungsverfahren **39** 49 ff.
- internationale Gerichte **10** 29
- Konkurrenz mit Vorlagepflicht an den Bundesgerichtshof **39** 76 ff.
- Kontrollfunktion **10** 9
- Mitwirkungspflichten der Parteien **39** 68
- Mitwirkungsrechte der Parteien **39** 68
- Nichtvorlage **39** 89
- Nichtvorlage – Anfechtung der unterlassenen Vorlage **39** 64
- Nichtvorlage – Berufung **39** 69 ff.
- Nichtvorlage – Revision **39** 65
- Nichtvorlage – Sofortige Beschwerde **39** 64, 73
- Nichtvorlage – Vertragsverletzung **39** 43, 88 f.
- Sinn **10** 6
- und Nichtigkeitsklage **7** 7 f.
- Verfahrensdauer **10** 11
- Verhältnis zu Rechtsgutachten **16** 15
- Vorlagebefugnis **39** 43, 47 f.
- Vorlageberechtigung **10** 21 f., 56 f., 70; **39** 43 ff.
- Vorlagebeschluss **10** 71; **39** 54 f., 64
- Vorlageentscheidung **10** 80 f., 84
- Vorlageermessen **10** 58
- Vorlageform **10** 80 f.
- Vorlagefrage **10** 40 ff., 82 f.
- Vorlageinhalt **10** 81
- Vorlagepflicht an den EuGH **10** 58 ff.; **36** 40, 77, 90, 95 ff.; **39** 43, 48, 61
- Vorlageverfahren **10** 3 ff., 93 ff.
- Wirkung des Vorabentscheidungsurteils **10** 101 ff.
- Zuständigkeit von EuGH und EuG **10** 18 ff.
Vorfragen
- verfahrensrechtliche **12** 9, 11
Vorlagepflicht an den EuGH 39 76 f.
vorläufiger Rechtsschutz 10 52, 62
- Anhängigkeit der Klage **19** 11; **20** 5

969

Sachverzeichnis

- Antrag **19** 17; **20** 8
- Antragsbefugnis **19** 15 f.; **20** 7
- Antragsfrist **19** 18; **20** 8
- Anwaltszwang **19** 10
- auf die Vollziehung verzichtet **19** 27
- Auflagen und Bedingungen **19** 41; **20** 14, 17
- aufschiebende Wirkung **19** 2
- Aussetzung der Durchführung einer angefochtenen Handlung **19** vor 1
- Aussetzung der Zwangsvollstreckung **19** vor 1; **20** 3
- Beschluss **19** 37; **20** 16
- Beweisaufnahme **19** 19
- Beweismittel **19** 19; **20** 19
- bloße wirtschaftliche Schwierigkeiten **19** 28
- Dauer **19** 25
- Dauer der Hauptsacheverfahren **19** vor 1
- Dringlichkeit und Notwendigkeit **19** 19, 21 ff.; **20** 8 ff.
- einstweilige Anordnung **19** 5, 7; **20** 1 ff.
- Einwände gegen die Zulässigkeit des Antrages **19** 10 4
- Entscheidungsbefugnis **19** 8, 38; **20** 4
- Erfolgsaussichten in der Hauptsache **19** 22; **20** 10
- Erfolgsquote **19** vor 1
- Erlass einstweiliger Anordnungen **19** vor 1, 7
- Ermessen **19** 21, 40 f.; **20** 17
- Formen des **19** vor 1, 7; **20** 2
- frühestens mit der Klageerhebung **19** 18; **20** 5
- fumus boni juris **19** 21 f.; **20** 10
- Funktion für die Gewährleistung effektiven Rechtsschutzes **19** vor 1; **20** 2
- Glaubhaftmachung **19** 19 f., 21; **20** 8; **21** 19
- grobe Missachtung grundlegender Rechte und Prinzipien des Unionsrechts **19** 23
- Grundsatzfragen **19** 23
- Interessen Dritter **19** 34; **20** 7;
- Interessenabwägung **19** 24, 34; **20** 11, 13; **21** 14, 17
- kein Suspensiveffekt **19** 2 ff.
- Klagebefugnis in der Hauptsache **19** 15; **20** 7
- Konnexität **19** 13; **20** 6; **21** 9
- Kostenentscheidung **19** 43
- Notwendigkeit der beantragten Vollzugsaussetzung **19** 22
- Offenkundigkeit des Rechtsverstoßes **19** 23; **21** 17
- ohne vorherige Anhörung der Gegenpartei **19** 38; **20** 16
- Parallele Aussetzung der Zwangsvollstreckung **33** 17 f.
- Präjudizierung der Hauptsache **19** 36; **20** 17
- Rechtsmittel **19** 4, 6, 14, 43, 45; **20** 18
- Rechtsschutzinteresse **19** 17 f.; **20** 8; **21** 12
- Schaden **19** 20, 24 ff.; **20** 11 ff.; **21** 14 f., 17
- Sicherheitsleistung **19** 42, 44; **20** 17; **21** 21
- Streithelfer **19** 15, 34
- Verfügung **19** 21, 28, 45; **21** 20;
- vollstreckbar **19** 44; **20** 18; **21** 24
- Vollzugsinteresse der Unionsorgane **19** 32
- Vorbereitungshandlung **19** 27
- während des laufenden Hauptsacheverfahrens **19** 18
- Zahl der Verfahren einstweiligen Rechtsschutzes **19** vor 1
- Zuständigkeit **19** 8 ff.; **20** 4
- Zwangsgeld **19** 28

vorläufiges Verfahren 39 61
Vorrang des Unionsrechts 35 1 ff., 7
Vorverfahren
- bei Untätigkeitsklage **8** 36 ff.
- bei Vertragsverletzungsverfahren **6** 10 ff.
- Entbehrlichkeit **6** 32

Waffengleichheit 21 21
Wahlbürgerbeschwerde 36 44
Wahrer des Rechts 4 1, 8
Wahrheitspflicht 39 144
Warenverkehrsfreiheit 39 37
Weiterverweisung 10 20
Wettbewerb 39 90 ff.
Wettbewerbsbeschränkungen 39 91 ff.
- horizontale **39** 94 f.
- vertikale **39** 94 f.

Wettbewerbsrecht 39 3, 17
Wettbewerbsregeln 39 90 f., 109, 149 f.
Wettbewerbsverbote 39 102
Wettbewerbsverstoß 39 3
Widerklage 23 31
- bei Schiedsklauseln **14** 6

Wiederaufgreifen des Verfahrens 10 74
Wiederaufnahmeklage gem. Art. 41 Satzung-EuGH 18
Wiederaufnahme des Verfahrens 28 74 ff.; **39** 79 ff.
- Wiederaufnahmegründe **39** 86 f.

Wiedereinsetzung in den vorigen Stand 7 98; **30** 10 ff.
Wirtschafts- und Sozialausschuss
- Nichtigkeitsklage des WSA **7** 17
- Untätigkeitsklage des WSA **8** 11

970

Sachverzeichnis

- Untätigkeitsklage gegen WSA **8** 16
Willkür 36 90, 99 ff.
Zentralbanken, nationale
- Nichtigkeitsklage **7** 19, 44
- Untätigkeitsklage **8** 14
Zeugen
- Sprachenregelung **21** 34
Zeugenbeweis 24 26
Zivilgerichtsbarkeit 4 23
Zivilverfahrensrecht, deutsches 38 45 ff.
Zivilverfahrensrecht, europäisches 38 24
Zivilverfahrensrecht, internationales 38 24 ff.
Zufall 30 10
Zugang zum Recht 38 28 ff.
Zulässigkeitsvoraussetzung
- bei Vorabentscheidungsverfahren **10** 17, 48
Zuständigkeit, internationale 38 47 ff.
Zuständigkeit, örtliche 38 50
Zuständigkeit, sachliche 4 13 ff.
Zuständigkeiten der Europäischen Gerichte gem. Art. 256 AEUV 3 31
Zuständigkeitskonflikt 38 18 ff.
Zustellung
- der Klage **23** 42
- des Titels **32** 11
- technische Kommunikationsmittel **23** 22
Zustellungsbevollmächtigter 22 11
Zustimmungsgesetz 36 10, 17 ff.
Zwangsgeld 6 52 ff.; **32** 19; **39** 91, 107 f., 110 ff., 128, 147
- bei Klagen betreffend die Erfüllung von Verpflichtung **13** 31
- Verhängung durch den EuGH **39** 128
Zwangsmaßnahmen 39 98, 100 ff., 108, 116 ff., 126
- s. auch Geldbußen, Zwangsgeld
- i. S. d. Art. 261 AEUV **33** 6
Zwangsvollstreckung
- Durchführung der **32** 12
- einzelstaatliche Zivilprozessordnungen **32** 2
- gegen Mitgliedstaat **32** 13
- keine unionsrechtlichen Verfahrensvorschriften **32** 2
- Prüfungskompetenz der innerstaatlichen Stelle **32** 5
- Sicherheitsleistung **32** 7
- Verweigerung der Klauselerteilung **32** 9
Zwischenstreit 12 1
Zwischenurteil 27 2
Zwischenverfahren 10 11; **12** 12; **39** 49 f.